中国企业管理年鉴

2010卷

中国企业管理年鉴编委会　　编

企业管理出版社

中国企业管理年鉴

（2010卷）

编辑说明

一 《中国企业管理年鉴》（简称《年鉴》）创刊于1990年，本卷为创刊20周年纪念版，也是连续出版的第20卷。

二 《年鉴》是由国务院国有资产监督管理委员会主管，中国企业联合会、中国企业家协会组织编写的全国大型资料性年刊，是中国出版工作者协会年鉴工作委员会第一批认证的“中国年鉴资源全文数据库核心年鉴”。

三 《年鉴》是由我国经济界、企业界老前辈袁宝华、张彦宁同志担任编委会名誉主任，中国企业联合会会长王忠禹担任编委会主任，国务院国有资产监督管理委员会、中国企业联合会、中国发展研究院等部门领导担任编委会副主任委员。同时聘请了社会各界有关专家、学者、领导和企业家担任理事会成员、特约编委和特约撰稿人。

四 《年鉴》是中国国内迄今为止唯一一部反映和纪录中国企业改革与发展历程的史鉴，融政策性、权威性和实用性于一体，从不同层面、多元视角、各个领域真实再现了中国企业改革、管理和发展的新成就和新经验，热情讴歌了先进企业的骄人业绩和创业企业家的领军风采。

五 《年鉴》肩负着“鉴往知来，服务现实，保存资料，惠及后代”的重要使命，坚持奉行“时代性、特色化”的办刊方针，在体现时代特征上抓创新，于创新中彰显特色。为此，2010卷《年鉴》在选材方面突出的重点是：①推进企业文化升级，增强持续发展动力；②热情讴歌建国六十周年来取得的伟大成绩；③宣传循环经济的理论及可持续发展等方面的内容。

本卷为纪念建国六十周年，增加了“新中国成立六十年”栏目。共设20个栏目，即：A.重要文献；B.经济法律法规和政策；C.有关部委局工作综述；D.中国企业发展综述；E.行业发展综述；F.中国企业500强；G.企业管理创新；H.劳动关系和谐发展；I.全国企业家活动日；J.新中国成立六十年；K.调查与研究；L.企业改革与管理；M.企业论坛；N.袁宝华企业管理金奖；O.中国企业新纪录；P.企业先进；Q.国民经济和社会发展统计资料；R.经济与企业发展大事记；S.附录；T.图片资料。

六 本卷国民经济和社会发展统计资料中的数据均采用国家统计局公布的初步统计数据；采用的文字资料截至时间原则上为2009年12月31日。

七 本卷编辑工作得到了全体特约编委、特约撰稿人和中国企业联合会有关部门同志的热心帮助和鼎立支持，在此一并表示诚挚的谢意。

八 自2001年改版后，每卷同步出版多媒体全文检索电子光盘（CD-ROM）随书赠送。

《中国企业管理年鉴》编委会

2010年9月

▲ 胡锦涛视察大庆油田

2009 年 6 月 26 日，国家主席胡锦涛来到大庆油田 1205 钻井队看望石油工人。

（供稿：大庆油田有限责任公司）

▲ 王忠禹会见美国客人

2009 年 10 月 14 日，中国企业联合会、中国企业家协会会长王忠禹（右）会见了来访的美中贸易全国委员会副会长溥乐伯（RobertW. Poole）先生（左）和美国摩立特集团中国区董事会主席爱德格 · 霍泰德（EdgarHotar）先生一行。

（记者：林瑞泉 摄）

▲ 李德成会见日本客人

2009 年 4 月 13 日，中国企业联合会、中国企业家协会常务副会长兼理事长李德成（右）会见了日本关西经济同友会代表干事齐藤纪彦（左）一行。

（记者：林瑞泉 摄）

2009 年 3 月 28 日，由中国企业联合会、中国企业家协会主办的主题为：“加强管理和技术进步——应对危机的现实选择”的全国企业管理创新大会在北京举行。

（记者：林瑞泉　摄）

▲全国企业管理创新大会在京举行

▲ 2009 跨国公司社会责任研讨会在京召开

2009 年 3 月 31 日，2009 跨国公司社会责任研讨会在北京召开，中国企业联合会、中国企业家协会执行副会长冯并（右一）、副理事长刘鹏（左一）出席了大会。

（记者：董　菁　摄）

2009 年 4 月 22 日，人力资源和社会保障部、中华全国总工会、中国企业联合会及国际劳工组织北京局在北京举办了主题为“应对金融危机，促进体面劳动”的国际劳工组织成立九十周年纪念座谈会。中国企业联合会、中国企业家协会执行副会长陈兰通发表主题演讲。

（记者：林瑞泉　摄）

▲国际劳工组织成立九十周年纪念座谈会在京举行

▲第五届可持续发展新趋势报告会在京召开

2009 年 4 月 15 日，中国企联可持续发展工商理事会在北京举行了第五届可持续发展新趋势报告会。

（记者：林瑞泉 摄）

▲袁宝华会见第五届“袁宝华企业管理金奖”获得者

2009 年 5 月 5 日，中国企业联合会、中国企业家协会名誉会长袁宝华、张彦宁在京会见了第五届“袁宝华企业管理金奖”获奖企业家。从左至右依次为：尹援平、李德成、张喜武、张彦宁、于汝民、袁宝华、侯为贵、段玉贤、任建新、蒋黔贵。

（记者：林瑞泉 摄）

▲ 2009 全国企业家活动日在昆明举行

2009 年 5 月 17—18 日，以“信心·使命·责任——全球经济变局下的中国企业家”为主题的 2009 全国企业家活动日主会场在云南省昆明市举行。

（记者：林瑞泉 摄）

2009 年 6 月 7—8 日，由中国企业联合会、美国《商业周刊》、天津市政府、天津市政协联合主办的以“绿色经济：推动未来全球复苏的契机”为主题的首届全球绿色经济峰会在天津举行。会议通过了《全球绿色经济峰会天津宣言》。

（记者：林瑞泉 摄）

▲ 首届全球绿色经济峰会在津举行

▲ 全国性行业协会商会评估授牌大会在京举行

2009 年 6 月 23 日，民政部在北京举行全国性行业协会商会评估授牌大会，中国企业联合会、中国企业家协会获 5A 级协会证牌。常务副会长兼理事长李德成（前排左二）出席大会并领取证牌。

（记者：林瑞泉 摄）

▲ 2009 中国企业 500 强排行榜发布

2009 年 9 月 5 日，中国企业联合会、中国企业家协会在浙江省杭州市发布第 8 个中国企业 500 强排行榜暨中国大企业高峰会。

（记者：林瑞泉 摄）

▲ 中国企业新纪录发布表彰会暨中国企业新纪录高峰论坛在济南召开

2009 年 11 月 7 日，中国企业新纪录（第十四批）发布表彰大会暨中国企业新纪录高峰论坛在山东省济南市隆重召开，在公布的 1 370 项中国企业新纪录中，有 158 项创世界纪录。

（记者：林瑞泉 摄）

▲ 2009 全球 CEO 年会在京举行

2009 年 11 月 19—20 日，由中国企业联合会、中国企业家协会和美国《商业周刊》联合主办的 2009 全球 CEO 年会在北京举行。

（记者：林瑞泉 摄）

▲ 第八届全国企业文化年会在京召开

2009 年 11 月 28—29 日，以“后危机时代：中国企业文化前瞻”为主题的第八届全国企业文化年会在北京召开。

（记者：林瑞泉　摄）

中国企业管理年鉴

（2010卷）

编 委 会

编 委 会

特约撰稿人

（按姓氏笔画排序）

王永干　中国电力企业联合会秘书长
王启运　中国铁道企业管理协会秘书长
王树海　国家科技部火炬高新技术产业开发中心政策调研与统计处处长
王建翔　国家工业和信息化部中小企业司副司长
王德春　中国钢铁工业协会综合部副部长
毛元斌　国务院国有资产监督管理委员会企业改革局综合处处长
尹成基　国家人力资源和社会保障部政策研究司司长
冯世良　中国石油和化学工业协会原副秘书长
任雅林　国务院国有资产监督管理委员会政策法规局副主任科员
刘云林　中国航空运输协会财务部部长
刘功仕　《中国航空运输发展蓝皮书》执行主编
刘建水　农业部产业政策与法规司调研员
孙才森　国务院国有资产监督管理委员会政策法规局副局长
孙淮滨　中国纺织工业协会产业部副主任
许国禄　国家工业和信息化部运行监测协调局保障协调处处长
汤家轩　中国煤炭工业协会副主任、教授级高工
何训班　国家工商行政管理总局外资局局长
李　健　商务部国际贸易经济合作研究院研究员
李天星　《中国石油企业》杂志社执行主编
李长祁　中国交通企业管理协会办公室主任
李朴民　国家发展和改革委员会政策研究室主任
李忠运　中华全国总工会研究室调研一处处长
李林军　国家税务总局征管科技司司长
李建明　中国企业联合会、中国企业家协会副理事长兼研究部主任
李培松　中国轻工业联合会研究室主任、副研究员
李宴武　《中国有色金属工业年鉴》编辑部副主任
李春荣　国家税务总局办公厅综合调研处处长
杨　洁　国家发展和改革委员会政策研究室处长
李春荣　国家税务总局办公厅综合调研处副处级调研员
吴　哲　国务院国有资产监督管理委员会研究室研究二处副处长
陈秀芝　中国物流信息中心综合处处长
张久荣　国家工商行政管理总局个体私营经济监督管理司综合处处长
张路鹏　国家发展和改革委员会政策研究室
林瑞泉　《中国企业报》记者
周竹叶　中国石油和化学工业协会副会长
周渝波　国务院国有资产监督管理委员会政策法规局局长
封加平　国家林业局办公室主任
赵　莉　国家工商行政管理总局个体私营经济监督管理司综合处
赵明霞　中国纺织工业协会产业部行业分析师
郝玉峰　中国企业联合会研究部副主任
欧阳晓明　中华全国工商业联合会经济部部长
姚明宽　国家发展和改革委员会资源节约和环境保护司综合处处长
贺登才　中国物流与采购联合会副会长、中国物流学会副会长
顾晓莉　国家知识产权局专利局初审及流程管理部副部长
钱　勇　国家环境保护部办公厅研究室主任
陶　静　国家人力资源和社会保障部政策研究司副调研员
高振刚　中国工业经济联合会调研部副主任、学术创新工作委员会总干事长
梁成喜　国家林业局宣传办公室出版处处长
黄开亮　中国机械工业联合会专家委员会委员
曹宗理　国家安全生产监督管理总局政策法规局调研员
谢又乔　国家发展和改革委员会经济运行局高级工程师
雷平静　国家统计局服务业调查中心副主任
焦根强　中国质量协会副秘书长
惠博阳　国家质量监督检验检疫总局质量管理司副司长
缪　荣　中国企业联合会研究部第一研究室副主任
戴定一　中国物流与采购联合会会长
潘承烈　中国企业管理科学基金会副会长
臧明仪　中国保险监督管理委员会发展改革部发展规划处副处长

中国企业管理年鉴

（2010卷）

特约协办单位

（排序不分先后）

中国石油天然气股份有限公司

中国海洋石油总公司

特约理事单位

（排序不分先后）

鞍山钢铁集团公司

首钢总公司

攀钢集团有限公司

天津钢管集团股份有限公司

南京钢铁联合有限公司

中国中钢集团公司

中国冶金科工股份有限公司

中国蓝星（集团）股份有限公司

中国石油长庆油田公司

中国石化北京燕山石油化工有限公司

云天化集团有限责任公司

中国航空工业集团公司

中航工业西安航空发动机(集团)有限公司

中国南方机车车辆工业集团公司

中国第一汽车集团公司

中国北方工业公司

国家开发投资公司

中国华融资产管理公司

中核集团中核财务有限责任公司

北京银行

特约理事单位

（排序不分先后）

中国建筑材料集团有限公司

长沙中联重工科技发展股份有限公司

北京金隅集团有限责任公司

中国黄金集团公司

中信国安集团公司

中国航空集团公司

中国港中旅集团公司

国家电网公司

中国长江电力股份有限公司

浙江金华电业局

华能澜沧江水电有限公司

大亚湾核电运营管理有限责任公司

山西潞安矿业（集团）有限责任公司

开滦（集团）有限责任公司

新汶矿业集团有限责任公司翟镇煤矿

中国联合网络通信集团有限公司

大唐电信科技产业集团

中国移动通信集团广东有限公司

中国移动通信集团浙江有限公司

中国移动通信集团上海有限公司

北京市基础设施投资有限公司

天津港（集团）有限公司

贵州茅台酒股份有限公司

红塔烟草（集团）有限责任公司

红云红河烟草（集团）有限责任公司

龙岩烟草工业有限责任公司

中国中铁股份有限公司

中国建筑股份有限公司

浙江大东南集团有限公司

世纪金源集团

中国石油

奉献能源 创造和谐

中国石油天然

中国石油天然气股份有限公司（简称“中国石油”）于1999年11月5日由中国石油天然气集团公司作为独家发起人注册成立，并分别于2000年4月6日、2000年4月7日及2007年11月5日在纽约证券交易所（股票代码：PTR）、香港联交所（股票代码：857）及上海证券交易所（股票代码：601857）挂牌上市。目前经营分为勘探与生产、炼油与化工、销售、天然气与管道四大业务板块，生产运营遍布全国各地及海外十几个国家和地区，直接合并报表单位100多家。

中国石油在国内油气行业占主导地位，在世界享有很高声誉。截至2009年末，在油气生产领域，中国石油拥有的原油和天然气探明储量分别为112.6亿桶和632 440亿立方英尺，探明油气储量约占国内三大石油公司的70.0%。原油和天然气产量分别为8.4亿桶和21 122亿立方英尺，油气产量当量约占国内三大石油公司的70.0%；在炼油与化工领域，中国石油原油一次加工能力达到1.3亿吨，生产成品油7 320万吨，占

气股份有限公司

国内份额的40.0%以上；在成品油销售领域，中国石油拥有加油站17 262座，遍布全国各地，占全国成品油零售市场份额的38.2%；在管网建设方面，中国石油拥有覆盖全国的油气输送管网，管线总里程5.1万公里，油气骨干管网长度占全国的近80.0%，保障了国家油气稳定供应和战略安全；在海外油气业务方面，中国石油在全球十几个国家进行油气勘探生产作业，初步形成了海外五大油气合作区及三大油气运营中心，2009年海外业务收入占公司总收入22.4% ，海外业务呈现出规模发展、快速发展的良好势头。按照国际财务报告准则口径，中国石油2009年实现收入10 193亿元，归属于母公司净利润1 034亿元，年末资产总额达14 503亿元。

近年来，中国石油越来越被国际权威机构所认可，根据最新排名，中国石油位列《财富》全球500强第10名，《福布斯》全球2 000强第12名，美国《石油情报周刊》第5名。

奉献清洁能源 创造美好生活

中国海洋石油总公司是中国大型的国家石油公司之一，负责在中国海域对外合作开采海洋石油及天然气资源。公司拥有油气勘探开发、化工炼化化肥、天然气及发电、新能源、专业技术服务、金融服务等六大产业板块。公司总资产在中央企业中排名第7位，销售额排名第11位，利润排名第4位。2009年，中国海油在《财富》“世界500强”中的排名继续攀升，达到第318位。

中国海油大力推进自主创新，加快低碳、清洁、高效发展，打造可持续发展新优势，努力建设成为具有高度社会责任感、受人尊敬的国际一流能源公司。

cnooc
www.cnooc.com.cn

中国海洋石油总公司（简称“中国海油”）成立于1982年，负责在中国海域对外合作开采海洋石油及天然气资源。总部位于北京，现有员工近6万人。公司现有油气勘探开发、化工炼化化肥、天然气及发电、新能源、专业技术服务、金融服务等六大产业板块。

中国海油自成立以来保持了良好的发展态势，由一家单纯从事油气开采的上游公司，发展成为主业突出、产业链完整的综合型能源集团。近年来，中国海油坚持以科学发展观为指导，着眼建设国际一流能源公司的宏伟目标，大力实施“协调发展、人才兴企、科技领先、低成本”四大战略，成功实现了从上游油气开发到上中下游一体化、从浅水到深水、从国内到国际、从传统能源到传统能源与新能源相结合的“四大跨越”，综合实力、核心竞争力和可持续发展能力不断增强，初步发展成为具有一定国际竞争力和影响力的现代化综合型能源产业集团。

2009年，中国海油努力克服国际金融危机影响，全年完成油气产量4 766万吨油当量，同比增长11.0%；炼化产品产量3 200万吨。实现销售收入2 096亿元，利润总额524亿元，上缴各类税费507亿元。总资产首次突破5 000亿元，达到5 183亿元；净资产达到3 255亿元。总资产在全国中央企业中排名第7位，销售额排名第11位，利润排名第4位。在《财富》“世界500强”中的排名继续攀升，达到第318位。中国海油有限公司入选美国《商业周刊》2009年“全球40强企业”，位列第16位，成为首家进入该榜单的中国内地企业。

展望未来，中国海油将继续以科学发展观为指导，加快转变经济发展方式，大力推进自主创新，加快低碳、清洁、高效发展，继续打造可持续发展新优势。在2010年将实现国内外油气总产量7000万吨油当量，其中国内产量达到5 000万吨，建成中国的“海上大庆”；在“十二五”期间将建成新型能源产业体系，进入国际石油公司第一阵营，成为具有高度社会责任感、受人尊敬的国际一流能源公司。

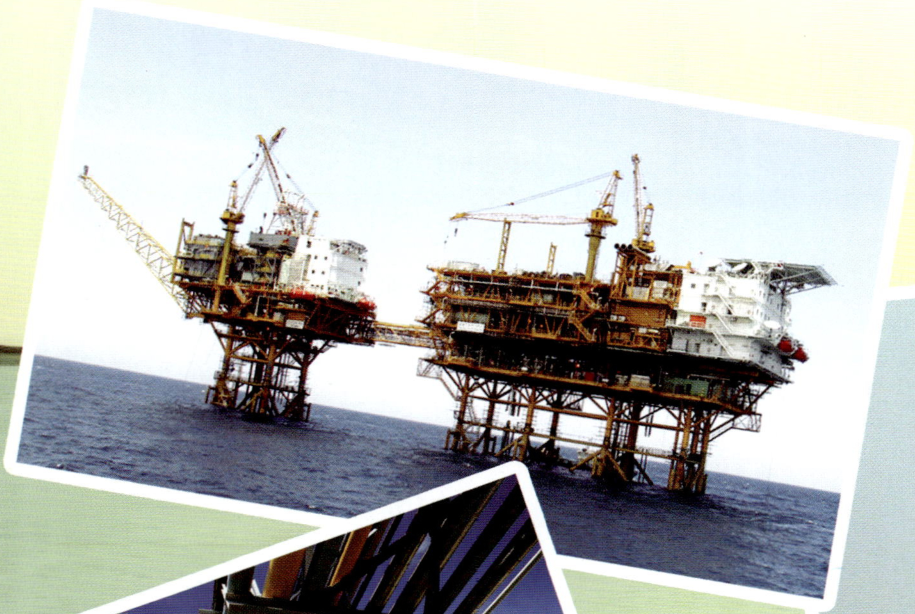

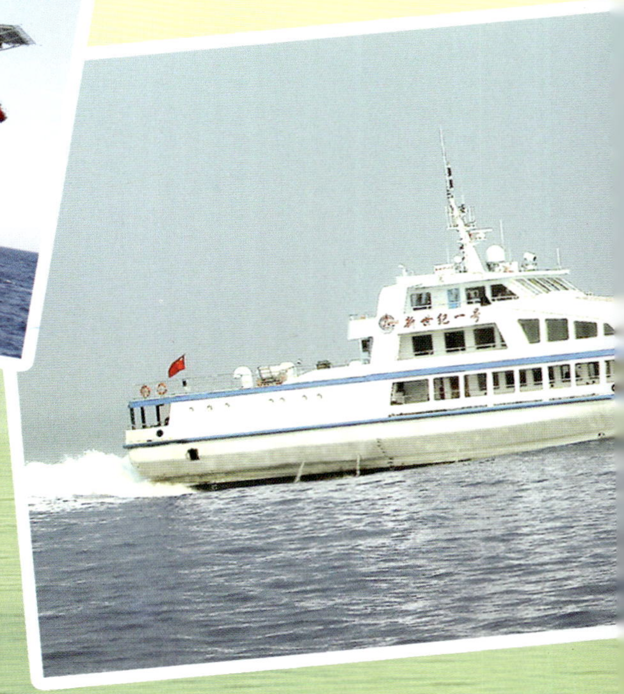

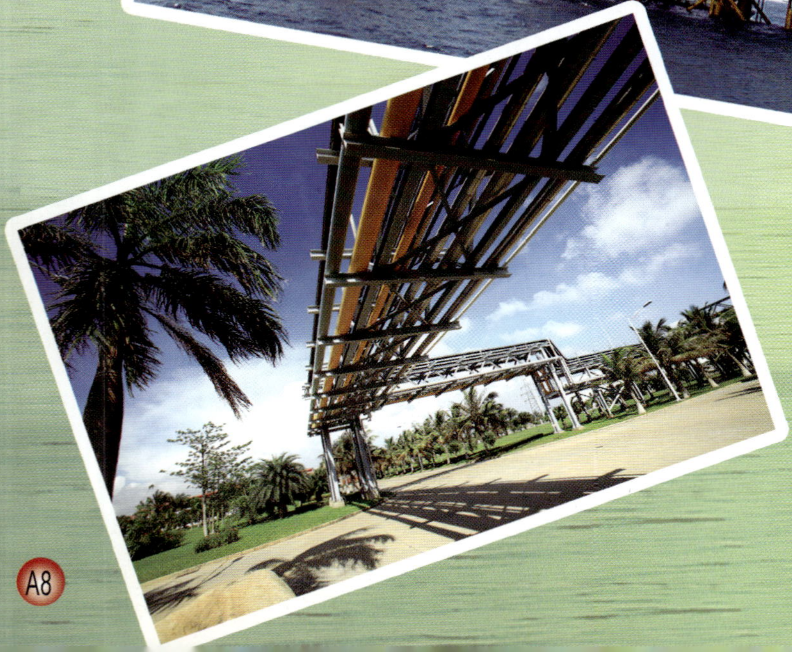

中国海油
NORTHWEST SEAEAGLE

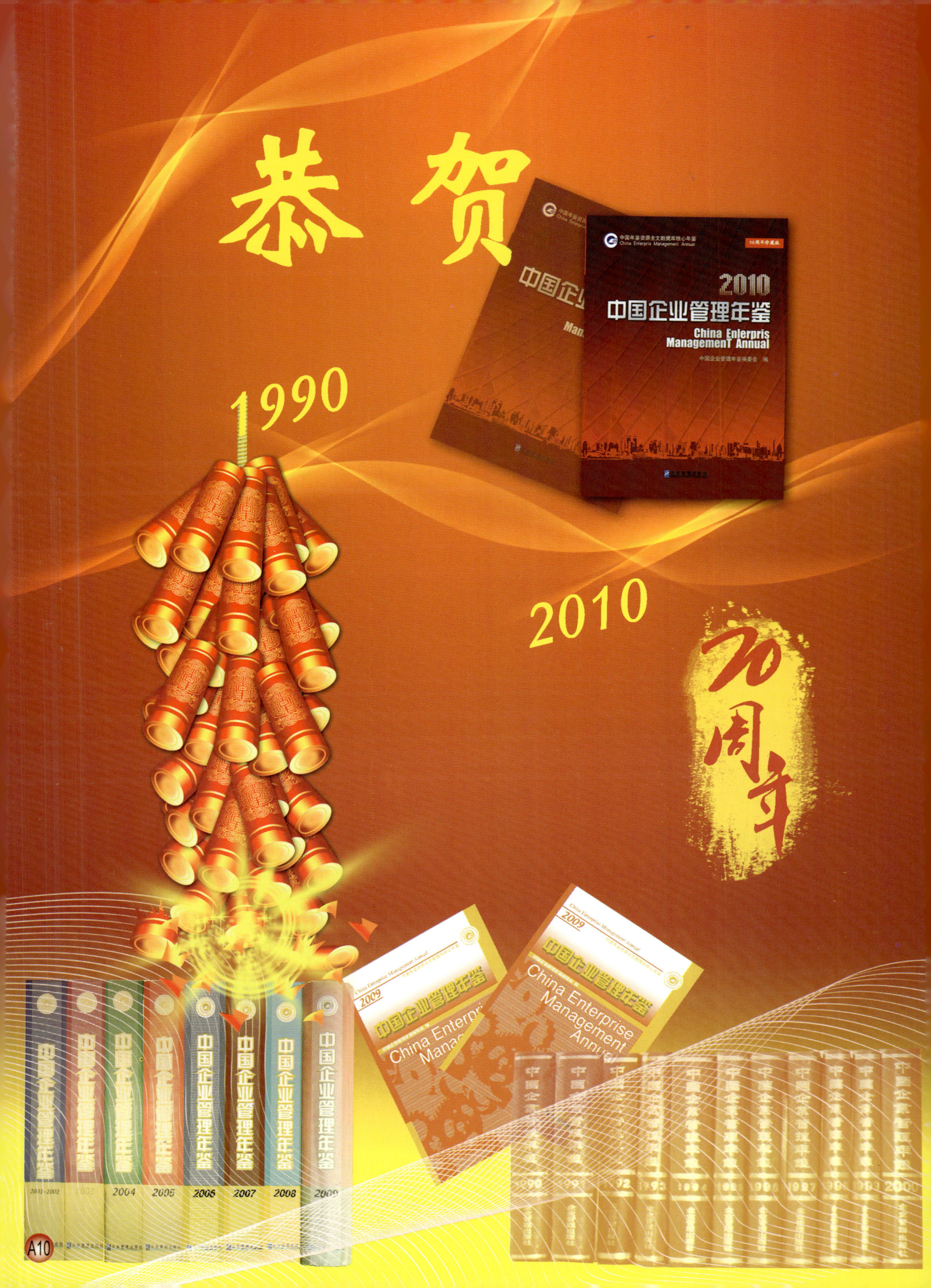

恭贺

1990

2010

20周年

2010
中国企业管理年鉴
China Enlerpris
ManagemenT Annual
中国企业管理年鉴编委会 编

2009
中国企业管理年鉴
China Enterprise
Management
Annual

推进企业文化升级
增强持续发展动力

2009年11月28日

在第八届全国企业文化年会上的讲话

中国企业联合会
中国企业家协会 会长 王忠禹

当前，我国经济正处于企稳回升和结构调整的关键时期，保持经济平稳较快发展，完成保增长、扩内需、调结构、惠民生的战略任务和实现经济社会可持续发展的有利因素和不利因素同时并存。一方面，我国采取一揽子刺激经济增长的重要举措，有效扭转了经济增速下滑的趋势，宏观经济持续向好，企业和企业家信心逐步增强，企业经济效益明显转好，新兴产业蓬勃发展；另一方面，金融危机的深层次影响还没有消除，经济形势好转的基础仍不牢固，不确定、不稳定因素依然存在。这意味着我国企业在迎来新的发展机遇时，也将面临更加严峻的挑战。金融危机给我国经济和企业的发展带来了严重的冲击，但也让我们清醒地看到了企业自身发展能力的不足。面对新一轮的竞争，企业的首要任务就是加强自身发展能力的建设。这当中，既包括加强企业把握战略方向能力和提高企业管理能力、创新能力的建设，同时还包括加强有助于改善和增强上述能力的企业文化建设。

企业文化是企业的灵魂和精神支柱，是企业获得持久发展的动力源泉。作为企业核心竞争力的重要因素，优秀的企业文化能够培育出比竞争对手更强的凝聚力、战斗力和创造力，能够在遇到困难和挫折时变压力为动力、化危机为生机；作为企业软实力的重要组成部分，先进的企业文化能够充分彰显企业的品牌影响力、提升企业的商誉价值，通过促进诚信道德建设、履行社会责任而获得社会的尊重与信赖。在当今变革调整的时代背景下，如何通过推进企业文化建设，磨砺内功、强身健体，以及如何在科学发展观的指引下，进一步解放思想、开拓创新，积极转变发展方式，提高发展质量，增强持续发展后劲，努力实现又好又快发展，已成为摆在我国企业面前的一项重要工作。所以，就这个问题，我谈以下几点看法：

一、把握战略发展方向，坚持企业文化的引领和支撑作用

随着全球经济逐步进入后危机时期，世界各国都在根据本国的实际情况，通过一系列重大的战略调

整，改变现有的产业布局和增长模式，创新技术，努力寻找新的经济增长点。

面对快速变化的经济形势和错综复杂的国内外环境，我国企业要根据新时期我国经济发展的总体战略部署，重新审视自身发展战略，理清发展思路，明确战略重点，集中精力做强主业，将有限的资源投入到对企业生存发展起决定作用的关键领域，把转变发展方式、调整结构、创新技术作为企业战略转型的着力点，努力实现由“低成本竞争战略”向“差异化竞争战略”转型，由“规模扩张战略”向“质量提升战略”转型，从“跳跃式发展”向“可持续发展”转变。

要适应这些调整和变化，企业必须首先要在思想观念、工作方式、行为习惯以及与相关利益者之间的关系等方面进行调整和转变，积极推进企业文化变革，否则战略转型就难以有效地转化为员工的实际行动。在企业发展中，企业战略与企业文化始终是一种相辅相成的关系。战略如果没有文化的指引和支撑，就会迷失方向和缺乏持续推进的动力。对此，企业决策者在战略转型和把握未来发展方向时，除了要考虑宏观经济形势、市场环境、可支配资源和要素成本变化等因素以外，还要建立完善的企业文化体系，充分发挥先进企业文化的引领、支撑作用。一方面，企业要树立科学发展的理念，切实增强贯彻落实科学发展观的自觉性和坚定性，坚持以核心价值观来衡量、判断企业的总体战略和各阶段发展目标是否符合企业的长远利益与最高追求，正确处理短期利益与长期利益的关系，平衡短期生存与增强长期竞争力的关系，从而使企业无论选择什么战略，都不会背离企业发展的初衷和偏离企业的经营宗旨；另一方面，要通过在组织成员中形成对企业使命、共同愿景和企业精神的广泛认同，使企业形成高度统一的意志和行动，以确保企业战略的执行到位。

许多成功企业的实践证明：只有不断强化企业文化对战略的修正、保障功能，使企业文化与企业前瞻性发展战略产生良性的互动，企业才能在风云变幻的市场环境中保持战略方向的正确性和战略实施的可持续性。青岛海尔集团为应对全球化的挑战、战胜危机，提出“全球化品牌战略”，加快从“制造业”向“服务业”转型，并通过打造“人单合一”的双赢文化，指导、促进员工针对用户日趋专业化、差异化的服务需求，积极主动地为用户提供全方位的产品服务“解决方案”，使海尔的品牌影响力得到进一步提升，保证了企业战略转型的顺利实现。

二、加强企业文化管理，不断提高管理绩效

企业管理是决定企业兴衰成败的关键因素，是企业运行质量、效益和竞争力的根本保证。金融危机中暴露出的因管理问题而导致失败的深刻教训，使越来越多的企业和企业家意识到强化企业管理的紧迫性和重要性。我国企业要应对未来的严峻挑战、在全球化的市场竞争中立于不败之地，就必须牢牢抓住管理这条生命线。

企业发展靠管理，管理成功靠文化。万向集团董事局主席鲁冠球在谈到如何化解金融危机影响时说：万向之所以能这么快走出来，一方面要感谢国家的好政策，另一方面是我们40年积累的企业文化发挥了重要作用，换来了员工的忠诚，换来了企业向心力的提升。这句话说得非常重要！一个企业无论有多么完善先进的管理制度、管理流程和管理手段，最终都要通过人来实现。人的主观能动性决定管理执行的有效性。企业文化的核心作用就在于它能够通过精神的无形力量激发人的主动性、提高人的自觉性、增强人的责任感，从而使有形的规章制度、操作流程、管理工具产生出最好的效益和创造出无限的价值。正因为如此，越来越多的企业把企业文化作为企业生产力的重要因素注入到管理实践当中，把企业文化管理作为提升管理水平的有力抓手。中国宝安集团在推行《三力系统》、《标杆管理》和《加减法》等管理方法时，注重用“价值创造”的经营理念来衡量企业管理者和员工的执行力，使企业文化建设与企业运营管理、人力资源管理形成有机的整体，从而极大地提高了企业管理绩效，使集团综合效益连续5年保持平稳增长。

企业文化管理是企业文化与企业管理紧密结合的产物。与传统管理不同，它提倡民主管理、自主管理，强调全员参与管理。作为一种观念形态的价值导向型管理，企业文化管理要求企业以提升价值创造力为核心，通过持续不断的引导、教育、感化、沟通、激励，使组织成员的行为变被动为主动、变他律为自律，最大限度地激发和调动员工的积极性和创造性，并通过培训、考核、评估、主题活动等一整套系统化的操作规程，将企业经营理念融入企业的组织建设和制度建设中，贯穿于企业运营管理的每个环节和细节之中，固化到每个岗位和管理流程当中，渗透到由设计、开发、生产、资源配置、市场营销、品牌推广构

成的价值链体系之中，这样就使企业精神层面的激励作用有效地转化为企业高度自觉的执行力，为企业提升长期绩效和获得持续竞争优势提供持久的动力。许多成功企业的管理实践表明：企业文化、企业品牌等无形资产的作用越大，带来的经济商誉和超额回报率就越高，企业的持续竞争优势越突出。华为《基本法》的第六条提到：资源是会枯竭的，唯有文化才会生生不息；海尔的张瑞敏也曾说过：企业的技术、设备、人才都可以被带走，唯独无法带走的是企业的文化。这些规律和这些理论值得我们深思。

三、积极培育创新文化，增强企业创新动力

创新是当今时代发展的主旋律。中国作为一个人口基数大、重要资源人均占有量低、生态环境十分脆弱的发展中国家，只有坚持走创新发展的道路，才能实现全面协调可持续发展。

企业作为创新主体，是建设创新型国家的重要载体，是在世界经济格局中获得产业竞争优势的重要力量。回顾世界经济发展的历史，每一次经济危机都将带来科学技术的新突破，催生新兴产业的发展和新一轮经济繁荣。在应对这场国际金融危机中，各国政府都将注意力转向新技术革命，力图通过新技术的大规模应用刺激经济复苏。对此，我国企业要抓住机遇，大力推进企业创新，努力实现由要素驱动型增长向创新驱动型增长转变，为新一轮发展赢得先机和主动。

创新发展需要创新动力。创新动力不足是制约企业创新能力提高和影响企业创新活力的内在因素。在相当长的一个时期里，“以市场换技术”的思路一直主导和影响着决策，从而导致企业自主创新意愿不强、研发投入不足，缺乏对自主创新能力和自主品牌的培养。对此，企业要在思想意识上高度重视创新，切实把创新战略作为企业长远发展的核心战略，在不断完善创新体制、机制和加大创新投入的基础上，积极培育崇尚创新的企业文化。创新文化激励创新事业，创新事业激发创新动力。胡锦涛同志强调指出，为实现进入创新型国家行列的奋斗目标，必须“发展创新文化，努力培育全社会的创新精神”。为此，中国企联自2007年起，联合科技部、商务部、国资委、中国科学院、全国工商联和科研院所等支持单位，共同发起了推进中国企业创新文化活动，组织有关领导、专家学者深入企业开展创新文化调研，收集企业创新活动的一手资料和数据，并针对企业创新遇到的问题和难题提供相关的咨询服务和智力支持，其目的就是要发动社会各方力量全力支持和帮助企业走上创新发展的道路，引领企业从“中国制造”走向“中国创造”。

企业创新文化建设要立足于构建自由、开放的创新事业的发展平台，营造良好的创新氛围，通过大力倡导开拓进取、敢于探索、敢为人先、敢冒风险和宽容失败的创新精神，充分调动各方面的积极因素，让员工的创新活力得以充分发挥。作为企业，不仅要在产品、技术层面深入开展创新活动，而且要在体制机制、组织、战略、管理等各方面进行创新，尤其要注重思维创新、理念创新和商业模式的创新。奇瑞公司作为一家民营汽车制造企业，在国内多数汽车厂商选择国际知名品牌的时候，坚持走自主品牌的发展道路，在引进消化吸收先进技术的同时，立足自主研发、自主创新，并通过培育创新文化和大力倡导“自立、自强、创业、创新”的企业精神，积极营造浓厚的创新氛围，使企业在“造中国老百姓买得起的好车、造全球性价比最好的车”的使命驱动下，成功实现了跻身“汽车列强之林”的奋斗目标，成为中国汽车工业民族品牌的优秀典范。

四、坚持“以人为本”，培养高素质的人才队伍

当今和未来的世界竞争，说到底是人才的竞争。在全球化深入发展和科学技术日新月异的今天，人才在综合国力的竞争中越来越具有决定性的意义，人才资源已成为最重要的战略资源。当前，世界各国为了抢占经济技术制高点，都纷纷制订和实施各自的人才发展战略，国际跨国公司更是不遗余力地从全球各地网罗、吸引各类稀缺人才。面对这一严峻形势和挑战，党中央、国务院以落实“人才强国战略”为出发点，对新世纪、新阶段的人才工作进行了全面部署，提出要“造就数以亿计的高素质劳动者、数以千万计的专门人才和一大批拔尖创新人才，建立规模宏大、结构合理、素质较高的人才队伍。”努力把我国从人力资源大国建设成为人才资源强国。

实施“人才强企”战略是我国实现“人才强国”战略的重要途径，我国企业要从战略高度，充分认识人才资源在提升企业竞争力，实现可持续发展中的基础性、决定性的作用，把培养造就高素质的人才队

伍作为企业的立业之本、发展之源，努力做好人才的战略储备工作。为此，要把这项工作纳入到企业文化建设当中来。企业文化建设从根本上讲是人的建设，企业文化的基本职责就是培养人、教育人和塑造人。对此，企业要重点抓好以下几方面工作：

1. 坚持“以人为本”，树立“人才资源是第一资源”的人才观

把尊重劳动、尊重知识、尊重人才、尊重创造作为企业发展的核心价值理念，在建立健全用人机制、完善用人标准和不断优化人才结构的基础上，关心关注员工的成长，为员工提供发展机会，让员工分享企业的发展成果。

2. 注重发挥企业带头人的作用，带领团队和员工与企业共同成长

要让员工成才，企业领导者必须率先垂范，不断提升自身素质，为员工成才起到表率作用。在管理学中有一条“总裁定律”，指的是企业最高领导人的水平决定了企业发展的上限。长期以来，中国企联一直致力于企业家队伍建设，通过各种形式推动企业家队伍的成长壮大，鼓励更多的企业家通过加强企业文化建设工作，带动广大员工走上成才之路。

3. 加强培训教育，促进人的全面发展

今天我们已经进入到了一个“能力决定前途、素质决定命运”的时代。在培训教育上，企业要将企业文化工作与人力资源工作紧密结合，在不断加强职业技能培训、提高各类人才专业能力与水平的同时，通过理想信念的熏陶和价值观引导，培养员工拼搏奉献、勇于创新、团结合作的精神，增强员工道德规范意识，提高员工职业素养；通过创建学习型企业和学习型团队，形成全员学习、终身学习的良好风气，不断提高企业员工队伍的整体素质。

4. 鼓励争先创优，激发潜能

通过表彰先进、奖励贡献以及开展劳动竞赛、技能比武等形式多样的文化活动，开发员工的潜在能力，激发员工的创造力，大力营造人人能成才、人人想成才的浓厚氛围，努力开创人才辈出、人尽其才的良好局面。

希望广大企业在走向世界、迈进新征途的过程中，继承发扬中华民族的优秀传统文化，借鉴吸收世界先进企业文化的成果，在继承中创新、在融合中升华，为企业文化不断赋予新的时代内涵，努力形成独具特色和优于竞争对手的企业文化，把企业文化的软实力真正变成企业的生产力和竞争力。

要　　目

中国企业管理年鉴 2010

CONTENTS

编辑说明 …………………………………………… 中国企业管理年鉴编委会

推进企业文化升级　增强持续发展动力

…………………………… 中国企业联合会　中国企业家协会会长　王忠禹

A 重要文献 …………………………………………………………… (1)
Key Documents

B 经济法律法规和政策 …………………………………………… (15)
Economic Law, Statute and Policy

C 有关部委局工作综述 …………………………………………… (87)
Summary of Functions for Related Ministries, Commissions and State Bureaus

D 中国企业发展综述 ……………………………………………… (139)
Chinese Enterprises Development Summary

E 行业发展综述 …………………………………………………… (159)
Summary of Industrial Sectors Development

F 中国企业 500 强 ………………………………………………… (219)
China's Top 500 Enterprises

G 企业管理创新 …………………………………………………… (277)
Innovation of Enterprise Management

H 劳动关系和谐发展 ……………………………………………… (293)
The Harmonious Development of Labor Relations

I 全国企业家活动日 ……………………………………………… (313)
National Entrepreneur Activity Day

J 新中国成立 60 年 ……………………………………………… (319)
60 anniversaries of the New China

K 调查与研究 ……………………………………………………… (359)
Investigation and Research

L 企业改革与管理 ………………………………………………… (371)
The Enterprise Innovation and Management

M 企业论坛 ………………………………………………………… (419)
Enterprise Forum

N 袁宝华企业管理金奖 …………………………………………… (527)
Yuan Bao Hua Golden Award of Enterprise Management

O 中国企业新纪录 ………………………………………………… (535)
New Record of Chinese Enterprises

P 企业先进 ………………………………………………………… (605)
Enterprise Worthy

Q 国民经济和社会发展统计资料 ………………………………… (647)
Statistics Data of National Economy and Social Development

R 经济与企业发展大事记 ………………………………………… (713)
Great Events of Economy and Enterprise Development

S 附录 ……………………………………………………………… (723)
Appendix

T 图片资料 ………………………………………………………… (733)
Picture and Data

目　次

中国企业管理年鉴2010

A 重要文献

在建国60周年上的讲话
（2009年10月1日）
…………中共中央总书记　国家主席　胡锦涛（2）
政府工作报告
——2010年3月5日在第十一届全国人民代表大会第三次会议上 ……… 国务院总理　温家宝（3）

B 经济法律法规和政策

法　律

中华人民共和国食品安全法
（2009年2月28日中华人民共和国主席令第9号公布）……………………………（16）
中华人民共和国保险法
（2009年2月28日中华人民共和国主席令第11号公布）……………………………（23）

行政法规

规划环境影响评价条例
（2009年8月17日中华人民共和国国务院令第559号公布）……………………………（35）
外国企业或者个人在中国境内设立合伙企业管理办法
（2009年11月25日中华人民共和国国务院令第567号公布）……………………………（37）

法规性文件

关于进一步推进中央企业信息化工作的意见
（2009年1月1日　国资发〔2009〕102号）
……………………………（39）
关于规范上市公司国有股东行为的若干意见
（2009年1月1日　国资发产权〔2009〕123号）
……………………………（40）
关于2009—2010年东西扶贫协作工作指导意见
（2009年3月17日　国开办发〔2009〕24号）
……………………………（41）
关于促进产业集聚发展和工业合理布局工作的通知
（2009年3月18日　工信部产业〔2009〕103号）
……………………………（42）
关于进一步推进新闻出版体制改革的指导意见
（2009年3月25日　新出产业〔2009〕298号）
……………………………（43）
关于全面推进我国会计信息化工作指导意见
（2009年4月12日　财会〔2009〕6号）……（46）
关于企业固定资产加速折旧所得税处理有关问题的通知
（2009年4月16日　国税发〔2009〕81号）
……………………………（48）
关于实施高新技术企业所得税优惠有关问题的通知
（2009年4月22日　国税函〔2009〕203号）
……………………………（49）
关于加强工业产品质量工作的指导意见
（2009年4月23日　工信部科〔2009〕180号）
……………………………（50）
关于进一步加大对科技型中小企业信贷支持的指导意见
（2009年5月5日　银监发〔2009〕37号）…（52）
高效节能产品推广财政补助资金管理暂行办法
（2009年5月18日　财建〔2009〕213号）…（53）
企业国有产权交易操作规则
（2009年6月15日　国资发产权〔2009〕120号）
……………………………（55）
关于规范国有股东与上市公司进行资产重组有关事项的通知
（2009年6月24日　国资发产权〔2009〕124号）
……………………………（57）
家电以旧换新实施办法
（2009年6月28日　财建〔2009〕298号）…（58）
工业和信息化统计工作管理办法
（2009年8月5日　工信部运行〔2009〕374号）
……………………………（61）
关于正式实施行政事业单位资产管理信息系统的通知
（2009年8月28日　财办〔2009〕39号）……（64）
中国标准创新贡献奖管理办法
（2009年9月14日　国质检标联〔2009〕383号）
……………………………（65）
国务院关于进一步促进中小企业发展的若干意见
（2009年9月19日　国发〔2009〕36号）……（67）
董事会试点中央企业专职外部董事管理办法（试行）
（2009年10月13日　国资发干二〔2009〕301号）
……………………………（69）
关于进一步促进个体私营经济发展的若干意见
（2009年10月21日　工商个字〔2009〕208号）
……………………………（71）

关于企业加强职工福利费财务管理的通知
(2009年11月12日 财企〔2009〕242号)
…………………………………………………(72)
经济责任审计管理暂行办法
(2009年11月25日 工信部财〔2009〕532号)
…………………………………………………(73)

国务院部门规章

技术进出口合同登记管理办法
(2009年2月1日 中华人民共和国商务部令第3号公布) ……………………………………(76)
关于《中华人民共和国知识产权海关保护条例》的实施办法
(2009年3月3日 中华人民共和国海关总署令第183号公布) …………………………………(77)
安全评价机构管理规定
(2009年7月1日 国家安全生产监督管理总局令第22号公布) …………………………………(81)
经营者集中审查办法
(2009年11月24日 中华人民共和国商务部令第12号公布) …………………………………(84)

C 有关部委局工作综述

2009年中国发展和改革工作综述
…………… 国家发展和改革委员会政策研究室(88)
2009年中国国民经济运行状况综述
…………… 国家发展和改革委员会经济运行局(93)
2009年中国人力资源和社会保障工作综述
……… 国家人力资源和社会保障部政策研究司(95)
2009年中国企业国有资产监管法制建设综述
…… 国务院国有资产监督管理委员会政策法规局(98)
2009年中国对外贸易形势回顾与展望
…………… 商务部国际贸易经济合作研究院(100)
2009年中国资源节约和环境保护工作综述
… 国家发展和改革委员会资源节约和环境保护司(105)
2009年中国国家高新技术产业开发区综合发展与数据分析报告
… 国家科学技术部火炬高新技术产业开发中心(109)
2009年中国安全生产工作综述
…… 国家安全生产监督管理总局政策法规局(117)
2009年中国税收工作综述
………………………… 国家税务总局办公厅(120)
2009年中国环境状况综述
………………………… 国家环境保护部办公厅(123)
2009年中国产品质量状况综述
…… 国家质量监督检验检疫总局质量管理司(126)
2009年中国知识产权工作综述
………………………… 国家知识产权局专利局(128)
2009年中国林业工作综述
………………………………… 国家林业局(132)
2009年中国保险业发展与改革综述
……… 中国保险监督管理委员会发展改革部(135)
2009年中国工会工作综述
…………………… 中华全国总工会研究室(136)

D 中国企业发展综述

2009年中国国有企业改革重组工作综述
…………………………………………………(140)
2009年中国中小企业改革和发展综述
…………… 国家工业和信息化部中小企业司(142)
2009年中国外商投资企业登记管理综述
……………… 国家工商行政管理总局外资局(147)
2009年中国乡镇企业发展综述
…………………… 农业部产业政策与法规司(150)
2009年中国个体私营经济发展情况综述
………… 国家工商行政管理总局个体私营经济监督管理司(153)

E 行业发展综述

打造党中央和国务院推进各项工作落实方针政策的重要渠道 …………………… 中国工业经济联合会(160)
2009年中国企联工作情况与重点工作
……………………………… 中国企业联合会(163)
不辱使命 创新发展 推动中国质量事业迈上新的台阶
……………………………………… 中国质量协会(166)
2009年中国物流业发展综述
……………………… 中国物流与采购联合会(170)
2009年中国煤炭工业发展综述
…………………………… 中国煤炭工业协会(174)
2009年中国机械工业发展综述
…………………………… 中国机械工业联合会(176)
2009年中国钢铁行业运行综述
………………………………… 中国钢铁工业协会(179)
2009年中国石油和化工行业综述及2010年展望
……………………… 中国石油和化学工业协会(184)
转变发展方式 推进管理创新 增强持续发展能力
——中国石油石化工业2009年工作综述与2010年工作展望 ……… 中国石油企业协会(189)
2009年中国轻工业发展综述
…………………………… 中国轻工业联合会(192)
2009年中国纺织工业发展综述
…………………………… 中国纺织工业协会(198)
2009年中国有色金属工业发展综述
………………………… 中国有色金属工业协会(202)
2009年中国电力供需形势综述及2010年分析
……………………… 中国电力企业联合会(204)
坚持服务宗旨 促进创新发展
……………………… 中国铁道企业管理协会(207)
中国民航业在应对危机中逆势而上
………………………………… 中国航空运输协会(211)
2009年中国生产资料流通业发展综述
………………………………… 中国物流信息中心(214)

F 中国企业500强

2009 中国企业500强整体分析与世界企业500强的对比分析 ……………… 中国企业联合会 课题组（220）
2009 中国企业500强名单 ……………………………（242）
2009 中国制造业企业500强排序前100家名单 ……（253）
2009 中国服务业企业500强排序前100家名单 ……（255）
2009 中国企业500强利润排序前100家名单 ………（257）
2009 中国企业500强收入利润率排序前100家名单 ……………………………………………………（258）
2009 中国企业500强总资产排序前100家名单 ……（259）
2009 中国企业500强资产利润率排序前100家名单 ……………………………………………………（260）
2009 中国企业500强所有者权益排序前100家名单 ……………………………………………………（261）
2009 中国企业500强从业人数排序前100家名单 …（262）
2009 中国企业500强研究开发费用排序前100家名单 ……………………………………………………（263）
2009 年度全国工商联上规模民营企业调研结果揭晓 ……………………… 中华全国工商业联合会（264）
2009 年度全国工商联上规模民营企业调研营业收入总额排序前500家名单 … 中华全国工商业联合会（266）

G 企业管理创新

以管理创新推动企业战略转型
……………… 中国企业联合会中国企业家协会
执行副会长 蒋黔贵（278）
第十六届国家级企业管理现代化创新成果名单
… 全国企业管理现代化创新成果审定委员会（283）

H 劳动关系和谐发展

劳动关系中的“三方机制”研究
…………………………… 武汉大学法学院教授
中国劳动法学会理事 张荣芳
上海市劳动学会劳动法专业委员会委员 王桦宇（294）
中国企业劳动关系的变迁
………………… 中南大学 洪泸敏 章辉美（304）
在应对国际金融危机中发展和谐劳动关系
… 国家人力资源和社会保障部副部长 杨志明（309）
关于构建和谐劳动关系问题探究
…………………… 中国联合网络通信有限公司
河南省分公司 张明文（311）

I 全国企业家活动日

全球经济变局下的中国企业家
——2009 全国企业家活动日在昆明举行 ………（314）
勇担重任 在逆境中实现企业新发展
…………… 中国企业联合会 中国企业家协会
会长 王忠禹（315）
危机中更要呼唤企业家精神
……………………… 招商银行行长 马蔚华（317）

J 新中国成立60年

光辉的历程 宏伟的篇章
——新中国成立60周年经济社会发展成就回顾 …………………… 国家统计局（320）
新中国60年中国经济重大决策
… 国务院国有资产监督管理委员会研究中心（333）
60年具有民族特色的中国品牌 ……………………（336）
中华人民共和国60年大事记
………………………… 中共中央党史研究室（337）

K 调查与研究

薪酬整合：国企并购重组后的“人和”策略
…… 人民大学 北京大学MBA企业文化专业
特聘教授 王吉鹏（360）
金融危机形势下的企业劳动关系
…… 国家人力资源和社会保障部“金融危机形势下劳动关系的新变化及对策研究”课题组（361）
2009 年度民营企业经营管理情况分析
……………… 中华全国工商业联合会经济部
中华财务咨询有限公司（365）

L 企业改革与管理

综合管理

积极推进变革调整努力实现更高水平发展
…………… 中国企业联合会 中国企业家协会
会长 王忠禹（372）
积极探索具有中国特色的国有企业改革之路
……………… 国务院国有资产监督管理委员会
研究中心主任 党委书记 李保民（374）
2009 中国大企业发展的趋势 问题和建议
…………… 中国企业联合会 中国企业家协会
课题组（376）

国企改革

中央企业：以科学发展应对国际金融危机
……………… 国务院国有资产监督管理委员会
主任 党委书记 李荣融（379）
国有企业与国有资产管理体制改革
……………… 国务院国有资产监督管理委员会
副主任 邵 宁（381）

中小企业与非公经济

当前民营企业发展的困难与机遇
……… 北京大学光华管理学院院长 厉以宁（388）
发展中小企业集合债 促进中小企业融资
… 中国人民大学财政金融学院博士后 喻 鑫（389）

科学管理
中国式管理的机遇和挑战
… 清华大学经济管理学院常务副院长 陈国青（392）
把战略管理置于企业管理的中心环节
…… 国务院国有重点大型企业监事会 季晓南（394）
形成更合理更持久的经济增长
…… 北京大学国家发展研究院院长 周其仁（397）
中国企业需要一次新的“改革开放”
……………… 南开大学商学院院长 李维安（398）

劳动保障
我国生产性服务业发展的差距 潜力与政策建议
…………… 中国社科院财贸所 中共湖南省委
直属机关党校 夏杰长 吴家森（400）
国企改制中职工权益保护的对策建议
…………………………………………… 王洪泽（401）

循环经济
用全新思维和举措应对金融危机
…… 中国风能协会副理事长 中国可再生能源
学会常务理事 马学禄（404）
循环经济与城市垃圾资源再利用
……………………… 东北财经大学国际商学院
葛竞天 李 玉（406）

信息化
全球化 中国出版业的挑战与机遇
……… 中国出版工作者协会副主席 陈 昕（409）
将信息化提升为一种战略
…………………… 国家信息化专家咨询委员会
委员 高新民（411）
如何理解信息化与工业化的融合
…………………… 工业和信息化部信息化推进司
副司长 董宝青（412）

企业文化
全球金融危机下企业文化建设的九个深层问题
……… 北京大学光华管理学院院长 厉以宁（414）
浅析企业文化建设与人力资源开发的关系
……………………………… 涂正富 郑启富（417）

M 企业论坛

和谐凝聚动力
……………… 中国移动通信集团广东有限公司
总经理 徐 龙（420）
基于知识创造和扁平沟通的个性化办公平台建设和应用
…………………………… 中国移动通信集团
广东有限公司深圳分公司（422）
面向核心竞争力提升的精益运营体系建设
…………… 中国移动通信集团浙江有限公司（427）
坚持自主创新 引领 TD - SCDMA 产业发展
…………………………… 大唐电信科技产业集团（429）
贯彻落实科学发展观 推动长江电力党建工作改革创新
………………… 中国长江电力股份有限公司（433）
论大亚湾核电站安全运行十五周年的基本经验
…… 大亚湾核电运营管理有限责任公司副总经理
党委副书记 殷 雄（436）
流域水电开发项目建设的融资租赁管理
…………………… 华能澜沧江水电有限公司（439）
遵循经济发展规律 推进电力科学发展
……………… 重庆市电力公司总经理 单业才（442）
供电企业输电设备状态检修管理
………………………………… 浙江金华电业局（443）
以业务能力提升和专家型人才培养为重点的电力企业培训管理
………………………………… 宁夏电力公司（447）
大型跨国上市公司独立编制财务报告体系建设
……………… 中国石油天然气股份有限公司（451）
中国海洋石油总公司的经营与管理
………………………… 中国海洋石油总公司（456）
大型跨国化工企业基于信息化的管理提升
…………… 中国蓝星（集团）股份有限公司（459）
大型低品位油气田全方位创新开发管理的实践与研究
……………………… 中国石油长庆油田公司（463）
基于信息化平台的成品油公路配送优化管理
……………………… 中国石油四川销售分公司（466）
以可持续发展为目标的绿色化工企业建设
………………… 重庆紫光化工股份有限公司（468）
国有大型钢铁企业集团管控体系建设
…………………………… 鞍山钢铁集团公司（469）
以新的理念在搬迁调整中实现发展方式的转变
…………………………………… 首钢总公司（474）
大型钢铁企业基于日核算的成本管理
……………………… 河北钢铁集团承钢公司
董事长 总经理 牟文恒（476）
化“危”为“机” 推进攀钢科学发展
…………………………… 攀钢集团有限公司（480）
世界及中国黄金的现状与未来
… 中国黄金集团总经理 党委书记 孙兆学（482）
自觉融入经济发展方式转变大局
…………………………… 国家开发投资公司
董事长 党组书记 王会生（484）
优秀企业文化引领金隅又好又快发展
……………………… 北京金隅集团有限责任公司
党委书记 董事长 蒋卫平（486）
做强主业 做大利润 做响品牌 不断增强可持续发展能力
……… 中国华融资产管理公司总裁 赖小民（489）
大型企业集团财务公司由“投资理财”向“金融服务”的战略转型
…………… 中核集团中核财务有限责任公司（490）
打造首都金融高地 助推文化产业发展
……………………………………… 北京银行（493）
努力打造中国一流现代商业银行
…………………… 恒丰银行董事长 姜喜运（495）
引导我国水泥产业科学发展
… 中国建筑材料集团有限公司董事长 宋志平（496）

潞安集团高碳能源低碳发展的探索和实践
…………………… 潞安集团董事长　任润厚（498）
深入开展创先争优活动　推动百年开滦转型发展
……… 开滦集团党委书记　董事长　张文学（500）
依托科技进步　实施绿色开发
………………… 山东新矿集团公司翟镇煤矿（502）
浅谈如何做好双突矿井的安全生产管理
…………… 义煤集团新安煤矿矿长　贺志强（504）
沉着应对危机　实现逆势成长
…………………………… 中国航空集团公司（505）
航空报国　强军富民
……………………… 中国航空工业集团公司（507）
提升军工产品设计综合实力的知识管理
……………… 中航工业沈阳飞机设计研究院（509）
加快企业转型发展　实践企业价值最大化
… 中航工业西安航空发动机（集团）有限公司
董事长　蔡　毅（511）
打造标杆　追求卓越
…………… 红塔烟草（集团）有限责任公司（515）
而今迈步从头越
………… 红云红河烟草（集团）有限责任公司（516）
擎起高高飘扬的文明建设大旗
………………… 龙岩烟草工业有限责任公司（519）
做强薄膜产业　努力打造企业竞争实力的新跨越
… 浙江大东南集团有限公司总经理　黄飞刚（520）
不经风雨　怎知人才可贵
……………………… 太和顾问数据研究中心（522）
公路港建设是中国公路物流转型升级的有效载体
… 浙江传化物流基地有限公司总裁　姚文通（525）

N 袁宝华企业管理金奖

“袁宝华企业管理金奖”介绍 ……………………（528）
建设国际一流能源公司
——中国海洋石油总公司总经理　党组书记傅成玉
………………………………………………………（529）
中国现代银行家典范
——招商银行行长　首席执行官　党委书记马蔚华
………………………………………………………（530）
从技术专家到管理专家
——中国石化集团北京燕山石化公司董事长
总经理王永健 ……………………………………（531）
打造全球化企业
——长沙中联重工科技发展股份有限公司董事长
首席执行官　党委书记詹纯新 ……………………（532）
创新发展成就一流企业
——国家开发投资公司总经理　党组书记王会生
………………………………………………………（533）

O 中国企业新纪录

第十四批中国企业新纪录二十项重大创新项目
………………… 中国企业新纪录审定委员会（536）
第十四批中国企业新纪录
………………… 中国企业新纪录审定委员会（537）
中国煤炭工业协会推荐 ……………………………（537）
中国煤炭建设协会推荐 ……………………………（544）
中国石油企业协会推荐 ……………………………（545）
中国石化企业管理协会推荐 ………………………（554）
中国钢铁工业协会推荐 ……………………………（558）
中国有色金属工业企业协会推荐 …………………（565）
中国冶金建设协会推荐 ……………………………（565）
中国建筑材料企业管理协会推荐 …………………（565）
中国食品工业协会推荐 ……………………………（567）
中国食品工业协会　广东省企业联合会推荐 ………（568）
中国电力企业联合会　中国水利水电建设集团推荐
………………………………………………………（568）
中国电力企业联合会推荐 …………………………（572）
中国电力企业联合会　黑龙江省企业联合会推荐 …（580）
中国化工企业管理协会推荐 ………………………（581）
中国化工企业管理协会　广东省企业联合会推荐 …（582）
中国轻工业企业管理协会推荐 ……………………（582）
中国机械工业企业管理协会推荐 …………………（582）
中国机械工业企业管理协会　深圳市工业经济
联合会推荐
………………………………………………………（585）
中国重型机械工业协会推荐 ………………………（585）
中国交通企业管理协会推荐 ………………………（587）
中国铁道企业管理协会推荐 ………………………（591）
中国船舶工业行业协会推荐 ………………………（597）
中国集装箱工业协会推荐 …………………………（600）
中国国防科技工业企业管理协会推荐 ……………（600）

P 企业先进

创业企业家

第八届中国创业企业家
………… 中国企业联合会　中国企业家协会（606）
“杰出创业女性”获奖名单
……………………………… 中国女企业家协会（635）

优秀企业

2009 年度全国企业文化创新案例
………… 中国企业联合会　中国企业家协会（638）
2009 年度全国企业文化优秀成果
………… 中国企业联合会　中国企业家协会（639）
2009 年度中国诚信企业 ……………………………（640）
中国女企业家协会系统先进集体　先进工作者
……………………………… 中国女企业家协会（642）

质量先进

2009 年全国质量奖获奖企业
………………………………… 中国质量协会（643）
全国推行全面质量管理 30 周年表彰名单
………………………………… 中国质量协会（643）

Q 国民经济和社会发展统计资料

2009 年国民经济和社会发展统计公报
(2009 年 2 月 25 日) ………… 国家统计局 (648)
国民经济与社会发展总量指标 ……………………… (658)
国民经济与社会发展速度指标 ……………………… (660)
国民经济与社会发展结构指标 ……………………… (662)
东、中、西、东北地区主要经济指标 ……………… (663)
国民经济核算指标 …………………………………… (664)
国民总收入和国内生产总值 ………………………… (665)
地区生产总值及增长速度 …………………………… (667)
人均地区生产总值 …………………………………… (669)
规模以上工业企业工业增加值增长速度 …………… (670)
规模以上工业企业出口交货值 ……………………… (670)
规模以上工业企业主要经济指标 …………………… (671)
各地区规模以上工业企业主要经济指标 …………… (672)
各地区规模以上工业企业主要经济效益指标 ……… (674)
按行业分法人单位数 ………………………………… (675)
各地区按三次产业分法人单位数 …… (676)
各地区按行业分法人单位数 ………………………… (677)
按三次产业分就业人员 ……………………………… (680)
按城乡分就业人员 …………………………………… (681)
就业和工资基本情况 ………………………………… (682)
城镇登记失业人数及失业率 ………………………… (683)
职工工资总额和指数 ………………………………… (683)
职工平均货币工资及指数 …………………………… (684)
研究生和留学生数 …………………………………… (685)
国有企事业单位专业技术人员 ……………………… (685)
科技事业发展情况 …………………………………… (686)
货物进出口总额 ……………………………………… (687)
固定资产投资概况 …………………………………… (688)
按城乡分全社会固定资产投资 ……………………… (689)
按构成和隶属关系分全社会固定资产投资 ………… (690)
各地区全社会固定资产投资 ………………………… (691)
国家财政收支和债务收支情况 ……………………… (692)
中央和地方财政收支 ………………………………… (693)
保险公司业务经济技术指标 ………………………… (694)
证券市场基本情况 …………………………………… (694)
能源生产总量和构成 ………………………………… (695)
能源消费总量和构成 ………………………………… (695)
综合能源平衡表 ……………………………………… (696)
社会消费品零售总额 ………………………………… (697)
各地区社会消费品零售总额 ………………………… (698)
环境保护基本概况 …………………………………… (699)
各种价格指数 ………………………………………… (700)
各种价格定基指数 …………………………………… (701)
居民消费价格指数 …………………………………… (702)
人民生活基本情况 …………………………………… (703)
城乡居民家庭人均收入和指数 ……………………… (704)
城乡居民家庭人均消费支出和住房情况 …………… (705)
城乡居民人民币储蓄存款年底余额和年增加额 …… (706)
金融机构存款利率调整时间表 ……………………… (706)
金融机构贷款利率调整时间表 ……………………… (707)
人民币一年期存贷款利率 …………………………… (707)
世界主要国家和地区国内生产总值和人均国民总收入
…………………………………………………………… (708)
世界主要国家就业结构与失业率 …………………… (709)
世界主要国家货物进出口贸易额 …………………… (709)
中国主要经济指标和主要工农业产品产量居世界位次
…………………………………………………………… (710)
附：主要统计指标解释 ……………………………… (711)

R 经济与企业发展大事记

1 月份 ……………………………………………………… (714)
2 月份 ……………………………………………………… (714)
3 月份 ……………………………………………………… (715)
4 月份 ……………………………………………………… (716)
5 月份 ……………………………………………………… (716)
6 月份 ……………………………………………………… (717)
7 月份 ……………………………………………………… (718)
8 月份 ……………………………………………………… (719)
9 月份 ……………………………………………………… (719)
10 月份 …………………………………………………… (720)
11 月份 …………………………………………………… (721)
12 月份 …………………………………………………… (721)

S 附录

2009 年度中国企业十大新闻
………… 中国企业联合会 中国企业家协会 (724)
跨国公司中国贡献榜
…… 中国企业报社 中国企业 CSR 研究中心 (725)

T 图片资料

中国石油天然气股份有限公司 ……………………… (A2)
中国海洋石油总公司 ………………………………… (A6)
钢铁、机械、有色金属、通信等行业
鞍山钢铁集团公司 …………………………………… (B2)
首钢集团 ……………………………………………… (B4)
河北钢铁集团承钢公司 ……………………………… (B6)
攀钢集团有限公司 …………………………………… (B8)
南京钢铁联合有限公司 ……………………………… (B10)
天津钢管集团股份有限公司 ………………………… (B12)
中国南车股份有限公司 ……………………………… (B14)
中国冶金科工股份有限公司 ………………………… (B16)
中国黄金集团公司 …………………………………… (B18)
中国北方工业公司 …………………………………… (B20)
长沙中联重工科技发展股份有限公司 ……………… (B22)
中国移动通信集团广东有限公司 …………………… (B24)
中国移动通信集团浙江有限公司 …………………… (B26)
大唐电信科技产业集团 ……………………………… (B28)

吉林敖东医药有限责任公司 …………………………（B30）
中国石油四川销售分公司 …………………………（B31）
浙江传化物流基地有限公司 …………………………（B32）
石油、石化、运输、金融投资、航空科技等行业
中国蓝星集团（股份）有限公司 ……………………（C2）
中国石化集团北京燕山石油化工有限公司 …………（C4）
中国石油长庆油田公司 ………………………………（C6）
云天化集团有限责任公司 ……………………………（C8）
国家开发投资公司 ……………………………………（C10）
北京金隅集团有限责任公司 …………………………（C12）
中国华融资产管理公司 ………………………………（C14）
中核集团中核财务有限责任公司 ……………………（C16）
北京银行 ………………………………………………（C18）
中国航空集团公司 ……………………………………（C20）
中国航空工业集团公司 ………………………………（C22）
中航工业沈阳飞机设计研究所 ………………………（C24）
中航工业西安航空发动机（集团）有限公司 ………（C26）
浙江大东南集团有限公司 ……………………………（C28）
重庆紫光化工股份有限公司 …………………………（C30）
恒丰银行 ………………………………………………（C31）
中国石油天然气股份有限公司兰州石化公司 ………（C32）
建材、能源、服务业等行业
中国建筑材料集团有限公司 …………………………（D2）
中国长江电力股份有限公司 …………………………（D4）
大亚湾核电运营管理有限责任公司 …………………（D6）
华能澜沧江水电有限公司 ……………………………（D8）
国家电网重庆市电力公司 ……………………………（D10）
国家电网浙江金华电业局 ……………………………（D12）
国家电网宁夏电力公司 ………………………………（D14）
潞安集团 ………………………………………………（D16）
开滦（集团）有限责任公司 …………………………（D18）
新汶矿业集团有限责任公司翟镇煤矿 ………………（D20）
香港中旅（集团）有限公司 …………………………（D22）
红塔烟草（集团）有限责任公司 ……………………（D24）
红云红河烟草（集团）有限责任公司 ………………（D26）
龙岩烟草工业有限责任公司 …………………………（D28）
北京太和睿信企业管理顾问有限公司 ………………（D30）
新安煤矿 ………………………………………………（D31）

KEY DOCUMENTS

重要文献

在建国60周年上的讲话

（2009年10月1日）

中共中央总书记　国家主席　胡锦涛

全国同胞们，同志们，朋友们：

今天，我们隆重集会，庆祝中华人民共和国成立60周年。

在这个喜庆而又庄严的时刻，全国各族人民都为伟大祖国的发展进步感到无比自豪，都对实现中华民族伟大复兴的光明前景充满信心。在这里，我代表党中央、全国人大、国务院、全国政协和中央军委，向一切为民族独立和人民解放、国家富强和人民幸福建立了不朽功勋的革命先辈和烈士们，表示深切的怀念！

向全国各族人民和海内外爱国同胞，致以热烈的祝贺！向关心和支持中国发展的各国朋友，表示衷心的感谢！

60年前的今天，中国人民经过近代以来100多年的浴血奋战终于夺取了中国革命的伟大胜利，毛泽东主席在这里向世界庄严宣告了中华人民共和国的成立。

中国人民从此站起来了，具有5 000多年文明历史的中华民族从此进入了发展进步的历史新纪元。60年来，在以毛泽东同志、邓小平同志、江泽民同志为核心的党的三代中央领导集体和党的十六大以来的党中央领导下，勤劳智慧的我国各族人民同心同德、艰苦奋斗，战胜各种艰难曲折和风险考验，取得了举世瞩目的伟大成就，谱写了自强不息的壮丽凯歌。

今天，一个面向现代化、面向世界、面向未来的社会主义中国巍然屹立在世界东方。新中国60年的发展进步充分证明，只有社会主义才能救中国，只有改革开放才能发展中国、发展社会主义、发展马克思主义。中国人民有信心、有能力建设好自己的国家，也有信心、有能力为世界作出自己应有的贡献。

我们将坚定不移坚持中国特色社会主义道路，全面贯彻执行党的基本理论、基本路线、基本纲领、基本经验，继续解放思想，坚持改革开放，推动科学发展，促进社会和谐，推进全面建设小康社会进程，不断开创中国特色社会主义事业新局面、谱写人民美好生活新篇章。我们将坚定不移坚持“和平统一、一国两制”的方针，保持香港、澳门长期繁荣稳定，推动海峡两岸关系和平发展，继续为实现祖国完全统一这一中华民族的共同心愿而奋斗。

我们将坚定不移坚持独立自主的和平外交政策，坚持和平发展道路，奉行互利共赢的开放战略，在和平共处五项原则基础上同所有国家发展友好合作，继续同世界各国人民一道推进人类和平与发展的崇高事业，推动建设持久和平、共同繁荣的和谐世界。中国人民解放军和人民武装警察部队要发扬光荣传统，加强自身建设，切实履行使命，为维护国家主权、安全、领土完整，为维护世界和平再立新功。

历史启示我们，前进道路从来不是一帆风顺的，但掌握了自己命运、团结起来的人民必将战胜一切艰难险阻，不断创造历史伟业。展望未来，中国的发展前景无限美好。全党全军全国各族人民要更加紧密地团结起来，高举中国特色社会主义伟大旗帜，与时俱进，锐意进取，继续朝着建设富强民主文明和谐的社会主义现代化国家、实现中华民族伟大复兴的宏伟目标奋勇前进，继续以自己的辛勤劳动和不懈奋斗为人类作出新的更大的贡献！

政府工作报告

——2010年3月5日在第十一届全国人民代表大会第三次会议上

国务院总理　温家宝

各位代表：

现在，我代表国务院向大会作政府工作报告，请予审议，并请全国政协各位委员提出意见。

一、2009年工作回顾

2009年是新世纪以来我国经济发展最为困难的一年。上年这个时候，国际金融危机还在扩散蔓延，世界经济深度衰退，我国经济受到严重冲击，出口大幅下降，不少企业经营困难，有的甚至停产倒闭，失业人员大量增加，农民工大批返乡，经济增速陡然下滑。

在异常困难的情况下，全国各族人民在中国共产党的坚强领导下，坚定信心，迎难而上，顽强拼搏，从容应对国际金融危机冲击，在世界率先实现经济回升向好，改革开放和社会主义现代化建设取得新的重大成就。

国内生产总值达到335 000亿元，比上年增长8.7%；财政收入68 500亿元，增长11.7%；粮食产量5.3亿吨，再创历史新高，实现连续6年增产；城镇新增就业1 102万人；城镇居民人均可支配收入17 175元，农村居民人均纯收入5 153元，实际增长9.8%和8.5%。

我国在全面建设小康社会道路上又迈出坚实的一步。实践再次证明，任何艰难险阻都挡不住中华民族伟大复兴的历史进程。

过去的一年，极不平凡，令人振奋。我们隆重庆祝新中国成立60周年。抚今追昔，伟大祖国的辉煌成就极大地激发了全国人民的自信心和自豪感，极大地增强了中华民族的向心力和凝聚力，极大地提升了我国的国际地位和影响力，必将激励我们在中国特色社会主义道路上继续奋勇前进。

一年来，我们主要做了以下工作：

（一）加强和改善宏观调控，促进经济平稳较快发展

我们实行积极的财政政策和适度宽松的货币政策，全面实施并不断完善应对国际金融危机的一揽子计划。大规模增加财政支出和实行结构性减税，保持货币信贷快速增长，提高货币政策的可持续性，扩大直接融资规模，满足经济社会发展的资金需求，有效扩大了内需，很快扭转了经济增速下滑趋势。

着力扩大居民消费。我们鼓励消费的政策领域之宽、力度之大、受惠面之广前所未有。中央财政投入资金450亿元，补贴家电汽车摩托车下乡、汽车家电以旧换新和农机具购置。减半征收小排量汽车购置税，减免住房交易相关税收，支持自住性住房消费。

全年汽车销售1 364万辆，增长46.2%；商品房销售9.4亿平方米，增长42.1%；社会消费品零售总额实际增长16.9%，消费对经济增长的拉动作用明显增强。

促进投资快速增长。我们发挥政府投资“四两拨千斤”的作用，引导带动社会投资。实施2年新增40 000亿元的投资计划。

2009年中央政府公共投资9 243亿元，比上年预算增加5 038亿元，其中，保障性住房、农村民生工程、社会事业投资占44.0%，自主创新、结构调整、节能减排和生态建设占16.0%，重大基础设施建设占23.0%，灾后恢复重建占14.0%。全社会固定资产投资增长30.1%，投资结构进一步优化。

投资快速增长有效弥补了外需下降的缺口，加强了薄弱环节，为经济社会长远发展奠定了坚实的基础。

我们加快推进汶川地震灾后恢复重建，重灾区已完成投资6 545亿元，占规划总投资的65.5%。国家的大力支持，全国人民的无私援助，灾区群众的艰苦奋斗，使遭受重大创伤的灾区呈现出崭新面貌。

一座座新城拔地而起，一个个村庄焕发出蓬勃

生机。这充分体现了中华民族的无疆大爱，有力彰显了社会主义制度的无比优越。

（二）大力调整经济结构，夯实长远发展基础

我们把保增长与调结构紧密结合起来，加快解决制约经济发展的结构性矛盾。

“三农”工作进一步加强。中央财政用于“三农”的支出7 253亿元，增长21.8%。大幅度提高粮食最低收购价。启动实施全国新增千亿斤粮食生产能力建设规划。

继续改善农村生产生活条件，农村饮水安全工程使6 069万农民受益，新增510万沼气用户，新建和改造农村公路38万公里、农村电网线路26.6万公里，又有80万户农村危房得到改造，9.2万户游牧民实现了定居。我们加大扶贫力度，贫困地区的生产生活条件得到明显改善。

产业结构调整力度加大。制定并实施十大重点产业调整振兴规划。鼓励企业加快技术改造，安排200亿元技改专项资金支持4 441个技改项目。重点行业兼并重组取得新进展。

下大力气抑制部分行业产能过剩和重复建设，关停小火电机组2 617万千瓦，淘汰落后的炼钢产能1 691万吨、炼铁产能2 113万吨、水泥产能7 416万吨、焦炭产能1 809万吨。

加快实施国家科技重大专项，中央财政用于科技的支出1 512亿元，增长30.0%。积极支持自主创新产品推广应用，清洁能源、第三代移动通信等一批新兴产业快速发展。大力加强基础设施建设，新建铁路投入运营5 557公里，高速公路新建通车4 719公里，城市轨道交通建设加快，新建、改扩建民用机场35个；新增发电装机8 970万千瓦，西气东输二线西段工程实现供气，南水北调工程建设加快推进，6 183座病险水库除险加固工程开工建设。

节能减排和环境保护扎实推进。安排预算内资金，支持重点节能工程、循环经济等项目2 983个；实施节能产品惠民工程，推广节能空调500多万台、高效照明灯具1.5亿只。

继续推进林业重点生态工程建设，完成造林8 827万亩，森林覆盖率达到20.4%。综合治理水土流失面积4.8万平方公里。加强“三河三湖”等重点流域水污染防治和工业废水废气废渣治理。“十一五”前4年累计单位国内生产总值能耗下降14.4%，化学需氧量、二氧化硫排放量分别下降9.7%和13.14%。

积极开展应对气候变化工作，明确提出2020年我国控制温室气体排放行动目标和政策措施。气象预报预警和地震监测工作得到加强，灾害防御能力不断提升。

区域协调发展迈出新步伐。深入实施区域发展总体战略，制定若干区域发展重大规划和政策。中西部和东北地区加快开放开发，积极承接产业转移，发展基础不断夯实；东部地区加快结构和自主创新，经济发展活力增强。区域发展呈现布局改善、结构优化、协调性提高的良好态势。

（三）坚持深化改革开放，不断完善有利于科学发展的体制机制

我们把深化改革开放作为应对国际金融危机的强大动力，努力消除体制障碍，不断提高对外开放水平。

重点领域和关键环节改革加快推进。增值税转型全面实施。成品油价格和税费改革顺利推进，新的成品油价格形成机制规范运行。国家开发银行商业化转型和农业银行股份制改革扎实推进，跨境贸易人民币结算试点启动实施。

创业板正式推出，为自主创新及其他成长型创业企业开辟了新的融资渠道。地方政府机构改革有序开展，事业单位分类改革试点稳步进行。集体林权制度改革全面推开，15亿亩林地确权到户，占全国集体林地面积的60.0%，这是继土地家庭承包之后我国农村经营制度的又一重大变革。

开放型经济水平不断提高。出台一系列稳定外需的政策措施，采取符合国际惯例的方式支持出口企业，完成短期出口信用保险承保900亿美元，安排421亿美元大型成套设备出口融资保险。鼓励增加进口。

2009年下半年开始进出口降幅明显收窄，国际市场份额得到巩固，全年进出口总额22 000亿美元。扭转利用外资下降局面，全年实际利用外商直接投资900亿美元。企业“走出去”逆势上扬，非金融类对外直接投资和对外工程承包营业额分别达433亿美元和777亿美元。

积极参与国际宏观经济政策对话协调和经贸金融合作，在共同应对国际金融危机中发挥了建设性作用。

（四）着力改善民生，加快发展社会事业

在应对国际金融危机的困难情况下，我们更加注重保障和改善民生，切实解决人民群众最关心、最直接、最现实的利益问题。

实施更加积极的就业政策。强化政府促进就业的责任。中央财政安排就业专项资金426亿元，比

上年增长59.0%。实施困难企业缓缴社会保险费或降低部分费率、再就业税收减免及提供相关补贴等政策，鼓励企业稳定和增加就业。

开展系列就业服务活动，多渠道开辟公益性就业岗位，促进高校毕业生到基层就业、应征入伍和到企事业单位就业见习。全年组织2 100万城乡劳动者参加职业培训。这些措施促进了就业的基本稳定。

加快完善社会保障体系。普遍建立养老保险省级统筹制度，出台包括农民工在内的城镇企业职工养老保险关系转移接续办法。在320个县开展新型农村社会养老保险试点，推动我国社会保障制度建设迈出历史性步伐。

中央财政安排社会保障资金2 906亿元，比上年增长16.6%。企业退休人员基本养老金连续5年增加，2009年又人均提高10.0%。农村五保户供养水平、优抚对象抚恤补助标准、城乡低保对象保障水平都有新的提高。

中央财政安排保障性安居工程补助资金551亿元，比上年增长2倍。新建、改扩建各类保障性住房200万套，棚户区改造解决住房130万套。全国社会保障基金积累6 927亿元，比上年增长44.2%。社会保障体系得到加强。

进一步促进教育公平。大幅度增加全国教育支出，其中中央财政支出1 981亿元，比上年增长23.6%。全面落实城乡义务教育政策，中央下达农村义务教育经费666亿元，提前一年实现农村中小学生人均公用经费500元和300元的目标。

实行义务教育阶段教师绩效工资制度。中等职业学校农村家庭经济困难学生和涉农专业学生免学费政策开始实施。国家助学制度不断完善，资助学生2 871万人，基本保障了困难家庭的孩子不因贫困而失学。

稳步推进医药卫生事业改革发展。组织实施医药卫生体制改革。中央财政医疗卫生支出1 277亿元，比上年增长49.5%。城镇职工和城镇居民基本医疗保险参保4亿多人，新型农村合作医疗制度覆盖8.3亿人。

中央财政安排429亿元，解决关闭破产国有企业退休人员医疗保险问题。基本药物制度在30.0%的基层医疗卫生机构实施。中央财政支持建设了一批县级医院、乡镇中心卫生院和社区卫生服务中心。

启动实施扩大乙肝疫苗接种等重大公共卫生服务专项。加强食品、药品安全专项整治。面对突如其来的甲型H1N1流感疫情，我们依法科学有序地开展防控工作，有效保障了人民群众生命安全，维护了社会正常秩序。

在国际金融危机严重冲击、世界经济负增长的背景下，我国取得这样的成绩极为不易。

这是以胡锦涛同志为总书记的党中央统揽全局、正确领导的结果，是全党全军全国各族人民和衷共济、团结奋斗的结果。在这里，我代表国务院，向全国各族人民，各民主党派、各人民团体和各界人士，表示诚挚的感谢！向香港特别行政区同胞、澳门特别行政区同胞、台湾同胞和海外侨胞，表示诚挚的感谢！向关心和支持中国现代化建设的各国政府、国际组织和各国朋友，表示诚挚的感谢！

一年来，我们认真贯彻落实科学发展观，积极应对国际金融危机，全面做好政府工作，有以下几点体会：

必须坚持运用市场机制和宏观调控两种手段，在坚持市场经济改革方向、发挥市场配置资源基础性作用、激发市场活力的同时，充分发挥我国社会主义制度决策高效、组织有力、集中力量办大事的优势。

必须坚持处理好短期和长期两方面关系，注重远近结合、标本兼治，既克服短期困难、解决突出矛盾，又加强重点领域和薄弱环节、为长远发展奠定基础。

必须坚持统筹国内国际两个大局，把扩大内需作为长期战略方针，坚定不移地实行互利共赢的开放战略，加快形成内需外需协调拉动经济增长的格局。

必须坚持发展经济与改善民生、维护社会公平正义的内在统一，围绕改善民生谋发展，把改善民生作为经济发展的出发点、落脚点和持久动力，着眼维护公平正义，让全体人民共享改革发展成果，促进社会和谐稳定。

必须坚持发挥中央和地方两个积极性，既强调统一思想、顾全大局，又鼓励因地制宜、探索创新，形成共克时艰的强大合力。

这些经验对我们坚持中国特色社会主义道路，提高驾驭社会主义市场经济能力，推进现代化进程，具有重要而深远的意义。

二、2010年主要任务

2010年是继续应对国际金融危机、保持经济平稳较快发展、加快转变经济发展方式的关键一年，是全面实现“十一五”规划目标、为“十二五”发展打好基础的重要一年。

2010年发展环境虽然有可能好于上年，但是面临的形势极为复杂。各种积极变化和不利影响此长彼消，短期问题和长期矛盾相互交织，国内因素和国际因素相互影响，经济社会发展中“两难”问题增多。

从国际看，世界经济有望恢复性增长，国际金融市场渐趋稳定，经济全球化深入发展的大趋势没有改变，世界经济格局大变革、大调整孕育着新的发展机遇。

同时，世界经济复苏的基础仍然脆弱，金融领域风险没有完全消除，各国刺激政策退出抉择艰难，国际大宗商品价格和主要货币汇率可能加剧波动，贸易保护主义明显抬头，加上气候变化、粮食安全、能源资源等全球性问题错综复杂，外部环境不稳定、不确定因素依然很多。

从国内看，我国仍处在重要战略机遇期。经济回升向好的基础进一步巩固，市场信心增强，扩大内需和改善民生的政策效应继续显现，企业适应市场变化的能力和竞争力不断提高。

但是，经济社会发展中仍然存在一些突出矛盾和问题。经济增长内生动力不足，自主创新能力不强，部分行业产能过剩矛盾突出，结构调整难度加大；就业压力总体上持续增加和结构性用工短缺的矛盾并存；农业稳定发展和农民持续增收的基础不稳固；财政金融领域潜在风险增加；医疗、教育、住房、收入分配、社会管理等方面的突出问题亟待解决。

我们必须全面、正确判断形势，决不能把经济回升向好的趋势等同于经济运行根本好转。要增强忧患意识，充分利用有利条件和积极因素，努力化解矛盾，更加周密地做好应对各种风险和挑战的准备，牢牢把握工作的主动权。

做好2010年的政府工作，要认真贯彻党的十七大和十七届三中、四中全会精神，以邓小平理论和“三个代表”重要思想为指导，深入贯彻落实科学发展观，着力搞好宏观调控和保持经济平稳较快发展，着力加快经济发展方式转变和经济结构调整，着力推进改革开放和自主创新，着力改善民生和促进社会和谐稳定，全面推进社会主义经济建设、政治建设、文化建设、社会建设以及生态文明建设，加快全面建设小康社会进程，努力实现经济社会又好又快发展。

2010年经济社会发展的主要预期目标是：

国内生产总值增长8.0%左右；城镇新增就业900万人以上，城镇登记失业率控制在4.6%以内；居民消费价格涨幅3.0%左右；国际收支状况改善。

这里要着重说明，提出国内生产总值增长8.0%左右，主要是强调好字当头，引导各方面把工作重点放到转变经济发展方式、调整经济结构上来。

提出居民消费价格涨幅3.0%左右，综合考虑了上年价格变动的翘尾因素、国际大宗商品价格的传导效应、国内货币信贷增长的滞后影响以及居民的承受能力，并为资源环境税费和资源性产品价格改革留有一定空间。

2010年要重点抓好八个方面工作：

（一）提高宏观调控水平，保持经济平稳较快发展

要继续实施积极的财政政策和适度宽松的货币政策，保持政策的连续性和稳定性，根据新形势新情况不断提高政策的针对性和灵活性，把握好政策实施的力度、节奏和重点。

处理好保持经济平稳较快发展、调整经济结构和管理好通胀预期的关系。既要保持足够的政策力度、巩固经济回升向好的势头，又要加快经济结构调整、推动经济发展方式转变取得实质性进展，还要管理好通胀预期、稳定物价总水平。

继续实施积极的财政政策。

一是保持适度的财政赤字和国债规模。2010年拟安排财政赤字10 500亿元，其中中央财政赤字8 500亿元，继续代发地方债2 000亿元并纳入地方财政预算。

这样的安排主要是考虑到2010年财政收支矛盾仍然十分突出。从财政收入看，上一年一次性特殊增收措施没有或减少了，还要继续实施结构性减税政策，财政收入增长不会太快；从财政支出看，继续实施应对国际金融危机的一揽子计划，完成在建项目、加强薄弱环节、推进改革、改善民生、维护稳定等都需要增加投入。

二是继续实施结构性减税政策，促进扩大内需和经济结构调整。

三是优化财政支出结构，有保有压，把钱花在刀刃上。继续向“三农”、民生、社会事业等领域倾斜，支持节能环保、自主创新和欠发达地区的建设。

严格控制一般性支出，大力压缩公用经费。

四是切实加强政府性债务管理，增强内外部约束力，有效防范和化解潜在财政风险。同时，要依法加强税收征管和非税收入管理，严厉打击偷骗税行为，做到应收尽收。

继续实施适度宽松的货币政策。一是保持货币信贷合理充裕。2010 年广义货币 M_2 增长目标为 17.0% 左右，新增人民币贷款 75 000 亿元左右。这两个指标虽然都低于上年实际执行结果，但仍然是一个适度宽松的政策目标，能够满足经济社会发展的合理资金需求。同时也有利于管理好通胀预期、提高金融支持经济发展的可持续性。二是优化信贷结构。落实有保有控的信贷政策，加强对重点领域和薄弱环节的支持，有效缓解农户和小企业融资难问题，严格控制对“两高”行业和产能过剩行业的贷款。强化贷后管理，确保信贷资金支持实体经济。三是积极扩大直接融资。完善多层次资本市场体系，扩大股权和债券融资规模，更好地满足多样化投融资需求。四是加强风险管理，提高金融监管有效性。探索建立宏观审慎管理制度，强化对跨境资本流动的有效监控，防范各类金融风险。继续完善人民币汇率形成机制，保持人民币汇率在合理、均衡水平上的基本稳定。

积极扩大居民消费需求。继续提高农民收入、企业退休人员基本养老金、部分优抚对象待遇和城乡居民最低生活保障水平，增强居民特别是中低收入者消费能力。

巩固扩大传统消费，积极培育信息、旅游、文化、健身、培训、养老、家庭服务等消费热点，促进消费结构优化升级。扩大消费信贷。加强商贸流通体系等基础设施建设，积极发展电子商务。整顿和规范市场秩序，努力营造便利、安全、放心的消费环境。继续实施和完善鼓励消费的各项政策措施。

大幅提高家电下乡产品最高限价，增加品种和型号，扩大补贴范围，完善补贴标准和办法，加强对中标企业的管理和考核，提高产品质量和服务水平；完善家电、汽车以旧换新和汽车、摩托车下乡政策，小排量汽车购置税按 7.5% 征收。我们一定要落实好这些政策措施，把好事办好，真正让广大群众得到实惠。

着力优化投资结构。各级政府投资都要集中力量保重点，严格控制新开工项目，资金安排主要用于项目续建和收尾，切实防止出现“半拉子”工程。扎实推进地震灾区恢复重建，保质保量完成任务。鼓励扩大民间投资，完善和落实促进民间投资的相关政策。

加强和改进投资管理，严格执行用地、节能、环保、安全等市场准入标准和产业政策，切实防止重复建设。对有财政资金投入的建设项目，要加强全程监督，坚决避免以扩大内需为名，搞劳民伤财的形象工程和政绩工程。坚持科学民主决策，确保公共投资真正用于推进经济社会发展和改善人民生活，经得起实践和历史的检验。

（二）加快转变经济发展方式，调整优化经济结构

转变经济发展方式刻不容缓。要大力推动经济进入创新驱动、内生增长的发展轨道。

继续推进重点产业调整振兴。一是加大技术改造力度。用好技改专项资金，引导企业开发新产品和节能降耗。二是促进企业兼并重组。打破行业垄断和地区封锁，推动优势企业兼并困难企业，加快淘汰落后产能。三是全面提升产品质量。引导企业以品牌、标准、服务和效益为重点，健全质量管理体系，强化社会责任。切实加强市场监管和诚信体系建设，努力把我国产品质量提高到新水平。

大力培育战略性新兴产业。国际金融危机正在催生新的科技革命和产业革命。发展战略性新兴产业，抢占经济科技制高点，决定国家的未来，必须抓住机遇，明确重点，有所作为。要大力发展新能源、新材料、节能环保、生物医药、信息网络和高端制造产业。积极推进新能源汽车、“三网”融合取得实质性进展，加快物联网的研发应用。加大对战略性新兴产业的投入和政策支持。

进一步促进中小企业发展。一是建立和完善中小企业服务体系。抓紧修订中小企业划分标准，加快中小企业公共服务平台、信息服务网络和小企业创业基地建设，进一步减少、简化行政审批，坚决清理和取消不合理收费。二是继续落实财政对中小企业支持政策。中央财政扶持中小企业发展专项资金安排 106 亿元。对部分小型微利企业实行所得税优惠政策。中央财政预算内技术改造专项投资要覆盖中小企业，地方政府也要加大投入。三是加强对中小企业的金融支持。完善小企业信贷考核体系。鼓励建立小企业贷款风险补偿基金。中小企业贷款税前全额拨备损失准备金。发展多层次中小企业信用担保体系，落实好对符合条件的中小企业信用担保机构免征营业税、准备金提取和代偿损失在税前扣除的政策。拓宽中小企业融资渠道，切实解决中小企业特别是小企业融资难问题。

加快发展服务业。进一步提高服务业发展水平和在国民经济中的比重。大力发展金融、物流、信息、研发、工业设计、商务、节能环保服务等面向生产的服务业，促进服务业与现代制造业有机融合。大力发展市政公用事业、房地产和物业服务、社区服务等面向民生的服务业，加快发展旅游业，积极拓展新型服务领域。

农村服务业基础薄弱、发展潜力大，要加快构建和完善以生产销售、科技信息和金融服务为主体的农村生产生活服务体系。加快建立公开平等规范的服务业准入制度，鼓励社会资本进入。进一步完善促进服务业发展的政策，逐步实现国家鼓励类服务业用电、用水、用气、用热与工业基本同价。

打好节能减排攻坚战和持久战。

一要以工业、交通、建筑为重点，大力推进节能，提高能源效率。扎实推进十大重点节能工程、千家企业节能行动和节能产品惠民工程，形成全社会节能的良好风尚。2010 年要新增 8 000 万吨标准煤的节能能力。所有新建、改建、扩建燃煤机组必须同步建成并运行烟气脱硫设施。

二要加强环境保护。积极推进重点流域区域环境治理及城镇污水垃圾处理、农业面源污染治理、重金属污染综合整治等工作。新增城镇污水日处理能力 1 500 万立方米、垃圾日处理能力 6 万吨。

三要积极发展循环经济和节能环保产业。支持循环经济技术研发、示范推广和能力建设。抓好节能、节水、节地、节材工作。推进矿产资源综合利用、工业废物回收利用、余热余压发电和生活垃圾资源化利用。

四要积极应对气候变化。大力开发低碳技术，推广高效节能技术，积极发展新能源和可再生能源，加强智能电网建设。加快国土绿化进程，增加森林碳汇，新增造林面积不低于 8 880 万亩。要努力建设以低碳排放为特征的产业体系和消费模式，积极参与应对气候变化国际合作，推动全球应对气候变化取得新进展。

推进区域经济协调发展。继续深入推进西部大开发，全面振兴东北地区等老工业基地，大力促进中部地区崛起，积极支持东部地区率先发展。

认真落实促进区域经济社会发展的各项规划和政策。加快推进主体功能区建设。重点抓好西藏和四省藏区、新疆经济社会发展政策的制定和实施工作。

加强对革命老区、民族地区、边疆地区和贫困地区的支持。实施区域发展总体战略，重在发挥各地比较优势，有针对性地解决各地发展中的突出矛盾和问题；重在扭转区域经济社会发展差距扩大的趋势，增强发展的协调性；重在加快完善公共财政体系，促进基本公共服务均等化。

（三）加大统筹城乡发展力度，强化农业农村发展基础

在连续 6 年增产增收之后，更要毫不松懈地抓好“三农”工作。要按照统筹城乡发展的要求，坚持把解决好“三农”问题作为全部工作的重中之重，进一步强化强农惠农政策，协调推进工业化、城镇化和农业农村现代化，巩固和发展农业农村好形势。

促进农业稳定发展和农民持续增收。稳定粮食生产，扩大油料种植面积，增加重要紧缺农产品供应，大规模开展粮棉油糖高产创建，大规模开展园艺产品生产和畜牧水产养殖标准化创建，保障“米袋子”、“菜篮子”安全。

继续实施对种粮农民直接补贴，增加农资综合补贴、良种补贴、农机具购置补贴，中央财政拟安排补贴资金 1 335 亿元，比上年增加 60.4 亿元。进一步提高粮食最低收购价，早籼稻、中晚籼稻、粳稻每斤分别提高 3 分、5 分和 1 毛钱，小麦每斤提高 3 分钱，继续实施重要农产品临时收储政策，让农民得到更多实惠。

加强对产粮大县、养猪大县、养牛大县的财政扶持。大力发展农产品加工业，推进农业产业化经营，支持批发市场和农贸市场升级改造，推动生产与市场对接。促进农民就业创业，多渠道增加农民收入。进一步加大扶贫开发力度。我们要坚持不懈地消除贫困落后，让农民群众早日过上富裕安康的生活。

加强农业基础设施建设。坚持财政支出优先支持农业农村发展，预算内固定资产投资优先投向农业基础设施和农村民生工程，土地出让收益优先用于农业土地开发和农村基础设施建设。

中央财政拟安排“三农”投入 8 183 亿元，比上年增加 930 亿元，地方各级财政也要增加投入。以主产区为重点，全面实施全国新增千亿斤粮食生产能力建设规划。以农田水利为重点，加强农业基础设施建设，加快大中型灌区的配套改造，扩大节水灌溉面积，建设高标准农田，完成大中型和重点小型病险水库除险加固任务。以良种培育为重点，加快农业科技创新和推广，实施好转基因生物新品种培育科技重大专项。积极推进现代农业示范区建设。加快建设乡镇和区域性农机推广、动植物疫病防控、农产品质量监管等公共服务机构。

深化农村改革。毫不动摇地坚持农村基本经营制度，加快完善有关法律法规和政策，现有土地承包关系要保持稳定并长久不变。加强土地承包经营权流转的管理和服务，在依法自愿有偿流转基础上发展多种形式规模经营。继续推进农村综合改革。完善集体林权制度改革配套政策。启动国有林场改革。继续推进草原基本经营制度改革。发展农民专业合作社，提高农业组织化程度。加快培育小型农村金融机构，积极推广农村小额信用贷款，切实改善农村金融服务。深入推进乡镇机构改革。

统筹推进城镇化和新农村建设。坚持走中国特色城镇化道路，促进大中小城市和小城镇协调发展，着力提高城镇综合承载能力，发挥城市对农村的辐射带动作用，促进城镇化和新农村建设良性互动。壮大县域经济，大力加强县城和中心镇基础设施和环境建设，引导非农产业和农村人口有序向小城镇集聚，鼓励返乡农民工就地创业。

城乡建设都要坚持最严格的耕地保护制度和最严格的节约用地制度，切实保护农民合法权益。推进户籍制度改革，放宽中小城市和小城镇落户条件。有计划有步骤地解决好农民工在城镇的就业和生活问题，逐步实现农民工在劳动报酬、子女就学、公共卫生、住房租购以及社会保障方面与城镇居民享有同等待遇。

进一步增加农村生产生活设施建设投入，启动新一轮农村电网改造，扩大农村沼气建设规模，2010 年再解决 6 000 万农村人口的安全饮水问题，实施农村清洁工程，改善农村生产生活条件。我们要让符合条件的农业转移人口逐步变为城镇居民，也要让农民有一个幸福生活的美好家园。

（四）全面实施科教兴国战略和人才强国战略

教育、科技和人才，是国家强盛、民族振兴的基石，也是综合国力的核心。

优先发展教育事业。强国必先强教。只有一流的教育，才能培养一流人才，建设一流国家。要抓紧启动实施国家中长期教育改革和发展规划纲要。着重抓好五个方面：

一是推进教育改革。要解放思想，大胆突破，勇于创新，鼓励试验，对办学体制、教学内容、教育方法、评价制度等进行系统改革。坚持育人为本，大力推进素质教育。探索适应不同类型教育和人才成长的学校管理体制和办学模式，提高办学和人才培养水平。鼓励社会力量兴办教育，满足群众多样化的教育需求。

二是促进义务教育均衡发展。在合理布局的基础上，加快推进中西部地区初中校舍改造和全国中小学校舍安全工程，尽快使所有学校的校舍、设备和师资达到规定标准。为农村中小学班级配备多媒体远程教学设备，让广大农村和偏远地区的孩子共享优质教育资源。加强学前教育和特殊教育学校建设。加大对少数民族和民族地区教育的支持。

三是继续加强职业教育。以就业为目标，整合教育资源，改进教学方式，着力培养学生的就业创业能力。

四是推进高等学校管理体制和招生制度改革。进一步落实高等学校办学自主权，鼓励高等学校适应就业和经济社会发展需要，调整专业和课程设置，推动高等学校人才培养、科技创新和学术发展紧密结合，激励教师专注于教育，努力建设有特色、高水平大学。创建若干一流大学，培养杰出人才。中央财政要加大对中西部高等教育发展的支持。

五是加强教师队伍建设。从多方面采取措施，吸引优秀人才投身教育事业，鼓励他们终身从教。重点加强农村义务教育学校教师和校长培训，鼓励优秀教师到农村贫困地区从教。加强师德教育，增强教师的责任感和使命感。教育寄托着亿万家庭对美好生活的期盼，关系着民族素质和国家未来。不普及和提高教育，国家不可能强盛。这个道理我们要永远铭记。

大力发展科学技术。要认真贯彻自主创新的方针，全面推进创新型国家建设，加快实施科技重大专项。着力突破带动技术革命、促进产业振兴的关键科技问题，突破提高健康水平、保障改善民生的重大公益性科技问题，突破增强国际竞争力、维护国家安全的战略高技术问题。

前瞻部署生物、纳米、量子调控、信息网络、气候变化、空天海洋等领域基础研究和前沿技术研究。深化科技体制改革，着力解决科技与经济脱节的问题，推动以企业为主体、市场为导向、产学研相结合的技术创新体系建设，促进科技资源优化配置、开放共享和高效利用。

要大力实施知识产权战略，加强知识产权创造、应用和保护。进一步激发广大科技工作者和全社会的创新活力。

加快人才资源开发。人才是第一资源。要统筹推进各类人才队伍建设，突出培养创新型科技人才、经济社会发展重点领域专门人才和高技能人才，积极引进海外高层次人才。

建立健全政府、社会、用人单位和个人等多元化的人才培养投入机制，充分发挥市场配置人才资源的基础性作用，努力营造人才辈出、人尽其才的制度环境，建设人力资源强国。

（五）大力加强文化建设

国家发展、民族振兴，不仅需要强大的经济力量，更需要强大的文化力量。文化是一个民族的精神和灵魂，是一个民族真正有力量的决定性因素，可以深刻影响一个国家发展的进程，改变一个民族的命运。没有先进文化的发展，没有全民族文明素质的提高，就不可能真正实现现代化。解放思想、改革开放的时代精神，已经成为推动社会前进的先进文化力量，使中华民族充满生机与活力。

一年来，我们大力发展公益性文化事业，加快推进文化体制改革，加强公共文化服务体系建设，促进文化产业快速成长，繁荣文化市场，有效扩大了内需。新的一年，我们要更加重视和大力加强文化建设。继承和弘扬中华民族优秀传统文化，吸收和借鉴世界各国文明成果，建设中华民族共有精神家园。

政府要更好地履行发展公益性文化事业的责任，保障人民群众的基本需求和权益。文化基础设施建设和公共文化资源配置要向基层、特别是农村和中西部地区倾斜，推进美术馆、图书馆、文化馆、博物馆免费开放，丰富人民群众的精神文化生活。

要继续推进文化体制改革，扶持公益性文化事业，发展文化产业，鼓励文化创新，培育骨干文化企业，生产更多健康向上的文化产品，满足人民群众多样化的文化需求。

促进哲学社会科学、广播影视、新闻出版、档案事业发展，繁荣文学艺术创作，加强文物保护。积极开展对外文化交流，增强中华文化国际影响力。大力发展公共体育事业，广泛开展全民健身运动，提高人民的身体素质。中华民族不仅能够创造经济奇迹，也一定能够创造新的文化辉煌。

（六）着力保障和改善民生，促进社会和谐进步

改善民生是经济发展的根本目的。只有着力保障和改善民生，经济发展才有持久的动力，社会进步才有牢固的基础，国家才能长治久安。

千方百计扩大就业。这是保障和改善民生的头等大事。今年就业形势依然严峻，工作上不能有丝毫松懈。要继续实施积极的就业政策。中央财政拟投入433亿元用于促进就业。

重点做好高校毕业生、农民工、就业困难人员就业和退伍转业军人就业安置工作。2009年到期的“五缓四减三补贴”就业扶持政策延长一年。

加强政策支持和就业指导，鼓励高校毕业生到城乡基层、中西部地区和中小企业就业；拓宽就业、择业、创业渠道，鼓励自主创业、自谋职业等多种形式的灵活就业，以创业带动就业。建立健全公共投资带动就业的机制。继续加强职业技能培训，重点提高农民工和城乡新增劳动力的就业能力。

完善就业服务体系，健全劳动力输出输入地区协调协作机制，引导劳动力特别是农民工有序流动。加快建立统一规范的人力资源市场。维护劳动者合法权益，构建和谐的劳动关系。我们要通过持之以恒的努力，创造更多的就业机会，让广大劳动者各尽所能、各得其所。

加快完善覆盖城乡居民的社会保障体系。扎实推进新型农村社会养老保险试点，试点范围扩大到23.0%的县。加快解决未参保集体企业退休人员基本养老保障等遗留问题。将全国130万“老工伤”人员全部纳入工伤保险范围。积极推进农民工参加社会保险。加强城乡低保工作，切实做到动态管理、应保尽保。

加强残疾人社会保障和服务体系建设，进一步落实好扶残助残的各项政策，为他们平等参与社会生活创造更好的环境。

企业退休人员基本养老金今年再提高10.0%。各级政府要进一步增加社会保障投入，中央财政拟安排3 185亿元。要多渠道增加全国社会保障基金，加强监管，实现保值增值。我们要加快构建更加完善的社会保障安全网，使人民生活有基本保障、无后顾之忧。

改革收入分配制度。合理的收入分配制度是社会公平正义的重要体现。我们不仅要通过发展经济，把社会财富这个“蛋糕”做大，也要通过合理的收入分配制度把“蛋糕”分好。

要坚持和完善按劳分配为主体、多种分配方式并存的分配制度，兼顾效率与公平，走共同富裕的道路。

一要抓紧制定调整国民收入分配格局的政策措施，逐步提高居民收入在国民收入分配中的比重，提高劳动报酬在初次分配中的比重。加大财政、税收在收入初次分配和再分配中的调节作用。创造条件让更多群众拥有财产性收入。

二要深化垄断行业收入分配制度改革。完善对垄断行业工资总额和工资水平的双重调控政策。严格规范国有企业、金融机构经营管理人员特别是高管的收入，完善监管办法。

三要进一步规范收入分配秩序。坚决打击取缔非法收入，规范灰色收入，逐步形成公开透明、公正合理的收入分配秩序，坚决扭转收入差距扩大的趋势。

促进房地产市场平稳健康发展。要坚决遏制部分城市房价过快上涨势头，满足人民群众的基本住房需求。

一是继续大规模实施保障性安居工程。中央财政拟安排保障性住房专项补助资金 632 亿元，比上年增加 81 亿元。

建设保障性住房 300 万套，各类棚户区改造住房 280 万套。扩大农村危房改造试点范围。各级政府要切实负起责任，严格执行年度建设计划，确保土地、资金和优惠政策落实到位。

二是继续支持居民自住性住房消费。增加中低价位、中小套型普通商品房用地供应，加快普通商品房项目审批和建设进度。规范发展二手房市场，倡导住房租赁消费。盘活住房租赁市场。

三是抑制投机性购房。加大差别化信贷、税收政策执行力度。完善商品房预售制度。

四是大力整顿和规范房地产市场秩序。完善土地收入管理使用办法，抑制土地价格过快上涨。加大对圈地不建、捂盘惜售、哄抬房价等违法违规行为的查处力度。

加快推进医药卫生事业改革发展。积极稳妥推进医药卫生体制改革，全面落实五项重点工作。继续扩大基本医疗保障覆盖面。

2010 年要把城镇居民基本医保和新农合的财政补助标准提高到 120 元，比上年增长 50.0%，并适当提高个人缴费标准。开展农村儿童白血病、先天性心脏病医疗保障试点，尽力为这些不幸的儿童和家庭提供更多帮助。

在 60.0% 政府举办的基层医疗卫生机构实施基本药物制度，其他医疗机构也要优先选用基本药物。推进基本药物集中采购和统一配送。基本完成城乡基层医疗卫生机构建设规划，大规模开展适宜人才培养和培训。

进一步完善支持村卫生室建设和乡村医生发展的政策措施。完善基层医疗卫生机构补偿机制，落实岗位绩效工资。开展社区首诊试点，推动形成基层医疗卫生机构和医院功能区分合理、协作配合、互相转诊的服务体系。

切实加强甲型 H1N1 流感等重大传染病防控和慢性病、职业病、地方病防治，提高突发公共卫生事件应急处置能力。

开展公立医院改革试点，坚持基本医疗的公益性方向，创新体制机制，充分调动医务人员积极性，提高服务质量，控制医疗费用，改善医患关系。

大力支持社会资本兴办医疗卫生机构，在服务准入、医保定点等方面一视同仁。扶持和促进中医药、民族医药事业发展。

医药卫生事业改革发展关系人民身体健康和家庭幸福，我们要克服一切困难，把这个世界性难题解决好。

做好人口和计划生育工作。继续稳定低生育水平。做好流动人口计划生育服务工作。落实好农村妇女妇科疾病定期检查和住院分娩补助政策。

加强出生缺陷干预，开展免费孕前优生健康检查试点，做好孕产妇和婴幼儿保健工作。继续实施农村部分计划生育家庭奖励扶助制度和西部地区少生快富工程。

切实保护好妇女和未成年人权益。加强应对人口老龄化战略研究，加快建立健全养老社会服务体系，让老年人安享晚年生活。

（七）坚定不移推进改革，进一步扩大开放

2010 年要继续深化重点领域和关键环节改革，努力实现新的突破。

我们要继续推进国有经济布局和结构战略性调整。加快大型国有企业特别是中央企业母公司的公司制改革，实现产权多元化，完善法人治理结构。加快推进垄断性行业改革，推进公用事业改革，切实放宽市场准入，积极引入竞争机制。着力营造多种所有制经济公平竞争的市场环境，更好地促进非公有制经济发展。

深化资源性产品价格和环保收费改革，作为节约能源资源、保护环境、实现可持续发展的重要举措。

要扩大用电大户与发电企业直接交易试点，推行居民用电用水阶梯价格制度，健全可再生能源发电定价和费用分摊机制。

完善农业用水价格政策。改革污水处理、垃圾处理收费制度。扩大排污权交易试点。在推进这些改革中要注意协调好各方面利益关系，决不能让低收入群众的基本生活受到影响。

要继续推进财税体制改革。健全公共财政体系。完善财政转移支付制度，加大一般性转移支付，增强地方政府提供基本公共服务的能力。

健全省以下财政管理体制，完善县级基本财力保障机制，推进省直管县财政管理方式改革。全面编制中央和地方政府性基金预算，试编社会保险基金预算，完善国有资本经营预算制度。

继续做好增值税转型工作。推进资源税改革。统一内外资企业和个人城建税、教育费附加制度。

健全金融体系是应对国际金融危机冲击的重要举措。要继续完善国有控股金融机构公司治理，改善经营管理机制，提高风险管控能力。

继续推动政策性金融机构改革。稳步推进资产管理公司转型。深化农村信用社改革。推动中小金融机构规范发展。

大力发展金融市场，鼓励金融创新。推进跨境贸易人民币结算试点，逐步发展境外人民币金融业务。推进存款保险制度建设。加快发展农业保险。

要按照政事分开、事企分开和管办分离的要求，在科学分类的基础上，积极稳妥推进事业单位改革。

我们的改革是全面的改革，包括经济体制改革、政治体制改革以及其他各领域的改革。没有政治体制改革，经济体制改革和现代化建设就不可能成功。

要发展社会主义民主，切实保障人民当家作主的民主权利，特别是选举权、知情权、参与权、表达权和监督权。

进一步扩大基层民主，健全基层自治组织和民主管理制度，让广大群众更好地参与管理基层公共事务。

要坚持依法治国、依法行政。进一步健全法制，特别要重视那些规范和监督权力运行的法律制度建设。创新政府立法工作的方法和机制，扩大立法工作的公众参与。

我们要全面适应国际形势变化和国内发展要求，拓展对外开放的广度和深度。

稳定发展对外贸易。今年的主要着力点是拓市场、调结构、促平衡。坚持实施市场多元化战略和以质取胜战略，落实和完善出口退税、出口信贷、出口信用保险等各项政策措施，继续改善海关、质检、外汇等方面的服务。巩固传统市场，大力开拓新兴市场。

优化出口产品结构，稳定劳动密集型产品出口，扩大机电产品和高新技术产品出口，大力发展服务贸易和服务外包，努力培育出口品牌和营销网络，继续严格控制“两高一资”产品出口。

积极推进加工贸易转型升级。促进进出口平衡发展，重点扩大先进技术装备、关键零部件和国内紧缺物资进口，稳定各项进口促进政策和便利化措施，敦促发达国家放宽高新技术产品出口限制。

推动利用外资和对外投资协调发展。优化利用外资结构，鼓励外资投向高端制造业、高新技术产业、现代服务业、新能源和节能环保产业，鼓励跨国公司在华设立地区总部等各类功能性机构，鼓励中外企业加强研发合作。

鼓励外资参与国内企业改组改造和兼并重组，加快建立外资并购安全审查制度。促进“引资”与“引智”相结合。引导外资向中西部地区转移和增加投资。

加快实施“走出去”战略，鼓励符合国外市场需求的行业有序向境外转移产能，支持有条件的企业开展海外并购，深化境外资源互利合作，提高对外承包工程和劳务合作的质量。

进一步简化各类审批手续，落实企业境外投资自主权。“走出去”的企业要依法经营，规避风险，防止恶性竞争，维护国家整体利益和良好形象。

深化多边双边经贸合作。加强和改善与发达国家的经贸关系，深化与发展中国家的互利合作，认真落实中非务实合作八项新举措。发挥经济高层对话和双边经贸联委会作用。加快自由贸易区建设步伐。积极参与多哈回合谈判，推动早日达成更加合理、平衡的谈判结果。反对各种形式的保护主义，妥善处理贸易摩擦。

上海世博会即将拉开帷幕。要加强与各参展国家、地区和国际组织的合作，把上海世博会办成一届成功、精彩、难忘的盛会，办成一届促进人类文明进步，促进科技创新，促进我国与世界各国交流合作、共同发展的盛会。

（八）努力建设人民满意的服务型政府

一年来，政府自身改革和建设取得新进展。为应对各种困难，我们特别注意发扬民主、倾听基层群众意见，重视维护群众利益。

广大公务员兢兢业业、勤勉尽责，为保增长、保民生、保稳定作出了积极贡献。但是政府工作与人民的期望还有较大差距。

职能转变不到位，对微观经济干预过多，社会管理和公共服务比较薄弱；一些工作人员依法行政意识不强；一些领导干部脱离群众、脱离实际，形式主义、官僚主义严重；一些领域腐败现象易发多发。

我们要以转变职能为核心，深化行政管理体制改革，大力推进服务型政府建设，努力为各类市场主体创造公平的发展环境，为人民群众提供良好的公共服务，维护社会公平正义。

我们要全面正确履行政府职能，更加重视公共服务和社会管理。加快健全覆盖全民的公共服务体系，全面增强基本公共服务能力。

健全重大自然灾害、突发公共安全事件应急处理机制。加强防灾减灾能力建设。加强食品药品质量监管，做好安全生产工作，遏制重特大事故发生。

要适应新形势，推进社会管理体制改革和创新，合理调节社会利益关系。认真解决企业改制、征地拆迁、环境保护、劳动争议、涉法涉诉等领域损害群众利益的突出问题，保障人民群众的合法权益。加强和改进信访工作。

改善流动人口管理和服务。加强社会治安综合治理，着力解决突出治安问题，防范和依法严厉打击各类违法犯罪活动，维护国家安全和社会稳定。

要努力提高执行力和公信力。坚持决策的科学化、民主化，使各项政策更加符合实际、经得起检验。加强对政策执行情况的检查监督，做到令行禁止。

强化行政问责，对失职渎职、不作为和乱作为的，要严肃追究责任。各地区、各部门对中央的决策部署要执行有力，绝不允许各自为政。各级行政机关及其公务员要自觉遵守宪法和法律，严格依法行政。

切实改进行政执法工作，努力做到规范执法、公正执法、文明执法。加快建立健全决策、执行、监督相互制约又相互协调的行政运行机制。

要把反腐倡廉建设摆在重要位置，这直接关系政权的巩固。各级领导干部特别是高级干部要坚决执行中央关于报告个人经济和财产，包括收入、住房、投资，以及配偶子女从业等重大事项的规定，并自觉接受纪检部门的监督。

要把查处违法违纪大案要案，作为反腐败的重要任务。充分发挥监察、审计部门的作用，加强对行政权力运行的监督。要建立健全惩治和预防腐败体系的各项制度，特别要健全公共资源配置、公共资产交易、公共产品生产等领域的管理制度，增强制度约束力。

要坚持勤俭行政，反对铺张浪费，不断降低行政成本。严格控制楼堂馆所建设，禁止高档装修办公楼，加快公务接待、公车使用等制度改革，从严控制公费出国出境。

切实精简会议和文件，特别要减少那些形式重于内容的会议、庆典和论坛。要深入推进政务公开，完善各类公开办事制度和行政复议制度，创造条件让人民批评政府、监督政府，同时充分发挥新闻舆论的监督作用，让权力在阳光下运行。

我们所做的一切都是要让人民生活得更加幸福、更有尊严，让社会更加公正、更加和谐。

各位代表！促进民族团结，实现共同进步，是中华民族的生命、力量和希望所在。要巩固和发展平等、团结、互助、和谐的社会主义民族关系。认真落实中央支持少数民族和民族地区发展的政策措施，优先支持边疆民族地区加快发展。加快完成边境一线地区危旧房改造，实施游牧民定居工程。

新型农村社会养老保险要优先在边境县、民族地区贫困县试点。加大扶持人口较少民族发展力度。继续推进兴边富民行动。重视保护少数民族文化遗产和民族地区生态环境。切实做好少数民族流动人口公共服务、就业和管理工作，保障他们的合法权益。

同时，加强国家意识、公民意识教育。我们要旗帜鲜明地反对民族分裂，维护祖国统一，让少数民族和民族地区各族群众充分感受到祖国大家庭的温暖。

我们要全面贯彻党的宗教工作基本方针，依法管理宗教事务。发挥宗教界人士和信教群众在促进经济发展和社会和谐中的积极作用。

我们要认真贯彻党的侨务政策。维护海外侨胞、归侨侨眷的合法权益，支持他们传承中华文化，参与祖国现代化建设和促进和平统一大业。

各位代表！过去一年，国防和军队现代化建设取得新的成就。人民解放军和武警部队圆满完成国庆首都阅兵、重点地区维稳等重大任务，为维护国家安全和发展利益发挥了重要作用。

新的一年，要紧紧围绕党和国家工作大局，着眼全面履行新世纪新阶段军队历史使命，按照革命化现代化正规化相统一的原则，加强军队全面建设。以增强打赢信息化条件下局部战争能力为核心，提高应对多种安全威胁、完成多样化军事任务的能力。

大力加强军队思想政治建设。加快全面建设现代后勤步伐。加强国防科研和武器装备建设。依法治军、从严治军，提高军队正规化水平。

积极稳妥地深化国防和军队改革。加强武警部队现代化建设，增强执勤、处置突发事件、反恐、维稳能力。加强国防动员和后备力量建设。各级政府要一如既往地关心支持国防和军队建设，巩固和发展军政军民团结。

各位代表！我们将坚定不移地贯彻“一国两

制”、“港人治港”、“澳人治澳”、高度自治的方针，全力支持香港、澳门保持长期繁荣稳定。支持香港巩固并提升国际金融、贸易、航运中心地位，发展优势产业，培育新的经济增长点。

支持澳门发展旅游休闲产业，促进经济适度多元化。要认真实施珠江三角洲地区改革发展规划纲要，积极推进港珠澳大桥等大型跨境基础设施建设和珠海横琴岛开发，深化粤港澳合作，密切内地与港澳的经济联系。

伟大祖国永远是香港、澳门的坚强后盾。

只要特别行政区政府与各界人士同心协力，包容共济，共同维护繁荣稳定发展的大局，香港、澳门的明天一定会更加美好。

过去的一年，两岸关系在新的历史起点上取得重要进展，呈现和平发展良好势头。两岸交流合作不断深入，全面直接双向“三通”得以实现。经济关系正常化迈出重要步伐，经济合作制度化建设逐步推进。两岸关系持续改善和发展，给两岸同胞带来了实实在在的利益。

在新的一年里，我们要继续坚持发展两岸关系、促进祖国和平统一的大政方针，牢牢把握两岸关系和平发展的主题，不断开创两岸关系和平发展新局面。密切两岸经贸金融交往，深化产业合作，支持在大陆的台资企业发展，维护台胞合法权益。

鼓励有条件的大陆企业赴台投资。支持海峡西岸经济区在两岸交流合作中发挥先行先试作用。通过商签两岸经济合作框架协议，促进互利共赢，建立具有两岸特色的经济合作机制。拓展文化教育交流，共同弘扬中华文化。

加强两岸民众和社会各界交流，共同分享两岸关系和平发展成果，进一步凝聚推动两岸关系和平发展的共识。坚持大陆和台湾同属一个中国，巩固两岸关系和平发展的政治基础，增强两岸政治互信。我们坚信，全体中华儿女同心协力，祖国完全统一的宏伟大业一定能够实现！

各位代表！过去的一年，外交工作取得新的重大成绩。我国积极参加应对国际金融危机、气候变化等国际合作，在一系列重大多边会议上发挥了独特的建设性作用。我们积极开展全方位外交，与各大国、周边国家和广大发展中国家的对话合作稳步推进。大力加强人文等领域外交。有效维护我国公民和法人在海外的合法权益。

新中国外交走过了60年光辉历程，在国际舞台上留下了闪光足迹。我们将继续发扬光荣传统，始终高举和平、发展、合作旗帜，坚持独立自主的和平外交政策，坚持走和平发展道路，奉行互利共赢的开放战略，推动建设持久和平、共同繁荣的和谐世界，为我国现代化建设创造良好的外部环境。

新的一年，我们将继续以20国集团金融峰会等重大多边活动为主要平台，积极参与国际体系变革进程，维护发展中国家利益。统筹协调好双边外交与多边外交、国别区域外交与各领域外交工作，推动我国与各大国、周边国家和发展中国家的关系全面深入发展。

紧紧抓住中国—东盟自贸区全面建成、上海合作组织召开峰会等契机，积极推进区域合作。进一步做好应对气候变化、能源资源合作等方面的对外工作，在妥善解决热点问题和全球性问题中发挥建设性作用。

中国政府和人民愿与国际社会携手努力，共同应对风险挑战，共同分享发展机遇，为世界和平与发展作出新贡献！

各位代表！艰辛成就伟业，奋斗创造辉煌。让我们在以胡锦涛同志为总书记的党中央领导下，凝聚起亿万人民的智慧和力量，再接再厉，开拓进取，全面完成“十一五”规划的各项任务，不断夺取改革开放和社会主义现代化建设事业的新胜利！

ECONOMIC LAW, STATUTE AND POLICY

经济法律法规和政策

法 律

中华人民共和国食品安全法

（2009年2月28日第十一届全国人民代表大会常务委员会第七次会议通过 2009年2月28日中华人民共和国主席令第9号公布 自2009年6月1日起施行）

第一章 总 则

第一条 为保证食品安全，保障公众身体健康和生命安全，制定本法。

第二条 在中华人民共和国境内从事下列活动，应当遵守本法：

（1）食品生产和加工（简称“食品生产”），食品流通和餐饮服务（简称“食品经营”）；

（2）食品添加剂的生产经营；

（3）用于食品的包装材料、容器、洗涤剂、消毒剂和用于食品生产经营的工具、设备（简称“食品相关产品”）的生产经营；

（4）食品生产经营者使用食品添加剂、食品相关产品；

（5）对食品、食品添加剂和食品相关产品的安全管理。

供食用的源于农业的初级产品（简称“食用农产品”）的质量安全管理，遵守农产品质量安全法的规定。但是，制定有关食用农产品的质量安全标准、公布食用农产品安全有关信息，应当遵守本法的有关规定。

第三条 食品生产经营者应当依照法律、法规和食品安全标准从事生产经营活动，对社会和公众负责，保证食品安全，接受社会监督，承担社会责任。

第四条 国务院设立食品安全委员会，其工作职责由国务院规定。

国务院卫生行政部门承担食品安全综合协调职责，负责食品安全风险评估、食品安全标准制定、食品安全信息公布、食品检验机构的资质认定条件和检验规范的制定，组织查处食品安全重大事故。

国务院质量监督、工商行政管理和国家食品药品监督管理部门依照本法和国务院规定的职责，分别对食品生产、食品流通、餐饮服务活动实施监督管理。

第五条 县级以上地方人民政府统一负责、领导、组织、协调本行政区域的食品安全监督管理工作，建立健全食品安全全程监督管理的工作机制；统一领导、指挥食品安全突发事件应对工作；完善、落实食品安全监督管理责任制，对食品安全监督管理部门进行评议、考核。

县级以上地方人民政府依照本法和国务院的规定确定本级卫生行政、农业行政、质量监督、工商行政管理、食品药品监督管理部门的食品安全监督管理职责。有关部门在各自职责范围内负责本行政区域的食品安全监督管理工作。

上级人民政府所属部门在下级行政区域设置的机构应当在所在地人民政府的统一组织、协调下，依法做好食品安全监督管理工作。

第六条 县级以上卫生行政、农业行政、质量监督、工商行政管理、食品药品监督管理部门应当加强沟通、密切配合，按照各自职责分工，依法行使职权，承担责任。

第七条 食品行业协会应当加强行业自律，引导食品生产经营者依法生产经营，推动行业诚信建设，宣传、普及食品安全知识。

第八条 国家鼓励社会团体、基层群众性自治组织开展食品安全法律、法规以及食品安全标准和知识的普及工作，倡导健康的饮食方式，增强消费者食品安全意识和自我保护能力。

新闻媒体应当开展食品安全法律、法规以及食品安全标准和知识的公益宣传，并对违反本法的行为进行舆论监督。

第九条 国家鼓励和支持开展与食品安全有关的基础研究和应用研究，鼓励和支持食品生产经营者为提高食品安全水平采用先进技术和先进管理规范。

第十条 任何组织或者个人有权举报食品生产经营中违反本法的行为，有权向有关部门了解食品安全信息，对食品安全监督管理工作提出意见和建议。

第二章 食品安全风险监测和评估

第十一条 国家建立食品安全风险监测制度，对食源性疾病、食品污染以及食品中的有害因素进行监测。

国务院卫生行政部门会同国务院有关部门制定、实施国家食品安全风险监测计划。省、自治区、直辖市人民政府卫生行政部门根据国家食品安全风险监测计划，结合本行政区域的具体情况，组织制定、实施本行政区域的食品安全风险监测方案。

第十二条 国务院农业行政、质量监督、工商行政管理和国家食品药品监督管理等有关部门获知有关食品安全风险信息后，应当立即向国务院卫生行政部门通报。国务院卫生行政部门会同有关部门对信息核实后，应当及时调整食品安全风险监测计划。

第十三条 国家建立食品安全风险评估制度，对食品、食品添加剂中生物性、化学性和物理性危害进行风险评估。

国务院卫生行政部门负责组织食品安全风险评估工作，成立由医学、农业、食品、营养等方面的专家组成的食品安全风险评估专家委员会进行食品安全风险评估。

对农药、肥料、生长调节剂、兽药、饲料和饲料添加剂等的安全性评估，应当有食品安全风险评估专家委员会的专家参加。

食品安全风险评估应当运用科学方法，根据食品安全风险监测信息、科学数据以及其他有关信息进行。

第十四条 国务院卫生行政部门通过食品安全风险监测或者接到举报发现食品可能存在安全隐患的，应当立即组织进行检验和食品安全风险评估。

第十五条 国务院农业行政、质量监督、工商行政管理和国家食品药品监督管理等有关部门应当向国务院卫生行政部门提出食品安全风险评估的建议，并提供有关信息和资料。

国务院卫生行政部门应当及时向国务院有关部门通报食品安全风险评估的结果。

第十六条 食品安全风险评估结果是制定、修订食品安全标准和对食品安全实施监督管理的科学依据。

食品安全风险评估结果得出食品不安全结论的，国务院质量监督、工商行政管理和国家食品药品监督管理部门应当依据各自职责立即采取相应措施，确保该食品停止生产经营，并告知消费者停止食用；需要制定、修订相关食品安全国家标准的，国务院卫生行政部门应当立即制定、修订。

第十七条 国务院卫生行政部门应当会同国务院有关部门，根据食品安全风险评估结果、食品安全监督管理信息，对食品安全状况进行综合分析。对经综合分析表明可能具有较高程度安全风险的食品，国务院卫生行政部门应当及时提出食品安全风险警示，并予以公布。

第三章　食品安全标准

第十八条 制定食品安全标准，应当以保障公众身体健康为宗旨，做到科学合理、安全可靠。

第十九条 食品安全标准是强制执行的标准。除食品安全标准外，不得制定其他的食品强制性标准。

第二十条 食品安全标准应当包括下列内容：

（1）食品、食品相关产品中的致病性微生物、农药残留、兽药残留、重金属、污染物质以及其他危害人体健康物质的限量规定；

（2）食品添加剂的品种、使用范围、用量；

（3）专供婴幼儿和其他特定人群的主辅食品的营养成分要求；

（4）对与食品安全、营养有关的标签、标识、说明书的要求；

（5）食品生产经营过程的卫生要求；

（6）与食品安全有关的质量要求；

（7）食品检验方法与规程；

（8）其他需要制定为食品安全标准的内容。

第二十一条 食品安全国家标准由国务院卫生行政部门负责制定、公布，国务院标准化行政部门提供国家标准编号。

食品中农药残留、兽药残留的限量规定及其检验方法与规程由国务院卫生行政部门、国务院农业行政部门制定。

屠宰畜、禽的检验规程由国务院有关主管部门会同国务院卫生行政部门制定。

有关产品国家标准涉及食品安全国家标准规定内容的，应当与食品安全国家标准相一致。

第二十二条 国务院卫生行政部门应当对现行的食用农产品质量安全标准、食品卫生标准、食品质量标准和有关食品的行业标准中强制执行的标准予以整合，统一公布为食品安全国家标准。

本法规定的食品安全国家标准公布前，食品生产经营者应当按照现行食用农产品质量安全标准、食品卫生标准、食品质量标准和有关食品的行业标准生产经营食品。

第二十三条 食品安全国家标准应当经食品安全国家标准审评委员会审查通过。食品安全国家标准审评委员会由医学、农业、食品、营养等方面的专家以及国务院有关部门的代表组成。

制定食品安全国家标准，应当依据食品安全风险评估结果并充分考虑食用农产品质量安全风险评估结果，参照相关的国际标准和国际食品安全风险评估结果，并广泛听取食品生产经营者和消费者的意见。

第二十四条 没有食品安全国家标准的，可以制定食品安全地方标准。

省、自治区、直辖市人民政府卫生行政部门组织制定食品安全地方标准，应当参照执行本法有关食品安全国家标准制定的规定，并报国务院卫生行政部门备案。

第二十五条 企业生产的食品没有食品安全国家标准或者地方标准的，应当制定企业标准，作为组织生产的依据。国家鼓励食品生产企业制定严于食品安全国家标准或者地方标准的企业标准。企业标准应当报省级卫生行政部门备案，在本企业内部适用。

第二十六条 食品安全标准应当供公众免费查阅。

第四章　食品生产经营

第二十七条 食品生产经营应当符合食品安全标准，并符合下列要求：

（1）具有与生产经营的食品品种、数量相适应的食品原料处理和食品加工、包装、贮存等场所，保持该场所环境整洁，并与有毒、有害场所以及其他污染源保持规定的距离；

（2）具有与生产经营的食品品种、数量相适应的生产经营设备或者设施，有相应的消毒、更衣、盥洗、采光、照明、通风、防腐、防尘、防蝇、防鼠、防虫、洗涤以及处理废水、存放垃圾和废弃物的设备或者设施；

（3）有食品安全专业技术人员、管理人员和保证食品安全的规章制度；

（4）具有合理的设备布局和工艺流程，防止待加工食品与直接入口食品、原料与成品交叉污染，避免食品接触有毒物、不洁物；

（5）餐具、饮具和盛放直接入口食品的容器，使用前应当洗净、消毒，炊具、用具用后应当洗净，保持清洁；

（6）贮存、运输和装卸食品的容器、工具和设备应当安全、无害，保持清洁，防止食品污染，并符合保证食品安全所需的温度等特殊要求，不得将食品与有毒、有害物品一同运输；

（7）直接入口的食品应当有小包装或者使用无毒、清洁的包装材料、餐具；

（8）食品生产经营人员应当保持个人卫生，生产经营食品时，应当将手洗净，穿戴清洁的工作衣、帽；销售无包装的直接入口食品时，应当使用无毒、清洁的售货工具；

（9）用水应当符合国家规定的生活饮用水卫生标准；

（10）使用的洗涤剂、消毒剂应当对人体安全、无害；

（11）法律、法规规定的其他要求。

第二十八条 禁止生产经营下列食品：

（1）用非食品原料生产的食品或者添加食品添加剂以外的化学物质的食品，或者用回收食品作为原料生产的食品；

（2）致病性微生物、农药残留、兽药残留、重金属、污染物质以及其他危害人体健康的物质含量超过食品安全标准限量的食品；

（3）营养成分不符合食品安全标准的专供婴幼儿和其他特定人群的主辅食品；

（4）腐败变质、油脂酸败、霉变生虫、污秽不洁、混有异物、掺假掺杂或者感官性状异常的食品；

（5）病死、毒死或者死因不明的禽、畜、兽、水产动物肉类及其制品；

（6）未经动物卫生监督机构检疫或者检疫不合格的肉类，或者未经检验或者检验不合格的肉类制品；

（7）被包装材料、容器、运输工具等污染的食品；

（8）超过保质期的食品；

（9）无标签的预包装食品；

（10）国家为防病等特殊需要明令禁止生产经营的食品；

（11）其他不符合食品安全标准或者要求的食品。

第二十九条 国家对食品生产经营实行许可制度。从事食品生产、食品流通、餐饮服务，应当依法取得食品生产许可、食品流通许可、餐饮服务许可。

取得食品生产许可的食品生产者在其生产场所销售其生产的食品，不需要取得食品流通的许可；取得餐饮服务许可的餐饮服务提供者在其餐饮服务场所出售其制作加工的食品，不需要取得食品生产和流通的许可；农民个人销售其自产的食用农产品，不需要取得食品流通的许可。

食品生产加工小作坊和食品摊贩从事食品生产经营活动，应当符合本法规定的与其生产经营规模、条件相适应的食品安全要求，保证所生产经营的食品卫生、无毒、无害，有关部门应当对其加强监督管理，具体管理办法由省、自治区、直辖市人民代表大会常务委员会依照本法制定。

第三十条 县级以上地方人民政府鼓励食品生产加工小作坊改进生产条件；鼓励食品摊贩进入集中交易市场、店铺等固定场所经营。

第三十一条 县级以上质量监督、工商行政管理、食品药品监督管理部门应当依照行政许可法的规定，审核申请人提交的本法第二十七条第（1）~（4）项规定要求的相关资料，必要时对申请人的生产经营场所进行现场核查；对符合规定条件的，决定准予许可；对不符合规定条件的，决定不予许可并书面说明理由。

第三十二条 食品生产经营企业应当建立健全本单位的食品安全管理制度，加强对职工食品安全知识的培训，配备专职或者兼职食品安全管理人员，做好对所生产经营食品的检验工作，依法从事食品生产经营活动。

第三十三条 国家鼓励食品生产经营企业符合良好生产规范要求，实施危害分析与关键控制点体系，提高食品安全管理水平。

对通过良好生产规范、危害分析与关键控制点体系认证的食品生产经营企业，认证机构应当依法实施跟踪调查；对不再符合认证要求的企业，应当依法撤销认证，及时向有关质量监督、工商行政管理、食品药品监督管理部门通报，并向社会公布。认证机构实施跟踪调查不收取任何费用。

第三十四条 食品生产经营者应当建立并执行从业人员健康管理制度。患有痢疾、伤寒、病毒性肝炎等消化道传染病的人员，以及患有活动性肺结核、化脓性或者渗出性皮肤病等有碍食品安全的疾病的人员，不得从事接触直接入口食品的工作。

食品生产经营人员每年应当进行健康检查，取得健康证明后方可参加工作。

第三十五条 食用农产品生产者应当依照食品安全标准和国家有关规定使用农药、肥料、生长调节剂、兽药、饲料和饲料添加剂等农业投入品。食用农产品的生产企业和农民专业合作经济组织应当建立食用农产品生产记录制度。

县级以上农业行政部门应当加强对农业投入品使用的管理和指导，建立健全农业投入品的安全使用制度。

第三十六条 食品生产者采购食品原料、食品添加剂、食品相关产品，应当查验供货者的许可证和产品合格证明文件；对无法提供合格证明文件的食品原料，应当依照食品安全标准进行检验；不得采购或者使用不符合食品安全标准的食品原料、食品添加剂、食品相关产品。

食品生产企业应当建立食品原料、食品添加剂、食品相关产品进货查验记录制度，如实记录食品原料、食品添加剂、食品相关产品的名称、规格、数量、供货者名称及联系方式、进货日期等内容。

食品原料、食品添加剂、食品相关产品进货查验记录应当真实，保存期限不得少于2年。

第三十七条 食品生产企业应当建立食品出厂检验记录制度，查验出厂食品的检验合格证和安全状况，并如实记录食品的名称、规格、数量、生产日期、生产批号、检验合格证号、购货者名称及联系方式、销售日期等内容。

食品出厂检验记录应当真实，保存期限不得少于2年。

第三十八条 食品、食品添加剂和食品相关产品的生产者，应当依照食品安全标准对所生产的食品、食品添加剂和食品相关产品进行检验，检验合格后方可出厂或者销售。

第三十九条 食品经营者采购食品，应当查验供货者的许可证和食品合格的证明文件。

食品经营企业应当建立食品进货查验记录制度，如实记录食品的名称、规格、数量、生产批号、保质期、供货者名称及联系方式、进货日期等内容。

食品进货查验记录应当真实，保存期限不得少于2年。

实行统一配送经营方式的食品经营企业，可以由企业总部统一查验供货者的许可证和食品合格的证明文件，进行食品进货查验记录。

第四十条 食品经营者应当按照保证食品安全的要求贮存食品，定期检查库存食品，及时清理变质或者超过保质期的食品。

第四十一条 食品经营者贮存散装食品，应当在贮存位置标明食品的名称、生产日期、保质期、生产者名称及联系方式等内容。

食品经营者销售散装食品，应当在散装食品的容器、外包装上标明食品的名称、生产日期、保质期、生产经营者名称及联系方式等内容。

第四十二条 预包装食品的包装上应当有标签。标签应当标明下列事项：

（1）名称、规格、净含量、生产日期；

（2）成分或者配料表；

（3）生产者的名称、地址、联系方式；

（4）保质期；

（5）产品标准代号；

（6）贮存条件；

（7）所使用的食品添加剂在国家标准中的通用名称；

（8）生产许可证编号；

（9）法律、法规或者食品安全标准规定必须标明的其他事项。

专供婴幼儿和其他特定人群的主辅食品，其标签还应当标明主要营养成分及其含量。

第四十三条 国家对食品添加剂的生产实行许可制度。申请食品添加剂生产许可的条件、程序，按照国家有关工业产品生产许可证管理的规定执行。

第四十四条 申请利用新的食品原料从事食品生产或者从事食品添加剂新品种、食品相关产品新品种生产活动的单位或者个人，应当向国务院卫生行政部门提交相关产品的安全性评估材料。国务院卫生行政部门应当自收到申请之日起60日内组织对相关产品的安全性评估材料进行审查；对符合食品安全要求的，依法决定准予许可并予以公布；对不符合食品安全要求的，决定不予许可并书面说明理由。

第四十五条 食品添加剂应当在技术上确有必要且经过风险评估证明安全可靠，方可列入允许使用的范围。国务院卫生行政部门应当根据技术必要性和食品安全风险评估结果，及时对食品添加剂的品种、使用范围、用量的标准进行修订。

第四十六条 食品生产者应当依照食品安全标准关于食品添加剂的品种、使用范围、用量的规定使用食品添加剂；不得在食品生产中使用食品添加剂以外的化学物质或者其他可能危害人体健康的物质。

第四十七条 食品添加剂应当有标签、说明书和包装。标签、说明书应当载明本法第四十二条第一款第（1）～（6）项、第（8）～（9）项规定的事项，以及食品添加剂的使用范围、用量、使用方法，并在标签上载明“食品添加剂”字样。

第四十八条 食品和食品添加剂的标签、说明书，不得含有虚假、夸大的内容，不得涉及疾病预防、治疗功能。生产者对标签、说明书上所载明的内容负责。

食品和食品添加剂的标签、说明书应当清楚、明显，容易辨识。

食品和食品添加剂与其标签、说明书所载明的内容不符的，不得上市销售。

第四十九条 食品经营者应当按照食品标签标示的警示标志、警示说明或者注意事项的要求，销售预包装食品。

第五十条 生产经营的食品中不得添加药品，但是可以添加按照传统既是食品又是中药材的物质。按照传统既是食品又是中药材的物质的目录由国务院卫生行政部门制定、公布。

第五十一条 国家对声称具有特定保健功能的食品实行严格监管。有关监督管理部门应当依法履职，承担责任。具体管理办法由国务院规定。

声称具有特定保健功能的食品不得对人体产生急性、亚急性或者慢性危害，其标签、说明书不得涉及疾病预防、治疗功能，内容必须真实，应当载明适宜人群、不适宜人群、功效成分或者标志性成分及其含量等；产品的功能和成分必须与标签、说明书相一致。

第五十二条 集中交易市场的开办者、柜台出租者和展销会举办者，应当审查入场食品经营者的许可证，明确入场食品经营者的食品安全管理责任，定期对入场食品经营者的经营环境和条件进行检查，发现食品经营者有违反本法规定的行为的，应当及时制止并立即报告所在地县级工商行政管理部门或者食品药品监督管理部门。

集中交易市场的开办者、柜台出租者和展销会举办者未履行前款规定义务，本市场发生食品安全事故的，应当承担连带责任。

第五十三条 国家建立食品召回制度。食品生产者发现其生产的食品不符合食品安全标准，应当立即停止生产，召回已经上市销售的食品，通知相关生产经营者和消费者，并记录召回和通知情况。

食品经营者发现其经营的食品不符合食品安全标准，应当立即停止经营，通知相关生产经营者和消费者，并记录停止经营和通知情况。食品生产者认为应当召回的，应当立即召回。

食品生产者应当对召回的食品采取补救、无害化处理、销毁等措施，并将食品召回和处理情况向县级以上质量监督部门报告。

食品生产经营者未依照本条规定召回或者停止经营不符合食品安全标准的食品的，县级以上质量监督、工商行政管理、食品药品监督管理部门可以责令其召回或者停止经营。

第五十四条 食品广告的内容应当真实合法，不得含有虚假、夸大的内容，不得涉及疾病预防、治疗功能。

食品安全监督管理部门或者承担食品检验职责的机构、

食品行业协会、消费者协会不得以广告或者其他形式向消费者推荐食品。

第五十五条 社会团体或者其他组织、个人在虚假广告中向消费者推荐食品，使消费者的合法权益受到损害的，与食品生产经营者承担连带责任。

第五十六条 地方各级人民政府鼓励食品规模化生产和连锁经营、配送。

第五章 食品检验

第五十七条 食品检验机构按照国家有关认证认可的规定取得资质认定后，方可从事食品检验活动。但是，法律另有规定的除外。

食品检验机构的资质认定条件和检验规范，由国务院卫生行政部门规定。

本法施行前经国务院有关主管部门批准设立或者经依法认定的食品检验机构，可以依照本法继续从事食品检验活动。

第五十八条 食品检验由食品检验机构指定的检验人独立进行。

检验人应当依照有关法律、法规的规定，并依照食品安全标准和检验规范对食品进行检验，尊重科学，恪守职业道德，保证出具的检验数据和结论客观、公正，不得出具虚假的检验报告。

第五十九条 食品检验实行食品检验机构与检验人负责制。食品检验报告应当加盖食品检验机构公章，并有检验人的签名或者盖章。食品检验机构和检验人对出具的食品检验报告负责。

第六十条 食品安全监督管理部门对食品不得实施免检。

县级以上质量监督、工商行政管理、食品药品监督管理部门应当对食品进行定期或者不定期的抽样检验。进行抽样检验，应当购买抽取的样品，不收取检验费和其他任何费用。

县级以上质量监督、工商行政管理、食品药品监督管理部门在执法工作中需要对食品进行检验的，应当委托符合本法规定的食品检验机构进行，并支付相关费用。对检验结论有异议的，可以依法进行复检。

第六十一条 食品生产经营企业可以自行对所生产的食品进行检验，也可以委托符合本法规定的食品检验机构进行检验。

食品行业协会等组织、消费者需要委托食品检验机构对食品进行检验的，应当委托符合本法规定的食品检验机构进行。

第六章 食品进出口

第六十二条 进口的食品、食品添加剂以及食品相关产品应当符合我国食品安全国家标准。

进口的食品应当经出入境检验检疫机构检验合格后，海关凭出入境检验检疫机构签发的通关证明放行。

第六十三条 进口尚无食品安全国家标准的食品，或者首次进口食品添加剂新品种、食品相关产品新品种，进口商应当向国务院卫生行政部门提出申请并提交相关的安全性评估材料。国务院卫生行政部门依照本法第四十四条的规定做出是否准予许可的决定，并及时制定相应的食品安全国家标准。

第六十四条 境外发生的食品安全事件可能对我国境内造成影响，或者在进口食品中发现严重食品安全问题的，国家出入境检验检疫部门应当及时采取风险预警或者控制措施，并向国务院卫生行政、农业行政、工商行政管理和国家食品药品监督管理部门通报。接到通报的部门应当及时采取相应措施。

第六十五条 向我国境内出口食品的出口商或者代理商应当向国家出入境检验检疫部门备案。向我国境内出口食品的境外食品生产企业应当经国家出入境检验检疫部门注册。

国家出入境检验检疫部门应当定期公布已经备案的出口商、代理商和已经注册的境外食品生产企业名单。

第六十六条 进口的预包装食品应当有中文标签、中文说明书。标签、说明书应当符合本法以及我国其他有关法律、行政法规的规定和食品安全国家标准的要求，载明食品的原产地以及境内代理商的名称、地址、联系方式。预包装食品没有中文标签、中文说明书或者标签、说明书不符合本条规定的，不得进口。

第六十七条 进口商应当建立食品进口和销售记录制度，如实记录食品的名称、规格、数量、生产日期、生产或者进口批号、保质期、出口商和购货者名称及联系方式、交货日期等内容。

食品进口和销售记录应当真实，保存期限不得少于2年。

第六十八条 出口的食品由出入境检验检疫机构进行监督、抽检，海关凭出入境检验检疫机构签发的通关证明放行。

出口食品生产企业和出口食品原料种植、养殖场应当向国家出入境检验检疫部门备案。

第六十九条 国家出入境检验检疫部门应当收集、汇总进出口食品安全信息，并及时通报相关部门、机构和企业。

国家出入境检验检疫部门应当建立进出口食品的进口商、出口商和出口食品生产企业的信誉记录，并予以公布。对有不良记录的进口商、出口商和出口食品生产企业，应当加强对其进出口食品的检验检疫。

第七章 食品安全事故处置

第七十条 国务院组织制定国家食品安全事故应急预案。

县级以上地方人民政府应当根据有关法律、法规的规定和上级人民政府的食品安全事故应急预案以及本地区的实际情况，制定本行政区域的食品安全事故应急预案，并报上一级人民政府备案。

食品生产经营企业应当制定食品安全事故处置方案，定期检查本企业各项食品安全防范措施的落实情况，及时消除食品安全事故隐患。

第七十一条 发生食品安全事故的单位应当立即予以处置，防止事故扩大。事故发生单位和接收病人进行治疗的单位应当及时向事故发生地县级卫生行政部门报告。

农业行政、质量监督、工商行政管理、食品药品监督管理部门在日常监督管理中发现食品安全事故，或者接到有关食品安全事故的举报，应当立即向卫生行政部门通报。

发生重大食品安全事故的，接到报告的县级卫生行政部门应当按照规定向本级人民政府和上级人民政府卫生行政部门报告。县级人民政府和上级人民政府卫生行政部门应当按照规定上报。

任何单位或者个人不得对食品安全事故隐瞒、谎报、缓报，不得毁灭有关证据。

第七十二条 县级以上卫生行政部门接到食品安全事故的报告后，应当立即会同有关农业行政、质量监督、工商行政管理、食品药品监督管理部门进行调查处理，并采取下列措施，防止或者减轻社会危害：

（1）开展应急救援工作，对因食品安全事故导致人身伤害的人员，卫生行政部门应当立即组织救治；

（2）封存可能导致食品安全事故的食品及其原料，并立即进行检验；对确认属于被污染的食品及其原料，责令食品生产经营者依照本法第五十三条的规定予以召回、停止经营并销毁；

（3）封存被污染的食品用工具及用具，并责令进行清洗消毒；

（4）做好信息发布工作，依法对食品安全事故及其处理情况进行发布，并对可能产生的危害加以解释、说明。

发生重大食品安全事故的，县级以上人民政府应当立即成立食品安全事故处置指挥机构，启动应急预案，依照前款规定进行处置。

第七十三条 发生重大食品安全事故，设区的市级以上人民政府卫生行政部门应当立即会同有关部门进行事故责任调查，督促有关部门履行职责，向本级人民政府提出事故责任调查处理报告。

重大食品安全事故涉及2个以上省、自治区、直辖市的，由国务院卫生行政部门依照前款规定组织事故责任调查。

第七十四条 发生食品安全事故，县级以上疾病预防控制机构应当协助卫生行政部门和有关部门对事故现场进行卫生处理，并对与食品安全事故有关的因素开展流行病学调查。

第七十五条 调查食品安全事故，除了查明事故单位的责任，还应当查明负有监督管理和认证职责的监督管理部门、认证机构的工作人员失职、渎职情况。

第八章　监督管理

第七十六条 县级以上地方人民政府组织本级卫生行政、农业行政、质量监督、工商行政管理、食品药品监督管理部门制定本行政区域的食品安全年度监督管理计划，并按照年度计划组织开展工作。

第七十七条 县级以上质量监督、工商行政管理、食品药品监督管理部门履行各自食品安全监督管理职责，有权采取下列措施：

（1）进入生产经营场所实施现场检查；

（2）对生产经营的食品进行抽样检验；

（3）查阅、复制有关合同、票据、账簿以及其他有关资料；

（4）查封、扣押有证据证明不符合食品安全标准的食品，违法使用的食品原料、食品添加剂、食品相关产品，以及用于违法生产经营或者被污染的工具、设备；

（5）查封违法从事食品生产经营活动的场所。

县级以上农业行政部门应当依照农产品质量安全法规定的职责，对食用农产品进行监督管理。

第七十八条 县级以上质量监督、工商行政管理、食品药品监督管理部门对食品生产经营者进行监督检查，应当记录监督检查的情况和处理结果。监督检查记录经监督检查人员和食品生产经营者签字后归档。

第七十九条 县级以上质量监督、工商行政管理、食品药品监督管理部门应当建立食品生产经营者食品安全信用档案，记录许可颁发、日常监督检查结果、违法行为查处等情况；根据食品安全信用档案的记录，对有不良信用记录的食品生产经营者增加监督检查频次。

第八十条 县级以上卫生行政、质量监督、工商行政管理、食品药品监督管理部门接到咨询、投诉、举报，对属于本部门职责的，应当受理，并及时进行答复、核实、处理；对不属于本部门职责的，应当书面通知并移交有权处理的部门处理。有权处理的部门应当及时处理，不得推诿；属于食品安全事故的，依照本法第七章有关规定进行处置。

第八十一条 县级以上卫生行政、质量监督、工商行政管理、食品药品监督管理部门应当按照法定权限和程序履行食品安全监督管理职责；对生产经营者的同一违法行为，不得给予二次以上罚款的行政处罚；涉嫌犯罪的，应当依法向公安机关移送。

第八十二条 国家建立食品安全信息统一公布制度。下列信息由国务院卫生行政部门统一公布：

（1）国家食品安全总体情况；

（2）食品安全风险评估信息和食品安全风险警示信息；

（3）重大食品安全事故及其处理信息；

（4）其他重要的食品安全信息和国务院确定的需要统一公布的信息。

前款第（2）项、第（3）项规定的信息，其影响限于特定区域的，也可以由有关省、自治区、直辖市人民政府卫生行政部门公布。县级以上农业行政、质量监督、工商行政管理、食品药品监督管理部门依据各自职责公布食品安全日常监督管理信息。

食品安全监督管理部门公布信息，应当做到准确、及时、客观。

第八十三条 县级以上地方卫生行政、农业行政、质量监督、工商行政管理、食品药品监督管理部门获知本法第八十二条第一款规定的需要统一公布的信息，应当向上级主管部门报告，由上级主管部门立即报告国务院卫生行政部门；必要时，可以直接向国务院卫生行政部门报告。

县级以上卫生行政、农业行政、质量监督、工商行政管理、食品药品监督管理部门应当相互通报获知的食品安全信息。

第九章 法律责任

第八十四条 违反本法规定，未经许可从事食品生产经营活动，或者未经许可生产食品添加剂的，由有关主管部门按照各自职责分工，没收违法所得、违法生产经营的食品、食品添加剂和用于违法生产经营的工具、设备、原料等物品；违法生产经营的食品、食品添加剂货值金额不足1万元的，并处2 000元以上5万元以下罚款；货值金额1万元以上的，并处货值金额5倍以上10倍以下罚款。

第八十五条 违反本法规定，有下列情形之一的，由有关主管部门按照各自职责分工，没收违法所得、违法生产经营的食品和用于违法生产经营的工具、设备、原料等物品；违法生产经营的食品货值金额不足1万元的，并处2 000元以上5万元以下罚款；货值金额1万元以上的，并处货值金额5倍以上10倍以下罚款；情节严重的，吊销许可证：

（1）用非食品原料生产食品或者在食品中添加食品添加剂以外的化学物质，或者用回收食品作为原料生产食品；

（2）生产经营致病性微生物、农药残留、兽药残留、重金属、污染物质以及其他危害人体健康的物质含量超过食品安全标准限量的食品；

（3）生产经营营养成分不符合食品安全标准的专供婴幼儿和其他特定人群的主辅食品；

（4）经营腐败变质、油脂酸败、霉变生虫、污秽不洁、混有异物、掺假掺杂或者感官性状异常的食品；

（5）经营病死、毒死或者死因不明的禽、畜、兽、水产动物肉类，或者生产经营病死、毒死或者死因不明的禽、畜、兽、水产动物肉类的制品；

（6）经营未经动物卫生监督机构检疫或者检疫不合格的肉类，或者生产经营未经检验或者检验不合格的肉类制品；

（7）经营超过保质期的食品；

（8）生产经营国家为防病等特殊需要明令禁止生产经营的食品；

（9）利用新的食品原料从事食品生产或者从事食品添加剂新品种、食品相关产品新品种生产，未经过安全性评估；

（10）食品生产经营者在有关主管部门责令其召回或者停止经营不符合食品安全标准的食品后，仍拒不召回或者停止经营的。

第八十六条 违反本法规定，有下列情形之一的，由有关主管部门按照各自职责分工，没收违法所得、违法生产经营的食品和用于违法生产经营的工具、设备、原料等物品；违法生产经营的食品货值金额不足1万元的，并处2 000元以上5万元以下罚款；货值金额1万元以上的，并处货值金额2倍以上5倍以下罚款；情节严重的，责令停产停业，直至吊销许可证：

（1）经营被包装材料、容器、运输工具等污染的食品；

（2）生产经营无标签的预包装食品、食品添加剂或者标签、说明书不符合本法规定的食品、食品添加剂；

（3）食品生产者采购、使用不符合食品安全标准的食品原料、食品添加剂、食品相关产品；

（4）食品生产经营者在食品中添加药品。

第八十七条 违反本法规定，有下列情形之一的，由有关主管部门按照各自职责分工，责令改正，给予警告；拒不改正的，处2 000元以上2万元以下罚款；情节严重的，责令停产停业，直至吊销许可证：

（1）未对采购的食品原料和生产的食品、食品添加剂、食品相关产品进行检验；

（2）未建立并遵守查验记录制度、出厂检验记录制度；

（3）制定食品安全企业标准未依照本法规定备案；

（4）未按规定要求贮存、销售食品或者清理库存食品；

（5）进货时未查验许可证和相关证明文件；

（6）生产的食品、食品添加剂的标签、说明书涉及疾病预防、治疗功能；

（7）安排患有本法第三十四条所列疾病的人员从事接触直接入口食品的工作。

第八十八条 违反本法规定，事故单位在发生食品安全事故后未进行处置、报告的，由有关主管部门按照各自职责分工，责令改正，给予警告；毁灭有关证据的，责令停产停业，并处2 000元以上10万元以下罚款；造成严重后果的，由原发证部门吊销许可证。

第八十九条 违反本法规定，有下列情形之一的，依照本法第八十五条的规定给予处罚：

（1）进口不符合我国食品安全国家标准的食品；

（2）进口尚无食品安全国家标准的食品，或者首次进口食品添加剂新品种、食品相关产品新品种，未经过安全性评估；

（3）出口商未遵守本法的规定出口食品。

违反本法规定，进口商未建立并遵守食品进口和销售记录制度的，依照本法第八十七条的规定给予处罚。

第九十条 违反本法规定，集中交易市场的开办者、柜台出租者、展销会的举办者允许未取得许可的食品经营者进入市场销售食品，或者未履行检查、报告等义务的，由有关主管部门按照各自职责分工，处2 000元以上5万元以下罚款；造成严重后果的，责令停业，由原发证部门吊销许可证。

第九十一条 违反本法规定，未按照要求进行食品运输的，由有关主管部门按照各自职责分工，责令改正，给予警告；拒不改正的，责令停产停业，并处2 000元以上5万元以下罚款；情节严重的，由原发证部门吊销许可证。

第九十二条 被吊销食品生产、流通或者餐饮服务许可证的单位，其直接负责的主管人员自处罚决定做出之日起5年内不得从事食品生产经营管理工作。

食品生产经营者聘用不得从事食品生产经营管理工作的人员从事管理工作的，由原发证部门吊销许可证。

第九十三条 违反本法规定，食品检验机构、食品检验人员出具虚假检验报告的，由授予其资质的主管部门或者机构撤销该检验机构的检验资格；依法对检验机构直接负责的主管人员和食品检验人员给予撤职或者开除的处分。

违反本法规定，受到刑事处罚或者开除处分的食品检验机构人员，自刑罚执行完毕或者处分决定做出之日起10年内不得从事食品检验工作。食品检验机构聘用不得从事食品检验工作的人员的，由授予其资质的主管部门或者机构撤销该检验机构的检验资格。

第九十四条 违反本法规定，在广告中对食品质量作虚假宣传，欺骗消费者的，依照广告法的规定给予处罚。

违反本法规定，食品安全监督管理部门或者承担食品检验职责的机构、食品行业协会、消费者协会以广告或者其他形式向消费者推荐食品的，由有关主管部门没收违法所得，依法对直接负责的主管人员和其他直接责任人员给予记大过、降级或者撤职的处分。

第九十五条 违反本法规定，县级以上地方人民政府在食品安全监督管理中未履行职责，本行政区域出现重大食品安全事故、造成严重社会影响的，依法对直接负责的主管人员和其他直接责任人员给予记大过、降级、撤职或者开除的处分。

违反本法规定，县级以上卫生行政、农业行政、质量监督、工商行政管理、食品药品监督管理部门或者其他有关行政部门不履行本法规定的职责或者滥用职权、玩忽职守、徇私舞弊的，依法对直接负责的主管人员和其他直接责任人员给予记大过或者降级的处分；造成严重后果的，给予撤职或者开除的处分；其主要负责人应当引咎辞职。

第九十六条 违反本法规定，造成人身、财产或者其他损害的，依法承担赔偿责任。

生产不符合食品安全标准的食品或者销售明知是不符合食品安全标准的食品，消费者除要求赔偿损失外，还可以向生产者或者销售者要求支付价款10倍的赔偿金。

第九十七条 违反本法规定，应当承担民事赔偿责任和缴纳罚款、罚金，其财产不足以同时支付时，先承担民事赔偿责任。

第九十八条 违反本法规定，构成犯罪的，依法追究刑事责任。

第十章 附 则

第九十九条 本法下列用语的含义：

食品，指各种供人食用或者饮用的成品和原料以及按照传统既是食品又是药品的物品，但是不包括以治疗为目的的物品。

食品安全，指食品无毒、无害，符合应当有的营养要求，对人体健康不造成任何急性、亚急性或者慢性危害。

预包装食品，指预先定量包装或者制作在包装材料和容器中的食品。

食品添加剂，指为改善食品品质和色、香、味以及为防腐、保鲜和加工工艺的需要而加入食品中的人工合成或者天然物质。

用于食品的包装材料和容器，指包装、盛放食品或者食品添加剂用的纸、竹、木、金属、搪瓷、陶瓷、塑料、橡胶、天然纤维、化学纤维、玻璃等制品和直接接触食品或者食品添加剂的涂料。

用于食品生产经营的工具、设备，指在食品或者食品添加剂生产、流通、使用过程中直接接触食品或者食品添加剂的机械、管道、传送带、容器、用具、餐具等。

用于食品的洗涤剂、消毒剂，指直接用于洗涤或者消毒食品、餐饮具以及直接接触食品的工具、设备或者食品包装材料和容器的物质。

保质期，指预包装食品在标签指明的贮存条件下保持品质的期限。

食源性疾病，指食品中致病因素进入人体引起的感染性、中毒性等疾病。

食物中毒，指食用了被有毒有害物质污染的食品或者食用了含有毒有害物质的食品后出现的急性、亚急性疾病。

食品安全事故，指食物中毒、食源性疾病、食品污染等源于食品，对人体健康有危害或者可能有危害的事故。

第一百条 食品生产经营者在本法施行前已经取得相应许可证的，该许可证继续有效。

第一百零一条 乳品、转基因食品、生猪屠宰、酒类和食盐的食品安全管理，适用本法；法律、行政法规另有规定的，依照其规定。

第一百零二条 铁路运营中食品安全的管理办法由国务院卫生行政部门会同国务院有关部门依照本法制定。

军队专用食品和自供食品的食品安全管理办法由中央军事委员会依照本法制定。

第一百零三条 国务院根据实际需要，可以对食品安全监督管理体制做出调整。

第一百零四条 本法自2009年6月1日起施行。《中华人民共和国食品卫生法》同时废止。

中华人民共和国保险法

（1995年6月30日第八届全国人民代表大会常务委员会第十四次会议通过　根据2002年10月28日第九届全国人民代表大会常务委员会第三十次会议《关于修改〈中华人民共和国保险法〉的决定》修正　2009年2月28日第十一届全国人民代表大会常务委员会第七次会议通过　2009年2月28日中华人民共和国主席令第11号公布　自2009年10月1日起施行）

第一章 总 则

第一条 为了规范保险活动，保护保险活动当事人的合法权益，加强对保险业的监督管理，维护社会经济秩序和社会公共利益，促进保险事业的健康发展，制定本法。

第二条 本法所称保险，是指投保人根据合同约定，向保险人支付保险费，保险人对于合同约定的可能发生的事故因其发生所造成的财产损失承担赔偿保险金责任，或者当被保险人死亡、伤残、疾病或者达到合同约定的年龄、期限等条件时承担给付保险金责任的商业保险行为。

第三条 在中华人民共和国境内从事保险活动，适用本法。

第四条 从事保险活动必须遵守法律、行政法规，尊重社会公德，不得损害社会公共利益。

第五条 保险活动当事人行使权利、履行义务应当遵循诚实信用原则。

第六条 保险业务由依照本法设立的保险公司以及法律、行政法规规定的其他保险组织经营，其他单位和个人不得经营保险业务。

第七条 在中华人民共和国境内的法人和其他组织需要办理境内保险的，应当向中华人民共和国境内的保险公司投保。

第八条 保险业和银行业、证券业、信托业实行分业经营、分业管理，保险公司与银行、证券、信托业务机构分别设立。国家另有规定的除外。

第九条 国务院保险监督管理机构依法对保险业实施监督管理。

国务院保险监督管理机构根据履行职责的需要设立派出机构。派出机构按照国务院保险监督管理机构的授权履行监督管理职责。

第二章 保险合同

第一节 一般规定

第十条 保险合同是投保人与保险人约定保险权利义务关系的协议。

投保人是指与保险人订立保险合同，并按照合同约定负有支付保险费义务的人。

保险人是指与投保人订立保险合同，并按照合同约定承担赔偿或者给付保险金责任的保险公司。

第十一条 订立保险合同，应当协商一致，遵循公平原则确定各方的权利和义务。

除法律、行政法规规定必须保险的外，保险合同自愿订立。

第十二条 人身保险的投保人在保险合同订立时，对被保险人应当具有保险利益。

财产保险的被保险人在保险事故发生时，对保险标的应当具有保险利益。

人身保险是以人的寿命和身体为保险标的的保险。

财产保险是以财产及其有关利益为保险标的的保险。

被保险人是指其财产或者人身受保险合同保障，享有保险金请求权的人。投保人可以为被保险人。

保险利益是指投保人或者被保险人对保险标的具有的法律上承认的利益。

第十三条 投保人提出保险要求，经保险人同意承保，保险合同成立。保险人应当及时向投保人签发保险单或者其他保险凭证。

保险单或者其他保险凭证应当载明当事人双方约定的合同内容。当事人也可以约定采用其他书面形式载明合同内容。

依法成立的保险合同，自成立时生效。投保人和保险人可以对合同的效力约定附条件或者附期限。

第十四条 保险合同成立后，投保人按照约定交付保险费，保险人按照约定的时间开始承担保险责任。

第十五条 除本法另有规定或者保险合同另有约定外，保险合同成立后，投保人可以解除合同，保险人不得解除合同。

第十六条 订立保险合同，保险人就保险标的或者被保险人的有关情况提出询问的，投保人应当如实告知。

投保人故意或者因重大过失未履行前款规定的如实告知义务，足以影响保险人决定是否同意承保或者提高保险费率的，保险人有权解除合同。

前款规定的合同解除权，自保险人知道有解除事由之日起，超过30日不行使而消灭。自合同成立之日起超过2年的，保险人不得解除合同；发生保险事故的，保险人应当承担赔偿或者给付保险金的责任。

投保人故意不履行如实告知义务的，保险人对于合同解除前发生的保险事故，不承担赔偿或者给付保险金的责任，并不退还保险费。

投保人因重大过失未履行如实告知义务，对保险事故的发生有严重影响的，保险人对于合同解除前发生的保险事故，不承担赔偿或者给付保险金的责任，但应当退还保险费。

保险人在合同订立时已经知道投保人未如实告知的情况的，保险人不得解除合同；发生保险事故的，保险人应当承担赔偿或者给付保险金的责任。

保险事故是指保险合同约定的保险责任范围内的事故。

第十七条 订立保险合同，采用保险人提供的格式条款的，保险人向投保人提供的投保单应当附格式条款，保险人应当向投保人说明合同的内容。

对保险合同中免除保险人责任的条款，保险人在订立合同时应当在投保单、保险单或者其他保险凭证上做出足以引起投保人注意的提示，并对该条款的内容以书面或者口头形式向投保人做出明确说明；未作提示或者明确说明的，该条款不产生效力。

第十八条 保险合同应当包括下列事项：

（1）保险人的名称和住所；

（2）投保人、被保险人的姓名或者名称、住所，以及人身保险的受益人的姓名或者名称、住所；

（3）保险标的；

（4）保险责任和责任免除；

（5）保险期间和保险责任开始时间；

（6）保险金额；

（7）保险费以及支付办法；

（8）保险金赔偿或者给付办法；

（9）违约责任和争议处理；

（10）订立合同的年、月、日。

投保人和保险人可以约定与保险有关的其他事项。

受益人是指人身保险合同中由被保险人或者投保人指定的享有保险金请求权的人。投保人、被保险人可以为受益人。

保险金额是指保险人承担赔偿或者给付保险金责任的最高限额。

第十九条 采用保险人提供的格式条款订立的保险合同中的下列条款无效：

（1）免除保险人依法应承担的义务或者加重投保人、被保险人责任的；

（2）排除投保人、被保险人或者受益人依法享有的权利的。

第二十条 投保人和保险人可以协商变更合同内容。

变更保险合同的，应当由保险人在保险单或者其他保险凭证上批注或者附贴批单，或者由投保人和保险人订立变更的书面协议。

第二十一条 投保人、被保险人或者受益人知道保险事故发生后，应当及时通知保险人。故意或者因重大过失未及时通知，致使保险事故的性质、原因、损失程度等难以确定的，保险人对无法确定的部分，不承担赔偿或者给付保险金的责任，但保险人通过其他途径已经及时知道或者应当及时知道保险事故发生的除外。

第二十二条 保险事故发生后，按照保险合同请求保险人赔偿或者给付保险金时，投保人、被保险人或者受益人应当向保险人提供其所能提供的与确认保险事故的性质、原因、损失程度等有关的证明和资料。

保险人按照合同的约定，认为有关的证明和资料不完整的，应当及时一次性通知投保人、被保险人或者受益人补充提供。

第二十三条 保险人收到被保险人或者受益人的赔偿或者给付保险金的请求后，应当及时做出核定；情形复杂的，应当在30日内做出核定，但合同另有约定的除外。保险人应当将核定结果通知被保险人或者受益人；对属于保险责任的，在与被保险人或者受益人达成赔偿或者给付保险金的协议后10日内，履行赔偿或者给付保险金义务。保险合同对赔偿或者给付保险金的期限有约定的，保险人应当按照约定履行赔偿或者给付保险金义务。

保险人未及时履行前款规定义务的，除支付保险金外，应当赔偿被保险人或者受益人因此受到的损失。

任何单位和个人不得非法干预保险人履行赔偿或者给付保险金的义务，也不得限制被保险人或者受益人取得保险金的权利。

第二十四条 保险人依照本法第二十三条的规定做出核定后，对不属于保险责任的，应当自做出核定之日起3日内向被保险人或者受益人发出拒绝赔偿或者拒绝给付保险金通知书，并说明理由。

第二十五条 保险人自收到赔偿或者给付保险金的请求和有关证明、资料之日起60日内，对其赔偿或者给付保险金的数额不能确定的，应当根据已有证明和资料可以确定的数额先予支付；保险人最终确定赔偿或者给付保险金的数额后，应当支付相应的差额。

第二十六条 人寿保险以外的其他保险的被保险人或者受益人，向保险人请求赔偿或者给付保险金的诉讼时效期间为2年，自其知道或者应当知道保险事故发生之日起计算。

人寿保险的被保险人或者受益人向保险人请求给付保险金的诉讼时效期间为5年，自其知道或者应当知道保险事故发生之日起计算。

第二十七条 未发生保险事故，被保险人或者受益人谎称发生了保险事故，向保险人提出赔偿或者给付保险金请求的，保险人有权解除合同，并不退还保险费。

投保人、被保险人故意制造保险事故的，保险人有权解除合同，不承担赔偿或者给付保险金的责任；除本法第四十三条规定外，不退还保险费。

保险事故发生后，投保人、被保险人或者受益人以伪造、变造的有关证明、资料或者其他证据，编造虚假的事故原因或者夸大损失程度的，保险人对其虚报的部分不承担赔偿或者给付保险金的责任。

投保人、被保险人或者受益人有前三款规定行为之一，致使保险人支付保险金或者支出费用的，应当退回或者赔偿。

第二十八条 保险人将其承担的保险业务，以分保形式部分转移给其他保险人的，为再保险。

应再保险接受人的要求，再保险分出人应当将其自负责任及原保险的有关情况书面告知再保险接受人。

第二十九条 再保险接受人不得向原保险的投保人要求支付保险费。

原保险的被保险人或者受益人不得向再保险接受人提出赔偿或者给付保险金的请求。

再保险分出人不得以再保险接受人未履行再保险责任为由，拒绝履行或者迟延履行其原保险责任。

第三十条 采用保险人提供的格式条款订立的保险合同，保险人与投保人、被保险人或者受益人对合同条款有争议的，应当按照通常理解予以解释。对合同条款有两种以上解释的，人民法院或者仲裁机构应当做出有利于被保险人和受益人的解释。

第二节　人身保险合同

第三十一条 投保人对下列人员具有保险利益：

（1）本人；

（2）配偶、子女、父母；

（3）前项以外与投保人有抚养、赡养或者扶养关系的家庭其他成员、近亲属；

（4）与投保人有劳动关系的劳动者。

除前款规定外，被保险人同意投保人为其订立合同的，视为投保人对被保险人具有保险利益。

订立合同时，投保人对被保险人不具有保险利益的，合同无效。

第三十二条 投保人申报的被保险人年龄不真实，并且其真实年龄不符合合同约定的年龄限制的，保险人可以解除合同，并按照合同约定退还保险单的现金价值。保险人行使合同解除权，适用本法第十六条第三款、第六款的规定。

投保人申报的被保险人年龄不真实，致使投保人支付的保险费少于应付保险费的，保险人有权更正并要求投保人补交保险费，或者在给付保险金时按照实付保险费与应付保险费的比例支付。

投保人申报的被保险人年龄不真实，致使投保人支付的保险费多于应付保险费的，保险人应当将多收的保险费退还投保人。

第三十三条 投保人不得为无民事行为能力人投保以死亡为给付保险金条件的人身保险，保险人也不得承保。

父母为其未成年子女投保的人身保险，不受前款规定限制。但是，因被保险人死亡给付的保险金总和不得超过国务院保险监督管理机构规定的限额。

第三十四条 以死亡为给付保险金条件的合同，未经被保险人同意并认可保险金额的，合同无效。

按照以死亡为给付保险金条件的合同所签发的保险单，未经被保险人书面同意，不得转让或者质押。

父母为其未成年子女投保的人身保险，不受本条第一款规定限制。

第三十五条 投保人可以按照合同约定向保险人一次支付全部保险费或者分期支付保险费。

第三十六条 合同约定分期支付保险费，投保人支付首期保险费后，除合同另有约定外，投保人自保险人催告之日起超过30日未支付当期保险费，或者超过约定的期限60日未支付当期保险费的，合同效力中止，或者由保险人按照合同约定的条件减少保险金额。

被保险人在前款规定期限内发生保险事故的，保险人应当按照合同约定给付保险金，但可以扣减欠交的保险费。

第三十七条 合同效力依照本法第三十六条规定中止的，经保险人与投保人协商并达成协议，在投保人补交保险费后，合同效力恢复。但是，自合同效力中止之日起满2年双方未达成协议的，保险人有权解除合同。

保险人依照前款规定解除合同的，应当按照合同约定退还保险单的现金价值。

第三十八条 保险人对人寿保险的保险费，不得用诉讼方式要求投保人支付。

第三十九条 人身保险的受益人由被保险人或者投保人指定。

投保人指定受益人时须经被保险人同意。投保人为与其有劳动关系的劳动者投保人身保险，不得指定被保险人及其近亲属以外的人为受益人。

被保险人为无民事行为能力人或者限制民事行为能力人的，可以由其监护人指定受益人。

第四十条 被保险人或者投保人可以指定一人或者数人为受益人。

受益人为数人的，被保险人或者投保人可以确定受益顺序和受益份额；未确定受益份额的，受益人按照相等份额享有受益权。

第四十一条 被保险人或者投保人可以变更受益人并书面通知保险人。保险人收到变更受益人的书面通知后，应当在保险单或者其他保险凭证上批注或者附贴批单。

投保人变更受益人时须经被保险人同意。

第四十二条 被保险人死亡后，有下列情形之一的，保险金作为被保险人的遗产，由保险人依照《中华人民共和国继承法》的规定履行给付保险金的义务：

（1）没有指定受益人，或者受益人指定不明无法确定的；

（2）受益人先于被保险人死亡，没有其他受益人的；

（3）受益人依法丧失受益权或者放弃受益权，没有其他受益人的。

受益人与被保险人在同一事件中死亡，且不能确定死亡先后顺序的，推定受益人死亡在先。

第四十三条 投保人故意造成被保险人死亡、伤残或者疾病的，保险人不承担给付保险金的责任。投保人已交足2年以上保险费的，保险人应当按照合同约定向其他权利人退还保险单的现金价值。

受益人故意造成被保险人死亡、伤残、疾病的，或者故意杀害被保险人未遂的，该受益人丧失受益权。

第四十四条 以被保险人死亡为给付保险金条件的合同，自合同成立或者合同效力恢复之日起2年内，被保险人自杀的，保险人不承担给付保险金的责任，但被保险人自杀时为无民事行为能力人的除外。

保险人依照前款规定不承担给付保险金责任的，应当按照合同约定退还保险单的现金价值。

第四十五条 因被保险人故意犯罪或者抗拒依法采取的刑事强制措施导致其伤残或者死亡的，保险人不承担给付保险金的责任。投保人已交足2年以上保险费的，保险人应当按照合同约定退还保险单的现金价值。

第四十六条 被保险人因第三者的行为而发生死亡、伤残或者疾病等保险事故的，保险人向被保险人或者受益人给付保险金后，不享有向第三者追偿的权利，但被保险人或者受益人仍有权向第三者请求赔偿。

第四十七条 投保人解除合同的，保险人应当自收到解除合同通知之日起30日内，按照合同约定退还保险单的现金价值。

第三节 财产保险合同

第四十八条 保险事故发生时，被保险人对保险标的不具有保险利益的，不得向保险人请求赔偿保险金。

第四十九条 保险标的转让的，保险标的的受让人承继被保险人的权利和义务。

保险标的转让的，被保险人或者受让人应当及时通知保险人，但货物运输保险合同和另有约定的合同除外。

因保险标的的转让导致危险程度显著增加的，保险人自收到前款规定的通知之日起30日内，可以按照合同约定增加保险费或者解除合同。保险人解除合同的，应当将已收取的保险费，按照合同约定扣除自保险责任开始之日起至合同解除之日止应收的部分后，退还投保人。

被保险人、受让人未履行本条第二款规定的通知义务的，因转让导致保险标的的危险程度显著增加而发生的保险事故，保险人不承担赔偿保险金的责任。

第五十条 货物运输保险合同和运输工具航程保险合同，保险责任开始后，合同当事人不得解除合同。

第五十一条 被保险人应当遵守国家有关消防、安全、生产操作、劳动保护等方面的规定，维护保险标的的安全。

保险人可以按照合同约定对保险标的的安全状况进行检查，及时向投保人、被保险人提出消除不安全因素和隐患的书面建议。

投保人、被保险人未按照约定履行其对保险标的的安全应尽责任的，保险人有权要求增加保险费或者解除合同。

保险人为维护保险标的的安全，经被保险人同意，可以采取安全预防措施。

第五十二条 在合同有效期内，保险标的的危险程度显著增加的，被保险人应当按照合同约定及时通知保险人，保险人可以按照合同约定增加保险费或者解除合同。保险人解除合同的，应当将已收取的保险费，按照合同约定扣除自保险责任开始之日起至合同解除之日止应收的部分后，退还投保人。

被保险人未履行前款规定的通知义务的，因保险标的的危险程度显著增加而发生的保险事故，保险人不承担赔偿保险金的责任。

第五十三条 有下列情形之一的，除合同另有约定外，保险人应当降低保险费，并按日计算退还相应的保险费：

（1）据以确定保险费率的有关情况发生变化，保险标的的危险程度明显减少的；

（2）保险标的的保险价值明显减少的。

第五十四条 保险责任开始前，投保人要求解除合同的，应当按照合同约定向保险人支付手续费，保险人应当退还保险费。保险责任开始后，投保人要求解除合同的，保险人应当将已收取的保险费，按照合同约定扣除自保险责任开始之日起至合同解除之日止应收的部分后，退还投保人。

第五十五条 投保人和保险人约定保险标的的保险价值并在合同中载明的，保险标的发生损失时，以约定的保险价值为赔偿计算标准。

投保人和保险人未约定保险标的的保险价值的，保险标的发生损失时，以保险事故发生时保险标的的实际价值为赔偿计算标准。

保险金额不得超过保险价值。超过保险价值的，超过部分无效，保险人应当退还相应的保险费。

保险金额低于保险价值的，除合同另有约定外，保险人按照保险金额与保险价值的比例承担赔偿保险金的责任。

第五十六条 重复保险的投保人应当将重复保险的有关情况通知各保险人。

重复保险的各保险人赔偿保险金的总和不得超过保险价值。除合同另有约定外，各保险人按照其保险金额与保险金额总和的比例承担赔偿保险金的责任。

重复保险的投保人可以就保险金额总和超过保险价值的部分，请求各保险人按比例返还保险费。

重复保险是指投保人对同一保险标的、同一保险利益、同一保险事故分别与 2 个以上保险人订立保险合同，且保险金额总和超过保险价值的保险。

第五十七条 保险事故发生时，被保险人应当尽力采取必要的措施，防止或者减少损失。

保险事故发生后，被保险人为防止或者减少保险标的的损失所支付的必要的、合理的费用，由保险人承担；保险人所承担的费用数额在保险标的损失赔偿金额以外另行计算，最高不超过保险金额的数额。

第五十八条 保险标的发生部分损失的，自保险人赔偿之日起 30 日内，投保人可以解除合同；除合同另有约定外，保险人也可以解除合同，但应当提前 15 日通知投保人。

合同解除的，保险人应当将保险标的未受损失部分的保险费，按照合同约定扣除自保险责任开始之日起至合同解除之日止应收的部分后，退还投保人。

第五十九条 保险事故发生后，保险人已支付了全部保险金额，并且保险金额等于保险价值的，受损保险标的的全部权利归于保险人；保险金额低于保险价值的，保险人按照保险金额与保险价值的比例取得受损保险标的的部分权利。

第六十条 因第三者对保险标的的损害而造成保险事故的，保险人自向被保险人赔偿保险金之日起，在赔偿金额范围内代位行使被保险人对第三者请求赔偿的权利。

前款规定的保险事故发生后，被保险人已经从第三者取得损害赔偿的，保险人赔偿保险金时，可以相应扣减被保险人从第三者已取得的赔偿金额。

保险人依照本条第一款规定行使代位请求赔偿的权利，不影响被保险人就未取得赔偿的部分向第三者请求赔偿的权利。

第六十一条 保险事故发生后，保险人未赔偿保险金之前，被保险人放弃对第三者请求赔偿的权利的，保险人不承担赔偿保险金的责任。

保险人向被保险人赔偿保险金后，被保险人未经保险人同意放弃对第三者请求赔偿的权利的，该行为无效。

被保险人故意或者因重大过失致使保险人不能行使代位请求赔偿的权利的，保险人可以扣减或者要求返还相应的保险金。

第六十二条 除被保险人的家庭成员或者其组成人员故意造成本法第六十条第一款规定的保险事故外，保险人不得对被保险人的家庭成员或者其组成人员行使代位请求赔偿的权利。

第六十三条 保险人向第三者行使代位请求赔偿的权利时，被保险人应当向保险人提供必要的文件和所知道的有关情况。

第六十四条 保险人、被保险人为查明和确定保险事故的性质、原因和保险标的的损失程度所支付的必要的、合理的费用，由保险人承担。

第六十五条 保险人对责任保险的被保险人给第三者造成的损害，可以依照法律的规定或者合同的约定，直接向该第三者赔偿保险金。

责任保险的被保险人给第三者造成损害，被保险人对第三者应负的赔偿责任确定的，根据被保险人的请求，保险人应当直接向该第三者赔偿保险金。被保险人怠于请求的，第三者有权就其应获赔偿部分直接向保险人请求赔偿保险金。

责任保险的被保险人给第三者造成损害，被保险人未向该第三者赔偿的，保险人不得向被保险人赔偿保险金。

责任保险是指以被保险人对第三者依法应负的赔偿责任为保险标的的保险。

第六十六条 责任保险的被保险人因给第三者造成损害的保险事故而被提起仲裁或者诉讼的，被保险人支付的仲裁或者诉讼费用以及其他必要的、合理的费用，除合同另有约定外，由保险人承担。

第三章　保险公司

第六十七条　设立保险公司应当经国务院保险监督管理机构批准。

国务院保险监督管理机构审查保险公司的设立申请时，应当考虑保险业的发展和公平竞争的需要。

第六十八条　设立保险公司应当具备下列条件：

（1）主要股东具有持续盈利能力，信誉良好，最近3年内无重大违法违规记录，净资产不低于人民币2亿元；

（2）有符合本法和《中华人民共和国公司法》规定的章程；

（3）有符合本法规定的注册资本；

（4）有具备任职专业知识和业务工作经验的董事、监事和高级管理人员；

（5）有健全的组织机构和管理制度；

（6）有符合要求的营业场所和与经营业务有关的其他设施；

（7）法律、行政法规和国务院保险监督管理机构规定的其他条件。

第六十九条　设立保险公司，其注册资本的最低限额为人民币2亿元。

国务院保险监督管理机构根据保险公司的业务范围、经营规模，可以调整其注册资本的最低限额，但不得低于本条第一款规定的限额。

保险公司的注册资本必须为实缴货币资本。

第七十条　申请设立保险公司，应当向国务院保险监督管理机构提出书面申请，并提交下列材料：

（1）设立申请书，申请书应当载明拟设立的保险公司的名称、注册资本、业务范围等；

（2）可行性研究报告；

（3）筹建方案；

（4）投资人的营业执照或者其他背景资料，经会计师事务所审计的上一年度财务会计报告；

（5）投资人认可的筹备组负责人和拟任董事长、经理名单及本人认可证明；

（6）国务院保险监督管理机构规定的其他材料。

第七十一条　国务院保险监督管理机构应当对设立保险公司的申请进行审查，自受理之日起6个月内做出批准或者不批准筹建的决定，并书面通知申请人。决定不批准的，应当书面说明理由。

第七十二条　申请人应当自收到批准筹建通知之日起1年内完成筹建工作；筹建期间不得从事保险经营活动。

第七十三条　筹建工作完成后，申请人具备本法第六十八条规定的设立条件的，可以向国务院保险监督管理机构提出开业申请。

国务院保险监督管理机构应当自受理开业申请之日起60日内，做出批准或者不批准开业的决定。决定批准的，颁发经营保险业务许可证；决定不批准的，应当书面通知申请人并说明理由。

第七十四条　保险公司在中华人民共和国境内设立分支机构，应当经保险监督管理机构批准。

保险公司分支机构不具有法人资格，其民事责任由保险公司承担。

第七十五条　保险公司申请设立分支机构，应当向保险监督管理机构提出书面申请，并提交下列材料：

（1）设立申请书；

（2）拟设机构3年业务发展规划和市场分析材料；

（3）拟任高级管理人员的简历及相关证明材料；

（4）国务院保险监督管理机构规定的其他材料。

第七十六条　保险监督管理机构应当对保险公司设立分支机构的申请进行审查，自受理之日起60日内做出批准或者不批准的决定。决定批准的，颁发分支机构经营保险业务许可证；决定不批准的，应当书面通知申请人并说明理由。

第七十七条　经批准设立的保险公司及其分支机构，凭经营保险业务许可证向工商行政管理机关办理登记，领取营业执照。

第七十八条　保险公司及其分支机构自取得经营保险业务许可证之日起6个月内，无正当理由未向工商行政管理机关办理登记的，其经营保险业务许可证失效。

第七十九条　保险公司在中华人民共和国境外设立子公司、分支机构、代表机构，应当经国务院保险监督管理机构批准。

第八十条　外国保险机构在中华人民共和国境内设立代表机构，应当经国务院保险监督管理机构批准。代表机构不得从事保险经营活动。

第八十一条　保险公司的董事、监事和高级管理人员，应当品行良好，熟悉与保险相关的法律、行政法规，具有履行职责所需的经营管理能力，并在任职前取得保险监督管理机构核准的任职资格。

保险公司高级管理人员的范围由国务院保险监督管理机构规定。

第八十二条　有《中华人民共和国公司法》第一百四十七条规定的情形或者下列情形之一的，不得担任保险公司的董事、监事、高级管理人员：

（1）因违法行为或者违纪行为被金融监督管理机构取消任职资格的金融机构的董事、监事、高级管理人员，自被取消任职资格之日起未逾5年的；

（2）因违法行为或者违纪行为被吊销执业资格的律师、注册会计师或者资产评估机构、验证机构等机构的专业人员，自被吊销执业资格之日起未逾5年的。

第八十三条　保险公司的董事、监事、高级管理人员执行公司职务时违反法律、行政法规或者公司章程的规定，给公司造成损失的，应当承担赔偿责任。

第八十四条　保险公司有下列情形之一的，应当经保险监督管理机构批准：

（1）变更名称；

（2）变更注册资本；

（3）变更公司或者分支机构的营业场所；

（4）撤销分支机构；

（5）公司分立或者合并；

（6）修改公司章程；

（7）变更出资额占有限责任公司资本总额5.0%以上的

股东，或者变更持有股份有限公司股份5.0%以上的股东；

（8）国务院保险监督管理机构规定的其他情形。

第八十五条 保险公司应当聘用经国务院保险监督管理机构认可的精算专业人员，建立精算报告制度。

保险公司应当聘用专业人员，建立合规报告制度。

第八十六条 保险公司应当按照保险监督管理机构的规定，报送有关报告、报表、文件和资料。

保险公司的偿付能力报告、财务会计报告、精算报告、合规报告及其他有关报告、报表、文件和资料必须如实记录保险业务事项，不得有虚假记载、误导性陈述和重大遗漏。

第八十七条 保险公司应当按照国务院保险监督管理机构的规定妥善保管业务经营活动的完整账簿、原始凭证和有关资料。

前款规定的账簿、原始凭证和有关资料的保管期限，自保险合同终止之日起计算，保险期间在1年以下的不得少于5年，保险期间超过1年的不得少于10年。

第八十八条 保险公司聘请或者解聘会计师事务所、资产评估机构、资信评级机构等中介服务机构，应当向保险监督管理机构报告；解聘会计师事务所、资产评估机构、资信评级机构等中介服务机构，应当说明理由。

第八十九条 保险公司因分立、合并需要解散，或者股东会、股东大会决议解散，或者公司章程规定的解散事由出现，经国务院保险监督管理机构批准后解散。

经营有人寿保险业务的保险公司，除因分立、合并或者被依法撤销外，不得解散。

保险公司解散，应当依法成立清算组进行清算。

第九十条 保险公司有《中华人民共和国企业破产法》第二条规定情形的，经国务院保险监督管理机构同意，保险公司或者其债权人可以依法向人民法院申请重整、和解或者破产清算；国务院保险监督管理机构也可以依法向人民法院申请对该保险公司进行重整或者破产清算。

第九十一条 破产财产在优先清偿破产费用和共益债务后，按照下列顺序清偿：

（1）所欠职工工资和医疗、伤残补助、抚恤费用，所欠应当划入职工个人账户的基本养老保险、基本医疗保险费用，以及法律、行政法规规定应当支付给职工的补偿金；

（2）赔偿或者给付保险金；

（3）保险公司欠缴的除第（1）项规定以外的社会保险费用和所欠税款；

（4）普通破产债权。

破产财产不足以清偿同一顺序的清偿要求的，按照比例分配。

破产保险公司的董事、监事和高级管理人员的工资，按照该公司职工的平均工资计算。

第九十二条 经营有人寿保险业务的保险公司被依法撤销或者被依法宣告破产的，其持有的人寿保险合同及责任准备金，必须转让给其他经营有人寿保险业务的保险公司；不能同其他保险公司达成转让协议的，由国务院保险监督管理机构指定经营有人寿保险业务的保险公司接受转让。

转让或者由国务院保险监督管理机构指定接受转让前款规定的人寿保险合同及责任准备金的，应当维护被保险人、受益人的合法权益。

第九十三条 保险公司依法终止其业务活动，应当注销其经营保险业务许可证。

第九十四条 保险公司，除本法另有规定外，适用《中华人民共和国公司法》的规定。

第四章 保险经营规则

第九十五条 保险公司的业务范围：

（1）人身保险业务，包括人寿保险、健康保险、意外伤害保险等保险业务；

（2）财产保险业务，包括财产损失保险、责任保险、信用保险、保证保险等保险业务；

（3）国务院保险监督管理机构批准的与保险有关的其他业务。

保险人不得兼营人身保险业务和财产保险业务。但是，经营财产保险业务的保险公司经国务院保险监督管理机构批准，可以经营短期健康保险业务和意外伤害保险业务。

保险公司应当在国务院保险监督管理机构依法批准的业务范围内从事保险经营活动。

第九十六条 经国务院保险监督管理机构批准，保险公司可以经营本法第九十五条规定的保险业务的下列再保险业务：

（1）分出保险；

（2）分入保险。

第九十七条 保险公司应当按照其注册资本总额的20.0%提取保证金，存入国务院保险监督管理机构指定的银行，除公司清算时用于清偿债务外，不得动用。

第九十八条 保险公司应当根据保障被保险人利益、保证偿付能力的原则，提取各项责任准备金。

保险公司提取和结转责任准备金的具体办法，由国务院保险监督管理机构制定。

第九十九条 保险公司应当依法提取公积金。

第一百条 保险公司应当缴纳保险保障基金。

保险保障基金应当集中管理，并在下列情形下统筹使用：

（1）在保险公司被撤销或者被宣告破产时，向投保人、被保险人或者受益人提供救济；

（2）在保险公司被撤销或者被宣告破产时，向依法接受其人寿保险合同的保险公司提供救济；

（3）国务院规定的其他情形。

保险保障基金筹集、管理和使用的具体办法，由国务院制定。

第一百零一条 保险公司应当具有与其业务规模和风险程度相适应的最低偿付能力。保险公司的认可资产减去认可负债的差额不得低于国务院保险监督管理机构规定的数额；低于规定数额的，应当按照国务院保险监督管理机构的要求采取相应措施达到规定的数额。

第一百零二条 经营财产保险业务的保险公司当年自留保险费，不得超过其实有资本金加公积金总和的4倍。

第一百零三条 保险公司对每一危险单位，即对一次保险事故可能造成的最大损失范围所承担的责任，不得超过其实有资本金加公积金总和的10.0%；超过的部分应当办理再保险。

保险公司对危险单位的划分应当符合国务院保险监督管理机构的规定。

第一百零四条 保险公司对危险单位的划分方法和巨灾风险安排方案，应当报国务院保险监督管理机构备案。

第一百零五条 保险公司应当按照国务院保险监督管理机构的规定办理再保险，并审慎选择再保险接受人。

第一百零六条 保险公司的资金运用必须稳健，遵循安全性原则。

保险公司的资金运用限于下列形式：

（1）银行存款；

（2）买卖债券、股票、证券投资基金份额等有价证券；

（3）投资不动产；

（4）国务院规定的其他资金运用形式。

保险公司资金运用的具体管理办法，由国务院保险监督管理机构依照前两款的规定制定。

第一百零七条 经国务院保险监督管理机构会同国务院证券监督管理机构批准，保险公司可以设立保险资产管理公司。

保险资产管理公司从事证券投资活动，应当遵守《中华人民共和国证券法》等法律、行政法规的规定。

保险资产管理公司的管理办法，由国务院保险监督管理机构会同国务院有关部门制定。

第一百零八条 保险公司应当按照国务院保险监督管理机构的规定，建立对关联交易的管理和信息披露制度。

第一百零九条 保险公司的控股股东、实际控制人、董事、监事、高级管理人员不得利用关联交易损害公司的利益。

第一百一十条 保险公司应当按照国务院保险监督管理机构的规定，真实、准确、完整地披露财务会计报告、风险管理状况、保险产品经营情况等重大事项。

第一百一十一条 保险公司从事保险销售的人员应当符合国务院保险监督管理机构规定的资格条件，取得保险监督管理机构颁发的资格证书。

前款规定的保险销售人员的范围和管理办法，由国务院保险监督管理机构规定。

第一百一十二条 保险公司应当建立保险代理人登记管理制度，加强对保险代理人的培训和管理，不得唆使、诱导保险代理人进行违背诚信义务的活动。

第一百一十三条 保险公司及其分支机构应当依法使用经营保险业务许可证，不得转让、出租、出借经营保险业务许可证。

第一百一十四条 保险公司应当按照国务院保险监督管理机构的规定，公平、合理拟订保险条款和保险费率，不得损害投保人、被保险人和受益人的合法权益。

保险公司应当按照合同约定和本法规定，及时履行赔偿或者给付保险金义务。

第一百一十五条 保险公司开展业务，应当遵循公平竞争的原则，不得从事不正当竞争。

第一百一十六条 保险公司及其工作人员在保险业务活动中不得有下列行为：

（1）欺骗投保人、被保险人或者受益人；

（2）对投保人隐瞒与保险合同有关的重要情况；

（3）阻碍投保人履行本法规定的如实告知义务，或者诱导其不履行本法规定的如实告知义务；

（4）给予或者承诺给予投保人、被保险人、受益人保险合同约定以外的保险费回扣或者其他利益；

（5）拒不依法履行保险合同约定的赔偿或者给付保险金义务；

（6）故意编造未曾发生的保险事故、虚构保险合同或者故意夸大已经发生的保险事故的损失程度进行虚假理赔，骗取保险金或者牟取其他不正当利益；

（7）挪用、截留、侵占保险费；

（8）委托未取得合法资格的机构或者个人从事保险销售活动；

（9）利用开展保险业务为其他机构或者个人牟取不正当利益；

（10）利用保险代理人、保险经纪人或者保险评估机构，从事以虚构保险中介业务或者编造退保等方式套取费用等违法活动；

（11）以捏造、散布虚假事实等方式损害竞争对手的商业信誉，或者以其他不正当竞争行为扰乱保险市场秩序；

（12）泄露在业务活动中知悉的投保人、被保险人的商业秘密；

（13）违反法律、行政法规和国务院保险监督管理机构规定的其他行为。

第五章 保险代理人和保险经纪人

第一百一十七条 保险代理人是根据保险人的委托，向保险人收取佣金，并在保险人授权的范围内代为办理保险业务的机构或者个人。

保险代理机构包括专门从事保险代理业务的保险专业代理机构和兼营保险代理业务的保险兼业代理机构。

第一百一十八条 保险经纪人是基于投保人的利益，为投保人与保险人订立保险合同提供中介服务，并依法收取佣金的机构。

第一百一十九条 保险代理机构、保险经纪人应当具备国务院保险监督管理机构规定的条件，取得保险监督管理机构颁发的经营保险代理业务许可证、保险经纪业务许可证。

保险专业代理机构、保险经纪人凭保险监督管理机构颁发的许可证向工商行政管理机关办理登记，领取营业执照。

保险兼业代理机构凭保险监督管理机构颁发的许可证，向工商行政管理机关办理变更登记。

第一百二十条 以公司形式设立保险专业代理机构、保险经纪人，其注册资本最低限额适用《中华人民共和国公司法》的规定。

国务院保险监督管理机构根据保险专业代理机构、保险经纪人的业务范围和经营规模，可以调整其注册资本的最低限额，但不得低于《中华人民共和国公司法》规定的限额。

保险专业代理机构、保险经纪人的注册资本或者出资额必须为实缴货币资本。

第一百二十一条 保险专业代理机构、保险经纪人的高级管理人员，应当品行良好，熟悉保险法律、行政法规，具有履行职责所需的经营管理能力，并在任职前取得保险监督管理机构核准的任职资格。

第一百二十二条 个人保险代理人、保险代理机构的代理从业人员、保险经纪人的经纪从业人员，应当具备国务院保险监督管理机构规定的资格条件，取得保险监督管理机构颁发的资格证书。

第一百二十三条 保险代理机构、保险经纪人应当有自己的经营场所，设立专门账簿记载保险代理业务、经纪业务的收支情况。

第一百二十四条 保险代理机构、保险经纪人应当按照国务院保险监督管理机构的规定缴存保证金或者投保职业责任保险。未经保险监督管理机构批准，保险代理机构、保险经纪人不得动用保证金。

第一百二十五条 个人保险代理人在代为办理人寿保险业务时，不得同时接受两个以上保险人的委托。

第一百二十六条 保险人委托保险代理人代为办理保险业务，应当与保险代理人签订委托代理协议，依法约定双方的权利和义务。

第一百二十七条 保险代理人根据保险人的授权代为办理保险业务的行为，由保险人承担责任。

保险代理人没有代理权、超越代理权或者代理权终止后以保险人名义订立合同，使投保人有理由相信其有代理权的，该代理行为有效。保险人可以依法追究越权的保险代理人的责任。

第一百二十八条 保险经纪人因过错给投保人、被保险人造成损失的，依法承担赔偿责任。

第一百二十九条 保险活动当事人可以委托保险公估机构等依法设立的独立评估机构或者具有相关专业知识的人员，对保险事故进行评估和鉴定。

接受委托对保险事故进行评估和鉴定的机构和人员，应当依法、独立、客观、公正地进行评估和鉴定，任何单位和个人不得干涉。

前款规定的机构和人员，因故意或者过失给保险人或者被保险人造成损失的，依法承担赔偿责任。

第一百三十条 保险佣金只限于向具有合法资格的保险代理人、保险经纪人支付，不得向其他人支付。

第一百三十一条 保险代理人、保险经纪人及其从业人员在办理保险业务活动中不得有下列行为：

（1）欺骗保险人、投保人、被保险人或者受益人；

（2）隐瞒与保险合同有关的重要情况；

（3）阻碍投保人履行本法规定的如实告知义务，或者诱导其不履行本法规定的如实告知义务；

（4）给予或者承诺给予投保人、被保险人或者受益人保险合同约定以外的利益；

（5）利用行政权力、职务或者职业便利以及其他不正当手段强迫、引诱或者限制投保人订立保险合同；

（6）伪造、擅自变更保险合同，或者为保险合同当事人提供虚假证明材料；

（7）挪用、截留、侵占保险费或者保险金；

（8）利用业务便利为其他机构或者个人牟取不正当利益；

（9）串通投保人、被保险人或者受益人，骗取保险金；

（10）泄露在业务活动中知悉的保险人、投保人、被保险人的商业秘密。

第一百三十二条 保险专业代理机构、保险经纪人分立、合并、变更组织形式、设立分支机构或者解散的，应当经保险监督管理机构批准。

第一百三十三条 本法第八十六条第一款、第一百一十三条的规定，适用于保险代理机构和保险经纪人。

第六章 保险业监督管理

第一百三十四条 保险监督管理机构依照本法和国务院规定的职责，遵循依法、公开、公正的原则，对保险业实施监督管理，维护保险市场秩序，保护投保人、被保险人和受益人的合法权益。

第一百三十五条 国务院保险监督管理机构依照法律、行政法规制定并发布有关保险业监督管理的规章。

第一百三十六条 关系社会公众利益的保险险种、依法实行强制保险的险种和新开发的人寿保险险种等的保险条款和保险费率，应当报国务院保险监督管理机构批准。国务院保险监督管理机构审批时，应当遵循保护社会公众利益和防止不正当竞争的原则。其他保险险种的保险条款和保险费率，应当报保险监督管理机构备案。

保险条款和保险费率审批、备案的具体办法，由国务院保险监督管理机构依照前款规定制定。

第一百三十七条 保险公司使用的保险条款和保险费率违反法律、行政法规或者国务院保险监督管理机构的有关规定的，由保险监督管理机构责令停止使用，限期修改；情节严重的，可以在一定期限内禁止申报新的保险条款和保险费率。

第一百三十八条 国务院保险监督管理机构应当建立健全保险公司偿付能力监管体系，对保险公司的偿付能力实施监控。

第一百三十九条 对偿付能力不足的保险公司，国务院保险监督管理机构应当将其列为重点监管对象，并可以根据具体情况采取下列措施：

（1）责令增加资本金、办理再保险；

（2）限制业务范围；

（3）限制向股东分红；

（4）限制固定资产购置或者经营费用规模；

（5）限制资金运用的形式、比例；

（6）限制增设分支机构；

（7）责令拍卖不良资产、转让保险业务；

（8）限制董事、监事、高级管理人员的薪酬水平；

（9）限制商业性广告；

（10）责令停止接受新业务。

第一百四十条 保险公司未依照本法规定提取或者结转各项责任准备金，或者未依照本法规定办理再保险，或者严重违反本法关于资金运用的规定的，由保险监督管理机构责令限期改正，并可以责令调整负责人及有关管理人员。

第一百四十一条 保险监督管理机构依照本法第一百四十条的规定做出限期改正的决定后，保险公司逾期未改正的，国务院保险监督管理机构可以决定选派保险专业人员和指定该保险公司的有关人员组成整顿组，对公司进行整顿。

整顿决定应当载明被整顿公司的名称、整顿理由、整顿组成员和整顿期限，并予以公告。

第一百四十二条 整顿组有权监督被整顿保险公司的日常业务。被整顿公司的负责人及有关管理人员应当在整顿组的监督下行使职权。

第一百四十三条 整顿过程中，被整顿保险公司的原有业务继续进行。但是，国务院保险监督管理机构可以责令被整顿公司停止部分原有业务、停止接受新业务，调整资金运用。

第一百四十四条 被整顿保险公司经整顿已纠正其违反本法规定的行为，恢复正常经营状况的，由整顿组提出报告，经国务院保险监督管理机构批准，结束整顿，并由国务院保险监督管理机构予以公告。

第一百四十五条 保险公司有下列情形之一的，国务院保险监督管理机构可以对其实行接管：

（1）公司的偿付能力严重不足的；

（2）违反本法规定，损害社会公共利益，可能严重危及或者已经严重危及公司的偿付能力的。

被接管的保险公司的债权债务关系不因接管而变化。

第一百四十六条 接管组的组成和接管的实施办法，由国务院保险监督管理机构决定，并予以公告。

第一百四十七条 接管期限届满，国务院保险监督管理机构可以决定延长接管期限，但接管期限最长不得超过2年。

第一百四十八条 接管期限届满，被接管的保险公司已恢复正常经营能力的，由国务院保险监督管理机构决定终止接管，并予以公告。

第一百四十九条 被整顿、被接管的保险公司有《中华人民共和国企业破产法》第二条规定情形的，国务院保险监督管理机构可以依法向人民法院申请对该保险公司进行重整或者破产清算。

第一百五十条 保险公司因违法经营被依法吊销经营保险业务许可证的，或者偿付能力低于国务院保险监督管理机构规定标准，不予撤销将严重危害保险市场秩序、损害公共利益的，由国务院保险监督管理机构予以撤销并公告，依法及时组织清算组进行清算。

第一百五十一条 国务院保险监督管理机构有权要求保险公司股东、实际控制人在指定的期限内提供有关信息和资料。

第一百五十二条 保险公司的股东利用关联交易严重损害公司利益，危及公司偿付能力的，由国务院保险监督管理机构责令改正。在按照要求改正前，国务院保险监督管理机构可以限制其股东权利；拒不改正的，可以责令其转让所持的保险公司股权。

第一百五十三条 保险监督管理机构根据履行监督管理职责的需要，可以与保险公司董事、监事和高级管理人员进行监督管理谈话，要求其就公司的业务活动和风险管理的重大事项做出说明。

第一百五十四条 保险公司在整顿、接管、撤销清算期间，或者出现重大风险时，国务院保险监督管理机构可以对该公司直接负责的董事、监事、高级管理人员和其他直接责任人员采取以下措施：

（1）通知出境管理机关依法阻止其出境；

（2）申请司法机关禁止其转移、转让或者以其他方式处分财产，或者在财产上设定其他权利。

第一百五十五条 保险监督管理机构依法履行职责，可以采取下列措施：

（1）对保险公司、保险代理人、保险经纪人、保险资产管理公司、外国保险机构的代表机构进行现场检查；

（2）进入涉嫌违法行为发生场所调查取证；

（3）询问当事人及与被调查事件有关的单位和个人，要求其对与被调查事件有关的事项做出说明；

（4）查阅、复制与被调查事件有关的财产权登记等资料；

（5）查阅、复制保险公司、保险代理人、保险经纪人、保险资产管理公司、外国保险机构的代表机构以及与被调查事件有关的单位和个人的财务会计资料及其他相关文件和资料；对可能被转移、隐匿或者毁损的文件和资料予以封存；

（6）查询涉嫌违法经营的保险公司、保险代理人、保险经纪人、保险资产管理公司、外国保险机构的代表机构以及与涉嫌违法事项有关的单位和个人的银行账户；

（7）对有证据证明已经或者可能转移、隐匿违法资金等涉案财产或者隐匿、伪造、毁损重要证据的，经保险监督管理机构主要负责人批准，申请人民法院予以冻结或者查封。

保险监督管理机构采取前款第（1）项、第（2）项、第（5）项措施的，应当经保险监督管理机构负责人批准；采取第（6）项措施的，应当经国务院保险监督管理机构负责人批准。

保险监督管理机构依法进行监督检查或者调查，其监督检查、调查的人员不得少于2人，并应当出示合法证件和监督检查、调查通知书；监督检查、调查的人员少于2人或者未出示合法证件和监督检查、调查通知书的，被检查、调查的单位和个人有权拒绝。

第一百五十六条 保险监督管理机构依法履行职责，被检查、调查的单位和个人应当配合。

第一百五十七条 保险监督管理机构工作人员应当忠于职守，依法办事，公正廉洁，不得利用职务便利牟取不正当利益，不得泄露所知悉的有关单位和个人的商业秘密。

第一百五十八条 国务院保险监督管理机构应当与中国人民银行、国务院其他金融监督管理机构建立监督管理信息共享机制。

保险监督管理机构依法履行职责，进行监督检查、调查时，有关部门应当予以配合。

第七章 法律责任

第一百五十九条 违反本法规定，擅自设立保险公司、保险资产管理公司或者非法经营商业保险业务的，由保险监督管理机构予以取缔，没收违法所得，并处违法所得1倍以上5倍以下的罚款；没有违法所得或者违法所得不足20万元的，处20万元以上100万元以下的罚款。

第一百六十条 违反本法规定，擅自设立保险专业代理机构、保险经纪人，或者未取得经营保险代理业务许可证、保险经纪业务许可证从事保险代理业务、保险经纪业务的，由保险监督管理机构予以取缔，没收违法所得，并处违法所得1倍以上5倍以下的罚款；没有违法所得或者违法所得不足5万元的，处5万元以上30万元以下的罚款。

第一百六十一条 保险公司违反本法规定，超出批准的业务范围经营的，由保险监督管理机构责令限期改正，没收违法所得，并处违法所得1倍以上5倍以下的罚款；没有违法所得或者违法所得不足10万元的，处10万元以上50万元以下的罚款。逾期不改正或者造成严重后果的，责令停业整顿或者吊销业务许可证。

第一百六十二条 保险公司有本法第一百一十六条规定行为之一的，由保险监督管理机构责令改正，处5万元以上30万元以下的罚款；情节严重的，限制其业务范围、责令停止接受新业务或者吊销业务许可证。

第一百六十三条 保险公司违反本法第八十四条规定的，由保险监督管理机构责令改正，处1万元以上10万元以下的罚款。

第一百六十四条 保险公司违反本法规定，有下列行为之一的，由保险监督管理机构责令改正，处5万元以上30万元以下的罚款：

（1）超额承保，情节严重的；

（2）为无民事行为能力人承保以死亡为给付保险金条件的保险的。

第一百六十五条 违反本法规定，有下列行为之一的，由保险监督管理机构责令改正，处5万元以上30万元以下的罚款；情节严重的，可以限制其业务范围、责令停止接受新业务或者吊销业务许可证：

（1）未按照规定提存保证金或者违反规定动用保证金的；

（2）未按照规定提取或者结转各项责任准备金的；

（3）未按照规定缴纳保险保障基金或者提取公积金的；

（4）未按照规定办理再保险的；

（5）未按照规定运用保险公司资金的；

（6）未经批准设立分支机构或者代表机构的；

（7）未按照规定申请批准保险条款、保险费率的。

第一百六十六条 保险代理机构、保险经纪人有本法第一百三十一条规定行为之一的，由保险监督管理机构责令改正，处5万元以上30万元以下的罚款；情节严重的，吊销业务许可证。

第一百六十七条 保险代理机构、保险经纪人违反本法规定，有下列行为之一的，由保险监督管理机构责令改正，处2万元以上10万元以下的罚款；情节严重的，责令停业整顿或者吊销业务许可证：

（1）未按照规定缴存保证金或者投保职业责任保险的；

（2）未按照规定设立专门账簿记载业务收支情况的。

第一百六十八条 保险专业代理机构、保险经纪人违反本法规定，未经批准设立分支机构或者变更组织形式的，由保险监督管理机构责令改正，处1万元以上5万元以下的罚款。

第一百六十九条 违反本法规定，聘任不具有任职资格、从业资格的人员的，由保险监督管理机构责令改正，处2万元以上10万元以下的罚款。

第一百七十条 违反本法规定，转让、出租、出借业务许可证的，由保险监督管理机构处1万元以上10万元以下的罚款；情节严重的，责令停业整顿或者吊销业务许可证。

第一百七十一条 违反本法规定，有下列行为之一的，由保险监督管理机构责令限期改正；逾期不改正的，处1万元以上10万元以下的罚款：

（1）未按照规定报送或者保管报告、报表、文件、资料的，或者未按照规定提供有关信息、资料的；

（2）未按照规定报送保险条款、保险费率备案的；

（3）未按照规定披露信息的。

第一百七十二条 违反本法规定，有下列行为之一的，由保险监督管理机构责令改正，处10万元以上50万元以下的罚款；情节严重的，可以限制其业务范围、责令停止接受新业务或者吊销业务许可证：

（1）编制或者提供虚假的报告、报表、文件、资料的；

（2）拒绝或者妨碍依法监督检查的；

（3）未按照规定使用经批准或者备案的保险条款、保险费率的。

第一百七十三条 保险公司、保险资产管理公司、保险专业代理机构、保险经纪人违反本法规定的，保险监督管理机构除分别依照本法第一百六十一条至第一百七十二条的规定对该单位给予处罚外，对其直接负责的主管人员和其他直接责任人员给予警告，并处1万元以上10万元以下的罚款；情节严重的，撤销任职资格或者从业资格。

第一百七十四条 个人保险代理人违反本法规定的，由保险监督管理机构给予警告，可以并处2万元以下的罚款；情节严重的，处2万元以上10万元以下的罚款，并可以吊销其资格证书。

未取得合法资格的人员从事个人保险代理活动的，由保险监督管理机构给予警告，可以并处2万元以下的罚款；情节严重的，处2万元以上10万元以下的罚款。

第一百七十五条 外国保险机构未经国务院保险监督管理机构批准，擅自在中华人民共和国境内设立代表机构的，由国务院保险监督管理机构予以取缔，处5万元以上30万元以下的罚款。

外国保险机构在中华人民共和国境内设立的代表机构从事保险经营活动的，由保险监督管理机构责令改正，没收违法所得，并处违法所得1倍以上5倍以下的罚款；没有违法所得或者违法所得不足20万元的，处20万元以上100万元以下的罚款；对其首席代表可以责令撤换；情节严重的，撤销其代表机构。

第一百七十六条 投保人、被保险人或者受益人有下列行为之一，进行保险诈骗活动，尚不构成犯罪的，依法给予行政处罚：

（1）投保人故意虚构保险标的，骗取保险金的；

（2）编造未曾发生的保险事故，或者编造虚假的事故原因或者夸大损失程度，骗取保险金的；

（3）故意造成保险事故，骗取保险金的。

保险事故的鉴定人、评估人、证明人故意提供虚假的证明文件，为投保人、被保险人或者受益人进行保险诈骗提供条件的，依照前款规定给予处罚。

第一百七十七条 违反本法规定，给他人造成损害的，依法承担民事责任。

第一百七十八条 拒绝、阻碍保险监督管理机构及其工作人员依法行使监督检查、调查职权，未使用暴力、威胁方法的，依法给予治安管理处罚。

第一百七十九条 违反法律、行政法规的规定，情节严重的，国务院保险监督管理机构可以禁止有关责任人员一定期限直至终身进入保险业。

第一百八十条 保险监督管理机构从事监督管理工作的人员有下列情形之一的，依法给予处分：

（1）违反规定批准机构的设立的；

（2）违反规定进行保险条款、保险费率审批的；

（3）违反规定进行现场检查的；

（4）违反规定查询账户或者冻结资金的；

（5）泄露其知悉的有关单位和个人的商业秘密的；

（6）违反规定实施行政处罚的；

（7）滥用职权、玩忽职守的其他行为。

第一百八十一条 违反本法规定，构成犯罪的，依法追究刑事责任。

第八章 附 则

第一百八十二条 保险公司应当加入保险行业协会。保险代理人、保险经纪人、保险公估机构可以加入保险行业协会。

保险行业协会是保险业的自律性组织，是社会团体法人。

第一百八十三条 保险公司以外的其他依法设立的保险组织经营的商业保险业务，适用本法。

第一百八十四条 海上保险适用《中华人民共和国海商法》的有关规定；《中华人民共和国海商法》未规定的，适用本法的有关规定。

第一百八十五条 中外合资保险公司、外资独资保险公司、外国保险公司分公司适用本法规定；法律、行政法规另有规定的，适用其规定。

第一百八十六条 国家支持发展为农业生产服务的保险事业。农业保险由法律、行政法规另行规定。

强制保险，法律、行政法规另有规定的，适用其规定。

第一百八十七条 本法自2009年10月1日起施行。

行政法规

规划环境影响评价条例

（2009年8月12日国务院第76次常务会议通过 2009年8月17日中华人民共和国国务院令第559号公布 自2009年10月1日起施行）

第一章 总 则

第一条 为了加强对规划的环境影响评价工作，提高规划的科学性，从源头预防环境污染和生态破坏，促进经济、社会和环境的全面协调可持续发展，根据《中华人民共和国环境影响评价法》，制定本条例。

第二条 国务院有关部门、设区的市级以上地方人民政府及其有关部门，对其组织编制的土地利用的有关规划和区域、流域、海域的建设、开发利用规划（称“综合性规划”），以及工业、农业、畜牧业、林业、能源、水利、交通、城市建设、旅游、自然资源开发的有关专项规划（称“专项规划”），应当进行环境影响评价。

依照本条第一款规定应当进行环境影响评价的规划的具体范围，由国务院环境保护主管部门会同国务院有关部门拟订，报国务院批准后执行。

第三条 对规划进行环境影响评价，应当遵循客观、公开、公正的原则。

第四条 国家建立规划环境影响评价信息共享制度。

县级以上人民政府及其有关部门应当对规划环境影响评价所需资料实行信息共享。

第五条 规划环境影响评价所需的费用应当按照预算管理的规定纳入财政预算，严格支出管理，接受审计监督。

第六条 任何单位和个人对违反本条例规定的行为或者对规划实施过程中产生的重大不良环境影响，有权向规划审批机关、规划编制机关或者环境保护主管部门举报。有关部门接到举报后，应当依法调查处理。

第二章 评 价

第七条 规划编制机关应当在规划编制过程中对规划组织进行环境影响评价。

第八条 对规划进行环境影响评价，应当分析、预测和评估以下内容：

（1）规划实施可能对相关区域、流域、海域生态系统产生的整体影响；

（2）规划实施可能对环境和人群健康产生的长远影响；

（3）规划实施的经济效益、社会效益与环境效益之间以及当前利益与长远利益之间的关系。

第九条 对规划进行环境影响评价，应当遵守有关环境保护标准以及环境影响评价技术导则和技术规范。

规划环境影响评价技术导则由国务院环境保护主管部门会同国务院有关部门制定；规划环境影响评价技术规范由国务院有关部门根据规划环境影响评价技术导则制定，并抄送国务院环境保护主管部门备案。

第十条 编制综合性规划，应当根据规划实施后可能对环境造成的影响，编写环境影响篇章或者说明。

编制专项规划，应当在规划草案报送审批前编制环境影响报告书。编制专项规划中的指导性规划，应当依照本条第一款规定编写环境影响篇章或者说明。

本条第二款所称指导性规划是指以发展战略为主要内容的专项规划。

第十一条 环境影响篇章或者说明应当包括下列内容：

（1）规划实施对环境可能造成影响的分析、预测和评估。主要包括资源环境承载能力分析、不良环境影响的分析和预测以及与相关规划的环境协调性分析。

（2）预防或者减轻不良环境影响的对策和措施。主要包括预防或者减轻不良环境影响的政策、管理或者技术等措施。

环境影响报告书除包括上述内容外，还应当包括环境影响评价结论。主要包括规划草案的环境合理性和可行性，预防或者减轻不良环境影响的对策和措施的合理性和有效性，以及规划草案的调整建议。

第十二条 环境影响篇章或者说明、环境影响报告书（称“环境影响评价文件”），由规划编制机关编制或者组织规划环境影响评价技术机构编制。规划编制机关应当对环境影响评价文件的质量负责。

第十三条 规划编制机关对可能造成不良环境影响并直接涉及公众环境权益的专项规划，应当在规划草案报送审批前，采取调查问卷、座谈会、论证会、听证会等形式，公开征求有关单位、专家和公众对环境影响报告书的意见。但是，依法需要保密的除外。

有关单位、专家和公众的意见与环境影响评价结论有重大分歧的，规划编制机关应当采取论证会、听证会等形式进一步论证。

规划编制机关应当在报送审查的环境影响报告书中附具对公众意见采纳与不采纳情况及其理由的说明。

第十四条 对已经批准的规划在实施范围、适用期限、规模、结构和布局等方面进行重大调整或者修订的，规划编制机关应当依照本条例的规定重新或者补充进行环境影响评价。

第三章 审 查

第十五条 规划编制机关在报送审批综合性规划草案和专项规划中的指导性规划草案时，应当将环境影响篇章或者说明作为规划草案的组成部分一并报送规划审批机关。未编写环境影响篇章或者说明的，规划审批机关应当要求其补充；未补充的，规划审批机关不予审批。

第十六条 规划编制机关在报送审批专项规划草案时，应当将环境影响报告书一并附送规划审批机关审查；未附送环境影响报告书的，规划审批机关应当要求其补充；未补充的，规划审批机关不予审批。

第十七条 设区的市级以上人民政府审批的专项规划，在审批前由其环境保护主管部门召集有关部门代表和专家组成审查小组，对环境影响报告书进行审查。审查小组应当提交书面审查意见。

省级以上人民政府有关部门审批的专项规划，其环境影响报告书的审查办法，由国务院环境保护主管部门会同国务院有关部门制定。

第十八条 审查小组的专家应当从依法设立的专家库内相关专业的专家名单中随机抽取。但是，参与环境影响报告书编制的专家，不得作为该环境影响报告书审查小组的成员。

审查小组中专家人数不得少于审查小组总人数的1/2；少于1/2的，审查小组的审查意见无效。

第十九条 审查小组的成员应当客观、公正、独立地对环境影响报告书提出书面审查意见，规划审批机关、规划编制机关、审查小组的召集部门不得干预。

审查意见应当包括下列内容：

（1）基础资料、数据的真实性；

（2）评价方法的适当性；

（3）环境影响分析、预测和评估的可靠性；

（4）预防或者减轻不良环境影响的对策和措施的合理性和有效性；

（5）公众意见采纳与不采纳情况及其理由的说明的合理性；

（6）环境影响评价结论的科学性。

审查意见应当经审查小组3/4以上成员签字同意。审查小组成员有不同意见的，应当如实记录和反映。

第二十条 有下列情形之一的，审查小组应当提出对环境影响报告书进行修改并重新审查的意见：

（1）基础资料、数据失实的；

（2）评价方法选择不当的；

（3）对不良环境影响的分析、预测和评估不准确、不深入，需要进一步论证的；

（4）预防或者减轻不良环境影响的对策和措施存在严重缺陷的；

（5）环境影响评价结论不明确、不合理或者错误的；

（6）未附具对公众意见采纳与不采纳情况及其理由的说明，或者不采纳公众意见的理由明显不合理的；

（7）内容存在其他重大缺陷或者遗漏的。

第二十一条 有下列情形之一的，审查小组应当提出不予通过环境影响报告书的意见：

（1）依据现有知识水平和技术条件，对规划实施可能产生的不良环境影响的程度或者范围不能做出科学判断的；

（2）规划实施可能造成重大不良环境影响，并且无法提出切实可行的预防或者减轻对策和措施的。

第二十二条 规划审批机关在审批专项规划草案时，应当将环境影响报告书结论以及审查意见作为决策的重要依据。

规划审批机关对环境影响报告书结论以及审查意见不予采纳的，应当逐项就不予采纳的理由做出书面说明，并存档备查。有关单位、专家和公众可以申请查阅，但是，依法需要保密的除外。

第二十三条 已经进行环境影响评价的规划包含具体建设项目的，规划的环境影响评价结论应当作为建设项目环境影响评价的重要依据，建设项目环境影响评价的内容可以根据规划环境影响评价的分析论证情况予以简化。

第四章 跟踪评价

第二十四条 对环境有重大影响的规划实施后，规划编制机关应当及时组织规划环境影响的跟踪评价，将评价结果报告规划审批机关，并通报环境保护等有关部门。

第二十五条 规划环境影响的跟踪评价应当包括下列内容：

（1）规划实施后实际产生的环境影响与环境影响评价文件预测可能产生的环境影响之间的比较分析和评估；

（2）规划实施中所采取的预防或者减轻不良环境影响的对策和措施有效性的分析和评估；

（3）公众对规划实施所产生的环境影响的意见；

（4）跟踪评价的结论。

第二十六条 规划编制机关对规划环境影响进行跟踪评价，应当采取调查问卷、现场走访、座谈会等形式征求有关单位、专家和公众的意见。

第二十七条 规划实施过程中产生重大不良环境影响的，规划编制机关应当及时提出改进措施，向规划审批机关报告，并通报环境保护等有关部门。

第二十八条 环境保护主管部门发现规划实施过程中产生重大不良环境影响的，应当及时进行核查。经核查属实的，向规划审批机关提出采取改进措施或者修订规划的建议。

第二十九条 规划审批机关在接到规划编制机关的报告或者环境保护主管部门的建议后，应当及时组织论证，并根据论证结果采取改进措施或者对规划进行修订。

第三十条 规划实施区域的重点污染物排放总量超过国家或者地方规定的总量控制指标的，应当暂停审批该规划实施区域内新增该重点污染物排放总量的建设项目的环境影响评价文件。

第五章 法律责任

第三十一条 规划编制机关在组织环境影响评价时弄

虚作假或者有失职行为，造成环境影响评价严重失实的，对直接负责的主管人员和其他直接责任人员，依法给予处分。

第三十二条 规划审批机关有下列行为之一的，对直接负责的主管人员和其他直接责任人员，依法给予处分：

（1）对依法应当编写而未编写环境影响篇章或者说明的综合性规划草案和专项规划中的指导性规划草案，予以批准的；

（2）对依法应当附送而未附送环境影响报告书的专项规划草案，或者对环境影响报告书未经审查小组审查的专项规划草案，予以批准的。

第三十三条 审查小组的召集部门在组织环境影响报告书审查时弄虚作假或者滥用职权，造成环境影响评价严重失实的，对直接负责的主管人员和其他直接责任人员，依法给予处分。

审查小组的专家在环境影响报告书审查中弄虚作假或者有失职行为，造成环境影响评价严重失实的，由设立专家库的环境保护主管部门取消其入选专家库的资格并予以公告；审查小组的部门代表有上述行为的，依法给予处分。

第三十四条 规划环境影响评价技术机构弄虚作假或者有失职行为，造成环境影响评价文件严重失实的，由国务院环境保护主管部门予以通报，处所收费用1倍以上3倍以下的罚款；构成犯罪的，依法追究刑事责任。

第六章 附 则

第三十五条 省、自治区、直辖市人民政府可以根据本地的实际情况，要求本行政区域内的县级人民政府对其组织编制的规划进行环境影响评价。具体办法由省、自治区、直辖市参照《中华人民共和国环境影响评价法》和本条例的规定制定。

第三十六条 本条例自2009年10月1日起施行。

外国企业或者个人在中国境内设立合伙企业管理办法

（2009年8月19日国务院第77次常务会议通过 2009年11月25日中华人民共和国国务院令第567号公布 自2010年3月1日起施行）

第一条 为了规范外国企业或者个人在中国境内设立合伙企业的行为，便于外国企业或者个人以设立合伙企业的方式在中国境内投资，扩大对外经济合作和技术交流，根据《中华人民共和国合伙企业法》（简称《合伙企业法》），制定本办法。

第二条 本办法所称外国企业或者个人在中国境内设立合伙企业，是指2个以上外国企业或者个人在中国境内设立合伙企业，以及外国企业或者个人与中国的自然人、法人和其他组织在中国境内设立合伙企业。

第三条 外国企业或者个人在中国境内设立合伙企业，应当遵守《合伙企业法》以及其他有关法律、行政法规、规章的规定，符合有关外商投资的产业政策。

外国企业或者个人在中国境内设立合伙企业，其合法权益受法律保护。

国家鼓励具有先进技术和管理经验的外国企业或者个人在中国境内设立合伙企业，促进现代服务业等产业的发展。

第四条 外国企业或者个人用于出资的货币应当是可自由兑换的外币，也可以是依法获得的人民币。

第五条 外国企业或者个人在中国境内设立合伙企业，应当由全体合伙人指定的代表或者共同委托的代理人向国务院工商行政管理部门授权的地方工商行政管理部门（简称“企业登记机关”）申请设立登记。

申请设立登记，应当向企业登记机关提交《中华人民共和国合伙企业登记管理办法》规定的文件以及符合外商投资产业政策的说明。

企业登记机关予以登记的，应当同时将有关登记信息向同级商务主管部门通报。

第六条 外国企业或者个人在中国境内设立的合伙企业（简称“外商投资合伙企业”）的登记事项发生变更的，应当依法向企业登记机关申请变更登记。

第七条 外商投资合伙企业解散的，应当依照《合伙企业法》的规定进行清算。清算人应当自清算结束之日起15日内，依法向企业登记机关办理注销登记。

第八条 外商投资合伙企业的外国合伙人全部退伙，该合伙企业继续存续的，应当依法向企业登记机关申请变更登记。

第九条 外商投资合伙企业变更登记或者注销登记的，企业登记机关应当同时将有关变更登记或者注销登记的信息向同级商务主管部门通报。

第十条 外商投资合伙企业的登记管理事宜，本办法未作规定的，依照《中华人民共和国合伙企业登记管理办法》和国家有关规定执行。

第十一条 外国企业或者个人在中国境内设立合伙企业涉及的财务会计、税务、外汇以及海关、人员出入境等事宜，依照有关法律、行政法规和国家有关规定办理。

第十二条 中国的自然人、法人和其他组织在中国境内设立的合伙企业，外国企业或者个人入伙的，应当符合本办法的有关规定，并依法向企业登记机关申请变更登记。

第十三条 外国企业或者个人在中国境内设立合伙企

业涉及须经政府核准的投资项目的，依照国家有关规定办理投资项目核准手续。

第十四条 国家对外国企业或者个人在中国境内设立以投资为主要业务的合伙企业另有规定的，依照其规定。

第十五条 香港特别行政区、澳门特别行政区和台湾地区的企业或者个人在内地设立合伙企业，参照本办法的规定执行。

第十六条 本办法自2010年3月1日起施行。

法规性文件

关于进一步推进中央企业信息化工作的意见

（2009 年 1 月 1 日　国资发〔2009〕102 号）

各中央企业：

为进一步贯彻落实《关于加强中央企业信息化工作的指导意见》（国资发〔2007〕8 号），加快推进中央企业信息化建设，实现 2010 年信息化发展目标，结合中央企业信息化工作的实际情况，针对存在的不足与差距，提出如下意见。

（一）制订信息化发展“登高计划”

各中央企业要根据 2007 年度信息化水平评价结果，制订信息化发展“登高计划”。“登高计划”主要包括：信息化水平登高目标、主要任务、采取的措施及达到目标的时间进度等内容。信息化水平处于 E 级和 D 级的企业，“登高计划”目标要在 2010 年底以前达到 C 级以上。处于 C 级、B 级的企业要制订达到上一级别的“登高计划”。A 级企业要与国际先进水平全面对标，努力达到和超过世界先进水平。各中央企业“登高计划”请于 6 月底前报国务院国资委备案。国务院国资委将定期监督检查“登高计划”的执行情况。

（二）建立首席信息官（CIO）制度，设立信息化专职管理部门

为加强企业信息化工作的组织领导，各中央企业可建立首席信息官制度，设立首席信息官。首席信息官的主要职责是：挖掘企业信息资源、制定企业信息化战略、为企业信息化布局、评估信息化价值；负责信息流、物流、资金流的整合，完成信息系统的选型实施；收集研究企业内外部的信息，为决策提供依据；协助完成企业业务流程重组、运用信息管理技术重建企业的决策体系和执行体系；安排企业信息化方面的培训，发现信息应用的瓶颈、观察研究企业运作中的信息流及其作用。对应首席信息官的职责要求，各企业应赋予首席信息官相应的决策权和审批权，有关重大决策应听取首席信息官的意见。条件暂不成熟的企业，可先由现任信息化主管领导兼任首席信息官。

到 2009 年底，所有中央企业都应建立信息化专职管理部门，做到机构、职能、人员和责任“四落实”。

（三）全面建立信息化绩效考核制度

2009 年，所有中央企业都应建立信息化工作绩效考核制度，切实把信息化建设的责任和义务传递到各级领导和全体员工，实现“一把手工程”向“全员工程”的转变。确保层层落实信息化建设、应用、维护、升级和优化的责任。

（四）全面建立软件资产管理制度

为加快推进使用正版软件工作，加强软件资产的管理，维护软件资产使用的合法性，提高软件资产的使用效率，中央企业要全面建立软件资产管理制度，将软件资产纳入企业资产统一管理的范畴，由资产管理部门集中管理。

（五）全面建立信息安全等级保护制度

各企业信息化建设要有统一的安全管理要求，建立信息系统安全应急处理机制，重特大风险识别、防范和控制机制，重要信息的保密和防护机制，信息系统的灾难恢复机制，信息安全岗位职责规范。要按照国家信息安全等级保护要求，完善信息安全运行和场地安全，确保重要数据安全和信息系统稳定运行。

（六）树立信息化示范工程

为大力推广信息化优异成果，发挥其示范作用，国务院国资委将根据各企业的申报，选择应用成果显著的应用系统工程，经专家评审确认，树立十个示范工程，分别是：ERP 示范工程、重大设备物资管理示范工程、资金集中管理示范工程、决策支持与综合管理信息系统示范工程、软件资产管理系统示范工程、技术创新示范工程、风险防范管理系统示范工程、人力资源系统示范工程、电子商务示范工程、信息安全示范工程。

（七）开展中央企业间信息化建设的帮扶

信息化建设相对落后的企业可以向国务院国资委提出具体帮扶要求，由国务院国资委统一组织采取“一帮一”或“多帮一”的方式，从先进企业借调优秀人才到后进企业挂职，时间不超过半年；或根据提出的具体帮扶项目，一个项目一个项目地帮扶。先进企业要发扬风格，派出得力人员支持后进企业加快发展。

（八）实施中央企业信息化建设成果的共享

鼓励中央企业将拥有自主知识产权的应用软件，在中央企业范围实施共享，有偿使用，以避免重复开发、重复投资，缩短开发建设周期。拥有自主知识产权应用软件的企业可将其软件产品报国务院国资委备案，由国务院国资委向其他中央企业推荐。

（九）开展中央企业信息化合作外包

由于缺乏资金投入，技术人员不够，信息化建设推进比较慢的企业可以考虑采用外包的方式，提出具体需求，由中央企业中的网络运营商、系统集成商、软件开发商承包统一建设信息网络平台和管理信息系统，并负责日常运维，企业按年支付租金，以减少一次性集中投资，缩短建设周期，解决技术人员缺乏问题，加快推进信息化建设。

选择这种外包方式的企业，可向国务院国资委申报，由国务院国资委协调组织。

（十）组织开展专家咨询和培训工作

为尽快提高中央企业信息化整体水平，国务院国资委将应企业要求，组织专家为中央企业信息化建设提供专业咨询，指导企业信息化建设。为提高首席信息官的业务水平，国务院国资委将定期举办中央企业首席信息官业务培训班。

（十一）组织开展中央企业门户网站绩效评估工作

企业门户网站是企业信息化建设重要内容之一，为打造中央企业网上形象，扩展网上服务的种类和质量，提高网站建设水平，国务院国资委将制定中央企业门户网站绩效评估办法，对各企业门户网站开展绩效评估。

（十二）表彰中央企业信息化工作先进集体和先进个人

国务院国资委将制定中央企业信息化工作先进集体和先进个人评选办法，适时对中央企业信息化工作成效显著的先进集体和为企业信息化工作作出突出贡献的先进个人进行表彰。

关于规范上市公司国有股东行为的若干意见

（2009年1月1日　国资发产权〔2009〕123号）

为维护证券市场健康发展，保护各类投资者合法权益，促进国有资产的合理配置和有序流转，根据《中华人民共和国公司法》、《中华人民共和国证券法》、《中华人民共和国企业国有资产法》、《企业国有资产监督管理暂行条例》（国务院令第378号）等有关法律法规规定，现就规范上市公司国有股东（简称“国有股东”）行为有关问题提出以下意见：

（1）做维护资本市场健康发展的表率。国有股东要坚持守法诚信，规范运作，切实履行企业社会责任，积极支持上市公司做强做优，维护资本市场健康发展。

（2）切实强化信息披露责任。因自身行为可能引起上市公司证券及其衍生产品价格异动的重要信息，国有股东应当及时书面通知上市公司，并保证相关信息公开的及时与公平，信息内容的真实、准确、完整，无虚假记载、误导性陈述或者重大遗漏。在相关信息依法披露前，严禁国有股东相关人员以内部讲话、接受访谈、发表文章等形式违规披露。

（3）依法行使股东权利，严格履行股东义务。在涉及上市公司事项的相关行为决策或实施过程中，国有股东要依法处理与上市公司的关系，切实维护上市公司在人员、资产、财务、机构和业务方面的独立性。同时，应当按照相关法律法规和公司治理规则要求，严格履行内部决策、信息披露、申请报告等程序，不得暗箱操作、违规运作。

（4）积极推进国有企业整体改制上市，有序推动现有上市公司资源整合。国有股东应当按照企业发展规划，因企、因地制宜，选择适当时机，以适当方式，实现公司整体业务上市或按业务板块整体上市，做到主营业务突出；要按照加强产业集中度，以及主业发展要求，推动现有上市公司资源优化整合，不断提高资源配置效益。

（5）促进提高上市公司质量，增强上市公司核心竞争力。国有股东应当支持上市公司通过技术创新、资产重组、引进战略投资者等多种途径，不断做强做优；要严格规范与上市公司间的关联交易，推动解决同业竞争问题；要支持有退市风险及业绩较差的上市公司研究解决经营发展中存在的问题。

（6）规范国有股东所持上市公司股份变动行为。国有股东应当严格按照相关证券监管法律法规，以及《国有股东转让上市公司股份管理暂行办法》（国资委证监会令第19号）、《关于印发〈国有单位受让上市公司股份管理暂行规定〉的通知》（国资发产权〔2007〕109号）的有关要求，规范所持上市公司股份变动行为，防止内幕交易、操纵股价、损害其他投资者合法权益等行为的发生。国有股东拟通过证券交易系统出售超过规定比例股份的，应当将包括出售股份数量、价格下限、出售时限等情况的出售股份方案报经国有资产监督管理机构批准。

国有股东转让全部或部分股份致使国家对该上市公司不再具有控股地位的，国有资产监督管理机构应当报经本级人民政府批准。

（7）合理确定在上市公司的持股比例。对于关系国家安全和国民经济命脉的重要行业和关键领域中的上市公司，具有实际控制力的国有股东应当采取有效措施，切实保持在上市公司中的控制力。必要时，可通过资本市场增持股份，增持行为须遵守证券市场法律法规，符合中国证监会及证券交易所关于增持行为时间“窗口期”和信息披露的相关规定。

（8）规范股份质押行为。国有股东将其持有的上市公司股份用于质押的，要做好可行性论证，明确资金用途，制订还款计划，并严格按照内部决策程序进行审议。

国有股东用于质押的股份数量不得超过其所持上市公司股份总额的50.0%，且仅限于为本单位及其全资或控股子公司提供质押，质押股份的价值应以上市公司股票价格为基础合理确定。

（9）切实加强国有股东账户监管。国有股东应当按照《关于印发〈上市公司国有股东标识管理暂行规定〉的通知》（国资发产权〔2007〕108号）的有关要求，加强对本企业及所控股企业证券账户的清理和监管工作。对于因业务开展需要，确需在证券交易机构新开证券账户或多头开设证券账户的，须得到有权批准机构的批准；要通过建立健全证券账户监测系统，构建对所持上市公司股份的动态监管体系。

（10）支持上市公司分配股利。国有股东要按照证券监管的有关法律法规要求，鼓励、支持上市公司在具备条件的前提下，通过包括现金分红在内的多种分配方式回报投资者。

关于2009—2010年东西扶贫协作工作指导意见

（2009年3月17日　国开办发〔2009〕24号）

东部发达省市与西部贫困地区结对开展扶贫协作，是党中央、国务院根据中国特色社会主义理论和实践，为了实现共同富裕目标做出的一项制度性安排，直接关系到改革发展大局。东西扶贫协作是国家扶贫战略和政策体系的重要组成部分，是深入贯彻落实科学发展观，确保全体人民共享改革发展成果，构建社会主义和谐社会的必然要求，必须长期坚持下去。

一、明确东西扶贫协作发展方向

做好2009—2010年东西扶贫协作工作，对于顺利实现《中国农村扶贫开发纲要（2001—2010年）》目标，科学谋划下一阶段扶贫开发工作具有重要意义。特别是当前我国城乡、区域和不同社会群体发展差距扩大趋势尚未得到有效控制的情况下，开展东西扶贫协作，既是西部地区加快发展的需要，也是东部地区继续发展的需要，还是应对国际金融危机冲击，进一步扩大内需，促进经济平稳较快发展的需要。

2009—2010年东西扶贫协作工作的总体要求是：以科学发展观为指导，认真贯彻落实党的十七大和十七届三中全会精神，紧紧围绕全国扶贫开发工作中心任务和总体部署，进一步明确发展方向，完善工作体系，规范工作机制，科学扶贫协作，把提高贫困人口自我发展能力和培植贫困地区主导产业作为重点，集中力量帮助“三个确保”贫困村完成整村推进，帮助特殊连片贫困地区解决发展中面临的一些瓶颈制约问题，帮助贫困群众解决生产生活中面临的一些突出困难问题，努力促进贫困地区经济、社会、文化、生态协调发展。

二、完善东西扶贫协作工作体系

经过十几年的实践，东西扶贫协作已经形成了由政府援助、企业合作、社会帮扶、人力资源建设构成的基本工作体系。各有关省区市要按照缺什么补什么的原则，尽快完善东西扶贫协作工作体系。

政府援助主要体现为财政援助，是东西扶贫协作的重要基础。要认真总结东部省市经济社会发展和扶贫济困方面的经验，结合西部省区市实际，按照“稳定基数，逐年增加”的原则，加大政府援助力度，科学对口支援。政府援助项目要发挥先行先试的引领性、示范性、探索性作用，优先帮助“三个确保”贫困村完成整村推进任务，优先安排对贫困地区发展具有示范意义的重点项目，优先支持村级扶贫互助资金等具有探索性质的试点项目。

企业合作是东西扶贫协作的努力方向。在市场经济条件下，企业发挥着资源市场化配置的基础性作用。贫困地区脱贫致富关键靠产业发展，产业发展的关键是企业带动。协作双方要采取政策引导、资金支持、舆论鼓励等多种方式，帮助东部地区企业到西部地区发展，通过企业合作推动产业转移，在实现东部企业继续发展的同时帮助带动西部贫困地区加快发展。

社会帮扶是推动东西扶贫协作的重要力量。东部地区蕴藏着扶贫济困的巨大社会力量。东西扶贫协作要积极为东部地区社会各界参与西部地区扶贫开发搭建平台、创造机会、提供支持，鼓励开展爱心助贫、义务支教、志愿服务等多种形式的社会帮扶活动。东部地区要发挥海外联系广泛的优势，积极动员港、澳、台同胞和海外侨胞参与东西扶贫协作。

人力资源建设是东西扶贫协作的重要纽带。人是发展的主体，也是发展的目的。东西扶贫协作工作要在重视自然资源开发的同时，更加重视人力资源开发和建设，大力推动东西部地区党政干部、专业技术人员、企业经营管理人员、劳动力等多层次、全方位的人力资源培训和交流。要重点支持东部地区企业吸收西部地区农民工就业，同时积极帮助西部地区农民工返乡创业。支持和鼓励东部省（市）建立东西扶贫协作人力资源建设基地。

三、强化东西扶贫协作工作机制

东西扶贫协作是一项政治性很强的工作，东西省（区、市）双方要加强领导，高度重视，完善协作双方领导定期互访、联席会议等机制，共同研究解决扶贫协作重大问题，确保扶贫协作工作有目标、有规划、有投入、有措施。

要建立和完善财政援助资金稳定增长机制、工作交叉检查机制、项目绩效评估机制和有效的工作激励机制，继续加大东西扶贫协作工作经验交流，定期开展多层次、多形式的评优表彰。

要建立规范的东西扶贫协作项目遴选机制，进一步加强和改进项目管理。协作双方要共同研究制定规范的东西扶贫协作项目管理办法。东部省（市）扶贫协作工作部门要加强对区县级扶贫协作部门的工作指导和项目协调，整合项目资源，形成工作合力。西部省（自治区、直辖市）扶贫办要加强对扶贫协作工作的指导和监管，要以省为单位尽快建立规范、完整的东西扶贫协作项目档案，并通过网络媒体等多种方式向社会公布，加强社会舆论监督，规范扶贫协作项目管理，提高扶贫协作项目效益。

四、加大东西扶贫协作研究和宣传力度

要组织相关部门和专家共同开展课题研究，认真总结1996年以来的工作和经验，积极筹划2010年以后的工作，为进一步推进东西扶贫协作提供相关理论支持和政策储备。

各级扶贫协作工作部门要充分利用广播、电视、报纸、网络等各类媒体，广泛宣传东西扶贫协作取得的主要成绩、积累的基本经验、形成的政策体系以及社会各界参与东西扶贫协作的具体途径和方式，不断扩大东西扶贫协作工作的社会影响，努力为东西扶贫协作工作营造良好的社会氛围。

五、加强东西扶贫协作队伍建设

东西扶贫协作是一项长期的重要任务，必须有一支与之相适应的工作队伍。进一步加强东西扶贫协作干部队伍的理论学习和业务培训。各级东西扶贫协作工作部门要组织相关人员认真学习科学发展观和共同富裕的理论体系，学习区域协调发展和扶贫开发的相关政策和业务知识，切实增强做好东西扶贫协作的自觉性。要深入贫困地区开展调查研究，了解把握贫困地区发展的客观规律和突出问题，增强对贫困地区群众的感情，改进工作作风，提高工作效率。

关于促进产业集聚发展和工业合理布局工作的通知

（2009年3月18日　工信部产业〔2009〕第103号）

各省（自治区、直辖市）工业和信息化厅（委）、经济和信息化厅（委）、经（贸）委、中小企业厅（局）、信息产业厅、通信管理局、有关省、新疆生产建设兵团发展改革委：

产业集聚发展有利于经济要素的集约和优化配置，有利于企业、行业间的相互协作、融合和提高，有利于资源的共享和循环利用，是推进信息化与工业化融合、实现工业结构调整和合理布局、转变经济发展方式的有效途径。近年来，各地在推动产业集聚发展、加强工业园区建设方面开展了很多有益的探索和实践，取得了明显成效，一些工业园区已经成为区域经济发展的主力和重要支撑。但是，部分地区在产业集聚过程中也存在着园区数量和种类过多、规划滞后、主业不突出、服务不规范、企业关联度弱、资源集约性差等弊端和问题，失去了产业集聚的优势，制约了工业园区科学、健康发展。为贯彻党中央、国务院关于“保增长、调结构、促发展”的重要决策部署，在各地逐步形成技术更加先进、结构更加优化、布局更加合理、更加有利于发挥区域优势的产业发展格局，促进工业由大变强，现就促进产业集聚发展、实现工业合理布局有关工作通知如下：

一、提高认识，推进区域工业集聚发展

各地工业主管部门要充分认识促进产业集聚发展的重要性，把规范工业园区的建设发展作为实现产业集聚、优化产业结构和布局的重要平台，引导和推动企业合理、有序地集聚建设和发展，加速信息化与工业化融合，有效提升产业整体水平，推进走新型工业化发展道路进程。要依据“布局集中、用地集约、产业集聚”的原则，结合区域资源环境承载能力、产业基础和发展优势，统筹考虑区域产业结构和产业布局，促进优势产业、关联企业和相关保障要素集约建设，形成若干主导产业明确、关联产业集聚、资源设施共享、污染治理集中、废物循环利用的工业集中发展区，改变工业企业分散、无序和小而全的传统经营模式，使区域工业的建设集中度要逐步达到50.0%以上。发挥工业园区的强大带动和辐射作用，实现区域工业关联发展、成链发展、集聚发展、集约发展、合作发展。

二、科学规划，发展区域特色优势产业

各地工业主管部门要会同地方相关部门在调整、充实、提高原有国家级和省级相关产业园区的基础上，科学规划工业园区的数量、类型、规模和水平。制定工业园区规划既要积极稳妥、实事求是，也要具有前瞻性、科学性和带动性；既要符合国家产业政策和行业发展规划要求，也要突出区域产业特色，错位发展。支持跨区域、跨行业和跨所有制的企业在集聚中重组，鼓励相邻区域的工业园区在协调中整合，避免产业趋同和重复建设，把工业园区办成发展现代制造业的集中区、吸引投资创业的集聚区、机制改革的先导区和循环经济的示范区。

三、加强监管，集约利用土地

各地工业主管部门要协同相关部门加强对工业园区建设用地的管理，遵循合理利用土地、切实保护耕地的基本国策。工业园区建设用地必须符合土地利用总体规划并纳入土地利用年度计划，选址要纳入城市总体规划，集约、高效开发利用土地，促进工业园区土地资源的可持续利用和健康发展。严格禁止越权审批、圈占土地、低价出让土

地等违规行为。要严格按照法定程序征用农村集体土地，并依据国家有关规定和标准给予农民合理补偿和妥善安置，切实加强基本农田保护。涉及农用地转用和土地征收，依法需报国务院批准的，要按规定程序报国务院审批。各地要按照相关规定程序和审批权限，通过开展土地置换等方式鼓励企业进入工业园区，合理整合工业零散用地。

四、鼓励创新，实现结构优化升级

工业园区的规划、建设和发展要坚持高起点、高标准、高水平。要选择发展基础好、科技资源富集、工艺技术和产品先进、拥有自主知识产权和具有较强竞争力及带动性的优势企业作为园区龙头企业和主导产业。立足用先进适用技术改造传统产业，积极发展高新技术产业。克服片面追求工业园区规模和引资数量意识，注重园区项目的质量和效益，注重技术创新和管理创新，注重结构调整和优化升级，使工业园区成为推动技术创新和产品升级的强力引擎。禁止资源消耗高、环境污染重、废物难处理、不符合国家产业政策的落后生产技术、工艺、装备和产品进入工业园区。

五、加强环保，实现绿色生产

工业园区要集约利用资源，发展循环经济，促进节能环保。要结合区域和产业发展规划，统一建设道路、电力、燃气、供水、排水、通讯、消防等基础设施，实现资源共享；合理确定建筑密度、容积率、绿化率等指标，提高要素利用率。推广节约生产、清洁生产、安全生产技术和工艺，充分消纳工业固体废物。集中建设污水处理厂、热电联供等高效能公共设施。广泛采用建筑节能、节水等技术，鼓励雨水收集、中水回用等资源利用，实现建设成本低、生产效率高、经济收益大、环境保护好的工业发展目标。

六、积极协调，建立多元化投融资服务体系

各地工业主管部门要积极协调金融机构对工业园区基础设施和重点项目建设提供信贷支持，加强工业园区融资平台建设，建立多元化投融资服务体系，多渠道筹集资金，增强园区“造血”功能，解决园区企业融资难的问题。支持工业园区内自主创新能力强、成长性好、符合国家产业政策等相关条件的企业采用上市、发行企业债券等方式通过资本市场扩大直接融资。鼓励和吸引各类投资主体参与工业园区的建设发展。

七、完善配套，提升工业园区服务能力

加快公共平台建设，提升园区配套服务能力。鼓励在工业园区内设立投资公司、担保公司和人才中心。建立面向园区产业企业和项目服务的信息平台、技术研发平台。创立或引进第三方物流。鼓励通过设立多种形式的创业服务机构，吸引国内外高素质人才到园区投资创业。研究鼓励园区承接高附加值服务业和服务外包业务等方面的政策措施，完善鼓励创新保障体系。进一步支持工业园区在新形势下创新体制和机制，为其健康发展创造良好的制度环境和政策环境。

八、加强指导，逐步实现标准化管理

各地工业主管部门要加强对工业园区建设的监督和指导，组织研究和建立工业园区投资环境综合评价体系，提出对工业园区产业集聚程度、投资完成情况、土地利用效率、环境保护指标等内容的考核指标，推动开展工业园区管理标准化工作，采取有效措施帮助解决工业园区发展中面临的实际困难和问题，支持工业园区走新型工业化道路，向多功能综合性产业园区发展。

九、总结经验，不断提高管理工作水平

各地工业主管部门要组织人员深入开展调查研究，跟踪了解地区整体和局部产业集聚和工业园区建设发展状况，准确把握工业园区建设发展进程中所取得的成效和面临的问题，组织开展区域间的交流和协作，及时总结推广先进的经验、创新的理念和措施，相互借鉴，共同提高推进产业集聚和加强工业园区管理的工作水平。对产业集聚和园区发展中的重大情况和问题，及时上报工业和信息化部（产业政策司）。

关于进一步推进新闻出版体制改革的指导意见

（2009 年 3 月 25 日　新出产业〔2009〕298 号）

为深入贯彻党的十七大和十七届三中全会精神，全面贯彻落实科学发展观，落实党中央、国务院关于进一步扩大内需，妥善应对全球金融危机，全力保持经济平稳较快发展的决策部署，根据中央关于深化文化体制改革的要求，现就进一步推进新闻出版体制改革，推动新闻出版业大发展大繁荣，提出如下意见。

一、新闻出版体制改革的积极探索和成功经验

第一条　党的十一届三中全会以来，特别是党的十三届四中全会以来，党中央、国务院高度重视新闻出版工作，做出了一系列重大决策，为做好新闻出版工作指明了方向。党的十六大提出了深化文化体制改革、发展文化产业的战略任务，党的十七大进一步对深化文化体制改革、推动社

会主义文化大发展大繁荣做出了战略部署。新闻出版系统认真贯彻落实中央关于文化体制改革的重大决策和部署，积极实践，大胆探索，开创了新闻出版体制改革的新局面。

第二条 2003年，党中央、国务院启动文化体制改革试点工作。新闻出版系统21家试点单位全面完成了改革试点任务，为新闻出版体制改革提供了有益经验。2006年以来，新闻出版系统切实贯彻全国文化体制改革工作会议精神，进一步明确了新闻出版体制改革总体思路，创造性地解决了改革的一系列难题，取得了突破性进展。目前，新闻出版体制改革正处于全面推开的关键时期，进入破解深层次矛盾和问题的关键阶段，改革的任务仍然艰巨繁重。

第三条 新闻出版体制改革的实践证明，解放思想、转变观念是改革的前提，哪里的思想解放，哪里就有改革的新思路、发展的新成效；体制创新是改革的重点，必须围绕重塑市场主体、完善市场体系、改善宏观管理、健全政策法规、转变政府职能等关键环节，革除体制性障碍，解决主要矛盾，破解难点问题；发展是第一要务，必须围绕发展制定改革的政策措施，以发展的成果检验改革的成效；政策是保障，必须充分考虑新闻出版行业的特殊性、复杂性，制定和落实相关配套政策，加强统筹协调，加强政策扶持，加强资金投入，加强督促检查，积极稳妥地推进改革。

二、进一步推进新闻出版体制改革的重要性和紧迫性

第四条 推进新闻出版体制改革，加快新闻出版事业和产业发展，是建设中国特色社会主义的重要组成部分，是贯彻落实科学发展观的必然要求，是构建社会主义和谐社会的重要内容，是提升我国综合国力和文化软实力的迫切需要。推进新闻出版体制改革，关乎文化产业整体实力和水平，关乎国家文化发展繁荣，关乎国家文化安全和意识形态安全，关乎中华文化的国际影响力和竞争力。

第五条 当前，面对党和国家事业发展提出的新要求，人民群众对更加美好生活的新期待，新闻出版系统在思想观念、创新意识、体制机制、行政管理能力以及队伍素质等方面还存在着突出问题。特别是出版单位没有成为真正意义上的市场主体，计划经济体制下出版资源行政化配置造成的出版资源过于分散，结构趋同和地区封锁，出版产业集中度低、规模小、实力弱、竞争力不强等问题十分突出。上述问题导致新闻出版业发展与人民群众日益增长的精神文化需求不相适应，与日趋完善的社会主义市场经济体制不相适应，与对外开放不断扩大的新要求不相适应，与现代科学技术和传播手段迅猛发展和广泛应用的新形势不相适应。这就迫切要求我们进一步推动新闻出版体制改革，努力构建新闻出版业科学发展的体制机制，进一步解放和发展新闻出版生产力。

第六条 站在新的历史起点上，新闻出版业面临着历史性的发展机遇与挑战。当前，我国社会主义现代化建设事业正处于重要战略机遇期，新闻出版业发展的经济基础、体制环境、社会条件、传播技术都在发生深刻变化，尤其是面对全球金融危机和世界经济衰退给新闻出版业带来的挑战和机遇，加快新闻出版体制改革显得更为重要和紧迫。

三、新闻出版体制改革的指导思想、原则要求和目标任务

第七条 推进新闻出版体制改革的指导思想是：高举中国特色社会主义伟大旗帜，以邓小平理论和“三个代表”重要思想为指导，全面贯彻落实科学发展观，按照高举旗帜、围绕大局、服务人民、改革创新的总要求，围绕解放和发展新闻出版生产力，重塑市场主体，充分发挥市场在资源配置中的基础性作用，全面推进体制机制创新，调动广大新闻出版工作者的积极性和创造性，大力推动新闻出版业大发展大繁荣，不断满足人民群众日益增长的精神文化需求，提高全民族的文明素质，促进人的全面发展。

第八条 推进新闻出版体制改革的原则要求是：全面推进新闻出版体制改革，必须坚持解放思想，实事求是，与时俱进，牢牢把握先进文化的前进方向；必须坚持一手抓公益性新闻出版事业，一手抓经营性新闻出版产业，促进新闻出版业全面协调可持续发展；必须把握新闻出版工作的正确导向，坚持把社会效益放在首位，努力实现社会效益和经济效益的统一；必须坚持以体制机制创新为重点，在重塑市场主体、完善市场体系、改善宏观管理等方面实现新突破；必须坚持突出重点、区别对待、分类指导、稳步推开；必须坚持党对新闻出版工作的领导，加强干部队伍建设，确保改革的顺利推进。

第九条 推进新闻出版体制改革的目标任务是：全面完成经营性新闻出版单位转制任务，建立现代企业制度，在企业内形成有效率、有活力、有竞争力的微观运行机制；推动跨媒体、跨地区、跨行业、跨所有制的战略重组，开拓融资渠道，培育一批大型骨干出版传媒企业，打造新型市场主体和战略投资者；通过增加投入、转换机制、增强活力、改善服务，建立以政府为主导、以公益性单位为主体的新闻出版公共服务体系，使人民群众基本文化权益得到更好保障；加快新闻出版传播渠道建设，推进连锁经营、物流配送、电子商务，规范出版产品物流基地建设，形成统一开放、竞争有序、健康繁荣的现代出版物市场体系；实现政府职能的根本转变，形成调控有力、监管到位、依法行政、服务人民的宏观管理体制。

四、进一步推进新闻出版体制改革的主要任务

第十条 推进公益性新闻出版单位体制改革，构建新闻出版公共服务体系。继续深化公益性新闻出版单位内部管理机制、人事制度、劳动制度、分配制度改革，健全激励和约束机制，增强活力，提高新闻出版公共服务能力和水平。研究制定公益性报刊基本标准，适时公布公益性报刊名单。推进民族语言文字出版单位的改革工作，实施民汉语言文字出版分开，确保少数民族语言文字出版优惠政策落到实处。

第十一条 推动经营性新闻出版单位转制，重塑市场主体。除明确为公益性的图书、音像制品和电子出版物出版单位外，所有地方和高等院校经营性图书、音像制品和电子出版物出版单位2009年底前完成转制，所有

中央各部门各单位经营性图书、音像制品和电子出版物出版单位2010年底前完成转制。制定经营性报刊转制方案，推动经营性报刊出版单位逐步实行转制。按照中央有关要求，党政机关所属新闻出版单位转制为企业后原则上逐步与原主办主管的党政机关脱钩。已经完成转制的新闻出版单位要按照《公司法》的要求，加快产权制度改革，完善法人治理结构，建立现代企业制度，尽快成为真正的市场主体。

第十二条 推进联合重组，加快培育出版传媒骨干企业和战略投资者。鼓励和支持拥有多家新闻出版单位的地方、中央部门和单位整合出版资源，组建出版传媒集团公司。鼓励和支持业务相近、资源相通的新闻出版单位，按照优势互补、自愿结合的原则，跨地区、跨部门组建出版传媒集团公司。鼓励和支持中央部门和单位的新闻出版单位在财经、教育、科技、文化、卫生等领域牵头组建专业性出版传媒集团公司。鼓励和支持中央和地方国有出版企业对中央各部门各单位所属出版单位进行联合重组。鼓励和支持社会资本特别是国有大型企业参与出版传媒企业的股份制改造。同时大力培育一批走内涵式发展道路的“专、精、特、新”的现代出版传媒企业。积极支持条件成熟的出版传媒企业，特别是跨地区的出版传媒企业上市融资。在三到五年内，培育出六七家资产超过百亿、销售超过百亿的国内一流、国际知名的大型出版传媒企业，培育一批导向正确、主业突出、实力雄厚、影响力大、核心竞争力强的专业出版传媒企业。继续深化发行体制改革，推动发行渠道资源整合，使国有出版物发行企业真正成为出版物发行主渠道。巩固印刷复制业改革成果，大力提升印刷复制业的科技含量，促进珠三角、长三角和环渤海等特色印刷产业带建设，振兴东部印刷产业，扶持中西部印刷产业的开发与崛起。

第十三条 大力推进新闻出版产业升级和结构调整。高度重视用高新技术改造传统产业，制定和完善出版发行标准，推动新闻出版产业升级和结构调整。大力发展数字出版、网络出版、手机出版等新业态，努力占领新闻出版业发展的制高点。加快实现由传统媒体为主向传统媒体与新兴媒体融合发展的转变，打造主流媒体在新闻出版多元传播格局中的强势地位。积极鼓励和支持新闻出版单位运用高新技术和先进适用技术改造传统生产方式和基础设施，有计划有步骤地构建覆盖广泛、技术先进的新闻出版传播渠道。

第十四条 引导非公有出版工作室健康发展，发展新兴出版生产力。按照《国务院关于非公有资本进入文化产业的若干决定》（国发〔2005〕10号），鼓励和支持非公有资本以多种形式进入政策许可的领域。按照积极引导、择优整合、加强管理、规范运作的原则，将非公有出版工作室作为新闻出版产业的重要组成部分，纳入行业规划和管理，引导和规范非公有出版工作室的经营行为。积极探索非公有出版工作室参与出版的通道问题，开展国有民营联合运作的试点工作，逐步做到在特定的出版资源配置平台上，为非公有出版工作室在图书策划、组稿、编辑等方面提供服务。鼓励国有出版企业在确保导向正确和国有资本主导地位的前提下，与非公有出版工作室进行资本、项目等多种方式的合作，为非公有出版工作室搭建发展平台。

第十五条 加快推进现代出版物市场体系建设。打破按部门、按行政区划和行政级次分配新闻出版资源和产品的传统体制，打破条块分割、地区封锁、城乡分离的市场格局，加强资本、产权、信息、技术、人才等新闻出版生产要素市场建设，实现生产要素合理流动和资源优化配置。在充分利用系统内国有资本的同时，开辟安全有效的新闻出版业融资渠道，有效地吸纳系统外社会资本和境外资本，实现以资本扩张带动业务扩张、规模扩张和效益扩张。加快建立信用监管制度和失信惩戒制度，运用行政的、经济的等多种手段，形成以道德为支撑、以产权为基础、以法律为保障的诚信体系。

第十六条 扩大对外交流，积极实施“走出去”战略。充分利用国际国内两种资源、两个市场，努力推动新闻出版产品通过各种渠道进入国外主流市场、国际汉文化圈和港澳台地区。抓好“走出去”重大工程项目的组织实施工作，着力打造一批具有国际竞争力的外向型出版传媒企业，打造具有重要影响力的国际出版版权交易平台。加强出版物内容和形式的创新，采取多种措施鼓励版权输出和实物出口。鼓励以政府资助方式进行优秀作品和著作的相互翻译出版。鼓励有条件的出版传媒企业采取独资、合资、合作等形式，到境外兴办报纸、期刊、出版社、印刷厂等实体，拓展国外和港澳台地区市场，进一步扩大中华文化的国际影响力和传播力。

第十七条 加大行政体制改革力度，转变政府职能。加快建立党委领导、政府管理、行业自律、企事业单位依法运营的新闻出版管理体制和富有活力的新闻出版产品生产经营机制。按照建设服务政府、责任政府、法治政府和廉洁政府的要求，继续推进政企分开、政事分开、政府与市场中介组织分开，使政府真正履行好政策调节、市场监管、社会管理、公共服务的职能。改革行政审批制度，减少审批事项，下放审批权限，简化审批程序，提高行政效能。推行政府信息公开，规范程序，减少环节，增强透明度，提高公信力。按照中央部署，继续推进文化综合执法改革，确保“扫黄打非”和知识产权保护工作落到实处。发展和完善新闻出版和版权经纪、代理、评估、鉴定、会展等中介机构，提高新闻出版产品和服务的市场化程度。加强行业组织建设，使其依照有关法规和章程履行市场协调、监督、服务和维权等职责。

五、进一步推进新闻出版体制改革的政策保障

第十八条 落实新闻出版体制改革相关配套政策。落实《国务院办公厅关于印发文化体制改革中经营性文化事业单位转制为企业和支持文化企业发展两个规定的通知》（国办发〔2008〕114号）规定的优惠政策，会同有关部门制定支持新闻出版体制改革的相关配套政策。充分利用国家重点出版工程建设、设立专项出版资金等契机，采取政府采购、招投标、定向资助等手段，支持公益性出版单位出版优质公共文化产品，提高新闻出版公共服务能力和水平。

第十九条 制定和实施出版资源向出版传媒企业倾斜

的政策。对大型跨地区骨干出版传媒企业，在报纸、期刊、图书、音像制品、电子出版、数字出版等出版资源配置上予以倾斜，鼓励其做大做强。支持大型出版传媒企业在异地建立有出版权的分支机构，鼓励其实现跨地区经营。对真正转制到位的出版单位放开出版范围、书号、版号等，支持其发展。

第二十条 保护合法的跨地区经营活动。各级新闻出版行政部门要严格执行《中华人民共和国反不正当竞争法》和《关于禁止在市场经济活动中实行地区封锁的规定》（国务院令第303号）等法律法规，积极支持出版传媒企业跨地区合法开展经营活动，为公平竞争创造良好环境，提供优质服务。对于出版传媒企业合法的跨地区经营活动，不得以任何形式进行地区封锁，不得滥用行政权力，限制其进入本地市场经营。

第二十一条 确保国有资产保值增值。经营性新闻出版单位数量多、分布广，资产情况复杂，在转制和改制过程中要注意学习和借鉴经济领域国有企业的成功经验，严格执行国家相关法律法规，防止国有资产流失，并在此基础上通过深化改革盘活存量，扩大增量，提升国有资产的质量。允许条件成熟的出版传媒企业经过批准，探索实行股权激励机制的试点。

第二十二条 坚持把推进新闻出版体制改革与建立健全惩治和预防腐败体系结合起来。紧紧围绕新闻出版体制改革中容易滋生腐败问题的重点部位和关键环节，建立健全监督制约机制，把反腐倡廉建设寓于改革的重大措施中，贯穿于改革的全过程。坚持一手抓新闻出版体制改革，一手抓反腐倡廉建设，特别是要严格执行国有企业领导人员廉洁自律的有关规定，大力营造风清气正的思想环境和氛围，确保新闻出版体制改革健康有序进行。

六、加强对新闻出版体制改革工作的组织领导

第二十三条 健全和完善新闻出版体制改革领导体制和工作机制。各级新闻出版行政部门要充分认识推进新闻出版体制改革的重要性和紧迫性，把推进新闻出版体制改革作为重要工作职责，纳入重要议事日程，按照中央要求，建立健全党委统一领导、政府大力支持、党委宣传部门协调指导、行政主管部门具体实施、有关部门密切配合的新闻出版体制改革领导体制和工作机制。要成立新闻出版体制改革领导机构和工作班子，负责指导、协调、实施新闻出版体制改革工作，确保改革的各项任务、措施和政策落到实处。

第二十四条 充分调动广大新闻出版工作者的积极性、主动性和创造性。新闻出版体制改革政治性、政策性强，涉及面广，是一项社会系统工程，既要大胆探索、勇于创新，又要细致稳妥、有序推进。要把深化改革与加快发展、维护稳定统一起来，把加强思想政治工作与解决实际问题结合起来，坚持以人为本，充分尊重人民群众的主体地位和首创精神，切实维护广大职工的切身利益，动员和激励广大新闻出版工作者积极支持改革，主动参与改革。

第二十五条 加强领导班子和人才队伍建设。要以领导班子建设、提高新闻出版队伍素质和整体能力为重点，在新闻出版领域培养一批既懂经营又懂业务的复合型人才，造就一批名编辑、名记者和出版家、企业家、技术专家，打造一支政治过硬、业务精通、作风优良、廉洁自律、文明和谐的新闻出版干部队伍，为进一步推进新闻出版体制改革提供组织和人才保障。

关于全面推进我国会计信息化工作指导意见

（2009年4月12日　财会〔2009〕6号）

国务院有关部委、有关直属机构，各省、自治区、直辖市、计划单列市财政厅（局），新疆生产建设兵团财务局：

信息化是当今世界发展的必然趋势，是推动我国现代化建设和经济社会变革的技术手段和基础性工程。党中央、国务院高度重视信息化工作，中共中央办公厅、国务院办公厅制定发布了《2006—2020年国家信息化发展战略》（中办发〔2006〕11号），对各部门、各地区提出了全面推进信息化建设的要求，并有计划有步骤地组织实施。会计信息化是国家信息化的重要组成部分。为了贯彻国家信息化发展战略，全面推进我国会计信息化工作，进一步深化会计改革，充分发挥会计在经济社会发展中的作用，现提出以下指导意见。

一、全面推进我国会计信息化工作的重要意义

《2006—2020年国家信息化发展战略》明确指出，国家信息化发展的战略重点包括：推进国民经济和社会信息化、加强信息资源开发利用、推行电子政务、完善综合信息基础设施、提高国民经济信息应用能力等。全面推进会计信息化工作，是贯彻落实国家信息化发展战略的重要举措，对于全面提升我国会计工作水平具有十分重要的意义。

会计工作是经济社会发展的基础，直接关系到企事业单位会计信息质量和内部管理，国家宏观决策、社会管理和市场监管，以及市场经济秩序和社会公众利益等各个方面。随着社会主义市场经济不断完善和经济全球化，现代信息技术和网络技术的日益普及，会计工作应当按照国家信息化发展战略的要求，全面推进信息化建设。会计工作

与信息化建设密切相关、相辅相成、相互促进。通过全面推进会计信息化建设，能够进一步提升会计工作水平，促进经济社会健康发展。

我国会计改革已经取得了显著成效和长足进展。企业会计准则实现了国际趋同并得到有效实施，企业内部控制规范体系建设基本完成，会计人员市场准入制度及会计人才评价体系业已建立，注册会计师行业管理全面加强，以委托代理记账为主要形式的农村会计服务已经启动，会计理论研究与会计教育水平逐步提升，会计参与企事业单位和社会管理的作用不断加强。在新的形势下，全方位的会计改革与发展要求推进会计信息化建设，会计信息化建设本身也属于会计改革的重要内容，应当顺时应势、抓住机遇，全面推进会计信息化工程，为我国经济社会全面协调可持续发展作出应有的贡献。

二、全面推进我国会计信息化工作的目标和主要任务

全面推进我国会计信息化工作的目标是：力争通过5—10年左右的努力，建立健全会计信息化法规体系和会计信息化标准体系〔包括可扩展商业报告语言（XBRL）分类标准〕，全力打造会计信息化人才队伍，基本实现大型企事业单位会计信息化与经营管理信息化融合，进一步提升企事业单位的管理水平和风险防范能力，做到数出一门、资源共享，便于不同信息使用者获取、分析和利用，进行投资和相关决策；基本实现大型会计师事务所采用信息化手段对客户的财务报告和内部控制进行审计，进一步提升社会审计质量和效率；基本实现政府会计管理和会计监督的信息化，进一步提升会计管理水平和监管效能。通过全面推进会计信息化工作，使我国的会计信息化达到或接近世界先进水平。

根据以上目标，全面推进我国会计信息化工作的主要任务是：

（一）推进企事业单位会计信息化建设

一是会计基础工作信息化。会计基础工作涉及企事业单位管理全过程，只有基础工作信息化，才能为企事业单位全面信息化奠定扎实的基础；二是会计准则制度有效实施信息化。通过将相关会计准则制度与信息系统实现有机结合，自动生成财务报告，进一步贯彻执行相关会计准则制度，确保会计信息等相关资料更加真实、完整；三是内部控制流程信息化。根据企事业单位内部控制规范制度要求，将内部控制流程、关键控制点等固化在信息系统中，促进各单位内部控制规范制度的设计与运行更加有效，形成自我评价报告；四是财务报告与内部控制评价报告标准化。各企事业单位在贯彻实施会计准则制度、内部控制规范制度并与全面信息化相结合的过程中，应当考虑XBRL分类标准等要求，以此为基础生成标准化财务报告和内部控制评价报告，满足不同信息使用者的需要。

（二）推进会计师事务所审计信息化建设

一是财务报告审计和内部控制审计信息化，加强计算机审计系统的研发与完善，实现审计程序和方法等与信息系统的结合，全面提升注册会计师执业质量和审计水平；二是会计师事务所内部管理信息化，通过信息化手段实现会计师事务所内部管理的科学化、精细化，促进注册会计师行业做强做大，全面提升会计师事务所的内部管理水平和执业能力。

（三）推进会计管理和会计监督信息化建设

一是建立会计人员管理系统，创新会计人员后续教育网络平台，实现对全社会会计人员的动态管理；二是在全国范围内逐步推广无纸化考试，提高会计从业资格管理工作效率和水平；三是推进信息系统在会计专业技术资格考试工作中的应用，完善会计人员专业技术资格考试制度，切实防范考试过程中的舞弊行为；四是完善注册会计师行业管理系统，建立行业数据库，对注册会计师注册、人员转所、事务所审批、业务报备等实行网络化管理；五是推动会计监管手段、技术和方法的创新，充分利用信息技术提高工作效率，不断提升会计管理和会计监督水平。

（四）推进会计教育与会计理论研究信息化建设

一是建立会计专业教育系统，实时反映和评价会计专业学历教育情况，掌握会计专业学生的培养状况以及社会对会计专业学生的需求，改进教学方法和教学内容，促进会计专业毕业生最大限度地满足社会需求；二是建立会计理论研究信息平台，及时发布和宣传会计研究最新动态，定期统计、推介和评估有价值的会计理论研究成果，促进科研成果转化为生产力，以指导和规范会计理论研究，为会计改革与实践服务。

（五）推进会计信息化人才建设

一是完善会计审计和相关人员能力框架，在知识结构、能力培养中重视信息技术方面的内容与技能，提高利用信息技术从事会计审计和有关监管工作的能力；二是加强会计审计信息化人才的培养，着力打造熟悉会计审计准则制度、内部控制规范制度和会计信息化三位一体的复合型人才队伍。

（六）推进统一的会计相关信息平台建设

为了实现数出一门、资源共享的目标，应当构建以企事业单位标准化会计相关信息为基础，便于投资者、社会公众、监管部门及中介机构等有关方面高效分析利用的统一会计相关信息平台。该平台应当涵盖数据收集、传输、验证、存储、查询、分析等模块，具备会计等相关信息查询、分析、检查与评价等多种功能，为会计监管等有关方面预留接口，提供数据支持。在建立统一的会计相关信息平台过程中，应当关注信息安全。

三、全面推进我国会计信息化工作的措施和要求

（一）高度重视，加强领导

全面推进我国会计信息化工作是一项系统工程，涉及到会计改革和经济发展的各个领域，政策性强，技术要求高，社会效用大，应当高度重视，加强领导，统筹规划，有序推进。这项工作做好了，将会带动各地区会计工作水平的全面提升。各地区在会计信息化方面已经做了卓有成效的工作，如企事业单位会计电算化、会计从业资格无纸

化考试、注册会计师行业管理系统建设、委托代理记账和会计集中核算等。根据新形势发展的要求，各地区需要从全局和战略高度出发，组织调查研究，总结已有经验，分析存在问题，提出本地区会计信息化建设的战略规划和具体措施。

各级财政部门应当根据本指导意见，结合本地区实际情况，组建本地区会计信息化委员会，加强对会计信息化工作的领导，将推进会计信息化工作列入会计改革与发展的重要议程，从组织领导、制度建设、专业管理、试点工作、人才培养等方面，有序推进本地区会计信息化工作。

（二）明确职责，协调配合

财政部作为我国会计主管部门，负责全国会计信息化工作的组织领导。一是建立和完善会计信息化法规制度体系并组织实施，及时制定或修订会计基础工作规范及其他相关会计信息化管理规定；二是制定会计信息化标准体系并组织实施，当前着重制定基于国家统一的会计准则制度的XBRL分类标准；三是制定并实施会计信息化人才培养规划，特别重视复合型会计信息化人才的培养；四是开展会计信息化国际交流与合作，积极参与国际会计信息化技术标准与规则的制定与协调；五是其他有关会计信息化管理工作。

财政部及各地财政部门应当加强与相关部门的协调与合作，整合资源，齐抓共管，形成合力，积极构建统一的会计相关信息平台，促进会计相关信息资源的综合利用，全面提升政府监管效能。

各地财政部门应当按照财政部的统一部署，认真组织实施好本地区会计信息化工作。

（三）重视人才，加快培养

各级财政部门应当采取切实有效措施，抓紧打造会计信息化人才队伍。全面推进会计信息化工作，人才是关键，推动企事业单位、注册会计师审计、会计管理和会计监督的信息化建设，构建统一的会计相关信息平台，都需要强有力的人才保障和技术支持。为此，应当充分利用学历教育、继续教育、实践锻炼、交流培训等途径和方式培养会计信息化人才，同时要建立和完善会计信息化人才选拔和评价机制，发现和选拔会计信息化人才，在此过程中，要重视会计信息化人才培养与选拔工作的投入，以完成会计信息化人才建设任务，确保会计信息化人才建设与全面推进会计信息化工作的要求相适应。

（四）组织试点，稳步推进

各级财政部门应当根据本指导意见做好全面推进会计信息化的试点工作。试点内容为全面推进会计信息化工作主要任务所涉及的范围。在组织试点工作中，既要防止一哄而起、盲目跟风，又要避免反应迟缓、贻误时机。试点单位的选择应当具有代表性，包括大型企事业单位和大型会计师事务所等。各级财政部门应当积极做好会计从业资格无纸化考试、会计人员管理系统建设、村级委托代理记账等试点和推广工作。试点工作应当制定方案，明确任务，精心组织，先易后难，稳步推进，务求实效。

在推进会计信息化工作中，应当重视发挥会计软件公司和有关服务商的技术支持作用，着力培育一个能够满足信息化发展需要的会计信息化服务产业，促进会计软件公司等提供的产品符合会计信息化法规制度和相关标准的要求。

（五）督促指导，强化监管

各级财政部门应当根据全面推进会计信息化工作的要求，加强对会计信息化建设的指导和监督，通过召开座谈会、现场会和组织经验交流等多种形式，推广先进经验，解决存在问题。在会计信息化工作不断推进过程中，应当督促和指导进展情况，监管会计信息化工作是否符合国家统一的会计准则制度、内部控制规范体系和会计信息化标准的要求，确保完成会计信息化各项任务，努力实现全面推进会计信息化工作的目标。

（六）加强宣传，营造氛围

各级财政部门应充分利用各种媒体，采取多种形式，加强对会计信息化工作的宣传，重点宣传会计信息化建设的意义、目标和主要任务，会计信息化有关法规制度和标准，会计信息化建设方面的重大举措、重要活动、示范企业、人才战略、典型案例，以及会计信息化领域的热点、难点和焦点问题，提高社会各界对会计信息化工作重要性的认识，增强企事业单位和相关人员对会计信息化的应用意识，转变观念、交流意见、普及知识、推广经验，为全面推进会计信息化工作营造良好的社会氛围和发展环境。

关于企业固定资产加速折旧所得税处理有关问题的通知

（2009年4月16日　国税发〔2009〕81号）

各省、自治区、直辖市和计划单列市国家税务局、地方税务局：

根据《中华人民共和国企业所得税法》（简称《企业所得税法》）及《中华人民共和国企业所得税法实施条例》（简称《实施条例》）的有关规定，现就企业固定资产实行加速折旧的所得税处理问题通知如下：

第一条　根据《企业所得税法》第三十二条及《实施条例》第九十八条的相关规定，企业拥有并用于生产经营的主要或关键的固定资产，由于以下原因确需加速折旧的，可以缩短折旧年限或者采取加速折旧的方法：

（1）由于技术进步，产品更新换代较快的；

（2）常年处于强震动、高腐蚀状态的。

第二条 企业拥有并使用的固定资产符合本通知第一条规定的，可按以下情况分别处理：

（1）企业过去没有使用过与该项固定资产功能相同或类似的固定资产，但有充分的证据证明该固定资产的预计使用年限短于《实施条例》规定的计算折旧最低年限的，企业可根据该固定资产的预计使用年限和本通知的规定，对该固定资产采取缩短折旧年限或者加速折旧的方法。

（2）企业在原有的固定资产未达到《实施条例》规定的最低折旧年限前，使用功能相同或类似的新固定资产替代旧固定资产的，企业可根据旧固定资产的实际使用年限和本通知的规定，对新替代的固定资产采取缩短折旧年限或者加速折旧的方法。

第三条 企业采取缩短折旧年限方法的，对其购置的新固定资产，最低折旧年限不得低于《实施条例》第六十条规定的折旧年限的60.0%；若为购置已使用过的固定资产，其最低折旧年限不得低于《实施条例》规定的最低折旧年限减去已使用年限后剩余年限的60.0%。最低折旧年限一经确定，一般不得变更。

第四条 企业拥有并使用符合本通知第一条规定条件的固定资产采取加速折旧方法的，可以采用双倍余额递减法或者年数总和法。加速折旧方法一经确定，一般不得变更。

（1）双倍余额递减法，是指在不考虑固定资产预计净残值的情况下，根据每期期初固定资产原值减去累计折旧后的金额和双倍的直线法折旧率计算固定资产折旧的一种方法。应用这种方法计算折旧额时，由于每年年初固定资产净值没有减去预计净残值，所以在计算固定资产折旧额时，应在其折旧年限到期前的两年期间，将固定资产净值减去预计净残值后的余额平均摊销。计算公式如下：

年折旧率＝2÷预计使用寿命（年）×100%

月折旧率＝年折旧率÷12

月折旧额＝月初固定资产账面净值×月折旧率

（2）年数总和法，又称年限合计法，是指将固定资产的原值减去预计净残值后的余额，乘以一个以固定资产尚可使用寿命为分子、以预计使用寿命逐年数字之和为分母的逐年递减的分数计算每年的折旧额。计算公式如下：

年折旧率＝尚可使用年限÷预计使用寿命的年数总和×100%

月折旧率＝年折旧率÷12

月折旧额＝（固定资产原值－预计净残值）×月折旧率

第五条 企业确需对固定资产采取缩短折旧年限或者加速折旧方法的，应在取得该固定资产后一个月内，向其企业所得税主管税务机关（简称“主管税务机关”）备案，并报送以下资料：

（1）固定资产的功能、预计使用年限短于《实施条例》规定计算折旧的最低年限的理由、证明资料及有关情况的说明；

（2）被替代的旧固定资产的功能、使用及处置等情况的说明；

（3）固定资产加速折旧拟采用的方法和折旧额的说明；

（4）主管税务机关要求报送的其他资料。

企业主管税务机关应在企业所得税年度纳税评估时，对企业采取加速折旧的固定资产的使用环境及状况进行实地核查。对不符合加速折旧规定条件的，主管税务机关有权要求企业停止该项固定资产加速折旧。

第六条 对于采取缩短折旧年限的固定资产，足额计提折旧后继续使用而未进行处置（包括报废等情形）超过12个月的，今后对其更新替代、改造改建后形成的功能相同或者类似的固定资产，不得再采取缩短折旧年限的方法。

第七条 对于企业采取缩短折旧年限或者采取加速折旧方法的，主管税务机关应设立相应的税收管理台账，并加强监督，实施跟踪管理。对发现不符合《实施条例》第九十八条及本通知规定的，主管税务机关要及时责令企业进行纳税调整。

第八条 适用总、分机构汇总纳税的企业，对其所属分支机构使用的符合《实施条例》第九十八条及本通知规定情形的固定资产采取缩短折旧年限或者采取加速折旧方法的，由其总机构向其所在地主管税务机关备案。分支机构所在地主管税务机关应负责配合总机构所在地主管税务机关实施跟踪管理。

第九条 本通知自2008年1月1日起执行。

关于实施高新技术企业所得税优惠有关问题的通知

（2009年4月22日　国税函〔2009〕203号）

各省、自治区、直辖市和计划单列市国家税务局、地方税务局：

为贯彻落实高新技术企业所得税优惠及其过渡性优惠政策，根据《中华人民共和国企业所得税法》（简称《企业所得税法》）及《中华人民共和国企业所得税法实施条例》（简称《实施条例》）以及相关税收规定，现对有关问题通知如下：

（一）当年可减按15.0%的税率征收企业所得税或按照《国务院关于经济特区和上海浦东新区新设立高新技术企业实行过渡性税收优惠的通知》（国发〔2007〕40号）享受过渡性税收优惠的高新技术企业，在实际实施有关税收优惠的当年，减免税条件发生变化的，应按《科学技术部 财政部 国家税务总局关于印发〈高新技术企业认定管理办法〉的通知》（国科发火〔2008〕172 号）第九条第二款的规定处理。

（二）原依法享受企业所得税定期减免税优惠尚未期满同时符合本通知第一条规定条件的高新技术企业，根据《高新技术企业认定管理办法》以及《科学技术部 财政部 国家税务总局关于印发〈高新技术企业认定管理工作指引〉的通知》（国科发火〔2008〕362 号）的相关规定，在按照新标准取得认定机构颁发的高新技术企业资格证书之后，可以在 2008 年 1 月 1 日后，享受对尚未到期的定期减免税优惠执行到期满的过渡政策。

（三）2006 年 1 月 1 日至 2007 年 3 月 16 日期间成立，截至 2007 年底仍未获利（弥补完以前年度亏损后应纳税所得额为零）的高新技术企业，根据《高新技术企业认定管理办法》以及《高新技术企业认定管理工作指引》的相关规定，按照新标准取得认定机构颁发的高新技术企业证书后，可依据企业所得税法第五十七条的规定，免税期限自 2008 年 1 月 1 日起计算。

（四）认定（复审）合格的高新技术企业，自认定（复审）批准的有效期当年开始，可申请享受企业所得税优惠。企业取得省、自治区、直辖市、计划单列市高新技术企业认定管理机构颁发的高新技术企业证书后，可持“高新技术企业证书”及其复印件和有关资料，向主管税务机关申请办理减免税手续。手续办理完毕后，高新技术企业可按 15% 的税率进行所得税预缴申报或享受过渡性税收优惠。

（五）纳税年度终了后至报送年度纳税申报表以前，已办理减免税手续的企业应向主管税务机关备案以下资料：

（1）产品（服务）属于《国家重点支持的高新技术领域》规定的范围的说明；

（2）企业年度研究开发费用结构明细表；

（3）企业当年高新技术产品（服务）收入占企业总收入的比例说明；

（4）企业具有大学专科以上学历的科技人员占企业当年职工总数的比例说明、研发人员占企业当年职工总数的比例说明。

以上资料的计算、填报口径参照《高新技术企业认定管理工作指引》的有关规定执行。

（六）未取得高新技术企业资格、或虽取得高新技术企业资格但不符合企业所得税法及实施条例以及本通知有关规定条件的企业，不得享受高新技术企业的优惠；已享受优惠的，应追缴其已减免的企业所得税税款。

（七）本通知自 2008 年 1 月 1 日起执行。

关于加强工业产品质量工作的指导意见

（2009 年 4 月 23 日　工信部科〔2009〕180 号）

各省、自治区、直辖市、新疆生产建设兵团及计划单列市工业和信息化主管部门，有关中央管理企业，有关行业协会：

质量是企业的生命，是生产力水平的综合反映，是消费者利益所在。改革开放以来，我国工业产品质量水平有了很大提高，较好地满足了广大人民群众日益增长的物质文化生活需要。但一些领域与国际先进水平相比还存在较大差距。当前，我国工业经济正处在结构调整的关键时期，特别是随着金融危机对实体经济影响的逐步加深，出口锐减、内需不足的矛盾更加突出，工业经济发展面临前所未见的挑战。在此形势下，提高工业产品质量已成为“扩内需、保增长、调结构、上水平”的有效途径。

一、当前工业产品质量存在的主要问题

虽然我国工业产品质量的总体水平在不断提高，但近年来，工业产品重大质量安全事件仍时有发生，产品质量水平不高已成为制约我国工业经济平稳较快发展的突出问题。主要表现在：

（一）工业产品标准水平偏低、贯彻不力

不少现有产品标准的技术水平与国际标准和国外先进标准相比存在较大差距，难以适应企业技术进步、产品更新换代和产业结构调整的要求。

目前，强制性标准主要依靠执法监督部门推动贯彻实施；而大量指导产业发展的推荐性标准基本依靠企业自主选择采用和贯彻实施，缺乏有效政策引导和鼓励措施，导致许多标准没有得到很好贯彻实施，制约了工业产品质量水平的提升。

（二）许多工业产品技术含量不高、品牌附加值低，市场竞争力不强

目前，我国工业发展的核心技术对外依存度仍然较高，自主创新能力不足，许多工业产品的关键技术依靠引进，消化吸收再创新缓慢，工业产品技术含量不高；企业品牌意识淡漠，品牌培育力度不足，产品品牌附加值低，目前多数出口产品为贴牌生产，出口企业中拥有自主品牌的不足 20.0%。

（三）落后的生产技术淘汰缓慢。重投入轻产出、重数量轻质量、重眼前轻长远等现象比较普遍

许多企业仍然采用落后的生产工艺、技术和设备，产品档次低、资源消耗大、环境污染严重、产品质量安全事故频发等问题得不到根本解决。

（四）企业的质量管理体系不完善

一些企业的质量竞争意识不强，质量管理体系缺失，

质量工作流于形式。一些企业的老产品质量稳定性、可靠性差，新产品技术成熟度不高，产品研发设计、生产制造、商品流通和售后服务阶段的质量保证能力还有较大差距。大量中小企业产品质量保证能力严重不足。

（五）质量监管不到位，社会诚信体系不健全，企业产品质量责任不落实

有法不依、执法不严、违法不究等问题依然存在。一些企业质量责任主体意识淡漠，缺乏职业道德和社会责任，为获得短期利益降低质量要求，甚至弄虚作假，扰乱了市场经济秩序，侵犯了消费者的合法权益。

二、发展思路和主要任务

（一）指导思想

认真贯彻落实中央领导关于加强质量工作的重要批示，以科学发展观为指导，坚持“政企分开、政事分开、政资分开、政府与中介组织分开”的原则，根据应对金融危机的当前亟需和走新型工业化道路的长远需要，以企业为主体，以创新品种、提升质量、加强品牌建设为着力点，协调各方力量努力解决影响工业产品质量的突出问题，通过抓规划、抓政策、抓标准，指导企业全面提升产品质量水平，促进工业经济又好又快发展。

（二）总体目标

争取用3年左右时间，完善工业产品质量管理的法规、标准、制度，实施一批促进产品更新换代和质量水平提升的技术改造项目，完成10 000项工业发展急需标准的制修订，规模以上企业重点产品质量水平达到国家、行业标准，充实和建立300个左右支持中小企业发展的公共技术服务平台，在重点行业培育一批具有国际竞争力的品牌示范企业，切实把我国工业产品质量提高到一个新水平。

（三）主要任务

（1）制定工业产品质量发展规划。结合落实钢铁、汽车、船舶、石化、纺织、轻工、有色金属、装备制造、电子信息及物流十大行业调整和振兴规划，做好行业质量现状调研、针对当前突出问题，分析并制定促进工业产品质量提升的措施。组织制定“工业产品质量发展规划”。

（2）完善工业行业质量政策和法规。一是以修订“工业产品质量责任条例”为主线，梳理并完善工业产品质量行业管理的相关法规制度。二是修订“产业结构调整指导目录”，将影响产品质量提升的落后工艺技术、装备及产品列入淘汰类；制修订行业准入条件，提高对产品质量要求；制修订重点行业产业政策，引导企业推行先进的质量管理体系。三是指导地方工业主管部门落实工业产品质量行业管理职能，严格执行工业产品质量行业管理政策和法规。

（3）推进工业产品标准体系建设和标准贯彻。密切跟踪国际标准和国外先进标准发展动态，会同国家标准化综合管理部门加快修订和补充制定适合我国工业发展的工业产品标准；通过大力推进质量认证、标准符合性认定和新产品鉴定等，推动工业产品标准的贯彻实施，杜绝无标准生产制造；鼓励企业积极采用国外先进的产品标准和质量管理标准，促进我国工业产品的质量、安全、节能、环保等特性逐步达到国际先进标准水平。

（4）加快技术改造，创新品种和提升质量。充分协调运用国家各项财政金融政策，支持企业围绕改善品种、提高质量水平，加大技术改造和产品创新投入，积极采用新技术、新工艺、新设备、新材料，促进产品品种更新和质量水平提升；协调有关部门，组织以企业为主体、产学研用相结合的质量共性技术攻关，为开发品种和提升质量创造条件。

（5）加强工业行业质量管理，充分发挥行业协会作用，强化企业主体责任。充分利用质量规划、产业政策、技术标准、技术改造、企业管理、行规行约等手段，依靠并发挥行业协会的优势，指导支持企业加快品种更新、提高质量和创建品牌；督促企业建立健全从技术创新、产品研发、生产制造、储运销售、技术服务等全员、全过程、全方位的质量管理体系；加强售后服务、质量追溯、缺陷产品召回和质量诚信管理，严格落实产品质量责任。鼓励支持地方建立中小企业质量发展的公共技术服务平台。建立支撑行业发展的质量服务体系，形成“政府指导、行业自律、社会监督、企业诚信”的质量保障长效机制。加强对重点行业工业产品质量的跟踪监测预警，建立工业产品质量评价报告发布制度。

（6）积极配合执法部门加强工业产品质量的监督。积极协调配合有关执法监督部门，将产业政策和行业准入条件等有关行业质量要求落实到国家各项监管制度；加强工业产品质量监管，防止违法、违规和不合格产品进入市场；积极配合相关执法监督部门开展质量专项整治、整顿和规范市场经济秩序、打击假冒伪劣等活动；共同做好工业产品质量调查、分析、预警和危机应对工作。充分发挥消费者和社会监督作用，督促企业认真履行产品“三包”和缺陷产品召回等质量责任，维护消费者合法权益，营造保障产业健康发展的市场环境。

（7）加强质量宣传和先进质量管理方法推广应用。充分发挥行业主流媒体在质量宣传方面的主渠道作用，大力加强质量宣传和舆论引导，组织“重质量、讲诚信、树品牌”的典型宣传活动；支持行业协会等中介组织积极开展质量经验交流、先进质量管理方法的推广应用、用户满意度评测和产品检测服务等。

三、2009年质量工作要点

（一）制定落实质量工作政策和指导意见

结合落实十大行业调整和振兴规划，开展十大行业质量调查，编制年度质量状况分析报告。按照本指导意见的要求，完成工业产品质量发展规划前期调研工作，落实地方工业主管部门的质量管理职能。修订《产业结构调整指导目录》，制修订行业质量准入条件，制修订重点行业产业政策，引导企业推行先进的质量管理体系。梳理完善工业行业质量管理的相关法规制度；开展修改《工业产品质量责任条例》的研究、论证工作。

（二）贯彻实施工业行业标准

梳理工业行业标准体系，评估现行工业产品标准的适用性，完成3000项急需标准制修订。采取政策引导和鼓励措施，推动企业严格执行强制性标准和贯彻实施推荐性标准。鼓励工业行业推行 ISO 9000 质量管理体系标准，在汽车工业推行 ISO 16949，在信息服务业推行 ISO 20000，在食品工业推行 ISO 22000 和 HACCP 等。

（三）落实“三下乡”产品的质量保证措施

积极配合财政部、商务部做好“家电下乡”产品的选点工作，会同有关部门对家电生产企业下乡产品的生产、售后服务进行监督管理；配合质检总局对“家电下乡”产品的质量监督抽查。

积极配合农业部、国家发展改革委和财政部做好推荐“农机下乡”产品目录的制定和完善；指导农机企业规范生产管理；加强对补贴农机产品的质量管理和监督，联合有关部门，开展对农机产品的质量调查和监督工作。

指导“汽车、摩托车下乡”产品企业承诺质量，落实责任，签署责任协议书；加强“车辆公告”企业和产品准入管理；加强“公告”产品生产一致性管理。

（四）落实提高产品质量的技术改造项目

在技术改造项目中要安排新产品研制、产品共性质量问题攻关和产品公共质量保障能力等项目，不断提升产品质量水平，促进自主品牌建设，增强企业核心竞争力；支持利用信息技术改造和提升传统产业，加快产品升级换代，支持采用先进适用的新技术、新工艺、新设备、新材料，对现有企业生产进行改造，调整生产结构，增强制造水平。

（五）抓好重点行业、重点产品质量专项整治

开展民爆行业产品质量专项整治，继续做好乳制品行业整顿和规范工作。积极协同工商、质检部门开展手机产品质量和售后服务治理整顿工作；配合有关监管部门做好打击违法添加非食用物质和滥用食品添加剂专项整治有关工作；配合有关部门开展农资整顿和规范工作；配合有关部门积极推进食品工业企业生产者诚信体系建设。研究建立工业产品质量评价报告发布制度。

（六）落实扶持中小企业质量发展的措施

制定推进中小企业质量建设的指导意见。指导中小企业加强质量管理，严格执行产品标准和质量管理标准。支持中小企业加强技术改造，改善产品品种、提高质量，创建品牌。支持地方在产业集群、区域经济圈、特色园区或中小企业密集区，建设 50 ~ 70 个公共技术服务平台，充分利用好质量公共服务平台，开展质量培训、经验交流、方法推广、检测验证、质量改进等。

（七）推广先进的质量管理技术与方法

研究制定推广先进质量管理方法的指导意见。依靠行业协会等中介组织积极推广先进的质量管理，在钢铁、石化、家电行业推广卓越绩效质量管理方法；在汽车、家电行业推广精益生产管理方法；在航空、航天行业推广六西格玛质量管理方法；在机械设备、农机、通信电子设备行业推广可靠性工程。依靠行业协会等中介组织分行业、分片区组织先进质量管理经验交流和方法推广。支持中国质量协会开展通用装备和食品行业质量管理现状调查及汽车、钢铁、手机和“家电下乡”产品用户满意度评测工作。

（八）推进消费品领域质量品牌建设

制定《加快我国服装自主品牌建设指导意见》，研究制定家电行业品牌建设指导意见。从增强企业实力、营造市场环境、完善公共服务体系、开拓海外市场等几个方面，推进服装和家电自主品牌建设，以服装和家电为切入点，全面推进消费品工业品牌建设。

（九）配合有关部门开展全国“质量月”、“质量万里行”活动

与国家质量监督检验检疫总局、中共中央宣传部、中华全国总工会和共青团中央共同组织好今年“全国质量月活动”。配合国家质检总局和中国质量万里行促进会，围绕今年“质量万里行”开展的食品、农资、家电下乡、建材、絮用纤维、舆论监督等 6 个方面活动，做好配合、服务、督促工作。

有关工业和通信业“质量和安全年”活动方案另发。

关于进一步加大对科技型中小企业信贷支持的指导意见

（2009 年 5 月 5 日　银监发〔2009〕37 号）

各银监局，各省、自治区、直辖市、计划单列市科技厅（委、局），各政策银行、国有商业银行、股份制商业银行、邮政储蓄银行：

为贯彻实施《国家中长期科学和技术发展规划纲要（2006—2020 年）》及其配套政策，落实《国务院办公厅关于当前金融促进经济发展的若干意见》（国办发〔2008〕126 号），加强科技资源和金融资源的结合，进一步加大对科技型中小企业信贷支持，缓解科技型中小企业融资困难，促进科技产业的全面可持续发展，建设创新型国家，现提出以下指导意见：

第一条　鼓励进一步加大对科技型中小企业信贷支持。科技型中小企业是我国技术创新的主要载体和经济增长的重要推动力量，在促进科技成果转化和产业化、以创新带动就业、建设创新型国家中发挥着重要作用。银监会、科技部鼓励各银行进一步加大对科技型中小企业的信贷支持和金融服务力度。

本指导意见中的科技型中小企业是指符合以下条件的企业：

（1）符合中小企业国家标准；

（2）企业产品（服务）属于《国家重点支持的高新技术领域》的范围：电子信息技术、生物与新医药技术、航空航天技术、新材料技术、高技术服务业、新能源及节能技术、资源与环境技术、高新技术改造传统产业；

（3）企业当年研究开发费（技术开发费）占企业总收入的3.0%以上；

（4）企业有原始性创新、集成创新、引进消化再创新等可持续的技术创新活动，有专门从事研发的部门或机构。

第二条 完善科技部门、银行业监管部门合作机制，加强科技资源和金融资源的结合。各级科技部门、银行业监管部门应建立合作机制，整合科技、金融等相关资源，推动建立政府部门、各类投资基金、银行、科技型中小企业、担保公司等多方参与、科学合理的风险分担体系，引导银行进一步加大对科技型中小企业的信贷支持。

第三条 建立和完善科技型企业融资担保体系。各级科技部门、国家高新区应设立不以盈利为目的、专门的科技担保公司，已设立的地方可通过补充资本金、担保补贴等方式进一步提高担保能力，推动建立科技型中小企业贷款风险多方分担机制。对于专门的科技担保公司，在风险可控的前提下，各银行可以在国家规定的范围内提高其担保放大倍数。研究设立相应的再担保机构，逐步建立和完善科技型企业融资担保体系。

第四条 整合科技资源，营造加大对科技型中小企业信贷支持的有利环境。各级科技部门、国家高新区应积极整合政策、资金、项目、信息、专家等科技资源，建立科技型中小企业贷款风险补偿基金，制定具体的补贴或风险补偿和奖励政策，支持银行发放科技型中小企业贷款；定期推荐科技贷款项目，对属于科技计划和专项的项目优先推荐，并提出科技专业咨询意见，协助银行加强对科技贷款项目的贷后管理；推动科技型中小企业信用体系建设，建立企业信用档案，按照企业信用等级给予相应补贴；加快公共服务平台建设，建立和完善多种形式为科技型中小企业、银行服务的中介服务机构；对入驻科技企业孵化器的银行给予孵化企业待遇；通过交流、挂职等方式推荐科技副行长，协调开发地方科技资源。鼓励银行加强与科技创业投资机构的合作，通过贷投结合，拓宽科技型中小企业融资渠道。探索创新科技保险产品，分散科技型中小企业贷款风险。

第五条 明确和完善银行对科技型中小企业信贷支持的有关政策。鼓励和引导银行在科技型中小企业密集地区、国家高新区的分支机构设立科技专家顾问委员会，发挥国家、地方科技计划专家库的优势，提供科技专业咨询服务；在审贷委员会中吸收有表决权的科技专家，并建立相应的考核约束机制；适当下放贷款审批权限；建立适合科技型中小企业特点的风险评估、授信尽职和奖惩制度；适当提高对科技型中小企业不良贷款的风险容忍度；开发适合科技型中小企业特点的金融服务产品，创新还款方式，提高对科技型中小企业的增值服务；推动完善知识产权转让和登记制度，培育知识产权流转市场，积极开展专利等知识产权质押贷款业务。

第六条 创新科技金融合作模式，开展科技部门与银行之间的科技金融合作模式创新试点。科技部门和银行选择部分银行分支机构作为科技金融合作模式创新试点单位进行共建，开展科技资源和金融资源结合的具体实践，探索加大对科技型中小企业信贷支持和提高对科技型中小企业金融服务水平的有效途径。同时，分别在东、中、西部的涉农科技型中小企业密集省份，选择部分银行开展支持涉农科技型中小企业试点工作。各试点单位应按照“六项机制”和本指导意见的有关要求，积极加强与科技部门之间的协商与合作，共同制定试点方案，切实落实有关政策，做好科技资源和金融资源结合的有关工作。

第七条 建立银行业支持科技型中小企业的长效机制。各地银行业监管部门、科技部门和各银行要深入贯彻落实科学发展观，结合本指导意见，积极加强部门合作和政策协调，加大相互开展科技与金融知识培训力度，认真做好有关试点工作，及时总结经验教训，不断创新和完善部门合作、资源结合、风险分担、信息共享等多方面的科技金融合作模式。银监会、科技部将选择部分科技金融合作模式创新试点单位作为观察联系点，对有效加大对科技型中小企业信贷支持情况进行长期跟踪和调研，确保银行业支持科技型中小企业的长效机制建立并有效运行。

高效节能产品推广财政补助资金管理暂行办法

（2009年5月18日　财建〔2009〕213号）

第一章　总　则

第一条 根据《国务院关于加强节能工作的决定》（国发〔2006〕28号）和《国务院关于进一步加强节油节电工作的通知》（国发〔2008〕23号），中央财政安排专项资金，支持高效节能产品的推广使用，扩大高效节能产品市场份额，提高用能产品的能源效率水平。为加强高效节能产品推广财政补助资金（简称“补助资金”）管理，提高资金使用效益，特制定本办法。

第二条 本办法所称高效节能产品是指满足使用功能和质量要求的前提下，依据能源效率国家标准，能源效率较高的用能产品。

第三条 生产企业是高效节能产品推广的主体。中央财政对高效节能产品生产企业给予补助，再由生产企业按补助后的价格进行销售，消费者是最终受益人。

第四条 补助资金按照科学合理、公正透明的原则安排使用，并接受社会监督。

第二章 推广产品与推广企业

第五条 国家将量大面广、用能量大、节能潜力明显的高效节能产品纳入财政补贴推广范围。具体产品种类另行确定。当高效节能产品市场份额达到一定水平时，国家不再补贴推广。

第六条 财政部、国家发改委建立推广企业和产品准入制度，制定各类产品推广实施细则。

第七条 符合条件的生产企业根据实施细则要求，将高效节能产品推广申请报告及下述材料报所在地节能主管部门和财政部门，经省级节能主管部门、财政部门审核后，报国家发改委、财政部。

（1）产品的能源效率及质量性能参数；

（2）产品推广价格；

（3）推广方案；

（4）其他相关材料。

第八条 国家发改委、财政部组织对地方上报的高效节能产品推广申请报告及相关材料进行审核，并公告推广产品规格型号及推广企业目录。

第三章 补助条件

第九条 财政补助的高效节能产品必须符合以下条件：

（1）符合能源效率国家标准要求，能源效率等级为1级或2级，其他质量性能符合相关国家标准规定；

（2）推广数量达到一定规模；

（3）实际销售价格不高于企业承诺的推广价格减去财政补助后的金额；

（4）具有唯一可识别的产品条码序列号，外包装和本体上按要求加施“节能产品惠民工程”标识和字样；

（5）推广企业具有完善的售后服务体系，履行约定的质量及服务；

（6）推广企业具有完备的产品销售及用户信息管理系统，按要求提供相关信息；

（7）产品推广实施细则规定的其他要求。

第四章 资金使用范围和补助标准

第十条 补助资金主要用于高效节能产品推广补助和监督检查、标准标识、信息管理、宣传培训等推广工作经费。

第十一条 高效节能产品推广补助标准主要根据高效节能产品与同类普通产品成本差异的一定比例确定。具体标准在相应实施细则中明确。

第十二条 鼓励有条件的地方安排一定资金支持高效节能产品推广。

第五章 补助资金申报和下达

第十三条 推广企业在月度终了后，将上月高效节能产品实际推广情况汇总录入信息管理系统，并于10日内将推广情况及相关信息逐级上报财政部、国家发改委。

第十四条 地方财政部门、节能主管部门通过高效节能产品推广信息管理系统对本地区产品推广情况进行审核。

第十五条 财政部根据推广企业月度推广情况，预拨产品推广补助资金。各级财政部门按照财政国库管理制度等有关规定，将补助资金及时拨付给推广企业。

第十六条 年度终了后30日内，推广企业编制上年度补助资金清算报告，逐级上报财政部。财政部根据地方财政部门、节能主管部门审核结果和专项核查情况进行补助资金清算。

第十七条 财政部根据高效节能产品推广工作进展、资金需求等情况安排一定工作经费。

第六章 监督管理

第十八条 财政部、国家发改委组织对高效节能产品推广情况开展专项检查。地方财政部门、节能主管部门对高效节能产品推广情况进行日常核查。

第十九条 推广企业有下列情形之一的，财政部、国家发改委将视情节给予通报批评、扣减补助资金等处罚。情节严重的，由国家发改委、财政部取消企业高效节能产品推广资格：

（1）提供虚假信息、骗取补助资金的；

（2）推广产品的能源效率、质量性能指标不符合要求的；

（3）年推广高效节能产品数量未达到规定规模的；

（4）推广产品实际销售价格高于企业承诺推广价格减去财政补助的；

（5）未按要求使用标识，或伪造、冒用标识，利用标识做虚假宣传，误导消费者的。

第二十条 对出具虚假报告和证明材料的相关机构，一经查实，予以公开曝光，并视情节追究其相应法律责任。

第二十一条 补助资金必须专款专用。任何单位不得以任何理由、任何形式截留、挪用。对违反规定的，按照《财政违法行为处罚处分条例》（国务院令第427号）等有关规定，依法追究有关单位和人员的责任。

第七章 附 则

第二十二条 本办法由财政部、国家发改委负责解释。

第二十三条 本办法自印发之日起实施。

企业国有产权交易操作规则

（2009年6月15日　国资发产权〔2009〕120号）

第一章　总　则

第一条　为统一规范企业国有产权交易行为，根据《中华人民共和国企业国有资产法》、《企业国有资产监督管理暂行条例》（国务院令第378号）、《企业国有产权转让管理暂行办法》（国务院国资委、财政部令第3号）等有关规定，制定本规则。

第二条　省级以上国务院国资委选择确定的产权交易机构（简称“产权交易机构”）进行的企业国有产权交易适用本规则。

第三条　本规则所称企业国有产权交易，是指企业国有产权转让主体（统称“转让方”）在履行相关决策和批准程序后，通过产权交易机构发布产权转让信息，公开挂牌竞价转让企业国有产权的活动。

第四条　企业国有产权交易应当遵循等价有偿和公开、公平、公正、竞争的原则。产权交易机构应当按照本规则组织企业国有产权交易，自觉接受国有资产监督管理机构的监督，加强自律管理，维护市场秩序，保证产权交易活动的正常进行。

第二章　受理转让申请

第五条　产权转让申请的受理工作由产权交易机构负责承担。实行会员制的产权交易机构，应当在其网站上公布会员的名单，供转让方自主选择，建立委托代理关系。

第六条　转让方应当向产权交易机构提交产权转让公告所需相关材料，并对所提交材料的真实性、完整性、有效性负责。按照有关规定需要在信息公告前进行产权转让信息内容备案的转让项目，由转让方履行相应的备案手续。

第七条　转让方提交的材料符合齐全性要求的，产权交易机构应当予以接收登记。

第八条　产权交易机构应当建立企业国有产权转让信息公告的审核制度，对涉及转让标的信息披露的准确性和完整性，交易条件和受让方资格条件设置的公平性与合理性，以及竞价方式的选择等内容进行规范性审核。符合信息公告要求的，产权交易机构应当予以受理，并向转让方出具受理通知书；不符合信息公告要求的，产权交易机构应当将书面审核意见及时告知转让方。

第九条　转让方应当在产权转让公告中披露转让标的基本情况、交易条件、受让方资格条件、对产权交易有重大影响的相关信息、竞价方式的选择、交易保证金的设置等内容。

第十条　产权转让公告应当对转让方和转让标的企业基本情况进行披露，包括但不限于：

（1）转让方、转让标的及受托会员的名称；

（2）转让标的企业性质、成立时间、注册地、所属行业、主营业务、注册资本、职工人数；

（3）转让方的企业性质及其在转让标的企业的出资比例；

（4）转让标的企业前10名出资人的名称、出资比例；

（5）转让标的企业最近一个年度审计报告和最近一期财务报表中的主要财务指标数据，包括所有者权益、负债、营业收入、净利润等；

（6）转让标的（或者转让标的企业）资产评估的备案或者核准情况，资产评估报告中总资产、总负债、净资产的评估值和相对应的审计后账面值；

（7）产权转让行为的相关内部决策及批准情况。

第十一条　转让方在产权转让公告中应当明确为达成交易需要受让方接受的主要交易条件，包括但不限于：

（1）转让标的挂牌价格、价款支付方式和期限要求；

（2）对转让标的企业职工有无继续聘用要求；

（3）产权转让涉及的债权债务处置要求；

（4）对转让标的企业存续发展方面的要求。

第十二条　转让方可以根据标的企业实际情况，合理设置受让方资格条件。受让方资格条件可以包括主体资格、管理能力、资产规模等，但不得出现具有明确指向性或者违反公平竞争的内容。产权交易机构认为必要时，可以要求转让方对受让方资格条件的判断标准提供书面解释或者具体说明，并在产权转让公告中一同公布。

第十三条　转让方应当在产权转让公告中充分披露对产权交易有重大影响的相关信息，包括但不限于：

（1）审计报告、评估报告有无保留意见或者重要提示；

（2）管理层及其关联方拟参与受让的，应当披露其目前持有转让标的企业的股权比例、拟参与受让国有产权的人员或者公司名单、拟受让比例等；

（3）有限责任公司的其他股东或者中外合资企业的合营他方是否放弃优先购买权。

第十四条　产权转让公告中应当明确在征集到两个及以上符合条件的意向受让方时，采用何种公开竞价交易方式确定受让方。选择招投标方式的，应当同时披露评标方法和标准。

第十五条　转让方可以在产权转让公告中提出交纳交易保证金的要求。产权交易机构应当明示交易保证金的处置方式。

第三章　发布转让信息

第十六条　企业国有产权转让信息应当在产权交易机构网站和省级以上公开发行的经济或者金融类报刊上进行

公告。

中央企业产权转让信息由相关产权交易机构在其共同选定的报刊以及各自网站联合公告，并在转让标的企业注册地或者转让标的企业重大资产所在地选择发行覆盖面较大的经济、金融类报刊进行公告。

第十七条 转让方应当明确产权转让公告的期限。首次信息公告的期限应当不少于20个工作日，并以省级以上报刊的首次信息公告之日为起始日。

第十八条 信息公告期按工作日计算，遇法定节假日以政府相关部门公告的实际工作日为准。产权交易机构网站发布信息的日期不应当晚于报刊公告的日期。

第十九条 信息公告期间不得擅自变更产权转让公告中公布的内容和条件。因特殊原因确需变更信息公告内容的，应当由产权转让批准机构出具文件，由产权交易机构在原信息发布渠道进行公告，并重新计算公告期。

第二十条 在规定的公告期限内未征集到符合条件的意向受让方，且不变更信息公告内容的，转让方可以按照产权转让公告的约定延长信息公告期限，每次延长期限应当不少于5个工作日。未在产权转让公告中明确延长信息公告期限的，信息公告到期自行终结。

第二十一条 企业国有产权转让首次信息公告时的挂牌价不得低于经备案或者核准的转让标的资产评估结果。如在规定的公告期限内未征集到意向受让方，转让方可以在不低于评估结果90.0%的范围内设定新的挂牌价再次进行公告。如新的挂牌价低于评估结果的90.0%，转让方应当重新获得产权转让批准机构批准后，再发布产权转让公告。

第二十二条 信息公告期间出现影响交易活动正常进行的情形，或者有关当事人提出中止信息公告书面申请和有关材料后，产权交易机构可以作出中止信息公告的决定。

第二十三条 信息公告的中止期限由产权交易机构根据实际情况设定，一般不超过1个月。产权交易机构应当在中止期间对相关的申请事由或者争议事项进行调查核实，也可转请相关部门进行调查核实，及时作出恢复或者终结信息公告的决定。如恢复信息公告，在产权交易机构网站上的累计公告期不少于20个工作日，且继续公告的期限不少于10个工作日。

第二十四条 信息公告期间出现致使交易活动无法按照规定程序正常进行的情形，并经调查核实确认无法消除时，产权交易机构可以作出终结信息公告的决定。

第四章 登记受让意向

第二十五条 意向受让方在信息公告期限内，向产权交易机构提出产权受让申请，并提交相关材料。产权交易机构应当对意向受让方逐一进行登记。

第二十六条 意向受让方可以到产权交易机构查阅产权转让标的的相关信息和材料。

第二十七条 产权交易机构应当对意向受让方提交的申请及材料进行齐全性和合规性审核，并在信息公告期满后5个工作日内将意向受让方的登记情况及其资格确认意见书面告知转让方。

第二十八条 转让方在收到产权交易机构的资格确认意见后，应当在5个工作日内予以书面回复。如对受让方资格条件存有异议，应当在书面意见中说明理由，并提交相关证明材料。转让方逾期未予回复的，视为同意产权交易机构作出的资格确认意见。

第二十九条 经征询转让方意见后，产权交易机构应当以书面形式将资格确认结果告知意向受让方，并抄送转让方。

第三十条 转让方对产权交易机构确认的意向受让方资格有异议，应当与产权交易机构进行协商，必要时可以就有关争议事项征询国有资产监督管理机构意见。

第三十一条 通过资格确认的意向受让方在事先确定的时限内向产权交易机构交纳交易保证金（以到达产权交易机构指定账户为准）后获得参与竞价交易资格。逾期未交纳保证金的，视为放弃受让意向。

第五章 组织交易签约

第三十二条 产权转让信息公告期满后，产生两个及以上符合条件的意向受让方的，由产权交易机构按照公告的竞价方式组织实施公开竞价；只产生一个符合条件的意向受让方的，由产权交易机构组织交易双方按挂牌价与买方报价孰高原则直接签约。涉及转让标的企业其他股东依法在同等条件下享有优先购买权的情形，按照有关法律规定执行。

第三十三条 公开竞价方式包括拍卖、招投标、网络竞价以及其他竞价方式。

第三十四条 产权交易机构应当在确定受让方后的次日起3个工作日内，组织交易双方签订产权交易合同。

第三十五条 产权交易合同条款包括但不限于：

（1）产权交易双方的名称与住所；

（2）转让标的企业的基本情况；

（3）产权转让的方式；

（4）转让标的企业职工有无继续聘用事宜，如何处置；

（5）转让标的企业的债权、债务处理；

（6）转让价格、付款方式及付款期限；

（7）产权交割事项；

（8）合同的生效条件；

（9）合同争议的解决方式；

（10）合同各方的违约责任；

（11）合同变更和解除的条件。

第三十六条 产权交易机构应当依据法律法规的相关规定，按照产权转让公告的内容以及竞价交易结果等，对产权交易合同进行审核。

第三十七条 产权交易涉及主体资格审查、反垄断审查等情形，产权交易合同的生效需经政府相关部门批准的，交易双方应当将产权交易合同及相关材料报政府相关部门批准，产权交易机构应当出具政府相关部门审批所需的交易证明文件。

第六章 结算交易资金

第三十八条 产权交易资金包括交易保证金和产权交

易价款，一般以人民币为计价单位。

产权交易机构实行交易资金统一进场结算制度，开设独立的结算账户，组织收付产权交易资金，保证结算账户中交易资金的安全，不得挪作他用。

第三十九条 受让方应当在产权交易合同约定的期限内，将产权交易价款支付到产权交易机构的结算账户。受让方交纳的交易保证金按照相关约定转为产权交易价款。产权交易合同约定价款支付方式为分期付款的，首付交易价款数额不低于成交金额的30.0%。

第四十条 受让方将产权交易价款交付至产权交易机构结算账户后，产权交易机构应当向受让方出具收款凭证。对符合产权交易价款划出条件的，产权交易机构应当及时向转让方划出交易价款。转让方收到交易价款后，应当向产权交易机构出具收款凭证。

第四十一条 交易双方为同一实际控制人的，经产权交易机构核实后，交易资金可以场外结算。

第四十二条 产权交易的收费标准应当符合产权交易机构所在地政府物价部门的有关规定，并在产权交易机构的工作场所和信息平台公示。

交易双方应当按照产权交易机构的收费标准支付交易服务费用，交易机构在收到服务费用后，应当出具收费凭证。

第七章 出具交易凭证

第四十三条 产权交易双方签订产权交易合同，受让方依据合同约定将产权交易价款交付至产权交易机构资金结算账户，且交易双方支付交易服务费用后，产权交易机构应当在3个工作日内出具产权交易凭证。

第四十四条 产权交易涉及主体资格审查、反垄断审查等情形时，产权交易机构应当在交易行为获得政府相关部门批准后出具产权交易凭证。

第四十五条 产权交易凭证应当载明：项目编号、签约日期、挂牌起止日、转让方全称、受让方全称、转让标的全称、交易方式、转让标的评估结果、转让价格、交易价款支付方式、产权交易机构审核结论等内容。

第四十六条 产权交易凭证应当使用统一格式打印，不得手写、涂改。

第八章 附 则

第四十七条 产权交易过程中发生争议时，当事人可以向产权交易机构申请调解。争议涉及产权交易机构时，当事人可以向产权交易机构的监管机构申请调解，也可以按照约定向仲裁机构申请仲裁或者向人民法院提起诉讼。

第四十八条 国有产权转让过程中，涉嫌侵犯国有资产合法权益的，国有资产监督管理机构可以要求产权交易机构终结产权交易。

第四十九条 产权交易中出现中止、终结情形的，应当在产权交易机构网站上公告。

第五十条 本规则自2009年7月1日起施行。

关于规范国有股东与上市公司进行资产重组有关事项的通知

（2009年6月24日 国资发产权〔2009〕124号）

国务院国有资产监督管理委员会文件国务院各部委、各直属机构，各省、自治区、直辖市及计划单列市和新疆生产建设兵团国资委，各中央企业，上海证券交易所、深圳证券交易所、中国证券登记结算有限责任公司：

为规范国有股东与上市公司资产重组行为，保护各类投资者权益，维护证券市场健康发展，根据《中华人民共和国公司法》、《中华人民共和国证券法》、《中华人民共和国企业国有资产法》及《企业国有资产监督管理暂行条例》（国务院令第378号）等法律法规规定，现就国有股东与上市公司进行资产重组所涉及的有关事项通知如下：

第一条 本通知所称国有股东与上市公司资产重组是指国有股东或潜在国有股东（经本次资产重组后成为上市公司国有股东的，统称“国有股东”）向上市公司注入、购买或置换资产并涉及国有股东所持上市公司股份发生变化的情形。

国有股东向上市公司注入、购买或置换资产不涉及国有股东所持上市公司股份发生变化的，按相关规定办理。

第二条 国有股东与上市公司进行资产重组，应遵循以下原则：

（1）有利于促进国有资产保值增值，符合国有股东发展战略；

（2）有利于提高上市公司质量和核心竞争力；

（3）标的资产权属清晰，资产交付或转移不存在法律障碍；

（4）标的资产定价应当符合市场化原则，有利于维护各类投资者合法权益。

第三条 国有股东与上市公司进行资产重组应当做好可行性论证，认真分析本次重组对国有股东、上市公司及资本市场的影响，并提出可行性报告。如涉及国有股东人员安置、土地使用权处置、债权债务处理等相关问题，国有股东应当制订解决方案。

第四条 国有股东与上市公司进行资产重组的，应当与上市公司充分协商。国有股东与上市公司就资产重组事项进行协商时，应当采取必要且充分的保密措施，制定严格的保密制度和责任追究制度。国有股东聘请中介机构的，应当与所聘请的中介机构签署保密协议。

第五条 国有股东与上市公司进行资产重组的相关事项在依法披露前，市场出现相关传闻，或上市公司证券及其衍生品种出现异常交易时，国有股东应当积极配合上市公司依法履行信息披露义务；必要时，应督促上市公司向证券交易所申请股票停牌。如上市公司证券及其衍生品种价格明显异动，对本次资产重组产生重大影响的，国有股东应当调整资产重组方案，必要时应当中止本次重组事项，且国有股东在3个月内不得重新启动。

第六条 国有股东与上市公司进行资产重组，应当按照有关法律法规，以及企业章程规定履行内部决策程序。

第七条 国有股东就本次资产重组事项进行内部决策后，应当按照相关规定书面通知上市公司，由上市公司依法披露，并申请股票停牌。同时，将可行性研究报告报省级或省级以上国有资产监督管理机构预审核。

国有股东为中央单位的，由中央单位通过集团母公司报国务院国有资产监督管理机构。国有股东为地方单位的，由地方单位通过集团母公司报省级国有资产监督管理机构。

国有股东为公司制企业，且本次重组事项需由股东会（股东大会）作出决议的，应当按照有关法律法规规定，在国有资产监督管理机构出具意见后，提交股东会（股东大会）审议。

第八条 国有资产监督管理机构收到国有股东关于本次资产重组的书面报告后，应当在10个工作日内出具意见，并及时通知国有股东，由国有股东书面通知上市公司依法披露。在中国证监会及证券交易所规定的股票停牌期内，国有股东与上市公司资产重组的方案未能获得国有资产监督管理机构同意的，上市公司股票须立即复牌，国有股东3个月内不得重新启动该事项。

第九条 国有股东与上市公司进行资产重组的方案经上市公司董事会审议通过后，国有股东应当在上市公司股东大会召开日前不少于20个工作日，按规定程序将相关方案报省级或省级以上国有资产监督管理机构审核。国有资产监督管理机构在上市公司股东大会召开前5个工作日出具批复文件。

第十条 国有股东对上市公司进行资产重组的，应当向国有资产监督管理机构报送以下材料：

（1）关于本次资产重组的请示及方案；

（2）上市公司董事会决议；

（3）本次资产重组涉及相关资产的审计报告、评估报告及作价依据；

（4）国有股东上一年度的审计报告；

（5）上市公司基本情况、最近一期的年度报告或中期报告；

（6）律师事务所出具的法律意见书；

（7）国有资产监督管理机构要求的其他材料。

第十一条 国有股东与上市公司进行资产重组的方案应主要包括以下内容：

（1）本次资产重组的原因及目的；

（2）本次资产重组涉及的资产范围、业务情况及近3年损益情况、未来盈利预测及其依据；

（3）本次资产重组所涉及相关资产作价的说明；

（4）本次资产重组对国有股东及上市公司权益、盈利水平及未来发展的影响。

第十二条 国有股东违反本规定的，国有资产监督管理机构应当责令其整改，并按照监管权限，直接或责成相关方面对相关责任人员给予相应处分；造成国有资产损失的，应追究赔偿责任，涉嫌犯罪的，依法移送司法机关处理。

社会中介机构在国有股东与上市公司资产重组中违规执业的，国有资产监督管理机构应当将有关情况通报其行业主管部门；情节严重的，国有资产监督管理机构可通报企业3年内不得聘请该中介机构从事相关业务。

国有资产监督管理机构工作人员违反本通知有关规定，造成国有资产重大损失的，应当对直接负责的主管人员和其他相关责任人员依法给予行政处分；涉嫌犯罪的，依法移送司法机关处理。

家电以旧换新实施办法

（2009年6月28日　财建〔2009〕298号）

第一章　总　则

第一条 为进一步促进扩大消费需求，提高资源能源利用效率，减少环境污染，促进节能减排和循环经济发展，根据《国务院办公厅关于转发国家发改委等部门促进扩大内需鼓励汽车家电以旧换新实施方案的通知》（国办发〔2009〕44号），制定本办法。

第二条 本办法所称“家电以旧换新”是指消费者废弃旧家电并购买新家电的行为。

第三条 家电以旧换新工作先试点再全国推广。

第四条 家电以旧换新工作遵循“手续简便、方便消费、直接补贴、安全高效、节能环保”的原则。

第二章　补贴政策

第五条 2009年6月1日至2010年5月31日，在北京、天津、上海、江苏、浙江、山东、广东、福州和长沙等9省市试点。全国推广的工作安排，由财政部、商务部、国家发改委、工业和信息化部、环境保护部等部门研究提出具体方案报国务院批准后组织实施。

第六条 补贴方式及对象：

（1）凡在试点省、市注册登记具有法人资格或具有试点省、市当地户口，在规定时间内交售旧家电并购买新家电的单位和个人（简称“购买人”），在购买新家电时可享受家电补贴。交售旧家电与购买新家电的单位和个人必须一致。已享受“家电下乡”补贴政策的新家电不得重复享受以旧换新补贴；

（2）凡在规定时间内从购买人手中收购旧家电并交售给指定拆解处理企业进行拆解处理的中标家电回收企业（简称“回收企业”），均可享受运费补贴。

第七条 以旧换新补贴家电产品范围：电视机、电冰箱（含冰柜）、洗衣机、空调、电脑。补贴产品范围如需调整，由财政部会同商务部、工业和信息化部等部门研究提出具体意见报国务院批准后组织实施。

第八条 补贴标准为：

（1）家电补贴。按新家电销售价格的10.0%给予补贴，补贴上限为：电视机400元/台，冰箱（含冰柜）300元/台，洗衣机250元/台，空调350元/台，电脑400元/台；

（2）运费补贴。按回收企业交售旧家电的数量定额补助，具体补贴办法，由财政部另行研究确定。

第九条 以旧换新的新家电要符合国家有关安全、环保等标准要求。

第三章 操作流程

第十条 家电销售企业和家电回收企业由试点省市商务主管部门会同财政部门以招标方式确定，招标结果报商务部、财政部备案，并向社会公布中标家电销售、回收企业的名单和联系方式。拆解处理企业由试点省市废旧家电拆解处理主管部门从现有拆解处理企业中筛选，报政府确定，确定结果报环境保护部、财政部备案。具体操作办法由商务部、环境保护部分别制定。

第十一条 购买人选择中标回收企业，通过网络、电话及其他方式提出交售旧家电申请。回收企业及时上门收购旧家电，向购买人开具国家统一印制的家电以旧换新凭证。

回收企业要及时准确地将家电以旧换新凭证的所有信息，包括回收旧家电的类别、品牌、产品制造商、型号、机身序列号、购买人姓名和身份证件号码、旧家电回收价格、以旧换新凭证序列号等录入家电以旧换新管理信息系统。

第十二条 购买人选择中标销售企业，凭有效身份证件、家电以旧换新凭证，到家电销售企业购买新家电。对符合条件的，家电销售企业在销售新家电时直接向购买人垫付补贴资金，并将相关信息录入家电以旧换新管理信息系统。

第十三条 中标回收企业收购的旧家电一律交售给指定拆解处理企业进行拆解处理。对符合条件的，拆解处理企业向回收企业垫付运输费用补贴，并将相关信息录入家电以旧换新管理信息系统。

第十四条 家电销售企业凭新家电销售发票、以旧换新凭证和《家电以旧换新（家电）补贴资金申报表》等材料，经当地商务部门或地方政府确定的相关业务主管部门审核后，到同级财政部门申领补贴资金。

第十五条 拆解处理企业凭以旧换新凭证和《家电以旧换新（运费）补贴资金申报表》等材料，经当地政府确定的相关业务主管部门审核后，到同级财政部门申领已垫付的运费补贴。

第四章 家电回收企业

第十六条 为方便购买人交售旧家电，旧家电回收采取多元化回收的方式。家电生产企业（售后服务机构）、销售企业、专业回收企业和拆解处理企业等均可参加试点省市有关部门组织的家电以旧换新回收企业招投标活动。

第十七条 招标确定的家电回收企业应当具有相应的服务能力，信誉好并且具备以下基本条件：

（1）有布局合理、覆盖面广的回收网点；

（2）回收网点有通过家电以旧换新管理信息系统记录、查验以旧换新有关信息的能力；

（3）有符合环保要求的存储场地；

（4）有经过培训、具备一定专业技术知识的回收人员；

（5）近3年内经营资信状况良好。

第十八条 试点省市商务主管部门会同财政部门根据本地实际情况，在本办法规定的基本条件的基础上，制定家电回收企业招投标的具体条件。

第十九条 试点省市商务主管部门将中标家电回收企业及符合条件的回收网点报商务部、财政部备案。

第二十条 中标回收企业要签订承诺协议，保证及时按合理价格收购购买人交售的旧家电，规范发放以旧换新凭证，回收的旧家电全部交售给指定的拆解处理企业，不擅自拆解处理旧家电，不弄虚作假，不从事制售以旧充新等违法行为。

第五章 家电销售企业

第二十一条 专业家电连锁销售企业、综合性大型零售企业、家电生产企业（销售机构）等均可参加试点省市有关部门组织的家电以旧换新销售企业招投标活动。

第二十二条 招标确定的销售企业应当具有较强实力、信誉好、销售网络健全，并且具备以下基本条件：

（1）销售网点覆盖面广，试点省的销售企业网点覆盖到县一级；

（2）销售网点有通过家电以旧换新管理信息系统记录、查验以旧换新有关信息的能力；

（3）具有较强的仓储及配送能力；

（4）具备完善的家电送货、安装、调试、维修的售后服务体系；

（5）近3年内经营资信状况良好。

第二十三条 试点省市商务主管部门会同财政部门根据本地实际情况，在本办法规定的基本条件的基础上，制定家电销售企业招投标的具体条件。

第二十四条 试点省市商务主管部门将中标家电销售企业及符合条件的销售网点报商务部、财政部备案。

第二十五条 中标销售企业要签订承诺协议，保证按市场正常价格销售新家电，严把进货关，杜绝假冒伪劣、以次充好、以旧充新的产品进入市场流通。

第六章　拆解处理企业

第二十六条　试点期间，原则上每个试点省份选择 1 ~ 2 家拆解处理企业，试点城市选择 1 家。非指定的拆解处理企业不得收购和处理以旧换新的旧家电。

第二十七条　拆解处理企业应符合国家环境保护的有关法律法规的要求，并且具备以下基本条件：

（1）依据《电子废物污染环境防治管理办法》（原国家环境保护总局令第 40 号）列入电子废物拆解利用处置单位名录（包括临时名录）的独立法人单位，不包括个体工商户；

（2）具有相关环境、质量、安全等管理和技术人员；

（3）具有与拆解处理废旧家电相适应的分类、包装、贮存、拆解、处理的相关设施和设备；

（4）对不能深度处理的废旧家电及其拆解产物应具有妥善利用或处置方案；

（5）具有通过家电以旧换新管理信息系统记录、查验废旧家电拆解处理数据的能力；建立了废旧家电经营情况记录簿制度；

（6）近 3 年内未受到环境保护部门的相关处罚。

第二十八条　试点省市相关业务主管部门要根据本地实际情况，在本办法规定的基本条件的基础上，制定确定拆解处理企业的具体条件，保障废旧家电拆解处理能力。

第二十九条　拆解处理企业要签订承诺协议，保证不无故拒收回收企业交售的旧家电，不将收购的旧家电再流通，不从事制售以旧充新等违法行为，在试点省市相关业务主管部门规定的时限内将废家电拆解处理完毕。

第三十条　拆解处理企业在试点期间违反环境保护法律、法规的，所在地的省市政府相关业务主管部门应取消其拆解处理企业资格。

第七章　补贴资金申报、审核及兑付

第三十一条　购买人交售旧家电，从回收企业取得国家统一印制的家电以旧换新凭证。回收企业须在以旧换新凭证上注明旧家电的产品品牌、规格、型号、串号（产品生产编号）、购买人姓名及身份证件号等信息。

第三十二条　购买人购买新家电时直接申报家电补贴，由销售企业代财政部门进行审核。对符合补贴条件的，销售企业按销售价格向购买人开具发票，指导购买人填写《家电以旧换新（家电）补贴资金申报表》，当场兑付补贴资金，按照新家电的正常销售价格减去补贴后的金额收取货款。不符合补贴条件的，应立即告知购买人，按销售价格收取货款。

第三十三条　购买人申报补贴时应当提供的资料：①以旧换新凭证；②购买新家电的发票；③《家电以旧换新（家电）补贴资金申报表》；④购买人居民身份证件或相关法人单位的相关证明。

第三十四条　家电销售企业每半个月对购买人的申报资料进行整理，经当地商务部门或当地政府确定的相关业务主管部门审核后，到同级财政部门申领家电补贴。财政部门在接到申报的 7 个工作日内进行审核确认后，将补贴资金通过国库集中支付方式直接支付到家电销售企业在银行开设的基本账户。各级财政、商务部门要加强对家电销售企业代理审核兑付情况的监督检查，防止骗补行为的发生。

第三十五条　回收企业将收购旧家电销售给拆解处理企业，向拆解企业开具销售发票，发票要注明交售旧家电的产品类别、规格、型号、数量和价格等信息。

第三十六条　根据实际销售旧家电数量，回收企业直接申报运费补贴，由拆解处理企业代财政部门进行审核，对符合规定的，直接垫付运费补贴，同时指导回收企业填写《家电以旧换新（运费）补贴申报表》。不符合补贴规定的，应立即告知回收企业。

第三十七条　回收企业申报补贴时应当提供的资料：①以旧换新凭证；②销售旧家电的销售发票；③《家电以旧换新（运费）补贴申报表》。

第三十八条　拆解处理企业逐月对回收企业的申报资料进行整理，经当地政府确定的相关业务主管部门审核后，到同级财政部门申领家电补贴。财政部门在接到申报的 7 个工作日内进行审核确认后，将补贴资金通过国库集中支付方式直接支付到家电拆解处理企业在银行开设的基本账户。各级财政、环保和相关业务主管部门要加强对拆解处理企业代理审核兑付情况的监督检查，防止骗补行为的发生。

第八章　补贴资金来源、拨付及清算

第三十九条　补贴资金按照专项转移支付有关规定，实行国库集中支付。

第四十条　补贴资金的管理和使用遵循公开透明、分级负担、定向使用和动态监管的原则。

第四十一条　补贴资金由中央财政和试点省市财政共同负担。其中，中央财政负担 80.0%，试点省市财政负担 20.0%。

第四十二条　财政部会同商务部根据各试点省市废旧家电存量、家电拆解处理能力、经济发展水平等，测算补贴资金规模，将中央财政应负担的补贴资金按 80.0% 预拨到试点省市财政部门。

第四十三条　试点省市财政部门收到中央财政拨付的补贴资金后，应当落实地方应负担的补贴资金，在 15 个工作日内下达补贴资金预算分解文件，并根据预算文件，按需求进度和上述程序支付补贴资金。实施过程中，如实际需支付补贴资金超预算，由试点省市财政部门先行垫付。

第四十四条　试点省市财政部门会同商务部门在每年 4 月底前，核实汇总本地区上年度补贴资金使用情况，报财政部进行审核清算。

第九章　部门职责分工

第四十五条　财政部会同商务部、国家发改委、工业和信息化部、环境保护部、工商总局和质检总局等有关部门按照部门职责分工和本办法的规定，共同组织实施家电以旧换新工作。

财政部会同商务部、国家发改委、工业和信息化部、环境保护部等部门负责制定家电以旧换新政策并发布实施办法，负责财政补贴资金管理。

商务部会同财政部、国家发改委、工业和信息化部、环境保护部等部门组织实施家电以旧换新工作，会同财政部指导试点省市确定家电回收企业、销售企业，负责家电以旧换新管理信息系统开发和培训工作，负责印制和组织发放家电以旧换新凭证。

国家发改委负责加强以旧换新新家电的价格监管，规范经营者的价格行为，负责指导试点省市确定旧家电回收指导价格。

环境保护部负责废旧家电拆解处理的组织实施和监督管理，并会同财政部指导试点省市确定拆解处理企业。

工业和信息化部负责对家电产品生产企业的管理，督促指导生产企业提高和保障家电产品质量。

工商、质检等部门在各自职责范围内加强家电产品生产和市场监督管理。

第十章　试点组织实施

第四十六条　试点省市政府负责本地区家电以旧换新工作的组织实施。试点省市政府要成立家电以旧换新试点工作领导小组，组成工作班子，落实工作经费，精心组织，加强监管。

第四十七条　试点省市政府有关部门要按照国办发〔2009〕44号和本办法的要求，尽快制定具体的操作细则，包括购买人交旧购新流程，家电回收企业、销售企业和拆解处理企业的确定，补贴申报程序、补贴资金兑付、产品售后服务、市场秩序监督、政府保障措施等内容，并报财政部、商务部、环保部等部门备案。

第四十八条　试点省市政府有关部门负责督促家电生产企业及时公告以旧换新新家电的参考价格，监督中标的家电销售企业按市场正常价格销售新家电，做到公开透明、价格合理。

第四十九条　试点省市政府有关部门要充分考虑有关方面意见，指导中标回收企业合理制定废旧家电回收指导价格并及时予以公布，监督中标的家电回收企业按公平合理的价格回收旧家电。

第五十条　试点省市商务主管部门会同财政、环保等有关部门负责管理本地区家电以旧换新进程，通过建立与中标家电回收企业、销售企业和拆解处理企业的联系机制，建立顺畅的信息渠道，监督和管理家电回收、销售企业及网点和拆解处理企业，建立工作档案，及时掌握工作动态，督促企业做好以旧换新工作。

第五十一条　试点省市政府有关部门负责本地区家电以旧换新的政策宣传和培训工作。

第五十二条　试点省市商务主管部门会同财政、工信、环境保护部门建立工作报告制度，定期将试点工作进展情况、存在问题和建议向商务部、财政部、工业和信息化部、环保部等部门报告。

第十一章　试点监督管理

第五十三条　试点省市政府负责本地区家电以旧换新工作的监督管理。通过建立家电以旧换新工作监督管理制度，保障以旧换新工作有序开展。

第五十四条　试点省市各级财政部门加强对家电以旧换新补贴资金使用的监督和管理，确保补贴资金及时、足额发放。

第五十五条　试点省市各级商务主管部门建立中标家电回收、销售企业经营行为的监督制度。

第五十六条　试点省市各级环境保护部门加强对废旧家电拆解处理环节的监督管理。

第五十七条　试点省市各级工商行政管理部门要充分发挥12315消费者申诉举报网络的作用，及时受理和依法处理消费者对以旧换新家电产品的申诉举报，切实维护消费者的合法权益。

第五十八条　试点省市各级质监部门查处违反质量等法律法规行为，从源头上打击假冒伪劣产品违法活动。

第十二章　附　则

第五十九条　试点省市可根据本办法制订具体实施细则。

第六十条　本办法自发布之日起执行。

第六十一条　本办法由财政部、商务部、国家发改委、工业和信息化部、环境保护部、工商总局、质检总局按职责分工负责解释。

工业和信息化统计工作管理办法

（2009年8月5日　工信部运行〔2009〕374号）

第一章　总　则

第一条　为加强和规范工业和信息化统计工作管理，有效、科学地组织开展统计工作，充分发挥统计信息在行业管理工作中的支撑作用，根据《中华人民共和国统计法》、《中华人民共和国统计法实施细则》等法律、法规，制定本办法。

第二条　本办法所指工业和信息化统计工作是工业和信息化主管部门开展的部门统计活动，重点负责工业运行监测、典型调查与通信业、软件业、信息化统计及相关信息发布工作。在中华人民共和国境内从事工业和信息化的生产、经营、研究等经济活动的法人和其他组织（简称“统计调查对象”）适用本办法。

第三条 工业和信息化统计工作基本任务是：全面贯彻国家统计工作法律法规，在国家统计局工业统计工作基础上，结合工业和信息化发展工作实际，制定统计制度，建立统计指标体系，运用各种统计方法，系统、准确、及时地对工业和信息化发展情况进行统计调查，开展统计分析，提供统计资料，发布统计信息，做好统计咨询服务，实行统计监督。

第四条 工业和信息化部负责监督检查全国工业和信息化领域统计法律、法规的实施。

地方工业和信息化主管部门及各省、自治区、直辖市通信管理局（统称“地方工业和信息化主管部门”）负责监督检查本行政区域内工业和信息化领域统计法律、法规的实施。

统计调查对象应认真贯彻执行统计法律、法规，保障本单位统计机构、统计人员的合法权益不受侵害。

第五条 工业和信息化部运行监测协调局是工业和信息化部统计工作主管职能司局，统一核定工业和信息化部的统计调查项目并报国家统计局审批备案；统一联系和协调与其他单位的统计资料交换；统一对外提供信息服务；统一管理和指导行业协会、地方工业和信息化主管部门、重点企业的统计工作。

第二章　统计机构和统计人员职责

第六条 工业和信息化部在统计工作中履行如下职责：

（1）对全国范围内工业和信息化领域的统计工作进行组织领导、综合协调和业务指导，完成国家和部门统计调查任务；

（2）依法制定工业和信息化领域统计规划，统计标准，统计制度，统计调查项目。建立健全统计指标体系，监督和检查统计制度及统计调查项目等实施情况；

（3）组织实施对全国范围内工业和信息化发展情况的统计调查、统计分析、统计预测和统计监督；

（4）依法检查、审定、管理、发布全国范围内工业和信息化的统计调查信息、统计分析报告或其他统计资料；

（5）管理工业和信息化统计资料、统计信息化系统和统计数据库资源；

（6）组织开展全国范围内工业和信息化统计培训和业务技术交流工作。

第七条 地方工业和信息化主管部门在统计工作中履行如下职责：

（1）完成工业和信息化部部署的相关统计调查任务；

（2）接受工业和信息化部及同级统计主管部门的业务指导；对本行政区域工业和信息化统计调查对象的统计工作进行组织协调和业务指导；

（3）负责制定本行政区域工业和信息化统计调查制度，组织对统计调查制度及调查项目的执行和实施；

（4）组织实施对本行政区域工业和信息化发展情况的统计调查、统计分析、统计预测和统计监督；

（5）依法审定、管理、公布、提供和出版本行政区域工业和信息化统计调查信息、统计分析报告或其他统计资料；

（6）管理本行政区域内工业和信息化统计资料、统计信息化系统和统计数据库资源；

（7）组织开展本行政区域内工业和信息化统计培训和业务技术交流工作。

第八条 统计调查对象承担如下职责：

（1）按照各级工业和信息化主管部门、统计主管部门的要求，制订、实施本单位的统计调查制度，执行各项统计法规和相关制度；

（2）配合各级工业和信息化主管部门、统计主管部门依法开展本单位统计活动，及时、如实填报本单位统计调查报表及统计资料，并向各级工业和信息化主管部门报送各项统计调查报表及统计资料；

（3）对本单位经济运行和经营发展情况进行统计分析，按时提交统计分析报告；

（4）加强统计基础工作建设，建立健全原始记录、统计台账和核算制度，严格统计工作责任制，加强统计人员的培训和考核奖惩；

（5）负责并实施本单位统计工作和统计资料的保密工作。

第九条 统计机构及其统计工作人员享有统计调查权、报告权、监督权等权利，并负有及时填报统计资料、保障统计资料真实性等义务，具体参照《中华人民共和国统计法》等相关统计法律、法规。

第十条 行业协会（含联合会，统称“行业协会”）受各级工业和信息化主管部门委托，开展部门统计调查工作，定期上报统计数据和分析资料。

第十一条 各级工业和信息化主管部门和统计调查对象，应加强统计信息化建设，建立采集、处理、传输、存储统计信息的网络和信息化管理系统，用现代信息技术提升和优化统计工作的软硬件环境。

第三章　统计调查管理

第十二条 各级工业和信息化主管部门对工业和信息化发展情况数据进行统计调查，可采取普查、抽样调查、重点调查、经常性调查、一次性调查等方式。

第十三条 统计调查计划按统计调查项目编制。工业和信息化统计调查计划必须列明：项目名称、调查机关、调查目的、调查范围、调查对象、调查方式、调查时间、调查内容等。

第十四条 工业和信息化统计调查分为全国统计调查项目和地方统计调查项目，统计调查计划和统计调查方案由各级工业和信息化主管部门按照职责进行编制，并按下列规定经审查机关批准后实施：

（1）全国统计调查项目，调查计划和调查方案由工业和信息化部编制，运行监测协调局负责归口管理，统一报送国家统计局审批备案；

（2）地方统计调查项目，调查计划和调查方案由地方工业和信息化主管部门编制，由其统计主管部门负责归口管理，各调查项目经其审查后，统一报送同级统计主管部门审批备案，并报上一级工业和信息化主管部门备案。

第十五条 工业和信息化统计调查，调查对象不得超出工业和信息化范围。全国工业和信息化统计调查，调查对象超出工业和信息化范围的，须经国家统计局批准，重要的报国务院审批；地方工业和信息化统计调查，调查对象超出本行政区域内工业和信息化范围的，须经同级统计主管部门批准，重要的报本级人民政府审批。

第十六条 统计调查项目，应严格按照《中华人民共和国统计法》等法律法规的要求进行编制。各级工业和信息化主管部门应对统计调查项目的必要性、可行性、科学性进行严格审查，由其统计主管部门归口负责。

第十七条 按照规定程序批准的工业和信息化统计调查表，必须在右上角标明表号、制表机关、批准或者备案机关、批准或备案文号、有效期限。被调查单位或人员应准确、及时地按调查方案填报。

对未标明前款所列内容或者超过有效期的统计调查表，统计调查对象有权拒绝填报，各级工业和信息化主管部门有权予以废止。

统计调查方案所规定的指标含义、调查范围、计算方法、分类目录、调查表式、统计编码等，未经批准任何单位或者个人不得修改。

第十八条 统计调查对象应准确、如实、及时填报符合本办法要求的统计调查报表。

第十九条 各级工业和信息化主管部门应对统计调查对象填报的统计调查报表内容的完整性、准确性和真实性进行审查或复核，确定统计调查报表的有效性，并依据统计调查项目及其统计调查标准进行整理、加工和分析，形成统计分析报告。

第二十条 行业协会应根据国家统计法律、法规及各级工业和信息化主管部门的委托，认真编制和实施本行业的统计调查方案和统计调查报表，保证统计调查内容的准确、及时和完整。

第二十一条 各单位应对统计调查需要的人员和经费提供必要的保障。

第四章 统计资料的管理和公布

第二十二条 统计资料是指以纸制品、磁介质、光介质等载体保存的、反映工业和信息化发展情况等的数据、文字、图表等统计信息资料，主要分为：

（1）统计原始记录、台账和统计调查报表；

（2）经过分析、研究和加工整理的综合统计资料。

第二十三条 各单位应建立健全统计资料的审核、签署、交接、保管、借用、归档、销毁等管理制度，应依据法律或行政法规中有关档案管理规定，管理档案中所保存的原始记录、原始台账、调查统计报表或其他统计资料。

各级工业和信息化主管部门由其统计主管部门负责归口管理统计资料，并建立与其他部门的资料共享与服务机制。

第二十四条 各级工业和信息化主管部门应妥善保管工业和信息化领域统计工作中形成的统计调查报表及统计分析报告，按照规定设置保管期限。对涉及经济运行、行业发展的重要数据和年度报告，应永久保存。

第二十五条 各单位应健全统计资料的审核制度，实行由统计主管部门统一管理、相关职能部门分口负责的审核制度。各单位提供的统计资料，由相关职能部门审核后送统计主管部门复核，单位领导人或统计负责人签署或盖章后上报。各单位必须按规定时限提供统计资料，提供后发现有误的，应在规定的期限内订正。

第二十六条 各单位应建立统计资料发布制度。全国工业和信息化统计资料由工业和信息化部负责审核和对外公布。地方工业和信息化统计资料，由地方工业和信息化主管部门负责审核和对外公布。

为避免数出多门、多头对外，各级工业和信息化主管部门由其统计主管部门负责统一对外发布工业和信息化统计资料，未经其同意，其他部门无权对外发布。

第二十七条 各级工业和信息化主管部门制定规划政策、分析经济运行、考核发展绩效、实行奖惩措施等所使用的统计资料，应以本单位统计主管部门或者统计负责人签署盖章的统计资料为准。

第二十八条 各级工业和信息化主管部门应执行国家政务公开条例规定，充分利用可以公开的统计信息为社会公众服务，大力推进统计信息发布渠道的多元化，利用网络、报刊、会议等多种媒体，为统计调查对象和社会公众提供统计信息咨询服务。

第二十九条 各级工业和信息化主管部门应建立健全统计数据质量监控和评估制度，加强对统计调查对象及各单位重要统计数据的监控和评估。

第三十条 各单位必须执行国家有关统计资料保密管理的规定，切实加强对统计资料的保密管理。

各级工业和信息化主管部门对统计调查对象上报的统计信息负有保密的义务。需要单独发布单个统计调查对象的统计信息的，应事先征得其同意。

统计调查对象未经工业和信息化主管部门同意，不得对外提供其反馈的统计信息。

第三十一条 为各级工业和信息化主管部门承担统计支撑工作的事业单位及行业协会，要严格遵守统计保密规定，涉及到统计调查对象的商业秘密时，坚持"业务谁主管，保密谁负责"的原则，业务主管部门应与支撑单位签署保密责任书，切实落实保密责任。

第五章 附 则

第三十二条 各单位及相关人员违反本办法，将依照《中华人民共和国统计法》、《中华人民共和国统计法实施细则》的有关规定，追究相关责任。

第三十三条 各级工业和信息化主管部门应建立奖励和惩罚机制，定期评定工业和信息化统计机构及统计工作人员的工作表现，对评定优秀的统计机构和统计人员通报表扬，予以奖励；对评定不合格的统计机构和统计人员通报批评。

第三十四条 境外机构或人员需要在境内开展工业和信息化统计调查活动的，应委托境内具有涉外统计调查资格的机构进行。

第三十五条 国家国防科技工业局和国家烟草专卖局根据本办法制定本单位统计工作管理办法，并报工业和信息化部备案。

第三十六条 本办法自印发之日起施行。

关于正式实施行政事业单位资产管理信息系统的通知

（2009年8月28日 财办〔2009〕39号）

党中央有关部门，国务院各部委、各直属机构，全国人大常委会办公厅，全国政协办公厅，高法院，高检院，有关人民团体，有关中央管理企业，各省、自治区、直辖市及计划单列市财政厅（局）、新疆生产建设兵团财务局：

为了全面加强行政事业单位国有资产管理，推进行政事业单位资产管理信息化工作，实现对资产的动态监管，按照《行政单位国有资产管理暂行办法》（财政部令第35号）和《事业单位国有资产管理暂行办法》（财政部令第36号）有关要求，根据“金财工程”建设总体规划，财政部决定正式实施“行政事业单位资产管理信息系统”（简称“资产管理信息系统”）。现将有关事项通知如下：

一、加强领导、落实责任

资产管理信息系统是“金财工程”的重要组成部分，已完成了与金财工程应用支撑平台的衔接。该系统的正式实施，是实现资产管理动态化、预算编制精细化的重要举措，是编制年度新增资产配置预算的重要支撑，有利于提高工作效率、降低管理成本、实现资产管理与预算管理的有机结合，对进一步创新行政事业单位国有资产监管手段将产生积极的影响。中央部门和省级财政部门要高度重视资产管理信息系统的实施工作。

资产管理信息系统是严格按照行政事业单位国有资产管理体制进行设计的，遵循横向“财政部门－主管部门－行政事业单位”、纵向“中央－省－市－县－乡”的框架。中央部门要按照国务院确定的中央行政事业单位国有资产管理职责分工，切实抓好本部门所属行政事业单位资产管理信息化工作，直接对财政部负责，并报告工作情况。省级财政部门负责统一组织本地区系统的实施工作，除负责本级资产管理信息系统实施外，还要做好指导下级财政部门实施工作。

资产管理信息系统实施工作涉及部门、单位多，工作难度大。中央部门、省级财政部门要加强领导，统一组织，认真做好对所属行政事业单位的培训和指导，为系统有效应用提供保障。各部门、各单位业务人员和信息技术人员，要密切配合，分工明确，责任到人，确保在规定时间内顺利完成系统的实施工作。

二、时间安排和数据管理

中央部门应于2009年12月31日前，完成本部门的系统实施和培训工作，2010年3月底完成数据上报。省级财政部门应于2009年12月31日前，完成省本级的系统实施和培训工作，同时向我部上报本省的实施计划，2010年6月底前完成数据上报。

中央部门上报数据细化到资产卡片级，省级财政部门上报汇总数据。要严格数据审核，确保上报数据的真实、准确、完整。资产管理信息系统数据要实时更新，并定期上报纸质文件，具体要求另行通知。

涉密资产信息暂不进入资产管理信息系统，具体管理办法另行通知。中央部门、各级财政部门要切实做好资产管理信息系统的数据安全工作。

三、实施经费

根据现行的财政管理体制，财政部门应在充分整合现有软硬件资源的基础上，按照保证工作需要和节约使用的原则，认真落实资产管理信息系统实施所需经费。中央部门实施资产管理信息系统所需经费，应在本部门预算中统筹考虑解决。

资产管理信息系统所有软件产品、相关文档、源代码、相关数据版权归财政部所有。财政部免费提供一定数量的软件安装光盘和用户使用手册，中央部门和各级财政部门可以根据工作需要自行复制。

四、服务支持

为保证资产管理信息系统在全国的有效运行，中央部门、各级财政部门的信息技术部门，负责组织做好本部门、本地区的资产管理信息系统日常运行维护、技术支持服务工作。财政部将成立系统实施支持小组，对系统实施的有关问题提供技术咨询。

实施过程中，中央部门、财政部门和行政事业单位根据工作实际需要进行个性化扩充的，原则上应将需求情况逐级上报，经中央部门和省级财政部门汇总后报财政部信息网络中心。财政部将根据资产管理信息系统的应用情况和业务发展需要，统一组织升级工作，以节约资金和资源，保证系统数据的有效衔接。对不能满足需要的其他个性化需求，允许在资产管理信息系统基础上进行个性化扩充，但不得改变资产管理信息系统业务、技术基本框架。

根据合同规定，系统开发公司还将对省级财政部门本级、中央一级预算单位本级的实施安装和两年维护提供免费服务。其他实施工作，采用市场运作的原则，提供实施服务的机构由中央部门和省级财政部门自主选定，既可以组织力量自主实施，也可以选择其他公司或原系统开发公司提供服务。

五、软件版本管理

资产管理信息系统分为“财政及三管部门版”和“行政事业单位版”两部分。为了保证资产管理信息系统的数据一致性，原则要求中央部门和财政部门统一使用资产管理信息系统“财政及主管部门版”。没有应用其他资产管理信息系统的行政事业单位，建议使用资产管理信息系统“行政事业单位版”。

本着节约高效的原则，对已有其他资产管理信息系统的部门、地区、行政事业单位，应按照财政部公开的系统数据接口规范，做好自身系统与资产管理信息系统的对接和数据转换工作，保证“行政事业单位－主管部门－财政部门”各个环节的数据动态衔接，实现资产数据的动态更新。

六、软硬件及网络环境

中央部门、省级财政部门要按照《行政事业单位资产管理信息系统部署技术方案》（详见财政部门户网站），根据自身的用户数和业务规模进行测算，合理配置支撑系统运行的软硬件环境。

资产管理信息系统部署在财政专网，支持在线和离线两种数据上报方式。各级财政部门通过财政内网逐级完成数据上报，并最终报送财政部。中央部门通过财政专网向财政部上报数据，在没有网络环境的情况下可以通过离线方式上报数据。

中国标准创新贡献奖管理办法

（2009年9月14日　国质检标联〔2009〕383号）

第一章　总　则

第一条　为调动全国标准化工作者的积极性和创造性，奖励标准项目实施后对经济社会发展作出的重要贡献，促进标准化事业健康发展，制定本办法。

第二条　中国标准创新贡献奖由国家质量监督检验检疫总局和国家标准化管理委员会共同设立。

第三条　中国标准创新贡献奖的申报、推荐、评审、授奖坚持公开、公平、公正的原则，在奖励活动中不收取任何费用。

第二章　组织机构

第四条　中国标准创新贡献奖由国家标准化管理委员会负责组织实施。

第五条　国家标准化管理委员会聘请国内标准化等领域科学家、专家组成中国标准创新贡献奖评审委员会，依照本办法的规定，负责中国标准创新贡献奖的技术评审工作。

第六条　评审委员会下设若干专业评审组，由相关领域的标准化专家组成，负责相关领域中国标准创新贡献奖备选项目的专业评审工作。

第七条　国家标准化管理委员会设中国标准创新贡献奖奖励办公室，承担申报材料接收、申报项目形式审查、异议处理、申报系统维护等日常工作。奖励办公室设在中国标准化研究院。

第三章　奖励范围和评审标准

第八条　中国标准创新贡献奖的奖励范围包括：

（1）实施2年以上（含2年）的国家标准项目；

（2）实施2年以上（含2年）且已报国家标准化管理委员会备案的行业标准项目；

（3）实施2年以上（含2年）且已报国家标准化管理委员会和国务院有关行政主管部门备案的地方标准项目；

（4）实施2年以上（含2年）并按有关规定备案的企业标准项目；

（5）由我国主导起草，国际标准组织（国际标准化组织/ISO、国际电工委员会/IEC、国际电信联盟/ITU或由ISO确认并公布的其他国际组织）发布2年以上（含2年）的国际标准项目。

具有重大创新性或经济社会效益显著，且实施1年以上（含1年）的国家标准、行业标准、地方标准、企业标准，以及由我国主导起草、国际标准组织发布1年以上（含1年）的国际标准项目，也可以纳入中国标准创新贡献奖的奖励范围。

第九条　中国标准创新贡献奖设一等奖、二等奖、三等奖3个等级，每年获一等奖的项目原则上不超过10个，二等奖不超过25个，三等奖不超过50个。各等级奖项具体评审标准如下：

（1）一等奖：标准项目所包含主要内容的技术水平达到或接近国际先进水平，创新性突出，标准实施后取得重大的经济效益或社会效益，对促进我国国民经济和社会发展有重大作用，企业标准项目应当具有一定数量的发明专利；

（2）二等奖：标准项目所包含主要内容的技术水平达到国际水平，创新性明显，标准实施后取得显著的经济效益或社会效益，对促进我国国民经济和社会发展有很大作用，企业标准项目应当具有发明专利；

（3）三等奖：标准项目所包含主要内容的技术水平达到国内先进水平，创新性比较明显，标准实施后取得较大的经济效益或社会效益，对促进我国国民经济和社会发展有较大作用。

第四章　申报和推荐

第十条　中华人民共和国境内依法设立并承担标准主要起草工作的法人及其他社会组织可以申报中国标准创新贡献奖。

第十一条　申报单位应当确保提供的申报材料真实、可靠。多个单位共同完成的标准项目，由第一起草单位负责组织申报。

申报材料中标准的主要起草单位和起草人应当与标准文本中一致，并按实际贡献大小排序。

第十二条　中国标准创新贡献奖实行限额推荐。推荐单位包括：

（1）国务院有关行政主管部门、行业协会、集团公司；

（2）各省、自治区、直辖市标准化行政主管部门；

（3）国家标准化管理委员会直接管理的全国专业标准化技术委员会。

第十三条　推荐单位应当对申报项目材料进行审查，并对拟推荐的标准项目提出具体推荐意见和授奖等级建议。

同一申报项目不得通过2个或2个以上单位推荐，同一标准项目已获得其他奖励的，不得申报本奖项。

第五章　评　审

第十四条　中国标准创新贡献奖原则上每年评审一次。

第十五条　中国标准创新贡献奖评审程序包括：

（1）形式审查：奖励办公室负责对推荐项目的申报书及相关材料进行形式审查；

（2）专业评审：专业评审组对通过形式审查的项目进行专业评审，并向评审委员会推荐获奖项目及奖励等级。获得专业评审组推荐的项目须有2/3以上到会专业评审组专家的同意；

（3）最终评审：评审委员会对专业评审组通过的项目进行最终评审，并向国家标准化管理委员会推荐拟获奖项目及等级。获得评审委员会推荐的拟获奖项目须有2/3以上到会评审委员会委员的同意；

（4）公示：中国标准创新贡献奖评审工作及评审结果接受社会的监督，拟获奖项目在网上公开征求社会意见，征求意见时间为30天。

第十六条　中国标准创新贡献奖评审工作实行以下回避制度：

（1）凡通过形式审查的标准项目的起草人，不得参加该项目的评审工作；

（2）与标准项目的起草单位属于同一法人单位的评审专家，不得参加该项目的评审工作；

（3）存在其他可能影响评审工作公正性的有关评审专家，不得参加相关项目的评审工作。

第六章　异议处理

第十七条　中国标准创新贡献奖评审结果自公示之日起30天为异议期。在异议期内，任何单位和个人对拟奖励项目持有异议的，可以在异议期内向奖励办公室提出，逾期不予受理。

第十八条　提出异议的单位或者个人应当提供书面异议材料，并提供必要的证明文件。

提出异议的单位、个人应当表明真实身份。个人提出异议的，应当在书面异议材料上签署真实姓名；以单位名义提出异议的，应当加盖本单位公章。

第十九条　异议由奖励办公室负责联系处理，项目推荐单位应当予以协助。

第二十条　推荐单位应当在规定的时间内核实异议材料，并将核实的情况和处理意见报送奖励办公室审核。对重大问题，奖励办公室可以组织相关专家进行研究，并将研究结果提交评审委员会，由评审委员会提出处理意见。

第二十一条　国家标准化管理委员会根据评审委员会或推荐单位提出的处理意见对异议作出决定。

第二十二条　推荐单位在规定的时间内未对异议项目提出调查、核实报告或协调处理意见的，取消该项目的本年度获奖资格。

第二十三条　异议应当于公示期截止之日起30天内处理完毕。

第七章　授　奖

第二十四条　中国标准创新贡献奖获奖项目由国家质量监督检验检疫总局和国家标准化管理委员会公布，并给予一定的奖励。

第二十五条　中国标准创新贡献奖单项授奖人数和授奖单位实行限额。一等奖单项授奖人数不超过10人，单位不超过7个；二等奖单项授奖人数不超过8人，单位不超过5个；三等奖单项授奖人数不超过6人，单位不超过3个。

第八章　工作纪律

第二十六条　申报单位提供虚假数据、材料的，取消其本年度和下一年度参评资格。

申报单位以不正当手段获得授奖的，撤销其奖励，同时取消其3年的参评资格。

第二十七条　推荐单位提供虚假数据、材料的，视其严重程度，暂停或取消其推荐资格。

第二十八条　参与评审活动的有关人员在评审过程中弄虚作假、徇私舞弊的，及时终止其参与评审活动。

第九章　附　则

第二十九条　本办法由国家标准化管理委员会负责解释。

第三十条　本办法自发布之日起施行。

国务院关于进一步促进中小企业发展的若干意见

（2009 年 9 月 19 日　国发〔2009〕36 号）

各省、自治区、直辖市人民政府，国务院各部委、各直属机构：

中小企业是我国国民经济和社会发展的重要力量，促进中小企业发展，是保持国民经济平稳较快发展的重要基础，是关系民生和社会稳定的重大战略任务。受国际金融危机冲击，去年下半年以来，我国中小企业生产经营困难。中央及时出台相关政策措施，加大财税、信贷等扶持力度，改善中小企业经营环境，中小企业生产经营出现了积极变化，但发展形势依然严峻。主要表现在：融资难、担保难问题依然突出，部分扶持政策尚未落实到位，企业负担重，市场需求不足，产能过剩，经济效益大幅下降，亏损加大等。必须采取更加积极有效的政策措施，帮助中小企业克服困难，转变发展方式，实现又好又快发展。现就进一步促进中小企业发展提出以下意见：

一、进一步营造有利于中小企业发展的良好环境

第一条　完善中小企业政策法律体系。落实扶持中小企业发展的政策措施，清理不利于中小企业发展的法律法规和规章制度。深化垄断行业改革，扩大市场准入范围，降低准入门槛，进一步营造公开、公平的市场环境。加快制定融资性担保管理办法，修订《贷款通则》，修订中小企业划型标准，明确对小型企业的扶持政策。

第二条　完善政府采购支持中小企业的有关制度。制定政府采购扶持中小企业发展的具体办法，提高采购中小企业货物、工程和服务的比例。进一步提高政府采购信息发布透明度，完善政府公共服务外包制度，为中小企业创造更多的参与机会。

第三条　加强对中小企业的权益保护。组织开展对中小企业相关法律和政策特别是金融、财税政策贯彻落实情况的监督检查，发挥新闻舆论和社会监督的作用，加强政策效果评价。坚持依法行政，保护中小企业及其职工的合法权益。

第四条　构建和谐劳动关系。采取切实有效措施，加大对劳动密集型中小企业的支持，鼓励中小企业不裁员、少裁员，稳定和增加就业岗位。对中小企业吸纳困难人员就业、签订劳动合同并缴纳社会保险费的，在相应期限内给予基本养老保险补贴、基本医疗保险补贴、失业保险补贴。对受金融危机影响较大的困难中小企业，将阶段性缓缴社会保险费或降低费率政策执行期延长至 2010 年底，并按规定给予一定期限的社会保险补贴或岗位补贴、在岗培训补贴等。中小企业可与职工就工资、工时、劳动定额进行协商，符合条件的，可向当地人力资源社会保障部门申请实行综合计算工时和不定时工作制。

二、切实缓解中小企业融资困难

第五条　全面落实支持小企业发展的金融政策。完善小企业信贷考核体系，提高小企业贷款呆账核销效率，建立完善信贷人员尽职免责机制。鼓励建立小企业贷款风险补偿基金，对金融机构发放小企业贷款按增量给予适度补助，对小企业不良贷款损失给予适度风险补偿。

第六条　加强和改善对中小企业的金融服务。国有商业银行和股份制银行都要建立小企业金融服务专营机构，完善中小企业授信业务制度，逐步提高中小企业中长期贷款的规模和比重。提高贷款审批效率，创新金融产品和服务方式。完善财产抵押制度和贷款抵押物认定办法，采取动产、应收账款、仓单、股权和知识产权质押等方式，缓解中小企业贷款抵质押不足的矛盾。对商业银行开展中小企业信贷业务实行差异化的监管政策。建立和完善中小企业金融服务体系。加快研究鼓励民间资本参与发起设立村镇银行、贷款公司等股份制金融机构的办法；积极支持民间资本以投资入股的方式，参与农村信用社改制为农村商业（合作）银行、城市信用社改制为城市商业银行以及城市商业银行的增资扩股。支持、规范发展小额贷款公司，鼓励有条件的小额贷款公司转为村镇银行。

第七条　进一步拓宽中小企业融资渠道。加快创业板市场建设，完善中小企业上市育成机制，扩大中小企业上市规模，增加直接融资。完善创业投资和融资租赁政策，大力发展创业投资和融资租赁企业。鼓励有关部门和地方政府设立创业投资引导基金，引导社会资金设立主要支持中小企业的创业投资企业，积极发展股权投资基金。发挥融资租赁、典当、信托等融资方式在中小企业融资中的作用。稳步扩大中小企业集合债券和短期融资券的发行规模，积极培育和规范发展产权交易市场，为中小企业产权和股权交易提供服务。

第八条　完善中小企业信用担保体系。设立包括中央、地方财政出资和企业联合组建的多层次中小企业融资担保基金和担保机构。各级财政要加大支持力度，综合运用资本注入、风险补偿和奖励补助等多种方式，提高担保机构对中小企业的融资担保能力。落实好对符合条件的中小企业信用担保机构免征营业税、准备金提取和代偿损失税前扣除的政策。国土资源、住房城乡建设、金融、工商等部门要为中小企业和担保机构开展抵押物和出质的登记、确权、转让等提供优质服务。加强对融资性担保机构的监管，引导其规范发展。鼓励保险机构积极开发为中小企业服务的保险产品。

第九条　发挥信用信息服务在中小企业融资中的作用。推进中小企业信用制度建设，建立和完善中小企业信用信

息征集机制和评价体系，提高中小企业的融资信用等级。完善个人和企业征信系统，为中小企业融资提供方便快速的查询服务。构建守信受益、失信惩戒的信用约束机制，增强中小企业信用意识。

三、加大对中小企业的财税扶持力度

第十条 加大财政资金支持力度。逐步扩大中央财政预算扶持中小企业发展的专项资金规模，重点支持中小企业技术创新、结构调整、节能减排、开拓市场、扩大就业，以及改善对中小企业的公共服务。加快设立国家中小企业发展基金，发挥财政资金的引导作用，带动社会资金支持中小企业发展。地方财政也要加大对中小企业的支持力度。

第十一条 落实和完善税收优惠政策。国家运用税收政策促进中小企业发展，具体政策由财政部、税务总局会同有关部门研究制定。为有效应对国际金融危机，扶持中小企业发展，自2010年1月1日至2010年12月31日，对年应纳税所得额低于3万元（含3万元）的小型微利企业，其所得减按50.0%计入应纳税所得额，按20.0%的税率缴纳企业所得税。中小企业投资国家鼓励类项目，除《国内投资项目不予免税的进口商品目录》所列商品外，所需的进口自用设备以及按照合同随设备进口的技术及配套件、备件，免征进口关税。中小企业缴纳城镇土地使用税确有困难的，可按有关规定向省级财税部门或省级人民政府提出减免税申请。中小企业因有特殊困难不能按期纳税的，可依法申请在3个月内延期缴纳。

第十二条 进一步减轻中小企业社会负担。凡未按规定权限和程序批准的行政事业性收费项目和政府性基金项目，均一律取消。全面清理整顿涉及中小企业的收费，重点是行政许可和强制准入的中介服务收费、具有垄断性的经营服务收费，能免则免，能减则减，能缓则缓。严格执行收费项目公示制度，公开前置性审批项目、程序和收费标准，严禁地方和部门越权设立行政事业性收费项目，不得擅自将行政事业性收费转为经营服务性收费。进一步规范执收行为，全面实行中小企业缴费登记卡制度，设立各级政府中小企业负担举报电话。健全各级政府中小企业负担监督制度，严肃查处乱收费、乱罚款及各种摊派行为。任何部门和单位不得通过强制中小企业购买产品、接受指定服务等手段牟利。严格执行税收征收管理法律法规，不得违规向中小企业提前征税或者摊派税款。

四、加快中小企业技术进步和结构调整

第十三条 支持中小企业提高技术创新能力和产品质量。支持中小企业加大研发投入，开发先进适用的技术、工艺和设备，研制适销对路的新产品，提高产品质量。加强产学研联合和资源整合，加强知识产权保护，重点在轻工、纺织、电子等行业推进品牌建设，引导和支持中小企业创建自主品牌。支持中华老字号等传统优势中小企业申请商标注册，保护商标专用权，鼓励挖掘、保护、改造民间特色传统工艺，提升特色产业。

第十四条 支持中小企业加快技术改造。按照重点产业调整和振兴规划要求，支持中小企业采用新技术、新工艺、新设备、新材料进行技术改造。中央预算内技术改造专项投资中，要安排中小企业技术改造资金，地方政府也要安排中小企业技术改造专项资金。中小企业的固定资产由于技术进步原因需加速折旧的，可按规定缩短折旧年限或者采取加速折旧的方法。

第十五条 推进中小企业节能减排和清洁生产。促进重点节能减排技术和高效节能环保产品、设备在中小企业的推广应用。按照发展循环经济的要求，鼓励中小企业间资源循环利用。鼓励专业服务机构为中小企业提供合同能源管理、节能设备租赁等服务。充分发挥市场机制作用，综合运用金融、环保、土地、产业政策等手段，依法淘汰中小企业中的落后技术、工艺、设备和产品，防止落后产能异地转移。严格控制过剩产能和“两高一资”行业盲目发展。对纳入环境保护、节能节水企业所得税优惠目录的投资项目，按规定给予企业所得税优惠。

第十六条 提高企业协作配套水平。鼓励中小企业与大型企业开展多种形式的经济技术合作，建立稳定的供应、生产、销售等协作关系。鼓励大型企业通过专业分工、服务外包、订单生产等方式，加强与中小企业的协作配套，积极向中小企业提供技术、人才、设备、资金支持，及时支付货款和服务费用。

第十七条 引导中小企业集聚发展。按照布局合理、特色鲜明、用地集约、生态环保的原则，支持培育一批重点示范产业集群。加强产业集群环境建设，改善产业集聚条件，完善服务功能，壮大龙头骨干企业，延长产业链，提高专业化协作水平。鼓励东部地区先进的中小企业通过收购、兼并、重组、联营等多种形式，加强与中西部地区中小企业的合作，实现产业有序转移。

第十八条 加快发展生产性服务业。鼓励支持中小企业在科技研发、工业设计、技术咨询、信息服务、现代物流等生产性服务业领域发展。积极促进中小企业在软件开发、服务外包、网络动漫、广告创意、电子商务等新兴领域拓展，扩大就业渠道，培育新的经济增长点。

五、支持中小企业开拓市场

第十九条 支持引导中小企业积极开拓国内市场。支持符合条件的中小企业参与家电、农机、汽车摩托车下乡和家电、汽车“以旧换新”等业务。中小企业专项资金、技术改造资金等要重点支持销售渠道稳定、市场占有率高的中小企业。采取财政补助、降低展费标准等方式，支持中小企业参加各类展览展销活动。支持建立各类中小企业产品技术展示中心，办好中国国际中小企业博览会等展览展销活动。鼓励电信、网络运营企业以及新闻媒体积极发布市场信息，帮助中小企业宣传产品，开拓市场。

第二十条 支持中小企业开拓国际市场。进一步落实出口退税等支持政策，研究完善稳定外需、促进外贸发展的相关政策措施，稳定和开拓国际市场。充分发挥中小企业国际市场开拓资金和出口信用保险的作用，加大优惠出口信贷对中小企业的支持力度。鼓励支持有条件的中小企业到境外开展并购等投资业务，收购技术和品牌，带动产品和服务出口。

第二十一条 支持中小企业提高自身市场开拓能力。引导中小企业加强市场分析预测，把握市场机遇，增强质量、品牌和营销意识，改善售后服务，提高市场竞争力。提升和改造商贸流通业，推广连锁经营、特许经营等现代经营方式和新型业态，帮助和鼓励中小企业采用电子商务，降低市场开拓成本。支持餐饮、旅游、休闲、家政、物业、社区服务等行业拓展服务领域，创新服务方式，促进扩大消费。

六、努力改进对中小企业的服务

第二十二条 加快推进中小企业服务体系建设。加强统筹规划，完善服务网络和服务设施，积极培育各级中小企业综合服务机构。通过资格认定、业务委托、奖励等方式，发挥工商联以及行业协会（商会）和综合服务机构的作用，引导和带动专业服务机构的发展。建立和完善财政补助机制，支持服务机构开展信息、培训、技术、创业、质量检验、企业管理等服务。

第二十三条 加快中小企业公共服务基础设施建设。通过引导社会投资、财政资金支持等多种方式，重点支持在轻工、纺织、电子信息等领域建设一批产品研发、检验检测、技术推广等公共服务平台。支持小企业创业基地建设，改善创业和发展环境。鼓励高等院校、科研院所、企业技术中心开放科技资源，开展共性关键技术研究，提高服务中小企业的水平。完善中小企业信息服务网络，加快发展政策解读、技术推广、人才交流、业务培训和市场营销等重点信息服务。

第二十四条 完善政府对中小企业的服务。深化行政审批制度改革，全面清理并进一步减少、合并行政审批事项，实现审批内容、标准和程序的公开化、规范化。投资、工商、税务、质检、环保等部门要简化程序、缩短时限、提高效率，为中小企业设立、生产经营等提供便捷服务。地方各级政府在制定和实施土地利用总体规划和年度计划时，要统筹考虑中小企业投资项目用地需求，合理安排用地指标。

七、提高中小企业经营管理水平

第二十五条 引导和支持中小企业加强管理。支持培育中小企业管理咨询机构，开展管理咨询活动。引导中小企业加强基础管理，强化营销和风险管理，完善治理结构，推进管理创新，提高经营管理水平。督促中小企业苦练内功、降本增效，严格遵守安全、环保、质量、卫生、劳动保障等法律法规，诚实守信经营，履行社会责任。

第二十六条 大力开展对中小企业各类人员的培训。实施中小企业银河培训工程，加大财政支持力度，充分发挥行业协会（商会）、中小企业培训机构的作用，广泛采用网络技术等手段，开展政策法规、企业管理、市场营销、专业技能、客户服务等各类培训。高度重视对企业经营管理者的培训，在3年内选择100万家成长型中小企业，对其经营管理者实施全面培训。

第二十七条 加快推进中小企业信息化。继续实施中小企业信息化推进工程，加快推进重点区域中小企业信息化试点，引导中小企业利用信息技术提高研发、管理、制造和服务水平，提高市场营销和售后服务能力。鼓励信息技术企业开发和搭建行业应用平台，为中小企业信息化提供软硬件工具、项目外包、工业设计等社会化服务。

八、加强对中小企业工作的领导

第二十八条 加强指导协调。成立国务院促进中小企业发展工作领导小组，加强对中小企业工作的统筹规划、组织领导和政策协调，领导小组办公室设在工业和信息化部。各地可根据工作需要，建立相应的组织机构和工作机制。

第二十九条 建立中小企业统计监测制度。统计部门要建立和完善对中小企业的分类统计、监测、分析和发布制度，加强对规模以下企业的统计分析工作。有关部门要及时向社会公开发布发展规划、产业政策、行业动态等信息，逐步建立中小企业市场监测、风险防范和预警机制。

促进中小企业健康发展既是一项长期战略任务，也是当前保增长、扩内需、调结构、促发展、惠民生的紧迫任务。各地区、各有关部门要进一步提高认识，统一思想，结合实际，尽快制定贯彻本意见的具体办法，并切实抓好落实。

董事会试点中央企业专职外部董事管理办法（试行）

（2009年10月13日　国资发干二〔2009〕301号）

第一章　总　则

第一条 为适应深化国有资产管理体制改革和中央企业改革发展的要求，建立规范的公司治理结构，加强对董事会试点中央企业专职外部董事的管理，根据《中华人民共和国公司法》、《中华人民共和国企业国有资产法》、《企业国有资产监督管理暂行条例》、《国有独资公司董事会试点企业外部董事管理办法（试行）》等有关法律、法规和规定，制定本办法。

第二条 本办法适用于国务院国有资产监督管理委员

会（简称“国务院国资委”）履行出资人职责的董事会试点中央企业（简称“董事会试点企业”）。

第三条 本办法所称专职外部董事，是指国务院国资委任命、聘用的在董事会试点企业专门担任外部董事的人员。专职外部董事在任期内，不在任职企业担任其他职务，不在任职企业以外的其他单位任职。

第四条 专职外部董事管理遵循以下原则：

（1）社会认可、出资人认可原则；

（2）专业、专管、专职、专用原则；

（3）权利与责任统一、激励与约束并重原则；

（4）依法管理原则。

第二章 管理方式

第五条 专职外部董事职务列入国务院国资委党委管理的企业领导人员职务名称表，按照现职中央企业负责人进行管理。

第六条 专职外部董事在阅读文件、参加相关会议和活动等方面享有与中央企业负责人相同的政治待遇。

第七条 专职外部董事的选聘、评价、激励、培训等由国务院国资委负责。

第八条 专职外部董事的日常管理和服务，由国务院国资委委托有关机构负责（简称“受委托机构”）。受委托机构设立专职外部董事工作部门，负责保障专职外部董事的办公条件、建立履职台账、管理工作档案、发放薪酬、办理社会保险、传递文件、组织党员活动等事项，并协助国务院国资委有关厅局做好相关工作。

第九条 建立专职外部董事报告工作制度。专职外部董事每半年向国务院国资委报告一次工作，重大事项及时报告。

第三章 任职条件

第十条 专职外部董事应当具备下列基本条件：

（1）具有较高的政治素质，遵纪守法，诚信勤勉，职业信誉良好；

（2）具有履行岗位职责所必需的专业知识，熟悉国家宏观经济政策及相关法律法规，熟悉国内外市场和相关行业情况；

（3）具有较强的决策判断能力、风险管理能力、识人用人能力和开拓创新能力；

（4）具有10年以上企业经营管理或相关工作经验，或具有战略管理、资本运营、法律等某一方面的专长，并取得良好工作业绩；

（5）初次任职年龄一般不超过55周岁；

（6）一般具有大学本科及以上学历或相关专业高级职称；

（7）具有良好的心理素质，身体健康；

（8）公司法和公司章程规定的其他条件。

第四章 选拔和聘用

第十一条 专职外部董事的选拔是指通过组织推荐等方式选择符合条件的人员，由国务院国资委任命或聘任为专职外部董事。

专职外部董事的聘用是指根据董事会试点企业董事会结构需求，从专职外部董事中选择合适人员，由国务院国资委聘用为董事会试点企业的外部董事。

第十二条 组织推荐一般经过下列程序：

（1）沟通酝酿人选；

（2）确定考察对象；

（3）与考察对象就外部董事的职责、权利和义务等相关事项进行沟通，听取意见；

（4）组织考察；

（5）征求有关方面意见；

（6）提出建议人选；

（7）提交国务院国资委党委会议讨论决定；

（8）办理任用手续。

第十三条 聘用专职外部董事一般经过下列程序：

（1）对董事会试点企业董事会进行结构分析，提出专职外部董事需求；

（2）按照董事会试点企业董事会需求，考虑专职外部董事的专业结构等因素，提出建议人选；

（3）提交国务院国资委党委会议讨论决定；

（4）办理聘用手续（推荐到股份公司担任董事的，需要按照规定履行相关法律程序）。

第十四条 专职外部董事在董事会试点企业任职实行任期制，在同一企业任职时间最长不超过6年。

第五章 评价和薪酬

第十五条 专职外部董事的评价实行年度评价与任期评价相结合，按照《董事会试点中央企业董事会、董事评价办法（试行）》执行。

第十六条 专职外部董事的薪酬标准由国务院国资委制定。

第十七条 专职外部董事薪酬由基本薪酬、评价薪酬、中长期激励等部分构成。

第十八条 专职外部董事的基本薪酬每3年（与中央企业负责人经营业绩考核任期相同）核定1次。基本薪酬按月支付。

第十九条 专职外部董事评价薪酬和中长期激励办法另行制定。

第二十条 专职外部董事的薪酬为税前收入，应依法缴纳个人所得税。专职外部董事薪酬由国务院国资委支付。

第二十一条 受委托机构每年根据专职外部董事薪酬管理办法拟订专职外部董事薪酬方案，报国务院国资委审核后兑现。

第六章 退　出

第二十二条 专职外部董事有下列情形之一的，予以免职（解聘）：

（1）达到任职年龄界限的；

（2）年度评价或任期评价结果为不称职，或者连续2个年度评价结果为基本称职的；

（3）履职过程中对国务院国资委或任职公司有不诚信

行为的；

（4）因董事会决策失误导致公司利益受到重大损失，本人未投反对票的；

（5）因健康原因长期不能坚持正常工作的；

（6）交流担任中央企业负责人职务的；

（7）因其他原因需要免职的。

第二十三条 专职外部董事提出辞职的，按程序批准后办理辞职手续。未批准前，专职外部董事应当继续履行职责。

第七章 附 则

第二十四条 专职外部董事管理的其他事项，按照《国有独资公司董事会试点企业外部董事管理办法（试行）》执行。

第二十五条 本办法自公布之日起施行。

关于进一步促进个体私营经济发展的若干意见

（2009 年 10 月 21 日 工商个字〔2009〕208 号）

各省、自治区、直辖市及计划单列市、副省级市工商局、市场监督管理局：

个体私营经济是我国社会主义市场经济的重要组成部分，是推动经济社会发展的重要力量，对扩大就业、拉动内需具有重要意义。2008 年国际金融危机爆发以来，党中央国务院为促进个体私营企业生产经营发展，及时出台了一系列政策措施。为贯彻落实《国务院关于进一步促进中小企业发展的若干意见》（国发〔2009〕36 号），现就工商行政管理机关发挥职能作用，进一步促进个体私营经济又好又快发展，提出如下意见：

（1）鼓励私营企业做大、做强、做活。除国家明令禁止的外，凡允许国有和外资企业进入的投资领域，一律对个体私营企业开放。按照“增加总量、扩大规模、鼓励先进、淘汰落后”的要求，重点支持符合国家产业政策、具有竞争优势的私营企业，通过兼并、重组等方式，组建跨行业、跨地区经营的大型企业集团。支持服务业私营企业开展连锁经营，实现规模化、集约化发展。要通过走访、调研等多种方式，加强与个体私营企业的联系，明确服务重点和方向。各地工商机关要充分发挥工商登记信息资源优势，向社会发布个体私营经济发展动态信息，对个体私营企业投资创业进行提示、预警，引导个体私营企业确定有利的投资发展方向。

（2）立足职能，积极配合相关部门，切实帮助个体私营企业解决融资难问题。积极开展动产抵押、股权质押和注册商标专用权质押登记，总结经验，完善相关工作机制，指导个体私营企业利用抵押、质押担保进行融资；允许股权出资，为个体私营企业进一步拓宽融资渠道；稳妥推动民间资本创办小额贷款公司，为金融机构提供个体私营企业的工商注册和抵押登记、出质登记信息查询服务，支持建立面向个体私营企业的金融服务体系和信用担保体系。

（3）积极探索，促进农民专业合作社加快发展，大力培育和发展农村经纪人。本着依法、自愿、有偿和进退自由的原则，在不改变土地集体所有性质、不改变土地用途、不损害农民土地承包权益的前提下，允许农民以土地承包经营权出资设立农民专业合作社。配合有关部门，探索农民专业合作社开展资金互助、信用合作。支持农民专业合作社跨地域、跨所有制、跨行业开展经营和提供服务。利用信息化手段提升农民专业合作社登记服务质量，加强法律法规宣传，做好政策咨询，严格执行农民专业合作社登记不收费的规定。引导农民专业合作社实施商标战略，加强农副土特产品的商标注册，提高农产品附加值，增强市场竞争力。实施合同帮农，引导农民专业合作社发展“订单农业”，减少农业生产风险。支持农民专业合作社与高等学校、科研院所开展多种形式技术合作促进产学研、农科教结合，加快农业科技成果转化。对农村经纪人开展经纪、合同、商标等业务培训，指导农村经纪人提高经纪水平和服务技能，充分发挥其桥梁和纽带作用，促进农产品流通、农业产业结构调整和农民增收。

（4）发挥职能作用，促进社会信用体系建设。在企业、个体工商户和市场信用分类监管基础上，大力推进全国各类市场主体工商登记管理信息动态数据库建设。各地工商机关要积极开发面向社会公众的信息查询服务功能，努力推动与其他部门相关市场主体信用信息的互联共享，为社会信用体系建设提供市场主体的基础信息。要发挥工商行政管理职能作用，鼓励个体私营企业“守合同重信用”，引导个体私营企业增强履行社会诚信责任的意识。

（5）积极配合有关部门研究对中小企业标准进行科学界定和细分。要结合修订《城乡个体工商户管理暂行条例》，根据不同行业、不同规模个体私营企业的特点，研究制订针对“微型企业”的扶持措施。鼓励、引导经营规模较大的个体工商户升级为企业，进一步提高经营管理水平和市场竞争能力。开展查处取缔无照经营工作要坚持“突出重点、区别对待、堵疏结合、分类规范”的方针，重在指导经营者合法开展经营活动。要充分发挥社区在安排临时就业、规范摊贩经营方面的积极作用。

（6）多措并举，大力推进“以创业带动就业”。要指导各级个私协会，积极组织各种形式的就业洽谈会、招聘见面会，通过举办“自主创业我先行”全国高校大学毕业生创业系列报告会、召开创业带就业动员会、举办座谈会、街头宣传咨询等形式现场解答疑问，通过先富带后富、“一帮一”、“一带一”等活动，积极帮助高校毕业生自主创业。要认真落实《“三年百万”高校毕业生就业见习计划》，引导优秀人才进入个体私营经济领域发展。要认真贯彻促进就业优惠政策，鼓励、引导返乡农民工、下岗失业人员、复员退伍军人、高校毕业生、残疾人等自主创业，为其申请登记注册个体工商户、私营企业提供免费的开业指导以及相关政策、法规和信息咨询服务。并严格按照《就业促进法》的规定，对符合政策规定的创业人员3年内免收登记类和证照类等有关行政事业性收费。

（7）切实维护公平竞争的市场秩序，为个体私营经济发展提供良好市场环境。加大对个体私营企业的字号名称、注册商标和商业秘密的保护力度，维护个体私营企业的合法权益。严厉打击制售假冒伪劣商品、虚假广告、不正当竞争等违法违规行为，保护合法经营，维护正常的市场秩序，促进个体私营经济健康发展。

（8）依法规范行政管理，提高监管执法水平，坚决制止“三乱”现象。加强行政指导，充分发挥行政执法“预防、警示、教育”的功能。对个体私营企业违法行为情节轻微、当事人积极采取措施补救、没有产生危害后果的，以教育整改为主，依法从轻、减轻或者免除对其经济处罚。对于生产经营暂时出现困难的个体工商户、私营企业，在年检验照等方面要予以支持。严禁利用年检验照进行乱摊派、乱收费、乱罚款和搭车收费。

（9）充分发挥各级个体劳动者协会和私营企业协会作用，努力为个体私营企业排忧解难。要围绕“服务会员”的宗旨，通过维权保障、宣传教育、培训学习、经贸交流、公益活动等多种举措开展服务，积极搭建个体私营经济与政府沟通、了解供求信息、经营管理培训、人才引进的平台。引导个体私营企业“爱国敬业、诚实劳动、依法经营、乐于奉献”。

关于企业加强职工福利费财务管理的通知

（2009年11月12日　财企〔2009〕242号）

党中央有关部门，国务院各部委、各直属机构，全国人大常委会办公厅，全国政协办公厅，解放军总后勤部，武警总部，各省、自治区、直辖市、计划单列市财政厅（局），新疆生产建设兵团财务局，各中央管理企业：

为加强企业职工福利费财务管理，维护正常的收入分配秩序，保护国家、股东、企业和职工的合法权益，根据《公司法》、《企业财务通则》（财政部令第41号）等有关精神，现通知如下：

第一条　企业职工福利费是指企业为职工提供的除职工工资、奖金、津贴、纳入工资总额管理的补贴、职工教育经费、社会保险费和补充养老保险费（年金）、补充医疗保险费及住房公积金以外的福利待遇支出，包括发放给职工或为职工支付的以下各项现金补贴和非货币性集体福利：

（1）为职工卫生保健、生活等发放或支付的各项现金补贴和非货币性福利，包括职工因公外地就医费用、暂未实行医疗统筹企业职工医疗费用、职工供养直系亲属医疗补贴、职工疗养费用、自办职工食堂经费补贴或未办职工食堂统一供应午餐支出、符合国家有关财务规定的供暖费补贴、防暑降温费等；

（2）企业尚未分离的内设集体福利部门所发生的设备、设施和人员费用，包括职工食堂、职工浴室、理发室、医务所、托儿所、疗养院、集体宿舍等集体福利部门设备、设施的折旧、维修保养费用以及集体福利部门工作人员的工资薪金、社会保险费、住房公积金、劳务费等人工费用；

（3）职工困难补助，或者企业统筹建立和管理的专门用于帮助、救济困难职工的基金支出；

（4）离退休人员统筹外费用，包括离休人员的医疗费及离退休人员其他统筹外费用。企业重组涉及的离退休人员统筹外费用，按照《财政部关于企业重组有关职工安置费用财务管理问题的通知》（财企〔2009〕117号）执行。国家另有规定的，从其规定；

（5）按规定发生的其他职工福利费，包括丧葬补助费、抚恤费、职工异地安家费、独生子女费、探亲假路费，以及符合企业职工福利费定义但没有包括在本通知各条款项目中的其他支出。

第二条　企业为职工提供的交通、住房、通讯待遇，已经实行货币化改革的，按月按标准发放或支付的住房补贴、交通补贴或者车改补贴、通讯补贴，应当纳入职工工资总额，不再纳入职工福利费管理；尚未实行货币化改革的，企业发生的相关支出作为职工福利费管理，但根据国家有关企业住房制度改革政策的统一规定，不得再为职工购建住房。

企业给职工发放的节日补助、未统一供餐而按月发放的午餐费补贴，应当纳入工资总额管理。

第三条　职工福利是企业对职工劳动补偿的辅助形式，企业应当参照历史一般水平合理控制职工福利费在职工总收入的比重。按照《企业财务通则》第四十六条规定，应当由个人承担的有关支出，企业不得作为职工福利费开支。

第四条　企业应当逐步推进内设集体福利部门的分离改革，通过市场化方式解决职工福利待遇问题。同时，结合企业薪酬制度改革，逐步建立完整的人工成本管理制度，将职工福利纳入职工工资总额管理。

对实行年薪制等薪酬制度改革的企业负责人，企业应当将符合国家规定的各项福利性货币补贴纳入薪酬体系统筹管理，发放或支付的福利性货币补贴从其个人应发薪酬中列支。

第五条 企业职工福利一般应以货币形式为主。对以本企业产品和服务作为职工福利的，企业要严格控制。国家出资的电信、电力、交通、热力、供水、燃气等企业，将本企业产品和服务作为职工福利的，应当按商业化原则实行公平交易，不得直接供职工及其亲属免费或者低价使用。

第六条 企业职工福利费财务管理应当遵循以下原则和要求：

（1）制度健全。企业应当依法制订职工福利费的管理制度，并经股东会或董事会批准，明确职工福利费开支的项目、标准、审批程序、审计监督；

（2）标准合理。国家对企业职工福利费支出有明确规定的，企业应当严格执行。国家没有明确规定的，企业应当参照当地物价水平、职工收入情况、企业财务状况等要求，按照职工福利项目制订合理标准；

（3）管理科学。企业应当统筹规划职工福利费开支，实行预算控制和管理。职工福利费预算应当经过职工代表大会审议后，纳入企业财务预算，按规定批准执行，并在企业内部向职工公开相关信息；

（4）核算规范。企业发生的职工福利费，应当按规定进行明细核算，准确反映开支项目和金额。

第七条 企业按照企业内部管理制度，履行内部审批程序后，发生的职工福利费，按照《企业会计准则》等有关规定进行核算，并在年度财务会计报告中按规定予以披露。

在计算应纳税所得额时，企业职工福利费财务管理同税收法律、行政法规的规定不一致的，应当依照税收法律、行政法规的规定计算纳税。

第八条 本通知自印发之日起施行。以前有关企业职工福利费的财务规定与本通知不符的，以本通知为准。金融企业另有规定的，从其规定。

经济责任审计管理暂行办法

（2009 年 11 月 25 日 工信部财〔2009〕532 号）

为了进一步加强制度建设，规范经济责任审计工作，根据《中华人民共和国审计法》、《工业和信息化部内部审计工作规定（试行）》，工业和信息化部在国务院法制办《经济责任审计工作条例》（征求意见稿）的基础上，结合工作实际，研究制定了《工业和信息化部经济责任审计管理暂行办法》（工信部财〔2009〕532 号），现已印发。

第一章 总 则

第一条 为了完善权力制约机制，加强对领导干部的监督和管理，规范经济责任审计工作，根据《中华人民共和国审计法》以及《工业和信息化部内部审计工作规定（试行）》，制定本办法。

第二条 本办法适用于工业和信息化部所属行政事业单位法定代表人的经济责任审计工作。

第三条 本办法所称经济责任，是指法定代表人因其所任职务而对本单位的财政收支、财务收支、国有资产管理以及有关经济活动应当履行的职责、义务。

第四条 法定代表人离开所任职岗位，应当依法接受经济责任审计。根据工作需要，经济责任审计也可以在法定代表人任职期间进行。

第五条 经济责任审计结果应当作为任免、奖惩被审计法定代表人的依据。

第六条 经济责任审计工作所需的机构、人员、经费应当予以保证，经费列入财务预算。

第二章 组织与管理

第七条 工业和信息化部人事教育司（简称“人事教育司”）负责经济责任审计的组织工作，进行经济责任审计工作的委托。

第八条 工业和信息化部财务司（简称“财务司”）负责经济责任审计的实施工作，根据工作委托，对被审计法定代表人开展经济责任审计。

第九条 部内有关部门根据责任分工，对经济责任审计发现的问题和线索，依法依规进行追究和处理。

第十条 经济责任审计应当有计划地进行。人事教育司、财务司根据工作需要研究确定年度审计计划。

第三章 内容与要求

第十一条 经济责任审计应当包括以下主要内容：

（1）被审计法定代表人任职期间单位的事业发展和经营发展情况；

（2）有关法律法规和国家政策的执行情况；

（3）财政收支、财务收支以及资产管理情况；

（4）重大经济决策情况；

（5）对外投资的管理和效益情况；

（6）与经济活动相关的内部管理控制情况；

（7）被审计法定代表人遵守有关廉政规定情况；

（8）其他与被审计法定代表人履行经济责任相关的情况。

第十二条 被审计法定代表人以及其所在单位或者原任职单位，应当提供以下资料：

（1）单位的基本情况，包括单位组织结构、资本结构、重要资产产权证明、重要投资合同、贷款合同目录、主管部门有关政策的批准文件等；

（2）单位的管理情况，包括单位内部决策程序以及执行情况、内控制度以及执行情况等；

（3）任职期间单位的财务会计资料、统计资料、单位外部审计报告和管理建议书等；

（4）任职期间单位重大事项，包括重大投资决策、重大诉讼、重大资产损失等；

（5）任职期间单位各年度工作计划、工作报告和工作总结；

（6）任职期间的决策机构办公会会议纪要以及记录；

（7）其他经济监督部门对本单位检查后提出的工作报告和处理意见；

（8）其他相关资料。

第十三条 被审计法定代表人以及其所在单位或者原任职单位须对所提供资料的真实性、完整性负责，并签字确认。

第十四条 审计工作需向其他部门或单位调查核实有关情况的，被审计法定代表人以及其所在单位或者原任职单位应当予以协助。

第十五条 经济责任审计结果报告的内容应当包括：

（1）被审计法定代表人以及其所在单位或者原任职单位的基本情况；

（2）审计的依据、方法、内容和范围；

（3）任期期间财政收支、财务收支以及资产管理状况；

（4）对外投资管理以及收益情况；

（5）任期内存在的主要经济问题；

（6）审计评价；

（7）审计意见或建议；

（8）其他需要说明的情况。

第四章 步骤与程序

第十六条 人事教育司依据年度经济责任审计计划，进行经济责任审计项目委托，明确被审计法定代表人任期经济责任审计的起止时间，原则上审计起止时间不超过5年。

第十七条 财务司接受经济责任审计项目委托后，组成审计组，制定审计方案，确定审计重点，配置审计资源。

第十八条 财务司应当在经济责任审计实施前3个工作日，向被审计法定代表人以及其所在单位或者原任职单位送达审计通知书。遇有特殊情况，可以在召开进点会议时送达。

第十九条 财务司在实施经济责任审计时，应当会同人事教育司组织召开有被审计法定代表人以及有关人员参加的进点会议。被审计法定代表人应当在会议上报告任职期间经济责任的履行情况。

第二十条 审计人员在现场审计过程中，通过审查会计凭证、会计账簿、财务会计报告、有关信息系统以及电子数据，查阅与审计事项有关的文件、资料，检查现金、实物、有价证券，向有关单位和个人调查等方式进行审计，并取得证明材料。

第二十一条 审计人员在经济责任审计过程中，遇有重大问题可以提请被审计单位有关部门协助，有关部门应当及时予以协调解决。

第二十二条 审计人员在经济责任审计过程中，发现被审计法定代表人以及其所在单位或者原任职单位存在严重违反国家法律法规行为的，应当及时向财务司报告。

第二十三条 经济责任现场审计工作完成后，审计组应当及时向财务司提交审计报告。

审计报告报送财务司前应当书面征求被审计法定代表人以及其所在单位或者原任职单位的意见。被审计法定代表人以及其所在单位或者原任职单位应当在收到审计报告初稿后10个工作日内提出书面意见；逾期未提出书面意见的，视为无异议。

审计组应当将审计报告连同被审计法定代表人以及其所在单位或者原任职单位的书面意见一并报送财务司。

第二十四条 财务司在对审计报告、被审计法人代表经济责任履职报告、被审计法定代表人以及其所在单位或者原任职单位对审计报告提出的书面反馈意见进行审议和研究的基础上，向人事教育司提交经济责任审计结果报告，并将报告送被审计法定代表人以及其所在单位或者原任职单位。

被审计法定代表人对审计结果有异议的，可向有关部门申诉。

第五章 审计评价与责任界定

第二十五条 审计评价应当以审计查证或认可的事实、有关法律法规和国家政策、标准等为依据，实事求是，客观公正地对被审计法定代表人任职期间履行经济责任方面的决策能力、管理水平、经营效果，以及遵守法律法规、国家政策情况，做出经济责任审计评价。

第二十六条 责任界定是指依照法律法规和有关规定，对被审计法定代表人任职期间不履行或者不正确履行经济责任的行为应当承担的责任进行界定，包括直接责任、主管责任和领导责任。

第二十七条 本办法所称直接责任，是指法定代表人对其任职期间履行经济责任过程中的下列行为应当承担的责任：

（1）直接违反法律法规和国家其他有关规定、单位内部管理规定的行为；

（2）授意、指使、强令、纵容、包庇下属人员违反法律法规和国家其他有关规定、单位内部管理规定的行为；

（3）失职、渎职行为；

（4）其他应当承担直接责任的行为。

第二十八条 本办法所称主管责任，是指除直接责任外，法定代表人对其直接主管的工作不履行或者不正确履行经济责任的行为应当承担的责任。

第二十九条 本办法所称领导责任，是指除直接责任外，法定代表人对其非直接主管的职责范围内的工作不履行或者不正确履行经济责任的行为应当承担的责任。

第六章 附 则

第三十条 审计人员依法独立实施经济责任审计，任何单位和个人不得拒绝、阻碍，不得打击报复。

第三十一条 审计人员对在审计工作中知悉的国家秘密、被审计法定代表人所在单位或者原任职单位的商业秘密和被审计法定代表人的个人隐私，负有保密的义务。

第三十二条 按照干部管理权限，对本办法规定的被审计法定代表人以外的其他负责人的经济责任审计，可由有关部门或者其所任职单位参照本办法的规定组织实施。

第三十三条 部主管的社会团体法定代表人的经济责任审计工作可参照本办法执行。

第三十四条 本办法由财务司和人事教育司依据职责分工负责解释。

第三十五条 本办法自发布之日起施行。

国务院部门规章

技术进出口合同登记管理办法

（根据《中华人民共和国技术进出口管理条例》修订 2009年2月1日中华人民共和国商务部令第3号公布 自公布之日起30日后施行）

第一条 为规范自由进出口技术的管理，建立技术进出口信息管理制度，促进我国技术进出口的发展，根据《中华人民共和国技术进出口管理条例》，特制定本办法。

第二条 技术进出口合同包括专利权转让合同、专利申请权转让合同、专利实施许可合同、技术秘密许可合同、技术服务合同和含有技术进出口的其他合同。

第三条 商务主管部门是技术进出口合同的登记管理部门。

自由进出口技术合同自依法成立时生效。

第四条 商务部负责对《政府核准的投资项目目录》和政府投资项目中由国务院或国务院投资主管部门核准或审批的项目项下的技术进口合同进行登记管理。

第五条 各省、自治区、直辖市和计划单列市商务主管部门负责对本办法第四条以外的自由进出口技术合同进行登记管理。中央管理企业的自由进出口技术合同，按属地原则到各省、自治区、直辖市和计划单列市商务主管部门办理登记。

各省、自治区、直辖市和计划单列市商务主管部门可授权下一级商务主管部门对自由进出口技术合同进行登记管理。

第六条 技术进出口经营者应在合同生效后60天内办理合同登记手续，支付方式为提成的合同除外。

第七条 支付方式为提成的合同，技术进出口经营者应在首次提成基准金额形成后60天内，履行合同登记手续，并在以后每次提成基准金额形成后，办理合同变更手续。

技术进出口经营者在办理登记和变更手续时，应提供提成基准金额的相关证明文件。

第八条 国家对自由进出口技术合同实行网上在线登记管理。技术进出口经营者应登陆商务部政府网站上的“技术进出口合同信息管理系统”（网址：jsjckqy. fwmys. mofcom. gov. cn）进行合同登记，并持技术进（出）口合同登记申请书、技术进（出）口合同副本（包括中文译本）和签约双方法律地位的证明文件，到商务主管部门履行登记手续。商务主管部门在收到上述文件起3个工作日内，对合同登记内容进行核对，并向技术进出口经营者颁发《技术进口合同登记证》或《技术出口合同登记证》。

第九条 对申请文件不符合《中华人民共和国技术进出口管理条例》第十八条、第四十条规定要求或登记记录与合同内容不一致的，商务主管部门应当在收到申请文件的3个工作日内通知技术进出口经营者补正、修改，并在收到补正的申请文件起3个工作日内，对合同登记的内容进行核对，颁发《技术进口合同登记证》或《技术出口合同登记证》。

第十条 自由进出口技术合同登记的主要内容为：

（1）合同号；

（2）合同名称；

（3）技术供方；

（4）技术受方；

（5）技术使用方；

（6）合同概况；

（7）合同金额；

（8）支付方式；

（9）合同有效期。

第十一条 国家对自由进出口技术合同号实行标准代码管理。技术进出口经营者编制技术进出口合同号应符合下述规则：

（1）合同号总长度为17位；

（2）前9位为固定号：第1~2位表示编制合同的年份（年代后2位）、第3~4位表示进口或出口国别地区（国标2位代码）、第5~6位表示进出口企业所在地区（国标2位代码）、第7位表示技术进出口合同标识（进口Y，出口E）、第8~9位表示进出口技术的行业分类（国标2位代码）。后8位为企业自定义。例：01USBJE01CNTIC001。

第十二条 已登记的自由进出口技术合同若变更本办法第十条规定合同登记内容的，技术进出口经营者应当办理合同登记变更手续。

办理合同变更手续时，技术进出口经营者应登录“技术进出口合同信息管理系统”，填写合同数据变更记录表，持合同变更协议和合同数据变更记录表，到商务主管部门办理手续。商务主管部门自收到完备的变更申请材料之日起3日内办理合同变更手续。

按本办法第七条办理变更手续的，应持变更申请和合同数据变更记录表办理。

第十三条 经登记的自由进出口技术合同在执行过程中因故中止或解除，技术进出口经营者应当持技术进出口合同登记证等材料及时向商务主管部门备案。

第十四条 技术进出口合同登记证遗失，进出口经营者应公开挂失。凭挂失证明、补办申请和相关部门证明到商务主管部门办理补发手续。

第十五条 各级商务主管部门应加强对技术进出口合同登记管理部门和人员的管理，建立健全合同登记岗位责任制，加强业务培训和考核。

第十六条 中外合资、中外合作和外资企业成立时作为资本入股并作为合资章程附件的技术进口合同按外商投资企业有关法律规定办理相关手续。

第十七条 商务部负责对全国技术进出口情况进行统计并定期发布统计数据。各级商务主管部门负责对本行政区域内的技术进出口情况进行统计。

第十八条 本办法自公布之日起30日后施行。2002年1月1日起施行的《技术进出口合同登记管理办法》（对外贸易经济合作部2001年第17号令）同时废止。

关于《中华人民共和国知识产权海关保护条例》的实施办法

（2009年2月17日经海关总署署务会议审议通过 2009年3月3日中华人民共和国海关总署令第183号公布 自2009年7月1日起施行）

第一章 总 则

第一条 为了有效实施《中华人民共和国知识产权海关保护条例》（简称《条例》），根据《中华人民共和国海关法》以及其他法律、行政法规，制定本办法。

第二条 知识产权权利人请求海关采取知识产权保护措施或者向海关总署办理知识产权海关保护备案的，境内知识产权权利人可以直接或者委托境内代理人提出申请，境外知识产权权利人应当由其在境内设立的办事机构或者委托境内代理人提出申请。

知识产权权利人按照前款规定委托境内代理人提出申请的，应当出具规定格式的授权委托书。

第三条 知识产权权利人及其代理人（统称“知识产权权利人”）请求海关扣留即将进出口的侵权嫌疑货物的，应当根据本办法的有关规定向海关提出扣留侵权嫌疑货物的申请。

第四条 进出口货物的收发货人或者其代理人（统称“收发货人”）应当在合理的范围内了解其进出口货物的知识产权状况。海关要求申报进出口货物知识产权状况的，收发货人应当在海关规定的期限内向海关如实申报并提交有关证明文件。

第五条 知识产权权利人或者收发货人向海关提交的有关文件或者证据涉及商业秘密的，知识产权权利人或者收发货人应当向海关书面说明。

海关实施知识产权保护，应当保守有关当事人的商业秘密，但海关应当依法公开的信息除外。

第二章 知识产权备案

第六条 知识产权权利人向海关总署申请知识产权海关保护备案的，应当向海关总署提交申请书。申请书应当包括以下内容：

（1）知识产权权利人的名称或者姓名、注册地或者国籍、通信地址、联系人姓名、电话和传真号码、电子邮箱地址等；

（2）注册商标的名称、核定使用商品的类别和商品名称、商标图形、注册有效期、注册商标的转让、变更、续展情况等；作品的名称、创作完成的时间、作品的类别、作品图片、作品转让、变更情况等；专利权的名称、类型、申请日期、专利权转让、变更情况等；

（3）被许可人的名称、许可使用商品、许可期限等；

（4）知识产权权利人合法行使知识产权的货物的名称、产地、进出境地海关、进出口商、主要特征、价格等；

（5）已知的侵犯知识产权货物的制造商、进出口商、进出境地海关、主要特征、价格等。

知识产权权利人应当就其申请备案的每一项知识产权单独提交一份申请书。知识产权权利人申请国际注册商标备案的，应当就其申请的每一类商品单独提交一份申请书。

第七条 知识产权权利人向海关总署提交备案申请书，应当随附以下文件、证据：

（1）知识产权权利人个人身份证件的复印件、工商营业执照的复印件或者其他注册登记文件的复印件；

（2）国务院工商行政管理部门商标局签发的《商标注册证》的复印件。申请人经核准变更商标注册事项、续展商标注册、转让注册商标或者申请国际注册商标备案的，还应当提交国务院工商行政管理部门商标局出具的有关商标注册的证明；著作权登记部门签发的著作权自愿登记证明的复印件和经著作权登记部门认证的作品照片。申请人未进行著作权自愿登记的，提交可以证明申请人为著作权人的作品样品以及其他有关著作权的证据；国务院专利行政部门签发的专利证书的复印件。专利授权自公告之日起超过1年的，还应当提交国务院专利行政部门在申请人提出备案申请前6个月内出具的专利登记簿副本；申请实用新型专利或者外观设计专利备案的，还应当提交由国务院专利行政部门做出的专利权评价报告；

（3）知识产权权利人许可他人使用注册商标、作品或者实施专利，签订许可合同的，提供许可合同的复印件；未签订许可合同的，提交有关被许可人、许可范围和许可期间等情况的书面说明；

（4）知识产权权利人合法行使知识产权的货物及其包装的照片；

（5）已知的侵权货物进出口的证据。知识产权权利人与他人之间的侵权纠纷已经人民法院或者知识产权主管部门处理的，还应当提交有关法律文书的复印件；

（6）海关总署认为需要提交的其他文件或者证据。

知识产权权利人根据前款规定向海关总署提交的文件和证据应当齐全、真实和有效。有关文件和证据为外文的，应当另附中文译本。海关总署认为必要时，可以要求知识产权权利人提交有关文件或者证据的公证、认证文书。

第八条 知识产权权利人向海关总署申请办理知识产权海关保护备案或者在备案失效后重新向海关总署申请备案的，应当缴纳备案费。知识产权权利人应当将备案费通过银行汇至海关总署指定账号。海关总署收取备案费的，应当出具收据。备案费的收取标准由海关总署会同国家有关部门另行制定并予以公布。

知识产权权利人申请备案续展或者变更的，无需再缴纳备案费。

知识产权权利人在海关总署核准前撤回备案申请或者其备案申请被驳回的，海关总署应当退还备案费。已经海关总署核准的备案被海关总署注销、撤销或者因其他原因失效的，已缴纳的备案费不予退还。

第九条 知识产权海关保护备案自海关总署核准备案之日起生效，有效期为10年。自备案生效之日起知识产权的有效期不足10年的，备案的有效期以知识产权的有效期为准。

《条例》施行前经海关总署核准的备案或者核准续展的备案的有效期仍按原有效期计算。

第十条 在知识产权海关保护备案有效期届满前6个月内，知识产权权利人可以向海关总署提出续展备案的书面申请并随附有关文件。海关总署应当自收到全部续展申请文件之日起10个工作日内做出是否准予续展的决定，并书面通知知识产权权利人；不予续展的，应当说明理由。

续展备案的有效期自上一届备案有效期满次日起算，有效期为10年。知识产权的有效期自上一届备案有效期满次日起不足10年的，续展备案的有效期以知识产权的有效期为准。

第十一条 知识产权海关保护备案经海关总署核准后，按照本办法第六条向海关提交的申请书内容发生改变的，知识产权权利人应当自发生改变之日起30个工作日内向海关总署提出变更备案的申请并随附有关文件。

第十二条 知识产权在备案有效期届满前不再受法律、行政法规保护或者备案的知识产权发生转让的，原知识产权权利人应当自备案的知识产权不再受法律、行政法规保护或者转让生效之日起30个工作日内向海关总署提出注销知识产权海关保护备案的申请并随附有关文件。知识产权权利人在备案有效期内放弃备案的，可以向海关总署申请注销备案。

未依据本办法第十一条和本条前款规定向海关总署申请变更或者注销备案，给他人合法进出口造成严重影响的，海关总署可以主动或者根据有关利害关系人的申请注销有关知识产权的备案。

海关总署注销备案，应当书面通知有关知识产权权利人，知识产权海关保护备案自海关总署注销之日起失效。

第十三条 海关总署根据《条例》第九条的规定撤销知识产权海关保护备案的，应当书面通知知识产权权利人。

海关总署撤销备案的，知识产权权利人自备案被撤销之日起1年内就被撤销备案的知识产权再次申请备案的，海关总署可以不予受理。

第三章　依申请扣留

第十四条 知识产权权利人发现侵权嫌疑货物即将进出口并要求海关予以扣留的，应当根据《条例》第十三条的规定向货物进出境地海关提交申请书。有关知识产权未在海关总署备案的，知识产权权利人还应当随附本办法第七条第一款第（1）、（2）项规定的文件、证据。

知识产权权利人请求海关扣留侵权嫌疑货物，还应当向海关提交足以证明侵权事实明显存在的证据。知识产权权利人提交的证据，应当能够证明以下事实：

（1）请求海关扣留的货物即将进出口；

（2）在货物上未经许可使用了侵犯其商标专用权的商标标识、作品或者实施了其专利。

第十五条 知识产权权利人请求海关扣留侵权嫌疑货物，应当在海关规定的期限内向海关提供相当于货物价值的担保。

第十六条 知识产权权利人提出的申请不符合本办法第十四条的规定或者未按照本办法第十五条的规定提供担保的，海关应当驳回其申请并书面通知知识产权权利人。

第十七条 海关扣留侵权嫌疑货物的，应当将货物的名称、数量、价值、收发货人名称、申报进出口日期、海关扣留日期等情况书面通知知识产权权利人。

经海关同意，知识产权权利人可以查看海关扣留的货物。

第十八条 海关自扣留侵权嫌疑货物之日起20个工作日内，收到人民法院协助扣押有关货物书面通知的，应当予以协助；未收到人民法院协助扣押通知或者知识产权权利人要求海关放行有关货物的，海关应当放行货物。

第十九条 海关扣留侵权嫌疑货物的，应当将扣留侵权嫌疑货物的扣留凭单送达收发货人。

经海关同意，收发货人可以查看海关扣留的货物。

第二十条 收发货人根据《条例》第十九条的规定请求放行其被海关扣留的涉嫌侵犯专利权货物的，应当向海关提出书面申请并提供与货物等值的担保金。

收发货人请求海关放行涉嫌侵犯专利权货物，符合前款规定的，海关应当放行货物并书面通知知识产权权利人。

知识产权权利人就有关专利侵权纠纷向人民法院起诉的，应当在前款规定的海关书面通知送达之日起30个工作日内向海关提交人民法院受理案件通知书的复印件。

第四章　依职权调查处理

第二十一条 海关对进出口货物实施监管，发现进出口货物涉及在海关总署备案的知识产权且进出口商或者制造商使用有关知识产权的情况未在海关总署备案的，可以要求收发货人在规定期限内申报货物的知识产权状况和提交相关证明文件。

收发货人未按照前款规定申报货物知识产权状况、提交相关证明文件或者海关有理由认为货物涉嫌侵犯在海关总署备案的知识产权的，海关应当中止放行货物并书面通知知识产权权利人。

第二十二条 知识产权权利人应当在本办法第二十一条规定的海关书面通知送达之日起3个工作日内按照下列规定予以回复：

（1）认为有关货物侵犯其在海关总署备案的知识产权并要求海关予以扣留的，向海关提出扣留侵权嫌疑货物的书面申请并按照本办法第二十三条或者第二十四条的规定提供担保；

（2）认为有关货物未侵犯其在海关总署备案的知识产权或者不要求海关扣留侵权嫌疑货物的，向海关书面说明理由。

经海关同意，知识产权权利人可以查看有关货物。

第二十三条 知识产权权利人根据本办法第二十二条第一款第（1）项的规定请求海关扣留侵权嫌疑货物的，应当按照以下规定向海关提供担保：

（1）货物价值不足人民币2万元的，提供相当于货物价值的担保；

（2）货物价值为人民币2万～20万元的，提供相当于货物价值50.0%的担保，但担保金额不得少于人民币2万元；

（3）货物价值超过人民币20万元的，提供人民币10万元的担保。

知识产权权利人根据本办法第二十二条第一款第（1）项的规定请求海关扣留涉嫌侵犯商标专用权货物的，可以依据本办法第二十四条的规定向海关总署提供总担保。

第二十四条 在海关总署备案的商标专用权的知识产权权利人，经海关总署核准可以向海关总署提交银行或者非银行金融机构出具的保函，为其向海关申请商标专用权海关保护措施提供总担保。

总担保的担保金额应当相当于知识产权权利人上一年度向海关申请扣留侵权嫌疑货物后发生的仓储、保管和处置等费用之和；知识产权权利人上一年度未向海关申请扣留侵权嫌疑货物或者仓储、保管和处置等费用不足人民币20万元的，总担保的担保金额为人民币20万元。

自海关总署核准其使用总担保之日至当年12月31日，知识产权权利人根据《条例》第十六条的规定请求海关扣留涉嫌侵犯其已在海关总署备案的商标专用权的进出口货物的，无需另行提供担保，但知识产权权利人未按照《条例》第二十五条的规定支付有关费用或者未按照《条例》第二十九条的规定承担赔偿责任，海关总署向担保人发出履行担保责任通知的除外。

第二十五条 知识产权权利人根据本办法第二十二条第一款第（1）项的规定提出申请并根据本办法第二十三条、第二十四条的规定提供担保的，海关应当扣留侵权嫌疑货物并书面通知知识产权权利人；知识产权权利人未提出申请或者未提供担保的，海关应当放行货物。

第二十六条 海关扣留侵权嫌疑货物的，应当将扣留侵权嫌疑货物的扣留凭单送达收发货人。

经海关同意，收发货人可以查看海关扣留的货物。

第二十七条 海关扣留侵权嫌疑货物后，应当依法对侵权嫌疑货物以及其他有关情况进行调查。收发货人和知识产权权利人应当对海关调查予以配合，如实提供有关情况和证据。

海关对侵权嫌疑货物进行调查，可以请求有关知识产权主管部门提供咨询意见。

知识产权权利人与收发货人就海关扣留的侵权嫌疑货物达成协议，向海关提出书面申请并随附相关协议，要求海关解除扣留侵权嫌疑货物的，海关除认为涉嫌构成犯罪外，可以终止调查。

第二十八条 海关对扣留的侵权嫌疑货物进行调查，不能认定货物是否侵犯有关知识产权的，应当自扣留侵权嫌疑货物之日起30个工作日内书面通知知识产权权利人和收发货人。

海关不能认定货物是否侵犯有关专利权的，收发货人向海关提供相当于货物价值的担保后，可以请求海关放行货物。海关同意放行货物的，按照本办法第二十条第二款和第三款的规定办理。

第二十九条 对海关不能认定有关货物是否侵犯其知识产权的，知识产权权利人可以根据《条例》第二十三条的规定向人民法院申请采取责令停止侵权行为或者财产保全的措施。

海关自扣留侵权嫌疑货物之日起50个工作日内收到人民法院协助扣押有关货物书面通知的，应当予以协助；未收到人民法院协助扣押通知或者知识产权权利人要求海关放行有关货物的，海关应当放行货物。

第三十条 海关做出没收侵权货物决定的，应当将下列已知的情况书面通知知识产权权利人：

（1）侵权货物的名称和数量；

（2）收发货人名称；

（3）侵权货物申报进出口日期、海关扣留日期和处罚决定生效日期；

（4）侵权货物的启运地和指运地；

（5）海关可以提供的其他与侵权货物有关的情况。

人民法院或者知识产权主管部门处理有关当事人之间的侵权纠纷，需要海关协助调取与进出口货物有关的证据的，海关应当予以协助。

第三十一条 海关发现个人携带或者邮寄进出境的物品，涉嫌侵犯《条例》第二条规定的知识产权并超出自用、合理数量的，应当予以扣留，但旅客或者收寄件人向海关声明放弃并经海关同意的除外。

海关对侵权物品进行调查，知识产权权利人应当予以协助。进出境旅客或者进出境邮件的收寄件人认为海关扣留的物品未侵犯有关知识产权或者属于自用的，可以向海关书面说明有关情况并提供相关证据。

第三十二条 进出口货物或者进出境物品经海关调查认定侵犯知识产权，根据《条例》第二十七条第一款和第二十八条的规定应当由海关予以没收，但当事人无法查清的，自海关制发有关公告之日起满3个月后可由海关予以收缴。

进出口侵权行为有犯罪嫌疑的，海关应当依法移送公安机关。

第五章　货物处置和费用

第三十三条　对没收的侵权货物，海关应当按照下列规定处置：

（1）有关货物可以直接用于社会公益事业或者知识产权权利人有收购意愿的，将货物转交给有关公益机构用于社会公益事业或者有偿转让给知识产权权利人；

（2）有关货物不能按照第（1）项的规定处置且侵权特征能够消除的，在消除侵权特征后依法拍卖。拍卖货物所得款项上交国库；

（3）有关货物不能按照第（1）、（2）项规定处置的，应当予以销毁。

海关拍卖侵权货物，应当事先征求有关知识产权权利人的意见。海关销毁侵权货物，知识产权权利人应当提供必要的协助。有关公益机构将海关没收的侵权货物用于社会公益事业以及知识产权权利人接受海关委托销毁侵权货物的，海关应当进行必要的监督。

第三十四条　海关协助人民法院扣押侵权嫌疑货物或者放行被扣留货物的，知识产权权利人应当支付货物在海关扣留期间的仓储、保管和处置等费用。

海关没收侵权货物的，知识产权权利人应当按照货物在海关扣留后的实际存储时间支付仓储、保管和处置等费用。但海关自没收侵权货物的决定送达收发货人之日起3个月内不能完成货物处置，且非因收发货人申请行政复议、提起行政诉讼或者货物处置方面的其他特殊原因导致的，知识产权权利人不需支付3个月后的有关费用。

海关按照本办法第三十三条第一款第（1）项的规定拍卖侵权货物的，拍卖费用的支出按照有关规定办理。

第三十五条　知识产权权利人未按照本办法第三十四条的规定支付有关费用的，海关可以从知识产权权利人提交的担保金中扣除有关费用或者要求担保人履行担保义务。

海关没收侵权货物的，应当在货物处置完毕并结清有关费用后向知识产权权利人退还担保金或者解除担保人的担保责任。

海关协助人民法院扣押侵权嫌疑货物或者根据《条例》第二十四条第（1）、（2）、（4）项的规定放行被扣留货物的，收发货人可以就知识产权权利人提供的担保向人民法院申请财产保全。海关自协助人民法院扣押侵权嫌疑货物或者放行货物之日起20个工作日内，未收到人民法院就知识产权权利人提供的担保采取财产保全措施的协助执行通知的，海关应当向知识产权权利人退还担保金或者解除担保人的担保责任；收到人民法院协助执行通知的，海关应当协助执行。

第三十六条　海关根据《条例》第十九条的规定放行被扣留的涉嫌侵犯专利权的货物后，知识产权权利人按照本办法第二十条第三款的规定向海关提交人民法院受理案件通知书复印件的，海关应当根据人民法院的判决结果处理收发货人提交的担保金；知识产权权利人未提交人民法院受理案件通知书复印件的，海关应当退还收发货人提交的担保金。对知识产权权利人向海关提供的担保，收发货人可以向人民法院申请财产保全，海关未收到人民法院对知识产权权利人提供的担保采取财产保全措施的协助执行通知的，应当自处理收发货人提交的担保金之日起20个工作日后，向知识产权权利人退还担保金或者解除担保人的担保责任；收到人民法院协助执行通知的，海关应当协助执行。

第六章　附　则

第三十七条　海关参照本办法对奥林匹克标志和世界博览会标志实施保护。

第三十八条　在本办法中，“担保”指担保金、银行或者非银行金融机构保函。

第三十九条　本办法中货物的价值由海关以该货物的成交价格为基础审查确定。成交价格不能确定的，货物价值由海关依法估定。

第四十条　本办法第十七条、二十一条、二十八条规定的海关书面通知可以采取直接、邮寄、传真或者其他方式送达。

第四十一条　本办法第二十条第三款和第二十二条第一款规定的期限自海关书面通知送达之日的次日起计算。期限的截止按照以下规定确定：

（1）知识产权权利人通过邮局或者银行向海关提交文件或者提供担保的，以期限到期日24时止；

（2）知识产权权利人当面向海关提交文件或者提供担保的，以期限到期日海关正常工作时间结束止。

第四十二条　知识产权权利人和收发货人根据本办法向海关提交有关文件复印件的，应当将复印件与文件原件进行核对。经核对无误后，应当在复印件上加注“与原件核对无误”字样并予以签章确认。

第四十三条　本办法自2009年7月1日起施行。2004年5月25日海关总署令第114号公布的《中华人民共和国海关关于〈中华人民共和国知识产权海关保护条例〉的实施办法》同时废止。

安全评价机构管理规定

（2009年6月15日国家安全生产监督管理总局局长办公会议审议通过 2009年7月1日国家安全生产监督管理总局令第22号公布 自2009年10月1日起施行）

第一章 总 则

第一条 为加强安全评价机构的管理，规范安全评价行为，建立公正、公平、竞争、有序的安全评价技术服务体系，根据《安全生产法》、《行政许可法》和有关规定，制定本规定。

第二条 在中华人民共和国境内申请安全评价资质、从事法定安全评价活动以及安全生产监督管理部门、煤矿安全监察机构实施安全评价机构资质监督管理，适用本规定。

第三条 国家对安全评价机构实行资质许可制度。安全评价机构应当取得相应的安全评价资质证书（简称“资质证书”），并在资质证书确定的业务范围内从事安全评价活动。

未取得资质证书的安全评价机构，不得从事法定安全评价活动。

本规定所称的安全评价机构，是指依法从事安全评价活动的社会中介组织。

第四条 安全评价机构的资质分为甲级、乙级两种，根据其专业人员构成、技术条件确定各自的业务范围。

甲级资质由省、自治区、直辖市安全生产监督管理部门（简称“省级安全生产监督管理部门”）、省级煤矿安全监察机构审核，国家安全生产监督管理总局审批、颁发证书；乙级资质由设区的市级安全生产监督管理部门、煤矿安全监察分局审核，省级安全生产监督管理部门、省级煤矿安全监察机构审批、颁发证书。

省级安全生产监督管理部门、设区的市级安全生产监督管理部门负责除煤矿以外的安全评价机构资质的审批、审核工作，省级煤矿安全监察机构、煤矿安全监察分局负责煤矿的安全评价机构资质的审批、审核工作。

未设立煤矿安全监察机构的省、自治区、直辖市，由省级安全生产监督管理部门、设区的市级安全生产监督管理部门负责煤矿的安全评价机构资质的审批、审核工作。

第五条 根据社会经济发展水平、区域经济结构和安全评价工作的需要，国家对安全评价机构的设置实行统筹规划、合理布局和总量控制。

第六条 取得甲级资质的安全评价机构，可以根据确定的业务范围在全国范围内从事安全评价活动；取得乙级资质的安全评价机构，可以根据确定的业务范围在其所在的省、自治区、直辖市内从事安全评价活动。

下列建设项目或者企业的安全评价，必须由取得甲级资质的安全评价机构承担：

（1）国务院及其投资主管部门审批（核准、备案）的建设项目；

（2）跨省、自治区、直辖市的建设项目；

（3）生产剧毒化学品的建设项目；

（4）生产剧毒化学品的企业和其他大型生产企业。

法律、法规和国务院或其有关部门对安全评价有特殊规定的，依照其规定。

第七条 国家安全生产监督管理总局、省级安全生产监督管理部门、省级煤矿安全监察机构定期向社会公布取得甲级、乙级资质的安全评价机构的名称、业务范围、从业人员、技术装备等相关信息，并接受社会监督。

第二章 取得资质的条件和程序

第八条 安全评价机构申请甲级资质，应当具备下列条件：

（1）具有法人资格，注册资金500万元以上，固定资产400万元以上；

（2）有与其开展工作相适应的固定工作场所和设施、设备，具有必要的技术支撑条件；

（3）取得安全评价机构乙级资质3年以上，且没有违法行为记录；

（4）有健全的内部管理制度和安全评价过程控制体系；

（5）有25名以上专职安全评价师，其中一级安全评价师20.0%以上、二级安全评价师30.0%以上。按照不少于专职安全评价师30.0%的比例配备注册安全工程师。安全评价师、注册安全工程师有与其申报业务相适应的专业能力；

（6）法定代表人通过一级资质培训机构组织的相关安全生产和安全评价知识培训，并考试合格；

（7）设有专职技术负责人和过程控制负责人。专职技术负责人有二级以上安全评价师和注册安全工程师资格，并具有与所申报业务相适应的高级专业技术职称；

（8）法律、行政法规、规章规定的其他条件。

第九条 安全评价机构申请乙级资质，应当具备下列条件：

（1）具有法人资格，注册资金300万元以上，固定资产200万元以上；

（2）有与其开展工作相适应的固定工作场所和设施设备，具有必要的技术支撑条件；

（3）有健全的内部管理制度和安全评价过程控制体系；

（4）有16名以上专职安全评价师，其中一级安全评价师20.0%以上、二级安全评价师30.0%以上。按照不少于专职安全评价师30.0%的比例配备注册安全工程师。安全评价师、注册安全工程师有与其申报业务相适应的专业能力；

（5）法定代表人通过二级资质以上培训机构组织的相关安全生产和安全评价知识培训，并考试合格；

（6）设有专职技术负责人和过程控制负责人。专职技术负责人有二级以上安全评价师和注册安全工程师资格，并具有与所申报业务相适应的高级专业技术职称；

（7）法律、行政法规、规章规定的其他条件。

第十条 申请甲级、乙级资质的机构，应当按照本规定第四条的规定，于每年6月向国家安全生产监督管理总局、省级安全生产监督管理部门、省级煤矿安全监察机构（简称“资质审批机关”）提出申请。

第十一条 申请甲级资质，按照下列程序办理：

（1）申请人将安全评价机构资质申请表和本规定第八条规定的证明材料，报所在地省级安全生产监督管理部门、省级煤矿安全监察机构审核；

（2）省级安全生产监督管理部门、省级煤矿安全监察机构应当在5日内对申请人提供的证明材料进行预审以决定是否受理。予以受理的，自受理申请之日起20日内完成审核工作，并将审核报告和证明材料报国家安全生产监督管理总局；不予受理的，向申请人书面说明理由；

（3）国家安全生产监督管理总局接到审核报告和证明材料后，应当按照本规定的要求进行审批，并在20日内完成审批工作。经审批合格的，颁发资质证书；不合格的，不予颁发资质证书，并书面说明理由。

第十二条 申请乙级资质，按照下列程序办理：

（1）申请人将安全评价机构资质申请表和本规定第九条规定的证明材料，报所在地设区的市级安全生产监督管理部门、煤矿安全监察分局审核；

（2）设区的市级安全生产监督管理部门、煤矿安全监察分局应当在5日内对申请人提供的证明材料进行预审并决定是否受理。予以受理的，自受理申请之日起20日内完成审核工作，并将审核报告和证明材料报省级安全生产监督管理部门、省级煤矿安全监察机构；不予受理的，向申请人书面说明理由；

（3）省级安全生产监督管理部门、省级煤矿安全监察机构接到审核报告和证明材料后，应当按照本规定的要求进行审批，并在20日内完成审批工作。经审批合格的，颁发资质证书，并填写乙级资质安全评价机构审批备案表，自颁发资质证书之日起30日内报国家安全生产监督管理总局备案；不合格的，不予颁发资质证书，并书面说明理由。

第十三条 安全生产监督管理部门、煤矿安全监察机构进行资质审核、审批时，可以采用形式审查、现场审查、综合审查相结合的方式。

形式审查，是指对申请人提供的文件、材料是否符合规定要求所进行的审查。

现场审查，是指对申请人提供的文件、材料的实质内容进行的现场核查。

综合审查，是指对申请人提供的文件、材料及其真实性的综合评定。

安全生产监督管理部门、煤矿安全监察机构需要对申请材料的实质内容进行核实的，应当指派2名以上工作人员进行现场审查。现场审查所需时间不计入资质审核、审批期限。

第十四条 安全评价机构取得资质1年以上，需要增加业务范围的，应当按照本规定第四条的规定于每年9月向资质审批机关提出申请。

申请增加业务范围的程序按照本规定第十一条、第十二条、第十三条的规定办理。

第十五条 安全评价机构的资质证书遗失的，应当及时在有关电视、报刊等媒体上予以声明，并向原资质审批机关申请补发。

第十六条 甲级、乙级资质证书的有效期均为3年。资质证书有效期满需要延期的，安全评价机构应当于期满前3个月向原资质审批机关提出申请，经复审合格后予以办理延期手续；不合格的，不予办理延期手续。

第十七条 安全评价机构有下列情形之一的，应当在发生变化之日起30日内向原资质审批机关申请办理资质证书变更手续：

（1）机构分立或者合并的；

（2）机构名称或者地址发生变化的；

（3）法定代表人、技术负责人发生变化的。

第十八条 安全评价机构有下列情形之一的，资质审批机关应当注销其资质：

（1）资质证书有效期届满未申请延期或者申请延期但不予批准的；

（2）被依法终止的；

（3）自行申请注销的。

第十九条 安全评价机构甲级、乙级资质证书由国家安全生产监督管理总局统一印制。

第三章 安全评价活动

第二十条 安全评价机构应当依照法律、法规、规章、国家标准或者行业标准的规定，遵循客观公正、诚实守信、公平竞争的原则，遵守执业准则，恪守职业道德，依法独立开展安全评价活动，客观、如实地反映所评价的安全事项，并对做出的安全评价结果承担法律责任。

被评价对象的安全生产条件发生重大变化的，被评价对象应当及时委托有资质的安全评价机构重新进行安全评价；未委托重新进行安全评价的，由被评价对象对其产生的后果负责。

第二十一条 安全评价机构开展安全评价业务活动时，应当依法与委托方签订安全评价技术服务合同，明确评价对象、评价范围以及双方的权利、义务和责任。

安全评价机构与被评价对象有利害关系的，应当回避。

建设项目的安全预评价和安全验收评价不得委托同一个安全评价机构。

第二十二条 安全评价机构从事安全评价活动的收费，必须符合法律、法规和有关财政收费的规定。法律、法规和有关财政收费没有规定的，应当按照行业自律标准或者指导性标准收费；没有行业自律和指导性收费标准的，双方可以通过合同协商确定。

省级安全生产监督管理部门、省级煤矿安全监察机构可以根据本行政区域经济发展水平、产业结构以及周边区域收费情况，出台本行政区域的收费指导意见，报国家安全生产监督管理总局备案。

第二十三条 安全评价机构及其从业人员在从事安全评价活动中，不得有下列行为：

（1）泄露被评价对象的技术秘密和商业秘密；

（2）伪造、转让或者租借资质、资格证书；

（3）超出资质证书业务范围从事安全评价活动；

（4）出具虚假或者严重失实的安全评价报告；

（5）转包安全评价项目；

（6）擅自更改、简化评价程序和相关内容；

（7）同时在2个以上安全评价机构从业；

（8）故意贬低、诋毁其他安全评价机构；

（9）从业人员不到现场开展安全评价活动；

（10）法律、法规和规章规定的其他违法、违规行为。

第二十四条 安全评价机构应当建立健全内部管理制度和安全评价过程控制体系。安全评价过程控制记录、被评价对象现场勘查记录、影像资料及相关证明材料，应当及时归档，妥善保管。技术负责人和过程控制负责人应当按照法律、法规、规章和国家标准、行业标准的规定，加强安全评价活动全过程管理。

安全评价机构应当依法与从业人员签订劳动合同，并为其提供必要的劳动防护用品。

第二十五条 取得甲级资质的安全评价机构跨省、自治区、直辖市开展安全评价活动，应当填写甲级资质安全评价机构跨省（自治区、直辖市）开展评价工作报告表，报送评价项目所在地的省级安全生产监督管理部门、省级煤矿安全监察机构备案，并接受其监督检查。

第二十六条 从事安全评价活动的安全评价师、注册安全工程师应当每年参加必要的继续教育，不断提高安全评价水平。

第二十七条 安全评价行业组织应当加强自律管理，维护安全评价市场秩序，推进安全评价诚信体系建设，建立并完善从业人员管理制度，强化对从业人员的监督。

第四章 监督管理

第二十八条 安全生产监督管理部门、煤矿安全监察机构及其工作人员应当坚持公开、公平、公正的原则，严格按照法律、法规和本规定，审核、审批和颁发资质证书。

第二十九条 对已经取得资质证书的安全评价机构，安全生产监督管理部门、煤矿安全监察机构应当加强监督检查；发现安全评价机构不具备资质条件的，依照规定予以处理。监督检查记录应当经检查人员和安全评价机构负责人签字后归档。

安全评价机构及其从业人员应当接受安全生产监督管理部门、煤矿安全监察机构及其工作人员的监督检查。

对违法违规的安全评价机构和从业人员，安全生产监督管理部门、煤矿安全监察机构应当建立“黑名单”制度，及时向社会公告。

第三十条 安全生产监督管理部门、煤矿安全监察机构应当建立健全安全评价的申诉、投诉和举报制度，受理社会和个人的申诉、投诉和举报，并依法处理。

第三十一条 国家对安全评价机构实行定期考核。

安全评价机构应当每年填写安全评价工作业绩表，经被评价对象确认后，分别报国家安全生产监督管理总局、省级安全生产监督管理部门、省级煤矿安全监察机构备案。安全评价工作业绩表列入安全评价机构考核的重要内容。

对安全评价机构在资质证书有效期内没有开展相应活动的，核减相应的业务范围；定期考核不合格的，依照本规定予以处理。

第三十二条 安全生产监督管理部门、煤矿安全监察机构及其工作人员不得有下列行为：

（1）要求被评价对象接受指定的安全评价机构进行安全评价；

（2）以备案为由，变相设立法律、法规规定以外的行政许可；

（3）采取任何形式的地区保护，限制外地评价机构到本地区开展评价活动；

（4）干预安全评价机构开展正常活动；

（5）以任何理由或者任何方式向安全评价机构收取费用或者变相收取费用；

（6）向安全评价机构摊派财物；

（7）在安全评价机构报销任何费用。

第三十三条 监察机关依照《行政监察法》的规定，对安全生产监督管理部门、煤矿安全监察机构及其工作人员履行安全评价资质监督管理职责实施监察。

第五章 罚 则

第三十四条 安全生产监督管理部门、煤矿安全监察机构工作人员在对安全评价机构实施行政许可和监督检查工作中滥用职权、玩忽职守、徇私舞弊的，依照有关规定给予处理。

第三十五条 安全评价机构未取得相应资质证书，或者冒用资质证书、使用伪造的资质证书从事安全评价活动的，给予警告，并处2万元以上3万元以下的罚款。

转让、租借资质证书或者转包安全评价项目的，给予警告，并处1万元以上2万元以下的罚款。

安全评价机构的资质证书有效期届满未办理延期或者未经批准延期擅自从事安全评价活动的，依照本条第一款的规定处罚。

第三十六条 安全评价机构有下列情形之一的，给予警告，并处1万元以下的罚款；情节严重的，暂停资质半年，并处3万元以下的罚款；对相关责任人依法给予处理：

（1）从业人员不到现场开展评价活动的；

（2）安全评价报告与实际情况不符，或者评价报告存在重大疏漏，但尚未造成重大损失的；

（3）未按照有关法律、法规、规章和国家标准、行业标准的规定从事安全评价活动的；

（4）泄露被评价对象的技术秘密和商业秘密的；

（5）采取不正当竞争手段，故意贬低、诋毁其他安全评价机构，并造成严重影响的；

（6）未按规定办理资质证书变更手续的；

（7）定期考核不合格，经整改后仍达不到规定要求的；

（8）内部管理混乱，安全评价过程控制未有效实施的；

（9）未依法与委托方签订安全评价技术服务合同的；

（10）拒绝、阻碍安全生产监督管理部门、煤矿安全监察机构依法监督检查的。

第三十七条 安全评价机构出具虚假证明或者虚假评价报告，尚不构成刑事处罚的，没收违法所得，违法所得在5 000元以上的，并处违法所得2倍以上5倍以下的罚款；没有违法所得或者违法所得不足5 000元的，单处或者并处5 000元以上2万元以下的罚款，对其直接负责的主管人员和其他责任人员处5 000元以上5万元以下的罚款；给他人造成损害的，与被评价对象承担连带赔偿责任。

对有前款违法行为的，撤销其相应的资质。

第三十八条 安全评价机构有下列情形之一的，撤销其相应资质：

（1）不符合本规定第八条、第九条规定的资质条件的；

（2）弄虚作假骗取资质证书的；

（3）有其他依法应当撤销资质的情形的。

第三十九条 本规定所规定的行政处罚，由省级以上安全生产监督管理部门、煤矿安全监察机构决定。对甲级资质评价机构的处罚，国家安全生产监督管理总局可以委托省级安全生产监督管理部门、省级煤矿安全监察机构实施。

撤销资质证书的行政处罚由原资质审批机关决定。

第六章 附 则

第四十条 本规定所称安全评价师，是指取得国家职业资格，专门从事安全评价活动的人员。

第四十一条 本规定施行前已经取得相应资质的安全评价机构，应于其资质证书有效期满前3个月，按照本规定的条件和程序，重新申请取得相应的安全评价资质；逾期不申请或者经复审不符合规定的相应资质条件，继续从事安全评价活动的，依照本规定第三十五条第一款的规定处罚。

申请海洋石油天然气开采安全评价机构资质的，由国家安全生产监督管理总局直接受理，其资质条件参照本规定执行。

第四十二条 本规定所称的“以上”、“以下”，均包括本数。

第四十三条 本规定自2009年10月1日起施行。原国家安全生产监督管理局（国家煤矿安全监察局）2004年10月20日公布的《安全评价机构管理规定》同时废止。

附件：

1. 安全评价机构业务范围划分标准（略）
2. 乙级资质安全评价机构审批备案表（略）
3. 甲级资质安全评价机构跨省（自治区、直辖市）开展评价工作报告表（略）

经营者集中审查办法

（2009年7月15日商务部第26次部务会议审议通过 2009年11月24日中华人民共和国商务部令第12号公布 自2010年1月1日起施行）

第一条 为规范经营者集中反垄断审查工作，明确经营者集中反垄断审查程序，根据《中华人民共和国反垄断法》（简称《反垄断法》），制定本办法。

第二条 商务部是经营者集中反垄断审查执法机构，承担受理和审查经营者集中申报的具体执法工作。

第三条 在商务部立案之后、做出审查决定之前，申报人要求撤回经营者集中申报的，应当提交书面申请并说明理由。除放弃集中交易的情形外，申报的撤回应当经商务部同意。

撤回经营者集中申报的，审查程序终止。商务部同意撤回申报不视为对集中的批准。

第四条 在审查过程中，商务部鼓励申报人尽早主动提供有助于对经营者集中进行审查和做出决定的有关文件、资料。

第五条 在审查过程中，参与集中的经营者可以通过信函、传真等方式向商务部就有关申报事项进行书面陈述、申辩，商务部应当听取当事人的陈述和申辩。

第六条 在审查过程中，商务部可以根据需要征求有关政府部门、行业协会、经营者、消费者等单位或个人的意见。

第七条 在审查过程中，商务部可以主动或应有关方面的请求决定召开听证会，调查取证，听取有关各方的意见。商务部召开听证会，应当提前书面通知听证会参加方。听证会参加方提出书面意见的，应当在听证会举办前向商务部提交。

商务部举行听证会，可以通知参与集中的经营者及其竞争者、上下游企业及其他相关企业的代表参加，并可以酌情邀请有关专家、行业协会代表、有关政府部门的代表以及消费者代表参加。

听证会参加方应当按时出席听证会，遵守听证会程序，服从听证会主持人安排。

听证会参加方出于商业秘密等保密因素考虑，希望单独陈述的，可以安排单独听证；安排单独听证的，听证内容应当按有关保密规定处理。

第八条 听证会按照以下程序进行：

（1）听证会主持人宣布听证会开始，宣读听证会纪律；

（2）核对听证会参加方；

（3）参加方就听证内容进行陈述；

（4）听证会主持人就听证内容询问有关参加方；

（5）听证会主持人宣布听证会结束。

第九条 在初步审查阶段，商务部应当在《反垄断法》第二十五条规定的期限内做出是否实施进一步审查的决定。商务部做出不实施进一步审查决定的，应当书面通知申报人；认为有必要实施进一步审查的，应当做出实施进一步审查的决定，并书面通知申报人。

商务部做出不实施进一步审查的决定或者逾期未做出决定的，参与集中的经营者可以实施集中。

第十条 在进一步审查阶段，商务部认为经营者集中具有或者可能具有排除、限制竞争效果的，应当将其反对意见告知参与集中的经营者，并设定一个允许参与集中的经营者提交书面抗辩意见的合理期限。

参与集中的经营者的书面抗辩意见应当包括相关的事实和理由，并提供相应的证据。参与集中的经营者逾期未提交书面抗辩意见的，视为对反对意见无异议。

第十一条 在审查过程中，为消除或减少经营者集中具有或者可能具有的排除、限制竞争的效果，参与集中的经营者可以提出对集中交易方案进行调整的限制性条件。

根据经营者集中交易具体情况，限制性条件可以包括如下种类：

（1）剥离参与集中的经营者的部分资产或业务等结构性条件；

（2）参与集中的经营者开放其网络或平台等基础设施、许可关键技术（包括专利、专有技术或其他知识产权）、终止排他性协议等行为性条件；

（3）结构性条件和行为性条件相结合的综合性条件。

第十二条 参与集中的经营者提出的限制性条件应当能够消除或减少经营者集中具有或者可能具有的排除、限制竞争效果，并具有现实的可操作性。限制性条件的书面文本应当清晰明确，以便于能够充分评价其有效性和可行性。

第十三条 在审查过程中，为消除或减少经营者集中具有或者可能具有的排除、限制竞争效果，商务部和参与集中的经营者均可以提出对限制性条件进行修改的意见和建议。

第十四条 商务部应当在《反垄断法》第二十六条规定的期限内做出禁止或不予禁止经营者集中的决定，并书面通知申报人。对不予禁止的经营者集中，商务部可以决定附加减少集中对竞争产生不利影响的限制性条件。商务部做出进一步审查决定前，参与集中的经营者不得实施集中。

商务部做出对经营者集中不予禁止的决定或逾期未做出决定的，参与集中的经营者可以实施集中。

第十五条 对于附加限制性条件批准的经营者集中，商务部应当对参与集中的经营者履行限制性条件的行为进行监督检查，参与集中的经营者应当按指定期限向商务部报告限制性条件的执行情况。

参与集中的经营者未依限制性条件履行规定义务的，商务部可以责令其限期改正；参与集中的经营者在规定期限内未改正的，商务部可以依照《反垄断法》相关规定予以处理。

第十六条 商务部、申报人以及其他单位和个人对于在经营者集中审查中知悉的商业秘密和其他需要保密的信息承担保密义务。

第十七条 本办法自2010年1月1日起施行。

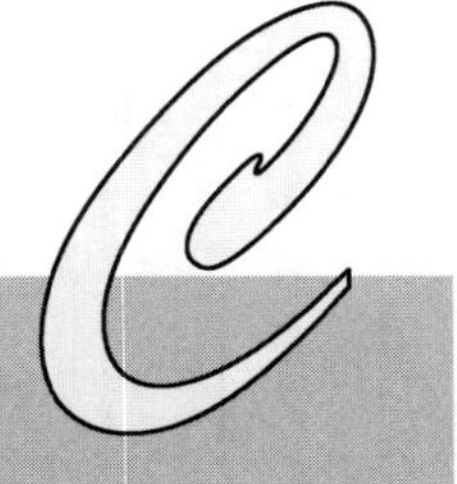

SUMMARY OF FUNCTIONS FOR RELATED MINISTRIES, COMMISSIONS AND STATE BUREAUS

有关部委局工作综述

2009年中国发展和改革工作综述

国家发展和改革委员会政策研究室

2009年是新世纪以来我国经济社会发展最为困难的一年，改革发展稳定的形势异常严峻复杂。面对历史罕见的国际金融危机的严重冲击，面对自然灾害频发的挑战，党中央、国务院带领全国人民坚定信心、共克时艰，较快地扭转了经济增速下滑势头，回升向好趋势不断巩固，保增长、调结构、促改革、惠民生各项工作取得了明显成效。国内需求强劲增长，出口形势逐步好转。全年社会消费品零售总额同比增长15.5%，全社会固定资产投资增长30.1%，工业生产逐步回升，同比增长8.3%。国内需求的较快增长有效弥补了外需持续萎缩的影响，全年国内生产总值增长8.7%。强农惠农政策不断完善，农业农村经济稳定发展。粮食生产克服严重自然灾害影响，实现连续六年增产，全年粮食产量超过10 000亿斤，比上年增产0.4%。结构调整积极推进，节能减排取得新的成效。全年单位国内生产总值能耗同比下降2.2%，二氧化硫和化学需氧量排放量分别下降4.6%和3.3%，万元工业增加值用水量下降8.2%，工业固体废物综合利用率达66.6%。就业人数持续增加，居民收入稳定增长。城镇新增就业1 102万人，城镇居民人均可支配收入、农村居民人均纯收入分别达到17 175元和5 153元，剔除价格因素，实际增长9.8%和8.5%。与此同时，社会事业全面进步，体制改革继续深化，财政收入逐步好转，金融市场平稳运行，汶川地震灾后恢复重建进展顺利。

在国际金融严重动荡、世界经济陷入衰退、国内外形势严峻复杂的情况下，取得这样的成绩极为不易。这是党中央、国务院科学判断、坚强领导的结果，是全国上下深入贯彻落实科学发展观、全面落实应对国际金融危机一揽子计划和中央各项部署，齐心协力、共同奋斗的结果，是充分发挥社会主义制度决策高效、组织有力、集中力量办大事优势的结果。一年来，全国发展改革系统按照党中央、国务院的统一部署和要求，在各地方、各有关部门和行业协会、大型企业集团的大力支持和积极配合下，深入贯彻落实科学发展观，较好地履行了职能，为有效应对国际金融危机促进经济平稳较快发展付出了辛勤劳动，做出了积极贡献，取得了新的成绩。概括起来，一年来的工作主要体现在以下七个方面。

一、积极应对国际金融危机，促进经济平稳较快发展

为有效抵御国际金融危机的冲击，党中央、国务院果断决策，及时调整宏观政策取向，把保持经济平稳较快发展作为经济工作的首要任务，实施积极的财政政策和适度宽松的货币政策，出台并不断完善应对国际金融危机的一揽子计划。在应对危机促进发展的过程中，各级发展改革部门强化形势的跟踪分析，及时提出政策建议，坚持依法行政，狠抓工作落实，积极主动地为党中央、国务院和地方各级党委、政府当好参谋助手。

鼓励和扩大消费需求。（1）从完善消费政策、改善居民消费预期等方面入手，会同或配合有关部门，制定了鼓励消费的财税、金融、价格政策，提出了促进家电、汽车、节能产品和住房消费等一系列政策建议。（2）结合十大产业调整振兴规划，出台鼓励汽车摩托车下乡、家电下乡等扩大消费政策。会同有关部门，研究制定了《促进扩大内需鼓励汽车家电以旧换新实施方案》，采用财政补贴方式，鼓励汽车家电以旧换新，建立有效的激励机制，进一步扩大内需特别是消费需求。（3）启动实施节能产品惠民工程，对购买高效节能产品给予财政补贴。这些政策措施力度大、群众受惠面广，有效挖掘了城乡居民的消费潜力，促进了家电、汽车、住房、节能环保产品等行业的生产和结构调整，使人民群众特别是农民和城市低收入家庭得到了实实在在的好处。

发挥投资对拉动经济增长的重要作用。（1）按照中央确定的投资方向和出手要快、出拳要重、措施要准、工作要实的总体要求，在有关部门的大力支持下，各级发展改革部门科学选择项目，及时下达计划，加快工作进度。2008年四季度以来，国家发展和改革委员会已安排四批中央投资合计3 800亿元。（2）为缓解地方政府配套资金困难，保证新增中央投资项目的顺利实施，及时调整固定资产投资项目资本金比例，较大幅度降低了投资项目资本金比例的总体水平。同时，进一步扩大企业债券发行规模。（3）为深入贯彻落实中央扩大内需促进经济增长的一揽子计划，妥善处理好加快工程建设进度和保证工程质量之间的关系，有效预防和解决工程安全质量方面存在的突出问题，会同有关部门，联合出台了加强重大工程安全质量保障的措施。（4）为管好用好政府投资，及时建立了中央投资项目组织领导、政策支持和监督管理的三大保障体系，提出了地方配套资金要100%落实、项目要100%开工建设、发现的问题要100%整改到位的“三个百分之百”考核目标要求，进一步加强对扩大内需中央投资项目的管理。配合中央纪委、监察部等有关部门，对新增中央投资项目开展了三轮监督检查，组织了上百次稽查，保证中央投资项目的质量和资金安全。根据中央扩大内需促进经济增长政策落实检查组的监督检查结果，目前，新增中央投资项目总体情况是好的，基本符合中央规定的投向和要求，有效地发挥了中央政府投资在保增长、调结构、促改革、惠民生

方面的重要作用。

强化价格监测预警。(1)各级价格主管部门围绕保增长、保民生、保稳定的中心任务,密切关注价格动态,认真做好日常价格监测工作,对粮食、生猪、蔬菜、钢材、铁矿石、有色金属等重要商品,及时掌握价格变动情况;对可能诱发异常变动的苗头性问题,及时研究稳定对策,努力缓解市场价格波动的影响。(2)针对下半年部分商品价格出现较大幅度上涨、通胀预期逐渐抬头的问题,各级价格主管部门一方面积极协调有关部门,组织调运,保障供应,稳定价格;另一方面,加强正面引导,积极宣传重要商品生产正常、供应丰富、库存充足的良好形势,稳定居民心理预期,为保持市场稳定发挥了重要作用。

加强经济运行调节。(1)充分发挥煤电油气运保障工作部际协调机制的作用,加强运行调度,强化应急管理,促进了煤电油气运的平稳运行,确保了新中国成立60周年庆典等重大活动和迎峰度夏等重要时段的要素保障。(2)积极做好甲型H1N1流感防控工作,保证药物、疫苗及其他防控用品和生活必需品的供应。(3)针对入冬后部分地区出现的天然气供应紧张情况,加强协调,及时调度,较快地缓解了供需矛盾。

二、着力加强“三农”工作,进一步巩固和加强农业基础地位

落实党的十七届三中全会精神,把解决好“三农”问题、保障粮食安全作为扩大内需、应对国际金融危机的重要基础,努力促进农业稳定增产和农民持续增收。

强化政策支持。(1)会同有关部门,编制并启动实施了《全国新增1 000亿斤粮食生产能力建设规划(2009—2020年)》,研究提出了稳定农业发展促进农民增收、促进生猪和奶业稳定发展、促进农业机械化和农机工业发展以及支持秋冬种等一系列政策措施,全力加大对农业特别是粮食安全的政策支持力度。(2)较大幅度提高了稻谷、小麦最低收购价格,对玉米、大豆、油菜籽、棉花、食糖等主要农产品实行临时收储政策,制订并及时启动了防止生猪价格过度下跌调控预案,运用信息引导、储备吞吐、进出口调节等多种手段,加强重要农产品市场调控,稳定粮食、生猪等主要农产品和化肥等农资价格。(3)制定了进一步完善农资综合补贴动态调整机制实施意见,从制度上确保农民种粮收益不因农资价格上涨而下降。

加大资金投入。继续加强对大型灌区节水改造、大型泵站更新改造、病险水库除险加固,以及粮棉油糖等重要农产品生产基地和仓储物流设施的建设,加大了对种养业良种工程、生猪和奶牛标准化规模养殖、植保工程和动物防疫体系、农产品质量检验检测体系等的支持力度,促进了农业综合生产能力的提高。

继续改善农村生产生活条件。加大对农村水电路气房建设的支持力度,农村饮水安全工程使6 069万农民受益,农村自来水普及率达到68.7%,新增农村电网线路26.6万公里,新建和改造农村公路38万公里,建设大中型沼气工程1 579处,对80万户农村危房进行了改造,又有9.2万户游牧民实现了定居。农村信息化建设继续推进,全国已有99.8%的行政村通电话,99.5%的乡镇接通互联网。

三、促进产业结构优化升级,夯实经济社会发展后劲和长远发展基础

在实施应对国际金融危机一揽子计划过程中,坚持把保增长与调结构紧密结合起来,在结构优化的基础上促进经济增长。

支持重点行业发展。会同有关部门,编制并组织实施了钢铁、汽车、船舶、石化、纺织、轻工、有色金属、装备制造、电子信息、物流业十大产业调整振兴规划以及相关实施细则。采取综合性政策措施,鼓励和支持企业加快技术改造,加快研发共性关键技术,加快行业兼并重组,促进产业转型升级,促进企业稳定生产、开拓市场、摆脱困境。

抑制部分行业产能过剩和盲目重复建设。(1)按照国务院要求,会同有关部门,制定并组织实施了《关于抑制部分行业产能过剩和重复建设引导产业健康发展的若干意见》,提出促进钢铁、水泥、平板玻璃、煤化工、多晶硅、风电设备等六个行业健康发展的主要原则、政策导向和对策措施,并对电解铝、造船等产能过剩矛盾比较突出的行业提出了暂停审批项目等政策。(2)会同有关部门,建立了部门联合信息发布制度,对相关行业抑制产能过剩工作进行发布和解读。启动了《产业结构调整目录》的修订工作。(3)进一步完善落后产能退出机制,全面落实差别电价政策,在电力、电石、铁合金、焦化等行业又淘汰了一批落后产能,2009年,炼钢、炼铁、煤炭、水泥、电石、铁合金、焦炭、造纸、化纤行业分别淘汰落后产能1 691万吨、2 113万吨、5 000万吨、7 416万吨、46万吨、162万吨、1 809万吨、50万吨、137万吨;关停小火电机组2 617万千瓦,提前一年半实现了“十一五”期间关停5 000万千瓦小火电机组的目标。

增强自主创新能力。(1)会同有关部门,出台了促进生物产业和数字电视产业加快发展的若干政策,启动政府国产软件促进计划,组织修订当前优先发展的高技术产业化重点领域指南。(2)全面推进重大科学工程建设,加快实施中科院知识创新工程,建设完成了大天区天文望远镜、北京正负电子对撞机重大改造、中国西南野生生物种质资源库等重大科学工程,组织实施海洋科学考察船、农业生物安全科学中心等项目建设。(3)会同有关部门,推动一批重大产业工程建设,启动或继续组织实施数字电视、集成电路、平板显示、绿色农用生物产品、微生物制造、卫星应用等重大产业化项目和专项建设。(4)新组建一批国家工程实验室、国家重点实验室和国家工程(技术)研究中心,开展国家企业技术中心认定工作,积极推动企业提高持续创新能力。(5)加强国家高技术产业基地建设,启动了西部地区区域创新能力建设专项,在深圳市开展创新型城市试点。

促进服务业加快发展。贯彻落实加快发展服务业若干政策措施的实施意见,会同有关部门,在财税、供地、价格、金融等方面加大对现代服务业的支持,推动了一批跨地区、跨行业、带动功能强、支撑作用大的服务业重大项

目建设。研究制定了《服务业综合改革试点实施办法》，会同有关部门提出了《全国服务标准2009—2013年发展规划》及实施细则，积极开展相关试点工作。

加强基础设施和基础产业建设。（1）相继开工和继续推进一大批铁路客运专线、西部干线铁路、高速公路、农村公路、干线机场和支线机场、港口、内河航道整治，以及重大水利工程等项目建设。（2）重大能源基础设施建设和能源结构调整取得明显成效。启动国家石油储备二期项目建设。开工建设西气东输二线东段工程，西气东输二线西段工程实现供气。加强大型煤炭基地建设，呼伦贝尔煤电基地、宁夏能源化工基地全面开工。核准了三门、海阳、台山6台百万千瓦机组核电建设项目，青海黄河积石峡、广东清远抽水蓄能电站等大型水电项目建设有序推进，我国第一个千万千瓦级风电基地——甘肃酒泉基地建设顺利启动，第一个兆瓦级大型太阳能光伏发电示范项目——甘肃敦煌太阳能光伏电站开工建设。

四、扎实推进节能减排和环境保护，做好应对气候变化工作

坚持把节能减排作为转变经济发展方式的重要抓手，通过落实目标责任、推动重点工程、加强政策引导和资金支持，不断加大能源资源节约和生态环境保护力度。

强化节能减排目标责任。会同有关部门，组织开展了省级政府和千家企业2008年节能目标责任评价考核，进行2008年和2009年上半年省级政府主要污染物总量减排核查核算，并向社会公告了考核结果。发布了重点耗能行业能效水平对标指南。

加快实施重点节能工程。安排中央政府投资和奖励资金，支持了1 318个重点节能项目，可形成年节能能力7 500万吨标准煤。实施了“节能产品惠民工程”和绿色照明工程，推广高效节能房间空调器（定频）500多万台、高效照明灯具1.5亿只。开展节能与新能源汽车示范和推广工作，支持在北京、上海、重庆等13个城市开展节能与新能源汽车示范试点。加大节能技术推广力度，进一步扩大能效标识产品实施范围。“节能减排全民行动”等宣传活动向纵深推进。

大力推动循环经济发展。印发了《循环经济发展规划编制指南》，指导各地编制循环经济发展规划。安排中央投资，支持了132个循环经济和资源节约重点项目。深化循环经济示范试点，组织开展了循环经济专家行活动。推动汽车零部件再制造试点，建立了再制造产品标识制度。加快国家生态示范工业园建设。推动废弃电器电子产品回收处理再利用。

加大生态建设和环境保护力度。继续支持天然林资源保护、防护林体系、退牧还草、京津风沙源治理等重点生态工程建设，启动实施岩溶地区石漠化综合治理工程，进一步巩固退耕还林成果。加强“三河三湖”、三峡库区及上游、黄河中上游、松花江、丹江口库区及上游等重点流域水污染防治和工业废水、废气治理，加快城镇污水垃圾处理设施建设。发布了11个行业清洁生产评价指标体系，组织开展了烟气脱硫特许经营试点。制定并发布国家鼓励发展的环保产品（设备）目录，大力推动环保产业发展。

积极开展应对气候变化工作。认真落实应对气候变化国家方案，组织编制地方和有关部门应对气候变化方案，研究提出了到2020年我国控制温室气体排放行动目标和政策措施。组织开展了低碳经济试点，大力推进清洁发展机制项目，积极推动气候友好技术的研发与应用。提出了我国参与应对气候变化国际谈判的考虑和方案，积极开展国际交流和项目合作，加强与有关国家的合作和对话，争取和维护我国正当的发展权益。

五、深化改革开放，进一步完善有利于科学发展的体制机制

在深化改革方面，面对严峻复杂的国际国内形势，国家发展和改革委员会把应对危机作为深化改革的契机，围绕扩内需、保增长、调结构、惠民生，认真履行推进经济体制改革的总体指导和综合协调职能，加强对重点领域改革的统筹规划和综合设计，提出了2009年深化经济体制改革工作的意见，会同或配合有关部门，切实推进重点领域和关键环节改革并力争取得新突破。同时，着力做好自身牵头的价格管理、投资体制、医药卫生体制等各项改革工作，努力通过深化改革破解发展难题，推动形成有利于科学发展与社会和谐的体制机制，激发经济增长的动力与活力。

继续推进价格形成机制改革。稳妥推进化肥、电力、成品油、水等价格改革和垃圾、污水处理等环保收费改革，逐步理顺价格关系，促进资源节约、结构调整和节能减排。（1）化肥流通体制和价格改革顺利实施。出台并实施了化肥价格市场化改革方案，取消了化肥价格限制政策，综合运用储备、关税等多种经济手段调控化肥价格，着力构建稳定化肥等主要农资价格的长效机制，保障化肥供应。（2）会同或配合有关部门，继续深化电价改革。一是出台电价调整方案，将全国销售电价每千瓦时平均提高2.8分钱，并对各地区标杆上网电价做了有升有降的调整，其中10个省（自治区、直辖市）燃煤机组标杆上网电价适当提高，7个省（自治区、直辖市）适当下调。二是积极稳妥地推进电力用户与发电企业直接交易试点，在全国明确放开20%售电市场，对符合国家产业政策的用电电压等级在110千伏以上的大型工业用户，允许其向发电企业直接购电，并适当降低了直供用户输配电价标准，鼓励供需双方协商定价。三是完善可再生能源发电价格政策，按风能资源状况和工程建设条件，分类制定风电标杆上网电价，规范风电价格管理。四是全面推进城乡用电同价，积极推进工商用电同价。在全国基本实现了城乡居民用电同价，全国城乡各类用电同价的省份增加到20个，其余省份也缩小了城乡各类用电价差，减轻了农村电费负担；19个省份实现了商业用电与工业用电同价，10个省份进一步缩小了工商业用电价差，减轻了商业企业电费负担。同时，规范电能交易行为，全面规范发电企业与电网企业的交易价格、跨省区电能交易价格以及电网企业与终端用户的交易价格等，对维护正常的市场交易秩序，促进电力资源优化配置发挥了积极作用。（3）成品油价格和税费改革稳步推进。组织实

施了成品油价格和税费改革方案，提高了成品油消费税的单位税额，并一次性取消公路养路费、航道养护费、公路运输管理费、公路客货运附加费、水路运输管理费、水运客货运附加费等六项收费，出台了《石油价格管理办法》，按成品油定价机制调整成品油价格，对保障国内成品油供应发挥了重要作用。2009 年以来，根据国际市场油价变化情况，有升有降地调整了成品油价格，其中 5 次有控制地提高、4 次下调，对调动炼油企业积极性、保障国内成品油市场供应起到了积极作用。（4）以提高污水处理费和水资源费标准为重点，积极推进水价改革。稳步提高污水处理费标准，推行居民生活用水阶梯式水价和非居民用水超定额加价制度，并将低收入群体生活的保障措施纳入水价调整方案，确保低收入家庭基本生活用水。2009 年以来，全国 36 个大中城市中，已有 10 个城市在严格成本审核、履行听证程序的基础上，较大幅度提高了污水处理收费标准；有近一半实行了居民用水阶梯式水价，非居民用水超定额加价制度已经普遍施行。

深化投资体制改革。（1）修订《政府核准的投资项目目录》，大幅缩减国家发改委的核准事项，扩大地方和部门的核准权限。在多次征求国务院有关部门、中央管理企业和地方发展改革部门意见的基础上，国家发改委提出了核准目录的修订建议，已上报国务院。根据测算，缩减国家发改委核准范围的共有 43 类项目，国家发改委核准的项目数量将下降约 60.0%。（2）改进政府投资计划安排和管理方式，发布实施了《国家发改委关于改进和完善中央补助地方投资项目管理办法的通知》，对中央补助地方的点多、面广、单项资金少的项目，改变中央直接安排到具体项目的管理方式，按照“转变职能、下放权限、明确责任、强化管理”的原则，实行中央下达投资规模计划、地方安排具体项目的管理方式。国家发改委在下达 2008 年新增 1 000 亿元和 2009 年新增 1 300 亿元中央投资计划时，按照这一模式对部分中央补助地方项目的投资计划安排办法进行了改进，取得了较好效果，进一步调动了地方政府的积极性。（3）改进政府投资项目管理，健全政府投资项目决策机制。一是加强中央预算内投资项目概算调整管理，会同有关部门，印发了《国家发改委关于加强中央预算内投资项目概算调整管理的通知》，在概算调整管理中首次引进了审计监督，强调“先审计、后调概”，有效地遏制了人为擅自超规模、超标准建设工程项目的行为。同时，大力推行代建制，进一步扩大中央预算内投资项目代建制的试点范围。二是积极开展中央投资项目后评价试点工作。为改变政府投资项目“重审批、轻监管、少总结”的状况，对京津城际轨道交通、沈大高速公路改扩建、上海浦东机场扩建、黄河小浪底水利枢纽、审计信息系统一期工程、北大第一医院病房楼工程等 6 个项目，组织开展了中央投资项目后评价试点工作，并努力将后评价成果转化为规划编制、项目决策的重要参考依据。（4）进一步规范委托咨询评估工作，修订了《国家发改委委托投资咨询评估管理办法》，对承担国家发改委咨询评估任务的咨询机构名单进行了相应调整，不断健全投资决策机制，提高咨询评估的质量和水平。

做好医药卫生体制改革相关工作。（1）认真落实《中共中央国务院关于深化医药卫生体制改革的意见》和《医药卫生体制改革近期重点实施方案（2009—2011 年）》，全面启动推进基本医疗保障制度建设、实施国家基本药物制度、健全基层医疗卫生服务体系、促进基本公共服务均等化、公立医院改革等五项改革措施。（2）会同有关部门，研究制定并组织落实医药卫生体制改革的意见及实施方案，出台了 15 个医药卫生体制改革配套文件。配合国家基本药物制度的实施，公布了国家基本药物零售指导价格，有 45.0% 的药品降价，平均降幅 12.0% 左右，减轻了群众负担。国家基本药物制度在全国 30.0% 的城市社区卫生服务机构和县级基层医疗卫生机构启动实施。医药卫生体制改革工作开局良好，为深化改革奠定了基础。

推动综合配套改革。上海浦东新区、天津滨海新区、深圳经济特区等综合配套改革试验区，武汉城市圈和长株潭城市群全国资源节约型和环境友好型社会建设综合配套改革试验区，重庆市和成都市全国统筹城乡综合配套改革试验区进入全面实施阶段，在促进发展方式转变、加快开发开放、统筹城乡发展、推动“两型”社会建设等方面，因地制宜开展改革试点，取得了积极进展，对全国改革发挥了较好的示范借鉴作用。

在扩大开放方面，千方百计促进外向型经济发展，为经济发展增添动力拓展空间。在应对国际金融危机过程中，坚持以转变外贸增长方式、提高利用外资质量为重点，进一步提升对外开放水平。（1）针对国际金融危机以来我国进出口大幅下滑的状况，配合有关部门，出台了一系列稳定外需支持外贸发展的政策措施。完善出口退税政策，提高部分劳动密集型和高技术含量、高附加值产品的出口退税率，取消或降低粮食、化肥以及部分工业产品出口关税，调减加工贸易限制类和禁止类目录。积极应对贸易摩擦，维护我国企业利益，有效减缓了外部环境急剧变化的不利影响。（2）继续调整利用外资结构。出台并组织实施中西部地区外商投资优势产业目录，引导外资投向高技术产业和高端制造、研发环节，投向资源节约型、环境友好型产业。发挥好国外贷款在促进经济增长中的重要作用。（3）协调推进与重点国家和地区的投资合作，研究提出完善境外投资项目管理等方面的政策性文件，能源资源合作开发、企业海外并购等取得新进展，进一步提升了我国在国际产业分工中的地位。

六、深入实施区域发展总体战略，促进区域协调发展

坚持把促进区域协调发展摆在更重要的位置，贯彻落实好区域发展总体战略，有序制定和实施差别性区域政策，完善区域发展政策，充分发挥区域比较优势，促进东中西部地区经济社会持续较快发展，进一步增强区域发展的协调性。

扎实做好西部大开发各项工作。（1）为深入推进西部大开发，积极扩大内需，促进西部地区平稳较快发展，2009 年新开工西部大开发 18 项重点工程，涉及铁路、高速公路、水电站、航运枢纽、水利枢纽、机场改扩建和无电地区电力建设等领域，投资总规模 4 689 亿元。（2）加强经济运行监测，做好经济形势分析，特别是加强应对金融危

机的对策研究，起草了应对国际金融危机保持西部地区经济平稳较快发展的意见。(3) 协调落实生态建设重点任务，抓好巩固退耕还林成果规划的落实，研究完善退牧还草政策，提出建立健全生态补偿机制的意见。(4) 落实中央关于支持新疆、宁夏、广西、西藏以及青海等藏区经济社会发展的政策措施，研究编制边境民族地区安康发展规划，加强兴边富民、扶持较少人口民族、特困民族地区发展等工作。(5) 组织编制西部地区区域发展规划，编制完成关中—天水经济区规划，开展陕甘宁革命老区等重点区域发展规划编制工作，推动实施北部湾经济区规划。(6) 协调推进特色优势产业发展，积极做好特色优势产业基地布局规划研究工作。(7) 发挥东部地区资金、技术、人才、管理优势和西部地区资源、市场优势，引导东部地区传统产业和劳动密集型产业向西部地区转移。(8) 进一步完善西部地区人才开发政策措施，加大人才开发力度，继续抓好东部对口支援西部地区人才培训计划和西部地区管理人才创新培训工程，加强人才开发国际合作。(9) 全面总结西部大开发十年的成就与经验，积极做好纪念西部大开发战略十周年的相关工作，开展西部大开发“十二五”规划前期研究。在广泛征求地方和部门意见的基础上，研究提出完善西部大开发政策措施的意见。

稳步实施东北振兴战略。(1) 研究起草了进一步实施东北地区等老工业基地振兴战略的若干意见，充实战略内涵，促进老工业基地全面振兴。编制完成了辽宁沿海经济带发展规划、中国图们江区域合作开发规划纲要，拟订并推动中俄两国签订了中国东北地区老工业基地与俄罗斯远东地区合作规划纲要，推动东北地区形成沿海沿边全方位对外开放新格局。(2) 组织开展了东北地区装备制造业银行不良贷款处置工作，加快推进工业结构优化升级以及现代农业和现代服务业发展。(3) 完善资源型城市可持续发展政策支持体系，组织实施了资源型城市吸纳就业、资源综合利用和发展接续替代产业投资专项，加快资源型城市经济转型和可持续发展。着力解决林区、垦区、棚户区改造等重点民生问题。

加快促进中部崛起步伐。编制完成了促进中部地区崛起规划，组织编制了皖江城市带承接产业转移示范区、鄱阳湖生态经济区、丹江口库区及上游地区经济社会发展等规划，研究提出了完善促进中部地区崛起“两个比照”政策的具体实施意见，制定了中部地区应对国际金融危机、推进产业结构优化升级以及城市群发展的指导意见，继续支持中部地区加快“三个基地、一个枢纽”建设。

继续支持东部率先发展。鼓励东部地区推进产业结构升级、发展方式转变和体制机制创新，促进区域经济协调发展。(1) 落实进一步推进长江三角洲地区改革开放和经济社会发展意见、珠江三角洲地区改革发展规划纲要，充分发挥长三角、珠三角在社会主义现代化建设全局中的重要作用。(2) 组织编制完成了一系列区域规划和区域性文件，在深入调查研究的基础上，会同有关部门编制完成了江苏沿海地区发展规划、黄河三角洲高效生态经济区发展规划，研究制定了推进上海加快发展现代服务业和先进制造业、建设国际金融中心和国际航运中心的意见、支持福建省加快建设海峡西岸经济区和推进海南国际旅游岛建设发展的若干意见，积极推进重点区域的开发开放。

七、加大改善民生工作力度，促进社会和谐稳定

在应对国际金融危机过程中，把保障和改善民生摆在更加突出的位置，认真解决人民群众反映强烈、影响社会和谐的热点难点问题。会同或配合有关部门，在就业、社保和教育、卫生等方面做了大量工作。2008 年四季度以来，中央政府用于民生方面的投入超过总量的 50.0%。

大力加强社会事业基础设施建设。2008 年四季度以来，中央政府用于社会事业发展方面的投入达 550 多亿元，超过“十五”时期的总和。积极推进中西部地区农村初中校舍改造和全国中小学校校舍安全工程，改造农村初中校舍面积 670 万平方米，建成中等职业学校和特殊教育学校 314 万平方米。切实加强基层医疗卫生服务体系和计划生育设施，建成 17 171 个基层医疗卫生服务机构、4 522 个基层计划生育服务项目。加快推进公共文化体系建设，国家图书馆二期等重点文化项目相继竣工并投入使用，国家博物馆等重大项目建设进展顺利，建成 5 062 个乡镇综合文化站。红色旅游精品景区建设规划任务全面完成。

全面推进保障性住房建设。加大保障性住房建设的投入力度，保障性安居工程建设取得重要阶段性成果，基本建成各类保障性住房 200 万套，改造国有林区、垦区、煤矿棚户区和部分城市棚户区住房 130 万套。

进一步加大扶贫开发和移民安置工作力度。安排以工代赈资金 56 亿元、易地扶贫搬迁试点资金 18 亿元，用于增强贫困地区发展能力和贫困人口脱贫致富。认真落实全国水库移民后期扶持政策，有序推进扶持项目建设，使 2 356 万大中型水库农村移民从中受益。

积极努力维护就业稳定。会同或配合有关部门，制定并认真落实促进就业的各项政策，研究提出进一步完善淘汰落后产能企业职工安置的政策措施，全方位促进就业增长。

全力做好价格管理和监督检查工作。各级价格主管部门加大清费治乱力度，积极优化经济发展环境，规范市场价格秩序。会同有关部门，全面清理涉农涉企等价格收费，组织开展了化肥、农药等农资价格以及粮食收购价格重点检查，涉农收费政策落实情况专项检查。加强教育、医疗、房地产、有线电视等民生价格监管，降低或取消了一批涉及民生的重要商品价格和收费，取消了义务教育借读费和农村义务教育住宿费，对中等职业教育农村家庭困难学生和涉农专业实行免费政策，稳定高校收费标准。全面梳理涉及有线电视收费项目，取消不合理收费项目。全年共查处价格违法案件 5.2 万件，减轻了群众和企业的不合理负担。

积极组织实施汶川地震灾后恢复重建规划。重灾区累计完成投资 6 545 亿元，占规划总投资的 65.5%，维修加固和新建农村住房任务基本完成，城镇住房重建加固全面展开，学校、医院和基础设施建设进展顺利，北川、汶川、青川县城以及映秀、汉旺等重灾城镇建设加快，对口支援工作成效显著。

与此同时，国家发改委坚持立足当前、着眼长远，把

应对金融危机与谋划长远发展结合起来，在进行“十一五”规划中期评估的基础上，着手开展“十二五”规划编制的前期工作。召开了全国“十二五”规划编制工作电视电话会议，全面启动“十二五”规划编制工作，并对重点工作进行了安排部署。在各地方、各有关部门的支持配合下，进一步完善了全国主体功能区规划。

2010年是继续应对国际金融危机、保持经济平稳较快发展、加快转变经济发展方式的关键一年，是全面实现“十一五”规划目标、为“十二五”发展打好基础的重要一年。做好新一年发展改革各项工作，任务艰巨、责任重大、使命光荣。全国发展改革系统将在以胡锦涛同志为总书记的党中央领导下，高举中国特色社会主义伟大旗帜，坚持以邓小平理论和“三个代表”重要思想为指导，全面落实科学发展观，认真贯彻中央经济工作会议精神，扎实工作，狠抓落实，为完成2010年发展改革各项任务，促进经济社会又好又快发展做出新的贡献！

（撰稿：国家发展和改革委员会政策研究室主任　李朴民
国家发展和改革委员会政策研究室　张路鹏）

2009年中国国民经济运行状况综述

国家发展和改革委员会经济运行局

2009年国际金融危机持续蔓延，对全球冲击不断扩大，世界经济深度衰退，国内经济受到严重影响，发展速度较快下滑，这是进入新世纪以来我国经济最为困难的一年。面对异常严峻的经济形势，党中央、国务院冷静剖析，准确判断，从速决策，积极应对，带领全国人民坚定信心，应难而上，顽强拼搏，共克时艰，有效遏制了经济增长明显下滑势头，率先实现国民经济总体回升向好，并持续保持平稳较快发展的好形势。

一、加强和改善宏观调控与运行调节，推动国民经济保持平稳较快发展

2009年经济发展和改革稳定的任务十分繁重，国家把保持经济平稳较快增长作为经济工作的首位要务，进一步加强和改善宏观调控以及运行调节，实施包括积极的财政政策和适度宽松的货币政策在内的扭转经济增速下滑趋势的一揽子计划（指的是我国在应对国际金融危机中出台的一系列政策措施组合。主要包括四个方面：一是全面促进经济平稳较快发展，大规模增加政府投资，实施总额40 000亿元的两年投资计划，其中中央政府拟新增11 800亿元，实行结构性减税，扩大国内需求；二是大范围实施调整振兴产业规划，提高国民经济整体竞争力；三是大力推进自主创新，增强发展后劲；四是大幅度提高社会保障水平，扩大城乡就业，促进社会事业发展）。着力扩大国内需求、特别是消费需求和提高对外开放水平、保持对外贸易稳定增长。由于坚持了灵活审慎的调控方针和调节手段，增强了驾驭经济的应变能力和实际效果，促进了国民经济的平稳较快发展。

据国家统计局的初步核算，2009年国内生产总值335 353亿元，比上年增长8.7%（据第二次全国经济普查结果公报，国家统计局对2008年国内生产总值核算数据修订为314 045亿元，比原来公布的数据增加13 400亿元，增长速度由原来的9.0%调整为9.6%。全年国内生产总值统计数据不包括香港、澳门特别行政区和台湾省）。其中，第一产业增加值35 477亿元，增长4.2%，占国内生产总值的比重为10.6%，对经济增长的贡献率为5.4%，拉动经济增长0.5个百分点；第二产业增加值156 958亿元，增长9.5%，占国内生产总值的比重为46.8%，对经济增长的贡献率为50.9%，拉动经济增长4.4个百分点；第三产业增加值142 918亿元，增长8.9%，占国内生产总值的比重为42.6%，对经济增长的贡献率为43.7%，拉动经济增长3.8个百分点。

二、坚持扩大内需和稳定外需相结合，促进经济由下滑趋势转为回升向好发展

2009年在全面实施并不断完善应对国际金融危机的一揽子计划中，国家统筹国内发展与对外开放，并把扩大国内需求作为促进经济增长的主要着力点；在保持投资适度增长的同时，重点培育消费需求为首要任务，稳妥调节内需与外需、投资与消费的关系，加快形成消费、投资、出口三大需求协调拉动经济增长的良好格局，较快扭转了经济增速下滑的局面，逐季加速增长，实现了国民经济总体回升向好的发展态势。

据国家统计局季度统计数据显示，一季度国内生产总值68 682亿元，比上年同期增长6.2%，占全年经济总量的20.5%；二季度国内生产总值77 303亿元，增长7.9%，占经济总量的23.1%；前两季度国内生产总值累计145 985亿元，增长7.1%，占全年经济总量的43.6%；三季度国内生产总值81 612亿元，增长9.1%，占经济总量的24.3%；前三季度国内生产总值累计227 597亿元，增长7.8%，占全年经济总量的67.9%；四季度国内生产总值107 756亿元，增长10.7%，占全年经济总量的32.1%。经济回升态势十分明显，促进了全年实现国内生产总值335 353亿元和8.7%的增长速度，但增速仍比上年回落0.9个百分点。

三、加强“三农”工作，进一步巩固农业的基础地位

2009年国家在加强“三农”工作中，围绕稳粮、征收

作为发展农村经济的首要任务，加大投入力度，强化惠农政策，推进涉农基础设施建设，确保国家粮食安全和主要农产品有效供给，为国民经济和社会发展提供有力保障。全年中央财政用于“三农”的支出高达7 253亿元，推进全国新增千亿斤粮食生产能力建设，支持重要紧缺农产品生产，实施优质农产品区域布局规划，加强农业基础设施建设和农村民生工程建设，同时大幅度提高粮食最低收购价，进一步增加农业补贴，极大地改善了农业生产和农民生活条件，充分调动和发挥了广大农民的积极性，促进了农业稳定发展和农民持续增收。

据国家统计局统计，2009年粮食种植面积10 897万公顷，比上年增加217万公顷；全年新增有效灌溉面积147.1万公顷，新增节水灌溉面积182.6万公顷；全年农村固定资产投资30 707亿元，比上年增长27.5%；在全国城镇固定资产投资中，农业投资3 373亿元，比上年增长49.9%，全年农村金融合作机构人民币贷款余额47 000亿元，比年初增加9 727亿元。另据国家统计局统计，全国粮食产量53 082万吨，比上年增加211万吨；全年农村居民人均纯收入5 153元，剔除价格因素，比上年实际增长8.5%；按农村贫困标准1 196元测算，年末农村贫困人口为3 597万人，比上年减少410万人。

四、积极扩大内需特别是消费需求，增强内需对经济增长的拉动作用

2009年，在外部需求放缓的情况下，国家立足扩大内需，充分挖掘内需的巨大潜力，在扩大消费需求和保持投资较快增长上采取了一系列有效措施，都取得了积极成效。全年中央财政投入资金450亿元，补贴家电、汽车、摩托车下乡，汽车、家电以旧换新和农机具购置，减半征收小排量汽车购置税，减免住房交易相关税收，支持自住性住房消费等，着力扩大居民消费；同时中央财政安排公共投资9 243亿元，促进投资快速增长。内需的加快发展弥补了外需下降缺口，对拉动经济止降回升作出了显著贡献。

据国家统计局统计，2009年社会消费品零售总额125 343亿元，比上年增长15.5%。其中城市消费品零售额85 133亿元，增长15.5%，占零售总额的67.9%；农村消费品零售额40 210亿元，增长15.7%，占零售总额的32.1%。全年全社会固定资产投资224 846亿元，比上年增长30.1%，其中城镇投资194 139亿元，增长30.5%，农村投资30 707亿元，增长27.5%；在城镇投资中，第一产业投资3 373亿元，增长49.9%，第二产业投资82 277亿元，增长26.8%，第三产业投资108 489亿元，增长33.0%。综合上述统计数据分析，内需对经济增长的贡献率高达144.8%，拉动经济增长12.6个百分点，抵消了外需对经济增长的负面影响。其中，最终消费对经济增长的贡献率为52.5%，拉动经济增长4.6个百分点，资本形成总额对经济增长的贡献率为92.3%，拉动经济增长8个百分点。

五、面对复杂严峻的经济形势，保持对外经济贸易稳定协调发展

2009年，国家在着力扩大内需的同时，努力保持对外贸易的稳定增长，推动利用外资和对外投资的协调发展，出台了一系列政策措施，巩固传统出口市场，开拓新兴出口市场，扩大先进技术、关键零部件、重要能源资源和原材料进口；稳定利用外资规模，支持各类有条件的企业对外投资和开展跨国并购，并积极推进境外经贸合作区建设，加快实施自由贸易区战略，大力发展境外资源合作开发、工程承包和劳务合作，把发挥自身优势与利用外部条件、优化进出口结构有机结合，拓展对外开放广度和深度，防止对外经贸出现大的波动，从下半年开始，进出口降幅减缓，到11月进出口由降转升，出现正增长。

据有关部门统计，2009年外贸进出口总额22 072亿美元，比上年下降13.9%，其中出口12 017亿美元，下降16.0%，进口10 056亿美元，下降11.2%，贸易顺差1 961亿美元，比上年减少1 020亿美元。全年净出口对经济增长的贡献率为负44.8%，拉低经济增长3.9个百分点，出现了对经济发展的负面影响。出口商品主要是劳动密集型加工业产品，进口商品以资源性产品为主，其中原油进口2亿吨、原煤进口1.3亿吨，分别比上年增长13.9%和211.9%。全年实际利用外资900亿美元，比上年下降2.6%；非金融类对外投资433亿美元，增长6.5%；对外承包工程营业额777亿美元，增长37.3%；对外劳务合作营业额89亿美元，增长10.6%。

六、加大经济结构调整力度，促进发展方式转变

2009年围绕保增长、促升级，国家在经济结构调整工作中，把产业结构调整作为重点，制定并实施十大重点产业调整振兴规划，继续发挥轻纺工业的劳动密集型产业比较优势，提高钢铁、有色、石化工业的重要原材料产业发展水平，促进装备制造、汽车、船舶等先进制造业加快发展，积极发展电子信息工业等高新技术产业，加快发展物流为核心的现代服务业。为此，中央财政安排200亿元技术改造专项资金，支持4 441个技改项目，鼓励企业加快技术改造，并实施重点行业兼并重组。同时，全年研究与试验发展经费支出5 433亿元，仅中央财政用于科技的支出1 512亿元，加快实施国家科技重大专项，全年国家安排科技支撑计划课题639项，“863”计划课题328项，累计建设国家工程研究中心127个，国家工程试验室85个，国家认定企业技术中心636家。支持研发和推广应用高新技术与自主创新产品，加强科技基础设施建设，抑制部分行业产能过剩和重复建设。

据有关部门统计，清洁能源、新型材料、第三代移动通信和高端制造业等一批新兴产业快速发展，首台千万亿次超级计算机系统“天河一号”研制成功，先后六次成功发射人造卫星，特别是嫦娥一号卫星成功受控撞月；全年关停小火电机组2 617万千瓦，淘汰落后炼钢产能1 691万吨、炼铁2 113万吨、水泥产能7 416万吨、焦炭产能1 809万吨。在经济结构调整中，国家还大力加强基础设施建设，缓解经济社会发展的瓶颈制约因素。据有关部门统计，全年新增发电机组容量8 970万千瓦，新增22万伏及以上变电设备27 161万千伏安；铁路新线铺轨4 063公里，新建铁路投产里程5 557公里，增建铁路复线投产里程4 129公里，

新建电气化铁路投产里程 8 448 公里。截至 2009 年末，我国铁路营业里程达到 86 000 公里，跃居世界第 2 位；同时我国开工建设的高速客运专线和城际铁路线规模已超过 10 000公里，率先步入高速铁路时代。全年新建公路 121 013公里，其中高速公路 4 391 公里。港口万吨级码头泊位新增吞吐能力 31 318 万吨，新增光缆线路长度 149 万公里，新增数据蜂窝移动电话交换机容量 27 580 万户，新建改扩建民用机场 35 个，西气东输、南水北调等工程建设加快推进。

七、着力加强节能减排和生态环境建设，推进经济社会可持续发展

2009 年，在加强“三农”工作、扩大国内需求、调整经济结构、转变发展方式中，国家以落实科学发展观为目的，坚持节能减排和环境保护基本国策，大力发展循环经济、清洁能源和再生能源，积极推进重点流域和区域污染防治，城镇和工矿企业污水垃圾处理、农业生态环境整治，全面推进资源节约型、环境友好型社会建设，积极探索走一条生产发展、生活富裕、生态良好的文明发展道路。全年节能和环保工作以工业、交通、建筑领域为重点，把节能改造、推广节能技术和提高能源效率作为降低单位国内生产总值能源消耗的重要措施。维持安排预算内资金，支持重点节能工程、节能产品和工业废水废弃废渣治理等建设项目 2 983 个，取得了显著成效。

据国家统计局初步测算，全年能源消费总量 31 亿吨标准煤，比上年增长 6.3%。其中煤炭消费量 30.2 亿吨，增长 9.2%；原油消费量 3.8 亿吨，增长 7.1%；天然气消费量 887 亿立方米，增长 9.1%；电力消费量 36 973 亿千瓦小时，增长 6.2%。全国万元国内生产总值能耗下降 2.2%；化学需氧量、二氧化硫排放量分别减少了 3.1% 和 4.2%，“十一五”前四年累计总能耗下降 14.4%，化学需氧量、二氧化硫排放量分别减少 9.7% 和 13.1%；全国万元国内生产总值用水量下降 7.6%，万元工业增加值用水量下降 8.2%。全年完成造林面积 588 万公顷，全国森林面积达 19 545 万公顷，森林覆盖率为 20.4%；七大水系和近岸海域水质总体上持续好转；城市污水处理能力增长 6.9%，城市污水处理率达到 72.3%；城市空气质量达到二级以上标准的占监测城市数的 82.4%。

八、加快发展社会事业，着力保障和改善人民生活

2009 年我国以改善民生为重点的社会事业建设加快发展，国家集中力量办成了一些经济社会发展急需、人民群众热切期盼的大事。如中央财政安排就业专项资金 426 亿元，千方百计扩大就业；中央财政安排社会保障资金 2 906 亿元，加快完善社会保障体系；中央财政支出 1 981 亿元，坚持优先发展教育事业；中央财政支出医疗卫生资金 1 277 亿元，推进医药卫生事业改革发展；加快文化体制改革、繁荣文化事业等诸多方面；切实解决人民群众最关心、最直接、最现实的切身利益问题，让人们群众得到了更多实惠，极大地丰富了人民群众的物质精神生活，并进一步改变了经济社会发展不平衡的局面，为建设和谐社会打下了坚实基础。

据国家统计局统计，到 2009 年末全国就业人员 77 995 万人，比上年末增加 515 万人，增长 0.7%；年末城镇登记失业率为 4.3%，比上年末仅上升 0.1 个百分点。年末全国参加城镇养老保险的为 23 498 万人，比上年末增加 1 607 万人，增长 7.3%；参加城镇基本医疗保险的为 40 061 万人，增加 8 239 万人，增长 25.9%；参加失业保险的为 12 715 万人，增加 316 万人，增长 2.6%；全国有 2 716 个县（市、区）开展新型农村合作医疗；320 个开展新型农村社会养老保险试点，还有 4 335 万农民工参加城镇医疗保险，5 580 万农民工参加了工伤保险。另据有关部门的信息显示，2009 年国家全面落实城乡义务教育政策和义务教育阶段教师绩效工资制度，同时资助困难学生 2 871 万人，基本保障了困难家庭的孩子不因贫困而失学。中央财政还支持建设了一批县级医院、乡镇中心卫生院和社区卫生服务中心，对甲型 H1N1 流感疫情等各类疾病开展医治和防控工作，有效保障了人民群众的生命安全。

（撰稿：国家发展和改革委员会经济运行局
高级工程师　谢又乔）

2009 年中国人力资源和社会保障工作综述

国家人力资源和社会保障部政策研究司

2009 年是我国进入新世纪以来经济发展最为困难的一年，全国人力资源社会保障系统深入贯彻落实党的十七大和十七届四中全会精神，深入学习实践科学发展观，按照党中央、国务院关于保增长、保民生、保稳定的决策部署，牢牢抓住就业和社会保障两个重点，深入推进人事制度改革，大力加强人才队伍建设，认真做好工资收入分配工作，努力构建和谐劳动关系，齐心协力，迎难而上，奋力拼搏，狠抓落实，各项工作取得显著成绩。

一、保就业工作取得明显成效

面对国际金融危机对我国就业带来的严峻挑战，人力资源社会保障部按照中央要求，把就业工作作为中心工作和第一位任务，摆在突出位置，举全系统之力，采取一系列综合性政策措施，千方百计稳定和扩大就业，实现了就

业局势的总体稳定。2009 年，全国城镇新增就业 1 102 万人，为全年目标任务900 万人的 122.0%。下岗失业人员再就业人数 514 万人，为全年目标任务 500 万人的 103.0%。就业困难人员就业 164 万人，为全年目标任务 100 万人的 164.0%。截至年末，全国实有城镇登记失业人员 921 万人，城镇登记失业率为 4.3%。

1. 及时制定实施应对国际金融危机稳定和扩大就业的一系列政策措施

从 2008 年 9 月到 2009 年 2 月，在不到半年的时间里，国务院制定出台就业方面的一个综合性文件和三个专门文件（涉及促进创业带动就业、高校毕业生就业、农民工就业），国务院就业工作部际联席会议有关部门及时出台减轻企业负担稳定就业、实施特别职业培训计划、开展就业服务系列活动等三个文件，形成特殊时期稳定和扩大就业的一整套政策体系。各地也及时制定实施办法和落实措施。出手快、力度大、针对性强，为保就业提供了坚实的政策基础。

2. 千方百计扩大就业

研究建立政府投资与扩大就业的联动机制，通过实施推动经济增长的一揽子计划来拉动就业，不少地区在安排政府投资和重大项目时同步制定扩大就业的目标计划，实现就业增长与经济增长的良性互动。加大对自主创业的政策和资金扶持力度，开展了创建创业型城市工作，一些地区通过设立专项基金、开辟创业园区等措施，促进以创业带动就业。继续做好地震灾区对口就业援助工作，落实各项对口就业援助政策，地震灾区就业局势基本稳定，截至 2009 年末，灾区共实现有组织劳务输出 67.7 万人。

3. 减轻企业负担稳定就业

各地认真落实“五缓四减三补贴”政策（即允许困难企业缓缴五项社会保险费；阶段性降低企业四项社会保险费率；使用结余的失业保险基金对不裁员的困难企业给予社会保险补贴和岗位补贴，使用就业专项资金支持困难企业开展在岗培训），2009 年全国共帮助困难企业减轻负担 410.8 亿元。会同财政部、国家税务总局下发通知，将稳定就业岗位、扶持就业的相关优惠政策执行期延长至 2010 年底。

4. 集中力量做好三个重点群体的就业工作

做好高校毕业生、农民工和就业困难人员三个重点群体的就业工作。把高校毕业生就业放在就业工作的首位，积极拓展就业渠道，开展高校毕业生就业推进行动，统筹推进高校毕业生服务基层项目，认真实施“三年百万”高校毕业生就业见习计划，强化对困难毕业生的就业援助，2009 年，全国高校毕业生就业率达到 87.0%。面对大批农民工集中返乡的严峻形势，各地积极落实促进农民工就业的政策，加强输出地和输入地的就业岗位信息对接，大力开展有组织的外出就业和就地就近就业。各地也认真组织开展就业援助进家入户活动，积极扶持就业困难人员实现就业。

5. 积极实施特别职业培训计划

通过各级政府加大资金投入、强化培训管理、创新培训方法，针对重点群体开展职业技能培训和创业培训，有力地提高了劳动者的就业、创业和适应岗位变换能力。

6. 强化公共就业服务，加快推进统一规范的人力资源市场建设

组织开展就业服务系列专项活动，为各类群体提供及时有效的就业服务；推进公共就业服务工作体系特别是基层工作平台建设；加快整合人才市场和劳动力市场，研究拟订人力资源服务业国家标准，加大市场监督管理力度。

二、社会保障体系建设取得重要突破

党中央、国务院高度重视社会保障工作，按照中央要求，进一步加快完善社会保障制度，推动社会保障体系建设实现重要突破。到 2009 年底，五项社会保险基金总收入 15 975.2 亿元，同比增长 16.6%；五项社保基金总支出 12 393.6亿元，同比增长 24.9%。

1. 启动实施新型农村社会养老保险试点

国务院发布了试点的指导意见，正式建立了新农保制度，这是社会保障体系建设进程中具有里程碑意义的一件大事，标志着我国向实现建立覆盖城乡居民的社会保障体系目标迈出了突破性的一步。截至 2009 年，共批复全国 27 个省（自治区）320 个新农保首批试点县和 4 个直辖市的试点方案，试点工作陆续启动。全国有 29 个省（自治区、直辖市）出台被征地农民社会保障实施办法，被征地农民社会保障工作取得新的进展。

2. 进一步完善企业职工基本养老保险制度

全国 31 个省（自治区、直辖市）和新疆生产建设兵团全部出台实施企业职工基本养老保险省级统筹文件。连续第 5 年对企业退休人员基本养老金进行调整，月人均水平超过 1 200 元。研究拟定了包括农民工在内的全国统一的养老保险关系转移接续办法。继续做好稳步推进事业单位养老保险制度改革试点各项准备工作。继续做好做实城镇职工基本养老保险个人账户试点工作。到 2009 年，城镇参加基本养老保险人数 23 498 万人，比上年底增加 1 607 万人。

3. 失业保险工作取得积极成效

继续开展扩大失业保险基金使用范围试点，发挥失业保险支持企业减负稳岗的作用。建立失业预警和动态重点监控制度。积极做好政策性关闭破产企业职工安置工作。到 2009 年，全国参加失业保险的人数 12 715 万人，比上年底增加 316 万人。

4. 医疗保险工作取得重大进展

按照医药卫生体制改革总体部署，全面实施城镇居民基本医疗保险制度，提前一年从制度上实现对城镇居民的全面覆盖。到 2009 年底，全国参加城镇基本医疗保险人数 40 061 万人，比上年底增加 8 239 万人，完成国务院确定的 3.9 亿人的目标，加上农村居民参加新型农村合作医疗 8.3 亿人，我国基本医疗保险制度已覆盖超过 12 亿人口。配合国家基本药物制度的实行，及时调整基本医疗保险、工伤保险和生育保险药品目录。中央财政安排 429 亿元专项补助资金，将各地关闭破产国有企业退休人员全部纳入职工基本医疗保险，并统筹解决其他各类城镇人员医疗保障问题。积极推进生育保险制度建设，生育保险参保人数10 860 万人，比上年底增加 1 606 万人。

5. 工伤保险工作取得积极进展

实施“平安计划”二期，积极推动农民工参加工伤保

险。解决“老工伤”（即在工伤保险条例实施前已认定为工伤，目前仍由单位保障的工伤职工和工亡职工供养亲属）问题取得积极成效，已将近100万“老工伤”职工纳入工伤保险。2009年底，工伤保险参保人数14 861万人，比上年底增加1 074万人。

6. 社会保险基金监督管理工作进一步加强

认真开展社会保险基金专项治理，解决了一批历史遗留和新发现的违规违纪问题。企业年金的市场化运营取得新成效，初步统计，2009年底企业年金基金总规模达到2 300亿元，比上年底增加390亿元。

7. 社会保险经办管理服务水平进一步提高

大力加强经办服务基础建设，“金保工程”建设一期目标全面完成，基层服务平台建设得到加强。内控制度和信息披露制度建设加强，颁布实施《社会保险业务档案管理规定》，积极推进社会保险经办工作的专业化、信息化、标准化建设。2009年，企业退休人员社会化管理服务率达到75.2%，比上年底提高2个百分点。

三、工资收入分配制度改革取得新进展

1. 事业单位实施绩效工资稳步推进

义务教育学校绩效工资已基本兑现到位，义务教育教师收入水平得到提高。按照医药卫生体制改革的总体部署，启动公共卫生与基层医疗卫生事业单位实施绩效工资工作。

2. 积极推动公务员工资制度完善

认真研究工资政策进一步向基层倾斜、稳定基层干部队伍问题。积极解决一些部门特殊岗位津贴问题。继续配合有关部门做好规范公务员津贴补贴工作。

3. 企业工资管理工作进一步加强

制定实施进一步规范中央企业负责人薪酬管理的指导意见，中央企业负责人薪酬管理迈出重要一步。继续严格执行国有企业工资总额与经济效益挂钩政策，加强对企业工资内外收入的监督检查。进一步加大企业工资支付保障工作力度，督促企业认真执行最低工资标准。以工资集体协商为重点，推动建立企业职工工资随经济效益能增能减的机制。

四、人事制度改革迈出新步伐

1. 积极推进公务员制度和队伍建设

制定实施公务员辞职、辞退规定和公务员录用考试违纪违规行为处理办法，加强国家荣誉称号制度建设。深入开展公务员分类管理和聘任制试点工作，基本完成参照管理集中审批工作。圆满完成2009年公务员录用考试任务，全国约有500万人次参加公务员录用考试，共录用12万多人，省级以上机关录用有基层工作经历人员的比例达到60.0%以上。组织开展第七届“人民满意的公务员”和“人民满意的公务员集体”表彰活动；深入推进政府表彰奖励工作，圆满完成组织全国先进模范代表参加国庆60周年庆典活动的任务。积极开展公务员培训，有力地促进了公务员素质的提高。

2. 事业单位人事制度改革取得积极进展

聘用制度推行范围继续扩大，全国事业单位签订聘用合同人员的比例达到80.0%。岗位设置管理实施工作稳步推进，国务院系统完成岗位设置实施工作的事业单位达到77.0%，中央党群系统达到52.0%，全国有27个省（自治区、直辖市）启动了岗位设置工作。公开招聘制度进一步落实，22个省（自治区、直辖市）事业单位公开招聘人员占新进人员总数的80.0%以上。

3. 军转安置工作进一步加强

认真贯彻胡锦涛总书记的重要批示精神，会同有关部门研究拟定改进计划分配军转干部安置办法。召开第五次全国军转表彰大会，明确了军转工作的发展方向。加大工作力度，确保2009年4.2万名军转干部得到妥善安置。调整规范自主择业军转干部退役金津贴补贴，积极推进自主择业军转干部教育培训，不断加强自主择业军转干部管理服务工作。着力做好部分企业军转干部解困和稳定工作，企业军转干部保持总体稳定。

五、人才队伍建设取得新成绩

1. 专业技术人才队伍建设进一步加强

参与研究制定国家中长期人才发展规划纲要，研究制定国家专业技术人才发展规划。开展新世纪百千万人才工程国家级人选选拔工作，组织开展6批专家服务团活动。积极推进博士后分级管理体制改革，新设立352个博士后科研流动站。全国专业技术人员参加继续教育达3 000万人次。配合实施“千人计划”，开展“留学回国人员创业启动支持计划”和“海外赤子为国服务行动计划”实施工作，完成高层次留学人才回国资助和留学人员科技项目择优资助工作。职称制度改革进一步深化，开展全国职称调查工作，研究制定深化职称制度改革的意见，组织开展中小学教师职称制度改革试点，研究提出工程师制度改革意见。专业技术人员职业资格清理规范工作取得阶段性成果。圆满完成44项全国专业技术人员资格考试，考试规模达到1 775万科次。

2. 技能人才队伍建设进一步推进

研究制定技能人才发展专项规划，实施技工院校扩招计划，深化技工院校改革，推动公共实训基地和高技能人才培养示范基地建设。积极开展技能人才职业资格清理规范和企业技能人才评价试点工作，2009年全国参加职业技能鉴定人数为1 492.1万人，同比增长11.6%；获取职业资格证书人数为1 232万人，同比增长8.3%；新增技师和高级技师41.8万人，同比增长9.7%。组织开展27项国家级职业技能竞赛。

3. 引进国外智力工作取得明显成效

以“高端”、“急需”为取向，加大各类重点计划项目实施力度，部分专家入选“千人计划”。严格出国（境）培训管理和监督，培训质量和效益进一步提高。注重引智管理创新，引智合作机制建设取得重大进展。

六、维护劳动者合法权益工作取得新成效

1. 农民工权益得到更好保障

协调推进维护农民工权益10项行动计划，在确保工资支付、提高劳动合同签订率、参加社会保险、享受社会公

共服务权利等方面发挥了重要作用。截至2009年底，全国农民工参加基本养老、基本医疗、失业、工伤保险人数分别为2 647万人、4 335万人、1 643万人、5 580万人，分别比上年底增加231万人、69万人、94万人、638万人。研究制定发展家庭服务业促进就业的意见。

2. 劳动关系协调机制进一步健全

稳步实施劳动合同法，全面开展农民工签订劳动合同“春暖行动”。推动劳动用工备案制度和劳动用工信息数据库建设，加强对企业实行特殊工时制度的指导和管理。会同全国总工会、中国企业联合会制定实施应对当前经济形势稳定劳动关系的政策措施，积极推进集体合同制度，实施“彩虹计划”，深入开展和谐劳动关系创建活动，发挥协调劳动关系三方机制稳定劳动关系的作用。

3. 劳动人事争议调解仲裁工作取得积极进展

制定实施加强劳动人事争议调解工作的意见，整合劳动人事争议调解仲裁体制和制度。全国仲裁机构实体化建设取得新进展，沿海经济发达地区大部分市县仲裁机构实现实体化。加大仲裁办案力度，加强仲裁员培训，争议处理效能明显提高。2009年，全国各级劳动争议仲裁机构共立案受理争议案件68.4万件，同比下降1.3%；涉及劳动者人数101.7万人，同比下降16.3万人。其中，集体劳动争议案件1.4万件，涉及劳动者人数30.0万人；审结案件69.0万件（含上年累计未审结案件），同比上升10.8%，累计结案率为89.8%。

4. 劳动保障监察执法力度不断加大

通过劳动监察帮助企业规范用工行为。劳动保障监察职能不断强化，“网格化”、“网络化”管理试点进展顺利。组织开展整顿人力资源市场秩序、整治非法用工打击违法犯罪及农民工工资支付情况等专项行动，依法及时查处一批重大违法案件，有力维护了劳动者合法权益和社会稳定。2009年，各地共为64.7万农民工追回被拖欠的工资8.5亿元。

（撰稿：国家人力资源和社会保障部政策研究司副调研员　陶静）

2009年中国企业国有资产监管法制建设综述

国务院国有资产监督管理委员会政策法规局

2009年，企业国有资产监管法制工作适应“后危机时代”新形势新任务的需要，紧紧围绕国有资产监管法规体系和中央企业法律风险防范体系建设，呈现出不少新的亮点和特点。

一、围绕《企业国有资产法》贯彻实施，进一步加强国有资产监管立法工作

2009年是《企业国有资产法》实施的第一年，它的颁布实施标志着国有资产监管法制建设迈出了具有里程碑意义的重要一步。围绕该法的贯彻落实，国务院国资委深入研究并适时制定出台了一批重要的国资监管规章制度。

（一）大力开展《企业国有资产法》学习宣传

为贯彻实施好《企业国有资产法》，国务院国资委以党的十六大、十七大确立的基本原则为指导，结合国有企业30年改革实践，认真领会学习立法精神实质、总结国有资产监管经验，编写了该法的宣讲大纲和相关课件，以讲座报告等形式向国务院国资委机关、地方国资委和中央企业开展法律宣传活动。同时从法律完善的角度，积极组织《企业国有资产法》相关课题研究工作。

（二）不断完善企业国有资产监管制度建设

2009年，国务院国资委修订规章《中央企业负责人经营业绩考核暂行办法》（国资委令第22号）1件；制定规范性文件31件，主要有《关于进一步加强地方国有资产监管工作的若干意见》、《关于进一步加强中央企业金融衍生业务监管的通知》、《企业国有产权交易操作指引》、《关于规范上市国有股东行为的若干意见》、《董事会试点中央企业董事会规范运作暂行办法》、《关于深化中央企业劳动用工和内部收入分配制度改革指导意见》、《中央企业支持配合监事会依法开展当期监督工作规则（试行）》等。截至2009年12月31日，国务院国资委共制定发布规章22件、规范性文件172件，这些规章规范性文件细化了法律法规的原则规定，为加强监管、规范改革、加快调整提供了操作性的制度支撑。

（三）进一步加强重大专题超前研究论证

面对新形势新任务，国务院国资委积极提出关于企业国有资产监管的立法建议，将一些重点项目上报国务院法制办，其中《企业国有资产基础管理条例》（制定）、《国有企业监事会暂行条例》（修订）和《行业协会管理暂行条例》（制定）已初步列入国务院2010年立法计划。同时，针对国资国企改革中的重大政策法律问题，国务院国资委组织开展了专题研究，形成了一批综合性前瞻性的研究报告。为细化《企业国有资产法》规定的国有资产监管机构依法履行出资人职责的内容，进一步完善企业国有资产监管法规体系，形成了《企业国有资产法配套法规研究》的研究报告；为进一步完善国有企业总法律顾问制度，加强企业法律顾问队伍建设，研究形成了《国有重点企业总法律顾问岗位胜任能力模型构建研究报告》等。

总体上看，这些法律文件的出台和重大立法、课题的研究，进一步完善了以国有资产出资人制度为核心的一整套国有资产监管制度，为国务院国资委依法履行出资人职

责、加强国有资产监管、推进国有企业改革发展提供了重要立法依据。

二、积极应对国际金融危机，全面推进中央企业法制工作

自2008年5月国务院国资委提出中央企业法制工作新三年目标以来，中央企业积极行动，主动结合企业经营发展实际，认真推进新三年目标各项指标要求的落实，取得了明显进展和成效。

（一）推进落实中央企业法制工作新三年目标

新三年目标是目前中央企业法制建设的中心任务，也是运用法律手段应对危机、妥善处理法律纠纷的抓手。2009年，国务院国资委采取通报、座谈、印发简报等方式，积极推进新三年目标的落实，取得了明显效果。截至2009年12月底，129户中央企业已有99户实行了总法律顾问制度，占77.0%，比第一个三年目标结束时提高了23.0%。企业依法决策、依法经营管理的制度体系日趋完善，中央企业规章制度、经济合同、重要决策法律审核把关率达到100%的，分别占全部中央企业的61.0%、85.0%和54.0%。中央企业法制工作正逐步向重要子企业延伸，中央企业1 200户重要子企业中建立总法律顾问制度的已达556户，占46.0%。其中有14户中央企业已在全部重要子企业建立总法律顾问制度。

（二）指导推动中央企业法律风险防范机制建设和法律顾问制度建设

为积极应对国际金融危机对我国实体经济的影响，在充分调研的基础上，国务院国资委于2009年初起草印发了《关于进一步加强当前形势下企业法律风险防范有关问题的通知》，对中央企业在危机形势下做好法律风险防范机制建设，深入推进总法律顾问制度建设，切实加强合同管理、境外业务管理、劳动用工管理等问题提出了明确要求。在应对危机、维护合法权益、避免或者减少危机引起的各类纠纷损失方面，发挥了积极作用。为进一步调动国有企业法律顾问的工作积极性，2009年还印发了《关于贯彻实施〈国有企业法律顾问职业岗位等级资格评审管理暂行办法〉有关事项的通知》，对中央企业法律顾问职业岗位等级资格的申报等事项作出进一步细化和明确。

（三）努力协调重大法律纠纷案件

2009年国务院国资委共收到中央企业报请协调处理的法律纠纷案件64起，涉及中央企业53户，省级国资委5家，涉案金额130亿元。一批重大案件得到妥善解决，避免或挽回经济损失85亿元。为从机制、制度上帮助中央企业解决重大典型案件，针对金融资产管理公司转让国有企业不良债权问题，协调最高人民法院出台了《最高人民法院关于审理涉及金融不良债权转让案件工作座谈会纪要》，对从政策上根本解决中央企业此类问题，维护国有资产安全起到了积极作用。此外，继续配合最高人民法院对中央财政资金权属纠纷案件问题进行了深入研究。

（四）积极开展中央企业知识产权保护与管理工作

加强知识产权的管理和保护，是促进中央企业增强自主创新能力、积极应对国际金融危机的重要手段。2009年4月，国务院国资委印发了《关于加强中央企业知识产权工作的指导意见》，进一步明确了中央企业知识产权工作的指导思想和重点工作。此外，国务院国资委还配合有关部门对部分中央企业开展第三批全国企事业单位知识产权试点工作进行了总结验收，组织中央企业参加了2009年全国知识产权宣传周活动。

（五）WTO贸易政策审议和反倾销反补贴工作

全球金融危机发生以来，贸易保护主义抬头，世界贸易组织加强了贸易政策审议。为此，国务院国资委先后10次配合参加贸易政策审议和WTO诉讼工作，在5起反补贴调查案中配合有关部委认真做好应对工作。其间，积极宣传介绍我国新的国有资产管理体制，重点集中在国有企业非公共机构的性质认定、国有企业并非必然存在政府补贴、国有原材料生产企业不存在通过销售渠道传输补贴利益、国有资本经营预算管理等方面做好应对工作，努力为国有企业争取宽松平等的国际竞争环境。

三、加大宣传力度，稳步推进国资委系统和中央企业普法工作

国务院国资委在“五五”普法工作中，坚持一个中心，突出两项重点，即：以加快国有经济科学发展和做强做大、国有资产保值增值提供良好的法制服务保障为中心，突出国资监管体制改革和国有企业改革发展这两大中心任务。2009年，国务院国资委积极组织国资委系统和中央企业开展“五五”普法知识竞赛等活动，把国资委系统法制宣传教育的重点内容确定为学习与国有资产监管密切相关的法律法规；把企业法制宣传教育的重点内容确定为学习与企业改革发展、经营管理密切相关的法律法规。目前，125家中央企业和37个地方国资委均已成立了普法领导机构，其中，46家中央企业、80多位个人获得全国“五五”普法中期先进集体、先进个人和先进工作者荣誉称号。

在2009年的普法工作中，中央企业继续巩固板报、墙报、宣传栏、简报、报刊、法制小册子等传统常规的普法宣传形式，充分发挥其形式简单、覆盖面广、反复阅读等优势，不断强化法制宣传教育的阵地化、规范化建设。重视借助广播、网络、手机、电视等新的媒体传播工具，充分发挥其社会覆盖广、传播速度快、信息容量大的优势，不断提高法制宣传教育的社会影响力。积极开展各项法制宣传活动，包括宣传周（日）、知识竞赛、模拟法庭、推优评先等活动，充分发挥其参与人员多、气氛热烈、易于接受的优势，不断营造法制宣传的社会氛围。

通过普法宣传活动，国资系统机关干部依法履行职责能力和水平明显提高，企业负责人及经营管理人员依法决策、依法经营的能力和广大职工守法、用法、依法维权的意识明显增强，为国资监管和企业发展提供良好的法治保障。

四、2010年企业国有资产监管法制工作的主要任务

2010年，我国经济发展将迎来推进经济结构调整、转变发展方式、提高经济增长质量和效益的关键之年。中央企业经营发展面临着“后危机时代”更高层次、更高水平、更加激烈的市场竞争环境，企业国有资产监管法制工作的

任务将更加繁重。

（一）深入完善企业国有资产监管制度建设

国务院国资委将以邓小平理论和“三个代表”重要思想为指导，深入贯彻落实科学发展观，紧紧围绕促进中央企业转变发展方式、做强主业增实力和进一步加强国有资产监管的中心任务，按照完善国有资产管理体制和制度的要求，加快《企业国有资产法》配套法规、规章和规范性文件的研究起草，健全企业国有资产监管法规体系；按照《企业国有资产法》的相关规定，重点研究制订与该法配套的国有资产基础管理、中央企业重要子企业确定、企业重大事项管理、国有资本经营预算等方面的行政法规；对现行法规、规章和规范性文件提出立改废的建议，加快完善国有资产监管法规体系。

（二）继续加强企业法律风险防范机制建设

为适应“后危机时代”对国有企业改革发展提出的新挑战，国务院国资委将加快探索解决企业法制工作面临的深层次问题，着力推进新三年目标的全面落实。把加快法律风险防范机制建设，作为当前加强企业法制工作的中心任务，努力发挥法律风险防范机制对提高企业核心竞争力的重要作用。通过法律风险防范机制建设，加快实现中央企业法制工作由主要通过出资人推动，转向同时依靠企业内在需求带动；由主要立足于权益保护，转向同时注重价值创造，不断深化和提高中央企业法制工作的水平。

（三）大力提高中央企业法律管理的质量和水平

结合中央企业自主创新、并购重组和“走出去”战略的实施，国务院国资委将进一步指导中央企业加强知识产权管理与保护，积极配合做好反垄断审查、WTO 贸易政策审议，深入开展 GPA 的相关专题研究，努力为国有企业改革发展争取良好的政策法律环境。引导中央企业通过高质量的法律管理，在积极维护企业合法权益的同时，努力为企业寻找和把握经营发展的商机，创造更多的利润，争取更大的价值。

（四）结合“五五”普法着力培育企业合规文化

2010 年是全国“五五”普法总结验收年。国务院国资委将按照全国普法办的统一部署，认真落实相关工作任务。引导企业牢固树立“守法诚信是企业第一生命、违法经营是企业最大风险”等法制理念，大力培育企业合规文化，把企业各级领导和关键岗位员工，作为重点普法对象；把实施企业经营发展战略所涉及的法律法规和国际规则，作为重点普法内容；把企业法律管理的成功经验、做法和一些典型教训，作为重点普法案例。不断健全各级国资委和中央企业的普法工作制度，努力使依法监管、依法经营管理的理念深入人心，使合规文化建设渗透到国资监管工作的各个环节。

（审稿：国务院国有资产监督管理委员会政策法规局
局长　周渝波
撰稿：国务院国有资产监督管理委员会政策法规局
副主任科员　任雅林）

2009 年中国对外贸易形势回顾与展望

商务部国际贸易经济合作研究院

在经历 70 年来最严重的全球经济衰退之后，当前世界主要经济体都已经开始复苏。国际市场需求正在逐步回升。国内投资和消费仍保持较快增长。在有利因素不断增加的形势下，2010 年我国对外贸易有可能出现较为强劲的恢复性增长。

一、2009 年我国外贸经历了严峻考验

2009 年，在国际金融危机导致全球经济急剧衰退，外部需求大幅萎缩形势下，我国对外贸易出现了改革开放以来最大幅度的下降。由于各级政府、有关部门和广大进出口企业认真落实国家各项政策措施，为稳定外需做了大量扎扎实实的工作，2009 年外贸经受住了金融危机的严峻考验。

1. 进出口降幅逐步收窄，下降幅度低于全球

随着世界主要经济体从衰退谷底企稳和缓慢恢复，在国家应对危机的各项政策措施支持下，自 2009 年 3 月起，我国进出口额月度环比就开始缓慢回升，7 月以后月进出口额已经大体稳定在 2 000 亿美元上下。同比下降幅度则逐步缩窄。第一、二、三季度进出口额同比下降幅度分别为 24.9%、22.1% 和 16.7%，第四季度进出口同比由负转正，实现了 9.2% 的增长。全年进出口总额 22 072.7 亿美元，下降幅度缩小至 13.9%。其中出口总额 12 016.6 亿美元，下降 16.0%；进口总额 10 055.6 亿美元，下降 11.2%；贸易顺差 1 961.1 亿美元，比上年减少 1 000 多亿美元。根据世界贸易组织（WTO）公布的数据，2009 年中国的出口降幅低于全球出口降幅 7 个百分点，进口降幅低于全球进口降幅 13 个百分点。

2. 优势商品出口比较抗跌，市场份额继续上升

危机以来，我国出口的劳动密集型消费类商品由于物美价廉和需求具有一定刚性，仍然受到捂紧钱包的各国消费者青睐，降幅一直比较小。例如纺织品 2009 年出口 599.7 亿美元，下降 8.4%，服装出口 1 070.5 亿美元，下

降11.0%，鞋类出口280.2亿美元，下降5.7%，家具及零件出口253.3亿美元，下降6.0%。机电产品和高新技术产品出口2009年初出现较大下降，第二季度以来降幅显著缩小。全年机电产品出口7 131.1亿美元，同比下降13.4%；高新技术产品出口3 769.1亿美元，下降9.3%，幅度均低于总体降幅。根据WTO公布的数据，2009年我国出口占全球出口比重由上年8.6%提高到9.6%，已经超过德国成为世界第一出口大国。

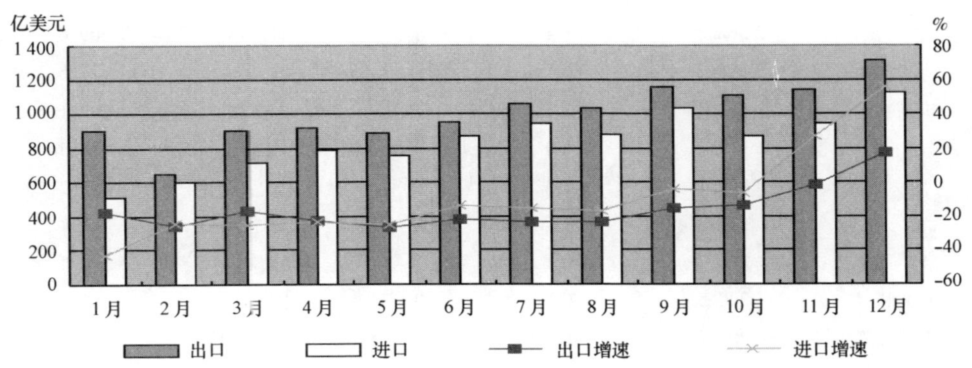

图 2009年中国外贸月度进出口增长情况

资料来源：海关统计

3. 大宗商品进口保持增长，促全球市场回稳

受到国家刺激经济计划的支持，我国国内投资、消费持续增长，大宗能源、资源类产品进口需求旺盛，进口量保持较快增长。2009年全年铁矿砂进口62 778万吨，同比增长41.6%；大豆进口4 255万吨，增长13.7%；原油进口20 379万吨，增长13.9%；初级形状塑料进口2 381万吨，增长34.5%；钢材进口1 763万吨，增长14.3%。大量进口既满足了国内之需，也对全球市场回稳和经济复苏发挥了积极作用。

4. 加工贸易和外商投资企业出口均逐步好转

国际金融危机初期，外商投资企业进出口和加工贸易均受到严重冲击，下降幅度较大。2009年下半年以来，随着外部需求状况改善，外商投资企业和加工贸易的订单逐步恢复。全年外商投资企业出口6 722.3亿美元，同比下降15.0%，在出口总额中所占比重比上年略有升高，达到55.9%。加工贸易出口5 869.8亿美元，下降13.1%，在出口中所占比重比上年提高1.5个百分点。经营机制比较灵活，近年来竞争力不断提高的民营企业在抵御危机中继续发挥生力军作用。全年民营企业出口3 384.4亿美元，下降11.6%；进口1 718.8亿美元，增长7.9%。民营企业进出口总额已经超过了国有企业。见表1。

2009年中国进出口贸易方式、企业性质

表1

项目		出口		进口	
		金额（亿美元）	同比（%）	金额（亿美元）	同比（%）
总值		12 016.6	-16.0	10 055.6	-11.2
贸易方式	一般贸易	5 298.3	-20.1	5 338.7	-6.7
	加工贸易	5 869.8	-13.1	3 223.4	-14.8
	其他贸易方式	848.5	-6.5	1 493.5	-18.0
企业性质	国有企业	1 909.9	-25.8	2 884.7	-18.5
	外商投资企业	6 722.3	-15.0	5 452.1	-12.0
	其他企业	3 384.4	-11.1	1 718.8	7.9

资料来源：海关统计

5. 与主要贸易伙伴的贸易全面回稳和恢复

在前三大贸易伙伴中，中国欧盟贸易在2009年下降幅度第四季度明显缩小，全年中国对欧盟出口比上年下降19.4%，自欧盟进口下降3.6%。中美、中日贸易年初时下降幅度即开始缩窄。全年中国对美国出口下降12.5%，自美国进口下降4.8%。对日本出口下降15.7%，自日本进口下降13.1%。中国东盟贸易下半年趋好，全年对东盟出口下降7.0%，自东盟进口下降8.8%。东盟已经取代日本成为我国第三大出口市场。在主要贸易伙伴中，澳大利亚、东盟和美国占我外贸比重略有上升，欧盟和俄罗斯的比重略有下降。见表2。

2009 年中国进出口贸易伙伴情况

表 2 单位：亿美元

主要出口贸易伙伴情况				主要进口贸易伙伴情况			
位次	国家或地区	出口金额	增速（%）	位次	国家或地区	进口金额	增速（%）
	总值	12 016.6	-16.0		总值	10 055.6	-11.2
1	欧盟	2 362.8	-19.4	1	日本	1 309.4	-13.1
2	美国	2 208.2	-12.5	2	欧盟	1 277.6	-3.6
3	中国香港	1 662.3	-12.8	3	东盟	1 067.1	-8.8
4	东盟	1 063.0	-7.0	4	韩国	1 025.5	-8.5
5	日本	979.1	-15.7	5	中国台湾	857.2	-17.0
6	韩国	536.8	-27.4	6	美国	774.4	-4.8
7	印度	296.7	-6.1	7	澳大利亚	394.4	5.4
8	澳大利亚	206.5	-7.2	8	巴西	282.8	-5.3
9	中国台湾	205.1	-20.8	9	沙特阿拉伯	236.2	-23.8
10	俄罗斯	175.1	-47.1	10	俄罗斯	212.8	-10.7

资料来源：海关统计

二、2010 年一季度外贸出现较快回升

2010 年以来，发达国家的主要经济指标继续转好。主要新兴经济体复苏势头强劲。国际市场需求日益旺盛。我国宏观经济保持平稳向好形势。国家支持外贸发展的政策措施效果进一步显现。因此，一季度进出口出现了较快的恢复性增长，主要特点是：

1. 进出口转为快速回升，贸易顺差大幅减少

第一季度，在外需逐步转旺、订单不断回升和国内需求持续强劲的推动下，我国外贸增长强劲。进出口总额达到6 178.5亿美元，比上年同期增长了 44.1%。其中出口 3 161.7亿美元，增长 28.7%；进口 3 016.8 亿美元，增长 64.6%；外贸顺差 144.9 亿美元，同比下降了 76.7%。进出口总额比金融危机前的 2008 年第一季度增长了 8.1%。3 月当月进出口均达到了历史同期最高水平，并出现了 72.4 亿美元的逆差。这是自 2004 年 4 月以来的首次月度贸易逆差。见表 3。

2008—2010 年中国月度进出口情况

表 3

时间	出口		进口		贸易差额
	金额（亿美元）	同比（%）	金额（亿美元）	同比（%）	
2008 年 1 月	1 095.8	26.5	902.3	27.6	193.6
2 月	873.2	6.3	791.3	35.6	82.0
3 月	1 089.3	30.3	958.0	24.9	131.3
2008 年 1-3 月	3 058.3	21.4	2 651.6	28.6	406.8
2009 年 1 月	904.5	-17.5	513.4	-43.1	391.1
2 月	648.9	-25.7	600.5	-24.1	48.4
3 月	902.9	-17.1	717.3	-25.1	185.6
2009 年 1-3 月	2 455.4	-19.7	1 832.0	-30.9	623.4
2010 年 1 月	1 095.4	21.1	954.2	85.7	141.7
2 月	945.1	45.7	869.1	44.7	76.1
3 月	1 121.1	24.3	1 193.5	66.0	-72.4
2010 年 1-3 月	3 161.7	28.7	3 016.8	64.6	144.9

资料来源：海关统计

2. 主要商品进出口均实现了持续增长

第一季度我国机电产品和高新技术产品出口出现了较快的恢复性增长，出口金额分别比去年同期增长了 31.5% 和 39.1%。机电产品中，自动数据处理设备及部件出口增长 43.3%，集成电路出口增长 54.3%。消费类商品出口平稳，其中纺织品出口增长 26.6%，服装增长 9.1%，家具增长 20.6%，彩电增长了 48.2%。这说明随着全球投资与消费趋旺，我国具有优势的出口产业市场前景可观。国内需求的持续增长推动大宗商品进口呈现量价齐升的景象。一季度原油进口额比去年同期增长 149.8%，铁矿砂进口额增长 42.4%，初级形状的塑料进口额增长 69.3%。在出口带动下，机电产品和高新技术产品进口也大幅提速，前三个

月进口额分别增长了49.8%和50.5%。见表4。

2010年一季度中国出口重点商品量值

表4　单位：亿美元

商品名称	计量单位	出口数量	出口金额	比上年同期（%）	
				出口数量	出口金额
出口总计			3 161.7		28.7
成品油	万　吨	694	44.0	66.4	152.3
塑料制品	万　吨	157	37.1	11.6	22.4
纺织纱线、织物及制品	—	—	152.1	—	26.6
箱包及类似容器	—	—	30.3	—	15.4
服装及衣着附件	—	—	240.4	—	9.1
鞋　类	—	—	72.6	—	13.8
钢　材	万　吨	871	67.3	69.5	13.7
玩　具	—	—	15.7	—	21.8
家具及其零件	—	—	70.6	—	20.6
灯具、照明装置及零件	—	—	17.9	—	24.1
机电产品*	—	—	1 890.8	—	31.5
高新技术产品*	—	—	990.6	—	39.1

注：*“机电产品”和“高新技术产品”包括部分相互重合的商品。

资料来源：海关统计

3. 加工贸易和外商投资企业出口重现活力

第一季度我国一般贸易持续回升。其中出口1 413.1亿美元，比上年同期增长26.7%；进口1 683.8亿美元，增长72.2%。加工贸易增长加快，出口1 516.9亿美元，增长29.8%，占外贸出口比重比上年同期提高0.4个百分点；进口888.2亿美元，增长56.3%。其他贸易方式也实现了高速增长，出口增长34.6%，进口增长55.2%。

外商投资企业和民营企业出口增长继续快于国有企业。国有企业出口增长17.3%，占外贸出口比重比上年同期下降了1.5个百分点；国有企业进口增长63.1%。外商投资企业出口增长28.4%；进口增长57.4%。民营企业出口增长36.6%，进口增长90.8%，民营企业进口增长速度超过了国有企业和外商投资企业。见表5。

2010年一季度中国进出口贸易方式和经营主体情况

表5

项　目		出　口		进　口	
		金额（亿美元）	同比（%）	金额（亿美元）	同比（%）
总　值		3 161.7	28.7	3 016.8	64.6
贸易方式	一般贸易	1 413.1	26.7	1 683.8	72.2
	加工贸易	1 516.9	29.8	888.2	56.3
	其他方式贸易	231.7	34.6	444.9	55.2
企业性质	国有企业	495.1	17.3	856.6	63.1
	外商投资企业	1 746.5	28.4	1 578.8	57.4
	其他企业	920.1	36.6	581.4	90.8

资料来源：海关统计

4. 与主要贸易伙伴的贸易均大幅回升

第一季度，我国对欧盟出口比去年同期增长31.0%，对美国出口增长19.7%，对日本出口增长17.7%。持续快速增长显示这三大发达经济体对我国出口商品的需求得到了较快恢复。同时我国自欧盟、美国和日本进口分别增长了43.0%、42.7%和56.6%，贸易平衡状况有所改善。1—3月我国对发展中国家尤其是新兴经济体出口再次出现了强劲增长，例如对东盟出口292.3亿美元，规模已经超过对日本出口，增长了46.7%。另外对印度出口增长38.7%，对台湾省出口增长59.8%，对俄罗斯出口增长39.3%，对巴西出口增长88.3%。这反映包括发达国家和发展中国家的整个国际市场正全面回暖。见表6。

2010 年一季度中国与主要贸易伙伴贸易情况

表 6

国家或地区	出口		进口		贸易差额
	金额（亿美元）	同比（%）	金额（亿美元）	同比（%）	
全　球	3 161.7	28.7	3 016.8	64.6	144.9
欧　盟	653.7	31.0	360.9	43.0	292.8
美　国	544.5	19.7	236.6	42.7	307.9
日　本	257.0	17.7	379.1	56.6	-122.1
东　盟	292.3	46.7	336.8	76.6	-44.5
韩　国	145.8	28.0	307.3	59.1	-161.5
中国香港	409.9	27.3	26.8	63.3	383.1
中国台湾	60.1	59.8	254.3	76.0	-194.2
澳大利亚	55.9	31.7	118.5	64.3	-62.7
印　度	83.4	38.7	58.2	75.8	25.3
俄罗斯	52.0	39.3	67.9	89.4	-15.8

资料来源：海关统计

5. 沿海外贸大省进出口增长较为强劲

第一季度我国沿海地区进出口增长较为强劲。其中辽宁省进出口增长 54.9%，出口增长 46.2%；河北省进出口增长 33.6%，出口增长 35.9%；上海市进出口增长 43.1%，出口增长 26.3%；江苏省进出口增长 52.0%，出口增长 41.2%；浙江省进出口增长 41.1%，出口增长 32.4%；山东省进出口增长 45.5%，出口增长 30.0%；广东省进出口增长 32.7%，出口增长 21.2%。

三、2010 年外贸规模或超过危机前水平

2010 年我国对外贸易发展的外部环境将好于上年，但是形势仍然极为复杂和存在不确定性，各种积极变化和不利局面同时存在。我们要密切跟踪和关注国际国内形势，做好应对不利因素加剧以及保持进出口持续稳定增长的准备。

2009 年一季度我国外贸处于金融危机后的谷底，2010 年前 3 个月外贸增速较高与上年同期的基数低有关。随着基数提高，我国未来一段时间乃至全年的进出口增长速度肯定会有所放缓。不应当因为前 3 个月进出口的高速增长而对全年外贸形势盲目乐观。

首先，世界经济有望全面复苏，但复苏的基础尚不稳固。

当前全球经济已经呈现全面复苏态势。美国近期公布的经济数据表明，受政府刺激经济措施影响，私人投资正在恢复，就业状况有所改善，居民消费温和增长。进出口持续扩大。欧盟和日本经济进一步向好的方向发展。新兴市场经济有望强劲增长。国际货币基金（IMF）最新预测 2010 年全球经济增速可反弹至 4.2%。然而，主要发达国家引发金融危机的一些深层次矛盾，如金融体系制度性风险和监管不力问题、政府财政赤字过大、消费和供给的巨大结构性失衡等等，都还没有解决。失业率还处在高位，最终消费恢复还需要一个过程。

其次，国际贸易回暖，但市场波动和保护主义威胁不减。

在融资条件改善、投资和消费回升以及补库存需要刺激下，2010 年以来国际贸易迅速恢复。趋于活跃的商品已经从初级产品、非耐用消费品延伸至耐用消费品和投资类产品。国际市场大宗商品价格继续走强。如果未来一段时间经济复苏能够持续，将会进一步推动全球贸易的增长。WTO 预计 2010 年全球贸易量将增长 9.5%，这将是一个比较高的增幅。但是，由于经济复苏存在着整体或局部不确定性、主要货币汇率不稳、流动性变得充裕、通胀和投机因素升高，大宗商品价格未来仍有大幅震荡可能。此外，一些国家和地区贸易保护主义愈演愈烈，侵蚀着多边贸易规则。这些都将干扰全球贸易的顺利复苏。

第三，国内经济回升向好，但成本上涨等压力可能加大。

一季度我国经济增长迅速反弹至 11.9%。随着经济增长速度加快和进出口大幅回升，国内资源能源和运输供求趋紧、进口资源能源价格大幅上涨、劳工日益紧缺和员工工资提高等因素都将推动经营成本持续上涨。人民币升值压力也再次加大。一部分出口企业的竞争力将因此受到削弱，对 2010 年盈利前景并不看好，对承接新的订单十分谨慎。与此同时，各种针对中国的保护主义威胁加剧。1—2 月，我国遭遇贸易救济调查 14 起，涉案金额约 11 亿美元，比上年同期增长 152.0%。2010 年恰逢美国中期选举和欧盟《里斯本条约》生效，经贸摩擦政治化的趋势明显。这些都会极大地影响 2010 年全年的外贸形势。

总体上看，尽管存在一些困难和新的挑战，但是 2010 年世界经济复苏态势比预期的要好，外需正在持续和迅速地恢复，外贸发展的有利因素在增多。因此 2010 全年我国进出口金融有可能超过 2008 年。外贸宏观调控将更加注重优化出口结构，转变增长方式和促进进出口增长更趋于平衡。

（撰稿：商务部国际贸易经济合作研究院研究员　李　健）

2009年中国资源节约和环境保护工作综述

国家发展和改革委员会资源节约和环境保护司

一、2009年工作进展情况

2009年是极不寻常、极不平凡的一年，面对复杂多变的国际形势和艰巨繁重的节能减排任务，在委党组和解振华同志的领导下，我司以科学发展观为指导，认真贯彻落实党中央国务院扩大内需促进经济平稳较快发展重大决策部署，研究提出并组织实施扩大消费需求的政策措施；紧紧围绕实现“十一五”节能减排目标，把节能减排作为调整经济结构、转变发展方式的重要抓手和突破口，切实加大推进力度；为应对后危机时代，大力发展循环经济、低碳经济、绿色经济，加快培育新的经济增长点；开展重大问题研究，研究提出“十二五”规划思路，各项工作取得积极进展。

1. 加强节能减排宏观指导和综合协调

（1）部署2009年节能减排工作。研究提出并经国务院节能减排工作领导小组会议审议，由国务院办公厅印发了《2009年节能减排工作安排》，我委印发了《2009年推动落实节能减排工作安排部门分工》。

（2）加强节能减排综合协调。组织召开了两次国务院节能减排工作领导小组联络员会议，听取有关部门工作进展情况，推动节能减排政策措施落实。开展节能减排形势分析，提出对策建议，为分析经济形势和中央国务院有关文件提供背景材料。起草委领导节能减排方面的讲话、署名文章、接受采访稿10多篇。编辑《节能减排简报》20期，及时上报和交流节能减排工作取得的新进展和出现的新情况。

（3）组织开展节能减排全民行动。组织第19个全国节能宣传周，李克强副总理出席宣传周专题活动。组织第三届全国节能减排（建设节约型社会）主题招贴设计大赛、建设节约型社会文艺作品征集、节能减排“在两会”、向贫困地区捐助节能灯等活动。组织制作节能减排宣传海报和公益广告。

2. 强力推进节能提高能效

（1）加大节能目标责任评价考核力度。完善考核标准和考核方案，会同有关部门组织开展省级政府2008年节能目标责任现场评价考核，考核工作报告经国务院同意后，向社会公告了考核结果，向省级政府通报了考核情况，并将考核结果函告中组部。

（2）加快实施重点节能工程。安排中央预算内投资12亿元和中央财政奖励资金62.5亿元，重点支持十大重点节能工程项目1 318个，引导社会投资800多亿元，可形成约3 440万吨标准煤的节能能力。组织开展节能项目管理和节能量审核培训，加强项目申报、审核和过程管理。

（3）启动实施节能产品惠民工程。会同财政部研究提出《节能产品惠民工程实施方案》，制定了《高效节能产品推广财政补助资金管理暂行办法》、《高效节能房间空调器推广实施细则》。安排中央财政补贴资金20亿元，推广能效等级1级和2级以上高效节能空调500万台，市场占有率由2008年的5.0%左右提高到50.0%，拉动消费需求200多亿元，节电15亿千瓦时。李克强副总理在我委专报信息上作了重要批示。

（4）加强重点企业节能管理。指导各地开展千家企业2008年度节能目标责任评价考核，通报了考核情况，公告了考核结果，千家企业提前2年完成“十一五”节能任务。开通重点用能单位能源利用状况报告网上填报系统，编制了《重点耗能行业能效水平对标指南》。委托国家节能中心启动了节能管理师试点工作。

（5）制定促进节能服务产业发展的政策。会同财政部、人民银行、税务总局研究提出《关于加快推行合同能源管理促进节能服务产业发展的意见》，在投资、财政、税收、金融等方面提出了加大对合同能源管理项目和节能服务公司支持的政策，解决了制约合同能源管理推广的市场障碍。国务院近期提请常务会讨论。

（6）推动绿色照明工程。安排财政补贴资金约8亿元，下达1.2亿只高效照明产品推广任务量，实际完成近1.5亿只，是去年推广量的2倍。会同科技部、工信部、财政部、住房城乡建设部、质检总局六部门联合印发了《半导体照明节能产业发展意见》，明确产业发展的指导思想、基本原则、发展目标及重点领域。

（7）加大节能技术推广力度。组织编制并公布了《国家重点推广的节能技术推广目录（第二批）》，重点推广35项节能技术。组织稀土永磁无铁芯电机专家调研、论证和推广现场会，在呈报国务院的专报信息上，李克强副总理作了重要批示。对《节能产品政府采购清单》进行了两次调整。对兰炼MAZ清净助燃剂和轮杠砣联动节能抽油机产品进行了专题调研。交通运输部会同我委、公安部、海关总署、保监会联合发布了《关于促进甩挂运输发展的通知》。

（8）加强节能法规标准建设。会同有关单位召开了《节约能源法》知识竞赛颁奖大会。修改完善《固定资产投资项目节能评估和审查管理办法》，修订《重点用能单位节能管理办法》、《能源效率标识管理办法》，征求了有关部门和地方主管部门意见。委托并协调标准委制订能效标准9项、能耗限额标准2项、基础标准33项。

（9）进一步扩大能效标识产品实施范围。与国家质检总局和国家认监委联合发布了《中华人民共和国实行能源效率标识的产品目录（第五批）》和自动电饭锅、交流电风扇、交流接触器、容积式空气压缩机家用电冰箱（修订）能源效率标识实施规则，实施能效标识的产品达到19类。组织开展能效标识市场监督，抽查了空调、冰箱、洗衣机等8类产品。

3. 推动循环经济发展

（1）组织编制循环经济发展规划。组织编制并由国务院批准了甘肃省循环经济总体规划，编制完成青海省柴达木循环经济试验区规划，已报国务院审批。指导试点省市编制循环经济试点实施方案，组织论证并批复天津、浙江、山西、河南、青岛、深圳等地区的循环经济规划。

（2）深化循环经济示范试点。组织开展循环经济专家行活动，对第二批国家循环经济试点单位提供技术诊评和咨询指导。李克强副总理出席专家行启动仪式并讲话。对国家循环经济试点进行中期评估。

（3）开展循环经济发展模式案例研究。在总结各地区和试点单位工作经验基础上，组织有关部门、行业专家开展典型案例分析，总结出重点行业、产业园区、重点领域、市域县域等50多个循环经济发展的典型模式，拟在全国推广。

（4）组织实施循环经济重大项目。安排中央预算内投资2.2亿元，支持了机电产品再制造、餐厨废物资源化利用、电子废物资源化、再生资源回收利用体系建设项目31个，资源循环利用量达800万吨。

（5）推动再制造产业化发展。组织实施汽车零部件再制造试点，起草了《加快再制造产业发展的指导意见》，向国务院上报了《关于加快汽车零部件再制造产业发展政策措施建议的报告》。完成汽车零部件再制造产品标志的征集和备案工作，正在抓紧建立汽车零部件再制造标识制度。

（6）推动餐厨垃圾资源化利用。通过专题调研和学术交流，对餐厨垃圾资源化利用的有效途径、安全性及保障制度进行研究，解决产业发展的核心技术问题，开展《餐厨废弃物资源化管理办法》前期研究，组织制定相关标准。

（7）探索建立循环经济统计评价考核体系。研究提出了"关于建立循环经济评价考核指标体系工作进展情况的报告"，已报国务院。会同统计局开展建立循环经济评价考核指标体系研究，起草《循环经济统计试点实施方案》，正在抓紧建立资源产出率统计制度，筹备启动循环经济统计试点。

（8）深入开展循环经济促进法宣贯活动。完成《循环经济促进法》电视大赛及颁奖仪式，拍摄循环经济公益广告，组织制作循环经济宣传挂图和图册。对循环经济示范试点案例进行系列报导。

4. 深入开展资源节约综合利用

（1）研究制定汽车家电以旧换新政策。会同有关部门研究提出并由国务院办公厅转发了《促进扩大内需鼓励汽车、家电以旧换新实施方案的通知》，并配合相关部门细化具体操作办法等。截至上年底，9个试点省市共回收废旧家电403万台，回收再生资源10万多吨，财政补贴14亿元，拉动内需和更新换代效果明显。

（2）推动节水工作。组织海水利用专项规划中期评估，形成《海水利用专项规划中期评估研究报告》。与住房和城乡建设部联合开展创建节水型城市活动，发布第四批节水型城市名单。会同水利部、统计局拟于近期发布《2008年各地区万元工业增加值用水量指标》。

（3）推进秸秆综合利用。会同农业部印发了《关于编制秸秆综合利用规划的指导意见》，对地方编制秸秆综合利用规划给予指导。召开了全国农作物秸秆综合利用现场经验交流会，研究部署下一步工作。

（4）推进"限塑"工作。会同有关部门联合下发了《关于对各地贯彻落实限制生产销售使用塑料购物袋情况进行检查的通知》，组成6个检查组对18个省市进行抽查、督导工作。在"限塑令"实施一周年期间，联合中宣部为中央电视台等主流媒体提供新闻素材，对"限塑令"实施的良好效果进行了广泛宣传报道。

（5）加大治理商品过度包装力度。研究提出并由国务院办公厅印发了《关于治理商品过度包装工作的通知》。我委印发了《2009年治理商品过度包装工作安排及部门分工的通知》，协调国家质检总局发布了《限制商品过度包装要求——食品和化妆品》强制国家标准。支持中商联等单位发起了"中国烘焙行业自觉抵制过度包装承诺活动"。

（6）组织实施资源综合利用项目。安排中央预算内资金5亿元，支持大宗工业废渣资源化利用、再生资源产业化、木材节约代用、高耗水行业节水改造、矿井水利用等重点项目101个，年可利用工业废渣1 373万吨，回收利用再生资源41万吨，消化农林废弃物112万吨，可节约木材26万立方米，节水3.5亿吨。

（7）组织开展资源综合利用电厂审核认定。发布了资源综合利用发电机组认定名单（2009年第一批），审核资源综合利用电厂132家，总装机5475千瓦，年消耗煤矸石、煤泥、油母页岩等废弃物2 400万吨，年处理生活垃圾约750万吨、造纸黑液307万吨，综合利用高炉、转炉、焦炉煤气776 585立方米。

（8）指导墙材革新工作。发布第三批"禁实"城市名单。指导地方制定新型墙体材料专项基金征收使用管理办法实施细则。

5. 加强环境保护

（1）加快城镇污水垃圾处理设施建设。安排中央预算内投资80亿元，支持947个项目，可新增污水处理能力1 390万吨/日，污水管网长度1.8万公里，COD减排能力达120万吨/年多，生活垃圾处理能力达8万吨/日多，引导社会投资248亿元。会同住房城乡建设部开展城镇污水处理及垃圾焚烧发电技术政策调研。

（2）推进重点污染源治理。安排中央预算内投资13.3亿元，支持重点流域工业废水治理和铬渣治理项目248个，可削减COD排放量29.2万吨，处理铬渣37万吨。推进火电厂烟气脱硫特许经营试点，发布脱硫产业信息，组织开展烟气脱硫工程后评估。

（3）加强突出环境问题的综合治理。组织对遗漏铬渣数量的核实，向国务院报送了对遗漏铬渣进行治理的工作意见。会同有关部门制定了《尾矿库隐患综合治理方案》。组织开展《湘江重金属污染治理总体方案》调研和编制工作。

（4）推行清洁生产。配合中编办、国办秘书三局等有关部门理顺清洁生产管理职能，协调财政部研究建立扩大清洁生产专项资金规模。制定并发布了石油和天然气开采业、电石、日用玻璃等3个重点行业清洁生产评价指标体系，组织编制电力行业清洁生产推行规划，启动编制清洁生产技术导向目录和国家清洁生产专家库。

（5）推进环保产业发展。研究提出《关于加快发展环保产业培育新的经济增长点的政策措施建议》、《当前国家鼓励发展的环保产品（设备）目录（2009年版）》。会同有关部门研究提出《环境保护、节能节水项目企业所得税优惠目录》，已经国务院同意印发。

6. 组织“十二五”规划等重大问题研究

（1）开展“十二五”规划重大问题研究。根据中央“十二五”规划《建议》重大研究课题统一安排，组织有关部门研究起草了《生态文明建设与可持续发展研究》报告。研究提出“十二五”期间推进资源节约型、环境友好型社会建设的思路。

（2）组织编制节能环保产业发展规划。为加快培育战略性新兴产业，会同有关部门研究提出节能环保产业发展思路、重点领域、重点工程和政策措施，组织有关院士、专家向国务院领导作专题汇报，在此基础上形成规划征求意见稿，拟于近期征求意见。

（3）开展“十二五”节能规划思路研究。多次召开“十一五”节能形势分析暨“十二五”节能思路座谈会，听取有关地方、部门及专家意见，对规划基本思路进行了深入研究，初步提出了“十二五”节能工作的指导思想、目标分解、主要任务及政策措施。

（4）研究建立中国资源环境主要统计指标体系。在广泛调研和征求意见的基础上，就建立中国资源环境主要指标体系总体思路、框架设计、指标遴选、指标解释、统计发布等问题进行深入研究，提出了《关于建立中国资源环境主要统计指标体系的意见》，已经委主任办公会讨论通过，将报国务院审核。

7. 广泛开展国际交流与合作

一是中日合作。举办了第四届中日节能环保综合论坛，李克强副总理出席主论坛开幕式并讲话，双方签署了42个节能环保合作项目；组织节能管理人员赴日培训，并邀请日方专家来华授课；举行“中日循环经济政策对话”；二是中德合作。实施中德环境政策项目，组织中德清洁生产和循环经济政策培训；召开了中德环保技术和循环经济工作组会议；三是中美合作。参加第一次中美战略与经济对话，确定了《中美能源和环境十年合作框架》下的《能效合作行动计划》；四是中韩合作。组织赴韩国节能培训考察，选择部分“节能减排招贴画设计大赛”获奖作品赴韩国展览；五是推动多边合作。参加国际能效合作伙伴关系（IPEEC）、亚行能效等会议；研究提出建立“中日韩循环经济示范基地”合作项目；指导实施中国终端能效项目、中国节能促进项目、中国逐步淘汰白炽灯等多边项目。

过去一年里，各地区、各部门认真落实党中央、国务院的部署，把节能减排作为促进科学发展的重要抓手，作为扩内需、保增长、调结构的重要内容，努力打好节能减排攻坚战，节能减排效果进一步明显。截至2009年底，“十一五”前四年全国单位GDP能耗下降了14.4%；化学需氧量排放总量下降了9.7%；二氧化硫排放总量下降了13.1%，提前完成了减排目标。

虽然节能减排取得了积极进展，但面临的形势依然严峻。完成节能目标难度进一步加大。由于经济回升，2009年第四季度以来，高耗能高排放行业增速进一步加快，能源消费增长迅速，单位GDP能耗降幅呈减小趋势，节能减排在一些地方有弱化的倾向，一些地区监管不严，严重浪费能源资源、严重污染环境现象比较突出。

二、2010年工作重点

2010年是实施“十一五”规划的最后一年，也是实现节能减排约束性目标的决战之年，必须下更大决心，花更大气力，打好节能减排攻坚战。

总体思路：把节能减排作为调整经济结构、转变发展方式的重要抓手，围绕全委中心工作，深化“三个转变”，完善倒逼机制，制定“决战方案”，加强综合协调，加大推进力度，强化全民行动，确保实现“十一五”节能减排目标。

在工作中做到“四要”：一是在已有措施上，要深入推进；二是在既有政策上，要加大力度；三是在工作进度上，要超前安排；四是在薄弱环节上，要不断创新。

1. 进一步加强节能减排综合协调

（1）研究提出《进一步加大工作力度，确保实现“十一五”节能减排目标的通知》，报国务院，建议以国办文件印发；提出2010年节能减排工作的部门分工，建议以我委名义印发。

（2）围绕确保完成“十一五”节能减排目标，开展节能减排调研，按季度召开形势分析座谈会，做好节能减排形势分析，及时提出政策措施建议。

（3）请国务院适时召开国务院节能减排工作领导小组会议，审议2009年节能减排目标责任评价考核情况，分析2010年节能减排工作进展情况，协调解决节能减排工作中的重大问题。

（4）继续组织节能减排全民行动。与中宣部协商确定2010年节能减排宣传工作要点，定期向新闻媒体提供宣传线索。组织第四届全国节能减排（建设节约型社会）主题招贴设计大赛。策划举办节能减排专题文艺晚会。

2. 扎实推进节能降耗

（1）会同有关部门组织开展2009年节能目标责任现场评价考核，重点考核各地节能措施落实情况和进度目标完成情况。评价考核结果经国务院审定后向社会公告。做到早考核，预算账，对完成“十一五”节能目标有困难的地区，加强节能工作督察和指导。

（2）继续加大中央预算内投资和中央财政节能减排专项资金投入力度，改进资金管理办法，降低项目门槛，提高奖励标准，支持十大重点节能工程和节能管理能力建设，形成5 000万吨标准煤的节能能力。

（3）督促各地节能主管部门开展千家企业节能目标责任评价考核，公告考核情况和考核结果。抓好重点用能单位节能目标责任制、能源利用状况公报、能效对标等工作，分析“十二五”重点用能单位的节能潜力，研究“十二五”重点用能单位节能目标制定及分解落实工作。

（4）全面实施“节能产品惠民工程”，在继续做好推广节能空调的基础上，制定电冰箱、洗衣机、平板电视、燃气热水器、电动机等产品的财政补贴推广实施办法。在全国推广1.5亿只高效照明产品。制定部分产品能效标识实施规则，完善节能产品认证制度和节能产品政府采购制度，促进节能产品和技术推广应用。

（5）全面实施固定资产投资项目节能评估与审查制度。落实温家宝总理指示，抓紧出台固定资产投资项目节能评估和审查管理办法。将能评作为项目审批、核准和开工建设的前置条件，把好新上项目节能关，确保新增项目使用节能高效的工艺、技术和设备；严格控制高耗能项目盲目上马。

（6）落实《关于加快推行合同能源管理促进节能服务业发展的意见》有关政策，协调财政部、税务总局制订税收优惠政策的具体实施办法，加快建立节能技术服务体系，推行合同能源管理，培育节能服务市场。

（7）落实节能产品和节能技术改造项目企业所得税优惠政策、鼓励余热余压发电的上网和价格政策。推动和引导金融机构加大对节能项目的信贷支持。利用世行、亚行和欧洲投资银行等国际金融组织优惠贷款和外国政府贷款支持节能重点工程。

（8）组织制（修）订饮水机、潜水泵、抽油烟机、商用售货机等产品强制性能效标准；制定电炉钢、炭黑、硝酸等单位产品能耗限额标准。加大能源管理体系国家标准的宣传培训力度，在部分行业和企业开展试点。

（9）完善节能管理制度，逐步形成政府节能管理、节能监察、节能服务三位一体的节能管理体系。支持国家节能中心能力建设，推动建立健全省级节能监察机构和节能技术服务机构。

3. 推动循环经济全面发展

（1）编制规划并监督实施。起草区域循环经济规划编制大纲，对规划编制工作进行分类指导；加强对甘肃、柴达木循环经济试验区循环经济总体规划及试点省市城市规划实施的跟踪分析和监督检查工作；研究制定再制造、餐厨垃圾、城市矿产等资源化专项规划。

（2）深化循环经济试点工作。加强对试点单位的技术指导，推动试点方案的实施；组织示范试点工作的评估验收，编写循环经济示范试点总结和评估报告；开展循环经济示范单位的创建、经验推广及表彰奖励工作；推进循环经济标准化工作试点，会同标准委制定再制造等循环经济标准体系框架。

（3）逐步完善循环经济评价考核指标体系。完成2009年度各地报送循环经济试点进展情况的汇总；会同国家统计局完善统计报表制度，开展循环经济统计试点；探讨建立循环经济考核制度及考核体系，将资源产出率等循环经济特征指标纳入“十二五”规划。

（4）推动循环经济重点领域工作。出台《加快再制造产业发展的指导意见》；配合有关部门尽快修订《报废汽车回收管理办法》，消除政策瓶颈；加紧建立汽车零部件再制造标识制度。推动餐厨垃圾、包装物等典型城市废弃物的回收和资源化利用体系建设。

（5）实施“城市矿产”示范工程。印发《关于实施“城市矿产”工程的通知》，支持报废机电产品、报废汽车、废旧办公设备、废旧电池、废旧手机、废塑料等高价值资源化利用工程，建设一批示范基地，再造多座“城市矿山”和“城市油田”。

（6）加强循环经济宣传培训。完成循环经济专家行活动，并作全面总结和集中报道；召开第二次全国循环经济工作会议，推广成功经验，宣传典型模式；制作循环经济动漫、图画、教材等；召开农业循环经济现场会；举办第二届中国国际循环经济成果交易博览会。

（7）完善政策法规。研究制定《循环经济促进法》配套法规，抓紧出台餐厨垃圾等废弃物资源化管理办法。商有关部门制定鼓励废水“零”排放的优惠政策；引导金融机构加大对循环经济的支持力度，协调有关部门出台关于金融支持循环经济发展的若干意见。

（8）加强能力建设。开展试点单位物质流分析，加强循环经济基础理论研究；组织实施好“循环经济决策支持与系统构建关键技术研究与示范”课题；支持支撑机构和专家库建设；继续实施循环经济重大示范工程。

4. 进一步加强资源节约和综合利用

（1）推动大宗工业固体废弃物综合利用。落实温总理批示精神，开展粉煤灰、煤矸石、脱硫石膏、建筑废弃物等规划研究，重点支持大宗工业固体废物深加工处理或者以其为原料的综合利用基地建设，组织实施示范工程，推进工业固体废物资源化利用。

（2）推进节水工作。结合我国海水淡化产业现状，出台促进海水淡化产业发展的指导意见。参与研究编写《水资源节约管理条例》。会同财政部开展节水产品税收优惠政策研究。

（3）推进秸秆资源综合利用。组织实施秸秆综合利用重点工程建设，以秸秆高效利用为突破口，利用中央资金重点扶持一批秸秆综合利用项目，全面实施秸秆综合利用产业化工程。

（4）进一步巩固“限塑”成果。研究完善“限塑”相关产业政策，明确塑料购物袋生产企业规模、工艺和设备等要求，提高行业准入门槛，适时扩大“限塑”范围。持续宣传“限塑令”的重要意义，调动全社会共同参与的积极性。

（5）加大治理商品过度包装力度。在做好月饼过度包装及搭售其他物品的监督检查和宣传教育工作基础上，加大治理茶叶、保健品、化妆品的过度包装工作力度。

（6）完善综合利用优惠政策。会同相关部门修订综合利用产品目录，完善综合利用电厂认定制度，研究制定电子电器的强制回收目录。组织开展资源综合利用企业所得税等优惠政策实施情况调研，及时了解和反馈政策执行中存在的问题。

（7）深入墙体革新工作。在总结三批“禁实”城市经验的基础上，会同国土资源部、建设部、农业部开展总体评价，并组织专题宣传。会同有关部门推动建筑废弃物资源化利用，调研建筑废弃物利用现状、问题，提出解决意见。以灾区建筑废弃物资源化工作为重点，开展试点示范，总结经验，全面推进建筑垃圾综合利用。

5. 加强环境保护

（1）加快城镇环境基础设施建设。做好污水处理、污泥无害化处置、垃圾焚烧处理的技术路线选择、建设和运营资金筹集渠道、保障措施的分析和论证；加大对城镇污水垃圾处理设施建设的投资力度，重点支持污水配套管网及垃圾收运设施建设，确保已建成设施尽快发挥应有效益，新增城镇污水日处理能力 1 500 万立方米、垃圾日处理能力 6 万吨；做好藏区城镇环境基础设施建设项目的可研审批和资金安排。

（2）积极推进突出环境问题的综合治理。以“政策协调、资金支持、项目落实”为重点，支持解决一批惠及民生的突出环境问题。重点推动湖南省重金属污染专项治理、无主尾矿库专项治理。抓紧对青海等省堆存铬渣总量进行勘测和项目评估，解决历史遗留铬渣污染问题。继续抓好重点流域工业点源治理项目，深入推进烟气脱硫特许经营试点。

（3）全面推行清洁生产。研究制定推行清洁生产的意见及措施；强化清洁生产审核结果的应用，支持清洁生产技术服务体系建设；加强与有关部门协调，加大建立清洁生产专项资金支持力度，组织实施清洁生产示范工程。

（4）大力推进环保产业发展。以城镇污水垃圾处理等重点环境基础设施建设、燃煤电厂烟气脱硫脱硝特许经营试点项目为依托，推进污染治理设施运营的产业化、市场化进程；研究推动建立环保产业发展基金；研究制定《当前国家鼓励发展的环保产品（设备）目录（2010 年版）》，推广先进技术装备；积极培育和扶持环保龙头企业。落实和完善支持环保设备、产品、项目的财政税收等优惠政策。

6. 组织编制“十二五”规划

（1）参与“十二五”规划纲要编制工作。在《生态文明与可持续发展研究》“十二五”重大课题研究成果基础上，研究提出“十二五”节能减排指标和目标，以及建设生态文明，推动可持续发展的重大举措。

（2）编制完成《节能环保产业发展规划》。在广泛征求各方面意见的基础上，进一步修改完善后，会同有关部门上报国务院审批。

（3）组织编制“十二五”节能规划。深入调研和分析全国和各地区“十一五”节能目标完成情况和节能措施落实情况，总结评估“十一五”节能政策措施，研究编制“十二五”节能规划，报国务院审批。

（4）组织编制“十二五”循环经济专项规划。按照国民经济和社会发展“十二五”规划总体要求，组织编制“十二五”循环经济发展、资源综合利用、节水型社会建设、海水利用、矿井水、再生水利用等专项规划。

（5）组织编制污染治理专项规划。组织编制“十二五”城镇污水垃圾基础设施建设等专项治理规划；配合环保部等编制“十二五”全国环境保护规划，以及“三河三湖”、“两区”、“一海”等专项环境保护规划。

7. 加强国际交流与合作

（1）中日合作。筹办第五届中日节能环保综合论坛。启动第二轮赴日节能培训。推动中日节能环保签约项目的实施。组织召开“第二次中日循环经济政策对话会”。启动城市典型废弃物循环利用体系建设项目，开展资源化示范试点。推进中日循环型城市合作。

（2）中韩合作。组织赴韩节能研修（第二期）。合作开展“中韩节能减排招贴画设计大赛”。

（3）中美合作。推进中美能效行动计划务实合作。

（4）中德合作。召开环保技术和循环经济工作组第二次会议。继续落实中德清洁生产合作项目。

（5）中日韩合作。做好“中日韩循环经济示范基地”前期工作，尽快召开部门协调会，举办“中日韩循环经济合作研讨会”。

（6）推进中国终端能效项目、世行节能促进项目二期和世行三期节能融资项目等国际合作项目，完成项目协议规定任务。积极参与制订国际能效合作伙伴关系（IPEEC）框架文件，反映我国在能效领域的立场和关切。继续实施“亚洲能效标准和认证/标识有效建立和实施障碍消除项目（BRESL）。组织好国家发展改革委/UNDP/GEF“中国逐步淘汰白炽灯、加快推广节能灯项目”有关工作。

（撰稿：国家发展和改革委员会资源节约和环境保护司
综合处处长　姚明宽）

2009 年中国国家高新技术产业开发区综合发展与数据分析报告

国家科学技术部火炬高技术产业开发中心

2009 年，科学技术部火炬高技术产业开发中心认真落实国务院常务会《关于发挥科技支撑作用，促进经济平稳较快发展的意见》（国发〔2009〕9 号）文件精神，积极推进中关村和武汉国家自主创新示范区建设，鼓励国家高新技术产业开发区（简称“高新区”）克服金融危机带来的不利因素，改革创新、开拓进取，继续保持园区经济快速稳定的增长态势。实践证明，2009 年，56 家高新区没有辜负党中央、国务院寄予的“促进经济又好又快增长”的期望，不仅在科技创新、企业聚集、产业升级和经济发展等方面取得较好成绩，而且在带动周边区域实现经济发展方式转变和加快经济结构调整方面也起到了积极的推动和示范作用。

一、园区经济保持快速稳定增长

全球金融危机爆发后的第一年，56家高新区经受住了"投资减少、出口遇阻"的考验，无论是经济规模、经济增长，还是经济质量、经济效率，都表现出良好的发展势头。

1. 经济规模优势凸显

2009年，56家高新区营业总收入突破70 000亿元，达到78 706.9亿元，工业增加值达到15 416.7亿元，经济规模优势凸显。据对高新区53 692家企业统计，年末从业人员达815.3万人；实现工业总产值61 151.4亿元；实现工业销售产值58 593.8亿元；实现净利润4 465.4亿元；上缴税额3 994.6亿元；高新区进出口总额3 938.8亿美元，其中出口创汇2 007.2亿美元，占到进出口总额的51.0%。2009年高新区主要经济指标见图1、表1。

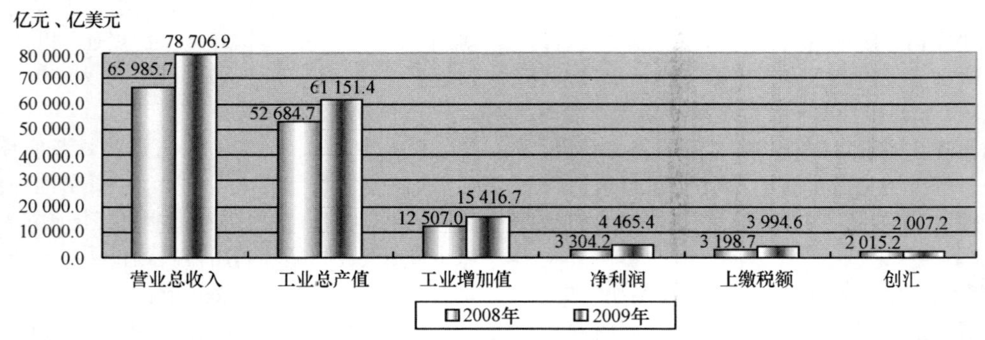

图1　2008—2009年高新区主要经济指标增长情况

2009年高新区主要经济指标一览表

表1　　单位：家、千元、千美元

高新区	企业数	从业人员	工业总产值	营业总收入	工业增加值	出口创汇	净利润	上交税额
北　京	16 948	1 096 562	419 302 193	1 299 508 956	75 060 000	20 823 347	95 669 412	66 155 279
天　津	2 779	247 612	156 846 197	232 193 394	40 720 491	3 506 757	18 212 334	11 371 586
石家庄	500	80 673	73 388 628	93 530 473	19 596 748	512 805	3 962 058	5 358 222
保　定	159	59 171	55 094 802	52 356 910	12 298 306	1 644 505	3 399 210	2 446 087
太　原	891	101 299	97 734 129	107 809 051	24 178 524	200 127	3 940 341	6 489 271
包　头	573	109 273	92 769 855	90 807 152	27 723 073	558 504	2 820 230	3 807 332
沈　阳	813	124 903	122 601 733	150 154 061	28 044 078	1 552 292	6 502 787	6 869 816
大　连	1 757	183 216	102 043 826	135 290 285	31 806 548	3 924 095	9 230 461	6 055 715
鞍　山	535	81 921	71 866 885	80 853 186	22 697 870	290 039	4 690 709	3 938 578
长　春	885	107 091	189 986 211	194 700 728	46 895 174	543 393	17 443 754	16 868 816
吉　林	742	105 064	89 078 567	93 078 465	24 823 327	398 459	3 340 644	4 556 225
哈尔滨	479	116 911	91 590 868	100 874 766	18 546 894	361 588	4 412 580	4 884 544
大　庆	400	86 428	72 549 308	76 078 847	20 602 993	106 691	3 771 410	4 671 868
上　海	1 403	308 800	337 387 821	486 699 509	63 776 053	21 466 093	29 949 842	25 254 020
南　京	253	148 953	225 623 404	239 042 633	45 061 929	5 925 779	11 282 447	11 699 084
常　州	1 072	145 115	120 934 631	120 768 025	29 706 211	3 415 838	6 262 699	4 322 779
无　锡	1 075	263 042	250 637 159	250 882 234	57 869 782	15 483 304	12 889 075	6 220 209
苏　州	1 022	249 784	185 934 057	200 223 499	46 907 142	17 177 316	9 358 498	8 028 196
杭　州	1 589	201 125	96 483 246	157 640 206	24 275 771	3 789 734	10 151 182	9 266 408
宁　波	318	82 518	69 135 832	93 734 214	16 725 234	4 589 455	4 764 290	3 417 511
合　肥	398	113 430	107 155 340	107 362 857	37 408 872	1 001 006	7 413 125	15 600 941
福　州	178	60 993	41 876 785	41 167 577	10 805 159	1 762 754	1 787 308	1 174 453
厦　门	290	87 558	92 737 818	96 734 532	19 384 555	8 021 180	4 495 369	5 727 159
南　昌	285	80 645	62 685 398	66 886 051	20 153 750	646 773	2 573 526	6 887 280
济　南	522	120 596	89 225 279	120 379 056	27 821 710	1 535 475	9 412 802	9 095 138
青　岛	138	64 755	83 148 855	102 108 053	17 553 366	1 679 139	4 478 030	4 156 053
淄　博	426	115 072	117 394 018	123 662 187	29 206 551	1 302 209	3 442 892	9 144 526
潍　坊	326	99 344	92 453 578	103 070 611	26 853 582	1 477 365	6 355 844	4 138 115

续 表

高新区	企业数	从业人员	工业总产值	营业总收入	工业增加值	出口创汇	净利润	上交税额
威　海	211	75 656	77 078 838	78 554 853	22 652 760	3 272 518	4 261 923	3 875 726
郑　州	615	96 642	85 806 791	98 055 478	26 373 269	260 930	6 681 972	5 863 666
洛　阳	460	80 264	65 475 597	75 291 410	21 006 977	787 459	4 369 620	3 971 536
武　汉	2 194	295 821	197 549 785	226 140 990	66 728 910	2 517 573	13 241 069	12 143 359
襄　樊	275	70 211	65 544 031	67 508 613	18 505 499	298 920	2 878 953	3 206 092
长　沙	720	164 552	136 229 937	150 064 769	35 478 859	870 472	9 738 765	6 737 182
株　洲	202	75 723	61 001 656	61 563 292	18 670 989	543 251	2 397 540	2 344 374
广　州	1 751	291 734	188 225 335	266 562 691	46 746 770	13 777 823	12 038 651	8 494 361
深　圳	399	272 972	255 070 583	266 856 813	59 937 367	12 358 109	14 758 570	13 838 575
珠　海	521	193 017	114 581 255	117 347 332	21 988 486	7 502 590	5 177 138	3 728 904
惠　州	158	94 936	64 619 989	63 096 387	13 604 562	5 154 106	2 006 333	1 389 013
中　山	423	135 021	90 041 223	86 214 761	21 148 492	5 302 283	3 150 811	2 192 153
佛　山	443	177 835	154 374 092	150 500 052	36 885 815	6 395 269	4 926 650	3 646 514
南　宁	686	108 400	45 410 691	58 026 729	15 285 929	235 847	3 650 158	3 014 837
桂　林	277	74 338	37 505 222	32 200 496	11 005 038	542 720	2 069 142	2 168 697
海　南	122	24 041	16 889 825	17 125 942	2 892 607	457 979	748 164	1 093 402
成　都	1 398	227 008	209 036 669	227 089 515	60 571 728	7 094 083	14 711 829	10 817 400
重　庆	520	189 687	61 204 097	86 295 939	18 433 648	646 938	3 685 205	4 838 765
绵　阳	114	101 826	59 724 013	47 551 294	14 219 618	745 628	1 399 455	1 716 842
贵　阳	121	96 536	30 156 147	33 908 170	7 834 319	474 518	804 177	1 643 158
昆　明	240	61 817	55 457 087	75 050 376	12 897 324	1 260 165	3 355 907	3 761 565
西　安	3 471	275 141	201 621 144	313 663 497	64 210 083	2 536 676	14 719 380	16 972 478
宝　鸡	372	100 703	74 221 451	75 121 513	21 008 643	452 305	4 170 056	4 914 011
杨　凌	126	13 753	4 634 312	7 353 576	1 349 976	95 887	-59 862	170 767
兰　州	451	75 805	51 625 138	65 069 381	10 655 161	82 605	2 430 457	4 227 641
乌鲁木齐	210	34 198	16 266 715	20 370 305	3 013 202	580 807	3 805 789	765 950
湘　潭	232	73 771	51 315 062	50 986 682	11 381 962	2 210 342	1 460 136	1 929 684
泰　州	224	29 951	36 806 166	35 515 763	10 675 719	567 988	1 945 012	2 386 060
合　计	53 692	8 153 213	6 115 139 274	7 870 694 134	1 541 667 406	200 721 812	446 535 858	399 457 922

2. 经济增长态势喜人

2009 年，高新区各主要经济指标增长情况如下：营业总收入增长 19.3 %，有 23 家高新区超过平均增长幅度；工业销售产值增长 16.3%；工业总产值增长 16.1%，有 24 家高新区超过平均增长幅度；工业增加值增长 23.3%，增幅高出上年同期 6.3 个百分点；净利润增长 35.1%，增幅高出上年同期 30.6 个百分点，有 48 家高新区呈现增长态势；上缴税额增长 24.9%，增幅高出上年同期 2.9 个百分点；虽然出口创汇略有下降为 -0.4%，但出口创汇占全国外贸出口（12 017亿美元）的比重达到 16.7%，高出上年同期 2.6 个百分点。自 1992 年以来，高新区的营业总收入、工业总产值、实现利润、上缴税额、出口创汇五项经济指标的年均增长率分别为 40.9%、40.6%、36.0%、42.3%和 44.0%。

3. 经济质量稳中有升

工业增加值是经济质量的重要指标。2009 年，56 家高新区实现工业增加值 15 416.7 亿元，比上年同期增加 2 909.7亿元，同比增长 23.3%，增速高出同期全国第二产业增加值（9.5%）13.8 个百分点，占全国第二产业增加值的 9.8%。56 家高新区中，工业增加值增长率超过 20.0%的高新区有 28 家。另外，高新区园区生产总值（GDP）已达到 23 116.5 亿元，比上年增加 2 072.6 亿元，占全国国内生产总值（335 353 亿元）比重达 7.0%。

4. 经济效率持续走高

2009 年，高新区企业人均创造价值的能力继续得到提升。当年，高新区企业人均营业总收入达 100.3 万元/人，比上年高 7.2 万元；人均工业总产值 78 万元/人；人均工业增加值 20 万元/人；人均净利润 5.7 万元/人；人均上缴税额 5.1 万元/人；人均出口创汇 2.6 万美元/人。与 2008 年相比，除人均出口创汇略低于上年 0.2 个百分点以外，其他各项人均指标均高于 2008 年度数值，见图 2。

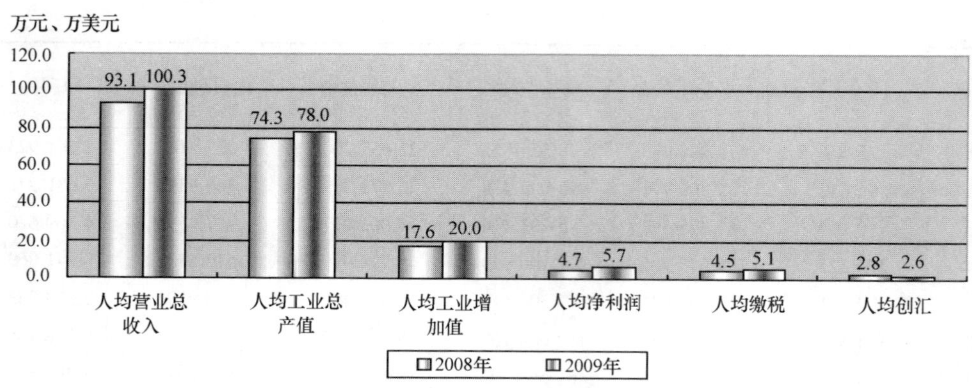

图2　2008—2009年主要经济指标人均情况

二、科技创新能力得到不断加强

56家高新区鼓励企业增加研发投入，提高技术创新能力，初步形成了一批高度集聚的优秀人才队伍，不断涌现出具有国内外先进水平的科技创新成果。

1. 人才队伍发展较快

2009年，国家高新区企业现有就业人员815.3万人，是建区初期1992年的24倍，与2008年相比增加98.8万人，年增长13.8%。国家高新区大专学历以上人员达到383万人，高出上年58万人，占到高新区从业人员人数的47.0%，其中，硕士学位毕业生31.6万人；博士学位毕业生3.8万人；归国创业的留学人员近3.6万名。

2009年，在国家高新区从业人员构成中，具有中高级职称的人员达到107.5万人，占到从业人员总量13.2%。国家高新区共吸纳了30.2万名应届高校毕业生，从1992年到2009年这18年间，国家高新区就业人数以年均21.0%的速度增长，为国家解决就业难的问题作出了积极贡献。

2. 创新经费增加显著

2009年，国家高新区企业用于科技活动筹集到的资金总额已达到3 066.6亿元，高出上年445.7亿元，年增长17.0%。其中，企业筹集资金达到2 601.3亿元，来自金融机构的贷款90.4亿元，来自各级政府部门的资金230.2亿元，来自各事业单位的资金6.1亿元，来自国外的资金81.9亿元，来自于其他方面的资金56.7亿元，见图3。

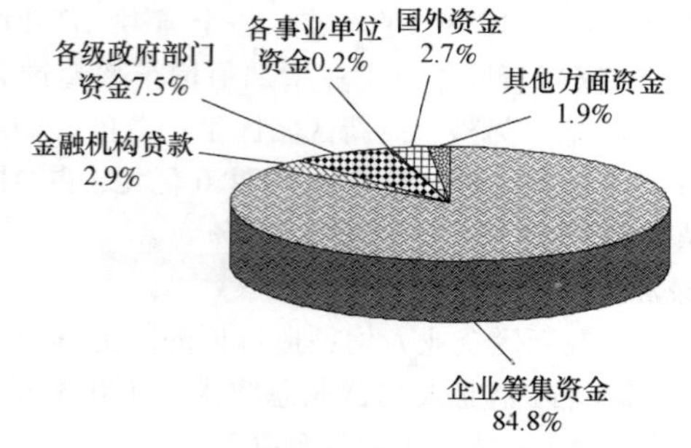

图3　高新区科技活动经费筹集情况

3. 技术收入结构优化

2009年，国家高新区企业各种技术性收入达到5 920.4亿元，占到营业总收入的7.5%，其中，企业进行的技术转让收入为168.7亿元，占技术性收入总额2.8%；技术承包收入780.9亿元，占技术性收入总额13.2%；技术咨询收入3 357亿元，占技术性收入总额56.7%；技术委托收入257.9亿元，占技术性收入总额4.4%。从以上四类收入中可以看出企业用于技术咨询收入最高，占到技术性收入1/2以上的份额。

4. 科技项目大幅增加

2009年，高新区企业在科技活动中参与的科技项目数量达到179 581项，比上年增加18 297项，占高新区科技项目总量48.5%。科技项目数位居前5家高新区是：中关村科技园区、西安高新区、成都高新区、上海张江高新区和广州高新区。企业创办的科技机构数量已达9 713个，创办科技机构数量位居前5家高新区是：中关村科技园区、郑州高新区、广州高新区、西安高新区、武汉高新区。在科技机构中参与研究的博士毕业人员1.3万人，硕士毕业人员9.4万人，本科毕业以上人员26.8万人。

5. 创新成果不断涌现

国家高新区成立至今，区内企业创新成果的市场转化率一直处于较高水平，企业拥有的专利数量和每年申请专利数量均得到快速增长。

2009年，国家高新区的新产品产值达到18 437.1亿元，新产品销售收入为19 070.1亿元，新产品销售收入占高新区产品销售收入的比重为30.4%。达到这一比重的高新区有21个。

2009年，国家高新区企业已拥有有效发明专利53 895件，其中国有企业6 885件，外资及港澳台企业14 626件，股份公司23 991件。高新区每万人拥有的发明专利数量为68.7件。

按当年申请专利情况看，国家高新区2009年申请专利数量达到100 389件，其中申请的发明专利有50 069件，占高新区拥有发明专利总量92.9%。其中：国有企业4 183件，外资及港澳台企业13 126件，股份公司24 992件。

按当年专利授权情况看，国家高新区2009年专利授权数达到46 530件，其中发明专利授权16 020件；欧美日专利授权969件，发明专利授权343件。其中：国有企业1 488件，外资及港澳台企业4 565件，股份公司7 772件。

按其他知识产权情况看，国家高新区53 692家企业2009年共获得软件著作版权38 019项，获得集成电路布图2 393项，获得植物新品种282项，获得各种国家奖项1 757次。

三、“调结构、促转变”贡献显著

近几年来，高新区积极优化创新创业环境，大力培育有竞争优势和发展前景的产业集群，同时注重发展高新技术产业与改造传统产业相结合，逐步形成了一批对国民经济增长有重大带动作用的优势特色产业，成为优化产业结构、促进经济增长方式转变的重要力量。

1. 创新资金和科研机构聚集效应初现

高新区为企业创新创业提供强有力的支持，体现在各类资金的支持力度，其各种配套资金较上年有所增长。用于对科技型中小企业创新基金配套的资金已达到37亿元，比上年增加15.9亿元；用于扶持创业投资机构的资金已达到189.2亿元，比上年增加111.9亿元；用于扶持担保机构的资金已达到116.3亿元，比上年增加89.3亿元，以上三种资金共计达到342.5亿元，资金总量高出上年171.3亿元。

高新区中聚集了众多科研机构和大专院校，为园区经济发展提供知识载体和创新源头。从2009年统计数据看，高新区内聚集的各类高等院校已经达到391所，促进了高新区的企业与大专院校、科研院所建立各种合作关系，积极推动产学研合作体和共建研发基地等；高新区还集聚了国家工程（技术）研究中心263个、开放实验室860个、产业技术检验检测平台417个、技术转移中心175个。

2. 企业上市融资能力越来越强

2009年统计数据显示，在53 692家企业中，已有上市企业783家。在783家上市企业中，按新标准认定的高新技术企业有489家，占上市企业总量62.5%。这些上市企业实现的营业总收入达到16 408.9亿元、工业总产值13 289.2亿元、实现工业销售产值12 213.4亿元、实现工业增加值3 437.8亿元、实现利润达974.9亿元、上缴税额780亿元、实现出口创汇362.4亿美元，均占到高新区相应指标总量的20.0%左右。

在已上市的783家企业中，按上市的地点分类情况看：在国内2个交易所上市企业数量最多有474家，占上市企业总量的60.5%。其中：深交所上市225家，上交所上市208家，创业板上市企业有41家。在香港上市企业有98家，占上市企业总量的12.5%。在国外上市企业达到101家，占上市企业总量的12.9%。其中在美国纳斯达克上市企业有45家，在纽约交易所上市企业有28家，在新加坡上市企业有21家，占上市企业总量的2.7%。在日本上市企业有2家，在英国上市企业有5家。另外，在其他板块上市企业也有110家。

3. 出口产品的品种与领域得到优化

2009年，高新区以高新技术产品实现出口创汇产品品种达59 703种，产品品种比上年增加3 730种。实现产品出口创汇1 382.8亿美元，同比增长了5.2%，占高新区全部出口创汇总额的68.9%。特别是在金融危机期间，高新区企业出口创汇规模也有所增长，出口额超亿美元以上企业已有312家，比2008年增加33家，出口创汇额为1 459.3亿美元。

高新区企业产品出口额最多的是电子与信息领域达到893.1亿美元，比上年增加63.4亿美元，占产品出口总量64.6%；跃居第2位是光机电一体化领域达到132.2亿美元，占产品出口总量9.6%；排在第3位的是新能源及高效节能领域达到121.8亿美元，占产品出口总量8.8%；新材料技术达到60.7亿美元，占产品出口总量4.4%。

高新区企业主要产品出口国别和地区情况：出口到美国达到306.5亿美元，占产品出口总额22.2%；其次是港澳台达到257.9亿美元，占产品出口总额18.7%；欧洲212.8亿美元，占产品出口总额15.4%；东南亚达到207.1亿美元，占产品出口总额15.0%；出口日本达到160亿美元，占产品出口总额11.6%。

4. 企业资产运作与上缴税收状况良好

高新区企业年末资产比上年增长18 491.9亿元，达到85 950.6亿元；年末负债45 984.3亿元，比上年增加9 003.8亿元；净资产达到39 966.3亿元；高新区资产负债率为53.5%，几年来一直保持在52.0%上下浮动。企业平均年末资产比上年增加319.1万元，达到16 008.1万元。高新区53 692家企业净资产收益率达10.8%；收入在亿元以上企业净资产收益率达12.8%；资产上亿元企业比上年增加1 041家，增长率为15.6%，达到7 727家；上亿元企业资产达到78 829亿元。高新区企业年末资产增长情况见表2。

2008—2009年高新区企业年末资产增长情况比较

表2

年份	年末资产合计（亿元）	企业平均年末资产（万元）	资产上亿元企业		
			企业数（家）	年末资产总计（亿元）	企业平均年末资产（亿元）
2008年	67 458.7	12 817.1	6 686.0	60 822.4	9.1
2009年	85 950.6	16 008.1	7 727.0	78 829.0	10.2
年增长（%）	27.4	24.9	15.6	29.6	12.1

企业缴税保持稳定增长。2009年，国家高新区53 692家企业共上缴税额3 994.6亿元，年增长24.9%。其中年销售收入在500万元以上的规模工业企业共上缴税额3 010.6亿元，占高新区总量75.4%；营业总收入超亿元企业缴税额达到3 621.7亿元，占高新区总量90.7%；上市企业共上缴税额790亿元，占高新区总量19.8%；外商和港澳台投资企业缴税额1 441.2亿元，占高新区总量36.1%。

5. 企业成长能力与规模化水平不断提升

2009 年，高新区企业快速成长，规模化水平不断提升。统计范围内的企业达到53 692 家，比上年增加1 060 家。营业收入超过100 亿元以上企业数量创历史最高达到122 家，超过50 亿元以上273 家，超过30 亿元以上430 家，超过10 亿元以上1 163 家。收入在亿元以上企业已经达到6 780 家，占到高新区企业总量 12.6%，创造的营业收入已占到总量91.7%。

高新区产品销售收入在500 万元以上的规模工业企业有17 527 家，占到高新区企业总量32.6%。这些企业实现营业总收入达到59 087.5 亿元，占到高新区总量75.1%；工业增加值达到 14 072.2 亿元，占到高新区总量 91.3%；工业总产值56 784 亿元，占到高新区总量92.9%；实现工业销售产值54 638.9 亿元，占到高新区总量93.3%；实现净利润 3 012.7 亿元，占高新区总量 67.5%；上缴税额 3 010.6亿元，占高新区总量75.4%；出口创汇 1 895.3 亿美元，占高新区总量94.4%。

截至2009 年底，53 692 家企业中，国有控股企业4 941 家，集体控股2 046 家，私人控股32 906 家，港澳台控股2 000家，外商控股4 958 家。有4 267 家企业经过各类孵化器孵化，毕业后到高新区创业和发展。区内企业主要经济指标的平均值水平也得到大幅度提升，其中，单个企业平均营业总收入达到 14 659 万元，比 2008 年高出2 121.8万元；其他经济指标的企业平均值为：工业总产值 11 389.3 万元、工业增加值2 868.1 万元、净利润831.7 万元、缴税744 万元、出口创汇373.8 万美元，见图4。

6. 高新区产业结构得到逐步优化

2009 年，国家高新区企业在高新技术产业领域的产品销售收入不断提高，其中电子信息领域产品销售收入继续领先，达到13 883.4 亿元，远远高于其他领域，比上年增加1 052.7 亿元，占高新区产品销售收入总量30.4%；光机电一体化发展也较快，达到 6 809.2 亿元，比上年增加797.4 亿元，占产品销售收入总量14.9%；新材料领域达到5 880.8 亿元，占产品销售收入总量 12.9%；生物技术领域为3 789.8 亿元，占产品销售收入总量8.3%。其他领域产品销售收入总量排序依次是：新能源及高效节能技术 3 595.1亿元，占产品销售收入总量7.9%；环境保护技术524.4 亿元，占产品销售收入总量 1.1%；航空航天技术247.7 亿元，占产品销售收入总量0.5%；核应用技术31.6 亿元，占产品销售收入总量0.1%；地球、空间、海洋工程152.4 亿元，占产品销售收入总量0.3%。

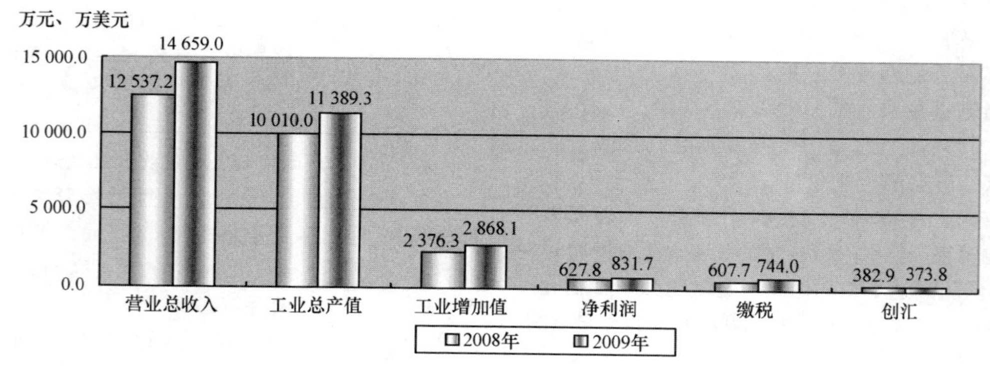

图4 2008—2009 年主要经济指标企业平均值

7. 高新区对所在城市经济贡献越来越大

高新区对其所在城市经济发展中的贡献度越来越重要，这其中很大作用体现在高新区的经济效益上，高新区工业增加值在其所在城市中所占份额逐步凸显，其中，工业增加值占到所在城市比重达到30.0%以上的有23 家高新区，比上年增加4 个。园区生产总值（GDP）占当地城市 GDP 达到20.0%以上的有16 家高新区，比上年增加4 个。一些经济总量较小的高新区对当地经济发展作用明显，为区域经济发展起到了积极推动作用。

四、各区域高新区保持协同稳定发展

1. 西部地区总体发展态势明显

2009 年，我国西部地区13 个高新区（包头、南宁、桂林、成都、重庆、绵阳、贵阳、昆明、西安、宝鸡、杨凌、兰州、乌鲁木齐）共实现营业总收入 11 325.1 亿元，较上年增长 20.3%；工业总产值 9 396.3 亿元，较上年增长21.5%；工业增加值2 682.1 亿元，较上年增长21.8%；净利润575.6 亿元，较上年增长23.3%；上缴税额588.2 亿元，较上年增长 15.9%；出口创汇 153.1 亿美元，较上年增长24.1%。西部地区高新区营业总收入、工业总产值等主要指标占高新区总量的比例分别为14.4%、15.4%、17.4%、12.9%、14.7%、4.5%，见表3。

2009 年西部地区13 个高新区总体发展态势明显，达到或超过高新区平均增长幅度的是营业总收入、工业总产值和出口创汇。其中出口创汇增长幅度最为突出，高出高新区平均增长幅度24.5 个百分点。6 项主要经济指标均未出现负增长，保持良好增长态势的有包头高新区、桂林高新区、成都高新区、贵阳高新区、昆明高新区、西安高新区和宝鸡高新区。出口创汇增长幅度超过50.0%以上的高新区有成都高新区、贵阳高新区和昆明高新区。

2. 东北地区总体情况不容乐观

2009 年，我国东北地区7 个高新区（沈阳、大连、鞍山、长春、吉林、哈尔滨和大庆）共实现营业总收入 8 310.4亿元，较上年增长9.0%；工业总产值7 397.2 亿元，较上年增长8.0%；工业增加值1 934.2 亿元，较上年增长20.2%；净利润493.9亿元，较上年增长27.0%；上缴税额478.5亿元，较上年增长11.8%；出口创汇71.8亿美元，较上年下降0.6%。东北地区高新区营业总收入、工业总产值等主要指标占高新区总量的比例分别为10.6%、12.1%、12.5%、11.1%、12.0%、3.6%，见表4。

西部高新区主要经济指标比较

表3 单位：亿元、亿美元

指　标	2008年	2009年	年增长率（%）
营业总收入	65 985.7	78 706.9	19.3
其中：西　部	9 413.3	11 325.1	20.3
其　他	56 572.4	67 381.8	19.1
工业总产值	52 684.7	61 151.4	16.1
其中：西　部	7 734.5	9 396.3	21.5
其　他	44 950.2	51 755.1	15.1
工业增加值	12 507.0	15 416.7	23.3
其中：西　部	2 202.2	2 682.1	21.8
其　他	10 304.8	12 734.6	23.6
净利润	3 304.2	4 465.4	35.1
其中：西　部	466.9	575.6	23.3
其　他	2 837.3	3 889.8	37.1
上缴税费	3 198.7	3 994.6	24.9
其中：西　部	507.7	588.2	15.9
其　他	2 691.0	3 406.4	26.6
出口创汇	2 015.2	2 007.2	-0.4
其中：西　部	123.4	153.1	24.1
其　他	1 891.8	1 854.1	2.0

东北地区高新区主要经济指标比较

表4 单位：亿元、亿美元

指　标	2008年	2009年	年增长率（%）
营业总收入	65 985.7	78 706.9	19.3
其中：东　北	7 625.8	8 310.4	9.0
其　他	58 359.9	70 396.6	20.6
工业总产值	52 684.7	61 151.4	16.1
其中：东　北	6 849.0	7 397.2	8.0
其　他	45 835.7	53 754.2	17.3
工业增加值	12 507.0	15 416.7	23.3
其中：东　北	1 609.6	1 934.2	20.2
其　他	10 897.4	13 482.5	23.8
净利润	3 304.2	4 465.4	35.1
其中：东　北	389.0	493.9	27.0
其　他	2 915.2	3 971.5	36.2
上缴税费	3 198.7	3 994.6	24.9
其中：东　北	428.1	478.5	11.8
其　他	2 770.6	3 516.1	26.9
出口创汇	2 015.2	2 007.2	-0.4
其中：东　北	72.2	71.8	-0.6
其　他	1 943.0	1 935.4	-0.4

2009年东北地区7个高新区总体发展不容乐观，6项主要经济指标均低于高新区的平均增长，营业总收入和工业总产值增长幅度只有个位数。其6项主要经济指标均未出现负增长，保持良好增长态势的有鞍山高新区、长春高新区和吉林高新区。大连高新区出口下降20.0%以上，沈阳高新区净利润下降16.0%以上，由于哈尔滨高新区进行区位调整，6项主要经济指标均为负增长，尤其是净利润和出口均下降24.0%以上，从而影响了东北地区高新区的总体发展。

3. 长三角地区总体情况企稳向好

2009年，我国长三角地区8个高新区（上海、南京、苏州、无锡、常州、泰州、宁波、杭州）共实现营业总收入15 845.1亿元，较上年增长13.0%；工业总产值13 229.4亿元，较上年增长10.5%；工业增加值2 950亿元，较上年增长20.3%；净利润866亿元，较上年增长43.3%；上缴税额705.9亿元，较上年增长34.7%；出口创汇724.2亿美元，较上年下降10.0%。长三角地区高新区营业总收入、工业总产值等主要指标占高新区总量的比例分别为20.1%、21.6%、19.1%、19.4%、17.7%、36.1%，见表5。

长三角地区高新区主要经济指标比较

表5 单位：亿元、亿美元

指　标	2008年	2009年	年增长率（%）
营业总收入	65 985.7	78 706.9	19.3
其中：长三角	14 021.8	15 845.1	13.0
其　他	51 963.9	62 861.8	21.0
工业总产值	52 684.7	61 151.4	16.1
其中：长三角	11 972.7	13 229.4	10.5
其　他	40 712.0	47 922.0	17.7
工业增加值	12 507.0	15 416.7	23.3
其中：长三角	2 451.9	2 950.0	20.3
其　他	10 055.1	12 466.7	24.0
净利润	3 304.2	4 465.4	35.1
其中：长三角	604.5	866.0	43.3
其　他	2 699.7	3 599.4	33.3
上缴税费	3 198.7	3 994.6	24.9
其中：长三角	524.1	705.9	34.7
其　他	2 674.6	3 288.7	23.0
出口创汇	2 015.2	2 007.2	-0.4
其中：长三角	805.0	724.2	-10.0
其　他	1 210.2	1 283.0	6.0

2009年长三角地区8个高新区总体发展企稳向好。实现净利润和上缴税额增长幅度高出高新区平均增长，其他4项主要经济指标的增长速度均低于高新区平均增长。6项主要经济指标均未出现负增长，保持良好增长态势的有上海张江高新区、常州高新区和宁波高新区。出口创汇增长幅度超过10.0%以上的高新区是常州高新区和宁波高新区。实现净利润和上缴税额超过50.0%以上的是上海高新区和南京高新区。

4. 珠三角地区总体情况形势较好

2009年，我国珠三角地区6个高新区（广州、深圳、珠海、中山、惠州、佛山）共实现营业总收入9 505.9亿元，较上年增长21.1%；工业总产值8 669.1亿元，较上年增长17.9%；工业增加值2 003.1亿元，较上年增长

28.4%；净利润420.6亿元，较上年增长27.5%；上缴税额332.9亿元，较上年增长26.1%；出口创汇504.9亿美元，较上年增长7.8%。珠三角地区高新区营业总收入、工业总产值等主要指标占高新区总量的比例分别为12.1%、14.2%、13.0%、9.4%、8.3%、25.2%，见表6。

珠三角地区高新区主要经济指标比较

表6 单位：亿元、亿美元

指　标	2008年	2009年	年增长率（%）
营业总收入	65 985.7	78 706.9	19.3
其中：珠三角	7 851.2	9 505.9	21.1
其　他	58 134.5	69 201.0	19.0
工业总产值	52 684.7	61 151.4	16.1
其中：珠三角	7 352.3	8 669.1	17.9
其　他	45 332.4	52 482.3	15.8
工业增加值	12 507.0	15 416.7	23.3
其中：珠三角	1 559.9	2 003.1	28.4
其　他	10 947.1	13 413.6	22.5
净利润	3 304.2	4 465.4	35.1
其中：珠三角	330.0	420.6	27.5
其　他	2 974.2	4 044.8	36.0
上缴税费	3 198.7	3 994.6	24.9
其中：珠三角	264.0	332.9	26.1
其　他	2 934.7	3 661.7	24.8
出口创汇	2 015.2	2 007.2	-0.4
其中：珠三角	468.3	504.9	7.8
其　他	1 546.9	1 502.3	2.9

2009年珠三角地区6个高新区总体发展形势较好，除净利润低于高新区的平均增长外，其他5项经济指标增速均高于高新区的平均增速。出口创汇高出高新区平均增长8.2个百分点。6项主要经济指标均未出现负增长，保持良好增长态势的有广州高新区、深圳高新区和佛山高新区。出口创汇增长幅度超过20.0%以上是广州高新区达到28.0%，营业总收入超过30.0%以上是广州高新区和佛山高新区；工业增加值超过30.0%以上广州高新区和珠海高新区；净利润超过20.0%以上的是广州高新区、深圳高新区、惠州高新区和佛山高新区；上缴税额超过20.0%以上的是广州高新区、珠海高新区、惠州高新区和佛山高新区。

5. 中部地区总体情况引人注目

2009年，我国中部地区10个高新区（太原、合肥、南昌、郑州、洛阳、株洲、武汉、襄樊、长沙、湘潭）共实现营业总收入10 116.7亿元，较上年增长28.9%；工业总产值9 305.4亿元，较上年增长29.9%；工业增加值2 798.9亿元，较上年增长31.7%；净利润547亿元，较上年增长31.6%；上缴税额651.7亿元，较上年增长24.4%；出口创汇93.4亿美元，较上年增长50.6%。中部地区高新区营业总收入、工业总产值等主要指标占高新区总量的比例分别为12.9%、15.2%、18.2%、12.2%、16.3%、4.7%，见表7。

中部地区高新区主要经济指标比较

表7 单位：亿元、亿美元

指　标	2008年	2009年	年增长率（%）
营业总收入	65 985.7	78 706.9	19.3
其中：中　部	7 849.5	10 116.7	28.9
其　他	58 136.2	68 590.2	18.0
工业总产值	52 684.7	61 151.4	16.1
其中：中　部	7 161.1	9 305.0	29.9
其　他	45 523.6	51 846.4	13.9
工业增加值	12 507.0	15 416.7	23.3
其中：中　部	2 125.9	2 798.9	31.7
其　他	1 0381.1	12 621.8	21.6
净利润	3 304.2	4 465.4	35.1
其中：中　部	415.6	547.0	31.6
其　他	2 888.6	3 918.4	35.7
上缴税费	3 198.7	3 994.6	24.9
其中：中　部	523.9	651.7	24.4
其　他	2 674.8	3 342.9	25.0
出口创汇	2 015.2	2 007.2	-0.4
其中：中　部	62.0	93.4	50.6
其　他	1 953.2	1 913.8	-2.0

2009年中部地区10个高新区总体发展形势很好，引人注目，除实现净利润略低于高新区平均增长外，其他5项经济指标增速均高于高新区的平均增速。增长幅度高出高新区平均增长10个百分点以上的是工业总产值和实现净利润。6项主要经济指标均未出现负增长，保持良好增长态势的有武汉高新区。出口创汇增长幅度最大的3家高新区是武汉高新区128.0%、株洲高新区71.4%和南昌高新区34.8%。实现净利润和上缴税额均增幅20.0%以上的是合肥高新区、武汉高新区、郑州高新区和长沙高新区。

6. 环渤海地区总体情况趋向稳定

2009年，环渤海地区9个高新区（北京、天津、石家庄、保定、济南、青岛、淄博、潍坊、威海）共实现营业总收入22 053.6亿元，较上年增长26.6%；工业总产值11 639.3亿元，较上年增长14.5%；工业增加值2 717.6亿元，较上年增长20.2%；净利润1 491.9亿元，较上年增长44.2%；上缴税额1 157.4亿元，较上年增长31.9%；出口创汇357.5亿美元，较上年下降4.3%。环渤海地区高新区营业总收入、工业总产值等主要指标占高新区总量的比例分别为28.0%、19.0%、17.6%、33.4%、29.0%、17.8%，见表8。

环渤海地区高新区主要经济指标比较

表8 单位：亿元、亿美元

指　标	2008年	2009年	年增长率（%）
营业总收入	65 985.7	78 706.9	19.3
其中：环渤海	17 773.7	22 053.6	26.6
其　他	48 212.0	56 653.3	17.5
工业总产值	52 684.7	61 151.4	16.1

续 表

指 标	2008 年	2009 年	年增长率（%）
其中：环渤海	10 161.5	11 639.3	14.5
其 他	42 523.2	49 512.1	16.4
工业增加值	12 507.0	15 416.7	23.3
其中：环渤海	2 261.0	2 717.6	20.2
其 他	10 246.0	12 703.1	24.0
净利润	3 304.2	4 465.4	35.1
其中：环渤海	1 034.6	1 491.9	44.2
其 他	2 269.6	2 973.5	24.9
上缴税费	3 198.7	3 994.6	24.9
其中：环渤海	877.4	1 157.4	31.9
其 他	2 321.3	2 837.2	22.2
出口创汇	2 015.2	2 007.2	-0.4
其中：环渤海	373.6	357.5	-4.3
其 他	1 641.6	1 649.7	0.5

2009 年环渤海地区 9 个高新区总体经济形势趋向稳定。其中营业总收入、实现净利润和上缴税额均高出高新区平均增长幅度，其他 3 项经济指标均低于高新区的平均增长。尤其是出口创汇有 5 个高新区是负增长，从而影响了该地区总量增长幅度。6 项主要经济指标均未出现负增长，保持增长态势的有中关村科技园、石家庄高新区、淄博高新区和潍坊高新区。实现净利润增长超过 20.0% 以上的有中关村科技园、天津高新区、济南高新区、青岛高新区和淄博高新区。上缴税额增长超过 20.0% 以上的有中关村科技园、石家庄高新区和淄博高新区。

（撰稿：国家科学技术部火炬高技术产业开发中心
政策调研与统计处处长　王树海
政策调研与统计处工程师　熊硕真）

2009 年中国安全生产工作综述

国家安全生产监督管理总局政策法规局

2009 年的安全生产工作，在党中央、国务院的坚强正确领导下，坚持以科学发展观为指导，正确处理安全与发展的关系，把“安全发展”理念贯彻始终；坚持充分依靠地方各级党委政府、各部门密切配合、企业全面负责、群众广泛参与；坚持“安全第一、预防为主、综合治理”的方针，充分认识安全生产领域的矛盾和问题，求真务实、真抓实干，依法依规、强化约束，采取有效的政策措施，以开展“三项行动”、加强“三项建设”为重点，深入开展“安全生产年”活动，在各地区、各部门、各单位和全系统共同努力下，安全生产形势稳定好转。

一、2009 年安全生产工作取得了积极进展和明显成效

2009 年是新世纪以来我国经济发展最为困难的一年，是我国有效应对国际金融危机并取得重大成就的一年，也是安全生产工作不断加强、持续改进的一年。党中央、国务院历来高度重视安全生产工作。胡锦涛总书记在十七届三中全会上，把能否实现安全发展，提高到是对我们党执政能力的一个重大考验的新高度。在 2008 年底以来召开的中央经济工作会议、中纪委第三次全会、国务院廉政工作会议上和 2009 年度《政府工作报告》中，以及在深入基层调查研究、视察工作等场合，胡锦涛总书记、温家宝总理等中央领导同志都反复强调要加强安全生产工作，牢固树立安全发展理念，坚决贯彻“安全第一、预防为主、综合治理”方针，确保人民群众生命财产安全；正确处理保增长与安全生产的关系，任何时候安全生产都是第一位的。张德江副总理年初主持召开国务院安委会全体会议和全国安全生产电视电话会议，对深入开展“安全生产年”活动做出全面部署，明确提出了突出抓好安全生产执法、治理和宣教“三项行动”，切实加强安全生产法制体制机制、安全保障能力和安监队伍“三项建设”，进一步降低事故总量，降低伤亡人数，坚决遏制重特大事故，切实促进安全生产形势稳定好转，为全国经济平稳较快发展提供安全保障的工作思路、重点和奋斗目标；6 月 1 日，在全年安全生产工作的关键时期，又一次在全国安全生产电视电话会议上发表重要讲话，要求进一步加大工作力度，狠抓“安全生产年”各项措施落实；9 月 3 日，在江西南昌召开的全国煤矿瓦斯防治工作会议上，又对煤矿瓦斯治理和安全生产提出了明确要求。2008 年以来，德江副总理先后 7 次带领有关部门负责同志，深入有关地区基层、煤矿井下和工矿商贸企业等，对安全生产进行专题调研和视察、现场指挥特别重大事故抢险救援，对安全生产工作作出一系列及时明确的重要指示，为切实做好安全生产工作进一步指明了方向，实施了坚强有力的领导。国务院办公厅、国务院安委会就安全生产“三项行动”和“三项建设”、加强应急救援体系建设、隐患排查治理、安全生产检查督查、节日安全防范等，先后下发 8 个重要文件，有力推动了安全生产工作。安委会各成员单位各司其职、齐抓共管，全力支持并做好安全生产工作，进一步形成合力，为做好安全生产工作创造了良好条件。

在党中央、国务院的坚强正确领导下，经过国务院安委会各成员单位和各地区、各方面的共同努力，2009 年安

全生产工作取得新的进展和明显成效，呈现事故总量、较大事故和重特大事故“三个同比下降”，煤矿等重点行业（领域）、大部分地区安全生产状况“两个持续改善”，全国安全生产控制指标“一个实施进展情况较好”的特点，比较圆满地完成了全年工作奋斗目标，为应对国际金融危机、促进经济平稳较快发展，为庆祝建国60周年和维护社会和谐稳定，创造和提供了较好的安全生产环境。

1. 事故总量、较大事故、重特大事故下降

据安监总局调度统计快报，2009年全国各类事故起数和死亡人数同比分别下降9.2%和10.5%。其中一次死亡3~9人的较大事故起数下降3.0%；一次死亡10~29人的重大事故62起、死亡835人，同比减少24起、471人，分别下降27.9%和36.1%；一次死亡30人以上以及经济损失亿元以上的特大事故5起、死亡293人，同比减少5起、379人，分别下降50.0%和56.4%。

2. 工矿商贸企业安全生产状况持续改善

2009年在煤炭产量持续增长、全国产煤超过28亿吨的情况下，煤矿事故总量和死亡人数同比分别下降19.7%和18.5%，煤矿发生重大事故16起，同比减少17起，下降51.5%；发生特别重大事故4起，同比减少1起，下降20.0%；百万吨死亡率0.926，首次下降到1以下，同比下降21.7%（2008年为1.182）。金属与非金属矿山事故死亡人数同比下降29.5%，危险化学品事故死亡人数同比下降22.9%。建筑施工事故死亡人数同比下降13.7%。

3. 交通运输、消防等重点行业（领域）安全工作成效明显

道路交通事故死亡人数同比下降10.0%，其中生产经营性事故的死亡人数同比减少2 490人、下降10.0%；道路交通万车死亡率4，同比下降7.0%（2008年为4.3）。水上交通事故死亡人数同比下降10.8%，铁路交通事故死亡人数同比下降19.4%，渔业船舶事故死亡人数同比下降16.8%，农机事故死亡人数同比下降23.6%。火灾事故死亡人数同比下降12.3%。民航飞行继续保持了安全记录。

4. 煤矿瓦斯治理和整顿关闭工作取得明显进展

一是煤矿瓦斯事故下降。全国煤矿瓦斯事故同比下降13.7%和3.0%。其中较大瓦斯事故同比分别下降9.5%和10.3%；重大瓦斯事故分别下降58.8%和74.0%。二是乡镇煤矿事故大幅度下降。全国乡镇煤矿各类事故同比分别下降22.7%和25.6%。其中，较大事故分别下降10.1%和10.9%；重大事故分别下降50.0%和48.7%。三是煤矿瓦斯抽采量和瓦斯利用量进一步提高。全国煤矿累计抽采瓦斯61.7亿立方米，累计利用瓦斯17.7亿立方米，瓦斯利用率28.6%。国有重点煤矿瓦斯抽采量、利用量同比分别增长16.1%和13.3%。

5. 安全生产执法行动取得成效

各地区、各部门按照国务院的统一部署，认真开展安全生产执法行动，严厉打击安全生产领域非法违法建设、生产、经营活动。2009年全国查处各类非法违法行为849万余起，依法关闭取缔各类非法建设、生产、经营、运输等单位和项目2.3万余个。因非法违法造成的重特大事故比例由以往的80%以上降至50.0%左右。

6. 大部分地区安全生产状况好于以往

全国31个省（区市）和新疆生产建设兵团，2009年事故起数和死亡人数均比上年有所下降，16个省份的工矿商贸企业没有发生重特大事故。上海、内蒙古、湖北、海南、陕西、青海、新疆等省份没有发生重特大事故。

7. 安全生产控制指标实施进展情况较好

2009年全国安全生产控制指标实施进度为90.2%，低于预计进度9.8个百分点。工矿商贸、道路交通、水上交通、铁路交通、农业机械、渔业船舶、消防等行业领域事故死亡人数，均低于控制指标10.0%以上。全国32个省级考核单位中，有31个单位事故死亡人数控制在考核指标之内，有15个单位低于控制指标10.0%以上。

二、2009年安全生产主要工作

一年来，各地区、各部门、各单位坚定认真地贯彻落实党中央、国务院关于加强安全生产工作的决策部署和重要指示精神，以深入学习实践科学发展观为动力，紧紧围绕中央提出的保增长、保民生、保稳定的中心任务，全面加强安全生产工作，正确处理经济增长与安全生产的关系，以深入开展“安全生产年”活动为主线，以防范遏制重特大事故为目标，以扎实推进安全生产执法、治理和宣教“三项行动”，切实加强安全生产法制体制机制、安全保障能力和监管监察队伍“三项建设”为抓手和载体，推动安全生产工作进一步规范、有序、高效开展，较好地完成了国务院安委会确定的目标任务。在党中央、国务院正确领导下，经过各地区、各部门、各单位和全系统的共同努力，安全生产工作取得了明显成效，促进了全国安全生产形势的进一步好转。主要表现在：生产安全事故总量、较大事故、重特大事故和伤亡人数同比有较大幅度下降，“三个压下来”奋斗目标得以实现；工矿商贸企业安全生产状况持续改善；交通运输、消防等重点行业（领域）安全工作成效明显；绝大多数地区安全生产形势稳定好转；全国安全生产控制考核指标落实情况较好；安全生产总体水平明显提高。

突出抓了以下6个方面的重点工作：

1. 扎实推进安全生产执法行动，依法严厉打击各类非法违法行为

在地方政府的统一领导下，各级安全监管监察机构会同相关部门，查处煤矿滥采乱挖、越层超界开采等非法违法行为3.8万余起，取缔无证非法采煤窝点和“死灰复燃”矿井3 112处，整顿关闭小煤矿1 088处；查处非煤矿山无证生产、一证多井、违规排放等非法违法行为4.7万余起，关闭取缔非法和不具备安全生产条件的小型非煤矿山2 291座；查处危险化学品无证非法生产、经营、销售和使用等5.8万余起，注销了1 755个危化品企业的安全生产许可证，关闭取缔小化工940个；加大对烟花爆竹非法生产经营行为的打击力度，依法取缔了1 744个烟花爆竹非法生产窝点。密切配合公安、交通、建设等部门，严肃查处道路交通酒后驾驶、超速超载、客车超员，水上交通无证运营、非客船载客、冒险航行，建筑施工证照不全、无证上岗、不执行建设项目安全生产“三同时”规定，人员密集场所不执行消防安全法规等非法违法行为。全国共查处各类非法违法行为849万多起，依法关闭取缔各类非法生产、经营、建设、运输等单位2.3万余个。

2. 扎实推进安全生产治理行动，深化各重点行业领域安全生产专项整治

工矿商贸领域安全治理行动成效明显。一是推动煤矿瓦斯治理向纵深进展。积极推进瓦斯治理“双百示范工程”建设，已建成示范矿井287个、示范县30个；全国煤矿瓦斯抽采率和利用率同比分别提高16.4%和10.6%，瓦斯事故起数下降13.7%。二是开展了地下矿山机械通风、小型采石场开采工艺、石油企业防井喷失控等专项整治；经国务院同意，国家五部委局联合下发了尾矿库隐患治理方案，地方政府和企业投入隐患治理资金85.6亿元，全国危、险、病库由年初的4 910座减少到年底的2 100座。三是深化危险化学品和烟花爆竹安全整治。各地结合制定落实化工产业安全发展规划，推进化工生产企业进园区，经营企业进市场；排查出危化品生产企业工艺不合理、监控措施不落实、安全防护距离不足等安全隐患3 074项，已治理2 801项，落实整改资金8.4亿元。继续开展了危化品道路运输专项整治和烟花爆竹违规使用氯酸钾专项整治。四是部署开展了作业场所有毒物质及粉尘专项治理工作。冶金、机械等行业结合安全生产标准化建设，认真整顿治理不符合安全生产要求的工艺、环节和行为。

各级安监机构配合公安、交通、建设等部门，积极推进相关行业（领域）的安全专项治理。深入排查治理公路、城市道路存在的安全隐患，对道路交通重大隐患实行了省市县三级政府督办；继续开展危险品运输、渡口渡船等安全专项整治；深入排查治理房屋与市政工程、隧道、桥梁、地铁等重点建设项目的安全隐患；开展了公众聚集场所易燃可燃装修材料、高层和地下建筑等消防安全专项整治。为做好新中国成立60周年庆典活动的安全保障工作，我们在全国集中开展了隐患排查治理和督促检查活动。在企业自查、地方政府检查的基础上，国务院安委会组织了16个督查组，分别深入到30个省（区、市）的89个市地、19个县区、309个生产经营和建设单位进行了督查。对查出的187项严重隐患和重大问题，实行跟踪督办。总局会同北京市安监局承担了首都大型庆祝活动中烟花爆竹燃放安全，以及阅兵、游行、观礼等所需临时建筑设施和彩车的安全监管任务，做到了万无一失，为国庆盛典做出了贡献。

3. 扎实推进安全生产宣传教育行动，强化安全意识，提高安全技能

各级安全监管监察机构会同宣传、公安、广电部门和工会、共青团组织，以“关爱生命、安全发展”为主题，组织开展了“安全生产月”、“安全生产万里行”活动。首都和各地举办了安全发展与安全法制论坛、“安全伴我行”演讲比赛、职工安全文艺汇演、安全知识竞赛、“安全文化到基层”等主题鲜明、形式多样的宣传教育活动。大力推动企业安全文化、安全诚信和安全社区建设，28个省（区、市）的约10万个企业和城乡社区开展了创建试点工作。加强企业负责人、安全管理人员、特种作业人员“三项岗位人员”和农民工安全技能培训，组织了煤矿“万名班组长安全培训工程”；启动了为期4年的全国市、县、乡政府分管负责人安全培训计划，举办了两期市地分管领导干部安全生产工作专题研讨班。

4. 切实加强安全生产法制体制机制建设，促进安全生产工作进一步规范、有序、高效开展

一是推动安全生产立法工作。安全生产行政法规、部门规章和标准规程的制定修订工作进一步加快。总局在防治煤与瓦斯突出、海洋石油安全管理、应急预案管理、作业场所职业危害申报等方面，制定实施了12个部门规章，制定修订了53部安全生产标准和煤炭行业标准。二是健全完善安全监管监察工作体制。结合新一轮政府机构改革，全国各省级安全监管局均成为政府直属机构，18个省（区、市）建立了专门的安全生产执法监察机构和队伍；所有的市地级政府和97.0%的县级政府成立了安监机构，75.0%的乡镇（街道）设立了专职或兼职安全生产工作机构。在中央编办大力支持下，煤矿安全监察系统增设了5个监察分局，核定了111个事业单位共1 720名事业编制，为安全监管监察工作提供了保证。三是建立健全激励约束机制。总局进一步完善了安全生产控制考核指标体系，建立健全了周调度、月通报、季发布、年考核制度，定期向地方党委政府主要负责同志通报有关情况。各地普遍建立了安全生产“一岗双责”、重特大事故“一票否决”等制度，把指标和责任分解落实到基层政府和重点企业，严格考核奖惩，推动了企业安全生产主体责任和地方政府安全监管责任的落实。四是依法依规做好事故查处和责任追究工作。2009年全国安全生产事故责任追究处理29 880人，其中给予党纪政纪处分7 145人，移送司法机关追究刑事责任2 102人。2008年发生的由国务院调查组负责查处的10起特大事故，已全部结案并及时向社会公布，共有549人受到刑事责任追究和党纪政纪处理，其中县处级以上干部129人。严肃查处了有关瞒报事故和一些事故背后的官商勾结、权钱交易等腐败行为，维护了安全生产法纪的严肃性。2009年发生的5起特别重大事故，前3起已完成调查工作，即将报请国务院批复。安全生产举报专线电话已在部分地区开通，进一步畅通了人民群众表达安全诉求、反映安全生产问题的渠道。

5. 切实加强安全保障能力建设，推进“科技兴安”和基层基础工作，提高应急救援能力

总局、煤矿安监局就加强安全生产综合监管和专业管理，健全完善安全生产工作责任制，规范企业安全管理，推动安全生产科技进步等，下发了70多个指导性、规范性文件；会同全国总工会联合总结推广了河南中平能化集团公司“白国周班组管理法”；总结推广了部分省市“企业分级安全监管”、“1+3安全监控体系”等经验；在煤矿、金属与非金属矿山、危险化学品、烟花爆竹、冶金、机械等行业广泛开展安全生产标准化建设活动。积极实施科技兴安战略，对1 674家化工企业进行了自动化控制技术改造，对2 000多家烟花爆竹企业进行了改造提升。9个省（区、市）进行了运输车辆安装GPS、道路交通动态监管试点工作并取得实效。

安全监管总局与环保部、气象局、地震局等部门签订了应急联动协议。各省（区、市）和193个市地建立了应急管理和救援指挥机构。地方安全生产应急平台建设已规划投入3.4亿元。各类救援队伍技术装备得到改善，应急救援能力进一步提高。2009年全国矿山救护队伍出动救援4 526次，抢救遇险人员12 409人；危化救援队伍出动救援8 480次，抢救疏散31 466人。消防、水上、海上等专业救护队伍，成功组织实施了火灾、海难等事故的抢险救援。

在积极会商、多方争取和有关部门的大力支持下，国家安排了20亿元的煤矿整顿关闭“以奖代补”专项资金和40亿元的尾矿库隐患专项治理资金，继续运用年度30亿元的国债资金扶持煤矿安全技术改造，继续执行煤矿等高危行业安全费用税前列支制度，把煤矿维简费也纳入了税前列支范围。一些省市也设立了安全生产基金或重大隐患治理专项资金，实实在在地解决安全生产问题，提升了安全保障能力。

6. 切实加强安监队伍建设，为履行好安全生产工作职责提供组织保证

按照中央的部署和要求，圆满完成了安全监管总局、国家煤矿安监局机关深入学习实践科学发展观活动各项任务。在全系统深入开展创先争优活动，进一步激发了广大安监人员干事创业热情，巩固和发展了学习实践活动成果。深化干部人事制度改革，对安全监管总局、国家煤矿安监局机关空缺职位实行了公开选拔、竞争上岗和差额选任，对新任省级煤监局局长和纪检组长实行了异地交流任职。加强反腐倡廉惩防体系建设和行业作风建设，广泛开展正反两方面典型的示范和警示教育。坚持和完善监管监察工作目标责任制，严格监督考核，推进廉洁执法、公正执法、严格执法。加强业务培训，全年共有4.5万名安监人员分别参加了国家、省、市三级脱产培训，坚持每月举行一次安全生产业务专题视频讲座，使广大安监人员的依法监管能力和执法水平得到进一步的提高。

三、存在的主要问题和差距

2009年安全生产工作虽然取得了阶段性进展和一定成绩，但与党中央、国务院的要求和广大人民群众的期望相比还存在很大差距，事故总量依然较大，重特大事故尚未得到有效遏制，全国安全生产形势依然十分严峻。相继发生了中央电视台新址工地“2·9”火灾、黑龙江龙煤集团新兴煤矿“11·21”瓦斯爆炸等5起涉难30人以上或经济损失上亿元的特别重大事故，给人民群众生命财产造成惨重损失。暴露出目前安全生产工作存在的薄弱环节和突出问题：

一是安全意识不强，安全责任不落实。一些地方对扩内需、保增长过程中的安全生产重视不够，政府安全监管责任和企业安全生产主体责任没有真正落到实处。

二是隐患排查治理不认真，防范措施不严密。一些地方和单位对重大危险源和重大隐患监控不力、疏于防范，导致重特大事故发生。

三是安全基础不牢固，应急机制不健全。煤矿等高危行业防范抵御事故灾害的能力仍然低下。健全完善的安全生产应急救援体系和机制尚未形成，应对处置紧急情况和突发事件的能力不足。

四是打击非法违法工作进展不平衡。安全生产执法行动虽然取得了较大成效，但工作进展不平衡，一些地方对非法建设、生产、经营活动监管不严，打击力度不够。从安全监管工作看，也确实存在着不严、不细、不实等问题。

所有这些，都要在下一步的工作中加以解决。

（撰稿：国家安全生产监督管理总局政策法规局
调研员　曹宗理）

2009年中国税收工作综述

国家税务总局办公厅

2009年是进入新世纪以来我国经济社会发展最为困难的一年。全国税务系统深入贯彻落实科学发展观，认真落实中央一系列重大决策部署，上下一心齐努力，圆满完成了各项税收任务。

一、大力组织税收收入增财力迈上新的台阶

2009年，全国税收收入（不包括关税、船舶吨税、耕地占用税和契税，未扣减出口退税）迈上新的台阶，首次突破60 000亿元，完成63 104亿元，比上年增收5 241亿元，增长9.1%。其中，中央级税收收入完成39 325亿元，增收3 050亿元，增长8.4%；地方级税收收入完成23 779亿元，增收2 192亿元，增长10.2%。税收收入平稳较快增长，大大增强了国家财政实力，增加了公共产品和服务的供给，为全面建设小康社会、构建社会主义和谐社会提供了可靠的财力保证。

2009年全国税收收入主要有以下特点：

一是税收增长与经济发展趋势基本一致。2009年，国家积极实施扩大内需、保持经济平稳较快发展的一揽子计划，国民经济运行企稳向好。反映在税收上，一季度全国税收降幅较大，下降6.9%；二季度触底回升，下降0.7%，其中6月份增幅由负转正；三季度各月稳步增长，季度增长19.2%；四季度大幅度增长32.2%。全年税收增长与经济企稳回升态势基本一致。

二是国内消费税、营业税和财产行为税增长突出。2009年，国内消费税因成品油和卷烟消费税政策调整完成4 761亿元，比上年增收2 193亿元，增长85.4%；房地产市场交易活跃带动营业税完成9 015亿元，增收1 387亿元，增长18.2%；土地增值税、房产税等财产行为税（不含证

券交易印花税）完成 4 981 亿元，增收 757 亿元，增长 17.9%。

三是西部地区税收增幅高于东部和中部。2009 年，全国三大区域税收收入均实现正增长。东部地区税收收入完成 44 050 亿元，增长 8.0%；中部地区税收收入完成 9 719 亿元，增长 9.2%；西部地区税收收入完成 9 335 亿元，增长 14.3%。西部地区税收增幅分别高于东、中部 6.3 个和 5.1 个百分点。

四是出口退税增长较快。2008 年四季度以来，出口形势严峻，出口额大幅下降。为了增强企业出口竞争力，支持企业扩大出口，国家多次提高部分出口产品退税率，同时优化出口退税流程、加快退税进度，2009 年，出口退税较快增长，全国共办理出口退税 6 487 亿元，比上年增加 621 亿元，增长 10.6%。

二、实施结构性减税保发展取得显著成效

认真贯彻中央加强和改善宏观调控的部署，积极参与研究和落实一系列涉及范围广、实施力度大、针对性强的结构性减税政策。

实施扩大内需的税收政策。降低小排量乘用车车辆购置税税率，对排气量 1.6 升及以下的乘用车，车辆购置税税率由 10.0% 降至 5.0%，促进汽车消费。实施促进房地产业发展的税收优惠政策，降低个人住房交易税收负担，先后将个人首次购买 90 平方米及以下普通住房的契税税率下调至 1.0%，个人销售或购买普通住房暂免征收印花税和土地增值税，并将个人住房转让营业税征免时限由 5 年调整到 2 年。实施鼓励中小企业发展等税收优惠政策，降低增值税一般纳税人认定标准和增值税小规模纳税人征收率。加大对中小企业金融贷款损失准备金的税前扣除和中小企业信用担保机构税收减免的力度。引导民间资本投资政府债券，对企业和个人取得的 2009 年发行的地方政府债券利息所得比照国债利息，免征企业所得税和个人所得税。

实施稳定外需的税收政策。先后 3 次提高了纺织品、服装、玩具、橡胶制品、林产品、有色金属加工品、部分化工制品等劳动密集型产品、机电产品和其他受金融危机影响较大产品的出口退税率，为出口企业应对外需下滑提供了较好的政策支持。各级税务机关及时办理出口退税，支持外贸出口。对全国 20 个城市的技术先进型企业从事离岸服务外包业务，给予营业税免征、企业所得税减按 15% 征收以及提高职工教育经费税前扣除比例的优惠，鼓励离岸服务外包业务发展。

实施支持区域发展、产业结构调整等税收政策。落实促进中西部、东北、东部重点区域发展的税收政策。支持产业结构调整，认真落实 10 大重点产业调整和振兴有关税收优惠政策。实施支持资本市场稳定的税收调节政策。提高了金属矿、非金属矿采选产品的增值税税率，促进能源资源节约。

实施改善民生的税收政策。延长就业再就业税收优惠政策执行期限，对符合条件的下岗失业人员从事个体经营和企业吸收下岗失业人员就业，分别给予营业税、城市维护建设税、教育费附加和所得税方面的税收优惠。实施调节收入分配的税收政策，对个人转让上市公司限售股征收个人所得税。实施促进教育、文化、卫生、社保等事业发展的税收政策，促进社会和谐稳定。

三、深化税制改革调结构实现重要突破

按照建立有利于科学发展的财税制度的要求，积极稳妥地推进税制改革，在一些关键环节取得重大进展。

全面推行增值税转型改革。从 2009 年 1 月 1 日起，在全国范围内对增值税一般纳税人购进机器设备的进项税款允许抵扣，支持自主创新和技术进步。

有效实施成品油税费改革。在取消公路、水路等收费的基础上，实施了成品油消费税制度改革，提高了成品油消费税单位税额标准。汽油等税率由 0.2 元/升提高到 1.0 元/升，柴油等税率由 0.1 元/升提高到 0.8 元/升。

积极完善烟酒消费税制度。提高卷烟产品消费税税率、改进白酒消费税计税价格核定办法，堵塞了税收管理漏洞，强化了对消费结构的调节和引导。

统一内外资房产税制度。取消了原仅针对外资企业和外籍个人征收的城市房地产税，对内外资企业和个人均统一适用房产税制度，促进了税负公平，为全面推进房地产税制改革奠定了较好的基础。

继续落实新企业所得税法及其实施条例。完善税前扣除、企业重组和清算等相关配套政策，密切跟踪执行情况，及时解决出现的问题。积极参与研究税制改革预案，增强税收制度的适应性和前瞻性。

完善税法体系。配合开展税收征管法、发票管理办法及其实施细则、有关税收法律法规的修订工作。修订税务行政复议规则，制定税务行政处罚管理办法。

四、加强税收征管保收入达到预期目标

面对十分困难的组织收入形势，税务总局不断强化征管措施，各级税务机关认真贯彻落实各项要求，全力抓好组织收入工作，确保税收收入持续平稳增长。

认真贯彻组织收入原则。正确处理组织收入与依法治税的关系，认真落实依法征税，应收尽收，坚决不收过头税，坚决防止和制止越权减免税的组织收入原则，坚决制止有税不收和人为调节收入进度，坚决杜绝寅吃卯粮收过头税、转引税款和虚收空转。

毫不放松抓基础管理。全面清查漏征漏管户，切实加强欠税清缴。依托信息化手段改革发票管理模式，严格规范发票管理。推广应用税控收款机，做好有奖发票工作。

集中力量抓重点税源。建立大企业定点联系企业制度，探索建立适应大企业特点的专业化管理与服务模式，为定点联系企业提供有针对性的纳税服务。加强大企业税务风险内控体系建设，提升企业的税收自我遵从能力。

全面深入抓薄弱环节。有针对性地采取一系列加强管理的措施。加强增值税一般纳税人认定管理，推进增值税专用发票和其他抵扣凭证管理。强化成品油、卷烟、白酒消费税征管。积极推行建筑、房地产等行业营业税项目管理办法，加强建筑业、房地产业和交通运输业营业税管理。推进车购税申报信息采集和业务档案电子化进程。加强出

口货物征退税衔接，建立出口退税企业信用等级制度。实施企业所得税分行业征管，建立企业所得税管理规范，调整企业所得税预缴和汇算清缴办法。加强个人所得税管理，推进全员全额扣缴明细申报和个人所得税完税证明开具工作，规范股权转让和股权激励个人所得税管理。落实耕地占用税、城镇土地使用税和车船税暂行条例，加强对落实情况的监督检查。深化房地产税收一体化管理，开展土地增值税清算和城镇土地使用税清查。加强城建税信息比对和委托代征工作。规范车船税代收代缴。突出重点抓国际税收。强化关联申报管理、转让定价调查和预约定价安排，加强反避税工作。规范非居民提供劳务税收管理。发挥税收情报交换作用，防范税收协定滥用，减少国际税源流失。上下联动抓纳税评估。加强各级税务机关的协调配合，强化重点地区、行业和企业经济税收分析，建立风险预警体系，开展税收征管状况监控分析，查找和堵塞管理漏洞。

规范税收执法。严格按照法定权限和程序行使权力、履行职责。进一步完善和推行税收执法管理信息系统，全面落实税收执法责任制。加强税务行政审批事项的管理和监督。做好重大税务案件审理工作。

整顿和规范税收秩序。大力开展重点税源企业检查。深入开展税收专项检查。严厉查处税收违法案件。深入查处利用虚假凭证、做假账、设置两套账以及收入不入账等手段偷税的行为，重点查处利用虚开、虚假海关进口增值税专用缴款书和货物运输业发票骗抵税款的案件。加强打击发票违法犯罪活动力度。全年全国各级税务稽查部门共查补收入906亿元，比上年增加405亿元，增长81.0%。

加快金税三期工程建设。启动应用系统开发和技术体系建设，制定税务系统信息化标准。加强系统数据利用和运行维护。搞好基础数据集中工作，深化数据管理利用。

五、优化纳税服务促和谐开创良好局面

坚持征纳双方法律地位平等，进一步加大纳税服务工作力度。

统筹推进纳税服务工作。召开全国税务系统纳税服务工作会议，明确了新形势下加强和改进纳税服务的指导思想和工作思路。以法律、法规为依据，以纳税人需求为导向，以信息化为依托，制定实施纳税服务3年工作规划，增强纳税服务的系统性。

积极开展纳税咨询辅导。加强税收法律法规和政策的咨询辅导。围绕实施结构性减税政策进行宣传和辅导。分行业编写纳税指南，探索提供个性化纳税服务。规范12366服务热线。拓展网上办税功能。推行多种申报纳税方式。完善纳税信用等级评定管理，建立纳税信用激励和动态管理机制。完善注册税务师行业管理制度，发挥其服务纳税人和服务基层税务机关的作用。

大力减轻纳税人办税负担。改进办税服务，改革管理方式，优化工作流程，清理和简并要求纳税人报送的资料，切实减轻纳税人负担。积极推进无纸化申报和无纸化审批。推进办税服务厅规范化建设，积极探索实行多种办税和缴款方式。

切实保障纳税人合法权益。向社会公布纳税人依法享有的14项权利和负有的10项义务，完善信息公开制度，加强税收法律援助，开展纳税人满意度调查。规范法律援助及救济服务，做好行政复议和诉讼工作，建立纳税人投诉处理机制。

加强税收宣传教育。认真做好“五五”普法工作。认真开展第18个全国税收宣传月活动。加大对涉税违法案件的曝光力度，震慑不法分子，教育广大纳税人。办好税务总局网站和各级税务网站。全面落实政府信息公开，做好税法公告工作，定期出版税务总局公报。

六、强化队伍建设树形象取得积极进展

坚持在应对国际金融危机、克服严重困难的工作实践中提高领导水平，增强干部素质，培养过硬作风。

认真开展学习实践科学发展观活动。按照中央部署，精心组织，圆满完成了深入学习实践科学发展观活动，增强了服务科学发展、共建和谐税收的自觉性和坚定性。

加强领导班子建设。按照立党为公、执政为民，求真务实、改革创新，艰苦奋斗、清正廉洁，富有活力、团结和谐的要求，建设高素质的领导班子和领导干部队伍。认真落实民主集中制，推进决策的科学化和民主化。

深化干部人事制度改革。完善干部任免、交流、回避、任期制等办法，健全干部管理培养使用机制。完善干部选拔任用制度，健全竞争上岗、任命制等多种方式并举、有利于优秀人才脱颖而出的选人用人机制。完善激励机制，积极探索实施税务系统公务员分类管理办法。按照国家统一部署，积极稳妥地推进事业单位人事制度改革。积极稳妥地实行省以下税务机关机构改革。认真开展巡视工作。做好离退休干部工作。

加大专业化人才培训力度。大力实施人才兴税战略，研究制定税务系统中长期人才队伍发展规划，着力造就一支素质优良、结构合理的税务人才队伍。以税务稽查、反避税、纳税评估、财产评估、税收政策研究、税收经济分析等为重点，加强高层次、专业化人才培训。

加强领导干部党性修养和作风建设。改进党建和思想政治工作，以内强素质、外塑形象为目标，深入开展精神文明创建活动，激发干部职工攻坚克难、干事创业的进取精神。大力加强税务人员职业道德教育，增强干部的事业心和责任感。

七、健全惩防体系反腐败迈出新的步伐

贯彻落实中央《惩治和预防腐败体系建设2008—2012年工作规划》，着力推进税务部门内控机制建设，加强权力运行制约和监督，努力构建大预防工作格局，惩治和预防腐败体系建设不断深入。

加大监督检查力度。加强对中央扩大内需重大决策部署落实情况的监督检查，促进中央重大决策部署在税务系统的贯彻落实。严格执行党风廉政建设责任制。围绕责任分解、责任考核、责任追究三个关键环节，加大落实力度，并把落实情况作为领导干部业绩评定、奖励惩处、选拔任用的重要依据。

强化监督制约。整合监督资源，改进监督办法，深入

开展税收执法检查和专项工程执法监察，落实税收执法责任制，加强对“两权”运行关键环节和重点岗位的监督。加强对领导班子和领导干部的监督，促进领导干部廉洁从政。认真开展“小金库”专项治理和津补贴专项检查。深入开展财务审计、领导干部离任审计和日常经济责任审计工作。建立严密有效的权力运行监控机制。严肃查处违法违纪案件，实施一案双查，发挥警示作用和治本功能。

加强政风行风建设。完善纠风工作长效机制，以解决纳税人反映强烈的突出问题为重点，切实解决损害纳税人利益的突出问题。加强对税务师行业的行政监管，规范执业行为。积极参加地方政府组织的民主评议政风行风活动，自觉接受社会各界监督。

加强反腐倡廉教育。大力开展以理想信念、思想道德、法制纪律为主要内容的廉政教育，推进“六个一工程”建设，进一步巩固廉政文化建设成果。建设税务系统廉政教育示范基地，广泛开展税务廉政文化教育活动。

（撰稿：国家税务总局办公厅综合调研处处长　李春荣）

2009年中国环境状况综述

国家环境保护部办公厅

一年来，全国环保系统坚定不移地贯彻党中央、国务院关于环境保护的决策部署，坚持以探索中国环保新道路为主题，以做好国际金融危机形势下的环保工作为主线，以解决危害群众健康的突出环境问题为重点，参与宏观调控的水平进一步提高，污染减排取得明显成效，污染防治稳步推进，基础能力建设取得积极进展，较好地完成了2009年各项工作任务。

一、强化综合措施，污染减排取得明显成效

减排目标责任考核力度不断加大。组织开展了2008年度和2009年上半年各省（自治区、直辖市）和五大电力集团公司减排核查，经国务院批准向社会发布核查结果。对两次核查中发现存在突出问题的8个城市和5家企业公开通报，责令限期整改；对2009年上半年减排进度较慢的8省（自治区）发出减排预警，约谈当地政府领导，进行督查指导。严格的考核问责引起强烈反响，各地纷纷加大力度推动污染减排工作深入开展。

全面推进污染减排工程建设。2009年，新增污水处理能力1 330万吨/日，2006年以来累计新增城市污水处理能力4 460万吨/日。新增燃煤脱硫机组10 200万千瓦，2006年以来累计新增燃煤脱硫机组总装机容量4.1亿千瓦，其中新增现役燃煤脱硫机组装机容量1.8亿千瓦。

加快淘汰落后产能。淘汰小火电装机容量2 617万千瓦，“十一五”以来累计关闭6 006万千瓦。分别淘汰炼铁、炼钢、焦炭、水泥和造纸等落后产能2 113万吨、1 691万吨、1 809万吨、7 416万吨和150万吨。

强化治理设施运行监管。印发《关于加强城镇污水处理厂污染减排核查核算工作的通知》和《关于加强燃煤脱硫设施二氧化硫减排核查核算工作的通知》，对治污设施运行维护、台账档案、在线监测、中控系统建设、分散控制系统等进行规范。发布全国城镇污水处理厂和脱硫设施名单公告，接受社会监督。

经过各地各部门的共同努力，污染减排取得明显成效。2009年全国化学需氧量和二氧化硫排放量与2005年相比分别下降9.7%和13.1%，二氧化硫“十一五”减排目标提前一年实现，化学需氧量减排目标可以如期实现。部分环境质量指标持续好转。2009年国控断面Ⅰ－Ⅲ类水质比例为48.2%，同比上升0.5个百分点。全国地表水国控断面高锰酸盐指数年均浓度为5.1毫克/升，较2008年下降10.5%，较2005年下降29.2%。按年均值评价，113个环保重点城市空气质量达到或优于国家二级标准的比例为65.5%，同比上升8个百分点。重点城市二氧化硫年均浓度为0.043毫克/立方米，较2008年下降10.4%，较2005年下降24.6%。

二、有效应对国际金融危机，充分发挥环境保护优化经济增长的综合作用

不断完善环境保护参与宏观调控的方式和途径。一是全力为保增长调结构大局服好务。对符合中央政策要求和环保准入规定的民生工程、基础设施、生态环境建设、灾后重建等项目加快审批进度。采取分类评估、分级审查等措施，明确中央和地方的审批权限，规范和简化审批程序，提高审批效率。2009年，环境保护部共批准建设项目环评文件400个，总投资达27 000亿元。二是高度重视防止已经取得的环保成果出现反弹。及时开展建设项目专项检查，现场检查23个省（自治区、直辖市）的313家企业，对存在环境违法问题的62家企业作出严肃处理。开展高污染行业专项执法活动，集中对2008年7月以来开工建设和投运的项目进行检查，查处未批先建项目1 824个、未落实“三同时”要求的项目3 167个，并督促整改到位。三是从严控制“两高一资”、产能过剩和低水平重复建设项目。对总投资1 905亿元的49个项目环评文件做出退回报告书、不予批复或暂缓审批的决定。四是有序推进规划环评。抓住《规划环境影响评价条例》出台契机，完善规划环评与项目环评联动机制，将区域规划环评作为受理审批区域内高耗能高污染项目环评文件的前提。组织开展辽宁省沿海经济

带“五点一线”、江苏沿海地区和广东横琴重点开发区域的规划环评。全面启动环渤海、海峡西岸、北部湾、成渝及黄河中上游能源化工区等五大区域重点产业发展的战略环评。

三、深入落实“让江河湖泊休养生息”，重点流域区域污染防治取得新进展

召开全国环境保护部际联席会议暨松花江、淮河及黄河中上游流域水污染防治专题会议，传达胡锦涛总书记关于“让江河湖泊休养生息”的重要批示精神，推广经验，创新落实政策举措。《重点流域水污染防治专项规划实施情况考核暂行办法》已经国务院办公厅转发，重点流域省界断面水质考核制度全面建立，成为重点流域水污染防治的重要抓手。环境保护部会同有关部门对2008年度规划实施情况进行考核评估，结果显示水质断面7成达标，淮河、海河、辽河、巢湖、滇池、松花江、三峡库区及其上游、黄河中上游8个流域完成污染治理投资714.9亿元，占总投资的44.7%；建成项目1 270个，占46.8%；在建项目785个，占28.9%。完成九大湖库生态安全评估，获取数据82万个，为制定“一湖一策”综合治理方案创造了条件。城镇饮用水水源地环境状况调查进展顺利，首次明确4 000多个城镇集中式饮用水水源环境管理对象。

在深入总结北京奥运环境质量保障成功经验的基础上，组织开展上海世博会和广州亚运会空气质量保障情况调研，对长三角、珠三角区域联防联控工作进行全面部署。上海、广州已制定环境质量保障方案。加强对医疗废物处理处置工作的指导。汽车和家电“以旧换新”污染防治工作稳步推进。建立上市公司环保核查后督察制度，城市环境综合整治定量考核工作向纵深发展，持久性有机污染物调查取得重要进展，危险废物利用处置和化学品管理工作不断加强。

四、扎实开展环境执法与应急管理工作，着力解决重金属污染等关系民生的突出环境问题

集中力量开展重金属污染综合整治。2009年，环境保护部接报了陕西凤翔、湖南武冈、云南东川等12起重金属、类金属污染事件，并引发了32起群体性事件，全社会高度关注。环境保护部认真贯彻落实国务院领导同志批示精神，及时组织工作组和专家组赶赴现场，开展环境应急监测，确认污染程度和范围，协助地方政府开展事故调查和处置，救治受害群众，责令关闭、停产44家污染企业，督促追究政府部门和企业责任人的责任，维护了社会稳定。召开“锰三角”地区环境综合整治工作座谈会，总结几年来环境整治取得的明显成效和经验做法，对下一步巩固和深化治理成果作出安排。同时，对12个省（自治区、直辖市）197家电解锰企业进行综合整治。联合国务院九部门开展重金属污染企业专项检查，共检查企业9 123家，查处环境违法企业2 183家，取缔关闭231家，停产整治641家。国务院办公厅已批转《关于加强重金属污染防治工作的指导意见》，明确了重金属污染防治目标任务、工作重点及加大资金投入等保障措施。

环境保护部联合发改委等八部门，深入开展2009年全国整治违法排污企业保障群众健康环保专项行动。一年来，各地出动环境执法人员242万多人次，检查企业98万多家次，查处环境违法案件1万多件，挂牌督办2 587件，119名责任人被追究责任。开展扩内需保增长建设项目专项检查，对23个省（自治区、直辖市）313家企业（项目）进行现场检查，查出62家企业（项目）存在的环境违法问题。组织新中国成立60周年大庆环境安全大检查，开展长江环保执法行动。开展饮用水水源保护区后督察，检查饮用水水源地3 177个，取缔关闭企业831家、直接排污口220个，拆除违法建设项目780个。开展规模化畜禽养殖场执法检查，共检查3.3万余家，依法查处环境违法问题1.9万多件，关闭禁养区内规模化养殖场1 035家。出台《污染源限期治理办法（试行）》、《环境违法案件挂牌督办管理办法》、《关于规范行使环境监察执法自由裁量权的指导意见》、《环境行政处罚办法》等一系列规范性文件，环境执法制度化规范化水平大幅度提高。

加强全过程环境应急管理。2009年环境保护部直接调度处理171起突发环境事件，同比增长26.7%。6月5日，环境保护部开通“010－12369”环保举报热线。目前全国2 817个县级以上环保部门开通“12369”，成为环境投诉的主要渠道和环保为民的窗口。开展尾矿库安全隐患排查，建立了8 000多座尾矿库信息数据库。对2006—2008年56起涉及饮用水安全的突发环境事件进行追踪调查。印发《关于加强环境应急管理工作的意见》，组建国家环境应急专家组，推进环境应急管理体系建设。

五、农村环保工作广泛开展，自然生态保护工作继续加强

自2008年7月实施“以奖促治”重要政策以来，中央财政设立农村环保专项资金，投入15亿元，支持2 160多个村开展环境综合整治和生态示范建设，带动地方投资达25亿元，直接受益农民达1 300万人。“以奖促治”的实施，解决了一批群众反映强烈的突出环境问题，许多村庄村容村貌明显改善，带动了农村环境保护水平的普遍提高。为深化“以奖促治”，环境保护部会同有关部门制定《关于实施“以奖促治”加快解决突出的农村环境问题的实施方案》，并经国务院办公厅转发，召开全国农村环境保护暨生态建设示范工作现场会，进一步做出部署。

生态保护工作继续推进。全国土壤污染状况调查已完成30个省（自治区、直辖市）数据接收入库和初步审核工作，获得470多万个实测数据和205万个野外样点环境信息数据。研究制订《关于进一步深化生态建设示范区工作的意见》，生态文明建设试点有序进行。组织完成全国50个自然保护区的评估。编制《第二批外来入侵物种名单》。

六、三大基础性战略性工程取得丰硕成果

全国污染源普查顺利完成。历时三年多，中央财政投入污染源普查经费8.6亿多元，地方各级财政安排资金31.2亿元，全国共组织动员57万多人，调查工业源、农业源、生活源和集中式污染治理设施4大类普查对象592万多

个，全面掌握了我国污染源排放的基本情况，建立了污染源信息数据库，查清了主要污染物产生、处理和排放情况，掌握了农业源污染物排放情况，摸清了有毒有害污染物区域分布。普查主要成果已经国务院常务会议审议通过。

环境宏观战略研究完成既定任务。形成了战略研究综合报告和专题报告等一系列重要成果，对当前环境形势、环境问题成因的分析准确、揭示透彻，提出的对策措施具有很强的针对性和可操作性，研究的一项重大成果是提出探索中国环境保护新道路。

水专项进入全面实施阶段。所有项目和课题立项论证工作基本完成，启动32个项目、230个课题，占“十一五”拟启动课题的96.6%。大部分示范工程、配套工程和配套经费得到落实，部分项目和课题取得阶段性成果。

七、环境政策法制、科技、监测、宣教和国际合作工作全面推进

环境政策法制不断完善。环境保护部联合财政部、税务总局初步完成开征环境税报告，组织制定并向经济综合部门提供290余种“高污染、高环境风险”产品目录，与人民银行联合推进绿色信贷，与保监会联合推进环境污染责任保险，积极推进排污权有偿使用和交易试点工作。《规划环境影响评价条例》、《废弃电器电子产品回收处理管理条例》和《放射性物品运输安全监督管理条例》相继出台。

科技支撑进一步强化。发布我国首个《环境保护技术发展报告》，化工、制药、冶金和化纤等行业污染减排多项关键技术取得突破，制定（修订）140余项国家标准，国家环保标准达到1 200项。涉及火电厂氮氧化物、重金属污染和农村污染防治的多项技术标准制定工作进展较大。积极应对气候变化，提出温室气体监管能力与政策设计框架。

环境监测转型加快推进。发布《关于进一步加强新时期环境监测工作的意见》、《先进的环境监测预警体系建设纲要》、《国家重点监控企业污染源自动监测数据有效性审核办法》和《主要污染物总量减排监测体系建设考核办法》。2009年7月1日起，向社会发布100个国家地表水水质自动监测站的实时监测数据。环境监测质量管理三年行动计划有序开展。2009年国控废水和废气排放企业年平均达标率分别为78.0%、73.0%，同比增长12和13个百分点；污水处理厂年平均达标率为70.0%，同比增长9个百分点。

宣传教育和国际合作扎实开展。印发《关于做好新形势下环境宣传教育工作的意见》，积极开展宣传，营造全社会关心支持和参与环境保护的良好氛围。精心组织新中国成立60周年筹展和中央组织庆祝活动的筹办工作。环保在中美、中日、中哈高层对话中的地位日益突出，中俄环保合作互信互利、全面务实，中日韩、中国—东盟环保合作进入新阶段，与联合国环境署合作进一步深化，与阿拉伯、非洲环保合作进一步加强。认真履行国际环境公约。

八、核与辐射安全监管切实得到加强

共审查通过各类核与辐射安全国家标准、导则和技术文件25件，对200余项核与辐射安全法规标准进行清理。纳入《国家监管能力建设“十一五”规划》的9个核与辐射安全监管项目，有6个已完成或正在实施。加强在役运行核电厂、在建和拟建核电厂项目监管与审评，未发生对环境有影响的安全事件。严格核技术应用安全监管，放射源各类事故较上年和多年平均水平下降50.0%以上。妥善处理河南杞县、广州卡源等事件。

九、环保规划与能力建设取得积极成效

环境保护部会同发改委完成“十一五”环保规划执行情况中期评估。结果表明，“十一五”环保规划实施首次达到进度要求，部分指标超额完成，主要规划目标有望首次如期实现，是截至目前执行得最好的一个五年环保规划。召开“十二五”环保规划编制前期工作会议，在规划的指导思想、基本原则、主要目标、重点工程和政策保障等方面形成基本思路。

截至2009年11月底，中央环保投入343亿元，其中环境保护部直接参与安排的中央环保专项、农村环保专项、污染减排专项、中央预算内基建投资等能力建设和环境治理投入共计49.3亿元。2007年以来，累计安排污染减排统计监测考核“三大体系”建设资金60.6亿元，新建、改造、接入自动站（点）787个，配备监测执法设备110 501多台（套），配备交通工具（车、船、艇）6 114多辆（艘），配备信息设备31 668多台（套）。建成污染源监控中心306个，对1.2万多家企业实施自动监控。国家环境信息与统计能力建设项目全面启动实施。

当前，环境保护形势依然十分严峻，面临许多困难和挑战。一是环境污染仍然较重。虽然局部环境质量有所改善，但环境污染的趋势总体上尚未得到根本扭转。二是污染减排压力有增无减。随着经济回升势头更加强劲，产能释放更加明显，污染物产生量会有增加，甚至一些已淘汰落后产能、设备和企业可能死灰复燃。各地污染减排工作进展不均衡，个别地区化学需氧量排放量仍在增长。三是潜在的环境问题不断显现。重金属、持久性有机污染物等长期积累的环境问题开始暴露，大城市和城市群灰霾天气等新污染问题日益凸显。突发环境事件处于高发期，一些重特大环境事件出现的频率越来越高。四是环保基础能力建设相对滞后。污染减排三大体系建设和运行有待继续加强，环境监管等能力建设不能很好地满足环保任务的需要。下一步，要深入贯彻落实科学发展观，大力推进生态文明建设，积极探索中国环保新道路，把环境保护与推动发展方式转变、污染减排与促进经济结构战略性调整、环境治理与保障改善民生更加有机地结合起来，以解决危害群众健康和影响可持续发展的突出环境问题为重点，充分发挥环境保护优化经济增长的综合作用，坚决完成污染减排任务，加大基础能力建设力度，深入推进流域区域和农村污染防治，妥善应对突发环境事件，为推进经济社会全面协调可持续发展做出应有贡献。

（撰稿：国家环境保护部办公厅研究室主任　钱　勇）

2009年中国产品质量状况综述

国家质量监督检验检疫总局质量管理司

2009年，是新世纪以来我国经济发展面临巨大困难的一年，也是我国质量发展面临巨大挑战的一年。在党中央、国务院保增长、扩内需系列政策的推动下，通过广大企业和全社会的共同努力，"质量和安全年"活动成效显著，我国产品质量实现了持续改善，总体水平保持了稳中有升的发展态势，在应对金融危机、保障国民经济平稳较快发展中发挥了积极作用。

一、2009年产品质量发展态势

（一）产品质量总体水平稳步上升

根据国家监督抽查的17 812家企业20 000种产品结果显示，产品批次抽样合格率为87.7%，同比提高3.2个百分点，实物质量合格率达94.8%，同比提高0.8个百分点。食用盐、家用太阳能热水器、家用燃气快速热水器、彩色电视机、房间空调器、电热水器、微型计算机、CDMA移动电话、药芯焊丝、汽车V带等10类产品的批次抽样合格率全部为100%。在各类企业中，大中型企业的产品质量明显好于小型企业。2009年，国家监督抽查大、中、小型企业分别占抽查企业总数的12.7%、17.1%和70.2%，批次抽样合格率分别为95.5%、92.8%和84.9%。大、中型企业的抽样合格率比小型企业高出近10个百分点。

（二）重点行业产品质量稳中有升，部分领域的质量水平显著改善

钢铁行业质量水平进一步提高。选矿技术、高炉喷吹煤粉技术、降低焦比技术及连铸连轧技术进入世界前列；新型H钢、大厚度抗氢Cr-Mo钢板等新型钢材的产品质量达到国际先进水平；国产取向硅钢产品部分性能已与国际先进水平相当。

有色行业产品质量和加工技术继续提升。铜、铝、铅、锌、锡和镍锭等冶炼产品的技术标准与国际水平接轨。高精密铜管产品质量达到国际领先水平。0.004 5毫米及0.005毫米超薄铝箔生产，突破了国际上只能用热轧卷生产的传统工艺，产品质量达到国际先进水平。

石化行业自主创新能力增强，高附加值、新产品不断出现。自主研发的聚丙烯腈基碳纤维产品性能已达到国际先进水平。650Ah的钠硫储能单体电池研制成功，使我国成为继日本之后世界上第二个掌握大容量钠硫单体电池核心技术的国家。异氰酸酯、聚甲醛等高端石化产品产业化技术取得突破，开始规模生产。

建材行业技术进步显著，产业结构更加优化。大型新型干法水泥所占比例达到55.0%，浮法玻璃已占平板玻璃总产量的85.0%，新型墙体材料的比例达到40.0%以上。建筑陶瓷中抛光砖的质量已达到世界领先水平。

纺织行业品种增加，质量提高。到2009年，全行业已有1/3的企业技术装备达到国际先进水平，规模以上服装生产企业的计算机辅助设计和制造应用普及率达85.0%，服装制作达到发达国家的质量水平。

家电行业大部分产品的安全标准等同采用国际标准，主要产品能效标准和部分性能标准高于国外先进标准。空调器、电冰箱、洗衣机、彩色电视机、微波炉、电饭锅、冷柜、电风扇等11类产品的节能环保指标和质量水平接近或达到国际先进水平。部分节能灯使用寿命达到10 000小时以上，进入国际先进水平。

（三）涉及安全的产品质量状况保持稳定

加工食品安全状况趋于好转。2009年，国家监督抽查了5 067家企业的5 791种食品，批次抽样合格率为91.1%，同比提高3.7个百分点。食品安全风险检出率稳步下降，在监测的70种产品、172个风险项目中，风险检出率为9.4%，比去年降低了12个百分点。与安全相关的日用消费品、建筑和装饰装修材料、农业生产资料、工业生产资料4类产品，2009年的批次抽样合格率分别为87.4%、84.6%、87%和84.4%，其中日用消费品、农业生产资料、工业生产资料的批次抽样合格率同比分别增长5.3、2.6、4.6个百分点，建筑和装饰装修材料批次抽样合格率略有下降。锅炉、压力容器、电梯等特种设备质量安全处于受控状态。2009年，在特种设备数量快速增加的情况下，全国特种设备死亡率为0.76人/万台，继续保持平稳下降态势；较大事故进一步减少，未发生重、特大事故。

（四）出口产品质量稳步提高

2009年，全国共检验检疫出境货物1 103万批，货值4 291.6亿美元，批次不合格率0.15%，货值不合格率0.12%，同比分别下降0.03和0.1个百分点，出境货物总体质量水平提高。其中，农产品检验检疫批次不合格率0.12%，货值不合格率0.15%，同比分别下降0.01个百分点和0.05个百分点；食品及化妆品检验检疫批次不合格率0.24%，货值不合格率0.23%，同比分别下降0.08和0.11个百分点；工业品检验检疫批次不合格率0.14%，货值不合格率0.11%，同比分别下降0.03个百分点和0.11个百分点。出口的机动车辆、有色金属及制品、罐头、动物水产品等产品的质量较好，货值合格率较高。

（五）质量基础保证能力进一步提高

企业质量保障能力有所提升。截至2009年11月底，企业质量管理体系认证证书累计达到190 191张，强制性产品认证证书累计达到260 633张，同比分别增加6.0%和7.5%。

重点领域国家标准制修订速度加快。全年累计制定国

家标准2 102项，修订国家标准1 056项。其中，农业、食品标准237项，安全标准158项，环境保护标准27项，基础标准502项，方法标准1 150项。

计量基础保障能力继续提高。全年新建国家计量基准178项，其中技术指标达到国际先进水平或国际水平的有55项；全国建立社会公用计量标准38 729项；社会公正计量行（站）新增138家，已累计达到1 483家。

淘汰落后产能力度加大。2009年，围绕国家产业政策调整，通过生产许可证制度严格市场准入门槛，对不符合国家产业政策的电解铝、水泥、钢铁、纺织等行业的1 159家工业企业做出不予许可决定。全年炼钢、炼铁、水泥、平板玻璃、电解铝等行业分别淘汰落后产能1 690万吨、2 110万吨、7 400万吨、600万箱和80万吨。

二、部分产品质量问题须高度关注

（一）产品质量总体水平仍然不高，成为影响发展方式转变的重要因素

与国际先进水平相比，我国产品质量总体水平仍然偏低，主要是：

技术标准水平低。我国许多产品在技术标准上与发达国家相比有较大差距，特别是高新技术、高附加值产品的关键技术标准缺乏，如精细化工产品有国家或行业标准的大约不到精细化工品种的10.0%。国际标准和国外先进标准转化为国家标准的仅有45.9%。产品质量安全总体检测能力与工业国家存在较大差距，70.4%的食品生产加工企业完全不具备质量安全的检测能力。

产品可靠性水平不高。目前，我国工程机械产品的平均无故障间隔时间在250～500小时之间，大大低于国外1 000～2 000小时的水平。国产数控机床的平均无故障时间是500小时，而发达国家可达3万小时以上。国产数控机床的精度保持性一般在2年左右，而德国、日本等国可达5～6年。

质量差、合格率不高。从监督抽查情况看，小型企业的产品质量监督抽查不合格率达到15.1%。便携式载体催化甲烷检测报警仪、三相异步电动机、电动工具、汽车GPS导航产品、电子计价秤、汽油机助力自行车和手持式电子信息产品等7类产品的批次抽样合格率不到70.0%，其中，手持式电子信息产品的合格率仅为46.3%。国产乘用子午胎与国外同类产品相比，在轮胎动平衡、均匀性、滚动阻力和舒适性方面有较大差距。国产铸件产品在尺寸上普遍比发达国家低1～3级，表面粗糙度比发达国家粗1～2级。

自主创新能力不强，技术水平不高。截至2009年底，仅有0.03%的国内企业对核心技术拥有自主知识产权，99.0%的企业没有申请专利。光纤制造装备100%、集成电路芯片制造装备80.0%、大型石油化工装备80.0%以上、轿车制造关键设备、高性能数控机床、先进集约化农机装备、高速印刷机械等技术含量较高产品70.0%依靠进口。

质量损失较大。我国火力发电设备平均供电煤耗为345克/千瓦小时，低于先进国家的300克/千瓦小时，运行污染高于发达国家同类设备水平。一些行业和企业由于生产工艺落后、设备老化，导致质量损失较大，原材料和能源利用效率低下，排放污染增加。如复混肥生产仍然以团粒法或熔融造粒等工艺为主，原料损耗多、能耗和污染大。

（二）一些领域产品质量安全问题依然突出

2009年，在产品质量安全形势总体趋好的同时，食品、建材等领域的质量安全问题仍然时有发生，人民群众对食品安全仍然不满意、不放心。从质检部门查处的产品质量违法案件情况看，食品、建材和农资三类产品违法案件占到总数的52.8%。特别是食品，占到总数的23.9%。从质检系统受理的质量申诉情况看，随着《食品安全法》的实施，食品质量申诉量明显增加；装饰材料有害气体超标问题逐渐成为新的申述热点；手机及手机电池、电脑、鞋、电视机和汽车的质量申诉量占到总量的23.0%。

（三）部分企业“以价定质”，导致产品质量出现下滑

2009年，受国际金融危机的冲击影响，国内外市场需求明显萎缩，加之部分行业低端产能过剩的问题较为突出，致使一些领域出现过度竞争。部分企业迫于生存压力，为维持不断减弱的价格竞争力，“以价定质”，蓄意降低质量以进一步削减已经见底的产品成本，导致产品质量出现明显下滑。据调查，有的电子产品生产企业为保住市场份额，压低原材料采购和组装成本，导致一些低档次的甚至不合格的元器件流入企业，明显降低了产品质量和可靠性水平；有的水泥生产企业不执行相关标准，超量掺加混合材料，致使水泥产品强度达不到规定要求；有的纺织企业为降低用水成本，减少成品的水洗次数，造成纺织品褪色或残留物增加。

（四）部分企业质量法制与诚信意识淡薄，假冒伪劣屡禁不止

由于部分企业经营者质量法制与诚信意识淡薄，缺乏社会公德，为追求自身利益，不惜擅自降低质量安全标准，采购低价劣质部件和原材料、不合理地“简化”工艺流程、放松出厂检验，有的甚至故意造假。一些不法乳制品生产企业，故意隐藏、使用必须销毁的三聚氰胺超标原料奶粉，造成了十分恶劣的社会影响。在“家电下乡”、“汽车摩托车下乡”过程中，一些企业不讲诚信，借下乡之名翻新加工废旧家电或以次充好，以假充真。2009年，全国质检系统查获的假冒伪劣产品货值达到35.8亿元，同比增长了12.8%。

（五）部分出口产品难以适应贸易技术壁垒的限制

受金融危机影响，美国、欧盟等国家和地区实行贸易保护主义的倾向加剧，频繁对我国采取技术贸易壁垒措施，我国外贸出口受到抑制。2009年出口货物货值5 000万美元以上的企业总数同比下降26.1%，出口检验检疫矿产品货值下降67.3%，金属及其制品货值下降64.4%，成套设备货值下降53.6%。2009年，欧盟出台多个法规和措施，修订提高了废弃电子电气设备的回收率，将医疗器械及监视和控制设备纳入RoHS指令管辖范围，并要求符合RoHS指令的产品统一加贴CE标志。对外部电源、数字机顶盒、荧光灯、节能灯、循环设备、电视机、洗衣机、电冰箱等产品的能耗以及相关性能指标提出了严格要求。这些措施使我国输欧办公设备、冰箱、空调、机电、音响等产品的出口成本增加了20.0%以上。美国违反国际植物检疫措施标准，要求对低检疫风险、本不需要出具植检证书的木制品

进行检疫处理、出具证书并加施标识，将进口程序复杂化，提高了出口门槛。

三、进一步加强质量工作的重点措施

目前，尽管我国产品质量的发展保持了积极向好的势头，但提高产品质量的任务仍然相当艰巨。全面加强质量工作，努力把产品质量提高到新水平，已经成为保障人民群众生命财产安全，扩大国内外市场需求，加快发展方式转变和经济结构调整的紧迫任务。

（一）制定质量发展战略规划

在国务院《质量振兴纲要（1996—2010 年）》到期之后，抓紧制定新一轮的《质量发展纲要（2011—2020 年)》，提出产品、工程、服务等领域质量发展的目标任务、方针政策和重点措施，动员各地区、各行业和广大企业齐心协力，为迅速提高我国质量总体水平，建设社会主义现代化强国而奋斗。

（二）实施质量提升工程

以避免发生系统性、区域性质量安全问题和提高产品质量总体水平为目标，积极开展“质量提升活动”，全面加强质量服务、质量监管、质量保障和质量宣传工作。积极推进质量兴省、兴市工作，强化各级政府对质量工作的领导，整合社会力量，形成“政府推动，部门联动，企业主动，社会参与”的工作局面，建立保障质量安全的长效机制。

（三）进一步落实企业质量安全主体责任

引导企业牢固树立质量第一的思想，积极采用先进的质量管理方法，全面加强质量管理，建立健全质量保证体系。督促企业抓住影响质量安全的关键环节，严格原材料质量把关，严格按标准组织生产，严格生产过程控制，严格检验检测，严格落实售后服务责任。鼓励有条件的企业建立集研发、设计、制造和系统集成于一体的技术中心，积极参与技术标准的研究制定，增强自主创新能力。激励企业加强自主品牌建设，全面提高品牌形象和产品竞争力。

（四）完善政府质量监管体系，加大监管力度

进一步完善以市场准入、产品质量检测、质量问题追溯、缺陷产品召回、市场退出和产品质量安全风险监控为核心的质量监管制度。按照夯实质量基础，确保安全底线的原则，重点加强食品安全监管工作，加大企业督查力度，增加产品检验频次，严厉打击假冒伪劣。进一步创新生产许可证管理、产品质量监督抽查、执法打假和进出口检验检疫监管模式。完善产品质量安全监测体系，培育一批具有国际先进水平的检（监）测机构，建设一批国家和区域性检测技术公共服务平台，装备一批快速机动的一批一线执法设备，切实发挥政府监管在提高产品质量安全水平中的重要作用。

以贯彻落实《食品安全法》为契机，引导和帮扶企业加强原材料查验和过程控制，提高出厂检测能力。切实提高产品质量安全水平，促进我国工业健康发展。

（五）建立国家质量奖励制度，激励企业走以质取胜的道路

加快设立国家质量奖，对为国家质量进步做出卓越贡献的组织和个人予以激励，引导广大企业走以质取胜道路。实施名牌发展战略，加大扶优扶强力度，积极宣传我国的优秀企业和名牌产品，大力培育具有自主知识产权和国际竞争力的知名品牌。

（六）加强质量诚信体系建设，改善质量发展环境

建立并完善企业质量信用信息的采集、评价与披露制度，加强对质量诚信企业的表彰和宣传，实施违法违规企业“黑名单”制度，加大对质量违法违规行为和质量失信企业的惩处力度。进一步改善质量发展环境，建立“政府倡导、行业自律、企业践行、社会共享”的质量诚信文化培育机制，打造先进质量文化，增强质量发展的软实力。

（七）动员全社会共同参与，营造齐抓共管的良好氛围

加大新闻宣传力度，大力宣传党和国家的质量方针政策、质量法律法规和有关知识，树立一批有社会责任感、讲诚信、质量好的典型企业；发挥舆论监督的作用，加大质量违法行为的曝光力度。充分发挥行业部门、协会学会的作用，加强行业风气建设，做好为企业的服务工作。引导全社会不断增强质量意识，进一步完善质量投诉和维权机制，动员广大群众共同营造有利于质量进步的社会环境。

（撰稿：国家质量监督检验检疫总局质量管理司副司长惠博阳）

2009 年中国知识产权工作综述

国家知识产权局专利局

一、专利申请与审查

1. 专利申请与授权

2009 年，受金融危机影响，国外来华专利申请数量有明显下降，但国内专利申请量继续保持平稳较快增长，专利审批能力显著提高。

（1）专利申请。2009 年我国共受理专利申请 976 686 件，同比增长 17.9%。其中，受理国内申请 877 611 件，占总量的 89.9%，同比增长 22.4%；受理国外来华申请 99 075件，占总量的 10.1%，同比下降 10.9%。

2009 年，国内三种专利申请都呈显著增长。其中发明专利申请229 096 件，占26.1%，同比增长17.7%；实用新型专利申请308 861 件，占35.2%，同比增长37.9%；外观设计专利申请339 654 件，占38.7%，同比增长13.7%。

截至2009 年底，我国累计受理专利申请5 822 661 件，其中国内 4 898 473 件，占 84.1%，国外 924 188 件，占 15.9%；其中发明 1 935 832 件，占 33.3%，实用新型 2 005 545件，占34.4%，外观设计1 881 284 件，占32.3%。

（2）专利申请的地区和国别分布。2009 年，国内专利申请量按省市排序与上年相比略有变化，居前 10 位的依次是江苏、广东、浙江、山东、上海、北京、四川、湖北、辽宁、台湾。

截至 12 月 31 日，来我国申请专利的国家和地区共有 150 个。2009 年共有 97 个国家和地区向我国提出专利申请，新增加的国家和地区有 4 个：阿富汗、洪都拉斯、危地马拉和也门。2009 年申请量排在前 10 位的国家依次是：日本、美国、德国、韩国、法国、荷兰、瑞士、英国、瑞典、意大利。

（3）专利申请的技术领域分布。2009 年，共完成发明和实用新型专利申请国际专利分类580 845 件，比上年增加 30 004 件，增长 5.4%。

从 2009 年发明专利申请的国际专利分类（IPC）情况看，其特点是：有关医用、牙科用、梳妆用的配制品（A61K）专利申请继续占据国内各 IPC 小类第一，但数量已比上年减少 27.0%；无线通信网络（H04W）迅速升至第 2 位，申请数量超过万件，其中国内数量超过九成；往年在国内外申请量均较大的（H04Q）小类数量迅速减少，退出了排名前十的行列。

（4）专利授权。2009 年，共授权专利 581 992 件，同比增长 41.2%。其中国内授权 501 786 件，占总量的 86.2%，同比增长 42.4%；国外授权 80 206 件，占总量的 13.8%，同比增长 34.6%。在授权的国内专利中，发明专利65 391 件，占 13.0%；实用新型专利 202 113 件，占 40.3%；外观设计专利234 282 件，占46.7%。在授权的国外专利中，发明专利63 098 件，占78.7%；实用新型专利 1 689 件，占2.1%；外观设计专利15 419 件，占19.2%。

2009 年，发明专利授权国内所占比重同比上升 1.2 个百分点，达到50.9%，首次超过国外所占比重。

12 月 7 日，我国专利授权总量突破 300 万件。截至 2009 年底，累计授权专利 3 083 260 件；其中发明 586 646 件，占 19.0%，实用新型 1 368 741 件，占 44.4%，外观设计 1 127 873 件，占 36.6%；其中国内 2 644 571 件，占 85.8%，国外 438 689 件，占 14.2%。

2. PCT 国际申请

作为《专利合作条约》（PCT）受理局，2009 年共受理国际申请 8 000 件，同比增长 31.6%。其中，以中文作为申请语言的国际申请 7 225 件，以英文为申请语言的国际申请 775 件。自 1994 年起累计受理国际申请 32 881 件。

2009 年，收到进入中国国家阶段的国际申请 53 633 件，同比下降 6.8%，其中发明专利申请 53 492 件，实用新型专利申请 141 件。自 1994 年起收到进入中国国家阶段的国际申请累计为 412 131 件。

3. 集成电路布图设计登记申请

2009 年，收到集成电路布图设计登记申请 817 件，予以公告并发出证书 655 件。自 2001 年 10 月 1 日《集成电路布图设计保护条例》实施以来，共收到集成电路布图设计登记申请 3 368 件，予以登记公告并发出证书共计 2 957 件。

4. 复审与专利权无效宣告

（1）受理专利复审请求与结案。2009 年受理复审请求 9 195 件，比 2008 年增加 4 835 件，同比增长 111%。2009 年复审请求结案共 6 697 件，其中涉及发明专利申请 6 599 件，涉及实用新型专利申请 84 件，涉及外观设计专利申请为 14 件。

自 1985 年以来，共受理复审请求 31 587 件。截至 2009 年底，复审请求结案 25 109 件。

（2）受理专利无效宣告请求与结案。2009 年受理无效宣告请求 2 247 件，比 2008 年增加 209 件，同比增长 10.0%。2009 年全年无效宣告请求结案共 2 310 件，其中涉及发明专利 456 件，涉及实用新型专利 1 078 件，涉及外观设计专利为 776 件。

自 1985 年以来，共受理无效宣告请求 23 334 件。截至 2009 年底，无效宣告请求结案 21 718 件。

（3）专利行政诉讼。2009 年，当事人向北京市第一中级人民法院起诉和向北京市高级人民法院上诉的案件总计 987 件。其中对复审决定起诉和上诉的有 125 件；对无效宣告请求审查决定起诉和上诉的 858 件；对其他通知不服起诉和上诉的 4 件。

2009 年，北京市第一中级人民法院审理复审决定和无效宣告请求审查决定结案 594 件，其中涉及复审决定的结案 64 件，涉及无效宣告请求审查决定的结案 528 件，其他 2 件。

2009 年，北京市高级人民法院审理复审决定和无效宣告请求审查决定结案 337 件，其中涉及复审决定的结案 35 件，涉及无效宣告请求审查决定的结案 302 件。

2009 年，中华人民共和国最高人民法院申诉案件立案 16 件，提审结案 12 件。

（4）集成电路布图设计撤销案件审理。自 2001 年 10 月 1 日《集成电路布图设计保护条例》颁行以来，共受理了 4 件集成电路布图设计撤销案，截至 12 月 31 日，已审结 2 件。

（5）巡回审理庭的建设和使用。2009 年，陆续在专利无效案件纠纷较为集中的广东、四川、山东和江苏等地建设巡回审理庭，并相继投入使用。巡回审理庭的建设与使用，降低了当事人的维权成本，提高了审查工作的效率，方便了当事人，实现了“地方知识产权法制教育基地、教学实习基地和宣传培训基地”的预期目标。

二、法律事务

1. 法制建设

（1）10 月 1 日，修改后的《中华人民共和国专利法》开始实施。

（2）《国务院关于修改〈中华人民共和国专利法实施细则〉的决定（草案）》于12月30日国务院常务会议上获得原则通过。修改后的《中华人民共和国专利法实施细则》将于2010年2月1日起施行。

（3）重新启动修订《专利代理条例》的准备工作，9月下旬，将《专利代理条例修订草案》（征求意见稿）发给各地知识产权局征求意见。

（4）修改完善部门规章。为确保修改后的专利法顺利实施，《专利审查指南》修订工作基本完成。《施行修改后的专利法的过渡办法》于9月27日发布，对实施修改后的专利法所涉及的衔接事项做了明确规定。

《专利行政执法办法》、《专利实施强制许可办法》、《涉及公共健康问题的专利实施强制许可办法》、《专利权质押合同登记管理暂行办法》、《专利实施许可合同备案管理办法》的修订工作正在进行。

2. 专利代理

（1）代理人和代理机构。12月5—6日，全国专利代理人资格考试在北京等15个城市同时举行，报名人数为11 805人，比上年增长35.0%，共有924人同时通过了两个部分的合格分数线。截至年底，我国通过考试取得专利代理资格证的人数超过1万人，执业的专利代理人超过6 000人。

截至12月，共批准设立59家专利代理机构，指定6家涉外专利代理机构，公告首批通过2009年年检的专利机构621家。建立了专利代理数据库管理系统。

（2）监督和管理工作。为加强监督和管理，对专利代理机构的办事机构进行了重新核查，并将信息在我局政府网站上及时发布。

召开首次国家知识产权局专利代理惩戒委员会会议，对相关当事人或机构分别作出了惩戒处理决定，并公布在我局政府网站中供公众监督和查询。

（3）考试制度改革。发布新的改革方案，允许考生在3年内分步通过各科考试，考试成绩的年度合格分数线按照“法律知识”和“代理实务”两个部分分别确定。将更加有利于考生合理利用备考时间，扎实、系统地掌握基础知识，获取执业资格。

3. 行政复议

2009年，我局共受理82件行政复议案件。其中不服专利申请视为撤回的有12件，不服专利权终止的10件，不服不予恢复的16件，不服著录项目变更的10件，不服视为放弃取得专利权的权利8件，不服分案申请视为未提出的1件，不服不作为的4件，不服本国优先权视为未提出的4件，不服外国优先权视为未提出的3件，不服不能进入国家阶段的5件，不服不予退费的4件，不服合同登记的1件，不服惩戒的1件，非正常申请确认通知书3件。

2009年，因不服我局行政复议决定提起的诉讼案件有4件。

三、战略推进和保护管理

1. 战略推进

（1）国家知识产权战略工作。3月19日，由国家知识产权战略实施工作部际联席会议28家成员单位共同制定的《2009年国家知识产权战略实施推进计划》（简称《推进计划》）颁布实施。《推进计划》结合中央部署和2009年经济形势，着重突出全年知识产权战略工作要点和总体要求，并紧密围绕《国家知识产权战略纲要》，从提升知识产权创造能力、加快知识产权法制建设、提高知识产权执法水平、扩大知识产权对外交流合作等九个方面，共提出240条具体措施，并明确了相关负责部门。

在年初和年中两次召开国家知识产权战略实施工作部际联席会议联络员全体会议，及时总结各部门、各地区工作进展情况，交流战略实施经验，研究部署后续工作。

（2）区域知识产权战略工作。推动地方知识产权战略制定实施工作，截至年底，已经有15个省、自治区、直辖市制定并颁布了地方知识产权战略纲要或相应实施意见。哈尔滨、长春、沈阳、济南、青岛、武汉、宜昌、成都、贵阳、厦门、福州、深圳也出台了城市的知识产权战略或实施意见。

（3）行业知识产权战略工作。与科技部举行了部局合作会商会议，拟共同发布国家科技重大专项知识产权管理规定；与相关部委共同起草了具体落实促进半导体照明产业发展措施的任务分工方案；与工信部建立了长效合作机制；牵头建立跨部门邮政领域知识产权联合应对机制；与环境保护部开展了中国生物物种资源及相关知识产权问题研究。

（4）协调保护知识产权工作。组织协调国家知识产权战略实施工作部际联席会议28家成员单位共同制定《2009中国保护知识产权行动计划》。

统筹部署世博会知识产权保护工作。会同世博会组委会联络小组拟定《世博会知识产权保护专项行动方案》（征求意见稿），提出世博会知识产权保护的整体部署。

联合公安部、海关总署、最高人民检察院、工商总局、版权局、商务部等部门举办“2009全国外商机构保护知识产权座谈会”。

联合外交部、工信部、司法部、商务部等8部委印发《关于加强企业境外参展知识产权工作的通知》，从预防、援助和协助企业自我维权3个方面提出10项应对措施。

2. 保护管理

（1）知识产权执法。深入开展“雷雨”、“天网”行动等知识产权执法专项行动。遏制了群体侵权、反复侵权行为与专利诈骗行为的发生，提高了大型展会知识产权执法与维权工作成效，震慑了违法分子，增强了权利人、创新主体和消费者的信心，营造了创新与发展的良好环境。

顺利开通“12330”知识产权维权援助公益服务电话。截至年底，共批复设立了61家维权援助中心。推动跨部门执法协作机制的完善，与公安、法院和有关行政部门的沟通协作进一步强化。

加强执法信息的分析、上报，加快对跨地区重大案件的指导和协调，促进了有关案件的合理解决。

指导组织各省级局深入开展执法督导工作，提高了各级知识产权局执法工作的科学性、积极性、规范性和创造性。

2009年，全国各地方知识产权局共受理专利侵权纠纷案件937件，受理其他专利纠纷案件26件。查处假冒他人专利案件30件，查处冒充专利案件548件。共出动执法人员13 240人次，检查商业场所6 013次，检查商品1 322 521件，向公安等部门移交案件9件，接受其他部门移交案件9件，跨部门执法协作533次，跨地区执法协作204次。

（2）知识产权管理。完成第3批125家全国企事业知识产权试点单位总结验收工作，研究确定第4批800家全国企事业知识产权试点单位，全国试点单位累计达到上千家。

截至年底已设立75家专利工作交流站。依托我局专利审查资源优势对更多创新企业和高新企业提供服务。

2009年新批建立2家国家专利产业化试点基地，目前总数已达到16家（含1家工业设计与创意产业基地）；新批设立4家国家专利技术展示交易中心，目前总数已达42家。开展专业化、特色化的专利展示交易、信息综合利用等服务。

与世界知识产权组织共同开展了第十一届中国专利奖评选工作。共评出15项中国专利金奖，170项中国专利优秀奖，6项最佳组织奖，16项优秀组织奖，以及5项最佳推荐奖。我局和世界知识产权组织决定从2010年起将评奖周期由二年一届改为一年一届。

按照《资助向国外申请专利专项资金管理暂行办法》的要求，配合财政部完成资助向国外申请专利专项资金申报和评审工作。2009年度共资助中小企业、事业单位以及科研机构提出的PCT申请1 146项，发放资助资金5 285万元。

知识产权资产评估和知识产权质押融资试点。会同财政部指导中国资产评估协会研究制定的《资产评估准则——无形资产》和《专利资产评估指导意见》于7月1日实施。

2009年，专利质押合同登记166件，质押金额34.9亿元，5.8亿美元。专利许可合同备案12 400件，许可专利18 215件。

专利代办处建设。2009年，批复成立国家知识产权局专利局南京代办处苏州分理处。截至年底，全国专利代办机构共27个。

四、信息化和文献

1. 信息化

（1）中国专利电子审批系统和专利检索与服务系统项目建设。中国专利电子审批系统（E系统）是我局“十一五”信息化规划建设的重点项目，经过两年多的建设，年底完成全部系统开发，做好上线前的准备工作。

专利检索与服务系统建设分为局内部分（S系统）和公众部分两个部分进行。7月，系统进入试运行阶段。

（2）全国专利信息服务体系建设。制定《全国专利信息公共服务体系建设规划》，规划建设国家专利数据中心、区域专利信息服务中心和地方专利信息服务网点三级构架专利信息公共服务体系。

完成所有47个地方专利信息服务网点建设工作。统一提供世界主要国家的专利数据库、我局的专利信息检索分析工具及硬件设备，用于各省知识产权局向本省提供专利信息服务。

为“中国科学院知识产权网”和“高校专利信息服务平台系统”提供专利数据及相关检索应用工具，有效推动我国科研和教育工作中的专利信息利用。

2. 文献

2009年，共与37个国家及地区知识产权机构保持了文献交换关系，其中台湾地区为新增。截至2009年底，我局已累计拥有48个知识产权机构出版的专利全文说明书，102个知识产权机构的检索数据。在专利文献资源收集种类与数量方面，已达到世界领先水平。

与中国通信标准类协会、国家科技图书文献中心和美国化学文摘社建立了合作关系。目前，我局供审查员使用的非专利数字资源包括74个数据库、3种原数据和1个联机检索系统。

五、国际活动

2009年，继续积极参与知识产权国际事务，深化了与世界知识产权组织（WIPO）等国际组织的合作。国际合作规模不断扩大，中美欧日韩五局合作与中日韩三边合作得到稳步推进。双边合作层次不断提高，形式更加丰富，内容更为深入和务实。继续加大对发展中国家的技术援助，进一步构建中非知识产权高层交流平台，拓展了合作区域，发展了合作伙伴，促进了我国知识产权领域国际合作的全面发展。

WIPO新任总干事高锐（Gurry）两次访华，并得到温家宝总理亲切会见。北京大学授予高锐荣誉教授称号。

在我局、国家工商总局、国家版权局及我驻日内瓦使团的共同关注、积极努力下，我国提名候选人王彬颖女士在WIPO协调委员会第六十次会议上成功当选WIPO副总干事。

田力普局长率由我局、工商总局、版权局、外交部组成的中国政府代表团出席WIPO第47次成员国大会。在高级别发言中，田力普局长重申中国政府高度重视知识产权保护，获得与会各国代表的积极反响。

2009年，我局47个团组出席了WIPO在日内瓦举行的常规会议和在其他国家举行的相关会议和研讨会。

积极利用发展中国家基金，为海湾合作委员会专利局和非洲地区知识产权组织提供培训。逐步实现由知识产权国际合作与援助的接受者向输出者的转变。

为海湾合作委员会4名专利审查员进行了为期两周的专利审查培训；为越南国家知识产权局的10名审查员进行了审查业务培训；为来自巴基斯坦、古巴、泰国、蒙古、越南知识产权局的代表团进行了有关“中国知识产权制度概况”方面的培训，部分团组还对北京、天津、广东知识产权管理机构进行了学习访问。

（撰稿：国家知识产权局专利局初审及流程管理部副部长　顾晓莉）

2009年中国林业工作综述

国家林业局

2009年是我国林业发展史上划时代的一年，是发展现代林业、建设生态文明、推动科学发展取得重大进展的一年。2009年6月，党中央召开了新中国成立60年来的首次中央林业工作会议，中共中央政治局常委、国务院总理温家宝在会上明确指出，在贯彻可持续发展战略中林业具有重要地位，在生态建设中林业具有首要地位，在西部大开发中林业具有基础地位，在应对气候变化中林业具有特殊地位。中共中央政治局委员、国务院副总理回良玉明确要求，实现科学发展必须把发展林业作为重大举措，建设生态文明必须把发展林业作为首要任务，应对气候变化必须把发展林业作为战略选择，解决"三农"问题必须把发展林业作为重要途径。2009年年底，中共中央总书记、国家主席胡锦涛等中央领导同志对林业改革发展作出重要批示。胡锦涛同志指出，经过多年努力，我国林业发展和生态建设取得显著成效，希望林业战线同志们继续努力，依靠人民群众，依靠科学技术，依靠深化改革，扎实开展植树造林活动，着力加强森林保护和经营，确保实现2020年的奋斗目标。中央林业工作会议和中央领导同志对林业的重要论述，确定了新时期林业发展和生态建设的新地位、新使命、新目标和新要求。

各地认真贯彻落实中央林业工作会议精神，截至2009年年底，共有26个省（自治区、直辖市）召开了省（自治区、直辖市）委或全省（自治区、直辖市）林业工作会议，对加快林业改革发展作出全面部署。各级党委政府自觉将发展林业作为深入贯彻落实科学发展观的重大实践，作为生态文明建设的首要任务，作为应对气候变化的战略选择，作为增加农民收入的重要途径和拉动国内需求的战略举措，把林业摆上了战略位置，确立了生态立省、生态兴省、生态强省的发展战略，在特大旱情等自然灾害和国际金融危机严重影响的情况下，在全国掀起了前所未有的加快林业改革发展的新热潮。林业各项工作都取得了积极进展。

一、林业改革取得重大成效

集体林权制度改革全面推开。福建、江西、辽宁、浙江、云南、河北、安徽、湖北、重庆、贵州10省（市）基本完成明晰产权、承包到户的改革任务，湖南、广西、内蒙古、黑龙江、吉林、甘肃、海南、河南、青海、山西、陕西、江苏、四川13个省（自治区）全面推进主体改革，北京、天津、山东、广东、新疆、西藏、宁夏7个省（自治区、直辖市）正在开展改革试点。全国累计完成林改确权面积1.2亿公顷，占全国集体林地面积的64.7%，发放林权证5 954万本，发证面积0.9亿公顷，占全国集体林地面积的51.2%，有5 542万农户拿到了林权证。公共财政支持林业发展制度逐步完善。农村林业金融制度开始建立，人民银行、财政部、银监会、保监会与国家林业局联合印发《关于做好集体林权制度改革与林业发展金融服务工作的指导意见》，开发银行、农业银行、农发行下发了具体实施意见，明确了林业贷款、林权抵押贷款等优惠政策。集体林木采伐管理机制改革取得突破，国家林业局出台了《关于改革和完善集体林采伐管理的意见》。林权流转行为逐步规范，国家林业局出台了《关于切实加强集体林权流转管理工作的意见》。农民林业专业合作组织建设扎实推进，国家林业局出台了《关于促进农民林业专业合作社发展的指导意见》文件。

林改后，由于农民对林木拥有了所有权、经营权、处置权，原来的集体林由"我们的"变成了"我的"，蕴藏在农民群众中的巨大能量得到充分释放，农民就像解放区参加土改和20世纪80年代实行农田大包干一样，热情高涨，敢于投入，舍得投入，展现出家家户户齐动员、热火朝天干林业的动人景象。过去担心引发乱砍滥伐的情况不但没有发生，反而出现了全家护林、合作护林、精心护林的可喜局面。农民通过精心经营林地、发展林下经济和森林旅游，收入大幅度增加。

同时，国有林场和重点国有林区改革试点取得新进展。伊春国有林改革试点也进行了总结完善。

二、生态体系建设扎实推进

我国森林资源进入快速发展时期。全年完成造林626.2万公顷。发布了第七次森林资源清查结果。全国森林面积1.9亿公顷，比上一次清查净增0.2亿公顷；森林覆盖率20.4%，净增2.2个百分点；活立木蓄积量149.1亿立方米，净增11.3亿立方米；人工林面积0.6亿公顷，净增0.1亿公顷，继续保持世界首位。义务植树、部门绿化深入开展。全年共有5.9亿人次参加义务植树活动，植树24.8亿株（含折合株数）。三北防护林工程重点区域治理得到加强，完成造林125.6万公顷。沿海防护林工程完成造林21.2万公顷，海岸基干林带和消浪林建设稳步推进。退耕还林工程建设成果进一步巩固，完成荒山荒地造林和封山育林89.9万公顷。长江防护林工程完成造林22.2万公顷，两湖两库治理效果明显，林业血防工程建设规模进一步扩大。太行山绿化工程完成造林11.9万公顷，涌现出山西长治等一批典型。珠江防护林工程、平原绿化工程完成造林8.4万公顷，流域和区域生态状况进一步改善。天然林保护工程区全年完成公益林建设136.1万公顷，其中，人工造林28.2万公顷、飞播造林15.3万公顷、封山育林92.6万公顷，管护面积达1亿公顷。实施了湿地生态保护恢复工程。

启动了第二次全国湿地资源调查。新增国家湿地公园试点62处，国家湿地公园试点总数达到100处。新增杭州西溪湿地公园为国际重要湿地，中国国际重要湿地总数达到37处。全国自然湿地保护面积达到1 795万公顷，占自然湿地总面积的49.6%，比2008年增加0.6个百分点。《省级政府防沙治沙目标责任考核办法》颁布施行，组织开展了中期督促检查工作。继续推进全国防沙治沙综合示范区建设，启动了第四次全国荒漠化沙化监测。京津风沙源治理工程完成营造林43.5万公顷。建立防沙治沙综合示范区37个。沙尘暴灾害防范和应对工作加强。石漠化综合治理工程稳步推进，完成林业建设任务16万公顷。颁布了石漠化治理林业专项规划，治理项目试点顺利进行。开展了第四次荒漠化沙化监测。生物多样性保护得到加强，全年新建国家级森林公园22处，新增面积8.3万公顷，新建国家级自然保护区14处，新增面积7.7万公顷。全国森林公园总数达到2 458处（含白山市国家级森林旅游区），总面积达1 652万公顷。全国林业系统自然保护区总数达到2 012处，总面积达1.2亿公顷，占国土面积的12.8%，为85.0%野生动物种群、65.0%的高等植物群落，以及300多种国家重点保护的珍稀濒危野生动物、130多种珍贵树木提供了良好的栖息环境，大熊猫、朱鹮、金丝猴、苏铁、红豆杉等一大批濒危物种野外种群数量稳中有升，一大批珍贵森林风景资源和林业自然文化遗产得到有效保护。

三、林业产业体系初步形成

经国务院批准，颁布了《林业产业振兴规划》。召开了第二届全国林业产业大会。木材加工、木浆造纸、林产化工、森林旅游、木本粮油、竹藤、花卉、野生动植物繁育利用、林业生物质能源、沙产业等十大林业支柱产业加快发展，林业产业体系初步形成。速生丰产用材林基地建设取得新成效，全年完成速丰林基地建设75.8万公顷，累计完成速丰林基地建设730.9万公顷，初步形成了以粤桂琼闽地区、长江中下游地区与黄河中下游地区和东北三省、内蒙古地区为代表的工业原料用材林基地。人造板产量1 154.7万立方米，同比增长22.7%。以森林公园为龙头的森林旅游产业继续保持快速增长。全年森林公园共接待游客3.3亿人次，占国内旅游总人数的17.0%，增长20.0%；直接旅游收入219亿元，增长21.0%，均高于国内旅游涨幅（分别为11.0%和16.0%），带动社会综合旅游收入近1 800亿元。经济林成为农民致富的重要资源，全年全国经济林种植与采集业产值达到3 903亿元。油茶产业发展势头良好，实施了《全国油茶产业发展规划（2009—2020年）》，新种植油茶林9.9万公顷，改造低产油茶林17万公顷，油茶籽产量达到116.9万吨。全年林业产业总产值达到17 500亿元，同比增长21.4%。广东、福建、浙江、江苏4省林业产业总产值均达1 000亿元以上，山东、四川、湖南、江西、广西5省（自治区）林业总产值均超过800亿元。

四、生态文化体系建设深入开展

组织体系不断完善，各类生态文化协会、学会、促进会、创作基地不断涌现，生态文化管理、研究、创作和宣传队伍不断壮大。宣传平台不断丰富，大力推进森林博物馆、标本馆、科普长廊等基础建设，建成中国湿地博物馆、退耕还林展览馆，在中国林业网开辟了中国树木博览园、野生动物博物馆、林业展厅等，打造了一批集保护、展示、教育于一体的生态文化平台。生态文化传播日益广泛，开展了国家森林城市和国家生态文明教育基地创建活动，成功举办了第六届中国城市森林论坛和第二届中国生态文明高层论坛。杭州、无锡、宝鸡、威海4城市被授予“国家森林城市”称号，全国累计14个城市成为国家森林城市。湖南省森林植物园等10个单位被授予国家生态文明教育基地称号，国家生态文明教育基地已达20处。举办了“生态中国十大杰出人物”评选、全国生态文学作品大赛、全国生态建设成就摄影大赛。林业公益招贴画进万家活动，张贴林业公益招贴画310万张。涌现了以《鹤乡谣》、《中国野生动物档案》、《远方的呼唤》为代表的一大批生态科普文化作品。同时，通过公益广告、野生动物宣传月、爱鸟周、荒漠化日，举办林博会、花博会、湿地文化节等活动进行宣传。

五、林业“三防”工作成效显著

实施了《全国森林防火中长期发展规划》，森林防火基础设施建设得到加强，森林火险预警监测和防火指挥信息化建设取得进展。开展了“侦破森林火案攻坚战”行动，组建了武警森林部队直升机支队，加强了东北、西南重点林区航空护林和航空灭火能力建设。成功处置“4·27”黑龙江沾河等36起重特大森林火灾，全国森林火灾发生8 859起，受害森林面积4.6万公顷，分别比2008年下降了37.4%和12.1%，森林防火工作的基础建设、保障能力、扑救水平、社会影响显著提升。进一步强化了林业有害生物防控，重点加强了美国白蛾、松材线虫病防治，美国白蛾防控基本实现有虫不成灾。开展了“绿盾三号”、林区社会治安整治、禁种铲毒等一系列专项严打行动，共查处破坏森林和野生动物资源案件17万多起，有效维护了森林资源安全和林区稳定。进一步规范了征占用林地审批管理，全年全国共查处林业行政案件29.4万起，收缴木材58.2万立方米、苗木487.1万株、种子38 985公斤，责令补种树木759.2万株。

六、强林惠林政策体系开始建立

支持林业发展的公共财政制度进一步完善。森林经营首次列入中央财政预算，由中央财政安排5亿元在11个省区和大兴安岭林区进行500万亩中幼林抚育补贴试点。林木良种补贴试点开始启动，试点对象为全国29个省（自治区、直辖市），内蒙古、黑龙江、大兴安岭森工（林业）集团公司和新疆生产建设兵团的131处国家重点林木良种基地和河北等22个省（自治区、直辖市）和龙江森工集团采用先进育苗技术培育良种苗木的国有育苗单位。林业机具纳入补贴范围。生态效益补偿标准提高，与财政部联合发布《国家级公益林区划界定办法》，制定了《国家级公益林管理办法》，将国家级公益林补偿标准由每亩每年5元提高到10元。造林补助标准从每亩100元提高到每亩200元。林业金融政策实现重大突破。森林保险开始试点，投保面积2.7亿亩，保险金额1 141亿元。林权抵押贷款规模扩大，林权抵押面积2 450万亩，贷款金额221.4亿元。林权抵押贷款规模扩大，林权抵押面积5 430万亩，获得贷款217亿元。林业贷款中央财政贴息政策进一步完善，财政部、国家林业局联合出台了《林业贷款中央财政贴息资金管理办法》（财农〔2009〕291号），各银行林业贴息贷款规模达到213亿元，落实新增林业贴息贷款160亿元，中央财政贴息资金6.5亿元。林业税费政策得到重大调整。颁布新的《育林基金征收使用管理办法》，林业部门过去从育林基金中列支的经费，明确由同级财政预算解决。延续了以林区"三剩物"和次小薪材为原料生产加工的综合利用产品，实行增值税即征即退政策。实施了改善林区民生的投入政策，国有林区棚户区改造累计安排中央投资23.5亿元，安排改造任务15.7万户，竣工539万平方米，交付入住10.8万户。下发了《关于做好国有林场危旧房改造工作的通知》。家电、汽车、摩托车等下乡补贴对象扩大到国有林区、林场职工。林区基础设施投入力度加大，编制了《林区道路建设工程规划》、《林区用水安全工程规划》，林区基础设施建设逐步加强。全年中央林业投入再创历史新高，达到691.7亿元，增幅13.9%。同时，各地进一步完善了林业投融资政策，林业投资大幅增加。

七、科教兴林、依法治林不断强化

实施了公益性行业科研专项、地方推广专项、高技术产业化示范工程和林业科技富民示范工程。加强了生态定位观测研究，新建生态定位站22个，制定了《陆地生态系统定位研究网络中长期发展规划》，完善了森林、湿地、荒漠生态系统生态定位站网络体系。成立了生物资源科学研究院。加强了林木新品种、生物质能源、生物产业、木本粮油等领域的科研和推广。林业标准化、知识产权保护等取得新进展。成立了国家级森林认证中心。成功举办了第二届中国林业学术大会。在福建省三明市命名了首个"全国生物产业基地"，在湖北省建立了"林业科技示范园区"。林业法制建设进一步强化，《森林法》修改已列入全国人大议程。《湿地保护条例》立法进程加快。新修订的《森林防火条例》正式实施。在农村土地承包经营纠纷调解仲裁相关法规中明确了集体林权纠纷调解机制。各地认真落实国务院颁布的《全面推进依法行政实施纲要》，辽宁省出台了防沙治沙条例，福建省出台了林权登记条例，甘肃省出台了林地保护条例，四川省出台了林木种子管理条例。湖南省下发了规范行使林业行政处罚自由裁量权的指导意见，海南省制定了沿海防护林建设与保护指导意见。

八、林业信息化建设取得实质性进展

发布了《全国林业信息化建设纲要》及其指南。召开了首届全国林业信息化工作会议，确立了"加快林业信息化，带动林业现代化"的基本思路，举办了首届全国林业信息化高峰论坛、林业信息化成果展，设立了林业信息化标识。实施了国家林业局内外网整合改造、林业专网扩建、自然资源信息库等一批重点信息化工程。"金林工程"立项工作加快推进。林业信息化标准体系初步形成。组织了林业信息化战略研究，启动了辽宁、湖南、福建、吉林森工等首批全国林业信息化示范省建设。整合打造了中国林业网、国家林业局办公网、全国林业专网，形成了包括计划单列市在内的省级以上林业部门视频和在线办公网络。林业发展进入了"以信息化带动现代化"的新阶段。

九、林业国际影响力显著提升

林业在应对气候变化中的特殊作用受到空前重视，为国家外交战略作出了重要贡献。在2009年9月召开的联合国气候变化峰会上，胡锦涛主席向世界作出了"大力增加森林碳汇，争取到2020年森林面积比2005年增加4 000万公顷，森林蓄积量比2005年增加13亿立方米"的庄严承诺。在哥本哈根会议上，温家宝总理向世界郑重宣布，中国是世界人工林面积最大的国家，人工造林面积居世界第一，充分表明了我国为应对全球气候变化作出的巨大贡献。我国林业提前实现了2010年森林覆盖率达到20.0%的奋斗目标，有力提升了我国在应对气候变化中负责任大国形象。亚太森林网络建设取得重要进展，国际影响不断提升。国家林业局派代表团出席了联合国气候变化峰会和哥本哈根会议，积极参加应对气候变化林业议题谈判，参与相关国际规则制订，适时发布了《应对气候变化林业行动计划》，扎实推进林业碳汇计量和监测工作。在打击木材非法采伐、国际履约以及经济技术合作等领域也取得了新进展。国际竹藤组织成员国达到34个，在20多个国家开展了30多个建设项目。争取欧投行贷款5 000万欧元，实施了林业生物质能源和碳汇项目。总投资2亿美元的世行贷款"林业综合发展项目"和总投资1.8亿美元的亚行贷款"西北三省区林业生态发展项目"准备工作基本完成。

十、林业队伍建设继续加强

深入推进干部人事制度改革，干部竞争上岗、轮岗交流力度明显加大，开展了干部集中教育管理活动，推进了干部工作的科学化、民主化、制度化。开展了"小金库"专项治理活动。实施了派驻地方林业监督管理机构合署办公。正式挂牌成立了国家林业局濒危物种进出口管理中心武汉、长沙办事处。森林公安基本完成"三定"工作。各省（自治区、直辖市）进一步加强了林业机构建设，职能得到明显拓展。启动了全国林业站标准化建设试点。

（供稿：国家林业局）

2009年中国保险业发展改革综述

中国保险监督管理委员会发展改革部

2009年是新世纪以来我国经济发展最为困难的一年，也是保险业应对国际金融危机、迎接挑战、经受考验的一年。面对极为复杂的国内外经济金融环境，保险业深入实践科学发展观，认真贯彻落实党中央、国务院有关金融保险工作的要求，着力加强监管防范风险，进一步深化改革，加快发展方式转变，调整业务结构，服务经济社会发展全局，各项工作取得明显成效。

一、行业结构调整成效明显

保险业坚持把推动结构调整和应对国际金融危机、转变发展方式结合起来，增强行业可持续发展能力。保监会通过下发关于促进业务结构调整的指导意见，对偿付能力不达标公司采取停止批设分支机构、限制业务规模、强化产品审查、加强市场动态监测等措施，较好地把握了结构调整的力度和节奏，行业结构调整取得积极进展。从总体来看，财产险业务继续保持较快增长，保费收入2 875.8亿元，同比增长23.1%；人身险业务保费收入8 261.5亿元，同比增长10.9%，产寿险业务结构逐步优化。从财产险看，农业险、信用险、工程险等非车险业务分别同比增长21.0%、91.0%和32.0%。从人身险看，标准保费、新单业务期交保费、个人代理业务占比等反映业务结构优化指标稳步提高，规模保费、银邮代理业务占比逐步下降。从保险投资看，资产配置结构不断优化，投资管理水平逐步提高。

结构的优化调整促进了行业整体实力的进一步增强。2009年，全国原保险保费收入①首次突破10 000亿元，达到11 137.3亿元，同比增长13.8%。全年赔付3 125.5亿元。经营效益大幅提升，保险公司利润总额达到530.6亿元。财产险公司扭亏为盈，实现利润35.1亿元。人身险公司实现利润434.6亿元。全行业实现投资收益2 141.7亿元，收益率6.4%，比上年提高4.5个百分点。保险公司总资产突破40 000亿元，达到41 000亿元。净资产3 904.6亿元，比上年末增加1 097.4亿元。保险资金运用余额37 000亿元。

二、保险业改革进一步深化

不断深化改革是保险业近年来快速发展的深层次动力和基本经验。前几年保险业改革的力度比较大，步伐比较快，不仅为行业快速发展提供了体制保证，也为应对国际金融危机打下了比较好的基础。2009年，保险业继续深化改革，坚持把改革作为一项基础性、战略性工作加以推进。保监会会同有关部委制定了人保集团的整体改制方案，解决了存续资产处置、离退休人员安置等重要问题，经国务院批准后，2009年9月24日，人保集团召开股份公司创立大会，整体改制为人保集团股份有限公司，巩固发展了保险公司改制上市成果，进一步增强了国有金融企业可持续发展能力和综合竞争能力。根据经济环境和资本市场情况，指导太保集团重新启动H股发行，2009年12月23日，太保集团正式在香港联交所挂牌开始交易，成为第六家实现海外上市的中资保险公司，通过上市提升了公司的资本实力和偿付能力。保监会会同有关部委制定了商业银行投资保险公司股权试点方案，选择工商银行、建设银行、交通银行和北京银行开展试点，经国务院批准后，试点工作正式启动。会同有关部委制定改革方案，积极推动出口信用保险公司改革。此外，保险业积极完善保险公司治理监管，成立保险公司治理监管委员会，积极稳妥地推进保险营销体制改革试点，鼓励保险公司结合自身实际探索完善营销模式，维护营销队伍稳定，提高营销队伍素质。通过一系列改革，保险公司资本实力得到增强，经营理念明显转变，偿付能力逐步提高，服务领域进一步拓宽，市场竞争力日益增强，为保险市场长远健康发展奠定了较好基础。

三、行业风险得到有效防范

保险业把风险防范作为首要任务，积极采取措施，努力化解金融危机的冲击。对保险业风险状况实施动态监测和压力测试，制定风险应急预案。开展保险集团公司风险排查，不断完善风险防范机制。批准45家公司增资225亿元、10家公司发行次级债180亿元，积极改善偿付能力状况。督促公司提取足额现金准备，提早调整万能险结算利率和分红险分红水平，防范和控制新型产品退保风险。制定和调整保险资金管理制度，扩大资产配置空间，防范低利率带来的错配风险。截至2009年底，偿付能力不达标公司8家，比年初减少5家，不达标公司的偿付能力关键指标较年初有明显改善。人身险公司退保率3.5%，退保情况总体稳定。保险公司现金流保持充裕。保险资产配置较好实现了安全性、流动性和收益性的平衡。风险跨境传递得到有效控制。

四、保险监管工作成效显著

面对极为复杂的国内外经济金融环境，保险监管机构

① “原保险保费收入”是按《企业会计准则》新设置的统计指标，与旧会计准则下的保费收入统计指标的内涵一致。

坚持“防风险、调结构、稳增长”的工作方针，扎实推进保险业又好又快发展。认真应对国际金融危机，不仅有效防范了各种新的风险，而且积极化解历史遗留问题，完善防范风险的长效机制，积累了驾驭复杂形势的宝贵经验。以实施新修订的《保险险法》为契机，不断健全保险监管制度体系，全面推进依法监管。着重加强对法人机构的监管，全面推行分类监管，强化偿付能力监管，完善保险公司治理监管，切实提高监管的有效性。进一步推进保险公司属地化监管试点工作，完善上下联动的监管机制。出重拳加大市场行为监管力度，保险市场秩序逐步好转，财产险保费批退率5.0%，同比下降2.3个百分点。应收保费率3.1%，同比下降2.9个百分点。保险公司的业务和财务数据真实性进一步提高。人身险公司销售行为逐步规范，销售误导一定程度上得到遏制。全年处理保险举报投诉5 150件，保护被保险人利益工作进一步加强。

五、服务全局能力逐步增强

保险业全力服务“保增长、保民生、保稳定”，充分发挥保险“经济助推器”的作用。大力发展出口信用保险，短期出口信用险累计承保额902.7亿美元，同比增长122.6%。积极服务“三农”和参与社会保障体系建设，大力发展农业保险，保费收入133.9亿元，提供风险保障3 812亿元，同比增长59.0%；参保农户13 300万户，同比增长48.0%。稳步推进小额保险试点，保费收入2.3亿元，为871万人提供风险保障1 364亿元。切实发挥社会风险管理功能，大力推动医疗、交通、教育以及环保等领域的责任保险发展，环境污染责任保险在8个省市试点，医疗责任保险在16个省（自治区、直辖市）的56个地市启动。医疗责任保险成为中央综治办建立平安医院的重要措施，在化解医患事故纠纷、分担医疗责任风险方面发挥了积极作用。指导有关公司做好婴幼儿奶粉事件患儿医疗赔偿基金管理工作。积极应对东北地区旱灾和部分地区雪灾，做好理赔服务，服务经济社会发展和人民生活。

在发展形势极为复杂的情况下，2009年保险工作取得积极进展，下一步，保险业将继续深入落实科学发展观，全面贯彻中央经济工作会议精神，坚持转方式、调结构、防风险、促发展，更加注重转变发展方式，更加注重防范化解风险，更加注重夯实发展基础，更加注重增强服务能力，更加注重保护被保险人利益，努力促进保险业平稳较快发展，为经济社会发展作出新的贡献。

（撰稿：中国保险监督管理委员会发展改革部
发展规划处副处长　臧明仪）

2009年中国工会工作综述

中华全国总工会研究室

2009年，全国各级工会认真学习贯彻党的十七大、十七届四中全会和中央经济工作会议精神，认真学习贯彻党中央关于工人阶级和工会工作的重要指示及中国工会十五大精神，深入贯彻落实科学发展观，坚持走中国特色社会主义工会发展道路，围绕中心、服务大局，求真务实、开拓创新，团结动员广大职工为推动经济平稳较快发展建功立业，工会工作取得重要进展，工会作用得到充分发挥。

一、大力开展“共同约定行动”和保增长促发展竞赛活动，工人阶级主力军作用充分发挥

2009年是我国进入新世纪以来最困难的一年，是很不平凡的一年。国际金融危机爆发后，全总反应迅速，果断决策，围绕中央提出的保增长保民生保稳定重大部署，按照王兆国同志的要求，专门召开十五届二次执委会议，提出应对国际金融危机的一系列措施。各级工会积极面对国际金融危机给我国经济发展和职工权益带来的冲击，坚决贯彻落实中央的一系列决策部署，从实际出发，采取措施，主动作为，引导广大职工投身保持经济平稳较快发展的主战场，努力为应对国际金融危机冲击、推动经济平稳较快发展作贡献。

1. 积极开展“共同约定行动”

全总将这一行动作为工会应对国际金融危机的重大举措来抓，及时下发了推进“共同约定行动”的意见，推动国家三方制定了应对当前经济形势稳定劳动关系的指导意见，与全国工商联联合下发了推动非公有制企业与职工同舟共济、共谋发展工作的通知。各地工会和各产业工会以保岗位、保工资、稳员增效为重点，采取集中公开签约、发倡议书等形式，组织开展“共同约定行动”。截至2009年底，全国开展“共同约定行动”的企业有631 015家，覆盖职工8 427.9万人，占建会企业职工的45.6%，基本形成了企业不裁员、少裁员，不减薪、少减薪，协商确定薪酬的良好氛围，取得了多方共赢的积极成效。

2. 广泛开展“同舟共济保增长、建功立业促发展”竞赛活动

各级工会将这一活动作为团结动员职工建功立业的重要手段，积极组织广大职工参加各种形式的劳动竞赛活动。在1.3万多项国家和省市重点工程项目中开展劳动竞赛，深入推进世博园区重大工程、灾后重建重点工程建设等竞赛活动，建功立业竞赛活动不断向广度深度发展。围绕国务院产业调整和振兴十大重点产业规划，广泛开展“十大

产业振兴”劳动竞赛活动。截至2009年底，全国80.0%的企业和职工参加了竞赛活动。在累计施工和新开工的50多万个重点工程项目中，有70.0%以上工程项目开展了竞赛活动。在广大职工中掀起学习技术、提高技能、争做高技能人才的热潮，与有关部门共同举办的1 300多万职工参加的第三届全国职工职业技能大赛，成为全国规模最大、涉及工种最多、社会影响最广的一项技能竞赛。围绕企业技术进步和产业升级，广泛开展职工技术创新活动，各级工会共选派了8.8万多人次的技术骨干开展技术咨询、技术帮扶和技术交流工作，对3.2万个受金融危机影响的困难企业进行了帮扶。加强节能减排义务监督员队伍建设，全国义务监督员已达到67万多人。

3. 全面提高职工队伍整体素质

充分发挥工会“大学校”作用，大力实施全国职工素质建设工程。全总出台《关于全面实施职工素质建设工程的意见》，与中央文明办等部委共同召开了全国“创争”活动表彰电视电话会议。各级工会深入开展“创建学习型组织，争做知识型职工”活动和“共铸理想信念、共促科学发展”主题教育活动，将其作为提升职工队伍素质的重要载体。继续推动“职工书屋”建设，截至2009年底，已建成2 000个全国“职工书屋”示范点，带动基层建成“职工书屋”20 000多个。围绕受金融危机影响的企业和职工需求，有针对性地对职工进行技能培训，为企业发展提供人才与技术储备。

二、积极创新维权和帮扶载体，为职工办实事好事成效明显

切实加强源头参与。积极参与《劳动合同法》配套法规及《社会保险法》、《女职工劳动保护规定》、《企业民主管理条例（草案）》（代拟稿）等法律法规的研究制定和修订。有22个省（区、市）颁布了27个厂务公开民主管理方面的地方性法规。积极配合人大常委会做好《工会法》执法检查工作，推动《工会法》的修改。

积极参与推动国有企业改制工作。各级工会坚持旗帜鲜明地支持改革，旗帜鲜明地维护职工合法权益，积极参与国企改制和关闭破产工作。全总就加强国有重组改制企业民主管理、切实维护职工合法权益及坚决纠正在企业改革改制中撤销工会组织、合并工会工作机构等问题先后下发通知，开展对国有企业重组改制和政策性关闭破产工作的调研，提出对策建议，得到了党中央、国务院的充分肯定。各地工会积极参与本地区、本单位重组改制和政策性关闭破产政策、方案的制定，加强对企业改制工作的现场指导，在涉及职工重大切身利益的重要政策和方案制定中充分反映职工群众的呼声，把好职工参与关、政策落实关、矛盾化解关、困难帮扶关。

深入开展创建劳动关系和谐企业活动。大力推行行业性工资集体协商，与13个部委联合开展预防和解决欠薪逃匿问题工作，截至2009年9月底，共签订集体合同124.7万份，覆盖企业211.2万个，覆盖职工16 196.4万人。积极参与本地区、本行业改制重组和关闭破产政策的制定，加强对企业改制工作的指导。截至2009年9月底，全国已建工会实行厂务公开制度的企事业单位有175.2万个，覆盖职工12 751.2万人；实行职代会制度的企事业单位183.9万个，覆盖职工13 338.7万人。

进一步做好就业服务和帮扶工作。大力实施以就业援助为重点的全国工会“千万农民工援助行动”，投入资金11亿元，对1 393.6万名农民工进行了就业培训、岗位援助、创业指导、维权服务和生活帮扶，确定首批12个全国工会农民工技能培训示范基地和113个全国工会就业培训基地。全面超额完成国务院“百日百万农民工培训行动计划”中30万农民工技能培训的任务。与有关部门联合开展“家政服务工程”、“困难职工家庭高校毕业生阳光就业行动”，援助15.2万名高校毕业生实现就业，占需援助总数的95.6%。与中国银监会联合下发《关于开展工会创业小额贷款试点工作的通知》，推动下岗失业人员及农民工自主创业。

深入开展送温暖活动。各级工会共筹集资金33.2亿元，慰问困难职工600余万户，实现了对困难职工家庭走访慰问全覆盖、不遗漏的目标，共为36.6万人提供医疗救助，帮扶21.7万名困难职工的子女上学。全国3 096家困难职工帮扶中心在“两节”期间全部开通24小时职工热线电话。深入开展帮助农民工平安返乡行动，协助铁路、交通等部门运送3 761万农民工平安返乡。继续加大对口支援地震灾区工作力度，有19个省级和9个副省级城市工会向灾区工会拨付帮扶援建资金6 000余万元，资助灾区学生近5万人次，帮扶灾区劳动力外出务工4万余人次。深入开展“安康杯”竞赛，积极参加安全生产大检查和特别重大事故及职业危害事件的调查处理。

三、精心组织庆祝新中国成立60周年系列活动，劳模精神广泛弘扬

召开以保增长促发展建功立业为主题的五一庆祝大会，邀请新中国成立60年来各个时期的全国著名劳动模范和先进集体代表来京参加五一系列庆祝活动。评选表彰“时代领跑者——新中国成立以来最具影响的劳动模范”，组织近300名全国劳动模范和全国五一劳动奖章获得者参加国庆观礼等活动。开展劳模慰问，筹措劳模慰问金1亿多元，走访慰问劳模9.8万人，是建国以来集中慰问劳模人数最多、规模最大的一次。与有关部门联合评选表彰第二届全国道德模范和第二届全国维护职工合法权益杰出律师。评选和表彰全国优秀工会工作者。举办庆祝新中国成立60周年全国职工摄影展，开展“爱国歌曲大家唱”群众性歌咏活动和走访慰问老领导、老红军等活动，与有关方面倾力打造了向新中国成立60周年献礼、大力弘扬大庆精神和铁人精神的电影《铁人》，全总文工团奉献了大型话剧《热血融冰》。深入开展“迎国庆、树楷模、创佳绩”活动，授予505名先进个人全国优秀工会工作者荣誉称号，授予52名全国优秀工会工作者全国五一劳动奖章荣誉称号，组织先进事迹报告团到部分省市巡回报告。纪念工人日报社、中国工人出版社、中国劳动关系学院成立60年，进一步推进工会新闻出版教育工作的创新发展。充分利用工人文化宫、俱乐部、报刊、网络等阵地，大力宣传劳动模范，推动形成尊重劳动、尊重知识、尊重人才、尊重创造的社会风尚。

四、切实做好维稳和防范抵御工作，工会的国家政权重要社会支柱作用有效体现

紧紧围绕促进经济企稳向好和迎接新中国成立60周年，认真贯彻中央关于维护稳定的部署和要求，切实做好工会维稳和防范抵御工作，保持职工队伍的稳定和工会组织的团结统一，发挥了国家政权重要社会支柱的作用。建立健全党委领导下的工会维稳领导机制、维稳信息调研排查机制、信息报送和重要情况专报机制、与党政有关部门定期沟通工作机制和应急处理工作机制等，完善应急预案。通过举办培训班、召开工作片会、下发文件，在20个城市开展企业劳动关系和职工权益状况调查等，加强对维稳工作的指导和督促检查。强化对工会网站的建设和管理，提高利用网络引导舆论的能力。乌鲁木齐“7·5”事件发生后，全总及时做出部署，下拨专项慰问金，各级工会积极协助党政做好职工维稳工作和民族工作，帮助受到事件影响的职工解决生产生活困难。

五、大力推进工会港澳台工作和外事工作，服务工会工作全局作用更加突出

认真学习贯彻胡锦涛总书记在纪念《告台湾同胞书》发表30周年座谈会上重要讲话。召开全国工会港澳台工作会议，举办以“国际金融危机与工会作用”为主题的“2009’海峡两岸工会论坛”，不断拓展与港澳台合作的深度和广度。

加大工会外事工作力度。召开外事工作会议，与国际和区域工会组织联合举办“经济全球化与工会”国际论坛，与东盟等区域和国家工会组织联合举办研讨会，与国际劳工组织联合举办高级座谈会，围绕应对国际金融危机冲击，共同探讨对策。对世界工联总部和国际工联总部进行了第一次正式高层访问，强化了与世界工联的传统友谊，巩固了与国际工联的对话关系。与美国“变革谋胜利”工会联合会就两会交流与合作进行了协商，签署了交流与合作备忘录。

六、进一步强化自身建设，工会组织活力不断增强

认真开展深入学习实践科学发展观活动。各级工会按照中央的统一部署，坚持把深化学习、提高认识贯穿于学习实践活动始终，坚持边整边改，着力解决不适应不符合科学发展的突出问题，进一步增强了贯彻落实科学发展观的自觉性和坚定性，提高了服务科学发展、服务职工群众的能力。全总认真清理、审核、规范工会各类评比达标表彰活动，对2010年会议计划和表彰项目及规模进行调整和压缩，精简了1/3的会议和2/3的表彰项目。

扎实推进工会组建和县级工会工作。总结推广“双措并举、二次覆盖”等经验，充分发挥基层工会联合会和职业化工会干部在工会组建和指导基层工会方面的作用。截至2009年9月底，全国新增会员1 417.3万人，其中农民工会员798.3万人，工会会员总数达到2.3亿人。加强农民工会员会籍管理，组织劳务派遣工加入工会，开展会员评议职工之家活动，纪念建设职工之家活动25周年，把建会与发挥工会作用结合起来。

充分发挥产业工会的重要作用。各级产业工会认真贯彻落实《关于加强和改进新形势下产业工会工作的意见》，加强自身建设，进一步提高了工作水平。结合产业行业特点，广泛开展保增长促发展劳动竞赛，调动本产业职工的积极性、主动性和创造性，在推动产业结构调整和产品科研创新中发挥作用。协助主管部门排查和妥善处置一些特定行业职工群体性事件，针对尘肺病等职业病危害、环卫行业突出问题、境外劳务人员权益维护等方面，深入开展调查研究，提出对策建议。加大源头参与力度，与对口部委或协会召开联席会议，通报情况、研究措施，协调解决维护本产业职工权益和职工队伍稳定等方面的突出问题。中国金融、铁路、民航工会召开了换届大会，配强配齐领导班子，进一步夯实工作基础。

进一步加大工会干部队伍建设力度，全总先后举办新进全总十五届执委和经审委委员培训班、县级工会主席培训班、大型企业工会主席轮训班及地市级新任工会主席培训班，各省市工会也加大了对各层次的新任工会主席业务培训的力度，工会干部能力建设得到进一步加强。全国79.9%的市级工会和63.7%的县级工会主席按同级副职配备，有12个省的市级工会和10个省的县级工会主席已全部按同级副职配备。加强工会理论研究工作，全总与中央党校、人民日报社、求是杂志四部委联合召开了“坚定不移地走中国特色社会主义工会发展道路理论与实践”研讨会。出台了《关于进一步加强工会理论研究工作的意见》。工会信息、统计、信访、督查等工作也取得了新的成效。认真落实《基层工会法人资格登记办法》，加强工会法人资格登记管理工作。召开全总第五届女职工委员会第一次全体会议，制定加强企业工会女职工工作意见，推动女职工组织与工会组织的同步组建，加强对女职工权益保护专项集体合同工作的指导，切实维护女职工的合法权益和特殊利益。建立健全了工会财会制度，召开了全国工会财务工作会议，明确了推进改革创新、巩固和完善“一改三策”、增强工会经济实力的任务。召开了十五届经费审查委员会第二次全体会议，对促进工会经费的收缴管理和资产保值增值、推动工会经审工作创新发展提出了新的要求。明确了在京中央企业工会经费的收缴、管理和监督办法。召开全国工会企事业资产监督管理工作座谈会，强化资产监管，夯实工会工作物质基础。

（撰稿：中华全国总工会研究室调研一处处长　李忠运）

CHINESE ENTERPRISES DEVELOPMENT SUMMARY

中国企业发展综述

2009年中国国有企业改革重组工作综述

一、中央企业公司制股份制改制上市工作取得新进展

2009年以来，共有11家中央企业控股的上市公司在境内外资本市场上首次公开发行股票（其中10家已上市）。中国建筑工程总公司筹资501.6亿元，是2008年以来A股市场最大规模的IPO；中国冶金科工集团公司350.3亿元（A+H股，其中A股市场189.7亿元，H股市场160.6亿元）；武汉邮科院所属光讯科技6.4亿元，中国国旅集团有限公司25.9亿元，中国医药控股股份有限公司76.9亿元（H股），华润水泥控股股份有限公司56.3亿元（红筹股），中粮包装股份有限公司10.9亿元（红筹股），中国国电集团公司所属龙源电力股份有限公司177亿元（H股），中国第一重型机械集团公司147.2亿元，中国北方机车车辆工业集团公司139亿元，中国化学工程集团公司67亿元。IPO募集资金总额达1 558.5亿元。长江电力通过向三峡集团公司承接债务、非公开发行股份和支付现金的方式收购母公司主营业务资产，为A股市场上资产交易金额最大的资产重组，交易金额为1 043.2亿元。

中国建筑材料集团公司、中国保利集团公司等18家中央企业控股的上市公司实施了增发、配股，共募集资金351亿元。2009年，中央企业控股的上市公司从资本市场上募集资金共为1 909.5亿元，同比增长107.7%。

2009年，共有7家中央企业实现主营业务整体上市。其中，中国建筑工程总公司、中国冶金科工集团公司、中国北方机车车辆工业集团公司和中国化学工程集团公司通过IPO实现整体上市；中国长江三峡工程开发总公司、中国民航信息集团公司、华侨城集团公司通过向控股上市公司注资实现整体上市。

截至2010年1月底，中央企业为实际控制人的境内外上市公司共307家，其中境外上市公司88家（含A+H公司25家）；已实现主营业务整体上市的企业23家。

二、中央企业战略性调整重组、整合工作进一步推进

2009年，继续推进中央企业战略性调整重组，共有11组22户企业参与了重组，截至2010年2月底，中央企业户数已从2008年底的142户调整到128户，共减少14户。

（一）积极推进行业或板块的企业重组

推动并实施了医药板块中央企业的重组，取得重要进展，中国生物技术集团公司并入了中国医药集团总公司。积极研究推动装备制造企业重组，中国农业机械化科学研究院并入了中国机械工业集团公司，中国纺织科学研究院、中国新兴（集团）总公司、中国邮电器材集团公司并入了中国通用技术（集团）控股有限责任公司。在矿业、农林牧渔业、电子工业方面，鲁中冶金矿业集团公司、长沙矿冶研究院并入了中国五矿集团公司；中国农垦（集团）总公司并入了中国农业发展集团总公司；中国远东国际贸易总公司并入了中国电子科技集团公司。

继续研究推动电力辅业分离和重组。继续实施并圆满完成了电信企业重组。中国联合通讯有限公司与中国网络通讯集团公司正式合并成立中国联合网络通信集团有限公司，中国卫星通讯集团公司拆分后基础电信业务人员和资产并入中国电信集团公司，其他业务、人员和资产并入中国航天科技集团公司。这些工作的完成，标志着电信企业的重组圆满完成。

（二）中国国新控股有限责任公司组建工作进展顺利

根据党中央、国务院的要求，国务院国资委从2005年开始研究国有资产经营公司问题，进行了大量调研和论证工作，广泛听取了企业、社会和有关方面的意见。为了积累经验，摸索路子，根据中央企业实际，国务院国资委从2005年下半年开始先后选择中国诚通控股集团有限公司、国家开发投资公司作为国有资产经营公司试点企业，积极探索以资产经营公司为平台推进不良资产处置、困难企业退出和存续企业改革重组的专业化、市场化的操作方式。

2009年5月18日，国务院国资委向国务院报送了《国资委关于设立中国国新控股有限责任公司的请示》，拟组建一家国有资产经营公司专门从事资产经营与股权管理。新设国有资产控股公司的主要出发点是对于不涉及国家安全和国民经济命脉，规模小、效益差甚至亏损，不适合与其他中央企业重组的企业履行出资人职责，进行重组整合。根据国务院领导同志的批示精神，征求了相关部门的意见。

2009年12月23日，在结合与各有关部门沟通协商情况的基础上，向国务院报送了《国资委关于报送设立中国国新控股有限责任公司有关问题汇报稿的请示》，包括组建方案和公司章程。2010年1月20日，国务院领导同志主持召开了有相关部门参加的会议，研究了设立中国国新控股有限责任公司事宜，并就所涉及的公司主要职责、公司注册资本、对划入企业的资产评估、国务院国资委有关人员在公司兼职等问题进行了研究和讨论。会议就有关问题基本达成了一致。为落实这次会议精神，2010年2月19日，国务院国资委将《关于报请审议修改后的中国国新控股有限责任公司组建方案和公司章程的请示》报送国务院。

（三）启动了非主业宾馆饭店分离重组工作

据调查，目前中央企业非主业资产中宾馆酒店的数量

较多、资产规模较大，但总体经营资质低下、经济效益差、大部分严重亏损，长期依靠主业补贴维持运转。为推动中央企业突出主业、加快非主业资产的分离重组、增强主业核心竞争力，同时优化资源配置、实现国有资产的保值增值，在前期调研和试点的基础上，国务院国资委于2010年1月11日印发了《关于开展中央企业非主业宾馆酒店资产分离重组工作有关问题的通知》，这是贯彻落实国务院的要求、引导中央企业突出主业、优化资源配置、提高市场竞争力的一大突破。2010年2月9日，国务院国资委召开了中央企业非主业宾馆酒店资产分离重组工作视频会，指出了这项工作所遵循的原则、目标和工作要求，提高了中央企业对这项工作的重视程度。

国务院国资委研究、确定了中央企业非主业宾馆酒店资产分离重组的总体规划和2010年年度计划。

三、不断推进中央企业建立规范董事会工作

截至2009年底，建立规范董事会的企业扩大到24家，规范董事会运作的各项规章制度不断完善，董事会有效发挥作用的保障机制初步形成。不少企业还制定了规范董事会、党委会、经理层相互工作关系的规则。中国外运长航集团有限公司、中国铁路工程总公司、中国诚通控股公司等企业董事会对经理层实施精准考核，并与奖惩挂钩，实现了对经理人员的个性化管理。神华集团有限责任公司、新兴铸管集团有限公司在子企业推进了规范董事会建设。企业内部改革进一步深化。

四、履行多元投资主体公司股东职责工作取得突破性进展

目前，在国务院国资委监管的中央企业中有8家多元投资主体公司，其中国务院国资委直接持股的5家。随着改革的深化，国务院国资委监管并直接持股的多元投资主体公司会逐步增多，通过参加股东会议等方式，履行股东职责，已经成为国务院国资委的重要任务之一。为了使国务院国资委能够依法、高效地履行好股东职责，根据《中华人民共和国公司法》、《中华人民共和国企业国有资产法》、《企业国有资产监督管理暂行条例》等法律法规的有关规定，2009年11月，国务院国资委印发了《国资委履行多元投资主体公司股东职责暂行办法》（国资发改革〔2009〕322号），在国务院国资委履行股东职责的相关要求、履职方式，内部职责分工，对公司股东会议议题的内部审核程序以及对公司股东会议相关事项的管理等方面，做出了明确规定。为国务院国资委规范履行多元投资主体公司股东职责、行使股东合法权力、探索国资委直接持有整体上市中央企业股权工作奠定了基础。

五、规范国有企业改制工作取得积极成效

（一）规范国有企业职工持股、投资工作取得成效

2009年，在《关于规范国有企业职工持股、投资的意见》（国资发改革〔2008〕139号）的基础上，国务院国资委根据各地和中央企业的要求，印发了《关于实施〈关于规范国有企业职工持股、投资的意见〉有关问题的通知》（国资发改革〔2009〕49号），就需清退或转让股权的企业中层以上管理人员的范围、涉及国有股东受让股权的基本要求、国有股东收购企业中层以上管理人员股权的定价原则、国有企业改制违规行为的处理方式等具体问题作出了明确规定。

在充分听取中央企业和地方国资委的意见和建议基础上，出台了《关于继续做好规范国有企业职工持股、投资工作有关问题的通知》（国资厅发改革〔2009〕78号），要求中央企业结合实际，因企制宜，可适当延长期限，以保证规范工作实效。同时，考虑到地方国有企业改制的历史成因及情况比较复杂，经研究后决定尊重地方国资委的意见，同意地方国资委结合实际，制定适合当地情况的实施办法，稳妥处理139号文件印发前企业管理人员持股的有关问题。

围绕文件精神的贯彻落实，国务院国资委积极稳妥地推进中央企业职工持股清理工作。在2009年5月20日召开的各有关电力企业落实139号文件情况座谈会上，国务院国资委、国家发改委、财政部、电监会4部委听取了各电力企业的规范工作进展汇报后，一致认为，规范电力系统职工投资发电企业是近5年来电力体制改革工作的一个亮点，政策的落实完成情况超出预期。

截至2009年底，国家电网公司和中国南方电网有限责任公司纳入规范范围的电网企业职工持股已全部清退或转让完毕；发电企业中，除中国华能集团公司不存在需规范职工投资发电企业情况外，中国大唐集团公司、中国华电集团公司、中国国电集团公司、中国电力投资集团公司系统内企业职工持股清退已达80.0%。

（二）进一步加强对地方国有企业改制工作的指导

2009年，着重从指导地方国资委规范国有企业职工投资持股工作和深入调研，了解地方国有企业改制情况，加强对地方国有企业规范改制工作的指导和监督。

六、中央企业管理得到加强

（一）进一步推动中央企业全面风险管理

2009年，国务院国资委继续推动中央企业深入开展全面风险管理工作，推动中央企业建立健全全面风险管理制度。重点推进了年度风险管理报告工作。根据32户中央企业上报的2009年度风险管理报告，汇总编制了《2009年度部分中央企业全面风险管理汇总分析报告》。研究起草《2010年度中央企业全面风险管理报告（模本）》，并于2009年11月印发了《关于印发〈2010年度中央企业全面风险管理报告（模本）〉的通知》（国资发改革〔2009〕102号），同时加强风险管理经验交流，推动中央企业全面风险管理工作继续深入。

（二）加强中央企业管理创新工作

一方面继续做好推出全国国有企业典型工作，另一方面加强中央企业管理创新经验交流。

（三）对中央企业母子公司管理体制进行分析研究

针对当前中央企业母子公司管控遇到的新情况、新问

题，国务院国资委选取10户企业进行调研，梳理当前的共同问题，研究有关问题的解决方案。

七、中央企业内部三项制度改革稳步推进

中国中化集团公司初步建立和完善了适应市场竞争要求的用工分配制度。哈尔滨电气集团公司、华润（集团）有限公司、华侨城集团公司推进市场化薪酬体系建设。中国航天科工集团公司、中国华电集团公司、中国电子信息产业集团公司等许多中央企业都结合实际，深化内部改革，推进管理创新，增强了企业发展后劲。

市场化选聘高级经营管理者取得新进展。自2004年的6年来，国务院国资委大力推进用人制度改革，先后组织100多家（次）企业面向社会公开招聘了将近200名中央企业高级经营管理者。2008年以来，中组部、国务院国资委面向海内外公开招聘中央企业正职，突破了国有重要骨干企业主要领导人选拔任用的传统模式。

八、继续推动中央企业节能减排和技术进步

中央企业认真贯彻落实国务院有关节能减排的一系列方针政策，建立领导体制，落实工作责任，节能减排工作取得了明显成效。许多中央企业结合自身业务特点，大力推进节能减排和环境保护工作。2009年前三季度，中央重点能耗企业万元产值能耗同比下降4.6%；万元增加值能耗同比下降9.5%；二氧化硫排放量下降34.3%；化学需氧量排放量下降11.1%。

创新研发进一步加快。中央企业积极发挥科技创新引领作用，普遍加大研发投入，努力突破制约企业发展的关键技术，抢占市场竞争的制高点。2008年，中央企业科技活动经费总额为2 152.9亿元，同比增长21.4%（其中研发经费投入总额1 210.6亿元，同比增长22.7%，相当于全国研发经费投入的26.5%）。56家中央企业参加了由科技部、全国总工会和国务院国资委共同推进的创新型企业试点工作，对推动中央企业走创新发展之路起到了带动作用。中国船舶重工集团公司加大技术研发，万箱集装箱船、LNG船等一批高技术、高附加值产品技术储备取得新进展。国家电网公司特高压交流1 100千伏电压成为国际电工委员会（IEC）国际标准。中国南方电网有限责任公司形成了世界第一个具有自主知识产权±800千伏直流系统设备完整的标准体系。神华集团有限责任公司煤直接液化示范工程运行试生产，在煤制油产业上迈出了重要步伐。中国第二重型机械集团公司核电大锻件被科技部认定为“首批国家自主创新产品”。国家核电技术有限公司发挥AP1000技术引进消化吸收再创新的平台、主体和载体作用，各项工作取得了进展与突破。中国北方机车车辆工业集团公司、中国南方机车车辆工业集团公司大功率交流传动电动机车系统集成等关键领域技术达到世界领先水平。中国交通建设集团有限公司围绕跨海大桥、离岸深水港、越海隧道等工程，着力研发设计施工关键技术，抢占技术制高点。电信科学技术研究院主导的TD－LTE被国际电联接纳为4G候选技术。中国华录集团有限公司自主研发的数字音频编解码标准DRA，第一次被纳入国际音视频基础标准。

（撰稿：国务院国有资产监督管理委员会
企业改革局综合处处长　毛元斌）

2009年中国中小企业改革和发展综述

国家工业和信息化部中小企业司

改革开放以来，特别是进入新世纪以来，我国中小企业不断发展壮大，已成为我国国民经济和社会发展的重要力量，在繁荣经济、增加就业、推动创新、改善民生等方面，发挥着越来越重要的作用。截至2009年底，全国工商登记企业1 030万户，个体工商户3 130万户，按现行中小企业划分标准测算，中小企业达4 153.1万户，超过企业总户数的99.8%。中小企业创造的最终产品和服务价值相当于国内生产总值的62.0%左右，缴税额为国家税收总额的53.0%，提供了近80.0%的城镇就业岗位。2009年，受国际金融危机的影响，我国中小企业面临的困难和挑战前所未有，全社会对中小企业的关注度前所未有，党中央、国务院和各地方扶持中小企业发展的力度前所未有。中小企业的回升向好为保持我国经济平稳健康发展，实现全年GDP“保八”目标做出了重要贡献，可以说没有中小企业的复苏，就不会有国民经济的复苏。

一、2009年中小企业运行基本情况

（一）规模以上中小工业企业产值同比增长13.7%，增幅稳步上升

2009年全年，全国规模以上中小工业企业完成工业总产值382 000亿元，占全国规模以上工业总产值比重的69.9%，同比增长13.7%，增幅比前三季度上升4.6个百分点。12月份实现工业总产值39 000亿元，同比增长27.4%，增幅比上月下降0.7个百分点。

全国规模以上非公有制企业实现工业总产值377 000亿元，同比增长12.5%，增幅比前三季度上升4.5个百分点。12月份非公有制企业同比增长26.9%，增幅比上月上升0.3个百分点。

2009年全年，全国规模以上中小工业企业产销率97.3%，比前三季度上升0.3个百分点。其中，中型工业企

业产销率97.2%，小型工业企业产销率97.5%，增幅分别上升了0.5和0.4个百分点。

（二）外贸进出口降幅收窄

2009年全年，全国进出口总额22 072.2亿美元，同比下降13.8%，降幅比前三季度收窄7.0个百分点。

2009年全年，非国有企业（不含外商投资企业）进出口总值5 103.2亿美元，同比下降5.5%，降幅比前三季度收窄5.5个百分点。其中，出口3 384.4亿美元，同比下降11.6%，降幅比前三季度收窄3.9个百分点；进口1 718.8亿美元，同比增长7.9%，增幅比前三季度上升10.0个百分点。

12月份非国有企业（不含外商投资企业）进出口总值584.4亿美元，同比增长31.2%，增幅比11月份上升21.5个百分点。

（三）非国有投资与上年基本持平

2009年全年，城镇固定资产投资194 000亿元，同比增长30.5%，比前三季度回落2.8个百分点，比上年同期加快4.4个百分点。

2009年全年，非国有投资108 000亿元，同比增长28.0%，比前三季度下降1.5个百分点，比上年同期下降1.0个百分点。

（四）中西部地区中小企业增速继续快于东部地区

2009年全年，东部地区、中部地区、西部地区规模以上中小工业企业分别完成工业总产值264 000亿元、71 000亿元、46 000亿元，同比分别增长10.9%、19.6%、22.2%，西部增幅高于中部2.6个百分点，中部高于东部8.7个百分点。

（五）销售收入稳步上升，同比增长11.7%

1—11月份，全国规模以上中小工业实现销售收入322 000亿元，同比增长11.7%，增幅比1—8月份上升5.0个百分点。其中，中型企业实现销售收入130 000亿元，同比增长1.5%；小型企业实现销售收入193 000亿元，同比增长19.8%。

（六）上缴税金继续增长，增速小幅上升

1—11月份，全国规模以上中小工业企业上缴税金总额11 654亿元，同比增长14.2%，增幅比1—8月份上升3.8个百分点。其中，中型、小型企业分别上缴税金5 501.5亿元、6 152.5亿元，同比分别增长10.9%、17.3%。

（七）实现利润18 000亿元，同比增长18.2%

1—11月份，全国规模以上中小工业企业实现利润18 000亿元，同比增长18.2%，增幅比1—8月份上升16.7个百分点。其中，中型企业实现利润7 838.5亿元，同比增长11.4%；小型企业实现利润9 613.8亿元，同比增长24.4%。

（八）亏损面继续缩小，亏损额同比下降13.2%

1—11月份，全国规模以上中小工业企业亏损72 838户，比1—8月减少10 625户，占规模以上中小工业企业的17.4%，比1—8月份亏损面缩小2.9个百分点。1—11月份中小工业企业亏损总额2 332亿元，同比下降13.2%。

（九）中小企业数量和吸纳就业人数继续增加

截至11月底，全国规模以上中小工业企业42万户，比8月底增加0.7万户，从业人员6 497万人，比8月底增加139.7万人；全国规模以上非公有制企业37.3万户，比8月底增加0.7万户，从业人员6 007.9万人，比8月底增加148.9万人。

二、制约中小企业发展的突出问题

2009年在各方面共同努力下，中小企业发展条件和环境有了明显改善，发展质量和水平有较大提高，但面临的困难和问题还不少，特别是在全球经济复苏过程缓慢曲折，国内经济回升的基础还不稳定、不巩固、不平衡，资源环境约束压力不断加大的情况下，中小企业发展面临诸多问题和困难。

1. 发展环境仍需进一步改善

落实中小企业促进法的配套政策尚不完善，部分已出台政策措施落实不到位，一些深层次的体制机制障碍没有根本消除。不重视中小企业的观念和做法在个别地方和领域仍然存在，中小企业进入垄断行业和领域、实现公平准入还存在一些障碍，参与政府采购还比较困难，侵犯中小企业及其职工合法权益的现象仍有发生。

2. 中小企业特别是小企业融资供需矛盾依然突出

中小企业中长期贷款不足，小企业贷款规模和比重仍然过低。贷款抵押品单一，金融产品和服务尚需进一步创新和完善，为中小企业服务的中小银行发展滞后。资本市场发育程度不高，直接融资渠道还需进一步拓宽。

3. 结构调整和转变发展方式困难较大

中小企业中劳动密集型、资源型、加工贸易型和“贴牌”企业数量较多，在当前资源和环境约束明显、经济全球化加速、新兴产业发展步伐加快的形势下，其技术装备和生产工艺落后、结构不合理、产能过剩、资源利用率低、污染环境和管理水平不高等问题更加突出。受资金、人才以及市场等因素影响，中小企业自主调整能力不足，产品和产业调整优化升级难度大。

4. 社会化服务体系还不完善

中小企业创业辅导、管理咨询、法律援助、技术推广以及企业融资、信息、培训等社会服务体系不健全，公益性服务不足。一些服务机构服务功能不完善，服务水平和效率不高，特别是部分提供企业生产经营所必需服务的中介组织，服务意识较差，行为不规范，收费较高。

5. 政府对中小企业的扶持尚需进一步加强

中小企业发展专项资金规模总体偏小，资金使用较为分散，支持领域有限，对小企业支持不足。政府对中小企业的公共服务仍需改善和加强，特别是中小企业统计监测工作还比较薄弱，相关制度还不健全。中小企业社会负担较重，“三乱”现象仍然存在。

中小企业自身也存在一定的不利因素。

一是竞争力不强。一些中小企业过度依靠低价竞争，一味拼价格、拼劳力、拼资源、拼土地、拼环境，企业技术和管理水平低，难以在市场竞争中持续经营。

二是特色不鲜明。一些企业小而全、小而弱，产品结构雷同，主业不突出。在协作配套生产、劳动密集型产业、服务业等可发挥特色的领域，小企业发展不足；在资源开采、原材料生产等产业集中度要求较高的领域，小企业多而散。特别是一些企业资源利用低、环境污染重、安全隐患多，难以可持续发展。

三是中小企业制度不健全，信息不对称。一些中小企业采用家族式管理，业主个人资产与企业资产界限不清，没有标准化的财务信息，存在"假凭证、假账簿、假报表"等现象，使得会计信息严重失真，造成金融机构的信息获取成本较高。

四是部分中小企业的信用意识淡薄。由于自身财务约束力不强，信用意识淡薄，部分中小企业存在逃避银行贷后管理，擅自改变借贷资金用途或逃废债等问题，使信贷资金面临较高的风险。

三、2009年中小企业改革和发展主要工作

2009年，在党中央国务院的领导下，全国中小企业管理部门深入学习实践科学发展观，积极应对国际金融危机挑战，全力推进中小企业和非公经济改革发展，各项工作取得了新的进展。

（一）落实国务院领导批示精神，研究出台国发36号文件

2009年，温家宝总理，李克强、张德江副总理等国务院领导对中小企业发展情况开展调研并多次做出重要批示，要求抓紧研究扶持中小企业发展的相关政策措施。工业和信息化部在调查研究的基础上，精心组织，制定方案，集中力量开展政策研究。5月份向国务院提交了《关于当前中小企业发展情况的报告》，提出扶持中小企业发展的政策建议。按照国务院领导对报告的批示，与国家发改委、财政部、税务总局等部门进行反复沟通，数易其稿。9月21日，国务院正式印发了《国务院关于进一步促进中小企业发展的若干意见》（国发〔2009〕36号）。该文件是党中央、国务院应对国际金融危机"一揽子计划"的重要组成部分和《国务院关于鼓励支持和引导个体私营等非公有制经济发展的若干意见》（国发〔2005〕03号）（即"非公36条"）的发展延伸，也是当前和今后较长时期指导中小企业工作的纲领性文件，将中小企业发展提高到了战略的高度。成立了以张德江副总理为组长，李毅中部长、谢旭人、肖亚庆为副组长的国务院促进中小企业发展工作领导小组。社会普遍反映，36号文件是近几年来政策最多、最全、最实的文件，含金量高，涉及面广，操作性强。文件的贯彻落实必将为促进中小企业实现又好又快发展发挥重要作用。

（二）全力完成两大报告，各方重视和支持力度增强

一是完成向国务院常务会议的专题汇报。2008年下半年到2009年年初，中小企业反映生产经营困难，工业和信息化部在多次调研后，有针对性地研究提出若干政策建议。先后与国务院18个部门多次讨论，部内专门成立中小企业工作小组。李毅中部长等部领导亲自与各部门领导交换意见，争取扶持政策，取得共识。8月14日，张德江副总理专门听取汇报，进行协调。8月19日，李毅中部长向国务院第77次常务会议进行了专题汇报，国务院领导充分肯定了中小企业重要作用。会议讨论形成了36号文件，国务院有关部门加大了对中小企业工作的重视和支持力度。

二是完成向全国人大常委会的工作报告。2009年初，全国人大把中小企业工作列入审议专题，要求国务院专题汇报《中小企业促进法》实施近7年的情况。国务院确定报告由工业和信息化部组织落实。这是艰巨任务，部党组十分重视，专门听取报告准备方案。李毅中部长指出这次汇报是政治任务，必须高度重视，全力做好各项准备工作。这项工作涉及面广，既要客观反映问题，又要代表国务院体现各部门几年来的工作，工作难度大。几个月来，工业和信息化部与各部门多次沟通座谈，汇总情况。在统计数据缺失、工作内容繁杂、业务工作交叉的困难条件下，完成了报告准备。12月24日，李毅中部长向人大常委会报告了中小企业情况。

（三）积极落实安排好国家促进中小企业发展的三项资金

一是落实用好中小企业发展专项资金28亿元，资金总规模比上年增长23亿元。重点支持中小企业结构调整、产业升级、专业化发展、促进创业就业、推进产业集聚等技术进步项目和中小企业信用担保机构开展中小企业担保服务业务。其中11亿元支持1 038个固定资产投资项目，17亿元支持1 089个中小企业信用担保补助项目。

二是安排中小企业服务体系补助资金5 000万元，重点支持各类社会化服务机构开展培训、创业、信用、管理咨询以及信息服务等业务。

三是在中央预算内技术改造专项投资用于地方技改项目的120亿元中，有80亿元用于了中小企业。之后，又安排30亿元专项用于支持工业中小企业特别是小企业的技术改造，支持2 789个工业中小企业技术改造，带动社会投资445亿多元。

（四）制发四个文件，明确工作方向和依据

为了缓解中小企业困难，一年来，针对工作难点，先后研究制定了4个部文件。一是引导中小企业加强管理，提高抵御风险能力的《关于做好缓解当前生产经营困难，保持中小企业平稳较快发展有关工作的通知》。二是支持中小企业信用担保机构发挥服务功能，支持增加中小企业贷款担保的《关于支持引导中小企业信用担保机构，加大服务力度缓解中小企业生产经营困难的通知》。三是结合近年已有的工作基础，出台了《关于开展区域性中小企业产权交易市场试点工作通知》，正式启动了产权交易试点工作，为下一步开展多形式的中小企业股权、债权和其他产权交易明确了工作依据。四是印发《关于推荐2009年度中小企业公共（技术）服务示范平台的通知》，明确了三年完成300个公共技术服务平台建设目标，提出平台推荐指南，为今后中小企业公共服务体系建设创造了条件。

（五）组织五个重要会议和活动，扩大工作影响

一是成功举办第六届中国国际中小企业博览会暨中西中小企业博览会。二是工业和信息化部与中央统战部等五部委共同召开第三届全国非公有制经济人士优秀中国特色

社会主义事业建设者表彰大会，授予100名非公有制经济人士和其他新的社会阶层人士“优秀中国特色社会主义事业建设者”荣誉称号，贾庆林主席出席并做了重要讲话。三是工业和信息化部与辽宁省人民政府在沈阳市共同主办了中国国际中小企业大会。四是组织召开了全国中小企业工作经验交流座谈会，总结和推广广东省扶持中小企业发展的经验和做法。五是工业和信息化部与民建中央、辽宁省人民政府联合召开“2009年中国非公有制经济发展高层论坛”。

（六）开展六项重要专题调研，创造工作条件

一是2009年中小企业发展趋势专题调研，形成了《2008年中小企业经济运行情况和2009年走势预测以及工作安排》、《2009年中小企业重点工作》等报告，为全年工作的开展奠定了基础。二是对当前中小企业发展中存在的突出问题开展专题调研，组织工作小组与张德江副总理一起赴浙江调研，形成专题报告上报国务院，温家宝总理，李克强、张德江副总理分别作出了重要批示，为研究起草国发36号文提供了重要依据。三是开展《中小企业促进法》贯彻落实情况专题调研，基本摸清了《中小企业促进法》实施以来中小企业的发展状况，为向全国人大汇报工作创造条件。四是开展“40 000亿元投资对民企产生挤出效应引发网民担忧”的专题调研，形成《关于调查40 000亿元投资与民企产生挤出效应的专题报告》上报国务院，报告结论与发展改革委的调研结果相互印证，得到了国务院领导的肯定。五是与全国政协副主席王刚、黄孟复、陈宗兴对中小企业发展情况开展调研，为扩大中小企业工作影响，争取各方重视和支持，制定相关政策奠定了基础。六是对中小企业融资现状开展调研，形成了《2008年中小企业信用担保业发展情况报告》、《当前中小企业融资现状分析和政策建议》等报告，提出了缓解中小企业融资难的政策建议。

（七）重点抓好六项工作

1. 落实行业调整和振兴规划，促进中小企业结构调整

一是参与制定十大行业调整和振兴规划、“十二五”规划。提出一系列支持中小企业发展的长远策略。二是加大技术改造支持力度，共投入121亿元推进中小企业结构调整。引导中小企业技术改造投资近3 000亿元。三是促进中小企业集聚发展，印发《关于报送产业集群发展情况，做好产业集群建设工作的通知》，对2 000多个中小企业集群进行了调查摸底，研究提出促进产业集群发展等支持措施。四是以“两化融合”为重点，继续实施中小企业信息化推进工程。五是落实国家知识产权战略，工业和信息化部与国家知识产权局共同起草了《关于实施中小企业知识产权战略推进工程的通知》，研究提出中小企业知识产权战略推进工程实施方案。

2. 缓解中小企业融资难

一是大力促进信用担保体系建设。2009年安排中央财政资金17亿元对中小企业信用担保机构进行补助；积极指导和推进区域性中小企业再担保机构设立，截至目前已有12个省（直辖市）建立了中小企业再担保机构。工业和信息化部与税务总局联合下发《关于中小企业信用担保机构免征营业税有关问题的通知》，汇总评审了335家中小企业信用担保机构获得免税资格。组织召开第十届全国中小企业信用担保机构负责人联席会议，总结分析了10年来我国中小企业信用担保业发展情况和存在的主要问题，对下一步工作提出明确要求。

二是进一步改善融资环境。工业和信息化部与工、农、中、建四大银行签订加大中小企业信贷支持的合作框架。配合有关部门积极推动小额贷款公司和村镇银行的设立发展，支持山东、江苏、四川等地搭建多形式中小企业融资服务平台，对符合条件的信用征集、信用评级给予补助。

三是加快建立多层次融资体系。工业和信息化部组织召开了区域性中小企业产权交易市场试点工作座谈会。确定在北京、上海、广东等5个省（直辖市）推进区域性中小企业产权交易市场试点。配合证监会，开通创业板市场。积极指导地方中小企业集合发债工作。

3. 完善社会化服务体系，营造良好的发展环境

一是研究提出中小企业服务平台建设指导意见，大力支持公共服务平台建设。在中小企业发展专项资金中安排1.5亿元支持了88个小企业创业环境建设项目；通过对9省（直辖市）66个产业集群的1 216家中小企业、81个平台服务机构的调查，完成中小企业公共服务平台建设与需求研究课题，召开了中小企业服务体系建设座谈会。在中小企业信息网上开通服务导航栏目，推荐1 731家服务机构信息。举办第七届全国中小企业网上招聘高校毕业生活动，有上万户中小企业和4万多高校毕业生免费发布了招聘和求职信息。

二是大力实施中小企业银河培训工程，支持地方和中央的110个培训机构共完成5万多人次的免费集中培训、近10万人次的远程网络培训和20多万人次的信息化培训。各地中小企业管理部门也申请地方财政资金，支持了约30万人次的培训。在青岛召开专题会，对培训工作总结交流。支持107家服务机构为3.8万个新办小企业和创业者提供了创业服务。工业和信息化部在长沙召开全国创业工作座谈会，总结经验，部署工作。继续对管理咨询给予补助。

三是建立中小企业生产经营运行监测平台，工业和信息化部在南昌组织培训座谈会，对各地统计监测人员进行了培训。启动对1 000户重点企业的基本情况和生产经营的动态信息数据监测分析。

4. 扶持中小企业开拓国内外市场

为国务院领导出访，提供中小企业合作领域的相关材料。与欧盟签署了《中欧中小企业合作共识文件》。组团出席第16次APEC中小企业部长会议。与德国经济和技术部签订《关于继续开展中国中小企业经营管理人员培训合作备忘录》，经过考试筛选，二批完成50名中小企业经营者赴德培训。9月举办的第六届中博会共促成中小企业合作项目961个，合作金额1 240亿元。

5. 改善中小企业和非公有制经济发展的外部环境

一是建立健全工作协调机制，正式成立国务院促进中小企业发展工作领导小组，形成合力推进中小企业发展的良好局面。二是积极贯彻落实“非公36条”和《国务院关于2009年深化经济体制改革工作的意见》。截至2009年底，中央有关部门和单位相继出台了近50个配套文件。31个省（自治区、直辖市）已累计出台促进非公有制经济发展的法规及政策性文件近250多件。三是配合财政部研究中小企业政府采购办法。开展中小企业划型标准的修订工作。研究提出国家中小企业发展基金的筹备方案。四是为各项重大活动和会议制定宣传方案。通过在线访谈、召开新闻发布会、媒体见面会等多渠道宣传中小企业政策，国务院新闻办请李毅中部长就进一步促进中小企业发展召开新闻发布会；大力宣传36号文件，工业和信息化部与中宣部沟通，研究制定宣传方案，召开媒体见面会。人民日报刊发了李毅中部长解读36号文件的专访文章，经济日报、工人日报、新华网、人民网等主流媒体都开辟专栏宣传中小企业政策，配合中央电视台焦点访谈制作了一期中小企业专题；朱宏任总工程师就“进一步加大扶持力度，实现中小企业又好又快发展”接受中国政府网专访，在中国政府网与网民直接交流，宣传中小企业政策。

6. 完成两会建议和提案的办理工作

由于受国际金融危机的影响，中小企业发展状况成为今年“两会”代表关注的焦点和讨论的热点。工业和信息化部全年共完成人大政协的“两会”建议、提案办件206件，数量约占工业和信息化部“两会”办件总数的四分之一。

四、2010年中小企业工作重点

2010年中小企业工作总体要求是：以党的十七大，十七届三中、四中全会精神为指导，深入学习实践科学发展观，以全力贯彻落实好国发36号文件为主线，以结构调整、转变经济发展方式为重点，以营造中小企业发展的良好环境为基础，着力解决影响和制约中小企业科学发展的突出问题，提高中小企业整体素质和竞争力，支持引导中小企业、非公有制经济健康发展。

2010年中小企业工作重点：全力贯彻落实好36号文件，完善配套政策措施，进一步营造中小企业发展环境。

（1）切实抓好文件的宣传细化。突出抓好36号文件配套政策的出台。配合中宣部，组织实施好宣传方案。修订中小企业划型标准。编制和发布两个规划，即“十二五”中小企业成长规划和中小企业服务体系建设规划。抓紧设立中小企业发展基金。及时总结和推广基层好的经验和做法。指导各地方中小企业管理部门抓紧制定出台贯彻落实36号文件的具体办法，确保政策落实到位。

（2）加大对中小企业的财税扶持。进一步增加中央财政中小企业专项资金规模，扩大中小企业服务体系专项补助资金规模，并完善管理办法，增加服务平台投入的支持。在中央预算内技术改造专项投资中，继续安排落实工业中小企业技术改造资金。落实对3万元以下小型微利企业税收优惠政策。落实好对困难中小企业，阶段性缓缴社会保险费或降低费率政策执行期延长至2010年底政策。

（3）努力缓解融资难担保难问题。全面贯彻落实36号文中支持中小企业发展的金融政策，落实好工业和信息化部与工、农、中、建四大国有商业银行签订的加大中小企业信贷支持的合作框架。推动建立小企业贷款风险补偿基金。加强对中小企业信用担保机构的绩效考评和统计监管，制定出台中小企业信用再担保指导意见，加快建立全国和区域性再担保机构。继续实施中小企业信用担保机构营业税减免等有关政策。结合创业板市场的开通，积极开展中小企业上市育成工作。鼓励符合条件的中小企业集合发债，稳步扩大发行规模，参与推进中小企业短期融资券和中小企业集合信托、集合票据的发行工作。实施区域性中小企业产权交易市场试点。利用中小企业信息网的优势，推动建立全国性中小企业信用信息数据库和区域性中小企业信用社会化服务平台。

（4）大力推动结构调整和产业升级。引导中小企业集聚发展，开展100个重点产业集群示范。积极推动中小企业产业转移。推动军工企业与中小企业合作，鼓励支持中小企业走“专、精、特、新”和与大企业协作配套路子。研究出台推进中小企业质量建设的指导意见。实施好中小企业知识产权战略推进工程和中小企业信息化推进工程，促进工业化和信息化的融合。

（5）切实帮助中小企业开拓国内外市场。重点支持引导中小企业积极开拓国内外市场，提高企业自身市场开拓能力。鼓励支持有条件的中小企业到境外投资，加强对外交流合作。推动第二次亚欧会议中小企业部长级会议的举办。办好第七届中国国际中小企业博览会和第六届APEC中小企业技术交流暨展览会。继续开展中德合作中小企业管理人员培训合作项目。协调组织好第四次中韩中小企业事务级会议、第二次中日中小企业政策磋商、与东盟和欧盟的中小企业政策对话等活动。

（6）建立健全中小企业社会化服务体系。继续支持建立一批中小企业创业基地、公共技术、融资信用、培训、信息服务、管理咨询等公共服务平台。完成150个国家级公共服务平台示范。研究制定小企业创业基地建设指导意见。加强中小企业生产经营运行监测平台建设。务实推进中小企业信息网建设规划实施，积极争取国家投资的支持，提高中小企业信息网的技术水平和服务能力。

（7）提高中小企业经营管理水平。继续实施中小企业银河培训工程，加大中小企业培训工作力度，发挥行业协会和各类培训机构的作用，完成20万以上成长型中小企业经营管理者培训。研究制定关于加强中小企业经营管理的指导意见，支持培育一批中小企业管理咨询机构，规范和扩大中小企业管理咨询活动，引导中小企业加强基础管理，强化营销和风险管理，推进管理创新，提高经营管理水平。

促进中小企业平稳健康发展，既是一项长期的战略任务，也是当前保增长、扩内需、调结构、促发展、惠民生的一项紧迫任务。引导和支持中小企业发展，责任重大。各级中小企业管理部门将继续扎实工作、开拓创新，确保36号文件的贯彻落实，努力开创中小企业工作新局面。

（撰稿：工业和信息化部中小企业司副司长　王建翔）

2009年中国外商投资企业登记管理综述

国家工商行政管理总局外资局

2009年是外资局充分发挥职能作用，积极应对国际金融危机、服务经济发展，依法履行职能，着力推进自身建设，各项工作取得显著成绩的一年。一年来，外资局紧紧围绕全党、全国的中心工作任务，认真落实总局的工作部署和要求，坚持以科学发展观为指导，按照“四个统一”的要求、大力推进“四化建设”、积极加快“四个转变”、努力实现“四高目标”、全面建设“三个过硬”的干部队伍，各项工作取得了新的成效。

一、认真落实总局应对金融危机的工作部署，积极扶持外资市场主体健康发展成绩显著

1. 及时研究指导出台扶持政策措施，有效促进了外资企业发展

一年来，积极结合外资登记管理职能，在法律法规框架内，创新登记制度、简化登记材料、强化行政指导，建全服务外商投资的体制机制，为外资企业的健康发展营造了良好的政策环境。在积极参与总局研究制定支持海峡西岸经济区、北京中关村科技园区、湖北武汉城市圈、湖南长株潭“两型社会”建设、新疆南疆三地州建设等政策措施意见的同时，指导地方被授权局制定应对国际金融危机、促进外商投资企业发展的政策措施等文件35件，产生了良好的社会效应和投资效应。2009年三季度以来，外资企业设立登记数量明显增加，经济企稳回升迹象明显。第四季度全国新登记外商投资企业9 735户，比第一季度下降12.5%；注册资本415.2亿美元，增长130%；投资总额614.9亿美元，增长147%。

2. 以企业年度检验为工作切入点，积极帮扶外资企业渡难关

在年检工作中，坚持以帮扶企业渡过难关为抓手，对确实因金融危机致使企业面临困难的，采取延长出资期限和保留经营资格的措施，有效帮扶企业渡过难关。据统计，2009年，全国共对8 941户因资金紧张无法按时缴付出资的外资企业，依法办理了延长出资期限，延期出资金额197.3亿美元；对19 150户外资企业依法办理了延续经营资格。同时，全国各级登记机关还对分支机构多、网点多的大型企业和驻在区域集中的28 615户外资企业实行了上门年检服务，受到了地方党委政府的表扬和企业的感谢。

3. 不断创新企业登记机制，为外商投资企业登记注册提供高效快捷的服务

为了帮扶企业克服困难，解决实际问题，在原有对外资企业开辟“绿色通道”的基础上，进一步改进登记方法，对重大外资项目，采取专人提前介入指导、全程负责落实的做法，为外资企业提供高效便捷的服务。一年来，共核准无行政区划名称登记554户，授权地方局登记外资企业68户，办理设立、变更、注销和备案登记554户（次）。

二、充分发挥外资登记管理职能作用，服务经济社会发展取得明显成效

1. 大力促进产业结构调整，积极支持外资市场主体发展取得新成果

按照总局提出的“增加总量、扩大规模、鼓励先进、淘汰落后”的方针，积极鼓励外资企业增加总量，提高发展质量，引导外商投资现代服务业和高新技术产业，并依法做好产能过剩、技术落后、破坏资源、污染环境等企业的变更、注销登记和吊销执照工作。一年来，共办理外资并购审查项目18个，提出支持外资企业发展的政策措施28条，积极指导宁夏自治区等工商局较好完成了对高耗能、初加工、科技含量低的外资企业的依法变更、注销登记和依法吊销营业执照等工作。

截至2009年底，全国实有外商投资企业43.4万户，注册资本14 034亿美元，投资总额25 000亿美元，外商投资企业总量继续增加。外商投资企业的户均注册资本达496万美元，较第一季度增长37.1%，外商投资企业规模持续扩大。外商投资现代服务业、高新技术产业53 072户，增加23.4%，外商投资企业结构日益优化。

2. 主动作为，积极服务2010年上海世博会举办工作

认真按照总局落实党中央、国务院要把2010年上海世博会办成一届成功、精彩、难忘的世博会的要求，根据工商职能，参与研究拟订了《世博会特殊规章》及《上海世博会票务总体方案》，研究制定了《国家工商总局服务2010年上海世博会举办工作方案》，推动总局与上海市人民政府签署了《国家工商行政管理总局上海市人民政府关于共同推进中国2010年上海世博会筹办工作的合作协议》，指导上海市工商局认真开展世博会参展主体登记工作。截至2009年底，共有242个国家和国际组织确认参展，其中226个国家和国际组织签署了参展合同。共核准登记各类展馆215家，其中官方参展者177家（国家馆158家，国际组织馆19家），非官方参展者38家（城市最佳实践区33家，港澳台馆3家，外资企业馆2家）。

3. 进一步优化外资登记管理授权体制，服务区域经济协调发展取得新成果

认真落实国家关于支持高新技术企业发展和中西部地区开发的决策部署，不断扩大外资登记管理授权范围，积极服务区域经济协调发展。2009年，先后授予了济南、成都、广州高新技术开发区，成都、南京经济技术开发区，重庆市万州区和山西省运城市工商局等7个地方工商局外商投资企业核准登记权。在深圳市、广东省佛山市顺德区政府机构改革后，及时对原授予深圳市、顺德市工商行政

管理局的外商投资企业核准登记权重新授予了新组建的深圳市市场监督管理局、顺德区市场安全监督管理局。截至到目前，全国已经有356个地方局获得了外资登记授权。

4. 积极开展外资登记管理数据监测分析，为地方党委、政府决策和外资企业服务取得新成绩

2009年，选择外资企业数量占到全国总量70.0%的北京市、上海市、广东省、江苏省等12个省、市工商局，建立了外资动态监测点，积极开展外资登记管理数据监测分析工作。各监测点均写出了内容翔实、分析客观、建议明确的分析报告，为地方政府决策起到了积极的参谋作用，为外商增加投资起到了积极引导作用，得到了地方党委政府的肯定和企业的欢迎。

5. 不断强化现代科技手段的应用，外资企业登记效能进一步提高

一年来，坚持把推进外资企业登记注册信息化进程作为一项重要工作任务，狠抓落实。一是完成了总局外资网上登记软件的开发、测试工作，为外资企业在网上进行设立、变更登记提供了受理平台。二是继续推进外资企业名称、个案授权远程核准，在上年完成对北京、上海、福建三个被授权局进行不含行政区划的外资企业名称变更远程受理工作基础上，2009年又开通了天津、重庆、四川、成都四省（市）的远程受理节点。三是开通了外资网上登记系统。该系统的开通，减少了企业来窗口办理的次数，方便了企业和社会公众，提高了外资企业登记注册效率。

三、积极推进法律法规和制度建设，外资登记管理体制机制进一步完善

1. 强化立法立规，为外资市场准入营造良好法制环境取得新成效

一是积极开展外资合伙新法规实施的准备工作，确保各项配套规章和文件与新法规同时实施。2009年11月25日，国务院颁布《外国企业或者个人在中国境内设立合伙企业管理办法》后，制定完成了《外商投资合伙企业登记管理规定》、《关于贯彻实施〈外国企业或者个人中国境内设立合伙企业管理办法〉的通知》、《关于修订〈外国投资企业登记文书格式及规范要求〉的通知》、《关于启用〈外商投资合伙企业营业执照〉的通知》等配套规章和文件，组织指导全系统实施了外商投资合伙企业登记管理应用软件开发建设，确保了《办法》的顺利实施。

二是积极参与和完成了“稳定和扩大吸收外资政策”的调研工作。认真配合有关部门，就稳定和扩大吸收外资的政策措施意见进行调研，坚持立足工商登记管理职能，从鼓励外资企业进行股权出资、出质和允许外资企业适当延长出资期限等方面提出了有针对性的政策建议，并被制定《国务院关于进一步做好利用外资工作的若干意见》时吸收。

三是参与了《外国机构在中国境内提供金融信息服务管理规定》的制定工作，在促进金融信息服务业健康、有序发展，加强对金融信息服务管理中，发挥了职能部门的积极作用。

2. 完善制度建设，进一步促进了外资企业登记的规范

一是在认真调研和广泛征求意见的基础上，研究草拟了《外商投资企业登记管理被授权局考核评价标准》（草案）。该《标准》，着力从建立外商投资企业登记管理被授权局考核评价体系，加强对外资登记管理被授权局的监督管理，强化服务意识，规范登记注册行为等方面，切实提高行政执法水平。

二是积极强化政务信息公开工作，制定了《外资局深化政务信息公开措施》，进一步强化了外资立法立规公开、推进电子政务、完善外资登记管理政务信息公开途径、建立信息公开平台等工作，全面推动了外资登记管理政务信息公开。

三是完善外资登记注册、监督管理流程和制度规范，对外资登记管理业务流程、登记注册、监督管理的步骤和环节进行了优化调整，有效促进了外资登记管理工作的制度化、规范化。同时，根据总局《股权出质登记管理办法》的要求，完善了外资股权出质信息公开制度，将股权出质登记、变更、注销及撤销表格在网站上进行公开。

3. 认真落实学习实践科学发展观活动整改措施，规章及文件废改立工作进一步推进

根据总局继续推动市场主体、市场监管等法律法规立改废工作的要求，对外资登记管理与科学发展观不相适应的规章和规范性文件进行了清理。废止了《国家工商行政管理局关于〈国家工商行政管理局关于中外合资经营企业注册资本与投资总额比例的暂行规定〉第五条解释的复函》、《关于对外商投资企业伪造验资报告进行处罚适用法规问题的答复》、《关于外商投资企业清算注销有关问题的答复》、《关于处理经营期限届满后不进行清算的外商投资企业问题的答复》、《关于调整部分外商投资企业是否有行政处罚权问题的答复》、《关于改进外商投资企业登记管理工作的若干意见》等7个规范性文件。

四、创新监管方式方法，外资监管执法水平进一步提升

1. 强化外资企业年检工作，企业参检率和网检率大幅提升

对总局外资企业网上年检系统进行了完善优化，并在河南、安徽等9个省（自治区、直辖市）启用，进一步提升了外资企业网上年检工作水平。2008年度，全国应检外商投资企业39.1万户，实检33.2万户，参检率为85.0%，与上年同比增长4.8%，其中有8个省（自治区、直辖市）参检率超过90.0%。有31.7万户企业通过网上年检，网检率达到95.3%，同比增长14.1%，其中有22个省（自治区、直辖市）网检率达到100%。总局登记的外资企业参检率、网检率均达到100%。

2. 加强行政指导，进一步规范了企业经营行为

在外资监管工作中，注重把握行政处罚与行政指导的统一，把法规宣传、行政提示、行政告诫、行政告知、行政建议融入外资监管执法工作中，构建宽松和谐的外资监管环境。2009年，全国共提醒外资企业按期出资11 994户，提醒办理变更、备案登记12 054户，提醒前置许可证过期、失效8 330户。同时，加强对重热点行业的检查，强化了出资监管，对欠缴出资企业，及时制发出资提示或责令改正

通知书，据统计，北京、上海、天津、黑龙江、江苏、福建、湖北、湖南等8省、直辖市工商局，共催缴外资企业入资137.4亿美元。

3. 加强对常驻代表机构的监督管理，在维护市场经济秩序中发挥了积极作用

2009年，针对一些外国企业常驻代表机构违法违规情况日益突出的问题，积极采取有力措施，加强对常驻代表机构的监督管理，制定下发了《关于进一步加强外国企业常驻代表机构登记管理的通知》，从登记材料的审查原则、统一登记证的有效期限、严格控制代表人数、依法查处违法、加强部门协作等方面，加强了对外国（地区）企业常驻代表机构的管理。

五、2009年我国外商投资企业登记管理基本情况

1. 外商投资企业户数略有下降，但投资总额、注册资本、外方认缴等呈增长趋势，户均规模进一步扩大

截至2009年底，全国实有外商投资企业43.4万户（含分支机构15.1万户），比上年底减少0.1万户，下降0.2%，其中，法人企业28.3万户，比上年底下降1.4%。投资总额25 000亿美元，比上年底增加1 800亿美元，增长7.6%；注册资本14 000亿美元，比上年底增加1 000亿美元，增长7.9%；其中外方认缴出资额11 400亿美元，增加1 000亿美元，增长9.4%，外方认缴出资额占注册资本的81.0%，比上年底增加1.1个百分点。外资企业法人户均注册资本4 965 600美元，比上年底增长10.0%。

2. 全年外商投资发展呈现低开高走态势

受国际金融危机影响，2009年新登记外商投资企业户数下降明显。全年新登记外商投资企业4万户（含分支机构2.1万户），比上年下降24.3%，其中，法人企业1.9万户，投资总额1 700亿美元，注册资本1 100亿美元，其中外方认缴出资1 000亿美元。

新登记外商投资企业呈现低开高走态势。下半年，经济企稳回升有力推动了外商投资的意向。2009年下半年，全国新登记外商投资法人企业10 615户，投资总额1 064.7亿美元，注册资本697.9亿美元，外方认缴额607亿美元，分别占全年新登记企业总数的55.6%、63.5%、63.8%和63.9%。

3. 中等规模以上外商投资企业增长明显，比重增加

在2009年外商投资企业总数下降的情况下，中等规模以上外商投资企业呈现增长态势。截至年底，全国实有投资总额1 000万～5 000万美元的外商投资企业3.6万户，同比增长0.7%；投资总额5 000万美元以上的外商投资企业0.8万户，同比增长11.4%。投资总额1 000万～5 000万美元和5 000万美元以上的外商投资企业分别占外商投资法人企业总数的12.7%和2.9%，比上年分别增长0.3个百分点和0.3个百分点，比重进一步增加。

4. 亚洲投资企业数下降，但仍是外商投资企业主要投资来源地，北美洲投资降低明显，非洲来华投资呈现增长势头

截至2009年底，亚洲地区来华投资的法人企业20.4万户，比上年底减少0.2万户，下降1.1%；北美洲2.7万户，减少0.2万户，下降6.3%；欧洲1.9万户，增加170户，增长0.9%；拉美1.8万户，增加165户，增长0.9%；大洋洲0.9万户，减少26户，下降0.3%；非洲0.3万户，增加154户，增长5.3%。亚洲地区来华投资实有户数仍居首位，占外商投资法人企业总数的72.3%。

从国别和地区的外资投资来看，中国香港、中国台湾、日本、美国、英属维尔京群岛等国家（地区）仍是我国主要外资来源地。法人企业户数居前10位的国家（地区）分别是：中国香港113 213户，中国台湾25 863户；日本22 255户；美国22 135户；韩国20 146户；英属维尔京群岛14 283户；新加坡8 524户；澳门4 666户；加拿大4 542户；德国4 009户。与2008年相比，来我国投资企业户数最多的前10位国家（地区）没有发生改变，但日本由2008年的第4位取代美国成为到我国投资户数第三的国家（地区），美国则下滑到第4位，这与美国遭遇金融危机后，企业的发展状况有着直接的关系。

5. 产业结构进一步优化调整，以制造业为代表的第二产业仍占主导，第三产业整体实力明显增强

截至2009年底，我国实有第一产业外商投资法人企业6 146户，同比增长0.2%；第二产业182 969户，同比减少3.6%；第三产业93 524，同比增长3.2%。第二产业仍是外商投资的主要方向，户数占法人企业总户数的64.7%，但第三产业的发展已经成为我国外商投资企业发展的亮点。在全年外资企业总户数下降的情况下，第三产业的外商投资企业户数仍实现了增长。从新登记企业情况看，2009年新登记外商投资第一产业法人企业684户，第二产业7 727户，第三产业10 682户，新登记外商投资第三产业法人企业占新登记外商投资法人企业的56.0%，第三产业已经成为外商投资的最主要方向。

6. 新申请外商投资企业名称中第三产业比重最大，香港仍是主要投资来源地

2009年，全国各级工商行政管理部门共预先核准外商投资企业名称30 009户，意向投资总额3 698.1亿美元，意向注册资本2 225.6亿美元。有投资意向的外国（地区）投资者拟从事第一产业的占3.1%，第二产业占39.2%，第三产业占57.7%，主要投向领域为制造业（10 959户）、批发和零售业（5 119户）、租赁和商务服务业（2 785户）。意向投资的来源地主要分布在中国香港（11 845户）、中国台湾（2 983户）、美国（1 738户）、韩国（1 562户）、日本（1 445户），中国香港地区仍将是我国外商直接投资的主要出资来源地。

7. 常驻代表机构实有户数首次下降

外国及港澳台地区企业常驻代表机构实有户数首次下降，2009年底全国实有常驻代表机构6.9万户，比上年减少0.7%。租赁和商务服务业常驻代表机构最多，实有3.9万户，占实有常驻代表机构总户数的56.6%，之后分别为批发和零售业1万户，占14.3%，再次为管理咨询服务业0.3万户，占4.3%。

从国别和地区看，常驻代表机构主要来自亚洲，实有4.4万户，比上年减少0.6%，占常驻代表机构总户数的63.5%，其中香港2.4万户，减少8.7%，占常驻代表机构总户数的34.2%。

8. 外资监管执法工作进一步加强，有效规范了外资企业行为

2009年，全国各级外资登记管理部门紧紧围绕职能作

用，依法行政、严格执法，共查处外商投资企业违反企业登记管理法规案件15 640件，其中因不按规定接受年度检验受到处罚的共计14 168件，占违法案件总量的90.6%，分公司违反公司登记管理条例的561件，占总量的3.6%，未按照规定办理有关变更登记或备案登记的129件，占总量的0.8%，公司成立后无正当理由超过6个月未开业或者开业后自行停业连续6个月以上的109件，占总量的0.7%，公司的发起人、股东虚假出资，未交付或者未按期出资的95件，占总量的0.6%。从处罚情况看，全年共计吊销外资企业营业执照9 382户，罚款1 945.8万人民币，没收非法所得89.2万人民币。

此外，各地以出资监管为突破口，认真贯彻落实总局应对国际金融危机的各项措施，积极履行外资企业监管职责，有效维护市场经济秩序。对企业利用外资项目进度、欠资额度、欠资原因等情况进行逐一分析和梳理，有的放矢制定政策措施，强化了行政指导的针对性和实效性，为外商投资企业健康发展服务，为经济持续平稳较快发展服务。

9. 新注销外商投资企业户数大幅增加，退出市场的投资者来源地相对集中

2009年，全国各级工商行政管理部门共注销20 653户外商投资企业（其中分支机构15 160户），同比增加62.9%。涉及投资总额289.5亿美元、注册资本177亿美元、实缴注册资本77.8亿美元，其中外方实际到位资金49.9亿美元。本期内外商投资企业注销数量明显增加的原因，我们分析认为，一方面是受金融危机影响，国内外市场产品的需求量不断下降，消费信心锐减、企业融资困难，导致部分外商投资企业解散，并申请清算注销，因而退出市场企业数量同比增长幅度较大；一方面也反映了总局和商务部2008年10月联合下发的《关于外商投资企业解散注销登记管理有关问题的通知》，对理顺外商投资企业解散审批登记程序，简化外商投资企业注销登记手续，规范和完善外资企业市场退出机制取得了初步成效。

全国退出市场的外商投资企业外方投资者主要来自于：中国香港（8 137户）、中国台湾（2 140户）、韩国（2 126户）、美国（1 842户）、日本（1 487户）、英属维尔京群岛（719户）（均不含分支机构）。以上6个国家（地区）退出市场的企业之和占全部退市外商投资企业总量的78.9%。

（撰稿：国家工商行政管理总局外资局局长　何训班）

2009年中国乡镇企业发展综述

农业部产业政策与法规司

2009年是乡镇企业发展极为困难的一年。在国际金融危机的冲击下，乡镇企业倒闭停产增多，生产销售下滑，出口受阻，增长速度下降。面对诸多严峻挑战，全国乡镇企业认真贯彻落实中央、国务院的决策部署，坚定发展不动摇，着力转变发展方式，加快结构调整和自主创新，加强管理和机制创新，全年发展好于预期，实现了持续稳定发展。

一、乡镇企业经济运行的基本情况及特点

1. 总量持续增长，主要经济指标增势向上向好

2009年，全年乡镇企业实现增加值93 532亿元，同比增长10.8%，增幅比2008年回落0.9个百分点，高于全国GDP增幅2.1个百分点。全国乡镇企业实现总产值和营业收入分别达398 000亿元和386 000亿元，同比分别增长10.6%和10.5%；实现利润总额22 879亿元，同比增长10.1%。主要经济指标增幅较上年平均下降1.0个百分点，但平均降幅比上年收窄1.5个百分点。全年经济运行增幅呈现从年初低点逐季回升、不断向好的趋势，全年增加值累计增幅较一季度回升了2.4个百分点。

2009年乡镇企业主要指标情况表

表1

指　标	绝对值（亿元）	同比增长（%）	增幅增减百分点
乡镇企业增加值	93 532	10.8	-0.9
其中：工业增加值	65 110	10.3	-0.9
其中：规模以上工业增加值	49 146	10.5	-0.8
乡镇企业总产值	398 027	10.5	-1.1
其中：工业总产值	272 988	10.1	-1.5
乡镇企业营业收入	385 927	10.6	-0.6
利润总额	22 879	10.1	-1.8
上交税金	9 713	10.4	-3.1
出口产品交货值	32 032	-8.7	-15.5
劳动者报酬	17 347	9.2	-0.8

2. 工业生产销售稳定，规模企业支撑作用显著

2009年全国乡镇工业企业实现增加值65 110亿元，同比增长10.3%，低于乡镇企业平均增长水平，但高于全国工业企业增加值增速2.0个百分点；占乡镇企业增加值的比重仍近七成，为69.6%，依旧保持主体地位。乡镇工业全年完成营业收入257 973亿元，同比增长10.6%；实现利润总额15 027亿元，同比增长9.8%。规模以上乡镇工业实现增加值49 146亿元，同比增长10.5%，占乡镇工业比重达75.5%。分行业看，食品、建材、交通运输设备制造业等行业增势较好，在增加值超过2 000亿元的行业中，非金属矿物制品业实现增加值2 941亿元，同比增长39.6%，农副食品加工业实现增加值3 563亿元，同比增长28.7%，增幅

居前2位，其中农副食品加工业取代纺织业，成为规模以上乡镇工业中占比最高的行业，比重为7.2%。

2009年规模以上乡镇工业增加值超2 000亿元行业情况表

表2

行　业	增加值（亿元）	同比增速（%）	占规模以上乡镇工业比重（%）	占比较上年提高（%）
农副食品加工业	3 563	28.7	7.2	1.0
化学原料及化学制品制造业	3 198	13.4	6.5	0.2
金属制品业	3 138	8.5	6.4	-0.1
纺织业	3 122	-12.0	6.4	-1.6
非金属矿物制品业	2 941	39.6	6.0	1.2
黑色金属冶炼及压延加工业	2 879	-11.6	5.9	-1.4
通用设备制造业	2 609	10.4	5.3	0
电气机械及器材制造业	2 372	-0.1	4.8	-0.5
纺织服装、鞋、帽制造业	2 348	12.2	4.8	0.1
交通运输设备制造业	2 119	17.3	4.3	0.2
工艺品及其他制造业	2 003	23.2	4.1	0.4

3. 区域发展进一步协调，中西部地区增长较快

2009年，东部地区乡镇企业全年实现增加值54 942亿元，同比增长7.2%，增幅下降3.6个百分点，占乡镇企业增加值总量的比重由上年的60.9%下降到58.7%。中西部和东北地区绝大多数省市区保持两位数增长。中部地区全年实现增加值17 684亿元，同比增长10.5%；西部地区年实现增加值11 844亿元，同比增长25.7%，高于全国乡镇企业平均增幅14.9个百分点；东北地区年实现增加值9 062亿元，同比增长18.2%，高于全国乡镇企业平均增幅7.4个百分点。

4. 固定资产投资较快，结构进一步优化

2009年全国乡镇企业完成固定资产投资48 843亿元，同比增长27.4%，增幅高于上年6.5个百分点。项目规模进一步提高，平均投资规模达1 208万元，比上年增加62万元；超千万元的项目投资达15.9万个，是上年的1.9倍，占施工项目总数的比重为39.3%，比上年提高16.6个百分点；其中，投资额超亿元的项目达8 324个，比上年增长11.7%。从地区结构看，东部地区投资额同比增长21.1%，占比最高，为62.4%，但比上年下降3.2个百分点；中部地区同比增长24.3%，占14.3%，比上年下降0.4个百分点；西部地区投资额同比增幅最高，达59.8%，占12.3%，比上年提高2.5个百分点；东北地区同比增长41.6%，占11.0%，比上年提高1.1个百分点。西部和东北地区的投资扩张，对其经济增长起到支撑作用。

5. 农产品加工业效益良好，食品工业带动效应明显

2009年，全国规模以上乡镇农产品加工业实现增加值15 315亿元，同比增长13.4%，增幅高于规模乡镇工业2.9个百分点。其中，农副食品加工业、食品制造业、饮料制造业增幅均超过20.0%，分别为28.7%、41.3%和48.9%，三个行业累计实现增加值5 437亿元，同比增长33.6%，带动规模以上农产品加工业增长10.7个百分点。农产品加工业实现利润总额和上交税金分别为3 354亿元和1 675亿元，同比增长分别为16.9%和16.6%。其中，食品工业利润总额和上交税金增幅分别为25.9%和24.4%，分别带动农产品加工业利润总额和上交税金增长8.4个和6.7个百分点。

6. 第三产业持续快速发展，休闲农业表现突出

2009年，全国乡镇企业中第三产业实现增加值21 344亿元，同比增长13.1%；实现营业收入93 418亿元，同比增长15.8%；实现利润总额2 363亿元，同比增长17.1%。营业收入和利润总额增幅分别高于乡镇企业平均增幅5.2个和7.0个百分点。主要行业中，服务和娱乐业增长最快，实现增加值1 088亿元，同比增长25.9%。休闲农业迅速发展，已成为调整农业结构、扩大农民就业、增加农民收入的重要途径。全国从事休闲农业的乡镇企业超过6万户，年接待游客2亿多人次，带动200多万户农民就业。其中，旅游业较发达的上海市已建成各类农业旅游景点113个，实现营业收入3.9亿元，带动农副产品销售收入6.5亿元；湖南休闲农业企业与农家乐总量达到12 303个，接待游客5 521万人次，从业人员13.2万人，带动农户21万户，带动农民就业19.3万人，实现营业收入近70亿元。休闲农业的快速发展，直接带动了农村物流、商贸、服务、运输等相关行业发展，活跃了农村经济。

7. 社会贡献增加，拉动农民增收作用明显

2009年底，全国乡镇企业人数达15 588万人，比上年底净增138万人，其中，第二产业吸纳劳动力最多，占64.2%；第三产业吸纳劳动力5 407万人，占34.7%，比上年提高2.8个百分点，净增加83.1万人。乡镇企业上缴国家工商税金9 713亿元，同比增长10.4%，支付劳动者报酬17 347亿元，同比增长9.2%，农村居民人均从乡镇企业获得收入1 807元，占农村居民人均纯收入的比重达35.1%。乡镇企业为农民就业和增收，为保民生、保稳定作出了重要贡献。

二、乡镇企业发展面临的主要问题与困难

2009年对于乡镇企业发展是整体困难较多的一年，问题和困难集中反映在：要素价格走高、市场需求不旺、资金周转困难。

1. 生产要素成本提高，企业利润空间压缩

2009年全年，工业产品价格走低，而原辅材料价格波动较大、总体攀高，产品成本压力较难化解，挤占了企业利润空间；产品和原材料库存增加，流动资金紧张，对企业均衡稳定生产、产品合理定价造成影响，企业经营风险加大。2009年以来，各地全面贯彻落实《劳动法》的力度加大，乡镇企业劳动力成本刚性增长，尤其对劳动密集型企业，工资水平提高，总额大幅增加，盈利能力下滑。

2. 市场需求不足，出口交货值下降

受国际金融危机影响，国际市场需求下降，乡镇企业出口订单数量、平均订单规模、订单合同期限均小于上年水平，下半年情形有所好转，但全年累计仍为负增长。2009年，全国乡镇企业实现出口交货值32 032亿元，同比下降8.7%。外向型经济比重较高的东部地区受冲击最重，出口交货值同比下降10.9%；占比由上年的91.0%下降到88.8%。同时，国内消费市场增长因素有限，内需提升缺乏持久性，企业总体面对的有效需求不足。江苏省上半年对1600家企业的调查显示，45.2%的企业将“订单不足”列为第一问题。

3. 资金紧张困扰乡镇企业，融资难未根本扭转

2009年，国家政策要求金融信贷向中小企业倾斜，但由于银行信贷门槛未降，抵押条件没有实质性改变，对于面广量大的中小型乡镇企业，资金紧张状况未得到根本改善，融资成本仍然较高，利率大多在12.0%～15.0%之间，加之受金融危机影响，部分乡镇企业资金周转更加困难。在固定资产投入中，自有资金仍是支撑乡镇企业投资的主体，占固定资产投资总额的59.2%，比上年提高0.7个百分点；来源于金融机构贷款的固定资产投资占13.9%，不及自有资金的1/4。各地调研情况均反映面临融资困境的中小乡镇企业数量较往年偏高，其中，江苏、浙江调研结构反映多数小企业对自身融资现状不满，企业规模越小，贷款越难；河北省调查反映，八成以上乡镇企业存在生产经营资金短缺问题；武汉市90.0%的乡镇企业得不到金融机构贷款。

4. 部分行业进入调整期，资源行业主导地区发展相对缓慢

为保护资源和生态环境，近年来我国一直加紧治理产能过剩的行业，加上国内外市场需求萎缩等因素影响，停产半停产状态的资源型企业大幅增加。其中，辽宁省集中关停矿山、初级产品和“两高一低”企业，部分地区有色金属采选企业80.0%以上处于停产状态；山西省因资源型企业密集，2009年乡镇企业总体呈下降趋势，增加值同比下降11.7%，乡镇工业增加值同比下降15.9%。

三、2010年促进乡镇企业健康平稳发展的思路与措施

2010年是实施“十一五”规划的最后一年，也是为“十二五”规划期间发展奠定坚实基础的关键之年。2010年，乡镇企业发展面临的形势总体是有利和积极的。首先，全球经济回暖，宏观环境改善。世界贸易逐步恢复增长，世界经济稳步回升，我国经济持续回升向好，经济复苏得到确认，宏观经济政策总体上将保持连续性和稳定性。二是优惠政策增多，扶持力度加大。近几年来，党中央、国务院连续几年下发“中央一号文件”等一系列鼓励和扶持农业发展的文件，进一步明确了乡镇企业发展方向、重点和措施，明确了多项优惠扶持政策。三是发展方式加快转变，结构不断优化。乡镇企业通过承接产业转移，全面提升产业分工地位，发展壮大园区经济和产业集群，实现乡镇企业结构调整、优化。四是对外交流扩大，经贸合作深化。随着亚太经合组织、东盟自由贸易区等区域性合作机制的深化，将为乡镇企业开展外贸合作、开拓海外市场带来新商机。

但同时也需要清醒看到乡镇企业发展仍面临诸多挑战：国际贸易摩擦和纠纷加剧、通胀压力持续加大、产能过剩矛盾突出、节能减排任务艰巨。乡镇企业系统要认清形势，抓住机遇，巩固发展向好形势，促进乡镇企业保持平稳健康较快发展，为此拟采取以下发展思路与措施。

1. 加大推进贯彻落实政策力度，积极制定“十二五”规划

坚定不移地贯彻中央和国务院出台的一系列促进乡镇企业、中小企业发展的政策措施，各地要结合本地实际，在抓落实上下功夫，将政策措施具体化、操作化，引导企业加快发展方式转变，营造良好发展环境。抓紧制定乡镇企业“十二五”规划，各地要认真总结乡镇企业“十一五”期间的经验，按照科学发展观的总体要求，以加快转变经济发展方式为目标，从本地区发展实际出发，结合本地优势，规划乡镇企业“十二五”的发展，以指导乡镇企业稳定健康发展。

2. 加大推进结构调整力度，增强可持续发展能力

一要以国家和各省重点产业调整和振兴规划、方案、实施细则为指南，积极推动乡镇企业产业调整升级、提高产业协作配套能力，运用先进适用技术改造提升优势传统产业，积极培育壮大新兴产业，加快完善现代产业体系。二要加快企业自主创新。切实推进产学研，重点开发能突破产业技术瓶颈、推动传统产业升级的共性技术、关键技术及配套技术，引导创新要素向乡镇企业聚集。鼓励和引导小企业走“专精新特配”发展之路，支持有条件、规模大的企业步入创新驱动、内生增长的良性发展轨道。加强质量和标准建设，培育自主品牌。三要推进节能减排、发展低碳经济。建立和强化落后产能退出机制，坚决关停高能耗、高污染、资源型、治理无望的“五小”企业，推进乡镇企业可持续发展。四要加快园区建设，推进产业集群发展。要把园区作为乡镇企业发展的有效载体，突出园区产业特色和产业定位，合理确定园区空间布局，功能配置等，切实做到高起点谋划、高水平发展，提升园区产业承载能力。要抓住土地规划修编的机遇，坚持统筹兼顾、节约集约，对优势工业园区和重点项目优先保障。积极推进产业集群发展，在延长产业链、提升竞争力上下功夫。要重视培育集群领军企业，通过引进龙头骨干企业，推动集群内企业的重组联合，提升乡镇企业的市场竞争力。

3. 加大推进产业转移力度，促进东中西部共同发展

加快推进全国区域间产业转移，既是东部沿海发达地区实现产业结构调整和升级的要求，也是中西部地区加快现代化进程、提升产业集聚和发展水平的重要途径。东部

地区要明确产业发展规划，落实产业转移的空间和路线，实现有目的、有方向的产业转移。中西部地区要在积极对接的前提下，做好产业集聚区建设，实现有组织、有秩序的产业转移，发挥产业集聚区在产业转移中的作用。产业转移中要注重产业的关联性，实现产业链条的整体转移。要加强引导本地创业者对引进产业的协作配套，积极推动外来产业的本地化，培育、壮大产业承接地乡镇企业。

4. 加大推进农民创业力度，促进农民转移就业

推进农民创业是促进农民就地就近转移就业的重要途径。一要积极培育创业主体。积极鼓励有条件农民和返乡农民工创业，以创业促就业。坚持先发展、后规范，多扶持、少指责，在政策扶持、协调服务、环境优化上营造氛围。二要着力打造创业基地。加强规划和建设，完善基地服务功能，为农民和返乡农民工创办小企业提供场所、共享设施和公共服务，真正将创业基地建成培育农民工返乡创业、吸纳农村富余劳动力就业、承接产业区域转移的发展平台。三要积极开展技能培训。要把创业理念融于培训之中，提高创业者的创业能力和水平，多形式、多层次推进职业技能培训工作，切实提高培训质量。四要加大对农民创业的扶持。按照中央“多予少取放活”的原则，放宽准入条件，降低创业门槛，在工商登记、资金、技术、税费、培训、人员招聘、土地使用等方面提供优惠政策。同时，认真总结各地成功经验和做法，扩大示范效应。

5. 加大推进农产品加工业创新发展力度，打造乡镇企业发展新亮点

引导农产品加工企业向精深加工方向发展，不断拉长产业链，提高产品附加值。引导农产品加工企业走多层次加工转化增值的路子，提高农产品综合加工利用能力，实现由初加工向高附加值的精深加工转变。大力发展节能型、减排型、成长型的农产品加工企业，走高端、集约发展的路子。加强农产品加工业的技术研发、技术推广、职业技能培训和质量标准工作，建立一批农产品加工技术服务公共平台。加强农产品加工示范基地建设，推进农产品生产、加工工艺向专业化、标准化、规模化方向发展，建立健全加工企业与农户的利益联接机制，实行产业化经营，促进农村经济从资源经济向产业经济的跨越提升。积极研究和完善农产品加工业扶持政策，提高农产品加工企业的整体水平和综合竞争能力，实现可持续发展。

6. 加大推进管理和服务力度，切实改进和提高服务业能力

一要加强政府部门的公共服务职能，围绕乡镇企业转型升级、小型企业融资担保、市场开拓、人才培训、信息化建设、共性技术研发与服务等方面构建政策性公共服务平台，建立基本公共服务均等化的体制机制。二要引导社会中介机构健康发展。通过政府购买、业务外包等形式，着重引导投资融资、技术支持、市场开拓、信息服务、管理咨询、会计审计、法律服务、人才培训、就业服务等中介服务机构的专业化发展，以满足广大乡镇企业不断增长的服务需求。三要积极发挥协会、社团等组织作用。积极协调行业协会、商会、行业联合会等公益性或准公益组织，充分发挥它们在政府与企业之间的桥梁和纽带作用，为乡镇企业提供专业化服务，逐步形成社会化公共服务体系。

（撰稿：农业部产业政策与法规司　刘建水）

2009年中国个体私营经济发展情况综述

国家工商总局个体私营经济监督管理司

为应对2009年全球爆发的金融危机，全国工商系统在工商总局党组的正确领导下，一方面加强对个体私营经济的服务和监督管理，努力为个体私营经济创造良好的社会经济环境；另一方面积极指导各地工商机关开展多种形式的帮扶活动，全力支持个体私营企业稳定发展。在全球金融危机的大背景下，2009年全国个体私营经济仍然保持了快速健康发展的态势，在促进经济社会平稳较快发展、增加财政收入、解决新增就业岗位、转移农村剩余劳动力、维护社会和谐稳定等多个方面继续发挥了重要作用。特别是许多个体私营企业，在自身经营困难的情况下，仍然顾大局、讲奉献，自觉坚持不裁员、不减薪，积极缓解严峻就业形势，为“保增长、保民生、保稳定”作出了重要贡献。

一、私营企业发展基本情况

私营企业在发展户数、注册资金数额方面均有较大幅度增长。企业户均注册资金继续增长，发展规模进一步扩大。企业组织形式多样化发展，公司制企业增长迅速。第三产业发展迅速，产业、行业分布更加优化。

（一）私营企业户数和注册资金增长情况

一是从企业户数方面看，截至2009年底，全国实有私营企业7 401 500户（含分支机构，下同），比上年增加827 400户，增长12.6%。私营企业户数排在前5名的省市依然是：江苏省911 600户、广东省813 400户、上海市630 700户、浙江省566 600户、山东省471 200户。以上5省共计3 393 500户，占到了全国私营企业总数的45.9%。二是从注册资金方面来看，私营企业注册资本（金）146 400亿元，比上年增加29 100亿元，增长24.8%。三是从户均注册资金数量来看，私营企业户均注册资金197.9万元，比上年增加19.4万元，增长10.8%。

（二）私营企业投资者人数、雇工人数增长情况

截至2009年底，全国私营企业从业人员86 069 700人，

比上年同期增加 7 029 900 人，增长 8.9%。其中投资者人数 16 506 100 人，增加 1 432 500 人，增长 9.5%；雇工人数 69 563 500 人，增加 5 597 300 人，增长 8.8%。全国私营企业发展基本情况见表 1。

表 1 2002—2009 年全国私营企业发展基本情况

年 份	户数（户）	增长率（%）	人数（万人）	增长率（%）	注册资金（亿元）	增长率（%）
2002	2 638 300	20.0	3 247.5	19.7	24 800	35.9
2003	3 287 200	24.8	4 299.1	32.3	35 300	42.6
2004	4 024 100	22.4	5 017.3	16.7	47 900	35.8
2005	4 719 500	17.3	5 824.0	16.1	61 300	28.0
2006	5 441 400	15.3	6 586.4	13.1	76 000	23.9
2007	6 030 500	10.8	7 253.1	10.1	93 900	23.5
2008	6 574 200	9.0	7 904.0	9.0	117 400	25.0
2009	7 401 500	12.6	8 607.0	8.9	146 400	24.8

注：表中历年户数均包含分支机构数量。

（三）企业组织形式情况

随着市场经济的进一步发展完善和改革的日趋深化，市场主体日益多样化，企业组织形式和出资方式也更加灵活。以现代企业制度为代表的公司制企业发展迅速，在私营企业组织形式中所占比重较大，特别是私营股份有限公司增长速度加快。

私营有限责任公司 6 102 500 户，比上年增加 749 600 户，增长 14.0%，占私营企业总户数的 82.5%；注册资本 133 400 亿元，增加了 26 500 亿元，增长了 24.8%，占私营企业注册资本总额的 91.1%。

实有股份有限公司 15 100 户，比上年增加 3 905 户，占私营企业总户数的 0.2%，增长 34.8%；注册资本 4 193 亿元，增加 1 061.17 亿元，增长 33.9%。

独资企业实有 1 158 000 户（其中含分支机构 31 800 户），比上年增加 74 900 户，占私营企业总户数的 15.7%，增长 6.9%；注册资本 6 730.9 亿元，增加 982.2 亿元，增长 17.1%。

合伙企业实有 125 800 户（其中含分支机构 4 059 户），比上年底减少 1 090 户，占私营企业总户数的 1.7%，下降 0.9%；认缴出资额 2 164.7 亿元，增长 37.7%。

（四）产业结构发展情况

私营企业在服务业发展迅速，第三产业所占比重持续增加。私营企业在第一产业实有 163 600 户，占私营企业总户数的 2.2%，注册资本（金）3 000 亿元，增长 28.8%，占私营企业总注册资本（金）的 2.1%；第二产业实有私营企业 2 205 900 户，占总户数的 29.8%，注册资本（金）53 600亿元，增长 24.4%，占私营企业总注册资本（金）的 36.6%；第三产业实有私营企业 5 032 000 户，占总户数的 67.3%，注册资本（金）89 900 亿元，增长 24.9%，占私营企业总注册资本（金）的 61.4%。

在第三产业中，私营企业经营批发和零售业的最多，有 2 631 900 户，比上年增长 13.0%，占私营企业从事第三产业经营总户数的 52.3%。从业人数达 23 171 500 人，增长 10.4%。注册资本（金）32 100 亿元，增长 18.6%。租赁和商务服务业 716 800 户，比上年增长 18.8%。从业人数 6 628 200 人，增长 19.3%。注册资本（金）18 800 亿元，增长 35.3%。科学研究、技术服务和地质勘查业实有户数达到 379 400 户，比上年增长 20.7%。从业人数 3 215 600 人，增长 16.6%。注册资本（金）5 800 亿元，增长 28.9%。信息传输、计算机服务和软件业 274 300 户，增长 13.4%。从业人数 2 219 350 人，增长 15.0%。注册资本（金）2 400 亿元，增长 20.0%。居民服务和其他服务业 242 600 户，增长 9.8%。从业人数 2 140 200 人，增长 8.7%。注册资本（金）1 800 亿元，增长 12.5%。房地产业 248 600 户，增长 15.8%。从业人数 2 866 100 人，增长 12.6%。注册资本（金）17 300 亿元，增长 24.5%。交通运输、仓储和邮政业 195 400 户，增长 15.4%。从业人数 2 119 500人，增长 13.0%。注册资本（金）3 700 亿元，增长 27.6%。住宿和餐饮业 136 700 户，增长 4.0%。从业人数 1 908 900 人，增长 8.3%。注册资本（金）1 400 亿元，增长 7.7%。全国私营企业实有户数行业分布见图 1。

（五）区域结构发展情况

私营企业在区域上的分布，总体上仍以东部地区发达程度较高、中西部地区发展相对落后为主要特征，但是西部地区增长速度较快，东、中部增长速度相对较缓。2009 年，全国工商系统认真贯彻落实党的十七大、十七届三中、四中全会精神，按照中央提出的“保增长、保民生、保稳定”的总体要求，积极采取促进区域经济协调发展的措施，大力支持参与举办中国国际中小企业博览会、中国中部投资贸易博览会、中国·兰州投资贸易洽谈会、中国·青海投资贸易洽谈会、中国民营企业西部（乌鲁木齐）峰会等多项经贸洽谈活动，为东中西部私营企业实现相互流动、优势互补和协调发展做出了积极的努力。私营企业在东、中、西部的发展情况是：东部 12 省市实有 4 872 000 户，比上年底增长 11.3%，占私营企业总户数的 65.8%；西部 10 省市实有 1 065 800 户，增长 17.8%，占私营企业总户数的 14.4%；中部 9 省实有 1 463 800 户，增长 13.4%，占私营企业总户数的 19.8%。

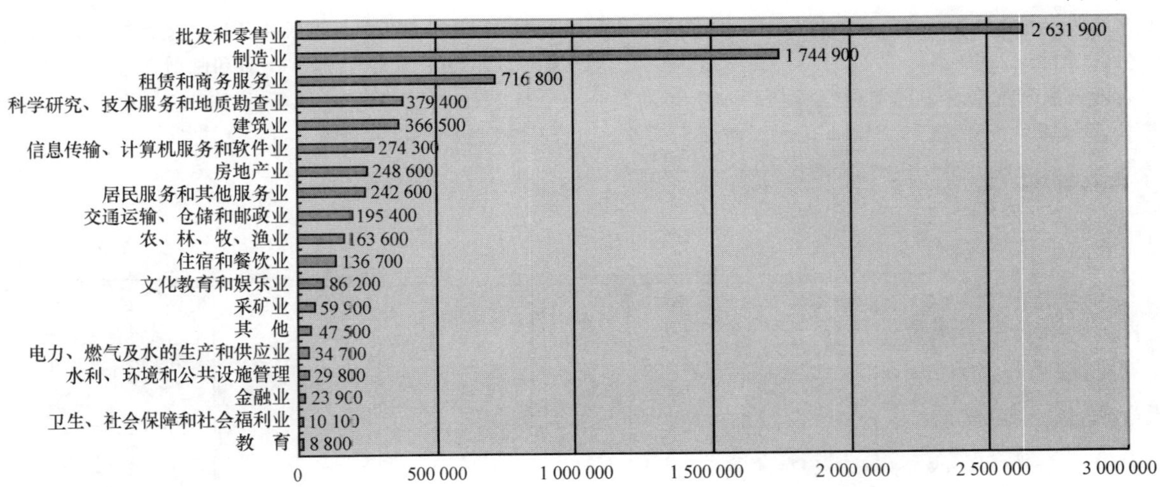

图1 全国私营企业实有户数行业分布图

（六）私营企业在农村、城镇发展情况

随着城乡一体化进程的推进，城镇私营企业发展速度加快，农村私营企业向城镇转移，发展速度相对较低。全国城镇实有私营企业5 213 100户，比上年增加662 400户，增长14.6%，占全国私营企业总户数的70.4%；投资者人数11 649 900人，比上年增加983 000人，增长9.2%，雇工人数43 793 400人，比上年增加3 223 300人，增长8.0%；注册资本104 129.7亿元，增加22 562.6亿元，增长27.7%。农村私营企业2 188 500户，比上年增加164 900户，增长8.2%，占全国私营企业总户数的29.6%；投资者人数4 856 300人，比上年增加449 500人，增长10.2%，雇工25 770 100人，增加2 374 000人，增长10.2%；注册资本42 317亿元，增加6 527.3亿元，增长18.2%。

二、个体工商户发展的基本情况

个体工商户继续保持稳定发展，并在第一产业和城镇获得较快增长。农民专业合作社快速发展，带动农民增收成效显著。

个体工商户户数和资金情况。全国实有个体工商户31 973 700户，比上年增加2 800 300户，增长9.6%。从实有户数看，排在前5位的省份是：广东3 259 100户、江苏2 614 400户、山东2 156 900户、四川2 034 900户、浙江1 986 900户。

资金数额10 856.6亿元，比上年增加1 850.6亿元，增长20.6%；户均资金数额3.4万元，增加3 084元，增长率10.0%。从业人员66 320 400人，比上年增加8 556 300人，增长率14.8%。

2009年全国新登记个体工商户6 883 000户，比上年增加731 200户，增长11.8%。新登记个体工商户规模不断扩大，资金数额3 200亿元，比上年增长23.6%。新登记个体工商户户均资金4.6万元，比实有个体工商户户均资金高1.2万元，比上年新登记个体工商户户均资金增长10.3%。见表2。

2002—2009年全国个体工商业发展基本情况

表2

年 份	户数（万户）	增长率（%）	人数（人）	增长率（%）	注册资金（亿元）	增长率（%）
2002	2 377.5	-2.3	47 429 000	-0.4	3 782.4	10.1
2003	2 353.2	-1.0	42 991 000	-9.4	4 187.0	10.7
2004	2 350.5	-0.1	45 871 000	6.7	5 057.9	20.8
2005	2 463.9	4.8	49 005 000	6.8	5 809.5	14.9
2006	2 595.6	5.3	51 597 000	5.3	6 468.8	11.4
2007	2 741.5	5.6	54 962 000	6.5	7 350.8	13.6
2008	2 917.3	6.4	57 764 000	5.1	9 006.0	22.5
2009	3 197.4	9.6	66 320 400	14.8	10 856.6	20.6

个体工商业产业结构情况。各级工商行政管理机关积极贯彻落实支持“三农”的各项政策，配合政府部门运用产业政策对农民进行引导，农民开办个体工商户的积极性提高。个体工商户在第一产业发展较快。截至2009年底，第一产业实有个体工商户426 700户，比上年增长33.7%，占个体工商户总数的1.1%。资金数额489亿元，增长13.5%，占个体工商户总资金数额的4.5%；第二产业2 776 200户，增长4.6%，占个体工商户总数的8.7%。资

金数额1 695.3亿元，增长11.7%；第三产业28 770 800户，增长9.8%，占个体工商业总户数的90.0%，资金数额8 672.3亿元，增长22.9%。

从各行业发展情况来看，批发和零售业19 903 200户，比上年增长12.1%，资金数额5 313.6亿元，增长27.7%；居民服务和其他服务业3 245 100户，增长10.3%，资金数额883.3亿元，增长31.0%；住宿和餐饮业2 812 500户；制造业2 640 400户，增长4.7%，资金数额1 438.4亿元，增长11.2%；交通运输、仓储和邮政业1596 400户。这5个行业个体工商户实有总数为30 197 600户，占个体工商户实有总户数的94.5%。见图2。

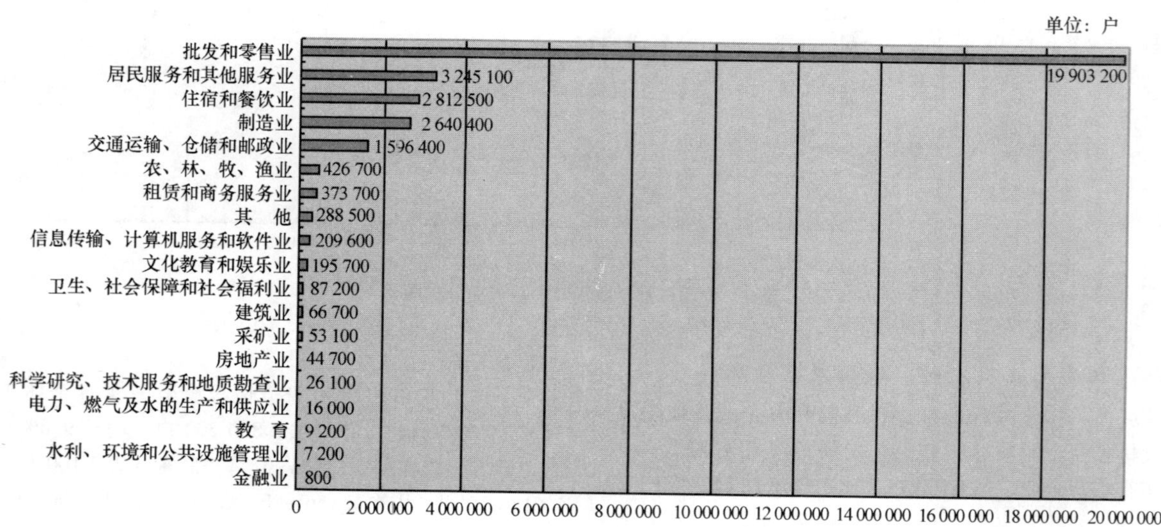

图2　个体工商业产业结构分布图

个体工商业区域结构发展情况。从区域结构看，个体工商户在中部地区发展较快，中部九省实有个体工商户9 340 500户，增长12.0%，占个体工商户总数的29.2%；资金数额3 200亿元，增长28.6%；从业人员20 141 500人，增长14.9%。东部12省市实有个体工商户1 6171 700户，比上年底增长9.6%，占个体工商户总数的50.6%；资金数额6 100亿元，增长16.3%；从业人员34 789 800人，增长18.3%。西部十省市实有6 461 400户，增长5.4%，占个体工商户总数的20.2%；资金数额1 551.4亿元，增长22.3%；从业人员1 1389 100人，增长5.1%。

个体工商户城乡发展情况。随着全国城镇化进程进一步深入，农村连锁超市经营迅速发展，农民进城务工人员大量增加，使得城镇个体工商户各项指标稳定增长，农村个体工商户增长速度减缓，城镇个体工商户发展速度大大高于农村。全国城镇实有户数18 586 700户，比上年增加2 232 300户，增长12.0%，占个体工商户总数的65.1%；从业人员42 921 700人，增加6 827 300人，增长18.9%；资金数额6 983亿元，增加1 188.5亿元，增长20.5%。农村个体工商业实有户数11 154 700户，增长5.4%，占个体工商户总数的34.9%；从业人员23 398 700人，增加1 729 100人，增长8.0%；资金数额3 873.6亿元，增加662.1亿元，增长20.6%。

港澳居民内地个体工商户发展情况。国家工商总局及时为中央签订CEPA补充协议五做好基础性工作，提出CEPA经营范围进一步开放的有关意见，为港澳居民在内地从事个体经营营造了良好的环境，促进了港澳居民个体工商户健康发展。截至2009年底，港澳居民在内地设立个体工商户达4 204户，比上年增长14.9%；从业人员11 234人，比上年增长16.4%；资金数额2.9亿元，增长19.8%。其中香港居民申办个体户3 569户，增长11.4%；从业人员9 676人，增长12.0%；资金数额2.4亿元，增长11.4%。从行业来看，零售业最多，为3 131户，增长10.3%，占港澳居民个体工商户实有总户数的74.5%；其次为餐饮业538户，增长40.5%；再次为理发及美容保健服务153户，增长16.8%。

全国实有台湾农民个体户138户，从业人员541人，资金数额4 926万元。2009年新登记台湾农民个体户61户，从业人员222人，资金数额3 182万元。从行业看，台湾农民个体户在种植业最多，实有48户，从业人员209人，资金数额3 414万元；其次为养殖业21户，从业人员96人，资金数额592万元。

三、农民合作社发展基本情况

农民专业合作社户数情况。全国工商系统从统筹城乡发展、重视三农工作的高度，积极鼓励、支持和引导农民专业合作社健康发展。制定下发了一系列发挥工商行政管理职能作用，大力支持农民专业合作社发展的对策措施，配合有关部门积极参与农民专业合作社的扶持、建立和发展工作。

截至2009年底，全国实有农民专业合作社246 400户(含分支机构)。从业务范围看，有97 600户的经营范围中包含种植业，占实有总户数的39.6%；76 300户的经营范围中包含养殖业，占实有总户数的31.0%。

2009年全国新登记农民专业合作社128 900户。出资总额1 423亿元，其中货币出资额1 160.2亿元，非货币出资额262.8亿元。成员总数1 747 500人。

农民专业合作社出资情况。农民专业合作社以货币出资为主要方式，实有出资总额2 461.4亿元，其中货币出资额2 001亿元，占出资总额的81.3%，非货币出资额460.3亿元。农民专业合作社法人户均出资总额为99.9万元。

从出资规模看，出资总额100万元以下的农民专业合作社最多，为182 000户，占实有总户数的78.6%，100万~500万元的有52 500户，500万~1 000万元的有6 700户，1 000万~1亿元的有2 300户，1亿元以上的有41户。

农民专业合作社地区发展情况。从地区看，农民专业合作社实有户数最多的省市是山东、江苏、山西。其中，山东实有25 900户，出资总额213.4亿元，成员总数266 000个。江苏实有24 400户，出资总额281.9亿元，成员总数1 266 900个。山西实有23 800户，出资总额142.7亿元，成员总数171 000个。2009年全国各地区私营企业基本情况和2009年全国各地区个体工商业基本情况见表3、表4。

2009年全国各地区私营企业基本情况

（与上年底对比）

表3

地区	户数（含分支机构）		投资者人数	雇工人数		注册资本（金）	
	2009年（户）	2008年（户）	2009年（人）	2009年（人）	2008年（人）	2009年（万元）	2008年（万元）
合计	**7 401 539**	**6 574 171**	**16 506 123**	**69 563 530**	**79 039 809**	**1 464 466 175**	**1 173 566 878**
北京	432 290	383 762	850 752	2 811 139	3 354 737	58 388 979	48 329 140
天津	126 089	112 938	171 754	739 804	961 461	42 206 201	31 408 010
河北	247 164	212 355	525 788	2 095 490	2 815 385	54 521 869	39 289 301
山西	139 263	128 060	314 238	655 211	1 254 396	34 833 417	23 578 225
内蒙古	94 844	82 426	221 041	832 236	984 277	33 431 601	24 373 103
辽宁	266 809	240 342	506 200	2 869 598	2 890 250	49 179 016	42 208 717
吉林	111 565	98 159	226 873	841 133	998 031	16 769 985	14 383 505
黑龙江	140 499	126 341	318 110	1 173 978	1 414 558	19 963 575	19 607 260
上海	630 701	587 586	1 176 259	4 306 235	5 129 066	112 924 534	97 712 608
江苏	911 554	816 376	1 671 751	12 004 897	12 872 488	201 366 531	157 226 562
浙江	566 595	517 852	1 173 618	6 811 292	7 574 798	129 757 128	108 168 135
安徽	189 525	174 046	395 790	1 575 017	1 996 617	36 559 080	27 045 224
福建	230 577	204 975	530 688	2 147 972	2 322 267	72 354 914	56 582 132
江西	136 628	113 168	332 040	1 948 442	2 096 102	24 771 008	19 194 246
山东	471 213	422 085	1 074 159	4 656 253	5 005 846	92 942 128	76 356 989
河南	260 613	226 889	596 222	2 082 445	2 079 543	44 557 276	36 441 832
湖北	230 567	204 686	545 496	1 950 528	2 023 479	42 853 107	36 451 083
湖南	160 261	136 567	394 476	2 237 972	2 368 780	33 384 068	27 698 128
广东	813 445	732 028	2 228 386	6 343 186	8 023 313	156 192 033	130 196 249
广西	108 879	89 669	309 086	1 346 081	1 344 855	17 518 923	13 494 501
海南	66 647	58 795	145 983	305 560	405 496	17 455 327	15 120 031
重庆	142 785	125 409	316 306	1 552 659	1 635 855	25 345 952	20 745 613
四川	325 476	286 223	752 823	2 896 231	3 412 540	36 642 302	31 599 455
贵州	71 738	63 822	161 809	519 714	649 302	14 095 566	9 467 677
云南	136 746	116 425	278 653	1 714 589	1 788 336	30 729 241	23 108 876
西藏	6 286	4 756	15 436	118 373	113 003	1 769 748	1 589 381
陕西	170 178	114 611	803 185	1 352 398	1 527 198	24 106 217	10 445 240
甘肃	70 678	60 184	143 218	552 442	607 884	10 647 823	8 544 940
青海	13 220	12 604	33 438	278 705	307 547	3 192 231	2 719 124
宁夏	34 423	30 845	85 803	244 519	297 100	7 867 424	6 244 245
新疆	94 281	90 187	206 742	599 431	785 299	18 138 970	14 237 347

表4

2009年全国各地区个体工商业基本情况

（与上年底对比）

地区	户数			从业人员			资金数额		
	2009年（户）	2008年（户）	增长率（%）	2009年（人）	2008年（人）	增长率（%）	2009年（万元）	2008年（万元）	增长率（%）
合计	**31 973 663**	**29 173 323**	**9.6**	**65 853 798**	**57 764 086**	**14.0**	**108 565 528**	**90 059 677**	**20.5**
北京	807 886	773 749	4.4	1 122 091	1 060 415	5.8	1 481 028	1 343 710	10.2
天津	210 156	196 735	6.8	361 561	331 725	9.0	914 514	768 774	19.0
河北	1 302 274	1 326 694	-1.8	4 928 196	2 763 691	78.3	5 976 360	4 756 938	25.6
山西	771 088	693 022	11.3	1 533 526	1 338 121	14.6	3 526 573	3 042 559	15.9
内蒙古	693 841	582 592	19.1	1 289 303	1 097 672	17.5	2 288 288	1 604 818	42.6
辽宁	1 459 614	1 300 941	12.2	3 661 449	3 148 902	16.3	8 323 034	8 842 699	-5.9
吉林	661 153	563 028	17.2	1 392 351	1 161 588	19.9	2 019 903	1 815 741	11.2
黑龙江	923 953	824 795	12.0	1 825 482	1 712 095	6.6	3 690 837	2 818 889	30.9
上海	333 365	304 848	9.4	408 182	373 991	9.1	590 074	489 253	20.6
江苏	2 614 427	2 279 563	14.7	4 088 591	3 446 044	18.6	15 817 118	12 043 017	31.3
浙江	1 986 913	1 899 705	4.6	4 294 888	3 966 174	8.3	8 499 857	7 391 670	15.0
安徽	1 250 875	1 142 457	9.5	2 633 497	2 446 113	7.7	4 191 579	2 817 247	48.8
福建	650 499	585 856	11.0	1 758 218	1 281 795	37.2	2 762 405	2 849 888	-4.7
江西	839 578	737 134	13.9	2 176 730	1 906 964	14.1	3 301 648	2 474 343	33.4
山东	2 156 925	1 863 086	15.8	4 667 030	4 100 290	13.8	6 684 721	5 300 794	26.1
河南	1 579 998	1 449 270	9.0	3 480 065	3 026 491	15.0	3 480 348	2 635 550	32.1
湖北	1 392 770	1 227 898	13.4	3 278 730	2 813 123	16.6	4 234 429	3 461 329	22.3
湖南	1 227 292	1 107 805	10.8	2 065 168	2 021 149	2.2	5 483 508	4 381 043	25.2
广东	3 259 122	3 025 246	7.7	6 961 711	6 579 813	5.8	6 508 454	6 011 775	8.3
广西	1 178 505	1 137 378	3.6	2 184 766	2 065 939	5.8	2 714 866	2 115 099	28.4
海南	212 042	174 242	21.7	353 115	285 760	23.6	561 892	410 968	36.7
重庆	720 024	640 548	12.4	1 264 938	1 083 447	16.8	1 826 532	1 347 358	35.6
四川	2 034 929	1 865 897	9.1	3 633 868	3 261 022	11.4	3 940 365	3 097 448	27.2
贵州	597 864	549 757	8.8	886 198	801 734	10.5	1 631 149	942 298	73.1
云南	986 655	858 310	15.0	2 009 177	1 777 389	13.0	2 938 143	2 223 010	32.2
西藏	86 780	81 664	6.3	202 423	181 875	11.3	246 623	209 959	17.5
陕西	736 259	805 898	-8.6	1 029 581	1 635 915	-37.1	1 481 739	2 052 834	-27.8
甘肃	479 308	416 722	15.0	879 349	754 650	16.5	1 201 485	896 604	34.0
青海	119 794	108 068	10.9	258 762	238 949	8.3	520 455	276 510	88.2
宁夏	183 323	160 032	14.6	362 000	278 047	30.2	709 128	555 403	27.7
新疆	516 451	490 383	5.3	862 852	823 203	4.8	1 018 473	1 082 150	-5.9

（撰稿人：国家工商总局个体私营经济监督管理司综合处处长　张久荣

国家工商总局个体私营经济监督管理司综合处干部　赵　莉）

SUMMARY OF INDUSTRIAL SECTORS DEVELOPMENT

行业发展综述

打造党中央和国务院推进各项工作落实方针政策的重要渠道

中国工业经济联合会

2009年，在国务院国资委的指导下，在徐匡迪会长的领导下，在孙树义常务副会长的带领下，中国工业经济联合会（简称“中国工经联”）以科学发展观为统领，深入贯彻党的十七大、十七届三中、四中全会精神，认真领会中央领导同志对我会工作的指示，紧紧围绕科学发展上水平、全面建设出成效的总体要求，紧密结合工经联建设实际，充分发挥为政府分忧、为企业服务的作用，各项工作取得了新的进展。

一、努力推进我会党建工作，顺利完成党委换届

2008年10月至2009年3月，中国工经联认真贯彻党中央、胡总书记的指示和国务院国资委的安排部署，认真开展深入学习实践科学发展观活动，扎实抓好学习调研、分析检查、整改落实等各个环节的工作落实，学习实践活动取得了明显的成效。2009年以来，中国工经联坚持把开展学习实践活动与深入学习贯彻中央系列重大决策部署结合起来，与学习贯彻胡锦涛总书记在中华人民共和国成立60周年庆典上的重要讲话结合起来，紧密联系广大干部职工的思想实际，通过再教育、再动员，不断转变不适应、不符合科学发展要求的思想观念。采取集中学习和观看录像片、参观建国成就展、举办名为“强素质、做表率”的读书会活动、开展以“热爱党、热爱祖国、热爱社会主义”为主题的教育活动、积极参与国务院国资委直属机关“国庆60周年”文艺汇演等多种形式的活动，系统学习了党的创新理论，进一步增强了广大干部职工高举旗帜的政治信念、科学发展的理论观念，较好地打牢了广大干部职工的思想政治基础，从而巩固了深入学习实践科学发展观活动取得的成果。

2009年6月19日，中共中国工经联第四次全体党员大会成功召开，选举产生了中共中国工经联第四届委员会委员和中共中国工经联纪律检查委员会委员。同日，中共中国工经联第四届委员会、纪律检查委员会分别召开了第一次全体会议，选举荣剑英同志为书记，李远华同志为副书记；选举李远华同志为纪律检查委员会书记。

经过换届选举和支部调整，我会党组织面貌一新，党委、纪委统率力、执行力和年轻化、整体知识水平有了进一步提高，各支部划分趋于合理，将更有利于同实际工作相结合。

二、发挥综合性社团组织桥梁纽带作用

（一）第二届中国工业大奖实施工作全面启动

第一届中国工业大奖所取得的成绩，得到党中央、国务院的充分肯定，在工业领域引起了强烈的反响。根据国务院领导的指示精神和国务院办公厅的意见，第二届中国工业大奖表彰大会将于2010年下半年召开。遵照徐会长“认真、深入地组织好”此项工作的要求，王秦平高级副会长亲自抓，本着坚持标准、充分调研、严格推荐、恪守纪律、服务企业的原则，工经联主席团会议原则通过了对中国工业大奖实施管理办法和中国工业大奖组织机构的修订，并组织召开了第二届中国工业大奖工作座谈会、行业协会、企业座谈会等多个座谈会，广泛听取各方意见，为第二届中国工业大奖的顺利实施打下了坚实的基础。

（二）2009中国工业经济行业企业社会责任报告发布会取得新突破

自2008年，我会首届“中国工业企业及工业行业社会责任报告发布会”，国务院总理温家宝、副总理张德江作了重要批示，给予充分肯定。在企业和社会各界引起广泛关注和重视。2009年5月26日，由国家发改委、工业和信息化部、民政部、国务院国资委指导，中国煤炭、机械等10家工业行业协会（联合会）协办的“2009中国工业经济行业企业社会责任报告发布会”，在京圆满举办。国家电网、宝钢集团、中国矿业联合会等19家单位在会上发布了社会责任报告。来自政府、企业、行业各界代表共200人参加了会议。会议搭建起国内首个社会责任报告集中发布平台，通过组织工业企业和行业协会定期编制和发布社会责任报告，促使越来越多的企业和行业向社会承诺履行社会责任，提升中国企业社会责任的影响力和声誉。受到国务院副总理张德江肯定：“此项工作很有意义。”

（三）2009年经济贸易形势分析会反响强烈

根据国际经济形势和企业的需求，2009年4月23日，我会在北京万豪酒店成功举办了“2009年经贸形势报告会”。会议邀请了商务部陈德铭部长和工信部李毅中部长就国内外贸易形势、金融危机对我国工业经济的影响，以及当前工业经济运行情况作了形势报告。全国各行业协会、骨干企业对报告会给予了极大的关注和响应，共计500余名代表参加了会议。

这次报告会得到了参会代表的一致认同和赞赏。两位部长的精彩报告让参会代表对当前的工贸形势和中央部署的政策措施有了更深刻的认识，为其今后的发展指明了方向，拓宽了思路，坚定了信心。温总理在听了汇报后批示：“赞成把报告形式固定下来，每年一次。国务院有关部门认真准备，并注意听取各方面的反映和意见。”

（四）“第二届中国海洋油气装备发展战略论坛”迈出新步伐

为进一步推动我国海洋工程事业的发展，2009年10月20—21日，由我会主办，中国国际海运集装箱（集团）股份有限公司和中国海洋石油工程股份有限公司承办的“第二届中国海洋油气装备发展战略论坛”在山东烟台成功召开。

会议围绕与海洋油气装备发展战略当前现状、技术热点、政策法规、市场前景等6大议题，邀请了工业和信息化部、国家能源局、科技部、全国重点行业协会、山东省政府以及科研院所、金融机构、海洋油气装备生产企业代表共150人参加论坛。在巩固第一届会议成果的基础上，与会者站在国家和行业发展的高度，分析形势、探讨机遇、找出差距、形成共识、提出了把“海洋工程装备”、“油气田设施与设备”和“油气田工程建设”纳入先进装备制造业的重要组成部分，设立“中国海洋工程装备制造业发展基金”，对相关企业和重点项目给予资金支持，力争培育出一批具有国际竞争力的海洋工程“龙头企业”等富有建设性的意见和建议，为我国海洋油气装备产业明确了下一步发展方向。国务院副总理李克强、张德江在我会上报的论坛专题报告上分别作了重要批示。

（五）建国60周年成就展览协办工作圆满完成

建国60周年成就展览由国家发改委牵头，受其委托，我会承担了展览的总体规划、总体布局、场馆管理、实施细则、经费预算等工作，并委派6位同志协助国家发改委的筹展组织工作。同时，会内成立了由高级副会长刘海燕、王秦平和原副会长鲁兵组成的顾问小组。

经过近8个月的紧张筹备，9月30日—10月20日，建国60周年成就展在北京展览馆成功举办。建国60周年成就展领导小组对我会在筹展期间作出的成绩给予了充分的肯定，国家发改委有关领导评价说：关键时刻体现了中国工经联的实力。

（六）全国经济专业技术资格考试工作顺利完成

全国经济（工商管理）专业技术资格考试工作是我会承接政府的长期性委托项目，也是我会重要的工作内容之一。在人力资源和社会保障部人事考试中心的指导下，我会组织开展了全国工商管理专业技术资格（初、中级）考试工作。具体负责组织召开修改考试大纲讨论会、编写《工商管理专业知识与实务》的初级和中级教材（考试用书）、全国工商管理专业技术资格（初、中级）考试试卷的命题等。在各方的努力和相互配合下，顺利完成了2009年度的工作任务。

（七）第四届中博会的相关工作

2009年4月26—28日，我会、商务部及中部六省等单位联合主办的第四届中国中部投资贸易博览会在安徽合肥成功召开。国务院副总理王岐山出席大会，高级副会长纪明波率团参加了相关活动。这是我会连续第四次作为主办单位参与中部投资贸易博览会的筹备工作，我会工作人员多次赴安徽参加筹委会、秘书处、专家等会议，考察场地及会议设施，参与策划并制定项目对接等方案。会议取得了丰硕的经贸成果，中部六省共签订外商直接投资项目127个，引进外资63.7亿美元；签订内资项目356个，引进资金1 449亿元人民币。

（八）“中国企业CEO”高级研修班取得新进展

继我会主办，中国工业经济管理研修学院与清华大学经济管理学院合作承办的首个高级管理培训项目“中国崛起时代的企业战略思考”研修班在2008年获得成功后，2009年，“中国企业CEO”高级研修班第二期、第三期在原有的基础上，取得了新的进展。培训学员涵盖了环境、金融、能源、IT、通信、制造，文化传播等多个行业，所在企业遍布北京、湖南、天津、上海、江浙等地。培训班的成功举办帮助企业及时把握中国和世界经济形势，充分了解企业发展环境及企业管理的前沿问题，提高了企业处理复杂商业问题的决策能力。同时树立了中国工经联和中国工业经济管理研修学院的良好整体形象，对促进中国企业的改革与发展发挥了积极的作用。

（九）企业CEO圆桌会议开拓了新交流

2009年4月5日，我会与香港科技大学共同主办的企业CEO圆桌会议在京成功举办。徐匡迪会长和孙树义常务副会长出席会议。中海油总公司总经理傅成玉、国家能源领导小组办公室原副主任马富才、上海振华港机有限公司总裁管彤贤、正泰集团执行总裁南存飞、北京燕山石化董事长王永健、首钢集团总经理王青海等40多位嘉宾重点围绕“在经济动荡经济环境下的人才战略”以及“企业技术创新和可持续发展”等议题展开讨论，并在热烈的发言中形成了共识。

（十）政府部门委托课题顺利完成，服务渠道不断拓宽

1. 承担“十二五”规划《建议》重大课题研究相关工作

10月中旬，秘书长吴敦廉参加了国务李克强副总理主持召开的重要会议，根据会议精神我会承担了“十二五”规划《建议》的重大研究课题——《关于国民经济结构调整战略研究》。我会领导立即组织成立了以孙树义常务副会长为组长的课题组，着手开展调研工作。并于12月底完成我会承担的任务，并上报课题牵头单位国家发改委。

2. 工信部、财政部、国资委联合委托的《行业协会管理体制》课题

2009年1—8月，我会课题组与近百家行业协会的负责人100余人、政府相关部门官员、专家、学者30名余名，企业家20多位进行了座谈、调研。并在此基础上，提出了适应完善我国社会主义市场经济体制要求的行业协会管理体制的改革与发展的思路和建议。最终形成《行业协会管理体制》课题总报告，现已印刷成册上报工业和信息化部、国务院国资委和财政部。

3. 国务院国资委委托的相关课题

2009年7月下旬，国务院国资委为制定《行业协会暂行管理条例（建议稿）》，特委托我会完成《改革行业协会双重管理体制，促进行业协会健康发展》（课题二）和《国内外行业协会立法资料汇总以及对其优劣分析》（课题六）

两个课题进行研究。我会组织专门力量在较短的时间内完成了任务，对国务院国资委制定《行业协会管理暂行条例（建议稿）》及时提供了可供参考的依据。

4. 环保部委托的2009年“行业环境经济政策配套综合名录制定”

按照环保部的要求，我会课题组五次调研走访了中国农药工业协会、实地考察了我国农药行业最大的剂型生产企业（深圳诺普信股份有限公司），问卷调查了4家中等以上农药剂型生产企业，访谈了近20名农药剂型与环保专家，并于10月前后，分别召开了“农药剂型环境经济政策座谈会”和“环境友好剂型农药减税方案座谈会”，完成了《环境友好剂型农药环境经济政策研究》报告。

此外，我会还完成了国务院国资委委托的《行业协会应对国际贸易摩擦作用研究》课题，并通过专家评审。中国科协委托我会的《中国食品安全风险评估及危机评价体系构建研究》课题也进入了结题阶段。

三、联合会基础性工作稳步推进

（一）制度建设工作再上新台阶

2009年，根据国家颁布的行政法规、管理条例，结合我会实际，制订和完善了各项规章制度共16个，其中新制定规章制度6个，修改完善原有规章制度10个，在广泛征求各部门意见基础上，全部通校、通改《中国工业经济联合会规章制度汇编》，涉及共78个管理规定或管理办法，这是自我会成立21年来较为全面完整的规章制度汇总。

（二）队伍建设工作进一步加强

2009年，我会接收了应届大学毕业生5名，转业干部2名。这7名同志很快适应了工作岗位，较好地承担起了各自的工作职责，为我会的职工队伍又注入了新鲜血液，增添了新的力量，现在我会40岁以下占全会在职职工的比例已达到40.0%以上。

（三）保密意识不断加强，保密工作不断深入

2009年我会认真贯彻胡锦涛总书记关于加强保密工作的重要指示精神及党的保密工作方针、政策，认真贯彻学习国务院国资委保密工作会议精神，针对当前国际国内严峻形势，不断加强保密教育，制定有力措施，保密工作得到了全面加强。2009年以来，孙树义常务副会长曾6次就保密工作作了重要批示；全会进行了三次保密工作自查，一次专项检查；并对我会保密委进行了充实和调整；3月和7月我会保密委与各部室负责人及要害部位负责人签订了《保密责任书》和《承诺书》；修订、制定了《涉密计算机及移动存储介质保密管理暂行规定》等6项保密制度；负责保密工作的领导及保密办同志参加了国务院国资委组织的保密工作培训研讨班及保密工作高级培训研讨班，通过学习提高了保密意识，总结了经验，加强了保密基础管理工作。这是我会开展保密检查次数最多、范围最广、程度最深的一年。

四、存在的问题

2009年，我们虽然取得了一些成绩，面对新形势、新任务、新情况，在进一步促进行业协会的发展，加快“学习型、创新型、务实型、和谐型”的社团组织建设方面还存在一些差距和不足：一是服务意识和能力还需要进一步提高。近年来，中国工经联围绕服务党政中心工作、服务企业开展了一系列工作，取得了一定的成绩。但是还存在着服务措施不强、服务理念不新、服务项目和手段拓展不够等问题，影响了工经联服务职能的履行。二是解决遗留疑难问题的能力还需进一步提升。对一些历史遗留问题，应对的办法还不够多、力度还不够大、较真碰硬的勇气还不够足。三是经费不足。经费来源不稳定，不同程度上影响和制约了联合会的建设和发展。四是管理不够严格。还存在管理松懈、纪律松弛、作风松散的现象。与新形象、新任务的要求还不相适应，主人翁意识不强，综合素质有待提高。

通过深入思考和剖析，我们感到主要有三点原因。一是政治学习和业务学习有待进一步提高。学习与工作结合不够紧密。二是工作标准不够高，工作作风不够实。三是落实制度不严格。存在制度“挂在墙上”、“说在嘴里”、“就是不落实”的现象。

五、2010年的工作安排

2010年中国工经联各项工作的总要求是：全面贯彻党的十七大和十七届三中、四中全会精神，以邓小平理论和“三个代表”重要思想为指导，进一步贯彻落实实践科学发展观、深入学习领会中央经济工作会议精神，紧紧围绕转变工业经济发展方式，积极推进“走新型工业化道路”。按照中央的安排部署把握好宏观经济调控的各项政策，推进工业行业健康平稳发展。2010年，中国工业经济联合会重点做好以下几方面工作：

（一）以科学发展观为统领，认真学习、贯彻党的十七大会议精神和十七届三中、四中全会精神

坚决与党中央和国务院保持一致。在政治上让党中央放心，组织广大干部职工深入贯彻落实十七大和十七届三中、四中全会精神，充分运用理论学习和调研成果，理清反思不适应不符合科学发展的问题，在新的思想高度上形成推动工经联科学发展的共识。继续发挥桥梁纽带作用，为政府、行业、企业、社会乃至国际社会对中国友好的组织提供服务，同时，将2009年中央经济工作会议精神体现在各项工作中，不断探索创建“学习型、创新型、务实型、和谐型”社团组织的新思路、新方法，使工经联真正成为工业经济领域，党中央和国务院推进各项工作、落实方针政策的重要渠道。

（二）开展好第二届工业大奖提名、评审工作，组织好第二届中国工业大奖表彰大会

中国工业大奖第一届表彰大会已于2007年12月26日胜利召开，在我国经济领域，特别是工业领域引起了积极反响。2009年，第二届中国工业大奖的实施工作已经全面启动。2010年，我们要严格按照上级领导的批示，认真执行《中国工业大奖实施管理办法（修改）》，本着坚持标准，充分调研、严格推荐，恪守纪律、服务企业的原则，切实加强中国工业大奖的宣传力度，精心组织好第二届工业大奖提名、评审工作，办好第二届中国工业大奖表彰大会。

（三）认真做好第五次全国会员代表大会筹备工作

中国工经联第五次全国会员代表大会待中央批准后，将于适当的时候召开。我们要切实做好《章程》修改及相关文件的起草等前期工作，做好会员代表大会换届会议筹备的相关工作。

（四）办好第四届世界工商协会论坛

世界工商协会论坛已于2004年、2006年和2008年成功举办三届。论坛得到了中国政府、与会国政府、行业协会和国际组织的高度重视，第四届论坛拟于2010年10月召开，我们要在巩固前三届会议取得成就的基础上，力求新的突破，努力办好第四届世界工商协会论坛。

（五）全面加强主席团建设，进一步提高决策能力

目前，主席团单位已经发展到47家，力争在3～5年，增至100家。主席团的扩大主要由8个方面构成，一是50家大型工业企业排头兵；二是10余位重要工业省市分管工业的、现担任省市工经联领导的领导（省部级）；三是有影响力的民营企业；四是10余家全国性的行业协会；五是工业经济领域的研发机构和设计单位；六是金融、保险等领域的大企业；七是特大企业的供应链单位；八是在工业经济领域有影响力的专家、学者。这样，不仅加强了主席团组织建设，进一步提高决策力和执行力，而且充分发挥了社会团体的智能和优势，从而促进工业经济又好又快发展。

（六）加强调研工作，反映企业、行业诉求

2010年，我们要继续深入重点工业省市、大型企业，组织联系各地工经联，结合企业、行业在经济运行中的问题和难点，如：中国工业经济发展政策和宏观走势、东北老工业基地的振兴与发展、节能减排减耗等开展调研。以课题的形式，引导、推动企业更加注重推动经济发展方式转变和结构调整，更加注重推进改革开放和自主创新、增强经济增长活力与动力，努力实现经济平稳较好发展。通过调查研究，向中央、国务院反映企业、行业诉求。

（七）加强与地方工经联的沟通合作，努力提升工经联品牌的影响力

2010年，我们要加大与地方工经联合作与交流的力度，通过开展各种活动，提高工经联品牌的知名度和影响力，提升工经联的地位，增强工经联的凝聚力、战斗力，上下联动，实现共赢。同时，我们要将地方工经联好的经验向全国定期推广，向各省政府或国务院提出建议，为工经联系统的建设、发展创造良好条件，从而进一步增强工经联系统的影响力。

（八）着力打造具有自身特色的工作平台，充分发挥社团组织的桥梁作用

2010年，一是办好2010“国际经济贸易形势分析会”；二是办好第三届“中国海洋油气装备发展战略研讨会”；三是办好2010中国工业经济行业企业社会责任报告发布会暨《中国工业企业及工业协会社会责任指南（2010版）》发布典礼；四是办好2010年“中国品牌高峰会”；五是组织好“第三届工业产权高峰论坛”；六是组织好“第一届重点行业热点技术专利态势发布会”；七是参与主办第五届“中博会”；八是组织召开“2010年全国行业协会高层论坛”；九是抓好与联合国知识产权组织就中国企业负责人关于知识产权方面的培训工作；十是完成好国资委、发改委、环保部等部委委托我会的重点课题；十一是组织好省区市工经联工作会议。

（九）加强对外联络，继续办好各类重大国际活动

2010年，我们一方面继续加强与美国、西欧、东亚等地区的工商经济协会、企业的联系外；另一方面加强与重点地区工商组织的联系，探讨深入合作的可能性，包括西亚、东欧、南美洲等地区。同时，根据外交部的要求，配合高访活动，积极筹备“第四届汉堡峰会”、“第六届中德行业协会”、“第六届环球中国商务会议”以及“中国商机论坛”等各类重大国际活动。

（撰稿：中国工业经济联合会调研部副主任
学术创新工作委员会总干事长　高振刚）

2009年度中国企联工作情况与重点工作

中国企业联合会

一、2009年前三季度工作基本情况

2009年是我国经济和企业发展面临严峻挑战的一年，也是中国企联第八届理事会第一个工作年度。中国企联围绕中心，服务大局，按照忠禹会长提出的“调整、完善、提高”的工作方针，认真落实八届理事会提出的各项任务，坚持服务宗旨，加大业务创新力度，努力提高为企业、企业家和政府服务的水平和质量，在应对国际金融危机挑战，保持经济平稳较快发展，在保企业、促进企业家队伍成长等方面努力发挥积极作用。

（一）加强调查研究工作，反映企业情况，积极为政府建言献策

1. 开展劳动关系专题调研

按照忠禹会长的指示，针对新的经济形势下，企业劳

动关系出现的新变化，组织进行企业劳动关系调研，并形成“国际金融危机影响下不同类型企业的劳动关系状况”调研报告，上报国务院领导同志。温家宝、李克强、张德江、马凯等国务院领导同志均对报告作出批示。温家宝总理批示：“请人力资源和社会保障部参考研究”；张德江副总理批示：“中国企联和中国企业家协会的调研报告很有价值，所提建议请认真研究。”

2. 分析研究并及时反映企业经营状况

为深入了解金融危机影响下企业经营实际，向中央提供企业运行的真实情况，一季度开展了对企业的调研工作，了解企业在当前金融危机下的经营形势及相应对策，形成了《一季度企业经营形势分析报告》，上报国务院领导，温家宝总理、王岐山副总理等领导圈阅了该报告。

3. 组织召开企业家高层座谈会

在2009年全国企业家活动日召开期间，忠禹会长在云南昆明主持召开企业家座谈会，张德江副总理出席会议并作重要讲话。柳传志、张瑞敏、傅成玉、张喜武、刘永好、鲁冠球等11位著名企业家介绍了目前企业运行情况，并就当前我国经济形势，对中央应该采取的对策提出建议。张德江副总理对大家的发言非常重视，指示“将大家好的意见和建议报给领导参考”。

另外，还承担了国家工信部等部门委托的“推进我国企业加强管理和管理创新的政策研究”、《“十二五”企业管理现代化纲要》起草工作，继续进行“中国式管理”研究等。

（二）发挥企业（雇主）组织代表作用，进一步推动雇主工作有效开展

1. 参加国家协调劳动关系三方机制工作

1月，国家三方召开第十三次国家三方会议。会议对2008年国家三方会议工作进行了总结，部署了2009年的工作，审议通过了新修订的《国家三方会议制度》，并下发了《关于应对当前经济形势稳定劳动关系的指导意见》。《意见》把保企业摆在重要位置，提出“保企业、保就业、保稳定”。《意见》向全国发出后，引起社会广泛关注和较大社会反响。

为在三方机制中更好地反映企业的意见和要求，筹备成立国家级企业（雇主）方联席会议。经与多方联系和沟通，1月，组织召开了国家级企业（雇主）方联席会议筹备座谈会。成立国家级企业（雇主）方联席会议得到了有关协会的重视与支持。

2. 参与劳动关系领域立法和有关政策制定工作

2009年以来，先后参与了国务院《职业技能培训与鉴定条例》制定工作、《企业裁减人员规定》的立法讨论、人社部《企业经济性裁员规定》和《企业劳动争议调解委员会组织和工作办法》等的起草和修改工作。对全国人大《劳动合同法执法检查报告及审议意见处理意见》代表企业提出意见和建议。

政府代表、工人代表一起出席了第98届国际劳工大会，作为国际劳工组织理事会雇主副理事出席了第304、305届国际劳工局理事会，代表中国企业和企业家的利益参加有关议题的审议讨论、阐述观点，就有关问题表明中国企业和企业家的愿望和建议。

中国企联还组织参加了国际劳工组织在亚太及其他地区召开的有关工作场所技能开发、绿色就业、企业应对人口挑战、提高亚洲国家采矿业安全与健康、人力资源发展与竞争力等内容的各类国际会议，并代表中国企业发言。

（三）紧密结合当前经济形势，围绕企业需求，组织开展重点项目活动

1. 举办2009年全国企业家活动日

结合当前经济形势和企业实际情况，活动日以“信心·使命·责任——全球经济变局下的中国企业家”为主题。活动日期间，张德江副总理出席中国企联组织召开的企业家座谈会并发表重要讲话，王忠禹会长做了主旨讲话。本届企业家活动日主题贴切、内容丰富、规模大、层次高、成果丰富，取得了圆满成功，达到了预期效果。

2. 做好中国企业500强发布暨中国大企业高峰会工作

中国企联每年推出的中国企业500强发布及其分析得到国务院领导和政府有关部门的重视和肯定，温家宝总理在有关批示中提出，希望中国企联继续把这方面的工作做好。在我国经济发展面临新形势下，今年的500强发布活动分析我国大企业发展现状，探讨危机下的大企业发展问题。活动中，国务院国资委主任李荣融等与企业家进行了座谈对话。

3. 完善企业管理现代化创新成果审定工作，推进企业管理现代化

3月28日组织召开了“2009年全国企业管理创新大会”，发布了第十五届全国企业管理现代化创新成果。按照忠禹会长的指示，组织开展了“向企业送管理”活动，该活动得到了工信部的重视和支持。编写《中国企业管理创新报告》（第二辑），指导企业加强管理。与日本经营行动协会合作，联合国务院发展研究中心、清华大学召开“第22次中日经营管理研讨会暨东方管理思想国际论坛”。

4. 推动企业家和经营管理人才队伍建设

5月，在各地企联的支持配合下，圆满完成政府委托的全国第三次管理咨询师考试项目。考试组织严密，得到广大考生和人力资源和社会保障部的肯定。职业经理人资格认证培训工作加强制度规范和组织建设，推动地方工作机构与当地政府有关部门的加强合作，取得了一定成效。

另外，在开展企业文化研究，推进企业文化建设方面，完成了中化集团等9家企业企业文化课题研究工作。在开展企业诚信评价活动方面，积极参加2009年全国“诚信兴商宣传月”有关活动，组织召开了“2009年全国企业诚信建设大会”。在中国企业新记录发布工作中，着重在研究方面下工夫，编辑《企业新记录工作参考》，为企业提供信息服务，推进新记录工作的开展。

（四）坚持服务宗旨，做好为企业和企业家服务有关工作

1. 加强与企业的联系，建立联系网络

为加强与企业的联系，推动研究工作开展，在500强企业中聘请了一批特约研究员，组织召开了特约研究员会议。为加强与会员单位的联系，3月和8月分别组织召开了首次副会长单位和常务理事单位联络员工作会议，建立便捷的联系渠道，及时了解企业的情况，听取企业的意见和

建议，改进为企业和企业家的服务。

2. 开展管理咨询相关工作、知识更新工程和企业管理岗位培训

按照计划安排，在北京举办了第22期“国际注册管理咨询师（CMC）考核认证班”。受国际管理咨询协会理事会（ICMCI）委托，组织国际管理咨询协会理事会亚太区工作会议；举办第二个“国际管理咨询师日”活动；与重庆市政府合作召开了“统筹城乡企业改革创新论坛暨第六届（2009）中国管理咨询高峰会”。在现代管理领域知识更新工程工作方面，加强与人社部的沟通，承办委托合作的高研班。企业管理岗位培训认证工作在巩固原有项目的基础上，积极开展新项目合作，扩充企业管理岗位培训服务项目。

3. 开展企业社会责任工作

2009年以来，进一步加大了企业社会责任工作的力度。忠禹会长出席了湖南省政府等单位举行的“资源节约环境友好国际合作论坛”和我会可持续发展工商理事会主办的“可持续发展新趋势报告会”，并分别发表讲话。在广州组织召开了“企业社会责任与气候变化四国研讨会”；协助中石油参加制定全球契约《冲突地区负责任投资指南》各项活动；参加国家电网公司等企业社会责任有关活动。

4. 继续做好图书出版、新闻宣传工作

企业管理出版社针对金融危机的冲击，抓住热点选题，及时出版了鼓励创业、战胜金融危机的图书，前三季度出版以经管类为主的图书92种，取得了较好的效果。《企业管理》杂志改进栏目，在我国企业和企业家如何应对国际金融危机方面作了较多的报道。中国企业报在新闻宣传方面，结合当前经济形势和企业关注的热点问题，反映了我国企业和企业家应对当前经济危机的经验和建议，加大对企业和企业家的宣传力度。

（五）加强国际交流与合作

1. 拓展对外合作渠道，培育新的国际合作项目

6月上旬与天津市政府、天津市政协、美国《商业周刊》共同举办首届“全球绿色经济峰会”。会议以“绿色经济：推动未来全球复苏的契机”为主题，通过了《全球绿色经济峰会天津宣言》。本次会议产生了积极影响，新华社内参对会议内容给予刊载。

2. 开展与国际劳工组织的技术合作

与国际劳工组织北京局、亚太局及日内瓦总部等先后举办了国际劳工标准与反对强迫劳动国际研讨会、消除工作场所歧视国际劳工标准研讨会等，为来自企业和企联系统的300多人进行了相关内容的介绍。

3. 继续开展与韩国全经联的合作

6月与韩国全经联共同举办第五届中韩高层财经界对话会，就当前金融危机和全球经济不景气形势下，中韩企业如何加强务实合作，应对金融危机企业的国际化经营与战略等议题进行探讨，并交流应对危机的措施和经验。

4. 加强与台湾地区企业的交流

7月，王忠禹会长率我会邀请的部分企业家出席了由天津市人民政府、国务院台湾事务办公室、海峡两岸关系协会、天津市政协共同举办的第二届津台合作洽谈会。7月31日，王忠禹会长会见台湾中华两岸企业发展协进会考察团一行，双方就加强交流与合作交换了意见。

5. 加强与有关国家相关组织的合作与交流

与挪威工商总会、挪威创新署、日本经团联国际合作中心等实施“中挪能源管理研讨会”、“亚洲人力资源经理培训”等合作项目。参加由国际劳工组织、国际雇主组织、非洲雇主联合会等举办的活动。接待美国、日本、韩国、挪威、越南等国家以及国际劳工局业务部门相关专家、国际工会联合会等机构人员来访。

（六）加强对地方企联工作的指导，加强中国企联自身建设，发挥企联系统整体作用

1. 组织召开全国省级地方企联会长联席会议

2月在广州组织召开全国省级地方企联会长联席会议。会上交流了工作经验，研究分析了工作中存在的问题，忠禹会长强调要加强企联系统联系，发挥整体作用，并就进一步加强和改进企联系统的工作提出了要求。

2. 加强对地方企联组织建设的指导

上半年，为加强地方企联领导、扩大企联的影响力，提高工作能力，忠禹会长等会领导亲自与地方有关领导沟通，建议选派有较大影响力、关心和重视企联工作的副省级的领导担任省企联领导。在我会的积极推动下，有关省市在换届大会上，分别选举副省级和省级领导同志担任会长，为下一步地方企联工作开展打下了坚实基础。

3. 加强对地方企联雇主工作的指导

为指导和推动各地企联、企业家协会的雇主工作，制定下发《2009年省级企联、企业家协会雇主工作要点》，提出2009年雇主工作要进一步加强企联组织建设，完善雇主工作制度。召开年度雇主工作会议，交流经验，部署了工作。

4. 加强对我会二级工作委员会的建设

2009年以来，为发挥二级工作委员会的作用、规范运作，对委员会的领导体系作了规范和加强，培训工作委员会、咨询工作委员会、信息工作委员会先后召开了换届会议，产生了新一届委员会。根据工作需要，筹建中非投资促进委员会和职业经理人工作委员会。

5. 加强自身建设，提高服务能力

2009年以来，中国企联以学习实践科学发展观活动为契机，深化内部改革，加强思想建设、组织建设、能力建设和作风建设。加强部门建设，人事管理、财务管理、业务管理、基础管理等，不断推进制度化、规范化建设。中国企联已连续第10次荣获中央国家机关文明单位称号，第3次荣获首都文明单位称号，在民政部组织进行的行业协会商会定级评估中，中国企联被评估为5A级协会。

回顾2009年前三季度工作，总的来看，完成了预期的各项工作任务，特别是在以下几方面有明显进步：一是为企业和企业家服务的意识进一步提高。二是为政府及有关部门服务的力度进一步加强。三是重点品牌项目总体质量水平有一定提高。四是内部制度建设更加完善，集体领导、决策民主、政策透明、管理规范、监督到位、运作有序的工作机制和制度不断建立和落实。

但是，前三季度的工作在一些方面也存在不足和不尽如人意之处，在加强协会自身建设，推进制度化、规范化建设，完善体制机制建设方面；在加强企联各级组织建设，提高人员素质与能力方面；在进一步提高重点活动项目的吸引力和影响力与特色方面；在加强调查研究力度，提高研究工作的针对性和时效性方面；在贯彻服务宗旨，发挥企联系统整体作用，全面提高为企业、企业家和政府服务的质量和水平方面还需要不断加强和改进。

二、2009 年第四季度工作安排

（一）继续加强调查研究，为国家实施宏观调控和促进企业发展服务

目前，我国经济正处在企稳回升的关键时期，我们要学会对形势冷静观察、周密分析，做出科学准确的判断。中国企联要善于发挥自身的优势，就经济工作中政府关心、企业关注的一些有倾向性的问题加强调查研究，向政府部门及时反映企业的意见和建议。主要要做好企业发展问题研究，加强对劳动关系有关问题的研究，针对企业家队伍的建设、成长环境开展调研，开展新形势下促进民营企业发展研究，继续做好承担政府的研究项目。

（二）继续做好雇主工作，履行企业（雇主）代表职责

积极参与国家协调劳动关系三方会议制度建设和国家三方机制工作，加大力度，推动雇主方联席会议制度的建立和完善；要加强对地方企联雇主工作的指导，加强企联系统雇主工作的沟通和交流，进一步提高各级企联的业务水平和工作能力；与全国人大法工委、国务院法制办、人社部加强联系，发挥好企业家和专家团队的作用，做好立法参与工作。

（三）转变观念，不断创新，组织实施好协会重点品牌项目

四季度将有企业文化年会和企业新记录发布两个重要品牌项目活动，要精心组织好；要继续与美国《商业周刊》合作，力争举办首届全球 CEO 论坛，力求打造成为我会一项有影响力的国际会议品牌项目。要着手筹备策划好明年的全国企业家活动日、全国企业管理创新大会、中国企业 500 强发布暨大企业峰会、企业文化年会、中国诚信企业建设大会等活动，真正把项目办成精品，办出特色，不断提高品牌项目的质量和水平。

（四）继续加强为企业和企业家服务的工作

要创新服务内容，改善服务质量，不断提高为企业和企业家服务的水平，听取企业和企业家的意见和建议，增强服务的针对性。要继续加强对企业的培训、咨询等方面的服务。继续做好“向企业送管理”活动。继续做好人力资源和社会保障部委托的现代管理领域知识更新工程的组织工作。

出版、新闻宣传工作要抓好选题，加强对企业和企业家的宣传。按照国家有关要求，积极推进中国企业报社、企业管理出版社的改制工作。要继续做好为企业提供信息服务方面的工作。

要继续加强国际交流与合作，为企业搭建国际交流平台。加强与相关国家雇主组织和国际机构的合作与交流，开展区域合作。

（五）继续加强企联系统和协会自身建设，充分发挥整体优势

要加强对地方企联工作的指导，推动省级企联加强组织建设，完善工作体系，加强与地方企联的沟通与合作，努力形成“上下联动、互相推动”的工作局面。

要加强协会自身建设，进一步加强制度建设，健全完善体制机制，加强协会内部资源整合与部门之间的合作协调。加强内部规范化管理，将各项工作纳入有序运行的轨道。

要真正树立起大局意识、危机意识、责任意识、服务意识。进一步调动和发挥全体员工的积极性，不断提高员工思想水平和工作能力，更好地为企业和企业家服务。

（2009 年 9 月 6 日，中国企业联合会、中国企业家协会常务副会长兼理事长李德成在杭州召开的八届理事会第二次常务理事会议上所做的报告摘要）

不辱使命　创新发展　推动中国质量事业迈上新的台阶

中国质量协会

2009 年是我国进入新世纪以来经济发展最困难的一年，也是应对国际金融危机，保持国民经济平稳较快发展的关键一年。全国质协系统认真贯彻落实胡锦涛总书记“质量是企业的生命”的批示精神，坚决落实中央“保增长、扩内需、调结构”的战略部署，积极应对新挑战，大力开展“质量和安全年”活动，全面完成中国质协八届六次常务理事会做出的重要决议，取得新成绩。

一、2009 年工作总结

（一）精心组织，高质量完成“全国工业企业质量管理现状调查”和“全国重点行业用户满意度测评”两项年度重点工作

2008 年 10 月，陈邦柱会长针对我国产品在国际、国内连续出现涉及人身安全的质量事件，从对党和国家事业高

度负责和认真履行质协组织的职责出发，在深入调研和思考的基础上，向胡锦涛总书记呈报了《关于加强我国质量工作的几点建议》，受到总书记的高度重视，先后两次做出重要批示，明确指出质量是企业的生命，要求全党同志把质量问题提到关系国家发展的战略高度去认识。根据张德江副总理对贯彻总书记重要批示的要求和部署，为科学、客观、准确地反映我国工业产品质量状况，中国质协八届六次常务理事会通过决议，立即动员组织全国质协系统的力量，开展“我国工业企业质量管理现状调查”和“我国重点行业用户满意度测评”两项质量调查工作。

在工信部、国家质检总局、国家统计局等政府部门的领导、支持下，中国质协根据调查的目的，确定这项质量管理现状调查在“两条线、三个片”（即：制造业、食品业；上海、天津、辽宁）开展；行业用户满意测评在汽车、钢铁、食品和家电（下乡产品）四个行业19类产品中进行。中国质协经过精心策划、组织国内知名专家详细论证，提出科学的调查指标体系、统计分析模型和实施方案，并在全国开展调查实施前进行试点，取得信心和经验。在全国质协系统的共同努力和近5 000家企业积极配合下，历时10个月，全面完成了这项我国质量领域企业质量管理现状的重大调查工作。调查结果经过科学、系统的分析，形成《全国通用设备制造业、食品行业及天津、辽宁、上海市（省）企业质量管理现状调查报告》、《我国重点行业用户满意测评报告》，上报党中央、国务院领导和工信部、质检总局等政府有关部门。张德江副总理在当面听取陈会长的汇报时，充分肯定这份报告，内容客观、数据详实、方法科学，“是近些年来我国质量管理方面最具有代表性、权威性的调查。”“通过这次调查，为贯彻落实总书记的指示，为政府加强质量建设，为企业提高产品质量提供了重要依据。调查报告提出很多很好的关于加强我国质量工作的意见和建议，值得重视。”工信部、国家质检总局等国家有关部委领导十分重视调查结果，要求有关部门认真研究调查报告内容，并结合实际在工作中参考，国务院办公厅对有关调查结果在政务信息简报上予以登载。

这此调查取得的成绩，不仅是上年我们干的一件非常有价值、有意义的一件事，也是全国质协系统通力合作，集中发挥全国质协系统力量和优势，办实事、办大事的结果。在调查组织实施过程中，很多质协不讲名利、不计报酬，克服很多困难，保证完成任务。例如，浙江质协的秘书处领导分片包干，深入企业，现场参与和督促调查工作。特别是上海和天津、辽宁质协，承担了本省（市）全部企业质量管理现状抽样调查任务，形成专项报告，为整个调查结果更加全面、准确，资料的可信、详实，做出了努力和奉献，表现出对中国质协和质协系统工作的高度负责任和鼎力支持。

（二）认真开展“质量和安全年”活动，全面提升品牌活动价值

1. 积极推进全国质量管理小组活动稳步发展

QC小组活动开展31年来，全国共累计注册质量管理小组2 950万个，累计创造可计算经济效益6 155亿元。根据“质量和安全年”活动要求，2009年全国质量管理小组活动主题，确定为“挑战自我、关注现场、提升执行力”，目的是引导小组活动将重点放在员工质量素质和应用技能的提高。全年小组活动选题比较集中在生产现场、服务、环保、节能减排等方面，其中创新型课题占27.0%，在统计技术应用方面有所提高与突破。中国质协组织专家到中国移动、首都机场、北京电力公司、红塔集团等10余家企业，深入现场指导小组开展活动。上海质协会同上海市总工会、团市委、市妇联共同举办2009年“上海城建杯”QC小组成果擂台赛。比赛交流活动设置了创新型课题、服务类课题和节能减排课题专场，提高了成果发表的效果，激发了群众性参与小组活动的热情。浙江省质协重视创新型成果的发表，全年发表创新成果45个，比上年度增加19个。河北省2009年共注册QC小组9.9万个；QC小组成果中创新型成果占发表成果的16.8%，一些成果还获得了国家专利；QC小组活动创可计算的经济效益14.3亿元。云南省2009年注册开展活动的QC小组3 700多个，创造可以计算的经济价值为3.2亿元，比上年分别增长9.3%和34.0%。在地方、行业质协共同努力下，上年，全国共表彰了全国优秀质量管理小组1 483个；质量信得过班组587个；全国质量管理小组活动优秀企业120家。一大批在提高产品、工程、服务质量，保障安全生产，节能降耗，改进工艺、提高工效等方面收效显著的QC小组优秀成果在行业、地方或全国交流会上得到发表和分享。

2. 继续推进全国质量奖活动规范运作，保持美誉，扩大影响

2009年全国质量奖评审，根据全球金融危机带来的负面影响，结合落实中央采取的积极应对措施，对全国质量奖申报企业在面对全球性经济衰退的形势下，有效推行卓越绩效模式，在产品质量和安全问题、应对危机能力、履行质量主体责任等方面给予了特别关注和引导。为强化获奖企业的责任感和使命感，在全国追求卓越大会上组织全国质量奖获奖企业签署并发出“认真履行质量安全第一责任人的全部职责”的质量承诺暨倡议书。为保持全国质量奖公正性、规范性，充实了工作委员会成员，建立了轮换机制；完善评审流程和评审人员责任要求；提高评审活动中的公开性和互动性等。根据全国质量奖活动品牌总体建设、持续发展的需要，确定并启动首次获奖组织的第二次创奖申报工作。上海、江苏、浙江、山东、广东、四川、陕西等地方质协和冶金、轻工、机械、建筑等行业质协，都加大了动员企业积极参与导入卓越绩效模式，争创全国质量奖工作的力度，2009年申报全国质量奖的企业共48家，评选出获奖企业10家。同时组织完成了8家企业全国质量奖确认工作和109家全国实施卓越绩效模式先进企业评价工作。目前，获得全国质量奖的企业已经覆盖18个地区，涉及27个行业。9年来，共有72家卓越组织获奖。

3. 坚持质量知识普及教育，扩大领导干部质量培训规模

全国质协系统坚持不懈地推进质量基础知识普及教育，通过教材开发、质量知识培训、普教统考、质量知识竞赛、质量演讲赛、表彰先进等多种形式推进质量知识的学习和应用，新一轮TQM知识普及教育工作得到进一步拓展。广东、甘肃、山东、安徽、青岛等以及石油、水电、兵器等37个地方、行业质协和质协分会普及教育工作取得了很好

的效果。石油分会制订全系统的培训计划，组织动员系统内的职业教育培训专职教师参加普及教育师资培训，为扎实、有效地开展全员普及教育工作奠定了基础。广东质协把普及教育工作和政府部门推动的“企业管理培训广东行”活动结合起来进行。甘肃省把普教开展情况纳入考核内容。青岛质协在获名牌产品、质量奖企业中大力推动全员质量管理知识学习活动。化工分会把普及教育作为提升 QC 骨干质量能力的一种方式和手段。2009 年，共有 11 万名员工参加新一轮质量知识普及教育全国统一考试。

政府和企业高层领导干部质量培训，在与国家行政学院合作基础上，采取与行业组织和企业集团合作形式推进。中国质协和山东省质量评价协会共同举办了面向企业高层经营者的质量研讨和标杆学习活动，取得了良好的社会反响。全年参加培训领导干部人数达到 2 000 人以上。

4. 用户工作的深度和广度不断延伸，社会认可度进一步扩大

2009 年的用户工作呈现新的发展态势。一是行业用户满意测评规模、数量扩大。组织完成了汽车、钢铁、食品、家电（下乡）产品四个行业 19 类产品用户满意度测评。共完成有效问卷 38 927 份，对产品的质量状况做出了客观评判。同时，继续开展了住宅、出租车两项行业测评；二是全国用户委系统满意度测评能力和水平提升，实现了数据分析的一致性和研究的专业化，改进了分析报告展现形式。广州市质量管理协会用户委员会根据顾客满意度测评数据，率先推出与国际测评方法模型接轨的顾客满意度指数 GZC-SI，引起社会的广泛关注，为企业的发展提供了参照；三是不断满足企业、政府新需求，注重个性化、重点和战略用户及公众、公益评价意见跟踪调查，带动测评结果向深度发展。上海市质协组织开展了“中国 2010 年上海世博会公众认知度”、“上海市公共信息图形标识规范率抽样调查”和“中国 2010 年上海世博会游客来沪服务需求调查”等六项公益调查，并将调查结果上报给政府有关部门，受到好评。四川省质协举办了“用户满意你我他，放心产品进万家”公益宣传活动，使企业进一步增强了用户至上的意识，提高了履行社会责任的自觉性。浙江省质协组织开展了 30 种浙江名牌产品的市场调查评价，通过全省一百家商店（超市），同时开展问卷调查和评价，发放调查问卷达 3 000 多份并汇总分析形成调查报告，受到当地有关部门高度重视。哈尔滨市质协受市交通局委托，对哈尔滨市公交线路和公交车、航线和船只实施了乘客满意度指数测评，回收调查问卷 15 000 多份，形成分析调查报告，为有序运营、规范服务、建立健全公交车设施、加强安全行驶等方面提供了重要依据；四是全国实施用户满意工程活动、用户满意服务明星创建活动运作更加规范，在申报和评审中更加关注用户评价报告的结果和意见；五是受理用户投诉力度加大。全年受理有效投诉近 2 600 件，全部进行了处理，70.0% 进行了回访。通过追踪、适度曝光和投诉合理调解，使投诉处理率达到 99.0%。在维护用户合法权益的同时，扩大了全国用户委系统的影响力。

5. 加强学术研究和学术交流，促进质量技术进步

一是中国质量协会质量技术奖经过 5 年多的培育，得到了国家科技部和国家奖励办公室的肯定。2009 年 10 月作为评奖机构，获得申报国家科技进步奖的推荐资格。2009 年度质量技术奖申报 101 项；全国优秀六西格玛项目申报 332 项。二是中国质协建立了中国航天科工集团、中航工业西安飞行自动控制研究所、本溪钢铁等质量管理创新基地，完成了中国移动广东公司“卓越绩效在班组”项目的验收工作。三是在政府委托研究课题方面，通过验收 2 项，新争取到 6 项。完成第四届中国质量学术论坛征文及评审，共征集论文 425 篇。四是采取多种形式促进学术研究和交流。在国际交流方面，应邀参加美国、日本、欧盟质量组织的大型国际交流活动，及时把握质量管理最新发展趋势，搭建国内外质量学术、方法交流平台。上海市质协组织召开了第七届上海国际质量研讨会暨国际质量科学院院士论坛。深圳市质量协会作为主办单位与香港品质管理协会、澳门品质管理协会、澳门理工学院联合举办了第三届“泛珠地区品质论坛”。中机质协与北京信息科技大学经济管理学院、澳大利亚商学院中小企业与区域研究中心、马来西亚技术大学企业管理系、日本松户大学中小企业研究中心联合举办了 2009 年第六届“全球经济中的中小企业”国际会议。在国内交流方面，中国质协配合国家质检总局和工信部在深圳组织举办了可靠性现场经验交流会。医药质协结合专业特点，联合地方医药质协举办专题专业技术研讨会。中国质协科技分会召开了第二届高校质量工作研讨会，积极探索高校质量管理体系的建设问题。海南省质协组织省内 40 余家企业赴山东海尔集团、青岛港等优秀企业交流考察，承办了第二十九届中南六省（区）质量管理论坛。五是组织专家开展“西部行、边疆行、企业行”质量义务服务活动，选派知名质量专家赴西藏、新疆、宁夏、甘肃、云南、广西、山西、沈阳、天津等 10 多个省（自治区、直辖市），有针对性地进行质量义务宣讲和现场咨询答疑，受到国家质检总局、有关省市和企业的好评。

此外，在开展“质量和安全年”活动中，机械质协组织会员企业开展“在危机中以质取胜的示范企业”学习交流活动。上海质协以“新形势下的质量挑战”为主题，组织宝钢、上海船舶工业公司、三菱电梯等单位，两次专题研讨在金融危机形势下企业面临的困难，以及所采取的应对措施。此外，还通过质量经理人沙龙、座谈会等方式，围绕“应对危机，聚焦质量促发展”的主题，共同探讨新形势下企业如何进一步提高质量、降低成本、拓展市场等方面的应对措施。浙江省质协制订“中小型企业质量管理基本要求”，为有关市、县和企业开展多项上门免费培训和咨询服务。上海质协向建筑施工行业的企业发出了《致建筑施工获证组织的公开信》，动员建筑施工企业严格质量管理体系和职业健康安全管理体系，遏制质量安全事故发生。

（三）创新服务方式，提升服务能力，打开质协工作新局面

1. 全国质量管理小组活动诊断师注册工作顺利开展

2009 年中国质协建立了我国质量管理小组诊断师注册制度。制定并颁布《全国质量管理小组活动诊断师注册管理办法》和《全国质量管理小组活动初级、中级、高级诊断师考核大纲》，启动首批注册申报审批工作，截至 2010 年 1 月底，全国共有 500 余人提出注册申请。中国移动、中国烟草、长庆油田、内蒙古一机集团、兰州石化、中石油管道局、奇瑞汽车、北京电力、北京铁路局等申报注册都超过10人以上。

2. 企业现场管理星级评价活动全面启动

制定并颁布了《全国现场管理星级评价管理办法》、《现场管理星级评价标准》、《现场管理星级评价评分办法》等文件；举办现场管理星级评价标准及评分方法的培训，建立评审员队伍及专家团队，成立专门工作委员会。浙江、辽宁、青岛、电子质协及空军装备部配合中国质协做了大量工作，并积极推荐优秀企业参加全国首批试点，指导试点企业完成了现场改进工作，效果很好。试点企业普遍反映，通过现场管理星级评价标准的实施，找到了现场管理改进的具体方法，发现作业现场的质量改进机会，可以有效地提升现场的质量保证能力。目前，现场管理星级评价做法已经在制造业全面推广。服务业、建筑业现场管理星级评价办法起草工作已经开始。

3. 地方和行业质协工作不断创新，各项业务活动取得新进展

上海质协为了更好地帮扶中小企业提高质量管理能力，与上海市中小企业（贸易发展）服务中心、上海市中小企业（生产力促进）服务中心，设立"上海市中小企业质量服务工作站"，免费向中小企业赠阅《上海质量》杂志，开展中小企业质量管理需求调查，组织专家举办中小企业质量专题讲座等，共有150多家企业参加。电子质协围绕电子产品污染控制，编辑出版了专业书籍，开展了中国绿E行动；组织召开电子污染防治英雄会。湖南省质协全面贯彻落实省政府关于实施质量兴湘战略的意见，组成资深质量专家宣讲团，免费为企业授课，把质量兴湘落到实处。安徽省质协起草以省经委名义的质量工作情况和建议报告，受到国家有关政府部门的重视和采纳。深圳市质量协会2009年创办的"深圳市质量大讲堂"是一项公益性活动。目前，已成功举办四期，每期确定一个主题，邀请知名学者、企业高管主讲，受到欢迎。冶金质协在国家认监委的帮助下，通过与济钢、太钢、鞍钢、邯钢以及东北大学、中国金属学会等单位的能源专家交流、研讨，提出建立能源管理体系的思路和方法。江苏省质协与省总工会联合举办了"江苏省职工全面质量管理知识竞赛"。兵器质协组织质量演讲赛，在企业员工中营造关注质量、重视质量的良好氛围。

2009年是我国推行全面质量管理暨中国质量协会成立30周年。中国质协系统地总结了成立以来，在我国推行全面质量管理的主要工作和经验，分析存在的问题，明确未来的工作任务。张德江副总理在接见会议代表时称中国质协"充分发挥联系政府与企业的桥梁、纽带作用，始终坚持服务立会的宗旨，认真开展质量服务和质量推进工作，为增强我国企业竞争力、促进国家经济社会发展、满足人们群众消费需求做出了积极的贡献"，给全国质协系统全体同志以巨大鼓舞。陈邦柱会长在会上做的题为"高举全面质量管理大旗，努力加强服务能力建设"的主题报告，总结了30年来取得的六条主要经验和体会，强调了今后中国质协工作的五个目标，指出继续加强质量管理基础工作是质协开展服务的永恒主题；加强质量理论研究和实践的总结，是质协服务质量提升的必然要求；完善、创新品牌活动，是服务能力的优势所在；推广先进质量工具方法，开展创新活动，是持续提供优质服务的关键；大力加强质协系统队伍建设，是提高服务能力的重要保证；进一步统一了全国质协系统的思想，明确了全国质协系统发展方向。

2009年是不平凡的一年，我们不仅克服了金融危机的影响，各项工作取得了新进展，特别是在贯彻落实党中央、国务院领导同志批示精神和完成政府委托的重点工作中做出了成绩，得到了中央领导同志的好评和社会各界的认可，扩大了全国质协系统的影响。取得工作成绩的经验有三条：一是要充分发挥全国质协系统的合力。只要全国质协团结一心、通力合作，心往一处想，劲往一处使，是能干成大事儿、做出成绩来的。二是要不断提升质协的服务能力。有为才有位，有为必须有本领。服务于企业、政府和社会，必须把质协系统的专业优势发掘出来，把质协的资源优势充分发挥好，以良好的工作水准，体现质协的能力和价值，才能保持和不断扩大我们的影响力。三是要牢牢把握质协工作的重点、突出亮点。就是要认真做好全国质协系统的年度重点工作、品牌活动和履行社会责任。要发挥专长、抓住关键，打造精品，通过优质服务打造全国质协系统响当当的品牌，树立质量专业组织的良好形象。

二、2010年的重点工作

2010年是继续应对国际金融危机影响、保持经济平稳较快发展、加快转变经济发展方式的关键一年，是全面实现"十一五"规划目标、为"十二五"时期发展打好基础的重要一年。面对更加复杂、多变的形势，我们要认真领会中央经济工作会议精神，进一步统一思想、坚定信心，要更加讲求针对性、灵活性，做好全年工作。

（一）指导思想

2010年全国质协系统工作的指导思想是：以科学发展观为统领，坚持质量工作"重在落实，重在持之以恒，重在严格管理"，以落实中央领导同志关于质量的讲话、批示精神为指导，以提升服务能力为协会发展的核心要素，以推广先进质量方法为重要途径，以提高质量管理有效性为突破口，以全国质协系统品牌活动为推进手段，以加强质量基础工作为战略任务，立足服务、扎实推进、大胆创新、务求实效，全力以赴做好新形势下质协工作，为全面提升经济社会发展质量、提升我国企业核心竞争力提供优质服务。

（二）做好以下重点工作

1. 以科学发展观为指导，广泛开展"先进质量方法推广年"活动，以此带动其他各项工作的开展

2010年工作的"牛鼻子"，就是在全国质协系统开展"先进质量方法推广年"活动。开展这项活动的意义，一是进一步应对国际金融危机影响，应对日益升温的贸易保护主义和贸易摩擦的有效方式；二是响应政府主管部门开展"质量提升"和"质量管理方法推广"活动的具体行动；三是依据质量管理现状调查结果，进行主动质量改进的延伸性安排。以活动为抓手，促进企业在先进质量管理方法的掌握和应用上实现较大提高。

2. 以“先进质量方法推广年”活动为龙头，深入开展全国质协系统各项品牌推进活动

一是做好全国质量奖（第十届）评审工作。2010年是开展全国质量奖评审工作10周年，要利用这个机会进一步做好有关工作。要开展全国企业推广卓越绩效模式10年来情况的调查，总结评价、关注效果、了解需求、系统改进。二是进一步深化质量管理小组活动。选题范围突出新老工具使用技巧、现场改进、节能减排和环保等内容。要继续开展地区间、行业间QC小组交流活动。要鼓励企业建立、完善和落实QC小组成果奖励机制。三是进一步推进全国用户满意工程。重点是强调针对不同行业和企业的特点，有效开展用户满意工程活动，提高产品与服务的适应性和满足用户需求的能力，改进第三方用户满意度测评质量。四是继续做好新一轮全面质量管理知识普及教育工作。重点是学懂会用，在质量管理知识和先进技能应用上下工夫，着力提高全员的质量意识、质量行为能力，提升员工解决实际问题的技能。要及时开发、更新针对不同种类、不同岗位的质量教育培训课程和教材，满足开展不同层次培训工作需要。要拓宽培训渠道，大力组织开展领导干部质量知识培训。要开办各种形式的“质量讲堂”，为传播先进的质量方法提供平台。五是要继续做好包括质量经理、可靠性工程师、六西格玛黑带、绿带和质量管理小组诊断师等人员资格注册工作。

3. 大力推进现场管理星级评价工作

2010年制造业企业现场管理星级评价活动，要在全国范围全面推开。全国质协系统要共同努力，宣传、介绍这一评价准则和方法，动员企业参加到活动中来。还要扎扎实实做好服务业、建筑业的现场管理评价试点工作。要在实践基础上，进一步修订评价办法，尽早通过国家标准的审定、颁布。

4. 引导企业更加重视产品质量，积极应对国际贸易摩擦

为引导企业积极应对国际贸易摩擦和壁垒。一要把质量诚信建设作为全国质协系统开展质量服务工作的一项重要内容。提倡企业勇于承担质量责任，重视质量诚信，妥善解决产品质量存在问题，加强供应链质量管理，保持产品品质的一致性，加强品牌建设，树立我国产品良好质量形象。二要加强与会员企业的沟通，了解质量基本情况和产品质量变化动态，及时掌握重大质量事故发生真实情况，建立全国质协系统高效的内部信息传递和应对突发事件的预警、协调、报告机制。三要帮助和指导企业通过产品质量改进，加快与国际标准和国际先进标准接轨，不断促进产品质量提升和品质升级，更好地融入国际市场，消除贸易争端隐患。

5. 从日本丰田汽车质量事件中吸取有益的教训

日本丰田汽车公司质量事件引起全球的关注。这个重大国际性质量事件，再次印证了总书记指出“质量是企业的生命”这一深刻教诲的重要性、前瞻性和战略意义。一是质量问题已经成为我国经济社会发展中一个事关全局的战略问题。一方面，无论从国内还是国际上发生重大质量安全事故造成的严重后果看，产品质量关系人民群众切身利益，关系企业的生存和行业发展，关系政府和国家的形象；另一方面，落实科学发展观，进一步加快经济结构调整，转变经济增长方式，没有质量的理念不行，没有质量工具方法的支持也不行。二是质量问题关系国际政治和国家经济安全。在经济全球化的今天，受国际金融危机影响以及一些国家内部原因促使，贸易保护日益凸显，不仅频率加快，涉及项目范围扩大，而且手段升级。出现产品质量问题，或因标准差异、产品特性指标不符等原因，都有可能授人以柄、借题发挥，造成重大损失甚至国际影响。企业忽视质量和质量信誉，就可能被挤出国内和国际市场，就可能毁于一旦。三是要把提升产品质量作为一项长期、紧迫和艰巨的任务。质量工作要天天抓、月月抓、年年抓，一刻也不能松懈，而且要抓好每个环节，真正做到持之以恒。要充分认识到产品质量没有最好只有更好，追求卓越只有起点没有终点。

中国经济发展已经进入了重要的战略调整和转型时期，培育新的竞争优势，增加我国产业及企业产品在全球产业链上的高附加值的比重，促进中国制造升级，培育国际品牌，塑造质量信誉，已成为中国工业行业和企业的重中之重。质量管理实践既对质量组织和质量工作者提出了严峻的挑战，也提供了良好的发展机遇。全国质协系统应面对新的形势，承担新的历史使命。贯彻落实中央领导同志的指示精神，从丰田汽车质量事件中吸取有益的教训，关键是如何把我们自己的工作做好，把我们自己的事情办好。

（撰稿：中国质量协会副秘书长　焦根强）

2009年中国物流业发展综述

中国物流与采购联合会

2009年，是我国物流业应对危机走向复苏的一年。2008年四季度以后，国际金融危机扩散蔓延，世界经济深度衰退，我国经济受到严重冲击，物流业发展面临严峻挑战。在异常困难的情况下，党中央、国务院审时度势，全面实施并不断完善应对国际金融危机的一揽子计划，出台了10大产业调整和振兴规划，为物流业止跌回稳创造了有利环境。

一、国务院发布《物流业调整和振兴规划》，大力支持物流业发展

2009 年 2 月 25 日，国务院总理温家宝主持召开国务院常务会议，审议并原则通过了《物流业调整和振兴规划》（简称《规划》）。3 月 10 日，国务院以国发〔2009〕8 号文发布《物流业调整和振兴规划》。《规划》共分 6 大部分：发展现状与面临的形势，指导思想、原则和目标，主要任务，重点工程，政策措施和规划实施。

这是我国出台的第一个物流业专项规划，也是 10 大产业中唯一的服务业规划。党中央、国务院把促进物流业发展纳入应对国际金融危机的“一揽子计划”，上升到国家战略层面，极大地提振了全行业的信心，提升了物流业在国民经济全局发展中的地位。

《规划》出台以后，各地方、各部门积极推动落实。国家发改委、商务部、财政部、铁道部、交通运输部、工业和信息化部、国家税务总局、海关总署、国家标准委等做了大量工作。各级地方政府加大对物流业的支持力度，超过半数的省份出台了《物流业调整和振兴规划》的实施细则或贯彻意见，提出了支持物流业发展的政策措施。

二、物流业运行情况当年企稳回升，增幅比上年有所回落

（1）全国社会物流总额逐季回升，全年达 966 500 亿元，同比增长 7.4%，增幅比上年回落 12.1 个百分点。这是 5 年来最低增幅，也是自社会物流统计制度建立以来，社会物流总额首次低于 GDP 增长。其中的原因，既有国民经济统计数据调整、价格变动的因素，也有金融危机导致实体经济特别是进出口实物量下滑的影响。

（2）全国社会物流总费用 60 800 亿元，同比增长 7.2%，增幅比上年回落 9 个百分点；与 GDP 的比率为 18.1%，与上年同比持平。从构成情况看，运输费用 33 600 亿元，同比增长 7.0%；保管费用 20 000 亿元，同比增长 7.5%；管理费用 7 200 亿元，同比增长 7.4%。

（3）全国物流业增加值为 23 100 亿元，同比增长 7.3%，增幅比上年回落 8.1 个百分点；占 GDP 的 6.9%，比 2008 年提高 0.1 个百分点；占服务业增加值的 16.1%，比 2008 年下降 0.3 个百分点。

（4）我国物流业固定资产投资为 26 000 亿元，同比增长 47.6%，增幅创近年新高，比 2008 年提高 25 个百分点，比同期全社会固定资产投资高出 18 个百分点。

（5）全国完成货物运输总量 278.8 亿吨，货物运输周转量 121 200 亿吨公里，同比分别增长 7.5% 和 9.8%，增幅分别下降 1.9 个百分点和上升 6 个百分点。

（6）仓储业主要指标走出了一个 U 形线路。据中国物资储运协会对全国 61 个大型仓储企业的调查，57 家企业盈利，4 家亏损，亏损面为 6.6%，亏损额略有降低；实现主营业务收入 180 亿元，比上年下降 13.6%；实现利润 3.6 亿元，比上年增长 11.7%；完成货物吞吐量 8 019 万吨，比上年增长 1.1%；期末社会库存 440 万吨，比上年增加 27.9%；货物周转次数 9.11 次，与上年基本持平；库房空仓率进一步降低，全年为 3.0%。

三、物流市场结构性变化明显，集中度进一步提高

需求结构变化较大，基础性服务各有特色。由于公路货运市场进入门槛低，价格竞争激烈，市场价格提升明显低于成本上涨幅度。为此，各市场主体加快规范和整合零担市场，推出新的服务产品。2009 年水运市场持续低迷，却是沿海运力的交付高峰期，沿海（散货）运价前三季度一直在低位震荡前行，到了第四季度出现转机。铁路货运上半年日均发送量连续 6 个月同比下降。下半年以来，国内经济企稳回升和电煤、矿石等大宗物资需求回暖，铁路货运需求快速恢复，运力紧张的局面重新出现。与世界航空货运相比较，中国航空货运一枝独秀。自年初出现深达 30.0% 左右的跌幅之后，开始一路反弹，并且在 8 月份实现全面正增长。据国家邮政局统计，2009 年，全国规模以上快递企业业务量累计完成 18.6 亿件，同比增长 22.8%；业务收入累计完成 479 亿元，同比增长 17.3%。快递市场实现了持续增长，各类快递企业竞争性格局更加明显。

大型物流企业加紧兼并重组，外部资本注资物流企业，市场集中度进一步提高。根据国家发改委、国家统计局和中国物流与采购联合会联合发布的《2009 年全国重点物流企业统计调查报告》显示，前 50 位物流企业主营业务收入共达 4 756 亿元，比上年增长 14.7%。在 50 强企业中，中国远洋运输（集团）总公司主营业务收入超过千亿元，中国海运集团总公司等 6 家企业主营业务收入超过百亿元，前 43 家企业主营业务收入超过 10 亿元。排名第 50 位物流企业的主营业务收入达到 7.6 亿元，同比增长 2.7%。

四、物流企业求新求变，积极应对国际金融危机挑战

经营策略调整应变，服务领域向供应链延伸。据中国物流与采购联合会对全国重点物流企业统计调查结果显示，我国重点物流企业 2009 年三季度经营效益虽然好于上半年，但仍呈普遍下降趋势。其中，主营业务利润额下降 17.0%。在调查企业中，近六成企业利润额同比负增长，17.0% 的企业亏损。面对严峻形势，物流企业积极调整经营策略，发展专业化、一体化、集成化的综合物流服务。随着企业物流供应链一体化需求日益增强，物流服务向供应链上下游延伸。物流企业通过调整经营策略，有效抵御了国际金融危机的冲击，扩大了市场份额，找到了新的生存发展空间。

合作联盟出现多种形式。大型企业签署战略合作协议，合作共享资源、优势互补。一些有实力的物流企业与重点城市结盟，参与当地物流基础设施的规划、开发和运营。中小企业间抱团取暖抵御危机。2009 年 5 月，68 家上海物流公司启动了中国首家“品牌物流超市”，以超市为零担货运平台，做专做精做深专线物流，坚持统一品牌、统一标准、统一服务质量、统一企业形象、统一价格体系的思路，逐步改变传统零担货运物流模式。珠三角 300 多家物流中小物流企业组建物流诚信联盟，努力改善中小物流企业的信誉状况。

五、企业物流战略性调整，促进整体竞争力提升

企业物流提升战略地位，运作模式带动物流系统变革。面对市场竞争的压力，物流战略对企业形成自身核心竞争力起着越来越关键的作用，许多制造企业和商贸企业将提供满意物流服务纳入企业总体长远发展战略。对于制造企业，订单驱动的生产方式越来越普及，带来了采购、物流系统的深刻变革。对于商贸企业，快速响应的商业模式，精细化、一体化管理对物流系统的改造和建设提出了更高的要求。

流程再造强化物流控制力，多种方式分离外包物流业务。流程再造既包含企业内部的流程再造，也包括企业外部的流程再造。通过业务的整合和模式的调整，一方面能够减少内部的重复和浪费，降低成本，提高效率，更重要的是理顺了物流、商流、信息流和资金流在供应链中的关系，减少不确定性，实现精细化控制。企业分离外包物流业务，从而将有限的资源集中到主业上，能够充分发挥社会分工的专业化优势，实现多方共赢。制造企业和商贸企业通过多种方式加快分离外包物流业务。一是主辅分离，成立专业化物流公司。在所有权不发生转移的前提下，将企业原有的运输、仓储、包装、配送等业务从主业中分离出来，设立新的物流公司，独立核算，自负盈亏，在满足企业物流服务的基础上承接社会物流业务。二是合资合作，实施战略联盟。通过这种方式，企业既保留了物流资源的控制权，又共享了物流企业的专业化知识，通过深度合作，实现了自身物流运作方式的变革。三是全面外包，实现系统接管。制造企业和商贸企业把物流业务全盘委托物流企业管理，相关车辆、设备和人员由物流企业接管。

六、重点行业物流加快发展，推动物流模式创新

（一）钢铁物流

钢材贸易商加快转型，钢材加工配送中心渐显规模。据初步估算，我国现有钢铁流通企业约15万余家，其中，销售量超过100万吨的约有10多家，销售量在10万～100万吨的不足100家，其余都是低于10万吨的小型经销商。2009年，钢铁市场价格大幅波动，钢铁贸易商风险加大，传统的现货交易模式已经难以适应市场变化。钢贸企业加快向服务转型，在现货交易市场上，出现了一批集仓储、加工、包装、运输等一条龙服务的贸易商。我国现有300余家钢材加工配送中心，主要分布在华南、华东、中南部等经济发达地区，主要为汽车、家电、电子、建筑、轻工、钢窗、办公设备等行业提供服务。大型钢铁企业加快投资建设钢材加工配送中心，延伸产品规格范围，提高直供用户比例，为用户提供更为便捷、优质的服务；有实力的钢铁贸易商积极拓展经营触角，投资建设钢材剪切加工配送中心；国外企业在我国投资建设钢材剪切加工配送中心；民营钢铁流通企业合资或独资建设钢材加工中心，正在成为市场上的新生力量。

（二）汽车物流

总体规模高速增长，“两业联动”深入发展。2009年我国汽车产销分别完成1 379.1万辆和1 364.5万辆，同比分别增长48.0%和46.0%。汽车生产企业对供应链一体化、精益化管理要求较高，物流外包比较普遍，与物流商的合作往往涉及到重大战略决策层面。汽车物流的发展已进入以整车物流为主、向零部件入厂物流、零部件售后物流以及进出口物流方向延伸的竞争新格局，需要汽车生产厂商和物流企业的更紧密合作。目前，公路运输凭借门到门快捷高效的服务优势，占据了80.0%以上的汽车物流运输市场份额。随着汽车生产企业对成本和可持续发展要求的提升，单纯依靠公路的运输方式正在发生变化。多种运输方式的综合使用，节约了物流成本，减少了物流运作中的碳排放，有助于构建更精益、更高效、更环保的绿色物流体系。大连、天津、上海、广州四大沿海港口用巨资布阵汽车物流市场，新的竞争格局已经显现。

（三）医药物流

医药流通企业加快兼并整合。目前全国药品批发企业已达1.7万家，零售企业近14万家，全国零售药店总数12万家。但覆盖全国性的医药商业企业各自为政、分散经营，规模化、集约化、网络化的程度较低。按照国家基本药物制度的安排，基本药物实行公开招标采购、统一配送，并要促进流通企业的整合，这将有利于大型医药流通企业的快速扩张。大型医药商业企业加大在珠三角、长三角和首都经济圈布局的基础上，在各自的空白区域加紧通过收购或以开分公司等方式不断抢占市场份额。各主要医药商业企业加快布局各主要省级物流市场，为自己在医药领域争取更多的话语权。越来越多的大型医药流通企业在扩张过程中，试图利用现代物流和供应链管理技术来降低成本、打造核心竞争力。高标准的医药物流基础设施加快建设，联盟合作开始兴起，医药流通领域的集中度将进一步增强。

（四）食品冷链物流

随着消费者消费水平的提升，食品消费总量和质量要求进入高速发展期。2009年，全年肉类总产量7 642万吨，比上年增长5.0%。全年水产品产量5 120万吨，增长4.6%。仅食品行业的冷链物流年需求量就在1亿吨左右，现有冷链物流供应能力难以满足要求。在国家政策的支持和鼓励下，一批现代化冷链设施加快建设，预计我国的公共冷冻仓储设施未来五年中的增长速度将超过20.0%。《物流业调整和振兴规划》提出要加强农产品质量标准体系建设，发展农产品冷链物流；6月1日实施的《食品安全法》提升了对冷链物流市场发展的要求。与之相适应，国家冷链物流标准项目加快推进。食品生产企业加快物流服务外部化。一是剥离物流业务，成立第三方物流企业；二是与物流企业合资、合作；三是外资加快进入中国冷链市场，提供完整的冷链物流服务。

（五）连锁零售物流

配送中心和基地建设进入高潮，零售商推动物流模式创新。目前，全国较大型的连锁企业都在建设自己的配送中心。据中国连锁经营协会统计数据显示，国内连锁百强企业当中，有80.0%的企业拥有自己的配送中心，配送中心的平均面积达到9 693平方米。许多大型连锁零售企业实施基地战略，配送中心建设出现新的高潮。集中采购、越

库配送、“农超对接”等新的经营模式快速推广并取得实效。

（六）电子商务物流

网购物流业务规模快速增长。2009 年，我国网络购物市场加速扩容。据中国互联网信息中心（CNNIC）调查统计，截至 2009 年底，我国网民规模已达 3.8 亿，其中，有近 1 亿的网购用户，年增幅达 45.9%，比 2004 年翻了近两番，规模呈持续快速增长势头。据艾瑞咨询统计，2009 年全国网络购物消费金额总计为 2 483.5 亿元，同比增长 93.7%，占社会消费品零售总额 2.0%。网民在 C2C 和 B2C 购物网站花费金额分别为 2 210.3 亿元和 273.2 亿元，在 C2C 购物网站上的购物支出占网购总金额的 89.0%。受网络购物市场持续高速发展带动，网购物流业务规模呈爆发式增长，网购企业和物流企业加强联盟合作，网购物流服务体系加快建设。

大宗商品电子交易市场加快发展。截至 2009 年 12 月 31 日的统计，全国共有大宗商品电子交易市场 128 家，分布在 23 个省、市、自治区。其中的 56 家规模较大的电子交易市场 2009 年的交易金额达到 18 000 亿元。在 2009 年新开业的 35 家电子交易市场中，有 21 家市场定位于农产品领域，交易的品种为农产品，占新开业市场的比例达 60.0%。一方面农产品生产受天气影响较大，产量不确定性较大，因而该领域的企业避险需求较为强烈；另一方面，农产品的供销渠道相对不够稳固，中小企业较多，更易于加入到电子交易行业中来。这些农产品市场交易品种包含苹果、棉花、白糖、玉米、淀粉、红枣、木材、猪肉等，涵盖种植业、畜牧业、林业、副业等多个领域。

七、区域物流加强合作，一体化发展渐成趋势

区域物流合作进一步加强，物流功能集聚区逐步形成。2009 年，国务院密集批复了《促进中部地区崛起规划》等 12 个上升为国家战略的区域发展规划，加大区域经济统筹协调力度，推进了区域物流合作步伐。随着各地对整合物流资源、发挥集聚效应的重视，一批紧密结合当地产业结构，综合采购配送、产品加工、电子交易、展览展示、配套服务的产业物流集聚区纷纷开工建设和投入运营，主要涉及钢铁、粮食、煤炭、石化、冷链、农资等众多领域。区域物流一体化的推进，不仅让区内企业得到了效益，更重要的是有效地克服了区域壁垒，有利于整个区域物流服务综合竞争力的提升。

国际物流中心加快推进，保税物流全面拓展。目前，我国正在建设以渤海湾、长三角、珠三角三大港口群为依托的三大国际航运中心。此外，随着中国—东盟自由贸易区的全面启动，带动广西区域物流格局加快调整，南宁、钦州、防城港、北海、凭祥等物流节点正在加快向区域物流中心转型。截至 2009 年底，我国共设有海关特殊监管区域 96 个。其中，保税港区 13 个，综合保税区 8 个，出口加工区 55 个，保税物流园区 6 个，保税区 12 个，珠澳跨境工业区 1 个，中哈霍尔果斯边境经济合作中心中方配套区 1 个。2009 年，这些区域实现进出口总值 2 794 亿美元，在经受国际金融危机冲击、外需下降的困难形势下，同比降幅比全国进出口总体降幅低 7.2 个百分点。

八、物流基础设施建设进度加快，物流运作条件有较大改善

交通运输基础设施建设大规模提速，多式联运加快推广。全年全社会公路、水路、民航固定资产投资完成 11 300 亿元。新增公路通车里程 9.8 万公里，其中高速公路 4 719 公里；新增万吨级以上深水泊位 96 个；改善内河航道里程 1 192 公里。民用机场航站楼总建筑面积增加 66 万平方米。到年底，高速公路通车总里程达 6.5 万公里，继续居世界第 2 位。全年铁路完成基本建设投资 6 000 亿元，比上一年增长 79.0%。共完成新线铺轨 5 461 公里、复线铺轨 4 063 公里；投产新线 5 557 公里，其中客运专线 2 319 公里；投产复线 4 129 公里、电气化铁路 8 448 公里。截至 2009 年底，我国铁路营业里程达到 8.6 万公里，跃居世界第 2 位。随着近年来铁路基础设施建设加大投入，铁路运能紧张的局面逐步缓解，多式联运的推广面临有利条件。2009 年，铁路物流中心发展加快推进，基于集装箱中心站的 18 个铁路物流中心陆续开建和运营，一些重点路局启动了局管内的铁路物流中心规划建设工作，引导公铁联运全面展开。沿海集装箱港口的海铁联运发展较快，基于航空枢纽的空铁联运也在规划中。

物流园区（基地、中心）成为投资热点。2009 年各级地方政府投入高度热情，积极制定物流业发展规划，研究部署本地区的物流基础设施，以物流园区、物流中心、配送中心、分拨中心、物流仓库等为主体的物流节点设施建设继续保持了旺盛的发展态势。值得关注的是，地县级区域物流园区开发热度上升，一线城市以外的开发出现大幅度增长。外资物流地产商加快收购改造，通过既有项目收购和新地产开发方式在我国大力开展物流地产投资，为客户提供现代化物流仓储设施租赁服务。在中国房地产市场迅猛发展的形势下，物流地产作为一类新兴的工业地产，受到广泛地关注，众多的国内企业投身于物流园区建设。在城镇化进程快速推进的过程中，城市的二次布局成为历史发展的必然选择。在这种形势下，物流地产开发出现新的趋势，物流园区与商贸城的产业衔接推动了物流集聚区的产生和发展。它依托于各种产业集群或实现城市的配套服务需要，利用现代化物流设施与信息管理技术，融合多种服务业态，为全球、全国及区域性供应链提供生产、消费、流通全方位物流服务的地域综合体。

九、物流技术装备业经受较大冲击，结构调整幅度加大

国际金融危机对中国物流技术装备业影响巨大。首先，直接影响了中国物流装备产品的出口，使得 2009 年中国叉车等重要物流装备出口呈现自由落体式的大幅下滑。尽管四季度以来全球经济出现复苏迹象，中国物流装备产品出口的严峻形势略有好转，但前景依然很不乐观，出口市场还未见复苏迹象。分主要品种来看，叉车生产与销售大落大起；托盘与货架行业微幅增长；输送分拣设备行业加快升级调整。

十、物流信息化全面推进，应用成果取得实效

物流企业信息化促进运营管理升级；区域公共信息平台加快落实；跨部门公共信息平台加深合作；公共信息平台服务功能逐步延伸；商业性公共信息平台发挥集聚效应；产业物流对信息化的依赖程度加深，各个方面都出现了物流信息化应用的优秀案例。

（撰稿：中国物流与采购联合会副会长、中国物流学会副会长　贺登才）

2009年中国煤炭工业发展综述

中国煤炭工业协会

2009年受世界金融危机影响，从年初开始煤炭消费增长缓慢，主要煤炭消费行业电力生产用煤炭消费下降，煤炭库存增加。但从下半年开始，随着国家拉动内需等一系列宏观经济政策拉动和政策效应显现，煤炭需求回升、经济运行形势继续向好的方向发展，全年保持较好的发展水平。

一、2009年煤炭工业基本情况

1. 原煤产量继续保持较快增速

2009年全国原煤产量完成30.5亿吨，同比增加2.5亿吨，增长8.8%。

原煤产量靠前的10省（自治区）分别是：山西（6.2亿吨）、内蒙古（6亿吨）、陕西（3亿吨）、河南（2.3亿吨）、山东（1.4亿吨）、贵州（1.4亿吨）、安徽（1.3亿吨）、黑龙江（1亿吨）、四川（0.9亿吨）、新疆（0.9亿吨）。

原煤产量靠前的10家企业分别是：神华集团（3.3亿吨）、中煤集团（1.3亿吨）、山西焦煤集团（0.8亿吨）、大同煤矿集团（0.8亿吨）、陕西煤化集团（0.7亿吨）、淮南矿业集团（0.7亿吨）、河南煤化集团（0.6亿吨）、潞安矿业集团（0.6亿吨）、龙煤矿业集团（0.6亿吨）、平煤神马集团（0.5亿吨）。

2. 继续保持盈利但总额为负增长

2009年原中央财政煤炭企业补贴前盈利508.8亿元，下降9.3%。

2009年全国大型煤炭企业（指同时具备从业人数2 000人及以上、销售额3亿元及以上、资产总额4亿元及以上的企业）实现利润1 155.5亿元，下降5.7%。

3. 煤矿技术装备水平有较大提高

具有完全自主知识产权的电牵引采煤机总功率达到2 500千瓦、重型刮板输送机总装机功率达到3×1 000千瓦、强力液压支架最大支撑高度达到7米、工作阻力达到17 000千牛，主要经济技术指标处于世界前列。

4. 煤矿安全生产形势持续好转

2009年全国煤矿生产共发生死亡事故1 616起、死亡2 631人，分别下降17.3%和18.2%。原煤生产百万吨死亡率为0.892，首次降至1.0以下，实现历史性突破。

5. 安全高产高效矿井建设取得新进展

2009年初审有362处煤矿达到二级以上安全高产高效水平，平均单产、工效、利润总额、安全等处于行业领先、世界先进水平。

6. 企业信用建设取得新进展

截至2009年底，全行业共有26家煤炭企业通过AAA级信用等级评价、5家通过AA级信用等级评价。

二、2009年煤炭工业存在的问题与建议

尽管2009年煤炭工业基本实现了产需较为平衡协调发展，煤炭经济继续保持高位运行，但是从贯彻落实科学发展观的角度分析，仍存在一些制约煤炭工业健康和可持续发展的大问题。

1. 产能盲目扩张进一步加剧，产能过剩风险不断增加

2009年全国煤炭采选业固定资产投资完成3 021亿元，同比增长25.9%，在工业行业里高居榜首。这已经是2001年以来连续10年的高增长。据有关部门统计，目前煤炭项目基本建设在建规模高达10亿吨，与未来国家进一步落实节能减排方针、降低单位GDP能耗、减少对煤炭的需求相比，显然产能过剩风险正一步步向我们逼近。建议政府投资主管部门，加强对行业产能过剩风险的预测预警，及时调整项目核准政策，在西部地区特别是新疆的煤炭项目，除了煤炭及转化一体化项目以外，再也不能单独核准煤矿项目了。国土资源部门应严格矿业权政策，坚决纠正地方各级政府部门违法、违章设置矿业权行为，进一步规范煤炭矿业权秩序，从源头上遏制产能过快及盲目扩张。

2. 产业、产品结构不合理，发展方式粗放的问题依然存在

目前全国30万吨以下小型煤矿仍有上万处，占全国煤矿总数的80.0%以上，而产量只占不到全国总量的30.0%，这些小煤矿普遍管理水平低下、技术装备落后、安全保障程度低，成为困扰行业健康发展的痼疾，长期得不到解决，尤其在西南部分省、市更加集中和突出。煤炭工业长期粗放经营模式根深蒂固，目前原煤入洗率平均不到50.0%，大大增加了交通部门的无效运输。把增收的目标仍然盯在扩大原煤生产上，经济增长方式的转变较为缓慢。建议政府部门尽快出台煤炭生产的技术装备标准，提高煤炭生产

门槛。同时，从煤炭消费上，限制对高硫、高灰煤炭的使用，从而推动煤炭的洗选加工和国家环保事业。大型煤炭企业要引进先进管理理念，积极调整品种结构、提高产品附加值、增加适销对路产品，提高销售收入。

3. 专业技术人才匮乏，技术管理体系受到严重削弱

20世纪80年代毕业的专业技术人员，经过90年代行业的艰难困苦洗礼，一部分人已经流失，剩下人员已经成为企业骨干，国家实行大学生自主择业之日，正是煤矿当年最困难的时期，很多企业十几年不进大学生，加之近十年煤炭大规模扩张，客观上造成目前专业技术人员青黄不接。从而间接地导致目前煤矿技术管理体系不健全，很多重要领域如防治水工作，连一个兼职的专业技术人员也没有。甚至一座千万吨级煤矿，连一名高级工程师都没有。日常的安全生产中，很难提出有针对性的安全技术措施，造成安全管理漏洞，事故当然就很难避免。建议国家在财力允许的情况下，像鼓励师范生那样，鼓励更多优秀生源进入矿业领域建功立业。同时，政府国资部门要加强企业技术体系管理，确立以总工程师为主体的、健全的技术管理体系，推动企业安全、健康发展。

4. 政出多门、管理低效造成企业无所适从

目前直接管理煤炭的部门有：发展改革、国土资源、能源、安监、煤监、环境、水利等政府部门，间接管理的部门就更多了，形成“九龙治水”局面，这些部门之间，业务有交叉但互相很难衔接，一个项目往往重复审查、多次审批、互相掣肘。遇到具体问题，企业疲于汇报，无所适从。建议政府有关部门按照国务院的要求，进一步减政放权、逐步减少行政审批或多头管理，加强部门之间的沟通与协调，为企业创造良好的外部环境。

三、2010年煤炭工业发展展望

2010年是“十一五”最后一年，也是做好“十二五”规划的重要准备之年。展望2010年的煤炭工业发展前景不难看出，在国家宏观经济通过扩大内需、成功走出世界金融危机影响继续向好的情况下，尽管社会有人发出警惕经济“二次探底”声音，但是从宏观经济发展态势看这种可能性不大，基于宏观经济层面考虑，煤炭工业将继续保持稳定发展势头，但增长的动力会有所减弱，煤炭资源整合和企业重组的力度会进一步加大，企业盈利能力会进一步降低。

1. 国家对煤炭行业政策调整的力度会进一步加大

主要包括国务院即将出台《关于进一步加强淘汰落后产能工作的通知》，全面部署2010年国家在煤炭、电力、钢铁等10行业淘汰落后产能工作任务和目标。预测煤炭行业2010年底前关闭不具备安全生产条件、不符合产业政策、资源浪费、污染环境的小煤矿8 000处、淘汰产能2亿吨。

国务院还将出台《关于进一步加强安全生产的决定》，强调各级政府及部门要切实负起安全生产的责任，同时进一步强化企业主体责任，落实煤矿矿长跟班下井制度。

国土资源部门将出台进一步规范煤炭资源矿业权与储量管理等一系列规定。发展改革部门、工信部门、环保部门还将进一步出台工业领域节能减排的后续政策。

所有这些，都会对行业发展产生很大的影响。

2. 煤炭资源整合和企业重组的步伐会进一步加快

地方政府，继山西、河南大规模进行煤矿资源整合之后，估计内蒙古、陕西等其他各省还将有一定政策跟进。山东省煤炭企业重组会进入实质性实施阶段。预测兖矿集团作为美国、香港、国内三地上市企业，会予以保留。而新汶矿业集团、淄博矿业集团、枣庄矿业集团、临沂矿业集团等企业将联合重组为山东省煤业化工集团的可能性比较大。安徽省煤炭企业的重组料将是迟早的事，两淮煤炭基地开发之初即为安徽煤炭公司一家主体，后因管理体制原因逐步分化为现在的淮南、淮北矿区，后在地方政府推动下，又相继成立了皖北煤电集团公司。由于矿区相连、资源一体，走联合开发、共同发展之路可以说利国利民。

3. 全国原煤产量将会达到一个新的历史高度

据统计，2006—2009年间，全国煤炭采选业累计完成的固定资产投资达到8 405亿元，比“十五”期间的投资总额高出6 000多亿元，按照目前行业的建矿速度，3年左右就可以建成一座千万吨级的现代化矿井，2010年起已经进入到煤矿投产的高峰期，新形成的产能由于大都由银行融资贷款建设，必然急于把产能释放出来，以便偿还银行贷款，与淘汰落后产能相比，那必然是小巫见大巫了。所以2010年的全国原煤产量还会保持10.0%左右的增长幅度。

4. 煤炭市场供需形势将呈宽平衡状态

据有关部门预测，2010年全国煤炭需求量在32亿吨左右，根据上述分析，产量增幅大大高于需求量的增加，煤炭市场供需必然呈现宽松的平衡状态。但是，我们应当看到，由于受大的自然灾害、极端气候等不可抗拒因素的影响以及交通运输客观条件制约，出现局部或短时的煤炭供应紧张状况，也是难以避免的。

总之，煤炭工业已经连续10年保持高位运行，无论从国家宏观经济政策或行业内外部发展环境等各方面分析，都必将进入新一轮的调整期，调整深度有多大，视国家相关政策的落实情况，但大起大落的可能性不大，下行的趋势应逐渐显现，应引起业内各级领导高度重视。

（撰稿：中国煤炭工业协会副主任、
教授级高工　汤家轩）

2009年中国机械工业发展综述

中国机械工业联合会

一、总体情况

2009年，机械工业受国际金融危机影响，年初各项主要经济指标增速滑落至近几年最低，但随着中央一揽子应对措施的落实以及经济刺激政策的及时实施，机械工业经过艰苦努力，有效遏制了经济增长的严重下滑，在工业各大行业中率先实现了回升，全年主要经济指标再创历史新高。

2009年，机械工业总产值和销售产值分别为107 500亿元和104 800亿元，双双突破100 000亿元大关，比上年同比增加14 900亿元和14 500亿元。从2003年起，已经连续7年产销每年上一个新的万亿元台阶。

1—11月实现利润总额5 816亿元，税金总额3 206亿元，比上年分别增长22.8%和25.7%。资产总额达81 700亿元，比上年增长17.1%。从业人员1 551万人，比上年略有增长，为0.3%。

2009年，汽车产销分别为1 379.1万辆和1 364.5万辆，同比分别增长48.3%和46.2%，产量、增速都创历史新高。

2009年，机械工业国内市场自给率超过85.0%，为国民经济发展和建设作出积极贡献，较好地发挥了支柱产业的作用，对全国工业总产值、新产品产值、利润和税金增长的贡献率分别为31.9%、67.6%、57.9%和24.0%，均居工业各行业第1位。见表1。

2009年机械工业基本情况表

表1

主要指标	计算单位	指标值	同比增减（%）	在工业中比重（%）
一、主要经济指标				
企业数	个	97 955.0	—	23.1
工业总产值（当年价格）	亿　元	107 484.2	16.1	19.7
工业增加值	亿　元	—	13.8	18.9
*主营业务收入	亿　元	92 201.0	13.5	19.4
*利润总额	亿　元	5 816.0	22.8	22.5
*税金总额	亿　元	3 205.9	25.7	15.2
*资产总计	亿　元	81 705.9	17.1	17.4
*从业人员人数（平均）	万　人	1 551.5	0.3	18.6
进出口总额	亿美元	3 767.4	-13.9	17.1
其中：出口总额	亿美元	1 958.2	-19.3	16.3
外贸差额	亿美元	149.1	-68.7	7.6
二、主要产品产量				
发电设备	万千瓦	11 722.5	-11.9	—
汽　车	万　辆	1 379.1	48.3	—
其中：轿车	万　辆	748.5	48.6	—
大中型拖拉机	万　台	37.1	30.6	—
金切机床	万　台	58.0	-13.6	—
其中：数控机床	万　台	14.4	-0.5	—

注：带*指标为2009年1—11月月报数据。

二、成功应对国际金融危机，实现“V”型快速回升

由于国际金融危机冲击，2008年、2009年中国机械工业经历了一次深刻的周期波动，这次波动的特点是：周期短回升快。从2008年二季度开始，到2009年初跌至谷底，此后开始回升，至年末工业增加值增速达到13.8%。

从“一五”以来，机械工业发生了三次周期性波动，这次周期为时最短；从谷底回升到正常只有一年时间，而20世纪60年代初“大跃进”后的调整，呈“U”字型曲线，从谷底恢复到正常用了3年多时间；80年代的调整，呈“W”字型，周期更长一些。虽然经济波动的原因、性质不一样，但显然这次应对是最成功的。见图1。

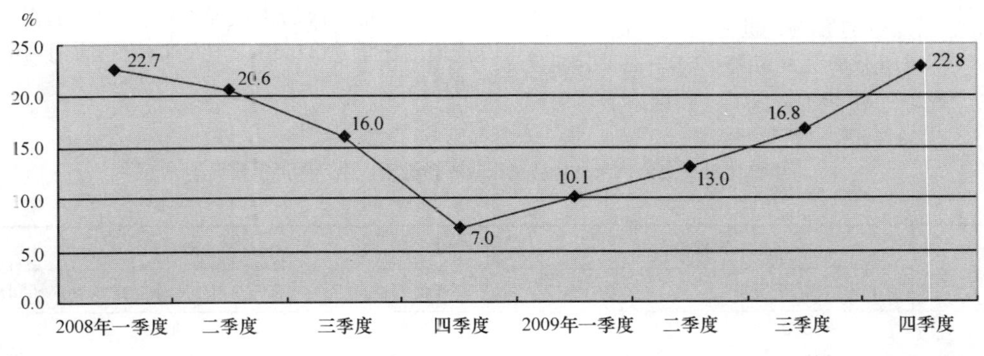

2008—2009 年机械工业增加值增速图

三、产业规模再上新台阶

受金融危机影响，需求严重下滑，全球各机械生产国生产普遍收缩，大幅下滑，唯有中国机械工业在政府一系列拉动内需政策的带动下，仍保持了较好的增长。这一年，中国机械工业从总量（总产值和销售收入）到许多重要产品都拔得世界头筹，跃居世界首位。

（一）销售额

以占世界机械产品销售额60.0%以上的中、美、日、德四个机械大国为例。2009 年，四国机械产品销售额总计比2008 年下降了 8.5%，其中美、日、德机械产品销售额都以二位数下滑，唯有中国不但没有下降，反而上升了 21.3%。中国 15 000 亿美元的销售额由上年在 4 国中的第 2 位进居第1 位，占四国销售额的 1/3，而上年只占 1/4。见表 2。

2009 年中、美、日、德 4 国机械工业销售情况

表 2

排　序	2008 年		2009 年		同比增长（%）
	销售额（亿美元）	比重（%）	销售额（亿美元）	比重（%）	
四国合计	49 352.2	100.0	45 140.1	100.0	−8.5
中　国	12 641.4	25.6	15 334.1	34.0	21.3
美　国	12 588.3	25.5	10 452.8	23.2	−17.0
日　本	14 488.5	29.4	12 229.4	27.1	−15.6
德　国	9 634.0	19.5	7 123.8	15.7	−26.1

（二）汽车

在这场百年一遇的全球性金融危机中，汽车行业是遭受冲击最大的产业，全世界汽车产业低迷，产销下降，唯有中国汽车产业，受益于国家推行的各项优惠政策，2009年中国成为全球增长最快的汽车市场。以 1379 万辆的水平成为世界最大的汽车制造国。当然中国的汽车产业在质量、技术、研发和服务方面仍落后于西方同行，中国真正领跑全球汽车业尚需时日。见表 3。

2009 年世界主要汽车生产国汽车产量情况

表 3

国别		2008 年		2009 年		同比增长（%）
		产量（万辆）	比重（%）	产量（万辆）	比重（%）	
序　号	世界总计	7 020.0	100.0	6 300.0	100.0	−10.3
1	中　国	929.9	13.3	1 379.1	21.9	48.3
2	日　本	1 156.4	16.5	793.4	12.6	−31.4
3	美　国	868.1	12.4	569.6	9.0	−34.4
4	德　国	604.1	8.6	520.9	8.3	−13.8
5	韩　国	352.7	5.0	351.2	5.6	−0.4
6	西班牙	254.2	3.6	217.0	3.4	−14.6
7	法　国	256.8	3.7	204.9	3.3	−20.2
8	英　国	165.0	2.4	109.0	1.7	−33.9
9	加拿大	207.8	3.0	100.0	1.6	−51.9
10	意大利	102.4	1.5	84.0	1.3	−18.0

（三）机床

2009年由于金融危机的影响，世界机床产值（554.9亿美元）比2008年（816亿美元）陡降32.0%。世界机床主要生产国，生产普遍下滑30.0%以上。我国由于政府拉动内需政策充分发挥作用，机床生产保持一定增幅，以153亿美元产值首次居于世界首位。中国机床产值占世界机床产值的比重达27.6%，比2008年增加了10个百分点。见表4。

2009年世界主要机床（金切机床或成形机床）生产国产值情况

表4

国别（地区）		2008年		2009年		
		产值（亿美元）	比重（%）	产值（亿美元）	比重（%）	同比增长（%）
	世界总计	816.0	100.0	554.9	100.0	-32.0
1	中　国	142.2	17.4	153.0	27.6	7.6
2	德　国	156.8	19.2	104.3	18.8	-33.5
3	日　本	155.7	19.1	71.0	12.8	-54.4
4	意大利	78.3	9.6	52.4	9.4	-33.1
5	韩　国	43.7	5.4	26.7	4.8	-39.0
6	中国台湾	48.1	5.9	24.2	4.4	-49.7
7	美　国	39.4	4.8	23.2	4.2	-41.0
8	瑞　士	40.1	4.9	21.2	3.8	-47.2
9	西班牙	15.5	1.9	10.6	1.9	-31.4
10	奥地利	12.3	1.5	8.6	1.5	-30.2

四、国家拉动内需政策是机械工业有效应对国际金融危机、实现加速回升的基础

国家扩大内需政策，有力拉动了机械工业的快速回升，如：

汽车　汽车工业带动面广，保汽车就是保保机械工业发展。国家一系列促进汽车消费的政策是汽车产销快速增长的主要动力。燃油税改革，1.6升及以下小排量乘用车购置税减半政策对汽车产销量增长影响的力度最大。排量1.6升及以下乘用车为增长主体，2009年汽车销量1 364.5万辆中，1.6升及以下乘用车销售719.6万辆，占乘用车销量（1 023.1万辆）的69.7%，同比增长71.0%，销售增长贡献度70.0%。受汽车下乡等政策的影响也不小。2009年中国的二三线城市成为汽车市场增长的主要动力，据中国汽车工业协会统计分析，2009年1—9月，一、二、三线城市汽车销售分别增长34.0%、41.0%和51.0%；增长贡献度分别为26.0%、40.0%和34.0%。自主品牌轿车销量221.7万辆，占轿车销量的29.7%，比上年同期的25.9%提高了3.8个百分点。

农业机械　2009年农机具购置补贴国拨资金130亿元，比上年增加2.3倍，带动地方各级财政和农民投入360亿元，补贴购置农机具343万台，带动2009年农机产值增长21.4%；大、中型拖拉机农作物收获机械产量，同比分别增长30.7%、28.97%和55.4%。

发电设备　2009年生产11 722.5万千瓦，继续维持高位，其中常规火电机组下降18.5%，而新能源风电设备生产1 075.9万千瓦，同比增速高达80.9%。

工程机械　国家投资40 000亿元扩大内需仍促进了工程机械工业的快速发展，在国家扩大内需的40 000亿元投资计划中，铁路、公路、机场、水利等重大基础设施建设和城市电网改造投资15 000亿元，保障性住房建设投资4 000亿元，这些都直接或间接与工程机械的需求有关。2009年国内高速铁路、客运专线、城铁等是发展热点，还有房地产建设高速发展，内需保证了2009年工程机械行业以24.7%的高速发展。

五、发挥支柱产业作用，为国民经济发展作出突出贡献

2009年，机械工业在结构调整的同时，重大技术装备研制取得重大进展，从而能更多地供应国民经济建设和国防建设所需机械装备。初步计算，2009年机械装备自给率超过85.0%，比2008年的84.4%又有提高，较好地满足了国民经济扩大内需的市场需求。见表5。

2009年国民经济建设所需机械设备自给率情况

表5

指　标	2009年		2008年		2007年	
	（亿元人民币）	（亿美元）	（亿元人民币）	（亿美元）	（亿元人民币）	（亿美元）
生产总量（1）（工业销售产值）	104 768	15 410.0	88 507	12 921.0	71 844	9 453.0
外贸出口额（2）	—	1 958.0	—	2 425.0	—	1 929.0

续表

指 标	2009 年		2008 年		2007 年	
	（亿元人民币）	（亿美元）	（亿元人民币）	（亿美元）	（亿元人民币）	（亿美元）
外贸进口额（3）	—	1 809.0	—	1 948.0	—	1 688.0
国内需求总量（4）=（1）+（2）+（3）	—	15 261.0	—	12 444.0	—	9 212.0
国内供应总量（5）=（1）-（2）	—	13 452.0	—	10 496.0	—	7 524.0
自给率（国产装备国内市场占有量）（6）=（5）/（4）（%）	—	88.2	—	84.4	—	81.7

金切机床自给率由上年的 61.0% 提高到 70.0%，其中数控机床自给率由 51.6% 提高到 62.0%。

（撰稿：中国机械工业联合会专家委员会委员　黄开亮）

2009 年中国钢铁行业运行综述

中国钢铁工业协会

2009 年是新世纪以来我国经济发展最困难的一年，也是钢铁工业经历严峻考验的一年。2008 年下半年爆发国际金融危机以来，受世界经济衰退的影响，我国钢铁产品直接和间接出口急剧下降，钢铁企业效益大幅下滑，企业生产经营陷入严重困难的局面。在严峻形势面前，钢铁行业广大干部职工，迎难而上，奋力拼搏，认真落实党中央、国务院应对国际金融危机的一系列政策措施，使钢铁生产经营逐步恢复，并实现平稳较快增长，行业扭亏为盈，初步摆脱了困难局面，为国家实现“保增长、扩内需、调结构”的战略目标做出了积极贡献。

2005—2009 年我国粗钢、生铁、钢材生产情况

表 1　　单位：万吨

产 品	2005 年	2006 年	2007 年	2008 年	2009 年
粗 钢	35 324	41 915	48 929	51 234	56 784
生 铁	34 375	41 245	47 652	48 323	54 375
钢 材	37 771	46 893	56 561	61 379	69 244

数据来源：中国钢铁工业协会《中国钢铁统计（2009）》、《中国钢铁工业统计月报》（2009 年 12 月）。①其中 2005—2008 年为国家统计局年报数据，2009 年为快报数据；②国家统计局 2010 年 2 月 28 日发布的《2009 年国民经济和社会发展统计公报》中，粗钢产量为 56 803.3 万吨，增长 12.9%，钢材产量为 69 626.3 万吨，增长 15.2%；③钢材产量包含重复材。

一、2009 年钢铁行业取得的主要成绩

1. 战胜国际金融危机的严重冲击，钢铁生产复苏，全年钢产量再创新高

由于中央采取了一系列有效的政策措施，极大地拉动了国内钢铁市场需求，2009 年 5 月我国钢铁生产全面复苏，6 月份钢铁生产超过上年历史最高水平，9 月份日产水平再创新高，已相当于年产 6.2 亿吨钢。在其他主要产钢国家粗钢产量大幅度下降的情况下，我国全年粗钢产量达 56 784.2万吨，比上年增长 13.5%。见表 1 ~ 表 5 和图 1。

2005—2009 年我国粗钢产量增加情况

表 2　　单位：万吨

产 品	2005 年	2006 年	2007 年	2008 年	2009 年
粗钢产量	35 324.0	41 915.0	48 929.0	51 234.0	56 784.0
增加量	7 033.0	6 591.0	7 014.0	2 305.0	5 550.0*
年增长（%）	24.9	18.7	16.7	4.7	10.8*

数据来源：中国钢铁工业协会《中国钢铁统计（2009）》、《中国钢铁工业统计月报》（2009 年 12 月），2005—2008 年数据为国家统计局年报数据，2009 年为快报数据。*根据快报数据 2009 年粗钢产量与 2008 年同口径相比，粗钢产量增加 6 753.1 万吨，增长 13.5%，本文涉及 2009 年粗钢产量及增长率均采用这一数据。

2005—2009 年全球产钢前 10 位国家

表 3

单位：百万吨

年 份	第1位	第2位	第3位	第4位	第5位	第6位	第7位	第8位	第9位	第10位
2005	中 国 353.2	日 本 112.5	美 国 94.9	俄罗斯 66.1	韩 国 47.8	德 国 44.5	印 度 40.9	乌克兰 38.6	巴 西 31.6	意大利 29.3
2006	中 国 419.2	日 本 116.2	美 国 98.6	俄罗斯 70.8	印 度 49.5	韩 国 48.5	德 国 47.2	乌克兰 40.9	意大利 31.6	巴 西 30.9
2007	中 国 489.3	日 本 120.2	美 国 98.2	俄罗斯 72.4	印 度 53.1	韩 国 51.5	德 国 48.6	乌克兰 42.8	巴 西 33.8	意大利 31.5
2008	中 国 512.3	日 本 118.7	美 国 91.3	俄罗斯 68.5	印 度 55.1	韩 国 53.6	德 国 45.9	乌克兰 37.3	巴 西 33.7	意大利 30.6
2009	中 国 567.8	日 本 87.5	俄罗斯 59.9	美 国 58.1	印 度 56.6	韩 国 48.6	德 国 32.7	乌克兰 29.8	巴 西 26.5	土耳其 25.3

数据来源：国际钢铁协会。其中 2009 年数据为 2010 年 1 月公布的统计数据。

2009 年全球产钢前 10 位国家粗钢产量增长率

表 4

单位：百万吨、%

年 份	第1位	第2位	第3位	第4位	第5位	第6位	第7位	第8位	第9位	第10位
国 家	中 国	日 本	俄罗斯	美 国	印 度	韩 国	德 国	乌克兰	巴 西	土耳其
产 量	567.8	87.5	59.9	58.1	56.6	48.6	32.7	29.8	26.5	25.3
增长率	13.5	-26.3	-12.5	-36.4	2.8	-9.4	-28.7	-20.2	-21.4	-5.6

数据来源：国际钢铁协会 2010 年 1 月公布的数据。

2005—2009 年我国粗钢产量居前 5 位的省市

表 5

单位：万吨

年 份	第1位	第2位	第3位	第4位	第5位
2005	河北省 7 425	江苏省 3 301	山东省 3 188	辽宁省 3 059	上海市 1 928
2006	河北省 9 096	江苏省 4 205	山东省 3 715	辽宁省 3 687	山西省 1 949
2007	河北省 11 047	江苏省 4 862	山东省 4 394	辽宁省 4 141	山西省 2 515
2008	河北省 11 523	江苏省 4 861	山东省 4 458	辽宁省 4 056	山西省 2 346
2009	河北省 13 536	江苏省 5 490	山东省 4 857	辽宁省 4 783	山西省 2 649

数据来源：中国钢铁工业协会《中国钢铁工业统计月报》（2009 年 12 月）、《中国钢铁工业统计年报（摘要）》。其中 2005—2007 年数据为年报数据，2008—2009 年为月报数据。

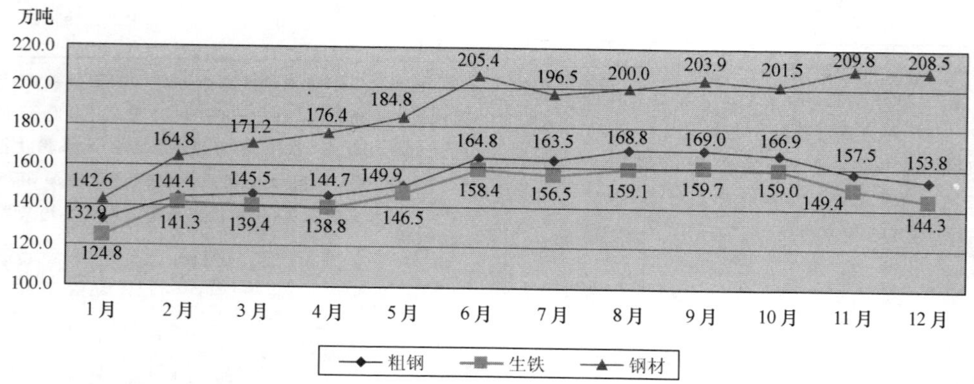

图 1　2009 年各月粗钢、生铁、钢材日产水平

2. 有力支撑了国家扩大内需措施对钢铁的需求

2009年全社会固定资产投资完成额达224 900亿元，比上年增长30.1%。新开工项目计划总投资额高达151 900亿元，比上年增加61 100亿元，增长67.2%。保增长、扩内需主要靠扩大固定资产投资，钢铁行业较上年增产6 753万吨钢，以及由于出口减少转供国内4 400多万吨钢，满足了大规模固定资产投资对钢材的需求，有力地支撑了国家应对国际金融危机措施的实施。2009年国内市场粗钢表观消费量56 497万吨，比上年增加11 229万吨，增长24.8%，考虑2009年全社会钢材、钢坯库存折合粗钢增加3 000万吨以上，国内市场实际增加消费粗钢8 200万吨左右，为国家保增长目标的实现做出了积极贡献。见表6。

2009年国产钢材国内市场占有率和自给率

表6 单位：万吨、%

产　品	消费量	产　量	进　口	出　口	市场占有率（%）	自给率%
钢材总计	68 547.3	69 243.7	1 763.2	2 459.6	97.4	101.0
上年同期	54 054.4	58 434.0	1 538.7	5 918.3	97.2	108.1
增减量	14 492.9	10 809.7	224.5	-3 458.7	0.3	-7.1
同比增长	26.8	18.5	14.6	-58.4	—	—
长　材	32 683.1	32 953.6	147.8	418.3	99.5	100.8
上年同期	25 176.9	26 715.3	134.5	1 672.9	99.5	106.1
增减量	7 506.3	6 238.4	13.4	-1 254.5	0.1	-5.3
同比增长	29.8	23.4	9.9	-75.0	—	—
板带材	30 220.9	29 877.8	1 527.4	1 184.3	94.9	98.9
上年同期	24 578.6	26 184.7	1 273.2	2 879.3	94.8	106.5
增减量	5 642.3	3 693.1	254.2	-1 695.0	0.1	-7.7
同比增长	23.0	14.1	20.0	-58.9	—	—
管　材	4 773.7	5 281.6	62.4	570.4	98.7	110.6
上年同期	3 772.9	4 656.6	105.8	989.5	97.2	123.4
增减量	1 000.8	625.0	-43.4	-419.2	1.5	-12.8
同比增长	26.5	13.4	-41.0	-42.4	—	—

数据来源：中国钢铁工业协会《中国钢铁工业统计月报》（2009年12月）。

3. 在钢材价格持续处于低位的形势下，大力降低成本，调整结构，实现全行业扭亏为盈

国际金融危机爆发后，钢铁企业通过加强管理，大力开展降本增效活动。据协会统计的68户大中型钢铁企业在连续亏损7个月后，于2009年5月份实现当月扭亏为盈，6月份实现上半年累计扭亏为盈，全年累计实现销售收入22 441.4亿元，实现利税1 254.6亿元，实现利润553.9亿元，其中投资收益131亿元，资产减值损失转回36.5亿元。

太钢启动全员降本增效行动，紧盯市场，通过倒逼成本制定产品目标盈利水平；河北钢铁集团宣钢公司立足于ERP系统，减少管理环节，降低成本；凌钢以行业内同口径先进指标为标杆，通过比、学、赶、超缩小与先进企业差距；马钢进行全方位、全流程降本增效，全年降低成本36亿元。见图2。

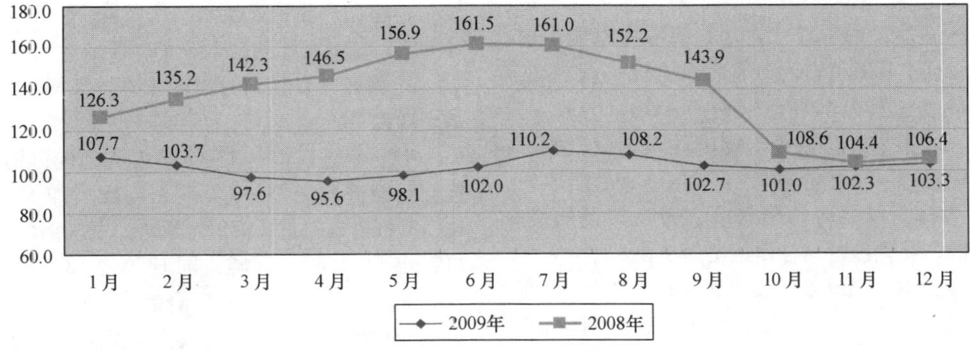

图2 2008—2009年各月CSPI（中国钢材价格指数）情况

4. 技术进步取得重大进展，品种质量进一步改善

鞍钢营口鲅鱼圈临海新钢铁基地投产一年，主要生产技术经济指标全面达到或超过设计水平，其厚板轧机已成功生产出核电站用的高强度高韧性厚钢板；首钢京唐曹妃

甸临海新钢铁基地1号高炉系统自2009年5月份投产以来，各项新技术新工艺应用和开发取得可喜成绩；武钢、宝钢着力于自主创新取得重大突破，具有自主知识产权的高档取向硅钢实现批量生产并已用于替代进口硅钢生产50万伏以上等级的超高压大型变压器；宝钢、鞍钢、本钢在高强度汽车板研发和生产上正不断缩小与国际先进水平的差距；武钢、马钢自主研发的汽车板产量迅速上升，武钢2070毫米宽汽车板成功进入市场；太钢不断开发新品种，不锈钢材产量增长30.0%；攀钢、包钢、鞍钢、武钢生产的重轨满足了我国高速铁路建设的需要；沙钢在开发长材产品方面又取得了新成绩。见表7。

2009年主要钢材品种变化情况

表7 单位：万吨

产 品	2009年	2008年	增减量	累计增长（%）
钢材合计	69 243.7	58 434.0	10 809.7	18.5
铁道用钢材	586.0	474.4	111.6	23.5
所占比重（%）	0.8	0.8	—	—
长 材	32 367.6	26 240.9	6 126.8	23.3
所占比重（%）	46.7	44.9	1.8	—
板管带材	35 159.4	30 841.3	4 318.0	14.0
所占比重（%）	50.8	52.8	-2.0	—
其中：板材（不含窄带）	24 628.5	22 040.7	2 587.9	11.7
所占比重（%）	35.6	37.7	-2.1	—
窄 带	5 249.2	4 144.0	1 105.2	26.7
所占比重（%）	7.6	7.1	0.5	—
管 材	5 281.6	4 656.6	625.0	13.4
所占比重（%）	7.6	8.0	-0.4	—

数据来源：中国钢铁工业协会《中国钢铁工业统计》(2009年12月)

5. 节能减排取得新成绩

2009年钢协会员企业粗钢产量增长11.3%，但总能耗只增长5.4%。吨钢综合能耗下降1.7%；吨钢耗新水下降12.8%，平均已降到4.4立方米。二氧化硫排放减少4.9%，烟尘排放减少7.9%；钢渣和高炉渣利用率进一步提高，一大批节能环保综合利用项目建成，为加快节能减排步伐创造了条件。

6. 积极实施“走出去”发展战略，加大对境外资源投资的力度，促进与上下游企业之间的战略合作

2009年是钢铁行业对境外资源投资力度最大的一年。武钢、鞍钢、华菱、宝钢、沙钢、中钢、中冶、中信泰富等一大批企业抓住机遇，在澳大利亚、巴西、加拿大等地投资参股铁矿山开发建设取得较大进展，资源保障能力增强；太钢在成功收购土耳其CVK公司西部铬矿部分股权的基础上，又出资收购了其东部和南部铬矿43.0%的股权，成为合资公司第一大股东。首钢等与国内煤炭企业以股份合作方式结成战略结盟；一些企业加强了与重大战略客户形式多样的紧密合作；钢材剪切配送中心布点建设加快；特大型钢铁集团的国际化经营与合作迈出新步伐。

7. 企业联合重组取得新进展，信息化建设步伐加快

宝钢重组宁波钢铁，首钢重组长治钢铁和贵阳特钢，河北钢铁、山东钢铁实行大集团统一运营，管理上了新台阶。一大批企业将信息化与企业发展战略、核心业务相结合，提升企业的软实力。南钢利用信息系统，提升成本管理和盈利能力，合同兑现率从87.0%提高到96.0%，2009年还获得全国质量奖；马钢搭建产销一体化信息平台，实现了在现有条件下的生产系统优化。

二、2009年钢铁行业运行存在的主要问题

1. 由于供大于求，造成市场价格低迷，企业增产减收

尽管国家刺激经济的政策措施极大地拉动了钢材需求，但钢材市场供大于求的基本格局没有改变，导致市场供需维持平衡的难度加大，2009年12月末CSPI（中国钢材价格指数）仍只有106.4点，处于较低水平，钢铁行业出现了增产不增收的现象。2009年钢协会员企业钢产量比上年增长11.3%，产品销售收入同比下降10.1%，实现利税下降34.4%，其中实现利润下降33.6%。

2. 钢材（坯）进口增加，出口大幅度下降，国内市场压力增大

2009年进口钢材1 763.2万吨，进口钢坯458.5万吨，折合粗钢进口2 334.3万吨，同比增加672.8万吨，增长40.5%；出口钢材2 459.7万吨，出口钢坯4.3万吨，折合粗钢出口2 621万吨，同比减少3 803.7万吨，下降59.1%。进出口相抵，折合粗钢净出口286.7万吨，比2008年的4 763.2万吨，减少4 476.5万吨，下降94.0%。这部分粗钢由出口转向国内市场，进一步加剧了国内市场供大于求的压力。见表8。

2009 年钢材进出口主要国家和地区

表 8

地 区	2009 年（万吨）	2008 年（万吨）	同比增长（%）	2009 年比例（%）	2008 年比例（%）	增减（百分点）
进 口						
钢材合计	1 763.2	1 538.7	14.6	100.0	100.0	0.0
其中：日 本	611.3	701.8	-12.9	34.7	45.6	-10.9
韩 国	457.4	353.5	29.4	25.9	23.0	3.0
台湾省	250.3	248.0	0.9	14.2	16.1	-1.9
俄罗斯	151.3	15.8	860.6	8.6	1.0	7.6
欧盟 25 国	95.0	110.5	-14.0	5.4	7.2	-1.8
哈萨克斯坦	51.3	15.5	230.6	2.9	1.0	1.9
出 口						
钢材合计	2 459.7	5 918.3	-58.4	100.0	100.0	0.0
其中：韩 国	556.1	1 395.4	-60.2	22.6	23.6	-1.0
欧盟 25 国	160.5	756.4	-78.8	6.5	12.8	-6.3
越 南	147.8	276.3	-46.5	6.0	4.7	1.3
印 度	118.3	195.3	-39.4	4.8	3.3	1.5
美 国	105.0	502.3	-79.1	4.3	8.5	-4.2
泰 国	68.7	157.7	-56.5	2.8	2.7	0.1
东南亚合计	553.8	1 087.5	-49.1	22.5	18.4	4.1

数据来源：海关总署。

3. 国产铁矿石增速同比大幅下降，进口铁矿石超常增长

受价格等因素影响，2009 年我国铁矿石原矿生产 8.8 亿吨，同比增产 7 212 万吨，仅增长 8.9%，而生铁产量同比增加 7 446 万吨，增长 15.9%，需要增加成品矿 1.2 亿吨，而国产成品铁矿石只增产 2 400 万吨左右，需增加进口矿石 9 600 万吨，实际全年进口矿石 62 778 万吨，比上年增加 18 142 万吨，增长 41.5%。铁矿石超需求进口增大了铁矿石和海运费上涨压力。

4. 产能继续增长，淘汰落后进展缓慢

根据钢协 2008 年年报统计，当年新增炼钢产能 6 229 万吨，当年淘汰落后炼钢产能 648 万吨，到 2008 年底我国钢的生产能力为 64 400 万吨。

2009 年黑色金属冶炼及压延加工完成投资 3 206.1 亿元，约新增炼钢能力 5 500 万吨左右。

5. 产业结构调整难度进一步增大

2009 年河北钢铁、宝钢、武钢、鞍本、沙钢等五大集团合计产钢 1.7 亿吨，仅占同期全国钢产量的 29.0%；沿海、沿江钢铁企业产钢占全国产量比例尚不到 20.0%，与《钢铁产业调整和振兴规划》提出的“国内排名前 5 位钢铁企业的产能占全国产能的比例达 45.0% 以上，沿海沿江的钢铁产能占全国产能的比例达到 40.0% 以上”的目标还有很大差距。

而与此同时，非钢协会员的中小企业粗钢产量快速增长，2009 年钢产量增长 24.7%，而钢协会员企业只增长 11.3%。大企业发展缓慢，小企业数量不断增多，使今后调整产业结构的难度加大。

近年来，大中型企业伴随大量板材项目投产，形成了先进产能的过剩和同质化竞争，如何根据我国城市化、工业化市场需求特点和企业自身优势进行产品结构调整，是危机之后大中型企业要深入研究的课题。

三、2010 年钢铁行业面临的形势

1. 从国际看，2010 年形势总体好于上年，但经济复苏的基础仍十分脆弱

从有利的方面看，世界经济运行中出现了一些好的迹象，主要经济体出现好转，一些新兴经济体增速加快；国际金融市场趋稳，全球贸易量和投资呈现恢复性增长；2010 年 1 月国际货币基金组织预计，2010 年世界经济将增长 3.9%。从不利方面看，金融危机的影响还远未消除，银行慎贷惜贷仍难以根本改变；主要经济体增长乏力，消费不振、失业率高、产能利用率低等问题仍未得到明显改善；国际贸易进一步恢复存在不少障碍，各种形式的贸易保护主义不断升级，特别是针对中国出口产品的贸易摩擦明显增多。

2. 从国内看，我国经济顶住了国际金融危机的严重冲击，回升向好的基础逐步巩固

2010 年中央将继续实施积极的财政政策和适度宽松的货币政策，一揽子计划还将进一步落实和完善，扩大内需和改善民生的政策效应将继续发挥；汽车、机械装备制造等下游行业仍呈快速发展态势；国家正在制定的一系列联合重组、淘汰落后、行业准入等政策措施的出台等，这些都将对 2010 年钢铁行业的平稳运行创造有利条件。

3. 但同时也必须看到，我国钢铁工业发展面临着许多困难和矛盾

一是国内固定资产投资增长幅度和新开工项目增长幅度将低于 2009 年。2009 年钢铁生产增长主要靠投资拉动和政策支撑。由于国家出台的一系列政策，使投资和消费需求都保持了较快增长，特别是 6 月份以后，城镇固定资产

投资增速已连续5个月保持在33.0%左右。由于企业利润下滑、民间投资尚未有效启动，加上地方配套资金筹措困难，影响中央投资的带动效应，使2010年投资增长的可持续性面临考验，对钢材消费的增长将产生影响。同时，由于2010年国家更加强调结构调整、资源节约的政策，也将进一步降低钢材消费的强度。

二是钢铁产业结构调整任务十分艰巨。长期以来，我国钢铁工业发展中存在的深层次矛盾，包括钢铁产能总量过剩，低水平产能比重过高；企业规模小而且分散，产业集中度低，生产力布局不合理；资源、能源、环境制约钢铁工业发展，科技创新能力不强；资源控制力弱，保障体系建设滞后等问题本应利用这次金融危机，加快进行产业结构调整，转变发展方式，为后危机时代做好准备，但从一年多的结果看，不仅跨地区联合重组进展缓慢，淘汰落后产能面临阻力，而且一些企业和地区仍热衷于产能扩张，完成《钢铁产业调整和振兴规划》提出的三年目标还面临着许多考验。

三是钢材出口仍面临很大困难。一方面，世界经济复苏将是一个缓慢的过程，金融危机深层次影响依然存在。主要发达经济体国内需求疲软，主要产钢国产量仍未完全恢复到危机前水平，抑制了全球钢材贸易量的增长。另一方面，各种形式的贸易保护主义不断强化，针对我国钢铁企业的贸易争端明显增多，钢材出口形势不容乐观。

四是生产成本压力增大，市场供大于求，钢铁产品的价格难于较大回升。随着世界经济复苏，通胀预期将逐步显现，2010年以来与钢铁生产相关的煤、电、油、水等资源、能源价格均呈上涨态势，给钢铁生产带来巨大的成本压力。由于国内钢材市场供求关系存在着许多不确定性，钢铁行业平稳运行仍面临考验。受产能过剩、供大于求的影响，钢铁市场波动运行难以根本改变，钢材价格很难大幅回升，提高行业盈利水平面临严峻挑战。

总之，2010年钢铁行业面临的形势仍然十分严峻，不确定、不可预料的因素增多，行业发展形势可能比预想的更复杂，不宜对钢铁行业发展的外部环境盲目乐观，应当充分考虑可能遇到的困难和风险，扎实做好应对各种挑战的准备。

（撰稿：中国钢铁工业协会综合部副部长　王德春）

2009年中国石油和化工行业综述及2010年展望

中国石油和化学工业协会

2009年是石油和化工行业新世纪来最为艰难的一年。面对国际金融危机对行业造成的冲击，面对国际贸易保护主义加剧，石化产品出口受阻，面对上下游产业链的结构性矛盾等重重困难，按照党中央统一部署，贯彻国务院《石化产业调整和振兴规划》，石油和化学工业协会推出了《石油和化工产业结构调整指导意见》和《石油和化工产业振兴支撑技术指导意见》，经过全行业760万职工的艰苦努力，行业经济出现了回升向好的发展局面。

一、2009年行业经济运行情况

2009年，是新中国成立60周年，经过60年的发展，我国石化产业由小到大，由弱到强，已初步形成了具有20多个行业，6万多个（种）产品，门类基本齐全，品种基本配套，具有一定国际竞争力的完整工业体系。2009年全国石油和化工行业规模以上企业34 600家，实现总产值66 300亿元，同比增长0.3%。占全国工业总产值的12.1%，行业增加值同比增长10.1%，20多种大宗产品的产量位居世界前列，主要石油和化工产品的消费量保持世界领先地位。

受金融危机影响，2009年初行业经济走入低点，受国家宏观政策推动，3月份后逐步回升，12月份创月度历史最好水平。

2008—2009年12月份，石油和化工行业总产值的增长的幅度，不难看出是一个“V”字型，最明显的就是从2008年的7月份为开始，到2009年的12月份，呈现一个大的“V”字型，这说明整个石油和化工行业已经走出低谷，正在朝着好的方向去发展。2008—2009年我国石油和化工总产值月增长速度见图1。

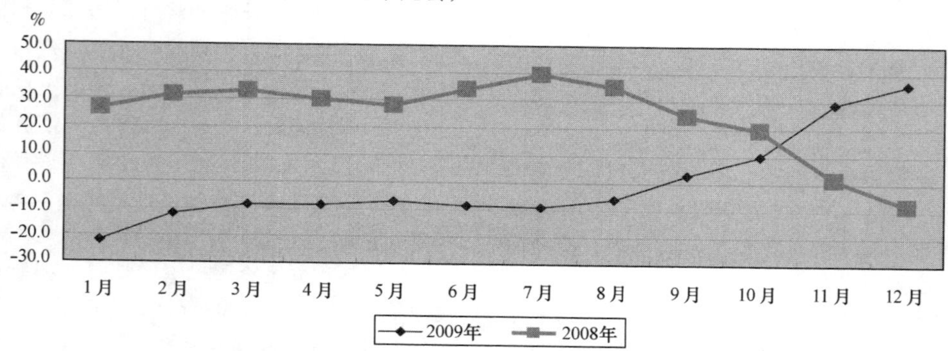

图1　2008—2009年我国石油和化工总产值月增长速度

2009 年 12 月份，全国石油和化工行业总产值达到6 837.4亿元人民币，同比增长 35.6%，比年初增长了86.2%。在2008 年六七月份，国际原油价格在 147 美元的高价的时候，全行业总产值为6 777.5 亿元人民币，不但增幅大，而且产值的绝对量也有增长。2007—2009 年我国石油和化工行业总产值见图 2。

2009 年 1—2 月，金融危机对我国石油和化工行业的影响呈两位数下降，行业总产值下降 17.0%，达 7 617.3 亿元；进出口贸易额下降了 39.9%，为 371.8 亿美元；进口贸易额下降 44.9%，为 237.9 亿美元；出口贸易额下降28.4%，为 133.4 亿美元；石化价格指数下降 16.1%，为83.9%；销售收入下降19.7%，为7 175.4 亿元；实现利润下降 56.4%，为 34 亿元；投资增长 22.6%，为 553.4 亿元。

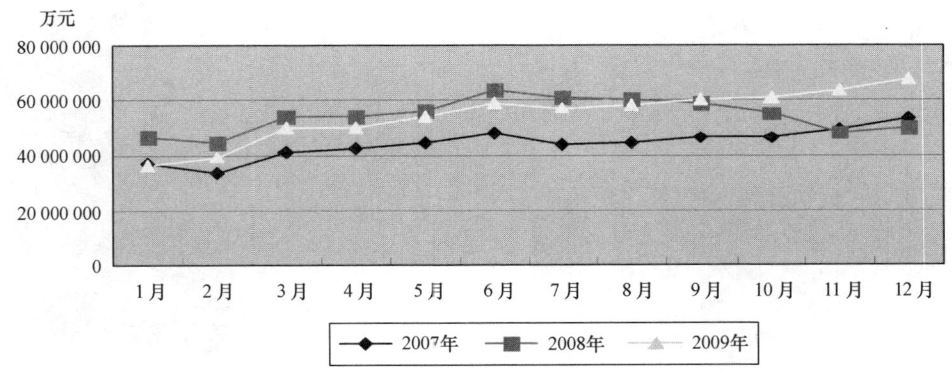

图 2　2007—2009 年我国石油和化工行业总产值

2009 年国家出台了一系列宏观政策：保增长、扩内需、调结构，40 000 亿元投资基础设施建设，家电下乡、汽车下乡等，这些政策拉动了消费，效果十分明显。因此，石油和化工行业在2009 年1 到12 月份经济指标中，行业投资已呈增长趋势，总产值从原先下降两位数到增长 0.3%。除了出口贸易以外，其他指标的降低都在缩小，石化产品价格指数从 16.1% 降到 13.1%，销售收入只下降 3.3%，利润下降 5.2%，投资继续增长，可见，金融危机对行业的影响逐步缩小。

2009 年 1—12 月石油和化学工业总产值增长 0.3%，达66 300 亿元；进出口贸易额下降 23.2%，为 3 270.7 亿美元；进口贸易额下降22.6%，为2 280.6 亿美元；出口贸易额下降 24.6%，为 990.1 亿美元；石化价格指数下降13.1%，为86.9；销售收入下降3.3%，为58 000 亿元；实现利润下降5.2%，为4 190.6 亿元；投资增长 12.9%，为10 100 亿元。主要经济指标占全国的比重见表 1。

主要经济指标占全国的比重

表 1

项　目	全　国		石油和化工行业		占全国比重（%）
	2009 年	同比增长（%）	2009 年	同比增长（%）	
一、国内生产总值	335 353.0	8.7	—	—	—
规模以上工业增加值	—	11.0	—	10.1	—
规模以上工业总产值（亿元）	546 320.0	9.4	66 267.8	0.3	12.1
二、产品销售率（%）	97.7	0.0	98.3	0.1	—
三、全社会固定资产投资（亿元）	224 846.0	30.1	10 124.3	12.9	4.5
四、工业品出厂价格	—	-5.4	—	-13.1	—
五、工业出口交货值（亿元）	72 882.2	-10.1	3 620.0	-15.1	5.0
六、进出口贸易（亿美元）	22 072.7	-13.9	3 270.7	-23.2	14.8
其中：出口	12 016.6	-16.0	990.1	-24.6	8.2
进口	10 056.0	-11.2	2 280.6	-22.6	22.7
七、规模以上工业企业实现利润（前11 个月，亿元）	25 891.0	7.8	4 190.6	-5.2	16.2
八、规模以上工业企业主营业务收入（前 11 个月，亿元）	474 609.0	7.1	58 092.2	-3.3	12.2
九、规模以上工业企业税金（前 11 个月，亿元）	21 129.2	14.8	4 586.6	52.2	21.7

二、2009年石油和化工行业经济运行主要特点

当前我国石油和化学工业已进入以结构调整和产业升级为主要特征的快速发展时期。

1. 化工行业实现较快增长

2009年，化工行业总产值39 300亿元，同比增长9.7%，实现较快增长；石油和天然气开采行业总产值7 490.3亿元，下降26.6%；炼油行业总产值17 800亿元，下降4.2%。从增长幅度看，2009年化工行业增加值同比增长15.9%；石油天然气开采行业增长4.8%；炼油行业增长5.2%，化工行业成为经济增长的主要推动力。

2009年，在国家燃油税改革和成品油定价机制推行后，炼油行业迈出了市场化的关键一步，扭转了亏损局面。1—11月，炼油行业实现利润729亿元；化工行业实现利润1 718亿元，同比增长13.5%；石油天然气开采行业利润同比下降60.7%，实现利润1 687亿元。2009年全国石油和化工行业总产值分季度增速、2008—2009年全国石油和化工行业增加值增速及2009年全国石油和化工行业总产值比重见图3～图5。

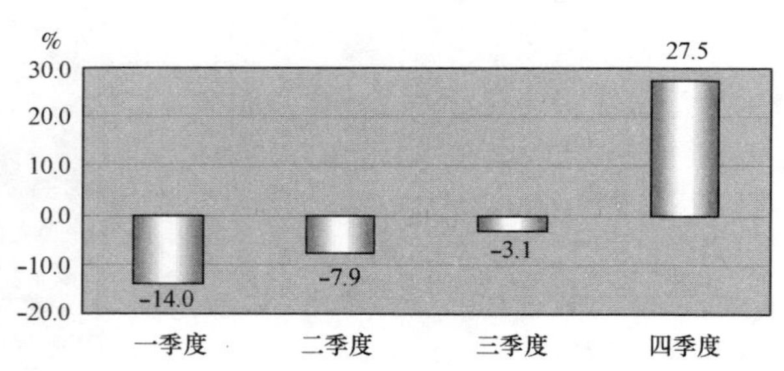

图3　2009年全国石油和化工行业总产值分季增速图

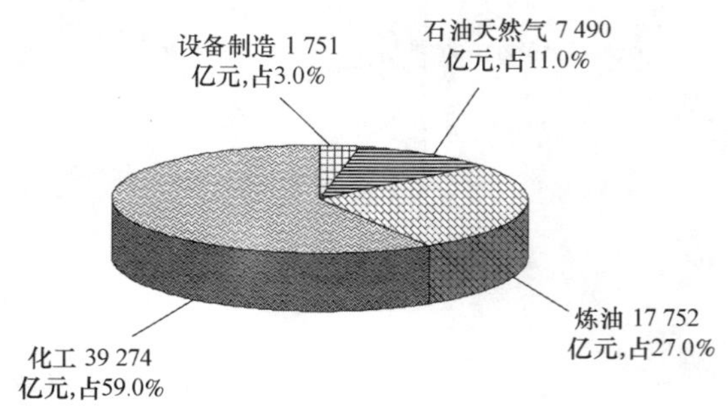

图4　2009年全国石油和化工行业总产值比重

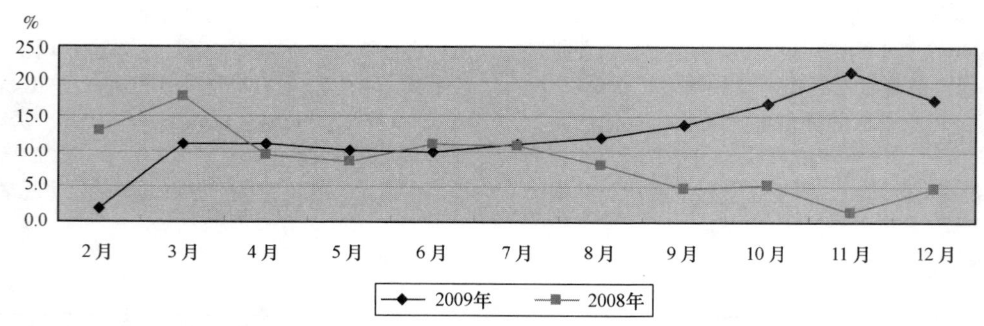

图5　2008—2009年全国石油和化工行业增加值增速图

2. 能源市场供需基本平稳

2009年，为应对金融危机给我国经济和成品油市场造成的冲击，大型企业有计划调减了原油产量，全国原油产量1.9亿吨，同比下降0.4%。与此同时，积极组织进口，全年进口原油2亿吨，同比增长13.9%。原油加工量3.8亿吨，同比增长7.9%；成品油产量2.3亿吨，同比增长9.4%，2009年原油加工量和成品油产量见图6。

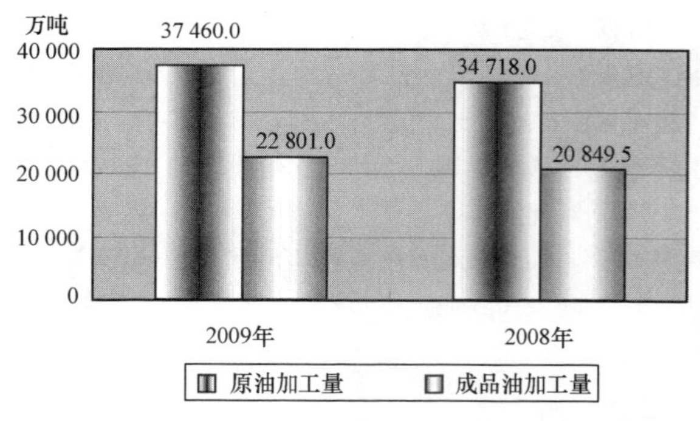

图6　2009年原油加工量及成品油产量示意图

石油企业积极抓住扩大内需的机遇，优化生产方案，调整结构，扩大海外油气资源，我国石油企业先后中标伊拉克鲁迈拉油田和哈法亚油田开发作业权，获得伊朗北阿扎德甘油田和南帕斯气田开发服务合同，实现了中东地区油气合作的重大突破。与土库曼斯坦、哈萨克斯坦、乌兹别克斯坦、俄罗斯等国新签订一批油气合作协议，扩大了油气战略通道的资源基础，海外油气战略布局基本形成。2009年我国石油表观消费4亿吨，对外依存度达到52.6%，同比扩大1.8百分点；天然气表观消费874.5亿立方米，同比增长11.5%，在石油企业的积极努力下，较好地保障了国内交通运输、农业生产用油和居民生活燃气的供应，2009年我国原油产量、天然气产量和原油加工量见图7～图9。

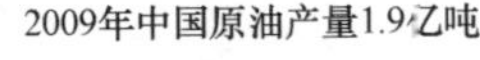

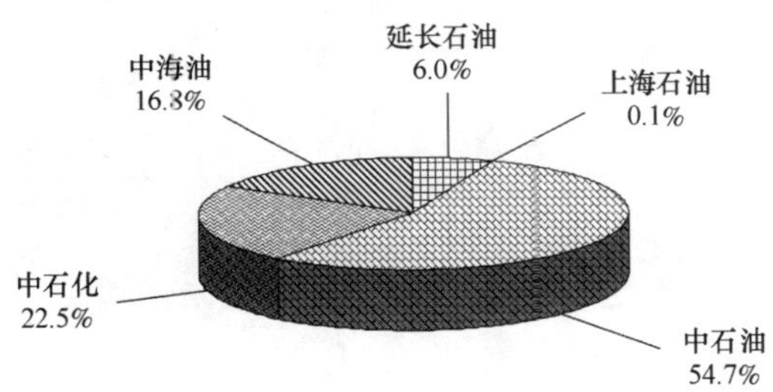

图7 2009 年我国原油产量

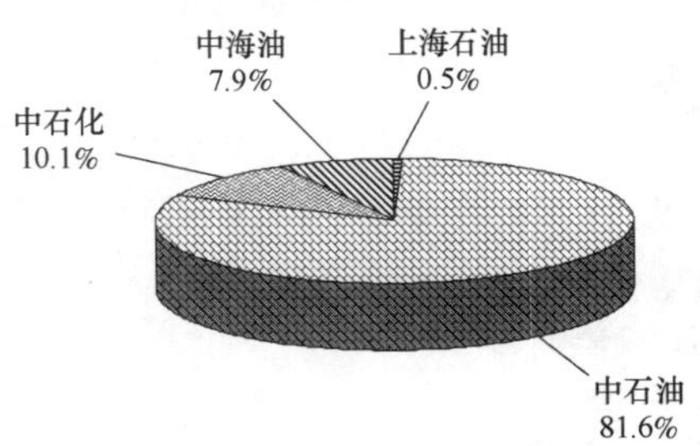

图8 2009 年我国天然气产量

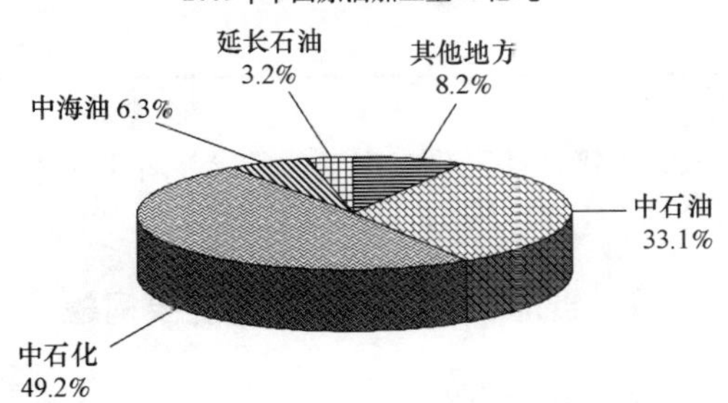

图9 2009 年我国原油加二量

3. 农用化学品保障有力，价格稳中下降

2009 年，国家放开化肥市场价格，并没有影响到化肥的市场价格，化肥及农药生产完全满足国内农业生产的需求，全年化肥总产量（折纯）突破 6 000 万吨大关，达 6 706万吨，增长 16.3%，其中，尿素增长 10.5%，磷肥和钾肥分别增长 21.9% 和 24.6%；全国农药产量 226.2 万吨，增长 12.3%，2009 年我国化肥和农药产量见图 10。

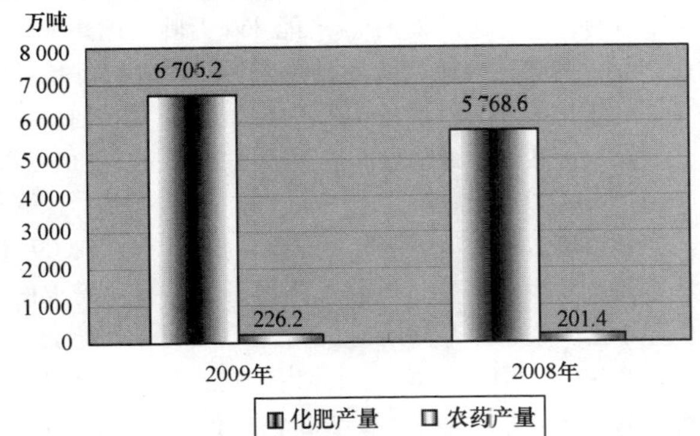

图10 2009 年我国化肥产量和农药产量示意图

2009 年国内尿素年均价格为 1 735 元/吨，比上年同期下降 15.0%；磷酸二铵均价为 2 703 元/吨，同比下降 30.6%；农药价格总体与上年基本持平。由于化肥、农药生产企业的努力，市场供应充足，为我国粮食生产连续第 6 年稳产高产作出了重要贡献。

4. 橡胶制品行业在艰难中走出困境

橡胶制品行业对国际市场依存度最大，也是此次受金融危机冲击最严重的行业之一。2009 年秋季的美国轮胎特保案，使橡胶制品出口本已严峻的形势雪上加霜。但行业通过积极调整产品结构，大力拓展国内外两个市场，改变出口方式等举措，同时，国家内需政策拉动国内汽车消费增长，使得橡胶制品行业逐步化解危机，成效显著。

2009 年，橡胶制品行业产值达 4 774.7 亿元，同比增长 16.1%，是石化行业中增速最快的子行业之一。轮胎产量 6.6 亿条，增长 18.1%。2009 年出口轮胎 3 亿条，出口依存度约为 46.0%，比上年下降 10 个百分点，2009 年我国橡胶产品的市场情况见表 2。

5. 产业结构正在悄然发生变化

多年来，基础化工原料行业一直在化工行业生产中占据龙头地位，但近两年来，这种格局正在发生改变。2009 年，专用化学品行业以 9 633.2 亿元的产值和 16.8% 增速，跃居化工各子行业快速发展之首；合成材料行业产值位居第三。这两个行业在化工行业生产中的比重快速增加，标志着产业和产品结构调整初见成效，正朝着技术含量较高、附加值较高的方向迈进，2009 年我国专用化学品产值见图 11，化工行业结构变化见表 3。

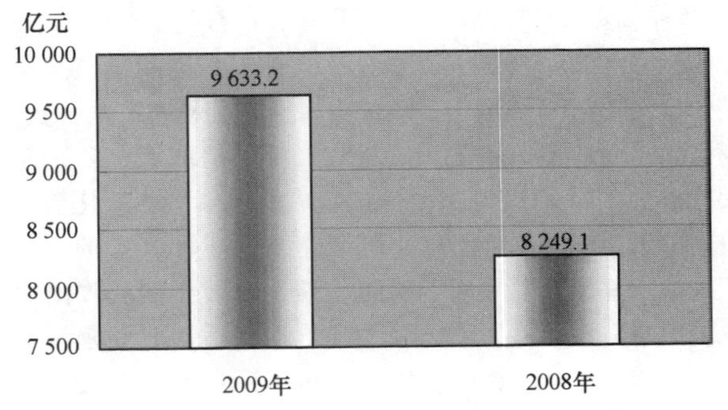

图11 2008—2009 年专用化学品产值

2009 年我国橡胶产品的市场情况

表 2

名 称	年 份	产 量	进口量	出口量	表观消费量
橡胶轮胎外胎（万条）	2009 年 1—12 月	65 464.1	757.2	30 220.6	36 000.7
	2008 年 1—12 月	55 426.1	676.1	31 237.1	24 865.1
	同比（±%）	18.1	12.0	-3.3	44.8

化工行业结构变化情况

表3

名　称	总产值（亿元）			占比重（%）	
	2009 年	2008 年	同比（±%）	2009 年	2008 年
化学工业	39 274.4	35 785.9	9.7	100.0	100.0
其中：化学矿采选业	242.1	199.4	21.4	0.6	0.6
基础化学原料制造	9 475.8	9 084.7	4.3	24.1	25.4
肥料制造	4 575.8	4 402.0	3.9	11.7	12.3
化学农药制造	1 320.3	1 264.3	4.4	3.4	3.5
涂料颜料等制造	3 195.4	2 837.7	12.6	8.1	7.9
合成材料制造	6 057.1	5 635.6	7.5	15.4	15.7
专用化学产品制造	9 633.2	8 249.1	16.8	24.5	23.1
橡胶制品业	4 774.7	4 113.0	16.1	12.2	11.5

6. 新型煤化工取得新发展

2009 年，我国在新型煤化工领域取得了一系列重大突破，开发出一批处于世界领先水平的技术。如：甲醇制丙烯（FMTP）的万吨级工业化试验取得成功；世界第一套 20 万吨/年煤制乙二醇工业装置投产试车；世界第一套 60 万吨/年煤制烯烃（DMTO）已进入工程中交，预计 2010 年下半年投产。这些具有自主知识产权的核心技术，将推动我国煤化工向纵深和健康的方向发展。

三、推动经济回升向好的主要因素

一是国家宏观政策推动。比如：家电下乡、家电以旧换新、汽车下乡，对 1.6 升以下排量乘用车减按 5.0% 征收车辆购置税；对农民报废三轮汽车和低速载货车换购轻型载货车以及购买 1.3 升以下排量客车给予一次性财政补贴；增加老旧汽车报废更新补贴资金，并清理取消限购汽车的不合理规定等宏观政策，激发了社会购买力，拉动了化工配套产品的市场需求。

二是政策的扶持作用。2009 年行业应对金融危机政策的支持起了关键性作用。这一年里，全行业恢复和提高了 1 105种重要石化产品的出口退税率，占石化出口产品 1 330 个税则号的 86.5%，大部分化工产品出口退税率已基本调整恢复至 13.0%；取消了硫酸出口暂定关税；取消了黄磷、磷矿石、合成氨、磷酸、氯化铵、重过磷酸钙、二元复合肥等产品的特别出口关税；对合成氨、磷酸、氯化铵、重过磷酸钙、二元复合肥等化肥产品统一征收 10% 的出口暂定关税，并延长了尿素、磷酸一铵、磷酸二铵征收出口关税的淡季时段，将尿素的淡季出口税率适用时间延长一个月，磷酸一铵、二铵的淡季出口税率适用时间延长一个半月；在信贷方面积极向大中型企业倾斜；此外，政府还及时调整了成品油定价机制等。这些政策扶持极大地缓解了企业的经营压力。

三是下游行业的支撑作用。2009 年相关的下游行业需求增长，拉动了化工行业的生产增长。如：机制纸及纸板增长 12.1%，纸制品增长 14.9%、肥（香）皂增长 14.5%、合成洗涤剂增长 9.3%、塑料制品增长 10.6%、沥青和改性沥青防水卷材增长 18.7%、大中型拖拉机增长 30.7%、汽车增长 47.8%、绝缘制品增长 27.4%，这些行业的增长，直接带动了化工市场的需求，对于化工行业稳定增长起到了支撑作用。

四、当前经济运行存在的主要问题

应当看到，虽然 2009 年行业经济回升向好的态势逐步明显，但回升的基础还不稳固，经济运行中的问题仍比较突出。

一是产能过剩问题突出，无序投资比较严重。2009 年，烧碱、纯碱、磷肥、聚氯乙烯、甲醇等行业装置开工率都比较低。但一些产能严重过剩行业的投资仍在加速，其中磷肥行业增长 67.8%，农药、橡胶制品、无机碱、涂料颜料、专用化学品制造增长均在 30.0% 以上，大大高于行业投资平均增长水平。

据国家发改委通报，目前全国在建电石项目 31 个、产能 700 万吨，甲醇项目 25 个、产能 860 万吨，这些项目全部投产后，将进一步加剧产能过剩矛盾。此外，各地还规划了一批煤化工项目，各地上报的项目中，煤制油、煤制烯烃、煤制天然气项目总投资按照示范工程的投资加预算，已经超过 10 000 亿元。

二是市场需求启动缓慢，企业经营仍然困难。2009 年，一些主要产品表观消费量虽然不断回升，但有效需求的动力仍显不足，企业库存有所增长。截至 12 月末，化肥、部分石化产品、“两碱”、成品油等生产企业和销售企业，库存都居高不下。1—12 月，石油和化工行业价格总指数为 86.9 点（以上年价格为 100），其中化工行业价格指数为 89 点，多数化工产品价格一直在低位徘徊。在国际原油价格上涨推动下，化工企业还面临成本上升的压力。

三是进口冲击不断增加，外贸出口严重受阻。据海关统计，2009 年，我国的有机产品进口量同比增长 50.3%，其中乙烯和甲醇的进口量同比分别增长 35.1% 和 268.8%（甲醇进口占国内产量 46.7%），聚乙烯、聚丙烯、聚氯乙烯进口同比分别增长 64.8%、51.8% 和 73.5%，给国内市场带来很大压力。同时，受外需不足和贸易保护主义影响，2009 年前 11 个月，我国石油和化工行业遭遇贸易摩擦案件共 20 起，石化产品出口严重受阻，无机和有机产品出口量分别下降 14.0% 和 10.0%、合成树脂下降 22.0%、轮胎下降 7.0%、化肥下降 14.0%。一增一减，大大加剧了国内市场的竞争。

五、2010 年展望

根据中央提出的“稳增长，调结构，扩内需，惠民生”的2010年总体经济工作方针，石化行业将以“转变发展方式，调整产业结构和优化布局，推动技术创新和节能减排，增强行业国际竞争力”为今年和今后相当一段时期的中心任务。为此，石化协会将坚持不懈地推动《石油和化工产业结构调整指导意见》和《石油和化工产业振兴支撑技术指导意见》的宣介，以提高高端产品自给率和降低高载能产品比重为目标，积极开发新产品，淘汰落后产能，改善产业、产品结构；以实现规模经济、提高产业集中度为目标，鼓励企业兼并重组和采用园区化、上下游一体化发展模式，改善企业组织结构；以促进区域协调发展为目标，发挥中西部地区资源优势和市场潜力，鼓励资源性产品有序转移，优化产业布局；以提升节能环保和安全生产水平为目标，大力支持自主创新和传统产业改造，提高行业整体素质和市场竞争力。为行业发展方式转变和产业结构调整指明方向。

对2010年全国石油和化工行业主要经济指标初步预测如下：

预计全行业增加值增长12.0%左右，总产值增长13.0%～15.0%；主营业务收入增长14.0%左右；利润增长8.0%～10.0%；进出口贸易额增长15.0%左右；投资增长15.0%以上；主要产品产量将增长10.0%左右，其中：原油增长1.0%左右，天然气增长10.0%左右，化肥增长5.0%左右，合成树脂增长8.0%左右，乙烯增长20.0%以上。

（撰稿：中国石油和化学工业协会
原副秘书长　冯世良
审稿：中国石油和化学工业协会副会长　周竹叶）

转变发展方式　推进管理创新　增强持续发展能力

——中国石油石化工业2009年工作综述与2010年工作展望

中国石油企业协会

2009年，是新世纪以来我国经济发展最为困难的一年，也是中国石油石化公司发展极不寻常的一年。面对国际金融危机的严重冲击，中国石油天然气集团公司（简称“中国石油”）、中国石油化工集团公司（简称“中国石化”）、中国海洋石油总公司（简称“中国海油”）深入贯彻落实党中央、国务院的一系列决策部署，统一思想，坚定信心，正确判断，从容应对，变压力为动力，化挑战为机遇，团结带领全体干部员工，牢固树立科学发展观，坚持以市场为导向、以效益为中心，及时调整生产经营部署，加强产运销储综合平衡，优化投资结构，严格控制成本费用支出，保持了生产经营平稳有序运行。同时，抓住国际金融危机带来的原材料和资产价格较低的有利时机，在业务布局和战略发展上取得了一系列重大突破，创造了生产经营的新业绩，谱写了企业发展的新篇章。

在2009年8月公布的《财富》杂志世界500强排名中，中国石化首次升至第9位，中国石油跃居第13位，中国海油由2008年第409位升至第318位。在2009年11月公布的美国《石油情报周刊》世界50大石油公司最新排名中，我国三大石油石化公司榜上有名，中国石油、中国石化、中国海油分列第5、第25和第48位。

主营业务：奋力促发展

2009年我国的石油生产，受国际金融危机影响，呈现的是先降后升的走势。全年石油产量约为18 940万吨，与2008年持平。海上石油产量延续了近年来稳步增长的势头，占全国石油总产量的比重从2000年的6.7%升至11.0%。其中，中国石油天然气集团公司油气储量保持高峰增长，生产平稳有序。全年国内新增探明石油地质储量7.3亿吨、控制7.7亿吨、预测8.7亿吨，新增探明天然气地质储量4 616亿立方米、控制8 024亿立方米、预测5 696亿立方米，按SEC准则石油储量替换率继续大于1，在主要探区获得了一批令人振奋的战略发现和重大突破，共探明亿吨级规模油田2个、千亿立方米级天然气田3个，成为建国以来第5个储量增长高峰年。油田开发紧跟市场变化，强化生产组织管理，积极优化产量结构和产能建设方案，全年国内生产原油10 313万吨。中国海洋石油总公司大力推进海上油田勘探开发建设，海上石油产量稳定增长，为2010年国内实现5 000万吨油当量、建设“海上大庆”奠定了基础。

2009年，油气田企业生产经营亮点频现。我国最大的石油生产基地——大庆油田，全年生产原油4 000多万吨、天然气30多亿立方米，继原油5 000万吨稳产27年后，又在原油4 000万吨以上稳产7年，续写了中国石油企业年产原油的历史之最。已经开发45年的胜利油田，2009年续写着新的辉煌，全年生产原油2 791万吨，连续10年保持稳定增长，连续13年保持储采平衡。位于鄂尔多斯盆地的长庆油田生产油气当量首次突破3 000万吨，成为我国第二大油气田，是近10年我国油气产量增长最快的油气田。中国海油精细化油田管理初见成效，海上油田生产时率始终保持在95.0%以上，产量增加、递减下降，渤海有13个油田实现零递减。

2009年国内油气管道建设飞速发展，成为又一个建设高峰年。我国最长的成品油管道、中部成品油运输大动脉——中国石油兰州—郑州—长沙成品油管道全线贯通；中国石化加工原油近半实现管道运输，并实现了北起河北曹妃甸，南至浙江册子岛、大榭岛全长3 000公里的中国石化东部原油管网全网连通；中国海油陆上成品油管道建设取得进展，惠州—东莞—立沙成品油管道正式打通；2009年底，西气东输二线西段建成投运，并与中国—中亚输气管线成功对接。此外，还有一大批油气管道正在紧张建设之中。

管理创新：打造新优势

改革创新是推动企业发展的强大动力，也是提高发展质量和效益的根本途径。面对国际金融危机对生产经营管理产生的倒逼压力，要有效解决制约企业科学发展的主要矛盾和深层次问题，必须进一步解放思想，积极推动科技、制度和管理创新，完善经营管理机制，在一些重要领域和关键环节取得新进展。三大石油石化公司努力提升创新能力和基础管理水平，使企业竞争力明显增强。

中国石油持续推进管理创新，企业管理不断强化，经营运作更趋规范。2009年，中国石油进一步健全完善管理制度，强化基层基础建设，形成了一整套具有中国石油特色的制度体系。实行投资集中统一决策，按投资回报率优选项目，严格决策程序，投资结构不断优化，重点项目、战略项目、民生工程得到保障。推行“一个全面、三个集中”为核心的财务管理体制，探索实行大预算管理，资金收支两条线全面实施，“大司库”体系建设开始启动，会计信息更加规范准确，信息化、效益型资产管理体系不断深化，战略型资本运营水平持续提升。“三控制一规范”见到明显成效，用工总量和人工成本得到有效控制。物资集中采购范围和规模不断扩大，加强管理、控制成本效果显著。生产组织方式不断优化，市场化运作机制日趋规范完善，先进的项目管理模式得到推广，生产建设效率和管理水平大幅提高。

中国石化加强精细管理，不断改进各项管理工作，大力塑造具有自身特色的管理模式。2009年，中国石化继续发扬“干毛巾也要拧出三滴水”的精神，把精细管理作为应对危机的基本功来抓。各业务板块细化分解落实增产增效、优化增效、降本增效目标和措施，节能降耗、物流运输、物资供应等重点环节成本费用继续下降，非生产性费用、外协费用和可控费用支出得到有效控制。广泛开展“我要安全”主题活动，加大安全监管力度，在复杂形势下总体保持了安全生产。深化“三基”工作，加快制度梳理、完善和优化，文本化管理取得重要进展。完善全面预算管理，提升资金集中管理水平，优化资金筹措和使用，启动会计集中核算，财务工作在挖潜增效中发挥了重要作用。深化以ERP为主线的信息化应用，总部和企业信息系统应用水平明显提升，进一步促进了管理的规范化和精细化。

中国海油把企业管理与可持续发展能力建设联系在一起，毫不松懈地抓好管理创新，强化可持续发展保障能力建设。围绕未来公司中长期发展的战略目标，中国海油不断创新管理理念，诸如质量和效益理念、协调发展理念、绿色环保低碳理念、创新驱动理念等，从整体上构成了新型的管理、发展理念。

中国三大石油石化公司业已形成的管理新理念，不断创新的管理方法，使管理基础日益坚实，管理成效日益显著。

开拓海外：提高保障力

过去的一年，中国石油石化企业搏击国际金融海啸，在国际化道路上执着、坚定地奋力前行，抓住“机”的有利条件，避免“危”的不利影响，在以往不太熟悉的市场，用新的方法打开局面，取得了国际化经营的新突破。中国石油石化企业开拓海外市场的稳健步伐和显赫战果，为后危机时代国际业务的持续推进奠定了坚实基础。

我国石油企业海外油气作业产量稳步增长，全年突破1.1亿吨，权益产量约达5 500万吨。同时，中国石油石化企业在全球油气并购市场频频出手，成为最大买家之一。据统计，2009年中国石油石化公司共宣布13起收购案，成功收购案达11起，交易金额近160亿美元，是近年来中国企业海外油气并购最多的一年。

2009年也是中国企业开展海外自主投标和大笔LNG购销活动与“请进来”合资合作取得显著成果的一年。这一年，中国石油和中国石化分别在伊拉克和伊朗中标几个重大项目；中国石油、中国石化等与埃克森美孚等大公司签署了多项大笔LNG长期购销协议；中国石油与雪佛龙公司签署了我国最大的陆上上游合作项目川东罗家寨气田开发协议，并已开工。

中国石油国际化水平不断提高，对能源保障能力的提升发挥着显著作用。2009年是中国石油国际业务经受重大考验的一年，也是成绩辉煌的一年，更是对未来发展具有里程碑意义的一年。2009年，海外油气业务发展成果显著，实现了历史性跨越。中亚天然气项目一期和西气东输二线西段投运，中哈原油管道二期全线贯通，中俄原油管道开工建设，为深化我国与中亚各国及俄罗斯的油气合作奠定了坚实基础。在中东、中亚等油气富集区取得一批特大型、大型油气合作项目，尤其是成功获得伊拉克最大的鲁迈拉油田服务合同，中标哈法亚油田服务项目，与伊朗签署北阿扎德甘等油气田开发服务合同，开辟了对外合作的新纪元。在新加坡、哈萨克斯坦、加拿大、美国等地实施多项资产并购，完成中油香港增发配股，成功发行一系列本外币中期票据和短期融资券，低成本筹融资效果显著，资本运作水平进一步提升。

按照利用两种资源、开拓两个市场的思路，中国石化大力实施“走出去”战略，认真研究和把握国际金融危机蕴涵的机遇，加大新项目开发力度，收购、合作、投资等方面都有新的斩获。成功收购瑞士Addax公司、特立尼达和多巴哥Talisman资产及加拿大NLP项目、安哥拉3个区块部分权益等项目。收购Addax公司是我国企业迄今交易额最大的一项海外油气资产收购，其意义不仅在于增加了公司油气储量、产量、效益和资源保障能力，更重要的是成功探索了海外业务整体并购的新模式，实现了国际化发展的新突破。尼日利亚64区块、也门71区块等项目取得新发现，现有区块权益油产量保持稳定增长，雅达、Addax、安哥拉、叙利亚、UDM等项目，管理有序，运行平稳。海外石油工程对外共打一面旗帜，加大统筹协调力度，规模化经营逐步显现，在巩固沙特市场等已有市场的同时，积极进入科威特等新市场，新签合同额27.5亿美元。海外炼化工程成功中标哈萨克斯坦阿特劳炼厂芳烃总承包等项目，新签合同额12.7亿美元。

中国海油按照国际一流能源公司建设的发展目标，不断扩大对外开放，靠引进、消化、吸收、再创新，在市场经济体制下，艰苦创业，开拓进取，建成了与国际接轨、具有较强国际竞争力的现代企业管理体制。这标志着中国海油的综合实力跃上了一个新高度。展望“十二五”规划目标，中国海油将进入国际石油行业第一阵营，国际一流能源公司的产业框架、管理体系将基本成形。这将是一个更值得骄傲，更令人自豪，更令人值得为之奋斗的宏图伟业。

调整结构：唱好重头戏

“转变发展方式，调整经济结构”，是中国经济工作的重头戏。经过国际金融危机的洗礼，更加暴露出了我国发展方式的不适应、经济结构的不合理。作为我国经济命脉的石油石化行业，三大石油石化公司积极调整经济结构，优化产业布局，大力转变发展方式，努力提高发展质量，把重头戏演得精彩、且富有成效。

中国石油在积极推进生产经营结构调整的同时，深入推进持续重组，主要业务领域重组整合基本完成。按照现代企业制度的要求，深入推进持续重组，两级行政、三级业务的管理架构和集约化、专业化、一体化的体制格局基本形成。整合总部机关，理顺部门职能，加强集中统一管理，增强了统筹优化配置资源的能力。增设海外勘探开发、工程技术、工程建设、装备制造四个专业分公司，组建五个钻探工程公司，重组装备制造、工程设计、建设施工和炼化检维修等业务，专业化管理体系逐步完善。整合油田、炼化企业上市与未上市业务，基本理顺了管理关系。调整完善运营管理体制，组建海外地区公司，形成以省级公司为主体的成品油销售运营格局，化工销售、天然气销售及管道、城市燃气等业务运营体制进一步优化，跨企业矿区业务整合不断推进。通过资产并购和内部整合，财务公司、银行、信托、保险、租赁等金融业务健康发展，服务支持作用进一步发挥。

中国石化着眼长远，把应对国际金融危机作为转变发展方式的机遇，积极推进主业布局和结构调整。重点项目建设顺利推进。川东北中浅层勘探取得重大突破，元坝等地区勘探取得重大进展，圈闭储备不足问题得到明显改善；普光气田开发、川气东送工程开始试运行，松南气田建成投产。一批成品油质量升级改造项目及时投产，福建炼油乙烯、天津乙烯相继建成投运，镇海乙烯、武汉乙烯按计划推进，长岭和巴陵炼化一体化改造、塔河重质原油改质等加快实施，一批重点炼化项目前期准备工作积极推进。鲁皖二期西线、昆明—大理等成品油管线建成投用，一批成品油和化工储运设施建设进展顺利。

中国海油把推动发展方式的转变作为企业自身的历史责任。主动转变公司传统产业的生产方式、作业方式和管理方式，进一步提升公司的国际竞争能力。加快产业结构调整步伐，首先在传统石油产量大幅增长的同时，清洁能源、低碳和无碳能源产量比重将大幅增加；其次是加强现有业务板块间的结构调整、资源整合，实现资源协同效应；再次加大各业务板块内部的结构调整力度，一些不符合发展方向、不具备竞争能力的业务逐步退出经营。

调整目标：再谱新篇章

2010年是实施“十一五”规划的收官之年，是后危机时期的经济动荡之年。在新的机遇、新的挑战、新的责任、新的使命面前，三大石油石化公司准确把握经济发展大趋势，恰当分析、深入研究有利条件与不利因素，以全球视野谋划新发展，适时调整发展目标，确保企业持续、稳健、科学发展。

中国石油将认真贯彻党的十七大和中央经济工作会议精神，以科学发展观为指导，紧紧围绕建设综合性国际能源公司目标，全面履行经济、政治和社会责任，继续大力实施资源、市场、国际化战略，统筹国际国内两个大局，把转变发展方式作为重中之重，突出油气主营业务，突出战略工程建设，突出提高质量效益，大力推进结构调整、节能减排、技术创新和基础管理，注重改善民生，保持和谐稳定，进一步增强全面协调可持续发展能力。

2008年初，中国石油提出了建设综合性国际能源公司的奋斗目标，根据两年来的实施进展情况，特别是结合深入学习实践科学发展观活动进行了完善，进一步明确了中国石油主要工作目标和要求：到2015年或稍长一点时间，公司国内外油气总产量基本翻一番、达到4亿吨以上；国内五个规模油气生产区稳步发展，原油、天然气产量占全国的份额保持在60.0%~70.0%，天然气产量大幅增长，占公司国内油气总产量的50.0%；炼化业务布局和结构进一步优化，市场营销得到加强，成品油市场份额力争达到全国的50.0%；海外五大油气合作区快速发展，油气作业产量占公司油气总产量的50.0%；建成亚太、欧洲、美洲三个国际油气运营中心，贸易量力争达到4亿吨；四大油气战略通道、覆盖全国的油气骨干管网、油气储备基地及储运配套设施基本建成；工程技术、工程建设及装备制造等业务，技术水平、保障能力和国际竞争力显著提升；金融业务健康发展，资产规模、实现利润、支持能力进一步提高。

为确保目标的圆满实现，中国石油将强化五项重点工作：经济发展方式明显转变，自主创新能力不断增强，建立起充满活力的体制机制；经营管理水平持续提高，投资资本回报率10.0%以上；节能减排主要指标总体达到国内先进水平，重点企业基本达到国际先进水平；安全环保形势根本好转，HSE管理达到国际同行业先进水平；发展改革创新成果进一步惠及广大职工群众，石油石化矿区服务管理上新水平，科学发展、和谐发展、绿色发展局面基本形成。

中国石化将全面贯彻党的十七大，十七届三中、四中全会，中央经济工作会议精神，以邓小平理论和“三个代表”重要思想为指导，深入贯彻落实科学发展观，立足于扩大资源、拓展市场、降本增效，加快实施公司发展战略，精心组织生产经营，着力加强安全生产和节能减排，着力加快结构调整和发展方式转变，着力推进管理创新和科技创新，着力加强党的建设和队伍建设，充分调动各方面积极性，为建设具有较强国际竞争力的跨国能源化工公司而努力奋斗。

中国石化根据形势的发展，经过广泛调研，进一步完善了公司主业发展思路，提出了“十二五”主要规划目标和工作要求。油气勘探开发业务，要创新思路和理论，加强工程技术攻关，推动勘探开发良性发展，促进经济有效开发，实现油气储量产量稳定增长，努力打造上游“长板”，到2015年国内外油气当量产量力争达到1亿吨。海外油气业务，要以超额国内产量为目标，进一步加快发展，尽早担起上游“半壁江山”的责任。炼油业务，要加快推进布局优化，提高产业集中度，提高加工适应性和灵活性，到2015年炼油综合加工能力达到2.75亿吨~2.9亿吨/年，主要经济技术指标达到世界先进水平，千万吨级炼厂全面达到世界先进水平，前3名炼厂达到世界领先水平。化工业务，要坚持实施化工市场战略，加快产业和产品结构调整，推进产销研紧密结合，以满足、引导、创造需求为目标，大力发展高性能产品和特色产品，到2015年乙烯生产能力达到1 200万~1 350万吨/年，化工业务总体达到世界平均水平，乙烯装置达到世界先进水平，前3名乙烯装置达到世界领先水平，消除亏损企业；到2020年化工业务总体达到世界先进水平，具有较强国际竞争力。油品销售业务，要坚持实施成品油市场战略，增强区内控制力，扩大区外影响力，使国内份额保持60.0%以上、力争62.0%以上，终端销售比例保持80.0%以上、力争85.0%以上，保障原油加工量占全国的比例在53.0%以上、力争55.0%以上。国际贸易业务，要进一步解放思想，努力实现超常规发展，通过做大原油、成品油化工产品和设备材料贸易，增强资源获取的经济性、可靠性和稳定性，增强市场影响力和竞争力。

中国海油将认真贯彻落实党的十七大和十七届三中、四中全会以及中央经济工作会议精神，高举中国特色社会主义伟大旗帜，深入贯彻落实科学发展观，全面完成“十一五”规划任务目标，建成中国“海上大庆”油田；以加快发展方式转变作为统筹全年工作的主线，更加注重发展质量和效益，更加注重结构调整，更加注重自主创新，更加注重清洁、低碳、高效发展，努力打造可持续发展新优势，扎实推进国际一流能源公司建设。中国海油未来中长期发展的战略目标是：以油气产业发展为基础，以清洁能源、新能源快速增长为依托，在“十二五”期间建成新型能源产业体系，进入国际石油公司第一阵营。持续提高公司的价值创造力、低碳竞争力和可持续发展能力，成为有高度社会责任感、受人尊敬的国际一流能源公司。

（撰稿：《中国石油企业》杂志社执行主编　李天星）

2009年中国轻工业发展综述

中国轻工业联合会

2009年我国轻工业受到国际金融危机较大冲击，在异常困难的情况下，全行业坚定信心，顽强拼搏，坚决贯彻中央应对国际金融危机的决策部署，积极推动《轻工业调整和振兴规划》（简称《规划》）和扶持轻工业政策的出台和实施，有力地遏制了轻工业急剧下滑局面，轻工业整体企稳向好，实现了平稳较快增长。

（一）运行效果好于预期

1. 行业运行企稳向好

轻工业整体生产经营状况转好，已经走出2008年第四季度以来最困难的时期。2009年，轻工业工业总产值107 615亿元，同比增长13.5%；工业增加值同比增长11.2%；1—11月实现利润4 846亿元，同比增长23.8%，增速比1—2月提高28个百分点，比1—8月提高11.8个百分点，增幅高于全国工业平均水平16个百分点；1—11月轻工业平均销售利润率为5.3%，高于上半年同期0.5个百分点，其中，食品工业作为刚性需求行业，实现利润2 164亿元，占轻工全行业的44.6%，同比增长29.7%，带动了轻工业整体回升；家电行业受益于“家电下乡”政策的推广，在出口大幅下降的情况下，2009年完成工业产值7 433亿元，同比增长6.7%，1—11月实现利润295亿元，同比增长50.0%。见图1。

2. 内需拉动效果明显

轻工产品销售额中内销比重已由2008年的78.0%上升到2009年的83.5%，提高了5.5个百分点。“家电下乡”有效改善了农民生产生活条件，缓解了国际金融危机对家电行业的冲击，2009年全国销售“家电下乡”产品3 768万台件，实现销售额693亿元。“以旧换新”政策既拉动了内需，也引导了城乡居民消费升级，2009年试点省区市共回收五大类废旧家电403万台，销售五大类新家电（电视机、冰箱冰柜、洗衣机、空调、电脑）共360万台，销售额达141亿元，发放补贴超过14亿元。节能产品惠民工程通过财政补贴推广高效节能产品，让老百姓享受到节电省钱的实惠，照明电器行业2009年推广节能灯达到1.2亿只，销量是2008年的2倍，拉动消费15亿元。此外，农副食品加工，食品制造，饮料制造，皮革、毛皮、羽毛（绒）及其制品，玻璃等行业在出口不畅的情况下，产值增长均在10.0%以上。见图2。

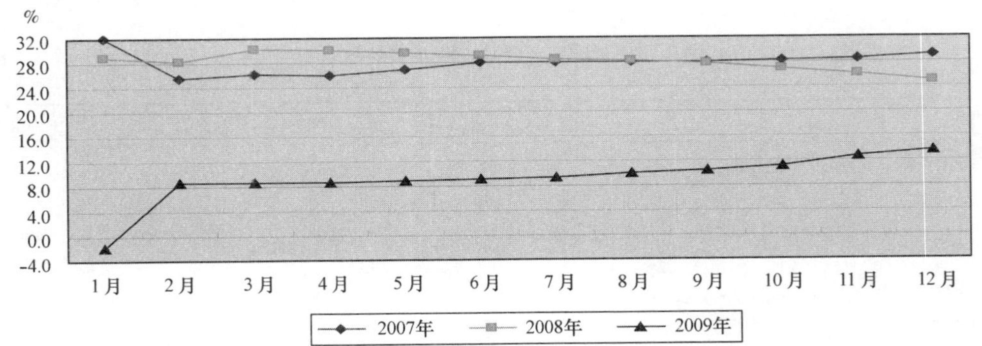

图1　2007—2009年全国轻工业规模以上企业总产值各月累计增速示意图

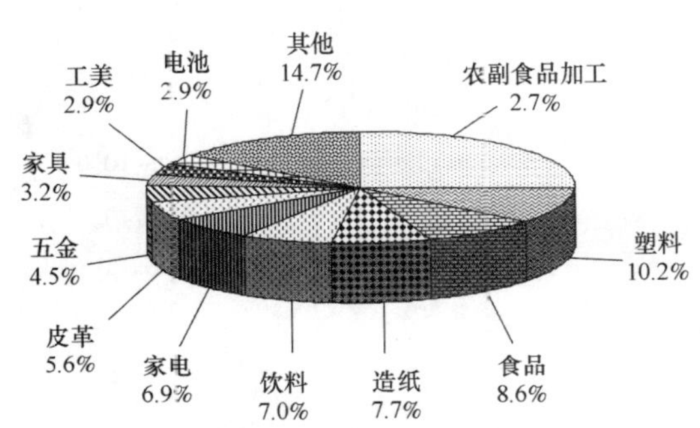

图2　2009年轻工产品内销占比情况图

3. 出口降幅逐步收窄

轻工业出口下滑的速度和趋势得到遏制，确保了我国轻工产品在美、欧、日等主要国际市场份额的基本稳定。出口呈现环比逐季回升、降幅收窄的态势。据海关统计，2009年轻工产品出口2 778亿美元，同比负增长10.2%。比1—2月、1—8月分别收窄4.9和3个百分点，明显小于全国出口16.0%的降幅。食品饮料、家具、家电等行业是轻工产品出口的重点行业，食品饮料出口负增长从1—2月-17.5%回升至1—12月的-6.3%，收窄11.2个百分点；家具从-13.2%回升至-6.0%，收窄了7.2个百分点；家电从-20.3%回升至-13.3%，收窄了7.0个百分点。见图3、图4。

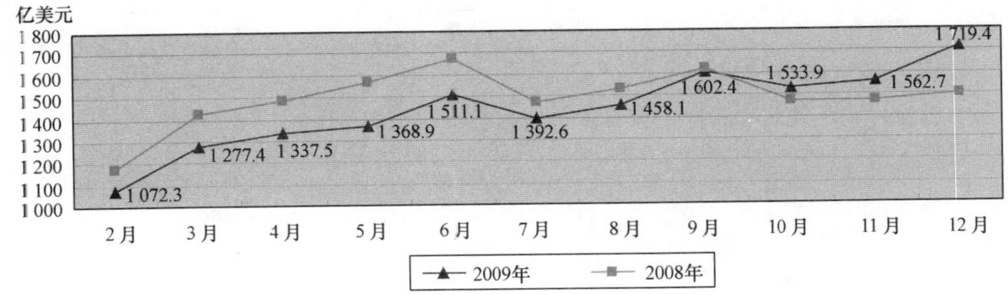

图3　2009年2—12月轻工行业出口交货值月度走势图

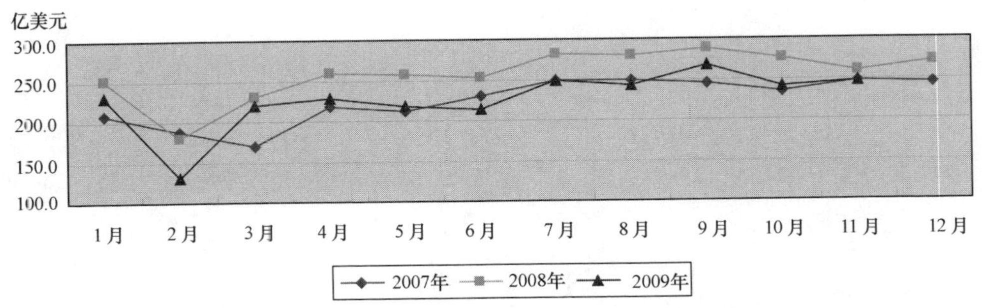

图4　2009年全国轻工业主要商品出口值月度示意图

4. 吸纳就业成效显著

据中国轻工业联合会2008年12月对皮革、塑料等35个行业的调查，当时由于企业经营困难，影响到约300万职工的就业，给社会稳定带来较大隐患。《规划》实施后，全行业经营状况好转，开工率提高，特别是广大中小企业生产和经营逐步恢复，轻工业产业集群和特色区域快速发展，吸纳就业的能力迅速增强。据统计，2009 年 11 月末，规模以上轻工业企业从业人员达到 2 067 万人，比 2 月末增加了 184 万个就业岗位，占全国城镇规模以上企业新增就业人数的 18.2%。见表 1 ~ 表 3。

2009 年轻工行业主要经济指标表

表 1

指标名称	单 位	2009 年产销总值	比上年增长（%）
一、全国轻工业规模以上工业企业产销总值			
汇总企业单位数	万 个	12.3	—
工业总产值（当年价格）	亿 元	107 614.0	13.5
其中：新产品产值	亿 元	7 032.0	14.8
工业销售产值（当年价格）	亿 元	104 704.0	13.4
其中：出口交货值	亿 元	17 117.0	-5.2
产品销售率	%	97.3	-0.1
出口交货值占工业销售产值比重	%	16.4	-16.4
新产品产值占工业总产值比重	%	6.5	1.1
二、全国轻工行业主要商品海关进出口总值			
轻工行业主要商品进出口总值	亿美元	3 505.0	-10.0
其中：出口总值	亿美元	2 778.0	-10.2
进口总值	亿美元	727.0	-9.2
进出口差额（+出超、-入超）	亿美元	2 052.0	-10.5
出口占进出口总值比重	%	79.3	-0.2
进口占进出口总值比重	%	20.7	0.9

2009 年全国轻工行业主要产品产量

表 2

产品名称	单 位	2009 年产量累计	比上年增长（%）
原 盐	吨	58 450 994	5.6
成品糖	吨	13 228 866	-8.5
糖 果	吨	1 453 133	20.0
糕 点	吨	980 381	6.4
饼 干	吨	3 430 728	18.6
速冻米面食品	吨	2 477 332	18.8
方便面	吨	5 737 762	11.5
乳制品	吨	19 351 161	12.9
其中：液体乳	吨	16 416 413	13.5
罐 头	吨	7 450 655	19.5
味 精（谷氨酸钠）*	吨	2 549 806	10.8
酱 油	吨	5 033 041	28.9
发酵酒精（折 96 度，商品量）	千 升	7 317 360	6.1
饮料酒	千 升	51 885 558	9.5
其中：白 酒（折 65 度，商品量）	千 升	7 069 307	23.8
啤 酒	千 升	42 363 769	·7.1
黄 酒	千 升	1 062 906	14.0
葡萄酒	千 升	960 016	27.6
软饮料	吨	80 862 052	24.3
其中：碳酸饮料*	吨	12 542 429	7.1
果汁和蔬菜汁饮料*	吨	14 476 085	—
包装饮用水类	吨	31 590 310	24.6

续 表

产品名称	单 位	2009 年产量累计	比上年增长（%）
冷冻饮品	吨	2 338 978	6.0
精制茶	吨	1 193 236	17.3
羽绒服	万 件	24 302	4.4
轻 革	平方米	692 046 918	0.4
皮革鞋靴	万 双	354 617	-1.9
皮革服装	件	56 123 452	6.6
天然皮革手提包（袋）、背包	万 个	79 276	-8.7
天然毛皮服装	件	2 500 876	21.7
家 具	件	608 143 574	4.9
其中：木质家具	件	205 010 557	4.5
软体家具	件	36 833 806	6.4
金属家具	件	333 664 678	5.7
纸浆（原生浆及废纸浆）	吨	19 345 571	-0.4
机制纸及纸板	吨	93 887 411	12.1
其中：未涂布印刷书写用纸*	吨	8 760 439	0.6
其中：新闻纸	吨	4 896 031	-7.7
卫生用纸原纸*	吨	2 104 795	—
箱纸板	吨	13 911 399	8.2
纸制品	吨	39 223 165	14.9
其中：瓦楞纸箱（纸箱）☆	吨	21 771 989	11.8
本 册	万 本	986 106	5.7
木杆铅笔	万 支	2 095 198	21.4
油 墨	吨	514 606	10.0
肥（香）皂	吨	883 254	14.5
合成洗涤剂	吨	6 928 728	9.3
其中：合成洗衣粉	吨	3 802 339	7.5
香 精*	吨	264 638	15.9
牙 膏（折65克标准支）	万 支	741 234	2.9
火 柴（折50支标准盒）	件	5 305 520	2.5
塑料制品	吨	44 792 763	10.6
其中：塑料薄膜	吨	6 904 337	12.1
其中：农用薄膜	吨	1 193 412	18.4
塑料板片及类似型材*	吨	3 202 580	6.4
塑料制管子及其附件*	吨	5 803 665	18.9
塑料丝、绳及编织品*	吨	5 815 626	26.6
塑料人造革、合成革*	吨	1 848 160	15.2
泡沫塑料	吨	1 870 542	15.8
塑料包装箱及容器	吨	2 744 856	20.7
日用塑料制品	吨	5 441 831	8.4
日用玻璃制品	吨	11 638 866	1.7
玻璃保温容器	万 个	61 015	5.7
卫生陶瓷制品☆	件	177 682 429	12.3
日用陶瓷制品☆	万 件	2 046 607	28.4
搪瓷制品☆	吨	583 629	8.6
日用不锈钢制品	吨	1 927 577	2.1
锁 具	万 把	159 310	3.9
家用燃气灶具	台	26 384 310	-5.1
家用燃气热水器	台	11 594 091	6.7
缝纫机	台	10 230 564	-13.0
两轮脚踏自行车☆	辆	52 892 001	-14.8
电动自行车*	辆	7 185 756	12.9
铅酸蓄电池	千伏安时	119 302 547	22.8

续 表

产品名称	单 位	2009 年产量累计	比上年增长（%）
碱性蓄电池☆	只（自然只）	381 679 785	-18.8
锂离子电池	只（自然只）	1 875 173 241	-1.9
原电池及原电池组（折 R20 标只）	万 只	2 904 219	-5.6
灯具及照明装置	套（台、个）	2 078 136 488	1.7
电光源	万 只	1 639 629	-2.6
其中：灯泡	万 只	272 586	-18.4
家用洗衣机	台	49 358 246	13.0
家用吸尘器	台	56 694 235	-10.4
家用电冰箱	台	60 635 546	18.8
家用冷柜（家用冷冻箱）	台	12 580 359	23.8
家用电风扇	台	143 653 272	0.8
房间空气调节器	台	81 532 809	-4.1
家用吸排油烟机☆	台	16 847 449	2.7
家用电热水器☆	台	19 892 311	15.7
微波炉	台	60 382 069	-4.0
电饭锅	个	149 569 346	12.5
家用电热烘烤器具	个	149 328 834	-11.9
电冷热饮水机	台	17 140 623	11.9
钟	只	144 550 196	-12.8
表	只	133 063 707	-12.9
眼镜成镜（眼镜）☆	副	447 629 827	-16.9
伞类制品☆	把	845 818 456	-5.9

注：*是 2009 年产量统计新增产品，数据仅供参考；☆是 2009 年产量统计更名产品，数据与上年不完全可比。

2009 年全国轻工行业主要商品海关出口进口值

表 3

商品分类名称	累计出口值（万美元）	同比增长（%）	累计进口值（万美元）	同比增长（%）
全国轻工行业出口、进口总计	27 783 753	-10.2	7 265 814	-9.2
纸浆、纸及纸制品	662 271	-3.2	1 104 881	-1.5
日用机械	759 171	-14.9	201 196	-17.7
日用硅酸盐	787 134	-1.2	45 971	-8.1
日用化学产品	1 065 149	-19.2	864 500	-12.0
制 盐	6 457	6.6	6 842	-14.4
食品饮料	2 673 145	-6.3	2 023 608	-9.9
皮革、毛皮及其制品	2 582 765	-11.6	438 703	-16.6
木制品及其他天然植物制品	299 399	-10.2	5 873	-13.7
家 具	2 595 804	-6.0	129 680	6.2
文教体育用品	3 233 301	-18.4	159 298	-11.7
工艺美术品	1 311 162	-8.9	95 289	5.2
塑料制品	3 343 077	-5.4	1 155 694	-3.7
金属制轻工业品	1 979 704	-15.6	163 141	-12.5
家用电器	3 132 446	-13.3	280 385	-12.1
照明器具	1 428 072	-12.8	204 080	-1.2
衡器及其零配件	69 277	-12.2	8 350	3.3
日用杂品	951 127	-0.9	91 246	-6.3
轻工机械	201 186	-18.4	279 428	-29.7
其 他	703 108	30.0	7 650	-2.6

二、推动落实《规划》工作任务

根据《规划》中确定的工作任务，充分发挥协会的作用，配合政府有关部门主动工作，着力推动相关任务的落实。

1. 举行业之力整体推动任务的落实

主动与国家发改委、科技部、工信部、财政部等部委衔接，组织协调各方力量推进《规划》中相关政策和任务的落实。争取提高出口退税率政策惠及更多的行业和产品；协调解决造纸、制糖、饮料等行业的涉农产品收储问题；推动“家电下乡”活动，争取更多的轻工产品下乡；促进扶持各类中小企业的资金向轻工行业倾斜；协调落实技术改造专项、节能减排专项、重点装备自主化专项、食品安全监测能力建设专项等；落实重点行业技术创新与产业化专项，推进相关行业技术创新服务平台和技术创新战略联盟的组建和建设；组织协会、标准化组织落实相关的标准项目。在这个过程中，注意动态反映行业政策性问题，如经向财政、税务部门反映并获批准，化妆品、饮料企业广告费和业务宣传费税前抵扣率由15.0%提高到30.0%等。

2. 推进技改项目和轻工中小企业发展资金项目

国家审查并下达了中央地方投资和中小企业发展专项资金技术改造项目共1 453项，项目数占全国技术改造项目的32.7%；项目总投资774.8亿元，占全国技术改造项目投资的12.3%；中央财政安排专项资金31.4亿元，占中央财政安排专项资金的16.7%。中央投资和中小企业发展专项资金扶持轻工重点行业实施技术改造，带动社会和企业投资合计743亿元，是中央投资的近25倍。

3. 食品工业企业诚信体系建设工作取得初步进展

认真贯彻《食品安全法》，配合十部委联合在人民大会堂举办了《食品工业企业诚信体系建设工作指导意见》发布暨试点启动仪式，共同推进以河南省肉类加工行业和黑龙江省乳制品行业的企业为试点的食品工业企业诚信体系建设。制定了《乳制品企业诚信体系建设评价准则》，乳制品质量安全监控系统列入国家发改委的技术改造计划。同时参与清理整顿食品添加剂和非法添加物的工作，完成19项食品添加剂标准的制修订任务。食品添加剂的安全生产和使用得到进一步规范，食品工业企业的诚信守法意识得到进一步提高。

4. 推动产业有序转移

家电、皮革、陶瓷和发酵等传统优势行业开始由沿海地区向中西部地区转移。在承接东部沿海产业转移的推动下，安徽建立“合肥家电工业园”、重庆建立了“中国西部鞋都工业园”等。在产业的有序转移和有效承接中，四川、湖北、安徽等中西部省市轻工业得到了快速发展，总产值累计增幅近30.0%。同时我们积极探索发展产业集群的新模式。2009年8月，中轻联、辽宁省政府、皮革协会、阜新市政府四方签署协议，共同培育“承接转移——中国制革示范基地·阜新”，建设集中生产、统一治污、符合循环经济发展模式的产业集群，探索资源枯竭型城市经济转型和劳动密集型产业有序转移的有机结合。《规划》发布以来，我们已新培育“中国家电产业基地”、“中国工艺礼品产业基地”、“中国传统工艺美术特色基地”、“中国提琴产业基地”、“中国（宜宾）白酒之都”等16个产业集群，加快涵养轻工业新的经济增长点。

5. 加强科技、标准和质量工作

组织开展“十一五”国家科技支撑计划项目实施工作。向科技部重点推荐了对行业科技进步推动作用大的5项关键技术。根据科技部要求，参加首批技术创新服务平台试点工作，申报了“日用化工技术产业创新服务平台”和“中国轻工重点行业技术创新服务平台”。向科技部申报了《造纸装备产业技术创新联盟组建方案》、《包装装备产业技术创新联盟组建方案》和《制糖产业技术创新联盟组建方案》。积极参加科技部“十二五”科技规划前期研究工作，组织造纸、洗涤用品（表面活性剂）、皮革、塑料、照明电器、陶瓷和家电7个行业参加新材料领域科技规划前期研究工作。组织开展2009年度中国轻工业联合会科学技术奖励工作。召开轻工院校科研院所座谈会，交流探讨加强联动工作，促进人才、科技支撑作用的发挥，并祝贺孙宝国、石碧当选为工程院院士，促使产学研的合作在更大范围内得到实效。

截至目前，完成国家标准报批286项、行业标准110项，及时召开了全国轻工标准化工作会议。组织完成部分加工贸易单耗标准评审工作，并通过审定。与工信部、国家质检总局衔接，配合“质量和安全年”活动的开展，制定了《关于进一步加强轻工产品质量工作的实施意见》。积极开展轻工业标准体系的研究和制定，参加国家标准委《贯彻落实〈轻工业调整和振兴规划〉标准化工作方案》的研究和制定。进一步加强生产许可证管理和轻工现有各行业检测站的监督管理。

6. 推进节能减排

一是发挥舆论导向作用，加强行业节能减排宣传。2009年7月16日，中国轻工业联合会和中国洗涤用品工业协会联合举行了浓缩洗衣粉标志及市场推广新闻发布会，推广浓缩洗衣粉。浓缩洗衣粉比传统标准洗衣粉体积缩小一倍，去污效果增加一倍，单次洗涤成本更低。同时，生产能耗仅相当于普通洗衣粉的1/4。2009年12月4日，中国轻工业联合会和中国皮革工业协会、中国电池工业协会、中国照明电器协会在北京联合举办了“推进轻工行业节能减排新闻发布会”，有关部委的相关负责人参加会议并讲话。轻工产品与人们的日常生活密切相关，通过新闻发布会的形式让全社会各个方面了解轻工相关行业开展的节能减排工作，支持我们的工作，进一步推动行业节能减排工作的开展。

二是深入企业调研，发现推广典型经验。与工信部联合在广州珠江啤酒股份公司联合召开“酿酒行业推行清洁生产现场交流会议”，推动相关行业清洁生产、节能减排工作的深入开展。造纸、啤酒等行业实现了增产不增污，既产量增长但排放污染物总量下降。我会积极配合工信部组织专家对以麦草浆为主要原料的山东泉林纸业公司的循环经济经验进行了调研总结，提出了相关建议。

三是配合相关政府部门，开展节能减排工作。配合国家发改委组织国家清洁生产轻工业专家的申报工作，组织重点节能技术（第二批）的申报工作。受工信部委托，制定造纸、发酵、酿酒行业的清洁生产推行方案。协助工信部对各省市上报的35项轻工行业清洁生产示范项目组织了相关行业专家评审，并向工信部重点推荐了8个示范项目，主要涉及造纸、发酵和酿酒3个行业。

四是承担政府相关节能减排课题研究，摸清家底，为政府相关部门提供政策措施建议。先后完成了发改委下达的“轻工重点行业节水综合措施（模式与政策）研究”课题和“轻工业产业政策研究课题”，节能减排方面涉及造纸、皮革、电池、发酵、制糖、罐头、饮料、酿酒、日用陶瓷和日用玻璃等10个行业。承担工信部组织的“重点行业节能减排技术评估与应用研究”国家科技支撑项目中的“轻工行业节能减排技术筛选与评估”课题，包括了造纸、发酵、酿酒、制糖、皮革、电池、制盐等7个行业。组织造纸、发酵、制糖、皮革、家电和电池6个行业参加科技部“十二五”循环经济和资源与环境领域两个科技规划前期研究工作。承担工信部“十二五”节能规划前期研究工作课题。我会还承担了环保部“行业环境经济政策配套综合名录”编制工作，涉及造纸、发酵和电池3个行业。

7. 加强产业政策引导

按照《规划》要求，为促进制革、家电、农膜行业结构调整和产业转型升级，实现有序发展，组织行业配合工信部制定出台《关于制革行业结构调整的指导意见》、《加快我国家用电器行业转型升级的指导意见》、《农用薄膜行业准入条件》；配合发改委、工信部对《乳制品工业产业政策》进行了修订。组织行业对国家发改委、工信部等10部委共同制定下发的《食品工业企业诚信体系建设指导意见》贯彻落实。

8. 鼓励兼并重组和淘汰落后

鼓励规模效益型行业中有实力的企业在全国范围内进行跨省跨地区重组兼并，向集团化、特色化、多元化方向发展。如中粮集团联手厚朴基金投资61亿港币收购蒙牛公司20.0%的股权，成为蒙牛第一大股东，这不仅有利于行业重组和升级，而且避免了外资并购造成的产业安全问题；山东华泰纸业股份公司兼并了年产30万吨新闻纸的河北诺斯克纸业公司，成为造纸产业实现规模化生产、做大做强的又一成功范例。参与工信部2009年淘汰落后产能任务的编制工作，下达淘汰落后产能计划造纸50.7万吨、酒精35.5万吨、味精3.5万吨、柠檬酸0.8万吨。据辽宁、河北和大连等省市反映已陆续关闭了一批小造纸企业。

（撰稿：中国轻工业联合会研究室主任副研究员　李培松）

2009年中国纺织工业发展综述

中国纺织工业协会

2009年是我国纺织工业努力克服金融危机影响、在逆境中寻求发展的一年。年初，受到国际金融危机影响，行业产销、投资增速全面下滑，效益严重恶化。但国家围绕“保增长、扩内需、调结构”采取了一系列宏观调控政策，出台了《纺织工业调整和振兴规划》，为我国纺织行业提供了较为宽松的国内发展环境；行业多年来围绕加快产业结构调整、转变发展方式所作的工作取得成效，为行业发展提供了动力和支撑。因此，在全球经济不景气、国际市场持续低迷的情况下，我国纺织行业仍然呈现出了企稳回升、发展逐渐向好的良好局面。

一、2009年纺织行业运行情况

2009年，纺织行业经济运行的特点主要表现为：

1. 生产增速稳步回升

根据国家统计局数据，2009年，我国纺织行业5.3万户规模以上企业累计实现工业总产值37 979.9亿元，同比增长10.3%；累计实现工业销售产值37 167.1亿元，同比增长10.6%。虽然总产值和销售产值全年累计增速分别较2008年下降了3.4和3.3个百分点，但在2009年内，纺织行业产销增速整体呈现稳步回升趋势见图1。

主要大类产品产量增速普遍持续回升，根据国家统计局快报数据，2009年化学纤维产量达到2 726.1万吨，同比增长14.3%，增速高于2008年12个百分点；纱产量达到2 405.6万吨，同比增长12.7%，增速高于2008年4.6个百分点；布产量达567.4亿米，同比增长5.3%，已基本接近2008年水平；服装产量为237.5亿件，同比增长6.9%，增速高于2008年2.1个百分点。见表1。

2. 出口持续负增长

受金融危机引发国际市场需求持续低迷影响，2009年以来纺织行业出口出现近年来最大幅度的下降。根据海关数据，2009年我国纺织品服装出口总额为1 713.3亿美元，同比下降9.7%，增速比2008年下降17.6个百分点。其中前10个月行业出口持续在-11.0%左右的低位徘徊，虽然11月以来出口降幅有所收窄，但2个月收窄幅度仅有1.6个百分点，恢复速度较为缓慢。见图2。

出口下滑主要集中在规模以下的小企业。根据相关统计数据，2009年规模以上纺织企业出口交货值同比下降3.2%，增速仅低于2008年1.3个百分点；而规模以下企业出口同比降幅达到22.3%，增速低于2008年13.2个百分点。

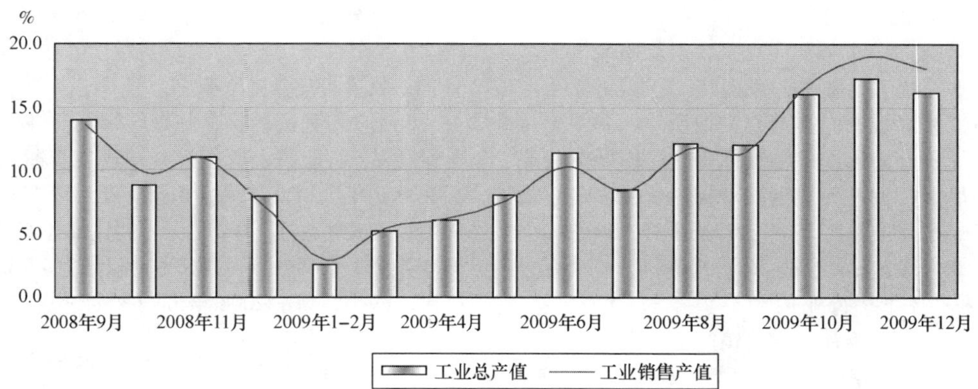

图1　规模以上纺织行业工业总产值、工业销售产值当月同比增长情况

数据来源：国家统计局、中国纺织工业协会统计中心

2009 年规模以上纺织行业主要产品产量

表1

产品名称	单　位	2009 年产量	同比增长（%）	比 2008 年增减（百分点）	比 2009 年 1—2 月增减（百分点）
化学纤维	万　吨	2 726.1	14.3	12.0	10.5
纱	万　吨	2 405.6	12.7	4.6	6.8
布	万　米	5 674 382.0	5.3	-0.1	10.3
印染布	万　米	5 398 042.0	7.7	4.7	8.7
亚麻布	万　米	24 453.0	2.3	5.7	14.1
毛机织物	万　米	49 506.0	-5.0	-10.8	-6.9
丝织品	万　米	77 595.0	5.9	10.0	-1.6
棉　被	万　条	7 222.0	13.3	—	—
无纺布	万　米	1 309 817.0	29.3	8.0	16.7
服　装	万　件	2 375 013.0	6.9	2.1	13.6

注：本表格中数据为快报数据。

数据来源：国家统计局、中国纺织工业协会统计中心。

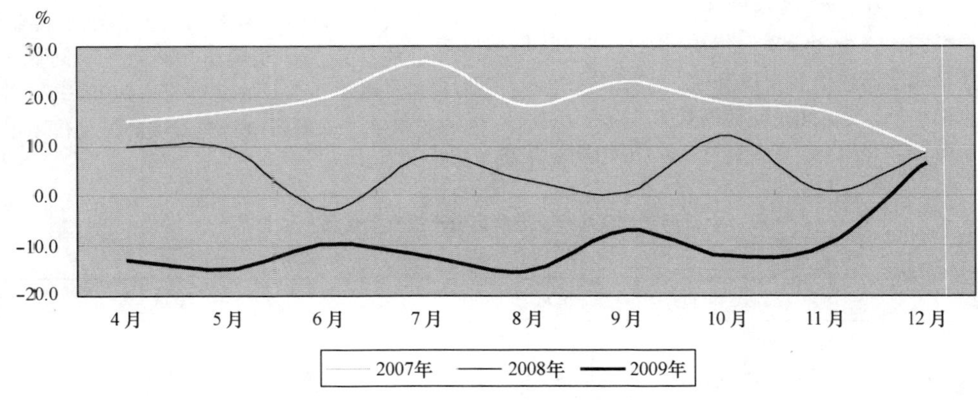

图2　我国纺织品服装出口额当月同比增长情况

资料来源：中国海关、中国纺织工业协会统计中心

分出口市场看，2009 年我国对美国、欧盟、日本、加拿大、澳大利亚等发达国家及香港地区出口纺织品服装的总金额同比下降 4.2%，增速比 2008 年降低 14.2 个百分点；对其他地区出口同比下降 17.6%，增速比 2008 年下降 22.8 个百分点，体现出广大新兴和发展中国家市场需求下滑更加突出。

尽管出口下滑明显，但我国纺织行业的国际竞争力仍在继续增强，在国际市场上的份额持续上升。根据相关统计数据，2009 年我国出口的纺织品服装在美国进口总额中所占的份额达到 39.0%，比 2008 年提高了 4 个百分点；在日本进口总额中所占份额达到 79.0%，比 2008 年同期提高了 2 个百分点。

3. 内销起到首要支撑作用

受金融危机影响，2009 年初，我国纺织品服装内需增速一度放缓。但 5 月以来，随着国家围绕“扩内需”采取的各项调控政策效果释放，内需消费提振明显，到年末持续保持稳定较快增长，成为支撑纺织行业企稳回升的首要因素。统计数据显示，2009 年我国衣着类消费品零售总额累计增长 18.8%，增速虽然比 2008 年有所下降，但整体仍保持了较高水平，且增速比年初 1—2 月提高了 2.9 个百分点。在内需市场支撑下，行业内销产值增长持续加速。2009 年规模以上纺织企业累计实现内销产值29 712.2亿元，同比增长 14.7%，其中四季度内销产值增速已超过 20.0%，基本恢复到危机前水平；行业内销产值比重达到 79.9%，比 2008 年提高 2.9 个百分点。

4. 运行质量稳步提高

尽管金融危机以来纺织行业面临的外部形势严峻，但行业调整升级步伐从未停止，科技、管理水平继续进步，运行质量稳步提高。

2009 年，规模以上企业产销率达到 97.9%，较 2008 年提高 0.3 个百分点，产销衔接顺畅；新产品产值同比增长 13.6%，高于同期销售产值增速 3 个百分点，产品创新对行业回升向好的贡献突出；1—11 月，规模以上企业劳动生产率（以工业总产值计算）达到 34.5 万元/人，同比增长 10.2%，生产效率继续提升；三费比例为 6.1%，比 2008 年同期下降 0.4 个百分点，管理水平继续提高；资产负债率为 57.7%，比 2008 年同期下降 1.5 个百分点，企业运营风险下降；产成品周转率为 14.7 次/年，较 2008 年同期加快 1.1 次，企业的市场反应能力和运转效率得到改善。

5. 效益明显改善

伴随着行业产销回升以及国家提高出口退税率、放松融资环境等政策效果逐步显现，行业的效益状况得到明显改善。2009 年 1—11 月，规模以上全行业亏损企业数较 2008 年同期减少 1.3%，亏损面（17.7%）下降 2.8 个百分点，亏损企业亏损额同比减少 23.8%。继 1—8 月行业利润总额一年来首度扭转负增长局面后，1—11 月，规模以上纺织企业实现利润总额 1 331.5 亿元，同比增长 25.4%，增速比 1—2 月显著回升 36.4 个百分点，比 1—8 月又提高了 13.1 个百分点；行业平均利润率达到 4.0%，高于 2008 年同期 0.5 个百分点。

6. 投资实现稳定增长

行业产销和盈利状况的好转带动企业的市场信心逐步得到恢复，行业固定资产投资增速逐步回升并实现稳定增长。2009 年全年，纺织行业 500 万元以上项目固定资产投资实际完成额达到 3 102 亿元，同比增长 13.9%，增速高于 2008 年 7.1 个百分点，新开工项目数为 7 731 个，同比增速达到 27.9%，高于 2008 年 35.7 个百分点。

二、2009 年纺织行业结构调整取得的成效

2009 年以来，在内外环境的驱动下，纺织行业产业结构调整和产业升级的步伐明显加快，创新能力不断提高，市场竞争力得到进一步提升，为行业摆脱困境、较早实现企稳回升提供了动力和支撑。行业结构调整的成效主要体现在以下几个方面：

1. 科技进步取得新成果

2009 年，纺织行业科技进步成果显著，高新技术纤维、新型纺纱技术、产业用纺织品、新型纺机等一批纺织高新技术研发及产业化应用取得新进展。全行业有 6 项科技成果荣获 2009 年度国家科学技术奖，其中高效短流程嵌入式复合纺纱技术获得国家科技进步奖一等奖，其余 5 项技术分获国家科技发明奖二等奖和科技进步奖二等奖；144 项科技成果获得 2009 年度中国纺织工业协会科技进步奖，其中 9 项获一等奖，这些科技成果对于全行业的技术进步起到了积极推动作用。2009 年，化纤差别化率比 2008 年提高了 5 个百分点，国产纺织机械市场占有率比 2008 年提高了近 10 个百分点。

2. 行业结构调整加快

作为纺织工业中技术型子行业和新经济增长点，产业用纺织品行业 2009 年以来始终保持良好发展态势，行业产销、效益、出口增长速度均明显好于全行业平均水平，全年产业用纺织品产量超过 700 万吨，同比增长约 16.0%，占行业纤维加工总量的比重约达到 19.0%，比 2008 年提高 2 个百分点，对纺织全行业发展的拉动作用更加突出。

东、中、西部地区纺织企业固定资产投资增长及占比情况

表 2

单位：%

地 区		2005 年	2006 年	2007 年	2008 年	2009 年
全 国	同比	39.1	27.1	25.7	6.8	13.9
东 部	同比	36.8	21.1	16.3	-3.6	7.9
	占比	74.0	71.9	66.6	60.1	56.9
中 部	同比	40.8	46.9	54.2	27.1	30.1
	占比	16.4	20.8	25.5	30.4	34.7
西 部	同比	15.6	41.1	37.4	28.5	-0.1
	占比	6.6	7.3	7.9	9.5	8.4

注：本表格中数据统计范围为 500 万元以上项目。

资料来源：国家统计局、中国纺织工业协会统计中心。

3. 区域结构进一步优化

2009 年，纺织产业向中西部地区转移的进程明显加快。中部地区承接产业转移的积极性较高，新规划纺织产业园区不断增加，2009 年中部地区实际完成固定资产投资

1 076.8亿元，同比增长30.1%，高于东部地区22.2个百分点；新开工项目3 069个，同比增长48.7%，高于东部地区26.3个百分点。2009年，中部地区规模以上纺织企业工业总产值同比增长18.2%，高于东部地区9.4个百分点；1—11月利润总额同比增长44.9%，高于东部地区23.6个百分点。

羊绒、地毯、丝绸等西部地区特色纺织产业得到较快发展，2009年1—11月宁夏、青海、四川规模以上纺织企业利润总额同比增速分别达到61.6%、47.0%和45.9%，均远高于行业平均水平。

2009年东、中、西部地区规模以上纺织企业主要经济指标增长情况

表3

指标 / 行业	工业总产值（1—12月）		利润总额（1—11月）	
	本年累计（亿元）	同比增长（%）	本年累计（亿元）	同比增长（%）
全　国	37 979.9	10.3	1 331.5	25.4
东　部	31 956.7	8.8	1 111.2	21.3
中　部	4 320.0	18.2	179.1	44.9
西　部	1 703.3	20.9	41.3	86.8

资料来源：国家统计局、中国纺织工业协会统计中心。

4. 企业优胜劣汰加快

一批优势企业在逆境中得到发展，在国内外市场上的综合竞争能力进一步提高。根据国家统计局数据，2009年1—11月，占规模以上企业数32.2%的17038户优势企业利润总额同比增长30.7%，高于行业平均水平5.3个百分点，利润率达到8.2%，高于行业平均水平4.2个百分点；其中3 666户骨干企业利润总额同比增速达到40.2%，利润率达到15.7%。

一批缺乏市场竞争力的企业在市场机制的作用下实现了淘汰和重组，2009年化纤行业共淘汰落后生产能力137.2万吨，常州等环太湖地区半数以上的落后印染设备被淘汰，纺织企业的整体素质得到优化。

三、2010年纺织行业发展趋势展望

整体上看，2010年，我国纺织行业面临的国内外经济环境将较2009年明显改善，行业整体上具备继续稳步回升的条件，但同时也仍然面临一系列不确定性因素。

2010年影响纺织工业经济运行的因素主要有：

1. 国际市场将缓慢恢复，行业出口的市场动力仍然不足

随着各国救市政策效果逐渐显现，世界经济在2009年末已经开始逐步呈现出复苏迹象。2010年，随着发达国家金融体系风险进一步下降，市场信心逐步改善，世界经济有望继续好转，国际市场也将得到一定程度的恢复。根据世界银行最新预测，2010年，全球GDP将由2009年的负增长2.2%恢复到增长2.7%，全球贸易额增速也将由－14.4%回升到4.3%；根据国际货币基金组织预测，全球GDP同比增速将由2009年的－0.8%恢复到3.9%，全球贸易额增速将由－12.3%回升到5.8%。但是，目前美、欧、日等主要发达经济体失业率均处于历史高位，失业状况仍需较长时间才能得到彻底改善，制约了个人消费的增长，因此国际市场需求的恢复速度整体上将是缓慢的，我国纺织行业的出口增长动力也仍然有限。

由于2009年基数较低，2010年，随着国际市场需求状况逐步改善，我国纺织行业出口将结束金融危机以来的持续下滑态势，恢复增长，但增速将较危机前有所下降。

2. 内需将保持稳定增长，对行业的支撑作用依然突出

近年来，伴随着国民经济的稳定发展和城乡居民生活水平的不断提高，我国内需市场日渐活跃，对纺织行业的支撑作用尤为突出。2010年，随着国际经济环境逐步改善，国内以“调结构”为主线的各项宏观调控措施逐步落实，我国宏观经济将继续回升向好。随着国内就业状况逐步稳定，市场信心得到改善，居民生活水平继续提高，衣着类消费品的市场需求仍将实现稳定增长。与此同时，国家40 000亿元扩内需计划在2010年仍将继续推进，围绕“扩内需”目标，一系列促消费、惠民生的措施也将先后落实，国家在三农、医疗等基本社会保障制度建设、保障性安居住房建设、促进汽车消费等方面的投入将继续增加，一方面将为家用纺织品、产业用纺织品提供了更为广阔的市场空间，另一方面也有利于为国内居民，特别是农村和城镇中低收入群体增加消费支出减轻后顾之忧，进一步增加内需市场的活力。

在市场向好、政策助推的条件下，2010年，我国纺织品服装内需将延续2009年以来的稳定增长态势，且增速有望比2009年进一步提高，将继续对纺织行业的回升发挥重要支撑作用。

3. 不确定因素仍然存在，加大行业运行风险

在国际市场缓慢复苏、国内市场稳步增长的情况下，2010年纺织行业仍然面临一系列不确定因素。一是生产要素价格方面，随着全球经济的复苏，原油、棉花的大宗商品价格持续高位波动，带动化纤、纺织原料价格上涨，国内劳动力、能源动力等生产要素价格也呈现明显的上升走势，纺织企业的成本压力将明显增加。二是出口环境方面，贸易保护主义抬头将是全球经济复苏进程中难以避免的问题，2010年我国纺织行业遭遇国际贸易摩擦的风险仍然较高。三是人民币汇率方面，随着美元流动性迅速提高，人民币升值的压力正在日益凸现，进一步增加了行业出口的不确定性。

综合国内外市场走势及相关影响因素判断，尽管2010年纺织行业仍然面临一系列不确定因素，出口增长也仍缺乏根本性的动力，但内需市场仍将对行业发挥显著拉动作用，在国际贸易环境基本保持稳定的条件下，纺织行业将

继续实现稳步回升。预计2010年规模以上全行业工业总产值、利润总额均有望实现两位数增长。

四、2010年纺织行业的发展任务和重点

2010年是《纺织工业“十一五”发展纲要》实施的最后一年，也是《纺织工业调整和振兴规划》落实的第二年。在实现行业继续稳步回升向好的同时，全面完成《“十一五”发展纲要》目标，进一步贯彻落实《调整和振兴规划》，加快结构调整步伐，转变生产经营方式，仍是纺织全行业在2010年面临的重要任务。

1. 加快科技进步步伐

继续重点突出、目标明确地落实《纺织工业科技发展纲要》确定的“28项关键技术和10项新型成套关键装备”的技术突破和应用，加大高性能、功能性、差别化纤维的开发力度，扩大其在功能性纺织品、绿色环保生态纺织品、产业用纺织品等重点领域的应用，依靠科技贡献率提高产品附加值。

2. 推进节能减排、淘汰落后工作

大力抓好节能减排、淘汰落后产能工作，以印染、化纤等主要行业为重点，全面落实《纺织工业调整和振兴规划》和《国务院关于进一步加强淘汰落后产能工作的通知》（国发〔2010〕7号）中确定的节能减排目标、措施和淘汰落后任务。大力推广行业节能减排新工艺、新技术、新设备，加快技术装备更新升级，推动行业节能减排和淘汰落后工作迈出实质性步伐。

3. 加大自主品牌建设力度

加快推进行业自主品牌建设，总结行业中优秀自主品牌在品牌营销、管理、供应链建设等方面的先进经验，面向全行业加以推广；加强公共服务，建立良好的市场竞争环境，形成鼓励创新、百花齐放、推陈出新、多元文化共生的良好创意生态环境，培育企业社会责任氛围，努力营造有利于品牌元素成长的良好公共环境。

4. 积极促进产业转移

鼓励中西部有条件的地区科学规划发展纺织产业，建立现代化的纺织产业园区和新型纺织产业集群；引导东部地区纺织企业结合中西部地区资源优势和特点，加快升级式产业转移；多渠道、多手段搭建平台，增加东部地区与中西部地区之间的交流与合作，促进纺织产业区域结构优化调整。

5. 完善公共服务

围绕“一个平台、五大支柱”建立和扩大集产品研发、质量检测、人才培训、信息化推广和现代物流于一体的纺织产业公共创新平台，并以此为基础建立和完善面向广大中小企业的公共服务体系。通过公共服务体系扶持中小企业提高产品开发能力、管理水平和人才素质，扩大专业市场联盟的影响力，全面改善广大中小企业的市场竞争力和抗风险能力，推进新型产业集群建设，提高纺织行业的整体实力。

6. 研究行业未来发展思路

在全面总结《纺织工业“十一五”发展纲要》实施效果和经验的基础上，加紧研究制定纺织行业在“十二五”期间，乃至到2020年的发展思路和工作重点，为到2020年实现纺织强国目标做好战略部署。

（撰稿：中国纺织工业协会产业部主任　孙淮滨
中国纺织工业协会产业部行业分析师　赵明霞）

2009年中国有色金属工业发展综述

中国有色金属工业协会

2009年，我国有色金属工业在党中央“保增长、扩内需、调结构”方针的指引下，全面贯彻落实《有色金属产业调整和振兴规划》，应对国际金融危机取得明显成效，全行业企稳向好的态势不断巩固，企业盈利能力逐步恢复，节能降耗取得新成效，兼并重组和境外资源开发取得新进展。

一、工业生产企稳向好

（一）10种有色金属产量同比增长4.0%

2009年，全国十种有色金属产量为2 605万吨，同比增长4.0%。其中，精炼铜411万吨，同比增长8.7%；原铝1 284.6万吨，同比下降2.5%；铅370.8万吨，同比增长15.6%；锌435.7万吨，同比增长11.3%；镍16.5万吨，同比增长28.0%；锡13.5万吨，同比增长4.2%；锑16.6万吨，同比增长13.7%；镁50.1万吨，同比下降4.8%；海绵钛6.2万吨，同比增长38.9%。

全年10种有色金属产量超过100万吨的省、自治区有10个，分别为：河南471.1万吨，同比增长2.1%；山东212.7万吨，同比增长2.8%；云南211.9万吨，同比增长1.8%；湖南199.6万吨，同比增长10.2%；内蒙古176万吨，同比增长8.6%；甘肃172.7万吨，同比增长4.6%；安徽116万吨，同比增长25.1%；广西110.3万吨，同比增长10.1%；山西105.3万吨，同比下降25.7%；青海102.6万吨，同比下降7.3%。

这10个省、区的10种有色金属产量达到1 878.1万吨，占全国总产量72.1%。

精炼铜产量位于全国前10位的省、市、自治区是：江西81.6万吨，同比增长4.8%；山东56.4万吨，同比增长20.5%；安徽53.9万吨，同比增长2.1%；甘肃41.9万吨，

同比增长 14.1%；云南 29.8 万吨，同比下降 4.6%；湖北 27.2 万吨，同比增长 0.2%；浙江 22.7 万吨，同比下降 23.6%；江苏 22.1 万吨，同比增长 28.6%；内蒙古 21.1 万吨，同比增长 44.4%；上海 8.8 万吨，同比下降 19.1%。

以上 10 省、市、自治区的精炼铜产量为 365.5 万吨，占全国总产量的 88.9%。

原铝（精炼铝）产量位于全国前 10 位的省、自治区是：河南 315 万吨，同比下降 2.9%；山东 152.1 万吨，同比下降 5.1%；内蒙 129.7 万吨，同比增长 5.9%；甘肃 94.9 万吨，同比增长 0.02%；青海 89.1 万吨，同比下降 10.6%；贵州 80.3 万吨，同比增长 38.1%；山西 75.8 万吨，同比下降 22.7%；宁夏 65.6 万吨，同比增长 8.6%；云南 63.7 万吨，同比增长 16.2%；广西 53.5 万吨，同比增长 7.4%。

以上 10 省、区的原铝产量均超 50 万吨，共产原铝 1119.5 万吨，占全国总产量的 87.2%。

铅产量位于全国前 10 位的省、自治区是：河南 119.2 万吨，同比增长 7.5%；湖南 63.6 万吨，同比增长 17.5%；安徽 61.7 万吨，同比增长 55.8%；云南 31.9 万吨，同比下降 12.3%；江苏 17.3 万吨，同比增长 34.7%；广西 13.8 万吨，同比下降 6.3%；广东 13.3 万吨，同比增长 2.4%；湖北 7.8 万吨，同比增长 50.7%；江西 7.5 万吨，同比下降 2.5%；陕西 7.3 万吨，同比增长 51.4%。

以上 10 省、区的铅产量为 343.4 万吨，占全国总产量的 92.6%。

锌产量位于全国前 10 位的省、自治区是：湖南 98.4 万吨，同比增长 13.8%；云南 77.5 万吨，同比增长 1.5%；陕西 37.9 万吨，同比增长 7.7%；广西 37.7 万吨，同比增长 19.8%；辽宁 35.3 万吨，同比下降 0.9%；河南 29.6 万吨，同比下降 52.8%；广东 25.7 万吨，同比增长 3.8%；四川 25.1 万吨，同比增长 44.8%；内蒙古 21.8 万吨，同比增长 7.8；甘肃 19.9 万吨，同比下降 4.5%。

以上 10 个省、区的锌产量为 408.8 万吨，占全国总产量的 93.8%。

（二）有色金属矿山及氧化铝产品产量稳步增长

（1）规模以上企业 6 种精矿金属含量同比增长 3.9%。2009 年，规模以上企业生产 6 种精矿金属含量 566.3 万吨，同比增长 3.9%。其中，铜金属含量 96.2 万吨，同比增长 4.7%；铅金属含量 136 万吨，同比增长 18.8%；镍金属含量 8.1 万吨，同比增长 13.5%；锡金属含量 7.3 万吨，同比增长 11.2%；锑金属含量 9.6 万吨，同比增长 1.7%；锌金属含量 309.2 万吨，同比下降 1.9%。

规模以上 6 种精矿金属含量位于全国前 10 位的省、自治区是：内蒙古 91.1 万吨，同比增长 4.8%；云南 87.6 万吨，同比下降 14.7%；湖南 67.7 万吨，同比增长 13.7%；四川 52.4 万吨，同比增长 35.6%；广西 34.1 万吨，同比增长 9.1%；甘肃 32.6 万吨，同比下降 10.3%；广东 31.5 万吨，同比增长 0.9%；江西 29.8 万吨，同比增长 16.4%；陕西 22.6 万吨，同比增长 21.7%；福建 17.6 万吨，同比增长 21.9%。

（2）钨、钼精矿折合量同比稳定增长。2009 年，全国钨精矿折合量 9.9 万吨，同比增长 17.4%，其中钨精矿的主要生产省份江西 4.7 万吨，湖南 2.3 万吨，这两个省的钨精矿产量占全国总产量的 70.4%；钼精矿折合量 20.8 万吨，同比增长 20.4%，其中，钼精矿的主要生产省份河南和陕西分别完成了 10.3 万吨和 3.7 万吨，河南省同比增长 32.6%，陕西省同比下降 1.7%。

（3）氧化铝产量继续企稳回升，同比增长 4.4%。2009 年，全国氧化铝产量 2 379.2 万吨，同比增长 4.4%。其中，河南 850.1 万吨，同比下降 0.7%；山东 655.7 万吨，同比下降 0.02%；广西 455.3 万吨，同比增长 81.2%；山西省 259.8 万吨，同比下降 23.8%。

（三）铜、铝加工材产量呈增长态势

2009 年，全国铜、铝材等深加工产品产量呈增长态势，铜材产量 888.4 万吨，同比增长 18.7%；铝材产量 1650.4 万吨，同比增长 15.6%。

铜材产量位于全国前 10 位的省、市、自治区是：江苏 185.9 万吨，同比增长 33.6%；浙江 179.6 万吨，同比增长 18.8%；江西 131.6 万吨，同比增长 21.0%；广东 104.1 万吨，同比下降 8.1%；安徽 81.5 万吨，同比增长 43.6%；河南 40.9 万吨，同比下降 5.9%；天津 26.8 万吨，同比增长 1.4%；湖南 26.4 万吨，同比下降 37.7%；山东 24.8 万吨，同比增长 42.7%；上海 20.6 万吨，同比增长 45.4%。

这 10 个省、市、区铜材产量为 822.3 万吨，占全国总产量的 92.6%。

铝材产量位于全国前 10 位的省、市、自治区是：广东 404.8 万吨，同比增长 8.2%；河南 286.6 万吨，同比增长 6.1%；山东 225 万吨，同比增长 36.4%；江苏 129.7 万吨，同比增长 30.8%；浙江 104.6 万吨，同比增长 24.6%；辽宁 78.5 万吨，同比增长 2.8%；重庆 75.2 万吨，同比下降 3.2%；福建 64.6 万吨，同比增长 5.0%；湖南 27 万吨，同比增长 19.2%；四川 26.2 万吨，同比下降 10.9%。

这 10 个省、市、区的铝材产量为 1 422 万吨，占全国总产量的 86.2%。

二、企业盈利能力逐步恢复

2009 年 1—11 月，规模以上有色金属工业企业（不包括独立黄金企业）实现主营业务收入 19 096 亿元，同比下降 3.0%。实现利润 618 亿元，比上年同期下降 27.7%（全国规模以上企业实现利润同比增长 7.8%）。预计 2009 年规模以上有色金属工业企业实现主营业务收入 21 000 亿元左右，基本与 2008 年持平；预计实现利润约 750 亿～800 亿元。

三、进出口额降幅收窄

2009 年，有色金属进出口贸易总额为 832 亿美元，同比下降 11.3%。其中，进口额为 659 亿美元，同比增长 0.4%；出口额为 173 亿美元，同比下降 38.6%。2009 年，净进口未锻轧铜 316 万吨，比上年增长 1.2 倍；净进口未锻轧铝 143 万吨，而上年则是净出口 58 万吨；净进口未锻轧铅 18 万吨，同比增长 12 倍；净进口未锻轧锌 77 万吨，比上年增长 2 倍。

四、完成固定资产投资增幅回落，但新开工项目投资偏大

2009年，有色金属工业（不包括独立黄金企业）完成固定资产投资2 717亿元，比上年增长16.5%，比全国城镇固定资产投资增幅低14个百分点。有色金属工业新开工项目投资额为2 860.3亿元，增幅比上年增加19.4个百分点。

五、企业节能降耗取得新成效

2009年，全国铝锭综合交流电耗为14 171千瓦时/吨，同比下降152千瓦时/吨，全年节电20亿千瓦时；氧化铝综合能耗为659千克标煤/吨，同比下降19.3%；铜冶炼综合能耗为366千克标煤/吨，同比下降7.2%；铅冶炼综合能耗降到459千克标煤/吨，同比下降2.8%；电锌综合能耗为922千克标煤/吨，同比下降3.2%。2009年有色金属工业（包括独立黄金企业）能源消耗量为8 314万吨标准煤，同比下降3.0%；万元工业增加值能耗同比下降15.0%。

六、科技进步成果显著

由协会牵头组建的产业技术创新战略联盟取得了阶段性效果；列入《国务院关于发挥科技支撑作用，促进经济平稳较快发展的意见》中的三项有色金属产业重点先进技术均取得积极进展，其中新型阴极结构等铝电解技术使直流电耗有了大幅度降低，开始在部分铝厂推广应用；自主研发的氧气底吹熔炼多金属捕集技术，已建成处理多金属矿原料50万吨/年生产线，运行达到预期效果。中金岭南丹霞冶炼厂10万吨锌氧压浸出工程和株洲冶炼厂常压富氧浸出技改项目成功投产，标志着我国锌冶炼技术水平跃上了一个新台阶。时速350公里高铁用铝材，已实现了国产化。

七、企业兼并重组取得新进展

中国五矿集团公司与湖南有色金属控股公司2009年底正式签署战略合作协议，由中国五矿集团控股湖南有色控股公司；中国有色矿业集团收购了山东奥博特铜铝业有限公司；云南冶金集团收购美铝持有的美铝（上海）公司100%股权。青铜峡能源铝业集团公司成功回购加宁铝业外方股权。

八、有色金属境外资源开发取得新突破

中国五矿集团公司以13.8亿美元收购了澳大利亚第三大矿业公司（OZMineral公司）的主要资产。中国有色矿业集团成功收购赞比亚卢安夏铜业公司、澳大利亚特拉明矿业公司和吉尔吉斯斯坦恰拉特金矿；该集团在赞比亚谦比希的15万吨铜冶炼项目建成投产。中金岭南公司收购澳大利亚PEM公司50.1%的股权。华东有色地勘局在伦敦交易所收购了WTI 50.1%的股份，控股该上市公司。吉林吉恩镍业公司分别收购加拿大3个镍矿项目和澳大利亚1家公司的镍钴项目。

九、有色金属资本市场出现可喜的变化

2009年在境内外新上市的有色金属企业4家，在香港股票市场融资105亿港元，在深圳股市融资19.8亿元人民币。资本市场有色金属板块涨幅明显超过沪深两市大盘涨幅，有色金属板块总市值从2008年末的4 300亿元，涨到2009年末的10 300亿元，涨幅140.0%，比大盘涨幅高40.0%。

（撰稿：《中国有色金属工业年鉴》编辑部
副主任　李宴武）

2009年中国电力供需形势综述及2010年分析

中国电力企业联合会

2009年，全国电力需求逐步回升，全社会用电量同比增长6.4%，增速超过上年同期；电力投资规模加大、结构继续优化，新增装机保持较大规模，非化石能源发电加快发展，电力技术取得重要突破；发电装机容量突破8亿千瓦达到8.7亿千瓦，同比增长10.3%，水电水情和电煤供应情况前三季度总体较好、四季度变化较大，电力供应能力整体较为充裕，发电设备利用小时降幅收窄。总体来看，全国电力供需总体平衡、个别省区略有富余，四季度在局部地区出现紧张；火电企业效益有所好转、电网公司盈利下降，但地区间分布极不均衡，且没有稳定的市场机制保障。

2010年，预计新增装机保持较大规模、供应能力进一步增强，需求继续回升，供需总体平衡，全国发电设备利用小时与上年基本持平；煤电矛盾依然尖锐，行业盈利能力将再次面临考验；电煤供应、来水丰枯和气温变化将是影响部分地区电力电量平衡的最主要因素，需要引起高度关注。

一、2009年全国电力供需情况

（一）电力投资和新增能力的结构继续优化

2009年，全国电力投资基本实现了电源电网协调发展。全年电力建设完成投资7 702亿元，同比增长22.2%；其中，电网投资大幅增长，电网投资占电力投资的比例在厂

网分开后首次超过50.0%。火电投资占电源投资的比重由前几年的80.0%左右下降到49.4%，核电、风电等新能源投资比重大幅上升。

新增发电生产能力结构继续优化。全年全国新增发电生产能力9 667万千瓦，其中火电占新增生产能力的比例比上年下降3.1个百分点，新投产百万千瓦火电机组10台，新投产单机容量60万千瓦及以上火电机组容量比重高达53.9%；核电新开工规模850万千瓦，在建规模2 192万千瓦，居世界首位；新增并网风电973万千瓦，占全部新增能力的10.9%，连续四年实现翻倍增长；新增太阳能发电装机2.8万千瓦，首次年投产规模超过2万千瓦，酒泉10兆瓦太阳能光伏示范工程开工；“上大压小”继续推进，全年关停小火电机组2 617万千瓦，提前一年半完成国家“关小”5 000万千瓦的目标。

（二）电力技术取得重大突破

百万千瓦超超临界机组批量投产，我国已经成功掌握了这一先进的发电技术；世界首批核电自主化AP1 000依托化项目开工建设，超大型锻件、主管道、安全壳等关键设备自主化研制取得重要突破，自主创新稳步推进；国产1.5兆瓦陆上风电已成为主力机型，亚洲首台3兆瓦海上风机成功并网发电。太阳能光伏发电关键技术逐步实现突破，我国已初步建立了比较完备的太阳能技术体系。

特高压技术取得实质性成果。1 000千伏晋东南—荆门特高压交流试验示范工程顺利投产，已稳定运行一周年，发挥了显著的综合效益；11月，世界第一个±800千伏特高压直流输电工程——云南至广东特高压直流输电工程单极成功送电，向家坝—上海特高压直流示范工程成功实现800千伏全线带电，标志着我国输电电压等级、交直流输电技术、装备制造以及电网建设管理上升到一个新水平、新台阶，进入世界领先行列；500千伏海南联网工程正式投运，全国联网继续推进。电网智能化研究和试点示范工程扎实推进。

（三）供应和输配能力充足，设备利用状况下降

2009年底，全国全口径发电设备容量8.7亿千瓦，同比增长10.3%。其中，水、火电同比分别增长13.7%、8.0%；核电908万千瓦；并网风电1 760万千瓦，同比增长109.8%。发电机组结构逐步优化，非化石能源所占比重有所上升。2009年底，全国电网35千伏及以上输电线路回路长度122.9万千米，同比增长5.2%；35千伏及以上公用变设备容量32亿千伏安，同比增长16.1%。

发电量增速加速回升，火电生产快速恢复。2009年，全国全口径发电量36 812亿千瓦时，同比增长6.7%，高于上年同期；其中，水、火电分别同比增长1.1%、7.5%，核电增长1.2%，并网风电增长111.1%。分月来看，发电增速逐月加速回升，6月份实现单月增速正增长，8月份实现累计发电量正增长。下半年火电生产快速增长，12月火力发电量首次超过3 000亿千瓦时，创造单月火电发电量的新纪录，也是部分地区电煤比较紧张的因素之一。

由于装机增长快于发电量增长，导致设备利用状况持续下降，全国大部分地区统调最高用电负荷增速快于统调用电量，电网负荷率下降，峰谷差拉大，设备利用小时下降。2009年，全国6 000千瓦及以上电厂发电设备利用小时4 546小时，比上年降低102小时，降幅较上年明显收窄；6月以后月度发电设备利用小时数逐步回升，四季度已经恢复到常年水平。

（四）特高压在跨区跨省送电中的作用比较突出

2009年，全国跨区送电量完成1 213亿千瓦时，同比增长13.5%；其中，1 000千伏特高压交流线路作用突出，送电量占全国新增跨区送电量的61.4%。2009年，通过特高压线路由华北向华中累计输入电量为55.5亿千瓦时。特别是在四季度湖北电力供需紧张时，每天向华中电网送电5 000万千瓦时左右，相当于每天从空中输煤2.5万吨，极大地缓解了湖北的电力供需矛盾。

水电出力下降对电力供需影响较大。下半年，全国水电出力下降，9月以后连续4个月同比下降，导致三峡送出和南方电网区域内“西电东送”连续4个月同比下降，华中区域内部分省份供需矛盾比较突出。京津唐电网受电电量341亿千瓦时，同比增长52.9%；省间累计输出电量5 247亿千瓦时，同比增长17.9%，全年各月均保持较快增长，进出口电量均有增加。

（五）全社会用电量逐月加快回升

2009年，全国全社会用电量36 595亿千瓦时，同比增长6.7%，增速高于上年；各月用电量增速逐月加快回升，电力消费走势实现了与经济走势的完美重合。第三产业和城乡居民生活用电分别增长12.8%和12.1%；其中，第二产业用电从低迷中开始逐步回升，带动全社会用电增速逐步快速回升，第三产业和城乡居民生活用电量各月都保持了稳定增长，农村居民用电增速略高于城镇居民用电。全年电力消费弹性系数0.7，比上年提高0.2。

（六）电力回升的政策拉动效果明显

受国家政策拉动等因素共同拉动，工业快速回升，2009年，全国工业用电量26 754亿千瓦时，同比增长4.6%。特别是重工业回升势头快于轻工业，重点行业（钢铁、化工、建材、有色）用电全面复苏，建材行业最早回暖，4个行业在11、12月的单月用电量创出历史新高；交通运输设备制造业受铁路、交通投资大幅拉动，各月（除元月外）用电量均实现正增长且逐月加速。

（七）电力企业总体盈利，分布不均，亏损面仍然较大

2009年电力行业利润有所回升，但利润分布极不均匀，电力行业效益缺乏机制保障。1—11月份，电力行业利润总额891亿元，但是全行业销售利润率3.2%、资产利润率1.4%，仍明显偏低。火电行业利润由上年同期的净亏损377亿元转为盈利465亿元，扭亏增盈842亿元；但是利润在地区间分布极不均衡，江苏、浙江、广东三省火电企业利润占全部火电利润的73.8%。电网企业政策性亏损的趋势在9月份尤其是11月份的电价调整后情况好转，1—11月份，实现利润63亿元；但北京和广东电力供应企业利润是其他供电企业利润总和的2.3倍，相当部分省份亏损严重。

（八）节能减排效果显著

电力行业积极加大科技创新力度，推进节能减排。电力生产及输送环节能源利用效率继续提高。2009 年，全国供电标准煤耗 340 克/千瓦时，比上年同期降低 5 克/千瓦时。线路损失率 6.7%，比上年同期降低 0.1 个百分点。6 000千瓦以上电厂厂用电率5.8%，比上年下降0.1 个百分点。脱硫装机增长 9 575.2 万千瓦，达到 4.7 亿千瓦，占燃煤装机的比例约 76.0%，同时，二氧化硫排放总量提前一年实现了“十一五”确定的目标限值。电力行业向节约发展、清洁发展方向又迈进了一步。

二、2010 年全国电力供需形势预测

（一）影响电力供应能力的因素分析

1. 投资保持较大规模，结构继续优化

预计 2010 年电源和电网投资都将在 3 300 亿元左右，全年全国电力投资完成额 6 600 亿元左右，低于 2009 年水平。火电投资比重继续下降，清洁能源发电投资比重持续提高，电网投资占电力投资的比重也会再度低于 50.0%。

2. 全国装机规模将达 9.5 亿千瓦

预计 2010 年底，全国发电装机容量在 9.5 亿千瓦左右，其中，水电 2.1 亿千瓦、火电 7 亿千瓦、核电 1 016 万千瓦、并网风电 3 000 万千瓦、并网太阳能光伏发电 20 万千瓦。

3. 电煤供需偏紧，价格上涨压力很大

由于现在水库蓄水偏少、需求高位增长，部分省份煤炭资源整合过程中将难以完全释放生产能力，煤炭生产量下降，对电力供应和地区平衡产生一定影响，预计 2010 年上半年火电发电量及火电耗煤量仍将保持在很高的水平上，电煤供需偏紧的局面短期内难以改变。预计 2010 年全国电厂发电、供热生产电煤消耗在 16 亿吨左右。煤炭需求总量增加和结构性、地区性矛盾将进一步推动煤价继续走高，增加电厂煤炭采购难度和采购成本。

4. 气温、水情仍有可能影响供需

据分析 2010 年全国来水情总体为平水年偏枯，全国特别是华中地区冬春季干旱严重。至 2010 年汛前，主要流域水情将继续维持目前严重偏枯的趋势。汛期也存在来水集中、来水量大等可能。

（二）电力需求及供需形势预测

预计 2010 年，以 2009 年全国电力工业统计快报为计算基数，全年电力消费同比增长 9.0%，达到 39 700 亿千瓦时左右；全社会用电量增速将呈现“前高后低”的总趋势，上半年增速将超过 10.0%，下半年逐步回落。

预计 2010 年，全国电力供需总体平衡有余。受水情、电煤及天然气供应等不确定性因素影响，上海、江苏、浙江、湖北、湖南、江西、四川、重庆等地区部分时段电力供需偏紧，可能存在一定的电力电量缺口。

三、对当前电力供需问题的认识与建议

（一）转变电力发展方式，推进行业科学发展

当前，我国电力工业最突出的矛盾仍是电力结构性问题。由于受电煤供应、运输、煤价、来水、气温等因素影响，目前全国电力总体平衡与局部地区供电紧张的情况并存，装机容量快速增长与发电利用小时数持续下降的情况并存。近年来，我国煤电运紧张局面反复出现，特别是电煤价格持续上涨，缺煤停机现象时有发生，电力企业发展面临困境，与长期局部地区就地平衡的电力发展方式有很大关系。要实现电力行业的健康持续发展，加快转变电力发展方式刻不容缓。

我国能源结构具有以煤为主、能源资源与生产力逆向分布的特点，能源开发正在加速向西部和北部转移，特高压远距离输电将在优化能源资源配置方面发挥更大作用。电力工业要实现科学发展，必须从我国能源分布及开发现状出发，加大特高压等远距离输电技术的开发和建设力度，变输煤为输电，实现输煤输电并举；大力推进特高压、大煤电、大水电、大核电、大型可再生能源基地的建设，优化电源结构和布局，促进能源资源在更大范围的优化配置；要大力发展清洁能源及可再生能源发电，加大科技投入，解决新能源发电上网难的问题；要大力开展智能电网相关技术研究与突破，实现电网与电源的和谐发展；要加快城农网建设改造力度，实现各级电网协调发展，促进电力发展方式的根本性转变。

（二）进一步改善电煤供应

一是努力做好当前的煤炭供应工作。煤炭企业应在安全生产的前提下努力提高产量，运输行业应优化调整运力，保证重点地区、重点电厂的煤炭供应。要加强对重点合同量、价的监管力度，提高履约率，保证电煤供应。对于部分省份的煤炭资源近期不得外运出省的地方保护政策，要坚决制止。

二是加强国家对煤炭资源的调配力度，建立国家煤炭应急储备制度。煤炭资源作为关系国计民生的基础性资源，国家应具备相当的调配能力，从宏观制度层面构架煤炭储备体系，以应对电煤频繁告急。启动煤炭储备机制不仅可以缓解能源安全与经济发展提速间的冲突与矛盾，也可以平抑煤炭市场异常波动，防止过度投机行为，符合国际通用做法。同时，也应鼓励各发电集团建立自己的电煤储运机制。

三是加强煤炭产运需协调，整顿电煤流通环节，加大力度帮助电力企业协调重点地区、重点电厂（特别是新增的重点电厂）的电煤产运需保障平衡，确保资源总量基本平衡和稳定供应。尽快建立电煤信息统计体系，完善电煤价格指数测算与发布机制，做好电煤的预测预警工作。

（三）再次启动煤电联动机制，推进电价改革

煤电联动机制自 2004 年底实施以来，一是不能及时启动；二是有关机制存在问题。现阶段，应进一步完善煤电价格联动机制，调整发电企业消化煤价上涨比例，设置煤电联动最高上限，控制电煤价格涨幅，保持煤炭、电力价格基本稳定。应根据 2009 年底及 2010 年初以来电煤价格不断上涨的情况，及时启动煤电联动，以缓解发电企业的经营压力和煤电之间的矛盾。

近年来的经济运行中，“市场煤、计划电”的体制性矛盾依然突出，电力企业已难以承受煤价频繁上涨和电价调整滞后造成的刚性成本增加，煤电价格矛盾已影响到部分

时段、部分地区的电力供需平衡。此种矛盾已成为近年来媒体特别关注炒作的重大话题，如不能及时得到解决，有可能会随着火电装机的较快增长所导致电煤消耗量不断加大，使矛盾愈演愈烈，无论对于煤炭行业、电力行业，还是我国经济的协调发展，都将产生十分不利的影响。从根本上理顺煤电关系，应采取切实可行的措施，进一步推进电价改革，全面系统地解决煤电长期以来的矛盾。

（四）加强能源规划与政府协调能力，发挥行业协会作用

近两年电力发展和运行中，暴露出经济发展和电力发展、清洁能源发展与传统能源及电网发展、电力运行与上下游以及相关行业如何协调的问题，电力作为经济运行的晴雨表，又深刻影响这些重大关系的协调发展。建议政府有关部门要综合考虑煤电油运各种因素，做好“十二五”能源总体规划，坚持电力适度超前发展，统筹解决能源布局的结构性问题。建立健全能源综合运输调配体系，包括发展特高压长距离输电，提高相关部门能源跨区域调配能力，增强应对能源资源需求突发性、大规模变动的能力。电力行业发展与煤炭、石油、天然气、交通运输、机械制造、信息通讯、科研教育等行业密切相关，要采取措施推动电力行业和其他行业间合作，建立行业之间的工作沟通与协调机制，努力推动煤电油气运等问题的有效解决。

随着政府职能的进一步转变，行业协会作为政府与社会、企业间的桥梁和纽带，在实施行业自律，开展政策法规、行业规划制定研究，行业统计分析、标准制定、国际合作交流等各项工作中承担着越来越重要的责任。建议国家给予相关行业协会更大的支持，使行业协会更充分地发挥作用。

（撰稿：中国电力企业联合会秘书长　王永干）

坚持服务宗旨　促进创新发展

中国铁道企业管理协会

围绕铁道部党组中心工作，在铁路发展、建设、改革与管理的各项工作中，中国铁道企业管理协会（简称“中国铁道企协”）结合铁路企业和会员单位的实际情况，坚持服务企业、服务基层、服务生产一线宗旨，发挥了社团组织的桥梁纽带作用。

一、第十六届国家级、部级企业管理现代化创新成果

认真实施中国企业联合会《全国铁路企业管理现代化创新成果申报审定和发布办法》，严格按照创新性、实践性、效益性的标准，组织开展第十六届企业管理现代化创新成果申报和组织审定工作。经中国铁道企协和地方企协、企业联合会推荐，铁路行业企业有14项研究与实践成果被审定为国家级创新成果。中国南车株洲电力机车有限公司《提升高性能轨道交通装备自主研制能力的创新型企业建设》和齐齐哈尔轨道交通装备有限责任公司《实现铁路货车升级换代的技术创新和制造基地建设一体化管理》2个项目被审定为国家一等创新成果。呼和浩特铁路局《铁路运输企业安全管理考核评价体系的构建与实施》、中国南方机车车辆工业集团公司《战略导向的高技能人才培养体系构建与实施》、北京铁路局丰台车辆段《大型铁路站段合并重组后的管理整合》、中国北车长春轨道客车股份有限公司《动车组核心部件“质量门”管理体系的构建与实施》、郑州铁路局《应对突发公共事件的铁路调度应急管理》、中铁快运股份有限公司《铁路集成化物流服务管理》、哈尔滨铁路局《以提升旅客满意度为导向的服务质量管理》、兰州铁路局兰州车辆修配段《旅客列车发电车检修质量控制体系建设》、乌鲁木齐铁路局《铁路运输企业以现场安全自控为目标的一体化管理》、太原铁路局《以建设大能力煤运通道为目标的铁路重载运输管理》、北京铁路局《提高铁路货车使用效率和效益的优化管理》和北京铁路局塘沽站《滨海铁路物流基地建设的决策与实施》12个项目被审定为国家二等创新成果。

经中国铁道企协组织实施，上海铁路局企业管理和法律事务处《“四新”条件下铁路局质量管理体系的变革与实践》、乌鲁木齐铁路局《基于信息平台的审计问题精细管理体系的构建与实践》广州铁路（集团）公司株洲站《铁路既有线施工行车安全动态管理》、上海铁路局《铁路快速高密重载干线“集中修”协同管理》、兰州铁路局收入稽查处《运输收入日确认信息化管理》、成都铁路局劳动和卫生处《铁路运输站段人力资源配置的集约高效管理》、哈尔滨铁路局货运处《铁路货运安全管理信息体系的构建与实施》、昆明铁路局《调乘一体化管理体系的构建与实施》、南宁铁路局南宁工务段《“工人先锋号”品牌的创建与管理》9个项目审定为部级一等创新成果。

南昌铁路局南昌车辆段《铁路客车既有检修基地的扩能管理》、武汉铁路局江岸车辆段《“人机分工”列检作业模式的探索》、昆明铁路局《“大天窗、集中修、综合用”施工组织模式的深化与实施》、乌鲁木齐铁路局劳动和卫生处《基于信息平台建设的人力资源管理体系构建》、成都铁路局计划统计处《创新机车统计模式精细化管理》、乌鲁木齐铁路局运输处《路企直通运输管理创新》、广州铁路（集团）公司长沙供电段《牵引供电接触网设备集中修系统网络化管理》，上海铁路局纪委、监察处《铁路零小工程效能管理的优化与实施》、中铁快运广州分公司广州站营业部

《铁路行包运输培训教育管理》、武汉铁路局襄樊北站《铁路编组站机车精确叫班实践》、上海铁路局淮南西站《路企煤炭直通运输管理》、南宁铁路局柳州南站《铁路货场专业安全卡控制体系的构建》、北京铁路局邯郸车务段《铁路车务系统常态管理》和哈尔滨铁路局三棵树机务段《机务施工安全管理的创新与优化》14 个项目审定为部级二等创新成果。

北京铁路局石家庄电务段《铁路电务安全生产信息管理系统的构建与实践》、上海铁路局南京电务段《铁路电务信号设备零故障管理》、成都铁路局贵阳供电段《山区铁路供电设备运行安全保障体系的构建与实施》、乌鲁木齐铁路局奎屯车务段《以“安全、生产、施工”为核心目标的管理控制体系的构建》、哈尔滨铁路局路风办公室《哈局企业形象满意度工程的创建与管理》、哈尔滨铁路局齐齐哈尔工务段《专业化管理在工务线路作业防护中的创新与运行》、中国铁路物资西安公司《铁路机车专用润滑油脂的降本增效与精益管理》、南宁铁路局南宁车辆段《运用客车“检、修互控”的创新管理》、兰州铁路局安全监察室《铁路交通事故流程精益管理》、成都铁路局信息技术处《建立成本控制信息平台实现运输经营决策辅助》、兰州铁路局迎水桥机务段《铁路机务成本管理》、武汉铁路局武昌客车车辆段《铁路客车检修材料供应精细化管理》、成都铁路局重庆西站《重庆枢纽运输组织的整合与优化》和太原铁路局侯马北机务段《节约型企业的创建与管理》14 个项目审定为部级三等创新成果。

国家级和部级创新成果，具有创新性、实践性和效益性，反映了铁道行业企业管理的先进水平和管理创新的发展趋势。成果数量比上一年度增长了 23.6 个百分点。

二、21 家会员单位跻身 2009 年中国企业 500 强

为推动铁道行业企业做大做强、提高知名度、增强影响力和竞争力，按照中国企业联合会的部署，组织会员单位参加“2009 中国企业 500 强”排序活动。经审定和全国统一排序，铁道企协所属 21 个团体会员企业列入“2009 中国企业 500 强”，占全国 500 强企业的 4.2%。其中，中国中铁股份有限公司（第 13 位）、中国铁建股份有限公司（第 14 位）、中国铁路物资总公司（第 57 位）、沈阳铁路局（第 99 位）、上海铁路局（第 100 位）等 5 个单位进入“百强”。跻身中国企业 500 强其他铁道企协会员还有：北京铁路局（第 105 位）、太原铁路局（第 109 位）、广州铁路（集团）公司（第 147 位）、中国南方机车车辆工业集团公司（第 159 位）、中国北方机车车辆工业集团公司（第 167 位）、郑州铁路局（第 168 位）、成都铁路局（第 173 位）、哈尔滨铁路局（第 204 位）、武汉铁路局（第 207 位）、济南铁路局（第 209 位）、西安铁路局（第 214 位）、呼和浩特铁路局（第 229 位）、兰州铁路局（第 259 位）、南昌铁路局（第 278 位）、南宁铁路局（第 299 位）、昆明铁路局（第 380 位）。

中国铁路物资总公司等 22 个会员企业进入“2009 中国服务业企业 500 强”行列，占全国服务业 500 强企业的 4.4%。太原铁路局等 6 家企业入围中国企业效益 200 佳，占全国总数的 3.0%。以上成果，真实反映了铁道企协会员单位在国民经济中的地位和贡献。

三、创造 164 项中国企业新纪录

按照中国企业联合会的工作部署，组织会员单位对年内创造的经济技术新成果，积极开展第十四批中国企业新纪录申报工作。经中国企业新纪录审定委员会审定，铁道行业企业 164 项企业经济、技术、效益方面的成果，创造了中国企业新纪录，占全国企业新记录总数的 12.0%。其中，铁道行业有 26 项列入对“国家经济建设及调结构促增长具有重大推动作用”的新记录项目，占该类全国新纪录的 8.7%。唐山轨道客车有限责任公司制造的 CRH3 型高速动车组，试运行最高时速达 394.3 千米/小时；中铁二院工程集团有限责任公司设计的全球 IGS 跟踪联测震区铁路坐标框架基准网等 2 项列入了全国 20 项重大创新成果，占全国重大创新成果的 10.0%。青藏铁路公司、大秦铁路股份有限公司、中铁第四勘察设计院集团有限公司被授予“中国企业新纪录优秀创造单位”；中国铁道企协在中国企业新纪录推荐、申报工作中成绩显著，被中国企业联合会、中国企业家协会第 4 次授予“中国企业新纪录优秀组织单位”荣誉称号。

四、理论研讨和调研成果

围绕部党组优化站段管理结构、主要行车工种队伍和自控型班组建设“三项工程”的总体部署，与部有关司局共同举办“2009—职工队伍建设与四新”管理论坛，40 篇优秀论文获奖。其中，一等奖 5 篇，二等奖 10 篇，三等奖 15 篇，特别奖 10 篇。北京、武汉、上海、成都和呼和浩特 5 个铁路局获“优秀组织奖”。管理论文从理论与实践的结合上，深入分析了在新体制、新布局、新装备、新速度条件下，铁路职工队伍建设的客观性和紧迫性，探索了职工队伍建设的基本方法和有效途径。管理论坛征集到的论文汇编成册，出版《铁路企业管理论坛丛书——2009 职工队伍建设与四新》一书，在全国发行。

坚持调查研究和理论研讨，开展管理论文和调研报告征集评选活动，发掘并形成一批优秀成果。经评审，共计 64 篇管理论文和调研报告获奖。其中一等奖 15 篇，二等奖 23 篇，三等奖 26 篇。组织并向中国企业联合会申报了一批优秀企业文化成果。经审定，中铁渤海轮渡有限责任公司和中铁第一勘测设计院集团有限公司被审定为全国企业文化优秀成果企业；南宁铁路局柳州机务段被审定为全国企业文化优秀案例企业。

五、质量管理工作获奖

参加中国质量协会第 31 次质量管理小组代表会议，经铁道部推荐、中国质量协会审定，铁路行业 1 个企业、9 个班组、22 个 QC 小组获得国家级质量管理工作奖项；498 个 QC 小组被审定为 2009 年度铁道部优秀质量管理小组。2009 年，全路注册 QC 小组 39 000 个，QC 小组普及率 18.0%，成果率 62.0%，创造可计算经济效益 2.9 亿元。见表 1、表 2。

荣获2009年度国家质量管理工作奖项名单

表1

序　号	获奖单位名称
一	**全国质量管理小组活动优秀企业**
1	沈阳铁路局
二	**全国质量信得过班组**
1	中铁科工集团有限公司钢梁架设工班
2	中铁十五局集团有限公司隧道公司大亚湾核电项目小组
3	中国铁路物资总公司太原混凝土轨枕厂技术质量班
4	郑州铁路局郑州北车辆段下行站修上部班
5	哈尔滨铁路局哈尔滨工务段综合机修车间双城探伤工区
6	兰州铁路局兰州西电务段疏勒河信号车间
7	南宁铁路局湛江站客货科
8	武汉铁路局武汉客运段职教科
9	济南铁路局青岛行车公寓管理青岛公寓
三	**全国优秀质量管理小组**
1	南昌铁路局鹰潭车站驼峰车间QC小组
2	南宁铁路局南宁机务段检修车间第二党小组QC小组
3	上海铁路局杭州机务段技术QC小组
4	郑州铁路局月山工务段长治北线路车间QC小组
5	广州铁路集团公司广州电务段调度系统维护工区QC小组
6	沈阳铁路局丹东站交接所QC小组
7	青藏铁路公司西宁客运段北京四组QC小组
8	乌鲁木齐铁路局新疆亚欧大陆桥众力装卸有限责任公司乌北分公司QC小组
9	太原铁路局房建公司榆次电化站QC小组
10	铁道部驻长春轨道客车股份有限公司车辆验收室QC小组
11	中铁五局集团第三工程有限责任公司西安地铁湿陷性黄土定向大管棚精度控制QC小组
12	中铁第四勘察设计院集团有限公司向莆铁路隧道工程地质勘察QC小组
13	中国北车集团齐齐哈尔轨道交通装备有限责任公司冲压车间技术QC小组
14	中国铁路通信信号集团公司研究设计院列车自控QC小组
15	中国铁通河南分公司郑州通信段倾研QC小组
16	北京铁路局天津电务段三色光QC小组
17	北京铁路局天津供电段小神龙QC小组
18	郑州铁路局郑州电务段新乡检修车间电动转辙机QC小组
19	沈阳铁路局吉林工务段吉林桥梁车间“桥”QC小组
20	乌鲁木齐铁路局乌鲁木齐机务段哈密检修车间燃系QC小组
21	沈阳铁路局吉林机务段设备技术QC小组
22	中国南车集团石家庄车辆有限公司技术中心开发处QC小组

荣获2009年度铁道部优秀质量管理小组的路局及获奖小组分布

表2

序　号	获奖路局名称	获奖小组数量（个）	序　号	获奖路局名称	获奖小组数量（个）
1	哈尔滨铁路局	20	15	昆明铁路局	8
2	沈阳铁路局	23	16	兰州铁路局	15
3	北京铁路局	32	17	乌鲁木齐铁路局	15
4	太原铁路局	18	18	青藏铁路公司	8
5	呼和浩特铁路局	11	19	中国铁路工程总公司	44
6	郑州铁路局	25	20	中国铁道建筑总公司	45
7	武汉铁路局	10	21	中国铁路物资总公司	7
8	西安铁路局	10	22	中国北车股份有限公司	18
9	济南铁路局	17	23	中国南车股份有限公司	18
10	上海铁路局	36	24	中国铁路通信信号集团公司	11
11	南昌铁路局	22	25	中国铁通集团有限公司	9
12	广州铁路（集团）公司	15	26	中国铁道工程建设协会	3
13	南宁铁路局	18	27	铁路局系统车辆专业	30
14	成都铁路局	10			

六、运输窗口用户满意度单位测评

根据中国质量协会全国用户委员会、全国用户满意工程联合推进办公室要求，组织各铁路局质量管理和运输部门，实施2009年度“用户满意工程”，开展了客货运输窗口单位用户满意度问卷调查、测评工作。经调查、测评、审定，以下69个客货运输窗口单位被授予“用户满意窗口单位”奖牌。见表3。

2009年度全路客货运输用户满意窗口单位名单

表3

序　号	获奖单位名称
一	哈尔滨铁路局
1	佳木斯站货运车间
2	哈尔滨—北京Z16/5次旅客列车
3	哈尔滨—上海K58/5 56/7次旅客列车
二	沈阳铁路局
1	大连—北京K683/2 K681/4次旅客列车
2	沈阳北—北京K54/3次旅客列车
3	通化—北京K430/29次旅客列车
4	四平站货运车间
5	金州站货运车间
三	北京铁路局
1	北京西站客运车间
2	秦皇岛南站货运车间
3	邢台站客运车间
4	北京—上海D321/2次旅客列车
5	北京—上海D301/2次（天津—上海D341/2次）旅客列车
四	太原铁路局
1	太原站客运车间
2	太原—北京K602/1次旅客列车
3	介休站货场
五	呼和浩特铁路局
1	包头—北京K264/3次旅客列车
2	呼和浩特站客运车间
3	包头站货运车间
六	郑州铁路局
1	商丘站货运车间
2	郑州站客运车间
3	郑州—北京西K180/79次旅客列车
七	武汉铁路局
1	武昌站客运车间
2	武昌—北京西Z38/7次旅客列车
3	襄樊站货运车间
八	西安铁路局
1	西安—北京西T42/1次旅客列车
2	西安站客运车间
3	西安西站货运车间
九	济南铁路局
1	青岛站客运车间
2	青岛—北京T26/5次旅客列车
3	聊城站货运车间
4	兖州站货运车间
十	上海铁路局
1	上海—北京D314/3次旅客列车
2	南京—北京Z50/49次旅客列车
3	泰州—哈尔滨T156/7 T158/5次旅客列车
4	宁波—广州K212/09 K210/1次旅客列车
5	上海南站客运车间
6	上海站客运、售票车间
7	常州站货运车间
8	北郊站货运车间
十一	南昌铁路局
1	南昌—北京西Z66/5次旅客列车
2	福州—北京西Z60/57/60 Z59/58/59次旅客列车
3	九江站客运车间
4	福州站客运车间
5	鹰潭站客运、货运车间
十二	广州铁路（集团）公司
1	长沙北站货运车间
2	九龙—北京西T98/7次旅客列车
3	广州—北京西T16/5次（三亚—北京西T202/1次）旅客列车
十三	南宁铁路局
1	柳州站客运车间
2	桂林站货运车间
3	桂林—北京西K22/1次旅客列车
十四	成都铁路局
1	凯里站货运室
2	永川站货运室
3	贵阳站客运车间
4	成都—上海南K353/2 351/4次旅客列车
十五	昆明铁路局
1	昆明—北京西T62/1次旅客列车
2	昆明—广州K366/3 K364/5次旅客列车
3	昆明站客运车间
十六	兰州铁路局
1	兰州站客运车间
2	银川站客运、货运车间
3	兰州—北京西T76/5次旅客列车
4	银川—北京西K178/7次旅客列车
十七	乌鲁木齐铁路局
1	乌鲁木齐—上海T54/1 52/3次旅客列车
2	乌鲁木齐—北京西T70/69次旅客列车
3	乌鲁木齐—汉口T194/1 192/3次旅客列车
4	乌鲁木齐站客运车间
5	库尔勒站货运车间
十八	青藏铁路公司
1	西宁站客运、货运车间
2	拉萨—兰州K918/7次旅客列车

七、教育培训

围绕部党组“三项工程”建设，举办3期自控型班组建设管理师资培训班，为全国18个铁路局培训班组长培训师资人员152人。质量管理培训突出质量管理专业特点，组织“QC小组活动诊断师”培训班4期，422人获得“铁道部质量管理小组诊断师”证书；举办国家、铁道部注册质量管理体系审核员转版和实用统计技术培训班5期，培训人员416名。在新一轮质量管理基础知识普及工作中，1 788名职工经培训核取得合格证书。

八、铁路企业自主创新申报

按照中企联的要求和部署，中国铁道企协组织铁路系统企业开展“全国自主创新型企业”和“全国推动自主创新功勋企业家”申报工作。经部同意，中国企联审核确认，青藏铁路公司被评为“全国自主创新型企业”，太原铁路局局长武汛被评为“全国推动自主创新功勋企业家”。

九、信息出版

《铁道企业管理》杂志出刊8期，编辑文字50万字，照片200余幅，发行总量2.4万册。《铁道企管信息》出版32期，发布政策法规、经济动态、专家评述等信息近300条，7万余字，发行总量1.3万份。《人事管理信息》利用网络传输，全年发刊24期，信息160余条，编辑文字10余万字。出版发行人事人才专著《铁路人事人才工作实践与研究》，编写《铁路危险货物运输事故案例》，研究成果在全路范围内得到进一步开发、推广和利用。

（撰稿：中国铁道企业管理协会副秘书长　王启运）

中国民航业在应对危机中逆势而上

中国航空运输协会

2008年肇始于美国并迅速蔓延扩大而酿成的国际金融经济危机，使中国民航业遭受了前所未有的困难与挑战。民航系统快速反应，积极应对，及时出台了突出安全监管重点保障航空运输稳定增长等10项措施，逆势而上，率先实现航空运输进入快速增长通道，促进民航各项工作取得新的成效！

一、中国航空运输业安全态势

安全，是航空运输业发展的前提。2009年，全民航系统秉持持续安全理念，认真落实安全工作部署，扎实工作，保持了平稳的安全态势。

加强政策引导。出台《民航安全监管若干政策意见》、《民航安全监督管理绩效考核办法》等，并继续实施安全审计，依法实施行政约见制度，查处违规违章行为，加大重点单位监管。

前移防范关口管理风险。全局按照“九个安全防范关口前移的部署要求，加强安全形势分析，抓好前瞻性安全管理。一是深入开展安全生产执法行动；二是针对国外航空事故多发态势，及时通报，提高安全预警，有针对性地采取行动；三是开展安全风险评估分析，明确监管重点和防范项目；四是开展安全调研，不断解决安全工作中的问题。

加强系统安全建设。完成《国家航空安全纲要》编制工作，启动中南地区安全绩效试点前期准备；航空保安监管系统被国际民航组织誉为“开展第二轮航空保安审计以来运行最具成效的保安监管系统之一”；飞行标准监督管理系统（FSOP）进展顺利。

夯实安全基础。不断完善安全规章，新发布和修订规章7部；保障ARJ21飞机型号合格审定项目，与FAA签署航空技术合作协议备忘录，为推动FAA影子审定迈出第一步；开展安全培训和对外安全交流；与ICAO协调在中国设立PBN（基于性能的导航）飞行程序办公室，完成相关机型在拉萨等7个机场的PBN运行合格审定。

全行业实现运输飞行445万飞行小时、215.5万架次，分别比上年增长12.6%和15.1%，没有发生运输飞行事故和空防事故。截至年底，航空运输已连续安全飞行61个月、1 827.6万小时。中国民航荣获飞行安全基金会颁发的2009年度“杰出贡献奖”。

二、航空运输生产增长总体情况

2009年，民航全年完成航空运输总周转量427.1亿吨公里，比2008年增长13.4%；旅客运输量过2亿，达23 051.6万人次，同比增长19.7%；货邮运输量445.5万吨，同比增长9.3%。其中国内航线上述三项指标分别完成297.1亿吨公里、21 578.1万人次、319.4万吨，同比分别增长19.9%、21.7%和10.9%；港澳台航线上述三项指标分别完成8.9亿吨公里、517.5万人次、15.9万吨，同比分别增长1.6%、3.4%和1.8%；国际航线上述三项指标分别完成129.9亿吨公里、1 473.5万人、126.1万吨，同比分别增长0.8%、-3.0%和5.5%。

2009年，是新中国民航建立以来新通航城市最多的一年，共有11个：吉林长白山、黑龙江大庆、广东佛山、黑龙江鸡西、四川康定、黑龙江漠河、云南腾冲、青海玉树、四川广元、山东济宁、黑龙江伊春，另宁夏中卫市恢复航线。

2009年，新开和调整国际航线39条、港澳台地区航线34条、境内航线303条，共计376条。

2009年，我国定期航班国内通航机场165个，通航城市162个，另有1个机场飞包机。境内航空公司从内地40个城市飞香港，5个城市通航澳门，25个城市通航台湾。

2009年，新通航的外国城市有马来西亚哥达基纳巴卢、日本静冈、安哥拉罗安达，复航的城市有奥地利维也纳。国际定期航班通航44个国家的93个城市。

2009年，航线里程333.1万公里（重复距离），按不重复距离计算为234.5万公里。其中国内航线两项指标为220万、142.5万公里（港澳台航线两项指标为11万、10.7万公里）；国际航线两项指标为113.1万、92万公里。

三、航空运输市场构成：国内运输为主，客运为主

2009年，我国民航国内运输，在总周转量中占69.6%，比2008年增加3.8个百分点；旅客运输量占93.6%，比2008年增加了1.5个百分点；货邮运输量占71.7%，比2008年增加1个百分点。由此说明我国民航以国内航空运输为主，同时2009年国内航空运输所占比重均有上升，而国际航空运输均有下降。

2009年，在运输总周转量中，客运占70.4%，比2008年增加2.1个百分点；而货运只占29.6%。由此说明，我国民航以客运为主，发展货运潜力很大。

2009年，国内旅客周转量占全部旅客周转量的83.2%，比2008年增加3.2个百分点。国际航线货运里程长，因此2009年国内货运周转量占全部货运周转量的37.1%，比2008年增加5.4个百分点。

四、航空运输企业市场份额

按生产统计年报，2009年我国民航共有42家航空运输企业单列，其中货运企业9家。中国南方航空公司客货运兼有。

2009年和2010年上半年，中国东方航空与上海航空公司完成联合重组，中国国际航空公司增资控股深圳航空公司，从而使航空公司市场格局发生较大变化，原来的三个航空公司方阵已被打乱。

中国国际航空集团及控股公司完成业务量已占全行业总量的1/3或接近1/3。

中国东方航空公司在完成与上海航空公司联合重组后，2009年完成业务量份额比2008年有较大提升。其中运输总周转量比例增加4.9个百分点，旅客运输量比例增加5.1个百分点，货邮运输量比例增加6.1个百分点。

中国南方航空集团及控股公司（其中中货邮尚未控股）2009年完成业务量占全行业比例，均比2008年有所下降，与中国国际航空集团公司及控股公司已不在一个等级。

海南航空集团公司及控股关联企业共计10家，2009年完成业务量占全行业比例，比2008年略有增加，但没有大的变化，为10.0%左右。

五、民航客运及特点

2009年，在国民经济转暖并逐渐加快增长态势的拉动下，民航客运增长加快，旅客运输量突破2亿大关，达23 051.6万人次，比2008年增长19.7%；旅客周转量达3 375.2亿客公里，比2008年增长17.1%。2009年，我国民航客运有以下特点：

1. 国内线旅客运输指标增长均超过20.0%，国际线呈负增长

2009年，克服金融危机造成的不利影响，国内经济全面增长，使国内航线旅客运输呈快速增长。旅客运输量21 578.1万人，比2008年增长21.7%；旅客周转量达2 809亿客公里，比2008年增长21.8%。

因陷入国际金融危机之中，欧美等国经济仍陷入衰退，使国际航线客运业务继2008年之后，仍呈负增长。其中旅客运输量同比下降2.9%，旅客周转量同比下降1.9%。

港澳台线与2008年的负增长不同转为低速增长。其中旅客运输量同比增长3.4%，旅客周转量同比增长4.3%。

2. 华东地区仍是我国民航旅客运输业务量最大的地区，但西北、西南、东北地区客运业务量增长速度加快

我国华东地区经济发达，对内对外贸易、旅游活跃，是我国民航旅客运输业务量最发达的地区。2009年，华东地区旅客吞吐量14 321.2万人，同比增长16.7%，占全国旅客吞吐量的29.5%。2009年，西北、西南、东北地区旅客吞吐量增长速度加快，分别达32.8%、27.9%和20.3%，其中西北地区旅客吞吐量增长速度比全国平均水平高13个百分点。2009年，国家加大对西北、西南地区的财政、经济支持，特别加大对2008年四川汶川地震灾区重建的支持力度，使西南、西北地区的旅客吞吐量增幅大、市场份额提高。新疆地区因2009年发生“7·5”事件，使航空运输增长受到影响，境外旅客吞吐量略有下降。

3. 首都机场旅客吞吐量突破6 000万，在世界民用机场排名由2008年第8位跃升至第3位

2009年，北京首都国际机场旅客吞吐量突破6 000万，达6 537.5万人，同比增长16.9%，绝对数增长943.7万人次，超过美国达拉斯、洛杉矶、法国巴黎戴高乐、东京羽田、美国芝加哥机场，居世界民用机场旅客吞吐量第3位，仅次于英国伦敦希斯罗、美国亚特拉大机场，并可望在2010年超过希斯罗机场居世界民航第2位。

上海浦东和虹桥机场旅客吞吐量5 702万人，比2008年增长11.5%；广州白云机场旅客吞吐量3 704.9万人，同比增长10.8%。

4. 新增4个旅客吞吐量超过1 000万人次的机场

2009年，我国民航新增4个旅客吞吐量超过1 000万人次的机场，即厦门、武汉、长沙、南京机场，其旅客吞吐量同比增长分别达20.7%、22.8%、33.5%和22.0%。其中长沙机场2005年旅客吞吐量530.1万人次，2009年达1 128.4万人次，4年间增长112.9%，年均增长20.8%。

5. 西北地区多个机场旅客吞吐量增长超过40.0%

2009年，西北地区多个机场旅客吞吐量增长超过40.0%，如宁夏银川机场旅客吞吐量增长达40.4%，青海西宁机场达42.1%，陕西榆林机场达166.8%。由此说明2009年我国西北地区经济发展速度加快，人员交往异常活跃。

6. 浦东、北京首都国际机场是我国两个境外旅客运输枢纽

2009年我国上海浦东和北京首都国际机场境外旅客吞

吐量 2 827 万人，占全国民航境外旅客吞吐量的 58.0%。其中浦东机场境外旅客吞吐量 1 531.7 万人，占总量的 31.4%；北京首都国际机场境外旅客吞吐量 1 295.3 万人，占总量的 26.6%。广州、厦门、大连等机场境外旅客吞吐量占比均小于 10.0%。

六、民航货邮运输及特点

2009 年，民航货邮运量、周转量克服金融危机影响获恢复性增长，分别增长 9.3%、5.6%。特别是境内货邮运量、周转量因国内经济增长加快而使增长率获两位数增长，分别达 11.3%、12.1%。国际线、港澳台航线货邮运量、周转量增长仍处于低速增长。民航货运有以下特点：

（1）中国国际货运、中国货运和中国南方航空公司货运部仍是我国航空货运的主力，但因南方航空公司货运部的货邮运输没有在生产统计年报中单列，从中国国际货运、中国货运航空公司统计年报中可以看出，两公司 2009 年完成货邮运量分别为 26.5 万吨、38.3 万吨。

（2）航空公司完成货邮运输量、周转量增长呈分化趋势，有的公司增长率很高，如银河国际货运航空公司完成货邮运量，2009 年比 2008 年增长 229.4%；而有的航空公司完成货邮业务量却呈低速增长。

（3）华东地区是我国货邮特别是境外货邮吞吐量最大的地区。2009 年，我国民航货邮吞吐量中心依然在华东地区。全年华东地区货邮吞吐量 409.2 万吨，占全国的 43.8%。其中境外货邮吞吐量 251.8 万吨，占全国总量的 64.9%。但同时也应看到，所占比例份额处于下降中。2008 年华东地区货邮吞吐量占全国民航的 46.3%，2009 年下降 2.5 个百分点；2008 年境外货邮吞吐量占全国民航总量的 69.3%，2009 年下降 4.4 个百分点。

（4）外航已垄断我国民航境外货邮吞吐量。2009 年我国境外货邮 365.5 万吨，其中外航承运 262.2 万吨，占 71.7%；中方承运 103.3 万吨，占 28.3%。与 2008 年比较，外航占比增加 1.7 个百分点，中方下降 1.7 个百分点。

七、完成重要包机运输任务

2009 年 4 月，甲型 H1N1 流感病例在墨西哥等国发生，根据世界卫生组织和我国卫生部的要求，民航各航空公司、机场等单位积极应对流感事件对航空运输的影响，截断空中传播渠道。同时，国家主管部门要求民航派出包机接回我滞留墨西哥的中国公民。5 月 4 日，中国南方航空公司派出波音 777－200 型客机从广州起飞，横跨太平洋至墨西哥城转美国洛杉矶至墨西哥蒂华纳城接回 98 名同胞于 5 月 6 日抵上海。飞行 37 小时，飞行距离 28 498 公里，圆满完成任务。

4 月 29 日，中国政府向墨西哥提供价值 500 万美元的无偿援助医疗物资，并指定由中国国际货运航空公司完成。4 月 30 日，国货航派波音 747－400 型全货机执行，当日深夜抵墨西哥华雷斯国际机场，墨西哥总统卡尔德龙率政府官员到机场迎接，并向机组致意。5 月 2 日，包机机组顺利回到北京。

此外，国航于 8 月 18 日派出 B747－400 型货运包机紧急运送救灾物资到台湾，帮助台湾同胞抗击台风“莫拉克”造成的水灾。

八、海峡两岸实现定期空中直航

在 2008 年 12 月 15 日海峡两岸实现空中直航、开辟首条海峡两岸北线空中双向直达航路的基础上，为扩大成果，经双方协商，于 4 月 26 日在南京，由海峡两岸关系协会和台湾海峡交流基金会负责人签署《海峡两岸空运补充协议》。

根据协议，双方同意在台湾海峡北线航路的基础上开通南线和第二条北线双向直达航路，并继续磋商其他更便捷的新航路。双方同意两岸航空公司可在对方区域通航地点设立代表机构，并自行或指定经批准的代理人销售航空运输凭证、从事广告促销及运输保障等与两岸航空运输有关的业务。

根据协议附件，大陆方面同意在现有北京、上海（浦东）、广州、厦门、南京、成都、重庆、杭州、大连、桂林、深圳、武汉、福州、青岛、长沙、海口、昆明、西安、沈阳、天津、郑州 21 个客运航点基础上，新增合肥、哈尔滨、南昌、贵阳、宁波、济南 6 个客运航点。上述 27 个航点可经营客运定期航班。

台湾方面同意桃园与高雄航点可经营客运定期航班，其余台北松山、台中、澎湖（马公）、花莲、金门、台东 6 个航点为客运包机航点。大陆方面同意上海（浦东）、广州航点可经营货运定期航班，台湾方面同意桃园、高雄航点可经营货运定期航班。双方同意客运定期航班和包机班次总量为每周共 270 个往返班次，每方每周 135 个往返班次。

此前，大陆民航主管部门向海峡两岸 16 家航空公司颁发定期客货航班经营许可。

7 月 29 日，海峡两岸北线第二条双向空中直达航路和南线双向空中直达航路开通运营。

8 月 31 日，海峡两岸定期航班首航。

据统计，自 2008 年 12 月 15 日至 2009 年 12 月 31 日，两岸共执行 16 695 个航班，运送旅客 296.7 万人，平均客座率 75.6%，其中，大陆航空公司可提供 159.5 万个座位，运送旅客 121.7 万人，客座率 76.3%；台湾航空公司可提供 232.9 万个座位，运送旅客 175.1 万人，客座率 75.2%。货运方面，两岸航空公司共运输货物 61209 吨，平均载运率 68.3%。其中，大陆航空公司运输货物 27873 吨，载运率 68.9%；台湾方面运输货物 38336 吨，载运率 67.9%。

九、落实 CEPA，推动内地和港澳地区航空运输发展

贯彻中央对港澳工作的方针政策，采取有效措施，推动内地和港澳地区航空运输发展，以及各项交流和合作。全年共接待港澳地区民航界人士来访 18 批，58 人次。同时，民航局领导于 2 月 3 日应邀访问澳门出席《内地与澳门航空运输安排》新备忘录签署仪式。新备忘录为澳门航空业增长提供了宽松的经营环境。

按照“统一规划，统一标准，统一程序”的原则，在国家空管委的支持下，内地及港澳地区民航空管部门研究

制定了珠江三角地区空域结构调整方案，有效缓解了飞行矛盾。

云南机场集团公司引入香港怡中航空服务股份有限公司合资成立云南机场地面服务有限公司，并签署《合资协议》，9月5日在昆明举行挂牌仪式。

3月7日，广州白云机场、香港机场、深圳机场、澳门机场和珠海机场联合举行高层研讨会，就五机场发展定位、共同争取拓展珠三角空域等六个方面达成共识，签署了《行动纲领》。

6月，湖南机场股份有限公司与澳门国际机场专营股份有限公司签订《战略合作备忘录》，结为姊妹机场，将在航线推广、市场营销、管理培训和市场共享等方面开展广泛合作。

8月17日，国航出资63.4亿港元购买中信泰富所持有的香港国泰航空12.5%的股权，将在国泰航空的股权增持至29.2%，成为国泰航空单一的第二大股东，并有权在国泰航空董事会中增派两名非执行董事。同时，国泰航空第一股东——太古股份有限公司斥资10.1亿港元购买中信泰富2%的股权，将其持有的国泰航空股权增至41.9%，从而构建了内地与香港两地企业间的更紧密的合作关系，并有助于国航提升国际竞争力和品牌价值。

为促进内地与港澳地区建立更紧密的商贸关系，便利港澳地区服务提供者在内地设立航空运输销售代理企业，民航局与香港、澳门特区政府主管机构分别于2009年11月23日、10月26日签署港澳服务提供者在内地设立航空运输销售代理企业有关经济担保的规定。此外，为加强航空器调查方面的交流与合作，6月4日民航局与澳门特别行政区主管机构签署《关于航空事故与事故征候调查的合作安排》。

十、新建成机场最多，基础设施取得新成绩

全行业完成固定资产投资约600亿元。全年新建成和投入运营5个民用机场，启用1个军民合用机场，它们是：腾冲驼峰机场、玉树巴塘机场、伊春林都机场、大庆萨尔图机场、鸡西兴凯湖机场，以及军民合用佛山沙堤机场，机场飞行区指标均为4C，使颁证的运输机场达166个，比2008年新增6个，一年新建成并投入运营5个民用机场，在中国民航历史上是第一次。如青海玉树巴塘机场，海拔3 905米，为我国第三高原机场（列昌都邦达、甘孜康定机场之后），2007年5月开工建设，总投资5亿多元，跑道长3 000米，宽45米，可满足A319等机型起降，8月1日通航。黑龙江大庆萨尔图机场，2007年9月开工建设，跑道长2 600米，宽45米，可起降A320、B737等机型，9月1日通航。黑龙江伊春林都机场，2008年8月开工建设，可满足B737等机型起降，只用一年时间建成，8月27日开航运营。

2009年还有9个续建项目，其中昆明新机场、合肥新机场、西藏阿里机场等进展顺利；10个计划新开工项目，如成都、西宁、西安等机场扩建均已获批复并开工。北京第二机场选址工作已完成，并上报国务院待批。对甘肃陇南等15个机场场址进行了审查。新开工空管系统项目104个，续建项目147个，如此多的空管建设项目为民航历史之最。

2009年全国机场新建成航站楼面积共约60万平方米。如上海虹桥机场第二航站楼，总建筑面积36.4万平方米，2007年4月动工，2009年底竣工并初验。虹桥机场第二跑道、大型综合交通枢纽等进展也十分顺利，均已在2010年上海世博会5月1日举办前启用。

《民航机场管理条例》于4月1日经国务院第55次常务会议通过，4月13日，温家宝总理签署国务院令予以颁布，自2009年7月1日起施行。本条例明确民用机场属公共基础设施，还在机场建设管理等方面作了规定。

（撰稿：《中国航空运输业发展蓝皮书》执行主编 刘功仕）

2009年中国生产资料流通业发展综述

中国物流信息中心

一、2009年生产资料市场运行情况

2009年，通过坚持实行积极的财政政策和适度宽松的货币政策，全面实施并不断完善应对国际金融危机的一揽子计划，使我国经济较快扭转了明显下滑的局面，实现了逐步企稳向好和加快回升。国内生产总值一季度增长6.2%，二季度增长7.9%，三季度增长9.1%，四季度增长10.7%。在这种宏观经济环境背景下，生产资料市场急剧回落的状况春节过后得到有效抑制，走势上呈现逐步筑底、趋渐回升以及增长势头明显加快，年底前后表现出高位趋稳的变化特征。

1. 生产资料销售稳步加快增长

据中国物流信息中心统计核算，2009年全社会实现生产资料销售总额277 000亿元（现价），按可比价格计算比上年增长13.8%，比2008年增速提高了3.4个百分点；一季度、上半年、前三季度同比增速分别为2.2%、6.4%和9.8%。见图1。

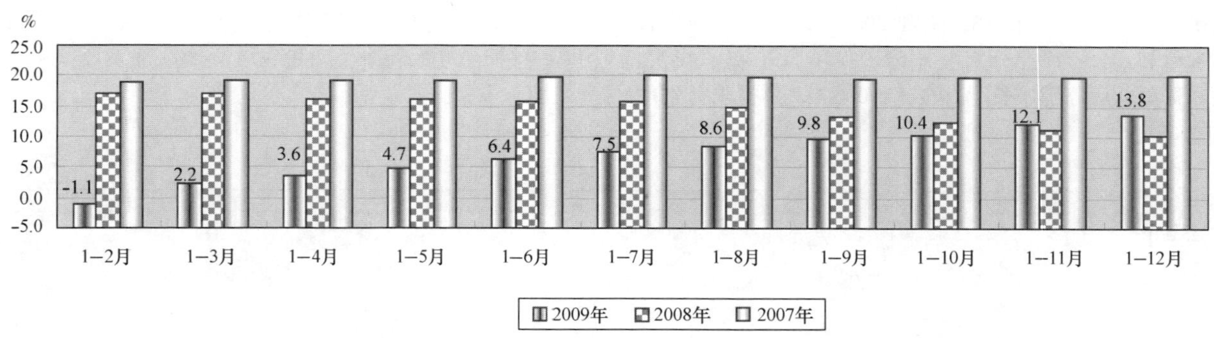

图1　2007—2009年各月累计实现生产资料销售总额同比增长情况

2009年，随着一系列扩内需、促增长政策效果的逐步显现，国内经济出现了一些积极的变化，生产资料市场大幅下降的状况逐步得到抑制，生产资料销售总额呈现逐季加快增长趋势。与国内生产总值增长的弹性系数变化情况，一季度仅为0.4、上半年升到0.9、前三季度继续上升到1.3，到全年已加速升至1.6，快速达到经济扩张期时的水平。反映出生产资料销售增长变化与整体经济的发展基本是一致的。

2. 价格由降转升，完成"U"型转变

2009年，随着我国经济逐渐企稳、回升和持续向好，国内生产资料价格呈现筑底趋稳和逐步回升，完成"U"型转变。

据中国物流信息中心价格监测调查资料显示，一季度我国生产资料总体价格呈现筑底趋稳的迹象；3月下旬至8月份，在钢材、有色金属、原油以及煤炭等主要生产资料价格纷纷走强的带动下，市场整体价格回升速度加快；9、10月份，由于钢材价格的大幅回落，止住了加速回升的势头，环比价格再次出现下降；11和12月份，由于整体经济不断向好，市场供需持续增长，同时上年同期价格水平较低，到11月份，生产资料价格出现由降转升的拐点变化，同比和环比分别上升4.9%和1.8%；12月份更是呈现加速上升之势，同比和环比分别上升12.9%和2.5%。但全年累计平均价格比2008年仍下降14.5%，说明当前生产资料价格仍处于恢复性回升阶段，整体价位相当于2007年四季度水平。见表1。

2007—2009年各月生产资料价格总指数变化情况表

表1　　单位：±%

指　标	年　份	1月	2月	3月	4月	5月	6月	7月	8月	9月	10月	11月	12月
环　比	2007	0.0	-0.0	0.3	0.9	1.2	-0.3	0.3	1.0	1.2	0.7	2.0	1.7
	2008	1.4	1.8	3.1	1.3	3.2	2.5	1.5	-2.2	-2.4	-9.2	-9.8	-3.7
	2009	0.2	-0.2	-1.7	2.7	1.4	1.7	2.0	3.3	-1.7	-0.8	1.8	2.5
同　比	2007	7.0	6.0	5.3	4.0	2.4	0.7	1.9	3.3	4.0	4.9	7.7	10.0
	2008	11.9	13.9	17.3	18.1	21.4	25.3	26.9	22.5	17.5	5.4	-6.4	-11.7
	2009	-12.5	-14.8	-19.0	-18.2	-19.3	-20.5	-20.3	-16.5	-16.0	-8.2	4.9	12.9
累计同比	2007	7.0	6.5	6.5	5.5	4.8	4.0	3.7	3.6	3.6	3.7	4.0	4.5
	2008	11.9	12.9	14.4	15.3	16.7	18.1	19.4	19.7	19.5	18.0	15.6	13.0
	2009	-12.5	-13.7	-15.5	-16.3	-17.4	-18.1	-18.5	-18.3	-18.1	-17.5	-16.1	-14.5

3. 市场供需在恢复中加快发展

据对30种主要生产资料统计测算（按可比口径计算，下同），2009年，资源总供给（包括国内生产+进口）比上年增长17.1%，其中一季度增长1.1%、二季度增长10.1%、三季度增长24.4%、四季度增长32.9%；市场总需求（包括国内消费+出口）增长16.0%，其中一季度下降0.2%、二季度增长9.4%，三季度增长26.4%、四季度增长29.9%。从近两年各季度供需同比变化走势图可以看出，今年一季度市场供需已经从去年4季度底部开始回升，二、三季度升幅呈现急速扩大之势，四季度在保持大幅增长的同时，升势有所减弱，总体发展呈现出"V"型走势变化特征。见图2。

4. 部分产品供大于求情况突出，市场供需差率明显扩大

2009年，30种主要生产资料平均供需差率上升至3.8%，是十几年测算以来的最高水平。其中，铜、铅、铝材、铁矿石的资源供应大于市场需求超过两成以上，供需差率铜和铅均高达27.0%，铝材和铁矿石分别达到23.6%和25.2%；钢材的供需差率也上升到4.2%；汽车以及橡胶轮胎供需差率分别达到近8.0%和5.9%。

影响生产资料供需差率明显上升的主要因素，是部分产品资源大幅高于市场消费需求过快增长，并导致库存急剧增加。如2009年，铜总资源增长达到38.3%，市场总需求仅增长17.9%，年末社会库存比年初上升1.9倍；钢材及铁矿石资源分别增长18.4%和20.5%，需求分别增长12.8%和13.7%，库存分别上升52.9%和113.1%；煤炭、焦炭其资源总量分别增长15.7%和10.6%，总需求分别增长15.1%和8.5%，库存分别上升51.5%和27.3%【注：供需差率＝（资源量/需求量－1）×100】。

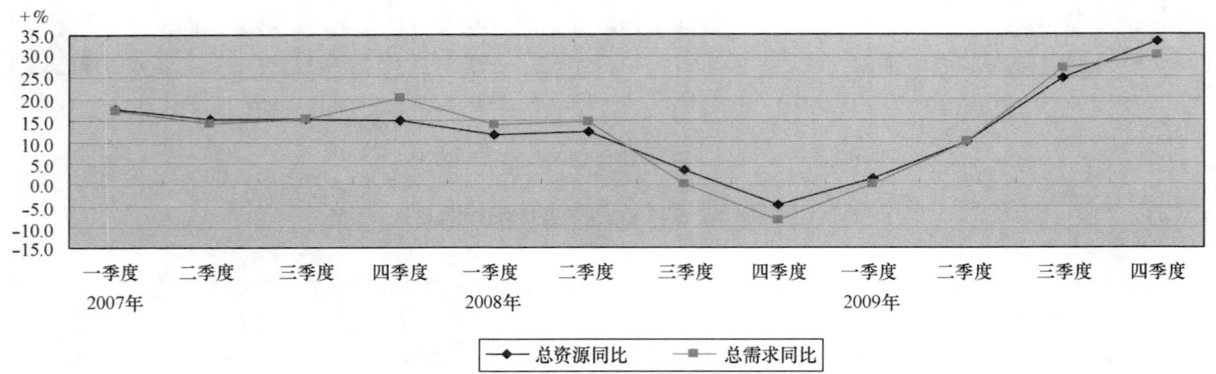

图2 2007—2009年各季度主要生产资料总资源与总需求变化情况

5. 能源、金属等基础原材料进口加快，对外依存度提高

2009年，30种主要生产资料进口量比2008年平均上升24.7%，高于上年升幅19.3个点；进口占总资源的比重（既：对外依存度）达到9.6%，比上年提高0.6个百分点。

对外依存度提高的主要品种：一是石油、煤炭等基础能源产品。如，煤炭进口达到创纪录的1.26亿吨，比上年增长2.1倍，进口占总资源的比重为4.1%，比上年提高3.5个点；原油进口超过2亿吨，比上年增长13.9%，对外依存度突破50.0%关口，达到51.8%，比上年提高3.4个点；燃料油进口2 407万吨，比上年增长10.1%，对外依存度达到56.4%，比上年提高7.6个点。二是主要有色金属产品。如，铜、铝、铅、锌、锡及氧化铝，进口量分别比上年增长1.0倍、5.7倍、2.5倍、1.4倍、0.8倍和1.0倍，进口占总资源的比重分别为44.9%、11.8%、5.0%、15.4%、15.2%和17.8%，比上年分别提高14.4、9.8、3.3、7.7、5.9和7.8个点。三是铁矿石等钢铁原料产品。如，铁矿石进口6.3亿吨，比上年增长41.6%，对外依存度达到41.6%，比上年提高6.2个点。四是塑料、橡胶等基础化工原料产品。如，塑料原料进口2 381万吨，比上年增长34.5%，对外依存度达到39.8%，比上年提高4.3个点；合成橡胶进口147.2万吨，比上年增长22.5%，对外依存度达到34.8%，比上年提高2.7个点。

6. 出口大幅下降，对市场总需求的拉动作用明显减弱

2009年，30种主要生产资料出口比2008年平均下降27.8%，虽然四季度出口形势有所好转，降幅明显收窄，但全年平均降幅仍大幅高于上年21.9个点；出口占市场总需求的比重回落到3.8%，比上年下降2.3个百分点。显示出口对市场总需求的拉动作用有了明显减弱。

出口下降明显的品种主要有：钢材及钢铁原料、煤炭及焦炭、铜铝锌锡等有色金属以及水泥、橡胶轮胎等产品。如，2009年钢材出口2 460万吨，比上年减少3 465万吨，降幅达到58.5%，出口占市场总需求的比重回落到3.6%，下降6.2个百分点；煤炭出口2 240万吨，比上年减少2 304万吨，下降50.7%，出口占总需求的比重回落到不足1.0%，比上年下降1个百分点；铝及铝材分别出口31万吨和139.4万吨，比上年分别下降63.1%和26.5%，出口占总需求的比重降至2.2%和9.4%，分别下降4.6和5.2个百分点；水泥出口1 561万吨，比上年减少1 043万吨，下降40.1%，出口占总需求的比重回落到不足1.0%，比上年下降近1个百分点。

二、生产资料交易市场发展情况

随着改革开放和市场经济的不断深化，我国生产资料批发市场加速增长，交易方式已经由传统的“一买一卖”向多元化现代流通方式发展。为应对金融危机，促进经济持续稳定快速发展，国家先后出台了十大产业振兴规划和一系列优惠政策，加大规范市场经营秩序，促进市场有序、健康发展力度，商务部出台《金属材料交易市场管理技术规范》，有关行业及地方也适时出台了相关标准和规定，有效地促进了国内生产资料消费需求在恢复中加快增长。同时，也促进了交易市场的发展，交易市场广辐射、国际化、信息化和多元化的发展趋势更加明显，管理现代化水平得到加强。其特点：

1. 交易市场稳定发展，成交额大幅增长

据国家统计局2009年《中国商品交易市场统计年鉴》资料，2008年我国亿元以上的商品交易市场达到4 567个，交易额超过52 000亿元，分别比上年增长10.8%和19.0%。其中生产资料批发市场个数超过1 000，摊位超过40万个，成交额为23 200亿元，占当年全社会生产资料销售总额的8.7%，比上年提高0.5个百分点；占商品交易市场总成交额的44.3%，比上年提高2.8个百分点。

2008年生产资料交易市场成交额比2007年增长26.9%，与商品交易市场总成交额增速相比高7.9个百分点，显示生产资料交易市场快于其他商品交易市场，呈现快速发展的特征。

从交易市场结构上看，金属材料商品交易是生产资料市场的主要组成部分，其市场个数占市场总数的近1/4、交易额占50.0%。

从市场发展速度上看，煤炭市场最快，其市场个数2008年发展到13个，比2007年增加4个；交易额达到206.7亿元，比2007年增长66.2%，高于生产资料交易市场总成交额增速39.3个百分点。

2. 西部地区生产资料市场加快发展

近两年来，在中央加大对西部地区资金投入及各项扶持政策作用下，我国西部地区经济快速发展，商品市场建设得到加强。2008年，西部地区生产资料商品交易市场个数达到128个，比上年增加15个，交易额达到1 910亿元，增幅高达35.0%，明显高于其他地区和全国平均水平。

3. 市场调整、改造和提升步伐加快

2009年，我国生产资料交易市场继续保持了以“结构调整、交易升级、管理创新”为主题的发展势头。呈现以下发展趋势：

一是广辐射、国际化趋势。近年来，一些生产资料市场不断扩大规模，辐射范围持续扩大，在广泛区域内发挥重要作用。有的市场已经成为国际贸易中心，有的市场开始走出国门。如：作为中国北方规模最大、最具影响力的天津危险化学品交易市场，2006年9月成立时营业面积仅为1 800多平方米，会员只有43个，2006年市场交易额1 800余万元，到2009年，营业面积发展到1.2万平方米，会员达到501个，交易额超过60亿元。市场开业时会员企业以天津市企业为主，目前已有来自内地的10余个省市区和中国香港、中国台湾地区，以及美国、韩国等国的80余家知名化工企业进驻市场，正逐步建成以天津为轴心，连接北京、辐射华北、面向全国、走向世界的化工商品集散中心。

二是现代化趋势。随着市场信息化程度的持续提高，运用电子商务等现代先进信息技术进行交易的趋势越来越明显。到2009年，中国网民数量达到3.2亿，保持全球第一地位，中文网站数量达到287.8万个，电子商务基础条件进一步成熟，网上交易市场已经进入发展期。其中浙江省的网上交易市场成交额，2004年仅为167亿元，2007年上升到1 318亿元，2008年猛增到2 000亿元。浙江塑料城网上交易市场创建于2004年11月，平均每年以近50.0%的速度迅猛发展。浙江钢铁现货电子交易市场目前有交易会员1 300多家，2007年网上交易额达到69.5亿元，近两年继续保持良好的发展态势。

三是功能多元化趋势。随着经营品种、规模、条件的变化，生产资料交易市场开始从摊位式集合向批发企业集合方向发展。一批大型专业市场积极进行市场功能创新，从单一商品交换向产品展示、信息交换、价格形成、生产引导、商品配送、资金结算等多功能发展。以我国汽车市场为例，已经由市场初期单一的整车销售发展到新旧车销售，同时增加二手车拍卖功能。涉及汽车销售的服务也逐渐人性化、和谐化、理智化。如提供“汽车按揭”、“旧车置换”、“汽车租赁”、“购车贷款”、“汽车维修”等多项服务。

四是发展规范化、标准化趋势。随着竞争的加剧，生产资料交易市场的商户不断优胜劣汰，市场建设与发展呈现规范化、标准化趋势。一方面，国家有关部门和一些地区加强了商品交易市场的法律法规建设，相继出台了相关条例、规定和标准，在交易创新、网上交易等方面，北京、上海、浙江等地相继出台配套管理办法，促进了生产资料交易市场规范化、标准化发展；另一方面，交易市场商户根据自身的定位，以特色锁定各自的客户群，形成不同档次、不同营销方式、互为补充的新商区，促进了交易市场的平稳、协调、有序、健康发展。

五是企业创新趋势。一些生产资料批发市场改变了过去政企不分、政社不分的状况，改制为股份有限公司的形式。这些市场充分采用股份制形式为核心的现代企业制度，市场由股份制公司来经营，更有一些市场已经或将公开向社会发行股票和上市，一些政府的投资将转变为股份。这些都有利于改变交易市场的股权和治理结构，吸引公众投资者进入市场进行投资，利用社会闲散资金对商品交易市场进行提档升级，参与世界商品市场竞争。

三、生产资料流通企业发展情况

2009年，生产资料流通企业面临前所未有的严峻环境，国内外市场需求急剧减少，价格大幅下跌，商品库存积压，经营萎缩，效益普遍下降。据对重点生产资料流通企业的统计调查数据显示，到10月份，流通行业整体营业收入才出现由降转升的变化，但全年企业营业利润呈现下滑态势。

面对困境，大型流通企业积极迎接挑战，采取多项措施努力保持平稳发展，在行业中维持了排头兵的地位；民营企业积极应对，促进了逐渐向好的发展势头。同时，流通企业继续在战略转型、流通方式创新上下大力气，积极利用信息技术扩展多种经营方式，努力构建现代化物流体系，在危机中寻找企业新的增长点。

1. 生产资料流通企业经营特点

（1）经营规模增速回落，利润下降。据对69家重点生产资料流通企业（下同）统计调查资料显示，2009年实现营业收入8 570亿元，比上年增加374亿元，增长4.6%；企业实现利润总额106.3亿元，同比减少1.9亿元，下降1.8%。

（2）企业普遍举债经营，资产负债率偏高。生产资料流通企业资金需求量大，企业主要以债务融资扩大资产规模和经营规模，资产负债率普遍处于较高水平。特别是在市场萎缩的形势下，为保市场份额，企业举债经营的情况更加突出。2009年，重点流通企业整体平均资产负债率为78.8%，高于公认的60.0%的合理水平。

（3）经营成本高，利润率偏低。受国际金融危机影响，长期存在和困扰生产资料流通企业的经营成本高、利润率偏低的问题在2009年进一步凸现。重点流通企业三项费用合计287.4亿元，比上年增长1.5%；平均成本费用利润率和平均销售利润率分别为1.3%、1.2%，与2008年持平。

（4）大型企业主导地位明显。在调查的69家企业中，全年营业收入超百亿元的有14家，14家百亿元企业的营业收入占调查企业的85.9%，比2008年增长5.6%。其中，超千亿元的企业有3家，营业收入所占比重达42.1%。

（5）民营企业发展势头良好。根据第二次经济普查资料统计，民营企业已经成为生产资料流通行业的主体，其法人单位个数占内资生产资料批发企业的61.2%，从业人员占32.9%，实现的商品销售额占30.2%。进入2009年，面对金融危机，民营企业积极应对，灵活调整经营策略，全年也保持了稳定发展的良好势头，在完善市场竞争机制、保障生产资料供应、服务生产建设需要等方面继续发挥重要作用。如：庞大汽贸集团股份有限公司作为大型民营汽车营销企业，2009年销售各类汽车35.9万辆，增长57.2%，实现营业收入355亿元，比上年增长47.2%，利润总额达到14.4亿元，比上年增长56.0%，在重点企业利润总额排序位列第二。建立起覆盖全国20个省、自治区、直辖市509家营销网点，形成了布局合理、品牌齐全、服务优质的汽车营销网络。大连泰德煤网股份有限公司组建至今仅有6年时间，2009年其实现营业收入38亿元，比上年增长31.9%，高于调查企业煤炭及制品类销售平均增幅17.5个百分点，在煤炭销售量排序中仅次于中国铁路物资总公司和浙江省物产集团公司排列第3位。

2. 生产资料流通企业发展趋势及特点

（1）创新商业模式，延伸产业链，提升经营业态。面对大型生产制造企业与终端客户发展直接贸易趋势，大型流通企业加大向上游资源和下游市场渗透与整合的力度，注重流通环节产业链上下两端的延伸，积极探索与生产商、重要用户建立战略合作关系，建立持续稳固的资源基地，采取总代理、总经销、联合开发资源、产品加工等形式开辟新的业务渠道。同时，还积极探索建立专业商品交易市场，吸引生产、贸易企业入驻，为其提供产品价格、成交情况、工商、税务、银行、运输、仓储等一体化综合服务，充分发挥流通企业在生产资料流通过程中的传导和纽带作用。

（2）利用现代化信息技术，开发多种方式，灵活经营。在不断完善有形市场的同时，探索利用现代化信息技术，开发生产资料信息发布平台和电子商务交易平台，与有形市场相结合，拓宽经营渠道，增强市场应变能力。浙江省物产集团公司积极探索发展电子商务，开通了“中国钢铁网上商城”，使集团新业态的比重达到62.0%，同比提高5个百分点，终端销售同比提高3个百分点。上海物贸股份有限公司通过发展电子商务，为生产企业采购提供集成供应、物流配送服务，为生产企业减少采购和物流成本创造了条件。目前网上实时交易的机电产品大类达到130多个、6万个品种，网上资源金额达1.3亿元。

（3）构建现代化综合物流体系，实现企业新的增长点。生产资料流通企业结合十大重点产业调整和振兴规划，加快调整经营战略，切实改变以传统生产资料贸易为主体的经营格局，形成主业突出，盈利能力强，其他业务形态丰富多样、齐头并进，具有核心竞争力的新型经营格局，实现向现代化服务集成商的转变。结合电子商务和大宗生产资料期货市场的发展，促进流通环节商流、物流、资金流和信息流的有机结合，提高流通效率，拓展流通范围，创新流通模式。在满足自身物流配送需求的基础上，一些企业还积极为其他企业提供第三方物流配送服务，有力支撑流通企业的持续发展，成为流通企业新的利润增长源泉。

四、2010年生产资料市场走势预测

进入2010年，我国经济整体回升向好势头和经济发展的质量、水平和协调性都在不断提高，各项经济指标增速都呈现稳步较快增长。宏观经济环境的持续稳固向好，有利地促进了生产资料市场稳步较快发展，为全年预期目标奠定了良好基础。

根据制造业采购经理人指数（PMI）调查资料，到2010年3月份该指数已经连续13个月超过临界点50.0%以上，显示中国经济回升态势基本稳固。但经济发展的环境仍很复杂，在经济回升向好的过程中还面临很多矛盾和困难。

从需求角度看，出口强劲恢复的势头存在一定的不可持续性，投资实际增幅出现回落，房地产行业面临较大调整，国内市场需求有回稳和增势减缓的趋势。

从资源角度看，主要能源及原材料产品资源增长快于市场需求，多数产品仍存在供大于求的情况。同时，大部分金属材料及原料产品库存水平虽然有所下降，但仍处在较高水平，前期存在的囤积、待价而售和投机炒作情况仍对今后市场发展带来一定隐患。

从价格形势看，二季度后新涨价因素可能有所减弱，但翘尾因素影响仍较大。同时，未来价格发展还存在很多不确定性。诸如，国际行情走势及其对国内生产资料价格的影响程度会有多大；国内部分供大于求库存积压较多的产品，价格会否出现大跌的情况，等等。

根据上述分析，对全年生产资料市场供需及价格走势做出以下基本判断：全年国内生产资料需求将基本保持稳步增长，出口继续呈现恢复性上升；在抑制部分行业产能过剩及加快结构调整力度进一步增强的作用下，一些产能过剩的产品产能和产量过快扩张、供求矛盾较为突出的状况会逐步有所改变；在成本上升和需求稳步增长的作用下，市场价格将震荡上行，走势前高后低。

一是市场需求稳步发展，同比增速逐步回落。到上半年，全社会可实现的生产资料销售总额将接近170 000亿元，按可比价格计算，同比增长将逐渐回落到22.0%左右；下半年尤其是四季度，同比增速回落速度将更为明显，全年生产资料销售总额增速可能接近15.0%。

二是市场供大于求趋势会得到一定缓解。一季度，钢材及铁矿石等钢铁原料；铜、铅、铝、铝材及氧化铝等有色金属产品及原料，以及石油、煤炭、焦炭等基础能源产品，市场供大于求状况有所增加，二季度后随着国家对产业发展和结构调整的持续加强，以及市场自主调节作用的增强，生产资料市场供需结构发展将趋于协调，市场供大于求趋势将继续得到缓解，总体供需水平可维持基本平衡。

三是价格稳中趋升，四季度同比升幅将明显回落。结合当前整体经济运行情况，考虑到去年同期市场价格正处在低位的情况，预计今年二季度生产资料价格将维持稳中趋升走势，月同比价格保持较高升幅；下半年尤其进入四季度，同比价格升幅将出现明显回落，全年生产资料市场价格比上年将有一成以上的升幅。

（指导：中国物流与采购联合会副会长
中国物流信息中心主任　蔡进
撰稿：中国物流信息中心综合处处长　陈秀芝）

F

CHINA'S TOP 500 ENTERPRISES

中国企业500强

2009 中国企业 500 强整体分析与世界企业 500 强的对比分析

中国企业联合会　课题组

2009 中国企业 500 强是由中国企业联合会、中国企业家协会第 8 次向社会发布“中国企业 500 强”排行榜。与 2008 中国企业 500 强相比，尽管受全球金融危机的影响，2009 中国企业 500 强入围的门槛进一步提高，年营业收入由上一年的 93.1 亿元提高到 105.4 亿元；500 强企业的营业收入、资产继续保持较快稳定增长，但总体利润出现下降趋势。2009 中国 500 强企业的经济效益指标有所降低，企业间并购重组很活跃。

一、2009 中国企业 500 强的规模特征分析

1. 中国企业 500 强的整体规模和平均规模都有较大幅度的提升

相对 2008 中国企业 500 强，2009 中国企业 500 强的入围门槛迅速提高，营业收入从上年的 93.1 亿元上升为 105.4 亿元，相当于 2008 中国企业 500 强中第 437 名的营业收入，总体规模得到大幅增长；2009 中国企业 500 强换榜企业为 83 家，数量与上年持平。

与 2008 中国企业 500 强相比，2009 中国企业 500 强的营业收入总额达到 260 000 亿元，平均营业收入为 519.9 亿元，比上年提高了 19.7%；资产达到 742 000 亿元，平均资产为 1 502.3 亿元，比上年提高了 19.2%；平均所有者权益为 274.8 亿元，与上年相比提高幅度达 22.6%。

2. 中国企业 500 强入围企业之间的规模差距非常大

中国企业 500 强总体及平均规模在不断扩大，但入围 500 强企业的规模差距非常大。如 2009 中国企业 500 强排名第 1 位的中国石化集团公司拥有资产总计达10 448.5亿元，实现营业收入 14 624.4 亿元，排名第 500 位的双星集团有限责任公司资产和营业收入分别为 86.9 亿元、105.4 亿元，分别只占中国石化集团公司的 0.8% 和 0.7%。

2009 中国企业 500 强前 10 名企业营业收入总和为 65 952.7 亿元，而后 10 名企业的营业收入总和为 1 062.6亿元，前者是后者的 62.1 倍。2009 中国企业 500 强前 10 名企业的资产总和为 380 776.5 亿元，而后 10 名企业资产总和为 2 689.3 亿元，前者是后者的 141.6 倍。从中可以看出 2009 中国企业 500 强在规模上的差距非常大。见表 1。

3. 中国企业 500 强的规模分布很不均衡

从营业收入看，有 3 家企业营业收入超过了 10 000 亿元，其中营业收入最多的企业是中国石化集团有限公司，达到 14 624.4 亿元，第 2～3 位的分别是中国石油天然气集团公司、国家电网公司。营业收入具体分布情况见表 2，绝大多数 500 强企业的营业收入处于 500 亿元以下。

2009 中国企业 500 强前 10 名与后 10 名的规模比较

表 1

排　序	营业收入（亿元）	资产（亿元）
500 强前 10 位	65 952.7	380 776.5
500 强后 10 位	1 062.6	2 689.3

从资产规模来看，有 14 家企业资产达到 10 000 亿元以上，其中资产规模最大的企业是中国工商银行股份有限公司，达到 97 576.5 亿元。其他 13 家企业依次是中国建设银行股份有限公司、中国农业银行、中国银行、交通银行股份有限公司、中国邮政集团公司、中国石油天然气集团公司、国家电网公司、中国中信集团公司、招商银行股份有限公司、中国人寿保险（集团）公司、中国民生银行股份有限公司、中国石油化工集团公司、兴业银行股份有限公司。资产分布具体情况见表 2。

2009 中国企业 500 强企业规模分布表

表 2

企业数目/比例	按企业营业收入分类的 500 强企业		按企业资产规模分类的 500 强企业	
	数　目	占比（%）	数　目	占比（%）
总　数	500	100.0	495	99.0
超过 10 000 亿元	3	0.6	14	2.8
1 000 亿～10 000 亿元	54	10.8	66	13.2
500 亿～1 000 亿元	55	11.0	57	11.4
100 亿～500 亿元	166	33.2	157	31.4
100 亿元以下	222	44.4	201	40.2

4. 企业规模增长率分布

从统计数据中看出，在 2009 中国企业 500 强中，营业收入增长率超过 100% 的企业共有 7 家，分别是仁宝资讯工业（昆山）有限公司、江苏扬子江船业集团公司、冀中能源集团有限责任公司、江西赛维 LDK 太阳能高科技有限公司、中国通用技术（集团）控股有限责任公司、恒丰银行、开滦（集团）有限责任公司。大多数企业的营业收入增长率和资产增长率集中在 0～50.0% 的区间内，企业数所占比例分别为 80.3% 和 80.7%。见表 3。

2009 中国企业 500 强企业规模增长率分布表

表 3

企业数目/比例	按营业收入增长率分类的 500 强企业		按资产增长率分类的 500 强企业数	
	数　目	占比（%）	数　目	占比（%）
总　数	498	99.6	486	97.2
超过 100%	7	1.4	5	1.0
50.0% ~100%	49	9.8	28	5.6
0 ~50.0%	400	80.0	392	78.4
0 以下	42	8.4	61	12.2

2009 中国 500 强企业纳税表

表 4

企业数目/比例	按纳税总额分类的 500 强企业	
	数　目	占比（%）
总　数	477	95.4
超过 100 亿元	44	8.8
50 亿 ~100 亿元	29	5.8
10 亿 ~ 50 亿元	164	32.8
1 亿 ~10 亿元	228	45.6
1 亿元以下	12	2.4

二、2009 中国企业 500 强企业经济效益及其分布特征

1. 财税贡献突出，总体经济效益相比上年有所下降

纳税是大企业对国民财富贡献的一个直接反映，中国 500 强企业对国家税收有突出贡献。2009 中国企业 500 强纳税总额 19 100 亿元，占全国税收总额（54 200 亿元）的 35.2%。有 44 家企业的纳税总额超过 100 亿元，有两家公司纳税破千亿元大关，其中中石油纳税2 465.8亿元，中石化纳税 1 039.6 亿元。具体分布情况见表 4。

2009 中国企业 500 强在规模得到迅速扩大的同时，利润并没有相应提升，反而呈现下降趋势。与 2008 年中国企业 500 强相比，2009 中国企业 500 强实现平均利润为 24.1 亿元，比 2008 年的平均利润 28.2 亿元降低 14.5%；从人均营业收入看，2009 中国企业 500 强人均营业收入为 98.2 万元，比 2008 年提高了 10.3%；从人均实现利润看，2009 中国企业 500 强人均利润为 4.6 万元，比 2008 年下降了 17.3%。从收入利润率看，2009 中国企业 500 强平均收入利润率为 4.7%，显著低于 2008 年的 6.4%；从资产利润率来看，2009 中国企业 500 强平均资产利润率为 1.6%，低于 2008 年的 2.4%。

从人均营业收入分布看，2009 中国企业 500 强人均营业收入超过 1 000 万元以上的企业有 11 家，其中珠海振戎公司、天津市津能投资公司的人均营业收入均突破亿元，大部分企业集中在 500 万元以下，占到 92.5%。从人均资产分布看，2009 中国企业 500 强人均资产超过 1 000 万元的企业有 19 家，其中天津市津能投资公司以人均资产 4.6 亿元居首位。企业的人均资产大都集中在 500 万元以下，占 92.2%。从人均所有者权益分布看，只有 2 家企业超过 1 000万元，即天津市津能投资公司以 1.4 亿元居首位。大部分企业的人均权益都集中在 50 万元以下，占 65.5%。分布情况见表 5。

2. 2009 中国企业 500 强的经济效益分布很不均衡

2009 中国企业 500 强中盈利企业 459 家，占 91.8%；亏损企业 33 家，占 6.6%；有 8 家企业未填报利润情况，占 1.6%。2009 中国企业 500 强实现利润超过 100 亿元的企业有 17 家，其利润总额为 7 172.9 亿元，占 500 强企业利润总额的 59.5%。这说明我国企业的利润主要还是来自少数的超大型企业。其中，2009 中国企业 500 强利润排在首位的是中国工商银行股份有限公司，实现利润 1 111.5 亿元，占全部企业 500 强利润总额的 9.2%；四大国有商业银行的总利润占 500 强企业总利润的 26.6%。

2009 中国企业 500 强人均规模分布表

表 5

企业数目/比例	按人均收入分类的 500 强企业		按人均资产分类 500 强企业		按人均所有者权益分类 500 强企业	
	数　目	占比（%）	数　目	占比（%）	数　目	占比（%）
总　数	490	98.0	487	97.4	478	95.6
超过 1 000 万元	11	2.2	19	3.8	2	0.4
500 万 ~1 000 万元	26	5.2	19	3.8	3	0.6
100 万 ~500 万元	265	53.0	222	44.4	56	11.2
50 万 ~100 万元	116	23.2	154	30.8	104	20.8
50 万元以下	72	14.4	73	14.6	313	62.6

2009 中国企业 500 强有 15 家人均利润超过 50 万元，其中天津市津能投资公司、天津天狮集团有限公司、浙江中烟工业有限责任公司、内蒙古伊泰集团有限公司、江苏扬子江船业集团公司 5 家企业人均利润超过 100 万元，人均利润最多的企业是天津市津能投资公司，为 484 万元。

从收入利润率看，2009 中国企业 500 强中中国贵州茅台酒厂有限责任公司的收入利润率排首位，达到 45.1%。另有北京银行、中国广东核电集团有限公司 2 家企业的收入利润率超过 40.0%，有 13 家企业的收入利润率在 20.0% ~40.0% 之间，31 家企业的收入利润率在 10.0% ~20.0% 之间。

从资产利润率看，2009 中国企业 500 强与 2008 中国企业 500 强相比，明显下降，资产利润率都在 30.0% 以下，2009 中国企业 500 强中上海人民企业（集团）有限公司的

资产利润率最高，仅为28.8%，另有江门市大长江集团有限公司、天津天狮集团有限公司2家企业的资产利润率超过25.0%，有8家企业的资产利润率在20.0%以上，45家企业的资产利润率在10.0%～20.0%之间。

从利润增长看，利润增长率超过1000%的有淮北矿业（集团）有限责任公司、大同煤矿集团有限责任公司、中国邮政集团公司3家企业，其中淮北矿业（集团）有限责任公司以1 572.6%的利润增长率居首位，另有26家企业的利润增长率在100%～1000%之间，221家企业的利润增长率在0～100%之间，其余240家企业的利润出现负增长，10家企业数据未知。

从资产周转率看，珠海振戎公司以14.6次/年的资产周转率排位于2009中国企业500强资产周转速度第1名，乐金显示（南京）有限公司、浙江远大进出口有限公司、仁宝资讯工业（昆山）有限公司、江苏金辉集团公司、宁波金田投资控股有限公司、中国国际技术智力合作公司、天津三星电子显示器有限公司、北京索爱普天移动通信有限公司、天津三星通信技术有限公司9家企业的资产周转率超过7次/年。具体分布见表6。

净资产收益率是反映企业盈利能力的一个最综合的指标。2009中国企业500强平均净资产收益率为8.9%，其中有4家企业的净资产收益率超过100%。桐昆集团股份有限公司以208.4%的净资产收益率排在第1名，第2～4名分别是大连西太平洋石油化工有限公司、戴尔（中国）有限公司、中国海运（集团）总公司。具体分布见表6。

从资本保值增值率看，2009中国企业500强平均资本保值增值率为120.8%。其中，中国铁建股份有限公司以915.9%排第1名，也是唯一一家资本保值增值率超过500%的企业，大多数企业的资本保值增值率在100%～500%之间，占81.7%。具体分布见表6。

2009中国企业500强不同指标分布表

表6

企业数目/比例	按资产周转率分类的500强企业		按净资产收益率分类的500强企业		按资本保值增值率分类的500强企业	
	数　目	占比（%）	数　目	占比（%）	数　目	占比（%）
总　数	492	98.4	478	95.6	481	96.2
超过500%	17	3.4	0	0	1	0.2
100%～500%	263	52.6	4	0.8	393	78.6
50.0%～100%	139	27.8	6	1.2	77	15.4
0～50.0%	73	14.6	436	87.2	8	1.6
0以下	0	0	32	6.4	2	0.4

入围中国企业500强靠的是企业的市场规模，这当然可以从一个方面反映企业在激烈的市场竞争中的现状和实力。但是营业收入或销售额的巨大并不意味着企业有较高的利润，所以中国企业500强并不都是效益好的企业。2009中国企业500强有33家亏损企业，合计亏损984.9亿元。

3. 2009中国企业500强效益变化的原因分析

与2008年相比，2009中国企业500强的经济效益大幅降低，企业的利润增长率急剧下降，许多企业出现亏损，甚至有些行业出现了“全行业亏损”，如铁路、民航等。这可以从两个方面来分析：

从企业外部看，由于受2008年金融危机的影响，整体经济形势下滑，企业面临着艰难的经营环境。特别对于一些出口企业而言，国际市场购买力下降，企业出口受阻，经营更为艰难。整体经济形势的低迷，使企业的总体效益出现下滑的趋势。另外，由于受全球金融危机的影响，美元不断贬值，对出口企业而言，销售收入会受到影响，进而影响到利润。

从企业内部看，生产要素价格大幅上涨会直接影响到企业效益的提高。许多工业企业生产要素的价格大幅上涨，如煤炭价格从年初的550元/吨上涨至目前的约900元/吨，上涨了60.0%以上；钢材价格较年初也上涨了30.0%左右；锰矿等有色金属的价格也大幅上涨50.0%；另外，国家还上调了电价，这一切都会影响到企业的效益。另外，随着我国货币从紧政策的实施，银行对信贷规模加以控制，使融资困难，融资成本提高，影响到企业资金的周转，而其他途径的融资会增加企业的经营成本，进而影响到利润。最后，企业的经营不善，对风险的处理不当，以及过度的多角化经营等，都会影响到企业的效益。

三、2009中国企业500强行业分析

2009中国企业500强共分布在75个行业中，黑色冶金及延压加工业有65家企业入选，数目最多，占总数的13.0%，排列在2～5位的分别是建筑业33家，煤炭采掘及采选业26家，一般有色冶金及压延加工业21家，电力、电气、输变电等机械、设备、器材、元器件和线缆制造业18家，排在前5位的行业500强企业占总数的32.6%。见表7。

1. 黑色冶金及延压加工业、建筑业与煤炭采掘及采选业企业进入2009中国企业500强最多

在所有行业中，黑色冶金及延压加工业、建筑业与煤炭采掘及采选业进入500强的企业最多，黑色冶金及延压加工业达到65家，建筑业达到33家，煤炭采掘及采选业达到26家。综合制造业（以制造业为主，含有服务业）2009年有13家入榜，而上年为9家；银行业2009年有13家入榜，而上年为10家；技术智力、人力资源、劳务等国际合作及其他对外经济合作服务业2009年有3家入榜，而上年为1家；电力生产业2009年有10家入榜，而上年为8家；

2009 中国企业500强分行业主要指标

表7

名　称	企业数		营业收入		利润总额		资产总额		纳税总额		从业人数	
	家	占（%）	万　元	占（%）	万　元	占（%）	万　元	占（%）	万　元	占（%）	人	占（%）
全　国	500	100.0	2 602 661 411	100.00	120 552 214	100.00	7 419 245 883	100.00	191 322 924	100.00	25 819 947	100 00
农业、渔业、畜牧业及林业	1	0.2	5 744 740	0.22	145 112	0.12	5 237 137	0.07	127 056	0.07	662 742	2.57
煤炭采掘及采选业	26	4.6	99 288 567	3.81	8 322 718	6.90	154 028 986	2.08	11 314 183	5.91	2 138 806	8.28
石油、天然气开采及生产业	3	0.6	153 001 553	5.88	11 256 899	9.34	230 436 422	3.11	30 054 959	15.71	1 767 225	6.84
建筑业	33	6.6	159 988 456	6.15	2 840 165	2.36	156 889 704	2.11	7 168 045	3.75	2 305 895	8.93
电力生产业	10	2.0	63 134 519	2.43	−2 417 680	−2.01	206 856 252	2.79	6 546 009	3.42	572 415	2.22
农副食品及产品加工业	5	1.0	17 677 745	0.68	387 220	0.32	8 332 027	0.11	1 214 933	0.64	94 338	0.37
食品加工制造业	4	0.8	10 621 712	0.41	424 319	0.35	10 015 319	0.13	484 015	0.25	150 299	0.58
乳制品加工业	2	0.4	4 545 556	0.17	−95 768	−0.08	1 023 993	0.01	095 637	0.05	23 500	0.09
饮料加工业	2	0.4	4 379 420	0.17	526 815	0.44	2 817 967	0.04	267 522	0.14	41 530	0.16
酿酒制造业	4	0.8	6 851 652	0.26	864 784	0.72	7 671 104	0.10	1 291 203	0.67	114 790	0.44
烟草加工业	9	1.8	28 612 583	1.10	3 592 045	2.98	30 395 234	0.41	15 609 701	8.16	99 980	0.39
纺织、印染业	6	1.2	16 951 298	0.65	737 978	0.61	11 322 390	0.15	575 494	0.30	248 660	0.96
纺织品、服装、鞋帽（含皮革、毛、绒等）加工业	5	1.0	8 901 732	0.34	573 942	0.48	8 543 922	0.12	397 776	0.21	124 175	0.48
肉食品加工业	3	0.6	9 435 999	0.36	423 852	0.35	3 886 206	0.05	231 519	0.12	120 876	0.47
造纸及纸制品加工业	4	0.8	6 973 676	0.27	468 165	0.39	10 780 705	0.15	386 092	0.20	50 504	0.20
生活消费品和文体、玩具、家具、首饰、珠宝、宝石、工艺等轻工产品加工业	2	0.4	2 783 860	0.11	44 770	0.04	2 967 884	0.04	153 313	0.08	41 375	0.16
石化产品、炼焦及其他燃料加工业	8	1.6	158 051 716	6.07	1 109 723	0.92	112 151 250	1.51	10 903 535	5.70	688 718	2.67
化学原料及化学制品制造业	12	2.4	37 270 754	1.43	755 521	0.63	40 786 128	0.55	1 866 381	0.98	365 910	1.42
医药制造业	7	1.4	12 324 792	0.47	357 522	0.30	8 778 065	0.12	617 853	0.32	124 067	0.48
化学纤维制造业	7	1.4	10 852 506	0.42	236 364	0.20	6 785 547	0.09	177 380	0.09	55 911	0.22
橡胶制品业	3	0.6	3 696 186	0.14	26 156	0.02	2 517 994	0.03	100 461	0.05	49 763	0.19
建筑材料及玻璃等制造业	6	1.2	17 405 623	0.67	783 234	0.65	20 563 773	0.28	850 476	0.44	172 019	0.67
黑色冶金及压延加工业	65	13.0	295 932 432	11.37	8 002 862	6.64	271 370 830	3.66	15 648 478	8.18	1 816 560	7.04
一般有色冶金及压延加工业	21	4.2	59 835 302	2.30	1 322 611	1.10	76 641 596	1.03	4 177 728	2.18	578 460	2.24
金属制品业	1	0.2	1 528 096	0.06	59 586	0.05	626 969	0.01	86 099	0.05	5 812	0.02
工程机械、设备及零配件制造业	5	1.0	12 466 029	0.48	692 262	0.57	10 040 216	0.14	403 873	0.21	83 711	0.32
工业机械、设备及零配件制造业	6	1.2	7 044 655	0.27	185 531	0.15	8 063 096	0.11	239 577	0.13	95 681	0.37
农林机械、设备及零配件制造业	2	0.4	2 984 765	0.11	90 398	0.07	864 425	0.01	18 413	0.01	9 819	0.04
电力、电气、输变电等机械、设备、器材、元器件和线缆制造业	18	3.6	29 764 454	1.14	1 167 324	0.97	23 480 108	0.32	1 263 560	0.66	234 869	0.91
电梯及运输、仓储设备与设施制造业	1	0.2	4 732 728	0.18	168 521	0.14	3 455 786	0.05	59 783	0.03	47 050	0.18
轨道交通设备及零部件制造业	2	0.4	7 491 052	0.29	265 094	0.22	9 910 169	0.13	381 309	0.20	176 550	0.68
家用电器及零配件制造业	12	2.4	47 388 567	1.82	1 067 078	0.89	25 658 884	0.35	1 437 713	0.75	348 254	1.35
黄金冶炼及压延加工业	4	0.8	7 769 511	0.30	575 584	0.48	7 599 982	0.10	371 433	0.19	88 930	0.34
电子元器件与仪器仪表、自动化控制设备制造业	6	1.2	12 789 714	0.49	612 196	0.51	12 589 687	0.17	552 214	0.29	129 422	0.50
计算机及零部件制造业	6	1.2	26 638 695	1.02	337 154	0.28	16 930 857	0.23	451 771	0.24	86 941	0.34
通信设备及其他电子设备、元器件制造业	7	1.4	38 455 526	1.48	951 288	0.79	22 663 203	0.31	2 271 034	1.19	228 888	0.89

续　表

名　称	企业数		营业收入		利润总额		资产总额		纳税总额		从业人数	
	家	占（%）	万　元	占（%）	万　元	占（%）	万　元	占（%）	万　元	占（%）	人	占（%）
电子办公设备及影像设备制造业	2	0.4	2 755 001	0.11	76 507	0.06	2 741 235	0.04	120 577	0.06	50 010	0.19
汽车及零配件制造业	17	3.4	104 396 210	4.01	3 706 111	3.07	80 337 362	1.08	9 299 940	4.86	738 597	2.86
摩托车及零配件制造业	4	0.8	4 708 622	0.18	245 781	0.20	2 827 709	0.04	213 563	0.11	45 478	0.18
航空、航天、核工业与船舶、兵器制造业	8	1.6	68 134 872	2.62	2 665 759	2.21	117 419 698	1.58	2 455 967	1.28	1 111 377	4.30
动力、发电、电力生产等机械、装备制造业	5	1.0	21 408 471	0.82	955 297	0.79	21 030 603	0.28	742 422	0.39	169 756	0.66
综合制造业（以制造业为主，含有服务业）	13	2.6	32 072 216	1.23	1 322 421	1.10	31 281 201	0.42	1 685 245	0.88	399 115	1.55
电力、热力、燃气等能源供应服务业	6	1.2	151 335 622	5.81	1 977 934	1.64	242 670 703	3.27	12 014 108	6.28	1 237 472	4.79
铁路运输及辅助服务业	16	3.2	53 699 542	2.06	－1 933 121	－1.60	136 220 729	1.84	2 076 991	1.09	1 925 865	7.46
道路运输、城市公交及辅助、服务业	3	0.6	5 589 811	0.21	592 380	0.49	33 511 770	0.45	542 546	0.28	85 702	0.33
水上运输业	2	0.4	26 550 118	1.02	2 052 836	1.70	36 045 266	0.49	1 341 989	0.70	113 767	0.44
港口服务业	2	0.4	3 275 380	0.13	596 207	0.49	11 097 736	0.15	267 691	0.14	41 894	0.16
航空运输及相关服务业	6	1.2	20 608 250	0.79	－1 457 044	－1.21	31 611 356	0.43	1 009 174	0.53	149 149	0.58
邮电通信业	4	0.8	100 493 059	3.86	12 920 022	10.72	434 939 280	5.86	8 927 165	4.67	1 883 361	7.29
物流、仓储、运输、配送服务业	6	1.2	29 685 901	1.14	638 006	0.53	19 515 026	0.26	720 979	0.38	138 910	0.54
矿产、能源内外商贸批发业	4	0.8	28 575 746	1.10	646 365	0.54	8 674 022	0.12	838 157	0.44	65 511	0.25
化工产品及医药内外贸及批发业	1	0.2	30 897 547	1.19	645 145	0.54	13 549 841	0.18	605 186	0.32	42 806	0.17
机电、电子内外商贸及批发业	3	0.6	17 066 023	0.66	491 338	0.41	12 861 181	0.17	650 006	0.34	112 857	0.44
纺织、服装、文体、烟酒、工艺、首饰等轻工产品内外批发及商贸业	5	1.0	10 883 664	0.42	146 101	0.12	3 957 180	0.05	238 106	0.12	66 741	0.26
粮油食品及农林、土畜、果蔬、水产品等内外贸易批发、零售业	2	0.4	19 959 629	0.77	9 189	0.01	550 357	0.01	5 825	－	3 266	0.01
生产资料内外贸易批发、零售业	4	0.8	19 640 443	0.75	77 020	0.06	6 875 071	0.09	127 529	0.07	30 360	0.12
金属内外贸易及加工、配送、批发零售业	3	0.6	19 228 129	0.74	242 756	0.20	11 523 133	0.16	195 339	0.10	47 655	0.18
综合性内外商贸及批发、零售业	6	1.2	23 046 997	0.89	155 766	0.13	6 960 930	0.09	289 008	0.15	39 573	0.15
汽车及摩托车商贸、维修保养及租赁业	1	0.2	2 412 020	0.09	64 293	0.05	0 641 181	0.01	73 870	0.04	13 497	0.05
电器商贸批发、零售业	3	0.6	16 410 819	0.63	242 321	0.20	2 717 974	0.04	307 572	0.16	116 433	0.45
医药专营批发、零售业	3	0.6	7 861 159	0.30	186 971	0.16	3 935 211	0.05	197 103	0.10	36 396	0.14
商业零售业	10	2.0	35 967 210	1.38	208 319	0.17	13 903 972	0.19	578 849	0.30	404 748	1.57
连锁超市	2	0.4	4 511 064	0.17	82 760	0.07	1 375 948	0.02	094 276	0.05	32 096	0.12
银行业	13	2.6	190 165 237	7.31	40 190 837	33.34	3 992 856 154	53.82	20 133 408	10.52	1 571 517	6.09
人寿保险业	4	0.8	51 853 753	1.99	711 096	0.59	152 161 728	2.05	1 256 455	0.66	392 384	1.52
财产保险业	1	0.2	13 093 381	0.50	32 212	0.03	23 538 241	0.32	614 199	0.32	90 519	0.35
其他金融服务业	1	0.2	4 080 034	0.16	410 241	0.34	61 768 907	0.83	—	—	63 124	0.24
商务服务业	7	1.4	37 689 765	1.45	2 998 366	2.49	219 930 921	2.96	3 673 104	1.92	261 681	1.01
房地产开发与经营、物业及房屋装饰、修缮、管理等服务业	5	1.0	12 818 397	0.49	1 043 382	0.87	23 348 435	0.31	1 374 998	0.72	123 394	0.48

续 表

名 称	企业数		营业收入		利润总额		资产总额		纳税总额		从业人数	
	家	占（%）	万 元	占（%）	万 元	占（%）	万 元	占（%）	万 元	占（%）	人	占（%）
旅游、旅馆及娱乐服务业	1	0.2	4 365 356	0.17	135 489	0.11	4 573 841	0.06	235 308	0.12	40 534	0.16
公用事业、市政服务、公共设施经营与管理业	2	0.4	3 523 675	0.14	204 724	0.17	12 805 803	0.17	403 135	0.21	57 246	0.22
技术智力、人力资源、劳务等国际合作及其他对外经济合作服务业	3	0.6	3 967 222	0.15	36 357	0.03	1 680 973	0.02	112 102	0.06	77 557	0.30
研发、科技交流与推广和地勤、规划、设计、评估、咨询及总承包等服务业	1	0.2	1 490 234	0.06	137 967	0.11	1 367 556	0.02	90 346	0.05	21 120	0.08
综合服务业（以服务业为主，含有制造业）	1	0.2	1 361 061	0.05	26 058	—	1 050 832	—	23 458	—	9 903	—
综合保险业	2	0.4	23 763 800	0.91	207 700	—	102 703 000	—	-9 300	—	64 131	—

石化产品、炼焦及其他燃料加工业2009年有8家入榜，而上年为6家；航空、航天、核工业与船舶、兵器制造业2009年有8家入榜，而上年为6家，显示这些产业成长迅速，受到金融危机的影响程度有限，企业规模和组织化程度进一步提高。家用电器及零配件制造业上年为16家，而2009年仅有12家上榜；计算机及零部件制造业上年有12家上榜，2009年仅有6家；通讯设备及其他电子设备、元器件制造业上年有10家上榜，2009年为7家；房地产开发与经营、物业及房屋装饰、修缮、管理等服务业上年有11家上榜，2009年为5家，说明这些行业的市场竞争加剧，受金融危机影响较为严重，导致营业收入及利润下滑，其余行业的企业数基本保持在上年的水平。

2. 黑色冶金及延压加工业、银行业、建筑业、石化产品、炼焦及其他燃料加工业、石油、天然气开采及生产业的营业收入占2009中国企业500强营业收入的1/3以上

2009中国企业500强共实现营业收入260 266亿元，其中黑色冶金及延压加工业、银行业、建筑业、石化产品、炼焦及其他燃料加工业、石油、天然气开采及生产业的营业收入达95 714亿元，占500强营业收入总额的36.8%。伴随着全国范围的投资活动高涨，黑色冶金及延压加工业的营业收入占据500强企业的11.4%，是500强营业收入最多的行业。

3. 银行业、邮电通信业、石油、天然气开采及生产业的盈利占据500强的一半以上

2009中国企业500强共实现利润总额12 055亿元。银行业、邮电通信业、石油、天然气开采及生产业共实现利润6 437亿元，占500强利润总额的53.4%。其中，银行业实现利润4 019亿元，占500强利润总额的33.3%；邮电通信业实现利润1 292亿元，占500强利润总额的10.7%；石油、天然气开采及生产业实现利润1 126亿元，占500强利润总额的9.3%。银行业实现高盈利的主要原因是：一方面近年来实施股份制改造、强化公司治理以及加强风险控制，提高了经营效率，另一方面仍处于“入世”过渡保护期内；邮电通信业的高利润一定程度上源于竞争不充分；石油、天然气开采及生产业的高利润也得益于垄断经营。总体来看，这三个行业的高盈利与宏观经济形势和垄断有很强的相关性。500强的利润集中于这三个行业，说明我国企业整体盈利能力较弱。

4. 2009中国企业500强所在行业的增长率分析

2009年入围中国500强的企业分布在75个行业中。

从平均收入看，与2008年中国企业500强相比，大多数行业平均收入都有一定幅度的增长，只有少数几个行业平均收入较2008年有所降低。平均收入增长率在50.0%以上的只有2个行业，其中财产保险业的增长率最高，达到55.4%；其次是矿产、能源内外商贸批发业，达到52.1%。超过一半的行业平均收入增长率在20.0%以下，其中4个行业出现负增长，分别是电梯及运输、仓储设备与设施制造业、电子办公设备及影像设备制造业、综合保险业和综合服务业。综合服务业是平均收入下降最多的行业，为-11.4%。见表8。

2009中国500强企业75个行业平均收入增长率

表8

企业数量/比例	行业平均收入增长率	
	数 量	增长率（%）
行业总数	75	100.0
50.0%以上	2	2.7
40.0%~50.0%	3	4.0
30.0%~40.0%	8	10.7
20.0%~30.0%	14	18.6
10.0%~20.0%	33	44.0
10.0%以下	15	20.0

从平均利润看，与2008年中国企业500强相比，超过一半的行业平均利润呈现下降趋势。只有24.0%的行业平均利润增长率超过20.0%，其中，煤炭采掘及采选业平均利润的增长率达到75.5%，为平均利润增长最快的行业；其次是轨道交通设备及零部件制造业，为52.9%。约有1/3的行业平均利润增长率在-20.0%以下，其中综合保险业的利润下降最快，降幅达90.6%；除综合保险业外，利润下降幅度超过50.0%的行业有石化产品、炼焦及其他燃料加工业、计算机及零部件制造业、旅游旅馆及娱乐服务业、人寿保险业、财产保险业、航空运输及相关服务业。见

表9。

2009年中国500强企业75个行业平均利润增长

表9

企业数量/比例	行业平均利润增长率	
	数 量	增长率（%）
行业总数	75	100.0
50.0%以上	2	2.7
20.0%～50.0%	16	21.3
0～20.0%	18	24.0
0～－20.0%	14	18.7
－20.0%以下	25	33.3

从平均资产来看，与2008年中国企业500强相比，大部分行业的资产规模有一定的增长，超过一半的行业增长率在10.0%～30.0%之间，增长率在50.0%以上的只有财产保险业，达到58.8%；增长率在30.0%以上的只有12个行业；出现负增长的有4个行业，分别是计算机及零部件制造业、综合性内外商贸及批发、零售业，纺织、服装、文体、烟酒、工艺、首饰等轻工产品内外商贸批发业，电梯及运输、仓储设备与设施制造业。具体见表10。

2009年中国500强企业75个行业平均资产增长率

表10

企业数量/比例	行业平均资产增长率	
	数 量	增长率（%）
行业总数	75	100.0
50.0%以上	1	1.3
30.0%～50.0%	11	14.7
10.0%～30.0%	43	57.3
10.0%以下	20	26.7

5. 行业之间的效益与效率存在差异

从效益看，2009中国500强企业有8个行业的平均收入利润率超过10.0%，有7个行业的平均资产利润率超过10.0%。从效率看，2009年中国500强企业8个行业的平均资产周转率超过300%。

从平均收入利润率看，2009中国500强企业行业平均收入利润率排行前10位中有6个行业都属于服务业，其中银行业的平均收入利润率最高，达21.1%，紧随其后的是港口服务业18.2%、邮电通信业12.9%、道路运输、城市公交及辅助、服务业10.6%、其他金融服务业10.1%；研发、科技交流与推广和地勘、规划、设计、评估、咨询及总承包等服务业9.3%；有3个行业属于制造业，其中，酿酒制造业的行业平均收入利润率为12.6%、烟草加工业为12.6%、饮料加工业为12.0%；另外，煤炭采掘及采选业的行业平均利润率为8.4%。见表11。

从资产利润率来看，2009中国500强企业行业平均资产利润率排行前10位中有7个行业都属于制造业，其中饮料加工业的平均资产利润率最高，达18.7%，紧随其后的是烟草加工业11.8%、酿酒制造业11.3%、肉食品加工业10.9%、农林机械、设备及零配件制造业10.5%、金属制品业9.5%、摩托车及零配件制造业8.7%；有3个行业属于服务业，其中，研发、科技交流与推广和地勘、规划、设计、评估、咨询及总承包等服务业的行业平均资产利润率为10.1%、汽车和摩托车商贸、维修保养及租赁业为10.0%、电器商贸批发、零售业为8.9%。见表11。

从资产周转率看，2009中国500强企业行业平均资产周转率排行前10位中有8个行业都属于服务业，其中粮油食品及农林、土畜、果蔬、水产品等内外商贸批发、零售业的行业平均资产周转率最高，达到3626.7%，紧随其后的是电器商贸批发、零售业603.8%、汽车和摩托车商贸、维修保养及租赁业376.18%、综合性内外商贸及批发、零售业331.1%、矿产、能源内外商贸批发业329.4%、连锁超市327.9%、技术智力、人力资源、劳务等国际合作及其他对外经济合作服务业287.0%、生产资料内外贸易批发、零售业285.7%；有2个行业属于制造业，其中，乳制品加工业的行业平均资产周转率为443.9%、农林机械、设备及零配件制造业的行业平均资产周转率为345.3%。见表11。

6. 铁路、民航、电力等出现“全行业亏损”现象

2008年全球金融危机爆发后，经济发展速度明显变缓，许多企业出现亏损，铁路、民航、电力等尤为显著，出现“全行业亏损”局面。原因来自于三个方面：一是全球金融危机的冲击；二是体制改革尚未完成，尤其铁路运输业还在“政企合一”；三是企业内部管理水平和危机处理能力还有待提高。

入围2009中国企业500强的16家铁路运输及服务业企业中，12家企业出现了不同程度的亏损，总共亏损1 933 121万元。哈尔滨铁路局亏损最为严重，亏损额达695 615万元，其次是成都铁路局，亏损588 726万元。

入围的6家航空运输及相关服务业企业中，有4家企业亏损（1家没有上报数据，但也亏损），亏损额达到1 457 044万元，平均亏损242 841万元。亏损最严重的中国航空集团公司，亏损额达819 781万元，其次是中国南方航空集团公司，亏损507 864万元。

入围的10家电力生产业企业中，前5家企业均出现大幅亏损局面，行业亏损额达到2 417 680万元，平均亏损241 768万元，亏损最严重的是国电集团，亏损额达770 558万元，其次为华电集团，亏损额达719 433万元。

7. 全球金融危机下我国商业银行业等金融机构大幅盈利

在全球金融危机冲击下，许多外国金融机构大幅亏损甚至破产，许多持有金融衍生产品的实体企业也明显受到影响。与外国金融机构迥然不同，2009中国企业500强的商业银行实现大幅盈利。商业银行业中入围2009中国企业500强的13家企业，只有深圳发展银行利润比2008年降低，但是并没有出现亏损。其他12家企业利润出现不同幅度的增长，增长率在30.0%以上的有7家，恒丰银行利润增长率最高，达到106.5%，其次是北京银行，为61.8%。

2009 中国500强企业行业利润率和资产周转率

表11

行　业	企业数	平均收入利润率（%）	平均资产利润率（%）	平均资产周转率（%）
黑色冶金及压延加工业	65	2.7	3.0	109.1
建筑业	33	1.8	1.8	101.2
煤炭采掘及采选业	26	8.4	5.4	64.5
一般有色冶金及压延加工业	21	2.2	1.7	78.1
电力、电气、输变电等机械、设备、器材、元器件和线缆制造业	18	3.9	5.0	126.8
汽车及零配件制造业	17	3.6	4.6	130.0
铁路运输及辅助服务业	16	-3.6	-1.4	39.4
综合制造业（以制造业为主，含有服务业）	13	4.1	4.2	102.5
银行业	13	21.1	1.0	4.8
化学原料及化学制品制造业	12	2.0	1.9	91.4
家用电器及零配件制造业	12	2.3	4.2	184.7
电力生产业	10	-3.8	-1.2	30.5
商业零售业	10	0.6	1.5	258.7
烟草加工业	9	12.6	11.8	94.1
石化产品、炼焦及其他燃料加工业	8	0.7	1.0	140.9
航空、航天、核工业与船舶、兵器制造业	8	3.9	2.3	58.0
医药制造业	7	2.9	4.1	140.4
化学纤维制造业	7	2.2	3.5	159.9
通讯设备及其他电子设备、元器件制造业	7	2.5	4.2	169.7
商务服务业	7	8.0	1.4	17.1
纺织、印染业	6	4.4	6.5	149.7
建筑材料及玻璃等制造业	6	4.5	3.8	84.6
工业机械、设备及零配件制造业	6	2.6	2.3	87.4
电子元器件与仪器仪表、自动化控制设备制造业	6	4.8	4.9	101.6
计算机及零部件制造业	6	1.3	2.0	157.3
电力、热力、燃气等能源供应服务业	6	1.3	0.8	62.4
航空运输及相关服务业	6	-7.1	-4.6	65.2
物流、仓储、运输、配送服务业	6	2.2	3.3	152.1
综合性内外商贸及批发、零售业	6	0.7	2.2	331.1
农副食品及产品加工业	5	2.2	4.7	212.2
纺织品、服装、鞋帽（含皮草、毛、绒等）加工业	5	6.5	6.7	104.2
工程机械、设备及零配件制造业	5	5.6	6.9	124.2
动力、发电、电力生产等机械、装备制造业	5	4.5	4.5	101.8
纺织、服装、文体、烟酒、工艺、首饰等轻工产品内外商贸批发业	5	1.3	3.7	275.0
房地产开发与经营、物业及房屋装饰、修缮、管理等服务业	5	8.1	4.5	54.9
食品加工制造业	4	4.0	4.2	106.1
酿酒制造业	4	12.6	11.3	89.3
造纸及纸制品加工业	4	6.7	4.3	64.7
黄金冶炼及压延加工业	4	7.4	7.6	102.2
摩托车及零配件制造业	4	5.2	8.7	166.5
邮电通信业	4	12.9	3.0	23.1
矿产、能源内外商贸批发业	4	2.3	7.5	329.4
生产资料内外贸易批发、零售业	4	0.4	1.1	285.7
人寿保险业	4	1.4	0.5	34.1
技术智力、人力资源、劳务等国际合作及其他对外经济合作服务业	3	1.0	3.0	287.0
石油、天然气开采及生产业	3	7.4	4.9	66.4

续 表

行 业	企业数	平均收入利润率（%）	平均资产利润率（%）	平均资产周转率（%）
肉食品加工业	3	4.5	10.9	242.8
道路运输、城市公交及辅助、服务业	3	10.6	1.8	16.7
机电、电子产品内外商贸及批发业	3	2.9	3.8	132.7
金属内外贸易及加工、配送、批发零售业	3	1.3	2.1	166.9
电器商贸批发、零售业	3	1.5	8.9	603.8
医药专营批发、零售业	3	2.4	4.8	199.8
橡胶制品业	3	1.6	2.8	160.2
乳制品加工业	2	-2.1	-9.5	443.9
饮料加工业	2	12.0	18.7	155.4
生活消费品和文体、玩具、家具、首饰、珠宝、宝石、工艺等轻工产品加工业	2	1.6	1.5	93.8
农林机械、设备及零配件制造业	2	3.0	10.5	345.3
轨道交通设备及零部件制造业	2	3.5	2.7	75.6
电子办公设备及影像设备制造业	2	2.8	2.8	100.5
水上运输业	2	7.7	5.7	73.7
港口服务业	2	18.2	5.4	29.5
粮油食品及农林、土畜、果蔬、水产品等内外商贸批发、零售业	2	0.1	1.7	3 626.7
连锁超市	2	1.8	6.0	327.9
公用事业、市政服务、公共设施经营与管理业	2	5.8	1.6	27.5
综合保险业	2	0.9	0.2	23.1
农业、渔业、畜牧业及林业	1	2.5	2.8	109.7
金属制品业	1	3.9	9.5	243.7
电梯及运输、仓储设备与设施制造业	1	3.6	4.9	137.0
化工产品及医药内外商贸批发业	1	2.1	4.8	228.0
汽车和摩托车商贸、维修保养及租赁业	1	2.7	10.0	376.2
财产保险业	1	0.3	0.1	55.6
其他金融服务业	1	10.1	0.7	6.6
旅游、旅馆及娱乐服务业	1	3.1	3.0	95.4
研发、科技交流与推广和地勘、规划、设计、评估、咨询及总承包等服务业	1	9.3	10.1	109.0
综合服务业（以服务业为主，含有制造业）	1	1.9	2.5	129.5

全球金融危机下，商业银行业仍大幅盈利，可以从以下几个方面说明：（1）国内银行业参与国际市场的程度还不深，近年来商业银行与资本市场实行隔离，以及监管当局审慎监管政策的有效实施，这些都使金融危机对我国银行业的直接冲击不大，因而国内银行受到的直接损失是有限的。（2）中国银行业的相对垄断状况，使得其他金融机构进入这个领域的门槛相对较高，同时利率管制下的高利差是中国银行业高利润的主要原因。（3）中国的金融创新步伐比较慢，此次席卷全球的金融危机主要是因为美国的金融创新步伐太快，许多有毒资产经过华尔街的金融专家们层层打包，卖到世界各地才导致了这场系统性的全球金融危机，而中国的银行不存在这种现象，即使个别银行有不良资产，也没有办法传递，只能自己消化，不会造成系统性金融风险。

另外，受此次全球金融危机的影响，许多企业经营状况出现问题，出现破产倒闭现象，这会间接地影响中国的银行利润，但它的反应会有一个过程，不会立即显现出来。经历这次危机的洗礼后，中国银行业可能会更加成熟，在风险控制以及业务发展方面，会有更多更好的发展机会，为中国经济的增长提供一个长期稳定的基础。

四、2009 中国企业 500 强地域分布特征

与 2008 年相比，2009 年入围 500 强的企业仍然大多数来自东部地区，但是比例有所下降，东北地区比例也是降低了，中部和西部地区比例有所上升。具体来说，全国共有 29 个省、自治区、直辖市的企业进入 2009 中国企业 500 强，只有西藏、宁夏没有企业入围。其中东部地区有 348 家企业，占 69.6%；中部地区有 65 家企业，占 13.0%；西部地区有 61 家企业，占 12.2%；东北地区有 26 家企业，占 5.2%。见表 12。

2009 中国500强企业地域分布

表 12

名　称	企业数（家）	营业收入（万元）	利　润（万元）	资　产（万元）	纳税总额（万元）	从业人数（人）
全　国	500	2 602 661 411	120 552 214	7 419 245 883	191 322 924	25 819 947
北　京	96	1 321 802 135	716 543 495	376 423 587	105 168 204	12 678 087
上　海	28	168 405 760	8 905 587	465 336 758	12 612 654	1 169 922
天　津	25	83 357 865	2 008 703	53 769 683	2 598 512	366 715
重　庆	10	14 566 982	301 644	14 927 939	675 790	294 055
黑龙江	4	13 265 779	－373 441	16 105 070	484 303	893 926
吉　林	5	23 228 702	741 075	16 947 403	2 338 703	196 461
辽　宁	17	52 863 408	711 096	55 404 241	2 927 484	817 854
河　北	16	46 784 725	1 402 275	37 954 006	2 257 030	421 640
河　南	16	42 605 147	1 491 012	40 908 876	3 317 821	673 131
山　东	51	132 426 563	5 775 176	185 464 159	6 009 370	1 259 119
山　西	12	53 430 837	2 498 639	61 451 386	4 422 120	828 718
陕　西	9	21 151 362	1 197 629	35 375 494	3 014 002	371 728
安　徽	11	32 144 517	787 037	32 053 716	2 068 819	431 705
江　苏	50	121 997 678	3 999 224	70 041 909	3 523 325	892 329
湖　南	7	21 259 211	1 190 125	19 472 334	3 588 621	211 156
湖　北	11	45 627 282	2 762 461	67 594 157	5 409 465	466 391
江　西	8	21 759 881	297 870	24 100 612	1 014 890	249 881
浙　江	37	90 023 101	2 907 038	65 625 051	4 736 499	714 217
广　东	37	170 225 202	8 083 440	528 449 809	12 815 477	1 362 601
四　川	11	31 486 574	－129 894	39 950 900	1 354 171	544 002
福　建	8	21 068 377	1 730 855	114 397 663	753 607	99 199
广　西	5	10 427 627	103 322	12 598 443	445 542	188 233
贵　州	3	4 248 031	604 927	4 179 600	1 454 077	46 189
云　南	9	20 742 526	858 144	30 583 536	6 176 241	223 750
甘　肃	3	11 454 035	395 394	14 227 359	514 900	141 652
青　海	1	1 441 928	60 516	2 561 683	144 641	15 000
新　疆	2	3 700 290	221 996	3 608 408	175 786	29 145
内蒙古	7	18 683 122	359 646	21 281 378	1 196 979	197 549
海　南	1	2 482 764	6 369	8 450 723	123 891	35 592

东部地区：浙江37家、山东51家、广东37家、江苏50家、河北16家、北京96家、天津25家、上海28家、福建8家。这9省市共有348家企业入围，比上年减少了8家，占2009中国企业500强总数的69.6%。

中部地区：河南16家，安徽11家，湖南7家，湖北11家，江西8家，山西12家。这6省区共有65家企业入围，比上年增加了6家，占13.0%。

西部地区：重庆10家、四川11家、云南9家、陕西9家、广西5家、内蒙古7家、贵州3家、甘肃3家、新疆2家、青海1家、海南1家。这11个省市共有61家企业入围，比去年增加了4家，占12.2%。

东北地区：辽宁17家、吉林5家、黑龙江4家。这3个省共有26家企业入围，比去年减少了2家，占5.2%。

2009中国企业500强在省区分布上极不平衡，北京依托其独特的政治经济地位，500强企业的数量遥遥领先于全国其他地区。由于我国的改革开放存在着从沿海到内陆逐步开放的递次关系，因此，沿海地区制造业的发展远远领先于内陆地区，沿海地区的市场化发育程度也领先于全国其他地区，江苏、广东、浙江依托长三角和珠三角的制造业优势，在2009中国企业500强排行榜上的企业数量处于前列，山东、上海、天津依托临海的优势，500强企业的数量也明显高于其他内陆省份。但是，我们欣喜地看到，2009中国企业500强中，中部、西部地区企业的数量比上年有了增加，这得益于我国宏观经济调控和西部地区资源开发力度的加大。

五、2009中国企业500强所有制分布特征

1. 国有及控股企业仍然保持绝对主导地位

从2009中国企业500强的所有制结构来看，国有及国有控股企业的比重较大，保持了绝对主导地位。在2009中国企业500强中，国有及国有控股企业共有331家，占总数的66.2%，实现营业收入220 000亿元，占全部企业营业收入总额的84.6%，实现利润总额为10 000亿元，占全部企业利润总额的86.9%。

2009中国企业500强中，私营企业共有104家，占总数的20.8%，实现营业收入2.4万亿元，占全部企业营业收入总额的9.2%，实现利润总额为932.9亿元，占全部企业利润总额的7.8%。

在2009中国企业500强中，集体和外商企业数分别是26家、39家，分别占500强总数的5.2%、7.8%；实现营业收入分别为7 393.6亿元、8 965.8亿元，分别占营业收入总额的2.8%、3.4%；实现利润分别为375亿元、267.1亿元，分别占利润总额的3.1%、2.2%。由此可见，集体和外资企业所占比重较小。见表13。

2009中国企业500强按所有制主要指标及分布

表13

所有制	企业数		营业收入		利润总额	
	家	占%	亿元	占%	亿元	占%
全　国	500	100.0	260 266.1	100.0	12 055.2	100.0
国有及国有控股	331	66.2	220 093.0	84.6	10 480.2	86.9
集　体	26	5.2	7 393.6	2.8	375.0	3.1
私　营	104	20.8	23 813.7	9.2	932.9	7.8
外　商	39	7.8	8 965.8	3.4	267.1	2.2

2. 不同所有制类型之间的经济效益与效率差距明显，国有及国有控股企业的劳动生产率和资产运作效率显著低于其他所有制类型的企业

如表14所示，从盈利水平看，集体企业的收入利润率为5.1%，在不同所有制企业中最高；集体企业的人均利润水平最高，达6.4万元。从劳动生产率看，国有和国有控股企业的人均收入为96.9万元，显著低于其他所有制企业，外商企业以155.8万元的人均收入领先其他所有制企业。从资产运作效率看，国有及国有控股企业以及集体企业的资产周转率显著低于其他所有制企业，这种显著差异固然是受到国有大银行庞大资产的牵扯，但是从另一个方面也说明，国有及国有控股企业以及集体企业在资产运作效率上确实具有很大的提升空间。

2009中国企业500强按所有制经济效益与效率

表14

所有制类型	资产利润率（%）	人均利润（万元）	收入利润率（%）	资产周转率（%）	人均营业收入（万元）
国有及国有控股	1.5	4.6	4.8	31.7	96.9
集　体	1.8	6.3	5.1	34.5	125.1
私　营	6.2	4.8	3.9	158.6	123.1
外　商	2.6	4.6	3.0	85.9	155.8

六、2009中国企业500强的研发状况

1. 绝大多数2009中国500强企业的研发投入远低于世界级大企业

2009中国500强企业有426家企业填报了研发数据，平均研发费用为6.8亿元，研发费用占营业收入的比例平均为1.3%；2009中国企业500强的研发费用/销售收入超过10.0%的有中国航天科工集团、戴尔（中国）有限公司、中国航空工业集团公司和铜陵有色金属集团控股有限公司4家企业，在5.0%～10.0%之间的为18家，在3.0%～5.0%之间的有51家，在1.0%～3.0%之间的有120家，有233家的研发投入比小于1.0%。见表15。

2. 部分500强企业大幅提高了研发力度

2009中国企业500强中许多企业大幅提高了研发力度，广州汽车工业集团有限公司、成都建筑工程集团总公司、重庆建工集团有限责任公司、深圳能源集团股份有限公司、内蒙古蒙牛乳业（集团）股份有限公司、河北津西钢铁股份有限公司6家企业的企业研发费用增长率高于1 000%，另有44家企业研发费用增长率在100%～1 000%之间，295家企业研发费用增长率在0～100%之间，75家企业的研发费用出现不同程度的下降。见表16。

2009中国企业500强研发投入分布状况表

表15

企业数目/比例	按研发投入（研发费用/销售收入）分类（家）	占企业数目比（%）
总　数	426	85.2
超过10.0%	4	0.8
5.0%～10.0%	18	3.6
3.0%～5.0%	51	10.2
1.0%～3.0%	120	24.0
1.0%以下	233	46.6

2009 中国企业500强研发投入增长率分布状况表

表16

研发投入增长率	按研发投入增长率分类（家）	占企业数目比（%）
总 数	420	84.0
超过1 000%	6	1.2
100% ~1 000%	44	8.8
0 ~100%	295	59.0
0以下	75	15.0

3. 专利数有大幅提高，但是发明专利仍然需要加强

从上报数据的420家企业看，2009中国500强企业每家企业平均拥有专利332项，其中发明专利115项。而在上年度上报数据的450家中国500强企业中，每家企业的平均专利数为302项，其中发明专利是76项。中国500强企业的专利数和发明专利数有大幅提高，特别是发明专利，增幅达到51.3%，这说明企业更注重专利，特别是发明专利。

七、2009 中国企业500强的其他特征分析

1. 主营业务突出

从上报的465家企业的数据看，2009中国500强企业中有36家企业的第一主营业务收入比例为100%，有258家企业的第一主营业务收入比例在80.0% ~100%之间；有112家企业的第一主营业务收入比例在50.0% ~80.0%之间；仅有59家企业的第一主营业务收入比例低于50.0%。

2. 国际化经营能力还有待提高

一般认为海外收入超过30.0%是企业国际化经营能力的一个标志，从上报的220家企业的数据看，2009中国500强企业中海外收入比例高于30.0%的企业只有26家，其中，除了雅戈尔、中兴通信、美的、奇瑞等少数消费品公司外，其他的基本都是以贸易或中间产品为主的企业，这说明中国大企业的国际竞争力还需要进一步提高，需要用更过硬的最终产品去占领国际市场。

与2008年相比，海外收入有了较大的提高，上报的220家企业的数据显示，4家企业的增长率超过了1 000%，唐山港陆钢铁有限公司以2 512 300%的增长率占据首位，大多数企业的海外收入的增长率在0 ~100%，见表17。

2009 中国企业500强海外收入的增长情况

表17

企业数目/比例	海外收入分类（家）	占企业数目比（%）
总 数	220	100.0
1 000%	4	1.8
100% ~1 000%	29	13.2
0 ~100%	118	53.6
0以下	69	31.4

3. 并购重组比上年更加活跃

2008中国企业500强中有158家企业进行了并购或资产重组，共并购重组了544家企业。而2009中国企业500强中有146家企业进行了并购或资产重组，共并购重组了644家企业，虽然进行并购的企业数量较2008年有所减少，但被并购重组的企业数量有了较大幅度的增长，这说明企业对待并购重组更加理性。

4. 资本密集度有所提高

企业的资本－劳动比率反映企业的资本密集程度和生产资料的利用效率，对企业的学习能力有很大影响。数据显示，2009中国企业500强的资本密集程度进一步提高。2009中国企业500强的平均人均资产为284万元，比2008中国企业500强人均资产244.5万元的水平增加了39.5万元。

5. 企业换榜特征分析

与2008中国企业500强相比，2009中国企业500强中有83家企业换榜。新入围的企业由于经营良好，或者整体行业发展良好，或者进行了并购重组等，增加了营业收入，从而进入500强。在这83家企业中，有25家进行了并购重组，通过并购重组可以短期内迅速增加营业收入。其中有10家企业的并购个数在3家以上（包括3家），并购最多的是比亚迪股份有限公司和美锦能源集团有限公司，并购的个数都是10家；其次是盾安控股集团有限公司，并购了6家企业；中国医药集团总公司并购了5家企业。

退出的企业有3家由于经营不善或者由于企业危机处理不当而破产，特别是石家庄三鹿集团股份有限公司，由于三聚氰胺事件而破产。其他企业由于经营不善或其他原因而导致营业收入下滑，退出了500强。特别是一些二业企业，由于原材料（煤炭、钢铁等）价格的上涨，企业的经营成本上升，随之带来的生产经营过程的一系列问题，最终导致营业收入下滑，总体效益降低，退出500强。

6. 2009 中国企业500强企业寿命分析

2009中国企业500强的成立年数差别很大，今年上报的455家企业中，寿命超过100年的只有2家，开滦（集团）有限责任公司以130年的企业寿命高居榜首，云南锡业集团（控股）有限责任公司，企业成立125年，其次是交通银行股份有限公司，企业成立100年；接近80%的企业成立年数在30年以下。其中，成立年数在10年以下的占了29%，而成立时间超过60年的仅占2.6%。见表18。

2009 中国500强企业成立年数

表18

企业数目/比例	企业数（家）	占企业数目比（%）
总 数	455	100.0
100年以上	2	0.4
60 ~100年	10	2.2
31 ~60年	84	18.5
11 ~30年	227	49.9
10年以下	132	29.0

新中国成立60年来，我国各方面取得了很大的成就，经济发展速度飞速增长。从2009中国企业500强可以看出，97.4%的企业都是在新中国成立后建立的，伴随着新中国的发展，企业也在不断发展。特别是改革开放后，企业犹如雨后春笋般出现，促进了经济的快速发展。改革开放，解放了

经济，确立了以经济为中心的发展路线，而企业作为经济发展的重要力量，在这一时期得到飞速发展。2009 中国企业 500 强中有 78.9% 是在改革开放后成立的。这也与不同时期国家的不同政策相吻合。近 10 年来，随着对外开放以及经济全球化的发展，为企业的发展提供了更大的空间，这一时期，企业也得到了很大的发展，2009 中国企业 500 强中有 29.0% 成立于这个时期，这个 10 年也是企业成立最多的 10 年。特别是 2001 年我国加入 WTO 以来，企业可以更好地参与全球竞争，22.6% 的企业成立于我国加入 WTO 后。

但是，与世界 500 强相比，我国企业 500 强的历史还有很大差距。据《财富》杂志报道，世界 500 强企业平均寿命为 40 ~ 42 年，而 2009 中国 500 强的企业平均寿命为 22 年，中国企业 500 强成立 40 年以上的仅有 85 家，占中国 500 强的 17.0%，企业的成立年数大部分在 20 年以下。

中国企业 500 强的寿命与世界 500 强相比，差距很大。这与我国的现实国情有很大的关系，中国企业的真正发展史只有 20 多年的时间，在近 20 多年的时间里企业才得到蓬勃发展。一方面，在计划经济条件下，国家的宏观调控涉及到企业内部，企业的自主发展的机会很少。在市场经济条件下，企业的发展速度明显加快，而市场经济在中国确立的时间并不长，体制不完善，发展不够成熟，这决定了我国企业真正得到发展的时间很短。另一方面，中国企业处于成长初期，市场地位不稳，经验不足，对外界的反应不够敏锐，对危机的处理经验不足，一旦决策失误，会给企业带来很大冲击。另外，体制的不完善，很多企业即使有很好的发展机会，但由于融资等方面的困难，常常与机会擦肩而过，特别是中小民营企业，发展过程更为艰难，失去了很多做大做强的机会。从人才方面看，高层次专业管理人才的缺乏，是企业寿命普遍较短的原因之一，我国企业发展的历史很短暂，国内专业人才缺乏，而国外的先进管理理念、管理方法等，并不一定适合中国的本土状况。

八、2005—2009 中国 500 强企业的发展趋势分析

（一）剖析我国大企业发展的趋势

1. 规模走势

2005—2009 年中国 500 强企业平均营业收入从 2005 年的 2 349 192 万元上升到 2009 年的 5 196 557 万元，增长了 2.2 倍，并且增长的速度保持在较高的水平。平均资产从 2005 年的 6 741 588 万元上升到 2009 年的 15 022 749 万元，增长了 2.22 倍。与平均营业收入的增速基本保持一致。平均利润从 2005 年的 105 960 万元上升到 2008 年的 275 203 万元，增长了 2.6 倍。特别在 2007—2008 年度平均利润实现了暴发性增长，增长幅度显著高于平均营业收入的增长水平，但是 2008 年以后平均利润出现下降趋势，这在一定程度上是由于金融危机的影响，企业面临经营困难，经济整体不景气所致。三项平均指标趋势见图 1。

2005—2009 年间，中国 500 强企业人均营业收入、人均资产呈现稳定上升趋势，表明 5 年来中国 500 强企业的劳动生产率正在逐步提高。见图 2。

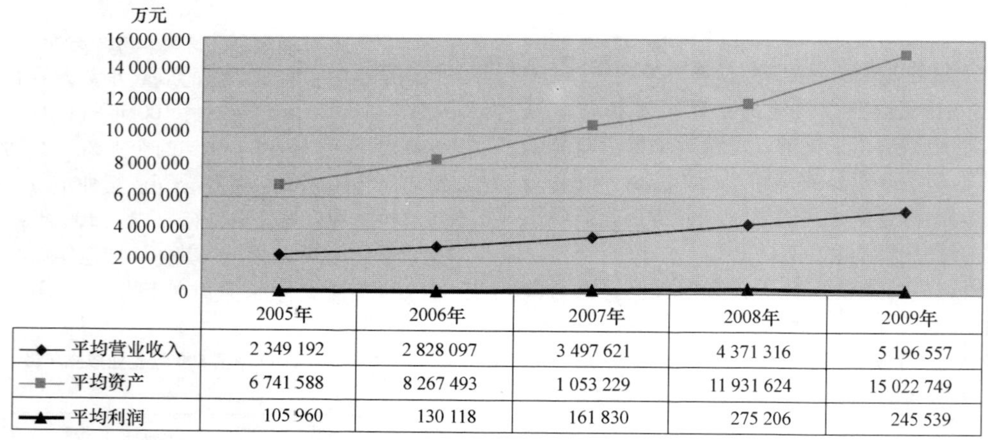

	2005年	2006年	2007年	2008年	2009年
平均营业收入	2 349 192	2 828 097	3 497 621	4 371 316	5 196 557
平均资产	6 741 588	8 267 493	1 053 229	11 931 624	15 022 749
平均利润	105 960	130 118	161 830	275 206	245 539

图 1　2005—2009 年度中国 500 强企业平均收入趋势图

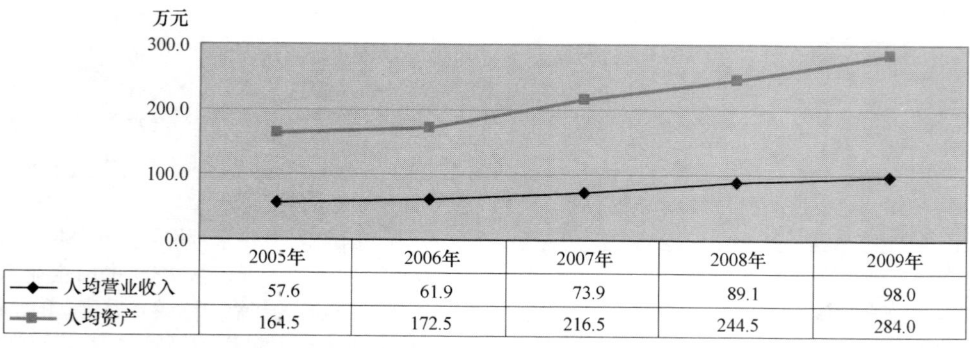

	2005年	2006年	2007年	2008年	2009年
人均营业收入	57.6	61.9	73.9	89.1	98.0
人均资产	164.5	172.5	216.5	244.5	284.0

图 2　2005—2009 年中国 500 强人均营业收入、人均资产趋势图

2. 中国500强企业所有制分布变化趋势

2005—2009中国企业500强国有及国有控股企业数量呈现逐年下降的趋势，从356家下降到331家；私营企业数量呈现逐年上升趋势，从79家上升到104家。集体和外商企业的数量变化有起伏，趋势不明朗，并且变化范围不大。见图3。

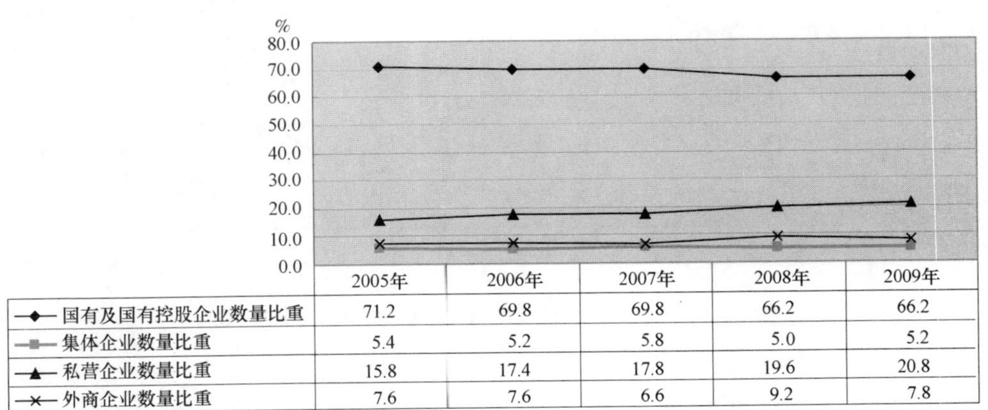

	2005年	2006年	2007年	2008年	2009年
国有及国有控股企业数量比重	71.2	69.8	69.8	66.2	66.2
集体企业数量比重	5.4	5.2	5.8	5.0	5.2
私营企业数量比重	15.8	17.4	17.8	19.6	20.8
外商企业数量比重	7.6	7.6	6.6	9.2	7.8

图3　2005—2009年度中国500强不同所有制企业数量占比趋势图

2005—2009中国企业500强国有及国有控股企业的营业收入所占比重有起伏，变化不大；私营企业营业收入所占比重呈现逐年上升趋势，从6.7%上升到9.2%。集体和外商企业的营业收入变化有起伏，趋势不明朗，并且变化范围不大。总体看，国有及国有控股企业在营业收入中仍占有80.0%以上的绝对主导地位。见图4。

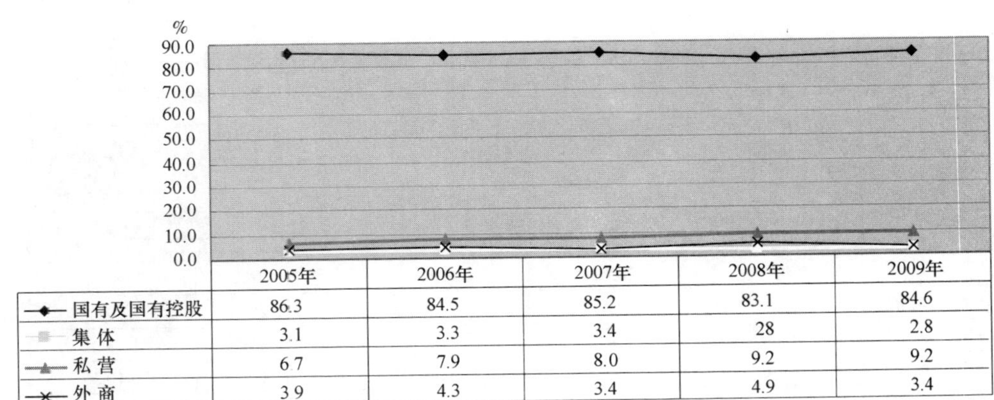

	2005年	2006年	2007年	2008年	2009年
国有及国有控股	86.3	84.5	85.2	83.1	84.6
集体	3.1	3.3	3.4	28	2.8
私营	6 7	7.9	8.0	9.2	9.2
外商	3 9	4.3	3.4	4.9	3.4

图4　2005—2009年度中国500强不同所有制企业营业收入占比趋势图

3. 重化工业发展迅猛

我们以煤炭、石化天然气、核能、汽车、机械、电子、化学、钢铁、有色金属、建筑材料10个行业的数据代表重化工行业，将2005—2009年度的中国500强企业数据进行了梳理，结果表明我国以这10个行业为代表的重化工业正处于大发展阶段。

2005—2009年度中国企业500强中，重化工业企业的数量从201家增加至222家，这反映了5年来我国大量资源向重化工业集中，重化工业企业规模迅速增长，入围500强的重化工企业越来越多。见图5。5年来中国企业500强中重化工业企业总体营业收入从45 578亿元增长到113 067亿元，增长了2.5倍。在这5年中，2005—2006年营业收入有所降低，2006—2009年间营业收入迅速增长，并且增速加快，特别是2008—2009年间更是急剧增长，在全球金融危机的背景下，营业收入不仅没有降低，反而迅速增长，并且增速达到5年来的最高水平，高达86.4%，说明该行业受到金融危机的冲击较小，同时也表明该行业有很好的发展前景。营业收入趋势图折线的斜率明显大于企业数量变化趋势图，这说明，不仅有更多大企业进入500强，而且企业营业收入的增长还存在明显加快的倾向。见图6。

4. 地域走势

2005—2009中国企业500强总部所在地的地域分布与地区经济发展状况一致，哪个地区经济发达，哪里就集中较多的入围500强企业，从入围的企业数量来看，东部地区入围500强的企业数目最多，这也与东部地区是我国最发达的地区相一致，东北地区是入围500强企业数目最少的地区，西部和中部地区差别不大。2005—2009年度，东部地区入围500强企业的数量呈现下降趋势，中部地区一直在增加，从10.8%增加到13.0%，西部地区有起有伏，东北地区也是有起有伏。见图7。

从营业收入来看，中国企业500强超过80.0%的营业收入来自东部地区，西部和东北两个地区营业收入的总和占了不到10.0%，这也与经济的发达程度相一致。2005—2009年，东部地区营业收入所占的比例呈现逐年下降的趋势，中部地区一直在上升，西部和东北地区有起有伏。见 图8。

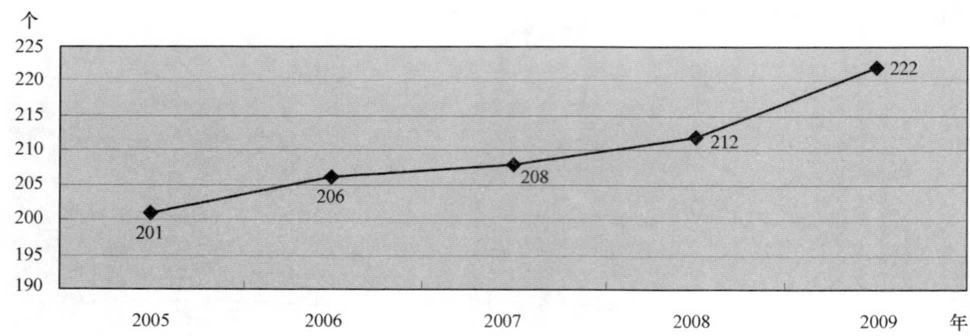

图5　2005—2009年度中国500强重化工企业数量变化趋势图

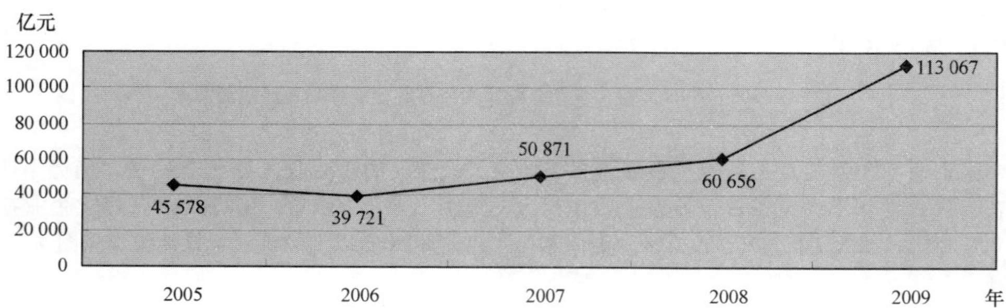

图6　2005—2009年度中国500强重化工企业营业收入变化趋势图

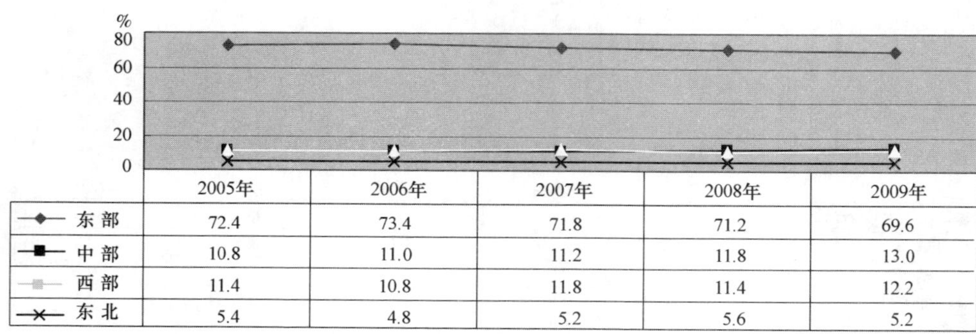

	2005年	2006年	2007年	2008年	2009年
东部	72.4	73.4	71.8	71.2	69.6
中部	10.8	11.0	11.2	11.8	13.0
西部	11.4	10.8	11.8	11.4	12.2
东北	5.4	4.8	5.2	5.6	5.2

图7　2005—2009中国企业500强的地域分布趋势

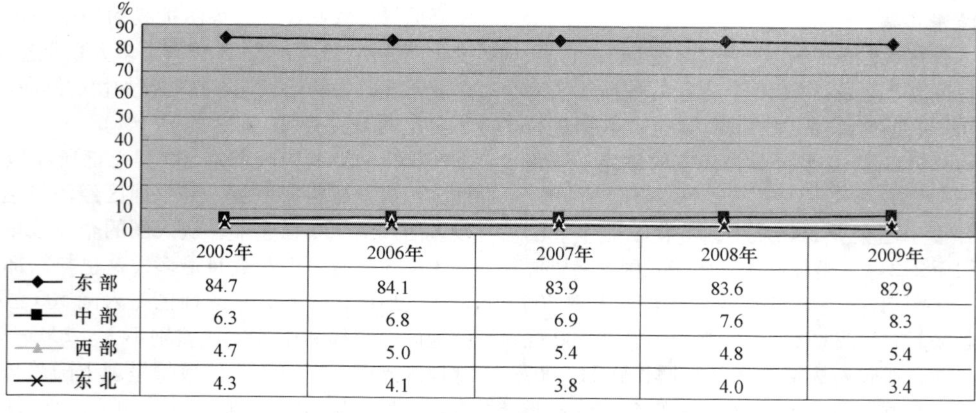

	2005年	2006年	2007年	2008年	2009年
东部	84.7	84.1	83.9	83.6	82.9
中部	6.3	6.8	6.9	7.6	8.3
西部	4.7	5.0	5.4	4.8	5.4
东北	4.3	4.1	3.8	4.0	3.4

图8　2005—2009中国企业500强营业收入的地域分布趋势

5. 研发走势

研发对企业的发展至关重要，中国企业500强越来越重视研发，不仅表现在增大研发的投入，更表现在授权专利以及发明专利的数量大幅增长，特别是发明专利，增长幅度大大超过授权专利。

平均研发费用从2005—2009一直保持高速增长，从

2005 年的24 467 万元增长到2009 年的68 257 万元，增长了2.8 倍。这表明企业越来越重视研发，不断加大研发的投入力度。见图9。

研发费用与销售收入的比例从2005—2007 年度一直在增加，但是2007 年以后开始下降，2008—2009 年又有缓慢提升，这可能与整体经济形势有关。见图10。

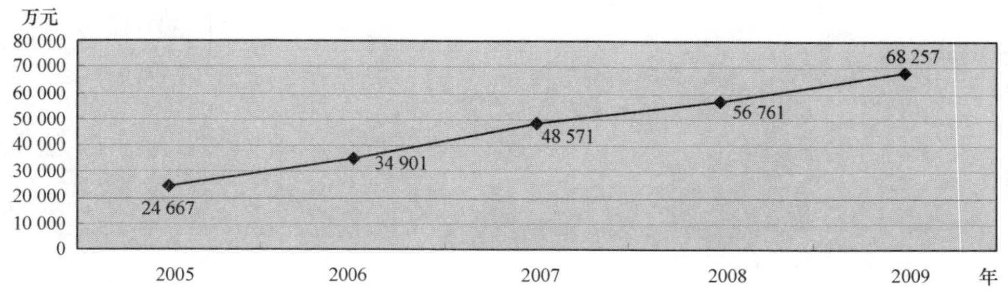

图9　2005—2009 中国企业500 强平均研发费用走势

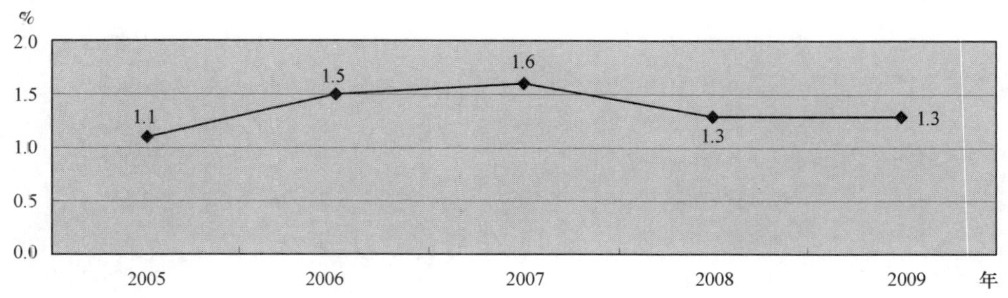

图10　2005—2009 中国企业500 强研发费用占销售收入比例走势图

平均授权专利数量从2006—2009 一直在增加，从2006 年的246 增加到2009 年的340，增长了38.0%。发明专利的数量总体呈上升的趋势，从2006 年的61 增长到2009 年的115，增长了1.9 倍。特别是2008—2009 年加速增长，增速达到这4 年的最高水平，这说明在经济形势严峻的情况下，企业更注重研发，更看重发明专利。见图11。

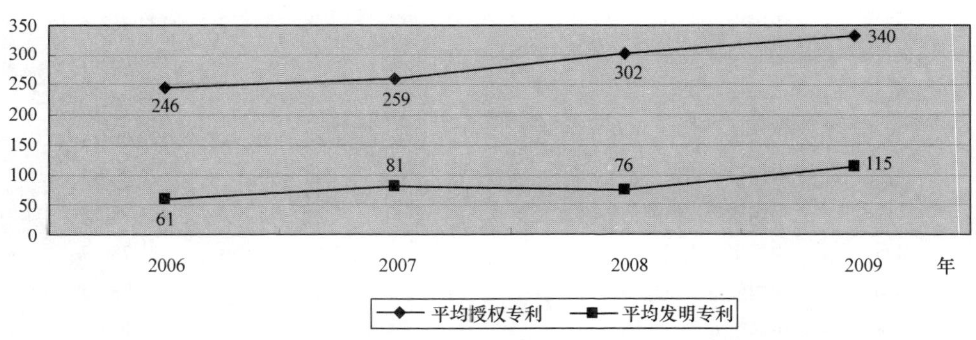

图11　2005—2009 中国企业500 强平均授权专利、平均发明专利数走势图

九、2009 中国与世界企业500 强对比分析

2009 世界企业500 强的营业收入总额为251 755 亿美元，净利润总额为8 220 亿美元，资产总额为1 000 400 亿美元，营业收入较上一年度增长了6.6%，净利润下降了48.3%，总资产下降了4.6%。入围门槛为185.7 亿美元，比上年增长11.3%。

（一）中国企业在2009 世界企业500 强中表现突出

1. 入围企业数量达34 家

2009 世界企业500 强中共有43 家中国公司入围，其中内地公司34 家，台湾地区公司6 家，香港地区公司3 家。尽管受到国际金融危机影响，但中国500 强企业进入《财富》世界500 强的数量继续保持迅速增加的态势，达到了创纪录的34 家，并创下入榜数量的最大增幅，比上年净增8 家。继上一年度中国交通建设集团有限公司、中国铝业集团、中国冶金科工集团公司、联想集团等4 家企业入围之后，9 家中国500 强企业成为最新世界500 强企业。值得注意的是，去年首次上榜的联想集团，由于遭受了公司成立以来最大规模的亏损，又成为今年唯一下榜的中国企业，而新入榜的江苏沙钢集团成为今年中国内地唯一上榜的民营企业。见表19。

2009 中国 500 强企业入围世界 500 强名单

表 19

序　号	排　名	公司名称	所在城市	营业收入（百万美元）	利　润（百万美元）
1	9	中国石油化工集团公司	北　京	207 814.5	1 961.2
2	13	中国石油天然气集团公司	北　京	181 122.6	10 270.8
3	15	国家电网公司	北　京	164 135.9	664.5
4	92	中国工商银行	北　京	70 567.5	15 948.5
5	99	中国移动通信集团公司	北　京	65 015.1	11 442.0
6	125	中国建设银行	北　京	57 976.9	13 323.7
7	133	中国人寿保险（集团）公司	北　京	54 534.1	473.0
8	145	中国银行	北　京	51 317.2	9 260.5
9	155	中国农业银行	北　京	48 063.2	7 406.4
10	170	中国中化集团公司	北　京	44 457.2	672.3
11	185	中国南方电网有限责任公司	广　州	41 083.0	560.0
12	220	宝钢集团有限公司	上　海	35 516.6	2 313.8
13	242	中国中铁股份有限公司	北　京	33 758.4	160.5
14	252	中国铁建股份有限公司	北　京	32 538.4	524.3
15	263	中国电信集团公司	北　京	31 813.6	-50.6
16	292	中国建筑工程总公司	北　京	29 806.7	350.2
17	318	中国海洋石油总公司	北　京	28 027.4	4 816.4
18	327	中国远洋运输（集团）总公司	北　京	27 430.3	1 892.8
19	331	中国五矿集团公司	北　京	26 667.2	542.2
20	335	中粮集团有限公司	北　京	26 445.6	500.9
21	341	中国交通建设股份有限公司	北　京	25 982.8	601.8
22	359	上海汽车工业（集团）总公司	上　海	24 882.2	52.9
23	372	中国中钢集团公司	北　京	24 163.6	155.9
24	375	河北钢铁集团	石家庄	24 033.7	129.7
25	380	中国冶金科工集团公司	北　京	23 767.3	413.6
26	385	中国第一汽车集团公司	长　春	23 664.4	555.8
27	415	中国中信集团公司	北　京	22 229.1	2 050.2
28	419	中国联合网络通信集团有限公司	上　海	21 980.6	2 840.5
29	425	中国华能集团公司	北　京	21 780.7	-512.6
30	426	中国航空工业集团公司	北　京	21 737.5	568.4
31	428	中国南方工业集团公司	北　京	21 675.4	296.9
32	444	江苏沙钢集团	张家港	20 896.9	483.9
33	494	交通银行	上　海	18 677.0	4 085.4
34	499	中国铝业公司	北　京	18 578.7	-744.0
合 计				1 572 141.0	94 011.8

注：本表数据来自《财富》英文版。

2. 大部分企业排名有较大提升

我国内地入围的 34 家企业中，中国石化名列第 9 位，比上年提升 7 位，为中国公司在世界企业 500 强中的最好名次。特别令人欣喜的是，除 2 家企业的名次下降之外，其他中国企业在世界 500 强中的名次都有较大幅度提升，中国铁建提升了 104 名，成为名次提升最快的企业，中国铁路工程、中国建筑工程、中海油的排名提升都在 90 位以上，中化集团、中国交通建设、中国五矿的排名提升都在 80 位以上。此外，在世界企业 500 强的 51 个行业中，34 家中国 500 强企业分布于其中的 15 个行业，部分企业也取得较好的行业名次。其中，工程建筑业 5 家，银行业 5 家，金属业 5 家，电信业 3 家，炼油行业、贸易业、汽车业、公用事业、各 2 家，保险（股份）、海运、采矿原油生产、生产性服务、电力、商业服务、航空、国防各 1 家。见表 20。

2009 世界 500 强中的中国内地企业的排名情况

表 20

公司名称	所在行业	2009 年排名	2008 年排名	排名变动
中国石油化工集团公司	炼　油	9	16	7
中国石油天然气集团公司	炼　油	13	24	11
国家电网公司	公用事业	15	25	10
中国工商银行	银　行	92	133	41
中国移动通信集团公司	电　信	99	148	49
中国建设银行	银　行	125	171	46
中国人寿保险（集团）公司	保　险	133	159	26
中国银行	银　行	145	187	42
中国农业银行	银　行	155	223	68
中国中化集团公司	贸　易	170	257	87
中国南方电网有限责任公司	公用事业	185	226	41
宝钢集团有限公司	金　属	220	259	39
中国中铁股份有限公司	工程建筑	242	341	99
中国铁建股份有限公司	工程建筑	252	356	104
中国电信集团公司	电　信	263	288	25
中国建筑工程总公司	工程建筑	292	385	93
中国海洋石油总公司	采矿原油	318	409	91
中国远洋运输（集团）总公司	海　运	327	405	78
中国五矿集团公司	金　属	331	412	81
中粮集团有限公司	贸　易	335	398	63
中国交通建设股份有限公司	工程建筑	341	426	85
上海汽车工业（集团）总公司	汽　车	359	373	14
中国中钢集团公司	生产性服务	372	—	—
河北钢铁集团	金　属	375	—	—
中国冶金科工集团公司	工程建筑	380	480	100
中国第一汽车集团公司	汽　车	385	303	-82
中国中信集团公司	商业服务	415	—	—
中国联合网络通信集团有限公司	电　信	419	—	—
中国华能集团公司	电　力	425	—	—
中国航空工业集团公司	航　空	426	—	—
中国南方工业集团公司	国　防	428	—	—
江苏沙钢集团	金　属	444	—	—
交通银行	银　行	494	—	—
中国铝业公司	金　属	499	476	-23

3. 在世界企业500强中所占份额明显上升，盈利水平显著提高

入围世界500强的34家中国500强企业合计实现营业收入15 721.4亿美元，利润940.1亿美元，营业收入在世界500强中所占份额为6.2%，比上年高出1.7个百分点。在盈利能力方面，中国入围企业的表现非常抢眼，利润在世界500强中所占份额高达11.4%，明显改变了以往中国企业盈利能力不佳的形象。

4. 与主要经济大国在世界500强中的表现相比，出现了明显的“彼消我涨”态势

美国、英国入围世界500强的企业数量和营业收入所占比重均有明显下降，日本、德国入围企业数量和营业收入所占比重略有上升，法国入围企业数量有所增加，但是营业收入所占比重却出现下降。中国内地入围企业的数量和营业收入比重均出现明显上升，并且首次超越了英国企业在世界500强的比重。见表21。

2009 世界企业 500 强中的中国内地企业基本情况

表 21

国别	企业数				营业收入（亿美元）				比重变化（%）	
	2008	占比（%）	2009	占比（%）	2008	占比（%）	2009	占比（%）	企业	收入
总　数	500	100.0	500	100.0	236 158	100.0	251 755	100.0	—	—
美　国	153	30.6	140	28.0	77 389	32.8	75 437	30.0	-2.6	-2.8
日　本	64	12.8	68	13.6	25 967	11.0	29 796	11.8	0.8	0.8
法　国	39	7.8	40	8.0	21 103	8.9	21 658	8.6	0.2	-0.3
德　国	37	7.4	39	7.8	20 848	8.8	22 586	9.0	0.4	0.1
英　国	34	6.8	26	5.2	17 489	7.4	15 259	6.1	-1.6	-1.4
中国内地	26	5.2	34	6.8	10 733	4.5	15 721	6.2	1.6	1.7

（二）成长性和绩效对比分析

1. 2009 中国企业 500 强与世界企业 500 强的成长性对比分析

2009 中国企业 500 强的营业收入总额折合 36 805 亿美元，净利润总额折合 1 706 亿美元，资产总额折合 104 937 亿美元（汇率按照 1 美元 =7.0696 元人民币，下同）。2009 世界企业 500 强的营业收入总额为 251 755 亿美元，净利润总额为 8 220 亿美元，资产总额为 1 000 400 亿美元。2008 中国企业 500 强的营业收入、净利润总额、资产总额分别相当于2008 世界企业 500 强的 12.7%、11.9%、7.8%，而 2009 中国企业 500 强的营业收入、净利润总额、资产总额分别相当于 2009 世界企业 500 强的 14.6%、20.8%、10.5%，所有比例较上年均有明显提高。见图 12。

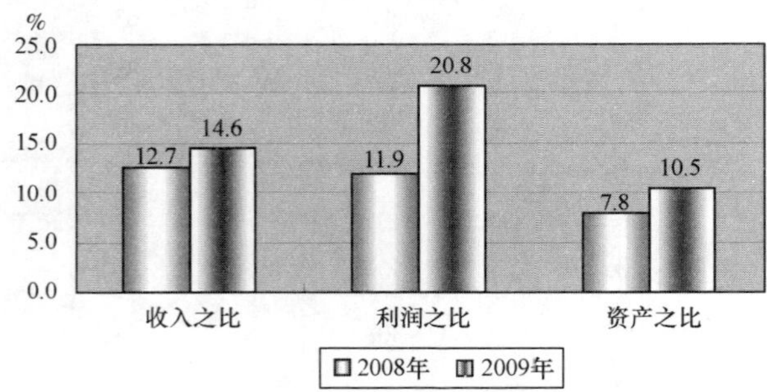

图 12　2008 及 2009 中国企业 500 强与世界企业 500 强总体指标对比

2009 中国企业 500 强的营业收入较上年增长了 19.1%，净利润下降了 12.4%，总资产增长了 24.4%。2009 世界 500 强营业收入较上年增长了 6.6%，净利润下降了 48.3%，总资产下降了 4.6%。可以看出，中国企业 500 强的 3 项增长指标均显著好于世界企业 500 强。由于国际金融危机的不利影响，世界企业 500 强在数据上有明显的反映，与上年的情况相比，中国企业 500 强营业收入增长率减少了 6.3 个百分点，世界企业 500 强减少了 6.4 个百分点；中国企业 500 强净利润出现了小幅下降，而世界企业 500 强的净利润出现了大幅下降；中国企业 500 强总资产增长率提高了 10.1 个百分点，而世界企业 500 强则出现了小幅下降。见图 13。

从入围门槛看，2008 中国企业 500 强的入围门槛接近 106 亿元，比上年提高了 13.8%；2008 世界企业 500 强的入围门槛接近 186 亿美元，比上年提高了 11.3%，中国企业 500 强入围门槛的提高幅度略高于世界企业 500 强。此外，2009 中国企业 500 强共有 42 家企业的营业收入达到世界 500 强入围门槛，有 8 家达到门槛内地企业没有申报，说明中国企业的“世界 500 强情结”已经不像前几年那么强烈。

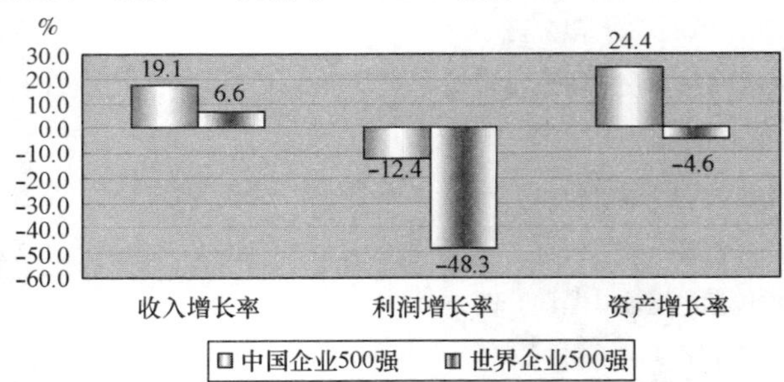

图 13　2009 中国企业 500 强与世界企业 500 强增长指标对比

2. 中国企业 500 强与世界企业 500 强的效率对比分析

与上年相比，中国企业 500 强的平均收入利润率下降了 1.7 个百分点，为 4.6%；世界企业 500 强的平均收入利润率下降了 3.5 个百分点，为 3.3%；中国企业 500 强的平均收入利润率第一次领先于世界企业 500 强。与上年相比，中国企业 500 强的平均资产利润率下降了 0.7 个百分点，为 1.7%；世界企业 500 强的平均资产利润率下降了 0.4 个百分点，为 0.8%；2009 中国企业 500 强的平均资产利润率继上年第二次超过世界企业 500 强。与上年相比，中国企业 500 强的平均净资产收益率下降了 3.4 个百分点，为 8.9%；世界企业 500 强下降了 6.1 个百分点，为 8.2%；中国企业 500 强的平均净资产收益率第一次领先于世界企业 500 强。见图 14。此外，2009 中国企业 500 强的平均资产周转率为 0.4 次/年，世界企业 500 强为 0.3 次/年，中国企业 500 强多年来一直领先于世界企业 500 强。

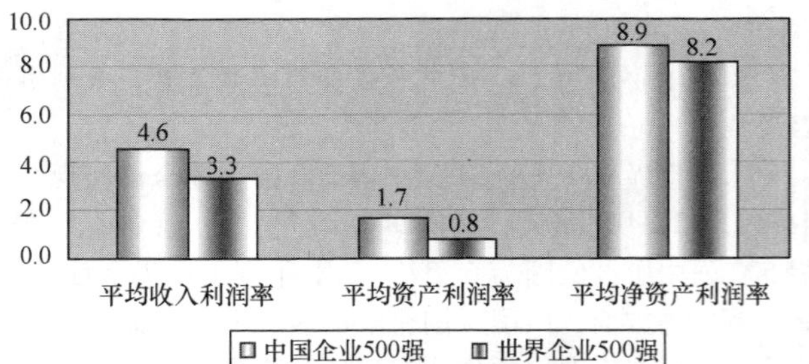

图 14　2009 中国企业 500 强与世界企业 500 强效率指标对比

（三）行业分布对比分析

本报告依据企业第一主营业务，将企业类型划分为制造业、服务业和其他行业三大类产业，对中国企业500强与世界企业500强进行对比分析。其他产业中包括炼油、建筑、能源、采矿原油、多元化等行业。

1. 中国企业500强与世界企业500强的产业分布比较

在企业数量方面，2009中国企业500强中的制造业企业、服务业企业、其他产业分别是294家、133家和73家，分别占500强企业总数的58.8%、26.6%和14.6%；与上年相比，制造业企业数量未变，服务业企业减少4家，其他产业增加4家。2009世界企业500强中的制造业企业、服务业企业、其他产业分是157家、227家和116家，分别占500强企业总数的31.4%、45.4%和23.2%；与上年相比，制造业企业增加5家，服务业企业减少44家，其他产业增加39家。见图15。

在营业收入方面，中国企业500强的制造业企业所占比重最大，为43.9%；服务业企业次之，为37.6%；其他产业为18.5%。世界企业500强的服务业企业所占比重最大，为44.5%；制造业企业为27.3%；其他产业为28.2%。见图16。

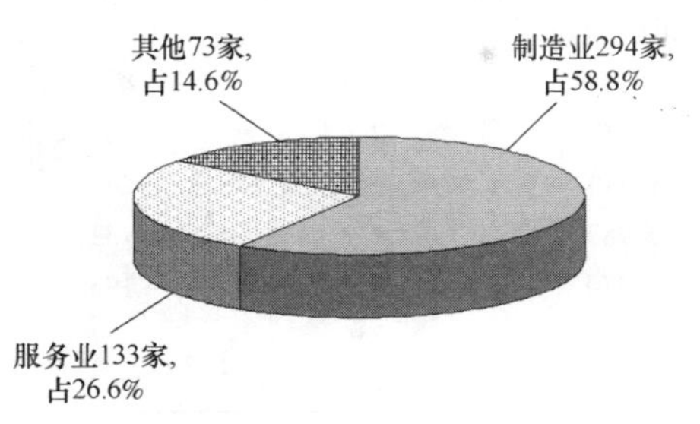

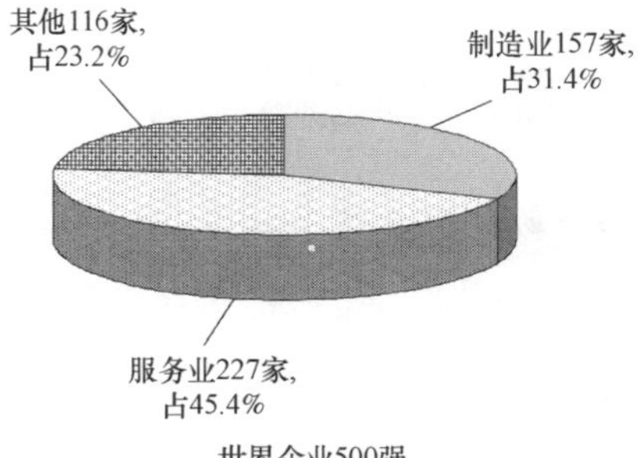

图15 2009中国企业500强与世界企业500强企业数量的产业分布

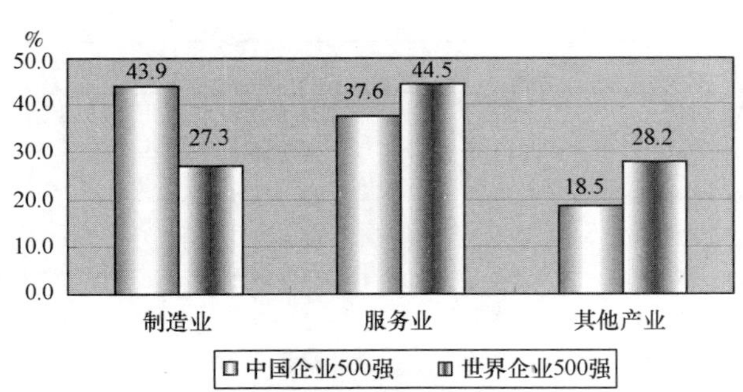

图16 2009中国企业500强与世界企业500强营业收入的产业分布

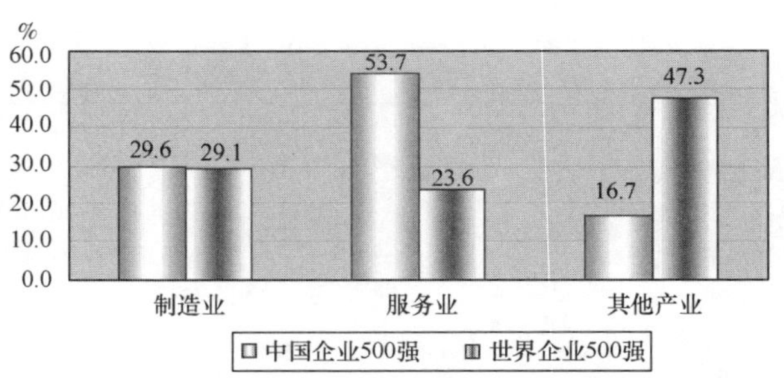

图17 2009中国企业500强与世界企业500强净利润的产业分布

在净利润方面，中国企业500强的服务业企业所占比重最大，为53.7%，制造业企业为29.6%，其他产业为16.7%。世界企业500强中其他产业净利润所占比重最大，为47.3%，制造业企业为29.1%，服务业企业为23.6%。如图17所示，中国企业500强和世界500强的利润在三大类产业中的分布存在巨大差异。

在总资产方面，中国企业500强的服务业企业、制造业企业、其他产业所占比重分别为75.9%、13.9%和10.2%；世界企业500强的服务业企业、制造业企业、其他产业所占比重分别为85.0%、7.6%和7.4%。见图18。

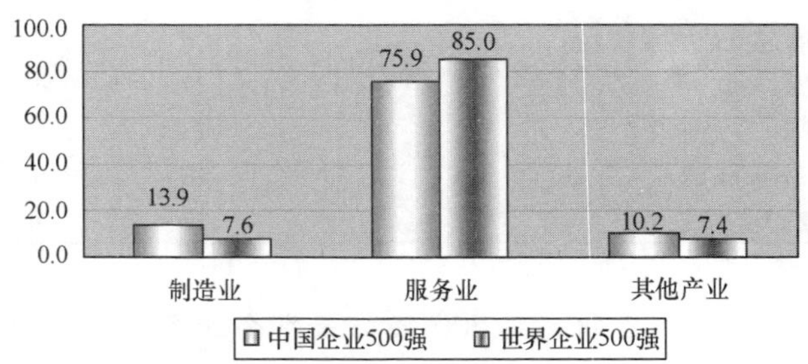

图18 2009中国企业500强与世界企业500强总资产的产业分布

2. 中国企业500强与世界企业500强前15大行业对比

中国企业500强与世界企业500强的行业构成有很大区别。按照营业收入分别排出中国企业500强和世界企业500强的前15大行业。见表22、表23。

可以看出，2009中国企业500强的企业主要集中在黑色冶金及压延加工业，银行业，电力、热力、燃气等能源供应服务业，建筑业，石化产品、炼焦及其他燃料加工业，石油天然气开采及生产业，汽车及零配件制造业，邮电通信业，煤炭采掘及采选业，航空、航天、核工业与船舶、兵器制造业，计算机及零部件制造业，有色冶金，家用电器及零配件制造业，铁路运输及辅助服务业，电力生产业等行业；世界企业500强的企业主要集中在商业与储蓄银行、炼油、汽车和零部件、人寿健康保险（股份）、食品和药品商店、通讯业、电子电器设备、公用事业、普通商业（零售）、金属、能源、财产和意外保险（保险）、采矿原油生产、工程建筑、航天与防务等行业。

按营业收入排序的中国企业500强前15大行业及分布

表22

行　业	企业数		营业收入		利　润	
	家	占（%）	亿元人民币	占（%）	亿元人民币	占（%）
黑色冶金及压延加工业	65	13.0	29 593	11.4	800	6.6
银行业	13	2.6	19 017	7.3	4 019	33.3
建筑业	33	6.6	15 999	6.1	284	2.4
石化产品、炼焦及其他燃料加工业	8	1.6	15 805	6.1	111	0.9
石油、天然气开采及生产业	3	0.6	15 300	5.9	1 126	9.3
电力、热力、燃气等能源供应服务业	6	1.2	15 134	5.8	198	1.6
汽车及零配件制造业	17	3.4	10 440	4.0	371	3.1
邮电通信业	4	0.8	10 049	3.9	1 292	10.7
煤炭采掘及采选业	26	5.2	9 929	3.8	832	6.9
航空、航天、核工业与船舶、兵器制造业	8	1.6	6 813	2.6	267	2.2
电力生产业	10	2.0	6 313	2.4	-242	—
一般有色冶金及压延加工业	21	4.2	5 983	2.3	132	1.1
铁路运输及辅助服务业	16	3.2	5 370	2.1	-193	—
人寿保险业	4	0.8	5 185	2.0	71	0.6
家用电器及零配件制造业	12	2.4	4 739	1.8	107	0.9

按营业收入排序的世界企业500强前15大行业及分布

表23

行　业	企业数		营业收入		利　润	
	数　目	占（%）	百万美元	占（%）	百万美元	占（%）
炼 油	49	9.8	4 461 767.0	17.7	234 519.6	28.5
商业与储蓄银行	62	12.4	3 545 347.0	14.1	29 434.0	3.6
汽车和零配件	30	6.0	1 889 496.0	7.5	-32 323.5	—
食品和药品商店	22	4.4	1 135 229.0	4.5	18 615.7	2.3
通讯业	21	4.2	1 111 051.0	4.4	84 735.5	10.3
电子电器设备	16	3.2	915 077.0	3.6	5 799.8	0.7
公用事业	19	3.8	862 754.6	3.4	22 377.3	2.7
人寿健康保险（股份）	14	2.8	765 349.5	3.0	9 529.1	1.2
金 属	20	4.0	697 513.0	2.8	32 804.0	4.0
能 源	11	2.2	619 107.6	2.5	45 690.1	5.6
普通商业（零售）	6	1.2	616 013.6	2.4	12 064.5	1.5
财产和意外保险（股份）	12	2.4	554 063.1	2.2	9 530.4	1.2
采矿、原油生产	13	2.6	498 481.9	2.0	67 997.2	8.3
工程建筑	18	3.6	487 922.1	1.9	11 150.5	1.4
航天与防务	12	2.4	443 684.2	1.8	24 151.9	2.9

（四）中国企业500强与世界企业500强的企业规模分布比较

2009世界企业500强首位企业的营业收入是末位企业的25倍，中国企业500强中首位企业的营业收入是末位企业的138倍，说明中国企业500强的规模分布很不平衡。将世界企业500强以及中国企业500强以每百家企业进行分组比较，同样显示出这一点。例如，中国企业500强前100家企业占全部企业营业收入的65.0%，而世界企业500强的前100家企业占48.6%。见图19。

（五）劳动生产率及盈利能力对比

以人均收入和人均利润来衡量劳动生产率，2009世界企业500强人均收入44.6万美元，比上年提高2.1%；人均利润1.5万美元，比上年明显下降。2009中国企业500强人均收入14.3万美元，比上年提高19.2%；人均利润0.7万美元，比上年有明显下降。世界企业500强人均收入、人均利润分别是中国企业500强的3.1和2.1倍，差距比上年明显缩小。见图20。

2009世界企业500强的净利润是中国企业500强的4.8倍，但中国企业500强的净资产利润率高出世界企业500强0.7个百分点；在收入利润率方面，世界企业500强低于中国企业500强1. 3个百分点。对比收入利润率最高的前15大行业，世界企业500强中，计算机软件、制药、烟草是盈利能力最强的3个行业；中国企业500强中，银行业、港口服务业、邮电通信业是盈利能力最强的3个行业。见表24。

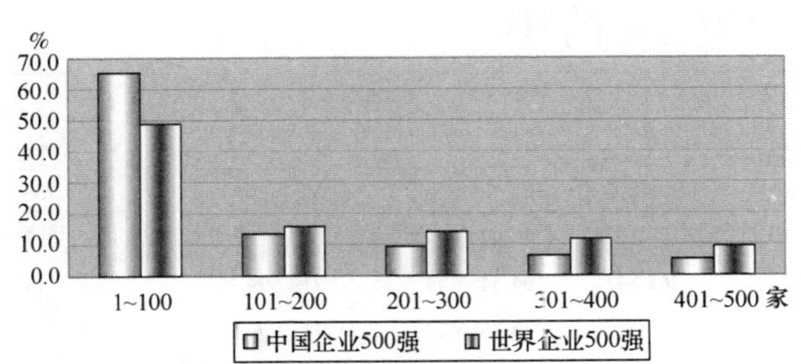

图19　2009中国企业500强与世界企业500强企业规模分布比较

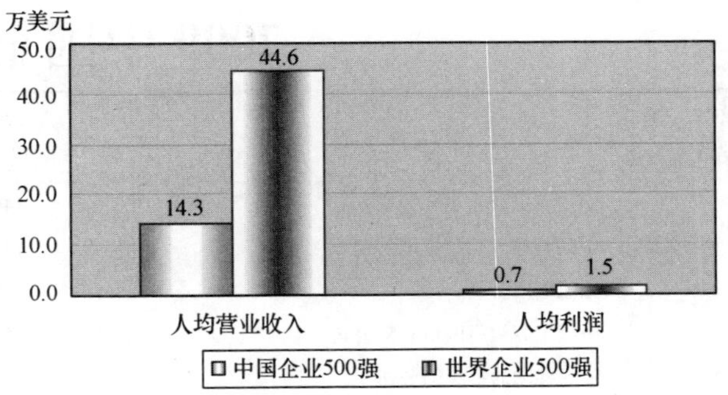

图20　2009中国企业500强与世界企业500强人均营业收入、人均利润对比

中国企业500强与世界企业500强前15大行业盈利能力对比

表24

世界企业500强		中国企业500强	
行　业	收入利润率（%）	行　业	收入利润率（%）
计算机软件	28.0	银行业	21.1
制　药	13.0	港口服务业	18.2
烟　草	14.0	邮电通信业	12.9
采矿、原油生产	13.6	酿酒制造业	12.6
消费食品生产	12.6	烟草加工业	12.6
家居及个人用品	12.3	饮料加工业	12.0
因特网服务和零售	11.9	道路运输、城市公交及辅助、服务业	10.6
信息技术服务	10.9	其他金融服务业	10.1
食品服务	8.7	研发、科技交流与推广和地勘、规划、设计、评估、咨询及总承包等服务业	9.3
通讯业	7.6	煤炭采掘及采选业	8.4
能　源	7.4	房地产开发与经营、物业及房屋装饰、修缮、管理等服务业	8.1
服饰业	6.8	商务服务业	8.0
工业和农业设备	6.4	水上运输业	7.7
工业设备	5.8	黄金冶炼及压延加工业	7.4
建材、玻璃	5.7	石油、天然气开采及生产业	7.4

2009中国企业500强名单

2008名次	2009名次	企业名称	地区	营业收入（万元）	利润（万元）	资产（万元）	所有者权益（万元）	从业人数（人）
1	1	中国石油化工集团公司	北京	146 243 938	1 363 007	104 484 906	37 826 459	639 700
3	2	中国石油天然气集团公司	北京	127 300 293	7 138 172	180 444 657	131 087 113	1 618 393
2	3	国家电网公司	北京	114 073 711	461 842	164 345 848	57 719 699	937 214
4	4	中国工商银行股份有限公司	北京	49 000 400	11 115 100	975 765 400	60 713 800	385 609
5	5	中国移动通信集团公司	北京	45 185 199	10 881 490	88 163 740	65 021 166	221 328
7	6	中国建设银行股份有限公司	北京	40 293 700	9 264 200	755 545 200	46 756 200	298 581
6	7	中国人寿保险（集团）公司	北京	37 900 940	328 742	128 461 071	336 511	113 267
8	8	中国银行股份有限公司	北京	35 227 960	6 507 261	695 569 408	49 390 045	249 278
9	9	中国农业银行股份有限公司	北京	33 403 700	5 145 300	701 435 100	29 054 100	441 883
11	10	中国中化集团公司	北京	30 897 547	645 145	13 549 841	4 785 888	42 806
10	11	中国南方电网有限责任公司	广东	28 552 483	413 763	38 371 478	14 196 002	262 465
12	12	宝钢集团有限公司	上海	24 683 881	1 825 412	35 249 723	21 943 489	109 812
16	13	中国中铁股份有限公司	北京	23 461 928	143 420	25 209 573	6 109 487	267 188
17	14	中国铁建股份有限公司	北京	22 614 071	370 629	22 010 153	4 830 126	214 562
13	15	中国电信集团公司	北京	22 110 274	44 100	62 128 997	37 038 396	498 391
19	16	中国建筑工程总公司	北京	20 715 506	449 145	21 474 203	3 305 814	453 572
22	17	中国海洋石油总公司	北京	19 478 855	3 347 370	40 950 591	28 684 726	57 085
23	18	中国远洋运输（集团）总公司	北京	19 063 965	1 315 509	24 777 346	13 336 617	67 643
26	19	中粮集团有限公司	北京	18 852 644	—	—	—	—
45	20	中国联合网络通信集团有限公司	北京	18 804 643	1 966 483	50 009 904	23 214 260	346 898
24	21	中国五矿集团公司	北京	18 533 614	376 832	9 215 873	1 398 643	53 412
27	22	中国交通建设集团有限公司	北京	18 057 942	776 690	22 548 802	5 958 064	96 051
18	23	上海汽车工业（集团）总公司	上海	17 293 017	36 738	17 519 717	5 900 463	129 512
33	24	中国中钢集团公司	北京	16 835 989	147 182	9 925 173	993 232	44 592
51	25	河北钢铁集团有限公司	河北	16 703 313	306 157	19 022 614	5 769 618	118 065
25	26	百联集团有限公司	上海	16 530 727	—	5 076 984	—	91 266
32	27	中国冶金科工集团公司	北京	16 518 137	327 508	20 276 692	1 933 469	150 894
14	28	中国第一汽车集团公司	吉林	16 446 614	678 790	10 575 277	3 610 011	140 487
38	29	中国中信集团公司	北京	15 449 128	1 424 870	163 158 733	10 943 857	90 650
20	30	东风汽车公司	湖北	15 271 295	811 299	12 822 079	5 286 063	133 985
35	31	中国华能集团公司	北京	15 137 481	-678 346	46 359 380	8 140 121	95 582
43	32	中国航空工业集团公司	北京	15 107 492	533 462	31 450 327	10 715 909	383 918
29	33	中国兵器装备集团公司	北京	15 064 335	433 656	14 516 518	4 654 571	193 472
30	34	中国兵器工业集团公司	北京	14 758 414	384 890	17 904 493	6 298 779	268 517
36	35	江苏沙钢集团有限公司	江苏	14 523 215	852 094	10 233 293	3 980 868	28 243
42	36	神华集团有限责任公司	北京	14 401 326	3 158 833	42 529 110	26 370 377	151 401
58	37	中国邮政集团公司	北京	14 392 943	27 949	234 636 639	8 969 203	816 744
21	38	中国平安保险（集团）股份有限公司	广东	13 980 300	66 200	70 764 000	7 875 700	—
39	39	首钢总公司	北京	13 200 000	336 638	20 303 613	8 441 483	69 206
55	40	中国人民保险集团公司	北京	13 093 381	32 212	23 538 241	2 459 295	90 519
72	41	交通银行股份有限公司	上海	12 953 100	2 842 300	267 825 500	14 564 200	77 734
31	42	中国铝业公司	北京	12 912 092	-681 637	34 659 013	8 376 275	193 911
56	43	武汉钢铁（集团）公司	湖北	12 370 251	574 479	15 590 118	6 522 711	113 765
49	44	华为技术有限公司	广东	12 274 138	439 189	11 324 283	3 472 033	72 799
41	45	中国化工集团公司	北京	12 203 751	2 350	15 688 969	3 611 686	155 295
37	46	华润（集团）有限公司	广东	12 182 397	944 938	26 877 405	12 441 034	—
76	47	山东钢铁集团有限公司	山东	12 050 468	212 534	11 908 946	3 690 347	87 029

续 表

2008名次	2009名次	企业名称	地 区	营业收入（万元）	利 润（万元）	资 产（万元）	所有者权益（万元）	从业人数（人）
34	48	海尔集团公司	山 东	11 895 668	179 116	6 983 872	1 568 819	58 346
40	49	广州汽车工业集团有限公司	广 东	11 554 891	779 774	5 700 442	3 294 807	34 428
28	50	联想控股有限公司	北 京	11 521 069	48 255	6 442 226	771 846	24 558
54	51	浙江省物产集团公司	浙 江	10 730 856	96 575	2 916 668	690 104	16 074
62	52	中国航空油料集团公司	北 京	10 632 154	120 985	2 385 670	1 103 618	8 192
57	53	中国船舶重工集团公司	北 京	10 348 275	511 584	22 210 300	4 058 162	145 000
53	54	江苏苏宁电器集团有限公司	江 苏	10 234 242	225 993	2 161 853	911 232	110 433
52	55	中国大唐集团公司	北 京	10 165 408	−670 732	40 762 451	5 443 293	87 507
46	56	太原钢铁（集团）有限公司	山 西	10 093 064	86 780	9 355 699	2 338 532	43 565
60	57	中国铁路物资总公司	北 京	10 020 276	51 241	2 765 291	449 387	7 093
48	58	中国太平洋保险（集团）股份有限公司	上 海	9 783 500	141 500	31 939 000	4 922 800	64 131
67	59	中国机械工业集团有限公司	北 京	9 741 658	294 631	8 051 402	1 882 263	86 382
47	60	天津市中环电子信息集团有限公司	天 津	9 564 804	192 639	3 557 544	1 709 020	53 346
50	61	上海电气（集团）总公司	上 海	9 622 213	489 226	10 269 826	3 396 637	81 383
59	62	鞍山钢铁集团公司	辽 宁	9 595 844	597 371	15 379 600	8 260 960	118 752
	63	中国外运长航集团有限公司	北 京	9 462 482	481 807	10 048 625	4 653 760	88 393
63	64	中国国电集团公司	北 京	9 450 745	−770 558	30 781 010	4 537 826	108 652
91	65	山西煤炭运销集团有限公司	山 西	9 023 941	440 847	4 461 520	1 604 345	49 820
64	66	中国华电集团公司	北 京	8 946 801	−719 433	29 008 735	3 492 189	81 378
79	67	益海嘉里投资有限公司	上 海	8 438 921	133 122	3 969 548	1 218 539	14 794
130	68	河南煤业化工集团有限公司	河 南	8 211 530	407 456	7 330 797	2 737 788	140 305
69	69	美的集团有限公司	广 东	8 031 158	305 101	4 332 530	1 322 064	90 000
70	70	山东魏桥创业集团有限公司	山 东	7 567 493	541 517	4 954 475	2 293 535	152 060
61	71	中国海运（集团）总公司	上 海	7 486 153	737 327	11 267 920	681 151	46 124
80	72	马钢（集团）控股有限公司	安 徽	7 463 668	74 299	7 444 242	3 185 352	61 415
71	73	天津市物资集团总公司	天 津	7 371 435	32 438	3 268 700	557 428	4 717
73	74	天津汽车工业（集团）有限公司	天 津	7 277 530	440 775	2 981 537	1 788 172	37 000
133	75	山西焦煤集团有限责任公司	山 西	7 179 795	377 166	8 253 721	2 544 106	159 760
77	76	中国中煤能源集团有限公司	北 京	7 125 265	850 205	12 294 616	7 905 639	108 707
	77	中国电力投资集团公司	北 京	6 980 746	−718 200	27 505 465	4 914 021	104 019
66	78	中国电子信息产业集团公司	北 京	6 856 204	150 662	7 343 728	2 552 283	74 768
86	79	湖南华菱钢铁集团有限责任公司	湖 南	6 833 293	279 379	6 911 394	2 489 053	51 682
139	80	中国平煤神马能源化工集团有限责任公司	河 南	6 813 417	255 423	6 693 484	2 350 977	145 567
74	81	上海建工（集团）总公司	上 海	6 784 650	76 292	4 574 436	914 742	31 329
88	82	珠海振戎公司	北 京	6 729 359	11 756	459 705	121 943	317
68	83	北京汽车工业控股有限责任公司	北 京	6 723 605	115 026	4 043 210	1 426 133	40 898
	84	泰康人寿保险股份有限公司	北 京	6 507 674	168 707	1 197 738	627 977	16 702
148	85	中国建筑材料集团公司	北 京	6 292 504	216 647	9 181 622	1 635 997	78 503
85	86	大连大商集团有限公司	辽 宁	6 255 500	25 978	1 275 101	398 206	167 245
93	87	陕西延长石油（集团）有限责任公司	陕 西	6 222 405	771 357	9 041 174	4 431 834	91 747
83	88	中国航天科工集团公司	北 京	6 101 977	374 193	10 277 021	3 482 077	114 299
84	89	中国水利水电建设集团公司	北 京	6 081 346	131 787	7 638 662	1 020 276	126 677
87	90	江西铜业集团公司	江 西	6 058 158	218 100	3 871 190	2 435 676	28 341
103	91	杭州钢铁集团公司	浙 江	6 001 416	35 680	3 038 302	864 758	14 838
96	92	黑龙江北大荒农垦集团总公司	黑龙江	5 744 740	145 112	5 237 137	1 552 630	662 742
78	93	中国南方航空集团公司	广 东	5 717 384	−507 864	8 894 333	919 439	52 596
82	94	中国航空集团公司	北 京	5 580 914	−819 781	10 956 614	2 580 935	42 520
157	95	新华人寿保险股份有限公司	北 京	5 568 278	186 776	16 511 566	—	250 000
110	96	招商银行股份有限公司	广 东	5 530 800	2 107 700	157 179 700	7 951 500	36 916
	97	金川集团有限公司	甘 肃	5 506 451	357 850	3 910 517	2 075 078	35 507

续 表

2008名次	2009名次	企业名称	地区	营业收入（万元）	利润（万元）	资产（万元）	所有者权益（万元）	从业人数（人）
115	98	南京钢铁集团有限公司	江苏	5 505 849	147 067	2 798 656	930 644	12 514
97	99	沈阳铁路局	辽宁	5 404 831	-285 255	10 867 489	79 523 322	61 808
107	100	上海铁路局	上海	5 329 808	-169 095	17 720 736	12 956 002	163 900
128	101	天津钢管集团股份有限公司	天津	5 267 163	178 178	3 581 527	1 209 509	9 896
131	102	天津冶金集团有限公司	天津	5 197 824	15 782	3 529 839	396 393	8 328
98	103	广东物资集团公司	广东	5 180 738	22 982	1 335 338	367 003	5 710
142	104	大同煤矿集团有限责任公司	山西	5 132 418	129 369	7 497 718	2 534 758	154 342
92	105	北京铁路局	北京	5 132 223	-203 370	12 738 844	7 969 466	199 120
132	106	江苏悦达集团有限公司	江苏	5 105 837	103 178	3 009 951	971 856	26 492
146	107	安阳钢铁集团有限责任公司	河南	5 102 285	1 902	3 240 708	991 151	31 262
119	108	攀枝花钢铁（集团）公司	四川	5 061 607	-166 670	6 456 533	2 394 261	101 413
104	109	太原铁路局	山西	5 045 295	801 527	10 322 889	6 772 294	114 503
99	110	江苏华西集团公司	江苏	5 023 552	117 022	1 982 389	795 652	20 560
164	111	天津天铁冶金集团有限公司	天津	5 020 869	49 849	4 456 149	998 039	26 235
123	112	中国重型汽车集团有限公司	山东	5 006 037	253 561	7 582 287	3 681 736	18 829
106	113	潍柴控股集团有限公司	山东	4 912 430	255 203	3 202 433	1 263 770	38 391
90	114	北台钢铁（集团）有限责任公司	辽宁	4 895 304	11 586	3 668 976	1 388 748	26 276
94	115	海信集团有限公司	山东	4 887 634	112 523	2 525 781	857 257	25 958
127	116	上海复星高科技（集团）有限公司	上海	4 881 041	291 788	6 341 082	1 972 852	34 321
95	117	光明食品（集团）有限公司	上海	4 822 230	114 135	5 097 314	2 019 258	97 623
163	118	红云红河烟草（集团）有限责任公司	云南	4 759 811	495 188	4 780 996	3 214 427	16 106
89	119	中国国际海运集装箱（集团）股份有限公司	广东	4 732 728	168 521	3 455 786	1 493 445	47 050
177	120	日照钢铁控股集团有限公司	山东	4 718 702	359 504	3 374 508	1 176 567	11 620
135	121	兖矿集团有限公司	山东	4 679 232	424 276	6 600 786	2 541 477	92 795
117	122	红塔烟草（集团）有限责任公司	云南	4 661 949	400 855	7 043 382	5 505 894	12 080
114	123	上海烟草（集团）公司	上海	4 634 237	1 187 548	6 894 161	6 445 801	14 876
125	124	广东省粤电集团有限公司	广东	4 630 170	426 899	13 992 354	4 871 945	16 927
179	125	天津荣程联合钢铁集团有限公司	天津	4 606 537	63 885	972 904	564 396	7 151
44	126	国美电器控股有限公司	北京	4 588 926	—	—	—	—
116	127	江西省冶金集团公司	江西	4 586 117	76 901	3 666 521	1 108 634	41 622
112	128	万向集团公司	浙江	4 550 167	151 283	2 619 243	661 077	18 947
143	129	湖南中烟工业有限责任公司	湖南	4 547 042	617 139	3 466 949	3 007 129	21 712
	130	中国医药集团总公司	北京	4 527 221	146 782	2 380 352	741 578	17 089
186	131	新希望集团有限公司	四川	4 469 679	128 724	2 304 116	973 001	58 000
149	132	山西晋城无烟煤矿业集团有限责任公司	山西	4 455 018	303 150	6 336 665	1 613 384	107 128
144	133	中兴通讯股份有限公司	广东	4 429 340	166 020	5 086 590	1 518 355	61 350
111	134	广厦控股创业投资有限公司	浙江	4 420 488	45 210	2 063 167	634 036	73 171
108	135	铜陵有色金属集团控股有限公司	安徽	4 416 702	70 553	3 082 902	941 377	25 929
160	136	中国港中旅集团公司	北京	4 365 356	135 489	4 573 841	2 073 145	40 534
120	137	戴尔（中国）有限公司	福建	4 351 819	76 796	1 718 068	57 513	6 043
150	138	包头钢铁（集团）有限责任公司	内蒙古	4 326 406	112 862	7 066 820	2 652 420	57 012
105	139	浙江省兴合集团公司	浙江	4 316 727	14 745	1 454 707	142 103	11 546
113	140	广东省广新外贸集团有限公司	广东	4 253 340	36 992	1 177 271	286 343	8 459
118	141	北大方正集团有限公司	北京	4 229 497	101 558	3 603 415	777 510	25 828
	142	珠海格力电器股份有限公司	广东	4 219 972	210 274	3 079 996	747 754	22 141
171	143	天津天钢集团有限公司	天津	4 206 991	62 572	3 800 233	1 038 206	10 831
141	144	安徽海螺集团有限责任公司	安徽	4 201 873	268 324	4 656 384	2 653 196	26 560
101	145	中国东方航空股份有限公司	上海	4 184 236	—	—	—	—
137	146	大连西太平洋石油化工有限公司	辽宁	4 164 302	-565 980	1 043 363	-274 890	1 047
121	147	广州铁路（集团）公司	广东	4 163 209	-138 604	14 386 643	10 076 534	164 739

续 表

2008名次	2009名次	企业名称	地 区	营业收入（万元）	利 润（万元）	资 产（万元）	所有者权益（万元）	从业人数（人）
102	148	华晨汽车集团控股有限公司	辽 宁	4 135 595	6 439	3 016 782	869 683	29 433
364	149	冀中能源集团有限责任公司	河 北	4 100 284	258 357	4 426 464	1 895 362	95 306
140	150	万科企业股份有限公司	广 东	4 099 178	463 987	11 923 658	3 881 855	16 515
168	151	徐州工程机械集团有限公司	江 苏	4 081 302	215 541	1 474 642	428 593	17 056
	152	山东省农村信用社联合社	山 东	4 080 034	410 241	61 768 907	—	63 124
158	153	北京建龙重工集团有限公司	北 京	4 079 037	215 817	3 198 087	1 159 317	26 064
159	154	中国农业生产资料集团公司	北 京	4 060 076	21 600	1 464 994	295 180	4 933
169	155	天津渤海化工集团公司	天 津	4 002 010	30 486	5 022 313	1 630 324	47 112
433	156	仁宝资讯工业（昆山）有限公司	江 苏	3 938 584	33 965	442 360	41 883	8 299
134	157	群康科技（深圳）有限公司	广 东	3 875 862	51 858	1 346 245	181 336	10 121
136	158	本溪钢铁（集团）有限责任公司	辽 宁	3 855 284	63 988	5 499 371	2 231 458	63 421
152	159	中国南方机车车辆工业集团公司	北 京	3 801 986	156 645	5 110 977	2 098 379	81 673
185	160	国家开发投资公司	北 京	3 792 682	396 809	17 136 863	5 588 120	63 117
172	161	酒泉钢铁（集团）有限责任公司	甘 肃	3 791 398	16 248	5 703 074	1 963 814	28 847
190	162	广西柳州钢铁（集团）公司	广 西	3 781 876	2 891	2 638 685	343 939	14 188
189	163	中国核工业集团公司	北 京	3 771 366	—	16 550 616	—	—
204	164	新兴铸管集团有限公司	北 京	3 736 307	132 506	3 098 725	1 220 816	76 330
165	165	江苏雨润食品产业集团有限公司	江 苏	3 700 293	176 023	2 496 015	1 183 452	50 000
155	166	内蒙古电力（集团）有限责任公司	内蒙古	3 690 844	15 051	5 144 959	865 030	37 320
174	167	中国北方机车车辆工业集团公司	北 京	3 689 066	108 449	4 799 192	1 036 313	94 877
154	168	郑州铁路局	河 南	3 686 293	167 012	9 338 993	6 693 926	112 517
183	169	上海绿地（集团）有限公司	上 海	3 682 006	233 887	4 210 701	945 756	2 600
138	170	山东大王集团有限公司	山 东	3 675 461	232 788	2 697 863	791 115	24 807
156	171	浙江省能源集团有限公司	浙 江	3 650 655	51 844	8 576 635	3 890 636	11 266
122	172	天津三星通信技术有限公司	天 津	3 630 008	57 280	513 885	328 523	6 378
175	173	成都铁路局	四 川	3 601 845	-588 726	10 815 617	9 147 857	123 156
147	174	厦门建发集团有限公司	福 建	3 600 061	33 168	2 862 656	850 309	14 482
176	175	山西潞安矿业（集团）有限责任公司	山 西	3 524 840	173 590	4 687 821	1 616 252	57 001
145	176	上海华谊（集团）公司	上 海	3 511 768	546	4 182 381	1 274 883	43 573
170	177	河南省漯河市双汇实业集团有限责任公司	河 南	3 505 891	171 365	863 793	542 967	46 007
	178	中国民生银行股份有限公司	北 京	3 501 700	788 500	105 435 000	5 388 000	19 853
217	179	阳泉煤业（集团）有限责任公司	山 西	3 436 799	35 160	6 121 501	1 813 131	103 973
153	180	浙江省国际贸易集团有限公司	浙 江	3 396 523	67 978	1 466 201	500 844	11 566
	181	中国东方电气集团有限公司	四 川	3 394 320	-16 230	6 892 669	1 049 261	25 026
291	182	开滦（集团）有限责任公司	河 北	3 344 674	9 020	3 377 454	1 560 950	86 079
180	183	青岛钢铁控股集团有限责任公司	山 东	3 326 404	4 664	1 490 493	342 618	13 374
173	184	哈尔滨电气集团公司	黑龙江	3 299 242	64 309	5 251 618	538 293	26 760
195	185	杭州娃哈哈集团有限公司	浙 江	3 283 157	463 257	2 222 247	1 305 473	26 000
	186	新汶矿业集团有限责任公司	山 东	3 281 975	401 682	3 811 919	1 205 533	73 544
197	187	中国诚通控股集团有限公司	北 京	3 229 997	32 624	2 276 045	975 032	20 005
178	188	南山集团公司	山 东	3 203 424	287 076	3 108 480	1 865 150	36 152
167	189	北京城建集团有限责任公司	北 京	3 143 004	9 963	3 130 698	276 243	17 886
	190	乐金显示（南京）有限公司	江 苏	3 110 858	15 990	321 500	210 334	5 486
326	191	中国通用技术（集团）控股有限责任公司	北 京	3 071 025	159 715	3 632 508	1 404 952	18 016
184	192	物美控股集团有限公司	北 京	3 064 781	51 424	957 948	474 083	28 933
194	193	新余钢铁有限责任公司	江 西	3 061 175	72 614	2 683 918	834 325	27 148
219	194	云天化集团有限责任公司	云 南	3 048 818	67 936	5 517 522	1 536 351	33 599
192	195	天津百利机电控股集团有限公司	天 津	3 038 490	143 916	2 370 706	874 074	24 191
193	196	海亮集团有限公司	浙 江	3 032 710	76 652	910 143	326 604	9 102
212	197	安徽省徽商集团有限公司	安 徽	3 028 194	—	806 039	36 398	15 000

续 表

2008名次	2009名次	企业名称	地区	营业收入（万元）	利润（万元）	资产（万元）	所有者权益（万元）	从业人数（人）
100	198	摩托罗拉（中国）电子有限公司	天津	3 005 990	—	—	—	9 000
187	199	四川长虹电子集团有限公司	四川	3 005 472	30 855	3 424 889	1 344 959	60 967
199	200	四川省宜宾五粮液集团有限公司	四川	3 004 738	256 360	2 991 301	2 290 997	31 283
477	201	金东纸业（江苏）股份有限公司	江苏	2 972 641	203 114	5 813 438	1 312 984	15 262
	202	兴业银行股份有限公司	福建	2 971 498	1 138 503	102 089 882	4 902 205	19 536
244	203	通化钢铁集团股份有限公司	吉林	2 969 614	-40 818	3 531 060	909 495	23 530
196	204	哈尔滨铁路局	黑龙江	2 966 575	-695 615	4 150 833	1 744 545	183 680
230	205	枣庄矿业（集团）有限责任公司	山东	2 962 848	220 264	2 572 233	827 581	51 789
226	206	河北敬业集团	河北	2 882 299	31 517	841 377	347 292	10 434
200	207	武汉铁路局	湖北	2 879 935	42 996	6 773 008	5 235 747	88 911
209	208	中国中材集团公司	北京	2 874 931	162 818	5 071 665	1 456 797	51 698
166	209	济南铁路局	山东	2 864 349	-101 464	6 552 416	4 744 559	91 093
151	210	北京索爱普天移动通信有限公司	北京	2 832 686	41 125	396 751	70 762	10 705
181	211	东方国际（集团）有限公司	上海	2 799 445	21 049	1 195 527	405 976	7 233
270	212	江苏新长江实业集团有限公司	江苏	2 770 597	127 218	1 435 668	306 421	10 256
293	213	淮南矿业集团有限责任公司	安徽	2 767 789	69 378	5 591 660	897 205	83 539
220	214	西安铁路局	陕西	2 697 557	-126 733	8 971 910	6 497 212	88 730
228	215	中国中纺集团公司	北京	2 689 159	26 211	886 554	449 522	13 565
	216	比亚迪股份有限公司	广东	2 678 825	127 565	3 289 114	1 333 737	130 000
215	217	天津天狮集团有限公司	天津	2 654 306	271 535	1 049 714	744 477	2 200
267	218	唐山国丰钢铁有限公司	河北	2 651 785	87 856	1 852 817	751 813	15 521
276	219	湖北宜化集团有限责任公司	湖北	2 632 056	148 341	2 680 620	911 787	24 756
218	220	三胞集团有限公司	江苏	2 618 360	55 035	1 784 150	690 823	15 310
268	221	天津市一轻集团（控股）有限公司	天津	2 614 165	102 681	2 083 461	753 010	18 589
214	222	上海医药（集团）有限公司	上海	2 593 789	5 503	2 105 142	556 020	30 373
264	223	中天钢铁集团有限公司	江苏	2 578 730	72 124	1 359 723	452 652	5 813
205	224	厦门机电集团有限公司	福建	2 573 290	16 685	1 826 559	295 449	16 892
206	225	广东省交通集团有限公司	广东	2 565 322	305 180	13 364 807	4 448 406	45 315
198	226	北京建工集团有限责任公司	北京	2 551 500	20 400	1 739 094	293 690	8 747
210	227	广东格兰仕集团有限公司	广东	2 551 035	28 311	1 292 363	313 438	37 906
161	228	宁波金田投资控股有限公司	浙江	2 549 950	9 552	312 977	221 239	5 264
242	229	呼和浩特铁路局	内蒙古	2 503 976	-206 830	3 366 482	1 777 697	55 748
255	230	雅戈尔集团股份有限公司	浙江	2 493 649	315 225	3 576 290	1 130 545	57 318
191	231	上海纺织控股（集团）公司	上海	2 492 471	9 008	1 936 878	571 905	20 978
231	232	海航集团有限公司	海南	2 482 764	6 369	8 450 723	1 956 496	35 592
213	233	浙江中烟工业有限责任公司	浙江	2 455 890	316 751	2 142 933	1 974 913	2 941
233	234	新疆广汇实业投资（集团）有限责任公司	新疆	2 448 397	114 110	2 093 143	911 982	20 289
253	235	上海城建（集团）公司	上海	2 429 156	23 823	2 455 991	665 617	12 915
315	236	长沙中联重工科技发展股份有限公司	湖南	2 428 556	203 768	2 312 199	534 352	15 866
290	237	福建省三钢（集团）有限责任公司	福建	2 426 232	27 435	1 633 713	642 591	18 904
238	238	庞大汽贸集团股份有限公司	河北	2 412 020	64 293	641 181	217 840	13 497
232	239	北京医药集团有限责任公司	北京	2 398 598	30 361	1 371 187	573 555	21 976
222	240	正泰集团有限公司	浙江	2 395 160	74 650	850 180	408 670	18 000
225	241	内蒙古蒙牛乳业（集团）股份有限公司	内蒙古	2 379 661	-96 768	1 023 993	350 293	23 500
208	242	江苏阳光集团有限公司	江苏	2 369 705	111 183	1 248 351	628 636	14 500
309	243	陕西煤业化工集团有限责任公司	陕西	2 340 783	155 035	6 347 894	2 442 946	78 590
249	244	北京控股集团有限公司	北京	2 332 916	183 211	5 533 045	3 459 976	44 978
286	245	中国黄金集团公司	北京	2 331 483	78 860	2 601 235	991 461	41 807
297	246	淮北矿业（集团）有限责任公司	安徽	2 298 639	189 903	3 464 088	1 123 350	102 095
246	247	湖北中烟工业有限责任公司	湖北	2 293 396	170 843	1 616 961	856 644	6 382

续 表

2008名次	2009名次	企业名称	地 区	营业收入（万元）	利 润（万元）	资 产（万元）	所有者权益（万元）	从业人数（人）
398	248	内蒙古伊泰集团有限公司	内蒙古	2 291 809	437 143	2 621 951	945 956	4 100
237	249	浙江省建设投资集团有限公司	浙 江	2 285 235	15 162	987 162	173 737	104 402
216	250	山东海化集团有限公司	山 东	2 261 967	27 056	1 833 536	—	16 846
	251	临沂新程金锣肉制品有限公司	山 东	2 229 815	76 464	526 398	436 162	24 869
240	252	浙江恒逸集团有限公司	浙 江	2 228 201	15 272	1 146 880	344 970	5 003
239	253	湖南省建筑工程集团总公司	湖 南	2 216 103	5 547	965 557	187 374	45 168
353	254	山西煤炭进出口集团有限公司	山 西	2 190 292	72 777	1 367 127	261 477	7 182
282	255	通威集团有限公司	四 川	2 176 295	66 782	642 635	361 308	11 529
260	256	重庆商社（集团）有限公司	重 庆	2 172 003	18 740	1 072 897	297 262	79 311
248	257	内蒙古伊利实业集团股份有限公司	内蒙古	2 165 895	2 165 895	—	—	—
	258	陕西有色金属控股集团有限责任公司	陕 西	2 160 839	257 014	4 899 769	3 221 357	37 330
251	259	兰州铁路局	甘 肃	2 156 186	21 296	4 613 768	3 954 392	77 298
346	260	山东黄金集团有限公司	山 东	2 152 507	38 940	1 351 641	—	18 071
345	261	河北津西钢铁股份有限公司	河 北	2 144 141	26 612	1 353 917	518 451	7 226
	262	中国长江三峡工程开发总公司	湖 北	2 127 633	850 697	22 417 909	15 536 770	10 112
236	263	四川宏达（集团）有限公司	四 川	2 109 782	95 433	2 254 026	881 655	16 207
241	264	海城市西洋耐火材料有限公司	辽 宁	2 107 357	120 618	1 069 101	633 963	12 736
257	265	广西玉柴机器集团有限公司	广 西	2 098 819	86 650	1 296 628	465 152	18 342
347	266	三一集团有限公司	湖 南	2 093 618	147 722	2 465 704	929 256	28 320
254	267	华侨城集团公司	广 东	2 079 327	87 235	4 086 779	745 626	30 729
182	268	湖南有色金属控股集团有限公司	湖 南	2 078 799	-75 837	2 849 743	974 350	42 825
259	269	红豆集团有限公司	江 苏	2 071 400	60 375	1 027 358	440 094	17 000
263	270	广州医药集团有限公司	广 东	2 057 686	37 890	900 836	448 269	15 515
299	271	江阴澄星实业集团有限公司	江 苏	2 054 467	105 091	1 071 808	513 875	6 000
292	272	陕西汽车集团有限责任公司	陕 西	2 041 596	24 942	1 491 300	406 335	23 140
306	273	重庆钢铁（集团）有限责任公司	重 庆	2 036 757	52 265	2 607 034	459 365	25 983
406	274	山东泰山钢铁集团有限公司	山 东	2 032 814	14 439	749 237	—	9 644
265	275	河南中烟工业公司	河 南	2 031 909	133 429	1 530 244	739 012	9 754
327	276	萍乡钢铁有限责任公司	江 西	2 022 894	9 828	1 068 923	267 584	13 524
245	277	江苏三房巷集团有限公司	江 苏	2 022 685	59 343	1 268 342	467 373	6 128
252	278	南昌铁路局	江 西	2 017 298	-191 456	8 393 309	7 634 623	94 490
317	279	中国葛洲坝集团公司	湖 北	1 967 143	83 959	3 231 690	575 871	37 311
295	280	合肥百货大楼集团股份有限公司	安 徽	1 939 962	12 030	334 075	118 725	20 000
373	281	重庆建工集团有限责任公司	重 庆	1 930 764	18 848	1 792 501	199 083	14 743
371	282	唐山瑞丰钢铁（集团）有限公司	河 北	1 922 678	32 557	416 444	139 921	9 512
269	283	人民电器集团有限公司	浙 江	1 917 625	88 618	400 251	235 217	20 000
401	284	江阴市西城钢铁有限公司	江 苏	1 916 977	5 287	581 185	42 589	4 267
262	285	东北特殊钢集团有限责任公司	辽 宁	1 915 446	12 552	2 253 327	637 133	20 606
256	286	北京市政路桥建设控股（集团）有限公司	北 京	1 905 825	18 976	1 652 057	230 793	16 791
	287	上海外高桥造船有限公司	上 海	1 893 736	257 277	3 076 035	654 765	4 570
294	288	中天发展控股集团有限公司	浙 江	1 890 096	54 072	1 158 467	236 294	63 121
	289	南金兆集团有限公司	山 东	1 882 902	68 227	1 526 888	—	5 130
284	290	大冶有色金属公司	湖 北	1 882 382	13 438	951 543	385 995	15 964
223	291	太平人寿保险有限公司	上 海	1 876 861	26 871	5 991 353	271 885	12 415
378	292	广州市建筑集团有限公司	广 东	1 875 595	4 146	1 301 799	155 730	11 885
	293	山东省商业集团总公司	山 东	1 870 000	54 922	2 021 896	21 556	—
340	294	申能（集团）有限公司	上 海	1 866 849	96 325	6 020 347	3 644 468	12 704
311	295	徐州矿务集团有限公司	江 苏	1 856 560	63 464	2 129 404	707 107	59 614
288	296	海澜集团有限公司	江 苏	1 851 265	70 152	940 339	532 939	18 800
227	297	华芳集团有限公司	江 苏	1 850 357	11 698	679 190	283 495	23 837

续 表

2008名次	2009名次	企业名称	地 区	营业收入（万元）	利 润（万元）	资 产（万元）	所有者权益（万元）	从业人数（人）
247	298	奇瑞汽车股份有限公司	安 徽	1 841 568	46 498	2 714 186	658 548	19 655
287	299	南宁铁路局	广 西	1 835 865	-62 290	3 370 396	2 739 635	63 890
275	300	山东时风（集团）有限责任公司	山 东	1 827 457	71 917	364 163	22 329	—
	301	百兴集团有限公司	江 苏	1 823 637	40 975	550 139	282 996	5 160
27	302	江苏国泰国际集团有限公司	江 苏	1 821 002	31 665	493 373	170 186	15 000
361	303	浙江远大进出口有限公司	浙 江	1 818 730	1 578	195 294	24 079	400
285	304	上海国际港务（集团）股份有限公司	上 海	1 814 048	461 934	5 908 129	2 987 584	22 393
	305	滨化集团公司	山 东	1 812 519	36 877	789 767	251 170	3 752
408	306	沈阳远大企业集团有限公司	辽 宁	1 802 760	57 325	527 082	213 568	13 192
266	307	安徽江淮汽车集团有限公司	安 徽	1 801 311	15 161	1 477 595	547 094	21 563
279	308	上海人民企业（集团）有限公司	上 海	1 781 021	164 218	570 009	546 481	26 090
301	309	天津一商集团有限公司	天 津	1 780 376	4 650	571 795	91 339	4 377
207	310	广东发展银行股份有限公司	广 东	1 771 099	278 401	54 601 535	1 960 172	13 180
	311	山东鲁北企业集团总公司	山 东	1 770 234	141 422	994 559	—	4 285
308	312	厦门象屿集团有限公司	福 建	1 765 096	22 170	766 888	174 856	2 721
	313	中国有色矿业集团有限公司	北 京	1 762 037	75 946	2 679 252	904 867	27 905
320	314	华夏银行股份有限公司	北 京	1 761 137	307 084	73 163 719	2 742 136	11 109
336	315	陕西东岭工贸集团股份有限公司	陕 西	1 760 000	27 330	685 850	246 179	10 161
391	316	辽宁忠旺集团有限公司	辽 宁	1 741 012	387 159	2 247 843	1 144 594	6 490
314	317	天津友发钢管集团有限公司	天 津	1 734 415	18 735	561 641	81 790	6 210
281	318	德力西集团有限公司	浙 江	1 730 428	57 977	812 130	288 516	15 500
387	319	河北文丰钢铁有限公司	河 北	1 723 602	99 922	806 862	363 561	7 198
354	320	浙江荣盛控股集团有限公司	浙 江	1 706 845	30 621	1 103 660	334 111	3 491
300	321	金龙精密铜管集团股份有限公司	河 南	1 706 653	6 744	808 225	166 832	3 976
321	322	南京医药产业（集团）有限责任公司	江 苏	1 704 623	18 427	977 120	391 962	13 002
367	323	南京物资实业集团总公司	江 苏	1 699 234	-4 877	320 592	34 041	2 733
307	324	紫金矿业集团股份有限公司	福 建	1 698 376	389 402	2 621 755	1 917 913	19 034
312	325	四川华西集团有限公司	四 川	1 697 048	2 609	1 141 790	165 727	40 315
271	326	厦门国贸集团股份有限公司	福 建	1 682 005	26 696	878 142	261 709	1 587
310	327	天津市二轻集团（控股）有限公司	天 津	1 657 860	2 870	1 141 184	342 622	14 965
323	328	四川省川威集团有限公司	四 川	1 653 000	56 800	1 430 000	472 000	15 547
273	329	奥克斯集团有限公司	浙 江	1 640 977	35 906	722 308	279 719	12 500
	330	山东中烟工业公司	山 东	1 637 832	106 679	1 860 599	—	5 722
	331	天正集团有限公司	浙 江	1 630 011	65 694	268 063	145 811	9 089
342	332	九州通医药集团股份有限公司	湖 北	1 629 315	21 762	577 739	152 139	6 305
341	333	华盛江泉集团有限公司	山 东	1 624 628	23 098	809 600	462 764	21 080
	334	中储发展股份有限公司	天 津	1 607 989	16 996	795 521	300 753	6 216
385	335	河南神火集团有限公司	河 南	1 606 158	113 335	1 929 431	524 308	26 417
339	336	青岛啤酒股份有限公司	山 东	1 602 344	73 377	1 253 223	641 761	35 763
350	337	唐山港陆钢铁有限公司	河 北	1 600 249	54 196	739 914	394 671	6 924
431	338	上海良友（集团）有限公司	上 海	1 598 065	3 472	1 244 146	404 323	6 620
328	339	贵州中烟工业有限责任公司	贵 州	1 590 517	163 613	1 059 009	525 722	10 407
305	340	深圳市天音通信发展有限公司	广 东	1 587 651	16 328	556 121	193 349	6 000
363	341	山东招金集团有限公司	山 东	1 587 145	68 382	1 025 351	527 671	10 018
333	342	江苏开元国际集团有限公司	江 苏	1 583 155	17 069	657 619	200 638	9 410
424	343	水城钢铁（集团）有限责任公司	贵 州	1 580 121	-44 948	1 048 055	381 122	21 509
296	344	洛阳新安电力集团有限公司	河 南	1 579 809	35 942	1 605 748	385 090	13 910
357	345	浙江省交通投资集团有限公司	浙 江	1 573 612	136 539	12 124 185	3 638 374	17 808
359	346	扬子江药业集团有限公司	江 苏	1 560 318	91 071	667 816	517 135	7 498
303	347	山东晨鸣纸业集团股份有限公司	山 东	1 552 959	125 954	2 629 950	1 225 908	17 163

续　表

2008名次	2009名次	企业名称	地区	营业收入（万元）	利润（万元）	资产（万元）	所有者权益（万元）	从业人数（人）
396	348	云南煤化工集团有限公司	云南	1 550 467	11 069	2 622 223	716 875	29 056
377	349	中国盐业总公司	北京	1 547 111	35 177	2 624 145	831 472	43 856
	350	新华联合冶金投资集团有限公司	北京	1 543 086	74 785	1 733 382	—	—
329	351	江铃汽车集团公司	江西	1 538 709	4 913	1 395 693	615 034	21 028
334	352	江苏省苏中建设集团股份有限公司	江苏	1 538 702	22 546	1 070 609	166 044	88 742
	353	无锡产业发展集团有限公司	江苏	1 532 555	21 593	1 121 789	629 953	10 353
362	354	法尔胜集团公司	江苏	1 528 096	59 586	626 969	302 737	5 812
368	355	北京金隅集团有限责任公司	北京	1 517 769	59 534	3 709 137	695 337	26 208
461	356	河北普阳钢铁有限公司	河北	1 513 225	92 582	851 038	436 018	9 500
403	357	中国广东核电集团有限公司	广东	1 493 814	647 725	10 724 888	3 699 405	14 050
376	358	新华联控股有限公司	北京	1 491 769	52 264	1 560 130	647 379	31 257
	359	中国煤炭科工集团有限公司	北京	1 490 234	137 967	1 367 556	601 578	21 120
319	360	天津三星电子显示器有限公司	天津	1 489 485	14 747	202 882	42 657	1 526
349	361	广东省建筑工程集团有限公司	广东	1 489 050	19 746	948 861	122 763	24 156
470	362	吉林亚泰（集团）股份有限公司	吉林	1 483 360	60 786	1 420 447	544 010	14 770
351	363	杭州橡胶（集团）公司	浙江	1 482 351	31 679	965 872	235 866	22 433
382	364	杭州汽轮动力集团有限公司	浙江	1 475 767	59 909	1 010 098	368 483	4 880
324	365	广州万宝集团有限公司	广东	1 472 745	54 175	746 906	338 015	17 453
384	366	天津港（集团）有限公司	天津	1 461 332	134 273	5 189 607	2 512 765	19 501
475	367	浙江省商业集团有限公司	浙江	1 457 889	22 660	2 003 606	296 146	5 839
	368	深圳发展银行	广东	1 451 312	61 404	47 444 017	1 640 079	10 381
	369	山东高速集团有限公司	山东	1 450 877	150 661	8 022 778	1 834 254	22 579
278	370	云南冶金集团股份有限公司	云南	1 450 688	23 113	2 283 117	911 242	22 412
	371	江苏高力集团有限公司	江苏	1 446 283	31 336	418 000	283 453	3 163
344	372	西部矿业集团有限公司	青海	1 441 928	60 516	2 561 683	1 358 064	15 000
434	373	中国国际技术智力合作公司	北京	1 432 239	12 008	190 566	69 670	1 974
410	374	西安电力机械制造公司	陕西	1 423 901	94 948	2 065 799	462 935	17 427
338	375	宁波富邦控股集团有限公司	浙江	1 423 876	34 830	1 441 869	411 147	11 214
404	376	武汉中百集团股份有限公司	湖北	1 423 800	17 189	414 677	157 989	19 474
416	377	重庆化医控股（集团）公司	重庆	1 420 211	63 922	2 091 342	710 314	29 383
458	378	江苏申特钢铁有限公司	江苏	1 416 757	5 218	357 419	91 123	2 200
445	379	传化集团有限公司	浙江	1 416 398	166 124	1 078 171	461 000	6 739
358	380	昆明铁路局	云南	1 414 297	−196 514	3 837 396	2 966 192	42 282
332	381	无锡威孚高科技股份有限公司	江苏	1 408 899	20 681	459 790	272 690	9 657
372	382	郑州宇通集团有限公司	河南	1 407 756	93 730	896 722	266 913	9 500
331	383	山东如意科技集团有限公司	山东	1 405 633	58 902	986 725	453 510	17 187
243	384	新华锦集团	山东	1 393 825	3 178	453 433	67 396	17 200
407	385	恒力集团有限公司	江苏	1 393 169	35 178	1 082 971	518 816	12 000
316	386	同方股份有限公司	北京	1 392 803	25 143	1 808 044	704 613	18 713
383	387	利群集团股份有限公司	山东	1 386 877	24 692	615 128	196 892	7 260
360	388	华泰集团有限公司	山东	1 385 575	77 785	1 318 036	454 937	9 231
	389	旭阳煤化工集团有限公司	北京	1 383 201	63 781	1 162 323	559 019	4 930
422	390	广西建工集团有限责任公司	广西	1 379 985	2 092	823 862	119 685	76 066
289	391	深圳华强集团有限公司	广东	1 378 646	27 402	1 577 542	523 298	35 716
421	392	苏州创元投资发展（集团）有限公司	江苏	1 376 355	49 105	1 163 693	431 087	14 294
370	393	江苏金浦集团有限公司	江苏	1 369 225	20 038	727 355	349 755	8 000
469	394	淄博矿业集团有限责任公司	山东	1 363 347	104 211	1 703 405	519 968	25 754
318	395	桐昆集团股份有限公司	浙江	1 361 540	25 843	278 493	12 402	8 277
	396	江苏舜天国际集团有限公司	江苏	1 351 061	26 058	1 050 832	247 352	9 903
446	397	郑州煤炭工业（集团）有限责任公司	河南	1 356 088	13 776	1 655 348	672 951	57 126

续 表

2008名次	2009名次	企业名称	地 区	营业收入（万元）	利 润（万元）	资 产（万元）	所有者权益（万元）	从业人数（人）
	398	山东石横特钢集团有限公司	山 东	1 353 066	37 604	521 226	200 550	5 816
411	399	青建集团股份公司	山 东	1 345 352	8 559	489 645	126 014	5 331
355	400	南昌长力钢铁股份有限公司	江 西	1 343 267	1 666	655 515	186 417	9 598
374	401	云南锡业集团（控股）有限责任公司	云 南	1 342 703	5 100	1 685 271	521 832	26 087
380	402	上海航空股份有限公司	上 海	1 337 308	-136 233	1 421 228	38 730	5 679
473	403	广西投资集团有限公司	广 西	1 331 082	73 979	4 468 872	1 134 911	15 747
	404	西王集团有限公司	山 东	1 327 200	39 490	1 056 610	554 374	8 000
423	405	内蒙古鄂尔多斯羊绒集团有限责任公司	内蒙古	1 324 531	98 188	2 057 173	741 764	19 869
272	406	中国恒天集团有限公司	北 京	1 323 873	3 538	1 827 412	664 348	37 281
394	407	江苏南通二建集团有限公司	江 苏	1 318 438	49 264	899 476	323 325	56 922
456	408	尚德电力控股有限公司	江 苏	1 314 641	60 283	2 203 322	734 275	8 752
	409	山东东明石化集团有限公司	山 东	1 314 039	10 682	625 898	275 634	3 365
420	410	成都建筑工程集团总公司	四 川	1 312 788	4 169	1 597 324	281 143	60 559
379	411	天津市医药集团有限公司	天 津	1 307 057	76 450	1 548 549	623 963	16 178
	412	深圳航空有限责任公司	广 东	1 305 644	465	1 888 458	67 799	12 762
443	413	陕西建工集团总公司	陕 西	1 303 508	5 284	1 083 664	152 214	15 759
	414	上海世博（集团）有限公司	上 海	1 301 523	31 614	1 272 944	424 740	4 974
399	415	浙江吉利控股集团有限公司	浙 江	1 294 342	84 907	1 395 991	525 944	12 000
493	416	大连重工·起重集团有限公司	辽 宁	1 289 263	108 546	1 961 112	363 604	5 577
388	417	浙江中成控股集团有限公司	浙 江	1 288 855	37 649	735 781	308 321	50 436
	418	昆明钢铁控股有限公司	云 南	1 285 916	43 728	2 216 109	1 281 570	14 128
	419	正太集团有限公司	北 京	1 283 897	61 874	379 499	186 295	64 301
330	420	惠州市德赛集团有限公司	广 东	1 268 030	28 261	647 922	264 420	18 160
	421	三河汇福粮油集团有限公司	河 北	1 265 650	19 102	359 118	125 846	2 015
356	422	天津纺织集团（控股）有限公司	天 津	1 265 639	5 670	1 516 771	269 187	20 098
	423	哈药集团有限公司	黑龙江	1 255 222	112 753	1 465 482	895 783	20 744
	424	特变电工股份有限公司	新 疆	1 251 893	107 886	1 515 265	592 551	8 856
386	425	力帆实业（集团）股份有限公司	重 庆	1 251 762	28 041	797 175	295 194	13 279
	426	江苏南通三建集团有限公司	江 苏	1 250 578	51 524	758 218	187 201	72 583
453	427	天津市津能投资公司	天 津	1 248 252	38 720	3 657 487	1 133 291	80
	428	重庆市能源投资集团公司	重 庆	1 237 827	4 940	2 538 418	1 323 044	71 798
	429	北京外企服务集团有限责任公司	北 京	1 233 460	-7 265	217 463	45 400	70 609
365	430	北京银行	北 京	1 230 406	541 717	41 702 102	3 379 421	5 451
	431	盾安控股集团有限公司	浙 江	1 229 626	61 300	1 054 996	474 788	11 767
426	432	云南建工集团总公司	云 南	1 227 877	7 669	597 520	172 357	28 000
	433	四平红嘴集团总公司	吉 林	1 222 129	33 128	870 262	456 675	14 408
435	434	江门市大长江集团有限公司	广 东	1 217 324	148 246	547 715	188 288	11 334
451	435	长城电器集团有限公司	浙 江	1 217 214	63 726	701 955	375 880	15 315
	436	安徽省皖北煤电集团有限责任公司	安 徽	1 212 764	31 048	1 899 080	525 830	39 125
452	437	山东淄博傅山企业集团有限公司	山 东	1 210 268	53 833	451 757	252 527	7 084
488	438	江苏金辉集团公司	江 苏	1 209 865	28 904	140 405	124 399	560
	439	铁法煤业（集团）有限责任公司	辽 宁	1 209 754	50 076	1 414 406	678 980	44 588
	440	东营方圆有色金属有限公司	山 东	1 205 898	51 554	442 373	186 546	1 783
497	441	海力士-恒忆半导体有限公司	江 苏	1 204 923	51 437	2 916 744	1 434 885	3 500
412	442	山东金诚石化集团有限公司	山 东	1 201 847	37 576	194 775	134 965	1 600
467	443	陕西龙门钢铁（集团）有限责任公司	陕 西	1 200 773	-11 548	788 134	150 174	8 844
440	444	海鑫钢铁集团有限公司	山 西	1 200 585	38 098	1 188 788	609 993	11 680
366	445	大连冰山集团有限公司	辽 宁	1 200 006	45 600	1 183 076	412 341	12 598
413	446	北京首都创业集团有限公司	北 京	1 190 759	21 513	7 272 758	1 590 625	12 268
	447	义马煤业集团股份有限公司	河 南	1 189 760	45 550	1 569 287	606 318	44 574

续 表

2008名次	2009名次	企业名称	地 区	营业收入（万元）	利 润（万元）	资 产（万元）	所有者权益（万元）	从业人数（人）
	448	晶龙实业集团有限公司	河 北	1 189 215	203 161	1 018 001	582 126	7 195
489	449	亨通集团有限公司	江 苏	1 189 070	42 677	833 946	299 452	5 577
495	450	巨化集团公司	浙 江	1 187 541	9 254	1 199 127	362 296	15 953
	451	宝胜集团有限公司	江 苏	1 186 568	17 527	549 100	217 222	6 615
499	452	山东科达集团有限公司	山 东	1 186 420	76 667	804 432	312 912	11 635
	453	丰立集团有限公司	江 苏	1 186 242	44 020	1 155 587	356 637	1 280
	454	浙江宝业建设集团有限公司	浙 江	1 182 182	16 135	281 719	63 096	3 000
	455	安徽建工集团有限公司	安 徽	1 172 047	9 843	583 465	97 012	16 824
	456	河南济源钢铁（集团）有限公司	河 南	1 171 922	17 082	592 928	170 055	5 370
444	457	北京燕京啤酒集团公司	北 京	1 167 177	48 785	1 354 044	843 931	33 471
409	458	杉杉投资控股有限公司	浙 江	1 160 887	30 002	942 762	305 681	11 188
	459	万达控股集团有限公司	山 东	1 160 272	84 419	760 548	330 099	7 400
474	460	三角集团有限公司	山 东	1 160 082	14 564	683 150	207 752	8 036
	461	正威国际集团有限公司	广 东	1 160 000	81 000	892 000	514 000	7 100
343	462	深圳创维－RGB电子有限公司	广 东	1 157 701	28 222	679 612	73 421	5 850
348	463	飞思卡尔半导体（中国）有限公司	天 津	1 157 582	48 141	410 061	297 158	3 534
	464	福田雷沃国际重工股份有限公司	山 东	1 157 308	18 481	500 262	127 282	9 819
485	465	太极集团有限公司	重 庆	1 152 122	3 494	719 053	223 861	11 783
	466	武汉武商集团股份有限公司	湖 北	1 150 076	27 458	517 813	153 692	9 426
460	467	北京住总集团有限责任公司	北 京	1 150 000	14 262	1 460 361	213 435	10 553
	468	肥城矿业集团有限责任公司	山 东	1 145 695	45 848	1 168 743	235 613	45 587
	469	西子联合控股有限公司	浙 江	1 145 525	42 179	1 466 518	182 318	7 779
304	470	深圳市中金岭南有色金属股份有限公司	广 东	1 142 017	40 545	791 996	397 563	9 182
	471	江西赛维LDK太阳能高科技有限公司	江 西	1 132 263	105 304	2 365 543	590 036	14 130
429	472	利华益集团股份有限公司	山 东	1 131 021	20 639	805 184	333 471	3 050
438	473	隆鑫控股有限公司	重 庆	1 129 142	38 263	713 427	265 305	8 193
465	474	沈阳机床（集团）有限责任公司	辽 宁	1 128 150	29 151	1 538 957	371 049	18 556
448	475	重庆轻纺控股（集团）公司	重 庆	1 126 000	41 900	1 826 700	633 000	26 410
	476	邢台钢铁有限责任公司	河 北	1 119 813	37 118	670 780	170 251	6 432
405	477	河南豫光金铅集团有限责任公司	河 南	1 116 300	12 851	589 672	94 398	6 848
419	478	宗申产业集团有限公司	重 庆	1 110 394	31 231	769 392	403 983	12 672
471	479	吉林粮食集团有限公司	吉 林	1 106 985	9 189	550 357	100 739	3 266
436	480	长城汽车股份有限公司	河 北	1 106 340	59 097	1 095 350	702 196	21 700
	481	德龙钢铁有限公司	河 北	1 105 437	20 728	480 675	172 650	5 036
437	482	维维集团股份有限公司	江 苏	1 096 263	63 558	595 720	355 191	15 530
389	483	远东控股集团有限公司	江 苏	1 091 200	32 600	644 101	146 511	5 600
	484	天津城建集团有限公司	天 津	1 089 756	5 435	985 673	123 579	9 056
	485	江苏扬子江船业集团公司	江 苏	1 089 277	170 697	1 434 388	264 481	1 601
417	486	大连机床集团有限责任公司	辽 宁	1 087 000	40 880	780 727	214 423	6 350
454	487	长治钢铁（集团）有限公司	山 西	1 085 889	－128 774	645 359	76 998	13 794
	488	中国贵州茅台酒厂有限责任公司	贵 州	1 077 393	486 262	2 072 536	1 543 978	14 273
	489	北方重工集团有限公司	辽 宁	1 076 000	5 062	1 677 928	252 444	9 129
	490	亚邦化工集团有限公司	江 苏	1 074 665	22 619	884 230	316 313	6 012
	491	恒丰银行	山 东	1 068 425	93 367	15 099 591	410 327	2 006
462	492	世纪金源投资集团有限公司	北 京	1 067 790	204 201	1 968 830	640 615	10 429
	493	盛虹集团有限公司	江 苏	1 065 401	47 488	1 020 971	410 518	15 000
447	494	深圳能源集团股份有限公司	广 东	1 064 291	103 463	2 938 486	1 128 539	3 711
	495	美锦能源集团有限公司	山 西	1 062 901	168 949	1 212 578	754 232	5 970
	496	山东博汇集团有限公司	山 东	1 062 501	61 312	1 019 281	—	8 848
395	497	冷水江钢铁有限责任公司	湖 南	1 061 800	12 407	500 788	113 101	5 583

续 表

2008名次	2009名次	企业名称	地 区	营业收入（万元）	利 润（万元）	资 产（万元）	所有者权益（万元）	从业人数（人）
466	498	河南豫联能源集团有限责任公司	河 南	1 060 675	1 443	1 292 234	436 230	6 928
	499	登封电厂集团有限公司	河 南	1 058 701	13 972	971 262	292 998	13 070
432	500	双星集团有限责任公司	山 东	1 053 753	−20 087	868 972	216 459	19 294
		合 计		2 602 661 411	120 552 214	7 419 245 883	1 358 692 910	2 5819 947

说明：1. 2009 中国企业500强是中国企业联合会、中国企业家协会参照国际惯例，组织企业自愿申报，并经专家审定确认后产生的。申报企业包括在中国内地注册、2008年完成营业收入达到70亿元人民币以上（含70亿元）的企业（不包括行政性公司），但不包括在港、澳、台的企业。为了避免重复，属于集团公司控股的企业，如果其财务报表最后能被合并到母公司的财务会计报表中去，则只允许其母公司申报。

2. 表中所列数据由企业自愿申报或属于上市公司公开数据，并已经公认会计师事务所或审计师事务所等单位认可。

3. 营业收入或销售收入是2008年不含增值税的收入，包括企业的所有收入，即主营业务和非主营业务、境内和境外的收入。商业银行的营业额为2008年利息总额和非利息营业额之和。保险公司是2008年保险费和年金收入扣除储蓄的资本收益或损失。利润是2008年上交所得税后的净利润（不含少数股权收益）。资产是2008年度末的资产总额。所有者权益是2008年末所有者权益总额（不含少数股东权益）。研究开发费用是2008年企业投入研究开发的所有费用。从业人数是2008年度的平均人数（含所有被合并报表企业的人数）。

4. 行业分类既参照了国家统计局的分类方法，为了进行对比分析，也参考了美国《财富》杂志的分类方法，企业主要是依据其主营业务收入所在行业来划分。

5. 地区分类是按企业总部所在地划分。

6. 红塔烟草（集团）有限责任公司2008年营业收入应为5117282万元（该企业在申报时未将新并入集团的原昭通卷烟厂营业收入统计在内）。

2009 中国制造业企业500强排序前100家名单

名次	企业名称	地区	营业收入（万元）	利润（万元）	资产（万元）	所有者权益（万元）	从业人数
1	中国石油化工集团公司	北京	146 243 938	1 363 007	104 484 906	37 826 459	639 700
2	宝钢集团有限公司	上海	24 683 881	1 825 412	35 249 723	21 943 489	109 812
3	中国五矿集团公司	北京	18 533 614	376 832	9 215 873	1 398 643	53 412
4	上海汽车工业（集团）总公司	上海	17 293 017	36 738	17 519 717	5 900 463	129 512
5	河北钢铁集团有限公司	河北	16 703 313	306 157	19 022 614	5 769 618	118 065
6	中国第一汽车集团公司	吉林	16 446 614	678 790	10 575 277	3 610 011	140 487
7	东风汽车公司	湖北	15 271 295	811 299	12 822 079	5 286 063	133 985
8	中国航空工业集团公司	北京	15 107 492	533 462	31 450 327	10 715 909	383 918
9	中国兵器装备集团公司	北京	15 064 335	433 656	14 516 518	4 654 571	193 472
10	中国兵器工业集团公司	北京	14 758 414	384 890	17 904 493	6 298 779	268 517
11	江苏沙钢集团有限公司	江苏	14 523 215	1 852 094	10 233 293	3 980 868	28 243
12	首钢总公司	北京	13 200 000	336 638	20 303 613	8 441 483	69 206
13	中国铝业公司	北京	12 912 092	-681 637	34 659 013	8 376 275	193 911
14	武汉钢铁（集团）公司	湖北	12 370 251	574 479	15 590 118	6 522 711	113 765
15	华为技术有限公司	广东	12 274 138	439 189	11 324 283	3 472 033	72 799
16	中国化工集团公司	北京	12 203 751	2 350	15 688 969	3 611 686	155 295
17	山东钢铁集团有限公司	山东	12 050 468	212 534	11 908 946	3 690 347	87 029
18	海尔集团公司	山东	11 895 668	179 116	6 983 872	1 568 819	58 346
19	广州汽车工业集团有限公司	广东	11 554 891	779 774	5 700 442	3 294 807	34 428
20	联想控股有限公司	北京	11 521 069	48 255	6 442 226	771 846	24 558
21	中国船舶重工集团公司	北京	10 348 275	511 584	22 210 300	4 058 162	145 000
22	太原钢铁（集团）有限公司	山西	10 093 064	86 780	9 355 699	2 338 532	43 565
23	天津市中环电子信息集团有限公司	天津	9 664 804	192 639	3 557 544	1 709 020	53 346
24	上海电气（集团）总公司	上海	9 622 213	489 226	10 269 826	3 396 637	81 383
25	鞍山钢铁集团公司	辽宁	9 595 844	597 371	15 379 600	8 260 960	118 752
26	益海嘉里投资有限公司	上海	8 438 921	133 122	3 969 548	1 218 539	14 794
27	美的集团有限公司	广东	8 081 158	305 101	4 332 530	1 322 064	90 000
28	山东魏桥创业集团有限公司	山东	7 567 493	541 517	4 954 475	2 293 535	152 060
29	马钢（集团）控股有限公司	安徽	7 463 668	74 299	7 444 242	3 185 352	61 415
30	天津汽车工业（集团）有限公司	天津	7 277 530	440 775	2 981 537	1 788 172	37 000
31	中国电子信息产业集团公司	北京	6 856 204	150 662	7 343 728	2 552 283	74 768
32	湖南华菱钢铁集团有限责任公司	湖南	6 833 293	279 379	6 911 394	2 489 053	51 682
33	北京汽车工业控股有限责任公司	北京	6 723 605	115 026	4 043 210	1 426 133	40 898
34	中国建筑材料集团公司	北京	6 292 504	216 647	9 181 622	1 635 997	78 503
35	中国航天科工集团公司	北京	6 101 977	374 193	10 277 021	3 482 077	114 299
36	江西铜业集团公司	江西	6 058 158	218 100	3 871 190	2 435 676	28 341
37	杭州钢铁集团公司	浙江	6 001 416	35 680	3 038 302	864 758	14 838
38	金川集团有限公司	甘肃	5 506 451	357 850	3 910 517	2 075 078	35 507
39	南京钢铁集团有限公司	江苏	5 505 849	147 067	2 798 656	930 644	12 514
40	天津钢管集团股份有限公司	天津	5 267 163	178 178	3 581 527	1 209 509	9 896
41	天津冶金集团有限公司	天津	5 197 824	15 782	3 529 839	396 393	8 328
42	江苏悦达集团有限公司	江苏	5 105 837	103 178	3 009 951	971 856	26 492
43	安阳钢铁集团有限责任公司	河南	5 102 285	1 902	3 240 708	991 151	31 262
44	攀枝花钢铁（集团）公司	四川	5 061 607	-166 670	6 456 533	2 394 261	101 413
45	江苏华西集团公司	江苏	5 023 552	117 022	1 982 389	795 652	20 560
46	天津天铁冶金集团有限公司	天津	5 020 869	49 849	4 456 149	998 039	26 235
47	中国重型汽车集团有限公司	山东	5 006 037	253 561	7 582 287	3 681 736	18 829
48	潍柴控股集团有限公司	山东	4 912 430	255 203	3 202 433	1 263 770	38 391
49	北台钢铁（集团）有限责任公司	辽宁	4 895 304	11 586	3 668 976	1 388 748	26 276
50	海信集团有限公司	山东	4 887 634	112 523	2 525 781	857 257	25 958
51	上海复星高科技（集团）有限公司	上海	4 881 041	291 788	6 341 082	1 972 852	34 321

续 表

名 次	企业名称	地 区	营业收入（万元）	利 润（万元）	资 产（万元）	所有者权益（万元）	从业人数
52	光明食品（集团）有限公司	上 海	4 822 230	114 135	5 097 314	2 019 258	97 623
53	红云红河烟草（集团）有限责任公司	云 南	4 759 811	495 188	4 780 996	3 214 427	16 106
54	中国国际海运集装箱（集团）股份有限公司	广 东	4 732 728	168 521	3 455 786	1 493 445	47 050
55	日照钢铁控股集团有限公司	山 东	4 718 702	359 504	3 374 508	1 176 567	11 620
56	红塔烟草（集团）有限责任公司	云 南	4 661 949	400 855	7 043 382	5 505 894	12 080
57	上海烟草（集团）公司	上 海	4 634 237	1 187 548	6 894 161	6 445 801	14 876
58	天津荣程联合钢铁集团有限公司	天 津	4 606 537	63 885	972 904	564 396	7 151
59	江西省冶金集团公司	江 西	4 586 117	76 901	3 666 521	1 108 634	41 622
60	万向集团公司	浙 江	4 550 167	151 283	2 619 243	661 077	18 947
61	湖南中烟工业有限责任公司	湖 南	4 547 042	617 139	3 466 949	3 007 129	21 712
62	新希望集团有限公司	四 川	4 469 679	128 724	2 304 116	973 001	58 000
63	中兴通讯股份有限公司	广 东	4 429 340	166 020	5 086 590	1 518 355	61 350
64	铜陵有色金属集团控股有限公司	安 徽	4 416 702	70 553	3 082 902	941 377	25 929
65	戴尔（中国）有限公司	福 建	4 351 819	76 796	1 718 068	57 513	6 043
66	包头钢铁（集团）有限责任公司	内蒙古	4 326 406	112 862	7 066 820	2 652 420	57 012
67	北大方正集团有限公司	北 京	4 229 497	101 558	3 603 415	777 510	25 828
68	珠海格力电器股份有限公司	广 东	4 219 972	210 274	3 079 996	747 754	22 141
69	天津天钢集团有限公司	天 津	4 206 991	62 572	3 800 233	1 038 206	10 831
70	安徽海螺集团有限责任公司	安 徽	4 201 873	268 324	4 656 384	2 653 196	26 560
71	大连西太平洋石油化工有限公司	辽 宁	4 164 302	-565 980	1 043 363	-274 890	1 047
72	华晨汽车集团控股有限公司	辽 宁	4 135 595	6 439	3 016 782	869 683	29 433
73	徐州工程机械集团有限公司	江 苏	4 081 302	215 541	1 474 642	428 593	17 056
74	北京建龙重工集团有限公司	北 京	4 079 037	215 817	3 198 087	1 159 317	26 064
75	天津渤海化工集团公司	天 津	4 002 010	30 486	5 022 313	1 630 324	47 112
76	仁宝资讯工业（昆山）有限公司	江 苏	3 938 584	33 965	442 360	41 883	8 299
77	群康科技（深圳）有限公司	广 东	3 875 862	51 858	1 346 245	181 336	10 121
78	本溪钢铁（集团）有限责任公司	辽 宁	3 855 284	63 988	5 499 371	2 231 458	63 421
79	中国南方机车车辆工业集团公司	北 京	3 801 986	156 645	5 110 977	2 098 379	81 673
80	酒泉钢铁（集团）有限责任公司	甘 肃	3 791 398	16 248	5 703 074	1 963 814	28 847
81	广西柳州钢铁（集团）公司	广 西	3 781 876	2 891	2 638 685	343 939	14 188
82	中国核工业集团公司	北 京	3 771 366	—	16 550 616	—	—
83	新兴铸管集团有限公司	北 京	3 736 307	132 506	3 098 725	1 220 816	76 330
84	江苏雨润食品产业集团有限公司	江 苏	3 700 293	176 023	2 496 015	1 183 452	50 000
85	中国北方机车车辆工业集团公司	北 京	3 689 066	108 449	4 799 192	1 036 313	94 877
86	山东大王集团有限公司	山 东	3 675 461	232 788	2 697 863	791 115	24 807
87	天津三星通信技术有限公司	天 津	3 630 008	57 280	513 885	328 523	6 378
88	上海华谊（集团）公司	上 海	3 511 768	546	4 182 381	1 274 883	43 573
89	河南省漯河市双汇实业集团有限责任公司	河 南	3 505 891	171 365	863 793	542 967	46 007
90	中国东方电气集团有限公司	四 川	3 394 320	-16 230	6 892 669	1 049 261	25 026
91	青岛钢铁控股集团有限责任公司	山 东	3 326 404	4 664	1 490 493	342 618	13 374
92	哈尔滨电气集团公司	黑龙江	3 299 242	64 309	5 251 618	538 293	26 760
93	杭州娃哈哈集团有限公司	浙 江	3 283 157	463 257	2 222 247	1 305 473	26 000
94	南山集团公司	山 东	3 203 424	287 076	3 108 480	1 865 150	36 152
95	乐金显示（南京）有限公司	江 苏	3 110 858	15 990	321 500	210 334	5 486
96	新余钢铁有限责任公司	江 西	3 061 175	72 614	2 683 918	834 325	27 148
97	云天化集团有限责任公司	云 南	3 048 818	67 936	5 517 522	1 536 351	33 599
98	天津百利机电控股集团有限公司	天 津	3 038 490	143 916	2 370 706	874 074	24 191
99	海亮集团有限公司	浙 江	3 032 710	76 652	910 143	326 604	9 102
100	摩托罗拉（中国）电子有限公司	天 津	3 005 990	—	—	—	9 000

2009中国服务业企业500强排序前100家名单

名次	企业名称	地区	营业收入（万元）	利润（万元）	资产（万元）	所有者权益（万元）	从业人数
1	国家电网公司	北京	114 073 711	461 842	164 345 848	57 719 699	937 214
2	中国工商银行股份有限公司	北京	49 000 400	11 115 100	975 765 400	60 713 800	385 609
3	中国移动通信集团公司	北京	45 185 199	10 881 490	88 163 740	65 021 166	221 328
4	中国建设银行股份有限公司	北京	40 293 700	9 264 200	755 545 200	46 756 200	298 581
5	中国人寿保险（集团）公司	北京	37 900 940	328 742	128 461 071	336 511	113 267
6	中国银行股份有限公司	北京	35 227 960	6 507 261	695 569 408	49 390 045	249 278
7	中国农业银行股份有限公司	北京	33 403 700	5 145 300	701 435 100	29 054 100	441 883
8	中国中化集团公司	北京	30 897 547	645 145	13 549 841	4 785 888	42 806
9	中国南方电网有限责任公司	广东	28 552 483	413 763	38 371 478	14 196 002	262 465
10	中国电信集团公司	北京	22 110 274	44 100	62 128 997	37 038 396	498 391
11	中国远洋运输（集团）总公司	北京	19 063 965	1 315 509	24 777 346	13 336 617	67 643
12	中粮集团有限公司	北京	18 852 644	—	—	—	—
13	中国联合网络通信集团有限公司	北京	18 804 643	1 966 483	50 009 904	23 214 260	346 898
14	中国中钢集团公司	北京	16 835 989	147 182	9 925 173	993 232	44 592
15	百联集团有限公司	上海	16 530 727	—	5 076 984	—	91 266
16	中国中信集团公司	北京	15 449 128	1 424 870	163 158 733	10 943 857	90 650
17	中国邮政集团公司	北京	14 392 943	27 949	234 636 639	8 969 203	816 744
18	中国平安保险（集团）股份有限公司	广东	13 980 300	66 200	70 764 000	7 875 700	—
19	中国人民保险集团公司	北京	13 093 381	32 212	23 538 241	2 459 295	90 519
20	交通银行股份有限公司	上海	12 953 100	2 842 300	267 825 500	14 564 200	77 734
21	华润（集团）有限公司	广东	12 182 397	944 938	26 877 405	12 441 034	—
22	浙江省物产集团公司	浙江	10 730 856	96 575	2 916 668	690 104	16 074
23	中国航空油料集团公司	北京	10 632 154	120 985	2 385 670	1 103 618	8 192
24	江苏苏宁电器集团有限公司	江苏	10 234 242	225 993	2 161 853	911 232	110 433
25	中国铁路物资总公司	北京	10 020 276	51 241	2 765 291	449 387	7 093
26	中国太平洋保险（集团）股份有限公司	上海	9 783 500	141 500	31 939 000	4 922 800	64 131
27	中国机械工业集团有限公司	北京	9 741 658	294 631	8 051 402	1 882 263	86 382
28	中国外运长航集团有限公司	北京	9 462 482	481 807	10 048 625	4 653 760	88 393
29	山西煤炭运销集团有限公司	山西	9 023 941	440 847	4 461 520	1 604 345	49 820
30	中国海运（集团）总公司	上海	7 486 153	737 327	11 267 920	681 151	46 124
31	天津市物资集团总公司	天津	7 371 435	32 438	3 268 700	557 428	4 717
32	珠海振戎公司	北京	6 729 359	11 756	459 705	121 943	317
33	泰康人寿保险股份有限公司	北京	6 507 674	168 707	1 197 738	627 977	16 702
34	大连大商集团有限公司	辽宁	6 255 500	25 978	1 275 101	398 206	167 245
35	中国南方航空集团公司	广东	5 717 384	-507 864	8 894 333	919 439	52 596
36	中国航空集团公司	北京	5 580 914	-819 781	10 956 614	2 580 935	42 520
37	新华人寿保险股份有限公司	北京	5 568 278	186 776	16 511 566	—	250 000
38	招商银行股份有限公司	广东	5 530 800	2 107 700	157 179 700	7 951 500	36 916
39	沈阳铁路局	辽宁	5 404 831	-285 255	10 867 489	7 952 332	261 808
40	上海铁路局	上海	5 329 808	-169 095	17 720 736	12 956 002	163 900
41	广东物资集团公司	广东	5 180 738	22 982	1 335 338	367 003	5 710
42	北京铁路局	北京	5 132 223	-203 370	12 738 844	7 969 466	199 120
43	太原铁路局	山西	5 045 295	801 527	10 322 889	6 772 294	114 503
44	国美电器控股有限公司	北京	4 588 926	—	—	—	—
45	中国医药集团总公司	北京	4 527 221	146 782	2 380 352	741 578	17 089
46	中国港中旅集团公司	北京	4 365 356	135 489	4 573 841	2 073 145	40 534
47	浙江省兴合集团公司	浙江	4 316 727	14 745	1 454 707	142 103	11 546
48	广东省广新外贸集团有限公司	广东	4 253 340	36 992	1 177 271	286 343	8 459
49	中国东方航空股份有限公司	上海	4 184 236	—	—	—	—

续 表

名 次	企业名称	地 区	营业收入（万元）	利 润（万元）	资 产（万元）	所有者权益（万元）	从业人数
50	广州铁路（集团）公司	广 东	4 163 209	－138 604	14 386 643	10 076 534	164 739
51	万科企业股份有限公司	广 东	4 099 178	463 987	11 923 658	3 881 855	16 515
52	山东省农村信用社联合社	山 东	4 080 034	410 241	61 768 907	—	63 124
53	中国农业生产资料集团公司	北 京	4 060 076	21 600	1 464 994	295 180	4 933
54	国家开发投资公司	北 京	3 792 682	396 809	17 136 863	5 588 120	63 117
55	郑州铁路局	河 南	3 686 293	167 012	9 338 993	6 693 926	112 517
56	上海绿地（集团）有限公司	上 海	3 682 006	233 887	4 210 701	945 756	2 600
57	浙江省能源集团有限公司	浙 江	3 650 655	51 844	8 576 635	3 890 636	11 266
58	成都铁路局	四 川	3 601 845	－588 726	10 815 617	9 147 857	123 156
59	厦门建发集团有限公司	福 建	3 600 061	33 168	2 862 656	850 309	14 482
60	中国民生银行股份有限公司	北 京	3 501 700	788 500	105 435 000	5 388 000	19 853
61	浙江省国际贸易集团有限公司	浙 江	3 396 523	67 978	1 466 201	500 844	11 566
62	中国诚通控股集团有限公司	北 京	3 229 997	32 624	2 276 045	975 032	20 005
63	中国通用技术（集团）控股有限责任公司	北 京	3 071 025	159 715	3 632 508	1 404 952	18 016
64	物美控股集团有限公司	北 京	3 064 781	51 424	957 948	474 083	28 933
65	安徽省徽商集团有限公司	安 徽	3 028 194	—	806 039	36 398	15 000
66	兴业银行股份有限公司	福 建	2 971 498	1 138 503	102 089 882	4 902 205	19 536
67	哈尔滨铁路局	黑龙江	2 966 575	－695 615	4 150 833	1 744 545	183 680
68	武汉铁路局	湖 北	2 879 935	42 996	6 773 008	5 235 747	88 911
69	济南铁路局	山 东	2 864 349	－101 464	6 552 416	4 744 559	91 093
70	东方国际（集团）有限公司	上 海	2 799 445	21 049	1 195 527	405 976	7 233
71	西安铁路局	陕 西	2 697 557	－126 733	8 971 910	6 497 212	88 730
72	中国中纺集团公司	北 京	2 689 159	26 211	88 655	4 449 522	13 565
73	广东省交通集团有限公司	广 东	2 565 322	305 180	13 364 807	4 448 406	45 315
74	呼和浩特铁路局	内蒙古	2 503 976	－206 830	3 366 482	1 777 697	55 748
75	海航集团有限公司	海 南	2 482 764	6 369	8 450 723	1 956 496	35 592
76	新疆广汇实业投资（集团）有限责任公司	新 疆	2 448 397	114 110	2 093 143	911 982	20 289
77	庞大汽贸集团股份有限公司	河 北	2 412 020	64 293	641 181	217 840	13 497
78	北京控股集团有限公司	北 京	2 332 916	183 211	5 533 045	3 459 976	44 978
79	山西煤炭进出口集团有限公司	山 西	2 190 292	72 777	1 367 127	261 477	7 182
80	重庆商社（集团）有限公司	重 庆	2 172 003	18 740	1 072 897	297 262	79 811
81	兰州铁路局	甘 肃	2 156 186	21 296	4 613 768	3 954 392	77 298
82	中国长江三峡工程开发总公司	湖 北	2 127 633	850 697	22 417 909	15 536 770	10 112
83	华侨城集团公司	广 东	2 079 327	87 235	4 086 779	745 626	30 729
84	南昌铁路局	江 西	2 017 298	－191 456	8 393 309	7 634 623	94 490
85	合肥百货大楼集团股份有限公司	安 徽	1 939 962	12 030	334 075	118 725	20 000
86	中天发展控股集团有限公司	浙 江	1 890 096	54 072	1 158 467	236 294	63 121
87	太平人寿保险有限公司	上 海	1 876 861	26 871	5 991 353	271 885	12 415
88	山东省商业集团总公司	山 东	1 870 000	54 922	2 021 896	21 556	—
89	申能（集团）有限公司	上 海	1 866 849	96 325	6 020 347	3 644 468	12 704
90	南宁铁路局	广 西	1 835 865	－62 290	3 370 396	2 739 635	63 890
91	江苏国泰国际集团有限公司	江 苏	1 821 002	31 665	493 373	170 186	15 000
92	浙江远大进出口有限公司	浙 江	1 818 730	1 578	195 294	24 079	400
93	上海国际港务（集团）股份有限公司	上 海	1 814 048	461 934	5 908 129	2 987 584	22 393
94	天津一商集团有限公司	天 津	1 780 376	4 650	571 795	91 339	4 377
95	广东发展银行股份有限公司	广 东	1 771 099	278 401	54 601 535	1 960 172	13 180
96	厦门象屿集团有限公司	福 建	1 765 096	22 170	766 888	174 856	2 721
97	华夏银行股份有限公司	北 京	1 761 137	307 084	73 163 719	2 742 136	11 109
98	南京医药产业（集团）有限责任公司	江 苏	1 704 623	18 427	977 120	391 962	13 002
99	南京物资实业集团总公司	江 苏	1 699 234	－4 877	320 592	34 041	2 733
100	厦门国贸集团股份有限公司	福 建	1 682 005	26 696	878 142	261 709	1 587

中国企业管理年鉴

（2010卷）

钢铁、机械、有色金属、通信等行业

（排名不分先后）

- ❖ 鞍山钢铁集团公司
- ❖ 首钢集团
- ❖ 河北钢铁集团承钢公司
- ❖ 攀钢集团有限公司
- ❖ 南京钢铁联合有限公司
- ❖ 天津钢管集团股份有限公司
- ❖ 中国南车股份有限公司
- ❖ 中国冶金科工股份有限公司
- ❖ 中国黄金集团公司
- ❖ 中国北方工业公司
- ❖ 长沙中联重工科技发展股份有限公司
- ❖ 中国移动通信集团广东有限公司
- ❖ 中国移动通信集团浙江有限公司
- ❖ 大唐电信科技产业集团
- ❖ 吉林敖东医药有限责任公司
- ❖ 中国石油四川销售分公司
- ❖ 浙江传化物流基地有限公司

鞍山钢铁

鞍山钢铁集团公司是新中国首个恢复建设的大型钢铁联合企业和钢铁生产基地。1949—2009年，鞍钢累计生产铁近4亿吨、钢4亿多吨、钢材近3亿吨；上缴利税1 314亿元，相当于国家对鞍钢投入的24.3倍。

党委书记、总经理 张晓刚

近年来，鞍钢大力推进“四个转变”发展战略：在长大方式上，从投资新建为主向投资新建与兼并重组并重转变；在产业布局上，从内陆发展向沿海发展和国际化经营转变；在自主创新上，从核心技术的“追随者”向“领跑者”转变；在对外输出上，从单一的产品输出向技术输出和管理输出转变。

目前，“四个转变”战略取得了显著成效，企业发展达到新高度。建立了鞍山、鲅鱼圈、朝阳三大精品钢材生产基地，形成了跨区域、多基地、国际化的发展格局。国际化经营实现历史性突破，建立了鞍钢首个海外原料生产基地、首个从事海外销售业务的合资公司、首个海外钢材加工基地。加强与国外著名企业的合资合作，大力提升了多角化经营的档次。积极探索引领世界钢铁工业发展的绿色样板工厂模式，自主建设的鲅鱼圈新区已成为世界一流水平的实践循环经济的示范基地。2009年铁、钢、钢材产量创历史新纪录，全年生产铁2 051万吨、钢2 013万吨、钢材1 900万吨，同比分别增长27.6%、25.5%和26.7%；在钢材售价比上年下降28.0%的情况下，全年实现营业收入803亿元、利润总额40亿元。在同行业出口大幅下降情况下，依然保持了全国钢铁企业出口排名第二的成绩。吨钢综合能耗、吨钢耗新水等12项主要技术经济指标创历史新高。

集团公司

鞍山钢铁集团公司：
2009年度中国最诚信企业

荣誉证书
鞍山钢铁集团公司：
2009年度
最具影响力企业
2010年1月

电话：（0412）6723090
传真：（0412）6723080
地址：鞍山铁西区环钢路1号
邮编：114021

全国企事业知识产权示范单位
中华人民共和国国家知识产权局
二〇〇九年十二月

荣誉证书

拼争　奉献

首钢集团

首钢集团始建于1919年。新中国成立后特别是改革开放以来获得巨大发展，成为以钢铁业为主，兼营采矿、机械、电子、建筑、房地产、服务业、海外贸易等多种行业，跨地区、跨所有制、跨国经营的大型企业集团。首钢总公司为母公司，下属股份公司、新钢公司、迁钢公司、首秦公司、首钢京唐公司、顺义冷轧公司、水城钢铁公司、长治钢铁公司、贵阳特殊钢公司、自动化信息公司、机电公司、特钢公司、首建公司、房地产公司、实业公司、国际贸易工程公司等子公司，在香港有上市公司，在南美洲有秘鲁铁矿等海外企业。

2009年首钢集团销售收入1 302亿元，实现利润13.3亿元，钢产量1 942万吨。在中国制造业500强中，首钢销售收入列第12位,在中国企业500强中首钢列第39位。

首钢正在进行没有先例的特大型钢铁企业搬迁调整，2008年压缩北京地区400万吨钢产量，2010年底全部停产；联合唐钢，在河北曹妃甸建设首钢京唐钢铁公司，第一步工程2009年5月投产，一个代表当今国内外先进水平的钢铁精品生产基地到2010年基本建成。经过搬迁调整和跨地区联合重组，将形成3 000万吨级企业集团，产业结构、产品结构、产业布局和工艺装备将跨入世界先进行列。实施北京首钢工业区改造，在北京发展总部经济、高端金属材料、高端装备制造、汽车零部件、生产性服务、文化创意产业，一个自主创新型、运行高效型、循环经济型、和谐发展型的新首钢将展现在世人面前。

风景优美的首钢厂区

首钢冷轧薄板有限公司生产线

首钢迁钢公司热连轧生产线

电话：（010）88291404

传真：（010）88295578

地址：北京市石景山区石景山路68号

邮编：100041

HBIS 河北钢铁

董事长、总经理　牟文恒

河北钢铁集团承钢公司（简称“承钢”）始建于1954年，是国家“一五”时期前苏联援建的156项重点工程之一。1965年，钒钛磁铁矿高炉冶炼技术攻关在承钢获得成功，解决了钒钛磁铁矿高炉冶炼技术的世界性难题，奠定了中国钒钛钢铁产业的发展基础。2006年1月，承钢与唐钢、宣钢组建成立了唐钢集团。2008年6月，唐钢集团与邯钢集团组建成立了河北钢铁集团，承钢成为河北钢铁集团一级子公司。

厂貌一景

片剂钒生产工序

集团承钢公司

50多年来，承钢不断发展和完善钒钛磁铁矿的冶炼技术、钒的提取技术和加工应用技术，形成了以钒钛产品和含钒钛低合金钢材为主业的钒钢生产体系。主要产品有长材、板材、钒、钛四大系列。2009年，承钢形成钢产能800万吨、钒渣产能36万吨、钒产品产能3万吨规模，主体装备实现了大型化、现代化。

承钢是中国建筑钢筋升级换代先导企业，率先在中国研制成功新Ⅲ级、Ⅳ级螺纹钢筋。含钒钛低合金螺纹钢筋广泛应用于国家重点工程，如长江三峡大坝、中国大剧院、北京奥运场馆等，燕山牌含钒螺纹钢筋经审核确认为国家首批钢筋混凝土用热轧带肋钢筋免检产品，并多次获得国家质量和服务方面的最高奖项。

电话：（0314）4070114

传真：（0314）4076781

地址：河北承德市双滦区

邮编：067002

炼铁生产工序

炼钢连铸生产工序

攀钢集团有限公司是跨地区、跨行业的现代化大型钢铁钒钛企业集团。其所处的攀西地区矿产资源丰富，钛资源储量居中国和世界的首位；钒资源储量居世界第三、中国首位；铁矿石储量，中国第二。

攀钢，经过40多年的奋斗，培育了雄厚的科研实力，人才济济，科技创新竞争力行业领先（排名第二），拥有上百项发明专利，已形成钒钛、大型材、板材、管材、棒线材、特钢等六大系列产品：

是规模世界第二、技术世界领先的钒制品生产企业。其工艺技术和竞争力国际领先，产品市场居国内垄断地位，拥有精钒渣、V_2O_3、V_2O_5、钒氮合金等系列产品；

是中国钛产业链制备技术完整拥有的独家企业和中国极为重要的钛产业基地。其钛白粉生产技术与质量国内领先，钛精矿、钛渣规模国内居首；

是中国重要的铁路用钢基地，拥有世界领先的重轨装备与工艺制造开发技术，是中国首家、世界第3家能够按国际行业先进水平提供高强度100米长尺高速铁轨的企业，其所铺设京津城际高速铁轨创造了时速394.3公里／小时的中国速度；

还是中国品种结构完备的无缝钢管和重要的军工、核工业的特钢配套生产基地。拥有国际一流水平的Φ340毫米、Φ159毫米连轧管机组和Φ508毫米周期轧管机组，是中国高温合金、高合金工模具钢的重要制造者。

也是绿色家电用板的率先推出者，历史性推动了我国家电用钢生产的无公害化发展，其产品的优异性能深受国内外客户的好评。

攀钢正按照“做大钒钛、做精钢铁、做好资源、做强企业”四大战略思路，扎实推进“资源战略、精品战略、科技创新战略、人才强企战略、管理流程再造战略”等五大战略措施，努力把攀钢建设成为具有国际竞争力的现代化大型钢铁钒钛企业集团。

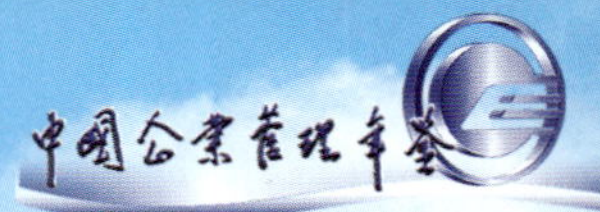

有 限 公 司

能生产100米长高速钢轨的万能轧机

340毫米大口径无缝钢管生产线

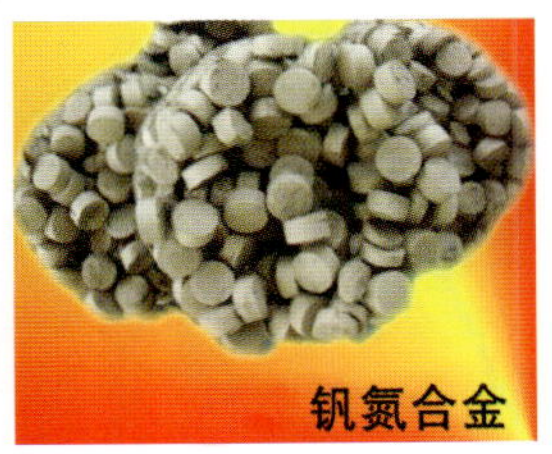
钒氮合金

钒渣

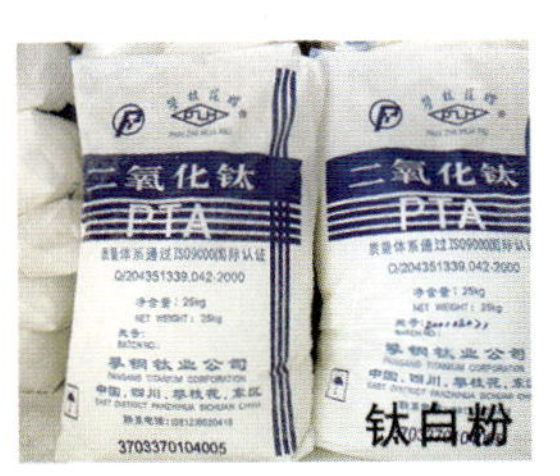

钛白粉

冷轧热镀锌铝产品

无缝钢管
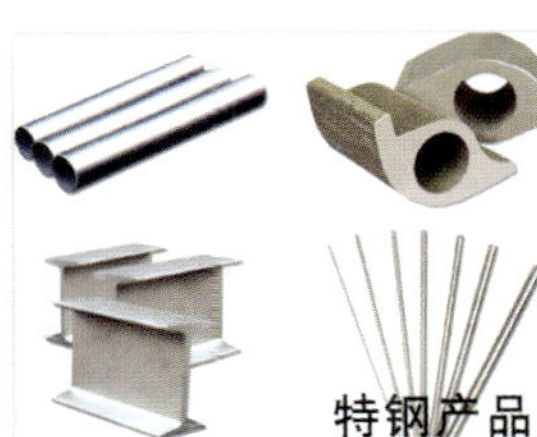
特钢产品

电话：（0812）3394123
传真：（0812）3392222
地址：四川攀枝花市东区向阳村
邮编：617067

南京钢铁联合有限公司（简称“南钢”）传承于南钢集团有限公司，始建于1958年。2009年，南钢集团完成销售收入513亿元。作为南钢集团核心企业，经过50余年的艰苦创业和创新发展，现已发展成为以精品板材为主、优特钢为支撑的特大型钢铁联合企业，具备年产650万吨钢、650万吨材的综合生产能力。2009年产钢650万吨，钢材601万吨，实现营业收入247亿元，利税19.2亿元。在年产500万吨钢以上企业排名中，经济效益综合指数、全员劳动生产率、资本产出率排名首位；人均利税、人均产钢、流动资产周转率、吨钢工资第二；人均利润、存货周转率第三，均居全国钢铁行业领先水平。南钢以全国第20位的中等规模产能，取得了综合经济效益指标全国排名首位的佳绩，被誉为是集约化高效运作、实施“又好又快”发展的都市周边型钢铁企业发展模式的一个代表。

南钢落实科学发展观，大力发展循环经济，创新实施模式，成为“全国冶金行业节能减排示范基地”，领先进入全国钢铁行业“国家循环经济标准化试点单位”

南钢在提升核心竞争力的同时，注重社会衡量和政府评价，以期在外部评价中获取发展的空间，不仅荣获2009年全国质量奖，并先后获得了全国五一劳动奖状、全国优秀思想政治工作企业、中国质量鼎、全国守合同重信用企业、2009年中国最诚信企业、全国质量效益型企业、全国用户满意企业、全国企业文化建设先进单位和全国企业文化百佳贡献单位、江苏省质量奖、江苏省企业文化先进单位等，连续16年被评为江苏省文明单位，连续8年获得江苏省文明单位标兵称号。

电话：（025）57074913

地址：江苏南京市六合区卸甲甸

邮编：210035

http：//www.njsteel.com.cn

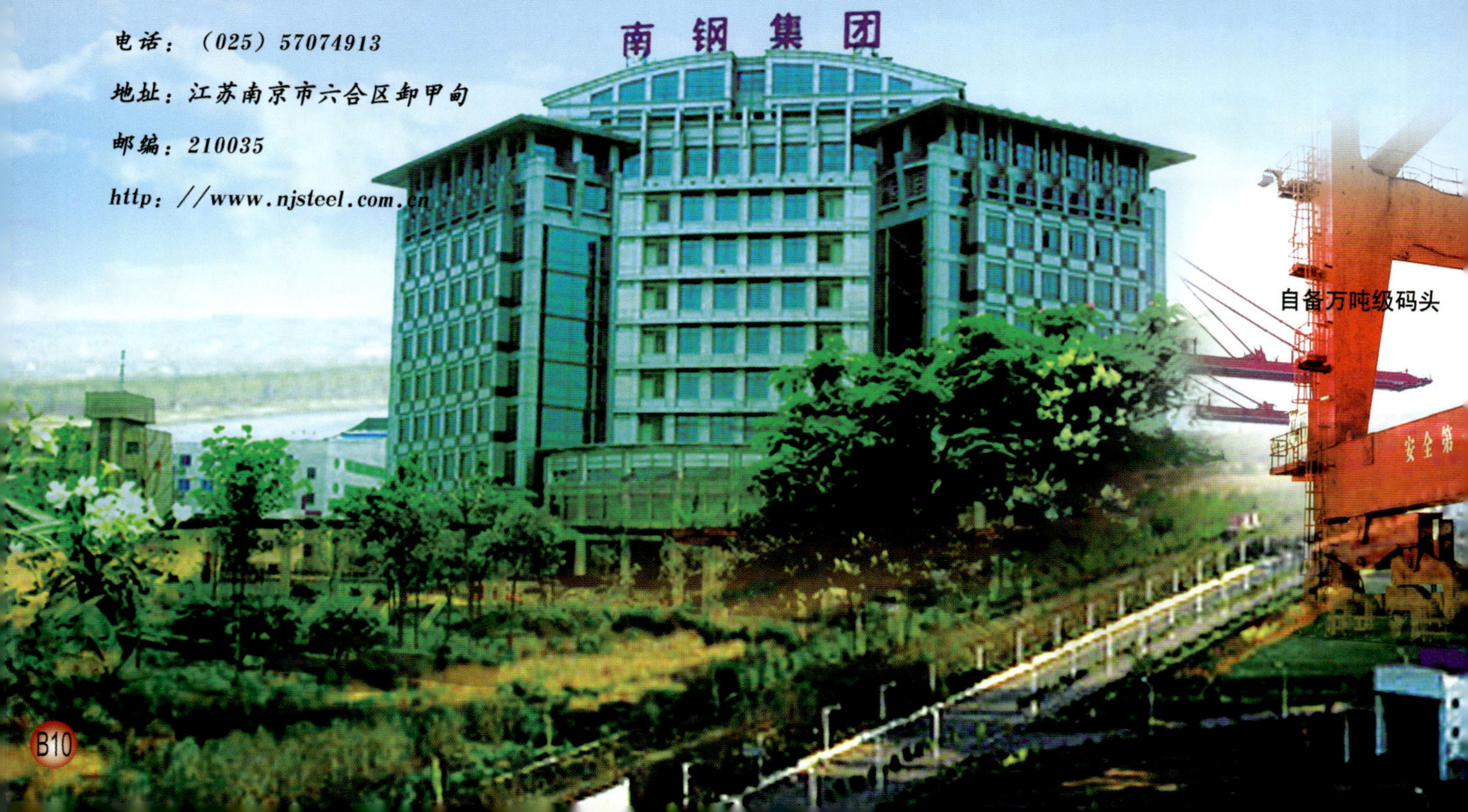

南钢集团

自备万吨级码头

焦化的春天

绿宝石

新南钢之夜

江畔明珠

天津钢管集

天津钢管集团股份有限公司俗称天津“大无缝”，是我国“八五”期间国家重点建设项目，是目前我国列首位的石油套管生产基地。

公司始建于1989年6月，产品结构主要有无缝钢管、铜线杆、不锈钢薄板、彩涂板、气瓶五大类；主要品种有：石油套管、管线管、高中低压锅炉管、气瓶管、结构管、液压支架管、高压化肥管、石油裂化管、蓄能器管、铜线杆、不锈钢薄板、彩涂板、气瓶等。

2009年全年钢产量218万吨，钢材产量273万吨，其中无缝钢管249万吨（含石油套管105万吨），不锈钢薄板12.4万吨，彩涂板11.7万吨，铜材16万吨，气瓶121万支；完成工业总产值466亿元，销售收入613亿元。

2009年，在新中国成立60周年之际，天津无缝钢管工程获“新中国成立60周年百项经典暨精品工程”称号；《大型钢管企业的供应链风险管理》获得“第十六届全国企业管理现代化创新成果一等奖”，这是天津钢管集团第三次获此殊荣。

电话：（022）24802625
传真：（022）24360649
地址：天津市东丽区津塘公路396号
邮编：300301

团股份有限公司
150吨超高功率电弧炉
BRONX/TAYLOR-WILSON
套管生产线
世界首套PQF连轧管机组

时速380公里高速动车组头车精彩亮相上海世博会

12月26日凌晨，动车组在武汉动车组基地整装待发

12月26日，武广高速铁路正式投入运营，自主研制的22列CRH2C型动车组首发上线运营

CRH2型高速动车组奔驰在北京城区

中国南车制造的CRH2型高速动车组在郑西线运行

中国南车

2日，株机公司自主研制的大功率交流传动六轴7 200千瓦电力机车成功下线

我国自主化程度最高的大功率交流传动六轴7 200千瓦电力机车

主研制的“和谐1型”六轴大功率交流传动9 600千瓦
力机车

出口马来西亚机车

HXN5型内燃机车

新型直线电机地铁车辆在广州地铁5号线投入运营

广州地铁2、8线车辆

载重100吨运煤专用敞车

世界500强企业

工程承包/资源开发/装备制造/房地产开发

Fortune 500 Firm

Engineering and Construction/Resources Development/Equipment Manufacturing
Property Development

上海世博会主题馆——公司承建了2010年上海世博会超过1/3的场馆工程及大量配套工程，成为完备提供综合建设服务的工程承包商

巴布亚新几内亚瑞木镍红土矿——是目前中国公司在海外投资金属矿产资源列首位的项目之一，并且公司以工程总承包的形式承揽了该项目的设计及施工

南京莲花村经济适用房A区效果图总体鸟瞰

国家体育场（鸟巢）——北京奥运会主场馆。是迄今为止世界上结构复杂、技术含量高、施工难度空前的钢结构工程。公司负责了鸟巢东区的安装及检测

中国黄金集团公司

China National Gold Group Corporation

总经理、党委书记 **孙兆学**

中国黄金集团公司组建于2003年，其前身为1979年成立的中国黄金总公司。中国黄金总公司长期与国家黄金管理部门实行“一个机构、两块牌子”的管理体制，对全国范围内的黄金企事业单位进行行业管理。是央企黄金行业中的一枝独秀，位居我国黄金企业之首。

集团主要从事金、银、铜、钼等有色金属的勘察设计、资源开发、产品生产和销售以及工程总承包等业务，目前已发展成为集地质勘探、矿山开采、选矿冶炼、产品精炼、加工销售、科研开发和工程设计与建设于一体的综合性大型矿业公司。

集团目前黄金资源控制量超过1 250吨，名列国内首位；铜资源储量800万吨，名列全国有色行业前5位；钼资源储量160万吨，名列全国有色行业前3位；总资产超过370亿元。全集团日处理矿石总量达15万吨，年产黄金125吨，其中矿产金32吨。集团拥有二级子公司57家，广泛分布于我国26个省、自治区，其中上市公司2家（境内A股市场“中金黄金”以及加拿大多伦多交易所“金山矿业”）。

签约仪式

投产仪式

地址：北京市东城区柳荫公园南街1号

邮编：100011

http：//www.chinagoldgroup.com

中国北方工业公司是产品经营与资产经营相结合，集研发、生产、销售、服务为一体的企业集团，主要从事防务产品、石油及矿产资源开发、国际工程承包、光电、民爆化工、警用装备、车辆、物流等业务。资产和销售收入位居中国大型500家国有企业前列。

北方工业面向市场，不断开发高新技术防务产品，在精确打击、两栖突击、远程压制、防空反导、信息夜视、高效毁伤、轻武器、反恐防暴等方面，显示了中国国防科技工业的雄厚实力，并以一流的产品和服务赢得了各国用户的信赖。

北方工业以共同发展为宗旨，与国内外一流石油、矿产企业合作，开展石油及矿产资源的勘探、开发、贸易业务，大力推动石油、矿产资源的产业化发展。

北方工业的国际工程承包、仓储物流、车辆等业务创立了自身品牌，民爆化工、光电、警用装备等业务在技工贸结合基础上形成了较强竞争力。北方工业连续多年进入全球225家大型国际承包商前列，多家控股子公司连续多年获得国家质量效益型先进企业称号。

北方工业倡导合作与共赢，不断提升国际国内两个市场统筹运作能力，建立了遍布全球的经营和信息网络，形成了多元化的市场格局。

北方工业将不断推动产品创新、技术进步和服务提升，与国内外各界朋友分享发展成果，共创美好未来！

国防产品

ZOOMLION

思想构筑未来

专业 重工 科技

中联重工科技发展股份有限公司创建于1992年，2000年10月在深交所上市（简称“中联重科”，股票代码000157），是中国工程机械装备制造领军企业，全国首批创新型企业之一。主要从事建筑工程、能源工程、交通工程等国家重点基础设施建设工程所需重大高新技术装备的研发制造。公司注册资本19.7亿元，员工20 000多人。2009年，中联重科下属各经营单元实现产值337亿元，利税超过42.5亿元。

中联重科秉承“至诚无息 博厚悠远”的企业文化理念，内源式发展与外延式发展并重。目前，生产经营基地分布于中国湖南、上海、陕西、广东以及意大利米兰等地，已形成中联科技园、麓谷工业园、泉塘工业园、常德灌溪工业园、汉寿工业园、望城工业园、益阳沅江工业园、上海工业园、陕西渭南工业园、意大利CIFA工业园等产业园区，总面积近300万平方米。拥有国际一流的超大型钢结构厂房、现代化的加工设备和自动化生产线，拥有覆盖全国、延伸海外的完备销售网络，强大服务体系。公司质量、环境和职业健康安全一体化管理体系获得德国莱茵TÜV认证，在国内建筑机械行业率先按照欧盟标准推行产品CE认证，并获得俄罗斯GOST认证、韩国安全认证。

中联重科自成立以来年均增长速度超过60.0%，目前生产具有完全自主知识产权的13大类别、28个系列，450多个品种的主导产品，是全球产品链最齐备的工程机械企业。其中，2008年收购意大利CIFA公司后，混凝土机械产品市场占有率跃居全球首位。中英文商标——“中联”与“ZOOMLION”均获认定为“中国驰名商标”，多个系列产品获中国免检产品、中国名牌产品称号。

中联重科是国际一流的混凝土机械设备制造商，全国工程机械行业利润排名前列；上海、深圳上市公司综合绩效排名前列；进入“中国企业500强”，“中国机械工业50强”；全国用户满意企业；被评为中国工业现代化管理进步示范企业；获得全国五一劳动奖状、中国自主创新能力十强、中华慈善事业突出贡献奖、全国抗震救灾英雄集体等奖项和荣誉。

全球经济一体化趋势下，中联重科以产品系列分类，形成混凝土机械、工程起重机械、城市环卫机械、建筑起重机械、路面施工养护机械、基础施工机械、土方机械、专用车辆、液压元器件、工程机械薄板覆盖件、消防设备、专用车桥等多个专业分、子公司，打造一个国际化工程机械产业集群，朝着年销售收入千亿目标进军！

中联重工科技发展股份有限公司
ZOOMLION HEAVY INDUSTRY SCIENCE & TECHNOLOGY DEVELOPMENT CO.,LTD.
地址：湖南长沙银盆南路361号
电话：（0731）88923899　88928181
传真：（0731）88807313
www.zoomlion.com

广州2010年亚运会信息与通信服务高级合作伙伴
Guangzhou 2010 Asian Games Information and Telecom Services Prestige Partner

中国移动通信集

移动改
精彩

电话：(020) 83899777
地址：广州市天河区华夏路新全球通大厦
http://gd.10086.cn/

中国移动通信集团广东有限公司（简称“中国移动广东公司”）隶属于中国移动通信集团公司，是中国移动有限公司在广东设立的全资子公司，主要经营广东地区的移动话音基本业务、移动互联网业务和3G等信息服务。在地方各级政府和广大客户的大力支持下，公司以“正德厚生，臻于至善”的企业文化为指引，以争创世界一流通信企业为目标，不断创新发展模式，提升客户价值，促进企业从优秀到卓越的新跨越。

2009年以来，中国移动广东公司积极响应国家号召，勇当先锋，积极发挥“TD-SCDMA+WLAN”的网络优势，率先在全国打造“无线城市群”，重点打造手机一卡通、智慧医疗、智慧交通、智慧教育等十大应用，全力助推“智慧广东”建设，持续推进移动信息化普及深化和创新发展。

移动改变生活，精彩无线城市。中国移动与您携手，迈向新城市、新生活、新未来！

中国移动与

团广东有限公司

生活

线城市

签订战略合作协议

广东移动助力政府，全力打造“精彩亚运”

党组书记、董事长、总经理 徐 龙

中国移动通信

党组书记、董事长、总经理　钟天华

中国移动通信集团浙江有限公司是中国移动通信集团内率先在香港、纽约上市的子公司。公司客户数和运营收入在中国移动通信集团连续12年稳居前3位。作为省内排头兵的电信运营企业，公司规模保持快速增长，截至2009年，通话用户数近4 000万，运营收入319亿元。自改制上市以来，公司累计上缴各类税收近300亿元，一直列浙江省第二纳税大户。

公司秉承“正德厚生、臻于至善”的核心价值观，努力推进企业的和谐新跨越。紧紧围绕“便捷服务、满意100”的服务主线，建立和完善以“客户为中心”的服务体系，服务水平始终保持行业领先；坚持“网络质量是通信企业生命线”的宗旨，以客户感知为中心加大网络建设力度，积极开展TD网络的运营，杭州被评为全国TD网络质量示范区；充分发挥运营商在产业链中的作用，带动整个产业链共同繁荣，每年直接带动就业超过10万人；2009年在全国率先促成集团公司和省级人民政府开展战略合作，开启地企合作的新篇章，被推广至全国。

多年来，公司先后获得：全国五一劳动奖状、全国质量奖、全国用户满意企业、全国文明单位、全国企业管理创新成果一等奖、全国通信行业企业管理现代化创新杰出企业、全国行风建设先进单位、全国工人先锋号、全国模范职工之家等。

电话：13905710571
地址：浙江杭州市环城北路288号
邮编：310006

正德厚生　臻于至善

集团浙江有限公司

平安校园捐赠仪式

大唐电信集团
创新 市场 诚信 责任
大唐电信科技产业集团
学院路40号
40 Xueyuan Road

大唐电信科技产业集团是国务院国有资产监督管理委员会管理的一家专门从事电子信息系统装备开发、生产和销售的大型高科技中央企业，总部位于北京，在上海、天津、成都、西安、重庆、深圳等主要经济发达城市设有研发与生产基地。目前拥有无线移动通信、集成电路设计与制造、特种通信三大产业。围绕三大主要产业，集团在物联网、TD-SCDMA产业发展基金、增值业务孵化、IT销售渠道等方面不断开拓发展。目前，已成为TD-SCDMA市场主流供应商，实现了技术优势向市场优势的转变。

集团以“创新沟通未来—信息通信价值创造者”为企业使命愿景，倡导“创新、市场、诚信、责任”的企业价值观。

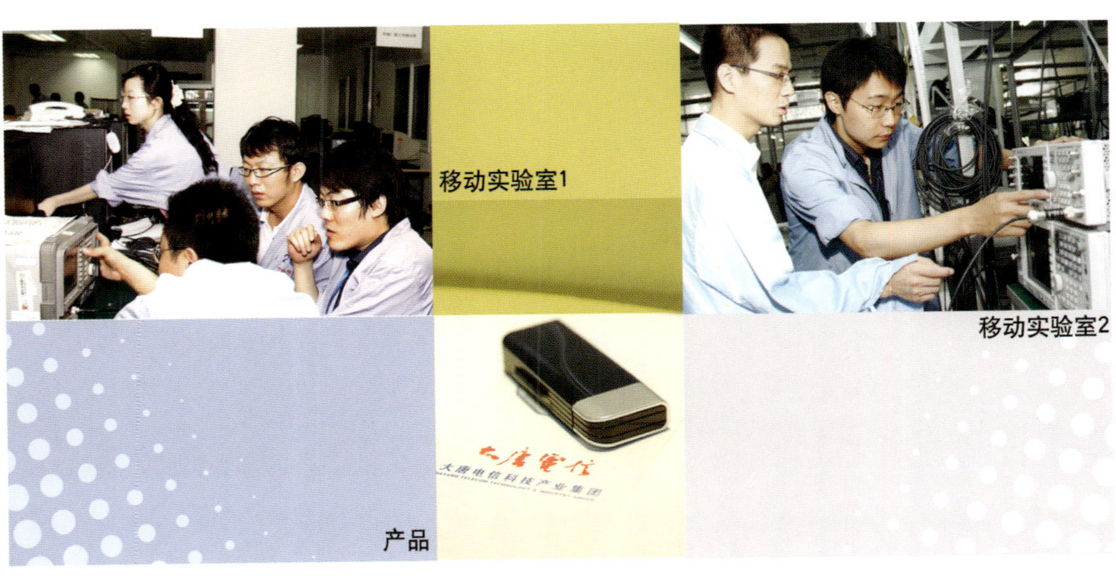

移动实验室1

移动实验室2

产品

地址：北京市海淀区学院路40号

邮编：100191

中国石油四川销售分公司

中国石油四川销售分公司成立于1952年8月，是中国石油在四川境内设立的地区销售分公司，主要从事成品油批发和零售经营业务。公司现有员工16 900人，至2009年资产总额逾64亿元，拥有在用油库28座，总库容78万立方米，拥有加油站1 400多座，营销网络遍布全省，是四川省成品油供应的主渠道。2009年销售成品油524.9万吨，市场占有率80.0%左右，实现销售收入302亿元，利润10.6亿元，上缴税收8.1亿元。近年来，公司多次受到省部委表彰，2004年荣获全国五一劳动奖状，2007年成功入选四川省79家大企业大集团培育名单，2008年荣获中共中央、国务院、中央军委授予的全国抗震救灾英雄集体称号。

未来发展中，公司将朝着“建设国际水准油品供应服务商”的目标，全面履行“保障供应、稳定市场，安全环保、和谐稳定，提高效益、树立形象，以人为本、富民强企”四项职能，大力实施“资源市场、终端网络、成本领先、管理创新、人才强企、文化兴企”六大战略，为保障四川成品油供应，促进四川经济社会发展做出新的更大贡献。

地址：四川成都市顺城大街206号四川国际大厦
邮编：610015

抗震救灾英雄集体

油 库

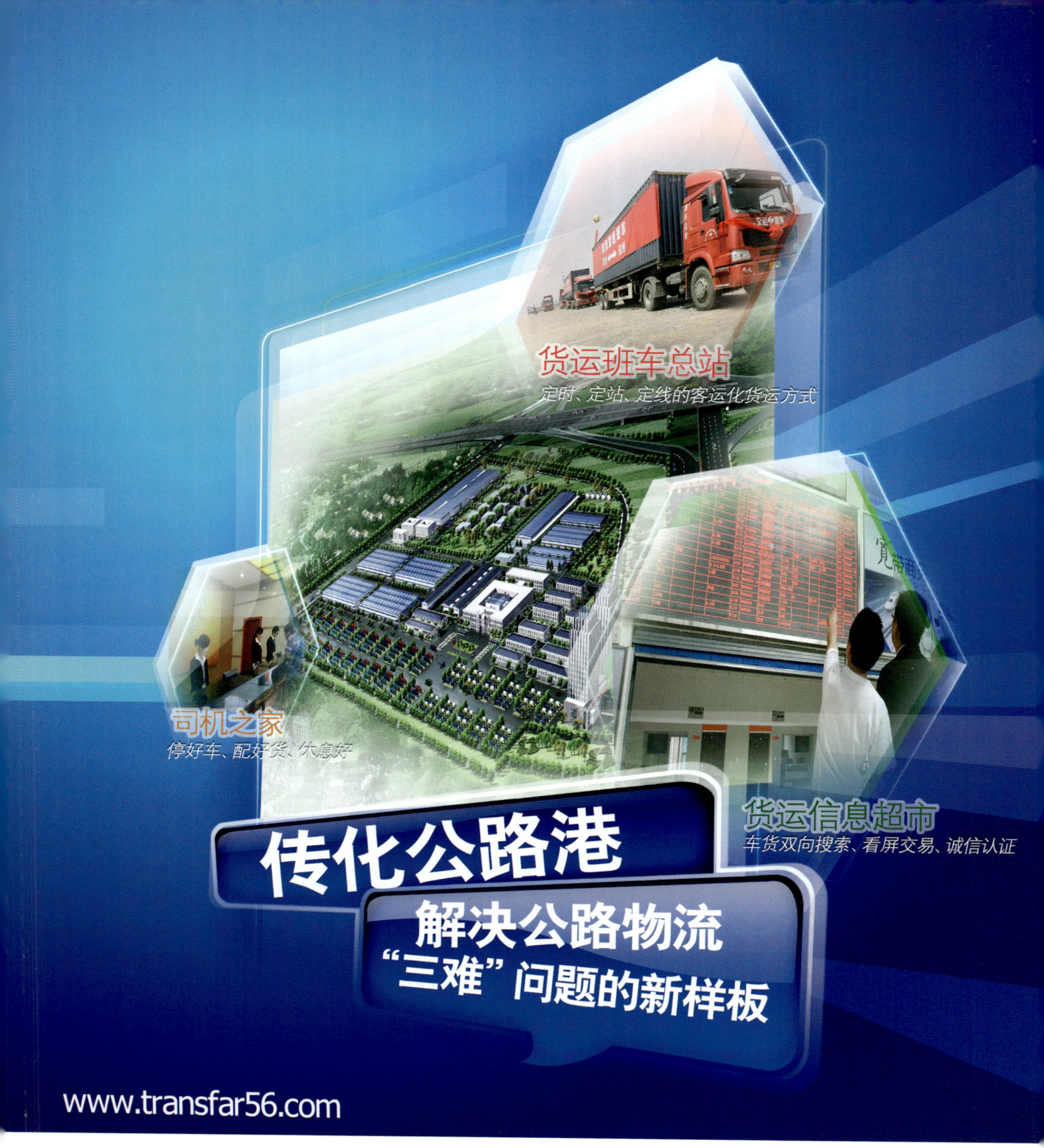

如何破解公路物流的中小物流企业创业发展难、社会车辆停车配货难、制造业企业物流业务外包难的“三难”问题，拉伸制约公路物流发展的短板？

传化物流倾心打造的“以信息交易为核心、以公路运输为依托、以国内物流为基础”的公路港物流平台，通过集聚整合“物流服务、物流载体和物流需求”三大资源，成为中小物流企业的孵化器，使货运司机享受到“停好车、配好货、休息好”的三好待遇，有效促进了制造企业与物流企业的完美联动。

2009中国企业500强利润排序前100家名单

名次	企业名称	500强排序	利润（万元）	名次	企业名称	500强排序	利润（万元）
1	中国工商银行股份有限公司	4	11 115 100	51	内蒙古伊泰集团有限公司	247	437 143
2	中国移动通信集团公司	5	10 881 490	52	中国兵器装备集团公司	33	433 656
3	中国建设银行股份有限公司	6	9 264 200	53	广东省粤电集团有限公司	124	426 899
4	中国石油天然气集团公司	2	7 138 172	54	兖矿集团有限公司	121	424 276
5	中国银行股份有限公司	8	6 507 261	55	中国南方电网有限责任公司	11	413 763
6	中国农业银行股份有限公司	9	5 145 300	56	山东省农村信用社联合社	152	410 241
7	中国海洋石油总公司	17	3 347 370	57	河南煤业化工集团有限公司	68	407 456
8	神华集团有限责任公司	36	3 158 833	58	新汶矿业集团有限责任公司	186	401 682
9	交通银行股份有限公司	41	2 842 300	59	红塔烟草（集团）有限责任公司	122	400 855
10	招商银行股份有限公司	96	2 107 700	60	国家开发投资公司	160	396 809
11	中国联合网络通信集团有限公司	20	1 966 483	61	紫金矿业集团股份有限公司	323	389 402
12	宝钢集团有限公司	12	1 825 412	62	辽宁忠旺集团有限公司	315	387 159
13	中国中信集团公司	29	1 424 870	63	中国兵器工业集团公司	34	384 890
14	中国石油化工集团公司	1	1 363 007	64	山西焦煤集团有限责任公司	75	377 166
15	中国远洋运输（集团）总公司	18	1 315 509	65	中国五矿集团公司	21	376 832
16	上海烟草（集团）公司	123	1 187 548	66	中国航天科工集团公司	88	374 193
17	兴业银行股份有限公司	202	1 138 503	67	中国铁建股份有限公司	14	370 629
18	华润（集团）有限公司	46	944 938	68	日照钢铁控股集团有限公司	120	359 504
19	江苏沙钢集团有限公司	35	852 094	69	金川集团有限公司	97	357 850
20	中国长江三峡工程开发总公司	261	850 697	70	首钢总公司	39	336 638
21	中国中煤能源集团有限公司	76	850 205	71	中国人寿保险（集团）公司	7	328 742
22	东风汽车公司	30	811 299	72	中国冶金科工集团公司	27	327 508
23	太原铁路局	109	801 527	73	浙江中烟工业有限责任公司	232	316 751
24	中国民生银行股份有限公司	178	788 500	74	雅戈尔集团股份有限公司	229	315 225
25	广州汽车工业集团有限公司	49	779 774	75	华夏银行股份有限公司	313	307 084
26	中国交通建设集团有限公司	22	776 690	76	河北钢铁集团有限公司	25	306 157
27	陕西延长石油（集团）有限责任公司	87	771 357	77	广东省交通集团有限公司	225	305 180
28	中国海运（集团）总公司	71	737 327	78	美的集团有限公司	69	305 101
29	中国第一汽车集团公司	28	678 790	79	山西晋城无烟煤矿业集团有限责任公司	132	303 150
30	中国广东核电集团有限公司	356	647 725	80	中国机械工业集团有限公司	59	294 631
31	中国中化集团公司	10	645 145	81	上海复星高科技（集团）有限公司	116	291 788
32	湖南中烟工业有限责任公司	129	617 139	82	南山集团公司	188	287 076
33	鞍山钢铁集团公司	62	597 371	83	湖南华菱钢铁集团有限责任公司	79	279 379
34	武汉钢铁（集团）公司	43	574 479	84	广东发展银行股份有限公司	309	278 401
35	北京银行	430	541 717	85	天津天狮集团有限公司	217	271 535
36	山东魏桥创业集团有限公司	70	541 517	86	安徽海螺集团有限责任公司	144	268 324
37	中国航空工业集团公司	32	533 462	87	冀中能源集团有限责任公司	149	258 357
38	中国船舶重工集团公司	53	511 584	88	上海外高桥造船有限公司	286	257 277
39	红云红河烟草（集团）有限责任公司	118	495 188	89	陕西有色金属控股集团有限责任公司	257	257 014
40	上海电气（集团）总公司	61	489 226	90	四川省宜宾五粮液集团有限公司	200	256 360
41	中国贵州茅台酒厂有限责任公司	488	486 262	91	中国平煤神马能源化工集团有限责任公司	80	255 423
42	中国外运长航集团有限公司	63	481 807	92	潍柴控股集团有限公司	113	255 203
43	万科企业股份有限公司	150	463 987	93	中国重型汽车集团有限公司	112	253 561
44	杭州娃哈哈集团有限公司	185	463 257	94	上海绿地（集团）有限公司	169	233 887
45	上海国际港务（集团）股份有限公司	303	461 934	95	山东大王集团有限公司	170	232 788
46	国家电网公司	3	461 842	96	江苏苏宁电器集团有限公司	54	225 993
47	中国建筑工程总公司	16	449 145	97	枣庄矿业（集团）有限责任公司	205	220 264
48	山西煤炭运销集团有限公司	65	440 847	98	江西铜业集团公司	90	218 100
49	天津汽车工业（集团）有限公司	74	440 775	99	中国建筑材料集团公司	85	216 647
50	华为技术有限公司	44	439 189	100	北京建龙重工集团有限公司	153	215 817
	中国企业500强平均数						245 547.12

2009中国企业500强收入利润率排序前100家名单

名次	企业名称	500强排序	收入利润率（%）	名次	企业名称	500强排序	收入利润率（%）
1	中国贵州茅台酒厂有限责任公司	488	45.13	51	中国煤炭科工集团有限公司	358	9.26
2	北京银行	430	44.03	52	广东省粤电集团有限公司	124	9.22
3	中国广东核电集团有限公司	356	43.36	53	上海人民企业（集团）有限公司	307	9.22
4	中国长江三峡工程开发总公司	261	39.98	54	中国中信集团公司	29	9.22
5	兴业银行股份有限公司	202	38.31	55	天津港（集团）有限公司	365	9.19
6	招商银行股份有限公司	96	38.11	56	兖矿集团有限公司	121	9.07
7	上海烟草（集团）公司	123	25.63	57	哈药集团有限公司	423	8.98
8	上海国际港务（集团）股份有限公司	303	25.46	58	南山集团公司	188	8.96
9	中国移动通信集团公司	5	24.08	59	恒丰银行	491	8.74
10	中国建设银行股份有限公司	6	22.99	60	浙江省交通投资集团有限公司	344	8.68
11	紫金矿业集团股份有限公司	323	22.93	61	特变电工股份有限公司	424	8.62
12	中国工商银行股份有限公司	4	22.68	62	红塔烟草（集团）有限责任公司	122	8.60
13	中国民生银行股份有限公司	178	22.52	63	四川省宜宾五粮液集团有限公司	200	8.53
14	辽宁忠旺集团有限公司	315	22.24	64	大连重工·起重集团有限公司	416	8.42
15	交通银行股份有限公司	41	21.94	65	长沙中联重工科技发展股份有限公司	235	8.39
16	神华集团有限责任公司	36	21.93	66	淮北矿业（集团）有限责任公司	245	8.26
17	世纪金源投资集团有限公司	492	19.12	67	山东晨鸣纸业集团股份有限公司	346	8.11
18	内蒙古伊泰集团有限公司	247	19.07	68	山东鲁北企业集团总公司	310	7.99
19	中国银行股份有限公司	8	18.47	69	北京控股集团有限公司	243	7.85
20	华夏银行股份有限公司	313	17.44	70	华润（集团）有限公司	46	7.76
21	中国海洋石油总公司	17	17.18	71	淄博矿业集团有限责任公司	393	7.64
22	晶龙实业集团有限公司	448	17.08	72	日照钢铁控股集团有限公司	120	7.62
23	美锦能源集团有限公司	495	15.90	73	湖北中烟工业有限责任公司	246	7.45
24	太原铁路局	109	15.89	74	枣庄矿业（集团）有限责任公司	205	7.43
25	广东发展银行股份有限公司	309	15.72	75	内蒙古鄂尔多斯羊绒集团有限责任公司	405	7.41
26	江苏扬子江船业集团公司	485	15.67	76	宝钢集团有限公司	12	7.40
27	中国农业银行股份有限公司	9	15.40	77	万达控股集团有限公司	459	7.28
28	杭州娃哈哈集团有限公司	185	14.11	78	山东魏桥创业集团有限公司	70	7.16
29	上海外高桥造船有限公司	286	13.59	79	三一集团有限公司	265	7.06
30	湖南中烟工业有限责任公司	129	13.57	80	河南神火集团有限公司	334	7.06
31	浙江中烟工业有限责任公司	232	12.90	81	正威国际集团有限公司	461	6.98
32	雅戈尔集团股份有限公司	229	12.64	82	中国远洋运输（集团）总公司	18	6.90
33	陕西延长石油（集团）有限责任公司	87	12.40	83	金东纸业（江苏）股份有限公司	201	6.83
34	新汶矿业集团有限责任公司	186	12.24	84	山西晋城无烟煤矿业集团有限责任公司	132	6.80
35	江门市大长江集团有限公司	434	12.18	85	广州汽车工业集团有限公司	49	6.75
36	中国中煤能源集团有限公司	76	11.93	86	西安电力机械制造公司	373	6.67
37	广东省交通集团有限公司	225	11.90	87	郑州宇通集团有限公司	381	6.66
38	陕西有色金属控股集团有限责任公司	257	11.89	88	陕西煤业化工集团有限责任公司	242	6.62
39	传化集团有限公司	378	11.73	89	河南中烟工业公司	274	6.57
40	万科企业股份有限公司	150	11.32	90	浙江吉利控股集团有限公司	415	6.56
41	中国联合网络通信集团有限公司	20	10.46	91	山东中烟工业公司	329	6.51
42	国家开发投资公司	160	10.46	92	金川集团有限公司	97	6.50
43	红云红河烟草（集团）有限责任公司	118	10.40	93	山东科达集团有限公司	452	6.46
44	山东高速集团有限公司	368	10.38	94	安徽海螺集团有限责任公司	144	6.39
45	贵州中烟工业公司	338	10.29	95	上海绿地（集团）有限公司	169	6.35
46	天津天狮集团有限公司	217	10.23	96	山东大王集团有限公司	170	6.33
47	山东省农村信用社联合社	152	10.05	97	冀中能源集团有限责任公司	149	6.30
48	中国海运（集团）总公司	71	9.85	98	鞍山钢铁集团公司	62	6.23
49	深圳能源集团股份有限公司	494	9.72	99	中国航天科工集团公司	88	6.13
50	江西赛维LDK太阳能高科技有限公司	471	9.30	100	河北普阳钢铁有限公司	355	6.12
	中国企业500强平均数						4.65

2009 中国企业 500 强总资产排序前 100 家名单

名次	企业名称	500强排序	资产（万元）	名次	企业名称	500强排序	资产（万元）
1	中国工商银行股份有限公司	4	975 765 400	51	国家开发投资公司	160	17 136 863
2	中国建设银行股份有限公司	6	755 545 200	52	中国核工业集团公司	163	16 550 616
3	中国农业银行股份有限公司	9	701 435 100	53	新华人寿保险股份有限公司	95	16 511 566
4	中国银行股份有限公司	8	695 569 408	54	中国化工集团公司	45	15 688 969
5	交通银行股份有限公司	41	267 825 500	55	武汉钢铁（集团）公司	43	15 590 118
6	中国邮政集团公司	37	234 636 639	56	鞍山钢铁集团公司	62	15 379 600
7	中国石油天然气集团公司	2	180 444 657	57	恒丰银行	491	15 099 591
8	国家电网公司	3	164 345 848	58	中国兵器装备集团公司	33	14 516 518
9	中国中信集团公司	29	163 158 733	59	广州铁路（集团）公司	147	14 386 643
10	招商银行股份有限公司	96	157 179 700	60	广东省粤电集团有限公司	124	13 992 354
11	中国人寿保险（集团）公司	7	128 461 071	61	中国中化集团公司	10	13 549 841
12	中国民生银行股份有限公司	178	105 435 000	62	广东省交通集团有限公司	225	13 364 807
13	中国石油化工集团公司	1	104 484 906	63	东风汽车公司	30	12 822 079
14	兴业银行股份有限公司	202	102 089 882	64	北京铁路局	105	12 738 844
15	中国移动通信集团公司	5	88 163 740	65	中国中煤能源集团有限公司	76	12 294 616
16	华夏银行股份有限公司	313	73 163 719	66	浙江省交通投资集团有限公司	344	12 124 185
17	中国平安保险（集团）股份有限公司	38	70 764 000	67	万科企业股份有限公司	150	11 923 658
18	中国电信集团公司	15	62 128 997	68	山东钢铁集团有限公司	47	11 908 946
19	山东省农村信用社联合社	152	61 768 907	69	华为技术有限公司	44	11 324 283
20	广东发展银行股份有限公司	309	54 601 535	70	中国海运（集团）总公司	71	11 267 920
21	中国联合网络通信集团有限公司	20	50 009 904	71	中国航空集团公司	94	10 956 614
22	深圳发展银行	367	47 444 017	72	沈阳铁路局	99	10 867 489
23	中国华能集团公司	31	46 359 380	73	成都铁路局	173	10 815 617
24	神华集团有限责任公司	36	42 529 110	74	中国广东核电集团有限公司	356	10 724 888
25	北京银行	430	41 702 102	75	中国第一汽车集团公司	28	10 575 277
26	中国海洋石油总公司	17	40 950 591	76	太原铁路局	109	10 322 889
27	中国大唐集团公司	55	40 762 451	77	中国航天科工集团公司	88	10 277 021
28	中国南方电网有限责任公司	11	38 371 478	78	上海电气（集团）总公司	61	10 269 826
29	宝钢集团有限公司	12	35 249 723	79	江苏沙钢集团有限公司	35	10 233 293
30	中国铝业公司	42	34 659 013	80	中国外运长航集团有限公司	63	10 048 625
31	中国太平洋保险（集团）股份有限公司	58	31 939 000	81	中国中钢集团公司	24	9 925 173
32	中国航空工业集团公司	32	31 450 327	82	太原钢铁（集团）有限公司	56	9 355 699
33	中国国电集团公司	64	30 781 010	83	郑州铁路局	168	9 338 993
34	中国华电集团公司	66	29 008 735	84	中国五矿集团公司	21	9 215 873
35	中国电力投资集团公司	77	27 505 465	85	中国建筑材料集团公司	85	9 181 622
36	华润（集团）有限公司	46	26 877 405	86	陕西延长石油（集团）有限责任公司	87	9 041 174
37	中国中铁股份有限公司	13	25 209 573	87	西安铁路局	214	8 971 910
38	中国远洋运输（集团）总公司	18	24 777 346	88	中国南方航空集团公司	93	8 894 333
39	中国人民保险集团公司	40	23 538 241	89	浙江省能源集团有限公司	171	8 576 635
40	中国交通建设集团有限公司	22	22 548 802	90	海航集团有限公司	231	8 450 723
41	中国长江三峡工程开发总公司	261	22 417 909	91	南昌铁路局	277	8 393 309
42	中国船舶重工集团公司	53	22 210 300	92	山西焦煤集团有限责任公司	75	8 253 721
43	中国铁建股份有限公司	14	22 010 153	93	中国机械工业集团有限公司	59	8 051 402
44	中国建筑工程总公司	16	21 474 203	94	山东高速集团有限公司	368	8 022 778
45	首钢总公司	39	20 303 613	95	中国水利水电建设集团公司	89	7 638 662
46	中国冶金科工集团公司	27	20 276 692	96	中国重型汽车集团有限公司	112	7 582 287
47	河北钢铁集团有限公司	25	19 022 614	97	大同煤矿集团有限责任公司	104	7 497 718
48	中国兵器工业集团公司	34	17 904 493	98	马钢（集团）控股有限公司	72	7 444 242
49	上海铁路局	100	17 720 736	99	中国电子信息产业集团公司	78	7 343 728
50	上海汽车工业（集团）总公司	23	17 519 717	100	河南煤业化工集团有限公司	68	7 330 797
					中国企业500强平均数		14 988 376

2009中国企业500强资产利润率排序前100家名单

名次	企业名称	500强排序	资产利润率（%）	名次	企业名称	500强排序	资产利润率（%）
1	上海人民企业（集团）有限公司	307	28.81	51	红云红河烟草（集团）有限责任公司	118	10.36
2	江门市大长江集团有限公司	434	27.07	52	中国煤炭科工集团有限公司	358	10.09
3	天津天狮集团有限公司	217	25.87	53	庞大汽贸集团股份有限公司	237	10.03
4	天正集团有限公司	330	24.51	54	山西煤炭运销集团有限公司	65	9.88
5	中国贵州茅台酒厂有限责任公司	488	23.46	55	江阴澄星实业集团有限公司	270	9.81
6	人民电器集团有限公司	282	22.14	56	山东科达集团有限公司	452	9.53
7	杭州娃哈哈集团有限公司	185	20.85	57	法尔胜集团公司	353	9.50
8	江苏金辉集团公司	438	20.59	58	桐昆集团股份有限公司	394	9.28
9	晶龙实业集团有限公司	448	19.96	59	南山集团公司	188	9.24
10	河南省漯河市双汇实业集团有限责任公司	177	19.84	60	金川集团有限公司	97	9.15
11	山东时风（集团）有限责任公司	299	19.75	61	长城电器集团有限公司	435	9.08
12	山东金诚石化集团有限公司	442	19.29	62	正威国际集团有限公司	461	9.08
13	湖南中烟工业有限责任公司	129	17.80	63	江苏阳光集团有限公司	241	8.91
14	上海烟草（集团）公司	123	17.23	64	江苏新长江实业集团有限公司	212	8.86
15	辽宁忠旺集团有限公司	315	17.22	65	雅戈尔集团股份有限公司	229	8.81
16	内蒙古伊泰集团有限公司	247	16.67	66	长沙中联重工科技发展股份有限公司	235	8.81
17	正太集团有限公司	419	16.30	67	正泰集团有限公司	239	8.78
18	贵州中烟工业公司	338	15.45	68	河南中烟工业公司	274	8.72
19	传化集团有限公司	378	15.41	69	山东大王集团有限公司	170	8.63
20	紫金矿业集团股份有限公司	323	14.85	70	四川省宜宾五粮液集团有限公司	200	8.57
21	天津汽车工业（集团）有限公司	74	14.78	71	枣庄矿业（集团）有限责任公司	205	8.56
22	浙江中烟工业有限责任公司	232	14.78	72	陕西延长石油（集团）有限责任公司	87	8.53
23	徐州工程机械集团有限公司	151	14.62	73	海亮集团有限公司	196	8.42
24	临沂新程金锣肉制品有限公司	250	14.53	74	上海外高桥造船有限公司	286	8.36
25	山东鲁北企业集团总公司	310	14.22	75	江苏沙钢集团有限公司	35	8.33
26	泰康人寿保险股份有限公司	84	14.09	76	中国海洋石油总公司	17	8.17
27	美锦能源集团有限公司	495	13.93	77	潍柴控股集团有限公司	113	7.97
28	广州汽车工业集团有限公司	49	13.68	78	上海国际港务（集团）股份有限公司	303	7.82
29	扬子江药业集团有限公司	345	13.64	79	唐山瑞丰钢铁（集团）有限公司	281	7.82
30	河北文丰钢铁有限公司	318	12.38	80	太原铁路局	109	7.76
31	中国移动通信集团公司	5	12.34	81	哈药集团有限公司	423	7.69
32	山东淄博傅山企业集团有限公司	437	11.92	82	仁宝资讯工业（昆山）有限公司	156	7.68
33	江苏扬子江船业集团公司	485	11.90	83	江苏高力集团有限公司	370	7.50
34	飞思卡尔半导体（中国）有限公司	463	11.74	84	海澜集团有限公司	295	7.46
35	东营方圆有色金属有限公司	440	11.65	85	百兴集团有限公司	300	7.45
36	海城市西洋耐火材料有限公司	263	11.28	86	神华集团有限责任公司	36	7.43
37	天津三星通信技术有限公司	172	11.15	87	唐山港陆钢铁有限公司	336	7.32
38	万达控股集团有限公司	459	11.10	88	天津三星电子显示器有限公司	359	7.27
39	山东魏桥创业集团有限公司	70	10.93	89	广州万宝集团有限公司	364	7.25
40	沈阳远大企业集团有限公司	305	10.88	90	山东石横特钢集团有限公司	398	7.21
41	河北普阳钢铁有限公司	355	10.88	91	德力西集团有限公司	317	7.14
42	维维集团股份有限公司	482	10.67	92	特变电工股份有限公司	424	7.12
43	日照钢铁控股集团有限公司	120	10.65	93	江苏雨润食品产业集团有限公司	165	7.05
44	湖北中烟工业有限责任公司	246	10.57	94	美的集团有限公司	69	7.04
45	新汶矿业集团有限责任公司	186	10.54	95	中国中煤能源集团有限公司	76	6.92
46	郑州宇通集团有限公司	381	10.45	96	珠海格力电器股份有限公司	142	6.83
47	江苏苏宁电器集团有限公司	54	10.45	97	江苏南通三建集团有限公司	426	6.80
48	通威集团有限公司	254	10.39	98	北京建龙重工集团有限公司	153	6.75
49	世纪金源投资集团有限公司	492	10.37	99	广西玉柴机器集团有限公司	264	6.68
50	北京索爱普天移动通信有限公司	210	10.37	100	山东招金集团有限公司	340	6.67
	中国企业500强平均数						1.63

2009中国企业500强所有者权益排序前100家名单

名次	企业名称	500强排序	所有者权益（万元）	名次	企业名称	500强排序	所有者权益（万元）
1	中国石油天然气集团公司	2	131 087 113	51	兴业银行股份有限公司	202	4 902 205
2	中国移动通信集团公司	5	65 021 166	52	广东省粤电集团有限公司	124	4 871 945
3	中国工商银行股份有限公司	4	60 713 800	53	中国铁建股份有限公司	14	4 830 126
4	国家电网公司	3	57 719 699	54	中国中化集团公司	10	4 785 888
5	中国银行股份有限公司	8	49 390 045	55	济南铁路局	209	4 744 559
6	中国建设银行股份有限公司	6	46 756 200	56	中国兵器装备集团公司	33	4 654 571
7	中国石油化工集团公司	1	37 826 459	57	中国外运长航集团有限公司	63	4 653 760
8	中国电信集团公司	15	37 038 396	58	中国国电集团公司	64	4 537 826
9	中国农业银行股份有限公司	9	29 054 100	59	广东省交通集团有限公司	225	4 448 406
10	中国海洋石油总公司	17	28 684 726	60	陕西延长石油（集团）有限责任公司	87	4 431 834
11	神华集团有限责任公司	36	26 370 377	61	中国船舶重工集团公司	53	4 058 162
12	中国联合网络通信集团有限公司	20	23 214 260	62	江苏沙钢集团有限公司	35	3 980 868
13	宝钢集团有限公司	12	21 943 489	63	兰州铁路局	258	3 954 392
14	中国长江三峡工程开发总公司	261	15 536 770	64	浙江省能源集团有限公司	171	3 890 636
15	交通银行股份有限公司	41	14 564 200	65	万科企业股份有限公司	150	3 881 855
16	中国南方电网有限责任公司	11	14 196 002	66	中国广东核电集团有限公司	356	3 699 405
17	中国远洋运输（集团）总公司	18	13 336 617	67	山东钢铁集团有限公司	47	3 690 347
18	上海铁路局	100	12 956 002	68	中国重型汽车集团有限公司	112	3 681 736
19	中国中信集团公司	29	10 943 857	69	申能（集团）有限公司	293	3 644 468
20	中国航空工业集团公司	32	10 715 909	70	浙江省交通投资集团有限公司	344	3 638 374
21	广州铁路（集团）公司	147	10 076 534	71	中国化工集团公司	45	3 611 686
22	成都铁路局	173	9 147 857	72	中国第一汽车集团公司	28	3 610 011
23	中国邮政集团公司	37	8 969 203	73	中国华电集团公司	66	3 492 189
24	首钢总公司	39	8 441 483	74	中国航天科工集团公司	88	3 482 077
25	中国铝业公司	42	8 376 275	75	华为技术有限公司	44	3 472 033
26	鞍山钢铁集团公司	62	8 260 960	76	北京控股集团有限公司	243	3 459 976
27	中国华能集团公司	31	8 140 121	77	上海电气（集团）总公司	61	3 396 637
28	北京铁路局	105	7 969 466	78	北京银行	430	3 379 421
29	沈阳铁路局	99	7 952 332	79	中国建筑工程总公司	16	3 305 814
30	招商银行股份有限公司	96	7 951 500	80	广州汽车工业集团有限公司	49	3 294 807
31	中国中煤能源集团有限公司	76	7 905 639	81	陕西有色金属控股集团有限责任公司	257	3 221 357
32	南昌铁路局	277	7 634 623	82	红云红河烟草（集团）有限责任公司	118	3 214 427
33	太原铁路局	109	6 772 294	83	马钢（集团）控股有限公司	72	3 185 352
34	郑州铁路局	168	6 693 926	84	湖南中烟工业有限责任公司	129	3 007 129
35	武汉钢铁（集团）公司	43	6 522 711	85	上海国际港务（集团）股份有限公司	303	2 987 584
36	西安铁路局	214	6 497 212	86	昆明铁路局	379	2 966 192
37	上海烟草（集团）公司	123	6 445 801	87	华夏银行股份有限公司	313	2 742 136
38	中国兵器工业集团公司	34	6 298 779	88	南宁铁路局	298	2 739 635
39	中国中铁股份有限公司	13	6 109 487	89	河南煤业化工集团有限公司	68	2 737 788
40	中国交通建设集团有限公司	22	5 958 064	90	安徽海螺集团有限责任公司	144	2 653 196
41	上海汽车工业（集团）总公司	23	5 900 463	91	包头钢铁（集团）有限责任公司	138	2 652 420
42	河北钢铁集团有限公司	25	5 769 618	92	中国航空集团公司	94	2 580 935
43	国家开发投资公司	160	5 588 120	93	中国电子信息产业集团公司	78	2 552 283
44	红塔烟草（集团）有限责任公司	122	5 505 894	94	山西焦煤集团有限责任公司	75	2 544 106
45	中国大唐集团公司	55	5 443 293	95	兖矿集团有限公司	121	2 541 477
46	中国民生银行股份有限公司	178	5 388 000	96	大同煤矿集团有限责任公司	104	2 534 758
47	东风汽车公司	30	5 286 063	97	天津港（集团）有限公司	365	2 512 765
48	武汉铁路局	207	5 235 747	98	湖南华菱钢铁集团有限责任公司	79	2 489 053
49	中国太平洋保险（集团）股份有限公司	58	4 922 800	99	中国人民保险集团公司	40	2 459 295
50	中国电力投资集团公司	77	4 914 021	100	陕西煤业化工集团有限责任公司	242	2 442 946
	中国企业500强平均数						2 748 041

2009中国企业500强从业人数排序前100家名单

名次	企业名称	500强排序	从业人数（人）	名次	企业名称	500强排序	从业人数（人）
1	中国石油天然气集团公司	2	1 618 393	51	宝钢集团有限公司	12	109 812
2	国家电网公司	3	937 214	52	中国中煤能源集团有限公司	76	108 707
3	中国邮政集团公司	37	816 744	53	中国国电集团公司	64	108 652
4	黑龙江北大荒农垦集团总公司	92	662 742	54	山西晋城无烟煤矿业集团有限责任公司	132	107 128
5	中国石油化工集团公司	1	639 700	55	浙江省建设投资集团有限公司	248	104 402
6	中国电信集团公司	15	498 391	56	中国电力投资集团公司	77	104 019
7	中国建筑工程总公司	16	453 572	57	阳泉煤业（集团）有限责任公司	179	103 973
8	中国农业银行股份有限公司	9	441 883	58	淮北矿业（集团）有限责任公司	245	102 095
9	中国工商银行股份有限公司	4	385 609	59	攀枝花钢铁（集团）公司	108	101 413
10	中国航空工业集团公司	32	383 918	60	光明食品（集团）有限公司	117	97 623
11	中国联合网络通信集团有限公司	20	346 898	61	中国交通建设集团有限公司	22	96 051
12	中国建设银行股份有限公司	6	298 581	62	中国华能集团公司	31	95 582
13	中国兵器工业集团公司	34	268 517	63	冀中能源集团有限责任公司	149	95 306
14	中国中铁股份有限公司	13	267 188	64	中国北方机车车辆工业集团公司	167	94 877
15	中国南方电网有限责任公司	11	262 465	65	南昌铁路局	277	94 490
16	沈阳铁路局	99	261 808	66	兖矿集团有限公司	121	92 795
17	新华人寿保险股份有限公司	95	250 000	67	陕西延长石油（集团）有限责任公司	87	91 747
18	中国银行股份有限公司	8	249 278	68	百联集团有限公司	26	91 266
19	中国移动通信集团公司	5	221 328	69	济南铁路局	209	91 093
20	中国铁建股份有限公司	14	214 562	70	中国中信集团公司	29	90 650
21	北京铁路局	105	199 120	71	中国人民保险集团公司	40	90 519
22	中国铝业公司	42	193 911	72	美的集团有限公司	69	90 000
23	中国兵器装备集团公司	33	193 472	73	武汉铁路局	207	88 911
24	哈尔滨铁路局	204	183 680	74	江苏省苏中建设集团股份有限公司	351	88 742
25	大连大商集团有限公司	86	167 245	75	西安铁路局	2148	8 730
26	广州铁路（集团）公司	147	164 739	76	中国外运长航集团有限公司	63	88 393
27	上海铁路局	100	163 900	77	中国大唐集团公司	55	87 507
28	山西焦煤集团有限责任公司	75	159 760	78	山东钢铁集团有限公司	47	87 029
29	中国化工集团公司	45	155 295	79	中国机械工业集团有限公司	59	86 382
30	大同煤矿集团有限责任公司	104	154 342	80	开滦（集团）有限责任公司	182	86 079
31	山东魏桥创业集团有限公司	70	152 060	81	淮南矿业集团有限责任公司	213	83 539
32	神华集团有限责任公司	36	151 401	82	中国南方机车车辆工业集团公司	159	81 673
33	中国冶金科工集团公司	27	150 894	83	上海电气（集团）总公司	61	81 383
34	中国平煤神马能源化工集团有限责任公司	80	145 567	84	中国华电集团公司	66	81 378
35	中国船舶重工集团公司	53	145 000	85	重庆商社（集团）有限公司	255	79 811
36	中国第一汽车集团公司	28	140 487	86	陕西煤业化工集团有限责任公司	242	78 590
37	河南煤业化工集团有限公司	68	140 305	87	中国建筑材料集团公司	85	78 503
38	东风汽车公司	30	133 985	88	交通银行股份有限公司	41	77 734
39	比亚迪股份有限公司	216	130 000	89	兰州铁路局	258	77 298
40	上海汽车工业（集团）总公司	23	129 512	90	新兴铸管集团有限公司	164	76 330
41	中国水利水电建设集团公司	89	126 677	91	广西建工集团有限责任公司	389	76 066
42	成都铁路局	173	123 156	92	中国电子信息产业集团公司	78	74 768
43	鞍山钢铁集团公司	62	118 752	93	新汶矿业集团有限责任公司	186	73 544
44	河北钢铁集团有限公司	25	118 065	94	广厦控股创业投资有限公司	134	73 171
45	太原铁路局	109	114 503	95	华为技术有限公司	44	72 799
46	中国航天科工集团公司	88	114 299	96	江苏南通三建集团有限公司	426	72 583
47	武汉钢铁（集团）公司	43	113 765	97	重庆市能源投资集团公司	428	71 798
48	中国人寿保险（集团）公司	7	113 267	98	北京外企服务集团有限责任公司	429	70 609
49	郑州铁路局	168	112 517	99	首钢总公司	39	69 206
50	江苏苏宁电器集团有限公司	54	110 433	100	中国远洋运输（集团）总公司	18	67 643
中国企业500强平均数							52 693

2009中国企业500强研究开发费用排序前100家名单

名次	企业名称	500强排序	研发费用（万元）	名次	企业名称	500强排序	研发费用（万元）
1	中国石油天然气集团公司	2	1 616 237	51	新余钢铁有限责任公司	193	144 000
2	中国航空工业集团公司	32	1 526 563	52	中国重型汽车集团有限公司	112	140 857
3	华为技术有限公司	44	1 046 835	53	仁宝资讯工业（昆山）有限公司	156	132 886
4	中国移动通信集团公司	5	954 231	54	阳泉煤业（集团）有限责任公司	179	126 827
5	上海汽车工业（集团）总公司	23	746 025	55	河北钢铁集团有限公司	25	126 125
6	海尔集团公司	4	652 400	56	包头钢铁（集团）有限责任公司	138	122 800
7	中国航天科工集团公司	88	632 943	57	奇瑞汽车股份有限公司	297	119 546
8	中国兵器工业集团公司	34	611 514	58	天津钢管集团股份有限公司	101	119 101
9	中国石油化工集团公司	1	609 939	59	比亚迪股份有限公司	216	116 309
10	国家电网公司	3	540 023	60	珠海格力电器股份有限公司	142	116 281
11	中国船舶重工集团公司	53	488 148	61	中国海洋石油总公司	17	113 400
12	铜陵有色金属集团控股有限公司	135	445 700	62	中国中铁股份有限公司	13	112 707
13	戴尔（中国）有限公司	137	440 876	63	四川省宜宾五粮液集团有限公司	200	111 844
14	东风汽车公司	30	403 043	64	天津渤海化工集团公司	155	110 713
15	中兴通讯股份有限公司	133	399 400	65	北大方正集团有限公司	141	106 974
16	中国兵器装备集团公司	33	394 707	66	内蒙古蒙牛乳业（集团）股份有限公司	240	101 855
17	中国冶金科工集团公司	27	367 317	67	中国东方电气集团有限公司	181	101 253
18	武汉钢铁（集团）公司	43	332 701	68	金东纸业（江苏）股份有限公司	201	100 461
19	江苏沙钢集团有限公司	35	290 797	69	浙江吉利控股集团有限公司	415	99 405
20	山西焦煤集团有限责任公司	75	286 800	70	长沙中联重工科技发展股份有限公司	235	99 085
21	宝钢集团有限公司	12	268 301	71	江铃汽车集团公司	350	98 771
22	安阳钢铁集团有限责任公司	107	258 576	72	湖北宜化集团有限责任公司	219	97 314
23	中国化工集团公司	45	256 197	73	中国建筑材料集团公司	85	97 087
24	马钢（集团）控股有限公司	72	250 175	74	人民电器集团有限公司	282	95 863
25	中国工商银行股份有限公司	4	248 752	75	徐州工程机械集团有限公司	151	89 872
26	河南煤业化工集团有限公司	68	247 806	76	大同煤矿集团有限责任公司	104	89 352
27	中国第一汽车集团公司	28	240 240	77	陕西东岭工贸集团股份有限公司	314	89 000
28	太原钢铁（集团）有限公司	56	230 651	78	三一集团有限公司	265	88 650
29	上海电气（集团）总公司	61	219 668	79	天津冶金集团有限公司	102	88 261
30	中国平煤神马能源化工集团有限责任公司	80	209 004	80	中国建筑工程总公司	16	86 499
31	鞍山钢铁集团公司	62	208 301	81	兖矿集团有限公司	121	85 775
32	中国电子信息产业集团公司	78	206 774	82	江苏金浦集团有限公司	392	84 190
33	哈尔滨电气集团公司	184	206 250	83	同方股份有限公司	385	82 838
34	美的集团有限公司	69	203 529	84	申能（集团）有限公司	293	82 100
35	中国铝业公司	42	203 097	85	正泰集团有限公司	239	81 435
36	中国机械工业集团有限公司	59	197 603	86	淮南矿业集团有限责任公司	213	81 176
37	天津天铁冶金集团有限公司	111	197 553	87	摩托罗拉（中国）电子有限公司	198	78 305
38	海信集团有限公司	115	197 362	88	新兴铸管集团有限公司	164	77 764
39	神华集团有限责任公司	36	187 829	89	中国中材集团公司	208	72 228
40	天津汽车工业（集团）有限公司	74	187 000	90	天津市一轻集团（控股）有限公司	221	71 367
41	广州汽车工业集团有限公司	49	173 593	91	西安电力机械制造公司	373	69 572
42	中国铁建股份有限公司	14	170 800	92	中国北方机车车辆工业集团公司	167	68 435
43	四川长虹电子集团有限公司	199	165 592	93	惠州市德赛集团有限公司	420	67 545
44	中国南方电网有限责任公司	11	154 170	94	深圳华强集团有限公司	390	67 143
45	中国电信集团公司	15	150 373	95	晶龙实业集团有限公司	448	66 596
46	山东魏桥创业集团有限公司	70	150 279	96	中国交通建设集团有限公司	22	64 286
47	联想控股有限公司	50	150 159	97	华晨汽车集团控股有限公司	148	63 620
48	中国南方机车车辆工业集团公司	159	148 044	98	天津天钢集团有限公司	143	63 087
49	中国中煤能源集团有限公司	76	145 864	99	江门市大长江集团有限公司	434	62 069
50	江西省冶金集团公司	127	144 975	100	特变电工股份有限公司	424	60 490
	中国企业500强平均数						68 257

2009年度全国工商联上规模民营企业调研结果揭晓

中华全国工商业联合会

2010年8月29日，全国工商联在京召开2010中国民营企业500家发布会，发布2010中国民营企业500家、2010中国民营企业制造业100家名单以及2010中国民营企业500家分析报告。全国政协副主席、全国工商联主席黄孟复出席并讲话。中央统战部副部长、全国工商联党组书记、第一副主席全哲洙，副主席褚平、孙安民、刘沧龙，江苏省八届、九届政协副主席、江苏省工商联主席李仁，全国工商联副秘书长王忠明、欧阳晓明出席了发布会。

全国工商联副主席孙安民揭晓了2010中国民营企业500家及中国民营企业制造业100家名单，全国工商联以及中国民生银行领导为江苏沙钢有限公司、苏宁电器集团，联想控股股份有限公司等部分入围企业颁发证书。在今天发布的2010中国民营企业500家分析报告显示，民营企业500家规模持续扩大，盈利能力快速稳步提高，产业结构调整升级，管理日趋规范，社会贡献日益加大。中国民营企业500家在2009年主要经营指标均有较大幅度增长。

2009年是新世纪以来我国经济发展最为困难的一年，也是我国经济社会继续保持平稳较快发展的一年。民营企业在这一年里取得了长足发展，收入、资产和盈利等指标快速反弹，并在就业、纳税方面做出了重要贡献，显示出了民营经济的活力与创造力，成为国民经济复苏的重要力量。2009年民营经济之所以能在危机中仍然保持较好发展势头，既得益于党中央、国务院出台了一系列保增长、扩内需和调结构的政策措施，以及《国务院关于促进中小企业发展的若干意见》等促进民营经济发展的举措，也得益于广大民营企业在困难面前迎难而上，拼搏进取，努力转变发展观念，不断创新发展思路，采取了改善管理、调整结构、开拓国内市场等正确的应对措施。中国民营企业500家呈现以下突出特点：

1. 在国际金融危机的影响下，表现出强劲的抵御危机势头，复苏迅速

民营企业500家2009年经营指标增长超过其他所有制企业，在营业收入增长率、总资产增长率，净利润增长率、资产净利率等方面均领先于中央企业同期水平，为我国率先复苏做出了重要贡献。

民营企业500家入围门槛由2008年的营业收入29.7亿元提高到36.6亿元，增幅为23.3%，首次超过30亿元大关。营业收入总额总计47 362.7亿元，户均94.7亿元，同比增长15.2%；在500家中，营业收入总额超过100亿元的企业有126家，其中超过500亿元的企业有4家，江苏沙钢集团有限公司以1 463.1亿元的营业收入连续第2年位居首位，苏宁电器集团和联想控股有限公司分别以营业收入1 170亿元、1 063.7亿元列为二、三位。

资产方面，受益于2009年较为宽松的货币政策，民营企业500家资产总额总计38 982.3亿元，户均78亿元，同比增长38.0%，增长速度超过营业收入和净资产的增长速度。资产总额超过100亿元的企业明显增多，从2008年的65家增加到2009年的95家。

效益效率方面，随着国家一系列经济刺激计划的落实和民营企业自身的快速调整，民营企业经营效率和效益在2009年有明显提升。民营企业500家实现税后净利润2 179.5亿元，与2008年相比增长32.8%；销售利润率为4.6%，比2008年增长0.6个百分点；净资产收益率为17.9%，比2008年上升1.6个百分点，劳动生产率为104.7万元/人，与2008年相比增长5.3%。但从资产使用效率看，由于2009年较为宽松的货币政策，民营企业500家总资产周转率为140.9%，较2008年的154.0%下降了13.1个百分点，此外，2009年民营企业500家的资产负债率也提高到64.7%，比2008年增长2.3个百分点。

调查问卷中显示，很多民营企业在国际金融危机中，主动应对，苦练内功，努力将危机化为机遇，通过调整产品结构，扩大市场份额，提升企业管理，加大研发力度等措施，取得抗击危机，快速复苏的成绩。

2. 为扩大就业和税收增长做出了突出贡献

民营企业500家在2009年的纳税总额增幅高于全国税收收入增幅一倍，为我国财政收入持续增长做出贡献。新增就业人数占到了2009年全国新增就业人数的7.4%，充分证明民营企业在危机中积极创造就业岗位，发挥了吸纳就业的主力军作用。

民营企业500家2009年缴税总额共计1 776.1亿元，户均3.6亿元，同比增长19.6%。其中，缴税超过1亿元的企业有377家，苏宁电器集团以39.1亿元的缴税额排名首位。从吸纳就业看，民营企业500家2009年共吸纳就业452.5万人，户均吸纳劳动力9 049人，比2008年增长了9.5%，员工人数增速远远高于2009年全国就业人数0.7%的增速。其中，比亚迪汽车股份有限公司以吸纳162 803人就业的成绩继续位居第1位。从民营企业员工就业环境看，约有90.0%的企业设立了工会组织；有93.4%的企业与员工签订书面劳动合同覆盖面超过90.0%；养老保险、医疗保险和失业保险覆盖率在80.0%以上的企业数量均达到或接近80.0%，比2008年提高了近10个百分点。

3. 地区分布以东部为主，行业分布以制造业为主，进入战略性新兴行业的企业增多

在地区分布上，民营企业500家仍主要分布于东部地区，特别是江浙两省。500家中东部地区企业数量为405家，东北地区17家，中部地区44家，西部地区34家。其中浙江、江苏两省入围的企业分别达到180家和129家。但调研也发现随着国家西部大开发战略的逐步推进，西部地区民营企业的竞争力正不断增强。尽管入围企业数量有所下降，但是收入规模、资产规模占民营企业500家的比重却有所上升。同时，盈利能力也获得进一步提升，销售净利率从2008年的4.1%上升到2009年的6.1%。

从行业分布看，建筑业，黑色金属、有色金属冶炼及压延加工业，批发零售业，电气机械及器材、线缆制造及仪器仪表制造业，纺织业、化学纤维制造业入围企业数量分别为67家、63家、51家、44家、35家，仍占据入围行业的前5位。和往年一样，制造业继续保持绝对优势，民营企业500家中有308家制造业企业入围，比2008年减少13家。受益于2009年的房地产刺激政策，房地产行业从2008年的16家提升为26家。面对金融危机后国际国内形势的变化，一些大型民营企业开始积极转型，越来越多地涉及到战略性新兴产业的开发经营上。民营企业500家在2009年有36家企业涉及生物医药产品的开发利用，有26家企业涉及太阳能、风力发电相关产品，以及新型电池等新能源相关产业。

4. 后金融危机时期，民营企业注重提高自身素质，向科技、管理、品牌要效益的趋势日趋明显

根据2009年调研数据，我们发现经历金融危机的洗礼，大型民营企业越来越认识到技术创新、结构调整、改善管理、塑造品牌对企业长远、健康发展的重要意义，在公司治理、技术研发、质量管理、品牌塑造等方面都有较大的改善。主要表现在以下几个方面：

民营企业500家治理结构不断完善。民营企业500家的企业重大决策权主要集中于股东大会和董事会，产权多元化企业比重不断提升，企业党组织和工会的覆盖率也均接近90.0%。

民营企业500家企业发展战略由做大向做强转变，更加注重凸出主业。民营企业500家，有71.8%的企业未来3年的发展战略是立足本行业及相关行业发展，比2008年和2007年分别增加了1.4%和7.4%；而拟开展多元化投资的企业大幅减少，只占民营企业500家的20.2%，比2008年和2007年分别减低了9.6和14.4个百分点。从投资领域看，制造业、房地产业、服务业、能源、金融等对大型民营企业有较大的吸引力。

企业管理水平持续提高。民营企业500家通过ISO9000、ISO14000、OHSAS18000等国际认证，实施OA、ERP、HRM等信息化系统的企业数均出现明显的增长；民营企业内部人力资源结构也逐步得到优化，大多数企业采取多元化激励机制吸引人才。民营企业500家本科及以上学历人员超过总人数30%以上的企业占到了29.6%，技术人员人数占比在30.0%以上的企业也达到了24.0%。

品牌建设和技术创新能力显著增强，民营企业向产业附加值更高的产业链两端延伸。民营企业500家中，有172家企业拥有“中国驰名商标”，较2008年增加14家，连续5年保持快速增长势头。此外，民营企业500家绝大多数拥有自有商标，并依靠自有商标获取收入。在科技创新方面，民营企业500家中有232家被省级以上科技管理部门认定为高新技术企业，占民营企业500家的46.4%。500家中有314家企业拥有有效专利，共拥有有效专利29 037项，较2008年增长1.1%。对企业关键技术来源的调研显示，民营企业500家中有344家关键技术主要来源于自主研发，占到民营企业500家的68.8%，较2008年增长4.8个百分点。

5. 民营企业500家“走出去”步伐加快，增强国际竞争力

民营企业500家，2009年已有117家企业投资海外，共拥有海外投资企业和项目481个，累计海外投资额达到22 527万美元。在投资规模不断增长的同时，民营企业投资地区也逐步扩展到港澳、欧美、非洲、东盟、中东等全球大部分国家和地区，投资领域从以销售市场的建设为主逐步向投资、收购企业、设立研发机构和进行资源开发拓展。

此外，民营企业面临的困难和问题上，从调研结果看，虽然民营企业500家复苏迅速，但国际金融危机仍然是影响民营企业500家发展的首要因素。此外，原材料价格波动、融资难问题依旧突出，市场需求和人力资源的问题也更加凸显。从民营企业500家投资情况看，投资过程中遇到的主要障碍是专业人才短缺、土地使用、融资困难、审批程序繁杂等问题。

发布会上，清华大学中国经济研究中心主任魏杰教授进行了点评，江苏沙钢集团董事长沈文荣、娃哈哈集团有限公司董事长宗庆后、复星集团董事长郭广昌、中国民生银行董事长董文标在会上发言。会上，中国民生银行与12家民营企业签署了银企战略合作协议。

来自政府有关部门、相关机构、各地工商联、民营企业、新闻媒体共计400余人参加了发布会。

2009年度全国工商联上规模民营企业调研营业收入总额排序前500家名单

中华全国工商业联合会

排序	企业名称	所属行业	所在地	营业收入总额（万元）
1	江苏沙钢集团有限公司	黑色金属冶炼及压延加工业	江　苏	14 631 303
2	苏宁电器集团	批发和零售业	江　苏	11 700 267
3	联想控股股份有限公司	通信设备、计算机及其他电子设备制造业	北　京	10 637 514
4	广厦控股创业投资有限公司	建筑业	浙　江	5 085 054
5	新希望集团有限公司	农、林、牧、渔业	四　川	4 606 739
6	海航集团有限公司	综合（含投资类）	海　南	4 566 326
7	江苏雨润食品产业集团有限公司	食品加工与食品、饮料制造业	江　苏	4 514 916
8	杭州娃哈哈集团有限公司	食品加工与食品、饮料制造业	浙　江	4 320 417
9	新疆广汇实业投资（集团）有限责任公司	批发和零售业	新　疆	4 248 362
10	比亚迪股份有限公司	交通运输设备制造业	广　东	3 976 518
11	大连万达集团股份有限公司	房地产业	辽　宁	3 848 256
12	海亮集团有限公司	有色金属冶炼及压延加工业	浙　江	3 726 055
13	三胞集团有限公司	批发和零售业	江　苏	3 670 416
14	上海复星高科技（集团）有限公司	综合（含投资类）	上　海	3 609 215
15	中天钢铁集团有限公司	黑色金属冶炼及压延加工业	江　苏	3 512 667
16	天津荣程联合钢铁集团有限公司	黑色金属冶炼及压延加工业	天　津	3 387 922
17	物美控股集团有限公司	批发和零售业	北　京	3 263 992
18	东方希望集团有限公司	有色金属冶炼及压延加工业	上　海	3 240 122
19	红星家具集团有限公司	租赁和商务服务业	江　苏	3 130 000
20	三一集团有限公司	通用设备和专用设备制造业	湖　南	3 042 463
21	江苏永钢集团有限公司	黑色金属冶炼及压延加工业	江　苏	2 824 003
22	天津天狮集团有限公司	医药制造业	天　津	2 789 021
23	江苏新长江实业集团有限公司	黑色金属冶炼及压延加工业	江　苏	2 788 003
24	雅戈尔集团股份有限公司	服装、鞋帽、皮革制造业	浙　江	2 743 700
25	通威集团有限公司	农、林、牧、渔业	四　川	2 620 894
26	浙江恒逸集团有限公司	化学纤维制造业	浙　江	2 607 402
27	江苏阳光集团有限公司	纺织业	江　苏	2 596 007
28	内蒙古伊泰集团有限公司	采矿业	内蒙古	2 589 482
29	江苏苏宁环球集团	房地产业	江　苏	2 460 000
30	正泰集团股份有限公司	电气机械及器材、线缆制造及仪器仪表制造业	浙　江	2 439 300
31	四川宏达集团	有色金属冶炼及压延加工业	四　川	2 313 182
32	江西萍钢实业股份有限公司	黑色金属冶炼及压延加工业	江　西	2 285 075
33	红豆集团有限公司	服装、鞋帽、皮革制造业	江　苏	2 232 759
34	百兴集团有限公司	批发和零售业	江　苏	2 210 347
35	中天发展控股集团有限公司	建筑业	浙　江	2 202 733
36	上海华冶钢铁集团有限公司	批发和零售业	上　海	2 201 935
37	江阴澄星实业集团有限公司	化学原料及化学制品制造业	江　苏	2 152 534
38	恒力集团有限公司	化学纤维制造业	江　苏	2 151 200
39	江阴兴澄特种钢铁有限公司	黑色金属冶炼及压延加工业	江　苏	2 139 411
40	宁波金田投资控股有限公司	有色金属冶炼及压延加工业	浙　江	2 100 207
41	人民电器集团有限公司	电气机械及器材、线缆制造及仪器仪表制造业	浙　江	2 092 837
42	陕西东岭工贸集团股份有限公司	黑色金属冶炼及压延加工业	陕　西	2 080 000
43	海澜集团有限公司	纺织业	江　苏	2 073 023
44	奥克斯集团有限公司	电气机械及器材、线缆制造及仪器仪表制造业	浙　江	2 012 845
45	丰立集团有限公司	批发和零售业	江　苏	2 000 902

续 表

排序	企业名称	所属行业	所在地	营业收入总额（万元）
46	上海人民企业（集团）有限公司	综合（含投资类）	上 海	1 992 963
47	德力西集团有限公司	电气机械及器材、线缆制造及仪器仪表制造业	浙 江	1 980 445
48	新奥集团股份有限公司	电力、热力、燃气及水的生产和供应业	河 北	1 961 586
49	浙江荣盛控股集团有限公司	化学纤维制造业	浙 江	1 928 387
50	华芳集团有限公司	纺织业	江 苏	1 917 577
51	九州通医药集团股份有限公司	批发和零售业	湖 北	1 895 770
52	江阴市西城钢铁有限公司	黑色金属冶炼及压延加工业	江 苏	1 877 754
53	江苏高力集团有限公司	租赁和商务服务业	江 苏	1 863 272
54	天正集团有限公司	电气机械及器材、线缆制造及仪器仪表制造业	浙 江	1 860 118
55	扬子江药业集团有限公司	医药制造业	江 苏	1 803 028
56	深圳市天音通信发展有限公司	批发和零售业	广 东	1 696 900
57	新华联控股有限公司	综合（含投资类）	湖 南	1 677 468
58	浙江吉利控股集团有限公司	交通运输设备制造业	浙 江	1 651 127
59	江苏新世纪造船有限公司	交通运输设备制造业	江 苏	1 614 722
60	新世纪控股集团有限公司	通信设备、计算机及其他电子设备制造业	浙 江	1 597 434
61	江苏文峰集团有限公司	批发和零售业	江 苏	1 595 300
62	江苏南通三建集团有限公司	建筑业	江 苏	1 592 763
63	江苏省三房巷集团有限公司	化学原料及化学制品制造业	江 苏	1 586 157
64	江苏法尔胜泓昇集团有限公司	金属制品业	江 苏	1 581 662
65	香江集团	房地产业	广 东	1 563 227
66	浙江中成控股集团有限公司	建筑业	浙 江	1 530 995
67	桐昆集团股份有限公司	化学纤维制造业	浙 江	1 525 258
68	华泰集团有限公司	造纸及纸制品、印刷业、文教体育、办公用品制造业	山 东	1 514 832
69	江苏南通二建集团有限公司	建筑业	江 苏	1 512 549
70	盾安控股集团有限公司	综合（含投资类）	浙 江	1 509 244
71	江苏金浦集团有限公司	化学原料及化学制品制造业	江 苏	1 486 439
72	长城电器集团有限公司	电气机械及器材、线缆制造及仪器仪表制造业	浙 江	1 451 175
73	江苏申特钢铁有限公司	黑色金属冶炼及压延加工业	江 苏	1 445 697
74	山东太阳纸业股份有限公司	造纸及纸制品、印刷业、文教体育、办公用品制造业	山 东	1 421 828
75	青山控股集团有限公司	黑色金属冶炼及压延加工业	浙 江	1 409 043
76	浙江新湖集团股份有限公司	综合（含投资类）	浙 江	1 392 197
77	浙江宝业建设集团有限公司	建筑业	浙 江	1 391 756
78	宁波富邦控股集团有限公司	化学原料及化学制品制造业	浙 江	1 379 058
79	山东金诚石化集团有限公司	石油加工、炼焦加工业	山 东	1 354 037
80	万达控股集团有限公司	石油加工、炼焦加工业	山 东	1 346 818
81	重庆力帆控股有限公司	交通运输设备制造业	重 庆	1 336 497
82	宁波银亿集团有限公司	房地产业	浙 江	1 315 122
83	浙江昆仑控股集团有限公司	建筑业	浙 江	1 305 463
84	浙江远大进出口有限公司	批发和零售业	浙 江	1 298 642
85	亨通集团有限公司	电气机械及器材、线缆制造及仪器仪表制造业	江 苏	1 261 923
86	盛虹集团有限公司	化学纤维制造业	江 苏	1 261 869
87	环宇集团有限公司	电气机械及器材、线缆制造及仪器仪表制造业	浙 江	1 250 098
88	重庆龙湖企业拓展有限公司	房地产业	重 庆	1 241 698
89	上海舜业钢铁集团有限公司	批发和零售业	上 海	1 232 915
90	亚邦化工集团有限公司	化学原料及化学制品制造业	江 苏	1 218 883
91	张家港保税区兴恒得贸易有限公司	批发和零售业	江 苏	1 216 520
92	东方集团实业股份有限公司	综合（含投资类）	黑龙江	1 213 282
93	华立集团股份有限公司	医药制造业	浙 江	1 202 252
94	山东西水橡胶集团有限公司	橡胶制品、塑料制品业	山 东	1 193 052
95	内蒙古鄂尔多斯羊绒集团有限责任公司	纺织业	内蒙古	1 189 117
96	南京金鹰国际集团有限公司	批发和零售业	江 苏	1 173 181

续 表

排序	企业名称	所属行业	所在地	营业收入总额（万元）
97	澳洋集团有限公司	化学纤维制造业	江　苏	1 155 000
98	修正药业集团	医药制造业	吉　林	1 150 442
99	西子联合控股有限公司	通用设备和专用设备制造业	浙　江	1 150 000
100	传化集团有限公司	化学原料及化学制品制造业	浙　江	1 149 299
101	江苏三木集团有限公司	化学原料及化学制品制造业	江　苏	1 137 320
102	远东控股集团有限公司	电气机械及器材、线缆制造及仪器仪表制造业	江　苏	1 131 233
103	波司登股份有限公司	服装、鞋帽、皮革制造业	江　苏	1 108 780
104	华峰集团有限公司	化学原料及化学制品制造业	浙　江	1 106 681
105	上海永达控股（集团）有限公司	批发和零售业	上　海	1 101 144
106	隆鑫控股有限公司	交通运输设备制造业	重　庆	1 097 455
107	宗申产业集团有限公司	交通运输设备制造业	重　庆	1 091 718
108	南京丰盛产业控股集团有限公司	建筑业	江　苏	1 089 337
109	福建恒安集团有限公司	造纸及纸制品、印刷业、文教体育、办公用品制造业	福　建	1 083 383
110	中南控股集团有限公司	综合（含投资类）	江　苏	1 082 780
111	四川科伦实业集团有限公司	医药制造业	四　川	1 064 823
112	天瑞集团有限公司	非金属矿物制品业（含水泥、玻璃、陶瓷、耐火材料等）	河　南	1 060 201
113	山东晨曦集团有限公司	石油加工、炼焦加工业	山　东	1 060 000
114	山东科达集团有限公司	建筑业	山　东	1 056 637
115	深圳海王集团股份有限公司	医药制造业	广　东	1 050 000
116	四川金广实业（集团）股份有限公司	黑色金属冶炼及压延加工业	四　川	1 050 000
117	冷水江钢铁有限责任公司	黑色金属冶炼及压延加工业	湖　南	1 050 000
118	全威（铜陵）铜业科技有限公司	有色金属冶炼及压延加工业	安　徽	1 039 988
119	大华（集团）有限公司	房地产业	上　海	1 030 234
120	大亚科技集团有限公司	木材加工及木、竹、藤、棕、草制品、家具制造业	江　苏	1 025 379
121	亿利资源集团有限公司	化学原料及化学制品制造业	内蒙古	1 023 983
122	西林钢铁集团有限公司	黑色金属冶炼及压延加工业	黑龙江	1 021 745
123	浙江龙盛控股有限公司	化学原料及化学制品制造业	浙　江	1 017 056
124	河南济源钢铁（集团）有限公司	黑色金属冶炼及压延加工业	河　南	1 008 987
125	江苏熔盛重工有限公司	交通运输设备制造业	江　苏	1 006 489
126	永鼎集团有限公司	电气机械及器材、线缆制造及仪器仪表制造业	江　苏	1 005 463
127	杭州富春江冶炼有限公司	有色金属冶炼及压延加工业	浙　江	996 295
128	上海奥盛投资控股（集团）有限公司	综合（含投资类）	上　海	980 856
129	山西通达（集团）有限公司	交通运输设备制造业	山　西	980 010
130	精功集团有限公司	金属制品业	浙　江	975 406
131	江苏省苏中建设集团股份有限公司	建筑业	江　苏	967 084
132	上海均瑶（集团）有限公司	综合（含投资类）	上　海	962 837
133	江苏双良集团有限公司	通用设备和专用设备制造业	江　苏	959 584
134	南通四建集团有限公司	建筑业	江　苏	952 086
135	山东大海集团有限公司	综合（含投资类）	山　东	920 563
136	江苏华尔润集团有限公司	非金属矿物制品业（含水泥、玻璃、陶瓷、耐火材料等）	江　苏	915 730
137	上海胜华电缆（集团）有限公司	电气机械及器材、线缆制造及仪器仪表制造业	上　海	905 327
138	浙江广天日月集团股份有限公司	建筑业	浙　江	903 208
139	浙江天圣控股集团有限公司	纺织业	浙　江	883 720
140	兴乐集团有限公司	电气机械及器材、线缆制造及仪器仪表制造业	浙　江	882 707
141	银泰百货有限公司	综合（含投资类）	浙　江	879 600
142	江苏常发实业集团有限公司	通用设备和专用设备制造业	江　苏	876 558
143	海外海集团有限公司	租赁和商务服务业	浙　江	862 500
144	升华集团控股有限公司	化学原料及化学制品制造业	浙　江	856 666
145	沈阳远大企业集团	非金属矿物制品业（含水泥、玻璃、陶瓷、耐火材料等）	辽　宁	844 568
146	苏州市相城区江南化纤集团有限公司	化学纤维制造业	江　苏	835 311
147	东方建设集团有限公司	建筑业	浙　江	835 287

续 表

排序	企业名称	所属行业	所在地	营业收入总额（万元）
148	衢州元立金属制品有限公司	黑色金属冶炼及压延加工业	浙 江	834 193
149	德龙钢铁有限公司	黑色金属冶炼及压延加工业	河 北	825 188
150	宁波华东物资城市场建设开发有限公司	综合（含投资类）	浙 江	822 000
151	山东五征集团有限公司	交通运输设备制造业	山 东	816 817
152	江苏飞达集团	黑色金属冶炼及压延加工业	江 苏	807 730
153	浙江富春江通信集团有限公司	通信设备、计算机及其他电子设备制造业	浙 江	807 059
154	山西安泰控股有限公司	黑色金属冶炼及压延加工业	山 西	807 000
155	江苏沃得机电集团有限公司	通用设备和专用设备制造业	江 苏	806 530
156	中发实业（集团）有限公司	金融、保险业	黑龙江	804 305
157	江苏天地龙集团	有色金属冶炼及压延加工业	江 苏	800 000
158	营口青花集团	非金属矿物制品业（含水泥、玻璃、陶瓷、耐火材料等）	辽 宁	790 137
159	浙江百诚集团股份有限公司	批发和零售业	浙 江	789 817
160	森马集团有限公司	服装、鞋帽、皮革制造业	浙 江	785 101
161	江苏江都建设工程有限公司	房地产业	江 苏	781 714
162	山东东岳集团	化学原料及化学制品制造业	山 东	781 503
163	深圳市中汽南方投资集团有限公司	批发和零售业	广 东	776 192
164	天津天士力集团有限公司	医药制造业	天 津	769 082
165	天能电池集团有限公司	电气机械及器材、线缆制造及仪器仪表制造业	浙 江	765 192
166	舟山金海重工股份有限公司	交通运输设备制造业	浙 江	757 154
167	山东长星集团有限公司	造纸及纸制品、印刷业、文教体育、办公用品制造业	山 东	752 990
168	重庆小康汽车控股有限公司	交通运输设备制造业	重 庆	752 498
169	广州立白企业集团有限公司	化学原料及化学制品制造业	广 东	752 200
170	江苏华宏实业集团有限公司	化学纤维制造业	江 苏	752 183
171	威高集团有限公司	医药制造业	山 东	750 000
172	五洋建设集团股份有限公司	建筑业	浙 江	749 829
173	山东鲁花集团有限公司	食品加工与食品、饮料制造业	山 东	745 963
174	福星集团控股有限公司	综合（含投资类）	湖 北	742 097
175	浙江康桥汽车工贸集团股份有限公司	租赁和商务服务业	浙 江	740 709
176	唐山瑞丰钢铁（集团）有限公司	黑色金属冶炼及压延加工业	河 北	732 272
177	宁波市慈溪进出口股份有限公司	批发和零售业	浙 江	729 158
178	天津现代集团有限公司	房地产业	天 津	728 401
179	通鼎集团有限公司	电气机械及器材、线缆制造及仪器仪表制造业	江 苏	727 688
180	江西赛维 LDK 太阳能高科技有限公司	电气机械及器材、线缆制造及仪器仪表制造业	江 西	726 918
181	浙江逸盛石化有限公司	化学原料及化学制品制造业	浙 江	726 335
182	和润集团有限公司	食品加工与食品、饮料制造业	浙 江	725 221
183	利时集团股份有限公司	橡胶制品、塑料制品业	浙 江	724 814
184	中设建工集团有限公司	建筑业	浙 江	724 758
185	中天科技集团有限公司	电气机械及器材、线缆制造及仪器仪表制造业	江 苏	721 572
186	中球冠集团有限公司	批发和零售业	浙 江	720 195
187	华升建设集团有限公司	建筑业	浙 江	717 684
188	金发科技股份有限公司	化学原料及化学制品制造业	广 东	711 242
189	中电电气集团有限公司	电气机械及器材、线缆制造及仪器仪表制造业	江 苏	710 418
190	卧龙控股集团有限公司	综合（含投资类）	浙 江	707 661
191	辽宁曙光汽车集团股份有限公司	交通运输设备制造业	辽 宁	704 467
192	长业建设集团有限公司	建筑业	浙 江	703 061
193	吉林省长春皓月清真肉业股份有限公司	食品加工与食品、饮料制造业	吉 林	702 797
194	红太阳集团有限公司	化学原料及化学制品制造业	江 苏	702 616
195	大全集团有限公司	电气机械及器材、线缆制造及仪器仪表制造业	江 苏	702 413
196	绿都控股集团有限公司	房地产业	浙 江	701 353
197	河南龙成集团有限公司	黑色金属冶炼及压延加工业	河 南	696 333
198	佳杰科技上海有限公司	批发和零售业	上 海	693 925

续 表

排序	企业名称	所属行业	所在地	营业收入总额（万元）
199	武汉人和集团有限公司	批发和零售业	湖 北	693 568
200	中国龙工控股有限公司	交通运输设备制造业	上 海	690 100
201	江苏上上电缆集团	电气机械及器材、线缆制造及仪器仪表制造业	江 苏	686 672
202	浙江华成控股集团有限公司	建筑业	浙 江	685 557
203	唐人神集团股份有限公司	食品加工与食品、饮料制造业	湖 南	685 499
204	富通集团有限公司	通信设备、计算机及其他电子设备制造业	浙 江	681 470
205	兰溪自立铜业有限公司	有色金属冶炼及压延加工业	浙 江	680 148
206	杭州滨江房产集团股份有限公司	房地产业	浙 江	676 067
207	中厦建设集团有限公司	建筑业	浙 江	674 181
208	江苏金辉集团公司	有色金属冶炼及压延加工业	江 苏	660 207
209	胜达集团有限公司	造纸及纸制品、印刷业、文教体育、办公用品制造业	浙 江	660 000
210	江苏综艺集团	综合（含投资类）	江 苏	659 435
211	重庆华宇物业（集团）有限公司	房地产业	重 庆	657 817
212	新龙药业集团	批发和零售业	湖 北	657 456
213	龙元建设集团股份有限公司	建筑业	浙 江	656 284
214	山东胜通集团股份有限公司	电气机械及器材、线缆制造及仪器仪表制造业	山 东	652 964
215	黑龙江建龙钢铁有限公司	黑色金属冶炼及压延加工业	黑龙江	651 700
216	星星集团有限公司	电气机械及器材、线缆制造及仪器仪表制造业	浙 江	650 687
217	江苏天工工具有限公司	黑色金属冶炼及压延加工业	江 苏	650 000
218	无锡市兆顺不锈中板有限公司	黑色金属冶炼及压延加工业	江 苏	647 893
219	辽宁禾丰牧业股份有限公司	食品加工与食品、饮料制造业	辽 宁	645 271
220	天津立业钢铁贸易有限公司	批发和零售业	天 津	637 329
221	得利斯集团有限公司	食品加工与食品、饮料制造业	山 东	637 105
222	浙江翔盛集团有限公司	化学纤维制造业	浙 江	634 787
223	浙江栋梁新材股份有限公司	有色金属冶炼及压延加工业	浙 江	634 770
224	苏州二建建筑集团有限公司	建筑业	江 苏	634 250
225	南通化工轻工股份有限公司	批发和零售业	江 苏	632 771
226	杭州锦江集团有限公司	有色金属冶炼及压延加工业	浙 江	628 570
227	浙江国泰建设集团有限公司	建筑业	浙 江	628 318
228	海马投资集团股份有限公司	交通运输设备制造业	海 南	626 708
229	方远建设集团	建筑业	浙 江	625 331
230	力诺集团股份有限公司	化学原料及化学制品制造业	山 东	623 620
231	浙江金帝集团有限公司	房地产业	浙 江	622 575
232	孚日集团股份有限公司	纺织业	山 东	621 169
233	大汉物流股份有限公司	批发和零售业	湖 南	620 058
234	常州天合光能有限公司	电气机械及器材、线缆制造及仪器仪表制造业	江 苏	618 957
235	万事利集团有限公司	纺织业	浙 江	618 529
236	东辰控股集团有限公司	化学原料及化学制品制造业	山 东	615 769
237	曙光控股集团有限公司	建筑业	浙 江	613 553
238	铁牛集团有限公司	交通运输设备制造业	浙 江	612 533
239	江苏吴中集团有限公司	综合（含投资类）	江 苏	611 700
240	深圳市鹏峰汽车（集团）有限公司	批发和零售业	广 东	611 441
241	上海致达科技集团有限公司	通信设备、计算机及其他电子设备制造业	上 海	610 301
242	宁波申洲针织有限公司	服装、鞋帽、皮革制造业	浙 江	609 348
243	江阴江东集团公司	通用设备和专用设备制造业	江 苏	608 774
244	江苏隆力奇集团有限公司	化学原料及化学制品制造业	江 苏	608 349
245	福耀玻璃工业集团股份有限公司	非金属矿物制品业（含水泥、玻璃、陶瓷、耐火材料等）	福 建	607 937
246	合众人寿保险股份有限公司	金融、保险业	湖 北	607 711
247	通州建总集团有限公司	建筑业	江 苏	607 461
248	江苏骏马集团有限责任公司	化学纤维制造业	江 苏	603 952
249	江苏南通六建建设集团有限公司	建筑业	江 苏	600 707

续 表

排序	企业名称	所属行业	所在地	营业收入总额（万元）
250	宏润建设集团股份有限公司	建筑业	浙　江	599 136
251	宁波神化化学品经营有限责任公司	批发和零售业	浙　江	591 312
252	宁夏宝塔石化集团有限公司	石油加工、炼焦加工业	宁　夏	590 778
253	温州中城建设集团有限公司	建筑业	浙　江	590 075
254	江苏大明金属材料有限公司	有色金属冶炼及压延加工业	江　苏	590 000
255	挺宇集团有限公司	交通运输设备制造业	浙　江	585 003
256	湖北联谊实业集团有限公司	批发和零售业	湖　北	584 056
257	世纪华丰控股有限公司	综合（含投资类）	浙　江	582 630
258	超威电源有限公司	电气机械及器材、线缆制造及仪器仪表制造业	浙　江	581 401
259	龙达集团有限公司	化学纤维制造业	浙　江	577 761
260	步步高商业连锁股份有限公司	批发和零售业	湖　南	572 533
261	祐康食品集团有限公司	食品加工与食品、饮料制造业	浙　江	570 652
262	浙江东南网架集团有限公司	建筑业	浙　江	569 470
263	杭州道远化纤集团有限公司	化学纤维制造业	浙　江	569 414
264	内蒙古庆华集团有限公司	采矿业	内蒙古	564 000
265	浙江中富建筑集团股份有限公司	建筑业	浙　江	562 358
266	日林建设集团有限公司	建筑业	辽　宁	560 280
267	杭州华三通信技术有限公司	通信设备、计算机及其他电子设备制造业	浙　江	559 914
268	江苏锡兴集团有限公司	黑色金属冶炼及压延加工业	江　苏	557 343
269	浙江凯喜雅国际股份有限公司	批发和零售业	浙　江	557 291
270	江苏江中集团有限公司	建筑业	江　苏	556 000
271	河南蓝天集团有限公司	电力、热力、燃气及水的生产和供应业	河　南	552 091
272	重庆市博赛矿业（集团）股份有限公司	有色金属冶炼及压延加工业	重　庆	550 807
273	浙江巨星控股集团有限公司	建筑业	浙　江	548 209
274	云南力帆骏马车辆有限公司	交通运输设备制造业	云　南	547 121
275	兴惠化纤集团有限公司	纺织业	浙　江	547 093
276	新城控股集团有限公司	房地产业	江　苏	545 430
277	北京京奥港集团	批发和零售业	北　京	542 734
278	三花控股集团有限公司	电气机械及器材、线缆制造及仪器仪表制造业	浙　江	542 587
279	江苏华朋集团有限公司	电气机械及器材、线缆制造及仪器仪表制造业	江　苏	538 923
280	宁波海天塑机集团有限公司	通用设备和专用设备制造业	浙　江	538 693
281	红楼集团有限公司	综合（含投资类）	浙　江	534 650
282	南通建工集团股份有限公司	建筑业	江　苏	532 953
283	资阳市南骏汽车有限责任公司	交通运输设备制造业	四　川	532 923
284	河南财鑫集团有限责任公司	医药制造业	河　南	532 692
285	金都房产集团有限公司	房地产业	浙　江	528 946
286	广东恒兴集团有限公司	食品加工与食品、饮料制造业	广　东	524 580
287	云南德胜钢铁有限公司	黑色金属冶炼及压延加工业	云　南	520 229
288	上海亚龙投资（集团）有限公司	电气机械及器材、线缆制造及仪器仪表制造业	上　海	517 360
289	内蒙古满世煤炭集团有限责任公司	采矿业	内蒙古	515 935
290	胜利油田高原石油装备有限责任公司	金属制品业	山　东	513 585
291	九鼎建设集团股份有限公司	建筑业	浙　江	513 289
292	浙江展诚建设集团股份有限公司	建筑业	浙　江	512 068
293	浙江中南建设集团有限公司	建筑业	浙　江	510 132
294	浙江卡森实业有限公司	综合（含投资类）	浙　江	510 000
295	南京大地建设集团有限公司	建筑业	江　苏	510 000
296	青年汽车集团有限公司	交通运输设备制造业	浙　江	508 953
297	山西宏达钢铁集团有限公司	黑色金属冶炼及压延加工业	山　西	508 000
298	恒元建设控股集团有限公司	建筑业	浙　江	507 566
299	湖北稻花香集团	食品加工与食品、饮料制造业	湖　北	506 795
300	广业控股有限公司	综合（含投资类）	浙　江	506 000

续 表

排序	企业名称	所属行业	所在地	营业收入总额（万元）
301	南京建工集团有限公司	建筑业	江 苏	504 428
302	陕西黄河矿业（集团）有限责任公司	石油加工、炼焦加工业	陕 西	503 400
303	江苏华地企业集团有限公司	批发和零售业	江 苏	503 000
304	申达集团有限公司	橡胶制品、塑料制品业	江 苏	502 970
305	江苏双登集团有限公司	电气机械及器材、线缆制造及仪器仪表制造业	江 苏	501 200
306	中博建设集团有限公司	建筑业	浙 江	501 155
307	江苏三笑集团有限公司	工艺品其他制造业	江 苏	499 406
308	江苏金峰水泥集团有限公司	非金属矿物制品业（含水泥、玻璃、陶瓷、耐火材料等）	江 苏	498 176
309	中鑫建设集团有限公司	建筑业	浙 江	497 386
310	浙江中强建工集团有限公司	建筑业	浙 江	495 765
311	武汉工贸有限公司	批发和零售业	湖 北	495 706
312	浙江明日控股集团股份有限公司	批发和零售业	浙 江	495 400
313	富丽达集团控股有限公司	纺织业	浙 江	494 306
314	浙江宝盛建设集团有限公司	建筑业	浙 江	494 036
315	亿达集团有限公司	房地产业	辽 宁	493 368
316	万丰奥特控股集团有限公司	交通运输设备制造业	浙 江	492 000
317	虎牌控股集团有限公司	电气机械及器材、线缆制造及仪器仪表制造业	浙 江	489 560
318	天洁集团有限公司	黑色金属冶炼及压延加工业	浙 江	489 401
319	浙江航民实业集团有限公司	有色金属冶炼及压延加工业	浙 江	487 907
320	龙大食品集团有限公司	食品加工与食品、饮料制造业	山 东	487 874
321	辅仁药业集团有限公司	医药制造业	河 南	487 799
322	华翔集团股份有限公司	交通运输设备制造业	浙 江	487 200
323	浙大网新科技股份有限公司	信息传输、计算机服务和软件业	浙 江	485 431
324	杭州鼎胜实业集团有限公司	有色金属冶炼及压延加工业	浙 江	485 376
325	南通新正大特钢有限公司	黑色金属冶炼及压延加工业	江 苏	484 312
326	云南南磷集团股份有限公司	化学原料及化学制品制造业	云 南	480 864
327	奥康集团有限公司	服装、鞋帽、皮革制造业	浙 江	480 786
328	唐山贝氏体钢铁（集团）有限公司	金属制品业	河 北	480 720
329	百步亭集团有限公司	房地产业	湖 北	480 472
330	开氏集团有限公司	化学纤维制造业	浙 江	480 249
331	浙江盈都集团有限公司	批发和零售业	浙 江	480 143
332	天津市丽兴京津钢铁贸易有限公司	批发和零售业	天 津	478 395
333	成都红旗连锁有限公司	批发和零售业	四 川	478 296
334	徐龙食品集团有限公司	食品加工与食品、饮料制造业	浙 江	477 738
335	南京福中信息产业集团有限公司	通信设备、计算机及其他电子设备制造业	江 苏	476 000
336	重庆中汽西南汽车有限公司	批发和零售业	重 庆	475 525
337	农夫山泉股份有限公司	食品加工与食品、饮料制造业	浙 江	473 852
338	北京合益荣投资管理有限公司	综合（含投资类）	北 京	472 769
339	江苏兴达钢帘线股份有限公司	金属制品业	江 苏	471 170
340	浙江大华集团	建筑业	浙 江	468 767
341	汇宇控股集团有限公司	房地产业	浙 江	468 580
342	九阳股份有限公司	通用设备和专用设备制造业	山 东	463 643
343	山东阜丰发酵有限公司	食品加工与食品、饮料制造业	山 东	461 753
344	湖北新洋丰肥业股份有限公司	化学原料及化学制品制造业	湖 北	460 646
345	华太建设集团有限公司	房地产业	浙 江	459 965
346	九星控股集团有限公司	电气机械及器材、线缆制造及仪器仪表制造业	辽 宁	458 890
347	江苏东源电器集团股份有限公司	电气机械及器材、线缆制造及仪器仪表制造业	江 苏	458 699
348	天津贻成集团有限公司	房地产业	天 津	457 975
349	江苏顺通建设工程有限公司	建筑业	江 苏	456 196
350	青岛变压器集团有限公司	电气机械及器材、线缆制造及仪器仪表制造业	山 东	454 130
351	江苏江南实业集团有限公司	金属制品业	江 苏	451 630

续 表

排序	企业名称	所属行业	所在地	营业收入总额（万元）
352	南通五建建设工程有限公司	建筑业	江　苏	451 230
353	长江润发集团有限公司	金属制品业	江　苏	450 503
354	华通机电集团有限公司	电气机械及器材、线缆制造及仪器仪表制造业	浙　江	450 322
355	山东冠洲股份有限公司	有色金属冶炼及压延加工业	山　东	450 123
356	江苏邗建集团有限公司	建筑业	江　苏	450 100
357	湖南联创投资有限公司	综合（含投资类）	湖　南	450 001
358	武安市文安钢铁有限公司	黑色金属冶炼及压延加工业	河　北	450 000
359	四川西南不锈钢有限责任公司	有色金属冶炼及压延加工业	四　川	450 000
360	天津市366金桥焊材集团有限公司	金属制品业	天　津	448 798
361	浙江四通化纤有限公司	纺织业	浙　江	448 438
362	永兴特种不锈钢股份有限公司	黑色金属冶炼及压延加工业	浙　江	445 986
363	金龙联合汽车工业（苏州）有限公司	交通运输设备制造业	江　苏	442 810
364	无锡江南电缆有限公司	电气机械及器材、线缆制造及仪器仪表制造业	江　苏	442 698
365	湖北汇通工贸集团有限公司	批发和零售业	湖　北	442 569
366	江苏大经钢铁有限公司	批发和零售业	江　苏	442 518
367	新凤鸣集团股份有限公司	化学纤维制造业	浙　江	442 303
368	北京天宇朗通通信设备股份有限公司	通信设备、计算机及其他电子设备制造业	北　京	442 151
369	温州东瓯建设集团有限公司	建筑业	浙　江	441 425
370	华迪钢业集团有限公司	黑色金属冶炼及压延加工业	浙　江	440 058
371	耀华电器集团有限公司	电气机械及器材、线缆制造及仪器仪表制造业	浙　江	439 888
372	浙江大东吴集团有限公司	综合（含投资类）	浙　江	438 522
373	苏泊尔集团有限公司	金属制品业	浙　江	437 691
374	宝矿国际贸易有限公司	批发和零售业	上　海	437 365
375	江苏英田集团有限公司	交通运输设备制造业	江　苏	437 000
376	新八建设集团有限公司	建筑业	湖　北	436 480
377	杭州欣盛房地产开发有限公司	房地产业	浙　江	434 637
378	欧美投资集团有限公司	批发和零售业	山　东	434 441
379	南通新华建筑集团有限公司	建筑业	江　苏	433 138
380	重庆市金科实业（集团）有限公司	房地产业	重　庆	432 921
381	开元旅业集团有限公司	住宿、餐饮业	浙　江	432 658
382	上海浦东电线电缆（集团）有限公司	电气机械及器材、线缆制造及仪器仪表制造业	上　海	432 361
383	日照兴业集团有限公司	批发和零售业	山　东	431 810
384	启东建筑集团有限公司	建筑业	江　苏	431 033
385	温州开元集团有限公司	电气机械及器材、线缆制造及仪器仪表制造业	浙　江	431 000
386	汇仁集团有限公司	医药制造业	江　西	430 305
387	兴达投资集团	化学原料及化学制品制造业	江　苏	429 982
388	深圳市神舟电脑股份有限公司	通信设备、计算机及其他电子设备制造业	广　东	429 965
389	无锡市硕阳不锈钢有限公司	黑色金属冶炼及压延加工业	江　苏	429 207
390	河南省淅川铝业（集团）有限公司	有色金属冶炼及压延加工业	河　南	428 505
391	上海鑫冶铜业有限公司	有色金属冶炼及压延加工业	上　海	428 404
392	安徽楚江投资集团有限公司	黑色金属冶炼及压延加工业	安　徽	423 745
393	山西潞宝集团	石油加工、炼焦加工业	山　西	423 524
394	雄峰控股集团有限公司	纺织业	浙　江	423 348
395	青岛九联集团股份有限公司	食品加工与食品、饮料制造业	山　东	423 316
396	益海嘉里（武汉）粮油工业有限公司	食品加工与食品、饮料制造业	湖　北	423 118
397	天龙控股集团有限公司	纺织业	浙　江	423 072
398	浙江宏磊控股集团有限公司	电气机械及器材、线缆制造及仪器仪表制造业	浙　江	423 004
399	江苏梦兰集团有限公司	纺织业	江　苏	422 910
400	江苏倪家巷集团有限公司	纺织业	江　苏	421 971
401	得力集团有限公司	造纸及纸制品、印刷业、文教体育、办公用品制造业	浙　江	421 659
402	浙江勤业建工集团有限公司	建筑业	浙　江	420 937

续 表

排序	企业名称	所属行业	所在地	营业收入总额（万元）
403	山东万通石油化工集团有限公司	石油加工、炼焦加工业	山　东	419 998
404	无锡西姆莱斯石油专用管制造有限公司	金属制品业	江　苏	419 865
405	哈尔滨光宇集团股份有限公司	电气机械及器材、线缆制造及仪器仪表制造业	黑龙江	419 285
406	浙江鸿翔建设集团有限公司	建筑业	浙　江	418 500
407	浙江富陵控股集团有限公司	橡胶制品、塑料制品业	浙　江	417 977
408	金花投资有限公司	综合（含投资类）	陕　西	417 123
409	四川蓝光实业集团有限公司	房地产业	四　川	416 673
410	湖北枝江酒业集团	食品加工与食品、饮料制造业	湖　北	416 300
411	海南金海浆纸业有限公司	造纸及纸制品、印刷业、文教体育、办公用品制造业	海　南	415 253
412	浙江恒威投资集团有限公司	综合（含投资类）	浙　江	414 702
413	宝业湖北建工集团有限公司	建筑业	湖　北	412 688
414	扬州诚德钢管有限公司	黑色金属冶炼及压延加工业	江　苏	412 283
415	中捷控股集团有限公司	黑色金属冶炼及压延加工业	浙　江	411 350
416	中国泛海控股集团有限公司	房地产业	北　京	411 208
417	扬帆集团有限公司	交通运输设备制造业	浙　江	411 067
418	苏州金螳螂建筑装饰股份有限公司	建筑业	江　苏	410 669
419	张家港保税区荣润贸易有限公司	批发和零售业	江　苏	410 088
420	江苏林洋新能源有限公司	电气机械及器材、线缆制造及仪器仪表制造业	江　苏	409 416
421	杭州诺贝尔集团有限公司	非金属矿物制品业（含水泥、玻璃、陶瓷、耐火材料等）	浙　江	408 679
422	法派集团有限公司	服装、鞋帽、皮革制造业	浙　江	407 760
423	南通建筑工程总承包有限公司	建筑业	江　苏	407 366
424	内蒙古西蒙科工贸集团有限责任公司	采矿业	内蒙古	407 186
425	中利科技集团股份有限公司	电气机械及器材、线缆制造及仪器仪表制造业	江　苏	407 162
426	柳桥集团有限公司	服装、鞋帽、皮革制造业	浙　江	404 370
427	浙江华达集团有限公司	黑色金属冶炼及压延加工业	浙　江	403 692
428	浙江杭叉工程机械集团股份有限公司	通用设备和专用设备制造业	浙　江	403 403
429	铜陵精达铜材（集团）有限责任公司	有色金属冶炼及压延加工业	安　徽	402 962
430	广东明阳风电产业集团有限公司中山市明阳电器有限公司	通用设备和专用设备制造业	广　东	402 945
431	正太集团有限公司	建筑业	江　苏	402 175
432	华仪电器集团有限公司	电气机械及器材、线缆制造及仪器仪表制造业	浙　江	401 953
433	山东金岭集团有限公司	化学原料及化学制品制造业	山　东	401 225
434	天津市通源钢铁集团有限公司	黑色金属冶炼及压延加工业	天　津	400 928
435	江苏申久化纤有限公司	化学纤维制造业	江　苏	400 271
436	大连金玛商城企业集团有限公司	综合（含投资类）	辽　宁	400 200
437	郑州思念食品有限公司	食品加工与食品、饮料制造业	河　南	400 033
438	青岛万福集团股份有限公司	食品加工与食品、饮料制造业	山　东	400 008
439	山西建邦集团有限公司	黑色金属冶炼及压延加工业	山　西	400 000
440	江苏省交通工程集团有限公司	建筑业	江　苏	400 000
441	瑞立集团有限公司	交通运输设备制造业	浙　江	399 757
442	山东省高唐蓝山集团总公司	食品加工与食品、饮料制造业	山　东	399 439
443	泰州三福船舶工程有限公司	交通运输设备制造业	江　苏	397 322
444	浙江天宇交通建设集团有限公司	建筑业	浙　江	396 838
445	浙江中联建设集团有限公司	建筑业	浙　江	396 719
446	太平鸟集团有限公司	服装、鞋帽、皮革制造业	浙　江	396 153
447	青岛喜盈门集团有限公司	纺织业	山　东	395 277
448	浙江元立金属制品集团有限公司	金属制品业	浙　江	395 023
449	高运控股集团有限公司	建筑业	浙　江	394 757
450	泰通（泰州）工业有限公司	电气机械及器材、线缆制造及仪器仪表制造业	江　苏	393 613
451	浙江红剑集团有限公司	化学纤维制造业	浙　江	391 621
452	天马控股集团有限公司	通用设备和专用设备制造业	浙　江	391 532

续 表

排序	企业名称	所属行业	所在地	营业收入总额（万元）
453	杭州巨星投资控股有限公司	金属制品业	浙 江	391 000
454	成都华西希望集团有限公司	农、林、牧、渔业	四 川	389 958
455	浙江和平工贸集团有限公司	批发和零售业	浙 江	389 789
456	浙江广博集团	造纸及纸制品、印刷业、文教体育、办公用品制造业	浙 江	389 645
457	浙江东杭控股集团有限公司	批发和零售业	浙 江	389 030
458	上海百营钢铁集团有限公司	批发和零售业	上 海	388 635
459	上海国美电器有限公司	批发和零售业	上 海	388 503
460	江苏华机集团	通用设备和专用设备制造业	江 苏	388 250
461	宝胜科技创新股份有限公司	电气机械及器材、线缆制造及仪器仪表制造业	江 苏	387 898
462	月星集团	租赁和商务服务业	江 苏	387 754
463	江苏飞翔化工股份有限公司	化学原料及化学制品制造业	江 苏	385 630
464	四川龙蟒集团有限责任公司	化学原料及化学制品制造业	四 川	385 297
465	浙江诺力机械股份有限公司	电气机械及器材、线缆制造及仪器仪表制造业	浙 江	385 000
466	天颂建设集团有限公司	建筑业	浙 江	382 777
467	安徽中鼎控股（集团）股份有限公司	橡胶制品、塑料制品业	安 徽	382 269
468	温州金州集团有限公司	租赁和商务服务业	浙 江	382 000
469	安徽亚夏实业股份有限公司	批发和零售业	安 徽	381 652
470	江苏中兴建设有限公司	建筑业	江 苏	381 521
471	常州市盛洲铜业有限公司	有色金属冶炼及压延加工业	江 苏	381 139
472	奉化市剡江房地产开发有限公司	房地产业	浙 江	380 939
473	山东三星集团有限公司	食品加工与食品、饮料制造业	山 东	380 138
474	浙江暨阳建设集团有限公司	建筑业	浙 江	380 028
475	攀华集团有限公司	黑色金属冶炼及压延加工业	江 苏	379 750
476	东冠集团有限公司	综合（含投资类）	浙 江	379 511
477	沂州集团公司	非金属矿物制品业（含水泥、玻璃、陶瓷、耐火材料等）	山 东	379 449
478	中域电讯连锁集团股份有限公司	批发和零售业	广 东	379 183
479	康恩贝集团有限公司	医药制造业	浙 江	379 000
480	哈尔滨翔鹰集团股份有限公司	房地产业	黑龙江	378 532
481	临清三和纺织集团有限公司	纺织业	山 东	377 056
482	富阳市永正废旧物资有限公司	批发和零售业	浙 江	376 819
483	博世汽车柴油系统股份有限公司	交通运输设备制造业	江 苏	376 204
484	江苏新海石化有限公司	石油加工、炼焦加工业	江 苏	376 000
485	浙江三弘集团有限公司	工艺品其他制造业	浙 江	375 147
486	盼盼安居门业有限责任公司	金属制品业	辽 宁	375 000
487	浙江舜江建设集团有限公司	建筑业	浙 江	374 705
488	江苏通光信息有限公司	通信设备、计算机及其他电子设备制造业	江 苏	372 820
489	安徽长江钢铁股份有限公司	黑色金属冶炼及压延加工业	安 徽	372 175
490	卓尔控股有限公司	房地产业	湖 北	371 051
491	杭州大东南高科包装有限公司	橡胶制品、塑料制品业	浙 江	370 334
492	罗蒙集团股份有限公司	服装、鞋帽、皮革制造业	浙 江	370 260
493	浙江江南涤化有限公司	化学纤维制造业	浙 江	369 275
494	浙江永通染织集团有限公司	纺织业	浙 江	368 637
495	健康元药业集团股份有限公司	医药制造业	广 东	368 325
496	震雄铜业集团有限公司	通信设备、计算机及其他电子设备制造业	江 苏	367 700
497	浙江华瑞集团有限公司	交通运输、仓储业和邮政业	浙 江	367 068
498	江苏鹰翔化纤股份有限公司	化学纤维制造业	江 苏	366 536
499	山东金升有色集团有限公司	有色金属冶炼及压延加工业	山 东	366 224
500	北京城建道桥建设集团有限公司	建筑业	北 京	366 046

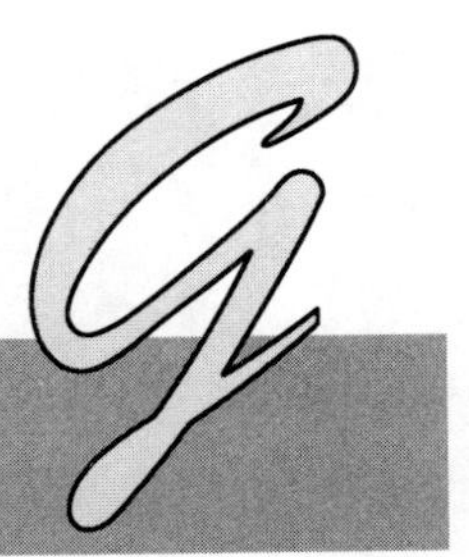

INNOVATION OF ENTERPRISE MANAGEMENT

企业管理创新

以管理创新推动企业战略转型

——在2010年全国企业管理创新大会上的讲话

全国企业管理现代化创新成果审定委员会主任
中国企业联合会　中国企业家协会执行副会长　蒋黔贵

2009年是全国企业管理现代化创新成果审定工作开展20年。回顾20年来开展这项工作的历程，是为了进一步形成共识，凝聚力量，继往开来，共同推进新时期我国企业管理创新。

一、20年的坚持与探索

全国企业管理现代化创新成果审定工作始于20世纪90年代。1990年4月21日，原国务院企业管理指导委员会、原国务院生产委员会以企指委字〔1990〕4号文颁布了《全国企业管理现代化创新成果评审推荐暂行办法》，决定在全国范围内开展企业管理现代化创新成果申报、推荐、审定和宣传推广工作。评审实行企业自愿申报、上级部门限额推荐制度。文件发出后，得到了广大企业的积极响应，首届便收到202项申报成果，最终审定28项。1992年10月，原国务院经济贸易办公室决定设立“全国企业管理现代化创新成果审定委员会”，负责主办成果审定工作，并明确此项成果为国家级。2003年国务院国资委成立以后，于当年7月发出通知，肯定了开展这项工作的积极作用，并就加强成果的宣传推广和表彰奖励工作提出了具体意见。国资委的通知使国有企业、尤其是中央企业参与此项活动的积极性明显提高。2006年2月，国家发改委发出通知，要求各省级中小企业管理部门组织中小企业参加成果申报工作，使申报国家级管理创新成果的企业覆盖面进一步扩大。

20年来，在国家有关部门的支持下，在各地区、各行业的共同努力下，在广大企业和企业家的积极参与下，全国企业管理现代化创新成果审定工作体系不断健全、制度不断完善、范围不断扩大、内容不断丰富。申报地区从最初的北京、上海、广东等经济发达地区扩展到了全国31个省、市、自治区以及计划单列市。申报行业从最初的钢铁、电力、电子、石油、化工，逐步扩展到了几乎所有工业门类和建筑业；同时，银行、保险、商业等服务业以及农、林、渔等第一产业的企业近年来也积极参与此项活动。申报企业从最初的国有企业逐步扩展到了民营企业、三资企业、境外中资企业以及混合所有制企业。申报数量逐年提高，从首届的202项增加到了2009年第十六届的335项，创历史最多。20年来，已累计审定国家级管理创新成果1 454项。目前，已初步形成一个涵盖国家级、地区（行业）级、企业级的多层次多区域的企业管理创新成果申报、推荐、审定和宣传推广体系，搭建了一个以企业实践为主，汇聚了一批研究管理的专家学者，“官、产、学”有效结合的企业管理创新交流沟通平台。尤为可喜的是，近年来越来越多的企业内部也建立了相应的成果审定制度，使全国企业管理创新成果的群众性基础更加牢固，生命力更强。

更为重要的是，通过20年的审定活动，使全国企业管理创新工作走上规范化、制度化的道路，把企业管理创新一步一个脚印推向前进，结出了丰硕果实。比如，20世纪90年代闻名全国的“邯钢经验”、“亚星经验”、“许继经验”、“海尔经验”等都是通过成果审定活动最早发现，然后通过行政力量总结推广使其发扬光大的。邯钢的“模拟市场核算，实行成本否决”起始于1990年，经过2年多的探索，取得了十分显著的经济效益。1993年4月，他们申报的《有效成本管理法——模拟市场核算实行成本否决》被审定为第二届国家级管理创新成果。国家经贸委、冶金部高度重视“邯钢经验”，专门组织人员实地调研。1993年5月，国家经贸委在邯钢召开了“加强管理，降低成本”现场会，并举办多期培训班，推广这一做法。1993年8月23日，国务院办公厅转发了《国家经贸委关于学习邯郸钢铁总厂加强管理的经验进一步抓好扭亏增盈工作的报告》，要求全国企业学习“邯郸经验”。此后，全国各地开展了持续数年的“学邯钢”活动，取得了十分显著的成效。山东亚星集团的“购销比价管理”始于1994年，1998年被审定为第五届国家级管理创新成果。1999年4月5日，国家经贸委下发通知，向全国企业推广亚星的“购销比价管理”经验，并在此基础上制定并下发了《国有工业企业物资采购管理暂行规定》。河南许继集团的三项制度改革起步于1985年，经过10多年的艰苦探索，在1998年左右形成了一套以全员竞争上岗、动态人事考评和以按劳分配为主、多要素参与分配的企业劳动人事制度，打破了国有企业长期形成的“铁饭碗、铁工资、铁交椅”和“大锅饭”。1998年，许继的这一经验被审定为第五届国家级管理创新成果。1999年，许继集团被中宣部和国家经贸委确定为重点宣传的典型企业，号召国有大中型企业学习“许继经验”，使许继成为我国企业三项制度改革的成功典范。海尔集团是我国为数不多通过持续管理创新赢得竞争优势的企业。早在20世纪80年代，海尔便以“砸冰箱”为开端，推行全面质量管理。1991年底，海尔开始探索独具特色的“OEC管理法（即全方位优化管理法，也称日清日高管理法）”。1994年被审定为第三届国家级管理创新成果。同年，中国经济效益纵深行和国家经贸委赴海尔调研，撰写了《一种值得借鉴推广的强化内部管理模式——关于青岛海尔集团“OEC管理”即海尔模式的调查》，并报送国务院。时任国务院副总理的朱镕基、邹家华、李岚清等领导同志先后做出重要批示，高度肯定海尔这一经验，并指示向全国推广。从1998年开始，海尔借助信息技术，又开始了以“市场链”为纽带的业务流程再造。2001年1月，海尔的《以“市场链”为纽带的业务流程再造》管理创新成果得到评审专家的高度肯定，被审定为第七届国家级特等成果。同年11月，海尔与联想、黑龙江斯达公司一起作为企业管理信息化典型，在时任国务院副总理吴邦国主持召开的推进企业管理信息化工作现场会上介绍经验。

2003年国务院国资委成立以来，围绕国有企业改革与管理的重点难点，从近年国家级管理创新成果中挖掘了一批“苗子”，加以总结提高，由国务院国资委和中企联紧密合作，通过现场交流会、专题交流会等形式向全国推广，取得了很好的效果。比如，2005年9月，在上汽集团召开现场交流会，宣传推广《集团公司非核心业务重组与一体化外包管理》，对于促进企业集团“归核化”，突出主业，分离改组辅业起了示范作用。2006年12月，在马钢集团召开“国有企业厂办大集体改革工作座谈会”，宣传推广马钢《大型国有企业分离厂办大集体的方案设计与实施》，为全国分离厂办大集体树立了样板。2007年8月，在内蒙古呼伦贝尔市召开了“提高企业自主创新能力”专题交流会，重点推广了大庆油田的原始创新、上海日立的引进消化吸收再创新和济钢的通过科技创新实现节能减排等典型经验。此外，在国务院国资委近年来举办的“中央企业全面风险管理交流会”、“中央企业负责人会议”以及“中央企业管理创新经验交流会”上，广核电的“全面风险管理体系建设”、中油国际（PK）公司的“跨国并购后的整合管理”等多项国家级管理创新成果被指定为会议典型经验予以介绍。工信部成立以来，高度重视企业管理创新工作，在组织广大中小企业参与这项活动中发挥了重要作用。

上述实践证明，通过群众性的管理创新成果审定活动，及时发现一批在企业改革和企业管理方面的新经验、好苗子，经过评审专家学者的提炼总结，形成具有一定理论高度的科学成果，以国家级成果的名义给予肯定和鼓励；同时，将这些成果推荐给企业主管部门、大专院校和社会各界借鉴参考。政府主管部门以文件、现场会、培训班等形式向广大企业推广，从而带动全国企业的管理创新，是现实条件下提高企业管理水平的有效途径。

根据王忠禹会长的提议，征得国务院国资委领导同意，从本届开始，将由中国企业联合会、国务院国资委企业改革局共同组织、审定、发布、推广国家级管理创新成果。工业和信息化部有关司局也将对成果审定和推广工作给予支持。这既是对20年来探索的一种肯定，使大家深受鼓舞，也必将进一步提高这项活动的权威性和号召力。刚才邵主任、朱总的讲话，管理创新纳入部门的工作日程，这既是对20年来我们探索的一种肯定，使大家深受鼓舞，也必将进一步提高这项活动的权威性和号召力。

二、新时期的企业管理创新之路

当前，我国企业面临的内外环境复杂多变。为积极探索新时期企业管理创新之路，2008年我们受工信部、国务院国资委、科技部等部门委托，集中了一批管理专家，完成了《新时期推进我国企业加强管理和管理创新的政策研究》、《“十二五”推进企业管理现代化纲要的研究》、中央“十二五”规划《建议》重大研究课题中关于企业自主创新的研究。根据这几个课题的研究成果，提出一些看法，供广大企业参考。

1. 企业战略转型是转变经济发展方式的关键

中央提出转变经济增长方式由来已久。早在1995年，便提出要实施两个“根本性转变”，其中之一便是“经济增长方式从粗放型向集约型转变”。随后的“九五”时期取得了明显成效。1996年到2000年，我国年均经济增长率为8.6%，而能源消费增长率远低于经济增长，仅为1.1%，二氧化碳排放的增长率更为负的2.9%，可以说是历史上最低的。这一时期正是我国经济结构调整和国有企业改革最困难也最有成效的时期。纺织、煤炭、冶金、有色、军工、建材、石油化工、电力等重点行业大幅压缩淘汰落后产能，关闭破产扭亏无望、亏损严重的企业。同时，通过“三改一加强”、国债贴息技术改造、债转股、兼并重组等措施，提升企业整体素质。对广大国有企业而言，则是“被迫”调整，仅以中央国有企业为例，在这个过程中，1/3下放到地方，1/3兼并破产，1/3存活下来，发展成为现在央企的骨干。这是依靠强大的行政力量和市场机制进行经济增长方式转变和经济结构调整的成功案例。

2000年以后，虽然中央不断强调要转变经济增长方式，但在国内外经济进入新一轮增长周期、市场需求十分旺盛的刺激下，许多企业又开始进行规模和数量扩张。从2000年到2008年，我国经济增长率从“九五”时期的8.6%提高到10.2%，虽然年均只提高了1.6个百分点，但能源消耗、发电量等指标均大幅上升，二氧化碳排放从负增长变成高增长，年均增长9.0%。与此同时，外延式发展造成部分行业产能严重过剩。在2009年第三季度，国家统计局监测的24个行业中，有21个行业存在不同程度的产能过剩。除了钢铁、有色、水泥、煤化工、平板玻璃、造船等传统产业产能严重过剩外，风电设备、多晶硅等新能源行业也出现了产能过剩问题。

2008年爆发的国际金融危机使世界经济步入了新一轮调整，对我国经济造成了较大冲击。中央40 000亿元经济刺激计划和十大产业振兴规划的及时出台确保了我国经济持续较快增长和社会稳定。但积极的财政政策和适度宽松的货币政策形成的比较充裕的流动性，在某种程度和一定范围内延迟了经济结构的矛盾，缓解了企业本应承受的国内外市场的巨大压力。我们必须清醒认识到，过去一年经济增长主要依赖投资拉动和政策支撑，企业内生动力和活力还很不强。2008 年 12 月召开的中央经济工作会议强调，当前转变经济发展方式已经“刻不容缓”。可以预见，在“十二五”乃至今后相当长一段时期，我国经济将进入一个以转型为重心的发展新阶段。企业面临着新的选择。是满足于短期内“创造”出来的“有效需求”，甚至靠炒股、炒房、炒期货去追逐短期盈利，还是着眼于企业长期发展，下决心谋划和实施战略转型；是迎难而上主动调整，还是等着被行政力量调整或被市场淘汰，走“被迫”调整的老路，成为摆在每一个企业面前很尖锐的问题。

经济发展方式转变不可能一蹴而就，由粗放到集约，由外向到内需，由劳动密集到技术密集，由低端到高端，许多发达国家走了数十年、上百年。企业战略转型也不是一朝一夕之功，需要长期的、韧性的、艰苦的努力。中国有远见、有志气的企业和企业家已经起步，谋划并创造条件实现战略转型。获第十六届一等创新成果的中钢集团 2004 年以来，没有被钢材市场的“繁荣”迷惑去搞“生产”，而是突破传统业务模式，在国内率先实施“为钢铁工业和钢铁生产企业提供综合配套、系统集成服务”的战略转型，成功由传统商贸企业转型为现代生产性服务企业，2003 年到 2008 年，中钢以服务为主营业务的收入从 130 亿元增长到 1 684 亿元。在家电制造业竞争白热化、制造环节利润越来越薄的背景下，为突破发展瓶颈，推动企业持续成长，张瑞敏同志提出海尔要由“制造商”向“服务提供商”转型，引导企业向产品研发、销售、物流、售后服务等环节实现深度转移。

2. 树立现代企业价值观，把履行社会责任放到首位

企业价值观是企业在经营过程中所推崇的基本信念和奉行的基本准则，决定着企业的使命、战略和行为，是企业的立身之本和成功关键。从全球范围看，企业价值观经过了最大利润价值观、经营管理价值观和企业社会互利价值观三个发展阶段。今天，利润最大化的传统价值观正在逐渐被与社会互利共赢的现代企业价值观所取代。现代企业价值观认为，企业不仅仅是一个追求利润的经济组织，还是一个与其他组织相互联系和相互作用的社会组织，是“社会公民”。因此，企业在提供产品和服务获取利润的同时，必须统筹考虑员工、消费者、国家、社会等利益相关者的利益，积极承担社会责任，促进人类的可持续发展。我国经过 30 多年的高速发展，进入了全面建设小康社会的新阶段。在中央提出树立以人为本、全面、协调、可持续的科学发展观和建设和谐社会以来，无论是政府还是民间，从单纯关注经济繁荣、经济增长转向关注社会总体和谐繁荣，已成为一种共识。有关企业履行社会责任的法律法规也在逐渐完善，新修订的《公司法》增加了企业履行社会责任的条款。新修订的《劳动合同法》明显加大了员工权益的保护。上海证券交易所发布了《关于加强上市公司社会责任承担工作的通知》，规定上市公司可以在年度社会责任报告中披露每股社会贡献值。单纯追求经济价值而忽略社会价值的企业，未来的生存空间会越来越小，发展压力会越来越大，正在成为一种新的游戏规则。有专家认为，我国的企业管理已经进入社会责任时代。

企业履行社会责任涉及方方面面，当务之急是“善待员工”。目前，农民工已成为我国产业大军的主力，其中 60 后、70 后农民工正在逐渐退出历史舞台，80 后、90 后新生代农民工正在崛起，他们不安于普工岗位，又不能胜任技术岗位，这种尴尬是我国长期以来对物的投入远远高于对人的投入（教育、培训，特别是职业培训）造成的。如何迎接中国产业工人换代的挑战，是企业战略转型的重要问题。近几年不时出现的“民工荒”也警示我们，靠低工资维持低成本的老路难以持续。我们必须以人为本，把员工视为企业发展的重要战略资源，切实保障基层劳动者的权益和提高员工素质，实现员工与企业共同成长。最近，素以精细和卓越质量管理著称的丰田公司因质量问题导致了历史上最大规模的汽车召回。究其原因，正如丰田社长丰田章男所承认的那样，“企业发展速度过快，员工和组织机构的成长、发展没有跟上，导致了这些问题的出现”。“丰田召回事件”从反面告诉我们，现代企业价值观既是一种全新的理念，也是指导企业持续发展的战略思想。

3. 着力推进技术创新与管理创新有效结合的全方位企业自主创新

国家“十一五”发展规划要求建立以企业为主体、市场为导向、产学研相结合的国家技术创新体系，形成我国自主创新的基本体制框架。首次明确了企业在自主创新中的主体地位，这是由企业的性质和社会经济地位决定的，符合世界经济和科技发展趋势。从国际看，世界 500 强企业的研发支出就占到全球近 70.0% 的份额，掌握了全球 70% 以上的科技成果。从我国看，越来越多的企业开始占领国家科技创新的制高点，2000 年以来，在国家科技进步奖获奖项目中，参与完成企业数量的比重达到 46.9%，远高于大学的 10.3% 和科研院所的 24.8%。由企业主持或参与完成的获奖项目占年度获奖项目的比重基本保持在 50.0% 以上，2007 年达到了 64.3%。但是当前从总体上看，企业自主创新的主体地位还不牢固，这有两方面的原因。从宏观体制上看，由于在某些认识比如企业作为研发活动主体等问题上还不完全一致。研发资源管理体制多元化，企业主体地位不突出。从微观层面看，由于企业还处于市场化转型的过程中，国企改革尤其是大型资源垄断型企业改革还没有完全到位，企业不完全是按经济规律来运行，而中小企业还处于成长期，这些都限制了企业主体地位的发挥。为了进一步巩固企业自主创新的主体地位，中企联在呈中央的报告中建议，政府有关部门要从规划环节开始吸引企业参与，反映企业创新需求，有意识地引导各类创新资源向企业聚集，真正形成市场导向的创新体制。对企业而言，主体地位来之不易，要珍惜并自觉地承担起创新主体的责任。

我们同时认为，企业自主创新是全方位创新，既可以表现为技术、工艺、产品等技术方面的创新，也可以表现为战略、商业模式、文化、制度、组织、营销等管理方面的创新。正如创新理论大师熊彼特所指出的那样，“创新是一种组合”，既可以是引进新产品、新技术、新材料，也可以是开辟新市场，重构企业的新组织。简言之，企业自主创新就是技术创新和管理创新有效相结合的全方位创新。

国内外企业的实践证明，没有管理创新的支撑和保障，企业的技术创新活动很难获得成功。据有关资料，美国只有10.0%的专利能成为技术创新成果，只有10.0%的创新成果能够产业化。这是因为，除了技术本身的因素外，技术创新活动还受到诸多管理因素的影响。比如，在立项阶段，要对市场环境、客户需求、相关产业、竞争对手等进行全面的可行性研究和战略决策；在研发过程，要进行科研队伍的组织、激励和研发流程设计；在大规模投产时，生产组织、工艺布局、员工培训、物料供应、品质保证等管理工作不可或缺；新产品投放市场之后，营销、市场开拓、品牌推广等将会遇到更大挑战，这些都需要企业通过管理创新来解决。此外，一种新的管理模式和管理方法一旦形成，也同技术革命一样会对企业乃至人类社会产生巨大推动作用。美国在第二次产业革命期间兴起了长达四五十年的“管理运动”，实现了股份制、科学管理、流水线生产方式、事业部制等管理创新，催生了一批世界级企业。日本二战后的劳动生产效率只有美国的1/8，由于采取了“技术与管理并重”的方针，成功探索出了以终身雇佣制、年功序列制、企业内工会为主的日本管理模式，使日本企业在全球竞争中后来居上。

我们国家一直坚持技术和管理是推动企业发展的两个轮子的战略思想，在我们管理创新成果中，就有大量二者有效相结合的成功案例。进入信息革命时代以来，IT行业应是高科技产业的代表，技术创新是其占领制高点的唯一途径，但是企业要盈利，必须靠商业模式创新来支撑。阿里巴巴就是抓住了全球信息化的历史性机遇，瞅准“中小企业电子商务”这一市场空白，在国内首创了网络销售的商业模式，以互联网为工具与渠道建立了专门服务于小企业的B2B（商家对商家）电子商务交易平台阿里巴巴网、专门服务于个人的C2C（个人对个人）网上零售平台淘宝网等，最近，又将信息交换服务战略升级为在线交易，在数以千万计的终端零售商和供应商之间搭建了成本更低、覆盖面更广的批发采购平台。这一系列的管理模式创新使阿里巴巴在短短十余年发展成为全球领先的电子商务服务提供商。

为此，我们呼吁国家要像支持技术创新一样支持管理创新，将“企业管理创新”纳入国家“十二五”规划，并由国家有关部门制定和发布《“十二五”全国企业管理现代化纲要》，为“十二五”期间企业开展管理创新提供方向指引和宏观指导。

4. 把物流与供应链管理作为一个时期企业管理的核心环节

长期以来，制造企业管理的重点在生产领域，通过提高生产过程的技术水平和管理效率降低成本，赢得竞争优势，而物流供应链环节往往被忽视。随着人力、资源、环境成本的相对升高，市场竞争的日益激烈，顾客需求的快速变化，生产过程的“价值洼地”在逐渐被填平，有的企业开始把挖潜的重点转向物流供应链环节，寻找降低成本的新途径。有资料显示，当前制造企业成本构成中，材料费用居第一，物流成本居第二，占到销售额的5.0%～35.0%之间。一般商品加工制造的时间不超过10.0%，90.0%以上的时间处于仓储、运输、搬运、包装、配送等物流过程中。在制造企业的“碳足迹”中，70%的温室气体排放来源于运输与供应链环节。通过强化物流供应链管理，挖掘这个“第三利润源泉”已经成为世界性趋势，不少跨国公司取得了十分显著的成效。与发达国家相比，我国的物流业发展缓慢。2008年我国物流总费用占GDP的比重为18.1%，而发达国家一般在10.0%左右。有学者认为，如果我们物流业的发展能达到国际先进水平，企业的物流成本可以下降70.0%，潜力相当大。

在这里，我们要特别关注制造企业的物流供应链管理。因为2008年制造业物流总额占到全社会物流总额的88.8%。从创新成果中反映出，有的企业已经进行了成功尝试。一是有条件的国有大企业依托区位优势和资源优势，将物流供应链视为战略业务来发展，改革原有的供销系统发展为独立的物流企业，并主动整合上下游供应链，做强做大物流业务。获第十六届一等创新成果的淮南矿业集团公司把物流作为企业第二轮发展的支撑产业，锐意改革，将内部供销部门独立出来，成立物流有限责任公司，实行市场化运作，运用信息化系统进行流程再造、全员培训、制度建设，实现“企业物流”向“物流企业”转变。同时，为区域内和行业内企业提供社会化的物流供应链服务，不但大幅降低了企业自身的采购成本，而且做大了物流供应链业务，物流总额从2006年的54.6亿元增长到2008年的123.7亿元，其中社会物流的比例上升到50.0%。淮南矿业的成功实践对于我国大型制造企业转变对物流的传统观念、降低成本、提高效率、改善环境意义重大。

二是跟随科技进步、经济发展、社会分工、物流逐渐从制造业中分离出来的趋势，发展第三方物流。当前，我国第三方物流还处于发展初期，市场规模小，企业分散，服务功能单一。因此，物流企业必须抓住国家当前实施《物流业调整和振兴规划》的政策机遇，加快推进企业内外的资源整合，实施跨区域的兼并重组，建立战略联盟，实现规模化经营；同时，积极向高端服务拓展，提高服务效率和水平。获第十六届一等创新成果的传化物流作为一家民营物流企业，经过多年的探索，创造性地建立了公路港物流服务平台，为中小公路物流企业提供一揽子服务，实现了公路物流的集约化经营和组织化管理，促进了制造业与物流业的联动发展，探索出了一条第三方物流企业健康发展的成功之路。

5. 信息化是我国企业超越传统管理模式、缩短与国外先进管理差距的重要推手

有学者认为，18世纪中叶以来，人类先后经历了以蒸汽机为代表的英国工业革命、以电力技术和内燃机为代表的二次工业革命、以电子信息技术为代表的第三次工业革命。由于历史原因，中国在前两次工业革命中落后了。改革开放使我们赶上了信息化浪潮，与世界同步开始了信息化革命。与发达国家先工业化后信息化不同，中国在工业化过程中迎来了信息化。如果两化并举，我们就有可能发挥后发优势，逐步缩短甚至赶超国外的先进技术和管理。30多年的发展实践证明，我们抓住了这一历史机遇，正在从全球信息化浪潮的旁观者逐步变成信息技术的积极创造者、世界最大规模的通信产品制造者和增长速度最快的消费者。新浪、搜狐、百度、阿里巴巴、盛大网络等一批世界级中国互联网企业开始崛起，无论是技术还是商业模式，都丝毫不逊色于世界同行。华为、中兴通讯、大唐电信等通信企业以巨大的国内市场为依托，长期坚持通信技术领域的自主创新，在部分关键技术和核心技术上实现了突破。华为在2008年首次成为全球第一大国际专利申请公司。宝钢、海尔等为代表的大批制造企业积极采用先进信息技术改造传统管理，大力推进企业信息化。在前16届国家级管理创新成果中，每年都大概有10.0% ~15.0%是关于企业管理信息化的成功经验。一些领先企业开始尝试利用信息网络平台进行内部管理集成和商业模式创新，实现网络信息技术与企业管理的深度融合，据对2008年中国信息化500强企业的调查显示，34.5%的企业已经达到中等发达国家水平，6.4%的企业居于国际领先水平。

当前，全球信息化还在深入发展，网络化很可能成为下一阶段的重点。物联网、云计算等新技术的渗透将催生出新的经济增长点，三网（电信网、互联网、广播电视网）融合、3C（计算机、通信和消费类电子产品）融合将极大地拓展产业发展空间。越来越多的企业包括中小企业通过网络租赁和购买，开始采用基于互联网的研发管理、企业资源管理、供应链管理、客户关系管理、电子商务等信息系统，信息化的重点由传统的提高效率向创造价值转化。越来越多的消费者，尤其是80后、90后人群已经高度依赖和习惯于在网络上工作、购物、娱乐、消费，他们将在未来数十年逐渐成为社会消费的主体，引领世界消费潮流。这些都将对传统经营管理模式形成巨大挑战。甚至有专家预言，21世纪持续推进的信息化很有可能形成一次新的管理革命。目前我国通信网络规模、用户规模和互联网用户总数均居世界第一。对我国企业来讲，依托中国这个全世界最大、发展最快的互联网市场和消费人群，同时又有国家在工业化和信息化融合、走新型工业化道路方面的宏观政策支持，坚定信心，扎实行动，把信息化作为科技创新、管理创新和商业模式创新的重要推手，全面推进企业管理转型，则完全有可能赶超国外先进管理，形成中国特色的管理模式。

6. 软实力正成为企业核心竞争力的重要组成部分

进入21世纪，国家之间、企业之间的竞争，越来越由硬实力主导转向了软实力主导的综合实力的较量。相对于资本、厂房、设备和生产设施等硬实力而言，企业软实力一般指企业的宗旨、价值观、创新机制、企业文化、行为规范、社会责任意识，以及由此凝聚而成的社会声誉、市场信用和品牌影响力等无形资本的能力。在企业内部往往表现为良好企业文化所构成的凝聚力、创新机制和效率等；在外部往往表现为企业社会信誉、企业品牌、产业集成能力和对产业网络的实际控制力等。

与硬实力相比，企业软实力最大的特点是难以模仿性和能力形成的长期性。跨国公司能占据世界产业的龙头地位，是它们对所在产业具有强大的“系统集成能力”，这不仅包括资本、规模等硬实力，更包括战略洞察能力、管理运作能力、企业信誉、创新能力、品牌影响、企业文化等软实力。后者是这些跨国公司长期积累形成的核心竞争力，而这恰恰是中国企业最难学习和赶超的。因此，我国企业要在30年来快速发展的基础上，积极培育企业软实力，通过持之以恒的日积月累，形成企业特有的软实力，逐步改变当前大而不强的状况，真正实现大而又强。获第十四届一等创新成果的青岛港集团在硬实力达到一定规模后，近几年开始注重软实力建设，通过组织领导力、团队战斗力、战略执行力、管理创新力、企业亲和力、公益诚信力等六个方面的努力，明显提升了企业软实力，促进了企业快速发展。在2001年实现1亿吨吞吐量的基础上，仅用5年时间便实现了从1亿吨到2亿吨的新跨越，用全国港口1.3%的泊位干出了占全国7.1%的吞吐量。同时，培养出了以许振超为代表的一大批杰出人才，树立了良好企业声誉和形象，在创造中国特色的社会主义企业管理模式上迈出了坚实的步伐。

第十六届国家级企业管理现代化创新成果名单

全国企业管理现代化创新成果审定委员会

等 级	成果名称	申报单位	主 要 创造人	参与创造人
一等	TD－SCDMA 国际标准的产业化开发管理	大唐电信科技产业集团	真才基	高永岗 陈山枝 谢永斌 孙玉望 段辰辉
一等	公路港物流服务平台的建设与运营	浙江传化物流基地有限公司	徐冠巨 姚文通	陈 捷 徐虎祥 李绍波 俞建刚 沈建康 谢 萍 潘中华
一等	大型低品位油气田全方位创新的开发与管理	中国石油天然气股份有限公司长庆油田分公司	胡文瑞 冉新权	李安琪 唐家青 何光怀 惠 宁 姚宏彦 黄继军 王亚军
一等	汽车产品自主研发中的精细化设计管理	重庆长安汽车股份有限公司	徐留平 崔云江	倪尔科 施海峰 莫方辉 刘 波 蒋云峰 谭本宏 王 勇 喻大奇 付祥玉
一等	大型商业银行集约化信贷管理	中国工商银行股份有限公司	姜建清 牛锡明	魏国雄 林晓轩 刘子刚 苏文力 马银华 马 雁 周益清 杨龙如 张 斌 张俊国
一等	提升高性能轨道交通装备自主研制能力的创新型企业建设	南车株洲电力机车有限公司	徐宗祥	马克湘 傅成骏 李 扬 肖经行 李一鸣 叶善魁 麻扶波
一等	大型跨国上市公司独立编制财务报告体系建设	中国石油天然气股份有限公司	周明春 柴守平	穆秀平 周 静 王春峰 姚显虎 马燕南 王 煜 季 军 张 权 李小华 孙剑鸣
一等	大型连锁零售企业顾客导向的高效供应链管理	北京物美商业集团股份有限公司	张文中 吴坚忠	于剑波 徐 莹 张伟春 沈晓芬 李 燕 陈 刚 吴笃卿 王 刚 王 佟 韩劲松
一等	以科技创新为本的大型航天企业自主创新管理	中国航天科工集团公司	许达哲 曹建国	符志民 许建荣 王洁刚 赵 军 于 滨 谭春玲 王云林 时 旸 王建生 阚力强
一等	基于效益 效率和风险平衡的大型石油公司风险管理	中国海洋石油总公司	傅成玉 武广齐	吴孟飞 朱烈斌 孙忠义 曾 泉 孟 军 金晓剑 田 鹏 王宇文 黄业华 蒋廷瑞
一等	实现铁路货车升级换代的技术创新和制造基地建设一体化管理	齐齐哈尔轨道交通装备有限责任公司	魏 岩 于连友	祝 震 王子长 张玉祥 常文玉 王志慧 于百库 闻 海
一等	大型油田提高基层建设水平的创优管理	中国石化集团胜利石油管理局、中国石油化工股份有限公司胜利油田分公司	王立新	杨昌江 许卫华 李瑞成 罗焕章 张政建 陈 刚 牛汝东 纪梁军 张志斌
一等	高科技军工企业军民融合发展战略的实施	四川九洲电器集团有限责任公司	张正贵 何林虎	杜力平 孙 仲 程 旗 王国春 祁权生 欧燕恩 王永亮 段家刚 周 冰 代光伦
一等	大型跨国化工企业基于信息化的管理提升	中国蓝星（集团）股份有限公司	任建新	杨兴强 任国琦 白忻平 黄美燕 Ross Macallister 杨洪斌 施 洁 庞小琳 李丰民
一等	大型企业医疗机构基于资源整合的服务体系建设	大庆油田总医院集团	孙希明 刘湘彬	宫印成 周仕林 朱腾明 马国良 王晓春 王铁宣 王 颖 张秀芬 谭景琛 李建辉
一等	确保大型工程建设综合效益的机电设备采购管理	三峡国际招标有限责任公司	杨 清 吴卫江	桂许德 李毅军 张金隆 刘 锋 李大鹏 苏兴明 李 岩 詹文杰 陈 明
一等	大型煤炭企业基于风险观的内部控制管理	中国神华能源股份有限公司	张玉卓 凌 文	华泽桥 张克慧 李国忠 张东红 王义兵 牟 峰 张 剑
一等	以共享服务为理念的海外公司财务集中管理	中国海洋石油有限公司	杨 华 李飞龙	李洁雯 韩 梅 郑永钢 张 勇 杨晓玥 程 惠 孔鹏远

续 表

等级	成果名称	申报单位	主要创造人	参与创造人
一等	中成药企业依托原料基地的可持续发展战略实施	吉林敖东药业集团股份有限公司	李秀林 郭淑芹	朱 雁 解钧秀 许加胜 于江波 陈永丰 王振宇 李延秋 高 峰 姜 维 傅冬梅
一等	大型钢管企业供应链风险管理	天津钢管集团股份有限公司	刘云生	严泽生 姚志毅 李 强 吴杰军 徐 华 张文烽 陈桂群 于德良 郭 涛 张保银
一等	建筑施工企业基于标准化的精益管理	中建五局第三建设有限公司	阎 军 田卫国	刘家军 赵伯足 张 红 张志国 尹湘平 粟元甲 吕基平 李 灿
一等	大型矿业集团社会物流的拓展与经营	淮南矿业（集团）有限责任公司	孔祥喜 汪晓秀	杨 林 程晋峰 苏南滨 刘春海 郭 平 王传涛 乔文田 李保安
一等	高科技企业提升国际市场竞争力的精益客户管理	深南电路有限公司	吴光权 由 镭	李 伟 张丽君 周进群 孔令文 杨之诚 邓 青 孙英杰 巩丽虹 李 波 宋国伟
一等	大型制造企业基于信息集成平台的业务协同管理	潍柴控股集团有限公司	徐新玉 韩黎生	曹 伟 朱建刚 吴智增 刘春波 孙丽萍 钟世红 赵晓霓 李 萍 谭 娟 王 静
一等	基于综合配套、系统集成服务的钢铁生产性服务企业战略转型	中国中钢集团公司	黄天文	王文军 李可杰 张 征 刘增田 王 沅 姜宝才 徐洪路 高蔚卿 李 红 徐 鹏
一等	以科技进步为依托的煤矿绿色开发管理	新汶矿业集团有限责任公司翟镇煤矿	郎庆田 佟 强	和富平 刘端举 李继良 周加启 刘 磊 董升平 殷培军 杨训鹏 杜恒瑞
一等	城市轨道交通“建设＋物业＋运营”一体化设计与实施	深圳市地铁集团有限公司	张晓莉 林茂德	张 泓 刘 勇 苏年清 夏昌琼 程建刚 柳 敏
一等	以实现可持续发展为目标的绿色化工企业建设	重庆紫光化工股份有限公司	罗玉成	熊泽春 龙晓钦 陈其志 杨久汉 何邦友 周 敏
一等	钢铁企业基于信息平台的日核算成本管理体系建设	河北钢铁集团承德新新钒钛股份有限公司	李怡平 牟文恒	李 庆 郭晋宏 陈晓更 刘国营 赵建东 刘浩永 高 安 孙明芳 朱 进 王 莲
一等	供电企业输电设备状态检修管理	金华电业局	姜 宪 楼其民	应高亮 戴 卡 应伟国 胡建平 汪建勤 林红旗 施伟军 黄旭骏 孔晓峰 方玉群
一等	高科技中小企业基于技术领先的自主创新管理	多氟多化工股份有限公司	李世江	侯红军 杨华春 李凌云 李云峰 陈相举 郝建堂 李继洲
二等	钢铁企业跨地区战略重组与一体化整合	武汉钢铁（集团）公司	邓崎琳 贾宝军	刘新权 郭自祥 朱永红 成飞宇 付新安 蔡庆青 邓果宇 吴 杰 魏建新 李凤技
二等	大型电网企业以提高劳动效率为目标的劳动定员标准体系建设	国家电网公司	陈月明 许世辉	张辉明 尚锦山 傅 文 卢 松 张振兴 许 飞 陈春武 沈海华
二等	以提高采收率为目标的超稠油开发管理	中国石油天然气股份有限公司辽河油田分公司	谢文彦 任芳祥	张恩臣 李孟洲 杨立强 张福刚 刘 斌 杨建平 许万利 黄 鹤 郑南方 张宝龙
二等	以满足客户需求为导向的敏捷营销管理	江苏联发纺织股份有限公司	孔祥军 黄长根	于拥军 唐文君 于银军 陈昭俊 蔡红梅 黄菊梅 杨友萍 张海燕 向中林
二等	提升军品设计综合实力的知识管理	中国航空工业沈阳飞机设计研究所	孙 聪 施荣明	褚晓文 赵 民 李 燕 王永庆 杨抗美 李 斌 邓吉宏 贾大风 王朝霞 李 东
二等	通信企业基于内外互动的客户体验式营销管理	中国移动通信集团广东有限公司	徐 龙	丘文辉 熊 勇 王志忠 张先郁 朱怀奇 殷感谢 刘碧涛 童 翔 闫 双
二等	大型电力公司火电建设项目设计管理变革	华能国际电力股份有限公司	范夏夏	林 刚 叶向东 赵 平 张怀铭 钱戈金 彭大为 陈书平 程 阳 张又新 李 立
二等	资源节约与环境友好型绿色生态大港建设	青岛港（集团）有限公司	常德传	韩宝林 陈福香 史希春 于剑峰

续 表

等级	成果名称	申报单位	主要创造人	参与创造人
二等	国有大型钢铁企业集团管控体系建设	鞍山钢铁集团公司	张晓刚 于万源	唐复平　陈　平　白静瀑　刘　杰 陶利贵　杜　民　蔡跃成　李春凯 刘卫民　林　超
二等	疏浚企业装备自主创新的集成管理	中交天津航道局有限公司	周静波	钱献国　周泉生　顾　明　赵燕丽 李进军　饶维生　王　健　李瑞祥 史立波　刘作辉
二等	大型航空制造企业资产价值和实物形态统筹协同管理	江西洪都航空工业集团有限责任公司	吴方辉 傅俊旭	陈逢春　钱　昀　易楚才　乐　阳 邹小勇　朱伟国　李　军　王中强 邓勇华　赵洪生
二等	汽车企业支持自主品牌发展的全成本管理体系建设	一汽轿车股份有限公司	张丕杰	白　羽　杜秀萍　汪玉春　许万才 李　伟　马　岩　谢文才　张　硕 于　平　任丛林
二等	装备制造企业提升核心竞争力的集成创新管理	中国机械工业集团有限公司	任洪斌 徐　建	王锡岩　翟祥辉　王永祥　李　光 寇平均
二等	大型石油物探企业国际业务的经营与管理	中国石油集团东方地球物理勘探有限责任公司	王铁军	郭月良　郑华生　李进勇　牛　燕 曹志高　国　霞　张连军　朱　强
二等	大型钢铁企业紧密型产学研合作体系构建与实施	首钢总公司	朱继民 王青海	张功焰　赵民革　梁宗平　李本海 胡雄光　朱启建　邱冬英　易　莎
二等	以"零停机"为目标的民航旅客信息系统再造与运维管理	中国民航信息集团公司	荣　刚	夏华胜　王卫东　毛军为　李雪松 沈　强　龚　文　苏　菲　肖海清 郭东丹　张　莉
二等	机电企业科技创新的全程式财务管理	浙江省机电集团有限公司	王　敏 俞乐平	张荣三　郑佐鹏　吴宪立　王春燕 丁晓东　贝仁芳　高　玲　苏一琴 袁惠钧　陈小平
二等	大型企业集团财务公司由投资理财向金融服务的战略转型	中核财务有限责任公司	孙又奇 崔建春	蔡锡富　金　蓓　刘文菁　凌晓哲
二等	装备制造企业以战略地图为路径的执行力管理	郑州飞机装备有限责任公司	贾安年 张　彬	冯　强　王志伟　孙敦生　牛爱萍 穆　浴　刘百旺　张彦军　赵　伟
二等	铁路运输企业安全管理考核评价体系的构建与实施	呼和浩特铁路局	林奋强	景向阳　席建国　贾功勋　赵星辉 朱　强　屈　华　楚继宗　任　君 杨　诚　贾宏博
二等	以发展循环经济为导向的生态型制糖企业建设	广西贵糖（集团）股份有限公司	黄振标 陈　健	蓝贤州　李建元　张家健　俸　斌 宋翠红　曾仕联
二等	多组织架构工程项目群管理系统建设	宝山钢铁股份有限公司	张建中 袁元洪	林希琤　张朔共　王志义　吴　新 钱东静　孙伟忠　刘为民　朱维奇 田国兵　兰贞銮
二等	大型煤炭企业提升专业化水平的资源整合与变革	新汶矿业集团有限责任公司	郎庆田 李希勇	王元仁　巩传景　孙春江　张圣国 孙惠民　韩树华　李伦实　刘同彬 王贯东　鲁玉栋
二等	以安全高效准点运营为目标的城市轨道交通设备一体化管理	重庆市轨道交通（集团）有限公司	沈晓阳 官　波	刘昌萍　吴新安　田　颖　车天义 杨建忠　晏绍杰　范金富　郭　兰 吴　明　田小珑
二等	大型矿业集团节能减排项目集中管理	开滦（集团）有限责任公司	张文学 冬伯文	刘瑞芹　龚立新　贾德毅　梅海斌 何立新　付同君　梁友锁　赵福东 刘长青　宋超杰
二等	战略导向的高技能人才培养体系构建与实施	中国南方机车车辆工业集团公司	赵小刚 郑昌泓	刘化龙　谷大存　刘惠云　薛　松 黄晓宇　吴新林　郝晓龙　黄登启
二等	电网企业以客户为导向的大营销战略实施	山东电力集团公司	于世昌 钱　平	李学广　刘运龙　张凡华　王志伟 刘继东　陈　琳　张国庆　林祖栎 谢季川　李军田
二等	飞机制造企业与国际接轨的精益物流供应链构建	西安飞机工业（集团）有限责任公司	许　杨 曹晓虎	王成民　刘　辉　康　庄　霍庆文 于　萍　李　勇　王　兵　董　颖 马壮志
二等	基于信息化平台的成品油公路配送优化管理	中国石油天然气股份有限公司四川销售分公司	温明友 帅　虹	刘华治　庞守国　胡朝晖　曾令强 李　健　郭　博　张光辉　朱　维

续 表

等 级	成果名称	申报单位	主 要 创造人	参与创造人
二等	服务大学生创业的创意产业园区建设	上海鑫灵物业管理有限公司	赵长征	吴根发 陶冶良 潘德荣 杨 琳 杨忠华 杨叶平 王以梅
二等	化工企业基于 ERP 系统的高效成本管理	青岛庆昕塑料有限公司	王济建 赵景萍	蒋国兴 马国良 芦 刚 陈 静 吕大垚 刘志辉 王彦夫 陈维国 董 英 滕锡娟
二等	以建设全球最具竞争力不锈钢企业为目标的产业链管理	太原钢铁（集团）有限公司	李晓波 胡玉亭	周宜洲 秦同文 王进书 王继光 王良虎 程筱明 王 海 张志杰 王立新 薛俊虎
二等	大型铁路站段合并重组后的管理整合	北京铁路局丰台车辆段	菅京河 张书和	焦永华 毕瑞明 张振斌 申金东 谭剑钢 刘久国
二等	装备制造企业创新风险管理体系构建与实施	上海电气电站集团	郑建华 蔡康忠	陈文倩 沈瑞章 汪 浩 隋 杰 袁 健 董 赟
二等	以积分制为基础的职工培训体系构建与实施	江苏沙钢集团有限公司	龚 盛	何春生 陈晓东 巫振佳 李新仁 高文平 高林全
二等	通信企业一级架构、三级运营的电子渠道生产管理体系建设	中国联合网络通信集团有限公司	宗新华 李莞菁	杨 宇 刘海舟 于 鹏 翟立柱 马 杰 刘江林 张海刚 刘嫚华
二等	提升企业核心竞争力的源动力工程建设	浙江吉利汽车有限公司	安聪慧 杨伟奇	程文安 尹益珍 胡余宝 邓 辉 张 玮
二等	化工化纤企业提升能源利用效率的系统优化管理	神马实业股份有限公司	马 源 王 良	姚 晟 齐建华 郑晓广 王颖洲 李鹏洲 杨炎锋
二等	通信企业拓展与优化呼叫服务功能的卓越管理	中国移动通信集团江西有限公司	周贵勤	芦 萍 万国兵 董磊明 龚征途 甘 强 吴 建 赵永军 方 敏 金美娥
二等	核工业企业提升战略执行力的规章制度一体化建设	中核建中核燃料元件有限公司	畅 欣 古德军	彭宏斌 朱元刚 于锡健 丁建波 李济民 何永康 陈义明 陈 建 丁建民 杜勤刚
二等	公交企业提升服务水平的星级管理	济南市公共交通总公司	薛兴海	石 军 姜 良 杨永长 王建辉 孔庆平 邓军航 王永济 蒋有德 刘 彤
二等	商业银行基于信息系统的个人业务开发管理	中国邮政储蓄银行有限责任公司	姚 伟 刘 哲	陈震宇 张 伟 刘凤姝 杨大强 吕海蔚
二等	以建设绿色科技化工企业为目标的全面环保管理	中昊晨光化工研究院	谢学端	王家贵 曾本忠 陈朝阳 孙建忠 吴常根 吴安明 任晓宁 郑兵兵 魏南锥
二等	城市轨道交通企业多渠道低成本债务融资管理	北京市基础设施投资有限公司	王 灏 高 朋	邓志高 宋自强 郝伟亚 吴礼顺 张新军 杨 锟 曹润林
二等	轨道车辆配件企业高起点超常规发展战略的实施	吉林麦达斯铝业有限公司	王嘉欣	孙启祥 李镇宇 关振家 刘宗富 张任侠
二等	大型上市公司分离交易可转债发行的设计与实施	马鞍山钢铁股份有限公司	顾建国 苏鉴钢	高海建 胡顺良 钟 勇 江 鹏 何红云
二等	汽车零部件制造企业基于价值流的生产流程优化管理	万向钱潮股份有限公司	周建群	倪金传 周树祥 何 先 姚培友 高张泉 高天安 干士林 王永涛
二等	以安全供电为目标的设备风险评估管理	山东电力集团公司潍坊供电公司	姜忠福	张永武 邱升孝 武志刚 赵日凯 王东晖 胡晓东 刘淑敏 董金华 王培军 李兰臣
二等	动车组核心部件“质量门”管理体系的构建与实施	中国北车长春轨道客车股份有限公司	董晓峰 卢西伟	王 锋 刘志泰 孙大禹 张力清 白晓莉 李祥东 曲金龙 金剑峰
二等	以建设国际一流工程机械公司为目标的企业文化建设	广西柳工机械股份有限公司	王晓华 曾光安	周邕生 王 栋 郑胜景
二等	通信企业提升核心竞争力的精益运营体系建设	中国移动通信集团浙江有限公司	钟天华	杨剑宇 芈大伟 陶 晨 周维强 于建初 姚志坚 孟 繁
二等	大型煤炭企业财务风险预警指标体系建设	国投新集能源股份有限公司	刘 谊	王 丽 倪井喜 薛 银 王 森 杜立东 赵洪超 范 伟
二等	以节能减排增效为目标的钢铁企业循环经济运行体系建设	莱芜钢铁集团有限公司	宋兰祥 田克宁	陈启祥 张胜生 罗登武 王星元 梁凯丽 商福成 郭怀功 李丰功 杨富廷 王冠飞

续 表

等级	成果名称	申报单位	主要创造人	参与创造人
二等	大型军工集团战略实施体系建设	中国南方工业集团公司	白忠泉	靖波 厉大成 陈友邦 童彦琳 贾立山 徐波
二等	石油石化国际工程建设市场的开拓与管理	中原石油勘探局工程建设总公司	孔凡群 杜广义	刘大恕 王承来 石书灿 朱景川 朱国鹏 刘宗儒 刘奎 安青云 黎仕强 杨旭会
二等	摩托车企业实现和谐共赢的价值链管理	中国嘉陵工业股份有限公司（集团）	龚兵 黄艳	查常礼 周勇强 舒元勋 申林 周鸿彦 陈昱欣 黄景山 谢智禹
二等	大型保险企业三位一体的投资管理体系建设	中国人寿资产管理有限公司	缪建民 刘慧敏	
二等	打造国际技术供应商的专利战略管理	贵阳铝镁设计研究院	黄粮成 贺志辉	张晓萍 姜家雄 安德军 郑蕾 吕维宁 杨宗光 荣海洪 魏培烈 曹斌 隋建新
二等	高速公路企业提升服务能力的管理信息系统建设	山东高速公路股份有限公司	王化冰	方世杰 王云泉 马宁 庄延辰 秦波 马晓刚 杨爱国 张伟 陈宏
二等	实验快堆项目管理体系的构建与实施	中国原子能科学研究院	万钢	张东辉 李鹏辉 杨河涛 张坚 徐銤 杨红义 马振权 周培德 王彩霞 汪尧
二等	基于社会责任的出租车企业驾驶员人本管理	重庆公路运输（集团）有限公司	曾祥普 王国明	陈显忠 卫永生 陈建军 任林 陈康强 王国敖 丁国平 尹国峰 魏长生 冉茂光
二等	信息化电网企业 IT 服务管理体系建设	浙江省电力公司信息技术中心	郭金根 陈荣权	陈建 吴惠芬 周明磊 戴波 何明甫 俞庆 涂莹
二等	应对突发公共事件的铁路调度应急管理	郑州铁路局	张军邦	陆彦彬 陈杰 陈文兴 王天才 王建斌 应华征 卜潇敏 孙新川 吴春生 李建功
二等	矿山企业基于业务流程优化的组织变革	鞍钢集团矿业公司	邵安林 刘炳宇	王欢 马仲义 韩德久 刘志东 裴传广 黄海涛
二等	通信企业“农科在线”业务开发与管理	中国联合网络通信有限公司吉林省分公司	郑杰 朱亚夫	俞向东 付岩 宋悦军 赵波 郭超 李思光 朱一禾 刘哲
二等	大型军工企业“退城进园”战略搬迁的实施	重庆建设工业有限责任公司	尹家绪 蔡韬	白忠泉 陈永强 余国华 雷千红 肖虹 张亚平 王建学 赵康林 杨勇 罗荣
二等	汽车企业本土化 ERP 软件的研发管理	启明信息技术股份有限公司	吴健会 宋国华	胡文娟 吕彦伟 郑德 金勇俊 吕春秋 孙玉红 柳春来 胡兴勇 潘玉莲 武志军
二等	铁路集成化物流服务管理	中铁快运股份有限公司	田野 陈京亮	柴滨 王来 林怡 万云红 姜建华 宋志男 高磊 姚宗波
二等	大型保险企业农村小额保险业务开拓与管理	中国人寿保险股份有限公司	万峰	苏恒轩
二等	城际高铁无线覆盖通信网络的建设与管理	中国移动通信集团天津有限公司	徐波	孙晓丽 丁伟
二等	以建设坚强电网为目标的大型超高压输变电企业安全管理	山东电力集团公司超高压公司	苏建军	刘洪正 袁广宏 朱德祎 王斌 段建军 孟令国 娄欣 郭顺生 杨立超
二等	煤炭科研院所转制后的战略管理	中煤国际工程集团武汉设计研究院	吴嘉林 余汉豪	周秀隆 陈双喜 钟玉琼 王伟民 黄文辉 邓春霞 于新胜 王先锋
二等	电子信息科研院所员工幸福指数评价体系建设	中国电子科技集团公司第三十八研究所	吴曼青 陈晓剑	陈宁 迟嘉宾 王新鸣 王晓龙 陈学军 张岩
二等	投资项目后评价体系构建与实施	河北建设投资集团有限责任公司	王永忠 赵杰	潘孝礼 胡占琪 袁雁鸣 马国庆 孙敏 闫英辉 纪根栋 回翠翠 杨春娟
二等	大型化工企业“点线”管控的降本增效管理	山东海化股份有限公司	曹希波	孙志 刘鹏 张洪举
二等	老字号黄酒企业的原酒交易管理	浙江古越龙山绍兴酒股份有限公司	傅建伟 李维萍	许为民 徐城法 金永康 柏宏 茹拥政 金伟永 王永奎 裘文俊

续 表

等 级	成果名称	申报单位	主 要 创造人	参与创造人
二等	军工企业以 EVA 为核心的战略绩效管理体系建设	西安航空动力控制有限责任公司	高 华 屈佩明	刘平生 刘冬利 张 库 刘胜亚 罗 红 杨振东 马伟华 杨 瑛
二等	以提升旅客满意度为导向的服务质量管理	哈尔滨铁路局	刘君喜 王林涛	吴 恒 王 欣
二等	以平台为基础、以增长为导向的国有独资公司经营者绩效管理	新兴重工有限公司	杨 彬 宁春林	陈春生 徐兴周
二等	以心智提高为核心的知识型企业员工帮助计划实施	浙江电力调度通信中心	叶大革 钱仲文	王永淼 赵树来 贺沛宇 王歆扬 王月清 徐达明 陈美月 陈伟群
二等	飞机制造企业以班组为载体的价值管理	成都飞机工业（集团）有限责任公司	陈荣平	黄 锐 张巨才 荣 建 陈绍锋 顾伟民 朱国建 刘 林 沈晓南 曾春杰
二等	信息服务提供商战略导向的知识产权管理	上海宝信软件股份有限公司	陈在根 丛力群	欧阳树生 艾丽君 丁 宁 吕子男 周 勇 毛淑华 段卫国 胡 兵 程玉宝 张 洋
二等	旅客列车发电车检修质量控制体系建设	兰州铁路局兰州车辆修配段	高 伟	赵 晖 赵桓宇 张小云 成燕燕 李 刚 吴国强 康等连 刘成武
二等	基于市场机制的发电侧节能减排管理	重庆市电力公司	单业才 彭永华	张继红 王俊梅 郭 琳 孔庆云 张文哲 田 京
二等	以创建环境友好型石化企业为目标的环保管理	中国石油化工股份有限公司天津分公司	许红星 洪剑桥	王晓刚 袁仲全 武 斌 刘忠河 常 军 王 刚 时永前 周恩阳
二等	大型煤炭企业销售资金管控体系构建与实施	平顶山天安煤业股份有限公司运销公司	许玉柱 肖生喜	张富有 万善福 赵海龙 陆 波 余清海 颜世文 赵运通 武伟民 纪晓玲 娄雪红
二等	以业务能力提升和专家型人才培养为重点的员工培训管理	宁夏回族自治区电力公司	郭少锋	张怀忠 冯国瑞 高 煜 陈培军 殷延文 张选孝 施江辉 袁 博 马 燕
二等	航天企业多媒体装配信息管理体系建设	首都航天机械公司	孟凡新	胡新平 周世杰 战玉晓 梁巨峰 郑 伟 邹新军 田堂振 仵永亮 袁维佳 顾晨明
二等	铁路运输企业以现场安全自控为目标的一体化管理	乌鲁木齐铁路局	罗金保	唐士晟 李 荧 许 明 刘希平 刘 琳 于 冲 姚德骅 师 旭 鱼 海
二等	火电企业基于“五要素”协同互动的企业管理体系建设	国投北部湾发电有限公司	郭 楠	龚小勇 刘继平 郭新民 杜志新 刘光辉 许积庄 吕艺苑 赵晋杰 蓝洞晖 张福进
二等	国有转制企业实现持续发展的人力资源管理	通化石油化工机械制造有限责任公司	韩一泉	
二等	煤炭企业生产过程精细化管理	山东华宁矿业集团有限公司	程洪良	于正明 李长冰 王征南 史义刚 苏保冈 徐元田 谢志国 张玉萍 赵 斌 陈福栋
二等	有效防范风险的化纤企业信用体系建设	浙江荣盛控股集团有限公司	潘显好 李水荣	范升红 俞传坤
二等	推动军品转型升级与民品开发的军民融合型企业建设	西安昆仑工业（集团）有限责任公司	李 俭 卜啸天	吴振兴 刘亚北 刘育平 杨志良 谭新禄 马卫民 刁立社 王宝朋 马 瑞
二等	汽车制造企业提升核心竞争力的精确管理	江苏英田集团有限公司	张英田 葛吟春	张小禹 张小军 李晓冬 孙国华 洪启华 田为民 徐桂宏 陈秀玲 张业华 张世芹
二等	打造水电工程一流品牌的精细化项目管理	中国水利水电第十四工程局有限公司	王曙平 和孙文	付 勇 史雁飞 尹俊宏 张德高 谢勇兵 余 灿 盛 杰 张志斌
二等	大型煤炭企业以技术进步为统领的资源节约管理	铁法煤业（集团）有限责任公司	韩有波	吴维权 王庭臣 王 杰 许长志
二等	石化企业基于平衡计分卡的绩效管理	中国石油天然气股份有限公司抚顺石化分公司	李若平 白连刚	李耕南 王洪军 吴永烈 司崇田 王洪洲 赵宝红 潘瑞丰 郝凤林 杨 成 苏献光

续 表

等 级	成果名称	申报单位	主要创造人	参与创造人
二等	以建设精品煤矿为目标的标杆管理	平顶山天安煤业股份有限公司一矿	李永生 程同军	刘彦昌 刘汝涛 杨平怀 杨永胜 汪建立 黄 刚 张胜利 向长军
二等	啤酒制造企业管控一体化信息集成系统建设	内蒙古金川保健啤酒高科技股份有限公司	杨子龙 王玉宝	姜向荣 赵久军 陈正新 韩 强 王春霞 杨冬霞 杨 燕 张 彧
二等	以打造世界级钢结构基地为目标的全面技术创新管理	浙江东南网架股份有限公司	郭明明 徐春祥	王 莹
二等	大型化工企业提升核心竞争力的品牌战略管理	铜陵化学工业集团有限公司	黄化锋 顾青城	王锡义 陈胜前 汪小鼎 符小升 陈应斌 梁继斌
二等	以打造“三力”团队为目标的企业文化建设	冀中能源峰峰集团有限公司	郭周克 郭志武	许 凯 李志明 李庆寿 张和平
二等	工程项目总承包模式下的分包商绩效考核管理	中国石油天然气管道局	葛书义 杨 威	于永超 杨明新 林久新 侯俊夕 王健康 曾 光 李 浩 赵广锋 赵 斌 杨文武
二等	汽车制造企业以快速满足市场需求为目标的全面营销管理	沈阳金杯车辆制造有限公司	陈允禄	赵 钰
二等	大型燃煤电厂以指标控制为核心的节能减排管理	华电国际电力股份有限公司邹县发电厂	李怀新	徐宝福 张文慎 赵训海 杨凤岭 王 伟 门常山 张海燕
二等	基于知识创造和扁平沟通的个性化平台建设	中国移动通信集团广东有限公司深圳分公司	凌 浩	鲁向阳 陈永强 廖海涛 关 驰 谢文敏 温科基 孙 晟 蔡 利 师文清
二等	石化企业基于ISO9000族标准的一体化管理体系建设	中国石油化工股份有限公司九江分公司	王治卿 徐盛龙	谢道雄 苏云麟 钟海涛 文 艳 刘志忠 李 群 徐筱安 蔡锦云
二等	发电企业以作业过程控制为中心的安全管理	河北邯峰发电有限责任公司邯峰发电厂	张煜辉	李彦学 靳玉彬 郭冬霞 赵阳升
二等	卷烟生产企业以业绩持续提升为核心的递进式目标管理	河南中烟工业有限责任公司南阳卷烟厂	王恒宇 任淑军	杨自业 杨志忠 史建超 孟祥军 石国强 吕彦旭 余松岩 秦冬梅 贾 凯 苏芳泽
二等	提高供电可靠率的精细化管理	广东电网公司珠海供电局	邝 锋 闫国兵	李有铖 谭 喆 胡小勇 黄强飞 温洪曾 吴爔红 蒋芳玉
二等	通信企业服务农村的平安互助网建设	中国联合网络通信有限公司山东省分公司	孙景华	郑美玉 刘志杰 王宁新 史兆江 赵玉生 王 平 张晓冰
二等	以战略为导向的技术创新管理体系建设	中国恩菲工程技术有限公司	陆志方	王继运 许启明 曾 刚 孙文海 宗绍兴 伍绍辉 黄祥华
二等	再造母公司优势的煤炭企业整合管理	华亭煤业集团有限责任公司	缪寅生 朱同印	郭长林 马宝彦 王晓明 孟选印 冯旭明 王正武 马德甲 祁胜利
二等	以提供优质服务为目标的汽水热力站的建设与管理	天津市热电公司	裴连军 曹家祥	朱咏梅 魏 强 张建玲 郭宝茹 苗鑫华 彭俊茹
二等	石化企业基于科学发展观的目标考评体系构建与实施	中国石油天然气股份有限公司大庆石化分公司	杨继钢 万志强	刘恩家 孙玉彬 范晓彬 孙艳波 陈 龙 脱继庆 梁守新 薛瑞艳 王洪涛 贲 涛
二等	融入地区经济社会发展的燃煤供应管理	贵州西电黔北发电总厂	胡在春	王东贵 周业恒 唐 丽 唐 立 黄永芳 向志云 徐 骋 祝炯荣 秦庆文 王淑文
二等	现代奶牛生产技术体系的构建与实施	北京三元绿荷奶牛养殖中心	范学珊 乔 绿	常 毅 张振新 周卫东 许树坡 刘文奇 张胜利 韩广文 卫美凤 张振山 李锡智
二等	以建设大能力煤运通道为目标的铁路重载运输管理	太原铁路局	武 汛	闻清良 张义平 杨国秀 王启明 刘 俊 高春明 邢 东 宋 刚 王旭荣 范振平
二等	采油企业实现油田稳产高效的成本控制管理	中国石油天然气股份有限公司华北油田分公司第一采油厂	吴振海 李子平	陈何彬 张洪茂 马献斌 张晓红 张 辉 曾祥山 张旭艳 杨安虎 刘志刚 郝振英
二等	基于“三防一提高”的农村供电延伸服务管理	宣恩县电力公司	胡卫东	李代普 陈理国 潘宗俊 秦明安 施照军
二等	大型矿业集团提升可持续发展能力的节能减排管理	淮北矿业（集团）有限责任公司	李 伟 刘 尹	葛春贵 丁淮南 陈家祥 张淮建 马玉平

续 表

等 级	成果名称	申报单位	主要创造人	参与创造人
二等	大型冶金施工企业提升市场竞争力的创新型企业建设	中国第一冶金建设有限责任公司	苑玉成 宋占江	武钢平 王 平 罗 劲 胡 磊
二等	石化企业战略性绩效管理体系的建设	中国石油天然气股份有限公司兰州石化分公司	喻宝才 玄昌伟	孙凤湘 张国德 蒋尚军 丁 军 吴 云 余惠萍 孟祥鹏 陈 勃 杨清亮
二等	供电企业提升竞争力的生态文化建设	莒县供电公司	李卫胜	马德明 吴培连 崔晓光 孔卫东 刘学军 林祥彬 陈维科 王英海 孙成照 董文斌
二等	浅海石油企业激发团队潜能的绩效管理	中国石油辽河油田浅海石油开发公司	张 波 高立江	张福刚 许万利 于清江 王玉昌 何 南 宋崇志 景向伟 李晓勇 李秀梅 何 影
二等	煤炭企业以降本增效为导向的内控体系建设	山东济宁运河煤矿有限责任公司	顾士彬 袁守莲	柴同义 李艳丽 卢 鹏 蒋立宪 刘克东 齐高臣 李有利 孙保龙 赵修海 李 强
二等	大型施工企业提升整体竞争力的集团管控体系建设	中国水利水电建设集团公司	范集湘 刘起涛	袁柏松 孙洪水 王彤宙 李跃平 黄保东 唐苏军 孙 璀 王宗敏 宗敦峰
二等	流域水电开发项目建设的融资租赁管理	华能澜沧江水电有限公司	廖为民	邓炳超 张象瑾 孔令兵
二等	提高铁路货车使用效率和效益的优化管理	北京铁路局	戈延德 庄一勤	徐 铭 屈炳军 刘秉旺 杨羽泷 范英书 吴永明 李连国 崔增仁 熊 伟 吴英俊
二等	以建造精品工程为目标的项目文化建设	安徽建工集团有限公司	张海平	徐晓光 赵作平 吴晓伍 王其水 仇多维
二等	公路建设企业基于绿色理念的建设项目管理	广东省长大公路工程有限公司	林才奎 刘刚亮	杨红军 廖树忠 方建勤 梁毅俊 黄水泉 蔡兆秋 邓百洪 徐一鸣 孙耀波 林俊彬
二等	采油企业岗位标准作业程序的设计与实施	中国石油天然气股份有限公司长庆油田分公司第三采油厂	杨玉祥 郑明科	闵建雄 王清洪 曹继虎 王玉民 谢银伍 王淑琴 李佰涛 马小红 王宏宁 王 鹏
二等	氧化铝制造企业管理创新体系建设	山西铝厂科技化工公司	吴茂森	郭万里 卫海森 郑跃堂 王俊杰 赵明星
二等	矿山建筑企业战略转型管理	中煤矿山建设集团有限责任公司	赵士兵	汤如山 朱建平 徐炳喜 徐辉东 李理化 杨益荣
二等	以卓越绩效为导向的出租汽车企业驾驶员管理	深圳巴士集团股份有限公司	胡剑平 李永生	周志成 漆维伟 雷玉斌 钟彩玲 罗文杰 杜 军 李 帆 孔 鹏 潘高华 吴友梅
二等	供电企业的线损管理	鸡西电业局	蔡 葵 汪卫东	贾有军 梁 岩 温成芳 王 辉 高 俊
二等	茶叶生产企业质量安全信息追溯示范系统的构建	峨眉山仙芝茶业有限责任公司	杨泽勇	李江萍 董泽俊 童建萍 王 琼
二等	发电企业实现低成本运营的目标管理体系建设	贵州乌江水电开发有限责任公司东风发电厂	曹险峰 张德法	杨 焱 李家常 冯文贵 田 丽 罗 勇 王永国 蔡 伟 李 昱 戴元香
二等	通信企业增值业务健康度评估体系构建	中国移动通信集团江苏有限公司	王 建	陈冬生 汪衣冰 刘 峻 刘 洪 刘宗春
二等	滨海铁路物流基地建设的决策与实施	北京铁路局塘沽站	杨 捷 张建秋	孙雁胜 王 勇 李 霞
二等	提高森林生态功能的"四优化"管理	黑龙江省大海林林业局	张德安	王 平 白国林 白勇峰 董兴涛 王宏亮 郝士江 王建恒
二等	以风险防控为重点的石油企业管理体系整合与运行	中国石油天然气股份有限公司华北油田分公司	苏 俊 王 军	胡 楠 袁利民 黄 金 翟金生 李大周 张锁庄 及德忠 唐启斌 刘建武 王根常
二等	推动住宅产业化的房地产开发、建设与经营一体化管理	天津住宅建设发展集团有限公司	马 骏 刘庆年	翟锦祥 康 庄 商 鹏 张 勇 刘永柱 刘文浩 王超华 陈耀勤 李 军 刘迎迎

续 表

等 级	成果名称	申报单位	主要创造人	参与创造人
二等	高效能炼化公司的创建与管理	中国石化青岛炼油化工有限责任公司	王树德 沈 辉	雷 平 曾道泳 徐新佳 王志良 汪开祥 钟湘生 隋海恩 付 强
二等	供电企业以创建"国网一流"为目标的优化管理	滦南县电力公司	李耐心	刘绍明 戚俊江 贺通维 王汝涛 戚春涛 贾惠卿 张学锋 陈卫民
二等	装备制造业企业基于二次创新的技术研发体系建设	杭州杭氧股份有限公司	章成力 朱朔元	周智勇 卢 杰 许成忠 何传贤 马国红 范 萍 俞小程 毛央平 胡明辉

THE HARMONIOUS DEVELOPMENT OF LABOR RELATIONS

劳动关系和谐发展

劳动关系中的“三方机制”研究

武汉大学法学院教授　中国劳动法学会理事　张荣芳

上海市劳动学会劳动法专业委员会委员　王桦宇

为了适应改革开放形势下劳动关系发展的要求，我国从1983年开始探索并着手国际劳工理论与实践中三方机制的引入和建立，1990年11月2日全国人大批准第144号国际劳工组织《三方协商促进实施国际劳工标准公约》后，国家、企业和劳动者之间的关系由计划经济下的传统的取向趋同和利益一致关系过渡到市场经济条件下的平等协商和利益制约关系。三方机制在明晰劳动者、企业、国家的利益关系、化解和处理市场不同主体之间的矛盾和分歧、培育和发展我国社会主义市场经济环境都起到了重要的作用。国家层次的三方机制平台国家三方协商委员会已于2001年8月成立，目前全国有30个省（自治区、直辖市）建立了劳动关系三方协商机制，并正向市、区、县、乡镇、街道、经济技术开发区、工业区和高新技术产业园区延伸，各产业也在逐步推进和建立产业三方协调机制，多层次多形式的三方协调机制已开始形成。随着我国市场经济体制不断完善和市场发育程度的逐渐深入，特别是在进一步加快对外开放的步伐和应对加入WTO后的机遇和挑战的大背景下，正确认识三方机制的价值理念和结构模式、切实理解三方机制的法理演进和实现条件，深入分析三方机制在运作实践和法律环境遇到的矛盾和困难，以及采取哪些指导原则和何种法律对策应对和处理这些问题变得日趋紧迫和重要，本文将从这些方面展开讨论。

一、三方机制的概念和法律特征

（一）三方机制的概念

根据国际劳工组织1976年144号《三方协商促进实施国际劳工标准公约》的规定，三方机制是指政府（通常以劳动部门为代表）、雇主、工人之间，就制定与实施经济与社会政策而进行的所有交往和活动，即由政府、雇工组织和工会通过一定的组织机构和运作机制共同处理所有涉及劳动关系的问题，如劳动立法、经济与社会政策的制定、就业与劳动条件、工资水平、劳动标准、职业培训、社会保障、职业安全与卫生、劳动争议处理以及对产业行为的规范与防范等。对三方机制的理解可分为广义和狭义两种，广义的三方机制是指三方共同协商在经济社会政策方面和协调劳动关系方面的所有交往和活动，狭义的三方机制则仅指协调劳动关系中的三方参与和协商机制。三方机制的形式可以是比较固定的三方性专门机构或委员会，也可以是在某个社会层面召开的三方性会议，还可以通过三方签署的文件形式得以体现。

我国目前的实现形式是2001年南京会议中确立的劳动关系协调三方机制和三方性会议制度，这作为转轨时期的劳动关系调整方式是适宜的。三方机制的协商内容十分广泛，所有涉及劳动关系并适合三方处理的事项均可纳入，但基于三方机制在我国刚刚建立不久，我国目前的协商重点是在协调劳动关系领域，目的在于通过三方的对话与协调来平衡不同主体之间的利益需求而带动社会经济协调发展。三方机制是一个理念和制度的集合体，统一适用于个体劳动关系、集体劳动关系以及劳动基准立法三个层面。需要指出的是，本文所称三方机制是将工会、雇主（组织）和政府作为三方来论述和展开的，至于个体的劳动者则不属于三方机制的范畴，而应纳入到工会一方本身或由工会来代表，这是因为个体劳动者无法也不可能与企业形成平衡力量，同时劳动者的利益也只有通过工会才能得到有效保护。

（二）三方机制的法律特征

三方机制作为一种调整劳动关系和引导促进要素合理配置手段的抽象概括和具体构架，是制度结构、运行体系和利益格局三者的有机结合和统一，其特点可以从三个方面进行归纳：

1. 主体的三方性和层次性

三方机制的主体是政府、雇主和工人三方，分别代表三种不同的利益，即社会利益、资方利益和劳方利益。这种三方性也使得相异的公共或团体利益能在通过此机制在不同维度和结构下展开、张扬和平衡。换言之，三方机制从个体的企业、劳动者与基层政府部门的组合到结社的雇主协会、工会与政府主管部门的构架具有逐层分级、相对独立的组织形态，不同级别和不同产业都有不同的制度结构，在宏观上覆盖了全部劳动关系。这种层次性使得三方机制的架构能适应不同领域和阶段，结合产业特点和地域情况，确认和产生适当的利益主体，调整和配置相应的权利义务关系，并呈现出三方性基本框架下差异化和多样化的结构模式。

2. 客体的限定性和发展性

三方机制的客体包括社会经济政策和劳动关系，前者指涉及劳资双方利益关系的各种产业、就业和工资等社会政策，后者是指各种不同层次的劳动关系，如个体劳动关系、集体劳动关系等。三方机制客体的限定性是指各国一般规定三方机制涉及的内容仅在于与劳资关系紧密相关的各种政策协商和争议处理，且这种三方参与不得破坏合理的劳资自治。这也是与三方机制在符合社会利益的前提下维护和协调劳资两方利益的初始目的是一致的。三方机制客体的发展性表现为，这种社会经济政策和劳动关系呈现一种随社会经济环境和劳资力量对比的变化而呈现出不断发展的趋势，如三方机制的关注重点由早期的工资和劳动条件协商转变和发展到现在的各国劳工体面劳动的保证等。

3. 内容的协调性和综合性

三方机制强调的是三方主体的对话、协商和调解，基本法理在于确保劳资双方利益磋商的志愿性和自治性，同时体现政府在劳资关系处理中的指导作用和斡旋功能。运行上的协调行体现在整个机制启动阶段的平等自愿，也存在于机制进行全过程的谈判和协商。三方机制采取的对话方式主要是协商和沟通，包括事前信息交换、事中的沟通协商和事后的争端调解和仲裁。同时，三方利益的取向的差异也带来三方协商内容上的综合性，也即不再局限于某一方的特定利益的维护，而是在于三方利益的综合平衡。另外，三方机制内容的综合性还体现在对劳资关系各个层面均进行综合考虑，从立法和政策的制定到具体劳资争议的解决，都综合考虑劳资政三方的利益，且这种综合性特别反映在其着眼点的社会性。

二、三方机制的价值理念和结构模式

三方机制是在劳动关系不断市场化和契约化的过程中逐步形成和发展的，政府、企业和劳动者的利益关系的日益明晰也使得三方机制的理念不断深化和展开，同时三方机制在不同层面上也开始凸显其运行特征和结构模式。

（一）三方机制的价值理念

1. 确立工业社会民主机制

随着社会生产力的飞速发展和文明理念的不断进化，以及对劳动关系本质认识的厘清，现代社会中劳动法的价值取向已由劳资双方的利益平衡过渡并发展到促进工业民主，即劳动者、企业和政府三者权益取舍博弈的民主构成和过程。市场机制和知识经济下的工业社会日益变得注重劳资双方的对话与和谐，雇主、劳动者和政府一起参与到劳工权益保障、企业持续发展和社会财富积累中来，共同推进经济协调发展和社会全面进步，工业民主成为整个经济社会的重要民主形态。微观方面劳动者参与企业经营和分配，政府参与劳资纠纷处理，宏观方面劳资参与立法和政策制定。对于劳工运动理念和劳动立法发展而言，劳动契约的类型由注重个体劳动者的保护劳动合同演进到强调劳动者集体权益维护的集体合同；劳工运动的表现形态和保护劳动者的基础模式由早期的结社斗争变革和提升到为劳资双方谈判和政府参与下的各方协调和社会对话。

2. 确保劳动者合法正当权益

自1802年最早的工厂法英国《学徒健康和道德法》出现以来，保护劳动者的合法权益就成为劳动法所奉行的基本主旨。罗马法和法国民法典都将劳动关系视为租赁契约，直到近代以来德国民法典才将劳动关系改为雇佣契约，承认了劳动者是劳动之人格主体，后又在“债的关系”加入“人的关系”而演变为劳动契约，此为劳动者保护之嚆矢。随后各国劳动立法也将劳动者保护作为一个基本原则加以确定。二战以来，随着工人运动的不断开展和壮大，各国劳资双方的力量格局不断分化和调整，劳动立法的基本原则也由单纯的保护合法权益过渡到保护劳动者的正当权益，即劳资双方通过平等协商和第三方政府调节达成协议并借以制定劳动法律，而不仅仅只是严格依照现行立法机械执行，从而在三方协商的基础上将劳动者权益保护的外延扩大化，此时劳动者参与权成为继劳动三权（团结权、谈判权、罢工权）之后的又一重要权益。

3. 确认劳动关系社会调节和国家调节协调统一的法制架构

继美国Dunlop氏对劳资政三者关系调节之说（Corporatism）进行初步阐述后，学术界将劳资政调节模式分为社会调节和国家调节两种，社会调节是指资方和劳方力量强大且反对国家介入，自由思想和协约自治为其理念背景，20世纪30—90年代的瑞典即为此模式，国家调节是指企业和劳工组织的角色和地位由政府决定，国家干预劳动契约、法令和政策，其代表为我国台湾地区，“其根本原因在于长期威权主义以及不民主之历史背景”。而上述两种的变迁实则为市民社会与政治国家、私权利和公权力、普遍利益和特殊利益博弈和整合的发展过程。随着现代社会行政权力的扩张、资方力量的实质强大以及人权和劳权保障观念的转换，新时期劳资关系的处理呈现出一种加强政府调控、熨平资方优势、凸显劳方权益的统合趋势和协调氛围，三方机制的产生适应这一权利权力整合发展的变向和要求，社会统合和国家统合的协调统一和法制化成为三方机制的又一价值取向和目标。

（二）三方机制的运行结构

三方机制的运行结构可以从横向和纵向两个层面上来分析。

1. 横向层面

三方机制横向层面包括劳、资、政三个方面。

横向层面是指在同一级别或地域的劳动者、雇主和政府部门在权能上的分野和取向上的差异，具体体现为三方利益的相互制衡和沟通协调关系。劳动者、雇主和政府基于自身的地位和需求在三方机制中表达和主张其不同诉求，而得以在三方机制横向协调一致前提下方可实现各自利益最大化和整体利益的优化配置。劳动者基于工资最大化的诉求，会尽力约束雇主的权利而保护和扩张己方的利益，雇主基于利益最大化会对劳动者提出更多的要求和更严的标准，而政府则立足于经济和社会发展的角度对劳资双方的价值取向和利益诉求做出平衡和整合。至于组织机构方面，劳动者一方通常由工会作为其利益的代言人，雇主则组成雇主协会或企业（家）协会来主张其利益，政府一方则通常由政府劳动与社会保障部门或相关部门组成。这里应区分的一个概念是雇主协会与行业协会，前者是相对于劳方而言的利益表达代言人，目的在于维护资方权益且原则上并不区分经济部门，而后者则是相对于其他经济部门而言的行业集合体，维护行业利益并强调行业自治。

随着新经济增长时代的到来和经济全球化的蔓延，三方格局又呈现出新的发展趋势。“各国资产者联合起来”成为一种趋势，而劳动者范围的扩大和力量的联合则使得劳资关系在发达国家和发展中国家中处于经常的对抗和妥协中，同时政府部门的干预在凯恩斯主义的主导下也凸显其重要地位和作用。此种情形下，三方机制开始体现一种横向交错和逐渐融合的走向：劳动者参与到企业的股权投资和经营管理中甚或国家产业、劳工、社会等国家政策的决策和制定中来，如德国的职工参与制；而雇主给予劳动者更好的劳动条件和更高的工资水平也会激励劳动者更大化地为企业贡献力量，同时与政府形成良好的互动格局和公共关系，如跨国企业的社会责任；政府部门则在协调劳资双方中更可以贯彻政府的劳动就业和社会保障政策，并积极介入和推动各级各地区三方协商机制，以促进产业结构优化和推动经济社会发展。但基于三方主体利益的特定性和必然的区分性，三方机制在横向上的发展不可能逾越其基本的格局分野。

2. 纵向层面

三方机制纵向层面包括企业（微观）、产业和地区（中观）、国家（宏观）三个层级。

从主体、规模和协商内容上讲，企业一级三方机制主体有企业工会、企业和政府劳动主管部门。规模一般较小，由三方按对等原则组成。涉及内容为企业内部事项，主要有：一是企业内部劳动争议事项；二是企业内部劳资两方的集体谈判和协商涉及事项，如企业工资条件、企业福利等。产业和地方一级的三方机制主体有产业和地方工会、企业（家）联合会和政府相关主管部门。规模适中，由三方按对等原则组成联席会议。协商重点为产业和地方事项，主要有：一是产业和地方劳动标准和条件、职业培训、职业安全与卫生等基础性和规则性事项的定期议定；二是涉及产业和地方劳资关系的重要事项如产业内结构调整、地方工资基准浮动等事项的特别协商。国家一级三方机制主体为全国总工会、全国企业（家）联合会、劳动社会保障部等相关部门。规模较大，三方按对等原则组成国家三方协商委员会。协商重点主要是全国性的重大方面事项，主要有：一是劳动基准立法，涉及劳资关系的重点事项如全国最低工资、基本劳动条件以及工伤事故处理等；二是全国重大劳资关系的处理，劳动、就业和产业等政策的制定修改，以及宏观层次上经济和社会发展政策的讨论等重大原则性和政策性事项。

从运作方式、规制重点和价值取向上讲，微观上三方协商主要方式是劳资两方的平等沟通和协商解决，政府一般只是在必要时（如劳资关系调处等）予以介入；规制重点在于在平等协商的前提下，按照法定程序订立集体合同并监督劳资双方接受其约束；目的是为了保证劳动者工资福利和劳动条件的稳定提高，以及维持企业的有效运作和持续发展。中观上三方协商主要方式是三方组成联席会议共同参与产业和地方规章政策制定，以及协商特别事项的解决和处理；规制重点在于协商事项的产业和地域限定性，以及此种协商下议定结果的公平性；立法取向在于产业和地区劳动者和企业利益的协调与衡平，并以议定方式形成制度约束和效力保障。而宏观上三方机制的主要方式是全国性三方会议的召开和运作，形成有约束力的全国性议定文件；规制重点在于国家层次上的劳资关系的协调与稳定，以及进而凸显国家政治格局、经济利益和社会发展的良性互动和运行；价值取向在于体现国家整体利益的维护，以及在宏观层面上对社会公平正义和经济发展效率做到平衡与兼顾。

三、劳动关系调节机制的历史沿革和法理演进——三方机制的产生与发展

三方机制作为协调劳动关系的基本框架和模式，其产生和发展体现为对劳动关系历史沿革的必然对应，也体现为对随劳动关系变迁相适应的调节机制法理演进的时代暗合。

（一）工业萌芽时期的单方调节（劳动关系身份化和单极化）——强制与剥削（附属人、秩序）

自15世纪的地理大发现后欧洲列强的海外掠夺、圈地运动和贩奴贸易吹响起了资本主义原始积累的号角以来，资本主义生产关系开始产生，与此同时充斥着强制与剥削色彩的资本主义劳动关系肇始形成。第一次工业革命时代，利用煤和蒸汽机的生产方式代替了传统的手工业劳动，大量的手工业者在经济上变得更加依靠资产阶级工厂主，他们和农村失业农民一起在劳动生产领域备受竞争时代和原始积累下的资产阶级奴役与剥削。同时政治上新兴资产阶级的地位上升和进入国家政权则使得资产阶级在政治法律领域与劳工相比拥有绝对的领导权和影响力，资产阶级取得政权后英国的习惯法明确规定，一个企业的所有人是该企业的唯一管理者，他具有实际上不受挑战的特权，用以雇佣、解雇、提升和贬罚雇员；他有权确定工资，规定工时和决定工作条件的质量和性质。工人的交涉权“却如此贫乏和虚幻，乃至它们实际上毫无意义”，由于政府强权与资方利益的一致性，劳资关系嬗变为一种以身份甄别为基准的单极调整模式，即资方主导下的利于资方利益的不对称调节，劳方时刻处于一种规则上被强制和利益上被剥削的境地，在这种身份关系中，没有生产资料的劳方作为附属人而依附于资方的工厂，这样一种劳资双方其中一方自行调整的单方调节机制在工业萌芽时期主要价值向度是促进新兴资产阶级原始积累和维护新生资本主义的生产方式，由此利于资方的经济秩序越于正义之上而成为当时劳工制度和立法思想的首要目标和基本考量。

（二）近代工业社会的双方调节（劳动关系契约化和市场化）——冲突与妥协（经济人、效益）

随着内燃机、流水线作业进入工业社会和企业经济的“劳动科学”理论的产生，劳工的需求规模在新的生产方式和管理制度的大幅提升下日益缩小，劳动力资源配置在近代工业社会也变得更为“合理化”，一方面机器取代人使得工业化大生产速度大大加快，公司制的形成更导致资产阶级取得巨额财富；另一方面大量劳工无法就业，劳工被迫组织起来以抗争剥削和不公。劳工组织的形成和工商组织的公司形式的产生，生产和雇用单位的一般规模飞速增长，一方面资本主义制度的不断发展和成熟使得雇佣契约普遍进入工业领域以调整全部劳动关系，以劳资双方契约自治代替工业化早期的单方调节；而另一方面，资本主义的内在规律又使得劳资双方无法达到完全的利益平衡，以工资水平、劳动环境等为主要内容的劳资矛盾在自由资本主义

的发展过程中也日益冲突不断。与此同时的自然法思想认为劳动关系方面对人之支配关系是一种违反人伦的，而由“全然自由地对等的人格者间之契约关系”加以代替，自此身份因素转换为债权意识，雇主和劳工之间的普遍存在的摩擦和交锋正是在此种框架下基于双方的妥协和让步中消除湮灭的，政府充当“守夜人”的角色而不介入劳动关系调整，劳资契约的私法自治上升到和法律规则相同的高度，这种劳资双方冲突和妥协的作用方式和调整机制是和资本主义制度下经济人的理论假设大体一致的，制度变迁服从于经济效益，劳动关系的契约化和市场化是为了满足经济人和资本主义的最大效益，效益成为比时期的重要价值取向和立法思路。

（三）现代工业社会的三方调节（劳动关系社会化和民主化）——对话与合作（社会人、公平）

在资本主义的不断发展中，思想文化领域社会学的长足进步以及韦伯夫妇产业民主化理论开始影响和进入现代工业社会，风起云涌的工人罢工和和普遍存在的劳资冲突现状也使得雇主们认识到工业生产有必要“取得人民及其组织的合作，这种必要性逐渐代替了公司经理任意地控制人民”，一些平等对话开始产生。同时有组织和纲领的工人运动也开始动摇工业资本主义的社会基础，这使得一向中立的政府进入到劳资关系中来，主导劳资关系的良性运行和经济社会发展，这样劳动关系调整的三方机制开始形成。“有组织的劳工和雇主界这两种体制一般都是在一种仇视和公开交锋的气氛中开始它们的关系的”，而政府作为第三种劳动关系调整方式的参与者，“在培植其他两种体制之间更高程度的合作方面，可能具有更大的促进性”，政府的加入使得本身不平等的劳资双方有一个平等对话和协商合作的制度和环境平台，“它们在既定的社会环境中相互作用，从而形成协调行动的共同意志”。此时劳资关系中雇佣契约纯粹债权关系也渗入“人的关系”，具有社会化色彩的劳动契约借以形成。现代工业民主化思想使得劳资领域公平和正义法理开始加强，个体社会人意识使得人们更加注重劳工地位的提升和社会连带理论在弱势群体的体现，公法私法化趋势也使得政府开始干预经济生活凸显必要，现代工业社会劳资政三方基于此而形成了以对话和合作为主要互动途径、以公平民主为主要价值向度的、以政府引导和劳资自治为主要作用方式的三方调节机制。

（四）知识经济和全球化下的三方调节（劳动关系资本化和趋同化）——衡平与整合（理性人、发展）

21世纪是知识经济的时代，“知本”和人力资源的概念已经映入到人们的视野，劳动力的内涵和外延开始发生变化和更新，劳动者的范围也从原来的体力劳动者扩大到脑力劳动者成为与狭义资本家相对的概念。另一方面随着在各国工厂和企业职工参与制的建立和员工持股计划（ESOP）的实施，劳方和资方的界限和分野也日显模糊，特别是股东权和经营权的分离亦使得劳方和资方的表观对抗愈加遥远，但同时企业经营者与劳动者的矛盾又成为劳资关系的一个重点，这些使得知识经济下的劳资关系更加丰富和复杂，不过可以从中抽象出来的是雇主（包括大企业经营者和小企业的所有者）和劳动者的冲突和矛盾依然是传统劳资关系的延续和变体。这里一个重要的观念是人力资源资本化，劳动力要素开始以资本化的形式来评价和度量，高层管理者、技术精英、普通员工等劳动者的身份和地位开始分化，劳动力估测和计量体系幻化成资本回溯考评模式，劳资矛盾依然存在但劳资分野开始淡漠。另外，经济全球化带动的世界经济一体化使得全世界资本得以联合，“资本国际化”和转型国家的资本需求开始交汇，出于发展经济的需要各国政府均对资方的青睐和扶助超过对劳方的考量和照顾，劳资关系也同时呈现一种趋同化样态：一方面在国际资本联合下对抗激化，而同时在政府倡导下的劳资合作也显得适时必要。那么如何实现经济发展和劳工保护“鱼和熊掌兼得”？其途径是：并行“倚重资本和依靠劳动者”。政府毫无疑问应当发展经济，但同时在劳资关系的介入和裁决方面应当衡平和统合劳资双方利益和社会公共利益，“这种裁决并非要求政府在劳资问题上不偏不倚”，而是“以追求法律上‘实质的平等’”。政府应当以理性人的立场和思路来处理劳资关系的社会正义法度和时空性，调控和保护现时资本化的和弱势的劳工群体，而维持劳资双方的持续整体平衡和制约，以促进经济发展和增加民众福利同时确保可持续发展观在经济和社会领域的实现，三方调节的价值法理在这里提升和拓展了效益和公平的横向维度，而在纵向维度加入了基于利益衡平和价值统合的发展理念。

四、三方机制的实现条件和法律规制

（一）三方机制的实现条件

1. 经济、社会和观念文化条件——市场经济、民主社会和法治国家观念

（1）市场经济。难以想象在一个计划经济的时代，由劳资政三方来形成一个谈判和协商机制，因为三方利益在遵循中央集权和处于官僚体制环境下是高度一致的。市场经济条件下企业产权制度方面劳资双方在生产资料所有权上泾渭分明，政企关系方面政府和企业有着不同的地位、功能和利益取向，劳资关系性质方面市场行为和市场要素关系的新界定走出了政府集中统制和调配的窠臼。此时自由企业制度构成市场基础，各种要素按市场原则进行配置，价值规律调节劳动力供给需求，劳动关系的普遍契约化则是劳动关系全面进入市场的重要表征，劳资双方在劳动契约的约束下行使权利和履行义务，政府只在产业劳工政策等方面参与到国家经济调控中，三方主体独立且互不隶属从而各自张扬己方权益，这样形成市场经济条件下劳动者、雇主和政府之间的利益协调基础。

（2）民主社会。民主社会是指在经济政治社会中存在不同取向和各自独立的利益集团，能相互承认又能自由表达自己的观点和主张，并能按照法律和规则来协调相互关系和处理矛盾。在这里民主分为两个层次，一是政治民主，二是经济民主。前者是指民众可自由选举民意代表，后者则是指社会经济生活中的民主，包括生产民主和分配民主。分配的民主即是指社会福利，生产的民主即是指产业民主。产业民主又可分为组织的民主和行为的民主，在劳动关系领域组织的民主即是指前述适格的工会、雇主组织和政府的地位独立平等，劳动关系的社会化推动和使得劳动者和企业脱离国家计划体系而进入市场，形成平等和自主取向的利益主体和独立单元。行为的民主则建立在三方机制的基础上，对于劳方利益、资方利益和政府政策的博弈取舍应当经由三方性和民主化的原则来共同处理和民主决策，在三方对话的每一个环节和过程都应渗透民主的思想和理念。

（3）法治国家观念。法治国家意味着一切权力的取得和运行应当依法进行，国家公权力应当受到制约，政府行政行为应当依法进行，市民社会私权利应当得到保护和不受干预，劳资关系应当在不损害公益和能自治解决的范域内自我完成和实现。而在劳资政关系的运作方面，除了强调对话和合作的基本取向，三方的利益存异和制衡规则也应当纳入法制轨道，特别是政府介入的条件和原则应当明确以法律规则的形式表征和开示。从宏观的维度考察，由于市民社会的勃兴又与法治国家同步推进，劳资关系的私权自治和国家公权力的合理使用和量度制约更是将劳资政三方关系的处理和协调在法治理念指导和引领下具体化到劳动关系的全部调整领域和过程。无论是三方主体的法律地位承认，还是实体权利的配置和规定以及三方机制的推动和运行都应依法进行并受法律规则确认和保护。

2. 主体构成条件——权力制衡与利益求同的博弈组织

（1）独立和强大的民主工会。工会是由雇员组成的组织，主要通过集体谈判代表雇员在工作场所以及整个社会中的利益。其主要作用在于维护雇员利益和组织工人行动、处理劳资关系和进行集体谈判、促进工业民主和参与政府决策等。工会的形成与发展是工人行使团结权的必然表现和结果，从最终上说，“就是要恢复产业工人作为一个整体对其生活的经济反面相当的控制权力”，所以工会的独立和民主是工会在行使职能时不会受到其他的羁绊和障碍的重要保障。工会的本体特征在于“独立”及“永续”，工会的独立建立在工会组成和功能的纯粹性上，即确实为工会利益而不得引入“御用代表”，工会的强大是工会足以与资方和雇主进行抗衡和平等对话的基本前提，工会的民主则从应然的角度证实了其合法性，是工会开展工作的内部基础和持续生存的保障。

（2）利益和责任取向下的雇主及其组织。雇主协会是由雇主组成的，旨在维护雇主利益，并努力调整雇主与雇员以及雇主与工会之间关系的组织。雇主协会是由法人而不是自然人组成的协会，大多数先进国家雇主组织的主要功能，“其一为保障会员之一般利益，其二则为劳资关系”。尽管在这两者中间劳资关系的处理是其核心，但劳资关系的处理动因归根结底还是在于雇主利益的维持和保护。随着社会经济环境的变化和企业理念的进一步发展，公司的社会责任逐渐为跨国公司为代表的大企业所认识和主张，以体现公司和股东的利益取向和道德责任并成为公司发展的一种趋势。尽管如此，雇主和雇主组织的利益终极偏好还是使得其与劳动者和工会有着显而易见的矛盾，但同时利益和责任的双重取向又造就劳资双方可以在利益博弈这一关键连接点上达成妥协和合作的前提基础。

（3）公平和政策导向下的政府。在现代社会中，政府已经广泛干预和普遍参加到经济社会和政治生活的各个方面和层次。普尔曾经说过，劳动关系中管理方、雇主和工会、雇员的定义比较模糊，而政府作为第三方，在劳动关系中发挥的重要而特殊的作用则是大家共同认可的。政府在劳动关系中应处何种地位、充当何种角色及发挥何种功能是和不同的劳动关系理论紧密相关的。但一般来讲，政府可以通过三个方面来参与劳资关系：通过立法来制定和实施劳工就业政策、通过司法来实现和保障社会正义以及通过行政执法来预防和处理产业冲突。实现公平法理理念、体现政府劳资和产业政策是政府在三方机制下的深层动因和主要取向，而这其中保持良好稳定的劳资关系又是政府在劳工领域的最大目标，参与劳资协商、斡旋和调停并给予公力支持和救济既是政府制衡劳资利益的一般途径，又是劳资政三方利益求同的主要方式。

（二）三方机制的法律规制

1. 国际劳工组织中的三方原则和社会对话原则

协调劳动关系三方机制，是国际上经过100多年的实践而形成的处理劳动关系的运作机制。二战以后，特别是近三十年的各国劳动关系的改善，经济和社会的持续协调发展，这个机制起了重要的作用。在2002年6月召开的第90届国际劳工大会上，由40多个国家雇主组织代表提出建议并经大会讨论通过的“关于三方性和社会对话的决议案”指出，面对经济全球化带来的众多挑战和机遇，要加强社会对话和三方性，通过开展对话、协商和信息交流，发展社会民主，解决各国三方之间的利益冲突，确保各国社会凝聚力，促进经济和社会发展。按国际劳工组织（ILO）的解释，三方性和社会对话原则是指处理涉及劳工的经济和社会问题要劳资政三方共同参与，参与方式可以是谈判、协商和仅仅交换信息。这一原则是平等民主法理融入经济伦理和社会正义在劳工领域的重要体现，也是市场经济发展和产业公司治理的必然要求和客观规律。

1990年2月全国人大批准第144号国际劳工组织三方协商公约已表明了中国对三方机制的承诺，2001年5月国际劳工局和中国劳动保障部在北京签订合作谅解备忘录，其中第二章双方同意的目标和优先领域第四项社会对话中还列出了五项相关措施，指协助加强中央一级和省一级的三方协商机制、促进和完善企业集体协商制度、协助完善劳动合同立法和集体合同实践、促进和完善劳动争议处理制度并加强劳动仲裁队伍建设、为社会伙伴的能力建设提供支持等。我国引入和建设三方机制不仅是一种主动适应市场经济发展和社会文明进步的举动和措施，顺应公平法理念和人权保障的时代潮流，更是承担一种国际义务和国际法责任，是将产业民主精神、劳工利益保护和国家政策导向植根于现实需要又与国际接轨的一项新的里程碑的制度构建。

2. 三方机制的实体法规制——双方对话和三方协商为主的权利义务配置

（1）劳资合作下三方机制的实体法规制。劳资合作成为现代劳资关系的一个重要样态和趋势后，在个体劳动关系中，各国都强调企业对劳动者的职业教育和技术培训、提高劳动环境、创造公平的薪酬激励机制，甚至提出劳工入股等。一般而言，只要双方自愿，政府会推动和保护这种劳资合作的存续，立法上也予以支持。而对于集体劳动关系和劳工立法而言，产业民主则越来越多地进入到企业和产业甚至是国家政策和立法上来。在国家和产业层面，劳动者组成的工会愈有组成主轴产业工会的态势，在团结权的基础上加强劳动者的力量和组织，而通过三方机制的机构组织和制度框架解决劳动者的待遇环境改善、工资福利提高以及民主参与制定国家政策立法的诉求。工会和雇主组织基于三方机制享有对政府和社会事务及立法的知情权、咨询权、参与权和共同决策权等，对劳资事项享有协议自治权和处分先决权等，政府则基于行政权行使行政行为来调节产业劳资关系，在这其中享有争议调解权、协商引导权、协议认可权和最终裁决权。地方层面和产业层面的情况和权利配置也大体一样。而在企业层面，劳工参与的权源可归结为咨询权、协商权和共同决定权，参与方式主要有加入董事会或管理层参与民主管理、职工持股成为股东分享利润等，参与的程度界限在于不影响重大经营管理决策（涉及劳工薪资和生产条件等层面除外），参与的目的一方面为切实维护劳动者权益，一方面是为促进产业民主和劳资协同发展。资方的权利变得开放和部分受制于劳资共享经营，经营理念也从降低劳动力成本转变到改进管理和提高技术以维持永续发展，同时企业管理的专业性和系统性，资方的权利包括经营权、管理权、人事变更权、组织决策权等在劳资合作下依然主导，而并未受到劳资合作较大范围的掣肘和约束。政府参与到劳资合作下往往有两个目的，一是引导和协调劳资关系，一是贯彻和推进产业劳工政策和立法。其主要权责是宣导劳资合作理念、促进劳资沟通互信、获取劳资双方政策诉求、协调劳资积极对话谅解和借以制定和实施产业劳工政策和立法。

（2）劳资冲突下三方机制的实体法规制。劳资冲突包括个体劳资冲突和集体劳资冲突，个人劳资冲突一般是先通过劳资调解委员会或仲裁委员会处理，另外一种选择是直接或尔后进入司法程序。对于前种方式处理，一般发生在企业内部，影响力和运作面较小，通常由调解员和仲裁员循双方要求和意愿予以处理，政府通常以劳动监察和劳动仲裁的手段和方式予以介入，参与劳资处理的程度和范围较浅。对于后种方式处理，下文会有详述。而对于集体冲突，由于其特别的影响力和运作面，下文重点探讨。集体冲突一般由双方对话或曰集体谈判的方式处理，各国劳工立法均把集体谈判列入劳资关系法的重要组成部分。无论是在国家产业层面，还是在企业层面，集体谈判的前提假设均在于劳资双方固有的矛盾和冲突，着眼点在于双方利益求同存异，解决方法在于互相让步和妥协，法律后果在于形成一个约束双方的法律文本。一般讲，劳资纠纷的内容大致可以分为权利事项争议和调整事项之争议两种，前者指法律上即涉及劳动权等争议，后者指事项上即一般劳动条件和工资待遇给付等之争议。集体谈判的内容也即在于此两类，实践中又以后者为常态。劳动者和工会的权利有知情权、咨询权、公平参与权、平等协商权、劳工自治事项自主权等，资方的权利有股东控制权、谈判参与权、纯经营重要事项决定权、企业永续经营权等，双方义务均在于谈判期间和平之维持、集体契约之承认和受拘束等。集体契约一旦达成即意味着劳资双方的权利义务事项在一定期间和范围内定纷止争，从而具有法律规则上强制性和拘束力，政府对此予以认可并给予公力保障。政府参与到劳资纠纷解决下的目的一是在于积极介入化解劳资矛盾并承认其协约法律效力，二是在于给予劳资冲突一个普遍的公的救济方式，即在于劳资矛盾无法自治解决时由政府公力强制。如前所述，不同层级的劳资纠纷处理和解决呈现各自不同的样态和形式，政府介入的程度也各不相同。在不同国家劳资纠纷解决的途径和方式也是具有各自不同的理论基础和国别特征。

3. 三方机制的程序法规制——保障对话权利行使和沟通管道畅通的制度设计

（1）三方对话的机构设置。现代各国均设立国家劳资委员会或产业委员会作为劳资对话的制度基础和机构平台，在人数对等、地位平等和协商对话的框架内构建沟通和谅解的渠道。一般而言，三方机制就参加方而言由工会、雇主、政府或公益方三方组成，代表各自推选或指定产生，各自人数和分布基本均等平衡。地方和产业层面也设立各级劳资（产业）委员会，处理本地区和产业的劳资合作和纠纷解决问题，代表产生和人数组成也基本同国家劳资（产业）委员会。国家级和地方（产业）级委员会的受理范围、层次和拘束力在各自法律制度框架下规范运作，涉及面较大或跨地区产业或层次较高及部门较多时由国家委员会处理，其余由各级地方（产业）级委员会处理，仅涉及企业事项的一般只由企业层次的调解性三方机构处理。如果协议达成则各方均受约束，一方不履行可诉至司法系统获得强制救济；如协议无法达成而又影响公共利益则由政府指令达成，否则强行裁决。至于在劳资（产业）委员会之外另设政府机构和公共机构进行劳资对话各国也有不同实践，如澳大利亚的工作场所关系、就业及小企业部、就业代言机构对一般劳动者、小企业劳动者和非工会会员进行保护和协调、荷兰的劳工基金会和经济社会理事会对劳动者和雇主提供财经支持和咨询服务等，它们的目的也在于在不同层面给予三方平等对话的渠道和平台。

（2）集体谈判的开启、进行与结束。集体谈判的开启可由劳资争议双方提出，一般起因于一方或双方对合同某些事项或情事变更内容存在分歧和争议。这里首先要提到的是工会主体适格的问题，很多国家规定一个企业只能有一个合法工会与雇主谈判，合法的工会应当由工人自由选举产生，同时雇主不得设置“黄狗条款”。资格认可后，谈判提出方应当在一定时限内通知对方并提出载有自己主张的书面建议，而另一方接到通知后应及时回复并约定磋商时间和地点。此后双方各自组成谈判小组并推选首席代表，互相交换相应信息同时拟定具体议题进行谈判和磋商，达成初步意向后各自内部商量和讨论文本，最后由双方首席代表签署协议，协议交存政府审查或备案后生效并对双方即具法定约束力。而在此过程中各国相关立法均要求劳资双方不得采取罢工和闭厂等严重影响生产经营和社会正常运行的行动，保持谈判和平进行。对于集体谈判中出现的谈判不能继续进行或其他特殊情况，双方可以协商约定延后进行。对于双方通过谈判无法达成协议，一方或双方可请求政府介入调停和斡旋，此时政府可在其中发挥引导和沟通的作用，从中立的角度来考量双方利益并给予双方建议以促成最终达成妥协；如在一定期间协议还无法达成，政府基于不同情况给予强力仲裁或指令。协议的达成即意味者集体谈判的阶段结束和程序闭合，直至下次分歧产生或合同到期时集体谈判的重新启动。

（3）三方对话渠道的畅通要求。劳资合作中双方的沟通一般是畅通和透明的，双方合作的基础统一于企业经营和利润提高中，方式是雇员参与到企业的决策经营机构中，而政府的介入一般也是基于产业发展和公共利益提供信息和政策服务。对于劳资冲突下的集体谈判，其方式一般为约定时间和地点劳资双方对弈协商，在政府参与时表现为劳资政三方同时和交互对话。具体而言在双方对话中，劳资双方的必要信息交流是充分和及时的，观点和意见的提出与反驳是明确和具体的，每次有效的和有建设性的一致应及时记入备忘录，双方各自采取的施压行为是适当和必要的，对话和答复的时限应当设定等；三方对话中，三方的信息和态度应及时沟通，政府根据双方观点及时给予有效建议和采取相关程序以促成和解，双方和解后及时给出参考协议文本或给予双方一定时段的异议期间。至于有些国家有企业委员（代表）会与工会并存的情况，企业委员会不具有独立于企业的地位，主要在产业民主和职工参与中发挥作用，而工会则独立于雇主而主要在劳资对话和集体谈判中突显功能，同时工会在开始集体谈判时一般会与企业委员会沟通并征求建议，双方对话中意见不能达成或政府参与时双方意见相差较大而不能折中时政府从而依申请进行仲裁，双方应当提供自己观点和相应依据使政府能充分了解双方利益纠缠点和纷争取向，适当和合理地做出基于利益衡平和公平正义的裁决和反馈。

（4）集体合同效力与劳资秩序的司法保障。集体协议一旦达成并依程序具有法律上效力，双方则均受其约束，而对于在签订协议期间和履行协议时双方出现的不理智和不适当行为，各国立法也均有规制。对于签订协议期间的不当劳动行为一般由相对方提出申诉后政府部门或法院予以纠正或裁决，同时给予惩罚和给相对方一定赔偿；对于履行合同中劳动者在集体协议中合法权益受到侵犯，一般由劳动者对企业提出申诉而处理，未果则交由相关仲裁机构处理，而对于工会的权益侵害时则由国家劳资委员会处理。公力介入劳资秩序的处理一般基于事项和时机两个方面的考量，事项方面区别不当劳动行为和一般纠纷，前者方才介入干预，提出方提出证据事实后由劳资委做出罚款等惩戒性约束，对于后者先由仲裁机构处理，还存有异议才予以受理；时机方面则把握主动和被动，即尚不危害社会公益时由相对方提出后被动处理，并进行调解等程序后再予以公力强制，否则则主动介入劳资事项，做出裁决后强制执行，同时有的国家还规定有紧急调整程序以保障公共安全，仲裁机构和劳资委员会处理虽有分工和先后，但两者做出的裁决和决定均具有终局性的法律后果，一方不履行时相对方可请求法院强制执行。但对大多数国家而言，集体契约达成后的劳资秩序一般是稳定的，出现的纠纷也通常由申诉协商即可得到解决，而整个公力介入的基本目的也在于预防劳资冲突的产生、维持与调和劳资秩序并寻求解决已经存在的纠纷问题。

五、我国三方机制的现实问题和原因分析

三方机制是劳动立法的发展趋势，也是我国政府部门努力推进的目标，但是在现实经济社会环境中存在很多现实问题，下面针对这些现实问题做出分析。

（一）我国三方机制面临的现实问题

1. 表观问题：运行效果与设想差距明显，建制进度缓慢，操作效率低下、运行障碍甚巨

三方机制的目的和重要作用之一即在于建立一个良好的劳资氛围和企业发展环境，但在三方机制的现实推进和操作中，机制的建立和运行的效果都和预期相差很远。主要表现在：其一，建制进度缓慢、质量不高。特别是在外商投资和民营企业中，黄色工会大量存在；在企业协会、联合会的设立方面，很多地方还存在经贸委、外贸委、工商局等多头管理，三方机制中雇主组织主体地位不明确。其二，机制操作效率低下、层次不高。很多地方没有把三方机制看作促进企业发展和构筑经济发展大环境的推进器和保障伞来看，政府部门的协调能力不够，甚至互相推诿，把一切运作的发起和组织都落在劳动保障部门纠纷解决机构一个处室上，使得其不堪重负、效果也不好。其三，运行的障碍甚巨、困难较大。很多地方劳动部门在处理劳资问题时，会遇到有关各方的阻力，要求把重点放在企业和投资者的保护上，使得三方机制的运行不是在平等协商和对话的前提和基础上。其四，区域环境和所有制因素干扰，发展不均。由于不同经济发达地区的劳权意识和法制观念相差较大，中西部地区政府和沿海发达地区政府在吸引外资方面对劳工领域的关注度形成鲜明对比，另一方面公有制下的劳资关系处理相比非公有制的处理要更注重劳动者权益保护，这些情况使得三方机制在不同地区和所有制建立和运行的效果呈现不均衡的样态。

2. 实质问题：政府的越位与专权、雇主组织的缺位与嬗变、工会的脱位与畸弱

三方机制的运行前提在于主体的适格和权利行使的保障，而现实经济社会环境里，特别是在我国这样一个转型社会中，政府的目标和职能还不能在具体的行政管理中得到准确把握和定位。公共政府、国有资产所有者、产业组织的代表者等不能正确区分，三方机制中政府不是充当了雇主的角色，就是主导了工会的行动，政府无法在公平和效率的二维空间里找到自己的坐标和平衡点，行政体制改革的渐进性更是使得政府准确定位出现阶段性的困惑。从雇主组织本身来看，企业联合会、企业家协会、商会、行业总公司等，到底哪一个能成为适格的雇主组织来行使其职能和权利？现在多种所有制下企业利益的代表者规模相差较大且层次不一，使得这一原本复杂的问题更加混乱化，同时导致了产生的雇主组织没有广泛代表性，三方机制无法正常展开运作和活动。另外，不同所有制、不同区域的企业和雇主利益和组织如何统一起来也是一个不可绕过的问题。工会从建国起在我国就长期存在并不断发展，但其定位却从来没有作为资方的相对方存在过，随着经济体制的转变这种弱势者的、不能真正为劳动者争取权益的工会组织越来越不能适应保护弱势者和人力资源的工业价值取

向和立法趋势，而这种情形又随着我国加入世界贸易组织和参与国际一体化更进一步显得不适应和严重滞后，如何调和和落实工会的维权职能和保护引资促进经济发展大趋势的统一是摆在工会和劳工立法者面前的一道难关。

3. 递延问题：过程来看：权威性和认同性不够；结果来看：三方议定效力未有足够的确定性

前述三个层面的分析又相应地引发了一系列的相关问题，如三方机制的运行由谁来推动、三方机制的运行能否得到现实各方的普遍认同、三方机制的实效性如何保证等。政府劳动部门是主要的推动者和参与者，但是这里遇到两个问题：一是劳资双方的自治性如何能够体现而不被政府干预，二是政府在三方机制中扮演何种角色、如何操作。工会的缺位和代表性不足，加之其本身的力量弱小，在三方机制中会不断边缘化且话语权将会逐渐丧失，新制定的工会法在现时的法制环境中还需渐进性推广和落实，还需要时间来积累权利资源和对话经验。雇主组织建立起来后在出现种种问题的时候又会凸显其强大的实力和优势，在三方机制中会显其更加强势的地位和不可避免的蛮横姿态。这样从运行的过程来看，如果上述问题得不到有效解决，主体的平等无法在市场环境中得到验证和反映，三方机制的权威性和规则性将无法真正建立，劳资双方和其他社会主体对三方机制的认同感和采信力也会逐渐衰减和漠化。另一方面，从结果来看，如果三方机制的权威性和认同性得不到社会方面的支撑和保障，那么三方机制的议定效力将丧失其逻辑和法理上的确定性，而使得三方机制变得更加虚无和形骸化。从而三方机制在功能上无法发挥其重要的调整市场经济条件下广泛而普遍劳动关系的作用，在制度上无法提供其引导劳资合作促进社会伙伴关系的建立和和谐的制度支撑和规则平台。

（二）我国三方机制现状的原因分析

（1）经济社会条件上，当前我国经济社会发展程度和融入经济全球化大环境的影响是第一位的原因。当前的整体经济社会条件和法制环境决定了三方机制在我国的不完善和难以推进，其中原因体现在以下三个方面。首先，从观念意识上看，政府在追求经济发展与劳动者权益保护的取舍之间往往会选择前者，牺牲劳动者的权益保护而使得投资者能继续投资于经济建设，这在转型时期的我国显得尤为明显，政府的观念从很大程度上还是片面地强调效率优先而忽视作为社会弱者的劳动者的社会公平。其次，在劳资关系的演变上看，市场体制的转型使得劳资关系从国家的背影中脱离出来而日益市场化，然而这种劳资关系有迅速变得不利于劳动者，政府对资本的渴望和希求使得公正的天平向资方倾斜，三方机制这种新生的制衡方式很快失效并行将湮灭。再次，从背景环境上看，劳工标准国际化使得各国在与贸易条件相分离下注重保障劳动者的合法权益，但是发展中国家的现实条件和发展要求把国际劳工标准在本国变得特殊化和适宜化，而我国劳动力的竞争优势却又在三方机制中劳动者的相对弱势下取得支持和发展，这种两难境地使得劳工强力保护的体制环境无法建立。

（2）国家公权推动和保障上，劳动关系的调整机制过于强调行政主导，同时劳动司法的专业性欠缺。三方机制在我国从无到有取决于政府公权的推动和主导。但是公权的过于膨胀和侵入私领域又使得市场的灵活性和配置功能无法得到发挥，公权力的干预一方面推动了三方机制的建立和发展，但是另一方面又约束了劳资双方的合理自治。政府的问题在于三个方面：一是主导力过强但推动性不足，二是参与面太宽但欠缺调控性，三是注重救济性但漠视协调性。另外，政府在劳动关系服务作用也不明确，例如在职工培训和职业介绍方面政府职责的规范问题，劳动监察措施不力，等等。与此同时，同样作为公权力体现的司法也在三方机制中动力和支持不足，劳动专门审判机关的缺位和劳动争议专业法官的不足使得三方机制的运行无法得到程序上的保障和最终效率上的解决，争议诉讼中的受案范围的狭窄和先裁后审的解决方式又使得司法约束的领域过小，纠纷解决的力量分散，公权力的规制变得弱化和散失。这样，行政的误区与司法的盲区同时使得三方机制的进一步推动和发展更加困难。如此，三方机制无法从应然状态走到实然状态。

（3）工会与雇主（组织）的力量格局和法律意识对比上呈现严重失衡，使得劳资两方难以平等对话。从三方机制的主体来看，在我国弱势一方是由劳动者组成的工会。即便是国际劳工运动发展到今天，囿于特殊的时代背景和发展水平，我国的劳动者和工会的力量格局和权利意识还没有得到很好的形成与发展。首先，历史原因的存续性影响使得劳动者从感情上接受了工人阶级主人翁的传统观念，而同时现实劳动力的供过于求又使得他们无暇顾及权利保护而仅只是在于工作机会的获得。其次，作为劳动者组织和利益代表者的工会的地位受制于现实法律环境而无法用稍强的手段与雇主匹敌和抗衡，现实立法对工会的定性、职能定位和经费活动保护使得文件上的权利得到承认，然而工会的重整和工会作用的真正发挥却需要一个阶段和过程，同时劳动者的专业素质与维权意识也有待进一步的提高。再次，雇主由于自己在财力和资源上的优势地位，不仅在力量格局上与劳方形成鲜明反差，同时又具有较好的法律意识，懂得如何规避法律和逃避责任，这也使得劳资力量对比的差别进一步扩大化，劳资无法做到实质意义上的平等对话。

（4）劳动立法和三方机制设计上，没有相关专门法律支持，机制本身没有专门的处理机构和程序保障。我国关于三方机制的立法规定和指导原则，国内法方面主要有《劳动法》、《工会法》、《集体合同条例》、《劳动争议处理条例》和《工资集体协商办法》等，国际法方面主要有《三方协商促进实施国际劳工标准公约》及国际劳工局和中国劳动保障部签订的合作谅解备忘录等。由于立法层级高的法律在三方机制的设置与运行方面不甚明确，而相关的国务院法规和部门规章又未对具体落实和运作作出补充性规定，目前我国三方机制的设置与运行的具体依据仅来源于《集体合同规定》和《工资集体协商办法》里的相关论述和劳动部、全国企联和全总的若干会议精神，这些对于市场经济下劳动关系调整显然是无法起到法律基础和规制手段的作用和地位的，即便是三方机制能够在此种条件下运行起来，其持续有效地发展也难以乐观预料。在实践方面，缺乏制度定性和职能界定的相关主体和机构也难以有效运作，如劳动行政部门到底是强调劳动监察还是着重于劳动调解、劳动行政部门同劳动仲裁机构是何种关系、职能上如何厘定以及工作上如何衔接、国有企业工会与职代会的区别与分工如何看待、国有、民营和外资的雇主利益如何统合、权利义务如何分配相应的组织和机构如何设置等。立法在程序上的语焉不详也给机制运作带来困难与问题，如雇主无限期拖延谈判或是集体谈判一直无法达成协议政府部门能否介入、何时介入，政府部门处理劳资问题是否存在处理时限及法律后果如何等问题在实践中也无法适当处理。立法上的大一统的技术逐渐不适应日益精细的劳动关系的发展趋势，而实践上的无所依托更是使得三方机制出现运行指导和法律规制的真空。

六、我国三方机制的发展进路和法律完善

三方机制虽然在我国遇到一些问题，但却是劳动法制发展的一个趋势。下面拟从发展进路和法律完善两个方面进行探讨。

（一）我国三方机制的发展进路

（1）在主体层面上，政府的适位、雇主组织的补位和工会的正位是一个基本的观念。劳资关系“首先是一种私的关系，劳资自治应是劳资关系平衡的基础”，但是“必须有国家的介入”，“并通过这种公的关系来进一步规范私的关系”，这是政府介入和协调劳资双方利益的法理基础。政府的适位姿态在三方机制中应主要表现为主导和参与并重，在宏观层次主导以推进国家产业和就业等政策，在微观层次参与以合理解决劳资纠纷。提高政府部门的效能一方面是解决机构设立的协调问题，另一方面是明确提供公共服务的政府角色定位。虽然近些年企业联合会和企业家协会逐渐开始行使雇主组织的职能，但在当前的经济客观环境下，真正代表企业利益的、统一的、内部协调的雇主组织远未从立法中界定和市场实践中产生。在现有的企业联合会中构建不同层次的企业协会来体现产业利益和跟进国家产业政策、设立具体的劳资纠纷解决专门委员会来保证机构专业化运行是非常必要的。工会法的修改为工会的正位提供了良好的契机，立法上解决了工会组织定性、职能定位和财产独立，但还有待三方机制的进一步完善和司法的逐渐专业化来维护和保障工会的合法权益。工会应当运用法律规定来履行职能和行使权利，切实把工会组织建设成代表和维护劳动者利益的民主化、规范化和制度化的实体和机构。

（2）制度层面上，细化法律规则和提升立法层级、注重三方利益的协调和平衡、完善和发展纠纷解决机制。现行的《劳动法》、《工会法》、《企业劳动争议处理条例》、《集体合同规定》和《工资集体协商办法》等部门规章构成了我国三方机制立法的基本框架，但是能够用于规制具体运行和实际操作的规则还是匮乏和不足的，作为关系我国数亿劳动者的基本权益的事项应当以法律的形式颁布。法律制度的指导原则应体现和注重三方利益的协调和平衡。工会与雇主组织的合意在于共同建设企业提高效益而达到工资和利润的最大化，雇主组织和政府的合意在于经营环境的改善而提升企业竞争力和促进经济增长，政府和工会的合意则在于提高劳动者的收入和就业水平而保证社会稳定和给予工会更多的劳工政策支持。对于三方机制来说，协商是其中的主要运作方式，但是协商不成时纠纷解决也是其中应有之意。现行劳动法律规章的个体劳动关系调整先裁后审模式作为三方机制的一种形态逐渐暴露其不足之处，保护劳动者的诉权和选择权被普遍提到，要在三方机制的构建中注意保护劳动者的宪法权利已成为学界共识。至于工会与雇主组织的纠纷处理而言，解决机制完善的取向是给予工会权利保护进入诉讼程序和改进政府介入的方式和手段，这是三方机制的构建的一个重要前提。

（3）运行层面上，建立事前磋商咨询与沟通、事中集体谈判协商与斡旋、事后调解仲裁与诉讼的规则链条。三方机制不仅是一个静态的规则机制，更是一个动态的运行过程。工会、雇主和政府的接触和协商在具体的事项出现之前就存在，如企业制定重大经营方针和计划就应当事先听取工会的意见，政府劳动就业政策和产业政策的制定和变动也必然要征求工会和企业界的意见等，这些可以归结为事前的磋商阶段。当三方主体进入实质性的问题解决阶段时，集体谈判和集体协议的订立就成为其中的重要组成部分。企业内或产业内的劳资双方就共同关心的劳动条件、企业决策和纠纷化解等事项进行协商和谈判，互相做出妥协和让步，达成集体协议。政府可以在其中起到斡旋和调停的作用，厘清利害和化解冲突，以达成基本符合各方利益的合同。而集体合同一旦达成并经由政府备案逾期无异议，双方应当各自受其约束不得违反，若有一方违反则应由民事、行政和司法等救济手段来进行保障。现在我国的纠纷解决机制还处在一个初等和不完善的阶段，推进调解、仲裁和诉讼的协同和互补是三方机制事后约束的重要取向，调解着意于双方的自愿和合意，而政府介入仲裁可以体现意思自由和利益平衡的统一，诉讼下的法院的干预则使得法理公平、利益兼顾和解决效率三者得到满足。

（4）发展层面：适应知识经济和全球化下的劳资特点，建构统一的、民主的、渐进的协调机制和法律体系。我国是一个由计划经济向市场经济转轨的社会主义国家，特有的不同时期产生、不同程度发展而又共存于相同产业领域的国有民营外资鼎立构架格局使得我国劳资关系出现明显的所有制区别，在这种条件下劳资关系的调整应当体现统一和同步的特点，剔除所有制立法的观点，制定和实施全国统一的劳动法律。知识经济背景下资本含义的转变以及劳资利益的整合使得劳资对话更加必要和普遍，产业民主的理念已经渗透到各经济产业部门，民主的意识成为劳资关系调整的重要出发点，同时三方机制的应有之意也包含各方主体产生、决策和对话过程中的民主，法律制度的设计必然要将民主和自治贯彻到具体的三方权利义务的范畴中去。作为一个置身于经济全球化背景下的发展中国家，对外国资本和经济发展的需求使得劳资关系不可避免地具有偏好资本而暂时忽视劳工保护的特点，怎样在经济发展和弱者保护方面做到协调和统筹是劳动立法的重要考量，另一方面在国际劳工组织和世界贸易组织的规则框架内，如何遵循劳工和社会条款保护劳动者基本权益而又同时如何充分利用除外规定和不对等原则发展经济也是劳动立法的基本指导方针。渐进立法的立法思想应当建立，既着眼

于经济发展和总体效能，又注重弱者保护和社会公平，阶段性优先、持续性发展和适时统一化是我国劳动立法和三方机制设计的发展思路。

（二）我国三方机制的法律完善

（1）以集体合同规定的颁布为契机，构建三方机制的基本法律框架，保障三方机制的主体适位和有效运行。集体合同制度是三方机制中最基础和最核心的组成，构筑和蕴涵了三方机制中对话和协商的基本含义和价值取向。新近颁布的集体合同规定中体现了以下原则：一是维护法制原则，集体合同的主体必须适格、签订和变更的内容和程序必须合法；二是劳资双方地位平等原则，在集体协商的过程中资方不得利用劳方对自己的经济依赖性来压迫和约束劳方的自由意思表示；三是三方机制原则，集体协商过程中出现争议，由劳动保障部门、同级工会和企业组织共同协调处理。三方机制的立法取向在于考量劳资双方利益平衡和兼顾社会公共利益两个要素：劳动者结社权的行使后工会的力量变得强大使得双方利益平衡的逻辑基础得以建立，另一方面现代立法的取向转向社会本位，保护三方机制中公共方利益是维系机制本身存在和发展的社会基础。新集体合同规定已对各所有制和不同形式和形态的企业作出统一的和基本的规制，结合当前内外资同一和国资民资对等的大环境，具体规定劳资双方的适格代表主体、谈判和合同事项、磋商、签订和变更程序、政府的介入时机和程度、合同的效力等。但还须指出的是如下内容仍应当加以完善：要对工会、雇主协会的主体地位作出明确规定，对集体合同的发动事项作出强制性要求，进一步把集体谈判的运行和程序清晰列明，在对集体合同的效力作出法律上认可基础上作出罚则规定，若是履行集体合同过程中协商不成又不向劳动仲裁委员会申请仲裁的作出立法上的处理等。

（2）配套法律法规的及时制定与不断完善，构筑和夯实确保三方机制有效运行的制度平台和环境基础。从三方机制的劳动立法来看，现行的《劳动法》应当在确认和保护劳动者团结权以及劳动争议解决方面予以完善，同时还应当在《企业劳动争议处理条例》、《工资集体协商办法》的基础上制定和完善相关的制度规章和实施办法。从三方机制相关法律部门来看，一方面是企业法的跟进和完善，如在《公司法》中对工会参与和民主监督进行确认的基础上加强工会对企业经营方针参与的程度并明确其范围；在《外商投资企业法》中对外资企业组建工会作出强制性的保护规定、对工会主要负责人员的特殊保护等。另一方面是工会法的细化与分解，在现行工会法对工会组织保障、财产独立确认基础上制定规章规定工会参与集体谈判的法定地位、阐释职工合法权益具体内容。从三方机制的运行阶段来看，相应的程序立法应当制定和强化，政府推动和劳资主导的规则链条应当以立法的形式予以确认和固定，事前的磋商协调、事中的集体谈判和事后的纠纷解决有必要用相应的条例和办法予以规制。从三方机制的运行层次来看，不同层次的机制运作和操作原则应当有相应规则办法予以支持，国家一级的机制运作应当体现《建立三方机制促进履行国际劳工标准》的精神和原则，从宏观的角度来平衡三方利益和促进社会经济发展，产业一级和地方一级的机制运作则体现产业的特殊性和地方的灵活性，至于企业一级的机制操作则主要由企业、劳动者自行协商，政府只作原则性干预。

（3）政府管理体制改革、雇主组织构建和工会法制完善的平行推进，促进三方机制理念的不断深化和展开。政府管理体制改革的思路应当在职能转换和机构设置等方面有所突破，由政府承担起三方机制这个存续于经济社会基本单元的社会基本关系中政府的职能和责任。随着市场经济的确立和市场环境的不断改善，企业作为市场主体的地位凸显，维护各种所有制下的企业利益以促进雇主和投资者积极性成为必要并日显紧迫。雇主组织的组建也是工会职能健全后必然的和对应的选择，雇主组织作为与工会平行和抗衡的组织一方面与工会对话与协商，另一方面体现对政府产业和劳工政策的态度。中国企业家协会已于2000年着手筹建雇主工作委员会并初步拟定了《工作规则》，这是雇主组织建立的开端。下一阶段应当在此基础上将企业家协会的地位和职能确定并在修改后的《劳动法》等法律法规中体现，同时制定相关的细则和办法来具体实施，确保雇主组织的法定代表性和实效性。《工会法》的修改后最高人民法院也出台了相应的司法解释来解决相关纠纷案件大大提高了《工会法》的可适用性，保护了工会和劳动者的合法权益，与此同时工会的组建和运作细则应当及时修改，对工会组建率的要求应当在相应的规章中予以规定。《劳动争议处理法》、《集体合同法》和《工会法》等“劳动三法”的最终全部建立是政府管理体制改革、雇主组织构建和工会法制完善的平行推进的必然体现，也是三方机制理念在立法上的实质确定和认可。

（4）建构实体与程序相统一、公权与私权相融合、经济与社会相协调的可持续演进的法制目标和发展模式。三方机制是设置在劳动关系调整中劳资政三方权利义务的原则和制度，强调共同参与和利益衡平的运作途径和保障措施，另一方面三方机制的重要着眼点还在于程序的严格遵循，与传统的诉讼相同，程序的保障才能使制度具有实效性和可操作性，同时劳动关系的调整和争议处理应当体现保护劳动者的基本精神。公权力与私权利的对立与统一是市民社会和政治国家冲突、互动和整合的重要角力处和衔接点，劳资自治是一个总体和基本的指导原则，但这种自治开始影响和破坏社会的整体利益和持续发展时，国家权力的介入能化解私领域的冲突和矛盾并引导契约和自治的发展，三方机制的法权支点也即在于衡平公私权利矛盾和促进私权利协调发展。经济发展和社会进步是一个统一体，经济发展的深层脉动的源泉和推动力在于社会进步，社会进步的必要支撑和重要表现也在于经济的持续发展。劳资关系的焦点在于经济利益上的对等提升和社会利益上的平等和谐，欧洲国家的社会伙伴关系也即在于经济社会利益的一体性和协调性，制度设计应当在经济层面上设置自由和效率的构架而在社会层面上设置公平和秩序的藩篱，这既合乎经济关系社会化的发展趋势，也适应法律规则体现人文关怀的路径选择。三方机制的法制目标在于构建一个蕴涵实体与程序要素、基于公权私权融合，同时经济社会层面均能得到协同调整的运行规则，而这种模式的演进又应当体现可持续发展的要求。

(5) 结合中国具体国情与时代发展要求，推动三方机制立法与国际劳工标准和WTO基本原则的逐步靠近和融合。三方机制作为基本的社会经济关系既要体现我国生产力尚不发达和劳动力资源丰富的特点而促进经济发展和劳动就业，又要反映同国际标准接轨和融入经济全球化的潮流中而突出对劳动者的保护和贸易利益权衡。国际劳工组织（ILO）建立的一系列“劳工标准”和世界贸易组织（WTO）的“社会条款”主要包括结社自由与集体谈判权、男女同工同酬、就业歧视和禁用童工等四项核心劳工条款。发达国家和发展中国家达成的妥协意见则把“社会条款”写入新加坡部长宣言将使得“社会条款”逐步会成为国际贸易中的非关税壁垒和制裁依据，国际劳工组织的劳工标准的舆论谴责软约束也因此变成世界贸易组织的贸易制裁硬约束。

我国劳动法制的建设和完善一方面应体现利用两个组织对发展中国家的特殊处理来对国际劳工标准作出修改以适应现实情况，如中华全国总工会的唯一性和法定性、劳动立法的渐进性和适宜性；而另一方面应及早顺应发展趋势来主动对劳动法制中不合理和临时性的部分作出调整，三方机制建设中工会权利和对抗方式的完善、不当劳动行为立法、职工参与制度的健全、国有企业产权界定和法人治理结构制度的完善、适格雇主组织的组建和立法规制、政府透明度的提高以及行政行为立法规制等方面要与国际劳工标准和WTO基本原则不断靠近并寻求融合和统一。值得一提的是，国际劳工组织的八项公约中的87号和98号公约的基本精神应当加以批判性借鉴并融入到我国劳动立法指导思想。

中国企业劳动关系的变迁

中南大学　洪泸敏　章辉美

改革开放30年来，随着劳动力价格形成机制的市场化和劳动关系缔结方式的契约化，我国企业的劳动关系逐步由政府主宰模式向政府协调下的市场机制调节模式转变。

作为中国现代化的必由之路，改革开放从1978年至今已逾30年。在30年的艰难探索历程中，由传统计划经济体制向现代市场经济体制的转型带来了经济增长、制度重构、组织分化、利益博弈、人口流动、文化冲突、价值更新等一系列内涵丰富的社会变迁。其中，劳动关系作为最基本、最重要的社会关系，也经历了巨大而深刻的变迁。

一、改革开放30年劳动关系变迁的推动力

1978年我国开始了由计划经济体制向市场经济体制的转型。市场经济体制改革的中心环节是企业改革。企业为增强活力与竞争力，调整和优化所有制结构，理顺与国家、劳动者之间的关系，先后推行了放权让利、政企分开、建立现代企业制度、建立产权制度等多项改革。这些改革的不断深入，必然要求企业用工制度、分配制度和保险福利制度相应地进行改革，进而深刻地影响到劳动关系的变迁。

1. 企业用工制度的改革

作为企业改革中一个极为重要的部分，用工制度的改革随着经济体制的转型、政府职能的转变、产权结构的转换、企业管理模式的变化和企业“单位”功能的剥离，围绕扩大企业用工自主权、终结固定工制度、确立劳动合同制、建立劳动力市场、安置下岗失业职工等方面展开。

计划体制下政府对企业管得过死，严重地制约了企业的发展，成为推进经济建设的主要障碍。因此，企业改革一开始就把重点确定在“放权让利”上，政府逐步下放企业用工自主权，让企业经营者逐渐获得招工权、职工工资决定权和奖励惩罚权。国务院通过发布《国营企业招用工人暂行规定》、《国营企业辞退违纪职工暂行规定》和《国营企业待业保险暂行规定》，打破了计划经济体制下劳动关系的形成由国家指标来管理的行政主导方式，使企业用工具备了一定的自由度。20世纪90年代初，国家为确立国有企业独立的法人地位，让企业完全拥有了招收工人和依法确立、变更、终止或解除与职工劳动关系的自主权。企业拥有用工自主权，对于增强自身的活力与柔性，以提高生产率和利润为目标，根据生产经营具体需要来进行物质资本与人力资本的最佳配置，更高效地利用和更优化地管理劳动力资源有着重要意义。

固定工制度是计划经济下造成人浮于事等现象和“能进不能出”僵化局面的罪魁祸首，因此它是企业用工制度改革必须击碎的桎梏。固定工制度的终结是与劳动合同制的确立紧密联系在一起的。1987年，企业改革的基本思路由“放权让利”转向“政企分开、所有权与经营权分离”之后，改革的目标就直指计划经济下的固定工制度。先是国务院于1987年发布《国营企业实行劳动合同制暂行规定》，仅在企业新招收的工人中推行劳动合同，到了1991年国家要求各省试行全员合同制，范围涵盖所有企业干部和工人，固定工制度到此终结。从此，“终身制”劳动关系退出历史舞台，劳动合同成为产生劳动关系的凭证和规范，以及劳动行为的依据。

需要强调的是，劳动合同制随着市场经济的发展不断完善，1994年劳动关系双方订立合同的缔约自由得到了法律的保护。国家颁布了《中华人民共和国劳动法》，这是新中国成立以来第一部保护劳动者合法权益的专门法律规范，明确了劳动关系主体的法律地位，用国家强制力保证了企业自主用工、劳动者自主择业的权利。此后10多年，劳动

关系在劳动法的调整下由人治走向法治。2007年，国家制定了《中华人民共和国劳动合同法》，开启了全面建设劳动合同制度的新篇章。该法主旨在于平衡劳动关系中各方面的利益，构建和谐劳动关系。通过用工形式的法定化、长期化、稳定化，消除劳动者之间的身份差别，实现同工同酬，推进劳动关系从身份到契约的转变，对劳动者权益提供倾斜性保护，实现劳动关系的实体公正。如果说法律的制度性确定是文明社会的重要支点，那么以上劳动法律的实施有效地保证了劳动关系的健康有序运行。

劳动力市场的建立是企业改革的重要成果之一。1993年劳动部发出了《关于建立社会主义市场经济体制时期劳动制度改革总体设想》，表达了转型期中国劳动制度改革的基本目标是以建立劳动力市场体系为核心，劳动力与用人单位自我调节和政府协调相结合的劳动关系运行机制。劳动力市场体系的建设，可以使劳动力这种特殊的商品按照市场经济的供求关系和价值规律，在不同地区、不同行业、不同所有制企业间自由流动，形成劳动者和企业间的双向选择机制。

建立劳动力市场体系的改革目标在解决后一时期的国企职工下岗再就业问题上也体现了政策的高瞻远瞩和先见之明。20世纪90年代中期以后，国企改革进入到体制转换和结构调整的攻坚阶段，减员增效、下岗分流、兼并破产的结构调整政策导致了大规模的职工下岗失业。为了顺利实现企业存量劳动力的剥离，帮助和引导下岗失业职工逐渐从计划体制过渡到市场就业，劳动力市场培育主要着力于两点：其一，机制建设，即实行劳动者自主就业、市场调节就业、政府促进就业的就业方针，提出了建立市场导向的就业机制；其二，围绕国有企业下岗职工再就业，进一步加强对劳动力市场载体的建设，建立健全管理制度，完善市场运行规则，发育和规范各类劳务中介组织，完善公共就业服务体系，促进劳动力市场建设的科学化、规范化和现代化。

随着改革的不断深入，国家对劳动力市场给予了更多的关注。2007年通过的《中华人民共和国就业促进法》专门就规范劳动力市场做了相关规定，要求县级以上人民政府应当培育和完善统一、开放、竞争、有序的人才和劳动力市场，建立健全人才和劳动力市场信息服务体系，完善市场发布信息。同时，对在劳动力市场中发挥媒介作用的职业中介机构的设立运行与管理作了较为具体的规定，进一步促进了我国劳动力市场的发育成熟。劳动力市场的规范为构建和谐有序的劳动关系奠定了重要基础。

依托劳动力市场，部分下岗失业工人实现了再就业，其他下岗人员则逐渐向失业并轨。劳动和社会保障部于1998—2000年和2001—2003年期间在全国实施了两期“三年千万再就业培训”计划，共对2 000多万下岗职工提供了职业指导和职业培训服务，使1 680万人在劳动力市场上实现了再就业。与此同时，各地开始将企业裁员逐步依法直接纳入失业保险或城市低保，使“下岗工人”这一特定人群逐渐消失。截至2008年10月，北京、天津、辽宁、上海、浙江、福建和广东7个省份已关闭了企业再就业服务中心，实现了从“国有企业下岗职工基本生活保障制度”向“失业保险”的并轨。企业减员由下岗和失业两种形态变为失业一种形态，两种保障方式合并为唯一的失业保险，标志着集中、统一的失业保险制度的建立。

与下岗生活保障这种过渡性制度相比，失业保险实际上是采用一种更为市场化的方式来解决失业人员的社会保障，有利于失业保障资金的统一管理和有效使用，从长远来说，可以为企业减轻社会保障方面的负担，进一步深化国有企业改革，推进整个国民经济的向前发展，同时市场化的保障方式也能够促进就业，实现失业保障与再就业的良性互动。

2. 分配制度的改革

为摆脱计划经济效率低下的痼疾，促进企业生产率的提高，调动工人积极性，国家决定对整齐划一的工资分配制度进行改革。

1978年十一届三中全会提出“必须认真执行按劳分配的社会主义原则，按照劳动的数量和质量计算报酬，克服平均主义”。在这一精神的指引下，1979年政府实施了国有企业利润留成的规定，允许企业以奖金形式激励职工，奖优罚劣，奖勤罚懒，多劳多得，少劳少得。1985年《关于国营企业工资改革问题的通知》将职工工资的多少同企业的效益挂钩，即实行工效挂钩制度。尽管以上改革还未走出计划管理的窠臼，但其意义却很深远：

其一，为企业自主决定利润分配打开了广阔的空间，职工只要积极参与劳动就能获得更多报酬，企业只要提高经济效益就能提取更多工资总额进行分配，从而强化了职工和企业的自我激励和发展机制，客观上增进了企业经济效益。

其二，在当时中国没有工资价格形成的市场体系时，以上制度是提升劳动力价格的有效方式与可能选择。

其三，将职工工资收入同个人贡献大小、企业经营好坏密切结合起来，消除了计划经济体制下职工怠惰散漫，对企业经营管理漠不关心的陋习。

1990年劳动部提出的工资改革体制设计中，确立了“国家宏观调控、分级分类管理、企业自主分配”的目标模式，强化了企业自主分配工资的原则。改革至此，已彻底改变了大锅饭制度下“干与不干一个样、干多干少一个样”的严重低效率行为，唤醒了工人的劳动热情，不但为国家和企业创造了更多财富，也提升了劳动者的生活水平。

在企业拥有工资自主分配的权利之后，市场也逐步进入工资分配领域。1992年党的十四大以后，分配制度改革的目标，是坚持以按劳分配为主体、多种分配方式并存，体现效率优先、兼顾公平的原则，根据企业改革进度和劳动力市场发育程度逐步建立起“市场机制决定、企业自主分配、政府监督调控”的工资体制。需要引起注意的是，这是国家首次将市场机制引入工资分配领域，其目的是强化利益刺激，培育市场主体和动力机制，深层意义是从固守计划经济的人为平衡和平均主义原则，转向承认市场经济的效率和竞争原则，激励企业和劳动者致富。政府不再确定具体的工资指标，代之以弹性工资总额的弹性计划，并实施了工资指导线制度，我国的工资制度实现了由计划管理向宏观调控方向的转变。这种转变遵循了市场经济的内在机理和客观规律，中国劳动力市场价格体系由此形成。

1999年国家在原有分配制度改革目标的基础上有所改

进，加入了“职工民主参与”的内容，从而确定了新的目标模式，即到2010年基本构建起“市场机制决定、企业自主分配、职工民主参与、国家监控指导”的新体系。这一改进反映在政策实践中，体现为1994年《工资支付办法》明确了工资由职工与企业进行劳动合同约定的基本形成方式，以及2000年《工资集体协商试行办法》确立了劳资集体协商参与工资确定的方式。这两个政策的共同点是劳动者能够参与工资确定，意味着劳动者拥有对劳动力价格的参与决定权，体现了对劳动和劳动者的尊重，承认劳动作为生产要素的重要部分，其参与分配的权利和地位与资本要素同样平等且不容忽视。

分配制度改革中除按劳分配外，按生产要素分配的原则也得到确立。2002年党的十六大报告提出“确立劳动、资本、技术和管理等生产要素按贡献参与分配的原则，完善按劳分配为主体，各种分配方式并存的分配制度”。这是改革开放对马克思单一按劳分配原则的重大理论创新，符合我国社会主义初级阶段的国情，使各种分配方式充分发挥自己的功能和价值，各种资源都得到最大限度的利用，各种创造财富的活力被激荡和调动，一切创造社会财富的源泉充分涌流。

3. 保险福利制度的改革

20世纪90年代初，政府对原来由企业承担职工保险和福利的制度进行改革，此后10多年，政府一直尝试按市场经济原则建立养老保险、失业保险、医疗保险、工伤保险和生育保险等制度。这一方面减轻了企业负担，为企业集中精力进行生产经营保驾护航，另一方面为劳动力在不同企业之间顺利流动给予了政策上的配合。

20世纪90年代后期开始，大量下岗失业人员的存在使国家注意到城市中日益凸显的贫困问题。为避免职工生活困难并切实保护职工权益，国家制定和出台了《国有企业富余职工安置规定》、《关于全面实施再就业工程的通知》等政策规定，建立由最低工资、失业保险和最低生活保障组成的三条线来保障其基本生活，并给予再就业和自谋出路的职工税收减免、工商登记与信贷等方面的优惠政策。这些制度的出台实际上起到了社会“安全阀”的功能，为避免社会问题和社会矛盾激化、稳定职工队伍和社会环境、弥补职工遭受的经济损失、缓和其生活贫困状态发挥了积极作用。

二、改革开放30年劳动关系变迁的方向

1. 劳动关系类型多样化、复杂化

改革开放以来，随着非公有制企业的发展，出现了多种类型的劳动关系，公有制经济劳动关系外的个体经济、私营经济、外资经济、股份制经济劳动关系等迅速增多。不同类型劳动关系中的员工在工资福利上表现出较大的差异。《中国统计年鉴》显示1985年全国国有企业职工年平均工资为1 213元，其他所有制企业职工工资为1 436元，1990年这两项数据分别为2 284元与2 987元，1995年为5 625元与7 463元。以上历年两项数据间差异不断扩大，显示了与其他所有制企业员工相比，国有企业员工的工资优越性已经丧失，计划经济体制下国有企业一统天下，国企职工“唯我独尊”的情形随着市场经济的到来一去不返。

20世纪90年代中期后，与就业形式的多样化相适应，劳动关系类型出现复杂化。随着市场变化速度的加快，顺应用人单位灵活用工制度的要求，许多有别于传统八小时工作制的灵活就业方式如雨后春笋般涌现，非全日制就业、临时性就业、季节性就业、派遣就业、远程就业、独立就业等就业形式吸纳了大量就业者。2002年，分单位类型统计的就业人数和城镇全部就业人数之间有39.0%的缺口，约9 642万人，据此可以大致推算出灵活就业的人口规模。灵活就业方式下的劳动者与用人单位之间的劳动关系呈现出模糊、弹性、多样的复杂态势。

2. 主体利益明晰化、差别化

随着市场经济条件下现代企业制度的建立，政企分离，产权清晰，权责明确，政府、企业、劳动者在劳动关系中的主体地位划分逐步清晰，各自利益关系得到明确。政府作为劳动关系的调控主体，承认并尊重企业与劳动者双方的自身利益，鼓励其形成互惠互利的劳动关系。企业与劳动者成为相互独立的权利主体与利益主体，开始追求各自的不同利益，企业追求利润最大化，要求降低人工成本，劳动者追求收入最大化，希望提高劳动报酬，两者之间的出发点和目的出现了较大差异。

随着改革的推进，劳动关系主体内部利益差别化趋势不断扩大。企业成为独立的经营主体后，管理者在劳动关系中的地位越来越高，工作岗位的设立、员工的聘用与辞退、报酬标准与支付形式的选择均由其决定。管理者占据了金字塔式权力机构的顶端，拥有大量组织剩余，已经成为一个具有特定的社会地位、权力和利益的社会阶层。

相比于管理者，工人与其之间的生产资料与社会资本占有量悬殊，信息渠道与话语权不对等，组织化程度不可抗衡，利益鸿沟日趋加深，从而形成了不对称的雇佣关系。尤其是落实生产承包责任制及部分国有企业亏损破产之后，市场竞争日益加剧，经营决策愈发重要，社会和企业越来越注重发挥管理者的作用，人们对工人群体的态度与价值评判也发生了变化，工人在就业岗位减少和失业人口增多的压力之下危机感不断加重，地位迅速下降，长期以来计划经济体制中主人翁角色塑造起来的极大荣耀感和自豪感荡然无存。正如卡尔·博兰尼指出的那样，“由于社会所赖以生存的制度被破坏了，结果在这种社会中受保护的劳动者失去了自尊和品格”。

3. 运行方式契约化、自主化

改革初期，由于不完全的市场经济大环境与尚未完善的劳动合同制度，计划和市场同时对劳动力起着调配作用。计划内的国家行政力量支配着非劳动合同关系的运行，而且对劳动合同关系还起到一定的制约作用。随着市场机制的逐渐发育，市场对劳动关系的作用不断增强，劳动关系趋向契约化。企业用工、劳动者就业以及工资待遇等，从过去完全由政府通过计划决定转变为基本上由劳动力市场的供求决定，具体内容取决于劳动关系双方在国家法律和政策的框架内自主协商、订立的劳动契约。

契约制度的实行创造了中国劳动关系史上值得记载的里程碑。劳动关系双方通过签订契约，明确各自的权利义务，规范约束双方行为，实现劳动过程的有序管理和劳动

领域的协调发展。在契约的引导下，劳动关系从此朝着平等、自愿、协商的原则方向确立和运行。

综观改革开放30年，随着固定工制度被打破、劳动合同制得到确立，劳动力市场体系逐步发育，用人单位拥有了用人自主权，劳动者拥有了择业自主权。按照亚当·斯密的观点，人们的劳动所有权是其他所有权的基础，是最为神圣不可侵犯的。劳动者拥有择业自主权，实现了劳动所有权所要求的机会平等权、人格尊严权和自我实现权，体现了劳动者在劳动过程中的重要地位与作用。

三、改革开放30年劳动关系领域的重大问题

1. 下岗裁员问题

从20世纪90年代中期开始，国有企业经历了激进式改革，企业劳动力被大规模重置，大量企业员工下岗，利益难以保障。在1998—2001年国企改革向纵深发展时期，其间每年下岗人数都维持在700万~900万人之间，地域上主要集中在老工业基地和经济欠发达地区，行业上主要集中在煤炭、纺织、机械、军工等困难行业。由此导致城镇失业人数持续递增，1998年为571万人，1999年575万人，2000年595万人，2001年达到681万人，且前三年失业率为3.1%，2001年增加到3.6%。就领取失业保险金人数看来，1999年为271.4万人，2000年329.7万人，2001年468.5万人，2002年为657万人，数字攀升幅度较大。

下岗裁员的确减轻了企业负担，但同时不可避免地带来了一系列负面结果：

其一，大量贫困人口出现。下岗失业明显降低了职工的收入水平，甚至直接切断了部分家庭的主要经济来源，导致贫困概率大幅度增加，危及劳动者的生存权，造成了社会不安定的隐患。

其二，企业内分配缺少制约、监督制度。不少企业下岗分流过程中在一些关系到职工利益的重大问题上不按民主程序办事，不尊重职工代表的意见和职工的民主权利，制度不规范，约束性少，随意性大。一些国有企业转制过程中，存在职工分流的方案和有关经济补偿政策不经职工代表大会通过或者不征求工会意见，强行推出的情况。这不但剥夺了职工的话语权和民主参与权，还助长了少数个人或利益群体借转制时机以权谋私、侵吞国有资产的歪风邪气。

其三，改制企业职工补偿金作价入股的现象普遍。对于重新应聘上岗的职工，多数企业都把“补偿金作价入股”作为先决条件，规定“要钱不留人、留人不要钱”，职工只能花钱买岗位，不入股就下岗。部分企业规定入股的员工在工作安排和工种、岗位选择上有优先权，不入股的员工则不能担任管理职务，只能到生产第一线或临时岗位工作。这种不合理规定使无钱入股的职工产生被歧视感和被排斥感，其受挫心理无法排解时，就会转为对管理方的敌视和对抗，加深劳资矛盾。

其四，拖欠职工债务没有得到清偿，职工社会保险关系未能有效接续。部分企业以经营困难或亏损为借口拖欠职工工资、生活费、医疗费及欠缴社会保险，引起双方劳动关系混乱及关系紧张。

其五，对原企业职工安置不当。大量国企兼并重组后岗位稀缺，倾向于使用年富力强、文化素质高的初次就业者来代替原有年龄偏大、文化素质较低的老职工。原企业老职工利益空间受到挤占后被转向非正规部门就业，就业周期缩短，职业稳定性降低，配套社会保障制度不到位，利益诉求无法实现。他们一方面还难以摆脱对原企业的依赖感和归属感，另一方面却面临边缘化的严峻态势，容易引起社会心理失衡。

2. 劳动报酬问题

劳动报酬增长缓慢，劳动收入分配过少。2002—2007年的5年间，尽管CPI连创新高，但全国26.7%的普通工人却从未增加过工资。

国有企业职工工资偏低，2007年北京市七成以上国企在岗职工平均工资低于全市平均线，其中三成以上在岗职工平均工资在全市平均线50.0%以下。

非公有制企业工资过低的问题更加明显。由于大量员工处于低端劳动力市场，因此资方很容易利用交易中的买方主导地位获得价格支配能力，劳动者根本没有讨价还价的余地，出现了相当数量的出口加工企业使用廉价劳动力获取高额利润的现象，甚至存在带有资本原始积累时期血汗工厂性质的家族式个体、私营经济压榨工人劳动成果的情况。不少企业将政府制定的最低工资标准变成最高工资标准，甚至通过延长劳动时间来变相压低职工最低工资标准。上海市皮革玩具类的中小型非公有制企业大多存在劳动定额偏高的问题，职工每天工作10~12小时才能使收入达到最低工资标准。

农民工在低收入群体中尤为突出。全国总工会第六次全国职工队伍状况调查显示，2007年，与城镇职工平均月收入1 520.3元相比，农民工仅有1 210.9元，69.7%的农民工工资低于调查中全部职工工资的平均水平。

按照亚当·斯密的观点，“促使劳动工资提高的，不是一国国民财富的现有存量，而是其增加量”，因此“最高的劳动工资往往不是出现在最富有的国度，而是出现在发展最快的国家中”。近10年来中国每年的GDP平均增速约为10.0%，发展不谓不快，然而中国工人的工资却增长极慢，数额尤少。与市场经济成熟国家劳动者工资总额占GDP比重54.0%~65.0%相比，我国该比重仅占12.0%。即使与发展中国家相比，印度人均GDP只有中国的一半，巴西GDP也只是中国的1.2倍左右，但印度和巴西每个制造业工人每小时的全部报酬分别是中国的2.5倍和1.5倍。

究其原因，当前中国经济仍然是以劳动密集型的粗放经济为主，低成本依旧是企业发展的关键命脉和取得市场竞争力的战略法宝，表现为越来越低的工资、越来越长的劳动时间、较少的劳动保护和裸露的社会保险等。然而低成本战略对于产业升级、国民财富积累、购买力转化、劳动者能力素质培养等方面的负面影响是不言而喻的，一时的短期效应是难以长久维系的。社会经济发展的好处劳动者无法体会，创造财富的人无法分享财富的增长，最终将对企业自身发展不利。低工资背后的要素市场扭曲，巨大的社会成本和国民痛苦，必将增加我国经济的远期风险。南方沿海发达城市几度出现的“民工荒”就是有力的佐证。

劳动报酬问题中，国有企业分配问题值得重视。本世

纪以来，国有企业产权改革使得企业内部分化严重，财产性收入分配不公。一部分人（特别是管理者）由于在股权认购分配时购买了更多国有资产从而既有按劳取酬的收入，又有按股份分红的收入；另一部分人（通常是普通员工）则因无力购买企业资产而成为纯粹意义上的雇佣劳动者，只能按劳取酬。这引发了员工内部的分化特别是管理层与普通员工之间的巨大财富差距，不利于企业的良性运行和健康发展。另外，近年来年薪制引起的国企负责人薪酬与职工工资差距过大的问题也引起了广泛关注。尽管国务院规定国企内部负责人薪酬与职工平均工资的倍数不能超过12倍，但实际上因企业改制不规范造成的财产性收入差距依然很大。

社会财富差距过大的问题，马克思曾经在《资本论》中有所论述，他引用了格莱斯顿1843年2月14日在《泰晤士报》上的分析："我国社会状况最令人感到忧虑的特点之一就是，工人阶级的困苦和贫穷在加剧，而与此同时，上层阶级的财富不断积累，资本不断增长"。"一个国家可以而且应该从另一个国家的历史中获得教益"。我国当前的发展再也不应重复资本主义走过的弯路，要避免贫富分化产生的工人罢工、社会生产力的巨大破坏和经济危机等恶性后果。

3. 劳动合同现状

劳动合同签订率低，合同内容不规范。不少企业雇工无手续，特别是非公有制企业很少采用书面合同的形式。据2003年全国职工队伍状况抽样调查，全国劳动合同签订率为57.1%，其中私营企业劳动合同签订率只有30.5%。2005年全国人大劳动法执法检查报告透露，中小型非公有制企业劳动合同签订率不到20.0%，个体经济组织的签订率更低。

合同是界定劳资双方权利义务的具有法律效力的文书，是保障劳动者合法权益的最有力凭据。劳动合同制度的缺失不仅使劳动关系处于一种随意的不确定状态，而且法律赋予职工的基本权益也难以得到保障。就已签订的劳动合同而言，有的内容简单、权利义务不清晰；有的合同条款完全由企业单方决定，有违公平原则，甚至还含有明显不合理和违法的内容。这势必造成劳动者一方处于弱势地位，无法与用人单位平等博弈的局面。

劳动科学研究所2005年对佛山、重庆、无锡、沈阳四城市的调查，所有已签订的劳动合同中，期限以1～5年为主，占到46.3%；无固定期限的仅占31.5%，还有14.5%的劳动者并不知道自己的合同期限。短期化劳动合同"不承认相互间的长远义务"，实际上是企业为了最大限度地增加用工灵活性，减少解约时的经济补偿，降低用工成本，避免解除合同难等问题而订立的，它不仅损害到劳动者的合法权益，而且容易使劳动者因不能从企业的长期发展中受益而滋生短期行为的心态，甚至做出损害企业利益的行为，企业发展最终也会受到影响。

新的劳动合同法执行过程中出现了诸多问题。为规避法律关于签订无固定期限劳动合同和劳动合同终止补偿等规定，部分企业出现裁员、劝辞、把正式员工转为劳务派遣工的现象，其中包括华为要求7 000名工作满八年的员工先"主动辞职"再"竞聘上岗"，中央电视台一次性解聘1 800名编外人员等轰动事件。这当中引发的违背劳动者意愿、违法解雇等问题层出不穷，不仅劳动者受到了极不公平的对待，企业的经济利益、社会声誉和公众形象等有形资产及无形资产也受到了损害。

4. 劳动争议问题

在计划经济向市场经济转型过程中，劳动关系双方力量对比相对均衡的状态被打破，劳动者利益受损的现象增多，劳动争议数量及涉及人数均呈大幅上升之势。据统计，2002年劳动争议案件的数量是1995年的5.6倍，涉及的劳动者是1995年的6倍，最突出的问题是雇主拖欠、克扣、压低劳动者工资。2005年案件的数量达到1995年的9.5倍，比上年增加了6万件，主要争议集中在劳动报酬、保险福利和解除劳动合同等方面。而且在劳动争议案件中劳动者申诉的比重大，胜诉比率高。2005年全国各级劳动争议仲裁委员会受理的仲裁案件中，劳动者提出申诉的有293 710件，占受理案件总数的93.6%。从处理结果看劳动者胜诉率为46.3%，用人单位为2.6%，其余为双方部分胜诉，这充分表明是劳动者权益而不是企业利益经常受到侵犯。

四、结论与启示

改革开放30年来，在计划经济向市场经济的转变过程中，随着劳动力价格形成机制的市场化和劳动关系缔结方式的契约化，我国企业的劳动关系逐步由政府主宰模式向政府协调下的市场机制调节模式转变。

市场机制培育了企业和劳动者的主体意识，强化了二者对自身利益的追求，使企业拥有了用工自主权，劳动者拥有了择业自主权。与此同时，劳动关系双方利益格局发生了新的重构与整合，矛盾摩擦不断加剧，劳动者在原来计划经济体制下被授予的权利遭受剥夺，市场经济下的充分就业权、劳动报酬权、平等合同权等权益又受到不同程度的侵犯。

究其原因，是由于中国正处在工业化和现代化的进程中，资本是占主导地位的生产要素。相对于稀缺的资本，劳动力资源则相当丰富：2000—2005年，全国过剩劳动力达1.5亿人，年均剩余3 000余万人。人口专家估计，中国劳动年龄人口从1990年的7.6亿人迅速增加，将在2025年达到极大值10.1亿人，其间的年均增长率为0.9%，专家认为我国劳动力供大于求的状况将持续整个21世纪，即使按最严格的劳动力统计标准计，也要持续30余年。劳动力市场长期供大于求，这就使得企业方常以"你不愿意干，有的是人干"相要挟，劳动者不得不做出让步，工人阶层处境卑微，以至于在陆学艺教授的十大社会阶层高低等级排序（该排序以各阶层的组织资源、经济资源、文化资源占有状况为标准）中处于倒数第三，仅高于农民和无业、失业人员，劳动关系出现不平衡态势。

劳动关系涉及社会最广大劳动者的生存与发展，密切关系到建设有中国特色社会主义价值目标的实现。要使劳动关系真正体现社会生产力的发展、社会文明的进步和共同富裕的价值目标，必须使劳动关系双方都能得到比较公平的经济回报和可预期的利益增长。这就要求双方相互为本，互利共赢：企业将劳动者视为可获得竞争力的人力资本，依靠劳动者的积极性和创造性来提高劳动生产率，获取更多利润；劳动者通过企业利益的增长来体现自身劳动的价值，从而得到更多回报。这是一种新的社会关系的构建，也是一场深刻的社会变革。

[本文系国家社会科学基金重点项目“和谐社会视野中的企业社会责任研究”（项目编号：07ASH003）的阶段性研究成果]

在应对国际金融危机中发展和谐劳动关系

国家人力资源和社会保障部副部长　杨志明

和谐劳动关系是构建和谐社会的重要基础。党的十六届六中全会明确提出发展和谐劳动关系，党的十七大进一步提出规范和协调劳动关系。当前，面对国际金融危机的冲击，发展和谐劳动关系，对于促进就业和社会稳定具有更为重要的作用。

一、发展和谐劳动关系是构建社会主义和谐社会的必然要求

劳动关系是现代社会基本的社会关系。劳动关系是从西方市场经济国家引入的一个概念，在我国劳动用工制度改革以来被广泛使用。市场经济条件下的劳动关系呈现出兼有经济性与社会性、平等性与从属性、冲突性与协调性三个基本特征。在我国经济体制改革和工业化、城镇化快速发展中，随着就业方式的市场化，大量劳动者通过与用人单位建立劳动关系实现就业，使劳动关系对经济发展和社会稳定的影响程度日益加深，劳动关系已成为我国基本的社会关系。

构建和谐稳定的劳动关系是和谐社会建设的重要内容。劳动关系的状况是衡量一个国家或地区社会和谐程度的重要标志。重视劳动关系协调、维护劳动关系和谐，就能促进经济和社会发展；忽视劳动关系协调，劳动关系矛盾就易发，劳资冲突就多发，进而影响企业发展和社会稳定。当前，我国正处于改革发展的关键阶段。在应对国际金融危机中，加强对劳动关系的规范和协调，依法维护劳动关系双方的合法权益，尤其是实现好、维护好、发展好广大劳动者的根本利益，可以有效地增加和谐因素，消除不和谐因素，增强社会和谐的基础，推动社会主义和谐社会建设。

协调劳动关系是政府的重要责任。市场经济条件下劳动关系的发展历程证明，劳动关系仅靠劳资双方自主协调是有局限的，政府对劳动关系的协调是必不可少的。劳动关系调整的具体方式虽在国家间有所差别，但基本上实行的是“国家立法规范、劳资双方自治、社会三方协调”的模式。在发展中国特色社会主义的伟大事业中，各级政府在协调劳动关系、维护劳动者合法权益方面的责任更加重大。

二、我国劳动关系的发展变化和亟待解决的问题

在高度集中的计划经济体制下，我国劳动关系的建立、工资分配、保险福利等，都由国家统一制定政策自上而下地实施。改革开放以来，随着经济体制改革的推进，尤其是国有企业改革深化和所有制结构调整，劳动关系进行了一系列重大改革。大体上说，经历了三个发展阶段。第一个阶段（1978—1991 年），个体和私营等非公有制经济获得一定发展，劳动用工权和分配权部分下放企业，国有企业开始推行劳动合同制，但计划经济的特征仍然很明显。第二个阶段（1992—2005 年），国有企业改革不断推进，非公有制经济迅速发展，国家开始全面落实企业劳动用工和工资分配自主权，《劳动法》颁布实施，劳动关系的建立、运行和调整开始进入法制化轨道。第三个阶段（2006 年以来），《劳动合同法》、《就业促进法》、《劳动争议调解仲裁法》等重要法律相继颁布实施，劳动关系调整的法律体系进一步健全，劳动关系双方自主协商、社会三方协调、政府依法调整的格局逐步形成，进入了发展中国特色和谐劳动关系的新时期。概括起来说，经过三个阶段的改革，我国劳动关系主要发生了以下变化。一是劳动关系的运行市场化。劳动关系的建立从行政配置转变为用人单位和劳动者依法在劳动力市场上双向自主选择，劳动关系的运行从由政府直接管理为主转变为以市场调节为基础，劳动合同作为劳动关系双方依法自主订立的契约，成为明确双方权利和义务的重要载体。二是劳动关系的类型多样化。随着各种所有制经济快速发展，劳动用工主体多元化，劳动关系协调的范围从国有企业扩大到各种所有制经济组织。三是劳动关系双方利益清晰化。随着劳动关系的市场化，劳动关系双方成为相对独立的两个利益主体，双方利益相对分离又相互联系，在同一利益主体内相互协调。四是劳动关系调整法制化。基本形成了以《劳动法》、《劳动合同法》、《劳动争议调解仲裁法》为主干的劳动关系法律政策体系框架，劳动关系协调进入了规范化、法制化的新阶段。

改革开放 30 多年来，我国劳动关系总体上保持了和

谐稳定。但是，国有企业改制中遗留的劳动关系问题以及职工劳动报酬在初次分配中比重下降、基本劳动标准不能完全落实到位等问题还很突出。特别是当前国际金融危机的影响尚未完全消除，劳动关系面临的不确定因素较多，问题仍然突出。一是部分企业劳动合同续订率降低，企业用工需求时增时减的不稳定性与劳动者要求就业的稳定性矛盾比较突出，个别企业非法用工时有发生。二是部分企业职工工资增速放缓，有的企业甚至降低了薪酬水平。2009 年上半年，全国城镇单位在岗职工平均工资比上年同期增长 12.91%，增幅同比回落 5.05 个百分点，其中农民工比较集中的制造业比上年同期回落 8.1 个百分点。临近春节，拖欠工资问题进入易发期。三是部分企业因经营困难改善劳动条件的能力降低，执行国家加班工资标准、劳动保护标准以及带薪年休假制度的困难加大。四是劳动争议案件数量成倍上升。2008 年全国立案处理的劳动争议案件是 2007 年案件数的近两倍，2009 年全国劳动争议案件数量继续保持高位态势，个体私营企业和出口加工型中小企业劳动纠纷多发。

三、发展和谐劳动关系的主要任务和政策措施

从市场经济的要求和我国的实际出发，发展和谐劳动关系，企业和职工双方的自主协调是主要的，在解决大量的、一般性的劳动关系问题上发挥着基础性作用；政府、工会和企业组织三方的协商是重要的，在研究解决普遍的复杂的劳动关系问题上发挥着独特的作用；政府是劳动关系的规制者、劳动纠纷的重要调解者与仲裁者以及特殊情况下的冲突控制者，在制定政策、执法监察和处理重大、突发性群体事件上发挥着主导作用。当前发展和谐劳动关系的主要任务是：建立健全与社会主义市场经济体制相适应的劳动关系协调体制，构建发展和谐劳动关系的长效机制，形成规范有序、公正合理、互利共赢、和谐稳定的社会主义新型劳动关系，实现职工得实惠、企业得效益、经济得发展、社会得稳定的共进局面。

在前一阶段应对经济增长下行的非常之时，针对劳动关系的新变化，按照党中央、国务院关于保增长、保民生、保稳定的总体要求，实行了“弹性用工、弹性工资、弹性工时”的非常之策，在帮助企业渡过难关、稳定劳动关系上取得积极成效。目前，要认真研究从经济增长下行向企稳向好转变中劳动关系的新变化，继续将维护劳动者合法权益与促进企业持续发展有机结合。劳动关系变化相对于宏观经济形势变化往往有滞后性，国际金融危机对劳动关系的负面影响还将持续一个时期，协调劳动关系需要稳中求进，继续实施行之有效的政策措施，并在适应宏观经济形势变化中不断拓宽发展和谐劳动关系的路径。稳步实施劳动合同法，把增强人力资源市场活力与规范企业用工结合起来。进一步扩大劳动合同制度覆盖范围，组织开展“小企业劳动合同制度覆盖行动”。继续开展“春暖行动”，对农民工集中的中小企业通过推行简易劳动合同文本等方式，提高农民工劳动合同签订率。研究规范家庭服务业用工，将家庭用工中大量口头协议转化为简易的契约管理。研究制定劳务派遣规定，促进劳务派遣在规范中发展。

开展工资集体协商，把建立工资能增能减机制与维护职工劳动报酬权益结合起来。工资是劳动关系的核心问题。推进集体合同制度实施，指导生产经营正常的企业重点就合理确定职工工资水平和增长幅度开展集体协商，逐步扭转劳动报酬在初次分配中比重下降问题。继续引导困难企业与职工协商调整薪酬，尤其是要做好工资拖欠易发期的企业工资支付保障工作。贯彻落实规范中央企业负责人薪酬管理指导意见，使国有企业负责人薪酬分配朝着结构合理、水平适当、管理规范推进。

完善特殊工时制度，把增加企业工时制度的灵活性与加快改善劳动条件结合起来。改善劳动条件是构建和谐劳动关系的重要方面。以 20 个服务外包示范城市为重点，指导符合条件的企业结合订单增减、急缓变化实行特殊工时制度，灵活调整工作和休息时间。探索研究家庭劳务协议和特殊工时、劳动报酬及休息等劳动标准。落实国家有关职工休息休假的规定，使广大职工实现体面劳动。

有效处理劳动争议，把柔性化调解与高质高效仲裁结合起来。总体思路是鼓励和解、强化调解、完善仲裁、诉讼救济，最大限度地通过非诉方式解决劳动争议。建立企业调解、乡镇街道调解和人民调解等构成的劳动争议调解网络，运用我国传统的、国际上称之为“东方经验”的柔性化调解方式，及时将小额、简单的劳动争议解决在基层，“两头调平，就是水平”。加强仲裁实体化基本建设，提高劳动争议处理效能，建立快速处置集体劳动争议案件工作机制。要充分发挥协调劳动关系三方机制对构建和谐劳动关系的独特作用，将和谐劳动关系创建活动从大型企业和工业园区向中小企业、街道和乡镇拓展，增强劳动关系和谐基础。

加强劳动保障监察执法，把维护劳动者合法权益与服务企业结合起来。将扶持和服务寓于执法之中，继续指导企业依法用工，引导职工依法合理表达诉求。要严厉查处使用童工、非法职介、欠薪逃匿等损害劳动者权益的重大违法案件。推进劳动保障监察责任网格化和监察信息网络化的“两网化”管理试点，推动监察执法从以城镇为主向统筹城乡转变、由被动反应向主动预防转变。

维护农民工的合法权益是发展新时期和谐劳动关系的重要内容。当前和今后一个时期，维护农民工基本权益概括起来是保障农民工“十有”，即进城有工作、劳动有合同、上岗有培训、工作有报酬、生产有安全、参保有办法、住宿有改善、维权有渠道、生活有文化、发展有目标。

关于构建和谐劳动关系问题探究

中国联合网络通信有限公司河南省分公司 张明文

社会和谐是中国特色社会主义的本质属性，是国家富强、民族振兴、人民幸福的重要保证。目前，我国社会总体上是和谐的。但是，也存在不少影响社会和谐的矛盾和问题，主要是城乡、区域、经济社会发展很不平衡，人口资源压力加大；就业、社会保障、收入分配、教育、医疗、住房、安全生产、社会治安等方面关系群众切身利益的问题比较突出；体制机制尚不完善，民主法制还不健全；一些社会成员诚信缺失、道德失范，一些领导干部的素质、能力和作风与新形势新任务的要求还不适应；一些领域的腐败现象仍然比较严重；敌对势力的渗透破坏活动危及国家安全和社会稳定。

因此，我们必须把构建社会主义和谐社会的目标提到日程上来。而构建和谐的劳动关系又是构建社会主义和谐社会的重要组成部分。我们必须把构建和谐的劳动关系提到这样的高度来认识。只有站到这种高度来认识，才能把构建和谐的劳动关系这一重大的战略任务抓好、抓出成效来。而要构建和谐的劳动关系，又必须对和谐劳动关系的构成要素有个清醒的分析和认识，弄清其相互间的关系，在此基础上才能对构建和谐的劳动关系进行理论上的研究和实践性的动作。

下面我们就构成和谐劳动关系的用人单位、劳动者、劳动保障法律法规、劳动保障监察执法部门等要素逐一进行分析、认识。

一、用人单位法制观念的树立是构建和谐劳动关系的前提

我们应当清醒地认识到，随着世界经济一体化的形成和我国社会主义市场经济体制的建立和不断发展，一些企业在经济利益的驱动下，不顾国家有关劳动保障的法律法规和政策规定，干出许多违法违规事情，诸如歧视女工、非法使用童工、拖欠农民工工资、用人不签订劳动合同、签订了劳动合同而不按合同办事、随便收取劳动保证金、不缴纳社会保险费等。出现上述违反劳动保障法律法规和相关政策的原因我们这里不能一概而论，有的人是明知自己的行为是违法的，而偏偏要明知故犯；而大多数人则是由于缺乏学习，对劳动保障法律法规和相关政策规定了解不多所致。这就给我们提出了一个艰巨的任务，那就是要对用人单位的相关负责人员进行劳动保障法律法规的相关政策规定的再宣传、再教育。使其牢固树立法制观念，并在单位用人等行为中充分体现以人为本、依法办事的要求，把企业的正当利益取得与职工的切身利益兼顾起来，做到企业要发展，职工生活要改善。二者不可偏废。

二、劳动者素质的提高是构建和谐劳动关系的关键

由于历史等方面的原因，我国的劳动者总体上说都是素质较低的。由于受教育少、文化水平低，一些劳动者求职十分困难，加上一些企业用人的高门槛，使得一些劳动者很难介入。要改变这种状况，各级政府必须加强对劳动者的培训，并对参与培训的劳动者提供必要的资金支持，使其学习有成、以寻找机会步入企业大门。由于法制水平低、维权意识差，一些劳动者在介入企业后，尽管企业在用工方面违背了劳动保障的法律法规和政策规定的条款，也只能做无奈选择，认为找到工作不容易，为了保住饭碗、维持生活，而放弃自身应有的合法权益，诸如对用人单位不签订劳动合同、不缴纳保险费、收取风险抵押金、延长劳动时间、加大劳动强度等现象能忍就忍。由于缺乏斗争精神，一些劳动者遇到劳动纠纷或劳动争议时，不注重收集书面证据材料，而这些必要的证据材料正是劳动保障监察执法部门用来维护劳动者合法权益所需要的。由于缺乏原则性，一些劳动者为了自身的生存利益，不敢得罪企业领导，不出具证据材料或出具虚假的证据材料，给劳动保障监察执法人员制造了执法障碍。这又给我们提出了一项如何提高劳动者各方面素质的艰巨任务。

鉴于当前企业普遍忽视职工教育的现状，使我们不得不回顾起新中国成立初期以及计划经济年代，那时企业是比较重视职工教育的，那时企业普遍利用职工夜校的形式，组织职工利用工余时间学习时事政治、科学文化和有关的业务知识和技能，收到了很好的效果，对于提高职工的文化科学素质、思想道德素质和业务技能素质，都起到了至关重要的作用，并培养出许多业务能手和劳动模范，对于企业发展也起到重要的推动作用。因此，我们倡议，今天的企业，无论是全民的、集体的、个体的，都应当像当年那样不遗余力地抓好职工的业余教育，不妨也可以利用夜校的形式，组织职工学习文化科学知识、法律知识和业务技能，全面提高职工的素质。在这方面企业的工会组织应当把职工的业务教育抓起来。

三、法律法规的健全配套是依据

改革开放以来，我国劳动立法进入了一个新的发展时期，1994 年 7 月 5 日《劳动法》的颁布，标志着我国已初步建立了以《劳动法》和其他法律为主体，行政法规、部门规章、地方性法规和地方政府规章、司法解释和国际公约等为辅助的劳动法律制度。适应劳动保障监察事业发展及经济社会发展的要求，结合实际，近年来我国加快了劳动立法，为劳动保障监察工作提供了日趋完善的法律依据。2001 年劳动保障部先后颁布了《社会保险基金监督举报工作管理办法》、《社会保险基金行政监督办法》、《社会保险行政争议处理办法》等规章。各地根据实际工作需要，制定了有关养老、医疗、失业等社会保险及劳动力市场管理、

劳动保障监察等方面的地方性法规和地方政府规章。2003年，国务院颁布《工伤保险条例》，劳动保障部制定了工伤保险，最低工资、集体合同、企业年金等方面的部颁规章。2004年11月，国务院发布了《劳动保障监察条例》。劳动保障部修订了《集体合同规定》、《最低工资规定》，颁布了《关于实施〈劳动保障监察条例〉若干规定》。2007年是我国劳动保障立法的丰收年，《劳动合同法》《就业促进法》和《劳动争议调解仲裁法》等相继在人大获得通过，并在2008年陆续生效。当然，在我国劳动法制度建设方面，还存在着劳动立法的位阶较低，相关行政部门和地方发布的行政规定相互冲突等问题，需要通过推进劳动法制建设加以进一步完善。

针对我国劳动保障监察行政执法缺少强制性措施的情况，在加强法制建设过程中，应当赋予劳动监察执法以相应职权。应以《行政法》《劳动保障监察条例》为依据，修改相关条例法规，结合劳动保障监察难、执法难的实际情况，按《行政处罚法》的有关规定，缩短劳动处罚执行时间，以使逃避责任的用工单位及时受到处罚。同时，赋予劳动保障监察部门以查封、扣押、冻结账户、没收违法所得等职权，改变劳动保障监察执法弱、执法难的问题，切实维护劳动者合法权益和劳动关系的和谐稳定。

四、执法部门的有力监察是保证

一是加强组织机构建设，建立一支过硬的劳动保障监察执法队伍。基础工作是做好劳动保障监察执法工作的重要前提和根本保障，队伍建设是劳动保障监察执法工作基础，进一步建立健全劳动保障监察执法组织机构，从劳动保障监察工作实际出发，积极向当地党委和政府汇报工作，取得支持，增加人员编制、经费和执法装备，使劳动保障监察工作经常化、常规化。同时，在领导体制上，应当实行属地管理，或者授权属地管辖，以避免交叉执法、重复执法。

二是实施综合治理，突出主题监察。劳动保障监察任务千头万绪，各种劳动纠纷层出不穷，有效的劳动保障监察必须突出重点，要采取强有力的措施，针对特殊行业、特殊群体、特殊问题，有重点、有计划、有组织地开展女职工权益保护、非法使用童工、农民工工资支付、劳动合同签订、社会保险缴纳等“维权主题监察”。

三是加强部门之间协调，促进监察工作顺畅开展。劳动保障监察工作涉及面广，复杂多变，仅靠劳动保障监察部门的力量，不可能取得好效果，要取得相关执法部门的支持，加强与法院、公安、安检、工会、妇联、工商、税务、卫生、城建等部门的协调，建立完善联席会议制度，坚持多沟通，使各部门在工作中增加理解，相互配合，充分发挥专、兼职劳动保障监察员的工作积极性，采取监察机构与社保机构、培训机构、就业机构之间联合检查等形式，上下联动，条块结合，积极开展工作，确保执法工作取得实效。

总之，构建和谐劳动关系的过程，就是用人单位、劳动者、法律法规、执法部门诸要素的互动过程，是诸要素相互联系、相互作用，甚至相互碰撞的过程。和谐的劳动关系就是在这个矛盾统一的过程中实现的。其中，劳动保障监察部门的有力执法起着至关重要的推动作用。

（本文原载《魅力中国》2009年第12期）

NATIONAL ENTREPRENEUR ACTIVITY DAY

全国企业家活动日

全球经济变局下的中国企业家

——2009 全国企业家活动日在昆明举行

2009 全国企业家活动日主会场活动 5 月 17—18 日在云南省昆明市举行。会议以“信心·使命·责任——全球经济变局下的中国企业家”为主题，号召全国企业家进一步坚定信心，发挥中流砥柱作用，勇担重任，积极推动企业转型升级，大力推进技术进步，强化企业管理，加强自身修养，主动担负企业社会责任，作出无愧于时代的贡献。

中国企业联合会、中国企业家协会会长王忠禹，中共云南省委书记、省人大常委会主任白恩培，云南省委副书记、省长秦光荣，云南省委副书记李纪恒，云南省委常委、昆明市委书记仇和，云南省副省长和段琪，云南省政协常务副主席管国忠，云南省企业联合会会长牛绍尧出席了会议。中国企联常务副会长兼理事长李德成主持会议。中国企联执行副会长陈兰通、陈光复、王基铭、冯并、尹援平，北京大学副校长张国有参加了会议。出席会议的有来自全国各地的知名企业家，包括联想集团董事长柳传志、海尔集团董事局主席张瑞敏、万向集团董事长鲁冠球、新希望集团董事长刘永好、中建工程总公司董事长孙文杰、中国神华集团董事长张喜武、招商银行行长马蔚华、中兴通讯董事长侯为贵、青岛双星集团董事长汪海、中国化工集团总经理任建新、青岛港集团董事局主席常德传、娃哈哈集团董事长宗庆后、沙钢集团董事局主席沈文荣、中国石油天然气管道局首席顾问苏士峰、远东控股集团董事局主席蒋锡培、新兴铸管集团董事长刘明忠、中石油集团原总经理陈耕、中机集团董事长任洪斌、天津港集团董事长于汝民、中远集团副总裁陈洪生、云天化集团董事长董华、万通集团董事局主席冯仑、金蝶国际董事局主席徐少春、深圳农产品股份有限公司董事长陈少群等。

白恩培代表云南省委、省政府致词。他表示，作为一片充满希望和生机的热土，云南将以更开放的姿态、更优惠的政策、更宽松的环境、更务实的举措，热忱欢迎企业家到云南投资兴业。

王忠禹在大会上作了题为《勇担重任，在逆境中实现企业新发展》的讲话。他说，中共中央政治局委员、国务院副总理张德江 16 日在与企业家座谈时，充分肯定了改革开放以来我国企业家在经济体制改革和现代化建设中发挥的不可替代的作用，并代表党中央、国务院向与会企业家并通过他们向全国的企业家表示崇高的敬意和诚挚的问候，同时希望广大企业家继续勇挑重担，为“保增长、保民生、保稳定”发挥更大的作用，作出更大的贡献。王忠禹强调，张德江副总理的讲话体现了中央领导对我国广大企业家的亲切关怀和殷切期望，要认真贯彻落实。

王忠禹指出，面对国际金融危机，要进一步坚定信心和决心；积极推动企业转型升级，实现持续健康发展；大力推进技术进步，强化企业管理；加强学习，加强企业家自身修养；主动担负企业社会责任，为缓解社会就业压力、维护社会稳定作贡献。

会上，中国企联执行副会长、中国企业管理科学基金会理事长尹援平宣读了中国企联《关于表彰和奖励第五届（2009）袁宝华企业管理金奖获奖企业家的决定》，王忠禹向中兴通讯董事长侯为贵、天津港（集团）股份有限公司董事长于汝民、神华集团有限责任公司董事长张喜武、中国化工集团总经理任建新、河南洛钼集团董事长段玉贤 5 位获“袁宝华企业管理金奖”的企业家颁发金牌和证书。

中国企联执行副会长王基铭和云南企联会长牛绍尧分别宣读了《关于表彰第八届全国优秀创业企业家的决定》和《关于表彰云南省优秀企业家的决定》，马建平等 64 位全国优秀创业企业家和李穗明等 60 位云南省优秀企业家受到表彰。

于汝民代表获第五届“袁宝华企业管理金奖”的企业家发表获奖感言。联想集团董事长柳传志、海尔集团董事局主席张瑞敏、中兴通讯股份有限公司董事长侯为贵、中国神华集团有限责任公司董事长张喜武、招商银行行长马蔚华、娃哈哈集团董事长宗庆后、云南省天然气化工集团董事长董华在大会上作了主题演讲。

在大会专题报告会上，云南省省长秦光荣、国家统计局局长马建堂、北京大学教授周其仁分别作了报告。来自全国各地的企业家、专家学者围绕“趋势研判”、“产业振兴与西部机遇”、“危机中的劳资共赢与社会责任”等专题举行了企业家互动论坛，并参加了云南省招商项目推介会。

2009 全国企业家活动日主会场活动由中国企业联合会、中国企业家协会和云南省人民政府主办，中国企业管理科学基金会支持，云南省工业和信息化委员会、昆明市人民政府协办，云南省企联、昆明市企联承办。出席大会的有：中央企业和全国 30 个省、自治区、直辖市的企业家，国际跨国公司的代表，来自政府有关部门，全国各省、自治区、直辖市和中心城市的企业联合会、企业家协会的负责人及全国性企业社团、行业协会的负责人，中国企联部分副会长、常务理事、理事以及会员企业的负责人，来自有关院校的专家学者，云南省各委办局、各地市、自治州有关负责人和云南省内的企业家以及数十家新闻媒体的代表，共 1 200多人。

一年一度的全国企业家活动日是我国企业家的盛会，首届全国企业家活动日始于 1994 年，至今已连续举办 16 次。1984 年，福建省 55 位厂长（经理）向福建省委、省政府发出了《请给我们"松绑"放权》的呼吁书，推进了我国以企业为中心的城市经济体制改革。在纪念这55位企业家行动10周年之际，中国企联决定举办全国"企业家活动日"。从2002年起，中国企联决定在活动日大会上表彰全国优秀创业企业家，迄今为止受表彰的企业家已有494位。

（本文原载《中国企业报》2009.05.18）

勇担重任　在逆境中实现企业新发展

——在2009年全国企业家活动日上的讲话

中国企业联合会　中国企业家协会会长　王忠禹

2009年全国企业家活动日主会场大会今天在云南昆明隆重开幕了。我代表中国企业联合会、中国企业家协会，向与会的企业家以及全国所有企业家表示崇高的敬意！向出席会议的各界人士表示热烈的欢迎！向受表彰的袁宝华企业管理金奖获得者、优秀创业企业家表示衷心的祝贺！向云南省委、省政府及其他有关方面为本次大会成功举行所做的辛勤努力表示衷心的感谢！

中共中央政治局委员、国务院副总理张德江同志对这次全国企业家活动日十分重视。昨天上午，他专程来云南抽时间出席了由中国企业联合会、中国企业家协会组织召开的企业家座谈会。国务院国资委、工信部、云南省委省政府的主要领导和50多位企业家参加了座谈会，11位企业家先后作了发言。会上，德江同志作了题为《切实加强企业家队伍建设，为促进企业发展壮大提供强有力的保障》的重要讲话。他充分肯定了改革开放以来我国企业家在建设中国特色社会主义进程中发挥的重要作用。他强调指出：中国企业家队伍的形成和发展壮大，是我国改革开放的重大历史成果；中国企业家是一支有胆识、有能力、值得信赖、堪当重任的队伍，是推动我国经济社会发展的重要力量。他代表党中央、国务院向与会的企业家并通过你们向全国企业家表示崇高的敬意和诚挚的问候！面对这次国际金融危机，他希望广大企业家挺身而出、勇担重任，开拓进取，攻坚克难，为保增长、保民生、保稳定作出积极贡献，不辜负党和国家的重托，不辜负广大职工的期望。同时，德江同志向广大企业家提出了五点要求：一是坚定信心，树立战胜危机和困难的决心。二是扎实工作，努力保持企业生产经营平稳较快发展。三是强化创新，加快提高企业综合素质和竞争能力。四是勇于承担，认真履行企业社会责任。五是加强修养，全面提高企业家自身素质。最后，德江同志希望各级党委和政府从党和国家事业发展的高度，进一步关心、爱护和支持企业家，为企业家的健康成长创造良好的社会环境。各类企业组织和行业协会，要充分发挥桥梁纽带作用，积极反映企业家的意见和建议，关注和重视企业家的身心健康，帮助企业和企业家研究解决实际困难。要坚持正确的舆论导向，宣传企业家在社会主义现代化建设中的重要作用，宣传企业家为经济社会发展作出的重要贡献，宣传企业家的奉献精神，在全社会形成理解、关心和支持企业家的良好氛围。德江同志预祝本次企业家活动日取得圆满成功！

德江同志的讲话充分体现了党中央、国务院对我国广大企业家的关心、重视和殷切期望。会后，我们将把德江同志的讲话印发给大家，希望大家认真学习贯彻落实。下面，我结合本次活动日的主题，就贯彻落实德江同志的讲话精神，讲几点意见：

一、进一步坚定战胜危机的信心和决心

2008年下半年以来，受国际金融危机的严重冲击和影响，我国经济增长明显下滑，许多企业出现了少有的困难局面。对此，我们要科学分析、正确看待。在经济全球化、信息化的今天，世界上任何角落发生的事件都有可能产生全球性的影响。我们既然在建设社会主义市场经济，就要勇敢地面对市场波动和经济危机带来的挑战和痛苦。目前这场国际金融危机仍在不断蔓延、深化，尚未见底。战胜这场危机，一方面需要我们对面临困难的严峻性和复杂性有充分估计，另一方面需要我们进一步坚定信心和决心。我们有党中央、国务院的坚强领导，有集中力量办大事的制度优势，有改革开放以来积累的雄厚物质基础，我国经济持续快速发展的基本条件和趋势没有根本变化。中央和地方出台的一系列振兴经济、支持企业发展的政策措施，目前已经初见成效。我们不但有信心攻坚克难，将这场危机带来的影响降到最低限度，而且有信心逆势图强，在应对危机中实现企业新发展和新跨越。

我国企业家素有不畏艰难、迎难而上的优良传统。在这次危机中，一些企业家未雨绸缪，科学预见形势变化，提前调整经营策略，保持了企业持续健康发展；一些企业家视变化为机遇，善于在变化中创造竞争优势，甚至成为变革的领导者；一些企业家强化管理，奋力开拓国内外市场，企业竞争力有了新的提高；一些企业家率先垂范，身先士卒，以自己的坚定信念和坚强决心，与企业和员工共渡难关。这些事实充分说明，只要我们进一步弘扬勇于创新拼搏的企业家精神，善于把握国际国内经济调整带来的新的发展机遇，苦练内功，我们就没有战胜不了的困难，

就没有渡不过去的难关。

二、积极推动企业转型升级

这次国际金融危机对我国实体经济造成严重冲击，集中暴露出我国经济发展中存在的结构失衡、部分行业产能过剩、缺乏核心技术、发展方式粗放等突出矛盾和问题。同时，这次国际金融危机也给我们以重要启示，就是说要想提高我国经济在全球经济中的地位和影响力，就必须大力推进结构调整和产业升级，加快转变经济发展方式，提高企业核心竞争能力，形成参与经济全球化竞争的新优势。

应当看到，在国际金融危机、国内经济结构调整和市场周期波动三重因素的影响下，转型升级已经成为我国企业应对当前金融危机、实现持续健康发展的必然选择。在企业发展外部环境发生急剧变化的情况下，作为具有战略眼光的企业家，要树立战胜自我、超越自我的决心和意志，认真把握国际竞争的新趋势，紧紧抓住国际国内经济调整和重组的重大机遇，把推动企业发展的关键因素由物质资源逐步转向品牌、技术、人才、管理等要素，积极探索适合自身实际、具有独特竞争优势的可持续发展模式。

我国企业应当利用国际金融危机所产生的压力，积极主动地进行变革和调整，努力实现由“低成本竞争战略”向“差异化竞争战略”转型，由“规模扩张战略”向“质量提升战略”转型，由“产品制造商”向“系统解决方案供应商”转型，由“卖产品”向“卖服务”转型，由“中国制造”向“中国创造”转型，由“本土性企业”向“世界性企业”转型，抢占全球价值链的高端。

三、大力推进技术进步，强化企业管理

德江同志在讲话中深刻指出，企业的创新能力决定企业的竞争能力。只有保持强劲的创新能力，才能在危机中站稳脚跟，才能在危机中赢得主动，才能在危机中发展壮大。在2009年3月份召开的全国企业管理创新大会上，我曾经强调过，提高企业的创新能力是应对危机的根本大计，而技术进步和加强管理是企业应对危机的现实选择。这不仅是历史经验和先进企业的实践经验，同时也是企业在危机中可以大有作为的重要领域，必将在新一轮的国际竞争中发挥更加重要的作用。今天，我在这里还要重申，只有紧紧围绕技术进步和加强管理这两个企业发展的关键环节，埋头苦干，才能化“危”为“机”，将企业发展提高到更高水平。

要用足用好国家已经出台的支持企业发展的有关政策，加大企业技术改造力度，运用信息技术和先进适用技术改造传统产业；广泛采用新技术、新工艺和新装备，加快淘汰落后产能，切忌形成新一轮高水平的重复建设；大力推进科技创新，充分发挥企业在国家创新体系中的主导作用，培养和造就高素质的人才队伍，加大研发投入力度，进行前瞻性技术储备，培育自主创新能力，为新一轮发展赢得先机和主动。

与此同时，要科学分析形势，明确发展方向，搞好战略管理；要采取更加有力的措施，强化基础管理，强化资金管理，大力开拓新兴市场，广泛开展对标挖潜活动，降本增效、节能减排，抓好员工培训，搞好全面风险管理，向管理要效益，向管理要竞争力。

四、积极主动担负企业社会责任

积极主动担负社会责任是新时期企业家必须具备的时代品格，企业家在任何时候都不能忘记自己应当肩负的社会责任。应对危机和挑战，企业家更要敢于担当，主动承担社会责任。要警惕和防止使环境保护和可持续发展成为应对危机的牺牲品，大力推进清洁生产、绿色发展、循环经济，建设资源节约型、环境友好型企业，决不能再走高物耗、高能耗、高污染的老路。要重视产品质量、安全生产、保护消费者利益，吸取近年来少数企业在这方面的深刻教训，依法经营、诚实守信，提高企业经营的道德水准，树立企业良好的社会形象。

就业是民生之本，是人民改善生活的基本前提和基本途径。金融危机的影响使我国解决就业问题的任务更加繁重、艰巨和紧迫。在当前形势下，企业家尤其要勇于承担稳定社会就业的责任，为缓解社会就业压力、维护社会稳定作出积极的贡献。2009年1月份，国家协调劳动关系三方：人力资源和社会保障部、中华全国总工会、中国企业联合会/中国企业家协会针对我国劳动关系领域出现的一些新变化，制定了《关于应对当前经济形势稳定劳动关系的指导意见》，提出要保企业、保就业、保稳定，支持和鼓励劳动关系双方共同稳定就业局势。在这方面，许多企业家发挥了很好的表率作用。有的企业在经营困难的条件下，千方百计稳定职工队伍，承诺不裁员；有的企业家减薪从自己减起，职工不减或少减；还有的企业抓住调整的时机，开展培训、提高员工队伍素质。这些都反映出企业家在危机中的大局意识和强烈的责任感，值得给予充分肯定。

五、大力提高企业家自身素质

企业家的素质与修养直接关系企业兴衰成败。全国企业家活动日举办伊始，中国企联首任会长袁宝华同志先后三次着重阐述了企业家的修养问题，指出加强企业领导人的自身修养，是保证企业家队伍健康成长的一个十分重要的问题，并提出了我国企业家应该具备的修养。这里，我们不妨重温一下，即：天下兴亡，匹夫有责；胸怀全局，脚踏实地；艰苦创业，无私奉献；解放思想，开动脑筋；清正廉明，依靠群众；嫉恶如仇，从善如流；谦虚谨慎，戒骄戒躁；学而不厌，诲人不倦；丢掉幻想，搏击市场；锲而不舍，刻意创新。应当说，这些现在仍然是我国企业家应该具备的基本修养。当前，激烈的市场竞争和复杂的外部环境要求我国企业家进一步提高自身修养，增强科学发展、全球竞争、自主创新、市场应变、社会责任等意识，以适应新形势、新任务的要求。

需要特别提到的是，广大企业家要高度重视提高科学决策能力。要有开阔的国际视野，要学会跳出中国看中国、跳出企业看企业；要强化战略思维，遵循企业发展规律，科学分析和把握宏观经济大势，不断加强和完善企业的制度建设，形成科学、民主、高效的领导体制和决策机制，正确发挥个人的作用，尽可能地减少或消除决策的随意性，确保企业沿着正确的方向发展。

提高企业家自身素质，重要的是学习。许多企业家也将学习看作是形成企业核心竞争力的有效手段。这次危机告诉我们，现在的世界正在发生深刻变化，给广大企业家提出了许多新的课题，我们过去学的知识、积累的经验已经不够应对今天和明天发展的需要，这就要求我们进一步学习新知识，掌握新本领，不断提高驾驭企业发展的能力。在经济全球化日益发展的今天，广大企业家要特别重视学习国际经济政治、世界金融贸易等方面的知识；注重学习有关虚拟经济发展和运行的相关知识；注重学习应对复杂多变的经济环境的知识，提高把握国内外经济和行业发展趋势的能力，提高企业风险管控能力，提高对关键竞争因素的把握能力，促进企业又好又快发展。

各位代表，同志们、朋友们：

全国企业家活动日已经成功举办了十五届，每一届"活动日"都见证了中国企业家队伍卓尔不凡的成长、壮大历程。无数事实已经证明，在改革开放大潮中成长起来的中国企业家是能够在关键时期担当历史重任的。我坚信，中国企业家有能力、有条件在抗击金融危机的过程中，发挥中流砥柱的作用，作出无愧于时代的贡献，中国企业经过这场危机的洗礼也将变得更加强大。

2009年既是我们全力应对国际金融危机、保持国民经济持续快速发展的关键之年，也是新中国迎来六十华诞的大庆之年，有许多艰苦的工作需要我们努力去完成。让我们紧密团结在以胡锦涛同志为总书记的党中央周围，以邓小平理论、"三个代表"重要思想和科学发展观为指导，开拓创新，奋勇拼搏，以优异的成绩向共和国的60岁生日献礼！

危机中更要呼唤企业家精神

招商银行行长　马蔚华

正在全国应对金融危机的时候，我们这次活动把信心、使命、责任作为一个主题，我觉得对凝聚信心、增加共识、战胜危机有着非常重要的现实意义。因为金融危机说实在的就是一个信心的崩溃、信心的危机，而信心是可以传递的也是可以相互影响的。企业家作为企业的代表，尤其是中国的企业家，作为中国企业的代表是受到全球瞩目的。所以，这个时候，中国企业家的信心如何、使命感如何、责任感如何，对整个社会影响是极大的。此刻我们需要呼唤企业家的精神，也就是说金融危机需要呼唤中国企业家的精神。中国企业家现在需要什么样的精神呢？我的体会有四点：第一，逆势而上的进取心。第二，因势而变的经营观。第三，同舟共济的责任感。第四，强化管理的事业心。

第一，逆势而上的进取心。真正的企业家精神，并不是在形势大好的时候高歌猛进、在热火朝天的时候风生水起、在顺顺当当的时候一马当先，而是在形势出现逆转、市场出现波动、环境出现恶化的时候如何应对，我们面临的这场百年不遇的金融危机，正是考验企业家自信心的时候。企业家保持逆势而上的自信心，我觉得要做到树信心、求机遇、促发展。我们面对危机，一定不能乱了手脚，危机中的信念是获得增长的动力资源。什么是我们的信心呢？要树立信心首先是要自信。作为中国的一个企业家来说，我们的自信来自于当今世界，中国是一个举世瞩目的国家。随着经济的成长，中国的银行业在全球的银行业是风景这边独好。招商银行作为中国银行业的一员，过去20年里，从只有1亿元资本金、34个人，变成了现在拥有1.8亿元资产、跻身于世界银行100强的大银行，我们很快将跻身世界20强。英国的《金融时报》把我们评为全球品牌成长性第一的企业，我们没有理由不自信，我们没有理由不对我们的国家、不对我们的事业充满自信。历史经验告诉我们，危机总是和增长相辅相成的，因为危机往往会动摇旧的规则，危机往往会成为重大历史变革的时机，危机让市场发生了翻天覆地的变化，而这种变化正是后来者的机会。我们当前是一个特殊的时刻，在这个时刻只有企业保持增长和稳定，才有整个社会和我们国家的增长和稳定。所以作为企业家，我们一定要在危机的时刻重新树立信心和斗志，让我们的企业健康地发展。

第二，因势而变的经营观。我相信大家看过《黑天鹅》这本书，不确定已经成为当代一个基本的特征。也就是说，无论是各种自然灾害频繁爆发还是科学技术日新月异，无论是经济金融的变幻莫测还是社会矛盾冲突的不断加剧，都意味着稳定性、精确性、可预测性已经日益被变革性、不可预测性所替代，这个危机给我们的经营环境带来更大的不确定性，企业一定要主动求变，而不能墨守成规。

这次金融危机给中国带来最大的冲击就是出口欧美的市场，过去出口给我们GDP贡献了30.0%—40.0%，美国人的过度消费给我们带来10年的出口市场繁荣，如今美国人不消费了，美国的储蓄率已经快5.0%了，过去来自天堂的甘露枯竭了，这次危机带来一个最大的挑战就是要把我们对欧美的市场转向内需的市场，这就需要我们企业迅速地产业升级，调整产业结构，甚至是商业模式。深圳华为、中兴等一大批主动调整结构的企业在危机中就有了很好的自主权和持续不断地发展，应该是我们的榜样。

招商银行的经营理念就叫做因势而变，因民而变，因市场的变化而调整自己的业务发展，因客户的需求而调整产品的服务，我们在七八年前中国还没有零售业务的时候，就开始做零售业务，没有因势而变，我们的银行就不能进入世界现代商业银行行列。

第三，同舟共济的责任感。我们知道伟大的经济学家亚当·斯密写过《国富论》，同时他也写过《道德情操论》，就是说市场交易的主体不仅要有谋求利益最大化的动机和趋向，也要有服务于他人的社会责任感，要把自立和利他很好地结合起来，否则经济活动就无法持续，市场秩序也就无法构建。所谓责任感就是对普遍道德规范的遵守，这是人类生活最重要的原则，在经济危机的时候，我们每一个企业更应该以高度负责的态度，充分顾及整个经济平稳运行，主动防止因为自己经营不当给经济发展和人民生活、社会环境带来的冲击，这应该是一个企业对社会应尽的责任，很多的企业都是我们的榜样。一个伟大的企业和一个好企业的区别就在于，一个好的企业只能向社会提供好的产品和服务，而一个伟大的企业不仅提供好的产品和服务，还要尽自己的社会责任。招商银行这么多年来，一直按照这样的准则去做。10 年前我们就在云南扶贫，我们在那里建了大批的希望小学，我们员工用自己的钱抚养一批又一批的彝族儿女，招商银行和云南有深厚的感情，就是因为企业的社会责任使我们这样做。

在金融危机的时候，企业的社会责任应该怎么样做，首先和我们的员工统筹供给，员工是我们最宝贵的财富，所以我们在困难的时候，要不裁员、不减薪，在危机的时候，对员工好一点，将来员工回报企业就更好一点。其次我们和客户同舟共济。在困难的时候企业需要资金，银行应该意识到这时候救企业就是救自己，和企业同呼吸、共命运，在企业遇到暂时困难的时候，银行不能简单片面地惜贷、停贷、抽贷，而应该和企业团结在一起，共度时艰。发展中小企业是我们的方向，中小企业占我们的贷款已经高达 45.0%，我们一定要在困难的时候和中小企业站在一起。企业的社会责任还有一个和同业同舟共济的问题，在困难的时候不能过度竞争，而导致两败俱伤，而应该相互合作共渡难关。

第四，强化管理的事业心。管理是企业发展的半径，管理如企业的万丈高楼的地基，管理素质好的企业能够在身处逆境时成功摆脱困境，管理素质低的企业一有风吹草动就会东倒西歪。贝尔斯登、雷曼和陷入危机的 AIG 和两房首先的问题是内部风险管理的失败，所以企业的管理是战胜危机的根本，企业家首先只有高度注重管理，就像刚才张瑞敏总经理讲的，要做造钟人而非报时人，在管理上下工夫，引领企业可持续地发展，使企业基业常青。

美国哈佛大学教授基尔德说过这样一句话，经济的全面复苏取决于企业家的复苏，面对百年一遇的金融危机，中国经济任何时候都需要企业家精神，肩负历史赋予我们的责任，在保增长、保民生、保稳定的伟大攻坚中贡献中国企业家的精神。

（在 2009 年全国企业家活动日大会上的发言）

60 ANNIVERSARIES OF THE NEW CHINA

新中国成立60年

光辉的历程　宏伟的篇章

——新中国成立60周年经济社会发展成就回顾

国家统计局

2009年9月7日

1949年，中华人民共和国成立了，从此全国各族人民在中国共产党领导下开始了社会主义建设的伟大历史征程。60年来，中国共产党团结带领全国各族人民，积极探索，艰苦奋斗，勇往直前，在旧中国满目疮痍的废墟上走出了一条中国特色社会主义的道路，取得了辉煌成就，一个充满生机和活力的社会主义大国已经巍然屹立在世界东方。

一、国民经济综合实力实现由弱到强，由小到大的历史性巨变，综合国力明显增强，国际地位和影响力显著提高

新中国成立初期，经济总量和人均水平都十分低下，综合实力十分弱小。60年后的今天，无论是经济总量，还是人均水平都大幅度提高，综合国力明显增强，国际地位和影响力显著提高。

国内生产总值以年均8.1%的速度增长，经济总量增加77倍，位次跃升世界第3位。1952年，我国国内生产总值只有679亿元，到1978年增加到3 645亿元，在改革开放的历史新时期，经济总量迅猛扩张，2008年超过了300 000亿元，达到了300 670亿元，年平均增长8.1%，而1961—2008年世界年平均增长速度只有3.6%。其中，1979—2008年年均增长9.8%，快于同期世界经济增速6.8个百分点。2008年的经济总量比1952年增加了77倍，2008年一天创造的财富量就超过了1952年一年的总量。1952年，我国经济总量占世界的比重很小，1978年才达到1.8%。改革开放以来，我国经济总量占世界的比重不断提高，2008年为6.4%，位居美国和日本之后，居世界第3位。根据世界银行资料，折合成美元，我国2008年国内生产总值为38 600亿美元，相当于美国的27.2%，日本的78.6%。见图1、图2。

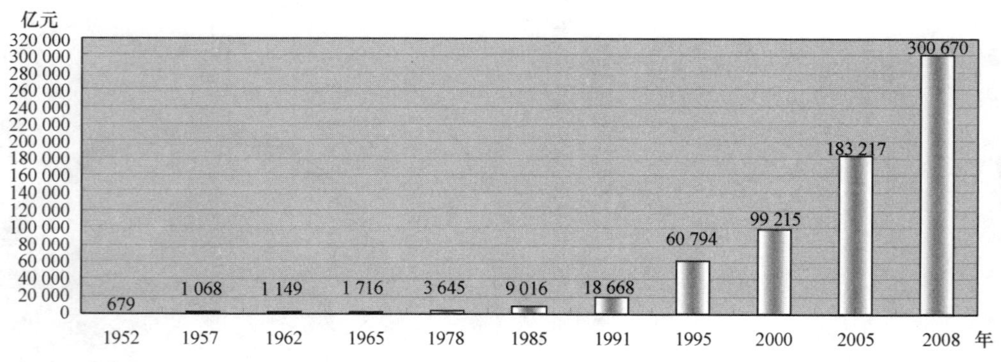

图1　1952—2008年国内生产总值

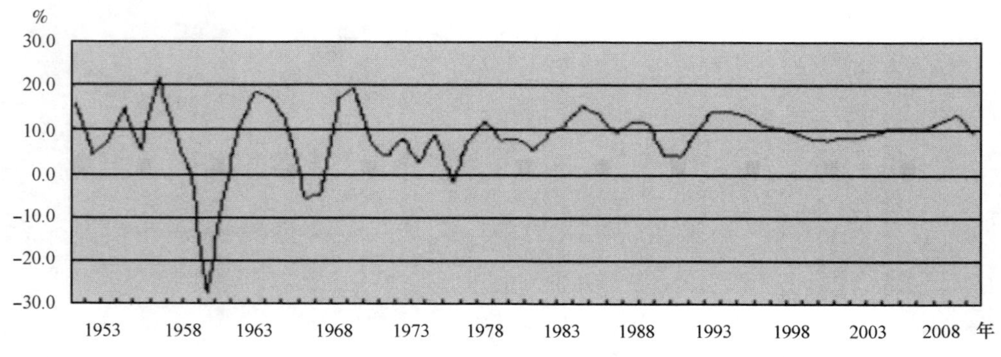

图2　1953—2008年国内生产总值增速

人均国内生产总值增长32.4倍，年均增长6.5%。人均国内生产总值在由1952年的119元上升到1978年的381元后，迅速提高到2008年的22 698元，扣除价格因素，2008年比1952年增长32.4倍，年均增长6.5%，其中1979—2008年年均增长8.6%。对于我国这样一个经济发展起点低、人口基数庞大的国家，在60年之内能够取得这样的进步，是一个了不起的成绩。见图3、图4。

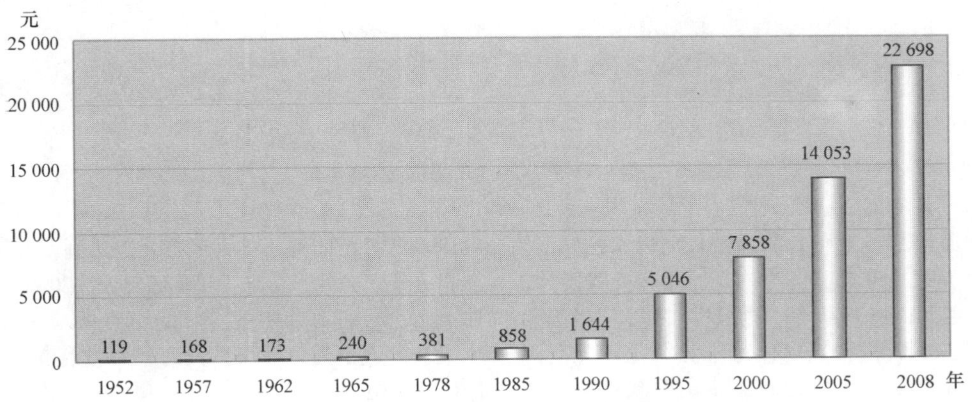

图3 1952—2008年人均国内生产总值

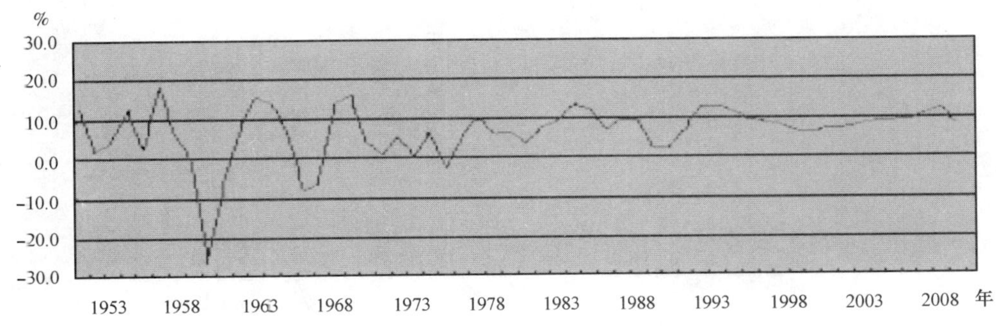

图4 1953—2008年人均国内生产总值增速

国家财政收入增长985倍，政府对经济和社会发展的调控能力日益增强。1950年国家财政收入只有62亿元，1951年上升到125亿元，达到3位数，此后经过27年的缓慢增长，1978年财政收入上升到1 132亿元，达到四位数。改革开放以后，随着经济总量的迅速扩张，财政收入实现加速度增长，到1999年，财政收入增加了10多倍，达到11 444亿元。进入新的世纪，财政收入连续跨越新台阶，到2008年，国家财政收入已经超过60 000亿元，达到61 317亿元，比1950年增长985倍。国家财政收入的迅速增加，有效地提高了政府的宏观调控能力，社会主义集中力量办大事的优势得到充分发挥。见图5、图6。

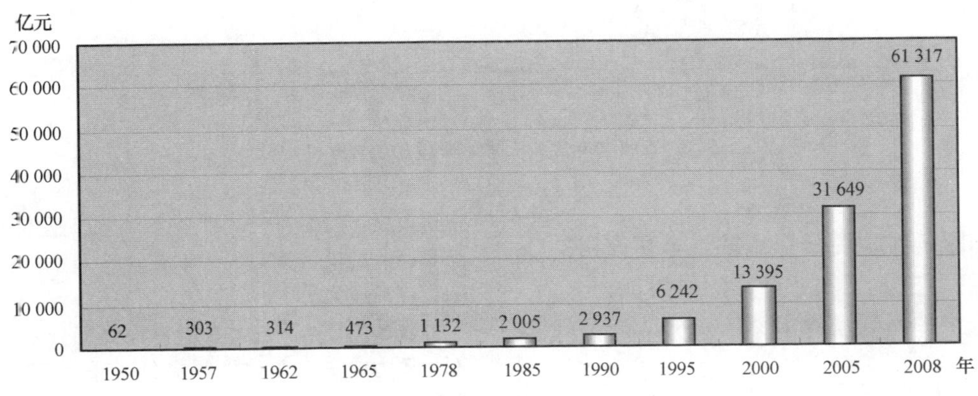

图5 1950—2008年财政收入

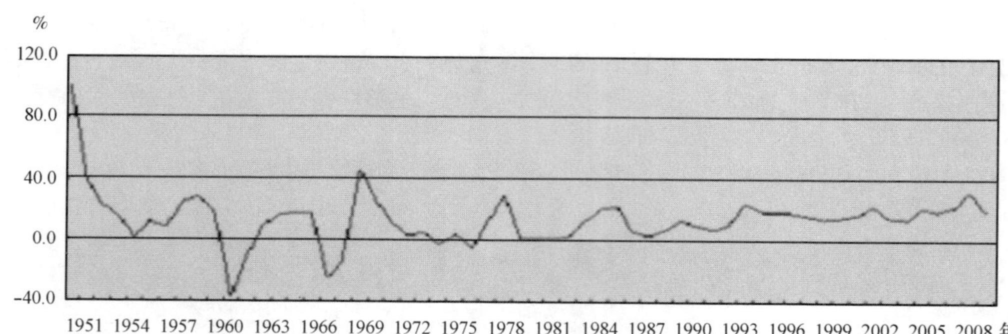

图 6 1951—2008 年财政收入增速

外汇储备增加近 14 000 倍，我国由长期以来的外汇短缺国一跃而为世界第一外汇储备大国。1952 年，我国外汇储备只有 1.4 亿美元，到 1978 年，也只增加到 1.7 亿美元。在改革开放初期，外汇储备的短缺局面依然没有明显改观。但随着对外开放的推进，外汇储备逐步由短缺走向富裕，1990 年外汇储备超过百亿美元，达到 111 亿美元，1996 年超过千亿美元，达到 1 050 亿美元，2006 年超过 10 000 亿美元，达到 10 663 亿美元，超过日本位居世界第 1 位，2008 年我国外汇储备扩大到 19 460 亿美元，稳居世界第 1 位。见图 7、图 8。

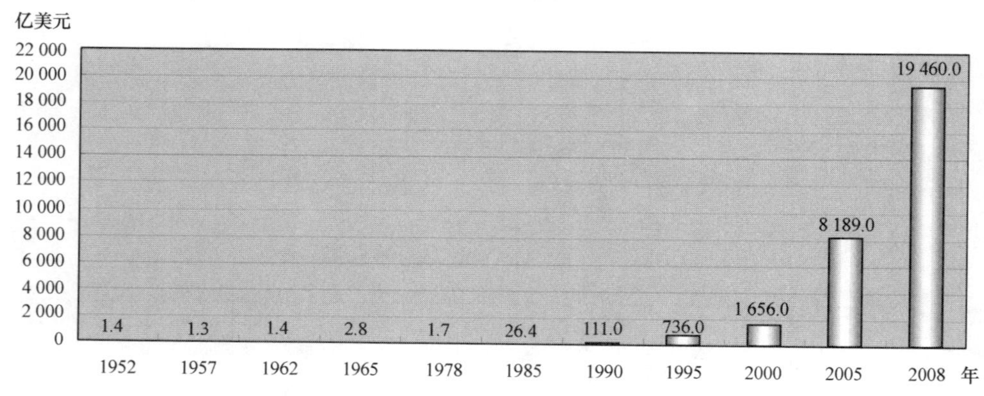

图 7 1952—2008 年外汇储备余额

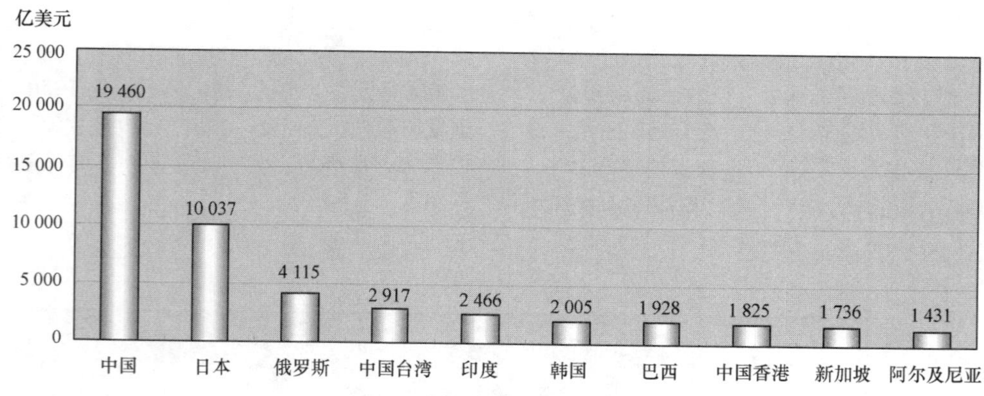

图 8 2008 年年底外汇储备前 10 位的国家和地区

二、商品和服务实现由严重短缺到丰富充裕的巨大转变，主要工农业产品的供给能力名列世界前茅

新中国成立以后直到 20 世纪 90 年代，短缺是我国经济运行的基本特征，商品和服务的供给不能满足广大人民群众基本的生活需要。60 年特别是改革开放以来，国民经济快速发展，门类齐全、布局合理的产业体系逐步建立，商品和服务的供给能力大为增强，长期困扰我国的商品短缺问题逐渐成为历史。

农产品供给不仅解决了占世界五分之一人口的吃饭问题，还为加快工业化进程提供了重要支持。粮、棉、油、糖的发展变化最能体现新中国成立以来我国农产品供给能力的巨大进步。1949 年我国粮食产量只有 11 318 万吨，人均 209 公斤；1978 年粮食总产量缓慢增长到 30 477 万吨，人均产量增加到319公斤。改革开放以后，国家对农业的强力支持和农业科技的进步使粮食产量进入快速增长期，1984年超过4亿吨，1996年超过5亿吨，2008年达到52 871万吨，与1949年相比，粮食产量增长3.7倍，人均产量增长91.0%；棉花产量1949年只有44.4万吨，1978年升至217万吨，2008年达749万吨，与1949年相比，增长15.9倍，人均产量增长5.9倍；油料产量1949年只有256万吨，1978年发展到522万吨，2008年达2 953万吨，比1949年增长10.5倍，人均产量增长3.7倍；糖料产量1949年只有283万吨，1978年为2 382万吨，2008年迅猛发展到13 420万吨，与1949年相比，增长46.4倍，人均产量增长18.4倍。肉类、水果和水产品的迅速增长则反映了人们生活水平从量的满足到质的追求的变化过程。猪牛羊肉类产量1952年只有339万吨，人均5.9公斤，1978年产量865万吨，人均9公斤，2008年产量5 337万吨，人均增加到40.3公斤；水果产量1949年120万吨，人均2.2公斤，1978年产量657万吨，人均6.9公斤，2008年产量19 220万吨，人均145.1公斤；水产品产量1949年44.8万吨，人均0.8公斤，1978年产量465万吨，人均4.9公斤，2008年产量4 896万吨，人均37公斤。见图9。

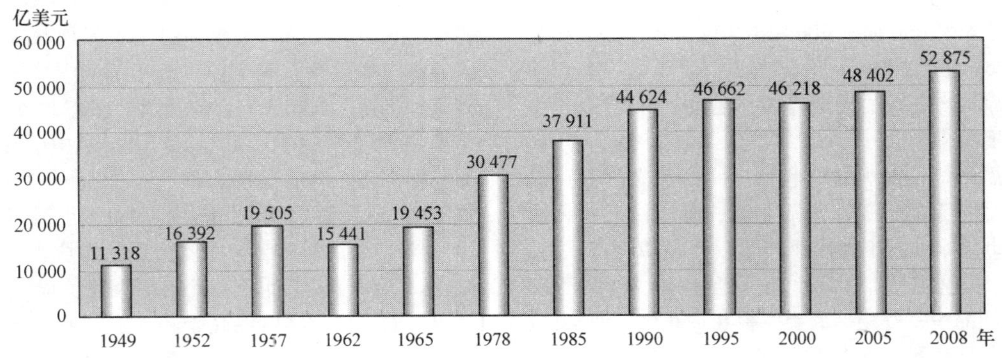

图9 1949—2008年粮食产量

工业的快速发展不仅解决了基本生活必需品的短缺问题，而且还使我国逐渐成为一个世界制造业大国。主要工业产品产量成倍增长。2008年与1949年相比，纱产量由32.7万吨增加到2 149万吨，增长64.7倍；布由18.9亿米增加到710亿米，增长36.6倍；糖由20万吨增加到1 449万吨，增长71.5倍；原煤由0.32亿吨增加到27.93亿吨，增长86.3倍。电视机、电冰箱、照相机、洗衣机、计算机、空调器等一大批新兴电子产品产量也从无到有，在改革开放以后呈迅猛扩张之势。电视机由1958年的0.02万台增加到2008年的9 033万台，电冰箱由1956年的0.03万台增加到2008年的4 757万台；房间空调器由1978年的0.02万台增加到2008年的8 231万台。随着工业基础建设的加强，生产能力的不断扩张，我国由一个只能制造初级工业产品的国家发展成为世界制造业大国。根据联合国工发组织资料，按照2000年不变价计算，我国制造业增加值占世界的份额由1995年的5.1%上升到2007年的11.4%。按照国际标准工业分类，在22个大类中，我国制造业占世界比重在7个大类中名列第1位，其中，烟草类占比49.8%，纺织品类占比29.2%，衣服、皮毛类占比24.7%，皮革、皮革制品、鞋类占比33.4%，碱性金属占比23.8%，电力装备占比28.2%，其他交通工具占比34.1%；有15个大类名列前3位；除机动车、拖车、半拖车一个大类外，其他21个大类所占份额均名列世界前6位。而在发展中国家中，除机动车、拖车、半拖车一个大类名列第11位外，其他21个大类所占份额都名列第1位。见图10。

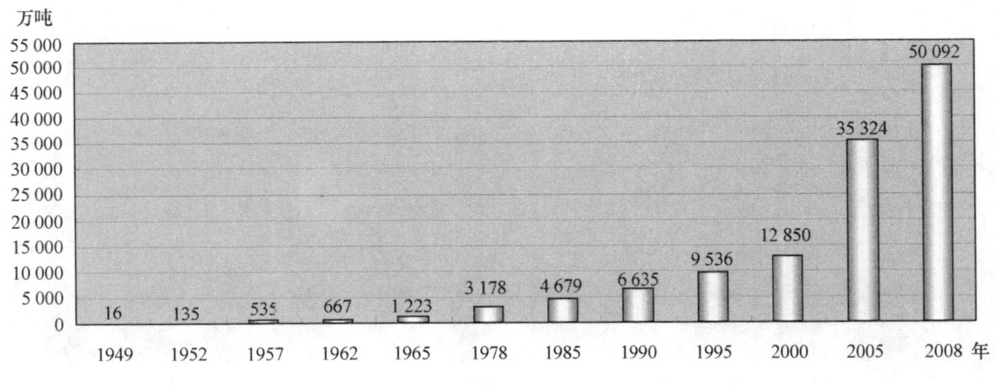

图10 1949—2008年粗钢产量

第三产业的发展不仅基本满足了人们不断增长的对服务业的需求，还在与第一、第二产业的良性互动中催生了大量新兴产业。新中国成立初期到1978年，第三产业发展缓慢，1952年第三产业增加值只有191亿元，1978年增加到873亿元，年均实际只增长5.4%。改革开放以来，随着对第三产业对促进经济发展的重要性认识的深化，第三产业迅速发展，2008年第三产业增加值已经达到120 487亿元，比1952年实际增长84倍，年均增长8.3%。其中，交通运输增加值由1952年的29亿元增加到2008年的16 590亿元，实际增长113倍，年均增长8.8%。批发和零售增加值由80亿元增加到23 101亿元，实际增长49倍，年均增长7.2%。金融、房地产等新兴服务业从无到有，迅速发展壮大。金融业增加值由1952年的11亿元增加到2008年的16 817亿元，实际增长242倍，年均增长10.3%。房地产业由1952年的14亿元增加到2008年的12 720亿元，实际增长85倍，年均增长8.3%。不仅如此，伴随着第三产业的发展，一些新兴产业也如雨后春笋，在改革开放30年中萌芽并迅速发展起来。

工农业产品产量位次大幅前移，一些产品在国际市场上已经成为举足轻重的力量。解放初期，我国没有一种农产品产量达到世界第一，工业中钢产量仅居第26位，原油仅居第27位，发电量仅居第25位。经过60年的发展，2007年主要农产品中，谷物、肉类、棉花、花生、油菜籽、茶叶、水果等产品产量已稳居世界第1位。甘蔗、大豆分别居第3、第4位。主要工业产品中，钢、煤、水泥、化肥、棉布居第1位。发电量居第2位。原油产量居第5位。其他主要产品产量的位次也明显前移。

三、经济结构实现由低级到高级、不均衡到相对均衡的巨大调整，经济发展的协调性明显增强

新中国成立初期，我国经济结构不尽合理，产业结构以农业为主，所有制结构单一，分配绝对平均主义，城镇化水平很低，地区发展不协调。60年来特别是改革开放30年来，伴随着经济的增长和经济规模的扩大，经济结构在逐步改善中趋向合理和优化。

产业结构基本实现由农业为主，向一、二、三次产业协同发展的转变。新中国成立初期，我国基本上是个农业国，农业在经济中占居主要地位，1952年农业增加值占国内生产总值的51.0%。60年来，党中央、国务院一直十分重视产业协调发展问题，农业基础地位不断增强，工业和服务业快速发展。1952—1978年，随着“重点发展重工业”战略的实施，工业占比迅速提高，到1978年，工业占比由1952年的17.6%提高到44.1%，而农业占比则由51.0%下降到28.2%。在改革开放的历史新时期，以工业为主的第二产业继续快速发展，第三产业也得到大力促进。到2008年，第一产业由1978年的28.2%下降为11.3%，第二产业由47.9%上升为48.6%，第三产业则由23.9%大幅上升至40.1%。见图11。

工业结构实现了从门类简单到齐全，从以轻工业为主到轻、重工业共同发展，从以劳动密集型工业为主导，向劳动、资本和技术密集型共同发展的转变。新中国成立初期，我国工业基础薄弱，基本上以农副产品加工和采掘业为主，且主要是劳动密集型，工业整体水平很低。经过60年的建设，工业结构门类逐步齐全，钢铁、有色、电力、机械、轻纺、食品等工业部门逐步发展壮大，一些新兴的工业部门如航空航天工业、汽车工业、电子工业等也从无到有，迅速发展起来。目前我国已拥有39个工业大类、191个中类、525个小类，联合国产业分类中所列的全部工业门类我国都有。一个行业比较齐全的工业体系已经形成。轻、重工业关系逐步趋于协调。1949年轻重工业比重为73.6∶26.4，此时的工业主要为手工作坊，且以劳动密集型为主。1978年，轻重工业比重尽管有了很大变化，为43.1∶56.9，重工业占比已经高于轻工业，但技术含量不高，仍以劳动密集型为主。改革开放尤其是进入新世纪后，随着工业化进程的加快，以机械电子工业、石油化学工业、汽车制造业、航空航天工业等为主体的重化工业加快发展，工业内部结构向更高层次演进。2008年，轻、重工业比重分别为28.9%和71.1%，重工业占比大幅上升，高技术产业、大企业、企业集团不断强化，企业组织结构明显改善，资本密集型、技术密集型企业得到迅速发展壮大，为工业经济由大变强奠定了基础。见图12。

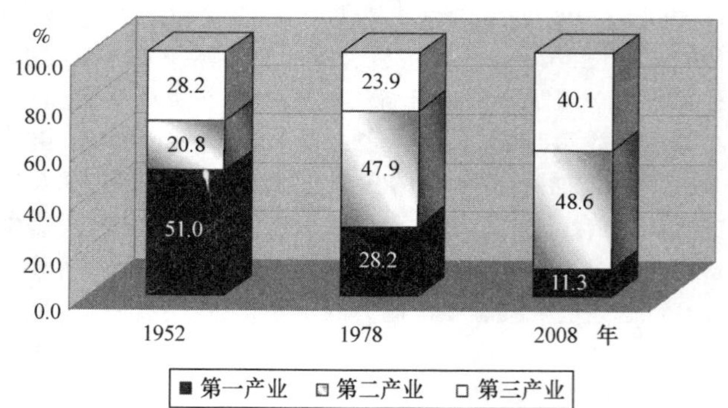

图11 1952、1978和2008年三次产业结构

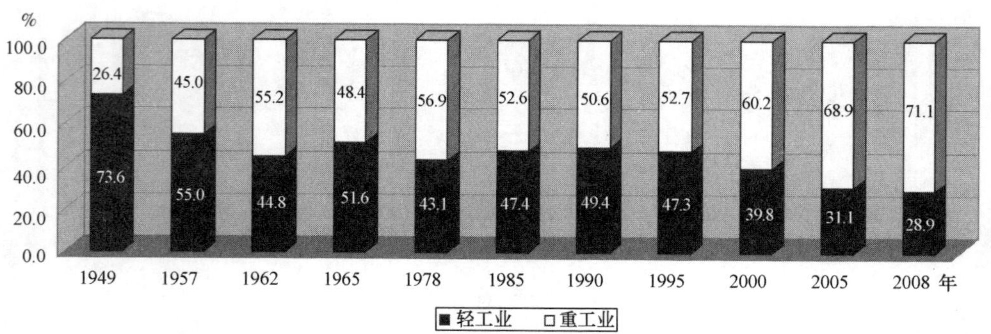

图12 1949—2008年轻重工业产值比重

所有制结构经历了由单一的公有制经济到多种所有制经济共同发展的历史性转变。新中国成立以后特别是“文革”期间，与高度集中的计划体制相适应，全民所有制经济和集体所有制经济占绝对优势，基本上没有非公有制经济。改革开放后，随着对社会主义初级阶段理论及所有制理论认识的重大飞跃，多种所有制经济共同发展的格局逐步形成。到2008年，在规模以上工业中，国有及国有控股工业企业占全部规模以上工业总产值的比重下降到28.3%，集体企业占2.4%，非公企业比重上升到65.6%。城镇国有和集体单位从业人员占全部城镇从业人员的23.5%。

分配结构实现从绝对平均主义到以按劳分配为主、资本和技术等收入为辅的多种分配方式并存的转变。新中国成立初期到1978年，国家、企业和居民三者分配关系表现为“国家得大头、企业得中头、个人得小头”，居民收入分配则实行绝对平均主义。改革开放后，这种平均主义的分配方式逐步发生改变，资本、土地、技术与劳动共同成为分配要素，而且资本、土地和技术参与分配的比重不断提高。2008年，在城镇居民家庭人均全部年收入中，工薪收入占66.2%，比1990年下降9.6个百分点；经营净收入占8.5%，财产性收入占2.3%，转移性收入占23%，分别比1990年提高7.0、1.3和1.3个百分点。2008年，在农村居民家庭人均纯收入中，工资性收入占38.9%，比1985年提高20.8个百分点；家庭经营性收入占51.2%，下降23.2个百分点；财产性收入从无到有，已占到3.1%。

城乡结构经历了以城乡分割到城乡统筹协调发展的转变。新中国成立初期，我国城镇化水平很低，城镇人口占总人口的比重仅为10.6%。由于传统的计划经济体制和严格的户籍制度的藩篱，城乡之间生产要素不能自由流动，工农业产品不能平等交易，城乡之间处于严格的分割状态。此后至1978年，随着国家对工业投入的增加，城镇人口比重缓慢上升，1978年达到17.9%。在改革开放的历史新时期，工业化、市场化和国际化进程的加快使城镇化进入加速发展时期，2008年城镇人口占总人口的比重上升到45.7%，比新中国成立初期上升了35.1个百分点，年平均上升0.6个百分点。其中1978年到2008年年平均上升0.9个百分点。城镇化进程的加快提高了吸纳就业的能力，城镇就业人员占全国的比重从1952年的12.0%上升到2008年的39.0%。新农村建设稳步推进。2008年，我国农村公路里程达到172万公里，全国通公路的乡（镇）占全国乡（镇）总数的99.2%。已通电话的行政村比重达99.7%。城乡经济社会发展一体化的新格局正在逐步形成。见图13。

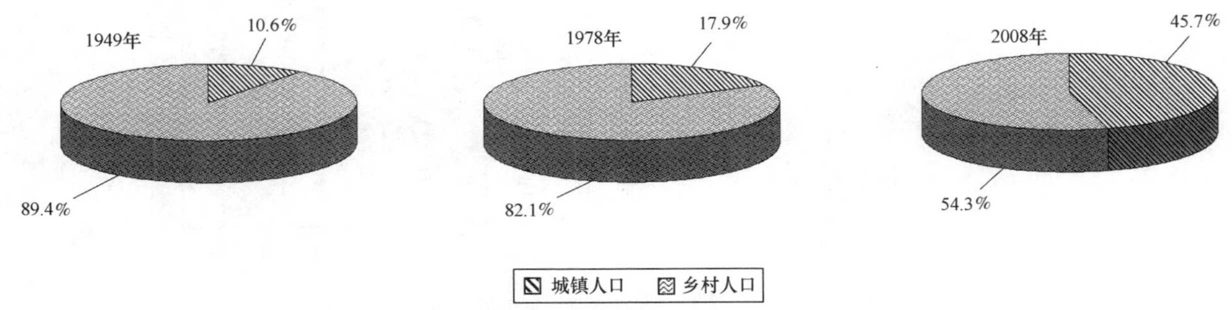

图13 1949年、1978年、2008年城乡结构分布图

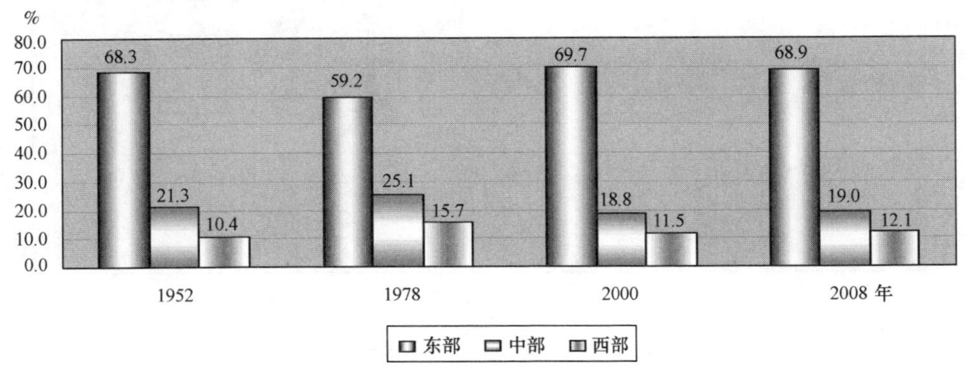

图14 1952、1978、2000和2008年东中西地区工业总产值结构

区域结构实现了由低水平不协调到各具优势、协调发展的转变。新中国成立初期，由于历史、地理位置及经济基础等原因，各地区经济发展水平差异很大。1952年，东部地区工业总产值占68.3%，而中、西部分别只占21.3%和10.4%。此后，我国实行区域均衡发展战略，通过计划手段配置资源，工业布局由沿海逐步向内地推进，中、西部与东部的差距逐步缩小。1978年，东部地区工业总产值占比下降到59.2%，而中、西部分别上升到25.1%和

15.7%。改革开放以来，按照邓小平同志关于“让一部分地区、一部分人先富起来，逐步实现共同富裕”和“两个大局”的战略思想，我国东部地区率先发展，东部与中西部的差距重又拉大，2000 年，东部地区工业总产值占比比 1978 年上升了 10.5 个百分点，中、西部则分别下降 6.3 个和 4.2 个百分点。但在新的世纪，我国政府相继作出了实施西部大开发、振兴东北地区等老工业基地、促进中部地区崛起等重大战略决策，东部与中西部的差距逐步缩小，2008 年，东部地区占比 68.9%，比 2000 年降低 0.8 个百分点；中部占比 19.0%，提高 0.2 个百分点；西部占比 12.1%，提高 0.6 个百分点。见图 14。

四、基础设施和基础产业实现由薄弱到明显增强的巨大飞跃，对经济发展的支撑能力显著增强

新中国成立初期，我国基础设施和基础产业极其薄弱，生产和生活均受到较大影响。新中国成立以后直到改革开放初期，党和政府尽管付出了巨大努力，但基础设施和基础产业发展依然比较滞后，成为经济和社会发展的瓶颈。但在 20 世纪 90 年代后，经过前期工业化的积累，基础设施和基础产业进入发展的黄金时期，并逐步由发展瓶颈转变为促进发展的推进器。

大力兴建农田水利基础设施，农业生产条件不断改善。新中国成立 60 年来，我国发展农田水利事业有两个重点时期。第一个时期是农村集体经济时期，党和政府积极引导各大队、生产队兴建中小型水利设施，到 20 世纪 80 年代初，基本形成了遍布全国多数农村的以中小型水库、机井（水塘）以及灌溉渠网为主的水利基础设施体系，为此段时期农业的增产作出了重要贡献。第二个时期是 20 世纪 90 年代中期以后。由于联产承包责任制实行分散生产的模式，在改革开放前期，农村水利设施长期处在疏于管理、年久失修的状态，影响了农业生产的增加。在这种情况下，党和政府投入大量人力、物力和财力在更高的层次上修建防洪、排涝、灌溉等工程设施，农业生产的水利条件在恢复中明显提高。到 2008 年底，全国共有大中型水库 3 710 座。全国有效灌溉面积由 1952 年的 1 996 万公顷扩大到 2008 年的 58 472 万公顷。农业机械总动力由 1952 年的 18 万千瓦增加到 2008 年的 82 190 万千瓦。见图 15、图 16。

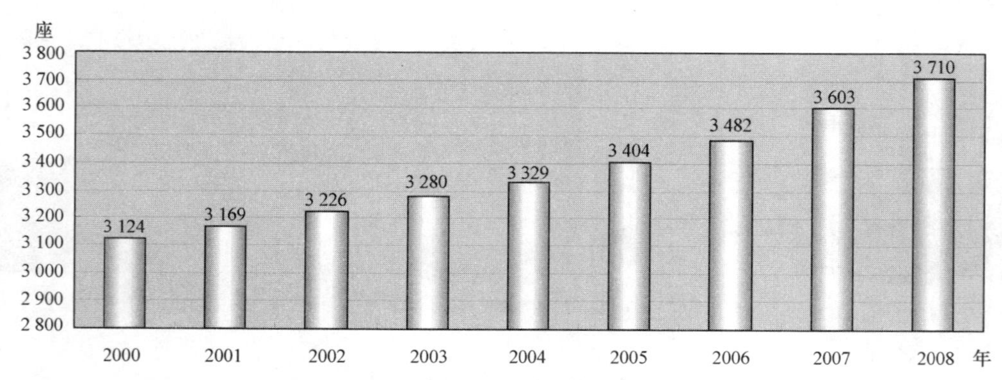

图 15　2000—2008 年大中型水库

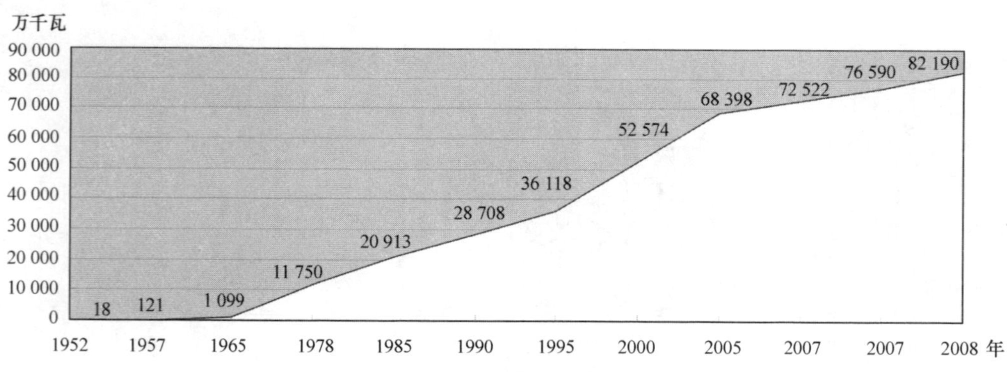

图 16　1952—2008 年农业机械总动力

能源生产能力由弱变强，终结了“贫油”、“缺电”历史。作为经济发展血液的重要基础产业，能源生产一直得到高度重视，60 年的新中国成立史同时也是能源生产能力不断发展壮大的历史。2008 年，我国能源生产总量达到 26 亿吨标准煤，比 1949 年增长 108.5 倍，年均增长 8.3%，已经成为世界上除美国之外的第二大能源生产国，能源总自给率达到 90.0%。原煤产量由 1949 年的 0.3 亿吨扩大到 2008 年的 27.9 亿吨，增长 86 倍。原油产量由 1949 年的 12 万吨扩大到 2008 年的 1.9 亿吨，增长 1 580 倍。1949 年，发电装机容量 185 万千瓦，2008 年末达到 7 亿多千瓦，发电量由 1949 年的 43 亿千瓦小时增加到 2008 年的 34 669 亿千瓦小时，增长 805 倍。见图 17。

以铁路为骨干，公路、水运、民用航空和管道组成的综合运输网基本形成。60年来，交通运输建设成效显著，不仅满足了持续快速增长的经济发展的需要，也大大方便了人民群众的生活。铁路营业里程由1949年的2.2万公里增加到2008年的8万公里，增长2.7倍。公路等级明显提高，路况大为改善。公路里程由1949年的8.1万公里增加到201万公里（不含村道），增长23.9倍。特别是高速公路从无到有，迅速发展，2008年总长度已达到6万公里，位居世界第二。内河航道通航里程由1949年的7.4万公里增加到12.3万公里。民用航空已开通1 532条国际国内航线，航线里程达到246.2万公里。输油（气）管道里程由1958年的0.02万公里增加到5.8万公里。见表1。

覆盖全国、通达世界、技术先进、业务全面的国家信息通信基础网络初步建成。新中国成立初期到1978年，我国的邮电通信事业发展相对较慢。全国局用交换机容量由1949年的31万门发展到1978年的406万门，固定电话用户由1949年的21.8万户升至1978年的192.5万户。但在改革开放后，邮电通信业实现超速发展，2008年全国局用交换机容量达到50 863万门，比1949年增长1 631倍。固定电话用户达到34 036万户，比1949年增长1 560倍。移动电话用户从无到有，由1988年的0.3万户增加到2008年末的64 125万户。移动电话交换机容量达到11.5亿户。电话网络规模居全球第一，发展速度也位居世界前列。长途光缆线路长度达到79.8万公里，互联网宽带接入端口10 890万个。我国互联网上网人数达到近3亿人，居世界第2位，宽带上网人数2.7亿人。全国邮电业务总量从1978年的34.1亿元增加到2008年的23 650亿元，增长930倍。已通邮的行政村比重达到98.4%。见图18。

1949—2008年铁路、高速公路和民用航空营业里程

表1

年份	铁路（万公里）	高速公路（万公里）	民用航空（万公里）
1949	2.2	—	1.1
1957	2.7	—	2.6
1962	3.5	—	3.5
1965	3.8	—	3.9
1978	5.2	—	14.9
1985	5.5	—	27.7
1990	5.8	0.1	50.7
1995	6.2	0.2	112.9
2000	6.9	1.6	150.3
2005	7.5	4.1	199.9
2008	8.0	6.0	246.2

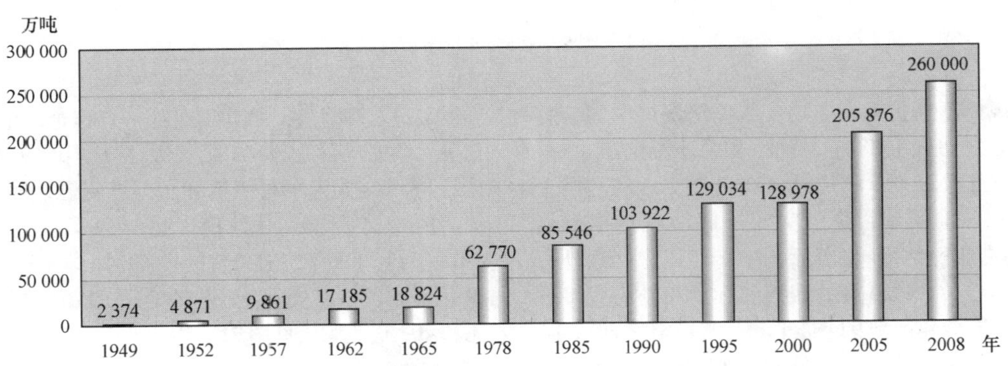

图17 1949—2008年能源生产总量

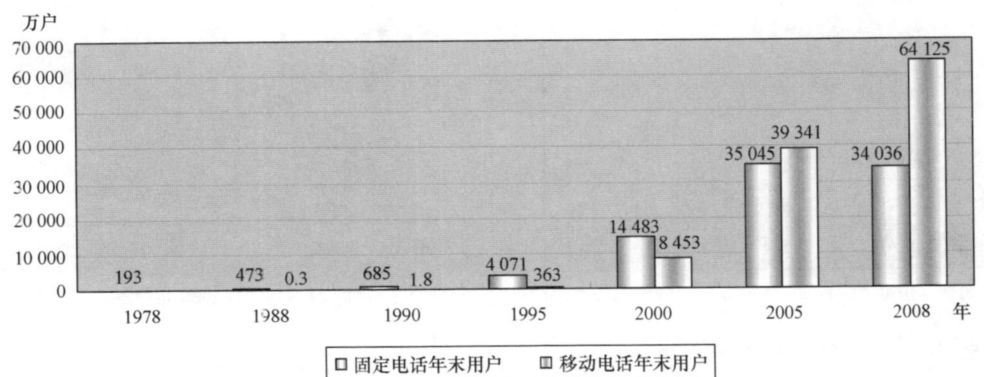

图18 1978—2008年固定电话、移动电话情况

五、对外经济实现了从封闭半封闭到全方位开放的伟大历史转折，对外贸易和利用外资规模均跃居世界前列

新中国成立初期，我国对外贸易仅限于原苏联和东欧等前社会主义国家，对外贸易规模极其有限，基本上处于封闭半封闭状态。改革开放以来，我国走上了对外开放之路，从大规模“引进来”到大踏步“走出去”，一跃而成为世界对外贸易大国。

对外贸易规模不断扩大，总量跃居世界第3位。对外贸易在经历了1952—1978年的低速徘徊后，进入加速发展时期。60年来，我国进出口贸易总额由1950年的11.3亿美元增加到2008年的25 616亿美元，增长2 266倍，年均增长14.2%，其中1979—2008年年均增长17.4%。出口额由1950年的5.5亿美元扩大到2008年的14 286亿美元，增长2 596倍，年均增长14.5%，其中1979—2008年年均增长18.1%；进口额由1950年的5.8亿美元扩大到11 331亿美元，增长1 953倍，年均增长14.0%，其中1979—2008年年均增长16.7%。进出口贸易总额居世界位次由1978年的第29位跃升到第3位，仅次于美国与德国，占世界贸易总额的比重也由0.8%提高到7.9%。与此同时，进出口商品结构不断改善。1980年，农副产品等初级产品出口所占比重高达50.3%，2008年，初级产品比重已经降到5.4%，机电产品等工业制成品比重则上升到94.6%。量的增加和结构的改善使我国成为一个名副其实的对外贸易大国。见图19。

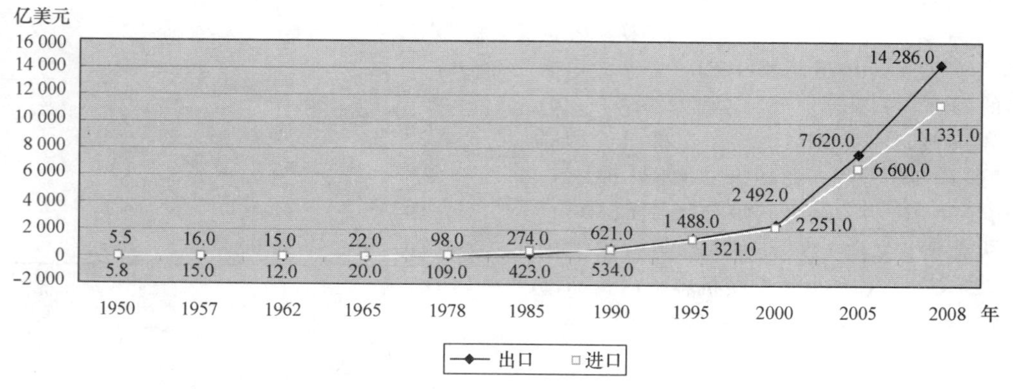

图19 1950—2008年进出口总额

利用外资规模不断扩大，连续多年位居发展中国家首位。新中国成立之初到1978年，我国利用外资渠道单一，规模很小。改革开放以来，利用外资在近乎空白的基础上迅速发展。1979—2008年，我国实际使用外商直接投资8 526亿美元，平均每年284亿美元，2002年以来利用外资一直居于世界前三位。1983年，我国实际使用外商直接投资9.2亿美元，2008年达到924亿美元，年均增长20.2%。2008年，我国规模以上工业总产值的近30.0%，进出口总额的一半以上是由外资企业创造的。见图20。

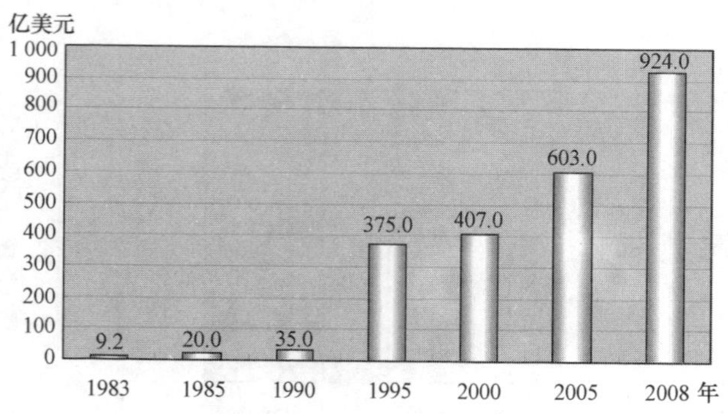

图20 1983—2008年实际使用外商直接投资

对外经济合作从无到有，“走出去”战略顺利实施。随着我国经济实力的增强和管理技术水平的提高，以直接参与海外工程、劳务合作和技术合作为特点的对外经济合作发展迅速。2008年，我国对外经济合作合同金额达到1 130亿美元，完成营业额651亿美元，分别比1989年增长50.1倍和37.5倍。为了更好地利用国外资源，随着“走出去”战略的付诸实施，对外投资也出现了强劲的增长势头。2003年到2008年，对外直接投资额（非金融部分）分别为29亿美元、55亿美元、123亿美元、176亿美元、248亿美元和407亿美元。见图21。

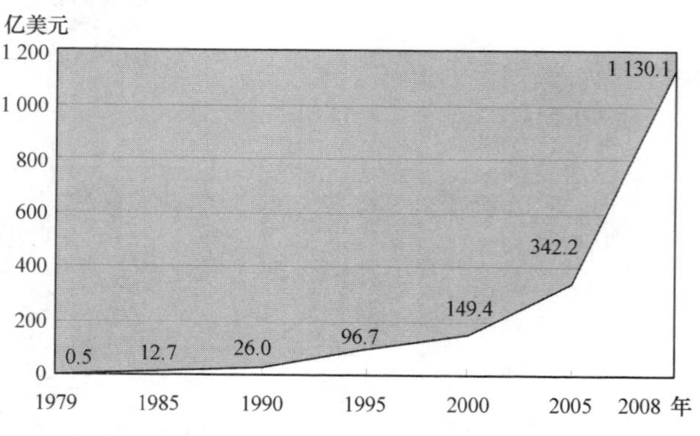

图21 1979—2008年对外合作合同金额

六、人民生活实现由贫困到总体小康的历史性跨越，正在向全面小康目标迈进

新中国成立初期，人民生活积弱积贫，挣扎在贫困线

上。到1978年，人民群众的生活水平虽然有所改善，但仍处在温饱不足状态。经过改革开放30年的发展，人民生活由温饱不足走向小康，到2000年总体上实现小康，并逐步向全面实现小康转变。

城乡居民收入增长速度逐步加快，财产性收入进入寻常百姓家。城镇居民人均可支配收入由1949年的不足100元提高到2008年的15 781元，扣除价格因素，增长18.5倍，年均增长5.2%，其中1979—2008年年均增长7.2%。农村居民人均纯收入由1949年的44元提高到2008年的4 761元，其中1949—1978年年均名义增长3.9%，1979—2008年年均实际增长7.1%。收入的增加使城乡居民拥有的财富呈现快速增长趋势。2008年底城乡居民人民币储蓄存款余额达218 000亿元，比1952年底的8.6亿元增加2.5万倍，人均由1.6元增加到16 407元。股票、债券等金融资产规模不断扩大。城镇居民拥有的财产性收入占全部收入比重由无到有，上升到2008年的2.3%。见图22、图23。

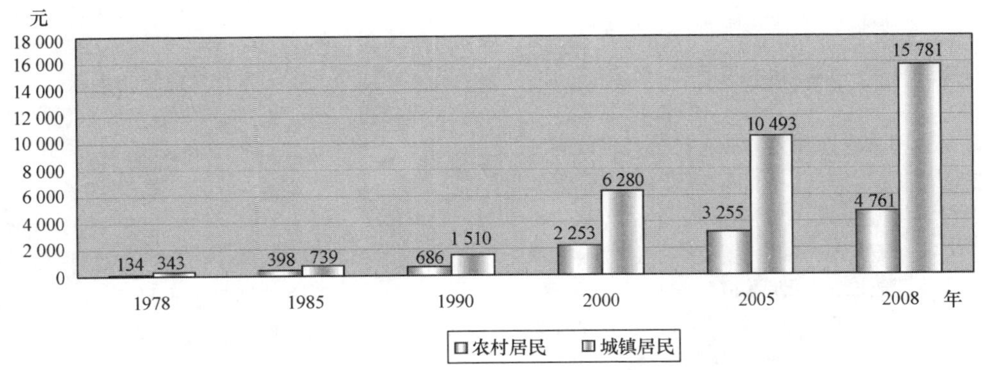

图22 1978—2008年农村、城镇居民人均可支配收入

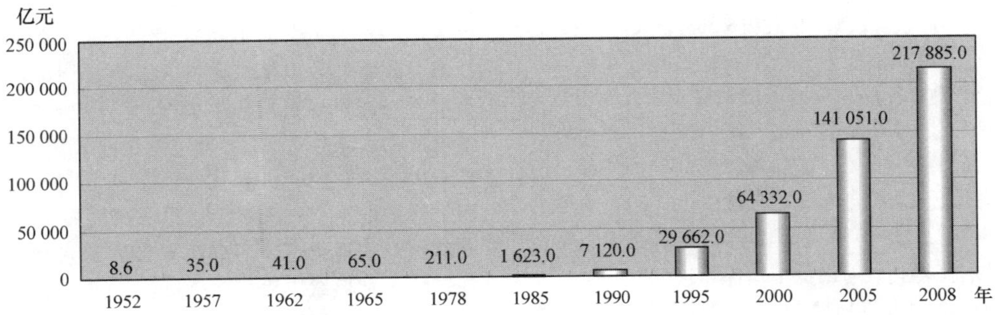

图23 1952—2008年城乡居民人民币储蓄存款余额

城乡居民消费水平不断提高，消费结构逐步改善。新中国成立之初直至改革开放初期，城镇居民恩格尔系数都在57.0%以上，在温饱最低线和贫困水平之间徘徊，农村居民恩格尔系数则高达60.0%以上，一直处于贫困线以内。改革开放后，居民收入的快速增长带来了居民消费水平的大幅度提高。居民人均消费1952年为80元，1978年为184元，2008年为8 181元，按可比价格计算，比1952年提高了15倍，年均实际增长5.1%，比1978年提高8倍，年均实际增长7.6%。居民消费结构也改善明显。城镇居民家庭恩格尔系数由1957年的58.4%下降到37.9%，农村居民家庭由1954年的68.6%下降到43.7%。从耐用消费品看，彩电、洗衣机、电冰箱、空调、电话等在城镇地区逐步普及，汽车、家用电脑等高档耐用消费品拥有量大幅提高。2008年，城镇每百户彩色电视机拥有量达到132.9台，家用电脑拥有量59.3台。农村居民彩色电视机、电风扇、洗衣机、摩托车等普及率也不断提高。2008年，农村每百户彩色电视机拥有量达到99.2台，家用电脑拥有量5.4台。电话普及率由1990年末的1.1部/百人提高到2008年末的74.3部/百人，移动电话普及率迅速上升，达到48.5部/百人。见图24、图25。

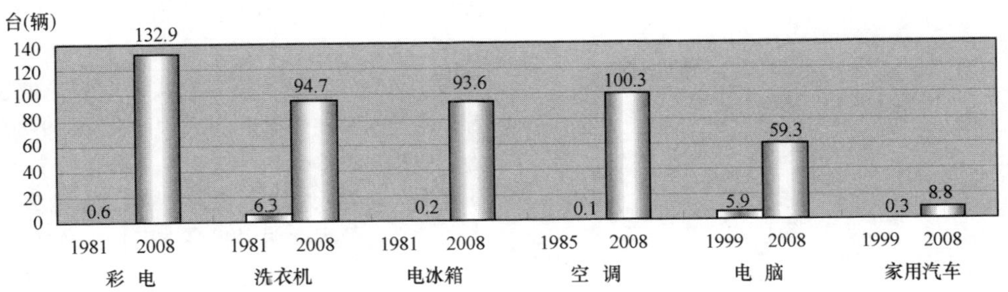

图24 城镇居民每百户拥有耐用消费品变动情况

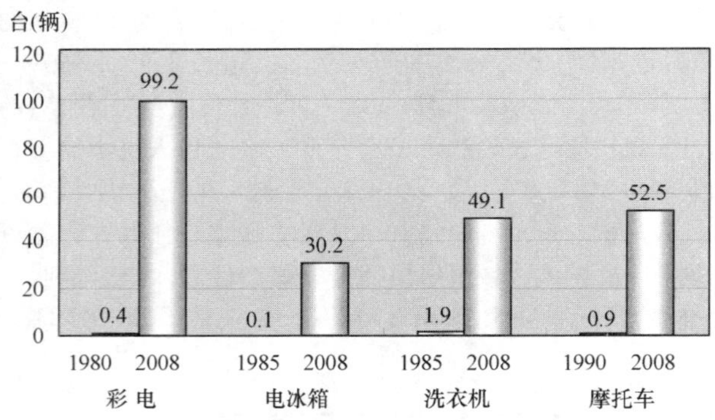

图 25　农村居民每百户拥有耐用消费品变动情况

城镇社会保障制度逐步建立和完善，农村社会保障制度建设也在顺利地向前推进。老有所养、病有所医是人民最关心、最直接、最现实的利益问题，也是政府孜孜以求的目标。新中国成立初期到1978 年，社会保障实际上是国家保障，但层次较低。改革开放以来特别是20 世纪90 年代以来，社会保障事业发展迅速。在城镇，到2008 年末，养老保险参保人数达到21 891 万人，比1989 年增加16 181 万人，医疗、失业、工伤、生育保险参保人数分别达到 31 822 万人、12 400万人、13 787 万人和9 254 万人，比1994 年分别增加31 422 万人、4 432 万人、11 965 万人和8 338 万人。在农村，社会养老保险制度正在积极探索，新型农村医疗改革试点也在加快推进。截至2008 年底，全国参加农村养老保险人数为5 595 万人。2008 年，2 729 个县（市、区）开展了新型农村合作医疗工作，参合率91.5%。低保等制度的实施使得低收入居民生活得到保障。2008 年末全国领取失业保险金人数为261 万人。2008 年有2 335 万城镇居民得到政府最低生活保障，4 306万农村居民得到政府最低生活保障。

扶贫取得的成就为世界所瞩目。人民生活水平的提高还体现在消灭贫困方面所取得的巨大成就。新中国成立初期到1978 年，虽然经济保持了一定的发展，但由于人口的迅速增加，加上长期实行平均主义分配方式对增加产出积极性的压制，1978 年全国农村的绝对贫困人口仍还约有2.5 亿人，约占全部人口的1/4。但改革开放后，消灭贫困一直是政府工作的重点，通过政策支持和寻求国际合作，贫困人口不断减少，到 2007 年末，农村绝对贫困人口减少为1 479万人，贫困发生率降至1.6%。联合国和世界银行认为，在消灭贫困方面，中国政府做出了巨大的努力，近25 年来，全人类取得的扶贫事业成就中，2/3 的成就应归功于中国，是发展中国家的典范。见表2。

1978—2007 年农村居民贫困状况

表 2

年　份	贫困人口（万人）	贫困发生率（%）
1978	25 000	30.7
1985	12 500	14.8
1990	8 500	9.4
2000	3 209	3.5
2005	2 365	2.5
2007	1 479	1.6

七、科技和教育实现了落后到突飞猛进发展的转变，有力地支撑了经济社会的发展

新中国成立初期，我国科技和教育水平十分落后，全国人口80.0%以上是文盲，学龄儿童入学率只有20.0%左右。全国科技人员不超过5 万人，其中专门从事科学研究工作的人员不足500 人，专门的科研机构只有30 多个。经过60 年特别是改革开放以来的努力，科技教育事业飞速发展，自主创新能力持续增强，科技成果举世瞩目，一些技术领域取得世界先进水平，文盲率大幅下降，义务教育普及率不断提高，高等教育规模迅速扩张。

科技投入稳步增加，科技事业不断取得重大成果。新中国成立之后尤其是改革开放以来，我国科技投入不断增加，2008 年，全社会研究与试验发展经费支出 4 570 亿元，占国内生产总值的1.5%，比1991 年增加0.9 个百分点；2007 年全国从事科技活动人员达454 万人，是 1991 年的2 倍。企业科技活动人员数量明显增长，已成为中国科技人才队伍的主体。目前，我国研发人员总量仅次于美国，居世界第二位。对科技的重视和科技投入的增加使科技成果大量涌现。新中国成立初期到1978 年，我国科技人员成功爆破了原子弹和氢弹，成功发射了人造卫星，在世界第一次人工合成牛胰岛素结晶等一批举世瞩目的尖端技术。改革开放以来，科技成果更是层出不穷，建成了正负电子对撞机等重大科学工程，秦山、大亚湾核电站并网发电成功，银河系列巨型计算机不断升级并全部研制成功。中国科学家与世界其他国家科学家一道完成了人类基因组计划的1.0%基因绘制图，在世界上首次构建成功水稻基因组物理全图。当今世界最大的水利枢纽工程——长江三峡水利枢纽工程许多指标都突破了世界水利工程的纪录。量子信息领域避错码被国际公认为量子信息领域“最令人激动的成果”。我国自主研发的“嫦娥”一号绕月飞行成功，“神舟”系列航天飞船成功发射，“神舟”五号、六号、七号飞船载人航天飞行圆满成功。神舟七号载人航天飞行的圆满成功标志着我国成为世界上第三个独立掌握空间出舱技术的国家，是我国空间技术发展具有里程碑意义的重大突破。高性能计算机曙光5 000A 跻身世界超级计算机前10 位，首款64 位高性能通用CPU 芯片问世。超级杂交水稻不断取得重大突破，对提高我国水稻产量、确保粮食安全起了重要作用。

基础教育普及率不断提高，教育结构不断改善。新中国成立初期到1978 年，党和政府十分重视基础教育，同时也适度发展高等教育。文盲率由 1964 年的33.6%下降到1982 年的22.8%；基本普及小学教育，学龄儿童入学率达到95.5%。改革开放以来，教育事业进入快速发展时期，义务、高等、职业等教育方式都得到迅速发展。2008 年，普通高等学校在校学生2 021 万人，比1978 年增加1 935 万人。1978—2008 年累计毕业普通本专科毕业生3 521 万人，研究生210 万人，分别比前29 年增加3 243 万人和208 万人。教育普及程度明显提高，已接近中等收入国家平均水平。2008 年，高等教育毛入学率达到23.3%；高中阶段毛入学率74.0%；初中阶段毛入学率98.5%；全国小学净入

学率达到99.5%；文盲率降至6.7%。2008年，高中阶段（包括普通高中、成人高中、中等职业教育）在校生人数4 546万人，比1980年增加2 825万人。适应我国经济发展进程要求的职业教育得到迅速发展，2008年中等职业教育在校生达到2 057万人，每年有近500万中等职业教育毕业生进入劳动力市场。见图26、图27。

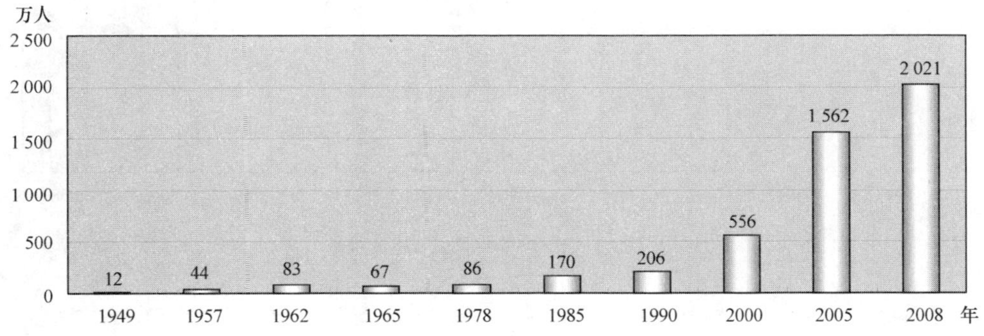

图26 1949—2008年普通高等学校在校学生数

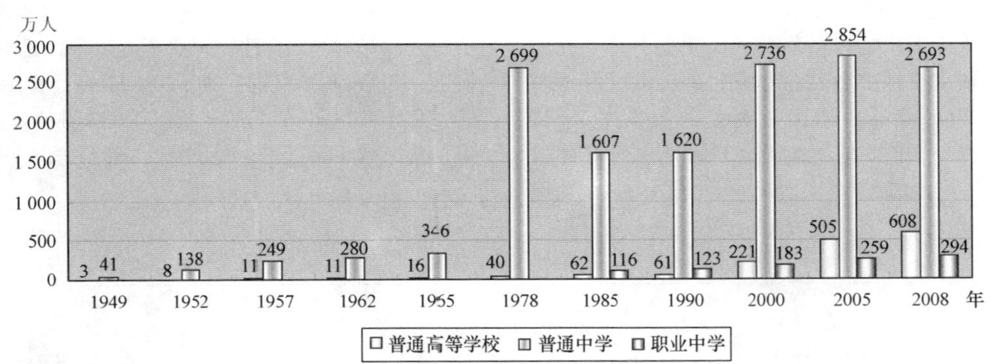

图27 1949—2008年各级各类学校招生数

八、文化、卫生、体育、环保等社会事业发生了根本性变化，经济与社会发展的协调性不断增强

新中国成立初期，我国文化、卫生、体育、环保等社会事业基础薄弱，水平低下，难以满足人民群众的需要。经过60年来尤其是改革开放以来的不懈努力，文化等社会事业快速发展，经济与社会发展的协调性增强。

多层次、覆盖城乡的公共卫生体系初步建立，人民健康水平不断提高。新中国成立初期，我国卫生医疗水平低下并且主要集中在城镇，广大农村地区缺医少药，人民健康水平低下。经过60年特别是改革开放以来的建设，我国公共卫生体系初步建立，卫生服务能力明显增强。2008年年末全国共有卫生机构27.8万个，比1949年增加75倍。卫生技术人员503万人，比1949年增加9倍。医院和卫生院床位374.8万张，比1949年增加45.9倍。每千人口医院、卫生院床位数2.8张，远高于1949年0.2张的水平，处于发展中国家中等偏上水平。艾滋病、血吸虫病、结核病、肝炎、鼠疫、碘缺乏病等重大传染病、地方病和慢性非传染病的防治取得新进展。新型农村合作医疗制度改革的试点工作逐步推开，多层次医疗保障体系初步形成。居民平均预期寿命由1949年的35岁提高到2005年的73岁，在世界同等经济发展水平的国家中居于领先地位。见图28、图29。

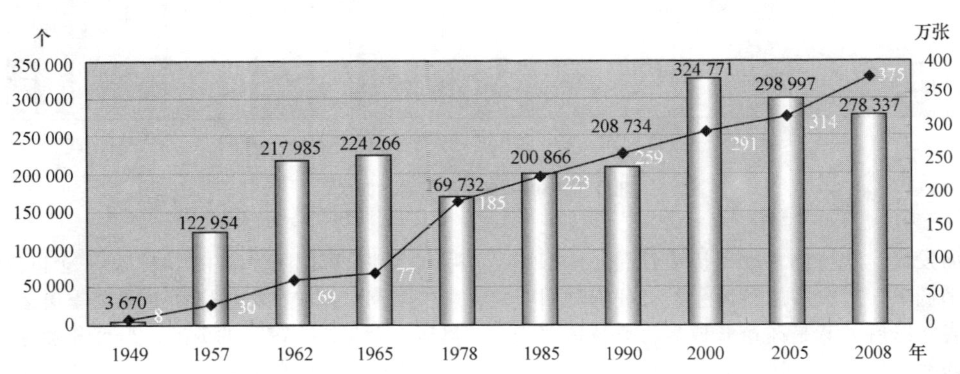

图28 1949—2008年卫生机构、床位数

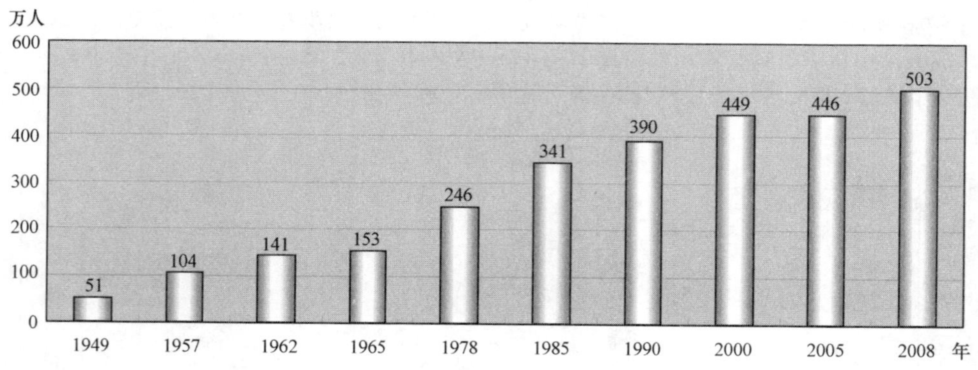

图 29　1949—2008 年卫生技术人员数

公共文化服务体系初步形成，人民精神文化生活更加丰富。新中国成立以后的相当长时间里，物质水平的普遍低下造成人们偏重物质上的追求，公共文化服务十分薄弱，改革开放前期也没有明显改观。但在改革开放后期，经济发展阶段和人们需求的提高使公共文化服务体系建设进展迅速，一个覆盖全国多数城镇和农村的公共文化服务体系初步形成。2008 年末，全国共有公共图书馆 2 819 个，是 1949 年的 51.3 倍。博物馆 1 893 个，是 1949 年的 90.1 倍。共有广播电台 257 座，而 1949 年只有 49 个；电视台从无到有，达到 277 座。有线广播电视用户 16 352 万户。年末广播综合人口覆盖率为 96.0%，电视综合人口覆盖率为 97.0%。全年生产故事影片 406 部，而 1978 年仅生产故事片 4 部。全国图书、杂志、报纸出版几倍、几十倍增长。2008 年出版图书 30.7 万余种，是 1950 年的 25.3 倍，总印数 68.7 亿册；期刊 9 821 种，是 1950 年的 33.3 倍，总印数达 30.2 亿册；报纸 1 943 种，是 1950 年的 5.1 倍，总印数 445 亿份。见图 30、图 31。

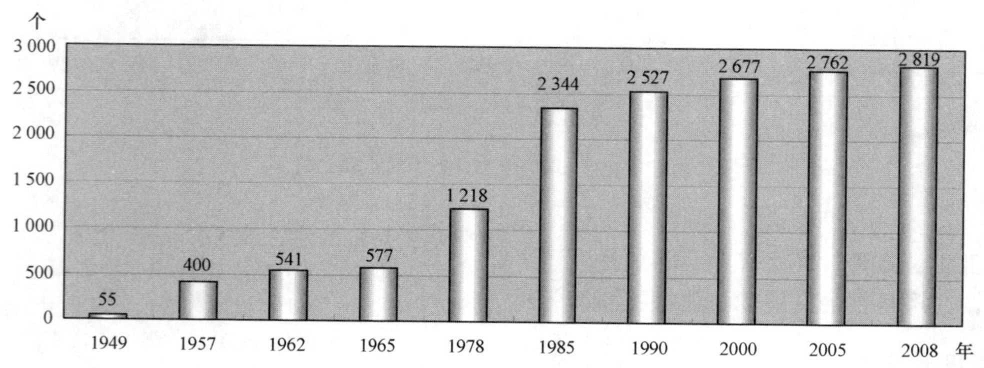

图 30　1949—2008 年公共图书馆个数

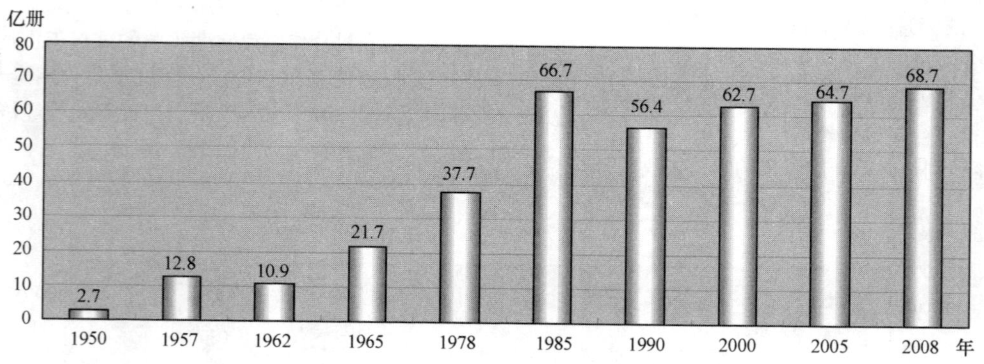

图 31　1950—2008 年图书总印数

体育事业全面发展，竞技体育取得历史性跨越。旧中国的竞技体育水平低下，三次参加奥运会没有任何项目进入决赛。新中国成立以后尤其是改革开放后，竞技体育连续取得历史性突破和连续跨越。1956 年，举重运动员陈镜开成为新中国第一个打破世界纪录的运动员。1959 年，乒乓球运动员容国团为新中国取得第一个世界冠军。1984 年，新中国首次参加在洛杉矶举办的夏季奥运会，实现了中国奥运史上金牌“零”的突破；2000 年悉尼夏季奥运会，中国首次进入奥运会金牌榜前 3 名，金牌总数位居第 3 位，取得了历史性突破；2008 年，北京成功举办了第 29 届夏季奥运会，实现了中华民族的百年梦想，中国代表团取得了51枚金牌、100枚奖牌的优异成绩，首次名列奥运会金牌榜首，创造了中国体育代表团参加奥运会以来最好成绩。据统计，1949—2008年，我国运动员共获得世界冠军2 283个，其中1978—2008年共获得世界冠军2 257个，占新中国成立以来总数的99.0%；创超世界纪录1 017次，占新中国成立以来总数的85.0%。全民健身运动蓬勃发展，越来越多的人投入到健身强体的体育运动和锻炼当中，体质不断加强。见图32。

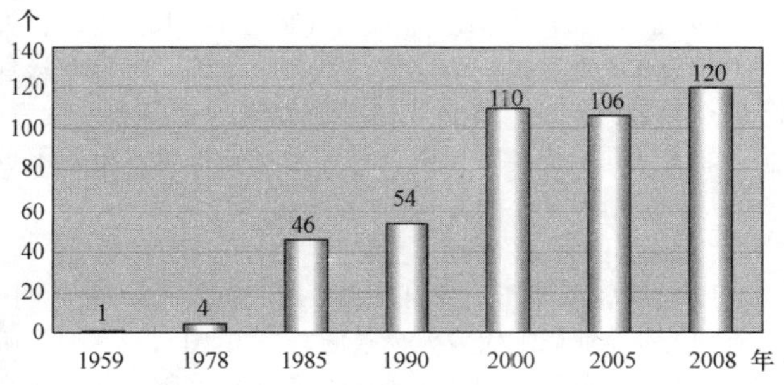

图32 1959—2008年获得世界冠军个数

生态环境保护取得进展，污染物排放总量逐步得到控制。随着经济的快速增长，环境质量问题日渐突出。改革开放以来，党中央、国务院高度重视环境保护事业，环境污染治理力度逐步加大，主要污染物排放量得到基本控制，局部地区的环境质量有所改善。20世纪80年代初期，全国环保治理投资每年为25亿~30亿元，约占同期国内生产总值的0.5%；2007年，全国环境污染治理投资总额达3 388亿元，约为1981年的135倍，占同期国内生产总值的比重为1.3%。城市环境基础设施建设投资稳步增长。2008年，全国城市环境基础设施建设投资1 801亿元，是1981年的334倍。年末城市污水处理厂日处理能力达8 106万立方米，是2000年的3.8倍；城市污水处理率达到70.2%，比2000年提高35.9个百分点；建成区绿地率达到33.3%，提高9.6个百分点。2008年，全国化学需氧量排放量1 321万吨，二氧化硫排放量2 321万吨，分别比2005年下降6.6%和8.9%，实现了两项污染物排放总量双下降。

总之，过去的60年，是中国人民积极探索，与时俱进，在建设有中国特色社会主义道路上阔步前进的60年，是社会主义中国快速发展，跻身世界前列的60年。回首过去，展望未来，我们对建设一个更加强大的中国充满信心。我们坚信，在中国共产党的坚强领导下，在全国各族人民的共同努力下，我们一定能够不断开创中国特色社会主义事业新局面，实现中华民族的伟大复兴！

（本文原载统计网站）

新中国60年中国经济重大决策

国务院国有资产监督管理委员会研究中心

1949—1953年

新中国的基本经济纲领

1947年12月，中共中央在陕北米脂县杨家沟召开会议，毛泽东在会上作了题为《目前形势与我们的任务》的报告。报告阐明了新中国的基本经济纲领，毛泽东说："没收封建阶级的土地归农民所有，没收蒋介石、宋子文、孔祥熙、陈立夫为首的垄断资本归新民主主义的国家所有，保护民族工商业。这就是新民主主义革命的三大经济纲领。"三大经济纲领，把《新民主主义论》中的经济纲领进一步具体化。

新中国的主要经济成分

1949年3月5—13日，中共中央在河北省平山县西柏坡村召开七届二中全会。毛泽东在会上所作的报告阐述了新中国的主要经济成分：国营经济是社会主义性质的，合作社经济是半社会主义性质的，加上私人资本主义，加上个体经济，加上国家和私人合作的国家资本主义经济，这些就是中华人民共和国的几种主要的经济成分，这些就构成新民主主义的经济形态。

将资本主义工业纳入国家资本主义的轨道

1954年1月，中财委召开全国扩展公私合营工业计划会议。会议经过讨论，形成了《中财委关于有步骤地将10个工人以上的资本主义工业基本上改造成为公私合营企业的意见》，确定了"巩固阵地、重点扩展、作出榜样、加强准备"的方针，并安排了1954年扩展公私合营工业的计划。计划先将500个规模较大的私营厂矿（产值17亿元）转为公私合营。同时，对公私合营的许多具体政策，如清产定股、私方代表的地位和职权都作了规定。

1953—1978年

《关于改进工业管理体制的规定》

1957年9月，在扩大的八届三中全会上，通过了陈云起草的《关于改进工业管理体制的规定（草案）》，11月14日，经一届人大常委会第84次会议原则批准，自1958年起施行。国务院规定：第一，适当扩大省、自治区、直辖市管理工作的权限。第二，适当扩大企业主管人员对企业内部的管理权限。这是我国经济体制改革的最早设想，如果能付诸实施且在实践中完善，可能会提前步入国营企业的改革之路。可惜的是，因"大跃进"被中断。

"工业七十条"

1961年9月，中共中央颁发《国营工业企业工作条例（草案）》（简称"工业七十条"）。其主要内容：规定国家与企业之间实行"五定"、"五保"。"五定"是：定产品方向和生产规模；定人员、机构；定主要的原料、材料、燃料、动力、工具的消耗定额和供应来源；定固定资产和流动资金；定协作关系。“五保”是：企业对国家保证产品的品种、数量和质量；保证不超过工资总额；保证完成成本计划，并且力求降低成本；保证完成上缴利润；保证主要设备的使用期限。限制企业党组织对企业生产行政工作干预过多，禁止把党委领导下的厂长负责制引申到车间、工段和科室；建立严格的责任制度等。试行以后，效果是好的。“文化大革命”开始后成为批判的靶子，被诬为大毒草。

1978—1998 年

拨改贷

1980 年 11 月 12 日，国家经委、财政部、建设银行联合发出通知，决定从 1981 年起，将国家经委、财政部安排的部分挖潜、革新、改造资金由国家拨款改为试行银行贷款。同年 11 月 18 日，国务院又转国家计委等单位《关于实行基本建设拨款改贷款的报告》，决定从 1981 年起，凡是实行独立核算、有还款能力的企业，进行基本建设所需的投资，除尽量利用自有资金外，一律改为银行贷款。这就是说，今后国家建设的项目，国家不再出资，由建设者即以后的经营者自己向银行贷款，贷款的本金和利息都由经营者自己归还。

横向经济联合

十一届三中全会以来，随着“对内搞活经济、对外实行开放”

方针的贯彻执行，地区、部门之间开始打破封锁，在生产、流通、科技领域，多层次、多形式的横向经济联系有了很大的发展。在扩大企业自主权的基础上，企业之间出现了不同内容、不同形式的横向经济联合。1980 年 7 月，国务院颁布《关于推动横向经济联合的暂行规定》指出：走联合之路，组织各种形式的经济联合体，是调整好国民经济和进一步改革经济体制的需要，是我国国民经济发展的必然趋势。1984 年 10 月，《中共中央关于经济体制改革的决定》公布，确立了国有企业改革在经济体制改革中的中心地位。企业之间的横向联合也进入了一个新的发展阶段。

全面推行职工代表大会制度

1981 年 7 月，国务院转发中华全国总工会、国家经委、中央组织部制定的《国营工业企业职工代表大会暂行条例》。《条例》指出，改革企业的领导制度，是改革党和国家领导制度的一个重要组成部分。其基本内容是：发挥党的领导作用，特别是加强和改善党对企业的思想政治和方针政策的领导。发扬职工群众主人翁责任感和当家做主的积极性，实行民主管理；企业的生产、行政工作由厂长（经理）负责统一指挥。《条例》规定：职工代表大会是企业实行民主管理的基本形式，是职工群众参加决策和管理、监督干部的权力机构。

实行劳动合同制

1986 年 7 月，国务院发布《国营企业实行劳动合同制暂行规定》、《国营企业招用工人暂行规定》、《国营企业辞退违纪职工暂行规定》和《国营企业职工待业保险暂行规定》等改革劳动制度的 4 个规定，明确要求：5 年以上的长期工、1—5 年的短期工和定期轮换工，都要签订劳动合同。这几个暂行规定，是对新中国成立以来我国劳动制度的重大改革，它的实施有利于消除传统劳动制度中包得过多、统得过死、能进不出的弊端。

实行企业破产

1986 年 6 月，国务院向全国人大常委会提交了《企业破产法》（草案），经过常委会议三次严肃的审议，于 1986 年 12 月 2 日全国人大常委会通过了《企业破产法》（试行），规定自《全民所有制工业企业法》实施满 3 个月之日起在全国范围内试行。

《企业破产法》适用于全民所有制企业，凡企业经营管理不善造成严重亏损，不能偿还到期债务的，将依本法宣告破产。它的试行，将企业与其主管部门、企业经营者、企业职工共同承担经营风险，有利于打破企业只负盈不负亏的局面，增强企业活力。

全面推行厂长（经理）负责制

1986 年 9 月 15 日，中共中央、国务院同时颁发《全民所有制工业企业职工代表大会条例》、《中国共产党全民所有制工业企业基层组织工作条例》和《全民所有制工业企业职工代表大会条例》。三个《条例》的颁布开始对国有企业领导体制进行全面的改革。11 月 11 日，中共中央、国务院又发出《关于认真贯彻执行全民所有制工业企业三个条例的补充通知》，强调指出：从党委领导下的厂长（经理）负责制到厂长（经理）负责制的转变，是企业领导体制的重大改革。12 月 5 日，国务院发布《关于深化企业改革增强企业活力的若干规定》，要求加快企业领导体制改革，全面推行厂长（经理）负责制。这标志着从中共八大开始实行的党委领导下的厂长（经理）负责制，开始转为全面推行厂长（经理）负责制。

组建国家国有资产管理局

1988 年 3 月，经全国人大七届一次会议批准，国务院机构改革增设归口财政部的国家国有资产管理局，目的是探索政企分开、政资分开的国有资产管理体制；加强国有资产管理，实现国有资产保值增值，防止国有资产流失。国家国有资产管理局归口财政部管理，作为执行国有资产所有者职能的代表，行使国家赋予的国有资产所有权、监督管理权、国家投资和收益权、资产处置权等职能。

1998 年，国家国有资产管理局在国务院机构改革时被撤销。

组建和发展企业集团

1987 年，国家开始推动企业集团的组建和发展。是年，国务院先后发布《关于大型工业联营企业在国家计划中实行单列的暂行规定》和《关于组建和发展企业集团的几点意见》。1991 年 12 月 14 日，国务院发布《国务院转批国家计委、国家体改委、国务院生产办（关于选择一批大型企业集团进行试点请示）的通知》，并确定首批 55 家（后增加为 57 家）大型企业集团试点名单。1996 年，国务院决定将试点企业集团由 57 家扩大到 100 家。1997 年是我国企业集团发展取得重大进展的一年。

企业人事、劳动、分配三项制度改革

1992 年 1 月 25 日，劳动部、国务院生产办、国家体改委、人事部、全国总工会联合发出《关于深化劳动人事、工资分配、社会保险制度改革的意见》，指出：党的十一届三中全会以来，企业劳动人事、工资分配、社会保险制度改革取得了一定成效，但从整体上看，企业内部的“铁交椅”、“铁饭碗”和“铁工资”弊端没有完全破除，影响了职工主人翁责任感和积极性的充分发挥。深化企业劳动人事、工资分配和社会保险制度改革，在企业内部真正形成“干部能上能下、职工能进能出、工资能升能降”的机制，成为当前转换企业经营机制的重要任务。

国有资产管理和运营体制改革

适应国有企业建立企业制度的要求，十四届三中全会《关于建立社会主义市场经济若干问题的决定》提出，“对国有资产实行国家统一所有、政府分级监管、企业自主经营的体制。按照政府的社会经济管理职能和国有资产所有者职能分开的原则，积极探索国有资产管理和经营的合理形式和途径。加强中央和省、自治区、直辖市两级政府专司国有资产管理的机构。”

“抓大放小”

1995年9月，十四届五中全会通过的《中共中央关于制定国民经济和社会发展“九五”计划和2010年远景目标的建议》，对国有企业改革提出了新的思路：一是转变经济增长方式；二是实行“抓大放小”的改革战略。

1998—2002年

债权转股权

1999年国务院下发《关于实施债权转股权若干问题的意见》，对部分国有重点企业实行债权转股权。债转股是将银行与企业的债权债务关系，转变为金融资产管理公司与企业的持股与被持股关系。债转股企业必须是对国民经济发展有举足轻重作用的大型或特大型国有企业，特别是在新建、改（扩）建中由于缺乏资本金、主要依靠商业贷款建设，负债过重造成亏损或虚盈实亏，通过债转股后可扭亏为盈的国家重点工业企业。国家经贸委对各地区、各行业上报的3 875户拟债转股企业反复筛选和审查，提出601户债转股企业建议名单。金融资产管理公司对国家经贸委提出的建议名单，进行独立评审，最后确认580户企业实施债转股，债转股总额4 050亿元。

国债技改贴息

1999年，国家决定从新增国债中拿出一部分用于支持企业技术改造，作为扩大内需政策的一项重要举措。为此，国家经贸委会同国家计委、财政部、人民银行先后制定出台了《国家重点技术改造项目管理办法》、《国家重点技术改造项目国债专项资金管理办法》，发布了《国家重点技术改造项目审批程序和规定》等文件，为技术改造项目的选择和组织实施提供规范的办法。经过反复论证，最终确定880个国债技改贴息项目，在1999年、2000年的两年中，国家从增发的国债中共安排195亿元用于企业技改。

国债技改项目的实施，对促进工业结构调整和产业升级，提高重点行业和重点企业技术装备水平，增强企业竞争力，拉动国内需求等起到了积极作用。

主辅分离、辅业改制

2002年11月，国家经贸委等8部委制定《关于国有大中型企业主辅分离、辅业改制、分流安置富余人员的实施办法》。《实施办法》指出，鼓励有条件的国有大中型企业在主辅分离、辅业改制、分流安置富余人员中，利用非主业资产、闲置资产和关闭破产企业的有效资产，改制创办面向市场、独立核算、自负盈亏的法人经济实体，多渠道分流安置企业富余人员和关闭破产企业职工，减轻社会就业压力。2003年7月，劳动和社会保障部、财政部、国资委又制定了《国有大中型企业主辅分离、辅业改制分流安置富余人员的劳动关系处理办法》，对国有企业改制分流中的劳动关系处理做了进一步规定。

社会保障制度改革

1991年6月，国务院发布《关于企业职工养老保险制度改革的决定》，开始尝试性的社会养老保险结构的改革实践，确定社会养老保险费用由国家、企业和职工三方共同筹资，职工个人按本人工资的3.0%缴纳养老保险费。十四届三中全会通过的《中共中央关于建立社会主义市场经济体制若干问题的决定》，正式决定实行社会统筹和个人账户相结合的社会保险制度，开设个人账户，建立统一的社会保障管理机构。

2003年至今

新的国有资产管理体制的提出

党的十六大报告提出，坚持和完善基本经济制度，深化国有资产管理体制改革。国家要制定法律法规，建立中央政府和地方政府分别代表国家履行出资人职责，享有所有者权益，权利、义务和责任相统一，管资产和管人、管事相结合的国有资产管理体制。关系国民经济命脉和国家安全的大型国有企业、基础设施和重要自然资源等，由中央政府代表国家履行出资人职责。其他国有资产由地方政府代表国家履行出资人职责。中央政府和省、市（地）两级地方政府设立国有资产管理机构。继续探索有效的国有资产经营体制和方式。各级政府要严格执行国有资产管理法律法规，坚持政企分开，实行所有权和经营权分离，使企业自主经营、自负盈亏，实现国有资产保值增值。

新的国有资产监管机构的设置

中国共产党第十六届中央委员会第二次全体会议，于2003年2月24日至26日在北京举行。全会审议通过了《关于深化行政管理体制和机构改革的意见》，建议国务院根据这个意见形成《国务院机构改革方案》并提交十届全国人大一次会议审议，其中进一步明确了国有资产监督管理机构的性质、职能配置、监管范围等一系列重大问题。

《企业国有资产监督管理暂行条例》颁布

国务院总理温家宝2003年5月27日签署第378号国务院令，公布《企业国有资产监督管理暂行条例》。《企业国有资产监督管理暂行条例》经国务院第8次常务会议讨论通过，共8章47条，包括总则、国有资产监督管理机构、企业负责人管理、企业重大事项管理、企业国有资产管理、企业国有资产监督、法律责任和附则。《企业国有资产监督管理暂行条例》是我国第一部有关企业国有资产监督管理的综合性行政法规，它的出台标志着我国企业国有资产监督管理的法制化建设进入了一个新的阶段，标志着我国国有资产管理体制改革取得了重大突破。

建立国有资本经营预算制度

党的十七大报告提出，加快建立国有资本经营预算制度，完善各类国有资产管理体制和制度。国有资本经营预算，是国家以所有者身份对国有资本实行存量调整和增量分配而发生的各项收支预算，是政府预算的重要组成部分。国有资本经营预算制度是指规范国有资本经营预算编制行为的一系列法律、行政法规和规章的总称。建立国有资本经营预算制度，对完善国有企业收入分配制度，增强政府的宏观调控能力，集中解决国有企业发展中的体制性、机制性问题，都具有重要意义。

《企业国有资产法》出台

2008 年 10 月 28 日，第十一届全国人民代表大会常务委员会第五次会议通过了《中华人民共和国企业国有资产法》。此法的出台，旨在维护国家基本经济制度，巩固和发展国有经济，加强对国有资产的保护，发挥国有经济在国民经济中的主导作用，促进社会主义市场经济发展。

（本文原载《中国企业报》2009 年 10 月 12 日）

60 年具有民族特色的中国品牌

2010 年 1 月 16 日

60 年中国品牌形象奖获奖名单

（按品牌首字母顺序排列）

序号	品牌名称	入选理由	序号	品牌名称	入选理由
1	宝 钢	中国钢铁第一品牌	31	同仁堂	中华医药文化第一品牌
2	北大荒	中国规模最大、现代化水平最高的农垦品牌	32	娃哈哈	中国最大的食品饮料生产企业品牌
3	波司登	中国羽绒服装第一品牌	33	万 科	中国最大的房地产品牌
4	晨鸣纸业	中国走向世界第一纸业品牌	34	新 浪	全球最大的中文新闻网站品牌
5	鄂尔多斯	中国纺织服装行业第一品牌	35	徐 工	中国工程机械行业第一品牌
6	格兰仕	中国最著名的“世界工厂”代表者	36	阳 光	中国最大的精毛纺品牌
7	工商银行	中国最著名的民众性银行品牌	37	一 汽	中国第一汽车品牌
8	国 航	中国航空第一价值品牌	38	英 雄	中国制笔行业最具规模的企业品牌
9	国家电网	全球最大的公用事业企业品牌	39	玉 柴	中国最大的内燃机生产品牌
10	海 尔	中国最具价值品牌	40	远 东	中国电线电缆业最具竞争力品牌
11	华 能	中国最注重绿色能源的电力品牌	41	云南白药	中国最具创新优势的白药品牌
12	华 为	中国技术专利最多的品牌	42	云天化	中国最具竞争力的化肥企业品牌
13	皇 明	中国最具自主创新精神的太阳能品牌	43	中船重工	中国船舶制造业第一品牌
14	李 宁	中国最善于学习创新的体育用品品牌	44	中国黄金	中国最大黄金生产企业品牌
15	联 想	中国 IT 产融结合第一品牌	45	中国建材	中国最大的建材综合服务品牌
16	茅 台	中国国酒第一品牌	46	中国建筑	中国最具竞争力的建筑企业品牌
17	南 孚	中国电池创新第一品牌	47	中国联通	中国国内资本市场流通股最大的上市电信运营品牌
18	奇 瑞	中国汽车创新成就最佳自主品牌	48	中国人寿	中国商业保险第一品牌
19	钱江摩托	中国摩托行业第一品牌	49	中国石化	中国最大的石化产品品牌
20	青岛港	中国效率最高、商业模式最卓越的港口品牌	50	中国石油	中国石油业第一品牌
21	青岛啤酒	中国历史最悠久、价值最高的啤酒品牌	51	中国水电	中国水电建设第一品牌
22	全聚德	中国餐饮联合舰队的第一品牌	52	中国移动	中国最大的移动通信运营品牌
23	三 角	中国轮胎企业第一品牌	53	中国银行	中国国际化程度最高的商业银行品牌
24	三 元	中国消费者最信得过的乳品品牌	54	中海集运	中国港口集装箱航运第一品牌
25	杉 杉	中国最具科技创新力的服装品牌	55	中联重科	中国工程机械行业利润第一品牌
26	上海电气	中国电气行业最具价值品牌	56	中 粮	中国食品业全产业链经营第一品牌
27	双 汇	中国肉制品第一品牌	57	中 旅	中国最知名的旅游品牌
28	双 星	中国第一个获得股票上市的鞋业品牌	58	中 铝	中国氧化铝第一品牌
29	苏 宁	中国家电商业连锁第一品牌	59	中 通	中国具有唯一国家级实验室的客车品牌
30	TCL	中国最先引入创意理念的消费电子牌	60	中 冶	中国最大的冶金科工品牌

60年中国品牌十大经典案例

（按品牌首字母顺序排列）

序　号	品牌名称	案例名称
1	宝　钢	成功实施战略转变向国际公众化迈进的经典模式
2	波司登	登三极 领三化的羽绒服新概念经典模式
3	国家电网	一手托国计民生 一手托社会责任的经典模式
4	海　尔	服务创新与战略升级相互促进的经典模式
5	联　想	IT产融结合的经典模式
6	茅　台	工艺卓绝 DNA持续活化的国酒经典模式
7	奇　瑞	成功实现“弯道超车”的全链创新经典模式
8	青岛啤酒	从“有限”到“差异”的品牌创意经典模式
9	TCL	最先引用创意于品牌经营的经典模式
10	同仁堂	以340年DNA激活现代软实力的领航中华医药经典模式

60年中国品牌十大优秀案例

（按品牌首字母顺序排列）

序　号	品牌名称	案例名称
1	长城电器	在专业化中崛起的CNC旗舰模式
2	菜　百	黄金饰品为媒 把服务做到24K的业界领袖模式
3	福　田	创新引领中国商用车市场的优秀模式
4	哈　药	变模仿创新为原始创新的行业领跑者模式
5	纳爱斯	以小产品为依托，纳大爱于斯人的品牌模式
6	陕　汽	“极速”差异化服务创造市场的领跑模式
7	三一重工	以“工程机械”为主的装备制造业旗舰模式
8	苏　宁	主导和谐供应链商业生态系统的零售模式
9	雅戈尔	产融结合 三业并举的自主品牌优秀模式
10	远　东	用文化提升软实力的旗舰模式

中华人民共和国60年大事记

中共中央党史研究室

一九四九年

9月21—30日　中国人民政治协商会议第一届全体会议于召开。会议代行全国人民代表大会职权，通过了起临时宪法作用的《中国人民政治协商会议共同纲领》，通过了《中国人民政治协商会议组织法》、《中华人民共和国中央人民政府组织法》。会议决定国都定于北平，北平改名为北京；纪年采用公元；在中华人民共和国国歌未正式制定前，以义勇军进行曲为国歌；国旗为红地五星旗。会议选举出中央人民政府委员会，毛泽东当选为中央人民政府主席，朱德、刘少奇、宋庆龄、李济深、张澜、高岗当选为副主席，陈毅等56人当选为委员。

10月1日　中央人民政府委员会举行第一次会议，一致决议：接受《共同纲领》为政府施政方针，选举林伯渠为中央人民政府委员会秘书长，任命周恩来为中央人民政府政务院总理兼外交部长，毛泽东为人民革命军事委员会主席，朱德为人民解放军总司令，沈钧儒为最高人民法院院长，罗荣桓为最高人民检察署检察长。首都30万军民齐集天安门广场，举行隆重的开国大典。毛泽东宣读中央人民政府公告，宣告中华人民共和国中央人民政府成立。

10月2日　苏联政府决定同新中国建立外交关系。3日，周恩来复电表示热忱欢迎，并互派大使。自1949年10月—1950年1月，新中国先后与保加利亚、罗马尼亚、匈牙利、朝鲜民主主义人民共和国、捷克斯洛伐克、波兰、蒙古、德意志民主共和国、阿尔巴尼亚和越南民主共和国建立外交关系。至1951年底，新中国与印度、缅甸、巴基斯坦、印度尼西亚、瑞典、丹麦、瑞士、列支敦士登、芬兰建立外交关系。

10月9日　中国人民政治协商会议第一届全国委员会第一次会议召开，选举毛泽东为政协第一届全国委员会主席，周恩来、李济深、沈钧儒、郭沫若、陈叔通为副主席。

10月13日　中国新民主主义青年团中央召开常委扩大会议，通过建立中国少年儿童队的决议。1953年8月，中国少年儿童队改名为中国少年先锋队。

10月21日　中央人民政府政务院宣告成立。政务院设政治法律委员会、财政经济委员会、文化教育委员会、人民监察委员会和30个部、会、院、署、行。

10月25日　海关总署宣告成立。中国海关从此完全掌握在中国人民手中。

11月1日　中国科学院成立，郭沫若任院长。

11月9日　中共中央决定成立中央及各级党的纪律检查委员会，朱德任中央纪律检查委员会书记。

11月11日　中国人民解放军空军司令部成立，刘亚楼任司令员，萧华任政治委员。

11月21日　北京市第二届各界人民代表会议通过封闭妓院的决议。此后，全国各地也相继采取行动封闭妓院。

12月2日　中央人民政府委员会第四次会议决定1949年10月1日为中华人民共和国宣告成立的日子，每年的10月1日为中华人民共和国国庆日。会议决定发行人民胜利折实公债；通过省、市、县各界人民代表会议组织通则。会后，地方各级各界人民代表会议先后由各地人民政府召开，代行人民代表大会的职权，成为人民代表大会召开前的一种过渡形式。同日，中央人民政府任命内蒙古自治区人民政府主席、副主席和委员，成立于1947年5月的内蒙古自治政府改称内蒙古自治区人民政府。首府由原驻地乌兰浩特移至张家口，后迁至归绥（今呼和浩特）。

12月6日　政务院文化教育委员会成立办理留学生回国事务委员会，统一办理留学生及学者回国事宜。从1949年8月—1955年11月，共有1 536名高级知识分子从海外回国参加建设。

12月16日　毛泽东抵达莫斯科对苏联进行为期两个月的访问。1950年2月14日，中苏两国政府全权代表周恩来、维辛斯基签署《中苏友好同盟互助条约》，《中苏关于中国长春铁路、旅顺口及大连的协定》和《中苏关于贷款给中华人民共和国的协定》。

12月23—31日　教育部召开第一次全国教育工作会议，明确了改革旧教育的方针和步骤，确定了发展新教育的方向；提出教育必须为国家建设服务，学校必须为工农开门。

一九五〇年

1月6日　北京市军事管制委员会颁发布告，宣布收回在京的外国兵营地产，征用兵营及其他建筑。1月和4月，北京市军管会收回、征用美国、法国、荷兰和英国的兵营地产；6月和9月，天津、上海市军管会先后收回、征用法国的兵营地产。帝国主义国家在中国大陆的驻军权被彻底取消。

2月24日　政务院发布《严禁鸦片烟毒的通令》。

3月3日　政务院颁布《关于统一国家财政经济工作的决定》，以遏制通货膨胀、稳定物价、实现国家财政收支平衡。

4月14日　中国人民解放军海军领导机关成立，萧劲光任司令员。

5月1日　《中华人民共和国婚姻法》公布施行。这是新中国的第一部法律。《婚姻法》规定，废除包办强迫、男尊女卑、漠视子女利益的封建主义婚姻制度；实行男女婚姻自由、一夫一妻、男女权利平等、保护妇女和子女合法利益的新婚姻制度。同日，人民解放军解放海南岛。新中国成立后，人民解放军向华南、西南等地和沿海岛屿的国民党军队残余力量展开最后的围歼。到1950年6月，解放了除西藏、台湾和少数几个岛屿以外的广大国土。

6月6—9日　中共七届三中全会召开。毛泽东作《为争取国家财政经济状况的基本好转而斗争》的书面报告和《不要四面出击》的讲话。

6月25日　朝鲜内战爆发。美国随即进行武装干涉，并派遣海军第七舰队侵入中国台湾海峡。28日，中国政府发表声明，对美国侵略行径进行严厉谴责和抗议。

6月29日　《中华人民共和国工会法》公布施行。

6月30日　《中华人民共和国土地改革法》公布施行。土地改革在新解放区全面展开。到1953年春，除部分少数民族地区外，土改在全国大陆基本完成，3亿多无地少地农民（包括新老解放区在内）无偿获得7亿亩土地和其他生产资料，封建土地所有制被彻底摧毁。

7月28日　40名基督教代表人物联名发表《中国基督教在新中国建设中努力的途径》的宣言，表示拥护《共同纲领》，割断教会同帝国主义的联系，发起自治、自养、自传运动。中国基督教“三自”爱国运动在全国范围内展开。11月，中国天主教人士也发表宣言，开展“三自”爱国运动。

8月7—19日　第一届全国卫生会议召开，确定“面向工农兵”、“预防为主”、“团结中西医”为新中国卫生工作的三大原则。

9月22日　公安部队领导机关成立，罗瑞卿任司令员兼政治委员。

9月20—29日　第一次全国工农教育会议召开，明确提出开展识字教育，逐步减少文盲。1952年11月15日，中央人民政府扫除文盲工作委员会成立。扫除文盲运动在全国大规模展开。

9月25日—10月2日　全国战斗英雄代表会议和全国工农兵劳动模范代表会议召开。毛泽东代表中共中央致祝词。

10月上旬　中共中央做出抗美援朝、保家卫国的战略决策。10月8日，毛泽东发布命令，将东北边防军组成中国人民志愿军，任命彭德怀为司令员兼政治委员。10月19日，中国人民志愿军入朝作战。全国掀起大规模的抗美援朝运动。1953年7月27日，《关于朝鲜军事停战的协定》在朝鲜板门店签订。至1958年10月，中国人民志愿军分三批全部撤出朝鲜回国。

10月10日　中共中央发出《关于镇压反革命活动的指示》。各地开始进行大规模的镇压反革命运动，到1952年10月基本结束。

10月14日　政务院发布《关于治理淮河的决定》。1951年毛泽东亲笔题词：“一定要把淮河修好”。7月20日，治理淮河一期工程完工。到1957年冬，治淮工程初见成效。

11月24日　政务院第六十次政务会议批准《培养少数民族干部试行方案》和《筹办中央民族学院试行方案》。1951年6月11日，中央民族学院举行开学典礼。

12月19日　北京市人民政府发出布告，严厉取缔“一贯道”及所有会道门，由此带动全国展开了取缔反动会道门的斗争。

一九五一年

2月23日　政务院通过《中华人民共和国劳动保险条例》，自本年3月1日起施行。

5月23日　中央人民政府全权代表和西藏地方政府全权代表在北京签订《关于和平解放西藏办法的协议》（简称“十七条协议”），宣告西藏和平解放。10月26日，人民解放军进藏部队进驻拉萨。

9月20—30日 中共中央召开全国第一次互助合作会议，通过《关于农业生产互助合作的决议（草案）》。会后，农业生产互助合作运动很快开展起来。经过一年多的试点，中共中央于1953年2月15日将决议草案通过为正式决议。

10月12日 《毛泽东选集》第一卷出版。第二、三、四卷分别于1952年4月、1953年4月、1960年9月出版。

12月1日 中共中央做出《关于实行精兵简政、增产节约、反对贪污、反对浪费和反对官僚主义的决定》。“三反”运动在全国展开，于1952年10月结束。

12月26日 政务院文化教育委员会召开第三十一次委务会议，决定成立中国文字改革研究委员会。

一九五二年

1月26日 中共中央发出《关于首先在大中城市开展“五反”斗争的指示》，要求在全国大中城市，向违法的资本家开展反对行贿、反对偷税漏税、反对盗骗国家财产、反对偷工减料和反对盗窃经济情报的斗争。“五反”运动于1952年10月结束。

6月中旬—9月下旬 全国高等学校进行院系调整。

6月20日 荆江分洪工程完工，分洪区蓄水量达60亿立方米。

6月20—24日 中华全国体育总会成立大会召开。毛泽东为该会成立题词：发展体育运动，增强人民体质。

7月1日 成渝铁路（成都至重庆）建成通车，全长505公里。这是新中国成立后建成的第一条铁路干线。

8月9日 《中华人民共和国民族区域自治实施纲要》公布施行。《纲要》对民族自治地方的建立、自治机关的组成、自治机关的自治权利等重大问题做出明确规定。

11月15日 中央人民政府委员会第十九次会议通过《关于增设中央人民政府机构的决议》，决定成立中央人民政府国家计划委员会等机构。

一九五三年

1月1日 我国开始执行发展国民经济的第一个五年计划。

3月1日 《中华人民共和国全国人民代表大会及地方各级人民代表大会选举法》公布施行。随后，开展第一次全国人口普查工作，在全国范围内进行普选。

5月15日 中苏两国政府签订《关于苏维埃社会主义共和国联盟政府援助中华人民共和国中央人民政府发展中国国民经济的协定》，规定苏联援助中国新建和改建91个工业项目。加上1950年已确定的50项和1954年增加的15项，共156项，列入“一五”计划。1955年又商定增加16项，之后再增2项，共174项。后多次调整，确定154项。因156项公布在先，故仍称“156项工程”。实际施工150项。

6月15日、19日 中共中央政治局召开会议，确定对资本主义工商业实行利用、限制和改造的方针。

7月1日 新中国第一座大型露天煤矿——阜新海州露天煤矿建成投产。

10月16日 中共中央通过《关于实行粮食的计划收购与计划供应的决议》。11月15日又做出《关于在全国实行计划收购油料的决定》。1954年9月，国家进一步决定对棉布和棉花实行计划收购和计划供应。

10月 新中国第一部彩色影片《梁山伯与祝英台》由上海电影制片厂拍摄完成。

12月7日—翌年1月26日 全国军事系统党的高级干部会议根据毛泽东的指示，明确提出建设优良的现代化的革命军队的军队建设总方针总任务。

12月16日 中共中央通过《关于发展农业生产合作社的决议》。从此，农业生产合作社从试办阶段进入发展阶段。到1956年底，加入合作社的农户达到全国农户总数的96.3%。

12月26日 鞍山钢铁公司三大工程——大型轧钢厂、无缝钢管厂、七号炼铁炉举行开工生产典礼。

12月28日 中共中央批准中央宣传部制发的《为动员一切力量把我国建设成为一个伟大的社会主义国家而斗争——关于党在过渡时期总路线的学习和宣传提纲》。《提纲》指出：从中华人民共和国成立，到社会主义改造基本完成，这是一个过渡时期。党在这个过渡时期的总路线和总任务，是要在一个相当长的时期内，逐步实现国家的社会主义工业化，并逐步实现国家对农业、对手工业和对资本主义工商业的社会主义改造。

年底 从1949年5月开始的全国新解放区的剿匪斗争基本结束，在大陆范围内平息了匪患，巩固了新生的人民政权。

本年 新中国第一部现代汉语字典《新华字典》出版。

一九五四年

4月26日—7月21日 新中国首次以五大国之一的身份参加讨论和平解决朝鲜问题和恢复印度支那和平问题的日内瓦会议。会议实现了印度支那的停战。

6月28—29日 周恩来分别与印度总理尼赫鲁和缅甸总理吴努发表《联合声明》，共同倡导和平共处五项原则。

7月 南昌飞机制造厂试制成功初教5教练机。此后，我国相继试制成功歼5型、运5型、直5型、轰5型飞机。

9月15—28日 第一届全国人民代表大会第一次会议举行。会议通过《中华人民共和国宪法》；通过全国人民代表大会、国务院、人民法院、人民检察院等组织法；选举毛泽东为中华人民共和国主席，朱德为副主席；刘少奇为全国人民代表大会常务委员会委员长，宋庆龄等13人为副委员长；董必武为最高人民法院院长，张鼎丞为最高人民检察院检察长；决定周恩来为国务院总理；决定设立国防委员会和国防部，任命毛泽东兼任国防委员会主席，彭德怀任国防部部长。按照《宪法》规定，全国人民代表大会是中华人民共和国的最高权力机关；国务院即中央人民政府，是最高国家权力机关的执行机关，是最高国家行政机关。

9月28日 中共中央政治局做出《关于成立党的军事委员会的决议》。毛泽东任中共中央军事委员会主席，彭德怀主持军委日常工作。

11月9日　国防部颁布《中国人民解放军薪金、津贴暂行办法》，自1955年1月起开始实行。长期实行的供给制为军官薪金制所代替。

12月21—25日　全国政协二届一次会议举行。周恩来作政治报告，指出：由于一届全国人大一次会议已经召开，政协代行全国人大职权的政权机关的作用已经消失，但它本身的统一战线作用仍然存在。会议推举毛泽东为全国政协名誉主席，选举周恩来为主席，宋庆龄、董必武等16人为副主席；通过《中国人民政治协商会议章程》。

12月25日　康藏公路（四川、西康两省交界的金鸡关至拉萨）与青藏公路（西宁至拉萨）同时全线通车，分别长2 271公里和1 937公里。

一九五五年

1月18日　人民解放军解放一江山岛。2月13—26日，大陈岛及外围列岛解放。至此，浙江沿海岛屿全部解放。

2月21日　国务院发布《关于发行新的人民币和收回现行的人民币的命令》。自3月1日起，中国人民银行发行新人民币，以新币1元等于旧币1万元的折合比率收回旧人民币。

3月31日　中国共产党全国代表会议通过决议，决定成立党的中央和地方监察委员会，董必武任中央监察委员会书记。原有的中央及地方各级党的纪律检查委员会撤销。

4月18—24日　周恩来率中国代表团出席在印度尼西亚万隆举行的有29个国家参加的亚非会议。这是第一次由亚非国家发起和参加的大型国际会议。中国代表团本着“求同存异”的方针，同其他与会国家一起，为会议的成功作出了贡献。通过这次会议，中国打开了与亚非国家普遍交往的大门。

5月13日　周恩来在一届全国人大常委会第十五次扩大会议上作《关于亚非会议的报告》，提出争取用和平的方式解放台湾的思想。

7月30日　《中华人民共和国兵役法》公布。从1956年开始，中国人民解放军由志愿兵役制改为义务兵役制。

8月31日　国务院发布《关于国家机关工作人员全部实行工资制和改行货币工资制的命令》，对国家机关工作人员生活待遇制度进行重大改革。同日，国务院发布《中国科学院科学奖金暂行条例》。这是新中国对自然科学和社会科学理论研究工作给予奖励的第一个条例。1957年5月，中国科学院举行1956年度科学奖金（自然科学部分）授奖仪式。华罗庚的典型域上的多元复变数函数论、吴文俊的示性类及示嵌类的研究、钱学森的工程控制论获一等奖。

9月　中国人民解放军开始实行军衔制度。27日，授予元帅军衔及勋章典礼隆重举行。朱德、彭德怀、林彪、刘伯承、贺龙、陈毅、罗荣桓、徐向前、聂荣臻、叶剑英被授予中华人民共和国元帅军衔。同日，国务院举行授予将官军衔和勋章典礼。首次授衔，共授元帅10名、大将10名、上将55名、中将175名、少将800名。加上补授和晋升，到1965年取消军衔制度止，共授上将57名、中将177名、少将1 360名。

10月1日　新疆维吾尔自治区宣告成立，首府设于乌鲁木齐市。

一九五六年

1月14—20日　中共中央召开关于知识分子问题的会议。周恩来代表中共中央作《关于知识分子问题的报告》，充分肯定知识分子在社会主义建设中的作用，宣布知识分子的绝大部分已经是工人阶级的一部分。

1月15日　北京各界20多万人在天安门广场举行大会，庆祝北京市农业、手工业全部实现合作化和在全国第一个实现资本主义工商业的全行业公私合营。

1月23日　中共中央政治局讨论通过《1956年到1967年全国农业发展纲要（草案）》。

1月28日　国务院全体会议第二十三次会议通过《国务院关于公布汉字简化方案的决议》、《国务院关于推广普通话的指示》，批准成立中央推广普通话工作委员会。2月9日，中国文字改革委员会发表《汉语拼音方案（草案）》。

3月14日　国务院成立科学规划委员会。12月22日，中共中央同意国务院科学规划委员会党组《关于征求〈1956—1967年科学技术发展远景规划纲要（修正草案）〉意见的报告》。

4月25日　毛泽东在中共中央政治局扩大会议上作《论十大关系》的报告，强调调动国内外一切积极因素，为建设强大的社会主义国家而奋斗。报告初步总结我国社会主义建设经验，提出了探索适合中国国情的社会主义建设道路的任务。

4月　中共中央将“百花齐放、百家争鸣”方针确定为繁荣和发展社会主义科学文化事业的指导方针。

7月13日　长春第一汽车制造厂试制成功第一批国产“解放”牌载重汽车。1958年5月、8月，第一辆国产“东风”牌轿车和“红旗”牌轿车相继诞生。

9月15—27日　中国共产党第八次全国代表大会举行。大会宣布，对农业、手工业和资本主义工商业的社会主义改造已取得决定性胜利，社会主义的社会制度在我国已经基本上建立起来了；国内主要矛盾是人民对于经济文化迅速发展的需要同当前经济文化不能满足人民需要的状况之间的矛盾；党和全国人民的当前的主要任务，就是要集中力量来解决这个矛盾，把我国尽快地从落后的农业国变为先进的工业国。大会着重提出了加强执政党建设的问题，通过了《中国共产党章程》。9月28日，中共八届一中全会选举毛泽东为中央委员会主席，刘少奇、周恩来、朱德、陈云为副主席，邓小平为总书记。上述6人为中央政治局常务委员会委员。

10月15日　我国第一座现代化的电子管厂——北京电子管厂举行开工生产典礼。

12月　《马克思恩格斯全集》中译本开始分卷出版。全集共50卷，于1985年出齐。

一九五七年

2月27日　毛泽东在最高国务会议第十一次（扩大）会议上发表《关于正确处理人民内部矛盾的问题》的讲话，提出了区分和正确处理两类不同性质的社会矛盾，团结全国各族人民发展经济、文化，为建设社会主义事业服务的思想。

3月1日　中国农业科学院成立。

4月8日　武汉钢铁联合企业建厂工程正式动工。1958年9月13日，一号高炉出铁。

4月12日　鹰厦铁路（鹰潭—厦门）建成通车，全长694公里。

4月20日　国务院发出《关于消灭血吸虫病的指示》。随后，流行地区迅速开展消灭血吸虫病的工作。1958年6月，江西省余江县首先消灭血吸虫病。

4月25日　第一届中国出口商品交易会在广州举行（简称“广交会”）。以后每年在广州举办春、秋季两次出口商品交易会。从2007年起改称中国进出口商品交易会。

4月27日　中共中央发出《关于整风运动的指示》，整风运动随后展开。在整风过程中，极少数右派分子向党和新生的社会主义制度发动进攻。6月，整风运动转向反右派斗争，到1958年夏季基本结束。对右派分子的进攻进行反击是正确和必要的，但反右派斗争被严重地扩大化，把一批知识分子、爱国人士和党内干部错划为右派分子，造成了不幸的后果。

5月15—25日　中国新民主主义青年团第三次全国代表大会举行，决定将中国新民主主义青年团改名为中国共产主义青年团，选举胡耀邦为团中央第一书记。

5月24日　国务院全体会议第四十九次会议通过《水土保持暂行纲要》，决定设立全国水土保持委员会。

7月25日　包头钢铁公司建厂工程正式动工。1959年9月27日，一号高炉出铁。1960年5月1日，一号平炉出钢。

9月9—21日　中国妇女第三次全国代表大会举行。会议将“勤俭建国、勤俭持家，为建设社会主义而奋斗”确定为妇女工作的方针；将全国妇女领导机构“中华全国民主妇女联合会”改名为“中华人民共和国妇女联合会”。9月21日，全国妇联第三届执行委员会第一次会议选举宋庆龄、何香凝为全国妇联名誉主席，蔡畅为全国妇联主席。

10月5日　新藏公路（新疆叶城—西藏阿里地区噶大克）建成通车，全长1 179公里。

10月8日　新中国第一个天然石油基地玉门油矿基本建成。

10月15日　武汉长江大桥建成通车，铁路桥长1 315米，公路桥长1 670米。

11月2—21日　毛泽东率中国代表团访问苏联，并出席在莫斯科召开的社会主义国家共产党和工人党代表会议以及六十四国共产党和工人党代表会议。会议通过《社会主义国家共产党和工人党宣言》及《和平宣言》。

12月底　“一五”计划超额完成。1957年工农业总产值1 241亿元，按可比价格计算，比1952年增长67.8%。其中，工业总产值704亿元，增长128.6%；农业总产值537亿元，增长24.8%。主要工农业产品产量：钢535万吨，增长296%；煤1.3亿吨，增长98.5%；发电量193亿千瓦时，增长164%；粮食19 505万吨，增长19.0%；棉花164万吨，增长25.8%；油料419.6万吨，增长0.1%。基本建设投资总额143.3亿元，增长229%。财政总收入310.2亿元。

一九五八年

1月6日　《国家建设征用土地办法》公布施行。

1月9日　《中华人民共和国户口登记条例》公布施行。

3月5日　广西僮族自治区宣告成立，首府设于南宁市。1965年10月12日，改称广西壮族自治区。

4月22日　人民英雄纪念碑在天安门广场建成。5月1日，首都50万人参加揭幕典礼。

5月5—23日　中共八大二次会议举行，正式通过“鼓足干劲、力争上游、多快好省地建设社会主义”的总路线。会后，“大跃进”运动在全国展开。

5月25日　毛泽东、刘少奇、周恩来、朱德、邓小平与参加八大二次会议的中央委员及有关部门负责人到北京十三陵水库工地参加义务劳动。

8月1日　包兰铁路（包头至兰州）建成通车，全长990公里。

8月17—30日　中共中央政治局在北戴河召开扩大会议，确定一批工农业生产的高指标，宣布1958年生产钢1 070万吨，比上年钢产量翻一番；决定在全国农村普遍建立人民公社。全国很快形成全民炼钢和人民公社化运动的高潮，以高指标、瞎指挥、浮夸风和“共产”风为主要标志的“左”倾错误严重地泛滥开来。

9月2日　我国第一座电视台——北京电视台正式开播。1973年10月1日正式播出彩色电视节目。1978年5月1日改称中央电视台。

9月29日　毛泽东向新华社记者发表谈话指出：“帝国主义者如此欺负我们，这是需要认真对付的。我们不但要有强大的正规军，我们还要大办民兵师。”此后，全国掀起大办民兵师、加强国防后备力量建设的热潮。

10月25日　宁夏回族自治区宣告成立，首府设于银川市。

11月2—10日　毛泽东在郑州召集中央工作会议。此后到1959年7月，相继召开一系列会议，初步纠正已经察觉到的“大跃进”和人民公社化运动中出现的“左”倾错误。

一九五九年

3月10日　西藏地方政府和上层反动集团撕毁关于和平解放西藏的“十七条协议”，发动武装叛乱。20日，人民解放军驻藏部队奉命进行平叛作战。22日，中共中央发出在平息叛乱中实行民主改革的指示。28日，国务院发布命令，解散西藏地方政府，由西藏自治区筹备委员会行使地方政府职权。1960年底，西藏民主改革基本完成，彻底摧毁了政教合一的封建农奴制度，百万农奴获得翻身解放。

4月5日　容国团荣获第25届世界乒乓球锦标赛男子单打冠军。这是中国运动员在体育比赛的世界锦标赛中获得的第一个世界冠军。

4月17—29日　全国政协三届一次会议举行，推举毛泽东为全国政协名誉主席，选举周恩来为主席，彭真、李济深等14人为副主席。

4月18—28日　二届全国人大一次会议举行，选举刘少奇为中华人民共和国主席，宋庆龄、董必武为副主席，朱德为全国人大常委会委员长，决定周恩来为国务院总理。

7月2日—8月16日　中共中央在江西庐山先后召开政治局扩大会议和八届八中全会。原定议题是总结1958年“大跃进”以来的经验教训，继续纠正“左”倾错误。但会议后期，毛泽东错误地发动了对彭德怀等人的批判，进而在全党错误地开展了“反右倾”斗争。

8月底　人民大会堂建成。它与同年建成的民族文化宫、民族饭店、华侨大厦、北京火车站、北京工人体育场、中国革命历史博物馆、中国人民革命军事博物馆、钓鱼台国宾馆和全国农业展览馆并称为首都“十大建筑”。

9月13日—10月3日　第一届全国运动会在北京举行。1.06万多人参加了42项竞赛和表演赛，7人打破4项世界纪录。

9月17日　刘少奇发布《中华人民共和国主席特赦令》，首批特赦已改恶从善的蒋介石集团和伪满洲国的战争罪犯。到1975年3月，共分7批特赦了全部在押战犯并予以公民权。

10月1日　北京隆重举行新中国成立10周年庆祝大典，毛泽东、刘少奇等党和国家领导人出席。天安门广场举行盛大的阅兵式和70万人的游行。

11月1日　第一拖拉机制造厂在河南洛阳建成投产。

一九六〇年

1月1日　黄河刘家峡水利枢纽工程胜利截流。

1月20日　中国政府和印度尼西亚政府在北京互换《关于双重国籍问题的条约》批准书。此前，1955年4月22日，中国政府在万隆会议上与印度尼西亚政府签订了关于避免双重国籍的条约，但印尼国会迟迟没有批准该条约。在中国政府的努力下，两国直至本年1月20日才互换条约批准书，24日双方同时公布生效。

1月28日　中缅两国总理签订《中华人民共和国和缅甸联邦政府关于两国边界问题的协定》和《中华人民共和国和缅甸联邦之间的友好和互不侵犯条约》。中缅边界条约是新中国与亚洲邻国签订的第一个边界条约，为今后解决类似问题树立了良好范例。

3月22日　中共中央批转《鞍山市委关于工业战线上的技术革新和技术革命运动开展情况的报告》。毛泽东代中央起草批示，将鞍钢实行的“两参一改三结合”的管理制度称作“鞍钢宪法”，要求在工业战线加以推广。

4月18—27日　中共中央军委召开全国民兵代表会议，充分肯定新中国成立以来民兵建设的成就，明确提出民兵工作的任务和作用。

4月　新中国自行设计、建造的第一座大型水电站——新安江水电站第一台机组开始发电。

5月25日　中国登山队队员王富洲、贡布（藏族）、屈银华从北坡集体登上世界最高峰珠穆朗玛峰。人类第一次战胜珠峰北坡天险。

9月　黄河三门峡水利枢纽工程建成蓄水。1978年底，三门峡水利枢纽改建工程竣工。

11月3日　中共中央发出《关于农村人民公社当前政策问题的紧急指示信》，要求坚决纠正农村人民公社中的“共产”风。

11月17日　国务院第一百零五次全体会议通过《文物保护管理暂行条例》，批准《第一批全国重点文物保护单位名单》。随后，国务院于1961年3月4日发布《关于进一步加强文物保护和管理工作的指示》。

一九六一年

1月14—18日　中共八届九中全会召开。全会正式通过对国民经济实行“调整、巩固、充实、提高”的方针，国民经济转入调整的轨道。毛泽东在会上号召全党大兴调查研究之风。会后，中央领导人和地方负责人先后深入基层进行调查研究。

3月6日　安徽省委根据农民群众的要求，决定试行“定产到田，责任到人”的田间管理责任制。其他部分省区也实行了类似办法。

3月15—23日　中共中央在广州召开工作会议，讨论和通过《农村人民公社工作条例（草案）》（即“农业六十条”），对农村政策进行调整。随后，工业、商业、手工业、科学、教育、文艺领域也开展调整，并相继制定了工作条例。

7月16日　中共中央做出《关于加强原子能工业建设若干问题的决定》，决定自力更生，组织力量，突破原子能技术。

一九六二年

1月11日—2月7日　中共中央召开扩大的工作会议（即7 000人大会），总结经验，统一认识，强调加强民主集中制，切实贯彻调整国民经济的方针，以迅速扭转国民经济困难的局面。

3月2日　周恩来在广州向出席全国科学工作会议及全国话剧、歌剧和儿童剧创作座谈会的代表作《论知识分子问题》的报告，重新肯定我国知识分子的绝大多数已经是劳动人民的知识分子，而不是属于资产阶级的知识分子，强调在社会主义建设中要发挥科学和科学家的作用。3月27日，周恩来在二届全国人大三次会议上重申了这一观点。

5月22日　中国影协举行首届《大众电影》“百花奖”颁奖大会。这是第一次全国群众性的电影评奖活动。

6月　1.2万吨自由锻造水压机在上海研制成功。

9月24—27日　中共八届十中全会召开。会议把社会主义社会一定范围内存在的阶级斗争进一步扩大化和绝对化，强调阶级斗争必须年年讲、月月讲、天天讲。

一九六三年

1月2日　上海市第六人民医院为一位右手完全断离的病人成功实施世界首例断肢再植手术。

1月　周恩来根据中央精神，提出“一纲四目”的对台政策。

3月5日　《人民日报》发表毛泽东“向雷锋同志学

习”的题词。全国掀起学习雷锋先进事迹的热潮。

4月6日 中国援助阿尔及利亚医疗队离京出发。这是中国政府向非洲国家派遣的第一支医疗队。

5月2—12日 毛泽东在杭州召集会议，制定《中共中央关于目前农村工作中若干问题的决定（草案）》。此后到1966年春，社会主义教育运动在部分农村和城市展开。

5月20日 国务院第一百三十一次全体会议通过《森林保护条例》。

12月2日 中共中央、国务院原则批准中央科学小组、国家科学技术委员会党组关于1963—1972年科学技术发展规划的报告、科学技术发展规划纲要及科学技术事业规划。

12月14日—翌年2月29日 周恩来访问亚非欧14国，提出中国处理同阿拉伯和非洲关系的五项原则及对外经济技术援助八项原则。

一九六四年

1月27日 中法两国政府发表建立外交关系的联合公报。

2月5日 中共中央发出《关于传达石油工业部〈关于大庆石油会战情况的报告〉的通知》。“工业学大庆”运动在全国展开。自1960年5月起，我国集中各方面力量，经过3年多的艰苦奋斗，开发了大庆油田。到1963年，我国石油产品已经达到基本自给。

2月10日 《人民日报》发表社论和通讯，介绍山西省昔阳县大寨大队艰苦奋斗、发展生产的事迹。此后，“农业学大寨”运动在全国展开。

8月17日 中共中央、国务院批转国家经济委员会党组《关于试办工业、交通托拉斯的意见的报告》，批准在全国试办12个托拉斯。

10月2日 为庆祝中华人民共和国成立15周年，大型音乐舞蹈史诗《东方红》在人民大会堂正式演出。

10月16日 我国第一颗原子弹爆炸成功。中国政府发表声明：在任何时候、任何情况下，都不会首先使用核武器。中国掌握核武器，完全是为了防御。

12月20日—翌年1月5日 全国政协四届一次会议举行，推举毛泽东为全国政协名誉主席，选举周恩来为主席，彭真等22人为副主席。

12月21日—翌年1月4日 三届全国人大一次会议举行。周恩来在《政府工作报告》中提出，要在不长的历史时期内，把我国建设成为一个具有现代农业、现代工业、现代国防和现代科学技术的社会主义强国。大会选举朱德为全国人大常委会委员长，刘少奇为中华人民共和国主席，宋庆龄、董必武为副主席，决定周恩来为国务院总理。

一九六五年

2月26日 中共中央、国务院做出《关于西南三线建设体制问题的决定》，成立西南三线建设委员会，以加强对三线建设的领导。

7月20日 前国民党政府代总统李宗仁和夫人从海外归来，抵达北京。周恩来到机场迎接。27日、31日，毛泽东、刘少奇先后接见李宗仁夫妇。

9月9日 西藏自治区宣告成立，首府设于拉萨市。

9月17日 我国在世界上首次人工合成牛胰岛素。

年底 国民经济调整全面完成。1965年全国工农业总产值2 235亿元。其中，工业总产值1 402亿元，农业总产值833亿元。主要工农业产品产量：钢1 223万吨，煤2.32亿吨，发电量676亿千瓦时，粮食19 453万吨，棉花209.8万吨，油料362.5万吨。基本建设投资总额179.6亿元。社会商品零售总额670.3亿元。进出口总额118.4亿元。国家财政总收入473.3亿元。

一九六六年

1月1日 兰新铁路（兰州至乌鲁木齐）全线交付正式运营，全长1 903公里。

2月7日 新华社播发长篇通讯《县委书记的榜样——焦裕禄》。随后，全国掀起学习焦裕禄的热潮。

3月8日、22日 河北邢台地区相继发生里氏6.8级和7.2级强烈地震。据不完全统计，受灾面积达10余万平方公里，死亡8 064人。在中共中央、国务院和中央军委领导下，在全国人民和解放军的大力支援下，灾区人民积极开展抗震救灾工作。

4月20日 河南林县红旗渠竣工通水典礼举行，总干渠和干渠全长171.5公里。

5月4—26日 中共中央政治局扩大会议召开，通过由毛泽东主持制定的《中国共产党中央委员会通知》（简称“五一六通知”）。8月1—12日，中共八届十一中全会召开，通过《中国共产党中央委员会关于无产阶级文化大革命的决定》。这两次会议的召开，是“文化大革命”全面发动的标志。“文化大革命”历经10年，使党、国家和人民遭到新中国成立以来最严重的挫折和损失。

7月1日 第二炮兵领导机构成立。1967年7月4日，中央军委任命向守志为司令员，李天焕为政治委员。

10月27日 我国第一颗装有核弹头的地地导弹飞行爆炸成功。

一九六七年

6月17日 我国第一颗氢弹空爆试验成功。

9月5日 中国政府和坦桑尼亚、赞比亚两国政府在北京签订关于修建坦桑尼亚—赞比亚铁路的协定。1976年7月，坦赞铁路建成通车，全长1 860公里。

一九六八年

6月 河北满城汉墓出土了西汉中山靖王刘胜及其妻窦绾的两套金缕玉衣和大批珍贵文物。

9月5日 西藏自治区革命委员会和新疆维吾尔自治区革命委员会成立。至此，我国大陆29个省、市、自治区全部建立革命委员会。

12月29日 南京长江大桥全面建成通车，铁路桥长6 772米，公路桥长4 588米。这是当时我国自行设计建造的最大的铁路、公路两用桥。

一九六九年

4月1—24日　中国共产党第九次全国代表大会举行。大会肯定了“无产阶级专政下继续革命”的理论，使“文化大革命”的错误理论和实践合法化。九大在思想上、政治上和组织上的指导方针都是错误的。28日，中共九届一中全会选举毛泽东为中央委员会主席，林彪为副主席；毛泽东、林彪、陈伯达、周恩来、康生为中央政治局常委。

10月7日　新中国第一套全自动长途电话设备诞生。

10月　新中国第一条地下铁道线路（北京火车站—石景山区苹果园）建成，全长23.6公里。

一九七〇年

4月24日　我国第一颗人造地球卫星发射成功。

7月1日　成昆铁路（成都—昆明）建成通车，全长1 091公里。

12月25日　中共中央批准兴建长江葛洲坝水利枢纽工程。1989年1月，工程全部建成。

一九七一年

9月13日　林彪、叶群等人叛国外逃，在蒙古人民共和国温都尔汗机毁人亡。林彪反革命集团的覆灭，客观上宣告了“文化大革命”的理论和实践的失败。

10月25日　第二十六届联合国大会以压倒多数的票数通过2758号决议，恢复中华人民共和国在联合国的一切合法权利，并立即把蒋介石集团的代表从联合国及其所属一切机构中驱逐出去。

10月　周恩来在毛泽东支持下主持中央日常工作。周恩来提出批判极左思潮，努力落实党的各项政策，各方面工作有了明显好转。调整至1972年12月被迫中断。

一九七二年

2月5日　中共中央、国务院批准国家计委《关于进口成套化纤、化肥技术设备的报告》。随后，国家计委进一步提出从国外进口43亿美元成套工业设备和单机的引进方案。

2月21—28日　美国总统尼克松访问中国。此前，美国乒乓球代表团于1971年4月应邀访华；美国总统国家安全事务助理基辛格于1971年7月秘密访华。尼克松访华期间，毛泽东会见尼克松，周恩来同尼克松举行会谈。28日，中美双方在上海发表《联合公报》，标志着两国关系正常化进程的开始。

7月　湖南省长沙市郊的马王堆出土一座距今2 100多年的西汉早期墓葬。

9月25—29日　日本国内阁总理大臣田中角荣应邀访问中国，谈判并解决中日邦交正常化问题。29日，中日两国政府发表《联合声明》，宣布即日起建立外交关系。

10月13日　湘黔铁路（湖南株洲田心—贵州贵定）建成通车，全长820公里。

一九七三年

7月16日　国务院成立计划生育领导小组，在计划生育宣传教育上提出“晚、稀、少”的口号。

8月5—20日　国务院召开首次全国环境保护会议，制定了《关于保护和改善环境的若干规定（试行草案）》。这是我国第一部环境保护的综合性法规。

8月24—28日　中国共产党第十次全国代表大会举行。中共十大继续了中共九大的“左”倾错误。8月30日，中共十届一中全会选举毛泽东为中央委员会主席，周恩来、王洪文、康生、叶剑英、李德生为副主席；毛泽东、王洪文、叶剑英、朱德、李德生、张春桥、周恩来、康生、董必武为中央政治局常委。

8月26日　我国第一台每秒钟运算100万次的集成电路电子计算机试制成功。

11月　根治海河工程经过10年奋战取得胜利，子牙河、大清河、永定河、北运河及南运河5大水系得到普遍治理。

本年　我国籼型杂交水稻科研协作组的袁隆平等人，在世界上首次培育成功强优势的籼型杂交水稻。

一九七四年

4月6—19日　邓小平率中国代表团出席联合国大会第六届特别会议。10日，邓小平在联大会议上发言，全面阐述我国的对外政策。

5月15日　新华社报道：大港油田在华北东部滨海地区建成。

7月　我国考古工作者开始对陕西临潼县秦始皇陵东侧的秦代兵马俑坑进行发掘工作。

8月1日　中央军委发布命令，将我国自行设计制造的第一艘核潜艇命名为“长征一号”，正式编入海军战斗序列。人民海军从此进入拥有核潜艇的新阶段。

9月15日　黄河青铜峡水利枢纽工程基本建成。

9月29日　胜利油田在山东渤海湾地区建成。

一九七五年

1月13—17日　四届全国人大一次会议举行。大会重申四个现代化的目标；选举朱德为全国人大常委会委员长，任命周恩来为国务院总理、邓小平等为副总理。

2月4日　我国当时发电能力最大的水力发电站——刘家峡水电站建成发电。

2月　邓小平在毛泽东、周恩来支持下，主持中央日常工作，开始对全国各方面的工作进行整顿，收到显著成效。同年11月，整顿被迫中断。

7月1日　新中国第一条电气化铁路——宝成铁路（宝鸡—成都）电气化工程建成通车，全长676公里。

11月26日　我国成功发射一颗返回式遥感人造地球卫星，成为继美、苏之后第三个掌握卫星回收技术的国家。

一九七六年

1月8日　周恩来逝世。11日下午，首都百万群众伫立在数十里长街上，送别周恩来。15日，周恩来追悼大会在人民大会堂隆重举行。

3月下旬—4月5日　北京、南京等地爆发悼念周恩来，反对王洪文、张春桥、江青、姚文元“四人帮”的群众运动。5日，首都群众在天安门广场的悼念活动被错误地定性为“反革命事件”。7日，中央政治局根据毛泽东提议，任命华国锋为中共中央第一副主席、国务院总理。

3月30日—5月22日　万吨远洋科学调查船“向阳红5号”和“向阳红11号”在太平洋海域成功地进行了我国首次远洋科学调查。

6月6日　我国第一座10万吨级现代化的深水油港——大连新港建成。

7月6日　朱德逝世。11日，朱德追悼大会在人民大会堂隆重举行。

7月6日　滇藏公路（云南下关—西藏芒康）建成通车，全长716公里。

7月28日　河北省唐山、丰南地区发生里氏7.8级强烈地震，并波及天津、北京等地。地震造成24.2万多人死亡，16.4万多人受重伤。在中共中央、国务院和中央军委的领导下，在全国人民和解放军的大力支援下，灾区群众奋起抗震救灾。

9月9日　毛泽东逝世。18日，首都百万群众在天安门广场隆重举行追悼大会。全国各省、市、自治区都举行了悼念活动。

10月6日　中共中央政治局执行党和人民的意志，采取断然措施，一举粉碎“四人帮”。消息公布后，全国亿万群众衷心拥护，举行盛大的庆祝游行。延续10年之久的“文化大革命”至此结束。

一九七七年

7月17日　中共中央政治局原则上批准国家计委向国务院提出的今后8年引进新技术和成套设备的规划。

8月12—18日　中国共产党第十一次全国代表大会举行。大会宣告“文化大革命”已经结束，重申在20世纪内把我国建设成为社会主义的现代化强国，但未能从根本上纠正“文化大革命”的错误。8月19日，中共十一届一中全会选举华国锋为中央委员会主席，叶剑英、邓小平、李先念、汪东兴为副主席，上述5人为中央政治局常委。

8月30日—9月8日　南斯拉夫总统、南共联盟主席铁托访问中国，中南两党恢复正常关系。

9月18日　中央做出恢复技术职称，建立考核制度，实行技术岗位责任制的决定。之后，中国科学院决定分别晋升陈景润、杨乐、张广厚的职称。陈景润对“哥德巴赫猜想”的研究取得世界领先的成就，杨乐、张广厚在函数理论研究方面取得卓越成就。

10月5日　中共中央做出《关于办好各级党校的决定》。9日，“文化大革命”期间停办的中共中央党校举行开学典礼。全国各级党校随后相继复校。

10月12日　国务院批转教育部《关于1977年高等学校招生工作的意见》，决定从本年起，高等学校招生采取自愿报名、统一考试、择优录取的办法，恢复“文化大革命”中被废弃的高考制度。11月28日—12月25日，全国约570万青年参加高考，27.3万人被录取。

一九七八年

2月24日—3月8日　全国政协五届一次会议举行，通过了《中国人民政治协商会议章程》，选举邓小平为全国政协主席，乌兰夫等22人为副主席。

2月26日—3月5日　五届全国人大一次会议举行，重申在20世纪内实现四个现代化的奋斗目标；选举叶剑英为全国人大常委会委员长，任命华国锋为国务院总理。

3月18—31日　全国科学大会召开。邓小平在开幕词中强调科学技术是生产力，指出为社会主义服务的脑力劳动者是劳动人民的一部分。大会制定了《1978－1985年全国科学技术发展规划纲要（草案）》。

4月5日　中共中央批准中央统战部和公安部《关于全部摘掉右派分子帽子的请示报告》。9月17日，中共中央批转《贯彻中央关于全部摘掉右派分子帽子决定的实施方案》，指出对过去错划了的人，要做好改正工作。到11月，全国摘掉右派分子帽子的工作全部完成。对错划右派的改正工作于1980年基本结束。

5月10日　中共中央党校内部刊物《理论动态》第60期发表《实践是检验真理的唯一标准》一文。11日，《光明日报》以特约评论员的名义公开发表此文。此后，在邓小平的领导、支持下，开展了一场关于真理标准问题的全国性大讨论。这场讨论为中共十一届三中全会作了重要的思想准备，对党和国家的历史进程产生了重大而深远的影响。

7月6日—9月9日　国务院召开务虚会，研究加快四个现代化建设问题，强调要放手利用国外资金，大量引进国外先进技术设备。会议还讨论了经济管理体制改革问题。

8月12日　《中日和平友好条约》在北京签订，自10月23日起生效。

10月31日—12月10日　国务院召开全国知识青年上山下乡工作会议，决定调整政策，在城市积极开辟新领域、新行业，为更多的城镇中学毕业生创造就业和升学条件，逐步缩小上山下乡的范围，有安置条件的城市不再动员下乡。1981年11月，国务院知青办并入国家劳动总局，历经20余年的城镇知识青年上山下乡结束。

11月10日—12月15日　中共中央工作会议召开。会议讨论了中央关于从1979年起把全党工作着重点转移到社会主义现代化建设上来等问题。陈云提出解决历史遗留问题的意见，得到与会者响应。11月25日，中央政治局宣布为“天安门事件”等错案平反。12月13日，邓小平作《解放思想，实事求是，团结一致向前看》的讲话，实际上成为随后召开的中共十一届三中全会的主题报告，是开辟新时期新道路的宣言书。

11月27日　四川攀枝花钢铁基地一期工程建成投产。

12月16日　中美建交联合公报发表，决定自1979年1月1日起两国建立外交关系。同日，美国宣布断绝同台湾的外交关系。

12月18—22日　中共十一届三中全会召开。全会做出把党和国家工作中心转移到经济建设上来、实行改革开放的历史性决策；强调在党的生活和国家政治生活中加强民主，决定加强党的领导机构，成立中央纪律检查委员会。十一届三中全会标志着中国共产党重新确立了马克思主义的思想路线、政治路线、组织路线，是新中国成立以来党的历史上具有深远意义的伟大转折，开启了我国改革开放历史新时期。

12月23日　上海宝山钢铁总厂举行动工典礼。至1985年11月、1992年4月，一期、二期工程建成投产。2001年5月，三期工程通过竣工验收。

12月28日　国务院决定在全国恢复和增设169所普通高等学校，进一步发展高等教育，以逐步适应四个现代化的需要。

一九七九年

1月1日　全国人大常委会发表《告台湾同胞书》，提出尊重台湾现状、实现和平统一的大政方针，建议两岸实现通商、通邮、通航。同日，国防部长徐向前发表声明，宣布从即日起停止对大金门、小金门、大担、二担等岛屿的炮击。至此，从1958年开始的对上述地区的炮击结束。

1月4—22日　中共十一届三中全会选举产生的中央纪律检查委员会召开第一次全体会议，讨论并拟定《关于党内政治生活的若干准则（草稿）》，制定并通过《中共中央纪律检查委员会关于工作任务、职权范围、机构设置的规定》。

1月18日—4月3日　党的理论工作务虚会召开。3月30日，邓小平在会上发表讲话，强调要“坚持社会主义道路”，“坚持无产阶级专政”，“坚持共产党的领导”，“坚持马列主义、毛泽东思想”四项基本原则。

1月29日—2月5日　邓小平对美国进行访问。这是中华人民共和国成立后中国领导人第一次访问美国。

2月23日　五届全国人大常委会第六次会议通过决定，将3月12日定为植树节。

6月18日—7月1日　五届全国人大二次会议召开。会议根据中共中央工作会议的建议，通过了对国民经济实行“调整、改革、整顿、提高”的方针；通过了《地方各级人民代表大会和地方各级人民政府组织法》和《全国人民代表大会和地方各级人民代表大会选举法》，规定县以上地方各级人民代表大会设立常务委员会，地方各级革命委员会改为人民政府，县人民代表大会代表由选民直接选举；还通过了《刑法》、《刑事诉讼法》、《中外合资经营企业法》等法律。

7月15日　中共中央、国务院批转广东省委、福建省委关于对外经济活动实行特殊政策和灵活措施的报告，决定先在深圳、珠海试办出口特区，待取得经验后，再考虑在汕头和厦门设置特区。1980年5月16日，中共中央、国务院批转《广东、福建两省会议纪要》，正式将“出口特区”改名为“经济特区”。

9月25—28日　中共十一届四中全会召开，讨论通过叶剑英在庆祝中华人民共和国成立30周年大会上的讲话稿，通过《中共中央关于加快农业发展若干问题的决定》。

9月29日　叶剑英在庆祝中华人民共和国成立30周年大会上发表讲话。讲话初步总结了新中国成立30年来的经验教训，明确提出要从中国的实际出发，走出一条适合我国情况和特点的实现现代化的道路，要发展社会主义民主和法制，建设社会主义物质文明和精神文明。

10月19日　邓小平在全国政协、中共中央统战部宴请出席各民主党派和全国工商联代表大会代表的宴会上讲话指出，统一战线已经发展成为全体社会主义劳动者、拥护社会主义的爱国者和拥护祖国统一的爱国者的最广泛的联盟。在中国共产党的领导下，同各民主党派实行“长期共存、互相监督”的方针，实行多党派合作，是一项长期不变的方针。

10月30日—11月16日　中国文学艺术工作者第四次代表大会召开，邓小平致祝词指出，我们要在建设高度物质文明的同时，提高全民族的科学文化水平，发展高尚的丰富多彩的文化生活，建设高度的社会主义精神文明。

一九八〇年

2月23—29日　中共十一届五中全会召开，决定重新设立中央书记处；通过《关于党内政治生活的若干准则》；通过为刘少奇平反的决议；建议全国人大修改宪法第四十五条，取消关于公民“有运用大鸣、大放、大辩论、大字报的权利”的规定。

5月17日　国务院、中央军委联合发布《关于民航管理体制若干问题的决定》。民航总局从1980年5月17日起逐步实行企业化管理。

8月2—7日　中共中央召开全国劳动就业工作会议，提出实行“在国家统筹规划和指导下，劳动部门介绍就业、自愿组织起来就业和自谋职业相结合”的方针。

8月18日　邓小平在中共中央政治局扩大会议上作《党和国家领导制度的改革》的讲话，指出领导制度、组织制度问题更带有根本性、全局性、稳定性和长期性，对现行制度存在的官僚主义、权力过分集中、家长制、干部领导职务终身制等各种弊端必须进行改革。这篇讲话成为指导我国进行政治体制改革的纲领性文献。

8月30日—9月10日　五届全国人大三次会议召开，通过《国籍法》、《婚姻法》、《中外合资经营企业所得税法》和《个人所得税法》。根据中共中央建议，会议决定华国锋不再担任国务院总理，由赵紫阳接任；同意一批老一辈革命家不再兼任国务院副总理和全国人大常委会副委员长的请求。

9月2日　国务院批转国家经委《关于扩大企业自主权试点工作情况和今后意见的报告》，要求从1981年起把扩大企业自主权的工作在国营工业企业中全面推开。

9月25日　中共中央发出《关于控制我国人口增长问题致全体共产党员、共青团员的公开信》，提倡一对夫妇只生育一个孩子。

9月26—29日　五届全国人大常委会第十六次会议召开，决定成立最高人民检察院特别检察厅和最高人民法院特别法庭，对林彪、江青两个反革命集团案进行公开审判。

11月20日，最高人民法院特别法庭开庭公审林彪、江青两个反革命集团主犯。

12月3日　中共中央、国务院发出《关于普及小学教育若干问题的决定》，要求在80年代全国基本实现普及小学教育，有条件的地方进而普及初中教育。

一九八一年

2月25日　全国总工会、共青团中央等9单位联合向全国人民特别是青少年发出倡议，开展以“五讲”（讲文明、讲礼貌、讲卫生、讲秩序、讲道德）和“四美”（心灵美、语言美、行为美、环境美）为主要内容的文明礼貌活动。

6月27—29日　中共十一届六中全会召开，通过《中国共产党中央委员会关于建国以来党的若干历史问题的决议》，标志着党在指导思想上拨乱反正任务的胜利完成。全会同意华国锋辞去中央委员会主席和中央军事委员会主席职务的请求，选举胡耀邦为中央委员会主席，赵紫阳、华国锋为副主席，邓小平为中央军事委员会主席。中央政治局常务委员会由胡耀邦、叶剑英、邓小平、赵紫阳、李先念、陈云、华国锋组成。

7月31日　国务院批准《关于在湖北省沙市市进行经济体制改革综合试点的报告》。沙市成为我国第一个进行经济体制改革综合试点的城市。

9月19日　邓小平在检阅华北某地举行军事演习的人民解放军部队时提出，必须把我军建设成为一支强大的现代化、正规化的革命军队。

9月20日　我国成功发射一组空间物理测验卫星。这是我国首次用一枚运载火箭发射三颗卫星。

9月30日　叶剑英向新华社记者发表谈话，阐明关于台湾回归祖国、实现祖国和平统一的九条方针。

10月10日　国务院发出《关于加强旅游工作的决定》。

10月17日　中共中央、国务院发出《关于广开门路，搞活经济，解决城镇就业问题的若干决定》，提出今后必须着重开辟在集体经济和个体经济中的就业渠道。

11月7—16日　中国女排在日本大阪举行的第三届世界杯女子排球赛上七战七捷，首次荣获世界冠军。

12月3日　中共中央、国务院、中央军委做出《关于恢复新疆生产建设兵团的决定》。新疆军区生产建设兵团于1954年10月7日成立，1975年3月25日撤销。

12月3日　我国第一个生产彩色显像管的现代化大型企业——陕西显像管厂正式投产。

一九八二年

1月1日　中共中央批转《全国农村工作会议纪要》，肯定包产到户等各种生产责任制都是社会主义集体经济的生产责任制。

1月11日　邓小平会见美国华人协会主席李耀滋，首次提出“一个国家两种制度”的概念。1983年6月26日，邓小平会见美国新泽西州西东大学教授杨力宇，提出了实现大陆和台湾和平统一的六条方针。

2月20日　中共中央做出《关于建立老干部退休制度的决定》。

3月8日　五届全国人大常委会第二十二次会议通过《关于国务院机构改革问题的决议》。国务院机构改革随即展开，国务院各部委和直属机构由98个裁减、合并为52个，工作人员编制减少1/3左右。

4月13日　中共中央、国务院做出《关于打击经济领域中严重犯罪活动的决定》。

8月17日　中美两国政府就分步骤直到最后彻底解决美国向台湾出售武器问题发表《中华人民共和国和美利坚合众国联合公报》。这是中美两国政府继1972年上海公报和1979年建交公报之后发表的第3个关于中美关系的重要公报。

9月1—11日　中国共产党第十二次全国代表大会举行。邓小平在开幕词中提出，走自己的道路，建设有中国特色的社会主义。胡耀邦代表第十一届中央委员会作《全面开创社会主义现代化建设的新局面》的报告。大会通过的新党章，继承和发展了七大、八大党章的优点，系统总结了历史上党的建设的经验，比较完整地概括了党的性质、党的目标、对党员和党组织的基本要求，以及党的领导作用。大会决定设立中央顾问委员会。

9月12—13日，中共十二届一中全会选举胡耀邦、叶剑英、邓小平、赵紫阳、李先念、陈云为中央政治局常委，胡耀邦为中央委员会总书记，决定邓小平为中央军事委员会主席，批准邓小平为中央顾问委员会主任、陈云为中央纪律检查委员会书记。

11月26日—12月10日　五届全国人大五次会议召开，通过新的《中华人民共和国宪法》；批准国民经济和社会发展第六个五年计划等。新《宪法》加强了人民代表大会制度，扩大了全国人大常委会的职权，规定设立国家主席和副主席，设立国家中央军事委员会；国务院实行总理负责制，国家领导人连续任职不得超过两届。

一九八三年

1月2日　中共中央发出《当前农村经济政策的若干问题》的文件，肯定联产承包制是在党的领导下我国农民的伟大创造。

4月5日　中国人民武装警察部队总部成立。

4月24日　国务院批转财政部制定的《关于国营企业利改税试行办法》。该办法自1983年1月1日起实行。1984年9月18日，《国营企业第二步利改税试行办法》经国务院批准颁发，从1984年10月1日起试行。

6月4—22日　全国政协六届一次会议举行，选举邓颖超为全国政协主席。

6月6—21日　六届全国人大一次会议举行，选举李先念为中华人民共和国主席，乌兰夫为副主席，彭真为全国人大常委会委员长，邓小平为中华人民共和国中央军事委员会主席，决定赵紫阳为国务院总理。

8月25日　中共中央发出《关于严厉打击刑事犯罪活动的决定》。

9月17日　国务院做出《关于中国人民银行专门行使中央银行职能的决定》，规定中国人民银行专门行使中央银行职能，不再兼办工商信贷和储蓄业务。

10月1日　邓小平为景山学校题词：教育要面向现代化，面向世界，面向未来。

10月11—12日　中共十二届二中全会召开，决定用3年时间分期分批对党的作风和党的组织进行一次全面整顿。这次整党从1983年11月开始，至1987年5月基本结束。

10月12日　中共中央、国务院发出《关于实行政社分开建立乡政府的通知》，要求在1984年底以前大体上完成建立乡政府的工作。此后，建立乡、镇政府和各种合作经济形式的工作在全国展开，人民公社体制废除。

一九八四年

1月1日　中共中央发出《关于1984年农村工作的通知》，强调稳定和完善生产责任制，提高生产力水平，疏理流通渠道，发展商品生产，延长土地承包期一般应在15年以上。

1月22日—2月17日　邓小平视察深圳、珠海、厦门三个经济特区和上海，充分肯定试办经济特区和对外开放的决策。

3月1日　中共中央、国务院转发农牧渔业部《关于开创社队企业新局面的报告》，同意将社队企业改称乡镇企业，并提出发展乡镇企业的若干政策。

5月4日　中共中央、国务院批转《沿海部分城市座谈会纪要》，决定进一步开放大连等14个沿海港口城市。

5月8日　国务院做出《关于环境保护工作的决定》，指出保护和改善生活环境和生态环境，防治污染和自然环境破坏，是我国社会主义现代化建设中的一项基本国策。

5月10日　国务院发出《关于进一步扩大国营工业企业自主权的暂行规定》，适当扩大了国营工业企业在生产经营计划等10个方面的自主权。

5月15—31日　六届全国人大二次会议召开。会议通过《民族区域自治法》和《兵役法》，并决定建立海南行政区。《民族区域自治法》对民族自治地方的政治、经济、文化等各方面的权利和义务作了系统规定。

7月28日—8月12日　中国体育代表团在美国洛杉矶举行的第二十三届奥运会上获得15枚金牌，实现了中国在奥运会金牌榜上零的突破。

9月26日　中英两国政府在北京草签关于香港问题的联合声明，确认中国政府于1997年7月1日对香港恢复行使主权。12月19日，联合声明在北京正式签署。

10月1日　首都举行庆祝中华人民共和国成立35周年的阅兵仪式和群众游行。邓小平检阅受阅部队。

10月13日　国务院发出《关于农民进入集镇落户问题的通知》，要求积极支持有经营能力和有技术专长的农民进入集镇经营工商业，并放宽其落户政策，统计为非农业人口。

10月20日　中共十二届三中全会召开，通过《中共中央关于经济体制改革的决定》，提出社会主义经济是以公有制为基础的有计划的商品经济，实现了党在经济理论上的新突破，规定了以城市为重点的经济体制改革的任务、性质和各项方针政策。

一九八五年

1月1日　中共中央、国务院发出《关于进一步活跃农村经济的十项政策》，决定改革农产品统派购制度，从1985年起实行合同定购和市场收购。

1月21日　六届全国人大常委会第九次会议通过议案，确定每年9月10日为我国教师节。

2月15日　中国第一个南极考察站——长城站在南极乔治岛建成。

2月18日　中共中央、国务院批转《长江、珠江三角洲和闽南厦漳泉三角地区座谈会纪要》，决定将长江三角洲、珠江三角洲和闽南厦漳泉三角地区开辟为沿海经济开放区。

3月4日　邓小平在会见外宾时提出和平与发展是当代世界的两大问题。

3月13日　中共中央发出《关于科学技术体制改革的决定》，强调经济建设必须依靠科学技术、科学技术工作必须面向经济建设，要从我国的实际出发，对科学技术体制进行改革。

3月21日　国务院发出通知，从当年起，实行“划分税种、核定收支、分级包干”的财政管理体制。

5月23日—6月6日　中央军委扩大会议召开。邓小平提出对国际形势的新判断和我国对外政策的两个重要转变。会议做出军队建设指导思想实行战略性转变的重大决策，确定军队减少员额100万。

5月27日　中共中央发出《关于教育体制改革的决定》，阐明了教育体制改革的措施、步骤和目的，提出有步骤地实行九年制义务教育，大力发展职业技术教育，改革高等学校的招生计划和毕业生分配制度，扩大高等学校办学自主权。

5月　中共中央、国务院批准实施旨在依靠科学技术促进农村经济发展的“星火计划”。

6月9—15日　首次全国法制宣传教育工作会议通过《关于向全体公民基本普及法律常识的五年规划》。到2009年，国家共实施5个五年普法规划。

9月18—23日　中国共产党全国代表会议召开。会议讨论通过《关于制定国民经济和社会发展第七个五年计划的建议》，对中央委员会、中央顾问委员会和中央纪律检查委员会的成员进行了局部调整，进一步实现了中央领导机构成员的新老交替。

一九八六年

1月8日　我国第二大汽车工业基地——第二汽车制造厂在湖北省十堰市建成投产。

2月14日　国务院决定成立国家自然科学基金委员会。

3月3日　著名科学家王大珩、王淦昌、陈芳允、杨嘉墀上书中共中央，提出发展高技术的建议。11月18日，中共中央、国务院转发《高技术研究发展计划纲要》。高技术研究发展计划后被称为“八六三”计划。

3月25日—4月12日　六届全国人大四次会议召开，

批准国民经济和社会发展“七五”计划；通过《民法通则》、《义务教育法》和《外资企业法》。

5月14日　国务院贫困地区经济开发领导小组第一次全体会议召开，提出争取在“七五”期间解决大多数贫困地区人民的温饱问题，并提出了贫困地区实行新的经济开发方式的10点意见。

6月25日　六届全国人大常委会第十六次会议通过《土地管理法》。

7月8日　我国国内卫星通信网正式建成。

7月12日　国务院发布《国营企业实行劳动合同制暂行规定》、《国营企业招用工人暂行规定》、《国营企业辞退违纪职工暂行规定》和《国营企业职工待业保险暂行规定》，从10月1日起施行。这是新中国成立以来劳动制度的一次重大改革。

8月10日　解放军总参谋部、总政治部、总后勤部发出通知，规定预备役部队正式列入人民解放军建制序列。

9月28日　中共十二届六中全会召开，通过《中共中央关于社会主义精神文明建设指导方针的决议》。

12月2日　六届全国人大常委会第十八次会议通过《企业破产法（试行）》。此前，8月3日，沈阳市防爆器械厂宣布破产，这是改革开放后第1家宣告倒闭的国营企业。

12月5日　国务院做出《关于深化企业改革增强企业活力的若干规定》，提出全民所有制小型企业可积极试行租赁、承包经营，全民所有制大中型企业要实行多种形式的经营责任制，各地可以选择少数有条件的全民所有制大中型企业进行股份制试点。

一九八七年

3月26日　中葡两国政府在北京草签关于澳门问题的联合声明，确认中国政府于1999年12月20日对澳门恢复行使主权。4月13日，联合声明正式签署。

10月14日　国务院有关方面负责人就台湾国民党当局有限制地开放台湾同胞赴大陆探亲一事发表谈话指出，热情欢迎台湾同胞到祖国大陆探亲旅游，保证来去自由；同时也希望台湾当局允许大陆同胞到台湾探亲。

10月25日—11月1日　中国共产党第十三次全国代表大会举行。赵紫阳代表第十二届中央委员会作《沿着有中国特色的社会主义道路前进》的报告。大会阐述了社会主义初级阶段的理论，提出了党在社会主义初级阶段的“一个中心、两个基本点”的基本路线，制定了到21世纪中叶分三步走、实现现代化的发展战略。11月2日，中共十三届一中全会选举赵紫阳、李鹏、乔石、胡启立、姚依林为中央政治局常委，赵紫阳为中央委员会总书记，决定邓小平为中央军事委员会主席，批准陈云为中央顾问委员会主任，乔石为中央纪律检查委员会书记。

11月24日　六届全国人大常委会第二十三次会议通过《村民委员会组织法（试行）》。

一九八八年

2月25日　国务院印发《关于在全国城镇分期分批推行住房制度改革的实施方案》，决定从1988年起，用三五年的时间，在全国城镇分期分批把住房制度改革推开。

3月18日　国务院发出《关于扩大沿海经济开放区范围的通知》，决定将140个市、县，包括杭州、南京、沈阳3个省会城市划入沿海经济开放区。

3月11—15日　中国残疾人联合会首届全国代表大会召开，宣告中国残疾人联合会成立。此后，党和政府采取一系列措施发展残疾人事业。

3月24日—4月10日　全国政协七届一次会议举行，选举李先念为全国政协主席。

3月25日—4月13日　七届全国人大一次会议举行。会议通过的宪法修正案将“国家允许私营经济在法律规定的范围内存在和发展。私营经济是社会主义公有制经济的补充。国家保护私营经济的合法的权利和利益，对私营经济实行引导、监督和管理”以及“土地的使用权可以依照法律的规定转让”等规定载入宪法。决定设立海南省、建立海南岛经济特区。会议选举杨尚昆为中华人民共和国主席，王震为副主席，万里为全国人大常委会委员长，邓小平为中华人民共和国中央军事委员会主席，决定李鹏为国务院总理。

4月26日　中共海南省委员会和海南省人民政府正式挂牌。

4月27日　中央军委颁发《中国人民解放军文职干部暂行条例》。从1988年8月1日起，文职干部制度在全军正式施行。

5月20日　北京市宣布以中关村为中心建立新技术产业开发试验区。

7月1日　七届全国人大常委会第二次会议通过《中国人民解放军军官军衔条例》，人民解放军实行新的军衔制。12月17日，《中国人民武装警察部队实行警官警衔制度的具体办法》发布，武警部队实行警官警衔制度。截至2009年7月20日，共有118名高级军官武警警官被授予上将军衔警衔。自1955年首次实行军衔制和1988年实行新的军衔制以来，被授予上将军衔警衔的高级军官武警警官共有175人次。

8月5—8日　国家科委召开全国第一次“火炬计划”工作会议，旨在发展高新技术产业的“火炬计划”正式开始实施。

9月5日　邓小平在会见外宾时提出“科学技术是第一生产力”的重要论断。

9月14—27日　我国自行研制的导弹核潜艇在东海海域进行水下发射运载火箭试验并取得成功。

9月17日　中国体育代表团在韩国汉城举行的第二十四届奥运会上获得5枚金牌、11枚银牌、12枚铜牌。

9月26—30日　中共十三届三中全会召开，确定把1989年和1990年两年改革和建设的重点突出地放到治理经济环境和整顿经济秩序上来。

10月16日　我国第一座高能加速器——北京正负电子对撞机首次对撞成功。

一九八九年

春夏之交　北京和其他一些城市发生政治风波，党和政府依靠人民，旗帜鲜明地反对动乱，平息在北京发生的反革命暴乱，捍卫了社会主义国家政权，维护了人民的根本利益，保证了改革开放和现代化建设继续前进。

5月16日　邓小平会见来访的苏联最高苏维埃主席团主席、苏共中央总书记戈尔巴乔夫。中苏关系实现正常化。

6月9日　邓小平接见首都戒严部队军以上干部，指出北京发生的政治风波是国际的大气候和中国自己的小气候所决定的，强调要坚定不移地执行党的十一届三中全会以来制定的一系列路线、方针、政策，要认真总结经验，对的要继续坚持，失误的要纠正，不足的要加点劲。

6月23—24日　中共十三届四中全会召开，撤销赵紫阳党内一切领导职务，选举江泽民为中央委员会总书记。全会明确宣告，党的十一届三中全会以来的路线和基本政策，绝不会因为发生这场政治风波而动摇。

9月29日　庆祝中华人民共和国成立40周年大会举行，江泽民发表讲话，全面阐述邓小平关于建设有中国特色的社会主义理论的指导意义。

11月6—9日　中共十三届五中全会召开，通过《中共中央关于进一步治理整顿和深化改革的决定》。全会高度评价邓小平对党和国家的历史贡献，强调他是中国改革开放和现代化建设“当之无愧的总设计师”，同意邓小平辞去中央军委主席职务，决定江泽民任中央军委主席。

12月21日　中共中央发出《关于加强和改善党对工会、共青团、妇联工作领导的通知》。

12月26日　七届全国人大常委会第十一次会议通过《城市居民委员会组织法》、《环境保护法》和《城市规划法》。

12月30日　中共中央发出《关于坚持和完善中国共产党领导的多党合作和政治协商制度的意见》。

一九九〇年

2月3日　国务院发出《关于切实减轻农民负担的通知》。

3月9—12日　中共十三届六中全会召开，通过《中共中央关于加强党同人民群众联系的决定》。

3月20日—4月4日　七届全国人大三次会议召开，通过《关于设立香港特别行政区的决定》、《中华人民共和国香港特别行政区基本法》等；决定接受邓小平辞去国家中央军委主席职务的请求，选举江泽民为国家中央军委主席。

4月18日　中共中央、国务院同意上海市加快浦东地区的开发，在浦东实行经济技术开发区和某些经济特区的政策。

9月1日　中国大陆兴建最早的高速公路——沈大高速公路（沈阳至大连）正式通车，全长375公里。

9月22日—10月7日　第十一届亚洲运动会在北京举行。这是中国第一次承办的综合性的国际体育大赛。来自37个国家和地区的体育代表团的6 578人参加了这届亚运会。中国体育代表团获183枚金牌、107枚银牌、51枚铜牌，金牌数列榜首。

11月12日　江苏仪征化纤工程全面建成投产。

11月26日　上海证券交易所正式成立。这是改革开放以来中国大陆开业的第一家证券交易所。1991年7月3日，深圳证券交易所正式开业。

12月1日　江泽民在全军军事工作会议上提出“政治合格、军事过硬、作风优良、纪律严明、保障有力”的军队建设总要求。

12月25—30日　中共十三届七中全会召开，通过《中共中央关于制定国民经济和社会发展10年规划和“八五”计划的建议》。1991年4月9日，七届全国人大四次会议批准《国民经济和社会发展10年规划和“八五”计划纲要》。

一九九一年

3月6日　国务院发出《关于批准国家高新技术产业开发区和有关政策规定的通知》，决定继1988年批准北京市新技术产业开发试验区之后，再批准21个高新技术产业开发区为国家高新技术产业开发区。至2009年8月初，我国共建成56个国家级高新技术开发区。

6月26日　国务院做出《关于企业职工养老保险制度改革的决定》，确定改革养老保险完全由国家、企业包下来的办法，逐步建立起基本养老保险、企业补充养老保险和职工个人储蓄性养老保险相结合的制度。

7月1日　中共中央举行庆祝中国共产党成立70周年大会，江泽民发表讲话，阐述了建设有中国特色社会主义的经济、政治、文化的基本特征和主要内容。

11月25—29日　中共十三届八中全会召开，通过《中共中央关于进一步加强农业和农村工作的决定》，强调稳定和完善党在农村的基本政策，继续深化农村改革。

12月15日　秦山核电站并网发电。这是新中国第一座自行设计建造的30万千瓦的核电站。

12月16日　海峡两岸关系协会成立。汪道涵任会长，荣毅仁任名誉会长。1992年，海峡两岸关系协会与台湾方面的海峡交流基金会在两岸事务性商谈中就表述坚持一个中国原则达成共识，后被称为“九二共识”。

一九九二年

1月14—18日　中央民族工作会议召开，江泽民发表讲话，强调加快发展少数民族和民族地区的经济文化等各项事业，促进各民族的共同繁荣。

1月18日—2月21日　邓小平视察武昌、深圳、珠海、上海等地并发表谈话，精辟分析了国际国内形势，科学总结了十一届三中全会以来党的基本实践和基本经验，明确回答了长期困扰和束缚人们思想的许多重大认识问题。这次谈话是把改革开放和现代化建设推向新阶段的又一个解放思想、实事求是的宣言书。

3月8日　国务院颁布《国家中长期科学技术发展纲领》。

5月16日　中共中央政治局会议通过《中共中央关于加快改革，扩大开放，力争经济更好更快地上一个新台阶的意见》。

5月20日　中共中央宣传部颁发“五个一工程”组织工作奖和入选作品奖。“五个一工程”即：一本好书、一台好戏、一部优秀影片、一部优秀电视剧（片）、一篇或几篇有创见有说服力的文章。

6月9日　江泽民在中央党校省部级干部进修班上讲话，针对建立什么样的经济体制问题，明确表示倾向于使用“社会主义市场经济体制”的提法。

7月25日—8月9日　中国体育代表团在西班牙巴塞罗那举行的第二十五届奥运会上获得16枚金牌、22枚银牌、16枚铜牌，金牌总数和奖牌总数列第4位。

10月12—18日　中国共产党第十四次全国代表大会举行。江泽民代表第十三届中央委员会作《加快改革开放和现代化建设步伐，夺取有中国特色社会主义事业的更大胜利》的报告。大会总结了十一届三中全会以来14年的实践经验，决定抓住机遇，加快发展，集中精力把经济建设搞上去；明确我国经济体制改革的目标是建立社会主义市场经济体制；确立邓小平建设有中国特色社会主义理论在全党的指导地位。大会通过《中国共产党章程（修正案）》，将建设有中国特色社会主义理论和党的基本路线写进党章。大会决定不再设立中央顾问委员会。19日，中共十四届一中全会选举江泽民、李鹏、乔石、李瑞环、朱镕基、刘华清、胡锦涛为中央政治局常委，江泽民为中央委员会总书记，决定江泽民为中央军事委员会主席，批准尉健行为中央纪律检查委员会书记。

12月1日　新亚欧大陆桥（江苏连云港—荷兰鹿特丹铁路线）开通运营，全程1.08万公里。

一九九三年

1月13—19日　中央军委扩大会议制定新时期积极防御的军事战略方针，要求把军事斗争准备的基点放在打赢现代技术特别是高技术条件下的局部战争上。

3月14—27日　全国政协八届一次会议举行，选举李瑞环为全国政协主席。

3月15—31日　八届全国人大一次会议举行。会议通过的《中华人民共和国宪法修正案》肯定我国正处于社会主义初级阶段；国家实行社会主义市场经济。会议通过《关于设立中华人民共和国澳门特别行政区的决定》、《中华人民共和国澳门特别行政区基本法》等。会议选举江泽民为国家主席、国家中央军委主席，荣毅仁为国家副主席，乔石为全国人大常委会委员长，决定李鹏为国务院总理。

4月27—29日　海峡两岸关系协会会长汪道涵和台湾海峡交流基金会董事长辜振甫在新加坡举行会谈，双方签订《汪辜会谈共同协议》等四项协议。

7月1日　国家教委发出《关于重点建设一批高等学校和重点学科点的若干意见》，提出面向21世纪重点建设100所大学和一批重点学科点的计划，即“211工程”。

8月12日　《中国大百科全书》除索引卷外，全部出齐。全书编撰历时15年，共74卷，覆盖66个学科，收入77 859个条目，约12 568万字。

11月2日　《邓小平文选》第三卷出版。同日，中共中央做出《关于学习〈邓小平文选〉第三卷的决定》。1994年11月2日，《邓小平文选（1938—1965年）》和《邓小平文选（1975—1982年）》，经增补和修订，改称《邓小平文选》第一卷、第二卷，由人民出版社出版第二版。

11月3—7日　全国统战工作会议召开，江泽民讲话，强调要继续巩固和发展社会主义的民族关系，坚持和完善民族区域自治制度，加快民族地区的经济发展和社会进步；要全面、正确地贯彻执行党的宗教政策，依法加强对宗教事务的管理，积极引导宗教与社会主义社会相适应。

11月5日　中共中央、国务院印发《关于当前农业和农村经济发展的若干政策措施》，指出以家庭联产承包为主的责任制和统分结合的双层经营体制，是我国农村经济的一项基本制度，要长期稳定，并不断完善。原定的耕地承包期到期之后，再延长30年不变。

11月11—14日　中共十四届三中全会召开，通过《中共中央关于建立社会主义市场经济体制若干问题的决定》，勾画了社会主义市场经济体制的基本框架。

12月15日　国务院做出《关于实行分税制财政管理体制的决定》，确定从1994年1月1日起改革地方财政包干体制，对各省、自治区、直辖市以及计划单列市实行分税制财政管理体制。

12月25日　国务院做出《关于金融体制改革的决定》，提出我国金融体制改革的目标是：建立在国务院领导下，独立执行货币政策的中央银行宏观调控体系；建立政策性金融与商业性金融分离，以国有商业银行为主体、多种金融机构并存的金融组织体系；建立统一开放、有序竞争、严格管理的金融市场体系。

12月26日　毛泽东诞辰一百周年纪念大会举行。江泽民发表讲话，高度评价毛泽东思想的重要地位和指导意义。

一九九四年

1月11日　国务院做出《关于进一步深化对外贸易体制改革的决定》，提出我国外贸体制改革的目标是：统一政策、放开经营、平等竞争、自负盈亏、工贸结合、推行代理制，建立适应国际经济通行规则的运行机制。

2月1日　广东大亚湾核电站一号机组投入商业运行。1996年12月17日，大亚湾核电站两台百万千瓦级核电机组通过国家验收。

2月3日　国务院发布《关于职工工作时间的规定》，修改职工工作时间为平均每周44小时，自1995年5月1日起调整为平均每周40小时。

2月28日—3月3日　国务院召开全国扶贫开发工作会议，部署实施“国家八七扶贫攻坚计划”，要求力争到20世纪末最后的7年内基本解决全国8 000万贫困人口的温饱问题。

3月25日　国务院常务会议通过《中国21世纪议程（草案）》，确定实施可持续发展战略。

6月3日　中国工程院成立。

9月25—28日　中共十四届四中全会召开，通过《中共中央关于加强党的建设几个重大问题的决定》，把党的建设提到新的伟大工程的高度，明确了党的建设的总目标和总任务。

11月2—4日　国务院召开全国建立现代企业制度试点工作会议，确定在百家企业进行试点。

一九九五年

1月30日　江泽民在中共中央台湾工作办公室等单位举办的新春茶话会上，就发展两岸关系推进祖国和平统一进程提出八项主张。

5月6日　中共中央、国务院做出《关于加速科学技术进步的决定》，提出实施科教兴国战略。

5月26—30日，中共中央、国务院召开全国科学技术大会。

同日　中国北极科学考察队到达北极点，把五星红旗插到北极点上。

9月4—15日　联合国第四次世界妇女大会在北京举行。会议通过《北京宣言》和《行动纲领》。

9月25—28日　中共十四届五中全会召开，通过《中共中央关于制定国民经济和社会发展"九五"计划和2010年远景目标的建议》，提出要实行经济体制从传统的计划经济体制向社会主义市场经济体制转变、经济增长方式从粗放型向集约型转变这两个具有全局意义的根本性转变。28日，江泽民发表讲话，强调要正确处理社会主义现代化建设中的12个重大关系。

11月16日　京九铁路全线铺通。京九铁路北起北京，南至深圳，连接香港九龙，总长2 536公里。

11月29日　第十世班禅转世灵童经金瓶掣签认定，国务院特准坚赞诺布继任第十一世班禅额尔德尼。

一九九六年

3月5—17日　八届全国人大四次会议召开，批准《国民经济和社会发展"九五"计划和2010年远景目标纲要》。

4月25日　江泽民与来访的俄罗斯总统叶利钦在北京签署中俄联合声明，宣布两国发展平等信任的、面向21世纪的战略协作伙伴关系。

7月19日—8月4日　中国体育代表团在美国亚特兰大举行的第二十六届奥运会上获得16枚金牌、22枚银牌和12枚铜牌，金牌数和奖牌总数均列第4位。

10月7—10日　中共十四届六中全会召开，通过《中共中央关于加强社会主义精神文明建设若干重要问题的决议》。

12月9—12日　全国卫生工作会议召开，总结新中国成立以来特别是改革开放以来卫生工作的成绩和经验，明确了新时期卫生工作的奋斗目标和工作方针。

一九九七年

2月19日　邓小平逝世。2月25日，中共中央、全国人大常委会、国务院、全国政协、中央军委在北京人民大会堂隆重举行追悼大会。

3月18日　南昆铁路（南宁—昆明）全线铺通，全长898公里。

5月29日　江泽民在中央党校省部级干部进修班毕业典礼上发表讲话，强调要高举邓小平建设有中国特色社会主义理论伟大旗帜。

6月4日　国家科技领导小组第三次会议决定制定和实施《国家重点基础研究发展规划》。随后，科技部组织实施国家重点基础研究发展计划（又称"973计划"）。

6月18日　重庆直辖市正式成立。

6月30日午夜—7月1日凌晨　中英两国政府香港政权交接仪式在香港举行，宣告中国政府对香港恢复行使主权，中华人民共和国香港特别行政区成立。中国国家主席江泽民、国务院总理李鹏和英国王子查尔斯、首相布莱尔等出席仪式。

7月29日　我国第一个国家级农业示范区——杨凌农业高新技术产业示范区在陕西成立。

9月2日　国务院发出《关于在全国建立城市居民最低生活保障制度的通知》，要求1999年底以前，在全国建立城市居民最低生活保障制度。

9月12—18日　中国共产党第十五次全国代表大会举行。江泽民代表第十四届中央委员会作《高举邓小平理论伟大旗帜，把建设有中国特色社会主义事业全面推向二十一世纪》的报告。大会着重阐述了邓小平理论的历史地位和指导意义；提出党在社会主义初级阶段的基本纲领；强调依法治国，建设社会主义法治国家。大会通过关于《中国共产党章程修正案》的决议，把邓小平理论确立为党的指导思想。19日，中共十五届一中全会选举江泽民、李鹏、朱镕基、李瑞环、胡锦涛、尉健行、李岚清为中央政治局常委，江泽民为中央委员会总书记，决定江泽民为中央军事委员会主席，批准尉健行为中央纪律检查委员会书记。

9月12日　江泽民在中共十五大报告中提出，中国在80年代裁减军队员额100万的基础上，将在今后三年再裁减军队员额50万。

10月28日　黄河小浪底水利枢纽工程成功实现截流。

12月16日　江泽民与东盟国家首脑在马来西亚首都吉隆坡签署联合声明，确定中国与东盟建立面向21世纪的睦邻互信伙伴关系。

一九九八年

3月3—14日　全国政协九届一次会议举行，选举李瑞环为全国政协主席。

3月5—19日　九届全国人大一次会议举行，批准国务院机构改革方案，决定调整和减少专业经济部门，加强宏观调控和执法监管部门，国务院部委从40个减少到29个。会议选举江泽民为国家主席、国家中央军委主席，胡锦涛为国家副主席，李鹏为全国人大常委会委员长，决定朱镕基为国务院总理。

4月2日　中欧领导人举行首次会晤并签署联合声明，决定建立面向21世纪的长期稳定的建设性伙伴关系。

4月3日　中央军委决定组建中国人民解放军总装备部。

5月10日　国务院做出《关于进一步深化粮食流通体制改革的决定》，提出继续实行按保护价敞开收购农民余粮、粮食收储企业实行顺价销售、粮食收购资金封闭运行的三项政策。

6月9日　中共中央、国务院发出《关于切实做好国有企业下岗职工基本生活保障和再就业工作的通知》，提出当前和今后一个时期，主要解决国有企业下岗职工基本生活保障和再就业问题；争取用五年左右的时间，初步建立起适应社会主义市场经济体制要求的社会保障体系和就业机制。

6月24日　中共中央发出《关于在全党深入学习邓小平理论的通知》。

6月中旬—9月上旬　我国南方特别是长江流域及北方的嫩江、松花江流域出现历史上罕见的特大洪灾。在中共中央、国务院、中央军委的领导下，全党全军全国人民团结奋战，取得了抗洪抢险斗争的全面胜利。

7月3日　国务院发出《关于进一步深化城镇住房制度改革加快住房建设的通知》，提出从1998年下半年开始，全国城镇停止住房实物分配，逐步实行住房分配货币化。

7月22日　国务院批转公安部《关于解决当前户口管理工作中几个突出问题的意见》，确定婴儿落户随父随母自愿，并放宽解决夫妻分居问题的户口政策。

7月28日　中央纪委、中央政法委召开贯彻中央关于军队、武警部队和政法机关不再从事经商活动决定的电视电话会议。

10月5日　中国签署《公民权利和政治权利国际公约》。

10月12—14日　中共十五届三中全会召开，通过《中共中央关于农业和农村工作若干重大问题的决定》，强调必须长期坚持以公有制为主体、多种所有制经济共同发展的基本经济制度，以家庭承包经营为基础、统分结合的经营制度，以劳动所得为主和按生产要素分配相结合的分配制度。

11月21日　中共中央发出《关于在县级以上党政领导班子、领导干部中深入开展以“讲学习、讲政治、讲正气”为主要内容的党性党风教育的意见》。“三讲”教育由此开始，到2000年底基本结束。

12月18日　纪念党的十一届三中全会召开20周年大会举行。江泽民发表讲话，高度评价十一届三中全会的伟大历史意义，全面阐述20年来建设中国特色社会主义事业取得的巨大成就和主要经验。

一九九九年

3月13日　中央人口资源环境工作座谈会召开，江泽民讲话指出，控制人口增长，保护自然资源，保持良好的生态环境，这是根据我国国情和长远发展的战略目标而确定的基本国策。

6月13日　中共中央、国务院做出《关于深化教育改革全面推进素质教育的决定》，提出全面推进素质教育，培养适应21世纪现代化建设需要的社会主义新人。

6月17日　江泽民在西安主持召开国有企业改革和发展座谈会时指出，实施西部大开发，是一项振兴中华的宏伟战略任务。2000年1月16日，国务院下发《关于成立国务院西部地区开发领导小组的决定》。10月26日，国务院下发《关于实施西部大开发若干政策措施的通知》，提出增加资金投入、改善投资环境、扩大对外对内开放、吸引人才和发展科技教育等方面的政策。

8月20日　中共中央、国务院下发《关于加强技术创新，发展高科技，实现产业化的决定》。23—26日，中共中央、国务院召开全国技术创新大会。

9月18日　中共中央、国务院、中央军委举行大会，隆重表彰为研制“两弹一星”作出突出贡献的科技专家。

9月19—22日　中共十五届四中全会召开，通过《中共中央关于国有企业改革和发展若干重大问题的决定》，指出要从战略上调整国有经济布局，推进国有企业战略性改组，建立和完善现代企业制度，加强和改善企业管理，提高国有经济的控制力，使国有经济在关系国民经济命脉的重要行业和关键领域占支配地位。全会决定增补胡锦涛为中央军委副主席。

10月1日　首都举行庆祝中华人民共和国成立50周年的阅兵仪式和群众游行。江泽民检阅受阅部队。

11月20日　我国第一艘载人航天试验飞船神舟号发射成功。

12月19日午夜—20日凌晨　中葡两国政府举行澳门政权交接仪式，宣告中国政府对澳门恢复行使主权，中华人民共和国澳门特别行政区成立。中国国家主席江泽民、国务院总理朱镕基和葡萄牙总统桑帕约、总理古特雷斯等出席仪式。

年底　全国基本普及九年义务教育、基本扫除青壮年文盲的县（市、区）累计达2 430个（含其他县级行政区划单位145个），人口覆盖率达80.0%。

二〇〇〇年

2月20—25日　江泽民在广东考察工作时，提出代表中国先进生产力的发展要求、代表中国先进文化的前进方向、代表中国最广大人民的根本利益的“三个代表”重要思想。

3月2日　中共中央、国务院发出《关于进行农村税费改革试点工作的通知》。

6月13日　中共中央、国务院发出《关于促进小城镇健康发展的若干意见》。

9月15日—10月1日　中国体育代表团在澳大利亚悉尼举行的第二十七届奥运会上获得28枚金牌、16枚银牌和15枚铜牌，名列金牌榜和奖牌榜第3名。

10月9—11日　中共十五届五中全会召开，通过《中共中央关于制定国民经济和社会发展第10个五年计划的建议》，指出我国社会主义市场经济体制已经初步建立，人民生活总体上达到了小康水平；从新世纪开始，将进入全面建设小康社会、加快推进社会主义现代化的新的发展阶段。

11月8日　贵州省洪家渡水电站、引子渡水电站、乌江渡水电站扩机工程同时开工建设，标志我国西电东送工程全面启动。

11月9日　夏商周断代工程提出的新《夏商周年表》正式公布，把我国历史纪年由西周晚期的共和元年即公元前841年向前延伸了1 200多年。

12月18日　京沪高速公路（北京至上海）全线贯通，全长1 262公里。

12月30日　国家统计局宣布，2000年国内生产总值首次突破10 000亿美元，国有大中型企业改革和3年脱困目标基本实现。

二〇〇一年

2月19日　中共中央、国务院举行国家科学技术奖励大会，授予吴文俊、袁隆平2000年度国家最高科学技术奖。根据中共中央、国务院的决定，自2000年起设立国家最高科学技术奖。

5月14—20日　首届“科技活动周”在北京举行。经国务院批准，自2001年起，每年5月份的第三周，在全国开展群众性的“科技活动周”活动。

5月24—25日　中央扶贫开发工作会议召开，指出在20世纪末基本解决农村贫困人口温饱问题的战略目标已基本实现。6月13日，国务院印发《中国农村扶贫开发纲要（2001－2010年）》。

6月15日　上海合作组织成员国元首会议在上海举行。中国、俄罗斯、哈萨克斯坦、吉尔吉斯斯坦、塔吉克斯坦、乌兹别克斯坦六国元首共同签署《上海合作组织成立宣言》。

7月1日　中共中央举行庆祝中国共产党成立80周年大会。江泽民发表讲话，系统总结党80年来的奋斗业绩和基本经验，全面阐述“三个代表”重要思想的科学内涵。

9月20日　中共中央印发《公民道德建设实施纲要》，提出要在全社会大力提倡“爱国守法、明礼诚信、团结友善、勤俭自强、敬业奉献”的基本道德规范。

9月24—26日　中共十五届六中全会召开，通过《中共中央关于加强和改进党的作风建设的决定》，提出作风建设“八个坚持、八个反对”的要求。

11月10日　在卡塔尔首都多哈举行的世界贸易组织第四届部长级会议通过中国加入世界贸易组织的决定。12月11日，中国正式成为世贸组织成员，标志着中国对外开放进入新的阶段。

二〇〇二年

1月10日　国务院西部开发办公室召开退耕还林工作电视电话会议，确定全面启动退耕还林工程。4月11日，国务院发出《关于进一步完善退耕还林政策措施的若干意见》。

2月8—24日　中国体育代表团在美国盐湖城举行的第十九届冬季奥运会上以2枚金牌、2枚银牌、4枚铜牌的成绩名列奖牌榜第13位，实现了冬奥会金牌零的突破。

4月12—13日　博鳌亚洲论坛首届年会在海南省举行。

5月31日　江泽民在中央党校省部级干部进修班毕业典礼上讲话，强调“三个代表”是我们党的立党之本、执政之基、力量之源。贯彻“三个代表”要求，关键在坚持与时俱进，核心在保持党的先进性，本质在坚持执政为民。

7月19日　民政部宣布，中国1 930.8万符合低保条件的城市困难居民已被全部纳入最低生活保障体系，初步实现了应保尽保目标。

8月24日　国务院做出《关于大力推进职业教育改革与发展的决定》。

10月19日　中共中央、国务院发出《关于进一步加强农村卫生工作的决定》，提出到2010年，在全国农村基本建立起适应社会主义市场经济体制要求和农村经济社会发展水平的农村卫生服务体系和农村合作医疗制度。

11月4日　中国和东盟在柬埔寨首都金边签署《中国与东盟全面经济合作框架协议》，决定到2010年建成中国—东盟自由贸易区。

11月8—14日　中国共产党第十六次全国代表大会举行。江泽民代表第十五届中央委员会作《全面建设小康社会，开创中国特色社会主义事业新局面》的报告。大会总结过去5年的工作和13年的基本经验，阐述全面贯彻“三个代表”重要思想的根本要求，提出全面建设小康社会的奋斗目标。大会通过关于《中国共产党章程（修正案）》的决议，把“三个代表”重要思想确立为党必须长期坚持的指导思想。15日，十六届一中全会选举胡锦涛、吴邦国、温家宝、贾庆林、曾庆红、黄菊、吴官正、李长春、罗干为中央政治局常委，胡锦涛为中央委员会总书记，决定江泽民为中央军事委员会主席，批准吴官正为中央纪律检查委员会书记。

12月3日　在摩纳哥蒙特卡洛举行的国际展览局第一百三十二次成员国大会上，上海获得2010年世界博览会的举办权。

12月5—6日　胡锦涛带领中共中央书记处成员到河北省平山县西柏坡学习考察，重温毛泽东关于“两个务必”的重要论述，要求全党同志特别是领导干部做到权为民所用，情为民所系，利为民所谋。

12月27日　南水北调工程开工典礼在北京人民大会堂和江苏省、山东省施工现场同时举行。

二〇〇三年

1月7—8日　中央农村工作会议召开。胡锦涛发表讲话指出，必须统筹城乡经济社会发展，把解决好农业、农村和农民问题作为全党工作的重中之重，放在更加突出的位置；要坚持“多予、少取、放活”的方针，发挥城市对农村带动作用，实现城乡经济社会一体化发展。16日，中共中央、国务院发出《关于做好农业和农村工作的意见》。

3月3—14日　全国政协十届一次会议举行，选举贾庆林为全国政协主席。

3月5—18日　十届全国人大一次会议举行，选举胡锦涛为国家主席，江泽民为国家中央军委主席，吴邦国为全国人大常委会委员长，曾庆红为国家副主席，决定温家宝为国务院总理。

3月9日　胡锦涛在中央人口资源环境工作座谈会上指出，要加快转变经济增长方式，将循环经济的发展理念贯穿到区域经济发展、城乡建设和产品生产之中，使资源得到最有效的利用。

春天　我国遭遇一场非典型肺炎疫情重大灾害。面对突如其来的非典疫情的严峻考验，全党全国人民在中共中央、国务院的领导下，坚持一手抓防治非典，一手抓经济建设，夺取了防治非典工作的阶段性重大胜利。7月28日，胡锦涛在全国防治非典工作会议上发表讲话，对防治非典工作取得的阶段性重大胜利进行总结。

4月14日　胡锦涛在广东考察工作时提出要坚持全面的发展观。8月28日—9月1日，胡锦涛在江西考察工作时明确使用“科学发展观”概念，提出要牢固树立协调发展、全面发展、可持续发展的科学发展观。

6月15日　中共中央发出《关于在全党兴起学习贯彻“三个代表”重要思想新高潮的通知》。

9月　中共中央、中央军委决定，在“九五”期间裁减军队员额50万的基础上，2005年前军队再裁减员额20万。

10月5日　中共中央、国务院发出《关于实施东北地区等老工业基地振兴战略的若干意见》。

10月11—14日　中共十六届三中全会召开，通过《中共中央关于完善社会主义市场经济体制若干问题的决定》，提出坚持以人为本，树立全面、协调、可持续的发展观和“五个统筹”的思想，明确了完善社会主义市场经济体制的目标和主要任务。胡锦涛在会上发表讲话，明确提出和阐述科学发展观。

10月15—16日　神舟五号载人飞船成功升空并安全着陆。中国成为世界上第三个独立掌握载人航天技术的国家。

12月26日　中共中央、国务院发布《关于进一步加强人才工作的决定》，强调实施人才强国战略是党和国家一项重大而紧迫的任务。

12月31日　中共中央、国务院发出《关于促进农民增加收入若干政策的意见》，决定2004年降低农业税率1个百分点，取消除烟叶外的农业特产税，实行粮食直补、良种补贴和大型农机具购置补贴。

二〇〇四年

1月5日　中共中央下发《关于进一步繁荣发展哲学社会科学的意见》，阐述繁荣发展哲学社会科学的重要性、指导方针和目标，对进一步开创哲学社会科学繁荣发展的新局面做出全面部署。

1月9日　国务院做出《关于进一步加强安全生产工作的决定》。

3月10日　胡锦涛在中央人口资源环境工作座谈会上发表讲话，全面阐述科学发展观的深刻内涵和本质要求。

3月22日　国务院印发《全面推进依法行政实施纲要》，要求经过10年左右坚持不懈的努力，基本实现建设法治政府的目标。

4月27—28日　中央实施马克思主义理论研究和建设工程工作会议召开。

8月13—29日　中国体育代表团在希腊雅典举行的第二十八届奥运会上获得32枚金牌、17枚银牌、14枚铜牌，金牌数列第2位、奖牌总数列第3位。

8月22日　邓小平诞辰一百周年纪念大会举行。胡锦涛发表讲话，全面阐述邓小平理论和“三个代表”重要思想的指导意义。

9月1日　国务院做出《关于进一步加强食品安全工作的决定》。

9月16—19日　中共十六届四中全会召开，通过《中共中央关于加强党的执政能力建设的决定》，强调要不断提高驾驭社会主义市场经济的能力、发展社会主义民主政治的能力、建设社会主义先进文化的能力、构建社会主义和谐社会的能力、应对国际局势和处理国际事务的能力。全会同意江泽民辞去中央军委主席职务，决定胡锦涛为中央军委主席。

11月7日　中共中央发出《关于在全党开展以实践“三个代表”重要思想为主要内容的保持共产党员先进性教育活动的意见》。先进性教育活动从2005年1月开始，2006年6月基本结束。

11月8日　中共中央办公厅、国务院办公厅发出《关于进一步加强互联网管理工作的意见》。

12月30日　西气东输工程（新疆轮南—上海）全线建成并正式运营。该工程全长约4 000公里，设计年输气量120亿立方米。

二〇〇五年

1月3日　中共中央印发《建立健全教育、制度、监督并重的惩治和预防腐败体系实施纲要》，提出到2010年，建成惩治和预防腐败体系基本框架，再经过一段时间的努力，建立起思想道德教育的长效机制、反腐倡廉的制度体系、权力运行的监控机制，建成完善的惩治和预防腐败体系。

1月14日　中共中央举行新时期保持共产党员先进性专题报告会。胡锦涛强调，先进性是马克思主义政党的根本特征，也是马克思主义政党的生命所系、力量所在。党的先进性建设是马克思主义政党自身建设的根本任务。

1月18日　中国南极内陆冰盖昆仑科考队确认找到南极内陆冰盖的最高点，这是人类首次登上南极内陆冰盖最高点。

3月4日　胡锦涛参加全国政协十届三次会议民革、台盟、台联界委员联组讨论，提出新形势下发展两岸关系的四点意见。

3月5—14日　十届全国人大三次会议召开，通过《反分裂国家法》；选举胡锦涛为国家中央军委主席。

3月13日　胡锦涛在十届全国人大三次会议解放军代表团全体会议上讲话，对我军的历史使命提出新要求：为中国共产党巩固执政地位提供重要的力量保证，为维护国家发展的重要战略机遇提供坚强的安全保障，为维护国家利益提供有力的战略支撑，为维护世界和平与促进共同发展发挥重要作用。

4月17日　国务院印发《国家突发公共事件总体应急预案》。截至2008年6月，我国共制定国家级应急预案116件。

4月27日　十届全国人大常委会第十五次会议通过《中华人民共和国公务员法》。

4月29日　胡锦涛在北京与中国国民党主席连战举行正式会谈。会后共同发布“两岸和平发展共同愿景”。5月12日，胡锦涛与亲民党主席宋楚瑜举行正式会谈。7月12日，胡锦涛会见新党主席郁慕明率领的大陆访问团。

6月2日　中国和俄罗斯在符拉迪沃斯托克互换《中华人民共和国和俄罗斯联邦关于中俄国界东段的补充协定》批准书。

7月21日　经国务院批准，我国开始实行以市场供求为基础、参考一篮子货币进行调节、有管理的浮动汇率制度。

8月1日　中美首次战略对话在北京举行。截至2008年12月，中美共举行六次战略对话。2009年7月27—28日，首轮中美战略与经济对话在美国首都华盛顿举行。

9月15日　胡锦涛出席联合国成立60周年首脑会议，提出努力建设持久和平、共同繁荣的和谐世界。

10月8—11日　中共十六届五中全会召开，通过《中共中央关于制定国民经济和社会发展第十一个五年规划的建议》。

10月12—17日　载有两名航天员的神舟六号载人飞船成功发射并顺利着陆。

12月23日　中共中央、国务院发出《关于深化文化体制改革的若干意见》，提出要形成科学有效的宏观文化管理体制，富有效率的文化生产和服务的微观运行机制，以公有制为主体、多种所有制共同发展的文化产业格局，统一、开放、竞争、有序的现代文化市场体系，完善的文化创新体系，以民族文化为主体、吸收外来有益文化，推动中华文化走向世界的文化开放格局。

12月29日　十届全国人大常委会第十九次会议决定自2006年1月1日起，废止一届全国人大常委会于1958年6月3日通过的《中华人民共和国农业税条例》。

12月31日　中共中央、国务院发出《关于推进社会主义新农村建设的若干意见》，提出要按照“生产发展、生活宽裕、乡风文明、村容整洁、管理民主”的要求，协调推进农村各方面建设。

二〇〇六年

1月26日　中共中央、国务院做出《关于实施科技规划纲要增强自主创新能力的决定》，提出全面提升国家竞争力，创新体制机制，走中国特色自主创新道路，为建设创新型国家而奋斗。

1月31日　国务院发出《关于解决农民工问题的若干意见》，提出逐步建立城乡统一的劳动力市场和公平竞争的就业制度、保障农民工合法权益的政策体系和执法监督机制、惠及农民工的城乡公共服务体制和制度。

3月4日　胡锦涛在参加全国政协十届四次会议民盟、民进联组讨论时提出，要引导广大干部群众特别是青少年树立以“八荣八耻”为主要内容的社会主义荣辱观。

3月5—14日　十届全国人大四次会议召开，通过《关于国民经济和社会发展第十一个五年规划纲要的决议》。

4月14—15日　两岸经贸论坛在北京举行。大陆宣布采取促进两岸交流合作、惠及台湾同胞的15项政策措施。

4月15日　中共中央、国务院发出《关于促进中部地区崛起的若干意见》，要求把中部地区建设成为重要的粮食生产基地、能源原材料基地、现代装备制造及高技术产业基地和综合交通运输枢纽，使中部地区在发挥承东启西和产业发展优势中崛起。

5月20日　长江三峡大坝全线建成，全长2 309米。

5月26日　国务院发出《关于推进天津滨海新区开发开放有关问题的意见》，提出通过综合配套改革推进天津滨海新区的开发开放。

6月30日　庆祝中国共产党成立85周年暨总结保持共产党员先进性教育活动大会举行，胡锦涛发表讲话，系统阐述加强党的执政能力建设和先进性建设的思想。

7月1日　青藏铁路全线建成通车。青藏铁路是世界上海拔最高、线路最长的高原铁路，全长1 956公里。

8月6日　国务院做出《关于加强节能工作的决定》。

8月10日　《江泽民文选》第一卷、第二卷、第三卷出版发行。13日，中共中央做出《关于学习〈江泽民文选〉的决定》。

10月8—11日　中共十六届六中全会召开，通过《中共中央关于构建社会主义和谐社会若干重大问题的决定》，强调要按照民主法治、公平正义、诚信友爱、充满活力、安定有序、人与自然和谐相处的总要求，以解决人民群众最关心、最直接、最现实的利益问题为重点，着力发展社会事业、促进社会公平正义、建设和谐文化、完善社会管理、增强社会创造活力。

11月4—5日　中非合作论坛北京峰会在北京举行。胡锦涛出席开幕式并讲话。会议通过《中非合作论坛北京峰会宣言》和《中非合作论坛——北京行动计划（2007—2009年）》。

二〇〇七年

3月5—16日　十届全国人大五次会议召开，通过《物权法》，强调国家保障一切市场主体的平等法律地位和发展权利；国家、集体、私人的物权和其他权利人的物权受法律保护，任何单位和个人不得侵犯。会议还通过《企业所得税法》，实现了内外资企业所得税税制的统一。

3月19日　国务院发出《关于加快发展服务业的若干意见》，提出要加快发展服务业，提高服务业在三次产业结构中的比重，尽快使服务业成为国民经济的主导产业。

5月3日　中国石油天然气集团公司宣布：在渤海湾滩海地区发现储量规模10亿吨的冀东南堡油田。

6月3日　国务院印发《中国应对气候变化国家方案》。

6月7日　国家发展和改革委员会批准重庆市和成都市设立全国统筹城乡综合配套改革试验区。

6月25日　胡锦涛在中央党校省部级干部进修班发表讲话指出，科学发展观，第一要义是发展，核心是以人为本，基本要求是全面协调可持续，根本方法是统筹兼顾。

6月26日　杭州湾跨海大桥（嘉兴市海盐—宁波市慈溪）正式贯通，总长36公里。

6月29日　十届全国人大常委会第二十八次会议通过《中华人民共和国劳动合同法》。

7月11日　国务院发出《关于在全国建立农村最低生活保障制度的通知》，提出2007年在全国建立农村最低生活保障制度，要求将符合条件的农村贫困人口全部纳入保障范围。

8月1日　庆祝中国人民解放军建军80周年暨全军英雄模范代表大会举行。胡锦涛发表讲话指出，在80年的顽强奋斗中，人民解放军培育和形成了优良革命传统，集中起来就是听党指挥、服务人民、英勇善战，它是我们总结人民解放军80年建军治军经验的基本结论。

8月7日　国务院发出《关于解决城市低收入家庭住房困难的若干意见》，要求以城市低收入家庭为对象，进一步建立健全城市廉租住房制度，改进和规范经济适用住房制度，加大棚户区、旧住宅区改造力度。

8月30日　十届全国人大常委会第二十九次会议通过《反垄断法》、《突发事件应对法》和《就业促进法》。

10月15—21日　中国共产党第十七次全国代表大会举行。胡锦涛代表第十六届中央委员会作《高举中国特色社会主义伟大旗帜，为夺取全面建设小康社会新胜利而奋斗》的报告。大会总结过去5年的工作和改革开放以来的宝贵经验；强调要坚定不移地高举中国特色社会主义伟大旗帜，坚持中国特色社会主义道路和中国特色社会主义理论体系；全面阐述科学发展观的科学内涵、精神实质和根本要求；提出实现全面建设小康社会奋斗目标的新要求。大会通过关于《中国共产党章程（修正案）》的决议，将科学发展观写入党章。22日，十七届一中全会选举胡锦涛、吴邦国、温家宝、贾庆林、李长春、习近平、李克强、贺国强、周永康为中央政治局常委，胡锦涛为中央委员会总书记，决定胡锦涛为中央军事委员会主席，批准贺国强为中央纪律检查委员会书记。

10月24日　中国第一颗绕月探测卫星——嫦娥一号发射成功并进入预定地球轨道。

本年底　“五纵七横”国道主干线基本贯通。“五纵七横”是我国规划建设的以高速公路为主的公路网主骨架，总里程约3.5万公里。

二〇〇八年

年初　中国南方部分地区遭遇严重低温雨雪冰冻灾害。在中共中央、国务院、中央军委的领导下，全党全军全国各族人民团结奋斗，取得了抗灾斗争的胜利。

2月25—27日　中共十七届二中全会召开，通过《关于深化行政管理体制改革的意见》和《国务院机构改革方案》。

2月29日　北京首都国际机场3号航站楼正式投入运营。该航站楼总体建筑面积近100万平方米。

3月3—14日　全国政协十一届一次会议举行，选举贾庆林为全国政协主席。

3月5—18日　十一届全国人大一次会议举行，批准国务院机构改革方案，探索实行职能有机统一的大部门体制，调整变动机构15个，减少正部级机构4个。改革后，除国务院办公厅外，国务院组成部门设置27个。会议选举胡锦涛为国家主席、国家中央军委主席，吴邦国为全国人大常委会委员长，习近平为国家副主席，决定温家宝为国务院总理。

3月中旬　拉萨等地发生打砸抢烧严重犯罪事件。事件发生后，党和政府果断决策，妥善处置，控制了事态发展，恢复了正常社会秩序。

4月18日　京沪高速铁路（北京南站—上海虹桥站）全线开工，全长1 318公里。

5月12日　四川汶川发生里氏8级特大地震，造成69 227人遇难，17 923人失踪，受灾群众1 510万人。在中共中央、国务院、中央军委的领导下，我国迅速组织了历史上救援速度最快、动员范围最广、投入力量最大的抗震救灾活动，夺取了抗震救灾斗争的重大胜利。

6月8日　中共中央、国务院发出《关于全面推进集体林权制度改革的意见》，提出用5年左右时间，基本完成明晰产权、承包到户的集体林权制度改革，实行集体林地家庭承包经营制；规定林地的承包期为70年，承包期届满可以按照国家有关规定继续承包。

8月8—24日、9月6—17日　北京成功举办第二十九届奥运会、第十三届残奥会。中国政府坚持贯彻绿色奥运、科技奥运、人文奥运理念，发挥举国体制作用，依靠广大人民群众，坚持开展国际交流合作，为北京奥运会、残奥会的成功举办提供了坚强保障。共有204个国家和地区的代表团1万多名运动员参加本届奥运会。中国体育代表团在奥运会上获得51枚金牌、21枚银牌、28枚铜牌，位居金牌榜第1位；在残奥会上获得89枚金牌、70枚银牌、52枚铜牌，位居金牌榜和奖牌榜第1位。

9月15日　中共中央发出《关于在全党开展深入学习实践科学发展观活动的意见》，决定从2008年9月开始，用一年半左右的时间，在全党开展深入学习实践科学发展观活动。

9月16日　我国首台超百万亿次超级计算机曙光5 000A在天津下线。

9月25—28日　神舟七号载人航天飞行获得圆满成功。我国航天员首次实施空间出舱活动。

10月9—12日　中共十七届三中全会召开，通过《中共中央关于推进农村改革发展若干重大问题的决定》，对进一步推进农村改革发展做出全面部署。

10月27—30日　国家统计局发布改革开放30年经济社会发展成就系列报告。我国国内生产总值已由1978年的3 645亿元迅速跃升至2007年的249 530亿元，在世界主要国家中的排名由1978年的第10位上升到第4位，仅次于美国、日本和德国。人均国民总收入由1978年的190美元上升至2007年的2 360美元。按照世界银行的划分标准，我国已经由低收入国家跃升至世界中等偏下收入国家行列。外汇储备由1978年的1.7亿美元扩大到2007年的15 282亿美元，稳居世界第1位。进出口贸易总额从1978年的206亿美元猛增到2007年的21 737亿美元，增长了104倍，在世界贸易中的位次由改革开放初期的第32位上升到2004年以来的第3位。

11月5日　国务院常务会议召开。针对由美国次贷危机引发的国际金融危机，会议决定实行积极的财政政策和适度宽松的货币政策，确定了进一步扩大内需促进经济平稳较快增长的10项措施，到2010年底约投资40 000亿元人民币。

11月15日　胡锦涛出席在美国首都华盛顿举行的二十国集团领导人金融市场和世界经济峰会，发表《通力合作共度时艰》的讲话。

12月8—10日　中央经济工作会议召开，针对国际金融危机快速蔓延对我国经济的影响，强调必须把保持经济平稳较快发展作为2009年经济工作的首要任务。

12月15日　海峡两岸分别在北京、天津、上海、福州、深圳以及台北、高雄、基隆等城市同时举行海上直航、空中直航以及直接通邮的启动和庆祝仪式。两岸“三通”迈开历史性步伐。

12月18日　纪念党的十一届三中全会召开30周年大会举行。胡锦涛发表讲话，全面回顾和总结改革开放30年的伟大历程和辉煌成就，高度评价党的十一届三中全会的重要意义和历史功绩，系统阐述了改革开放“十个结合”的宝贵经验，明确指出继续推进改革开放伟大事业的前进方向。

12月下旬　国务院批准出台成品油价税费改革方案，取消了公路养路费等收费，提高了成品油消费税单位税额，建立了燃油税新机制。

12月24日　胡锦涛在军委扩大会议上提出“忠诚于党，热爱人民，报效国家，献身使命，崇尚荣誉”的当代革命军人核心价值观。

12月26日　中国人民解放军海军舰艇编队赴亚丁湾、索马里海域执行护航任务。

12月31日　胡锦涛在纪念《告台湾同胞书》发表30周年座谈会上发表讲话，强调要牢牢把握两岸关系和平发展的主题，积极推动两岸关系和平发展，实现全民族的团结、和谐、昌盛。

二〇〇九年

3月5—13日　十一届全国人大二次会议召开，温家宝作政府工作报告，提出2009年政府工作的主要任务是以应对国际金融危机、促进经济平稳较快发展为主线，统筹兼顾，突出重点，全面实施促进经济平稳较快发展的一揽子计划。

3月17日　中共中央、国务院发布《关于深化医药卫生体制改革的意见》，提出了切实缓解看病难、看病贵的五项重点改革措施和建立健全覆盖城乡居民的基本医疗卫生制度的长远目标。

3月28日　西藏举行首次百万农奴解放纪念日庆祝大会。此前，1月19日，西藏自治区九届人大二次会议通过决议，决定每年3月28日为西藏百万农奴解放纪念日。

4月1—2日　胡锦涛出席在英国首都伦敦举行的二十国集团领导人第二次金融峰会，发表题为《携手合作　同舟共济》的讲话。

4月14日　国务院发出《关于推进上海加快发展现代服务业和先进制造业建设国际金融中心和国际航运中心的意见》，明确将上海建设成为国际金融中心、国际航运中心和现代国际大都市。

4月23日　胡锦涛在山东青岛出席庆祝人民海军成立60周年海上阅兵活动。24日，胡锦涛在会见海军老同志和英模代表时强调，大力弘扬我军优良传统，全面推进海军现代化建设。

4月28日　胡锦涛就做好我国防范人感染甲型H1N1流感疫情工作做出重要指示，强调要坚持以人为本，积极应对，科学处置，以确保人民群众身体健康和生命安全。

5月6日　国务院批准《深圳市综合配套改革总体方案》。根据方案，深圳将在深化行政管理体制改革、全面深化经济体制改革、积极推进社会领域改革等6个方面实现重点突破。

6月16日　中国、巴西、俄罗斯、印度“金砖四国”领导人在俄罗斯叶卡捷琳堡会晤，胡锦涛对4国合作提出四点建议。

6月17日　国务院常务会议召开，强调我国经济运行正处在企稳回升的关键时期，要坚定不移地继续实施积极的财政政策和适度宽松的货币政策，全面贯彻落实好应对国际金融危机的一揽子计划，并根据形势变化不断丰富和完善。

7月5日　乌鲁木齐发生打砸抢烧严重暴力犯罪事件。事件发生后，党和政府果断决策，妥善处置，控制了事态发展，生产生活逐步恢复正常。

7月16日　国家统计局发布我国上半年经济数据。数据显示，我国国内生产总值为139 862亿元，同比增长7.1%；全社会固定资产投资同比增长33.5%，增速比上年同期加快7.2个百分点；社会消费品零售总额同比增长15.0%；居民消费价格总水平同比下降1.1%。

8月18—19日　全国新型农村社会养老保险试点工作会议召开，提出2009年在全国10.0%的县（市、区、旗）进行新型农村社会养老保险试点，以后逐步扩大试点，到2020年前基本实现全覆盖。

8月19日　国务院常务会议召开，研究部署促进中小企业发展，提出切实缓解中小企业融资难、加大对中小企业的财税扶持、加快中小企业技术进步和结构调整等促进中小企业发展的六大措施。

8月25日　胡锦涛出席新疆维吾尔自治区干部大会并发表讲话，强调始终坚持一手抓改革发展，一手抓团结稳定，坚持以经济建设为中心不动摇，坚持维护社会大局稳定不动摇，坚持各民族共同团结奋斗、共同繁荣发展不动摇，加快建设繁荣富裕和谐的社会主义新疆。

9月14日　胡锦涛等党和国家领导人会见“100位为新中国成立做出突出贡献的英雄模范人物和100位新中国成立以来感动中国人物”代表座谈会全体与会代表。

9月15—18日　中共十七届四中全会召开，通过《中共中央关于加强和改进新形势下党的建设若干重大问题的决定》。

9月20日　胡锦涛等党和国家领导人出席庆祝中国人民政治协商会议成立60周年大会，胡锦涛在会上发表重要讲话。

9月22—25日　胡锦涛出席在纽约举行的联合国气候变化峰会、第六十四届联合国大会一般性辩论、安理会核不扩散与核裁军峰会和在匹兹堡举行的二十国集团领导人第三次金融峰会。

（本文原载《新华网》2009.10.02）

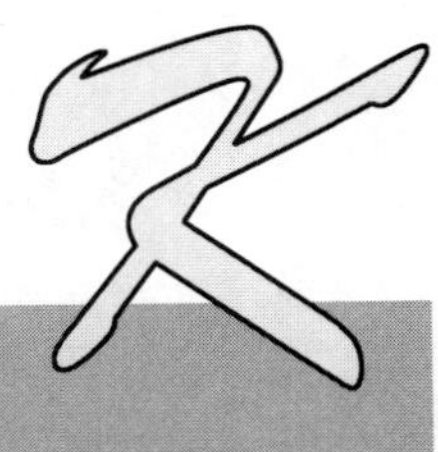

INVESTIGATION AND RESEARCH

调查与研究

薪酬整合：国企并购重组后的“人和”策略

人民大学　北京大学MBA企业文化专业特聘教授　王吉鹏

随着国家宏观经济政策的调整，产业升级、结构调整、节能环保已经成为企业生存发展的必由之路，同时，伴随着全球范围内金融危机的蔓延，给中国企业的海外发展带来现实机遇，国企的海内外并购重组日渐活跃。但是，由于中国企业在改革开放30年的时间里走过了西方发达国家近百年的工业化发展道路，在管理方面还远不够成熟，特别是国有企业由于体制机制以及自身管理水平的限制，在并购重组过程中需要了很多现实问题，制约着并购重组目标的实现，影响协同效应的发挥，特别是在人力资源管理的薪酬策略方面普遍存在困惑和难题。为此仁达方略在经过3年的系统思考和实证研究之后，提出了国企并购重组后的薪酬整合策略，旨在帮助企业能够在并购之后，更加有效地进行重组，以尽快达成资和后的人和，组合后的融合。

一、国企并购重组在薪酬策略方面的误区

1. 重资和轻人和

国有企业并购重组一般伴随着大规模的资产转让与人员安置。为了顺利实施并购重组方案，企业往往对资产重组、资产评估、股权设计和职工安置相当重视，而对新公司的人力资源重组计划则一笔带过，或将改制中的人力资源工作等同于安置职工。这样做的后果是：没有对原国企的核心人才进行识别，没有建立有针对性的人力资源规划，造成核心人才流失，给新公司的发展带来不必要的损失。

2. 先重组后设计

企业并购重组一般分成两大类型，即政府主导型并购重组和市场驱动型并购重组。但由于国有企业的所有权特性，很多国有企业之间的并购重组是在政府主导下实现的。很多并购重组缺乏充分的规划和科学的决策，往往是并购重组的消息已经昭告天下，但重组的实际行动方案还在设计之中。作为集团管控权威专家，仁达方略认为先重组后设计、边重组边设计的操作方式往往会给并购重组带来很多遗留问题，特别是很多缺乏系统设计的“过渡方案”，给新公司的人力资源管理带来很多混乱。

3. 多顾虑过去少考虑未来

很多企业在并购重组初期，都在忙着资产重组、业务重组，将管理重组一再往后推延，于是出现了很多“过渡方案”，组织结构临时的，人员配置临时的，工作职责临时的，工资待遇是预发的等，既然都是临时的，那最可靠的参照依据便是过去的经验和做法，工资过去是多少就临时发多少，同一办公室从事同样工作的工资你多我少，同一部门上下级之间工资上级低下级高。还有的企业干脆按级别设计一个简单的工资发放标准，部长统一发多少，处长统一发多少，待正式方案确定后“多退少补”。

4. 控总额还是控编制

企业并购重组时，对工资总额的控制尤其重要，但是在控总额还是控编制抑或控水平的问题上，企业存在很多误区，简单地控制任何一项可能都会产生问题。那究竟应当如何控制呢，需要通过系统思考、权衡利弊之后做出决策。

二、国企并购重组的薪酬整合原则

（1）坚持“以人为本”的核心价值理念的原则。高度重视员工在企业并购重组中的作用，高度重视员工心理感受与企业发展之间的影响关系；

（2）坚持以战略目标为导向的原则。充分理解企业并购重组的重要战略意义，以战略目标为指导，设计企业的薪酬体系；

（3）坚持尊重历史理清差距的原则。并购之后的重组是非常重要的环节，对待历史要有科学严谨的态度，对待差距要有客观准确的判断，只有这样，历史才不会成为包袱，差距才不会成为鸿沟；

（4）坚持“少过渡、快过渡”的原则。尽快完成从“过渡方案”到“统一方案”的过渡。唐山地震之后有的人住过渡房一住就是十多年，而汶川地震后两三个月就拉开永久性住房建设工程的序幕，正像过渡性住房和永久性住房之间的差别一样，过渡性工资方案和系统性工资方案对新公司的发展所起的作用是不同的；

（5）坚持“体系化设计”的原则。按照新的薪酬体系做好人员与岗位的对接，并购重组之前，在并购重组方案设计的时候，就要做好战略规划、组织结构设计方案；并购重组过程中，就要按照既定的方案进行人员与组织、与岗位的匹配。仁达方略作为集团管理权威专家，为煤炭、军工、传媒、医疗医药、钢铁、交通运输、金融、通信、汽车、房地产、装备制造、施工建筑、化工、公共服务等20多个重点行业680多家企业提供了高质量的集团管控、企业战略、企业文化、人力资源、集团品牌建设、内控与风险管理、企业改制、兼并重组等管理咨询服务，仁达方略根据丰富的咨询经验认为在“定责、定编、定岗、定薪”这四定之中，依据并购重组设想到方案、从方案到行动的过程，逐步落实，即使“定薪”可以稍后确定，但不宜延迟太长时间。

（6）设计可操作的操作实施方案，建立相应的对接机制。并购重组必定会打破企业原有的格局，改变员工之间

既定的关系，企业既要坚定地贯彻落实企业的发展规划，严格地执行新的薪酬体系，又要适度考虑历史因素，设计科学合理的操作实施方案，在相对刚性的薪酬体系基础上，在不违背企业核心价值观的条件下，建立相应的对接机制，对某些特殊情况进行调整和规范，保持企业的和谐稳定和有序发展。

三、国企并购重组的薪酬整合策略

（1）薪酬系统是对心理契约最直接、最有效的表征。因此，需要把重建的心理契约再进一步通过各种薪酬激励体现出来，实现薪酬激励目标导向。这样可让员工认识到，新的契约与新企业发展战略联系在一起，支持新企业经营战略的心理契约有助于双方在未来的共同发展和受益。

（2）在企业并购前期的人力资源调查中，对并购企业的薪酬和福利制度已经做了详细的比较。因此，我们可以得出双方的薪酬比较表。其中，主要包括了以下内容：

①薪酬管理制度；

②工作级别和工资幅度；

③奖金发放制度；

④加薪制度；

⑤其他补贴制度；

⑥各种保险的交纳比例，比如说医疗保险、养老金、伤残保险；

⑦股票或者股票期权；

⑧带薪假期等制度。

（3）在进行双方的薪酬和福利的差异比较之后，就可以制定薪酬整合策略。在制定的过程中，既要注意参考市场的价格和考虑企业自身的实力，又要注重解决并购双方在各个方面存在的差距，制定出一个既能满足企业的战略需要，又能缓和员工心理压力、鼓舞士气的薪酬策略，才能稳定人心，减小员工流失率，为重建心理契约打下坚实的基础。一般来说，薪酬整合策略可能会出现三种情况：

①当并购双方企业实力悬殊，强势企业吞并弱势企业，通常会采用强势一方的薪酬体系。

②当并购双方企业实力比较均衡时，合并成为第三个企业时，可能会采用一种新的统一的薪酬体系。

③当出现蛇吞象，相对弱势的企业并购相对强势企业的业务时，可能会出现并行的薪酬体系。

（4）另外，在薪酬制度的整合中，为了挽留人才，在充分沟通的基础上，很重要的是对企业高层管理人员和核心技术人员的薪酬重新设置。实践证明，员工在他们的心理契约中对企业的期望和需求是全面的，其中既包括物质需求，更包括高度的精神需求。大多数时候，留住核心人才的一个关键因素是他在公司中充分发挥自身能力的机会以及他所能得到的培训学习和职业发展的机会。因而实施全面的薪酬管理，是实现对员工全面激励和有效管理的最优模式。

所谓全面的薪酬管理，就是组织将支付给员工的薪酬分为“外在”和“内在”两大类。外在薪酬主要指为员工提供的可量化货币性价值，比如工资、奖金等短期激励和股票期权等长期激励，以及各种保险等福利和各种其他货币性开支，如住房津贴等。“内在薪酬”则是指那些给员工提供的不能以量化的货币形式表现的各种奖励价值，如工作胜任感、成就感、责任感、受重视、有影响力、个人成长和富有价值的贡献等。外在薪酬与内在薪酬具有不同功能，外在薪酬为主体，内在薪酬为外在薪酬的必要补充。二者结合构成完整的薪酬体系，有利于激励员工。

全面薪酬管理可以主要从以下方面着手：

①设计以人的全面发展为中心的职业生涯规划；

②构建员工终身教育培训体系；

③完善奖惩机制；

④细化内在薪酬措施。

金融危机形势下的企业劳动关系

国家人力资源和社会保障部

“金融危机形势下劳动关系的新变化及对策研究”课题组

金融危机对我国企业劳动关系的影响

综合与会代表的反映，我国企业受国际金融危机影响的情况及影响程度大致可以分为三种类型：

第一种是内向型企业，即主要以国内市场为主的企业。这部分企业自2008年10月起，也受到了金融风暴的冲击，但受冲击的程度相对较小。到2008年底，市场有些萎缩，订单有些减少，但减少的幅度不大。2009年以来，在我国政府强大的经济政策刺激下，这部分企业反而成了受益者，订单饱和，发展态势良好，他们不但不减薪、不裁员，还积极调整职工工资和福利待遇，确保员工队伍稳定和企业劳动关系的和谐。如广东省长大公路工程有限公司2008年完成35亿元工程量，2009年接的订单超过180亿元，可望完成50亿元工程量，员工工资也有较大幅度提高。

第二种是抗风险能力较强的外向型大中型企业。这部分企业受金融风暴的影响程度较深，表现在自2008年下半年以来，订单下降幅度较大，经营业绩下滑，生产能力严重富余。例如TCL王牌电器公司，从2008年年底到2009年上半年，普通的纯平电视机订单减少近30.0%；该公司在泰国、波兰等地的工厂订单减少40.0%～50.0%。东莞达艺家私有限公司订单更是减少了80.0%。但由于这部分企业抗风险能力较强，应对措施得力，又由于企业劳动用工形式的多样化和劳动关系处理的灵活性增强，企业劳动关系也保持了基本稳定的态势。

第三种是抗风险能力较弱的外向型中小型企业。这部分企业受金融风暴的影响程度深，表现在市场严重萎缩，订单骤然下降，企业破产倒闭或者到了破产倒闭的边缘，员工失业、待岗或者面临失业、待岗的风险，严重影响到劳动关系的和谐与稳定，一是员工薪资普遍下降，表现在管理人员薪资下调和普工加班工资减少；二是企业普遍采取了裁员措施，使得一部分员工失业；三是劳动纠纷增加，员工通过仲裁、诉讼等途径诉求经济补偿金的现象较为普遍；四是发生欠薪逃逸和群体性劳动纠纷的情形较多。

企业的应对措施

接受课题组座谈的24家企业，大部分属于上述第二种类型；小部分属于第一种类型；第三种类型的企业，要么已经破产倒闭，要么处在倒闭的边缘，没有机会参与课题组组织的座谈。因此第二种类型企业是课题组进行本课题研究的重点对象。那么这类企业在应对金融危机的过程中在劳动关系领域采取了哪些可供借鉴的应对措施？对于企业应对金融危机有何普遍意义？

1. 控制劳动者招聘规模

控制劳动者招聘规模包括：一是取消劳动者招聘计划，将原来安排的劳动者招聘计划全部取消；二是减少劳动者招聘数量；三是对劳动者招聘计划进行分类，取消部分岗位劳动者招聘计划。例如中山华帝燃具股份有限公司即采取压缩招聘需求、控制人员规模的措施。2009年一季度，该公司仅对关键岗位展开招聘；对普工岗位、一般性管理岗位、普通技术岗位等，一律不再新增人员编制。

2. 使用劳务派遣工

为了应对金融危机形势订单的不确定性，一些单位开始使用劳务派遣工代替劳动合同制用工。例如，TCL王牌电器公司以前用工都采用劳动合同制，从2009年4月份起开始使用劳务派遣工。截至2009年7月，该公司已共使用劳务派遣工1 000名，占该公司全部用工人数的16.0%。中顺洁柔纸业股份有限公司对辅助性工种（如保安员、拉煤工、装卸操作工等岗位）也采取了劳务派遣的用工形式，截至2009年7月30日前，该公司劳务派遣工总人数计135名，占全部用工人数的8.1%。

3. 采取减薪措施

尽管采取减薪措施对于降低企业成本以提高企业应对金融危机的能力具有立竿见影的效果，但很少有企业直接采取主动减薪的措施，而是灵活运用了一些减薪方法。

一是被动式减薪。所谓被动式减薪，是指由于金融危机形势下企业订单减少，员工工作量下降，加班工资减少导致的减薪。这种被动式减薪也是金融危机形势下企业采取减薪措施的主要方式。比如，东莞新科磁电制品厂没有采取降薪措施，但由于员工加班时间下降，导致加班工资少了，员工工资下降30.0%左右。

二是不加薪。在公司员工普遍调薪的情况下，针对一部分员工采取冻结调薪的措施，实际上也就达到了减薪的目的。比如中山华帝燃具股份有限公司在薪酬预算上采取适度从紧的原则，2009年薪酬预算总额与2008年实际薪酬总额相比，增幅控制在5.0%以内。同时采取降低加薪比例的措施，2009年上半年，对任职者能力或绩效未有明确提升的非关键岗位，采取了调薪暂时冻结措施，降低了加薪比例。

三是企业领导带头减薪。企业如果采取主动减薪措施，一般都会从企业领导带头减薪开始。同时企业领导减薪幅度大一些，一般员工减薪幅度小一些，使员工觉得公平合理，这是确保减薪措施能够得以顺利实施并使员工愿意与企业共克时艰的基本前提。

4. 实施裁员措施

尽管裁员是金融危机形势下企业“瘦身”控制成本最有效的措施，但是事实上企业对该措施的采取表现出慎重态度。大多采取以下方式实施裁员：

一是通过自然减员、不再补员来达到裁员目的。所谓自然减员，就是员工主动离职，企业将员工离职后遗留下来的工作交给别的员工做，不再就该工作补充新的员工。另外，由于加班减少引起员工流失导致自然减员的情形比较普遍。比如，东莞达艺家私有限公司由于订单锐减，员工没有加班工资，员工收入下降35.0%，由此导致50.0%的员工流失。

二是通过协商减除劳动关系。企业订单减少不是裁员的法定条件，但由于订单减少企业的确不再需要原来那么多人了，怎么办？采取经济性裁员不符合法定条件，采取其他的裁员方式也不成立，这样就只好采取与员工协商解除劳动合同的方式来谋求企业“瘦身”之道。当然采取该方式解除劳动关系，企业往往要支付高于法定标准的经济补偿金，以增加协商解除劳动合同的吸引力和可操作性。比如，东莞新科磁电制品厂为了降低成本，就采取了内部机构整合、进行裁员的措施。该厂的裁员范围为管理、技术类岗位，不涉及基层员工。为此裁减了数百名管理技术类员工，裁员比例接近4.0%。同时该厂还给付高于法定标准的经济补偿金，使双方在比较满意的情况下解除了劳动关系。中山华帝燃具股份有限公司采取了强制分流安置、协商解除劳动关系措施。该公司对业绩表现不佳、年度绩效考核处于末位者及工作量极不饱和的、岗位可有可无的员工，强制分流到新的岗位，不接受分流的，与其协商解除劳动关系，以此来达到优化人员配置的目的。该公司通过该措施解除劳动关系的人数占该公司员工总数的1.5%。

三是实行经济裁员。这种裁员措施是在不得已的情形下采取的“瘦身”措施，尽管是一种法定措施，但鉴于其操作的复杂性、程序的繁琐性、操作条件的苛刻性，座谈会当中没有企业代表谈到采取该措施的实例。

5. 实行综合计算工时工作制

我国法律规定了标准工时工作制，一些法规性文件规定了综合计算工时工作制和不定时工作制等特殊工时制度。综合计算工时工作制不按日规定员工的工作时间，而是根据生产经营性质和工作特点规定员工一定周期内的工作时间，并使日或周平均工作时间与法定标准工作时间基本相同。

综合计算工时工作制打破了每日8小时、每周40小时的僵化工时，便于企业灵活安排员工的工作和休息时间。但实际工作中由于这种特殊的工时制度限定了特定的实施岗位，并且要经过严格的审批程序，因此使用较少。金融危机形势下，企业订单减少和预期性降低以后，标准工时工作制的适应性受到了严重挑战，企业申请实行综合计算工时工作制的情形大量增加。比如，广州市虎头电池集团有限公司即在全面针对职工同意的基础上，提出对生产工人实行综合计算工时工作制，对销售人员实行不定时工作制，并获得劳动部门审批。该公司实行综合计算工时工作制的人数占职工总人数的57.0%，实行不定时工作制的人数占职工总人数的6.0%，有效地解决了工作时间的不均衡、不稳定问题，确保了公司生产经营的有序性。

6. 增加员工休假

我国法律规定了法定假日、双休日和年休假制度，除此之外员工一年的正常工作时间应为250天。金融危机形势下，企业订单减少，企业一方面不能提供员工正常工作时间内的工作量，另一方面又面临着客户要求降低价格、压缩成本的压力，同时还面临着不减薪不裁员的社会责任压力。在这种多重压力的情况下，座谈会上一部分企业代表提出，增加员工的假期不失为应对金融危机的良策。例如，TCL王牌电器公司就采取了给职工放假的方式，来应对订单减少、开工不足的问题。又例如，中山华帝燃具股份有限公司采取轮休措施，对部分工作量严重不足的岗位，安排员工每月轮流休假一至二天；该公司还采取无薪休假措施，实施每周半天无薪休假，以缓解工作量不饱和、人浮于事的阶段性问题；同时该公司还采取加班调休制度，一方面严格控制加班审批流程，另一方面在员工加班后尽量安排调休，减少加班费用的支出。

7. 缓缴或减免社会保险费及有关规费

社会保险费是企业对员工应该承担的一种责任，也是企业正常运行时期应该付出的一种义务，但在金融危机形势下，企业除了自身努力减负之外，也希望能够得到政府的支持和帮助。本次金融危机爆发以后，广东省政府出台了一些政策，2009年暂停失业保险和生育保险费用的缴纳，减半收取劳动调配费，免收劳动合同签证费。虽然这些费用都不是很多，但对于处理金融危机中的企业来讲，有如雪中送炭，得到了与会企业代表的充分肯定。比如，TCL王牌电器公司因为上述费用的减免，一年节省了数百万元。

8. 加强沟通，与员工共克时艰

与员工建立一种和谐的劳动关系，企业正常运行下劳资双方的沟通很重要，金融危机形势下更显必要和紧迫。座谈会上一些企业代表提出，坦诚地将企业面临的困难告诉员工，并且表明企业克服困难的态度和方法，不仅有利于克服员工怕被裁员、被减薪所带来的恐慌心理，而且能够调动员工献计献策，树立员工与企业共克时艰的信心和决心。例如，TCL王牌电器公司设立专职的员工关系小组，负责处理员工关系。2009年上半年该公司组织策划和实施了许多沟通传播的工作，如通过人力资源信箱、总裁信箱、员工座谈会、高管沟通会、人力资源现场咨询会、民主会议等形式，收集员工意见324条，解决及解答员工问题307条，解决率为95.0%，极大地缓和了员工关系，及时解决了员工劳动争议。该公司今年上半年没有发生一起劳动争议仲裁案件。

东莞贯铨鞋业有限公司面对金融危机，通过职工代表大会向员工发出“共同承诺、共克时艰”的倡议书，并在全公司范围内开展“金点子”活动，鼓励员工以班组建设为主体，结合本单位、本部门、本岗位的实际，提出“金点子”建议，使公司在降低生产经营和管理的运行成本方面取得了明显成效。

金融危机形势下我国劳动关系的总体判断及变化趋势

要对金融危机下我国劳动关系的状况作一个总体判断，首先要回答受金融危机影响程度不同的上述三种不同类型企业在我国社会经济中各自所占的比重到底有多大，对我国劳动关系的影响程度到底有多深。对此课题组无法得到较权威的直接数据，但从一些权威统计数据中可以得到一些间接的解释和说明。据有关部门提供数据，2008年，我国出口总额占GDP比例将近40.0%。由此可知，第二种企业和第三种企业在我国社会经济中所占的比重最大不会超过40%，考虑到金融危机形势下出口市场并没有全面萎缩，因此企业代表们提出对该比重按50.0%进行折算，由此可折算出后两种企业在我国社会经济中所占的比重大致为20%左右。当然珠三角地区可能要略高一些，但即便如此，第一种企业占主体的地位并没有动摇，这是确保我国企业劳动关系和谐稳定的根基。因此与会的企业代表一致认为，尽管受金融风暴的冲击，我国企业劳动关系的和谐稳定受到一些影响，局部时期、局部地区、局部人群矛盾突显和激化，但整体稳定的基本态势并没有改变。那么在这一基本态势下，我国劳动关系呈现出哪些趋势性变化？从与会企业代表的发言，可以将其总结概括为以下四个方面：

1. 劳动关系分层化趋势明显

从与会企业代表的发言可以看出，金融危机形势下我国劳动关系的和谐稳定程度表现出明显的层次性，大致可以划分为和谐、基本和谐、不太和谐三个不同的层次。和谐劳动关系是整个社会经济生活的主流，在该种劳动关系下，劳资双方主体资格规范、经典，双方权利义务明确且有保障，劳动关系运行稳定，劳资双方和谐共存，共同发展。这种劳动关系主要存在于国有大中型企业和运行规范的外资、民营企业中。不太和谐的劳动关系在整个社会经济生活中所占的比重不大，但在金融危机形势下比重有所增加。在这种劳动关系下，劳资双方主体资格存在不规范现象，双方权利义务不够明确且保障性较差，劳动关系运行不稳定，劳资双方矛盾对立而且随时处于激发状态。这种劳动关系主要存在于运行不太规范的中小型企业及抗风险能力较低的外向型大中型企业中。基本稳定的劳动关系在社会经济生活中也占有相当比重，主要存在于抗风险能力较强的外向型大中型企业和运行基本规范的大中型企业中。在这种劳动关系下，劳动关系运行整体上是和谐的，但由于劳资双方力量对比悬殊，因此存在一些不和谐的因素，这些因素在金融危机形势下某些情形出现时还有可能导致冲突和对抗。

2. 劳动关系多样化趋势明显

金融危机形势下劳动关系多样化趋势明显主要表现在用工形式的多样化，包括使用劳务派遣工和业务外包用工的情形增加。

座谈会上，很多企业代表都谈到他们的企业以往用工都采用劳动合同制，没有采用其他用工形式，目的是要培养员工对企业的忠诚度，培育企业的核心竞争力。金融危机爆发以后，采用单一的劳动合同制用工显然有些适应不了金融危机形势企业用工的特殊要求，主要表现在：一是订单突然减少，企业生产能力随即产生富余，生产线上的员工就要富余出来，而要解除这些富余员工的劳动合同成本很高，而且不容易解除；二是有的时候企业突然接到了订单，用工需求就要立即大量增加，而此时企业要在很短时间里招聘到所需要的员工又很难。因此只好找专业的劳动派遣公司，使用劳务派遣工。这既节省了招聘费用，降低了招聘成本；又避免劳动关系固化，降低用工风险，因此金融危机形势下企业使用劳务派遣工的情形呈现明显增加态势。

3. 劳动关系灵活化趋势明显

金融危机形势下劳动关系灵活化主要包括工时制度和休假制度等相关制度的灵活化，表现在申请实行综合计算工时工作制和不定时工作制的企业增加了，一些企业的员工休假多了，员工的工作和休假时间安排更加灵活了。座谈会上很多企业代表都谈到企业开始在一些岗位上执行综合计算工时工作制，认为这种制度有利于金融危机形势下企业生产任务不均衡的情况下，合理安排员工的工作和休息时间，减少加班费的支出，降低人工费支出。很多企业代表也谈到了订单减少、企业生产任务不饱和的情况下，以给员工放假代替裁员，以给员工无薪休假代替减薪，作为应对金融危机的措施，不失为两全之举，既可以降低企业成本帮助企业顺利渡过难关，又容易取得员工的理解和支持，维护劳动关系的和谐稳定，保持企业员工队伍的稳定，为金融危机过后企业迅速恢复生产经营奠定好基础。

4. 对抗与妥协并存的趋势明显

座谈会上，企业代表较普遍认为，企业正常运行环境下的劳动关系更多的表现为合作与和谐，尽管也存在对抗，但对抗是暂时的、个别的。金融危机形势下，企业随时面临订单减少或者被取消，导致企业随时面临减薪、裁员压力，劳资双方随时面临对抗和冲突。这种对抗和冲突不仅具有突发性，而且具有群体性特征。群体性的含义是，这种对抗是企业资方与全体劳动者之间的对抗，不是与某一单个劳动者的对抗。因此对抗是非常激烈的，如果处理不好，会对企业产生严重的不良影响。正是因为对抗的群体性也就决定了资方为了减少对抗，常常采取妥协的方式来解决劳动者权益问题。而对于劳动者而言，金融危机形势下由于企业外的工作机会减少，离开单位另谋他职的风险加大，成本提高，因此也增加了通过妥协解决自身权益问题的意愿，因而使得金融危机形势下劳动关系又表现出相互妥协的特征。可见，对抗与妥协并存是金融危机形势下劳动关系的又一显著特征。

为什么金融危机形势下企业劳动关系会呈现上述变化？上述变化及其应对措施与金融危机发生关系的内在机理是什么？

劳动关系简单地讲就是企业与劳动者双方在劳动过程中形成的权利义务关系。企业与劳动者的结合离不开劳动过程，企业与劳动者的权利义务的实现也依附于劳动过程之中，金融危机形势下，劳动过程发生了变化，企业与劳动者的结合会随之发生改变，企业与劳动者的权利义务也会随之发生一些调整。那么金融危机形势下，劳动过程发生了哪些变化，促使劳动关系主体及双方权利义务随之发生调整？从座谈会上企业代表的发言来看，金融危机形势下劳动过程主要发生了以下两个重要变化：

一是订单减少，劳动过程的频次减少。市场经济条件下，劳动过程与订单是紧密联系的，订单多，劳动过程发生的频次高；订单少，劳动过程发生的频次低。金融危机形势下，企业没有了订单或者订单减少，劳动过程的频次自然减少。

二是订单的预期性降低，劳动过程的计划性降低。市场经济常态环境下，企业通过营销分析和研究，订单发生的时间、地点和数量，是大致可以预期的，因此劳动过程是可以计划的。金融危机形势下，客户财务状况的稳定性破坏了，订单的预期性打了折扣，劳动过程的计划性也就大大降低了。有时候订单不期而至，劳动过程就要立即发生，以满足订单要求；有时候订单突然取消，劳动过程就要立即终止，否则就会导致浪费和亏损。

正是由于金融危机形势下劳动过程的上述两大重要变化导致劳动关系主体随之要做一些调整，劳动关系主体双方的权利义务也应该有所调整，否则就难以适应金融危机形势下企业生产经营管理客观环境的新变化，难以应对金融危机形势下企业劳动过程的新要求。这是我们在研究金融危机形势下劳动关系的新变化及应对措施时首先应该考虑的问题。

（本文原载《企业管理》2009. 11）

2009 年度民营企业经营管理情况分析

中华全国工商业联合会经济部　中华财务咨询有限公司

调研显示，2009 年，随着民营企业规模的扩大，民营企业 500 家治理结构不断完善，民营企业 500 家的企业重大决策权主要集中于股东大会和董事会，控股权在非家族内的企业比重超过 50.0%，党组织和工会的覆盖率也均接近 90.0%。受国家鼓励民间投资政策的鼓舞，民营企业 500 家投资热情高涨，对进入金融、电力等垄断行业及新能源等战略性新兴行业充满兴趣。民营企业 500 家管理水平提升显著，更加重视质量管理和信息化管理，通过各类国际认证的企业数明显增长。民营企业不断改善员工素质，采取措施吸引人才，越来越重视用工规范性，2009 年养老保险、医疗保险和失业保险覆盖率在 80.0% 以上的企业数量占了八成的比重，与员工 100% 签订劳动合同的企业接近 400 家。

一、2009 年民营企业 500 家治理结构分析

1. 民营企业仍以自然人发起设立为主要创立形式

调研数据显示，2009 年民营企业 500 家中，发起设立的有 262 家，占民营企业 500 家的 52.4%，是民营企业最主要的设立类型。其次为乡镇企业改制，共有 117 家，占比 23.4%。国有企业改制、城镇集体企业改制企业数量分别为 61 家和 40 家，分别占比为 12.2% 和 8.0%。见表 1。

2009 年民营企业 500 家设立类型

表 1

企业设立类型	企业数（家）	占 500 家比重（%）
发起设立	262	52.4
乡镇企业改制	117	23.4
国有企业改制	61	12.2
城镇集体企业改制	40	8.0

2009 年民营企业 500 家中，企业目前的控股股东为自然人的有 308 家，占 61.6%，行业分布以建筑业，批发和零售，电气机械及器材、线缆制造及仪器仪表制造业居多；其次是内资法人控股的有 134 家，占民企 500 家的 26.8%，行业分布以建筑业，批发和零售，黑色金属冶炼及压延加工业居多。民营企业 500 家大部分都是由自然人白手起家，艰苦创业兴办的，伴随改革开放成长起来的一批大型民营企业的创始人，他们为我国经济社会的发展作出了巨大的贡献，也为很多后来的创业者树立了良好的榜样。见表 2。

2. 非家族控股企业呈现强劲发展势头

调研数据显示，2009 年民营企业 500 家中控股权在非家族内的企业有 267 家，集中在建筑业，黑色金属冶炼及压延加工业，批发和零售业，电气机械及器材、线缆制造及仪器仪表制造业，民营企业控股权在非家族内的企业数量较 2008 年显著提高。

2009 年民营企业 500 家控股股东情况

表 2

控股股东	企业数（家）	占 500 家比重（%）
自然人	308	61.6
内资法人	134	26.8
其他法人	40	8.0

家族控股企业在未来一段时期内将继续存在，尤其是在一些行业和地区，家族企业仍然有其一定的经营管理优势，能够增强高层管理团队之间的信任，减低经营的信用风险，加快决策的速度。但目前从整体上来看，随着企业规模扩大，很多民营企业资金来源呈多元化，还有很多企业改制上市，非家族控制企业呈现出了强劲的发展势头。民营企业集合各方面的专业人才和力量进入企业高级经营管理层，建立起了科学高效的企业管理体系，更有利于民营企业的发展壮大，从控股权类型与公司绩效的关系来看，控股权在非家族的企业 2009 年销售净利率为 4.9%，资产净利率为 5.8%，均高于控股权在家族的企业的 4.4% 和 5.4%。见表 3。

2009 年民营企业 500 家控股权类型绩效对比

表 3

控股权	企业数（家）	占 500 家比重（%）	销售净利率（%）	资产净利率（%）
家族内	181	36.2	4.4	5.4
非家族	267	53.4	4.9	5.8

3. 大型民营企业治理结构日趋规范

随着民营企业规模的扩大，决策科学化、管理规范化对民营企业提出更高的要求。经过市场经济的洗礼，民营企业治理结构不断完善。调研数据显示，2009 年民营企业 500 家中，有 93.0% 的企业重大决策权集中在股东大会和董事会，由董事长或总裁个人决策的企业仅为 7.0%。见表 4。

4. 党组织和工会在民营企业中普遍存在

党组织在增强民营企业员工凝聚力、加强民营企业文化建设、支持企业做大做强方面发挥着战斗堡垒的作用。在新的经济形势下，建立和谐的劳动关系也离不开工会的参与。作为管理结构中的重要组成部分，党组织和工会建设在民营企业中持续地得到重视。调研数据显示，2009 年民营企业 500 家中党委（支部）覆盖率达到了 89.0%，工会覆盖率达到了 87.6%。

2009 年民营企业 500 家决策机制

表 4

决策权归属	企业数（家）	占 500 家比重（%）
董事会	291	60.1
股东大会	159	32.9
董事长	30	6.2
总裁（CEO）	4	0.8

二、2009 年民营企业 500 家发展战略分析

1. 企业发展战略由做大向做强转变

调研数据表明，2009 年民营企业 500 家中，有 71.8% 的企业未来 3 年的发展战略是立足本行业及相关行业发展，比 2008 年和 2007 年分别增加了 1.4% 和 7.4%；拟开展多元化投资的企业只占 20.2%，比 2008 年和 2007 年分别减低了 9.6 和 14.4 个百分点。计划维持现有规模和由多元化回归主业的企业数量很少。见表 5。

2007—2009 年民营企业 500 家未来 3 年发展战略方向

表 5

发展战略	2009 年		2008 年		2007 年	
	企业数（家）	占 500 家比重（%）	企业数（家）	占 500 家比重（%）	企业数（家）	占 500 家比重（%）
立足本行业及相关行业发展	359	71.8	352	70.4	322	64.4
开展多元化投资	101	20.2	149	29.8	173	34.6
维持现有规模	7	1.4	—	—	—	—
由多元化回归主业	4	0.8	—	—	—	—

绝大部分企业选择在未来三年里继续发展，并制定了发展战略，表明民营企业对后金融危机时期的中国经济发展尤其是民营经济的发展充满了信心。而在克服国际金融危机的过程中，大型民营企业清晰地认识到由做大向做强转变的重要性，纷纷选择在后金融危机时期，抓住机遇，突出在本行业中的优势，整合上下游资源，以提高企业在行业里和国际上的综合竞争实力。过去一些大型民营企业采取多元扩张战略，在未来的一段时间内，企业对此将持更加谨慎的态度。

2. 企业期待更多地进入垄断性行业和战略新兴行业

2009 年民营企业 500 家中，有一半左右的企业计划投资制造业和房地产业，拟投资服务业、能源、金融的企业也分别占到了 500 家中的 28.8%、23.6%、22.6%。见表 6。

2009 年民营企业 500 家未来 3 年拟投资行业

表 6

拟投资行业	企业数（家）	占 500 家比重（%）
制造业	253	50.6
房地产	221	44.2
服务业	144	28.8
能　源	118	23.6
金　融	113	22.6
资　源	84	16.8
其　他	52	10.4
基础设施	50	10.0
文化、教育、卫生	43	8.6

2009 年民营企业 500 家中，76% 是制造业企业，很多企业还是行业的龙头，他们未来三年的投资方向是继续立足本行业及相关行业发展，在本行业内继续做强。国际金融危机后，人们提高了对实体经济的认识，西方国家也出现回归制造业的趋势，这些也可能是制造业在近几年首次成为民营企业未来 3 年最想投资的行业的原因。房地产业继续占据领先地位，可见房地产业在大型民营企业眼中，仍被视为很有投资吸引力的行业。

服务业、能源、金融对大型民营企业有着较大的吸引力，这与国家放宽对民营企业行业准入政策有很大关系，民营企业对未来在这些行业的发展充满了期待。2010 年初，国务院发布《关于鼓励和引导民间投资健康发展的若干意见》（“新 36 条”），明确支持鼓励民营资本进入金融、石油、电力等垄断性行业，这将为民营企业新的投资注入强大的动力。此外，新能源、新材料等绿色产业作为战略性新兴产业，是金融危机后的新经济增长点，民营企业抓住这些重要的发展机遇，将有助于获取竞争新优势。

3. 东部以外的区域对企业投资吸引力增加

调查表明，2009 年民营企业 500 家未来拟投资区域中，东部地区占比最多，但有相当多的企业表示拟向中西部地区投资。见表 7。这表明，在国家西部大开发、中部崛起以及振兴东北老工业基地的战略引导之下，很多东部民营企业已经或者正在考虑向东部以外的广大地区产业转移，以获得相对低廉的劳动力价格、更加丰富的资源、更加广阔的市场空间和更加优惠的投资政策所带来的发展潜力。

有 127 家的民营企业计划在未来 3 年向海外投资，占到 500 家的 25.4%，民营企业“走出去”的步伐持续加大，也可以看到，大型民营企业成长为有国际竞争力的跨国企业已逐步成为发展的大趋势。

2009 年民营企业 500 家未来 3 年拟投资区域

表 7

拟投资地区	企业数（家）	占 500 家比重（%）
东　部	222	40.4
中　部	192	38.4
西　部	185	37.0
东　北	96	19.2
海　外	127	25.4

4. 专业人才短缺、土地使用限制、融资困难、项目审批难依然是民营企业投资遇到的主要困难

专业人才短缺的问题近年来一直是民营企业投资过程中所遭遇的头号难题，而且远远超过其他各种因素对投资的影响。在各种机遇面前，民营企业因为没有足够的人才储备，往往错失良机。土地使用限制、项目审批难和行业准入壁垒目前依然是民营企业投资的主要困难，国务院“新 36 条”政策的逐步落实将有望进一步向民营企业放开投资领域，减少民营资本进入的体制障碍。见表 8。

2009 年影响民营企业 500 家投资的主要困难

表 8

投资困难	企业数（家）	占 500 家比重（%）
专业人才短缺	264	52.8
土地使用限制	189	37.8
融资困难	171	34.2
项目审批难	124	24.8
行业准入壁垒	98	19.6
项目来源有限	87	17.4
项目来源有限	51	10.2
政策不透明	50	10.0
其　他	44	8.8

三、2009 年民营企业 500 家企业管理分析

1. 民营企业质量管理水平稳步提高

随着市场竞争日趋激烈，民营企业的质量意识也日益深入，越来越重视以质取胜，民营企业 500 家的企业质量管理水平不断提高。调研数据显示，2009 年民营企业 500 家中，有 86.6% 的企业通过了 ISO 9000 质量认证，与上年基本持平；有 62.6% 的企业通过了 ISO 14000 认证，较 2008 年增加 1.4 个百分点；值得注意的是，有 38.4% 的企业通过了保障员工健康安全的 OHSAS 18000 认证，较 2008 年增加了 6.2 个百分点，见表 9。由此可见，民营企业在环保和员工保障方面也越来越重视。同时，民营企业还结合自身业务发展的要求，积极通过相关质量管理认证，认证的覆盖面不断扩大，包括 TS 16949 国际质量体系认证、SA 8000、ISO 22000、HACCP 等几十种认证。

2. 民营企业信息化建设逐步完善

信息化管理将现代信息技术与先进的管理理念相融合，转变企业生产方式、管理方式和业务流程，是提高企业效率和效益、提升企业竞争力的重要途径。近几年来，民营企业 500 家的企业信息化建设快速发展，信息化管理水平稳步提高。调研数据显示，2009 年实施 OA（办公自动化系统）的企业占 500 家的 84%，比 2008 年上升了 6.2 个百分点；实施 ERP（企业资源规划）的企业占 500 家的 62.6%，实施 HRM（人力资源管理）的企业占 500 家的 58.4%，客户关系管理、供应链管理、企业管理解决方案等信息系统建设也都稳步推进，各类信息化系统实施比重较 2008 年都有明显的提高。见表 10。

3. 人力资源结构进一步优化

各种专业人才的匮乏始终是制约民营企业发展的瓶颈，人才的缺失意味着企业长远发展动力的不足。随着民营企业进入新的发展阶段和新的行业领域，民营企业对人员素质的要求也逐步提高。近年来，民营企业内部人力资源结构逐步优化，人才状况不断得到改善。从调研数据来看，2009 年民营企业 500 家中，管理人员超过总人数 30.0% 以上的企业占到 11.2%，本科及以上学历人员超过总人数 30.0% 以上的企业占到了 29.6%。技术人员人数方面，占比在 30.0% 以上的企业达到 24.0%，比 2008 年提高了 2.4 个百分点，500 家企业中技术人员占比稳步增加，表明大型民营企业出于核心技术创新，加快技术升级的需要，对技术人才的吸收和培养力度不断加大。表 11。

2008—2009 年民营企业 500 家管理认证情况

表 9

企业管理认证	2009 年		2008 年	
	企业数（家）	占 500 家比重（%）	企业数（家）	占 500 家比重（%）
ISO 9000 系列国际质量认证	433	86.6	434	86.8
ISO 14000 环境管理体系认证	313	62.6	306	61.2
OHSAS 18000 职业健康安全管理体系认证	192	38.4	161	32.2
3C 质量认证	94	18.8	91	18.2
其他认证	96	19.2	101	20.2

2008—2009 年民营企业 500 家信息化建设情况比较

表 10

信息化类型	2009 年		2008 年	
	企业数（家）	占 500 家比重（%）	企业数（家）	占 500 家比重（%）
办公自动化系统（OA）	420	84.0	389	77.8
企业资源规划（ERP）	313	62.6	282	56.4
客户关系管理（CRM）	187	37.4	161	32.2
供应链管理（SCM）	159	31.8	150	30.0
人力资源管理（HRM）	292	58.4	260	52.0
企业管理解决方案（SAP）	62	12.4	—	—
其　他	42	8.4	31	6.2

2009 年民营企业 500 家人力资源结构

表 11

发展战略	管理人员		技术人员		本科及以上	
	企业数（家）	占 500 家比重（%）	企业数（家）	占 500 家比重（%）	企业数（家）	占 500 家比重（%）
≥50.0%	12	2.4	37	7.4	63	12.6
≤30.0% <50.0%	44	8.8	83	16.6	85	17.0
≤10.0% <30.0%	225	45.0	226	45.2	183	36.6
<10.0%	176	35.2	103	20.6	123	24.6
总　计	457	91.4	449	89.8	454	90.8

4. 民营企业长效激励机制作用凸显

有效的激励机制能够吸引和保留优秀人才，激发员工的积极性和创造性，将人才优势切实转化为企业的核心竞争力。随着民营经济的日渐成熟，民营企业的人才意识日益深入，民营企业逐步形成了多元化的激励机制，激励机制覆盖面不断扩大。多数企业采取多种激励机制相结合的方式，显示出民营企业的激励机制已经由短期为主，转向短期激励和长期激励相结合的激励机制。

调研数据显示，年薪制是民营企业最为普遍的激励手段。2009 年民营企业 500 家中采用年薪制的企业有 384 家，占 500 家的 76.8%，较 2008 年提高 6.6 个百分点。随着经济的逐步回暖，2009 年采取加薪的企业大幅增加，共有 280 家企业加薪，占 500 家的 56.0%，比 2008 年增加 20.2 个百分点。采取经营者持股、激励基金、股票期权等激励手段的企业数量和比重比 2008 年都有所增加。其他激励方式主要包括培训、出国考察、住房、购车、表彰等。

从激励机制与企业绩效的关系来看，股票期权和经营者持股两种长期激励机制所对应的企业绩效相对最高，而激励基金的效果相对较低，见表 12。不同的激励机制对公司的业绩影响不同，民营企业需要结合自身的业务特点、企业文化和战略，逐步规范和优化激励机制建设。

2009　年民营企业 500 家激励机制与绩效相关性分析

表 12

激励机制类型	企业数（家）	占 500 家比重（%）	销售净利率（%）	资产净利率（%）
年薪制	384	76.8	4.5	5.4
加　薪	280	56.0	4.6	5.5
经营者持股	162	32.4	4.6	6.2
激励基金	96	19.2	4.5	5.1
股票期权	75	15.0	5.9	6.2
其　他	39	7.8	4.8	5.4

5. 民营企业社会保障覆盖范围继续扩大

随着民营企业员工管理制度的日益规范和《劳动合同法》的实施，民营企业 500 家员工参加社会保障的比例逐年上升。民营企业为保障劳动者权益、建立和谐劳资关系和维护社会稳定作出了重要贡献。调研数据显示，2009 年民营企业 500 家中，养老保险、医疗保险和失业保险参保率都在 100% 的企业达到 248 家，占民营企业 500 家的 49.6%；养老保险、医疗保险和失业保险覆盖率在 80.0% 以上的企业数量均达到或接近 80%，比 2008 年提高了近 10 个百分点。而各项社会保险缴纳不足 30.0% 的企业数量占比则在近 5 年以来首次全部降到了 5.0% 以下。见表 13。

2009 年民营企业 500 家员工保障情况

表 13

企业内覆盖面	养老保险		医疗保险		失业保险	
	企业数（家）	占 500 家比重（%）	企业数（家）	占 500 家比重（%）	企业数（家）	占 500 家比重（%）
≥80.0%	421	84.2	407	81.4	396	79.2
≤30.0% ≤& <80.0%	42	8.4	42	8.4	44	8.8
<30.0%	9	1.8	19	3.8	20	4.0
总　计	472	94.4	468	93.6	460	92.0

2009 年，劳动合同签约率在 90.0% 以上的企业有 467 家，占民营企业 500 家的 93.4%，较 2008 年提高了 2.6 个百分点。其中，劳动合同签约率达到 100% 的达到了 397 家。

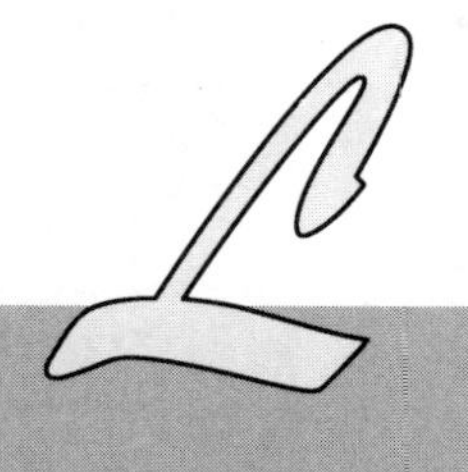

THE ENTERPRISE INNOVATION AND MANAGEMENT

企业改革与管理

综合管理

积极推进变革调整努力实现更高水平发展

中国企业联合会　中国企业家协会会长　王忠禹

2009年是新中国成立60周年大庆之年。60年来，在中国共产党的坚强领导下，中国人民在探索符合国情的发展道路上百折不挠，奋勇前进，取得了辉煌成就，中华民族实现伟大复兴的光明前景已经展现在我们面前。特别是改革开放以来，在国家推进企业改革和发展、实施大企业战略的一系列方针政策指引下，在一大批富有创新精神的企业家和无数企业员工前赴后继的不懈努力下，我国大企业发展也取得突破性进展。2009中国企业500强的入围门槛超过百亿元；57家企业的营业收入超过千亿元，其中3家企业超过万亿元。7年前，中国企业500强的规模仅相当于美国企业500强的1/10，现在这一比例已经超过了1/3，两者之间的差距在迅速缩小。在2009世界企业500强中，我国内地入围企业达到了创纪录的34家，比上年净增8家，入围企业数量超过了英国。这些令人瞩目的成就，为我国综合国力的提高和国际竞争力的增强打下了越来越坚实的基础。

2009年也是进入新世纪以来我国经济发展最为困难的一年。党中央、国务院制定并实施了一系列促进经济平稳较快发展的政策措施，积极应对国际金融危机的严重冲击，目前已经初见成效。从二季度开始，我国国内生产总值扭转了连续7个季度增速下降的趋势，总体经济形势开始企稳向好。面对这场史无前例的国际金融危机，我国企业尤其是大企业勇担重任，认真贯彻中央提出的“保增长、保民生、保稳定”的战略方针，在挑战中奋力前行。一方面，苦练内功，强化管理，千方百计稳定企业生产经营；另一方面，大力推进体制创新、技术创新和管理创新，竞争力有了新的提高，为保持国民经济平稳较快发展作出了突出贡献，发挥了中流砥柱的作用。

在肯定成绩的同时，我们也必须清醒地看到，当前，无论是世界经济还是我国经济都处在一个重要历史时刻。从国际来看，金融危机引发了全球性的经济衰退，实现经济复苏是一个缓慢曲折的过程；世界经济开始进行大规模、长周期性的转型和调整，未来新一轮的国际竞争必将更加激烈。从国内来看，成功应对国际金融危机，进一步巩固经济回升态势，实现国民经济平稳较快发展，仍有许多艰苦的工作需要我们去做。

这场危机虽然给我国经济和企业的发展带来了严重冲击，但也给我们提供了一个反思的机会，提供了一次进行变革调整的机遇。抓住世界经济调整的机遇，主动推动战略变革，努力实现更高水平发展，是摆在我国广大企业面前的一项重要任务。借此机会，我围绕大会主题，谈几点看法和意见。

一、坚持稳健经营，以前瞻性的战略引领企业发展

国内外大量成功企业的实践表明，对企业发展起决定作用的是方向而不是机会，远大的理想、前瞻性战略、崇高的目标是企业的灵魂。企业要做强、做大、做久，必须有明确的价值观和战略目标来引导自身的行动。在这次危机中倒下的企业，不少是“百年老店”，很重要的一条，就是他们偏离了企业的核心价值观、迷失了战略方向。恪守企业核心价值理念，冷静思考并制定前瞻性的发展战略，是企业可持续发展的重要保障。

我国大企业要力戒浮躁，不赶浪潮，不追时髦，坚持从国情、企情出发，稳健经营，切实增强贯彻落实科学发展观的自觉性和坚定性，不因一时的困难而动摇，也不因一时的形势好转而懈怠。要高度关注国际国内环境变化，在清醒认识当代世界经济格局中明确发展方向，在全面认识国家经济社会发展战略布局中确立发展重点，在深刻把握宏观经济形势中掌握发展进程，特别是要高度关注新技术、新产业的发展动向，避免由于重大技术失误而使企业陷入困境。要自觉与世界一流企业对标，勇于接受新事物，善于接纳新观念，不断增强发展新动力。要集中精力搞好主业，把有限的资源投入到自身最为擅长的领域，坚决避免盲目多元化和过度扩张，哪些该做，哪些不该做，哪些要停做，一定要心中有数。要建立健全领导体制和决策机制，学会运用科学民主的决策程序，尽可能减少或消除决策的随意性，确保企业沿着正确的轨道发展。

二、立足全球竞争，打造高附加值产业链

今天的国际竞争，早已不是企业与企业之间的竞争，而是产业链与产业链之间的竞争。大企业往往占据产业链的关键位置，扮演着“系统集成者”的角色，其经营行为对产业链中的其他企业有着巨大影响。面对日益激烈的国际市场竞争，进行产业链和价值链重组，打造高附加值产业链，已经成为我国企业特别是大企业实施转型升级的一个极为重要的工作方向。

如今许多产业的发展早已突破了国界的限制，成为了全球性的产业，这就要求企业必须立足全球竞争，在全球

产业链条上建立自己的优势，否则就会陷入被动的局面。为此，我国大企业要强化资源整合，努力打造高附加值产业链。要积极抢占价值链高端，在立足制造基础上，积极向产业链的上下游拓展，力争在品牌建设、创意设计、技术创新、物流运输、营销网络等环节有所突破，形成更加完备的产业链。要强化产业链内部企业之间的合作与互补，实现资源和信息共享。要注重发展企业集群，发挥大企业和优势企业的引领带动作用，在困难时共渡难关，在顺利时共享发展。

三、大力开发内需，深耕本土市场

作为全球成长最快的经济体，中国不仅为外商投资企业提供了重要的发展机遇，更为本国企业提供了飞速扩大的广阔市场和无与伦比的发展机会，在移动电话、电视、汽车等领域，中国已经成为全球最大的消费市场。值得注意的是，一直以来，跨国公司正以一种更精细的战略深耕中国市场，一些跨国公司成功的“本土化战略”正在削弱中国企业的本土优势。可以说，中国市场已经成为全球大企业的必争之地。

当前，为抵御国际金融危机带来的冲击，我国政府再次明确把扩大国内需求作为促进经济增长的长期战略方针和根本着力点，积极采取措施，充分发挥内需特别是消费需求拉动经济增长的主导作用。在当前世界经济衰退、出口增长乏力的形势下，我国大企业应该顺应形势发展，在进一步开拓稳定国际市场的同时，积极发挥在中国本土的低成本、文化相通、品牌认知度高等优势，深耕本土市场，成为拉动内需的主力军，这不仅是我国企业进一步发展的一条重要出路，也是我国企业对本国人民应尽的一份责任。要充分利用政府提出的“家电下乡”、“汽车以旧换新”等启动内需的政策，努力为国内各层次消费群体提供满意的产品与服务。要密切关注国内市场的热点，迅速响应并创造性地满足不断涌现的新需求。要加大在国内市场的宣传与推广力度，不断提升品牌在本土市场的影响力。要利用现代物流体系将销售终端从中心城市向三四级城市乃至农村市场延伸，不断提高市场覆盖率，为国内消费者提供更多的便利。

四、顺应时代潮流，积极谋划绿色发展

发动新的技术革命是世界各国化解危机、摆脱困境的重要出路。新能源、新材料、生物制药、节能环保等产业，正在成为新一轮国际竞争中的战略制高点。

在此背景下，绿色发展日益受到各国政府和企业的广泛重视。我国政府明确提出，下一阶段将大力发展绿色经济，培育以低碳排放为特征的新的经济增长点。这将是一场涉及生产模式、生活方式、价值观念和国家权益的全球性革命，必将对企业发展带来深远影响。对此，我国大企业必须给予高度关注和重视。要有战略眼光，顺应世界潮流，努力打造绿色产品生产链，从清洁能源、清洁生产过程、清洁产品方面着手，抓好产品生命周期全过程和生产全过程的控制，力求使产品对环境的影响降到最低限度。要在产业布局、发展转型、节能减排、技术创新和管理文化工作上早做安排，大力开发应用节能技术、新能源技术、资源回收再利用技术，加大生产工艺的技术改造，加大对环境保护和应对气候变化的相关规定的执行力度，努力打造低碳经济和循环经济，在绿色发展道路上迈出更加坚定的步伐。

五、坚持人才强企，大力开发人力资源

人才是一切事业成功的根本。面对日新月异的科技进步和日趋激烈的国际竞争，切实提高企业发展水平，必须大力开发人力资源，将培养和造就高素质人才队伍作为一项基础性的战略任务抓紧抓好。近年来，我国许多大企业学习借鉴世界先进企业建立企业领导力发展中心的办法，兴办了一些具有较高水平的企业学院和大学，对于形成独特的企业精神、提高经营团队的领导水平、提高员工队伍素质起到了重要作用，值得进一步发扬光大。

在全球金融危机带来的巨大冲击下，尽管压力重重，企业高层领导也必须有长远眼光，坚持“人才强企”不放松。要借助金融危机的特殊时期加快引进高素质人才，积极进行人才储备，有条件的企业还要注重从全球市场招聘高端人才。要着眼于培养和激发人才的创新能力，积极探索适应于知识型员工的激励政策，通过事业发展、收入薪酬、感情纽带，吸引和留住人才；要改革完善选人用人机制，善于在公平竞争中识别人才、发现人才、培育人才，充分调动广大员工的积极性和创造性。要通过岗位轮训、出国深造、挂职锻炼、联合培养、在职学习等多种手段，提高经营管理团队的综合素质。要积极实施员工职业生涯规划，引导他们把个人成长与企业发展紧密地结合在一起。

六、强化集约管理，提高运行效率

与国外大企业相比，我国大企业发展的一个明显特点就是成长快。2002 中国企业 500 强平均营业收入为 120 亿元，2009 中国企业 500 强达 520 亿元，7 年间增长 3.3 倍，年均增长 23.3%。这期间，并购重组成为我国大企业扩张越来越重要的手段，单是在 2008 年，中国企业 500 强中就有近 150 家并购或重组了 650 家企业。推进企业并购重组，是我国当前推进实施大企业战略、产业振兴规划的重要手段。不少企业也希望利用这样的机遇实现低成本快速扩张。需要强调的是，参与产业重组的主导企业，要高度重视弥补企业管理中的“短板”。有的企业在快速成长中由于对资源与能力问题处理不好、出现脱节，强调联合、忽视管理，尽管从表面上看是做大了，但综合竞争力和经营绩效并没有得到相应提高；一些企业“欲求速胜，反遭速败”。在并购重组中必须进一步夯实管理基础，强化并购后的管理整合、文化整合，实现企业“有机成长”，防止出现“集而不团”、“联而不合”的现象。要善于通过战略、文化、品牌、技术、管理等纽带，把兼并重组对象和成员单位紧密地联系在一起，提高企业一体化经营水平。要走业务单元专业化分工的道路，消除内部竞争，优势互补，充分实现内部业务协同，形成综合竞争优势。要注重优化组织结构，改进集团管控模式，特别是要强化信息化建设，建设科学高效的管理平台和业务操作平台，为企业快速健康发展提供

坚强保障。

尽管我们在企业做强、做大、做久的道路上已经取得相当成绩，在应对危机中已经取得初步成效，但是，在世界经济格局迅速发生变化的背景下，今后我们面临的困难将会更多，面临的挑战将会更大，对此我们要有正确的估计和充分的准备。我坚信，战胜前进道路上的各种困难和挑战，我们不但可以有所作为，而且可以大有作为。让我们紧密地团结在以胡锦涛为总书记的党中央周围，以科学发展观为指导，进一步增强责任感和使命感，奋力拼搏，开拓创新，为保持国民经济平稳较快发展，为社会主义现代化建设作出新的更大的贡献！

（本文系王忠禹同志在2009中国企业500强发布暨中国大企业高峰会开幕式上的讲话，发表时有删节）

积极探索具有中国特色的国有企业改革之路

国务院国有资产监督管理委员会研究中心主任　党委书记　李保民

中国国有企业的建立和前行，是与创建人民共和国同时起步的。从1927年中国红色企业起步发展，到1949年没收官僚资本、对民族资本、私营资本进行社会主义改造，再到国家大规模的投资兴建一大批关系到国民经济命脉的项目，在建国之初的3年内初步建立了社会主义公有制企业体系，这些都为中国国有企业走上建设之路奠定了基础。

企业有了，走什么样的路、以什么样的方式来组织和管理企业，历史没有留给中国人从容选择甚至稍加思索的时间。当时的历史条件，迫使决策者必须立即做出选择。第一个社会主义国家苏联在20世纪30年代创造了高度集中的计划经济体制，而苏联老大哥的辉煌成就又为全世界所瞩目，新生的人民共和国既然选择了社会主义，那么，这样一种高度集中的计划经济体制及企业管理模式，也就顺乎逻辑地成为惟一的选择。中国最初的国营企业管理模式，就是以156个苏联援建项目和694个限额以上建设项目的集中统一管理为中心而建立起来的。客观历史条件使得新中国企业的组建和发展道路，一开始，就走上了一条必须学习借鉴探索之路。

1952年，政务院发布的《关于各级政府所经营的企业名称的规定》就明确界定：凡中央五大行政区各部门投资经营的企业（包括大行政区委托省、市代管的），称“国营企业”；凡省级以下地方政府投资经营的企业，称“地方国营企业”；政府与私人资本合资，政府参加经营管理的企业称“公私合营企业”。

“国营企业”，在计划经济时期恰如其名，“政企不分”、“政资不分”是其鲜明特征。“国营”是“国家经营”的意思。国营企业由国家经营，即国家以计划方式、行政手段调配经济资源，各级政府直接决定企业的生产和销售计划、资金安排、资产配置、成本开支、利润分配，不需要走市场。国家对国营企业是按照“统一领导，分级管理”的原则进行管理的。企业是政府的附属物，扮演的是车间或厂房的角色，缺乏经营自主权，既无盈利动力也无生存压力。结果是，一方面是资源的严重浪费，另一方面则是物资的极大短缺。在这种体制下，企业不可能有效率地进行生产。

高度集中的计划体制和国营企业管理模式，没有解决社会主义应该比资本主义具有更高生产力的问题，也没有形成富有生机和活力的企业经营机制，这种状态维持了几十年。在此期间，尽管也进行了一些国营企业的财权、物权、计划管理权和劳动工资权以及企业领导体制的变更。但这些仅仅是在计划经济框架内实行的行政管辖权的下放，因而不可能达到预期的效果，依然无法摆脱、突破高度集中的计划体制。改革国营企业管理模式、解放生产力，成为不可避免的历史必经之路。

国营企业早期的变革实践证明，1978年以前的企业变革调整，都只能是在传统计划经济框架内实行的行政管理权限下放，因而也不可能达到预期的效果。只有从党的十一届三中全会以后的国有企业改革，才真正开始了中国国有企业改革的艰难历程。

改革开放以来，波澜壮阔的国有企业改革总体上可以分成3个步骤：“国营企业”→“国有企业”→“国家出资企业”，对国企称谓的变化，恰好勾勒出了国企改路线图。第一步是从国营工厂到国营企业的改革，时间是1978年底至1984年10月；第二步是从国营企业到国有企业的改革，时间是1984年10月至1993年11月；第三步是从国有企业到国家出资企业的改革，时间是1993年11月至2003年10月。这以后至今的5年多，其实是国家出资企业制度的探索和发展阶段。

党的十一届三中全会后，国营企业最初的改革，是政企合一下的“放权让利”，试图通过“企业基金”、“利润留成”等方式扩大企业的财务自主权，以调动企业的生产积极性。当时所说的国营企业实际上就是工厂形态，企业改革就是使国营工厂逐步变为国营企业。具体的措施有扩大企业自主权和放权让利。这个时期的企业改革还处在探索和试点阶段，它可以看做是计划经济体制引入市场调节的局部调整，从总体上还没有触动计划经济体制。因此，国营企业的改革只限于“松绑”，再加上统购包销和短缺经济替代了竞争和市场，国营企业远离市场，缺乏发展动力，没有竞争力。

1984年10月党的十二届三中全会通过了《中共中央关于经济体制改革的决定》，确立了发展社会主义商品经济的总体改革目标。从此，国营企业就向着国有企业迈进，企业改革进入了一个经营机制创新的阶段。

1985年3月27日，国务院办公厅转发的《全国城市经济体制改革试点工作座谈会纪要》提出，进一步搞活企业，尤其是搞活大中型企业。这个通知第一次以提出“试点城市可选择少数大企业试行吸收本企业职工入股，但需对股息及分红办法做出适当规定，部分小型国营企业，可通过发行股票等方式，转为集体所有”的方式拉开了我国股份制试点的帷幕。从此，股份制试点在中国兴起。

1988年出台的《全民所有制工业企业法》，首次以法律的形式确认了企业的法人财产权利。国营企业向国有企业的变革，实际上就是要通过国有企业所有权与经营权的分离，实现“政企分开”。随着改革的深入进行，对企业所有权与经营权的“两权分离”逐渐有了认识，改革重点也逐渐转移到“实行政企职责分开”上，其核心内容就是不断扩大企业的经营自主权，减少国家对企业的直接干预。

党的十四大确立了我国经济体制改革的目标是建立社会主义市场经济体制。在这个思想指导下，国有企业开始进入了一个以产权制度改革为基础的企业制度创新的发展阶段。

国有企业是在国企所有权和经营权分离改革后对国企称呼上的改变。1993年3月29日，第八届全国人大一次会议通过了第二个宪法修正案。这个宪法修正案将“国营企业”修改为“国有企业”，更加突出国企的经营自主权和集体经济组织独立进行经济活动的自主权。这一字之改，准确地体现了全民所有制经济的所有权和经营权的区别，为我国国有企业改革的发展和深化提供了宪法依据。

1993年11月，党的十四届三中全会明确提出“国有企业实行公司制，是建立现代企业制度的有益探索”。这一阶段，围绕企业改革这个中心，企业改革有了明确的方针政策，理清了国家与企业之间的财产关系，改革在明晰了企业经营权的路子上推进。围绕转换企业经营机制，赋予企业经营权以新的内容。最大的收获应该是，国有企业作为一种新的企业组织形式，逐步发展起来了。

1993年底出台的《公司法》，借鉴了前一阶段“两权分离”和“政企分开”的改革探索经验，确定了企业股东和经营者之间“委托—代理”的制衡关系。通过一系列的改革，公司制成为国企改革的主要形式，企业的股权也逐步实现了多元化，“国营企业”已悄然变成了“国有及国有控股企业”。这时，国家与国有企业之间的关系开始向以现代产权制度为基础的委托代理关系转变。国有企业的改革，也由扩大企业经营权逐步触及到企业的产权制度改革。

这个阶段改革是按照建立现代企业制度的目标，围绕企业制度创新展开的。一是建立现代产权制度，确立企业享有法人财产权，出资人对其出资的企业享有财产权利；二是结合国有经济布局调整，把企业改革同企业改组、改造和加强管理结合起来。调整和完善所有制结构，增强国有经济发展的市场竞争。全面加强企业管理，实行以按劳分配为主体的多种分配方式；三是结合国有企业的扭亏增盈，改善企业资产负债结构，剥离不良资产，核销呆坏账。实行下岗分流、减员增效和再就业工程，千方百计扩大就业路，健全社会保障制度，建立城市居民最低生活保障制度；四是建立健全法律法规是企业改革的重要内容。这个阶段，最重要的立法是《公司法》和《劳动法》，一个突出反映“产权”，一个突出体现“人权”。

国有企业改革发展60年，尤其改革开放30年，一路走来，国有企业不仅取得了举世瞩目的成就，更重要的是我们一直在探索走中国特色的国有企业改革发展之路。

2003年10月，党的十六届三中全会明确提出：“建立归属清晰、权责明确、保护严格、流转顺畅的现代企业制度。”

2007年3月，《物权法》首次提出：“国家出资的企业，由国务院、地方政府依照法律、行政法规规定分别代表国家履行出资人职责，享有出资人权益。”

2008年10月，《企业国有资产法》通篇没有再出现“国有企业”这个称谓，而代之以“国家出资企业”的法律概念。虽只是一个名称的变化，但其反映的内涵极其深刻。以“国家出资企业”取代“国有企业”，实乃国有企业改革的又一个亮点和里程碑。

国家出资企业指的是国家作为出资人，直接出资持股的企业。这个企业既可以是国家百分之百出资，即国有独资企业，也可以是国家控股的企业或者国家参股的企业，都叫国家出资企业。在《企业国有资产法》中，原有意义上的国有企业已经被划分为四类国家出资企业，分别是国家出资的国有独资企业、国有独资公司以及国有资本控股公司、国有资本参股公司，这是一个重大变化。

“国有企业”还多多少少带有特殊身份的意味，其所有制性质明显有别于普通企业。而“国家出资企业”的概念，又比“国有企业”的概念更进一步。它以资本结构为基础确定企业的称谓，国有资本主要是通过出资份额、股权结构和运作方式等产权制度跟企业发生关系。改革开放，使中国企业又走过了一个而立之年，正向四十不惑迈进，这是一个伟大的历史转折点。

国家出资企业，表明国家对企业国有资产管理的内容和方式，是以国家出资形成的所有者权益为基础的。而所有者权益完全是企业管理的财务语言，是现代企业财务管理的核心内容。这完全宣告，无论是独资还是控股或参股，国企都不是原来意义上的“国企”了。

国家出资企业，同时意味着经营性国有资产的管理，是以所有者权益的方式来核定管理内容管理方式的，而不是以过去落后的管理实物的老办法，更不是以行政权利对企业运行进行实质干预，来表达国家利益。

国家出资企业，还意味着，尽管国有企业目前也许还是我们国家最强势和最有可能获取竞争资源的企业，但在市场中，它和其他类型的企业一样都以财务指标衡量，而不是以行政手段在市场上说话。在这个意义上，企业无论大小、无论性质、无论优劣，在市场上都处在同一个量化的标准中，更容易建立平等的企业关系。因为大家都要对出资人负责，都要按章纳税。这对培育企业法人在市场上平等的经营环境，有决定性的作用，其现实意义是深远的。

风雨兼程60年，我们找到了在社会主义初级阶段、在社会主义市场经济的初始时期，走具有中国特色国有企业改革发展之路：

——建立产权清晰、权责明确、政企分开、管理科学的现代企业制度。这是国有企业改革的方向，是发展社会化大生产和市场经济的必然要求。国家出资的企业能很好地体现这些基本特征和必然要求。

——建立归属清晰、权责明确、保护严格、流转顺畅的现代产权制度。这是构建现代企业制度的重要基础，是完善基本经济制度的内在要求。改到深处是产权，体制沟壑变通途。现代产权制度为国家出资的企业奠定了制度保障。

——建立科学规范、相互制衡、权责明确、有效运作的公司法人治理结构。这是现代企业的核心。按照现代企业制度要求，规范公司股东会、董事会、监事会和经营管理层的权责，完善企业领导人员的聘任制度，积极探索党管人才与出资人选择管理者的新路子，建立适应国家出资企业要求的选人用人新机制。

——建立健全管资产与管人、管事相结合的国有资产管理和监督制度。这是推进国家出资企业改革发展的前提。坚持政府公共管理职能和国有资产出资人职能分开。国有资本出资人依法履行出资人职责，努力做到权力、责任和义务相统一。

——调整国有经济布局和结构，推进国有企业战略性重组。这是国家出资企业的重要任务。做强做大国家出资的企业要同产业结构的优化升级和所有制结构的调整完善结合起来，坚持有进有退，有所为有所不为。加快推进和完善垄断行业改革，对垄断行业要放宽市场准入，引入竞争机制。

——完善企业法人制度，依法落实企业法人财产权。这是深化国家出资企业的基本要求，企业作为独立的法人实体和市场竞争主体，以全部法人财产独立享有民事权利、承担民事责任，依法自主经营、自负盈亏对出资人承担资产保值增值的责任。

——深化企业劳动用工、人事和收入分配制度改革。这是深化国有企业改革的关键。完善劳动合同关系，改善人事竞聘办法，强化岗位工资制，做到“能进能出，能上能下，能高能低”。实施积极的就业政策，分流安置富余人员，完善社会保障体系，创造企业改革发展的良好环境。

——加快科技体制改革，加强技术改造。这是国家出资企业加快发展的动力。整合企业内外部科技资源，积极探索符合企业发展规律的技术创新机制，加快产业化与信息化的融合，提高产品质量，挖掘潜力，降低成本，升级换代，提高效益，加紧实施企业知识产权战略，促使企业改革发展走上长久之道。

——建立国资企业的基本管理制度。这是推进国家出资企业的基石。明确出资人职责，建立健全权责明确、有效制衡的企业内部监督管理和风险控制制度，建立健全企业财务会计制度。实行民主管理制度，维护出资人和职工的合法权益，建立企业管理者的经营业绩考核制度、薪酬标准和奖惩制度。以企业文化为核心，以人为本强化细节管理。

以国资企业为新的标志，走具有中国特色的国有企业改革发展之路，做强做大，强国富民，承载着中华千年的希望。

大道远行，国营企业——国有企业——国资企业。国资企业改革，依然任重道远。

（本文原载2009年10月12日《中国企业报》）

2009中国大企业发展的趋势　问题和建议

中国企业联合会　中国企业家协会课题组

一、2009中国大企业发展的趋势和特征

（一）2009中国500强企业持续成长

2009中国500强企业的发展与前几年“单边飘红”的特点有所不同。一方面，规模虽然继续扩张，但增长势头有所放缓；另一方面，利润出现明显下滑，许多经营指标都有下跌。

（1）规模扩张有所放缓，入围门槛提高幅度下降；

（2）企业净利润出现下降，利润率亦有下滑；

（3）资本密集程度不断提升，劳动生产率有所提高。

（二）在世界500强中的比重继续攀升，绩效指标首超世界和美国企业500强

经过长期高速发展，加之受国际金融危机的影响相对较轻，2009中国企业500强的相对规模进一步扩张，经营绩效指标不仅有效地缩小了与世界和美国企业500强的差距，而且一举首次超过世界和美国企业500强。

（1）在世界企业500强中的比重进一步升高；

（2）相对于世界和美国企业500强的规模继续提升；

（3）经营绩效首超世界和美国企业500强；

（4）产业分布的差异基本依旧。

（三）在国民经济中具有优势地位，发挥着重要作用

大企业是一国经济的“中流砥柱”。2009中国500强企业在国民经济中的优势地位得到巩固，发挥的作用进一步增强。

（1）财税贡献占显著地位；

（2）企业用工继续增加；

（3）自主创新能力不断提升；

（4）注重主营业务成长；

（5）并购重组更加活跃；

（6）集团控制力不断加大。

（四）基本结构相对稳定，结构调整有所进展

进入新世纪以来，中国经济在高速发展过程中又回到重化工业的轨道上。由于工业化、城镇化发展的需要，这种趋势一直在加深。由此，中国企业500强的产业分布色彩一直“较重”。在国家产业政策的引导下，上述结构有所调整。随着所有制政策和区域经济政策的不断调整，中国企业500强的所有制结构和地区结构在总体稳定的情况下也有所变化。

（1）传统行业仍占较大比重，“重化工化”特征依旧；

（2）国企仍居控制地位，私营企业稳步成长；

（3）东部地区企业仍占魁首，中西部地区企业持续增加。

二、我国大企业发展中存在的主要问题

（一）企业步入高成本时代

随着经济的增长，我国工业一直以来享受的“低成本红利”正在逐渐消失。劳动要素成本的上升、土地价格和土地使用税的提高以及各种资源、原材料价格的上升等因素都一再推高了生产经营成本。高成本时代已不可避免地到来了，这说明中国工业所面临的市场和政策环境已全面改变。中国工业特别是制造企业要想实现持续发展就必须着手“另辟蹊径”。

（二）应对外部冲击的能力亟待提升

在欣喜于大企业成长的同时，必须指出，进入中国企业500强的许多大企业事实上仍然是“大”而不“强”，其“爆炸式”发展更多的是受益于宏观经济高速增长的“水涨船高”式成长，绝大部分企业的发展与宏观经济周期密切相关。企业自身内在的成长能力并未同步提升，缺少核心竞争能力，企业抗击外界扰动的能力还较弱。

（三）部分国有企业市场化发育程度不高

这种情况主要体现在四个方面：

（1）部分国有大型企业主要是由行政力量直接推动产生，重组效果有待观察；在国际金融危机背景下，企业间的并购重组成为国家产业政策和“潮流”，地方政府尤其有热情推进本行政区域的同类企业合并重组，一些“人造大企业”快速诞生；

（2）部分企业继续依靠开发或经营垄断性资源生存。这些企业缺少面对市场竞争的动机和能力；

（3）少数行业仍然“政企合一”，经营效率低下；

（4）许多国有大企业与政府的关系模糊，治理结构复杂，还未真正成为市场经济主体，真正依靠市场竞争成长为大企业的企业不多。

（四）大企业与中小企业未形成共生的竞合关系

大企业并不是孤立存在的。一方面，大企业和中小企业之间存在一定程度的竞争关系，但是这种竞争关系可能存在产品结构、质量结构、价格结构等方面的差别；另一方面，大企业和中小企业之间还存在着互利共生的合作关系，一个行业内应该是大中小企业并存、共生的产业组织结构。但是如果大企业完全不顾中小企业的利益，不与中小企业建立互利共生的合作关系，那么这种产业组织结构下的大企业就可能出现不可持续成长问题。

（五）企业间的兼并重组困难重重

从历史经验看，经济危机时期都是企业间实施兼并重组的大好时机，但是我们看到当前环境下国内企业实施联合重组还存在一些障碍。究其原因，可能有几个：

（1）市场化竞争还不充分；

（2）企业同质化严重，并购整合互补性不强；

（3）我国还缺少能够为企业间并购重组提供支持的融资平台和中介组织，尤其是证券市场缺少融资能力，投资银行和私募股权基金等中介组织发育不足严重制约了这一进程；

（4）一些地方政府考虑地方利益的地方保护主义，一定程度上阻碍了企业资源在全国范围内的优化配置。

（六）多数企业跨国经营能力较弱

我国大多数大企业的主要目标市场都在国内，跨国经营能力较弱，大多数企业尚未走出国门，在全球范围内实施资源配置。

（七）企业家市场和群体还未发育成熟

我国多数大企业的领导人都有政府部门任命，并且带有一定行政级别、根据需要随时可以在政府官员和企业领导人之间转换角色。这种企业领导人管理体制一定程度上促进了我国政府汇聚了一大批懂市场规律的高级人才，也促使企业领导人关注国家经济形势并将之与企业经营结合起来。但是这种体制的弊病在于，企业领导人并不能长期从事该项职业而形成职业化，同时企业领导人由于“亦官亦商”而没有动力钻研市场规律、提高企业管理水平，关键是无法形成在全国范围内能够有效配置企业家人力资源的企业家市场。这样，企业家的才能并不能按照市场价格确定报酬，企业家也无法根据才能和声誉在企业之间流动，企业家之间也无法建立良好的学习和合作机制，因而直接影响了我国具有全球影响力的企业家的诞生。

（八）企业信息化还存在误区

首先，我国大多数企业的信息化还保留在第一个阶段：硬件建设上。

其次，即使在信息化硬件建设上，我国企业也存在信息化建设投入不足的问题。

第三，我国大企业利用网络进行商业服务的层次较低。虽然企业开通了网站、邮箱，但是更多的是一种企业形象宣传，而不是真正利用网络资源进行商务活动。事实上，以计算机网络为平台的电子商务活动，不仅是信息化建设的问题，还需要企业的信息系统、物流系统、支付系统等进行全面改革和流程再造。目前我国大多数企业缺乏这种紧迫感。

（九）企业发展依然面临体制性障碍

一是我国不同所有制企业之间存在体制性的不平等竞争现象。

二是我国“条块分割、独立运行”的技术创新管理体制已经影响到我国企业的产学研结合进程和技术创新能力。

三是我国还未建立起一套真正有助于高技术企业创业和成长的融资体制。

四是近年来我国大企业遇到的技术创新标准化问题十

分突出。标准就是话语权、定价权。但我国标准化体制仍是以政府单一主导的标准化管理体制，企业参与的少，在封闭环境下制定的标准多。

三、促进我国企业做强做大做久的对策和建议

（1）研究国际国内经济发展趋势，制定具有前瞻性和可行性的发展战略。

（2）不断完善公司治理，调整优化组织结构。

（3）以为顾客创造价值为导向，精耕细作产品和服务。

（4）强化资源整合，提升核心竞争能力。

（5）实现企业联合发展，建立共生的竞合关系。

（6）着力开展自主创新，不断增强开发能力。

（7）积极实施“走出去”战略，提高跨国经营能力。

（8）把社会责任作为战略竞争手段，加强企业危机管理。

（9）加快企业信息化建设，提高企业管理水平。

（10）总结应对金融危机的经验教训，提高企业家的“领导力”。

（11）政府创造良好政策环境，支持企业做强做大做久。

国企改革

中央企业：以科学发展应对国际金融危机

国务院国有资产监督管理委员会主任　党委书记　李荣融

国有企业是国民经济的重要支柱，是建设中国特色社会主义和全面建设小康社会的重要力量，是党执政的重要基础。中央企业是国有企业的骨干和中坚，在关系国民经济命脉的重要行业和关键领域居主导地位。面对这场历史罕见、冲击力极强、波及范围很广的国际金融危机，中央企业采取有力措施，积极应对，并以此作为学习实践科学发展观的生动课堂，深刻认识企业发展规律，认真查找影响企业科学发展的突出问题，及时调整企业发展战略目标，着力调整优化上水平，力争在未来更高层次、更高水平竞争中赢得主动。

一、采取有力措施积极应对国际金融危机

总体来看，中央企业较好地应对了国内外经济形势的剧烈变化，克服了特大自然灾害和国际金融危机的严重影响，生产经营保持了平稳运行态势。

对这场由美国次贷危机演化形成的国际金融危机，国务院国资委一直高度重视，加强预测、预警、预案和战略引导工作，积极应对金融危机的挑战。一是加强预测工作。在2007年底召开的中央企业负责人会议上，国务院国资委要求中央企业"要高度关注宏观经济形势的变化，居安思危，未雨绸缪，深入分析汇率、利率、税率、能源原材料价格变化以及信贷从紧对企业发展的影响，及时调整发展战略和经营策略，制订切实有效的应对措施"。二是加强预警工作。2008年，国务院国资委分别于4月、7月和11月召开会议，要求中央企业积极采取"过紧日子"、"准备过冬"的措施，捂紧钱袋子，谨慎投资，严控风险，强化管理，降本增效。要求中央企业高度重视风险管理，严格控制并购重组；高度重视资金管理，有效控制财务风险。三是加强预案工作。国务院国资委成立了财务应急工作小组，选择了20多家负债率持续升高、市场处于下降状态以及发生较大经营损失的中央企业，进行财务状况剖析，并约见总会计师及相关负责人进行警示谈话，敦促这些企业积极做好预案，有效管控财务风险。四是加强战略引导工作。在2008年底召开的中央企业负责人会议上，国务院国资委提出2009年工作的核心是"调整优化上水平"，要求中央企业从发展战略到管理构架、管理流程、资源配置等都要进行调整优化，不断提高科学发展的能力和水平。

中央企业在应对国际金融危机中行动比较早，措施比较得力，工作扎实有效。一是清理投资项目。一些企业审慎分析和评估已有投资项目或拟实施建设项目，进行清理排队和调减，或加快进度，或停建缓建，或进行投资瘦身，集中发展核心业务，有效降低了投资风险。中国石油、中国石化、国家电网、中国铝业、中电投、中国五矿等6家企业2008年调减投资890亿元。神华集团矿区统一设备造型，统一设计，加大对废弃资源利用力度，尽最大可能盘活存量资产；二是强化资金管理。一些企业实行资金全面集中管理，强化资金集中管控，多方式、多渠道筹措发展资金，抵御风险的能力进一步增强。中国石油2008年第四季度每天归集人民币资金约60亿元、外币资金约3 000万美元，债务规模缩减1 000亿元；三是加强成本控制。通过集中采购、压缩可控费用、挖潜增收节支等措施，有效降低了成本费用。国家电网、中国移动通过采购招标节约资金超过百亿元，中国石化大力压缩可控费用实现挖潜增效139亿元，武钢集团、中国铝业、中国国电、东航集团等企业领导班子带头减薪。鞍钢集团通过加强能源管理、深度挖潜，落实各项节能降耗措施，2009年一季度26项预算指标中有14项创历史最好水平；四是严格控制风险。一批企业启动全面风险管理工作，及时清理高风险业务，建立健全了内控体系。中远集团、中国五矿、中国中化等企业及时将海外资金转到中国银行，保证了资金安全；五是积极开拓市场。宝钢集团、中国海运等一批企业面对不断变化的市场形势，积极开拓市场，稳定重点客户，努力扩大销售份额。中交集团、中国北车、中国南车、中国水电集团、国机集团、中国建筑等企业创新市场运作方式，积极开拓国际市场，新签1亿美元以上海外项目达几十个。

总体来看，中央企业较好地应对了国内外经济形势的剧烈变化，克服了特大自然灾害和国际金融危机的严重影响，生产经营保持了平稳运行态势。2008年，中央企业资产总额达176 900亿元，同比增长15.3%；实现营业收入118 800亿元，同比增长17.9%；上缴税金9 914亿元，同比增长16.5%；实现利润6 652.9亿元，扣除自然灾害损失、炼油及火电企业政策性亏损等因素，与上年基本持平。2009年以来，中央企业生产经营继续保持了总体平稳的局面，生产经营和经济效益虽然同比仍处于下滑状态，但下滑幅度不断缩小，环比保持增长，月度收入和经济效益已经出现回升势头。

二、把应对金融危机作为学习实践科学发展观的生动课堂

党的十六大确立了新的国有资产管理体制，建立专司

国有资产监管的出资人机构，实现“权利、义务和责任相统一，管资产和管人、管事相结合”，使国有资产保值责任层层到位。体制创新激发了中央企业发展活力，责任到位增强了中央企业的发展动力。2002—2007 年，中央企业资产总额从 71 300 亿元增加到 149 200 亿元，年均增长 15.9%；营业收入从 33 600 亿元增加到 100 300 亿元，年均增长 24.4%；利润总额从 2 405.5 亿元增加到 10 055.7 亿元，年均增长 33.1%；上缴税金由 2 914.8 亿元增加到 8 792.1亿元，年均增长 24.7%；总资产报酬率从 4.9% 提高到 8.6%，净资产收益率从 4.3% 提高到 11.2%。我们在实践中初步探索走出了一条中国特色国有企业改革发展之路，有不少成功经验值得认真研究，全面总结。

另一方面，多年的高速发展使中央企业改革发展中存在的一些矛盾问题被暂时掩盖，一些不利于企业科学发展的管理体制和运行模式有可能被固化，伴随国际金融危机的逐步加深，这些矛盾问题凸显出来，亟须我们认真反思，加快改革与调整。国际金融危机为我们提供了学习实践科学发展观的生动课堂。把握科学发展规律，增强科学发展意识，提高科学发展能力，努力把国际金融危机带来的压力转化为推动科学发展的动力，切实解决影响中央企业科学发展的突出问题，对促进中央企业科学发展上水平，进一步提升国际竞争力，意义十分重大，也恰逢其时。

把握四个规律，进一步增强搞好国有企业，发展壮大国有经济的决心。科学发展观，是党的十六大以来我们党从新世纪、新阶段党和人民事业发展全局出发提出的重大战略思想，是立足社会主义初级阶段基本国情，总结我国发展实践，借鉴国外发展经验，适应新的发展要求提出的。科学发展观的本质是实事求是，“实事”就是实情，“求是”就是对规律的认知和把握。我们要深刻理解科学发展观的内涵，加强对客观规律的认识、把握和遵循。对中央企业来说，还要深化对企业发展的一般规律、企业所在行业的发展规律、企业自身发展规律的认识，通过把握规律更好地推进企业改革发展。国有企业改革发展的实践证明，企业发展好坏与所有制性质没有必然联系，不论什么所有制性质的企业，都要遵循企业发展规律。中央企业分布的行业比较广，各个企业的经营特点不一样，受国际金融危机影响的程度也不一样，结合本企业实际和行业变化的趋势，及时对自身发展模式做出适应性调整，制订有利于企业持续发展的合理规划和战略目标，才能促进企业实现又好又快发展，增强核心竞争力。在深入学习实践科学发展观活动中，一些中央企业紧密结合实际，认真查找问题，积极调整改革，把科学发展观的要求切实落实到企业生产经营中去。宝钢集团提出“二次创业、科学发展”，神华集团提出“科学发展，再造神华，五年实现经济总量翻番”战略目标，努力将企业增长方式由主要依靠增加投入、扩张规模转变到主要依靠技术进步和提高职工素质上来，转变到做强做大做优并举、质量效益并举上来。国家电网组织全体党员干部深化对我国电力工业发展规律和电网发展规律的认识，提出智能电网发展目标，推进电网发展方式和公司发展方式“两个转变”。把握和遵循科学发展规律，积极探索独具特色的竞争力结构、组织结构、改革路径和管理方式，培养高素质的员工和管理团队，形成具有自主知识产权的核心技术和知名品牌，中央企业参与国际竞争的实力就能够进一步增强，国有经济的发展优势就能进一步显现。

增强五种意识，努力把金融危机挑战转化为企业加快发展的良好机遇。切实增强忧患意识，认真吸取这次国际金融危机的经验教训，加强研判，未雨绸缪，做好充分准备去应对任何困难的情况，转危为机，逆势发展。切实增强责任意识，坚决贯彻落实中央应对国际金融危机的一系列政策措施，在保增长、保民生、保稳定、保中央方针政策落实，应对国际金融危机方面发挥中流砥柱的作用，认真履行社会责任，树立中央企业良好社会形象。切实增强发展意识，科学分析企业发展的基础和条件、优势和劣势、机遇和挑战，超前思考、超前谋划，形成宽眼界、高定位、长规划的发展思路和发展举措，破解难题，提高发展质量和效益。切实增强创新意识，把提高自主创新能力作为企业的核心战略，加大技术创新投入，加强自主创新体系和队伍建设，努力突破制约企业发展的核心技术和关键技术，研究开发具有自主知识产权的技术和产品，加强知识产权管理，提高企业竞争力。切实增强廉洁意识，中央企业各级领导班子和领导干部特别是主要负责人率先垂范、以身作则、廉洁自律、凝聚人心、带好队伍，为企业健康发展营造良好环境。中国移动面对电信市场新的竞争格局，研究企业的准确定位，明确企业的发展目标，强化 TD 的自主创新，发挥优势，扬长避短，开拓新产品和新业务，为顾客提供更加优质的服务。国家核电技术公司树立创新发展新理念、创造发展新思想、创业发展新共识，“以核为先、以合为贵、以和为本”，针对企业机遇与挑战并存的二次创业形势，把思想统一到对困难的正确认识上来，统一到用发展解决问题上来，统一到肩负使命、提高发展水平上来。一些中央企业抓住全球经济格局变化的机遇，积极“走出去”，开拓国际市场，增强中国企业配置全球资源的能力。

提高五种能力，实现科学发展的战略目标。切实提高化解风险、应对危机的能力，认识危机的形成条件和趋势，加强危机预测和管理，科学制定应对危机的方案，细化应对危机的具体措施。切实提高深化改革、推动发展的能力，把改革作为发展的强大动力，按照建立现代企业制度的要求，继续完善公司治理结构，加大企业内部制度改革力度，加快布局优化和结构调整，做强、做大、做优，增强核心竞争力。切实提高加强基础管理、打造国际竞争新优势的能力，夯实管理基础，加强战略与规划管理、企业现金流管理、投资管理、风险管理，提升管理灵敏度和执行力，提高集团控制力，培育应对激烈国际竞争的独特优势。切实提高抓班子、带队伍的能力，着力增强领导班子和干部队伍推动科学发展的本领，努力把领导班子建设成为贯彻落实科学发展观的坚强领导核心，把干部队伍建设成为贯彻落实科学发展观的骨干力量。切实提高加强和改进企业党建工作的能力，把国有企业独有的政治优势转化为竞争优势，以改革创新精神加强和改进企业党建工作，凝聚人心、凝聚智慧、凝聚力量，团结带领全体党员和广大职工，更好地推动企业实现科学发展。

三、调整优化上水平迎接更高层次更加激烈的竞争

这场由美国次贷危机引发的金融危机，迅速从局部发展到全球，从发达国家传导到新兴市场国家和发展中国家，从金融领域扩展到实体经济领域，发展之迅猛，冲击力之强，涉及范围之广，为历史所罕见。美国出现的这次危机，关键在于没有处理好虚拟经济与实体经济的结合。美国企业创新能力很强，一旦渡过这次难关，寻找到更好的发展模式，可能会实现更高水平的发展。日本的丰田、松下、索尼等企业在这次金融危机中虽然受到了很大影响，但并不悲观，也都制订了改革调整规划，及时调整企业组织结构和产品结构，提升技术能力和管理水平，力争把危机变成机遇，使企业竞争力提到一个更高水平。索尼也提出要进行“二次革命”，痛下决心，对集团全球运营架构和核心管理层进行变革。与这些优秀企业相比，目前我们企业的差距还很大。这次危机过后，我国企业未来面临的竞争将更加高级化，也更加激烈。对此，我们必须有清醒的认识，必须着力调整优化上水平，为迎接未来的竞争打牢基础，做好准备。

公司治理必须有新的进展。完善公司治理结构，是企业可持续发展的基础，是基业常青的重要保证。安然、雷曼事件从另一个侧面说明，不仅要建立公司治理结构，还要切实发挥应有的作用，形成有效的监督和制衡。这几年中央企业董事会试点工作取得很大成效，试点企业初步建立起一套科学决策的体制，形成了企业内部制衡机制，解决了重大决策“一把手”说了算的问题。下一步我们要认真总结经验，促进董事会运作更加程序化、规范化、制度化。我们已经制定了董事会试点中央企业的董事会规范运作、外部董事履职行为规范、职工董事履职管理、高管人员薪酬管理等一系列文件，对党组织参与重大决策、董事会与监事会关系也正在积极探索。目前董事会试点企业已经扩大到26家，同时要求具备条件的中央企业在子企业建立规范的董事会。通过董事会试点工作的逐步深入，促进中央企业公司治理提升到新的水平。

企业组织构架必须做出重要的改苣。在这次金融危机中，许多企业产品积压、亏损严重的一个重要原因，是组织构架层次太多，对市场信息反应太慢。丰田、索尼、松下等日本公司都在痛下决心，改革目前的组织构架。信息技术的发展提供了有利条件，网络社会对公司架构也提出了更高的要求。企业必须重新审视现有的组织架构和工作流程，加快内部资源整合。要优化市场结构和产品结构，及时捕捉市场变化，增强快速反应能力。不仅企业高层反应要灵敏，中层和基层都要反应灵敏。特别要注重提高企业创新能力，在管理、技术、市场、产品等方面加快创新，以创新推动企业竞争力提高到一个新的水平。

企业信息系统必须做出新的升级。网络社会对企业的信息系统提出了新的更高要求。国外的一些大公司都是采用统一的财务软件，通过企业信息化系统提高对子企业的控制力。企业必须深刻认识信息化对提高管理水平、实现科学发展的重要作用，加快企业信息系统的升级。要加快推进财务信息化建设，统一标准、统一软件，实时监控。要充分应用信息化技术，实现集中采购，降低成本。要通过信息系统的升级，优化管理流程，实现企业物流、资金流、信息流的集成和统一，进一步提高管理效率和管理水平。

员工队伍素质必须有新的提高。员工队伍是企业核心竞争力的一个重要方面。没有一流的职工队伍，难有一流的企业。适应未来更高水平的竞争，关键是要有一支好的员工队伍。这几年，中央企业在这方面下了很大功夫，分行业举办职工技能大赛，培养出一大批岗位能手和高技能人才，自编教材对班组长进行轮训，效果很明显。要根据适应更高水平竞争的要求，合理规划培训内容，进一步加大培训力度，要和国际知名企业对标，将对将、兵对兵，缺什么补什么，真正把职工队伍素质提高到国际水平。

中央企业在应对国际金融危机的起步阶段赢得了主动，但未来的形势仍然十分复杂和严峻。我们要以深入学习实践科学发展观活动为重要契机，迎接挑战，抓住机遇，开拓创新，扎实工作，推动中央企业调整优化上水平，进一步增强国有经济活力、控制力和影响力，为实现国民经济平稳较快发展作出新贡献。

（本文原载《红旗文稿》）

国有企业与国有资产管理体制改革

国务院国有资产监督管理委员会副主任　邵　宁

国有企业改革是从计划经济到社会主义市场经济体制最重要的改革之一，是国民经济微观主体的改造。这项改革有两个特点：第一个特点是风险非常大。一是社会风险大，改革初期有几十万家国有企业，近八千万国有企业职工，这是除农民之外中国最大的社会群体。既然是改革，就必然涉及利益调整，只要有利益调整就容易出现不稳定事件。二是舆论风险非常大。这项改革自始至终伴随着巨大的争论，有各个方面的说法，以前主要是批评搞私有化、

损害职工权益，现在的说法是国进民退。第二个特点是挑战性非常大。这项改革对中国来讲，是一项没有成功经验可以借鉴的探索。在中国国有企业改革之前，讲国有企业改革，一般是两种情况：一是原苏联、东欧社会主义国家的国有企业改革，其改革的性质是在政权更迭基础上的全面私有化，改革在经济上并不成功，而且社会代价非常大。第二种情况是欧洲资本主义国家的国有企业改革，典型的是英国撒切尔的改革。应该说，这些国家的国有企业改革在经济上是成功的，但是它们的社会背景与我国完全不同。这些国家有很发达的市场体系、整个经济背景是市场化的，而且国有企业数量很少，股份制以后很容易融入到市场体系中去。因此，这两种模式都不适合于中国。

中国的国有企业改革必须走出一条自己的改革道路。这几年，中国国有企业改革确实取得了重大进展，面貌发生了重大变化。我们体会，中国国有企业改革从思路、方针、措施到方式都是从中国国情出发的，并没有照搬哪个国家的模式，所以中国国有企业改革的进程是值得深入研究的课题。

两组改革实现国有经济布局的根本性调整

1998 年之前国有企业改革做了很多的工作，基本处于起步和探索阶段，真正动真格攻坚碰硬是从 1998 年三年改革脱困开始的。到目前为止，我们已经推动的改革是两组，第一组改革包括国有中小企业改革、国有困难企业关闭破产以及再就业和社会保障体制建设等三个方面的内容；第二组改革是国有资产管理体制改革和针对国有大企业的特定改革。

第一组改革主要操作时间是 1998—2003 年。包括三项内容，第一项是国有中小企业改革。放开搞活国有中小企业，抓大放小，这是这项改革方针的标准说法。实际操作过程中是国有经济从中小企业层面全面退出。这种退出曾引发很大争议，被指搞私有化。

实际上，这个问题不是一个意识形态问题，是一个经济规律的问题。为什么国有经济要从中小企业层面退出去，是因为国有经济在这个层面没有比较优势，不具备竞争力。从企业治理的角度，世界上所有的企业可以分为两类：第一类是股东直接经营管理的企业；第二类是股东不直接经营管理的企业，通过委托代理关系进行管理。从治理的效率上讲，肯定是前者要高，因为它的利益很直接、关切度非常高；而委托代理是有成本的，多一层代理就多一层成本，效率也会降低。所以，企业治理首选的应该是股东直接经营管理的模式。只有当企业大到一定程度，单一股东难以筹资，而股东个人的能力也不足以把企业管好的时候，才开始出现依靠委托代理关系进行管理的企业，就是股权比较分散的公众公司。从公司发展史来看大概就是这么一个逻辑：能直接管的都是直接管，所以世界各国中小企业都是股东进行直接管理，个体企业、家族企业、合伙企业等，只有极少数的大公司才采取股权分散的、委托代理的模式进行管理。

我们的国有企业可以理解成为一种特殊形态的公众公司，股东不可能直接经营管理，客观上存在着多层次的委托代理关系。所以国有企业即使改革的好，它也只适合大企业，而不适合中小企业。因此，中央采取多种形式放开搞活、抓大放小的方针，是符合企业发展规律的。

国有中小企业改革的过程，实际就是一个国有经济从中小企业层面主动退出的过程。前些年这项改革的力度很大，主要由地方政府推动，具体形式是产权制度改革加上身份置换。产权制度改革可能表现为企业改制，也可能表现为企业的出售；所谓身份置换是一种补偿，以减少改革的阻力。到目前为止，从全国角度来看这项改革已基本结束，国有经济基本上从中小企业的层面实现了退出，我国国有经济的战线大大收缩。国有经济的布局从一个面状布局变成块状布局，国有企业主要布局在大企业这个层面。国有中小企业改革从根本上改变了国有经济的布局结构。

第二项改革是国有困难企业政策性关闭破产，是这一阶段最困难的一项工作。前些年为什么有这么多的国有企业破产，为什么有这么多国有企业职工由于企业破产而下岗，各个方面有不同的解读。有人说是机制问题，国有企业机制陈旧没法和民营企业竞争，也有人说国有企业的问题主要是管理问题。

机制问题、管理问题都存在，但是这几年我们感受最深切的是一个结构性的问题，是转轨国家所面对的一个非常特殊的结构性问题。所有转轨国家，经济建设都是分成两个阶段。我们国家就是一个典型的转轨国家。解放后到改革开放之前，我们开展了大规模的经济建设，建成了一个完整的、门类齐全的工业体系，但这个工业体系是按照计划经济的模式建立起来的。改革开放之后，我们转向市场经济，以后的发展模式就完全不一样了。

我们的经济体制改革是从计划经济转向市场经济。这个转的过程中，既要求宏观管理体制的转变，同时也要求经济主体要从计划的轨道转向市场轨道。但是转的过程就发现，由于种种的先天不足，有一些企业转不过来，或者是转过去以后没法生存，形成一批由于转轨造成的困难企业。到底是哪些企业转不过去呢？我们当时分析具有普遍性的有三种情况。第一种情况是布局定位不合理的企业，这个布局定位不合理包括单个的企业定位不合理，也包括行业布局不合理，还包括一些区域性的布局不合理。单个企业布局不合理最典型的是“三线”企业，建在最深远的山沟里，运输成本是最高的、周围没有社会依托所有的负担都是自己的、信息是最闭塞的、离市场是最远的、最留不住人才。建厂之初的隐蔽性条件都成了它进入市场参与竞争的障碍，它没办法和其他企业竞争。

区域性布局定位不合理是什么问题呢？就是工业布局与当地的资源没有任何关系，跟当地的市场也没有关系，完全是从外部复制进去。这些企业用于生产的原材料当地没有，外面买了以后运进去加工；加工完以后当地又没有市场，再运出去销售，这一进一出就比别的企业成本要高很多。所以，这些企业在充分竞争以后是没有办法生存的，比如青海省原先的产业布局就是非常典型的例子。

第二种情况，经济发展格局的变化造成了比较优势的变化，这种类型是造成破产企业最多的，下岗职工最多的。在计划经济时期，我们的经济发展格局是城乡分割的，城市搞工业，农村搞农业。改革开放之后，农村开始工业化。

农村的工业化是从劳动密集型产业起步的，因为它资金门槛最低，技术要求也比较低。开始是乡镇企业，后期是民营企业，当农村的劳动力密集型企业形成规模之后，它要跟城市的同类企业形成竞争关系。而这种竞争中的比较优势不在城市工业，而是在农村企业。因为劳动密集型企业资金技术门槛很低，基本的竞争基础是人工成本，而这一优势显然不在城市。一旦农村的劳动密集型企业形成气候，最后的结果就是把城市的同类企业统统逼垮，这些城市企业就必须退出市场。比如说上海的纺织工业原先是最好的，职工曾有55万人，现在只剩1万多人；上海的轻工也曾是最好的，原先有40万人，现在剩下的也是1万多人。这意味着上海的纺织行业、轻工行业95.0%以上的职工都下岗了。能说上海企业管的不好吗？它们是管理得最好的，但存在转轨过程中的结构问题。这种类型造成的企业破产和职工下岗规模是最大的。

第三种情况是历史欠账太多。这个欠账包括几种类型，资源枯竭的矿山，改造不足的老企业，先天不足又没有资本金、大项目等。

布局定位不合理、经济发展格局的变化、历史欠账太多，就形成了一批转轨转不过去的企业。这些企业之所以困难，主要是由于经济转轨造成的，在计划经济的格局下这些企业不会出事，“三线”企业只要国家不断支持就不会出问题，城市的劳动密集型企业只要农村不搞工业也不会出问题。但是，由于经济转轨，它们就变成困难企业了，这是转轨国家必须面对的一个特殊的结构性问题。

之所以要强调问题的性质是结构问题而不是管理问题，是因为性质不一样，它的政策含义和需要做的政策准备是完全不同的。如果是管理问题，那我们解决问题的办法是加强企业管理，实在不行就换班子，是不需要花很多钱的；但如果是一个结构问题，解决问题的方式只能是调结构，而调结构是需要花大钱的。现在回过头去看，我们当时的政策准备是不够的，尤其是改革成本准备不足。

这一批由于经济转轨造成的困难企业，在20世纪90年代初开始出现，并随着市场竞争的加剧迅速增加，成为政府的包袱和社会稳定的隐患。而且1998年进行了财政体制改革，对竞争性国有企业经营性亏损的补贴“断奶”，问题就变得非常尖锐。这些企业怎么办？按说在市场经济条件下，这样的企业只能破产，而我们国家第一部《破产法》1986年就颁布了，但问题是没法操作，因为没有讲清楚安置职工的问题，破一个企业是容易的，问题是职工怎么办。

对于这批困难企业，解决问题的突破口是国有企业的政策性关闭破产，这项工作是1994年开始试点，1998年全面铺开的。政策性关闭破产工作的特点大概是两个，第一个是完全由政府操作。每破一户企业都是由政府组织清算组进入企业，做职工的工作，保持企业的稳定。第二是保证安置职工。所谓保证安置职工在政策上就是保证每一个破产企业职工下岗以后可以拿到一笔安置费。当时由于财政困难，一时拿不出来这么多钱，所以规定破产企业的剩余资产和土地使用权的转让收入优先安置职工，剩下的钱再还债权人，如果安置职工的钱不够由财政兜底。这实际上是用债权人的钱安置职工，是一个无奈的政策选择。

即使是政府组织、即使是政策上保证安置职工，这项工作也做得非常艰苦，是这几年做的最难的一项工作。企业破产对职工的利益冲击非常大，而且安置费标准不高。在20世纪90年代后期，每个破产企业职工拿到的安置费是2万元左右，有一些地方企业还拿不到这个标准。当然另外一方面，我们还有一套再就业系统，还可以帮助下岗职工再就业，但是失去岗位、失去国有身份，对职工来说是一个很难接受的事情。所以这项工作在推进过程中经常会出现不稳定的问题，各级地方政府、尤其是第一线的同志为此付出了艰苦的努力。

尽管这项工作非常艰难，但是它的意义非常重大。通过这种方式，大量困难国有企业退出了市场。这项工作2008年已经结束，2009年还有一点收尾的工作，现在可以报一个总账：政策性关闭破产，一共破掉4 980户国有大中型企业，涉及职工967万人。这是一次空前规模的结构调整。国有困难企业政策性破产工作的意义是什么？第一，困难企业退出市场的通道被打开，只有困难企业能够退出市场，市场经济优胜劣汰的机制才能发挥作用，结构才能优化；第二，我们用这种方式大量化解了经济转轨造成的结构性矛盾。

第三项工作，再就业和社会保障体系建设。经济的转型要求社会保障模式转变，按说社会保障体系建设不是国有企业改革范畴中的问题，但它是一项重要的配套改革。社会保障体系不改革，国有企业改革没法推进。

在计划经济时期，国有企业的职工有一套非常完善的社会保障制度，包括退休、医疗和住房分配，这套保障制度的基础是单位保障制度，所以人是不能离开单位的。这样一套制度在计划经济时期没问题，因为那个时候企业和政府是一本账，在保障方面开支多一点给政府就少交一点，如果这方面开支还不够政府要给补贴。转到市场经济以后，这套保障制度就没有办法运转了，因为企业进入市场以后，企业本身就成为一个没有保障的主体，每个企业都不能说在市场竞争中能永远立于不败之地。此时要一个自身有风险的主体去对职工进行保障，就行不通了。在市场经济条件下，保障必须是社会保障，不能是单位保障。所以新的、社会化的保障制度需要建立，否则对国有企业改革会造成两个方面的问题：第一是人不能流动，第二是社会没有安全网。

在1998年前后，新的社会保障制度的建设是滞后的，我们曾经面对过一个非常危险的时期。当时三年改革脱困的攻坚已经开始，国有企业改革开始加大力度，无论是改制还是破产，职工下岗是不可避免的，问题是职工下岗以后社会上没有一个安全网。所以，1998年上半年，各地出事很多。建设一个完善的社会保障体制需要一个过程，它不是一个短期性的任务，无论如何也赶不上。所以，当时党中央国务院做出了一个重大决策，就是建一个替代物——再就业中心。

再就业中心有四项功能，第一是给下岗职工发基本生活费，第二是给下岗职工缴基本保险，第三是对下岗职工进行就业培训，第四是给下岗职工介绍工作。所以在1998年之后的几年中，再就业中心对改革发挥了非常大的支持作用。再就业中心发挥社会安全网作用的同时，我国的社会保障体系也在加快建设。到2003年左右的时候，社会保障体系基本完善，所以又出现一个新的概念“并轨”。原先再就业中心是一条轨，社会保障是一条轨，现在大家都能进入社会保障体系，再就业中心的历史使命完成了。但再就业中心在这五六年左右的时间中起的作用是非常关键的，保证了当时这一段改革时期的社会稳定。

这是第一组改革的三项工作。这一组改革是非常关键的，一方面根本性地改变了国有经济的布局结构，同时通过优胜劣汰的机制大量化解了结构性问题，没有这一组改革的攻坚就没有今天国有经济相对比较好的局面。同时这组改革也是社会风险最大的改革，对社会的冲击是很大的。破产会造成职工下岗，企业改制使职工从国有企业转到非国有企业，这也是职工不情愿的。现在回过头去看，幸亏当时的社会承受能力强，三年改革脱困虽然有很强的行政色彩，但形成了一个大家能够支持改革，能够理解改革，甚至能够承担一些改革所造成的个人损失的社会氛围，否则改革是非常难以推进的。

前不久通钢、林钢改制出现的问题按性质是属于这一组改革的内容。我们大致是这样一种判断，方向没有问题，程序上没有大的问题。主要原因是，这几年社会舆论变化、职工维权意识强化，职工不愿接受民营企业管理。而操作者在职工思想尚不通的情况下改制推得过急。出事之后，国务院国资委马上向各地国资委打招呼：第一，坚持改革的方向。第二，严格按照政策规范操作。第三，加强待改制企业的班子建设，保证第一线领导得力。第四，保证透明度，强调职工参与，职工一时不能接受改制方案时，不能强行推动。第五，企业改制事先要进行风险评估。总体上看，社会环境的变化对改革提出一些新的要求，改革的方向不会变，但改革的推进要更加谨慎。

第二组改革是2003年之后针对国有大企业的改革。

首先是国有资产管理体制改革。党的十六大决定启动国有资产管理体制改革，是一个意义非常重大的决定。严格地讲国有资产管理体制改革也不属于国有企业改革的范围，是政府层面的改革，但是它也是国有企业改革一项重要的配套改革。有人讲国有企业搞不好，是因为国有资产是无主资产、是无人负责的。国有资产管理体制改革就是为了改变这一状态，使这笔资产能够有人关心，有人负责。

国有资产管理体制改革之前，国有企业的管理体制是多头管理。从政府的角度讲，管人管事管资产若干条线，许多部门都可以指挥国有企业，都可以直接介入企业的经营和决策。实际情况是，企业好的时候多头插手，企业困难了大家都躲得远远的。企业出现重大问题，在政府层面找不到责任机构，没有明确的责任者。从企业的角度讲，受到的指挥、干预很多，但真正应该做的事情没有人做，没有经营指标、没有业绩考核、没有激励和约束，中央企业以前就是这种状态。对这种情况的一个基本判断是，委托代理关系完全没有建立，国有资产的确处于无人负责的状态。这种状况不改变，国有企业是不可能搞好的。

国有资产管理体制改革初步改变了这种状况。国资委的成立初步实现了出资人职能的一体化和集中化，隔开了其他政府部门对企业的直接干预。最重要的一点是，在政府的层面责任清晰了，如果现在中央企业发展不好，国资委已经没有办法把责任再推卸到任何一个方向上去了。责任到位、责任主体明确，对政府运作来讲是最重要的。

国资委成立之后，就开始建立委托代理关系和激励约束机制，这包括一系列的工作和制度建设。比如，清产核资、摸清家底，这是建立责任制度的基础；建立企业年度和任期经营目标制度，企业要和国资委签责任书；依据经营目标对企业进行考核和评价，有年度考核、有任期考核；依据考核结果确定经营者的薪酬，建立规范的薪酬制度；国有产权的管理强调阳光、透明、进场交易；强化审计和外部监督，保证透明度；改革经营者选任制度，向社会公开招聘等。这一系列的制度建设实际就是要建立委托代理关系，建立对企业经营者的激励和约束机制。

第二是针对国有大企业一些特定问题的专项改革。比如针对富余人员问题，专门有一套减员增效的政策。以前的方式主要是有偿解除劳动关系，逐渐转成主辅分离辅业改制。针对国有企业办社会负担的问题，专门有一套分离国有企业办社会职能的政策，现在已完全解决的是企业办中小学和公检法机构的分离问题。针对国有企业内部僵化的用人体制和大锅饭的分配制度，专门有一套企业内部的三项制度改革，即干部人事制度改革、用工制度改革、分配制度改革，方向是能上能下、能进能出、能高能低，引入市场的机制。针对国有企业资源配置不合理的问题，专门有一套推动企业重组的工作。

第二组改革是针对国有大企业的。目的是完善外部管理系统、转换企业内部机制、解决特定问题。回顾到这里我们就可以理解，为什么这几年国有企业改革能够使国有企业的经济效益有非常明显的改善。1998年全国国有企业实现的利润是520亿元，2007年仅中央企业实现利润就超过10 000亿元。实际上通过改革的过程就可以看得很清楚。我们通过国有中小企业改革把国有经济集中到大企业层面了，通过政策性关闭破产把国有大企业中资不抵债、扭亏无望的劣势企业淘汰掉了，剩下都是好企业。对这些好企业，我们通过国有资产管理体制改革优化了它的外部管理体系，而且不同程度地解决了其内部机制问题和历史遗留的特定问题，促使这些好企业向好的方向发展，所以经济效益的改善是必然的结果。

下一阶段深化国有企业改革的思考

经过这几年的改革和调整，国有经济的布局结构已经发生了根本性变化。中小企业层面基本没有国有企业了，主要靠民营企业，国有经济主要布局在大企业层面，所以下一阶段的改革是以国有大企业为主要内容的改革。

目前国有大企业大体上可以分为两种情况。

第一种情况是功能性的国有大企业。主要是这样三种类型：

（1）基础设施和公共产品的供给。这个领域公益色彩很重，企业的社会责任和企业自身的经济利益有时候是冲突的，尤其是当市场信号波动很剧烈的时候。为减少对社会的冲击，这样的企业在某种特定的阶段要承受亏损，在这个方向上国有企业可能更好一点。比如2008年中石油、中石化在成品油价格严重倒挂的情况下保证市场的供应，其他所有制企业也可能很难接受，也很难承受这一点。

（2）重要资源的开发。企业的经济利益和资源环境目标有时是不一致的，而我们现实的情况是企业自律不足、政府监管能力不足。我看到一个煤炭行业的数字：全国煤炭回采率小型煤矿 15.0% ~20.0%，大型煤矿 45.0%；国外发达国家是 60.0% ~80.0%；目前中央企业有 2 家，一家是 72.0%，另一家是 86.0%。很多小型煤矿基本上采一吨浪费两吨资源，造成非常大的破坏。如果企业缺乏自律、政府监管能力不足的情况下没有实质性的改变，重要资源开发由国有企业控制，可能会更好地平衡企业的经济利益和资源环境的目标。

（3）关系国计民生的重要企业。比如军工企业，带有特殊社会功能或者经济功能，需要承担特定的社会、产业目标，国有经济需要继续保持控制力。

对这类国有企业下一步怎样改革，我们认为一个是内部改革（这些企业有很多内部改革是滞后的）加上完善出资人管理，再加上行业性的社会监督。行业性的社会监督包括价格控制、服务标准、收入分配、资源配置的安排等，以保证这类企业服务好社会和公众。这个方向可能不会有很多的争议，争议在于竞争性的国有大企业。

第二种情况，竞争性国有大企业。对竞争性的国有大企业应该怎样改革，有很多人认为，应该继续退，退完国有中小企业之后，应该继续退国有大企业，最后使国有经济从一切竞争性领域退出。这个概念直到现在还有很多人在讲。我们非常理解他们的出发点。他们的出发点是美国、英国的模式，这些国家在竞争性领域确实没有国有企业。但是我们认为，在中国现实的国情条件下，国有竞争性大企业的存在与发展有着充分的必要性，因此我们不能够再沿用国有中小企业改革阶段的操作方式对国有大企业做简单的退出。为什么？首先是你要退给谁。第一个方向是退给国外的跨国公司，确实有不少跨国公司对优质国有大企业有兴趣，但前提是要控股。问题是这些国有大企业大都关系国民经济的命脉，如果都被国外公司控制了，由国外公司控制中国的经济命脉，对中国的长期经济发展不是好事情，对国民财富的分配也不是好事情。

卖给国外公司不行，应该可以卖给民营企业，因为民营企业是我们自己的企业。问题是，这又受制于我国民营企业的发展阶段，这个问题我觉得应该深入研究一下，我们不能把民营企业理想化。我们现在有一种把民营企业理想化的趋势，认为只要民营企业介入，一切问题都解决了。实际上，民营企业也有一个发展阶段问题，也有一个现代企业制度建设的问题。我们的民营企业总体上还处于一个家族企业的阶段。这不是说家族企业不好，只是说明一种状态。家族企业有长处，内部是血缘纽带，企业内部的忠诚度很高，内部的管理成本非常低，企业的决策效率非常高；但是它也有缺陷，内部的制度化建设比较差、随意性比较大，内部形不成制衡机制、决策风险大，企业文化是以家族关系为中心，家族以外的人难以受到信任，存在某种程度排外的情况等。所以，家族企业的形态经营中小企业没有问题，效率非常高，但是不太适合于大企业的管理和治理的要求。

当然，大家可以希望我国的民营企业可以加快进行现代企业制度建设，但这可能不是一个短期的问题。大概是五六年之前，这曾是社会上比较热的一个问题，很多学者都在研究民营企业如何建立现代企业制度。当时我们也参与了一些研究和研讨。大家比较一致的认识是，中国的民营企业在家族企业阶段上没有很大的发展潜力，必须努力加快向现代企业过渡。研究的结论是，家族企业建现代企业制度需要做两件事，第一件事是引入职业经理人；第二件事是使股权分散化，引入外部投资者或者是上市。

2008 年，我到温州找当时一起研究这些问题的民营企业家座谈，发现至少在温州，家族企业的现代企业制度建设基本没有进展。为什么？当时这些家族企业有很高的积极性去引入职业经理人。但引入职业经理人之后没过多长时间就发生了很多同类的问题：引入职业经理人到企业之后，他们人把企业情况搞明白了，把技术、生产、营销诀窍都弄清楚了，就开始跳槽了，而且不是一个人跳槽，而是带着一个团队一起跳槽，自己去当老板了。跳槽之后到外面建立一个同样的企业，调回头跟原先的企业竞争，使原先的企业损失非常大。这种事情多次发生之后，现在已经没有人再对引入职业经理人感兴趣了。这就是说，中国家族企业向现代企业制度上走的第一步就没有走顺。

当时在研究这一问题的时候，大家觉得引入职业经理人是一个民营企业家的胸怀问题，要敞开胸怀，不能太狭隘、太局限。现在看来这不是一个简单的问题。这些事情说明什么？第一，说明我国职业经理人阶层的职业操守有问题。第二，中国的法制化建设还不健全，我们没有办法去保护受到损害的人，我们也没有办法去惩罚侵犯他人权益的人。所以，如果说中国民营企业通过引入职业经理人搞现代企业制度建设是一个胸怀问题的话，那么它可能是一个短期性的问题。但是，如果它涉及一个阶层的职业操守问题，再和我们国家整个法制化建设联系在一起，那么这个问题就不是一个短期的问题。因此我们估计中国的民营企业会在家族企业的形态上停留一段时间。

那么现在让我们回到原来的问题，下一步国有大企业怎样改革？

第一，退给国外企业不行，不能让国外企业控制中国的经济命脉；第二，退给处于家族企业阶段的民营企业，不但有一个职工能不能接受的问题，而且企业的治理、管理、文化很可能出现倒退，对大企业的健康发展不利。所以我们认为在中国现实的国情条件下、在国有大企业改革的现阶段上，已经不能够再简单地沿用前些年国有中小企业改革的办法，把这些大企业简单地退给别人。改革的方式需要一个转变，这就是依托资本市场在国有体制下对这些企业直接进行市场化改造，通过上市实现公众公司改革。

具体地讲，直接依托资本市场对国有大企业进行公众公司改革，就是国资委这几年在积极推进的整体上市工作。整体上市工作的要点是：

第一，上市模式。这几年国有大企业上市的模式和前几年不一样了。国资委成立之前，很多企业上市是拿出一块优良资产进行包装，是部分上市。现在的方向是整体上市，至少要做到主营业务整体上市，所以现在上市公司整体的业务链是完整的，具备独立经营的能力。现在主营业务整体上市的集团公司，逐步将存续企业消化之后再实现整体上市。

第二，依托的市场。这几年中央大企业相当一部分是在境外上市，这也引起了很多争议。我们的出发点是这样一种理解，企业的治理水平和所依托的资本市场是直接相关的：如果所依托的资本市场是成熟的、规范的，企业的治理水平也必然是好的，否则资本市场会纠正你；如果所依托的资本市场是不太成熟、不太规范的，那么公司治理水平就主要靠自觉了。所以推动中央企业到境外上市，就是希望把境外成熟、规范的资本市场机制直接引入到企业内部，保证上市之前的重组和上市之后的运作能够达到国际资本市场的要求。现在看，境外上市对企业规范的效果还是非常明显的，不太可能再做假账，透明度明显提高，运作也比较规范，其他方面也很难干预。当然，我们也理解境内市场也需要有一批优质的、规范的上市公司，所以我们的市场选择是境外加境内，就是A+H的模式。

第三，最终的体制构造。我们预计，竞争性国有大企业最终的体制模式很可能就是一个干干净净的上市公司，没有集团公司、不背存续企业，完全按照资本市场的要求进行运营。如果改到这样一个状态，就可以为下一步的改革和调整创造非常好的条件，因为调到这种状态就彻底实现了国有资产的资本化，流动性非常好，随时可以调整、也很容易调整。一旦国家需要钱，通过资本市场可以非常顺畅地变现。现在大家对国有经济在不同行业作用的认识还不太一致，以后还会有变化，认为需要控制的国有股可以不动，需要减少一些控制的就可以通过资本市场调整。

基于前一段时间国有企业改革的实践和对下一步国有企业改革的认识，关于国有经济的布局结构，我们大致有这样一种判断，即在今后一段时间里，中国经济的所有制格局应该能够稳定一段时间。是什么格局呢？就是在中小企业层面完全依靠民营经济，在这一领域民营企业竞争力非常强，国有企业进去也站不住脚；那些特定功能的经济领域，可能是国有企业为主；竞争性领域中的大企业层面有国有、有民营，平等竞争优势劣汰，国有经济和民营经济共同支撑中国经济的发展。

经过前一轮国有经济布局结构调整，目前国有经济和民营经济在层次上逐步错开了，互补性已经出现。以中央建筑施工企业为例，七八年之前中央建筑施工企业非常困难，因为拿不到工程。到地方拿工程，地方政府要照顾本地施工企业；到市场上拿工程，中央施工企业在竞争手段上不如民营企业。由于工程拿不到，很多中央施工企业不能按时发工资，并不断出现不稳定事件，以致国务院要求成立一个“中央建筑施工企业改革脱困领导小组”帮助这些企业解决问题。经过这几年的改革、调整、上市，目前这些企业的状态完全不一样了。得益于国内大规模的基础设施建设，这些企业发挥优势往高端发展，现在中央大型施工企业在水电站、高速公路、桥梁、港口、铁路、高端民用建筑等方面的设计、施工能力达到世界一流水平，国际竞争力大大提高。近几年这些企业主动走出去，国际化程度越来越高，有的企业境外实现的利润已经超过一半。这些大型央企作为国际市场开拓者，带领大量中小企业发展。这种互补性已经看得很清楚了。以前这些企业困难的根本原因，在于与民营企业重叠在一个市场层次里抢饭吃；现在错开层次，相互补充，各得其所。

从大的布局上，现在国有和民营已经逐步在分开，有互补的一面，也有相互竞争的一面。如何看待这种竞争，我们认为平等竞争、优胜劣汰最重要。这几年中央企业竞争不利而退出的案例不少。如纺织行业的华诚集团竞争不过其他企业，最后的结果是整体破产。所以，我觉得进和退是市场竞争的结果，是无法人为设定的。比如，在十年之前，你想让国有企业进做得到吗？站都站不住。那个时候我们心里想的是防止溃退，要溃退就出事了。进与退是市场竞争的结果，去争论谁进谁退没有意义，不如研究一下如何保持和改善平等竞争、优胜劣汰的体制和市场环境，这一点对国民经济发展可能更有意义。

从宏观的层面讲，我们并没有看到“国进民退”的趋势，中小企业仍是靠民营经济在发展，少量尚没有退出的国有企业仍在退出的过程中。在大企业层面国有和民营企业有竞争，这种竞争完全是正常的，谁胜谁负看具体企业的竞争力，无论结果如何都不值得反应过度。这几年经过改革，国有企业的竞争力有所提高，这在与国外公司的角力中看得很清楚。而且其中相当一部分国有企业已经是股份公司或者上市公司的形态，让这些经过改革的国有企业必须在民营企业面前表现出一触即溃的样子，似乎也是不够合理的。

对下一步改革的思考大致可以得出两个最基本的结论：第一，下一步的改革以国有大企业改革为主要内容。在体制改革方面，对国有大企业不能简单地退给其他所有制企业，比较现实的办法是在国有体制下直接进行市场化改革，依托资本市场改制为公众公司，实现国有企业的多元化、市场化和国有资产的资本化。第二，在前几年大规模的国有经济布局结构调整的基础之上，在中国现实的国情条件下，目前的所有制结构可以稳定一段时期，在这一个时期关键已不是谁进谁退的问题，而要强调平等竞争、优胜劣汰，尊重市场竞争的结果。

关于中央企业的垄断问题。垄断问题大家比较关注，也是外部对中央企业责难较多的问题。实际上破除垄断、引入竞争，是国有企业改革另外一条主线，这条主线从来没有逆转过。从目前的情况看，中央企业中确实存在一些特殊企业，其经营含有垄断的因素。第一种情况是真正垄断的企业，国家电网、南方电网、中盐总公司3家；第二种情况是寡头竞争的企业，中石油、中石化，中国电信、中国移动、中国联通。这8家企业的共同特点是，其经营的领域存在市场禁入，且价格由政府控制。这8家企业规模很大，营业收入大体占中央企业的40.0%，但从增长的贡献看，这8家企业的实际贡献不如其他竞争性企业大。2003—2008年的5年中，这8家企业年均营业收入增长19.9%，其他企业是22.8%；实现利润这8家年均增长12.9%，其他企业年均增长26.1%。由此得出第一个结论，垄断性不是中央企业的普遍特征，只是部分企业的特征。

从8家企业自身的情况看，市场禁入都是有一定道理的。2家电网公司实际上是自然垄断，不可能再建设新的电网。石油和石化行业的销售环节实际上已经放开，炼油环节现在也有很多生产者，包括外资炼厂、地方炼厂；唯一没有放开的是石油开采，石油是不可再生的短缺资源，世界上除美国之外都采取国家石油公司体制，由政府直接控制，我国也只能如此。电信是基础电信网没有放开，增值服务已经放开了。建设一个基础电信网需要巨额投资，现在3家已经不少了，再增加基础运行商可能也不现实。

由于这些领域的市场禁入都不是没有道理的，在现阶段继续放开或拆分都存在这样或那样的问题。对这样的企业重要的是加强社会监管，监管价格水平、服务标准、成本控制、资源分配等，这是其他国家普遍性的做法。由此我们可以得出第二个结论，对目前具有垄断经营因素的企业，重要的是建立一套完善的社会监管体系，防止企业利用垄断地位损害社会利益和公众利益。现在的问题是，对垄断的责难很多，而研究和建立监管体系做的太少。

下一阶段国有企业改革要做的主要工作

下一步国有企业改革要做的工作大概是两个方面：

第一、做好第一组改革的扫尾工作；第二、继续推进和深化第二组的改革。

关于第一组改革的扫尾工作大致是两个方面，第一个方面是进一步缩短战线。目前国有经济还没有完全退到位，主要在两个层面，一是地方层面市县级两级基本上退出了，省一级还没有完全退到位，主要是一些厅局机关办的一些中小型企业。在中央企业层面中一些不重要的行业和不重要的企业也没有完全退到位。通过从这些领域退出，可以进一步把资源集中到重要的行业和重要的大企业。但是，具体企业退出的进度受制于各个方面因素的制约，有些企业该退但是可能不具备退出的条件。目前社会承受能力不足，进一步退出的工作会很谨慎，推进不会很快，具体的操作必须根据现实的社会环境去安排工作的进度。第二个方面是实现退出方式的有效转换。政策性破产在2008年结束了，但今后还会有一些企业需要退出，包括国有的、也包括民营的，要依据新的破产法依法破产。依法破产和政策性破产的工作能不能衔接好也是一个非常重要的问题。优胜劣汰、困难企业退出市场是市场经济中的常态，如果政策性破产做完之后，国有企业又不能退了，将带来很大的麻烦。

关于进一步推进和深化第二组改革，总体方向是进一步推进国有大企业的市场化。由于时间的关系，我只能点点题了。

第一，继续完善国有资产出资人对企业经营者的激励约束机制。核心问题第一是透明度、第二是考核、第三是薪酬，要实现制度设计和具体政策科学化、合理化和个性化。

第二，进一步推进产权多元化，目标是通过整体上市，对国有企业进行公众公司改革。

第三，继续完善公司治理结构，优化委托代理关系。这项工作就是目前推进的董事会试点。通过改变董事会结构，外部董事占到董事会成员的半数以上，解决重大决策一个人说了算的问题，以提高决策的科学性。目前试点的效果还是很明显的。

第四，进一步推进企业重组。国有企业大都缺乏一个市场化的发展过程，资源配置不一定符合市场竞争的要求，所以结构调整的任务很重，需要通过企业的重组不断优化资源配置，包括企业之间的重组和企业内部的重组。

第五，持续不断地推进内部改革，改变大锅饭体制。内部体制僵化是国有企业最大的痼疾之一，内部三项制度改革需要持续不断地推进，以逐步实现人事、用工和分配制度与市场接轨。

第六，管理更加严格，更加科学化。大企业是靠完善的制度化体系运行的。与国外大型跨国公司相比，中国大企业的制度化建设有很大差距，需要进行大量的制度建设工作。

第七，进一步减轻企业的负担。

（本文系邵宁同志2009年11月13日在国务院发展研究中心“双月学术报告会”上所做的报告，有删节）

中小企业与非公经济

当前民营企业发展的困难与机遇

北京大学光华管理学院院长　厉以宁

我们天天讲挑战与机遇并存，但民营企业的机遇究竟在何处？

经济转型后，经济增长的突破口可能在四个方面。一是新能源和汽车行业技术改造；二是新材料和信息化带动装备制造业和房屋建筑业的改造；三是环保产业；四是生物科技新医药，包括新型农业。

农业产业化。农业产业化是扩大内需的关键，结合土地的合理流转，农民收入才能提高。

城镇建设。未来几十年我国县城和县以下的镇要全部改造，这是机遇。

当前世界经济形势变量很多，国际国内经济环境复杂，民营企业发展遇到了诸多困难。最近，我带领全国政协经济委员会民营经济调研组到广东、辽宁两省进行了考察。考察期间，我们与当地民营企业家开展多次座谈，了解了很多情况，回来后向中央写了报告。今天我想结合在这次调研中的感受和当前经济形势，谈一谈目前民营经济存在的几个问题。

第一个问题，经济回升的基础仍不巩固。目前经济已经触底回暖并开始反弹，但基础仍然不巩固，主要考虑到以下四个方面。

第一，经济参考指标不够理想。判断经济是否回暖，通常有四个指标比较有参考价值。一是用电量，包括工业用电和生活用电。进入夏季后，社会用电量大幅增加，但根据我们为期六个月的追踪调查，工业用电量仍然没有达到过去的水平；二是港口集装箱的吞吐量。我们在深圳、珠海都看到码头上大量集装箱空置，这表明海运，特别是外销没有复苏；三是公路货柜车通行量。货柜车的通行量不如以前，说明省市之间物资交流不足，内需拉动不够；四是厂房闲置率。很多企业倒闭或外商企业撤离后，厂房仍在闲置。在东莞、珠海，我们都看到有厂房长草，没有人来投资。从这四个指标来看，经济回暖的基础是不稳固的。

第二，就业压力仍然很大。主要存在两个问题。一是根据宏观经济规律，经济增长周期和就业变动周期并不同步。经济开始下滑，就业并不会立即大幅下滑，因为企业感到产品销售不畅时不会大量裁员。裁员滞后，就业问题就出现得晚。当经济开始回升，就业增长仍滞后。因为经济开始恢复时，企业先要挖掘现有人力资源的潜力，无可挖掘时才会招聘新人，就业增长又是迟缓的。并且由于企业技术装备的更新，劳动生产率的提高，对劳动力的需求越来越低，就业增长的速度会进一步减缓；二是目前国家大力增加基础建设投资，拉动就业的效果并不明显。现在修建公路、铁路的机械化程度很高，并不需要很多劳动力。就算需要，也以农村青壮年男性为主，无法解决返乡农民工的就业问题。返乡农民工普遍年龄偏大，并且具有一定技术专长，女性占有很大比例，不会从事修建公路、铁路等体力劳动。这就导致新的农村青壮年劳动力出来打工，返乡农民工还在下岗。这些原因构成了当前突出的就业问题。

第三，经济转型没有达到预想目标。经济危机是逼迫企业进行转型的重要因素，但转型尚未完成，经济已经很快回升。转型为什么没有成功？一是，对民营企业非常重要的融资问题没有解决；二是，企业技术人才，包括熟练工人储备不足，人才引进又存在各种问题。在辽宁调研中我们发现，职称、户口、社会保险等问题都是技术人才流向民营企业的重要障碍；三是，技术转型必须有市场才能有效益，但市场对民营经济存在很多限制，甚至准入问题尚待解决。在广东和辽宁，民营企业家均对进入政府采购名单难反映强烈。不被列入政府采购名单，即使产品创新做得再好也无法得到市场，产生效益。以上融资问题、技术力量问题、市场准入问题得不到解决，经济转型就无法取得理想成果。

我们应该认识到，经济转型的主体是企业，不是政府。企业创造经济来源，而政府的职责是为企业服务。政府在经济转型中应起到规划、指导、服务的作用。

第四，需求不足。内需还须进一步扩大，外需目前仍未好转。外需没有好转的主要原因是世界经济整体情况尚不理想，美国的就业问题没有缓解，美国人的消费习惯、消费心理、消费行为都在改变，储蓄增加。我曾在国际会议上听到一些美国人说，美国城里人十年不买衣服也有衣服穿，十年不换电视都有电视机看，十年不买汽车照样有汽车开。美国可以不消费，中国应该怎么办？我们当前要稳住外需，但更重要的是扩大内需。扩大内需应该找更好的办法。采取医疗卫生改革、教育改革等措施解决民生问题十分重要，但解决民生问题是一个长期累积的过程，不能立竿见影。改革措施出台后不可能立即拉动消费，民众要观望一段时间。要扩大内需最重要的还是就业问题。不就业，不但本人不能扩大消费，亲戚邻居都会以此为鉴不敢扩大消费。

第二个问题，企业拖欠情况十分严重。当前企业拖欠与20世纪90年代初的“三角债”不同。90年代初国内盛行的“三角债”是企业间相互拖欠的一条债务链，把某一环节解决就能解决链条上其他企业的问题，所以当时能够依靠国家注资激活经济。而今天我们在辽宁、广东发现的问题是国有企业拖欠民营企业、大企业拖欠小企业。在大连我们了解到，小企业交货后至少三个月后才能收款，很多拖到半年以上。很多国有企业、大企业还推行“零库存”制度，将仓库腾空。小企业作为供货方竞争激烈，为了拿到订单就要做超常规储备，以便随叫随到。小企业本身资金非常紧张，遇到拖欠问题更是雪上加霜。

企业拖欠问题还要和融资难问题结合在一起考虑。我们的调研中没有一个地方不反映融资难。人民银行汇报说解决了融资问题，但企业仍反映融资难，为什么？因为统计方法有问题。资产4亿元以下、雇员3 000人以下的企业都属于中小企业，占到企业总数的90.0%以上。银行说给中小企业贷款，实际受益的都是中等偏上企业，中等企业、中等偏下企业拿不到贷款，小企业更不可能拿到。我们在与小企业家闲谈中了解到，很多小企业融资实际上要靠高利贷、地下钱庄，没有正规途径。

民营企业、小企业是吸收就业的主力军。因此如何多设银行、创新金融形式解决融资难，如何解决企业拖欠，特别是国有企业拖欠民营企业、大企业拖欠小企业的问题，显得尤为迫切。

第三个问题，民营企业的机遇。我们天天讲挑战与机遇并存，但民营企业的机遇究竟在何处？

第一，经济转型后，经济增长的突破口可能在四个方面。一是新能源和汽车行业技术改造。能够带动经济增长突破口的必须是对国计民生有影响的行业。新能源能够减少污染，节省石油，带来全球汽车行业的改造。国际上对环保、节能减排的要求越来越严格，如果我们的技术不符合标准，我们的产品就无法走出去。中国必须对此心存警觉。二是新材料和信息化带动装备制造业和房屋建筑业的改造。如果能够在新材料方面有所突破，在数控、智能装备制造方面有所创新，建造出全新的住房，我们就打开了市场。三是环保产业。要大力发展我们自己的环保产业，带动中国经济进一步发展。四是生物科技新医药，包括新型农业。这些行业未来前景很广阔，百姓衣食都在其中，大有发展潜力。

第二，农业产业化。农业产业化是扩大内需的关键，结合土地的合理流转，农民收入才能提高。凡是农民能够富裕的地区，都是在农业产业化、农村合作社的组织形式下发展起来的。

第三，城镇建设。中国目前的城市化水平还比较低，以每年增加一个百分点计算，30年以后我们的城镇化水平可以达到75.0%左右。未来几十年我国县城和县以下的镇要全部改造，这是机遇。

科技创新、农业产业化和农村专业合作社、县城和镇的建设，都为我们提供了扩大内需的很多选择，民营企业家应该根据当前形势调整自己的战略。

第四个问题，民营企业信心是关键。我们这次调研中有民营企业家说：“现在的钱我几辈子都花不完，既然办企业这么困难挫折、费神操心，我说不干了。可是左思右想，还是要干。民营企业家是社会主义社会的建设者。我们承担着使命，我们最大的责任是把国家的经济搞起来，我有这个信心。”我们听了他的话很感动。你今天办企业不是为个人改善生活，也不仅仅是给社会捐献一个希望小学，做一个公益事业，而是为了振兴国家经济。

要站得高看得远才有信心，所以要加强学习。就像这次研讨班，不是学习具体业务，而是了解国家的经济形势、经济走向，了解自己肩上的责任。要认识到现在不是“过冬”，过冬是一种消极的心态。这是一次休整，在国家经济高速发展过程中，要调整经济结构、产业升级，包括经济转型、自主创新，为未来的冲击做准备。要做好三个储备：一是人才储备，没有人才储备是不行的；二是资金储备，搞好与银行的相互信任关系，搞好企业之间的互联互保；三是新产品的储备，将来要出击，用新产品占领市场。

对于民营企业来说，重要的是做精做稳。企业不在大小，精才能强；做稳才能做大，大而不稳，迟早要垮。我经常讲，小富靠勤奋，中富靠机遇，大富靠智慧。今天正是我们靠智慧的阶段。要大发展必须有大智慧。要有大局意识，了解当前形势和经济走向。

（本文为厉以宁2009年7月11日在全国非公有制经济人士优秀中国特色社会主义事业建设者理论研讨班开班式上的讲话）

发展中小企业集合债　促进中小企业融资

中国人民大学财政金融学院博士后　喻　鑫

一、我国中小企业集合债的现状

2009年1月6日，中国人民银行工作会议提出要继续开展中小企业短期融资债券试点，研究在银行间市场推出中小企业集合债，缓解中小企业融资困难。随后在2009年1月9日公布的2009年1号公告中明确取消了对在银行间债券市场交易流通的债券发行规模不低于5亿元的限制条件，废止《全国银行间债券市场债券交易流通审核规则》中的相关规定。发债门槛的降低为中小企业集合债发债创造了良好的发展机遇。

中小企业集合债券是指若干个中小企业各自作为债券

发行主体，确定债券发行额度，采用集合债券的形式，使用统一的债券名称，形成一个总发行额度而发行的一种企业债券。它是以银行或证券机构作为承销商，由担保机构担保，评级机构、会计师事务所、律师事务所等中介机构参与的新型企业债券方式。中小企业集合债券发行旨在促进优质中小企业的直接融资，推动中小企业发展。

我国目前已成功发行的中小企业集合债券有三期：2007年深圳市中小企业集合债、2007年中关村高新技术中小企业集合债和2009年大连市中小企业集合债。此外，四川、重庆、河南、辽宁、浙江等地也在积极筹划发行中小企业集合债。中小企业集合发行企业债券是我国债券市场上的一次大胆的创新尝试和标志性事件，如果得以推广并健康发展，将为我国中小企业提供一种新的行之有效的融资方式，有利于中小企业利用资本市场快速成长、做大做强。

二、我国中小企业集合债的特点

中小企业集合债券作为破解中小企业融资难的一项重要的金融创新工具，不论是期限、利率还是担保方式都与传统的企业债券不同，其特点主要体现在以下四个方面：

1. 期限以中期为主

从我国目前发行的中小企业债来看，期限一般为3～5年。2007年深圳市中小企业集合债期限较长为5年，2007年中关村高新技术中小企业集合债期限为3年。2009年大连市中小企业集合债虽然为期6年，但附加了投资者回售选择权，也类似于3年期债券。中小企业集合债期限之所以为3～5年期，主要是出于对发行主体本身的资信状况及企业资金流动性的考虑，三期中小企业集合债发行人均为中小民营企业，资产规模明显较小，信用等级较低，如大连的8家发行企业，主体信用均为BB+至BBB+，募集资金部分都用于了补充营运资金。

2. 票面利率采用市场化定价方式

我国目前已发行的中小企业集合债券，其票面利率的确定均根据市场利率确定，定价方式主要是由基准利率（上海银行间同业拆借利率）加上基本利差决定。如2007年深圳市中小企业集合债，其票面利率的确定为当时的基准利率4.3%，加上1.4%的基本利差。而2007年中关村高新技术中小企业集合债则是由发行当时基准利率4.5%，加2.2%的基本利差来确定。通过市场化的定价方式，在保证投资者收益的同时，也能起到降低筹资成本的作用。据测算，目前的中小企业集合债券的实际平均融资成本（融资成本=票面利率+发行费用）为10.0%。而有的中小企业通过银行融资的平均成本甚至达到20.0%，由此可见中小企业集合债相对于其他融资方式而言是一种成本较低的融资方式。

3. 通过担保与再担保为企业信用增级

制约中小企业融资的一个关键问题是企业的资信状况较差，因而中小企业要么无法从银行取得贷款，要么融资成本较高。为给中小企业集合债券信用增级，在发行时，除由大型的担保公司对这一集合债提供无条件不可撤销的担保外，通常还需要大型企业等第三方提供再担保。以2007年中关村高新技术中小企业集合债为例，其四个发行企业的信用级别分别为：北京和利时系统工程股份有限公司A+，北京北斗星通导航技术股份有限公司A+，神州数码（中国）有限公司A，有研亿金新材料股份有限公司A-。而通过中关村担保公司担保和国家开发银行再担保后，经联合资信评估有限公司综合评定，本期债券信用级别为AAA级。这大大降低了企业的融资成本。

4. 地方政府积极参与

由于中小企业风险较大，在外部融资过程中一般处于弱势地位，因此，在解决中小企业融资难问题上地方政府的支持作用就显得尤为重要。为了破解中小企业集合债发行中信息不对称和风险较大的问题，地方政府往往会作为牵头人或组织者，为本地中小企业的集合债发行作了大量的工作。2009年大连市中小企业集合债的成功发行就来自于大连市政府的鼎力支持。一级担保人大连港为大连国资委下属企业，第二担保人大连企业信用担保公司和联合创业担保有限公司则由大连市财政全额出资，同时，大连市财政还承诺给予发行企业2.0%左右的财政贴息，进一步降低了发行企业的成本。浦发银行大连市分行担任募集资金的监管银行，并在偿债出现困难时为发行企业提供流动性贷款支持，这些措施都离不开政府的组织与协调。

三、中小企业参与集合债的运行流程

中小企业集合债作为一种新的企业融资工具，不论是在发行方式还是运行流程上与常规的企业融资工具存在诸多不同，因此，中小企业在申报发行集合债过程中应遵循以下流程：

1. 中小企业集合债发行的前期准备工作

首先，确定政府有关部门为债券发行的牵头人，负责集合债券的组织申报与发行协调工作。具体包括筛选组建联合发行人、选择中介机构、负责与国家债券主管机关及地方政府部门沟通、协调中介各方工作进程及工作质量控制等。

其次，确定债券发行的中介机构。中小企业集合债券发行的中介机构包括：主承销商及其组建的承销团、财务顾问、审计机构、信用评级机构、律师事务所和资产评估机构等。

最后，政府有关部门下发通知并汇总报名企业的情况。企业需要提交的申报材料包括：发债申请书及《申请发债企业登记表》、董事会决议（上市公司应出具股东大会决议）；营业执照、组织机构代码证、税务登记证（复印件）；经具有证券从业资格会计师事务所审计的企业近三年财务报表；企业发债投资项目可行性研究报告；由统一担保人或统一担保人认可的担保机构出具的担保承诺书（其中须注明承诺担保的发债额度以及企业提供的反担保措施基本情况）；工商、税务及海关等政府行政执法部门出具的无违法及重大违规证明；其他专利、资质等证明材料。

2. 中小企业集合债组织申报工作

首先，发行人与各中介机构签订相关工作协议。中介机构将在牵头人的统一组织和统一协调下组成项目工作组，各司其职，分别完成债券承销、审计、评级、合法性审核及资产评估等工作。

其次，发行人、财务顾问与主承销商共同讨论发行方案，初步确定发行方案，财务顾问及主承销商协助发行人制定明确可行的偿债计划，撰写上报国家发改委文件（发行人发债申请、主承销商推荐意见、发行债券可行性研究报告、债券募集说明书、债券募集说明书摘要等）和上报中国证监会及中国人民银行文件（申请书、市场调查与可行性报告、主承销商对承销团成员的内核审查报告、风险处置预案、债券利率说明等）。最后由中介机构出具有关报告。会计师事务所完成对发行人的审计，并出具审计报告；信用评级机构完成对债券的评级及对发行人的主体评级，并出具信用评级报告；律师事务所完成对发行人和担保人的主体资格及本次债券发行合法性的审查，并出具法律意见书。财务顾问协助主承销商汇总并制作全套申报材料，将债券发行申报文件上报省发改委及国家发改委。

3. 中小企业集合债发行上市工作

国家发改委对上报的债券发行申报文件进行审核，提出修改反馈意见，通知发行人及主承销商补充完善材料。发行人、主承销商及财务顾问按照国家发改委的相关意见补充完善相关材料，并出具相应说明。国家发改委将债券申报文件转至人民银行和证监会会签。国家发改委核准本期债券发行后，发行人与主承销商择日在国家发改委指定报刊上刊登债券募集说明书，债券发行正式开始。在发行期内，承销团完成对本期债券的分销工作，主承销商按规定将相关募集款项划至发行人指定账户。债券发行结束后，主承销商将发行情况汇总上报国家发改委，并办理相关后继托管事宜。主承销商协助发行人向中国银行间市场交易商协会和证券交易所提交上市申请，办理本期债券上市流通事宜。

四、完善我国中小企业集合债的政策建议

1. 不断扩大发债主体

从目前已发行的两期中小企业集合债的发行主体来看，业务较为接近，资产规模和盈利能力较为接近，有利于市场和评级机构对债券整体信用等级进行评估，从而形成统一的估值体系。因此，在集合发债的中小企业主体的选择上，应把好入门关，设定行业、资产规模和盈利水平等指标将企业进行分类，从而使中小企业集合债发行更具针对性，资信等级更合理。

2. 完善信用增级制度

信用增级是中小企业集合债券能否发行成功、筹资成本能否降低的一个关键因素，因此，必须通过完善中小企业集合债信用增级制度来突破中小企业集合债的发行瓶颈。首先，完善联合担保机制。由于中小企业集合债券风险高、发行量较大，如果由单一担保公司进行担保，不仅风险大而且增级效果也不明显，因此，可由地方政府牵头联合多家具有实力的担保公司进行集合担保，从而分散风险，增强债券的资信等级。其次，完善再担保机制。向保险公司投保。为保护债权人的权利，防止信用风险，中小企业集合债券的发行主体还可采取向保险公司投保的方式来进行信用增级。保险的险种主要是保证保险，发行人可以就自己若不能到期还本付息向保险公司投保，这也是一种信用增级的形式。

3. 完善交易方式增强流动性

做市商是指在证券市场上，由具备一定实力和信誉的证券经营法人作为特许交易商、不断地向公众投资者报出某些特定证券的买卖价格，双向报价并在该价位上接受公众投资者的买卖要求，以其自有资金和证券与投资者进行证券交易。做市商通过这种不断买卖来维持市场的流动性，满足公众投资者的投资需求。由于中小企业集合债券的发行量小于上市公司所发行的公司债券，且出于对发行人信用的考虑，集合债券在市场上的交易量不大。为增加市场的流动性，可考虑对中小企业集合债券采取做市商制度，由做市商为中小企业集合债券提供连续报价，以增强流动性。

4. 合理选择上市地点

由于中小企业集合债规模较小，市场交易主体不多，因此，如果要提高中小集合债的市场认同度，合适的交易地点就显得尤为重要。从已上市的中小企业集合债的交易活跃度来看，中关村中小企业债交易活跃度明显好于深圳中小企业集合债，上市地点的不同是造成市场参与度不同的重要因素，中关村中小企业集合债发行及上市的地点是深圳证券交易所，个人投资者与机构投资者均可参与，因而其在交易的活跃程度上要好。因此，为保证发行的成功，提高交易的活跃度，中小企业集合债券的发行与上市地点可以首选证券交易所。通过网上与网下一起发行，使个人投资者与机构投资者均可参加，从而保证发行的成功与交易的活跃。这反过来也会促进中小企业集合债券的发展。

5. 充分发挥地方政府的作用

中小企业集合债的成功发行离不开地方政府的支持。深圳中小企业集合债与中关村中小企业集合债的成功发行，政府在其中扮演着重要角色，甚至成为发行中小企业集合债券的牵头人。因此，在发行中小企业集合债的过程中要充分调动地方政府的积极性，充分发挥地方政府调动资源的优势，积极规范地引导中小企业集合债的发展。

科学管理

中国式管理的机遇和挑战

清华大学经济管理学院常务副院长 陈国青

今天我谈的主题是：新兴的信息技术的融合。通过信息技术融合里面两个重要的特点看一下我们企业所面临的机遇与挑战。

一方面我们要非常敏感地看到或者是感受这种变化，另外我们应该及时作出部署和响应。一个，信息技术融合简称IT融合，是管理与技术的融合，就是说管理与业务与信息技术融合。在我们现在的时代，发生非常多的变化，我们国家的经历也发生了许多的变化，我们面临的技术也有许多新的特征，因此这种管理上的变化和技术上的进步构成了新型融合模式。

我从这两个角度，一个讲融合，另外是面临的机遇挑战、问题和相关的策略。

我们处在信息化时代、全球化时代，我们从不同的视角观察世界，当我们关心信息技术和其应用对我们的企业和业务发生联系的时候，或者是产生冲击的时候，我们处在信息时代，就像我们关注全球经济一体化，关注游戏规则，关注竞争、关注整合一样，我们处在一个全球化竞争的时代，今天我们从技术的角度来说，我们处在信息时代，信息技术融合叫IT融合，有两个维度，一个在现在融合的情况下，信息技术在我们企业业务里面所扮演的角色变成了密不可分，或者是不可或缺，因此这种技术渗透度程度越来越高。

再有一个信息融合另外一个维度叫技术的透明度，也就是说，我们现在看我们的产品，我们企业的服务，我们企业的管理时，我们已经看不到技术是附加，而技术就是产品服务本身一部分。我们从外面看不到技术，因此说技术对业务来讲是透明的。这是另外一个角度。技术的渗透度和透明度构成了信息时代的重要特征就是IT融合。

现在随着时代的发展，影响我们的企业业务和我们企业管理模式与信息技术之间的融合，产生了很多的严格的模式或者是演化的模式。最早的时候，我们“文革”之前，从管理的角度来说是计划经济时代，20世纪70年代，国内非常少有大型主机，那个时候企业要应对计划经济，应对我们的计算模式集中式主机为主的模式，企业在学习。所以企业的学习管理模式，学习新计算机的形式是S型的，刚开始比较慢，然后非常快地学习，之后又趋于比较难的进步，是S型的，与企业接触新事物一样，是传统的S型曲线。从管理模式来讲，我们处在传统的管理模式时代，从信息技术来讲，我们处在一个所谓的数据处理时代。

一般来讲在改革开放之前是这种形势，但是非常快地随着改革开放的进行，我们的企业开始向西方许多的企业学习，因此从管理的沿革来讲，我们看做企业管理实践和管理理念的演化而言，我们是照着讲的，我们向西方学习，因此这个时候，对中国来讲中国的企业学习西方的管理理念，学习西方的管理实践，这样的话提升我们自己企业的竞争能力。在这种情况下，我们企业仍然也是在学习，但是信息技术在同时是个人的时代，因此企业要重新学习，因为有了新的管理理念和新技术的冲击。这个时候我们在管理上叫学习的时代。在数据技术发展上叫PC的时代。

从90年代开始，我们发现我们企业有许多自己的最佳理念和实践，这个时候就不是照着西方的教科书讲中国的管理实践和管理理念，而是讲我们要新东西，我们进行改造改编，或者是融合。这个时候在技术层面来讲，我们出现了因特网，这个时候发现管理演变与技术演变同时构成企业需要新的学习。我们在技术的层面上处在网络的时代，从20世纪90年代到21世纪初，我们在管理理念领域里面，我们处在一个融合的时代。也就是说，我们融合中西方管理的理念和最佳实践的时代。

一直到近年，从2002年前后，中国的经济发展、企业发展产生了许多非常好的实践，也产生非常好的管理理念。这个时候，是否像日本的企业在80年代自己总结管理理念还是中国的企业家与管理学者一起继续丰富我们的管理理论和管理实践，我们处在这样的管理前期。

我们讲国际的管理理念，但是里面有非常多的中国元素，另外从技术的角度来讲，出现许多新的动向和新的技术特征。因此我们企业是否重新再学习，然后我们现在处在一个新的时代，它叫什么？

因此，围绕这么一个视角，如果中国的企业要接着讲这个理念，我们中国的元素是什么？另外我们处在技术变化非常快的时代，新兴技术特征与中国的管理实践的融合构成了什么样的时代特点。这样的话，我们首先看一下管理的沿革中的中国元素，中国的改革实践这么多年，特别是近些年，中国经济发展迅速，人们都在探讨中国的企业成功之道。

中国国内也有许多的研究，清华大学团队结合国务院发展中心和中企联一起研究了中国式管理，受到国家八个部委支持，调研中国许多企业，调研国内国外相当多的企业进行相当的研究。在这里面把一些简单的初步探索，再有，中国的企业把握机会速度超前，领导者的成就的动机、道德魅力、愿景，由他带来的一把手文化、企业文化、执行力，这些构成中国企业家领导力的基本特点。

一个企业的组织可以概括为家的组织，这并不是一个家族的组织，而是职业经理人的家族化，或者是制度界面的人情色彩，这些基本特点反映我们企业与西方不同的，这只是讲管理上的中国元素，有许多方面与西方是一样的，但是这里面有一些比较有特点的东西，包括和的环境，对环境的和谐，政治上的分寸把握，政商共赢，这些构造企业要长期成功的基本环境要素。

再有里面创新理念谁的创新，以对手为师，先做到再创造，包括集中性学习，构成这方面的特点。再营销和运营方面，基本上是大众化、草根的战争，以至于我们关注的渠道策略，运营中比较关注效率、严格性，近期许多企业强调苛适平衡，很苛求，很严格，同时适度地平衡。

这些理念在一些方面和信息化相关的，可以通过信息化体现我们的成功之路，或者通过信息化提升我们这方面的能力。这是从管理沿革来讲，中国式管理的特点。

从技术进步来讲，现在我们到一个时代，完全互联的条件下，产生两个重要的关注，一方面我们企业提供产品，但是人员越来越多关注服务，我们叫无形围绕有形，现在人们更多关注除了产品本身其他的增值服务的内容，变成人们关注的重点。

第二个，在信息技术的IT中“I”也产生很多的变化，这里举一个例子。新兴信息技术的特征移动泛在性，像手机一样，可以做许多的事情，可以娱乐、游戏、上网、采购，可以在上面进行企业业务等。

在这样的背景下，带来了其他的特征，虚拟性、个性化、极端数据性，社会性，导致信息数据产生新一波的应用趋势。在60年代的巨型机，90年代的网络，现在我们出现一个新的技术特征时代。

在这个时代下和刚才说的管理，中国的经济进步与企业管理的发展融合，我们进入一个新兴IT融合的时代。

在这样一个时代里面，我们能够做什么呢？我觉得本身信息化可以帮助企业解决很多管理上或者是技术上的问题，我这里面列出三个在企业发展中结合刚才所说的中国元素管理，新的管理篇章有非常浓重的中国色彩篇章时，我们又面对变化非常快IT新兴技术的影响的时代时，我们的机遇和挑战在哪儿，我这儿列三个领域。

有的可能是正在发生，有的可能会即将发生或者是趋势，有的需要引起关注，因此在这里我叫“触角延伸、云雾缭绕和W2E”，我们做了许多信息化的调研，我们发现中国的中小企业和制造业在信息化过程中所处的位置和一些大企业还存在一定的差距。但是信息化在不同的企业里面，它们可能对企业的经营产生价值，并不一定要遵循固定的模式或者是固定的路径。

它可能在自己的核心领域里面，如果能够比较有效开展信息技术和数字化的工作，可能会有非常显著的贡献。

我们也发现了，如果拿中小型制造企业来讲，目前在信息化管理方面，用户三个维度上比较弱，相对其他的领域，像技术，或者是基本业务的信息化来讲，我们可能应该在战略管理和用户上更多地和我们经营战略和信息战略有更多的结合。

另外，应用组合的一些需求也没有特别多的体现，这两个图就不细介绍了。主要想说，我们在关注三个信息化的动向或者是趋势时，我们现在所处的位置，只是在这里说对一些中小制造企业的调研结果。企业要提升自己的管理水平要回答三个问题，一个企业正在发生什么，或者是发生了什么？第二个为什么会发生？第三个，如果要有行动的话，将发生什么？这三个问题从信息化的角度来讲，要回答不同的管理问题，也要准备不同的信息技术的元素或者是信息化的能力。

如果我们只是关心发生了什么，我们围绕基本的业务，我们的信息化报表、查询和业务自动化，如果我们希望能够了解为什么会发生时，我们信息化的基本的能力应该是能够切分，能够回溯，能够做多维分析，如果想知道做投资和进入市场，现在要做新动作时，它会发生什么，有没有风险，不管是财务的还是技术上的，还是其他方面的风险，我们可能要采用一些智能化的技术。如果从信息技术的角度来提供帮助的话是如此。

信息化帮助企业提升管理水平，有两个层面，一个层面在基本业务层面，另外一个层面在分析层面，怎么样分析其原因，分析将要发生什么，有一定的预测功能。

现在基于我们国内信息化的一些基本实践，我们下一步信息化可能要关注的领域，第一个是触角延伸，在现有信息化水平下，在两个角度上进行拓展，第一个角度在企业内部新的领域，我信息化可能刚做一部分，有一些新的领域，再有一个角度是要延伸到企业之外，要和我的供应商、客户，包括我的最终用户之间的联结。因此不管是ERP还是整合系统，还是具体的业务系统，我们下一步的工作，如果我们要围绕着关注新兴的信息技术的进步，可能它的外延是在移动方面会体现比较突出。

当然，我们内部的其他新领域仍然是一个方面。这是一个触角延伸的意思。

第二个，我看里面也提到了，现在我们谈比较多的是云雾缭绕—云计算，云计算有许多不同的理解，或者在国际上非常受关注，国内许多企业已经成立了云计算部，提供云计算服务等。实际上、云计算前期或者前身来自于网络计算和效率计算，也就是说把计算看成一种基本的能力，就像电一样。

所以我们进入这个房间里面，一插插销，电脑就可以使用，不关心这个电是水电、火电还是核电，也不关心这个电路怎么铺的，我只关心一插就有电。

计算不关心什么软件，不关心什么样系统，包括什么样的计算机制式，只要一插就有计算能力，这是大的云计算的理念。

整个云计算的网格概念是指能力的布网，像电网一样，其布局与能力之间匹配，其前身是网格计算与效能计算。

现在云计算是指构造大的计算平台，这个平台可以是我的业务流程，也可以是软件，也可以是基本平台，也可以是基础设施，把这些东西都看成可以像电一样提供服务，也就是说，可能会有一些专门提供电的提供计算、提供信息化的企业或者是平台，它来帮助你实现你的流程再造，软件等，把它都看成服务，这是一个一般性的理念。

但是，实际上在运作中，云计算看到有大云，或者是小云，有整体的基础设施云，也有企业云。也就是说，我专门提供企业的计算能力，或者是我的企业这一类的计算能力。

因此云计算的基本概念，如果从电来看可以很大，也可以是局域，其是把计算变成了服务，不一定要自己在房间你备一个发电机，我要电自己发电，我需要有服务提供电。这里面要自己特别多开发自己许多的人、软件用电，因为有专门的计算服务公司提供这样的服务。

这种模式已经列出来了，不细说了，有文字处理，企业计算，企业软件、操作系统、基础设施都有相应的具体模式，但是这件事情对企业来讲意味着什么？或者我们作为IT公司来讲意味着什么？这对我们计算模式和企业管理模式带来新的课题。

第一，我们有没有可能获得更专业的计算能力；第二，信息化的成本由原来的固定成本变成了可变成本，过去我要固定投资，布多少网，买多少机器，雇都是人，现在都是服务，我用电以后有没有可能租用，计件或者是计时，这带来了企业内部管理模式的冲击。我们的人力资源是否需要重新设计，企业对于所提供的企业“云”或者数据中心“云”的依赖你是否喜欢，比如是否可靠，是否安全，你的核心竞争力愿不愿意把它放在云上去。有没有可能有阴云，包括黑客、威胁、商业机密泄露等，由此带来企业里面IT信息技术管理怎么样更好与企业经营战略联系，更主动感知这种变化，所以企业内部更多由事务性信息化向分析性的信息化转变，这是新的管理课题。我们在许多的地方谈云计算，这个本身对云计算提供商，IT企业包括一般的企业都有相当不同的意味，而且是比较意味深长的。

第三个相关动向，这是业界讨论比较多的。企业2.0，其基本含义是web2.0在企业中的应用，web2.0是很个人化，很社会化的微博、社会网络系统等，包括年轻人用的QQ或者是社会网，企业里面用微博也比较多，从传统来讲这是比较个人的。WIKI可以支持共享，但是人们开始讨论由web2.0从个人领域到企业领域，不管IT提供商还是一般企业，在某个时间需要接受这种新的信息化模式，比如说web2.0如果看成原来90年代的web1.0的新版本，现在的信息化模式到一个开放移动模式下，或者社会化模式下新版本。不管是否被认同，现在已经变成趋势型现象，带有一些趋势的特点。

它会对企业有影响，它能够对我们的沟通渠道，比如说我比较年轻，在家用微博和blog交谈，我一上班就得用另外一种语言，如果上班的时候也用类似的交流工具与语言，它会提高它的工作满意度，团队认同是否会提高，舆论中心和你的实际企业的领导会不会有不一致。

有没有可能鼓励创新，管理是否更有效，绩效有没有影响，由此带来了技术管理有什么影响，这些问题也非常近，或者是非常快地影响了我们。因此我觉得企业2.0虽然不如云计算或者是触角延伸那么近，但是它已经在发生，而且有相当的企业已经开始主动引用web2.0的技术和方式在企业，现在管理研究发现，可能在微博、wiki情况下其知识管理、知识共享，鼓励创新、工作满意度，团队认同方面有相当的积极意义。但是对于绩效并不那么直接，但是不管怎么说还会改变企业许多的管理模式。

这里面的细节不说了，这里面涉及企业2.0对企业有什么影响，对客户关系有什么影响，员工沟通有什么变化，另外怎么实现企业2.0，这是一个新的版本，怎么构造企业2.0，对客户有什么影响，员工有什么影响。

因为时间的关系，我简单归纳一下，现在我们处在一个快速变化的时代，一方面中国经济的发展要求我们在管理理念和管理实践上有更多的中国元素，因此中国式管理可能是我们继续接着讲这样管理世界，管理知识、管理教科书的时代。另外我们现在面临许多的新兴技术，这些新兴技术可能会影响我们企业的许多方面，不管是IT提供商或者是其他的企业，我们都要信息化。在这个过程中我们要保持足够的敏锐性，要感知这些变化，并及时布局做响应，这些可能需要我们重新定义我们的企业和我们的业务，什么是客户。什么是竞争对手，什么样的产品和服务，合作伙伴怎么管理，流程和运作怎么样布局和部署，员工是什么样的？是这样的情况。

我们如果能够比较好地感知和响应，可能我们能够在变化中取得主动和优势。

（本文系陈国青在2010企业信息化高峰论坛上的讲话）

把战略管理置于企业管理的中心环节

国务院国有重点大型企业监事会　季晓南

一、准确把握战略管理的内涵、特征和作用

企业战略是指军事上的战略一词应用于企业的商业竞争，是指为企业未来的生存与发展需要，从企业的外部环境和内部条件出发，对企业的发展方向、发展模式、发展道路、发展策略等提出一整套具有全局性、长远性指导作用的策划谋略。

企业战略管理可以理解为：企业根据外部环境和内部条件确定其使命、愿景和发展目标，为了保证目标的实现而进行谋划和决策，并依靠企业内部的能力将谋划和决策付诸实施以及在战略实施过程中对其进行动态的管理。

一般认为，企业战略管理包括三层含义，一是战略的

制定，二是战略的实施，三是战略的评价。这三层含义也可以理解为三个阶段，将这三个阶段作为一个系统进行动态管理，就是企业战略管理。

理解和把握战略管理，要注意把握几个关键支撑点：第一，整体布局；第二，面向未来；第三，长期展望；第四，动态过程；第五，内外互动；第六，即时评估；第七，不断修正；第八，强调执行。

从企业战略管理的内涵和特征不难看出，企业战略管理不同于企业战略，它不仅涉及战略的制定和规划，而且包含着对已制定的企业战略付诸实施，还包含着对付诸实施过程的管理。

企业战略管理也不同于企业的战略规划。从管理的内容和过程看，企业战略管理是一个全过程的管理，它既包括战略的制定和规划，也包括战略的执行和实施，它需要根据企业外部环境和内部条件的变化以及战略执行结果的反馈信息等进行修正，不断进行新一轮的管理。而战略规划虽然大多也是滚动的，但相对而言，企业的战略规划不如战略管理包含的内容更为丰富，也不如战略管理更强调执行。

我国企业的经营管理者谈论企业战略时，往往更多地是指企业战略规划，但是，有了战略规划就要执行，而且需要不折不扣地执行，执行的结果还要进行评估，还要得到反馈，需要及时修正，缺少执行的战略规划只能是制定规划，不是真正的战略管理。

有学者提出，战略规划解决的是“什么是正确的事”，战略执行解决的是“如何做正确的事”，把这两者结合起来就是战略管理。应该说，战略管理不仅包括战略规划的制定，还包括战略规划的执行，并且它是一个动态的过程、是一个循环的过程。

战略管理与年度生产经营计划也有所不同。应该说，生产经营计划与战略管理既有联系又有区别，生产经营计划是管年度的，是战略管理在年度的具体体现和要求；战略管理是管长远的，是制定生产经营计划的依据和准则。

战略管理也有别于企业的日常管理。战略管理与企业管理既有联系又有区别。战略规划的制定显然有别于企业日常管理，但战略规划的执行要通过企业日常管理来落实，战略规划的目标要通过日常管理来实现。可以说，战略管理既有别于日常管理，又融于日常管理之中。

企业战略管理的作用主要体现为，一是更好地把握外部环境所提供的机遇，增强企业经营活动对外部环境的适应性；二是使企业的战略在经营管理活动中充分发挥其纲领性的作用；三是使企业近期目标与长远目标相结合和使总体战略目标与局部战术目标相统一；四是使企业管理者能不断地在新的起点上对外部环境和企业战略进行连续性的探索，增强创新意识。

二、充分认识加强企业战略管理的重要性和必要性

企业要不断做大做强，实现持续发展，其具有统领性的一个方面就是战略管理。

（一）战略管理是企业获得持续竞争优势的重要保证

《战略管理》一书第一章的开篇案例剖析的是美国的沃尔玛公司。该书作者在介绍了沃尔玛的神奇发展后提出，为什么有些组织能够成功而另外一些却失败了？为什么沃尔玛从很小的公司逐步做强做大，最终成为世界上最成功的公司之一。而它的竞争对手，当年在沃尔玛初出茅庐的时候就已经如日中天的凯玛特（Kmart）却最后走向破产？作者的看法是，沃尔玛公司之所以成为成功企业，极为重要的一点就是公司的管理者们坚持“天天平价”的战略方针，获得供应链管理上的优势，降低商品成本，提高服务质量，赢得消费者青睐，夺取了更大的市场份额，比竞争对手更加赚钱。

对竞争性企业来说，压倒一切的目标是实现优于竞争对手的绩效，而绩效背后是拥有比竞争对手更好的竞争优势。那么企业如何获得竞争优势？怎么能够拥有卓越绩效？笔者认为，企业管理者可以运用战略来为自己企业争取到卓越的绩效和竞争优势。美国著名管理大师彼得·德鲁克曾指出：“没有战略的企业就像流浪汉一样无家可归。”缺乏明确和清晰的发展战略，缺乏有力和高效的战略管理，企业就不可能有持续的竞争优势，也不可能取得卓越的绩效。

（二）战略管理是企业摆脱困境的重要措施

1989年日本经济泡沫破裂后，严酷的经济形势迫使众多日本企业家越来越重视战略管理，力求通过战略转变及相应的组织和管理的变革，寻找在经济困境与危机中获得生存和发展的机会。调查显示，日本经济泡沫破裂以来，日本大企业高层管理者把越来越多的时间和精力放在强化战略管理职能方面。

成立于1950年的中国五矿集团是一家大型贸易类企业，改革开放以后，中国五矿集团在矿产贸易权上的垄断地位被逐渐打破，五矿集团的海外经营遇到一定困难。1999年，五矿集团聘请了世界著名的咨询公司罗兰贝格为其出谋划策，重新确定了发展战略。为了保证新的发展战略能够得到顺利执行，五矿集团重新设计了内部组织结构和业绩考核体系，并实行了一系列的配套措施。经过战略转型，五矿集团获得新的较快发展。截至2007年底，五矿集团营业收入达到1 560.6亿元，比1999年增长703.5%；实现利润70亿元，比1999增长2 817.1%。

（三）战略管理是整个企业管理的中心环节

企业管理的中心环节是战略管理。

一方面，企业发展战略的一个重要功能是为企业的未来确定发展方向、发展目标、发展模式、发展策略等，企业作为一个组织，其功能就是通过职能分解和具体管理按照确定的发展方向、发展模式和发展策略等，将愿景和目标变为现实和业绩。因此，企业的各个部门、各项职能、各项管理都要服务于和服从于企业战略。

另一方面，战略的执行涉及企业日常管理的方方面面，战略规划或发展思路只有落实到企业日常经营管理的每一个环节、每一个方面，才能变为现实。因此，企业的各个部门、各项职能、各项管理都要根据战略目标来安排、来部署，只有这样，企业的各项管理才能形成最大合力，才能提高管理效率，企业才能获得竞争优势和良好绩效。

（四）战略管理是不少企业的薄弱环节

曾有中介机构对我国一家大型国有企业的内部管理进行过诊断，存在的问题是，第一，集团的愿景和使命表述不清楚、不全面；第二，员工包括集团一级领导对整个企业的战略认识不统一、不明晰，战略的执行缺乏认知基础；第三，战略制订缺乏系统的分析、评价和论证，没有建立起战略规划的指导、调研、讨论、评审和决策机制；第四，战略制订的流程不规范、不合理，集团公司、各子公司之间的战略不协同、不和谐；第五，战略规划执行效果不佳，战略实施的监控和反馈机制没有建立，缺乏战略评估和责任调整；第六，战略管理责任弱化，使集团难以对发展方向利益取舍进行及时的纠偏，企业风险难以得到有效控制；第七，缺乏职能战略，各部门对战略的理解和认知产生偏差；第八，战略支撑不足，战略目标不能很好执行，经营管理中重视财务性指标，忽略战略性业绩指标，从而在核心能力建设上产生不足。

从整体上看，目前我国企业的战略管理还处于初级阶级，如果我国企业特别是大型企业能够真正将战略管理摆在整个企业管理的中心环节，企业的战略管理能力能够显著提高，企业才能够真正从依赖价格竞争转向战略竞争。

三、切实加强和改进企业战略管理工作

我国企业除了要提高对战略管理重要性和必要性的认识外，至少要在以下几个方面取得实实在在的进展。

第一，必须使企业战略为全体员工所充分认识和真正接受。

为了使企业战略为全体员工所充分认识和真正接受，美国休斯电子公司将企业战略的要点印在员工胸卡上，正面是员工的照片、姓名、部门、职务等，反面就是企业战略的要点，使员工能够经常看在眼中、融入心中。

我国一些企业在战略认知方面存在的主要问题是，企业一线员工对集团公司的发展战略并不清楚甚至毫不知情，二级企业的员工对集团公司的战略或三级公司员工对二级公司的战略也不清楚，有些企业一线员工的认识和行动甚至与集团公司的发展策略相背。更有甚者，一些集团公司的领导对企业的发展战略认识也不清晰，理解也不一致，在这种情况下，集团公司所属各级企业及全体员工对于整个集团未来的发展愿景、发展目标、发展模式、发展策略等就更不可能取得共识，也谈不上企业战略得到有效实施和执行。

因此，加强企业战略管理，首先要通过多种形式和有效措施确保企业的战略为全体员工所充分认识和真正接受，这是企业战略管理落到实处的重要基础和前提。

第二，多层次推进企业战略管理工作。

之所以强调这个问题，是因为在一些企业的实践中往往会出现两种偏差。

一种偏差是，不少企业的管理人员认为，企业的战略管理是企业最高层次的管理。实际上，企业战略管理包括了4个层次：一是公司层战略，二是经营层战略，三是职能层战略或称业务层战略，四是运作层战略。有学者认为，如果企业实行专业化战略，主业比较单一的，公司层战略和经营层战略基本上是一回事；如果企业实行多元化战略，有几个主业，则公司层战略与经营层战略是分开的。不管是四层还是三层，企业战略管理都涉及到企业的所有员工。

另一种偏差是，有些大公司的子公司或分公司的发展战略与集团公司的发展战略不尽一致，管理上肯定要有所区别。但实际上企业的使命、愿景、长远目标应是一致的，基本的要求应是一致的，同时整个公司的发展战略又要分清层次，在与集团公司战略保持一致的前提下，子公司或分公司可以根据自身特点制定战略。

第三，长期和不间断地推进企业战略管理工作。

大量企业的实践证明，许多企业都有很好的发展思路和周密规划，但最终却没有能够取得战略成功，其中致命的一点就是这些企业在执行战略时缺乏持之以恒的毅力和常抓不懈的努力。另外一点就是没有进行不断地评估、反馈和修正，只是让相关职能部门具体实施，然后就放手不管。

要使战略取得成功，企业必须把战略管理摆到企业管理的中心环节，不仅应将战略管理统领各项管理，而且应将战略管理融于日常管理之中，使战略管理成为企业一项经常性的管理工作。

第四，高度重视和切实解决战略管理中的执行问题。

现在我们一些企业花了不少钱请中介机构来帮助企业搞战略规划，当时搞得轰轰烈烈，但任务结束后就束之高阁，放到文件柜里，过了几年企业负责人换了，又花钱请中介机构来帮助搞战略规划。这样做，由于忽视了执行，就使得战略管理打了一半折扣。可以说，战略执行的成败直接关系到企业的生死存亡。从我国多数企业的情况看，不是没有战略，而是战略没有得到很好执行，战略执行已成为我国企业战略管理的一个薄弱环节。

2002年12月，美国学者拉里·博西迪和拉姆·查兰合作出版了《执行》一书。该书作者把执行力界定为提出问题、分析问题和采取行动来实现目标，并认为执行力是一门将战略与实际、人员与流程相结合以实现预期目标的学问。此后一段时间，执行力一词在我国企业界和管理界风靡一时，但总的看，企业执行力低下仍然是我国许多企业的痼疾。

提高企业执行力是一个大的系统工程，涉及管理体制、激励机制、组织架构、控制能力、信息沟通、管理流程、企业文化、人员素质等多个方面。因此，只有多方努力并且常抓不懈，我国企业的执行力才能不断提高，我国企业的战略管理水平才能实现跨越。

形成更合理更持久的经济增长

北京大学国家发展研究院院长　周其仁

2007 年中国的 GDP 增长是 13.0%，2008 年中国 GDP 增长 9.0%，2009 年的经济增长率目标定为 8.0%。我国货币的发行高于 GDP 增长最高的时候会超过 20 几个百分点，这几年总的来说在收敛，货币增发速度在下降，越来越靠近 GDP 的增长，这是比较健康的货币控制，但到了 2009 年，货币发行再次加大。

在中国，货币多了首先不是农副产品价格涨了，而是资产价格。金融市场在中国发展迅速，成为一个重要的投资领域，可以满足人民的投资愿望，但是存在一定风险。因为金融市场有一个自我实现的机制，谁看好谁往里投钱，真投钱就真好，真好就会吸引更多人往里放钱，一直可以高到这条线脱离基本面，股价可以和公司的盈利能力完全脱节。这条线往上走的时候 3 000 点、4 000 点、5 000 点，每个新开户的股民都是上百万，因为想争取更多财富，最后涨到高处不胜寒，完全离开了这个公司的盈利能力。这时候由预期希望、故事、消息、堆起来的股价，任何一个方向的消息，随机的扰动，外来的冲击就会下来。最后会冲到 CPI，对大量的固定收入和低收入人口来说就是收入下降，因为同样的钱买到的东西减少，因此任何政府对 CPI 往上冲一定会采取措施。中国当时过了 8.7%，如果不采取比较紧的手段再冲，变成俄罗斯和越南，再加上转型时期的社会矛盾，真不知道会发生什么样的事情。历史上 1988 年发生过，1993 年发生过。不能单独地说以前好像都很正常，突然来了一个冬天，没有这回事，用五到七年，七到八年的眼光来看，大起在前，大落在后，全球是这样子，中国的工业也是这样子，1997 年以来至少有 3 拨工业产品冲上去再冲下来，当然这次下得比较厉害，谷比较深，这样深的谷和以前的一拨拨冲，在我看来有一些内在的联系。萧条、衰退的唯一理由就是过度繁荣，这个规律不但过去起作用，今后也会起作用。

2005 年以后中国的外向生意非常好做，经过中国香港、欧洲、美国和国际代理商，中国的制造能力一旦和外向接口很快就会把规模做大。纵向地看改革开放 30 年，从计划封闭变成社会主义市场经济，经商、营运，商业运作的环境发生很大的改变，但是和国际市场相比，国内交易费用很高，好多企业家表示，做了出口生意不再喜欢回来做国内的生意，国内的生意商路开通困难得多，要进行多年的培育，否则就打不开市场。实际上这几年高速的外向，某种程度掩盖了国内需要进一步改革的要求。红蜻蜓的董事长讲，温州转变就发生在 1989 年之前，温州企业原来都是做内向做国内市场起家的，辛辛苦苦租柜台找代理商、管理物流，等到 WTO 一签，国际市场上一张单子几千万上亿，因此很多公司都“一致向外”。远大空调的负责人说，6 个业务员做国际单子销售量等于 225 个国内销售员做国内市场量的总和。我们现在是制造能力强大，我们工业知识很普及，但市场知识远远落后，这也是国民经济这几年要总结的。中国制造打遍全世界，但是现在出问题了，这是中国一定要面对的挑战，首先要坚定信念，内需是有的，中国有 13 亿人，这么多年人均的增加，即便有收入分配问题，其中只要 20.0% 的人变成所谓中产阶级，市场就不得了。我们的商业环境和销售通道还有非常不方便的一面就是高储蓄又担心将来孩子上学看病，要储蓄，社保不足，这是一个原因。还有一个消费不方便，商业活动不方便，服务不方便，从这个角度来看，我们应该增强信心，我们有巨大的内需潜力。中国经济结构增长包括商业和工业平衡，制造和市场两种知识的平衡。

严格来说，这拨困难不单单是美国的问题，美国的问题里头有一部分是中国的，所以现在需要很好的合作来共同应对。同时因为有些问题是我们自己的，我们可以把它总结出来通过政策和行为扭转它。这一拨的困难是三个量的合并，第一由于汇率机制的灵活程度不够，外需就非常旺，再加上微观基础出口生意好作，为了给外需让路，2004 年以后不断调控国内的内需的产业，企业的自主性冲击实际上被抑制了一部分，行政审批在扩大，行政管制在增加，这都是不利于经济发展，要把这些东西揭开，经济可能重新被激活。第二，我们给外需让路，外需遇到欧美市场收缩，这个东西现在不完全取决于我们。第三，我们相当一部分企业和家庭受到资产市场价格陡起陡落那把尖刀的损害，投资账面受损，对未来信心不足，现在的问题是三个层次合并。过量的货币虽然有一时的繁荣，但是会掩盖一些危险。财政政策是重要的，民间不敢花钱，但政府来刺激消费，市场就不会太冷清，而中国的财政指标与全世界相比都是比较安全的区间，而且现在全世界胆子都大了，从这个角度来看，中国政府确实可以胆子比过去大一点，但是要看到财政政策是短期政策，过量的货币一定要危害国民经济。

重要的是体制政策，中国的特点就是困难的时候加大改革力度，国务院批准上海为金融航运中心，批准了海西特区、重庆、成都作为城乡综合改革示范区，批准天津为改革示范区，这是非常合乎规律的。中国的国民经济 30 年所创造的成绩是靠改革，存在的一些问题也是因为改革不平衡，要求达到更平衡的增长，就要靠进一步的改革推动。

再看看 2009 年全球形势，美国问题很大，调整能力不能低估，美国人喜欢叫唤经济，媒体充分自由，所以问题会放大得很厉害，但是调整能力我们也要仔细地观察，我不认为美国经济像有些人讲从此就下去了，美国肯定长期来看是下坡路，但等它稳住了，恢复了，中国的出口还会起来。中国自己依然处在高速发展的阶段，需要投资、发展的地方很多。

整体来看，我不认为经济增长速度是中国真正的关键，中国真正需要解决的是结构、质量、增长方式的转变，形成更合理的、更持久的经济增长，同时从过去波动当中吸取教训，争取国民经济更好的表现。

中国企业需要一次新的“改革开放”

南开大学商学院院长　李维安

众多企业陷入“三聚氰胺”旋涡，显然不再是单纯的管理不当所致，恰恰凸显了经济型治理缺失蕴涵的巨大治理风险。一个有志于打造“百年老店”的企业，必须是有社会责任感的企业，否则，无论如何是无法实现基业常青的。

市场化改革进程中企业治理改革滞后

改革开放30年来，中国企业改革先后经历了企业经营自主权、利改税、承包经营责任制、转换企业经营机制和建立现代企业制度等几个阶段，贯穿其中的一条基本主线，就是要确立企业的市场主体地位，实现从行政型治理向经济型治理的转变。

然而在市场化进程中，我国企业治理改革明显滞后于产品市场改革，产品市场竞争加剧，而企业却未建立相应的治理体系；行政型治理放松的同时，经济型治理却未及时确立。

由此，行政治理一放松，企业常陷入内部人控制状态；而企业一旦出现问题，在很大程度上又依赖于行政型治理。由于经济型治理体系的缺失，企业常在内部人控制与行政型治理之间摇摆。无疑，这与市场化改革的初衷是不相符的。

社会责任危机频发

显然，伴随着行政型治理向经济型治理的转变，企业社会责任也应由传统计划经济条件下的政企不分和“企业办社会”实现向市场经济条件下企业自主的社会责任转变。企业经营不仅要向“市长”负责，更要向“市场”负责；企业出了问题不仅要找“市长”，更要找“市场”。

然而在实践中，企业摆脱了计划经济条件下的社会包袱，却忽视了市场经济条件下企业应履行的社会责任。

一方面，企业缺乏对市场经济条件下社会责任内涵的科学认识，不能以科学发展观的眼光从战略高度认识企业社会责任问题，造成企业社会责任的缺失；另一方面，在企业社会责任的履行上片面地强调形式上的内容，而忽略企业社会责任的本质问题，即为社会和消费者提供健康优质的产品和服务。

由于企业缺乏社会责任自主治理的意识，在追求利润最大化的过程中，不能有效地进行自我监督与约束，漠视利益相关者的权益问题，产生企业社会责任“显性违规”和“隐性违规”并存的局面，而后者则更为典型。近期爆发的三鹿事件就是一个缩影。

众多企业陷入“三聚氰胺”旋涡，显然不再是单纯的管理不当所致，恰恰凸显了经济型治理缺失蕴涵的巨大治理风险：面对三聚氰胺“潜规则”，公司高管听之任之，表现为“不作为”；面对消费者投诉，公司高管不采取措施积极应对，而仅向当地政府报告请示，消极等待，表现为“不作为”；危机爆发后，除部分高管被行政问责外，公司治理问责机制同样表现为“不作为”状态。

在市场化改革进行了多年的今天，企业出了问题不是去找董事会，却在很大程度上依然依赖于行政型治理，这显然有悖于现代企业治理理念。正是这些普遍存在的经济型治理缺失内涵的系统性公司治理风险，引致了一场人间惨剧。随着全球社会责任的日益凸显，如何切实确立经济型治理体系，夯实企业履责的治理基础，跳出传统“出了问题找市长”的怪圈，就是下一步企业改革的关键。

在市场经济条件下，企业的运营必须合规，对消费者负责，这是企业必须履行的最基本的社会责任。

在合规的前提下，企业理所当然地负有价值创造的经济责任；在履行法律责任和经济责任的基础上，企业应基于自身能力履行伦理责任和自愿责任等高级社会责任。而经济型治理的核心，就是要通过一系列自主经济性而不是行政性机制和制度安排，确保企业对利益相关者负责。无疑，良好的公司治理是企业履行对人的责任、对环境的责任和对社会发展的责任的基础，决定了企业能在多大程度上履行的社会责任；同时，企业履行社会责任理应符合公司治理规范，在合规架构内践行社会责任。

经济型治理体系亟待确立

随着经济和社会的进步，企业不仅要对盈利负责，而且要对全球利益相关者负责，承担相应的社会责任。

一个有志于打造“百年老店”的企业，必须是有社会责任感的企业——对全球利益相关者负责。否则，企业无论如何是无法实现基业常青的。当然，市场经济条件下企业履行社会责任与计划经济条件下企业办社会有着本质的区别。为切实提升企业社会责任履行水平、防范社会责任系统风险，经济型治理体系建设是核心。在我国当前的社会经济背景下，可以从以下几方面着手：

首先，完善法律法规，健全企业社会责任的履行和审计监督体系。国际上，美国、法国、英国等众多国家分别在各自立法中确立倾向于就业、工资、工作条件等问题的企业社会责任，并且要求企业披露其社会责任履行状况，以对企业社会责任履行进行审计监督。

在我国，《公司法》明确提出，公司从事经营活动必须遵守法律、行政法规，遵守社会公德、商业道德，诚实守信，接受政府和社会公众的监督，承担社会责任，这是我国首次将企业社会责任以法律形式明确下来。但是，在经济全球化的背景下，企业社会责任履行尚缺乏可操作性的实施细则和相应的企业社会责任审计监督机制，造成“有法难依”。因此，非常有必要在已有法律法规基础上尽快建立可操作性的企业社会责任实施细则或指引，明确企业社会责任审计监督机制。

其次，强化公司治理，确保企业社会责任的履行。当前，中国公司治理正逐步进入包括广大中小股东、消费者、供应商等利益相关者“共同治理”的时代，中国企业必须尽快树立为全球利益相关者负责的责任理念，增强“自主治理”意识，实现从行政型治理向经济型治理的转变。一方面，要在公司治理层面作出相应的制度安排，为企业履行社会责任提供基础保障；同时，还要根据公司治理“规则、合规、问责”的核心要求，建立健全企业社会责任履行的问责制。真正的公司治理问责要求“集体决策、个人问责”，特别是要实现从“结构合规”向“机制约束”转变。

最后，建立社会责任评价体系，引导企业社会责任的履行。当前，国际上已经成立了一些旨在推行企业社会责任的组织，如美国社会责任商会（BSR）、英国的道德贸易促进会（ETI）、日本的良好企业公民委员会（CBCC）等，并进一步推动形成一些企业社会责任标准，包括 AA 1000、SA 8000、CSM 2000、ISO 26000 等。但由于我国社会文化背景和经济发展阶段的特殊性，这些标准体系还不能够形成非常有效的指导。因此，应该结合我国的具体情况尽快建立一套适合我国企业的社会责任标准及评价体系，以指导和改善我国企业社会责任实践。

（本文原载网易财经）

劳动保障

国企改制中职工权益保护的对策建议

王洪泽

现阶段，我国正处于社会经济的转型期，随着企业改制不断深入，职工权益保护问题凸显。在全球金融危机影响下，维护职工权益和维护劳动关系稳定，调动全体职工积极性，推动生产力发展，劳资合作共渡难关，是当前面临的重要任务。造成改制过程中员工权益保护工作中的种种问题，源于法制不健全、行政不作为、企业不主动、员工不积极等原因。要改变这种状况必须依赖于各方团结一致，共同谋划。

政府部门应加快法制建设和相关法规的制定和执行力度；企业要勇于和善于承担社会责任；员工也要积极提高自身素质和技术，尽快实现下岗再就业；工会要认真贯彻“组织起来，切实维权”的工会工作方针，“以职工为本，主动依法科学维权”。只有从社会、政府、企业、员工多方入手，实行综合治理，才能从根本上解决国有企业改制过程中员工权益保护的种种问题，确保企业可持续性发展，促使国有经济又好又快增长，维护社会和谐稳定大局。

（1）加大政策宣传力度，让社会各界和广大职工理解改革支持改革。根据全总了解的情况，许多成功改制、呈现出健康快速发展良好势头的国有企业，之所以能顺利改制重组，就是因为坚持了全心全意依靠工人阶级这一根本指导方针。在事关企业改革改制等重大决策问题上，事先交职工代表讨论，经职代会审议、通过决定后再予以实施，从而使企业各项决策都建立在民主科学的基础上，保证了国有资产保值增值，也保证了企业不断发展。但在部分企业领导干部及职工中还存有模糊认识。因此要把解决认识问题放在首位，根据不同类型单位特点、存在的问题，利用多种形式和渠道加大宣传教育力度，使社会各界充分认识到，工人阶级是国家的主人，是党巩固政权的坚实基础和推进改革、发展经济、保持稳定的依靠力量。尊重和保障职工民主政治权利，是贯彻实践“三个代表”重要思想，建设小康社会的客观要求。通过广泛学习宣传教育活动，努力在全社会营造依靠职工办企业的良好氛围。

（2）完善法律法规，加大执法力度，规范政府行为。改革开放以来，国家先后制定了一系列法律、法规，有效保障了广大职工的劳动权利。但在国有企业改制过程中，需要保护的不仅仅是职工劳动权益，还包括职工享有的人身权利、民主政治权利、资产权益、文化教育权利等。这就导致对于国有企业改制过程中出现的许多新情况、新问题难以规范和调整。且原有一些劳动保障方面规范性文件也由于效力层次较低且分散，不便于职工知晓和掌握。职工迫切要求依法加强对职工权益的保护力度，为职工维权提供完善的法制保障。因此，尽快完善有关职工权益保护的法律，既是职工迫切要求，也是维护稳定和谐劳动关系客观需要。根据依法行政原则，对政府在企业进行关、停、并、转中的权力应由法律法规明确。没有法律根据，政府不能对企业做出影响其权益的具体行政行为。同时，政府对企业进行改制过程中，做出关闭企业的决定或实施此种决定，都须严格遵守法定程序。

（3）集中一切可利用资源，多渠道筹措改革资金，突破改制企业遗留问题难点。建议各级政府相关部门集中财力加速推进国企改制的收尾工作。首先，政府相关部门要督促那些企业资产质量比较好、现金支付有困难的企业用有效资产、有价证券、企业债权、债权转股权等多种方式依法偿还职工的补偿金、劳动债权、福利性债权、养老金、医疗保险等。可采取由职工与企业签订协议方式，约定偿还时间。其次，政府相关部门对那些没有能力偿还职工补偿金、劳动债权、福利性债权、养老金、医疗保险等企业给予一定政策，一次性解决遗留问题。或政府暂时代企业先行偿还，解决职工后顾之忧。对矛盾比较突出共性不强的个案问题个别处理。对于企业需要裁减的人员，要督促企业一次性兑现经济补偿金，清偿拖欠职工的工资、医疗费、集资款等各种债务，补缴欠缴的社会保障费和住房公积金。对于改制企业继续留用人员，要督促企业向他们支付转换身份的经济补偿金和清偿各种债务，不得违背职工意愿强行将经济补偿金和未清偿债务作为职工股本金入股。

（4）必须坚持履行民主程序，充分发挥职代会作用。要按照有关法律法规的规定及国务院办公厅转发国资委《关于规范国有企业改制工作的意见》的要求，坚持国有企业改制方案和国有控股企业改制为非国有企业的方案，须提交企业职工代表大会或职工大会审议，充分听取职工意见，其中职工安置方案须经企业职工代表大会或职工大会审议通过。集体企业转制方案必须经职工代表大会或职工大会审议通过。在企业改制过程中，必须坚持职工代表大会制度，不得以主席团联席会议等形式代替职代会。召开职代会必须坚持严格的程序，职工代表大会要有三分之二以上职工代表出席，全体职工代表半数通过方为有效。任何企业都不得因放假等原因简化职代会的形式。审议通过企业改制方案、职工安置方案等内容应采用无记名投票的方式，赞成票必须占全体职工代表半数以上方为有效。对于出现“暗箱操作”、“违规操作”造成职工上访、群访事件的，工会及政府有关部门，要及时提出整改建议，妥善解决，不留后遗症。严格实行责任追究制度，对违反职代会决议和有关政策规定，导致矛盾激化，影响企业单位和社会稳定的，严格进行责任追究。

（5）做好劳动合同、集体合同调整、续签、重签工作，千方百计稳定职工队伍。坚决反对借改革之机大规模裁减人员和随意裁员。要敦促改制企业尽可能多的安置职工，对调整下来的职工尽可能采取措施内部消化。对于改制企业中职工转换身份或按政策合理分流的人员，工会和相关部门要做好职工劳动合同的变更、解除和终止工作，并帮助和指导职工与新的用人单位签订劳动合同。企业改制过程中涉及职工劳动权利和经济利益等方面问题，要通过工会代表职工与企业方面进行平等协商解决。认真做好集体合同的调整、续签、重签工作，所有改制企业都要建立和完善平等协商、集体合同制度，保持工作连续性。对改制过程中出现的不稳定因素，工会及相关部门积极做好劳动争议预防和调解工作，对于利用改制之机侵害职工合法权益的行为，工会要代表职工向有关部门反映或走法律程序解决。对因改制引发的职工群体事件，要积极协助党组织做好化解矛盾，理顺情绪的工作，避免激化矛盾。

（6）采取多种措施，标本兼治，促进下岗失业人员再就业。随着企业改革不断深化，技术进步，经济结构调整，职工下岗失业已成为当今经济生活和社会生活中一种特有现象。如何促使下岗失业职工再就业是全社会关注的热点问题。要做好这项工作，必须全方位联动，标本兼治，才能达到目标。为了进一步保障劳动者的就业权利，确保国家建立起完善的就业机制和良好的就业秩序，国家应尽早出台《就业保障法》，以国家强制力保障再就业工程的实施。企业主管部门和劳动就业部门要充分利用现有培训设施，对下岗职工开展多层次、多形式的转岗转业训练，提高下岗职工再就业能力和整体素质。

（7）加强对改制过程中国有资产和职工经济补偿的监督保护。企业改制要全面公开，在企业改制过程中，有的往往公开的只是对某个企业的整体估价，然后进行竞拍，整体出售。只公开某个企业整体估价，而不公开企业资产明细表，很有可能只是对部分资产的评估，而作为整个企业的估价，这就会导致国有资产的流失。建议企业改制时，不但要向职工公开企业资产的整体评估价格，还要向职工公开企业全部资产的明细表，接受职工的监督。职工同企业一起成长，最了解企业情况，向他们公开了企业全部资产明细表，会防止用部分资产来代替全部资产而进行评估，从而导致国有资产流失。要组织职工群众对企业清产核资、财务审计、资产评估、交易管理、转让价格等情况进行监督。对国有及国有控股企业的负责人滥用职权、玩忽职守，造成国有资产流失，对集体企业负责人违法乱纪侵吞集体财产，对严重损害国家、集体和侵犯职工群众利益的违法违纪行为，要组织职工及时向有关方面反映、举报，督促有关方面依据国家有关法律法规严肃查处。建议各市建立对职工经济补偿保证费用的监管制度，建立地方领导责任人制度，组成由国资委、劳动保障、法院等有关部门参加的监管机构，认真落实履约监督职责，切实保障国有资产和职工合法权益不受侵害。

（8）充分发挥各级工会组织作用，主动依法科学维权。部分国有重组改制企业特别是困难企业，由于各种原因，造成企业党的组织和工会组织不健全，活动不正常。因此，要加大工作力度，强化工作措施，把工会组织尽快建立健全起来，为其承担职代会工作机构的职责，提供组织保障。在企业改制前，工会组织要及时向企业党委和上级工会组织反映情况；改制后建立新公司时，要按照全总“机构同步建立、干部同步配备、工作同步运行”的要求组建起新的工会组织。同时根据改制企业机制的多样性和职工身份的多重性，尽一切力量让其他不同身份的职工加入工会组织，特别注意吸收农民工入会。对改制后一些企业规模小、人数少、工作地点分散、人员难集中的小企业、小公司，可采取组建联合工会的办法，成立工会组织，力争每个改制企业都有工会组织。

（本文原载：《工人日报》2009 年 8 月 26 日）

我国生产性服务业发展的差距　潜力与政策建议

中国社科院财贸所　中共湖南省委直属机关党校　夏杰长　吴家淼

经济服务化是世界经济发展、转型与升级的重要趋势。服务业特别是生产性服务业（专指那些直接或间接为生产过程提供中间服务的服务性产业，一般包括：金融保险服务、现代物流、软件与信息服务、研发与设计、工程技术与装备服务、法律与会计服务、广告服务、管理咨询服务、营销服务、市场调查、人力资源配置、会展、教育培训服务等门类）已成为推动经济社会发展的主要力量，是现代服务业中最具活力和最具发展潜力的产业，其发达程度是衡量经济社会现代化水平的重要标志。对我国而言，发展生产性服务业尤为重要，它是走新型工业化道路的重要支撑，更是贯彻落实科学发展观、实现可持续发展的必然选择。

一、从国际比较看我国生产性服务业发展的差距

进入 21 世纪以来，服务业在全球范围内快速发展，已成为世界经济中增长幅度最快、吸纳劳动就业最多的行业之一。在 OECD（世界经合组织）国家中，经济主体已经从

原来的制造业转换到服务业，服务业占其 GDP 比重平均高达 65.0% 左右，有些发达国家甚至超过了 70.0%。其中以软件与信息服务、物流、金融保险、科技研发、工业设计、商务与租赁等生产性服务业发展尤为突出，其增加值占全部服务业比重大都超过了 60.0%，部分发达国家甚至超过了 70.0%。

近年来，我国服务业在保持较快发展速度的同时，其内部结构也有所改善，服务业结构转换与升级速度明显加快，物流、金融、信息服务等生产性服务业的带动作用开始显现，各种新型服务业态层出不穷，提升了服务业对国民经济特别是对现代制造业的支撑力。但总体来看，生产性服务业发展还较为滞后，与我国经济发展和产业升级的要求还很不相适应，与发达国家的差距还很明显，具体表现在：

一是生产性服务业发展水平较低，还没有成为服务业发展的主力军。2007 年我国生产性服务业占全部服务业的比重只有 45.0%，占 GDP 比重不到 20.0%。

二是内部结构不合理，高端生产性服务业发展不足。目前，我国以金融保险、研发与设计、软件和信息服务业、商务与中介为核心内容的高端生产性服务业在全部生产性服务业中只占到 40.0% 左右，占据主体地位的还是交通运输和仓储业等传统的生产性服务业。

三是生产性服务的内部供给现象严重，外部化、专业化发展不足。生产性服务业大多是从制造业分离衍生出来的，但中国企业“大而全”、“小而全”的思想根深蒂固，再加上知识产权制度和信用环境不够完善，导致了企业服务大量依赖内部供给。有关资料显示，我国制造业中间投入中生产性服务所占比重只有 12.0%。

四是我国生产性服务业对外开放的力度和水平还有待进一步提高。近年来，中国服务业对外开放度越来越高，涵盖了《服务贸易总协定》12 个服务大类中的 10 个，涉及总共 160 个小类中的 100 个。目前，包括银行、保险、证券、电信服务、分销等在内的 100 个服务贸易部门已全部向外资开放，占服务部门总数的 62.5%。但总的来讲，我国服务业特别是生产性服务业的开放整体上晚于制造业，开放程度也远低于制造业。

二、我国生产性服务业有较大发展潜力

我国生产性服务业已在国民经济发展中占有一定地位，对国民经济增长起到重要的促进作用，发展有着较大的潜力，生产性服务业占国民经济产出的比重和全部服务业的比重将稳步上升。

一是生产性服务业比重不断上升规律必然要求生产性服务业跨越式发展。从服务业发展层次和演变规律来看，当人均收入、城市化和工业化发展到一定高度后，经济服务化趋势引致出了对人力资本、知识资本高度依赖的生产性服务的市场需求越来越大。服务经济国家的一个显著标志就是服务业占 GDP 比重达到 70.0%，生产性服务业占全部服务业比重达到 70.0%。从这个意义上讲，生产性服务业必然是我们致力于打造服务经济大国的“排头兵”和“主力军”。

二是我国有较好的制造业基础，在世界市场上已经具备了一定的竞争优势。随着专业分工意识的增强，制造业服务外部化愈来愈普遍，这种制造业服务化的趋势将为生产性服务业创造广阔的市场需求。

三是我国城市化水平在稳步提升，生产性服务业将依托城市而快速集聚发展。工业化和城市化是影响生产性服务业发展两个最重要的因素，工业是生产性服务业的需求者，城市则是生产性服务业聚集发展的空间环境和最主要的载体。2007 年我国的城市化水平已达 43.9%，随着新一轮农村经济体制改革的推进，我国城市化率还将以每年不低于一个百分点的速度增长。城市化水平的迅速提高必然带动生产性服务业的快速增长和层次提升。

三、促进我国生产性服务业发展的政策建议

一是实施生产性服务业优先发展战略目标。建议全国服务业的主管部门（国家发展改革委）牵头，会同科技部、信息产业部、商务部等有关单位一起制定促进生产性服务业发展的中期长期规划和产业指导目录，明确服务业发展的目标和重点行业，并从财税、价格、投资、信贷和资金扶持等方面予以支持和适度倾斜。国家“十一五”规划已经明确了服务业发展的总体目标，即到 2010 年，服务业增加值和劳动就业比重分别提高 3 个和 4 个百分点，但没有明确提出生产性服务业发展的具体目标。根据服务业发展趋势与规律，生产性服务业是增长得最快的，其份额也越来越大，我国又是一个制造业大国，因此，有必要提出“生产性服务业适度超前发展”的战略目标，即生产性服务业增长速度要稍快于服务业增长速度。由于生产性服务业是知识密集型、资本密集型行业，劳动生产率相对较高，因此，就业增长可能不一定与增加值增长保持同步，在吸纳劳动就业这个目标上，要求可适当放宽，每年新增就业可稍低于增加值增长速度。生产性服务业发展战略规划要与科学技术中长期规划和工业发展规划相衔接，因为生产性服务业与高新技术和工业密切相关。要明确提出通过重点发展生产性服务业来带动整个服务业加快发展和促进服务业升级的指导思想，并明确不同时期支持发展的重点行业，鼓励生产性服务业发展走专业化道路，深化生产性服务业与制造业的分工协作。

二是制定服务业标准体系，促进现代生产性服务业有序发展。生产性服务业既要快速、跨越式发展，更要有序、高质量发展。标准化作为发展服务业的重要技术支撑手段，对推动服务产业结构的优化、促进服务贸易发展，增强服务产品的竞争力、规范服务市场秩序、提高服务质量、加快服务业现代化有着重要的意义。标准是产业发展的技术方案，在市场经济条件下，过多的行政规定是不符合经济规律和 WTO 要求的，服务产业结构的调整需要以标准为导向，引导服务企业走产业化、职业化、专业化的道路。通过制定服务标准，一方面在以高科技为基础的现代服务领域，如金融、电子商务、现代物流、互联网等领域，加快搭建标准化平台，促进这些领域形成规模经济，使高附加值的生产性服务行业快速发展；另一方面在劳动密集型、传统服务业中，通过制定相应标准，提高进入市场的门槛，

促使职业化、专业化水平高的企业进入市场，淘汰技术低、水平差的企业。

三是推动制造业服务化趋势，为生产性服务业发展创造广阔的市场需求。生产服务业主要是为制造业服务的，制造业本身的快速发展且把服务功能剥离出来、走分工和专业化道路是生产性服务业的需求源泉。深化制造业与服务业的专业分工，既可以为生产性服务业的发展提供巨大的空间，也有助于提升制造业自身的竞争力。因此，我们应竭力推动制造业服务化的进程，促进两者的融合与互动发展，为生产性服务业发展创造广阔的市场需求。两者的融合与互动发展，关键是要解决三个问题：一是大力发展信息产业，为制造业与服务业互动发展提供技术基础。产业政策应该向信息技术倾斜，促进信息技术迅速发展。二是推进生产性服务业务外包。要鼓励工商企业实行主辅分离，将非核心服务业务外包，实行专业化经营。还要鼓励国家机关、企事业单位和社会团体将能够由社会提供的服务业务推向市场，三是赋予技术密集型的生产性服务业企业与高技术企业同等待遇。由于对工业化理解上的偏差，长期以来，我国在加快工业化进程中存在着“重制造业轻服务业”的倾向，各种优惠政策都向制造业倾斜。因此，我们应该把技术密集型生产性服务业和高技术制造业全部纳入高新技术产业的认定范畴，给这些产业研究开发税收和其他政策的支持，而且要根据现代生产性服务业研究开发的特点，给予更特殊的优惠政策，以加快我国现代生产性服务业发展速度，扭转其发展严重滞后的格局。

四是加快市场化改革步伐，增加生产性服务的有效供给。由于体制、政策的原因，我国生产性服务业的市场准入门槛普遍高于工业，管制过多、市场化程度低的问题较为突出，非国有资本进入生产性服务业有不少障碍，严重制约了我国生产性服务业的有效供给。应加快对垄断性生产性服务业的改革步伐，实行公开、公平、公正的市场准入制度，尽可能消除所有制歧视，合理社会资本进入生产性服务业领域，明确凡国家法律法规没有明令禁入的服务业领域，全部向社会资本开放，通过市场竞争来增加生产性服务业的有效供给。

五是打造一批特色生产性服务业聚集区，鼓励生产性服务业集群发展。在国际上，生产性服务业集群化发展趋势越来越明显，如硅谷的信息服务业集群、华尔街的金融业集群。我国也有许多生产性服务业集群发展的成功案例，如中关村信息产业集群、上海陆家嘴金融服务业集群等。未来应围绕重点发展的生产性服务业领域，积极推进各类专业性园区和产业基地建设，以进一步强化生产性服务业的聚集发展效应。

六是实施人才兴业战略，为生产性服务业发展提供智力保障。生产性服务业大多是知识智力密集型行业。人力资源开发是生产性服务业高质量发展的保证。现代生产性服务业的发展要求社会提供大量职业经理、信息技术、商务管理、商贸经营、市场开发与策划等高素质和高技能人才。因此，要竭力推进人才兴业战略，提高生产性服务业从业人员的整体素质和业务水平。

循环经济

用全新思维和举措应对金融危机

中国风能协会副理事长 中国可再生能源学会常务理事 马学禄

不谋全局不足以谋一域；不谋万世不足以谋一时。

站在外太空看地球，这个星球怎么了？

当前发生的世界经济危机，当然有政治、利益集团之间的角逐因素，由于本人对此知之甚少，所以只能单纯从经济规律方面加以阐述，并力争全面一些、系统一些。

一、全球正在爆发的不仅仅是一场周期经济危机，而是人类生存基础面临的总危机

当前，华尔街金融风暴迅速席卷全球，与之相伴，全球经济危机接踵而至，世界各国紧急行动，应对危机。但是，人们仍然只看到了金融和经济两种危机，并认为这是多年一遇的周期性危机。笔者则认为，人类必须用更长远的目光、更广阔视野才能看清楚并解决地球面临的问题，正所谓不谋全局不足以谋一域，不谋万世不足以谋一时。我们应该深刻地认识到，这次危机是人类生存基础面临的总危机，其中包括：经济危机、金融危机、能源危机、生态危机和环境危机，与以往周期性经济危机不同。因而，解决危机的措施也不能仅仅停留在金融、经济层面，必须从人类长远发展的目标出发，有步骤、有节奏地采取系统措施，既要解决眼前的困难，同时，又要为人类的可持续发展提供后续支持。（经济危机、金融危机、能源危机、生态危机、环境危机的内在联系下文有述）

二、当代世界经济基础理论预设条件全面崩溃，经济理论的基础正在逐步失效

1. 当代主流经济理论预设条件全面崩溃，经济理论失去根基

自由市场经济理论、计划经济理论、有限干预市场经济理论是当代指导世界经济奉行的三大主流基础理论，而这三种理论的基本预设条件是一致的，即：人类的需求是无限的，人类可以从自然中索取的资源是无限的（其中自然也包含了能源）。而现时世界各国对资源，特别是能源的争夺，已经到了白热化的程度。人类消费对自然资源，特别是能源使用的挥霍和浪费都已远远超出了主流经济理论的预设，使资源、能源问题不仅紧迫，而且发生危机。人类目前活动主要依赖的化石能源已近枯竭，因此，主流经济理论预设条件已经消失、崩溃，建立在这种预设基础上的理论正在逐步失效，因而由这种理论指导的世界经济体制和运行机制出现失衡甚至颠覆也就在情理之中。这种情况下，主流经济理论掌控的世界经济体系出现危机在所难免。

2. 金融危机、经济危机爆发的基本轨迹证明：危机归根结底是能源危机引发的

这次金融危机、经济危机爆发的基本轨迹是这样的：进入21世纪后，华尔街的金融家们找不到新技术产业的投资对象，出于短期利益的需求，迎合超前消费心理，设计次级房贷，使本来不具备贷款条件的获得了住房贷款，这样一来，超前消费极大地刺激了美国的房地产市场，从而带动了整个美国经济的较快增长。不仅如此，次贷机构还在一些权威评级机构的协助下，把数量众多的次级住房贷款包装成优质债券在市场上发售，吸引各种投资机构购买。而投资机构利用金融创新技术将其再打包、分割、组合，派生出一系列脱离其价格基础的金融衍生品，出售给对冲基金、保险公司，金融衍生品放大倍数是25倍。次级贷款被设计成一个貌似天衣无缝的美丽气球，这个气球被绷得紧紧的，并放射出美丽的光环发售给世界，给美国经济带来了繁荣。进入21世纪后，能源危机日益凸显，国际石油期货价格由1990年的6美元/桶一路攀升到2008年6月的147美元/桶。众所周知，能源价格是一切产品价格权重最大的、核心的因素，在经济关联的各个环节被层层不断地渗入成本，既提高了美国的房屋成本，也不断渗入与能源相关的所有行业，最终导致美国通货膨胀率上升，超过了一批家庭的承受能力，也超出了政府的心理预期。政府开始了有限干预通胀行为，适当提高了银行利率。次贷获得者本来就不具备贷款能力，此时大批次贷者失去付息能力，次贷机构出现大批呆账，次贷“衍生”的空中楼阁轰然倒塌，并迅速演变成全球金融危机。金融机构资产缩水、资金短缺，又使大批企业资金断链，使金融危机延伸至实体经济。能源高价飚升还直接打击了汽车消费者，导致美国乃至全球汽车产业及关联产业大幅下挫，最终演变成一场轰轰烈烈的全球经济危机。这个轨迹使我们充分了解了：能源危机是经济危机的核心推力。

三、超前消费模式是酝酿经济危机的土壤，成为此次金融危机的火车头

1. 超前消费模式曾经是经济增长的火车头，但在拉动经济增长过程中加剧了能源危机

从20世纪中期以来的50年间，超前消费模式拉动了经济增长，这种增长本质原因是重大科技进步所支撑的。半导体技术、芯片技术、数字电路技术、计算机技术、无线

通信技术和网络技术支撑了人类经济长达50年的高速发展。而金融知识精英则向重大科技源源不断地输送了货币资源，促进了全球的繁荣，但同时带来的后果却是能源环境问题凸显、能源危机加剧。

2. *超前消费模式又为此次金融危机提供了土壤*

进入新世纪后，人类尚没有诞生足以支撑全人类经济繁荣的重大技术，于是，在先进技术产业上无所事事的金融精英们为了自己的短期利益，迎合超前消费的需求，在落后的传统产业基础上设计了层出不穷、环环相扣的金融衍生品，并向全世界传销。此时恰逢能源价格暴涨、能源危机爆发，由高价位的能源成本大幅攀升注入到国民经济各环节，引起通货膨胀，政府通过调节利率，使得资金链绷得紧紧的金融衍生品泡沫破灭，从而引发了这场史无前例的金融海啸，继而造成全球经济危机爆发。

四、现行经济体制中，已经失去调节控制功能的经济运行模式及理念

（1）超前消费模式是不可持续的。主要表现在两个方面，一是吃子孙饭，即超前消费导致资源、能源匮乏，环境恶化，加重了人类子孙后代的负担。二是就地球目前承载力来说也是不堪重负。WWF研究表明，现时全球消费的资源已超出地球负担能力的1.3倍，能源问题更为严重。

（2）西方发达国家以大数理论为基础的养老保险模式是不可持续的。因为地球已经人满为患，发达国家人口已出现负增长，不可能有大数理论所要求的无穷多的人为日趋庞大的老龄人群提供养老供给。

（3）建立在大数理论基础上的传销模式和金融衍生品销售模式是不可持续的，因模式所需求的“大数”支撑已不复存在。

（4）现行驾驭货币流向的体制和机制，使资本偏离了人类可持续发展的总方向。资本是资源的总代表。由于没有正确的目标导向，使得大批资本像脱缰的野马，四处狂奔，而不能为人类的长远发展服务。大批资源沿着资本指引的方向，一方面制造着暂时的虚假繁荣，另一方面消耗着地球有限的化石能源，加剧着地球生态和环境的恶化。

（5）认为人类无所不能、可以为所欲为的消费观念是注定要破灭的。人类的肆意妄为已经使地球千疮百孔，人类的行为已经危及自身的生存。

（6）不受节制的华尔街金融精英的短期利益行为取向，是使金融野马脱缰的根本原因之一。即使是闯下了世界金融海啸这样的滔天大祸，2008年金融精英们还是获得了182亿美元红包。

五、人类最本质的需求是能源，推动人类文明发展的核心动力是能源

（1）人类的基本需求是能源，每一个人包括整个人类在生命期间所有活动抽象到最简单的程度，就是两件事——向自然索取能量和向自然排放垃圾。

（2）能源是人类活动的唯一动力。人类在任何物质享受、精神享受和活动中都有物质参与。把这个过程抽象到最简单的程度，就会发现两种情况：一是物质的形态改变（其中有理论形态变化、化学形态变化甚至核变化），二是物质位置的移动。不管是形态变化还是位置移动，物质没有消失，但是能源却损耗了。所以，能源是人类活动的唯一动力。

在人类进化过程中，人类的祖先由于学会了直立行走而节约的能量使人类的增长率提高了百万分之一，这是我们今天之所以成为人而没有停留在动物阶段的关键所在。在经营活动中，能源是构成产品价值最主要、最关键、最基础的成本，在所有构成产品成本的因素中，能源成本最敏感，权重最大。

（3）目前人类还没有可持续的清洁能源系统，现有能源系统的效率又极其低下。人类正在走两条能源之路，一是植物能源系统，自从有人类萌芽到现在的300万年，植物能源都是我们生命的根源；二是化石能源系统，这是我们人类发展需要的能源，但是现在日益显示出它的不可持续性。工业革命使人类学会了大规模使用化石能源，然而在短短的300年间，不足人类总数20.0%的发达人群却消耗了地球积攒了几亿年化石能源的80.0%，使得全球已探明的石油还可开采34年，天然气40年、煤170年（至于中国，化石能源问题更严重，已探明的石油可供开采14年，天然气32年、煤100年）。显然，目前人类能源系统是不可持续的。不仅如此，燃烧化石能源还造成CO_2超量排放，形成温室气体效应，严重地破坏了地球的生态和环境，造成了地球的生态危机和环境恶化，现有能源系统的总效率恐怕不会超过10.0%，这种效率还不包括人类的能源浪费问题。总而言之，人类现有能源系统既不清洁又不可持续。

（4）人类大规模的开发活动，损害了人类自身生存的基础。

六、地球各种危机的内在联系

（1）能源危机是引发金融危机和经济危机的最核心动力，如前所述，能源成本是产品成本中最基础、权重最大的成本因素，能源危机、能源价格上涨会直接导致产品价值链的崩溃。

（2）以化石能源消费为主的能源消费方式是导致地球环境系统性受到破坏的主要因素。低效率的化石能源系统造成的温室气体效应极大地影响了地球的生态平衡；地球物种在最近的30年减少了30.0%；南北两极融化将会阻断循环于南北两极与赤道之间的洋流循环，最终使整个海洋生态系统失去平衡，甚至变成死亡的海洋。有调查资料显示，青藏高原的冰川在2050年将被融化73.0%，届时，亚洲4条主要河流长江、黄河、恒河、湄公河将会出现源头危机。英国的科学家还预言，如果人类将现有化石能源烧光，地球温度将提高15℃。

（3）人类脱离地球承载力的价值取向是地球发生总危机的主观原因。

总之，能源危机、能源浪费、能源的不可持续性是导致目前地球生态危机、环境危机、金融危机、经济危机的总动力。

七、人类理想的发展模式——“宇宙飞船式低碳经济模式”

所谓宇宙飞船式低碳经济模式，即人类应把地球看做一艘宇宙飞船。70亿地球人都是宇航员，为了这艘飞船的安全飞行，人类需要和谐共处、团结协作，除去为了维系70亿人和谐共处的政治、宗教、文化因素之外，这艘飞船主要支撑点在于以下三个方面。

（1）人类可持续的经济模式应由可持续的清洁能源系统支撑，这是核心中之核心。将“飞船”送入可持续的轨道需要能源，安全运行需要能源。

建立可持续的清洁能源系统目前着力点包括三个主要方面：

第一是提高现有能源系统的效率，即节能，特别是节电是当前提高能源系统效率的关键，这个效率的提高可以使在同样的能源消耗情况下，人类生活水平大幅度提高；

第二是寻找、开发清洁能源。人类正在探索的能源解决方案，大都处在探索阶段。主要包括可控核聚变、月球氦Ⅲ、海洋中的可然冰，上述能源的利用都存在巨大的不确定性——技术突破的时间不能确定、对环境的影响不能确定等。此外，氢能也在积极开发中；

第三是可再生能源（本质上大都是太阳能）。

2004年，全球能源消耗总量13TW2050年，预计全球能耗总量26TW2100年，预计全球能耗总量46TW地球上可再生能源数量如下所述可利用的水能还有0.5TW可利用的风能还有2—4TW潮汐能3TW地热能12TW太阳能120万TW，其中可经济利用的太阳能600TW太阳能利用技术已经日趋成熟，估计到2012年，硅太阳能光伏技术发电成本平均可达人民币1元左右，完全具备与化石能源竞争的商业利用价值。

（2）人类可持续的经济模式应该包括循环经济模式。人类如果把制造业比作“动脉”产业；那么人类“静脉”产业还没有建立，建立“静脉”产业也是降低能耗、改善生态、改善环境的关键环节。

（3）人类可持续的经济模式应该用技术创新来支撑，这是不言而喻的。

笔者预言，能够像半导体—芯片—数字电教—计算机—网络技术那样支撑人类经济繁荣，并最终导致人类清洁能源系统变为现实的技术可能发生在以下三个方面：

第一，电能的数字传输技术，这项技术可以大规模提高与电相关的能源效率，它所涉及的绝对不单单是电力传输，而是所有与电相关的技术都要受到影响，电能系统整体效率大幅度提升；

第二，利用生物工程技术，大规模提高叶绿素固化太阳能效率的技术；

第三，使太阳能电池效率大幅度提高、成本大幅降低的技术。

全世界的政治家们可不可以就削减一定比例的经费开支达成一个共识，用来研究并建立人类清洁能源系统，这是实现全人类的福祉所在。

应对全球经济危机，各国政府首要任务是稳定社会、化解矛盾，利用有限干预手段刺激经济，拉动消费，稳定资本，引导货币流向。但必须注意，所有的干预手段主要是资金投向，必须点准能源效率、科技创新、循环经济、社会民生、弱势群体、基础设施这6个穴位才会有效，否则恐怕还会有新一轮更严重的危机。

从长远看，人类需要全新的经济理论体系。应对全球经济危机，必将成为构建全新经济理论体系的第一实践。

（本文原载《中国企业报》2009.02.13第12版）

循环经济与城市垃圾资源再利用

东北财经大学国际商学院　葛竞天　李　玉

一、我国城市垃圾污染的现状及解决问题的思路

我国城市垃圾污染十分严重，城市人口的不断增长使垃圾产生量持续增加，环境污染已经成为影响城市健康发展、居民生活质量逐步提高和我国全面建设小康社会的桎梏。面对紧迫的生态环境，我国政府已经认识到城市垃圾问题的严重性，并加大了投资和治理的力度，虽然对城市垃圾治理取得了很大成绩，但仍不能适应城市建设和发展的需要，而循环经济理论为我们提供了一条有效的思路。

发展循环经济对解决我国城市垃圾问题具有重要意义。首先，循环经济是将城市垃圾进行资源化处理，认为城市垃圾是一种“错位的资源”，通过对垃圾的再利用，达到城市垃圾减量化目的；其次，循环经济是减轻城市垃圾污染环境的有效途径，这是因为循环经济理论不仅要求对城市垃圾进行减量化处理，重复利用，更重要的是要求把处理后的垃圾作为下一道生产环节的资源进行重新利用和参加新一轮的生产循环；第三，发展循环经济是促进城市垃圾产业化的重要措施，根据发达国家的经验，城市垃圾处理已经作为一个独立的产业达到了规模化经营，处理城市垃圾产生的热量可以发电，回收的塑料、橡胶、纸张、金属、硅酸盐等可以重复利用，废弃的有机生活垃圾可以生产农用有机肥料回归自然等，不仅解决了环境问题，而且创造了大批新的就业岗位。总之，发展循环经济是解决城市环境污染，实现垃圾处理产业化、减量化、资源化和无害化

的重要途径，对于我国生态城市建设具有重要的意义。

二、我国城市垃圾处理过程中存在的问题

近年来，我国政府已经开始高度关注城市环境及城市垃圾的处理问题，开始制订相应的法律、法规及行政管理措施，但是在实际工作中还存在许多不足。

1. 法律法规不健全

发展循环经济是解决我国城市垃圾问题的根本途径。它需要各种新技术作为支撑，更需要法律规章的保障。但是，我国关于处理城市垃圾的法规出台较晚，2002 年 10 月才颁布第一个《清洁生产促进法》，在全国范围内推行清洁生产，加快循环经济的发展。近年来我国政府虽然相继颁布或实施了《固体废物污染环境防治法》《城市市容和环境卫生管理条例》等法规条例，但缺少相应的“子法”及实施细则，给依法管理带来困难。另外，我国现有法律法规从总体上看属于污染预防型立法模式，尚未对经济运行全过程循环进行立法，对生产者和消费者的责任和义务缺乏法律约束。

2. 管理体制急需改革

要推动我国的循环经济发展，解决城市垃圾问题，政府的宏观管理体制需要改革。长期以来，我国城市垃圾治理一直被作为社会公益事业由政府包揽，环卫部门既是监督机构，又是管理部门和执行单位，政企不分。这就造成一方面政府资金不足，多数城市垃圾处理设施建设进展缓慢，已建成的设施也因运行费用不足而勉强运行或停止运行；另一方面，市容环境卫生管理队伍庞杂，多层次而不集中，有问题互相扯皮，未能将政府宝贵的人力、物力和财力用到关键地方。

3. 经济政策和措施不完善

在当前的技术经济条件下，来源于生产和生活的城市垃圾的产生和危害是不可避免的。从经济学角度分析，城市垃圾是生产厂家和商家对社会和环境造成的负外部效应，而城市垃圾的增多是市场失灵的外在表现。从产品的生命周期分析，如果考虑消除城市垃圾的外部效应，必须实现外部成本内部化。根据“谁受益、谁负责”的原则，城市垃圾的处理应该由受益者即厂家、商家和消费者负责。在现行的城市垃圾管理体制下，城市垃圾的一部分外部性通过向居民征收城市垃圾处理费得到解决；另外，通过向生产厂家征收城市垃圾税，政府将生产厂家在运输、生产环节产生的垃圾的外部效应也消除了。但从产品生命周期来看，生产厂家、商家本应该负责产品销售出去后的对社会和环境的外部性，但在当前的体制下，这部分由生产厂家、商家造成的外部性还没有解决。这部分外部性不是由获利者负责，而由政府来负责，最终由社会来承担了这部分外部性。这部分外部性不解决，生产厂家和商业企业在决定不同层次的生产经营活动时，往往只从自身角度考虑面临的成本和利益，将其产生的城市垃圾的处理成本转嫁给社会和未来。这种现象说明，在城市垃圾问题上，我国促进循环经济发展的经济政策和措施还不完善。另外，我国的资源税率普遍较低，造成资源价格偏低，也不利于激励企业节约和循环利用资源，甚至造成资源的价格扭曲。

4. 循环型经济社会模式尚未形成

我国“两高一低”的粗放型经济增长方式，居民生活水平提高后的铺张浪费，都使得“三废”排放居高不下。一方面是宝贵的资源得不到充分利用，另一方面城市垃圾的堆积和排放已经成为严重的污染源。这种现象表明我国的循环型经济社会模式还远未形成。要实现垃圾资源化处理，变“废”为“宝”，分类收集是必经之路。许多发达国家都已经实行垃圾分类收集，如在德国，街头随处可见黄、灰、褐、绿 4 种不同颜色的垃圾容器，垃圾分类严格到一箱啤酒喝完后的包装纸盒和玻璃瓶都要分开投放。在我国大部分城市，目前垃圾收集工作仍然以混合收集为主，垃圾分类投放和分类收集的工作尚未普遍开展。

5. 宣传教育工作力度不够

宣传教育是发展循环经济的重要工具，没有全民环境意识的提高，发展循环经济的城市垃圾分类、资源综合利用、环境保护的各种手段的运用都会事倍功半，甚至无法进行。城市居民是城市垃圾的产生源和垃圾处理的主力军之一。当前我国城市垃圾问题日益严重的一个主要原因就是城市居民对循环经济的理解不深，可持续消费、绿色消费、城市垃圾分类的观念没有深入人心，有利于城市垃圾“减量化、资源化和无害化”的教育、宣传工作欠缺。

三、解决我国城市垃圾问题的建议

1. 制订完善的法律法规体系

城市垃圾的“减量化、资源化和无害化”涉及到社会方方面面，是一项可持续发展的系统工程，其中，法律法规建设是这项系统工程的基础。我国城市垃圾处理的法律法规还有许多不完善之处，必须从产业发展、经济政策、科技创新等方面综合研究，制订促进城市垃圾的“减量化、资源化和无害化”的法律法规，并不断完善，从而推动循环经济发展，解决城市垃圾问题。

2. 完善相关政策措施

当前的资源价格扭曲，是阻碍我国城市垃圾问题解决的严重障碍。在自然资源的开发与利用方面，为了促进经济快速发展，我国广泛实行补贴制度。由于这种状况，资源使用后形成的废弃物再回收利用就缺乏动力，因为回收利用不如购买新开采的资源划算。面对这种状况，首先应该逐步取消补贴制度，利用经济手段使资源价格反映其真实的生态学、经济学价值。在环境资源的利用方面，由于环境资源是共有财产，产权不具有排他性，交易双方产权拥有不平衡性和产权不具有转让性的特点，决定了在使用时具有公开获取性，在使用结果上具有排他性，而且个人使用的收益总是大于个人分担的成本。在此基础上，如果共有财产资源向每个使用者开放，没有计划地使用，就会导致早用、误用和过度利用资源，要防止这种情况的发生可以对共有财产使用者课税。

3. 促进城市垃圾管理市场化

政府全权负责城市垃圾管理主要靠行政和道德行为来约束各个参与主体和垃圾产生者，但实践证明其效果并不好。单一靠政府投入进行垃圾管理，资金存在巨大缺口，必须寻找新的资金来源。投资者的参与必然要改变现有的

游戏规则，其中政府职能的调整是重要的环节，城市环卫部门应将运营的职能彻底剥离出去，交给市场去做，保留标准的制定和监督职能。城市垃圾管理运营部分成立垃圾管理公司，接收原有的资产和职能。市场化发展有个过程，可以先是一个完全的国有企业，为市场资本的参与搭建一个平台，最后通过市场的选择来决定垃圾管理服务的提供者。

城市垃圾处理过程中一个特别重要的问题是垃圾的产权问题。当垃圾没有任何利用价值，只有将其埋于地下时，只有政府有义务对其进行管理，没有人去关心垃圾的产权问题。但目前的情况是，必须从垃圾身上找到利用价值，通过管理获得收益，从而更好地管理城市垃圾，而且现有的处理技术提供了从垃圾中获利的条件。因此要研究并确定垃圾的产权归谁所有。界定垃圾产权的必要性在于：第一，保证投资者利益。这里所指的垃圾是完整的、包含了可回收和不可回收的城市垃圾，而不是被大量的城市拾荒者拣剩后的垃圾，只有完整的垃圾才会给投资者带来回报。第二，强化垃圾处理者的责任，因为拥有垃圾的产权，其最终的处置应该是无害化的，不能对环境造成二次污染，否则会受到惩罚。由此可见，垃圾的产权应该属于参与投资垃圾管理的投资者。但实际的状况是拾荒者成了有用垃圾的产权所有者，但他们不负责无用垃圾的处理，成了只受益不承担义务的赢家，而政府承担了无用垃圾的处理义务。因此，如果想让企业参与城市垃圾管理，必须保证垃圾（完整意义上的垃圾）归投资者所有，并以立法的形式加以确认。

4. 扩大生产者责任实现城市垃圾产业化

按照经济学理论，政府的城市垃圾管理具有公共产品的属性。每个个人、家庭或组织都在产生垃圾、排放垃圾，政府不可能不让个人或组织排放垃圾，这是城市垃圾的非排他性的一方面；当垃圾产生量增加到一定程度，就需要增加垃圾收集容器、转运车、转运站、垃圾处理场以及人力资本投入等，即边际成本不为零，这种服务又具有消费上的竞争性。因此，城市垃圾应该属于准公共产品的范畴。按照经济学的观点，对准公共产品的管理，政府应采取产业化的途径进行。而垃圾处理产业化，最根本的就是在扩大生产者责任的基础上成立专门组织进行一条龙服务，最终形成垃圾处理产业链。实行扩大生产者责任的手段，是通过产品的生命周期分析，明确城市垃圾的产生者、排放者、收集者的权、责、利，也是为建立社会有效的约束激励机制明确各方的权责服务的一种方法。

5. 加强公众意识的培养

消费者的理解和广泛参与是扩大生产者责任原则能够成功实施的关键因素。消费者的分类投放是实施扩大生产者责任的基本保障。我国的一些大中城市也出现了分类垃圾桶，但是居民进行生活垃圾分类者微乎其微。针对这样的问题，加强宣传和教育是必不可少的。即使在环保意识非常强的德国和日本，也十分重视通过宣传教育提高人们的环境意识。开展宣传教育活动不能简单的流于形式，而是要充分深入社区和学校，宣传教育活动往往在真正调动起群众的积极性后，才能取得最大的成效。

信息化

全球化 中国出版业的挑战与机遇

中国出版工作者协会副主席 陈 昕

21世纪，随着中国加入WTO和互联网的迅猛发展，世界经济、政治、社会、文化进入一个前所未有的时期。全球化进程的高速推进导致了世界范围内史无前例的人员、资本、物资、信息等大规模地跨国界流动与交流，对人类文明的发展进程产生了深远的影响。全球化浪潮的不断扩展，使得中国越来越深入地与世界其他地区紧密联系在一起，中国出版人也从此进入一个全新的竞技场，站在全球性市场的新基点上，与世界范围的跨国传媒集团同台竞争和合作，这对21世纪中国出版业的发展构成了巨大的挑战与机遇。

一、世界需要了解中国

伴随着中国经济地位的迅速提升，中国日益成为世界的主流经济体，世界要了解中国，这为中国出版企业走出国门，成为全球性企业奠定了坚实的基础。

最近30年来，中国经济的高速成长，使中国在世界上的地位和影响力不断增强，中国与世界融为一体的步伐不断加快，全世界迫切需要认识中国、了解中国，中国文化在欧美开始有了基本的市场需求，这为中国出版业建设全球性企业提供了稳固的前提，为中国出版企业的发展带来了巨大的发展机遇。

1978年以来，中国经济连续30年平均保持9.0%以上的增长速度，经济总量不断扩张，2008年GDP总量达到43 330亿美元，名列美国和日本之后，成为世界第三大经济体，2009年有望超越日本，成为仅次于美国的世界第二大经济体，这种经济的高速发展创造了人类历史上又一次“中国的奇迹”。

同时，中国的对外开放度已经越来越大，几乎在所有的领域均不同程度地参与了国际合作。1978年，我国对外贸易进出口总额占GDP的比重仅为0.9%，连一个百分点都不到，而到了2008年，我国进出口贸易总额达到25 600亿美元，占GDP的比重达到了60.0%。2008年中国的进出口贸易总额名列美国、德国之后，位居世界第3位，据预测2009年将可能超过德国，成为世界第二大进出口国。中国的外汇储备，1978年只有1.7亿美元，1993年12月只有211亿美元，2008年12月飙升到19 460亿美元，2009年6月更增至21 300亿美元，是当今世界最大的外汇储备国。

人类文明的发展历史一再证明，主流经济决定了主流文化，一国经济发展的程度与水平决定了其文化在世界范围的传播和流布的广度与深度。伴随着中国经济地位的迅速提升，中国日益成为世界的主流经济体，世界要了解中国，这为中国出版企业走出国门，成为全球性企业奠定了坚实的基础。

与中国经济的高速发展相适应，中国出版业也经历了一个长达30年的高速增长的发展时期，产业的总产值增长了近30倍，年均增长率高达16.0%。但是，我个人通过研究发现，从2007年开始，中国出版业开始进入一个深度调整期，它以低速增长为其基本特征，因为传统的图书市场增长潜力有限，而新的数字出版的商业模式还未成熟。

一些基本情况显示，市场规模短期内不可能有大的扩容。第一，对于中小学教材出版发行的改革预示着中国出版业微利时代的到来。随着全国中小学教材出版发行管理体制改革的全面推开，教材出版的竞争程度将大为增加，教材在出版物销售总码洋中的比重将进一步下降，教育出版利润势必大幅下滑。第二，目前大众出版领域一定程度的无序竞争和低水平竞争已经表明现有的盈利模式难以为继，转型的压力非常之大。第三，随着出版机构由事业单位向企业单位改制的深入进行，人员安排、工资福利、社会保障以及组织结构、业务结构、产品结构的重新调整都会对传统的经营模式带来冲击，增加企业的运行成本和负担。

中国出版企业开始面临增长极限的挑战，迫切需要进行战略调整，转变增长方式，突破增长瓶颈，以迎来企业新的成长周期；而走向世界，积极拓展全球出版市场，成为中国出版业发展实现战略转型的一条重要途径。

二、中国出版业面临资源重组

信息技术、数字技术和网络技术的革命对出版业带来巨大的冲击，促进了传统的传媒、电信、出版三大产业出现融合现象。这一转变使得三大产业必然产生资源相互整合的要求，而以企业并购重组为主要表现形式的三大产业间的资源整合在发达国家已经深入展开。

事实上，经过多年的企业重组和业务整合，发达国家传媒业、出版业的巨头已经初步完成了这种整合和重组，实现了自身业务发展和经营模式同信息技术革命的有机匹配和契合。值得我们注意的是，这种资源整合很大程度上是在全球范围内得以完成的。然而，对中国出版业来说，这种资源整合还没有真正发生，中国的数字出版虽然正在迅速发展，但是整体的商业模式尚未形成，还处于探索阶段，短期内难以为中国出版业的发展提供强大的发展动力和增长空间。因此，如何通过全球化的途径实现数字出版的突破也是中国出版业面临的重要挑战。

此外，外国资本目前已对中国出版业形成冲击。入世以前，外国出版企业就已经通过各种途径进入了中国出版业的零售和发行领域，并通过下游市场向上游领域逐步渗透。而随着入世过渡期的结束，中国发行领域将对外资全面开放，外国资本投资中国书刊发行领域将不受限制。中国网上图书音像零售商卓越网的股权已被全球最大的网上零售商亚马逊公司买断。而约翰·威利、培生集团、兰登书屋、哈珀·科林斯、斯普林格等出版巨头也都表现出强烈的意向试图曲线进入中国出版领域。另外，也已有一些国外出版机构开始在中国拓展电子图书市场、远程教育体系、电子期刊、数据库等新兴出版业务。国际出版巨头有强大的资金和技术优势，有丰富的市场营销经验和管理水平，他们直接或间接地进入出版领域，必将对中国出版企业构成巨大的挑战。

面对这种来自外部的竞争和压力，在中国出版业集团化的进程中，造就一批在全球开展业务的跨国出版企业，不断提升自身的竞争能力，与国际出版巨头同台竞技，已被中国出版企业提上议事日程并开始尝试实施。

面对全球化的挑战与机遇，国际出版企业的跨国发展实践已经带给中国出版企业丰富而有益的启示，同时出版的全球化和数字化趋势也对中国出版企业的战略转型提出了更高的要求。

当前，建立在出版主体公司化和市场化以及企业竞争领域全国化乃至全球化的基础之上的中国出版业集团化发展，必须在发展的路径上有更加准确的定位。现代经济史告诉我们，伴随着全球性市场的形成，市场的迅速扩容，对市场组织方式提出了新的要求，大的市场呼唤着大的企业组织的出现，只有大的企业才能创造大的市场。从世界经济和产业组织发展规律来看，在企业的集团化发展过程中，多元化经营和专业化经营是其中两条并行不悖的主旋律。前者追求的是一种范围经济，通过业务匹配和功能耦合来降低成本，提高竞争力，通过多领域投资来降低风险；后者追求的是一种规模经济，通过专业分工来获得递增收益，建立核心竞争力和竞争优势，进而降低风险获取最大利润。当企业面对的是小市场、地区市场、本国市场时，企业扩张到一定阶段，只能是多元投资和经营，以获得范围经济的优势。而当企业面对的是大市场、全球市场时，就要求更加专业化地经营，由此大量的并购发生，大的跨国公司产生。现代以来，发达国家的出版企业正是沿着自我发展为主到收购兼并为主、跨行业发展为主到跨国发展为主的路径不断迈进。

20 世纪 90 年代中期，数字化进程的加速和互联网的迅猛扩张，各种类型的数字化业务平台不断涌现，导致了“内容产业”（Content Industry）这个新的产业概念的出现，这使得建立在网络基础上的大规模个性化定制成为可能，新的商业模式逐步形成，而国际出版产业也经历了一次席卷全球的收购兼并浪潮，出版全球化的进程迅猛加速。在这一轮购并浪潮中，一些大型出版集团为了适应现代信息技术发展带来的挑战形成自己的核心竞争力，纷纷进行业务结构的调整，通过在资本市场上卖出买进的方式将自己的业务领域集中在内容产业，其结果便是一批跨行业多元经营的大型集团转变为以内容提供为主的高度专业化的大型出版集团。例如，培生集团在 90 年代中后期先后卖出了自己在蜡像馆、拉萨德银行、西班牙主题公园的股份和在英国第五频道及 B 卫视的部分股份，加之利用从其他渠道融来的资金，通过一连串漂亮的“组合拳”，从 1994 年到 1998 年先后收购了艾迪生·维斯理出版公司、哈珀·柯林斯出版公司（教育出版部分）、西蒙·舒斯特出版公司（教育出版部分）三大教育出版公司，与原旗下朗文出版公司进行合并和重组；2007 年培生再次用 9.5 亿美元从励德·爱思维尔集团手中购并了哈考特教育公司英国中小学业务（哈考特评估测试公司和哈考特国际教育出版公司），从而使培生教育集团成为了全世界最大的教育出版集团。其他如汤姆森公司出售汤姆森学习集团，并购路透集团，将业务集中于信息服务；约翰·威利购并布莱克威尔，强化其在专业出版领域的地位；励德集团出售哈考特教育，收购为保险业提供数据和分析服务的 ChoicePoint 公司，加速数字化业务的拓展，全面转向信息服务；霍顿·米弗林购并哈考特美国中小学教育业务，加强教育和大众出版业务等。他们的购并活动无一不是围绕着专业化的目标展开的。因此，中国的出版企业在全球化、数字化进程中，面对全球市场，其发展路径应该是走专而精的道路，以取得规模经济的优势。

三、成为全球企业必须把握全球发展趋势

在全球化竞争的态势下，要与国际出版巨头同台竞技，中国出版企业还必须紧跟数字化的发展趋势，倾力打造数字化时代的业务平台，积极建立基于数字化的商业模式。

当然，面对出版全球化、数字化的浪潮，中国出版企业要成为全球企业，其道路还很漫长和艰难。

中国出版企业要跨出国门，首先要解决的还是内容，为此必须明确内容提供商的定位。这里还有一个解决文化自信和自尊的问题。2008 年，中国共引进各类出版物版权 16 969 种，输出版权仅 2 455 种，这说明中西文化的对话阵营在实力上完全不成比例。一般认为，美国文化席卷全球有“三片”：大片（好莱坞），薯片（通过“吃”文化造就了世界各地一代代儿童的美国梦），芯片（微软的 Windows 操作系统计划统治了全球所有的个人用户操作系统，美国的办公文化几乎影响了世界所有地方的精英场所）。同样，西方文化的影响在每个时期都有其标志性的内涵，古希腊时期的西方有“民主”，罗马时期的西方有“法律”，文艺复兴时期的西方有“人”和“人性”，现代性的西方有“理性”和“个人意志”，后现代的西方有“媒体”、“肉体”和“消费”（参见“没有灵魂的文化轻飘飘——对话北京大学教授王岳川”，《解放日报》2007 年 6 月 4 日）。中国出版企业在走向全球的过程中，其内容和标志是什么，需要中国出版人认真研究。在这方面，我们要向西方同行学习，要通过参加西方出版人的俱乐部，了解西方社会的需求。我们知道，西方文化有其所谓“唯一性”，有着所谓的“西方中心论”，而中国文化也有其世界意义，我们要做的就是立足于西方需要了解、认识中国的这一需求，积极

寻找东西方文化相互合作的途径。

在出版全球化发展的过程中，中国出版企业应准确把握国际出版业购并的趋势，突出主业，重视专业化，以此形成并强化自身的核心竞争力。出版作为内容产业，其业务经营的专业化程度较高，面对市场的扩张，应围绕内容的生产与提供，根据自身的产业链和价值链特点，积极拓展业务，所强调的是各种内容资源的多次经营开发。在数字化时代，出版企业即便是在内容产业的范围内考虑业务结构的多元化，也还是要注意形成核心产业和主打产品。因为，业务融合的结构安排不是削弱专业化程度，而是要求更精细的专业化运作，以形成核心业务和拳头产品。过快地进行多元化经营，势必造成主业不强、多角经营，整体业务规模很大却又形成不了规模效益的局面。应该看到专业化经营是多元化经营的基础，一个合理的多元业务结构的形成必须从专业化做起。

在全球化竞争的态势下，要与国际出版巨头同台竞技，中国出版企业还必须紧跟数字化的发展趋势，倾力打造数字化时代的业务平台，积极建立基于数字化的商业模式。

如今，传统出版向数字出版转型已经是大势所趋。比如美国的主要传媒集团在从传统出版向数字出版的转型中均迈出了初步的步伐：汤姆森与路透合并后，在法律、金融和科技医疗信息服务方面形成了难以撼动的优势，并将在工程、石油化工、航空、汽车和保险等领域积极拓展业务；从汤姆森分离出来的圣智学习出版集团，作为全球领先的电子数据和教育出版商，通过推进各种类型的大型数据库和在线平台的建设步伐，开发了各种类型的数字产品，其旗下的Gale创建并维护着600多个数据库，服务于图书馆、学校和商业领域，提供精确、权威的参考文献、报刊、杂志内容；约翰·威利的Interscience在线平台则提供1 400多种期刊和6 000多种图书以及众多的参考工具书、数据库和实验室指南。

相比而言，中国出版企业在数字化方面的步伐还很缓慢和初步，很多企业的数字化内容资源十分稀缺，技术手段也较落后，资金投入不够；而传统出版向数字出版转化最大的难点还不在于技术和资金，而在于能否把握数字出版的本质和特点，进而建立起相应的商业模式及盈利模式。为此，中国的出版企业必须紧紧追随数字技术的进展，大力开展内容创新，根据大众出版、专业出版、教育出版不同的出版类型和需求模型，探索建立有效的商业模式和盈利模式，积极推进传统出版向数字出版的转型步伐。

中国出版企业在成长为全球企业、参与国际竞争的过程中，还应根据比较优势，从国际出版产业分工中，寻找自身在出版产业链、价值链中的位置。

200多年前，大卫·李嘉图提出了比较优势理论，认为区域间贸易的基础是生产技术的相对差别（而非绝对差别），以及由此产生的相对成本的差别。每个地区都应根据“两利相权取其重，两弊相权取其轻”的原则，集中生产并输出其具有“比较优势”的产品，输入其具有“比较劣势”的产品。

传统出版产业的产业链和价值链是从编辑、出版、印刷、发行到销售的垂直型产业链。而在多种媒体互动的信息平台上，传统上分为各个行业的图书、报刊、广播电视与新兴行业数字化产品连为一体，以至于传统外在产业链正在内在化而变成新型出版产业的各部分或环节，由此也造就了较传统出版产业更长更广的复合型的新出版产业链。在全球范围，作为经济全球化的一部分，新型出版产业的产业链和价值链也就是跨国的产业链和价值链。具体来说，图书、报刊、广播电视和数字化产品的整合是跨国的，同相关产业和行业的联系是跨国的，内容产品和文化创新由取得原材料到制造产品到产品送达用户等一系列过程同样是跨国的。

在国际新型出版产业链中，中国在物流、印刷等领域具有跨国出版集团难以匹敌的成本优势，而在内容领域，中国出版企业虽不具备优势，但是借助中国巨大的市场，可以迅速地与跨国出版集团合作，打入西方俱乐部，利用、占有他们已经开发出的数字平台和数字内容资源，从而占领全球内容提供领域的一席之地。此外，在与跨国出版公司合作的过程中，中国出版企业还可以通过并购西方出版企业的方式，实现企业的全球化发展。

（本文原载《文汇报》）

将信息化提升为一种战略

国家信息化专家咨询委员会委员　高新民

“两化”融合战略提出以来，企业自身也好，IT业服务商也好，政府有关的主管部门也好，都在推动这项工作，但是现在提“两化”融合到底跟企业信息化是什么关系，这个问题值得思考。我们现在在“两化”融合的环境下来推动信息化，企业应更多地考虑信息化对支撑和引领企业发展目标能起到什么作用，将信息化提升为一种战略。

以信息化思维　确立企业发展战略

“两化”融合搞得好的企业都有这样一个特点，就是在信息化的思维下考虑自己的战略定位和战略目标。在信息化、全球化时代，各个行业、企业到底面临什么新的竞争环境，面临着什么新的机遇和挑战。“两化”融合提升竞争力的关键，是要把“两化”融合跟自己企业的发展战略紧密结合起来，而且这种结合不在于上什么项目，需要多少投资，而是作为企业的一个常态，成为企业特别是领导层内在的要求和动力，只有这样才能真正达到融合状态。

海尔提出的要根据信息化制造服务业，实现在零库存的前提下的即需即供，这是它的战略目标。海尔要从一个纯生产型的制造企业转为创意型、服务型制造业，能够实现个性化的，但是又是低成本的、快速的发展模式，增加产品的附加值。河南众品食业提出了要实现标准化的肉类加工产业基地和冷链物流基地的复制型扩张，是区域性的一种布局，这是一个非常重要的战略，它不是为了上 ERP、为了供应链管理而信息化，是先定下这个发展目标。另外还包括美邦提出的“哑铃式”发展结构等，所有这些都蕴涵非常清晰的信息化思维，这就是实施好“两化”融合的前提。即使企业把 ERP、PDM、PAM 一直到 CRM 和供应链管理全部都做到，如果没有这个前提的话，也不一定就能算是“两化”融合做得好的企业。

信息技术不仅是应用工具，更是“管理之神”，“两化”融合已经成为企业核心竞争力的重要标志，成为企业可持续发展的推动力量。而信息化已经不是一个工具，在“两化”融合的整体环境下，信息化是一种非常重要的战略。“两化”融合是个过程，只有起点，没有终点。即使像海尔、众品这样搞得很好的企业，都建立了新的目标。面向全球化的竞争，不断提升企业的核心竞争能力，这个思维在推进“两化”融合中非常重要。

模块化、平台化、网络化　成为融合途径

工业企业大部分都是制造者，要实现“两化”融合的战略目标，模块化、平台化和网络化这“三化”是有效的途径。目前大部分企业采用的分散的生产模式，特别是虚拟化的企业集团公司更是如此，对于他们来说，在模块标准化的基础上构建标准化的总接口，对单元生产能力、家庭作坊式的生产能力进行标准化改造，模块化、平台化、网络化是可行的，也是企业能够适应市场环境的变化作出迅速反应，不断进行产品创新、流程创新、经营模式创新以及市场营销创新的基础。

山东青岛红领的实践就是很好的模块化的例子。目前红领的男装西装版型已经达到 600 多个亿，怎么会这么细化呢？就是因为它们连一个袖口都细化了，而且做完细化以后，它的适应度、个性化的满足度提高了，不光满足中国人的体型，还满足外国人的体型，达到了 99% 的满足度。

所谓的平台化就是建立整合内部生产模块和外部生产单元的平台，其与网络化是密不可分的。制造业企业的发展方向是要走向服务化，所谓服务化就是把产品的附加值提高，制造业服务化并不是说制造业不做加工和制造，而是把最高端附加值的产品留在自己手中，而把其他的外包出去，把研发和营销、品牌经营这些放在首位，这是制造服务业的精髓。服务化之后，服务要变成组件化的模式，能够在组件化的基础上形成一种商业活动的平台，变成一种平台化的竞争，这是发展趋势。虚拟企业都建立在这种平台上，通过平台整合它的伙伴，整合它的资源，这个“资源”不仅仅是信息资源，而是所有的资源，包括资产资源。例如众品食业在快速扩张中，扩张布局有 3 万个终端，像专营店、直营店、加盟店等都在这个平台上面做，形成一种价值网络体系，所有对企业有价值的东西都在这个平台上进行网络化的经营管理甚至生产。在这种背景下，外包是一个趋势，所以外包产业也是作为一种服务业专门分离出来而形成的。当然创新型和效率型也是对应环境变化竞争力提升的一个方向。

在商务平台化的基础上，企业竞争已经由产业链竞争变成一个价值网络的竞争，产业链是以我为主的，是与合同固定的，相对是弹性比较小的，它的好处是适应大规模生产，甚至于大规模定制生产都可以用。但是在要完全满足个性化需求甚至满足单独个人需求的情况下，要有灵活的市场反应速度，这就需要有一个价值网络的观念，所以价值网络是在商务平台上形成的。目前，在国际上做得比较好的企业中，这种模式是竞争力的重要体现。

（本文原载：《人民邮电报》2009 年 7 月 30 日）

如何理解信息化与工业化的融合

工业和信息化部信息化推进司副司长　董宝青

回顾一下我们国家信息化发展的历程和我们国家信息化秉承的方针路线，大概可以概括三句话，第一句话“信息社会三五奠基”，第二句话覆盖全局带动发展，第三句话叫五化并举，两化融合。

第一句话，信息社会三五奠基，是党中央国务院作出的信息化发展长期战略，通过三个五年计划的建设，使我们国家奠定迈向信息社会的坚实基础。

覆盖全局带动发展，是指信息化是覆盖现代化建设全局的举措，以信息化带动工业化，以工业化促进信息化，这是党的十六大确定的我们国家的中长期的战略。

五化并举，两化融合，是党的十七大作出对当前阶段信息化工作的重点安排，正确处理好工业化、信息化、城镇化、市场化、国际化相互交织发展的形势和关系。重点抓好信息化与工业化的融合工作，作为主管主抓主推信息

化与工业化的部门，我们对两化融合工作也做了许多的调查研究和政策制定工作。

如何理解信息化与工业化的融合，我觉得至少可以分为三个层次，第一个层次从我们人类社会发展来看，从生产力、生产关系来看，人类社会正在从工业社会迈向信息社会，发达国家率先提出信息社会的口号，我们国家正在向信息社会迈进。

从产业经济层次来看，信息化正在深刻地影响着每个产业的发展，对传统产业在进行不断地改造、升级和转型，同时又衍生触发许多新的产业，对原有的产业既是提升，又有否则之否则，不断向更高层次发展。

从企业微观层次来看，企业信息化工作也正在蓬勃发展，信息化对一个企业的发展至关重要。也可以说在迈向信息社会的过程中，信息化应该是企业的核心价值之一，是企业的核心竞争力之一。

作为工信部，我们信息化推进司在推进两化融合过程中，也有一些考虑，一个是确定我们信息化与工业化融合的目标，我觉得这个目标也可以用三句话来说。

第一，构建我们国家现代工业体系，第二提高我们工业企业的素质和能力，第三，要从根本上改变我们工业的发展方式。大家知道在去年应对国际金融危机，中央作出了保增长、扩内需的举措，我们信息化工作的重心也是围绕保增长、扩内需展开的。2008 年我们的工作重心要围绕中央的精神，就是调结构、转方式，两化融合工作要围绕调结构、转方式展开，在 2009 年的金融危机中我们看到许多的企业能够逆势飞扬，我调研了许多企业，这些企业在金融危机中表现非常好，他们的利润增长率远远高于营业额的增长率。

对这些企业，我们分析他们成功的原因，我们看到这些企业绝大多数把信息化武装得非常好，也可以说信息化是这些企业致胜的关键点，是他们的竞争力之一，也可以说金融危机是一次刺激的机会，信息化在促进企业做大做强，保持强大的生命力方面，强大的市场占有率方面起到了至关重要的作用。

所以，2009 年的金融危机使我们更加发现信息化对企业价值的重要性。在具体推进两化融合工作中，我们也有一些举措，主要有这些内容。

在宏观方面继续进一步营造好的政策环境，2010 年我部已经启动研究制定推进两化融合的指导性意见，另外已经开始启动编制十二五两化工作的规划。

在行业推进方面，我们按照细分行业来推进两化融合工作，我们工业行业非常多，每个行业的信息化需求发展路径流程不一样，我们要按照精准化的方式来深化推进两化融合工作，过去我们号召企业信息化，今后我们要按照精确化的方法，按照大规模复制的方法，按照细分行业来推进每个行业的信息化提升工作。

在区域方面，我们已经开展了两化融合实验区的工作，这项工作还在不断地深化和扩展。在企业层面，我们希望企业根据自己的战略需求，抓住自己信息化工作的重点，企业信息化也经历了许多的发展阶段，刚才鼎捷软件的宣传片也回顾了 30 年 ERP 发展历史，大概有这样几个阶段。一个是起步阶段，第二是发展阶段，第三集成创新阶段。

在发展阶段许多企业围绕关键需求做了许多的研究，也取得很好的效果。从单应用到多应用，下一步到综合集成，到集成创新。也有许多的企业走到了集成创新之后的阶段，继续向战略管理、风险管理、价值管理、角色管理等方面前行。

我们鼓励企业在关键环节做信息化的改造提升，鼓励企业做综合集成，消除企业内部的信息督导，同时在集成基础之上继续创新，来改变企业的发展方式。

我们看到有许多新的名词，比如说大规模个性化制造，比如说网络制造，综合集成制造，绿色制造，及时制造等新工业发展方式正在影响着整个产业界，作为中国的工业发展，必须借鉴国际的先进经验，另外要确立我们国家自己独特的中国特色工业文化，工业管理，才能使我们的信息化工作和我们国家的工业化道路更加密切结合起来，走中国式的信息工业化道路。

企业文化

全球金融危机下企业文化建设的九个深层问题

北京大学光华管理学院院长　厉以宁

第一个问题，公平来自认同感：公平，在经济学和管理学中都是一个难以解决的问题。经济学家对公平有三种解释：第一种解释是平均分配等于公平。许多人认为平均分配不公平，是指在一般条件下平均主义不是公平，但在特定条件下平均分配是公平的。举两个例子：一个城市严重干旱缺水，这时必须平均分配，不管这个人有钱没钱、有势没势，每人每天都是一桶水，这就是公平；另一个例子是发生洪灾或大地震时，给灾民空投面包，每人一个。在特定环境下，这关系到人的生存权的问题，人的生存权是平等的。

第二种解释是机会均等就是公平。大家都在一个起跑线上，每一个人都无太大差别，差别是竞赛的结果，这种结果是公平的。两个学生考大学都考上了。前一个学生家住在北京，各方面的条件都比较好，后一个学生家在贵州的贫困山村，后一个学生所付出的努力是前一个学生的若干倍，他们的起跑线不一样，但结果一样。

第三种解释是收入合理即公平。这个问题难在什么叫合理。厅长工资比处长高多少算合理？处长比科长高多少算合理？教授比副教授高多少算合理？现在根据社会沿袭既定的系数做调整，如1.8或1.5，这是大概的。任何经济学家都解释不了什么叫合理差距。

上述三种解释都有道理。那么，有没有第四种解释呢？有。叫做公平来自认同感。每个人都在一个群体生活、工作，他就是这个群体的一员，小至家庭，大到家族、社区、企业、社会等，你对这个群体认同就会感到公平。以家庭为单位举两个例子。有三个孩子的一家，当初家庭经济困难，第一个孩子只能读到初中，后来家庭经济好转了，第二个孩子可以上大学了，再后来家庭富裕了，第三个孩子可以出国留学考个博士学位回来。只要三个孩子对这个家庭是认同的，对父母当年的处境是体谅的，谁也不会认为自己在家庭受到不公平的待遇，因为当时只能那样。再一个例子，一家有三个男孩子或三个女孩子，通常是老大穿新衣服，老二穿旧衣服，老三穿打补丁的衣服。以后，在他们长大以后，顶多在开玩笑的时候说，哎呀！小时你总穿新衣服我老穿旧衣服，但谁也不会因为这个而感到自己在家里受到歧视。他没这种感觉就是因为对这个家庭有认同感。

由此可见，第四种解释与前三种解释并不矛盾。由认同感联想到企业文化建设，企业文化建设的目的是要创造企业形象、企业名牌和企业精神，但同时注意培养职工的认同感。哪个企业把职工的认同感培育出来，哪个企业的企业文化建设就是进步的，认同感的建立有助于企业文化的建设。这就是第一个问题。

第二个问题，对效益的理解：这是经济学的一个难题。

效益问题在经济学研究中最早叫生产效率，就是投入产出，有多少投入就产出多少，所以生产效率又叫投入产出效率。历来有一种效益叫资源配置效益。什么意思呢？假如投入是既定的，在等量的投入下，由于配置方法的不同，产生的效益就大不一样。这给许多问题带来了新认识。比如人事、组织、宣传部门，都是非生产性部门，这些部门是不产生效益的。但从资源配置角度上讲，这些部门都是可以产生效益的。这些部门的工作搞好了，人的积极性被调动起来，会产生很大的效益。20世纪60年代又产生一种效益叫“X”效益。“X”是一个未知数。从理论上讲，有多少投入就应该有多少产出，但在实践中往往会发现，效益有时候大于投入，有时候小于投入，在大多数情况大于投入的就叫“X”正效益，效益小于投入的就叫“X负效益。正负效益产生的原因，可能来自三个方面：

第一个方面，目标不一致。把企业比喻为分子单位，把职工比喻成原子单位，分子单位是由原子单位组成的，假定分子单位的目标与原子单位的目标不协调时，如企业非要把一个职工分到电工班或瓦工班，而这个人实在不愿意干，他的特长爱好是绘画，那怎么办？先去干。企业不需要绘画人才，但在业余时间可以为你提供方便画画的机会，可以组织职工画展，给你提供施展才华的舞台。这就是目标不一致时要求同存异。

第二个方面，原子单位即员工之间不协调怎么办？企业要尽量采取和解的办法，多创造机会，让员工多交流沟通，多接触，各自都后退一步海阔天宽。

第三个方面，惰性区域怎么摆脱。我20世纪50年代在北大读书时，早晨6：00必须起床，冬天同学怕冷都不愿意起床，这就是惰性区域。摆脱惰性区域有三个层次：最次的是强制原则，较高的叫激励原则，最高的叫适应原则。用强制原则，早晨6：00必须起床早操，三次点名不到体育课不及格，就拿不到毕业文凭；激励原则就是评比插红旗，评三好学生；最好的是适应原则，学校和学生的目标是一致的。让每一个学生懂得学校这样做对我有好处，我身体好了才能干事业、作贡献。当他明白这一点后，就会摆脱不愿起床的惰性区域。

效益有两个基础，一个是物质基础，一个是道德基础。仅有效益的物质基础只能产生常规效益，超常规的效益则来自效益的道德基础。举三个例子。其一，当一个民族遭遇外来侵略时，为什么国民有那么强的凝聚力？那么高的斗志和热情？都是来自道德基础。其二，1998 年我国遭遇到特大洪灾，全国上下团结一致、共同抗洪。解放军战士抢险，水中一干就是十几个小时，这就是道德基础在发挥作用。其三，广东、福建一带有许多客家人。客家人的祖先在河南，都是历次战乱中一个家族一个家族迁徙过去，在荒山野岭上定居下来，后来发展成为特色土楼。我去那里参观，人家叫我题词，写“开发旅游资源”。我觉得不太恰当，于是我写了“人情、道德一楼存”。

公平来自认同，效益产生于两个基础，公平与效益互相促进。从这个意义上讲，企业文化要在培育认同感的同时，要使公平与效益相互促进，发挥物质和道德两个基础的作用。

第三个问题，是关于调节：有两种调节，一是市场调节，一是政府调节。有没有第三种调节？有！叫道德力量调节。

市场、政府出现以后有了两种调节。那么几万年以前没有政府，或即使后来有了市场和政府，那些居住在荒岛野岭上的人，市场调节不到，政府鞭长莫及，人类的生存繁衍是怎么延续的？就是靠道德力量调节。市场、政府出现以后，历史上出现过多少大动乱，农民起义、外族入侵、诸侯割据、军阀混战。过去老百姓有两句话，“小乱入城，大乱入乡”。小动乱时乡下人往城里跑，有城墙有兵把守比较安全；大动乱时城里人往乡下跑，城里资源有限、断粮断水，加上水攻、火攻，攻城之后还要屠城三天，谁不怕呀，所以大动乱时城里人都跑光了，去的地方越偏僻越好。那时候市场失灵了，政府瘫痪了，但人类还是延续下来了。再者，人类活动除了交易关系外，还有许多活动和关系，比如说家庭、家族、同学和同事关系，社会活动和公益活动等，这些都属于非交易关系。这些关系怎么调节？市场不管、政府不管，这就靠道德力量调节。假如没有道德调节，人们都不讲信用，尔虞我诈、相互欺骗，市场、政府都调节不了，那社会怎么进步？经济怎么发展？因此，研究企业文化建设，必须对第三种调节给予充分的认识。企业文化建设、社区文化建设都属于第三种调节。自律是第三种调节的表现。国家公务员、企业职工、老师、学生都要自律。我们把这些问题都弄清楚了，对企业文化建设就有了进一步的认识。

第四个问题，宽容和解，增加效益：中国古代是个洪水经常泛滥的国家。黄河、淮河、长江，洪水不断。

为了治水，我们花费了很大的力量。外国人不了解中国国情，说中国治水没留下什么文化遗产，只留下中央集权的专制主义。专制主义形成的原因很多，这里我们不细讲。单从治水来说，给我们留下的文化遗产是宽容，宽才能容，堵不如疏。疏导才能治水，不疏导岂能治好！

疏导是一种宽容。缓流比急流好治。由此联想搞好企业，就要在认同的基础上，尽量调节，宽容待人。宽容的关键在疏导。一位成功的企业家介绍经验说，企业出现困难要精简 10.0% 员工。有两个方案，一是精简 10.0%，裁掉完事。一是从领导者做起，每个人降工资 105 元，员工不减，共渡难关。这样一来，凝聚了职工，调动了积极性，大家一致同意第二个方案并努力工作，结果企业第二年好转，第三年盈利，盈利后把减的工资补发了。这说明不论遇到怎样的情况，一定要把企业内部环境搞好，这一点对企业文化建设非常重要。宽容和解可以增加效益，若是把力量都内耗了，单精简员工不能解决问题。职工之间，你怀疑他说你的坏话，他怀疑你给领导送礼，这样的企业怎么能搞好？

第五个问题，环境资源：资源是我们与后代共享的，绝不能破坏殆尽。

破坏了、用光了留给后代什么呀！在企业文化建设中必须引导大家树立环境资源意识。有人说上一代上几代都给破坏了，我们怎么保护呀！我们说上一代破坏了是他们不懂资源的重要性，我们不能延续他们的错误。我们把资源破坏了，后代想富也富不起来。对环境资源保护也要转变观念。过去一直说“靠山吃山，靠水吃水”。光靠怎么能行，要改一个字，改靠为养，叫做“养山吃山，养水吃水”。不养怎么吃？现在把树都砍了，将来吃什么呀！水也是一样，由于环境资源遭到破坏，现在关于水的状况有三句话，叫做“北方水少了，南方水多了，全国水脏了”。因此，我们必须养山养水。

怎么养？要迁徙、人在山上就要破坏山林。举个例子：北京最北边有个乡叫门头沟乡，全乡人住在山上越吃越穷，环境还给破坏了。后来搬迁到平原上来，政府给盖了很大的房子，一半自己住，一半办家庭旅馆，结果生活变好了，环境也保护了。当地流行一句话：“愚公不要移山，应该移民”。要用愚公移山的精神来保护环境资源。设想老一代住在山上很穷，儿子讨不到老婆，婆婆没有孙子，还怎么子子孙孙挖山不止呢？广西也有一个山乡，很穷，人均年收入 160 元。搬家时全部家当就是丈夫一根扁担两个箩筐，一头是破被，一头是铁锅。后面的老婆抱个孩子。下山之后在政府的帮助下种植经济作物，有种芒果的，有种菠萝的，很快就富起来了。

上面所讲的是环境对人类生活质量的影响。从这个意义上来讲，哪一家企业会保护环境资源，哪一家企业才能够保持持续发展，这样的企业才能创造经济效益、社会效益。

第六个问题，精神的动力：这个问题要从 19 世纪末 20 世纪初谈起。那时候德国一位著名的社会学学者写过一本《新教伦理与资本主义精神》的专著。

专门研究了资本主义为什么不在南欧、不在亚洲产生而产生于西欧呢？专著分析：南欧意大利等国家信奉天主教，而天主教的教义中说人都是有罪的，赎罪有两种方式：一是进修道院修行，男为修士女为修女；二是把财产捐给教会。这两种方式均不能推动社会发展。而中国人信奉佛、道、儒。佛让人做好事，讲轮回报应；道教分上下两层，上层是皇帝贵族炼丹，长生不老的享乐主义，下层是平均主义、农民主义。享乐主义和平均主义都不能推动社会发展；至于儒家学说，核心是要人们追求读书做官，齐家治国平天下，帮助皇帝治理天下，青史留名，光宗耀祖。这也不可能推动经济发展。接下来研究西欧，那时西欧信仰新教：人是上帝的仆人，是有罪的。怎么赎罪呢？人人努力工作，创造事业，积累财富。创造事业越大，财富越多，说明你表现越好，才能赎罪，正是这种思想推动经济发展，资本主义也由此而生。荷兰、英国等因此发展起来。

这位学者的论述是否正确我们不去评论，只想借此说明，经济发展需要精神的动力，没有创造力的精神就落后。同样的道理，企业文化建设需要有一种企业精神，没有企业精神就没有企业形象，没有支柱，没有精神动力，任何事情都搞不好！

第七个问题，人力资源：资本在经济发展中分为两类，即物质资本和人力资本。

物质资本是机器、厂房、生产资料；人力资本是人的聪明、才智，这种能量释放出来很难估量。古希腊时有一些奴隶身份的人后来成为学者、作家、文艺家，为什么？这些人有聪明才智，有胆量，并善于学习和总结，这就是他们的人力资本。1979 年以来，中国第一批出来的企业家多数都是插队下乡回城找不到工作的，城里辞职下海的，甚至还有劳改释放人员，当时他们没有物质资本，但也不能说他们白手起家，他们就是发挥了人力资本。我们要充分注意人力资本的作用。每个职工都有人力资本，就看怎样发挥作用。加入 WTO 的最大冲击就是人力资本被外企吸引走了，怎样留住人力资本？关键是体制机制。要对管理者、领导者、发明者实行期权奖励、知识产权入股等，不要怕这些人拿得多了，关键看准谁是最大的受益者，最大受益者是企业、企业职工。

举两个例子：一是春秋时代的鲁国有一条规定，鲁国人外出时看到有卖鲁国奴隶的可以先垫钱买回来再到政府报账领钱。孔子学生买回奴隶却不去报，有人说这是风格高尚，孔子却批评说学生错了，错在阻碍了更多的奴隶恢复自由。因为你不去领钱，别人就不再积极去做这件事了。另一个例子是一个人掉到河里快要淹死了，一个人奋不顾身将其救上来。被救者家属用一头牛酬谢，这个人牵牛而去。有人说救人虽对，但领取这样贵重的报酬就不对了，当时一头牛相当贵重。孔子却支持这个人，孔子说应该要报酬，拼自己性命的好事就要取得相应的报酬。如此，才会有更多的人来做这样的好事，而好事的最大受益者是被淹的人和社会。以此类推和引申，我们给领导者、管理者、发明家以股权、知识产权，最大的受益者是国家、社会。我们的高新技术企业起来了，很多留学的人回来了。我们要对企业家说，给你股权你就要，不要不好意思。实在不想要，明年发洪水你再捐出去嘛！体制机制改了，人力资本的作用将得到充分的发挥。

第八个问题，效率和制衡：我们时常听到这样的经验介绍，说企业之所以搞得好是因为几个职位都集中到一个人身上，什么都一个人说了算。

我以为几个职位集于一身没有好处，不利于企业发展。为什么？因为缺少制衡。这里谈一谈效益和制衡的关系。有时候因为有制衡会使效益有所降低，但是，由于有制衡，可以避免最大的损失。假如没有制衡，一定会出现最坏的情况。为了避免最大的损失和最坏的情况出现，我们宁肯牺牲些效益也要实行制衡。所以在企业法人治理结构中要有独立董事，起到制衡作用。同样，企业中的监理会也不能形同虚设，也能起到制衡作用。

我们一定要认识到，企业领导人的功过是不对称的。再重复一遍，领导人的功过是不对称的。当企业走向兴旺的时候，功劳归于领导层集体，因为没有领导层的同心同德企业不可能搞好；但当企业走向衰败的时候，领导者、一把手要负主要责任。因为一定是你听不进不同意见，决策失误，或任用亲信、刚愎自用。最明显的例子是太平天国，当初太平天国领导层团结一致，共同对敌，打下天下。打下天下后争权夺势，互相猜忌，内讧不断，又没有制衡约束，最后失败了。

不论是现在的例子还是历史上的例子，我们都要清楚效益和制衡关系。

第九个问题，民富为本：我们一定要明白民富为本的道理。

过去革命时期为了什么？为了建设新中国，让广大贫穷老百姓过上好日子。现在改革开放搞经济建设，我们的目的是让老百姓过上越来越富的日子。老百姓富裕了社会才能稳定，社会越稳定经济发展速度就越快。

现在最大的问题是怎样使农民富裕起来。“十五”规划期间找到一条路，叫做“农业产业结构调整、农产品质量提高”。要搞“公司 + 农户模式”。这个模式分三个阶段：一是定单阶段，即公司下定单要求农民种什么按单收购；二是租地经营阶段，即公司租赁农民土地，整片耕种，进行科学管理、引进先进技术；三是土地入股经营阶段，即农民以土地入股，按股分红，风险共担。这样农民的收入可以提高，土地使用可以转让、交换和入股。最近全国人大正在制定这方面的法律。美国学者说，中国农业要现代化必须先实行私有化。我与他们辩论：你们不懂中国国情，私有化一家一地怎么现代化？在中国，土地公有制，承包制不变，土地使用权可以转让、租赁，这样土地照样连成片，照样实现农业现代化。

世界上最大的“金矿”在何处？最大的“金矿”是中国农村。九亿多农民两亿多农户啊，只要农民富裕了，每人每年添两套衣服，那纺织机还不得加班加点地转！如果每个农户购买一台彩电、一个电冰箱、一辆农用小汽车，这个市场该有多大呀！在革命战争时期，无产者越多越好，无产者越多敌人的政权越不巩固。现在执政党的任务不是制造无产者，而是创造更多的小康之家，小康之家越多社会越稳定。

小康之家在经济学中没有什么界定。20 年前，谁要戴个戒指，妇女抹上口红就是奢侈品。在今天那算什么，全家出去旅游也不能算奢侈。今年的小康水平指有住房、有彩电冰箱、有稳定的职业，明年的小康水平没准要有小轿车，而 10 年后要有第二套住宅才算小康家庭。要小康先要发展，走共同富裕之路，这叫民富为本。

我们都知道，社会体制长期不变不行，要不断适应实际情况进行改革，改革体制机制的目的是能给老百姓带来好处，使大家有这样的切身感受：体制改革给老百姓带来好处，走向共同富裕的道路。

浅析企业文化建设与人力资源开发的关系

徐正富　郑启富

近几年来，随着建立现代企业制度在我国的全面推进，企业文化建设也成为现代企业管理过程中一个关键性问题。在对企业文化建设和人力资源管理与开发的研究和实践中，笔者以为：企业文化建设与人力资源管理开发，存在双向的共生效应和互补效应。加强企业文化建设，能够推动企业人力资源管理与开发，提升企业人力资源管理水平。同时，整体配套的人力资源管理与开发反过来又能促进先进企业文化的建成。

1. 加强企业文化建设有利于企业人力资源管理水平的提升

企业文化是上世纪80年代在行为管理模式基础上产生的最新管理理论，是企业在运行过程中形成的具有本企业特色的文化观念、文化形式和行为模式，并成为企业全体成员普遍接受和共同奉行的、价值观念和行为规范的总和。它是以企业管理哲学和企业精神为核心，凝聚企业员工归属感，调动企业员工积极性、主动性、创造性的人本管理理论。企业文化的核心是以人为中心的管理，是通过树立正确的经营思想、良好的企业精神、高尚的伦理道德和明确的企业目标，以规范企业员工的思想和行为，最终实现企业和员工的共同成长。它对内表现为企业精神，对外表现为企业形象，其作用主要表现为企业的凝聚力、激励力、约束力、导向力和辐射力。

企业文化在人力资源管理与开发方面，主要通过精神、制度、物质三个层面得以体现。

在精神层面，主要是通过各种方法，激发员工的主观能动性，鼓舞士气，营造一种独特的精神氛围；其强调的是员工的主观精神状态，表现形式为企业精神、企业风气和企业目标。

在制度层面，其强调企业实现目标的最高行为准则和价值取向。它反映了企业的系统整合能力，在执行文化方面为员工提出了标准和规范，使员工能够按照企业既定的方向与目标同步发展，其表现形式为管理制度和企业风俗。

在物质层面，文化管理强调企业形象识别系统，如在企业标识、员工仪表、厂容厂貌、企业文化传播模式等方面都有严格的界定，使员工的精神面貌和企业整体形象都得到了强化。

因此，加强企业文化建设对企业人力资源管理具有强大的推动作用。具体体现在以下几个方面：

（1）企业文化是企业管理的最高境界，其主要通过心理管理来优化员工的心智模式；在认知、行动、意志、情感、价值、目标等方面对员工进行深层次的引导，深化员工的自我开发意识。优秀的企业文化能给员工带来团结和谐、富有激情的工作生活环境，能使员工产生强烈的集体荣誉感，产生较高的期望目标和较大的动力，促使员工提高自身的素质和能力，向自己期望的目标努力奋进。

（2）企业文化可以深化员工的价值理念，激发员工的工作热情，改造员工的道德人格，凝聚员工的心智思想，强化员工的奋斗精神。在现代企业中，员工的学历层次、知识层次越来越高，企业只有将“以人为本”的理念落实到具体管理中，切实体现对员工永远的尊重，才能赢得员工对企业的忠诚。

（3）企业文化对人力资源管理具有导向作用。在具体的人力资源管理过程中要以企业文化为导向，把两者有机地结合起来：第一、将企业的价值观念与用人标准结合起来。要求企业在招聘过程中对应聘者进行严格的培训，在制定招聘计划时要有专家的参与；在招聘面试过程中，应优先选择对本企业文化认同较高的人员。第二、将企业文化的要求贯穿于职工教育培训之中，可以通过员工培训方式来推广企业文化；这种培训既包括职业教育培训，也包括非职业教育培训；尤其是非职业教育培训方面，要改变以往那种生搬硬套的模式，而采取一些较为灵活的方式，如非正式活动、非正式团体、管理游戏、管理竞赛等方式，将企业的价值观念在这些活动中不经意地传达给员工，并潜移默化地影响员工的行为。企业管理界人士普遍认为，丰田的成功经验是：积聚人才，善用能人，重视职工素质的培养，树立良好的公司内部形象。作为企业文化和人力资源管理的一部分，丰田公司的员工教育培训取得了很大的成果。第三、企业文化的具体要求必须融入员工的考核与评价中。时下大部分企业在评价员工时，都是以业绩指标为主；有些企业也提出道德标准的考核，但对德的考核内容缺乏具体的解释，也缺乏具体量化的描述，未能起到深化企业价值观的作用。在考核体系内，要将企业价值观的内容注入，作为多元考核指标的一部分。对企业价值观的培养要通过各种行为规范来进行，通过鼓励或反对某种行为，来达到诠释企业价值观的目的。第四、企业文化观念的形成，要与企业的内外沟通机制相结合。只有达到上下沟通、步调一致的标准，才能在员工心目中真正形成认同感。这就要求人力资源管理不单要处理技术性细节，也不单单是人力资源部门独有的工作，而是要求所有的管理人员参与其中，以形成公司人力资源管理的整体合力，逐步形成在市场竞争中独有的竞争优势。

通过加强企业文化建设来提升企业人力资源管理水平，增强企业核心竞争力，是企业文化发展的必然要求，也是企业管理当局所追求的最高管理境界。

2. 整体配套的人力资源管理能促进先进企业文化的形成

无论任何企业，不论它的规模大小或自动化程度高低，它的正常或者是高效运行的根本都是“人”。吸纳认同本企业的企业文化理念，拥有良好品行且具有发展潜力的员工群体，尊重员工、服务员工、培训员工，帮助员工拟定和实现个人与企业共同愿景相一致的职业生涯发展计划，提高企业的内在文明程度等，这些都是企业核心竞争力——人力资源竞争力提升的根本。

企业文化作为一种软环境，它在无形之中引导着每一位员工的行为，在无形之中获得竞争的优势。企业文化作为一种无形资源，就是要塑造具有共同的理想信念、明确的价值取向、高尚道德境界的企业员工群体，就是要把企业管理者的经营理念、价值取向、行为方式等整合到员工中去，是用以规范企业员工行为的一个强有力的规则体系；它是在人力资源管理实践中经过长期的潜移默化培养起来的。

3. 要创造一种能使全体员工认同的核心价值观念

企业文化的建立和重塑，是企业管理者最重要的事，也是人力资源管理的核心任务，它关系到整个组织系统的运行和发展系统工程。

众所周知，人力资源管理与开发，其目标就是使每位员工充分发挥他们的主观能动性，创造最大的利益空间，使企业达到最大的绩效目标，从而实现企业与员工的共同成长。但是，如何实现这个目标，有很多的问题摆在管理者面前。现在大多数企业的状况是，能够招聘到优秀的员工；但如何留住员工，充分发挥员工的聪明才智，使员工工作达到最大的主观能动性，却无从做起，这种情况在国有企业特别严重。企业要想留住优秀的人才，并且要用好自己的员工，就要让员工有一种归属感；企业必须具备足够的亲和力和良好的工作软环境，即要有良好的企业文化。良好的企业文化是建立在人本管理之上的，它与人力资源管理是一种互相推动、互相制约的关系，两方面的努力要齐头并进、双管齐下，最终达到人力资源管理的目的。因此，在各项具体的人力资源管理中，要非常注意积极促进企业文化观念的形成。

（1）企业在制订每一项人力资源管理政策和制度的时候，都必须树立“以人为本”的企业价值观，并坚持将这一观念贯穿人力资源管理过程的始终。企业及其管理者必须承认，员工是企业最为重要的资本，他们不仅值得信任，而且需要被尊重和被关照，他们每个人都有自我成长和发挥自身潜力的内在动力。

（2）努力贯彻以价值观为基础的劳资政策。由于社会上不同的人对待工作的态度不同，企业在招募和挑选新员工时，要重视以企业价值观为标准选人选才。在日常的人力资源管理过程中，要制定符合企业价值观的劳资政策，并贯穿于企业人力资源管理的全过程。

（3）为员工提供就业保障和相对公平合理的报酬。在市场经济条件下，企业与员工之间相互信任关系的建立，在很大程度上是以两个方面的制度落实作为基础的：一方面在并非员工个人出现问题的条件下，企业应尽量避免因外部原因随意解雇员工，从而为员工提供一种相对长期的工作机会；另一方面是企业为员工提供包括高于市场一般水平的工资奖金和福利，以及一整套报酬方案，并且使员工有机会分享企业的利润。

（4）通过工作组织的调整和参与管理，在员工中创造一种团结向上、共同奋斗的价值观。它包括：建立企业与员工双向沟通的正式渠道和员工参与管理的办法，确保员工受到公平对待，并切实保障员工享有参与管理的机会，以真正达到集思广益、群策群力、统一思想、统一步调，坚定不移执行企业决议的目的。

（5）企业应广泛运用工作轮换、在岗学习、脱产培训、内部晋升、组织团队、绩效评价以及职业生涯设计等各种手段，来帮助员工进行自我提高和自我发展，尽量满足员工实现自我价值的需要。

ENTERPRISE FORUM

企业论坛

和谐凝聚动力

——中国移动广东公司打造“和谐动力”的思考与探索

中国移动通信集团广东有限公司总经理　徐　龙

我们当今所处的是一个以知识经济为主体的新经济初具规模，经济全球化正在不断拓展和深化，基于互联网技术的网络经济不断扩大的崭新时代。每一个经济实体都面临着变化不断、变化迅速、变化不定的内外部环境。另一方面，在这个闪变的时代，在其急剧变化之中，又必须保持一种新的平衡，从而实现组织的稳健运作和持续发展，这就是胡锦涛总书记亲自倡导的“社会主义和谐社会”的题中之义，含有所指。在中国移动“正德厚生 臻于至善”核心价值观的引领下，广东公司立足于近几年运营管理的实践和经验，探索出了新时代下的管理之道——“动和管理”模式，并以此为指导，开始全面组织实施“和谐动力”计划，积极探索构建和谐企业的新路子。

一、员工是需要和谐的

春秋时期的管仲最早提出了以人为本的观点。孔子也提出“天地之性人为贵”，肯定天地之间的生命中，人是最宝贵的。毛泽东同志也曾经指出：“世间一切事物中，人是第一可宝贵的。”这里说的“贵”和“宝贵”，都是“有价值”的意思。人是管理的基本要素，而人又是能动的，是与环境交互作用的。从社会学的角度来说，社会和谐取决于经济社会基本单元——企业的和谐，企业的和谐则必须依靠员工个体的和谐。

按照著名的马斯洛“人的五大需求层次理论”，人都有生理需求、安全需求、社交需求、尊重需求、自我实现需求五个层次，其中最基本的是生理需求和安全需求，这是人类维持自身生存的最基本条件。按照目前公司员工的实际情况，生理需求和安全需求是能够和已经得到满足了的。因此，员工们更需要和更关注的是社交需求、尊重需求、自我实现需求。目前国际上比较领先和流行的麦克利兰三种需要理论，正是研究个体在工作情境中的三种重要的动机或需要：即成就、权力、亲和。根据这一理论，各种社会需要往往会与人们的行为共同起作用，而且会有一种需要对行为起主要作用。所以，当企业员工某种需要弱化时，就需要强化他们的其他需要，给他们创造环境，发挥他们的优势，这正是员工和谐的基础，是员工满意度和幸福感提升的根本。

近几年，在全业务竞争环境和公司要实现五个转型变化的新形势下，广东公司面临竞争和发展压力，而员工则面临工作和思想压力，且思想压力大于工作压力。特别是最近一些企业连续出现的员工心理问题，对我们的震动很大，我们深感关爱员工义不容辞，正向引导员工迫不可待。我们经过认真的分析、研究和探索，充分认识到企业的凝聚力和员工的满意度是由物质环境和人文环境两个方面共同实现的，在目前人工成本和福利待遇都难以提升的情况下，人文环境必须走强，因此我们需要通过具体的项目来强化和谐人文环境，实现企业凝聚力和员工满意度的新平衡。最近我看到这么一个故事，一位美国妇女在接受采访时说，她最喜欢带孩子去麦当劳用餐，因为麦当劳的厕所很干净。麦当劳总部得知后如获至宝，立即向全世界的店面传播这个消息，对麦当劳保洁员进行通报褒奖。我们公司也应该一样，也需要对员工工作价值给予充分的认可和鼓励，为员工提供一个和谐环境。只有这样，我们的员工才会发自内心地唱响劳动快乐之歌，达到身心合一的和谐幸福。

二、企业是需要动力的

胡锦涛总书记在十七大报告中明确提出：和谐社会要靠全社会共同建设。我们要紧紧依靠人民，调动一切积极因素，努力形成社会和谐人人有责、和谐社会人人共享的生动局面。广东公司认真学习、领会和贯彻中央精神，以“和谐动力”计划为承载，通过各级管理者帮助员工准确把握公司战略思想和管理理念并形成共识，以和谐凝聚动力，又以动力营造和谐，实现企业动态平衡，持续发展。

（一）要 KPI 也要 KHI

关键绩效指标（Key Performance Indicator，KPI），是把对绩效的评估简化为对几个关键指标的考核，将关键指标当做评估标准，把被考核者的绩效与关键指标做出比较的评估方法，在一定程度上可以说是目标管理法与帕累托定律的有效结合。大家都知道，企业的生产过程是劳动者运用劳动工具改变劳动对象的过程。在企业生产的三个基本要素（劳动力、劳动资料、劳动对象）中，劳动力是最重要的因素，正确地统计、分析、预测劳动生产力指标，对于企业有序地组织生产、充分开发、合理利用人力资源有着重要意义。所以，我们既要有 KPI 来确保企业效益的创造和公司发展，又需要关键和谐指标 KHI 引领我们进行人际关系的调整和团队和谐氛围的营造。

作为关键和谐指标（Key Harmony Indicator，KHI），是我们公司最新并最早提出来的一种现代管理方法，此“测评管理办法”具有结构系统性、指标导向性、量化测评性、现实针对性、操作简便性、持续优化性和微观主体性七大特色，其中“关键”是内容，“和谐”是目的，“指标”是方法。KHI 指标测评采用百分制，重点从“员工幸福感”、“员工敬业度”和“企业社会责任心”三个维度进行设计，重点关注人本氛围、团队建设、成长环境和社会责任四个视点，涵盖 30 个指标。其中，4 个指标为直接量化指标，26 个指标为间接量化指标。

这一管理办法的制定和实施为和谐企业的构建明确了“和谐导向”，并实现各级管理者“责任共担”。所谓“和谐导向”，指测评的所有指标都是以营造和谐团队氛围为指向，并将省公司各部门和各市分公司作为测评对象。KHI 指标测评既关注结果，更关注过程，从整合并优化配置员工关爱资源角度出发，强化和谐环境价值，强化管理者作为，强化员工感知度。另外，企业和谐是企业凝聚力与员工满意度的集合，或者说是这种集合对效率和发展提供的一种源源不断的动力支持，所以以增强企业凝聚力为导向的员工满意度提升，需要各级管理人员一起努力，共同承担责任，这就是“责任共担”。同时，KHI 指标测评对所有指标进行了量化，一是直接量化，二是通过问卷调查折算间接量化，从而计算出组织的和谐度，这一结果将分层分类公布并与各单位和第一责任人的经营考核和评先适度挂钩。各单位以测评结果为依据，可以发现人文管理中的优势和不足，有针对性地进行分析和持续改进。这样，以量来测，以测带评，以评导建，以建增效，就能实现软指标硬着陆，软管理硬办法，软任务硬实施。

目前，我们已经制订并颁发实施《关键和谐指标（KHI）测评管理办法》，使公司“人为本、和为贵、绩为先、变则通”管理思想得到具体落实，将为企业持续稳定发展带来积极影响。公司要求各级管理者在今后的工作中既要增强 KPI 意识，也要增强 KHI 意识，两手抓，两手都要硬，竭尽所能为员工提供一个和谐的工作环境、生活环境和文化环境，推动公司又好又快发展。

（二）心理资本要增值

美国管理学会前主席、美国内布拉斯加州大学杰出教授弗雷德·卢桑斯（Fred Luthans），2007 年出版了世界上首部心理资本专著《心理资本》，在国际上最早提出了心理资本的概念，它已被看做企业除人力、财力、社会资本之外的“第四种资本”，是促进个人成长、潜能发挥和绩效提升的心理根源。我们公司从 2005 年开始就根据“以人为本”的理念，引入国际先进的“员工帮助计划 EAP”项目，经过几年的推进和实践，不断总结、提升和探索，发现 EAP 更倾向于舒缓员工压力、关注员工已经出现的心理困扰，以解决思想问题为导向，存在一定的负面因素。我们需要从负面的情绪向正向的情绪转换，从积极的角度去关注每一个员工的自我成长和潜能开发，致力于使每个员工更加健康、幸福和高效，同时这也比较符合公司整体队伍素质比较高，起点比较高的特点。因此，我们根据卢桑斯的理论，创新性地提出了“员工心理资本增值 PCA”项目。所谓 PCA，是 Psychological Capital Appreciation（心理资本增值）的缩写，“心理”是一个心理学概念，“资本”是一个经济学概念，“心理资本”则是一种积极的心理状态，是促进个人成长与绩效提升的心理资源。此外 PCA 还包含两层含义：一是激情的、自信的、进取的员工个人状态；二是积极向上的企业团队氛围。该项目一是要解决绩效资本问题，通过人力资本内在能力的自身建设，提升员工心理资本，服务个人绩效与组织绩效；二是要提升员工幸福能力，让员工掌握管理心理资本的方法，使员工既享受企业物质发展成果，也获得公司的“精神福利”，从而实现员工的全面和谐，使之成为企业发展源源不断的“心”动力。

心理资本增值，幸福感必然提升，员工心理资本增值越多，他们的幸福指数就会越高。PCA 项目以“绩效心资本，幸福加油站”为项目口号，以“心理资本提升”为成长导向，以“身心健康管理”为保健导向，内容包括 PCA 平台、PCA 训练、PCA 乐园、PCA 监控、PCA 推广五大模块，打造管理者提升营、PCA 主题家园、本土心理资本测评量表等六大亮点，致力于使每个员工更加健康、幸福和高效，成为组织可持续发展的和谐“源”动力。

（三）沟通要强化有效性

管理最重要的两个要素是激励和沟通，激励是人的行为的按键，沟通是人的心门的钥匙。如果激励是管理的核心，沟通就应该是管理最有效的方法。但目前我们不少的沟通和交流方式都不够有效。员工和管理者与企业的相互理解是沟通最直接的目的，因此公司提出“沟通心语——139 说客与你对对碰”项目，重点解决沟通有效性的问题。企业要实现有效的沟通，就需要打造统一有效的沟通平台，做好一个沟通品牌。取“沟通心语”这样的名字就是表述要用心有效地进行沟通，相互交流最切身的感受和最真实的心里话，从根本上改变沟通的方式和方法。如我们可以借助 139 说客强大的沟通性和时尚性，通过网络来激发组织的活力和人文的热情。

“沟通心语——139 说客与你对对碰”之沟通平台要着眼五个关键点：第一是价值观的认同，实现全省员工都心往一处想，话往一处说，劲往一处使，路往一处走；第二，各级管理者与员工的所有沟通都要建立在尊重和信任基础上；第三，在沟通内容上要高度重视员工的利益需求和对公司的期望；第四是沟通方式方法要结合员工特别是年轻员工的特色；第五是在效果上要使大家感觉到愿意听，听得懂、想得通、做得到。

（四）关爱要形成机制

员工满意度调查表明，员工接受减薪的现实，但非常期望成长进步；员工接受竞争的压力和繁重的任务，但需要公司和管理者的人文关怀。其实，公司的各种员工关怀活动是比较多的，但员工的感知度不够，因此，我们需要通过搭建“员工关爱价值创新”项目集结平台和运作机制，切实有效提升员工感知度，让和谐企业建设深入人心。这个系列重点解决两个问题：一是建立统一平台，更好地集中、优化配置公司员工关爱的资源；二是通过部门联动、明确职责，构建一个常态化、规范化运作的机制，增强员工的感知度，持续激发员工的工作动力。

（五）“动和管理”要实践

大家都有这样的经验，运动中的自行车更容易保持平衡。我们用运动代表企业的发展，用平衡表示企业的和谐，就是要用和谐的思想管理好动态的企业，这就是我们广东公司的“动和管理”理论。“动”就是要在发展中解决企业存在的问题；“和”强调实现人本与绩效的和谐、组织与外部环境的和谐，组织现在与未来的和谐。“动和管理”理论要求动态的能力与静态的和谐实现一种完美的结合，并且相互之间形成一种互动的平衡，可以说“动和管理”的本质就是和谐管理。“动和管理”理论体现了“和谐、动态、平衡”的管理思想，是科学管理和人本管理思想与广东公司管理实践相结合的产物，是广东公司构建和谐企业的根本保证和理论指导。“动和管理”理论突出“对卓越的持续追求是企业发展内在动力”的目标，强调在运动当中保持平衡，即在企业管理实践中通过和谐发展构建和谐企业。同时，保持平稳发展需要激发“三大动态能力”，即学习能力、创新能力和执行能力。这是企业处理内外部关系的指导原则，是企业实现持续发展的基础。

我们广东公司推出的“和谐动力”计划，是“动和管理”理论和人本管理思想的实践与应用。“和谐”就是人为本，和为贵；“动力”就是以绩为先，变则通为导向。人和就能够求绩，融洽就可以变通。

和谐是中国传统哲学的灵魂，是中国文化的审美理想和至高境界。“和谐动力”计划的制定与实施，是广东公司对中央关于建设和谐社会及集团公司营造企业和谐要求的具体落实，是广东公司价值创新工作的重要工程。“和谐动力”计划以“道（和谐理念）、法（制度体系）、术（关爱活动）、器（理论工具）”为支撑，内容包括前面提到的建立并实施“关键和谐指标（KHI）测评管理办法”、开展“员工心理资本增值”项目、组织开展“沟通心语——139说客与你对对碰”系列沟通活动、搭建“员工关爱价值创新”项目集结平台和运作机制四大工程。

和谐凝聚动力，动力营造和谐。“和谐动力”计划立足于培养“和谐”员工，推进员工与企业共同成长；着眼于尊重员工价值，提升员工幸福感；着手于放飞员工心灵，激发员工活力。我们希望通过全面开展“和谐动力”计划，各级管理人员和全体员工都能充分利用各种平台，及时互动，认知战略、感知关怀、感受温暖，努力实现“营造企业和谐环境，激发员工持续动力”的目标。

三、让员工成为“心灵英雄”

前面提到的国际著名管理学家、70多岁的弗雷德·卢桑斯（Fred Luthans）教授，不仅是心理资本研究的鼻祖，他还创造性地提出、构筑起积极组织行为学（POB）的理论体系，根据这个理论，心理资本是个体在成长和发展过程中表现出来的一种积极心理状态，是超越人力资本和社会资本的一种核心心理要素，是促进个人成长和绩效提升的心理资源。心理资本包含“希望（hope）、效能（efficacy）、复原力（resiliency）、乐观（optimistic）”四大要素，卢桑斯教授用这四大要素单词的英文开头字母，非常形象地组合成“英雄”（hero），比喻为每个员工都需要自己内在的“英雄”，也希望我们的员工能够成为心理资本丰富的“心灵英雄”。

最近我看到这样一个案例，香港大学把“荣誉院士”称号授予了一位82岁老人。这位老人一生只会写5个字，没有做过什么惊天动地的伟业，只是44年如一日地为学生做饭、扫地。这个故事让我深受感动。岗位没有高低之分，也并非人人都能大有作为。但只要做到敬业、勤业、专业、乐业，就能实现自己的价值，就能做到不平凡。

公司实施“和谐动力”计划，就是为了通过不断的正强化和正激励，调动各级管理者营造团队“和谐动力”氛围的积极性、主动性和创造精神，形成常态化激励模式，引导和培养员工不仅成为工作中的尖兵，也成为心灵的英雄。目前，公司已全面推进和实施这个计划，各市公司知行合一，依靠职业化团队、精细化管理、柔性化组织逐步形成步调一致、行动迅速的企业执行链。如广州公司“四个最”：即深化“情牵一线 梦想相连”沟通引导体系，做好最深得人心的群众工作；实施志愿服务“春雨计划”，倡导最努力拼搏的奉献精神；通过“一线故事”树典型、学先进，发挥最带头垂范的模范作用；开展“幸福100”员工关怀工程，营造最互助共进的阳光环境。又如深圳公司正式启动了“和谐动力 激情梦翔”项目，开展涵盖了员工工作、生活、成长及心理的人本、沟通、创新、成长、责任五大工程，共计12个子项目49项活动，为企业和员工搭建了一个追求理想、实现梦想的大舞台。

“动和管理”理论模式指导下的“和谐动力”计划是在广东公司党组的直接领导下开展的和谐企业构建的系统工程，是一项长期性工作，需要不断的探索和尝试，广东公司各级管理者将在集团公司的正确指导下，深入推进“和谐动力”计划的实施，切实将和谐企业建设落到实处，从而促使企业管理运营诸要素的动态平衡，携手共进迈向中国移动卓越目标。

基于知识创造和扁平沟通的个性化办公平台建设和应用

中国移动通信集团广东有限公司深圳分公司

中国移动通信集团广东有限公司深圳分公司（简称“深圳移动”），于1988年11月开始向社会公众提供移动电话服务，1997年10月剥离上市，资产规模超过50亿元。

目前，公司已在深圳建成135家“沟通100”服务厅，拓展4 000余家合作渠道，10086热线每月人工话务达650万，全年服务深圳客户累计7 800万人次。根据国际知名调查公司的数据，公司的客户满意度已经达到世界一流运营商水平。

深圳移动以“国际化理念、本土化创新、中国式管理”推动公司管理创新，不断探索实践“人为本、和为贵、绩为先、变则通”的新的管理模式，逐步将信息技术引入到企业运作管理中，在成为信息化企业的道路上不断探索。

一、个性化办公平台建设和应用的背景

1. 深圳移动建设“信息化企业”的需要

从企业信息化走向信息化的企业，是深圳移动10年来信息化的一个总体发展方向。从1999年至今，深圳移动的企业信息化经历了三个阶段，目前公司的信息化建设已经跨越了大规模建设系统的成长阶段，进入了IT系统融合的关键阶段，如何激发员工的知识创造，管理好公司的知识资产，建立扁平化的沟通机制，实现多渠道沟通成为这一阶段的重要目标。

第一个阶段从1999—2003年，主要是对信息管理工具的基本应用，通过在企业部分业务（生产）、管理、经营服务中应用信息管理工具，以计算机辅助系统支撑企业管理效率的提升。在这一阶段主要建立办公自动化（OA）系统和电子邮件系统，提升企业管理上传下达的效率，并支撑企业成长阶段的快速管理响应需求。

第二个阶段从2003—2007年，这一阶段搭建了深圳移动企业门户平台，建立了初步的企业信息化应用框架，开始整合运用多种基础的信息管理工具，分步实现专业管理流程全部电子化，将IT支撑扩大到全方位企业运营中。

第三阶段从2008年至今，以全面提升管理效益，激发员工的知识创造，管理好公司的知识资产；建立扁平化的沟通机制，实现多渠道沟通为目标，将先进管理理念与信息化应用深度融合，打造全面信息化企业。在企业门户的基础上，全面整合多套信息系统和管理流程，建立人、财、物专业管理系统间的信息交互标准，以全过程管理的思路贯穿技术架构，实现了充分的信息流通和交互共享，建立企业知识仓库，让每个人都成为信息化的参与者，使用者和受益者，以信息技术创新驱动企业管理全面提效。

2. 激发员工创造力，提升公司知识管理水平的需要

近年来，公司业务迅速发展，市场类知识、网络类知识等迅猛增长；而公司内部缺乏统一的知识管理平台，公司内部长期沉淀下来的知识都散落在各个业务系统，使用和管理上都存在很大的困难。员工平均花费15.0%～30.0%的工作时间在查找相关知识上。知识型员工需求各异，各类用户对于知识的需求各异，关注点各不相同，这就需要很好地将信息选择权交给使用用户。更重要的是，作为知识密集型的企业，深圳移动又迫切需要将组织中个人的私有的知识，转化为组织的共同知识财富。

3. 打破公司内部沟通壁垒，实现扁平化、多维度沟通的需要

目前企业内部的OA办公系统仅适用于正式的公文审批和信息下达，邮件系统也只适用于点对点的信息交互，电话、即时消息等交互也不能充分共享，并存在一定的沟通壁垒。按照管理梯度实现的信息传达，使得员工的个人建议或意见难以及时、有效地上达至公司领导或者各级部门，公司领导的信息传达也难以及时有效地直达一线员工。

另外，随着企业中部门的增多，部门之间的模糊地带扩大，在跨部门运作中，也容易出现信息缺失的现象，信息的不对称使得响应速度和准确程度受到影响，整体运作效率低。而管理效能的提升又要求企业具备顺畅并且多维度的沟通渠道，这些问题与深圳移动建立扁平化组织，倡导和谐高效的沟通文化显得格格不入。

有鉴于此，新形势下要求企业信息化建设工作应站在全局的角度，以解决管理问题，践行管理思路为目标，基于先进的管理理念，结合技术优势，优化配置资源、调整冗余流程、整合分散系统，完善信息化应用的一体化，推进企业信息化管理进程。

二、个性化办公平台建设和应用的内涵和做法

“基于知识创造和扁平沟通的个性化办公平台”是建立在深圳移动以人为本、减负提效的管理理念之上，借鉴互联网思维，强调服务意识，引入扁平化组织理念，通过管理思想与信息技术的深度融合，建立的一个一体化、全方位、个性化的协同管理平台。

平台命名为“i－Office”，有三层含义：第一，“i”是“I（我）”的简称，体现系统以人为本、以员工为中心、由员工自由定制的个性化特点；第二，“i”也是“Information（信息）”的首字母，彰显信息化对企业管理的驱动作用；第三，“i”又是“Interactive（互动）”的首字母，凸显沟通、分享、互动的核心理念。其主要做法有：

（一）确定i－Office个性化办公平台的建设思路和主要内容

1. 建设思路和建设过程

经过信息技术中心对公司运作的深入调研和全面分析，从公司、虚拟团队、员工三个层面，归纳了公司信息管理中的九大短板：缺乏高效沟通渠道，缺乏统一的流程平台，系统林立、功能雷同，缺乏支撑高效团队协作平台，缺乏统一的知识管理支撑，缺乏安全的信息共享途径，员工工作入口分散，员工存储个人资料零散，系统间存在信息孤岛。

以解决九大短板为切入点，运用IT业界内成熟的面向服务架构（SOA）的方法论，全面梳理公司现有的IT系统，将原有系统的功能模块按照SOA的服务交互规范，抽取成为的IT服务组件，建立了深圳分公司IT服务的标准模型。这种模型突破原有独立管理信息系统隔阂，贯穿了系统间的流程运作与数据交换。

在建立IT服务的标准模型基础之上，信息技术中心将“以人为本、减负提效”的管理理念融入到后续i－Office平台的设计中，进行了信息管理中沟通互动模型、个性化桌面模型的整合，构建起i－Office核心，实现了信息管理领域中管理信息一体化建设模式，支撑了扁平化管理和闭环管理的运营实践。

公司对该项目的推进予以高度重视，于2007年3月成立以公司总经理为组长的i－office项目领导组，牵头领导项目的建设工作，随后于2007年4月成立以信息技术中心总经理为组长的i－office项目工作组，牵头开展项目建设。

第一阶段，项目工作组按照SOA理念，对现有IT系统进行为期三个月的梳理。通过刨析现有58套系统，从系统中提取了154个服务，根据这些服务访问业务数据的共性，制定了服务组件化的标准，满足服务之间的数据相互访问的需求；同时，进行i－office体系整体服务的规划，为后续的服务建设指明了方向。

第二阶段，项目工作组根据服务组件化标准，对154个服务进行改造，开展服务封装工作，实现了封装后服务，可以在服务间进行数据交互，为搭建i－office体系服务地图奠定了基础。同时，根据前期的服务规划，进行工作流引擎、搜索和沟通服务等核心服务的建设。

第三阶段，在完成了对现有服务封装，以及建设核心服务集的基础上，项目组开展服务地图架构的建设，实现服务注册、服务上架、服务搜索、服务运维的功能体系，重新按照公司的综合、市场、网络三个业务线条，进行IT服务重组，实现了公司IT服务的全景视图。

第四阶段，项目工作组初步完成系统建设工作后，公司成立了以综合部总经理为组长的项目推广小组，开展i－office体系的推广策划以及全员培训工作。

通过以上几个阶段的分步骤实施i－offifce体系建设和推广应用，实现了信息管理领域中管理信息一体化建设模式，整合了现有人、财、物管理信息系统，使得公司IT服务以“搭积木”的模式满足企业管理运作需求，快速支撑扁平化管理和闭环管理的实践。

2. 建立企业信息化建设的投入产出评估体系

目前，IT业界有多种投入产出评估体系，核心内容是计算IT服务的单次使用成本。根据这个这个原则，关键是需要获取每一个IT服务使用的量化情况，然后通过公式：单次IT服务投资＝IT服务建设投资/服务使用次数；单人IT服务投资＝IT服务建设投资/服务使用人数；获得单次IT服务投资、单人IT服务投资，结合单个IT服务带来的效益，就能精细化的计算每个IT服务的投入产出比。

以往公司只能评估单个管理支撑系统的整体投入产出指标，无法真实的了解系统中每一个业务功能的投入产出指标。目前，基于“服务地图”，在i－Office个性化定制中提供对用户访问、订阅、搜索服务的情况进行统计分析，在每次用户访问服务时自动记录一次服务访问记录；在用户每次将服务加入到区块中时自动记录一次服务订阅记录；在每次执行服务搜索时自动记录一次服务搜索记录。便于统计各模块使用次数和频度，来评估模块投入产出率。这样就可准确了掌握原有系统中每一个功能的使用频次和员工群体，以及该功能的建设成本，将IT建设的效益评估精确到每一个功能模块，提高了管理精细化程度。

3. i－Office个性化办公平台的内容

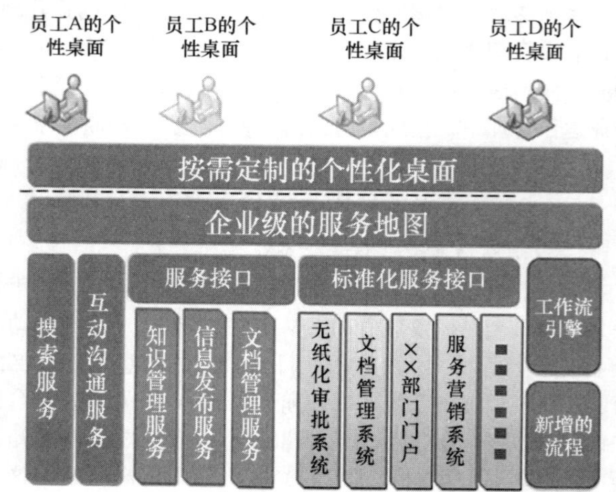

i－Office个性化办公平台是一个整合多系统、多流程的个性化协同管理平台，主要包括共包含自定义桌面、企业搜索引擎、统一信息发布平台、沟通平台服务、服务地图、知识库等管理模块，各模块基于共同的管理理念紧密融合，打造出人性化，个性化的i－Office。

自定义桌面可让用户可以根据自身工作需要与喜好选择页面中的功能模块，并可通过自由的拖动定制功能模块改变其在页面中位置，提高用户在使用过程中的可操作性。

企业搜索引擎，将公司内部所有有价值的资源提供给用户进行搜索。用户通过i－Office的搜索功能，可以查找存储在共享文件服务器中的文档、Internet站点的页面、i－Office中的服务等各种信息。

统一信息发布平台，是对公司信息进行整合发布的平台，可通过它进行定向的信息发布，并且形成知识沉淀。用户可阅读，可评论。

沟通互动平台服务，是一个扁平化沟通的平台。员工可直接向各个专业频道的专家提问，快速得到反馈。同时沉淀下来的咨询和问答也形成了的知识沉淀。

i－Office个性化办公平台因为整合了省公司，公司内的多个系统，因此还成为这些系统的统一入口。同时，因为其开发架构的开放性，使得后续开发的系统能无缝链接到本办公平台上，实现信息交互。

（二）提供“一键搜索”服务和建立基于协同、共享的知识库，实现隐性知识显性化、个人知识组织化

1. 建立“统一知识库”，实现知识分类分角色管理

其一通过“统一知识库”分类汇聚公司所有线条知识，知识点包含文档、网站地址信息、规范制度、工作流程、系统服务入口等，按特定方式形成层次分明的知识空间，按维度予以展现，形成统一知识视图。

其二借鉴“维基百科”模式，用户可自行上载、修改、删减知识等，并支持知识订阅、知识推送、知识问答、知识评论等知识增值方式。

其三、用户还可以自由组合知识点，各取所需构建“我的知识库”。

2. 通过全能搜索引擎，实现原始信息和加工信息“一键搜索”管理

信息时代稀缺的不是信息，而是“信息的信息”，是经过了深加工的有价值的信息。通过i－Office，全面整合各类信息，建立“一键搜索”服务，在信息海洋中实现价值信息的快速定位。可被搜索的信息不但包括企业内部公文、公告、文档等传统信息，还延伸到企业组织架构、沟通交流“帖子”、知识库、信息化工作流程等各类信息，甚至信息系统功能也可以通过搜索展示在员工的个性化桌面上。

通过使用搜索服务，公司每一位员工都可以很快地找到需要的信息，并且通过收藏和订阅功能保证了自己再次需要该信息时，可以非常快地进行获取，使用收藏功能同时也省去了将文档资料存放在自己本地电脑上的麻烦，相比较以前，既节约了个人电脑的存储空间也降低了资料丢失的风险和找回的难度。

同时，搜索服务充分考虑了信息安全的问题，对所有的搜索资源都按照实际的安全要求进行了加密和权限控制，大大提高了搜索引擎对数据的保护能力，保证在最大化地为用户提供资源的同时将不安全因素最小化。

目前，公司内被检索信息点超过10万个，搜索服务同时支持关键字、时间、类别等组合条件的模糊搜索和分类搜索管理。

3. 通过在线培训和考试系统，实现永远在线的知识传播

公司开发建设了E－learning在线学习平台，平台中涵盖培训管理全方位内容，如培训电子课件、培训知识、在线学习、讲师园地、培训档案、统计报表等，构建企业级“培训仓库”。从2006年上线至今，电子课件已累计上载220门，参训人数达5.5万人次，学习时长达3.5万小时。电子课件的开发和上载，着重解决了一线员工集中参训的问题，创造了永远在线的培训模式，同时也节省了人力、物力与交通费。

公司全面整合内部各类型考试认证，将传统纸质考试模式平移至在线体系，这样就与在线学习平台形成了闭环，实时学习，实时考试，提高了考试的效率。同时，公司各管理人员、培训管理员、题库管理员，考试管理员等能实时对员工考试成绩进行分析评估，充分了解员工的考试绩效。

4. 创建团队和个人虚拟空间，实现协同办公，知识分享

公司在平台建立了虚拟的空间，以较少的代价，满足了企业内部包括部门、虚拟团队以及个人在存储、知识共享、协作办公、文档管理等方面的需求；通过简单配置就可快速创建空间以适应实际需求；通过wiki（一种多人协作的写作工具），rss（目前使用最广泛的在线资源共享应用）等web2.0技术，使得空间用户可以方便订阅，互相协作，实现了知识共享，也表现员工个性。

（三）建立“四维沟通”机制，实现公司内部扁平和沟通

1. 建立公司“四维沟通“机制，实现公司上下，一线后台高效沟通

深圳移动在“i－Office个性化办公平台”下建设了“沟通互动平台”，搭建公司领导与员工、部门管理者与员工、专家与员工、员工与员工的“四维沟通“机制，丰富了沟通方式，拓宽了沟通渠道。

沟通互动平台分为领导在线，公司公开讨论区，部门内部事务讨论区，虚拟团队讨论区，休闲生活等频道，每个频道下设有频道专家，可对该频道下的问题提供权威解答，并对该频道下帖子进行分类管理。其中领导在线由公司领导亲自担任专家；公司公开讨论区由各职能部门组成，由职能部门的领导和骨干员工担任专家，可对员工关心的问题进行解答，如薪酬福利、行政服务等；部门内部事务讨论区可在各部门各自的范围内，对本部门内员工关心的问题进行充分咨询和讨论，如可涉及财务、服务、营销和综合类方面的议题；员工可通过沟通互动平台中的各频道向专家提问，由公司领导、频道专家或者热心同事进行解答，从而搭建四维的沟通机制，实现员工沟通的顺畅自如，问题迎刃而解，同时也在平台上形成了知识的沉淀与积累。

沟通互动平台还提供频道订阅和消息推送服务，员工可凭自己喜好订阅频道，频道的更新消息可直接推送至员工的个人门户首页，或者推送到手机上。

2. 结合新型通信方式的沟通平台，实现信息交流工具全方位融合

深圳移动把“统一通信平台”这一现代化办公软件与“i－Office个性化办公平台”巧妙融合。用户只要登录“i－Office个性化办公平台”，就能自动打开“统一通信平台”，从而融合语音呼叫、多媒体呼叫、短信、即时消息、多媒体会议等多种通信方式，实现各通信方式间的切换自如。

3. 统一信息发布平台，实现信息发布的定向与灵活管理

通过建设“信息发布平台”，统一公司信息发布渠道，传播途径得到了统一；在信息发布时，可选择自己管理的特定受众组，可根据信息受众群体，实现分层分级精确定向信息发布，有效防范信息安全风险，加强对信息流的管控能力，避免产生无效的冗余信息；信息可设置过期时间，避免信息繁杂；重要信息可选择审批，审批通过的信息才发送的受众目标的桌面，信息受众组可根据信息发布内容立即发表评论，这样信息就可以得到及时反馈。

信息发布支持文字、图片、音频视频、附件等多种方式，同时可选择对信息进行投票、评论、调查、统计等，实现信息发布的灵活管理。

（四）打通人员、系统、流程与部门之间的界限，实现全过程管理

1. 沟通互动平台做到有问有答，上听下达

深圳移动在沟通互动平台中建立员工发问、专家解答、指派回复、跟帖反馈、消息推送等沟通全过程管理体系，员工的疑问，一般都能在2个工作日得到圆满的答复。特别是普通员工可向公司领导提出建议或意见，由公司领导进行解答，也可由公司领导授权指定专人跟进解决处理，极大地提高了“疑难杂症”的解决效率。

2. 统一流程中心，打通不同流程的信息孤岛

原来由于IT系统数量繁多，林立分布，企业的管理数据散落在各个系统，多数系统之间无法直接交互数据，形成了信息孤岛，经常出现一个流程被分割在多个系统中，无法高效衔接。

通过 i－Office 平台，梳理公司现有上百个流程，将分散流程集中整合，打造统一的流程中心，从流程的需求提出，到流程可行性评估，再到流程设计及配置，最后优化流程，建立流程设计闭环管理，从被动的流程支撑到主动的流程设计优化，以技术进步推动流程的优化、重构和再造，实现企业内部流程的灵活、便捷配置，各流程环节清晰明了，从而打破现有管理系统边界，连通了公司内各系统、各流程的信息孤岛。

例如，原来公司的物资管理分为物资申领和物资管理两大流程，分别在无纸化审批系统和物流管理系统两套独立运行，用户申领使用一批物资，需要在两套系统中分别完成相应的流程，部门领导审批环节需要在两套系统中重复执行，审批效率较低。采用统一的流程中心后，从技术层面实现了跨系统交互业务数据，在无纸化审批系统和物流管理系统的两系统间，打通物资管理的完整业务流程，避免了领导对一件事情的多次重复审批，提高了流程扭转效率。

3. 业务监控调度中心成为运作数字神经中枢

业务监控中心，把原有分散在公司业务系统，如业务办理系统，数据集市，渠道系统，电子商务中心等业务系统的数据进行整合，在 i－Office 上为业务线条员工提供统一的信息展现平台，同时也为后台部门提供了业务监控的有效手段，业务监控中心将监控业务运作的关键流程，在发生异常情况及时报警，提醒监控人员注意，然后合理调度资源，在各部门和分公司间协调解决业务运作问题。如通过系统，可以看到某个区域分公司下某个营业点的出卡销售情况，若销售量未达指标，系统将自动提醒；若某种套卡出货量较大，在库存达到一定警戒水平时也会自动报警，提醒后台人员进行资源调配。

4. 任务交办跟踪系统促进跨部门运作

在深圳移动这种以职能型架构为主的公司中，最重要的难点在于如何提升公司各部门协同效率，通过明确部门职责，填补责任真空，减少交叉重叠，理顺协作流程，形成合理联动，达到公司整体目标。另外在企业之中，以项目为单位的运作日益增多，促使工作团队向开放性、灵活化和虚拟型发展。

在此种背景下，公司在 i－Office 上建立了“任务交办跟踪系统”，为公司运作，特别是跨部门运作提供端对端任务交办跟踪管理，工作逐层分解，进度逐层汇报，可给任务指定督办人和分配权重等，明确责任，促进跨部门运作；减少文山会海，降低沟通成本。各任务负责人还可通过进度条及时了解当前任务和下一级任务的完成情况，了解当前和下一级任务环节相关具体信息，如处理人、费用等。

（五）在平台应用中加入人性化，个性化元素，实现工作模式以人为中心的转变

进入互联网时代之后，即使是草根阶层，也有了更广阔、更平等的展示平台，每个人的个性得到体现。

1. 建立以人为本，独具个性的人性化桌面

以往所有员工的办公桌面都是千篇一律的，不能根据个人岗位或者喜好有所差别。通过建立 i－Office 个人自定义桌面模块，利用目前 IT 业界 SOA 的设计理念，在多系统融合的基础上实现根据每个员工岗位所需的 IT 服务，按需定制员工个性化的工作入口，以个人用户为中心，实现公司内信息及时获取、及时传播、及时互动的个性化服务，突破固化企业办公平台，实现个性化配置个人办公平台。引入桌面模板，根据员工工作职责提供了 40 余套个性化模板，如店面经理模板、营销代表模板、综合员模板等，用户可以根据个人的使用习惯、风格等个性化需求，定制完全属于自己的个性化桌面。同时，还提供复制桌面和推荐桌面功能，用户可以直接复制使用其他用户的桌面模板，或者在其基础上进行重新设计新的桌面风格等。

2. 通过服务地图，构建“以员工为中心”的办公管理模式

在以往的办公模式中，员工需要面对众多系统，却只用到系统中零星功能，经常要进入到不同的系统里找寻自己想要使用的功能，一旦记不住功能在哪个系统里，就难以找到，显得繁杂死板。

而“服务地图”是公司提出的一种办公管理模式，打破了企业内部的系统的边界，梳理公司现有的几十个管理支撑类系统，抽取其中的上千个业务功能，化整为零，通过标准化的数据交互接口，建立企业内部的 IT 服务仓库。并且运用新的分类逻辑重新编排，如按业务线条，或者属于现有何种系统，以方便大家查找，添加和应用。目前实现了 58 套系统、286 个流程、154 个服务的全面整合。

“服务地图”形成真正意义上以员工为中心的个性化服务管理体系，在它应用后，缩短公司内所有员工访问内部系统的操作步骤，平均为每一位员工每天节约 15 分钟的 IT 系统操作时间。

3. 创建统一待办中心，打造以个人需求为中心的工作信息平台

以往员工需要进入各个不同的系统来提取所需信息，常常容易遗漏，错过某些工作。现在员工可依照自己工作需要和喜好，自定义自己桌面展示的待办工作信息，把各个系统中所有待办工作直接推送至个人办公平台，在统一待办中心集中展现，这样员工可以很直观很便捷的找到自己所关注的内容，显著提高员工工作效率，降低管理协调成本。

三、个性化办公平台建设和应用的效益

（一）公司创造力显著增强，知识和信息管理水平明显提高

通过 i－Office 平台，公司团队学习和知识分享的方式有了很大的变化，从过去注重个体正规学习形式转变为注重团队协作的正式与非正式相结合的方式上，从过去个人占有知识，知识分享传帮带的形式转变为集体共享知识，平台沉淀知识的方式，每个人都是学习者，每个人也都是分享者。

同时通过平台，深圳移动建立了较为完善的知识管理体系，采用在线学习、终端充电机和在线考试等知识增值方式，同时提供专家讲师答疑和多学科培训课程，搭建统一知识库。并通过桌面消息推送和短信推送方式，让员工自由学习，为员工构建快速知识增值通道。每个人的经验和知识，通过平台进行分享，得以变成集体的智慧与知识；

每个人的疑惑，也通过平台进行了分担和解决，并得以在平台成为知识沉淀。而且通过强大的搜索引擎，大家各取所需，达到了迅速获取知识和技能的目的。通过长期的潜移默化，每个人的技能都得到了大幅度提升，成为更具创造力和执行力的知识劳动者。仅仅在2009年9月，就有252个问题通过i－Office的沟通互动平台得到解决，成为集体的财富。

（二）公司多渠道全方位的扁平化沟通机制基本建立，工作效率显著提高

i－Office为公司内部的多维沟通搭建了平台，让“沟通无处不在”，员工之间沟通更简便，互动更频繁；员工与管理者之间的沟通触手可及，员工能够更充分地参与公司的经营管理；各级管理者也能在第一时间了解到普通员工的心声和疑惑，并已养成每日查看和回复新帖的习惯，这些都有力推动了企业内高效、和谐人文环境的营造。在年初开展的2008年度《企业和谐人文环境指标体系》测评中，公司整体得分81.4，比2007年77.5分提升3.9，公司人文环境状况从“比较和谐”上升到“和谐”，经验知识共享度从81.7上升到84.0，这与i－Office发挥的重要作用密不可分。

i－Office对各类知识信息进行了统一汇总处理，通过信息发布、全网搜索等功能首次实现了全公司各服务界面的信息共享，使信息传播途径一致，界面一致，获取渠道一致，获取内容一致，应答口径统一。在统一发布与存储的基础上通过团队空间、部门空间、业务空间等各种虚拟空间实现了信息的分类聚合。帮助员工快速定位价值信息和功能服务，缩短了获取路径，优化了工作流程，第一次实现了“信息找人”。

此外，个性化桌面、任务交办、工作流引擎、表单服务、搜索、信息发布等新功能明显缩短了各项工作的响应时间，减少了业务差错，节省人力资源，优化运作流程，提高运作效率。现在通过任务交办模块，任务逐层分解，系统自动派单给相关人员，并定期提醒各级任务负责人提交进度汇报，上级可以进行批注，整个团队有在线讨论，信息共享的手段，提升了工作效率。

（三）公司信息化建设能力大大增强

i－Office采用开放式架构，打破了现有各个应用系统的界限，复用平台功能及模型，避免重复建设，将原来需要定制开发的60%系统功能转变为只要通过配置即可完成，维护更简单。降低了对已存系统的开发商依赖，为每个新需求出现时快速相应打好了基础。

在保证用户合法性方面，通过网络、系统、审计三个层面实施用户合法性鉴别机制，有效的保证用户身份合法性。首先，用户需要口令，才能将使用的计算机接入到公司网络，建立访问公司网络的通道。其次，用户使用个人账号和密码登录i－Office平台，成功登录平台后，平台将通过与用户手机绑定的通知短信，确认是用户本人登录i－Office平台，有效的防止用户个人帐号和密码被盗用的可能性。最后，通过i－Office的审计功能，记录用户的登录日志，为事后审计提供客观依据。

在保护信息安全方面，通过信息的发布、传递、获取三个环节进行进行信息点的权限控制。在i－Office平台发布信息时，就有明确的信息受众群体名单，清晰地界定了信息传播的范围，在传递过程中，无任人工干预环节，同时进行信息加密。在用户获取信息过程中，用户无法搜索到无访问权限的文档，对于有权限访问的文件，用户也只能根据授权范围，对文档进行相应的拷贝、修改、打印等功能，避免了信息被非法使用或者未授权的传播。

（撰稿：凌　浩　鲁向阳　陈永强　廖海涛　关　驰　谢文敏　温科基　蔡　利　师文清）

面向核心竞争力提升的精益运营体系建设

中国移动通信集团浙江有限公司

一、实施背景

公司进入高速发展后期，内外部经营环境产生重大变化。从外部环境看，仅靠人口红利、政策红利增长的模式难以支持企业的长期持续发展；电信行业重组后，市场竞争格局发生重大变化。从公司内部看，随着企业规模的扩大和人员的扩充，公司处于稳定发展的通道，但大企业病的特征已逐步显现，同时，中国移动TD网络建设和运营的重任使得对公司的现金流和资源管理水平提出更高的要求，需要以切实增强效益为目标来管理企业的资源。

因此，为适应当前及企业运营环境的变化，公司的经营理念和模式必须转向以精细和效益并重、快速响应市场为方向的新模式，积极打造精益运营体系。

二、精益运营体系的构建与实施

浙江移动的精益运营体系在卓越绩效管理模式和eTOM的思路和框架基础上进行了拓展和创新。强调效益和效率，提升快速反应能力。

（一）确定以精益为核心的战略发展思路，并层层分解

1. 明确以精益为核心的战略发展思路

以精益运营为抓手和核心开展各项工作，实现价值创造过程和关键支持过程的精益管理，以客户为中心，提升对客户需求的快速反应能力。见下图。

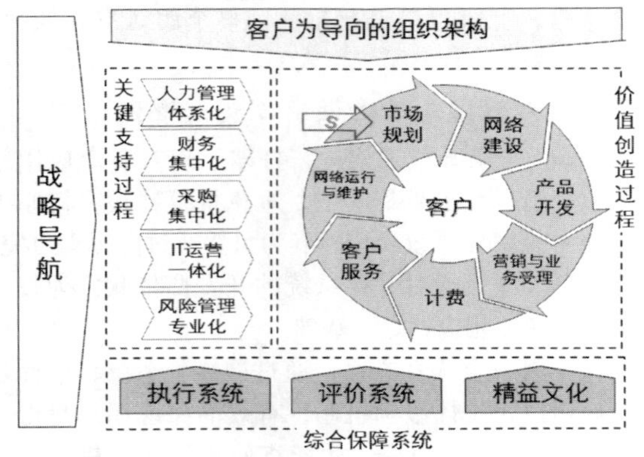

浙江移动的精益运营体系框架图

2. 自上而下和自下而上相结合编制年度关键战略举措

运用多层面对标的方法提炼需要重点改善的战略目标；结合产业环境分析和精益运营的发展思路，初步形成年度战略目标和重点举措，制定出部门层面（包括跨部门）的主要工作和重点项目，实现企业年度战略目标和个人关键绩效指标（KPI）的一致，确保重点工作重点落实。

（二）优化以客户为中心的组织架构

（1）根据客户纬度加强机构设置和资源配备。为加强集团客户的营销、服务资源和能力，增加客户经理配置，强化针对政府、企业客户的综合信息应用解决。为强化家庭客户的维护和服务，促进宽带业务发展，增设家庭客户中心，负责家庭客户群的营销、产品策划和服务。

（2）根据产品纬度增设或调整架构，集中资源。进一步加强公司信息化、互联网、宽带业务等能力和资源的配置；对网络管理，网管中心并入网络部，加强网络资源统一协调，更快的响应和服务客户。

（3）加强末梢渠道的配置，更加贴近客户。公司积极推进乡镇营业厅外包，在市、县分公司加强区域营销中心机构设置。

（三）实现价值创造过程的精益化

根据通信运营企业的特点，在市场规划、网络建设、产品开发、营销与业务受理、计费、客户服务和网络运行维护七个方面实现价值创造过程的精益化，力求最大限度剥离非价值环节，凸显价值创造的活动和环节，增强经营过程中的效益。

1. 市场规划过程

首先体现在用户的有效把控上：准确分析用户的发展特征，当前的市场重点应从增量为主转向增量和存量并重，向存量转移。二是体现在有效的市场细分，在不断细化市场细分颗粒度的同时，强调细分的有效性；三是对收入进行有效把控，精确测量收入的来源，并对优惠和折扣进行有效的管理；第四是市场规划体现在有效的经营分析和运营监控上，及时发现问题，增强分析的前瞻性和实效性。

2. 网络建设过程

推行精细化工程项目管理，从六个方面采取措施降低建设成本：（1）加大工程物料的集中采购力度降低采购成本；（2）加大工程服务单位竞争力度。在保证服务质量基础上降低工程服务费用；（3）加强工程服务签证管理力度，杜绝工程服务签证中的弄虚作假，虚报工程量和物料；（4）加强工余料管理及工余料重新使用的力度；（5）积极创新建设方式，降低建设成本。开展“拆闲补缺”，提高载频利用率；（6）通过共建共享降低建设成本。

3. 产品开发过程

实施了六大做法：一是优化和调整组织资源配置，设置了深度运营室，负责业务的需求挖掘、产品延伸、平台优化和细分目标客户的试商用；二是围绕客户需求积极产品创新，提升产品创新能力。三是加强增值业务产品规范管理，提升创新管理能力。四是把握关键因素实施业务深度运营，提升深度运营能力。五是加强梦网业务规范化管理，提升合作管理能力。六是实施套餐的梳理工作，简化套餐资费，关闭效益低下套餐。调整优化了品牌资费架构，促使三大品牌协调发展，提高营销效率。

4. 营销和业务受理过程

加强集中化营销，开展了自营厅的效益评估和社会渠道酬金的自动归集，加强电子渠道建设，降低了运营成本提高营销效能。

以营业厅的收入、竞争、潜在效益、成本为评估指标，制订营业厅日常运营效益评估模型，建立了营业厅“运营效益预评估”模型。对社会渠道效能和效率的提升，实“三直”管理模式，建立了分层分级评估管理体系。同时开展了社会渠道酬金的自动归集工作，加强渠道酬金的透明化，提升渠道的积极性。

在电子渠道管理上，完善电子渠道平台建设，发挥网站营业厅和短信营业厅的作用，增强电话、网站业务加载以及可配置能力和业务受理成功率。此外，积极发展电子商务平台，拓展包括网上指定专营店、互联网直销加盟商在内的互联网渠道分销体系，建设网上电子商城和移动网店。

5. 计费过程

一是优化客户的感知角度实施对账单改造，规范账单模板，增加账户资确保了用户各种账单信息呈现的一致性；实施出账提速，提升用户话费信息满意度。二是面向业务需求，快速响应前台服务，提升服务能力。以“简单化、信息化”为目标，改造支撑系统，简化操作，提升前后台业务人员的工作效率和服务能力。

6. 客户服务过程

对客户服务中心的运营，构筑“专线专席＋大众热线的金字塔”服务模式，提高客户的一次性解决率，服务专业化、个性化，提升客户感知。明确品牌服务标准，对服务投入和客户感知进行有效评估，避免服务过度或不足现象。在服务设施的配置上，加强缴费、查询等自助服务设施等的配置、维护和管理，提高自助服务的效率。

7. 网络维护与运营过程

开展了基于流程化运作的一体化网络管理优化和基于客户感知的网络质量评价工作，网络管理的精益度进一步提高。

基于流程化运作，完善一体化的网络管理体系，提高网络维护效率。实现五个一体化：业务运作一体化、支撑平台一体化、业务管理一体化、资源调度一体化、区域管理一体化。

基于客户化感知，完善网络评价方式，提高客户响应能力。浙江移动从客户感知的关键要素出发，找出影响客户感知的关键原因，建立基于客户感知的网络质量评估体系。提高客户满意度。

（四）实现关键支持过程的精益化

关键支持过程就是对人、财、物、信息等重要资源进行整合，以及对收入和成本进行管控的过程，这些活动虽然不直接面对客户，但对业务受理、客户服务、计费等价值创造过程的运行起到全面支撑的作用。

1. 推动人力资源管理的体系化，优化对人的管理

对人力资源的招聘和配置，实施人才优选计划，建立人才管理及保持机制。建立了以职位为基础的培训与职业发展机制、基于员工职业能力的技能发展体系和基于职位专业序列的各职群课程体系的员工发展平台；形成了以业绩和组织行为为核心的绩效管理机制，建立 KPI 绩效指标库和绩效管理电子化平台。

2. 实现财务管理的集中化，优化对财的管理

推进六大做法：（1）集中财务组织，建立专门的机构来集中处理核算和结算业务。（2）集中会计核算。（3）集中资金管理，减少了资金周转的中间环节，有效降低资金风险。（4）通过制度的完善，对全省不统一的规范和标准进行统一。（5）采用项目化的预算管理方式，按独立成项的经济活动为基础单位，开展预算的编制，提高业务活动的计划性。（6）多种集中管理协同。并实现一体化的数据采集与展现。

3. 实现采购管理的集中化，优化对物的管理

推进采购集中化，加大集采范围和力度。对集团公司集中采购产品采用省公司统谈统签方式，对于个别个性化较强的产品采用"分配式"统谈分签方式，兼顾统一性和灵活性。充分运用反向拍卖技术提高了采购效率。

搭建供应链管理系统，推进采购物流管理提升。实现了采购物流端到端流程的自动化衔接，实现产品化采购与产品化库存管理的信息化支撑。

4. 实现 IT 运营的一体化，优化对信息的管理

第一，梳理运营管理的各项指标，以 C（customer）、A（administration）指标为基础，将数据库分类健康度、业务健康度指标两体系，明确 IT 服务级别。实现数据库健康度有效告警率达 95%，业务健康度预警有效率达 83.3%。第二，建立一体化的流程管理体系，提高流程运作的规范性。第三，提升日常操作的标准化。第四，建立了业务全景视图，灵活设定指标阀值，及时提供监控告警。通过指标综合分析和在线模拟，实现快速故障定位和业务趋势预警。第五，实现运营分析可视化，通过仪表盘等各种图形工具展现业务健康度指标，表征实时运营状况。

5. 实现风险管理的专业化，优化对收入和成本的管控

以收入保障项目为切入点，全面构建收入管理内控体系，通过对收入管理体系进行现状诊断与分析，发现改进领域，明确改进措施，并进行跟踪与检查。收入管理内控体系建立了从营销案实施各阶段的工作流、信息流及资金流进行监控和管理，并通过建立收入管理 IT 系统提升效率。

编制收入风险地图，加强收入稽核系统评估，构筑收入风险控制三道防线，并以收入稽核系统为实施收入保障的公共平台，共同协作进行收入风险的控制。

加强成本预算管理，优化成本配置，建立成本效益模型，形成营销案的红、黄、蓝三线预警，提升对大额成本的掌控力。

（五）完善和优化综合保障系统，确保两个过程的精益化

综合保障系统就是为确保价值创造过程和关键支持过程的顺利运行，并实现两者协调一致而产生的软性管理过程，包括确保公司决策得以贯彻和落地的执行系统、测量和分析企业运营过程质量的评价系统，以及营造节约氛围的企业文化系统。

三、成果的实施效益

通过精益运营思路和举措的贯彻，实现了公司综合价值的持续提升。主要运营指标保持高位增长：三年间运营收入平均增长 20.0%；增值业务收入占比超过 1/3，客户满意度从 2005 年的 70 提升到 2008 年 81.5。通过实施关键支持过程的精益化，降低了运营成本，提升了资源管控水平。以集中采购为例，仅 2008 年就节约 5.4 亿元，节约幅度达 11.0%。通过实施综合保障系统的精益化，发挥出整体协同优势，精益文化的贯彻形成了节约和效益的氛围，为公司的低成本、高效率运营起到促进作用。

（撰稿：孟　繁　鲍晓枫　李　滢　潘　骏）

坚持自主创新　引领 TD－SCDMA 产业发展

大唐电信科技产业集团

大唐电信科技产业集团是一家专门从事电子信息系统装备开发、生产和销售的大型高科技中央企业，作为首批国家创新型企业，依托雄厚的科研实力和人才优势，始终以自主创新为驱动力，拥有一系列具有完全自主知识产权的重大技术创新和突破，推动我国移动通信产业乃至我国电子信息产业快速发展。

大唐电信集团在推动具有自主知识产权的第三代移动通信国际标准 TD－SCDMA 产业化方面取得了突出的成绩，不仅成功实现自主技术的产业化、市场化转化，而且从技术创新入手，推动企业体制机制变革，完善现代企业管理，布局高端产业关键环节，实现了系统性的管理创新。大唐电信集团 TD－SCDMA 国际标准产业化开发管理的经验，为我国高科技产业实现科学发展，促进高科技企业发展转型等都提供了有益的借鉴。大唐电信集团“TD－SCDMA 国际标准产业化开发管理”经过专家学者一致肯定，荣获第十六届全国企业管理现代化创新成果一等奖。

一、以系统性创新推动 TD－SCDMA 国际标准的产业化

大唐电信集团始终以创新型国家战略为导向，以核心技术创新为基点，以我国电子信息通信产业整体协同发展为责任，以提升企业核心竞争力为目的，坚持以技术创新成果产业化为主线，占据产业链高端、高附加值环节，推动形成完整产业链，通过整合技术创新优势、产业与市场资源要素优势，推动体制机制的变革，实现 TD－SCDMA 的产业化开发。

（一）明确指导思想与原则，确立国际标准产业化开发的整体思路

大唐电信集团聘请专业咨询机构及行业专家学者，对移动通信产业的产业链与价值链进行了深刻分析和研判，特别是针对高新技术（尤其是通信技术）产业化的大量案例进行深入细致的研究分析。坚定了推动 TD－SCDMA 实现产业化的决心，并确定了 TD－SCDMA 产业化的原则，坚持开放合作，坚持面向市场需求，坚持打造核心竞争力，坚持实现价值回报与收益。

在此基础上，大唐电信集团明确要依托 TD－SCDMA 核心技术优势，积极探索 TD－SCDMA 产业化的有效途径，在科学把握高科技成果转化的一般规律，通过实现与之相匹配的战略管理、资源配置、运营管理、产业协调、市场营销、队伍建设、文化变革等一系列的改革创新工作，决定探索走出一条“技术专利化、专利标准化、标准产业化、产业市场化”的高科技成果转化科学发展道路。同时要加强核心技术向知识产权转化，通过形成企业自己的核心技术专利池，将拥有的核心专利与国内外标准紧密结合，保障专利的价值最大化，完成“技术专利化和专利标准化”。

（二）规划产业与专利布局，构建产业高端竞争优势

1. 深入分析产业价值链，规划企业内的产业分布格局

依据“微笑曲线”理论，技术创新与品牌经营是价值增值的最大受益者。大唐电信集团根据自身业务种类，对所涉及的通信系统设备产业链、集成电路产业链、手机终端产业链、增值业务产业链、军事通信产业链进行科学系统的分析（见图1），将其中的高端环节和关键环节视为打造完整产业链所必须控制的核心层和紧密层。

随后，大唐电信集团积极实施占据产业高端环节的布局战略，将企业资源集中于具有高附加值的高端产业环节，培育产业核心竞争能力，形成竞争优势。借此形成产业竞争优势，以获得对其他环节的资源协同与整合的杠杆效益，最终使企业发展成为产业链的主导者，并争取获得其他环节的利润或价值转移。

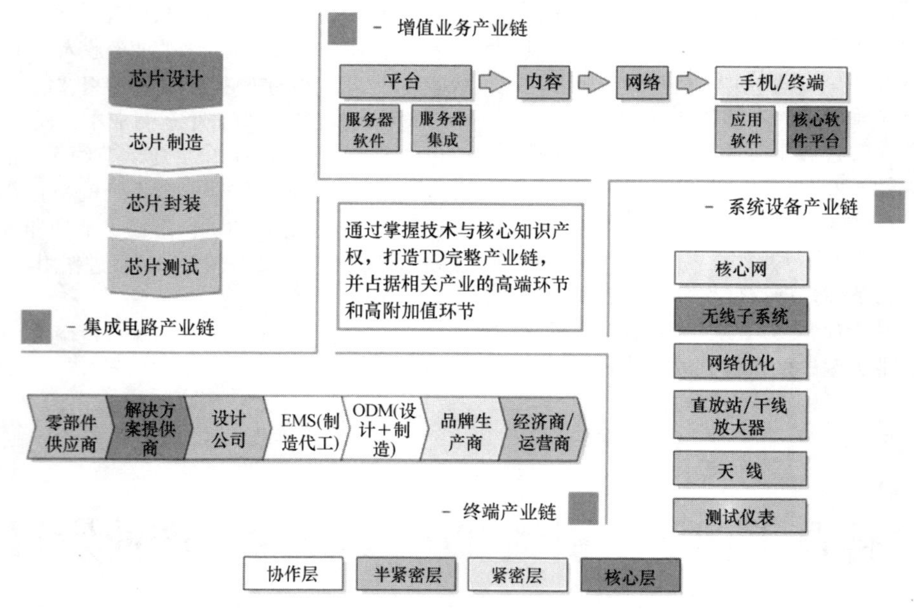

图1 大唐电信集团占据高端产业链和关键环节

2. 建设科技创新体系，规划知识产权与专利布局

大唐电信集团高度重视科技创新，积极建立“以企业为主体，产学研用相结合”的科技创新体系，并通过整合企业内外部研发资源，从技术积累方面保证 TD－SCDMA 产业化的成功实践。与国内 17 所高校、院所签订战略合作协议，借助高校及院所的研发资源，促进技术进步；与爱立信、ARM、IBM、惠普、康宁、安捷伦、SK 电讯、宏基、HTC、富士康等企业建立战略合作关系，积极整合全球研发

资源，设立联合实验室，开展技术和产品方面的合作，不断推出适应市场需要的产品和服务。大唐电信集团是三项国家科技重大专项的重要承担单位，还承担着国家电子信息产业调整与振兴规划中两个重大工程，并承建两个国家级实验室。

大唐电信集团推行知识产权经营理念，着手建立以价值回报为导向的知识产权商业模式。依托强有力的技术创新优势，展开以无线移动通信为重点，覆盖集成电路、特种通信、基础软件等多个领域的专利布局。

3. 整合内部优势资源，抢占产业链高端

以企业战略规划为指导，按照总体产业布局要求，大唐电信集团积极整合集团内部优质资源，抢占产业链高端环节。先后成立大唐移动通信设备有限公司、联芯科技有限公司、大唐联诚信息系统技术有限公司等公司。大唐电信集团所属各家公司在业务层面相互相接、相互支撑，有效地降低了沟通协调成本，促进 TD－SCDMA 的产业化实施，并在产业链上下游形成协同互动。

4. 借助外部资源，巩固在高端环节的竞争优势

抓住金融危机背景下全球资本市场处于低谷的机遇，运用市场化手段入资中芯国际集成电路制造有限公司，成为其第一大股东。通过此举，占据了集成电路制造高端环节，获得全球最先进的集成电路工艺技术（32nm）和制造水平，实现无线移动通信与集成电路制造业的良性互动，彻底解决 TD－SCDMA 及 4G 所需的集成电路工艺，从技术、制造等方面有力地确保了 TD－SCDMA 产业化的成功实施，大大增强了大唐电信集团在 TD－SCDMA 产业化方面的影响力。

（三）开展技术预商用测试，确保技术标准可商用化

在推动 TD－SCDMA 产业化的过程中，大唐电信集团在政府的大力支持下，全力推动并积极参与到 TD－SCDMA 一系列的实验测试与预商用测试中，先后在多个城市顺利完成试点工作，并成功服务了 2008 年北京奥运会。确保增强了产业界和市场对自主创新技术的信心，消除了人们的顾虑和疑惑。

（四）坚持开放合作，推进技术标准产业化的全面开发

创新产业联盟形式，打造完整民族产业链。2000 年大唐电信集团在国内率先发起并联合其他 8 家企业，共同成立 TD－SCDMA 产业联盟。在 TD－SCDMA 产业发展过程中，大唐电信集团以推动产业发展的大局为重，将自身所拥有的核心专利进行释放和转让，在众多关键领域为产业界提供技术支持，直接推动 TD－SCDMA 产业联盟的成立和发展，加速产业链上各环节企业的产业化进程，促进 TD－SCDMA 产业快速健康发展。目前，TD－SCDMA 产业联盟中企业已达 67 家，参与 TD－SCDMA 产业化的企业超过 200 家。此外，大唐电信集团还积极通过应用技术转让、技术入股等方式，推动 TD－SCDMA 相关企业的发展。

与相关厂商开展商业合作，加速产业化进程。基于在产业高端环节的布局，大唐电信集团积极与产业链上下游、国内外厂商展开广泛合作。其中，大唐电信集团先后与戴尔、微软、爱立信、安捷伦等企业签署了战略合作协议，共同承诺发挥各自优势，推动 TD－SCDMA 产业的发展。在产业合作中，大唐电信集团还坚持集约型发展，走轻型工业化道路，实现产业链的价值最大化，如通过外包合作方式，将系统设备外包给上海贝尔，将 TD－SCDMA 高速上网卡终端外包给富士康生产等，实现了“中国创造”与“中国制造”的结合，将过去简单的低成本优势提升为核心技术高端引领的总体成本最优，打造价值链的整体竞争优势。

推动产业运作与资本运作相结合，为产业发展提供支撑。成立大唐电信科技产业控股有限公司（简称大唐控股公司），搭建大唐电信集团和大唐控股公司两级融资平台。借鉴资本市场的各种成功经验，通过对外获取金融机构授信、引进战略投资者、引进风险投资等方式，推动资金与产业链各环节的有效对接。先后获得国家开发银行、中国建设银行、中国进出口银行的授信支持。并在政府有关部门的大力支持下，获得了国有资本预算的大力支持。创新资本运作手段，成立大唐投资管理有限公司和移动通信产业基金，发挥产业基金对新兴技术的孵化作用，通过提供基础环境、技术试验环境、专利共享支持等服务，加快促进 TD－SCDMA 产业化及后续业务应用的开发。

（五）推动组织变革与流程再造，为技术标准产业化提供组织保障

将大唐控股公司作为产业化运作平台，在大唐控股公司层面加快建立健全适应 TD－SCDMA 产业化的配套组织与管理体系，全面建立现代企业制度，从组织层面保障产业化的顺利进行。

1. 做实大唐控股公司产业发展平台

将与主体产业发展密切相关的业务单元全部纳入到公司产业平台之下，并按照现代企业管理的内在要求，重新设计符合产业运作的组织架构，建立全新的、面向产业与市场的各项经营管理制度，设计规划管理职能，在组织上保障对 TD－SCDMA 产业的科学管理。

2. 建立专业化决策支撑体系

大唐控股公司建立起由战略决策委员会、投资咨询委员会、技术产品路标委员会构成的专业化决策支撑体系，目的在于借助内外部的专家团队，强化对产业发展关键问题的风险管理，依靠系统机制降低产业化风险。

3. 全面建立产业化配套组织体系

大唐控股公司所属的单位均主要脱胎于科研型机构，为适应高科技企业产业化开发管理的发展规律，大唐控股公司在建立扁平化组织架构过程中，从供应链、市场销售、客户服务、信息化等各种核心业务入手，不断完善产业化组织体系与功能。

4. 积极实施流程再造

大唐控股公司着力加强运营管理体系建设，通过在横向打通信息共享渠道，纵向完成业务流程穿越，提升了运营效率，对 TD－SCDMA 的产业化起到了强有力的支撑作用。见图 2。

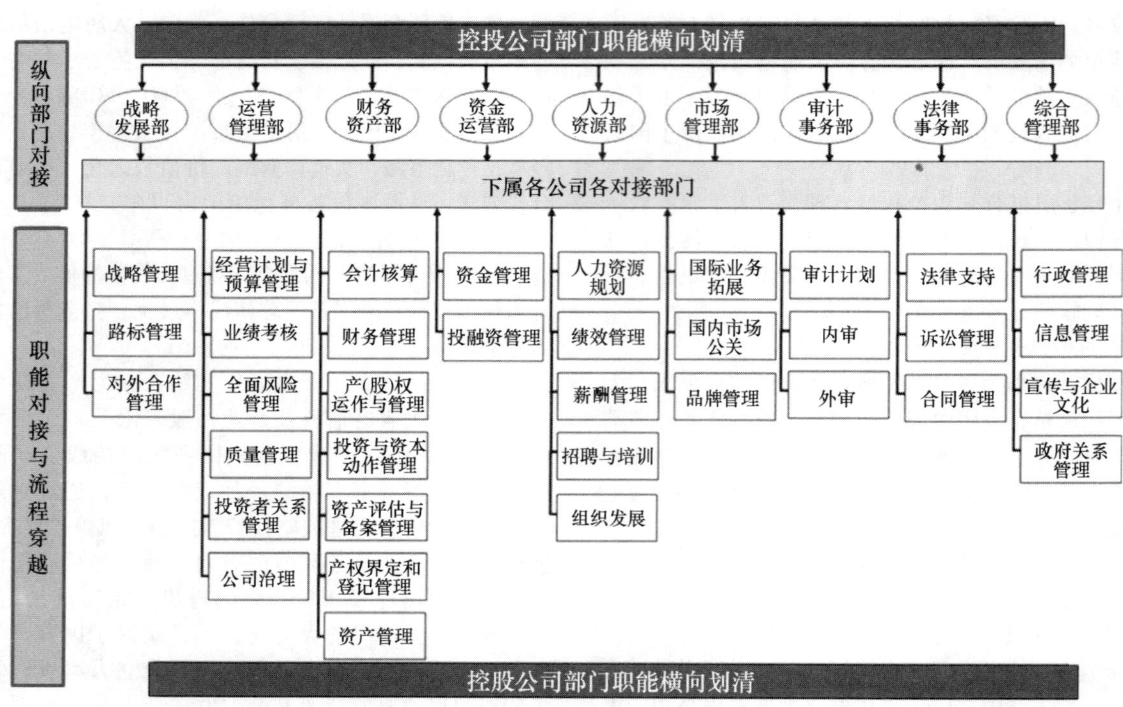

图2　流程管理体系

5. 完善“三位一体”的责任落实体系

为保障战略规划的实施落地，大唐电信集团将产业发展战略的责任进行分解，全面推行战略规划、全面预算、经营业绩考核一体化见图3。

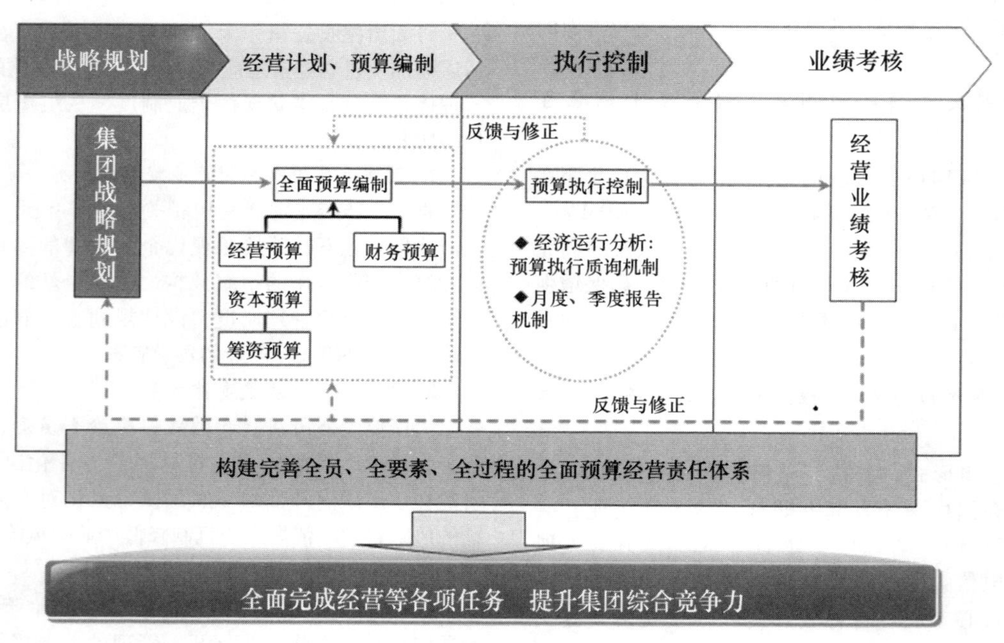

图3　大唐电信集团责任落实体系

（六）建立健全激励约束机制，增强技术标准产业化的动力

大唐电信集团在推动TD－SCDMA产业化过程中，高度重视员工参与企业产业化转型与产业本身发展的积极性，通过企业文化的再造和激励约束机制的建立和完善，鼓励员工全面投入到产业化工作中去。

再造企业文化，发挥思想观念的激励作用。改变过去单纯强调技术的“样机文化”，旗帜鲜明地提出市场化价值观念。同时，建立以核心价值观为导向的荣誉体系。

完善人力资源激励考核体系。在人事管理上全面推进“掉头工程”，改变单纯埋头搞技术创新，忽视市场和产业化的倾向。以市场业绩作为所属各单位绩效考核的根本标准，同时建立具有高科技企业特点，面向员工的中长期激励机制。

二、推动 TD－SCDMA 国际标准产业化意义重大

经过多年的艰辛探索，大唐电信集团通过 TD－SCDMA 产业化的开发和管理，真正在移动通信领域践行创新型国家战略，不仅成功完成了技术产业化、产业市场化的目标，还极大地提升了整体产业竞争力，为后续 4G 国际标准的竞争奠定了扎实的产业基础。

（一）提升了企业核心竞争力，企业实现跨越式发展

随着 TD－SCDMA 的产业化，大唐电信集团建立和完善了企业科技创新体系，培育起国际一流的研发团队和研发能力，企业产业化能力与市场竞争力大大增强，核心竞争力不断提升，并实现了转制科研院所向具有国际竞争力的现代化高科技企业的转型。在核心技术研发方面，通过 TD－SCDMA 的产业化，带动了技术创新和产品研发，有力提升了企业的自主创新能力。在市场竞争方面，以 TD－SCDMA 产业化的开发和管理工作为基础，坚持推动创新技术与低成本规模制造资源相结合，走“轻型工业化”发展之路，大力促进创新技术向具有市场竞争力的商用产品转化，成功占据市场竞争领先地位。随着产业化工作的稳步推进，市场地位的巩固，带来了经营业绩的大幅提升。

（二）技术溢出效应充分体现，增强国家移动通信产业整体竞争力

通过密切分工合作，使民族企业占据了产业链的关键环节和高端环节，进而使我国移动通信领域历史性的打造了一条完整民族移动通信产业链，强有力地提升了我国移动通信制造业整体竞争能力。彻底改变了以往中国本土企业只占据中低端，高端环节被国外企业把持的不利局面。此外，大唐电信集团战略入资中芯国际，也使得我国首次具备了从芯片设计到芯片制造的全过程能力，实现了芯片业的彻底“自主可控”，大大提升了我国通信信息安全水平。同时，TD－SCDMA 产业化的成功实践，为我国全面参与新一轮 4G 国际标准的竞争奠定基础，为保障我国移动通信产业在未来的国际竞争中处于更加有力的优势竞争地位奠定基础。

有经济学家预测，TD－SCDMA 产业化发展的 6 年内将带动超过 20 000 亿元的产业发展规模，并将为增强自主创新能力、调整产业结构、扩大国内消费需求、促进国民经济持续健康发展做出巨大贡献。

（三）增强自主创新的民族自信心，为建设创新型国家提供成功范例

大唐电信集团在 TD－SCDMA 产业化上进行的一系列探索和成功实践，大大增强了我国企业坚持自主创新，推动创新技术实现产业化的信心和决心，激励着更多的企业加大对科技创新的投入，通过科技创新提升企业的综合竞争力，实现企业的科学发展。

TD－SCDMA 已经成为我国自主创新发展的典范，在 TD－SCDMA 国际标准产业化过程中，以市场为导向，坚持“以我为主，开放合作”的产业化协同发展方式，初步探索出了企业运作、市场引导、政策推动“三位一体”的通信领域高新技术产业化运作模式，有力推动我国通信设备制造能力的整体突破，为我国创新成果的产业化实践提供了很好的案例，为探索我国自主创新发展之路积累了宝贵的经验。此外，大唐电信集团围绕 TD－SCDMA 国际标准产业化所进行的组织变革与管理创新，为科技转制院所及技术创新型的高科技企业向产业经营型的现代企业转型提供了借鉴。

大唐电信集团在 TD－SCDMA 产业化的开发和管理实践中，真正实现了“中国制造”向“中国创造”的跨越，成为国家自主创新的典范，被誉为我国“十五”期间科技创新的三大标志性成果，多次受到国家领导人的肯定。温家宝总理在国务院常务会议上指出：“TD－SCDMA 是我国科技自主创新的重要标志”，“大唐电信集团发展 TD－SCDMA 产业化是真正实践了‘中国创造’发展道路”。张德江副总理在考察大唐电信集团时指出，大唐电信集团在 TD－SCDMA 国际标准研发、技术开发、市场开拓以及产业链上下游环节开拓等方面都取得了很大的成绩，贡献卓著，为 TD－SCDMA 产业发展立了首功，为促进中国的电信业发展的做出了重大贡献。国资委主任李荣融指出，大唐电信集团积极应对国际金融危机的挑战，开拓创新，扎实工作，在企业改革、自主创新能力建设、产业结构调整与市场开拓等方面取得了突出成绩，成功走出一条转制院所向现代企业转型发展之路。在推动自主创新的 TD－SCDMA 产业化和市场化方面发挥了重要作用，有力地提升了我国电子信息产业的国际竞争力。工业和信息化部主要领导也指出：TD－SCDMA 产业化不仅是我国电信业自主创新的典范，更是建立自主创新型国家的重要里程碑，极大地提高了国有经济在关键领域的控制力。

贯彻落实科学发展观　推动长江电力党建工作改革创新

中国长江电力股份有限公司

科学发展观是同马列主义、毛泽东思想、邓小平理论和“三个代表”重要思想既一脉相承又与时俱进的科学理论，是我国经济社会发展的重要指导方针，是发展中国特色社会主义必须坚持和贯彻的重大战略思想。科学发展观的核心是以人为本，要做到以人为本，就必须加强和改进党建工作，充分发挥基层党组织“凝聚人心、促进和谐”

的作用。党建工作重心在基层、基础在基层、改革在基层、创新在基层、活力在基层，改革创新是加强和改进基层党组织建设的必由之路。

一、站在巩固党的执政之基的高度，充分认识党建工作改革创新的重要性和必要性

“创新是一个民族进步的灵魂，是国家文明发达的不竭动力，一个没有创新能力的民族难以屹立于世界民族之林。”党的基层组织是党的全部工作和战斗力的基础，是落实党的路线方针政策和各项工作任务的战斗堡垒。基层党建工作的改革创新是适应时代变革、夯实执政之基的必然选择。虽然长江电力是国有控股上市公司，但长江电力党委仍然是基层党组织，从巩固党的执政之基的认识出发，必须全面学习理解和深入贯彻党的十七大和十七届四中全会的有关精神，贯彻落实科学发展观，推进公司党建工作的改革创新。

1. 党的十七大报告强调“以改革创新精神全面推进党的建设新的伟大工程”

这是我们党准确把握时代要求、看清世界大势、坚持与时俱进、具有远见卓识的体现。我们今天所处的时代，是一个世界多极化不可逆转、经济全球化深入发展的时代，是一个综合国力竞争、文化力竞争、软实力竞争日趋激烈的时代，也是一个以改革创新为显著特征的时代。如果党组织因循守旧、墨守成规、抱残守缺、畏缩不前，看不到时代潮流和发展变化的实际，就必然落伍甚至被时代淘汰。我们必须深入学习贯彻中国特色社会主义理论体系，推动改革创新增强党的创新活力，增强基层党组织的创造力、凝聚力和战斗力。

2. 科学发展观的本质要求党建工作必须改革创新

科学发展观的第一要义是发展，没有改革创新就没有超常规的发展；科学发展观的核心是以人为本，没有改革创新就难以把以人为本落到实处。党建工作始终是国有企业的独特政治资源，是企业核心竞争力的有机组成部分，是实现企业科学发展的关键因素，也是建立中国特色现代企业制度的一个本质特征。深入学习实践科学发展观，就是要坚持改革创新，提高党员干部运用科学理论来分析、解决实际问题的能力，使广大党员干部成为科学发展观的忠实执行者、和谐社会的积极推进者。改革创新是新的时代精神的核心内容，也是贯彻落实科学发展观、实现基层党的建设可持续发展的必然要求。

3. 基层党组织的党建工作职责要求党建工作必须改革创新

《中共中央关于加强和改进新形势下党的建设若干重大问题的决定》明确指出：党的基层组织是落实党的路线方针政策和各项工作任务的战斗堡垒。必须坚持围绕中心、服务大局、拓宽领域、强化功能，进一步巩固和加强党的基层组织，着力扩大覆盖面、增强生机活力，使党的基层组织充分发挥“推动发展、服务群众、凝聚人心、促进和谐”的作用。企业党建工作要适应新形势、新要求，履行“发挥政治核心作用、推动企业科学发展”的职责，就必须坚持改革创新、与时俱进。

4. 国有企业的改革发展任务要求党建工作必须改革创新

习近平同志多次强调以改革创新精神推进国有企业党的建设。国有企业是全面建设小康社会的重要力量，是中国特色社会主义的重要支柱，是我们党执政的重要基础。当前国有企业改革发展正处在一个新的阶段，越是这样的时候越要毫不动摇地坚持党对国有企业的领导，越要以改革创新精神加强和改进国有企业党的建设。要把巩固和发展学习实践活动成果作为国有企业党建工作一项重要任务来抓，努力把企业党组织建设成为贯彻落实科学发展观的坚强战斗堡垒。党建工作改革创新，是完成国有企业改革发展任务的根本保证。

5. 长江电力发展的内在需求要求党建工作必须改革创新

国家加快水电清洁能源开发，为公司发展提供了巨大的空间；电力市场改革逐步深化，给公司运营带来了新的机遇和挑战；资本市场建设日趋完善，为公司持续增长提供了更多机会。党建工作可以为企业发展提供内在动力、智力支持和精神源泉。我们只有不断强化创新意识，提高核心竞争能力、增强发展动力，才能适应形势发展的需要，推动公司在新的形势下又好又快发展。

二、站在“创建国际一流电厂，打造一流上市公司”的高度，充分认识党建工作面临的形势和任务

当前，我国经济形势正处在一个企稳回升的关键时期，三峡主体工程竣工、枢纽开始全面发挥效益，主营业务整体上市工作基本完成，金沙江电力生产筹建工作进入实质性运作阶段。我们要认清国际国内形势，明确公司党建工作所面临的形势和任务，特别是针对如何确保三峡电站的安全稳定运行、确保公司主营业务整体上市后队伍的稳定等重点工作，切实做好党建工作的改革创新。

1. 国际金融危机对公司产生的冲击和影响

金融危机爆发后，世界经济增长步伐明显放慢，市场信心缺失，企业收益整体下滑，很多电力企业亏损。水电企业虽然情况稍好，但由于电力市场供求关系逆转，对生产经营、电能消纳工作带来了考验。同时，金融危机对我国资本市场的冲击较大，证券市场风云变幻、跌宕起伏，对公司的资本运作提出了新的挑战。

2. 电力安全生产面临的形势给我们带来的机遇和挑战

三峡电站安全运行的基础还比较薄弱，三峡大型发电设备的运行管理规律没有完全把握，机组还需要经历高水位长期运行的检验；解决葛洲坝机组老化问题的技术改造还没有规模化展开，影响电站安全运行的外送通道隐患没有消除，员工的技能水平、行为表现、风险掌控能力与本质安全型企业的要求还有差距，发电生产安全的风险依然如影随形。党建工作就是要服从服务于安全生产，要从抓人的思想、积极性、责任心、尊章守纪习惯等方面入手，强化安全生产的基础。

3. 主营业务整体上市带来的体制机制和员工思想的变化

三峡集团公司主营业务整体上市后，还注入了长江电

力5家专业化公司的股权。资产的变化必然带来组织机构、工作业务和人员结构的变化。这些变化都可能使新老公司员工产生各种思想情绪的波动，引发新的思想问题和矛盾冲突，这就需要党建工作用创新的思路来策划和部署，用新观念、新方法、新手段、新措施来解决新问题，满足组织和员工的新期待，做到在“思想上解惑、精神上解乏、文化上解渴、心理上解压”，切实维护员工队伍的稳定。

三、站在“一流企业必须有一流党建”的高度，努力推动公司党建工作改革创新

在新的历史时期，长江电力各级党组织必须适应新形势、新任务和新要求，从思想观念、工作内容、体制机制、方式方法、党建队伍等方面坚持改革创新，努力增强党建工作的针对性、有效性，不断提升党建工作水平，为公司“创建国际一流电厂，打造一流上市公司”等中心工作提供强有力的精神动力和组织保证。

1. 从思想观念创新入手，解决改革创新意识不够强、信心不够足的问题

党建工作要在新形势和新任务下实现大的跨越，必须首先在观念上实现新突破。没有观念的创新，就没有行动的创新。任何领域的新跨越，都必须有一个新观念为先导，我们要以观念的创新带动整个公司党建工作的改革创新。十七届四中全会《决定》提出了加强和改进党的建设的新理念，提出了八个方面的新思想、新观念、新要求，如“推动科学发展、促进社会和谐”的理念、“建设马克思主义学习型政党，提高全党思想政治水平”的理念、“做好抓基层打基础工作，夯实党执政的组织基础”的理念等，我们都应该深刻理解和领会并运用到实际工作中去，进一步强化改革创新意识，增强工作信心。我们既要大力坚持弘扬传统，坚持以往党建工作的好理念，比如党建工作“围绕中心、融入管理”的理念、“以人为本、一切依靠员工”的理念、思想政治工作坚持贴近实际、贴近生活、贴近员工的理念等；同时我们又要努力创新，解决新情况、新问题，提高党建工作水平和效率。我们要把党建工作虚事做实，将党群工作不断量化，逐步实现绩效考核工作的科学化、规范化；要把贯标的理念融入党群工作，按照PDCA循环的流程，在四个环节上进行持续改进工作；要不断提高党建工作执行力水平，保证党建工作的质量和效果。

2. 重视工作内容创新，努力找准开展活动、发挥作用的着力点

内容创新就是要求党建工作内容新颖、与时俱进，有时代气息和时代特征，符合时代需要和员工需求，是党建工作创新的重要方面。我们要坚持按照十七届四中全会精神的要求，努力找准开展活动、发挥作用的着力点，重视内容创新，用新颖的工作内容激发工作兴趣、增加工作情趣、增强工作效果。学习实践科学发展观活动虽然告一段落，但落实整改工作还十分艰巨，推动科学发展更是一个长期的战略性任务，我们各级党组织要切实按照科学发展观要求，积极开展整改落实工作，信守承诺、做出成效、取信于民；要认真组织编制公司企业文化建设“十二·五”规划，大力开展社会主义核心价值体系学习教育、中华优秀文化传统教育，引导党员、干部带头弘扬以爱国主义为核心的民族精神和以改革创新为核心的时代精神，自觉践行社会主义荣辱观，培养高尚道德情操和健康生活情趣，保持昂扬奋发的精神状态；继续探索构建本质型安全型企业、学习型党组织的方法和途径；继续探索深入推进创建“四好领导班子”、“五好党支部”、“六好党小组”以及“党员区域目标责任制”、“党员示范岗”、“党内争先创优”等活动的新思路、新举措；要特别重视队伍稳定问题，要把握公司年轻人多的特点，通过教育、培训、激励，引导他们快速岗位成才，努力适应公司党建工作发展的需要。

3. 加强体制机制创新，解决提高效率、增强合力的问题

党建工作要创新，必须以高效的工作机制作保证。体制和机制科学、合理，工作开展就会顺畅有序，否则，不仅会事倍功半，还可能产生内耗，浪费人力资源，浪费企业成本。我们要认真探索公司“三会”治理下党委如何更好地发挥政治核心作用以及建立健全职代会制度的工作体制和工作机制，明确相互之间的关系，按照有关法律法规要求，合理划分相关职责和权限，理顺工作程序，实现政治领导、公司治理和民主管理的协调统一；在党委领导体制和工作机制方面，要认真研究，进一步完善党政“一肩挑”的领导体制，继续坚持公司“党委正确领导、基层党支部积极推进、全体党员共同参与”的“三位一体”机制；要结合实际，不断加强和改进党的思想建设、组织建设、作风建设、制度建设和反腐倡廉建设，促进党建工作的制度化、科学化、规范化，完善岗位职责规范、规范党建工作程序、严明岗位纪律，真正形成党群系统“职责明确、程序严谨、落实有力、运转灵活、保障到位”的工作机制；要加大宣传工作力度，加强与各大媒体之间的沟通和联系，争取更多的对外宣传的主动权，进一步完善宣传工作机制；要加强基层党组织建设，努力在人力、物力、财力方面提供必要的保障，进一步增强基层党组织建设的活力；要认真研究主营业务整体上市后党建机构、人员的重组和整合工作，使党建工作机制不断适应新形势、新情况、新要求。

4. 注重方式方法创新，在扩大党员参与面、提高实效性上下工夫

方式方法创新对于各项工作的成效起着十分重要的作用。方式方法得当，工作的效果就好，反之可能会适得其反。在过去的工作中我们积累了很多好的方法，如教育疏导法、感情投入法、领导示范法、谈心交心法、典型激励法、活动推进法等方法，这些方法在过去的工作中都取得了很好的效果。但我们不能仅仅局限于此。党的十七届四中全会提出：党的基层组织要适应新形势新任务要求，创新活动内容方式，在扩大党员参与面、提高实效性上下工夫，增强创造力、凝聚力、战斗力。我们要加强研究、认真总结，积极探索运用现代管理学、组织学、心理学等现代科学方法，充分利用网络、视频、展览、演讲、辩论、联欢会、游艺活动等形式，大力开展爱国主义、集体主义、世界观、人生观、价值观以及艰苦奋斗教育；继续围绕中

心工作，广泛开展主题党日活动，进一步扩大党员参与面，充分发挥广大党员的聪明才智与智慧，为中心工作添砖加瓦；继续坚持每季一次“党风廉政教育日”，不断完善学习教育的形式和方法，促进党员干部队伍的廉洁自律。

5. 加强党建队伍创新，不断提高党员干部队伍整体素质

新时期的党建工作是一门科学，内容丰富，涉及面广。同时具有升华思想、净化心灵的职责，党建工作者不仅要有一定的理论水平、有较强的业务知识，还要求有过硬的思想素养、良好的品德和人格魅力。加强党建队伍创新，要着重抓好领导班子建设、干部队伍建设和党员队伍建设。要按照政治素质好、工作业绩好、团结协作好、作风形象好的要求，不断深化“四好”领导班子建设，提高领导班子的战斗力、凝聚力，增强领导科学发展的能力、驾驭全局的能力、应对突发事件的能力；要坚持民主、公开、竞争、择优原则，提高选人用人公信度，广辟途径培养干部，满腔热情爱护干部，严格要求管理干部，形成充满活力的选人用人机制，促进优秀人才脱颖而出；要加大在岗培训交流力度，把党务工作岗位作为培养人才的重要平台，有计划地在这次整体上市后的机构、人员重组中安排党务工作人员与经营管理人员轮岗交流，要把党务人员业绩考核纳入经营管理人员业绩考核体系，确保与相应层次经营管理人员同考核、同待遇、同奖惩，满腔热忱地关心他们的工作、生活、成长和进步，让党群工作者有地位、有作为、有奔头；要以提高素质为重点，抓紧抓好党员队伍建设这一基础工程，建立健全教育、管理、服务党员长效机制，增强党员队伍生机活力，激发党员增强光荣感和责任感、保持先进性内在动力。要全面落实党建工作责任制，特别是在各级领导干部中要形成“抓好党建是本职、不抓党建是失职、抓不好党建是不称职”的共识。通过抓党的建设推动企业科学发展，促进社会和谐进步。

加强和改进新形势下党的建设，是全党的重大政治责任，是企业的重要政治任务。我们一定要认真贯彻落实党的十七大和十七届四中全会精神，怀着对党负责、对国家负责、对企业负责、对员工负责的高度责任感，更加注重党建工作创新，及时研究新情况、解决新问题、总结新经验，更好地服务中心工作，充分发挥好企业党组织凝聚员工群众、推动企业科学发展，建设和谐企业的作用，以一流党建工作水平推动长江电力早日实现“创建国际一流电厂，打造一流上市公司”目标，进一步提高长江电力在我国国民经济发展中的活力、控制力和影响力。

（撰稿：张　诚　宋宏伟　刘云飞　谢兴发）

论大亚湾核电站安全运行十五周年的基本经验

大亚湾核电运营管理有限责任公司副总经理　党委副书记　殷　雄

大亚湾核电站作为我国改革开放的产物，是我国引进国外先进技术和管理经验，建设和运营的第一个百万千瓦级核电站。1994 年 2 月 5 日，大亚湾核电站 1 号机组正式投入商业运行，标志着我国第一座大型商业运行核电站正式建成；2006 年 5 月 13 日，大亚湾核电站全面完成了第一次“十年换料大修”，标志着电站已经经历了在设计寿期内除机组退役之外的所有关键活动。电站的安全技术水平实现了全面升级，运营业绩达到并保持在世界同类核电站先进水平，在国内外同行中赢得了良好的声誉。大亚湾核电站 15 年安全运营所取得的成果和经验，标志着我们在核电发展的内涵和外延两方面都发生了巨大而深刻的变化，不仅能够确保现有核电站的长期安全稳定运行，更为重要的是为国家积极推进核电发展积累了经验，培育了能力，奠定了基础。

通过贯彻落实“以核养核、滚动发展”的方针，不仅实现了国有资产的保值增值，而且积极探索并成功走出了一条中国核电的良性发展之路。

“以核养核、滚动发展”是老一辈中央领导同志根据我国核电发展的现实情况而制定的方针。狭义的滚动发展主要指资金与人才，广义的滚动发展还包括管理经验与发展机制。这一方针的正确性不仅得到大亚湾核电站发展实践的证明，而且对我国核电事业未来的良性发展产生了深远的影响。

大亚湾核电站的建设模式是“借贷建设、售电还钱、合资经营”。在项目启动的初期，广东核电投资公司以一定的利率向中国银行贷款 3 亿美元，作为中方的资本金投入，然后在国家有关部门的支持下，通过市场化运作的方式进行融资，有效地解决了核电站建设所需的 40 亿美元的资金问题。大亚湾核电站于 1994 年 2 月投入商业运行之后，一直保持着比较高的能力因子，从而创造了很好的经济效益，为“以核养核、滚动发展”奠定了比较坚实的经济基础。到 2008 年 7 月底，将本息总额 57 亿美元全部还清。与此同时，利用大亚湾核电站所获得的利润，继续滚动建设岭澳核电站，并且获得了更大的成功，截至 2009 年 7 月底，累计偿还基建贷款本息 29.1 亿美元，占还本付息总额的 59.4%。如今，正在建设的岭澳二期和辽宁红沿河核电项目的资本金以及其他核电项目所需的开发资金，都是大亚湾核电站和岭澳核电站所获得的利润。按照国家积极发展核电的方针，中广核集团制定了核电发展规划，到 2020 年，集团将拥有 3 400 万千瓦的核电装机容量，相当于由一个大亚湾核电站滚动发展出 17 个同等规模的大型商运核电站，也相当于当初的 3 亿美元资本金逐步滚动出约 450 亿美元的核电建设资金，其资金使用效益超过150倍，国有资产保值增值的成效十分显著。

“以核养核、滚动发展”的方针不仅为后续核电站建设奠定了经济基础，更为重要的是，培养了一支高素质的核电建设、运营和管理的专业化人才队伍。大亚湾核电站从建设之初，就把人才培养和人力资源开发放在突出位置。先后派出112名青年技术人员赴法国、英国学习，历时3年，人均花费120万法郎（“黄金人”由此而得名），熟练掌握了核电站的生产和管理技能，迅速成为核电站各岗位的骨干。电站投产初期，通过实施中方员工与外方专家一对一的“影子培训”，全面深入地掌握电站运营技术。借鉴国外成功经验，建立了一套有效的培训管理体系，全员实行严格的授权上岗、定期复核、终身培训制度，使电站运营队伍的水平得到了提高。大亚湾核电站在为自己及岭澳核电站培养了300多名反应堆操纵员和800多名运营技术人员的同时，还为国内其他核电站培养了大批运营技术和管理人员，其中秦山核电站二期100名，田湾核电站108名。如今，他们当中相当一部分人已经走上了各级管理岗位。通过不断总结经验，大亚湾核电站建立了专业化、标准化的人才培养机制，已成为国内核电人才培养的重要基地。为了满足国家核电中长期发展规划对核电人才的需求，大亚湾核电站又制定了未来若干年内数量庞大的各类运营人才的规划，越来越多的优秀人才将从大亚湾核电站走向全国。现在大亚湾核电站已经成为法国电力公司在对本国核电站的值长进行培训时首先选择实习的核电站，2006年4月就有13名法国值长前来实习。

通过“引进、消化、吸收、创新”，不仅进一步提高了核电站的安全技术水平，而且成功创造了一个具有中国特色的自主核电技术品牌。

从表面上看，大亚湾核电站似乎是纯粹花钱买来的。但是，有形的东西（如设备、技术）可以花钱买得来，而无形的东西（如强烈的责任心、创新的思维和追求世界一流水平的决心）是无法用钱买来的。

大亚湾核电站引进的是法国上世纪80年代中期的技术。为了赶超国际先进水平，自电站投入商业运行以来，每年投入1 500万美元进行技术开发和创新，迄今共投入约2亿美元，先后进行了700多项技术改造，实现了安全技术水平的升级，极大地提高了核电站的安全性和经济性。在安全性方面，通过实施十年安全评审（PSR）和第一个十年改造项目（GTM1），建立根本原因分析制度（RCA）和以可靠性为中心的维修方法（RCM），实施预防性维修策略（PDM）等创新手段，机组的安全性得到很大提升，堆芯熔化概率由投产时的5×10^{-5}降低至现在的1.03×10^{-5}，达到20世纪90年代升级技术的国际先进水平，也为反应堆40年的设计寿命延长至60年奠定了基础。在经济性方面，通过实施18个月换料模式改造，大亚湾核电站每台机组可以平均3年减少一次换料大修，大修成本降低25.0%；每年发电量增加3亿～5亿千瓦时，平均月上网电量增加了27.0%。这一换料模式已经转化为自主知识成果，将应用于岭澳二期和红沿河核电项目，并将作为我国自主技术品牌（CPR1000）的标准配置。这些成就并不是花钱就能买来的。

大亚湾核电站自主创新和集成创新的成果在岭澳核电站得到了有效地利用和拓展。岭澳核电站采取“翻版+改进”的策略，共进行了34项重大技术改进和创新，取得了显著的成效。岭澳核电站于1997年5月15日开工建设，2003年1月8日提前66天建成投产，节省投资约3.8亿美元，比国家批准的预算节约近10.0%，工程建设质量达到了国际同类核电站的先进水平。这个成就是坚持“引进、消化、吸收、创新”方针的产物，不仅为我国核电发展开拓了一条新路，而且得到了国际同行的高度赞誉。2002年11月，国际原子能机构专家在对岭澳核电站进行运行前安全评审认为：“岭澳核电站许多指标都可以与新的IAEA国际安全标准相媲美；其在生产准备、调试和运行水平方面为国际核能界提供了值得借鉴的宝贵经验。”

引进和借鉴只是手段，自主和发展才是目的。在包括大亚湾和岭澳核电站一期的建设和运营中，标准化和系列化已经在技术、管理和人才培养方面成功实践并形成效益。通过大亚湾核电站的引进建设，实现了岭澳一期的自主建设；通过岭澳一期的高起点投运，又开始了岭澳二期的高起点建设，并且形成了中国改进型压水堆核电技术（CPR1000）这一自主技术品牌，同时也促使这一系列核电站每千瓦造价由2 000美元、1 800美元到1 500美元的大幅降低，标准化和系列化的优势得到了充分体现。在看得见的将来，这一技术路线完全有条件成为我国批量化建设核电站的基本选择。大亚湾和岭澳核电站的实践证明，只要思路正确，决策果断，措施得当，执行到位，我国核电国产化和自主化不仅是做得到的，而且是可以做得快、做得好的。

通过“瞄准世界一流，与先进水平对标”，不仅提升了核电站的安全水平和运营业绩，而且进一步树立了核电安全、环保的清洁能源形象。

安全、经济的核电站就是先进的核电站。承认差距，是为了缩短差距；学习先进，是为了赶超先进。大亚湾核电站始终瞄准世界一流，“站在巨人的肩上跳高”，持续提升核电站的安全性与经济性。

核电站的安全性和经济性主要体现在能力因子。大亚湾核电站是以法国EDF的核电站为参考电站的。EDF所属的58台核电机组的平均能力因子自20世纪90年代至今，一直处于82.0%～83.0%之间，2008年为76.0%；美国作为世界核电先进大国，其核电站的平均能力因子在20世纪80年代也仅维持在60.0%～70.0%左右，1990年为71.7%，1995年为82.6%，2004年为91.4%，2008年为90.0%。大亚湾核电站当初在可研报告中确定的能力因子为65.0%，1994年投入商业运行的第一年，其能力因子就超过了85.0%。经过多年持续不断地努力，大亚湾和岭澳核电站的能力因子逐年提升，目前具备了超过90.0%的能力。美国核管会（NRC）统计2008年世界436台在运核电机组的负荷因子，大亚湾核电站一号机组为99.6%，名列第16位。美国核电运营研究所（INPO）统计2008年世界上拥有4台机组的核电基地的综合排名，大亚湾核电基地4台机组的综合得分名列第3位。

大亚湾和岭澳核电站自投入商业运营以来，以安全性为基础，取得了可观的运行业绩。大亚湾核电站一号机组在第12个燃料循环实现不停机不停堆连续安全运行523天（之前的国内最好纪录为485天）；截至2009年7月31日，已连续5个燃料循环无非计划停机停堆安全运行2 539天（之前的国内最好纪录为1 520天），创造国内核电站单机组安全运行最高纪录，目前该纪录仍在延续。岭澳核电站投产后，一号机组创造了连续两个燃料循环无非计划停机停堆安全运行592天的记录，二号机组更是创造了从调试起无非计划停机停堆安全运行935天的世界新机组最优纪录，投运第三年就实现了年上网电量超过140亿千瓦时。

在取得经济效益的同时，核电站的废物产生量和排放量逐年降低，环保优势得到进一步体现。以大亚湾核电站为例，截至2009年8月底，累计上网电量达到2 102亿千瓦时，这些电量相当于少消耗原煤约9 000万吨（大约需要180万节火车皮的运输量），相当于少向大气排放二氧化碳约1.9亿吨、二氧化硫约77万吨以及氮氧化物约44万吨，相当于种植了9 400万公顷的森林，也相当于为我国8.0%的陆地国土重新披上绿装。随着核电的进一步发展和新的发电调度方式的实行，核电在节能和环保方面的优势必将得到更加明显的体现，我国能源消耗巨大、环境污染严重的状况必将得到更加明显的改观，核电作为“资源节约型”和“环境友好型”的清洁能源的形象也必将得到社会各界进一步的认同。

大亚湾和岭澳核电站因其在安全性和经济性方面所取得的业绩而赢得了良好的国际声誉。2009年4月揭晓的70余台法国同类机组安全业绩挑战赛中，大亚湾核电站获“厂房管理”、“工业安全”和“能力因子”三项桂冠。在自1999年开始举行的五个领域共30余项次的竞赛中，大亚湾核电站累计获得了19项次第一、2项次第二、2项次第三。在世界核营运者协会（WANO）反映核电站安全管理水平的9项关键性能指标中，大亚湾核电站在2005年有7项超过世界中间水平，4项达到先进水平。下一步要瞄准美国最佳核电站，持续改进，使在役核电站的能力因子再上一个新的台阶，争取早日跻身于世界优秀核电站之列。

通过“开放合作，倡导大团队精神”，不仅在实现核电国产化的道路上迈出了坚实的一步，而且辐射带动了我国核电产业整体能力的提升。

一花独放不是春，百花盛开春满园。大亚湾和岭澳核电站的建设和安全运营，辐射带动了我国核电产业整体能力的提升，为我国核电的持续快速发展奠定了坚实的基础。

大亚湾核电项目早在供应合同谈判阶段，就努力促使外方逐步向国内设计、制造、施工单位转让技术，从而加速了我国核电设计、施工等相关产业的技术进步和设备制造的国产化进程。通过按国际标准参与大亚湾核电站的建设和运营，国内设计、制造、施工和技术服务单位掌握了国际上先进的经营管理理念和核电技术，国家核电产业国产化、自主化能力有了明显提高，对秦山二期及后续核电工程建设起到了重要的示范作用。大亚湾核电站投产后的技术改造项目，基本立足国内，充分发挥国内相关单位的作用，促进其整体能力的提升。

推进国产化，实现自主化，是我国核电事业快速发展的重要条件，也是我们所努力追求的目标。岭澳核电站一期在建设过程中，全国共有17个省、市的181家制造厂和供货商提供了设备，整个电站设备制造的国产化率达到了30.0%，其中核岛为11.0%，常规岛为23.0%，辅助设施为50.0%。现正在建设的岭澳二期，设备国产化率将有新的提高，按价值计算，一号机组核岛部分不低于50.0%，二号机组不低于70.0%，上网电价与当地脱硫火电相比有竞争力。核电自主化依托项目的首批工程以招标方式引进国外第三代先进型压水堆核电技术，在首批机组建设的同时，通过技术转让，使我国的技术人员掌握相关技术，为后续机组的自主化建设创造条件。通过这些标准化和系列化的有效措施，使国内相关企业进一步增强参与核电站建设运营的能力，为国内其它核电站的建设运营创造更多、更有效的经验。

通过“引进先进管理理念，进行自主管理创新”，不仅对我国核电行业起到了示范和导向作用，而且对整个国有企业改革都有重要的借鉴意义。

大亚湾核电项目的成功，除了全面引进具有国际水平的核电技术之外，还同时进行了现代企业制度建设的有益尝试。通过引进国外现代的科学管理体制，高起点起步，结合中国的具体情况，创造性地探索出了一套行之有效的管理理念和管理制度。这一套管理制度，对于大亚湾核电站来说，起到了“点”上的示范作用；对于核电行业来说，起到了“线”上的导向作用；对于国有企业来说，起到了“面”上的辐射作用。

在公司治理结构方面，实行了董事会授权范围内的总经理负责制、分级授权的管理体制，对外做到与香港合作方充分协商，以确保双方的共同利益，对内明确各级管理权限。在项目实施方面，全面实行“四制”（项目法人制、招投标制、合同制和监理制），科学地规范了项目各参建单位的责权利，以有效保证项目的整体利益最大化。三峡公司的招投标制度就是以大亚湾核电站的做法为蓝本，在实践中起到了很好的效果。在管理制度建设方面，建立了一套程序至上的运行机制，切实做到“四个凡事”（凡事有章可循，凡事有人负责，凡事有人监督，凡事有据可查），得到了国家审计署、原国家电力公司、中国投资协会以及一些核电兄弟单位的认可和推广。在专业化管理方面，为了实现大亚湾和岭澳两个核电站的资源优化和经验共享，借鉴国外运营管理的成功经验，将核电站所有权与运营权分离，提出了群堆管理的专业化管理思路，成立了核电领域专业化的运营管理公司、工程建设公司、设计公司和数字化仪控系统公司，系统进行经验的积累和知识的转化。从大亚湾到岭澳，再到正在建设中的岭澳二期，通过实施专业化管理，为中国核电的标准化和系列化发展创造了成功的经验，对于引进、消化、吸收三代核电技术和自主开发大型先进压水堆核电技术也具有重要的借鉴意义。

大亚湾核电站通过管理制度的创新，为国有企业的改革提供了成功的范例，许多来大亚湾核电站参观学习的各届人士认为，大亚湾核电站的成功经验说明，国有企业是可以搞得好的。这一评价充分说明，大亚湾核电站在管理创新方面的有益尝试，对我国国有企业深化改革具有积极的借鉴意义。

大亚湾核电站自1994年2月首次投入商业运行以来，安全运营业绩持续提升，在于始终坚持“安全第一、质量第一”的方针，高度重视核安全文化建设；在于一直秉承“开放、透明和合作”的态度，能够在较短时间内完成消化吸收、实现自主运营；在于积极倡导“追求卓越、持续改进”的理念，始终瞄准国际一流水平，重视技术和管理创新，持续改进、提升和超越；在于努力营造标准化、系列化建设核电站的政策环境和社会条件，岭澳核电站和后续核电站的建设和运营反过来也对大亚湾核电站安全运营起到积极的促进作月。大亚湾核电项目的实践和经验，不仅证明了中央确定的“引进、消化、吸收、创新”之路是一种成功的创新模式，而且也为国内核电站安全生产树立了典范，为核电可持续发展创造了良好的社会环境，必将对我国核电后续发展产生深远的影响。按照中央建设资源节约型、环境友好型社会的总体部署，核电将在我国社会经济发展中发挥越来越重要的作用。大亚湾核电基地作为我国第一个大型商用核电基地，一刻也没有忘记自己所肩负的优化能源结构、大力改善环境的历史使命，将通过持续不断的追求卓越，使核电站的安全性和经济性得到质的提升，进而跻身于世界优秀核电站之列。根据国家的要求和目前的发展态势，我们有信心、有能力为国家的社会经济和核电事业发展做出新的、更大的贡献。

流域水电开发项目建设的融资租赁管理

华能澜沧江水电有限公司

华能澜沧江水电有限公司（简称“澜沧江公司”）是由中国华能集团公司、云南省投资控股集团有限公司、红塔烟草（集团）有限责任公司按照56：31.4：12.6的股比，依照《中华人民共和国公司法》组建的大型水电流域开发公司。澜沧江公司主要任务是：本着“流域、梯级、滚动、综合”的开发原则，以水电为主业，产业链延伸发展，成为云南省“西电东送”和“云电外送”的核心企业，“藏电外送”的主要参与者，中国参与澜沧江—湄公河次区域合作的骨干企业。

澜沧江公司致力于澜沧江流域等水电资源开发，目前公司已投产运行机组容量410万千瓦，同时承担着澜沧江小湾、景洪、糯扎渡、功果桥、里底、黄登、苗尾电站和缅甸瑞丽江一级电站等项目的建设任务，在建和筹建规模约1 800万千瓦，已形成“运行一批、建设一批、储备一批”的流域梯级滚动开发的良好态势，并在跨流域、“走出去”和产业链延伸发展方面取得了新的进展。按公司发展规划至2020年底，装机容量将达2 500万千瓦以上，年发电量约1 200亿千瓦时，年销售收入约300亿元，资产规模约2 000亿元，成为中国有影响的以水电为主的大型综合公司和向上下游延伸、跨流域开发、送电南方电网及东南亚国家的跨国公司。

澜沧江公司在2009年完成发电量161.3亿千瓦时、基建投资114亿元、销售收入41.6亿元，资产总额598.1亿元。近年来公司水电开发事业日新月异，2009年发电量约占云南省统调水电发电量的1/3，公司发展突飞猛进，荣获云南省2007年度百强企业、中国能源绿色企业50佳、首批电力行业AAA级信用企业等荣誉称号，综合实力和影响力不断提升。

一、流域水电开发项目建设的融资租赁管理的背景

（一）增加融资渠道，突破水电项目资金瓶颈的需要

作为一个集生产经营、基本建设、流域开发为一体的大型水电企业，公司目前正式投产的仅有漫湾（167万千瓦）、景洪（175万千瓦）、瑞丽江（60万千瓦）电站，绝大部分如小湾（420万千瓦）、糯扎渡（585万千瓦）、功果桥（90万千瓦）处于大规模建设期，上游乌弄龙（96万千瓦）、里底（42万千瓦）、托巴（140万千瓦）、黄登（190万千瓦）、大华桥（90万千瓦）、苗尾（140万千瓦）等一大批电站也进入筹建期，公司发电收入尚不能实现自我滚动发展。公司目前资产规模已达550亿元，“十二五”期间每年基建投资强度都在200亿元以上，在建、筹建项目规模已达1 439万千瓦。连续多年高强度持续投资对公司目前融资渠道、融资模式都提出严峻的挑战。

公司水电建设资金来源除了股东方投入的资本金外，其余绝大部分都依赖银行贷款为主的负债融资。虽然公司一直积极探索新型融资渠道，先后采用了资产证券化、信托、短期融资券等直接融资方式，但比重不高，对动辄上百亿的水电建设投资来说还远远不够。水电项目投资具有建设周期长、资金逐步投入、投资金额巨大、投资回收期长等特点，并且在项目建设期内资产负债率会随着工程的进度逐渐上升。因此，破解水电开发的资金瓶颈，拓宽融资渠道，就成了加快水电业发展的重中之重。

（二）租赁业的快速发展为公司提供了新的融资渠道

租赁业是世界上仅次于银行信贷的第二大金融工具，是发达国家商品流通的主渠道。我国自1981年成立了第一家金融租赁公司以来，由于客观上存在着诸多的障碍。租赁业的发展比较曲折。随着改革开放的深入发展，融资租赁业正面临新的发展机遇，租赁业的政策环境得到了很大改善。我国1999年颁布实施的《合同法》对租赁和融资租赁做出了专门规定，财政部于2001年1月18日颁布了《企业会计准则—租赁》，财税部门在2003年初制定出了有利于融资租赁业务开展的营业税税收政策，修订后的《金融租赁公司管理办法》于2007年3月1日起施行，租赁业的法律政策环境不断得到改善。据《世界租赁年报》统计，

2003 年全球租赁总额达 4 616 亿美元。美国、日本、德国分别以 2 040 亿美元、621 亿美元、398 亿美元位居前 3 名。而中国的租赁额只有 22 亿美元，从租赁业市场渗透率（租赁在固定资产投资中所占比例）来看，美国达 31.1%、加拿大 20.2%、英国 15.3%、德国 9.8%、日本 9.3%，而中国只有 1.0% 左右。随着政策环境的改善，我国的融资租赁业在近几年取得较快发展。按国家统计局公布的“设备工器具累计固定资产投资额”、“租赁和商务服务业固定资产累计额”等指标估算，2005 年我国租赁业市场渗透率为 3.6%，2006 年达到 4.4%，从量上来看，2008 年全国融资租赁业务总量完成约 1 550 亿元，2009 年预计将超过 3 500 亿元，租赁业开始快速发展。

我国融资租赁业的发展，为水电开发提供了新的资金来源渠道。融资租赁的应用范围十分广泛。小到一台设备，大到一个完整的建设项目，都可以采用。水电行业是国家基础产业，有很高的信誉度和稳定的现金流量，水电站建设项目中有很多子项目如设备购买安装可以采用融资租赁方式，为融资租赁业提供了难得的发展机遇，同时可以进一步扩展水电开发商的资金来源，保障电站建设资金来源，降低融资成本，提高融资效率。

二、流域水电开发项目建设的融资租赁管理的内涵和主要做法

为进一步拓宽公司融资渠道、改善资金来源结构、降低资金成本、提高公司资产使用效率，公司充分挖掘自身潜力，利用流域水电滚动开发的优势，针对水电资产专属性强的特点，以水电设备为载体，通过售后回租的方式，盘活公司存量资产，达到为流域后续项目建设融资的目的。其主要做法有：

（一）分析融资租赁优势

1. 以较小资金投入取得重大设备使用权，降低建设期资金支付压力

以较小的资金投入，得到较大的规模效应，是融资租赁的优势所在。在进行水电站建设时，如果采用融资租赁，用较小的资金就可以取得水轮机、发电机、变压器及 GIS 等重大设备的使用权，公司可以用电站投产后实现的收益支付租金，这样可以大大降低传统融资手段因一次性支付带来的资金压力，还能够保持公司的正常现金流动。

2. 盘活已有资产，减少对银行贷款的依赖

公司可将已拥有所有权的电站资产通过售后回租的方式转让资产所有权，使电站资产的所有权与使用权分离，将所有权资产变为租赁资产，将物化资本变为货币资本，在不影响正常使用的前提下达到资产变现、筹集建设资金的目的。这种方式还有助于充分挖掘公司现有资源的融资潜力，实现流域滚动开发，筹集尚不具备申请银行项目贷款条件的新项目所需的前期开发资金，从而减少公司对银行贷款的依赖。

3. 改善水电建设项目资产负债比例，保持良好的财务状况

除股东投入资本金外，水电开发公司目前的融资渠道主要是银行贷款。这种融资结构导致了水电项目建设期不断上升的资产负债比率，限制了公司继续融入债券性资金，比如发行短期融资券等。水电站建设周期长，资金需要量大，但投产后会产生稳定的现金流，如果全部采用传统的融资模式，这种未来大额稳定现金流的优势就得不到利用。而融资租赁却可以采用售后回租的方式，将电站建设部分资产卖给租赁公司，从租赁公司获得建设资金，并且不丧失资产的使用权，项目建成后，以未来稳定的现金流支付租金，这种方式的好处就是可以有效降低水电项目建设期的资产负债比例，保持优良的债务结构，为其他融资方式提供更好的财务基础，保障其他融资渠道的融资能力。

4. 享受税收优惠，可以合理安排企业所得税纳税时机

《企业所得税法实施条例》第四十七条明确规定，“以融资租赁方式租入固定资产发生的租赁费，按照规定构成融资租入固定资产价值的部分应当提取折旧费用，分期扣除”。根据规定，公司以融资租赁方式租入固定资产的折旧费，可以在税前提取扣除。另外，根据租赁期与租赁资产使用寿命孰短的原则确定折旧年限，尽量缩短租赁期，使租赁期短于租赁资产使用寿命时，使得前期多提折旧，有利于公司获得延迟纳税的好处。

（二）识别融资需求，确定融资手段

公司此次用于开展融资租赁项目的标的物均为水电设备，包括水轮机、发电机、GIS、变压器等大型专用设备，与其他飞机、轮船等通用设备有所不同。一般说来，这些水电设备都是为某个电站项目量身定做的，承租人对资产的型号、规格等方面有特殊的要求，而且水电设备一般不可拆卸使用，必须整体才能发挥作用，资产专用性强，在租赁期届满时，资产的所有权都会转移给承租人。并且公司将已拥有所有权的电站资产通过售后回租的方式转让资产所有权，使电站资产的所有权和经营权相分离，将所有权资产变为租赁资产，将物化资本转变为货币资本，在不影响正常经营的前提下达到资产变现、筹集建设资金的目的。这种方式还有助于形成电站资产流动的市场机制，有利于减少公司对银行的依赖。

与银行贷款相比，融资租赁是以物为载体的融资，可根据客户的实际要求进行相应的变动，因此融资方式更为灵活。与风险投资相比，融资租赁是以物的方式给客户进行融资．通过租金回收的方式退出，不占企业股份，不影响现有股东的利益，企业有更大的自主权。其中公司此次所采用的售后回租方式是将自制或外购的资产出售，然后向买方租回使用，按期支付租金。售后回租的实质在于，它使设备制造企业或资产所有人（承租人）在保留资产使用权的前提下获得所需的资金，可以改善承租人（即出售方）的财务状况，盘活其存量资产，同时又为出租人提供有利可图的投资机会。

（三）采取恰当的融资租赁方式

1. 分次起租、分次提款

由于大型水电设备制造周期长，资金为渐进式投入。就国内目前的现状而言，在大型水电设备制造合同签订后的很短时间内必须向厂商支付相应的预付款，在设备制造的各个阶段完成后，还需支付进度款。所以有可能在融资租赁业务开展之时以上款项已发生了支付，这给融资租赁

业务在操作上出了很大的难题。为解决以上问题，经公司与相关租赁公司反复研究，创新性地提出了分次起租的概念，即将起租日与设备到货日相结合，按设备制造合同中约定的设备到货计划将同一设备进行分次起租，各笔融资起租日期随设备所有权转移日期而定。如此灵活的安排，切合了大型水电设备制造的实际情况，解决了融资租赁起租日的传统模式与大型水电设备到货周期之间不匹配的难题；

2. 采用售后回租

隔离出租人与设备制造厂商，在设备制造合同不发生变化的情况下完成融资租赁业务。由于大型水电设备制造专业性较强，如按融资租赁业务的通常做法，将制造合同的甲方由承租人转为出租人的话，存在诸多难以逾越的障碍。而采用售后回租模式，在不对设备制造合同进行任何变更的情况下，即可完成融资租赁业务。

融资租赁有多种模式，根据我公司的现实情况，在与租赁公司充分沟通的情况下，选择采用售后回租方式来开展融资租赁工作。与其他融资方式进行比较，对我公司而言选择融资租赁售后回租方式进行融资具有其明显的优势。2008 年，我国为严控通货膨胀风险，实行信贷紧缩政策，使公司在保障水电项目建设资金供应上面临着更为巨大的压力。为强化资金保障，减轻资金压力，以及力争在创新型融资领域取得更多突破，以有效规避融资风险。公司利用多年来在银行业界所树立的优良信誉，抓住金融租赁业刚刚在我国起步的难得机遇，积极与各正在筹备期的金融租赁公司联系，主动推介自己，并在各相关金融租赁公司主管上级总行的大力支持下，得到三家金融租赁公司的青睐，成为它们成立后的首批顾客。经多轮磋商，相关金融租赁公司同意与公司合作进行融资租赁业务，并采用融资租赁模式中的售后回租方式，以公司小湾电站水轮机发电机为载体与建信租赁公司签订了 13.5 亿元设备转让合同和融资租赁合同，利率为同期银行贷款利率基础上下浮 5%；以小湾电站电气设备为载体与招银租赁公司签订了 4.6 亿元设备转让合同和融资租赁合同，利率水平与建信租赁公司相同；以景洪电站水轮机发电机为载体与工银租赁签订了 5.9 亿元的设备转让合同和融资租赁合同，利率为同期银行贷款利率基础上下浮 11.0%。截至 2009 年 12 月底，公司累计实际利用租赁公司资金 31.5 亿元，累计已为公司节约了融资成本 600 万元左右。并且随着合同的继续执行，今后将为公司节约更多的融资成本。

（四）选择合作银行，提升融资租赁能力

公司选择与有国内大型商业银行背景的建信租赁公司、工银租赁公司和招银租赁公司合作开展融资租赁业务，使公司多年来在各相关银行优良的信誉度得到充分体现。在实际操作中，各相关银行总行均将给公司的授信额度作为租赁公司对公司开展租赁业务的保证条件，间接将公司银行授信额度转化为融资租赁。

为应对国家宏观调控政策，进一步深化多元化融资管理工作，力争在创新型融资领域取得更多突破，以有效规避融资风险，强化资金保障，减轻资金压力。2008 年，根据公司的实际情况，经过对多种新型融资方式的研究和比选，公司最终决定采用融资租赁作为新的资金来源渠道，并选择与有国内大型商业银行和国际跨国银行背景的建信租赁公司、工银租赁公司和招银租赁公司合作开展融资租赁业务。其中建信租赁是中国建设银行和美国银行共同筹建设立的从事金融租赁业务的合资股份有限公司，是目前中国国内同业中首家获得批准筹建的金融租赁公司，也是我国目前已开业和正在筹建的金融租赁公司中资金实力最强的一家；而工银租赁和招银租赁是我国银行系首批挂牌营业的租赁公司，分别是中国工商银行、招商银行的全资子公司。公司选择在融资租赁业务上与他们合作，既可以加深与建设银行、工商银行和招商银行的银企关系，又可以充分发挥公司在这三家银行的优质信用资源，再加上这三家银行深厚的金融从业经验、良好规范的管理和人才优势，能使公司融资租赁业务的成功运作得到充分保障。

三、流域水电开发项目建设的融资租赁管理的效果

通过实施融资租赁业务，既解决了公司大型水电建设项目所需资金，又为公司拓宽了融资渠道，优化了负债结构；并且经过融资租赁业务的实践，有效降低了公司的财务费用和工程动态投资，提高公司资产的流动性，提升了公司的整体价值。并为电力企业探寻融资租赁方式，拓宽融资渠道走出一条新路，具有积极的示范作用和带动效应。

（一）获得了后续项目的建设资金，降低了融资成本

公司合理利用领域水电项目滚动开发的天然优势，将已拥有所有权的电站资产以售后回租方式将资产所有权转让，使电站资产的所有权和经营权相分离，将所有权资产变为租赁资产，将物化资本转变为货币资本，在不影响正常经营的前提下达到资产变现、筹集建设资金的目的，有效减轻了后续水电项目建设的资金压力。

通常情况下，对于大型设备的融资租赁，出租人往往是通过银行贷款来解决资金问题。租赁利率则是在银行贷款利率基础上加点以赚取利差，并且承租人还需支付相应的手续费，并垫付保证金，因此，租赁利率高于银行贷款利率是业界的普遍规律。但公司此次融资租赁业务的开展，由于紧紧抓住了金融租赁公司刚刚成立，业务尚待拓展的良好机遇，并且积极对相关银行总行进行公关，顺利争取到了比银行贷款还要优惠的利率水平，并免除了保证金和手续费，一举打破了租赁业界的传统，在成功融资的同时，降低了融资成本。

（二）实现了流域水电项目的滚动梯次开发

“流域、梯级、滚动、综合”是流域水电项目开发的基本原则，即将先期投产发电项目所产生的效益用于后续项目的建设。公司此次开展的融资租赁业务，一举为流域水电项目滚动开发开拓了一种新的模式，即可以不用等到先开发项目建成投产、发挥效益就可以利用融资租赁实现滚动开发的目的。这样有利于节约投资，加快开发进度和有序控制开发时序。

（撰稿：廖为民　邓炳超　张象瑾　孔令兵）

遵循经济发展规律　推进电力科学发展

重庆市电力公司总经理　单业才

服务党和国家工作大局、服务地方经济发展是电网企业的神圣使命，贯彻落实国务院3号文件精神，服务“五个重庆”建设是重庆市电力公司义不容辞的责任。2009年6月以来，我们深入三峡库区以及渝东南、渝东北等边远山区调研，进一步增强了服务重庆发展的使命感和责任感。

历史上重庆两度直辖，三立为都，四番铸城，八次移民，近代又经历了因商而兴、内迁而盛、改革腾飞的发展道路。经过改革开放和直辖12年的发展，目前，重庆已处于工业化中期阶段，取得了举世瞩目的成就。GDP由1996年的1 187.5亿元，提高到2008年的5 096亿元，年均增长10.0%，高于全国水平；全市人均GDP由4 130元，提高到18 025元。巴渝文化在重庆发展中起到了“助推剂”作用。重庆市委、市政府把特有的“红岩精神”、“黔江精神”、“三峡移民精神”与“唱读讲传”融会贯通，促进了文化大发展，形成了独具特色的社会主义先进文化体系。这种文化的自觉为重庆的科学发展奠定了良好基础。

客观辨析目前发展中的问题，在促进发展中，我们都是“剧中人”。从经济特性来看，重庆工业化中期阶段性特征明显。作为西部唯一直辖市，重庆经过改革开放30余年发展，已处于工业化中期阶段，但与上海相比，尚有较大差距：第一产业比重偏高，农业现代化程度较低；第二产业占主导地位，但总体规模偏小，经济总量不高；第三产业虽然占有一定比例，但现代服务业尚欠发达。“大城市、大农村并存”的城乡二元结构特别突出。“一圈”和“两翼”之间的发展很不平衡。2008年，重庆市城镇化率为50.0%，按常住人口2 828万人计算，有1 414万人生活在农村；网与全市二元结构特征一致，城乡电网差异大，人均装机为全国的1/2，人均用电量为全国的3/5，25家县级供电公司的售电量仅占公司系统售电量的24.6%，“两翼”地区单变压器变电站占83.3%。

从人文环境来看，重庆文化具有包容性较强、豪爽、吃苦耐劳等优点，但由于独特的地理环境，也造就了独特的移民文化、山地文化、码头文化，这些文化的双重性特征尤为突出，其消极方面集中表现为文化的底气不足，内涵不深，难以形成厚重的文化氛围，封闭性和保守性在一定程度上制约着重庆的发展。

发展是当代世界的一大主题，发展是经济、政治、文化、社会结构连接统一的复杂过程，人类对其认识经历了从经济增长、经济发展和社会发展这三个阶段。人是社会的主体和历史的创造者，社会发展就是人的发展，人的发展是社会发展的普遍内容，也是社会发展的本质、最高目标和最终目标。经济增长与社会发展都是人自我创造的表现形式。实现人的发展，经济是基础，其他问题只有在经济的基础上才能办好，既关乎国家兴衰，又关乎人民福祉。

当前制约重庆经济大发展的原因，可归纳为三个方面：一是地理环境的束缚。马克思说：“劳动生产率是同自然条件相联系的。”环境作为经济发展的大背景，决定着人们具体的行为方式，影响生产力的布局结构，影响新技术的发明运用，从而对劳动生产率产生根本影响。重庆特殊的地理环境造成“两翼”地区以及三峡库区山高坡陡、自然条件差，灾害频繁，信息闭塞，对外交流困难，制约了重庆的发展。二是城乡二元结构的影响。重庆经济社会发展中的诸多问题，最终都可以溯源到二元结构突出这一主要矛盾，其最直接的影响就是造成受教育机会、就业机会的不平等，就业机会的不平等又最终导致收入的不平等，如此恶性循环，使得城乡二元结构矛盾更加突出。三是传统文化的羁绊。长期形成的文化观念有自己独特的生长发育条件，当这些条件和发展相适应时，会促进经济发展，反之，会束缚人们思想、限制人们活动，进而致使科学技术落后，会阻碍经济发展。

以上既定的基础和条件，我们在发展经济过程中无法回避，必须坚持在发展的前提下，以特定历史条件和基础作论据，把社会发展的过程作为改变原有基础和条件的过程，即改变人们的观念，创造有利于发展的外部环境的过程。要坚信，我们有信心也有能力改变自己既有的基础和条件，创造出能够成为促进经济增长的因素，所谓发展的根本问题，不是基础和条件的问题，而是我们怎样改变它们的问题，发展的希望就在于此。

纵观历史沿革，重庆人民求生存、谋发展的奋斗从未止息，伴随着抗战陪都、三线内迁、直辖等强外力推进，重庆发展进入了新的历史阶段，要实现统筹城乡发展、内陆开放高地、“五个重庆”建设目标，任重道远。市委、市政府深刻地认识到发展的症结所在，在认真贯彻落实国家对于重庆发展的的指示和部署的基础上，根据现状，采取积极措施解决发展难题。当前“314”总体部署以及国务院3号文件的外动力使重庆战略地位和区域优势凸显，“314”总体部署的贯彻使重庆成为全国破解城乡二元结构发展难题的最佳实践；市委、市政府着力“以文化精气神，练经济筋骨皮”内动力为依托，提出“五个重庆”建设，破解地理、二元、文化发展诸难题，实现了外动力与内动力的“强强结合”，反映了最广大人民的根本愿望，必将布局出独具特色的经济和文化版图；以文化精气神，练经济筋骨皮，为重庆找到了科学发展之路；重庆的六个概念，实现了东部与西部、现代与传统的产业承接和发展方式的有机对接。国务院3号文件空前促进了国内外各种资源的聚集，使3 200万民众创新精神和创造力充分迸发和涌流。人民的意志和社会发展的目标有机地结合在一起，为重庆人民和重庆社会的和谐发展找到了一条通往现代化的强盛之路。

经济发展，电力先行，光明促进文明。重庆一次能源较为缺乏，随着发展进程加快，能源供需矛盾将会愈加突出。作为事关经济命脉和能源安全的电网企业，我们要在遵循统筹协调发展普遍规律的前提下，把握重庆经济、政治和文化的特殊关系，认真落实国务院3号文件，积极推进电为基础、煤为保障的能源发展战略，建设统一坚强的智能电网，践行服务党和国家工作大局、服务发电企业、服务电力客户、服务经济社会发展的企业宗旨，最大限度的满足经济社会发展的需求，为全市经济社会持续快速发展做出应有的贡献！

供电企业输电设备状态检修管理

浙江金华电业局

浙江金华电业局是国家电网公司下属供电企业，担负着金华市9县（市、区）和杭州地区建德、淳安2县（市）的电力供应、电网规划建设及设备运行维护重任，供电面积1.8万平方公里，占到浙江省地域的1/6。至2008年末，全局共有在册职工1 779人，固定资产86.7亿元。金华电业局现有110千伏及以上变电所120座，其中500千伏变电所3座，220千伏变电所20座，110千伏变电所97座，主变总容量20 417.5万千伏安，110千伏及以上线路总长4 037.4千米。金华电网已初步建成以500千伏为依托，220千伏为主网架，110千伏和35千伏相配套，结构比较合理，技术比较先进，供电能力较强的跨省域现代化大电网。2008年，金华电网最高负荷341.1万千瓦，售电量188.1亿千瓦时，最高日供电量7 192万千瓦时。

近年来，金华电业局紧紧围绕建设“一强三优”现代供电企业的战略目标，牢牢把握“三抓一创”的工作思路，大力弘扬“努力超越，追求卓越”的企业精神，推行集约化发展、精益化管理、标准化建设、规范化运作，扎实推进“两个转变”，各项工作取得了新的成绩，安全生产基础稳固，电网结构日益坚强，营销服务成效显著，经济效益稳步提升，队伍素质不断提高，各项经济技术指标保持省内先进水平，实现了发展企业、服务社会的全面丰收。企业连续12年保持浙江省文明单位称号，还先后获得全国五一劳动奖状、全国行业诚信经营示范单位、全国优质服务月先进单位、全国实施卓越绩效模式先进企业、国家电网公司文明单位、全国五四红旗团委等荣誉，并获得浙江省首届慈善奖。2007年末进入中国电力企业50强。

一、输电设备状态检修管理的背景

中国电力工业输电设备一直沿用的定期检修（TBM，time based maintenance）管理是20世纪50年代从苏联引入的，输电设备每年一次的定期停电检修，供电可靠性、安全性，经济性等方面的问题日益凸显，不能满足现代电网资源节约型、环境友好型发展的要求。因此，定期检修模式变革势在必行。

（一）状态检修是输电设备检修模式变革的必然趋势

定期检修要求每年对输电设备进行检修，使得输电设备停电频繁，无法完成运检任务和确保运检质量，从而无法确保输电设备高可靠性运行。而状态检修（CBM，condition based maintenance），是根据设备运行状态，采用危险点预控、设备状态评价、带电作业等管理和技术手段，使得输电设备停电次数、时间和人员配置大幅降低，提高了检修的针对性、有效性和检修效率，确保输电设备安全、可靠、经济运行。因此，状态检修是输电设备检修模式变革的必然趋势。

（二）状态检修是电力行业和地方经济发展的必然要求

状态检修突破了周期停电检修模式，根据设备状态评价结果，对大部分健康、完好的输电设备由每年一次延长为每3~5年甚至更长时间停电检修一次，而对少量或临时的缺陷采用带电检修方式。以2008年底金华电网输电线路217条，每条输电线路每年检修一次停电2天，输电线路平均额定输送容量180兆千瓦估算，电网每年因停电检修造成少送电量约14亿千瓦时（按原电力工业部带电作业多供电量统计方法计算）。因此，状态检修能更好地适应电力工业资源节约型发展要求。

（三）输电设备检修模式变革的风险高和难度大

状态检修在电网企业一直没有采纳或应用，其原因关键在于，电力系统属公用事业，安全、稳定是企业第一责任，而电网又是一个由数量庞大的各类设备联网组成的超大系统，安全控制对象的规模远大于其他行业；电网设备的安全不仅影响本身，而且直接影响包括军事、医疗、化工和交通等国民经济体系内所有行业的用电安全和社会稳定，安全事故的社会放大效应高于很多其他行业；电力设备的型号、所处环境、健康状况、运行年限各异，设备运行维护管理和安全控制难度高于很多其他行业；状态检修没有现行的管理标准、技术标准、相关的规章制度和经验可借鉴。因此，输电设备检修模式变革的风险高、难度大。

二、输电设备状态检修管理的内涵和主要做法

金华电业局立足国情和电网公用事业企业特点，以提高输电设备安全性、供电可靠性和经济性为目标，强化输

电设备设计、施工和验收环节等前期预控，开展输电设备危险点的动态监控，建立输电设备状态评价机制，创新带电作业新项目、新领域、新技术的研究和应用，实施输电设备检修管理的流程再造，创建输电设备状态检修管理的组织保证体系、技术保障体系和执行体系，打造标准化、信息化管理平台，建设人力资源管理工程，培育金华电力特色文化，最终实现按设备状态对输电设备进行巡视、检测、维护和检修管理。主要做法包括：

（一）科学制定状态检修指导思想和实施原则

在近20年的状态检修探索实践中，金华电业局确定了“试点探索、总结推广、全面铺开”的指导思想，制定“技术与管理创新并行”、“整体布局、试点先行”、“科学评价、突出预控”、“带电先行、高效实施”的项目实施原则，狠抓基础管理工作，创建和规范了状态检修设备管理的各项流程，全面提高设备检修工作的针对性和有效性，推进状态检修工作规范、有序开展。

（二）创建输电设备状态检修管理模式

金华电业局通过对各项生产管理工作进行流程再造和优化整合，建立了有金华特色的输电设备状态检修（CBMPE, Condition based maintenance of power - transmission equipment）3+2+1管理模式，即输电设备状态检修的组织保证体系、技术保障体系、执行体系，标准化管理平台、信息化管理平台和以持续创新为导向的人力资源管理工程。如图1所示：

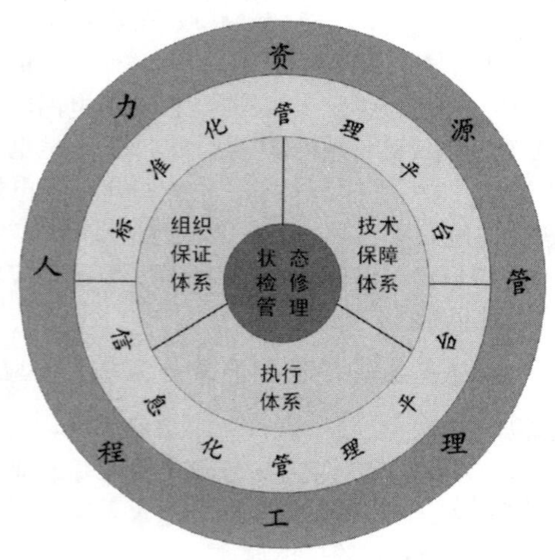

图1　输电设备状态检修（3+2+1）管理模式

（三）建立责任先行的组织保证体系

金华电业局在具体实施过程中，在组织上构建了面向检修的高效架构，于1998年成立状态检修工作领导小组，实施状态检修行政一把手工程，进一步明确各级组织体系的安全责任。2005年，为保证状态检修流程和安全作业实施需要，对组织机构落实责任进行细化，构建了决策层、管理层、执行层三级组织机构，详细地规定了每一层、每一组的工作职责、负责范围和考核要求，为状态检修提供强有力的组织保证。如图2所示：

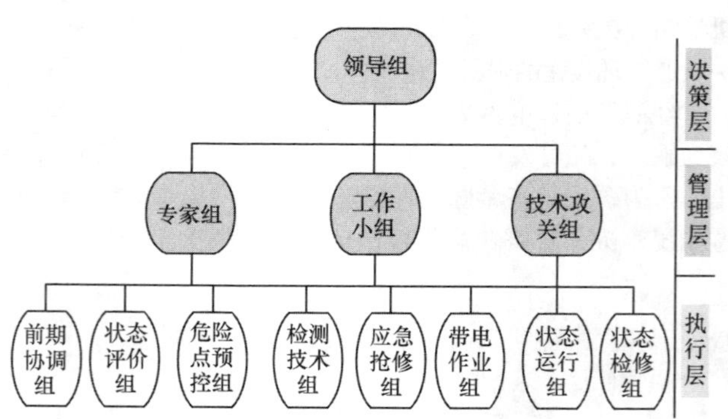

图2　输电设备状态检修组织结构

（四）健全科技领先的技术保证体系

金华电业局针对输电设备受户外环境影响大、设备分散、缺陷种类多、检修关键技术要求高等困难，加大科技投入力度，制定技术攻关奖励办法，先后成立了输电设备状态检修技术攻关组、带电技术攻关中心、以饱和盐密指导绝缘子清扫检测中心和防鸟害科技攻关组等，连续突破了带电作业、状态检测、设备状态评价、危险点预控等多项关键技术，为开展输电设备状态检修管理提供有力的技术支撑。

1. 创新超高压带电作业等技术，为状态检修提供核心技术支撑

2005年，金华电业局成立“500千伏同塔双回带电作业的研究和应用”科技攻关组，与武汉高压研究院合作，在国内首次进行500千伏同塔双回输电设备带电检修实践，填补了国家电网公司这一技术空白。同时，金华电业局又先后攻克了220千伏同塔四回输电设备、500千伏输电设备紧凑型杆塔带电作业技术，形成了从35～500千伏各个电压等级、各类塔型的带电作业技术体系，并于2009年被浙江省电力公司命名为浙江省带电作业中心。带电作业技术的全面发展，为开展状态检修提供了强有力的支撑。

2. 提升状态检测技术的应用实效，为状态检修提供基础类技术保证

绝缘子盐密测试、导线电气连接部位红外测温、复合绝缘子芯棒脆断检测被称为目前输电设备开展状态检修的三大基础技术。1994年以来，金华电业局先后开展了“以绝缘子饱和盐密值指导输电设备清扫”、“以红外测温指导输电设备电气连接部位检修”、“以玻璃与复合绝缘子组合串防止导线掉串”等课题的技术攻关。通过技术攻关，在节省输电设备巡视检测和停电检修时间，提高输电设备检修维护质量和供电可靠性方面取得明显的实施效果。

3. 实施设备状态量化评价管理，为状态检修提供科学技术支撑

2004年，金华电业局开展输电设备缺陷标准化管理，建立输电设备标准缺陷库，为缺陷的量化管理奠定基础。截至到2008年底，金华电业局共计评价输电设备769条次，形成评价报告569份，为全面、动态掌握输电设备的状态提供了科学保障。

4. 推广资源节约型、环境友好型技术，为状态检修提供经济性技术支撑

金华电业局积极推广输电设备“资源节约型、环境友好型”的新技术应用，推进节能、节材、节地工作。提出并实现了220千伏四回并架钢管杆输电线路综合技术的研究应用，该工程显著地提高了土地利用率；在技改设计方面，广泛应用全方位塔基础技术，减少了植被的破坏，有效地控制了水土流失；采用饱和盐密指导绝缘子清扫技术，大幅度降低了外力破坏危险区设备受损风险度。

（五）构建科学有效的执行体系

金华电业局紧紧围绕提高输电设备安全性、可靠性、经济性这一发展目标，从全面优化输电设备运行、设备检修、事故抢修三大核心业务流程入手，突出输电设备的前期管理和危险点预控，构架全过程的执行体系。

1. 引入全过程管理理念，突出输电设备前期管理

为进一步推进输电设备的状态检修，夯实基础管理工作，金华电业局引入全过程管理理念，将传统的输电设备管理范围从单纯的运行、检修、抢修扩大到从设计、基建开始直至设备退役的全过程管理，并特别突出输电设备前期管理，以确保新投运设备安全、健康、可靠。如图3所示：

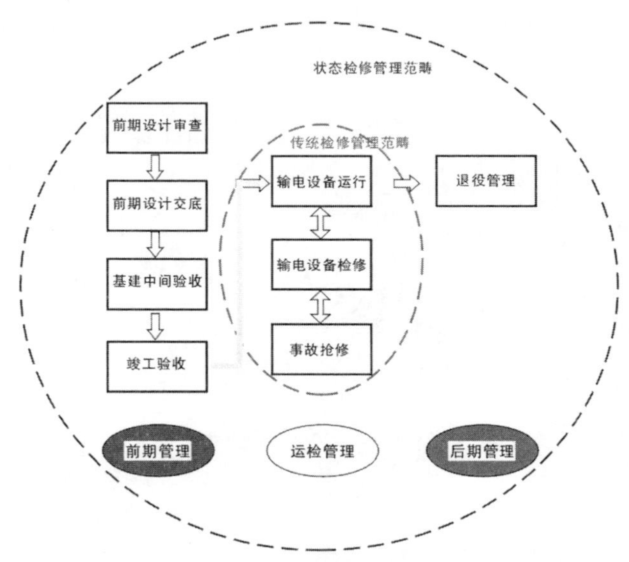

图3 状态检修全过程管理流程

2. 创建以设备危险点预控为主体的输电设备状态巡视流程

金华电业局在充分调研、广泛讨论的基础上，建立以设备危险点预控为主体的状态巡视流程，根据设备危险点预控措施，确定该设备的巡视检查要求（如图4所示），从而使多数通道环境良好、状态正常的设备突破了一月一巡的传统定期巡视的规定，按设备状态、运行环境的具体状况，其巡视时间为数月至半年一次。

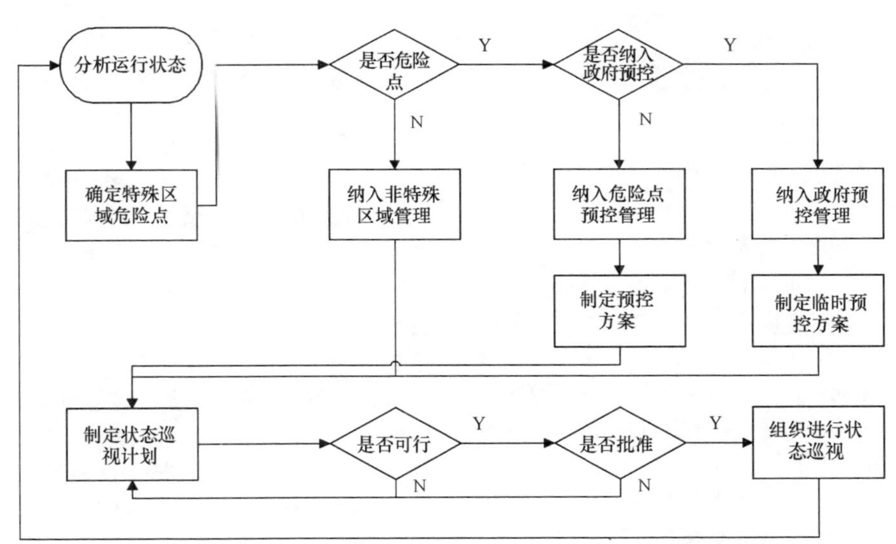

图4 输电设备状态巡视流程

3. 全面实施输电设备危险点预控管理

金华电业局在科学评价的基础上，按照输电设备所处地理环境，将输电设备划分为毛竹（树木）生长区、易受外力破坏区、鸟害区、雷害高发区、重污秽区、洪水冲刷区等特殊区域，根据季节性、区域性特点，制定各危险点相应有效的预防控制措施，将其纳入各自的危险点数据库，进行滚动管理。如图5所示：

4. 创建以输电设备状态评价为核心的状态检修管理流程

金华电业局进一步优化检修管理的组织体系，重新整合输电设备状态检修流程，先后成立了设备状态评价工作组和状态检修专家组，将状态评价纳入到状态检修管理范畴，建立以输电设备状态评价为核心、检修决策和现场实施有机结合的新型输电设备状态检修体系，并进一步优化形成状态检修管理流程。如图6所示：

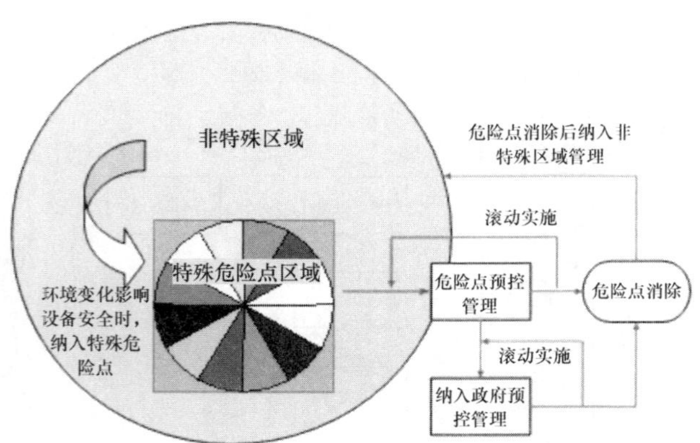

图5　输电设备危险点滚动管理

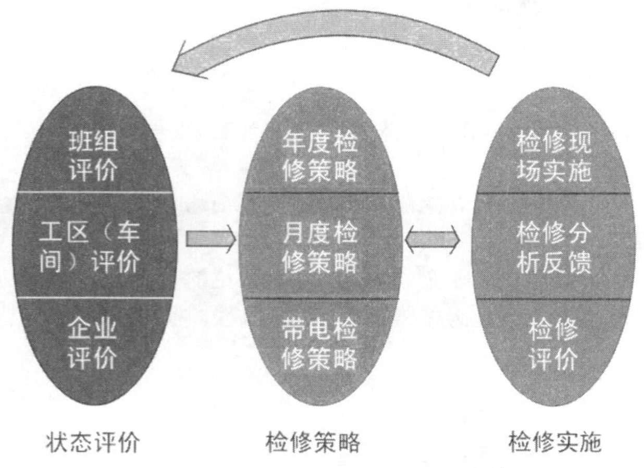

图6　输电设备状态检修流程

（六）结合“三标一体化”认证建设标准化管理平台

2001年，金华电业局结合标准化战略目标，实施输电设备检修管理质量、环境与职业健康安全“三标一体化”认证，先后编制了《输电设备检修管理控制手册》、《输电设备应急管理控制文件》等关键文件。2004年金华电业局被列入全国第一批“标准化良好行为企业”试点，2005年3月通过国家标委试点确认，成为全国供电系统第一家AAAA级“标准化良好行为企业”。

2005年，金华电业局开始统筹各项标准的建设，逐步建立和完善了74项输电设备现场作业标准、21项输电设备技术标准、32项输电设备管理工作标准。金华电业局至今乃是国内第一家采用状态检修理念，起草颁布状态检修技术规程，并全面按状态量控制并进行输电设备状态检修管理的供电企业。同时，金华电业局先后参与《劣化盘形悬式绝缘子检测规程》、《500千伏交流同塔双回线路带电作业技术导则》等8项电力行业、国家电网公司标准的编写。

（七）打造状态检修信息化管理平台

1. 开发输电GIS和MIS系统，建立输电设备管理综合平台

1997年，金华电业局在原有手工录入、书面存档的技术资料管理基础上，逐步发展了单机版输电MIS管理系统。2005年初，金华电业局输电GIS、MIS集成系统投入运行，使输电设备技术资料管理如危险点预控、状态巡视、检测、状态评价、状态检修的管理流程进一步优化，各级管理人员的职责权限进一步明确，有效解决了以往技术数据凌乱、对比控制困难和流程执行过程中的随意性和被动性，规范了工作流程，实现了输电设备的全面信息化管理。

2. 整合输电GIS、PSMS、SAP系统，建立输电设备管理智能化管理平台

2006年开始，浙江省电力公司开始逐步推广应用SAP和PSMS集成系统，金华电业局以此为契机，结合输电GIS二期的开发实施，进一步明确各子系统、功能、模块的边界，制定统一的功能、模块、数据的接口规范，实现了与雷电定位等系统有效连接，实现各系统管理平台的有效整合。通过整合，实现了输电GIS、MIS、SAP、PSMS的集成应用，实现了平台工作流、信息流、物资流的高度统一。

3. 实施设备状态数据的信息化管理，为状态巡视和检修提供科学服务

自1997年起，金华电业局为每位运行检修人员配备数码相机，对输电设备的基础、杆塔、通道和交跨情况进行拍照并存档。截至到2008年底共有45 000多张杆塔、通道及沿线违章物的基础资料照片，12 000多张扫描数据纳入到GIS、PSMS系统中进行动态管理，从而实现了图纸资料的无纸化查阅，使输电设备发生故障时能快速查看、准确响应抢修提供了必备的条件。

（八）建设有金华电力特色的人力资源管理工程

金华电业局在“诚信、责任、创新、奉献”核心价值观基础上，全面实施人力资源创新工程，倾力打造金华电力特色文化。

1. 加强员工培训，建立层层递进的人才梯队

为加强人才队伍建设，金华电业局建立了班组、工区、局三级人才队伍培养制度。班组通过师带徒言传身教、专项技术讨论等方式培养一线操作技能人才；工区通过组织青工技术比武、专题技术培训、科技攻关竞赛等方式培养专业技术人才；局通过与浙江大学、国网武汉高压研究院合作，开办了电气工程研究生等培训班，培养核心技术人才和提高职工的文化水平。目前检修队伍中大中专文化水平占80.0%，技师、高级技师87人，占到了全体员工的66.0%，做到了“才有所学、才有所用、用有所长”。

2. 修订规章制度，建立以人为本的约束机制

金华电业局通过修订《运行主人制管理办法》、《现场检修规程》等规章制度，签订《安全生产责任制》等，使局、工区、班组三个层次的工作人员各司其职，承担不同的安全、质量、技术责任，使每个部门、每个班组、每个作业人员都有明确的工作目标和考核标准，从而确保“每人有事做、每事有人管”。

3. 加强技术比武活动，建立以才为先的激励机制

为提高员工的持续创新能力，金华电业局制定了《科技项目奖励管理办法》、《QC项目管理办法》、《管理创新成果管理办法》等制度，对取得切实安全、经济效益的成果予以重奖；同时通过合理开展专项劳动竞赛、技术比武、先进工作者评比、优秀运行主人评选等活动，在最大程度上激发广大员工创造热情和动力，不断推进创新活动持续深入发展。

三、输电设备状态检修管理的成效

（一）CBMPE 管理显著提高了电网安全可靠运行水平

通过输电设备状态检修 3+2+1 管理，确保了输电设备在设备不停电情况下及时消除设备隐患和缺陷，促使输电设备具备了“边工作边疗伤”的能力，避免了家族性缺陷（设备制造时由于设计、工艺或材料等原因引起的缺陷）及重复故障的发生，提高了检修的针对性和有效性，有效地降低了输电设备的陪试、陪停率。

实施输电设备状态检修工作后，金华电网 110kV 以上输电设备年度停电检修工作量同比降低了 75.0%～80.0%，变电运行操作工作量减少了 75.0%～80.0%，同时显著地降低了误操作的安全风险，使输电设备安全性、可靠性（可用率）得到进一步的提高，全面提升了电网安全运行水平。

（二）CBMPE 管理带来了显著经济效益和社会效益

金华电业局实施输电设备状态检修工作后，因改变检修模式、提高工作效率，少增加输电设备运行检修人员 150 名，若按每人每年 20 万元的人工、工器具配备和巡检交通费等综合成本估算，每年为企业减轻生产成本约 3 000 万元；因采用输电线路多回共杆，V 串悬挂优化线路走廊等技术，从 1998—2008 年的 10 年间共计节约土地 0.5 万亩，同时提高运行巡视的效率。

通过对 110～500 千伏输电设备全面开展状态检修，10 年来共计减少输电设备停电 2 549 次，相当于多供电量 815 339万千瓦时。避免了停电对企业生产、百姓生活用电造成的影响，按原电力工业部多供电量统计口径计算，企业 10 年来累计增加效益 11.1 亿元，按照每度电创造产值 8 元计算，可为地方政府创造国民产值 332 亿元［（11.1338 －1.92）÷1.13×5.1×8＝332.68］。

（三）CBMPE 管理全面促进了企业的技术进步和人才培育

实施输电设备状态检修管理，通过自主及合作研发，金华电业局先后完成输电设备科技项目 20 多项，2 项获得国家级创新成果奖，8 项获得省部级科技进步奖，1 项成为国家“实用新型专利”。500 千伏带电作业、线路综合防鸟害、多回共杆技术等在国内领先。《输变电设备状态检修技术研究及实施》项目获国家电网公司科技进步二等奖，《500 千伏线路双回路塔带电作业的实践研究应用》、《提高输电线路导线输送容量》获浙江省科技成果二等奖。

实施输电设备状态检修管理，金华电业局输电设备运行及管理人员素质得到普遍提升，各类优秀人才脱颖而出，先后培育出技师（高级）加工程师（高级）等双师型师徒 10 对、各级技术比武冠军师徒 8 对；输电设备方面国网公司技术能手 3 名，华东电网公司技术能手 4 名，浙江省电力公司技术能手 3 名，金华市级及以上技术革新能手（标兵）10 名。状态检修管理为企业打下扎实的人才基础和技术基础，促进了企业的全面进步。

（四）CBMPE 管理促进国内输电设备检修管理水平的提高

金华电业局参与起草、修订国家电力行业标准、国家电网公司标准 8 项及浙江省电力公司标准 16 项，共建立和完善了输电设备作业、技术、工作标准 127 项，输电设备状态检修管理的成功实施和各类管理、技术经验，直接促进了浙江省电力公司输电设备状态检修的推广。通过状态检修管理，优化了状态检修作业方法，攻克了同杆多回线路、500 千伏线路中相导线带电作业难题，共计改进工艺数十种，创新工法 2 种。

10 余年来，共有浙江省 10 个地（市）供电局同行 200 多人次，南方电网电试院和超高压公司、山东、辽宁、江苏、湖南、河南、云南、海南和新疆等 25 个省（市）240 余人次来金华电业局考察学习交流。金华电业局专业技术人员多次应邀在全国输电设备专业大会、20 多个省（市）、县的输电设备工作会议上介绍输电设备状态检修技术和金华电网输电设备状态检修 3+2+1 管理，多次到浙江大学、华北电力大学、浙江电力职业技术学院讲解输电设备状态检修理论知识和实用技术，编写的国家电网公司输电设备状态运行、检修培训教材，对全国各行业的输电设备状态检修工作蓬勃开展起到了促进和提升作用。

金华电业局通过率先推广实施的输电设备状态检修“3+2+1”管理，创立了一套适合金华电业局实际、充分发挥作用的状态检修方法，大大提高了输电设备的安全运行能力，取得了显著的经济效益和社会效益。实践证明，输电设备状态检修“3+2+1”管理，填补了国内以状态评价、危险点预控、带电作业为核心的输电设备状态检修管理空白，是输电设备检修模式的一次重大变革，值得在全国范围内全面推广。

以业务能力提升和专家型人才培养为重点的电力企业员工培训管理

宁夏电力公司

当今时代，知识已成为和人力、资金、能源等同等重要的资源，并作为有效推动企业经营、管理创新和持续发展的第一生产要素，因此，企业之间的竞争归根结底将成为人才的竞争。从这个意义上来讲，企业培训工作显得尤为重要。开展好企业培训，可以促进员工综合素质和专业技能的提高，有助于提高企业的核心竞争力，促进企业发展和员工成长的“双赢”，推动企业的健康成长。

近年来，宁夏电力公司为迎接超高压、大机组、大电网以及大规模电力外送的新形势，摆脱人才资源结构不平衡，尖端管理、技术和技能人才匮乏的局面，公司立足现有人力资源队伍，全力探索适应本公司实际的教育培训管理体系，在实践中探索并建立了一套行之有效的以业务能力提升和专家型人才培养为重点的员工培训管理体系—π型员工培训体系，对提高全员素质，加快“四支人才队伍”建设发挥了重大作用。

该体系的构架特征是：多点支持，两路推进。总体构架为一个倒写的“π”型，由1张总图、13张分图组成，简称π型员工培训体系，见总图所示。分为全员业务能力提升培训、高层次专家型人才培养和培训支持系统三部分，每部分均有具体的工作模式（机制）及操作思路。整个体系具有开放性，可以在工作中不断完善丰富。

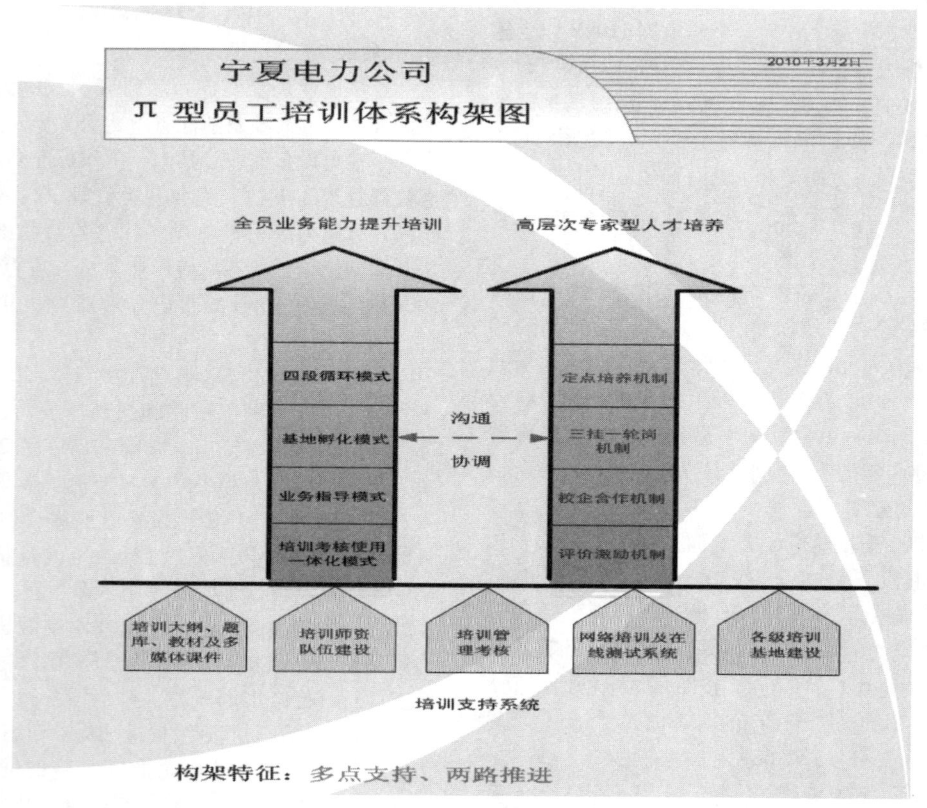

π型员工培训体系总图

现将以业务能力提升和专家型人才培养为重点的员工培训管理体系——π型员工培训体系各部分内容分述如下：

一、以模式创新推进全员业务能力提升培训

1. 以四段循环模式促进培训常态化

根据电网企业生产特点，将每年按季节分为四个时段，开展不同侧重的全员培训工作，分别为：冬季岗位培训、春季在岗训练、夏季岗位练兵、秋季分级调考，简称“冬培春训，夏练秋考”，见图1。每一阶段培训成果直接应用在下一阶段工作中，每一阶段工作中发现的问题和不足在下一阶段培训中进行补充强化。这样，就形成了一个不断循环、不断提升的闭环，较好地解决了学用分离和工学矛盾。

2. 以基地孵化模式促进业务能力提高

充分发挥各级培训基地的孵化作用。一是对新员工进行岗前培训，使其了解企业的基本情况、管理制度、工作流程，使其尽快从学校人尽快转变成企业人，初步达到生产一线岗位基本能力要求。二是开展岗位轮训，根据岗位专业知识、技术技能的需要，分层次、分类别采取岗位知识轮训。三是充分发挥公司党校作用，对后备干部、中青年干部、中高层经营管理人员进行培训，提升政治素养、理论基础和领导管理能力。四是利用培训基地资源优势，开展应用技术、新技术、新成果研发，创造优秀成果。见图2。

3. 以业务指导模式促进实操技能提高

发挥师傅带徒弟这一传统模式（见图3）所具有的贴近工作实际、见效快、费用低的优势，对新进人员、转岗人员、工作经验不足及达不到岗位要求的人员，通过业务指导这一传统模式，明确培训指导人（即师傅）和培训内容及要求，签订指导协议，使其在规定时间内提高实际操作能力，达到岗位规范要求。

4. 以培训考核使用一体化模式促进学习积极性

建立培训考核使用一体化模式，见图4，使培训、考

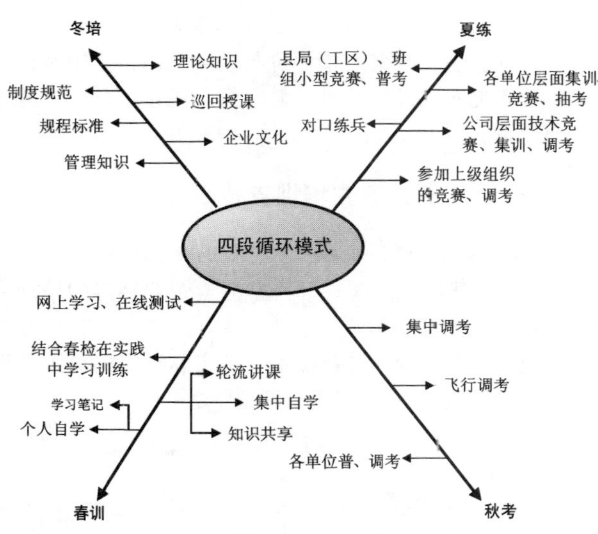

图1　四段循环模式

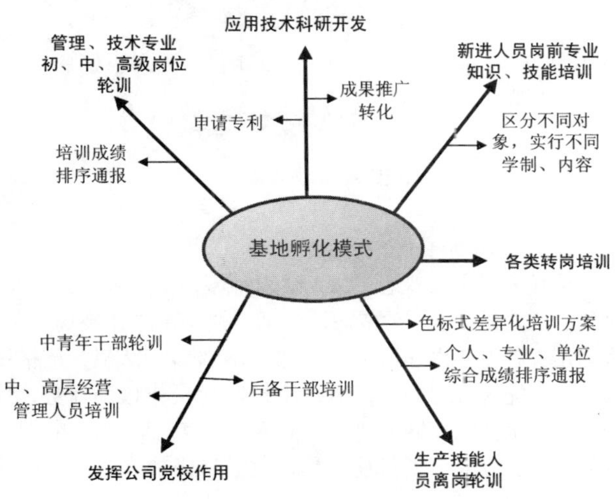

图2　基地孵化模式

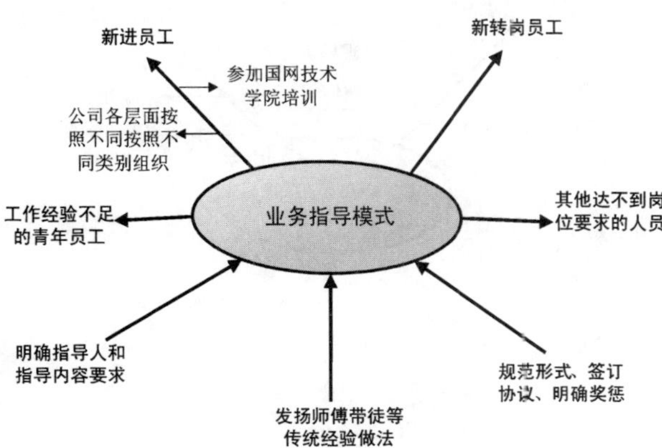

图3　业务指导模式

核、使用、待遇必须配套。在明确岗位要求的基础上，通过各种培训和考核，对满足岗位要求的人员给予相应的待遇，对达不到岗位要求的人员进行离岗培训，逐步建立转岗、淘汰、退出机制。

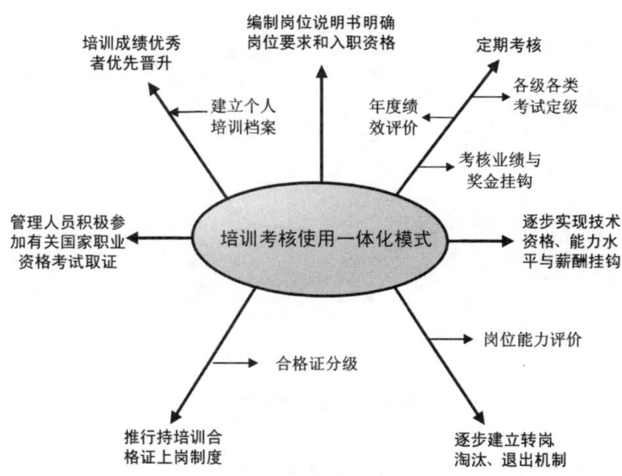

图4　培训考核使用一体化模式

二、以机制创新推进高层次专家型人才培养

1. 以定点培养机制提高培训针对性

选拔学历高、基础好、肯钻研、求上进的中青年管理、技术人员作为培养对象，建立定点培养机制，通过承担科研（管理、技术）项目、专家针对性辅导、论文撰写等方式，加快培养进程，建立了一支较高水平的专家队伍。

同时可以通过科技项目研发、组织专业技术论文征集评比、现场技术难题集中培训研讨等活动，促进专业技术人员技术创新能力提高，夯实技术人员的理论基础，激发他们自主钻研业务的潜力和积极性，结构见图5。

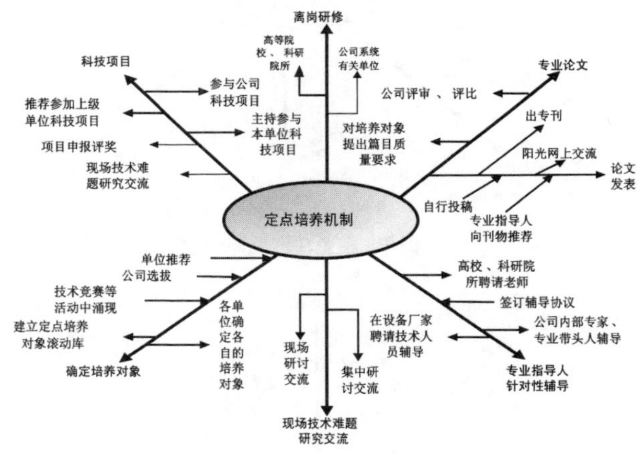

图5　定点培养机制

2. 以三挂一轮岗机制培养复合型人才

通过挂职锻炼、岗位轮换等多领域、大跨度培养方式，使培养对象开阔眼界，拓宽知识面，增强实践能力，丰富工作方法，成为高层次复合型人才。选拔青年技术、管理骨干去国家电网公司总部、先进省区电力公司挂职锻炼；选拔基层干部到公司本部生产、经营等核心部门实践锻炼；选派公司本部人员到基层单位、所属各单位人员到县局（工区）挂职；后备干部在相关管理、技术领域不同专业方向的岗位定期轮岗锻炼等等。见图6。

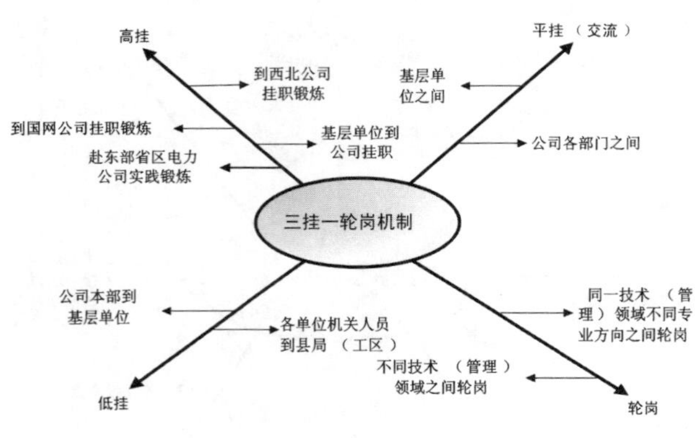

图6 三挂一轮岗机制

3. 以校企合作机制拓宽员工培养渠道

企业和知名院校（科研院所）建立长期合作机制，见图7，利用高校（科研院所）人才与资源优势，带动公司科研水平提升，促进人才队伍建设。一是选派高级经营、管理和技术人员进行短期培训、学历学位教育或参与科技项目等；二是依托高校优势资源，建立客座教授、专业指导人队伍，邀请高水平专家学者到公司讲学、合作开展项目，为公司高层次人才成长搭建平台；三是建立硕士研究生工作站、博士后科研工作站，联合培养高学历技术人员。

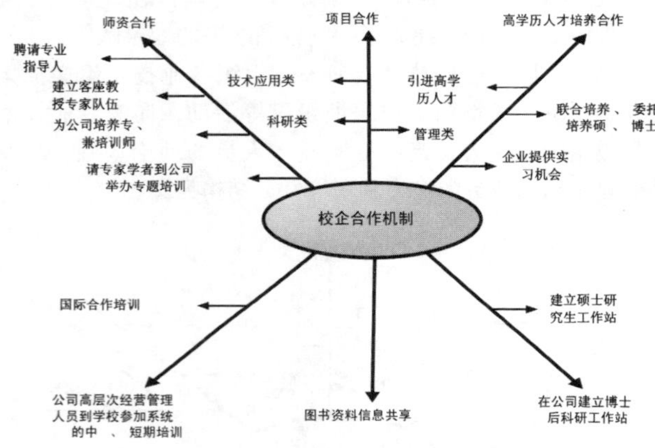

图7 校企合作机制

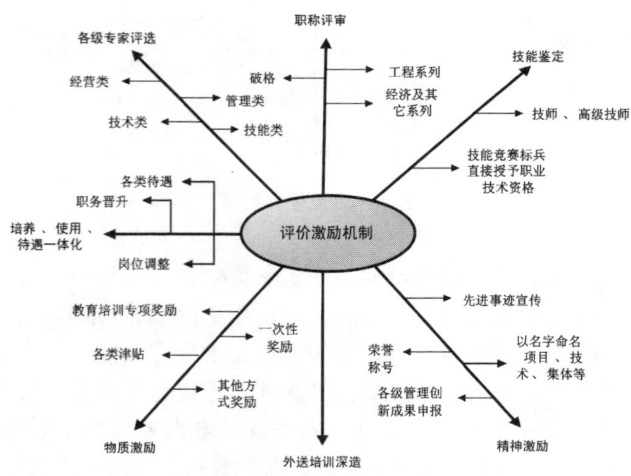

图8 评价激励机制

4. 以评价激励机制促进员工学习积极性

不断完善内部的人才评价与激励机制，见图8，规范、细化评价标准。通过职称评审、技能等级鉴定、专家选聘等多种形式，建立健全人才评价与激励机制，运用多种方式对各级各类专家进行奖励，鼓励员工岗位成才，促进人才队伍建设。

三、建立培训支持系统

1. 编制培训大纲、题库、教材及多媒体课件

企业要积极组织力量，开发适应本企业特点的培训大纲、课件及试题库，形成本企业内部具有自主知识产权、适合本企业内部管理、符合现场生产实际特点的员工培训资源库，见图9，以提升员工培训工作水平。

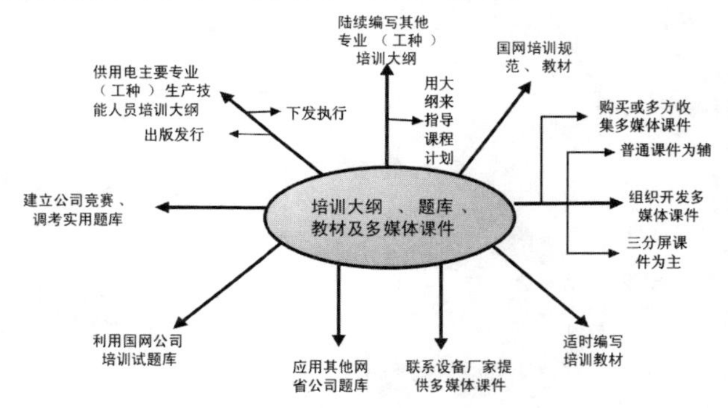

图9 培训资源库

2. 加强培训师资队伍建设

依托公司实训基地，加大“双师型”（讲师＋工程师）师资队伍建设力度，使专职培训师尽快熟悉生产现场实际。大力培养各专业内部培训师（兼职培训师）队伍，严格资质认证，完善管理办法，通过承担实际操作培训任务，使他们的技术技能能够得到有效传承和共享。同时，与高校、科研机构、专业培训机构合作，建立稳固的客座培训师队伍。见图10。

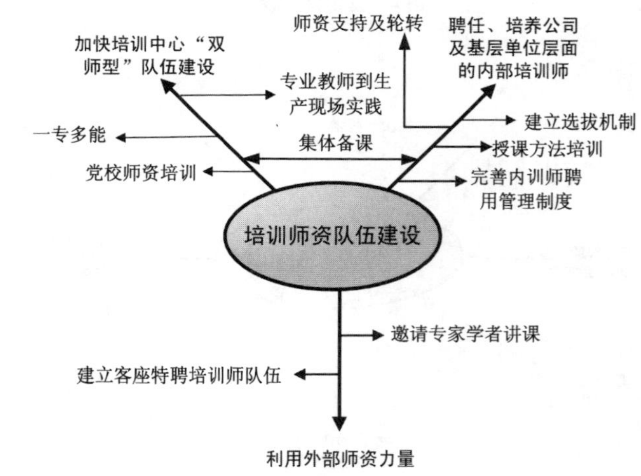

图10 师资队伍建设

3. 加强培训管理考核

全面推行“三化一效”员工教育培训工作机制，即培训差异化、学习个性化、管理精细化、工作求实效。要求在培训差异化方面做到培训师资教材差异化、培训重点差异化、培训方式差异化；在学习个性化方面做到学习内容个性化、学习时间个性化、学习方式个性化；在管理精细化方面做到计划管理精细化、组织实施精细化、效果评估精细化；在工作求实效方面做到促进生产经营求实效、促进技术创新求实效、促进队伍建设求实效。见图11。

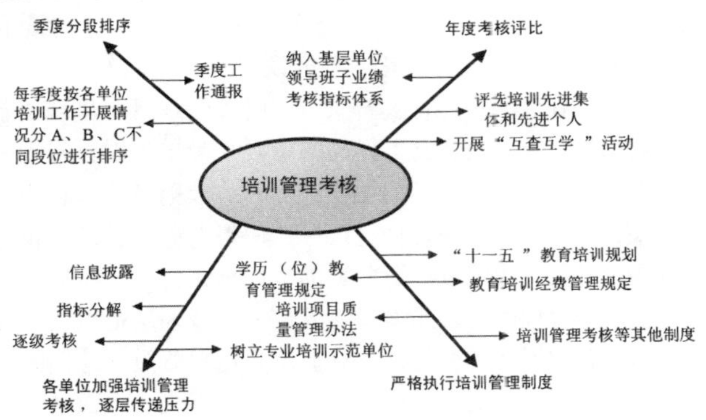

图11 培训管理考核

4. 建立网络培训及在线测试系统

充分利用现代网络技术，建立企业培训网站和远程培训系统，开发在线测试系统，不断建立和完善适合电网企业的远程考试题库，使培训网站和远程培训系统成为员工岗位培训的重要平台。见图12。

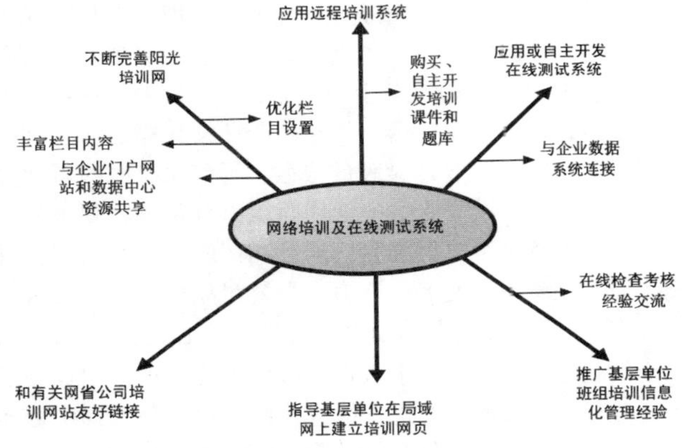

图12 网络培训及在线测试系统

5. 建立各级培训基地，优化资源

优化整合现有教育培训资源，在各级教育培训中心建立技术技能实训基地，同时，和其他网省公司培训中心结成对子，开展广泛的合作交流。见图13。

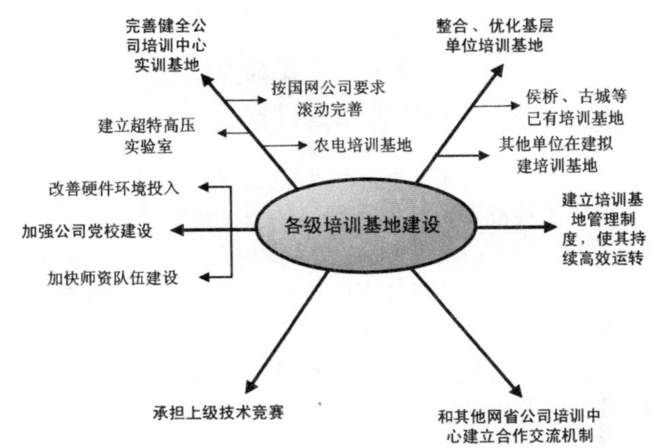

图13 各级培训基地建设

四、结论

宁夏电力公司依据系统论原理，对电力企业员工教育培训工作进行了归纳分析，建立以业务能力提升和专家型人才培养为重点的培训管理，丰富培训要素并使之综合协调，产生合力，使员工教育培训以能力建设为核心，由理论灌输向能力培养转型。

以业务能力和专家型人才培养为重点的员工培训管理体系——π型员工培训体系，是理论与实践相结合的有机整体，五大支持系统的建设是基础，四种模式是提升全员业务能力的基本方法，四个机制是培养高层次人才队伍的有效手段，多种方法和手段相互融合、相互借鉴、相互促进，在实践中共同为公司人才队伍建设发挥了重要作用。

大型跨国上市公司独立编制财务报告体系建设

中国石油天然气股份有限公司

中国石油天然气股份有限公司（简称“中国石油”）于1999年11月5日由中国石油天然气集团公司作为独家发起人注册成立，并分别于2000年4月6日、2000年4月7日及2007年11月5日在纽约证券交易所、香港联交所及上海证券交易所挂牌上市。作为上下游一体化的综合性石油公司，中国石油是中国油气行业最大的油气生产商和销售商，也是全球最大的一体化油气公司之一。目前经营分为勘探与生产、炼油与化工、销售、天然气与管道四大业务板块，生产运营遍布全国各地及海外十几个国家和地区，直接合并报表单位100多家。

到2008年底，中国石油拥有的原油和天然气探明储量分别为112.2亿桶和612 000亿立方英尺，探明油气储量约占国内三大石油公司合计的70.0%。2008年，中国石油生产原油1.2亿吨，占国内原油产量的60.0%以上；生产天然气638亿方，占国内天然气产量的70.0%以上；油气骨干管网3.8万公里，占国内管线总长度75.0%以上；生产和销售成品油7 800多万吨，占国内总销量的40.0%以上。按照国际财务报告准则口径，2008年实现收入10 711亿元，归属于母公司净利润1 144亿元，年末资产总额达11 941亿元。

近年来，中国石油多次被《商业周刊》、《亚洲货币》、《亚洲金融》等国际权威机构评为全球最有价值公司、最佳管理公司、股息分配最佳承诺公司和最佳投资者关系公司。根据最新排名，中国石油位列《财富》全球500强第13名，《福布斯》全球2000强第14名，美国《石油情报周刊》第5名。

一、大型跨国上市公司独立编制财务报告体系建设背景

财务报告是资本市场了解上市公司的最重要窗口，也是投资者进行投资决策的最重要依据，特别是随着经济全球化，财务报告信息已经成为资本在资本市场流动的风向标。同时，高质量的财务报告有助于上市公司规避披露风险，树立良好形象，提升品牌价值。近年来，国际大型上市公司都非常注重向资本市场提供高质量的财务报告，并致力于独立开展财务报告编制工作。

然而，实现独立编制财务报告并非易事，这是因为编制财务报告需要准确把握和及时跟进国内外繁杂的会计准则和监管机构的详细规定，需要协同不同会计准则和监管制度之间的差异，需要对所在行业具备很高的职业判断水平和丰富的会计处理经验，需要收集审核大量的基础数据。基于上述原因，国内大型跨国上市公司尚未能全面实现独立编制财务报告。

对于中国石油，这一难度更大。一是中国石油是上中下游一体化经营的综合性国际能源公司，业务涵盖油气勘探开发、炼油化工、管道运输、油气产品销售、国际贸易等多个环节，业务处理非常复杂；二是中国石油经营范围广泛，生产运营遍布全国各地及海外十几个国家和地区，直接合并报表单位达100多家，间接合并报表单位达500多家，有8 000多个责任中心，会计信息集成难度非常大；三是中国石油在上海、香港和纽约三地上市，需要遵守中国企业会计准则、国际财务报告准则、美国公认会计准则以及3个上市地的资本市场监管规则，这些都增加了中国石油独立编制财务报告工作的难度。

中国石油2000年上市时，财务报表体系主要用于满足内部管理需要，财务报告编制主要依赖于外部审计师，公司财务报告编制工作参与程度仅为20.0%左右，只能对少量财务报告基础信息进行收集、审核和简单汇总。2005年中国石油成功推行地区公司级会计一级集中核算，实现了内部管理信息集成共享，同时也考虑了会计准则和对外信息披露的需要，丰富了原有报表体系，使财务报告独立编制程度有所提高。但随着国际会计准则披露要求发生较大变化，中国石油财务报告内容成倍增加，因此2005年中国石油财务报告独立编制程度仅达到40.0%左右，距全面实现独立编制财务报告还有一定差距。

面对巨大困难和挑战，中国石油管理层基于国际大型石油公司财务管理发展趋势、提升管理水平、推进国际化发展等多方面的考虑，做出了开展独立编制财务报告体系的构建与实施这一战略性基础工程的决定。

（一）适应国际大型跨国公司财务管理发展趋势

安然和世通等财务欺诈事件后，为整顿上市公司秩序，美国SEC等监管机构提出了上市公司应脱离外部审计师、逐步实现独立编制财务报告的要求。为满足这一监管要求，埃克森、壳牌及雪佛龙等欧美大型上市石油公司分别开展了独立编制财务报告的建设工作。经过一段时间的发展，目前这些公司都已经实现了独立编制财务报告，并在独立编制财务报告过程中提高了财务管理能力，培养了专业化人才，有力支持了其国际化业务的发展。

同时，在经济全球化大背景下，财务管理日益呈现出新的发展趋势，财务报告已不仅局限于以往简单的财务报表列示，而越来越多地涵盖了公司生产经营等非财务信息；内部管理报告和对外财务报告日趋统一，使得财务报告已不仅仅是资本市场投资决策及资源配置的重要依据，也日益成为加强企业内部管理的重要元素，为上市公司管理层提供决策支持。这些新的形势和变化，都对上市公司财务报告编制赋予了新的内涵，要求上市公司独立编制财务报告，全面准确反映公司信息，提升信息披露水平，提高财务管理能力，从而更加有利于外部投资及内部管理决策。独立编制财务报告日益成为衡量上市公司财务管理水平的重要标志。

作为在美上市的大型石油公司，中国石油不仅要满足相关规定，更需要顺应国际大公司财务管理的发展趋势，独立编制财务报告。

（二）进一步提高企业财务管理水平

随着经济全球化及国际竞争加剧，管理水平日益成为上市公司发展的软实力，在促进公司发展中起到非常重要的作用。中国石油2000年上市以来，各方面业务都取得了较大发展，特别是在资金、债务和会计核算等财务管理体系建设方面取得了非常显著的成效。近年来，中国石油业务进一步拓展，更需要财务管理职能由日常核算列报向经营管理及战略决策支持转换，向公司风险控制转换，提升财务服务保障经济发展的能力，为公司战略目标的实现提供强有力支撑。财务报告是财务管理体系的重要组成部分，独立编制财务报告有利于从资本市场角度审视公司业务发展，并有利于通过对外财务报告编制发现内部管理中可能存在的问题，内外结合综合提升公司财务管理水平。

同时，财务报告编制涵盖大量生产经营信息，通过独立编制，可将财务信息与业务信息有效结合，有利于揭示财务数据的经营业务实质，有利于加强成本控制和对各种风险的管理，从而更好地支持生产经营决策。

（三）促进实现“建设综合性国际能源公司”目标

近年来，中国石油以建设综合性国际能源公司为目标，大力实施“资源、市场、国际化”三大战略，国际业务快速发展。当前，中国石油海外油气业务已经遍布全球十几个国家和地区，初步建成非洲、中亚、南美、中东和亚太5个海外油气合作区，基本形成了勘探开发、管道运输、炼油化工及销售上下一体化完整的海外石油产业链，对公司的综合贡献逐年提高。同时，随着我国石油对外依存度的不断提高，为保障国家能源供给和安全，中国石油更加快了国际化发展进程。海外业务的发展使中国石油财务工作面临着一系列挑战，要求必须有与之相适应的国际一流的财务管理体系提供强有力支撑，包括一流的财务报告编制体系。

在国际化发展中，海外投资者需要通过高质量的财务

报告来了解中国石油，从而进行投资决策；国际合作伙伴需要通过公开透明、高质量的财务报告来认识中国石油，从而与中国石油进行勘探开发业务合作；金融市场需要通过高质量、内容全面准确的财务报告来解读中国石油，从而进行国际业务交流和投融资活动。

（四）努力为投资者提供更有价值的决策信息

由于财务报告的编制难度及复杂性，上市公司财务报告编制主要依靠外部审计师完成。审计师的职责是从审计角度出具财务报告，发表审计意见，并无法定义务对财务报告的真实性、有效性做出保证。审计师出具财务报告的主要依据是监管规定的最低要求以及审计准则及审计行为规范的基本要求，并无延伸披露其他信息的法定义务，因此审计师编制的财务报告往往与资本市场投资决策所需内容有一定差距。而由上市公司根据资本市场反馈意见独立编制、再提交审计师审计的财务报告，可以涵盖除法定信息外的其他财务信息及生产经营信息，既为投资者提供管理层与审计师的双重保证，又为投资者提供更有价值的决策信息。

作为负责任、守信用的大型上市公司，中国石油历来高度重视资本市场信息披露工作，力求以真实、完整、及时、有用的财务信息，向资本市场传递公司业绩，便于投资者做出投资决策。因此，从更优质服务于资本市场及投资者的角度考虑，中国石油必须要独立编制财务报告，进一步提升信息披露水平。

基于上述原因，中国石油清楚地认识到实现独立编制财务报告对于提升企业管理水平和价值、塑造国际化形象、防范信息披露风险的深远意义，于2005年底提出了“实现独立编制财务报告”的工作目标，并于2006年初正式启动独立编制财务报告体系建设工作。

二、大型跨国上市公司独立编制财务报告体系建设内涵和主要做法

中国石油以推进建设综合性国际能源公司的战略目标为核心，将构建国际先进的独立编制财务报告体系作为战略性基础工程，以实现独立编制财务报告为目标，密切结合业务实际，吸收借鉴国际大石油公司先进做法，通过融合国内、国际会计准则和三个上市地的监管规则、规范统一财务报告编制基础、优化编制流程、开发先进适用的信息系统等手段，搭建科学、完整、高效的独立编制财务报告体系，对外满足资本市场信息披露的要求，对内提高财务管理的效率和效益，实现独立编制财务报告和信息披露的规范化、流程化和信息化。主要做法包括：

（一）确定独立编制财务报告目标，建立组织保障体系

2005年，中国石油提出了“实现财务报告独立编制”的工作目标。管理层对这项工作非常重视，总裁将其界定为一项战略性基础工程，财务总监亲自主持项目，明确独立编制财务报告体系需要符合“财务工作服从和服务于生产经营和资本市场”的财务管理战略定位，需要符合中国石油“一流的财务管理体制和运行机制，一流的财务管理队伍”两个“一流”的财务管理战略目标。

独立编制财务报告体系建设是一项复杂的系统工程，涉及总部及分、子公司财务系统、几千名财务人员和业务人员，需要调动公司外部律师、审计师以及公司内部四个业务板块、公司海内外各方面的力量，协调财务部、内控部、信息部等多个部门共同配合完成。

有效组织是项目成功的关键。由管理层亲自主抓、中国石油财务系统内会计专家及信息技术专家全过程参与，以及在全公司范围内设置财务报告编制岗位并配备财务报告编制人员等多项举措，构成了中国石油自上而下、自下而上的独立编制财务报告组织保障体系。具体包括：

（1）成立项目组，设立项目指导委员会、专家组和工作组。

（2）按照独立编制财务报告需要，调整组织机构设置。

（3）统筹规划，加强培训，做好人才保障。

（二）融合不同会计准则，建立独立编制财务报告规则体系

建立科学、统一、规范的独立编制财务报告体系，需要协同不同的准则和制度，需要考虑各个上市地的监管要求，需要考虑石油行业的特殊性及特殊披露规定。为此，中国石油编制了统一的财务报告手册，建立起了独立编制财务报告的规则体系。

通过对中国企业会计准则及国际财务报告准则进行深入系统的分析与研究，摘录了两个准则共80余项具体与中国石油会计业务处理相关的准则要点，就每个准则的适用范围及披露要点进行具体归纳，重点分析了中国企业会计准则与国际财务报告准则在具体规定上的差异以及对中国石油的影响，形成了适用于中国石油财务报告编制的准则基础。

在此基础上，中国石油结合公司会计业务实际和行业特点，秉承“简洁实用、可操作、兼顾发展”的原则，编写了《中国石油财务报告手册》，全方位界定中国石油独立编制财务报告应遵循的规则。手册的编写是中国石油独立编制财务报告相关工作的指导性制度文件，既具有可操作性，又是公司财务实务的理论升华，更考虑了财务报告的发展趋势，具有重要的指导意义。

（三）协同不同披露需求，建立独立编制财务报告内容体系

由于中国石油在上海、香港、纽约三地上市，财务报告披露信息需要遵循不同会计准则、多个上市地的监管规则。在会计准则方面，中国石油需要满足中国企业会计准则、国际财务报告准则及美国公认会计准则的信息披露要求。在监管规则方面，中国石油需要满足上海证券交易所、香港联交所及纽约证券交易所的各项上市规则、披露制度及管理条例等。为满足上述规定，我们对会计准则、监管规则及信息披露要求进行了全面梳理，以客观反映、充分披露为原则，建立并固化了中国石油完整的财务报告体系。该体系突破了单一会计报表的概念，超越了单一财务数据的范围，涵盖中国石油财务管理的重要方面。按照不同上市地，该体系包括中国准则财务报告、国际准则财务报告以及美国准则财务报告三个子体系。

中国石油财务报告体系的设置，充分考虑会计信息披露的监管要求与投资者的实际需求，涵盖的财务信息范围广、内容全，使中国石油财务报告的内涵与外延大大延伸，便于信息使用者对中国石油的过去、现在和将来做出科学

的评价和合理的预测，从而大大提高中国石油财务报告使用价值和信息透明度。

（四）优化独立编制财务报告流程，提高工作效率和效益

为保证独立编制财务报告工作的科学组织运行，中国石油重塑和优化全公司财务报告编制流程，设计适用于中国石油上、中、下游业务，满足总部及所有分、子公司的标准数据字典，设计统一的数据析取模式，建立起中国石油独立编制财务报告流程体系，并对财务报告流程设计了关键控制点，极大提高了中国石油数据的收集、处理和分析能力。

一是建立中国石油财务报告析取表体系。该体系主要用于收集分、子公司基础财务信息，分四个业务板块设计填报，并分合并口径与母公司口径收集，共计报表上千张，全部由各分、子公司财务报告编制岗组织填报。

二是构建基础表数据析取流程。我们主要通过三种途径实现基础表数据析取：首先通过中国石油财务管理信息系统（FMIS）的账务系统，直接从满足条件的会计凭证的借方或贷方抓取需要的数据，简化了流程，大大缩减了报告层级；其次通过报表系统，直接从满足条件的现有 FMIS 系统报表中析取有用数据，减少了处理工作量，确保了报表准确性；然后超越现有财务系统，对于财务报告中所需的非财务信息，由财务报告系统定期发出任务通知单，由其他信息系统按要求提供上报。

三是建立财务报告关键控制点。为提高财务报告质量，我们对财务报告编制过程中的重要环节设置了控制点，以便发现潜在风险，识别重要问题，及时反馈有用信息。

通过优化流程，减少以往的记录、对账、沟通、手工汇总等过程及报告层级，使得报表程序更加科学合理，上报时间更加灵活及时，同时监督控制更加有效，极大提高了工作效率和效益。

（五）开发信息系统，为独立编制财务报告提供有效支持

信息系统是财务报告标准化体系的载体，也是独立编制财务报告顺利实施的必要保证。中国石油一直非常重视财务管理信息系统的建设与应用。2005 年，中国石油在全系统内推行会计一级集中核算，主要目的是统一会计标准、规范会计核算、优化业务流程，建立起公司总部、业务板块、分、子公司及下属基层单位会计核算及内部报告的共享信息平台，同时也为对外财务报告编制提供了基础信息。

随着公司业务的发展及国际资本市场监管更加严格，上市公司战略决策所需要的外部信息及对外披露所需要的财务报告信息日益增多。为有效整合内外部资源，中国石油设计开发了财务报告信息系统。该系统继续坚持“自主开发”理念，依托中国石油会计一级集中核算，在充分利用内部已有信息的基础上，设计同时满足内外部报告的流程方案，其核心是以支撑、服务于中国石油建设国际一流的财务管理体系为根本宗旨，满足中国石油总部及全部分、子公司财务报告数据的自动归集、报表的自动析取、报告的自动生成，全面解决不同准则间的会计差异处理问题。这就要求信息系统的设计、网络、硬件、数据库软件、应用软件等各个环节先进适用、科学高效。

为此，我们在继承现有成熟技术的基础上进行大胆技术革新，以财务管理信息系统为开发平台，基于 J2EE 技术平台，采用三层结构 B/S 技术，并通过 JAVA – COM 连接桥，与 OFFICE 组件进行集成，同时利用数据仓库、数据析取技术、数据映射技术等多项先进的信息技术以及成熟的开发工具，固化了财务报告业务流程。在系统开发过程中，通过 20 多家分、子公司试点和反复测试，更进一步促进了业务流程的规范化、科学化，实现了财务报告的自动生成。

在财务报告信息系统开发中，我们以“数据一次录入，多维共享使用”为原则，与其他现行的财务管理信息系统、信息披露系统等建立无缝链接，既有效利用了资源，节约了成本，又充分保证了信息的准确。同时，我们引入预期管理，超前谋划，建立开放式接口，为全球即将推行的 XBRL 等信息技术提供了对接方案，为财务报告信息系统功能的进一步拓展做好了准备。中国石油财务报告系统见图 1。

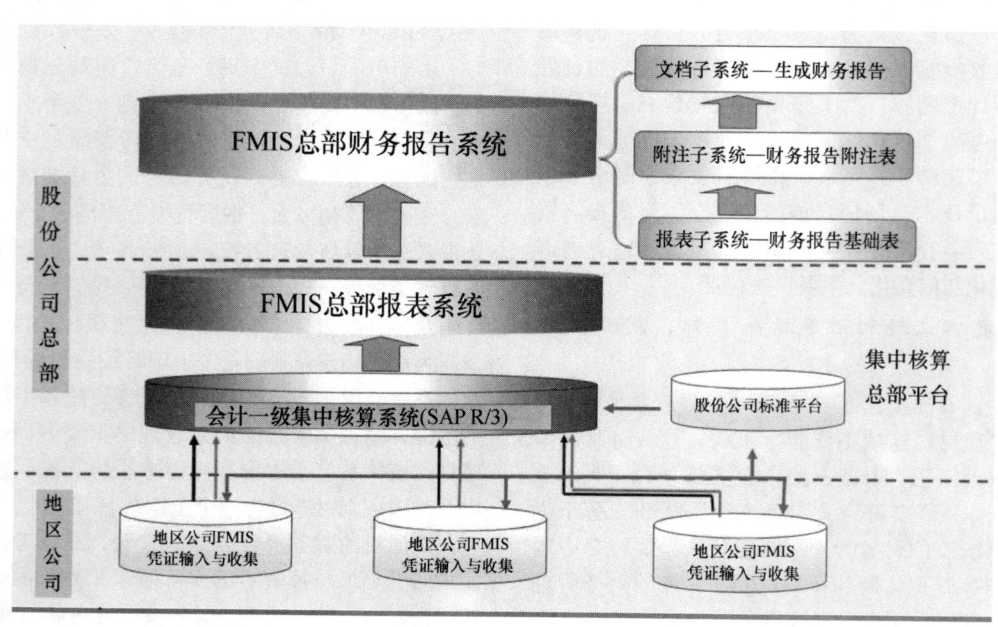

图 1　中国石油财务报告系统

（六）建立控制体系，确保独立编制财务报告客观公正

在推行独立编制财务报告的同时，如何保持独立编制后的财务报告客观公正是项目组首要考虑的问题之一。为解决这一问题，在项目初始，我们便建立了严格的财务报告控制体系。

一是依托会计一级集中核算账务系统，实现财务报告基础数据自动生成，杜绝人为调节现象的发生。同时按照业务类型，设计严密的析取公式、计算公式和校验公式，确保财务报告基础信息准确完整。

二是在公司内部控制系统内，新设了针对财务报告客观性、公允性的内控测试流程，详细描述财务报告内部控制程序，设计内部控制标准，设置独立编制的关键控制点，明确测试频率，并就测试结果与内控审计师定期沟通，以有效的风险控制手段确保财务报告客观公正。

三是建立配合外部审计师进行定期报告审计的工作机制。按照这一机制，公司形成了上下结合的外部审计配合团队。在定期报告编制前，外部审计师按照审计要求，进驻分、子公司进行现场审计，分、子公司设置专人专岗，负责对审计师提出的问题予以说明或改正，确保基础数据质量。总部编制完成财务报告后，及时提交审计师审计，并按照要求提供审计所需基础资料，审计师在经过全面审计后出具审计意见，保证了公司独立编制财务报告的客观公正。

三、大型跨国上市公司独立编制财务报告体系建设效果

经过近三年的努力，中国石油于2008年全面实现了独立编制财务报告的目标。从2008年季度、半年度、年度以及2009年季度、半年度财务报告编制情况看，财务报告独立编制实际运行情况良好，达到了预期目标。

（一）财务报告独立编制程度大幅提高

实现独立编制财务报告后，中国石油财务报告独立编制程度由2005年的40.0%大幅提高至目前的95.0%，中国石油与外部审计师关于财务报告的职责也发生了根本性变化，中国石油全面负责财务报告基础数据的收集、审核、汇总及财务报告编制全过程，而审计师只须对财务报告编制过程和结果进行审计。中国石油财务报告独立编制程度见图2。

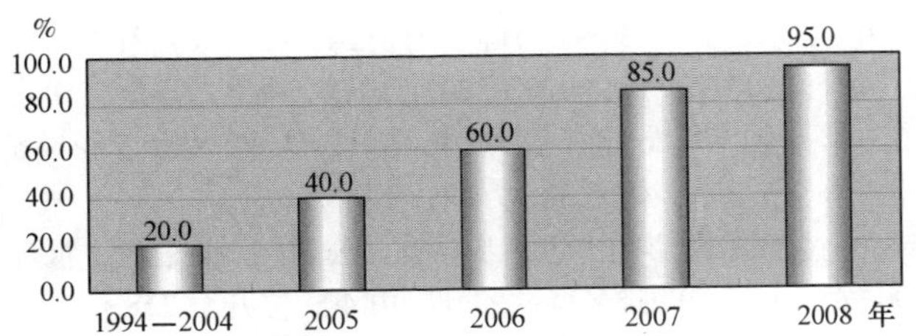

图2 中国石油财务报告独立编制情况示意图

（二）企业财务管理水平显著提高

在新的独立编制财务报告体系下，中国石油财务报告质量进一步提高，财务报告编制时间大幅缩短。一方面，分、子公司严格按照财务报告手册填报财务报告基础表，夯实了财务报告编制基础；总部财务报告编制系统实现了高效审核汇总、财务报告附注的快捷准确出具，从而使总部财务报告编制人员投入更多精力关注财务报告编制中的重点和难点事项，全面考虑资本市场及财务报告使用者的信息需求，进一步丰富了财务报告内容，对外披露信息更加准确完整。另一方面，借助信息化手段，分、子公司独立填报财务报告基础表所需时间大幅缩短，总部完成财务报告编制的时间也大为提前，其中年度财务报告编制时间缩短了近1/3，即20天左右，具备了与其他国际大石油公司同时发布年度报告的能力。及时准确的财务报告不仅大大提高了中国石油协同高效的财务管理水平，也为投资者提供更加及时有用的决策信息，从而实现股东价值增值。

在新的独立编制财务报告体系下，中国石油财务管理的战略决策支持作用得到进一步加强。总部财务报告编制人员针对编制过程中发现的问题，及时与业务人员进行沟通，从报告编制的角度，对公司的会计核算、报表编制、业务流程乃至生产经营管理提出建议和要求。同时，财务报告编制人员还从会计准则和监管要求出发，将资本市场理念和资本市场对中国石油的预期传递给公司生产经营业务人员，从而实现资本市场工作向会计核算的延伸、财务管理向生产经营的延伸，进一步提升了财务管理在公司生产经营管理中的中枢纽带作用。

独立编制财务报告体系建设融合了不同的会计准则和制度，满足了多个上市地的监管要求，有助于中国石油财务管理工作立足国内市场，面向国际市场，适应经济全球化趋势，积极参与国际资本市场竞争。同时，在独立编制财务报告过程中，公司持续开展与国际石油公司的对标管理，掌握国际前沿的财务理论、各资源国的财税政策及先进的风险管理理念，立足公司建设综合性国际能源公司的发展战略，从资源、市场、技术、人才国际化等方面出发，全面剖析国际化经营的优势与不足，对培育并形成经济全球化条件下参与国际能源合作和竞争的新优势提出建议，进一步提升企业国际竞争力和国际化水平。

中国石油在独立编制财务报告的实践过程中，还锻造了一支优秀的复合型人才队伍，为企业持续、健康、快速发展储备了国际化人才资源。

（三）企业财务管理职能发生了深刻变化

实现独立编制财务报告以来，中国石油财务管理职能相应发生了深刻变化。首先独立编制财务报告有力推动了公司财务管理职能向生产经营管理和战略决策支持职能的延伸。通过财务报告独立编制，使财务人员有意识关注并分析生产经营情况及业务发展，有实践平台促进财务与业务的有机结合，使财务职能逐渐向生产经营管理延伸。其次，财务报告独立编制有力推动了财务管理职能向资本市场的延伸。财务报告独立编制后，财务人员必须全面了解资本市场规则体系及投资者需求，并将市场预期传递到生产一线，既起到桥梁纽带作用，又实现财务管理向资本市场的延伸。再次，有力推动公司价值管理向履行社会责任

的延伸。在财务报告编制过程中，通过对国际组织环保要求和相关国际惯例的了解，结合石油行业特点，充分应用会计准则有关规定，中国石油在国内率先计提了油气资产废弃的清理和环境恢复的资金准备，有效降低环境保护风险，切实履行社会责任。

（四）中国企业在国际会计领域中的话语权和影响力得到提升

中国石油克服业务复杂、经营范围广、三地资本市场严格的监管规定等重重困难，创造性地实现独立编制财务报告这一标志性基础工程，成为国内首家利用信息化手段实现独立编制财务报告的大型跨国上市公司，彰显了中国石油的软实力，也在央企大公司中树立了标杆典范，为中国上市公司资本市场工作水平的整体提升做出有益贡献。

同时，中国石油在独立编制财务报告方面的深入研究，也使得公司高度关注资本市场规则及国际会计准则对公司的重大影响，使公司成为参与会计准则制定、引领中国上市公司争取合理权益的重要力量。就中国企业普遍面临的上市重估造成的中国与国际会计准则差异问题，公司致信国际会计准则理事会主席戴维·泰迪先生，并得到主席的积极回应；在以财政部以及中国石油为主的一批中国企业的强烈呼吁下，国际会计准则理事会对《国际会计准则第24号－关联方交易》进行修订，并于2009年11月4日正式颁布，国有企业不再仅因同受政府控制而披露关联方关系和交易，从而使财务报告中关联方交易的披露更符合中国国情，大大减轻了中国上市公司财务报告信息披露的工作量和披露成本，在国际舞台上展现了中国力量，极大提高了中国企业在国际会计领域中的话语权和影响力。

中国石油独立编制财务报告体系在取得上述成效的同时，也获得了资本市场的高度赞扬和一致肯定。在2009年度《投资者关系杂志》奖项评选中，中国石油的2008年年报获得了中国区域“最佳年报/正式披露奖”提名。《投资者关系杂志》（IR MAGAZINE）总部位于伦敦，该杂志每年对全球超过5000多位分析员、投资者进行详尽调查，收集和反映他们对全球上市公司的全面看法，并根据他们的投票提名产生获奖者。目前《投资者关系杂志》的系列奖项已成为全球资本市场中最具权威的投资者关系奖项。此次中国石油获得该项奖项的提名，是公司多年来致力于为投资者提供优质年度报告的结果，更是资本市场对中国石油2008年度独立编制财务报告的充分认可。

（撰稿：穆秀平）

中国海洋石油总公司的经营与管理

中国海洋石油总公司

2009年，中国海洋石油总公司（简称“中国海油”）认真贯彻落实党中央、国务院关于应对国际金融危机重大战略部署，充分履行中央企业肩负的历史责任，以认真组织深入学习实践科学发展观活动为契机，将积极应对国际金融危机冲击，克服经济发展困难作为最大实践，最重要的实际和最需要取得的实效，以打造支撑公司可持续发展能力建设、制度建设和队伍建设为着力点，加大产能建设，推进主业发展，加大重大装备投入，推进深水勘探开发能力建设，加大市场开发力度，强化资源获取，加强基础管理，深化内部改革，全面提升管理水平，实现了储量产量同步增长，上中下游协同发展，改革发展稳定同步推进，队伍的凝聚力、向心力、战斗力进一步增强，公司的影响力进一步提升，国际一流能源公司建设取得新进展。

生产经营取得良好业绩。在石油价格大幅震荡，石化、成品油、化肥、盐化工、专业技术服务市场萎缩，消费乏力，竞争加剧的背景下，经过公司全体干部员工共同努力，实现了难得的好于预期的经营业绩。全年实现销售收入2 218亿元，增长4.8%，在实现油价同比下跌32.7%的情况下，实现利润总额520亿元，上缴税费490亿元。总资产首次突破5 000亿元，达5 247亿元，增长22.9%，净资产达3 240亿元，增长10.8%。

公司的发展质量和财务健康状况继续保持良好水平。总资产收益率为11.0%，净资产收益率12.5%，处在行业较好水平。按经济增加值（EVA）计算，公司实现经济增加值220亿元，处在央企前列，在国际同行中也属较好水平；公司销售利润率为23.0%，成本费用利润率为33.0%，在国际同行中也有较强竞争力。截至2009年底，公司总资产在央企中排第7位，销售额排第11位，利润排第4位，单位人工成本产生利润6.4元，排名第2位。

为应对国际金融危机导致的外部经营环境恶化，我们加大主业投资，加快主业发展，公司主要产品产量稳步快速增长。全年完成油气产量4 766万吨油当量，增长11.0%，其中原油3 697万吨，增长14.0%；天然气107亿方，增长2.0%；进口LNG 580万吨；乙烯92万吨，增长10.0%；发电量86亿千瓦小时，增长44.0%；甲醇81万吨，增长5.0%；化肥308万吨，下降2.0%。

企业形象和影响力进一步提升。公司在《财富》“世界500强企业”中的排名继续攀升，由409位升至318位，一年大幅跃升91位。在美国《石油情报周刊》“世界50大能源公司”最新排名中，有限公司列第48位，净利润居第18位。特别值得一提的是，有限公司入选2009年美国《商业周刊》“全球最佳企业40强”，位列第16位，成为首家进入该榜单的中国内地企业。公司的行业地位、国际化程度及成长性得到高度认可。

2009年中国海油主要取得了以下工作业绩：

1. 上游油气主业勘探开发建设进展顺利

2009年是实现“十一五”规划的高峰建设年，是实现5 000万吨战略目标的冲刺之年。全年油气产量的快速增长是在极其困难的情况下实现的。在困难和挑战面前，中国海油干部员工经过艰辛努力，顺利完成了各项任务。一是油田生产管理抓出成效。精细化油田管理使生产时率始终保持在95.0%以上，老油田挖潜和新的增产措施，使老油田焕发青春，有效注水、聚合物驱、加密井等措施使产量增加递减下降，渤海有13个油田实现零递减。这些措施保证了油公司净份额产量完成计划指标，实现了市场的预期。二是油田建设进展顺利。在空前的建设工程量面前，中国海油各单位齐心协力，抓紧实施大项目建设，全年在建油田项目20个，建造平台29座，导管架25座，铺设海底管道700公里，完成钢材加工量20多万吨，13个油田全部按期或提前投产，既为当年产量增加做了贡献，也大力促进了公司产能建设，为2010年国内实现5 000万吨油当量奠定了产能基础。同时，公司在建的具有3 000米水深作业能力的深水钻井船，铺管船等大型资源装备建造及青岛场地建设稳步推进。深水钻井、开发的技术和管理准备全面展开。三是油气勘探取得了历史最好成绩。全年共获得多个商业和潜在商业发现，其中包括数个中型以上的优质油气田。新增原油地质储量达到历史最好水平，为“十二五”产量再上新台阶积累了物质基础。

2. 中下游业务发展迅速，产业结构进一步完善

经过近3年的艰苦努力，1 200万吨惠州炼油项目于2009年全面完成工程建设，并实现各装置一次投产成功，创造了国内炼厂整体开工投产的最佳业绩。全面完成年度生产任务。惠炼一期的建成投产完善了公司的产业链，标志着集团综合性能源公司产业架构基本建成，集团规模竞争优势和抗风险能力有了实质的提升。

炼化板块“两洲一湾”（长江三角洲、珠江三角洲、环渤海湾）的产业布局更加清晰，惠州炼油二期等多个项目开始启动。销售板块努力保障进口原油供应，逐步做大油品贸易规模，强化统一销售和专业化销售的管理理念，采取差异化营销方式，积极开拓市场，完善营销网络建设，增强了在国内成品油市场中的竞争力。油气利用板块在将科研成果转化为生产力和经济效益方面取得突破性成果，36－1沥青经过激烈角逐中标长安街改造工程。天然气及发电板块产业链条进一步完善，抗风险能力和综合实力进一步增强，业务已扩展到LNG板块、管道管网板块、发电板块、城市燃气板块、LNG加注板块、液态分销板块、贸易板块等多个业务板块，为中国海油天然气市场区域提供了清洁、高效、可靠和安全的能源支持。化肥板块在全球金融危机肆虐、行业受到严重冲击的背景下，紧紧抓住生产经营、降本增效这一主线，采取了一系列行之有效的措施，确保了各基地生产装置的平稳运行，取得了行业最优的经营业绩。

3. 积极应对金融危机取得明显效果

国际金融危机对中国海油的经营形成直接冲击。特别是对化肥、盐化、成品油及LNG销售等业务构成了巨大冲击压力。面对国际金融危机冲击，我们缜密分析，准确判断，辩证分析，沉着应对，既努力防范风险，又充分把握机遇，始终以积极的心态来应对，以主动的姿态来应对，通过强化管理来应对，立足协调发展来应对，着眼“后危机时代”的长远发展来应对。面对不利形势，公司加大市场开拓力度，强化内部管理，加大技术创新，开发新产品，加大培训力度，提高员工素质，压缩行政开支，努力降本增效，取得了很好的业绩。

公司准确把握金融危机冲击下全球石油行业变化态势，把握危机背景下原材料价格波动的有利时机，着眼长远发展，加大主业投资，增强了公司综合实力，主业发展基础进一步夯实。为迎接下一轮经济增长，公司加强资源获取，获得约212亿吨煤炭勘察权，在钾、磷资源获取上也取得较大进展。在上海、广东、福建、山东、天津、河北等沿海地区完成了一批土地、港口、岸线、码头资源的储备。

面对市场需求的波动和市场竞争的加剧，公司逐步深化对市场规律的认识，努力巩固原有市场，奋力开拓新的市场，取得良好收益。气电业务完善市场销售策略，成功推进卡塔尔气的销售，在多个城市拓展汽车加气站业务，为扩大LNG销售开辟了空间。炼化与销售板块密切把握油品市场变化态势，优化产品结构，把握销售节奏和力度，扩展营销渠道，实现产销平衡，取得良好销售业绩。沥青板块抓住国家扩大基础设施投资的有利机遇，调整产品结构，实施差异化竞争，开创了营销工作新局面。化肥顺应变化，捕捉商机，调整结构，经受住了市场萎缩和行业周期低谷的考验。金融板块完善服务职能，创新服务产品，为公司应对危机、安全有效管控资金，显著降低财务风险和成本做出贡献。

4. 抓好节能减排，发展清洁能源，推动发展方式转变

中国海油把节能减排放在更加重要位置。加大推动节能减排和督察工作力度，取得良好成效。提前一年完成国家下达的“十一五”期间节能和污染减排目标。渤海、北部湾等重点保护海域海上油田实现了增产不增污，石油烃排放大幅下降，中下游炼化、石化产业实现生产污水零排放，化学需氧量和二氧化硫减排效果明显。

2009年公司继续加快了清洁能源和可再生能源的探索和发展，深化了与战略合作伙伴在清洁能源特别是液化天然气产业发展中的互利合作关系；同时，在风电、汽车动力电池和生物质能等方面迈出了坚实步伐，在煤基清洁能源领域进行了深入探索。上述努力对提高公司的低碳竞争优势，增强公司的可持续发展能力将起到重要作用。

5. 海外资源获取获得重大突破

2009年海外发展有两大重要突破。一是重返美国市场，进入墨西哥湾深水领域并首次在油气高富集区进行合作勘探，具有重大战略意义；二是LNG资源获取实现重大突破。海外LNG资源获取曾经多年来徘徊不前，国内沿海LNG市场受到空前冲击，中国海油的LNG战略和市场布局受到空前挑战。经过不懈努力，2009年终于在资源获取上实现了重大突破。特别是与BG的合作，重新塑造了中国市场的LNG价格曲线，实现了广东大鹏LNG价格以来最低价格；第一次同时在气田开发、液化厂建设、贸易及运输等全链条进行参与。截至2009年底，25年长期合同供气量达1 590万吨/年。今后25年将为国家提供相当于5.2亿吨油

当量的清洁能源，对于保障国家能源安全、改变我国能源结构具有重要意义。此外，现货贸易也取得了可喜成绩。这些成果有力支撑了已有沿海 LNG 市场的开发。

6. 企业内部管理不断加强，管理水平不断提升

公司把国际金融危机带来的冲击看作一次“破坏性检修”机会，深入查找管理中的薄弱环节，完善体制机制、提高管理水平、加强风险管控、增强创新能力、提高队伍素质，为实现更好更快发展打下坚实基础。

安全生产是企业生产建设、健康发展最基础的工作和最基本的保证。经多年努力，中国海油管理制度化、体系化建设不断深入，安全文化不断强化。特别是新加入的企业大力推行集团安全管理理念和管理制度，开展大规模培训，树立安全生产理念，查找安全隐患，落实整改措施，取得明显成效。各单位安全生产管理水平普遍提高，总体上保持了良好的安全生产形势，促进了公司健康安全发展。

在金融危机背景下，各单位不断提高精细化管理水平，大力开展降本增效，加强队伍作风建设，不断弘扬艰苦奋斗作风和“铁人精神”。管理、科技和技能人才“三支队伍”发展序列、三条职业生涯通道不断完善，专家系列评聘及管理、技师考评和技能鉴定不断扩展，人才队伍建设全面推进。加强了对直管和后备干部的培训，加大干部横向交流力度，改革对干部提名、考察、任命制度，完善了对直管领导人员年度业绩考核评价办法。公司组织领导干部赴延安学习，鼓励各级干部将国有企业的政治优势、组织优势转化为了战胜危机的强大力量。各级干部坚定了信心、提振了精神、接受了教育。“艰苦奋斗、厉行节约”活动进一步常态化，努力压缩非生产性开支，全年全系统节约开支超过 1.7 亿元。

不断完善风险管控体系建设，以财务管理为切入点，制定《财务管理制度》及《财务内控制度体系》，初步形成系统规范的管理制度体系，推动各管理系统的制度体系化建设全面开展。以全面风险管理体系建设为重点，全面推进惩防体系建设。公司被确定为全国国有企业两家预防腐败工作试点单位之一，并积极开展相关工作。突出工程项目、法律和金融等重点领域的风险管理专业化实践，积极推广上游项目运用风险管理信息系统经验。建立内部专职监事工作制度，成立总公司监事办公室，形成“五位一体”大监督格局。采办集中管理体制进一步理顺，法律事务与合同管理有了新起色，风险管理体系建设在全系统全面推进。

信息化管理迈上新台阶，经过近 5 年不懈努力，中国海油 ERP 系统集中建设阶段的工作已经完成，目标基本实现。集团范围内建立了统一经营管理基础信息平台，在业务操作层面全面采用标准化数据，运行规范流程，夯实了现代企业制度的管理基础，集团信息化水平和科学管理水平整体上了一个台阶。

7. 创新的驱动作用进一步加强

进一步强化创新的驱动作用，努力将依靠投资、装备拉动的外延式增长转变到依靠技术、管理和劳动者素质提升的内涵式发展上来。通过加快技术创新和管理创新，不断激发公司发展的内在动力。

技术创新对发展的促进作用不断增强。勘探基础研究、“三低”油气田勘探配套技术、ELIS 测井技术、高精度地震采集系统等油气勘探开发新技术研究取得新突破，为储产目标的实现提供了有力支撑；中下游科技创新领域不断拓宽，LNG 液化、油砂沥青采输炼一体化等关键工艺技术研究和重大装备研制取得重要进展。科技管理体制改革不断深化，创新体系不断完善，公司研究总院的成立，为总公司建立创新型企业、实现可持续发展提供了重要战略支撑。

管理创新扎实推进。油气田开发理念不断创新，全局意识和统筹意识不断增强，开发管理水平跃上新台阶。渤海油田实施区域开发、依托开发、边际开发的创新开发模式，实行高度集约、合理简约、严格制约的“三约”管理模式，大幅提高了油田效益。南海西部油田推进管理、技术创新的融合，建成中国海上第一个长距离小机组电力组网，解决了区域油气田开发生产中的节能减排、安全生产、边际油田开发、成本控制四大难题

8. 体制机制改革不断深化

一是成立南海东部石油管理局和东海石油管理局，标志着经过多年内部改革重组后，地区事务管理在高层次上实现了向石油公司的回归。二是成立研究总院，进一步理顺科研体制，优化管理机制，整合研究资源，推动研究实力和科研水平不断提高。三是成立炼化与销售事业部，整合炼化与销售资源，充分发挥炼化板块的生产、市场营销的资源优势，实现炼化板块的优化管理、集约管理。四是重组原油销售和原油进出口业务，整合了资源优势，发挥了协同效应，统一了市场形象，提升了管理效益。五是顺利完成与山东海化集团的对接，进一步增强了油化、盐化共同促进的差异化发展战略，进一步充实了“两洲一湾”炼化产业战略布局的内涵。

9. 政治优势转化不断推进

以开展深入学习实践科学发展观活动为契机，紧紧抓住建设国际一流能源公司这一重要载体，突出班子建设、队伍建设，重点提高贯彻落实科学发展观的自觉性、主动性，提高了推动科学发展的能力。

认真贯彻落实十七届四中全会精神，中央企业党建工作会议精神，加强基层党组织建设，基层队伍建设，积极探索基层党建工作新方法、新途径；积极探索现代企业治理结构下党组织发挥政治核心作用的新机制及有效途径，努力发挥“五个作用”，实现“五个转化”，不断完善中国特色现代国有企业制度。

大型跨国化工企业基于信息化的管理提升

中国蓝星（集团）股份有限公司

中国蓝星（集团）股份有限公司（简称“中国蓝星”）是中国化工集团公司的核心企业。1984 年 9 月，时任化工部化工机械研究院团委书记、现任中国蓝星董事长的任建新，带领 7 名共青团员借款一万元在兰州创办蓝星清洗公司，历经自主技术创业、国内兼并重组两个阶段的发展，成为一家以化工新材料和特种化学品为主业的新型国有企业。2006 年，通过 3 起成功的海外并购，中国蓝星成为一家在全球蛋氨酸业务排名第二、有机硅业务排名第三的国际化企业。2008 年 9 月，中国蓝星成功引进美国佰仕通集团作为战略投资者，变更为中外合资股份制企业（中国化工集团持股 80.0%，美国佰仕通集团持股 20.0%）。

目前，中国蓝星总资产超过 500 亿元，拥有 3.2 万名职工（海外员工 3 000 人），2008 年销售收入达到 385.4 亿元(其中海外企业占 50.0% 以上）。在国内拥有 25 家生产企业和 4 个科研院所，控股“星新材料”、“沈阳化工”2 家 A 股上市公司。全资拥有法国安迪苏公司、法国有机硅公司、澳大利亚凯诺斯公司，在海外拥有 15 个工厂、7 个研发和技术服务机构，是中国化工领域以化工新材料为主营业务的龙头企业。

一、基于信息化的管理提升内涵与主要做法

大型跨国化工企业基于信息化的管理提升内涵是指，以全球化工最佳实践为标杆，以信息化为先导，以标准化的 ERP 软件为中心，在较短的时间内全面提升财务管理、采购管理、生产管理、信息管理等企业价值链各环节能力水平以及集团整合、管控能力，进而提升集团整体竞争力，实现成为具有国际竞争力的跨国公司战略目标。

中国蓝星基于信息化的管理提升具有以下三大特点：

一是在较短时间内提升集团整合、管控能力；

二是突破传统信息化的循序渐进模式；

三是解决传统信息化的“两张皮”问题。

中国蓝星基于信息化的管理提升主要做法如下：

（一）分析现状，诊断问题，明确目标、方针和原则

（1）明确经营模式专业化、核心业务集中化、业务流程标准化、资源能力共享化、供应链全球化“五化”目标。

（2）坚持“双结合”方针，实现信息化建设与管理提升并举。

一是在国际对标基础上开展信息化建设。在 2007 年之前，中国蓝星已开展了多年的国际对标工作（2006 年为国际对标年），也就是把全球化工最佳实践引进到各项业务与管理中。2007 年开始启动的信息化建设项目，正是在这个基础上进行的。国际对标工作是信息化建设的前奏和准备，而信息化建设是国际对标工作的继续和重要内容。

二是在引进 ERP 套装软件时引进全球化工最佳实践。中国蓝星认为，全球知名化工企业通用的 ERP 凝集了全球化工的最佳实践，必须采取全面、不加修改的方式引进。对个别需要改变的地方，必须慎重审批。通过固化全球化工最佳实践的 ERP 套装软件的“照搬”方式，中国蓝星在信息化建设的同时引进了全球化工最佳实践。

（3）贯彻“四要四不要”原则和思路。

一要全球最佳实践，不要固步自封。全球化工最佳实践主要体现为经营模式专业化、产品线向下游高价值环节迁移、整体供应链高度协同、确保安全环保生产、业务流程标准化、科学的管理决策。中国蓝星全面引进全球化工最佳实践的理念、制度和方法，以此为标准衡量每一项管理变革和信息化项目。二要标准化，不要客户化。全球化工最佳实践是经过国外许多大型化工公司多年实践检验所提炼出的精华，是全球化工行业公认的最高效的、标准的管理模式。在推进信息化建设时，不要向现有的与全球最佳实践相抵触的企业管理模式妥协，不对全球最佳实践做客户化改造。坚持标准化的管理模式。三要整体最优，不要因小失大。坚决贯彻“统一、集中、集成、共享”的原则，通过 ERP 全球模板、IT 共享服务中心、财务共享服务中心、人力资源共享服务中心实现整体最优的目标。彻底摒弃由于本位主义、局部利益带来的分散、独立的做法，全集团“一盘棋”，整体推进信息化建设进程。四要以人为本，不要舍本逐末。一流的公司需要一流的人才来管理，一流的系统也需要一流的人才使用。信息化建设过程就是引进全球化工最佳实践的过程，不要单纯地追求项目成果，要注重通过项目去培养和引进全球最佳人才，做到人才成长和项目收效双丰收。

（二）从整体最优理念出发，制定整体规划

1. 分阶段实施的整体规划

2007 年，中国蓝星完成管理提升与信息化建设项目的总体规划（见图 1），并分为三个阶段实施。

第一阶段为模板制定及试点。到 2007 年底，中国蓝星完成 ERP 全球模板设计，启动 10 个管理变革和系统实施试点项目，其中组织、财务、采购、持续改进、ERP 及项目群管理等 6 类确定为下阶段推广的模板。

第二阶段为推广和实施。从 2008 年到 2009 年，本着由点到面、先内后外的原则，进行大范围的管理变革推广和信息系统建设，达到国内领先水平。

第三阶段为优化提升。从 2010 年开始，在完善国内应用系统的同时，开始对境外企业进行 IT 系统的整合。通过对信息系统的深化应用与功能拓展，统一调配国内国外两个市场、两种资源，在同一管理体系下进行全球化运作，实现经营管理和信息化水平与国际先进企业接轨；并将企

业与供应商、客户紧密连为一体，做到整体供应链的高度协同。

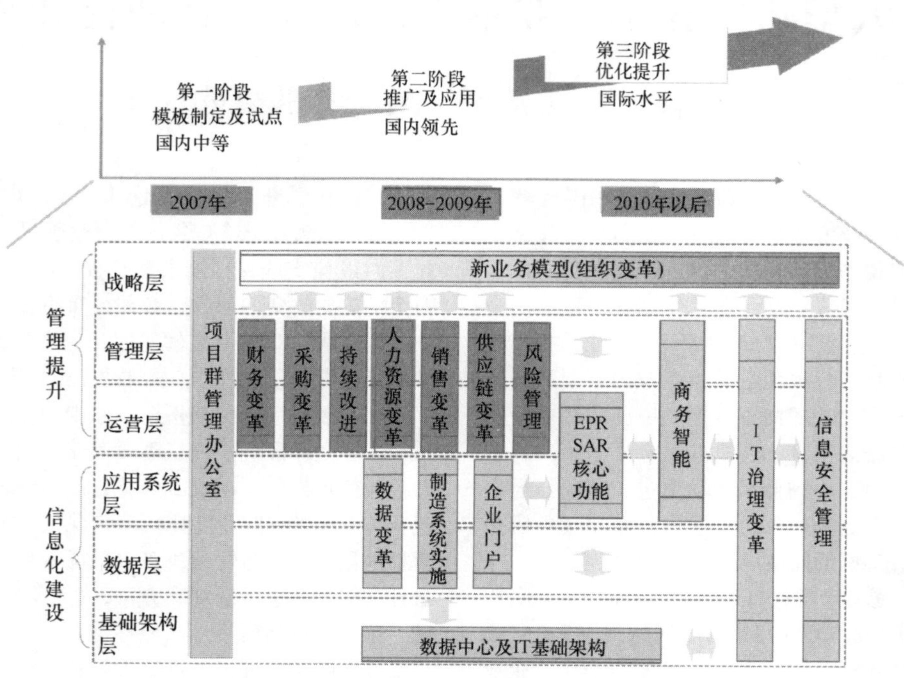

图1　中国蓝星管理提升与信息化的整体规划

2. 坚持同步推进的整体方法论

在每个阶段整体项目与子项目的实施过程中，中国蓝星坚持同步推进的整体方法论（见图2）：

整体项目上，在战略指导下，根据凝聚全球化工最佳实践的ERP全球模板的要求，实施管理变革（包括管控模式、组织架构、业务流程与模式、人才培养等）；在管理变革取得成效、满足要求之后，进行ERP全球模板的试点和推广。子项目上，在组织变革、管理变革、应用系统、IT基础架构逐次推进变为同步推进。

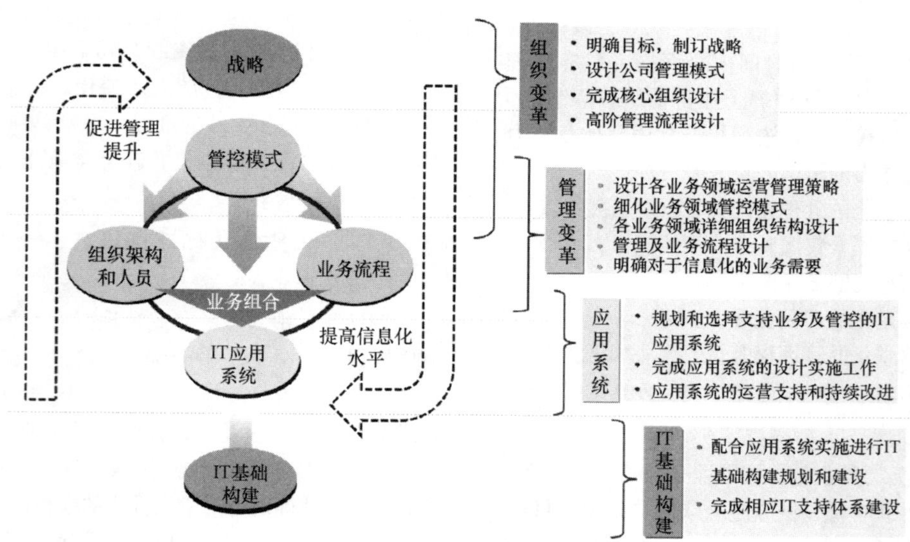

图2　管理提升与信息化建设整体方法论

（三）做好组织、人才、制度准备，为信息化建设奠定基础

1. 实施组织再造

通过对巴斯夫等世界先进的二十多家化工企业的深入研究，中国蓝星从以下方面实施组织再造和运营模式的变革（见图3）。一是建立战略决策、管理中心和运营中心，实现集团总部的业务管控一体化和生产经营一体化；二是根据市场、规模、地域、产业链结构与下属企业业务属性，以及上市公司的资产分布，梳理、合并、划分资产，形成化工新材料、特种化学品和环境科学3大核心业务板块；三是实现组

织扁平化，梳理蓝星多达5级的法人结构，合并管理实体，通过取消或虚拟下属法人，实现总部到下属企业的一级管理；四是成立全球有机硅事业部，对全球业务统一管理，发挥国际国内市场、管理、技术等要素的协同效应；五是对下属30家企业机构设置进行标准化调整；六是借鉴最佳实践，完成下属企业向生产单元过渡的试点工作。

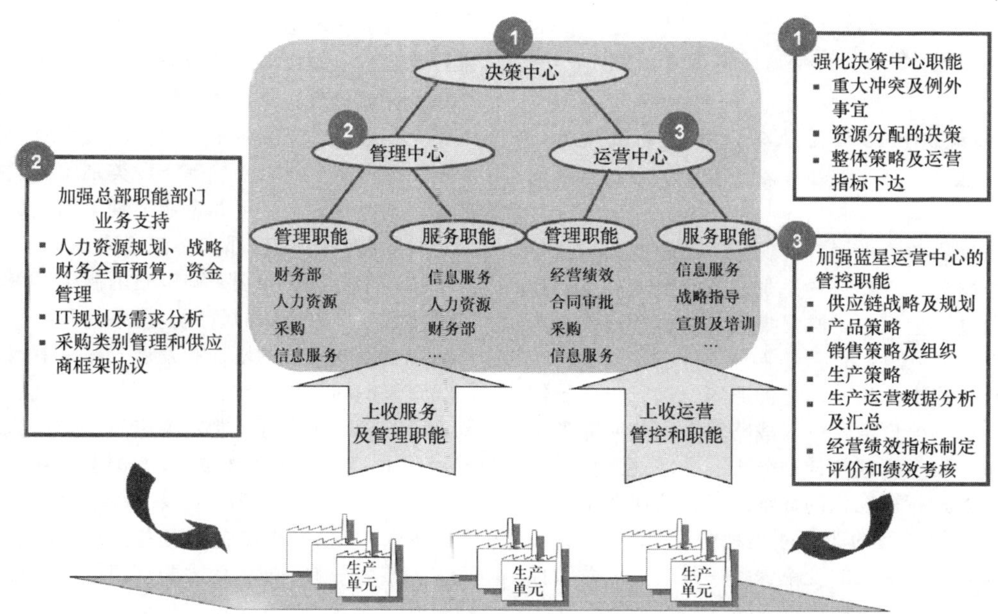

图3 组织结构再造与运营模式优化

2. 培养管理人才

中国蓝星高度重视企业人才梯队的建设，积极开展“造人工程”。一是配合信息化建设与管理变革，积极引进国际化人才，已先后聘请外籍高管近20人。信息化项目启动初期，从10家企业抽调50人到总部进行集中、封闭培训，这些成员后来都成为信息化建设的骨干力量。二是把项目组作为人才培训基地。除完成管理提升与信息化建设任务，使专家们的国际化工最佳实践和蓝星的化工领域的知识和经验有机地结合起来外，还肩负着培养人才的重任。通过打造学习型、开拓型、活力型和团结型的高校专业团队，不断营造良好氛围去鼓励和影响相关业务人员。三是通过具体项目的实施，着重培养出一批管理和信息化骨干，做到人才成长和项目收益双赢。

3. 引进先进的管理制度与方法

在项目群组管理上建立一套科学的管理制度与方法。采用“管理成功项目”的MSP方法论，包括进度管理、范围变更管理、风险管理、问题管理、文档管理、人员管理、质量管理、沟通管理、收益管理等，确保各个变革项目的顺利进展。对于项目群各个主要的项目管理环节，指导实施连续一致的最佳实践项目管理流程，包括风险、事件、相关利益方、项目治理、管理、汇报、依赖性、收益和项目计划管理。引入项目管理平台软件Power Steering进行管理，提高整个建设项目的管理效率和效果。该软件的使用为全面开展多地点的项目建设提供了一个可靠和统一的管理窗口。有效地支持中国蓝星领导层对整体管理与信息化变革的管控，使得所有项目在正确的方向上进行。是在各个具体的管理变革项目中，通过引进全球化工最佳实践，建立起一整套科学有效的管理制度和方法。在财务管理变革中，引进战略型财务概念及其管理制度和方法是主要内容，并且通过SAP ERP来贯彻执行。在采购管理变革中，引进并推行类别管理等制度与方法。类别管理是在化工行业广泛应用的先进的采购方法，主要指在供应市场上获取性价比最高的物料或服务，是为了更好地解决买什么、从哪儿买和怎么买这，涵盖战略寻源、类别采购和供应商管理等内容。在生产管理变革中，通过借鉴国际最佳实践，制定相关的管理办法、工作手册、程序文件及作业指导书。同时，导入精益六西格玛的管理理念和方法，培养一批既懂先进管理方法又擅长实际操作的生产管理骨干。对员工进行持续改进认知培训，编制具有自主知识产权的绿带黑带培训教材，并培养蓝星内部培训师。通过多种方式、多种渠道和多种场合，加强宣传，使精益六西格玛成为企业内部共同的语言，形成具有蓝星特色的持续改进文化。

（四）建设ERP为中心的业务信息平台，保证管理提升目标的实现

通过与组织变革、财务变革和采购变革等项目的协同实施，中国蓝星初步打造出核心SAP ERP业务管理平台，支撑企业进行持续的业务优化调整和管理提升。SAP ERP项目组与多个IT项目组合作推进。其中，与企业数据变革项目组合作，针对各管理领域的核心主数据进行标准化的设计，如标准编码、命名规范和标准化应用原则等；与管理变革项目进行协同，将管理提升和信息化建设很好地结合起来，以管理变革引领信息化规划和建设，以SAP ERP系统实施来促动并支撑管理提升的落地。

对核心业务需求进行调研、梳理和必要的标准化，利用SAP ERP系统作为企业信息化业务管理平台，借助SAP ERP通用且先进的标准业务流程、系统功能及化工行业的最佳实践，形成了规范且通用性强的业务流程设计和系统解决方案，进一步规范内部的管理方法和管理流程，减少人为因素的影响，促进了企业级数据和管理信息的标准化。

中国蓝星已完成的ERP全球模板包括八大功能模块（财务管理、管理会计、物料管理、销售管理、生产计划、工厂维护、质量管理、健康与安全），186个业务流程，194个业务场景。

（五）以关键价值活动为基础，推进管理提升

1. 整合财务体系，增强总体资金运作能力和抵御风险能力

确定财务信息化与管理提升的愿景，即转型为创造价值的战略支持性财务。主要目的是加强资金的专业化、集约化管理，并通过资金集中，增强集团总体资金运作能力和抵御风险的能力（见图4）。

按照标准化、集中化和一体化的原则，进行财务组织设计，横向上明确划分事务财务与战略财务，按照业务类型建立综合财务、资金管理与计划分析三个职能团队，并对每个岗位的职责进行标准化的详细定义，按照职责分离的原则，将存在内控风险的职责明确地分配到不同岗位；纵向上与公司整体组织结构的变革保持一致，在运营管控模式下，通过定义实虚线管理与实虚线汇报理清管理条线。

结合财务运营的实际情况，区分由SAP ERP系统支撑与系统外流程活动，规范和设计出完整的流程框架，建立标准化高效业务流程与控制点，建立关键流程的流程文档和表单，提升SAP ERP和非SAP ERP企业的流程绩效，规范核心财务制度，为事务财务职能向共享服务中心迁移奠定基础。明确营运资本监控指标体系及各层级财务、业务部门的相应管理职责，提高资金流动性和资金周转效率，有效降低财务风险。

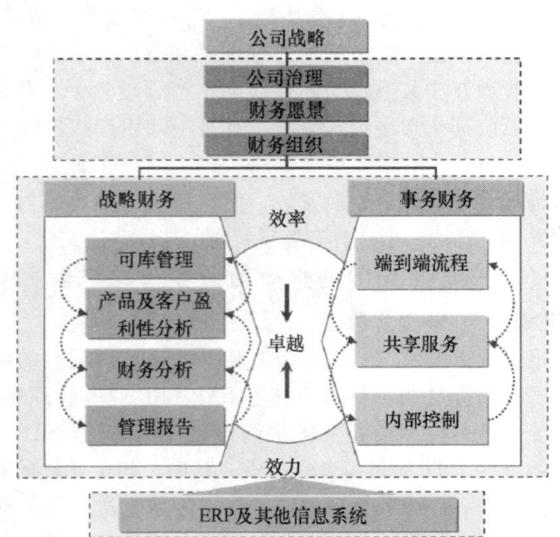

图4 财务管理变革与信息化建设

根据全球最佳实践，健全和完善财务职能与流程体系，实现从上至下的一体化财务管控，结合细化的财务组织方案，制作15个核心管理流程及相应流程说明，使之与SAP ERP保持一致；对资金管理方案进行延展，建立投融资管理及营运资本管理的相关政策制度；结合SAP ERP实施进度，提出共享服务中心实施的可行方案及建议，利用信息化手段使财务变革的收益得到固化和优化。

2. 整合采购体系，实现战略型采购

打造全球供应链，打破各自为战、分散的采购模式，推行符合行业最佳实践的战略型采购模式。及时获得采购物料，保证物料品质，降低采购成本。采取矩阵式的组织结构，在总部设立战略采购部，以类别采购为主线管理整个集团的采购。战略采购部下设类别团队，类别团队以总部的类别经理为主，下属企业类别采购成员为辅，负责战略物料采购。明确总部和下属企业采购部门的职责和分工。总部主要负责类别采购策略的制定、采购流程的制定和优化，战略供应商的管理，战略物料寻找供应商、合同谈判以及采购人员的培训和发展工作。下属企业的采购部门负责采购的执行工作，如分别签署合同、下发订单、协调物流、管理库存等。制定供应商选择和管理流程等8个流程（由25个子流程组成），与财务流程和SAP ERP的业务流程相协调匹配。为战略采购体系制定出31个采购相关的KPI，在所有下属企业实施了集中采购管理信息系统，完成一整套采购手册，为采购部门提供工作指导和标准化模板。

在实施中，制定3个轮次20个类别的类别采购策略，在批准实施的类别管理第一轮次和第二轮次的采购策略中，通过集中采购信息系统，固化集中采购管控流程，使整体支出透明化、可视化，并为采购团队建立能力素质模型，制定相应的培训课程体系和管理体系，进行多轮次的类别管理培训，以确保相关人员充分领会、掌握类别策略。同时，在下属企业全面推行集中采购信息系统，对采购的物料进行分类，并制定初步的分类标准。设计出25个标准业务流程，内容包括战略采购、运营采购、治理结构和关键绩效指标考核框架。这些流程设计和SAP ERP密切联系，确保将来SAP ERP系统的顺利过渡。

3. 实现精益生产，培育持续改进文化

中国蓝星成立持续改进指导委员会和持续改进办公室。前者是持续改进的最高决策和领导机构，负责确定年度持续改进的战略和目标；后者是指导委员会的常设执行机构，负责持续改进程序和政策的制定和推行。由持续改进办公室为组织，在4家企业试点。通过学习GE、丰田、杜邦和陶氏化学等的精细化管理，以绿带示范项目为组织单元，广泛发动员工提合理化建议，挖掘出改进机会。

为提高各个工厂的生产水平、运营效率，中国蓝星结合精益生产和六西格玛方法的精髓，努力消除浪费，提高效率。2008年对4家试点企业进行精益评估和关键产品价值流图的绘制，挑选出16名绿带候选人参加精益六西格玛的绿带培训。各企业绿带候选人在咨询顾问的辅导下，实施16个绿带项目，实现财务收益1 200万元，增加现金流1 166万元。

利用管理软件Power Steering搭建起持续改进工作的网络管理平台，实现网络沟通、项目管理和知识管理三大功能。Power Steering管理软件已经实现了各企业上报持续改进项目报告、上传持续改进项目文档的功能。

二、基于信息化的管理提升实施效果

（一）初步解决了“集而不团”、“大而不强”的矛盾

“五化”目标已初步实现。经营模式专业化已在投资、财务、资金、采购、生产运营等职能中实现，还要实现人力资源、销售、IT服务的等职能的专业化管理；核心业务集中在化工新材料、特种化学品和环境科学三大业务板块，其他非核心业务将在中国化工集团公司内部重组中剥离；业务流程标准化已在财务管理、采购管理、绩效考核、IT管理中实现。即将实现海内外企业间的协同；资源能力共享化集中表现在财务资源、资金管理、战略采购中，将进一步在人力资源、信息资源中实现集中管理和共享；供应链全球化已有一定基础。

中国蓝星建立了战略决策、管理中心和运营中心，实现了对下属企业的运营管控。战略型采购和战略型财务制度基本确立，从集团总部——事业部——专业公司形成了集中采购和财务集中，集团管控的优势明显。实现了资金集中管理，优化了融资管理，集中信贷资源，通过资金内部融通手段，可减少上亿元贷款。初步解决了中国蓝星“集而不团”的矛盾，为进一步解决“大而不强”的矛盾奠定了基础。

（二）成本优势的加强，获取了与外国跨国公司竞合的优势

成本优势在目前及未来一段时间内一直是中国企业与外国跨国公司竞争合作的主要优势。通过管理提升与信息化建设，中国蓝星的成本优势得以巩固和加强。

到2008年底，中国蓝星节约财务成本近3 800万元。到2009年5月，累计节约采购成本2.2亿元。2009年8月，124个绿带项目和29个黑带项目为企业创造的总收益超过7 000万元。企业数据的标准化，减少了企业数据冗余，节省重复统计等支出1 000万元。统一的ERP信息化平台在6家企业中完成，梳理和优化了186个业务流程，取得间接效益上亿元。

（三）企业能力提升，奠定了具有国际竞争力跨国公司的基础

一是人员能力得到大幅度地提升。引进了20名国际化职业经理人；培训出14名高级类别采购经理、六西格玛黑带28名及绿带124名、40名SAP ERP内部顾问；一千多名企业领导和业务骨干得到了专题的知识转移，启动了继任者培训计划，形成了人才梯队。二是企业的合规能力显著加强。共梳理和优化了186个核心业务流程和众多的管理流程，从流程、工具及解决方案等方面强化内部规范管理，符合有关外部监管政策、法规方面的要求。三是企业财务管理、采购管理等达到国内先进水平。通过提升财务管理能力力，支持了企业各项业务经营与管理的决策，进而提升各项业务在国内外市场的竞争能力。通过提升采购管理能力，优化了内部供应链，为打造整体竞争力奠定基础；通过发展战略供应商，不仅保证了稳定的物料供应，还降低了成本。四是持续改进的企业文化基本形成，通过减少“浪费”而实现成本节约；对资源、能源进行合理利用，进而减少各种消耗；对企业运营进行全过程扫描，发现关键机会，并通过优化物流和信息流，改善现金流和提高利润率。五是跨国经营能力有着明显地提升。核心业务的市场控制力得到了有效的加强；形成了国际化公司的组织及治理体系；财务、采购、物流等职能管理集中，一体化能力形成；与客户、供应商，及国内、外市场的协同能力形成。

2008年，中国蓝星主要产品国内市场占有率比2006年均有较大的提高，有机硅达到13.8%，PVC糊树脂与丙稀酸丁脂分别20.0%，PBT达到23.5%，聚醚达到20.0%。在全球市场上，中国蓝星的蛋氨酸业务排名第二、有机硅业务排名第三。全年实现主营业务收入385.4亿元，同比增长14.8%；实现利润总额17.3亿元，同比增长17.7%。

大型低品位油气田全方位创新开发管理的实践与研究

中国石油长庆油田公司

《国民经济和社会发展第11个5年规划纲要》提出的建设创新型国家、构建创新型体系，坚持以市场为导向、企业为主体，把增强自主创新能力作为中心环节，大力提高原始创新能力、集成创新能力和引进消化吸收再创新能力，为我国企业可持续发展和积极参与全球竞争进一步指明了方向，具有重要的现实意义和指导意义。

能源供给安全是经济保持稳定增长的关键，关系着国家的安全、社会的稳定和人民的安乐。我国从1993年开始成为能源净进口国，未来缺口将越来越大，根据新一轮油气资源评价结果，石油资源量中属于低品位的为54.0%；天然气资源量中属于低品位的为50.0%。国有大型能源企业肩负国家重任，积极探索低品位油气资源的经济有效开发，实现企业持续发展，保障我国能源供应安全，这就需要全方位创新低品位油气资源开发管理模式，这是国家赋予企业的时代使命。

一、低品位油气田的定位

“低品位”油气田是一个相对概念，是相对于已发现的规模大、丰度高、油品好、产量高油气田的“高品位”资源而言的，也是相对于一定时期的技术经济条件而言的。

自然界中的“低品位”资源数量相当大，有些盆地的“低品位”资源总量可以等于甚至超过“高品位”资源总量，其重要性不容忽视。发达国家十分重视对本土“低品位”资源的利用。

油气资源的开发总是随着勘探工作的加深，找到的油气储量中“低品位”的比例必将越来越大；随着开发时间的延长，剩余的资源中因开采多年而品位变低的比例也将增加，其地位将日益重要，唯有全方位创新，才能促进低品位资源又好又快地开发，缓解国内油气供应的紧张局面。

长庆油田所在的鄂尔多斯盆地大部分油田都属于低渗、特低渗油田。20世纪80年代，我国仅在鄂尔多斯盆地北部地区就探明低品位油藏储量数亿吨，其平均有效渗透率只有0.5毫达西，国际上把渗透率在0.1～50毫达西之间的油藏界定为低品位油藏。影响低品位油藏开发效果的因素主要是渗透率级别、天然能量强弱及油藏埋深。开采难度较大，其有效持续开发一直是国内外面临的一个普遍的难题。

二、低品位油气田全方位创新的开发与管理

长庆油田由于地理环境处于黄土高原的沟壑和毛乌苏沙漠地区，地质条件极其复杂。开发这样的油田所需要的前期勘探投入、开发建设和外输管线成本都居高不下。长庆苏里格气田是中国第一个特大型低品位整装大气田，是中国石油开发低品位油气田中最具代表性、最具示范作用、最成功的一个典型案例。长庆苏里格气田是一个低孔、低渗、低压、低丰度、低产量的岩性圈闭大气藏，国内外都没有开发这类低品位油气资源的经验和技术。在开发过程中，长庆油田探索观念创新、技术创新、组织创新、管理创新、文化创新等全方位创新，攻克了长庆苏里格气田经济有效开发的世界性的难题，到2009年成功建成百亿立方米大气田。

一个组织所具有的快速、持续创新并且传遍整个组织的能力，越来越被认为是保持竞争优势的唯一途径和新价值产生的唯一源泉。长庆油田根据企业价值主要来源、企业发展主要驱动力，运用现代管理方法与手段，针对低品位、低气压、低产量等低品位油气资源特点，以低成本、短周期、低风险开发为目标，全方位开展企业创新，以观念创新为先导，解放思想，明确开发新思路，实现科技创新、组织创新、管理创新的有机结合，形成“技术集成化、建设标准化、管理数字化、服务市场化”的低成本开发途径，探索建立大型、低品位油气资源开发和管理的新模式。

（一）解放思想，重新认识

思想观念落后是制约企业改革与发展的主要因素，长庆油田坚持把改变传统观念和工作习惯作为推进企业发展的第一“工序”，决策层适时提出了“重新认识鄂尔多斯盆地、重新认识长庆低品位、重新认识我们自己”的三个重新认识，为全方位创新“大型低品位油气田开发管理模式”提出了切合实际的指导思想。

坚持控制投资、降低成本、经济有效开发的理念，树立勘探开发每个环节都必须控制投资和降低成本的思想，努力落实凡是与单井有关的投资和成本都必须严格控制的各项措施。积极开展技术创新、管理创新，推动市场开放，降低成本。

（二）创新合作开发体制和机制

长庆油田通过招标优选合作对象，确定与5家企业合作开发苏6等7个区块。由长庆油田开辟苏14重大开发试验区，引导合作开发，形成“5+1”开发体制。“5+1”合作开发体制充分调动了建设队伍的积极性，打破地域限制和内部体制的桎梏，实现了优势资源整合，为长庆苏里格气田的有效开发创造了条件。

1. 整合油田内外资源

从队伍引进、风险防范、质量控制、市场监管等关键环节加强管理，培育健康高效的气田建设市场，实现了国有资本和民营资本的有效融合。包括钻井、压裂、测井、试井、设备配套、材料贸易、生活服务、科技服务、土建工程施工等全部通过市场化运作实施服务外包。由于市场的开放、公平合理的竞争机制，使大量社会民营工程技术服务队伍自发地云集长庆苏里格气田。

2. 实施“六统一、三共享、一集中”管理

长庆苏里格气田地域辽阔，经济欠发达，可依托的社会资源有限。为了适应长庆苏里格气田的快速发展，逐步形成了“六统一、三共享、一集中”管理。“六统一”即：统一规划部署、统一组织机构、统一对外协调、统一技术政策、统一生产调度、统一后勤支持；“三共享”即：资源共享、技术共享、信息共享；“一集中”即集中管理；集中协调管理，统一规范标准和市场运行机制，分散技术决策，为长庆苏里格气田实现标准化、数字化、信息化、智能化的生产管理目标创造了条件。

3. 推进服务市场化

根据社会主义市场经济的规律，为社会各方提供了一个参与竞争的平台，把众多的合作者吸纳进来。长庆苏里格气田巨大的探明储量和服务市场让合作者看到了潜在的利益。充分发挥市场在资源配置中的基础性作用，坚持开放市场、主体平等、公平竞争的原则，积极组织社会力量，动用民营资本组建的工程技术服务队伍，通过市场使长庆苏里格气田开发在较短的时间内引入大量钻井、测井、录井、生产生活保障等队伍，给长庆油田减少了大量的固定资产投入、节省了开发时间、省去了技术工人的培训及安置等一系列问题。解决了工程技术服务短缺的问题，推进了长庆苏里格气田开发的整体有序性。

（三）集成化科技创新

在长庆苏里格气田开发评价阶段，组织专业技术人员进行开发技术和经济效益综合分析，找出影响长庆苏里格气田开发的关键技术之后，开辟技术试验区，组织力量，各个击破，进行技术攻关，完成了以高精度二维地震为核心的井位优选、以PDC为代表的快速钻井技术、以井下节流为关键的地面简化技术等一系列技术攻关与创新。创造出了钻井周期6天23小时的纪录。

（四）推建模式创新

始终遵循标准化设计、模块化建设、精细化管理的低成本的建设思路和方法，从降低开发成本的角度、根据建设现代化大气田的需要，提出了“技术集成化、建设标准化、管理数字化、服务市场化”的开发思路，有力地推动

了全面成本管理体系的形成。

1. 标准化设计

标准化设计核心就是工艺流程通用、井站平面统一、工艺设备定型、安装预配模块组装、建设标准统一，最终形成一套标准、通用、系列相对稳定、适用于地面建设的指导性和操作性文件。标准化设计适应大规模建设的需要，对设计资源进行重新优化配置，将广大技术人员从设计环节的重复劳动中解放出来。目前，在长庆苏里格气田标准化使设计图纸复用率达到95.0%以上；每座站节约投资60多万元；地面单井的平均投资由2002年气田开发初期约500万元降低到约150万元。

2. 模块化建设

在地面集输工艺流程定型的前提下，探索出一套标准化、规范化、模块化的设计理念，形成标准化、规范化、系列化的设计和施工方法，实现“室内批量预制、现场快速组装”，主要包括：组件工厂预制、工序流水作业、过程程序控制、模块成品出厂、现场组件安装、施工管理可控。模块化建设提高了生产效率和建设质量，新建集气站安装施工工期由原来的45天降低到14天，总体有效工期由原来的111天降低到60天，处理厂建设周期由14个月降低到9个月。

3. 低成本开发

按照“统一、简化、协调、最优化”原则，通过建立和完善井口保护、巡线、站场作业、标准程序等一系列管理规定，建立各项工作标准体系，优化业务流程，明晰工作界面，明确权责关系，实现业务活动的流程化、规范化，推动管理效率的不断提升，推进管理创新，提高管理效率，同时也实现了建设运营成本的降低。

（五）创新生产运行管理

油气田生产管理最大的工作量就是巡井和生产后期大面积的间歇生产井的频繁开关，实现数字化管理就成为实现规模有效开发的关键。用数字化系统提高管理时效，并成功研制了一套智能化生产管理控制系统，该系统可实现数据自动采集、方案自动生成、实时诊断、单井电子巡井、远程自动控制、资料安全共享。依靠指挥中心和集气站二级平台进行高度自动控制，对整个气田生产过程的自动化、科学化、数字化、现代化管理，提高了工作效率和安全管理水平。

（六）创新企业文化

1. 弘扬大庆精神、铁人精神、解放军文化、延安精神（革命老区文化）

长庆油田从20世纪50年代开始勘探，1970年成立会战指挥部。在半个多世纪的发展历程中，不断培育、积淀形成了长庆企业文化。其中所蕴涵的三种文化传统，为长庆创业、会战和成长提供了强大的精神动力。一种是以大庆精神、铁人精神为核心的中国石油工业战线的优良传统，培育了长庆人“爱国、创业、求实、奉献”的崇高品格。二是与生俱来的解放军文化（长庆油田原为于兰州军区长庆油田会战指挥部），培育了长庆人令行禁止的强大执行力。三是以延安精神为核心的陕甘宁革命老区地域文化，培育了长庆人忠诚敬业、艰苦奋斗的奉献精神。这些长期积淀并不断发展的文化精髓，是支撑长庆发展的宝贵财富，也是长庆特色文化形成的丰厚资源。

2. 发扬真诚合作文化

在开展对外合作方面，长庆油田经过多年的实践与探索，逐步认识到合作就必须给予合作方利益，否则合作就没有了基础。长庆油田在过去合作中曾经把“最难啃的骨头”交给合作伙伴。但在长庆苏里格气田的合作中，长庆油田完全摈弃了过去的思路，确立了“互利双赢”的合作理念，以真诚的态度，真心实意地为合作伙伴着想，在不违背保密原则的前提下实现资源共享。理解、尊重、支持构筑了和谐的合作氛围，也形成了代表长庆企业文化的协作精神。

3. 加强基层建设

长庆油田在高度重视“以人为本”的核心价值理念，并将这种理念付诸于实践，推动长庆油田各项事业蓬勃发展。以落实岗位责任制、强化现场管理为主要内容，以提高员工队伍素质为目的，不断提高基层规范化、安全化管理水平，通过创建“五型”班组、推广“6S”管理等活动，确保生产环节严密受控，实现无缝交接，杜绝生产管理出现漏洞。

三、低渗透油气资源开发的意义

长庆油田通过对低渗透油气资源开发建设过程中的全方位创新，实现了低成本、短周期、低风险的开发目标，实现了天然气生产能力和产量的快速增长。作为首都主要的天然气供应者，位于鄂尔多斯盆地的长庆油田通过加快气田勘探开发力度，快速提升给北京供气的能力。长庆油田的开发与建设带动周边地区相关二、三产业的滚动发展和劳动力的吸纳。对推动国家西部大开发战略实施，促进和带动地方经济社会发展，支持革命老区建设和社会公益事业，做出积极贡献。

低渗透油气田的经济有效开发盘活了现有资源，解放了难以动用的储量，弥补了国内天然气需求的缺口，增强国家能源安全保障能力。因此，全方位创新是低渗透油气田科学有效开发的必然选择，实践中的不断总结、提升也是探索开发道路的必要步骤。本项目必然能够为长庆开发道路的发展提供理论保证，并且为相关产业、企业的发展提供经验支持。

（撰稿：冉新权　李安琪　唐家青　惠　宁　姚宏彦）

基于信息化平台的成品油公路配送优化管理

中国石油四川销售分公司

一、成品油公路配送优化管理的背景

油品配送是指油品装载、运输、接卸的全过程，从成品油销售行业讲，成品油配送包括从炼厂到销售企业油库的一次运输和从油库到加油站和终端客户的二次配送。成品油公路配送优化管理就是基于二次配送的整体优化提出的。

油品配送历来被国际油公司所重视，但目前我国油品配送大多处在分散管理、手工作业、环节复杂的低水平阶段，管理水平明显低于国外成品油销售企业，直接影响到企业的效益和竞争力。

二、成品油公路配送优化管理的内涵和主要做法

成品油公路配送优化管理是以供应链理论为基础，以信息化技术为平台，以流程优化和制度完善为手段，以提效降本和优化管理为目标，以实现大物流、大系统、大成本和大安全为原则，形成成品油储、运、收、存闭环管理的新的配送一体化管理。主要特点有：

一是配送模式更加优化。变过去成品油公路配送由各地区公司和第三方承运商分散管理为集中管理，实现了“省区公司一级调度、销售商和承运商集成管理、物流管理全省集中优化”，变加油站要货制为主动配送制，变传统经验配送为优化配送，特别是在应急保供情况下，达到实时调度控制的目的。

二是管理手段更加先进。变过去成品油公路配送管理主要依靠手工作业向信息化管理转变，完成了油品出库、第三方运输、到站接卸、运费及管理信息反馈的全过程的信息化闭环运行。

三是流程制度更加健全。梳理了业务流程和有关制度，减少多余流程5项，压缩管理环节2个，减少管理岗位2个，整合6种票据为一票通，通过信息化平台实现对成品油配送的全过程、全方位、全天候监控，提高了管控能力，配送制度流程也更加清晰合理。

主要做法包括：

（一）确定成品油公路配送优化管理的目标和重点

1. 明确优化管理目标

四川销售分公司成品油公路配送优化管理的目标是“提高配送效率，降低配送成本，压缩管理环节，堵塞管理漏洞”，即大幅缩短配送响应时间，将车辆运行效率提高到2次/日以上，全年节约配送费用1 000万元以上，精简配送环节和管理岗位，对运费结算和商品运输实时监控，减少资金结算和商品运输过程中的风险。

2. 构建整体框架

成品油公路配送优化管理的构架是“形成一个模式，打造一个平台，完善六项功能”，即形成信息化管理模式，打造高度集成的成品油公路配送信息化管理系统，完善物流优化、资金结算、运输监控、集中调度、系统融合、成本控制等。

3. 确定实施原则

成品油公路配送优化管理的实施原则是“大物流、大系统、大成本、大安全”，大物流即将企业的自有物流（包括加油站、油库、人员等）与第三方承运商实现配送信息与资源的实时共享，最大限度的利用社会各方面的资源，减少物流总支出，降低运营成本，实现物流的全局优化；大系统即将成品油公路配送信息管理系统和公司现有的营销业务使用的ERP系统、财务管理使用的FMIS系统和油库业务等系统进行融合，实现六大系统信息采集、处理的联合和数据的共享；大成本即将物流成本从传统的运输费用控制向上游的管理费、人工费和办公费延伸，形成一个扩展的、完整的企业成本管理框架，通过加强企业内部各个环节、各部门成员、全过程的成本管理与控制来实现物流费用的降低；大安全即将过去更加关注消防安全向关注交通运输安全、油库和加油站作业现场安全、资金安全、商品安全转变，对造成人、社会公共秩序和生产秩序的各种危害或威胁给予全面、系统的监控。

4. 定位开发方法

成品油公路配送优化管理信息系统的开发方法是“广征博采、吸收借鉴”，公司对美孚、壳牌、BP等国际油公司采用的RETAIL、CROSS、IMO等配送优化模式进行综合的评估分析，吸收其先进的理念，同时组织内部业务专家反复论证，制定可行性报告和初设方案。

5. 确立运行步骤

运行步骤是“分步试点、推广完善”，选择有代表性的5家地区公司进行试点后，在23个地区公司全面推广，并不断根据实际操作中反应出的问题对系统进行完善和优化，如针对实际需要屏蔽了与操作岗位无关信息，将系统延伸到加油站等。

（二）重塑成品油公路配送的制度流程体系

1. 推行经济区域配送

打破原有的23个行政区划，统一各地区公司使用的票据，依托现有的油库和运输公司的运力，构建8个经济片区和8个物流中心的整体构架，对成品油按经济流向和运距最优进行配送。

2. 统一集中调度车辆

由过去各地区公司承运商自发无序组织向全省范围内的车辆统筹安排转变，当某车队出现运力紧张或遇堵车等突发情况，抽调邻近车队的空闲车辆进行支援，实现车辆调度的快速响应和整体联动，提高配送车辆的周转次数。

3. 优化配送路线

针对四川地处西南，辖区范围大，区内平原少，丘陵、高山和峡谷多，道路坡多、弯急的特点，根据实际里程数确定每个加油站的最优和次优配送油库，避免过远运输、迂回运输、无效运输和重复运输。

4. 整合流转票据

将原各地区公司的《成品油配送通知》、《成品油配送运单》、《内（外）部调拨单》、《油品灌装单》、《成品油配送交接单》等票据整合为包含28项内容的《油品灌装及交接单》，作为记录信息和数据的载体。

5. 精简管理岗位

实现物流监管岗位的标准化管理，减少地区公司营销管理部门驻库开票岗、驻异地油库提油岗，精简计划调度岗人员配置，同时也为第三方运输公司压缩管理岗位创造了条件。

（三）开发运用成品油公路配送信息化管理平台

1. 完善硬件基础设施

针对配送相关岗位计算机配置低、运行速度慢的情况，更新配送计划岗、油库发油岗和运输公司车队计划调度岗的计算机、打印机，为系统运行提供硬件保障，选购速度快、性能佳的服务器，并增设"双机热备"功能，确保系统稳定运行和数据安全。

2. 分步自主开发信息管理系统

在深入调研后，四川销售分公司立足实际，本着"投入少、功能简捷、应变力强、包容性好、扩展性强、易推行"的开发原则，自主开发成品油公路配送优化管理软件。

3. 打造物流、信息流、资金流三流合一的配送管理平台

在成品油公路配送优化管理信息系统上融合业务ERP系统、营销审批系统、财务FMIS系统、零售信息系统和油库业务系统，物流、信息流和资金流通过该系统融合在了一起。

（四）加强成品油公路配送全过程控制

1. 实行油品配送闭环管理

地区公司营销管理部门将配送计划通过系统传递到运输公司车队，车队根据接收到的配送计划安排车辆，并通过系统将信息传递到油库，油库根据配送计划发运油品，同时将发运情况通过系统传递到加油站，加油站收油后再通过系统将收油情况返回到地区公司营销管理部门，实现了油品配送的全过程闭环管理。

2. 优化运费结算管理

在系统中固化运费计算公式和配送站点与配送油库之间的距离，每笔配送任务完成后，系统会自动根据配送量计算出该趟配送运费，并自动统计汇总当月配送运费，省公司通过信息系统的运费管理模块直接查询每笔配送信息及其发生的运费，运费管理完全透明，费用发生清晰可查。

3. 优化油品损耗管理

配送计划的执行情况，包括配送车辆在油库的换票时间、装油时间、离库时间，管理者都能在系统中进行实时监查。配送车辆到达加油站，加油站管理人员在计量后，将油品实收数量录入系统，在与油库实际装油数量自动对比后，损耗情况一目了然。

4. 优化车辆调度管理

运输公司通过系统的运行管理模块查询到车队车辆当日及次日配送计划以及车辆调度计划，了解各车队配送任务量，在车辆调度模块中查找各车队的空闲车辆，通过系统下达指令将空闲车辆调度到相邻的运力紧张的车队，实现配送车辆的统筹安排指挥和集中调度管理，提高配送计划的时效性，防止因配送原因导致断档脱销。

5. 优化油品配送管理

建立省公司、运输公司、地区公司、加油站和油库五个层面的系统操作管理平台，打破信息传递瓶径，配送更加高效准确，区域优化配送得以实现。

三、成品油公路配送优化管理的效果

实施基于信息化平台的成品油公路配送优化管理后，公司建立起了一套符合四川省客观情况，适应企业发展需要的新型公路配送管理方式，管理效率明显提高，取得经济效益和社会效益的双丰收。

（一）形成了新的成品油公路配送管理方式

通过实施成品油公路配送优化管理，公司形成了一套全新的成品油公路配送管理方式，实现了六个转变。一是配送方式由原来的按行政区划配送转变为按经济流向和运距最优进行配送；二是物流管理由各地区分公司和第三方承运商分散管理转变为全省集中管理；三是车辆调度由过去各地区公司承运商自发无序组织转变为全省车辆统筹安排；四是资源配置由过去加油站自行要货转变为根据销售情况主动补货；五是运输监控由传统的事前指令事后检查转变为商品、车辆的全过程监控；六是管理手段由传统手工操作转变为信息化管理。新的管理方式实现了成品油公路配送全局优化，较好的堵塞了管理漏洞，降低了配送成本，保障了物流安全，特别是增强了企业在市场紧张或者特殊情况下油品保供能力。在2008年的5·12汶川特大地震和2009年的泥石流、洪水灾害期间，四川销售分公司在道路损毁严重的情况下，通过优化配送管理有效保障了灾区救灾和生产生活用油。

（二）提升了成品油公路配送管理效率

通过实施成品油公路配送优化管理，四川销售分公司实现了企业内部商品、资金、配送、信息的集中管理，管理效率大幅提升。重塑配送制度流程使物流管理环节得到优化，岗位人员有效精减，劳动生产率进一步提高。

（三）取得了显著经济效益和社会效益

通过实施成品油公路配送信息化管理，企业经济效益显著提高。本项目开发和推广过程共计投入362万元，项目实施后，据测算仅四川销售分公司和运输公司一年产生的效益达3 380万元，经济效益十分可观。其中，实行区域配送和线路优化，每年节约直接运费780万元；节约运力降低车辆购置费用等固定投入1 100万元；优化管理环节，精简调度、运输相关岗位255个，节约人工成本约1 000万元；减少办公场所租金、通讯费、票据等开支，节约办公费用500多万元。

（撰稿：温明友　刘华治　帅　虹　胡朝晖　郭　博　张光辉）

以可持续发展为目标的绿色化工企业建设

重庆紫光化工股份有限公司

重庆紫光化工股份有限公司（简称“紫光化工”），由“三个一”（一个停产车间，一千万元资金，一项中试技术）起步，经过十年来的快速健康发展，已建设成为国内规模最大、技术最先进、成本最具竞争力的天然气精细化工生产基地。公司的又好又快发展，得益于坚持走可持续发展为目标的绿色化工企业建设。

一、可持续发展为目标的绿色化工企业建设产生的背景

走资源节约、环境友好的可持续发展道路是化工企业贯彻落实科学发展观的需要，是化工企业履行社会责任的需要。紫光化工成立时即面临着生存和发展的严峻考验，原永川化工厂黄血盐钾产品有市场、有效益，但属于20世纪70年代的传统生产工艺，消耗高、成本高，环境污染严重，持续多年处于严重亏损和半停产状态。紫光化工于2000年完成对黄血盐钾清洁生产新工艺的技术改造，并依托该车间开始发展以天然气深加工为核心的精细化工中间体，并将产业定位在氢氰酸（HCN）及其衍生物的研发、生产和销售。

二、以实现可持续发展为目标的绿色化工企业建设的内涵和主要做法

以实现可持续发展为目标的绿色化工企业建设的内涵：以科学发展观为指导，把绿色化工作为企业发展的根本方针；持续推进技术创新，通过变革工艺从源头上解决污染的同时，不断推出新产品新技术，为企业生存和可持续发展打下基础；抓住机遇高效整合资源，打造绿色化工产品链，使企业低成本快速扩张；强化“三废”治理、节能降耗和循环经济建设，不断提升经济运行质量和企业综合竞争力；强化科学有效的保障机制，提升绿色化工企业建设的执行力。主要做法是：

（一）牢固树立可持续发展的绿色化工理念，确定企业发展目标

紫光化工成立之初，立足氰化物行业门槛高、经营风险大、科技含量高、投资回报高等特点，提出了“绿色化工、紫光使命”的经营理念，并将其作为公司核心文化的要素，融入到生产经营活动中。

以绿色化工理念确立根本方针。紫光化工在战略规划中，将发展目标确定为“建设成为精细化、专业化、国际化的特殊化学品制造商；建设成为技术创新型、资源节约型、环境友好型、本质安全型的现代化工企业；建设成为具有高度社会责任感和紫光文化特色的和谐企业”。

以绿色化工理念确立产业定位。紫光化工依托重庆丰富的天然气资源，大力发展天然气精细化工，重点推进HCN及其衍生物领域中技术含量高、投入低、高附加值产品的研发和产业化。

以绿色化工理念树立市场目标。紫光化工瞄准空白市场，致力新产品、新技术的研发，为客户提供具有“绿色化工”意义的产品，为下游产业环境友好创造有利条件，从而构建互利双赢的产业链条，带动下游产业共同发展。

树立绿色化工企业形象。紫光化工引入国外HSE（企业健康、安全、环境管理）体系，通过ISO 14001环境管理体系和OASIS 18000职业健康安全管理体系认证，在优化企业管理的同时，逐步树立绿色化工企业形象，提升了紫光化工在行业内的知名度和美誉度。

（二）狠抓技术创新，通过新产品、新技术打造绿色化工产业

紫光化工坚持持续不断的科研投入，围绕绿色化工生产工艺进行研发和技术提升，逐步构筑起支撑绿色化工企业的产业链条。

1. 加大投入打造国内一流的氰化物技术创新体系

紫光化工投入近亿元建设了重庆化工行业目前唯一的一家国家认定的企业技术中心，逐步建设了一支国内一流的HCN及其衍生物领域的技术人才队伍，其中博士、硕士50余名，形成了重庆主城区的研发中心、永川本部的研发和中试基地、江苏昆山的技术窗口相配套的技术创新格局。

2. 开展集成创新，不断增强绿色化工产业技术的核心竞争力

紫光化工坚持关键技术自主开发，配套技术整合高校和科研机构的资源，走出了一条推动企业可持续发展的集成创新之路，取得了一大批科研成果，拥有发明专利授权或专利申请共9项、国家重点新产品2个、国家技术创新优秀项目1个、国家火炬计划项目1个和重庆市高新技术产品6个。

3. 构筑以清洁生产工艺为核心的绿色化工技术支撑

紫光化工开发氨氏法HCN清洁生产技术、黄血盐钾清洁生产新工艺、苯胺基乙腈清洁新工艺、亚氨基二乙腈生产技术、高品质精细化工中间体生产技术，形成以清洁生产技术创新成果为核心的绿色化工技术支撑。

4. 创制新产品、新技术，携手下游共同发展

紫光化工通过技术创新先后推出苯胺基乙腈产品、亚氨基二乙腈产品，为下游靛蓝和草甘膦行业的环境友好、技术进步创造极为有利的条件，带动下游共同发展。

（三）加强三废治理和节能减排，为企业生存和发展提供保障

紫光化工紧紧围绕建设绿色化工企业的要求，切实加强三废治理和节能减排，为企业的生存和发展提供了强有力的保障。

1. 配套完善环保装置，有效治理三废

紫光化工配套新项目和新基地建设，持续加大环保投入，环保设施累计投入超过亿元，建成HCN尾气焚烧装置、废液焚烧装置、废水生化处理装置等一系列技术先进的环保处理装置，实现了“三废”达标排放和环境友好。

2. 持续、深入推进节能减排

紫光化工采用节能新技术和新设备，淘汰落后工艺，装置能耗大幅下降；配套建设了HCN汽包、甲醛尾气汽包、液氨汽化冷量回收装置等，收到了良好的节能效果；坚持对生产装置在工程和工艺上持续改进和优化，从源头控制工业废水的产生。

（四）加强并购重组力度，打造绿色化工企业产业链

紫光化工九年来先后重组原永川化肥厂、丰都化学品工业公司、重庆天玄化工公司、重庆容器厂，控股重庆万利来化工有限公司，采用新技术、新产品与重组资产进行嫁接，不断延伸产业链，实现大宗原料自主配套，为主导产品的发展提供巨大空间。随着重组资产的管理逐步成型到位，以及公司资产的快速增长，紫光化工于2009年从初时采用分厂经营制转为分、子公司经营模式，形成集团化管理架构。

（五）加强管理，以制度保障紫光化工走绿色化工之路

1. 建立科学决策机制，确保发展目标的稳定实施

公司继承了国有企业长期积累的先进管理经验，借鉴了民营企业灵活的用人、用工和分配机制，导入了国外企业先进的经营理念和管理技术，大大提升了公司的科学决策水平

2. 形成绿色化工评价考核体系

绿色化工考评管理细分为基础管理、技术进步、专项活动三个子项目，并形成相应的评价考核制度，融入日常经营管理，分类实施，动态管理。

3. 将绿色化工的重要经济指标与员工收入直接挂钩

产品收率、原料消耗、能耗、废水排放等，特别“三大指标”（HCN氨转化率、518A收率、216对518A的收率）成为员工绩效考核和奖金收入的重要指标，确保了绿色化工企业建设的连续性和有效性。

三、可持续发展的绿色化工企业建设的实施效果

（一）使企业得以生存并发展成为行业领跑者

通过可持续发展的绿色化工企业建设，紫光化工打造出科技含量高、市场竞争优势明显的20余个产品，其中5个主导产品在全球市场的份额均位居前列，这些科研成果的迅速产业化并主导下游产业发展，奠定了紫光化工行业领导者地位。

（二）提升了企业综合竞争力

通过以实现可持续发展为目标的绿色化工企业建设，紫光化工大力推进循环经济和节能降耗，使公司资源利用率处于同行领先水平，万元产值电耗水平是重庆市工业平均水平的60%，每万立方米天然气工业产值是重庆市平均水平的两倍多，资源综合利用、副产物回收利用等创造效益每年过亿元。

（三）经济效益显著，企业实现了跨越式发展

近9年来，通过可持续发展的绿色化工企业建设，紫光化工实现了快速健康发展：资产总额年均增长108%，由最初的2000万元发展到2009年底的30亿元；销售收入年均增长78.0%，由2001年的6 000余万元发展到2009年的20.7亿元，累计超过45亿元；利税总额年均增长110%，由2001年的1 550万元发展到2008年的近7亿元，累计超过12亿元。

（四）挽救了一批企业，社会效益显著

在可持续发展的绿色化工企业建设中，紫光化工先后重组四家国企或集体企业，租赁经营重庆制药九厂，通过注入新机制、新产品、新技术，迅速盘活这些国有存量资产，创造税收累计超过4亿元，安置下岗职工1 000余人。确保了国有资产的保值增值，国有股份在紫光化工的投资回报率累计达1 153%，平均每年增长144%。

国有大型钢铁企业集团管控体系建设

鞍山钢铁集团公司

鞍山钢铁集团公司（简称“鞍钢”）是新中国第一个恢复建设的大型钢铁联合企业和最早建成的钢铁生产基地，被誉为“中国钢铁工业的摇篮”和“共和国钢铁长子”。现具有年产钢2500万吨的生产能力。“十五”以来，面对世界钢铁企业产能过剩、市场竞争日益激烈以及国内大型钢铁企业加快国际化经营步伐的严峻挑战，鞍钢认真践行科学发展观，针对制约企业持续健康发展的管控体系，实施了更为有效的集团化改革。按照经济全球化、经营国际化的要求，总体设计并分阶段建立了集团管控体系，适应了企业发展方式实现“四个转变”的要求，有力地促进了企

业体制创新、机制创新和管理创新，为建设国内一流钢铁企业、进军世界500强奠定了坚实基础。

一、大型钢铁企业集团管控体系建设的背景

1. 深化国有企业改革，实现企业做强做大的需要

国有企业是国民经济的重要支柱，国有企业改革是整个经济体制改革的中心环节。随着全球经济一体化的深入，国内外市场竞争日益激烈，长期计划经济体制下形成的国有企业管理模式已不能适应市场经济的发展。2006年12月，中央经济工作会议提出“以提高竞争力和控制力为重点深化国企改革”。强调，培育一批具有较强的国际竞争力的大公司、大企业集团，是增强国有经济控制力的着力点和落脚点。为此，国务院国资委明确提出，到2010年培育出30～50家具有国际竞争力的大企业集团。而要真正实现国有企业由做大向做强的转变，增强集团管控力是必由之路。从国际大型企业发展实践看，优秀的企业集团无一不是经过集团化运作而发展壮大的，增强集团控制力已成为国际知名企业实施有效管理的重要举措和发展趋势。从国有企业监管实践看，国务院国资委早在2005年12月就已提出：增强集团公司控制力是中央企业集中资源做强做大主业的重要措施，是企业加强管理、规避经营风险的必然要求。从某种意义上说，集团控制力的有效与否，将最终决定国资改革的成果。作为“共和国的钢铁长子”，认真贯彻落实国企改革精神，积极探索增强集团控制力的有效途径，尽快实现企业做强做大，是鞍钢义不容辞的责任。

2. 适应行业发展趋势，贯彻落实国家产业政策的需要

钢铁产业的规模经济性很强，从全球经济发展趋势看，大型钢铁企业的抵御风险能力、综合竞争能力与效益水平要明显高于中小型企业，提高产业集中度已成为全球钢铁工业发展的大趋势。目前，世界上主要钢铁工业国的钢铁产量都集中在少数几家大型企业，而我国虽然钢铁产量已多年位居世界第一，但钢铁产业集中度却偏低，整体竞争能力与国际先进水平相比也有差距。为解决我国钢铁产业的发展问题，国家《钢铁产业发展政策》提出“通过钢铁产业组织结构调整，实施兼并、重组，扩大具有比较优势的骨干企业集团规模，提高产业集中度”的方针，支持我国钢铁企业向集团化方向发展。钢铁企业大型化、集团化的发展趋势决定了未来钢铁行业的竞争将更多是集团与集团之间利用综合管控手法，在资产组合、产业组合、协同效应以及知识管理和组织智商层面的竞争。面对激烈的市场竞争，鞍钢只有尽快建立适应集团化发展的管控模式和运行机制，才能充分发挥集团的规模效益和协同效应，在竞争中获取优势。

3. 集团管控体系建设是实现鞍钢发展战略，提升鞍钢综合竞争力的需要

随着跨区域、多基地、国际化发展格局的形成，鞍钢已经逐步从单一基地的钢铁产品生产企业，发展成为以黑色金属采矿、冶炼及加工，钢铁贸易和冶金工程技术服务为主业，适度发展装备制造、建筑施工、耐火材料等上下游相关产业，由1家A+H股上市公司（钢铁主业）、30余家全资和控股（含相对控股）子公司组成的大型多元化控股集团。随着集团规模和管理领域的逐步扩大，母公司与子公司之间、各子公司之间的沟通与互动日趋频繁复杂，集团内部交易成本、代理成本、控制幅度等问题日趋突出，原有单一基地的工厂、公司式管理模式已经成为鞍钢集团化发展的巨大障碍，亟待实施系统化变革与创新。如何建立标准化的协调与管理制度，以降低集团内部的交易成本；如何对各子公司进行有效的监督与绩效控制，以降低代理成本；如何加强管理决策与分析，以提高控制幅度和能力等问题，均需要统筹规划、系统实施、有效控制。2008年，鞍钢提出了新一轮发展的战略目标：到2015年，年产钢进入世界钢铁行业前10位，成为钢铁业特强、多角化产业具有国际竞争力，能够引领世界钢铁工业发展的特大型跨国集团，实现鞍钢的“全面腾飞”。为保证这一战略目标的实现，无论是兼并重组、多点布局、多角化经营，还是国际化扩张，都需要一套规范、完善、有效的管控体系来支撑。

二、大型钢铁企业集团管控体系建设的内涵和主要做法

集团按照国务院国资委有关要求，围绕企业未来战略发展规划，通过认真梳理现状、创新设计管控模式、规范母子公司功能定位、优化集团组织结构、再造核心业务流程，建设支撑保障体系，形成了以集团战略为导向、以战略型和操作型管控为主要管控模式，以优化的组织架构为管控平台，以流程制度体系、信息化系统、绩效评价体系、审计监督体系和企业文化体系等为保障的，母子公司之间权责清晰、职责规范、协调运转的集团管控体系，促进了集团规模效益和协同效应的充分发挥，企业核心竞争力明显增强。主要做法如下：

（一）诊断管理问题，明确工作思路和方法

管理诊断是集团管控体系建设的基础。鞍钢集团通过引入第三方管理诊断，将原有管控体系存在的问题归纳为七个方面：从战略管理看，集团虽然提出了战略目标，但缺乏系统的战略规划指导各项工作的开展。从战略措施看，集团提出的“向投资新建与兼并重组并重转变，向沿海发展和国际化经营转变，向核心技术的领跑者转变，向技术输出和管理输出转变”，缺少相应的配套措施支撑其落实。从资源管理看，集团内部的采购、销售等重要资源管理分散，没有得到充分利用和共享，未能形成规模效益和协同效应。从管理层级看，集团下属单位管理层级和单位领导行政级别混淆，总部和子公司责权边界模糊，管理层级较多，运营效率不高。从集团职能看，产品研发、物资采购、客户服务职能相对薄弱，战略规划、经营计划、营销策划和科技管理职能是短板。从发展历程看，鞍钢集团管控模式经历了2000年之前的操作型管控（全部职能归由集团统一管理）和2000—2006年的操作下沉型管控（生产、设备管理职能下沉到新钢铁公司，由其代行集团职能）两个阶段。2006年集团实现钢铁主业整体上市后，总部（部分）职能逐步虚化，母子公司管控矛盾凸显。从长远发展看，无论是兼并重组、多点布局还是国际化经营，都没有一套清晰完善的集团管控体系做支撑。

集团从长远发展的眼光、企业全局的视野、系统管理

的角度、持续改进的意识和国际运营的理念出发，确定了管控体系建设总体思路，明确了四大工作原则：一是现实性原则，即在工作方式上，采用企业管理诊断，以及访谈沟通、综合管理问卷调查、生产作业现场调研等方式，保证管控体系建设工作围绕鞍钢实际情况展开；二是先进性原则，即在管控模式选择上，基于对国内外大量优秀标杆企业不同时期、多个角度的辩证分析，保证管控体系建设工作能够充分借鉴标杆企业的先进经验和启示；三是系统性原则，即在总体方案设计上，基于对集团战略的系统分析，从管控定位到职能设计、到组织优化、到流程优化、到支撑体系建设，统筹规划、分层论证，保证管控体系建设工作逻辑缜密，宏观和微观并重；四是目标性原则，即在实施方案设计上，采取远景指引、分阶段实施的设计方案，保证管控体系建设工作在目标明确的同时具有较强的操作性。

（二）明晰集团发展战略，夯实管控体系建设基础

集团基于对企业未来战略群体定位、业务选择定位、价值链定位、竞争因素对比等因素的分析，从战略目标、战略定位、路径选择和资源配置四个方面对集团战略进行了系统总结，构建了统一的集团战略规划体系。确定了“全面腾飞”的战略目标，到2015年，产钢进入世界钢铁行业前10位，成为钢铁业特强、多角化产业具有国际竞争力，能够引领世界钢铁工业发展的特大型跨国集团。明确“四个转变”的战略思想，在长大方式上，从以投资新建为主向投资新建与兼并重组并重转变；在产业布局上，从内陆发展向靠近市场、靠近沿海和跨国经营转变；在自主创新上，从核心技术的“追随者”向“领跑者”转变；在对外输出上，从单一的产品输出向技术输出和管理输出转变。在总体发展战略上，壮大钢铁主体，实施多角化经营，拓展国际化经营，实现可持续发展。

（三）确立集团管控模式，明确母子公司定位

1. 确立集团管控模式

依据集团发展战略和业务选择，将总部功能定位为：履行国务院国资委授予的权利和义务，以战略管控、资本运营、风险控制为重点，通过统一制订集团的整体发展战略规划、监督所属子公司的日常运营、发挥优势资源的协同效应等方式，保障集团公司战略目标的实现和各产业间的协同发展，并主动履行企业社会责任，使鞍钢成为世界一流的特大型钢铁企业集团。

根据集团总部功能定位，下属企业性质和业务特点，按照业务协同、资源共享、加强管理的目标，鞍钢集团将管控模式定位为战略管控和操作管控相结合的战略操作型管控模式。其内涵为：提高集团对重要资源的整合和管控能力，在集团层面搭建信息平台、供应链平台和营销平台，实现集团各类资源的共享和有效利用，为各子公司业务的高效运营提供支撑；集团在规划、计划和重大决策层面进行统筹管理，保证各子公司的业务发展与集团的整体战略和经营策略相一致，实现横向协同，避免内部竞争。

在总的战略操作型管控模式之下，鞍钢集团又针对子公司和职能领域的具体情况对管控模式进行了细化。一是根据业务贡献度和与主业的业务相关度，对不同类型的子公司采取不同的管控模式：对核心层子公司采用平台控制型的管控模式，对紧密层子公司采用计划协调型的管控模式，对松散层子公司则采用完全的战略管控型或财务管控型的管控模式。二是使用价值链工具，从纵横职能（包括战略、投资、计划预算、研发、供应链和营销管控）和基础职能（包括单元业绩、全面风险、人力资源和财务管控）两个方面对集团总部和下属子公司的管控职能进行定位分析和总体设计，明确集团总部在不同职能领域的定位和管控模式。战略管理：选择总部集中管理方式，集团总部设置相应管理部门，子公司只配置战略管理岗位进行承接和支撑。投资管理：针对不同类型的投资，相应选择战略管控型、操作管控型等不同的投资管理模式。计划预算管理：采取折中型计划预算管理模式，集团总部确定预算目标和预算优先领域，协调、审批计划和预算，对执行过程进行控制，对实施结果进行考核。研发管理：以集团战略为指导，整合重组研发资源，建立“两级三层”研发体系，充分发挥协同效应。供应链及营销管理：由政策指导型管理模式逐步向部分一体化和完全一体化模式转变。单元业绩管理：集团总部采用平衡记分卡作为战略实施过程中的评价管理方法与手段，将战略目标分解落实到业绩单元考核。全面风险管理：集团总部负责推进全面风险管理体系建设，建立风险管理组织体系、内控体系以及监督和循环改进机制。人力资源管理：由操作指导型为主体的管理模式向战略指导型为主体的管控模式转变。财务管控：总体上采用操作管理型管控模式，对某些海外公司、合资企业、及部分非核心主业公司采取战略控制型或资本投资型的管理模式。

2. 明确母子公司定位

集团总部成为“六大中心”，享有“五项权力”，实施“十个统筹”。“六大中心”即：战略管理中心、资本运营中心、财务管理中心、风险管理中心、经营协调中心和资源共享中心；“五项权力”即：享有国有资产管理权、重大决策权、管理者选择权、国有资产收益权和财务监督管理权；“十个统筹”即：统筹战略发展规划、统筹资金和预算管理、统筹资本运营和项目投资、统筹大宗采购和市场营销、统筹研发和科技创新、统筹系统创新和风险控制、统筹人力资源和高管人员选聘、统筹绩效考核与收入分配、统筹信息化建设与管理、统筹企业文化和党建工作。

二级子公司作为利润中心或产品制造中心，按照集团发展战略要求，围绕钢铁产业链，突出自身主营业务，实施专业化经营，以生产制造、产品销售、技术质量、设备管理、安全环保、计划财务、管理创新、队伍建设等为重点，按照精干高效、扁平化、集中一贯原则进行组织优化，压缩管理层级，提高对市场的反应速度。

三级生产厂矿作为生产制造单元，主要任务是完成子公司下达的生产经营计划，以生产、质量、设备、成本、安全、环保、员工队伍等为重点，通过与先进企业对标，不断改善经济技术指标，提高质量，降低成本，节能减排，提高员工素质，实现安全生产。

对于辅业改制企业和参股企业，集团作为资本运营中心，以出资人身份规范履行出资人的各项权利和义务。辅业改制企业和参股企业按照现代企业制度要求，建立健全规范的法人治理结构，依法行使职权。

（四）优化集团组织架构，完善集团管控的运行平台

1. 优化集团总部组织架构

依据集团管控职能定位和母子公司管控界面划分，以提高集团管控能力、解决诊断问题为目标，确定集团总部组织架构优化重点：一是加强集中采购部门建设，发挥采购协同效应；二是将原燃料采购作为战略重点单独成立部门管理；三是营销部门实现产销一体化和内外贸一体化管理；四是加强技术管理与技术研发部门建设；五是加强支撑职能管理平台的组织建设；六是实施专业资本运营和安环管理；七是发挥党群管理在现代企业管理中的重要作用。优化后，集团总部成战略落实、业务管理、服务监督、党群事务四个板块21个职能部室，承担集团总部相应管控职能的专业化管理，为集团与子公司搭建了较为顺畅的管控渠道。

2. 规范子公司及下属单位组织架构

子公司按照精干高效、扁平化、集中一贯原则进行组织优化，统一组织架构模式为物资采购部、市场营销部、产品制造部、设备保障部、科技质量部、安全环保部、计划财务部、管理创新部、人力资源部（组织部）、办公室、企业文化部（宣传部）、（纪委）监察部、工会、团委等。

子公司下属生产厂矿组织机构统一模式为“四室一会”（或“三室一会”），即生产技术室、设备管理室、综合管理室、党委工作室和工会；基层设置作业区，包括生产作业区和辅助作业区。对子公司内部不符合集团产业发展方针、业务重叠、长期亏损扭亏无望、投资经营不规范的经营实体和四级企业，采取合并、注销等方式予以清理，将集团组织层级控制在三级以内。

对辅业改制企业和参股企业，集团总部以出资人身份推动和监督其按照现代化企业制度要求，建立健全规范的法人治理结构和科学有效的组织体系。

（五）优化核心业务流程，保证集团管控有效实施

新的管控模式需要新的管控流程来承接，新的组织结构需要配套流程来保障运行。为保证集团管控的有效实施，鞍钢集团从宏观、中观、微观三个层面，对核心价值链上的战略管理、物资采购、营销管理、项目管理、供应链全过程等核心业务流程进行了系统优化。

1. 明确管控流程优化思路和原则

按照集团新的管控模式和组织架构要求，针对集团核心流程存在的问题，确定管控流程优化总体思路及实施步骤。明确流程优化五项原则：一是以客户满意为核心原则，即流程要以客户需求和资源投入为起点，以满足客户需求、创造有价值的产品和服务为终点，提升企业资源的运行效率和效果。二是以流程而非职能为中心原则，即建立以流程为中心的管理模式，调整流程和职能部门的交点，以便对市场和环境变化做出迅速反应，解决组织体系僵化的问题；三是遵循环境和资源约束原则，即流程整合要考虑国家法律以及企业资源的限制和约束，不超越现实；四是明确规定下充分授权原则，即在明确规定下充分授权，并明确权力下放后的相关责任和义务；五是兼顾公平和效率原则，即要充分处理好效率和公平之间的关系，坚持效率优先，兼顾公平。

2. 实施流程体系优化

鞍钢集团以战略管理、计划管理、营销管理、采购管理、项目管理五个职能流程模块以及计划预算制定、人力资源规划和风险管理三个单项流程（简称“5+3”流程）为重点，从时间、成本、质量三个方面确定流程优化目标，运用流程分类、5W2H法、鱼骨图法、标杆超越法、时间标记法等方法，按照流程体系构建、流程绘制诊断、流程系统优化、支撑体系建设四个步骤，分三个阶段（前两个步骤作为第一阶段）对集团流程体系实施系统优化，形成新的集团总部流程目录体系，其中一级流程25项，二级流程150项，三级流程414项，四级流程205项。

3. 建立流程保障机制

明确集团流程管理部门和其他各部门在流程管理中的职责，确定集团流程管控模式，在实施流程分级管理基础上，突出集团流程管理部门、流程管理体系和流程管理标准建设的重要地位，促进流程管理工作在集团各职能领域、各下属业务单元的实施和推广；搭建基于流程总图、流程目录、流程管理流程和流程管理制度的流程管理体系，为流程管理工作的正常运作奠定基础；总结管控流程优化的理论体系、工作步骤、工具方法等，将流程优化知识和技巧内化到集团内部；采取有效措施对集团核心流程和关键点进行监督管理，采用“流程和企业成熟度模型”对子公司流程和集团核心流程进行评估，及时发现问题，修正错误和偏差，实现对流程体系和关键点的管控，促进流程体系持续改进。

（六）建设管控支撑体系，保障管控体系有效运转

1. 完善制度体系

编制《鞍钢集团总部部门职责汇编》、《鞍钢集团总部流程目录表》、《鞍钢集团总部流程管理职责对照表》、《鞍钢集团管控流程操作手册》等相关管控制度，固化组织优化和流程优化成果。按照新的管控模式和业务流程要求，梳理集团核心管理制度和专业管理制度，优化集团规章制度体系架构，明确规章制度编写职责，修订完善各项规章制度，为管控体系的有效运转提供依据和保障。

2. 强化信息化系统

研究设计并逐步实施通过信息化建设固化管控模式和核心流程，实现信息资源共享，提高集团管控效率和效果。在数据信息化方面，运用编码技术建立各子公司、各业务单元统一的代码体系和数据字典，实现数据、信息的标准化；在流程信息化方面，按照新的管控模式要求，进一步完善ERP系统，集成全公司的信息资源，增强集团总部的信息化功能，建立覆盖采购、营销、财务、人力资源、运营监控等流程的信息系统；在决策信息化方面，利用业务过程产生的大量数据和信息资源，应用数据挖掘技术，进行系统分析，建立包括战略信息、市场信息、子公司日常运营信息、风险控制信息、管理制度信息等在内的知识共享平台，支撑集团总部各部门和高层领导的战略研究与决

策。同时，逐步建立内部协同办公系统，提高总部的管理效率，保障集团管控的有效实施。

3. 建立绩效评价体系

为确保新的管控架构能切实有效的运转，并促进与之相适应的行为和观念的形成，鞍钢集团根据各业务单位在新管控模式下的功能定位和行业特点，建立了战略导向型的业绩评价体系。以业绩评价引导战略执行，通过战略逐层分解，进一步明确新管控模式下的岗位要求和业绩期望；通过科学设定关键业绩指标，实现对运行过程和结果的控制与掌握。具体体现为：一是将集团战略逐层分解到子单元、部门、岗位的重点工作措施，通过以计划考核为主的考核方式，实现战略自上而下的拆分、岗位自下而上的支撑，保证战略的有效落地；二是在指标设计上通过重要性和紧迫性的分析手段，突出部门和岗位的重点工作，使业绩期望和考核更具针对性；三是规范绩效管理各个环节，强化绩效辅导和绩效沟通意识，促使考核双方在考核目标和结果上达成一致；四是将评价结果与薪酬等有效对接，强化绩效管理的正向激励作用。

4. 培育统一融合的集团文化

鞍钢集团坚持把企业文化作为集团管控体系建设的重要切入点，积极培育统一的企业文化，加强集团的凝聚力。适应集团发展战略要求和企业文化发展规律，坚持与时俱进，不断创新，对以鞍钢精神为主体的价值理念进行提炼、丰富、完善和诠释，形成集团统一的价值理念体系，使之成为集团管控体系建设的重要的精神动力和文化支撑；在集团统一理念的指导下，推行统一的品牌标识，制定统一的行为规范，对外塑造统一的"鞍钢"品牌形象；将企业文化作为集团管控体系建设的重要工作统一推进，以《鞍钢文化手册》为总纲，按照构建高度统一融合的集团文化的要求，对集团所属企业文化体系构成要素进行全面规范，形成既高度统一又兼顾子公司特点的鞍钢集团文化体系，理顺母子公司企业文化衔接关系，增强企业文化的辐射力和包容力。

5. 加强审计监督体系建设

将管理功能再造、强化集团控制力全面融入监督体系之中。设立独立内部审计机构和监察机构，向子公司派驻监事会，建立纪检监察、审计、子公司监事会"三位一体"的监督机制，构建ERP系统下的物资流、资金流、信息流监控体系，将审计系统、ERP监控系统与管控体系、风险管理对接，强化对核心业务流程和关键环节的监管，及时发现问题，纠正违规行为，形成事前、事中、事后监督与动态、过程、结果监督及责任追究相融合的大监督格局，保障集团管控体系的有效运转和持续改进。

三、大型钢铁企业集团管控体系建设的实施成效

1. 建立了有效的集团管控体系

集团管控体系的建设与有效实施，极大提升了鞍钢集团的管控能力，激发了集团下属各业务单元的经营活力，实现了集团上下目标一致、资源共享、优势互补、行动协调和快速响应，集团资源利用率和管理效率显著提高，充分发挥了大型企业集团1+1>2的规模效益和协同效应。2008年，钢铁主业进一步做强做大：鲅鱼圈钢铁项目建成投产，成为我国首个自主设计、技术总负责的新型沿海钢铁联合企业和具有行业引领意义的实践循环经济与可持续发展的示范企业。鞍钢股份有限公司以良好的市场表现、优异的发展能力上榜英国《金融时报》公布的2008年全球市值500强企业；入选福布斯公布的第四次年度"亚太地区最佳上市公司50强"，成为中国唯一一家上榜的钢铁企业上市公司。集团非钢产业集群竞争力明显增强：耐火材料公司等服务板块子公司，通过与世界一流企业合作，积极引进国际领先技术和管理，产品和服务质量明显提升；多角化经营通过引入战略投资者，优化股权结构，完善治理机制，市场竞争力显著增强，成为集团经济的新的增长点。其中，汽车运输有限公司实现营业收入比上年增长43.4%，创历史最好水平；实现利润比上年增长73.0%，成为国内冶金公路运输业的领先企业。集团成本费用大幅降低，企业整体形象稳步提升。通过有效的集团管控，鞍钢集团全年压缩成本费用超过5亿元；客户满意度比上年上升1.1个百分点。

2. 提高了企业抗风险能力

2008年，鞍钢集团努力克服国际金融危机的不利影响，大力推进"四个转变"，以高效的内部管控体系促进战略措施的有效落实，抓住发展机遇，积极应对挑战，协同共克时艰，各项工作取得了新的进展，钢材产销量、销售收入、上交税金比上年均有提升，节能减排指标创历史最好水平。全年生产铁1 607.82万吨、钢1 603.8万吨、钢材1 499万吨；实现销售收入959.6亿元、利润总额79.8亿元；吨钢综合能耗比"十五"末期降低10.7%，吨钢耗新水比"十五"末期降低32.8%。截至2008年末，鞍钢集团资产总额达到1 538亿元，同比增长19.3%；所有者权益826.1亿元，同比增长6.0%，实现了企业规模及效益的稳步增长和国有资产的保值增值。

3. 提升了企业整体竞争力

2007年以来，鞍钢以增强集团管控能力作为提高企业核心竞争力的重要抓手和牵动引擎，通过优化整合内部资源，最大限度发挥战略协同作用，使企业规模及效益稳步增长，整体管理水平全面提升，企业综合竞争力显著增强。目前，鞍钢已经形成了跨区域、多基地、国际化的发展格局，具备了实现全面腾飞的有利条件。国内产业布局基本形成，鞍山本部、鲅鱼圈新区、朝阳项目、天铁冶金集团钢板公司等多个生产基地，实现了鞍钢从内陆发展向沿海发展的转变和从单一生产基地向多基地跨区域战略布局的转变；国际化经营实现新突破，首个海外原料生产基地——与澳大利亚金达必公司合资开发的卡拉拉铁矿项目进展顺利，首家海外销售合资公司——与英国斯坦科集团联合组建的鞍钢西班牙有限公司正式投入运营，收购意大利维加诺公司60.0%股权，拥有了首个海外钢材加工基地；多角化产业不断壮大。集团整体管理水平显著提升，总部的决策力，职能部门的支撑力，子公司的执行力等得到强化，增强了企业的可持续发展能力。

以新的理念在搬迁调整中实现发展方式的转变

首钢总公司

中国经过改革开放30年的发展，取得了巨大成就，但仍存在增长方式粗放的问题。特别是这次发生的国际金融危机，使我国转变经济发展方式的问题更加突显出来。今年温总理在政府工作报告中再次强调，要加快转变经济发展方式，调整优化经济结构，大力推动经济进入创新驱动、内生增长的发展轨道。

中国钢铁工业经历了国际金融危机的严峻考验，为我国拉动内需和经济社会发展做出了突出贡献。但与发达国家钢铁工业相比，产业集中度较低，资源消耗较高，环境压力加大，自主创新能力还不够强，总体上还处于“由大转强”的发展阶段。许多新问题、新矛盾促使中国钢铁工业必须加快转变发展方式。

首钢作为国家批准率先进行钢铁业整体搬迁的大型企业集团，努力创造性地开展工作，以新的理念，在搬迁调整中实现发展方式的转变。

一、以创新驱动的理念，引领首钢搬迁调整，为我国钢铁工业结构调整探索经验

创新驱动是今年政府工作报告中提出的转变经济发展方式的重要途径。首钢在搬迁调整中实施创新驱动，就是要为我国钢铁工业优化布局调整、自主创新和发展循环经济探索经验。

由于历史原因，全国75家重点钢铁企业有18家建在直辖市和省会城市，有34家建在百万人口以上的大城市。随着经济社会发展，大城市的环保压力越来越大，再加上城市土地资源紧张、内陆运输物流成本相对较高等，大城市钢厂都面临调整空间布局、改善环境的任务。

首钢是我国第一个从大城市整体搬迁到沿海港口的大型钢铁企业，党和国家对给予高度重视。胡锦涛总书记到曹妃甸和首钢京唐钢铁厂视察时指出，一定要高起点、高质量、高水平地把曹妃甸工业园区规划好、建设好、使用好，使之成为科学发展的示范区。在首钢召开北京地区压产发布会时，胡锦涛总书记转达两点指示，一是对首钢前期搬迁调整所做的各项工作表示满意；二是希望首钢继续贯彻十七大精神，深入贯彻落实科学发展观，团结奋进，扎实工作，完成好搬迁调整各项任务，为我国经济社会发展做出更大贡献。温家宝总理连续两年五一劳动节到首钢视察并指出，要把首钢京唐钢铁厂建设成为产品一流、管理一流、环境一流、效益一流的现代化大型企业，成为具有国际先进水平的精品板材生产基地和自主创新的示范工厂，成为节能减排和发展循环经济的标志性工厂。

以上这些要求，正是首钢在搬迁调整中实施创新驱动、转变发展方式的集中体现。首钢京唐钢铁厂第一步工程于2009年5月建成投产，5 500立方米高炉以及炉顶设备、新型热风炉、全干法除尘，全三脱洁净钢冶炼工艺，一罐到底工艺，260吨干熄焦，海水淡化等新技术装备相继顺利运行，目前已达到设计要求，新一代可循环钢铁流程基本形成，第二步工程将于2010年内陆续竣工投产，标志着我们自主集成创新的重要突破。北京顺义冷轧厂2008年5月建成投产，整体技术和装备水平居当今世界前列，并体现循环经济要求，成为高效低耗和环境友好的示范工厂。

首钢在搬迁调整中实现创新驱动、转变发展方式，体现在产业布局、产品结构的优化调整，体现在技术自主集成创新，体现在发展循环经济的探索和创新。首钢搬迁与一些企业以原有城市钢厂为基地向外发展不同，是原有城市钢厂全部搬迁。各企业之间可以相互学习，把企业搬迁、淘汰落后、原厂址的改造、布局调整、产业升级、安置职工、构建和谐等结合起来，促进我国钢铁工业和地方经济实现发展方式的转变。

二、以科技创新和开放合作的理念，建设自主创新的示范工厂

提高自主创新能力、建设创新型国家，是国家发展战略的核心，是提高综合国力的关键。温总理在今年政府工作报告中指出，要大力发展科学技术，加快实施科技重大专项，着力突破带动技术革命、促进产业振兴的关键科技问题；深化科技体制改革，着力解决科技与经济脱节的问题，推动以企业为主体、市场为导向、产学研相结合的技术创新体系建设，促进科技资源优化配置，开放共享和高效利用。这为企业的科技进步进一步指明了方向。

首钢通过开放合作加强产销研、产学研相结合的技术创新体系建设，解决新钢厂的先进技术来源。广泛利用国内外科技资源，与众多企业和科研机构开展战略合作；深化与德国蒂森－克虏伯钢铁公司的技术交流，制定实施了首钢板材管理体系建设方案，与中国钢铁研究总院、北京科技大学、东北大学等联合成立了多种研发平台，不断取得新的研究成果；与国内钢铁企业与科研机构合作承担的国家科技支撑重大项目“新一代可循环钢铁流程工艺技术”研究，已在首钢京唐钢铁公司投入运行。2009年首钢技术研究院在全国企业技术中心评比中排名第4位，被评为国家优秀企业技术中心。

首钢京唐钢铁厂建设按照“先进可靠、节省高效、系统优化、集成创新”的原则，采用我国最大、世界上为数不多的一系列大型装备，采用国内外先进技术220项，自主创新和集成创新占2/3以上，设备国产化率约

占价值的70.0%、占重量的90.0%。例如，首次在5 500立方米大型高炉采用一系列自主创新技术，包括首钢自主研发的无料钟炉顶技术，自行设计的全干法除尘技术，联合设计的顶燃式热风炉技术，大型高炉—转炉界面采用首钢自主集成的“一罐到底”技术。其炼钢厂是国内第一个按“全三脱”冶炼模式设计的炼钢厂，是单体生产能力最大的炼钢厂。整个企业构成了高效率、低成本的生产运行系统。

首钢在“硬件”建设的同时注重“软件”建设。建设学习型企业，每年培训职工达20万人次，广泛开展群众性经济技术创新活动，营造“人人是创新主体、处处有创新课题”的浓厚氛围。建立板材管理模式和管理标准，并推进信息化建设，促进企业管理的根本性变革。加强三支人才队伍建设，对经营管理者、技术人员和岗位工人，分别建立了人才成长的“绿色通道”，每年设立2 000万元的人才开发培训基金，用于人才培养、引进和表彰奖励。实施高级技工工程，2009年高级工占技工人数的比例达到36.9%，首钢前几年已荣获“国家技能人才培育突出贡献奖”。

三、以“人、技术、环境高度和谐一致”的理念，建设节能减排和发展循环经济的标志性工厂

随着世界经济发展和哥本哈根国际会议的召开，应对全球气候变化，减少温室气体排放，发展低碳经济，已成为世界各国高度关注的重大问题，是转变经济发展方式的客观要求。

首钢坚持“人、技术、环境和谐一致”的理念，把节能减排、发展循环经济作为落实科学发展观的重大战略任务。为促进“绿色北京”建设，服从大局，从2000年开始就陆续停止一系列设备和工厂的生产，特别是为北京成功举办奥运会，2008年压缩400万吨钢产量，污染物排放量同比下降50.0%以上。从2001年到2009年，首钢在北京累计投入环保资金12.4亿元，完成治理项目171项，粉尘、烟尘、二氧化硫排放量分别下降了73.0%、74.0%、78.6%，为北京提高环境质量做出了重要贡献。

首钢大力发展循环经济，包括建设钢渣和高炉水渣超细磨生产线，利用焦化工艺大规模处理废塑料，充分利用尾矿生产精矿粉；开发世界前沿的清洁生产技术，与国外企业共同投资熔融还原项目，进行了工业性试验；与新日铁合作共同开发干熄焦项目，已在国内多家钢厂应用；结合搬迁调整，在河北迁安建设循环经济产业园，包括11个资源利用项目。

首钢京唐钢铁厂对余热、余压、余气、废水、含铁物质和固体废弃物充分循环利用，基本实现废水、固体废弃物零排放。设计吨钢可比能耗649千克标煤，吨钢耗新水3.8立方米，水循环率97.5%，吨钢粉尘、二氧化硫排放量分别为0.3千克、0.5千克，达到国际同类钢厂先进水平。实施海水淡化，每年节约淡水2 000万吨，为社会提供浓盐水1 800万吨。电站采用海水直流冷却，年节水1 070万吨。利用富余煤气、高炉煤气余压、干熄焦余热发电，年发电55亿度，占钢铁厂总用电量的94.0%。高炉水渣、转炉钢渣和电厂粉煤灰用于生产水泥和其他建筑材料。回收社会产生的废塑料，在高炉喷吹和炼焦时加以利用。利用钢铁厂余热向社会提供200万~300万平方米居民住户采暖热源等。通过以上措施，努力建设成为节能减排和发展循环经济的标志性工厂。

四、以北京建设世界城市高端形态的理念，推进首钢在北京的转型发展

随着首钢北京钢铁主流程的停产，在北京实现转型发展，是首钢转变发展方式的重要体现。北京市委十届七次全会提出，要围绕建设“人文北京、科技北京、绿色北京”的战略任务，进一步提高首都现代化、国际化水平，按照优化一产、做强二产、做大三产的思路，大力发展生产性服务业、文化创意产业、高新技术产业、现代制造业等高端产业。

北京市委、市政府对首钢在北京转型发展高度重视，今年以来成立了以市长为组长的领导小组，有关部门已连续召开几十次会议研究落实，4月份市长又带队到首钢调研。首钢要抓住机遇，在北京大力发展高端金属材料、高端装备制造、汽车零部件、生产性服务业、文化创意产业，发展总部经济。初步设想，经过3~5年的努力，在北京的销售收入达到1 000亿元左右。其中，高端金属材料，要通过首钢在北京的北冶功能材料公司、吉泰安合金材料公司、顺义冷轧公司的发展，形成200亿元左右的销售收入；高端装备制造及汽车零部件产业，通过首钢机电公司和已经收购的美国德尔福公司汽车悬架和制动业务，销售收入要达到100亿元左右；现代服务业包括首钢的设计研发、原燃料和产品物流、钢材深加工配送、节能环保等，规划销售收入630亿元；文化创意产业利用现有大型厂房、人文景观等，推进“中国动漫游戏城”、首钢博物馆建设和文化产品的开发交易等，可形成200亿元的产业规模；房地产及建筑业规划销售收入100亿元。另外通过土地开发吸引其他企业投资发展，再形成新的产值。

首钢北京土地开发，正在原来制定的《首钢工业区改造规划》的基础上，按照北京世界城市高端形态的要求，进一步明确发展定位，要把首钢厂区建设成为加快转变经济发展方式的示范区，加上周边永定河区域，建设成为首都生态文明的示范区。

首钢要抓住后金融危机时期的发展机遇，继续推进搬迁调整的各项工作，虚心学习，潜心研究、齐心攻关，为我国钢铁工业加快转变发展方式做出新的贡献。

大型钢铁企业基于日核算的成本管理体系建设

河北钢铁集团承钢公司董事长　总经理　牟文恒

河北钢铁集团承德新新钒钛股份有限公司（简称“承德钒钛”）是由承德钢铁集团有限公司独家发起，以定向募集方式设立的股份有限公司。2002 年 9 月 6 日在上海证券交易所挂牌上市，股票代码：600357。承德钒钛先后入选美国道琼斯中国指数、上证 180 指数、上证红利指数和沪深 300 指数样本股，进入上证所治理板块，荣获 2004 年度中国上市公司企业竞争力 100 强、2006 年度中证主营 100 强。

承德钒钛主要产品有含钒 HRB500、HRB400、HRB335 级螺纹钢筋，含钒低合金圆钢、带钢、高速线材、热轧卷板，五氧化二钒（片剂、粉剂）、钒铁合金、氮化钒，钛精矿等。

钒是一种重要的合金元素，被称为“现代工业的味精”，是钢铁产品的重要添加剂。在结构钢中加入 0.1% 的钒，可提高强度 10.0% ~20.0%，减轻结构重量 15.0% ~25.0%，降低成本 8.0% ~10.0%。高强度的含钒钢可减轻金属结构重量的 40.0% ~50.0%，成本则比普通结构钢低 15.0% ~30.0%。含钒钢具有强度高，韧性大，耐磨性好等优点，因而广泛应用于机械、汽车、造船、铁路、桥梁等行业。承德钒钛钒产品产量超过全国 1/3，远销亚、欧二十几个国家和地区，被墨西哥国际市场研究会评为“国际质量钻石星奖”；为中国钢筋规格系列及强度级别最全的钢筋生产企业，被推崇为推动中国建筑钢筋更新换代的先导企业，“燕山牌”含钒钛低合金钢材系列产品具有强度高、韧性好、抗疲劳、耐腐蚀、易焊接等优良性能，已连续十几年被评为质量免检产品，广泛应用于长江三峡大坝、北京鸟巢水立方奥运场馆、中央电视台新址等国家重点工程。

承德钒钛技术独特，是中国钒钛磁铁矿高炉冶炼技术的发祥地，1965 年，高钛型钒钛磁铁矿高炉冶炼技术攻关在公司 1 号高炉取得成功，从而解决了钒钛矿冶炼技术的世界性难题，为中国攀西地区钒钛矿产资源的开发利用提供了技术支持，这项技术于 1979 年获得“国家科技发明一等奖”，是新中国成立至今冶金行业取得的唯一一项最高奖。承德钒钛作为中国钒钛资源产业化的先导企业和中国东方钒钛产业基地，依托承德地区丰富的钒钛资源优势、公司专有技术优势和名优特色产品优势，推进技术进步，优化产品结构，适度扩大生产规模，经营业绩持续稳定增长。截至 2008 年底，公司拥有总资产 211.6 亿元，实现营业收入 183.1 亿元，公司员工总数 14 880 人，目前已具备 800 万吨含钒钢、38 万吨钒渣、3 万吨钒产品的生产能力，成为国内第一、世界最大的钒制品生产基地，作为中国建筑钢筋升级换代先导企业，率先在中国研制成功的新Ⅲ级、Ⅳ级螺纹钢筋连续 8 年市场占有率全国第一。

一、大型钢铁企业基于日核算成本管理体系建设的背景

（一）适应中国钢铁行业长期低成本竞争的需要

（1）中国钢铁行业（尤其是特种钢）冶炼技术与发达国家存在着很大差距，目前主要生产附加值低的低端产品，主要依靠低价格优势进行竞争，而低价格的竞争最终表现在低成本的竞争上，中国钢铁行业低成本竞争的长期性需要企业提高成本管理水平。

（2）中国目前钢铁行业产能过剩，供过于求，导致产业结构调整加速，使没有低成本优势的企业被淘汰出局。因此，承德钒钛必须通过加强成本管理形成低成本竞争优势，利用钢铁行业产业结构调整的契机后来居上，做大做强。

（3）钢铁企业原材料成本、能源动力成本等变动成本占总成本比例在 80.0% 以上，成本的可控弹性大，成本管理产生效益的空间很大。

（二）钒钛磁铁矿冶炼的特殊性

承德钒钛冶炼的主要原材料为钒钛铁精矿，国内与普通铁精矿比起来，钒钛铁精矿存在铁品位低、钛含量高的特点，造成钒钛磁铁矿高炉冶炼比普通矿冶炼困难，主要表现是炉渣变稠，渣铁分离困难，导致铁损失较高，另外，钒钛矿冶炼易造成炉渣粘附在焦炭表面，给高炉生产带来困难，使燃料成本增加。承德钒钛的原料及工艺特点导致其同类产品的成本与国内其他钢铁企业比增加 10.0% 左右，因此，钒钛磁铁矿冶炼的特殊性要求公司需要通过有效的成本管理降低钒钛冶炼对成本带来的不利影响。

（三）基于“月度”核算的传统成本管理体系的局限性

传统的成本核算模式对有效实施成本管理工作带来了许多局限，现行会计制度规定企业需要按月进行成本核算。由于核算周期长，使管理工作无法细化到每一个时点的最小环节，无法做到成本信息的传递及时、准确，成本管理工作局限于事后分析，查找原因费时费力，甚至可能因此造成分析不出原因或判断失误，很难最大限度的发挥成本管理对于控制成本的作用。

现代成本管理的一个基本要求是成本信息提供的及时性、全面性和准确性，仅靠传统的成本核算方式和成本管理方法很难达到这些要求。日核算管理是加强成本控制的一项行之有效的方法，它的特点是对成本、利润等主要经济指标一天一算账，一天一反映，从而建立起一种全新的及时高效的核算体制，通过成本的按日分析，影响和制约成本的原因被准确迅速的查找出来，整改措施在第一时间得到制定和落实，能够对强化企业经营管理，预测、分析

和调控生产经营活动起到重要作用。

（四）承德钒钛建设“世界一流钒钛钢铁企业”发展战略要求

承德钒钛借助产品优势业绩稳步增长，但因为钒钛磁铁矿冶炼的特殊性，部分技术经济指标和成本指标与行业先进水平比还存在着一定的差距，需要企业进行成本管理创新，强化成本过程控制能力，打造融产品优势、成本优势为一体的最具竞争力的钒钛钢铁企业，实现建设“世界一流的钒钛钢铁企业”的战略目标。

二、基于日核算成本管理体系建设的基本内涵与方法

基于日核算成本管理体系建设的基本内涵是：对基于“月度”核算的传统成本管理体系进行核算周期的重大变革，建立全员、全方位控制成本的日核算成本管理体系，通过日目标成本的制定、分解、核算、分析、跟踪，及时发现影响成本的因素，从而每日针对成本异动迅速制定措施加以解决，使成本控制的内容变粗放成本管理为过程成本管理，将成本管理模式由事后成本分析，转变为事前的成本计划和实时、动态的事中成本控制，在最短的周期内实现成本、费用支出按照目标成本控制。主要做法是：

（一）确定基于日核算成本管理体系的指导思想和基本原则

（1）确定建设日核算成本管理体系的指导思想：最大限度缩短成本核算周期，使影响成本变动的各种因素能够及时、准确、迅速的反映出来，并快速传递给相关部门提供决策依据，由责任单位制定整改措施并迅速落实解决，强化成本的过程管理。

（2）确定建设日核算成本管理体系基本原则：将原月目标成本管理改革为全员参与日目标成本管理，对目标成本制定、分解、核算、分析、整改等均以“日”为周期进行管理，实现成本管理“横到边、纵到底”、“人人肩上有指标”，成本控制不留死角。

（二）构建基于“日核算”的成本管理体系

承德钒钛一直采用目标成本管理的模式，目标成本管理是在企业预算的基础上，根据企业的经营目标，在成本预测、成本决策、测定目标成本的基础上，进行目标成本的分解、控制分析、考核、评价的一系列成本管理工作。对成本进行事前测定、日常控制和事后考核，使成本由少数人核算到多数人管理，成本管理由核算型变为核算管理型，并将产品成本由传统的事后算账发展到事前控制，为各部门控制成本提出了明确的目标，从而形成一个全企业、全过程、全员的多层次、多方位的成本体系，以达到少投入多产出获得最佳经济效益的目的，是企业降低成本，增加盈利和提高企业管理水平的有效方法。随着目标成本管理体系的不断完善，承德钒钛注意到原有的目标成本管理体系更多地建立在月份成本核算的基础上，这样，目标成本的制定、分析、跟踪、考核就显得有些粗放，尤其是市场条件或内部条件发生阶段性变化时，原有的目标成本管理会出现实际与目标成本偏离、成本控制缺乏目标支持、成本考核制约因素增多问题等。因此，承德钒钛构建了基于“日核算”的成本管理体系。见图1。

（三）建立“日核算”的成本管理体系运行机制

1. 目标成本逐级分解责任到人实现全员管理

公司结合自身实际，分别成立了“铁、钢、材、钒制品工序成本目标成本管理攻关组”、“三项费用目标管理攻关组”、“仓储物流费用目标管理攻关组”、“检修费用、修旧利废目标管理攻关组”等18项攻关小组，分别从炼焦、烧结、炼铁、炼钢、轧钢、钒制品加工等工序成本着手，同时涵盖各项费用及辅助生产单位经营指标，按照逐级目标成本管理模式，制定了全方位的日目标成本管理体系。

公司各单位根据目标成本进行逐级分解，按横向拓展到所有物料消耗以及各项费用等方面，成本管理不留死角，做到“横向到边”。纵向按“分厂—工段—班组—岗位”层层分解，做到“人人肩上有指标”，并逐级设定目标消耗，做到“纵向到底”。同时针对分解指标制定切实可行的成本控制措施，措施制定细化到班组，涵盖所有“料、工、费”指标，在控制成本的同时，注重“作业率、转化率”等与成本息息相关的各项指标措施的制定，堵塞成本管理漏洞，全方位控制成本。分厂级指标分解及落实措施由责任单位定时定人定项组织制定，各二级单位结合自身实际将成本指标及落实措施细化的班组、岗位，并按日动态跟踪完成情况。

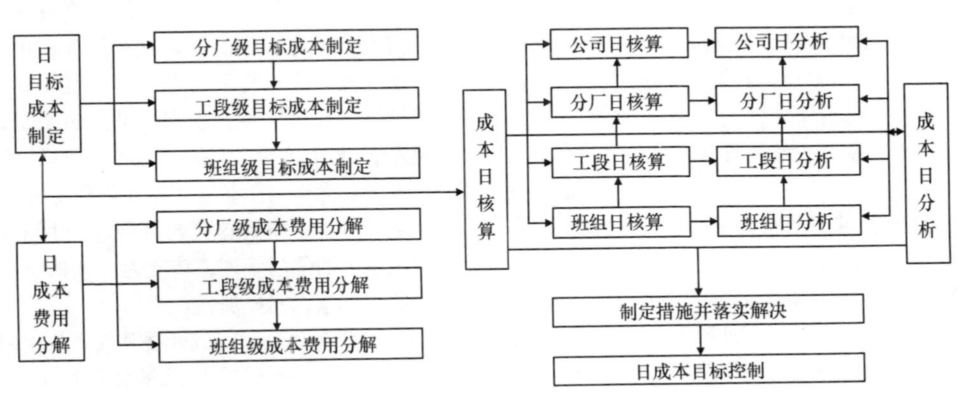

图1 “日核算”的成本管理体系

2. 成本日核算为手段强化过程管理

成本日核算按照由下至上的“班组—工段—分厂—公司”四级核算模式进行，依靠信息化系统实现自动汇总与追溯查询，各核算单元按日掌握本级成本完成情况。

所有核算单元建立成本分析机制，每日根据成本完成情况进行异动分析，异常情况迅速查找原因，发现问题及时制定措施并进行整改，将问题处理在萌芽状态，由原来事后成本分析，转变为现在的事前的成本分解和实时、动态的事中成本控制。

（1）实行日核算管理对成本异动情况及时预警。通过成本日核算，每天掌握成本变动情况，对成本异常情况做出预警，通过成本分级追溯查询，寻找成本异动根源，从而第一时间找到影响成本异动的因素，有针对性的制定措施解决问题，将问题处理在萌芽状态，将损失降低到最低。

（2）实行日核算及时发现经营异动。实施以日核算为手段的管理模式，能够及时发现经营成果异动情况，从而迅速分析影响利润的各种因素，找到根源制定措施解决落实，根据分析结果及时调整生产经营计划，确保公司效益最大化。

（3）以日核算为手段提升责任主体过程管理水平。实施成本日核算，将成本费用控制主体进行有针对性的划分，明确岗位责任，强化成本控制。

由于工段对各项成本完成实行每日公布制度，对于成本完成较差的班组进行当班考核，月末对各班组指标完成情况和成本降低幅度进行排名打分，并与当月全组奖金挂钩。因此，班组每天不仅要了解本班指标和成本完成情况，还要关注其他班组的完成情况，由此，在工段内部形成了班组与班组之间、岗位与岗位之间的良好竞争氛围。

实行班组成本日核算后，班组内部全员参与，人人重视成本、人人努力降成本，主观积极性大大提高。为了改善指标、降低成本，各岗位齐心合力努力提高操作水平，减少失误，通过严格落实分厂和工段制定的降成本措施，同时对所有能够回收的含铁、含钒物料进行入炉回吃，杜绝浪费现象，自开展班组成本日核算以来，班组成员算细账，各岗位精心控制成本，各项指标均有大幅提高。见下表。

成本核算前后对比表例

指标名称	钢铁料耗（千克/吨）	平均出钢温度（℃）	氩后温度命中率（%）	石灰单耗（千克/吨）	萤石单耗（千克/吨）	硅铁单耗（千克/吨）	锰铁单耗（千克/吨）	硅锰合金单耗（千克/吨）
日核算前	1 081.4	1 692.3	78.5	60.2	2.6	1.2	1.9	22.6
日核算后	1 049.8	1 682.2	89.4	48.2	1.5	0.0	1.8	19.3
比　较	-31.6	-10.6	+10.9	-12.0	-1.1	-1.2	-0.1	-3.3

（四）完善日核算成本管理体系的信息平台

人的计算能力是有限的，人的计算速度是有限的，但人的思想是无限的，承德钒钛依靠专业技术人才优势，自主开发成本日核算管理信息系统，基于J2EE架构实现，采用基于富互联网应用程序（RIA）的FLEX技术，整合ERP、出库物资管理、整体产销、生产信息集成、计量管理、质量管理、铁路运输管理、数据挖掘等多个信息系统，自动从二级、三级系统获取数据，实现与信息系统网络的无缝衔接。信息系统涵盖“核算—管理—集成”三个子系统。见图2。

核算系统解决核算规则、数据采集、资源共享等问题，包括成本核算、综合报表两大模块，涵盖“成本计算单设置”、“物料价格设置”、“ERP成本查询”、“成本导入与汇总”、“成本日报表”、“利润日报表”、“报表导航”等10个子系统，以数据采集为基础，满足日常成本核算需求。

管理系统，通过班组—工段—分厂—公司四级成本费用定额的制定，实现自动对比分析，采用动态仪表板、跟踪表、走势图等多种形式，建立预警机制，使各级核算单元能够及时发现影响成本的因素，迅速制定措施，及时整改，以提高整体成本管理水平；管理系统包括“计划管理”、“基础数据管理”、“出库物资管理”、“接口管理”四个模块，涵盖指标分解、定额标准、成本分解、消耗管理、物资出入库管理、库存定额、成本预警、成本指标对比分析等22个子系统。

集成系统的运行，充分集成ERP系统、整体产销系统、设备管理系统、数据挖掘系统、出库物资管理系统等信息网络，实现与成本日核算系统的无缝衔接，减少人工对成本日核算的干预。

（五）强力推进日核算成本管理体系的应用

1. 转变公司管理层和员工成本管理观念

由于传统成本管理理念的局限性，企业员工普遍认为成本管理是财务部门的事，成本管理责权仅限于集中在管理部室，缺乏全员参与成本控制的机制，基层员工成本观念淡薄、缺乏降低成本的有效方法，一些单位和职工存在成本无法再降低的错误思想，没有充分认识到企业成本降低的潜力是无穷无尽的，对成本管理和控制没有足够的重视，从而极大地制约了成本的可控性。针对这些问题，承德钒钛进行现代成本管理理念的全员培训，广泛开展员工危机意识教育活动，开展“爱厂爱家”的主题教育活动，使员工的观念得到了转变，素质得到了进一步提高。

随着员工素质的提高与降成本意识的加强，成本管理主体由过去的部门管理，转变为现在的全体职工参与管理，员工的成本意识明显加强。

2. 加强岗位培训，提升全员成本控制能力

承德钒钛在推进成本管理水平上台阶工作中，着力构建人力资源培训的长效机制，打造科段长培训、管理人员培训、岗位职工培训三位一体的员工培训体系，采用业余培训与集中培训相结合的方式，提高岗位工作能力，专题

对成本管理知识、公司成本构成、可控成本分析、成本日核算进行系统授课，培养高素质员工队伍，提高全员劳动技能与成本分析控制能力。对成本管理人员进行定期专业培训、知识更新再教育，借以提高成本管理方面的专业知识，开辟降低成本的广阔途径，丰富和健全企业的成本管理方法体系。

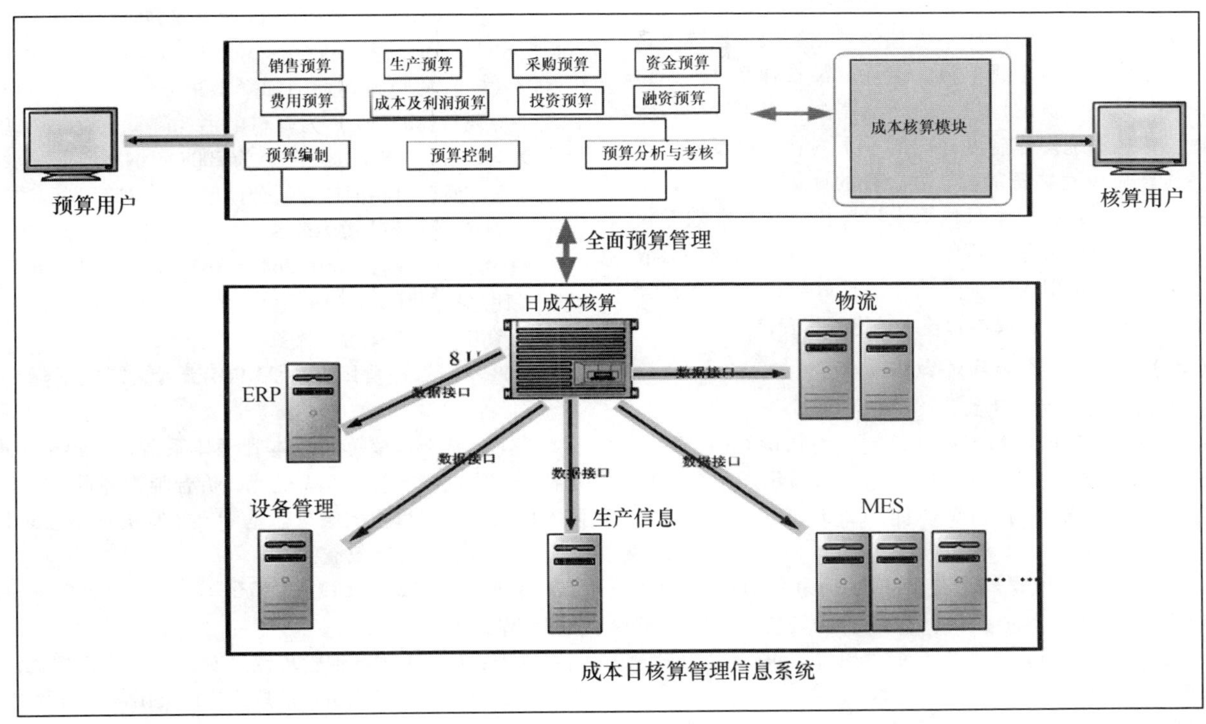

图 2 成本日核算管理信息系统

通过上述措施，岗位职工由过去单纯掌握生产操作技能，转变为不但要掌握生产操作技能，而且还要增强成本分析及成本控制技能，职工素质明显提高。炼铁工序成本占钢铁企业总成本的 70.0% 左右，炼铁成本的高低决定着钢铁企业的生存与发展，承德钒钛乃至河北钢铁集团都将“铁前降成本、钢后增效益”作为重点工作来抓，但仅靠降低原料消耗、控制费用总有达到极限的时候，这时调整原料配比，优化炉料结构降低成本就显得尤为重要，实施成本日核算之前，这项工作主要由生产计划部、财务部等管理部门来思考，实施成本日核算以后，炼铁成本与炉料岗位职工职责挂钩，岗位职工在做好生产操作的同时，成本控制成为工作的重要组成部分，岗位职工通过学习成本管理知识，增强了成本分析与成本控制技能，在提高素质的同时，降本增效效果明显。

3. 发动全员开展成本管理改革创新工作

现代企业成本管理必须更加科学化和系统化，创新是改进我国企业的成本管理的首要问题，基于此，承德钒钛积极探寻成本管理观念的创新、成本管理制度的创新、成本管理人员及手段的创新，努力把现代的成本控制和管理手段有效地运用于实践当中，有节奏地对现有的成本管理体系实施改革，成立有经营、财务、供应、销售、生产、技术、人力资源等部门构成的成本管理小组，各相关部门配备兼职人员，开展核算、统计、分析、考核、质检、保管等工作，发动全员开展成本管理创新工作，2008 年按日收集“创新创效金点子”5 000 余条，采纳 2 200 余条，为公司降本增效做出了突出贡献。

4. 检查监控作抓手强化成本管理

公司由财务部、企业管理部、公司办公室、审计监察部、纪委等管理部门组成成本日核算督导小组按期赴各单位检查体系运行情况，指导工作，解决问题，督导检查小组按期出具督导检查意见，并督促责任单位定时定人落实。同时成本日核算管理体系建设被列为河北钢铁集团级效能监察项目，监察小组定期赴监察单位进行效能监察，根据监察结果出具监察建议，双管齐下确保成本日核算管理体系高效运行，为整体成本管理水平的提高提供了强有力的保障。

5. 绩效考核保障成本管理水平上台阶

为了确保各单位攻关任务顺利完成，公司建立相应的激励制度与考核机制，实施工资增长机制与目标成本挂钩，每月将考核工资的 50.0% 作为奖励基金，完成既定目标每名职工每月可多拿半个月考核工资。同时实施负激励制度，2008 年四季度起加大对主要责任人的考核力度，第一个月完不成目标成本，对责任单位领导班子亮黄牌警告；第二个月完不成目标成本，对责任单位领导班子成员降一级使用，但仍按原职责开展工作；第三个月完不成目标成本，责任单位领导班子递交辞职报告，并按季顺延执行该负激励制度。各二级单位分别根据自身特点制定考核与激励制度，让每一名职工感受到压力与紧迫感，同时职工收入与公司整体业绩挂钩，激发员工参与成本管理的积极性，结合公司专项考核管理办法的实施，保证了成本日核算工作的深入展开，使公司的成本管理水平迈上了新台阶。

三、大型钢铁企业基于日核算实施成本管理的效果

（一）成本管理基础工作更加规范

为了与基于日核算的成本管理体系相适应，承德钒钛建立了包括储备定额管理制度、消耗定额管理制度、原始记录制度、材料物资的计量验收领退制度、成本日核算管理制度、信息系统操作制度在内的一系列管理制度，促进公司各责任单位对物资的收、发、存的计量、检斤、记录更加准确规范，结合成本日核算专项考核办法及绩效考核办法，使生产经营成果与班组及个人职责联系起来，形成互动效果，起到了促生产、降消耗的良好效果，成本核算工作更加规范、准确，成本管理水平进一步提高。

（二）取得了显著经济效益

1. 节约原材料增加效益

（1）炼焦工序原材料消耗降低创效为0.018×1 279×62.5=1 439万元，其中：0.018（吨）为吨焦炭用煤消耗降低量，1 279（元/吨）为煤现价，62.5（万吨）为2008年焦炭产量。

（2）烧结工序原材料消耗降低创效为0.013×547×493.8=3 511万元，其中：0.013（吨）为吨烧结矿铁精粉消耗降低量，547（元/吨）为铁精粉现价，493.8（万吨）为2008年烧结矿产量。

（3）炼铁工序原燃材料消耗降低创效为0.019×776×400.5=5 904万元，0.032×1 350×400.5=17 300万元，其中：0.019（吨）为吨铁矿耗降低量，776（元/吨）为入炉矿现价，0.032（吨）为吨铁焦炭消耗降低量，1350（元/吨）为入炉焦炭现价，400.46（万吨）为2008年铁水产量。

（4）炼钢工序原材料消耗降低创效为0.008×2 495×384.8=7 680万元，0.0019×6 410×384.8=4 686万元，其中：0.008（吨）为吨钢钢铁料消耗降低量，2 495（元/吨）为钢铁料平均现价，0.0019（吨）为吨钢合金料消耗降低量，6 410（元/吨）为硅锰合金现价，384.8（万吨）为2008年钢坯产量。

（5）轧钢工序原燃料消耗降低创效为0.0008×3 170×368.8=935万元，8×0.46×368.8=1 357万元，其中：0.0008（吨）为吨材钢坯消耗降低量，3 170（元/吨）为钢坯平均现价，8（度）为吨材电消耗降低量，0.46（元/度）为电现价，368.8（万吨）为2008年钢材产量。

综上，原燃材料消耗降低合计创效42 812万元。

2. 制造费用降低增加效益

2008年吨钢制造费用364元/吨，同比降低16.5元/吨，可比总费用降低6 619万元。

3. 管理费用降低增加效益

2008年，管理费用总额23 963万元，同比下降1 533万元。

综上，基于日核算的成本管理体系运行一年来，承德钒钛合计降低成本费用5.1亿元，折合吨钢降低132.5元，降本增效工作取得重大突破。基于日核算的成本管理体系建立与实施取得经济效益：

Ep=（42 812+6 619+1 533）×（1-70.0%）-500
=14 789万元

其中：70.0%为其他管理改进及技术进步创效比。500为体系建设培训费用支出、信息化建设支出等实施费用。

（三）经济技术指标改善，工序成本行业排名取得突破

截至到2008年12月，承德钒钛各项经济技术指标明显改善，炼铁厂高炉煤比、综合焦比、休风率、钢铁料消耗、连铸钢水收得率、石灰消耗、成材率、一次渣转化率、钒渣单耗、工序能耗等多项指标取得较大进步，有三项指标进入行业前3名，两项进入前5名。

化“危”为“机”　推进攀钢科学发展

攀钢集团有限公司

席卷全球的世界金融危机对我国经济的冲击，表面上是对经济增长速度的冲击，实质上是对经济发展方式的冲击。钢铁作为资源型、高耗能型行业，加快转型是一个关乎行业长远发展和中国经济持续发展的重大选择。

攀钢树立世界眼光，把自己的发展放到全球竞争和经济结构调整的格局中去思考、去谋划、去定位，深入研究后金融危机时代世界新经济发展、国企改革发展、钢铁钒钛产业发展和攀西资源综合利用“四个科学规律”；加快“四个转变”，即：企业发展由主要依靠钢铁规模为主向资源全面综合利用、做大钒钛、做精钢铁转变；由主要依靠投资向结构调整、自主创新和联合重组转变；由主要依靠增加物质资源消耗向依靠管理创新、科技进步、提高劳动者素质和发展循环经济转变；由主要依靠单一的攀西钒钛磁铁矿资源向充分利用国际国内“两个市场、两种资源”转变，走以科技为支撑、钒钛为特色、资源综合利用为核心的发展道路，努力打造资源、技术、产品、区域和人才“五大优势”。

2009年对攀钢而言是很不寻常、很不平凡的一年。攀钢没有被暂时的困难吓到，而是痛定思痛，在积极应对眼前困难的同时，着眼长远，从贯彻党的十七大提出的加快经济发展方式转变、推动产业优化升级的战略任务和落实国家钢铁新政的高度出发，从转变发展方式入手，化“危”

为“机”，推动攀钢科学发展。

一、调整发展战略，优先做大钒钛

攀钢有巨大的资源优势，攀西地区钒、钛资源储量分别占全国的52.2%、95.0%，占世界的10.0%、35.0%以上，攀西钒钛磁铁矿中，钒、钛的经济价值远高于钢铁，资源综合利用前景广阔。攀钢必须由追求钢铁规模向追求钒钛产业壮大转变，扛起“中国钒”、“中国钛”的大旗，争当攀西钒钛磁铁矿综合利用的排头兵。

攀钢于2007年提出了“一、四、五”发展战略，即坚持一个目标——努力把攀钢建设成为具有国际竞争力的现代化大型钢铁钒钛企业集团；拓展四大战略思路——做大钒钛、做精钢铁、做好资源、做强企业；实施五大战略措施——资源战略、精品战略、科技创新战略、人才强企战略、管理流程再造战略。根据这一发展战略，攀钢把做大钒钛产业、延伸钒钛产业价值链置于企业发展的优先地位。

钒制品重点发展三氧化二钒、钒氮合金、钒精细化工等高技术含量、高附加值的产品；对现有五氧化二钒、三氧化二钒生产线扩能改造，同时新建4 000吨/年三氧化二钒生产线、4 000吨/年钒氮合金生产线。“钒钛资源综合利用国家重点实验室”成功入选新一批国家重点实验室建设名录，牵头制定了《钒氮合金》国家标准，与承德钒钛合资组建了国内最大的钒制品贸易公司——攀承钒业贸易公司。目前，攀钢钒制品国际市场占有率达20.0%，国内市场占有率达80.0%。钒产品技术达到国际领先水平，中国的钒工业也成为我国少数具有国际竞争力的产业之一。

钛产品生产领域重点发展氯化法钛白、高钛渣及金属钛材等产品；高钛渣、海绵钛、钛合金项目等重点项目相继上马。同时加快钛方面的资本运营。目前，攀钢形成了从钛精矿到钛金属的完整钛产业链，具备年产47万吨钛精矿和8万吨钛白粉的生产能力，是国内唯一一家同时拥有金红石钛白、硫酸法锐钛型钛白、氯化法钛白生产技术的企业，成为我国最大的钛原料和重要的钛白粉生产基地。

“十二五”期间，攀钢钒产业将突出发挥资源和技术优势，抓好钒渣、钒氮合金、三氧化二钒、高钒铁、钒金属和钒合金等扩能项目建设，实施一批钒深加工新建项目，大力发展钒深加工产品，做到钒产业规模、技术和产品世界领先。钛产业做到国内最大最强，国际上有重要影响力。

二、提升自主创新，深度开发资源

攀钢人不断完善和发展高炉冶炼技术，解决了“泡沫渣”、粘罐等重大世界性冶炼技术难题，创造出了一套用普通高炉冶炼高钛型钒钛磁铁矿的技术，使沉睡数亿年的100亿吨“呆矿”变为“金矿”。

如果说早期的自主创新是“迫不得已”，重点解决怎样从矿石中“拿”出铁、钒、钛来，实现从无到有的转变，在钢铁行业整体转型的今天，攀钢自主创新更多地表现出一种“企业自觉”，要重点解决产业链的完整性和开发的经济性，就是要牢固树立走科技效益型发展道路的指导思想，完善的自主创新体系，通过持续的科技攻关，不断攀登攀西地区钒钛磁铁矿资源深度开发利用的新高。

攀钢自主创新体系分为三个各司其职的“梯队”：国家级技术中心、公司级科技攻关队、厂矿技术工作队。国家技术中心研究重大长远的战略问题，跟踪国内外科技发展的最新动向；科技攻关队开展近期应用研究，抓科技成果转化；厂矿技术工作队围绕本单位的技术应用，开发短、平、快实用技术。

三大“梯队”汇集了各类专业技术人才2万余人，其中包括中国工程院院士1人、国家级专家22人、省级专家15人。清华大学、北京科技大学等20余所高校和科研院所也成为攀钢的技术“同盟军”。

目前，攀钢自主创新能力进入中央企业20强，“攀枝花钒钛磁铁矿综合利用成套技术及装备开发”研究课题列入国家科技支撑项目；开创中国百米长尺钢轨热处理的先河；三氧化二钒、高钒铁、微细粒级钛精矿回收等生产技术国内首创、世界领先；氯化法钛白粉技术国内唯一。每年新产品产量占钢材总量10.0%以上，新产品产值率达到30.0%以上；科技贡献率达到50.0%左右。

三、调整产品结构，提高产品附加值

经过不懈努力，攀钢已形成了以重轨、家电板、无缝钢管、特钢、钒、钛为代表的6大系列产品，遍销国内30多个省、市、自治区，并出口日本、欧洲、北美、东南亚等30多个国家和地区。

依靠独特的资源优势和技术优势，攀钢确定了以开发高附加值重轨和钒钛制品的战略思路。2009年，攀钢钢轨产量同比增长24.7%，其中百米长尺钢轨同比增长207%，均再创历史新高；含钒钢筋、五氧化二钒、中钒铁、高品质钛白粉等产量同比均有较大幅度增长。同时，钢铁钒钛产业发展项目和重大技术创新平台建设进展顺利，方圆坯连铸、炼钢板坯精炼系统技术改造、新建第三管加工车间热处理、A－R轧机搬迁改造、高速线材等项目已建成投产，钛材一期、选钛扩能改造等项目竣工投产；海绵钛、高钛渣二期等工程建设步伐加快。

目前，攀钢氧化钒清洁生产、高炉渣提钛高温碳化、富钛料制取等中试线已建成投入运行。其中氧化钒清洁生产将彻底解决钒生产中废水污染的世界难题，开创世界钒业新局。高炉渣提钛高温碳化中试线以废弃的高炉渣为原料生产碳化渣，为生产四氯化钛提供原料，不仅提高了攀西钛资源的综合利用率，也为解决渣场环保问题提供了一种科学、有效的方案，实现了资源、环保、效益以及人力资源的全面协调发展，将为攀钢钒钛资源综合利用提供强有力的技术支撑。

同时，攀钢钒钛磁铁矿综合利用新工艺、高炉渣提钛低温氯化中试线也即将进入调试阶段。钒钛磁铁矿综合利用新工艺铁精矿不需烧结处理，不使用焦炭，从根本上避免了烧结烟气脱硫、焦煤资源采购困难以及环保压力大等问题，可充分发挥攀西地区资源优势。高炉渣提钛低温氯化中试线可望探出利用高炉渣中钛资源新路。

四、树立环保理念，发展循环经济

攀钢是长江上游最大的钢铁企业，坚持把保护长江上游生态环境作为最重要的政治责任和社会责任，把节能减排作为关系企业生死存亡的战略任务。

攀钢将节能减排作为发展的“硬约束”，纳入企业总体发展战略，始终坚持走低投入、低消耗、低排放和高效率的发展道路，推动攀钢发展由主要依靠增加物质资源消耗向依靠管理创新、科技进步、结构调整、提高劳动者素质和发展循环经济转变；建立完善领导机制和责任机制，形成了“责任层层落实、压力层层传递”的节能减排责任体系；健全完善监督考核机制，坚持把能源消耗指标考核体系、环境保护指标考核体系纳入奖惩考评体系，与干部任职、薪酬考核挂钩。

针对一期建设“先生产，后生活”形成的环保节能历史欠账较多的实际，攀钢高起点、高投入实施关键和重点环节改造，全面提升节能减排水平。在最近3年陆续投入30多亿元环保资金，加快环保关键技术的引进、消化和研发，认真解决遗留的老污染治理欠账。2005—2009年先后完成了省市政府限期治理项目50余项，企业低碳经济与节能减排水平进一步提高。

2009年，攀钢吨钢综合能耗同比下降4.4%；吨钢耗新水同比降低4.6%；SO_2同比降低12.6%；化学需氧量同比降低5.7%；高、焦炉煤气回收利用率分别达到94.1%和98.6%。攀钢成为全国首批循环经济试点企业，被中宣部确定为全国节能减排先进典型，为保护长江上游生态环境做出了积极贡献。

在此基础上，攀钢将继续大力实施节能减排战略，积极发展循环经济。进一步增强节能减排的法制意识、风险意识和责任主体意识，加强系统节能、结构节能、技术节能的研究和推广应用，确保完成国务院国资委下达的节能减排目标；狠抓老污染源治理，抓好重大节能降耗及环保项目建设，全面提高环保水平。进一步加大煤气、余热余能、冶金渣、尾矿、粉煤灰等资源的综合利用力度，实现资源高效和循环利用。

加快发展方式转变是时代的要求，是历史责任。攀钢将坚持“做大钒钛、做精钢铁、做好资源、做强企业”的发展思路不动摇，坚定发展信心，抢抓发展机遇，凝聚力量、攻坚克难，奋力打造攀钢竞争新优势。

世界及中国黄金的现状与未来

中国黄金集团公司总经理　党委书记　孙兆学

进入21世纪以来，国际黄金价格开始了长达10年的牛市，从不到300美元/盎司一路上涨到目前的1 200美元/盎司，且有望继续攀升。是什么支撑了黄金价格的持续上涨？黄金是什么？黄金的历史、现状和未来如何？我们应当如何应对挑战？下面谈一谈本人的粗浅认识。

一、世界黄金行业概况

1. 黄金的物理化学特点

黄金耐腐蚀、不变质，密度大，易分割、易携带且可长期储存；黄金的延展性强，1克黄金可以拉成320米金丝或0.5平方米金箔。

2. 世界存量黄金

目前，全世界大约存有16万多吨黄金。40.0%大约6万多吨是可流通的金融性资产，其中3万多吨是各国官方黄金储备，2万多吨是私人拥有的金融储备。60.0%约9万多吨的黄金是以一般商品状态存在，在首饰制品、文物、电子工业等产品中。

3. 世界黄金资源

黄金资源非常稀缺，全世界探明的资源量只有9万吨，主要分布在南非、美国、俄罗斯、乌兹别克斯坦、澳大利亚、加拿大、中国、秘鲁、印尼、加纳、巴西等十几个国家。目前保有储量前8名分别是南非、澳大利亚、秘鲁、俄罗斯、美国、印度尼西亚、加拿大、中国。

4. 世界黄金生产

全世界迄今为止生产出的黄金共约16万吨。黄金生产虽然历史悠久，但大规模生产是19世纪南非、美国、澳洲大型矿藏的发现。特别是氰化法发明以后，仅19世纪后50年，其黄金产量就相当于之前所有年代的产量之和。自20世纪70年代突破1 500吨，80年代末突破2 000吨以来，世界黄金年产量基本保持在2 200～2 600吨之间，2009年为2 572吨。目前全世界有80多个国家生产黄金，南非长期以来是黄金生产的霸主，2007年开始中国黄金产量跃居世界第一。2009年，世界前十大产金国为中国、美国、南非、澳大利亚、俄罗斯、秘鲁、加拿大、印度尼西亚、加纳、乌兹别克斯坦。

5. 世界黄金的供应和需求

黄金供应主要有矿产金、再生金和官方售金三个方面。近年来，世界黄金总供应量维持在每年3 500吨左右，矿产金2 500吨左右，占60.0%多，其余不到40.0%为再生金和官方售金。

黄金的消费近年保持上升趋势，2008年世界黄金需求量为3 804吨，主要为投资需求拉动。其中，黄金首饰的需求为2 186吨，工业和牙科需求为436吨，投资需求为1 183吨。将近20年来，印度、美国、欧盟、中国、沙特保持消费前5名，约占世界消费量的50.0%。2008年世界五大黄金消费国是印度、中国、美国、土耳其、沙特。

6. 世界黄金市场

目前，全世界大约有40多个交易市场，伦敦、纽约、苏黎世、东京、香港、迪拜较为著名，其中以伦敦和纽约交易所最为重要，年交易量均超过10万吨。

黄金市场交易的黄金产品有黄金现货交易、现货保证金交易、银行纸黄金、黄金期货和期权交易、黄金远期交易、黄金租赁业务、黄金 ETF、黄金信托等，其中黄金 ETF 近期发展迅速，基金持仓量已经超过 1 600 吨。

二、中国黄金行业现状

1. 黄金生产情况

我国是世界上最早生产黄金的国家之一，在夏、商、周时代已开始黄金的初步应用。秦汉和三国时期，在中国黄金发展史中占有着重要地位，特别是汉代，黄金生产迎来了繁荣鼎盛的时期。清代后期及民国时期，中国的黄金及其他矿业开始进入近代矿业的创始时期，开采地区逐渐扩大，生产力和技术水平有所提高，黄金产量有较大增长。“九一八”事变后，日本独占了东北采金工业，对中国黄金资源进行掠夺性开发。解放前夕，国民党政府把黄金储备全部运往台湾，新中国的黄金工业基本上是从零开始。

1949 年全国黄金产量只有 4.5 吨，1970 年达到 10 吨，从 1975 年王震副总理受周恩来总理委托抓黄金生产后，我国黄金产量增长较快。1979 年达 20 吨，1989 年超过 50 吨，1995 年超过 100 吨，2003 年超过 200 吨。2007 年上升到 270 吨，成为世界第一黄金生产大国。2009 年产金超过 300 吨，达 314 吨，连续三年保持世界第一。新中国成立 60 年来，我国累计已经生产出黄金 4 500 多吨。

2. 黄金资源情况

我国黄金地质资源种类比较齐全，几乎包括了世界上已发现的主要金矿床类型。至 2008 年末，我国探明黄金储量为 5 900 吨，位居世界第 8 位。从区域分布上看，除上海外，全国各省（自治区）均探明有金矿资源，但在地区分布上很不平衡。主要分布在山东、陕西、河南、贵州、河北、湖北、云南、吉林、四川、黑龙江和甘肃等地区。这就形成了我国一些重点产金集中区，如胶东、小秦岭、燕辽、长白山、内蒙阴山、河北张宣、福建紫金山、新疆阿尔泰、天山、云南哀牢山、贵州、川陕甘等。2009 年，我国前 5 位产金省份分别为：山东、河南、江西、福建、云南。

3. 黄金生产企业

新中国成立以来我国对黄金一直实行保护性开采和“统购统配”的管制政策，黄金开采企业都是国有企业。随着进入 21 世纪我国黄金市场的逐渐放开，民营经济开始进入黄金矿业开发领域，同时一些国有企业开始进行产权多元化改革。目前，纳入中国黄金协会行业统计的大约有近 600 家企业，而实际黄金企业数量据估计约在 700～800 家左右。

4. 近年来我国黄金行业发展的新特点

一是产量、效益稳步增长，连续三年保持世界第一产金大国地位。近几年我国黄金产量年均增幅在 6.0% 左右。2009 年我国黄金产量达到 314 吨，连续 3 年超越南非成为世界第一产金大国；全国黄金行业实现工业总产值 1 375.3 亿元，同比增长 18.6%。我国黄金产量已经占到世界总产量的 1/10 强，成为举足轻重的产金大国。

二是黄金资源地质勘探取得重大进展，连续多年实现勘探新增储量大于生产消耗储量。2006—2008 年，黄金行业新增金矿资源储量分别为 650 吨、700 吨和 750 吨，并在甘肃、山东、新疆、贵州、青海、吉林、内蒙古等省（区）相继发现和探明了一批大中型金矿床。我国黄金行业已连续多年实现勘探新增储量大于生产消耗储量，为行业可持续发展提供了保障。

三是产业集中度明显提高，以大型企业集团为主导的发展格局初步形成。近几年，黄金行业加大了整合重组和结构调整，初步形成了大型黄金集团主导我国黄金工业发展的格局。2009 年，排名前 10 位的大型黄金企业生产黄金 148.6 吨，占全国总产量的 47.3%，保有黄金资源储量占全国总储量的 60.0% 以上。

四是生产开发技术实现飞跃，资源利用水平明显提高。近几年，黄金行业科技创新取得显著成果，尤其在难处理金矿选冶技术等方面已走到国际前列。中国黄金集团公司具有完全自主知识产权的“生物氧化提金技术”和“原矿焙烧技术”在生产应用上取得重大突破，已经达到世界先进水平。

五是黄金市场蓬勃发展，投资交易日趋活跃。2002 年上海黄金交易所开展黄金交易后，2008 年上海期货交易所也开展黄金期货交易，一批商业银行还相继开展了纸黄金和实物黄金交易业务。中国黄金集团公司在国内率先推出投资金条现货交易，目前已经拥有 1 600 余家销售网点。

三、黄金的未来发展趋势和构建国家黄金战略体系的必要性

从构成和影响黄金价格的各方面因素来看，黄金价格在一个相当长的时间内将总体保持向上运行的趋势，一些国家和老百姓储备和收藏黄金的热情可能会越来越高，黄金的重要性会引起更多的重视。在这种情况下，我认为我们应当对黄金的未来有一个基本的认识和判断，就是黄金价格不仅在未来要上涨，而且黄金对中国的政治、经济安全和大国崛起战略越来越重要，我们应当考虑建立国家黄金战略体系。

1. 长期来看黄金将保持向上的态势

今后较长的一段时间内，黄金价格仍会比较高，而且可能还会更高。尽管这个过程中会有阶段性调整和震荡，但是总体是向上走的。将来会高到什么程度，目前也确实无法准确判断。有人说 1 500 美元/盎司，还有人说将来会到 3 000 美元、5 000 美元。这些数字现在无法评价，但至少反映了一种普遍观点，各界对黄金上涨有着强烈的预期。这种预期是怎么得出的，主要有三个原因：

一是对美元的判断，认为美元的长期贬值不可避免。黄金在国际上是以美元计价，美元如果贬值，黄金自然就会对应地涨价。目前，美国国债已经差不多 130 000 亿美元，相当于其 GDP，截至 2009 年，美国的各类债券规模超过 600 000 亿美元，是其 GDP 的 3.7 倍，并且目前仍以每年 7.0%～8.0% 的速度增长，大大超过其一年 GDP 3.0% 的增长速度。在这种情况下，美国是绝对没有能力兑现债务的，美元长期贬值是必然的趋势。

二是对国际货币体制变革的预期。布雷顿森林体系解

体后，美元摆脱了黄金的约束，既可以向使用美元的各国收取铸币税，又可以根据本国的利益超额发行美元，掠夺财富、转嫁风险。这种国际货币体系是一种不公平、不合理的制度，但在当时的历史条件下，又是一种无可选择的选择。这次世界金融危机发生后，各国对国际货币体系改革的呼声越来越高。目前看来，大致有几种观点：一是重新以黄金作为世界货币的本位币；二是以黄金及其他大宗资源产品一起形成组合，世界货币与这个组合挂钩；三是在现有体系下，以特别提款权为基础进行改革。这几种货币体系改革思路虽然各有特点，但总体上看，都可能和黄金有重要联系。而一旦与黄金联系，由于黄金是稀缺资源，要对应世界经济总量和资本总量，数量是太小了，因此必然要相应提高挂钩倍数，也就是说比如原来1对10，现在可能要改为1对100。正是有这样的预期和设想，大家对黄金的价格上涨就产生了很大的想象空间。

三是通过危机受到教育和启发。这次由美国次贷危机引发金融危机，进而导致全球性经济危机，给世界各国和普通民众一个教育和提醒。大家认识到，要对资本和财富结构有一个合理的安排，进而防范风险。因此，黄金作为国家官方储备的重要品种受到了各国的重视，俄罗斯、印度等国家相继增加官方黄金储备；同时，黄金作为百姓财产和财富积累的组成部分，也被许多家庭所重视，目前的一种普遍说法是，个人财富和资产配置中应当安排10.0%～15.0%的黄金。

2. 黄金对我国发展的重要意义，应尽快构建黄金战略体系

一是黄金对国家政治安全有重要意义。由于黄金是世界上唯一的非负债货币资产，是唯一能够跨越国家、语言、种族、宗教、文化的全球公认的货币资产。因而黄金储备能够保证国家在发生危机时拥有更大的自主权，关系到国家主权安全。1958年、1960年、1976年，我国动用黄金储备，应对生产资料急需和自然灾害；1989年后，西方一度对我国实行经济封锁，人民银行通过国际黄金市场进行了换汇交易。对我国来讲，尽管国际形势总体上是和平发展，但也不排除个别时候、局部地区发生冲突，因此必须保持清醒的认识。要意识到一旦面临封锁和局部战争的危险，唯一的支付手段可能只有黄金。

二是黄金对国家经济安全具有重大意义。黄金是国家经济安全的最后一道堤防。最典型的是1997年的亚洲金融危机，当韩国出现严重的债务危机时，IMF开出的救援条件是低价出售韩国的大型企业。最后，韩国政府不得不号召民间捐出黄金，偿还外债，才保住了支撑国家经济独立的大型企业。当前和今后一段时间内，我们面临的金融领域的考验有很多，其中重要的一点是外汇储备结构的调整。目前，美国和其他西方发达国家控制世界上重要的资源和主要的黄金。而我国总体上看，官方和居民黄金储备都比较少，而且黄金占外汇储备的比例很低。这样，我们难免面临两种风险，一个是以美元债务为主的外汇结构，在美元贬值和美元资产缩水中受到损失，另一个是如果国际货币体系改革中黄金真的发挥一定的作用，我们拥有的黄金过少会影响到我们的话语权。因此应当及早考虑这一问题，防止风险发生。

三是黄金对中国的崛起有重要意义。人民币国际化是中国崛起的必由之路，而人民币的国际化又离不开黄金。我们知道，美元二战后之所以能够成为世界货币，除美国经济发展和国家综合实力外，还因为其拥有22 000吨黄金，占到当时世界黄金储备总量的75.0%。由于黄金在世界人民心中具有无可替代的重要价值，因而中国在推进人民币国际化进程中，必须要考虑人民币的含金量问题。当我国黄金储备达到一定规模时，相信人民币的坚挺度和信用度会大大的增加，从而加快推进人民币国际化的进程。

四、构建国家黄金战略体系的政策建议

建立国家黄金战略体系，除要调整外汇结构、增加黄金储备，以及活跃黄金市场、鼓励藏金于民外，还应重点考虑黄金资源和黄金企业。

一是国家应把黄金资源作为动态的黄金储备和战略性资源，加强控制和管理力度。

二是推动重要的黄金资源向大企业特别是国家有控制力的企业集中。

三是鼓励在重要成矿带建设规模大的、具有国际水平的大型矿山基地企业。

四是鼓励和支持国内企业实施“走出去战略”，多渠道、多方式占有境外黄金资源。

自觉融入经济发展方式转变大局

国家开发投资公司董事长　党组书记　王会生

这次国际金融危机使我国经济发展方式不合理的问题进一步凸显，同时为加快经济发展方式转变带来了难得机遇。加快推进产业结构调整，是加快经济发展方式转变的一个战略重点。作为中央直接管理的国有重要骨干企业，国家开发投资公司（简称“国投”）认真贯彻落实中央精神，自觉将企业发展融入经济发展方式转变大局，以企业和产业结构调整为重点，把握发展规律，创新发展模式，调整发展节奏，突出经济效益，通过资产经营和资本经营相结合的手段，在推进结构调整中转变发展方式，在转变发展方式中实现科学发展。

一、把握产业调整态势　完善企业发展战略

思路决定出路，战略决定未来。企业调结构、转方式，首先需要转变发展思路和发展战略。国投努力把握全球产业调整态势，积极探索具有自身特点的发展思路，制定切合自身实际的发展战略。

确立规模和效益同步发展的思路，在不断做大的同时着力做强。规模是决定企业竞争优势的一个重要因素，但随着企业规模的扩大，资源环境和节能减排对企业发展的制约会越来越严重。这次国际金融危机使我们深刻认识到，企业的规模必须是一个均衡的结构——资本实力与企业规模相适应，软实力与硬实力相匹配。也就是说，企业必须在不断做大的同时着力做强。

确立结构调整应遵循的基本原则，拓展发展空间。调结构、转方式是企业在发展中普遍面对的挑战。企业如果能够成功应对这个挑战，就能保持发展的连续性、拓宽发展的空间；否则，发展代价就会越来越大，空间就会越来越小，道路就会越走越艰难。为此，应当遵循一些基本原则：一是与市场协调。适应国际国内市场的变化，满足多层次多方面的需要。二是与自身协调。这包括两个方面：一是存量调整，就是从企业实际出发，一企一策，不可照搬照套；二是增量调整，就是以企业的发展战略为导向，有所为有所不为，注重特色，发挥优势。三是与国家经济和产业政策协调。国家经济和产业政策调整必然会影响企业结构调整，企业必须依据国家经济和产业政策来调整发展布局。

重新审视企业发展战略，创新发展模式。企业必须根据经济社会环境的变化，及时制定和调整发展战略。国际金融危机和我国经济调整的现实情况，迫切要求我们用科学发展观审视企业发展战略，将企业的发展和国家的要求紧密结合起来，努力在承担国家产业政策和经济布局、结构调整任务中发挥独特作用，着眼于未来5年或10年国家经济发展的需要来谋划自身发展。国投提出了“为国家发展服务、为改善民生服务”的发展思路，明确了三个投资重点：一是投资于国家要求国有经济发挥主导作用的行业；二是投资于基础性和高新技术项目，解决经济发展中的瓶颈问题；三是投资于资源性项目，保障经济社会发展的需要。

打造核心竞争力，推进可持续发展。企业是资源的聚集者和使用者，而资源整合能力则是投资控股公司核心竞争力的直接体现。国投作为国有投资控股公司，要培育不易模仿且可持续的核心竞争力，就必须顺应科技和消费文化发展的趋势，不断对核心业务进行调整，不断完善和提升业务定位，大力推进商业模式创新、技术创新、管理创新。这样，才能有效整合资源，打造利润“蓄水池”，不断提升核心竞争力，实现可持续发展。

二、顺应产业发展规律　推进企业结构调整

周期性波动是经济发展的常态。推进企业和产业结构调整，既要利用市场萧条时期的倒逼机制集断采取措施，也要在经济形势比较好的时候未雨绸缪，主动作出安排。近年来，国投顺应产业发展规律，在结构调整上进行了探索和实践。

把握经济发展规律，推进企业结构调整。一是主动调整。企业只有顺应产业发展规律及时进行结构调整，才能保持发展活力。企业适应产业结构变化的调整和升级越自觉、越主动，发展质量就越高，发展后劲就越足。二是全方位调整。结构调整是篇大文章，应按照社会经济发展趋势来调整组织结构，实现资源优化配置；按照居民消费结构的变化来调整产品结构，以更好地满足社会需求；运用新技术、新材料促进产业结构升级，以培育整体竞争优势。三是经常性调整。结构调整既是一项艰巨的历史任务，又是一项经常性工作，需要常抓不懈。

把握产业成长规律，确立产业结构调整的原则。一是坚持以国家产业政策为导向的原则。严格执行国家产业政策，坚决淘汰国家明令禁止的产业、技术和产品，大力发展国家鼓励发展的产业、技术和产品。二是坚持科技进步和技术创新原则。始终把科技进步和技术创新作为产业结构调整的第一推动力，搞好引进技术的消化吸收，用先进适用技术改造传统产业，大力开发高技术含量、高附加值的新产品。三是坚持可持续发展原则。大力发展绿色产业、节能环保产业和循环经济，努力实现经济、社会与生态协调发展。

利用多种结构调整途径，优化资源配置。一是调整优化产业结构，提高要素配置效率。坚持以国家产业政策和市场为导向，以全面协调可持续发展为核心，以提高综合竞争力和经济增长质量效益为目标，着力推进产业结构调整。加快电源结构调整，优先发展水电，加快雅砻江全流域梯次滚动开发，合理开发坑口煤电和煤电一体化项目，积极发展核电、风电、太阳能发电等清洁能源；利用新一轮煤炭产业调整的机会，在重点区域继续推进资源储备和项目储备；以钾肥为重点，巩固和扩大公司在化肥领域的影响力和竞争力；将电力、煤炭、港航、化肥等基础性、资源性以及相关性强的业务作为公司整体上市的资产，加大整体上市的推进力度，为做强做大实业板块筹集必要的资金。二是调整优化资本分布，使国有资本向公司主业集中，增强国有经济的控制力、影响力和带动力。通过国有股权的转让将国有资产变为国有资本，实现国有资本从竞争性领域或非重点企业退出，再投入到国有经济需要进入的重要领域或重点企业，按照国家产业政策，实现跨行业、跨地区、跨企业的产业结构调整，优化国有资本在国民经济产业领域的布局、在产业内部的分布、在企业内部的配置，提高资本运行效率，用少量的国有资本控制、影响和带动大量的社会资本，形成国有资本数量、素质和布局的动态优势，在资本流动的过程中实现结构调整的目标。三是调整区域结构，着力构建优势互补、良性互动、协调发展的区域发展新格局。在公司投资企业比较集中的区域，建立区域协调机制，进一步理顺管理关系，扩大集团在区域内的影响力；加快公司在环渤海湾、泛北部湾等重点区域的发展，发挥产业发展上的比较优势，形成各具特色的区域优势产业；在区域投资企业间形成优势互补、良性互动机制，鼓励区域间投资企业顺应生产要素优化配置的要求，促进劳动力和资本等要素合理流动，促进区域协调

发展。

三、积极推动节能减排　着力实现低碳发展

为了抓住低碳经济发展的机遇，国投坚持绿色投资原则，积极调整投资结构，主动跟踪和投资于低碳技术发展，努力实现经济效益与社会效益、生态效益的统一。

从优化升级和有进有退两方面推进产业结构调整。一是推动国有资本向关系国计民生的基础性、资源性领域集中，做强做大主业。坚持走新型工业化道路，发展循环经济，保护生态环境。二是对耗能高、污染重的产能加快淘汰和升级改造步伐，推进所投资的企业转型升级，实现集约、高效、无废、无害、无污染的绿色发展。三是以节能减排为重点，全力推行清洁生产。大力开展节能技术改造，优化发电机组运行方式，提高机组能源利用效率。严格执行环保设施“三同时”制度，加大对新、改、扩建火电燃煤机组环保设施的投入力度。四是研发推广节能环保新技术。掌握一批具有自主知识产权的节能环保技术，成功实现了多项节能环保技术的产业化应用。

调整电源结构，着力发展新能源。把新能源发展放在重要战略位置，加强新能源技术研发，积极扩大对新能源产业的投资。目前，清洁能源已占公司投产控股电力装机容量的30.5%。在煤电清洁技术发电领域，参股的天津绿色煤电公司25万千瓦项目已于2009年7月正式开工；在核电领域，已参股建设辽宁葫芦岛核电项目；在风电领域，计划在未来2~3年内，选择我国光照资源和建设条件最好的西北地区，建成20万千瓦的光伏并网电站。

从高碳生产方式向清洁生产、循环经济转变。坚持绿色投资理念，按照减量化、再利用、资源化的要求大力发展循环经济，提高资源综合利用率和投入产出水平，努力形成低投入、低消耗、低排放、高效率的节约型发展方式。利用先进技术实施海水淡化工程，力争在天津北疆建成日产140万吨淡水生产基地，实施向京津地区供水。提高煤炭回采率，2009年公司煤矿采区回采率达81.8%；积极开展煤矸石综合利用，煤矿企业煤矸石及煤泥综合利用率达62.5%；较大规模利用煤层气发电项目正在各煤矿逐步展开，瓦斯综合利用率达40.0%；采用先进技术和工艺对矿井水进行无害化处理，并用于井下消防降尘、电厂生产和选煤厂用水补充，矿井水综合利用率达70.7%。

优秀企业文化引领金隅又好又快发展

北京金隅集团有限责任公司党委书记　董事长　蒋卫平

伟大的文化催生伟大的力量。管理的活力来自于企业文化，基业常青的奥秘也得益于企业文化。北京金隅集团在半个多世纪的实践积累中和近10年的快速发展中，逐步形成的以“信用、责任、尊重”核心价值观，“重实际、重创新、重效益、争一流”集团精神，“共融、共享、共赢、共荣”发展理念和“八个特别”人文精神为核心的金隅企业文化，已深深根植于集团广大干部职工的思想之中、化为自觉的行动，并在持续传承、不断创新中有效促进了集团战略管理水平的不断提升和战略目标的有效实现。尤其是在全球金融危机大背景下，金隅文化凝聚人心、汇集力量，使集团在攻坚克难中实现了乘势而上。

一、弘扬“重实际、重创新、重效益、争一流”集团精神，不断夯实集团又好又快发展的坚实基础

一是重实际，始终坚持集团整体发展战略。金隅集团前身是成立于1955年的北京市建材工业局，1992年组建为集团公司，时辖企业百余家。集团党委按照“三个有利于”的科学论断，制定了“集团整体发展战略”，确立了“以产权联结为纽带，以多级法人分层管理为特征，以集团整体发展为目标”的母子公司管理体制，并进一步明确了总部为“战略决策中心、资本运营中心、资产监管中心、人力资源配置中心”，企业为“生产中心、利润中心、成本控制中心”的职责定位，为处理好集权与分权、整体发展与局部发展、集中集团优势与发挥企业积极性等诸多理论与实践问题提供了强有力的体制机制保证。

通过多年发展，金隅集团已成为全国最大建材制造商之一和环渤海经济圈建材行业的领导者，京津冀地区最大的水泥供应商和北京地区最大的水泥生产商，以及国家重点支持的12家大型水泥企业（集团）之一；成为北京综合实力最强的房地产开发商之一（年均开复工面积200万平米以上）、最大的保障性住房开发企业（累计超过400万平方米），以及最大的投资性物业持有者和管理者（持有的高档物业超过70万平方米，经营管理的中高端物业超过100万平方米）。并由此逐步形成以“水泥及商品混凝土—新型建材制造—房地产开发—现代服务业”四大产业板块为主的核心产业链。集团多年来一直位列中国企业500强和世界建材企业百强行列，在经济效益、经济规模和核心竞争力等方面位居全国同行业前列。

二是重创新，不断提升核心竞争能力。20世纪90年代之前，集团主要产品为“砖、瓦、灰、砂、石”，所属普遍面临资源枯竭、工艺落后、污染严重、产品附加值低、发展后劲不足、历史包袱沉重等诸多问题。集团坚决淘汰高

能耗、高物耗、高污染、低附加值的传统建材产品，重点发展绿色环保、节能低耗的新型建材产品。在加快结构调整和产业升级的同时，集团不断加大系统内同类企业和同业资源的整合力度，使优质资产向优势企业集中，形成发展合力，提高市场竞争实力。近5年来，集团累计投入近30亿资金用于新产品、新技术、新工艺研发和产品结构调整，为技术进步和产业升级提供了有力保障；与此同时，集团大力整合技术资源。以北京建材科研总院为依托，包括墙体材料、水泥混凝土、家具设计、固废处置、耐火材料、矿棉吸声板、建筑技术等7个分中心的集团技术中心，被评为国家级企业技术中心，近日，集团耐火材料研发分中心又被认定为国家级企业技术分中心。一流的技术研发平台，不仅为集团自身提供了强大的技术支持，同时也成为行业新技术“孵化器”。

三是重效益，始终坚持发展为第一要务。整体发展战略的保障和持续创新所提供的不竭动力，使集团各项主要经济指标连年保持两位数增长的良好态势。在诸多经济指标中，集团尤其注重和强调利润指标的增长，将其作为所属企业经营绩效考核的重中之重，并以此作为实现好、维护好、发展好国有企业和确保国有资产持续增值的重要途径。

四是争一流，全力打造国际化一流公众公司。2005年12月集团通过发起设立北京金隅股份有限公司、从而完成集团层面改制之后，于2007年9月份正式启动金隅整体上市工作，2009年7月29日，金隅股份以全球发行10.7亿股、融资总额68.5亿港币、国际配售部分超额认购达235倍、香港公开发售部分超额认购达775倍、香港历史上第二大冻资新股（冻结资金逾4 660亿港币）的骄人业绩在香港联交所主板正式挂牌上市，创造了香港资本市场上“九个第一”，即：金融危机爆发后全球第一只发行上市的H股、金融危机爆发后第一家境外上市的中国国有企业、金融危机爆发后第一个引入基石投资者的香港IPO项目、金融危机爆发后国际认购需求量第一大香港IPO项目、金融危机爆发后冻结资金量第一大香港IPO项目、中国境内建材行业历史上发行规模第一大香港IPO项目、中国境内建材行业历史上发行定价第一高香港IPO项目、中国地方国有企业历史上发行规模第一大香港IPO项目、北京市历史上融资额度第一大香港IPO项目。成为香港联交所自国际金融风暴以来的成功发行范例。金隅股票（02009.HK）价格稳居境内行业前3位，市值稳定在330亿港币以上，并先后成功入选MSCI中国指数和恒生综合指数成分股，金隅的巨大投资价值以及在国际资本市场的良好形象，为我国建材行业大型国企赢得了声誉。

二、秉承“共融、共享、共赢、共荣”发展理念，不断拓展集团又好又快发展的广阔空间

企业要发展，资源是保障。作为地处首都的大型国有企业和行业领先企业，既要在加快结构调整中激活存量做强，又要通过积极“走出去”引入增量做大。“走出去”不仅是可持续发展的需要，也是发展方式的创新，更是一项长期而艰巨的任务。集团充分发挥资本、管理、品牌、人才等优势，立足北京、辐射周边，通过战略重组、企业并购、资源整合等途径，积极抢抓和有效掌控战略资源，为长远可持续发展奠定了坚实基础。更为重要的是，在“走出去”战略的实施中，所有加盟企业的干部职工在政治待遇、经济待遇、生活待遇、工作待遇上与金隅原有干部职工完全一致，从而通过机制和制度的有力保障，确保了新加盟企业同金隅从物理组合到思想、乃至文化上的快速融合，实现了和谐共融、共同发展的新局面。

一是水泥板块实施京津冀“大十字”战略布局，在大区域化竞争中效益大幅提升。加快重点项目布局，先后在河北、天津、吉林并购、扩建、新建新型干法水泥生产线9条，各项目的顺利建设和良好运行，新增水泥产能1 300万吨，从而使集团水泥总产能达到3 000万吨以上，提前实现上一轮中期发展规划目标，形成了东起天津、西至曲阳、北抵张家口、南到邯郸的“大十字”战略布局。伴随水泥的扩张，金隅混凝土也加快在北京、天津、河北等相关重点区域的市场开拓，实现了快速增长；强化战略资源掌控，成功取得太行山东侧近5亿吨优质石灰石矿山资源的开采权和京郊砂石矿开采权，为金隅水泥及预拌混凝土产业的产品链延伸与市场核心竞争力增强奠定了良好基础。

二是新型建材制造业板块实施“园区化”发展模式，实现平稳较快增长。在进一步加大对市场前景好、投资收益高的项目投入力度的同时，先后完成系统内若干同类企业的整合，整合后无论经营效益还是市场竞争力都得到显著提升。按照“统一规划、分步建设”模式，大力实施工业园区建设，体现了建设速度快、综合成本低、配套一体化、管理专业化，以及可以有效集中争取当地优惠政策支持等多方面优势，有效地解决了传统制造业企业“小而全”问题。

三是房地产开发板块坚持“两个结构”调整战略和“好水快流”方针，取得了突出业绩。通过深化调整开发项目结构和土地储备结构，坚持快开发、快建设、快销售等措施，在房地产最冷的时候，积极抓好项目开工、建设进度和土地储备，在我国房地产先抑后扬、先冷后热的变局中，赢得了主动，占领了先机，更重要的是，在“地王”频出的2009年下半年，我们始终保持冷静头脑，深知一日“地王”，经年被动之害，有条件当“地王”而不当“地王”，审慎研判、不赶潮头、慎重出手，在“冷”与“热”的有效把握中，取得了新开工面积、竣工面积、销售收入同比分别增长69.4%、84.7%、128.8%的良好业绩。

集团积极应对金融危机严峻挑战的2009年，通过战略布局的科学实施、内外部资源的有效整合、结构调整的大力推进等措施，全年实现营业总收入220亿元、同比增长45.7%，实现利润18亿元、同比增长128.6%，净资产收益率达到12.1%、同比增长2.8个百分点。与2006年相比，2009年集团资产规模和营业收入实现了三年翻一番，实现利润三年翻了两番还多，各项指标取得集团发展历史上最好业绩。

三、恪守“信用、责任、尊重”核心价值观，不断营造集团又好又快发展的和谐氛围

集团始终将“经济效益、社会效益、生态效益协调统

一”作为坚持发展第一要务的最高原则。

一是强力推进清洁生产，全面开展资源综合利用。通过加大节能减排力度等措施，近年来集团万元产值能耗年均同比降低12.6%、水耗年均同比降低2.0%，粉尘、烟尘、二氧化硫、化学需氧量等污染排放指标年均同比分别降低8.8%、7.3%、14.7%和10.0%。系统内经市发改委认证的资源综合利用企业目前已达到28家，年均消纳粉煤灰、脱硫石膏、废陶瓷、矿山尾矿石等各类工业废弃物700多万吨，产值近40亿元。

二是充分发挥建材工业自身优势，大力发展循环经济。金隅集团建成并成功运营国内第一条具有自主知识产权的、利用水泥窑无害化处置工业废弃物示范线，不但实现了水泥生产过程中部分原材料的有效替代，而且彻底解决了传统处置过程中产生的二次污染问题；自主研发建成全国第一条依托水泥窑无害化、资源化处置城市生活污泥生产线，年处置能力占北京市生活污泥总量的四分之一；集团承建的市政府折子工程——全市最大的危险废弃物处置项目已投入运行。这些项目的投建和运行，不仅发挥了建材窑炉工业的自身优势，也培育了新的经济增长点和新的发展途径。与此同时，集团拥有自主知识产权的利用水泥回转窑窑尾余热发电技术，已在系统内广泛应用，仅目前已建成运行的项目每年即可累计发电约3.5亿千瓦小时、节约电费近2亿元。一系列具有典型循环经济意义环保产业项目的建设和发展，既实现了集团自身经济效益和资源利用效率的最大化，也为城市发展、环境安全和社会和谐做出了积极贡献，并荣获我国环保领域最高奖项——“中华环境奖”。

三是大力推进党建创新，积极实施凝聚力系统工程。集团党委始终高度重视领导班子和干部队伍建设，在各级领导干部中不断强化集团整体发展意识，逐渐形成了共同的发展目标、共同的价值追求、共同的利益取向；在学习实践活动中，集团结合自身实际，确立了“结构更加优化、效益更加显著、发展更加和谐”这一主题，进一步统一了发展思路、凝聚了发展力量、达成了发展共识，并把“三个更加”作为走好金隅特色科学发展之路的永恒主题和全集团上下最大的科学发展实践；集团实施了以激励人、关怀人、培养人为内容的凝聚力系统工程建设，极大地激发了金隅人的凝聚力、向心力、归属感和责任感，形成了上下同欲、共谋发展的大好局面，为集团的健康快速发展奠定了坚实的思想和组织基础。

集团实施凝聚力工程、创新党建和思想政治工作的成果，荣获北京市思想政治工作创新奖，并在2008年6月中宣部召开的全国和谐社会思想政治工作现场经验交流会上进行了交流。2008年中国企业联合会、中国企业家协会联合授予金隅集团全国企业文化示范基地称号，成为全国建材行业首家荣膺这一国内企业文化建设最高荣誉的单位，也是第一家获此殊荣的北京市属企业。

四是勇担国有企业责任，积极投身公益事业。作为北京市最大的保障性住房开发企业，集团已累计开发超过400万平方米的经济适用房和“两限房”，为广大中低收入市民解决了居住难题；集团自筹资金5亿元在北京海淀区西三旗建材城修建了长约10公里的主干道及相关市政设施，使该地区的众多单位和居民工作条件和生活环境极大改善；投资上亿元资金建设占地17公顷的南湖公园，免费向市民开放；投资3 000多万元修建望京西路，使当地交通条件大为改善；出资设立“金隅奖学金”，资助优秀贫困大学生；关闭昌平区龙凤山砂石厂，投资近2亿元在其采砂区因地制宜兴建大型水上公园；停采寨口矿，建设优质安居工程，不仅改善了矿区居民居住条件，而且为北京西六环路的开通创造了条件。与此同时，集团关于寨口矿的整体规划被北京市政府列为矿山改造转型治理示范工程；2008年南方遭受冰雪灾害和汶川发生大地震后，集团上下更是积极捐款，并为灾区及时无偿提供了大量水泥、轻钢保温板等建材产品。金隅集团积勇担国企社会责任，投身公益事业，回报社会公众的义举，受到政府的肯定和社会的赞誉，并屡获北京十大影响力企业、五一劳动奖状等殊荣。

四、坚守“八个特别”人文精神，不断强化集团又好又快发展的人文保障

事业兴衰，唯在用人。用人之要，重在导向。金隅集团当前的大好发展局面，凝聚了几代“特别能吃苦、特别能奉献、特别有激情、特别有思路、特别能融合、特别有追求、特别能理解、特别能实干”的金隅人对金隅事业的执著追求与默默奉献。集团坚持“以人为本，人人皆可成才”的金隅才观，大力营造识人才、爱人才、用人才的宽松环境，教育引导各类人才敢于直面发展矛盾、敢于破解发展难题、在不断增强政治意识、大局意识、忧患意识、责任意识中开阔眼界、开阔思路、开阔胸襟，从而不断提升综合素质，不断增长创业才干；坚持“对长期在条件艰苦、工作困难的地方工作的干部职工格外关注；对不图虚名，踏实干事的干部职工更加留意；对埋头苦干，注重为长远发展打基础的干部职工绝不亏待”的选人标准和用人导向，将政治上靠得住、工作上有本事、作风上过得硬、职工群众信得过的人才大胆选配到各级领导岗位，为想干事、能干事、干成事的人提供更加广阔的施展才华的平台。

在半个多世纪的创业征程中，独具特色的金隅企业文化，激励了一代又一代金隅人在艰苦奋斗和追求卓越中不断创造出骄人的发展业绩。展望未来，不论挑战如何严峻、形势如何变化，始终不渝地坚持和弘扬“八个特别”人文精神的广大金隅人，都会将集团战略目标作为个人事业理想，把个人价值的实现融入集团的发展大业，维护好、发展好集团当前的良好局面，并在加快向一流国际化公众公司迈进的征程中，不断追求高尚、不断追求完美、不断追求更高境界、不断描绘更美画卷，为全面实现金隅人与金隅集团共同发展的人文理想而不懈奋斗！

做强主业　做大利润　做响品牌　不断增强可持续发展能力

中国华融资产管理公司总裁　赖小民

中国华融资产管理公司（简称“中国华融”）是经国务院批准设立的国有独资非银行金融机构，于1999年10月19日正式挂牌成立，公司总部设在北京，全国设有30家办事处，拥有6家平台公司，服务网络遍及30个省、市、自治区。经过十年的成功运作和发展，中国华融全面完成了政策性资产处置目标任务，为促进国有商业银行改革脱困、维护金融体系稳定运行、最大限度减少国家损失、促进社会经济健康稳定发展，做出了积极贡献。

2009年，是新世纪以来我国经济发展最为困难的一年，也是中国华融商业化转型步入市场化运作，面临各种政策性资源短缺、业务发展由“给米做饭”转向“找米下锅”最为艰难的一年。为顺应新的经济金融形势，中国华融在国家有关部门的支持和指导下，积极稳健推进商业化转型。一年来，中国华融党委紧紧依靠广大员工，采取了一系列调整工作思路、积极应对压力和挑战的重大新举措，全体华融人坚持以科学发展观为指导，按照“依法合规科学发展，风险管控责任到人，争创利润绩效优先”的经营理念，“求创新、谋转型、抓利润、促发展”取得了十大突出成效：

（1）思路决定出路。2009年年初中国华融公司党委提出并确定了“五年三步走”发展战略和“12345”的工作思路等一系列符合自身发展实际并行之有效的指导思想，以此引领各项工作。

（2）实现净利润创历史新高，比上年利润翻了一番多，极大地提振了公司发展信心。

（3）华融金融租赁股份有限公司、华融证券股份有限公司、华融国际信托有限责任公司、融德资产管理有限公司4家子公司合计实现净利润比上年增长71.0%，继续保持公司盈利大户地位；30家分支机构全部完成确保收入目标，盈利能力明显增强。

（4）党风廉政建设和风险管控能力不断增强，当年没有发生一笔业务风险损失，没有发生一起新的重大违规违纪和经济犯罪案件。公司不断提高项目审查质量，积极创新和推行审计信息披露制度，建立了风险分类管理制度，实现对商业化转型中面临的信用、市场、决策、法律、操作等主要风险的全过程管理。

（5）2009年，中国华融首次召开了全系统创新工作会议，解放思想，转变观念，加快发展，努力开创商业化转型发展新局面。以设立创新业务部为引领，以创新促发展，以发展促转型，全力推动体制与机制、产品与业务等方面的创新工作。同时，在上海设立了区域创新中心，推进和引领公司创新工作。

（6）2009年，中国华融和地方政府、企业集团、金融机构等各类合作伙伴签订战略合作协议，项目投资和推行大客户战略成效明显，签订大小战略合作协议104个。

（7）搭建新的业务平台成效突显，华融置业有限责任公司、华融致远投资管理有限责任公司相继注册开业运转，初步形成金融平台与产业平台对接发展的良好态势，多元化业务发展格局不断形成。

（8）隆重欢庆中国华融成立10周年、喜迎祖国60周年华诞，“稳健、创新、和谐、发展”的企业文化已初步形成，“华英成秀、融通致远”的品牌理念不断升华，商业化转型要由“坐商”变成“行商”、努力抓利润的思想已经根植在各个经营单位，“依法经营出效益、求真务实比贡献”的理念已深入人心，整体软实力不断提升。

（9）“抓两头，稳中间”，着力加强队伍建设。以综合平衡计分卡为主要内容的正向激励约束机制建设成效明显。

（10）各项工作得到了领导和社会各界的好评与支持，外部发展环境明显改善。财政部、“一行三会”、工商银行等国家有关部门和机构积极支持公司发展。各级地方党政、合作伙伴、新闻媒体等社会各界积极支持中国华融的发展，合作潜力和空间巨大。

2010年中国华融将全面实施以利润为目标的绩效考核管理，推动中国华融整体彻底走市场化路子，做强主业、做大利润、做响品牌，不断增强可持续发展能力，这对中国华融的市场化经营运作能力和整体工作水平是一个很大的考验与挑战。2010年是我国经济发展最为复杂的一年，也是中国华融进入商业化转型发展新阶段的重要一年，更是公司实施“五年三步走”发展战略、利润目标要实现两位数的关键一年。中国华融2010年重点推进九大任务：

一是千方百计完成全年利润目标任务，实现确保利润比上年增长25.7%，实现力争利润比上年增长54.2%。

二是大力抓好公司资产管理与投资业务、子公司的牌照业务、创新业务三大主营业务，重点发展资产管理主业，不断增强公司整体主业能力。

三是按照做稳做实做新办事处的要求，提高盈利能力和可持续发展能力。对办事处实施分类管理，调整绩效考核办法；调整办事处内设机构，三条业务主线同时展开；加强对办事处资金、激励政策、市场化人才等资源支持。

四是按照做强做好做大子公司要求，全面提升子公司核心竞争力，大力创建好公司。中国华融作为子公司的上级主管部门，要发挥上级党委、行政管理和大股东出资人三方面的重要作用，积极支持子公司发展，切实加强对子公司管理。要按照“放得开、管得住”的原则，切实管好、放活子公司，进一步增强子公司的盈利能力。

五是发挥“一体两翼”协同效应作用，全力支持做实大客户战略。通过建立大客户绿色通道、建立大客户营销工作机制、实施“一把手首席客户经理制”，实现大客户收入贡献度、大客户数量、战略合作协议项目落实率均较上年增加10．0%。要以设立客户营销部为契机，大力实施大客户战略，落实一批认可中国华融品牌、愿与中国华融共谋发展的大客户群和优质客户，不断提高公司的核心竞争力。要重新学习和认识“客户就是上帝”的营销理念，不断创造条件推行“客户经理制”。所谓大客户，就是不论规模大小，不论企业性质，只要能为公司带来持续业务、能为中国华融带来商机、创造利润和效益、有忠诚度的客户，都是我们要发展和依靠的优质客户。中国华融要继续大力推行大客户战略，深入落实已签订的104个战略合作协议。要建立大客户“绿色通道”，在“优质、优先、优惠”的“三优”服务上，提供区别于普通客户的个性化、差异化、专业化服务。

六是进一步明确抓好全面风险管理是各项工作的“重中之重”，继续坚持“集中管理，分层负责，分类实施”的风险管理原则，坚守风险底线，确保各项业务健康发展。

七是加快产品创新和平台建设，以创新促进可持续发展。

八是以强化总部经营管理、风险管理、科学决策、资源调配、经营服务、开拓创新六大能力建设为重点，进一步完善总部资源调配和管理服务功能，试行部室分类考评。

九是加强党风廉政建设、领导班子和队伍建设，努力做响中国华融品牌。

2010年，中国华融将以邓小平理论和“三个代表”重要思想为指导，深入贯彻落实科学发展观，全面贯彻中央经济工作会议精神和银监会工作会议部署，努力完成确保利润目标和力争利润目标，早日实现做强主业、做大利润、做响品牌，不断增强公司可持续发展能力的目标。

大型企业集团财务公司
由“投资理财”向“金融服务”的战略转型

中核集团中核财务有限责任公司

中核财务有限责任公司（简称“中核财务”）是经中国人民银行批准设立的非银行金融机构，于1997年7月21日经国家工商行政管理总局核准注册成立，现有中国核工业集团公司、集团成员单位等26家股东单位，注册资本12.6亿元人民币。

一、大型企业集团财务公司由“投资理财”向“金融服务”战略转型产生的背景

（一）集团产业大发展对中核财务的金融服务提出了更高的要求

2007年10月，国家发布了新的《核电中长期发展规划》，确定了“积极推进核电建设”的电力发展基本方针，规划到2020年，核电运行装机容量争取达到4 000万千瓦，在建核电容量保持1 800万左右，集团对中核财务在新形势下的金融服务提出了更高的要求：创新融资模式，保障集团产业快速发展的资金需求，加强集团的资金集中管理，降低集团财务管理费用，成为中核财务必须要承担的历史使命；同时，集团的发展也为中核财务的发展创造了空间和机遇。

（二）监管部门对企业集团财务公司的重新定位为战略的转型创造了契机

中核财务原有的业务模式“投资理财”已经不符合国家对财务公司的功能定位，中核财务必须探索“服务集团和成员单位”的全新的金融服务模式。

（三）中核财务自身发展的客观要求

到2005年末，无论是资产规模，还是利润总额，中核财务较1997年成立之初发展都较为缓慢；在2005年全国74家财务公司的排名中，中核财务的总资产排名是第32位，在37家国务院国资委管辖的央企财务公司中，中核财务排名第25位，在7家军工集团财务公司中，中核财务排名第6位。

此外，中核财务盈利结构单一并且各年盈利水平波动很大，公司经营面临着较大的经营风险；中核财务游离于集团主业大发展之外，面临被“边缘化”的风险。

在内外部环境发生了一系列重大变化的背景下，中核财务必须探索出一条全面服务于集团和成员单位，契合监管部门功能定位，提升自身竞争力和金融服务水平的战略转型之路。

二、大型企业集团财务公司由“投资理财”向“金融服务”战略转型的内涵与主要做法

（一）大型企业集团财务公司由“投资理财”向“金融服务”战略转型的内涵及创新点

中核财务实施的由“投资理财”向“金融服务”的战略转型，其内涵是以全面的业务调整为主线，以公司法人治理结构和组织结构的优化，加强内部控制和开展全面风险管理为重要保障，以信息化建设、企业文化建设和人力资源建设为支撑，使中核财务承担起中核集团产融结合的历史使命，实现中核财务由单一的“投资理财”业务模式

向“金融服务”模式的战略转型。

中核财务战略转型的主要特点是：

（1）中核财务以自身的战略有效建立了中核集团内部的资本市场，优化了集团内部资源的配置，促进了集团的产业发展；

（2）中核财务的战略转型以“专业服务能力、根植服务意识、提供星级服务水平”为支点，获得价值链集成效益，产生范围经济和规模经济，提高集团整体竞争力；

（3）中核财务的金融服务形成了中核集团内、外部财务金融资源“三位一体、三级联动”（即：集团、财务公司、成员单位三位一体、外部金融机构总部、分部、基层机构）的有效机制，充分发挥了集团内各单位的协同效应，实现了集团、成员单位、财务公司、合作伙伴的共赢发展与价值最大化；

（4）中核财务的战略转型有效运用6σ管理方法、精细化管理方法，实践DEED（Define，Explain，Example，Describe）工作方法，采取GAPS（Goal setting，Accountability，Persistence，Success）的纠错方法等先进的、切合实际的管理理念与方法，促进了财务公司在专业能力、服务能力、人才培养、知识积累等方面的提高，逐步形成了自身的核心竞争力。

（二）大型企业集团财务公司由“投资理财”向“金融服务”战略转型的主要做法

1. 制定向金融服务转型的6C6S战略

2006年，中核财务开始了从“投资理财”向“金融服务”的战略转型，提出了6C6S战略，开始了从“投资理财”向“金融服务”的历史性转变。

6C6S战略明确了中核财务要发展成为集团的6个中心：结算服务中心，融资服务中心、资本运作服务中心、咨询服务中心、理财服务中心和资金安全服务中心。

在2020年之前，中核财务发展成为业务覆盖银行、证券、保险等金融各个领域的集团内金融控股公司；在政策允许和外部环境成熟的前提下，实现财务公司在资本市场上市的目标；引领并构筑集团金融板块，将金融业发展成为集团除核电、核燃料和核技术应用产业之外的第四大支柱产业。

6C6S战略指出：中核财务在打造成为集团6个中心的基础之上，通过发挥和利用中核财务的金融功能，助推集团实现下列目标：加快集团产业发展速度（Speed），扩张集团产业发展规模（Scale），调控集团运营范围（Scope），优化集团产品与服务结构（Structure），发挥集团产融协同效应（Synergy），构筑集团竞争优势（Strength）。

中核财务的使命是“肩负产融结合，助推集团发展”，愿景是“引领集团金融业，提供一流产品与服务，打造一流金融公司”。

2. 优化治理结构，调整组织机构

（1）完善公司治理结构。经过完善的法人治理结构更有助于董事会履行职责，建立起来的风险管理三道防线，有力地保障了公司各项业务的持续健康发展。见图1。

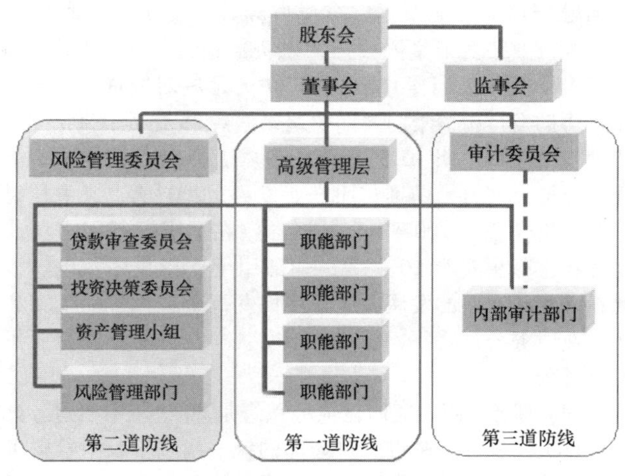

图1 战略转型后的中核财务法人治理结构

（2）优化组织机构。2007年初，中核财务为适应业务发展和服务集团的战略转型，对组织结构进行了优化，调整了部门设置，对原有的六个部门进行了重新组合，按照“135”的格局进行了重新设计，总经理部为经营决策层，计划财务部、研发信息部、稽核风险管理部为管理服务层，结算服务部、信贷业务部、核电服务部、投资运营部、咨询服务部为业务执行层。

3. 调整业务结构，创新服务方式

进行战略转型后，中核财务一方面加大信贷资金支持力度，另一方面，中核财务充分发挥作为集团融资窗口的作用，努力践行集团化融资模式，拓宽融资渠道，优化融资结构，降低了融资成本，作为财务顾问发行债券，加大信贷资金支持力度等多项业务活动的开展，有力保障了集团产业发展资金的需求。

（1）创新融资模式，开展集团化融资。2008年，国家货币政策经历了由“从紧”到“宽松”的复杂变化。为保障集团核电、核燃料主业的发展资金需求，中核财务立足“集团化运作，专业化经营，集成式管理”的融资新思路，创新集团融资运作模式，以集团化运作的方式开展了融资工作，有力保障了集团主业发展资金。

（2）加大信贷支持力度，支持成员单位发展。进行战略转型后，中核财务不断加大向成员单位的资金支持力度见图2。

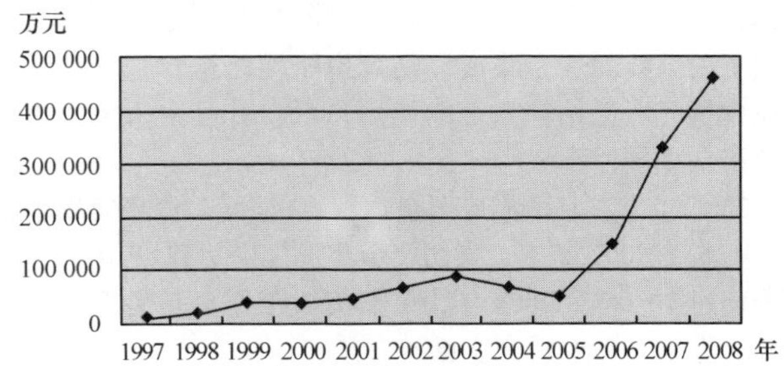

图2 1997—2008年发放贷款规模增长图

（3）发行融资债券，实现服务收入。一方面，中核财

务作为集团公司各类债券发行的财务顾问，协助集团发行短期融资债、中期票据、企业债券等多支不同品种的债券，为有效拓宽了集团公司的融资渠道发挥了积极作用。2007年，组织发行了中核集团20亿元短期融资券；2008年，协助发行中核集团两期中期票据共36亿元；2009年，协助发行中核集团40亿元企业债券。另一方面，为了增强自身资金实力，助推集团产业发展，2007年，《中核财务有限责任公司2007年金融债券》在全国银行间市场成功发行，募集资金10亿元，全部用于支持集团核电、核燃料等支柱产业的发展，成为首批发行金融债券的7家集团企业财务公司之一，是唯一一家获准发行的军工企业集团财务公司。

（4）债务重组。集团化债务重组是2009年中核财务九项重点工作之首，在集团财会部的统一指挥下，中核财务会同相关核电企业，相继完成了田湾核电、秦山三期外币债务重组的目标，为集团及相关核电企业节约财务费用约13亿元，既为企业降低了成本，也为国家开发银行创造了效益。这次外债重组的成功是国内银企携手合作、共赢发展的成功范例。

（5）开展集团化保险，实现标准化、可复制。在核电迎来重要发展机遇的新时期，中核集团对新建核电项目（含核燃料等其他重大建设项目）的保险安排实施保险集团化运作。中核财务充分利用自身的专业能力，积极开展保险集团化运作的实施工作。2008年10月18日，中核集团福清核电1号、2号机组建安工程一切险保险单正式生效，有力地保障了福清核电项目的开工建设，这张保单是世界上第一份核电建安工险中文保单，在中国核电保险历史上具有里程碑式的意义，中国核电保险市场从此步入了新的时代。

集团化保险运作将原来谈判周期一般1～2年左右缩短到数周，提高了保险安排的效率；提高了中核集团在保险市场上的议价能力，累计节约保费约3 000万元。

4. 全面推进资金集成管理，搭建集团结算服务中心

2006年，集团明确了由中核财务作为集团资金集中管理的实施载体，开展资金结算业务，并明确了"集团公司财会部主办，利用财务公司平台，具体业务委托财务公司办理（即财务公司承办），银行代理财务公司部分业务"的模式。

2007年4月，中核财务资金结算电子系统上线实施，并与工、农、中、建等银行建立起了银企直连系统；根据合作银行的资金集成模式，设计了资金电子结算账务结构，搭建了中核集团资金集成和结算电子网络平台；为在成员单位中推广网上结算系统的使用，用自有资金为每家成员单位配备了硬件设施。

2006年末，集团集成资金达到60亿元，资金集成率达到50.3%；2007年末，集团资金集成规模达到89亿元，集成率超过70.0%；2008年，资金集成工作更是实现了"上规模、上水平"的转变。见图3。

目前，中核财务资金集成与结算管理工作向更深层次推进，中核财务研发设计了集团现金流管控系统，实现了集团公司对成员单位的现金流入、流出、存量三条线实时可查，资金风险管理工作正在积极推进，为提升集团对成员单位现金流和资金链的管理监控能力，降低集团财务风险，提供了工具和平台。

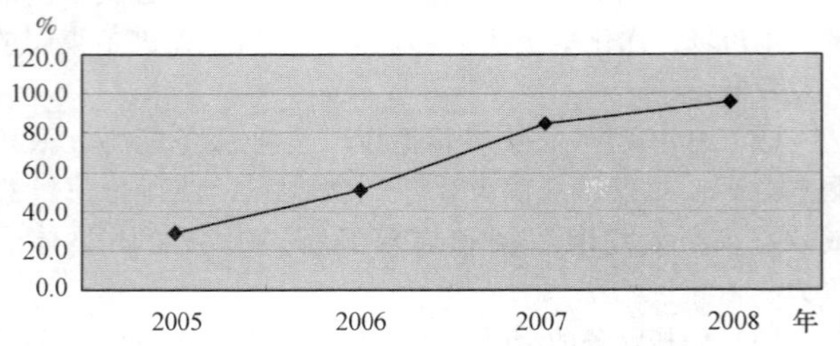

图3 2005—2008年资金集成率

5. 开展全面风险管理，推动健康发展

2008年6月中旬至8月，由德勤风险管理咨询顾问、中核财务员工组成的风险管理项目组正式开展现场工作。从公司业务事项出发对中核财务面临的风险进行识别、评估，对现有内控缺陷进行梳理，制定优化方案，形成了《中核财务公司风险评估报告》和《中核财务公司全面风险管理纲要暨风险管理、内部控制制度》，制定了66项重点规程，覆盖了所有重点业务和关键管理环节，中核财务的内部控制体系更加健全，风险管理水平得到了显著提升。

6. 加速信息化建设，为转型提供支撑

（1）结算业务系统建设。中核财务与北京软通动力信息技术有限公司签订了"结算管理系统技术开发合同"，共同开发建立了资金结算电子平台。根据合作银行的资金集成模式，公司设计了资金电子结算账务结构，搭建了中核集团资金集成和结算电子网络平台，实现了中核集团资金结算中心的职能。

（2）决策支持系统。中核财务与软件公司合作开发了集团现金流监测系统，实现了集团财务现金流流入、流出、存量三条线实时、可查，为集团公司进行决策提供支持。

为加强中核财务重点指标的监控，防范风险，中核财务搭建了34项重点监控指标的实时监测系统，为及时、有效地防范、控制风险提供了工具支持。

中核财务以信息化建设为基础，从加强内部控制的角度出发，对重点业务流程进行了全面的梳理与整合，有效规范了重点流程，使部门职责与岗位职责更加清晰，提升了公司的管理水平。

7. 积极储备人才，塑造全新文化

到2008年末，中核财务共拥有员工54人，其中拥有学士学位以上的人员占到了公司员工总数的87.0%。一支年轻的、高学历的员工团队为中核财务新时期的快速发展提供了有力的人员保障。

为培养新入职员工的对核工业的情感，中核财务组织新员工到核工业传统的爱国主义教育基地进行参观学习，极大地激发了新员工的爱国主义情怀和投身核工业的工作热情。

进行战略转型后，中核财务在全体员工中积极倡导"以客户为中心"的服务意识，强调公司每个部门都应该面向客户，为客户服务。

三、由“投资理财”向“金融服务”战略转型的实施效果

2008年，中核财务从“投资理财”向“金融服务”的战略转型基本完成，中核财务改变了以投资运作为主要业务的运营模式，业务结构发生了根本性的变化，为集团和成员单位提供资金集成与结算服务成为了中核财务的核心基础业务，中核财务成为了集团金融服务的平台。

战略转型以来，中核财务资产、利润等指标都实现了大规模的增长。见图4、图5。

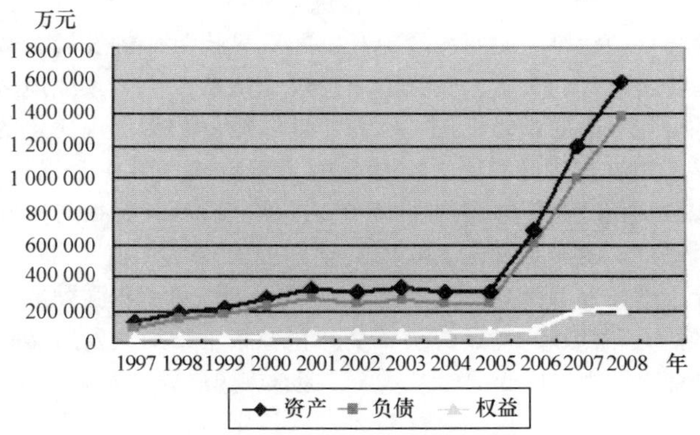

图4 1997—2008年资产、负债、权益及总规模增长图

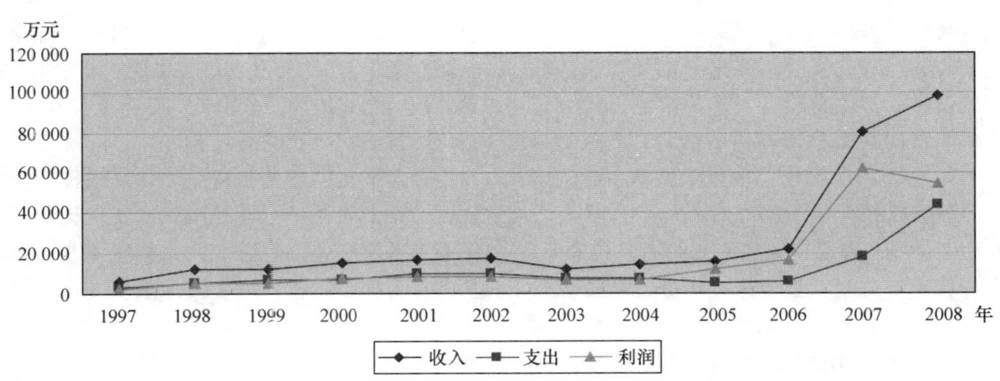

图5 1997—2008年利润增长图

在2008年财务公司协会公布的全国86家财务公司的排名情况中，中核财务的总资产排名第18位，利润总额排名第11位，在军工企业集团财务公司中，中核财务的资产总额和利润总额分别排名第4位，总资产收益率排名第2位，中核财务在全国财务公司和军工企业集团财务公司排名中，无论是管理理念还是资产和利润指标，都已经进入了第一梯队，较之2005年，中核财务取得了显著的进步。

中核财务进行的战略转型探索了一条中国财务公司通过自身金融职能发挥促进企业集团经济发展的有效之路，中核财务以灵活的运作方式促进了集团经济体系与金融体系的良性发展，这对大型企业集团财务公司真正实现其功能定位具有深刻意义，对中国其他行业的财务公司也有一定的借鉴意义。

（供稿：金　蓓　凌晓哲）

打造首都金融高地　助推文化产业发展

北京银行

国家强盛、民族振兴、社会进步，不仅需要雄厚的经济实力，更需要强大的文化力量。国际金融危机爆发以后，我国文化产业逆势增长，成为转变经济发展方式的着力点和推动经济启稳复苏的新引擎。文化产业具有资本密集的特性，高度依赖于金融资本的推动和支撑，通过金融资本与文化产业的深度对接，能够培育新的经济增长点，促进转变经济发展方式，实现文化大发展大繁荣，对于提升国家文化软实力和维护国家文化安全具有重要意义和深远影响。

一、加快文化产业发展，提升国家综合实力

文化产业作为引领经济转型和推动产业升级的先导产业，已经成为提升国家和区域核心竞争力、促进经济社会持续健康发展的强力支撑，在调整结构、扩大内需、增加就业、推动发展中发挥着日益重要的作用。

文化产业发展具有广阔前景。中华民族五千年历史，文化底蕴深厚，文明源远流长。随着科技革命的发展和知识经济时代的来临，文化产业已成为衡量一个国家或地区综合竞争力的重要标志，代表着世界经济和文化现代化的最新潮流，并影响着人类社会的未来走向。2004 年以来，我国文化产业年增幅均在 15.0% 以上。2009 年，面对国际金融危机的严重冲击，我国文化产业实现增加值 8 400 亿元，增长近 10.0%，高于同期 GDP 增速，显示出强劲的发展活力和良好的发展势头。全球化背景下，加快发展文化产业事关中华民族的伟大复兴，拥有广阔前景和无限潜力。

文化企业发展面临融资难题。近年来，我国文化产业发展迅速，日益繁荣，但文化类企业普遍规模较小，盈利能力较弱，且以经营无形资产为主，缺乏可用于担保的固定资产。特别是，文化类企业在创业初期，财务报表亏损率高，财务状况不透明，直接导致其在取得银行贷款或风险投资方面，处于明显弱势。同时，文化创意及知识产权价值评估具有不确定性，文化类项目或企业缺乏科学公正的评价机制，代理发行权的交易市场仍不活跃，金融支持文化产业尚未达到规模化和成熟化，多处于摸索、尝试阶段，文化产业在传统融资框架内仍然举步维艰。

金融资本推动文化产业崛起。文化产业的崛起和繁荣，离不开金融资本的推动与支持。近年来，国务院和各级政府部门紧紧围绕推动金融资本与文化产业的有效对接，大力改善文化产业发展的金融环境，有效助推文化产业繁荣发展。去年以来，国家先后出台文化产业振兴规划、扶持文化产业繁荣发展的指导意见和相关金融指导意见，更为文化产业发展注入了强劲动力。特别是人民银行、银监会等九部委联合发布《关于金融支持文化产业振兴和发展繁荣的指导意见》，汇聚文化、金融、财政等多部门合力，立足于推动金融创新和改进金融服务，成为我国文化产业迅速崛起的金融引擎。

二、坚持服务中小定位，塑造文化特色优势

北京银行成立于 1996 年，14 年来在市委市政府和监管部门的正确领导和帮助支持下，从非常薄弱的基础上艰难起步，经历了平稳过渡、整顿开拓、创新发展三个阶段，实现了引入外资、走出区域、发行上市等战略突破，目前在全国主要中心城市设立 7 家分行，并投资入股保险公司，设立国内首家消费金融公司，各项经营管理指标达到国际先进水平，在全球 1 000 家大银行一级资本排名 155 位，在亚洲银行业竞争力排名第 13 位，打造了中国银行业的优质品牌。

发展 14 年，北京银行始终坚持将“服务中小企业”作为自身的市场定位，为中小企业提供专属的服务，目前提供结算服务的中小企业超 7 万户，累计对 2 万余户中小企业发放贷款 5 000 亿元，赢得了广大客户和监管部门的高度评价，树立起服务中小企业的优质品牌形象。特别是，结合首都经济特点，北京银行将文化创意产业作为优先支持对象，通过“文化金融”与“科技金融”、“绿色金融”的高度融合，切实体现“人文北京、科技北京、绿色北京”的深厚内涵，为北京建设世界城市和具有国际影响力的金融中心城市提供有力支撑，塑造了鲜明的经营特色和独特的竞争优势：·

1. 创新理念，积极行动

北京银行是最早涉足文化产业的金融企业之一。2006 年，对金融支持文化产业发展课题展开专项研究，并被确定为全市调查研究关注课题，得到中央领导和市委领导高度重视；2007 年；与市文化创意产业促进中心签订战略合作协议，设立 50 亿元专项授信额度，开辟了文化产业与金融资本的对接通道；2008 年；以版权质押方式为华谊兄弟提供 1 亿元的电视剧多个项目打包贷款，这是无专业担保公司担保的“版权质押”贷款第一单；2009 年，举办“集聚创意，贷动文化”专项产品推介会，成为唯一一家与北京市文化创意产业领导小组办公室签署推进首都文化创意产业集聚区建设战略合作协议的银行；2010 年，成立全国首家金融服务文化创意产业专营机构“北京文化创意产业金融服务中心”；与北京市文化局、北京市广播电影电视局签署战略合作协议，分别提供专项授信 100 亿元。

2. 丰富产品，完善服务

针对文化创意企业特点，北京银行为文化企业量身定制了“创意贷”、“满陇桂雨”、“优优贷”和“团团贷”等一系列融资产品，提供个性化的融资支持。同时，以版权质押作为核心质物，组合设计版权质押、专业担保等多种形式的组合担保方式，实现担保方式灵活化。除融资产品外，还为文化企业提供包括结算、机构理财、现金管理、供应链融资、集合发债、并购贷款、个人 VIP、信用卡等综合化金融服务方案，并引入政府贴息机制，帮助企业降低融资成本并为企业寻找战略合作伙伴嫁接行业发展桥梁。

3. 优化流程，培养团队

在风险评估方面，北京银行成立了专业团队，对文化创意企业进行实地调查，将贷款企业和融资项目相关数据纳入指标体系中，完成企业与项目资质、商业运作模式、主创团队、产品销售渠道等多角度、多方位的授信审查流程。建立绿色通道审批，充分满足文化企业“小频快”需求。在团队建设方面，北京银行设立了文化创意产品经理和风险经理团队，并着力培育一批文化创意融资特色支行和资深客户经理团队。

截至 2009 年末，北京银行累计发放文化创意企业贷款 661 笔、97 亿元，占首都金融机构发放总额 90.0% 以上。在北京银行支持下，一大批文化创意企业得到快速发展，包括华谊兄弟、万达院线等行业龙头；先后与众多知名文化创意企业建立长期合作关系，融资支持拍摄了《非诚勿扰》、《画皮》等影视节目，成为支持文化创意产业发展的成功案例。2008 年，荣获“光华龙腾奖——2008 中国创意产业推动奖”；2009 年，获中国银行业协会等机构颁发的“第二届服务中小企业及三农十佳特优产品”奖；2010 年，在中国人民银行营业管理部召开的信贷政策执行情况通报会上，北京银行文化创意企业贷款获专项评比第 1 名。

三、围绕世界城市建设，打造文化金融高地

当前，北京正在着力推进世界城市建设，必然要以深

厚的中华文明沉淀为依托，吸收融合世界先进文明成果，展现自身独特的人文魅力、丰富的文化内涵和高尚的文化品位。培育壮大具有中国特色的文化产业，是推进人文北京和世界城市建设、提升文化软实力的重要内容和基本内涵。

目前，北京拥有各类文化创意企业5万多家，从业人数超过百万，已形成各具特色的21个文化创意产业集群。2009年文化产业实现利润近千亿元，占全市GDP比重已经达到12.6%，占全市第三产业增加值17.0%左右。2009年前两个月，北京文化创意产业总收入达到752.4亿元，较上年同期增长20.6%。可以说，首都文化创意产业发展已经进入黄金时期，成为首都迈向世界城市的一张新名片。从打造首都文化金融高地、丰富世界城市文化内涵的高度，需要从多方面进一步推动首都文化产业发展：

1. 加快推进各项政策落实

2008年以来，国务院、各部委以及地方政府出台多项政策举措，进一步培育文化产业发展，推动文化市场繁荣。当前，要加快落实已经出台的各项政策及其配套措施，充分发挥政策引导作用，依托首都文化氛围浓厚、高端人才密集的独特优势，按照建设世界城市标准，营造良好政策环境和平等竞争氛围，推动首都文化产业不断实现跨越发展。

2. 加大扶持中小银行力度

中小银行是服务中小企业的主力军，也是支持文化企业发展的重要力量。在服务文化企业过程中，中小银行面临放贷成本高、投入多、风险大等多重困难，不仅影响了中小银行发展步伐，同时也制约了文化企业的发展壮大。可以对发放文化产业贷款较多的中小银行给予适当的政策倾斜，通过持续加大中小银行支持力度，进一步推动首都文化产业持续、健康、快速发展。

3. 营造宽松和谐市场环境

可以从建设世界城市的高度对首都文化产业发展战略、区域竞争比较优势、综合效益和可持续发展等方面做出总体规划，营造适宜产业发展和公平竞争的宽松环境。进一步放宽市场准入机制，推动产业优化升级，培养引进专业人才，实现文化产业资源的最佳配置。要进一步推进文化产业的市场化和产业化，推动建立知识产权交易市场，打通企业与银行在评估、定价、转让的通道，形成持续性、战略性和全局性的文化产业发展氛围。

努力打造中国一流现代商业银行

恒丰银行董事长　姜喜运

恒丰银行是山东省内唯一一家全国性股份制商业银行。系在原1987年成立的烟台住房储蓄银行基础上，经中国人民银行总行批准整体改制更名而来，其全称为恒丰银行股份有限公司，英文名称为Evergrowing Bank Co, ltd.。总部设在中国烟台。

创业以来，恒丰银行在各级党委、政府的正确指导下，以科学发展观为引领，秉承“恒久发展 丰裕社会”之企业发展理念，努力践行对社会、对股东、对员工“三个最高回报”的发展愿景，努力打造一流现代商业银行，推动了恒丰银行在全国性股份制商业银行平台上高歌猛进。到2010年6月末，全行资产规模2 394亿元，各项存款2 078亿元，贷款余额1 025亿元。全行不良贷款率仅为0.4%，拨备覆盖率239%，资本利润率26.1%，主要监管指标优良率在全国性股份制商业银行排名中名列前茅。目前，已在烟台、青岛、济南、南京、杭州、成都、重庆、福州、昆明等地共设有100家分支机构，整体呈现又好又快、不断跨越式发展格局。实现了银行、政府、企业、社会、股东、员工的多方共赢，为建设社会主义和谐社会做出了积极贡献。

（一）高点定位，不断超越自我，树立品牌形象

2003年，恒丰银行在原烟台住房银行基础上蝶变而来，成为全山东省唯一一家全国性股份制商业银行。从2004年开始，恒丰银行青岛分行、济南分行、南京分行、杭州分行、成都分行、重庆分行、烟台分行、福州分行相继设立，机构规模日益扩大。2003年，恒丰银行列《金融时报》全国最大50家商业银行排名第20位；2005年，恒丰银行在中国企业联合会、中国企业家协会评选的中国服务业企业500强商业银行排名第16位；2007年，恒丰银行跨入1 000亿元以上规模全国大中型商业银行之列；2008年，恒丰银行跻身英国《银行家》全球1 000家大银行之列；2009年恒丰银行挺进“中国500强企业”行列。由当年烟台市最小的银行，发展成为今天烟台市资产规模最大的银行。各项业务发展速度连年超过全国股份制商业银行平均水平，呈现出向一流现代商业银行发展的强劲势头。恒丰银行创业至今，始终走在整个山东省金融业改革发展和对外开放第一方阵，以突出的经营业绩，代表山东省金融业向全国递交了一张光彩夺目的名片。

（二）加大信贷投放支持力度，确保资产质量良好

创业以来，累计投放各类贷款近3万亿元人民币。2010年6月末，全行存贷比70.3%。重点支持了符合国家产业结构调整、国家政策重点扶持和发展的产业，大力支持黄金、通讯、石油、煤矿、铁路、港口、交通运输等国家重点基础设施行业和区域优势行业、龙头骨干企业。与此同时，全行不良贷款率进一步下降为0.47%，继续保持不良

贷款“双下降”，资产质量进一步得到提高。目前，恒丰银行的资产质量在全国同期开办商业信贷业务的银行中位居第一；综合经营管理水平和经营绩效位居国内商业银行前茅。

（三）稳健经营，健全银行内控体系

依据巴塞尔新资本协议精神，积极完善内部控制，针对信用风险、市场风险、操作风险以及战略风险、声誉风险、周期性风险、集中度风险、流动性风险等诸多风险不断加强内控建设，在战略定位、组织体系、业务主导、预算与资源配置、IT治理和系统建设以及在人才工程方面，全方位提升银行整体风险控制能力，成功地探索出了“五大效能综合建设模式”，即：构建垂直管理体系以提升内审效能；规范流程以提高内部监督效能；加强操作风险排查以巩固案件防控效能；完善IT治理和系统建设以强化控制效能；加强后续教育以确保内审素质效能。从总行到基层单位建立起垂直稽核和内控管理体系，实现了体制制约、程序制约和权责制约。

（四）打造价值银行，盈利持续增长

2010年前6个月，共实现净利润16.6亿元，同比增加11.5亿元，增幅225.5%。资产利润率1.8%，同比增加0.8个百分点，高于监管指标0.7个百分点；资本利润率26.1%，同比增加2.3个百分点，高于监管指标15.1个百分点。在自身建设整体呈现又好又快跨越式发展格局的同时，时刻不忘履行企业社会责任，建行以来累计创造利税83亿元，发放各项贷款近30 000亿元，有力地支持了区域经济发展，实现了银行、政府、企业、社会、股东、员工的多方共赢，为建设和谐社会做出了积极贡献。

（五）满足社会需求，不断丰富银行服务内容

充分发挥本外币一体化服务功能，不仅以企业贷款、银团贷款、项目贷款、进出口押汇、打包贷款、进出口托收、信用证、保函、国内保理业务和票据业务等追求银企双赢；也注重为个人提供个人理财、银证转账、住房贷款、汽车贷款以及教育消费贷款等个性化、全方位的服务；热情为个体工商户、小企业办理抵押贷款业务。在公司业务方面，创新推出了整贷零还、厂商银授信、仓单质押贷款、有价证券质押贷款等金融产品。在投资银行业务方面，设立了短期融资券、财务顾问、项目融资等特色服务。在个人金融服务方面，重点推出个人消费贷款、个人网上银行业务等，并升级推出恒丰银行支付宝联名卡业务，全方位满足客户资金需求和金融服务需要。

（六）重视树立“恒丰银行”品牌，文化建设成果丰硕

“以卓越的服务 创卓越的品牌”之服务理念深入人心，2008年度“服务窗口万人评”活动中恒丰银行位居前列。先后获得了中国500强企业、中国最具社会影响力品牌企、中国最大500家服务业企业、中国优秀企业、中国维护消费者权益诚信服务满意单位、全国青年文明号、金融企业慈善榜·银行业突出贡献奖、全国巾帼文明岗、山东省文明单位、山东省思想政治工作优秀企业、山东省重点服务业企业、山东省服务业先进单位、山东省诚信纳税企业以及烟台十大A级信用等级单位、烟台市劳动保障信得过单位、烟台市社会治安综合治理先进单位等共计近100项地市级以上荣誉称号。

（七）自我加压，努力打造一流的现代商业银行

特别是改制以来，经过7年的快速发展，恒丰银行在全国性股份制商业银行平台上阔步前进，在资产规模、机构规模、内部控制、管理质量、企业文化建设诸方面均发生了翻天覆地的变化。在全烟台市的金融行业中，创出资产规模第一、人均利润第一、发展速度第一、资产质量第一、创造利税第一“五个第一”的优异成绩。除烟台本埠，已相继设立了青岛分行、济南分行、南京分行、杭州分行、成都分行、重庆分行、福州分行和昆明分行，在全国共设有100家分支机构，北京分行、上海分行和西安分行正在积极筹备中，走向全国战略序幕已经拉开。下一步恒丰银行将在各级党委、政府大力支持下，加速推进“走向全国、面向世界”战略目标实现，努力实现规模、质量、效益协调发展，努力打造中国最佳管理、最高回报的一流现代商业银行，为推进中国经济社会又好又快发展再立新功。

引导我国水泥产业科学发展

中国建筑材料集团有限公司董事长　宋志平

虽然我国的基础建设方兴未艾，一段时间内投资拉动还有广阔前景，但从水泥产业发展规律看，水泥的产量不可能无限制增加。

在建设“两型”社会过程中，水泥产业应该逐渐走减量化发展的道路。

水泥工业作为一个重要的基础原材料产业，伴随着我国的改革开放和经济发展，实现了自身的快速成长，也为我国近年来的基础设施建设和城乡发展做出了突出贡献。特别是随着新型干法水泥技术的大规模推广应用，水泥工业在积极探索新型工业化道路，推动产业升级和技术进步，努力实现经济与资源、环境协调发展方面，付出了艰苦努力，取得了突出成绩。

但我们也应清醒地认识到，我国水泥工业发展到今天，规模虽然足够大，但大而不强的局面还没有根本改变。近

几年来，各地加大了对小水泥等落后产能的淘汰力度，新型干法水泥技术应用比重逐年提高，产业结构得到一定优化，行业内大企业的联合重组也推动了集中度的提高，但从整体而言，产业布局不合理、产能过剩、企业分散、集中度低、恶性竞争等诸多问题依然严重制约着水泥产业的健康发展，使得水泥价格长期在低位运行，企业效益难以提升，行业价值难以体现，这种状况着实令人堪忧。

有一组数据很能说明问题：10 多年前水泥价格是煤炭价格的 2 倍左右，现在煤炭价格反过来是水泥价格的 2 倍。国际上钢铁与水泥的价格比一般是 3∶1，而中国是 10∶1，高的时候甚至达到 15∶1。国外水泥价格一般在每吨 70 ~ 100 美元，而我国水泥价格多年来一直徘徊在每吨 40 美元左右。这说明我国水泥行业的价格结构长期处在严重失衡的状态。

究其原因，一是由于近年来水泥产业发展的盲目性、非理性化，片面追求以新建为主的规模扩张，对资源、环境和产业造成了很大伤害。据统计，今年前 7 个月，全国完成水泥投资 880 亿元，同比增长 66.0%。投资规模比上年同期净增 350 亿元，净增值已经超过 2003 年全年的投资总额，全年水泥新增产能将大大超过 2008 年。与迅猛增长的水泥投资相对应的是，水泥的产能利用率非但没有提高反而大幅降低，这无疑是资源的浪费。二是不少地方和企业新线建设热情极高，统筹规划不够，没有把合理布局和市场调节有机结合起来，极大地影响了水泥行业的健康发展。

水泥作为一种重资产投资的资源类原材料行业，如果不能发挥应有的效益，将会造成资源的巨大浪费。水泥又是一种区域性的“短腿”产品，如果围绕同一座矿山，山前山后都建有水泥厂，将会造成区域内产能过剩、市场混乱、无序和恶性竞争。

事实上，和许多加工制造业不同，水泥这种资源类行业，如果不能引导全行业进行区域的合理布局，这种无序竞争的状态就不可能从根本上解决。科学合理布局是使市场竞争有序的有效方法，是维持水泥行业可持续发展的关键。

对于未来水泥工业的发展，我们有两个基本观点：一是水泥需求是刚性的。我国正处在工业化中期阶段，农村城镇化建设还有相当长的一段路要走，在一定时期内基本建设对水泥产品依然会有旺盛的需求。二是水泥总量已没有大的增长空间。虽然我国的基础建设方兴未艾，一段时间内投资拉动还有广阔前景，但从水泥产业发展规律看，水泥的产量不可能无限制增加。从 1—8 月份数据来看，今年中国的水泥产量将达到约 16 亿吨，超过多数发达国家人均消费 1 000 公斤的历史纪录，由此我们认为，我国水泥产量的增长已经达到或接近拐点。

因此，我国水泥工业应该实现三个转变：一是从单纯追求以新线建设的方式进行扩张，向以联合重组的方式来实现企业发展转变；二是从追求量的增加向追求价值的增长转变，通过推动市场的健康发展来提高自身的价值；三是从单一水泥产品生产向延长产业链转变。

从全球温室效应来看，水泥生产制造过程是一个大量排放二氧化碳的过程。在建设“两型”社会过程中，水泥产业应该逐渐走减量化发展的道路。此外，水泥工业也应逐渐走向散装化、商混化、高标号化、特种化和制品化，实现延伸产业价值链的内涵式发展。这样不仅水泥产业能走上一条科学发展的道路，也能减少对资源的浪费和环境负荷。

中国建材集团的水泥业务发展，走的是一条以现有企业在区域市场进行联合重组，实现存量优化的道路。作为大型建材央企，近年来，在国资委的正确领导下，中国建材集团抓住国家支持大企业以区域性为主，构筑大型水泥企业集团的政策机遇，针对水泥行业过度分散的现状，以推进产业结构调整、推动行业健康发展为己任，聚焦水泥业务，锁定淮海区域、南方区域和北方区域，迅速推进联合重组，打造了对区域市场具有主导权的三大水泥集团，总产能达 1.5 亿吨。

中国建材的基本做法是：首先选择区域推进大规模联合重组。我们选择水泥市场竞争激烈、市场化程度高的区域，如浙江、江苏等东南区域，在这一类地区可以相对降低联合重组成本。其次对重组企业实施深度管理整合，以“对外对标、对内优化”为主要方法，采取“五化”（一体化、模式化、制度化、流程化、数字化）、“五集中”（财务集中、市场营销集中、采购集中、技术集中、投资决策集中）和五类 KPI（财务成本关键指标）管理。在此基础上构建两类核心区——一类是核心利润区，使企业盈利能力有效提升；另一类是协同利润区，通过与区域内的兄弟企业合作推动市场健康，稳定区域价格，提升企业效益，实现多赢共赢。再次对企业进行技术结构调整和技术优化，如为企业全部配套余热发电。最后是推进产业结构调整，按照资源有效配置的原则进行区域内的合理布局，淘汰落后，比如中国建材在山东全力推动淘汰小立窑，建设了新型干法水泥生态工业园。

中国建材集团所走的基于存量重组与存量优化的发展道路，符合国家产业政策，符合水泥产业发展规律，符合区域内广大企业的诉求，引导了我国水泥工业的科学发展，因而十分顺利。中国建材的联合重组受到国家发改委、国资委和所在区域地方政府的肯定与支持，也获得了被重组企业的拥护。

近期国家出台的关于水泥产业的一系列政策措施非常及时和必要，无论是正在征求意见中的《水泥行业准入条件》，还是即将于明年起实施的《水泥工业大气污染物排放标准》，都将对抑制产能过剩和重复建设，推进节能减排，促进水泥产业健康发展，起到至关重要的作用。国家将重点从三个方面引导水泥行业健康发展：一是严格市场准入，加强项目审批管理；二是按照“等量淘汰”原则，加快淘汰小立窑，为新型干法水泥腾出市场空间缓解压力；三是以国际通用的人均产能为水泥产能饱和衡量标准，严控产能，扼制新增规模，实现总量控制。

在这些政策执行过程中，有一个问题应该引起足够的重视，那就是产业健康发展应该有全局观，如果仅仅是某一区域努力健康发展，而相邻各区域采取不同的政策，会导致结构调整在区域间的不均衡，从而可能引发结构调整做得好的区域受到结构调整不到位区域产品的挤压，形成不合理、不公平的局面。

在这场全新的产业发展格局调整中，大企业应该责无旁贷地成为行业科学发展的引领者。以水泥为核心业务的中国建材集团，将会认真贯彻落实科学发展观，充分发挥主力军作用，进一步调整自己的发展战略，在水泥产业结构调整和联合重组中勇挑重担，引领水泥市场健康发展。

潞安集团高碳能源低碳发展的探索和实践

潞安集团董事长　任润厚

面对全球屡屡出现的灾害性气候和日益恶劣的生态环境，发展以低能耗、低排放、低污染为基础的低碳经济，成为全球应对气候变化、转变增长方式的必然选择，更是我国建设资源节约型和环境友好型社会、搞好生态文明建设的重要途径。而以煤为主的高碳能源结构的现状，决定了我国目前发展低碳经济的重点在于煤炭的洁净高效转化利用和节能减排。为此，潞安集团大胆探索、勇于实践，摒弃了以往煤炭企业资源浪费严重、环境治理滞后的现象，取得了显著成效，先后荣获中国节能减排功勋企业、中国能源绿色企业50佳、联合国清洁煤技术示范和推广企业等荣誉称号。

一、提效降耗

长期以来，煤炭资源开采中的浪费现象十分严重，存在采厚弃薄、采易弃难，主要耗能设备设计效率平均低于国外先进水平，系统运行效率也低于国外先进水平。为抓好煤炭资源的节约，潞安集体开展煤炭绿色开采研究和实践，实现了煤炭的科学、高效利用。2009年，全员效率达到15吨/工，采区回采率达到83.2%，继续保持行业先进水平。2006—2009年，共节约能源30万吨标准煤，累计完成“十一五”节能量任务的130.4%，万元产值能耗下降26.6%，工业增加值能耗下降21.1%。

潞安集团煤炭绿色开采探索起步较早。20世纪80年代首创的“开天窗放顶煤一次采全高”采煤法，获原煤炭部科技进步特等奖。与其他开采工艺比较，该项工艺的万吨原煤掘进率降低25.0%以上、万吨原煤铺网率降低90.0%以上、万吨能耗降低30.0%以上、工作面回采工效提高40.0%以上，采区回收率稳定在83.0%以上，保持了行业领先水平，最大限度地减少了煤炭开采过程中的资源损耗和浪费，被称为“潞安采煤法”。

潞安“高效短壁综合机械化开采成套技术”是国家重点技术创新项目，有效解决了长壁开采后的残留煤柱，煤田、采区边缘、几何形状不规则块段等不能布置长壁的残采煤区煤炭资源回收问题；自主开发了以掘采一体机为主的短壁综合机械化成套设备、开采技术和综掘技术，全面提高了潞安机械化采煤技术水平，使综放工作面资源回收率达到了90%以上。

潞安集团成功研发了煤炭锚杆支护成套技术，攻克了5米厚小煤柱开采技术，使采区回收率较传统开采方法提高了5.0%～8.0%，资源回收率达到了83.2%。推广应用煤巷全锚支护技术，大大改善了巷道支护效果，使工作面区段煤柱由原来的20～25米降为3～5米，采区回收率由此提高1.0%～2.0%；万吨坑木消耗率降低27.0%；万吨钢材消耗率降低45.0%。

潞安集团不断提升矿井集约高效水平，在巩固和不断放大矿井机械化、现代化竞争优势的同时，加快数字化、自动化、信息化矿井建设，成功建成全国第一个数字化矿山、第一个大采高自动化综放工作面、第一个自动化掘进工作面、第一个280米超长工作面。煤炭生产效率不断提高，连续创造了综采日产3.3万吨、月产65万吨的全国新纪录。各矿优化生产布局，主采面和边角面搭配开采，资源回收率稳步提高。集团全员效率、回采工效继续保持全国领先水平。

二、降污减排

过去，受“有水快流”思想的影响，煤炭资源型企业先生产建设、后污染治理带来的后遗症较为严重，每年排出大量的矸石、废水、煤泥等，矿井瓦斯直接排空，对环境造成严重破坏。

1. 多措并举，实现自身增产减排不增污

潞安集团通过源头控制和采后处理利用等，2009年，煤炭产量达到5 509万吨，是2000年的4.8倍，但各项污染物排放量基本保持在2000年的水平，实现了“增产减排不增污”。

实现煤与水共采。潞安集团本部矿井全部建有装备先进、能力富足的矿井水处理厂。在煤矿开采过程中，利用井下采掘系统，将分散的水集中起来，采用井上井下结合净化复用技术，增加矿区供水水源，为矿区附近的工农业用水提供了有力的支撑，减少对岩溶水的开采量；地面发电厂和洗煤厂实行节约用水措施，废水闭路循环、改水冷却为风冷却、工业和生活废水净化复用、中水用于农业灌溉和卫生景观，实现矿井水的“零”排放，既减少对地表水的污染，又增加地下水的开采量和回渗补给量，有利于水系的维护和自动恢复，将采煤对水环境的破坏降低到最小。矿井水处理率100%，年均复用率89.0%。

瓦斯是一种对生态环境破坏性极强的气体，直接排放到空气中，其温室效应约为二氧化碳的21倍。在瓦斯抽采上，潞安集团开发瓦斯高效抽采技术，建立立体抽采体系，进行采前预抽、边采边抽、采空区抽采、裂隙带抽采等综

合抽采技术。将抽采上来的低浓度瓦斯用来发电，建成了4 500千瓦/年的瓦斯发电厂；高浓度瓦斯全部罐装民用，并成为煤基合成油项目的重要氢源，降低煤基合成油成本。2009 年，地面永久瓦斯抽采能力达到 4 560 立方米/分钟，2010 年抽采量将达到 2.5 亿立方米，瓦斯发电总装机 4 500 千瓦，年利用瓦斯554 万立方米，日发电量9 万度，瓦斯发电余热供暖面积达到7 000 平方米。

煤矸石是各种工业废渣中排放量最大、占地最多、污染较严重的固体废物。为改变"煤矸石堆积如山，晴天尘土飞扬、雨天黑水横流"煤矿旧貌，潞安集团首先从源头抓起，通过优化设计和工艺，加强顶板管理，做到了少采矸石，少运矸石，最大限度地实现了井下处理，把矸石排放量减少到了最低；其次，加大资金投入力度，对所有旧矸石山进行综合治理后，建林荫小道、人工喷泉等人文景观。在煤矸石利用方面，建成年产 1.3 亿标块、全国单线规模最大的常村煤矸石砖厂和一期年产 6 500 万块烧结砖的郭庄矸石砖厂；建成2×27 万千瓦/年规模的煤矸石综合利用电厂，使煤矸石、煤泥等固体废弃物综合利用率达到56.0%；利用煤矸石和粉煤灰生产水泥和生物肥料和复合肥料等。

2. 开发清洁能源，实现下游企业减排

燃煤是造成我国大气污染的主要原因，据统计，我国二氧化硫排放量的 90.0%、烟尘排放量的 70.0%、NO_x 的 67.0%、二氧化碳的 70.0% 都来自于燃煤。若采用选煤技术，可脱除煤中 50.0% ~80.0% 的灰分，30.0% ~40.0% 的硫分，促进了煤炭的清洁高效利用。潞安集团在各生产矿井均配套建成了模块选煤厂，大幅提高了原煤入洗率和精煤回收率。2009 年，潞安原煤入洗率和精煤回收率均达到了 80.0%，努力把"粗粮"变成"细粮"，减少了无效运输，降低了污染排放。

潞安集团历经 10 年，自主研发的"贫煤、贫瘦煤高炉喷吹技术开发与应用"项目荣获 2007 年度国家科技进步二等奖，其核心技术已获得国家发明专利权，产品性能指标被作为订立国家标准的基准。潞安喷吹煤产品，与焦炭的置换比达到 0.95，2003—2009 年，潞安集团喷吹煤总销量达到4 025 万吨，可替代焦炭 3 824 万吨焦炭，按照每冶炼一吨焦炭会产生废气 1.549 千克，粉尘 3 千克，废水 1.2 吨计算，3 824 万吨焦炭可减少废气排放 5.9 万吨，粉尘 11.5 万吨，废水 4 589 万吨，减排成效突出。潞安被中国冶金协会授予"中国喷吹煤基地"称号。

继喷吹煤之后，潞安集团又推出了一系列洁净动力煤产品，目前正致力于开发又一具有核心竞争力的绿色环保能源产品——水煤浆。水煤浆是 20 世纪 70 年代石油危机中发展起来的一种新型低污染、高效率、可管道输送的带油煤基洁净燃料。水煤浆具有重要的节能和环保意义，在原料煤相同的情况下，燃水煤浆锅炉比燃用煤粉锅炉的含氮化合物排放量要减少很多。

三、循环发展

过去粗放、不能循环利用的生存方式造成大量废弃物，对土地资源的破坏和占用，对水资源的破坏和污染，对大气环境的污染等日益严重。为此，潞安集团不失时机发展非煤替代产业，解决经济发展单纯依赖煤炭的问题；延伸产业链，使单位产量煤炭资源发挥出最大的经济效益，变扩大开采的外延式扩张为多方挖潜的内涵式扩张，发展了煤、电、油、化、硅五大产业，建设了煤电、煤油、焦化、硅产业链四大循环经济园区，园区内燃料与能源流动形成闭锁链条，实现废弃物的资源化循环利用和零排放，成为高碳能源低碳发展的有效方式。潞安被确定为全国循环经济试点企业。

1. 焦化园区

该园区具备500 万吨/年焦炭生产规模，其中利用焦炉煤气联产 60 万吨甲醇项目一期工程建成投运，40 万吨/年二甲醚项目正加快建设。目前，正在对现有焦化项目进行全面技改，将焦炉煤气输配到煤基合成油、多晶硅、太阳能等项目，作为原料和燃料。同时，将利用煤基合成油的富余氮气进行干熄焦，每年可回收利用 20 万吨放空氮气，减少 120 万吨二氧化碳排放。具有国际先进技术的 7.63 米环保炉型、年产 880 万吨焦炭项目正有序推进，为建设以深度加工、循环利用为主要特点的新型焦化园区奠定了基础。"焦炭是副产品，化产是主产品"，已成为潞安集团发展焦化产业的核心理念。

2. 煤电园区

该园区着力构建煤电一体、循环发展的新格局。主要由 800 万吨/年高河煤矿、一期 2×60 万千瓦二期 2×100 万千瓦高河电厂等组成。园区实行上、下组煤联合布置，统一开采，掺和发电；并综合利用中煤、煤泥、煤矸石、矿井水。

3. 光伏产业园区

该园区是潞安独具特色的垂直一体化硅产业链循环经济园区，被确定为山西省"二号工程"。园区内包括 40 万吨/年聚氯乙烯、4.8 万吨/年工业硅、6 500 吨/年高纯度多晶硅和 240 兆瓦/年太阳能垂直一体化项目。其中，高纯度多晶硅项目中 3 500 吨/年为高纯度、适用于大规模集成电路的电子级多晶硅；3 000 吨/年为光伏级多晶硅，要全部向下游产品延伸，转化为绿色、节能、环保的太阳能电池。

在规划光伏产业发展时，从原料到产品、副产品，实行整体规划、循环利用。园区所需氯气由配套的聚氯乙烯项目提供；配套的电力前期由两个已建成的 270 兆瓦矸石发电厂提供；电厂产生的粉煤灰和电石厂产生的电石渣集中运送至水泥和建材厂加以利用，有机融合煤矸石电厂、坑口电厂、锅炉、离子膜烧碱、聚氯乙烯、光伏产业废渣利用等产业。

目前，已建成 60 兆瓦/年太阳能电池项目，2.5 万吨/年工业硅、3 500 吨/年高纯度多晶硅、20 万吨/年聚氯乙烯项目也将陆续在今明两年建成。

4. 煤油园区

整个园区集"煤炭开采、洗选加工、煤基合成油、精细化工，以及瓦斯、焦炉煤气、矸石、尾气综合利用"为一体，是一个"高碳能源、低碳排放、循环利用"的特色园区，被列为国家循环经济示范园区。

园区围绕国家"863"、"973"高新技术示范项目——潞安 21 万吨/年煤基合成油项目而建设，实现了气、油、肥、电的多联产方案。以资源综合利用为核心，充分利用潞安矿区沁水煤田下组高硫煤为主要原料，配套建有 800

万吨/年余吾煤业、800万吨/年模块选煤厂。同时将利用焦化厂剩余焦炉煤气和煤矿预抽瓦斯气作为原料补充，每年可减少14万吨二氧化碳排放；以多联产为原则，采用先进的工艺技术，合理配套，利用合成油生产过程中富余的氢气、高纯度氮气和高纯度二氧化碳废气，配套建设了一套18万吨/年合成氨、30万吨/年尿素装置，每年可以回收利用19.6万吨氮气，减少27万吨二氧化碳排放；利用低热值尾气IGCC发电，实现节能减排。

园区生产煤基合成油是世界上最洁净的液体燃料，主产品柴油的品质远远高于石油基柴油。一方面煤基合成柴油中硫含量极低、无杂质，主要指标达到欧V标准，燃烧后排放气体中有害成份小；另一方面其十六烷值达到70，使发动机动力性能好，节约燃油。在国家环保要求日益严格的形势下，煤基合成柴油将成为车用柴油的首选。目前，已完成台架测试，正在上海公交系统推广使用。其他如石脑油、石蜡等精细化工产品销往河南、山东、上海、广东、香港等地。

示范项目继2008年12月产出我国第一桶煤基合成油后，2009年7月全部建成投产，目前日产量稳定在300吨，吨油耗煤3.6吨，耗水13吨，耗电800多度。现已具备产业化条件，360万吨/年煤基合成油多联产产业化项目被山西省政府确定为全省“一号工程”。

四、结语

煤炭企业低碳发展的实现需要一个长期的过程。为此，在潞安集团将在“十二五”期间，继续推进矿区绿色开采成套技术的创新和应用，按照“高品位、大循环、多联产”理念，把发展煤化工产业和新能源作为重中之重，构建煤炭、电力、煤基合成油、醇醚燃料、太阳能等多个层次的多种能源输出体系。

到“十二五”末，潞安焦炭、焦炉煤气制甲醇、二甲醚和焦油产能将分别达到1 285万吨/年、120万吨/年、80万吨/年和40万吨/年；电力装机达到420万千瓦，发电量达到250亿度；工业硅产能达到6万吨/年，聚氯乙烯产能达到40万吨/年，高纯度多晶硅产能达到1万吨/年（其中，光伏级多晶硅产能2×3 500吨/年，电子级多晶硅产能3 000吨/年），太阳能电池产能达到1GW；煤基合成油产能达到741万吨/年，煤基合成油配套的尾气合成尿素产能300万吨/年，IGCC发电装机90万千瓦，回收硫磺产能30万吨/年，联产高级蜡产能20万吨/年，生产MDI 40万吨/年、MTO 60万吨/年。潞安将继续为资源节约型和环境友好型社会建设做出更大的贡献。

深入开展创先争优活动　推动百年开滦转型发展

开滦集团党委书记　董事长　张文学

开滦是一个具有132年开采历史的资源型企业，素有“中国煤炭工业源头”之称，是中国500强企业。开滦有着光荣的革命传统，早在1922年就成立了我党第一个企业党组织。集团党委下属63个基层党委、1026个基层支部，党员总数23 171名。在开展创先争优活动中，开滦集团党委深入贯彻落实科学发展观，紧密围绕“推动企业转型发展”这一中心任务，动员和组织各级党组织和广大党员发挥战斗堡垒和先锋模范作用，有力促进了百年老企成功踏上转型发展、跨越发展之路，各项经济指标大幅度提高，煤炭基础产业不断扩张，现代物流、煤化工、煤电热、文化创意等新型产业迅猛发展，百年开滦呈现出勃勃生机和强大活力。

一、准确理解和把握开展创先争优活动的重大意义

创先争优活动，是长期以来在基层党组织中广泛开展并富有成效的一项活动，中央高度重视，伴随着我国改革开放的不断深入，党内这项活动在不同时期都发挥了重要作用并取得了显著成效。2010年4月6日，胡锦涛总书记在全党深入学习实践科学发展观活动总结大会上，提出“把开展创先争优活动作为加强党的基层组织建设的重要手段”的要求之后，开滦集团党委立即组织中心组专题学习，并围绕活动特点组织了研讨。深刻感到，在建党90周年和党的十八大召开前夕，中央进一步提出深入开展创先争优活动，时间节点突出，具有更加重要和特殊的政治意义和历史意义。开滦的各级党组织和党员队伍在国家发展变化的各个历史时期都发挥了至关重要的作用。这次深入开展创先争优活动，开滦更要发扬毛泽东同志赞誉的“特别能战斗”的光荣传统，并且要赋予其崭新内涵，展现独特风采。

这次创先争优活动时间长、跨度大、任务重，具有较强的战略意义。党的十六大以来，中央重点开展了先进性教育、科学发展观学习实践和深入开展创先争优活动，三个活动层层深入，目标各有侧重。深入开展创先争优活动是为了落实科学发展观所提出的任务而开展的，就是要通过党组织创先，党员争优，为科学发展观所要解决的问题提供组织保证和队伍保证，全面建设小康社会。开滦正处在后金融危机时期百年资源型企业转型发展的关键时期，困难重重、任务艰巨。我们更要以此次活动为契机，以促进结构调整、转型发展为目标，不断提高党组织的凝聚力、创造力和战斗力，促进企业的转型发展，再创企业新辉煌。

二、采取有力举措营造创先争优活动浓厚氛围

按照中央、河北省委和河北省国资委的工作部署，开

滦党委在深入调研的基础上，确定了“深入开展创先争优活动，促进企业转型发展”的活动主题，提出了“3155”活动目标工程，即“3有”（在全省国资系统创先争优活动中有品牌；在本企业转型发展中有作为；在广大职工群众中有良好口碑），“1提升”（完善开滦党建创新现代管控系统，提升党建科学化水平），“5项活动”（四好领导班子、四强党组织、四优共产党员、四创项目、发挥“三个作用”显风采活动），“5个一批”，（开滦党委要争当省政府国资委系统的红旗党委，推广10个基层党支部建设的先进经验，培育50名政治素质好、懂经营、善管理的复合型党务干部，有100个党支部晋档升级，创建1 000个党员先锋岗）。从班子建设、科技创新、对标管理等七个方面对活动进行了具体部署。创新活动载体，为每名党员制作并发放“明白卡”，组织了广泛发动和学习培训；建立了党委常委联系点、日常督导、定期调度等保障机制；举办了优秀党员先进事迹报告会、新党员集体宣誓、党员技术比武、党员示范岗等丰富多彩的岗位立功活动；深入开展了征集评选创先争优活动精品案例和课题立项攻关活动，提高了创先争优活动的实效性。同时，对活动中涌现出来的好做法、好经验及时总结、宣传。目前已编发简报52期；开滦日报“争排头、做标杆”活动专栏刊发信息近百篇；开滦电视播放新闻及专题50多个。河北电视台首播了开滦集团创先争优活动专题新闻；开滦中润化工公司“领军河北节能减排，‘减法’中做‘加法’新产业增效益”的新闻在央视《新闻联播》播出。

三、以破解发展难题为着力点，把党的政治优势转化为推进转型发展的现实生产力

一是在引领发展思路和促进中心工作方面创先争优。开滦党委紧密围绕资源型企业转型发展面临的压力和挑战，积极谋划转型发展新思路，提出了强化“六大转型”，建设“一基五线”转型发展新模式，从战略层面引导企业加快推动结构调整，实现经济转型。2010年上半年，国际物流公司围绕“加快推进项目建设速度和整合重组”开展创争活动，物流收入完成203亿元，同比增长97%；能源化工股份公司以“加快新产品开发，推进项目建设”为主题开展活动，上半年煤化工收入完成54.3亿元，同比增长99.0%；煤业公司发动广大党员保增产、降成本，努力提高经济运行质量，原煤产量、营业收入、利润总额等主要指标均超额完成预算指标；蔚州矿业公司党委强化管理，深入开展了节支降耗、扭亏增盈活动；服务公司党工委深化降成本活动，重点加强“四供”系统管理，减亏成效明显。上半年，集团原煤产量完成2 786万吨，同比增长60.0%；营业收入完成401亿元，同比增长90.0%；企业利润完成6.5亿元，同比增长27.5%。各项经济指标均创出历史同期最好水平。开滦集团被评为“中国企业成长100强第7名”，是成长力指数非常突出的企业之一。

二是在发挥党组织和党员“三个作用”方面创先争优。为适应现代企业制度新变化，集团党委建立了“双向进入、交叉任职”制度，从组织体制和工作机制上保证党组织参与企业重大问题决策，确保政治核心作用的有效发挥；在对外扩张中，始终坚持党的工作与行政工作同步谋划、同步组建和同步考核的“三同步”原则，及时建立党的组织，开展党的活动；针对改制企业党的工作弱化的问题，制定下发了《相对控股企业党建工作的指导意见》，从内容和途径等方面对党组织参与重大问题决策，提出了比较明确的要求和意见；建立健全了中心组学习议事、党组织工作规则、党风廉政责任制等制度。党委把制约企业发展和领导班子建设中亟待解决的问题作为主题，把组织成型的活动作为促进思想作风建设的有效载体，目前在领导人员中重点开展了“学先进，树形象，提素质，做贡献”活动；在广大党员中开展了“保战略、创佳绩、显风采”活动，涌现出了赵国峰、张文市、杨印田等先进模范人物，有力地引领了各级组织和党员“三个作用”的发挥。

三是在技术和管理创新方面创先争优。党委把培养高层次、创新型、专家级人才作为后备干部队伍建设的重点，积极组织实施了培养“五个一批”的经济转型发展专业技术人才和管理人才。上半年，组织47个矿厂共6.8万名员工开展了技术练兵比武活动，涌现出赵各庄矿“学练比聘”、唐山矿“高师带高徒”等成功经验。广泛开展了群众性经济技术创新、班组安全竞赛、青工技能升级，青年创新创效等丰富多彩的活动。由广大党员干部带头，党员和技术骨干参加，围绕生产、经营、技术、安全、机电管理等重点工程，组织了1 201个立项攻关项目，现正在加快组织实施。集团党委成功参与了“春动河北”、“加快经济发展方式转变高层论坛”、“2010东北亚夏季煤炭交易会”等高谈端访和交易活动，增强了创新意识、品牌意识，不断提高自主创新能力。

四是在先进文化建设方面创先争优。集团党委积极培育建设战略支持型企业文化。着力解决企业转型过程中的文化冲突问题，企业扩张中的文化融合问题，转型发展中的文化支持问题。全面启动了物流文化课题研究，推广基层责任链文化、履责文化建设的典型经验。继续深化安全文化建设，组织了安全技术成果展、准军事化班前会评选等宣教活动。深化本质型安全人课题成果，提升现场操作的规范化水平。发挥矿山公园文化展示的窗口作用，积极创建“国家4A级旅游景区”，圆满接待中央、省市各级领导，国内外各界来宾累计达3万多人，大大提升了开滦品牌影响力和文化软实力。用企业文化打造高标准文明单位，重点培育唐山矿打造新型现代化工业园区等项目。范各庄矿、钱家营矿被唐山市推荐为“河北省文明单位”。组织评选十佳道德模范、学雷锋先进典型，选树了常晓英、郭鹏程等一批先进个人，弘扬了优良的道德风尚。

五是在加强和谐企业建设方面创先争优。党委努力为员工谋福利，调动员工积极性。把棚户区改造作为企业转型发展和为民造福的重大举措，千方百计筹措资金，启动了三年棚户区改造重大实事工程。发挥职代会民主管理主渠道作用，全面签订和落实第五轮集体合同，理顺劳服企业全民员工管理，全面督导落实离退休员工年金补助、房屋拆迁补偿安置、补充医疗保险实施等重大事项。建立信访稳定决策风险评估机制，将信访稳定纳入基层党组织日常基础工作，全面推广处理信访案件十种工作法，构建形成了大信访工作体系。为了最大限度地减少安全事故给和

谐企业建设造成的负面影响，我们把确保安全作为创先争优活动的又一个着力点，深入开展了党员“三无”安全把关活动（自身无违章、身边无三违、班组无事故），仅6月份党员与职工结对子就达3 217对，制止违章357人次。上半年，集团公司百万吨死亡率0.091，同比下降63.6%，为历史同期最好水平。

六是在构建党的建设长效机制方面创先争优。开滦自主研发的党建管控系统成果，已获得国家版权局注册证书。我们借助管控系统平台，加强了创先争优活动的制度体系和信息网络体系建设。严格督导各级党组织把创先争优活动实施过程，纳入到管控系统的工作职责、途径程序、考核评价三大系统，切实做到管控系统与创先争优活动同谋划、同实施、同考核。通过管控系统持续的“阳光下运行”，让每一名员工随时都能看到千里矿区党组织和党员的创争故事，达到鼓励先进和激励后进的目的，不断推进活动的延展和深化。

开滦党委组织开展的创先争优活动，受到了上级党组织的高度重视，国务院国资委、央企创先争优活动领导小组，河北省委、唐山市委创先争优活动领导小组以及河北省国资委等领导先后来开滦调研指导工作，对开滦创先争优活动给予充分肯定并把开滦作为联系点。河北省委组织部在开滦召开了全省国有企业创先争优活动推进会议。2010年6月30日，我代表集团公司党委参加了中共中央在北京召开的创先争优活动座谈会，受到了胡锦涛总书记等中央领导的亲切接见。创先争优活动促进了企业转型发展，为百年开滦注入了勃勃生机。

依托科技进步　实施绿色开发

山东新矿集团公司翟镇煤矿

当今世界，发展低碳经济已经成为一个重要的趋势，特别是对高耗能、高排放的产业来说，更是刻不容缓。作为传统的煤炭资源企业更应如此。新矿集团翟镇煤矿坚持以科学发展观为指导，依托科技进步，在煤炭绿色开发方面进行了积极有效的探索。

翟镇煤矿位于山东新泰，有近70.0%的煤炭资源赋存于周围村庄农田下、道路和建筑物下，传统煤炭开采方式造成的土地塌陷、民房斑裂、环境破坏等，给矿井安全生产造成了巨大压力，也给企业发展和社会环境带来了诸多不利影响。为破解发展难题，转变发展方式、优化产业结构，深入贯彻落实科学发展观，翟镇煤矿在吸收应用国内外先进技术基础上，自主创新，勇于探索，大力实施绿色开发，实现企业和社会发展的多赢。

一、绿色开发的基本内涵

坚持生态和谐、环境友好、循环发展的指导思想，以技术进步为突破口，以调整优化生产方式为重点，采取“先立新后破旧”的方法，淘汰落后生产工艺，积极探索以煤业发展为支撑、井上下互动、综合开发模式，推进高效生产与生态安全的有机统一，最终实现资源、环境、经济和社会的协调和可持续发展。

二、绿色开发的实践和探索

1. 突破传统煤矿开采的思维定势，确立煤矿绿色开发管理的科学理念

党的十六大报告明确提出“……走出一条科技含量高，经济效益好，资源消耗低，环境污染少，人力资源优势得到充分发挥的新型工业化路子。”因此，必须充分考虑我国资源相对短缺，环境比较脆弱的基本特点，建立起适合我国国情的资源节约、环境友好的新型工业化发展道路。作为煤炭企业，要遵循自然生态系统的物质循环和能量流动规律，重构业务流程，将经济活动高效有序地组织成一个“资源利用—绿色工业—资源再生”的封闭型物质能量循环，保持经济生产的低消耗、低排放、低废弃，从而将经济活动对自然环境的影响减少到最低度。核心内容之一就是要转变过去“采掘分离”简单粗放开采模式，变为综合考虑环保、人文、效益等因素的一体化开采模式，建设“绿色”矿业，实现“绿色开采”。

2. 科学规划科技创新项目，构建绿色开发模式

根据绿色开采技术体系的具体要求，实行产学研相结合，需重点规划以下四个方面：

（1）煤巷化布置—形成煤层巷道支护与减少歼石，实现开采无矸化，从源头上减少废弃物的产生。

（2）地表变形移动规律及建下开采技术研究—掌握井下回采所引起地表建构筑物变形的基本规律，为合理开采设计、控制采动影响和开展综合治理提供技术依据。

（3）采动影响后的土地与建筑物保护—形成充填与无矸化开采技术，减少地面土地和建筑物塌陷，通过综合治理，覆土造田，发展绿色生态农业。

（4）低热值燃料综合利用，建设煤矸石热电厂、煤矸石砖厂循环产业链，实现资源的再利用和废弃物的零排放。

3. 探索以矸换煤技术，解决矿井绿色开采技术难题

（1）实施矿井巷道“煤巷化”布置。生产过程是资源消耗和废物产生同时发生的过程。煤炭企业在生产的同时，也不例外地产生了诸如煤矸石等废弃物。绿色开发着眼于战略层次上避免或减少矸石的产生，以从根本上降低矸石的排放量。为此，翟镇煤矿从巷道开采布置入手进行统筹考虑，探寻新的途径，围绕减少矸石的采出或实现矸石的“零”采出，大胆开展技术创新活动，其矿井巷道的“煤巷化”布置，将绿色生产引入巷道掘进管理，从巷道开采设计布置入手进行统筹规划，由简单粗放、高效开采转变为精心设计、有效避免岩石开采，确保不产生或少产生矸石。

（2）开展地表移动变形规律及建下开采技术研究。由于翟镇井田内断层与褶曲并存，地层倾向、倾角多变，造成顶板破碎、支护难度大，使井田开拓系统变得复杂。矿井田范围内自然村庄较多，人口稠密，被列为Ⅱ级和Ⅲ级保护的建筑物众多。为掌握井下煤炭开采所引起的地表建构筑物变形的基本规律，确定采矿地质条件与地表移动变形的关系，为合理设计、科学开采和减轻地质影响提供可靠的技术依据。翟镇煤矿先后与山东科技大学、中国矿业大学合作，在井田范围与地面对应区域，设立了地表移动变形观测站，通过对断层及褶皱复杂地质条件下的采动地表移动特征进行观测与研究，掌握了地表非连续性变形规律的第一手资料，通过对数据的科学分析，达成了科学开采、绿色开发的共识。在此基础上，结合岩移资料整理分析和地表沉陷计算数据，研究开发基于MAPGIS的地表沉陷信息可视化管理系统，采用先进的计算机技术、地理信息系统（GIS）技术、现代数据库及多媒体技术，对各种地表沉陷数据进行更新和分析，并以图形（立体图、剖面图）的方式显示出来，提高岩移资料分析及计算的准确性和科学性，为建构筑物下压煤的安全开采提供真实的资料。通过对开采引起的地表移动变形给村庄房屋及区域环境带来的影响分析，本着减少采动影响的原则，设计绿色开采方案，经分析比较选择最佳的采煤方案，制定有效的技术保障措施，由上山向下山方向依序布置区段，并在建筑物下采用2个区段同时回采，留设一定保护煤柱，实现安全、经济、合理开采“三下”压煤。

（3）研究应用矸石换煤开采技术。在生产工艺改革和地表变形移动规律研究的基础上，翟镇煤矿彻底摒弃传统的生产—排放—治理的老路，采取生产—治理—利用的科学生产管理方式，将“处理”纳入矿井的整体设计（即矿井开拓、采区准备与工作面回采），使矿井原有的“掘进”、“采煤”二元开采的主导工序变为“掘进、开采和处理”。生产工序的增加，引发了采、掘、机、运、通等生产工艺流程的重新设置。

为实现科学开采和有序生产，翟镇煤矿与中国矿业大学合作，研究应用综采工作面高效机械化以矸换煤技术。为实施该项技术，先后采用先进技术对井下矸石的物理力学性能进行了测试分析，研制应用了适合翟镇煤矿地质条件的矸石充填液压支架、自压式矸石充填机、矸石破碎机、可缩桥式中间驱动胶带输送机。在基于对工作面覆岩活动规律和新型开采工艺技术成功研究应用的基础上，自成系统，将掘进过程中产生的煤矸石经轨道运输巷、翻笼、矸石仓、给料机等环节输送粉碎，最后用抛矸机抛射充填到开采永久性煤柱所形成的巷道，直接在井下就地消化，解放了建筑物下、道路下、村庄农田下压煤，提高了煤炭资源的综合回收率。并于2007年12月实现了停运矸石山，彻底实现了矸石不升井，在煤炭工业发展史上具有划时代的意义。通过这项技术创新，使采煤所伴生的煤矸石不用升井上山，全部在井下就地消化处理，将煤矸石充填采空区置换煤炭。煤炭资源回收率提高了10.0%以上，综合回收率达到了93.0%，节约了资源，大大延长了矿井服务年限。

4. 综合利用废弃矸石，实现“一石三用”

（1）将地面废弃矸石入井回填。翟镇煤矿矸石置换煤炭技术的推广应用，带动了相关生产工序的联动效应。由于井下矸石量的减少和矸石充填采空区技术的实施，让煤矸石变成了“紧俏”的资源。与此同时，翟镇煤矿开展原堆放地面矸石下井回填的技术研究。改变传统的从下到上废物排出方式，以不排除废物为目标，建立了从上到下的生产运转流程，攻克了系统环节制约等关键难题，将煤炭洗选过程中产生的矸石和在建井过程中形成的矸石山上的矸石下井回填，有效补充井下充填矸石量，确保采空区充填效果；不仅减少了地面矸石占地面积，而且降低了二氧化硫排放，减少了对环境的污染。

（2）利用废弃煤矸石进行覆土造田。煤矸石充填塌陷区是翟镇矿实施的土地塌陷综合治理的重要手段之一，同时也是一种重要的复垦形式。先后复垦土地300多亩，种植速生毛白杨、大叶女贞、樱花、紫薇、白蜡、法桐、红叶李、紫叶李、黑松等树苗4万余株；因地制宜，针对部分塌陷较深的区域，进行开挖鱼塘；同时积极发展相关服务业，形成了集娱乐餐饮、观光旅游于一体的生态园区，改善了矿区周围环境，实现了社会效益、经济效益、资源效益和生态环境效益的统一。

（3）建设煤矸石热电厂，开展煤矸石、粉煤灰等固废的综合利用。在矿区固体废弃物综合利用方面进行创新实践，充分利用废弃的煤矸石，投资4 700万元建设了规模为2炉（各35吨循环流化床锅炉）一机（6 000千瓦）的立人矸石热电厂，年发电3.6万兆瓦时。每年可利用煤矸石、劣质煤7万吨。投资4 300万元，建成了设计年产1.2亿标块页岩、煤矸石烧结砖的新型生产线。不仅减少了环境污染，而且变废为宝，实现了废弃资源的再利用，创造了可观的经济效益。

5. 多措并举创新水资源管理，实现闭路循环，提高水资源的综合利用率

（1）井下废水并入矿井生产水循环系统。翟镇煤矿水文地质条件简单，矿井涌水量少，且水质较差，无法满足井下防尘用水。为解决井上、下用水困难，矿加大了井下找水力度，利用井下已有的井巷工程，通过物探和综合分析技术在井下－400米水平南石门找到了一处奥灰富水区。从井下－400米后组大巷奥灰观测孔敷设管路，利用奥灰水层自重产生的压力将水排至副井，再由副井经加压泵排至工作现场，不仅有效地节省大量工业用电，解决井下防尘用水，改善井下防尘水的水质，而且正常情况下每天供应洗选厂、电厂、澡堂800立方米，有效地缓解了矿井供水的紧张局面。

（2）洗煤水实现闭路循环。为适应原煤入洗能力增加的需要，先后投资500多万元增加一台压滤机，完善自动压滤机，四台压滤机的压滤能力达到55～65吨/时，使压滤能力达到现在入洗能力的1.3倍。对洗选厂动筛车间的煤泥水进行了综合整治，使煤泥水从集水池经排泥泵房和排水管路，进入洗选厂尾矿煤泥水处理系统，经浓缩池沉淀输送到压滤车间压滤，实现了煤泥水闭路循环使用。

三、绿色开发实施效果

通过绿色开采设计，实现无矸化掘进，减少巷道掘进2 242米，直接创造效益300多万元；通过矸石置换技术，共开采煤炭120多万吨，创造直接效益近3亿元；井下煤矸石的就地转化利用，不用升井上山，减少提升运输费用160多万元。通过矸石覆土造田，治理改造塌陷地360多亩，实现效益560万元。另外，矸石电厂利用煤矸石发电，年发电4 000万千瓦时，创效600多万元。

实施绿色开发，促进了节能减排，实现科学开采、安全开采和高效开采，建成了煤炭工业首批节能减排试点企业，煤炭工业2009年度节能减排先进单位。更重要的是绿色开发的成功实践，为煤炭工业走内涵挖潜、集约发展的新型工业化之路提供了有益的经验。

（撰稿：佟　强　陈巍巍　时圣岩）

浅谈如何做好双突矿井的安全生产管理

义煤集团新安煤矿矿长　贺志强

煤矿安全管理，是一项综合性以人为中心的科学管理，是煤炭企业管理的重要一环。煤矿安全与否，决定与人的安全行为和物的安全状态。作为煤与瓦斯突出矿井的新安煤矿，安全工作受井下水、火、瓦斯等自然条件的制约，井下生产又存在着点多、面广、战线长的客观不利因素。在错综复杂的安全环境下，如何有效解决煤与瓦斯突出等问题的困扰，科学组织好煤炭生产，无疑是我们需要深入研究和探索的一个课题。

通过近年来对双突矿井安全生产管理的探索和实践，笔者以为：煤矿特别是双突矿井的安全生产管理，要体现一种至高无上的社会责任，树立人本管理思想，尊重人的生命安全和身体健康，确保实现矿井安全发展；在此前提上，通过观念引导、知识刷新、制度管理等手段，实现安全生产管理上水平，促进企业全面可持续发展。具体来讲，主要应包括以下四个方面：

一、全面覆盖查问题

（一）理念覆盖到位

理念是一种概念，一种思想，一种价值取向，一种精神，一种行为导向。新安煤矿在认真梳理以往安全管理理念的基础上，通过认真研究和探索，对理念进行了重新征集并不断提炼，提出了“全员参与、全过程控制、全方位展开”的安全管理核心理念。该理念重在发动全员参与，以预防为主，从管结果变为管因素，突出全过程控制和全方位展开。在实践中，新安煤矿重视核心理念的宣灌并逐步得到全体职工的认同，在统一思想、提高认识上下工夫、做文章，真正从思想层面上引导职工把安全生产管理当做一种自觉行为，逐步培养职工的管理意识，为安全生产管理奠定坚实的思想基础。

（二）隐患排查全面

为全面加强隐患治理，新安煤矿始终坚持开展以显微镜排查隐患、以放大镜治理隐患。在全矿范围内组织开展“七预管理”活动，根据隐患类型制定了A、B、C、D四种“隐患管理”汇报卡。坚持集中检查、日常检查和干部走动管理巡查相结合，严格执行安全大检查制度，全方位对井上、井下进行拉网过筛式检查。认真落实分系统日常检查、抽查制度，及时查漏补缺，指导和帮助安全生产；业务生产科室、安检系统采取不定期突击检查，抓重点、促整改，及时消除人的不安全行为和物的不安全状态，坚决把各类事故隐患消灭在萌芽状态。如调度室开展的专项检查活动，就是定期对各作业地点进行拉网式的检查，范围涉及现场瓦斯、探放水、车辆积压、材料储备等情况，重点区域做到重点检查，为及时提出整改意见。基层单位严肃认真开展每周一次的责任区域隐患自查自纠，始终做到对现场隐患心中有数；安检科实施隐患“建档”和闭合管理，及时查找现场和安全管理方面的漏洞及缺陷，严防死守，超前防范。

二、多措并举抓整改

（一）安全文化引领

深入推行“两述”工作法和准军事化管理，根据生产实际，经过加工和提炼，形成了具有新安煤矿特色的“三十六无”工作标准，同时把该工作标准定位为各类隐患整改目标；在整改中推行现场检查“安全承诺”和“重大危险源辨识”工作制度，严格执行《新安煤矿重大危险源安全管理与监控实施方案》，各系统每月对重大危险源的数量、状况及其分布进行评估。进一步搞好安全确认，消除人的不安全行为，提高职工上标准岗、干标准活的主动意识和责任意识，强力塑造本质安全型职工队伍。全面推行“白国周班组管理法”，加强基层区队班组建设，提升班组长素质，不断夯实安全责任基础。

（二）管理机制创新

实施“61234”安全管理工程：明确提出了实现“安全事故为零”奋斗目标等六个安全工作目标；围绕“一个”中心；狠抓“两项”基础；坚持“三条高压线”设防原则；严抓“四项重点”。进一步丰富干部走动式管理的内涵，拓展整改检查内容，消除整改盲点，始终保证全矿各系统、各作业地点、各个峒室和各个边远盲点100%得以安全监控。此外，对电机车、各类绞车、矿车等运输设备设施和提升运输的各个环节，除按照规定周期进行严格检查检修外，还定期开展全矿井提升运输和井下运输秩序的专项整顿治理活动。

（三）工作重点突出

作为双突矿井，新安煤矿首先全力做好防突管理，深入开展瓦斯综合治理示范矿创建。近年来，新安煤矿全面贯彻执行“加强预测、超前防范、消除显现、杜绝突出”的十六字防突原则，建立完善了综合防突体系并纳入了正规生产循环，严格落实“通风可靠、抽采达标、监控有效、管理到位”的瓦斯综合治理体系，克服了瓦斯和防突工作对安全生产的影响和束缚，杜绝了瓦斯动力现象和无计划瓦斯超限。二是加大防治水管理工作。坚持煤矿水害防治“预测预报，有疑必探，先探后掘，先治后采”十六字原则，落实各项防治水措施；引进先进的防水技术和装备，加快防治水工作数字信息化建设，实现井上下水情的实时动态监测；狠抓预测预报、科技攻关、治理整改三个环节。三是加强机电运输安全管理，重点做好主副井提升和绞车坡安全管理、各类保护设施的维护以及电气防爆三项重点工作。四是改革支护形式，落实巷道大断面施工的要求，采取复合支护、松帮让压、松帮卸压等措施，提高支护质量。

三、明确责任严落实

（一）强化督查考核

进一步完善《安全质量风险抵押细则》，从参加会议、深入现场、工程质量、安全管理等方面对每位中层干部实行细化考核，全面落实责任连带、安全业绩与经济挂钩，消除“搭车得奖”，使各级领导干部深入现场指导安全生产管理工作扎实展开。实行“挂牌督办”制度：对调度会及领导日常安排的各项工作，以工作落实卡的形式下发相关单位，明确责任人，限期处理，上榜公示，保证领导指示事事有落实，件件有回音。此外，安检科成立“安全督查小分队”，围绕矿各阶段的安全生产管理问题，全面开展安全生产、文明创建和“两述两化”值班带班等各项工作制度的监督检查，抓重点、促提高，有力推进各项安全生产管理工作的正常开展。

（二）落实责任追究

为加大事故责任追究力度，切实把隐患排查责任落到实处，促使安全生产工作警钟长鸣，新安煤矿在严格落实“安全三条高压线”和“六个就是事故”的责任追究制度的同时，制定下发了《关于对发生安全生产事故责任单位领导警示的暂行规定》，对发生安全生产事故的责任单位领导除按相关规定追究责任人的责任外，还需缴纳警示金进行限额警示。安检系统严格落实安检员监督检查制度，严细考核重点，实施责任连带，推行文明执法；机电系统以“供电安全”和“运输安全”为两个重点内容，确立了“电气失爆就是事故”、“甩掉保护不用就是事故”、“无计划停电停风就是事故”的三项责任追究制度，坚决杜绝无计划停风停电、电气失爆等事故发生。此外，保持安全高压态势，实施会议点名或领导谈话3次记工作失误或失职和“二位一体”（单位主管、支部书记）责任追究制，有力地促进了安全责任传递。

四、加大力度反“三违”

（一）注重培训

按照“管理、装备、培训”三并重的原则，坚持“强制培训、岗位培训、经常教育、广泛宣传”的安全培训原则，以《煤矿安全规程》、《防治煤与瓦斯突出规定》、《煤矿防治水规定》等规程、规章及典型事故案例和安全知识为学习内容，聘请专家授课、集中培训及印发宣传手册等手段，定计划、分阶段大力开展安全教育技术培训，不断提升职工安全责任意识和岗位操作技能。同时，为广大安检员提供交流学习讨论平台，经常性地开展采煤、掘进、“一通三防”等系统知识的更新培训，努力打造一支高素质的安检执法队伍。

（二）“反、教”并重

重点开展“反习惯性违章”、“黄牌员工制”、“现场首席安全负责制”活动；严格落实《关于对“三违”人员实施班组责任连带的暂行规定》，对严重“三违”人员与班组实施经济责任连带。强化管理人员安全模范作用，要求安全管理人员不仅要严格管理，而且要严格要求自己，做遵章守纪的模范，给员工做好榜样。通过开展典型事故案例分析、“三违”人员现身说教等安全教育活动，使大家充分认清“三违”严重危害和后果，自觉规范行为，远离违章。

沉着应对危机　实现逆势成长

中国航空集团公司

2009年，面对百年一遇的国际金融危机的严峻挑战，面对上年度巨亏损造成的极大压力，在极其复杂、困难的形势下，中航集团上下团结一致、众志成城、沉着冷静、背水一战，不仅成功应对了金融危机造成的冲击，打赢了效益翻身仗，而且还创造了历史最好的经营业绩，实现了在行业低谷期的逆势成长。全年完成运输总周转量100.5亿吨公里，同比增加6.7%；旅客运输量3 983.8万人，同比增长16.3%；货邮运输量94.4万吨，同比增长4.9%。实现营业总收入523.3亿元，利润总额56.8亿元（含公允价值净回拨27.9亿元）。盈利能力在国内同行中继续保持领先，在世界级航空公司中首次名列前茅。

面对金融危机，中航集团正确认识宏观经济大局，依据对自身实力的客观分析和判断，确定了应对危机的基本原则：一方面坚持稳健经营，继续过“紧日子”，安全过冬，免遭重创；另一方面坚持休整筑基，蓄势聚力，把握机遇，有所作为。工作中着力贯彻“调整、充实、提升、创新、统筹”方针，全面加强危机应对的组织领导，迅速统一思想认识，高度关注决策执行力度，不断强化集团的管控，保证了集团应对危机的各项措施得到落实并取得较好的成效。

第一是管好资金，建立资金储备。危机时刻，现金为王。集团着眼于“安全过冬”，未雨绸缪，准备充分，将资金安全放在重要位置，千方百计开源节流，提高资金储备。对内加强了资金集中管理，对外加强资金融通，建立起大容量的资金“蓄水池”，保证有足够的资金满足生产运营需求。2009年，集团的资金集中度达到85.0%以上。集团先后发行中期票据、短期融资券合计95亿元。集团密切银企合作，拓宽资金渠道，与相关银行签署银企合作协议，保证获得充足、可靠的资金来源。为集团公司的生产经营、应对危机提供了有力保障，也为实施战略目标打牢了基础。

第二是从严控制资本性开支。优先安排和保证安全和生产急需的投资项目，对改善办公条件等非急需项目一律停止审批，已经批准的也暂停实施，将宝贵的资金用在“刀刃上”。2009年，集团固定资产投资规模106.2亿元，较2008年降低近一半，压缩投资97.9亿元。集团公司适时调整了飞机、发动机引进和机队更新的计划，保持了适中的飞机引进速度，减轻了资金的压力。2009年末，机队规模控制在260架，在国内三大航空集团中，我们的机队规模最小，使我们在面对行业“严冬”时，消化运力的包袱最轻，压力最小。

第三是从严实施效益管理，狠抓增收节支。集团全方位强化成本效益工作，实施刚性预算，强化动态管理，完善效益月度报告制度。集团的主业公司——国航继续完善全方位、全流程、全员效益管理体系，通过建立以效益应急管理和及时跟踪为主要内容的市场预警机制，有效地缩短了效益管理周期，提高了灵活应变的能力。公司实现了对航线经营效果的实时监控，提高了经营数据的准确性，完善了考核口径，提升了收益管理能力。强化成本管理，全方位强化成本控制继续保持成本领先优势。提高运营成本管理的精细化程度，大力推进节能减排，通过航线优化、二次放行、飞机性能管理、节省APU使用时间等有效措施，节油近5万吨，减支4亿元；加强融资和债务筹划，有效降低财务费用。

第四是坚定不移地实施枢纽战略，完善枢纽功能。公司持续增加了北京、成都等枢纽机场的航班数量，增加航班密度和航线网络覆盖，提高了枢纽市场的控制力度，提升了枢纽机场航班的衔接质量，枢纽运营的效率得到显著改善，由此带来中转旅客的大幅提高和联程收入的大幅增长。北京、成都中转旅客同比分别增长34.0%和74.0%，联程收入同比分别增长11.0%和107%。北京枢纽客公里份额达到52.0%，旅客吞吐量占首都机场40.0%。

第五是坚持以市场需求为导向，向优势市场集中运力，确保有效资源高效配置。运力投入的结构、规模和投向与市场的匹配度明显提高。公司根据国内、国际航线变动趋势，准确把握市场节奏，优化国内与国际两个市场的运力投入，保持了关键市场运力的稳定。在重点监控的100条竞争航线中，座位价值处于行业首位的航线比重同比提高了2个百分点。

第六是实施营销精细化管理。公司根据市场变化规律，把握淡旺季的特点，保持价格的弹性，实现收益最大化，收益水平行业领先。公司积极拓展网络、大客户、常旅客等销售渠道，分别实现销售收入32.7亿元、49.8亿元、98.9亿元。常旅客会员达到1 147万，同比增长了33.7%，收入贡献增长了16.2%。

这些应对金融危机的措施，发挥了积极作用，不仅保证了中航集团平稳“过冬”、安全“过冬”，而且还创造了自2002年集团重组以来历史最好的效益，实现了弯道超车、逆势成长。

2010年，随着世界经济的逐步复苏和航空运输市场回暖，中国民航将重新走上快速增长之路，市场竞争将进一步加剧。应对来自国内外航空公司强有力的竞争，在竞争中求生存谋发展，将是中航集团必须长期面对的现实。我们将坚持稳健经营、实施可持续发展的战略方针，保持适度的发展速度，把握好发展节奏，实现又好又快发展，跻身国务院国资委努力培育的30~50家具有国际竞争力的大公司大企业集团的行列。争取到2015年，集团资产总额达到2 000亿元；机队规模达到450架以上；国内市场份额力争达到30.0%；主业收入达到1 000亿元，利润达到百亿元；形成以航空客运为龙头、航空货运物流和高相关产业并举的清晰格局；培育4家差异定位、战略协同的子品牌航空公司；主业进入世界10强；中航集团初步实现具有国际竞争力的航空产业集团的目标。

航空报国　强军富民

中国航空工业集团公司

中国航空工业集团公司（简称“中航工业”）是由中央管理的国有特大型企业，2008年11月在原中国航空工业第一、第二集团公司基础上重组整合而成立。中航工业实行母子公司管理体制，设有防务、运输机、发动机、直升机、机载设备与系统、通用飞机、航空研究、飞行试验、贸易物流、资产管理等18个产业板块，下辖近200家企事业单位，拥有21家上市公司，其中A股18家，香港H股2家，红筹股1家。员工近40万人，其中两院院士16人，享受政府津贴专家2 799人。

截至2009年末，中航工业资产总额近4 000亿元。2009年实现销售收入，全年实现营业收入1 910亿元，同比增长14.4%；利润（收益）97亿元，同比增长32.2%。中航工业成功跻身2009年《财富》世界500强，位居第426位。

一、经营范围和发展状况

中航工业是我国航空武器装备的主承制商。系列发展了歼击机、歼击轰炸机、轰炸机、运输机、教练机、侦察机、直升机、强击机、通用飞机、无人机等飞行器，全面研发涡桨、涡轴、涡喷、涡扇等系列发动机和空空、空面、地空导弹，强力塑造歼十、飞豹、枭龙、猎鹰、山鹰等飞机品牌和太行、秦岭、昆仑等航空发动机品牌。使我国跻身于能够同时自主研制生产具有国际水平的战斗机、直升机、轰炸机、空中加油机、预警机、无人机、新型空间飞行器和发动机、空空导弹等多种航空装备的国家之列。

中航工业秉承“寓军于民、军民融合”发展原则，以新理念、新思路、新举措大力发展民用航空产业，研制生产新舟60、新舟600、新舟700系列涡桨支线飞机，运－8飞机、运－12飞机，直－9直升机等多种机型，是ARJ21新支线客机的主要研制者和供应商，是中国商用大型飞机重大专项的主要合作者。

中航工业是中国科技发展的领军者之一，拥有由中国航空研究院和33个科研院所组成的高水平科研体系；拥有一批达到亚洲一流或国际领先水平的国家重点实验室和重大科研试验设施；拥有中航网联通国内所属成员单位，具备异地协同设计制造能力和现代化信息传输能力。

中航工业顺应世界经济发展的大趋势，加快融入世界航空产业链，广泛参与世界航空工业分工合作，“枭龙”、K8、强五、新舟60、运12、EC120等飞机飞出国门，使我国成为少数几个能出口飞机整机和生产线的国家的同时。积极参与国际重大航空项目的开发，与波音、空客等国际航空企业巨头广泛开展航空转包生产业务。

中航工业把握国内经济发展机遇，加快融入区域经济发展圈，在经济热点区域抢点布局，先后与北京、天津、上海、广东、湖南、四川、贵州、陕西、辽宁等省、直辖市签订了战略合作协议，设立了北京航空科技产业基地、天津直升机产业基地、珠海通用飞机产业基地、沈阳航高基地、上海商用发动机产业基地、南京金城航空科技园、成都空天高技术产业基地、长沙航空产业园和南昌航空城，加快航空工业发展，服务地方经济建设。

中航工业积极将航空高技术融入汽车、摩托车及其发动机、零配件等领域，大力发展燃气轮机、制冷设备、电子产品、环保设备、新能源设备等机电产品，并提供飞机租赁、通用航空、交通运输、医疗服务、工程勘察设计、工程承包建设等第三产业服务项目。

二、集团管理与文化

中航工业以科学发展观为指引，明确了“航空报国、强军富民”的使命和“敬业诚信、创新超越”的理念，并以此为指引，提出了“两融、三新、五化、万亿”发展战略。两融：融入世界航空产业链，融入区域发展经济圈。三新：新三位一体，即品牌价值的塑造、商业模式的创新、集成网络的构建。五化：市场化改革、专业化整合、资本化运作、国际化开拓、产业化发展。万亿：到2020年挑战收入10 000亿元。

基于战略发展的需要，中航工业构建了基于战略管控的母子公司组织模式作为落实发展战略的有力举措。实行三层管理构架，第一层为承担战略管控的集团公司总部，第二层为承担利润中心和管理中心职能的子公司（事业部），第三层为近200家成员单位，它们将逐渐改组为成本中心。通过一年多的努力，中航工业形成了战略管理体系的初步框架，积累了有益的经验。集团公司层面负责总体战略和相应的职能战略。总体战略主要致力于把握大局和方向，关注集团公司的定位和长远发展，对内协调业务选择，合理配置资源，形成协同效应，对外做好外部利益相关者的沟通和整体价值创造。在战略的执行上以五年规划为主要抓手落实集团战略。每年通过年度计划的形式，将规划转化为下属单位可执行的经营计划和考核指标。在规划执行中期进行评估和调整，在规划期结束时进行评估并成为下一期规划制定的依据。同时，以综合平衡计分卡为语言和工具大力推进战略落地。

大力加强预算管理，逐步构建以EVA为导向的全价值链战略预算管理体系。突出重点，管出实效，客观分析当前与未来经济形势，合理确定年度预算目标；将成本费用预算控制作为重中之重，认真分析本单位成本费用开支结构，合理确定成本费用压缩的项目、目标和措施。加强现金流管控，防范企业风险；加快预算进度，提高预算质量，进一步推进全面预算管理工作，落实加快发展、增收节支、降本增效等方面的预算安排，强化预算执行情况的监控和分析，充分发挥预算管理在应对金融危机中的作用，不断提升预算管理水平，促进企业发展。

积极推进投融资与重组改制，通过资产划转、投资和长期股权变动、投资企业的清理和相关资产处置等工作，加强了集团公司投融资管理。同时，集团公司积极推动各专业板块的专业化整合和资本化运作，2009 年实施重组上市项目 16 个，其中重组项目 7 个，再融资项目 5 个，IPO 项目 3 个，新三板上市 1 个，涉及资产总额 210 亿元，净资产 90 亿元，单位 21 家；实施完成了 11 个国内外并购项目，其中国际并购项目 2 项，国内并购项目 8 项，增加销售收入 70 亿元以上。此外，集团公司积极开展产权转让和结构调整工作。对一系列项目实施主辅分离副业改制，并对 2 个公司进行政策性破产。

积极开拓航空产品外贸市场，2009 年军机出口刷新纪录，民机销售迎难而上。同时国际合作与转包生产进展顺利。在“只有合作伙伴，没有竞争对手”的战略思想指引下，紧紧抓住重点项目和重点合作伙伴，梳理集团公司的对外合作关系，大力推进集团公司与波音、空客、庞巴迪、巴西航空工业公司、GE 等国际大公司的高层联系，通过一系列活动，使得中航工业与世界航空业界的合作伙伴关系更加紧密，同时也向合作伙伴们传达了新集团的组织架构、发展战略等信息，开创了集团公司在民用航空业务的多个领域对外合作的全新局面。集团公司成立以来，与世界上主要的航空企业在多个领域开展了重大合作项目，通过这些项目的成功实施，可以实现集团公司国际合作战略的价值，逐步实现融入世界航空产业链的目标。

财务管理围绕“保交付、拓市场，降成本、提效益，防风险、促发展”开展了大量卓有成效的工作。及时采取多种措施，如狠抓重大科研项目进度和航空产品生产交付、改善和加强经济运行质量管理等，实现经济规模和效益双增长。通过航空产业园区建设、战投引进和航空产品市场开拓，积极落实“两融”战略。积极争取和落实国家财经政策支持，狠抓技改、科研项目管理和经费的落实，加强税收政策的协调，促进经济效益提高。与各大商业银行和保险公司建立全面战略合作关系，同时充分利用债券市场，并大力推进资金集中管理工作，创新性拓宽融资渠道，推动产融结合进入新时期。综合协同创新管理，优化经济运行内部环境和机制。主要包括建立完善规章制度，规范各项工作流程，逐步建立和完善财务管理和审计工作新体制等。

中航工业始终从全局和战略的高度，以高度的政治责任感和历史使命感，坚持改革创新，把人才强国战略作为一项重大而紧迫的任务，以高层次人才为重点，统筹抓好各类人才队伍建设，大力加强经营管理人才队伍建设，围绕经营管理人才队伍建设，我们着重开展领导班子集中考核、干部交流、干部年轻化等工作。有效推进专业技术和技能人才队伍建设。以高层次人才为重点，全力培养科技工作带头人，积极推进“长、家、匠”分离，加强科技人才职业生涯管理，疏通科技人员成长渠道。通过开展技能大赛和技能鉴定工作，推动了技能人才培养，激励广大航空工人努力学习，岗位成才。探索创新人才工作体制机制。人才资源是第一资源的观念已深入人心，人才发展战略更加统筹协调，一支规模大、素质高、结构合理的人才队伍基本形成。

业绩考核管理方面，为了有效应对金融危机，提升价值创造能力，集团公司成立了 EVA 管理推进工作领导小组，制定实施计划，在全集团开展 EVA 管理。根据国家宏观经济形势和所属单位具体情况，在考核办法中针对短板设置指标，通过考核引导各单位将业绩考核与解决“短板”结合起来，促进各单位稳健、持续经营，持续改善薄弱环节。同时强化集团内部“对标”考核，将各单位的考核目标值与集团内同行业企业平均水平进行比较，引导下属企业逐步赶超集团内先进单位，收到较好成效。此外，加强考核的过程评价监督，促进经营计划的完成。

中航工业着力提升创新能力。一是在原有科技创新体系基础上，形成并发展“一个核心、两类主体、三大平台、四种伙伴”新型科技创新体系，集中管理、分层实施，全面提升集团科技创新能力。二是完善科技创新组织机构。三是开展技术创新项目研发。通过持续推进管理创新，初步建立了与市场和国际接轨的管理体系，实现了管理的规范化、科学化，有力促进了改革发展。六西格玛、精益制造、项目管理、平衡计分卡、EVA 等先进管理工具和方法得到广泛应用，全面提升了企业竞争力。

中航工业企业文化建设成效显著。以品德高尚、报国有成的党员专家吴大观同志为代表的四十万航空人，长期以来自力更生、艰苦奋斗、爱党爱国、无私奉献、开拓创新、锐意变革、不畏艰难、勇于攻关、低调做人、埋头做事，形成了个性鲜明、魅力突出的中航工业文化。近年来，中航工业在抗震救灾、奥运安保、亚丁湾护航、国庆阅兵等国家重大任务中发挥了不可替代的作用。

中国航空工业集团公司将秉承“航空报国、强军富民”宗旨，弘扬“敬业诚信、创新超越”理念，积极推进“两融、三新、五化、万亿”的发展战略，励志成为国家综合国力、部队作战能力、国家运输能力、国家科技实力及大众时尚消费品的提供商，以豪迈的步伐向具有国际影响力的世界级大集团迈进。

提升军工产品设计综合实力的知识管理

中航工业沈阳飞机设计研究所

一、开展知识管理的背景

现代军工产品的设计、试验、生产和全寿命服务采用了大量的前沿技术，例如新的设计流程、新材料新工艺、嵌入式软件和大规模系统集成技术的广泛使用，形成的新标准、规范等都是长期科学实践和大系统工程的产物，不能再以简单的“言传身教”的模式进行知识的积累与传递，而需要用系统科学的方法和手段进行归纳和整理，这正是知识管理的主要内容。

现代科技进步，特别是中央提出建设创新性国家的大背景下，创新是从一个“大国”转变为“强国”的不可缺少的动力，创新已成为推动科技发展的核心引擎。创新需要有知识积累和创新思维与方法为支撑基础，所有的创新都是基于知识的创新。

知识管理已成为现代化企业必须具备的管理要素，因为知识只有通过管理才能成为企业一种有效的战略资源，充分利用知识这种战略资源才能使企业具有持续发展的核心能力。

我所是从自身建设和推进技术创新的具体实践活动中，深刻感受到必须以知识管理作为不断提升企业核心竞争力的重要抓手，通过五年不间断的努力，使得知识管理成为每位管理者和全体员工的自觉行为，成为所科研创新体系建设的一个重要组成部分

二、开展知识管理的方法

（一）知识管理是企业的战略行为

1. 形成全员的共同思想

开展知识管理是需要全体员工参与的一项有一定难度的工作，为了使员工能成为自觉的参与者．需对员工进行深入的思想发动，讲清道理，统一思想。通过各种会议和培训，反复宣传创新的基本理论，TRIZ 理论和本体论，强调改变员工的思维对个人创新能力拓展的重要性，让大家了解创新理论人人可以学会，所以人人都可以创新。

2. 成为企业发展的坚实基础，核心竞争力的重要组成部分

通过开展知识管理，梳理和积累 601 所的历史知识，已经完成了“应知应会使用手册（3 288 个问题，212 万字）”、专业文件编写指南、战斗机资料集锦等手册的编写，构建了包括创新知识库、模块化知识库和产品知识库的三大知识库架构体系，累积了三千多个知识条目。这些知识可以不断重复使用，成为企业的一种战略性资源，成为企业可以持续发展的核心竞争力的重要组成部分。

3. 形成企业文化的组成部分

601 所党委多年来坚持“双创建”学习、强调学习和知识共享，为开展知识工程营造了良好的氛围和深厚的文化底蕴。通过所五年的持续推进，作为核心员工“人人都要总结知识条目”、“凡工作完成都应进行总结”已成为一种企业文化，超过半数的核心员工把编写知识条目、进行知识总结变成一种自觉的行为，已经形成了企业文化的一部分，使得越来越多的员工主动加入到这项工作中。

（二）制定开展知识管理的计划

1. 建立组织机构

建立一套相对固定的完整的所、部、室三级开展知识管理的组织领导体系，有一套由部、室领导、所专家组和所现职专业副总师三级把关的知识入库（知识库）的评审体系和流程，确保知识工程项目领导小组需开展的工作内容能层层落实到基层。有所一把手的重视、决策，有书记和总师的支持，都是开展知识管理的重要保证。

2. 建立工作流程，纳入所工作考核计划

601 所开展知识工程五年来，每年都制定量化的工作计划，年初由科研管理部作为正式考核任务下达到各基层，按计划进行考核，年度工作会上有讲评和总结。人力资源部建立了对核心员工关于编写知识条目的考核计划；基层部门建立了知识条目收集和编写的规章制度、信息传递的工作流程，专门开发了相应的软件并嵌入到 OA 网中，知识管理工作已纳入所工作考核计划并成为一项经常性的工作。

3. 进行持续和有规模的培训

2005 年引进了计算机辅助创新软件，从 2006 年以后，进行持续和有规模的培训，共举办了核心员工培训班 10 期，非核心员工培训班一期，还对副总师、总师、院士进行了专门的培训，从 2007 年开始，每年选派十几人到北京亿维讯公司（知识管理的专业公司）培训 5 ~ 7 天，培训各单位的骨干，总共累计培训达 700 多人次，占全所技术人员一半以上。通过培训，使员工提高了认识，统一了思想，增强了开展知识管理工作的自觉性。

三、取得的初步成效

1. 形成可运行的体系

每年年初由科研管理部下达知识管理工作考核计划，每年上半年召开一次知识工程工作会，总结上年度工作情况，布置当年工作任务和计划。还适时召开专题工作会，研究知识工程工作中存在的问题和研讨工作思路。知识条目从编写到三级审查（部、所专家组、专业副总师），有专门的工作流程，可在所 OA 网中自动流转。年末到各单位进行调研，总结当年开展知识工程工作的亮点和存在的问题，知识工程项目领导小组适时召开会议，统一思想，统一部署，在 601 所已形成了一套可运行的体系。

2. 形成知识管理的文化

从领导到中层干部到群众，对知识管理的认识在不断

深化和提高，历任所高层管理者对开展知识管理工作都有很深刻的认识。在年度工作会和专题工作会中，领导层都对开展知识管理工作的重要性和发展目标提出明确要求：即通过开展知识管理，把隐性的知识显性化，进行知识的储备、积累与管理；持续优化完善各层设计流程、规范和准则，每个设计活动中要有知识作为支撑，使各项工作变得更加规范化、制度化；成为青年员工成长的助推器，为我所的创新发展奠定良好的基础。

有的中层干部，一开始将知识工程工作看作是自己的一种“负担”和为工作“添乱”，后来在审查知识条目过程中认识到对自己的知识面也是一个很好的拓展，而变成自觉的抓。如综合航电部总结出开展知识工程的口号：“前瞻科技，主动求变，确保基业常青，注重合力，打破壁垒，讲求共同发展”，有较高的认识，因此，也推进了该部知识工程工作。

广大员工对知识工程的认识也在逐步提高，编写知识条目的自觉性在不断增加，2008 年统计，有 1/5 的人员已进入自觉状态，到 2009 年末调查时，已有超过半数的员工在编写知识条目方面都已进入自觉状态。综合航电部编写的知识条目在工作中已得到了较好的应用。如《系统人机接口设计基本要求》《航电系统显示信息分配原则》《航电系统控制功能设计原则》等知识条目已应用于航电系统的工程设计中，“软件评审在机载软件研制过程中的应用”在软件工程中也得到了应用，他们在实际应用上下了很大工夫，取得了可喜的成果，为全所树立了良好的榜样。

3. IT 技术支撑，初步构建了三个知识库

创新知识库中，除国际上发明专利形成的 1 万多条解决方案外，还有员工自己编写的知识条目近三千条；模块化知识库中将 10 000 多个零件分成 25 类、99 个基本构架拓扑，构建了统一关联的模型，可以进行快速建模，并离散化自动生成各阶段所需的不同模型；产品知识库中放入已完成型号产品各专业的技术总结资料，以便下一步在新型号设计过程中的知识重用。

4. 取得的社会效果

（1）2009 年 601 所和亿维讯公司合作，编著了《知识工程与创新》一书，由航空工业出版社出版，全国范围内发行。受到了国家科技部副部长刘燕华的高度评价，他在书的“序”中写道：“希望《知识工程与创新》一书的出版为全国不同地区、不同行业与企业领导、科技管理人员、技术研发人员学习、研究和开展知识工程提供实际操作的参考与培训教材，为探索有中国特色的技术创新方法能力建设体系提供借鉴。”并作为中航工业集团管理创新丛书的第一本，中航工业集团副总经理李方勇为本书发行写了丛书序；

（2）在 2005 ~ 2009 年 5 年时间内，601 所开展的知识工程工作得到了行业及军工其他单位的认可和响应，据不完全统计，有二百多个单位主要领导和技术骨干听过 601 所关于题为“知识管理的探索和应用”的报告，还有二十多个单位来 601 所访问和去各单位作报告（除航空以外还包括航天、兵器部的兄弟单位）；

（3）得到了国家和集团的认可：

① 2008 年，获中国一航东北地区（16 个单位）创新管理演讲比赛第 1 名；

② 2009 年，获中国航空工业集团创新管理成果奖第 3 名，一等奖；

③ 2009 年，获国防科技创新管理成果二等奖；

④ 2009 年 12 月，获国家级创新管理成果二等奖。

5. 一个成功的案例

601 所信息网络中心，在推行知识管理工作过程中，从 2008 年开始，创建了融质量管理、综合平衡记分卡、知识管理三位一体的 IT 运维系统，经过 2009 年的运行，取得了良好的效果。通过网络，将 IT 运行中的问题传到该中心，该中心按质量文件规定，分配到有关人员“解决去干什么？”按平衡记分卡梳理的成功流程去做，保证“能做成”；按知识工程编写的手册去指导就能“把有关工作做好”。并在完成一项工作后又可自动形成新的知识条目，形成一种良性的循环。这是基层通过知识工程工作来推动本单位业务工作的一个成功的案例。

四、结束语

从 2005 年到 2009 年，5 年的知识管理工作完成了一个阶段性的目标，达到了以解决对现有系统改进为主的知识管理与方法，取得了一定的成果。

从 2010 年开始，601 所要把知识管理工作推向一个新的阶段，其目标是开展多学科交叉的、用 IT 技术作为支撑的实践创新理论的行业设计方法，形成技术和管理创新新模式的基础。知识工程也将从广泛收集、积累知识向有目的的以指导型号研发为目标的建立三维知识平台、完善知识工程“继承”与“创新”两大功能方向发展，并进一步开发以知识工程为背景的飞机创新研发体系，直接应用于高性能飞机的研发工作。

我们坚信，随着知识工程工作的不断深入，必将使 601 所员工的素质有明显的提高，给 601 所工作带来新的活力，而且也将是使 601 所能进入具有国际先进水平的设计团队的重要标志。

加快企业转型发展　实践企业价值最大化

——中航工业西航转变经济发展方式之路探索

中航工业西安航空发动机（集团）有限公司董事长　蔡　毅

2009年，受国际金融危机严重冲击，我国经济社会发展遇到严重困难，转变经济发展方式已刻不容缓。中央经济工作会强调要把加快经济发展方式转变作为深入贯彻落实科学发展观的重要目标和战略举措，要更加注重提高经济增长质量和效益，更加注重推动经济发展方式转变和经济结构调整，努力实现经济平稳较快发展。中航工业如何进一步调整产业结构，转变经济增长方式，促进企业又好又快发展，中航工业总经理林左鸣就此曾指出："加快经济发展方式转变落实到中航工业就是要不断实践'三新'战略，提升品牌价值，形成集成网络，实现商业模式创新，不断提升集团公司的核心竞争力。"结合中航工业改革发展要求，笔者对中航工业西航的转型发展之路进行了认真思索，试图通过建立基于综合平衡计分卡的企业价值管控体系来实现西航公司的价值最大化，进而为集团公司实现经济发展方式的转变提供决策参考。

一、走质量效益型道路是转变经济发展方式的必然选择

近年来，中航工业西航始终保持着较快的发展速度，年均销售收入增速在25.0%左右，从2005年开始，25亿元、30亿元、50亿元，到2009年的60亿元，一年跨出一大步，以规模优势获得了较多发展资源，保持了相对优势地位，为公司未来发展奠定了较好的基础。但是，长期以来公司各系统、各部门以任务为中心，很少关注经济增加值和利益相关者需求，企业的整体经济运行质量没有得到同步提升。2009年，西航集团EVA、年度EVA改善率、净资产收益率、总资产周转率、销售利润率、总资产报酬率等反映公司的价值创造能力、投资收益能力、经营能力、盈利能力和偿债能力的指标都还不高，离行业平均水平仍有较大差距。在这种形势下，满足利益相关者需求，走质量效益型道路，转变经济发展方式已经成为一项带有全局性、根本性、长期性、紧迫性的战略任务，成为企业改革发展各项工作中的重中之重。

二、满足利益相关者要求，实现企业价值最大化是转变经济发展方式的最终目标

通过对影响西航转型发展各类因素的综合分析，对西航来说，转变经济发展方式，就是要进一步创新商业模式，由注重发展速度向注重发展效益和增长质量转型，不断满足利益相关者要求，实现企业价值最大化。

（一）维护相关者利益，履行企业社会责任成为现代企业新的价值目标

单纯地从经济学角度来看，企业关注的是自身利益的获得，如果从社会角度来看，企业是作为组织形式存在的、多边契约关系的总和。从这个意义上来说，企业价值体现在两个方面，一是经济价值，也就是企业要为投资者创造投资收益；二是社会价值，企业是社会的细胞之一，要承担相应的社会责任，即企业除了为投资者创造经济价值外，还要满足员工生活成长的需要，使供应商、客户的利益得到满足，协调好生态效益、社会效益和经济效益之间的平衡，这样企业才能创造持续发展的良好环境。

（二）维护相关者利益，履行企业社会责任是企业价值最大化的直接体现

企业价值最大化是一个抽象的目标。现代经济学认为，企业价值最大化是指通过企业财务上的合理经营，采用最优的财务政策，充分考虑资金的时间价值和风险与报酬的关系，在保证企业长期稳定发展的基础上，使企业总价值达到最大。其基本思想是强调在企业价值增长中满足各方利益关系，将企业长期稳定发展摆在首位、强调在企业价值增长中满足各方利益关系。

对于现代企业来说，企业在生存环境中存在许多的利益相关者，包括员工、股东、客户、供应商和政府等，每一个利益相关者都是企业持续健康发展的保障。因此，企业价值包括股东价值、社会价值、客户价值、品牌与商誉价值、供应商价值、员工价值六大部分。这时，企业除了关注自身利益外，还必须关注股东、债权人、员工、社会等各利益相关方面。维护相关者利益，履行企业社会责任成为企业价值最大化的直接体现。

从中可以看出，企业价值最大化看重的不仅是实现的利润，更看重的是实现利润的能力；看重的不仅是有形资产，更看重的是企业的品牌效应；看重的不仅是经济价值，更看重的是它的社会价值；看重的不仅是企业自身价值，更看重的是与企业密不可分的利益相关者价值。

（三）不断满足相关利益者需求，实现企业价值最大化是西航转变经济发展方式的最终目标

通过全面分析，西航的利益相关者对公司提出的要求和需求主要体现在以下五个方面：

第一，国资委和中航工业在实现国有资产保值、增值，

提升EVA水平方面对西航提出新的要求。从2010年起，央企将全面推行EVA考核，不再是利润至上。EVA考核将把给股东带来的回报作为央企业绩考核的最核心指标。这一考核方式的变更，说明西航的出资方国资委和中航工业已经对西航提出了新的、更高的需求，即要求我们以更小的资本投入换取更高的回报，而不是以前单纯做大规模、做大利润总量；要求我们更加注重对股东投入的资本回报，提高资金使用效率；同时也要求我们更加注重企业成长的可持续性。

第二，广大投资者和中小股东对投资回报提出更高的需求。"航空动力"作为中航工业发动机行业唯一的整机业务上市运营平台。在资本市场上，投资者最关注的是所买股票每股的收益情况，最关心的是投资回报。同时，"航空动力"潜在的投资者在关注当前股票收益的同时，更关注"航空动力"的成长，也就是"航空动力"持续盈利的能力。因此，西航能否利用融资实现跨越式发展取决于投资者，取决于我们能否满足广大投资者和中小股东的投资回报需求。

第三，军方客户对完成总量明显增加的军品科研任务提出更高要求。军方客户是西航最核心也是最特殊的客户，他们重要的关注点是公司能否按照科学规律做好发动机质量和可靠性过程控制，确保质量体系始终受控；能否按节点、优质提供他们所需要的产品和服务；能否低成本获取产品和服务。

第四，员工对收入增长、福利提升提出新的需求。员工是企业财富的创造者，员工除了关注自己的学习与成长，不断实现自己的价值外，还有一个很重要的关注点，就是收入每年能提高多少？能否切身感受到福利待遇逐年在提高？自身价值是否得到了体现？

第五，地方政府对公司经济总量和税收贡献提出更高要求。在利益相关者方面，我们除了必须满足股东、投资者、客户、员工的要求外，还有一个很重要的方面，那就是公司对省、市、区政府GDP的贡献大小以及企业必须承担的社会责任。地方政府不仅关注企业的规模，还重点关注企业的经济运行质量和效益，关注税收贡献，关注着企业能为地方经济发展带来多大贡献。

从相关利益者对西航提出的要求来看，我们必须加快变革，实现公司转型发展，进一步提高盈利水平，推动企业经济运行质量和价值创造能力提升，不断满足利益相关者需求，在实现自身发展的同时，加大对股东、员工和社会等利益相关者的回报。

三、建立基于综合平衡计分卡的企业价值管控体系是公司转变经济发展方式的重要变革

为实现西航由注重发展速度向注重发展效益和增长质量的转型，不断满足利益相关者要求，实现企业价值最大化，2010年，公司确定了质量管理年的工作主题，明确了改善经济运行质量为核心的价值目标，从综合平衡计分卡"价值与目标、客户与评价、流程与标准、学习与成长"四个维度全面审视和管理企业运营，以"战略—战略目标—KPI—行动计划—绩效考核"为主线，形成层层支撑、因果相连、全系统、全过程、全员参与的基于综合平衡计分卡的企业价值管控体系。

（一）企业价值管控体系编制步骤

围绕实现企业价值最大化的目标，按照综合平衡计分卡四个维度框架，从"价值与目标、客户与评价、流程与标准、学习与成长"这四个维度入手，以逻辑倒推为原则，确定企业价值六大类目标（股东、社会、客户、供应商、品牌与商誉、员工价值）和企业运营的其他目标及其相互间的关系，围绕目标找出KPI、制定行动计划和绩效考核办法。具体来说，企业价值管控体系编制分为以下四步：

第一，确定四个维度的战略目标及目标间的关系。目标的来源有两种，一是构成企业价值的六部分内容，即股东、社会、客户、供应商、品牌与商誉、员工价值；二是为实现以上六大类目标应该在企业内部管控方面补充设立的目标。具体操作时，首先，从股东、社会、客户、供应商、品牌与商誉、员工价值六大类目标入手，设定符合企业实际的目标，并将其放置到综合平衡计分卡四个维度中；紧接着，按照逻辑倒推的原理，找出为实现以上六大类目标应该在"价值与目标、客户与评价、流程与标准、学习与成长"维度增加设立哪些目标，并确定四个维度中各类目标间的关系，确保目标之间构成从上到下分解，从下到上支撑，纵向之间互为因果关系，同一维度横向之间按重要性排列的布局。见图1。

在"价值与目标"层面，企业的总目标是"实现企业价值最大化"，支撑它的主要目标是"股东价值类目标"和"社会价值类目标"。因此，要确定为实现企业价值最大化，应当设立的"股东价值类目标"。该层面可供参考的战略目标有：提高每股收益、提高净资产收益、增加利润等。

在"客户与评价"层面，要确定为实现"股东价值类目标"应当设立的"客户价值类目标、供应商价值类目标"，为实现企业价值最大化和"客户价值类目标、供应商价值类目标"，应当设立的"社会价值类目标"。其中，支撑"股东价值类目标"的目标是"客户价值类目标"，只有实现客户价值才能为企业创造经济价值，进而实现股东价值；支撑"客户价值类目标"的目标是"供应商价值类目标"；支撑"客户价值类目标、供应商价值类目标"的目标是"品牌与商誉价值类目标"。该层面可供参考的战略目标有：提高市场份额、增加老客户数量、提高客户满意度、提升品牌影响力、防范环境和安全事故等。

在"流程与标准"层面，要确定为实现"价值与目标、客户与评价"两个维度的目标，应该在"运营流程、客户管理流程、创新流程和社会法规流程"方面制定目标。该层面可供参考的战略目标有：加大产品设计研发、推进精益管理、加强客户管理、建立风险防范体系、打造服务营销新模式等。

在"学习与成长"层面，要确定为实现"价值与目标、客户与评价、流程与标准"三个维度的目标，应当设立的"员工价值类目标"，主要围绕人力资本、信息资本和组织

资本三方面设定目标。该层面可供参考的战略目标有：提高员工满意度、增强员工敬业度、实施员工培养计划、提高员工薪酬等。

这其中的纵向因果关系是：第一，要实现企业价值最大化，就必须实现股东价值和社会价值；第二，实现股东价值就必须实现客户价值，进一步需要关注供应商价值、品牌与商誉价值；第三要实现“价值与目标、客户与评价”两个维度的目标，就必须对企业的流程进行必要的调整或改进；第四，要实现“价值与目标、客户与评价、流程与标准”前三个维度的目标，就须关注员工价值和企业的人力资本、信息资本、组织资本方面的运营状况。

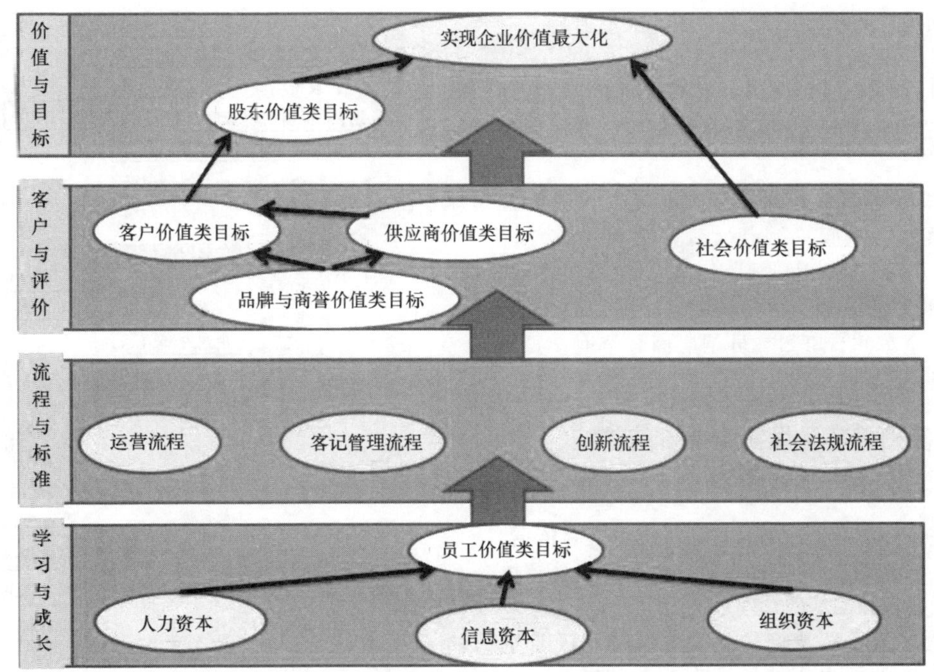

图1　四个维度的战略目标及目标间的关系

各个层面目标横向的重要性排序也很好理解：比如股东价值类目标、社会价值类目标、客户价值类目标等都会由很多的目标组成，要按重要性进行先后排序。

第二，根据战略目标推导关键绩效指标（KPI），建立KPI库并选取KPI。在完成各层面战略目标的确定后，需要从战略目标中导出KPI并建立KPI库。关于如何选取KPI，通常采用鱼骨图分析法。比如，价值与目标维度KPI：每股收益、净资产收益率、利润增长率等；客户与评价维度KPI：市场占有率、老客户增长率、NPS（客户净推荐值）、供应商服务满意度、品牌影响力、年度发生重大环境与安全事故次数等；流程与标准维度KPI：年度开发新产品项数、精益管理实施达标率、客户管理成本降低率、风险防范体系覆盖率、产品营销品牌推介方案AA率等；学习与成长维度KPI：员工满意度、员工敬业度、员工培养计划实施率、员工薪酬增长率等。

第三，围绕KPI制定行动计划。行动计划就是在确定了战略目标、选定了KPI后，为落实KPI，企业为实现战略目标制定的措施。一套完整的行动计划应包括：战略目标、KPI、KPI权重、KPI的年度目标值、举措或方案、责任部门和责任人，时间节点和资源预算八个部分。企业在制定行动计划时要确保具体、清晰、操作性强。

第四，制定与企业战略、战略目标、KPI跟踪回顾相配套的绩效考核办法。在确定战略目标、KPI、行动方案后，虽然将各项目标、指标层层分解落实到个人，但如果没有奖惩措施，这些目标也是很难有效实现的。因此，为确保KPI乃至目标、战略的实现，企业需要制定绩效考核办法。在考核办法中，每个KPI、每条行动计划都必须制定相应的考核措施，考核权重的设置要综合岗位差异、KPI权重等多重因素，并根据需要随着企业考核目标、指标、行动计划的变化作适当的调整，同时还要处理好与企业原有绩效考核体系对接的问题。在考核办法形成的过程中，要经过企业内部充分的磋商和沟通，达成共识；一旦形成考核办法，要做好对目标、KPI的定期检查考核，及时兑现奖惩，并通过检查与考核及时对目标、指标的完成情况进行监控，根据需要进行调整和纠偏，形成与企业战略、战略目标和指标跟踪回顾相配套的绩效考核体系。

（二）企业价值管控体系构建原则

构建企业价值管控体系必须要控制好“战略目标、KPI、行动计划、绩效考核”四个关键点，把握以下七项原则：

一是重点突出原则。目标、KPI的设计要充分体现实现企业价值最大化的目标，行动计划要突出不同层级的特点。

二是可度量原则。KPI有明确的可以客观计量的标准，KPI指标值符合客观要求，行动方案能够衡量，便于考核。

三是可实现原则。目标、KPI及其数值的确定，行动方案的制订，应当确保责任人在开展该项工作时，所掌握的资源能使目标、指标和行动方案得以实现，体现对执行者的激励和约束作用。

四是相关性原则。目标、KPI、行动方案必须与各责任单位的职责密切相关，必须经过上下沟通，反复协调，双方认可和承诺。

五是有效衔接原则。目标、KPI及其数值的设定，行动方案的制定必须与企业总体经营目标相互衔接，并根据情况变化及时调整。

六是体现效益原则。在充分挖潜的前提下，确定企业的目标、KPI及其目标值，制定行动方案和绩效考核办法。

七是关注逻辑关系原则。目标、KPI、行动方案在企业、部门、科室乃至车间、班组、员工层面分解时，要明确逻辑支撑和保障关系。

四、加强基础管理是做实企业价值管控体系运行的基础

企业基础管理是一项为企业的管理活动提供资料依据、共同准则、基本手段与前提条件的活动。企业价值管控体系的运行前提是具备较高的基础管理水平。

目前，国内大多数企业普遍缺乏验证基础管理水平的标准和方法，标准的缺失直接导致企业基础管理无法衡量和管控，无法准确把握提升基础管理水平的方向。因此，实现企业价值最大化，必须首先做实基础管理。

（一）明确企业基础管理内涵

基础管理是对企业主要业务活动的过程管理，与各项专业管理互为条件，互相促进，是为实现企业的经营目标和有效地执行各项管理职能，提供资料依据、行为规范、基本手段的前提工作。

通过梳理基础管理要素，企业的基础管理工作主要包括标准化工作、计量工作、定额工作、信息工作、规章制度、员工教育、班组建设七个方面的内容。其中，标准化是企业各项工作的准则；计量工作是企业管理的手段和依据；定额工作是企业管理的基础；信息工作是企业管理的表现形式；规章制度是企业各项工作顺利进行的保证；员工教育是企业各项工作开展的前提；班组建设是企业各项措施得以贯彻执行的基本条件。

（二）梳理企业基础管理要项

结合制造型企业的主要业务过程，我们找出了基础管理七大方面内容中分别包含的共计74项管理要项。

第一，信息工作。分为原始记录及企业信息两类，共11项管理要项。见图2。

第二，计量工作。包括计量管理（生产组织管理、质量技术管理、综合协调管理）、计量技术（标准测量技术、工业测量技术、计量测试技术）两大类，共6项管理要项。

第三，定额工作。包括6项管理要项。即：劳动定额、物资定额、能源消耗定额、资金定额、设备定额、其他。

第四，标准化工作。包括技术标准、管理标准、工作标准三大类，分别是：产品标准、基础标准、原材料购件标准等共21项管理要项。见图3。

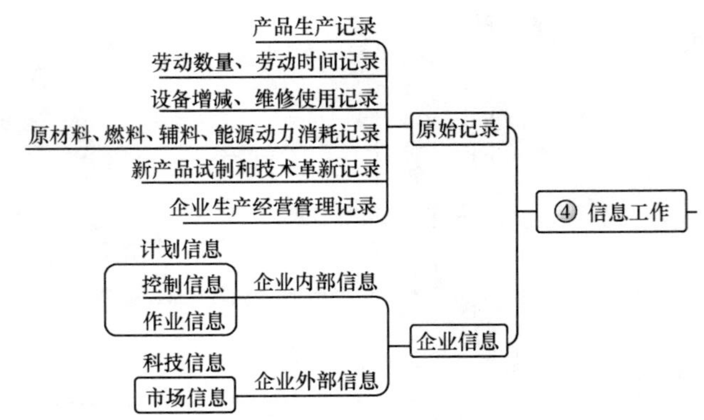

图2 信息工作管理要项

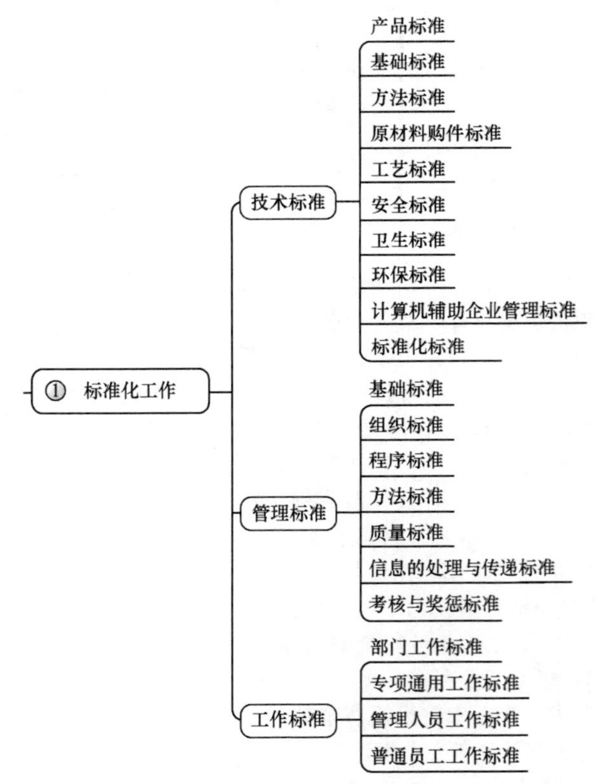

图3 标准化工作管理要项

第五，规章制度。分为三类：领导制度、工作制度和经济责任制度，共25项管理要项。见图4。

第六，员工教育。主要包括政治思想教育、文化知识教育及岗位培训共3项管理要项。

第七，班组建设。其中心任务是搞好物质生产和精神文明建设，包含现场管理1项管理要项。

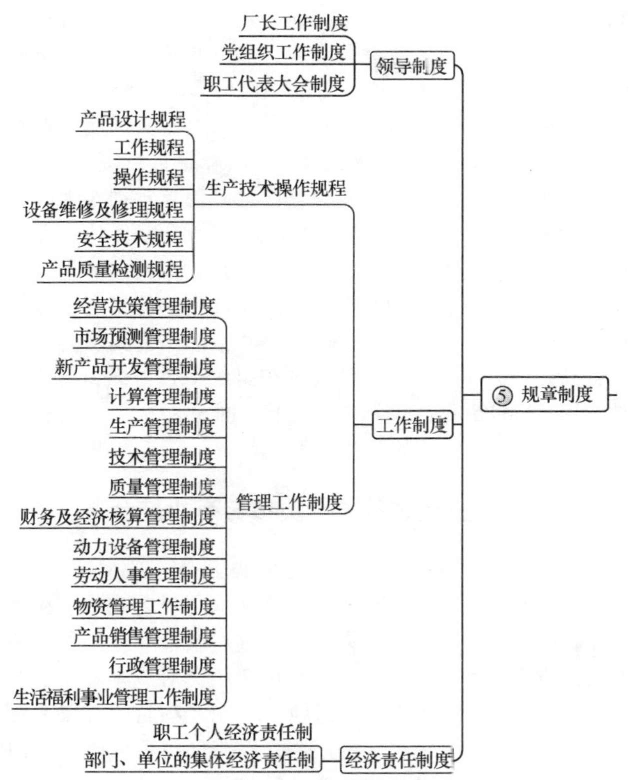

图4 规章制度管理要项

（三）确定基础管理改进方向

根据基础管理七个方面的73项管理要项，企业需要结合实际，或通过对比标杆企业查找出基础管理薄弱项目，明确改进方向。

针对各改进项目进行关键驱动因素分析，制定对应的评价指标，明确各项指标的信息来源和责任主体，根据各指标的不同影响程度及关注度设定权重和评分参考标准，并将各项评价指标纳入企业价值管控体系中，作为不同层面的KPI进行考核，并最终与部门的绩效挂钩。

五、结 论

转变经济发展方式的最终目标是满足利益相关者要求，实现企业价值最大化。当前，西航正处于重要的转型发展期，发展质量和经济效益极其重要。我认为，西航公司要实现由“快”到“又好又快”的转型发展，必须进一步加强基础管理，全面落实基于综合平衡计分卡的企业价值管控体系，实施考核模式变革，通过经济运行质量提升，不断满足利益相关者需求，努力提升自身创造的经济价值、利益相关者价值和社会价值，实现真正意义上的企业价值最大化。

打造标杆 追求卓越

——对标管理在红塔集团的实践

红塔烟草（集团）有限责任公司

对标管理也叫标杆管理，是不断寻找和研究一流公司的最佳实践，并以此为基准与本企业进行比较、分析、判断，从而使自己企业得到不断改进，使自身创造优秀业绩的良性循环过程。标杆管理与企业流程再造、战略联盟被管理专家们并称为20世纪90年代三大管理方法。据资料显示，世界500强有90.0%以上的企业在日常管理活动中应用了标杆管理。标杆管理已被正式写入国家标准GB/T 19580《卓越绩效评价准则》里指导企业追求卓越绩效，被越来越多的中国企业所认识，并得到了广泛应用。

标杆管理正被中国烟草行业引入并深入开展。2009年，国家烟草专卖局专门下发了《关于全面开展对标工作的意见》，指导烟草行业全面开展对标管理，以此为重要的战略抓手，建立了行业对标指标数据库，促进烟草企业对比标杆，查找不足，进一步提升管理水平，转变发展方式，提高效率与效益，增强综合竞争力。

红塔集团借国家烟草专卖局在行业内全面开展对标管理的契机，把标杆管理作为落实战略的重要管理工具，进一步理清发展思路，按照“对比标杆，改进短板，总体提升，争创一流”的目标，不断巩固在品牌、技术、营销、原料、基础管理等方面优势的同时，积极拓展对标管理领域，开展竞争性对标，追求更优方法、更优流程、更优模式，保障了企业发展规模和效益的双丰收。2009年，红塔集团的“玉溪”和“红塔山”品牌保持良好的发展态势，销量分别突破50万箱和200万箱，同比增长24.3%和26.6%，集团本部及省内四厂实现税利300.5亿元，同比增加10.2%。

对标管理已融入到红塔集团的生产经营管理活动中，正发挥着积极的作用。

一、对标管理与企业文化建设有机结合

“山高人为峰”是红塔集团企业文化的核心，寄托了红塔集团的价值追求和精神境界，体现了勇于突破、不断超越、敢为天下先的企业精神。对标管理的思想内涵也是不断发展和自我超越。因此，红塔集团的对标管理秉承“山高人为峰”的企业精神，制定了具有企业特色的对标管理理念体系，分别从核心精神层、目标愿景层、认识理解层

和工作理念层四个层面指导企业的对标工作，形成全集团的共同意志，牢固树立全员市场意识、成本意识、责任意识、目标意识和创新意识。

二、对标管理与企业发展战略有机结合

对标管理是企业全局性、系统性和长期性的工作，是实现企业战略落地的重要管理工具。在实践中，应结合企业战略目标的各个阶段，选择适合的标杆，通过对标找到与标杆企业在业绩和管理方面的差距，并且不断地学习与超越。红塔集团在开展对标管理之初就组织开展了企业管理综合诊断工作，应用 SWOT 分析方法，全面总结了企业管理的优势与劣势、存在的机遇与挑战，借鉴平衡计分卡的原理，以发展战略为导向，设计了包含客户、市场与品牌、盈利、创新、成本费用、运营、发展、社会责任等 8 个维度、共 88 个的指标体系。根据行业改革趋势和企业的发展战略，瞄准行业先进水平，系统规划各类维度指标的提升计划，按照“紧迫度”和“重要度”进行优先秩序安排，分阶段推进，并通过建立对标计划、运行、评估和改进体系，形成对标工作的 PDCA 闭环管理，保证对标管理的有效实施。同时，定期审视指标体系的适用性和与战略的匹配性，进行更新和调整，使对标指标始终为企业发展和管理提升指引正确的方向。

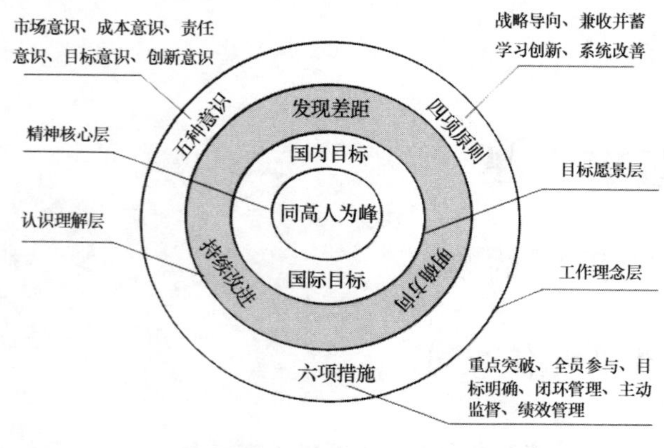

红塔集团对标管理理念体系图

三、对标管理与企业其他管理方法有机结合

对标管理是企业的一种管理方法，它并不是孤立的，只有和其他管理方法有机结合时，才能发挥出整体管理效用。红塔集团在开展对标管理时，注重与各种管理方法的整合，发挥系统作用。如，一是将对标管理与全面预算管理有机结合。红塔集团充分利用国家烟草专卖局建立的对标指标数据库，发现改进潜力，从而确定重点提升指标，明确工作目标。在实施过程中，把全面预算管理作为改善对标指标的重要手段，以合理配置内部资源，保证重点工作有资源配置优先权，确保重点改善指标取得实效；二是将对标管理与绩效管理有机结合。结合企业的年度重点工作，红塔集团从对标指标库选取一些指标作为集团公司的关键绩效指标（KPI），分解为各级组织绩效指标和岗位绩效指标，进行重点改进和考核评价，推动对标工作的有效开展，整体提升企业的综合竞争力。

四、重点改善与全员参与有机结合

毫无疑问，每一项对标指标的提升是一项系统工程，只有充分调集企业的各种资源，才能取得显著成效。在对标指标改善过程中，红塔集团坚持重点改善和全员参与相结合的方式。例如，2009 年，红塔集团针对成本费用，对比行业先进，确定了 4 个大课题、23 个子项目的重点改善课题，突破现有组织机构的限制，以跨部门项目课题组的形式进行攻关，通过技术创新和管理创新，已取得明显成效，2008 年下半年直接创造的经济效益就超过 3 000 万元。同时，红塔集团注重营造内部对标、岗位对标的工作氛围，引入内部适当的竞争机制，开展岗位间的“寻标、立标、学标、赶标、超标”的“五标管理”活动，建立最佳对标管理实践库，积极创建学习型组织，引导基层班组围绕集团公司的重点工作积极开展 QC 小组活动，2009 年开展 QC 课题 223 项，形成了“比、学、赶、超”的良好氛围。

总之，在对标管理实践中，红塔集团已建立了符合企业实际的对标管理体系，并且有效融入到了企业的生产经营管理活动中，取得了明显的效果。但是，对标管理是一项长期的工作，必须持之以恒地抓才能取得更大的成效。红塔集团将不仅要进一步夯实对标管理的各项基础工作，更要以全球的视野和战略眼光不断拓展对标管理领域，通过持续学习和创新，把红塔集团打造成为受尊重的企业公民，努力把“红塔山”卷烟品牌打造成为世界领先品牌。

（供稿：陈俊松　杨宗武　杨永生）

而今迈步从头越

——红云红河集团努力提升企业竞争实力

红云红河烟草（集团）有限责任公司

2008 年 11 月 8 日，由原红云集团和原红河集团合并组建的红云红河烟草（集团）有限责任公司（简称“红云红

河集团”）在云南卷烟工业重组整合大会上正式挂牌成立。新成立的红云红河集团，是以烟草为主业，跨行业、跨地区经营的大型国有企业，集团下辖昆明卷烟厂、红河卷烟厂、曲靖卷烟厂、会泽卷烟厂、新疆卷烟厂、乌兰浩特卷烟厂6个生产工厂，控股山西昆明烟草有限责任公司，参股内蒙古昆明卷烟有限责任公司。

重组之后的红云红河集团，在卷烟产销规模居全国烟草行业第一位，成为了继奥驰亚集团、英美烟草、日本烟草、帝国烟草集团之后的世界第五大烟草集团。红云红河集团不仅实现了企业规模的稳步扩大、实力的不断增强，而且还肩负着中国烟草行业“大企业、大集团”的改革试点使命，肩负着做大做强品牌、增强中国烟草总体竞争实力的历史使命。

经过一段时间的运行，红云红河集团的整合已经取得了初步成效，重组之后的红云红河集团取得了新的优势，站在了新的起点上。红云红河集团正昂首阔步，以从“中国烟草第一大企业”向“中国烟草第一强企业”的迈进为奋斗目标，在做大做强品牌、做实做强企业的道路上，勇于解决新问题，敢于迎接新挑战，努力实现企业竞争实力的新跨越。

2009年，红云红河集团经受住了金融危机对烟草经济带来的较大影响和冲击，直面前所未有压力和挑战，集团上下同心同德、共克时艰、赢得了新的发展。在国家烟草专卖局、云南中烟工业公司和省市党委政府的正确领导和关心支持下，集团认真贯彻落实全国烟草和云南中烟工作会议精神，按照行业“烟叶防过热，卷烟上水平，税利保增长”的主要任务，牢固树立“两个至上”共同价值观，围绕“4122”发展目标和“一条主线，二项整合，五个提升”的工作重点，以科学发展观统领全局，细化“七保七上”工作举措，经过集团全体员工拼搏奋斗，全面完成和超额完成了云南中烟工业公司下达的工作目标和任务，为集团可持续发展奠定了坚实基础：

经济效益稳步增长

2009年集团生产卷烟423万箱，销售卷烟423.7万箱，实现销售收入456.4亿元，实现税利354.1亿元。集团品牌市场规模470.4万箱。集团整体运行呈现出产销协调均衡、品牌结构上移、企业形象提升、实力持续增强的良好发展态势。列中国企业500强第118位、制造业500强第53位、企业效益200佳第39位、烟草加工业第1位，获全国五一劳动奖状、全国烟草行业先进集体、全国卷烟销售工作先进单位、全国质量管理小组活动优秀企业等荣誉称号。

体制机制不断完善

体制机制是否科学有效，决定着企业的发展活力和发展质量。集团组建伊始，本着“统筹规划、划分职责、统一协调、先易后难、分步实施”的原则迅速完成了管理及业务整合，按现代企业和产权制度设立了董事会、监事会、经理层和党委会，制定了公司章程、总裁班子和党委班子议事规则，组建了集团总部4中心14部室的组织架构和相应的党工团组织，成立了44个跨部门管理委员会或领导小组，逐步理顺了与各生产厂工作流程和工作关系，出台了涵盖集团各领域的20项基本管理制度及72个支撑细则和规定，初步完成营销、原料、生产等信息业务系统整合，集团信息化整体规划项目已通过验收，ERP（企业资源管理系统）已报国家局审批，MES（生产制造执行系统）获批复同意实施，昆明卷烟分厂整体融入昆烟，技改指挥部划归昆烟管理，加强总部与生产点管理人员互动融合，搭建起资产、计划、品牌、研发、营销、原料、采购和宣传“八统一”运作平台。集团运行顺畅，管理有序，执行有力，得到了行业内外一致肯定，国家局认为，红云红河集团在企业联合重组、工厂制向公司制转变方面一直走在行业前列，经过几轮重组，集团不仅从规模上得到扩大，更重要的是运行质量有了质的提升，形成了品牌强强联合互补的新优势，对集团发展充满信心和期待。

品牌整合富有成效

集团始终把全面提升品牌市场竞争力作为经济运行的首要任务，着力提升云烟结构，扩大红河规模。5月15日成功举办了层次高、规模大、影响广、意义深的“云烟品牌发展论坛”，明确了“做精做强云烟，做实做大红河”的品牌发展战略和打造“清甜香”品类特色品牌的发展目标，11月11日又召开“云烟品牌工商协同培育总结会”，进一步完善了品牌发展规划，丰富了品牌发展举措。集团品牌定位更为清晰，品牌布局更趋合理，品牌价值不断提升，结构和效益同步提高。

市场拓展持续深化

按照“准确定位、有机对接、突出品牌、全面提升”的要求，集团深入推进工商协同一体化营销，完善战略、品牌、市场、信息、服务和评估“5+1”模式，与12家省级、25家市级烟草公司签订了战略协议；深化全员营销，增强全员服从服务市场的能力，集团领导划片定点走访联系市场，密切工商关系，巩固战略联盟；加强营销队伍建设，引入竞争机制，加大考评力度，增强队伍活力，营销中心非法人实体试点工作顺利推进；启动工商协同信息交互系统，在全国重点城市建立起370个零售终端信息采集点，按月、季、年度分省分市开展不同阶段、不同层次的货源预测，层层分解指标，实施“一省一策”、“一公司一策”、“一品一策”差异化营销，及时有效保障货源供给，追踪监控市场价格和品牌存销比，调整发货节奏，不断提高品牌主动适应市场、快速响应市场的能力；开展高层营销、会议营销、走访营销、宣讲营销、渠道营销，加强品牌文化、“清甜香”品类、口味特征的宣传推介，统一终端形象建设，健全消费者满意度跟踪服务体系，不断提高零售终端服务能力；同时加大海外市场拓展力度，集团品牌销往39个国家和地区。

原料基础更加稳固

围绕行业烟叶资源配置方式改革要求，集团加强工商原料发展战略目标、烤烟生产、采购调拨、科技项目、信息沟通协同和基地保障、评价机制“5＋2”品牌导向型原料基地建设，选择5省10市38县为原料基地；深入推进原料差异化战略，积极承担开展“特色优质烟叶开发”等科研项目，以“红大”和美引品种等作为基地主栽品种，省内基地一乡一品种植，分品种分烟叶单收单调，建立云烟109、H3、SF04等新品小区试验，努力推进优质烟叶向特色烟叶转变；按照昆烟“三随机两交换”、曲烟“智能型全封闭密码”、红烟“入厂调度制”的模式采购烟叶，加强仓储管理，加大红河烟叶进入重点骨干品牌的比重，提高烟叶使用效率。集团原料储备更加充足，烟叶等级结构更趋合理，收购纯度和工商交接合格率不断提高，目前集团原料储备量居全国烟草工业企业前列，有效保证了品牌特有风格的持续竞争优势。

技术创新能力增强

围绕品牌发展战略，集团以“清甜香”品类构建为切入点，加快技术中心建设步伐，深化产校院合作，建立博士后科研站，抓紧开展“云南清甜香科技发展有限公司”的实际运作，以项目带动加快中式卷烟关键领域的突破性研究，增强技术集成创新能力；根据品牌文化定位、产品功能、区域市场和消费心理等细分市场，加强品牌维护、新品开发和产品升级，完成云烟（红印象）、云烟（WIN）、云烟（软紫）、红河（奔腾）、二类新品研制，提高科学技术对集团品牌发展的驱动力和贡献率；强化“减害降焦”研究，抓紧研发储备3毫克、5毫克、6毫克、8毫克等低焦油、低危害、高香气、高品质系列新品，重视产品质量安全，开展烟用材料VOC、重金属、烟气7种有害成分和16种禁用添加剂的检测和控制，立足长远努力解决好“吸烟与健康”这一重大课题；构建“清甜香”技术支撑体系，实施“增香保润”重大专项，形成了一批具有自主知识产权的专有技术和专利产品，并成功转化应用到产品的改造开发中；全年共完成国家局及云南中烟科技项目9项，获云南省科技进步奖3项，云南中烟科技进步奖8项，获发明专利授权2项、外观专利授权4项，集团累计获授权专利87项，为品牌发展提供了有力的技术支撑；同时加快集团技改进度，集团发展后劲正不断增强。

基础管理严格规范

集团坚持把全面加强基础管理摆在重要位置，统一集团财务信息平台、会计政策、财务制度和会计科目，推行“分级负责，归口管理，统一审批”的全面预算管理，落实“价税财”联动政策，不断增强集团内部管控能力；加强经济责任审计和技改工程、专卖设备购置等项目的招标审计监督；深挖增收节支潜力，持续规范采购流程，实施卷烟物资采购最高限价；严格规范卷烟生产经营秩序，加强物资采购、广告促销、工程投资项目“三项检查”回头看工作，开展国有资产年度检查和“小金库”专项治理，抓好内部专卖管理、投资项目清退、废弃设备和原辅材料回收处置，集团成本控制力和成本竞争力不断增强。同时，全面推行清洁生产，分解落实节能减排目标，努力建设环境友好型企业。

生产运行高效顺畅

集团严格执行云南中烟工业公司下达的计划指标，依据市场反馈信息调配生产要素，依托产销调度例会解决好生产运行中存在的困难和问题，全面开展“贯标”和“对标”活动、“优秀卷烟工厂”创建和“企业标准化良好行为”建设，落实质量、卷烟物耗、环境安全、能源、设备、生产作业计划与现场管理、成本费用等“7项考核”，持续完善质量分析追踪判异标准和涵盖各生产环节的质量预警系统，突出关键工序、关键岗位和关键时段的过程监控，努力打造生产厂为质量和成本控制中心；统筹集团产能布局，顺利完成昆烟和原昆烟分厂较大规模的设备整体搬迁整合，实施曲烟、山昆、蒙昆加工红河品牌技术改造，进一步形成了品牌互动加工、重点规格相对集中的生产格局；积极开展QC活动，3项成果获行业奖励，17项成果获云南中烟表彰，两个小组被评为全国优秀质量管理小组，集团获“云南质量管理小组活动优秀企业”称号，全年出口商检、行检、抽检合格率均为100%；系统推进“三标一体”建设，年初启动了红烟贯标认证，认真组织集团年度内审，顺利通过了北京新世纪认证公司现场审核和第三方监督审核；坚持“安全第一、预防为主、综合治理”，逐级签订安全责任书，深入开展“安全专项整治、安全隐患整改、安全生产督查”等专项活动，切实加强安全设施、安全管理体系、安全管理队伍建设，完善应急预案，规范安全行为，实现了集团安全工作“六无”目标。

和谐建设成效明显

集团深入开展以“三看三思三增强”为主要内容的学习实践科学发展观活动，切实抓好三阶段六环节的实施方案，以“和谐建设”为主旋律，牢固树立“两个至上”共同价值观，加强企业文化建设，积极构建以“和谐、创新、超越”企业精神为核心的文化理念体系，集团获“中国企业文化十佳单位”称号；以“讲党性、重品行、作表率”为重点加强各级“四好领导班子”建设，以提升综合素质和执行能力为重点加强干部队伍建设，广泛开展多层次多类别职业技能竞赛，努力建设一支素质高、结构优、活力足的员工队伍；积极承担社会责任，开展好“兴边富民”和“挂钩扶贫”工作，集团被评为“云南省社会扶贫先进单位”，营造了“上上下下红云红河人，里里外外大和谐”的浓厚氛围。

雄关漫道真如铁，而今迈步从头越。红云辉映，红河奔腾，站在新的起跑线上，红云红河集团正信心满怀，以科学发展的理念、坚忍不拔的精神，脚踏实地，排除万难，努力实现“卷烟上水平”的目标，向着由大变强的宏伟目标奋进！

擎起高高飘扬的文明建设大旗

——记龙岩烟草工业有限责任公司文明建设之路

龙岩烟草工业有限责任公司

2010年，龙岩烟草工业有限责任公司（简称“龙烟”）紧紧围绕年初制定的生产经营方针，以深入学习实践科学发展观为契机，深化体制改革，推进自主创新，加强精神文明建设，1—8月份累计生产卷烟55.6万箱，实现产品销售收入56.2亿元，与上年同期相比均呈稳定增长态势；“七匹狼”品牌综合竞争力显著增强……

文明建设“大剧”，并非现在才开启

2009年1月20日是个具有特殊意义的日子，龙烟被中央文明委授予第二届“全国文明单位”称号，这是继2005年10月荣膺首届“全国文明单位”后，再次蝉联这一光荣称号。

喜讯，犹如早春的第一缕暖阳照在龙烟人心里。龙烟人心头亮堂堂的，这一来之不易的荣誉直接得益于2008年文明建设的收获期，通过对精神文明建设的不断探索与实践，给龙烟带来了巨大的经济效益和社会效益。

回望龙烟2008走过的路，我们毋庸置疑的是：文明建设“大剧”，不是现在才开启。

2008年，龙烟继续深化体制改革，进一步推进自主创新、夯实基础管理，将文明建设向纵深拓展同时，把文明创建工作做到了深入人心。

与此同时，在福建中烟工业公司“一优一特”的品牌发展战略指导下，龙烟以文明创建为契机，坚定不移地围绕“奋力拼搏、争创一流，全面提升‘七匹狼’品味”的生产经营中心工作，勤于更新发展理念，促进员工素质的提升，从而实现“四个文明”建设的融合互促，并通过企业与城市乡村文明共建、创新公益模式等方式，将“两个至上”的烟草行业共同价值观和履行社会责任进行到底。

在“合心智博、励志精进”的企业精神的指引下，奋勇向前的龙烟人将企业精神文明成果转化为企业成就发展和社会文明的推动力，卓有成效地提升了企业软实力，增强了企业综合竞争力。

“建立现代企业制度，必须加强企业的精神文明建设。因为企业管理与企业精神是密不可分的，现代企业只有面向市场，加强企业精神文明建设，优化企业形象，才能增强市场竞争能力，这也是现代企业精神文明建设的重要内容。

就这样，文明建设打开了一扇窗，一扇面向市场，靠近市场的窗。

2009年，龙烟生产卷烟81.9万箱，实现产品销售收入83.7亿元，实现税利合计63.9亿元，实现利润总额11.8亿元。福建卷烟工业系统“七匹狼”卷烟品牌实现年销量达121万箱，彰显了品牌的综合实力和市场竞争力。大家看到：火了龙烟，红了七匹狼……

“自2005年10月龙烟荣获首届全国文明单位以来，龙烟就将精神文明创建活动作为推动公司全面发展的有力抓手，不断提升自身软实力，促进公司文明建设迈上一个新的台阶。”回顾公司的文明创建工作，公司党委书记邱全胜由衷地说。

好地种好烟　好人做出好烟

都说，文明建设非“柳条筐”，哪能啥都往里装？

龙烟在文明建设的过程中，其目标是明确的、清晰的：将文明单位创建工作纳入企业方针目标管理，全面提高员工队伍综合素质。

为提升员工的专业素质，一方面利用沟通交流会、青工座谈会等载体宣传贯彻企业发展理念与烟草行业发展形势。另一方面，龙烟注重加强员工职业道德建设，在质量管理、生产安全、文化建设和企业重大活动中，在正确引导员工结合本岗位实际充分挖掘潜能的基础上，以各种新途径，激发起员工提升自身技能的动力与热情，建立起提升技能的长效机制。

这样一来，员工的责任心被培养起来了，技能水平又上去了。

在龙烟，素质好、技能水平高的员工为数不少，他们默默无闻地发挥带头作用，以“先锋模范”的姿势出现在我们面前。

卷包车间的郑东文就是这样一位“能工巧匠”，他十多年来坚守设备维修岗位，“我来，我来”是他经常挂在嘴边的话。随着时代的进步，这位老师傅觉得以前的知识似乎不够用了，于是他开始了自学进步的过程。后来，要是有谁遇着不懂的了，大家就说，“找郑师傅啊”！

同时，龙烟通过对先进典型的不断激励、宣传，先进事迹如雨后春笋般涌现；推出了典型事例参加福建中烟工业公司践行“两个至上”先进事迹巡回报告会，让为龙烟的改革发展作出突出贡献的员工走到了台前。

龙烟围绕企业目标任务，将员工的培养和精神文明建设紧密结合起来，增强了企业凝聚力、向心力，实现了文明创建工作“一年一个新主题，一年一个新台阶”的跨越。在热火朝天的生产车间，龙烟人以崭新的姿态，澎湃的激情，创造出备受市场青睐的产品。

“质量是品牌的生命。”产品质量成为文明创建工作的重中之重。长期以来，公司坚持以持续改进为使命、严把质量关、奉行“丝丝精道、精益求精”，“不卓越、不罢休”

的品质理念，优质产品一直吸引着众多消费者。

每一种受人喜爱的优质产品背后，都蕴藏着生产者对完美品质的不懈追求。“七匹狼”卷烟要经过30多道质量控制检验才能过关：在制丝线上要经过20多次质检，在包装线上要经过10多次质检，成品入库时还要接受严格的质量抽检……

多年来，龙烟一线员工队伍里涌现出许多身怀绝技的能工巧匠：维修师傅通过辨音就能准确判断机器设备的故障，并做到手到“病”除；质检员用手就能准确“测”出烟丝的水分含量，与检测仪器的测量数据分毫不差……“七匹狼”卷烟的品质保证，处处体现着“人”和“机”的完美结合。正是在他们的精心呵护下，“七匹狼”品牌才能茁壮成长。

和谐“圆舞曲”谱出新时代

中国市场上拥挤着数以十亿计的品牌，而真正从其中脱颖而出的不过百万分之一。事实上，能跳出来的正是充分运用品牌所蕴涵着的巨大价值的。

我们是否真正具备一颗品牌的责任心，是否在为企业品牌实效而拼杀？

龙烟可以做到！这是一声饱含感情、充满力量的呼唤，它穿过汀江，冲出亚热带海洋性季风气候，奔跑在19 050平方公里的闽西红土地上，来到我们面前……

近年来，龙烟深入开展创建“全国文明单位”活动，走出了一条“创建促和谐、和谐促发展”的文明单位建设新路子：坚持以科学发展观为统领，把做强做大“七匹狼”品牌、提升“七匹狼”品位、促进企业和谐发展贯穿于文明创建的全过程，把优化产品结构、提升企业核心竞争力贯穿于文明创建的全过程。

在社会责任感方面，龙烟人以“争创一流、回馈社会”为使命，积极投身社会公益事业，从“红七匹狼”爱心助学行动到奥运火炬传递，“全国文明单位”创建活动等，显示出了在社会责任感、品牌价值方面的用心。近年来龙烟投入各项社会公益事业的捐款超过1亿元，“红七匹狼”爱心助学行动是龙烟近年来积极投身社会公益事业的一个缩影。

与此同时，企业勇于承担社会责任。从非典到印度洋海啸，从洪灾到雪灾，再到“5·12”四川汶川大地震，龙烟人总在第一时间捐款捐物，让最需要帮助的人及时得到援助。此举，不断深化企业文化内涵，不仅增强了龙烟文化的感染力与凝聚力，也加深了消费者对企业的认知与认同。

当前，龙烟正以精品“七匹狼”卷烟专用生产线项目建设为契机，继续深化企业改革，全面加强企业管理，着力开展自主创新，进一步落实文明建设进程，切实增强发展后劲，为打造“精品卷烟制造基地”的目标而努力奋斗。

唯有山茶偏耐久，绿丛又放数枝红。站在新的起点上，龙烟将继续发扬“艰苦奋斗、永不服输、争创一流、勇往直前”的龙烟精神，始终保持务实作风，把巩固“全国文明单位”的成果转化为长效机制，持之以恒，常抓不懈，努力推动文明创建工作向更高水平、更深层次发展，迈向更高标准的“全国文明单位”，共同构建和谐社会。

（撰稿：黄珍美）

做强薄膜产业　努力打造企业竞争实力的新跨越

浙江大东南集团有限公司总经理　黄飞刚

中国制造业500强企业浙江大东南集团创办于1975年，坐落于西施故里——浙江省诸暨市，是一家目前国内最大的塑料制品生产和出口创汇基地之一，拥有10多家下属企业、1家省级技术中心和3个先进制造业基地。公司主要从事新型塑料包装系列产品的设计、开发、生产、销售及经营进出口业务，核心主导产品广泛应用于烟草、食品、药品带等众多商品包装领域。现有职工2 598人，总资产332 528万元，2009年实现销售收入889 787万元，利润总额55 453万元，各项经济指标名列全国同行第一。公司在成本、质量、规模、技术、品牌等方面形成了一定的竞争优势，居于行业领先地位，产品符合美国FDA食品包装卫生标准要求，并远销30多个国家和地区。

近年来公司坚持外抓市场、内抓管理的经营方针，积极响应党中央的方针政策，通过科技创新实施品牌战略，在节能减排上取得了佳绩，被浙循环经济领导小组评定为浙江省循环经济示范企业。公司积极培育的“大东南”商标在荣获“浙江省著名商标”和“浙江名牌产品”的基础上，2009年被国家工商行政管理总局认定为“中国驰名商标”，这是在全国塑胶行业中首家拥有两只中国驰名商标的单位。曾先后获得中美经济合作组织中国首席企业、中国最具竞争力500强、国家重点高新技术企业、中国外贸企业信用体系指定示范单位等殊荣；公司董事长黄水寿先后荣获全国劳动模范、全国优秀企业家、全国质量管理先进工作者等称号。

2008年7月28日以浙江大东南集团有限公司作为主要发起人发起设立的浙江大东南包装股份有限公司，在深圳证券交易所成功上市，在企业发展的“万里长征”中又迈出了坚实的一步。

一、面临挑战，树信心保稳定

面对严峻的形势，公司首先需要“强健身体”，练好“内功”，培养稳扎稳打的经营理念，尤其要注意防范投资风险，在完善体制机制、提高管理水平、加强风险管控、增强创新能力、提高队伍素质等基础工作上下苦工夫；其次需要进一步加大工作力度，不断转变发展方式、优化资源配置，全面提升核心竞争力，做优做强主业，实现企业科学发展。

随着公司生产规模的不断扩大，进一步加强市场的开发力度，根据市场需求的变动趋势，在现有优势产品基础上继续研制开发符合市场需求的高附加值、高技术含量产品；根据地区的竞争集中度和区域性消费特点，配合制定的相应区域性营销策略，逐步扩大现有经销商渠道及直接销售渠道的销售数量及品种，并统一协调经销商渠道及直销渠道的比例均衡关系。一方面针对华东及华南沿海等经济较发达地区用户消费层次较高、市场容量大的特点，进一步加大对该地区营销力度，采用点、线、面相结合的营销策略，通过销售网点和销售人员的密集渗透，形成从中心城市向四周辐射的格局；另一方面，公司在巩固和扩大国内市场的同时，努力开拓外销渠道，加大产品出口规模，实现公司“两个市场”一起抓的整体市场开发策略。

二、精细管理，转型升级

公司以精细集约为切入点，抓制度创新，抓管理闭环，出台了《员工现场管理条例》、《员工手册》等管理制度，进一步明确了职责，加大对责任人的考核力度。以强化执行力为着力点，狠抓制度落实，通过工会通报工作情况、下达年度工作计划措施、月度考核和时时督促等方法，督查督办工作任务完成情况。

公司推崇创新创效，以技术创新为先导，全面提升安全生产管理水平，成立了企业研发中心，完善研发中心人员管理、绩效评估及激励机制。目前已引进各类企业技术人才200余名，与国内多家科研院所、高校建立了合作关系，聘请中科院、浙江大学等院校的一批塑料纳米技术、高分子研究专家为技术顾问，每年出资1 000多万元进行技术创新和新产品的开发，年年都有8～10个新产品通过省级和国家级鉴定。公司通过消化吸收国外先进技术，成功开发出BOPP合成纸，该项目可回收再利用，完全无公害，其优越的性能和广泛的用途，成为一种非常环保的包装新材料，填补了浙江省内空白，使其直接转化为企业的效益。

三、注重人的发展，全力培养后备力量

公司采用“外引”和“内培”并举的管理方法，花大力气提高职工的文化科技素质。“外引”就是大力引进思想业务双过硬的专业人才，并积极为其创造良好的环境，在生活上关心他们，工作上器重他们，搭好擂台，使之公平竞争，各显身手，表现好、成绩突出者，就充实到公司级领导班子中，或安排到重要的管理技术岗位；所谓“内培”就是由公司里的科技人员或邀请国内外专家教授经常来厂里向职工讲授《现代企业管理知识讲授》、《进口设备操作与管理要领》、《计算机应用技术与网络管理》等专业技术课，并组织到外地考察学习。

在人才配置和管理中，坚持老中青相结合、技术型与管理型相结合、开发型与实用型相结合、招聘引进与自主培养相结合的人才培育和引进机制，从而保证了企业发展所必需的人才资源。

四、关爱员工，创建和谐，实现双赢

公司紧紧把握思想政治工作这条企业赖以生存和发展的主线，凝聚全体员工的能力，激发员工最大创造力，先后实施了“堡垒工程”、“配股工程”。

“堡垒工程”，就是加强党的组织建设。公司十分注重党组织的建设和各项制度的落实，健全了党员的“一月一课”制度，定期每月8日为党员开展活动日，组织党员开展仿模范学先进，知识竞赛，提合理化建议等形式的活动，使每位党员所在岗位以主人翁的态度保一方优质高产，保一方安全生产，保一方遵纪守法。

“配股工程”，就是以员工功绩大小、工龄长短为条件给予工资外的待遇享受优质资产股，符合条件且资源要求配股，同时在每月工资中享受红利。公司出台期权激励机制，按工龄、职务、成效等分配股权，还规定参加配股、缴纳养老金、签订劳动合同的员工每月享受60元劳动保障津贴费。其核心就是把奖金、提职、住房、股息等好处，授给创效突出、成绩卓著、爱厂敬业、劳苦功高的人。公司实行以功授薪，以能授职的竞争激励机制，采用“荣誉”激励法、“成就”激励法、“目标”激励法等精神激励，就可以更好地挖掘职工的潜力，激发“企业的活力”。

五、专注主业，创业创新，开辟新领域

大东南在“高科技加规模经济”方针指引下，确立以一业为主的经营理念，以赶超世界领先技术、夺取国内市场为战略目标，以开发核心工艺技术的新产品为途径，以培育和造就一支高素质的科研开发队伍，建立一个灵活高效的创新组织体系，以及迎接挑战、激励创新、奋发向上的创新组织，培育开拓进取的企业文化为主要支撑，把技术创新同制度创新、管理创新有机结合起来，推进企业在国际竞争中实现跨越式发展。

公司将继续引进世界上顶尖的生产装备，目前大东南包装主要生产设备大部分自德国布鲁克纳公司、莱芬豪舍公司、康普公司和意大利CMR公司等全球最先进的设备厂商引进，是国内生产设备最先进、生产品种最多、产能最大的公司，是中国多功能包装材料全面走向现代化、国际化的开拓者。先进的技术装备是研发新型包装材料的技术关键，公司借鉴国外先进技术自行开发出了十多项省级以上的技术创新项目，拥有较强的核心技术竞争力，科技研发成果中总计6项达到国际先进水平、5项达到国内领先水平，计划未来三年以开发食品包装的可降解新材料、军用VCI防锈膜、锂电池隔膜等高端包装材料的新领域。

公司为实现中国塑料包装产业现代化、科技化，把企业打造成为全中国乃至全世界最大可降解再利用的新型绿色健康塑料包装产业研发、生产基地。自创建以来，始终

围绕塑料包装这一主业，不断做强做大，坚持视质量为生命，视用户为上帝，求真务实，不断创新，瞄准国内外市场。“大东南”将以进入资本市场为契机，要塑造崭新的企业形象，提高管理者队伍素质，用好的效益回报广大投资者，实现大东南人的最终目标——将企业打造成“百年老店”，成为世界一流包装企业。

不经风雨　怎知人才可贵

太和顾问数据研究中心

制造业中有很多不同的行业和企业，他们的人力资源管理差异化很大，但他们又存在着很多关联与相似之处。太和顾问希望通过从宏观到微观，将每个细分行业的调研和分析结果分享给我们的客户，为他们带来一些有价值的数据。

改革开放30年来，我国制造业发展迅猛，中国制造的商品已遍布全球，但这些商品大多是以廉价或代工的形式出现，这说明我国大部分企业还处在“微笑曲线”的中低端，意味着我们的企业丧失了增加产品附加值的主动权。它们缺少核心技术、成熟的销售渠道和服务能力，利润区间被严重挤压，只能依靠有限的成本压缩空间，这严重阻碍了这些企业的发展。见图1。

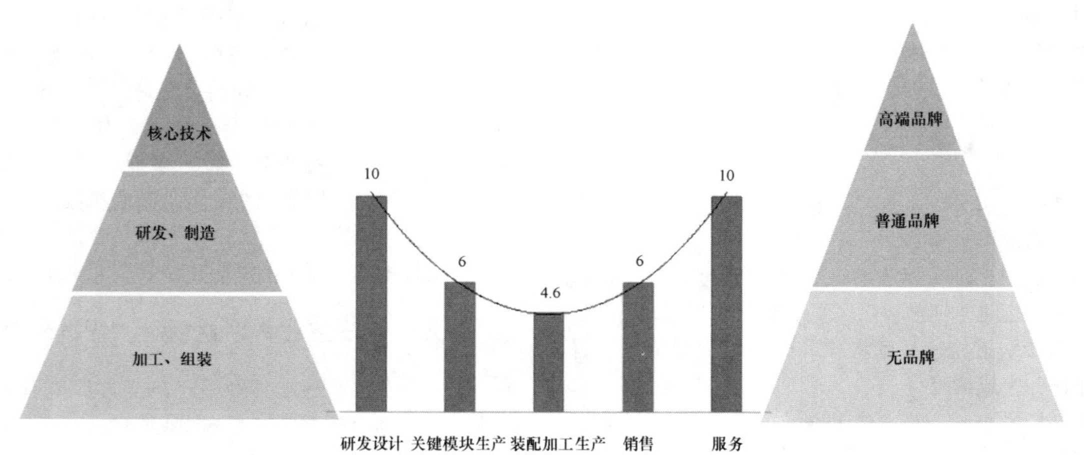

图1　产业链利润曲线

然而，2008年全球经济危机以来，处在金字塔顶端的发达地区制造企业纷纷受到严重冲击和影响。虽然中国制造业同样面临严重挑战，但经济危机给了处在起步期的我们一次机会：转型的机会、全球化的机会、专精、拓展的机会。为了能够在“金字塔”上攀得更高，企业引进国外资产、进口高新设备、邀请尖端人才、购买成熟技术……但这些似乎不能真正帮助我们取得主动权，进入提高产品附加值的良性通道。

众所周知，企业的各项经营活动都离不开人，人的因素对产品附加值具有决定性，而人又是一个“大变量”，那我们的企业如何去驾驭呢？或许从“人力成本的合理利用”入手，吸引、保留、培养优秀人才、激发员工效能、规范员工行为会起到意想不到的效果。

2009年度，太和顾问主要对机械、重工、整车、汽配、船舶、风电、塑料、玻璃等细分制造行业中的大中型近400家企业进行了全国范围的行业薪酬福利及相关政策调研，从中间接发现一个规律：往往产品附加值及绝对值越高的行业/企业，其整体薪酬水平会越高。我们认为，今后产品附加值将成为衡量制造企业内部绩效的重要指标。将驱动产品附加值的相关指标分解到各职族/部门，确定各职族/部门的薪酬调整力度，这对企业准确激励、约束员工将起到重要作用。比如成本的控制可以作为生产、物流、工艺职族/部门的考评依据，而渠道的拓展量、市场占有率的变化可以作为营销、客服、市场职族/部门的考评依据，产品的达标、专利注册可作为开发设计职族/部门的考评依据。见图2、图3。

相比前几年，2010年制造业大部分行业的薪酬增长速度都有所下降，但由于2009年下半年经济快速回稳，PPI、采购指数及制造业利润水平回升，导致国内制造业薪酬变化并没有2008年底社会预想得那么差，甚至有些行业的薪酬水平出现较大增长。我们认为今后国内制造企业中的以下几类人群薪酬水平增长会比较突出：资产投资优化、关键技术转化、生产效率提升、渠道品牌深化。

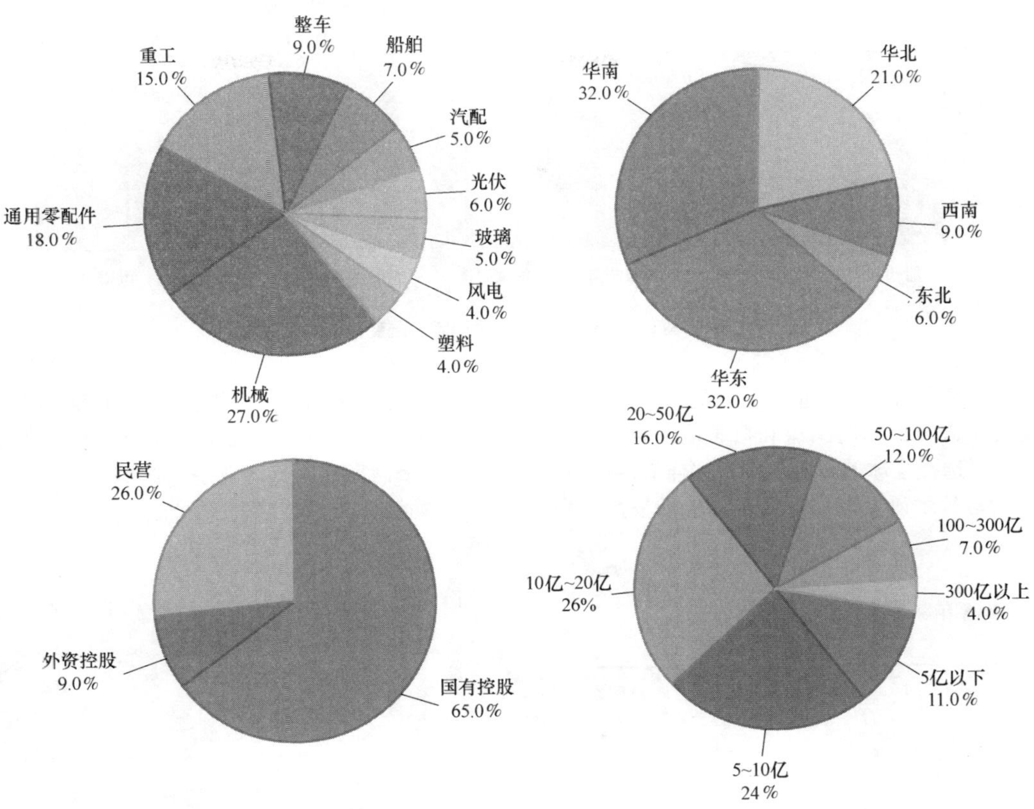

图2　调研群体分布情况

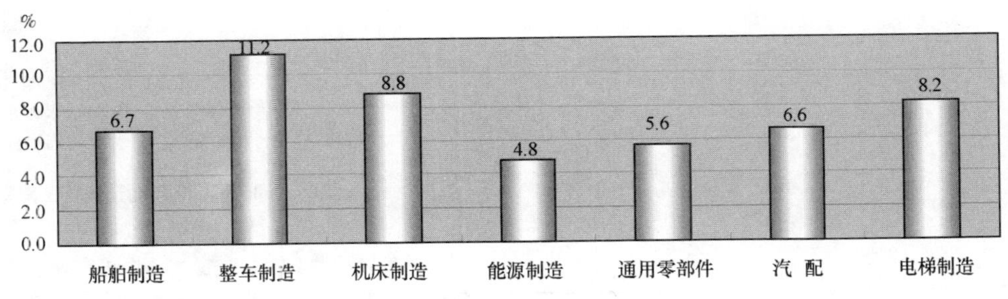

图3　2009年制造行业薪酬增长率

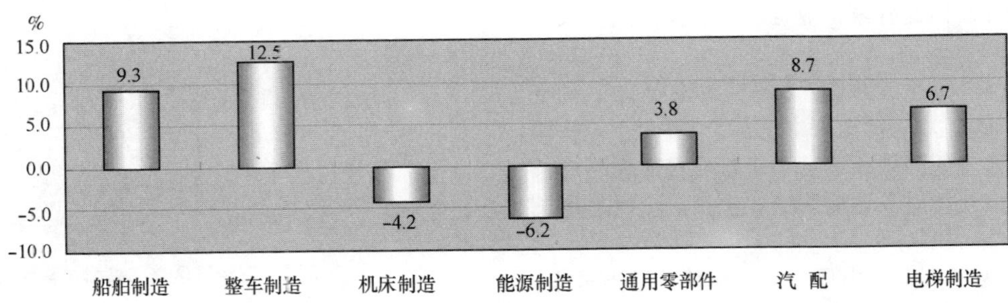

图4　2009年销售人员浮动薪酬变化

2009年无论是哪个细分行业的企业，基本上都在考虑如何保持市场份额、深化营销渠道。因此它们都不同程度的增加了对营销方面的投入，在人力资源方面比较明显的表现则是调整营销激励手段和薪酬成本的投入。见图4。

即使在经济危机的大环境下，2009年我国制造业研发类人员的薪酬增长速度一直处在各职能前端，2010年也不例外，整体都处在5.0%以上的增长速度，甚至部分行业平均增速水平能都达到10.0%以上。见图5。

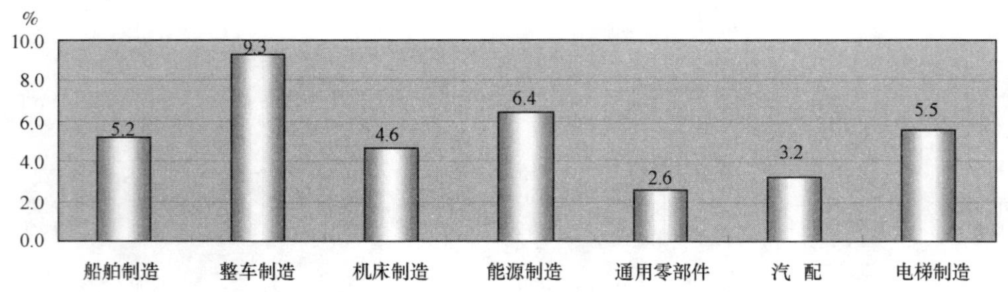

图5 2009年研发人员固定薪酬变化

研发人员的招聘是目前很多企业关心的，从太和的角度来看，研发技术人员的招聘渠道和招聘范围越来越广，有将近一半的公司选择全球的招聘范围，这样恰恰说明了今后我国制造业走技术研发提高产品附加值的发展方向。见表1。

2009年制造业企业招聘方式调研

表1

技术研发类岗位	普通员工（%）	管理者（%）
校园招聘	67.0	0.0
社会公开招聘会	100.0	77.0
媒体招聘广告	9.0	21.0
猎头公司	29.0	61.0
公司内部培养	43.0	84.0
内部员工推荐	69.0	37.0
第三方劳务派遣公司	22.0	0.0
其他方式	27.0	33.0
全球范围	44.0	61.0
全国范围	38.0	35.0
区域本地	18.0	4.0

近几年研发设计人员与工艺改进人员比较稀缺，在近5年内普遍受到关注，因此各家企业也应重点关注这类人员的吸引和保留工作。

2009年制造业毕业生起薪点，本科在2 200左右；硕士有所下降，在3 300左右；博士基本上在5 000以上。我国制造业近几年毕业生起薪增长速度小于行业整体薪酬增长速度，很大程度上是相对发达地区毕业生供应量快速增长造成的。

基层普工作为制造企业中最庞大的群体和薪酬成本，处在操作层面的他们的工作效率表现将直接影响企业的生产、物流、销售、安全等各个环节。他们是企业内部流动最频繁的群体，裁员时考虑最多的对象。旺季时招工难情况也大多出在此群体之中，所以如何稳定企业的基层普工流动率将是我们制造企业今后需要重点考虑的问题。太和顾问认为，今后制造企业除了具有竞争力的薪酬水平，更应有一套普工薪酬制度，不同地区、工种、级别的普工应有不同的薪酬给付方式、福利、甚至薪酬晋升通道。只有普工的薪酬制度在制造企业整体薪酬体系内的矛盾解决了，普工的素质、流动性等才能稳定，企业才能长治久安。见图6。

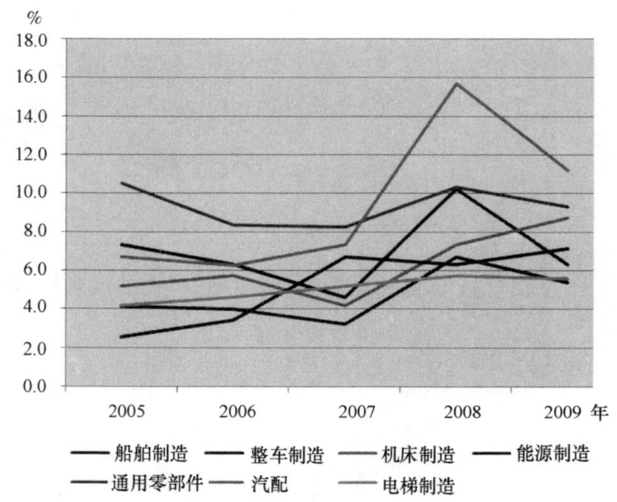

图6 2005—2009年制造业普工离职率

调查显示我国一、二、三类城市普工平均薪酬差异系数为：一类1.0，二类0.7，三类0.6，我国五经济区普工薪酬情况见图7。

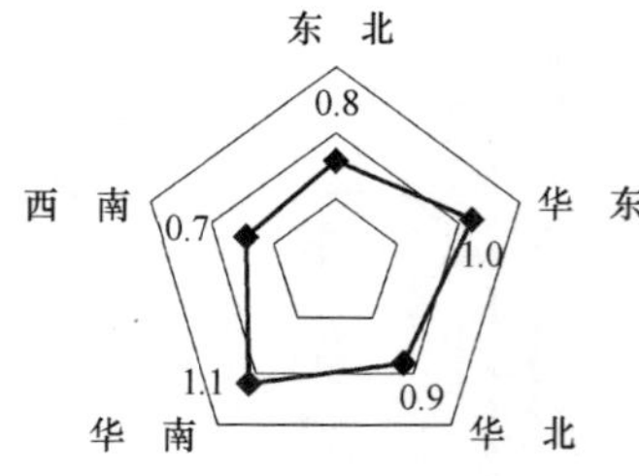

图7 五经济区普工薪酬差异情况

当今普工流动已经是全国范围性质的，但各经济区域的薪酬还是有很大差异的，总体有30.0%的差距，其中制造业比较发达的华南、华东地区薪酬水平最高。从人力成本角度出发，拥有宽松环境和低人力成本的三类城市将是制造企业设立工厂的乐土，5年内有待企业开发。

公路港建设是中国公路物流转型升级的有效载体

浙江传化物流基地有限公司总裁　姚文通

2010年，世界经济正在从金融危机的重大打击中复苏。但对率先一步实现复苏的中国而言，“2010年，将是最复杂的一年”，是真正的“后危机时代”。全球金融危机虽已过去，但后危机时代经济形势的复杂性、严峻性、不确定性依然存在。在扑朔迷离的“后危机时代”中，作为被列入国家十大振兴产业中唯一服务行业的物流业，还有着怎样的危机？中国物流应该怎么走？如何满足产业结构调整升级的物流需求？如何推动制造业与物流业联动？这是物流业转型升级面临的系列严峻课题，尤其是公路物流行业。

“三大难题”长期困扰中国公路物流发展

相对于国际物流完善先进的基础设施、实力雄厚的市场主体、较高的运营效率。国内物流，特别是承担了国内70.0%以上货运量的公路物流，在基础设施、市场主体、运营效率等各方面却没有得到长效发展。虽然公路道路建设已基本完善，但连接和发挥道路通行作用的运输枢纽（节点、站场）建设却没有及时跟上，以货物运输为主的公路枢纽建设，在各大城市中几乎还是空白。而且公路运输市场主体“小、散、乱”，整体运营效率低下，导致公路物流成为中国现代物流业发展的一块短板。公路物流产业链上的三大主体——货主、物流企业、社会车辆也都存在着难以破解的难题。

物流服务提供者——中小物流企业面临创业发展难

据我们调查统计，中小物流企业运输量占中国公路物流货运量的90.0%以上，总体呈现“数量多、规模小、竞争力弱”特征，普遍表现为管理水平较低，信息化水平低，综合化程度低。为降低经营成本，他们通常在城郊结合部自发的集聚，这样形成的“马路市场”布局散、秩序乱、环境差，缺乏安全、市场信用和创业发展环境，成为政府监管与城市建设整治的重点区域与对象，他们无稳定性、无良好品牌形象，很难说为制造业企业提供优质的、增值的物流服务。

物流运输主体——社会车辆停车配货难

社会车辆是我国物流运输的主体，多以个体运输户的形式存在，全国约有800多万辆个体货运车辆，司机有约2 000多万，他们承载了国内公路运输的重任。这样庞大的一个群体却一直不被社会所重视和服务，甚至遭受各种责难。他们“散兵游勇”式的在全国各地努力找货，但因缺乏安全、规范的平台，经常因配不到货而被迫空车返回；他们吃睡基本在车上，停车基本在马路边，堵塞交通，成为政府规范交通运输、提升市容市貌的重点整治对象。

物流货主——制造业企业物流业务外包难

从中国制造业正处于工业化向中后期推进的关键阶段，面临结构优化和升级的战略任务，其核心竞争力提升和成本降低需要物流业给予有力的支撑。中国随着经济市场化发展，越来越多的制造业企业的物流外包意愿强烈，但许多企业仍以自营物流为主，制造业物流外包比例多年一直低于20.0%。其关键原因在于，中国第三方物流企业的“散、小、乱、传统”经营现状，提供的物流服务单一，缺乏与制造业的互动平台，无法满足制造业企业的外包需求。企业物流成本居高不下，物流作为企业“第三利润源”的价值无法充分挖掘。

传化公路港物流模式创新破解公路物流市场难题

如何破解公路物流行业面临的三大难题，提升公路物流短板，已经成为现代物流业发展的关键。传化物流经过多年的实践与运营，在对公路物流行业三大难题的深刻洞察与分析的基础上，创新性的开发了公路港物流模式，打造了“以信息交易为核心、以公路运输为依托、以国内物流为基础”的物流企业集群发展平台，通过集聚“物流服务、物流设施设备和物流需求”三大资源，并整合各类管理服务资源，搭建了一站式服务体系，培育了一批第三方物流企业，开发了一套社会车辆组织化管理的模式，促进了社会分工合作体系的优化。

传化公路港物流平台以创新的模式破解了公路物流行业三难问题，实现经济效益、社会效益和环境效益的统一。不仅降低了物流运营成本，提高了资源配置效率，推动了物流行业的转型升级；还减轻了道路交通拥堵和节能减排，有效节约和集约化利用城市土地资源，优化城市创业和居住环境，改善当地方投资环境，助推了城市的升级发展。也充分体现了我们所倡导的“物流让城市更美好”理念。

传化物流正在做一件有意义的事

以传化物流浙江萧山基地为例，目前已经整合集聚了480多家中小物流企业，入港之初，这些物流企业营业额平均约200万元，入港之后，企业平均营业额年增长率达到30.0%左右。发展至今，培育的物流企业年营业额超亿元的有3家，超5 000万的有4家，超2 000万的有40多家，超千万的有150多家。平台还整合了40万辆的社会车辆资源，每天吸引3 000到4 000辆车进场交易，空车配货时间从原来的平均72小时缩减到目前的平均6小时，大大提高了车辆运营效率，促进了节能减排，有效推动了低碳经济发展。我们还面向司机提供了"停车、配货、住宿、维修"等一系列服务，让长期从事运输业务的主体，在传化物流基地内享受到了"停车好、配货好、休息好"的三好待遇，改善了卡车司机的生活品质，实现了社会和谐。

而且通过平台中小物流企业与社会车辆的快速集聚交易，资源间的分工合作系统优化，资源配置效率进一步提高，两大群体联合为制造业输出更加优质物流服务，促进了制造业物流业务的剥离，降低了物流运营成本，强化了制造业企业的核心竞争力，实现了制造业与物流业的联动发展，带动了整个产业链的长效发展。以萧山区为例，企业外包比例从 2002 年的 30.0% 左右增加至 2009 年的 90.0% 以上；实施物流业务外包的货主企业从 2002 年的 6 000家，上升到2009 年的 2 万多家，为其降低 40.0% 的物流成本。

公路港物流平台长效发展环境仍需完善

传化物流多年的运营实践深刻认识到，作为公共性产业服务平台，其建设与发展离不开政府和社会各界的支持。在公路道路完善基础上，加快建设公路运输枢纽，形成全国公路运输网络，实现网络化协同经营发展，推动公路物流的快速发展。与此同时，公路物流市场的标准化、规范化、信息化仍需进一步完善。政府必须充分发挥主管部门作用，对公路物流运输枢纽建设的规划、建设、运营形成标准，对创新的有效的发展模式要给予鼓励，从而政府、企业形成良好的产业发展互动关系，共同推动公路物流的快速发展。

公路运输枢纽建设是物流业发展最有效的路径与方法

公路物流效率提升，关键在于公路运输节点的形成，并实现网络化。公路港物流平台专注于公路运输枢纽的建设与运营，实现社会化、标准化、组织化管理，推进网络化发展，有力拉升公路物流短板，全面促进物流对经济社会推动作用的发挥。政府及相关职能部门一定要认识到公路运输枢纽建设对物流业发展的重要作用，加快各大城市公路运输枢纽建设，并推动公路运输枢纽的网络化发展，将对物流业发展发挥更大的作用。

政府须加强对公路枢纽建设的统盘规划

政府要像建设空港、海港、客运站一样，对公路物流平台建设做好枢纽、节点规划，并与交通网络规划、产业规划、城市规划相结合。规划要立足经济圈和交通圈两个基本条件，在不具备建设条件的地区要严格控制。对公路物流平台要制定统一的建设与运营标准。加强对公路物流枢纽的规划、立项、建设、运营等环节的评价工作，防止一些项目以公路物流平台建设为名占用资源。要制定行业准入标准，让有发展战略、有品牌、有实力、有成功运营经验的优质平台企业来承担平台开发和运营项目，保障物流平台的健康发展。

给予符合标准的公路物流平台以政策支持

政府要把公路物流平台当作产业公共服务平台来打造，要从平台规划、开发建设、资源取得、信息化建设、标准化建设等方面给予规范、引导和政策支持。在法律法规上，要出台规范的平台管理服务条例。对新投资建设的符合标准物流基地，给予贴息补助。对共享信息平台运行主体，给予投资额或平台交易额的一定比例的补助，发挥平台对中小物流企业的孵化器作用。对入驻平台的规范化运作企业，在获得国家资质评定、开通城际货运班线、建立跨区域经营网点、提升企业规模等方面给予支持与奖励。

当然，中国公路物流的发展提升，还需要政府有关部门、行业协会、专家、学者、企业共同去探索和推动。同时我们也相信通过社会各界的努力，中国公路物流事业的明天会更美好。

YUAN BAO HUA GOLDEN AWARD OF ENTERPRISE MANAGEMENT

袁宝华企业管理金奖

“袁宝华企业管理金奖”简介

袁宝华同志建国以来主持我国经济工作达几十年之久，是中国企业联合会、中国企业家协会、中国企业管理科学基金会的奠基人，是我国经济界和企业界德高望重的老领导，长期领导企业工作，大力倡导加强企业管理，推动企业管理现代化，在企业管理理论方面有很深的造诣。他在1983年1月提出了“以我为主，博采众长，融合提炼，自成一家”的十六字方针，已成为我国企业界学习借鉴发达国家先进企业管理经验、建立中国特色企业管理科学体系的指导方针。

“袁宝华企业管理金奖”是由中国企业管理科学基金会于2005年设立的中国企业管理的最高奖项。旨在通过表彰和奖励在中国企业管理领域锐意进取、开拓创新，并在形成体现中华文化的管理方法、管理模式和管理理论做出杰出贡献的中国企业家，进一步促进中国企业管理思想和管理模式的创新，提升中国企业管理水平和推进具有中国特色的企业管理现代化事业。

自2005年以来，中国企业管理科学基金会每年举办一次“袁宝华企业管理金奖”评选活动，并专门设立了“管理金奖”专家委员会和评审委员会，通过权威性的两个委员会按照严格的程序和标准进行评选，评出3～5名在企业管理创新方面有杰出贡献的企业家获得“袁宝华企业管理金奖”，并在翌年全国企业家活动日大会上给予表彰和奖励。前五届受表彰的有：谢企华、鲁冠球、常德传、刘玠、周厚健、宗庆后、季克良、孙文杰、曾玉康、宋志平、蔡来兴、谭旭光、侯为贵、于汝民、张喜武、任建新、段玉贤等著名企业家。此项评选活动，受到了广大企业和企业家及社会各界的关注，得到了党和国家领导人及国务院有关部委的关心与支持，取得了良好的社会反响。

中国企业管理年鉴

（2010卷）

石油、石化、运输、金融投资、航空科技等行业

（排名不分先后）

- ❖ 中国蓝星（集团）股份有限公司
- ❖ 中国石化集团北京燕山石油化工有限公司
- ❖ 中国石油长庆油田公司
- ❖ 云天化集团有限责任公司
- ❖ 国家开发投资公司
- ❖ 北京金隅集团有限责任公司
- ❖ 中国华融资产管理公司
- ❖ 中核集团中核财务有限责任公司
- ❖ 北京银行
- ❖ 中国航空集团公司
- ❖ 中国航空工业集团公司
- ❖ 中航工业沈阳飞机设计研究所
- ❖ 中航工业西安航空发动机（集团）有限公司
- ❖ 浙江大东南集团有限公司
- ❖ 重庆紫光化工股份有限公司
- ❖ 恒丰银行
- ❖ 中国石油天然气股份有限公司兰州石化公司

电话：（010）64429448　传真：（010）64429446　地址：北京市朝阳区三环东路19号　邮编：100029

长庆油田公司

专家论证会

3 000万吨表彰庆祝大会会场

团结奋进的领导班子

苏里格气田指挥中心

标准化丛式井组

电话：（029）86591413

地址：西安市未央路151号

邮编：710018

云天化集团有

云天化集团是以云天化集团有限责任公司为母公司，控股一批生产经营型子公司的产业集团。公司的前身为云南天然气化工厂，是我国20世纪70年代引进国外成套设备建成的13家大化肥企业之一，始建于1974年，1977年建成投产，1991年被评为云南省首家国家一级企业。1997年，整体改制为云南省人民政府授权经营的国有独资有限责任公司。2000年，云天化集团总部由云南省水富县搬迁至昆明市。

改制前的云南天然气化工厂是一家以氮肥生产和经销为主营业务的化肥生产企业。改制以后，特别是进入新世纪以来，云天化集团紧紧抓住一系列重大历史性机遇，开始了在搞好生产经营的前提下，通过技术改造、资本运作、新项目建设、产业整合等重要手段，走低成本扩张道路发展壮大企业的探索，形成了“以肥为主，相关多元”的产业结构和产品结构，企业的生产经营和改革发展上了一个新台阶。

位于云南昆明的云天化集团总部园区

限责任公司

2001年末至2008年末的7年间，云天化集团的营业收入由13.5亿元增至304.9亿元，增长22.5倍；利润总额由0.8亿元增至8.7亿元，增长11.7倍；利税总额由1.6亿元增至35.7亿元，增长22.3倍；工业增加值由3.3亿元增至61.8亿元，增长18.8倍。更为重要的是，云天化集团打造了磷复肥、玻纤新材料、磷矿采选等一批在国内外具有比较优势的产业平台，2005年营业收入超过100亿元，排名中国石化行业销售收入和综合效益前10强，跻身中国化工前3强；2007年营业收入超过200亿元；2008年营业收入超过300亿元；2009年云天化集团排名中国企业500强第194位，同时排名中国制造业500强第97位、中国化工企业500强首位、中国化肥企业100强首位。

2009年末，云天化集团拥有总资产576亿元，净资产136亿元，控股“云天化”、“马龙产业”、“云南盐化”三家上市公司。

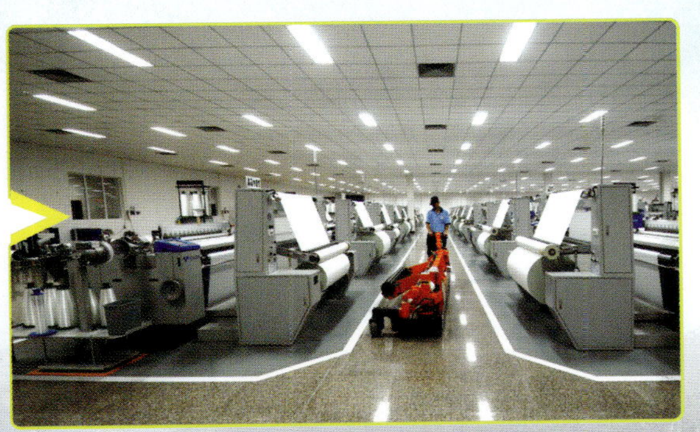

玻纤产业生产基地织机厂房

磷矿采选生产基地矿山作业场景

SDIC 国家开发投资公司

董事长、党组书记　王会生

国家开发投资公司成立于1995年5月5日，是国务院批准设立的国家投资控股公司和中央直接管理的国有重要骨干企业之一。截至2009年底，公司注册资金194.7亿元，资产总额2 101亿元，2009年实现经营收入493亿元人民币，利润56.2亿元人民币。在国务院国资委年度业绩考核中，连续6年获得A级，并在连续两个任期考核中，成为“业绩优秀企业”。

公司成立以来，不断完善发展战略，优化资产结构，构建了实业、金融服务业、国有资产经营“三足鼎立”的业务框架。实业重点投向电力、煤炭、港航、化肥等基础性、资源性产业及高科技产业；金融服务业重点发展金融、国际贸易、资产管理和咨询业务；国有资产经营业务取得重大进展，目前已有中投保、中纺物资、中国电子工程设计院和中成集团4家企业并入公司，同时业已完成对中包公司的托管并正在托管中国高新集团公司。公司在国民经济发展和国有经济布局结构调整中发挥着投资控股公司的独特作用。

面向未来的国家开发投资公司，将始终以科学发展观统领全局，坚持“为出资人、为社会、为员工”的企业宗旨，进一步夯实“三足鼎立”业务框架，大力发展节能环保新能源，积极推进“走出去”战略，努力把公司建设成为有实力、有影响、有凝聚力的国际一流的投资控股公司。

二滩水电站

罗布泊钾盐项目

敦煌光伏发电站

地址：北京市西城区阜成门北大街6—6国际投资大厦

邮编：100034

http：//www.sdic.com.cn

金隅股份在香港成功上市

金隅总部（环球贸易中心）

中国
CHINA

总裁　赖小民

中国华融资产管理公司是经国务院批准设立的国有独资非银行金融机构，于1999年10月19日正式挂牌成立，注册资本金100亿元人民币，公司总部设在北京，全国设有30家办事处，拥有6家平台公司，服务网络遍及30个省、自治区、直辖市。

经过10年的成功运作和发展，中国华融全面完成了政策性资产处置目标任务，为促进国有商业银行改革脱困、维护金融体系稳定运行、最大限度减少国家损失、促进社会经济健康稳定发展，做出了积极贡献。

中国华融积极稳健推进商业化转型，旗下已拥有华融金融租赁股份有限公司、融德资产管理有限公司、华融证券股份有限公司、华融国际信托有限责任公司、华融置业有限责任公司、华融致远投资管理有限责任公司、华融渝富股权投资基金管理有限公司，形成了以资产经营管理为主，以证券、租赁、信

2009中国华融之夜音乐会

中国华融之夜音乐会在人民大会堂成功举办

中国华融领导考察奇瑞汽车机器人作业

华融
ARONG

托、投资为依托的综合性金融服务体系，可以依托辐射全国的30家分支机构和多元化的业务平台，发挥综合优势和协同效应，为客户提供一揽子多项金融服务，满足客户多样化的服务需求。

中国华融高度重视企业品牌建设和企业文化建设，以“稳健、和谐、创新、发展”的企业文化内涵为核心，以“华英成秀、融通致远”为理念，着力打造中国华融品牌，提升企业软实力，推动中国华融商业化转型发展战略目标的顺利实现。

中国华融领导主持召开2010年成都片区工作调研会

电话：（010）59618888

传真：（010）59618000

地址：北京市西城区金融大街8号

邮编：100033

http：//www.chamc.com.cn

中国华融工作会议在金融街新办公大楼隆重召开

中核集团中核财务
CNNC FINANCE

中核集团中核财务有限责任公司成立于1997年，是由中国核工业集团公司等26家股东单位共同出资成立的非银行金融机构，注册资本12.6亿元，现有员工50余名。公司主营业务为结算业务、信贷业务、有价证券投资、咨询服务等。

截至2009年底，公司资产总额188.1亿元，2009年实现各项收入6.7亿元，利润3.3亿元。

在2007年，公司制定了6C6S战略，财务公司要发展成为集团的六个中心（6C）：结算服务中心、融资

中核财务团队融合拓展
狼旗拓展承办

充满激情的年轻团队

维07年之后财务公司08年又获“经济发展突出贡献奖”的殊荣

来之不易的荣誉

2009年集团化融资合同签约仪式

地址：北京市西城区三里河南四巷1号

邮编：100045

有限责任公司

MPANY, LTD

服务中心、资本运作服务中心、咨询服务中心、理财服务中心、资金安全服务中心；通过发挥财务公司的金融功能与作用，助推实现（6S）：以加快集团产业发展速度，扩张集团产业发展规模，调控集团运营范围，优化集团产品与服务结构，发挥集团产融协同效应，构筑集团竞争优势。

在6C6S战略指引下，公司以专业化产品和服务支持集团化运作，助推集团发展，为集团、员工、社会创造财富。

董事长和第四届公司领导班子合影

真诚相伴15年

北京银行成立于1996年1月，秉承“为客户创造价值，为股东创造收益，为员工创造未来，为社会创造财富”的神圣使命，倡导“真诚所以信赖”的服务理念，依托中国经济持续快速发展的大好形势，不断实现发展重大跨越，成为中国银行业知名品牌。

进入新时期，北京银行陆续实现一系列发展突破：2004年成功更名为北京银行；2005年引入国际知名的ING集团和国际金融公司作为境外投资者；2006年实现跨区域经营，目前已在天津、上海、西安、深圳、杭州、长沙以及南京等地设立分行，发起设立延庆村镇银行，并成立香港代表处；2007年在上海证券交易所挂牌上市，成为一家公众持股银行；2009年，被国务院列为首批投资保险公司试点银行；2010年，发起设立国内首家消费金融公司。截至2011年6月末，北京银行资产总额超过6 000亿元，各项指标均达到中国上市银行优秀水平，实现了规模与结构、速度与质量的均衡协调可持续发展。

在英国《银行家》杂志2010年新公布的全球1 000家大银行排名中，北京

24小时客户服务中心：(010)96169

行按一级资本排名第155位；在亚洲行竞争力综合排名中位居第13位，在国银行业位居第7位；在2010年中国值品牌排行榜上，北京银行排名中国行业第9位，且北京银行股票已进入深300指数，成为北京市首家市值超千亿元的上市公司。

凭借优异的经营业绩和优质的产服务，北京银行赢得了社会的高度赞，近年来先后荣获年度优秀城市商业行、年度优秀区域性银行，全国文明位、中国优秀城市商业零售银行、009年度亚洲十大上市银行等称号。

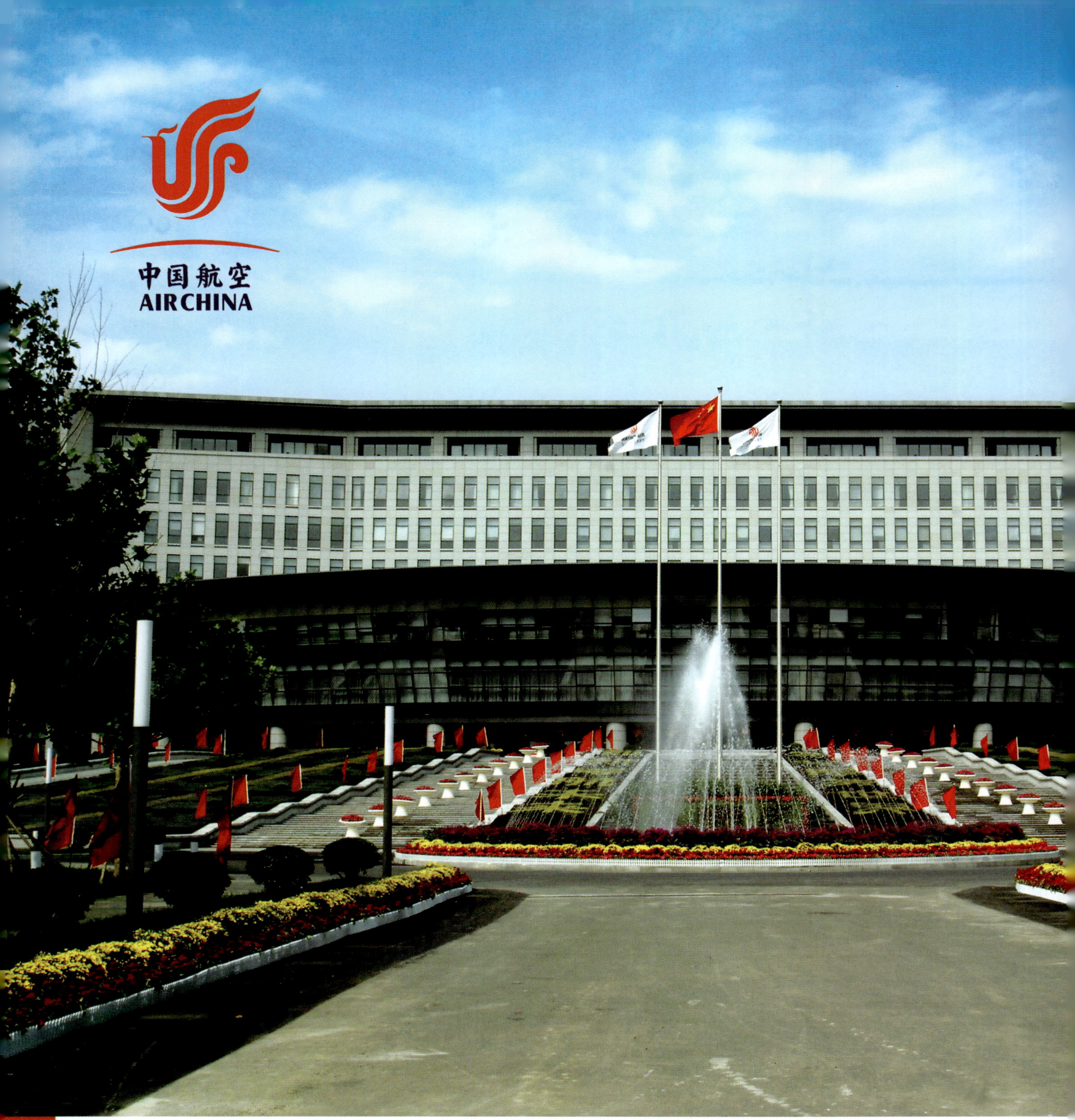
中国航空
AIR CHINA

AIR CHINA CARGO

波音747飞行

总经理孔栋慰问安全年机组

VIP

党组书记王银香与乘务员交

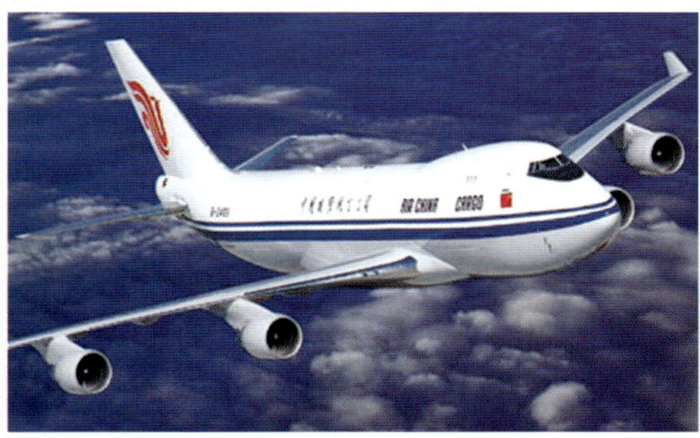

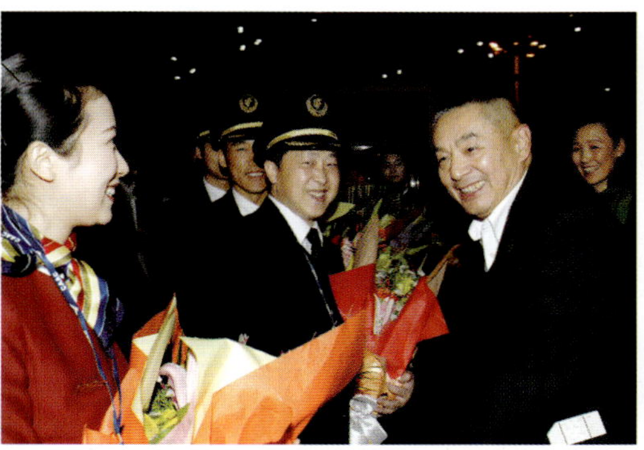

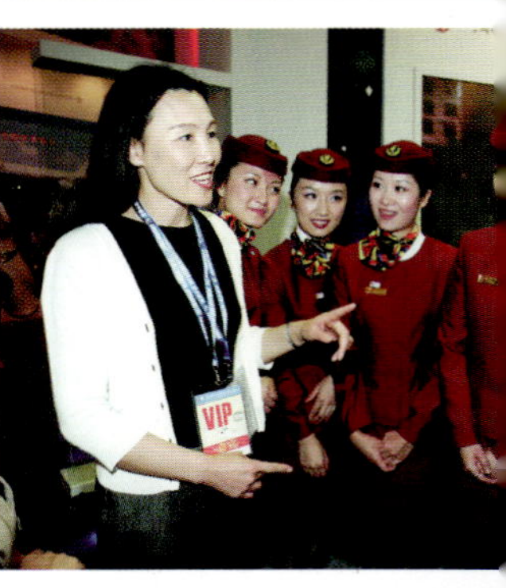

办公楼外景

实现2009飞行安全年

中国航空集团公司
China National Aviation Holding Company

中国航空集团公司是以中国国际航空公司为主体，联合中国航空总公司和中国西南航空公司等企业，组建的大型国有航空运输集团公司，是经国务院批准、国家授权的投资机构和国家控股公司，2002年10月11日正式成立。

中国航空集团公司发展目标是要成为具有国际竞争力的航空运输产业集团。目前，公司拥有包括中国国际航空股份有限公司等二级子公司8家，三级子公司51家。经过7年来的深化改革发展，公司已发展成为一个以航空运输业为核心、以高相关产业为协同的综合性航空运输产业集团。经营业务涵盖航空运输、飞机维修、地面服务、航空货运与航空物流、机场管理、金融理财，以及航空旅游、酒店管理、客货销售代理、基本建设、传媒与广告、进出口、航空设备制造、物业管理、免税品销售等相关产业。截至2009年底，集团员工总数近5万人，总资产1 195亿人民币。

电话：（010）84488888

传真：（010）84475400

地址：北京市朝阳区霄云路36号国航大厦

邮编：100027

歼十飞机

中国航空工业集团公司（简称“中航工业”）是由中央管理的国有大型企业，2008年11月在原中国航空工业第一、第二集团公司基础上重组整合而成立。中航工业实行母子公司管理体制，设有防务、运输机、发动机、直升机、机载设备与系统、通用飞机、航空研究、飞行试验、贸易物流、资产管理等18个产业板块，下辖近200家企事业单位，拥有21家上市公司，其中A股18家，香港H股2家，红筹股1家。员工近40万人，其中两院院士16人，享受政府津贴专家2 799人。

截至2009年末，中航工业资产总额近4 000亿元。2009年实现销售收入，全年实现营业收入1 910亿元，同比增长14.4%；利润（收益）97亿元，同比增长32.2%。中航工业成功跻身2009年《财富》世界500强，位居第426位。

中国航空工
Aviation Industry

AVIC

直九武装型编队

电话：（010）65665922
传真：（010）65666518
地址：北京市朝阳区建国路128号中航工业大厦
邮编：100022

走向世界的新舟60

业集团公司

oration Of China

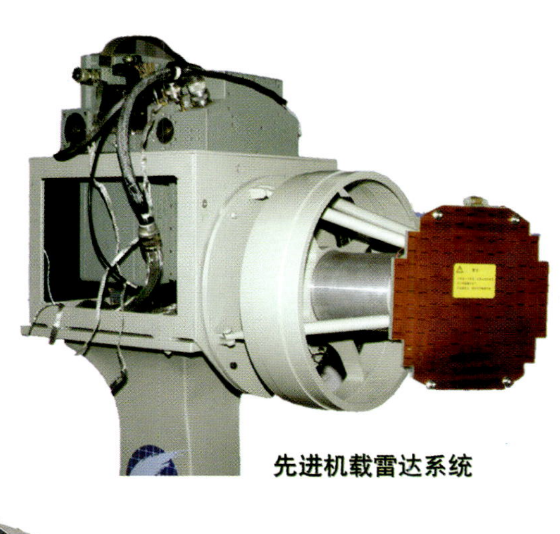
先进机载雷达系统

OOOK－秦岭发动机（FWS9）

歼八空中加油

飞豹出师

中航工业沈阝

所长 赵 民

党委书记 褚晓文

中航工业沈阳飞机设计研究所隶属于中国航空工业集团公司防务分公司，坐落于沈阳市西郊，始建于1961年8月，是新中国成立后建立的首个飞机总体设计研究所。建所以来，为加强国防建设和振兴航空工业做出了突出贡献，被誉为中国“歼击机设计研究的基地”和“航空英才的摇篮”。

研究所主要从事飞机总体设计研究、机载电子设备、软件和机械设备等研发、信息化系统及网络技术和继续教育与专业培训等工作。拥有总体、气动、结构、强度、电子、控制、保障等涵盖了飞机设计、试验验证和技术支持的完整专业体系，具有飞机控制工程综合、电子模拟仿真等20多座试验室，出色地完成了多个国家重点装备项目，为国防建设做出了突出贡献。

敬业诚信

飞机设计研究所

研究所一直注重科技创新，以航空前沿技术为牵引，培养造就出了一支以5名院士为领军人物的高水平设计研发团队，并为中国航空工业发展建设输送了近千名科技和管理干部。

飞机景观

研究所技术力量雄厚、科研手段齐备、设计经验丰富、学术作风严谨、管理方法科学、科技成果丰硕，先后荣获国家科技进步奖特等奖3项，国家科技进步奖一等奖1项，省、部科技成果奖500余项。

研究所开展了卓有成效的思想与文化建设工作，先后荣获航空工业创建55周年重大贡献单位、国家质量管理奖、中国学习型组织示范基地、中国企业文化建设实践创新奖、全国企业文化建设先进单位、中央企业先进集体、辽宁省思想政治工作先进单位、辽宁省精神文明建设先进单位、沈阳市先进单位等荣誉称号。

在新的历史时期，全所干部职工以中国航空工业集团公司“航空报国，强军富民”宗旨为指导，践行“敬业诚信，创新超越”理念，按照“两融，三新，五化，万亿”战略，持续推进研究所全面建设发展。

电话：（024）86368601

地址：辽宁沈阳市皇姑区塔湾街40号

邮编：110035

创新超越

飞机设计研究所

ESIGN & RESEARCH INSTITUTE

西安航空发动机

中航工业西安航空发动机（集团）有限公司（简称“西航”）建于1958年8月1日，是中国大中型军民用航空发动机研制生产重要基地。现有员工13 000多人，拥有国内外先进的加工和计测设备7 000余套，形成了以航空产品为主导，国际航空零部件生产、非航空民品和第三产业共同发展的多元化格局。2008年，西航实现了主营业务整体上市，是中国航空动力装置首家整体上市公司。

半个世纪以来，西航经历了从涡喷到高推比新型涡扇发动机、从一代到四代发动机、从陆用到舰用发动机、从航空到航天航海动力等中国各类大中型航空发动机的研制生产，还开发研制出了一大批涉及冶金、纺织、石化、能源、电力、医疗、食品等行业20多个类别的民用产品。先后荣获全国五一劳动奖状、中国明星企业、国家机电产品出口先进单位、国家863CIMS应用示范企业、全国用户满意服务单位、中国航空工业创建四十周年重大贡献单位、陕西省质量效益型先进企业、省级文明单位、全国企业文化建设优秀单位奖等多项殊荣。

西航凭借已有实力，先后与英国罗罗、美国通用电气、普惠、联信、加拿大普惠、法国斯奈克玛等世界著名航空发动机制造商建立了长期稳固的战略合作关系，成为数家外国发动机制造公司的近百种零件的海外指定供应商。

电话：（029）86151888

传真：（029）86614019

地址：陕西西安市未央区凤城十路

邮编：710021

集团）有限公司

发电机

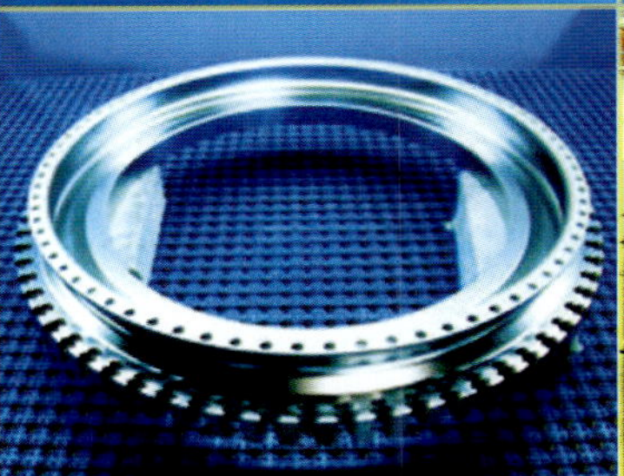

上市

红旗广场

与普惠公司盘类项目长期协议签订暨生产线启动仪式

浙江大东南

ZHEJIANG GREAT S

集团有限公司

HEAST GROUP CO.,LTD

中国制造业500强企业——浙江大东南集团有限公司是目前国内大型的塑料制品生产基地之一。公司创办于1975年，座落于西施故里浙江省诸暨市，目前已发展成为中国塑料包装制品行业龙头企业、全国行业排头兵企业、国家重点高新技术企业。

公司主要从事国家发改委重点扶持的高科技项目可降解再利用新型塑料包装系列产品的设计、开发、生产、销售及经营进出口业务。公司先后从日本、德国、意大利等国家和地区引进了一系列具有国际先进水平的技术装备，核心主导产品可广泛用于烟草、食品、药品、轻纺、化妆品、印刷、礼品包装、粘胶带等众多商品包装领域及水稻塑料育秧盘、农产品覆盖膜、可降解塑料餐具等塑料制品，产品远销30多个国家和地区，并形成了一定的竞争优势，其商标和产品均被认定为“中国驰名商标”和“中国名牌产品”。

先进的工艺流程和一流的生产设备，公司历经30多年的技术创新之路，依托在管理、科研、技术、人才等方面的雄厚实力，将使大东南从做大做强向做精做优迈进，真正成为行业的引领者，为我国现代塑料包装行业的快速、持续、健康发展作出更大的贡献。

电话：（0575）87091790　　传真：（0575）87091508
地址：浙江诸暨市璜山镇建新路88号　　邮编：311809
http：//www.chinaddn.com

CUC

紫光化工

UNIS CHEMICAL

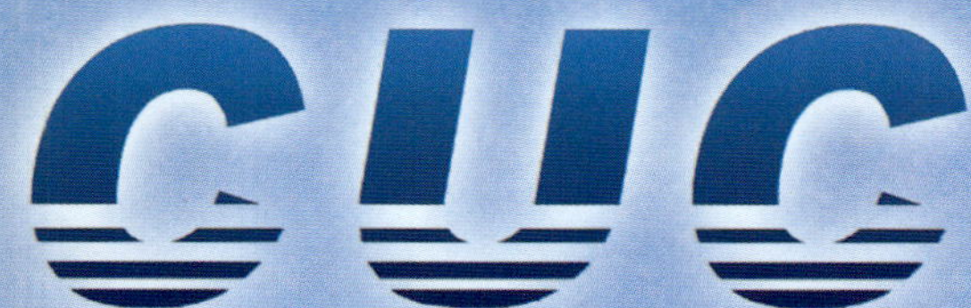

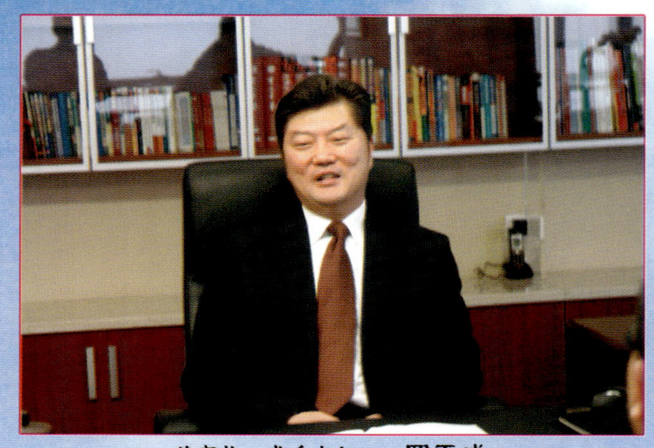

董事长、党委书记　罗玉成

重庆紫光化工股份有限公司由重庆化医控股（集团）公司、江苏泰丰化工有限公司等股东发起设立，主营氢氰酸及其衍生物的研发、生产和销售，成立于2000年12月。公司由“三个一”（一个停产车间，一千万元资金，一项中试技术）起步，经过9年来的快速健康发展，已建设成为规模、技术、成本具国内前茅的天然气精细化工生产基地。现有员工3 300余人，资产总额30亿元，拥有13家分、子公司，在重庆永川、长寿、涪陵、丰都、潼南和内蒙古阿拉善等建有六大生产基地，占地面6 600亩，天然气可用资源量近3亿方/年，形成了集团化经营构架。2001—2009年，公司资产总额年均增长108.0%，销售收入年均增长69.0%，利税年均增长90.0%。

公司通过ISO 9001国际质量体系、ISO 14001环境管理体系、OHSMS 18001职业健康安全管理体系认证。从2003年起，公司连续6年被评为重庆工业50强企业；从2004年起，连续5年被评为重庆企业100强和中国化工500强企业；2007年，公司被评为重庆市十大创新型企业、重庆市文明单位；2008年荣获重庆十佳学习型企业称号和重庆市五一劳动奖状；2009年荣获全国企业管理现代化创新成果一等奖。

地址：重庆市北部新区高新园
星光大道70号天王星A座
邮编：401121

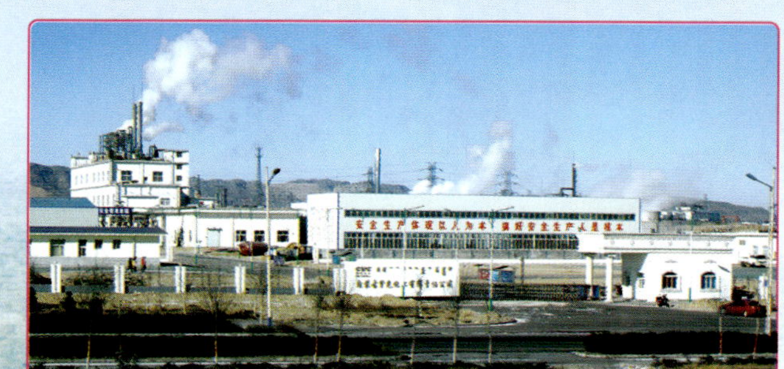

内蒙古阿拉善生产基地

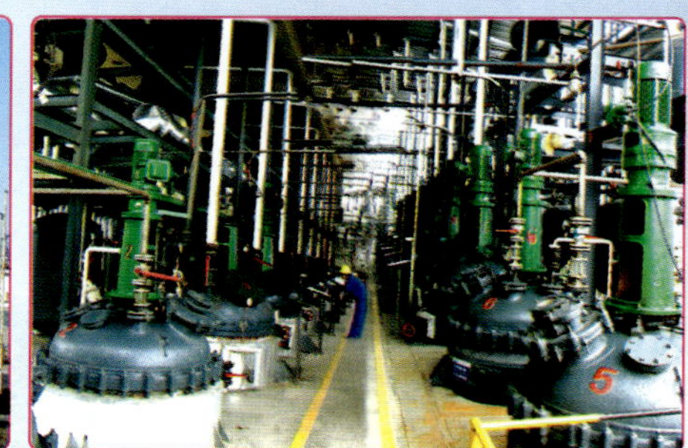

出口产品DHP生产线

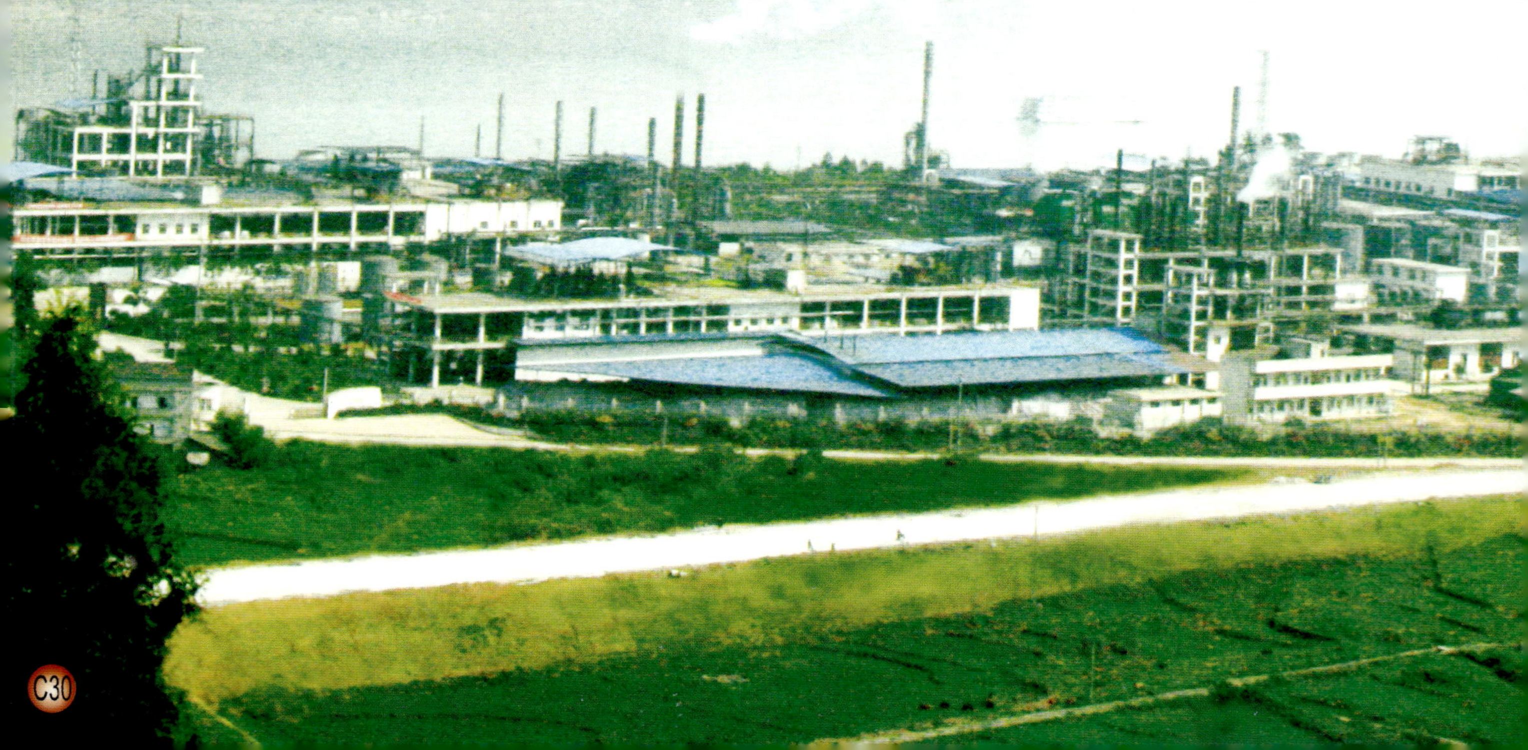

恒丰银行
Evergrowing Bank

恒丰银行股份有限公司是经中国人民银行批准成立的全国性股份制商业银行。系在原1987年成立的烟台住房储蓄银行基础上经增资扩股、更名改制而来，总部设在烟台。已在烟台、青岛、济南、南京、杭州、成都、重庆、福州等地共设有99个分支机构，是中国500强企业。至2010年6月末，资产规模2 396亿元，各项存款2 078亿元，各项贷款1 024亿元，资本利润率26.1%，不良资产率仅为0.4%。各项监控指标优良率，位居全国商业银行前列。先后获得中国极具社会影响力品牌企业、中国优秀企业、中国维护消费者权益诚信服务满意单位、全国青年文明号、全国巾帼文明岗、中国金融企业慈善榜·银行业突出贡献奖、山东省文明单位、山东省服务业先进单位、山东省诚信纳税企业等近100项地市级以上荣誉称号。

董事长　姜喜运

新建成的年产550万吨常减压装置

大丁苯装置满负荷生产运行，保障市场供应

中国石油天然气股份有限公司
兰州石化公司

中国石油天然气股份有限公司兰州石化公司是集炼油、化工、装备制造、工程建设、检维修及矿区服务为一体的大型综合炼化企业，是中国西部重要的炼化生产基地，能源战略地位非常突出。公司现有权属土地总面积27.8平方公里，总资产240亿元，年营业收入600亿元左右。截至2009年底，累计加工原油1.8亿吨、生产乙烯545万吨，累计上缴税费268亿元，2009年成为甘肃省首家纳税超百亿元企业。

公司秉承中国石油“奉献能源，创造和谐”的宗旨，继承“大庆精神”和“铁人精神”的优良传统，发扬“自强不息，艰苦奋斗，敢为人先，超越自我”的精神和“高严细实”的作风，坚持以人为本的价值理念，积极推进科学管理、和谐管理，使企业的管理基础不断夯实，组织凝聚力不断增强，企业发展能力不断提高，先后荣获全国勤俭办企业五面红旗、国家质量管理奖、全国企业管理优秀奖、全国五一劳动奖状、全国设备管理优秀奖、全国环境优美工厂、全国思想政治工作优秀企业、全国基层先进党组织等100多项国家及省部委荣誉称号。

电话：（0931）7933707

地址：甘肃兰州市西固区玉门街10号

邮编：730060

建设国际一流能源公司

——中国海洋石油总公司总经理 党组书记傅成玉

中国海洋石油总公司（简称“中海油”）2009年国内油气产量将突破5 000万吨，这相当于建成一个“海上大庆”油田。这个成绩的缔造者，正是在国内外特别是国际海洋石油行业享有较高声望和影响力的中海油总经理、党组书记傅成玉。

傅成玉一直致力于建设国际一流能源公司。从2003年到2009年，中海油销售收入从521亿元上升到2 218亿元，增长了325%；利润总额从144亿元增加至520亿元，增长了261%；总资产从1 167亿元上升到5 247亿元，增长了350%；净资产从676亿元增加至3 240亿元，增长了379%；用总资产和净资产衡量，相当于用6年时间再造了将近4个中海油。

在傅成玉的带领下，中海油不仅实现了快速的增量式发展，而且实现了产业结构优化。在产业布局上，完成了从上游到中下游一体化的跨越，使公司从一个纯粹的上游公司发展成为上中下游一体化的全产业链公司；在作业能力上，实现了从浅水到深水的跨越，在深水技术、装备、人才等方面开展了卓有成效的工作，为开发深水油气资源打下了坚实基础；在经营领域实现了从国内到国际的跨越，公司在全球近20个国家和地区进行勘探开发作业，全球布局和作业能力全面提升，截至2009年底，公司在海外14个国家拥有原油地质储量超过5亿吨。

中海油在能源生产结构上，实现了从传统能源到传统能源与新能源相结合的跨越。公司在海上风电、煤基清洁能源、电动汽车能源及生物质能等领域实现了良好开局，为构建清洁、低碳、多元的新型能源生产体系打下了基础。

傅成玉战略管理能力更令人称道，他遵照科学发展观精神提出的“协调发展战略、科技领先战略、人才兴企战略、低成本战略”和“三个坚持”、“三个统筹”及“正确处理九大关系”的发展策略，为中海油近年来的高效高速发展起到了重要的领航作用。

傅成玉致力于实现企业管理的国际标准和中国特色的有机结合，探索形成了“专业化发展、市场化运作、差异化竞争、集团化管理”的管理模式，打造了独具特色的竞争力结构，使中海油在高度国际化且竞争异常激烈的行业领域中始终保持强劲的成长性。

“立足整体搞活公司国有资产，立足提高集团综合竞争力，秉承全体员工与企业共同发展”的理念一直被傅成玉提及并实践，他带领团队推进公司改革，完成了存续企业的改革，实现了传统国有企业向现代企业制度的转变；傅成玉高扬“红色管理”文化，努力从国有企业的优良传统中挖掘管理资源，不断将国有企业的政治优势、组织优势和制度优势转化为公司的核心竞争优势，取得良好成效。

强烈的社会责任感在傅成玉身上得到了体现。他带领公司大力开展环境保护工作，积极投身全球应对气候变化的共同行动，积极开展扶贫济困等社会公益活动。2008年，傅成玉曾被人民网授予“最具社会责任企业领袖”称号。

中国现代银行家典范

——招商银行行长　首席执行官　党委书记马蔚华

从插队知青到体制内勤勤恳恳的干部，再到中国最令人瞩目的商业银行的掌门人，马蔚华以其领导的高效率、管理的创新以及良好的公关形象，为世界提供了一个中国现代银行家的典范。

马蔚华将国际先进经验、中国传统文化与中国国情、招商银行实际紧密地结合起来，创造性地提出了一系列经营管理思想与理念，并卓有成效地付诸实施。

马蔚华为招行打造了很多亮点，比如清晰的零售银行战略、发达的信用卡业务以及完善的IT服务平台。

马蔚华一直强调，管理决定发展，未来中国银行业的竞争，归根结底是管理的竞争，管理素质将成为决胜因素。他与管理层一起经过深思熟虑之后提出了“早一点，快一点，好一点”的战略指导思想，以超前的思维和眼光，制定了“业务网络化、资本市场化、发展国际化”三部曲及二次转型的五大战略。11年来招行持续高速成长的事实证明，这一战略是正确有效的。

马蔚华高度重视管理思想的创新，总结提炼了“因您而变，因势而变”，“效益、质量、规模协调发展思想”，“理性地对待市场，理性地对待同业，理性地对待自己”，“正确处理管理与发展、收益与风险、长远利益与短期利益、股东客户和员工利益、制度建设与文化建设五大关系”，“变规模导向为价值导向”等“十变”的新理念，并在全行不遗余力地宣导，使招商银行始终保持创新活力。

马蔚华于2004年在国内同行业中率先提出并推动实施了经营战略调整，通过大力发展零售业务、中间业务和中小企业业务，加快推进资产结构、负债结构、客户结构和收入结构的调整步伐，推动招行走较低资本消耗、较高经营效益的发展新路子。

马蔚华认为，要不断颠覆传统理念，只有理念更新了，才能自觉接受新的制度和方法。

2008年，在金融危机风暴眼中，招商银行在国际化之路上留下了两座载入史册的里程碑——纽约分行的开业和收购香港永隆银行。纽约市市长彭博称赞，招行纽约分行开业对于华尔街来说就像是冬天里的春风；英国《金融时报》评述：“对大多数中国的国有银行而言，（招行收购永隆）这个案例并不具备可复制性。”

2009年，为有效应对国际金融危机以及资本约束不断加强、利率汇率市场化加速推进、脱媒态势日趋显现的严峻挑战，马蔚华针对招行经营管理存在的突出问题，及时提出在深入推进经营战略调整的基础上，加快转变经营方式，全面实施二次转型，将以发展零售业务、中小企业业务以及非利差收入业务等三大重点来完成该行经营战略转型，促进业务发展由主要依靠增加资本、资源消耗转向主要依靠管理提升、科技进步和劳动者素质提高上来，推动招行真正走上集约化经营的道路。

他还将企业社会责任纳入全行战略范畴，组织开展了对云南永仁、武定两县的10年定点帮扶工作，热情参与社会救灾，在30余所高校设立奖教、奖学金，热心参与各种公益社团组织，带领招商银行成为负责任的企业公民。

从技术专家到管理专家

——中国石化集团北京燕山石化公司董事长 总经理王永健

王永健执掌中国石化集团北京燕山石化公司（简称“燕山石化”）5年成绩斐然：燕山石化累计加工原油5 377万吨，生产乙烯481万吨，实现销售收入3200亿元，利润72亿元，税金228亿元。2010年1月，燕山石化又成为工信部批准的首批“国家新型工业化产业示范基地”。

燕山石化是我国建厂最早、规模最大的现代石化企业之一，为中国石化工业的发展做出了有益的探索和实践。

善于学习的王永健深刻地认识到，随着首都资源环境约束的加大和我国石化工业布局调整的加快，燕山石化面临如何生存和发展的严峻考验。他提出了新的发展思路：“产品特色突出、技术实力雄厚、管理科学规范、员工素质优良、文化独特鲜明、发展持续稳定”，坚持走“资源节约型、环境友好型、科技创新型、本质安全型”的发展道路，推动了企业又好又快发展。

王永健是技术创新体系的追崇者。依托老炼油基地实施升级改造，燕山石化建成中国首个千万吨级欧Ⅳ标准油品生产基地，兑现了北京向国际奥委会的郑重承诺。5年间油品质量实现三次大跨越，走完了发达国家十几年的油品升级之路。燕山石化重视自主创新，优化产品结构，丁基橡胶、苯酚丙酮、1-己烯等国内“独一无二”、“数一数二”的产品顶替进口、旺销全国，成功开发出“神舟”飞船、海军新型舰艇专用材料和奥运“鸟巢”座椅材料。

王永健是清洁生产、节水减排、节能环保的推动者。燕山石化实现了化工区空气质量连续3年好于北京城区的历史性转变。2007年、2008年二级和二级以上天数均比北京城区多5天，2009年多10天，以事实扭转了人们对石化行业“高污染”的传统印象，燕山地区成为“国家卫生区”。

远见者深谋。王永健积极争取上级支持，协调各方，先后打通了从天津和曹妃甸至燕山的两条海上原油通道，建成1 800万吨/年的长输管道，使燕山石化可以利用国际国内两个市场的原油资源，目前进口原油已占总加工量的一半以上。同时建成环北京六环路和直达首都机场的三条成品油（汽油、柴油、航空煤油）输送管道，使北京地区有了安全可靠、无污染、全天候、大运量的油品运输骨干管网。这是我国第一条环城成品油输送管道，使吨油运输成本降低了64.0%。

王永健敏锐把握国际技术创新和产业转移以及北京建设世界城市的新趋势，坚持“核心技术自主化、高端产品国产化”方针，积极推动合资合作和产业升级。

2004年以来，王永健带领全体员工探索出一条符合首都区位特点和石化产业发展趋势的科学发展之路。2009年与2004年比，燕山石化原油加工量提高38.0%，而工业用新鲜水总量下降46.0%，外排污水总量下降77.0%，万元产值能耗下降39.0%。

打造全球化企业

——长沙中联重工科技发展股份有限公司董事长 首席执行官 党委书记詹纯新

由借款50万元起步到发展成为总资产达278亿元的跨国企业，并跻身全球工程机械企业前20强，长沙中联重工科技发展股份有限公司（简称“中联重科”）用了18年。在这18年里，公司董事长詹纯新带领他的团队完成了科研院所转制，不断进行企业管理创新，并卓有成效地实施全球化战略，为企业发展作出了许多开创性的贡献。

在始于20世纪80年代末的国家科技体制改革大潮中，时任长沙建设机械研究院副院长的詹纯新带领7名员工借款50万元，创立了中联重科，开始了探索应用型研究院市场化生存发展的新路径。在这一过程中，詹纯新提出了“科技产业化、产业科技化”的理念。“科技产业化”，是指把科技成果转化为生产力以产生社会经济效益；“产业科技化”，是指用高新技术提升传统的工业产业，推进行业技术进步，最终达到全行业的科技化、集约化发展。

通过持续的体制改革，詹纯新领导中联重科完成了从研究院到国有企业、股份制公司、跨国公司的转变。2009年，公司营业收入300多亿元，利税40多亿元。事实证明，詹纯新探索出了一条成功的科研院所“科技产业化”并带动全行业“产业科技化”的道路。

詹纯新将中联重科的企业文化理念归结为“至诚无息，博厚悠远”，以此为基点，逐步形成了由“一元、二维、三公、四德、五心、六勤、七能、八品”构成的企业文化体系。中联文化不仅成为企业跨国运营内在凝聚力的源泉，而且成为企业获得全球公信力的源泉。

詹纯新确立了中联重科适应国际化发展的事业部模式，詹纯新用“50字管理方针”驾驭全局：管理的总体思路是“点控线，线联面，线面贯通，点面互动”；职能部门的管理原则是“整合资源、目标管理、过程监控、服务协调”；事业部的运行规则是“人、财、物、产、供、销、分配相对独立；集中决策、自主经营”。

实行事业部制3年后，詹纯新又构建了“四强一弱”的管理体系，即强化总部管理团队、内控体系、战略规划体系、投融资体系和弱化营运体系，保证了企业运营的透明、灵活、高效和可控，为中国企业建立跨国运营构架提供了经过实践考验的制度体系。

詹纯新领导中联重科经历了9次跨地域、跨国界的并购整合，都取得了显著成果。其中2003年对浦沅集团的重组并购和2008年对意大利CIFA的收购，规模之大、整合之难为中国工程机械发展史上所罕见。詹纯新带领管理团队，以核心价值观和企业文化的认同为基础，以无形资产激活有形资产，在潜移默化中实现融合与协同，使9家先后加盟中联重科的企业重新焕发生机，被业界誉为重组并购的“中联模式”。

根据行业发展规律和企业特点，詹纯新提出中联重科的发展战略是“裂变+聚变=全球化”。持续的裂变和聚变，形成多个跨国事业部，打造全球化企业。2008年，中联重科并购意大利CIFA公司的聚变，使中联重科牢牢占据了混凝土机械全球第一的位置。

詹纯新认为，企业超越利润而存在是一种至高的境界。在他的倡导下，每年7月，中联重科都会组织“爱心改变命运”活动，一大批贫困学子因此得以梦圆大学；在2008年抗震救灾中，詹纯新连夜指挥中联救援队入川，是第一支到达震中的大型机械化救援队。目前，中联重科为公益事业累计投入已超亿元，在承担企业公民的社会责任方面起到了模范作用。

创新发展成就一流企业

——国家开发投资公司总经理　党组书记王会生

“创办一流投资企业，运用一流管理手段，创造一流经营业绩，实现一流投资控股公司发展目标。”王会生用四个“一流”来概括自己的理想追求。

2003年1月，王会生走马上任，担任国家开发投资公司（简称“国投”）党组书记、总经理，彼时的国投总资产为733亿元。接过了国投领导重担的王会生开始“二次创业”，他定出如下目标：10年内公司有效资产和效益实现翻番，5年内成为国内一流的投资控股公司，10年内成为国际一流的投资控股公司。

王会生认为，国投必须找准定位，必须坚持投资控股公司发展方向，必须有自己独特的运作模式。

2003年，王会生亲自主持进行《新体制下国有投资控股公司的运作模式》的课题研究，提炼出投资控股公司的运作模式，即“资本经营”、“阶段持股”、“投融结合”。

王会生带领公司员工按照“阶段性持股”的经营理念开展资本经营，通过“股权投资—股权管理—股权经营”，实现了国有资产保值增值。

由于锐意创新，国投及其投资的企业连续7年获得国家级企业管理创新成果奖。以王会生为主创人的《大型国有投资控股公司的资本经营》，获得第十届全国企业管理现代化创新成果一等奖。

在王会生的带领下，国投制定了构建实业、金融服务业和资产经营“三足鼎立”的业务框架，实施区域发展战略、协同发展战略、节能环保新能源战略、“一流”战略和“走出去”战略。在中西部地区和国家重点发展区域投资基础性、资源性和高科技产业，发挥投资控股公司在国民经济发展中的投资导向作用，促进国有经济合理布局和结构调整。

对待每一个项目的投资决策，王会生都极其慎重。国投构建并实施了科学完善的投资决策体系和流程，从投资项目的选择、评估、决策到实施，进行流程控制。王会生多次强调要加强风险防范，尤其要防止现金流风险。

王会生适时调整投资节奏，加大结构调整。他还提出：“要舍得破釜沉舟，果断处理坛坛罐罐。”国投开始进军节能环保和新能源领域，打造“煤—电—港—航”产业链，进行全面风险管理，保持公司平稳健康发展。

王会生针对投资控股公司涉及的行业和领域多、情况差别大等特点，适时改革公司组织机构、明确管理关系，建立以资本为纽带的母子公司管理体制，实施“集团化、专业化、差异化”管理，将对投资企业的管理内容分解为若干管理要素，确定不同的管理要素分别由总部、子公司和投资企业进行管理，在总部、子公司和投资企业三个层级之间建立起分工合理、职责明确，又相互配合、清晰有序的管理体系。

王会生认为，企业管理的核心是人的管理。他把人看做企业的黄金资本，从岗位管理入手，设置“管理职务序列”和“专业职务序列”两条发展通道，设计了与企业长远发展目标相适应、满足不同人才成长需求、激励员工多做贡献的职业生涯管理体系，构建了员工职业生涯发展平台。

截至2009年底，国投资产总额已经达到2 096亿元，实现利润55亿元，分别是二次创业之初的2.9倍和6.5倍，连续5年获得国务院国资委经营业绩考核A级，在中央企业第一任期考核中被评为“业绩优秀企业”。

NEW RECORD OF CHINESE ENTERPRISES

中国企业新纪录

第十四批中国企业新纪录二十项重大项目

中国企业新纪录审定委员会

2009年11月7日审定通过

1. 中国运载火箭技术研究院自1996年以来连续成功发射长征系列运载火箭50次，创中国航天事业新纪录。

新纪录创造人：中国运载火箭技术研究院

推荐单位：中国国防科技工业企业管理协会

2. 大亚湾核电运营管理有限责任公司截至2008年12月31日，运营的大亚湾核电站1号机组（压水堆）安全运行2 355天，创国内同类型核电站单机组安全运行时间最长新纪录。

新纪录创造人：大亚湾核电运营管理有限责任公司

推荐单位：中国电力企业联合会中国水利水电建设集团

3. 上海超级计算中心2009年6月曙光5 000A—“魔方”超级计算机投入使用，“魔方”的计算能力超过曙光4 000A计算能力的20倍，可为气象、海底隧道、环保、大飞机制造、船舶、汽车、建筑、钢铁、石油天然气勘探数据分析、机电等领域提供强有力的计算服务，为城市减灾防震提供安全保障，创国内计算机运算速度最快新纪录。

新纪录创造人：上海超级计算中心

推荐单位：中国国防科技工业企业管理协会

4. 唐山轨道客车有限责任公司2008年6月24日制造的时速350千米CRH3型高速动车组，在京津城际线上试运行，最高时速394.3千米/小时，创国内铁路客车时速最高新纪录。

新纪录创造人：唐山轨道客车有限责任公司

推荐单位：中国铁道企业管理协会

5. 上海宝冶建设有限公司2005年10月—2007年2月施工的国家体育场（鸟巢）钢结构安装工程，钢结构建筑顶面呈马鞍型，主要由48榀主桁架围绕屋盖中间的开口呈放射型布置而成，主桁架与顶面及立面错落有致的次结构一起形成了“鸟巢”的特殊建筑造型，钢结构设计量4.2万吨，所有的杆件均为箱型全焊接构件，钢板厚度从10～110毫米不等，桁架柱的最大断面25米×20米，高度为67米，单榀最重达700吨，吊装单元最重达360吨，而双榀主桁架贯通最大跨度258.365米，所有构件分成吊装单元分段进行安装，下设支撑塔架，高空对接，创国内现代大型体育场钢结构工程施工技术新纪录。

新纪录创造人：上海宝冶建设有限公司

推荐单位：中国钢铁工业协会

6. 中铁二院工程集团有限责任公司设计、2008年6月建立的与全球IGS连续跟踪站联测的震区铁路坐标框架基准网，解决了“5·12”汶川大地震使震区国家三角点发生位移，无法再作为成灌、成绵乐、成兰等铁路平面控制网起算点的难题，为国内首创。

新纪录创造人：卢建康　梅　熙　程　昂　王国祥　赖鸿斌

推荐单位：中国铁道工程建设协会

7. 中国电力工程顾问集团西北电力设计院2008年3月依托晋东南—南阳—荆门1 000千伏特高压交流输电线路工程，完成了对1 000千伏单回输电线路地线运行方式和绝缘间隙的研究，2008年10月在淮南—上海输电线路工程中进一步研究了1 000千伏同塔双回输电线路上的地线运行方式，在国内首次系统开展1 000千伏级交流输电线路工程地线及OPGW运行方式、地线空气间隙、地线最小直径研究，保证了特高压输电线路的安全运行，减少地线电能损失，为国内首创。

新纪录创造人：西北电力设计院

推荐单位：中国电力企业联合会

8. 大连船舶重工集团有限公司2008年底设计建成3 000米深水半潜式钻井平台，创国内海洋工程重大装备研制新纪录。

新纪录创造人：大连船舶重工集团有限公司

推荐单位：中国船舶工业行业协会

9. 华为技术有限公司2009年7月发布LTEeNodeB商用版本，基于全球领先的、成熟的第四代基站平台开发，拥有达150兆位/秒的下行峰值速率、2×2MI鄄MO、64QAM等业界第一的无线性能，为世界首创。

新纪录创造人：华为技术有限公司

推荐单位：深圳市工业经济联合会

10. 上海船用曲轴有限公司2008年1月8日试制成功MAN公司设计的8K80MC－C曲轴，2008年7月试制成功MAN柴油机设计公司的90机曲轴，2008年10月试制成功瓦锡兰柴油机设计公司的8RT－flex68D曲轴，产品覆盖了两大低速柴油机公司缸径500毫米及以上全部规格曲轴，同年共制造曲轴70根，占全国曲轴年产量80.0%，居国内同行业首位。

新纪录创造人：上海船用曲轴有限公司

推荐单位：中国船舶工业行业协会

11. 中国第二重型机械集团公司2007年10月热负荷试车成功并投产的160MN锻造水压机，采用了预应力结构机架，板条预紧结构，可调间隙的平面导向装置，移动缸与工作台的球铰接触及滚动支承，以水压机比例伺服控制系统和可编程序控制系统为核心的新的水压机控制系统，可实现三主缸精确锻造的控制要求，对不同的锻件实现不同的速度控制和精度控制，为国内首创。

新纪录创造人：中国第二重型机械集团公司

推荐单位：中国重型机械工业协会

12. 中国石油天然气管道局2008年以EPC（设计、采办及施工）方式承建中亚天然气管道工程，项目全长1 815公里，全线采用双线大口径并行敷设方式，管径1 067毫米，钢级X70，壁厚15.9～28.6毫米，跨越土库曼斯坦、乌兹别克斯坦、哈萨克斯坦和中国4个国家，创国内企业承担国际天然气管道建设项目双管并行敷设距离最长、输量最大、管径最大、穿越国家最多的EPC总承包建设新纪录。

新纪录创造人：中国石油天然气管道局

推荐单位：中国石油企业协会

13. 齐重数控装备股份有限公司2009年自主研发的数控重型曲轴旋风切削加工中心，身长32.25米、宽12.6米、最高6.9米、重400吨，采用计算机设计手段和“五轴联动”技术，并首次应用“旋风刀架高精度定位技术”、“大载荷主轴平衡补偿技术”、“静压导轨技术”、“大切削力下高刚度技术”等技术，为国内首创。

新纪录创造人：齐重数控装备股份有限公司

推荐单位：中国机械工业企业管理协会

14. 沈阳机床中捷钻镗床厂2009年6月研制的摇臂钻床Z30100x65，主轴中心线对外柱母线最大距离增加300毫米，床跨距6 560毫米，创摇臂钻床跨距最大世界纪录。

新纪录创造人：沈阳机床中捷钻镗床厂

推荐单位：中国机械工业企业管理协会

15. 中国第一汽车集团公司2009年研发的CA6GV汽油机、CA4DD柴油机，采用全铝轻量化设计概念，具有先进的燃油经济性和超低排放水平，尾气排放满足欧V排放法规，具有2.5升、3升两种排量，能够匹配N2类轻卡、轻客以及N1类轻卡、SUV、MPV等车型，为国内首创。

新纪录创造人：中国第一汽车集团公司

推荐单位：中国机械工业企业管理协会

16. 潍柴控股集团有限公司研制并于2009年上市的“蓝擎”系列发动机，采用高压共轨技术和省油恒温扇与省油断缸技术搭配，排放指标比同类产品降低20.0%，燃油消耗率降低10.0%～15.0%，油耗降低8.0%～15.0%，达到国IV、国V排放法规的要求，为世界首创。

新纪录创造人：潍柴控股集团有限公司

推荐单位：中国机械工业企业管理协会

17. 济钢股份有限公司2007年10月研发的炼焦煤气流调湿分级一体化工艺技术，利用焦炉热废气相对湿度低、含氧量少的特点，依据对流传热和气力分级的原理，开发出炼焦煤的安全高效干燥和分级复合功能工艺，形成了调湿分级双功能工艺、大型移动隔板式流化床、智能化控制系统和煤尘回收与成型技术。该技术实施后，炼焦装炉煤的水分由8.0%～10.0%降至6.0%左右，焦炉生产能力提高4.0%～8.0%，炼焦耗热量降低5.0%～10.0%，焦炭抗碎强度改善1.0%～2.0%，每年可减少污水6万吨，净化后废气排放浓度在50毫克/标准立方米以下，为国内首创。

新纪录创造人：济钢股份有限公司

推荐单位：中国钢铁工业协会

18. 山东高速青岛公路有限公司2008年利用海水泥浆可循环性、悬浮性、粘性等优点，设计了循环海水泥浆，用于青岛海湾大桥桩基施工，降低了施工成本，保护了海洋环境，创国内桥梁桩基成孔方式新纪录。

新纪录创造人：山东高速青岛公路有限公司

推荐单位：中国交通企业管理协会

19. 中国神华能源股份有限公司神东煤炭分公司大柳塔煤矿2000年9月1日到2008年年底累计安全生产原煤12 307万吨，实现亿吨零死亡，创国内煤炭井工矿井安全生产新纪录。

新纪录创造人：神东煤炭分公司大柳塔煤矿

推荐单位：中国煤炭工业协会

20. 晶牛微晶集团股份有限公司2008年9月28日研制出浮法透明航天微晶玻璃，创浮法工艺生产透明航天微晶玻璃世界纪录。

新纪录创造人：王长林　刘卫军　贾　杰　王长兴　张春岩

推荐单位：中国建筑材料企业管理协会

第十四批中国企业新纪录

中国企业新纪录审定委员会

2009年11月7日审定通过

中国煤炭工业协会推荐

1. 神华集团有限责任公司2008年商品煤销售量达到3.2亿吨，比原有中国企业新纪录2.86亿吨增加3 400万吨，是世界最大的煤炭销售企业，创煤炭企业年销售量新纪录。

新纪录创造人：神华集团有限责任公司

2. 神华集团有限责任公司2008年生产原煤2.82亿吨，比原有中国企业新纪录2.36亿吨增加4 600万吨，创我国煤炭企业煤炭年产量新纪录。

新纪录创造人：神华集团有限责任公司

3. 中国神华能源股份有限公司神东煤炭分公司2008年

生产原煤 12 709 万吨，比 2007 年的 11 926 万吨增长 783 万吨，创国内煤炭生产原煤年产量最大新纪录。

新纪录创造人：神东煤炭分公司

4. 中国神华能源股份有限公司神东煤炭分公司 2008 年 8 月月产原煤 1 111.5 万吨，创国内煤炭月生产原煤产量最高新纪录。

新纪录创造人：神东煤炭分公司

5. 中国神华能源股份有限公司神东煤炭分公司 2008 年 3 月 13 日日产原煤 37.22 万吨，创国内煤炭日生产原煤产量最高新纪录。

新纪录创造人：神东煤炭分公司

6. 中国神华能源股份有限公司神东煤炭分公司 2008 年生产原煤 12 709 万吨，百万吨死亡率为零，创国内煤炭安全生产新纪录。

新纪录创造人：神东煤炭分公司

7. 中国神华能源股份有限公司神东煤炭分公司大柳塔煤矿 2008 年累计生产原煤 2 120.39 万吨，创国内井工煤矿煤炭年产量新纪录。

新纪录创造人：神东煤炭分公司大柳塔煤矿

8. 中国神华能源股份有限公司神东煤炭分公司大柳塔煤矿 2008 年完成掘进进尺 64 142.4 米，创国内煤炭井工矿井掘进年进尺新纪录。

新纪录创造人：神东煤炭分公司大柳塔煤矿

9. 中国神华能源股份有限公司神东煤炭分公司大柳塔煤矿 2000 年 9 月 1 日到 2008 年年底累计安全生产原煤 12 307 万吨，实现亿吨零死亡，创国内煤炭井工矿井安全生产新纪录。

新纪录创造人：神东煤炭分公司大柳塔煤矿

10. 中国神华能源股份有限公司神东煤炭分公司上湾煤矿综采队 2008 年 8 月份生产原煤 116.4 万吨，创国内煤炭综采队月产新纪录。

新纪录创造人：神东煤炭分公司上湾煤矿综采队

11. 中国神华能源股份有限公司神东煤炭分公司上湾煤矿综采队 2008 年单机单面安全生产原煤 1 204.4 万吨，同比增长 44.4 万吨，创国内煤炭综采队年产新纪录。

新纪录创造人：神东煤炭分公司上湾煤矿综采队

12. 中国神华能源股份有限公司神东煤炭分公司榆家梁煤矿 2008 年完成 2 米以下中厚偏薄煤层的综采配套和组装调试工作，运用远程控制技术实现自动化开采，产煤量 300 万吨/年，为国内首创。

新纪录创造人：神东煤炭分公司榆家梁煤矿

13. 中国神华能源股份有限公司神东煤炭分公司与江苏中联电气股份有限公司 2008 年 8 月联合研制的矿用隔爆移动变电站，功率 6 300 千伏安，创隔爆型移动变电站功率最大世界纪录。

新纪录创造人：神东煤炭分公司 江苏中联电气股份有限公司

14. 中国神华能源股份有限公司神东煤炭分公司与煤科总院太原研究院 2008 年 5 月共同研发出的连续采煤机 EML340 型，主要适用于煤巷掘进及房柱回采，为国内首创。

新纪录创造人：神东煤炭分公司 煤科总院太原研究院

15. 中国神华能源股份有限公司神东煤炭分公司生产服务中心在榆家梁煤矿进行综采工作面（400 米）回撤时，6 天回撤总重量近万吨的大型综采设备，取得了一个小班回撤支架 27 台，一天回撤 65 台，创国内煤综采工作面回撤新纪录。

新纪录创造人：神东煤炭分公司生产服务中心

16. 中国神华能源股份有限公司神东煤炭分公司 2008 年生产原煤 12 709 万吨，全年万元产值总能耗为 0.329 吨标准煤/万元，创国内煤炭生产万元产值综合能耗最低新纪录。

新纪录创造人：神东煤炭分公司

17. 中国神华能源股份有限公司布尔台煤矿 2006 年 5 月 1 日破土动工，2008 年 3 月 15 日试生产成功，设计能力 2 000 万吨/年，工期 22 个月，创国内同类矿井建设速度最快新纪录。

新纪录创造人：布尔台煤矿

18. 中国神华能源股份有限公司神朔铁路分公司 1996 年 7 月 1 日—2009 年 6 月 15 日，累计完成货运量 88 453.6 万吨，实现连续安全运输生产无重大、特大安全责任事故 4 617 天，创国内大运量重载铁路安全运行周期最长新纪录。

新纪录创造人：神朔铁路分公司

19. 中国神华能源股份有限公司神朔铁路分公司 2008 年采用 SDH 系统，将多路 MPEG－2 数字电视信号复用后传送到 2 个分前端，分前端至各车站采用双向 HFC 光纤同轴混合网络传送，传输到全线 266 公里，创铁路沿线超长距离数字电视传输的新纪录。

新纪录创造人：神朔铁路分公司

20. 中国神华能源股份有限公司神朔铁路分公司 2009 年运输任务 1.61 亿吨，图定列车追踪间隔为 11 分钟，当线上钢轨发生伤损急需更换时，在不中断行车的前提下，利用列车运行间隔时间，在 10 分钟内更换一根 25 米标准轨并开通线路，在确保行车安全的前提下，同时保证了列车的正常行车，创国内线上更换钢轨时间最短新纪录。

新纪录创造人：神朔铁路分公司

21. 中国神华能源股份有限公司神朔铁路分公司 2008 年 8 月采用 AT 中性点吸上电流比原理，通过 GPS 技术实现故障供电臂上变电所、AT 所数据同步采集，自动进行故障测距判别，实现铁路供电接触网故障测距范围最短（0～200 米），为国内首创。

新纪录创造人：神朔铁路分公司

22. 中国神华能源股份有限公司神朔铁路分公司 2002 年针对 SS4B 电力机车的特点，利用模拟控制理论，提出“状范结合”的机车检修新模式，使机车中修里程由国铁的 50 万公里延长到 60 万公里，机车辅修里程由 2.5 万～3 万公里延长到 7 万～9 万公里，为国内首创。

新纪录创造人：神朔铁路分公司

23. 中国神华能源股份有限公司神朔铁路分公司 2008 年 12 月 30 日开始执行神华铁路 2009 年列车运行图，图定列车追踪间隔为 11 分钟，创国内山区复杂线路铁路列车间隔最短新纪录。

新纪录创造人：神朔铁路分公司

24. 中国神华能源股份有限公司神朔铁路分公司2008年完成运输任务14 898.3万吨，创国内山区复杂线路铁路年运量新纪录。

新纪录创造人：神朔铁路分公司

25. 中国神华能源股份有限公司河北国华沧东发电有限责任公司2008年12月19日投运的三号低温多效蒸馏海水淡化装置，生产能力1.25万吨/天，创国内单台海水淡化装置制水能力最大新纪录。

新纪录创造人：河北国华沧东发电有限责任公司

26. 中国神华能源股份有限公司陕西国华锦界能源有限责任公司联合多家单位研制的次同步谐振动态稳定器（SSR-DS装置），于2009年3月在国华锦界电厂投入运行，该装置采用无功调制方式成功解决了串补输电的次同步谐振问题，实现了机组最大电力负荷的送出，为国内首创。

新纪录创造人：陕西国华锦界能源有限责任公司等

27. 中国神华能源股份有限公司绥中发电有限责任公司2008年5—7月在锅炉上实施的羟基乙酸复合有机酸化学清洗工艺，采用羟基乙酸、甲酸等高效清洗介质，成功解决EDTA等其他清洗工艺不能彻底清除锅炉受热内表面金属腐蚀坑（孔）内沉积物的难题。实现了清洗废液的全部回收与无害化处理，为国内首创。

新纪录创造人：绥中发电有限责任公司

28. 中国神华能源股份有限公司国华呼伦贝尔发电有限公司2009年建成的2×600兆瓦超临界双缸双排气国产化设计直接空冷火电机组，创国内2×600兆瓦超临界双缸双排气国产化设计直接空冷火电机组在高纬度（北纬49°13′）地区得到首次应用新纪录。

新纪录创造人：国华呼伦贝尔发电有限公司

29. 中国神华能源股份有限公司控股的内蒙古国华呼伦贝尔发电有限公司2009年投产的2×600兆瓦超临界燃煤发电机组，炉膛容积达28 430立方米，创国内投产600兆瓦机组炉膛容积最大新纪录。

新纪录创造人：内蒙古国华呼伦贝尔发电有限公司

30. 中国神华能源股份有限公司控股的内蒙古国华呼伦贝尔发电有限公司2009年投产的2×600兆瓦超临界燃煤发电机组，采用电厂内无储煤场及其他缓冲设施，由煤矿直接通过露天布置的单路长距离曲线皮带输送机运煤的设计方案，实现煤电联营，为国内首创。

新纪录创造人：内蒙古国华呼伦贝尔发电有限公司

31. 神华准格尔能源有限责任公司黑岱沟露天煤矿2008年利用吊斗铲，日最大倒堆93 224立方米，月最大倒堆1 825 403立方米，创国内同行业日、月倒堆方量最大新纪录。

新纪录创造人：神华准格尔能源有限责任公司黑岱沟露天煤矿

32. 神华新疆能源有限责任公司六道湾煤矿2008年实现急倾斜煤层工作面生产原煤175万吨，实际工作天数290天，平均日产6 034吨，创急斜煤层井工原煤开采产量世界纪录。

新纪录创造人：神华新疆能源有限责任公司六道湾煤矿

33. 神华新疆能源有限责任公司急倾斜煤层水平分段综放开采，2008年实现水平开采段高从12米增加到30米，回采工作而的机械化率从64.6%增加到100%。产量从254万吨/年增加到1 100万吨/年，创国内急倾斜煤层水平分段综放开采新纪录。

新纪录创造人：神华新疆能源有限责任公司

34. 神华准格尔能源有限责任公司大准铁路（大同—准格尔）2008年运送货物5 499万吨，创全国单线铁路年发送货物量新纪录。

新纪录创造人：大准铁路

35. 神华准格尔能源有限责任公司大准铁路（大同—准格尔）截至2009年6月15日，实现了无责任行车重大、大事故，安全生产5 445天，创国内单线电气化半自动闭塞铁路安全生产周期最长新纪录。

新纪录创造人：大准铁路

36. 神华准格尔能源有限责任公司大准铁路（大同—准格尔）2009年3月份发送货物573.6万吨，创全国单线铁路月发送货物量新纪录。

新纪录创造人：大准铁路

37. 神华准格尔能源有限责任公司大准铁路（大同—准格尔）2009年1月1日发送货物21.8万吨，创全国单线铁路日发送货物量新纪录。

新纪录创造人：大准铁路

38. 中煤第一建设公司第十工程处2007年12月—2008年7月承建的通化八宝煤矿副立井井筒掘砌工程，立井井筒超厚硬灰岩572.6米，井筒直径7.5米掘砌月平均成井146.5米，井深936米，基岩段荒径8.8米，壁厚650毫米，净断面44.2平方米，掘进断面60.8平方米，月平均成井146.5米，创国内斜井施工新纪录。

新纪录创造人：中煤第一建设公司第十工程处

39. 中煤第一建设公司第四十九工程处2008年11月在陕西省彬长矿区开发建设有限公司胡家河矿副井井筒施工中，冻结深度568.3米，采用了大断面基岩段全井筒冻结法施工，月进尺120米，创国内煤矿立井松软基岩全深冻结最大井径外壁掘砌施工新纪录。

新纪录创造人：中煤第一建设公司第四十九工程处

40. 中煤第一建设公司六十三工程处金源项目部2008年4月采用小直径钻爆法，在f=12~14的超厚硬岩情况下，月成井110.6米，创黄金矿山月进尺施工纪录。

新纪录创造人：中煤第一建设公司六十三工程处金源项目部

41. 中煤第五建设公司上海分公司2008年8—12月承建的华能汕头电厂二期工程高压出线跨海段，采用盐水冻结法对盾构切口前方土体进行加固，为全国首例。

新纪录创造人：中煤第五建设公司上海分公司

42. 中煤第五建设公司上海分公司2009年2月至3月在上海地铁10号线曲阳路盾构进洞水平钻孔施工中，采用管长9米的长孔口管，解决了钻机远离开钻面的防涌水、涌沙难题，为国内首创。

新纪录创造人：中煤第五建设公司上海分公司

43. 中煤第五建设公司第一工程处103队2009年3月在山西西山晋兴能源有限责任公司斜沟煤矿副斜井井筒施

工中，净断面20.1平方米，净宽5.4米，净高4.3米，铺底厚300毫米，设计长度2 041米，基岩段设计长度1 913米，副斜井井筒基岩段月平均掘进成井达206.38米，最高掘进成巷272米，创国内同类施工掘进成巷速度新纪录。

新纪录创造人：中煤第五建设公司第一工程处103队

44. 中煤第五建设公司第二工程处2007年7月至5月承建的孔庄煤矿混合井，井筒井壁设计深度1 088米，净径为8.1米，冻结段包括表土和风化基岩共346米，岩段施工742米，创国内井筒深度最深新纪录。

新纪录创造人：中煤第五建设公司第二工程处

45. 中煤第五建设公司第四工程处2007年10月—2008年5月，在的神华亿利能源有限公司黄玉川煤矿主斜井工程中，主斜井净宽5.1米，净高3.85米，净断面16.84平方米，倾角16°，连续8个月斜井施工月进尺超130米（其中2008年1月份月进尺186米），月进尺分别为131.7米、130.9米、131.6米、186米、131米、130米、130米、131米，创国内同类主斜井施工月进尺新纪录。

新纪录创造人：中煤第五建设公司第四工程处

46. 中煤第五建设公司第四工程处2007年5月—2008年1月，在华晋焦煤沙曲矿北翼进、回风立井施工中，对3、4号和5号煤层采用联合抽放瓦斯为主的防突方案，累计抽、排放瓦斯105 585立方米，创国内立井煤与突出煤层实施瓦斯抽放新纪录。

新纪录创造人：中煤第五建设公司第四工程处

47. 中煤第五建设公司第四工程处2009年1—2月在山西大同煤矿集团麻家梁煤矿副立井工程，冻结段井筒342米，掘进直径12.9米，掘进断面130.7平方米，月进尺分别为100.5米、115米，创国内同类副立井施工月进尺新纪录。

新纪录创造人：中煤第五建设公司第四工程处

48. 中煤第五建设公司第五工程处2007年11—12月在河南省薛湖煤矿安装主井井筒装备工程，从下部套架开始至电缆敷设完毕，工期39天，创国内立井井筒装备施工速度新纪录。

新纪录创造人：中煤第五建设公司第五工程处

49. 中煤第五建设公司第五工程处2008年12月—2009年4月在内蒙古准格尔旗黄玉川煤矿副井井塔工程，井塔轴线尺寸21×24米，总高55.6米，提升大厅高度39.5米，在冬季（-5℃～-20℃）滑模施工任务中，主体采用暖棚法施工技术措施，为国内同行业首创。

新纪录创造人：中煤第五建设公司第五工程处

50. 中煤第七十二工程处灵东矿项目部，2008年10月10日在高寒地带冬季井塔滑模连续施工中，完成±0.00米以上部位的副井井塔主体结构，高63.5米、平面尺寸17.5×16.5米，框筒结构施工，工期66天，创国内高寒地带冬季井塔施工速度新纪录。

新纪录创造人：吴春杰　丛立波　杜春友　魏生荣　周振宇

51. 中煤七十二工程处白山项目部，2008年8—10月连续滑模施工，完成主平面尺寸16.6×16.6米、总高度71.9米、基底标高-12.6米的主塔；平面尺寸15.6×15.6米、总高度47米、基底标高-9米的副井塔；5个直径12.5米、总高度37.2米、基底标高-3.15米圆形筒仓组成的产品仓；3个直径12.5米、总高度34.2米、基底标高-3.1米圆形筒仓组成的原煤仓滑模施工，创国内3个月施工同规模滑模工程数量最多新纪录。

新纪录创造人：张长安　周万来　赵亚鹏　党长江　郑宣成

52. 中煤建筑安装工程公司2007年建成神华准能黑岱沟选煤厂产品槽仓，单仓储量12.8万吨，创国内同行业槽仓单仓储量的新纪录。

新纪录创造人：中煤建筑安装工程公司

53. 中煤平朔煤业有限责任公司2008年1—12月采剥总量完成14 803万立方米，创国内露天矿采剥总量最高新纪录。

新纪录创造人：中煤平朔煤业有限责任公司

54. 中煤平朔煤业有限责任公司安家岭二号井工矿2008年3月16日（A班）单井班产原煤31 014吨，创国内班产单日采煤最高新纪录。

新纪录创造人：中煤平朔煤业有限责任公司安家岭二号井工矿

55. 中煤平朔煤业有限责任公司安家岭二号井工矿2008年5月24日日产原煤75 094吨，创国内综放开采综采日产最高纪录。

新纪录创造人：中煤平朔煤业有限责任公司安家岭二号井工矿

56. 中煤黑龙江煤炭化工（集团）有限公司2007年7月—2008年4月完成综合废水处理工程项目，处理废水量为367吨/小时，其中进水指标为COD：2 500～3 500毫克/升；挥发酚：100～150毫克/升；石油类：100～120毫克/升，经废水处理工程处理后出水指标为COD：85毫克/升；挥发酚：0.015毫克/升；石油类：0.6毫克/升，创国内PKM加压气化炉造气废水处理新纪录。

新纪录创造人：中煤黑龙江煤炭化工（集团）有限公司

57. 中煤黑龙江煤炭化工（集团）有限公司2003年10月投产的煤焦油加氢装置安全稳定运行71个月，创国内煤焦油加氢装置的安全稳定性周期最长新纪录。

新纪录创造人：中煤黑龙江煤炭化工（集团）有限公司

58. 上海大屯能源股份有限公司2006年6月—2007年10月研发的3102高性能空调箔，工艺流程为铸轧坯料的成分配制、工艺控制、质量要求，冷轧工艺参数的控制及质量要求，退火工艺的设定等，为国内同行业首创。

新纪录创造人：上海大屯能源股份有限公司

59. 上海大屯能源股份有限公司2008年5月研制的大功率矿用无极绳调速机械绞车，慢速为0.75米/秒，快速为1.5米/秒，适用于坡度变化、拐弯的轨道运输，最大牵引力11吨，创国内同类绞车牵引力最大新纪录。

新纪录创造人：上海大屯能源股份有限公司

60. 上海大屯能源股份有限公司2004年11月—2008年12月完成的大屯矿区深部开采工程关键技术及应用研究项目，提出了深部岩理化岩体3D-RQD测试方法，确定了岩体工程强度折减公式；在深部岩石水理作用实验基础上，推导了深部软岩的软化衰减函数，提出了深部软岩强度软化折减公式；提出了“区域应力场分析结合点应力测量”的深部地应力场的分析测试方法，确定了大屯矿区深部地应力的分布特点；采用深部岩爆过程模拟试验系统，再现了大屯矿区典型矿井深部岩（煤）爆成灾过程，并对深部岩（煤）爆可能性进行了评价；利用深部工程非线性大变形力学设计方法，提出了深部岩巷非对称耦合支护技术、深部煤巷锚网索+底角锚杆耦合支护技术，为国内首创。

新纪录创造人：上海大屯能源股份有限公司

61. 上海大屯能源股份有限公司2007年12月应用瞬变电磁、直流电法、地震法和MSP法等综合物探方法，对煤矿井下地层赋水情况、地层界面和断层面位置进行超前探测，对井巷设计及施工方案起到指导作用，有效避免了矿井突水事故，同时采用工程类比法研究了孔庄矿拟建的混合井及巷道掘进时奥灰突水危险性，对井筒及巷道施工提出相应的安全措施，为国内首创。

新纪录创造人：上海大屯能源股份有限公司

62. 上海大屯能源股份有限公司2007年4月研发的高效集约式矿井水净化设备、矿井水处理优化加药控制系统、去除矿井水中低放射性物质（总α放射性）的专用吸附剂MHU、MHR，项目实施后，含悬浮物和放射性核素的矿井水采用优化混凝吸附工艺，通过系统集成，将原水中的悬浮物和放射性元素在同一处理单元中一起去除，出水浊度≤3度，水资源利用率大于95.0%，为国内首创。

新纪录创造人：上海大屯能源股份有限公司

63. 上海大屯能源股份有限公司2008年5月将SIEMENS SIMADYN D控制技术应用于铝电解整流控制系统，为国内首创。

新纪录创造人：上海大屯能源股份有限公司

64. 上海大屯能源股份有限公司研发的矿区生活污水残余COD氨氮高级氧化削减技术，于2008年5月完成工业性试验并投入工程化运行，处理规模10 000立方米/天，且运行稳定，经济性高，吨水处理成本<0.7元，出水水质：PH值6.5~9.0，SS悬浮物<5毫克/升；浊度<10NTU；COD<10毫克/升；BOD5<10毫克/升，使矿区生活污水深度处理水质达到电厂锅炉补充水和循环冷却水的要求，解决了矿区生活污水水量和水质的变化大、出水水质要求高的技术难题，为国内首创。

新纪录创造人：上海大屯能源股份有限公司

65. 上海大屯能源股份有限公司2007年10月—2008年8月，将级连方式布置的带有通水夹套的冷却输送螺旋应用于炭素生产中高温糊料输送和冷却，采用的糊料冷却输送螺旋设备，其单台长度为11.936米，有效冷却输送长度为8.8米，两台串联使用，有效冷却输送长度为17.6米，设计最大输送能力为30吨/小时，糊料的进口温度为180±5℃，通过两台糊料冷却输送螺旋设备的输送和冷却，其温度下降不小于20℃，为国内首创。

新纪录创造人：上海大屯能源股份有限公司

66. 开滦能源化工股份有限公司范各庄矿业分公司洗煤厂，2008年采用加压过滤机处理浮选尾煤工艺，其主要工艺流程是，浮选尾煤经浓缩机浓缩后，底流经煤浆泵（应配变频调速器，以调整入料浓度）打入加压过滤机入料桶（应设非机械搅拌装置，以避免大颗粒沉淀），再由加压过滤机入料泵打入加压过滤机，滤液可返回到尾煤浓缩机，也可做循环水使用，滤饼可掺入到末中煤，浮选尾煤经加压过滤机脱水后，滤饼水分在14.0%~20.0%，物料成散状，可掺入到末中煤或其他动力煤中，滤液固体含量在20克/升以下，可直接做循环水使用，为国内同行业首创。

新纪录创造人：刘宏军　范中相　王　宝　孙建忠　姚福海

67. 开滦能源化工股份有限公司范各庄矿业分公司2008年底完成10号岩溶陷落柱开发综合治理，采用井下注浆钻孔26个，对防水闸墙附近巷道各方位多角度进行加固注浆，其中主孔深度均在15米以上，最深孔达70米，各孔累计进尺684.4米，注入水泥100.2吨，并采用新型高分子堵水材料，对动水条件下水闸墙裂隙进行了封堵，使放水闸墙的抗压能力达到6兆帕以上；采用井下瞬变电磁探测技术进行对陷落柱含水性进行动态监测工作，确定地面钻孔施工位置，注浆深度；自地面采用钻孔注浆技术封堵出水巷道，包括2 178老切眼和2 176老运道，注入骨料及浆液6 905.7立方米；井下防水闸墙关闸试验，控水阀门带压达到4.51兆帕；采用地面注浆孔大量注浆，封堵陷落柱对煤系地层的导水通道，施工地面注浆孔8个，进尺4 464.23米，累计注浆7 750立方米，注入水泥6 680.7吨，对14煤层以上陷落柱导水空间进行了彻底封堵，使矿井涌水量由39立方米/分钟降至18立方米/分钟，为国内首创。

新纪录创造人：刘宏军　冯树国　邢瑞军　马国平　王柏林

68. 开滦建设集团2005年在丁集矿凿井期间，提出并成功实现井架超90度桅杆扳转法吊装；提出偏置的铰链设置及新结构，使在斜撑受力最大位置时，铰链支撑处为压应力，从而大大地改善了铰链和斜撑的受力状况；提出新的基础浇注预埋件安装方法；采用粗直径长绳索配合三脚板、多小吨位滑车组代替大吨位滑车组、过长钢丝绳的技术；应用有限元求解井架超吊装过程大型结构应力与变形位移模拟分析问题，解决了常规的计算校核不能解决的局部复杂结构的应力集中难题，在13天占井时间内完成800吨井架立起任务，为国内同行业首创。

新纪录创造人：宋世宏　张　瑞　张宝峰　李　岳　姜经纬

69. 开滦建设集团2008年1月，采用覆岩离层注浆减沉方法，对京山铁路下煤层开采，累计注入干粉煤灰242.73万吨，粉煤灰与水混合浆液731.29万立方米，形成压实灰体积172.1万立方米，通过地表实测，开采完毕地表稳定后，最大下沉值4 787毫米，比不注浆开采预计的地面最大下沉值9 864.5毫米减少下沉量5 077.5毫米，注浆减沉率为51.5%，共采出优质焦煤1 163.37万吨，为国内同行业首创。

新纪录创造人：刘宏军　冯树国　邢瑞军　马国平　王柏林

70. 山东新汶矿业集团鄂庄煤矿1992年4月17日—2009年4月17日，实现连续安全生产17年，累计连续安全生产6 209天，创国内国有重点煤矿安全生产周期最长新纪录。

新纪录创造人：山东新汶矿业集团鄂庄煤矿

71. 山东新汶矿业集团有限责任公司 2008 年 3 月研发的“矸石置换煤关键技术”，开发了综采、普采和巷采等三种充填开采方法、工艺和机械设备，实现了以煤矸石为原料，构建了井下煤矸分离并处置、开采沉陷控制和村庄下安全高回收率开采相结合的矿区协调发展新生产模式，实现了以煤矸石为原料，大规模充填采煤，为国内同行业首创。

新纪录创造人：新汶矿业集团有限责任公司

72. 山西潞安环保能源开发股份有限公司 2008 年 2 月成功对常村矿主井提升机进行数字化改造，解决了系统安全性能差、提升能力不足问题，实现新旧闭环控制系统快速转化，每月对原模拟控制系统进行 1 次运行，切换时间 3 分钟，电机启动电流小于原设计的 1 200 安，运行电流 750 安，提升能力明显增大，箕斗载重达 31 吨，提升循环时间由 83 秒减少到 81.34 秒，年净增加提升量 83 万吨。用电节约 464.52 万度/年。主电动机运行温度由 97℃降低到 75℃左右，整流变压器温度由 110℃减少到 80℃左右，为国内首创。

新纪录创造人：山西潞安环保能源开发股份有限公司

73. 山西潞安环保能源开发股份有限公司漳村煤矿 2008 年建成了全国首座数字化示范矿井，包括综合自动化平台和三维可视化信息平台，企业管理信息系统（ERP/MIS）、煤矿安全生产调度管理系统（SMES）、基础自动化系统（PCS），集控制中心、运输集控中心、机电集控中心，为国内首创。

新纪录创造人：潞安环能漳村煤矿

74. 山西潞安集团司马煤业公司从 2003 年 9 月 18 日开工建设，到 2005 年 6 月 18 日形成生产系统，日产量 3 605.12 吨，最高日产 10 823 吨，年产量 150 万吨，工期 21 个月，创国内同类型矿井建设速度最快新纪录。

新纪录创造人：潞安集团司马煤业公司

75. 山西潞安环保能源开发股份有限公司王庄煤矿 2008 年 8 月建成了国内第一个大断面底煤巷数字化、自动化掘进工作面，研发了 EBZ－150C 悬臂式自动化掘进机，实现了利用掘进机截割头位置信息及截割载荷信息判别顶底板、远程可视化全功能遥控操作、掘进机定位截割、截割轨迹实时监测与控制、掘进机故障自诊断等，探索和应用了掘进机姿态检测与纠偏技术；研发了 S4200 掘进机机载锚杆钻臂，实现了临时支护、帮顶锚杆、锚索快速可靠支护，提高了支护效果；研发了湿式离心风幕除尘系统，除尘效率达 95.0% 以上，综合应用岩石力学与矿山压力等理论和方法，利用自动化集成技术和数字化网络技术，实现了煤巷掘进图像监视、设备集中控制、掘进工况和巷道稳定状况的地面监控，为国内首创。

新纪录创造人：王庄煤矿

76. 山西潞安环保能源开发股份有限公司常村煤矿 2007 年针对围岩破碎、应力水平高等特点，研制出了强力锚杆锚索支护系统，锚杆屈服强度为 620 兆帕，破断强度为 800 兆帕，直径 18.9 毫米的强力锚索的破断力可达 400 千牛，延伸率可达 4.5%，有效控制围岩的强烈变形，改善作业环境，为国内首创。

新纪录创造人：常村煤矿

77. 山西潞安环保能源开发股份有限公司 2008 年 12 月对常村矿主通风机进行了高压变频控制技术改造，选用 AGF606－4－2.4－2 型轴流式通风机，装机功率 4 000 千瓦，电动机功率大幅增加，系统自动监测通风机风量、风压、出风口瓦斯浓度、风机运行振动（水平振动、垂直振动）、风机转速、风机轴承温度和电动机轴承温度、绕组绝缘、转速、电压、电流及润滑系统油压、流量、温度等。当超过允许值时，根据超过允许值的大小发出警报信号或实现故障停机，所有监测项目和故障信号均在风机房控制室显示和打印。主要参数上传到矿井安全生产监测监控系统，创国内矿井住通风机大功率高压变频控制程序设计及应用新纪录。

新纪录创造人：山西潞安环保能源开发股份有限公司

78. 潞安集团余吾煤业公司 2008 年在大采深、高应力酥软厚煤层，建成了 280 米超长高产高效综放工作面，一是综放单产单效得到大幅度提高，工作面加长后，工作面日生产能力由 6 000～8 000 吨提高到 10 000～12 000 吨，2008 年 10 月 23 日创日产 14 368 吨，同时回采平均工效达 100 吨/工，比 180 米长综放工作面回采工效 66.7 吨/工增长率为 33.3%；二是推行了大采高放顶煤工艺，采高由原来的 2.8～3 米提高到 3.4～3.6 米，采放比由原来的 0.95 优化为 1.4，创国内同等地质条件下工作面最长、集约高效最好新纪录。

新纪录创造人：潞安集团余吾煤业公司

79. 山西潞安环保能源开发股份有限公司 2008 年研制出低位综放开采工作面低位柔韧性老塘浮煤回收装置，由连接板和后溜托板二部分组成，DRH 装置的后溜托板是由柔性胶带做成，而且紧贴在底位综放工作面的底板上，回收率提高 4.42%，多回收煤炭资源 98.631 9 吨，为国内首创。

新纪录创造人：山西潞安环保能源开发股份有限公司

80. 山西潞安集团煤基合成油公司万吨级钴基费托合成装置 2008 年 12 月 22 日建成并一次开车成功，为国内首创。

新纪录创造人：山西潞安集团煤基合成油公司

81. 冀中能源井矿集团石家庄凤山化工有限公司，2007 年 12 月成功开发硝盐生产节能减排新工艺技术项目，通过对改进双效负压蒸发、负压结晶浓缩、余热回收等生产过程中能源的综合利用率，实现了生产用水用热零排放，创国内硝盐生产节能减排新纪录。

新纪录创造人：吴庆华　任保亭　左顺成　高国红　张立新　孙秀静　李志军　韩明山　郑永彬　郝玉梅　宋金妮

82. 陕西省咸阳市彬县煤炭有限责任公司下沟煤矿从 2006 年 5 月—2008 年 3 月，对泾河下特厚煤层进行综放回采，创国内特殊地质条件下近水体下开采新纪录。

新纪录创造人：何万盈　张建锋　胡少博　于　锋　尹润生

83. 黑龙江省龙煤矿山建设有限公司建井工程处承建的鸡西张辰矿东三、四采区绞车道，掘进断面 10.3 平方米，净断面 9.2 平方米，坡度 12°的全岩巷道，2009 年 7 月施工中月进尺 228 米，创国内同类工程月进尺最多新纪录。

新纪录创造人：建井工程处

84. 黑龙江省龙煤矿山建设有限公司二十二工程处凿井七公司陈蛮庄项目部，2009年5月施工的陈蛮庄煤矿风井井筒，内设主、副、风三个井筒，风井井筒设计净直径5.5米，深880.45米，冻结段深度661米，在冻结段外壁掘砌施工中，月进尺241米，创风井施工月进尺最多世界纪录。

新纪录创造人：红旗一队

85. 黑龙江省龙煤矿山建设有限公司二十二工程处凿井二公司鹤岗项目部，2008年4—8月在新岭煤矿南风井区南翼机道大巷花岗岩施工中，全岩上山连续5个月超150米，累计765米，每月进尺分别为150米、150米、150米、160米、155米，平均153米/月，创国内全岩上山施工月进尺最多新纪录。

新纪录创造人：405队

86. 黑龙江省龙煤矿山建设有限公司二十二工程处凿井三公司望峰岗项目部2006年8月—2007年3月在望峰岗煤矿副井井筒基岩段掘砌施工中，连续8个月进尺超100米，累计859米，每月进尺分别为125米、102米、110米、113米、103米、102米、103米、101米，实现千米立井当年打井当年到底，创国内副井井筒基岩段掘砌施工月进尺最多新纪录。

新纪录创造人：红旗五队

87. 黑龙江省龙煤矿山建设有限公司二十二工程处凿井三公司望峰岗项目部，2005年2月—2006年8月在望峰岗煤矿主井井筒基岩段掘砌施工中，连续7个月进尺超100米，累计820米，每月进尺分别为100米、121米、103米、132米、152米、108米、104米，创国内主井井筒基岩段掘砌施工月进尺最多新纪录。

新纪录创造人：红旗四队

88. 铁法煤业（集团）有限责任公司热电厂2005年运用PDCA循环理论，构建的《大型煤炭企业闭环管理系统》，提出了基于信息技术构建大型煤炭企业闭环管理的基本框架，从“发现人→提报人→流程管理员→整改负责人→整改责任人→整改负责人→流程管理员→提报人”问题信息处理流程形成闭合管理，为国内同行业首创。

新纪录创造人：铁法煤业（集团）有限责任公司热电厂

89. 铁法煤业（集团）有限责任公司热电厂2007年10月建成投产10×3 000千瓦水源热泵机组，采用热泵技术与电厂循环冷却水结合的方法利用电厂循环水；引入DCS控制系统，完成了自动报表、自动记录、历史数据存储、事故追忆等功能，为技术人员随时评估高温热泵机组的运行状况、查找系统问题、进行事故分析创造了条件；利用热电厂原有的供暖管网系统，将板式换热器串联至高温热泵供暖系统中，对高温热泵供水再次加热，使高温热泵供水温度升高，这样高温热泵在供水温度较低的情况下运行就能够满足热用户的需要，同时又提高了高温热泵机组效率，降低了高温热泵运行成本；为国内同行业首创。

新纪录创造人：铁法煤业（集团）有限责任公司热电厂

90. 河南国龙矿业建设有限公司承建的新桥煤矿，副井井深612米，2004年12月20日开工，2005年11月2日井筒落底；主井井深592米，2005年开工，2005年10月8日井筒见底；在主井立转平施工中，18天完成改绞工程，并于2005年12月26日与副井巷道贯通，创国内同类煤矿建设施工纪录。

新纪录创造人：河南国龙矿业建设有限公司

91. 北京中煤矿山工程有限公司2009年4月在山西晋城王台铺煤矿一号辅助回风立井施工中，该井深165米，利用自行研制的BMC600反井钻机，一次扩孔5米成井，表土段采用钢筋砼砌碹支护，砌碹厚度500毫米，基岩段采用锚网喷支护，喷射厚度150毫米，创国内反井钻机扩孔直径最大新纪录。

新纪录创造人：铁法煤业（集团）有限责任公司热电厂

92. 煤炭科学研究总院2007年2月研发的中小型高效煤粉工业锅炉系统技术，适用于中小型煤粉锅炉的煤粉输送系统，解决了实现高效稳定燃烧的技术关键；开发的工业锅炉专用燃烧器，在小容量锅炉高效燃烧地NOx排放技术方面取得突破，系统热效率≥86.0%，烟尘排放≤50毫克/立方米，二氧化硫排放≤500毫克/立方米，NOx排放≤500毫克/立方米，创国内燃煤锅炉领域技术新纪录。

新纪录创造人：煤炭科学研究总院

93. 煤炭科学研究总院2006年研制的年产600万吨大采高综采成套技术与装备，并在神华万利一矿现场进行5个月工业性试验，成套装备开机率94.0%，月产量69万吨，成套装备节约投资47.5%，工作面回采率93.6%，效率154吨/工，2008年实际产量达到了1 025万吨/年，工作面回采率94.0%。创国内国产装备年产量新纪录。

新纪录创造人：煤炭科学研究总院

94. 煤炭科学研究总院太原研究院2007年研制的EBZ220TY型掘进机，在山西霍州煤电集团辛置矿断面为12.75平方米全岩巷道掘进中，最高日进尺9米，最高班进尺为4米，月进尺210米，创国内同类矿断面机械施工月进尺新纪录。

新纪录创造人：煤炭科学研究总院太原研究院

95. 煤炭科学研究总院太原研究院研制的WC40Y支架搬运车，在2007年5月4—13日山西怀仁县联顺玺达煤业柴沟矿应用中，从井上运送支架至综采工作面，单程距离5千米，9天共搬运支架83架，平均每天9架，日最高搬运数12架，创国内同类产品日运输量最大新纪录。

新纪录创造人：煤炭科学研究总院太原研究院

96. 煤炭科学研究总院太原研究院研制的EML340连续采煤机，于2008年5月3日—10月8日在中国神华神东煤炭分公司大柳塔煤矿进行井下工业性试验，实现其中班最高进尺35米，日最高进尺64米，月最高进尺1 246米，158天总进尺4 300米，创国内同类设备班最高进尺、日最高进尺、月最高进尺、总进尺新纪录。

新纪录创造人：煤炭科学研究总院太原研究院

97. 煤炭科学研究总院唐山研究院2006年6月研发的双（多）供介无压给料三产品重介质旋流器，用单一低密度悬浮液实现同时出三种产品，并用其自身产生的细粒介质分选细粒煤，使分选效率提高2个百分点，节能30.0%，为国内首创。

新纪录创造人：煤炭科学研究总院唐山研究院

98. 煤炭科学研究总院西安研究院2008年3月采用研发的煤矿井下千米履带定向钻机及配套的随钻测量定向钻进系统，在陕西长武亭南煤矿施工中，完成主孔深度1 046米的沿煤层瓦斯抽采定向钻孔，创国内同类装备煤矿井下定向钻孔施工钻孔深度最深新纪录。

新纪录创造人：煤炭科学研究总院西安研究院

99. 煤炭科学研究总院西安研究院2007年5月建设并投入使用的最大测试转矩15 000牛米坑道钻机试验台，解决了最大转矩超过6 000牛米的坑道钻机性能测试的难题，为保证煤矿重型坑道钻机的产品质量提供了基本技术手段，创国内坑道钻机试验台测试转矩最大新纪录。

新纪录创造人：煤炭科学研究总院西安研究院

100. 煤炭科学研究总院重庆研究院2008年研制出矿用非色散红外甲烷传感器，并制定AQ6211－2008行业标准，产品达到CDM（国际能源清洁发展机制）项目要求，为国内首创。

新纪录创造人：煤炭科学研究总院重庆研究院

101. 煤炭科学研究总院重庆研究院2007年研究开发的松软突出煤层钻孔施工技术，在松藻局突出松软煤层现场钻进试验中，成孔深度达到168米，创国内松软突出煤层长钻孔成孔深度新纪录。

新纪录创造人：煤炭科学研究总院重庆研究院

102. 煤炭科学研究总院重庆研究院2008年12月研发的煤矿重大灾害综合监控预警技术及设备，包括红外甲烷传感器和激光甲烷传感器、高稳定性快速反应的新一代煤矿安全监控系统和煤矿瓦斯灾害预警系统三方面组成，为国内首创。

新纪录创造人：煤炭科学研究总院重庆研究院

103. 煤炭科学研究总院沈阳研究院2007年研制的ZWY－110/160型矿用井下移动式瓦斯抽放泵站属煤矿井下特大型大流量抽放设备，创煤矿井下移动式瓦斯抽放泵站大流量抽放世界纪录。

新纪录创造人：煤炭科学研究总院沈阳研究院

104. 西安煤矿机械有限公司2008年12月研制的MG900/2210－WD型交流电牵引采煤机，总装机功率2 210千瓦并配有破碎装置，适用于采高2.7～6.5米，煤层倾角≤15°，为国内首创。

新纪录创造人：西安煤矿机械有限公司

105. 邯郸煤矿机械有限责任公司2008年12月建成的千斤顶中频热处理生产线，突破双伸缩立柱中缸里外镀技术，千斤顶活塞杆深孔加工工艺，自主设计了直径为280、320毫米粗、精镗滚压头及与T2250、T2235大镗床配套的各种导向、夹紧工装，解决直径为250毫米以上大缸径液压缸的加工能力，为国内首创。

新纪录创造人：邯郸煤矿机械有限责任公司

106. 山西中科聚合铝有限公司2008年研制的高纯（纳米型）聚合铝絮凝剂系列产品，在液、固生产工艺技术实现环保型全自动控制方面，原料配比、聚合反应、熟化以至固化等工艺流程中技术经济指标先进，为国内首创。

新纪录创造人：山西中科聚合铝有限公司

中国煤炭建设协会推荐

1. 中煤国际工程集团武汉设计研究院2008年1月设计完成的布尔台矿井，设计生产能力2 000万吨/年，创井工矿井设计生产能力世界纪录。

新纪录创造人：武汉设计研究院

2. 中煤国际工程集团武汉设计研究院2008年1月设计完成的布尔台3－1煤、5－1煤2个6 000米推进长度工作面投产，创国内工作面设计推进长度新纪录。

新纪录创造人：武汉设计研究院

3. 中煤国际工程集团武汉设计研究院2008年1月设计完成的布尔台矿井，煤层厚度变化从0.8米到7米，为提高矿井资源回采率，井下在2－2中煤、3－1煤、5－1煤分别布置一个薄煤层工作面、中煤层工作面、厚煤层工作面，中厚煤层工作面设计单产600万吨/年，厚煤层工作面设计单产1 000万吨/年，创国内工作面设计单产最大新纪录。

新纪录创造人：武汉设计研究院

4. 中煤国际工程集团武汉设计研究院2008年8月完成设计的中国神华能源金烽煤炭分公司昌汉沟煤矿，采用国产成套大采高综采设备，一井一面，采用一次采全高，月产原煤100.77万吨，最高日产5.5万吨，全年累计产量1 002万吨，创国内国产设备一次采全高最高新纪录。

新纪录创造人：武汉设计研究院

5. 中煤国际工程集团武汉设计研究院2007年8月完成设计的中国神华能源金烽煤炭分公司韩家村选煤厂，设计能力1 000万吨/年，选煤工艺是＋50纳米块煤重介浅槽分选，－50纳米混煤干选的联合工艺，其中复合式干法选煤车间年处理原煤700万吨，创国内复合式干法选煤生产能力新纪录。

新纪录创造人：武汉设计研究院

6. 中煤国际工程集团武汉设计研究院2007年2月完成设计的中国神华万利煤炭分公司布尔台选煤厂入洗布尔台煤矿、万利寸草塔煤矿和柳塔煤矿4对斜井所采原煤，入洗能力为3 100万吨/年，4矿原煤由带式输送机汇集到布尔台煤矿工业广场，建一座年处理3 100万吨的群矿选煤厂，四位一体设计，节约了大量土地资源和人力资源，有效解决了土地、运输问题，为国内同行业首创。

新纪录创造人：武汉设计研究院

7. 中煤国际工程集团武汉设计研究院2005年2月完成设计的万利一矿，采用带式输送机集成各种先进技术，设计出国内井下远距离（远距7千米）、大运量的带式输送机，并应用于万利一矿5－1煤运输大巷中，创国内井下带式输送机输送距离最远纪录。

新纪录创造人：武汉设计研究院

8. 中煤国际工程集团武汉设计研究院2005年12月完成设计的布尔台煤矿，主斜井运输采用带式输送机，最大运量7 000吨/小时，创国内井下带式运输机最大运量纪录。

新纪录创造人：武汉设计研究院

9. 中煤国际工程集团武汉设计研究院2008年12月完成设计的石槽村煤矿，矿井水脱盐系统的最高矿化度17 335.9毫克/升，达到生活用水标准，创国内高矿化度矿井水处理利用新纪录。

新纪录创造人：武汉设计研究院

10. 中煤国际工程集团武汉设计研究院2008年6月完成设计的鹤壁矿区，主要包括矿井水处理工程和输配水工程，处理能力5 660立方米/小时，全日135 840立方米，输水工程干线长度40 303米，产品水主供矿区两座电厂冷却用水，其余可供矿井生产用水及农田灌溉用水，创国内矿井水日处理回收利用能力最大、输水里程最长新纪录。

新纪录创造人：武汉设计研究院

11. 中煤国际工程集团武汉设计研究院2009年3月和普兰德公司合作设计的9万立方米PLD平底筒仓是超大直径储仓筒仓，采用后张预应力技术控制仓壁裂缝，在加强区域设置环梁，工艺拥有完整的自主知识产权，由1个发明专利和17个实用新型专利组成，创国内预应力筒仓单仓最大容量新纪录。

新纪录创造人：武汉设计研究院

12. 中煤第三建设（集团）有限责任公司二十九工程处2008年10—12月，在陕西彬长矿区胡家河煤矿风井施工中，井筒净径为7米，井筒掘进直径8.9米，井筒全深545.534米，井筒采用全冻结施工，为双层井壁、钢筋混凝土结构，采用短段掘砌混合作业方式，采用伞钻打眼，眼深4～4.2米，实施中深孔全断面爆破，同时采用中深孔爆破法进行掘进，月进尺分别为120米、121米、101米，连续3个月超过100米，创国内同类工程月进尺新纪录。

新纪录创造人：二十九工程处

13. 中煤第三建设（集团）有限责任公司三十工程处2009年4月8日在山西同煤大唐塔山矿工程施工中，利用井筒施工时矿井提升机和井架提升1 324车，创国内煤矿临时罐笼单日提升施工新纪录。

新纪录创造人：中煤第三建设（集团）有限责任公司三十工程处

14. 中煤第三建设（集团）有限责任公司三十工程处2008年10月在陕西神木张家峁煤矿5－2煤试采面辅助运输顺槽综掘，掘进成巷900米，创国内煤矿综掘施工月成巷最高新纪录。

新纪录创造人：中煤第三建设（集团）有限责任公司三十工程处

15. 中煤第三建设（集团）有限责任公司三十工程处2009年3月在安徽淮北矿业集团袁店二矿主井井筒工程施工中，涌水量平均达到46立方米/时，在经过探水、揭煤施工外成井进尺164.5米，创国内同类施工进尺新纪录。

新纪录创造人：中煤第三建设（集团）有限责任公司三十工程处

16. 中煤第三建设（集团）有限责任公司三十工程处2008年5月在山西大同同忻煤矿立井临时改绞工程中，首次采用临时箕斗提升系统，实现了煤（矸）自动装、卸载，提高了矿井提升能力，并解决了煤矿二期巷道开拓工程施工采用综掘机掘进的后配套提升运输系统，为国内首创。

新纪录创造人：中煤第三建设（集团）有限责任公司三十工程处

17. 中煤第三建设（集团）有限责任公司三十工程处2009年3月在内蒙古赛蒙特尔煤矿副斜井（倾角6°，斜长1 528.7米，全岩下山，掘进断面23.23平方米）工程施工中，全月成巷进尺321米，创国内煤矿大断面斜井井筒施工月成巷进尺最高新纪录。

新纪录创造人：三十工程处

18. 中煤第三建设（集团）有限责任公司三十工程处2009年4月，在内蒙古蒙泰不连沟煤矿井下运输大巷带式输送机机头硐室工程施工中，采用综掘机硐室施工，再扩刷和混凝土砌碹平行施工工艺，工期28天，完成总长度172.65米，掘进体积5 463.19立方米的硐室施工，创国内煤矿井下特大硐室施工速度新纪录。

新纪录创造人：中煤第三建设（集团）有限责任公司三十工程处

19. 中煤第五建设公司第三工程处2009年4月12日—5月11日，在淮南潘一东区矿井二副井井筒施工中，冻结段外壁月成井219米（净径8.6米、荒径11米），创国内同类井型冻结段外壁月成井最高新纪录。

新纪录创造人：中煤第五建设公司第三工程处

20. 中煤第七十一工程处2008年11月在潘一煤矿东区副井井筒施工中，采用掘进、提升、砼搅拌相匹配的机械化作业线，冻结段外壁月成井171.6米（外壁内径10.5米，荒径12.2米），创国内同类井型冻结段外壁月成井最高新纪录。

新纪录创造人：中煤第七十一工程处

21. 山东省建筑科学研究院2009年2月在内蒙古新上海一号煤矿井筒冻结法施工中，应用自主研制生产的NC－H系列复合外加剂，配制C80高性能混凝土，创国内现浇井筒混凝土设计强度等级最高新纪录。

新纪录创造人：山东省建筑科学研究院

22. 河南省富昌建设工程有限责任公司2009年6—12月，在鹤壁煤电股份有限公司八矿新进风立井施工中，研发的立井井筒深厚表土流沙层泄压疏水施工技术，解决了立井井筒埋深300米、厚度10米的表土深厚流沙层施工难题，为国内首创。

新纪录创造人：河南省富昌建设工程有限责任公司

23. 河南省富昌建设工程有限责任公司2009年5—8月，在鹤壁煤电股份有限公司三矿新进风立井施工中，研发的立井井筒表土深厚流沙层人工钢筋结石掩体技术，解决了立井井筒深埋300米、厚度7.5米的表土深厚流沙层施工难题，为国内首创。

新纪录创造人：河南省富昌建设工程有限责任公司

中国石油企业协会推荐

1. 中国石油天然气管道局2008年以EPC（设计、采办及施工）方式承建中亚天然气管道工程，项目全长1 815公里，全线采用双线大口径并行敷设方式，管径1 067毫米，钢级X70，壁厚15.9～28.6毫米，跨越土库曼斯坦、乌兹别克斯坦、哈萨克斯坦和中国4个国家，创国内企业承担国际天然气管道建设项目双管并行敷设距离最长、输量最大、管径最大、穿越国家最多的EPC总承包建设新纪录。

新纪录创造人：中国石油天然气管道局

2. 中国石油天然气管道局2008年承担的中亚天然气管道工程，在管线焊接中采用全新的焊接机组组合方式，分别投入全自动机组（CRC）、内焊机＋半自动焊机组（IF）、手工焊+半自动焊机组（SF）三种机组组合，其中首次采用内焊机打底+半自动焊填盖技术，并采取有效措施使管道焊接磨合期缩短2/3，提高施工进度，创国内大口径天然气管道工程焊接方式最多、焊接磨合期最短新纪录。

新纪录创造人：中国石油天然气管道局

3. 中国石油天然气管道科学研究院2007年5月—2008年12月，研发出西气东输二线管道工程干线管道X80高强度钢管的自动焊（实心焊丝气保护焊、药芯焊丝气保护焊）、焊条电弧焊和半自动焊（自保护药芯焊丝电弧焊）焊接工艺技术，其中西段壁厚范围18.4～33毫米，设计压力12兆帕，东段壁厚范围15.3～26.4毫米，设计压力10兆帕，为国内首创。

新纪录创造人：中国石油天然气管道科学研究院

4. 中国石油天然气管道科学研究院2007年7月—2009年3月，研发出西气东输二线管道工程地震断裂带X80大变形钢管（管径1 219毫米×22毫米）的焊条电弧焊和半自动补强覆盖焊接法高强匹配焊接工艺技术，为国内首创。

新纪录创造人：中国石油天然气管道科学研究院

5. 中国石油天然气管道科学研究院2007年6月—2008年1月，承担“直径1 219毫米带铜衬垫管道气动内对口器研究”，研制出铜衬垫结构、铜衬同步自动复位机构和带铜衬管道气动内对口器根焊工艺，研制出直径1 219毫米带铜衬垫管道气动内对口器样机1台，提交专用根焊工艺和焊接坡口形式技术报告和焊缝渗铜力学性能分析试验研究报告各1套，为国内首创。

新纪录创造人：中国石油天然气管道科学研究院

6. 中国石油天然气管道科学研究院2008年12月研制的直径1 219毫米多焊炬管道内环缝自动焊机，采用类似普通管道气动内对口器的卧式长构架结构；设计8个整体气动升降式焊接单元，内部安装有送丝装置、气电分离装置、固定的焊枪装置和控制装置，按照45°间隔分布，每4个焊炬承担1/2圆周焊接；采用多转绝对型编码器控制焊接行程；自动控制系统采用全数字化运动控制方式，运用隔离式信号传输，可提高抗干扰性能，为国内首创。

新纪录创造人：中国石油天然气管道科学研究院

7. 中国石油天然气管道局维抢修分公司2008年10月10—23日，历时14天，完成西气东输增输工程安徽定远站带压开孔施工，在直径1 016毫米（6兆帕、X70级钢、壁厚26.2毫米）天然气管道进行直径900毫米开孔作业，创国内同类施工新纪录。

新纪录创造人：中国石油天然气管道局维抢修分公司

8. 中国石油天然气管道局维抢修分公司2009年1月8—13日，历时6天，完成西气东输安徽定远站弧形板内窥视频打捞施工，管线规格直径1 016毫米、X70材质、壁厚21毫米，压力6兆帕，为不影响输送，通过内窥视频，打捞直径900孔、重210千克弧形钢板，创同类施工世界纪录。

新纪录创造人：中国石油天然气管道局维抢修分公司

9. 中国石油天然气管道局维抢修分公司2008年2月研制一种小口径输气管道开孔封堵的四通，应用于小口径高压薄壁管道在线带压开孔封堵，为国内首创。

新纪录创造人：中国石油天然气管道局维抢修分公司

10. 中国石油天然气管道局维抢修分公司2008年2月研制的管道抢修卡密封结构，应用于油气管道泄露抢修，可有效防止卡具的角部泄露，为国内首创。

新纪录创造人：中国石油天然气管道局维抢修分公司

11. 中国石油天然气管道工程有限公司2004—2005年12月，完成了哈萨克斯坦—中国的跨国原油管道一期工程的设计和配合施工工作，管线全长976千米，管径DN800毫米，创国内第一条陆上跨国原油长输管道工程设计和配合施工新纪录。

新纪录创造人：中国石油天然气管道工程有限公司

12. 廊坊开发区中油龙慧自动化工程有限公司2007年9月—2008年12月，完成了中国石油天然气与管道ERP系统工程项目管理子系统在兰州—郑州—长沙成品油管道的试点实验工作，系统包含过程控制管理、技术数据管理、竣工资料管理、可视化展示等四个分系统，创国内第一条实施ERP工程项目管理的长输管道的信息化建设新纪录。

新纪录创造人：廊坊开发区中油龙慧自动化工程有限公司

13. 廊坊开发区中油龙慧自动化工程有限公司2004年5月—2009年6月，完成了中国石油管道局西部管道EPC管道信息系统的规划、设计、开发、实施及技术支持工作，系统包括设计、施工、采办工程资料库等14个模块，涵盖EPC项目管理全过程，提升了石油工程项目EPC管理水平，为国内首创。

新纪录创造人：廊坊开发区中油龙慧自动化工程有限公司

14. 廊坊开发区中油龙慧自动化工程有限公司2004年9月—2009年6月，完成了中国石油西部原油成品油管道数字化系统的规划、设计、开发、实施及技术支持工作，系统10个子系统，创国内第一条数字输油管道建设信息化管理新纪录。

新纪录创造人：廊坊开发区中油龙慧自动化工程有限公司

15. 廊坊开发区中油龙慧自动化工程有限公司2002—2004年8月，完成了格尔木—拉萨成品油管线改造工程SCADA系统的集成设计和施工工作，管线全长1 076千米，平均海拔4 000米以上，SCADA系统实现完整三级控制，调控中心实现了全线监控运行自动化、调度指挥数字化、管理信息可视化的目标，为国内首创。

新纪录创造人：廊坊开发区中油龙慧自动化工程有限公司

16. 中国石油天然气管道局第一工程分公司2008年8月，在西气东输二线吐鲁番火焰山戈壁区段进行管道工程施工，全长175.9公里，管径1 219毫米、壁厚18.4毫米，当地平均气温40℃以上，地表温度高达78℃，防风棚里温度高达90℃，工程采用融化极气体保护焊接工艺，保证了CRC“IWM+P260+P600”全位置自动焊接端高温环境下的焊接施工，创国内极端高温环境下自动焊施工新纪录。

新纪录创造人：中国石油天然气管道局第一工程分公司

17. 中国石油天然气管道局第一工程分公司2008年3—5月，设计制作了电焊工练兵用新型等离子切割管圈设置，为国内首创。

新纪录创造人：中国石油天然气管道局第一工程分公司

18. 中国石油天然气管道局第一工程分公司2008年9—12月在中亚项目哈国段施工中，单线施工长度175.6公里（该工程为双线并敷设），管道直径1 067毫米、壁厚15.9毫米，采用全自动根焊＋半自动填充＋盖帽焊接工艺，为国内首创。

新纪录创造人：IF2机组

19. 中国石油天然气管道第一工程分公司2008年10月21—29日在中亚项目哈国段施工中，进行壁厚为28.6毫米伊犁河定向钻穿越管的焊接，完成了双线1 057米的大壁厚管焊接双线178道口，焊接一次合格率95.2%，为国内首创。

新纪录创造人：IF3机组

20. 中国石油天然气管道第一工程分公司2008年9—12月在中亚项目哈国段施工中，进行了28千米的连续沙丘地段施工，沙丘的高度最高达到25米，创国内同行业长距离沙丘地段施工新纪录。

新纪录创造人：中国石油天然气管道第一工程分公司

21. 中国石油天然气管道局第一工程分公司2008年1—3月，研究设计制作的新式防风棚，用于中亚管道工程CRC全自动焊施工，为国内首创。

新纪录创造人：中国石油天然气管道局第一工程分公司

22. 中国石油天然气管道局第一工程分公司2008年3月19日—4月8日在大连国家储备库工程施工中，用时20天，完成10万立方米双浮顶原油储油罐主体施工，创国内单座10万立方米原油储罐主体施工最快新纪录。

新纪录创造人：中国石油天然气管道局第一工程分公司

23. 中国石油天然气管道局第一工程分公司2008年3月9日—4月15日，用时37天，完成了55台破损严重的印度回迁设备的维修工作，创国内同类设备整修用时最短新纪录。

新纪录创造人：中国石油天然气管道局第一工程分公司

24. 中国石油天然气管道局第一工程分公司2008年在兰郑长管道施工中，发明了“手摇式三角掩车枕木”装置，消除了机械设备在作业时的安全隐患，为国内首创。

新纪录创造人：中国石油天然气管道局第一工程分公司

25. 中国石油天然气管道局第二工程分公司中俄管道项目部P200机组2008年3月16日在远东－太平洋管道工程2202－2270段线路施工中，在北纬60度、平均温度－28℃条件下，焊接K60级（相当于X70钢级）高强度、直径1 220管道55道口，650米长，创国内同行业超低温条件下日焊接大口径管道施工速度新纪录。

新纪录创造人：中俄管道项目部P200机组

26. 中国石油天然气管道局第二工程分公司211手工焊机组2008年11月23日在阿布扎比原油管道工程中，日焊接202道焊口无返修，创国内同行业手工焊大口径管道工程质量新纪录。

新纪录创造人：211手工焊机组

27. 中国石油天然气管道局第二工程分公司2005年开始，用时15个月，于2006年8月完成了《管道二公司安装工程施工定额》（包括劳动定额、机械定额、材料消耗定额）的编制，包括16册132章15 474项定额子目，为国内同行业首创。

新纪录创造人：中国石油天然气管道局第二工程分公司

28. 中国石油天然气管道局第二工程分公司2008年开发的“公司施工定额信息管理系统”，将施工定额与现代化信息技术相结合，为施工企业提供完整的施工定额管理信息平台，具有实用性、通用性和远程可控性，为国内同行业首创。

新纪录创造人：中国石油天然气管道局第二工程分公司

29. 中国石油天然气管道第三工程分公司2008年1月4日—2月16日承建的印度东气西输管道6标段工程，采用水泥沙袋砌筑管沟截水墙和护坡工法，完成55千米山区末端管道水工保护截水墙211道，护坡17处，工期44天，经过3个月雨季侵蚀完好率100%，创国内直径1 219毫米口径管线工程施工质量最高新纪录。

新纪录创造人：中国石油天然气管道第三工程分公司

30. 中国石油天然气管道第三工程分公司2008年2月5—16日承建的印度东气西输管道6标段工程，采用PE袋压载新工法施工，连续2次穿越TATA水库，工期12天，创国内直径1 219毫米口径管道施工工期最短新纪录。

新纪录创造人：中国石油天然气管道第三工程分公司

31. 中国石油天然气管道第三工程分公司于2007年4—11月承建的印度东气西输管道6标段工程，采用沟下组焊工法，完成42公里直径1 219毫米管道沟下施工，创国内同类工法组焊管径最大新纪录。

新纪录创造人：中国石油天然气管道第三工程分公司

32. 中国石油天然气管道第三工程分公司于2008年11月4—30日在印度东气西输管道工程3标段施工中，河流穿越全长385米，河床地质类型为上层为流沙，厚度约1～2米，下为岩石，用时26天，完成了3标段控制性工程姆斯河穿越，创国内同行业直径1 219毫米口径管道穿越相同复杂地质河流穿越速度最快新纪录。

新纪录创造人：中国石油天然气管道第三工程分公司

33. 中国石油天然气管道第三工程分公司2008年3月13日—4月17日在广西石化1 000万吨炼油项目储罐安装工程中，完成了1座10万立方米储罐主体安装，工期36天，创国内同类储罐安装最快新纪录。

新纪录创造人：中国石油天然气管道第三工程分公司

34. 中国石油天然气管道第三工程分公司2008年9月22日—11月10日在兰州—郑州—长沙成品油管道郑州分输站工程中，完成了2座5万立方米拱顶内浮顶成品油储罐安装，施工中采用埋弧自动焊焊接环缝内侧、二氧化碳气体保护焊焊接环缝内测和立缝内测、气电立焊焊接立缝外侧的焊接新工艺，为国内首创。

新纪录创造人：中国石油天然气管道第三工程分公司

35. 中国石油天然气管道第三工程分公司2008年3—10月在兰州—郑州—长沙成品油管道工程第11、12标段施工中，人工开挖、穿越斜井78条，总长度4.6公里，创国内单项工程斜井穿越总长度新纪录。

新纪录创造人：中国石油天然气管道第三工程分公司

36. 中国石油天然气管道第三工程分公司2008年3月至12日在兰州—郑州—长沙成品油管道工程11、12、14标段施工中，共大开挖穿越中型河流7次、小型河流165次，顶箱涵和砼套管穿越铁路19次、顶砼套管穿越公路17次、黄土梁顶管穿越6次，斜井开挖穿越78条，创国内同行业单项工程穿越数量最多新纪录。

新纪录创造人：中国石油天然气管道第三工程分公司

37. 中国石油天然气管道第三工程分公司2008年8月3—6日在兰州—郑州—长沙成品油管道工程12标段施工中，采用顶混凝土套管的方式，穿越高差12.4米的S246省道，创造国内同行业穿越公路高差最大新纪录。

新纪录创造人：中国石油天然气管道第三工程分公司

38. 中国石油天然气管道第三工程分公司2008年4月19日—6月22日在兰州—郑州—长沙成品油管道工程施工中，采用围堰导流、深井井点降水与明排水相结合的施工方法，穿越12标段伊洛河，穿越长度230米，创国内同类施工穿越河流长度最长新纪录。

新纪录创造人：中国石油天然气管道第三工程分公司

39. 中国石油天然气管道第三工程分公司2008年10月2日在兰州—郑州—长沙成品油管道工程第11标段施工中，穿越位于CB003～CB004号桩之间的210米长斜井，创国内斜井穿越长度最长新纪录。

新纪录创造人：中国石油天然气管道第三工程分公司

40. 中国石油天然气管道第三工程分公司2008年6—12月在西气东输西段施工中，焊接直径1 219毫米管道4 638道口，一次合格率100%，创国内同类管道施工质量新纪录。

新纪录创造人：329机组

41. 中国石油天然气管道第三工程分公司2008年11月25日—12月25日，在西二线新疆哈密段-14℃的低温条件下，一个月完成直径1 219毫米管道焊接57.5公里，创国内X80钢在冬季低温条件下焊接速度最快新纪录。

新纪录创造人：中国石油天然气管道第三工程分公司

42. 中国石油天然气管道第三工程分公司2008年4月在西二线西段施工中，采用STT打底根焊新工艺，日焊接58道口，质量合格率99.54%，创国内同行业使用STT焊机根焊工艺日焊接进度、施工质量新纪录。

新纪录创造人：314机组

43. 中国石油天然气管道局第四工程分公司2008年3月在俄罗斯东西伯利亚—远东太平洋管道工程中，管道要穿越大、小河流10条，大部分河流常年水量丰富，且一般处于沼泽腹部，夏季无法施工或成本高，只能等到冬季，气温下降到使地表承载力满足各种施工设备、机械安全进入时进行施工，工程采用在冰层下定向、松动爆破开挖管沟施工技术，创国内同行业施工新纪录。

新纪录创造人：中国石油天然气管道局第四工程分公司

44. 中国石油天然气管道局第四工程分公司2007年8—11月在俄罗斯东西伯利亚—远东太平洋管道工程中，地处北纬57度，极端气温达到零下60度以下，管材材质为K60，管径为1 220毫米，壁厚为19毫米、22毫米，工期92天，完成47.2千米施工任务，创国内同行业大口径、高纬度、高寒地区施工综合进度最快新纪录。

新纪录创造人：中国石油天然气管道局第四工程分公司

45. 中国石油天然气管道局第四工程分公司2008年10月在俄罗斯东西伯利亚—远东太平洋管道工程中，一次性进行管径为1 220毫米、长度为115千米、高差达到269米的管道水压试验，创国内同行业一次性水压试验最长、高差最大新纪录。

新纪录创造人：中国石油天然气管道局第四工程分公司

46. 中国石油天然气管道局第四工程分公司2007年8月在俄罗斯东西伯利亚—远东太平洋管道工程中，设计焊材为Pipeliner80S-G直径1.14毫米实芯焊丝（根焊）/Pipeliner Autoweld G80M直径1.32毫米药芯焊丝（填盖），SuperL-56直径1.14毫米实芯焊丝（根焊）/Pipeliner Autoweld G70M直径1.32毫米药芯焊丝（填盖）的两对高强匹配焊材，根焊保护气是高纯度的100%二氧化碳，填、盖焊接保护气是高纯度的75.0% Ar+25.0%二氧化碳，采用STT根焊+CRC M300C气保药芯焊丝上向全自动焊接工艺进行主体焊接，创国内同行业施工新纪录。

新纪录创造人：中国石油天然气管道局第四工程分公司

47. 中国石油天然气管道局第四工程分公司2008年1月在俄罗斯东西伯利亚—远东太平洋管道工程中，单日完成下沟1.1千米，创国内同行业在高纬度、冻土层、低温条件的原始森林中单日下沟长度新纪录。

新纪录创造人：中国石油天然气管道局第四工程分公司

48. 中国石油天然气管道局第四工程分公司2008年10月30日，在中亚天然气管道工程施工中，全自动焊日焊接168道口，当月焊接32公里，创国内同行业日焊接进度、月焊接进度新纪录。

新纪录创造人：CRC2全自动焊机组

49. 中国石油天然气管道局第四工程分公司2008年10月18日，在中亚天然气管道工程施工中，内焊+半自动焊机组日焊接108道口，当月焊接28公里，创国内同行业日焊接进度、当月焊接进度新纪录。

新纪录创造人：IT1内焊+半自动焊机组

50. 中国石油天然气管道局穿越分公司2008年4月9日—2008年9月28日，历时173天，完成北内环集输气管道工程渠江定向钻穿越的施工，管线规格为直径（813×14.2）毫米，穿越总长度1 140.51米，创国内定向钻穿越直径813毫米管道岩石地层长度最长新纪录。

新纪录创造人：中国石油天然气管道局穿越分公司

51. 中国石油天然气管道局穿越分公司2008年6月15日—8月19日，历时66天，完成福建LNG站线项目输气干线工程东、西溪定向钻对接穿越岩石地层的施工，管线规格为直径（406.4×9.5）毫米，穿越总长度 1 692.7 米，创国内定向钻对接穿越岩石地层、岩石穿越长度新纪录。

新纪录创造人：中国石油天然气管道局穿越分公司

52. 中国石油天然气管道局穿越分公司 2008 年 8 月 28 日—10 月 21 日在天津宝坻实施了永唐秦输气管道工程蓟运河定向钻穿越，穿越管线规格为直径（1 016×26.2）毫米，长度 1 536 米（刷新了该公司 2005 年创造的卫运河穿越直径（1 016×26.2）毫米，长度 1 434 米的大口径管线穿越规模纪录），创国内直径 1 016 毫米管线穿越长度最长新纪录。

新纪录创造人：中国石油天然气管道局穿越分公司

53. 中国石油天然气管道局穿越分公司 2008 年 6 月 9 日—9 月 7 日在湖北应城实施了兰州—郑州—长沙成品油管道工程大富水定向钻穿越，穿越采用“一孔三拖”新技术，穿越管线规格为两条主管直径（273×5.6）毫米、一条光缆套管直径（114×4.5）毫米，穿越长度 1 331 米，创国内在同一个导向孔中同时回拖三条管线新纪录。

新纪录创造人：中国石油天然气管道局穿越分公司

54. 中国石油天然气管道局穿越分公司 2007 年 11 月 26 日—2008 年 1 月 13 日在广东珠海—中山天然气管道二期工程磨刀门定向钻穿越中，采用支撑套管技术保证控向精度，穿越直径 660 毫米×17.5 毫米，长度 2 630 米，单侧套管长度达 436 米，创国内定向钻施工中支撑套管长度最长新纪录。

新纪录创造人：中国石油天然气管道局穿越分公司

55. 廊坊中油朗威监理有限责任公司自 2008 年 2 月 1 日起，承担西气东输二线管道工程监理任务，西起新疆霍尔果斯口岸，南至广州，东达上海，途径新疆、甘肃、宁夏、陕西、河南、湖北、江西、湖南、广东、广西、浙江、上海、江苏、安徽等 14 个省区市，管道主干线和 8 条支干线全长 9 102 公里，工程设计压力 12 兆帕，输气能力 300 亿立方米/年，总投资 1 420 亿元，计划 2009 年底西段建成投产、2011 年前全线贯通，创输气线路最长、输气管压力最大、口径最大和钢级最高的管道监理世界纪录。

新纪录创造人：廊坊中油朗威监理有限责任公司

56. 廊坊中油朗威监理有限责任公司 2008 年在中亚管道建设中，以第三方监督身份形式出现，全面协助 EPC 总承包对项目 HSE 进行管理，重点对现场 HSE 工作进行指导和监督，创国内 EPC 总承包建设模式下监理对 HSE 工作管理模式新纪录。

新纪录创造人：廊坊中油朗威监理有限责任公司

57. 廊坊中油朗威监理有限责任公司 2008 年在永唐秦输气管道工程监理工作中，引进 IPMT + EPC 一体化项目管理模式，对 EPC 项目进行监督管理，使业主及受委托方的最优资源一体化集成充分体现，实现了设计、采办、施工、合同投资控制、进度控制、QHSE 等一体化控制管理，为国内同行业首创。

新纪录创造人：廊坊中油朗威监理有限责任公司

58. 廊坊中油朗威监理有限责任公司 2007 年 11 月 15 日—2008 年 11 月 30 日在兰郑长工程建设中，历时 396 天，为管道工程建设管理子系统（PCM 系统）的“固化”提供工程信息服务和模块设置内容，实现了高效便捷的信息沟通，完整准确的数据录入，直观形象的可视化展示分析，为国内同行业首创。

新纪录创造人：廊坊中油朗威监理有限责任公司

59. 中国石油华北油田第五采油厂 2002 年 8 月—2008 年 12 月，实现安全生产 2 330 天，连续 6 年无工业事故、无伤亡事故、无交通事故、无环境污染事故，创国内同行业安全生产新纪录。

新纪录创造人：中国石油华北油田第五采油厂

60. 中国石油华北油田第五采油厂截至 2009 年 6 月自动化监控系统已覆盖所辖的 5 大主力油田、3 座联合站、3 座接转站、30 座计配站、280 口油井、88 口注水井和 98.7 千米输油管线，全厂 75.0% 以上的生产井站已实现了自动化监控，创国内同行业自动化监控生产新纪录。

新纪录创造人：中国石油华北油田第五采油厂

61. 中国石油工程设计有限公司西南分公司 2006 年 12 月设计，2008 年 3 月投产的 KS 天然气综合利用工程和 MB 天然气综合利用工程，在国内同类天然气回注压气中，采用多种机型串联、多级混合增压实现超高压比（压比高达 70）回注，达到节能减排目的，创国内天然气回注工程压比最高新纪录。

新纪录创造人：中国石油工程设计有限公司西南分公司

62. 中国石油工程设计有限公司西南分公司 2007 年 4 月总承包，2008 年 10 月投产的长岭一号气田 EPC 试采工程项目，采用分子筛吸附等工艺对含量高达 35.1% 的二氧化碳天然气进行处理，为国内首创。

新纪录创造人：中国石油工程设计有限公司西南分公司

63. 中国石油工程设计有限公司西南分公司 2003 年设计，2005 年开发应用到克拉 2 气田地面建设工程的 2205 + 16MnR 双相钢复合板材料及设备，壳体厚度达到 4 + 89 毫米，抗强腐蚀，创国内天然气工程应用 2205 + 16MnR 双相钢复合钢板材料及壳体厚度新纪录。

新纪录创造人：中国石油工程设计有限公司西南分公司

64. 中国石油工程设计有限公司西南分公司 2003 年 8 月设计，2005 年 9 月建成的高酸性气田在线腐蚀试验装置，对高酸性气田中的硫化氢、二氧化碳、氯离子 CL－对设备装置和管道等材料的腐蚀程度进行在线（实地）试验和评价，为国内首创。

新纪录创造人：中国石油工程设计有限公司西南分公司

65. 中国石油技术开发公司 2008 年度向国外出口销售石油设备 204 681 万美元，销售钻机 44 台，居国内同行业之首。

新纪录创造人：中国石油技术开发公司

66. 中国石油抚顺石化公司石油二厂 2004 年 5 月研制生产的 98 号汽油调合技术，烯烃 23.3%、芳烃 21.5%、氧含量 2.6%、硫含量 0.01%、苯含量 0.27%，创国内最优质汽油生产新纪录。

新纪录创造人：中国石油抚顺石化公司石油二厂

67. 中国石油抚顺石化公司石油三厂 2008 年是以煤油

馏分为原料，生产液体石蜡产品，液蜡产量 27 万吨/年，单厂生产能力居世界首位。

新纪录创造人：中国石油抚顺石化公司石油三厂

68. 中国石油抚顺石化公司乙烯化工厂 2008 年乙烯联合装置实现了安全连续运行 1 009 天，双烯收率 50.12%，居国内同行业之首。

新纪录创造人：中国石油抚顺石化公司乙烯化工厂

69. 中国石油工程设计有限公司抚顺公司 2007 年 10 月与中国科学院煤炭化学所、中石化抚顺石油化工研究院共同研发的间接煤基合成油加工流程技术，提供了一种间接液化煤基合成油加氢、低温油洗、脱碳及 PSA 工艺，是针对煤间接液化煤基合成油的物性特点开发的成套油品加工流程，为国内首创。

新纪录创造人：中国石油工程设计有限公司抚顺公司

70. 中海石油化学股份有限公司二期尿素装置 2008 年连续运行 312 天，年产 80 万吨，创国内大型尿素装置连续运行时间最长新纪录。

新纪录创造人：中海石油化学股份有限公司

71. 中国石油化学股份有限公司二期合成氨装置 2007 年 12 月—2008 年 10 月连续运行 313 天，年产 45 万吨，创国内大型合成氨装置连续运行时间最长新纪录。

新纪录创造人：中国石油化学股份有限公司

72. 中海石油环保服务（天津）有限公司论证、设计、建造，并于 2008 年 10 月投入使用的国内第一艘多功能溢油回收专用船——海洋石油 251，总长 47.5 米，宽 9.4 米，吃水 3.1 米，航速 11.5 节，回收舱容 350 方，采用双机双全回转舵桨推进方式，可以原地回转、微速前进（0～4 节），配置的内置式动态斜面溢油回收系统（DIP MS100）回收能力为 100 方/小时，还配备了消防和救生系统，泡沫消防炮流量为 40 升/秒，泡沫射程 45 米，水射程 50 米，能够扑救海面浮油和其他化学品引起的火灾，创国内溢油回收环保船建造新纪录。

新纪录创造人：中海石油环保服务（天津）有限公司

73. 中海石油（中国）有限公司上海分公司截至 2009 年 4 月，用修井机完成钻探东海平湖油气田 B02 井，该井为 3 个底、6 个水平分支的井下自流注水生产井，累计总井深 8 478.2 米，创国内海洋石油 225 吨修井机钻井单井累计井深最深作业新纪录。

新纪录创造人：中海石油（中国）有限公司上海分公司

74. 中海石油（中国）有限公司上海分公司截至 2009 年 4 月，东海平湖油气田 B02 井，采用井下自流注水工艺，选择同井地下水压力较高的水层，通过定向水平分支井钻井技术，钻出一个或多个水分支井眼，并在主分支井眼内下入防砂割缝管稳固井壁，将水流引向相对低压的注水层位，再采用下入桥塞，注水泥塞等措施来封固水平分支井顶部以上的井眼，达到井下高压水自流注入低压储层某一区域位置，增大该层压力，使临近井 B01 井增产 161.0%，井口压力增大 35.0%，创国内海洋石油井下自流注水增产钻井作业新纪录。

新纪录创造人：中海石油（中国）有限公司上海分公司

75. 海洋石油工程股份有限公司 2008 年 9 月在旅大项目中将大容量储油罐设计成矩形，在 LD27－2/32－2 平台下甲板上，布置了 2 个矩形的合格储油罐及 1 个不合格储油罐，降低了项目投资，为国内首创。

新纪录创造人：海洋石油工程股份有限公司

76. 海洋石油工程股份有限公司 2008 年 12 月对海上工程水击分析技术进行研究，并成功应用于 MODEC 项目中，为国内首创。

新纪录创造人：海洋石油工程股份有限公司

77. 海洋石油工程股份有限公司 2008 年 6 月在 MODEC 项目中成功应用 PIPENET 进行水力分析，为国内首创。

新纪录创造人：海洋石油工程股份有限公司

78. 海洋石油工程股份有限公司 2006 年 6 月在蓬莱 19－3 项目海洋平台建造施工项目中，将称重的支撑结构安装在滑靴上，使组块结构物连同滑靴一起进行称重，为国内首创。

新纪录创造人：海洋石油工程股份有限公司

79. 海洋石油工程股份有限公司 2004 年承建的印尼 SES 项目 2 座海上平台 ZELTA－PC 和 BANUWA－TI，2007 年 9 月在印尼爪哇岛海域完成海上安装调试并投产，创国内整装海洋石油平台外贸出口新纪录。

新纪录创造人：海洋石油工程股份有限公司

80. 海洋石油工程股份有限公司 2009 年 6 月将建造完成的 5 000 吨海洋工程起重船上部吊机运至荷兰 GUSTO 公司，创国内海洋工程起重船吊机关键部件出口欧洲新纪录。

新纪录创造人：海洋石油工程股份有限公司

81. 海洋石油工程股份有限公司 2008 年 11 月在 BNII 期油田海管伴热施工中，采用一种新型的施工工艺——集肤效应电伴热，解决了长距离管道伴热保温的问题，为世界首创。

新纪录创造人：海洋石油工程股份有限公司

82. 海洋石油工程股份有限公司 2008 年 8 月在 5 000 吨深水铺管船吊机建造项目中，应用 S690 高强钢焊接工艺建造扒杆支撑，为国内首创。

新纪录创造人：海洋石油工程股份有限公司

83. 海洋石油工程股份有限公司 2008 年 6 月在乐东 22－1/15－1 气田开发项目中，将超级双相不锈钢焊接工艺技术应用于海洋平台工艺管线的建造，为国内首创。

新纪录创造人：海洋石油工程股份有限公司

84. 海洋石油工程股份有限公司单吊起重能力世界第一的 7 500 吨起重船“蓝鲸”号，2009 年 1 月完成了渤中 BZ28－25CEP 西模块的吊装工作，吊装重量 4 807 吨，创国内海洋工程上部模块单船吊装重量新纪录。

新纪录创造人：海洋石油工程股份有限公司

85. 海洋石油工程股份有限公司 2008 年 5 月完成番禺 30－1 项目 200 米水深 12 根钢桩套筒的灌浆作业，净灌浆时间 6 小时，创国内深水领域灌浆作业新纪录。

新纪录创造人：海洋石油工程股份有限公司

86. 海洋石油工程股份有限公司 2008 年 5 月在中国南海番禺 30－1 气田成功打入直径 2.438 米，长 140.5 米、重 537 吨、入泥深度 120 米的钢桩 12 根，创钢桩长度最长、重量最重、入泥深度最深亚洲新纪录。

新纪录创造人：海洋石油工程股份有限公司

87. 海洋石油工程股份有限公司2008年5月在青岛海工码头通过滑道形式由驳船船侧对MODEC项目的4个模块进行拖拉牵引装船作业，为国内首创。

新纪录创造人：海洋石油工程股份有限公司

88. 海洋石油工程股份有限公司2008年3月28日成功将1.62万吨的番禺30－一号管架拖拉装上亚洲最大的下水驳船——海油石油229号下水驳船，创国内万吨级结构物调载、拖拉装船作业新纪录。

新纪录创造人：海洋石油工程股份有限公司

89. 海洋石油工程股份有限公司2008年1月在南海西江油田单点海上安装项目中，实施了深水带浮球软管和电缆的海上安装作业，为国内首创。

新纪录创造人：海洋石油工程股份有限公司

90. 海洋石油工程股份有限公司2007年8月在南海文昌油田单点海上安装项目中，完成9条系泊钢缆与内转塔形式单点系泊浮筒的水下连接，创国内单点系泊浮筒水下连接新纪录。

新纪录创造人：海洋石油工程股份有限公司

91. 海洋石油工程股份有限公司2009年3月完成国内最大的FPSO－“蓬勃号”（总长323米，垂线间长313米，型宽63米，型深32.5米，储油量1.9千万桶）的连接工作，创国内FPSO连接吨位最大新纪录。

新纪录创造人：海洋石油工程股份有限公司

92. 海洋石油工程股份有限公司2008年7—9月在惠州19－2深水海底管道抢修项目中，完成水深120米工况下HZ19－2&19－3两条输油管线共计5处漏点的修复工作，创国内深水海底管道修复新纪录。

新纪录创造人：海洋石油工程股份有限公司

93. 海洋石油工程股份有限公司2008年12月在WZ11－1项目中，开发出一套新颖独特的安装方法，完成了立管卡子的安装，将卡子安装固定和同心轴同时进行，为国内首创。

新纪录创造人：海洋石油工程股份有限公司

94. 海洋石油工程股份有限公司2009年3月在长青号单点维修改造项目中，使用抛缆枪完成海洋石油102（原长青号）FPSO主系泊缆的艄缆作业，为国内首创。

新纪录创造人：海洋石油工程股份有限公司

95. 海洋石油工程股份有限公司2008年3月在流花油田FPS锚系更换项目中，通过对海洋石油709船125吨绞车刹车系统增加12套液压缸及滚轮，实现绞车刹车皮1 440小时不需更换，为国内首创。

新纪录创造人：海洋石油工程股份有限公司

96. 海洋石油工程股份有限公司2008年5月在PL19－3II海底管线项目中，全自动相控阵超声波检验系统的扫查管径达到4寸，创国内检测管径最小新纪录。

新纪录创造人：海洋石油工程股份有限公司

97. 海洋石油工程股份有限公司2009年3月承揽了福建LNG冷能空分项目，利用回收LNG的冷能进行冷却，液化空气来制取液态空气分离产品，可实现空分运行机组小型化，并且能使产品电耗和水耗大幅降低，降低投资费用和生产成本，为国内首创。

新纪录创造人：海洋石油工程股份有限公司

98. 海洋石油工程股份有限公司2009年2月研发的具有高承载、低摩阻功效的结构物滑移装船的减摩滑靴装置，节约滑移装船成本，为国内首创。

新纪录创造人：海洋石油工程股份有限公司

99. 海洋石油工程股份有限公司2008年12月研制的可旋转管端自动切割机，不仅可切割72米长的管材两端的TKY节点，还可以切割管径最大为1 500毫米的钢管，为国内首创。

新纪录创造人：海洋石油工程股份有限公司

100. 海洋石油工程股份有限公司2007年9月研制出一种自重仅34吨，却能拖拉重量为1万吨的海洋结构物的新型拖拉装置，为国内首创。

新纪录创造人：海洋石油工程股份有限公司

101. 海洋石油工程股份有限公司2008年6月研发的平台导管架加工设计软件系统，具备绘制平台导管架管材单件图与板材数控切割编程两大功能，为国内首创。

新纪录创造人：海洋石油工程股份有限公司

102. 海洋石油工程股份有限公司2007年8月完成了番禺30－1导管架组合体ROW2的翻身吊装作业，该组合体重2 700吨，长163米，前端尺寸为22米×21米，后端尺寸为22米×42米，创国内大型导管架建造单个组合体翻转90度吊装尺寸及重量最大新纪录。

新纪录创造人：海洋石油工程股份有限公司

103. 海洋石油工程股份有限公司2008年10月在惠州25－3/1项目中，采用2台大型履带吊车通过改变钢桩接长的方式进行装船，为国内首创。

新纪录创造人：海洋石油工程股份有限公司

104. 海洋石油工程股份有限公司2008年8月承接的镍矿项目为大型冶炼厂主体建造工程项目，采用模块化方法进行建造，为国内首创。

新纪录创造人：海洋石油工程股份有限公司

105. 海洋石油工程股份有限公司2008年8月在场地滑道被其他工程占用的情况下，采用非滑道（即非刚性）区域建造镍矿项目总重4万吨的镍矿项目大型组块，为国内首创。

新纪录创造人：海洋石油工程股份有限公司

106. 海洋石油工程股份有限公司2009年3月采用模拟载荷工况的大吨位地基承载力检测方法，确定在非滑道区域建造的镍矿项目的地基承载力，为国内首创。

新纪录创造人：海洋石油工程股份有限公司

107. 海洋石油工程股份有限公司2008年5月研发的二氧化碳焊机转换手工电弧封底焊接技术，仅需一台二氧化碳焊机、一套焊接把线与手工电弧焊的把钳，就可实现二氧化碳气体保护焊和手工电弧焊两种焊接方法，为国内首创。

新纪录创造人：海洋石油工程股份有限公司

108. 海洋石油工程股份有限公司2008年12月在镍矿项目中，采用自行式液压模块运输车进行模块船侧滚式装船，镍矿项目总重4万吨，共有18个模块，最大规模重5 000吨，为国内首创。

新纪录创造人：海洋石油工程股份有限公司

109. 中海福建天然气有限责任公司2008年5月2日完成第一船LNG（液化天然气）共139 181立方米（约6万吨）的接卸工作，用时131小时，创国内同行业LNG接卸时间新纪录。

新纪录创造人：中海福建天然气有限责任公司

110. 中国石油长庆油田分公司第一采油厂2008年12月机采井系统效率达到22.23%，创国内特低渗透油田机采井系统效率新纪录。

新纪录创造人：长庆油田分公司第一采油厂

111. 中国石油长庆油田分公司长北项目2008年7月，单只8.5″三轮钻头最高进尺458米，平均机械钻速8.3米/小时，创国内水平井单只牙轮钻头最高进尺新纪录。

新纪录创造人：长庆油田分公司

112. 中国石油长庆油田分公司第三采油厂2009年6月10日，原油日产量10 020吨，创国内特低渗透油田采油厂原油日产量新纪录。

新纪录创造人：中国长庆油田分公司第三采油厂

113. 中国石油长庆油田分公司第二采气厂2005年建成了国内第一套适合高含醇（65.0%）和含凝析油的甲醇回收站装置，甲醇回收率99.5%，创国内同行业甲醇回收率新纪录。

新纪录创造人：长庆油田分公司第二采气厂

114. 中油管道机械制造有限责任公司2008年7月10日为西气东输二线工程生产的首批20根X80钢级、直径1 219×22多种角度的热煨弯管，创国内同行业制造热煨弯管钢级最高新纪录。

新纪录创造人：中油管道机械制造有限责任公司

115. 中油管道机械制造有限责任公司2008年11月为上海LNG工程设计制造的汇气管，设计压力9.2兆帕，主管公称直径900毫米，长度22 000毫米，支管公称直径100～900毫米，材质X70钢级，制造过程中主管每节长度为60 000毫米，支管为整体拔制成型，创国内制造汇气管压力最高、直径最大、长度最长、材料强度最高新纪录。

新纪录创造人：中油管道机械制造有限责任公司

116. 中油管道机械制造有限责任公司2008年12月研制的DN1200 PN12兆帕，高压大口径快开盲板，创国内同类产品直径最大、压力最高新纪录。

新纪录创造人：中油管道机械制造有限责任公司

117. 中油管道机械制造有限责任公司2008年为西气东输二线管道工程设计生产的56台旋风分离器，设计压力12.6兆帕，公称直径1 200毫米，单台处理量730NK立方米/小时，创国内同类产品设计压力、单台处理量、单次供货量新纪录。

新纪录创造人：中油管道机械制造有限责任公司

118. 中油管道机械制造有限责任公司2008年12月，在油气管道工程用管件加工生产中，采用机械操作机构实现热坯料的炉内取出、搬运、旋转、移位等动作，整个过程仅需一名操作工按指令操作机完成，实现大口径（直径1 219毫米、3.5吨）三通管件热加工不落地的工艺方法，为国内首创。

新纪录创造人：中油管道机械制造有限责任公司

119. 中油管道机械制造有限责任公司2008年12月，使用450千伏移动式X射线探伤机，在锅炉压力容器压力管道行业用管电压450千伏、管电流10毫安、曝光10分钟、透照110毫米厚产品，创国内同行业X射线检测新纪录。

新纪录创造人：中油管道机械制造有限责任公司

120. 中油管道机械制造有限责任公司2006年为西部原油、成品油管道工程设计生产原油换热器47台，设计压力1.6～9兆帕，公称直径900毫米，换热管长度6 000毫米，创国内同行业单次供货数量、设计压力和规格统一性新纪录。

新纪录创造人：中油管道机械制造有限责任公司

121. 中油管道机械制造有限责任公司2008年12月，在西气东输二线管道工程旋风分离器X射线检测中，用XXH－3005周向射线探伤机（300千伏），对壁厚达60毫米的高压容器进行X射线检测，为国内同行业首创。

新纪录创造人：中油管道机械制造有限责任公司

122. 中油管道机械制造有限责任公司2008年10月采用工艺图表链指导产品生产，具有直观形象、简洁新颖的特点，创国内同行业企业工艺文件新纪录。

新纪录创造人：中油管道机械制造有限责任公司

123. 中国石油天然气第六建设公司2008年6月建成投产的大连石化220×104吨/年连续重整装置，创国内同类装置施工新纪录。

新纪录创造人：中国石油天然气第六建设公司

124. 中国石油天然气第六建设公司2008年承建的上海液化天然气项目二号储罐，单罐容积16.5万立方米，创国内LNG低温储罐单罐容积最大新纪录。

新纪录创造人：中国石油天然气第六建设公司

125. 北京迪威尔石油天然气技术开发有限公司2007年12月研制出低倍数超重力发生器，并与传统的重力三相分离器结合，形成了具有自主知识产权的低倍数超重力油气水三相分离器，在青海油田投人运用，在不加破乳剂的情况下，实现了低温快速预脱水，为国内首创。

新纪录创造人：北京迪威尔石油天然气技术开发有限公司

126. 北京迪威尔石油天然气技术开发有限公司2007年7月采用高速塔气提回收甲醇技术，实现甲醇气态回收，甲醇回收率达到98.0%以上，创国内甲醇抑制剂回收率新纪录。

新纪录创造人：北京迪威尔石油天然气技术开发有限公司

127. 北京迪威尔石油天然气技术开发有限公司，从2004年研制出第一台具有自主知识产权的橇装计量装置起，截至2009年5月，先后在国内外各大油田投产应用100余套，与传统的砖混式计量站相比，计量精度原油≤±5.0%，天然气≤±7.0%，单井处理液量达到Q＝140立方米/天节省投资40.0%，使用效果良好，创国内橇装计量装置投产使用新纪录。

新纪录创造人：北京迪威尔石油天然气技术开发有限公司

128. 北京迪威尔石油天然气技术开发有限公司2008年5月研发的热电复合高效油水处理器在新疆油田正式投产，

解决了油田开发、生产过程中所面临的聚驱采出液处理难、能耗高、运行成本高等技术难题，聚驱采出液一站式脱水，为国内首创。

新纪录创造人：北京迪威尔石油天然气技术开发有限公司

129. 北京迪威尔石油天然气技术开发有限公司2003年6月研发的一体化原油处理装置，采用无机热管的传热元件实现原油的间接加热，热效率达到85.0%以上，为国内首创。

新纪录创造人：北京迪威尔石油天然气技术开发有限公司

130. 北京石油机械厂2007年研制的万米钻机及配套DQ120BSC顶驱装置，为国内陆上超深井及海洋钻井作业提供优质的大型顶驱装置，创国内12 000米钻机配套装备研制新纪录。

新纪录创造人：北京石油机械厂

131. 北京石油机械厂2008年5月28日研制并生产了43毫米小尺寸螺杆钻具，满足微井眼钻井及老井重钻需要的螺杆钻具，创国内研制43毫米最小尺寸螺杆钻具新纪录。

新纪录创造人：北京石油机械厂

132. 四川石油天然气建设工程有限责任公司2008年6月15日承担了永唐秦输气管道青龙河穿越工程，采用了机械化大开挖方式进行施工，穿越管道管径为1 016×26.2毫米，穿越管道距离水平长度为3 202米，提前工期1个月，为国内首创。

新纪录创造人：四川石油天然气建设工程有限责任公司

133. 四川石油天然气建设工程有限责任公司深圳分公司2009年2月23承建的深圳燃气集团“06天然气调压站及支线工程”，采用了多维曲线方式进行定向钻穿越，穿越管径为508×9.5，穿越长度为1 107米、深度为9.7米，创国内城市燃气管道定向钻穿越距离最长新纪录。

新纪录创造人：四川石油天然气建设工程有限责任公司深圳分公司

134. 长城钻探工程有限公司2009年1月研制出GWDC－1型过套管电阻率测井仪，通过反复在不同自然环境下、不同金属井壁厚度、不同固井水泥厚度、不同地层等情况对地层电阻能产生影响的因素进行分析，建立了解释模型；该仪器由大小几千个部件组成，且多数部件的设计精度达到微米。同时，由于该仪器长期在井下高温高压环境下工作，在选材时还考虑了抗高温、抗高压、抗腐蚀、防水、防油、防硫化氢等因素对仪器带来的损坏。经过高温高压等实验，仪器可以满足在150℃、100兆帕下稳定工作8小时以上，超越了国外同类产品的温度与压力指标，为国内同行业首创。

新纪录创造人：长城钻探工程有限公司

135. 长城钻探工程有限公司测井公司2009年2月，利用地质建模技术与地质导向技术，完成了辽河油田龙深1－H2井随钻地质导向任务，水平段钻进总长337米，在好砂岩中钻进270.5米，钻遇率为80.23%，为国内首创。

新纪录创造人：长城钻探工程有限公司测井公司

136. 长城钻探工程有限公司测井公司2006年1月，开发并使用套管井水泥胶结质量评价系统，能够兼容国内外常见的多种评价固井的测井仪器，可以综合评价声测井和核测井资料，解决了识别微间隙、窜槽等工程技术难题，创国内固井解释技术新纪录。

新纪录创造人：长城钻探工程有限公司测井公司

137. 长城钻探工程有限公司测井公司2007年依托过套管测井技术，编写了过套管测井解释软件，总结了一整套过套管测井技术评价的方法和流程，形成了一整套剩余油评价的方法，创国内利用过套管电阻率进行剩余油评价新纪录。

新纪录创造人：长城钻探工程有限公司测井公司

138. 长城钻探工程有限公司测井公司2004年8月研制油气射孔自动化装枪作业流水线，平均每天运行8小时，使装枪作业更加程序化、规范化、机械化，为国内同行业首创。

新纪录创造人：长城钻探工程有限公司测井公司

139. 长城钻探工程有限公司测井公司2009年1月完成超深井高温复合射孔超过4 000米，可以降低水力压裂的破裂压力，提高压裂效果，更有利于压裂时能量的吸收，从而使裂缝加大，达到增产增效的目的，复合药饼耐温可以达到180℃/48小时，射孔弹耐温可以达到230℃/48小时，复合药饼同超高温的射孔弹配合使用，可以保证在深井、超深井使用时的耐温性能，为为国内首创。

新纪录创造人：长城钻探工程有限公司测井公司

140. 长城钻探工程有限公司测井公司2008年8—10月，应用LWD无线随钻测井仪完成国内第一口鱼骨型八分支水平井随钻测井任务，仪器共下井26次，水平段钻进2 210米，总计施工1 304小时，LWD仪器除正常磨损外，无其他异常情况发生，为国内同行业首创。

新纪录创造人：长城钻探工程有限公司测井公司

141. 长城钻探工程有限公司测井公司2009年4月完成直井定向超高温射孔，井温超过200℃，创国内该项技术运用新纪录。

新纪录创造人：长城钻探工程有限公司测井公司

142. 长城钻探工程有限公司测井公司2008年11月研发的连续管水平井测井技术，利用连续管高强度、高韧性的特点，作为测井井下仪器的输送工具，将仪器送入水平井的水平井段进行测试，连续管是卷在滚筒上的，通过控制注入头和滚筒的连续转动带动连续管的起下，可以保证井下仪器连续的进行测试，为国内同行业首创。

新纪录创造人：长城钻探工程有限公司测井公司

143. 长城钻探工程有限公司测井公司2007年2月，研制出GJFD－1型智能车载放射源防盗报警装置，该系统设主机1台，安装在驾驶室（控制室）内，分别对各系统监控，由智能控制器、射线探测器、仓门位置监测器、移动接收器、发射器、警笛等组成，其中控制主机采用先进的微处理系统进行控制，抗干扰能力强，采用先进的报警控制算法，整个系统安装在铝合金的防水壳内，耐高低温抗震动，微电脑的总线大多在芯片内部不易受干扰，体积小，容易采取屏蔽等措施，适应范围宽，在各种恶劣的环境下都能可靠的工作，解决了放射源在运输和野外驻存管理问题，创国内同行业首创。

新纪录创造人：长城钻探工程有限公司测井公司

144. 长城钻探工程有限公司测井公司2008年1月研制的套管水平井测井牵引器，通过牵引器在套管水平井段中的爬行，将测井仪器和测井电缆输送到指定位置，不仅提高了测井时效，而且为套管水平井的动态参数监测提供了新的工艺和方法，为国内首创。

新纪录创造人：长城钻探工程有限公司测井公司

145. 宝鸡石油钢管有限责任公司1959年9月26日，生产出我国第一根直径426×7螺旋单面埋弧焊接钢管，宝鸡石油钢管厂，创建于1958年，是我国“一五”期间156个重点建设项目之一，为国内首创。

新纪录创造人：宝鸡石油钢管有限责任公司

146. 宝鸡石油钢管有限责任公司2008年6月大口径螺旋埋弧焊接钢管生产线为西气东输二线生产钢管2.6万吨，创国内同规模生产线月产量新纪录。

新纪录创造人：宝鸡石油钢管有限责任公司

147. 宝鸡石油钢管有限责任公司2009年5月16日发明的“烧结焊剂生产工艺”，采用干、湿搅拌分离技术，自动计量添加水玻璃模数，增加预烘干工序，设计采用余热回收装置、自动包装等，保证产品成分的均匀性，减少水玻璃浪费，解决物料结块问题，改善现场需要摊晒和敲击设备的状况，提高生产效率26.0%，为国内首创。

新纪录创造人：宝鸡石油钢管有限责任公司

148. 宝鸡石油钢管有限责任公司2009年5月16日研制的连续油管带钢对接焊缝形变热处理机，采用整体快速加热方式对带钢对接焊缝进行加热，同时背面进行保温，使焊缝达到相变温度，在此温度下，采用快速热碾压方法对带钢对接焊缝进行形变热处理，从而达到破碎焊缝晶粒结构、释放焊缝应力、改善焊缝组织，获得与母材一致的力学性能，是连续管生产制造的必备装置，为国内首创。

新纪录创造人：宝鸡石油钢管有限责任公司

149. 宝鸡石油机械有限责任公司2008年6月研制的7 000米双锥式海洋塔型井架，采用H型钢作为主立柱的塔型井架，为国内首创。

新纪录创造人：宝鸡石油机械有限责任公司

150. 咸阳宝石钢管钢绳有限责任公司2008年开发成功的压实股石油钻井钢丝绳，压实股石油钻井钢丝绳生产成本比普通钢丝绳增加约15.0%~16.0%，销售价格比普通钢丝绳提高了25.0%~35.0%，而该钢丝绳的使用寿命是普通钢丝绳的1.5倍以上，为国内首创。

新纪录创造人：咸阳宝石钢管钢绳有限责任公司

151. 咸阳宝石钢管钢绳有限责任公司2007年研发的12 000米钻机用钻井钢丝绳，采用增加组股钢丝数量、减小钢丝直径、提高钢丝性能的方法进行钢丝绳设计，最小破断拉力达到1 710千牛，为国内首创。

新纪录创造人：咸阳宝石钢管钢绳有限责任公司

152. 宝鸡宝石特种车辆有限责任公司2007年研制成功的10 000米智能化液压超低速测井车，由动力装置、液压系统、智能控制系统、电控系统、滚筒装置、液压发电机系统等组成，采用高性能智能控制系统、滚筒特低速技术、防磁滚筒制造技术、特低速传动系统、翻转推拉式侧门梯、铰链推拉式后梯等技术，为国内首创。

新纪录创造人：宝鸡宝石特种车辆有限责任公司

153. 广东大鹏液化天然气有限公司2008年10月底至2009年1月期间，实施了不停输带压封堵技术管线迁移工程（前湾支干线塘朗段），前湾支干线管径为610×12.7毫米，输送压力为8.6兆帕，流速每秒2~5米，每小时至少有4 000立方米流量的天然气通过，项目投产一次成功，创国内LNG项目首次应用不停输带压封堵技术条件下管线新纪录。

新纪录创造人：广东大鹏液化天然气有限公司

154. 广东大鹏液化天然气有限公司2007—2008年，通过商务运输安排，构建了LNG运输商务框架，成功实施了LNG进口贸易的运输安排和国产LNG船舶的交付运营，为世界首创。

新纪录创造人：广东大鹏液化天然气有限公司

155. 广东大鹏液化天然气有限公司2006年5月20日—2009年5月20日，实现了3年安全运营和1 540万无损失工作日事件的安全工作，创国内LNG项目安全运营新纪录。

新纪录创造人：广东大鹏液化天然气有限公司

156. 广东大鹏液化天然气有限公司与中海油LNG现货贸易部门合作，2007年4月27日，成功进行了中国第一船的LNG现货贸易，创国内LNG现货贸易商务模式新纪录。

新纪录创造人：广东大鹏液化天然气有限公司

157. 广东大鹏液化天然气有限公司2008年2月和5月，成功实施了2艘国产LNG船舶的气体实验，创国内LNG船舶气体实验新纪录。

新纪录创造人：广东大鹏液化天然气有限公司

158. 德州大陆架油气高科技公司2008年2—4月研发的339.7244.5液压尾管悬挂器，悬挂尾重260吨，管重260吨，长3 725.43米，创国内同类设备悬挂尾管重量、长度新纪录。

新纪录创造人：德州大陆架油气高科技公司

中国石化企业管理协会推荐

1. 中国石化上海石油化工股份有限公司二号氧化联合装置，2005年10月26日充填CTP－IV型催化剂18吨，催化剂床层高度5.3米，充填方式采用传统的水沉法，2005年11月3日CTA投料开车，反映压力7兆帕，温度280℃，密度1.04克/立方厘米，使用的CTP－IV Pd/C达到催化剂理想的最初指标，连续运行1 049天，累计生产PTA1 183 485.585吨，平均日产1 128.2吨，处理倍数达到6.58万倍，创国内国产钯炭催化剂连续投运时间最长和处理能力最大新纪录。

新纪录创造人：上海石油化工股份有限公司

2. 中国石化上海石油化工股份有限公司一号聚酯联合装置2004年9月1日开车至今，年产15万吨，年综合耗能77.47千克标油/吨，创国内同类装置年综合耗能最低新纪录。

新纪录创造人：上海石油化工股份有限公司

3. 中国石化上海石油化工股份有限公司3号芳香联合装置吸附分离装置的ADS－7型分子筛吸附剂，自1985年3

月开车至2009年3月，连续使用288个月，创国内同类装置长周期运行新纪录。

新纪录创造人：上海石油化工股份有限公司

4. 中国石化扬子石油化工有限公司2006年3月甲苯择形催化国产化成套技术，采用自主研发工艺包，可直接获得纯度99.99%以上、冰点5.47℃以上的苯产品；同时为后续单元输送富含对二苯（浓度超过90.0%）的混合C8芳烃，首次工业化应用成功，为国内首创。

新纪录创造人：中国石化扬子石油化工有限公司

5. 中国石化扬子石油化工有限公司2008年6月研发的PTA装置压力过滤成套技术工业化实验装置，进行了72小时考核，并取得成功，为国内首创。

新纪录创造人：中国石化扬子石油化工有限公司

6. 中国石化扬子石油化工有限公司2004年3月8日—2008年3月20日，160万吨/年延迟焦化装置连续运行1 198天，创国内同类装置长周期运行新纪录。

新纪录创造人：中国石化扬子石油化工有限公司

7. 中国石化扬子石油化工有限公司2008年1—12月，丁二烯产品年产量17.82万吨，创国内同类产品年产量新纪录。

新纪录创造人：中国石化扬子石油化工有限公司

8. 中国石化扬子石油化工有限公司2008年4月丁二烯产品市场占有率11.48%，居国内同行业之首。

新纪录创造人：中国石化扬子石油化工有限公司

9. 中国石化集团资产公司上海高桥分公司2008年DCP生产规模19 000吨，DCP产品世界市场占有率52.7%，居世界同行业之首。

新纪录创造人：精细化工事业部

10. 中国石油化工股份有限公司安庆分公司与石油化工科学研究院、催化剂分公司，2007年共同开发新一代增产丙烯催化裂解催化剂DMMC-1，并工业化应用，丙烯收率由15.37%增加至17.8%，为国内首创。

新纪录创造人：中石化安庆分公司　石油化工科学研究院　中石化催化剂分公司

11. 中国石油化工股份有限公司茂名分公司2008年原油加工损失率0.46%，创国内石化系统原油加工损失率最低新纪录。

新纪录创造人：中石化茂名分公司炼油分部

12. 中国石油化工股份有限公司茂名分公司炼油分部联合四车间一号延迟焦化装置，自2005年12月15日改造后开工以来，连续安全运行1 184天，创国内石化系统延迟焦化装置长周期安全运行天数最多新纪录。

新纪录创造人：中石化茂名分公司炼油分部联合四车间

13. 中国石油化工股份有限公司茂名分公司炼油分部加氢精制车间二号航煤加氢装置，2007—2008年度装置能耗5.63千克标油/吨，创国内石化系统同类装置能耗最低新纪录。

新纪录创造人：中石化茂名分公司炼油分部加氢精制车间

14. 中国石油化工股份有限公司茂名分公司炼油分部润滑油一车间第三套糠醛精制装置，2007—2008年度糠醛单耗0.38千克/吨，创国内石化系统同类型装置糠醛单耗最低新纪录。

新纪录创造人：中石化茂名分公司炼油分部润滑油一车间

15. 中国石油化工股份有限公司镇海炼化分公司20万吨/年聚丙烯装置，2007年5月1日—2009年6月10日，采用国产第二代环管工艺，连续运转772天，创国内同行业长周期运转最好新纪录。

新纪录创造人：中石化镇海炼化分公司

16. 中国石油化工股份有限公司镇海炼化分公司2008年加工原油1 935.57万吨，全年有4个月份，单月原油加工量超过170万吨，其中，7月加工量172.24万吨，创国内同行业原油加工量最高新纪录。

新纪录创造人：中石化镇海炼化分公司

17. 中国石油化工股份有限公司镇海炼化分公司2009年2月26日试生产的国产欧V柴油，达到在用柴油世界最高标准，为国内首创。

新纪录创造人：中石化镇海炼化分公司

18. 中国石油化工股份有限公司镇海炼化分公司20万吨/年聚丙烯装置，2007年6月与北京化工研究院合作，开发出全均聚高速BOPP膜料生产技术，该技术采用高活性、高立构选择性的Ziegler-Natta催化剂，在不同的氢气浓度下，采用两步聚合制备具有宽分子量分布的丙烯聚合物，通过调节或控制不同的氢气浓度下催化剂活性中心的定向能力，来改进最终丙烯聚合物或丙烯聚合物中分子链立构规整度的不均匀性，使低分子量部分的规整性提高，而高分子量部分的规整性降低，从而使得最终聚合物综合性能十分优良，为国内首创。

新纪录创造人：中石化镇海炼化分公司

19. 中国石油化工股份有限公司镇海炼化分公司2009年2月6日，算山码头一、二号泊位在同一潮水时间靠泊2艘26万吨级满载超大型油轮，创国内原油码头一次同时靠泊两艘超大型油轮新纪录。

新纪录创造人：中石化镇海炼化分公司港务储运部

20. 中国石油化工股份有限公司镇海炼化分公司2008年累计原油途耗为0.96%，创国内原油途耗新纪录。

新纪录创造人：中石化镇海炼化分公司港务储运部

21. 中国石化集团第二建设公司2008年2—12月承担的福建炼油乙烯项目乙烯、丙烯低温罐区两台低温储罐安装工程，工期11个月，创国内同类设备安装速度新纪录（常规一台低温储罐的施工周期在13~15个月）；在内外罐壁板安装过程中，对壁板组对、焊接、清根、无损检查、罐体提升等各个工序进行合理安排，最快仅用2天完成1圈壁板的安装，创国内低温储罐单圈壁板安装速度新纪录；丙烯低温储罐内罐材质A537.CL2，乙烯低温储罐内罐材质304，每圈壁板合格率98.0%，丙烯低温储罐内罐焊接一次合格率罐98.4%，乙烯低温储罐焊接一次合格率罐98.1%，创国内同类产品焊接一次合格率施工新纪录。

新纪录创造人：冷　辉　王世成　曹传德

22. 中国石化集团第二建设公司2008年3月承建的苏通大桥景观照明工程，由主塔照明、斜拉索照明、钢箱梁照明、下承台照明四部分组成，照明灯具1 492套、照明电缆41 176米、不锈钢支架486千克、金属软管6 142米、光纤电缆1 708米，施工位置标高216～306米，冬季平均温度-2℃、风力5～7级，工程采用升降电动吊篮作为施工人员作业平台，工程一次性检验优良品率100%，创国内超高空电气安装新纪录。

新纪录创造人：鹿继续

23. 中国石化集团第四建设公司2009年5月15日吊装天津100万吨/年乙烯及配套项目4/36万吨/年EO/EG装置循环气/水换热器（E-6101/6104），创国内履带式起重机单体吊装重量最重新纪录。

新纪录创造人：中国石化集团第四建设公司

24. 中国石化集团第十建设公司2006年5月—2007年3月，建成投产的茂名25万吨/年高压聚乙烯装置，高压聚乙烯反应坝长6 838米、宽21米、高17米，压缩机是高压聚乙烯装置的核心，安装精度高，施工难度大，其中，C1201和C1202是国内目前最大的化工压缩机，工期10个月，创国内同类型装置生产规模最大、项目建设工期最短新纪录。

新纪录创造人：中国石化集团第十建设公司

25. 中国石化集团洛阳石油化工工程公司2008年采用国内自行开发的催化剂连续再生技术，配套国内开发的低积炭高收率PS-VI催化剂，实现了重整能力由500千吨/年恢复改造到至原设计规模700千吨/年，装置产品方案由汽油型方案（RON由98-100）改为芳烃型方案（RON102），催化剂再生能力由200千克/小时增加到500千克/小时，适应了重整装置的发展趋势，解决了规模大型化带来的工艺及设备问题，与改造前相比，增加效益12 347万元/年，为国内首创。

新纪录创造人：中国石化集团洛阳石油化工工程公司

26. 中国石化集团胜利石油管理局地球物理勘探开发公司，2008年度在西部地区地震勘探中，年累计生产116 050炮，创国内地震队年生产总炮数最多新纪录。

新纪录创造人：2114地震队

27. 中国石化集团胜利石油管理局地球物理勘探开发公司2114队，2008年6月4日在排6井三维地震勘探施工中生产2 857炮，创国内地震队日生产炮数最多新纪录。

新纪录创造人：2114地震队

28. 中国石化集团胜利石油管理局地球物理勘探开发公司，2008年6月在排6井三维地震勘探中累计生产43 494炮，创国内地震队月生产炮数最多新纪录。

新纪录创造人：2114地震队

29. 中国石化集团胜利石油管理局黄河钻井总公司2006年4月—2009年1月，在垦东12丛式井组平台钻井施工中，累计开发完成91口井，创国内钻井丛式井口数最多新纪录。

新纪录创造人：黄河钻井总公司

30. 中国石化集团胜利石油管理局黄河钻井总公司，2008年完成进尺70 002米（2 500～3 000米井段），创国内钻井队年进尺最多新纪录。

新纪录创造人：32558SL钻井队

31. 中国石化集团胜利石油管理局塔里木胜利钻井公司，2008年在完井平均井深6 522米，进尺20 915米，创国内6 500～7 000米井段钻井队年进尺最多新纪录。

新纪录创造人：70120钻井队

32. 中国石化集团胜利石油管理局塔里木胜利钻井公司2008年9月施工的TK1271井，钻井周期90.48天，完钻井深6 512米，创国内6 501～7 000米井段内钻井周期最短新纪录。

新纪录创造人：塔里木胜利钻井公司

33. 中国石化集团中原石油勘探局塔里木钻井公司，2008年11月完钻于奇6井，完钻井深7 510米，钻井周期282.54天，创国内同行业完钻井深7 501～8 000米井段钻井周期最短新纪录。

新纪录创造人：90151ZY钻井队

34. 中石化集团胜利石油管理局钻井工艺研究院2008年5月完钻的金平1井，位垂比2.8，创国内同行业陆上位垂比新纪录。

新纪录创造人：钻井工艺研究院

35. 中石化集团胜利石油管理局地质录井公司2008年9月录井施工完成的元坝3井，综合录井井深7 450米，创国内综合录井井深最深新纪录。

新纪录创造人：地质录井公司

36. 中石化集团胜利石油管理局地质录井公司SL230综合录井队，2008年施工综合录井进尺29 368.88米，创国内综合录井队年录井进尺最多新纪录。

新纪录创造人：地质录井公司

37. 中石化集团胜利石油管理局测井公司2008年9月在泌深1井施工中，测井仪器抗温达到236℃，创国内石油测井行业测井仪器抗温新纪录。

新纪录创造人：测井公司

38. 中石化集团胜利石油管理局井下作业公司2007年6月压裂施工的义115井，井深5 236.56米，井底温度191℃，创国内井深最深、井温最高新纪录。

新纪录创造人：井下作业公司

39. 中石化集团胜利石油管理局井下作业公司2007年8月测试施工的义东301井，裸眼段长达3 310.21米，创国内超长裸眼中途支撑测试新纪录。

新纪录创造人：井下作业公司

40. 中国石化集团华东石油局2008年施工完成塔河油田AD21井、TK1269井、TK1086X井，完钻井深6 001～6 500米，平均完钻井深为6 461.5米，年进尺19 081米，创国内同行业队年进尺最多新纪录。

新纪录创造人：70826HD井队

41. 中国石化集团中原石油勘探局钻井一公司，2008年1月在部1-23侧钻井欠平衡施工中，使用的水包油乳化钻井液最小密度为0.85克/立方厘米，创国内同行业水包油乳化钻井液密度最小新纪录。

新纪录创造人：30519钻井队

42. 中国石化集团中原石油勘探局钻井二公司70171ZY钻井队，2008年9月施工的冀东油田重点预探井南堡5-98井，在井段356.5～1 952米使用直径444.5毫米BESTPDC钻头钻进，完成进尺1 595.5米，创国内同行业直径444.5毫米单只PDC钻头一次下井进尺最多新纪录。

新纪录创造人：70171ZY钻井队

43. 中国石化集团中原石油勘探局钻井三公司，2008年在鄂尔多斯苏里格气田施工中，完成开钻12口，交井12口，完成井平均深3 628.75米，钻井进尺43 545米，创国内同行业完钻井深2 501～4 000米井段队进尺最多新纪录。

新纪录创造人：45723ZY钻井队

44. 中国石化集团中原石油勘探局西南钻井分公司，2008年8月在元坝3井7 405.7～7 414.2米井段取芯，取芯进尺8.5米，岩芯长8.45米，取芯收获率99.4%，创国内同行业取芯井段最深新纪录。

新纪录创造人：70166ZY钻井队

45. 中国石化集团中原石油勘探局西南钻井分公司，2007年3月在元坝3井206～1 540米空气钻进井段，使用直径444.5毫米SHT22RG牙轮钻头，完成进尺1 334米，创国内同行业直径444.5毫米单只牙轮钻头空气钻一次下井进尺最多新纪录。

新纪录创造人：70166ZY钻井队

46. 中国石化集团中原石油勘探局井下特种作业处，在东北地区DD11－8井压裂施工中，一次压裂5层，创国内同行业单井一次压裂分层最多新纪录。

新纪录创造人：压裂三队

47. 中国石化集团中原石油勘探局井下特种作业处ZY－SY812队、压裂一队，2008年9月14日，在普光301－3井酸化压裂施工中，压裂入井液量1 104立方米，创国内同行业单井压裂压入井液最多新纪录。

新纪录创造人：ZY－SY812队 压裂一队

48. 中国石化集团中原石油勘探局地球物理测井公司，2008年7月8日在普302－2井射孔作业中，射孔井段5 688.3～5 093.9米，一次射开油层厚度594.4米，创国内同行业射孔一次射开油层厚度最长新纪录。

新纪录创造人：ZYCJ413队

49. 中国石化集团管道储运公司承建，并于2009年5月全部贯通的川气东送管道工程共含隧道72条，总长度92.7千米，创国内输气管道穿越隧道最多、距离最长新纪录。

新纪录创造人：石化管道储运公司

50. 中国石化集团管道储运公司截至2009年5月20日，在承建的川气东送管道工程中，山区管道敷设506千米，穿越72条隧道，山区管沟开挖和隧道施工使用439.6万支雷管、炸药3 545吨，创国内长输管道使用雷管数量最多、炸药最多新纪录。

新纪录创造人：中石化管道储运公司

51. 中国石化集团管道储运公司承建，并于2009年8月竣工的川气东送管道大溪亮隧道工程，隧道长1 035米，宽3.8米，高3.3米，进出洞口高差397.51米，创长输管道建设中隧道进出洞口高差最大世界纪录。

新纪录创造人：中国石化集团管道储运公司

52. 中国石化集团管道储运公司承建，并于2008年11月竣工的川气东送管道工程安庆长江盾构隧道穿越工程，隧道为圆形断面，直径3.158米，隧道净空内径2.44米，穿越长度2 770米，设计安装一条直径1 016毫米输气管道，首次采用地压平衡法穿越粉细砂地层，创国内天然气管道盾构隧道穿越长江跨度最大新纪录。

新纪录创造人：中石化管道储运公司

53. 中国石化集团管道储运公司承建，并于2009年4月完工的川气东送管道工程南京支线定向钻长江穿越，输气管道穿越长江距离最长3 910.17米、管径最大813毫米，创输气管道施工世界纪录。

新纪录创造人：中石化管道储运公司

54. 中国石化集团管道储运公司承建，并于2009年5月27日完工的川气东送管道工程定向钻穿越东苕溪工程，水平定向钻穿越岩石层管径1 016毫米、岩石层穿越距离500米、穿越时间14天，创国内同类施工管径最大、距离最长、时间最短新纪录。

新纪录创造人：中石化管道储运公司

55. 中国石化集团管道储运公司承建，并于2009年1月完工的野三河悬索桥工程，采用预应力内压式、钢主塔悬索吊钢梁的形式，主跨跨径240米，全长332米，桥面宽4.5米（包括三条检修道路、两条天然气管道），创长输管道悬索桥跨度最大、距离最长世界纪录。

新纪录创造人：中石化管道储运公司

56. 中国石化集团管道储运公司承建，并于2008年5月1日竣工的川气东送管道齐岳山陡坡段管道焊接安装工程，在1 052米距离的管道安装中，陡坡高差547米，创国内陡坡段施工高差最大、陡坡轻轨小车运输距离最长新纪录。

新纪录创造人：中石化管道储运公司

57. 中国石化集团管道储运公司承建的川气东送管道工程，线路工程第32标段，从2007年12月2日—2009年6月2日实现焊接1 737道口无返修，创国内长输管道建设1 016毫米管径连续焊接1 737道口无返修新纪录。

新纪录创造人：中石化管道储运公司

58. 中国石化集团管道储运公司承建，并于2008年12月交付运行的镇海岚山原油商业储备基地380万立方米的原油储罐及站场建设，工期16个月，完成了两个站场库区38座10万立方米原油储罐及配套工程建设任务，创国内原油储备基地建设速度新纪录。

新纪录创造人：中石化管道储运公司

59. 中国石化集团河南石油勘探局2008年9月完成的中石化风险探井泌深1井，完钻井深6 005米，钻井液静止28.18小时（1 691分钟）的实测井底温度236℃，创国内最高井温新纪录。

新纪录创造人：河南石油勘探局

60. 中国石化集团河南石油勘探局石油工程技术研究院，2008年在河南油田浅层特超稠油水平井实现了斜度72.95°，且泵效达75.8%有杆泵举升，创国内有杆泵现场实施斜度最大、泵效最高新纪录。

新纪录创造人：石油工程技术研究院

61. 中国石化集团华北石油局西部工程公司2008年10月施工的元坝5井，顺利下入管径193.7毫米套管深度6 921.65米，创国内直径241毫米井眼下入管径193.7毫米套管最深新纪录。

新纪录创造人：90152HB井队

62. 中国石化集团石油工程西南有限公司湖南钻井分公司2007年度钻井进尺21 186米，创国内同行业队年进尺超过20 000米新纪录。

新纪录创造人：60831XNH钻井队

63. 中油科新化工有限责任公司2007年人均实现利润106万元，人均实现利税154万元，居国内同行业之首。

新纪录创造人：中油科新化工有限责任公司

64. 中油吉林化建工程股份有限公司2008年5月20日、21日顺利完成3台2 000立方米丙烯球罐的整体搬迁，球罐搬迁单量334.5吨，单次搬迁距离1.5千米，创国内球罐整体搬迁施工体积最大、重量最重、运距最长、时间最短、搬迁数量最多新纪录。

新纪录创造人：陶树森　王宝龙　张玉伦　徐国权　董慧荣

中国钢铁工业协会推荐

1. 宝钢股份宝钢分公司2008年10月研发的水力发电机磁轭圈用特厚电磁钢板BM400，力学性能强，电磁性能和焊接性好，钢板可承受大线能量焊接，焊接接头抗疲劳性能优良，适用于高动态载荷的水轮发电机芯部磁轭圈，创大型水力发电机磁轭圈用材料世界纪录。

新纪录创造人：宝钢股份宝钢分公司

2. 宝钢股份宝钢分公司2008年9月，采用低C－中Mn－低N－微Nb合金化－超微Ti处理低合金耐候钢的成分体系作为基础，适当提高钢中酸溶Als含量并控制其范围，控制无因次Ni当量≥0.35、Ceq≤0.425%、Mn/C≥10，耐候性指数DNH≥6.0%，Ca处理且Ca/S比控制在1～3之间及Ca×S0.28≤1×10^{-3}，采用TMCP工艺，研制出优良强韧性、强塑性匹配、低屈强比、耐大气腐蚀性、优良焊接性及抗疲劳性能钢板，并成功应用于广州新电视塔桅杆制造，为国内首创。

新纪录创造人：宝钢股份宝钢分公司

3. 宝钢股份宝钢分公司炼铁厂2008年10月混匀矿质量指标σSiO_2达到0.095%，创混匀矿堆积质量世界纪录。

新纪录创造人：宝钢股份宝钢分公司炼铁厂

4. 宝钢股份研究院2007年6月研发的气喷旋冲烧结烟气脱硫工艺与装备成套技术，并应用于180平方米、224平方米、495平方米全烟气脱硫，脱硫效率95.0%，创国内大型烧结机全烟气脱硫效率新纪录。

新纪录创造人：宝钢股份研究院

5. 宝钢股份宝钢分公司2008年5月轧制的取向硅钢B30G130产品，纵向厚度精度为±3μ，创国内取向硅钢纵向厚度精度新纪录。

新纪录创造人：宝钢股份宝钢分公司

6. 宝钢股份宝钢分公司2008年8月轧制的高牌号无取向电工钢B35A300、B50A350，宽度1 250毫米，创国内无取向电工钢板宽度新纪录。

新纪录创造人：宝钢股份宝钢分公司

7. 宝钢股份宝钢分公司2008年12月研发的高牌号无取向电工钢B20AT1500，厚度0.2毫米，创国内高牌号无取向电工钢厚度最小新纪录。

新纪录创造人：宝钢股份宝钢分公司

8. 宝钢股份宝钢分公司2008年11月27日研发的高磁感、低铁损的激光刻痕取向硅钢B27R95产品，厚度0.27毫米，产品B8高于1.89吨，铁损P17/50低于0.92瓦/千克，为国内首创。

新纪录创造人：宝钢股份宝钢分公司

9. 宝钢股份宝钢分公司2008年批量生产高牌号无取向硅钢3万吨，其中生产50W350牌号钢6千吨，成为国内首家拥有“酸连轧机生产高牌号无取向硅钢”技术的企业。

新纪录创造人：宝钢股份宝钢分公司1550酸轧机组

10. 宝钢股份宝钢分公司2008年4月30日研发的无套筒生产方法，其中防塌卷装置，适用性强，可以完成20吨以内、卷径小于2米的钢卷的上卷工作，产品综合成材率80.0%，创国内取向硅钢生产模式新纪录。

新纪录创造人：宝钢股份宝钢分公司硅钢部

11. 宝钢股份宝钢分公司钢管厂于2008年9月按西气东输二线标准，生产出直径1 219毫米（外径）×22毫米（壁厚）×18 300毫米（长度），X80钢级管线管，成为国内唯一能生产管长大于12.2米直缝埋弧焊管的厂家，创国内UOE油气输送管道最长新纪录。

新纪录创造人：宝钢股份宝钢分公司钢管厂UOE机组

12. 梅山钢铁股份有限公司2008年6月通过改进干熄焦余热发电系统，在控制吨焦产汽量低于0.57吨/吨情况下，平均吨焦发电量130千瓦·时，创国内吨焦发电量新纪录。

新纪录创造人：梅山钢铁股份有限公司

13. 宝钢股份宁波宝新不锈钢有限公司2008年1月研发的石灰－铝盐除氟工艺在不锈钢含氟废水处理领域中的应用技术，使污泥减量化程度达到70.0%，吨水处理成本降低9.91元，年节省处理费用500万元，创国内不锈钢含氟废水处理工艺新纪录。

新纪录创造人：宝钢股份宁波宝新不锈钢有限公司

14. 上海宝钢工程技术有限公司2008年11月28日将自主设计集成的COREX渣立磨设备及粉磨工艺生产线用于上海宝田矿渣粉磨生产线改造工程，创国内首台套COREX渣立磨设备及首条COREX渣粉磨工艺生产线新纪录。

新纪录创造人：上海宝钢工程技术有限公司

15. 上海宝钢工程技术有限公司设计制造的横移式副枪系统，2008年11月在新疆八一钢铁股份有限公司炼钢厂投入使用，为国内首创。

新纪录创造人：上海宝钢工程技术有限公司

16. 上海宝钢工程技术有限公司2007年10月设计并投入使用的宝钢集团浦钢搬迁工程炼钢连铸密闭式纯水循环水系统，总循环水量3 000立方米/小时，系统保有水量1 000立方米，创国内同类系统新纪录。

新纪录创造人：上海宝钢工程技术有限公司

17. 上海宝冶建设有限公司2007年5月3日—10月15日，应用“特大型桥式起重机设备高空整体安装技术”，在烟台来福士海洋工程有限公司的20 000吨多点桥式起重机安装工程中，安装总工作量9 600吨，创国内同类工程新纪录。

新纪录创造人：上海宝冶建设有限公司

18. 上海宝冶建设有限公司2005年10月—2007年2月施工的国家体育场（鸟巢）钢结构安装工程，钢结构建筑顶面呈马鞍型，主要由48榀主桁架围绕屋盖中间的开口呈放射型布置而成，主桁架与顶面及立面错落有致的次结构一起形成了“鸟巢”的特殊建筑造型，钢结构设计量约4.2万吨，所有的杆件均为箱型、全焊接构件，钢板厚度从10~110毫米不等，桁架柱的最大断面达25×20米，高度为67米，单榀最重达700吨，吊装单元最重达360吨，而双榀主桁架贯通最大跨度达258.365米，吊装选用了将所有构件分成吊装单元分段进行安装，下设支撑塔架，高空对接，结构形成后进行卸载的散装安装方案，创国内现代大型体育场钢结构工程施工技术新纪录。

新纪录创造人：上海宝冶建设有限公司

19. 上海宝冶建设有限公司2008年9—11月对宝钢一号高炉进行超短期化整体大修更换。宝钢一号高炉容积4 063立方米，大修扩容至4 966立方米，炉顶标高+115米。炉顶、炉体、炉体第7层平台、给排水管道、能源介质管道、除尘管道、一层梁、出铁场及风口平台等各系统进行更新，实体钢结构拆除27 700吨；实体钢结构安装8 000吨；措施钢结构安装9 000吨，拆除9 000吨；管道拆除2 100吨（10万米）；管道安装1 700吨（8万米），炉体结构和设备采用模块化施工新技术，高炉炉顶结构采用整体拆装技术，创炼铁行业特大型高炉短期化整体化大修工程量世界纪录。

新纪录创造人：上海宝冶建设有限公司

20. 上海宝冶建设有限公司2006年10月成功开发大型带钢轧机牌坊（机架）安装成套技术，该套技术能适应不同类型、不同重量、不同高度比的轧机机架在不同的施工条件下安装的要求，可以满足不同轧机与之相应的厂房建设的安装工艺，为现代轧钢车间的建设提供了先进、科学、合理的施工途径，为国内同行业首创。

新纪录创造人：上海宝冶建设有限公司

21. 上海宝冶建设有限公司2005年9月—2006年9月成功开发工业设备基础在线切割、移位、置换技术，包括长距离高精度钻孔控制技术，钻孔纠偏技术，钻进精度监控测量技术，切割面平整度控制技术，锯口充填置换技术，该技术成功应用于上海宝钢一、二号高炉大修改造工程中，创国内工业设备基础在线切割、移位、置换技术新纪录。

新纪录创造人：上海宝冶建设有限公司

22. 上海宝冶建设有限公司承建，并于2007年10月正式投产使用的上海浦钢Corex3000炼铁项目，是世界最大的COREX项目，施工新技术包括熔融气化炉炉内多功能施工平台使用技术，熔融气化炉炉底、炉缸大炭砖干砌施工技术，还原竖炉下部、中部环道施工技术，含钢纤维喷涂施工技术，为国内首创。

新纪录创造人：上海宝冶建设有限公司

23. 首钢总公司2008年开发转炉流程生产优质特殊钢技术，包括转炉流程生产优质特殊钢工艺集成，超低氧钢精炼技术，特殊钢夹杂物控制技术，齿轮钢窄淬透性带宽控制技术，钢材洁净度T［O］：8~12ppm（不同类钢）、钢中基本无纯Al_2O_3夹杂物、齿轮钢淬透性带宽≤4HRC和循环疲劳寿命≥1 000万次等，为国内首创。

新纪录创造人：首钢总公司

24. 首钢总公司2007年8月5日采用自主设计的低C—高Mn—高Nb—少Mo—微V—微Ti成分体系，并结合高Nb钢的强化机制，优化了传统的TMCP轧钢工艺，在华油钢管厂一次性试制成功直径1 219×18.4毫米螺旋埋弧焊管，创国内成功试制西气东输二线用直径1 219×18.4毫米螺旋埋弧焊管新纪录。

新纪录创造人：首钢总公司

25. 首钢总公司2006年10月完成了对各类冶金高锌灰、高钾钠灰预先处理，再回用烧结工序的工业应用试验，该技术含有除尘灰泥造粒回用烧结工艺，高锌、高钾钠盐灰泥脱锌、脱钾钠盐工艺，解决了将钢铁生产过程中所产生的全部含铁尘泥统一实现资源化利用问题，为国内首创。

新纪录创造人：首钢总公司

26. 首钢建设集团2008年参加奥运工程建设，共承接奥运会开闭幕式排练场工程（钢结构810吨）、开闭幕式中心舞台（500吨）、奥运会火炬塔工程（203吨）等13项重点工程，保证了奥运会、残奥会的使用，为国内首创。

新纪录创造人：首钢建设集团

27. 首钢矿业公司到2008年底共回收尾砂中精矿粉81.35万吨，土线中矿石362.29万吨，居国内同行业之首。

新纪录创造人：首钢矿业公司

28. 北京首钢国际工程技术有限公司设计，并于2008年12月投产建成的首钢京唐2 250毫米热轧工程，三传动电机冷却风机采用变频风机，即根据主电机的RMS值（电机负载方均根植）通过二级数学模型，算出电机发热量，给出调速风机转速的设定值，然后再通过所采集的电机实际温度值及进出口风温的实际值对调风速机进行闭环控制，每年可节电360万度，合180万元人民币，为国内首创。

新纪录创造人：北京首钢国际工程技术有限公司

29. 北京首钢国际工程技术有限公司2007年研制，并于2009年投入生产的大容量300吨铁水包车，最大直径5 190毫米，最大高度6 150毫米，可在1 435毫米标准轨距铁路线上运行，创造了准轨距上，采用异型大容量包车运输铁水，实现炼铁和炼钢之间铁水运输技术世界纪录。

新纪录创造人：北京首钢国际工程技术有限公司

30. 北京首钢国际工程技术有限公司设计，并于2009年5月21日投产的首钢京唐钢铁联合有限责任公司炼铁一期工程一号高炉及2009年年底即将投产的二号高炉，共2座5 500立方米高炉，采用了2座高炉共用一座联合料仓的新工艺，焦仓与矿仓并列布置，焦炭仓总有效容积7 000立方米，块矿仓总有效容积2 350立方米，杂矿仓（包括熔剂、锰矿和钒钛矿等）有效容积1 800立方米；烧结矿仓总有效容积8 500立方米，球团矿仓总有效容积2 400立方米，焦丁仓有效容积700立方米，矿丁仓有效容积700立方米，为世界首创。

新纪录创造人：北京首钢国际工程技术有限公司

31. 北京首钢国际工程技术有限公司设计，并于2009年5月21日投入使用的首钢京唐钢铁联合有限责任公司炼铁一号高炉热风炉系统，将BSK顶燃式热风炉应用于特大型高炉（5 500立方米高炉），为世界首创。

新纪录创造人：北京首钢国际工程技术有限公司

32. 北京首钢国际工程技术有限公司2007年设计，2008年10月投产的首钢京唐钢铁联合有限责任公司钢铁地下混凝土工程，采用防腐蚀高性能混凝土，共完成基桩

15.4 万根，浇筑混凝土 300 多万立方米，创冶金单项工程规模最大世界纪录。

新纪录创造人：北京首钢国际工程技术有限公司

33. 北京首钢国际工程技术有限公司设计，并于 2009 年 5 月 22 日投产的京唐工程 5 500 立方米高炉，炉壳高度为 49.06 米，有效内径 17 米，划分 26 个板带，炉壳表面上开有 4 个铁口、42 个风口、1 个换溜槽孔及 4 个导出管孔等大孔外，还有固定测温孔、探尺孔、水冷管孔及连续螺栓孔等 1 万多个小孔，该炉壳设计应用大型通用有限元分析软件 MIDAS 及 ANSYS 进行建模并作了比较分析。建模时首先就建立了了对称的空间薄壁壳体结构，采用曲面相贯的方法考虑各大孔洞。为分析不同材质及多边界约束的影响，避免后期分析可能出现的洞口计算结果失真，均采取合理的手段模拟了实际工作状态。然后根据各荷载区、孔洞区的特点划分单元大小，并结合计算时间长短和精度要求共划分出单元总数为 139 749 个，创国内特大型高炉最大容积炉壳结构设计新纪录。

新纪录创造人：北京首钢国际工程技术有限公司

34. 北京首钢国际工程技术有限公司设计，并于 2009 年 5 月 21 日投产承建的首钢京唐钢铁联合有限责任公司炼铁一号高炉煤气干法除尘项目，采用煤气脉冲布袋除尘工艺技术，高炉煤气含尘量 2 ~ 4 毫克/立方米，年节水 3 500 ~ 3 800 万吨，无外排污水，无粉尘外溢，高炉煤气余压发电（TRT）比湿法除尘年提高发电量 30.0% ~ 40.0%，创最早建成投产的 5 500 立方米以上高炉煤气全干法布袋除尘项目世界纪录。

新纪录创造人：北京首钢国际工程技术有限公司

35. 北京首钢国际工程技术有限公司设计的首钢京唐钢铁联合有限责任公司炼铁一号 5 500 立方米高炉，于 2009 年 5 月 21 日正式投入使用，设计时采用了无集中称量站直接上料工艺、矿石分级入炉技术、矿丁与焦丁回收技术、自主研发的国产特大型高炉并罐无料钟炉顶设备、高炉高效长寿综合技术、纯水密闭循环冷却技术、自主创新的大型铁水包车运送铁水的“一包到底”技术、BSK 新型顶燃热风炉高风温长寿技术、热风炉烟气余热回收技术、高效旋流除尘技术、环保渣处理技术、富氧喷煤技术、浓相直接喷吹技术、高炉煤气干法除尘技术、炉顶煤气压差电技术、全静叶可调轴流式大型高炉鼓风机技术、完善的检测和高炉人工智能专家系统、炼铁节能、节水技术、清洁生产技术及大型可靠地炉前自动化设备等新技术、新工艺、新装备，创国内设计及投产最大高炉炉容新纪录。

新纪录创造人：北京首钢国际工程技术有限公司

36. 北京首钢国际工程技术有限公司设计，并于 2008 年 12 月投产的首钢京唐 2 250 毫米热轧工程供电系统，采用了 3 台 90MVA110/35/10 千伏的三卷变压器为热轧厂提供 35 千伏和 10 千伏电源，不安装 SVC 动态无功补偿、FC 高次谐波滤波装置和固定补偿电容装置，110 千伏车间总降压总畸变率和功率因数完全符合国家电网对电能质量的要求，在供配电结线方式、功率因数改善、高次谐波治理和电技术节能方面均创世界纪录。

新纪录创造人：北京首钢国际工程技术有限公司

37. 北京首钢国际工程技术有限公司设计，并于 2008 年 12 月投产的 2 250 毫米热轧工程，全线辅传动变频电机统一采用 660 伏电压等级，减少了整流变压器和整流单元数量，整流单元总装机容量也大幅下降；创国内热轧工程及中厚板轧机工程全线辅传动变频调速系统结线方式设计新纪录。

新纪录创造人：北京首钢国际工程技术有限公司

38. 北京首钢国际工程技术有限公司设计的首钢京唐 2×500 平方米烧结机，配套 2×580 平方米环冷机及其配套公辅设施，于 2009 年 2 月热试成功一号烧结机，5 月正式投产运行，其中烧结机、环冷机设采用了强化混合制粒，烧结机偏析布料，厚料层烧结，环冷机废气循环利用，成品筛分集中布置，除尘灰采用密相气力输送等先进工艺技术。整个烧结流程配备了全面的自动化检测装置并且优先采用了烧结机侧板测温，机尾成像、烧结矿 FeO 在线检测技术，使各工艺环节均可实现全自动化控制，自主开发设计的烧结专家系统，对烧结过程实行专家诊断和指导，优化工艺参数，稳定烧结矿产、质量，创造国内烧结机大型化新纪录。

新纪录创造人：北京首钢国际工程技术有限公司

39. 北京首钢国际工程技术有限公司 2007 年设计，2008 年 10 月投产的首钢京唐钢铁联合有限责任公司钢铁厂软土地基处理系统工程，由海底取砂吹填形成，原厂址海水深 1 ~ 3 米，填土厚度为 0.7 ~ 6 米，平均厚度 4 米，基桩 15.4 万根，面积约为 12 平方公里，创最大规模单项工程基桩最多，围海吹砂造地形成的陆域上建设钢铁厂进行软土地基处理世界纪录。

新纪录创造人：北京首钢国际工程技术有限公司

40. 首钢水城钢铁（集团）有限责任公司 2008 年 4 月研发的《含铬铁矿石综合利用技术的研究与应用》项目，采用残余元素铬作为强化元素的研究与实践，对原生矿残余元素工艺技术开发和应用研究，在 HRB400 钢筋中应用，并对不同规格不同铁水铬含量进行不同的强化元素加入量研究，为国内首创。

新纪录创造人：张槐祥　王琳松　陈卫平　杨茂麟　刘永林

41. 太原钢铁（集团）有限公司焦化厂 2007 年 7 号焦炉使用单炭化室压力调节系统（PROVEN 系统），稳定了集气管压力，为国内首创。

新纪录创造人：太原钢铁（集团）有限公司焦化厂

42. 太原钢铁（集团）有限责任公司焦化厂 2008 年 2 月引进生物酶技术，并成功应用于传统的 A2/0 焦化废水处理工艺，将出水水质指标 COD 从二级排放水平提高到了国家一级排放水平，COD 平均值稳定在 60 ~ 80 毫克/升左右，为国内首创。

新纪录创造人：太原钢铁（集团）有限公司焦化厂

43. 太原钢铁（集团）有限责任公司设计、制造并于 2008 年 12 月 31 日投产的煤调湿工艺，处理能力达到 400 吨/小时，最大可达 450 吨小时，配合煤水分从 10.0% 降至 6.0%（干燥后可使配煤水分降低 3.5%，从干燥机出口到焦炉入口的运输过程可使配煤水分再降低 0.5%），入炉煤水分每降低 1.0%，炼焦耗热量降低 20 兆卡/吨干煤，炼焦过程中的酚氰污水外排量减少 510 ~ 595 吨/天，可多配入弱黏结性煤5.0%，核心设备干燥机的制造材料采用双相不锈钢SAF2507板材、管材及SUS2507与普碳钢的复合板材，为国内首创。

新纪录创造人：太原钢铁（集团）有限公司

44. 太原钢铁（集团）有限责任公司焦化厂7.63米焦炉，煤气发生量最大为130 000标准立方米/小时，配套建设焦炉煤气脱硫制酸装置于2008年4月投产，焦炉煤气中H_2S含量由780千克/小时减少为6千克/小时，脱硫效率99.1%，折算成二氧化硫每年减少排放12 238吨，每年生产98.0%的浓硫酸18 000吨，2.5兆帕的蒸汽43 200吨，创国内同类设备脱硫效率新纪录。

新纪录创造人：太原钢铁（集团）有限公司焦化厂

45. 太原钢铁（集团）有限责任公司150万吨不锈钢工程2 250毫米热轧项目，从2004年9月21日到2006年6月29日建成并热负荷试车一次成功，主厂间平面布置呈T字形，总长度为931米，总宽度为270米，占地面积25.6万平方米，主厂房建筑面积11.05万平方米，辅助生产建筑面积2.498 6万平方米，绿化面积7万平方米，设备总重量33 520吨，建设工期21个月零8天，创国内钢铁行业同类大型热连轧厂建设工期最短新纪录。

新纪录创造人：太原钢铁（集团）有限责任公司

46. 太原钢铁（集团）有限责任公司热轧厂2250毫米生产线2007年10月热轧生产304不锈钢，规格为2×1 240毫米、2×1 535毫米、3.5×1 840毫米、4×2 040毫米，创国内热轧304不锈钢最薄规格新纪录。

新纪录创造人：太原钢铁（集团）有限责任公司热轧厂

47. 太原钢铁（集团）有限责任公司2007年6月2 250毫米生产线热轧生产400系列不锈钢，全部采用热卷箱生产新工艺，解决了热卷箱划伤、开卷时翘头、废钢等技术难题，为国内首创。

新纪录创造人：太原钢铁（集团）有限责任公司

48. 太原钢铁（集团）有限责任公司2008年3月2 250毫米生产线试轧成功目前世界最高强度级别管线线钢X120，屈服强度高达840兆帕以上，创在热连轧生产线上生产X120钢世界纪录。

新纪录创造人：太原钢铁（集团）有限责任公司

49. 太原钢铁（集团）有限责任公司热连轧厂2 250毫米生产线2006年6月实现国内首家下机支撑辊带箱磨削，磨削精度为：圆度：0.002毫米、圆柱度：0.002毫米、表面粗糙度：Ra 0.4微米，为国内同行业首创。

新纪录创造人：太原钢铁（集团）有限责任公司热连轧厂

50. 太原钢铁（集团）有限责任公司2008年4 350立方米高炉TRT机组，最大功率24 750千伏安，年运行时间8 450小时，吨铁发电量达到41.39千瓦时，创国内大容量高炉吨铁发电量最大、年运行时间最长新纪录。

新纪录创造人：太原钢铁（集团）有限责任公司

51. 太原钢铁（集团）有限责任公司发电厂2009年3月2台自然和强制水循环方式，单通道，垂直、室外布置高温高压余热锅炉和一套50兆瓦高压、单缸、单抽汽、冲动式汽轮发电机组，日发电量97千瓦时，创国内干熄发电机组日发电量新纪录。

新纪录创造人：太原钢铁（集团）有限责任公司发电厂

52. 太原钢铁（集团）有限责任公司不锈钢有限公司自主开发X80管线钢，2008年X80管线钢销量30.4万吨，市场占有率29.1%，居国内同行业之首。

新纪录创造人：太原钢铁（集团）有限责任公司不锈钢有限公司

53. 太原钢铁（集团）有限责任公司不锈钢股份有限公司自主开发造币不锈钢CTSZB，2004年至今销售量12万吨，市场占有率100%，为国内首创。

新纪录创造人：太原钢铁（集团）有限责任公司不锈钢股份有限公司

54. 鞍钢股份有限公司中厚板厂4 300毫米厚板线，2008年1月采用TMCP工艺，生产19～76毫米EH550超高强船体及海洋工程用钢，共生产并成功交付2 340吨，为国内首创。

新纪录创造人：鞍钢股份有限公司中厚板厂

55. 鞍钢股份有限公司中厚板厂4 300毫米厚板线，2007年11月采用淬火+回火工艺，生产9Ni低温用钢，在国内率先通过船级社认证，为国内首创。

新纪录创造人：鞍钢股份有限公司中厚板厂

56. 鞍钢股份有限公司中厚板厂4 300毫米厚板线，2007年11月采用HTP工艺，生产33×3 730×12 000毫米低钼X80高强度级管线钢板，为国内首创。

新纪录创造人：鞍钢股份有限公司中厚板厂

57. 鞍钢股份有限公司冷轧厂2008年镀锌板直供出口量达到31万吨，居国内镀锌产品出口量之首。

新纪录创造人：鞍钢股份有限公司冷轧厂

58. 鞍钢股份有限公司冷轧厂2008年开发出低铝低硅Trip钢，TRIP600的抗拉强度达到600牛/平方毫米以上，屈服强度350牛/平方毫米以上，总延伸率32.0%以上；TRIP800的抗拉强度达到800牛/平方毫米以上，屈服强度500牛/平方毫米以上，总延伸率达到24.0%以上，为国内首创。

新纪录创造人：鞍钢股份有限公司冷轧厂

59. 鞍钢股份有限公司冷轧厂2004年建成的高密度电解清洗机组，从开工到热负荷试车用时6个月，洗后反射率可达到93.73%，创国内同类设备安装工期最短、洗后反射率最高纪录。

新纪录创造人：鞍钢股份有限公司冷轧厂

60. 鞍钢股份有限公司鲅鱼圈钢铁项目2008年9月10日以一号高炉、三号转炉为标志的Ⅰ系列39项工程、11 391个单体设备，一次开工投产，实现全线贯通，创国内第一个沿海现代化联合钢铁项目一次试车成功、平稳开工新纪录。

新纪录创造人：鞍钢股份有限公司

61. 鞍钢股份有限公司鲅鱼圈钢铁分公司炼钢部连铸机复合电磁冶金项目，2009年3月开始安装，并在同一铸机上安装电磁制动和电磁搅拌设备，为国内首创。

新纪录创造人：鲅鱼圈钢铁分公司炼钢部

62. 鞍钢股份有限公司鲅鱼圈钢铁分公司炼钢连铸项

目，2006年10月开工建设，2008年9月竣工投产，工期23个月，创国内同等规模炼钢连铸项目建设速度最快新纪录。

新纪录创造人：鲅鱼圈钢铁分公司

63. 鞍钢股份有限公司鲅鱼圈钢铁分公司热轧部2008年12月中旬，成功完成板坯直装生产组织模式，2009年1—3月各月直装率分别为34.0%、35.0%、37.0%，创国内常规轧机板坯直装生产新纪录。

新纪录创造人：鲅鱼圈钢铁分公司热轧部

64. 鞍钢集团设计研究院2008年6月通过集成创新模式，研发出“菌式穿孔 + PQF三辊连轧 + 中频感应加热 + 微张力定径”石油管轧制变形工艺，该工艺布局紧凑，生产中厚壁钢管时通常可不开定径前中频感应加热炉，节省该工序加热能耗在35.0%以上，实现了节能减排，实现从管坯上料到成品管精整下线全连续生产，且有6种精整加工交货方式，为国内外首创。

新纪录创造人：鞍钢集团设计研究院

65. 鞍钢建设集团有限公司2003年在鞍钢新轧—蒂森克虏伯大连镀锌线工程施工中，针对63.43米高钢管混凝土柱（目前国内最高的钢管混凝土），采用无止回超压顶升新工艺，混凝土密实率100%，为国内首创。

新纪录创造人：鞍钢建设集团有限公司

66. 鞍钢建设集团有限公司2006年5—10月在鞍钢高炉煤气—蒸汽联合发电机组CCPP机电设备安装工程中，采用大口径铝合金管道无衬垫TIG单面焊双面成型施工工艺，操作简单，焊缝一次合格率100%，为国内首创。

新纪录创造人：鞍钢建设集团有限公司

67. 鞍钢重型机械有限责任公司2009年4月1日研制出船用柴油机8K90MC - C曲轴锻件毛坯，90级曲拐毛坯长度2 650毫米，宽度1 730毫米，高度1 280毫米，单件毛坯重量为38.2吨，净重13.776吨，采用真空冶炼、真空浇注的69吨钢锭锻造，在铸造钢锭时采用精选优质低P、S废钢配料，配碳采用符合GB/T717二级二类规定铁水或生铁，采用电炉 + LF + VD + VT的工艺路线，并严格控制铸锭过程的各个步骤，以保证钢锭的内部质量，为国内首创。

新纪录创造人：鞍钢重型机械有限责任公司

68. 鞍钢重型机械有限责任公司2009年4月研制成功超厚（厚度160 ~ 270毫米）抗层状撕裂钢板，为国内首创。

新纪录创造人：鞍钢重型机械有限责任公司

69. 鞍钢集团鞍千矿业有限责任公司选矿厂，2008年共处理铁矿石8 235 924吨，选矿从业人员劳动生产率26 229.06吨/人，创国内赤铁矿选矿厂全员劳动生产率的新纪录。

新纪录创造人：鞍钢集团鞍千矿业有限责任公司选矿厂

70. 鞍钢集团齐大山选矿厂2008年采用新工艺、新技术、新设备和循环水替代工业清水、污水净化零排放等措施，使贫赤铁矿选矿吨精矿新水单耗降为0.11立方米/吨，居国内同行业的之首。

新纪录创造人：鞍钢集团齐大山选矿厂

71. 江苏沙钢集团有限公司2008年电炉利用系数为43.267吨/兆伏安·天，电炉日历作业率为91.19%，电炉从业人员劳动生产率为5 121吨/人年，电炉吨钢电极消耗为1.14千克/吨，均创国内电炉炼钢企业新纪录。

新纪录创造人：龚　盛　马　毅　陈晓东　高文平　高林全

72. 武钢集团昆钢股份有限公司棒线厂第一作业区，2008年生产HRB400和HRB500高性能钢筋835 374吨，占全国生产同类产品的87.34%，居国内同行业之首。

新纪录创造人：武钢集团昆钢股份有限公司棒线厂第一作业区

73. 武钢集团昆明钢铁股份有限公司炼钢厂第二作业区2008年11月3座50吨转炉煤气回收总量16 530 990立方米，吨钢回收量133.39立方米；创国内同行业煤气、吨钢回收最高新纪录。

新纪录创造人：炼钢厂第二作业区

74. 杭州钢铁集团公司焦化厂与大连化工设计院2005年8月研发YST脱硫提盐项目，首次使用湿法氨法脱硫、连续蒸发结晶提盐的工艺技术，利用煤气中的氨为脱硫剂，利用焦化废水本身的有机酚或少量1.4 - 萘醌 - 2 - 磺酸钠作为催化剂组成的氨水吸收液，在吸收塔内将煤气中的硫化氢（H_2S）、氰化氢（HCN）吸收下来，然后在氧化塔内与氧发生一系列氧化反应，生成硫代硫酸铵、硫酸铵及硫氰酸铵等副盐，同时，连续地抽出部分脱硫液通过提盐装置—蒸发结晶、冷却结晶系统，提取出硫代硫酸铵、硫氰酸铵等化工产品。平均达到了97.25%（吸收塔进口煤气H_2S：5 257毫克/标准立方米，出口煤气H_2S：144.5毫克/标准立方米），低于国家一级清洁生产标准（H_2S含量 < 200毫克/标准立方米）；脱氰效果平均达到92.91%（吸收塔进口煤气HCN：1 382毫克/标准立方米，出口煤气HCN：93毫克/标准立方米，目前国家暂无HCN控制标准）。全年可以减排二氧化硫累计2 100吨，提取出化工产品硫代硫酸铵、硫氰酸铵共计2 223.8吨，为国内首创。

新纪录创造人：缪兆良　童建荣　琚根华　叶国良　廖金武

75. 杭州钢铁集团公司焦化厂2006年5月至今，利用现有的焦炉设备、煤气净化设备和除尘系统，成功实施医疗垃圾高温解毒技术项目，3年累计处理医疗垃圾19 440吨，平均日处理量18吨，为国内首创。

新纪录创造人：缪兆良　周久权　沈敬良　周海甫　唐声伍

76. 杭州钢铁集团公司小轧公司小连轧生产线，2008年度全圆钢总产量446 969吨（因加热炉改造而未满负荷生产），成材率98.7%，45号优碳及60Si2MnA、35CrMo、易切削钢等特钢30只，产量359 885吨，优特钢比例为80.52%，创国内同类型轧线产量最高、成材率最高及优特钢比例最高新纪录。

新纪录创造人：杭州钢铁集团公司小轧公司小连轧生产线

77. 杭州钢铁集团公司小轧公司紫金棒材生产线，2008年度实现产量925 189吨，共计生产25只品种规格的产品，创国内同类型轧钢线规格数量新纪录。

新纪录创造人：杭州钢铁集团公司小轧公司紫金棒材生产线

78. 杭州钢铁集团公司小轧公司紫金棒材生产线2008年度开发生产51只15B36Cr、45BM、cf53等优特新钢种，产量736 070吨，优特钢比例为79.56%，创国内同类型轧线优特钢比例最高新纪录。

新纪录创造人：杭州钢铁集团公司小轧公司紫金棒材生产线

79. 河北钢铁集团宣钢有限责任公司焦化厂2008年8—11月，在4.3米焦炉上利用焦炉烟囱废气对煤塔进行保温项目改造，通过风机把二号焦炉烟囱的废气引入到煤塔夹层和煤嘴部位，在煤塔夹层和煤嘴部位形成热流层，在出口处增加了轴流风机进行排风，既保证了煤塔和煤嘴的温度，彻底解决了煤塔下煤困难，影响焦炉生产不稳定问题，同时有效地利用焦炉燃烧后的余热，减少了电保温的电能消耗，起到了能源的二次利用，为国内同行业首创。

新纪录创造人：河北钢铁集团宣钢公司焦化厂

80. 河北钢铁集团宣钢有限责任公司一、二高速线材生产线2008年通过严格控制日检作业时间，控制机电及工艺设备事故，降低故障停机率，降低月检时间，检修时间、停机时间按分钟进行分解等措施，高线日历作业率91.119%，居国内同行业之首。

新纪录创造人：河北钢铁集团宣钢有限责任公司一、二高速线材生产线

81. 河北钢铁集团宣钢有限责任公司宣龙公司2008年通过对循环冷却水供水线路、箱体内外压差、轴头密封结构等改造，使预精轧辊箱寿命提高12个月，油品保证在7级以上，在线监测系统投入提高了故障预测和诊断准确率，全年两条线平均作业率91.119%，居国内同行业之首。

新纪录创造人：宣龙公司

82. 天津钢铁有限公司2008年11月，通过对在线低温轧制水箱改进，采用20MnSi加V微合金化与轧后控制冷却工艺相结合，提出了直径50毫米高强度螺纹钢筋产品及生产工艺，即坯加热→粗轧→中轧→LTR控制冷却→自然冷却→定尺→检验→入库，为国内首创。

新纪录创造人：天津钢铁有限公司

83. 天津钢铁有限公司2007年7月，在引进意大利DANIELI第5代新型二辊短应力线轧机，LTR和QTB穿水冷却工艺技术优势的基础上，根据产品规格不同来设计化学成分，采取轧后余热处理工艺使钢筋的表层和芯部发生不同的相变，大幅度提高钢筋强度，且保持钢筋具有良好的塑、韧性，研发出一种高强度螺纹钢筋及其制备新工艺，即方坯→加热→粗、中轧→精轧→QTB穿水→上冷床（自然冷却）→定尺→检验→入库，为国内首创。

新纪录创造人：天津钢铁有限公司

84. 天津钢铁有限公司2008年7月研发出预应力混凝土用刻痕钢绞线生产新产品，其中，1×7刻痕钢绞线中，芯丝可以是光面钢丝，6根边丝采用三面刻痕钢丝，1×19刻痕钢绞线，芯丝可以为光面钢丝，中间丝可以为光面钢丝或刻痕钢丝，边丝采用刻痕钢丝。刻痕钢丝的刻痕深度0.12~0.15毫米，公差±0.05毫米；刻痕长度3.5~5毫米，公差±0.05毫米；刻痕节距为5.5~8毫米，公差±0.05毫米，从而解决了芯丝滑移回缩问题，增强了钢绞线与混凝土的握裹力，提高了钢绞线的力学性能，为国内首创。

新纪录创造人：天津钢铁有限公司

85. 天津钢铁有限公司2007年7月研发出转炉工艺生产石油套管用连铸圆坯的生产新工艺，即高炉→顶底复吹转炉→LF精炼炉→VD真空炉→直径150~200毫米圆坯连铸机→翻转冷床→检验→入库，为国内首创。

新纪录创造人：天津钢铁有限公司

86. 天津钢管集团股份有限公司，自1992年热试至2007年7月15日累计生产无缝管1 000万吨，创单厂累计产量最高世界纪录。

新纪录创造人：天津钢管集团股份有限公司

87. 天津钢管集团股份有限公司2008年4月23日直径为720斜轧扩管机组热试成功，主要生产大口径高压锅炉及电站用管、化肥用管、气瓶用管、套管、机械管、管线管等，产品规格：直径323~720×709~90×6 000~12 500毫米，年产无缝钢管10万吨，创斜轧扩管机最大口径新纪录。

新纪录创造人：天津钢管集团股份有限公司

88. 天津钢管集团股份公司2008年4月25日，直径为258PQF三辊式连轧管机组热试成功，年产设计能力50万吨高精度大口径无缝钢管，产品定位于无缝钢管高端产品市场，其中，油井管产品比例占80.0%以上，其他产品包括管线管、锅炉管、气瓶管等专业管，产品规格：直径114~245×4~30毫米，采用5机架直径258PQF限动芯棒三辊连轧机组，配有环形加热炉、锥形辊穿孔机、脱管机、定径机、淬火装置、矫直机等，为国内首创。

新纪录创造人：天津钢管集团股份有限公司

89. 天津钢管集团股份公司2007年1月26日，直径460PQF三辊式连轧管机组，设计年产高精度大口径无缝钢管50万吨，主要设备施加热炉、锥形辊穿孔机、PQF连轧管机、脱管机、定径机、淬火装置、矫直机组成，产品规格：直径（219~460）×（6.5~50）毫米，主要产品是表层套管、电站用管、燃气瓶、集束气瓶管、管线管、网架结构管、液压支柱管，为国内首创。

新纪录创造人：天津钢管集团股份有限公司

90. 天津钢管集团股份公司2006年7月27日开发的塔深1井用超高强度TP140V套管，共钻井深8 408米，创亚洲第一深探井新纪录。

新纪录创造人：天津钢管集团股份有限公司

91. 天津钢管集团股份公司2009年5月开发出的TP150/TP155P钢级石油天然气行业射孔用无缝钢管，屈服强度在1 100兆帕，管体横向半尺寸0℃冲击吸收功达到50J，强韧性匹配水平也适用于经过冷轧改善壁厚精度的同钢级射孔钢管，为国内首创。

新纪录创造人：天津钢管集团股份有限公司

92. 广东省韶关钢铁集团有限公司2008年开发的由动态多物料模糊识别控制系统和一秤多物料计量皮带秤组成，一秤多物料（四种以上）计量皮带秤由传统的电子皮带秤进行结构改进并二次开发仪表的功能，实现能分别接受4种不同物料识别结果（开关量）并实时显示当前物料的瞬时流量、累计流量，通过CAN总线方式将计量数据传动到韶钢计量数据采集管理系统，“动态多物料模糊识别控制的

皮带秤计量系统开发”项目，能适应于冶金、有色行业的多物料皮带运输计量、控制和 MES/ERP 系统的在线检测、控制，为国内同行业首创。

新纪录创造人：广东省韶关钢铁集团有限公司

93. 莱芜钢铁集团有限公司 2007 年 11 月 9 日研制成功中低速磁悬浮列车轨道用热轧 F 型钢，为国内首创。

新纪录创造人：董　杰

94. 本溪钢铁（集团）有限责任公司干熄焦系统 2005 年 7 月投产，炉顶装置设置上下双料斗，单槽处理能力 150 吨/小时，创国内干熄焦装置处理能力最大新纪录。

新纪录创造人：本溪钢铁（集团）有限责任公司

95. 本溪钢铁（集团）有限责任公司 2008 年 11 月投产的 2 300 毫米机组，产品最宽至 2 150 毫米，最厚至 25.4 毫米，主传动电机功率 12 000 千瓦，最大轧制力 5 500 吨，产品最高强度 1 000 兆帕，创国内最宽热连轧带钢生产线新纪录。

新纪录创造人：本溪钢铁（集团）有限责任公司

96. 本溪钢铁集团（有限）责任公司 2007 年 1 月在薄板坯连铸连轧生产线成功生产出花纹板，将花纹辊纹深下限由 1.8 毫米提高到 2.3 毫米，为国内首创。

新纪录创造人：本溪钢铁（集团）有限责任公司

97. 本溪钢铁集团（有限）责任公司研制的系列车轮用钢，截至到 2009 年 5 月，国内市场占有率达到 60.0%，居国内同行业之首。

新纪录创造人：本溪钢铁（集团）有限责任公司

98. 本溪钢铁（集团）有限公司特殊钢厂截至 2006 底，已生产 Cr－Ni、Cr－Ni－Mo－Nb、Cr－Ni－Mo－V－N、Cr－Ni－Mo－Nb－V－N、Cr－Ni－Cu－Nb 共五个系列，X20Cr13、X10CrNiMoV12－2－2、X5CrNiCuNb16－4、X19CrMoVNbN11－1、B50A947A4、B50A365B1、KT5931ASO 和 K11C77E 共 8 个牌号的超临界、超超临界叶片钢新品种，创国内同类企业开发最早、品种最多、产量最大新纪录。

新纪录创造人：本溪钢铁（集团）有限责任公司特殊钢厂

99. 本溪钢铁集团（有限）责任公司 2006 年底建成 350×470 毫米大矩形坯特钢连铸机，2007 年 1 月—2009 年 4 月共研制生产轴承钢（GCr15）、齿轮钢（20CrMnTi、20CrMnTiH）、石油用钢（AISI4145H）、气瓶用钢（34Mn2V）、军工钢（D60）70 万吨，创国内转炉大矩形坯生产高均质特殊钢新纪录。

新纪录创造人：本溪钢铁（集团）有限责任公司

100. 本溪钢铁（集团）有限责任公司 2004 年 8 月研发并实施“铁精矿降硅提铁全磁精选流程工艺技术”，铁精矿品位达到 68.5%，为国内首创。

新纪录创造人：本溪钢铁（集团）有限责任公司

101. 济钢股份有限公司 2007 年 10 月研发的炼焦煤气流调湿分级一体化工艺技术，利用焦炉热废气相对湿度低、含氧量少的特点，依据对流传热和气力分级的原理，开发出炼焦煤的安全高效干燥和分级复合功能工艺，形成了调湿分级双功能工艺、大型移动隔板式流化床、智能化控制系统和煤尘回收与成型技术，该技术实施后，炼焦装炉煤的水分由 8.0% ~10.0% 降至 6.0% 左右，焦炉生产能力提高 4.0% ~8.0%，炼焦耗热量降低 5.0% ~10.0%，焦炭抗碎强度改善 1.0% ~2.0%，每年可减少污水 6 万吨，净化后废气排放浓度在 50 毫克/标准立方米以下，为国内首创。

新纪录创造人：济钢股份有限公司

102. 昆明钢铁集团有限责任公司昆钢技术中心和板带厂 2007 年 9 月通过组织轧制工业纯钛冷轧板卷相关技术的研究、试验，确定加热、轧制、表面清理、退火等工艺参数，研究制定试验轧制工艺路线，成功组织工业纯钛卷热轧、碱浴水爆、酸洗、冷轧、退火、平整等整个流程的试验工作，2008 年 4 月，经过 3 个轧程轧制，2 次中间退火，成功轧制出冷轧工业纯钛卷，创国内成卷轧制工业纯钛冷轧板卷生产工艺技术运用新纪录。

新纪录创造人：昆钢技术中心　板带厂

103. 玉溪大红山矿业有限公司 2006 年 12 月投产的 400 万吨/年采矿工程，应用分段高度为 20/30 米、进路间距为 20 米的高分段大间距无底柱分段崩落采矿法，为国内首创。

新纪录创造人：玉溪大红山矿业有限公司

104. 玉溪大红山矿业有限公司 2006 年 12 月研制的主胶带矿石提升运输系统，采二号主斜井胶带运输提升高度 H＝421.4 米，水平运距 L＝1 796 米，倾角 $\alpha=14°$，机长 1 858.558米，运输速度 4 米/秒，运输量 1 000 吨/小时，提升矿石高度 421.4 米，创国内地下金属矿山胶带提升矿石高度最高新纪录。

新纪录创造人：玉溪大红山矿业有限公司

105. 玉溪大红山矿业有限公司选矿厂降尾提量技改工程，在 2007 年 10 月 15 日—12 月 25 日实际生产中，总尾矿降低了 3.0%，减少尾矿排放 35 万吨，回收 52.0% 铁精矿 35.45 万吨，总尾矿品位从改造前的 16.0% 左右降低到 13.0%，创国内同类企业铁矿尾矿再选回收工艺新纪录。

新纪录创造人：玉溪大红山矿业有限公司

106. 玉溪大红山矿业有限公司 2008 年 10 月 1 日—2009 年 1 月 20 日完成的半自磨机返矿再磨再选技改工程，直径 5.5×1.8 半自磨机处理量从平均 75 吨/小时增加到 95 吨/小时左右，增加 20 吨/小时以上，每年可增产 58.36% 左右的铁精矿约 7.6 万吨，有效提高半磨机处理量，消除临界粒度等顽石物料在半自磨机筒体内的聚积影响，降低磨矿能耗，为国内首创。

新纪录创造人：玉溪大红山矿业有限公司

107. 云南大红山管道有限公司 2006 年 12 月 31 日建成大红山铁精矿输送管道，长度 171 千米，矿浆扬送高差 1 520 米，矿浆输送液力 24.44 兆帕，年输送量达到 230 万吨，运行寿命 30 年；每年节约运费 2.3 亿元，为国内首创。

新纪录创造人：云南大红山管道有限公司

108. 河北文丰钢铁有限公司 2008 年 12 月采用 LEC 法烧结烟气脱硫工艺技术治理污染，LEC 脱硫系统包括新石灰石输送系统、二氧化硫吸收系统、物料循环系统、工艺水系统及电仪系统，主要特点有，脱硫系统的风阻小而且稳定，不会对烧结工艺产生任何影响，不存在流化不起来和塌床问题和产生浆液堵塞喷嘴，对脱硫剂（石灰石）的纯度有广泛的适应性，脱硫剂成本低、易储存，脱硫副产物能得到高效的回收利用，不产生二次污染，系统设备紧凑，用地少，运行成本低，便于维护管理，耗电、耗水少，脱硫效率≥92.0%、二氧化硫排放浓度<100毫克/标准立方米、处理烟气量390 000立方米/小时、年脱二氧化硫量2 366吨，烟尘排放浓度<50毫克/标准立方米，居国内同行业之首。

新纪录创造人：刘延生　杨建强　张延斌

109. 江苏永钢集团有限公司2008年9月完成细晶高强钢筋的研制项目，以20MnSi为母材，添加少量的一种或多种微合金元素，结合形变诱导铁素体相变的原理，通过控轧控冷等工艺手段，最终得到铁素体晶粒细化的400兆帕、500兆帕级螺纹钢筋，完成了400兆帕级直径12毫米、16毫米、20毫米，500兆帕级直径16毫米、25毫米、32毫米钢筋的研制，为国内首创。

新纪录创造人：江苏永钢集团有限公司

110. 江苏永钢集团有限公司2007年10月—2008年5月，在炼钢一厂二号转炉，应用高效塔文技术对一次除尘系统进行技术改造，除尘用水量比原设计减少50.0%以上，平均排放浓度为47.7毫克/标准立方米，低于现行国家环保标准100毫克/标准立方米，居国内同行业首之首。

新纪录创造人：江苏永钢集团有限公司

111. 江苏永钢集团有限公司2009年5月投产的炼铁高炉鼓风除湿节能系统，利用公司低品位的剩余蒸汽为动力驱动制冷系统，将高炉鼓风含湿量常年稳定在5~6克/标准立方米的最佳运行湿度状态（相当于冬季运行状态），喷煤比提高21千克/吨·铁，焦比降低25.8千克/吨·铁；由于鼓风量减少（减少了水分所占的体积），可降低鼓风机的电力消耗，年节电约2 500万千瓦时；年回收纯净冷凝水35 000吨以上，炼铁综合焦比将由510千克标准煤/吨降低到499千克标准煤/吨水平，每年节约标准煤46 367吨，为国内首创。

新纪录创造人：江苏永钢集团有限公司

112. 江阴兴澄特种钢铁有限公司2008年9月设计、研制、安装，并成功实现了直径800毫米连铸大圆坯的连续批量生产，创超大规格高合金连铸圆坯生产世界纪录。

新纪录创造人：江阴兴澄特种钢铁有限公司

中国有色金属工业企业协会推荐

1. 中国铝业公司2009年6月1日开发的新型结构铝160千安电解槽技术，可以将铝电解过程的电能利用率提高5.0%~7.0%，吨铝节电1 300千瓦时以上，为国内首创。

新纪录创造人：中国铝业公司

中国冶金建设协会推荐

1. 中冶成工上海五冶建设有限公司承建，并于2008年4月投产的宝钢油气专用（大口径）直缝焊管生产线，是年产50万吨，长度6~18米、直径508~1 422毫米的大口径直缝埋弧焊管生产线，为国内首创。

新纪录创造人：中冶成工上海五冶建设有限公司

2. 中冶成工上海五冶建设有限公司2004—2008年研制，并在宝钢ERW、UOE、不锈钢工程桩基施工中成功应用的“超细、长、深PHC混凝土管桩施工技术成果”，长细比187，打入深度80米，送桩深度14.4米，创国内“超细、长、深PHC混凝土管桩施工”新纪录。

新纪录创造人：中冶成工上海五冶建设有限公司

3. 中冶成工上海五冶建设有限公司安装，并于2008年12月9日试车的江西九江钢厂炼钢一号120吨转炉，安装量472吨，工期22天，创国内同类转炉安装工期最短新纪录。

新纪录创造人：中冶成工上海五冶建设有限公司

4. 中冶成工上海五冶建设有限公司承建，并于2008年交付使用的上海环球金融中心项目顶部两台避振器制作、安装及调试工程，在避振器安装上采用了“框架顶升吊挂安装方法”，为国内同行业首创。

新纪录创造人：中冶成工上海五冶建设有限公司

5. 中冶成工上海五冶建设有限公司承建，2009年5月成功运转的湛江球团工程磨矿球磨机生产线，是国内第一条年产500万吨大型球磨机生产线，每台球磨机重520吨，主要由给矿小车、主轴承、筒体、传动装置、圆筒筛、主电机、慢速驱动装置、顶起装置和润滑装置组成，筒体外径5 490毫米、长11 000毫米、重92吨，为国内首创。

新纪录创造人：中冶成工上海五冶建设有限公司

6. 中冶成工上海五冶建设有限公司2006—2008年在承接的多项焦炉工程砌筑施工中，开发并使用“焦炉耐火材料统计查询系统”对耐火材料进行施工和管理，从耐材定货、入库、出库、退库以及分层等子系统进行数据的录入、处理，全过程进行耐火材料的动态控制，降低施工损耗，为国内同行业首创。

新纪录创造人：中冶成工上海五冶建设有限公司

7. 中冶成工建设有限公司炉窑工程分公司2008年完成的四川白马循环流化床锅炉示范电站300兆瓦循环流化床锅炉岛内衬施工工程，是目前亚洲最大的中间再过热亚临界循环流化床锅炉，锅炉蒸发量1 025蒸吨，蒸汽参数16.7兆帕，炉膛内衬高56.3米，耐火材料内衬总量3 000立方米（4 700吨），其中耐火砖砌筑545立方米，耐火浇注料856立方米，喷涂料383立方米，保温砖砌筑819立方米，保温板331立方米，陶瓷纤维149立方米，为国内首创。

新纪录创造人：蒙昌嘉　宋志兴　万明海　唐英俊　田仁旭

8. 中冶成工建设有限公司2008年承建的嘉峪关气象塔海豚造型钢网壳工程，采用单层钢管相贯焊接节点形式，网壳底座通过地脚螺栓连接在标高14.4米的环梁上，网壳在3、6、9、11层环处通过水平拉压杆连接在钢筋砼核心筒体以及观光层外环钢梁的半球支座上，共使用2 726根杆件，杆件材料规格有直径89×4、直径114×4、直径140×6、直径180×8、直径219×10等，结构总重235吨，为国内首创。

新纪录创造人：卢恒军　韩　菠　姜友荣　杨　猛　郑小军

中国建筑材料企业管理协会推荐

1. 中材节能发展有限公司2008年7月—2009年5月，为泰国SIAM CITY CEMENT公司建设的2×10 000吨/天水泥熟料生产线配套余热发电项目，总装机容量2×16兆瓦，单机组吨熟料发电量为37.12千瓦时，创国内同行业规模最大、单机余热发电量最高新纪录。

新纪录创造人：何新平 董兰起 葛立武 王 品 李 勇 王 毅

2. 中国新型建筑材料工业杭州设计研究院2007年9月为江苏华润集团配套建设的余热发电工程顺利并网发电，平均发电量4 000千瓦时，按年运行8 000小时计算，年发电量32 000万千瓦时，发电成本低于0.2元，年节约电费成本1 500万元，是国内建成投产的首个大型浮法玻璃生产线纯低温余热发电站。

新纪录创造人：中国新型建筑材料工业杭州设计研究院

3. 晶牛微晶集团股份有限公司2008年9月28日研制出浮法透明航天微晶玻璃，创浮法工艺生产透明航天微晶玻璃世界纪录。

新纪录创造人：王长林 刘卫军 贾 杰 王长兴 张春岩

4. 晶牛微晶集团股份有限公司2009年3月21日研制出压延工艺和浮法工艺技术相嫁接的晶法生产工艺和晶法彩玉产品，该工艺不需要浮法工艺的氮氢站、锡槽设备，其生产的产品表面光滑，不用二次加工，与浮法工艺生产的彩玉比，质量等同，创晶法成型工艺生产彩玉世界纪录。

新纪录创造人：王长林 祁建滨 耿森本 王长兴 孙全周

5. 巨石集团有限公司2008年完成玻纤纱产量73.64万吨、实现销售收入41.21亿元、出口创汇3.29亿美元，均居国内同行业之首。

新纪录创造人：巨石集团有限公司

6. 巨石集团有限公司2008年7月建成投产的年产16万吨无碱玻璃纤维池窑拉丝生产线，其熔制区域拥有2座8万吨超大型池窑，设计熔化能力500吨玻璃液/天，生产线全线均采用纯氧燃烧、大功率电助熔加热技术、双排鼓泡控制系统、FCS现场总线控制系统、多排多孔大漏板、物流自动输送等先进技术与装备，均创世界纪录。

新纪录创造人：巨石集团有限公司

7. 巨石集团有限公司2008年7月完成桐乡本部60万吨玻纤基地建设，整个基地全部采用纯氧燃烧技术，由于在燃烧过程中没有氮的参与，避免了氮氧化物的产生，属于清洁生产工艺，有利于环境保护，为国内首创。

新纪录创造人：巨石集团有限公司

8. 巨石集团有限公司2008年7月采用物化法处理工艺，消除非溶解性物质，处理后的废水可以达到三级排放标准以下，基本稳定在COD300毫克/升左右；采用MBR生物膜法提高了有机负荷率，达到8 000～10 000毫克/升，并且对原水的冲击负荷承载能力强，工艺单元简单；采用RO预处理系统能够将原水中的悬浮物、有机物、胶体等凝聚成大颗粒的矾花，消毒杀菌，对进水进行脱氯处理；采用反渗透系统把经预处理的水进行膜分离脱盐，去除水中绝大部分可溶性盐分、胶体、有机物及微生物，降低企业的废水排放量，提高水的利用率，废水循环利用率达到75.0%，创国内同行业减排新纪录。

新纪录创造人：巨石集团有限公司

9. 北京通达耐火技术股份有限公司2009年建成的自动化高温隧道窑，长度为151米，最高烧成温度1 800℃，温差波动≤5℃，创国内同类施工新纪录。

新纪录创造人：北京通达耐火技术股份有限公司

10. 北京通达耐火技术股份有限公司2008年为印度和土耳其的10台大型CFB锅炉itigong耐火材料整体服务，创国内同类企业为海外大型CFB锅炉服务新纪录。

新纪录创造人：北京通达耐火技术股份有限公司

11. 北京通达耐火技术股份有限公司2009年为荥阳12 000吨/天项目提供耐火服务，创国内同行业耐火服务项目最大新纪录。

新纪录创造人：北京通达耐火技术股份有限公司

12. 北京通达耐火技术股份有限公司2008年水泥行业服务面达到75.0%，居国内同行业之首。

新纪录创造人：北京通达耐火技术股份有限公司

13. 北京通达耐火技术股份有限公司截至2009年为世界上已建成的13条10 000吨/天以上级新型干法水泥窑中的9条提供服务，居国内同行业之首。

新纪录创造人：北京通达耐火技术股份有限公司

14. 无锡尚德太阳能电力有限公司2009年研发的“冥王星（Pluto）”技术，将光电转换效率提升到18.0%以上，为国内首创。

新纪录创造人：无锡尚德太阳能电力有限公司

15. 山东金鲁城工程材料有限公司2005年与中国建筑材料科学研究总院合作，采用烧煤的带分解炉的窑外分解技术生产硫铝酸盐水泥，在直径3×48米窑外分解窑（RSP）上成功生产出硫铝酸盐水泥熟料，为国内首创。

新纪录创造人：山东金鲁城工程材料有限公司

16. 山东金鲁城工程材料有限公司直径3×48米窑外分解窑（RSP），2009年吨硫铝酸盐水泥熟料标煤耗为120千克，创国内同类设备标煤耗最低新纪录。

新纪录创造人：山东金鲁城工程材料有限公司

17. 泰山石膏股份有限公司2007年6月通过鉴定的大型纸面石膏板生产线热风炉干燥技术，除尘效率≥99.0%，煤耗降低至1.03千克/平方米，电耗0.4千瓦时/平方米，创国内纸面石膏板降耗新纪录。

新纪录创造人：泰山石膏股份有限公司

18. 德州中联大坝水泥有限公司2008年通过采用脱硫石膏上料设备，脱硫石膏完全替代天然石膏配料，创国内水泥缓凝剂使用新纪录。

新纪录创造人：德州中联大坝水泥有限公司

19. 德州中联大坝水泥有限公司2008年8月18日—2009年5月27日，研制使用超高锰镶铸复合锤头，总计破碎石灰石130.251 8万吨，创国内同行业破碎量最多新纪录。

新纪录创造人：德州中联大坝水泥有限公司

20. 德州中联大坝水泥有限公司2008年资源综合利用工业废渣品种8种，如粉煤灰、炉渣、硫酸渣、建筑废渣、矿渣、脱硫石膏、电石渣、城市污泥，总量100万吨，居国内同行业之首。

新纪录创造人：德州中联大坝水泥有限公司

21. 德州中联大坝水泥有限公司2009年熟料标煤耗106.2千克/吨，创国内2 500吨/天预分解窑生产线标煤耗最低新纪录。

新纪录创造人：德州中联大坝水泥有限公司

22. 德州中联大坝水泥有限公司2003年至今安全运行23 725天，无人身死亡事故，创国内同行业安全生产新纪录。

新纪录创造人：德州中联大坝水泥有限公司

23. 枣庄中联水泥有限公司2003年11月建设一条2 500吨新型干法水泥生产线，建设工期8个月，创国内同类型生产线建设周期最短纪录。

新纪录创造人：枣庄中联水泥有限公司

24. 淮海中联水泥有限公司2007年建成并实施商业智能分析系统（BI），具有海量数据快速稳定的分析计算能力，利用OLAP、ETL工具实现快速查询和计算，访问方式灵活，结果展现形式丰富，为国内同行业首创。

新纪录创造人：淮海中联水泥有限公司

25. 淮海中联水泥有限公司2005年建立的企业资源管理系统（ERM），实现了水泥企业ERM（包括ERP/CRM/OA）的集成应用；实现了水泥企业煤、熟料、水泥等物料出入库数据的自动采集及与ERP系统的实时无缝集成；实现了水泥销售管理全过程面向服务架构（SOA）的通用软件+BOS技术的集成应用；实现了基于日水泥产品资源平衡和财务稽查的多客户、多车次、多品种发货控制和管理，为国内同行业首创。

新纪录创造人：淮海中联水泥有限公司

26. 西安墙体材料研究设计院2007—2008年设计并于2009年7月完工的新疆城建（集团）烧结保温砌块生产线，是国内第一条生产高性能烧结保温砌块产品的生产线，年产3.39亿烧结保温砌块，创国内单线年产量最大新纪录。

新纪录创造人：西安墙体材料研究设计院

27. 北新建材（集团）有限公司2008年研发的北新欧松装饰板，甲醛释放量在0.5毫克/100克左右，环保性能超过国家E1指标，为国内首创。

新纪录创造人：北新建材（集团）有限公司

28. 建材轻机集团北新机械有限公司2000年为北京市门头沟电厂制造的粉煤灰烧结砖生产线，其中窑车组单台机组外形尺寸为4 350×10 280×480（毫米），创国内窑车组单台机组外形尺寸最大纪录。

新纪录创造人：建材轻机集团北新机械有限公司

29. 瑞泰科技股份有限公司2005年研制并生产出水泥窑烧成带无铬碱性耐火材料，通过添加稀土解决了难挂窑皮的关键问题，为国内首创。

新纪录创造人：瑞泰科技股份有限公司

30. 瑞泰科技股份有限公司2006年8月采用镁质砂型用于熔铸耐火材料的生产，为国内首创。

新纪录创造人：瑞泰科技股份有限公司

31. 瑞泰科技股份有限公司2008年建成以天然气为燃料的高温隧道窑，创国内1 800℃隧道窑使用天然气新纪录。

新纪录创造人：瑞泰科技股份有限公司

32. 瑞泰科技股份有限公司2005年采用镁铝尖晶石砖改性的技术路线，使用$Al_2O_3-ZrO_2$的混合粉与MgO的微粉作外加剂，以提高粘挂窑皮性能和抗热震性；以占材料总量4.0%～8.0%的0.04～0.09毫米的粗粒电茸镁砂粉，和5.0%～10.0%的微粉同时等量取代普通球磨粉，使材料可被正常烧结，受高温长期作用却可避免发生过度的重新烧结、过致密化和降低抗热震性，从而提高其使用寿命，建成了国内第一条无铬碱性耐火材料生产线，为国内首创。

新纪录创造人：瑞泰科技股份有限公司

33. 瑞泰科技股份有限公司2007年研制的电弧炉，生产1吨熔铸AZS耐火材料电耗降至2 000度以内，吨节电500度，创国内同类生产工艺电耗最低新纪录。

新纪录创造人：瑞泰科技股份有限公司

34. 瑞泰科技股份有限公司8条熔铸耐火材料生产线，2008年可同时生产熔铸锆刚玉和熔铸氧化铝2个系列5个品种的耐火材料，年产熔铸耐火材料3万吨，创国内熔铸耐火材料生产量最大新纪录。

新纪录创造人：瑞泰科技股份有限公司

35. 新兴铸管股份有限公司2008年生产离心球墨铸铁管及配套管件125.99万吨，综合合格率98.674%，出口销售32.65万吨，出口创汇2.6亿美元，出口89个国家和地区，均居国内同行业之首。

新纪录创造人：刘明忠　张同波　李宝赞　王学柱　马利杰

36. 曲阜中联水泥有限公司所属9兆瓦纯低温余热电站，2009年2月发电620.37万千瓦时/月，创国内水泥窑同等规模纯低温余热电站月发电量新纪录。

新纪录创造人：孙建成　贾正玉　刘希海　贾正红

中国食品工业协会推荐

1. 中粮麦芽（大连）有限公司2008年通过设备改造、工艺调整，单厂麦芽产能40万吨，销售27.4万吨，出口16.2万吨，均居国内同行业之首。

新纪录创造人：李　政　石殿瑜　佟恩杰　王笑寒　卢红平

2. 惠尔康集团有限公司2007年11月21日建成投产10万吨谷物杂粮营养饮品产业化项目，将谷物杂粮浓浆产品与无菌纸包装相结合，研制出具有长效保质期的、可以直接饮用的纯谷物杂粮饮品，为国内同行业首创。

新纪录创造人：惠尔康集团有限公司

3. 河南省漯河市双汇实业集团有限责任公司2008年产销肉类产品210万吨，实现销售收入350亿元，居国内同行业之首。

新纪录创造人：河南省漯河市双汇实业集团有限责任公司

4. 江苏洋河酒厂股份有限公司2008年销售增长54.26%，连续4年实现50.0%增长，居国内同行业之首。

新纪录创造人：张雨柏　冯攀台　刘化霜　张学谦

5. 泸州老窖股份有限公司所属泸州老窖酿酒有限责任公司，2009年2月研发的《酒库智能化信息化自动控制系统的开发与应用》，通过把传统白酒酒库管理流程和现代信息控制技术进行集成应用，采取质量流量计、压力变送器、电动阀门等先进容器、管线自动控制、计量仪器设备和智能化自动控制计算机系统，实现实时数据采集与处理，对酒源输送、储存和库房管理等环节进行自动控制管理，并应用智能化、信息化技术，实现对生产过程数据和企业信息化系统的数据集成、流程集成、控制集成，为国内同行业首创。

新纪录创造人：泸州老窖股份有限公司泸州老窖酿酒有限责任公司

6. 泸州老窖股份有限公司所属泸州老窖酿酒有限责任公司，2008 年 10 月研发的《国家名酒高效低耗固态发酵工程的研究与应用》，利用生物工程、信息技术、分析检测等多学科的现代技术手段，紧紧围绕国家名酒酿造的原料种植、曲药制造、基酒酿造、基酒收储、酒体设计、酒源处理、成品包装以及质量检验等工序环节，对其影响产品质量和生产成本的因素进行系统研究，集成与进一步创建形成了 7 大白酒产业理论，并在全过程引入 SAP 系统进行生产调度和账务管理，形成了一整套“浓香型国家名酒高效低耗固态发酵工程技术”，为国内同行业首创。

新纪录创造人：泸州老窖股份有限公司泸州老窖酿酒有限责任公司

7. 燕京啤酒（桂林漓泉）股份有限公司 2008 年度总资产报酬率 21.01%，净资产收益率 89.1%，居国内同行业之首。

新纪录创造人：燕京啤酒（桂林漓泉）股份有限公司

中国食品工业协会　广东省企业联合会推荐

1. 广州珠江啤酒集团有限公司截至 2008 年 12 月，累计生产纯生啤酒 152 万吨，销售收入近 69 亿元，利润近 12 亿元，居国内同行业之首。

新纪录创造人：广州珠江啤酒集团有限公司

2. 湛江珠江啤酒有限公司 2008 年 10 月 31 日投产的纯生灌装生产线，灌装能力 50 000 瓶/小时，可灌装瓶型 635 毫升、600 毫升、500 毫升、330 毫升，创国内灌装纯生啤酒行业生产能力新纪录。

新纪录创造人：湛江珠江啤酒有限公司

3. 湛江珠江啤酒有限公司广州总部 2008 年 8 月 27 日投产的 72 000 罐/小时易拉罐纯生啤酒生产线，主要罐型有 500 毫升、355 毫升和 330 毫升易拉罐，可以包装 2×2、2×3、2×4、2×6 多膜和礼品盒包装，创国内速度最快罐装纯生啤酒生产线新纪录。

新纪录创造人：湛江珠江啤酒有限公司

中国电力企业联合会　中国水利水电建设集团推荐

1. 黄河上游水电开发有限责任公司 2009 年 1 月依托新建的拉西瓦水电站，委托天津大学进行拉西瓦水电站反拱形水垫塘结构计算研究，创国内同等级泄洪工程中首次采用反拱形水垫塘新纪录。

新纪录创造人：黄河上游水电开发有限责任公司

2. 黄河上游水电开发有限责任公司依托新建的积石峡水电站，委托中国水利水电第四工程局研究超大直径压力钢管的整体卷制，2007 年 11 月 23 日完成了整卷研究，钢管直径为 11.5 米，每单节卷制时间 15 分钟，每节钢管采用 3 张钢板对接组成，总工程量 7 000 吨，创国内大型压力钢管现场整体卷制制造新纪录。

新纪录创造人：黄河上游水电开发有限责任公司

3. 黄河上游水电开发有限责任公司结合积石峡面板堆石坝工程设计施工的需要，委托清华大学研究，并于 2008 年 4 月 2 日通过鉴定的积石峡面板堆石坝多岩性混合开挖料筑坝分析理论施工优化技术，提出了“先分解、后混合”的研究思路，在系列化试验基础上提出了新的加载和湿化本构模型，提出了统一考虑静动力学特性、剪切与压缩耦合的接触面本构模型和挤压墙概化数值模型，建立了一种可考虑应力状态对渗透性影响的各向异性三维渗流有限元分析方法；形成了一套新的以评价面板应力变形为核心，以分析坝体变形和渗流为重点，考虑混合开挖料特点的面板堆石坝的数值模拟和安全性评价方法，为国内首创。

新纪录创造人：黄河上游水电开发有限责任公司

4. 大亚湾核电运营管理有限责任公司截至 2008 年 12 月 31 日，运营的大亚湾核电站一号机组（压水堆）安全运行 2 355 天，创国内同类型核电站单机组安全运行时间最长新纪录。

新纪录创造人：大亚湾核电运营管理有限责任公司

5. 大亚湾核电运营管理有限责任公司运营的岭澳核电站一号机组（压水堆）2008 年 4 月 5 日，第六燃料循环换料大修（L106 大修），工期 25.92 天，创国内同类型核电站单机组大修工期最短新纪录。

新纪录创造人：大亚湾核电运营管理有限责任公司

6. 中国水电建设集团国际公司 2008 年 3 月在总结多年国际业务管理经验的基础上，编制了《国际业务管理指导手册》，主要内容围绕五种运作模式和四个运作中心阐述国际业务和项目管理，五种运作模式包括委托施工方式、自营方式、内部联系方式、外部联系方式、（大股东）、外部联系方式（小股东）；四个运营中心为：国际公司，工程局，地区分部和项目经理部，为国内同行业首创。

新纪录创造人：中国水电建设集团国际公司

7. 中国水利水电第一工程局有限公司 2008 年 3 月 8 日承建的青岛海洋石油工程青岛制造基地三期项目围堰止水工程，采用了船坞沉箱围堰基床升浆止水施工技术，单体基床升浆量为 3 000 立方米，船坞沉箱基床深度达到 7 米，创国内船坞基床单体升浆量最大、升浆造孔最深新纪录。

新纪录创造人：中国水利水电第一工程局有限公司

8. 中国水利水电第一工程局有限公司 2008 年 5—12 月承建的丰满水电站溢流坝段降低渗水压力工程，采用了湿磨细水泥灌浆技术，施工采用 3 台湿磨机，串联后湿磨磨细效果为 D50≤10 微米，帷幕灌浆结束条件为：灌浆段在最大设计压力下，注入率不大于 0.1 升/分钟后，延续 30 分钟，灌浆施工合格标准为灌后坝体透水率≤0.15Lu，创国内混凝土病坝坝体降低渗水压力工程灌浆处理技术合格标准新纪录。

新纪录创造人：中国水利水电第一工程局有限公司

9. 中国水利水电第一工程局有限公司 2008 年 5 月承建的哈达山溢流坝段土建工程，溢流坝堰面混凝土施工，采用拉模和翻模两种施工工艺相结合的方案，单孔长 26 米，宽 16 米，平均每孔堰面完成时间为 4.5 天，最快单孔堰面完成时间为 3 天，创国内溢流坝堰面施工、翻模和拉模联合作业完成时间最快新纪录。

新纪录创造人：中国水利水电第一工程局有限公司

10. 中国水利水电第一工程局有限公司2009年4月承接的哈达山水利枢纽（一期）输水干渠，桩号2+094—15+308渠段清淤工程，总施工工期为17天，清淤共计95万立方米，清理渠道13千米，投入大型清淤土石方设备126台（套），人员230人，平均日完成5.95万立方米，高峰日清淤量为11.83立方米，创国内渠道清淤施工日清淤量最大新纪录。

新纪录创造人：中国水利水电第一工程局有限公司

11. 中国水利水电第三工程局有限公司承担乌金峡水电站厂房工程施工，2006年11月26日—2008年10月31日，电站装机容量140兆瓦，工程规模属Ⅲ等中型工程，枢纽主要建筑物为3级，从中标开工到首台机组投产发电，施工日历天数706天，创国内同类型水电站施工最快新纪录。

新纪录创造人：中国水利水电第三工程局有限公司

12. 中国水利水电第三工程局有限公司2008年7月17日建成投产的黄河炳灵水电站机电安装工程，电站安装5×48兆瓦、转轮直径6 200毫米的灯泡贯流机组，年发电量9.74亿千瓦时，枢纽工程由河床式厂房、厂中溢流泄洪表孔、泄水底孔、排沙底孔及左右岸副坝等建筑物组成，总工期57个月，第1台机组发电工期46个月；工程采取了在1 728米高程层焊制设备吊装倒运滑移托架滑道、制作简易龙门吊架、预埋焊制缓钩吊耳、搭设焊制操作平台等相应措施；针对设备起吊高度大，吊装不稳定，采取了在吊装设备上系挂风绳进行稳定等措施，才克服了该电站独特安装环境结构困难，使每件机电设备顺利安装就位，创国内同类机组安装速度、安装方法、工艺质量新纪录。

新纪录创造人：中国水利水电第三工程局有限公司

13. 中国水利水电第三工程局有限公司承建的辽宁省大伙房输水（二期）输水管线建筑安装三标工程，在2008年11月11日施工中，单日、单个工作面安装完成DN2 400毫米PCCP管道39节，累计234米，创国内同类管道单日、单工作面安装速度新纪录。

新纪录创造人：中国水利水电第三工程局有限公司

14. 中国水利水电第三工程局有限公司承建并于2005年5月10日投产发电的株洲航电枢纽水电站灯泡贯流式机组安装工程，转轮为转桨式，转轮共有四片桨叶，接力器位于转轮体内部的空腔内，形成接力器油腔，机组运行过程中油腔内始终充满油，转轮体为球形轮毂，机组主要外形：水轮机转轮直径7 500毫米、总重133吨，其中，轮毂重95吨，桨叶重8.3吨/片；发电机定子外径9 000×3 032毫米，总重142吨；冷却套灯泡头直径9 000×5 034毫米，总重110吨；发电机转子直径7 734×1 832毫米，总重148吨；导水机构直径10 820×7 520×25 40毫米，总重196吨；管型座最大外形尺寸19 400毫米，总重194吨，创国内同类型机组安装工程中转轮、冷却套灯泡头、管型座、导水机构、发电机定子和转子外形尺寸和重量最大，水轮机单个转轮轮毂、单个桨叶重量最重新纪录。

新纪录创造人：中国水利水电第三工程局有限公司

15. 中国水利水电第三工程局有限公司2007年5月在云南泗南江引水压力钢管制造安装工程中，采用两个岔管联合进行水压试验，最大试验压力为5.25兆帕，创国内现场两个岔管联合水压试验的最大试验压力新纪录。

新纪录创造人：中国水利水电第三工程局有限公司

16. 中国水利水电第三工程局有限公司2008年10月7日—2009年1月21日承建的山东海阳核电试验室，在10月16—31日的15天时间里，完成1 640平方米中心试验室用房屋改造和装修工作，完成88类仪器、186类工器具和77类药品的采购进场、安装调试和检定工作；在97天时间内完成试验室建造并验收合格，创国内同类工程建设速度最快新纪录。

新纪录创造人：中国水利水电第三工程局有限公司

17. 中国水利水电第三工程局有限公司2008年1月20—31日承建的中国水电集团京沪高铁三标段第一中心试验室，工期11天，完成1 740平方米中心试验室用房屋建设、改造和装修，完成165类1 000台（套）试验仪器设备的采购进场、安装调试、检定工作，创国同类工程建设速度最快新纪录。

新纪录创造人：中国水利水电第三工程局有限公司

18. 中国水利水电第四工程局有限公司2009年5月11日在云南金安桥水电站碾压砼坝混凝土施工中，常态砼钻孔取芯16.49米（直径150毫米），创国内常态砼钻孔取芯最长新纪录。

新纪录创造人：中国水利水电第四工程局有限公司

19. 中国水利水电第四工程局有限公司2006年4月15日—2009年4月15日，从拉西瓦水电站第一块混凝土浇筑到第一台机组发电工期3年，创国内水电建设250米级高拱坝施工工期最短新纪录。

新纪录创造人：中国水利水电第四工程局有限公司

20. 中国水利水电第四工程局有限公司2007年和2008年在云南小湾水电站高拱坝混凝土施工中，缆机日吊运大坝混凝土11 330立方米、月吊运222 357立方米和年吊运248.67万立方米，创国内水电建设高拱坝缆机日、月、年吊运混凝土最多新纪录。

新纪录创造人：中国水利水电第四工程局有限公司

21. 中国水利水电第四工程局有限公司2009年4月23日和4月27日，相隔4天完成2台700兆瓦水轮发电机组72小时试运行，创国内同一电站相继投产2台700兆瓦机组时间间隔最短新纪录。

新纪录创造人：中国水利水电第四工程局有限公司

22. 中国水利水电第四工程局有限公司水工机械总厂2008年8月实现了大直径钢管（钢管直径11.5米）的一次性整体卷制成型，同时大直径钢管钢板组对、翻身输送、焊接、整体卷制工序过程，在成套辅助设备支持下实现了自动化流水线作业，为国内同行业首创。

新纪录创造人：中国水利水电第四工程局有限公司水工机械总厂

23. 中国水利水电第五工程局有限公司2008年11月在锦屏二级4 800兆瓦水电站大江截流施工中，截流流量746立方米/秒～765立方米/秒，截流最大落差4.6米，最大流速7.4米/秒，最大单宽能量135t. m/s · m，最大抛填强度800立方米/秒，采用单洞导流、窄戗单戗单向立堵进占截流方案，成功实现大江截流，确保了工程度汛，为国内首创。

新纪录创造人：中国水利水电第五工程局有限公司

24. 中国水利水电第五工程局有限公司2007年1月—2008年8月施工的甘肃文县麒麟寺水电站泄洪闸弧形闸门安装工程，总装机容量111兆瓦，总库容2 970万立方米，电站为日调节电站，泄洪闸为3孔10米×11.5米弧形闸门，设计水头28米，单孔闸门自重187吨，闸门面板外缘曲率半径20米，面板底缘支承在EL585米的底槛上，铰座中心高程为EL602.5米，弧门采用双吊点，操作方式为动水启闭，创国内过流条件下水电站弧形闸门安装新纪录。

新纪录创造人：中国水利水电第五工程局有限公司

25. 中国水利水电第五工程局有限公司2006年3—5月实施的甘肃文县麒麟寺水电站导流明渠围堰工程中，一枯围堰总长590.25米，堰体填筑深度一般在5~6米，最大深度达7米，围堰基础防渗采用高喷防渗墙防渗，防渗墙平均深度25~30米，最大深度35米，设计防渗标准为K=5×10^{-5}厘米/秒，高喷防渗工程量12 600米，在架空极强透水带不利情况下，采用三重管旋摆塔接高压喷射灌浆防渗处理、深层注浆充填堵塞的联合工程措施达到防渗效果，为国内首创。

新纪录创造人：中国水利水电第五工程局有限公司

26. 中国水利水电第五工程局有限公司2007年10月—2008年5月施工的大渡河龙头石电站堆石坝心墙工程，大坝为沥青混凝土心墙堆石坝，最大坝高58.5米，沥青混凝土总量1.34万立方米，通过提高沥青混凝土摊铺厚度和施工层数，沥青混凝土人工摊铺厚度铺料层厚提高到30厘米，机械摊铺日铺筑3层，月铺筑强度最高上升15米，为国内首创。

新纪录创造人：中国水利水电第五工程局有限公司

27. 中国水利水电第五工程局有限公司2007年10月—2008年5月施工的大渡河龙头石电站堆石坝心墙工程，大坝为沥青混凝土心墙堆石坝，最大坝高58.5米，沥青混凝土总1.34万立方米，在沥青混凝土细骨料中掺和40.0%的酸性天然砂，创国内沥青混凝土施工酸性天然砂新纪录。

新纪录创造人：中国水利水电第五工程局有限公司

28. 中国水利水电第五工程局有限公司2006年5—9月施工的四川瓦屋山水电站调压室开挖工程，调压室竖井开挖直径≥20米，井深≥50米，在岩层为粉矿质泥岩和泥质粉砂岩及泥灰岩薄层的软弱地质条件下，通过采用超前加固+组合支护结构+混凝土闭合圈梁支护结构的联合支护方式，月平均进尺17米，月最大进尺24米，创国内同类工程最快开挖速度新纪录。

新纪录创造人：中国水利水电第五工程局有限公司

29. 中国水利水电第五工程局有限公司2004年5月10日—2006年5月18日承建的武汉市蔡甸区新全大道马鞍山隧道工程，为三车道市政连拱隧道，最大开挖跨度为34.22米，开挖深度11.46米，最大埋深44米，隧道围岩风化、破碎，为Ⅳ、Ⅴ类围岩，采用中导洞-核心土（先拱后墙）工艺，创国内大跨度三车道公路连拱隧道施工方法新纪录。

新纪录创造人：中国水利水电第五工程局有限公司

30. 中国水利水电第六工程局有限公司2008年7月在贵州思林水电站蜗壳接触灌浆施工中，采用FUKO管灌浆系统，为国内首创。

新纪录创造人：中国水利水电第六工程局有限公司

31. 中国水利水电第六工程局有限公司2008年11月26日—12月25日在湖北潘口水电站特大断面导流洞洞身砼衬砌施工中，采用钢筋台车和钢模台车进行钢筋砼施工，单月单套钢模台车浇筑砼11块，创国内同类施工新纪录。

新纪录创造人：中国水利水电第六工程局有限公司

32. 中国水利水电第六工程局有限公司2008年8月采用“正井法”对复杂地质条件下深覆盖层大直径出线竖井群进行施工，月施工强度55.5米，创国内同类施工新纪录。

新纪录创造人：中国水利水电第六工程局有限公司

33. 中国水利水电第八工程局有限公司2009年BLJ600-40型带式混凝土布料机，由自行式履带底盘、上料胶带机和伸缩式布料胶带机等组成，选择自行履带式底盘为平台，实现了设备在施工现场的灵活移动和整机稳定性；采用张力恒定的整体胶带系统和准确对位的桁架偏心导向滑道，实现了混凝土输送的快速稳定；采用半封闭可伸缩三节叠套式臂架结构，有效减轻了布料臂架自重，降低了设备制造成本，改善了机体整体稳定性能；采用减震性好的悬挂式柔性“U”型托辊和新型合金清扫器，有效防止了骨料分离和砂浆损失，为国内首创。

新纪录创造人：中国水利水电第八工程局有限公司

34. 中国水电建设集团第九工程局有限公司2009年3月研发的水电站洞内130米高水头下大流量高速射流封堵施工技术，在北盘江光照水电站导流洞永久堵头的封堵灌浆施工中取得成功，解决了光照水电站的正常蓄水发电和安全运行的缺陷，排除了对电站大坝及下游厂房安全构成的严重威胁，创洞内130米高水头大流量高速射流封堵灌浆世界纪录。

新纪录创造人：中国水电建设集团第九工程局有限公司

35. 中国水利水电第十工程局有限公司2008年承建的老挝南立1-2水电站（NAM LIK 1-2Project）工程，采用直径12米弯、直段钢模台车对泄洪（兼导流）洞压力洞段混凝土进行衬砌施工，台车浇筑模长9米一段，平均施工速度52小时/段，最高速度39小时/段，创国内采用弯、直段钢模台车浇筑隧洞直段和转弯段混凝土新纪录。

新纪录创造人：中国水电建设集团第十工程局有限公司

36. 中国水利水电第十工程局有限公司2007年承建的四川省宝兴县刘河坝水电站工程，采用平洞滑模新技术进行引水隧道混凝土衬砌施工，滑模滑行施工5个月，日平均滑行速度为10米/天，最高为15米/天，创国内采用滑模进行隧洞平洞混凝土施工新纪录。

新纪录创造人：中国水电建设集团第十工程局有限公司

37. 中国水利水电第十一工程局有限公司2006年3月—2008年12月在南水北调中线京石段应急供水工程渠道施工中，研发并应用了大跨度（28米）综合型渠道混凝土浇灌机，进行总干渠薄壁（8~15厘米）混凝土连续衬砌，为国内同行业首创。

新纪录创造人：中国水利水电第十一工程局有限公司

38. 中国水利水电第十一工程局有限公司2009年3月

研制出“高粘结高渗进行性在役混凝土复合增强材料”，为国内首创。

新纪录创造人：中国水利水电第十一工程局有限公司

39. 中国水利水电第十二工程局有限公司在承建的湖南黑麋峰抽水蓄能电站在引水斜井混凝土衬砌滑模施工中，2008 年 6 月 23 日—7 月 23 日（30 天），二号斜井开挖内径为 9.5 ~ 10.1 米，斜井全长 449.054 米，直线段长 392.427 米，垂直高度 325.664 米，斜井倾角 50°，斜井为钢筋混凝土衬砌，衬砌后洞径均为 8.5 米，厚度为 50 厘米和 80 厘米，混凝土标号 C25W10F150，月度滑升速度 203.5 米，创国内同等规模“大直径（衬砌后洞径为 8.5 米）、陡倾角、长斜井”滑模月滑升速度最快新纪录。

新纪录创造人：中国水利水电第十二工程局有限公司

40. 中国水利水电第十二工程局有限公司承建的浙江余姚双溪水库主体工程，2007 年 12 月 25 日开工，2008 年 3 月 31 截流，2008 年 11 月 15 日砼面板堆石坝全面填筑到顶，共完成坝基开挖 17.5 万立方米，导流明渠开挖 32 468 立方米，趾板和溢洪道石方开挖 94 800 立方米，防渗墙和趾板砼浇筑 2 853 立方米，挤压边墙砼 6 144 立方米，上游围堰填筑 7 万立方米，大坝填筑 120.7 万立方米，创国内同等规模砼面板堆石坝当年进场施工、当年截流、当年填筑完成新纪录。

新纪录创造人：中国水利水电第十二工程局有限公司

41. 中国水利水电第十二工程局有限公司承建的湖南黑麋峰抽水蓄能电站，2008 年 10 月 1—31 日（31 天）引水斜井灌浆施工中，完成一号引水斜井高压固结灌浆 3 596 米、902 段，创国内同等规模引水斜井高压固结灌浆月进度施工新纪录。

新纪录创造人：中国水利水电第十二工程局有限公司

42. 中国水利水电第十二工程局有限公司在承建的湖南黑麋峰抽水蓄能电站，2006 年 7 月 1 日—2009 年 2 月 9 日引水斜井开挖，混凝土衬砌、灌浆施工，工期 926 天，未发生各类大小人员和机械设备的安全事故，创国内“大直径、陡倾角、长斜井”施工零事故新纪录。

新纪录创造人：中国水利水电第十二工程局有限公司

43. 中国水利水电第十三工程局有限公司橡塑制品厂 2008 年 8 月研发的双模全自动滚塑机，通过引进 PLC 等电器自动控制系统，实现了除拆装模具之外，浮体制作过程 10 多个动作自动衔接顺序进行，并且各个工艺参数通过编程自动控制，为国内同行业首创。

新纪录创造人：中国水利水电第十三工程局有限公司橡塑制品厂

44. 中国水利水电第十三工程局有限公司橡塑制品厂 2006 年 11 月研发的自浮式排泥橡胶软管新产品，解决了疏浚行业钢管、胶管和浮体组成的传统管线，因其本身的曲挠性和抗冲击力性能有限，经不住海上风、浪、涌袭击的缺点，满足了大型绞吸式挖泥船在涌浪区作业的实际需要，为国内首创。

新纪录创造人：中国水利水电第十三工程局有限公司橡塑制品厂

45. 中国水利水电第十四工程局有限公司大理聚能投资有限公司 2008 年 3—12 月投资建设的大理者磨山风电场，平均海拔高度 2 800 ~ 3 006 米，创已建风电场海拔高度最高世界纪录。

新纪录创造人：中国水利水电第十四工程局有限公司大理聚能投资有限公司

46. 中国水利水电第十四工程局有限公司于 2007 年 9 月施工完成的糯扎渡水电站二号导流隧洞，进口渐变段（宽 27.6 米，高 26.3 米），上覆岩体厚 23 米，将 27.6 米宽平顶开挖成型，创国内大跨度浅埋深隧洞洞口平顶开挖施工新纪录。

新纪录创造人：中国水利水电第十四工程局有限公司

47. 中国水电建设集团十五局有限公司 2008 年成功安装了国内千米水头（水头 1 000 米）明敷设厚壁（最大壁厚 58 毫米）压力钢管，创国内明敷设、高水头、壁厚压力管道施工新纪录。

新纪录创造人：中国水电建设集团十五局有限公司

48. 中国水电建设集团十五局有限公司 2009 年 4 月 25 日晚在新疆喀腊塑客水利枢纽工程中，成功取出长达 16.46 米（芯样有效直径 190 毫米）的碾压混凝土芯样，该芯样包含 5 个施工缝面，81 个碾压层面，整个芯样表面光滑、致密、骨料分布均匀，层间结合良好，创国内碾压混凝土相同直径芯样最长新纪录。

新纪录创造人：中国水电建设集团十五局有限公司

49. 中国水电基础局有限公司 2009 年元月在西藏旁多水利枢纽坝基深厚覆盖层防渗实验研究工程中，完成了防渗墙墙身 146.3 米，防渗墙接头管起拔 135.3 米和气举最大清孔深度 146.3 米，创防渗墙墙深、接头管起拔和气举最大清孔深度世界纪录。

新纪录创造人：中国水电基础局有限公司

50. 中国水电建设集团路桥工程有限公司 2006 年 12 月采用 BOT + EPC 模式，承揽福建省武邵高速公路项目，公路全长 91.925 千米，建设期 3.5 年，运营期 25 年，创国内高速公路开发、建设管理模式新纪录。

新纪录创造人：中国水电建设集团路桥工程有限公司

51. 中国水电建设集团四川电力开发有限公司所属四川圣达水电开发有限公司 2005 年 12 月—2009 年 4 月承建大渡河干流的乐山沙湾水电站尾水渠工程，尾水渠全长 9 015 米，堤体中心采用厚 0.4 米、嵌入岩基 1 米的塑性连续混凝土防渗墙，防渗墙厚度 400 毫米，整个尾水渠最大渗透量 1.1 立方米/秒，施工地层为漂卵石基，从闸坝下游获得 14.5 米水头的超长尾水渠混合开发电力开发方式，解决了大渡河下游宽阔平坦、人口密集区河段的水电开发利用问题，为国内首创。

新纪录创造人：四川圣达水电开发有限公司

52. 中国水电建设集团夹江水工机械有限公司 2008 年 2 月生产制造的小湾电站放空底孔弧形工作闸门，设计挡水水头 160 米，最高水头 163 米，总水压力 112 890 千牛，创弧形闸门最高水头、承受最大水压力世界纪录。

新纪录创造人：中国水电建设集团夹江水工机械有限公司

53. 中国长江三峡开发总公司 2007 年 9—11 月陆续成功爆破拆除溪洛渡工程导流洞超大型复杂围堰群，总拆除方量 41 万立方米，拆除最大厚度 68 米，最大高度 41 米，总共使用炸药352吨，创水电工程大型围堰爆破拆除世界纪录。

新纪录创造人：中国长江三峡开发总公司

54. 中国葛洲坝集团机械船舶有限公司2007年1月制造的浙江滩坑电站泄洪洞事故闸门启闭机，额定荷载8 000千牛，扬程100米，卷筒4层折线缠绕，卷筒直径3 000毫米，钢丝绳直径56毫米，创水利水电工程启闭机世界纪录。

新纪录创造人：中国葛洲坝集团机械船舶有限公司

55. 中国葛洲坝集团第二工程有限公司2007年4月30日完成的丹江口大坝162米高程以下帖坡混凝土的浇筑施工，共浇筑帖坡混凝土42万立方米，2007年1月，月浇筑5.3万立方米，均创帖坡混凝土总量和最大月浇筑量世界纪录。

新纪录创造人：中国葛洲坝集团第二工程有限公司

56. 葛洲坝集团机电建设有限公司2009年3月完成的750千伏输变电设备安装工程，海拔高度2 460米、GIL垂直高度211米、单相总长度517.5米，GIS容量额定电流4 000安，均创国内750千伏输变电设备安装新纪录。

新纪录创造人：葛洲坝集团机电建设有限公司

57. 葛洲坝集团机电建设有限公司2006年9月—2007年6月承建的三峡双线连续五级船闸一、二闸首人字门完建工程，设计总水头113米，船闸人字闸门高达38.5米、宽度20.2米、门厚3米、单扇门体重860吨，通过创新闸门吊装方式、底枢、顶枢精确定位、支枕垫块拆除、闸门提升同步及控制变形等技术，完成了船闸完建施工，南线船闸比计划工期提前25天恢复通航，北线船闸比计划工期提前2个月恢复通航，创水利施工和航运建设世界纪录。

新纪录创造人：葛洲坝集团机电建设有限公司

58. 葛洲坝集团机电建设有限公司2008年完成装机804.5万千瓦，承担安装了19台大中型水电机组，容量804.5万千瓦，其中三峡75.6万千瓦机组装机发电4台，302.4万千瓦；清江水布垭电站46万千瓦机组装机发电3台，138万千瓦；广西龙滩70万千瓦机组装机发电3台，210万千瓦；江苏宜兴抽水蓄能电站25万千瓦机组装机发电3台，100万千瓦；新疆察汗乌苏10.3万千瓦机组装机发电2台，20.6万千瓦；湖北白莲河抽水蓄能电站30万千瓦机组装机1台，30万千瓦；云南居甫渡电站装机投产9.5万千瓦机组3台，28.5万千瓦，创国内同行业企业机组安装和容量新纪录。

新纪录创造人：葛洲坝集团机电建设有限公司

59. 葛洲坝集团试验检测有限公司2005年11月发明的新老混凝土结合面人工键槽施工方法，采取大功率液压圆盘锯切割和无声破石剂膨胀分离相结合的施工方式，在斜面切割混凝土键槽单机30米/天，为国内同行业首创。

新纪录创造人：葛洲坝集团试验检测有限公司

60. 葛洲坝集团试验检测有限公司2001年8月研制的旋转式水工混凝土水沙磨耗机，可测试混凝土抗冲耐磨性能，其生产的挟砂水流速度最低为20米/秒，最高为60米/秒，创国内同类设备磨耗效率最高、测试速度最快纪录。

新纪录创造人：葛洲坝集团试验检测有限公司

61. 葛洲坝集团试验检测有限公司2008年12月研制的子母式钢绞线拉伸试验夹具，能够实现在普通的拉力试验上进行钢绞线拉伸试验，扩大了普通拉力试验机的测试范围，尤其是其夹持方式更加科学，夹具对试验件造成的损伤小，对内壁的硬度和韧性要求不苛刻，易于加工制造，为国内同行业首创。

新纪录创造人：葛洲坝集团试验检测有限公司

62. 中广核工程有限责任公司2009年3月组织实施完成红沿河核电站三号机组核岛筏基A、B、C三层整体浇筑混凝土，厚度3.8米，浇筑方量4 498立方米，创国内CRP1000堆型核岛反应堆厂房筏基整浇筑最大方量混凝土新纪录。

新纪录创造人：中广核工程有限责任公司

63. 中广核工程有限责任公司红沿河现场项目部2007—2009年连续2年成功实施了CPR1000的核岛土建冬期施工，创国内核电建设上核岛土建冬期施工新纪录。

新纪录创造人：中广核工程有限责任公司红沿河现场项目部

64. 上海电力安装第一工程公司2007年在外高桥电厂三期工程中，研发电磁感应热处理新工艺，连续完成110个大口径厚壁管高合金钢焊口热处理，创国内一个工程中完成焊口数量最多新纪录。

新纪录创造人：上海电力安装第一工程公司

65. 上海电力安装第一工程公司2006—2007年期间在外高桥电厂三期工程中，连续完成6 586个高难度镜面焊焊口，一次合格率100%，创国内在一个火电安装工程中镜面焊焊接数量和质量新纪录。

新纪录创造人：上海电力安装第一工程公司

66. 四川电力建设二公司2009年5月18日—8月10日承担华能甘肃平凉电厂（2×600兆瓦）二期六号机组施工任务，从吊装受热面开始到水压一次成功，工期84天，创同类型超临界机组施工工期最短新纪录。

新纪录创造人：四川电力建设二公司

67. 广西长洲水电开发有限责任公司2007年9月开始实施长洲水利枢纽库区征地移民安置实行长期补偿安置方案，对淹没的耕地按其净产值进行长期补偿，长期补偿直接与淹没耕地数量挂钩，不与生产安置人口挂钩，对耕地以外的土地按照当时的有关政策规定实行一次性补偿，为国内首创。

新纪录创造人：广西长洲水电开发有限责任公司

68. 云南电网公司楚雄供电局与三峡大学联合研究，并于2008年5月通过国家知识产权局实用新型专利权申请审查的“变电站蓄电池远程监测装置”，提供了一种能对蓄电池内阻进行实时在线无损精确测量，测量装置简单、实用、可靠，能够对蓄电池进行远程监测，为国内首创。

新纪录创造人：云南电网公司楚雄供电局　三峡大学

中国电力企业联合会推荐

1. 国电内蒙古东胜热电有限公司2008年投产2台330兆瓦机组，全厂用水采用鄂尔多斯市东胜区污水处理厂出水，在厂内污水深度处理站经过DF－MBR即两级过滤膜生物反应技术处理，水质达到锅炉补给水处理系统的原水和辅助循环冷却水系统的补充水要求，再经过反渗透及锅炉补给水处理系统，达到机组补给水水质要求，锅炉补给水全部采用经深度处理的城市中水，为国内首创。

新纪录创造人：国电内蒙古东胜热电有限公司

2. 国电内蒙古东胜热电有限公司投产的2台330兆瓦火电机组，分别于2008年1月24日和6月28日通过168小时试运，采用等离子煤粉点火燃烧器，用直流空气等离子体作为点火源，经历了多次机组启停、稳燃，没有发生烟道和电除煤粉二次燃烧事件，并安全运行至今，创国内火电燃煤锅炉无油点火稳燃新纪录。

新纪录创造人：国电内蒙古东胜热电有限公司

3. 国电电力大连庄河发电有限责任公司截至2008年6月，一号机组和二号机组连续运行192天和205天，二号机组创国内新建机组一次投产连续运行时间最长新纪录。

新纪录创造人：国电电力大连庄河发电有限责任公司

4. 中国国电集团公司九江发电厂2008年研发的一种发电厂经济技术指标实时监测分析系统（节能分析与管理平台），通过建立经济参数的优化运行数据库，便于参数对比，及时指导设备经济性检修，为国内同行业首创。

新纪录创造人：九江发电厂

5. 华能国际电力开发公司铜川电厂一号、二号机组分别于2007年11月8日、12月12日投产发电，采用国产600兆瓦空冷机组空冷岛单位发电水耗率0.26千克/千瓦时，比同类型水冷机组平均水耗2.29千克/千瓦时降低2.03千克/千瓦时，比同类型控冷机组平均水耗0.459千克/千瓦时降低0.198千克/千瓦时，比机组设计耗水率0.438千克/千瓦时降低0.178千克/千瓦时。创国内同类工程空冷岛设备国产化新纪录。

新纪录创造人：华能国际电力开发公司铜川电厂

6. 华能国际电力开发公司铜川电厂2007年11月8日投产发电的600兆瓦空冷机组，采用小汽轮机间接冷却系统，年节水量70万吨，为国内首创。

新纪录创造人：华能国际电力发展公司铜川电厂

7. 华能重庆珞璜发电有限责任公司2007年6台（总装机容量264万千瓦）机组所配套的6套脱硫装置，共脱除二氧化硫322 183吨，创国内燃煤电厂年脱除二氧化硫量最大新纪录。

新纪录创造人：华能重庆珞璜发电有限责任公司

8. 华能重庆珞璜发电有限责任公司2007年灰渣膏综合利用222万吨，2008年灰渣膏综合利用224万吨，创国内单一火力发电厂综合利用新纪录。

新纪录创造人：华能重庆珞璜发电有限责任公司

9. 华能珞璜电厂2007年2月三期（2×600兆瓦）亚临界机组扩建工程，采用10 000平方米逆流式自然通风冷却塔，创600兆瓦亚临界逆流式自然通风冷却塔面积世界纪录。

新纪录创造人：华能珞璜电厂

10. 华能国际电力股份有限公司海门电厂2009年5月一期一号、二号机组锅炉烟气采用海水脱硫技术、一炉一塔配置、100%烟气量处理、脱硫效率不低于92.0%，创国内百万千瓦级机组采用海水脱硫技术新纪录。

新纪录创造人：华能国际电力股份有限公司海门电厂

11. 华能国际电力股份有限公司海门电厂2009年5月一期一号、二号机组锅炉烟气脱硝系统采用东方锅炉生产的选择性催化还原法（SCR）脱硝装置，还原剂采用液氨，氨在一定的温度和催化剂的作用下，有选择地把烟气中的氮氧化物还原为氮气，脱硝系统最低连续运行烟温300℃，最高连续运行烟温420℃，创国内百万千瓦级机组采用烟气脱硝装置新纪录。

新纪录创造人：华能国际电力股份有限公司海门电厂

12. 华能巢湖发电有限责任公司一期工程2台600兆瓦机组分别于2008年8月9日和11月24日完成168小时满负荷试运投产，采用侧煤仓布置，每千瓦占地0.191平方米，创国产600兆瓦超临界发电机组占地面积最小新纪录。

新纪录创造人：华能巢湖发电有限责任公司

13. 华能巢湖发电有限责任公司一号机组于2007年3月1日正式开工，2008年8月9日通过168试运投产，建设工期为17个月零10天，创国内国产600兆瓦超临界发电机组建设工期新纪录。

新纪录创造人：华能巢湖发电有限责任公司

14. 华能巢湖发电有限责任公司一期工程2台600兆瓦机组分别于2008年8月9日和11月24日完成168小时满负荷试运投产并投入商业运行，通过优化设计，厂区总平面布置优化减少了土方量，节约了占地面积，厂区占地面积仅为23公顷，仅为限额设计的47.0%，主厂房布置优化主厂房体积202 687平方米，仅为限额指标的50.0%；A列至烟囱中心线仅距离144米，与限额设计比较降低幅度34.5%；高压汽水管道1 086吨，与限额设计比较降低幅度36.9%；电缆1 671千米与限额设计比较降低幅度28.6%；通过辅机优化，合理选型配置，有效控制了建设成本，实现2 991元/千瓦的工程造价，创国内600兆瓦超临界发电机组建设工程造价新纪录。

新纪录创造人：华能巢湖发电有限责任公司

15. 邯峰发电厂2009年4月将二号锅炉ZHC－D型电站锅炉燃烧三位温度场可视化监控系统投入运行，使炉内燃烧从一个近似黑箱系统变为基本可视系统，并且以辐射能信号作为中间被调量的新型串级控制系统，克服了现有燃料控制系统迟钝迟、大滞后的控制弊端、提高了机组对负荷变化的响应能力，改善蒸汽品质，为国内首创。

新纪录创造人：邯峰发电厂

16. 邯峰发电厂2008年12月完成2台660兆瓦机组的脱硫技改项目，采用烟气循环流化床干法脱硫工艺，在设计上第一次采用“一炉两塔”设计，脱硫效率达到90.0%以上，每年可少排二氧化硫2万吨；二氧化硫排放浓度小于400毫克/标准立方米，伴随烟气排放的细微粉尘PM2.5和三氧化硫也得到了有效控制，在低负荷下可以切换为单塔运行，可节省45.0%以上的脱硫耗电，为国内首创。

新纪录创造人：邯峰发电厂

17. 邯峰发电厂二号机组660兆瓦燃烧器系统改造后于2009年投入运行，采用双旋风燃烧器“W”型火焰电站锅炉的燃烧系统改造，使锅炉效率提升2.3%，降低了一次风粉管道阻力，解决了磨煤机出力小等问题，为国内首创。

新纪录创造人：邯峰发电厂

18. 华能国际电力股份有限公司大连电厂二号汽轮发电机组，自2007年3月26日—2009年4月23日连续生产安全运行了760天，创火力发电机组连续安全运行世界纪录。

新纪录创造人：华能国际电力股份有限公司大连电厂

19. 华能国际电力有限责任公司福州电厂2008年6月29日正式投运的三号机组（350兆瓦），生产厂用电率3.45%（含脱硫），全年三号机组脱硫厂用电率累计为0.51%，创国内同类机组供电煤耗和厂用电最低新纪录。

新纪录创造人：华能国际电力有限责任公司福州电厂

20. 华能国际电力有限责任公司福州电厂2008年子4×350兆瓦机组锅炉烟气脱硫改造中，单台机组改造工期181天，4台机组改造工期241天，创国内同类机组锅炉烟气脱硫改造新纪录。

新纪录创造人：华能国际电力有限责任公司福州电厂

21. 华能国际电力有限责任公司淮阴电厂330兆瓦燃煤五号发电机组自2006年8月18日1时28分机组新投产至2007年3月15日21：50因省调要求机组调停，累计连续安全运行210天，创国内同类型机组新投产后安全连续生产运行时间最长新纪录。

新纪录创造人：华能国际电力有限责任公司淮阴电厂

22. 华能太仓发电有限公司2006年4台机组（2×300兆瓦+2×600兆瓦）的脱硫装置分别通过"168小时试运行"，创国内年内投运脱硫系统机组台数最多纪录。

新纪录创造人：华能太仓发电有限公司

23. 华能瑞金发电有限责任公司2008年12月15日2×350兆瓦超临界机组投产采用哈尔滨汽轮机厂有限公司制造的N350-24.2/556/556型超临界、一次中间在热、单轴、双缸双排气、反动凝汽机，创国内首台国产350兆瓦超临界发电机组投产的新纪录。

新纪录创造人：华能瑞金发电有限责任公司

24. 华能上海石洞口第一电厂2008年12月完成的给水泵汽轮机油系统节能改造，采用主汽轮机主油泵向小汽机供油的改造方案，系统改造后，主油泵出口压力2.1兆帕，一号注油器出口压力0.23兆帕；2台泵润滑油压力分别为0.16兆帕、0.17兆帕，为国内首创。

新纪录创造人：华能上海石洞口第一电厂

25. 中国华能集团公司投资建设，并2008年7月16日投入运行的燃煤电厂烟气二氧化碳捕集示范工程，全部采用国产设备，二氧化碳回收率大于85.0%，年可回收二氧化碳为3 000吨，建设周期不到7个月，创国内首套燃煤电厂二氧化碳捕集装置及建设工期最短新纪录。

新纪录创造人：中国华能集团公司

26. 华能澜沧江水电有限公司景洪水电工程2008年6月—2009年5月，在11个月零8天内连续投产5台350兆瓦机组，创国内同规模电站建设投产最快新纪录。

新纪录创造人：华能澜沧江水电有限公司景洪水电工程

27. 华能玉环电厂2006年11月28日—2007年11月25日，4台1 000兆瓦机组投产，创12个月内建成投产4台百万千瓦超临界机组世界纪录。

新纪录创造人：范夏夏　李建民　陈书平　沈　琦　朱鸿远　柯文石　高鹏里　陈传发　董长青

28. 中国大唐集团科技工程有限公司2009年研发出湿法烟气脱硫技术并建立了湿法烟气脱硫吸收设备实验平台，完成塔内流场数值模拟，形成适应于不同塔内流场特点的塔内件布置原则，进一步优化吸收塔塔内二氧化硫分布，提高核心设备的工艺性能；研究石灰石活性、浆池传质系数等吸收塔设计计算中必需的关键参数，研究石灰石脱硫反应活性与其化学组成、颗粒大小、孔结构、灰含量、惰性物质含量等因素的关系，提出相应的理论和实验分析结果，并将这些结果应用于实际工程计算和设计当中；建立湿法烟气脱硫系统的数学模型，进行烟气脱硫系统中除雾器和雾化喷嘴等关键部件的国产化开发，为国内首创。

新纪录创造人：中国大唐集团科技工程有限公司

29. 浙江大唐乌沙山发电有限责任公司2006年连续并网投产4台60万千瓦超临界机组，创国内大型超临界火电机组同年安装投产最多纪录。

新纪录创造人：浙江大唐乌沙山发电有限责任公司

30. 云南大唐国际红河发电有限责任公司2006年并网投产2台30万千瓦国产化循环流化床机组，创国内大型循环流化床火电机组国产化新纪录。

新纪录创造人：云南大唐国际红河发电有限责任公司

31. 内蒙古大唐国际再生资源开发有限公司2008年研制出综合利用粉煤灰生产氧化铝，联产活性硅酸钙、分子筛、硅酸二钙水泥熟料多联产技术，为国内首创。

新纪录创造人：内蒙古大唐国际再生资源开发有限公司

32. 中电投电力工程有限公司河南开封电厂2×600兆瓦超临界燃煤机组扩建工程，2008年12月17日一号机组完成168小时试运行，工期15个月零7天，2009年2月27日二号机组完成168小时试运行，总工期17个月零17天，创国内同类机组工程建设总工期最短新纪录；创国内首台机组建设工期最短新纪录。

新纪录创造人：中电投河南开封电厂

33. 江西省分宜发电有限公司1×330兆瓦循环流化床锅炉，自2007年3月20日—2009年1月7日机组通过168个小时试运行，为国内首台1 025吨/小时锅炉循环流化床锅炉，锅炉型号为HG-1025/18.64-L.PM41型，具有外置换热器主要特征，为国内首创。

新纪录创造人：江西省分宜发电有限公司

34. 中国电力工程顾问集团华东电力设计院2007年设计的泰州电厂一期工程（2×1 000兆瓦），辅助车间（系统）采用DCS控制系统，为国内首创。

新纪录创造人：中国电力工程顾问集团华东电力设计院

35. 中国电力工程顾问集团华东电力设计院2007年设计的泰州发电厂一期工程（2×1 000兆瓦），在设计中首次提出在百万级机组中采用等离子点火及燃烧技术，为国内首创。

新纪录创造人：中国电力工程顾问集团华东电力设计院

36. 中国电力工程顾问集团华东电力设计院2008年建成的泰州发电厂一期工程（2×1 000兆瓦），其凝结水泵采用变频技术，为国内1 000兆瓦机组首创。

新纪录创造人：中国电力工程顾问集团华东电力设计院

37. 中国电力工程顾问集团华东电力设计院设计，并于2008年建成的泰州发电厂一期工程（2×1 000兆瓦），采用全流量的凝结水前置除铁过滤器及精处理混床系统，每台机组的前置除铁过滤器按2×50.0%设置，不设备用；精处理混床为4×33.0%，其中3台运行，1台备用，每台机组配置一套精处理混床体外再生装置，为国内首创。

新纪录创造人：中国电力工程顾问集团华东电力设计院

38. 中国电力工程顾问集团西北电力设计院2008年3月依托晋东南—南阳—荆门1 000千伏特高压交流输电线路工程完成了对1 000千伏单回输电线路地线运行方式和绝缘间隙的研究，2008年10月在淮南—上海输电线路工程中进一步研究了1 000千伏同塔双回输电线路上的地线运行方式，在国内首次系统开展1 000千伏级交流输电线路工程地线及OPGW运行方式、地线空气间隙、地线最小直径研究，保证了特高压输电线路的安全运行，减少地线电能损失，为国内首创。

新纪录创造人：西北电力设计院

39. 中国电力工程顾问集团西北电力设计院和中国电力科学研究院2008年10月完成了高烈度区百万千瓦空冷汽机基座动力特性及抗震性能研究，为1 000兆瓦超超临界空冷机组工程建设提供理论支持，并将研究成果应用于实际工程，为国内首创。

新纪录创造人：西北电力设计院 中国电力科学研究院

40. 中国电力工程顾问集团西北电力设计院2008年3月承建的±800千伏向家坝—上海特高压直流输电工程中，提出了针对特高压换流站的融冰解决方案；并针对输电线路分裂导线提出了增设融冰开关的设计方案，并应用于工程中，为国内首创。

新纪录创造人：西北电力设计院

41. 中国电力工程顾问集团东北电力设计院1999年设计的江苏田湾核电厂新建工程和2008年设计的辽宁红沿河核电厂，核电厂核安全用水采用隧洞取水设计，田湾核电一号、二号机组取水隧洞内径为5米，每条长度1.8千米，辽宁红沿河核电一至四号机组取水隧洞内径为5.5米，每条长度1千米，可节省工程投资，同时由于隧洞内流速大，减少淤泥沉积，从而减少运行期间清淤费用，尤其是减少了开挖量，有效地防止了水土流失和对环境的破坏，为国内首创。

新纪录创造人：石金龙　季超俦　刘井言　李敬生　陈德智

42. 中国电力工程顾问集团东北电力设计院2008年设计的华能九台电厂一期工程（2×660兆瓦），采用塔式锅炉配风扇磨直吹式制粉系统和新型高温炉烟管道设计，为国内首创。

新纪录创造人：吕安龙　肖峰　谭红军　王　放

43. 中国电力工程顾问集团东北电力设计院2006年设计的国电康平发电厂2×600兆瓦工程，在火电厂取消燃油系统，完全利用等离子点火及助燃，2台机组一次启动节约燃油4 000吨，为国内首创。

新纪录创造人：严城一　钱亢木　王丽华　万里宁

44. 中国电力工程顾问集团东北电力设计院2006年设计的国电康平发电厂2×600兆瓦工程，在国内第一次提出了电厂使用中水经过再生处理后的水质标准，并在沈阳北部污水处理站设置了再生处理站，将处理后的再生中水通过两级泵站，途径120公里输送到康平发电厂，输送中水长度超过南非的82.9公里，创中水利用管道输送最长世界纪录。

新纪录创造人：严城一　钱亢木　董烈钧　刘亚凤

45. 中国电力工程顾问集团东北电力设计院2006—2008年设计建成的辽宁清河发电有限责任公司技改一期工程，新建燃用褐煤的1×600兆瓦超临界机组，为国内首创。

新纪录创造人：严城一　钱亢木　吕安龙　王　钟

46. 中国电力工程顾问集团东北电力设计院2007年设计的绥中发电厂二期2×1 000兆瓦机组扩建工程，主厂房结构采用C60高强混凝土，伸缩缝间距最大123.5米，创国内火力发电厂主厂房结构设计和主厂房伸缩缝间距长度最大新纪录。

新纪录创造人：孙洪民　李炳益　孙雨宋　杨　眉　徐少鹏

47. 中国电力工程顾问集团东北电力设计院2009年设计的华能营口热电厂新建工程，采用烟气余热回收装置，分别在非采暖期加热凝结水和在采暖期加热热网水设计方案，在吸风机出口烟道加装了烟气余热回收装置以回收烟气热量，装置出口烟气温度为110℃。在非采暖期加热来自回热系统的凝结水，再通过升压泵送回至回热系统，由此可以减少抽汽量，减少额定工况的进汽量，降低机组热耗，最终降低机组燃煤量；在采暖期加热热网加热器入口的部分热网供水，以提升热网加热器入口水温，减少了热网加热器加热蒸汽量，可以减少汽轮机抽汽量、减少额定工况的进汽量、降低机组热耗，最终降低机组燃煤量，为国内首创。

新纪录创造人：郭晓克　谭红军　陈炼非　王淑艳

48. 中国电力工程顾问集团中南电力设计院2007年4月设计的贵广二回直流输电工程兴仁换流站，创国内设计单位首次自主完成±500千伏换流站的直流场设计和研究工作新纪录。

新纪录创造人：中南电力设计院

49. 中国电力工程顾问集团中南电力设计院2007年10月对封闭煤场大直径球形屋面风载体形系数进行物理和数学模型分析，通过物理和数学模型分析表明，挡煤围墙高度、地貌粗糙度、屋面全封闭与局部开敞等因素均对球状网壳风荷载体型系数产生一定的影响，挡煤墙的高度变化在9～18米之间，风荷载体型系数的变化在5.0%～10.0%以内，且迎风面正压区风荷载体型系数降低的幅度大于顶部负压区体型系数增大的幅度；封闭煤场直径从90米增大到120米时，迎风面的风荷载体型系数呈增大趋势，增大的幅度大致为6.0%左右，顶部负压区的风荷载体型系数基本不变，创国内封闭煤场大直径球形屋面风载系数研究新纪录。

新纪录创造人：中南电力设计院

50. 中国电力工程顾问集团中南电力设计院2006年8

月28日设计开发的大比例尺数字测图软件，采用的以时段和测站为要素的数据管理技术，可以改变外业测量作业模式，控制测量和地形测量可以同时进行，甚至可后进行控制测量；也改变了内业处理模式，在控制测量未完成的情况下，利用假设坐标也可连图，还可以同时连接多人多时段数据，图形编辑功能强，为国内首创。

新纪录创造人：中南电力设计院

51. 中国电力工程顾问集团中南电力设计院2008年12月结合三维设计软件PDMS开发的电厂全厂电缆敷设程序接口，节约全厂电缆5.0%，减少设计工时30.0%～50.0%，创国内三维设计辅助电缆敷设软件开发新纪录。

新纪录创造人：中南电力设计院

52. 中国电力工程顾问集团中南电力设计院设计的南海发电一厂670吨/小时炉燃水煤浆技改工程2台水煤浆锅炉，于2005年10月和2008年分别投产发电，广东西樵纺织产业基地供热扩模工程1×670吨/小时燃水煤浆锅炉于2009年8月投产，创全燃水煤浆锅炉设计亚洲纪录。

新纪录创造人：中南电力设计院

53. 中国电力工程顾问集团中南电力设计院2007年9月设计的印尼百通1×660兆瓦电站工程，是我国目前出口单机容量最大的火力发电站项目，根据循环水系统物理模型试验成果，在取水口及引水明渠选择了合理的工艺流程布置方案，并在引水明渠侧壁内侧适当高度设置2道水平平衡梁柱受力系统的扶壁式挡土墙结构，为国内同行业首创。

新纪录创造人：中南电力设计院

54. 中国电力工程顾问集团中南电力设计院2007年3月在国内首次现场进行圆形封闭煤场堆煤压力实测与温度变化测试，在相对筒仓入口1 950处的仓壁布置一列压力计，共8个，每隔2米一个，分别在相对仓内地面0米、2米、4米、6米、8米、10米、12米、14米高度处，每个压力计都与在筒仓20米高平台上的自动集线箱和读数仪相连，在读数仪上可读出每个压力计压力值。在堆煤达到指定高度19米后，一天记录3次，连续记录5天，得到侧压力随堆煤高度的变化曲线，为国内首创。

新纪录创造人：中南电力设计院

55. 中国电力工程顾问集团中南电力设计院2007年9月在广东河源电厂工程的圆形封闭煤场，设置燃煤自燃火灾报警与防护装置，采用一种新型封闭圆形煤场隔热与火灾防护装置，把隔热、火灾报警及防护作为一体考虑，包括火灾探测装置、火灾保护装置，隔热装置为位于混凝土挡煤墙的内侧并列放置的槽型隔热板（预制钢筋混凝土结构），槽型隔热板与混凝土挡煤墙之间形成隔热空腔；火灾探测装置为设置在槽型隔热板外侧镀锌管内的感温探测器、温度控制模块；感温探测器与报警器连接，并与火灾保护装置连接；火灾保护装置包括位于槽型隔热板的上端的环状的冷却水管、控制阀，环状冷却水管与控制阀连接，控制阀与温度控制模块连接，为国内首创。

新纪录创造人：中南电力设计院

56. 中国电力工程顾问集团中南电力设计院2007年6月在湖北大别山火电厂一期工程中，在汽轮发电机组弹簧隔振基础上，设计了国内第一台600兆瓦火电机组的汽轮发电机组弹簧隔振基础，为国内首创。

新纪录创造人：中南电力设计院

57. 中国电力工程顾问集团中南电力设计院2007年在广东河源电厂设计中，采用开挖局部纵向底流槽措施，增加取水泵房前形成取水水深，避免取水河段枯水流量取水水深不足，保证电厂取水的可靠性，创国内火力发电厂取水设计新纪录。

新纪录创造人：中国电力工程顾问集团中南电力设计院

58. 中国电力工程顾问集团中南电力设计院设计，并于2009年8月投产的广东西樵纺织产业基地供热扩模工程，采用的高温高压调整抽汽、单排汽背压式汽轮机（CB75－8.83/4.4/1.275），选用高温高压参数的供热锅炉配1×75兆瓦抽汽背压式汽轮发电机组，额定进汽压力8.83兆帕、额定进汽温度535℃、额定进汽流量610吨/小时、最大进汽量670吨/小时，额定抽汽压力4.4兆帕（4.12～4.61兆帕可调）、工业抽汽量220吨/小时（单抽最大250吨/小时），额定排汽压力1.275兆帕、额定背压排汽量435吨/小时、最大背压排汽量474吨/小时，额定抽汽工况功率75兆瓦、最大运行功率83兆瓦，创国内汽轮发电机组调整抽汽量、背压排汽量、抽背机组容量新纪录。

新纪录创造人：中南电力设计院

59. 中国电力工程顾问集团中南电力设计院2007年设计的江西新昌电厂2×660兆瓦工程，采用电气监控管理系统（ECMS）对全厂电气设备进行监控，并在集控室设置ECMS操作员站，ECMS不与机组DCS通信，网络结构为三层设备二层网方式，三层设备指监控主站层、通讯控制站层和间隔层，二层网指连接监控主站层与通信子站层间的工业以太网以及连接通讯控制站层与间隔层的现场总线网，创国内大型火力发电机组电气控制系统新纪录。

新纪录创造人：中南电力设计院

60. 中国电力顾问集团中南电力设计院承担，并于2003年完成的国家重点科技项目《火/核电厂循环水供水管道系统水力摩阻研究》，使用局部阻力系数和水力计算方法，对火力发电厂做循环供水管道系统新、老系数水力计算对比分析的工程实例计算，得出综合局部阻力系数分别仅为单个弯管系数的1.8～2倍、1.4～2倍和1～2倍（随两弯管间距而变），即分别比现行“系数叠加”算法水头损失降低（50.0%～55.0%）、（33.0%～55.0%）和（0～50.0%），为国内首创。

新纪录创造人：中南电力设计院

61. 中国电力工程顾问集团中南电力设计院2006年12月主编的《电力工程地下金属构筑物防腐技术导则》（DL/T5394－2007），在充分考虑电力工程的特殊性的基础上，总结和借鉴了国内外防腐蚀工程的先进技术和工艺，针对工程中应用较多的埋地钢管和接地网的防腐蚀问题，从基本腐蚀评价、金属表面处理、涂层防腐和阴极保护、防腐蚀系统的评价与验收各个过程和阶段提出了具体的要求和标准，是我国电力行业第一部关于地下金属构筑物防腐蚀的技术标准。

新纪录创造人：中南电力设计院

62. 中国电力工程顾问集团中南电力设计院2006年5

月在山西漳山发电有限责任公司（2×600 兆瓦）扩建工程中，从建筑角度出发，采用烟囱外筒长扁圆形的设计方案，将一座高度为 170 米，烟囱钢内筒直径 6.5 米的钢筋混凝外筒双内筒多管烟囱，进行景观设计，创国内电厂建筑创意设计新纪录。

新纪录创造人：中南电力设计院

63. 中国电力工程顾问集团中南电力设计院研发，并于 2009 年 5 月用于甘肃正宁电厂的低空遥感无人飞机航测成图系统，采用低空高分辨率遥感影像数据，全野外像片控制点测量，在 JX4 及 VirtouZo 测图系统下生成数字地形图、数字地面高程模型及正射影像图，为设计提供快速直观的数字地形图，为国内首创。

新纪录创造人：中南电力设计院

64. 中国电力工程顾问集团中南电力设计院 2008 年 9 月在封闭圆形煤场屋面大跨度网壳结构风荷载计算中，突破体型系数的取值和节点风荷载计算两大难点，开发出封闭圆形煤场网壳风荷载计算软件，风向角的处理程序采取旋转坐标系的方法来实现，根据对称性原理以 22.5°为间隔，分别计算网壳在 0°、22.5°、45°、67.5°、90°风向角下的工况，保证了风荷载计算的准确和可靠，为国内首创。

新纪录创造人：中南电力设计院

65. 中国电力工程顾问集团中南电力设计院 2008 年设计的广东河源电厂坑子灰场，结合山谷型干灰场逐年堆放灰渣特点，采用分期分区块堆灰，对灰场内容易被灰渣污染的雨水采用澄清池回收复用，堆满一块及时覆土还耕，堆灰区块雨水自然排放，减少扰动灰渣降低灰水量，有效实施设计条件下灰水全部回收复用，确保灰水不污染周边环境，创国内燃煤发电厂固体废弃物堆场环保设计新纪录。

新纪录创造人：中南电力设计院

66. 中国电力工程顾问集团中南电力设计院 2003 年 6 月—2007 年 6 月完成设计的广东河源电厂，采取高效除尘、灰渣综合利用、废水重复利用及梯次使用工艺措施，尤其是采用脱硫废水深度处理工艺及循环水旁流过滤处理工艺，将循环水浓缩倍率提高到 9 倍，实现电厂各种运行工况下废水的零排放，为国内首创。

新纪录创造人：中南电力设计院

67. 中国电力工程顾问集团中南电力设计院 2008 年完成设计的广东河源电厂工程，安装 2×600 兆瓦超临界燃煤机组，采用 2 座淋水面积为 10 000 平方米的双曲线型自然通风冷却塔，将现浇钢筋混凝土架空梁板结构应用于回填区的冷却水池（淋水装置构架）地基及基础设计中，为国内首创。

新纪录创造人：中国电力工程顾问集团中南电力设计院

68. 中国电力工程顾问集团中南电力设计院 2008 年编制的《火力发电厂循环水泵房进水流道设计导则》，指出了在工程条件限制的情况下，采取整流措施，增加淹没深度对缩短流道长度节约投资同时减少水泵效率损失是有效的，提出了具体的基本限制条件，对确保火电厂循环水系统的安全经济运行，节省基建投资，规范工程设计具有十分重要的意义，为国内首创。

新纪录创造人：中南电力设计院

69. 中国电力工程顾问集团中南电力设计院截至 2009 年，在火力发电厂直流供水系统设计中，利用冷却水排水水能发电，设计了水能回收电站 6 座、总装机容量 19.69 兆瓦、单座装机容量 8 兆瓦，创国内火电厂水能回收电站设计数量最多、总装机容量最大、单座装机容量最大新纪录。

新纪录创造人：中南电力设计院

70. 中国电力工程顾问集团中南电力设计院 2008 年 7 月完成的 1 000 千伏配电装置电晕及噪声控制研究，采用理论计算和试验研究相结合的手段，为交流特高压工程 1 000 千伏配电装置电晕噪声控制提出指导性意见和建议，为国内首创。

新纪录创造人：中南电力设计院

71. 中国电力工程顾问集团中南电力设计院设计、湖北输变电建设公司施工，并于 2007 年 2 月 26 日建成投运的国网公司 1 000 千伏特高压交流试验基地，建设规模为：220 千伏、120 兆伏安电源变压器 1 台；1 000 千伏升压变压器 1 组（3×40 兆伏安）；建设 1 000 千伏单回线路 1 千米，建设 1 000 千伏同杆双回线路 1 千米；35 千伏出线一回至站用电室，35 千伏并联电抗器 2 组，单组容量为 18 兆乏；11～22 千伏出线二回，分别至环境气候实验室和带电考核场大电流升流器，可对特高压设备进行带电考核试验，并在全天候电磁环境监测系统、模拟高海拔环境，进行外绝缘特性试验、特高压交流绝缘子串全尺寸污秽试验及运行、检修、带电作业综合培训等 12 个综合试验领域，为世界首创。

新纪录创造人：中南电力设计院

72. 中国电力工程顾问集团中南电力设计院 2008 年通过对石灰石—石膏湿法烟气脱硫废水处理的研究，编制了《石灰石—石膏湿法烟气脱硫废水处理设计导则》，包括脱硫废水处理系统的设计依据，脱硫废水处理的设计原则，以及国家、地方的环境保护要求，脱硫废水处理工艺流程各组成处理单元的运行参数及控制条件，脱硫废水污泥特性及处置方法，脱硫废水回用时对回用系统的腐蚀性影响，设备、材料选型的原则，脱硫废水回用方案，创国内脱硫废水处理设计规范新纪录。

新纪录创造人：中南电力设计院

73. 中国电力工程顾问集团中南电力设计院设计，并于 2009 年 1 月 6 日建成投运的荆门 1 000 千伏变电站，首次采用四分裂大截面导线及导线金具和均压环，架空导线采用新型四分裂扩径耐热铝合金空芯软导线（4×JLHN58K－1600），HGIS 开关套管选用了 3 支复合套管，线路进线段 2 千米采用负保护角方案，采用管母与主要设备间软连接，提高设备抗震性能，降低变电站噪声，站级主干网采用 1 000 MB 双光纤以太网，对 1 000 千伏主变压器、高压电抗器、HGIS 组合电器等特高压设备采用在线监测技术和诊断手段，构架采用全钢管格构式联合构架结构型式，支架采用锥形钢管格构式结构，创运行电压最高、技术水平最先进的交流变电工程世界纪录。

新纪录创造人：中南电力设计院

74. 北京国电智深控制技术有限公司和国电电力大连庄河发电有限责任公司 2006 年 4 月—2007 年 11 月共同完成“600 兆瓦超临界燃煤机组自主知识产权自动控制系统

（EDPF－NT）的研发及其工程应用”，以 EDPF－NT 系列系统平台为技术基础，解决了系统结构、系统实时性能、系统可靠性、控制策略等问题，自主研发了网络分“域”技术和以站为基的分布式实时数据库技术，实现了 EDPF－NT 系统体系结构向大型自动化控制系统的技术升级，具备了大规模控制的处理能力，为国内首创。

新纪录创造人：潘　钢　夏　明　田雨聪　朱镜灵　万　晖

75. 广东省电力设计研究院设计，先后于 2008 年 6 月 14 日和 2008 年 9 月 18 日通过 168 小时满负荷试运行的梅州荷树圆电厂 2×300 兆瓦工程三号、四号机组，炉型为国内首台亚临界参数自然循环单汽包循环流化床锅炉，锅炉由东方锅炉厂自主研发，电厂工艺系统以及辅机选型设计由本院完成，为国内首创。

新纪录创造人：广东省电力研究院

76. 广东省电力设计研究院 2006—2008 年设计的华能海门电厂一期工程以及其他百万机组工程，除尘器前烟道设计采用圆形截面，在相同通流面积情况下，道体材料减少 13.0%～15.0%，减少了钢材消耗量，同时不设内撑杆，避免粉尘磨损问题，为国内首创。

新纪录创造人：广东省电力设计研究院

77. 广东省电力设计研究院 2006 年设计投产的湛江奥里油 2×600 兆瓦工程，采用并建成处理燃乳化油电厂高含矾、高氨氮含量、兼合重金属的复杂混合废水，是世界上最大容量的专门燃用奥里油的发电工程。

新纪录创造人：广东省电力设计研究院

78. 广东省电力设计研究院 2006 年设计的梅县荷树园电厂二期（2×300 兆瓦）工程的气力除尘系统，输送能力 100 吨/小时，输送距离 1 684 米，提升高度可达 75 米，创国内长距离（1 000 米以上）气力输灰系统输送能力最大新纪录。

新纪录创造人：广东省电力设计研究院

79. 广东省电力设计研究院 2005 年设计的岭澳核电站二期工程，是 CPR1000 系列（中国压水堆 1 000 兆瓦机组系列）的第一个工程，为国内首创。

新纪录创造人：广东省电力设计研究院

80. 广东省电力设计研究院 2007 年 7 月在岭澳核电二期（2×1 000 兆瓦）工程中，完成常规岛主蒸汽管道防甩击钢结构设计，为国内首创。

新纪录创造人：广东省电力设计研究院

81. 广东省电力设计研究院 2005 年 6 月在汕尾电厂一期（2×600 兆瓦）工程中，设计完成直径 120 米圆形煤仓整体式挡煤墙结构，创国内最大直径圆形煤仓整体式挡煤墙纪录。

新纪录创造人：广东省电力设计研究院

82. 广东省电力设计研究院 2007 年 2 月设计的岭澳核电站二期工程（2×1 000 兆瓦）半速汽轮发电机基础，采用弹簧隔振结构设计，为国内首创。

新纪录创造人：广东省电力设计研究院

83. 广东省电力设计研究院 2008 年 8 月完成南方电网企业信息资源规划，首次实现电网公司企业级的全业务、全电网的电力企业信息资源规划，实现了电力企业从发电—变电—输电—供电—售电的整个电力产品价值链的全面信息资源分析和规划，此次企业信息资源规划共划分了 10 个职能域（生产、营销、财务、计划、基础工程、物流、安全监察、人力资源、办公、综合），涵盖整个南方电网企业三级的所有业务，为国内首创。

新纪录创造人：广东省电力设计研究院

84. 广东省电力设计研究院设计，并于 2004 年 6 月 30 日投运的增（城）莞（城）Ⅱ回，34 千米采用 2 回 500 千伏＋2 回 220 千伏的同塔四回路，创国内 500 千伏/220 千伏同塔四回路建设长度最长和投运时间最早纪录。

新纪录创造人：广东省电力设计研究院

85. 广州省电力设计研究院 2006 年 5 月完成的大亚湾核电站 CC 出水口防盐雾消（减）泡沫改造工程，采用具有双重过流能力、导虹吸进水、压力式消能工为主的“消泡防雾型压力式消能工溢流堰”，为国内首创。

新纪录创造人：广东省电力设计研究院

86. 广东省电力设计研究院设计，并于 2006 年 3 月投产的珠海电厂一期三号、四号机组工程高效反渗透（HERO）水处理系统，工艺流程为：预处理澄清和过滤来水→弱酸阳离子交换器→软化器→除碳器→除碳器给水泵→保安过滤器→增压泵→高效反渗透装置（HERO）→混合离子交换器→除盐水箱，系统设计出力 124 平方米/小时，出水质量二氧化硅≤10 微克/升，电导率≤0.15 微西/厘米，系统水回收率≥85.0%，为国内首创。

新纪录创造人：广东省电力设计研究院

87. 广东省电力设计研究院 2007 年 11 月设计的海门厂一期（2×1 000 兆瓦）工程，在 8 度地震区采用框架—剪力墙侧煤仓结构设计方案，为国内首创。

新纪录创造人：广东省电力设计研究院

88. 广东省电力设计研究院 2007 年 11 月设计的海门厂一期（2×1 000 兆瓦）工程，主厂房汽机间屋盖结构采用实腹式钢梁与钢筋混凝土柱刚接的结构型式，为国内首创。

新纪录创造人：广东省电力设计研究院

89. 广东省电力设计研究院 2008 年 10 月设计完成的南方电网输电线路覆冰预警系统，在国内首次实现了输电线路覆冰预警系统的系统功能规范化、终端功能集成化、通信规约标准化和应用支撑平台一体化，为国内首创。

新纪录创造人：广东省电力设计研究院

90. 广东省电力设计研究院设计，并于 2005 年 10 月投运的南方电网电力调度通信中心一体化工程，首次集成调度、通信、交易、信息、仿真五大电力中心于一体，为国内首创。

新纪录创造人：广东省电力设计研究院

91. 广东省电力设计研究院 2006 年 8 月在核电站常规岛及 BOP 设计中，采用驱动级标准模块进行控制逻辑图设计，为国内首创。

新纪录创造人：广东省电力设计研究院

92. 广东省电力设计研究院 2008 年 4 月设计完成岭澳核电站一期、二期和三期工程 6×1 000 兆瓦级机组海工取水明渠，总流量达到 363.92 立方米/秒（其中预留三期工程取水量 134.26 立方米/秒），长度达到 1 528 米；岭澳核电站一期、二期与大亚湾核电站 6×1 000 兆瓦级机组海工排水明渠，总流量达到 324.06 立方米/秒，长度达到 1 300

米，创国内电站海工取排水明渠工程规模新纪录。

新纪录创造人：广东省电力设计研究院

93. 广东省电力设计研究院2007年设计的中国南方电网公司CNGI驻地网，为国内电力系统首个基于IPv6技术的电力专用数据网络。

新纪录创造人：广东省电力设计研究院

94. 广东省电力设计研究院2008年12月完成台山核电站一期工程2×1 750兆瓦第三代核电技术核岛区初步设计阶段岩土工程勘测，最深测试孔达172.5米，并完成跨孔法波速测试、声波测井、钻孔弹模试验等三项原位测试，创国内核电领域首个第三代核电技术EPR堆型、钻最深测试孔并完成三项原位测试新纪录。

新纪录创造人：广东省电力设计研究院

95. 广东省电力设计研究院2006年3月设计完成岭澳核电站二期工程2×1 000兆瓦级机组超大直径循环水钢筋混凝土管沟，内圆外方结构，地下竖向重叠布置，单孔直径达到3.6米，总长度达到2 200米，创国内地下循环水压力管沟竖向重叠布置规模最大新纪录。

新纪录创造人：广东省电力设计研究院

96. 广东省电力设计研究院2007年7月设计完成的华能海门电厂6×1 000兆瓦机组循环冷却水系统，创1 000兆瓦机组采用带海水脱硫的直流循环冷却水系统世界纪录。

新纪录创造人：广东省电力设计研究院

97. 广东省电力设计研究院2008年4月设计的500千伏坪石B电厂三期曲江站线路，36千米的30~50毫米重冰区，选用2×800平方毫米导线，创国内500千伏及以上电压等级重冰区线路选用双分裂导线新纪录。

新纪录创造人：广东省电力设计研究院

98. 广东省电力设计研究院2006年设计的海门电厂一号、二号2×1 000兆瓦燃煤机组，主厂房占地面积38 262.24平方米（2台机组），创国内同类机组主厂房占地面积最小新纪录。

新纪录创造人：广东省电力设计研究院

99. 广东省电力设计研究院设计，并于2008年12月投运的贵州电网应急通信网，首次应用应急光缆、载波通信、卫星通信、租用公网等多种通信方式互补的立体应急通信模式，创国内省级电网中应急通信网规模最大新纪录。

新纪录创造人：广东省电力设计研究院

100. 上海外高桥第三发电有限责任公司2008年5月研发的新启动方式，是用辅助蒸汽作为热源，利用辅汽加热待启动机组的给水，由加热过的给水对整个锅炉进行全面加热，使锅炉点火时已被均匀的加热至相当的温度和一定压力，从而提高点火阶段的炉内热环境，提高该阶段的燃油和燃煤的燃烧率，使锅炉的最低无油稳燃负荷降到空前低的程度，提高启动阶段的排烟温度，降低空预器结露和堵灰的概率，创1 000兆瓦超临界机组无油助燃最低稳定运行负荷世界纪录。

新纪录创造人：上海外高桥第三发电有限责任公司

101. 上海外高桥第三发电有限责任公司2008年5月研发的空气预热器接触式簇状柔性密封技术，使机组的排烟温度和风电电流明显下降，一次风温、二次风温明显提高，大大降低厂用电率，提高锅炉效率，改善炉内燃烧工况，两侧空气预热器漏风率分别为3.87%和4.34%，低于保证值6.0%，为国内首创。

新纪录创造人：上海外高桥第三发电有限责任公司

102. 上海外高桥第三发电有限责任公司2台1 000兆瓦超超临界机组分别于2008年3月和2008年5月完成100%负荷全真运行工况FCB试验，创国内1 000兆瓦超超临界机组完成100%负荷全真运行工况FCB试验新纪录。

新纪录创造人：上海外高桥第三发电有限责任公司

103. 上海外高桥第三发电有限责任公司2006年工程建设期间，2台1 000兆瓦超超临界机组工程回热系统高压，采用世界上最大的单列卧式高压加热器，为国内首创。

新纪录创造人：上海外高桥第三发电有限责任公司

104. 上海外高桥第三发电有限责任公司2006年工程建设期间，2台1 000兆瓦超超临界机组给水系统配置1×100% BMCR汽动给水泵，带独立凝汽器，不配电动给水泵，为国内首创。

新纪录创造人：上海外高桥第三发电有限责任公司

105. 上海外高桥第三发电有限责任公司2008年七号、八号机组，实际运行供电标煤耗值为287.44克/千瓦时，创国内供电标煤耗值最低新纪录。

新纪录创造人：上海外高桥第三发电有限责任公司

106. 上海外高桥第三发电有限责任公司2006年工程建设期间，2台1 000兆瓦超超临界机组采用一体化内置式除氧器，除氧器总容积567立方米，除氧器有效容积375立方米，创国内除氧装置容积最大新纪录。

新纪录创造人：上海外高桥第三发电有限责任公司

107. 上海外高桥第三发电有限责任公司2008年七号、八号机组，额定负荷厂用电率是实际值的2.8%，创国内厂用电率最低新纪录。

新纪录创造人：上海外高桥第三发电有限责任公司

108. 上海外高桥第三发电厂工程2台1 000兆瓦超超临界机组，采用2台机组的中压厂用母线互联，有效降低调试电费，为国内首创。

新纪录创造人：上海外高桥第三发电有限责任公司

工程设计单位：中国电力工程顾问集团华东电力设计院

109. 上海外高桥第三发电厂工程2台1 000兆瓦超超临界机组，采用双套管气力除尘系统，最远输送距离1 100米，创国内百万千瓦级机组双套管气力除灰输送距离最长新纪录。

新纪录创造人：上海外高桥第三发电有限责任公司

工程设计单位：中国电力工程顾问集团华东电力设计院

110. 上海外高桥第三发电厂工程2台1 000兆瓦超超临界机组，汽轮机进口主蒸汽初压达到27兆帕，可相应使机组的热耗下降13千焦/千瓦时（约合煤耗0.5克/千瓦时）和35千焦/千瓦时（约合煤耗1.3克/千瓦时），创国内汽轮进口主蒸汽初压最高新纪录。

新纪录创造人：上海外高桥第三发电有限责任公司

工程设计单位：中国电力工程顾问集团华东电力设计院

111. 上海外高桥第三发电厂工程2台1 000兆瓦超超临

界机组，在国内1 000兆瓦机组上取消高厂变的有载调压开关，节省30.0%的变压器投资，有效提高了厂高变运行的安全性、可靠性，为国内首创。

新纪录创造人：上海外高桥第三发电有限责任公司

工程设计单位：中国电力工程顾问集团华东电力设计院

112. 上海外高桥第三发电厂工程2台1 000兆瓦超超临界机组，应用低温省煤器系统技术，每台机组在满负荷工况下可节约标煤耗2.71克/千瓦时，节水60吨/小时，为国内首创。

新纪录创造人：上海外高桥第三发电有限责任公司

工程设计单位：中国电力工程顾问集团华东电力设计院

113. 上海外高桥第三发电厂工程2台1 000兆瓦超超临界机组，设置一次风机出口联络风道，减少风机运行台数，降低风机失速危险，并提高运行风机效率，在50.0%负荷工况下，一台机组可减少厂用电190千瓦，在30.0%负荷工况下，一台机组可减少厂用电698千瓦，合计全厂全年可节约厂用电86.7万千瓦时，为国内首创。

新纪录创造人：上海外高桥第三发电有限责任公司

工程设计单位：中国电力工程顾问集团华东电力设计院

114. 上海外高桥第三发电厂工程2台1 000兆瓦超超临界机组，将高压汽源引入除氧器，杜绝了给水泵被汽蚀的可能性，为国内首创。

新纪录创造人：上海外高桥第三发电有限责任公司

工程设计单位：中国电力工程顾问集团华东电力设计院

115. 上海外高桥第三发电厂工程2台1 000兆瓦超超临界机组，中压、低压电缆大量采用单芯电力电缆，可增大截面电缆的载流量1~2级，在相同载流量的条件下，有效地减小电缆截面，降低了铜材的使用量，节省投资2 000万元人民币，为国内首创。

新纪录创造人：上海外高桥第三发电有限责任公司

工程设计单位：中国电力工程顾问集团华东电力设计院

116. 上海外高桥第三发电厂工程2台1 000兆瓦超超临界机组，为增压风机设置了旁路烟道，使得机组在地负荷的时候，可采取停用增压风机而不停用脱硫吸收塔的运行方式，全厂全年节约用电235.4万度，为国内首创。

新纪录创造人：上海外高桥第三发电有限责任公司

117. 上海外高桥第三发电厂工程2台1 000兆瓦超超临界机组，在大容量机组电厂主蒸汽系统和再热系统采用全弯管技术，为国内首创。

新纪录创造人：上海外高桥第三发电有限责任公司

工程设计单位：中国电力工程顾问集团华东电力设计院

118. 浙江浙能乐清发电有限责任公司二号600兆瓦超临界燃煤发电机组，2008年9月10日通过168小时连续试运，截至2009年5月25日，已累计连续安全运行256天，创国内同类型机组新投产后安全连续运行时间最长新纪录。

新纪录创造人：浙江浙能乐清发电有限责任公司

119. 浙江省电力公司紧水滩水力发电厂2008年完成双水情双通道技术在水调自动化中的应用建设，实现了水调自动化系统原始数据采集，实现以其中一套水情采集系统为主信道，另一套为备用信道的水情数据采集模式，为国内首创。

新纪录创造人：浙江省电力公司紧水滩水力发电厂

120. 浙江省电力公司紧水滩水力发电厂2008年5月研发高精度水量平衡计算软件，采用实时发电水头、发电出力、水库水位等数据计算实时发电流量、泄洪流量，再利用面积包围法计算发电水量、泄洪水量，最后根据水量平衡原理计算入库水量等数据，并由水量计算平均流量，模型针对水电站调峰频的特性，有效解决空载计算不准确的问题，并针对原始数据采集异常、计算无数据等假设问题设计了水务反算功能，有效保证了计算机数据的完整性和计算功能的完整性，自动计算频率达到20次/小时，为国内首创。

新纪录创造人：浙江省电力公司紧水滩水力发电厂

121. 广东电网公司电力通信中心研发，并于2007年4月底通过验收的“广东电网高速光纤通信线路测试评估”项目，在综合考虑气象环境、投运时间、光缆类型、生产厂家等条件的基础上，从广东电网选择6条具有代表意义的典型线路进行现场测试，首次对已投运现场线路的衰减、色散和偏振模色散进行多段多参数多条件下的综合测试和分析；选择4条在运光缆的备品首次进行实验室多状态多参数性能性能综合测试分析，对不同类型光缆的静态、动态性能以及各种机械性能和不同环境下的光传输性能进行对比测试，并将现场测试与实验室测试相结合，进行常规光纤性能的综合分析评估、对已投运的光纤通信通道进行全面系统地测试分析，提出电力系统以及广东电网常规光纤线路在高速传输中的应用方法，为国内同行业首创。

新纪录创造人：广东电网公司电力通信中心

122. 远东复合技术有限公司2006年研发的超高压倍容复合芯软铝导线项目，导线采用树脂基碳纤维增强复合材料作为承力构件、采用软铝型线作为导电构件，比传统导线的载流量提高一倍，并减小弧垂，降低线路的建设和运行成本，综合解决了架空输电领域存在的各项技术瓶颈，为国内首创。

新纪录创造人：远东复合技术有限公司

123. 平高集团有限公司2008年研发的GXL1－40.5型气体绝缘高压刚性输电线路新产品，以SF6气体作为绝缘介质，通过子母线、T形接头、L形接头等连接而成的通管结构，额定电压40.5千伏，额定电流2 500安，气体额定压力0.15兆帕，创国内气体绝缘高压刚性输电线路类产品新纪录。

新纪录创造人：平高集团有限公司

124. 平高集团有限公司控股子公司河南平高电气股份有限公司，2008年12月完成1 100千伏GIS（气体绝缘金属封闭开关设备）研制并向我国第一条1 100千伏特高压输电示范线路提供该设备，为国内首创。

新纪录创造人：河南平高电气股份有限公司

中国电力企业联合会 黑龙江省企业联合会推荐

1. 黑龙江省火电第三工程公司2004—2005年采用臂杆

垂直轨道方法，完成了俄产 CKP3500ЭПГ 塔式起重机 5 次安装及拆除，解决 CKP－3500ЭПГ 型起重机扳杆与趴杆安装易发生倒塌和倾覆的技术问题和地域空间限制，有效保证了其安全稳定性，为国内同行业首创。

新纪录创造人：王　力　郭江滨　高文学　王家显　吕庆军

2. 黑龙江省火电三公司 2007 年在冬季室外极端气温 －30℃ 左右时，对大唐哈尔滨第一热电厂主厂房基础进行大面积现浇混凝土施工，采用负温养护法、蒸汽养护法、电极养护法、暖棚法等多种混凝土冬季施工养护方法，完成混凝土量 11 000 立方米，施工面积达 15 000 平方米，创国内火电机组冬季混凝土大面积施工新纪录。

新纪录创造人：王秀坤　郭江滨　姚　明　韦展辽　闫　锐

3. 黑龙江省火电第三工程公司佳发项目部 2007 年在华电黑龙江佳木斯发电有限公司 2×300 兆瓦供热扩建工程的循环水系统取水用泵房施工中，在江中围堰、筑岛、不进行降水情况下，采用多种施工方法相结合，作业面最低低于水位 10 米，利用砂砾泵开启数量合理的控制工作面水位，顺利完成井体 30.8 米×29 米沉井、沉入水下 13.5 米，创国内高寒地区大型沉井施工新纪录。

新纪录创造人：鞠春波　张传芳　林　航

4. 黑龙江省火电第三工程公司 2007 年 5 月 4 日—2008 年 8 月 20 日，在大唐七台河发电有限公司 2×600 兆瓦机组扩建工程三号机组安装中，采取锅炉先封闭后吊装的思路，即锅炉厂房先进行紧身封闭，炉内取暖，提高炉内环境温度达到 10 度以上；受热面设备采取散件吊装的方式，以及合理安排施工工序和作业时间；受热面焊口自 11 月 18 日开始打火至 2008 年 4 月 14 日完成锅炉水压，历时 5 个月时间，完成受热面的吊装、安装及检验工作，月完成焊口（冬季）14 000 只，总工期 15.5 月，创国内同类型机组高寒地区施工工期最短和月完成焊口最多新纪录。

新纪录创造人：高运达　李忠允　高德伟　张文源　任忠库

5. 黑龙江省火电第三工程公司 2001 年承接了亚美尼亚拉兹丹电厂五号机组锅炉的安装和安装结束后的 2 年防腐工程，采用国产的 HJ－20－2 气相缓蚀剂，设计安装了一套快速挥发干燥过滤的给锅炉定期填充挥发气体的系统，定期检查锅炉系统内的缓蚀剂含量（用 PH 试纸值测定），补充缓蚀剂挥发气体，通过两年的实施获得较好的防腐效果，为国内同行业首创。

新纪录创造人：肖景彪　蔡进国　李金祚　刘日奎　黄海峰

中国化工企业管理协会推荐

1. 上海家化联合股份有限公司 2007—2008 年研制的分子筛基纳米复合抗紫外材料及其装备方法和用途，纳米焦磷酸盐紫外线吸收材料其制备方法和用途，苦竹有效成分提取物其制备方法和用途，为国内首创。

新纪录创造人：上海家化联合股份有限公司

2. 西安北方惠安化学工业有限公司 2007 年 12 月建成投产的 5 000 吨/年高精制级羧甲基纤维素钠（“CMC”）生产线，实际酒精消耗 174.49 千克/吨，创国内 CMC 产品生产用酒精消耗最低新纪录。

新纪录创造人：西安北方惠安化学工业有限公司

3. 西安北方惠安化学工业有限公司 2007 年 12 月建成投产的 5 000 吨/年高精制级羧甲基纤维素钠（“CMC”）生产线，采用 DCS 进行集中监视和控制，实现了生产线全封闭生产，为国内首创。

新纪录创造人：西安北方惠安化学工业有限公司

4. 山东玲珑橡胶有限公司 2007 年 6 月研制的 V 级雪地轿车子午轮胎－225/45R17，采用独特的橡胶体系配合，硅材料作为填充剂，使胎面胶在低温下具有较高的柔韧性，赋予轮胎在冰雪路面和湿路面上的高抓着力，确保在冰雪路面上刹车距离减少，提升转弯抓地力，为国内首创。

新纪录创造人：山东玲珑橡胶有限公司

5. 山东玲珑橡胶有限公司 2008 年 4 月研发的工程自卸载重轮胎，花纹采用多个拐角设计和采用靠近肩部花纹与轴向夹角加大且中部花纹与轴向夹角较小角度的设计，对花纹沟壁角度和沟底倒角优化设计，肩下采用阶梯花纹设计，胎体使用加粗帘线，胎冠胶料配方优选天然橡胶与丁苯橡胶的最佳并用比例，采用 N100 系列的补强炭黑，为国内首创。

新纪录创造人：山东玲珑橡胶有限公司

6. 山东玲珑橡胶有限公司 2008 年 8 月建成室内噪声试验室并投入使用，克服了室外噪声测试的条件限制，很方便地用于不同轮胎花纹和结构的室内噪声测试，分析轮胎噪声的频谱、波峰，研究轮胎噪声产生的机理，结合轮胎室外噪声测试和主观评价可全面测试分析轮胎噪声，为国内首创。

新纪录创造人：山东玲珑橡胶有限公司

7. 山东玲珑轮胎有限公司 2007 年 7 月研发的 445/45R19.5 全钢载重子午线轮胎，负荷指数为 156，标准负荷（千克）为 4 000，耐久性能≥47 小时，高速性能 >100 千米/小时，并通过 J 级，为国内首创。

新纪录创造人：山东玲珑橡胶有限公司

8. 山东玲珑橡胶有限公司 2008 年 3 月研发的 6.50R16LT 全钢轻型载重子午线轮胎，负荷指数为 107，标准负荷（千克）为 975，耐久性能≥47 小时，高速性能 >130 千米/小时，并通过 M 级，为国内首创。

新纪录创造人：山东玲珑橡胶有限公司

9. 山东玲珑橡胶有限公司 2007 年 1 月研制的 1425X450－34 低断面无内胎矿用型工程轮胎，较低的断面高度及较大的轮辋直径，提高了轮胎的负荷能力和防侧滑能力；无内胎结构降低了轮胎总承的重量、降低油耗，减少了内胎与胎里的摩擦，降低生热，延长了轮胎的使用寿命；超深的花纹设计为轮胎提供了超强的耐磨性能，特殊的花纹设计不仅为轮胎提供了强大的牵引性能也给予了轮胎超强的抗切割、耐刺扎性能；采用有限元分析的方法进行轮廓平衡分析，从理论上为轮胎提供了最佳使用性能和安全性能；特殊的配方设计，为轮胎提供了超强的抗切割、耐刺扎性能，高耐磨性能，为国内首创。

新纪录创造人：山东玲珑橡胶有限公司

10. 辽宁奥克化学股份有限公司 2008 年 8 月 18 日研发

太阳级硅切割液 OXSi－205，采用窄分布乙氧基化催化剂和乙氧基化循环系统及 DCS 控制技术，合成无规杂嵌聚醚并作为切割液主体结构，通过复配磷酸酯类防沉螯合类添加剂创新，制成无水水溶性硅切割液 OXSi－205，创国内硅切割液生产工艺新纪录。

新纪录创造人：辽宁奥克化学股份有限公司

11. 杭州桐庐新技术新燃料开发有限公司 2008 年研制开发的 HF 节能环保柴油，突破发热量提高 10.0% 以上，节油率为 16.0% 以上，降低排气烟度净化率 73.0% 以上，为国内首创。

新纪录创造人：俞正良　俞建州　刘　恒　陈　芳

中国化工企业管理协会　广东省企业联合会推荐

1. 广东南方碱业股份有限公司 2007 年研发的“白泥—SO_2双向治理”技术，采用白泥做燃煤锅炉烟气的脱硫剂，解决氨碱法纯碱生产的废物利用问题，促进锅炉烟气二氧化硫治理，减少石灰石矿的资源消耗，为国内同行业首创。

新纪录创造人：广东南方碱业股份有限公司

2. 西陇化工股份有限公司 2005 年研发的“以氯气氧化碘化钾联产碘酸钾和氯化钾”项目，采用氯气氧化碘化钾并使其转化为碘酸钾、母液循环套用并联产氯化钾的工艺技术，解决了碘酸钾生产中的安全与“三废”问题，为国内同行业首创。

新纪录创造人：西陇化工股份有限公司

3. 西陇化工股份有限公司 2005 年研发的“采用相转移催化剂合成 3－羧甲基洛丹宁”项目，采用三甲氨基苄基氯化铵为催化剂，在碱性条件下对甘氨酸钠与二硫化碳进行催化反应，解决了现有工艺路线反应时间长、合成收率低、副产品多、不环保、成本高等问题，为国内同行业首创。

新纪录创造人：西陇化工股份有限公司

4. 西陇化工股份有限公司 2007 年研发的电子化学品超净高纯醇类试剂，解决了电子化学品纯化的共性与关键问题（阴阳离子和颗粒去除），安全、清洁、节能，为国内同行业首创。

新纪录创造人：西陇化工股份有限公司

5. 西陇化工股份有限公司 2008 年研发的“精细化工产业节能型低成本废水处理”项目，将氨氮处理技术、吸附剂的选择、处理成本的控制、工业高真空技术、高效分离节能技术、热能再利用技术、蒸汽回收利用技术相结合，实现了精细化工企业在废水节能减排技术上的重大突破，为国内同行业首创。

新纪录创造人：西陇化工股份有限公司

6. 新会双水发电厂有限公司 2008 年 1 月开发应用的“烟气余热回制冷制热”项目，在锅炉尾部烟道中加装换热器，回收排烟余热，用于制取冷量和热量，剩余部分用于锅炉给水的低压加热器，年节能 1.2 万吨标准煤，为国内同行业首创。

新纪录创造人：新会双水发电厂有限公司

中国轻工业企业管理协会推荐

1. 南京轻工业机械厂 2009 年 2 月研发并正式投产的“聚酯（PET）瓶装果汁饮料无菌冷灌装生产线”，将常温（35℃）无菌的果汁（茶、含乳饮料、咖啡饮料等）饮料，在无菌的状态下（在 class100 级洁净空气环境里），灌装进无菌的包装物（PET 瓶/盖经化学品“过氧乙酸 PAA 或 H_2O_2”杀菌→无菌水冲洗→无菌空气吹干）内，为国内首创。

新纪录创造人：南京轻工业机械厂

2. 武汉轻工业机械厂 2008 年研制的 PU600 型高压发泡机，最大流量 600 升/分钟，创世界聚氨酯高压发泡机规格流量最大新纪录。

新纪录创造人：武汉轻工业机械厂

3. 重庆轻工业机械厂 2008 年研发生产的 JGLZ40E 高压烛式过滤机，最高过滤压力升高到 0.9 兆帕，创国产啤酒烛式硅藻土过滤机过滤压力最高新纪录。

新纪录创造人：重庆轻工业机械厂

中国机械工业企业管理协会推荐

1. 沈阳鼓风机集团有限公司研制，并于 2009 年 5 月镇海炼化的百万吨级乙烯装置用丙烯压缩机组，丙烯机组中采用了三个三元轮和三个高效二元轮，采用了丙烯机首级叶轮＋半高扩压器以及弯道、回流器的具体结构方案，使压缩机的级效率达到 81.0%，为国内首创。

新纪录创造人：沈阳鼓风机集团有限公司

2. 沈阳鼓风机集团有限公司 2009 年 1 月研制百万吨级乙烯装置用裂解气压缩机组，机械运转振幅小于 15 微米，低于 API617 标准（2002 版）规定 25.4 微米，为国内首创。

新纪录创造人：沈阳鼓风机集团有限公司

3. 沈阳鼓风机集团有限公司 2008 年 12 月研制的百万千瓦级核电机组核二级余热排出泵，整体密封结构采用多道密封设计，保证了各种工况下泵送介质无泄漏，核二级安全壳喷淋泵，具有较高的抗汽蚀性能和较强的承受热冲击能力；水导轴承喷涂镍基合金，替代了钴基合金，减少了维修辐照剂量；筒型精密过滤器的研制，解决了水导轴承的润滑问题，核二级电动辅助给水泵，轴承结构设计先进，实现了无预润滑快速启动，为国内首创。

新纪录创造人：沈阳鼓风机集团有限公司

4. 沈阳鼓风机集团有限公司 2008 年 11 月研制的百万千瓦级核电机组核二级低压安注泵，满足 1 000 兆瓦核电机组的应用要求，为国内首创。

新纪录创造人：沈阳鼓风机集团有限公司

5. 沈阳鼓风机集团有限公司 2008 年 9 月研制的 125 吨活塞力大型往复式新氢压缩机，机组最大活塞力 125 吨，单列最大功率 3 145 千瓦，标准状态下，单列最大流量 80 000立方米/小时，为国内首创。

新纪录创造人：沈阳鼓风机集团有限公司

6. 沈阳机床中捷钻镗床厂 2009 年 6 月研制的摇臂钻床 Z30100×65，主轴中心线对外柱母线最大距离增加 300 毫米，床跨距达 6 560 毫米，创摇臂钻床跨距最大世界纪录。

新纪录创造人：沈阳机床中捷钻镗床厂

7. 齐重数控装备股份有限公司 2009 年自主研发的数控重型曲轴旋风切削加工中心，采用先进计算机设计手段，集目前国际先进的“五轴联动”等高端技术，首次应用“旋风刀架高精度定位技术”、“大载荷主轴平衡补偿技术”、

"静压导轨技术"、"大切削力下高刚度技术"等关键自主创新技术，身长32.25米、宽12.6米、最高6.9米、重400吨，为国内首创。

新纪录创造人：齐重数控装备股份有限公司

8. 齐齐哈尔二机床（集团）有限责任公司2009年设计TK6932/L410型双立柱重型数控落地铣镗床，是一种高效率、高精度、高可靠性的先进设备，创数控落地铣镗床最大世界纪录。

新纪录创造人：齐齐哈尔二机床（集团）有限责任公司

9. 佳木斯电机股份有限公司2009年研制的YGP系列辊道用变频调速三相异步电动机，冷却方式为IC410，无风扇，机座采用环型散热片结构，端盖采用平直结构，为国内首创。

新纪录创造人：佳木斯电机股份有限公司

10. 佳木斯电机股份有限公司2009年研制的YGP系列辊道用变频调速三相异步电动机，冷却方式为IC410，无风扇，机座采用环型散热片结构，端盖采用平直结构，为国内首创。

新纪录创造人：佳木斯电机股份有限公司

11. 佳木斯电机股份有限公司2009年研制的YBZSE系列起重用隔爆型双速电磁制动三相异步电动机，通过一套绕组通过接线的变换，可实现速比为8/20，4/16，6/16，6/24等极数比的变化，不仅可简化起重机械的减速机构，还可获得较稳定的低速运行，准确到位，安全可靠，为国内首创。

新纪录创造人：佳木斯电机股份有限公司

12. 佳木斯电机股份有限公司2009年研制的YB2系列紧密型铸铁机座高压隔爆型三相异步电动机，输出功率较YB系列电机高压4~5个功率等级，为国内首创。

新纪录创造人：佳木斯电机股份有限公司

13. 佳木斯电机股份有限公司2009年研制的电动机，采用的冷却方式为IC81W，冷却条件得到了很大的改善，结构更加优化，克服了IC411和IC511以电机表面散热和以内置式空空冷却器散热的很多不足，相同中心高的功率大幅度提高，直径740毫米及以上冲片外径的中心高降低两档。同时噪声比YB系列同功率平均降低7dB（A），为国内首创。

新纪录创造人：佳木斯电机股份有限公司

14. 佳木斯电机股份有限公司2009年研制的TBYC电动机属为高效电动机，与欧洲Eff2标准相比，TBYC电动机效率提高3.0%~8.0%，功率因数提高5.0%~20.0%，其效率指标超过GB18613-2002《中小型三相异步电动机能效限定值及节能评价值》中"电动机节能评价值"的规定，为国内首创。

新纪录创造人：佳木斯电机股份有限公司

15. 北京京城机电控股公司所属北京第一机床厂2009年9月为哈尔滨汽轮机厂有限公司生产的XKA28105300数控桥式龙门车铣复合机床，横梁采用了与以往床身、滑座横向静压导轨不同的垂向静压导轨设计，横梁跨度14.7米，其涂塑面与立柱导轨无直接接触，具有永不磨损，承载能力大等优势，为国内首创。

新纪录创造人：北京京城机电控股公司所属北京第一机床厂

16. 上海华东建筑机械厂有限公司2008年10月公铁两用混凝土搅拌运输车，搅拌装置采用"混凝土搅拌装置"，采用的二轴式空气弹簧走行系统，铁路走行系统气动控制技术，为国内首创。

新纪录创造人：上海华东建筑机械厂有限公司

17. 天津立林机械集团有限公司2007年研制螺杆钻具转子数控铣床，采用无瞬心包络铣削方法、五轴数控三轴联动、圆形刀片的组合刀盘，为国内首创。

新纪录创造人：天津立林机械集团有限公司

18. 天津立林机械集团有限公司2008年销售收入同比增长2.06倍，居国内同行业之首。

新纪录创造人：天津立林机械集团有限公司

19. 天津宝成机械集团有限公司1999年1月—2007年研发的DZL3型系列大容量水火管燃煤热水锅炉，单机容量由14兆瓦到91兆瓦，采用上置单锅筒，下置多锅壳的水火管专利结构，采用螺纹烟管技术强化传热，并降低螺纹烟管入口烟温到600℃以下，水管及火管对流受热面均布置于炉膛内，无冷风漏入，锅炉采用强制循环，锅炉火管受热面占本体受热面60.0%以上，整体水阻力小，水泵运行电耗低，前后拱均采用拱管结构，并根据不同煤种设计相应的拱形，为国内同行业首创。

新纪录创造人：天津宝成机械集团有限公司

20. 重庆三磨海达磨床有限公司2009年9月研制的六轴联动数控砂带磨床，以砂带为磨具，叶片工件夹持于位于X方向移动工作台上的可转动夹具与专用尖顶中，实现A轴全程回转，带B/C轴双摆角强力精密砂带磨头安装，可实现Y/Z坐标运动的立柱上。根据不同叶片型面构成特点，采用全数控六轴联动编程方式可自动对工件表面进行粗磨、精磨和抛光加工，为国内首创。

新纪录创造人：重庆三磨海达磨床有限公司

21. 重庆齿轮箱有限责任公司2007年2月研制出的GWC6675B船用齿轮箱，可以配套2万吨载重量的散货船、集装箱船及油船，集成了国内大功率倒顺、离合齿轮箱的30项最新技术，为国内同行业首创。

新纪录创造人：重庆齿轮箱有限责任公司

22. 潍柴控股集团有限公司研制的"蓝擎"系列发动机，采用高压共轨技术的潍柴蓝擎发动机，排放指标较同类产品降低20.0%，燃油消耗率降低10.0%~15.0%；省油恒温扇与省油断缸技术搭配，油耗降低8.0%~15.0%。其中2009年国Ⅳ发动机上市、国Ⅴ发动机研制成功，达到国Ⅳ、国Ⅴ排放法规的要求，为世界首创。

新纪录创造人：潍柴控股集团有限公司

23. 潍柴控股集团有限公司2004年研发的PZSY-1型排气制动测试台架，采用电力测功机试验，相比节约了98.0%的资金，缩短试验周期，为国内首创。

新纪录创造人：潍柴控股集团有限公司

24. 石家庄煤矿机械有限责任公司2008年12月研制的重型SMJ5510TXJ1500/800Y车装钻机，钻进深度1 500米，创国内重型车装钻机钻进深度新纪录。

新纪录创造人：石家庄煤矿机械有限责任公司

25. 石家庄煤矿机械有限责任公司2008年10月研制的EBH300（A）型悬臂式掘进机，最大截割功率300千瓦，创国内掘进机功率最大新纪录。

新纪录创造人：石家庄煤矿机械有限责任公司

26. 石家庄煤矿机械有限责任公司2008年1月研制的水平转弯连续运输快速架空乘人装置，适应巷道水平转弯，最高运行速度在2.5~3米/秒，为国内首创。

新纪录创造人：石家庄煤矿机械有限责任公司

27. 石家庄煤矿机械有限责任公司2008年12月研发的SMJ160型新型异型轨的研制技术，采用SMJ160型异型轨所铺设的轨道、具有运行安全可靠，运输效率高等特点，为国内首创。

新纪录创造人：石家庄煤矿机械有限责任公司

28. 石家庄煤矿机械有限责任公司2008年12月研制的EBZ200掘进机应用自动截割成形系统在张矿创月进尺1 003米，创国内掘进机应用自动截割成形系统月进尺最多新纪录。

新纪录创造人：石家庄煤矿机械有限责任公司

29. 中国重汽集团有限公司2009年研制的新型自动挡卡车，比手动挡节油5.0%，为国内首创。

新纪录创造人：中国重汽集团有限公司

30. 中国重型汽车集团有限公司2009年6月研制的HOWO（豪泺）牌ZZ5507N3647A2/SOBA矿用自卸汽车及底盘，安全性、可靠性高，能够长期重载坡道运行，为国内首创。

新纪录创造人：中国重型汽车集团有限公司

推荐单位：中国机械工业企业管理协会

31. 中国一拖集团有限公司2008年12月研发的工程车辆桥，承载重量达32吨，可满足100~1 000吨大型工程车辆的配装使用，创国内同类产品承载重量最大新纪录。

新纪录创造人：中国一拖集团有限公司

32. 中国一拖集团有限公司2008年9月研制出的拖拉机液压提升悬挂系统试验台，通过主体机械装置、液压提升动力系统、液压提升系统、液压加载动力系统、液压加载系统、性能及耐久试验装置、强电控制柜、测量控制柜、测控软件、标准框架等系统或装置的研制、升级，使试验台测试能力由原来的100马力提高到260马力，液压提升系统压力最高31.5兆帕，最大流量可达150升/分钟，创国内同类试验台液压提升系统压力最大、流量最高新纪录。

新纪录创造人：中国一拖集团有限公司

33. 中国第一汽车集团公司2009年研发的CA6GV汽油机、CA4DD柴油机，采用全铝轻量化设计概念，具有先进的燃油经济性和超低排放水平，尾气排放满足欧Ⅴ排放法规，具有2.5升、3升两种排量，能够匹配N2类轻卡、轻客以及N1类轻卡、SUV、MPV等车型，为国内首创。

新纪录创造人：中国第一汽车集团公司

34. 奇瑞汽车股份有限公司2008年9月20日研制的重载机器人——QH-165工业点焊机器人，额定负载165千克，最大臂展3 600毫米，为国内首创。

新纪录创造人：许礼进　胡国栋　王东平　吕　健

35. 绍兴县精功机电研究所有限公司2008年研制出的JJL500型多晶硅铸锭炉，一炉铸锭重量可达500千克，每公斤锭块耗电量10度，在铸锭过程中降低氧磷含量，提高排杂效果，为国内首创。

新纪录创造人：绍兴县精功机电研究所有限公司

36. 太原矿山机器集团有限公司2007年10月研制并试生产的MG750/1800-WD电牵引采煤机，整机结构采用多电机横向布置，机架为整体框架箱形铸焊结构，在采空侧敞开，中间按功能用钢板隔开4个腔室，高压箱控制箱、泵站及水阀、2个牵引传动箱，做到真正意义上抽屉式结构，部件之间没有动力的传递，避免螺栓联接易松动的缺点，摇臂联接形式用两个锥套和销轴将摇臂与采煤机机身连接起来，无回转轴承及齿轮啮合环节，无螺栓连接，结构简单可靠，采用变频调速销轨式无链牵引，为国内首创。

新纪录创造人：牛如意　谢贵君　郭生龙　张丽民　丁志勇

37. 太原矿山机器集团有限公司润滑液压设备有限公司，2008年研制的ZBS-H915轴向柱塞泵，属无铰型斜轴式轴向柱塞泵，流量调节型式为手动随动调节的双向变量泵，最大排量915毫升/转，额定压力32兆帕、额定转速1 000转/分钟，为国内首创。

新纪录创造人：郝尚清　王亚新　牛元祯

38. 江麓机电科技有限公司2008年，利用军用履带式车辆技术开发设计的ZBJ20沙漠植被机，可以在沙化土地上大面积、高效率种植植被，实现人工植被机械化，为国内首创。

新纪录创造人：江麓机电科技有限公司

39. 江麓机电科技有限公司2007年根据国内垃圾成分和垃圾填埋场的实际情况研制的新产品——YZLK30垃圾压实机，是一种超重型、自行式垃圾压实机，具有静线压力大、驱动性能好、爬坡能力强、压实效果好、工作效率高等优点，为国内外首创。

新纪录创造人：江麓机电科技有限公司

40. 江麓机电科技有限公司2007年开发设计的森林防火车，集载人、运送物资和设备、高压喷水灭火功能于一车，针对森林消防的不同用途，配置相应的森林消防作业特种装置、设备，具有强大的森林消防综合能力，创国内同类产品新纪录。

新纪录创造人：江麓机电科技有限公司

41. 飞跃集团有限公司和中国科学院计算所研制的嵌入式多功能家用电脑绣花机——FY100，将微电脑和绣花机紧密地结合在一起，装备了大尺寸液晶触摸屏，显示各种动态操作提示、内外置花样等信息，可触摸选择，并具有U盘接口，即插即绣，任何图案造型存进U盘接入后，就能自动缝制成型，具有更大的自主性，为国内首创。

新纪录创造人：飞跃集团有限公司 中国科学院计算所

42. 山东厚丰汽车散热器有限公司2008年3月研制的连续凸凹型波浪带式工程机、叉车、拖拉机用散热器，散热器采用无开窗连续凸凹型鱼鳞状波浪型，减少了风阻，克服了芯体表面毛絮的吸附所带来的堵塞现象，解决了百叶窗式车用散热器不易清洁的问题，为国内首创。

新纪录创造人：山东厚丰汽车散热器有限公司

43. 山东厚丰汽车散热器有限公司2008年1月研制的车用散热器，芯体采用新型结构的散热带和散热管，在散热器同等正面面积情况下，可节约材料 30.0%，散热性能提高 30.0%，成本降低 15.0%，结构强度提高 60.0%，为国内首创。

新纪录创造人：山东厚丰汽车散热器有限公司

44. 山东海力实业集团有限公司 2006 年为陕汽 F2000 重卡汽车设计的 F2000 重卡空调系统，采用全铝平行流冷凝器、工质回路多通道平行布置，将贮液器和冷凝器合为一体，降低了压缩机的负荷，提高了换热器效率和使用寿命，为国内首创。

新纪录创造人：山东海力实业集团有限公司

45. 山东宏康机械制造有限公司 2008 年开发的 HKT44 - 5 ~ 25.4 × 2 200 大型中厚板数控金属板卷开卷矫平剪切生产线成套设备，创国内同类设备处理板卷厚度最厚、宽度最宽新纪录。

新纪录创造人：山东宏康机械制造有限公司

46. 特变电工沈阳集团有限公司 2008 年 6 月研制的 ±800 千伏干式平波电抗器，通过对线圈、气道撑条、屏蔽装置、隔声装置、轻型绝缘铝绞线、支柱绝缘子装置及防雨帽的改进，提高了电抗器在工作电压下绝缘性能的可靠性、抗地震强度、耐紫外线性能，降低了噪声、损耗，解决了局部过热、表面憎水性差的问题，为世界首创。

新纪录创造人：特变电工沈阳集团有限公司

47. 特变电工沈阳集团有限公司 2008 年 6 月 1 000 兆伏安/1 000 千伏单相变压器，单体容量为 1 000 兆伏安，创单相变压器单体容量最大世界新纪录。

新纪录创造人：特变电工沈阳集团有限公司

中国机械工业企业管理协会 深圳市工业经济联合会 推荐

1. 比亚迪股份有限公司 2008—2009 年 ODM 项目 UB 系列组装产品，销售额 35 000 478 美元，居国内同行业之首。

新纪录创造人：比亚迪汽车有限公司

2. 比亚迪股份有限公司 2008 年柔性线路板（FPC）产品销售收入 6.5 亿元，市场占有率 90.0%，均居国内同行业之首。

新纪录创造人：比亚迪汽车有限公司

3. 比亚迪股份有限公司 2008 年镍电池出口金额 29.33 亿美元，居国内同行业之首。

新纪录创造人：比亚迪汽车有限公司

4. 比亚迪汽车有限公司 2008 年研发生产的 F3DM 双模电动车，将控制发电机和电动机 2 种混合动力相结合，实现双动力混合系统，为国内同行业首创。

新纪录创造人：比亚迪汽车有限公司

中国重型机械工业协会推荐

1. 中国重型机械研究院有限公司研发，并于 2008 年 9 月 16 日在神木县大柳塔华盛机制兰炭厂投产的单座 SH2007 型内热式直立炭化炉，单座年产半焦 10 万吨的生产能力，创国内单座内热式直立炭化炉半焦产量最高新纪录。

新纪录创造人：中国重型机械研究院有限公司

2. 中国重型机械研究院有限公司 2008 年 3 月研发的 LG - 15 - GHLL 型两辊高速环孔型冷轧管机，轧机采用曲轴 - 双偏心水平质量平衡系统，能够有效平衡轧机机架及连杆高速运动时所产生的惯性力，实现高速轧制，最高轧制速度为 240 次/分；采用 5 台交流伺服电机分别驱动多对高精度低侧隙的蜗轮蜗杆副，进而带动丝杠光杠按照设定程序旋转方式，实现前后两个床身内的两个管坯卡盘夹持管坯进行回转、送进与两个芯棒卡盘的回转；采用闭式机架与侧向快速换辊技术，增加了机架刚度、减轻了机架重量，同时缩短了换辊时间；采用两个芯棒卡盘和两个管坯卡盘交替工作，实现了冷轧管机的连续上料、连续送进、连续轧制的连续作业方式，大幅度提高了作业率和产量，为国内首创。

新纪录创造人：中国重型机械研究院有限公司

3. 中国重型机械研究院有限公司设计，并于 2007 年 4 月总成套的河南龙泉实业集团有限公司精密铜板带分公司的高精度高导铜及铜合金带粗中轧机组和精轧机组，在轧制工艺上，采用粗轧机大压下量压下，中间不退火，切边后，直接由精轧机轧出成品的方法，应用 AGC 压下系统、大小卷筒设备、精轧机大小电机控制系统、油雾润滑、全油润滑系统等技术，保证了工艺及设备运行稳定、性能可靠，技术性能和各项指标，为国内首创。

新纪录创造人：中国重型机械研究院有限公司

4. 中国重型机械研究院有限公司研制，并于 2005 年 9 月 16 日在莱芜钢铁有限公司投产的大 H 型钢压力矫直机，矫直力为 10 兆牛，所矫 H 型钢规格为 400 ~ 1 000 毫米，创国内同类产品矫直力最大和矫直范围最大新纪录。

新纪录创造人：中国重型机械研究院有限公司

5. 中国重型机械研究院有限公司研发，并于 2007 年 5 月在抚顺矿业集团技术研究中心试车成功的油页岩试验项目，采用干馏气体简介冷却技术，耗水量由传统工艺的 7 吨降至 4 吨；采用静电除油技术，净化后的煤气中的含油量由传统工艺的 15 千克/立方米降至 20 毫克/立方米；采用机械化油水分离技术，对页岩油、氨水、油渣进行有效分离，油回收率由 65.0% ~ 70.0% 提高到 80.0% ~ 85.0%，创国内同类实验项目耗水量最低、煤气中含油量最低、回有率最高新纪录。

新纪录创造人：中国重型机械研究院有限公司

6. 中国重型机械研究院有限公司研制，并于 2009 年 4 月在上海实达精密不锈钢有限公司投产的二十辊精密轧机入口和出口设计开发的准备/重卷机组，处理带材厚度范围为 0.05 ~ 1.5 毫米，最薄和最厚差达到 30 倍。与一般精整机组处理 10 倍厚度差比较有很大提高，机组正常运行时带材张力范围为 500 ~ 6 000 千克，为一般重卷机组的 2 倍以上，同时把原来至少需要 3 个机组才能完成的工作量合理组合，有效地缩短了生产工艺流程，节约了投资和人力等资源，为国内首创。

新纪录创造人：中国重型机械研究院有限公司

7. 中国重型机械研究院有限公司 2008 年 10 月为山西锻造厂研发的 CMYQ - 450 型（16 吨）全液压电液锤，是将 16 吨蒸汽锤改造为增大打击能量（打击能量为 450 千焦）的全液压电液锤，在生产任务不饱满的情况下，月产量平均在 900 吨以上，利润 100 多万元，节能率 80.0% 以上，为国内首创。

新纪录创造人：中国重型机械研究院有限公司

8. 中国第二重型机械集团公司2007年10月热负荷试车成功的并投产的160MN锻造水压机，采用了预应力结构机架，横梁、活动横梁采用整体结构，上砧快换及夹紧装置其旋转缸尾部连接部分采用万向节设计，下横梁主体采用两片组合结构，同时采用板条预紧结构获得非常大的预紧力，且板条对下横梁还具有加强作用，采用可调间隙的平面导向装置，导板和立柱间的接触为面接触，采用移动缸与工作台的球铰接触及滚动支承，以水压机比例伺服控制系统和可编程序控制系统为核心的新的水压机控制系统，可实现三主缸精确锻造的控制要求，对不同的锻件实现不同的速度控制和精度控制，为国内首创。

新纪录创造人：中国第二重型机械集团公司

9. 中国第二重型机械集团公司2003年3月研制的1 450毫米钢卷无芯移送热卷箱，为国内首创。

新纪录创造人：中国第二重型机械集团公司

10. 中国第二重型机械集团公司2008年10月研制的2.5兆瓦风力发电增速机，所有齿轮均采用斜齿渗碳淬火硬齿面，通过ROMAX进行系统分析，齿面接触强度安全系数大于1.3，弯曲强度安全系数大于1.6，为国内首创。

新纪录创造人：中国第二重型机械集团公司

11. 中信重工机械股份有限公司2008年5月，一次组织829.5吨精炼钢水，采用10炉冶炼、6包合浇工艺，浇铸的18 500吨自由锻造油压机上横梁，创一次浇铸铸钢件最大世界纪录。

新纪录创造人：中信重工机械股份有限公司

12. 中信重工机械股份有限公司2009年3月研制的ZJKYB－3.5×1.7J液压防爆提升机，卷筒直径3.5米，宽1.7米，最大静张力150千牛，最大静张差100千牛，最大装机功率800千瓦，最大提升速度3.3米/秒，最大提升高度为1 650米，创国内井下防爆提升机提升高度最大新纪录。

新纪录创造人：中信重工机械股份有限公司

13. 中信重工机械股份有限公司2008年7月28日研制的直径4.5×8.4米洗矿机，产量2 421吨/小时，达到欧美标准，创同类设备规格最大、产率最高世界纪录。

新纪录创造人：中信重工机械股份有限公司

14. 中信重工机械股份有限公司2009年5月研制的PH1250型平行轴硬齿面减速器，转速为每分钟750转，最大传递功率为2 000～8 500千瓦，创平行轴硬齿面减速器功率最大世界纪录。

新纪录创造人：中信重工机械股份有限公司

15. 中信重工机械股份有限公司2008年12月研制的MZL370立磨双行星减速器，持续功率为3 800～4 200千瓦，最大静载为8 500千牛，最大动载为289 000千牛，为国内首创。

新纪录创造人：中信重工机械股份有限公司

16. 中信重工机械股份有限公司2008年9月研制的JGL－920大型管材十辊矫直机，设计年产量50万吨，可矫直外径为直径508～920（最大直径960）毫米、壁厚为≤60毫米、长度为6 000～14 000毫米的普碳钢、合金钢等；矫直后弯曲度可达0.8/1 000毫米，提高了钢管表面质量和圆度，创管材矫直机规格最大世界纪录。

新纪录创造人：中信重工机械股份有限公司

17. 中信重工机械股份有限公司2008年12月研发生产的褐煤提质HPU140－100对辊成型机，生产能力达到15吨/小时，创生产能力最大世界纪录。

新纪录创造人：中信重工机械股份有限公司

18. 中信重工机械股份有限公司2008年10月研发的LGMS5725矿渣立磨，主辊、辅辊分别由原来的2个增加到3个，可配备年产120万吨矿渣粉磨线，创国内立磨规格最大新纪录。

新纪录创造人：中信重工机械股份有限公司

19. 中信重工机械股份有限公司2008年7月研制的半自磨机、溢流型球磨机，规格直径分别为8.8×4.8米，6.2×9.5米，创国内半自磨机、球磨机规格最大新纪录。

新纪录创造人：中信重工机械股份有限公司

20. 大连重工·起重集团有限公司2009年3月研制出3兆瓦海陆两用型风力发电机组用增速机，整台增速机采取了单点悬挂形式安装，扭矩臂柔性支撑结构形式；在增速机中间机体上安装有扭力臂，通过关节轴承联接扭力杆装置，缓冲增速机工作中的冲击及扭矩，形成弹性支撑，减轻主机架受载冲击；针对第一级行星受冲击载荷特别大，采用5个行星轮的行星机构；为了提高大内齿圈强度，优化渗碳淬火热处理工艺；为了降低重量，第二级行星架采用正三角形结构设计，使增速机整体安装结构紧凑，运载平稳，重量轻，同时具有高可靠性和高寿命周期；解决齿轮强度不够问题，同时采用渗碳淬火热处理工艺，为国内首创。

新纪录创造人：张本麒　任德山　陈凤艳　蒋　章　陈世刚

21. 大连重工·起重集团有限公司2008年5月研制的DBK 8000－45型矿石堆料机，设计堆料能力8 000吨/小时、平均堆料能力6 000吨/小时、回转半径45米、回转角度±110°、俯仰角度－15°～＋12.5°、走行速度7～30米/分钟、轨距8米，创国内同类型号堆料机能力最大新纪录。

新纪录创造人：黄有方　朱绚文　马洪斌　韩进城　任重远

22. 大连重工·起重集团有限公司2008年5月研制的QLK11000·50型斗轮取料机，设计取料能力11 000吨/小时、平均取料能力8 000吨/小时，回转半径50米、回转角度±175°、俯仰角度－14°～＋13°、走行速度5～25米/分钟、轨距10米，创国内同类型号取料机能力最大新纪录。

新纪录创造人：黄有方　朱绚文　张瑞连　吴志坚　邹冬生

23. 三一重工股份有限公司2009年9月研制的臂架混凝土输送泵车，混凝土输送泵车臂架长度达到72米，创混凝土输送泵车臂架最长世界纪录。

新纪录创造人：三一重工股份有限公司

24. 长沙中联重工科技发展股份有限公司2009年9月研制的用于集装箱快速装卸及堆垛的ZLJCRS45－5型集装箱正面吊运机，在一定范围内垂直起升和水平移动集装箱，用以完成20英尺和40英尺标准集装箱装卸、堆码和水平运输作业的集装箱装卸搬运机械，额定起重能力45吨，为国内首创。

新纪录创造人：长沙中联重工科技发展股份有限公司

25. 徐工筑路机械有限公司2008年11月研发的XZ1000型水平定向钻，采用了闭式节能回路、电液比例控制、负荷敏感控制等多项先进的控制技术，主要性能参数和控制技术达到了国际先进水平，主要适用于石油、天然气、污水处理等大中型管道处理，为国内首创。

新纪录创造人：徐工筑路机械有限公司

26. 上海建设路桥机械设备有限公司2007年8月研制的6MRX超细摆式磨粉机，采用大直径立式涡轮超细分级设计，加工细度可达1 250目（D97，10微米），在同等细度下其产量比传统雷蒙磨增加50.0%～80.0%，能耗下降30.0%～35.0%，耐磨件寿命提高一倍，具有分级精度高、产量大、高效节能的特点，为国内首创。

新纪录创造人：上海建设路桥机械设备有限公司

27. 武桥重工集团股份有限公司2009年研制的2×1 200吨双臂架变幅起重机设计图纸成功通过了中国船级社审核，2×1 200吨双臂架变幅起重机，额定起重量为2 400吨，主钩起升高度88米，副钩最大起升高度110米，吊臂长125米、宽19.5米、重720吨，海上拖航，能抵抗55米/秒风速、6.5米有义波高及横倾9°，创国内起升高度最高的臂架式船用起重机设计新纪录。

新纪录创造人：武桥重工集团股份有限公司

28. 武船重型工程有限公司2009年6月建成的全铝合金穿浪双体试验船，为深V双体船型，总长60米，型宽18米，型深5.9米，最高航速38节（每小时70公里），创国内双体船型最大新纪录。

新纪录创造人：武船重型工程有限公司

29. 上海重型机器厂2009年6月研制的1.65万吨自由锻造油压机和操作机正式形成联动，该设备能抓取600吨级的钢锭并任意旋转，交给油压机锻打，创最大自由锻造油压机世界纪录。

新纪录创造人：上海重型机器厂

30. 上海建设路桥机械设备有限公司2007年研制的PE1 500×1 800大型液压颚式破碎机，生产能力达到450～1 000吨/小时，创国内颚式破碎机规格最大新纪录。

新纪录创造人：上海建设路桥机械设备有限公司

31. 太原通泽重工有限公司研制，并于2006年10月20日在无锡西姆莱斯石油专用管制造有限公司投产的直径250毫米五机架限动芯棒连轧管生产线，能生产直径180～310毫米（330），长度1 200～4 500毫米，坯料根重625～2 400千克的管坯；直径73～273（340）毫米，壁厚4.5～35毫米，长度8.5～70米的成品管，设计产量30万吨/年，为国内首创。

新纪录创造人：太原通泽重工有限公司

32. 卫华集团有限公司设计，并于2005年5月在中国水利水电第一工程局投入运营的门式起重机，起升高度400米，创门式起重机起升高度最大世界纪录。

新纪录创造人：卫华集团有限公司

33. 长征电气控股子公司艾万迪斯风力发电有限公司2009年2月26日研制的AV928机组，采取先进的直驱永磁技术，减少了齿轮箱和其他相关零部件，发电机的转速每分钟仅16～17转，风机叶片直径达90米，功率2.5兆瓦，创国内功率最大的风力发电机组新纪录。

新纪录创造人：艾万迪斯风力发电有限公司

34. 杭州西子石川岛停车设备有限公司2009年4月研发的PCS52－XI型超高速垂直升降类停车设备，升降高度达到52层104米，单库库容104辆汽车，创亚洲同类设备单库容车最多新纪录。

新纪录创造人：杭州西子石川岛停车设备有限公司

35. 潍坊大洋自动泊车设备有限公司2009年5月研制的智能高速高层液压驱动升降横移类立体车库，其升降速度达到28米/秒，使升降横移车库由5～8层，提高到15层，创国内升降横移类车库升降速度最快和层数最高新纪录。

新纪录创造人：潍坊大洋自动泊车设备有限公司

中国交通企业管理协会推荐

1. 中交第一航务工程勘察设计院有限公司2008年8月设计的天津港东疆港区东海岸一期工程防波堤工程，采用亲水消浪格型防波堤结构，为国内首创。

新纪录创造人：中交第一航务工程勘察设计院有限公司

2. 中交第一航务工程勘察设计院有限公司2008年在天津临港工业区、天津港邮轮母港等软基加固工程中，采用直排式真空预压法加固软土地基结构，为国内首创。

新纪录创造人：中交第一航务工程勘察设计院有限公司

3. 中交第一航务工程勘察设计院有限公司设计，并于2007年6月通过验收的唐山港京唐港区16～19号泊位工程，采用分离卸荷式板桩码头新结构设计18～19号泊位，为国内首创。

新纪录创造人：中交第一航务工程勘察设计院有限公司

4. 中交第一航务工程勘察设计院有限公司设计，并于2007年12月投入试运行的天津港北港池集装箱码头三期工程，一次性建设6个10万吨级集装箱泊位，岸线长2 300米，陆域纵深1 050米，吞吐量400万TEU，可停靠15万吨级船舶，均创国内集装箱码头建设工程新纪录。

新纪录创造人：中交第一航务工程勘察设计院有限公司

5. 中交第一航务工程勘察设计院有限公司设计，并于2007年12月投入试运行的天津港北港池集装箱码头三期工程，在该工程集装箱水平运输设计时，采用水平运输一拖二方式，减少集装箱堆场内交通流量，节省能源，减少工程投资1 500万元，为国内首创。

新纪录创造人：中交第一航务工程勘察设计院有限公司

6. 中交第一航务工程勘察设计院有限公司下属天津深基工程有限公司2008年施工的唐山港京唐港区和曹妃甸港板桩码头工程，采用矩形、方形灌注桩成孔组合钻具，改变了传统工艺在成孔应用中钻机成孔和孔壁修整须反复吊装机具重复作业，使泥浆损耗节约30.0%，单位时间内工作效率提高20.0%，2008年度共完成1.2×1.2米方桩149

根，1.2×1.6米矩形桩149根，为国内首创。

新纪录创造人：天津深基工程有限公司

7. 中交第二航务工程局有限公司承建，并于2009年5月合拢的贵州坝凌河主桥工程，刚桁加劲梁跨径1 088米，主桁架节间长10.8米，全桥分100节间，桁架高10米，宽28米，创国内钢桁加劲梁悬索桥最大跨径新纪录。

新纪录创造人：中交第二航务工程局有限公司

8. 中交第二航务工程局有限公司承建的泰州长江大桥中塔基础，在位于长江下游感潮、江面中心宽2 300米、水深19米、流速2.5米/秒河段中，自2007年11月11日将钢沉井（长58米、宽44米、高38米、重4 200吨）从岸边整体浮运至江心，按研究设计制定的要求定位、着床、下沉，并对其上38米高的混凝土沉井分节循环接高、调位、下沉，历时2 954天，于2008年9月1日沉入河床土层55米，以实测偏位9.3厘米、垂直度1/480、扭转角15′（设计标准分别为小于50厘米、1/150、1°），提前2个月终沉至设计标高－70米，创“水中入土最深沉井”世界纪录。

新纪录创造人：中交第二航务工程局有限公司

9. 中交第二航务工程局有限公司承建，并于2009年6月完成施工的南京长江第四大桥南锚碇基础，采用井筒式地连墙结构形式，平面形状为“∞”形，在位于“∞”形拐角处设2个“Y”行槽，长82米，宽59米，由2个外径59米的园和一道隔墙组成，墙厚为1.5米，地连墙施工平台高程为+6.5米，底高程为－35～－45米，嵌入中风化砂岩约3米，总深度40～50米，为国内首创。

新纪录创造人：中交第二航务工程局有限公司

10. 中交第二公路工程局有限公司承建的安毛高速公路紫阳汉江特大桥主桥5一号主墩深水群桩基础工程，2008年3—11月采取先打设护筒，再注浆加固群桩基础的沙层和卵石层等松散地层，待松散层固结后进行钻孔施工的施工工艺，有效固结了松散河床覆盖层，加快了桩基施工进度，保证了桩基成桩质量，创国内河床加固工艺新纪录。

新纪录创造人：韦玉林　罗育鹏　朱宜龙　李晓会　李百富

11. 中交第二公路工程局有限公司2004年9月—2007年9月，在江苏省宁杭高速公路常州段NH－LY22合同段、陕西省西潼高速公路路面大修工程XTLM－02合同段施工中，应用PR改性剂混合料施工技术，完成高速公路PR改性剂混合料施工971 810平方米，折合高速公路单车道86.383公里，创国内PR改性剂沥青混合料施工面积和施工长度新纪录。

新纪录创造人：徐增权　马　卫　郭继光　向明生　高晓宇

12. 中交第二公路工程局有限公司2006年7月—2008年11月承建的清连高速公路B4合同段项目，采用T构箱梁多跨同步合龙技术，完成了特大桥T构的合龙，创国内T构多跨同步合龙施工新纪录。

新纪录创造人：张忠岐　薛　成　陈有强　李晓林

13. 中交第二公路工程局有限公司2004年11月—2007年12月承建的武汉绕城高速公路路面、荆宜高速公路路面、广韶高速公路改扩建项目，采用TLA湖沥青改性施工技术，完成高速公路湖改性沥青上面层146.202 6万平方米，创国内湖改性沥青面层大面积施工新纪录。

新纪录创造人：徐增权　贯党育　张耀辉

14. 中交第二公路工程局有限公司2006年8月—2007年9月承建的陕西西闫路路面大修一期、二期、西潼路路面大修、西宝路路面大修四个项目，采用泡沫沥青施工技术，完成高速公路大修工程147.373公里，泡沫沥青冷再生基层137.593 2万平方米，创国内泡沫沥青冷再生基层施工长度和施工面积新纪录。

新纪录创造人：张忠岐　薛　成　刘建兰　吴江龙　高晓宇

15. 中交第二公路工程局有限公司2006年7月—2008年11月承建的清连高速公路B4合同段项目，完成了隧道穿越特大溶洞施工，隧道长410米，穿越溶洞可见高度最高25米，最宽56米，深度55～60米，地表面积约3 000平方米，洞底由淤泥及孤石充填厚20米，创国内隧道穿越特大型溶洞施工新纪录。

新纪录创造人：张忠岐　薛　成　陈有强　黄　文

16. 中交第二公路工程局有限公司承建的京沪高速铁路徐沪段蕴藻浜特大桥跨吴淞江连续梁，2008年5—9月采用无对撑圆形混凝土围囹作为钢板桩围堰支护措施进行深水基础施工，为国内首创。

新纪录创造人：李新形　刘　华　孙胜利　李云龙　吴海波

17. 中交第二公路工程局有限公司承建的泰州长江公路大桥北锚碇沉井，2008年3月—2009年4月采用矩形沉井基础方案，沉井长宽尺寸为67.9米×52米（第一节钢壳沉井长宽尺寸为68.3米×52.4米），高57米，平面共分20个井孔，封底混凝土厚度为10米，创国内大体积沉井施工新纪录。

新纪录创造人：沈良成　肖开军　梁进达　李　伟

18. 中交第二公路工程局有限公司承建的西安咸阳国际机场专用高速公路M1合同段，2008年7—8月，采用橡胶沥青碎石封层，共完成橡胶沥青应力吸收层（SAMI）约14 280米，撒布面积344.75平方米，创国内大规模采用橡胶沥青碎石封层施工新纪录。

新纪录创造人：梁　海　高继明　赵春发　龚照东　刘俊龙

19. 山东高速青岛公路有限公司青岛海湾大桥2008年11月19日完成工作量1 687.824 6万元，共完成桩基6根，承台2个（其中主墩承台1个），墩柱2个，预制箱梁1片，安装箱梁1片，施工栈桥30米，施工平台2个，创国内跨海大桥工程建设单日完成工作量最多新纪录。

新纪录创造人：山东高速青岛公路有限公司青岛海湾大桥

20. 山东高速青岛公路有限公司青岛海湾大桥底六合同段项目经理部2008年6月完成的非通航孔桥26一号墩右幅整座承台、墩身施工时，承台尺寸有6.9×6.9米、7.7×7.7米两种，承台表面设防腐涂层，合计92座；承建的非通航孔桥墩身底标高+0.3米，墩身高度：6.61～18.01米，直线段截面尺寸为4.5×3米，墩身顶部6.6米为曲线渐变段，墩顶截面尺寸为6.4×3.6米，合计82套，承台采用水下无缝底砼套箱进行施工，墩身为海上现浇施工，钢筋采用陆地整体预制，海上整体安装工艺施工，创国内海上单个墩位下部结构墩、台施工时间最短新纪录。

新纪录创造人：山东高速青岛公路有限公司

21. 山东高速青岛公路有限公司青岛海湾大桥截至2009年3月13日，共完成施工栈桥长27.4公里，创国内工程建设施工栈桥最长新纪录。

新纪录创造人：山东高速青岛公路有限公司

22. 山东高速青岛公路有限公司青岛海湾大桥2008年5月，共有92艘船舶同时参加工程建设，创国内海上施工船舶数量最多新纪录。

新纪录创造人：山东高速青岛公路有限公司

23. 山东高速青岛公路有限公司青岛海湾大桥钢箱梁加工与制造第一、二合同段项目经理部，于2009年2月联合建设的钢箱梁总拼装基地，涂装厂房面积4 081平方米，采用四连跨门式钢架轻钢结构，单跨34米，进深30米，采用了大跨度柔性卷帘门，拥有配套的630千伏安箱式变电站和基本的环保设施，创国内涂装厂房最大新纪录。

新纪录创造人：山东高速青岛公路有限公司

24. 山东高速青岛公路有限公司青岛海湾大桥钢箱梁加工与制造第一、二合同段项目经理部，于2009年2月联合建设的钢箱梁拼装基地，拥有3副158米钢箱梁总拼胎架，每副总拼胎架配有2台龙门吊（技术参数：起重量20吨，跨度34米，起升高度15米，轨道长180米），可同时进行32个标准梁段的拼装焊接，创国内总拼胎架最多新纪录。

新纪录创造人：山东高速青岛公路有限公司

25. 山东高速青岛公路有限公司青岛海湾大桥共建设有三个通航孔桥，包括沧口航道（单孔单航道、可通过1万吨级海轮、宽度190米、高度40.5米）、红岛航道（单孔单航道、可通过300GT渔船、宽度85米、高度15米）、大沽河航道［单孔单航道、可通过1万吨级海轮（兼顾打桩船）、宽度190米、高度48.5米］，通航水位3.04米，创国内海上桥梁通航孔数最多新纪录。

新纪录创造人：山东高速青岛公路有限公司

26. 山东高速青岛公路有限公司青岛海湾大桥第四合同段项目经理部2008年6月8日，混凝土拖泵泵送海工高性能混凝土，长距离泵送起点桩号K18+110，终点桩号K19+070，直线距离长960米，弯管距离40米，共计1 000米，创国内同类施工新纪录。

新纪录创造人：山东高速青岛公路有限公司

27. 山东高速青岛公路有限公司2008年利用海水泥浆可循环性、悬浮性、粘性等优点，设计了循环海水泥浆，进行青岛海湾大桥桩基施工，保证了施工质量，降低了施工成本，保护了海洋环境，创国内桥梁桩基成孔方式新纪录。

新纪录创造人：山东高速青岛公路有限公司

28. 山东鲁桥建设有限公司2009年5月施工的济青高速公路桩号K218+011施工的潍河大桥，采用薄型板式千斤顶对简支T梁整联实施顶升更换支座，为国内同行业首创。

新纪录创造人：冯勋红　孙春刚　孟　磊　侯庆新　李高波

29. 山东鲁桥建设有限公司于2007年1月研发设计的底板可拆除式单壁钢套箱围堰，应用于青岛海湾大桥工程，创国内深水基础施工新纪录。

新纪录创造人：傅柏先　戴延辉　赵根生　杜贞义　周焕涛

30. 山东鲁桥建设有限公司2009年1月承建的“江阴市芙蓉大道西段新沟河大桥”，主桥为双索面自锚式混凝土悬索桥，全长240米，跨径组合为（30+40+100+40+30）米，主跨100米，边跨40米，协作跨30米，桥面宽度38.5米，加劲梁为预应力混凝土结构，五跨连续，梁体中心处最大梁高2.7米，锚梁处砼截面最大梁高5米。砼为2 700立方米，主桥加劲梁C50砼数量8 289立方米。钢筋1 280吨，钢绞线180.4吨，创国内同类型桥梁施工新纪录。

新纪录创造人：傅柏先　徐景岩　王庆国　陈凯军　郭瑞鹏

31. 山东省路桥集团有限公司2008年6—8月在青岛海湾大桥第二合同段施工的海中巨型防撞钢套箱围堰，钢套箱长72.5米，宽17米，高7.41米，套箱自重550吨，底板及其他辅助设施共重260吨，钢套箱总重量为810吨，创国内防撞钢套箱最大新纪录。

新纪录创造人：山东省路桥集团有限公司

32. 山东省路桥集团有限公司2007年3—10月，在青岛海湾大桥第十合同段施工中，自行研制加工使用的可循环利用钢套箱，由围堰上节、围堰入土底节、拼装平台、吊放系统四部分组成，为国内同行业首创。

新纪录创造人：山东省路桥集团有限公司

33. 山东中外运力神起重运输有限公司2009年3月，利用液压平板车，将济南市经八纬一路一别墅整体挪移至山东建筑大学内，整体挪移22公里，创国内房屋建筑陆路整体挪移距离最远新纪录。

新纪录创造人：王从武　尹国斌　龙一明　李荣遵　傅传巍

34. 济南长途汽车总站2008年全年实现发车班次1 092 513个，发送旅客1 912万人次，售票收入9.56亿元，均居国内同行业之首。

新纪录创造人：济南长途汽车总站

35. 青岛港（集团）有限公司大港公司装卸七队13班2009年5月20日，在51泊位“海宁”轮20 000吨焦炭装船作业中，焦炭装船单班作业5 650吨，创国内同行业单班装卸煤炭数量最多新纪录。

新纪录创造人：青岛港（集团）有限公司大港公司装卸七队13班

36. 青岛港（集团）有限公司大港公司2009年3月8日在大豆卸船作业中，用时62小时，完成总量66 100吨，平均每小时卸率1 065吨，创国内同行业大豆卸船作业速率最高新纪录。

新纪录创造人：青岛港（集团）有限公司大港公司

37. 青岛港（集团）有限公司大港公司2008年8月2日在化肥卸船灌包作业中，用时103.5小时，完成总量6.6万吨，平均每小时卸率637吨，创国内同行业化肥卸船灌包作业速率最高新纪录。

新纪录创造人：青岛港（集团）有限公司大港公司

38. 青岛港（集团）有限公司装卸三队 2009 年 4 月 1 日，10 班在“桃花山”轮氧化铝卸船灌包作业中，单班灌包 3 136 吨；7 班在“东方阳明”轮氧化铝装船作业中，单班装船作业 3 020 吨，单班卸船转水直取装船作业 6 156 吨，创国内同行业氧化铝单班卸船转水直取装船作业新纪录。

新纪录创造人：青岛港（集团）有限公司装卸三队

39. 青岛港（集团）有限公司装卸八队 16 班 2009 年 5 月 24 日在“艾斯娜”卷钢装船作业中，单班作业 5 860 吨，创国内同行业卷钢单班装船作业新纪录。

新纪录创造人：青岛港（集团）有限公司装卸八队 16 班

40. 青岛港（集团）有限公司大港公司机械四队 2009 年 3 月 12 日在“卡尔麦西”轮满焦煤卸船作业中，用时 62 小时，完成作业量 6.8 万吨业，平均每小时卸率 1 096 吨，创国内同行业焦煤卸船作业新纪录。

新纪录创造人：青岛港（集团）有限公司大港公司机械四队

41. 青岛港（集团）有限公司大港公司装卸五队 9 班 2009 年 7 月 26 日 14 时，在“浙兴航”轮啤酒装船作业中，单班作业 1 160 吨，创国内同行业啤酒装船单班作业新纪录。

新纪录创造人：青岛港（集团）有限公司大港公司装卸五队 9 班

42. 青岛港（集团）有限公司大港公司装卸六队 8 班 2008 年 9 月 22 日，在“永富”轮带钢装船作业中，单班作业 5 012 吨，创国内同行业单班带钢装船作业新纪录。

新纪录创造人：青岛港（集团）有限公司大港公司装卸六队

43. 青岛港（集团）有限公司装卸四队 15 班 2008 年 11 月 8 日，在“金泰隆”轮硅砂卸船作业中，单班作业 4 900 吨，创国内同行业硅砂卸船单班作业新纪录。

新纪录创造人：青岛港（集团）有限公司装卸四队 15 班

44. 青岛港（集团）有限公司装卸二队 17 班 2009 年 8 月 1 日，在“卡瓦那”轮铜精矿卸船灌包作业中，单箱灌包 1 275 吨，创国内同行业出铜精矿卸船单箱灌包新纪录。

新纪录创造人：青岛港（集团）有限公司装卸二队 17 班

45. 青岛港（集团）有限公司 QQCT 公司 2008 年 12 月 25 日 18 时 55 分，在“地中海弗朗西斯卡 V853R”轮集装箱装卸作业中，用时 2 小时 55 分，完成 2 581 标准箱的作业，时效率 498 自然箱，创集装箱装卸作业时效率最高新世界纪录。

新纪录创造人：青岛港（集团）有限公司 QQCT 公司

46. 青岛港（集团）有限公司 QQCT 公司 2008 年 12 月 25 日 18 时 55 分，在“地中海弗朗西斯卡 V853R”轮集装箱装卸作业中，用时 2 小时 55 分，桥吊单机效率 106.2 自然箱/小时，创桥吊单机效率最高世界纪录。

新纪录创造人：青岛港（集团）有限公司 QQCT 公司

47. 青岛港（集团）有限公司 QQCT 公司 2009 年 1—8 月，平均泊位效率每小时 121.3 个自然箱，创集装箱码头泊位效率最高世界纪录。

新纪录创造人：青岛港（集团）有限公司 QQCT 公司

48. 青岛港（集团）有限公司油港公司装卸一队甲、乙、丁班 2008 年 09 月 17 日，在“长航幸运”轮柴油装船作业中，用时 29.75 小时，完成作业 42 000 吨，平均速率 1 411 吨/小时，创国内同行业柴油装船速率最高新纪录。

新纪录创造人：青岛港（集团）有限公司油港公司装卸一队甲、乙、丁班

49. 青岛港（集团）有限公司油港公司装卸三队 2009 年 1 月 2 日，在“远明湖”轮原油接卸作业中，完成原油接卸 27.894 1 万吨，单船两票货接卸平均每小时卸率 8 891 立方米，创国内同行业原油卸船速率最高新纪录。

新纪录创造人：青岛港（集团）有限公司油港公司装卸三队

50. 青岛港（集团）有限公司油港公司 2009 年 1 月 20 日 15：05 时至 1 月 21 日 02：00 时，在“宝乐”轮液化气装船作业中，完成液化气装船 2 000 吨，每小时装液化气 183.15 吨，创国内同行业液化气装船速率最高新纪录。

新纪录创造人：青岛港（集团）有限公司油港公司

51. 青岛港（集团）有限公司油港公司 2009 年 5 月 17 日 20：40 时至 5 月 18 日 23：10 时，在“维京”轮甲醇卸船作业中，完成甲醇卸船 3 000 吨，平均每小时卸船甲醇 188.8 吨，创国内同行业甲醇卸船作业甲醇卸船速率最高新纪录。

新纪录创造人：青岛港（集团）有限公司油港公司

52. 青岛港（集团）有限公司油港公司 2009 年 7 月 23 日 14：25 时~24 日 06：50 时，在“枫叶天使”轮航空煤油装载作业中，完成航空煤油装船 10 000 吨，单船装船平均速率 609 吨/小时，创国内同行业航空煤油装船速率最高新纪录。

新纪录创造人：青岛港（集团）有限公司油港公司

53. 青岛港（集团）有限公司前港公司 2009 年 4 月 8 日—10 日，在“盐湖城”轮矿石接卸作业中，用时 25 小时 50 分，完成矿石接卸 16.8 万吨，每小时平均卸率 6 503 吨，创同行业矿石接卸作业卸率最高世界纪录。

新纪录创造人：青岛港（集团）有限公司前港公司

54. 青岛港（集团）有限公司前港公司 2009 年 3 月 3 日，昼夜装卸船 356 004 吨，创国内同行业装卸作业新纪录。

新纪录创造人：青岛港（集团）有限公司前港公司

55. 青岛港（集团）有限公司前港公司 2009 年 7 月 15 日，矿石昼夜卸船 270 200 吨的全国装卸生产新纪录，刷新了 268 439 吨的原纪录。

新纪录创造人：青岛港（集团）有限公司前港公司

56. 青岛港（集团）有限公司前港公司 2009 年 2 月 22 日夜班，在“维尼角”、“艾琳”、“胜利角”、“维多利亚”、“泰勒”等外贸矿船同时在港作业中，矿石卸船单班作业 158 900 吨，创国内同行业矿石装卸作业新纪录。

新纪录创造人：青岛港（集团）有限公司前港公司

57. 青岛港（集团）有限公司前港公司 2009 年 1 月 25 日，矿石昼夜市提 114 158 吨，创国内同行业矿石装卸作业新纪录。

新纪录创造人：青岛港（集团）有限公司前港公司

58. 青岛港（集团）有限公司西港公司装卸四队 2008 年 10 月 8 日，在“印第安那星”轮纸浆卸船作业中，单机效率 638 吨/小时，创同行业纸浆卸船作业单机效率世界纪录。

新纪录创造人：青岛港（集团）有限公司西港公司装卸四队

59. 青岛港（集团）有限公司西港公司装卸四队 2009 年 1 月 29 日，在“大唐 20”轮方钢装船作业中，单班装船 5 371 吨，创国内同行业方钢装船单班作业新纪录。

新纪录创造人：青岛港（集团）有限公司西港公司装卸四队

60. 青岛港（集团）有限公司西港公司装卸四队 2009 年 4 月 27 日，在“考斯”轮冻鱼卸船作业中，单班作业 1 672 吨，创国内同行业冻鱼卸船单班作业新纪录。

新纪录创造人：青岛港（集团）有限公司西港公司装卸四队

61. 青岛港（集团）有限公司西港公司装卸三队 2009 年 5 月 8 日，在“和悦”轮钢坯装船作业中，单班作业 6 150 吨，创国内同行业钢坯装船单班作业新纪录。

新纪录创造人：青岛港（集团）有限公司西港公司装卸三队

62. 青岛港（集团）有限公司西港公司装卸一队 2009 年 6 月 1 日，在“明海”轮铸管装船作业中，单班作业 5 709 吨，创国内同行业铸管装船单班作业新纪录。

新纪录创造人：青岛港（集团）有限公司西港公司装卸一队

63. 青岛港（集团）有限公司西港公司机械四队 2009 年 7 月 27 日，在“瑞姆”轮铝矾土卸船作业中，单班作业 29 800 吨，创国内同行业铝矾土卸船单班作业新纪录。

新纪录创造人：青岛港（集团）有限公司西港公司机械四队

64. 中交西安筑路机械有限公司 2008 年 11 月，利用计算机辅助设计方法，通过三维仿真，研制出国内目前最大功率的 CR2500 型冷再生拌和机，为国内首创。

新纪录创造人：中交西安筑路机械有限公司

65. 中交西安筑路机械有限公司 2008 年 11 月，研制出 400 吨/小时生产能力的 J5000 型集装箱式沥青混合料搅拌设备，创国内沥青混合搅拌机最大生产能力新纪录。

新纪录创造人：中交西安筑路机械有限公司

中国铁道企业管理协会推荐

1. 中铁大桥勘测设计院有限公司设计，并于 2007 年 8 月 20 日建成的滨州黄河公铁两用大桥，大桥为双层交通布置，上层为公路，铁路桥全长 7 324.14 米，公路桥全长 4 184.30 米，主桥采用（120 + 3 × 180 + 120）米五孔平弦连续钢桁梁，主跨 180 米，是黄河上第一座公铁两用大桥，创同类型平弦钢桁梁结构桥梁单孔跨度最大世界纪录。

新纪录创造人：中铁大桥勘测设计院有限公司

2. 中铁大桥勘测设计院有限公司与重庆交通科研设计院联合设计，并于 2009 年 4 月 29 日建成通车的重庆朝天门长江大桥，包括主桥和两侧引桥，全长 1 741 米，其中主桥长 932 米，采用（190 + 552 + 190）米的中承式连续钢桁系杆拱桥，北引桥长 314 米，南引桥长 495 米，均为预应力混凝土连续箱梁桥，大桥采用双层交通布置，上层桥面为双向六车道和两侧人行道，桥面宽度 36.5 米，下层桥面中间为双线城市轻轨，两侧为双向两车道，主跨为 552 米，创拱桥跨度最大世界纪录。

新纪录创造人：中铁大桥勘测设计院有限公司　重庆交通科研设计院

3. 铁道第三勘察设计院集团有限公司 2007 年 2 月在石太客运专线，采用由设计单位牵头的通信系统、信号系统、牵引供电系统、电力供电系统工程的系统集成、设计、设备供货（业主提供的设备不含）、施工安装、调试等集成技术，保证了各系统功能的正常实现，有效地与基础设施、动车组、运营调度系统、客运服务系统正常对接，整个系统达到了规定的速度目标值，为国内首创。

新纪录创造人：铁道第三勘察设计院集团有限公司

4. 铁道第三勘察设计院集团有限公司 2008 年设计的石太客运专线工程中，采用了带导向锚段的第三组辅助悬挂形式，弓网受流明显优于交叉道岔布置方式，为国内首创。

新纪录创造人：铁道第三勘察设计院集团有限公司

5. 铁道第三勘察设计院集团有限公司 2008 年设计石家庄至太原客运专线太行山隧道接触网悬挂系统，在 AT 区段单线隧道中可行驶速度为 250 千米/小时的双箱列车，创国内 AT 区段单线隧道接触网满足行车速度新纪录。

新纪录创造人：铁道第三勘察设计院集团有限公司

6. 铁道第三勘察设计院集团有限公司 2008 年设计的石太客运专线静止型动态有源补偿装置 SVG，可控制输电系统稳定性，提高线路传输容量，改善电能质量，节约电能，创国内铁路 10 千伏系统首次采用 SVG 新纪录。

新纪录创造人：铁道第三勘察设计院集团有限公司

7. 铁道第三勘察设计院集团有限公司 2008 年研究开发的《阻异味防倒流水力自控装置》，应用于供水二次加压地下式储水、储液池，具有安装灵活、不易损坏、不耗电能、无须值守、自动报警和使用方便等特点，有利于水污染防治，具有节约水资源的功能，为国内首创。

新纪录创造人：铁道第三勘察设计院集团有限公司

8. 铁道第三勘察设计院集团有限公司 2008 年研制的《对生活污水自身分解的净化处理装置》已在铜九线铜陵南等车站使用，该装置不需任何动力，生活污水经过处理，产生的沼气、沼泥可回收利用，出水基本达到二级排放标准，为国内首创。

新纪录创造人：铁道第三勘察设计院集团有限公司

9. 铁道第三勘察设计院集团有限公司 2008 年研制的北方地铁干式消火栓系统，解决了地铁内管道冻结、保温、漏水等问题，具有节约能源、管理方便、可操作性强、使用范围广等特点，已在天津地铁 2 号线、3 号线施工设计中采用，为国内首创。

新纪录创造人：铁道第三勘察设计院集团有限公司

10. 铁道第三勘察设计院集团有限公司 2008 年设计的哈尔滨、北京内燃、电力机车检修基地，分别担负 1 200 台大功率内燃机车和 1 400 台大功率电力机车的检修任务，总投资 30 亿元，创国内大规模机车检修基地设计新纪录。

新纪录创造人：铁道第三勘察设计院集团有限公司

11. 铁道第三勘察设计院集团有限公司2008年5月编制完成的我国200千米/小时及以上客货共线和客运专线铁路第一套关于电缆槽的通用参考图，采用整体式电缆槽的结构型式、上下路基电缆槽的结构型式、活性粉末混凝土新材料盖板，为国内首创。

新纪录创造人：铁道第三勘察设计院集团有限公司

12. 铁道第三勘察设计院集团有限公司2008年与清华大学合作完成的科技开发项目，首次系统完整地进行了地面沉降对高速铁路的影响研究，系统地提出了地面沉降控制措施、工程措施及监测措施，创国内地面沉降对高速铁路工程影响研究新纪录。

新纪录创造人：铁道第三勘察设计院集团有限公司

13. 铁道第三勘察设计院集团有限公司2008年设计的北同蒲线韩家岭至大新开行2万吨列车工程，改建后的技术作业站袁树林站到发线有效长为6 057～6 432米，每条到发线均可同时办理2列2万吨列车接发作业，创国内到发线有效长最长车站新纪录。

新纪录创造人：铁道第三勘察设计院集团有限公司

14. 铁道第三勘察设计院集团有限公司2007年设计的上海虹桥综合交通枢纽地铁西站，是国内规模最大、功能最强的地铁车站，东西向由位于地下二层的地铁二号线、10号线和青浦线组成，南北向由地下三层5号线、17号线组成，构成5号线换乘地铁车站，位于软土地区，建筑面积13.124 466万平米，基坑面积约28.88万平方米，总长861.47米，总宽281.8米，最深处达30.76米，位于高承压水头软土地区，其换乘功能和流线组织十分便捷合理，首次采用隆沉综合控制的概念进行基础设计，首次采用组合基坑概念进行围护结构设计，首次采用等效线刚度和刚度均匀的概念进行大空间支撑体系设计，为国内首创。

新纪录创造人：铁道第三勘察设计院集团有限公司

15. 铁道第三勘察设计院集团有限公司2004年设计的天津市海河共同沟过河隧道工程，下穿海河盾构隧道长226.5米，始发端盾构井深26.7米，到达端盾构井深27.83米，隧道内及盾构井内用混凝土墙分成四格，分别供电力、通信、燃气和热力专业管线使用，井内设隔板及检修钢梯，为国内首创。

新纪录创造人：铁道第三勘察设计院集团有限公司

16. 铁道第三勘察设计院集团有限公司设计并于2008年12月28日开通运营的上海市轨道交通9号线一期工程宜山路站为地下四层车站，车站基坑最深处为30米，围护结构地下连续墙最深为62米，采用框架逆作法施工，创国内地铁端围护结构地下连续墙深度、基坑深度最深新纪录。

新纪录创造人：铁道第三勘察设计院集团有限公司

17. 铁道第三勘察设计院集团有限公司2007年设计石家庄至太原客运专线牵引供电系统，实现了双线铁路AT方式全并联供电，可均衡上下行牵引网电流，减少电能传输过程中的损耗20.0%，提高供电能力，2009年投产后，动车组行驶速度为250千米/小时，创国内山区大坡道客运专线AT方式全并联供电新纪录。

新纪录创造人：铁道第三勘察设计院集团有限公司

18. 铁道第三勘察设计院集团有限公司设计于2006年运营通车的北京地铁5号线天坛东门站及蒲黄榆站—天坛东门站区间隧道，采用浅埋暗挖—中洞中隔壁工法，采用车站横通道内不施作二次衬砌直接开挖进主体正洞的施工技术、车站风道与出入口通道交叉重叠施工技术，创新车站主体结构顶纵梁和钢管柱的设计，为国内首创。

新纪录创造人：铁道第三勘察设计院集团有限公司

19. 铁道第三勘察设计院集团有限公司2006年设计的天坛东门站为三拱两柱双层岛式暗挖车站，站址周围主要有国家级文物天坛公园、天坛东里住宅区等建筑物，蒲黄榆站—天坛东门站区间暗挖隧道长1 213.95米，站后双向折返及停车线暗挖隧道长477.052米，沿线要穿越大型互通立交桥——玉蜓桥段桥区，穿越南护城河与京山铁路，穿越市政桥梁等，采用浅埋暗挖的设计方案，为我国首创。

新纪录创造人：铁道第三勘察设计院集团有限公司

20. 铁道第三勘察设计院集团有限公司设计，并于2009年4月1日正式开通运营的石太客运专线铁路，其太行山隧道长达28千米，通信系统实现了GSM－R无线场强无缝覆盖，隧道内弱场覆盖采用光纤直放加泄漏同轴电缆方式，隧道外弱场覆盖采用GSM－R基站/光纤直放加天线方式，有效解决了系统的高可用性、移动电台的越区切换，以及隧道内外场强突变等技术难题，创国内200～250千米/小时客运专线铁路长大隧道、密集隧道群无线场强覆盖新纪录。

新纪录创造人：铁道第三勘察设计院集团有限公司

21. 中铁第四勘察设计院集团有限公司2008年针对京沪高速铁路徐沪段沿线代表性中低压缩性土，结合钻探进行了多种原位测试方法对比分析，提出了指标选取方法和沉降分析方法建议，确定了影响不同原位测试成果的关键过程，为国内首创。

新纪录创造人：中铁第四勘察设计院集团有限公司

22. 中铁第四勘察设计院集团有限公司2005—2006年设计建造的铁路集装箱堆场区软基，基床顶部首次利用就地吹填砂，掺入6.0%HEC固化剂改良而成，软基加固采用强夯联合真空降水技术，处理面积为63万平方米，为国内首创。

新纪录创造人：中铁第四勘察设计院集团有限公司

23. 中铁第四勘察设计院集团有限公司2006年3月开发设计的铁路工程地质三维遥感技术，在三维可视化的遥感模型基础上进行工程地质遥感解译，为国内首创。

新纪录创造人：中铁第四勘察设计院集团有限公司

24. 中铁第四勘察设计院集团有限公司2008年12月完成了武广客运专线软岩改良土填筑试验研究，其中，将软岩改良土填筑路基技术应用于时速350千米客运专线无碴轨道铁路，为国内首创。

新纪录创造人：中铁第四勘察设计院集团有限公司

25. 中铁第四勘察设计院集团有限公司2002年5月—2006年7月因深埋岩溶隧道的勘察需要，采用张量测量方式，在全国17个省市42个测点进行高频段（10赫兹～100千赫兹）的大地电磁信号观测，并用于隧道工程、深埋岩溶、采空区和金属矿的勘察，掌握了大地电磁高频段的信号特征，为国内首创。

新纪录创造人：中铁第四勘察设计院集团有限公司

26. 中铁第四勘察设计院集团有限公司2002年3月—2008年12月在宜（昌）万（州）铁路8座Ⅰ级风险隧道，

采用了全景式钻孔数字摄像、流域水文模型及高频大地电磁法、孔内CT等超常规专项水文地质综合性勘探新技术，解决了深埋岩溶隧道的复杂水文地质问题，为国内首创。

新纪录创造人：中铁第四勘察设计院集团有限公司

27. 中铁第四勘察设计院集团有限公司2006年1月—2008年12月完成宜万铁路马鹿箐隧道施工地质涌水量预测工作，根据降水量、预测突水量及其峰值、峰值时间、峰后衰减过程及水压动态分析计算，提出“隧道施工安全预警措施”，成功破解了铁路隧道最大高压富水溶腔处理的施工难题，为国内首创。

新纪录创造人：中铁第四勘察设计院集团有限公司

28. 中铁第四勘察设计院集团有限公司2008年3月—2009年6月设计建成的宜万铁路隧道空溶腔路基，路堤填筑最大深度76米，路基面以上溶腔加固最大高度52米，创国内同类工程施工规模新纪录。

新纪录创造人：中铁第四勘察设计院集团有限公司

29. 中铁第四勘察设计院集团有限公司设计，并于2009年1月1日通车的合武铁路H6线跨合九铁路特大桥，采用钢筋混凝土空间异形刚构，刚构两侧接梁桥，刚构沿合武H6线方向长84.03米，沿合九铁路方向长78.85米，创国内铁路第一座建成通车的小角度跨线空间异形刚构桥新纪录。

新纪录创造人：中铁第四勘察设计院集团有限公司

30. 中铁第四勘察设计院集团有限公司设计，并于2006年8月开工建设的跨广珠西线高速特大桥，主桥为（34.955+2×66.5+57.5+40.045）米四柱式钢结构斜腿墩—预应力混凝土连续梁组合刚构—连续梁体系，为国内首创。

新纪录创造人：中铁第四勘察设计院集团有限公司

31. 中铁第四勘察设计院集团有限公司设计，并于2006年8月建设的小榄站特大桥，采用跨度19米+19米三柱钢结构门式桥墩，桥墩钢材均采用Q345qd钢，1个桥墩用钢量220吨，为国内首创。

新纪录创造人：中铁第四勘察设计院集团有限公司

32. 中铁第四勘察设计院集团有限公司设计，并于2008年1月1日开工的广珠货运铁路虎跳门特大桥，主桥采用（120+248+120）米连续刚构—钢管混凝土提篮拱，创单线连续刚构—钢管混凝土提篮拱组合结构设计亚洲纪录。

新纪录创造人：中铁第四勘察设计院集团有限公司

33. 中铁第四勘察设计院集团有限公司设计，并于2007年12月开工建设的杭州钱江铁路新桥，主桥采用了四线（45+65+14×80+65+45）米单箱三室连续梁，联长1 341.7米，创国内时速250公里客运专线铁路联长最长的四线预应力混凝土连续梁设计新纪录。

新纪录创造人：中铁第四勘察设计院集团有限公司

推荐单位：中国铁道企业管理协会

34. 中铁第四勘察设计院集团有限公司设计，并于2008年1月1日开工的广珠货运铁路江门水道特大桥，主桥采用单线（85+2×145+85）米T构连续梁，T构连续梁结构，为国内首创。

新纪录创造人：中铁第四勘察设计院集团有限公司

35. 中铁第四勘察设计院集团有限公司设计，并于2008年4月开工建设的京沪高速铁路丹阳至昆山特大桥，跨常州西二环，采用了128米尼尔森体系下承式提篮拱，创国内时速350公里客运专线采用尼尔森体系提篮系杆拱桥式结构设计新纪录。

新纪录创造人：中铁第四勘察设计院集团有限公司

36. 中铁第四勘察设计院集团有限公司设计，并于2008年4月开工建设的京沪高速铁路丹阳至昆山特大桥，全桥长164.851千米，包含4个高架站，跨越的道路、河流多，共计130处特殊结构，主要结构有连续梁、系杆拱、连续梁拱、高架车站道岔梁等，创铁路桥梁设计长度最长世界纪录。

新纪录创造人：中铁第四勘察设计院集团有限公司

37. 中铁第四勘察设计院集团有限公司设计，并于2008年4月开工建设的京沪高速铁路吴淞江桥铁路斜连续梁，主桥采用了斜交40度的（60+100+60）米斜连续梁，为国内首创。

新纪录创造人：中铁第四勘察设计院集团有限公司

38. 中铁第四勘察设计院集团有限公司设计，并于2009年6月开工建设的京沪高速铁路跨秦淮新河特大桥，主桥采用（20+2×34+20）米三线槽型梁设计，为国内首创。

新纪录创造人：中铁第四勘察设计院集团有限公司

39. 中铁第四勘察设计院集团有限公司设计，并于2008年10月15日建成的武广铁路株洲西湘江特大桥，主桥采用（60+5×100+60）米连续梁跨越湘江，连续梁联长621.5米，支点梁高7.85米，跨中梁高4.85米，梁高按圆曲线变化，圆曲线半径R=377.542米，箱梁横截面为单箱单室直腹板，箱梁顶宽13.4米，底宽6.7米。由于连续梁联长，主桥两端设钢轨温度伸缩调节器，创国内时速350公里高速铁路联长最长双线连续梁新纪录。

新纪录创造人：中铁第四勘察设计院集团有限公司

40. 中铁第四勘察设计院集团有限公司设计，并于2008年10月开工建设的向莆铁路尤溪大桥主桥采用了1~140米双线劲性骨架混凝土上承式拱桥，创国内时速200千米客货共线双线劲性骨架混凝土上承式拱桥最大跨度设计新纪录。

新纪录创造人：中铁第四勘察设计院集团有限公司

41. 中铁第四勘察设计集团有限公司设计，并于2009年6月底贯通的长沙市湘江大道浏阳河隧道，下穿浏阳河，过河段采用矿山法施工，隧道过河段最小覆盖厚度14米，是国内覆跨比最小的矿山法水下隧道；是国内第一座采用防水型复合式衬砌结构的水下公路隧道；是国内第一座采用铣挖加弱爆破法开挖的公路隧道，创国内同类工程施工新纪录。

新纪录创造人：中铁第四勘察设计院集团有限公司

42. 中铁第四勘察设计院集团有限公司勘察设计，并于2008年7月23日通过验收投入生产的武昌南焊轨基地工程，将格雷母线定位技术用于500米钢轨群吊集控作业，为国内首创。

新纪录创造人：中铁第四勘察设计院集团有限公司

43. 中铁第四勘察设计院集团有限公司2007年6月设计的武汉百米定尺长轨焊接基地工程，按照永久性百米定尺钢轨焊接的作业需求进行布置，按百米定尺钢轨的堆存、吊运、调直、锯轨、除锈、配轨、接头焊接，500米钢轨的粗磨、热处理、热调、时效处理、精调、精磨、探伤、吊运、堆存、装车等工序，在焊轨生产线的工位布局设计中针对项目特点采用了U型布局方案，各工位根据流水作业需求按100米间距布置，为国内首创。

新纪录创造人：中铁第四勘察设计院集团有限公司

44. 中铁第四勘察设计院集团有限公司勘察设计，并于2007年4月18日投入运营的上海南动车组运用所工程，采用“列车检修基地工程设计三维仿真模拟系统”，通过实体建模、曲面建模、线框建模、参数化建模和Digital Mock Up技术，对动车组运用维修工艺以及车底走行部、车内客室和车顶部三层立体技术检查维修作业模式进行了计算机三维动态模拟真实环境仿真研究，实现了配属46列动车组，总占地面积256亩，平均每节车辆占地面积指标460平方米/节（一般轨道交通车辆维修基地占地面积指标为900平方米/节左右），实现32米大跨度、498米长、4线8列位立体检查库，满足46列动车组技术检查维修的最高效率要求，为国内首创。

新纪录创造人：中铁第四勘察设计院集团有限公司

45. 中铁第四勘察设计院集团有限公司勘察设计，并在2007年4月18日投入运营的上海南动车组运用所工程，运用“高速铁路动车组周转图工程设计计算机分析系统”，对所辖46列200～250千米/小时高速动车组运行交路、运营检查及检修装备进行仿真模拟与优化配置，通过系统分析与集成，使动车组检修备用率同比一般铁路客车的10.0%下降至4.0%，日车公里（平均每列车每日运营里程）同比一般铁路客车的1 200千米/天提高至2 100千米/天，创国内铁路动车组高效运营、高质量维修新纪录。

新纪录创造人：中铁第四勘察设计院集团有限公司

46. 中铁第四勘察设计院集团有限公司设计，并于2008年12月投入试运行的广州铁路（集团）有限公司京广线、广深线铁路综合视频监控系统工程，首次在既有长大干线部署铁路综合视频监控系统的工程项目，首次在全路重要干线大规模开展铁路综合视频监控系统的建设，全面运用数字视频监控技术、主动红外激光夜视、图像智能分析、网络存储、流媒体转发、铁路监测系统联动等多种先进技术，为国内首创。

新纪录创造人：中铁第四勘察设计院集团有限公司

47. 中铁第四勘察设计院集团有限公司设计，并于2009年6月通过初验的武汉市轨道交通一号线内嵌RPR的MSTP传输系统，在普通MSTP基础上，提高了传输以太网数据业务的效率，增强了数据传输的可靠性，为国内首创。

新纪录创造人：中铁第四勘察设计院集团有限公司

48. 中铁第四勘察设计院集团有限公司设计，并于2009年4月开通运营的合武铁路客运专线信号系统，首次在客运专线上一次开通并实现正线车站行车指挥无人化，同时也是首次将列车控制技术引入枢纽并实现正线贯通，为国内首创。

新纪录创造人：中铁第四勘察设计院集团有限公司

49. 中铁第四勘察设计院集团有限公司设计，并于2009年5月开通使用的麻城站信号工程车站电码化，采用ZPW－2000串联式闭环电码化系统，是第一个全站采用串联式闭环电码化实现站内电码化的车站，为国内首创。

新纪录创造人：中铁第四勘察设计院集团有限公司

50. 中铁第四勘察设计院集团有限公司2005年2月—2009年4月完成的《城市轨道交通供电系统RAMS分析研究》成果，制定了城轨平均失电概率、城轨丧失通过能力概率系统级RAMS指标，为国内首创。

新纪录创造人：中铁第四勘察设计院集团有限公司

51. 中铁第四勘察设计院集团有限公司2007年2月—2008年4月完成的《石武铁路客运专线对机场中波导航台电磁干扰影响模拟测试研究》，是国内第一个研究高速电气化铁路对工作于75兆赫兹的指点信标接收机无干扰影响的项目，为国内首创。

新纪录创造人：中铁第四勘察设计院集团有限公司

52. 中铁第四勘察设计院集团有限公司2005年1月—2006年12月完成的《高速铁路电力关键技术研究》成果，结合客运专线建设需要，采用铁路10千伏电力电缆与通信信号电缆在不同平行间距下（最小间距100毫米）的最大允许敷设长度以及防护措施，为国内首创。

新纪录创造人：中铁第四勘察设计院集团有限公司

53. 中铁第四勘察设计院集团有限公司设计，并于2008年4月1日正式投入运营的合武铁路引入武汉枢纽桥上时速250公里30号无缝道岔，创国内桥上无缝道岔设计号码最大、运营速度最高新纪录。

新纪录创造人：中铁第四勘察设计院集团有限公司

54. 中铁第四勘察设计院集团有限公司设计，并于2009年元月开通运行的武广客运专线武汉综合试验段，线路全长62.16千米，试验速度达到时速350公里以上，在62公里范围内，铺设了4种类型、10种结构的无砟轨道，创无砟轨道铺设世界纪录。

新纪录创造人：中铁第四勘察设计院集团有限公司

55. 中铁第四勘察设计院集团有限公司设计，并于2008年底建成使用的上海闵行铁路货场，位于上海铁路枢纽西南部，新闵支线闵行站及昆阳路、剑川路围合之间，规划面积900亩，是全路首个已开工建设的装卸线有效长能满足整列到发的货场，平面布置按照“货运站＋市场”的模式设计，钢材、粮食及怕湿货物等大宗货物品类按照物流中心所具备的功能进行规划，各市场既相互独立，又互相融合，怕湿货物线、笨重货区装卸线具备在装卸线上整列接发车的能力，为国内同行业首创。

新纪录创造人：中铁第四勘察设计院集团有限公司

56. 太原铁路局管内大秦铁路2008年煤运量达到3.402 6亿吨，创国内铁路煤运量最大世界纪录。

新纪录创造人：太原铁路局管内大秦铁路

57. 上海铁路局2008年3—5月，全面开展京沪线固定设备集中维修，历时73天，在55个施工天窗内共完成道床清筛229公里，铺设无缝线路225公里，道岔大修118组，道岔清筛361组，线路维修960公里，信号中修24个车站，信号维修11个车站，电缆迁移割接10个车站，供电接触网检修539.8公里，创国内铁路维修方式和规模新纪录。

新纪录创造人：上海铁路局

58. 上海铁路局2009年3月18—20日，P95大修列车，在太原局侯月线云台山隧道换宽枕板施工作业中，在4小时“天窗”作业时间内两次成功换轨枕 739 米，计 1 232 根，创国内大型养路机械隧道内一个封锁“天窗”换轨枕施工新纪录。

新纪录创造人：上海铁路局

59. 上海铁路局 2008 年 10 月 9 日研发的“机车车轮在线自动探伤装置”，大角度横波探头的基础上增加了双晶聚焦直探头，能有效检测轮箍、轮辋部位的径向裂纹和周向危害性缺陷，实现了不同磨损程度车轮的自适应耦合、探伤结果的可重复性及缺陷多角度、多次探测，缺陷检出率高，定位准确，提高了可靠性，为国内首创。

新纪录创造人：上海铁路局

60. 上海铁路局 2007 年 9 月，研制的“KZXJ－3250 客运专线现场胶接绝缘接头”，具有在常温下初期固化时间小于 45 分钟，胶结接头在施工完毕时即满足规定抗剪强度的技术特点；通过改进复合绝缘夹板工厂生产工艺和现场装配施工工艺，提高了胶接绝缘接头的整体剪切强度和电气绝缘性能，它具有施工工艺简单、绝缘性能稳定，能满足时速 250 千米及以上区段铺设无缝线路使用，为我国铁路客运专线一次性铺设跨区间无缝线路，提供了技术先进的现场胶接绝缘接头，为国内首创。

新纪录创造人：上海铁路局

61. 上海铁路局 2008 年 12 月 21 日 21 点 41 分，沪京动卧 D306 次从上海发车，创国内首发卧铺动车组列车新纪录。

新纪录创造人：上海铁路局

62. 中铁渤海铁路轮渡有限责任公司 2006 年 11 月 6 日—2009 年 2 月 28 日在“中铁渤海”系列渡船上，采用“紧凑型吊舱电力推进装置”，实际燃油限量值降耗率 28.5%，船舶污染物零排放，均为国内近海运输同类船舶节能减排首创。

新纪录创造人：中铁渤海铁路轮渡有限责任公司

63. 北京铁路局天津供电段 2008 年 10 月研制成功电气化铁路复线接触网防误送电装置，并在京哈线投入应用，为世界首创。

新纪录创造人：北京铁路局天津供电段

64. 北京铁路局天津供电段承建，并于 2008 年 4 月 11 日下线供电站承建的首个时速 350 公里动、静调试试验牵引供电工程，利用现有场地布置成 L 型，全长 2.76 公里，南、北侧直线段都和静调厂房调车线相连接，北侧直线段轨距能在 1 000 毫米与 1 676 毫米之间任意调整，既有城轨试验线与动调试验线的长边并行，交、直流混合供电，接触网采用双接触线＋双承力索全补偿简单链型悬挂（直链型），为国内首创。

新纪录创造人：北京铁路局天津供电段

65. 北京国铁华晨通信信息技术公司 2007 年建设的青藏铁路线路视频监控系统，实现了铁路第一条覆盖线路的综合视频监控系统，为国内首创。

新纪录创造人：北京国铁华晨通信信息技术公司

66. 北京全路通信信号研究设计院研制，并于 2008 年应用于全国铁路带六次大提速的 CTCS－2 级列车运行控制系统，保证了动车组高速度、高密度、追踪的运行安全，创国内列车运行控制技术新纪录。

新纪录创造人：北京全路通信信号研究设计院

67. 北京中铁通电务技术开发中心研制，并于 2009 年 1 月联网开通的 RD1 型电加热道岔融雪系统，创国内铁路大规模应用电加热道岔融雪技术新纪录。

新纪录创造人：北京中铁通电务技术开发中心

68. 中铁快运股份有限公司 2007 年 9 月期为快速消费品生产企业提供从原料采购到产成品分销、覆盖整个供应链的集成化物流服务解决方案，创国内铁路专业运输企业物流模式新纪录。

新纪录创造人：中铁快运股份有限公司

69. 中铁特货运输有限责任公司 2009 年 4 月承运中国第一重型机械集团公司出口韩国的二片 5.5 米轧机机架，这两件货物的运输重量分别为操作侧机架 406.5 吨、传动侧机架 411.5 吨，外形尺寸均为 15 200 毫米 ×2 300 毫米 × 4 670 毫米，装后均为超级超限，二级超重，使用当前国内载重重量最大的货车 D45 型落下孔车进行运输，创国内铁路单件货物运输重量新纪录。

新纪录创造人：中铁特货运输有限责任公司

70. 中国铁路物资总公司 2008 年实现销售收入 1 002 亿元，实现利润 6.59 亿元，居国内同行业之首。

新纪录创造人：中国铁路物资总公司

71. 天津铁路信号工厂 2008 年研制的铁路客运专线信号箱式机房，实现模块化标准化和工厂化施工，并在武广铁路客运专线通信信号综合试验段运行，为国内首创。

新纪录创造人：天津铁路信号工厂

72. 唐山轨道客车有限责任公司 2008 年 6 月 24 日制造的时速 350 公里 CRH3 型高速动车组，在京津城际线上试运行，最高时速 394.3 千米创国内铁路客车最高时速新纪录。

新纪录创造人：唐山轨道客车有限责任公司

73. 唐山轨道客车有限责任公司 2009 年 3 月 19 日下线的出口加纳动车组，采用动力分散内燃交流传动方式，米轨内燃动车组，全列为 6 辆编组，2 动 4 拖，两端为动车，中间为拖车。以柴油发电机为动力源，交直交电传动方式。全列车约 108 米，车宽 2 650 毫米，符合加纳铁路限界和 1 067 毫米轨距，定员 616 人，设计运行时速为 80 公里，创国内米轨内燃动车组首次出口非洲加纳新纪录。

新纪录创造人：唐山轨道客车有限责任公司

74. 齐齐哈尔轨道交通装备有限责任公司 2008 年 1—12 月，新造货车 13 个品种 10 561 辆，修理货车 2 567 辆，造修起重机 5 台，供外配件 57.2 万套件，创国内轨道交通设备制造业新造铁路货车年产量最多新纪录。

新纪录创造人：齐齐哈尔轨道交通装备有限责任公司

75. 中国南方机车车辆工业集团株洲电力机车有限公司 2009 年 4 月研制的 DK－2 型机车电控制动机，具备完善的微机模拟控制、网络通信、故障智能诊断等信息化功能，采用微机模拟控制技术，能实现列车自动制动与机车单独制动，以及控电联合制动、断钩保护、列车充风流量检测、制动重联、列车电控制动、列车速度监控配合等功能，具备单机自检、故障诊断、数据记录与存储等智能化、信息化功能，具备 MVB、CAN 等网络通讯接口，可通过网络实现远端制动重联控制，适应现代机车制动机信息化以及网络控制的发展要求，为国内首创。

新纪录创造人：南方集团株洲电力机车有限公司

76. 中国南方机车车辆工业集团株洲电力机车有限公司2009年研制的和谐型大功率交流传动六轴9 600千瓦货运电力机车，集成了当今世界大功率交流传动电力机车的前沿技术，创货运电力机车上技术最先进、单台机车功率最大的铁路牵引动力装备世界纪录。

新纪录创造人：南方集团株洲电力机车有限公司

77. 中国北车永济新时速电机电器有限责任公司2008年研制出单机功率3兆瓦双馈异步风力发电机，单机功率最大的机壳水冷式双馈异步风力发电机，转子为绕线式结构，外接变频电源供电，调节励磁电流的频率可以使电机在不同的转速下实现恒流发电，满足用电负载和并网的要求，为国内首创。

新纪录创造人：中国北车永济新时速电机电器有限责任公司

78. 太原轨道交通装备有限责任公司2008年6月完成的SS3固定重联改造机车，将两节SS34000系列机车车体改造为连挂的12轴重联机车车体，首次在大修电力机车上加装中央控制单元（CCU），增加列车控制网络（TCN）系统，并采用列车网络（WTB总线）和车辆网络（MVB总线）两级网络进行数据传输，采用LCU、DKL、微机柜、螺杆式压缩机、气囊式受电弓、ABB接触器、走行部故障监测装置等技术，并首次在电力机车上将DKL、空调装置故障信息引入网络，为国内首创。

新纪录创造人：太原轨道交通装备有限责任公司

79. 中国北车集团太原机车车辆厂2006年2月—2007年2月研制的新型加盖漏斗车，具有能防雨挡风的活动圆弧顶盖及开闭机构，车体主要材质采用了屈服强度为345兆帕的TCS345不锈钢，轴重25吨，底门开闭机构部分配件采用高分子尼龙材料等，可装运成品石灰、矿石、煤炭等散粒货物，适用于依靠高料仓装货，而且地面设有受料坑传输装置的供两侧同时卸货、容量足够的卸货沟或高栈台，可风动快速卸车，也可手动卸车，为国内首创。

新纪录创造人：中国北车集团太原机车车辆厂

80. 太原轨道交通装备有限责任公司2007年11月，开发设计的TY270型隧道牵引车，采用液力传动方式，选用德国道依茨BF6M1013CP发动机、日本新泻TDCN－33－1055型液力－机械变速箱，发动机功率181千瓦，车重27吨，轨距900毫米，轴距2 600毫米，曲线通过半径25米，最大粘着牵引力46千牛，运用速度30千米/时，满足隧道内积水400毫米工况下正常工作的要求，为国内首创。

新纪录创造人：太原轨道交通装备有限责任公司

81. 太原轨道交通装备有限责任公司2006—2008年9月研制出70吨级不锈钢石碴漏斗车，由车体、卸碴系统、车钩缓冲装置、制动装置及转向架等组成。车体与货物接触部位的型钢、板材均采用TCS345不锈钢，为国内首创。

新纪录创造人：太原轨道交通装备有限责任公司

82. 西安轨道交通装备有限责任公司2009年4月研制的23吨轴重低压液化气体罐车，在准轨铁路使用，装运二甲醚、碳5及正丁烷、异丁烷、丁烯、异丁烯、丁二烯及物化性质与其相近的液化气介质，为国内首创。

新纪录创造人：西安轨道交通装备有限责任公司

83. 北京南口轨道交通机械有限责任公司2006至今研制的开利系列制冷压缩机用螺杆转子，转子齿形精度可达到0.005毫米，齿面粗糙度Ra0.1～0.2微米，使用效率90.0%，为国内首创。

新纪录创造人：北京南口轨道交通机械有限责任公司

84. 北京南口轨道交通机械有限责任公司2007年在引进大功率内、电机车低温球墨铸铁箱体国产化项目中，开发了法国奥荷能9种电机产品、3种克鲁索法铁6轴车齿轮箱、抱轴箱产品、DJ8（6轴原装机车）齿轮箱、抱轴箱出口产品、ALSTOM德国11种产品、庞巴迪大连项目4种产品，完成了200千米/小时CA250动车组齿轮箱项目的开发，利用ALSTOM技术对国产既有机车齿轮箱改造项目，解决国产机车齿轮箱漏油、开裂等技术难题，完成DF4、SS4G、SS3B、DF8B齿轮箱的研发工作并取得成功，为国内首创。

新纪录创造人：北京南口轨道交通机械有限责任公司

85. 长春轨道客车装备有限公司2008年批量检修25T型客车40余辆，居国内同行业之首。

新纪录创造人：长春轨道客车装备有限公司

86. 长春轨道客车装备有限责任公司2008年研发的“扭杆座焊接定位工装”，为横梁和梯形连接体构成的衣形板状结构，横梁的两端分别设有调整托垫，横梁上横向开有若干连接通孔，连接体的中部设有中心孔，底部均匀分布连接孔，利用了原客车尺寸合格、固定，扭杆座和回转支座安装座到标准轨道差的原理，利用回转支座安装座孔和平面作为定位基准，扭杆座的三个坐标方向的位置得到保证，为国内首创。

新纪录创造人：长春轨道客车装备有限公司

87. 长春轨道客车装备有限责任公司2008年承担的“韩国制造25C型不锈钢车检修工艺的开发及加装改造设计的研究”项目，解决了不锈钢车体车顶漏水等问题，并对原车空调控制单元、电源控制单元、充电整流单元以及照明控制单元进行了改造，同时将应急电池箱、应急蓄电池、信息显示屏、电子防滑器、轴温报警器、盘形制动单元等按照通用标准进行了国产化改进；编制了《不锈钢车体检修标准》等12项检修技术标准，实现修理国产化，创国内同类客车修理工艺及规程新纪录。

新纪录创造人：长春轨道客车装备有限公司

88. 长春轨道客车装备有限责任公司2005—2008年承担的“提速客车检修工艺技术及检测、试验技术”项目，包括《25T型客车A4－Ⅰ级修规程》（初稿）、生产工艺方案、工艺流程图、配件检修技术标准、生产过程质量记录、新产品鉴定报告等材料，形成完善的25T型客车A4修工艺，创国内25T型提速客车厂修工艺新纪录。

新纪录创造人：长春轨道客车装备有限公司

89. 长春轨道客车装备有限责任公司2008年研发的“平巷人车对开拉门机构”，包括左门板、右门板、上滑道、下滑道、滑道固定板，左门板与右门板可沿上滑道与下滑道滑动；其特征在于对开拉门安装于平巷人车上，对开拉门的左门板、右门板采用鼓形结构，与鼓形车体相匹配；滑道固定板将上滑道固定在侧墙上；下滑道安装在地板上，其结构包括左门板、右门板与上滑道、下滑道凹凸配合；

或半圆柱与半圆槽配合；或左门板、右门板安装滚轮组件，滚轮安装于滑道的滑槽内，可以有效密封车体，为国内首创。

新纪录创造人：长春轨道客车装备有限公司

90. 长春轨道客车装备有限责任公司 2007 年研发的“双层动拖全列逆变器并联装置”，电源输出采用变压器隔离，全列 AC380V 可并联运行，整列冗余；电源结构紧凑，功率模块安装在干燥防水的壳体内，防护等级可达到 IP65，整个电源可以安装在车上或车下；当全列逆变器都正常工作时，每台逆变器的输出接触器（KM10）闭合，母线接触器（K01）吸合，逆变器正常向本车及母线输出电压；当全列中有一台逆变器故障并停止工作时，有故障的逆变器输出接触器（KM10）断开，母线接触器（K01）保持吸合，故障逆变器的输出端 AC380V 电源线通过接触器（K01）与母线连接，母线电压由其余正常工作的逆变器提供，可保证全列客车的正常用电，为国内首创。

新纪录创造人：长春轨道客车装备有限公司

91. 长春轨道客车装备有限责任公司 2002—2008 年 9 月承担的“蓝箭动车组拖车 D 级检修工艺开发”项目，攻克了真空集便系统、密接式钩缓装置、F8 集成电路控制系统、CW－200 型高速转向架、电子防滑器、稳压水泵、电控气动塞拉门、逆变电源装置等新型技术；开发了其检修标准，编制了 38 项检修标准，40 项质量检查合格证、28 个部位的检查验收标准；汇编了日检、A、B、C、D1、D2、D3 不同 D 级修程的技术标准；并起草了其 E 级（即 A4 级）检修规程报部建议稿，创国内动力集中式电动车组拖车检修工艺新纪录。

新纪录创造人：长春轨道客车装备有限公司

92. 长春轨道客车装备有限责任公司 2008 年研发的“铁路客车轴承自动控制注脂设备”，机壳上方固定连接电控柜，注油箱与机壳顶部固定连接，油泵电机位于机壳内部并与油泵固定连接，进油管一端与注油箱连接，另一端与油泵连接，该油泵不经过阀门与出油管连接；在油泵电机的作用下带动油泵旋转，通过油管将油脂吸入到油泵中，再由油泵排出，通过阀门及出油管再将油脂注入轴承中，为国内首创。

新纪录创造人：长春轨道客车装备有限公司

93. 长春轨道客车装备有限责任公司 2008 年研发的“铁道客车穿线机”，由牵引电机、减速机、移动机构、托挡升降机构、卷线机构组成，降低了工人劳动强度，节省了作业时间，提高了铁路客车的配线质量，为国内首创。

新纪录创造人：长春轨道客车装备有限公司

94. 长春轨道客车装备有限责任公司 2008 年研发的“模块式组合压接钳”，上钳口模块与上模块座通过螺钉一连接，上模块座通过螺钉二与压动手柄连接，下模块座通过轴一与上模块座连接，连板通过轴二和轴三分别与压动手柄和下模块座连接，下钳口模块通过螺钉与下模块座连接，该下钳口模块仅有一个钳口，且有三种不同钳口；分别为压接 35 平方电缆的钳口、压接 25 平方电缆的钳口、压接 16 平方电缆的钳口，压动手柄带动上钳口模块与下钳口模块正常分和实现其压接功能，根据生产需要随时调换模块下钳口，一钳多用，提高了生产率，降低了生产成本，为国内首创。

新纪录创造人：长春轨道客车装备有限公司

95. 长春轨道客车装备有限责任公司 2008 年研发的“客车工艺台车过渡座装置”，采用圆柱筒两端面设有两个平面座，每个平面座的中心开有落座孔，解决了配备 CW－200 型高速客车转向架的厂修客车落车时工艺台车与客车车体上的扭杆吊座相互干涉的问题，为国内首创。

新纪录创造人：长春轨道客车装备有限公司

96. 长春轨道客车装备有限责任公司 2008 年研发的“抗侧滚扭杆座改造高度差定位法”，以牵引拉杆座的下平面作为抗侧滚扭杆座的定位基本面，能保证抗侧滚扭杆座的定位精度，满足 25T 型车改造维修的要求，降低维修成本，为国内首创。

新纪录创造人：长春轨道客车装备有限公司

97. 长春轨道客车装备有限责任公司 2008 年研发的“微机控制车辆轴承自动注油机”，使用微机控制，注油机数据可校准、注油量可控；同时具有判断功能和记忆功能，实现了断电保护、断电报警、数据自动保存、断电后数据无丢失，机器控制记录记载及记录打印，避免手工填写记录，为国内首创。

新纪录创造人：长春轨道客车装备有限公司

98. 长春轨道客车装备有限责任公司宽城分公司 2004 年研发的“旋压劈开式活塞”，利用旋压非对称双面劈开技术，在国产的 60 吨立式数控旋压机床上，利用具有合理角度的硬质劈轮，对旋转着的圆钢板坯料截面边缘作逐渐径向进给挤压，以使坯料沿劈厚方向分开成两部分，之后对较厚部分，沿截面再次进行逐渐径向进给挤入，使毛坯沿壁厚方向分成三个部分，根据不同需要，选择不同的劈入深度，然后再使用不同的成型旋轮对已劈开的两部分进行整形，得到所需要的形状和尺寸公差的零件，为国内首创。

新纪录创造人：长春轨道客车装备有限公司

99. 长春轨道客车装备有限责任公司宽城分公司 2008 年研发的“一种碟型旋压机械加工的方法”，最大可旋压直径 406 毫米、壁厚 6 毫米的大直径薄壁管件，封头为双圆弧过渡结构，长径为径向方向的蝶形封头结构，为国内首创。

新纪录创造人：长春轨道客车装备有限公司

100. 长春轨道客车装备有限公司 2008 年研发的“屏蔽六角螺母”，使用时利用屏蔽六角螺母端面有 6 个突点与相对应屏蔽体在安装锁紧螺母过程中划去 6 个突点接触处的油漆，为国内同行业首创。

新纪录创造人：长春轨道客车装备有限公司

101. 长春轨道客车装备有限责任公司 2008 年研发的“电钻定位装置”，主要结构是靠板和螺栓，用螺栓连接靠板，形成固定装置，将手电钻固定在两靠板之间，用螺栓紧固，定钻定位装置紧靠在待加工料件上，调整钻头位置，保证钻头与靠板平行，从而保证了产品加工尺寸质量精度，防止电钻偏摆，保证操作安全，为国内同行业首创。

新纪录创造人：长春轨道客车装备有限公司

中国船舶工业协会推荐

1. 中船江南重工股份有限公司 2008 年研制的 C 型 LNG 不锈钢独立液舱，为国内同行业首创。

新纪录创造人：谢菊文　汪言胜　黄　杰　潘来发　王庆祥

2. 中船江南重工股份有限公司2009年制作虹桥枢纽高架桥项目，工程钢箱梁采用扁平弧形断面钢箱梁，总用钢量13 200吨，钢梁标准段宽度为40.2米，转弯段局部宽度达51米，采用厂内整体制作桥梁，然后拆分厂内制作段，现场拼装成吊装分段的制作工艺，工期45天，创国内同类设备制造吊装工期新纪录。

新纪录创造人：刘建人　丁佩良　徐雅芳　李　彪　汪维建

3. 中船澄西船舶修造有限公司2007年3月承修改装的美国"洛克"轮74 000吨自卸改装船交付，采用应用造船精度控制技术，优化大功率侧推装置启动技术，采用中压电力系统，降低了大功率侧推装置马达起动电流对电站的冲击，同时减小了电站容量等技术，为国内首创。

新纪录创造人：中船澄西船舶修造有限公司

4. 中船澄西船舶修造有限公司2008年3月承修的大型耙吸式挖泥船"尼罗河"项目，研究出大型泥浆泵（叶轮直径3 000毫米）的维修技术、舱底卸载泥门修理技术、特种耐磨材料的焊接技术、泥管内衬特种复合材料（Hard Facing Plate）的加工技术以及机械加工中采用激光定位控制精度等技术，为国内首创。

新纪录创造人：中船澄西船舶修造有限公司

5. 中船澄西船舶修造有限公司2008年12月11日下水的53 000吨双壳散货船，船台周期33天，码头舾装57天，创国内建造同类型散货船周期最短新纪录。

新纪录创造人：中船澄西船舶修造有限公司

6. 中船澄西船舶修造有限公司2009年4月15日，利用修船旧浮船坞改造建造30 000吨散货船，并在浮船坞内搭载合拢，为国内首创。

新纪录创造人：中船澄西船舶修造有限公司

7. 中船澄西船舶修造有限公司2008年共完成风力发电塔400套，居国内行业之首。

新纪录创造人：中船澄西船舶修造有限公司

8. 中船澄西船舶修造有限公司2008年12月26日建成的17万吨级浮船坞"江山"号，利用船台建造浮船坞做法建造浮船坞，采用加载压载水方案、滑板铺设方案、结构加强方案，全站仪等先进的测量技术等方案技术，保证了浮船坞水下完成合拢对接，为国内首创。

新纪录创造人：中船澄西船舶修造有限公司

9. 中海工业有限公司2008年建造的钢质修船专用"中海峨眉山"浮船坞，总长410米，型宽82米，举力8.5万吨，自重4.2万吨，创修船浮船坞最大世界纪录。

新纪录创造人：中海工业有限公司

10. 中海工业有限公司2008年修理改造船舶艘数533艘，居国内同行业之首。

新纪录创造人：中海工业有限公司

11. 中海工业有限公司2009年建造900吨×239米龙门式起重机，创单主梁龙门式起重机跨度最大世界纪录。

新纪录创造人：中海工业有限公司

12. 大连船舶重工集团有限公司2005—2008年，开展"超大型油船两/三大段坞内漂浮合拢"新工艺研究，将整船划分成两大段分别在不同的设施上并行建造，其中一大段船体完工后下水漂浮到30万吨船坞内落墩，与船坞内的另一大段船体进行合拢，最后完成整体装配与焊接，整船安全漂浮出坞，缩短在30万吨船坞内装配焊接建造的时间，提高了建造大型船舶的整体效率；至2008年，实现了大型船舶的三大段造船法，即将一条整船分为艏、艉、舯三大段并行建造，其中艏段、艉段分别在两个小型设施上建造，完工下水后漂浮到30万吨船坞内，与坞内建造的舯段合拢，总装完毕后整船漂浮出坞。通过从两大段造船法向三大段造船法的技术升级，更加有效地缩短了造船周期，达到了提高造船资源利用率、增加产能的目的，与同类产品以往建造周期比较，实际建造周期平均缩短2个月，交船期最多缩短5个月，为国内同行业首创。

新纪录创造人：大连船舶重工集团有限公司

13. 大连船舶重工集团有限公司2008年研制成功的400英尺自升式钻井平台"海洋石油942"，首次实现在平地建造；首次在砂石地进行分段合拢；首次实现了总重超过2万吨平台的平地拖移；首次采用平台站桩、悬臂梁推移上平台的合拢方法，解决了大吨位悬臂梁的合拢受到吊车能力限制问题；首次在整个水下阶段没有船用吊车的条件下，实现了所有的水下安装、试验以及桩腿接长工作；首次大面积、全方位使用履带吊进行所有的分段合拢等大型吊装，并保证了质量和进度，创国内同行业以总承包商身份研制国内最大、最先进的自升式钻井平台新纪录。

新纪录创造人：大连船舶重工集团有限公司

14. 大连船舶重工集团有限公司2008年底设计建造完成3 000米深水半潜式钻井平台，创国内海洋工程重大装备研制新纪录。

新纪录创造人：大连船舶重工集团有限公司

15. 大连船舶重工集团有限公司2005—2009年推行质量确认制，取得了良好的效果，2008年各型产品的水下建造周期均大幅缩短，其中4 250箱集装箱船缩短到30天，1 800箱集装箱船缩短到33天，7.6万吨成品油船缩短到69天，11万吨成品油船缩短到60天，为国内同行业首创。

新纪录创造人：大连船舶重工集团有限公司

16. 沪东中华造船（集团）有限公司2008年研发并推广应用造船三维数字化设计平台——船舶产品设计系统（SPD），为国内同行业首创。

新纪录创造人：沪东中华造船（集团）有限公司

17. 上海船厂船舶有限公司2009年为德国NV公司建造的3 500箱集装箱船从上船台到下水用时42天，其中有效工作日29天，创国内中型集装箱船的船台建造周期最短新纪录。

新纪录创造人：上海船厂船舶有限公司

18. 上海外高桥造船有限公司2008年通过实施一体化管理、提升工时效率、严控产品质量、保障劳务工权益，关注信息化，推进降本增效等措施，实现销售总额189.37亿元，实现利润30.21亿元，居国内同行业之首。

新纪录创造人：上海外高桥造船有限公司

19. 上海外高桥造船有限公司2008年造船总量466.1万载重吨，居国内同行业之首。

新纪录创造人：上海外高桥造船有限公司

20. 上海外高桥造船有限公司2008年10月建成绿色环保型VLCC“华山”号，船长333米、型宽60米、型深30.5米，31.8万吨载重，设计吃水21米，航速为16.1节，续航力29 000海里，该船应用了永久检查通道、燃油舱双壳保护、泵舱双层底、低硫燃油舱设置等新的技术规范，达到了绿色环保要求，是世界上建成的第一艘全面满足由国际船级社协会（IACS）制定的最新《共同结构规范》（CSR）载重吨最大、款式最新的超级油轮，为国内首创。

新纪录创造人：上海外高桥造船有限公司

21. 上海江南长兴造船有限责任公司2008年总产值550 047万元，交船6艘，110万载重吨，居国内同行业之首。

新纪录创造人：上海江南长兴造船有限责任公司

22. 上海江南长兴重工有限责任公司2009年3月30日在船坞内利用“六船起浮，三船出坞”的作业法，完成2艘5100TEU集装箱船和1艘11万吨油轮完整性出坞，2艘5100TEU和1艘8530TEU半船状态移位落墩的作业过程，创国内船舶制造过程中同时船体移位数量新纪录。

新纪录创造人：上海江南长兴造船有限责任公司

23. 渤海船舶重工有限责任公司船研所2005年月3月建造的163000DWT船原油船，总长274.53米，载重量（结构吃水）163 000吨，采用有较好抗疲劳性能和优良力学性能的横剖面，燃油舱与船壳之间设置燃油舱双壳保护，满足环保要求，为国内首创。

新纪录创造人：渤海船舶重工有限责任公司

24. 渤海船舶重工有限责任公司船研所2005年3月研发的320000DWT VLCC，总长约332米，载重量（结构吃水）320 000吨，可以经过马六甲海峡的最大型原油船和世界上首条满足JTP要求的马六甲型油船，为国内首创。

新纪录创造人：渤海船舶重工有限责任公司

25. 渤海船舶重工有限责任公司船研所2007年3月研发的388000DWT船矿砂船，总长360.92米，载重量（结构吃水）388 000吨，续航力25 000海里，创矿砂船载重最大世界纪录。

新纪录创造人：渤海船舶重工有限责任公司

26. 渤海船舶重工有限责任公司2007年开发的模块制造管理系统，由基础数据管理、计划管理、生产管理三大功能模块组成，实现了在网上直接流动，减少了中间的环节，为国内首创。

新纪录创造人：渤海船舶重工有限责任公司

27. 江苏熔盛重工有限公司2008年8月与巴西淡水河谷公司签订了12艘40万吨的超大型矿砂船订单，创单笔造船订单最大世界纪录。

新纪录创造人：江苏熔盛重工有限公司

28. 江苏熔盛重工有限公司2005年11月—2008年2月建设的造船一期工程，包括2座大型造船坞（460米×102米、530米×102米）、材料及舾装码头（总长780米），以及配套的钢板顶板处理工场、切割部件工场、平曲面分段工场、舾装中心、管子加工中心、分段涂装工场、公用电力等设施，配套设施总建筑面积54万平方米，从开工建设到首制船交付仅用28个月，创国内同等规模船厂建厂速度新纪录。

新纪录创造人：江苏熔盛重工有限公司

29. 上海振华重工集团股份有限公司2009年7月设计、建造的大型铺管起重船“海洋石油20二号”正式交付，采用驳型，非自航，适拖于无限航区，能保持60天自持作业能力，主要用于浅海海域海底管线铺设和起重作业，能够把石油管道铺设到300米的水下，为国内首创。

新纪录创造人：上海振华重工集团股份有限公司

30. 扬帆集团有限公司2008年1月8日开工，2009年4月建成的5 000个车位汽车运输滚装船，主甲板以下为刚性结构，主甲板以上货舱区为柔性设计，由于减少了上建外板厚度，5甲板到12甲板存在最大位移0~300毫米，整船的重心较低，船舶稳性较强，12层甲板货舱内只设立柱，无多道横舱壁结构，汽车上下滚装通畅方便，无阻碍，而且本船底部可装载重型汽车，创国内大型车滚船产品建造新纪录。

新纪录创造人：扬帆集团有限公司

31. 广州文冲船厂有限责任公司2007年研制建造的16 888立方米大型耙吸挖泥船，创国内自航式耙吸挖泥船泥舱容量最大新纪录。

新纪录创造人：广州文冲船厂有限责任公司

32. 厦门船舶重工股份有限公司2007年4月9日—2008年1月4日建造的4900PCTC船（404C船），船台112天、码头72天、周期271天，创国内同类型船舶建造周期最短新纪录。

新纪录创造人：厦门船舶重工股份有限公司

33. 厦门船舶重工股份有限公司截至2008年研制建造4900PCTC滚装船，累计交船10艘，该船总长182.8米，型宽31.5米，设计吃水7.7米，设计航速20.7节，拥有4 900个标准车位，创国内同行业建造同类船型数量最多新纪录。

新纪录创造人：厦门船舶重工股份有限公司

34. 厦门船舶重工股份有限公司2004年6月将安全生产管理和5S管理合为一体（A+NS），S可以无穷延伸，但都归集于A（安全）之下，以A（安全）为目的，以S为手段，“AS管理”模式是国内船舶制造企业将安全生产与“5S”实现一体化管理的模式，为国内同行业首创。

新纪录创造人：厦门船舶重工股份有限公司

35. 广州广船国际股份有限公司2008年12月5日交付使用的50 500吨一号化学品/成品油轮，舯横剖面、外板展开图、焊接规格表、结构区域图等船体结构图纸的设计完全满足CSR规范要求；采用了三舱段有限元计算技术计算船体梁在静水与波浪弯矩和剪力作用下的总纵强度满足结构设计的要求；CSR条件下全新的货油舱设计，保留了先进的无壁墩横槽形舱壁和折线内壳、内底的设计，槽形横壁顶不设强横梁，为满足共同规范要求达到的25年疲劳寿命，在货舱区外板舷侧纵骨设置了特殊抗疲劳贯穿孔以及补板；“破损率控制在2.0%以下”的涂层新标准建造实施；采用多项环保设计，完全满足RINA船级社GREEN STAR入级的环保设计；采用了全悬挂舵及在机舱区域净舱底水舱与艉部冷却水舱外板连接处增加了一个“呆木结构”的设计和制造技术，提高了船舶操纵性等技术，满足油船共同结构规范（CSR）的船舶，为国内首创。

新纪录创造人：广州广船国际股份有限公司

36. 江苏新世纪造船有限公司截至 2008 年累计交付 73 400 吨原油/成品油船 52 艘，居国内同行业之首。

新纪录创造人：江苏新世纪造船有限公司

37. 上海船用曲轴有限公司 2008 年 1 月 8 日试制成功 MAN 公司设计的 8K80MC – C 曲轴，2008 年 7 月试制成功 MAN 柴油机设计公司的 90 机曲轴，2008 年 10 月份试制成功瓦锡兰柴油机设计公司的 8RT – flex68D 曲轴，产品覆盖了两大低速柴油机公司缸径 500 毫米及以上全部规格曲轴，同年共制造曲轴 70 根，占全国曲轴年产量 80.0%，居国内同行业首位。

新纪录创造人：上海船用曲轴有限公司

38. 武汉船用机械有限责任公司 2009 年研制成功的 30 吨 – 24 米、30 吨 – 30 米两种型号船用吊车，吊车塔身结构采用圆筒形结构；吊车的液压系统采用负载敏感控制技术；吊车采用高油压系统和大减速比传动机构，在有效减小机芯部分体积，增大吊车自身维修空间的同时，减小系统的流量，液压系统大量采用了软管，减少了管路的制造难度和故障隐患；电控系统采用 PLC 控制技术，集成了综合船桥控制功能，大大减轻了船用吊车的操作强度，使吊车智能化操控成为现实；系统采用自耦降压启动方式，降低了吊车的启动电流，减轻了对船舶电站的冲击，创国内同类船用吊车首制新纪录。

新纪录创造人：徐　兵　霍小剑　胡兴城　王荣军　任建辉

39. 武昌船舶重工有限责任公司 2008 年 8 月承担北京奥运会开闭幕式舞台设备制造任务，用时 13 个月，完成了“九州地球”、画轴、五洲乐台、记忆塔等 7 类 81 台套现代化奥运会舞台设备制造、安装和拆卸任务时间短、可靠性强、零故障，为国内同行业首创。

新纪录创造人：杨志钢　胡德芳　任鸿顺　刘　君　彭汉兰

40. 武昌船舶重工有限责任公司 2007 年 6 月完成的杭州湾跨海大桥钢结构制造任务，北通航孔桥为主跨 448 米钻石型的双塔双索面钢箱梁斜拉桥，南航道桥为主跨 318 米的 A 型单塔双索面钢箱梁斜拉桥，主梁为栓焊扁平钢箱梁，梁高 3.5 米，梁总宽 37.1 米，为双向六车道高速公路桥，南航道桥 42 个钢箱梁共 10 094 吨，北航道桥 67 个钢箱梁共 15 870 吨，匝道桥为 8 800 吨，共计 34 764 吨，无损检测合格率 98.0%，创国内桥梁钢结构制造新纪录。

新纪录创造人：杨志钢　胡德芳　杨少稀　吴跃波　阮家顺

41. 宜昌船舶柴油机有限公司 2008 年 11 月 15 日研制出世界首台 YMD – MAN B&W 6S35ME – B 智能型二冲程船用低速柴油机，适用于散货船、油船和集装箱船，为国内首创。

新纪录创造人：宜昌船舶柴油机有限公司

42. 济南昌林气囊容器厂研制的高承载力气囊，2008 年 8 月，用于浙江三门健跳船厂顺利下水的一艘 55 000 吨级的巴拿马型散货船“VICTORIA I”，该船长 190 米，宽 32.26 米，深 18 米，下水重量 12 000 吨，创船舶气囊下水重量世界新纪录。

新纪录创造人：济南昌林气囊容器厂

43. 河南柴油机重工有限责任公司 2007 年 7 月完成的《“TBD620L6 柴油机”研制项目》，将“HALLO 高低负荷最优化涡流”技术、PEARL 排气系统、高效能增压技术、断气保护技术应用在 TBD620L6 柴油机研制中，使 TBD620L6 柴油机功率提升 20.0%，从而完善了 620 系列柴油机的功率链，弥补了 604BL6 与 620V8 机之间的功率空白，为国内同行业首创。

新纪录创造人：刘藏会　刘丕人　刘之宇　焦会英

44. 河南柴油机重工有限责任公司 2008 年 3 月完成《236 系列柴油机研制》项目，通过引进消化吸收再创新，研发出 TBD236V8、TBD236V12、TBD236L6 三种新型柴油机，缸径由 TBD234 的 128 毫米扩至 132 毫米，通过扩缸，采用四气门技术，提高喷射压力，优化增压器的匹配等技术措施，提高了单缸功率，降低了油耗和排放，整机性能及可靠性均比 TBD234 机有较大提高，是水陆通用、用途广泛的新机型，并实现产业化，为国内同行业首创。

新纪录创造人：刘之宇　赵幼明　李　明　张华伟

45. 南通中远川崎船舶工程有限公司 2008 年设计、建造的 30 万吨级矿砂运输船（VLOC）“HE HENG”号，船总长 327 米，型宽 55 米，型深 29 米，采用了绿色环保的设计理念，满足《国际海上防污公约》和船舶建造新规范，创国内 30 万吨级矿砂运输船建造新纪录。

新纪录创造人：南通中远川崎船舶工程有限公司

中国集装箱工业协会推荐

1. 新世纪标志（深圳）有限公司 2008 年研发的界面机，将界背机和面纸机合并，实现了界背机和面纸机两种生产工艺在同一部机器上进行生产，为国内首创。

新纪录创造人：新世纪标志（深圳）有限公司

2. 新世纪标志（深圳）有限公司 2008 年 9 月 8 日完成半自动线位机研制，提高工作效率 20.0%，解决了原工艺对环境污染的问题，为国内同行业首创。

新纪录创造人：新世纪标志（深圳）有限公司

3. 帝兴树脂（昆山）有限公司 2008 年 9 月研发的 Uralac@ corres，是新一代防腐涂料用聚酯树脂，作为一种非环氧的底涂系统，对底材起到优秀的保护作用，能有效降低环氧涂料的传统缺陷（底漆与面漆之间因为附着力不好而分层）引发的风险，Uralac@ corres 聚酯树脂生产的粉末涂料通过减少生产过程中的废弃物、降低溶剂挥发量达到环保的目的，减少甚至完全省却了金属底材的预处理步骤，也减少了对环境有害的化学物质的使用，为国内同行业首创。

新纪录创造人：帝兴树脂（昆山）有限公司

中国国防科技工业企业管理协会推荐

1. 中国运载火箭技术研究院自 1996 年以来连续成功发射长征系列运载火箭 50 次，创中国航天事业新纪录。

新纪录创造人：中国运载火箭技术研究院

2. 中国资源卫星应用中心截至 2009 年 6 月底，向用户分发陆地观测卫星数据 105 万景，其中，资源系列卫星数据 79 万景、环境减灾卫星数据 26 万景，居世界同行业之首。

新纪录创造人：中国资源卫星应用中心

3. 上海超级计算中心2009年6月曙光5000A—“魔方”超级计算机投入使用，“魔方”的计算能力超过曙光4000A计算能力的20倍，可为气象、海底隧道、环保、大飞机制造、船舶、汽车、建筑、钢铁、石油天然气勘探数据分析、机电等领域提供强有力的计算服务，为城市减灾防震提供安全保障，创国内计算机运算速度最快新纪录。

新纪录创造人：上海超级计算中心

4. 中国航天科技集团公司七院7102厂研制的CZ3000/2CNC数控旋压机，可完成铝合金、不锈钢、锆无氧铜等材料的筒形、锥形、半球形、其他曲母线零件及满足用户特定的产品工艺要求等冷、热旋一体的强、普结合旋压成形，设备总重110吨，单轮最大旋压力400千牛，最大加工直径3米，整机具有稳定性好、操作维护方便、运行安全可靠等特点；首次应用了产品在线跟踪测量系统、SpinCAD及基于UG平台自主开发的CAD/CAM图形编程软件等高端配套技术，为国内首创。

新纪录创造人：中国航天科技集团公司七院7102厂

5. 北京航天万源煤化工工程技术有限公司2008年10月31日研制成功“航天粉煤加压气化技术装置”，并在晋煤集团安徽临泉化工公司航天煤气化工业示范装置上一次点火投料成功，通过长周期运行试车，系统开车数据正常、运行稳定，日处理煤量700吨以上，为国内首创。

新纪录创造人：北京航天万源煤化工工程技术有限公司

6. 中国核工业集团公司2008年在融资和保险工作中开展集体化运作，建立了集团化融资、保险工作新模式，研发出国内首份《集团化融资银行机构公约》、《保险集团化运作共保人公约》和国内首份由企业起草的统一《借款合同》，为国内同行业首创。

新纪录创造人：中国核工业集团公司

7. 中国核工业集团公司2007年12月27日研制成功并通过鉴定的“大型核电站用堆外核测探测器”，经过核电站反应堆的实际使用和考核，产品或样机的主要性能指标达到要求，实现国产化，为国内首创。

新纪录创造人：中国核工业集团公司

8. 中国核动力研究设计院2007年12月发明的“一种以碳化硅微惰性基体的核燃料及其制备方法”，是一种以SiC为基体的惰性基体燃料的概念和制备方法，可用于燃烧Pu和次锕系元素，为国内首创。

新纪录创造人：中国核动力研究设计院

9. 中国核动力研究设计院2008年研发的核动力反应堆燃料元件包壳材料锆合金，用于轻水反应堆堆芯结构材料，为国内首创。

新纪录创造人：中国核动力研究设计院

10. 中国核动力研究设计院2007年12月研发的用硼特效树脂离子交换色谱法分离硼同位素的工艺，本工艺提供了一种分离体系，不仅分离系数较高（1.02），且在使用盐酸为洗脱剂时，无须再生树脂，色谱带的移动速度比强碱性和弱碱性树脂体系提高了2倍，大大缩短了富集时间，提高了富集速度，可在较短的时间内将同位素硼-10的富集度从天然硼酸中的19.8%提高到91.0%，是离子交换色谱法分离硼同位素中的一种性能高效、工艺简便的分离体系，为国内首创。

新纪录创造人：中国核动力研究设计院

11. 中国核动力研究设计院2007年12月发明的“超晶格热电材料的制备方法”是一种全新的制备超晶块体材料的方法，块体超晶热电材料用作热电的转换材料，对现有的热电能量转换系统和制冷系统带来很大的变化，可用作余热废热的利用和转换材料，可用作空间电源的转换材料，可代替现有的氟利昂压缩机作为制冷材料等，提高了热电材料的性能，拓宽了热电材料的使用范围，为国内首创。

新纪录创造人：中国核动力研究设计院

12. 中国核动力院研究设计四所通用设备研究室2009年1月19日研发的橡胶基柔性屏蔽材料及其制备工艺，以耐辐照丁苯橡胶味基体的屏蔽材料，通过密炼（或开炼）工艺，利用合理的多组添加剂改善胶料的理化性能，并用混炼工艺将其铅粉或碳化硼粉末均匀弥散在所选定的橡胶基体中，然后再通过交联工艺让胶料分子链增长，以进一步改善胶料的理化性能，并利用分子链的增长和延生对铅粉或碳化硼粉进行包装裹和定位，形成稳定的粉末填充产品，用于SBR橡胶基γ射线屏蔽材料和中子射线屏蔽材料生产，为国内首创。

新纪录创造人：中国核动力院研究设计四所通用设备研究室

13. 中国原子能科学研究院2008年8月在北京奥运反核恐怖活动与反爆炸恐怖活动中，研发并投入使用γ放射性安全检测装置和NQR爆炸物检测系统等装备，创国内大规模使用γ放射性安全检测装置和核四极矩共振（NQR）爆炸物检测系统新纪录。

新纪录创造人：中国原子能科学研究院

14. 核工业西南物理研究院2009年4月在中国环流器二A（HL-2A）装置物理实验中，首次实现了偏滤器位形下高约束模式（H模）运行，创国内聚变装置高约束模式运行新纪录。

新纪录创造人：核工业西南物理研究院

15. 核工业西南物理研究院2006年12月利用2兆瓦电子回旋共振加热系统，在中国环流器A（HL-2A）装置上加热等离子体，使等离子体电阻温度升高到5 500万度，创国内磁约束聚变最高温度新纪录。

新纪录创造人：核工业西南物理研究院

16. 中核（北京）核仪器厂2009年3月完成了C2项目堆芯中子注量率测量系统设备的设计制造，实现30万千瓦压水堆核电站堆芯中子注量系统的国产化，为国内首创。

新纪录创造人：中核（北京）核仪器厂

17. 中核四〇四有限公司2008年完成国内最大的铀转化工程建设，实现产能4 000吨/年，创国内铀转化生产能力新纪录。

新纪录创造人：中核四〇四有限公司

18. 中核兰州铀浓缩有限公司2008年研制生产的大功率新型中频专用电源，额定负载容量300千瓦，电源侧输入功率因数≥0.98；电源侧THD≤3.0%；总体效率≥95.0%；输出电压400伏±5.0%；输出功率因数0.9；过载能力120%；输出电源频率1 550±0.5赫兹，均创世界同类产品新纪录。

新纪录创造人：中核兰州铀浓缩有限公司

19. 中核陕西铀浓缩有限公司研制，并于2006年12月建成的“专用传染器”生产线，生产用于离心工厂的绝对轻杂质测量传感器、相对轻杂质测量传感器、轻杂质事故保护传感器、气体流向事故保护传感器及其核心部件，是铀浓缩生产工艺系统不可或缺的专用仪表，是工厂产品质量及生产效率的可靠保证，为国内首创。

新纪录创造人：中核陕西铀浓缩有限公司

20. 中核陕西铀浓缩有限公司2004年12月采用输入变压器隔离、交－直－交变换、单相桥式逆变功率单元、三相输出独立控制、多组功率单元并联冗余输出、计算机智能监控，研制出300型变频电源，到2006年12月底先后完成了150A、200A、300A和450A型系列离心工厂功率变频电源，为国内首创。

新纪录创造人：中核陕西铀浓缩有限公司

21. 中核北方核燃料元件有限公司2002年12月，建成投产我国第一条重水堆核电燃料元件生产线，实现了秦山第三核电有限公司2座重水堆核电机组换料元件的国产化，自2005年10月—2009年7月，国产燃料元件连续40个月入堆运行零破损，创燃料堆内运行可靠性指标世界新纪录。

新纪录创造人：中核北方核燃料元件有限公司

22. 中核北方核燃料元件有限公司2008年11月完成钴调节棒组件研制、工程转化及批量生产钴－60同位素生产任务，并成功用于秦山第三核电站反应堆，为国内首创。

新纪录创造人：中核北方核燃料元件有限公司

23. 中核金原铀业有限责任公司2006—2009年组织开展的二氧化碳＋氧气地浸开采工业性试验研究，取得了二氧化碳＋氧气地浸工艺应用中的关键技术瓶颈，在通辽钱家店建成了我国第一座弱碱法地浸矿山，为国内首创。

新纪录创造人：中核金原铀业有限责任公司

24. 中核金原铀业有限责任公司2008—2009年开展地表堆浸工艺再研究，解决了地表堆浸工艺技术浸出时间长、尾渣品位高的技术难题，提出浓酸强化地表堆浸工艺技术，在铀矿山堆浸试验取得成功，浸出时间最长可缩短50.0%，尾渣品位可降低50.0%～70.0%，创国内堆浸工艺技术新纪录。

新纪录创造人：中核金原铀业有限责任公司

25. 中核北方铀业有限公司1998年6月研发的浓酸熟化－高铁林滤浸出－工艺流出液循环铀水冶无废水流程，是利用沉淀母液反萃取的一级反萃取工艺过程，解决了$NaHCO_3$结晶沉淀问题，试剂消耗大幅度下降，$NaCO_3$ + $NaHCO_3$耗量由原来的2～2.2吨/吨“111”金属，降到1～1.2吨/吨“111”金属，沉淀母液不再外排，全部母液循环利用，为国内首创。

新纪录创造人：中核北方铀业有限公司

26. 上海中核浦原总公司所属子公司2009年6月研制出国家天然气管网工程所需关键计量设备——高压四声道数字化气体超声流量计，为国内首创。

新纪录创造人：上海中核浦原总公司

27. 秦山第三核电有限公司2008年结合公司文化的建设，按照安全文化的内涵及所涉及的精神文化、制度文化、行为文化和物质文化四个层面，将安全文化的内涵要求与企业安全管理要求有机结合起来，建立了星级绩效管理体系，将管理过程中管理者和其所带领的团队中的员工队伍的精神风貌、执行力、行为表现、物质文化等方面，用定性和定量的目标方式描述出来，并划分出五个等级标准，作为衡量企业安全文化等级的准则，为国内同行业首创。

新纪录创造人：秦山第三核电有限公司

28. 秦山第三核电有限公司截至2009年6月，已累计安全发电685亿千瓦时，电站2台机组连续3年（2006—2008年），居世界430余台运行核电机组的综合性能指标之首。

新纪录创造人：秦山第三核电有限公司

29. 中国兵器集团内蒙古北方重工业集团有限公司2007年成功开发振动攻丝系统、深孔振动钻铰系统、斜孔振动钻削系统及加工工艺规范，解决了钛合金零件螺纹加工、小直径深孔加工存在的问题，丝锥寿命提高5倍，攻丝效率提高6倍；铰削刀具寿命提高1.5倍，加工效率提高50.0%；钻头寿命提高2倍，钻削效率提高50.0%，为国内首创。

新纪录创造人：内蒙古北方重工业集团有限公司

30. 中国兵器集团内蒙古北方重工业集团有限公司所属特种机械厂，2008年研发的应用高能低温离子注入刀具加工合金钢材料技术，提高刀具耐用度2倍，加工效率提高1.2～1.5倍，为国内首创。

新纪录创造人：内蒙古北方重工特种机械厂

31. 中国兵器集团内蒙古北方重工业集团有限公司所属自动控制设备厂，2009年1月研发的风机ZKWG系列液压系统，通过对风电机组变桨距控制系统进行研制，实现兆瓦级以下风电机组变桨液压控制的国产化替代，为国内首创。

新纪录创造人：内蒙古北方重工自动控制设备厂

32. 中国兵器集团内蒙古北方重工业集团有限公司所属自动控制设备厂，2009年1月研发的DG160节能油缸，主要用于油田开采设备，为国内首创。

新纪录创造人：内蒙古北方重工自动控制设备厂

33. 中国兵器集团内蒙古北方重工业集团有限公司所属计量检测技术研究院，2007年5月通过对总长超过8米、具有定向（单一角度）观察功能的光学窥膛仪技术改造，设计了光源系统、周视观察系统，设计制作了散热系统，实现了一次性同时进行周向和定向观察功能，适于30毫米以上管径，为国内首创。

新纪录创造人：内蒙古北方重工计量检测技术研究院

34. 中国兵器集团内蒙古北方重工业集团有限公司所属特殊钢厂，2008年12月首次提出用增N后对B元素进行调整的冶炼方法制造电站用SA335M－P92大口径厚壁无缝钢管，为国内首创。

新纪录创造人：内蒙古北方重工特殊钢厂

35. 中国兵器集团内蒙古北方重工业集团有限公司所属内蒙古北方重型汽车股份有限公司（北方股份），2008年研发生产的LDC－9G侧卸式混凝土运输车，车辆布局设计合理，卸料方式科学，控制手段先进；配备有扭转减震器的铰接底盘技术先进；整车重心低，行驶稳定可靠，机动性好，使用维修方便；主要部件刚性、强度好；料斗配备振动破拱、高压清洗、卸料电子监控系统和二次卸料装置，能够满足不同用户的需求；整车及专用装置的主要结构参数、性能指标及产品定型试验数据均达到设计要求，为国内首创。

新纪录创造人：内蒙古北方重型汽车股份有限公司

36. 中国兵器集团内蒙古北方重工业集团有限公司所属内蒙古北方重型汽车股份有限公司，2008 年生产的 MT3600、MT3700、MT4400、MT5500 电动轮矿用车厢，载重为 154 吨、172 吨、260 吨、360 吨，为国内首创。

新纪录创造人：内蒙古北方重型汽车股份有限公司

37. 中国兵器集团内蒙古北方重工业集团有限公司所属内蒙古北方重型汽车股份有限公司，研发生产的载重 100 吨级的 TR100W 洒水车，为国内首创。

新纪录创造人：内蒙古北方重型汽车股份有限公司

38. 中国兵器工业集团山西利民工业有限责任公司 2008 年 5 月 6 日研发生产的火箭炮用森林灭火弹，用于扑灭大规模的森林和山地火灾，以及特殊地形地貌的大面积扑救，具有反应速度快、综合灭火能力强的特点，为国内首创。

新纪录创造人：山西利民工业有限责任公司

39. 中国兵器工业集团山西利民工业有限责任公司 2008 年 6 月研发生产的 82 毫米迫击炮用森林灭火弹，用于丛林、山地发生的局部火灾较远距离灭火，产品性能可靠，维修方便，为国内首创。

新纪录创造人：山西利民工业有限责任公司

40. 中国兵器工业集团吉林江北机械制造有限责任公司 2008 年 6 月设计的试验机检验用测力仪，从 10 牛 ~ 1 000 千牛按系列 13 种规格的准确度达到 GB/T13634—2000 中的 1 级，创国内同类产品生产新纪录。

新纪录创造人：吉林江北机械制造有限责任公司

41. 中国兵器工业集团公司甘肃银光化学工业集团有限公司 2008 年自主设计、建设的 2.4 万吨 TDI（甲苯二异氰酸酯）生产线，产品一次交验合格率达 100%，优等品率达 99.0% 以上，是国内唯一拥有 TDI 自主知识产权的企业。

新纪录创造人：甘肃银光化学工业集团有限公司

42. 内蒙古第一机械制造（集团）有限公司第五分公司 2008 年 7 月研制成功西气东输管道抢险车，创国内履带式特种车辆民用化新纪录。

新纪录创造人：内蒙古第一机械制造（集团）有限公司第五分公司

43. 内蒙古一机集团大地石油机械有限责任公司 2008 年 4 月研制出抽油杆直线自动检测架，主要解决在生产流水线上杆体直线度和端部直线度的自动检测，将杆体支撑在离杆外螺纹接头台肩 457 毫米处测量端部直线度，杆体的其他部分支在位于同一水平面上间距不大于 1 828 毫米的若干同心支架上，将千分表放在外螺纹接头经加工过的台肩外径上测量全跳动量（TIR），为国内首创。

新纪录创造人：内蒙古一机集团大地石油机械有限责任公司

44. 河北亚大汽车塑料制品有限公司 2008 年研发生产的 SCR 管产品，即选择性催化还原反应系统（Selective Catalytic Reduction），应用于柴油发动机排放系统，达到欧Ⅵ及以上标准，为国内首创。

新纪录创造人：河北亚大汽车塑料制品有限公司

45. 四川北方硝化棉股份有限公司 2008 年硝化纤维素产量 33 852 吨，占全行业总产量 50.85%，销量 34 115 吨，占国内市场总销量 51.13%；出口量 12 395 吨（其中：SNC 外贸出口量 9 330 吨,），均居世界同行业之首。

新纪录创造人：四川北方硝化棉股份有限公司

46. 河南中南工业有限责任公司研制，并于 2007 年 8 月通过鉴定的“大颗粒高品级人造金刚石”，主要应用于锯片锯切类产品、钻头类工具、修正工具类产品，产品晶粒粗大，晶型完整，光泽透明，内部杂质少，耐高温、耐冲击、强度高，堆积密度高，能在严酷条件下对高强度物料进行锯切，单块合成产量高于 120 克拉，比例高于 50.0%，成本低，为国内首创。

新纪录创造人：河南中南工业有限责任公司

47. 云南北方光电仪器有限公司 2004 年以来，研发出对光学玻璃、硅单晶、锗单晶、硒化锌和硫化锌等材料的非球面光学元件加工技术，加工出的非球面光学元件，粗糙度 Ra 值优于 0.012 微米，效率高于传统式抛光工艺，元件合格率 100%，创国内光学行业非球面加工技术新纪录。

新纪录创造人：木　锐　杨伟声　张有彩　罗　刚　张志文

48. 西安东方集团有限公司 2008 年研发的发动机壳体氩弧焊接技术，主要满足发动机壳体焊接部位多、焊接质量高等要求，有效地解决了焊接过程中薄壁管件变形的难题，其焊接变形量 - 焊接后测量其跳动均不大于 0.6 毫米，为国内同行业首创。

新纪录创造人：西安东方集团有限公司

49. 西安东方集团有限公司 2008 年研发的三连深孔钻削技术，是利用深孔钻床摸索出深孔钻削工艺，有效地加工对称度 0.1 毫米、长径比 1:34 的薄板类铝合金翼面，创国内薄板类翼面深孔加工新纪录。

新纪录创造人：西安东方集团有限公司

ENTERPRISE WORTHY

企业先进

创业企业家

第八届中国创业企业家

中国企业联合会　中国企业家协会

2009 年 5 月

企业家的素质与修养直接关系企业兴衰成败。中国企业家队伍的形成和发展壮大，是我国改革开放的重大历史成果。中国企业家是一支有胆识、有能力、值得信赖、堪当重任的队伍，是推动我国经济社会发展的重要力量。在面对这场百年不遇的金融危机时，一些企业家未雨绸缪，科学预见形势变化，提前调整经营策略，保持了企业持续健康发展；一些企业家视变化为机遇，善于在变化中创造竞争优势，甚至成为变革的领导者；一些企业家强化管理，奋力开拓国内外市场，企业竞争力有了新的提高；一些企业家率先垂范，身先士卒，以自己的坚定信念和坚强决心，与企业和员工共渡难关。

真正的企业家精神，并不是在形势大好的时候高歌猛进、在热火朝天的时候风生水起、在顺顺当当的时候一马当先，而是在形势出现逆转、市场出现波动、环境出现恶化的时候如何应对。在这里，我们不妨重温一下，即：天下兴亡，匹夫有责；胸怀全局，脚踏实地；艰苦创业，无私奉献；解放思想，开动脑筋；清正廉明，依靠群众；疾恶如仇，从善如流；谦虚谨慎，戒骄戒躁；学而不厌，诲人不倦；丢掉幻想，搏击市场；锲而不舍，刻意创新。应当说，这些现在仍然是我国企业家应该具备的基本修养。

志在戈壁　扎根祁连

纵观玉门油田的七十年，是一部艰难创业史、爱国奉献史、砥砺奋进史、开拓创新史。

——孔繁瑾

孔繁瑾，1982 年毕业于中国石油大学（华东）石油炼制专业在玉门石油管理局炼油厂先后任车间主任、厂总工程师、副厂长；1993 年任吐哈石油会战指挥部化工筹建办公室副主任、油田开发事业部副经理；1995 年任中国石油天然气总公司玉门石油管理局副局长兼总工程师；1999 年任中国石油天然气集团公司玉门油田分公司副总经理、党委副书记、纪委书记；2002 年任中国石油天然气股份有限公司玉门油田分公司总经理、党委书记；2005 年至今任中国石油天然气股份有限公司玉门油田分公司总经理兼党委副书记。

原油产量是油田的生命线，玉门油田在开采近 70 年后，已全面进入多井低产时期，许多地下井网已经“名存实亡”，这种状况严重地影响企业的生存与发展。为了迅速摆脱不利的局面，以孔繁瑾为首的领导班子，坚持以油气勘探为重中之重，确立“立足酒泉、深化酒西、突破酒东”的勘探方针，大打勘探攻坚战，累计新增探明储量 6 083 万吨，结束了玉门油田自 1986 年以来无新增储量的历史；坚持“稳定老区、发展新区”的工作方针，瞄准“青西油田增储上产、老君庙油田实现产量箭头向上和鸭儿峡油田实现产量稳中有升”的工作目标，精心组织油田开发工作，使原油产量由 2001 年的 52 万吨增长到 78 万吨，累计增长 50%；坚持“两个加快、两个提高”的工作方针，大力调整产品结构，推进技改步伐，依靠加强管理和科技创新降低成本，逐步扩大盈利空间，走出了一条特色加效益的经营之路。

玉门油田在强化清洁生产、节能减排和环境保护的同时，积极承担社会责任，支持地方经济发展，构建和谐矿区，营造融洽的社会氛围，展现了中国石油的良好形象。

在孔繁瑾的带领下，玉门油田全体员工决心以积极进取、百折不挠的精神，打造百年油田，努力把“石油摇篮”建设得更大更好，创造新的辉煌。

牛建国，1982年毕业于太原理工大学（太原理工学院），同年分配到晋西机器厂（2000年改制为晋西机器工业集团有限责任公司）工作，先后担任技术处技术员、车轴分厂副厂长、厂长、晋西车轴股份公司总经理、董事长、晋西机器工业集团有限责任公司总经理等职。

以军品的技术做强民品

一个企业的发展与一个人的发展一样，必须树立远大理想。

——牛建国

牛建国认为，晋西车轴能够由一个生产车间发展成一个上市公司，主要有三个原因：

一是两次大规模的技术改造，使公司的技术水平及技术装备达到了国内领先水平，并完全占领了国内车轴市场、技术、设备、规模的制高点，而且培养了一批顶尖的专业技术人才，确立了国内车轴生产的龙头地位，并在国际市场上树立了良好形象。

二是市场运作能力的提高。早在20世纪90年代初就实行了产供销一条龙和全额计件管理办法，树立了以客户为中心的营销理念，在销售方面工作做到了位，销售额得以逐年提高。

三是体制和机制上的嬗变，晋西车轴的发展过程中，经历了由生产车间、生产分厂、民品分公司到股份公司的转变。每一次的体制变化都使企业的内部机制更加适应市场竞争的要求，更加富有活力。

公司还在不断探索集团化运作方式，使企业既能充分调动各子公司的经营管理积极性，又能实现有效监控和整体协调发展。牛建国认为，和谐是企业发展的一片蓝天，缺少和谐的企业，一定不会做强做久。

在公司召开的科技大会上，牛建国提出了全面推进科技进步、实现科技兴企的多项措施，由于政策到位，公司军民品科技人员工作积极性空前高涨，科研开发呈现出前所未有的蓬勃的景象，极大地促进了企业自主创新能力的提高。

王晶，1976年12月福州无线电三厂工作；1979年7月福州工业大专自动化专业学习；1981年7月福州市纺织品公司、福建省光学研究所工作；1988年7月任福建实达集团总裁助理；1991年1月厦门大学经济系工商管理专业硕士研究生；1994年1月至今任福建新大陆科技集团有限公司副董事长、董事长、总裁。

以创新开辟神奇的【新大陆】

“新大陆”是一种境界，一种追求，意味着这是一片空白的但又是神奇的土地，需要神奇的人来创造一番神奇的事业，开创神奇的未来。

——王　晶

王晶始终坚持自主创新的发展道路，探索出在全球科技飞速发展的背景下，本土高科技企业生存和发展模式。

经过14年的快速发展，新大陆从成立之初的150万元注册资金，发展到今天总资产已超过18亿元，王晶对“企业公民”应该承担的社会责任有着独特的认识，她认为，企业的社会责任不仅仅是上缴税收，为社会的繁荣、经济的发展作贡献，它与员工、客户、股东，以及社会与国家等有着密切的联系。

首先，企业是创富的主体，是以追求利润为目的，或者是追求利润的最大化，但是，企业在追求效益的同时必须关注员工的利益，必须关注客户的利益，在为客户提供产品价值的过程中，必须考虑到客户的价值是否增值。作为上市企业，必须关注股东的回报，必须关注到企业在自身财富增长的同时，对社会是不是积极、正面的，对社会的反腐是不是有帮助。通过企业的发展，是否使得国家的竞争力在国际上更加强大。

其次，从企业的角度来说，在企业资产增值的时候，必须关注环保，必须关注社会资源，要通过我们的创造、创新，利用最小的社会资源创造最大的社会效益。

再次，要关注社会道德的建设。如果企业在创造财富的过程中，给社会的道德建设是负面的，那么这种财富的积累是没有正面意义的。

用毛泽东思想打造国际领先企业

企业像人一样也要有灵魂，“两个务必”与勤廉执政思想就是晶牛集团的灵魂。

——王长林

有着深厚“毛泽东情结”的王长林运用毛泽东思想指导企业经营管理，并创立了“扬弃嫁接方法论”、“一分为三”哲学思想、“虚实相兼”调控准则及“仿太阳系行星运行”管理方法，建立了适合本企业发展的管理机制。他用毛泽东思想指导企业发展壮大的实践被北京大学和中国人民大学作为教材编入《中国MBA经典案例》。晶牛压延微晶板材被写入中华人民共和国国家建筑设计标准《钢筋混凝土筒仓设计规范》。

王长林用“两个务必”培育企业文化，将之成功地融入到企业管理和经营当中，指导企业的改革与发展。几年来，晶牛创立的“一分为三看世界，虚实相兼重嫁接，逆向思维谋大势，顺天合道快中捷”的实践，中央电视台新闻联播曾三次对晶牛改革创新予以报道。

回顾16年来所取得的成就，王长林认为主要得益于：一是得益于领导班子誓死把晶牛这艘大船拉出激流的旋涡，不当历史罪人的坚定信念；二是得益于领导班子过硬的自身建设，先后进行了四次大的整风，勇于接受群众监督；三是得益于将毛泽东思想的精髓与市场经济条件下的理论相嫁接，形成了“一分为三”的哲学观点、“扬弃嫁接”的方法论和“虚实相兼”的调控准则；四是得益于全体员工、股东、客户对班子成员的信任和支持。

王长林，1972年参加工作，高级工程师、高级政工师、河北省社科院研究员，现任河北晶牛集团有限责任公司董事长、党委书记，兼任河北省政协委员、中共邢台市委委员、河北青年企业家协会副会长、北京企业家协会常务理事、邢台市劳模协会会长等职。

云岭先锋

在好字优先、好中求快、能快则快的前提下，力争实现主业优强、相关多元化快速提升的目标，建设科学发展的昆钢、文明和谐的昆钢、求强创新的昆钢。

——王长勇

面对复杂多变的市场形势，王长勇坚定发展信心，与时俱进，审时度势，和班子成员一起，以科学发展观为指导，根据昆钢实际情况和云南经济社会发展需要，提出了昆钢今后几年的发展思路：在好字优先、好中求快、能快则快的前提下，力争实现主业优强、相关多元化快速提升的目标，建设科学发展的昆钢、文明和谐的昆钢、求强创新的昆钢。

作为昆钢公司领导班子的“班长”，他以高度负责的精神、敏锐深邃的眼光，站在昆钢改革与发展的高度，为增强企业竞争能力，实现可持续发展呕心沥血。2007年8月，与武钢（集团）成功实现战略合作，武钢集团以现金入股的方式成为第一大股东，昆钢集团为第二大股东。此举标志着云南省钢铁产业进入结构调整和产业升级的新里程。

王长勇提出“主业优强、相关多元”的企业发展战略并积极推进。通过相关多元产业的发展，避免因为主业效益下滑而导致“一荣俱荣、一损俱损”的局面。

王长勇无论在工作、学习上，还是在生活上，都严以律己，牢固树立正确的权力观、低位观和利益观。他率先垂范、以身作则、谦虚谨慎的作风得到了上级领导和职工的好评。他尽心竭力、忘我工作，全心全意依靠职工推进昆钢改革发展的精神，赢得了昆钢干部职工的高度赞誉。

王长勇，1977年2月云锡公司个旧选矿厂工人、劳资员，劳资科科长、副矿长，云锡公司劳动人事处处长、经理助理、党委常委、常务副经理；2001年6月昆明钢铁集团有限责任公司总经理、党委副书记，董事长、党委书记；昆明钢铁股份有限公司董事长；2007年8月至今任昆明钢铁集团有限责任公司（昆明钢铁控股责任公司）董事长、党委书记，武钢集团昆明钢铁股份有限公司副董事长。

王传福，1987年毕业于中南工业大学冶金物理化学专业，获学士学位；1990年毕业于中国北京有色金属研究总院材料学专业，获硕士学位，任北京有色金属研究总院副主任；1993年6月任深圳市比格电池有限公司总经理；1995年2月创办深圳市比亚迪实业有限公司（现“比亚迪股份有限公司”）至今任董事长兼总裁。

以自主创新引领民族汽车产业

“我就是要用我们的人力优势击垮竞争对手，因为汽车的绝大部分工序还是靠人去做的。中华民族的勤奋和吃苦耐劳，决定了我们必将成为世界第一。”

——王传福

遵循“技术为王，创新为本”的企业发展理念，王传福创办的深圳市比亚迪实业有限公司在13年时间内发展成为一家拥有IT和汽车两大产业群的高新技术民营企业。

王传福从创业之初就强调发展具有自主知识产权的先进技术，提升企业核心竞争力。为此，比亚迪设立了多家研究院，专门负责生产设备及生产工艺的研发，拥有可以从硬件、软件以及测试等方面提供产品设计和项目管理的专业队伍，拥有多种产品的完全自主开发经验与数据积累，逐步形成了自身特色并具有国际水平的技术开发平台。

“在做电动汽车方面，我斗志十足，信心十足。因为我们进入汽车行业主要是造电动车，而电动车的核心是电池。电池是我们最擅长的，所以，我们坚信能把比亚迪先进的低成本、高品质制造模式向汽车业移植，使整个中国乃至世界的汽车竞争格局发生大的变动。”

2008年12月15日，全球第一款不依赖专业充电站的双模电动车——比亚迪F3DM双模电动车在深圳上市。这是一款真正解决了能源、安全、充电和产业化问题的电动车。是中国力量第一次在世界汽车技术领域领跑，也是中国改革开放30年伟大成果的一个见证。

面对发展日趋迅猛的21世纪，比亚迪在王传福的领导下，将会用不懈的努力创造美好的未来。

王安康，1981年任嵩明益民五交化公司总经理；1990年任昆明市进出口公司工作经理；1999年至今任云南南磷集团股份有限公司集团董事长。

坚定不移地走新型工业化道路

坚持科学发展观，走最有效的以利用资源和保护资源为基础的循环经济之路是南磷集团发展的唯一出路。

——王安康

王安康把节能减排和实施清洁生产作为落实科学发展观、转变经济发展方式、实施可持续发展战略的重要途径和措施。通过加强对各子公司能源、原材料、水等资源消耗的管理与考核，提高能源的产出效益，减少资源消耗。同时大力回收和利用各种废旧资源，实现资源最大限度的循环利用，使废弃物最大限度地转化为资源，变废为宝，化害为利。

王安康在带领南磷集团发展化工产业的过程中，充分认识到以利用资源和保护资源为基础的循环经济之路是发展的唯一出路。基于这一认识，南磷集团改变了黄磷产业和氯碱产业消耗资源、制造产品、排出废物的传统生产模式，采用循环工艺，整个生产过程没有废弃物排放，资源在生产过程中得到高效利用，把此工艺过剩余热变成彼工艺所需的热能，把废水通过治理后变成循环用水，把此环节的废弃物变成彼环节的生产原料，形成了一个生产链。在这一链条上，上一环节的产品、副产品和废弃物，恰恰是下一环节的生产原料，上一环节的废气又正是下一环节的能源，循环往复，环环相扣，直至零废弃、零排放。

南磷集团发展到今天，凝聚了王安康的心血和智慧，通过十多年的探索和实践，他深深地感受到新型工业化道路是提高企业经济质量、促进企业跨越发展的必由之路。

百年老矿新生态

经济危机是对经济运行失衡的修复和调整，面对资源日趋枯竭的现实，我们要抓住利好因素，积极走出去，在国内外寻找资源富矿进行投资。

——王明南

枣矿是座百年老矿也面临着煤炭资源减少的窘境，长期从事煤炭事业的经历和对企业发展的思考，使王明南把现代的管理手段与枣矿的企业文化联系起来，大力推进以集中高效管理、精细化管理、准军事化管理、市场化运作和企业文化建设为重点的管理变革。

在管理上他既尊重科学，又勇于打破常规。他和枣矿决策者们共同提出了“把矿山打造成兵营，把员工塑成军人，把企业办成大学，把员工培养成专家”的管理理念，并凝练为工作、工程、产品和服务四个质量。精细化管理触及到了每一张办公用纸、每一个机械螺钉、每一架矿井护棚，准军事化管理熔铸进每个员工的灵魂，按照“事事有落实，件件有回音，项项有考核，处处有督察”的工作要求，确保执行有效。

王明南把“锲而不舍，精益求精，淡薄名利，宁静致远”当做座右铭。他坚守组织原则和社会责任，把组织和领导及矿区广大干部职工赋予的权力当作一种责任，恪尽职守，尽心尽力。他经常深入基层、深入井下、深入群众，为群众办实事、解难题。牢固树立敬业精神和社会责任感，脚踏实地、埋头苦干，以谋事、干事来凝聚力量。他以对组织、对企业一片赤子之情，婉言谢绝了民营企业集团的高薪聘请。以自己的人格魅力和领导艺术赢得了职工群众的衷心拥戴。

王明南，1987年12月任龙口矿务局洼里煤矿副矿长、党委副书记；1992年10月任龙口矿务局洼里矿矿长；1996年10月任龙口矿务局党委常委、常务副局长兼安监局长；2002年12月至今任枣矿集团总经理、党委副书记、枣庄市人大常委。

追求卓越效绩　倾心回报社会

“企业要有长远的战略发展，就要勇于承担风险，一步一个脚印地去解决风险。”

——王倜傥

谈及王倜傥同行都说他是一名学者型企业家，有着扎实的经济理论基础和长期机场经营管理的工作经验。厦航的飞速发展得益于他优秀的领导才能。

王倜傥自上任以来，带领全体员工积极改革，“把市场机会转化成企业效益，以合理运作保持稳健发展”，在中国民航业内创造了多项“第一”。1996年“厦门机场”股票发行上市，成为全国第一只民航类股票；2001年与台湾华航、长荣等主要航空公司合资建设空运货站成为海峡两岸民航界第一个合作项目；2002年厦门航空港取得突破性进展，成为中国民航首个开放第五航权的试点机场；2003年厦门机场开通了新加坡—厦门—芝加哥/洛杉矶货运航线，实现了越洋航线零的突破；2005年引进亚洲航空，厦门机场成为国内首家开通低成本航线的机场。

厦航十多年的安全放飞纪录使王倜傥深有感触：其实，我们每一天都如履薄冰，我们一直都在为安全努力着。他经常在职工中开展危机感教育，说，“危机时刻存在，这是我们企业的理念，也是企业永续经营的力量源泉。企业要长远发展，就要时刻保持危机意识，度势而变，把危机看成是企业发展的动力。一个没有危机感的企业必然要面临最大的危机，而正是危机感教育，让空港人闯过了一次次危机。”

王倜傥，1990年历任厦门市政府办公厅经济二处处长、厦门市政府办公厅副主任；1993年至今任厦门国际航空港集团有限公司董事长。

王培福，1983 年任招远市蚕庄金矿副矿长；1995 年任招金矿业集团夏甸金矿矿长；2004 年任招金矿业股份有限公司总经理、首席执行官，总裁。

引领金色航道

资源是企业的生命线，必须把地质控矿牢牢抓在手上，不断提高资源储备，增强企业发展后劲。

——王培福

作为资源型企业，王培福认为，资源是企业的生命线，必须把地质控矿牢牢抓在手上，不断提高资源储备，增强企业发展后劲。他所倡导的对外扩张理念，既有站在月球上看地球的宽视野，更有用资本、资源取得的经济效益和社会效益报效社会的企业责任。

王培福始终重视管理创新工作，企业先后创新和构建的"精细化管理"模式，"环环优化生产系统、步步紧逼成本极限"经营模式，以及"零目标"和"上下制衡"管理模式，均在全国黄金行业和非煤矿山得以推介。以集团化管控与资源调配为核心的信息化管理系统，通过办公中心、人力中心、计划中心、物流中心等八大模块，成功实现了信息流、资金流和物流的"三流合一"，办公实现了无纸化，会议实现了视频化、物资采购实现了集中招标采购、资金使用实现了在线即时监控，备品备件实现了全公司集中调剂，人力资源实现了统一调配。招金以其先进的管理，搭建起了低成本优势平台。

招金信奉"大道合行，卓越发展"的企业文化，积极探寻保持企业基业常青之经营之道，凝合万众之力，在这条经营自身事业、振兴中国黄金产业之大道上不断开拓，"合"行向前。招金在做足"金"字文章的同时，还阔步沿着以"金"为主，多元发展的金色航道奋力前行。

伍亮，1966 年参加工作；1974—2000 年先后担任广州市工具总厂党委常委、革委会副主任，广州市机电工业局党委常委、革委会副主任、副局长、局长，广州市计划委员会党组书记、主任，广州市副市长、常委、常务副市长，广东省经济贸易委员会副主任；2000 年至今任广东省广业资产经营有限公司董事长、党委书记，高级经济师兼广东经济投资促进会会长。

战略创新　实现广东绿色环保龙头企业的崛起

广业公司的发展靠的是战略创新，"一退二调三进"，"调结构、抓创新、练内功"，广业是"广大群众智慧之业，广阔发展前景之业"，通过打造企业绩效文化、团队文化、执行文化，创造企业发展的永续动力。

——伍　亮

面对国企改革脱困的攻坚战役，伍亮坚持"有所为，有所不为"和"有退有进"的国企改革方向，通过采取转让出售、引资参股、租赁经营、债权置换、主辅分离等"五种方法"，狠抓劣势企业的退出工作，同时，积极推进优势企业的调整重组。采取对内大集中、对外大联合，以创新战略为先导，以企业的效益和质量为核心，以"扬长弃短、集中发展"为对策，坚持走"大产业、大企业、大项目、大基地"发展道路。

伍亮瞄准企业组织结构的层次管理关系，积极推动现代企业管理体制的创新，逐步探索形成了与"四大主业"发展相适应的扁平化、集约化经营管理体系，构建了产品经营、产业经营与资本经营相结合的"三个层次"的管理模式。

伍亮始终坚定地把自主创新和品牌建设作为企业发展的关键环节来抓，依靠自主创新、技术进步和品牌建设走产品经营向产品、产业和资本经营三结合的经营结构提升的道路。把调结构、抓创新，练内功作为企业发展和经营管理的主线，使企业不断形成新的经济增长点。在他的精心运营下，广业公司实现了资源更加集中，主业更加清晰，经济结构更加合理。

伍亮以锐意进取的创新意识带领广业人正沿着依靠结构调整重组和经济发展方式转变两个轮子推动的可持续发展道路快速发展。

高屋建瓴　奋勇前行

企业发展最根本的因素莫过于规范的公司法人治理结构；最直接有效的措施莫过于强大的研发能力，莫过于不断问世的有市场生命力的新产品。

——刘　震

企业经营的改革和进步要以人为本。刘震在东药实施的所有重大变革和关键项目，无不贯穿着对60年来国企职工在文化与思想层面的解放和提升。上任之初，企业面临整体搬迁，对企业的盈利能力、发展潜力形成重大考验。员工中形成的“搬迁是找死，不搬是等死”也考验着团队，刘震通过全员大讨论及对经济发达区域、先进企业、高端经营理论机构的访问、学习、交流，浓厚的发展氛围和发展决心迅速凝聚起来。以此为契机，一个5年发展战略——以现有产品升级和新产品开发为先导；以技术改造为动力；以合资合作为手段；以企业搬迁为突破口；以制造业为主营方向，以发展大物流、大外贸为两翼。刘震以医生的缜密、战士的果敢和职业经理人的高远目光，使曾经颇显老态的东药集团再塑辉煌。

发展需要支撑。这是刘震时常向管理团队和全体职工表述的理念。在他看来，最根本的支撑莫过于规范的公司法人治理结构；最直接有效的支撑措施莫过于强大的研发能力，莫过于不断问世的有市场生命力的新产品。刘震精心为东药集团量身打造的一系列管理优化措施，管理流程的优化程度和运行效率，直接体现了一个企业的生存能力。

创建百亿集团，实现百年东药——是刘震和全体东药人的梦想。

刘震，1969年12月至今任沈阳毛巾厂副厂长；沈阳纺织工业管理局助理巡视员；沈阳黎明服装集团党委书记、董事长、总经理；华岳集团总经理；东北制药集团有限责任公司党委书记兼董事长。

业精于勤　艰苦奋斗

以艰苦奋斗的精神和诚实可靠的信誉，与客户建立良好的合作关系，用不到10年的时间，建成了中国最大的铝型材生产基地。

——刘忠田

刘忠田出身于贫苦家庭，从小生活艰苦、食不果腹，便立志要成就一番事业，报答父母、报效国家。1993年，他靠着坚韧不拔的毅力和不达目的不罢休的决心，多方筹措，与香港港隆实业股份有限公司合资兴建了辽宁忠旺集团有限公司，开始了自己事业人士的第一步。

刘忠田勇于改革，艰苦创业，充分发挥自己的聪明才智，准确把握发展机遇，使一个不起眼的小厂，迅速发展壮大。他亲自抓生产，跑销路，废寝忘食，夜以继日，在他的领导和带动下，公司上下共同努力，以艰苦奋斗的精神和诚实可靠的信誉，与客户建立了良好的合作关系，用不到10年的时间，建成了中国最大的铝型材生产基地。

刘忠田深知自己在事业上的成功是与党的领导和中国实行改革开放的大政方针密切相连的，即便工作再忙，也时刻不忘学习国家和党新的法律法规、理论成果，始终坚持围绕科学是第一生产力来发展企业，促进企业科学民主化进程，推动科技兴起的浪潮，为国家政策作实践者和带头人。

作为十一届全国人大代表的刘忠田，不敢有任何理论上的停滞和行动上的懈怠，带领着辽宁忠旺集团勇攀科技之峰，高奏前进的凯歌，正接受着更大风浪的考验，也在拼取着更辉煌的胜利，更是在谱就自己华美的人生篇章。

刘忠田，1989年创办辽阳合成树脂化工厂任厂长；1993年创办辽阳忠旺铝型材有限公司任总经理。1995年至今任辽宁忠旺集团董事长。

刘明忠，1978年3月重庆大学学生会干部；1982年2月历任2672厂总调度室副总调度长、炼铁分厂副厂长、生产部部长、副厂长兼总工程师；1994年11月任新兴铸管联合公司常务副总经理；1997年5月任新兴铸管集团有限公司常务副总经理、副董事长兼总经理、副董事长兼股份公司总经理；2005年4月至今任新兴铸管集团公司董事长兼股份公司董事长。

创辉煌业绩　拓精彩历程

一个企业能否在市场上站住脚，能否在国际竞争中站住脚，最关键的是怎么抢占技术制高点，就是说自己要有核心技术的这方面的竞争力。

——刘明忠

新兴铸管几次大的发展，得益于定位的准确、决策的正确，在新兴铸管抢占科技制高点、实现技术创新的过程中，刘明忠发挥了重要的作用。

刘明忠非常注重技术与管理素质的提高和创新能力的增强，直接参与和主持完成了水冷离心机工艺及“五机一炉”成套装备的国产化研究；主持完成了高炉炉料结构研究、热风炉燃烧器改造、喷煤改造等重大技改项目；主持研究了降低高炉铁损课题；主持冷固球团矿高炉冶炼工业试验；参与引进消化国内第一台ROKOP连铸机试生产；与燕山大学合作进行连铸机椭圆齿非正弦振动装置的设计改造；主持炼钢转炉烟气净化及副产品综合利用项目等；是国内第一家采用高炉煤气、利用回转窑生产球团的厂家。

刘明忠20年来坚持不懈地参与和组织了企业钢铁冶金和球墨铸造技术与管理创新，极大地推动了我国从灰铁管到球铁管、从连续铸造到离心铸造的两个根本性技术转变，满足了国内南水北调、西气东输等重大基础工程需要，开创了国内铸管业科技开发新局面。

新兴铸管一个年产不足10万吨钢的小型企业一跃发展成为中国铸管龙头企业，跻身“世界铸管三强”，被专家称赞为“圆了中华民族多年的铸管梦”、“8年时间走完了西方发达国家铸管企业40年走过的路”。

刘瑞旗，1976年4月任长风钢精搪瓷商店营业员、副经理、经理；1984年12月任华东日用电器皮件商店经理；1985年1月任上海美达公司副经理；1985年7月任上海黄浦区百货公司批发部经理；1987年1月任上海万象集团股份有限公司副总经理、总经理；2001年3月至今历任恒源祥（集团）有限公司董事长、总裁、党委书记，中国工业经济联合会主席团主席，中国毛纺协会主席。

振兴民族品牌　持续创新发展

回顾我们的发展和展望未来，我们清晰地认识到，恒源祥这些年来，经营品牌要从文化角度来经营，如果对文化没有深刻的认识，你是不可能经营好一个品牌的。

——刘瑞旗

刘瑞旗敏锐地觉察到，恒源祥要打造百年品牌，必须独创适合自身发展的模式。他率先在全国实施品牌特许经营战略，将“恒源祥”字号注册为商标。他说：“人无远虑，必有近忧，一个人今天不设想未来就意味着他没有未来。恒源祥定位于品牌，决定了今后工作的重点应该放在消费者身上。因为品牌是消费者所拥有的，品牌是消费者的记忆，记忆的深度和大小决定了恒源祥品牌的深度和大小，消费者记住第一不能记住第二，因此决定了我们需要不断地在市场中创造第一”。

刘瑞旗认为：“从生产原料开始到最终的产品到达消费者，整个过程形成了一个价值链。”恒源祥的价值链是从消费者开始的，因此他大力倡导以消费者为起点、以消费者为终点的质量经营理念，努力为消费者提供一流的产品和一流的服务。

以市场和顾客为导向，充分发掘员工潜能以调动员工的积极性，为各类人才脱颖而出创造适宜的内部环境，为员工的成长和发展创造体现自身价值的平台，实施“因人设岗”、“因人设部门”、“因人开公司”。

刘瑞旗以过人的战略胆识、卓越的领导才能、求真务实的工作态度以及谦和的人格魅力，带领全体干部员工艰苦奋斗、开拓创新，实现了企业跳跃式的发展，走出了一条振兴民族品牌、持续创新发展之路。

创新经营　快速发展

如果深思熟虑后，认为某个想法具有可行性，就要下定决心，一定要做，并持之以恒。

——印建安

印建安，1982年毕业于西安交通大学气体动力工程专业，在陕西鼓风机集团有限公司从事技术、销售、管理部门工作，现任公司董事长、党委书记。

为了使企业逐步摆脱传统制造业靠“拼体力、拼设备”的发展路子，印建安带领陕鼓人瞄准未来发展，在深入总结自身实际和科学、缜密分析面临形势的基础上，积极探索和实践基于市场创新、科技创新和管理创新的商业运行模式，围绕企业中长期发展，为陕鼓确立了“全力推进‘两个转变’，打造世界一流动力装备强企”的战略目标。

印建安认为，传统的制造业中，企业没有关注客户的真正需求，关注的重心是自己的产品，随着国民经济的快速发展，当产业（基础工业）发展到一定成熟阶段之后，服务将是流程工业发展的未来需求，陕鼓要想永续发展，就必须从市场调查开始，在产品的全生命周期对服务范围进行拓展和延伸，把服务视为创造新的价值的源泉，大力开拓服务经济。

为此，陕鼓进行了系列变革，不仅整合内部资源，组建成立了专门的产品服务中心、自动化技术部、研发部等部门；而且整合配套厂家资源，搭建起为客户提供完善、专业化服务和解决系统问题的平台；开发了远程故障诊断系统，对用户装置实施实时监测和状态管理。

短短7年时间，陕鼓，在以印建安为核心的领导班子带领下，按照“稳步、务实、创新、发展”的工作方针，不断努力进取，企业综合实力快速增强，社会和行业地位明显提升。

浪涌泉城凭软件　潮起东方赖信息

技术创新是企业的生命。

——孙丕恕

孙丕恕，1988年10月任山东电子研究所六室主任、副所长；1995年4月任浪潮集团系统公司总经理；1996年7月任浪潮电子信息产业集团公司副总经理、常务副总经理、党委副书记；2001年5月至今任浪潮集团有限公司总裁、董事长、党委书记。

孙丕恕领导的浪潮是中国大陆唯一软硬件综合实力雄厚的大型IT企业集团，形成独特的浪潮的特色。其发展方向定位于成为中国先进的计算平台产品供应商和领先的应用解决方案供应商。他认为，中国企业要把带有思想的，带有先进管理理念的软件特别是一些解决方案，推向国际市场。要想使企业真正实现国际化，必须实现产品国际化企业才能国际化。

在孙丕恕看来，一个企业要想基业永固、不断发展，就要打造可持续性发展的能力，需要不断的创新，持续的创新。浪潮发展的一个重要理念就是强调今天要比昨天进步，将一点一滴的小创新积累起来，就会形成大的飞跃。

孙丕恕始终专注于中国信息产业核心设备的开发和应用，创造了多个中国第一，填补了多项行业空白：中国第一代0520系列微机、中国第一台拥有自主知识产权的IA架构小型机服务器、中国第一套基于IDC（互联网数据中心）技术的功能服务器产品、中国最大的服务器生产基地等。

多年来，浪潮始终坚持专注高端引领行业的发展原则，在技术上立足国际前沿，在根基上扎根本土市场，深入展开本地化客户研究和实际应用分析，以本土客户为核心，把握本土用户需求，坚持不懈地走技术创新的超越道路，不断满足日益深入的客户需求。

孙庆炎，1985 年至今任浙江富春江通信集团有限公司董事局主席。

创业环保两相宜

企业发展了，环境却被破坏了，我们一样对不起乡亲。

——孙庆炎

富春江通信集团主导产品“富杭”牌和“富春江”牌通信电缆、光缆及“永通”牌电力电缆、裸导线均是中国名牌产品、国家免检产品、浙江省著名商标。

面对在通信行业同质化竞争已日趋激烈的形势下，富春江集团如何在不断地做大企业规模的同时，调整产业结构，实现经济转型？孙庆炎从全局战略、基础、长远的角度出发，谋定后动，确定了“一业为主、相关多元”的道路。

1996 年，集团承债式兼并了热电厂，一系列大刀阔斧的改革、改组和改造，盘活了煤炭、电力、供热三大区域市场，取得了固定资产翻三番的惊人业绩。为集团实施循环经济和清洁生产发展战略跑出了坚实的一步。

富春江环保热电有限公司以焚烧垃圾代替烧煤来发电，日焚烧垃圾 800 吨，不仅彻底消灭了城市的“代谢物”，还可供富阳市 1/4 的生产生活用电和周边 157 家造纸企业每小时 500 吨的供热用汽，一年节煤 30 万吨、节电 2 400 万度，由此，当地拆除了小锅炉 199 台，每年减少区域烟尘排放 1 873 吨，二氧化硫排放 539 吨。

今天的富春江集团既有光缆光纤、环保发电，也有高楼别墅、苍翠公园；既有煤炭开发，又有旅行休闲，还有汽车贸易等。经过 20 余年的励精图治，集团已经成长为一家国家大型信息制造企业。

安平绥，1996 年任青海盐湖工业集团有限公司党委委员、副董事长、总经理；1998 年 2 月至今任青海盐湖工业集团党委委员、董事长、总经理。

安平绥的盐湖攻略

发展盐湖经济，综合利用资源是根本。

——安平绥

察尔汗地区具有钾、钠、镁、锂十分丰富的资源优势，安平绥按照把企业做大做强的发展目标，紧紧抓住国家西部大开发的大好历史发展机遇，充分依靠国家的优惠政策，依托企业自身的资源、技术、资金、人才、管理等优势，高效建成了青海百万吨钾肥项目。这对依托盐湖优势资源，发展国家急需的高技术钾肥工业，满足国内市场需求，支援农业增产，对国家实施西部大开发宏伟战略、拉动青海新的经济增长点、满足日益增长的钾肥需要，对有效开发利用察尔汗盐湖资源、节约国家外汇支出、促进中国农业发展起到了重要作用。

安平绥认为：“资源的唯一性和独特性要求盐湖集团必须走自主创新、技术创新之路”。盐湖集团不同于其他化肥行业，在我国乃至亚洲没有可以借鉴的经验和做法，企业的发展、科技的进步要完全依靠企业自身的力量。反浮选冷结晶技术在百万吨项目建设中得到了成功的应用；研制成功的浮厢式采卤泵站，突破了深渠开挖技术。

他多次提出：“创一个名牌、兴一个企业、活一个行业、富一方经济”和“谁拥有品牌，谁就拥有市场，谁就掌握了市场竞争的主动权”。盐湖集团肩负着开发柴达木盆地察尔汗盐湖资源的历史重任，也肩负着全体股东和公司员工的期望。在安平绥的带领下，明天会更美好。

航天科工带头人

航天科工企业要成为先进生产力的代表。

——许达哲

许达哲长期从事导弹与运载火箭技术研究，直接参与了国家重点型号的设计和研制，指挥和组织参加了多次重大航天型号飞行试验；组织处理了飞船与火箭在设计、生产、试验中出现的火箭低温发射、飞船返回舱着陆冲击过载等诸多问题；倡导研制了更安全的座椅缓冲器，降低了载人航天飞行的残余风险；参与了载人航天工程发展战略重大问题的研究和发展规划的制定。还曾承担长征二号捆绑火箭指挥的工作，组织完成了火箭的改进设计，率队成功地发射了亚洲二号和美国艾科斯塔卫星，为长征二号F火箭研制打下了良好基础。

近年来，许达哲率领航天科工集团领导班子一班人，集中精力推动航天科工集团的科学发展，承担了几乎全部的奥运安保系统设计、开发、研制、建设及技术保驾任务，成功设计制造珠峰火炬、高原火种灯等系列产品，圆满完成珠峰火炬传递任务。

他提出了“质量是政治，质量是生命，质量是效益”的理念，强调“三吃透”即“吃透技术、吃透状态、吃透规律”，要求技术和管理上的质量问题“双归零”。

航天科技集团负责研制的神舟五号、神舟六号和神州七号飞船连续成功发射、安全返回，实现了中华民族的千年飞天梦想，集中展现了中国航天科技工业的质量管理水平和航天产品的质量与可靠性水平。

许达哲，2001年12月任中国航天科技集团副总经理、党组成员；2007年7月至今任中国航天科工集团总经理、党委书记。

用信念铸就辉煌

我认为——坚定的信念、创新的思维、求实的态度、进取的精神是一个企业领导者必备的素质。

——吴生富

作为中国一重的掌门人，吴生富有着超人的胆识和坚定的信念，他对干部职工说：“在竞争日益激烈的市场经济条件下，加快推进企业发展，需要的是抢抓机遇和拼搏进取，等待和观望只能带来停滞和落后。一重能否发展，关键在于我们要解放思想，打破传统的思维方式，不断战胜自我。”

吴生富始终坚信：发展实践永无止境，解放思想未有穷期。他带领一重人从企业的实际出发，切实研究新情况，大胆解决新问题，努力做到勇于变革、勇于创新，永不僵化、永不停滞。

无论走到哪里，吴生富谈得最多的就是创新。他独自研究开发了机械压力机设计技术，成功地设计制造出具有世界先进水平的汽车板冲压设备系列多连杆压力机，实现了大型高精度机械压机的国产化，替代了进口；他主持的重点攻关项目“薄板坯连铸连轧带钢地下卷取机研制”达到国际先进水平，一重独创了全预应力结构主机组合框架、方立柱16面可调间隙平面导向结构、整体结构横梁、全自动操控系统等多项技术具有自主知识产权。建厂至今，一重共填补国内工业产品技术空白400余项，开发研制新产品300多项。

面对成绩，吴生富没有止步。他用他的睿智、果敢和坚定铸就了一重的辉煌，伴随着一重的发展，他自己也走出了一串闪光的足迹。

吴生富，1981年9月东北重型机械学院学士、硕士，燕山大学材料加工工程专业博士研究生，研究员级高级工程师。1988年6月在第一重型机器厂设计研究院先后任设计师、副科长、科长、副院长。1997年4月至今任中国第一重型机械集团公司副总工程师、副总经理、党委常委、总经理、党委副书记。

吴学忠，1980年1月在烟台市渔业、文登果品、文登杂品等公司工作；1988年2月文登电业局材料科科长；1993年6月威海电力物资公司副经理；1998年1月威海供电物资分公司经理；1999年11月至今任文登电业总公司总经理、党委委员。

是企业就要赚钱

企业不能提高经济效益，不能提高职工收入，说啥也不好使。

——吴学忠

一个有成长性的企业首先要有一个好的领头人，一个好的制度以及有执行力的团队是保证企业快速发展的不可缺少的条件。吴学忠认为：无论制定什么样的制度，一旦制定了就要坚定不移地贯彻执行。他常说一句话，“是公鸡就要打鸣，是母鸡就要下蛋，是公司就要赚钱。企业不能提高经济效益，不能提高职工收入，说啥也不好使，也没人乐意听。”

随着地方经济的快速发展、电扩工程的不断增多及农、城网改造的逐步进行，各类高低压配电盘、配电箱等的市场前景看好。抓住这一有利契机，组建电力器材厂，不仅能满足本系统的使用，降低了成本，而且还能抢占部分市场。

粉煤灰的处理一直是困扰热电厂的老大难问题，露天堆放不仅占用耕地，而且污染严重，为此，建成用粉煤灰生产各种墙体材料的企业，除供应电力建筑公司使用外，还吸引了社会上的建筑商前来抢购。“墙体砖如此好卖，那么生产这种砖的机器岂不是更好销？”于是粉煤灰系列制砖机项目上马，成为了奥运建筑工程及全国重大建筑工程项目推荐使用的产品。

一环扣一环，环环紧相连。吴学忠围绕“结构调优、产业从优、项目趋优”的思路，构筑了一个极具活力的产业集群，完全脱离了附属型、小规模的旧路子，步入了市场化、规模化、国际化的快车道。

吴振荣，1976年毕业于兰州大学理化系，分配到宁夏燕子墩中学执教；1987年9月任惠农县计经委工业副主任；1990年任惠农冶炼厂厂长；1996年8月任石嘴山市商务局局长；1998年至今任宁夏惠冶镁业股份有限公司董事局主席。

吴振荣治企的【秘籍】

自力更生、团结奉献、求实创新、拼搏图强。

——吴振荣

吴振荣认为，企业的发展仅靠技术创新是不够的，在经营管理、体制内部、管理理念等方面都要有创新思路。他仔细分析国内经济形势和惠冶的经营情况后认为：惠冶一不缺市场、原料，二不缺技术、人才，缺的是发展思路和规模效益。于是对企业实施“练内功、挖内潜、稳硅铁、开发金属镁”的经营策略，他首开自治区股份制改革的先河，创造了宁夏第一家个人入股基数为一万元，股本总额达到千万元的股改纪录。

吴振荣抓住机遇实施走出去战略，寻找优势资源为我所用。2005年租赁、收购了石嘴山铁合金厂；2006年又收购了万达镁厂；同年6月，租赁了金万通镁厂；2007年3月，又租赁了东风镁厂。在一年的时间里，相当于再造了一个年产金属镁3.5万吨的企业，并快速实现了“低消耗、高利用、低排放”的目标。

十几年来，吴振荣的创新思路从没有间断过，不论是射流真空泵、单排改双排、缩短还原周期、低频电源技术的应用，也不论是还愿罐直径加粗，还是环保型煤气炉代替煤气发生炉，尤其是倒逼成本法、物资采购“一分三定”等，无不体现着他追求科技进步的领导思想。

18年走来，吴振荣完成了从一个教师到厂长再到董事长的蜕变过程，也创造了一个又一个让后人企及的奇迹。

厚德载物　推陈出新

创业难、创大业更难；创业要有思想，创大业要有大思想，人不仅仅依靠双手做事情，用思想做事更重要；厚丰要创百年企业，就要有远大理想，要创大品牌，要有大作为！

——张广厚

要生存，就得改变企业的现有生产水平，就必须选择“高、精、专”科研项目作为发展目标及成果应用转化的重点。在创新过程中，张广厚始终以抓牢企业核心技术为重点，不断提高科技创新能力，实现新突破：注重技术引进与消化吸收，领先国际水平。

张广厚认为，一个企业不在于规模大小，只有做强、做精、做专才能做大；要发展壮大必须在体制和内部机制改革等方面不断实施创新战略，增强企业核心竞争力！30多年管理企业形成的一套有效模式使他知道：“企业管理实际上就是一个克服困难，解决问题，从而达到目的一个过程，是统筹方法，不是简单处理问题和拍脑门想法，企业情况各有迥异，必须有自己的管理特色。”他创立了卓越质量管理法、企业倒逼成本管理法及企业闭环管理信息反馈系统等，追求“零缺陷”质量管理目标。他说：“没有质量，就没有市场，没有效益。”

厚丰的产品在国内小有名气的同时，张广厚又瞄上了海外市场。“不在国内争饭吃，到国际市场争高低”，这是张广厚的口头禅。他不仅学习国外的先进技术，还站在发展民族工业的高度发展自己。

厚丰创建于20世纪70年代，发展于80年代，崛起于90年代，改制于2000年。创造了每隔10年一个巨变的发展奇迹。

张广厚，1978年至今任山东厚丰汽车散热器有限公司总经理、董事长。

有理想就会有奇迹

永不满足、思变图强；永不止步、争创一流。

——张玉良

多年来，张玉良在企业管理上颇有心得。他以一套独特的、充满智慧的管理哲学，悉心地经营着企业，打造绿地健康、积极的社会形象。张玉良对人才尤为重视。他有个颇有创举的做法：绿地集团全国化的过程中，源源不断吸纳了各地人才加入各地子公司。他判断一个员工的价值衡量标准是“想做事的人，能做事的人，能做好事的人”，在绿地集团，有多大的本事，就有多大的舞台。正是这样的用人标准，为他赢得了一支具有“绿地风格”的团队：勤奋务实、雷厉风行、年轻有为。

作为商人的张玉良，对企业文化也有自己的独特理解。他说，绿地集团的企业文化，融合了北方文化和海派文化的精髓。在产品上更倾向于海派文化：时尚、国际化、精致。在企业决策上则更有北方文化的大气，追求合作共赢，算大账，不斤斤计较。正是由于这样的双重特征的企业文化，使绿地集团在全国迅速发展壮大。

张玉良在企业发展中一贯坚持“绿地，让生活更美好”的企业宗旨以及“和谐绿地、共建共享”的企业价值理念。多年来，张玉良带领绿地大力发展节能省地型住宅、构建资源节约型和环境友好型的地产项目。在业内率先推广绿色产品和节能减排技术。

张玉良是城市的建设者，也是分享者；是参与者，也是收获者。

张玉良，1982年9月上海市嘉定区江桥镇党委委员、副书记；1984年5月上海农学院农业经济系学习；1986年6月上海市农委主任科员、住宅办主任；1992年5月至今任绿地集团党委书记、董事长、总裁。

张红霞，1994年1月邹平县位桥棉纺织厂生产技术处长，常务副厂长兼生技处长；1998年4月山东魏桥纺织集团有限责任公司董事、常务副总经理，董事、总经理；1999年12月至今山东魏桥纺织股份有限公司执行董事、总经理，董事长、总经理。

青春在战斗中闪光

始终坚定“为国创业、为民造福”这一信念，不断推动企业做大做优做强，创世界名企，为民族争光。

——张红霞

制造型企业要想保持长久的竞争力，就必须将成本控制渗透到日常管理的每一个环节。张红霞围绕培育和发挥比较竞争优势，扎扎实实地严抓内部管理，向管理要效益。她通过企业文化和管理制度建设，充分发挥全员的最大潜能，引导和促使每位员工不断地去延伸降本极限，最大限度地增强企业降低成本的能力，依靠艰苦的努力在国内外纺织行业不断取得并保持了全面的成本领先地位。

作为锐意进取的开拓者，张红霞坚持技术改造与技术引进、技术创新相结合，大力实施“三无一精”（无卷化、无接纱、无梭布、精梳纱）为主的技术改造，不断增强企业的核心竞争力。她高度重视产品开发和技术创新工作，企业自主设计开发的“中华第一神品”《清明上河图》大提花工艺布卷、“奥运圣火吉祥图”彩色大提花工艺布卷获得了发明专利。

张红霞紧紧抓住利用两种资源和两个市场的机遇，实现了在香港联交所的成功上市。不仅为公司的发展提供了充实的资金基础，而且架起了公司通向国际资本市场的桥梁。

张红霞时刻牢记自己的职责，用实际行动对“人民代表为人民”这句话作了最好的诠释。她始终坚定“为国创业，为民造福”这一宗旨，加快推进企业发展，使种棉成为农村最安全的农产业，带动全国几十万棉农稳定致富。

张炳旭，1992年10月平度市黄金管理局长、平度市黄金公司经理、党委书记；2000年1月山东黄金集团平度黄金有限公司总经理；2003年6月至今任山东黄金集团青岛黄金有限公司总经理、党委书记，青岛市黄金工业管理办公室主任。

向日披沙净　金风振铎鸣

“让尽可能多的个人和尽可能大的范围因山东黄金集团的存在而受益”。

——张炳旭

张炳旭科学设计管理幅度和跨度，合理调整企业组织机构，减少中层机构，减少管理层级，使企业组织结构进一步扁平化。

他把安全与环境保护纳入企业的决策要素之中，以打造绿色企业为目标，狠抓节能减排，实行生产全过程无污染控制，设置专门的环境检测机构，全天候检测矿区的环境质量、生产过程中产生的污染物，实现了废水、废渣零排放。

张炳旭积极倡导“军中无戏言，指标动不得，兑现不含糊”的理念，建立起严格的考核奖惩制度，把员工的收入同企业效益和员工贡献挂起钩来，拉开收入档次，形成以岗位价值为基础、以工作绩效为导向、以企业效益为前提的薪酬体系，有效地激发了员工的积极性和创造性。

同时，张炳旭坚持“竞争是干部产生的唯一渠道”，彻底打破干部和工人的身份界限，变“伯乐相马”为“赛场选马”，按照“靠得住、信得过、一条心、争第一”的标准和“公开、公正、公道”的原则，实行全员公开竞聘，择优聘用，动态管理，建起了“能进能出、能上能下、能聘能辞”的用人机制，真正使想干事的人有机会，能干事的人有舞台，干成事的人有待遇，打造出了“黄金钢班子、合金团队、忠诚特种兵”，全公司员工的潜能得到充分释放，精神面貌焕然一新。

倾力打造建筑业【航空母舰】

质量是企业立足之本，对于建筑企业来说更是企业生存的法宝。

——张家炳

张家炳说，对于建筑企业来说，是否拥有市场决定企业生死存亡。为此，集团公司推行合作经济战略，充分优化配置经营资源，总结和创新经营模式，根据市场的状况推行项目合伙承包经营责任制，采取防范措施规避经营风险。同时实行外向重点突破策略，以市场为导向加快经营战略布局调整，抓住投资重点区域、重点行业进行重点突破，加大市场的开拓力度，积极开拓区外、国外市场。他强调说，“只有坚持质量兴企，严格执行《建筑工程质量管理条例》，才能在白热化的竞争中立于不败之地”。

张家炳自担任企业主要负责人以来，艰苦创业，锐意进取，接受了改革开放的考验，经历了市场的磨炼，克服了生存发展的种种困难，走过了生存脱困阶段、发展阶段和加快发展阶段。成功带领企业走出困境，迈上良性发展轨道。从1998年到2007年，资产总额从44.95亿元增加到75.34亿元；企业总产值由16.8亿元增加到108亿元，10年增长5.4倍。从1998年扭亏为盈以后，连续10年盈利，共实现利税18亿元，这样的发展速度令人称赞。

张家炳依靠自己的聪明智慧和超前眼光带领广西建工集团创造更多的辉煌和荣誉，“激发经营活力，做大做强主业”将是他永恒的追求。

张家炳，1969年12月毕业于广西建筑工程学校工民建专业，先后在广西区建二公司从事工人、综合车间工长、副主任、综合厂厂长，副经理、代经理，董事长、总经理；1995年5月任广西区建总公司副总经理、党组成员，广西区建二公司董事长、总经理；1995年12月任广西建工集团有限责任公司党组成员、常务董事、副总经理、董事长、党组书记，广西区建二公司董事长、总经理；2003年12月至今广西建工集团有限责任公司董事长、常组书记，广西建筑业联合会会长（兼），常务名誉会长（兼）。

勇做玻纤行业的弄潮儿

先做人，后做事。

——张毓强

张毓强具有强烈的事业心和积极的开拓创新精神，他做事目标明确、坚韧不拔，在困难面前从不退缩，认准了发展中国玻纤工业这个大目标奋勇拼搏，全身心地投入于他十分珍惜的事业之中。“先做人，后做事。”这是张毓强对员工说得最多的一句话。他认为，一个合格的巨石人必须简单做人、真诚待人、踏实做事，巨石人必须言必信、行必果，说到一定做到，要做就要做得最好。

“企业的发展最终还是要依靠人”。一直以来，张毓强都非常重视对人才的培养，加强企业队伍建设也因此成为每年的主要工作之一。一方面，公司通过各种渠道积极引进各类专业技术人才，为集团公司的创新和发展注入新鲜活力；另一方面，又非常重视对现有管理、技术骨干的培养和提高，运用内外培训相统一，相互促进，提高队伍素质。

巨石集团始终坚持“不以污染环境为代价，不以员工安全、健康为代价，不以超越法规为代价，不以浪费资源、破坏生态为代价”的“四不原则”，通过采用纯氧燃烧等技术改造，每年节约蒸汽3万吨。集团本部通过中水回用项目，实现了“污水零排放”。

在张毓强的带领下，巨石人以“品行、创新、责任、学习、激情”核心理念为指导，坚持自主创新，不断加大技术改造、技术创新，实现了企业的超常规发展。

张毓强，1971年先后任桐乡玻纤厂工人、车间主任、生产科长、副厂长、厂长；1989年至今任浙江振石集团股份有限公司董事长兼总经理；1993年至今任浙江巨石集团有限公司董事长兼总裁；1999年至今任中国化学建材股份有限公司副董事长；2004年至今任中国玻纤股份有限公司副董事长、总裁。

李金元，1978年7月华北油田生产主管；1982年9月长春塑料厂厂长；1985年7月沧州渤海饲料蛋白粉厂厂长；1986年9月天津大学成人教育学院工商管理专业；1992年至今任天津天狮集团有限公司董事长兼总经理。1995年南开大学国际商学院企业管理专业进修；2002年至今南开大学国际商学院EMBA（在读）经济师。

一个创建【天狮】帝国神话的奇人

只要是我认定的事，哪怕前面的路再苦再难，我也要做好。

——李金元

天狮集团历经了13年的发展历程，有辉煌，也有低谷。但李金元坚信有党和国家的政策支持，有所有员工和经销商的共同努力，天狮必然会百炼成钢，成为卓越的民族企业品牌。

他始终把科技研发置于事业发展的重中之重，是全国保健品行业第一家认证的国家级技术中心。天狮在发展科技的同时，始终没有放弃对产品质量的追求，不断在检测手段及检测设备上加大力度，在“大订单大采购”的基础上形成战略联盟，从源头抓起到市场环节严把质量关，以质量求发展、以社会责任为己任。检测中心不断达到国家的标准，同时达到国际化的标准，并承担出口药品的检测工作。

天狮每一道生产环节，每一项工作程序，都在科学管理控制之下。先进畅通的物流体系连接着天狮全球市场；统一规范的教育体系，本土化、专业化、国际化的管理人才分布世界六大商区；国际标准化的电子网络系统一键点击，全球即应。现代化、信息化、可视化、智能化的办公系统，让全世界的天狮人如同在一个办公室工作，高效、快捷、畅通！

李金元常挂在嘴边的一句话是：“企业是我自己的，而发展是大家的、社会的。”他从一名石油工人做起，一路打拼带领天狮集团从小到大，从本土走向国际，创建了一个属于自己的“天狮”帝国。

李振江，1974年栾城县红旗制药厂工作；1984年8月任石家庄神威药业股份有限公司党委书记、董事长兼总经理；2004年4月至今任神威药业集团有限公司董事长兼总裁。

锐意改革　开创现代中药新天地

一支药，两条命，一条是消费者的命；另一条是企业的命，丝毫不能大意。

——李振江

李振江总是站在世道发展的最前沿，他意识超前，锐意改革。在历史发展的各个时期，他都牢牢地把握改革的脉搏和契机，不断地推动企业发展壮大。

1984年，率先实行承包责任制，承包濒临倒闭的县办药厂，大胆实行竞争上岗、择优聘任、指标到人等超前的企业内部机制改革措施，首先向“三铁”开了刀。

1992年，对企业实行了股份制改造，实现了投资者所有权与法人财产权的基本分离与制约，建立健全了企业的法人治理结构和管理体制，建立起现代企业制度。

1995年，成功在香港联交所主板成功上市，次年跃居香港主板市值最大的200家上市公司之一，企业的发展进入了一个更加良性、稳健、快速的轨道。

李振江凭借卓越的经营管理才能，把一个手工作坊式的小厂，发展成为国内最大、技术水平最高的现代中药注射液、软胶囊、颗粒剂生产企业，神威品牌入选中国500最具价值品牌。

李振江的创新精神是企业永葆发展后劲的不竭源泉，是树立坚实的自主品牌保证。他带领神威一步步跑出了诸多的全国第一：神威现代中药提取现代化水平和自动化程度居国内第一；神威软胶囊年生产能力居全国及亚洲第一；神威重要颗粒剂年生产能力居全国第一；神威中药提取能力超过5 400吨，再次跃居全国第一。

彩云之南腾【飞龙】

以人为本、尊重职工、尊重人才、尊重劳动。

——杨　龙

杨龙，1993年永胜县米厘铜选厂厂长；1995年祥云县电解锌厂厂长；1998年祥云县飞龙实业有限责任公司董事长、总经理；2008年至今任云南祥云飞龙有色金属股份有限公司董事长、总经理。

长期以来，祥云飞龙发展面临的主要困难是自有矿山、自有资源很少，原料来源绝大部分通过外购，很难获得优质原料。为此，杨龙很早就制定了“吃别人不吃，用别人不用”的资源战略，锁定低品位复杂氧化锌原料，先后与十几所大专院校的50多名专家建立起了科研合作关系，组成了一支生产与科研相结合的科技开发队伍。经过一年多攻关，先后研发出“氧化锌矿的浸出工艺”、“硫化锌精矿焙砂与氧化锌矿联合浸出”等7项发明专利技术，对固体废渣中的有价金属元素综合回收，分别从硫化锌矿浸出渣中回收银、铅、铟、镉；从铜渣中回收铟、锌、铜；用有机溶剂萃取氧化锌矿回收锌。用石灰中和法与反渗透水处理工艺相结合，使废水做到了全部循环利用，有效地减轻了废渣堆放对环境的影响，使传统工艺无法处理的工业废渣变废为宝。祥云飞龙迅速占领了氧化锌矿领域市场竞争制高点。

经过10多年的发展积累和持续的改革创新，祥云飞龙已从当时一个作坊式的小厂发展成为集铅锌采、选、冶、深加工为一体的大型现代化冶金化工企业。目前，公司拥有20多个全资、合资机构，公司已跻身于云南省百强企业、全国民营企业500强行列，云南省重点扶持的10户非公工业企业及第一批循环经济试点企业。

志存高远　脚踏实地

“进入资本市场，就必须始终向前，奔向更大的目标。我们的目标是5年内销售收入做到百亿元，成为中国第一的特种电机生产企业。但我相信，这个目标会随时变得更大、更细化。”

——杨天夫

杨天夫，2000年至今任哈尔滨泰富公司董事长。

泰富公司从2000年创立，到2005年在美国纳斯达克电子招示板上市、2007年转入纳斯达克全球精选市场上市，创造了中国机电类企业登陆纳斯达克全球市场的先河；从只身闯美国，到没用任何中介机构帮忙就成功上市，创造了纳斯达克的奇迹；从一个500万元起家的国内小企业，到成功并购美国企业并得到多家外资投资商青睐的上市公司——用了不到10年时间。杨天夫，传奇企业的缔造者和运营者。

对杨天夫来说，创新不是标签，不是概念，而是融入到日常企业运转的每一天。对于科技创新，杨天夫有自己独特的理解，他为创新设立了两个公式——科学+工程=技术、技术+工程+市场=创新。

对于创新之路怎样能走通？怎样走得更好、更远？杨天夫同样给出了答案：“现代市场经济和知识经济条件下的高新技术企业必须走‘产、学、研’一体化运作的创新之路。”

几年来，泰富的资产呈几何级数增长，但杨天夫前进的步伐却丝毫没有暂缓过。本着“科研开发企业化，科技成果市场化，资本运营社会化，产业发展国际化”的经营发展理念，以“建立自有知识产权中国直线电机企业，成为国际专业化直线电机企业”为发展目标，致力于电气新技术及其驱动的自动化集成产品的研发和在中国的产业化。

杨业新，1992年中国海洋石油南海西部公司蛇口CPEA公司副总经理、装备部主任师；1994年任中海石油南方钻井公司副总经理，中海石油南方船舶公司总经理；2001年任中海石油船舶有限公司总经理；2002年任中海油田服务股份有限公司董事、执行副总裁；2003年任中海石油化学有限公司总经理、党委书记；2006年3月至今任中海石油化学股份有限公司首席执行官兼总裁、党委书记。

站在东方绘蓝图

企业要想做成百年老店，就必须有一套固化的管理体系，尽管这是一项耗时、费力、见效慢的工作，但对企业的健康可持续发展至关重要。

——杨业新

通过对公司发展环境进行SWOT分析，杨业新认为，依托单一资源进行发展必将受到限制，必须以多种资源为依托，走内延式发展、外延式扩张相结合的道路。随即对公司的发展进行了重新定位，即“以化肥为主业、兼营相关化工产品，通过科技、管理和服务创新，积极参与构建新的科学施肥体系，在近期内发展成为规模化、现代化、对中国农业发展具有较大贡献的中国最大的化肥生产运营商和化工行业效益最优的资源转化型企业”。

杨业新带领他的团队广开门路，转战贵州、山西、湖北、内蒙古、青海及海外资源地，广泛与地方政府和企业进行合作洽谈，在规划现有生产基地发展的同时，开辟了贵州、山西、内蒙古等基地，参与到了煤、磷、钾产地的资源开发与利用。不断加大科研投入，加强科研攻关，三聚甲醛合成、CO_2可降解塑料、煤化工粉煤气化装置等，一批科研项目在各生产基地启动。实现了全国范围内的产业布局，形成了上下游一体化、产供销一条龙的化肥企业集团。

经过几年的项目建设历练，中海化学打造了一支“特别能吃苦、特别能战斗、特别能攻关、特别能奉献”的项目建设管理团队，总结出一整套标准化、规范化且独具特色的项目建设管理经验，为后续项目的建设奠定了人才和管理的基础。

杨继学，1991年11月葛洲坝工程局第五工程公司经理；1994年12月任中国葛洲坝水利水电工程集团公司总经理助理、副总经理、党委副书记、党委书记；2004年3月任中国葛洲坝集团公司总经理、党委书记，水利水电工程集团有限公司董事长、总经理；2007年10月中国葛洲坝集团公司总经理、党委书记，集团股份有限公司董事长、党委书记；2009年6月至今任中国葛洲坝集团公司总经理，集团股份有限公司董事长。

创世界品牌　铸世纪丰碑

汇全体葛洲坝人的智慧就是大智慧，聚全体葛洲坝人的力量就是无穷的力量，大智慧加无穷的力量就能建设大强富的企业集团。让我们献出全部的智慧和力量。

——杨继学

面对内外交困的复杂局面，在党代会上，杨继学大声疾呼：“丢掉一切幻想，迎接一切挑战。市场经济没有救世主，只有自己救自己！”为从根本上改变葛洲坝集团以建筑承包为主业的单一的产业格局，杨继学不断深化企业内部改革，健全了内部资金、人才、技术、装备、营销网络等资源统一优化配置的体制机制；拓宽了专业门类，技术优势进一步提升，营业收入和签约额成倍增长；实现了投资业务、房地产业务、优势制造加工等新兴主业的快速健康发展。

杨继学以敢担重任、勇立潮头的雄才和气魄，带领葛洲坝人创造了三峡工程三期工程全优质量的奇迹，创造了参与建设中国所有标志性水利水电工程的奇迹，在世界上最高的面板堆石坝——清江水布垭大坝、世界上跨度最大的三峡地下电站厂房、世界上最高的双曲拱坝——澜沧江小湾水电站大坝、世界海拔最高的沥青芯墙堆石坝——冶勒水电站大坝、国内最高的砾石土芯墙堆石坝——瀑布沟水电站大坝、国内最高的碾压混凝土大坝——龙滩水电站大坝、南水北调中线关键控制性工程穿黄工程等代表当今世界或我国水利水电施工技术制高点的重点工程中发挥了主力军作用。

葛洲坝开始从中国水电建设第一品牌，向全球水电建设最佳品牌和全球领先国际承包商飞跃。

崛起【高原】

“企业要发展，不能通过克扣工人工资、偷税漏税来降低生产成本，提高竞争力就是要靠科技，科技就是人民币。”

——杨献平

杨献平认真严谨，高瞻远瞩，坚持“科技创新”是企业生存的根本，积极探索高效发展的新路子，构造了有“高原”特色的自主创新基本体制框架。在他的领导下，以高新为主的机、杆、泵、管等钻采产品成系列、上规模，具备了从研制到生产再到售后服务的一条龙作业服务的能力。公司拥有世界领先水平的连续杆生产线，开发出了达到D级抽油杆要求的钢连续抽油杆产品，并在海上油田推广应用了钢连续抽杆驱动螺杆泵这一世界领先水平的采油新工艺。

打造创新高原、百年高原是高原公司的宏观目标。在杨献平看来，企业具备强大的竞争力，关键就在于依靠科技，公司注重实施人才战略，每年都重奖科技精英。良好的成才环境使工程技术人员更加重视发明和创造，始终把开发填补国内空白、具有国际领先水平、满足不同用户需求的石油机械产品，作为赖以生存和发展的根本。公司不仅考虑生产过程中的节能降耗，而且从产品设计开始就考虑到耗能问题，以此增强产品的竞争力。现已拥有国家专利64项，连续式抽油杆、皮带式抽油机、电动潜油螺杆泵三项产品填补了国内空白。

杨献平带领高原公司的成员，一步一个脚印，将公司从小到大，从弱到强，逐步发展成为中石化系统石油机械装备行业的龙头企业。

杨献平，1994年8月胜利石油管理局工程机械总厂副厂长；1997年6月胜利石油管理局总机械厂兼任厂长；1995年8月胜利油田机械公司总经理；2005年1月至今任胜利油田高原石油装备有限公司董事长、党委书记、总经理。

践行【狼】的智慧

“我们要做强者，因为我们认为，在自然界的进程中，在市场化过程中，你不强，就要被淘汰，没有人能够例外。”

——周少雄

周少雄，七匹狼公司的创始人，从1990年创业开始，19年间始终跋涉于中国品牌之路，对企业管理及品牌发展有着独到的见解。他和他的团队依靠狼的精神不断进取，在开创服装王国的同时，也催生了独具魅力的“狼文化”。

凭借过人的胆识和远见，周少雄率先在国内导入企业CIS设计。使“七匹狼”夹克赢得了夹克之王的美誉。他匠心独具地制定出一套以“狼”文化概念为核心的“名牌、文化与企业”一体的市场营销战略，先将批发渠道改成总代理制，后又在全国建立起完善的营销网络，各地设立了规范经营、形象统一的“七匹狼”旗舰店、专卖店、专厅专柜。

周少雄说，“七匹狼”展示着狼的个性，传递着狼性之美。而狼的团队精神，狼与狼之间的默契配合，是狼成功的决定性因素。狼的世界里充满了所有被人类推崇的高贵品质——合作、忠诚、交流、专注、耐心、锲而不舍、富有战略等。“我们所做的一切，都是为了‘七匹狼’这块牌子。”他不希望七匹狼只是简单地跟随流行，而是要扮演传承经典的角色，生产“经得起时间考验的流行产品”，成为象征中国改革精神的品牌。

周少雄以自己的实际行动及七匹狼的品牌文化完整地诠释了“团结务实、敢拼会赢、恋祖爱乡、回馈桑梓”这个世代传承的闽商精神。

周少雄，1990年创办福建七匹狼制衣实业有限公司，现任福建七匹狼实业股份有限公司董事长、亚洲时尚联合会中国委员会主席团主席、中国服装协会副会长、福建省服装服饰行业协会永久名誉会长、福建青年商会副会长、泉州市青年联合会副主席、泉州青年商会会长、泉州市政协常委。

周纪昌，1976年上海同济大学学习；1981年英国运输部公路工程计算机部进修；2000年至今中央党校经济管理专业研究生。北方交通大学产业经济学在读博士。历任交通部第一公路勘察设计院技术员、工程师、桥梁设计室副主任、副董事长，中国路桥（集团）总公司董事长、总裁、党委书记。现任中国交通建设集团有限公司董事长、总经理、党委副书记暨中国交通建设股份有限公司董事长、党委副书记。兼任中交股份两家上市子公司上海振华港口机械（集团）股份有限公司董事长和路桥集团国际建设股份有限公司董事。

【港湾+路桥】铺就成功路

立足主营业务，调整经营模式，加快产业结构优化升级。

——周纪昌

面对复杂、多变的市场形势，周纪昌思路清晰，始终把握企业发展的方向。在他的带领下，中交集团依托重点项目，增强核心竞争力；通过实施品牌战略，提升企业形象和影响力；通过自主开发、强强联合、合作博弈、互利双赢，形成全方位、多层次、多主体的市场营销体系。

周纪昌始终强调：集团的持续发展必须要有切实可行的发展规划作支撑。在董事会上明晰了“以主营业务为基础、以资本经营为支撑、以技术为先导、以人才为关键，积极开拓市场领域，实现协调持续发展”的总体发展思路。通过整合内部技术研发资源，形成了“3个研发中心、5个重点试验室、12所研究机构”的科技研发支撑构架。高等级公路建设成套技术、大跨径桥梁和深水筑港修筑技术等一大批拥有完全自主知识产权的核心技术已达到国际先进水平；开发的新型液压提升跨缆吊机，填补了国内特大跨径悬索桥同类施工设备的空白；世界首台用市电的轮胎式集装箱起重机成为世界集装箱起重设备的一次革命。

企业如船、管理似舵。中交集团在周纪昌的带领下，正朝着产权清晰、体制顺畅、机制灵活、管理科学、技术先进、市场结构多元化的跨地区、跨行业、跨所有制、跨国经营的、可持续发展的国有特大型企业集团迈进。

罗毅，1970年任湖南常德烟草机械厂车间主任、副厂长；1990年任湖南常德卷烟厂常务副厂长、厂长；1999年1月任湖南省烟草专卖局副总经理、党组成员；2001年任广西烟草专卖局党组书记、局长、总经理；2004年任广西烟草专卖局党组书记；2003年任广西中烟工业公司党组书记、总经理；2008年9月至今任广西中烟工业有限责任公司党组书记、总经理。

从差距中找到希望

努力过了，再回头去看看自己经历的事，成功了哪些，失败了哪些，这才是人生最有价值的事。

——罗　毅

广西烟草基础差，别人走一步，自己就必须走几步，否则将永远落后。罗毅以他在烟草行业几十年的经验和高瞻远瞩的眼光，为广西烟草“二次创业”跨越式大发展定下了主基调。他率领着一班人，瞄准市场，洞察先机，打出了一系列空前奇妙的广西烟草改革整顿“组合拳”：在短短10天内完成两大烟草集团的工商分离工作，走出了二次创业的关键性一步；用9个月的时间完成了7家小烟厂的关停破转工作，将宝贵的计划指标和市场空间腾给了实力雄厚的企业；启动了南宁、柳州卷烟厂全面技术改造工程，使广西卷烟工业在技术装备、工艺技术上达到了“国际先进，国内一流”水平；随之又完成了广西烟草工商管理体制改革。一系列大刀阔斧的超常规改革，使广西卷烟工业在省内企业的联合重组上走在了全国行业的前列。

提高品牌集中度，围绕品牌做企业。这是罗毅认知，他提出了“比金子更宝贵的东西是创造挖金子的方法”的“方法论”，在红土地上大胆耕耘，锻造出一条拼劲十足、激情勃发的“真龙”品牌。

“我们自己和自己比，是实现了跨越式的发展，但我们不能把发展的眼光局限于广西，而要要从中国烟草的大局和全局上去看，努力实现又好又快的发展。”面对成绩，罗毅总经理非常谦虚淡定。

书写企业的【形、气、神、韵】

书法讲究“形、气、神、韵”，最高境界是四美兼备，一气呵成；对于企业来说，产品是其“形”、管理是其“气”、技术创新是其“神”、企业文化是其“韵”，只有这四美兼备，形成有机的一个整体，企业才能有持久的竞争力。

——金友华

技术创新带来的效益引发了金友华对企业发展的深入思考，面对激烈竞争的市场，要想企业持续增长，单纯依靠规模和成本优势，比拼价格、开拓出口是难以支撑的。必须要用“创新求变”代替“稳健发展”。

金友华深知荣事达集团单纯依靠传统优势产品洗衣机和电冰箱已难以取得突破，必须迅速壮大合资企业荣事达三洋，以三洋为旗舰，带动整个集团实现家电产品的技术升级。为此，金友华把技术创新当做核心竞争力来培养。面对国内外市场，他提出用“全球化 + 本土化”思路指导营销，即对外拓展海外市场，对内精品家电也要“下乡”。产品要覆盖高中低端三个不同的市场，满足不同阶层的消费者需求。

作为企业的掌舵者，金友华在公司营造了一种“以人为本、人尽其用”的和谐氛围。在他看来，人作为第一要素关键是眼界和综合素质。要广开门路、吸引人才，在此基础上，加强培训和学习，提高综合素质，为企业的扩张做好人才储备。

疾风知劲草，板荡识英雄。危机面前，金友华以其过人的智慧和胆识带领合肥三洋闯出了一片新天地，为荣事达培育了一个新的支柱企业和发展平台，开创了荣事达的一个崭新的时代！成绩面前他并没有停下前进的脚步，正在向下一个更宏大的目标奋进。

金友华，1989年毕业于合肥工业大学无机化工专业先后任安徽氯碱集团技术员、车间副主任、主任，安徽氯碱集团农药分厂副厂长；1996年任安徽氯碱集团精细化工公司董事长兼总经理；1997年任安徽氯碱集团董事、总工、常务副总兼天辰塑料公司董事长；2000年任安徽芳草集团副董事长；2002年任合肥荣事达佳优电子电器股份有限公司董事会董事、总经理；2006年任合肥荣事达集团有限责任公司董事会董事、副总裁；2008年1月至今任合肥荣事达三洋电器股份有限公司董事长。

顺势明道　青啤新政

“做企业首先要看大势，顺势而明道。道就是客观规律，我们调整方向、搞改革都是为了遵守客观规律。”

——金志国

金志国的职业生涯始终与啤酒“相伴”。凭借这种“做好一件事”的执著和坚韧，他连施新政，让已过百岁的青啤“老人”再次焕发了青春，显示出强大的成长潜力。

金志国就任以来，适时调整公司战略，提出了由“做大做强”向“做强做大”、由“基于增长的发展”向“基于发展的增长”、由有形资产竞争向无形资产竞争的重要战略转变。通过对发展中的风险和危机思考，提出了“点线片”原则：“点主要是在高经济发展区多设，有一些点是基于战略性的考虑而设；线就是沿海一线；片就是目标集聚，形成区域市场向垄断市场的过渡。然后点线片连接，形成全国市场一张网，构筑起市场优势。”

一个成功的品牌产品是具有高附加值的，环境是品牌的附加值，服务也是附加值。而中国企业家存在的误区是重有形轻无形，结果就是轻附加值。还有一个误区是太关注价格，以为品牌如果低价售卖，就会扼杀品牌。金志国认为，品牌是文化和产品的结合体，一半是文化、一半是产品。

产品是品牌的载体，若产品不创新，品牌就肯定会老化，产品要不断创新，品牌才能保持新鲜度。所有心怀基业长青梦想的企业，都要保持品牌的活力，保持品牌的新鲜度，越是老的品牌越是要与时俱进，赋予品牌新的内涵。金志国解释道。

金志国，1975年11月青岛啤酒厂工人、劳动安全科安全监察员；1996年10月青岛啤酒股份有限公司西安汉斯集团有限公司总经理；2000年8月青岛啤酒股份有限公司总经理助理、西安汉斯集团有限责任公司总经理；2001年8月青岛啤酒集团有限公司、股份有限公司副董事长、党委委员、股份公司总裁；2008年6月至今任青岛啤酒集团有限公司、股份有限公司董事长、党委委员、党委副书记。

侯生明，1997年1月呼和浩特供电局行政部部长；2000年12月呼和浩特供电局工会主席；2004年2月内蒙古电力公司战略规划部部长；2006年12月至今鄂尔多斯电业局局长、党委副书记。

编制电网　铺就辉煌

“提升企业核心竞争力，赢利是标，赢心是本，软实力是一个企业能否成为百年老店的‘机芯’，是决定竞争力的灵魂。软实力在很大程度上决定着企业发展的未来。”

——侯生明

作为鄂尔多斯电力局的“当家人”，侯生明与领导班子成员一道，带领全体干部员工，自我加压，惟旗是夺。“企业发展、战略至胜。”他的话语掷地有声。围绕战略目标，组织实施了坚定“一个目标”、致力“两个不遗余力”、突出“三个战略重点”、保障“四个安全”等战略举措，完善了企业风险控制体系，确立了“安全生产的三条底线”，提出了“一手压、一手扶”的安全生产管理人员理念，运营效率和经营效益迅速攀升。

侯生明立足企业实际，提出企业发展“量的激增”要与“质的提升”协调同步的科学理念，强调全员素质和企业管理水平的提升，与地区电网的迅猛扩张以及售电量、销售收入的激增相互支撑、相互促进。他重点提出并成功实施了“战略管理、人本管理、精益管理、风险管理、文化管理”五大管理举措，推动鄂尔多斯电业局取得了具有里程碑意义的辉煌业绩。

近年来，在侯生明的领导下，鄂尔多斯电业局创造了骄人业绩：实现了企业规模从国家大型二档一跃跨入特大型供电企业行列“一个新台阶”，完成了年售电量过百亿和年利润过亿元“两个大跨越”。“提升企业核心竞争力，赢利是标，赢心是本，软实力在很大程度上决定着企业发展的未来。”侯生明对企业的发展信心百倍。

俞亚鹏，1988年10月江阴钢厂常务副厂长兼总工程师；1994年1月兴澄钢铁公司（香港中信泰富和江阴钢厂合资）常务董事、常务副总经理兼总工程师；1997年12月江阴兴澄特种钢铁有限公司总经理；2004年6月江阴兴澄特种钢铁有限公司副董事长、总经理；2008年7月至今任中信泰富特钢集团有限公司总裁、董事、江阴兴澄特种钢铁有限公司董事长。

破茧创新炼【特钢】

“我就好比一块特钢，在钢铁事业的大熔炉里一次次地锤炼。我的成长见证了兴澄特钢艰苦创业、拼搏奋进的历史。”

——俞亚鹏

从1992年前的21万吨普钢，到2006年的226万吨特钢；从昔日的县办集体小厂到排名中国500强企业第261位，兴澄特钢一路“加速跑”，谱写了全球特钢行业的一个奇迹。

俞亚鹏说，技术创新的关键是要培养一支高素质、高水平的科研人员队伍。而一个没有人才的企业，必然是一个衰弱的企业。多年来，他紧紧围绕企业经营生产发展的需要，紧紧围绕科技创新的需要，创立了“像办学校一样办工厂”的人力资源开发战略，努力培养高素质的新型队伍。

按照减量化、再利用、资源化的“3R”原则，他大力发展循环经济，先后实施电炉、转炉节电节能、“以气代油”、节约用水、建设TRT发电机组、低温低压余热发电、加强固体废弃物的收集利用等项目，实现了废气处理率100%，废水处理率100%，污染物综合排放合格率100%，废渣利用率100%。十几年来，兴澄特钢走过了一条循环经济之路：从“禁烟无烟工厂”到“清洁生产工厂”，再到“绿色工厂”。

“人生最强劲的力量，也许都是你的对手给的，对手多强，你就有多强。”俞亚鹏说。面对着滚滚江水和飞溅的钢花，一句誓言始终在俞亚鹏的心中激荡：让更多的世界五百强企业用上兴澄的产品，让兴澄早日成为全球最具竞争力的特钢企业。

在创新中新生

“企业的创新是多方面的，需要进行系统创新。从京诚公司的发展历程来看，主要在体制创新、机制创新、管理创新、业务创新、技术创新等方面迈出了较大的步伐。”

——施 设

针对旧有企业制度的弊端，施设为不使国有资产流失，创造性地实行整体分立式改制，把原国有企业中的社会职能和经营职能分成两个企业，全部资产归承担社会职能的存续企业，全部人员进入承担经营职能的改制后的新企业，使社会职能与企业职能彻底分离，存续企业的主要工作得到了强化，离退休职工的待遇不受企业经营风险的连带，加快了物业管理社会化进程；新设立的公司也不受社会职能的拖累，一门心思在市场上拼搏，国有资产大幅度增值，股东得到良好回报，员工利益获得保障。这种改制方案为国有大型科技企业改革产权制度探索出一条有效可行的新路。

施设带领新班子成员，实施了企业管理再造工程，建立促进企业发展的内部动力机制。管理再造是从战略层面上提升企业核心竞争力的系统工程，它包括战略管理体系再造、企业功能组织机构部门职责再造、执行体系再造等八个方面，完成了公司产业结构的调整和升级。

施设总结提炼升华出300多条涵盖企业行为、营销、工程管理、人力资源、质量管理、管理者行为、员工行为等多方面的管理理念，主张用理念规范引导企业行为、管理者和员工行为，并推进了企业发展和企业文化建设，成为企业新的价值观念、思维方式和行为方式的率先实践者和创造者。

施设，1993年12月北京钢铁设计研究总院副院长、常务副院长；2001年4月至今任北京钢铁设计研究总院院长、党委书记；2004年1月中冶京诚工程技术有限公司董事长、总裁、党委副书记；2007年1月至今任中冶京诚工程技术有限公司董事长、党委书记。

腾飞的神华新疆能源

做大事的人要有大胸怀，优秀企业家一定具有强烈的社会责任感。

——胡开江

胡开江认为，一个企业要发展必须加强战略管理，战略规划的科学与否，直接关系到企业的生死存亡。在对神新公司的历史、现状和发展环境进行了大量的调查分析后，果断提出了“一个坚持、两个确保、三项重点、四个结合、五个目标”的发展思路。审时度势地作出与国内最大煤炭企业——神华集团进行战略合作的发展思路，使企业走上了一条可持续、跨跃式发展的道路。

企业先后完成了大洪沟煤矿风井及通风系统改造和主井延深及提升系统改造、碱沟煤矿水平延深技术改造、瓦斯异常区治理，开采工艺的设计、论证，煤矸石热电厂热电联产、集中供热等项目。

胡开江强调，一个优秀的企业应该是最具人情味和人气的企业。他始终坚持发展为了员工、发展依靠员工、发展的成果惠及员工。坚持不懈为员工办实事、办好事。提高员工下井津贴、改善员工居住条件、加大矿区环境治理力度，绿化、美化矿山等，引导各级干部把心思用在想事、干事上，把本领体现在能干事、干成事上。树立务实重干、团结协作、锐意进取、开拓创新的良好形象，使员工从发展中看到了希望。

纵横正有凌云志，乘风破浪恰逢时。如今，胡开江和班子成员们一起，带领着全体员工正阔步迈向建设祖国西部乃至全国和世界一流的现代化能源企业的征程中。

胡开江，1982年7月新疆大洪沟煤矿采煤一区生产科技术员、采煤一队队长、企业管理办公室主任；1990年5月乌鲁木齐矿务局大洪沟煤矿生产副矿长、矿长、碱沟煤矿矿长；1996年6月乌鲁木齐矿务局副局长、新矿集团（原乌鲁木齐矿务局）副总经理、董事；2002年12月新疆乌鲁木齐矿业（集团）有限责任公司（原乌鲁木齐矿务局）副董事长、总经理；2005年至今任神华新疆能源有限责任公司总经理、党委副书记。

项明武，1989年7月历任武汉钢铁设计研究总院海外部副部长、党院办副主任、主任兼企业策划部部长；2000年武汉市青山区科技副区长；2002年1月武汉钢铁设计研究总院院长；2004年3月中冶南方工程技术有限公司董事长、总经理；2006年12月至今任中冶南方工程技术有限公司董事长、党委书记。

高奏发展凯歌　缔造钢铁龙头

要想突破，必须从体制上根治顽症，改革是必由之路。

——项明武

机制的转换，战略的转型，体现的是一个企业家高瞻远瞩的决断胆识和魄力。要想突破，必须从体制上根治顽症，改革是必由之路。

项明武多次强调，公司要从高起点实施技术创新，不能停留在简单应用、跟进国外某项技术，要努力缩短与国际先进技术的差距，力争公司部分技术达到国内领先水平，部分核心技术达到国际先进水平。为此，中冶南方确定了以研发和设计为基础的思路，明确了“国内领先，世界一流”的研发定位，以技术创新保持企业在市场上先人一步的优势。

经过改制，一个资产优良、产权明晰、在体制上清除国有企业的痼疾、从机制上建立起适应市场经济基本框架的全新中冶南方出现在世人面前，成为国企改革的一面旗帜。

在主业改制后，项明武没有停滞改革的步伐，再书体制创新大手笔，从优势资源中“掘金”，相继完成了组织肌体内部改造。以开放式的学习姿态，借助外部资源，提升内部管理水平。发展是硬道理，中冶南方文化传承、战略策划、项目运作、财务控制、质量管理等综合能力显著增强。他提出，要从战略高度充分认识技术进步与科技创新的重要性，让技术进步和科技创新成为支撑企业发展的不竭动力。凭借科技创新、管理创新、文化创新描绘着持续向上的成长轨迹，缔造出钢铁科技龙头企业。

郭双威，1965年历任山西杏花村汾酒厂工人，汾酒厂知青分厂党支部副书记，汾酒厂劳资科副科长、科长，人事劳资处副处长；1986年任汾酒厂东分厂厂长、党委书记；1991年起任汾酒厂副厂长、党委委员；1993年汾酒（集团）公司副董事长、汾酒（集团）公司第一副总经理、汾酒厂股份公司副董事长、总经理、党委书记；2002年至今汾酒（集团）公司董事长、党委书记。

倾情打造汾酒香

商标是经济领域和商业活动中的“世界语”，一个不懂英语的人，可以准确地辨认出“可口可乐”、“柯达”，不会日语，不妨碍你认出“丰田”、“松下”，这就是商标的作用。

——郭双威

品牌是文化、是制度、是管理技术，品牌更是一个企业核心竞争力的所在。

40多年的汾酒生活，使郭双威对汾酒事业和汾酒文化有着深刻的理解和深厚的感情。为了打造汾酒的文化名片，他以实施名牌战略为主线，从优化企业发展战略入手，内抓管理，外拓市场，对竹叶青酒这一传统名牌，按照“营养、保健、优质、高档、绿色、环保”的思路，大力推进品牌自主创新和技术进步，努力使老品牌与时俱进，焕发出更大的活力与生机。他将品牌建设纳入制度建设的序列，通过制度让员工认识到每一件工作、每一种行为、每一个产品、每一个员工都代表品牌形象，每一位员工都有保护、维护品牌形象的责任。

郭双威让公司上下学会运用品牌的语言与世界市场进行沟通。他认为汾酒不仅是山西的品牌、民族的品牌，它同时也应该是世界的品牌，也终将是世界的品牌。

汾酒作为中国清香型白酒的唯一典型代表，其得天独厚的自然优势，匠心独运的酿造工艺，独具魅力的就品风格，奠定了它清香至尊的文化品味和品牌地位。郭双威这个掌舵之人驾驶着汾酒这条大船不但克服了激流险滩，还让这条古老的航船成为了引人注目的“现代快艇”，汾酒集团正以“用心酿造，诚信天下”的企业理念，实践着“传承国宝，让清香更久远”的历史使命。

变革中创造辉煌

根性和能力是一个企业家的左右两条腿，任何一条腿有缺陷都不行，只有都强健了，这个企业家才强健，企业才能强健。

——高兴夫

面对瞬息万变的市场，高兴夫提出了“以调整结构、提升企业发展品质为主线，着力提高经济增长质量和效益，加快推进集团整体改革”的发展思路，紧扣市场脉搏，捕捉市场信息，大胆创新企业经营机制，大力推进各项结构调整。通过推行扁平化管理，强调无边界沟通，增强了服务意识和效能意识，优化了组织结构，发挥了集团全员能力。

在高兴夫的倡导下，集团强化了企业识别系统建设，确立了“求实敬业、合力创业”的集团精神、“创造经典、铸就辉煌、合作共赢”的价值观、“融合市场、用户至上、诚信服务”的经营理念、“以人为本、系统运筹、制度文化互动、激励约束并进”的管理理念、“凝聚人才、培育核心、创新科技、塑造品牌”的成功理念、“诚实守信、尽责奉献”的职业道德。

高兴夫坚持全心全意依靠职工办企业，注重处理好改革、发展、稳定的关系，强调要做到国家、企业、职工共享企业发展成果。他提出，在新的发展阶段，要以独特的企业文化引领浙建人的目标、理念和价值观，推进集团整体改造。在他的带领下，集团正着力打造具有较高自主创新能力，主营业务突出，核心竞争力强，各方面人才集聚，在国内具有较强竞争力的管理现代化、经营国际化、产业多元化的知名跨国经营集团。

高兴夫，1988 年 2 月浙江省建筑工程总公司经营部副经理；1997 年 5 月浙江中建工程公司总经理、党委书记；2001 年 10 月浙江省建设投资集团有限公司董事、副总经理、党委委员；2004 年 5 月至今浙江省建设投资集团有限公司 董事、总经理、党委委员。

创世界名牌　扬民族志气

对于一个私营企业家来说，企业小的时候是自己的，企业大了，就是国家的、社会的、人民的。

——高德康

8 台缝纫机起家，经过 30 年的打拼，波司登成了世界品牌，为中华民族长了志气。从第一个以民族服装品牌成功打入瑞士市场，到成为“向世界名牌进军、具有国际竞争力”的 16 家中国名牌企业之一，波司登走出了一条独特的民族品牌成长之路。

质量管理是企业基础管理的重要内容，是企业的生存之基、发展之源、竞争之本。波司登将“国际标准管理、精益求精质量、满足用户需求、积极持续改进”作为企业质量方针，不断提升质量管理水平。从原料进厂、产品设计、制作加工、出厂检验，层层负责、道道把关，确保波司登“件件是精品”。实现了波司登“品牌第一”与“品质第一”的完美结合。

1995 年，波司登羽绒服首次登上全国第一宝座；1997 年，波司登首次代表中国防寒服向世界发布流行趋势；1999 年，“波司登”被国家工商总局商标局认定为中国驰名商标。2003 年，波司登羽绒服成为行业内国家进出口商品免检认证的品牌，取得通往国际市场的“金钥匙”。

经过不断的努力，稳扎稳打、步步升级，波司登羽绒服已成功进入多个国家（地区）市场，与美国 GAP、日本 UNIQLO 一道成为世界防寒服领域无可争议的“三驾马车”。

如今的“波司登”已升华为一种文化、一种品味、一种精神。

高德康，1980 年常熟市白茆镇山泾服装厂厂长；1984 年常熟市白茆羽绒服装厂厂长；1992 年 9 月常熟市羽绒制品集团公司总裁；1992 年 11 月苏州丝绸工学院函授学习；1993 年 9 月至今任波司登股份有限公司党委书记、总裁。

黄铮，1982年7月毕业于武汉水运工程学院任长江轮船总公司宜昌船厂技术员；1988年6月任江西省交通科学技术研究所工程师；1995年6月任江西省高管局通讯监控中心工程师、主任工程师；2000年9月任江西方兴科技有限公司总经理；2004年6月至今任江西赣粤高速公路股份有限公司常务副总经理、董事、总经理，董事长、总经理。

专业的人做专业的事

专业的人踏踏实实地做好专业的事乃是企业的生命之基。

——黄　铮

赣粤人善打硬仗，敢于直面挑战。在创新交通管理模式方面，制定了“就地、异地、应急”三级交通分流方案，统筹全线施工组织管理，保障线内施工区段交通畅通，建立交警、路政、稽查、交通协管四级交通安全维护联动机制；创新四级质量保障体系，引入飞行检验新机制，全方位、多角度监控现场施工质量。是目前全国唯一一家享受高新技术企业税收优惠政策的高速公路企业。

作为服务型企业，赣粤人服务的优质决定着企业的成败，只有用真诚的爱心对待每一位客户，才能换来客户对企业的信任和支持。在建立“真诚、平等、理解、竞赛”的服务理念，确立良好服务形象的同时，把真诚服务融入每天的工作之中。如今，“让每一张票据成为信用的名片，让每一次服务成为友谊的桥梁”已成为每位员工的行动格言，打造“畅、洁、绿、美的高速通道”成为每位员工追求的目标。

黄铮意识到企业竞争的最高层次就是文化的竞争，近年来，他大力开展企业文化建设，倡导和打造了“路畅人和、提升价值”的企业使命，建立以“义利共赢、和谐创新”为核心价值观的企业文化体系。培养和激发员工的主人翁意识，鼓舞了员工士气，激发了员工的创造力，使员工在企业发展中实现自我价值，有效增强了赣粤高速团队的凝聚力。

龚锦华，1970年9月先后任成都卷烟厂工人、生产科计划员、生产计划科副科长、科长、副厂长、厂长；2000年5月任四川省烟草专卖局副局长、党组成员；2003年7月至今任四川省烟草专卖局局长、总经理、党组书记。

人为本　法为准　德为先

以人为本，就是企业发展之本。

——龚锦华

早在1995年，时任成都卷烟厂厂长的龚锦华就提出了“人为本，法为准，德为先”的企业管理思想，这种充分体现出以人为本的管理思想指导和推动着四川省烟草行业树立了良好的社会形象的同时取得了一个又一个突出的业绩，现如今，这一先进的管理思想，已经成为四川烟草行业的管理理念。

经过多年的实践，在总结管理经验基础上，对“人为本，法为准，德为先”这一先进的管理思想进行了不断的完善，并已经被确定为四川烟草的核心价值观。“人为本”是企业管理思想的核心，强调在整个企业经营管理中都要关心人、爱护人、尊重人。“法为准”，强调企业要严格遵守国家法律法规，按照经济规律和烟草发展规律办事。“德为先”，强调员工要增强对国家和社会的使命感、责任感，实现以德治企、以德兴企。“人本管理”理念与“三个代表”重要思想和科学发展观的要求相符合，集中融合了现代管理理念和中国传统文化的精髓，具有丰富的内涵。

要扩大市场，就不能满足于一隅的辉煌，四川烟草实施“走出去”战略，使得国际市场不断的扩展。坚持以烟叶出口为龙头，与境外企业互利合作，拓展境外营销渠道，一系列的措施，使四川烟叶连续3年出口超万吨，有力地开拓了国际市场，树立了企业的良好社会形象。

抓住机遇 开拓创新

只有有进有退，才能不断地优化企业的产业、产品和资产结构，才能使企业的发展更为有效。

——董 华

董华积极推进“以肥为主，相关多元”的产业发展战略，推进以增产降耗为重点的技术创新战略，推进以产业整合为重点的低成本扩张战略和以磷矿资源控制为重点的资源整合战略，同时，以资本运作为手段，不断优化资产和融资结构，以信息化为重要手段，不断推动管理上台阶，以集团化管理为核心，不断完善集团管理体系，以企业文化建设为载体，不断增强员工凝聚力，以稳定为前提，妥善处理解脱困及富余员工分流安置问题。这一系列的举措，使云天化集团生产经营和改革发展不断迈上新台阶。

集团在自主创新、技术升级等方面始终坚持投入与开发并重，以节能减排和资源综合利用为重点，始终坚持以高新技术改造传统产业，积极采取先进的节能降耗技术、工艺和设备，淘汰和改进落后的生产工艺技术和设备，在实现资源消耗和废物产生减量化，促进资源由单一利用向综合、重复、循环利用转变，不断提高资源利用效率，达到节能和减排增效，为这片土地写下绿色的诗篇，为这个行业推出绿色生产的先进模式。

云天化正按照新型工业化和循环经济发展的要求，继续抒写着绿色诗篇。践行环保、节能的诺言，是云天化不变的信念，这种信念已经编织在企业发展版图的每一根经纬里面，是云天化对这片土地的一种情怀。

董华，1995 年任云南天然气化工厂副厂长；2002 年任云天化集团董事长、总经理、党委书记。

全力打造国际一流的炼化企业

企业造就人才，人才成就企业。

——蒋 凡

蒋凡，一个平凡的名字，却创造了不凡的业绩。多年来，他带领他的团队，依靠科学管理，用勤奋和智慧，使一个拥有 70 多年历史的中国最大炼油企业焕发出勃勃生机。

“打造中国石油最大炼油基地，必须首先打破传统的思维定式，树立新的战略意识，对企业进行科学定位，明确未来发展目标。”这是蒋凡深思熟虑后得出的结论。

创新是蒋凡恪守的初衷和奋斗的动力，发展是蒋凡执着的追求。在蒋凡看来：企业做“大”了并不等于做“强”了，只有把管理做精、做细，使各项指标达到国际先进水平，“规模经济”的优势才能变成“规模效益”。从“以扩能改造为主的外延发展”向“以苦练内功为主的内涵发展”转变。

蒋凡认为，管理者最重要的功能是把企业的愿景、使命、目标准确地传递给员工，让员工看到企业发展的前途和方向，接纳企业的优良传统、先进文化、科学管理和严细作风，点亮员工的“心灯”，培养员工对企业的认同感和忠诚度，把员工凝聚在一起。

面对成绩，蒋凡总是保持着谦虚、清醒、理智的头脑，他说：“取得的成绩，是全体员工共同努力的结果，是公司几代人扎实工作打下的基础。但是与‘国内排头，国际一流，建设中国石油示范性炼化企业’的目标相比，我们还有很长的路要走。”

蒋凡，1996 年 4 月任大连石油化工公司经理助理、副经理；1999 年 10 月中国石油天然气股份有限公司大连石化分公司副总经理，总经理、党委书记；2005 年 11 月至今任中国石油天然气股份有限公司董事、大连石化分公司总经理。

谢文彦，1984年大庆石油学院毕业历任辽河石油勘探局局长助理、辽河油田公司总经理助理、副总经理；2005年3月至今任中国石油辽河油田公司总经理、辽河石油勘探局局长。

【百年辽河】追梦人

“我为祖国献石油”是每一个辽河人价值的体现，这份责任和使命已经融入了我们的血脉。

——谢文彦

创新催生动力，创新推动发展。多年来，谢文彦牢固树立“科技是第一生产力”的理念，面对老油田油品复杂、开发难度大、开发时间长的严峻形势，谢文彦深知：突破困境，找到后续发展的根基是辽河油田的惟一选择。他以优秀管理者的战略眼光和非凡胆识，创新思维，大胆突破传统思想的束缚和勘探领域的禁区，确定了“深化盆地、加快滩海、突破外围、准备南海”的勘探思路，加强岩性、潜山、火山岩和复杂断块的预探，同时，另辟蹊径，将破题的焦点定格在老区老储量上。由此，二次开发，这个被逼出来的构想在辽河破土，由辽河油田首次提出、首次实践并首先见效的“二次开发”，被誉为油田开发史上的一次革命。

谢文彦审时度势，与时俱进，开拓创新，适时提出了辽河油田建设原油生产、工程技术服务、重油技术创新、石油装备制造“四个基地”；辽河油田原油产量1 200万吨再稳产10年、非油产业实现规模发展、建设平安和谐矿区“三大目标”；辽河油田“五五五三”总体发展战略。

而今，在谢文彦这些辽河人的努力下，已经过了“不惑”之年的辽河油田，再次焕发青春。这位将梦想付诸于实践、将力量汇聚成流的追梦人，正带领员工踏梦前行，向着“百年辽河”的目标迈进。

谢长军，1999年至今任龙源电力集团公司副总经理（主持工作）、总经理。

新能源的开拓者

“我们这个公司已经走上了可再生能源这条大船，踏上这个船乘风破浪，勇往直前，不会回头。”

——谢长军

谢长军长期从事火电热能动力工程、新能源和可再生能源技术研究、开发与管理工作，他说：在中国，造成大气严重污染的主要原因是燃煤，而发电用煤占到了燃煤总量的一半以上。二三十年后，中国的二氧化碳排放总量很可能超过美国，成为世界上最大的温室气体排放国。发展可再生能源缓解环境污染和减少二氧化碳排放是燃眉之急。大力开发以风力发电为主的洁净能源和可再生能源，为人民提供绿色电力。

谢长军注重从整个链条上加强集团化经营管理模式建设，努力促进专业管理水平和经济效益持续提升，并由此形成了独具特色的“龙源模式”：在项目前期，采取集中打捆招标的方式采购主设备，严格控制成本费用，堵塞管理漏洞，努力降低设备造价，进而降低工程造价；在设计环节，通过强化项目设计优化工作，严格控制工程造价；在建设期间，执行单位工程造价考核制度，努力把在建项目造价控制在目标范围内；在运行期间，实施区域风电机组集中检修，确保风电场安全经济高效运行。

谈到未来，谢长军充满干劲：“面对当前国家新能源产业发展的重要机遇，龙源集团将在加速风电发展的同时，积极推进太阳能发电、生物质发电、潮汐发电和地热发电，完成从风电领军企业向‘新能源发电企业集团’的战略转型。”

靠发展解决问题

只有我们发展了，所有的问题才能解决。光去解决历史问题，永远解决不了正在发展的问题。

——谭仲明

谭仲明，1982年南京化工学院水泥工艺专业毕业至今历任山东潍坊水泥厂车间主任、常务副厂长，山东省潍坊市建材工业公司副经理，山东鲁南水泥厂第一副厂长，国家建材局直属机关党委书记、生产司司长、行业管理司司长。现任中国中材集团公司总经理，中国中材股份有限公司董事长，中国建筑材料联合会副会长。

中材集团的前身是中国非金属矿工业总公司，集团创立、发展初期，未能适应计划经济向市场经济的转变，在产业发展上盲目扩张、乱投资、乱担保，历史债务及或有债务引发的危机不断，曾一度陷入极端困难的境地。

谭仲明带领中材集团大胆革新了产权结构和相应的激励机制，形成了适应国际化战略管理的模式，彻底实施资产战略性重组，构建改革发展新平台。

以谭仲明为代表的领导班子不断扩大高新技术在产品和服务领域中的应用范围，利用“六大核心技术”优势，进一步发展科技产业，变潜在优势为现实优势，变技术优势为市场优势，风电叶片生产线、特种玻璃纤维生产线、水泥制造生产线、精细熔融石英陶瓷及微晶氧化铝陶瓷制品生产线、CNG气瓶生产线和矿物超细粉碎加工设备等一批具有一定规模的产业化项目的建成投产，不仅为企业创造了较高的经济效益，也为集团做大做强主业奠定了基础。

集团自主创新的、国家不可或缺的高端技术和产品近30项，生产的先进复合材料、特种玻纤及制品、人工晶体产品等成功应用于我国“神舟”系列载人飞船，为我国载人航天事业的发展做出了重要贡献。中材高新自主研发并承建的多晶硅铸锭用石英陶瓷坩埚生产线打破了进口产品的垄断，填补了国内空白。

铁路货车管理与改革的探路先锋

“要创造一番事业，绝不可能一帆风顺，它总是会遇到各种各样的困难，但只要我们思想不懒惰，办法总比困难多！”

——薛埃生

薛埃生，1992年至今任中国神华铁路货车运输分公司总经理。

1992年，薛埃生开始筹备和管理神华铁路自备车的时候，条件异常简陋：只有5个人，3间屋，所需资料无处可查。可以说，当时的绝大部分工作都是一张白纸，一切需要从零做起。

中国神华是我国煤炭产销量最大的特大型能源企业，在国民经济中具有举足轻重的地位。在其庞大的产运销链条中，中国神华铁路货车运输分公司是重要的一环，它负责为神华煤炭外运提供优质充足的运载工具，承担着衔接煤炭产运销的桥梁纽带作用。是我国惟一的一家企业自备车专业化管理公司，集铁路货车管理、铁路货车检修业务为一体，其卓著的经济效益和社会效益得到了行业内外的高度评价。

十几年来，薛埃生团结和带领全体员工，本着对国家、对企业、对员工高度负责的精神，艰苦创业，开拓进取，使企业实现了从无到有、从小到大、从弱到强的历史嬗变。他总是对大伙说：“要创造一番事业，绝不可能一帆风顺，它总是会遇到各种各样的困难，但只要我们思想不懒惰，办法总比困难多！”

作为中国神华铁路货车运输分公司的开拓者和领军人，可以毫不夸张地说，中国神华铁路货车运输分公司迈出的每一个步伐，都饱含着薛埃生艰辛的付出，中国神华铁路货车运输分公司取得的每一份成绩，都凝聚着薛埃生无数的心血。

“杰出创业女性”获奖名单

中国女企业家协会

2010年3月1日　　（按行政区划、以姓氏笔画为序）

序号	姓名	单位及职务	序号	姓名	单位及职务
		北京市	27	李致华	唐山市东安超商有限责任公司总经理
1	方林华	北京蓝图服装服饰有限责任公司总经理	28	赵春彩	鹰特化工（石家庄）有限公司总经理
2	王金乔	北京格格旗袍有限公司董事长	29	郝建华	张家口第一煤矿机械有限公司常务副总经理
3	田　羽	翰德林（北京）文化发展股份有限公司院长			山西省
4	安钟岩	北京丰顺工贸集团董事长	30	任卫红	太原中和房地产开发有限公司总经理
5	吴晓云	北京金台律师事务所合伙人	31	刘林娣	山西吉天利科技实业有限公司董事长
6	林振芳	北京梧桐苑餐饮管理有限公司董事长	32	李香莲	山西森宇房地产开发有限公司董事长
7	金小军	中国电子进出口北京公司总经理	33	李海琚	山西方略保税物流中心有限公司董事长
8	郭秀健	北京一轻控股有限责任公司副董事长	34	欧阳英	山西省晋中市公共交通有限责任公司董事长
9	高　毓	如今康健（北京）生物科技有限公司董事长	35	郝利涛	平定县家乐下岗职工家政有限公司董事长
10	雷国秀	北京便宜坊烤鸭集团有限公司董事长			内蒙古自治区
		上海市	36	王建平	包头三德电池材料有限公司副总经理
11	李中宁	安信农业保险股份有限公司董事长	37	刘凤书	红云红河烟草集团乌兰浩特卷烟厂厂长
12	沈慧琴	新东苑国际投资集团有限公司总裁	38	刘曦岚	乌海市宏海王药业有限责任公司董事长
13	邱　向	上海福沁卧室用品制造有限公司常务副总经理	39	朱桂莲	内蒙古天亚建筑安装工程有限公司董事长
14	雪莱儿	上海沁洋医疗保健有限公司董事长	40	张春玲	内蒙古乌海市琪雅美容护肤中心总经理
15	董剑珍	上海华亭宾馆有限公司董事长	41	李长虹	内蒙古新恒电石有限公司董事长
		天津市	42	陈姝仪	内蒙古卡丹卓亚文化有限责任公司董事长
16	孙丽君	天津大桥焊材集团有限公司副总经理	43	海　峰	包头市弘誉工程监理有限责任公司董事长
17	张春静	天津新华投资集团有限公司董事长	44	曹黛英	中信银行呼和浩特分行副行长
18	赵军屹	天津塑力线缆集团有限公司董事长			辽宁省
19	景　君	天津市傲绿农副产品集团有限公司董事长	45	丁晓华	沈阳欣嘉和物业有限公司董事长
		重庆市	46	王　岩	辽阳市润泽牛羊清真肉品有限公司董事长
20	王依群	重庆俪薇化妆品有限公司董事长	47	丛锦秀	美世咨询（大连）公司总经理
21	李　洪	天圣制药集团股份有限公司董事长	48	史　霞	沈阳金贸医药集团总裁
22	段绍蓉	重庆格瑞众鑫科技发展有限公司董事长	49	邹丽华	辽宁洁尔美集团有限公司董事长
23	项　华	重庆澳美传媒集团有限公司董事长	50	姜　艳	辽宁科隆精细化工股份有限公司董事长
		河北省	51	翟小松	辽宁鑫奉珠宝首饰有限公司总裁
24	白红敏	河北义厚成日用品有限公司董事长			吉林省
25	刘　洋	秦皇岛洋洋集团董事长	52	佟昕桐	吉林省康力高新医药有限责任公司董事长
26	张　旭	唐山市琏跃选煤有限责任公司董事长	53	徐　莉	南海航空货运（香港）有限公司董事长

续表

序号	姓名	单位及职务	序号	姓名	单位及职务
54	董蕴华	吉林省电力有限公司副总经理	85	商翠云	靖江市太平洋百货有限公司董事长
55	蔡守琴	吉林省大自然花鸟鱼商城有限公司总经理			浙江省
		黑龙江省	86	方金莹	宁波金康实业有限公司董事长
56	王丽梅	哈尔滨工大集团红博商业总经理	87	乐长琴	宁波久联电线有限公司总经理
57	孙毅颖	哈尔滨中央商城总经理	88	叶晓玲	宁波南联冷冻食品有限公司董事长
58	闫　华	黑龙江清河泉生物质能源热电有限公司董事长	89	刘艳森	浙江德威会计师事务所有限公司董事长
59	邹彩飞	大商集团大庆百货大楼有限公司总经理	90	吴月华	万里扬集团有限公司总裁
		山东省	91	陆沈仙	浙江天星产业用布有限公司副总经理
60	于　华	山东科瑞钢板有限公司总经理	92	唐思思	温州市美思春制衣有限公司董事长
61	王　蕴	青岛环球服装有限公司董事长	93	顾洁萍	浙江华港染织（集团）有限公司总经理
62	王淑敏	山东省滨州市烟草专卖局（公司）总经理	94	屠胜芳	浙江三高电气有限公司董事长
63	刘春静	山东现代职业学院董事长	95	梁　军	天天控股集团有限公司董事长
64	吕文晓	青岛喜盈门集团有限公司副总经理	96	龚利红	宁波亚虎进出口有限公司董事长
65	吕黎枫	山东华森建筑消防项目管理有限公司董事长	97	傅月英	新兴中昇集团有限公司董事长
66	陈　萍	山东银鹰化纤有限公司副总经理			福建省
67	常金香	诸城市昊宝服饰有限公司总经理	98	李　方	武夷星茶叶有限公司常务副总经理
68	常翠鸣	山东杏林科技职业学院董事长	99	林雪婷	福建春驰水泥集团有限公司总经理
69	曾翔霞	青岛京华饰品有限公司副董事长	100	潘平可	福州美可食品有限公司董事长
		安徽省			河南省
70	丁兰香	安庆市清怡针纺织品有限责任公司董事长	101	王月季	河南世纪通讯设备有限公司董事长
71	刘志凤	安徽钟山集团总经理	102	王华兰	郑州恒生实业有限公司董事长
72	宋广美	合肥远东印务有限责任公司董事长	103	朱赵霞	郑州百货大楼股份有限公司董事长
		江西省	104	郑　茜	河南万宝股份有限公司总经理
73	应淑华	江西世奇医疗器械有限公司董事长	105	赵建红	鹤壁市华夏助剂有限责任公司总经理
74	罗静婷	江西省吉安市甘雨亭商贸有限责任公司总经理			湖北省
75	徐小玉	江西省鹿景园林有限公司董事长	106	田武英	湖北新华印务股份有限公司董事长
76	游九香	大余县经纬钨业有限公司董事长	107	刘为秀	洪湖科技股份（武汉）有限公司总经理
77	廖淑芳	江西珊娜果业有限公司总经理	108	刘雪萍	武汉运盛集团有限公司董事长
		江苏省	109	张　艳	襄樊新四五印染有限责任公司董事长
78	王晓萍	南京龙珠宾馆有限公司总经理	110	赵超英	银联商务有限公司湖北分公司总经理
79	牟惠娟	常州润达铁合金有限公司董事长	111	管连英	襄樊市春蕾幼儿园董事长
80	许晓音	常州中华恐龙园有限公司总经理			湖南省
81	李　琼	徐州市海星金属材料有限公司总经理	112	王安安	湖南艾华集团股份有限公司总裁
82	杨春华	红太阳集团有限公司副董事长	113	李　志	长沙市芙蓉区魅力四射酒吧董事长
83	沈玉华	常州华锦针织服装有限公司董事长	114	沈绿叶	湖南省云峰水泥有限公司总经理
84	谈玉琴	无锡金鑫集团有限公司董事长	115	罗小卫	湖南益阳桃花江竹业有限公司董事长

续表

序号	姓名	单位及职务
116	姜学军	湖南派意特服饰有限公司董事长
117	封雅林	郴州市菜根香餐饮管理有限公司董事长
		广东省
118	吕忠丽	TCL集团财务公司董事长
119	何玉铃	高要中杰鞋业有限公司董事
120	吴莉翔	广东华盛塑料有限公司总经理
121	吴淑音	深圳市粤深钢投资发展有限公司董事长
122	李惠珍	惠州市海纳粮油食品有限公司总经理
123	陈　勇	珠海许继电气有限公司副总经理
124	陈兰珠	汕头市虹桥包装实业有限公司总经理
125	陈秀容	广东省中山食品水产进出口集团有限公司副总经理
126	贺惠芬	广州岭南教育集团执行董事
127	梁白苹	惠州、深圳市鹏玥投资发展公司董事长
128	盖若梅	深圳市华晟达投资控股有限公司董事长
129	谭柳玉	佛山市鸿金源铝业制品有限公司总经理
130	黎欢莲	广州市东江大酒店有限公司总经理
		海南省
131	刘亚文	海南南国风情文化服饰发展有限公司总经理
		广西壮族自治区
132	邓灵红	广西竞成工贸有限公司董事长
133	冯　耿	广西贺州金港酒店总经理
134	李应坤	北海黑珍珠海洋生物科技有限责任公司董事长
135	陈　梅	广西三环企业集团股份有限公司副总裁
		四川省
136	马　群	四川阆中海达建筑工程有限公司总经理
137	张　萍	四川环太实业有限责任公司董事长
138	张书平	四川省旭平兔业有限责任公司总经理
139	邱锦平	四川炎华置信实业（集团）有限公司总经理
140	韩扶容	四川广元芙蓉房地产开发有限公司董事长
		云南省
141	李学英	云南中山包装装璜材料有限责任公司总经理
142	郑南南	云南南天电子信息产业股份有限公司董事长
		贵州省
143	余　音	贵州安顺市辞源房地产开发有限责任公司董事长
		陕西省
144	张丹英	丹凤县华茂牧业科技发展有限责任公司董事长
145	陈彩莉	西安市东方农牧科技发展有限公司董事长
146	郑书领	陕西新艺小天地餐饮有限公司董事长
147	崔荣华	西安荣华集团董事长
148	董亚利	咸阳天成集团科技有限公司副总裁
149	燕君芳	杨凌本香农业产业集团有限公司董事长
		宁夏回族自治区
150	冯俊芳	宁夏耀德酒业有限公司总经理
151	沈　红	宁夏绿草青青冰淇淋总裁
152	邹丽云	宁夏丽容造型美容机构金山云鹤服务有限公司总经理
		青海省
153	冉　华	中国农业发展银行青海省分行行长
154	部燕茹	青海省柴达木硫化碱有限责任公司董事长
155	虞珠莲	青海第二毛纺织股份有限公司董事长
		新疆维吾尔自治区
156	阿尔孜古丽	新疆龙腾盛世进出口贸易有限公司董事长
157	金赛银	金百合摄影集团总裁
158	高雅琴	新疆乌鲁木齐市峪峰房地产开发有限公司董事长

优秀企业

2009年度全国企业文化创新案例

中国企业联合会　中国企业家协会

2009年11月28日

序　号	优秀案例名称	单　位	主创人	参创人
1	国酒茅台——酿造高品位的生活	贵州茅台酒厂（集团）有限责任公司	季克良　袁仁国	企业文化部
2	投资现代　共创未来	现代投资股份有限公司	宋伟杰	傅安辉　刘初平　谭胜中　叶仁文
3	正德厚生　臻于至善	中国移动通信集团安徽有限公司	徐　达	谷道琴　戴　克　朱　敏
4	和谐　创新　超越	红云红河烟草（集团）有限责任公司	集　体	
5	科技领先　创新未来	中国兵器工业集团内蒙古第一机械集团公司	丁利生　霍　洁	吕利萍　宫乃奇　窦金莲　田静臣
6	日月经天　江河行地	常熟开关制造有限公司	唐春潮	王春华　王瑞康
7	大江工业　富民报国	重庆江通机械有限责任公司	刘凡君	王晓彦　梁永建
8	依托煤炭　延伸煤炭　超越煤炭	淮北矿业（集团）有限责任公司	王明胜　张国建	夏传云　姚中华　高亚光　欧阳长锦
9	同一个企业　同一个目标	中国联合网络通信有限公司湖南省分公司	汪世昌	戴厚明　徐楚评　廖文峰　李荣华　张　政　唐荣春
10	绿色动力　造福人类	东方汽轮机有限公司	何显富　张志英	刘志前　陈　聪　万　勇　邓艳梅　陈　波　张长春
11	采油新技术的摇篮——胜利采油研究院	中国石化股份公司胜利油田分公司采油工艺研究院	石超英　周延芳	李　强　魏玉华　吴秀芳
12	弘扬中华中药文化　为人类健康事业做出新贡献	漳州片仔癀药业股份有限公司	冯忠铭　潘　杰	游贺根　刘丛盛　林瑞宏　黄国伟
13	敢想敢干江麓人　自强自信军工魂	中国兵器工业集团江麓机电科技有限公司	柳秀导　李刚利	李　剑　彭珊玲
14	以热强家打造发展特油　以热兴家构筑幸福家园	中国石油辽河油田特种油开发公司	郑贺新　唐清山　田　明	闫贺奎　贾大军　赵瑞晓　孙　娇
15	团结求实　创新奉献	福建南电股份有限公司	许超群　游通达	
16	石油运输野战军	中国石油天然气运输公司	刘　志	史　红　陈　刚
17	正德厚生　臻于至善	中国移动通信集团浙江有限公司杭州分公司	林长春	卢卓君　金　寒　朱丽宁　屠宇飞
18	圣心为怀　济世为本	贵州圣济堂制药有限公司	丁林洪	高敏红　伍绍勤
19	发展集约经济　建设现代物流	福建省盛辉物流集团有限公司	刘用辉	周荣光　饶　武　魏小健　官祖振　周名德　朱华光
20	诚信经商　便民利民　红旗连锁——您的好邻居	成都红旗连锁有限公司	曹世如	曹曾俊
21	做大做强煤炭　医药两大产业　全力打造“裕隆”　“孔府”两大品牌	山东裕隆矿业集团有限公司	秦裕彦　刘汝新	孔　彦　赵丙虎　孙留成　齐章勇
22	科技兴矿 和谐发展 服务社会 创新无限	兖矿集团有限公司北宿煤矿	蔡好智　樊玉泉	陈继祖　刘新征　樊茂华
23	华泰保险　相伴永远　专业品质　恒久保障	华泰财产保险股份有限公司	王梓木	赵明浩　张博江
24	争创第一　敢于领跑	南宁铁路局柳州机务段	徐建宁　张甫生	韦天球　崔　毅　李大宇　姚海元　陈　春　钮欣静
25	为客户创造价值　为股东创造财富　为员工创造福祉　为社会创造繁荣	中国十七冶建设有限公司	康承业　王建国	韩伟群　杨绍风　张伟明

2009年度全国企业文化优秀成果

中国企业联合会　中国企业家协会

2009年11月28日

序　号	优秀案例名称	单　位	主创人	参创人
1	航空报国　追求第一	成都飞机设计研究所	戴亚隆	张杰伟　李文波　朱西蓉　郑宇星
2	坚持自主创新　打造自主国际名牌	奇瑞汽车股份有限公司	尹同跃	金弋波　刘　德
3	塑造和谐海上铁军　打造一流轮渡企业　建设员工成长家园	中铁渤海铁路轮渡有限责任公司	迟宝璋	郝德恩　王立强　李立权　郑　军
4	诚信　尊重　专业	盾安控股集团有限公司	姚新义	赵福生
5	为首都城市建设做出实实在在的贡献	北京市基础设施投资有限公司	王　琪	王　灏　王文璇
6	拼搏奉献　富国强军	四川九洲电器集团有限责任公司	张正贵　何林虎	代光伦　周　冰　庞志刚　李云健　黎伊昀
7	勇担重任　成就理想	河南煤业化工集团有限责任公司	陈雪枫	杨延华　刘慧发等
8	龙马精神　健康人生	马应龙药业集团股份有限公司	陈　平	王方明　夏有章
9	科技领先　创新未来	中国兵器工业集团西安东方集团有限公司	才长伟	王　舜　杨莉娜　赵建华
10	成为最让人信赖的轿车企业	神龙汽车有限公司	刘卫东　康　理	毕高诚　刘齐心　董安银　吴金瓯
11	艰苦奋斗　开拓务实　争创一流	神华神东煤炭集团有限责任公司	翟桂武　姜重山	张子荣　韩浩波
12	航空报国　强军富民	中航工业沈阳黎明航空发动机（集团）有限责任公司	庞　为	陈凡奇　汪　钢　章睿娟　朱成佳
13	“竞和”邹电　与最好同行	华电国际电力股份有限公司	李怀新	张伟倩　石鲁香
14	正德厚生　臻于至善	中国移动通信集团内蒙古有限公司	苗俭中	杨跃辉　梁殿宝　孟建国　纪伟威
15	落实科学发展观　建设绿色、和谐、富强矿区	冀中能源峰峰集团有限公司	郭周克　郭志武	许　凯　张和平
16	创世界品牌　扬民族志气	波司登股份有限公司	高德康	高美真
17	许慎说文解字　银鸽造纸传书	漯河银鸽实业集团有限公司	杨松贺	程志伟　张　歌
18	继承发扬吴运铎精神　强军报国不辱使命	中国兵器工业集团第二〇二研究所	郑广平　腾彦进	梁润生　童家琦　于顺青　张云才　郭咸梅　刑子璐
19	快乐工作　幸福生活	江苏大峘集团有限公司	卢显忠　朱炳安	杜　刚　曾　巍　顾　军　蒋学藩　朱建军　孙桂红
20	正德厚生　臻于至善	中国移动通信集团广东有限公司珠海分公司	熊　勇　刘海贤	张晓南　朱　琦　邹建红　陈　婕　陈　頔　黄　栋
21	诚信康跃　爱人如己	寿光市康跃增压器有限公司	郭锡禄　杨金玉	李乐彬　杨恒星　郭伦海
22	爱岗敬业　争创一流　为国奉献　报效社会	中国兵器工业集团西安北方惠安化学工业有限公司	王立刚	刘忠社　陈　俊
23	勤廉成业　和谐兴矿	兖州煤业股份有限公司济宁三号煤矿	盛春海　张西勤	朱新春　郭延文　程　强　张茂欣
24	和衷共济　自强不息	中国石化股份公司胜利油田分公司现河采油厂	齐长兴　郭洪金	关起彭　张海青　马秀华　武超伟
25	万家灯火　南网情深	广东电网公司珠海供电局	邝　锋　文茂华	关锦才　孙承伟　陈琮娜　曾　力　李桂槟　张　岚
26	源于华山　高于华山	西安北方华山机电有限公司	王景林	陈建华　陈月明

续 表

序 号	优秀案例名称	单 位	主创人	参创人
27	攻坚克难 争创一流	川庆钻探工程有限公司长庆钻井总公司	沈双平 李守泉	李崇民 何兴忠
28	诚信求实 勇创第一	中铁第一勘察设计院集团有限公司	王争鸣	李长海 王鲁林
29	让我们在和谐和睦中共荣共进	山东济宁运河煤矿有限责任公司	顾士彬 柴同义	李艳丽 蒋立宪 刘克东 卢 鹏 赵淑燕 高维东
30	自强不息 不断超越	利华益集团股份有限公司	徐云亭	王守业 李玉生 张吉奎 薄立安
31	追求天人合一 提高生命质量	天津天士力集团有限公司	闫希军	吴迺峰 张建忠
32	以无止境的创造推动旋转的世界	瓦房店轴承集团有限责任公司	集 体	
33	为人类创造辉煌 为国家创造价值 为社会创造繁荣 为员工创造未来	中国古今集团	李春友	李 扬 李美赞
34	利人必利己 利己先利人	山东省医药集团有限公司	史中溪	牛 波 熊向南
35	安全发电 诚信透明 团队合作 追求卓越	大亚湾核电运营管理有限责任公司	卢长申	殷 雄 邝鲜辉

2009年度中国诚信企业

2010年1月16日

2009年度中国诚信典型示范企业

序 号	获奖企业	序 号	获奖企业
1	中国铁建股份有限公司	21	新疆兵团农三师棉麻公司
2	中国兵器工业集团公司	22	陕西恒源煤电集团有限公司
3	中国机械工业集团有限公司	23	江西省送变电建设公司
4	中国美旗控股集团有限公司	24	红河恒昊矿业股份有限公司
5	云南冶金集团股份有限公司	25	南京广厦置业（集团）有限公司
6	新华人寿保险股份有限公司	26	北京二商王致和食品有限公司
7	九阳股份有限公司	27	大连北方互感器集团有限公司
8	中煤西安设计工程有限责任公司	28	施强药业集团有限公司
9	云南磷化集团有限公司	29	成都国腾实业集团有限公司
10	广西登高集团有限公司	30	珠海市恒瑞电力科技有限公司
11	阳泉煤业集团有限公司	31	天津华夏防火设备有限公司
12	泰安航天特种车有限公司	32	广西柳工机械股份有限公司
13	厦门国贸集团股份有限公司	33	卫华集团有限公司
14	浙江日发数码精密机械股份有限公司	34	浙江海亮股份有限公司
15	山东鲁抗辰欣药业有限公司	35	肥城矿业集团有限责任公司
16	东辰控股集团有限公司	36	河北蓝鸟家具有限公司
17	胶州市供电公司	37	郑州东方企业集团有限公司
18	黑龙江辰能投资集团有限责任公司	38	成都三益特钢有限责任公司
19	宁夏大地化工有限公司	39	长春建工集团有限公司
20	山东明升达化工有限公司	40	中材节能发展有限公司

2009 年度中国最佳诚信企业

序 号	获奖企业	序 号	获奖企业
1	中国医药集团总公司	22	青岛海信东海商贸有限公司海信广场
2	中国建筑工程总公司	23	深圳市大峡谷模型设计有限公司
3	中国有色矿业集团有限公司	24	广东恒星冷冻机械制造有限公司
4	新华联合冶金投资集团有限公司	25	深圳茂硕电源科技股份有限公司
5	阳城县竹林山煤炭有限责任公司	26	长江润发集团有限公司
6	西安碑林药业股份有限公司	27	上海新时达电气股份有限公司
7	百兴集团有限公司	28	天津市医药集团有限公司
8	南通四建集团有限公司	29	华兰生物工程股份有限公司
9	江苏盐阜公路运输集团有限公司	30	北京双鹭药业股份有限公司
10	安徽口子酒业有限责任公司	31	中国远洋运输（集团）总公司
11	上海朝阳锻压机床厂有限公司	32	中粮集团有限公司
12	福建纳川管材科技股份有限公司	33	中国联合网络通信集团有限公司
13	安阳安科电器股份有限公司	34	中国中钢集团公司
14	江西上饶医药股份有限公司	35	中国外运长航集团有限公司
15	斗山工程机械（中国）有限公司	36	山西煤炭运销集团有限公司
16	广西冠贵糖业有限公司	37	中国海运（集团）总公司
17	北京京铁经贸发展中心	38	中国南方航空集团公司
18	建德三狮松涛水泥有限公司	39	中国东方航空股份有限公司
19	宝鸡秦源煤业有限公司	40	中国诚通控股集团有限公司
20	贵州高峰石油机械股份有限公司	41	中国通用技术（集团）控股有限责任公司
21	兰州正大有限公司	42	中国港中旅集团公司

2009 年度中国 AAA 级信用企业

序 号	获奖企业	序 号	获奖企业
1	中国银行股份有限公司	16	辽宁忠旺集团有限公司
2	中国联合网络通信集团有限公司	17	中信重工机械股份有限公司
3	神华集团有限责任公司	18	广州尚恩科技有限公司
4	中国铝业公司	19	常州光洋轴承有限公司
5	中国中铁股份有限公司	20	中山爱科数字科技有限公司
6	冀中能源集团有限责任公司	21	广州奥格智能科技有限公司
7	昆明制药集团股份有限公司	22	江苏先联信息系统有限公司
8	阳城县竹林山煤炭有限责任公司	23	中山市英高达纺织有限公司
9	江苏济川制药有限公司	24	青岛华泰散热器有限公司
10	佛山市健博通讯实业有限公司	25	海城银峰风电设备有限公司
11	青岛三利集团有限公司	26	台泥（贵港）水泥有限公司
12	上海电机成套联合有限公司	27	江苏常发实业集团有限公司
13	福建祥鑫铝业有限公司	28	北京市德安汽车修理厂
14	宁波天波港联电子有限公司	29	曲阜天博汽车零部件制造有限公司
15	深圳市名雕装饰股份有限公司	30	广州市澳大生物美容保健科技开发有限公司

2009年度中国文明诚信示范企业

序　号	获奖企业	序　号	获奖企业
1	中国航空集团公司	20	莱芜市天龙金属制品有限公司
2	中国出国人员服务总公司	21	内蒙古高等级公路建设开发有限责任公司服务区分公司
3	远东控股集团有限公司	22	包头市同利家电有限责任公司
4	江苏宁沪高速公路股份有限公司	23	中国古今集团
5	江苏沙钢集团有限公司	24	富平县新华书店有限责任公司
6	内蒙古伊利实业集团股份有限公司	25	中国建设银行股份有限公司
7	江西汉辰投资担保有限公司	26	中国中化集团公司
8	珠海裕田化工制品有限公司	27	中国南方电网有限责任公司
9	北京北达德惠资源科技有限公司	28	中国电信集团公司
10	华森建筑与工程设计顾问有限公司	29	中国邮政集团公司
11	北京九华山庄集团股份有限公司	30	中国平安保险（集团）股份有限公司
12	中粮华夏长城葡萄酒有限公司	31	交通银行股份有限公司
13	北京利恒兴达物资有限公司	32	中国航空油料集团公司
14	四会市雅风实业有限公司	33	天津市物资集团总公司
15	射阳县王大荣摩托车销售有限公司	34	泰康人寿保险股份有限公司
16	靖江市迅达汽车摩托车有限公司	35	大连大商集团有限公司
17	广东化州市新安采石场	36	中国铁路物资总公司
18	常州市宏运冷却塔设备厂	37	中国太平洋保险（集团）股份有限公司
19	安徽皖源旅业集团		

中国女企业家协会系统先进集体　先进工作者

中国女企业家协会

2010年3月1日

序　号	单位、姓名及职务	序　号	单位、姓名及职务
先进集体		2	张志勤　河北省女企业家协会秘书长
1	陕西省女企业家协会	3	李桂宁　柳州市女企业家协会秘书长
2	成都市女企业家协会	4	陆秋枚　常州市女企业家协会会长
3	益阳市女企业家协会	5	翟美卿　广东省女企业家协会会长
先进工作者		6	燕桂兰　乌海市女企业家协会副会长
1	孙　洁　青岛市女企业家协会副会长		

质量先进

2009 年全国质量奖获奖企业

中国质量协会

2009 年 10 月 26 日

序 号	企业名称	序 号	企业名称
一、大中型企业		7	深圳市海洋王照明科技股份有限公司
1	中国建筑第八工程局有限公司	8	四川沱牌集团有限公司
2	南京钢铁联合有限公司	二、服务业	
3	广州珠江钢琴集团股份有限公司	1	上海市电力公司
4	佛山市顺德区美的微波电器制造有限公司	三、特殊行业	
5	西安陕鼓动力股份有限公司	1	中国人民解放军第五七一九工厂
6	浙江红蜻蜓鞋业股份有限公司		

全国推行全面质量管理 30 周年表彰名单

中国质量协会

全国推行全面质量管理 30 周年杰出管理者

（以姓氏笔画为序）

序 号	姓 名	工作单位及职务	序 号	姓 名	工作单位及职务
1	马兴瑞	中国航天科技集团公司 总经理	20	周永兴	上海市电力公司 总经理
2	王 石	万科企业股份有限公司 董事会主席	21	周厚健	海信集团有限公司 董事长
3	王汝霖	华北制药集团有限责任公司 原总经理	22	范秉勋	上海三菱电梯股份有限公司 董事长
4	王国春	宜宾五粮液集团有限公司 董事长	23	郑秀康	康奈集团有限公司 董事长
5	王晓华	广西柳工机械股份有限公司 董事长	24	郑 杰	中国移动通信集团上海有限公司 董事长
6	王海怀	中交第二航务工程局有限公司 董事长	25	胡玉亭	太原钢铁（集团）有限公司 总经理
7	刘本仁	武汉钢铁（集团）公司 原总经理	26	胡茂元	上海汽车工业（集团）总公司 董事长
8	向 巧	中国人民解放军第 5719 工厂 厂长	27	徐 龙	中国移动通信集团广东有限公司 总经理
9	许达哲	中国航天科工集团公司 总经理	28	袁仁国	贵州茅台酒股份有限公司 董事长
10	许景宏	天津港石油化工码头有限公司 总经理	29	钱金波	浙江红蜻蜓鞋业股份有限公司 董事长
11	何享健	美的集团有限公司 董事长	30	高德康	波司登股份有限公司 董事长
12	张瑞敏	海尔集团公司 首席执行官	31	常德传	青岛港（集团）有限公司 董事局主席、总裁
13	李长顺	济南钢铁集团总公司 原董事长	32	黄伟林	广州珠江钢琴集团有限公司 董事长
14	杜 波	青建集团股份公司 董事局主席	33	董明珠	珠海格力电器股份有限公司 总裁
15	杨国平	大众交通（集团）股份有限公司 总经理	34	谢企华	宝钢集团有限公司 原董事长
16	杨思明	南京钢铁联合有限公司 董事长兼 CEO	35	鲁冠球	万向集团公司 董事局主席
17	杨德玉	兖矿集团有限公司 副董事长	36	谭旭光	潍柴动力股份有限公司 董事长
18	汪文忠	中铁建设集团有限公司 董事长	37	霍联宏	中国太平洋财产保险股份有限公司 董事长
19	沈建芳	上海日立电器有限公司 总经理	38	檀传文	中国人民解放军第 5720 工厂 厂长

全国推行全面质量管理30周年卓越推进者

（按姓氏笔画排序）

序 号	姓 名	工作单位及职务	序 号	姓 名	工作单位及职务
1	马仲器	上海市质量协会　法律顾问	41	杨为民	北京航空航天大学　教授
2	马　林	中国质量协会　原秘书长	42	杨文士	中国人民大学　教授
3	尤建新	同济大学　教授	43	杨　立	中国质量协会轻工分会　会长
4	扎　舍	四川省质量管理协会　副会长	44	杨承民	辽宁省质量管理协会　秘书长
5	王宏武	甘肃省质量协会　秘书长	45	杨跃进	北京中航科创质量技术开发中心　总经理
6	王振利	湖北省质量管理协会　原秘书长	46	杨智宝	中国电子质量管理协会　副秘书长
7	王海森	中国质协石油分会　原秘书长	47	沈志锦	中国质量协会　原部长
8	邓　绩	上海质量管理科学研究院　研究员	48	沙　叶	中国质量协会　原副会长
9	玄　锐	中国质量协会　原秘书长	49	沙奇斌	海南省质量协会　秘书长
10	艾　丰	经济日报社　原总编辑	50	陈秀三	山东省质量管理协会　原秘书长
11	刘大滨	中国人民解放军空军装备部工厂管理部　部长	51	陈泓源	原北内集团总公司　总工
12	刘纪原	原中国航天工业总公司　总经理	52	岳志坚	中国质量协会　副主任　原会长
13	刘建生	西安矿业学院　教授	53	欧阳庆林	中国质量协会　原副秘书长
14	刘海燕	北京质量协会　会长	54	罗国英	中国质量协会　原秘书长
15	刘殿襄	广东科龙（容声）集团有限公司　原顾问	55	茆诗松	上海华东师范大学　教授
16	刘源张	中国工程院　资深院士	56	郎志正	北京理工大学　教授
17	孙长鸣	北京金鸣管理工程顾问有限公司　总经理	57	侯宝佳	中国质协工程机械分会　秘书长
18	孙永安	中国水利电力质量管理协会　秘书长	58	姚守豪	浙江省质量协会　秘书长
19	孙　静	清华大学　副教授	59	赵丽冰	广东省质量协会　秘书长
20	朱立恩	北京商业干部管理学院　教授	60	赵贵英	中国医药质量管理协会　秘书长
21	许传信	荆州市质量管理协会　原秘书长	61	钟　良	中国质量协会　原代秘书长
22	邢文英	北京师范大学　教授	62	唐晓芬	上海市质量协会　会长
23	严圣武	北京理工大学　教授	63	唐晓青	北京航空航天大学　教授
24	何　桢	天津大学　教授	64	徐济超	河南省人民政府　副省长
25	余美芬	中国质量协会　原部长	65	浦振英	江苏省质量管理协会　常务副会长
26	宋力刚	中国质量协会　原秘书长	66	袁宝华	原中国质量协会　主任　名誉会长
27	宋季文	中国质量协会　部长　原会长	67	郭瑞霞	中国航天工业质量协会　秘书长
28	张万泉	黑龙江省质量协会　秘书长	68	钱仲侯	北京交通大学　教授
29	张公绪	北京科技大学管理科学研究所　教授	69	钱仲裘	上海市质量技术监督局　局长
30	张凤泉	天津市质量管理协会　秘书长	70	高凤林	中国质量协会　原部长
31	张威华	中国质量协会　原部长	71	高晓雪	广州市质量协会　秘书长
32	张贵华	中国质量协会　原副秘书长	72	屠菊龙	中国质量协会　原部长
33	张晓东	北京科力特管理咨询公司　总经理	73	曹怀枝	福建省质量协会　副秘书长
34	张维德	中国机械工业质量管理协会　理事长	74	傅世乾	四川省质量管理协会　原秘书长
35	李天春	重庆市质量协会　秘书长	75	焦叔斌	中国人民大学　副教授
36	李代忠	安徽省质量管理协会　秘书长	76	韩福荣	北京工业大学经济管理学院　教授
37	李良巧	中国兵器工业质量与可靠性研究中心　研究员	77	解艾兰	中国质量协会　原秘书长
38	李晓光	中国人民大学　副教授	78	廖永平	北京信息工程大学　教授
39	李　榕	深圳市质量协会　会长	79	管炳春	中国质协冶金工业分会　秘书长
40	李韶南	山东省质量评价协会　秘书长			

注：姓名带有方框的，代表已逝世

全国推行全面质量管理30周年优秀企业

（按行政区域排序）

序　号	单位名称	序　号	单位名称
1	联想（北京）有限公司	40	上海市第七建筑有限公司
2	中铁建设集团有限公司	41	上海万科房地产有限公司
3	北京天坛股份有限公司	42	上海汽车工业（集团）总公司
4	北京同仁堂科技发展有限公司	43	上海铁路局
5	北新集团建材股份有限公司	44	上汽通用五菱汽车股份有限公司
6	北新建材（集团）有限公司	45	中国太平洋财产保险股份有限公司
7	中国航天科技集团公司	46	上海航空股份有限公司
8	中国航天科工集团公司	47	上海轨道交通运营管理中心
9	北京航天自动控制研究所	48	上海市电力公司
10	中建一局集团建设发展有限公司	49	中国建筑第八工程局有限公司
11	天津港石油化工码头有限公司	50	上海新世界股份有限公司
12	渤海石油装备制造有限公司第一机械厂	51	上海投资咨询公司
13	华北制药集团有限责任公司	52	恒源祥（集团）有限公司
14	河北建设集团有限公司	53	南通醋酸纤维有限公司
15	中国石油天然气管道局	54	中国石化扬子石油化工有限公司
16	山西太钢不锈钢股份有限公司	55	波司登股份有限公司
17	山西潞安矿业（集团）有限责任公司	56	中国移动通信集团江苏有限公司苏州分公司
18	山西杏花村汾酒集团有限责任公司	57	南京钢铁联合有限公司
19	内蒙古北方重工集团有限公司	58	金东纸业（江苏）有限公司
20	内蒙古第一机械制造（集团）有限公司	59	南京红宝丽股份有限公司
21	沈阳飞机工业（集团）有限公司	60	中国电信股份有限公司苏州分公司
22	中国北车集团大连机车车辆有限公司	61	江阴兴澄特种钢铁有限公司
23	辽宁铁岭市绩益房地产开发有限公司	62	中天建设集团有限公司
24	鞍钢股份有限公司	63	浙江正泰电器股份有限公司
25	中国第一汽车集团公司	64	中国移动通信集团浙江有限公司
26	吉林化纤集团有限责任公司	65	万向钱潮股份有限公司
27	吉林化学工业集团公司	66	浙江万丰奥威汽轮有限公司
28	中油吉林化建工程股份有限公司	67	康奈集团有限公司
29	大庆石油管理局	68	浙江宝石缝纫机股份有限公司
30	宝山钢铁股份有限公司	69	人民电器集团有限公司
31	上海大众汽车有限公司	70	浙江三花股份有限公司
32	上海三菱电梯有限公司	71	杭州娃哈哈集团有限公司
33	上海日立电器有限公司	72	杭州鸿雁电器有限公司
34	大众交通（集团）股份有限公司大众出租汽车分公司	73	浙江红蜻蜓鞋业股份有限公司
35	上海国际机场股份有限公司	74	奥康集团有限公司
36	上海贝尔股份有限公司	75	德力西电气有限公司
37	中国移动通信集团上海有限公司	76	东方通信股份有限公司
38	上海市电力公司市区供电公司	77	浙江伟星实业发展股份有限公司
39	上海隧道工程股份有限公司	78	宁波金田铜业集团股份有限公司

续 表

序 号	单位名称	序 号	单位名称
79	浙江世友木业有限公司	110	珠海格力电器股份有限公司
80	好孩子儿童用品有限公司	111	广东美的制冷设备有限公司
81	兴乐集团有限公司	112	广东格兰仕集团有限公司
82	中国人民解放军第五七二〇工厂	113	广州珠江钢琴集团有限公司
83	安徽江淮汽车股份有限公司	114	佛山市顺德区美的微波电器制造有限公司
84	厦门 ABB 开关有限公司	115	海洋王照明科技股份有限公司
85	海尔集团公司	116	中国电信股份有限公司惠州分公司
86	济南钢铁股份有限公司	117	广西玉柴机器股份有限公司
87	青岛港（集团）有限公司	118	广西柳工机械股份有限公司
88	青岛海信电器股份有限公司	119	广西贵糖（集团）股份有限公司
89	青岛啤酒股份有限公司	120	中国嘉陵工业股份有限公司（集团）
90	兖煤集团公司	121	重庆庆铃汽车（集团）有限公司
91	青建集团股份公司	122	重庆长安汽车股份有限公司
92	潍柴动力股份有限公司	123	宜宾五粮液股份有限公司
93	莱芜钢铁集团有限公司	124	成都飞机工业（集团）有限责任公司
94	青岛喜盈门集团有限公司	125	中国人民解放军第五七一九工厂
95	山东新华制药股份有限公司	126	四川长虹电器股份有限公司
96	山东滨州渤海活塞股份有限公司	127	四川泸州老窖股份有限公司
97	山东海化股份有限公司纯碱厂	128	四川剑南春（集团）有限责任公司
98	中建八局第二建设有限公司	129	四川沱牌集团有限公司
99	福田雷沃国际重工股份有限公司	130	贵州茅台酒股份有限公司
100	舞阳钢铁有限责任公司	131	中国神华能源股份有限公司神东煤炭分公司
101	中交第二航务工程局有限公司	132	西安陕鼓动力股份有限公司
102	武汉钢铁股份有限公司	133	陕西建设机械股份有限公司
103	神龙汽车有限公司	134	宝鸡石油机械有限责任公司
104	东风汽车公司	135	西安西电开关电器有限公司
105	湖南华菱涟源钢铁有限公司	136	西安西电电力整流器有限责任公司
106	中国建筑第五工程局有限公司	137	金川集团有限公司
107	清溢精密光电（深圳）有限公司	138	香港地铁有限公司（香港）
108	深圳海外装饰工程有限公司	139	万辉涂料有限公司
109	中国移动通信集团广东有限公司		

STATISTICS DATA OF NATIONAL ECONOMY AND SOCIAL DEVELOPMENT

国民经济和社会发展统计资料

2009年国民经济和社会发展统计公报

国家统计局

2010年2月25日

2009年，全国各族人民在党中央、国务院的领导下，以邓小平理论和“三个代表”重要思想为指导，深入贯彻落实科学发展观，认真贯彻积极的财政政策和适度宽松的货币政策，全面落实应对国际金融危机的一揽子计划和政策措施，国民经济形势总体回升向好，各项社会事业取得新的进展。

一、综合

初步核算，全年国内生产总值335 353亿元，比上年增长8.7%。分产业看，第一产业增加值35 477亿元，增长4.2%；第二产业增加值156 958亿元，增长9.5%；第三产业增加值142 918亿元，增长8.9%。第一产业增加值占国内生产总值的比重为10.6%，比上年下降0.1个百分点；第二产业增加值比重为46.8%，下降0.7个百分点；第三产业增加值比重为42.6%，上升0.8个百分点。见图1。

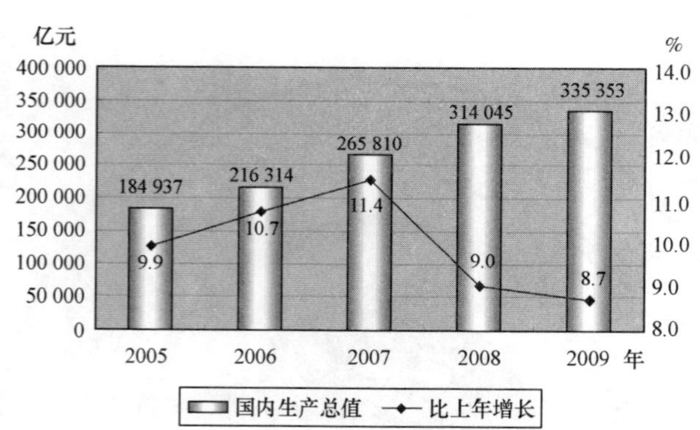

图1　2005—2009年国内生产总值与增长速度

全年居民消费价格比上年下降0.7%，其中食品价格上涨0.7%。固定资产投资价格下降2.4%。工业品出厂价格下降5.4%，其中生产资料价格下降6.7%，生活资料价格下降1.2%。原材料、燃料、动力购进价格下降7.9%。农产品生产价格下降2.4%。农业生产资料价格下降2.5%。70个大中城市房屋销售价格上涨1.5%，其中新建住宅价格上涨1.3%，二手住宅价格上涨2.4%；房屋租赁价格下降0.6%。见图2、表1。

年末全国就业人员77 995万人，比上年末增加515万人。其中城镇就业人员31 120万人，增加910万人，新增加1 102万人。年末城镇登记失业率为4.3%，比上年末上升0.1个百分点。

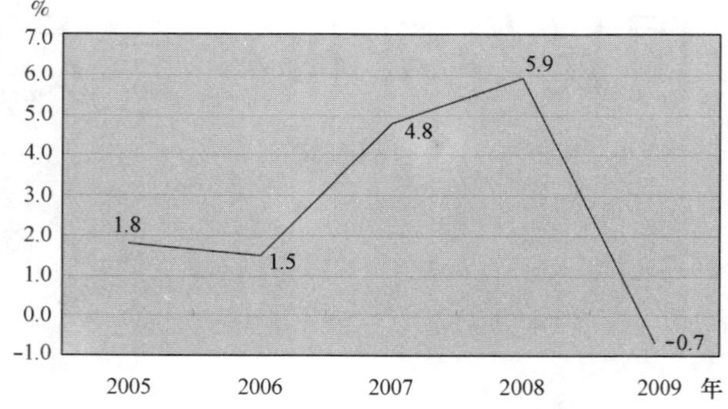

图2　2005—2009年居民消费价格涨跌幅度

2009年居民消费价格比上年涨跌幅度

表1　单位:%

指　标	全　国	城　市	农　村
居民消费价格	-0.7	-0.9	-0.3
食　品	0.7	1.0	0.1
其中：粮　食	5.6	5.7	5.5
肉禽及其制品	-8.7	-8.5	-9.2
油　脂	-18.3	-17.9	-18.8
鲜　蛋	1.5	1.3	2.0
鲜　菜	15.4	15.0	16.7
鲜　果	9.1	9.0	9.5
烟酒及用品	1.5	1.7	1.3
衣　着	-2.0	-2.2	-1.6
家庭设备用品及服务	0.2	0.3	0.0
医疗保健及个人用品	1.2	1.1	1.5
交通和通信	-2.4	-2.7	-1.8
娱乐教育文化用品及服务	-0.7	-1.2	0.6
居　住	-3.6	-4.6	-1.5

年末国家外汇储备23 992亿美元，比上年末增加4 531亿美元。年末人民币汇率为1美元兑6.828 2元人民币，比上年末升值0.1%。见图3。

全年财政收入68 477亿元，比上年增加7 147亿元，增

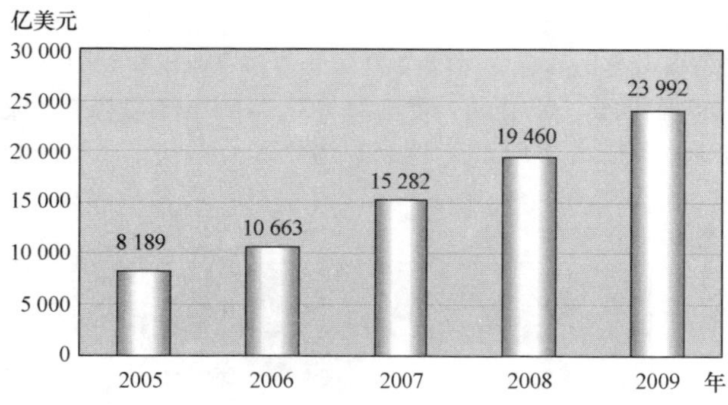

图3 2005—2009 年年末国家外汇储备

长 11.7%；其中税收收入 59 515 亿元，增加 5 291 亿元，增长 9.8%。见图 4。

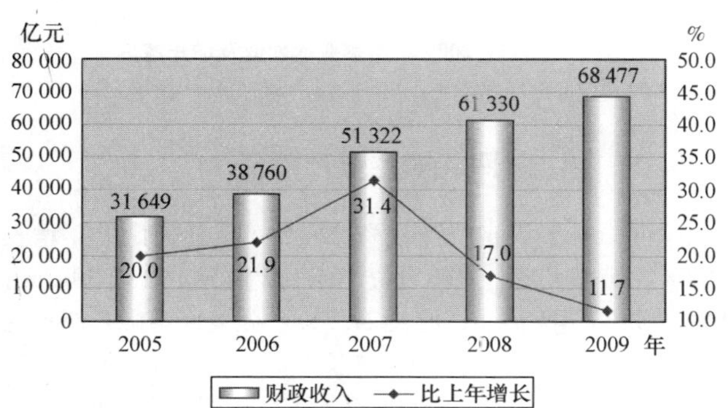

图4 2005—2009 年财政收入与增长速度

二、农业

全年粮食种植面积 10 897 万公顷，比上年增加 217 万公顷；棉花种植面积 495 万公顷，减少 80 万公顷；油料种植面积 1 360 万公顷，增加 76 万公顷；糖料种植面积 188 万公顷，减少 11 万公顷。

全年粮食产量 53 082 万吨，比上年增加 211 万吨，增产 0.4%。其中，夏粮产量 12 335 万吨，增产 2.2%；早稻产量 3 327 万吨，增产 5.3%；秋粮产量 37 420 万吨，减产 0.6%。见图 5。

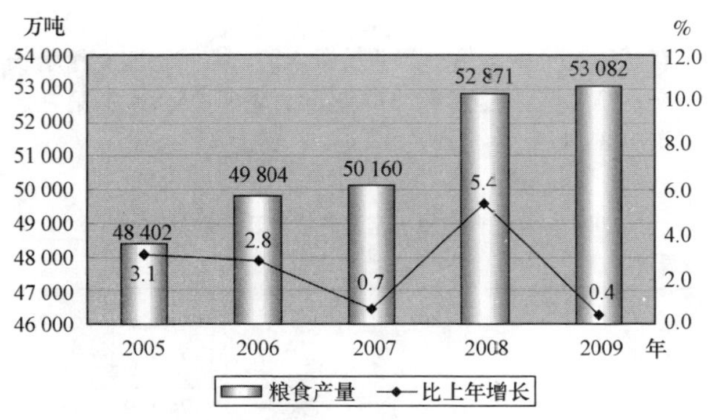

图5 2005—2009 年粮食产量与增长速度

全年棉花产量 640 万吨，比上年减产 14.6%。油料产量 3 100 万吨，增产 5.0%。糖料产量 12 200 万吨，减产 9.1%。烤烟产量 280 万吨，增产 6.7%。茶叶产量 135 万吨，增产 7.1%。

全年肉类总产量 7 642 万吨，比上年增长 5.0%。其中，猪肉产量 4 889 万吨，增长 5.8%；牛肉产量 636 万吨，增长 3.6%；羊肉产量 389 万吨，增长 2.4%。生猪年末存栏 46 985 万头，增长 1.5%；生猪出栏 64 507 万头，增长 5.7%。牛奶产量 3 518 万吨，下降 1.1%；禽蛋产量 2 741 万吨，增长 1.4%。

全年水产品产量 5 120 万吨，增长 4.6%。其中，养殖水产品产量 3 635 万吨，增长 6.5%；捕捞水产品产量 1 485 万吨，增长 0.1%。

全年木材产量 6 938 万立方米，比上年下降 14.4%。

全年新增有效灌溉面积 147.1 万公顷，新增节水灌溉面积 182.6 万公顷。

三、工业和建筑业

全年全部工业增加值 134 625 亿元，比上年增长 8.3%。规模以上工业增加值增长 11.0%，其中国有及国有控股企业增长 6.9%；集体企业增长 10.2%，股份制企业增长 13.3%，外商及港澳台商投资企业增长 6.2%；私营企业增长 18.7%。分轻重工业看，轻工业增长 9.7%，重工业增长 11.5%。见图 6。

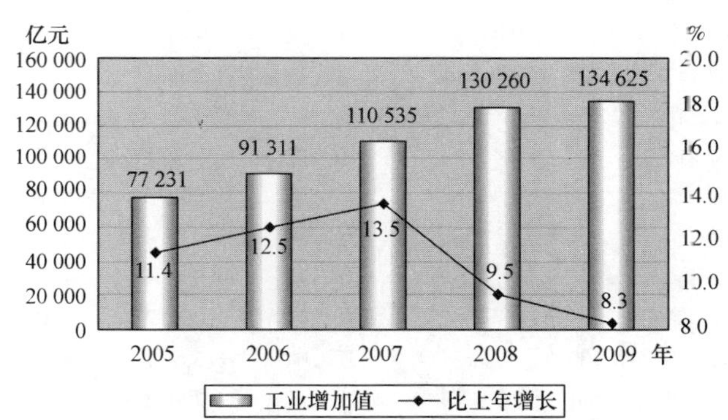

图6 2005—2009 年工业增加值与增长速度

全年规模以上工业中，煤炭开采和洗选业增加值比上年增长 8.3%；石油和天然气开采业增长 4.8%；农副食品加工业增长 15.9%；纺织业增长 8.5%；通用设备制造业增长 11.0%；专用设备制造业增长 13.0%；交通运输设备制造业增长 18.4%，其中汽车制造增长 20.3%，船舶制造增长 20.7%；通信设备、计算机及其他电子设备制造业增长 5.3%；电气机械及器材制造业增长 12.0%。六大高载能行业比上年增长 10.6%，其中，非金属矿物制品业增长 14.7%，化学原料及化学制品制造业增长 14.6%，有色金属冶炼及压延加工业增长 12.8%，黑色金属冶炼及压延加工业增长 9.9%，电力、热力的生产和供应业增长 6.0%，石油加工、炼焦及核燃料加工业增长 5.2%。高技术制造业增加值比上年增长 7.7%。见表 2。

1—11 月全国规模以上工业企业累计实现利润 25 891 亿元，比上年同期增长 7.8%。见表 3。

2009 年主要工业产品产量及其增长速度

表 2

产品名称	单　位	产　量	比上年增长（%）
纱	万　吨	2 393.5	12.7
布	亿　米	740.0	4.2
化学纤维	万　吨	2 730.0	13.0
成品糖	万　吨	1 321.2	-8.9
卷　烟	亿　支	22 901.5	3.2
彩色电视机	万　台	9 898.8	9.6
其中：液晶电视机	万　台	6 765.3	85.2
家用电冰箱	万　台	5 930.5	24.7
房间空气调节器	万　台	8 078.2	-1.9
一次能源生产总量	亿吨标准煤	28.0	5.8
原　煤	亿　吨	30.5	8.8
原　油	亿　吨	1.9	-3.1
天然气	亿立方米	851.7	6.1
发电量	亿千瓦小时	37 146.5	6.3
其中：火　电	亿千瓦小时	29 827.8	10.2
水　电	亿千瓦小时	6 156.4	-3.3
核　电	亿千瓦小时	701.3	2.5
粗　钢	万　吨	56 803.3	12.9
钢　材	万　吨	69 626.3	15.2
十种有色金属	万　吨	2 650.1	5.2
其中：精炼铜（电解铜）	万　吨	413.5	9.1
原　铝（电解铝）	万　吨	1 296.5	-1.5
氧化铝	万　吨	2 379.3	3.3
水　泥	亿　吨	16.5	16.0
硫　酸	万　吨	5 960.2	16.9
纯　碱	万　吨	1 938.4	3.0
烧　碱	万　吨	1 832.4	-1.1
乙　烯	万　吨	1 066.3	8.0
化　肥（折 100%）	万　吨	6 599.7	9.8
发电机组（发电设备）	万千瓦	11 729.3	-11.9
汽　车	万　辆	1 379.5	48.2
其中：基本型乘用车（轿车）	万　辆	748.5	48.6
大中型拖拉机	万　台	37.1	30.6
集成电路	亿　块	414.4	-0.7
程控交换机	万　线	4 147.4	-9.5
移动通信手持机	万　台	61 924.5	10.7
微型计算机设备	万　台	18 215.1	33.3

2009 年 1—11 月规模以上工业企业实现利润及其增长速度

表 3

指　标	利润总额（亿元）	比上年同期增长（%）
规模以上工业	25 891	7.8
其中：国有及国有控股企业	7 514	-4.5
其中：集体企业	545	10.3
股份制企业	13 890	4.2
外商及港澳台商投资企业	7 511	16.9
其中：私营企业	6 849	17.4

全年全社会建筑业增加值 22 333 亿元，比上年增长 18.2%。全国具有资质等级的总承包和专业承包建筑业企业实现利润 2 663 亿元，增长 21.0%，其中国有及国有控股企业 697 亿元，增长 23.9%。见图 7。

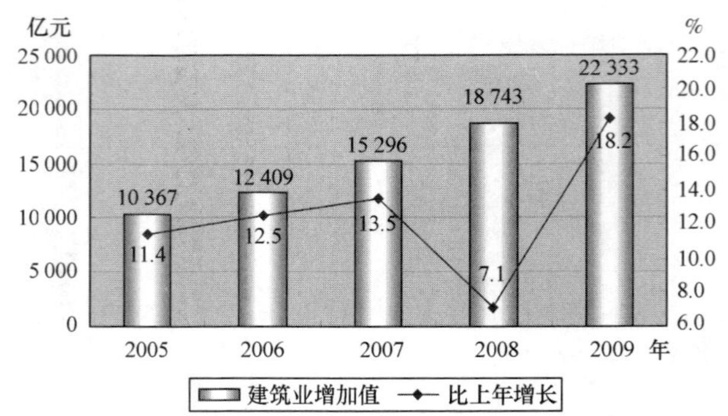

图 7　2005—2009 年建筑业增加值及增长速度

四、固定资产投资

全年全社会固定资产投资 224 846 亿元，比上年增长 30.1%。分城乡看，城镇投资 194 139 亿元，增长 30.5%；农村投资 30 707 亿元，增长 27.5%。分地区看，东部地区投资 95 653 亿元，比上年增长 23.0%；中部地区投资 49 846 亿元，增长 35.8%；西部地区投资 49 662 亿元，增长 38.1%；东北地区投资 23 733 亿元，增长 26.8%。见图 8。

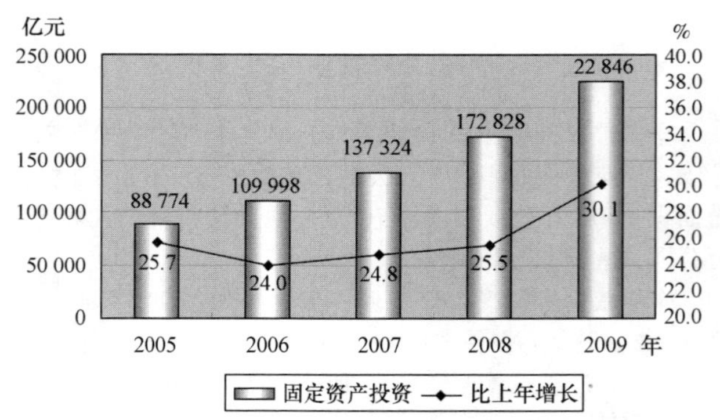

图 8　2005—2009 年全社会固定资产投资与增长速度

在城镇投资中，第一产业投资 3 373 亿元，比上年增长 49.9%；第二产业投资 82 277 亿元，增长 26.8%；第三产业投资 108 489 亿元，增长 33.0%。见表 4、表 5。

2009 年分行业城镇固定资产投资及其增长速度

表 4

行　业	投资额（亿元）	比上年增长（%）
总　计	194 139	30.5
农、林、牧、渔业	3 373	49.9
采矿业	8 093	18.2
其中：煤炭开采及洗选业	3 021	25.9

续　表

行　业	投资额（亿元）	比上年增长(%)
石油和天然气开采业	2 793	4.4
制造业	58 817	26.8
其中：农副食品加工业	2 826	38.2
食品制造业	1 513	32.4
纺织业	1 768	14.8
纺织服装、鞋、帽制造业	1 051	17.0
石油加工、炼焦及核燃料加工业	1 835	0.4
化学原料及化学制品制造业	6 006	26.9
非金属矿物制品业	5 948	43.5
黑色金属冶炼及压延加工业	3 206	-1.3
有色金属冶炼及压延加工业	2 202	16.8
金属制品业	2 836	29.2
通用设备制造业	4 465	37.6
专用设备制造业	3 111	37.3
交通运输设备制造业	4 965	31.3
电气机械及器材制造业	3 545	51.2
通信设备、计算机及其他电子设备制造业	2 627	6.7
电力、燃气及水的生产和供应业	13 482	28.5
其中：电力、热力的生产与供应业	11 078	22.8
建筑业	1 884	57.6
交通运输、仓储和邮政业	23 278	48.3
信息传输、计算机服务和软件业	2 515	18.0
批发和零售业	4 451	39.4
住宿和餐饮业	2 333	34.4
金融业	349	38.2
房地产业	43 065	19.9
租赁和商务服务业	1 887	50.4
科学研究、技术服务和地质勘察业	1 066	48.5
水利、环境和公共设施管理业	17 814	45.1
居民服务和其他服务业	506	61.8
教　育	3 231	37.2
卫生、社会保障和社会福利业	1 689	58.5
文化、体育和娱乐业	2 117	47.4
公共管理和社会组织	4 189	29.3

2009 年固定资产投资新增主要生产能力

表 5

指　标	单　位	绝对数
新增发电机组容量	万千瓦	8 970
22 万伏及以上变电设备	万千伏安	27 161
新建铁路投产里程	公　里	5 557
增建铁路复线投产里程	公　里	4 129
电气化铁路投产里程	公　里	8 448
新建公路	公　里	121 013
其中：高速公路	公　里	4 391
港口万吨级码头泊位新增吞吐能力	万　吨	31 318
新增光缆线路长度	万公里	149
新增数字蜂窝移动电话交换机容量	万　户	27 580

全年房地产开发投资 36 232 亿元，比上年增长 16.1%。其中，商品住宅投资 25 619 亿元，增长 14.2%；办公楼投资 1 378 亿元，增长 18.1%；商业营业用房投资 4 172 亿元，增长 24.4%。见表 6。

2009 年房地产开发和销售主要指标完成情况

表 6

指　标	单　位	绝对数	比上年增长%
投资完成额	亿　元	36 232	16.1
其中：住　宅	亿　元	25 619	14.2
其中：90 平方米以下住宅	亿　元	8 351	24.1
其中：经济适用房	亿　元	1 139	17.3
房屋施工面积	万平方米	319 650	12.8
其中：住　宅	万平方米	250 804	12.5
房屋新开工面积	万平方米	115 385	12.5
其中：住　宅	万平方米	92 463	10.5
房屋竣工面积	万平方米	70 219	5.5
其中：住　宅	万平方米	57 694	6.2
商品房销售面积	万平方米	93 713	42.1
其中：住　宅	万平方米	85 294	43.9
本年资金来源	亿　元	57 128	44.2
其中：国内贷款	亿　元	11 293	48.5
其中：个人按揭贷款	亿　元	8 403	116.2
本年购置土地面积	万平方米	31 906	-18.9
完成开发土地面积	万平方米	23 006	-19.9
土地购置费	亿　元	6 039	0.7

五、国内贸易

全年社会消费品零售总额 125 343 亿元，比上年增长 15.5%。分地域看，城市消费品零售额 85 133 亿元，增长 15.5%；县及县以下消费品零售额 40 210 亿元，增长 15.7%。分行业看，批发和零售业零售额 105 413 亿元，增长 15.6%；住宿和餐饮业零售额 17998 亿元，增长 16.8%；其他行业零售额 1 932 亿元，增长 2.5%。见图 9。

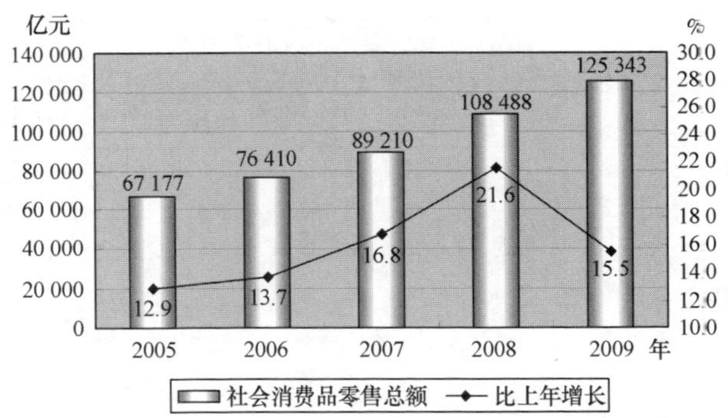

图 9　2005—2009 年社会消费品零售总额与增长速度

在限额以上批发和零售业零售额中，汽车类零售额比上年增长 32.3%，粮油类增长 13.0%，肉禽蛋类增长 8.3%，服装类增长 20.8%，日用品类增长 15.6%，文化办公用品类增长 6.7%，通讯器材类下降 1.3%，化妆品类增长 16.9%，金银珠宝类增长 15.9%，中西药品类增长

21.7%，家用电器和音像器材类增长12.3%，家具类增长35.5%，建筑及装潢材料类增长26.6%。

六、对外经济

全年货物进出口总额22 072亿美元，比上年下降13.9%。其中，货物出口12 017亿美元，下降16.0%；货物进口10 056亿美元，下降11.2%。进出口差额（出口减进口）1 961亿美元，比上年减少1 020亿美元。见表7、表8、表9、表10、图10。

2009年货物进出口总额及其增长速度

表7

指　标	绝对数（亿美元）	比上年增长（%）
货物进出口总额	22 072	-13.9
货物出口额	12 017	-16.0
其中：一般贸易	5 298	-20.1
加工贸易	5 870	-13.1
其中：机电产品	7 131	-13.4
高新技术产品	3 769	-9.3
其中：国有企业	1 910	-25.8
外商投资企业	6 722	-15.0
其他企业	3 384	-11.6
货物进口额	10 056	-11.2
其中：一般贸易	5 339	-6.7
加工贸易	3 223	-14.8
其中：机电产品	4 914	-8.7
高新技术产品	3 098	-9.4
其中：国有企业	2 885	-18.5
外商投资企业	5 452	-12.0
其他企业	1 719	7.9
进出口差额（出口减进口）	1 961	—

2009年主要商品出口数量、金额及其增长速度

表8

商品名称	单　位	数　量	比上年增长（%）	金　额（亿美元）	比上年增长（%）
煤	万　吨	2 240	-50.7	24	-54.7
钢　材	万　吨	2 460	-58.5	223	-64.9
纺织纱线、织物及制品	—	—	—	600	-8.4
服装及衣着附件	—	—	—	1 071	-11.0
鞋　类	—	—	—	280	-5.7
家具及其零件	—	—	—	253	-6.0
自动数据处理设备及其部件	万　台	131 331	-8.5	1 224	-9.4
手持或车载无线电话	万　台	58 280	9.4	396	2.7
集装箱	万　个	69	-77.2	19	-78.6
集成电路	百万个	56 608	16.8	233	-4.2
液晶显示板	万　个	192 414	-5.1	192	-14.1
汽车（包括整套散件）	万　辆	35	-45.2	47	-47.3

2009年主要商品进口数量、金额及其增长速度

表9

商品名称	数　量（万吨）	比上年增长（%）	金　额（亿美元）	比上年增长（%）
谷物及谷物粉	315	104.6	9	22.7
大　豆	4 255	13.7	188	-13.9
食用植物油	816	8.4	59	-30.1
铁矿砂及其精矿	62 778	41.6	501	-17.4
氧化铝	514	12.1	13	-26.6
煤	12 583	211.9	106	201.3
原　油	20 379	13.9	893	-31.0
成品油	3 696	-5.4	170	-43.7
初级形状的塑料	2 381	34.5	348	2.2
纸　浆	1 368	43.7	68	2.1
钢　材	1 763	14.3	195	-16.9
未锻造的铜及铜材	429	62.7	226	18.0

2009年对主要国家和地区货物进出口额及其增长速度

表10

国家和地区	出口额（亿美元）	比上年增长（%）	进口额（亿美元）	比上年增长（%）
欧　盟	2 363	-19.4	1 278	-3.7
美　国	2 208	-12.5	774	-4.8
中国香港	1 662	-12.8	87	-32.6
东　盟	1 063	-7.0	1 067	-8.8
日　本	979	-15.7	1 309	-13.1
韩　国	537	-27.4	1 026	-8.5
印　度	297	-6.1	137	-32.3
中国台湾	205	-20.8	857	-17.0
俄罗斯	175	-47.1	213	-10.7

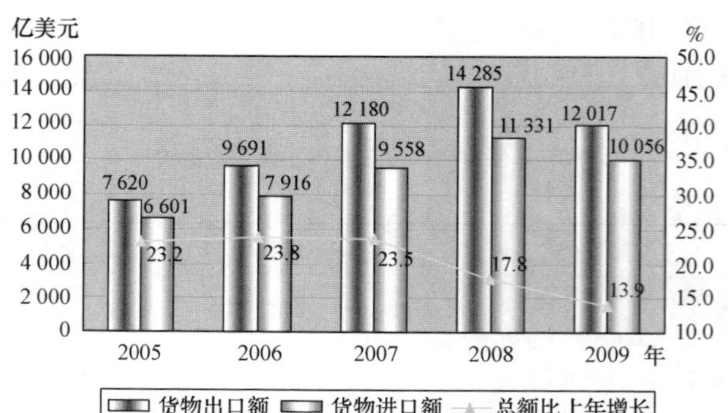

图10　2005—2009年货物进出口总额与增长速度

全年非金融领域新批外商直接投资企业23 435家，比上年减少14.8%。实际使用外商直接投资金额900亿美元，下降2.6%。其中，制造业占52.0%；房地产业占18.7%；租赁和商务服务业占6.8%；批发和零售业占6.0%；交通运输、仓储和邮政业占2.8%。见表11。

2009 年分行业外商直接投资及其增长速度

表 11

行业	企业数（家）	比上年增长（%）	实际使用金额（亿美元）	比上年增长（%）
总计	**23 435**	**-14.8**	**900.3**	**-2.6**
农、林、牧、渔业	896	-2.3	14.3	20.0
采矿业	99	-33.6	5.0	-12.6
制造业	9 767	-15.6	467.7	-6.3
电力、燃气及水的生产和供应业	238	-25.6	21.1	24.5
建筑业	220	-16.0	6.9	-36.7
交通运输、仓储和邮政业	395	-24.5	25.3	-11.4
信息传输、计算机服务和软件业	1 081	-15.9	22.5	-19.0
批发和零售业	5 100	-12.9	53.9	21.6
住宿和餐饮业	502	-20.7	8.4	-10.1
金融业	52	108.0	4.6	-20.3
房地产业	569	25.9	168.0	-9.7
租赁和商务服务业	2 864	-8.7	60.8	20.2
科学研究、技术服务和地质勘察业	1 066	-42.0	16.7	11.2
水利、环境和公共设施管理业	183	32.6	5.6	63.4
居民服务和其他服务业	207	1.0	15.9	178.3
教育	20	-16.7	0.1	-63.0
卫生、社会保障和社会福利业	18	80.0	0.4	127.0
文化、体育和娱乐业	158	-7.1	3.2	23.0
公共管理和社会组织	—	—	—	—
国际组织	—	—	—	—

全年非金融类对外直接投资额 433 亿美元，比上年增长 6.5%。

全年对外承包工程业务完成营业额 777 亿美元，比上年增长 37.3%；对外劳务合作完成营业额 89 亿美元，增长 10.6%。

七、交通、邮电和旅游

全年交通运输、仓储和邮政业增加值 17 058 亿元，比上年增长 3.7%。见表 12、表 13。

2009 年各种运输方式完成货物运输量及其增长速度

表 12

指标	单位	绝对数	比上年增长（%）
货物运输总量	亿吨	278.8	7.5
铁路	亿吨	33.3	1.9
公路	亿吨	209.7	9.4
水运	亿吨	31.4	3.0
民航	万吨	445.5	9.3
管道	亿吨	4.4	1.3
货物运输周转量	亿吨公里	121 211.3	9.8
铁路	亿吨公里	25 239.2	0.5
公路	亿吨公里	36 383.5	10.7
水运	亿吨公里	57 439.9	14.0
民航	亿吨公里	126.3	5.6
管道	亿吨公里	2 022.4	4.1

2009 年各种运输方式完成旅客运输量及其增长速度

表 13

指标	单位	绝对数	比上年增长（%）
旅客运输总量	亿人	297.7	3.8
铁路	亿人	15.2	4.3
公路	亿人	278.0	3.6
水运	亿人	2.2	2.9
民航	亿人	2.3	19.7
旅客运输周转量	亿人公里	24 773.6	6.8
铁路	亿人公里	7 878.9	1.3
公路	亿人公里	13 450.7	7.8
水运	亿人公里	69.1	5.8
民航	亿人公里	3 374.9	17.1

全年规模以上港口完成货物吞吐量 69.1 亿吨，比上年增长 8.2%，其中外贸货物吞吐量 21.4 亿吨，增长 8.6%。港口集装箱吞吐量 12 082 万标准箱，下降 5.8%。

年末全国民用汽车保有量达到 7 619 万辆（包括三轮汽车和低速货车 1 331 万辆），比上年末增长 17.8%，其中私人汽车保有量 5 218 万辆，增长 25.0%。民用轿车保有量 3 136 万辆，增长 28.6%，其中私人轿车 2 605 万辆，增长 33.8%。

全年完成邮电业务总量 27 313 亿元，比上年增长 14.6%。其中，邮政业务总量 1 632 亿元，增长 16.4%；电信业务总量 25 681 亿元，增长 14.4%。全年局用交换机容量减少 1 644 万门，总容量 49 219 万门；新增移动电话交换机容量 27 580 万户，达到 142 111 万户。固定电话年末用户 31 369 万户。其中，城市电话用户 21 178 万户，农村电话用户 10 191 万户。新增移动电话用户 10 614 万户，年末达到 74 738 万户。年末全国固定及移动电话用户总数达到 106 107 万户，比上年末增加 7 947 万户。电话普及率达到 79.9 部/百人。互联网上网人数 3.8 亿人，其中宽带上网人数 3.5 亿人；互联网普及率达到 28.9%。见图 11。

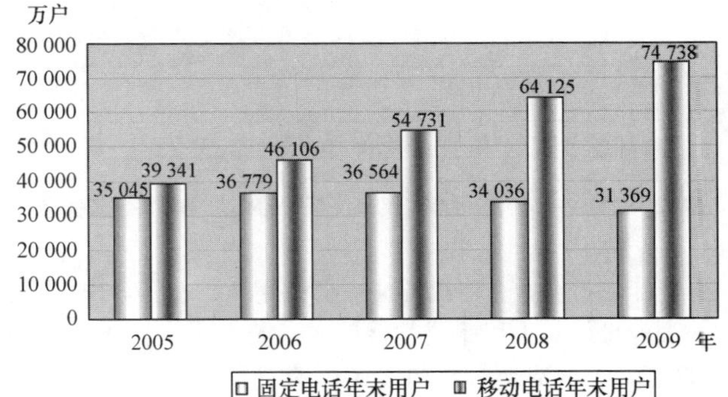

图 11 2005—2009 年年末电话用户数

全年国内出游人数达19亿人次，比上年增长11.1%；国内旅游收入10 184亿元，增长16.4%。入境旅游人数12 648万人次，下降2.7%。其中，外国人2 194万人次，下降9.8%；香港、澳门和台湾同胞10 454万人次，下降1.1%。在入境旅游者中，过夜旅游者5 088万人次，下降4.1%。国际旅游外汇收入397亿美元，下降2.9%。国内居民出境人数达4 766万人次，增长4.0%。其中因私出境4 221万人次，增长5.2%，占出境人数的88.6%。

八、金融

年末广义货币供应量（M_2）余额为606 000亿元，比上年末增长27.7%；狭义货币供应量（M_1）余额为220 000亿元，增长32.4%；流通中现金（M_0）余额为38 000亿元，增长11.8%。

年末全部金融机构本外币各项存款余额612 000亿元，比年初增加132 000亿元。其中人民币各项存款余额598 000亿元，增加131 000亿元。全部金融机构本外币各项贷款余额426 000亿元，增加105 000亿元。其中人民币各项贷款余额400 000亿元，增加96 000亿元。见表14、图12。

2009年全部金融机构本外币存贷款及其增长速度

表14

指　标	年末数（亿元）	比上年末增长（%）
各项存款余额	612 006	27.7
其中：企业存款	224 357	36.5
城乡居民储蓄存款	264 761	19.5
其中：人民币	260 772	19.7
各项贷款余额	425 597	33.0
其中：短期贷款	151 353	17.7
中长期贷款	235 579	43.5

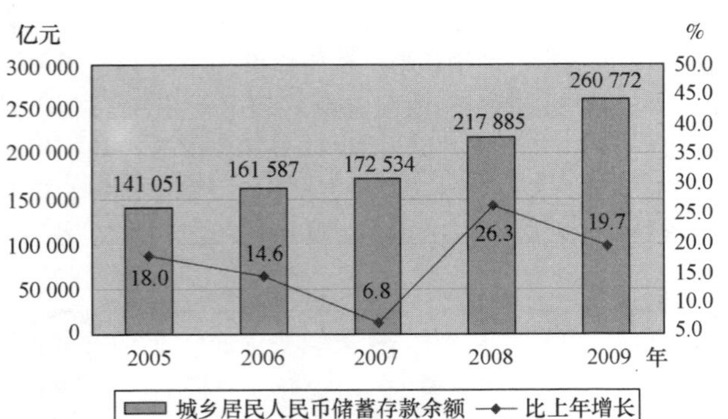

图12　2005—2009年城乡居民人民币储蓄存款余额与增长速度

全年农村金融合作机构（农村信用社、农村合作银行、农村商业银行）人民币贷款余额47 000亿元，比年初增加9 727亿元。全部金融机构人民币消费贷款余额55 000亿元，增加17 976亿元。其中，个人短期消费贷款余额6 000亿元，增加2 465亿元；个人中长期消费贷款余额49 000亿元，增加15 511亿元。

全年上市公司通过境内市场累计筹资3 653亿元，比上年增加1 255亿元。其中，首次公开发行A股99只，筹资2 062亿元，增加995亿元；A股再筹资（包括配股、公开增发、非公开增发、认股权证）筹资1 591亿元，增加259亿元；上市公司通过发行可转债、可分离债、公司债筹资813亿元，减少185亿元。全年首次公开发行创业板股票36只，筹资204亿元。

全年发行非上市公司企业（公司）债券4 252亿元，比上年增加1 885亿元。企业发行短期融资券4 612亿元，增加281亿元；中期票据6 987亿元，增加5 250亿元。发行中小企业集合票据12.7亿元。

全年保险公司原保险保费收入11 137亿元，比上年增长13.8%，其中寿险业务原保险保费收入7 457亿元；健康险和意外伤害险业务原保险保费收入804亿元；财产险业务原保险保费收入2 876亿元。支付各类赔款及给付3 125亿元，其中寿险业务给付1 269亿元；健康险和意外伤害险赔款及给付281亿元；财产险业务赔款1 576亿元。

九、教育和科学技术

全年研究生教育招生51.1万人，在学研究生140.5万人，毕业生37.1万人。普通高等教育本专科招生639.5万人，在校生2 144.7万人，毕业生531.1万人。各类中等职业教育招生873.6万人，在校生2 178.7万人，毕业生619.2万人。全国普通高中招生830.3万人，在校生2 434.3万人，毕业生823.7万人。全国初中招生1 788.5万人，在校生5 440.9万人，毕业生1 797.7万人。普通小学招生1 637.8万人，在校生1 0071.5万人，毕业生1 805.2万人。特殊教育招生6.4万人，在校生42.8万人。幼儿园在园幼儿2 657.8万人。见图13。

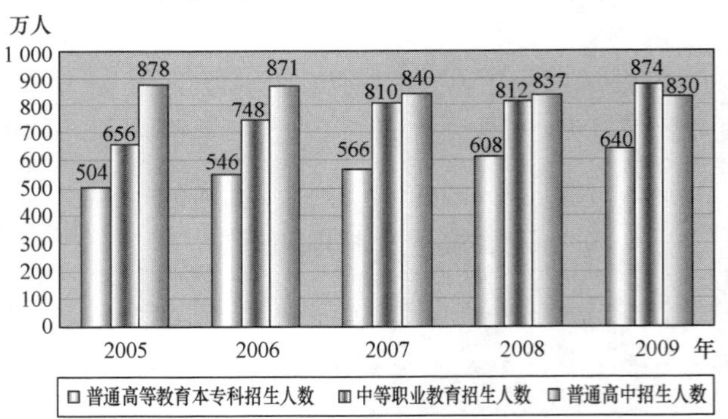

图13　2005—2009年普通高等教育、中等职业教育及普通高中招生人数

全年研究与试验发展（R&D）经费支出5433亿元，比上年增长17.7%，占国内生产总值的1.62%，其中基础研究经费272亿元。全年国家安排了639项科技支撑计划课题，1 328项“863”计划课题。累计建设国家工程研究中心127个，国家工程实验室85个。国家认定企业技术中心达到636家。省级企业技术中心达到5 011家。启动实施新兴产业创投计划，支持设立20家创业投资基金。全年受理国内外专利申请97.7万件，其中国内申请87.8万件，占

89.9%。受理国内外发明专利申请31.5万件，其中国内申请22.9万件，占72.8%。全年授予专利权58.2万件，其中国内授权50.2万件，占86.2%。授予发明专利权12.8万件，其中国内授权6.5万件，占50.9%。截至2009年底，有效专利152万件，其中国内有效专利119.3万件，占78.5%；有效发明专利43.8万件，其中国内有效发明专利18万件，占41.1%。全年共签订技术合同21.4万项，技术合同成交金额3 039亿元，比上年增长14.0%。全年成功发射卫星6次。首台千万亿次超级计算机系统“天河一号”研制成功；嫦娥一号卫星成功受控撞月。

年末全国共有产品检测实验室25 000个，其中国家检测中心414个。全国现有产品质量、体系认证机构168个，已累计完成对4.1万个企业的产品认证。全国共有法定计量技术机构3 760个，全年强制检定计量器具4 560万台（件）。全年制定、修订国家标准3 158项，其中新制定2 102项。全年中央气象台和省级气象台共发布气象预警信号2 737次，警报3 950次。全国共有地震台站1 457个，地震遥测台网32个。全国共有海洋观测站66个。测绘部门公开出版地图2 060种，测绘图书307种。

十、文化、卫生和体育

年末全国共有艺术表演团体2 478个，文化馆3 214个，公共图书馆2 833个，博物馆1 996个。广播电台251座，电视台272座，广播电视台2 087座，教育台44个。有线电视用户17 398万户，有线数字电视用户6 200万户。年末广播节目综合人口覆盖率为96.3%；电视节目综合人口覆盖率为97.2%。全年生产故事影片456部，科教、纪录、动画和特种影片102部。出版各类报纸437亿份，各类期刊31亿册，图书70亿册（张）。年末全国共有档案馆4 035个，已开放各类档案7 991万卷（件）。

年末全国共有卫生机构28.9万个，其中医院、卫生院6万个，社区卫生服务中心（站）2.6万个，妇幼保健院（所、站）3 013个，专科疾病防治院（所、站）1 315个，疾病预防控制中心（防疫站）3 543个，卫生监督所（中心）2 706个，诊所及其他19.3万个。卫生技术人员522万人，其中执业医师和执业助理医师216万人，注册护士174万人。医院和卫生院床位396万张。乡镇卫生院3.9万个，床位91万张，卫生技术人员89.8万人。全年甲、乙类法定报告传染病发病人数377.6万例，报告死亡15 105人；报告传染病发病率284.34/10万，死亡率1.14/10万。

全年运动健儿在30个项目中共获得142个世界冠军，11人3队22次创22项世界纪录。在第十一届全国运动会上，共有7人9次创超5项世界纪录；12人3队21次创16项亚洲纪录；29人5队52次创39项全国纪录。

十一、人口、人民生活和社会保障

年末全国总人口为133 474万人，比上年末增加672万人。全年出生人口1 615万人，出生率为12.13‰；死亡人口943万人，死亡率为7.08‰；自然增长率为5.05‰。出生人口性别比为119.45。见表15。

2009年人口数及其构成

表15

指　标	年末数（万人）	比重（%）
全国总人口	133 474	100.0
其中：城　镇	62 186	46.6
乡　村	71 288	53.4
其中：男　性	68 652	51.4
女　性	64 822	48.6
其中：0～14岁	24 663	18.5
15～59岁	92 097	69.0
60岁及以上	16 714	12.5
其中：65岁及以上	11 309	8.5

全年农村居民人均纯收入5 153元，剔除价格因素，比上年实际增长8.5%；城镇居民人均可支配收入17 175元，实际增长9.8%。农村居民家庭食品消费支出占消费总支出的比重为41.0%，城镇为36.5%。按2009年农村贫困标准1 196元测算，年末农村贫困人口为3 597万人。见图14、图15。

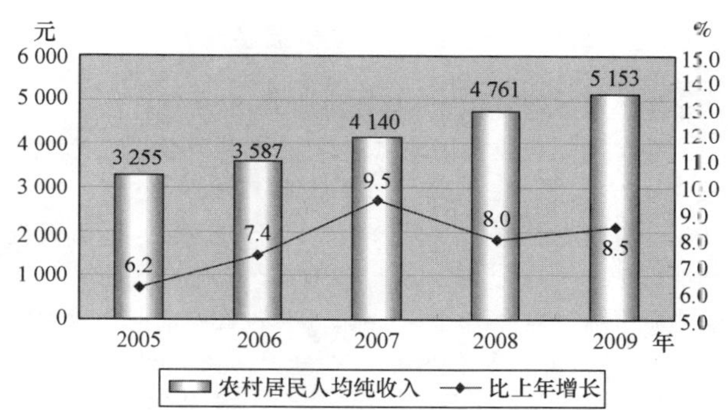

图14　2005—2009年农村居民人均纯收入与增长速度

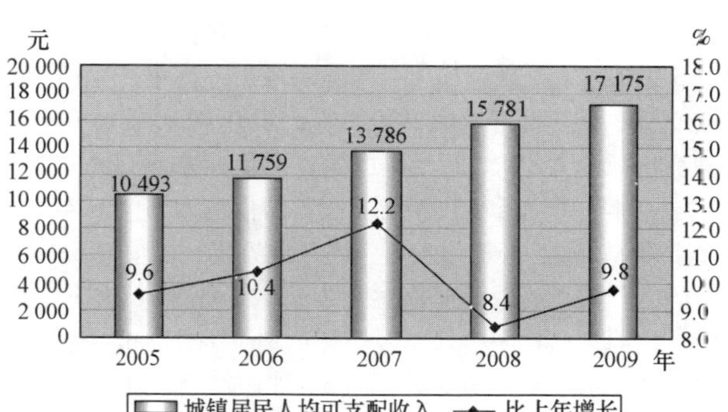

图15　2005—2009年城镇居民人均可支配收入与增长速度

年末全国参加城镇基本养老保险人数23 498万人，比上年末增加1 607万人。其中参保职工17 703万人，参保离退休人员5 795万人。参加城镇基本医疗保险的人数40 061万人，增加8 239万人。其中，参加城镇职工基本医疗保险人数21 961万人，参加城镇居民基本医疗保险人数18 100万人。参加城镇医疗保险的农民工4 335万人，增加69万人。参加失业保险的人数12 715万人，增加316万人。参加工伤保险的人数 14 861 万人，增加 1 074 万人。其中参加工伤保险农民工 5 580 万人，增加 638 万人。参加生育保险的人数 10 860 万人，增加 1 606 万人。2 716 个县（市、区）开展了新型农村合作医疗工作，新型农村合作医疗参合率 94.0%。新型农村合作医疗基金累计支出总额为 646 亿元，累计受益 4.9 亿人次。新型农村社会养老保险试点顺利启动。年末全国领取失业保险金人数为 235 万人。

年末全国共有各类提供住宿的收养性社会服务机构 3.9 万个，床位 275.4 万张，收养各类人员 208.8 万人。其中，农村养老服务机构 3 万个，床位 188.5 万张，收养各类人员 151.1 万人。各类不提供住宿的社区服务设施 14 万个，其中，社区服务中心 9 726 个，社区服务站 2.5 万个。全年 2 347.7 万城市居民得到政府最低生活保障，比上年增加 12.9 万人；4 759.3 万农村居民得到政府最低生活保障，增加 453.8 万人；554.3 万农村居民得到政府五保救济，增加 5.7 万人。全年救助城市医疗困难群众 417.2 万人次，救助农村医疗困难群众 688.4 万人次；资助 1 047.8 万城镇困难群众参加城镇医疗保险，资助 3 689.8 万农村困难群众参加新型农村合作医疗。全年销售社会福利彩票 756 亿元，直接接收社会捐赠款 41 亿元。

十二、资源、环境和安全生产

全年土地整理复垦开发补充耕地 26.9 万公顷。

全年全国国有建设用地供应总量 31.9 万公顷，比上年增长 44.2%。其中，工矿仓储用地 11.9 万公顷，增长 44.1%；房地产用地 10.3 万公顷，增长 36.7%；基础设施等其他用地 9.7 万公顷，增长 53.0%。全年全国 105 个重点监测城市综合地价比上年上涨 5.0%，其中商业地价上涨 5.6%，居住地价上涨 7.9%，工业地价上涨 1.6%。

全年水资源总量 23763 亿立方米，比上年减少 13.4%；人均水资源 1 784.9 立方米，减少 13.8%。全年平均降水量 583.1 毫米，减少 10.9%。年末全国大型水库蓄水总量 1 805 亿立方米，比上年末少蓄水 156 亿立方米。全年总用水量 5 933 亿立方米，比上年增加 0.4%。其中，生活用水增加 2.9%，工业用水减少 0.6%，农业用水增加 0.6%，生态补水减少 9.8%。万元国内生产总值用水量 209.3 立方米，比上年下降 7.6%。万元工业增加值用水量 116.4 立方米，下降 8.2%。人均用水量 445.7 立方米，下降 0.1%。

国土资源调查及地质勘察新发现大中型矿产地 398 处，其中，能源矿产地 107 处，金属矿产地 177 处，非金属矿产地 109 处，水气矿产地 5 处。有 65 种矿产新增查明资源储量，其中，石油 11.2 亿吨，天然气 7 234 亿立方米，原煤 503.6 亿吨。

根据第七次全国森林资源清查结果，截至 2008 年，森林面积 19 545 万公顷，森林覆盖率 20.36%，活立木总蓄积量 149.13 亿立方米，森林蓄积量 137.21 亿立方米。

全年完成造林面积 588 万公顷，其中人工造林 389 万公顷。林业重点工程完成造林面积 447 万公顷，占全部造林面积的 76.0%。全民义务植树 24.8 亿株。截至年底，自然保护区达到 2 529 个，其中国家级自然保护区 319 个。新增综合治理水土流失面积 4.8 万平方公里，新增实施水土流失地区封育保护面积 2.7 万平方公里。截至 2009 年底，已确权集体林地面积为 10 093 万公顷，其中发放林权证的面积为 7 573 万公顷。

全年平均气温为 9.8℃，共有 9 个台风登陆。

初步测算，全年能源消费总量 31 亿吨标准煤，比上年增长 6.3%。煤炭消费量 30.2 亿吨，增长 9.2%；原油消费量 3.8 亿吨，增长 7.1%；天然气消费量 887 亿立方米，增长 9.1%；电力消费量 36 973 亿千瓦小时，增长 6.2%。全国万元国内生产总值能耗下降 2.2%。主要原材料消费中，钢材消费量 6.9 亿吨，增长 22.4%；精炼铜消费量 753 万吨，增长 39.7%；电解铝消费量 1 439 万吨，增长 14.4%；乙烯消费量 1 066 万吨，增长 8.0%；水泥消费量 16.3 亿吨，增长 17.0%。

七大水系的 408 个水质监测断面中，Ⅰ~Ⅲ类水质断面比例占 57.1%，比上年提高 2.1 个百分点；劣Ⅴ类水质断面比例占 18.4%，比上年下降 2.4 个百分点。七大水系水质总体上持续好转，部分流域污染仍然严重。

近岸海域 299 个海水水质监测点中，达到国家一、二类海水水质标准的监测点占 72.9%，比上年上升 2.5 个百分点；三类海水占 6.0%，下降 5.3 个百分点；四类、劣四类海水占 21.1%，上升 2.8 个百分点。

在监测的 612 个城市中，有 504 个城市空气质量达到二级以上（含二级）标准，占监测城市数的 82.4%；有 100 个城市为三级，占 16.3%；有 8 个城市为劣三级，占 1.3%。在监测的 327 个城市中，城市区域声环境质量好的城市占 4.9%，较好的占 70.0%，轻度污染的占 23.9%，中度污染的占 1.2%。

年末城市污水处理厂日处理能力达 8 664 万立方米，比上年末增长 6.9%；城市污水处理率达到 72.3%，提高 2.1 个百分点。集中供热面积 35.6 亿平方米，增长 2.0%。建成区绿地率达到 34.4%，提高 1.1 个百分点。

全年各类自然灾害造成直接经济损失 2 524 亿元，比上年下降 78.5%。全年农作物受灾面积 4 721 万公顷，增加 18.1%。其中，绝收 492 万公顷，增加 22.0%。全年因洪涝灾害造成直接经济损失 655 亿元，增加 0.5%；死亡 902 人，下降 10.8%。全年因旱灾造成直接经济损失 1 099 亿元，增加 2.58 倍。全年低温冷冻和雪灾造成直接经济损失 172 亿元，死亡 40 人。全年因海洋灾害造成直接经济损失 100 亿元，下降 51.3%。全年累计发生赤潮面积 14 102 平方公里，增加 2.7%。全年实际发生各类地质灾害 1 万起，直接经济损失 18.3 亿元，死亡 331 人。全年大陆地区共发生 5 级以上地震 24 次，成灾 8 次，造成直接经济损失 27.4 亿元，死亡 3 人。全年共发生森林火灾 8 808 起，下降 37.7%。

全年生产安全事故死亡 83 196 人，比上年下降 8.8%。亿元国内生产总值生产安全事故死亡人数为 0.248 人，下降 20.5%；工矿商贸企业就业人员 10 万人生产安全事故死亡人数为 2.4 人，下降 14.9%；煤矿百万吨死亡人数为 0.892 人，下降 24.5%。全年共发生道路交通事故 23.8 万起，造成 6.8 万人死亡，27.5 万人受伤，直接财产损失 9.1 亿元；道路交通万车死亡人数为 3.6 人，减少 0.7 人。

注：1. 本公报中数据均为初步统计数。

2. 各项统计数据均未包括香港特别行政区、澳门特别行政区和台湾省。

3. 部分数据因四舍五入的原因，存在着与分项合计不等的情况。

4. 国内生产总值、各产业增加值绝对数按现价计算，增长速度按不变价格计算。

5. 六大高载能行业分别为：化学原料及化学制品制造业、非金属矿物制品业、黑色金属冶炼及压延加工业、有色金属冶炼及压延加工业、石油加工炼焦及核燃料加工业、电力热力的生产和供应业。

6. 钢材产量及消费量数据中均含部分使用钢材加工成其他钢材的重复计算因素。

7. 固定资产投资按东部、中部、西部和东北地区计算的合计数据小于全国数据，是因为有部分跨地区的投资未计算在地区数据中。其中：东部地区是指北京、天津、河北、上海、江苏、浙江、福建、山东、广东和海南10省市；中部地区是指山西、安徽、江西、河南、湖北和湖南6省；西部地区是指内蒙古、广西、重庆、四川、贵州、云南、西藏、陕西、甘肃、青海、宁夏和新疆12省（区、市）；东北地区是指辽宁、吉林和黑龙江3省。

8. 房地产业投资除房地产开发投资外，还包括建设单位自建房屋以及物业管理、中介服务和其他房地产投资。

9. 表11中“金融业”是指国民经济行业分类中的证券分析与咨询、保险辅助服务和其他金融活动等。

10. 原保险保费收入是指保险企业确认的原保险合同保费收入。

11. 特种影片是指那些采用与常规影院放映在技术、设备、节目方面不同的电影展示方式，如巨幕电影、立体电影、立体特效（4D）电影、动感电影、球幕电影等。

12. 城镇职工基本医疗保险人数包括参保职工和参保退休人员。城镇居民基本医疗保险的参保对象是不属于城镇职工基本医疗保险覆盖范围的城镇非从业人员。

13. 农村五保救济是指老年、残疾或者未满16周岁的村民，无劳动能力、无生活来源又无法定赡养、抚养、扶养义务人，或者其法定赡养、抚养、扶养义务人无赡养、抚养、扶养能力的村民，在吃、穿、住、医、葬方面得到的生活照顾和物质帮助。

14. 建设用地供应总量是指报告期市、县人民政府根据年度土地供应计划依法以出让、划拨、租赁等方式将国有建设用地使用权提供给单位或个人使用的国有建设用地总量。

15. 地价是指根据《城市地价动态监测技术规范》，以城市监测点地价为基础，综合土地市场和房地产市场交易价格测算反映城市整体状况的土地价格水平。综合地价是指同一城市或地区的不同用途土地的平均价格水平。

16. 万元国内生产总值用水量按2005年不变价格计算，邮电业务总量按2000年不变价格计算。

国民经济与社会发展总量指标

指　标	单　位	1978 年	1990 年	2000 年	2008 年	2009 年
人　口						
总人口（年末）	万　人	96 259.0	144 333.0	126 743.0	132 802.0	133 474.0
城镇人口	万　人	17 245.0	30 195.0	45 906.0	60 777.0	62 186.0
乡村人口	万　人	79 014.0	84 138.0	80 837.0	72 135.0	71 288.0
就业和失业						
就业人员数	万　人	40 152.0	64 749.0	72 085.0	77 480.0	77 995.0
城镇登记失业人员	万　人	530.0	383.0	595.0	886.0	921.0
国民经济核算						
国内生产总值	亿　元	3 645.2	18 667.8	99 214.6	314 045.4	335 352.9
第一产业	亿　元	1 027.5	5 062.0	14 944.7	33 702.0	35 477.0
第二产业	亿　元	1 745.2	7 717.4	45 555.9	149 003.4	156 957.9
第三产业	亿　元	872.5	5 888.4	38 714.0	131 340.0	142 918.0
支出法国内生产总值	亿　元	3 605.6	19 347.8	98 749.0	314 901.3	341 515.0
最终消费支出	亿　元	2 239.1	12 090.5	61 516.0	152 346.6	166 126.2
资本形成总额	亿　元	1 377.9	6 747.0	34 842.8	138 825.3	162 297.1
货物和服务净出口	亿　元	-11.4	510.3	2 390.2	24 229.4	13 092.0
固定资产投资						
全社会固定资产投资总额	亿　元	—	4 517.0	32 917.7	172 828.4	224 845.6
城　镇	亿　元	—	3 274.4	26 221.8	148 738.3	194 138.6
#房地产开发	亿　元	—	253.3	4 984.1	31 203.2	36 231.7
农　村	亿　元	—	1 242.6	6 695.9	24 090.1	30 707.0
对外贸易和实际利用外资						
货物进出口总额	亿美元	206.4	1 154.4	4 742.9	25 632.6	22 072.2
出口额	亿美元	97.5	620.9	2 492.0	14 306.9	12 016.6
进口额	亿美元	108.9	533.5	2 250.9	11 325.6	10 055.6
外商直接投资	亿美元	—	34.9	407.2	924.0	900.3
外商其他投资	亿美元	—	2.7	86.4	28.6	17.7
财政和金融						
国家财政收入	亿　元	1 132.3	2 937.1	13 395.2	61 330.4	68 476.9
国家财政支出	亿　元	1 122.1	3 083.6	15 886.5	62 592.7	75 873.6
金融机构人民币各项存款余额	亿　元	1 155.0	13 943.0	123 804.0	466 203.0	597 741.0
金融机构人民币各项贷款余额	亿　元	1 890.0	17 511.0	99 371.0	303 395.0	399 685.0
主要农业、工业产品产量						
粮　食	万　吨	30 476.5	44 624.3	46 217.5	52 870.9	53 082.1
棉　花	万　吨	216.7	450.8	441.7	749.2	637.7

续 表

指 标	单 位	1978 年	1990 年	2000 年	2008 年	2009 年
油 料	万 吨	521.8	1 613.2	2 954.8	2 952.8	3 514.3
肉 类	万 吨	—	—	6 013.9	7 278.7	7 649.9
原 料	亿 吨	6.2	10.8	13.8	28.0	29.7
原 油	万 吨	10 405.0	13 831.0	16 300.0	19 505.0	18 949.0
发电量	亿千瓦小时	2 566.0	6 212.0	13 556.0	34 958.0	37 147.0
粗 钢	万 吨	3 178.0	6 635.0	12 850.0	50 306.0	56 803.0
水 泥	万 吨	6 524.0	20 971.0	59 700.0	142 356.0	165 000.0
建筑业						
建筑业企业从业人员	万 人	—	1 011.0	1 994.0	3 315.0	3 597.0
建筑业总产值	亿 元	—	1 345.0	12 498.0	62 037.0	75 864.0
交通和邮电						
客运量	万 人	253 993.0	772 682.0	1 478 573.0	2 867 892.0	2 976 898.0
货运量	万 吨	248 946.0	970 602.0	1 358 682.0	2 585 937.0	2 780 628.0
沿海主要港口货物吞吐量	万 吨	19 834.0	48 321.0	125 603.0	429 599.0	475 481.0
邮电业务总量	亿 元	34.1	155.5	4 792.7	23 649.5	27 312.7
移动电话年末用户	万 户	—	1.8	8 453.3	64 124.5	74 738.4
固定电话年末用户	万 户	192.5	685.0	14 482.9	34 035.9	31 368.8
国内贸易和旅游						
社会消费品零售总额	亿 元	1 559.0	8 300.0	39 106.0	114 830.0	132 678.0
入境过夜旅游者人数	万人次	71.6	1 048.4	3 122.9	5 304.9	5 087.5
国际旅游外汇收入	亿美元	2.6	22.2	162.2	408.4	396.8
教育、科技、文化、卫生						
在校学生数						
# 普通高等学校	万 人	85.6	206.3	556.1	2 021.0	2 144.7
普通中学	万 人	6 548.3	4 586.0	7 368.9	8 050.4	7 867.9
普通小学	万 人	14 624.0	12 241.4	13 013.3	10 331.5	10 071.5
研究与试验发展经费支出	亿 元	—	—	895.7	4 616.0	5 433.0
技术市场成交额	亿 元	—	75.0	651.0	2 665.0	3 039.0
图书总印数	亿册（张）	37.7	56.4	62.7	70.6	70.3
期刊总印数	亿 册	7.6	17.9	29.4	31.0	31.1
报纸总印数	亿 份	127.8	211.3	329.3	442.9	437.0
医院、卫生院数	个	64 311.0	62 126.0	66 095.0	59 572.0	59 918.0
执业（助理）医师	万 人	97.8	176.3	207.6	208.2	220.5
医院、卫生院床位数	万 张	184.7	259.2	290.8	374.8	408.1

注：1. 由于计算误差的影响，按支出法计算的国内生产总值不等于按生产法计算的国内生产总值。

2. 本表价值量指标中，邮电业务总量2000年及以前按1990年不变价格计算，2001年起按2000年不变价格计算，其余按当年价格计算。

国民经济与社会发展速度指标

指　　标	2009年为下列各年（%）				平均每年增长（%）		
	1978年	1990年	2000年	2008年	1979—2009年	1991—2009年	2001—2009年
人　口							
总人口（年末）	138.7	116.7	105.3	100.5	1.1	0.8	0.6
城镇人口	360.6	205.9	135.5	102.5	4.2	3.9	3.4
乡村人口	90.2	84.7	88.2	98.8	-0.3	-0.9	-1.4
就业和失业							
就业人员数	194.2	120.5	108.2	100.7	2.2	1.0	0.9
城镇登记失业人员	173.8	240.3	154.8	104.0	1.8	4.7	5.0
国民经济核算							
国内生产总值	1 855.7	658.8	244.2	108.7	9.9	10.4	10.4
第一产业	401.8	210.7	145.1	104.2	4.6	4.0	4.2
第二产业	2 837.7	933.1	262.3	109.5	11.4	12.5	11.3
第三产业	2 505.7	692.0	262.1	108.9	10.9	10.7	11.3
固定资产投资							
全社会固定资产投资总额	—	4 977.8	683.1	130.1	—	22.5	22.6
城　镇	—	5 929.0	740.4	130.5	—	23.7	23.9
# 房地产开发	—	14 306.7	726.9	116.1	—	31.6	25.6
农　村	2 471.2	458.6	127.5	—	18.2	16.7	—
对外贸易和实际利用外资							
货物进出口总额	10 693.9	1 912.0	465.4	86.1	16.3	16.8	18.6
出口额	12 324.7	1 935.4	482.2	84.0	16.8	16.9	19.1
进口额	9 233.7	1 884.8	446.7	88.8	15.7	16.7	18.1
外商直接投资	—	2 582.0	221.1	97.4	—	18.7	9.2
外商其他投资	—	660.8	20.5	62.0	—	10.4	-16.1
财政和金融							
国家财政收入	6 047.8	2 331.4	511.2	111.7	14.1	18.0	19.9
国家财政支出	6 761.8	2 460.6	477.6	121.2	14.6	18.4	19.0
金融机构人民币各项存款余额	51 752.5	4 287.1	482.8	128.2	22.3	21.9	19.1
金融机构人民币各项贷款余额	21 142.9	2 282.5	402.2	131.7	18.9	17.9	16.7
主要农业、工业产品产量							
粮　食	174.2	119.0	114.9	100.4	1.8	0.9	1.6
棉　花	294.3	141.5	144.4	85.1	3.5	1.8	4.2
油　料	604.5	195.5	106.8	106.8	6.0	3.6	0.7
肉　类	—	—	127.1	105.0	—	—	2.7
原　煤	481.1	275.3	214.8	106.1	5.2	5.5	8.9
原　油	182.1	137.0	116.3	97.1	2.0	1.7	1.7

续 表

指 标	2009年为下列各年（%）				平均每年增长（%）		
	1978年	1990年	2000年	2008年	1979—2009年	1991—2009年	2001—2009年
发电量	1 447.6	598.0	274.0	106.3	9.0	9.9	11.9
粗 钢	1 787.4	856.1	442.0	112.9	9.7	12.0	18.0
水 泥	2 529.1	786.8	276.4	115.9	11.0	11.5	12.0
建筑业							
建筑业企业从业人员	—	355.9	180.4	108.5	—	6.9	6.8
建筑业总产值	—	5 640.4	607.0	122.3	—	23.6	22.2
交通和邮电							
客运量	1 172.0	385.3	201.3	103.8	8.3	7.4	8.1
货运量	1 117.0	286.5	204.7	107.5	8.1	5.7	8.3
沿海主要港口货物吞吐量	2 397.3	984.0	378.6	110.7	10.8	12.8	15.9
邮电业务总量	107 532.7	23 566.9	764.8	115.5	25.3	33.3	25.4
移动电话年末用户	—	4 084 066.0	884.1	116.6	—	74.9	27.4
固定电话年末用户	16 291.8	4 579.2	216.6	92.2	17.9	22.3	9.0
国内贸易和旅游							
社会消费品零售总额	8 512.7	1 598.5	339.3	115.5	15.4	15.7	14.5
入境过夜旅游者人数	7 105.5	485.3	162.9	95.9	14.7	8.7	5.6
国际旅游外汇收入	15 085.6	1 788.8	244.6	97.1	17.6	16.4	10.4
教育、科技、文化、卫生							
在校学生数							
# 普通高等学校	2 505.4	1 039.6	385.7	106.1	10.9	13.1	16.2
普通中学	120.2	171.6	106.8	97.7	0.6	2.9	0.7
普通小学	68.9	82.3	77.4	97.5	-1.2	-1.0	-2.8
研究与试验发展经费支出	—	—	606.6	117.7	—	—	22.2
技术市场成交额	—	4 046.6	467.0	114.0	—	21.5	18.7
图书总印数	186.4	124.6	112.1	99.6	2.0	1.2	1.3
期刊总印数	409.2	173.7	105.8	100.3	4.7	3.0	0.6
报纸总印数	341.9	206.8	132.7	98.7	4.0	3.9	3.2
医院、卫生院数	93.2	96.4	90.7	100.6	-0.2	-0.2	-1.1
执业（助理）医师	225.5	125.1	106.2	105.9	2.7	1.2	0.7
医院、卫生院床位数	220.9	157.5	140.3	108.9	2.6	2.4	3.8

注：本表价值量指标中，除国内生产总值和邮电业务总量按可比价格计算，其他按当年价格计算；
平均每年增长速度除固定资产投资额按累计法计算外，其他按水平法计算。

国民经济与社会发展结构指标

单位:%

指　　标	1978年	1990年	2000年	2008年	2009年
人　口					
城　镇	17.9	26.4	36.2	45.7	46.6
乡　村	82.1	73.6	63.8	54.3	53.4
就业人员					
第一产业	70.5	60.1	50.0	39.6	38.1
第二产业	17.3	21.4	22.5	27.2	27.8
第三产业	12.2	18.5	27.5	33.2	34.1
国内生产总值					
第一产业	28.2	27.1	15.1	10.7	10.6
第二产业	47.9	41.3	45.9	47.4	46.8
第三产业	23.9	31.6	39.0	41.8	42.6
全社全固定资产投资总额					
城　镇	—	72.5	79.7	86.1	86.3
农　村	—	27.5	20.3	13.9	13.7
货物进出口总额					
出口总额	47.2	53.8	52.5	55.8	54.4
进口总额	52.8	46.2	47.5	44.2	45.6
财政收入					
中　央	15.5	33.8	52.2	53.3	52.4
地　方	84.5	66.2	47.8	46.7	47.6
财政支出					
中　央	47.4	32.6	34.7	21.3	20.1
地　方	52.6	67.4	65.3	78.7	79.9
农林牧渔业产值					
#农　业	80.0	64.7	55.7	48.4	50.7
林　业	3.4	4.3	3.8	3.7	3.9
牧　业	15.0	25.7	29.7	35.5	32.3
渔　业	1.6	5.4	10.9	9.0	9.3
规模以上工业企业总资产					
大型企业	—	—	56.3	39.1	38.8
中型企业	—	—	12.9	31.6	31.2
小型企业	—	—	30.8	29.4	30.1
在校学生数					
大学生	0.4	1.2	2.7	9.9	10.7
中学生	30.8	26.9	35.2	39.5	39.2
小学生	68.8	71.9	62.2	50.6	50.1
卫生技术人员数					
#执业（助理）医师	39.7	45.2	46.2	41.4	40.9
注册护士	16.5	25.0	28.2	32.9	34.1

东、中、西、东北地区主要经济指标

（2009 年）

指　　标	单　位	东部10省市合计或平均	东部10省市合计占全国的比重（%）	中部6省合计或平均	中部6省合计占全国的比重（%）	西部12省区市合计或平均	西部12省区市合计占全国的比重（%）	东北3省合计或平均	东北3省合计占全国的比重（%）
国民核算									
国内（地区）生产总值	亿　元	194 670.9	53.7	70 137.3	19.4	66 867.7	18.5	30 556.8	8.4
第一产业	亿　元	12 822.7	36.5	9 606.0	27.3	9 198.5	26.1	3 549.7	10.1
第二产业	亿　元	96 489.3	53.9	35 374.5	19.8	31 860.8	17.8	15 234.0	8.5
第三产业	亿　元	85 358.9	57.6	25 156.8	17.0	25 808.3	17.4	11 773.0	7.9
固定资产投资									
全社会固定资产投资额	亿　元	95 653.1	43.7	49 846.3	22.8	49 662.3	22.7	23 733.0	10.8
对外贸易									
货物进出口总额	亿美元	19 471.4	88.2	776.7	3.5	915.1	4.1	908.9	4.1
出口总额	亿美元	10 612.0	88.3	419.1	3.5	519.1	4.3	466.5	3.9
进口总额	亿美元	8 859.4	88.1	357.7	3.6	396.0	3.9	442.4	4.4
农　业									
主要农产品产量									
粮　食	万　吨	13 817.4	26.0	16 615.2	31.3	14 245.4	26.8	8 404.0	15.8
棉　花	万　吨	188.4	29.5	176.5	27.7	272.5	42.7	0.3	0.1
油　料	万　吨	809.0	25.6	1 385.7	43.9	825.7	26.2	133.9	4.2
工　业									
主要工业产品产量									
原　煤	万　吨	28 390.3	9.6	105 834.4	35.9	141 054.2	47.8	19 774.4	6.7
原　油	万　吨	7 280.9	38.4	555.4	2.9	5 472.1	28.9	5 640.6	29.8
发电量	亿千瓦小时	15 269.6	41.1	8 628.4	23.2	10 821.3	29.1	2 427.3	6.5
粗　钢	万　吨	31 465.2	55.4	11 779.9	20.7	7 397.6	13.0	6 141.5	10.8
钢　材	万　吨	41 876.4	60.5	12 606.1	18.2	8 469.5	12.2	6 298.3	9.1
建筑业									
建筑业总产值	亿　元	42 267.5	55.7	14 802.4	19.5	12 941.3	17.1	5 852.7	7.7
国内贸易									
社会消费品零售总额	亿　元	71 058.5	53.6	26 409.7	19.9	23 038.7	17.4	12 171.7	9.2
物价总水平									
居民消费价格指数	上年=100	99.0	—	99.4	—	100.3	—	100.1	—

注：东部10省市和中部6省合计占全国的比重以全国各地区合计数为100计算。

国民经济核算指标

指　标	单　位	1978 年	1990 年	2000 年	2008 年	2009 年
绝对数						
国民总收入	亿　元	3 645.2	18 718.3	98 000.5	316 228.8	337 313.4
国内生产总值	亿　元	3 645.2	18 667.8	99 214.6	314 045.4	335 352.9
第一产业	亿　元	1 027.5	5 062.0	14 944.7	33 702.0	35 477.0
第二产业	亿　元	1 745.2	7 717.4	45 555.9	149 003.4	156 957.9
第三产业	亿　元	872.5	5 888.4	38 714.0	131 340.0	142 918.0
人均国内生产总值	元	381.0	1 645.0	7 858.0	23 708.0	25 188.0
支出法国内生产总值	亿　元	3 605.6	19 347.8	98 749.0	314 901.3	341 515.0
最终消费支出	亿　元	2 239.1	12 090.5	61 516.0	152 346.6	166 126.2
居民消费支出	亿　元	1 759.1	9 450.9	45 854.6	110 594.5	121 712.8
政府消费支出	亿　元	480.0	2 639.6	15 661.4	41 752.1	44 413.4
资本形成总额	亿　元	1 377.9	6 747.0	34 842.8	138 325.3	162 297.1
固定资本形成	亿　元	1 073.9	4 827.8	33 844.4	128 084.4	155 333.3
存货增加	亿　元	304.0	1 919.2	998.4	10 240.9	6 963.8
货物和服务净出口	亿　元	-11.4	510.3	2 390.2	24 229.4	13 092.0
指数（1978 年=100）						
国民总收入指数		100.0	282.5	750.6	1 718.8	1 866.5
国内生产总值指数		100.0	281.7	759.9	1 707.0	1 855.7
第一产业		100.0	190.7	277.0	385.6	401.8
第二产业		100.0	304.1	1 081.8	2 591.8	2 837.7
第三产业		100.0	362.1	956.1	2 301.4	2 505.7
人均国内生产总值指数		100.0	237.3	575.5	1 232.1	1 332.7
构　成						
支出法国内生产总值=100						
最终消费支出	%	62.1	62.5	62.3	48.4	48.6
资本形成总额	%	38.2	34.9	35.3	43.9	47.5
最终消费支出=100						
居民消费支出	%	78.6	78.2	74.5	72.6	73.3
政府消费支出	%	21.4	21.8	25.5	27.4	26.7
资本形成总额=100						
固定资本形成总额	%	77.9	71.6	97.1	92.6	95.7
存货增加	%	22.1	28.4	2.9	7.4	4.3

注：1. 绝对数和构成按当年价格计算，指数按不变价格计算。

2. 由于统计误差的影响，按支出法计算的国内生产总值不等于按生产法计算的国内生产总值。

国民总收入和国内生产总值

年份	国民总收入（亿元）	国内生产总值（亿元）			
			第一产业	第二产业	
					工业
1978	3 645.2	3 645.2	1 027.5	1 745.2	1 607.0
1979	4 062.6	4 062.6	1 270.2	1 913.5	1 769.7
1980	4 545.6	4 545.6	1 371.6	2 192.0	1 996.5
“六五”时期	**32 490.0**	**32 401.7**	**10 195.7**	**14 257.0**	**12 824.0**
1981	4 889.5	4 891.6	1 559.5	2 255.5	2 048.4
1982	5 3330.5	5 323.4	1 777.4	2 383.0	2 162.3
1983	5 985.6	5 962.7	1 978.4	2 646.2	2 375.6
1984	7 243.8	7 208.1	2 316.1	3 105.7	2 789.0
1985	9 040.7	9 016.0	2 564.4	3 866.6	3 488.7
“七五”时期	**73 081.1**	**73 036.8**	**19 215.0**	**31 326.9**	**27 672.0**
1986	10 274.4	10 275.2	2 788.7	4 492.7	3 967.0
1987	12 050.6	12 058.6	3 233.0	5 251.6	4 585.8
1988	15 036.8	15 042.8	3 865.4	6 587.2	5 777.2
1989	17 000.9	16 992.3	4 265.9	7 278.0	6 484.0
1990	18 718.3	18 667.8	5 062.0	7 717.4	6 858.0
“八五”时期	**191 942.5**	**193 030.5**	**39 881.1**	**88 381.0**	**76 990.9**
1991	21 826.2	21 781.5	5 342.2	9 102.2	8 087.1
1992	26 937.3	26 923.5	5 866.6	11 699.5	10 284.5
1993	35 260.0	35 333.9	6 963.8	16 454.4	14 188.0
1994	48 108.5	48 197.9	9 572.7	22 445.4	19 480.7
1995	59 810.5	60 793.7	12 135.8	28 679.5	24 950.6
“九五”时期	**417 707.2**	**423 443.5**	**72 989.7**	**196 971.6**	**172 282.5**
1996	70 142.5	71 176.6	14 015.4	33 835.0	29 447.6
1997	78 060.8	78 973.0	14 441.9	37 543.0	32 921.4
1998	83 024.3	84 402.3	14 817.6	39 004.2	34 018.4
1999	88 479.2	89 677.1	14 770.0	41 033.6	35 861.5
2000	98 000.5	99 214.6	14 944.7	45 555.9	40 033.6
“十五”时期	**707 733.2**	**710 626.3**	**93 532.7**	**327 347.8**	**288 398.3**
2001	108 068.2	109 655.2	15 781.3	49 512.3	43 580.6
2002	119 095.7	120 332.7	16 537.0	53 896.8	47 431.3
2003	135 174.0	135 822.8	17 381.7	62 436.3	54 945.5
2004	159 586.7	159 878.3	21 412.7	73 904.3	65 210.0
2005	185 808.6	184 937.4	22 420.0	87 598.1	77 230.8
“十一五”时期					
2006	217 522.7	216 314.4	24 040.0	103 719.5	91 310.9
2007	267 763.7	265 810.3	28 627.0	125 831.4	110 534.9
2008	316 228.8	314 045.4	33 702.0	149 003.4	130 260.2
2009	337 313.4	335 352.9	35 477.0	156 957.9	134 624.5

注：本表按当年价格计算。

续 表

年 份	建筑业	第三产业	#交通运输、仓储和邮政业	#批发和零售业	人均国内生产总值（元）
1978	138.2	872.5	182.0	242.3	381
1979	143.8	878.9	193.7	200.9	419
1980	195.5	982.0	213.4	193.8	463
“六五”时期	**1 433.0**	**7 948.9**	**1 502.7**	**1 767.0**	**631**
1981	207.1	1 076.6	220.7	231.1	492
1982	220.7	1 163.0	246.9	171.4	528
1983	270.6	1 338.1	274.9	198.7	583
1984	316.7	1 786.3	338.5	363.5	695
1985	417.9	2 585.0	421.7	802.4	858
“七五”时期	**3 654.9**	**22 494.8**	**3 732.7**	**6 200.7**	**1 321**
1986	525.7	2 993.8	498.8	852.6	963
1987	665.8	3 574.0	568.3	1 059.6	1 112
1988	810.0	4 590.3	685.7	1 483.4	1 366
1989	794.0	5 448.4	812.7	1 536.2	1 519
1990	859.4	5 888.4	1 167.0	1 268.9	1 644
“八五”时期	**11 390.1**	**64 768.4**	**11 315.5**	**15 608.2**	**3 258**
1991	1 015.1	7 337.1	1 420.3	1 834.6	1 893
1992	1 415.0	9 357.4	1 689.0	2 405.0	2 311
1993	2 266.5	11 915.7	2 174.0	2 816.6	2 998
1994	2 964.7	16 179.8	2 787.9	3 773.4	4 044
1995	3 728.8	19 978.5	3 244.3	4 778.6	5 046
“九五”时期	**24 689.1**	**153 482.3**	**23 927.7**	**34 490.0**	**6 816**
1996	4 387.4	23 326.2	3 782.2	5 599.7	5 846
1997	4 621.6	26 988.1	4 148.6	6 327.4	6 420
1998	4 985.8	30 580.5	4 660.9	6 913.2	6 796
1999	5 172.1	33 873.4	5 175.2	7 491.1	7 159
2000	5 522.3	38 714.0	6 161.0	8 158.6	7 858
“十五”时期	**38 949.5**	**289 745.8**	**42 246.9**	**56 704.3**	**11 017**
2001	5 931.7	44 361.6	6 870.3	9 119.4	8 622
2002	6 465.5	49 898.9	7 492.9	9 995.4	9 398
2003	7 490.8	56 004.7	7 913.2	11 169.5	10 542
2004	8 694.3	64 561.3	9 304.4	12 453.8	12 336
2005	10 367.3	74 919.3	10 666.2	13 966.2	14 185
“十一五”时期					
2006	12 408.6	88 554.9	12 183.0	16 530.7	16 500
2007	15 296.5	111 351.9	14 601.0	20 937.8	20 169
2008	18 743.2	131 340.0	16 362.5	26 182.3	23 708
2009	22 333.4	142 918.0	17 057.7	29 052.5	25 188

注：各时期人均国内生产总值为该时期各年的平均数。

地区生产总值及增长速度

(2009 年)

地区	地区生产总值(亿元)	第一产业	第二产业		
				工业	建筑业
北京	11 865.9	118.3	2 743.2	2 191.0	552.1
天津	7 500.8	131.0	4 110.5	3 749.8	360.7
河北	17 026.6	2 218.9	8 874.9	7 902.1	972.8
山西	7 365.7	477.6	4 021.2	3 551.9	469.3
内蒙古	9 725.8	929.0	5 101.4	4 503.3	598.1
辽宁	15 065.6	1 414.9	7 821.7	6 841.0	980.7
吉林	7 203.2	980.5	3 492.0	3 004.6	487.3
黑龙江	8 288.0	1 154.3	3 920.4	3 412.9	507.5
上海	14 900.9	113.8	5 940.0	5 349.8	590.1
江苏	34 061.2	2 201.6	18 416.1	16 464.7	1 951.4
浙江	22 832.4	1 161.7	11 843.3	10 457.1	1 386.2
安徽	10 052.9	1 495.6	4 902.8	4 064.2	838.5
福建	11 949.5	1 182.9	5 182.4	4 918.1	894.3
江西	7 589.2	1 098.3	3 890.3	3 170.1	720.2
山东	33 805.3	3 226.6	19 035.0	17 032.7	2 002.3
河南	19 367.3	2 769.0	10 968.6	9 858.4	1 110.2
湖北	12 831.5	1 795.9	5 909.4	5 059.1	850.3
湖南	12 930.7	1 969.7	5 682.2	4 814.4	867.8
广东	39 081.6	2 006.0	19 270.5	17 946.3	1 324.1
广西	7 700.4	1 458.7	3 377.7	2 863.8	513.9
海南	1 646.6	461.9	443.4	300.6	142.8
重庆	6 528.7	606.8	3 447.5	2 917.4	530.1
四川	14 151.3	2 240.6	6 711.9	5 678.2	1 033.6
贵州	3 893.5	554.0	1 474.3	1 252.7	221.7
云南	6 168.2	1 064.0	2 580.3	2 088.3	492.0
西藏	441.4	64.0	136.2	32.7	103.5
陕西	8 186.7	789.6	4 312.1	3 579.0	733.1
甘肃	3 382.3	497.5	1 511.0	1 191.3	319.7
青海	1 081.3	107.4	576.3	471.3	105.0
宁夏	1 334.6	127.1	680.2	538.3	141.9
新疆	4 273.6	759.7	1 951.9	1 579.9	372.0

注：本表绝对数按当年价格计算，增长速度按不变价格计算。

续 表

地 区	第三产业	#交通运输、仓储和邮政业	#批发和零售业	地区生产总值比上年增长（%）	人均地区生产总值（元）
北 京	9 004.5	468.5	1 570.9	10.1	68 788
天 津	3 259.3	464.4	840.2	16.5	62 403
河 北	5 932.8	1 513.9	1 124.4	10.0	24 284
山 西	2 867.0	513.4	557.9	5.5	21 544
内蒙古	3 695.4	773.3	915.8	16.9	40 225
辽 宁	5 829.0	789.9	1 433.2	13.1	34 898
吉 林	2 730.7	318.3	673.8	13.3	26 319
黑龙江	3 213.3	430.1	713.1	11.1	21 665
上 海	8 847.2	642.1	2 183.9	8.2	78 225
江 苏	13 443.4	1 396.8	3 530.8	12.4	44 232
浙 江	9 827.5	856.6	2 162.5	8.9	44 335
安 徽	3 654.5	466.2	710.8	12.9	16 391
福 建	4 954.2	758.4	1 020.9	12.0	33 051
江 西	2 600.6	389.4	541.0	13.1	17 185
山 东	11 543.7	1 801.4	2 951.2	11.9	35 796
河 南	5 629.7	589.6	1 046.5	10.7	20 477
湖 北	5 126.2	642.2	911.6	13.2	22 450
湖 南	5 278.8	682.2	1 107.5	13.6	20 226
广 东	17 805.1	1 722.2	3 903.2	9.5	40 748
广 西	2 863.9	356.9	546.0	13.9	15 923
海 南	741.2	88.0	169.7	11.7	19 166
重 庆	2 474.4	348.0	524.4	14.9	22 916
四 川	5 198.8	520.7	869.0	14.5	17 339
贵 州	1 865.2	396.7	292.5	11.2	10 258
云 南	2 523.9	175.0	546.1	12.1	13 536
西 藏	241.2	20.7	27.1	12.4	15 295
陕 西	3 084.9	415.2	669.2	13.6	21 732
甘 肃	1 373.9	213.6	231.2	10.0	12 852
青 海	397.5	49.3	66.1	10.1	19 454
宁 夏	527.2	98.1	79.5	11.6	21 475
新 疆	1 562.0	188.9	252.2	8.1	19 926

人均地区生产总值

单位：元

地 区	2003 年	2004 年	2005 年	2006 年	2007 年	2008 年	2009 年
北 京	34 892	41 099	45 993	52 054	61 274	66 797	68 788
天 津	25 544	30 575	37 796	42 141	47 970	58 656	62 403
河 北	10 251	12 487	14 659	16 682	19 662	22 986	24 284
山 西	8 642	10 742	12 647	14 497	17 805	21 506	21 544
内蒙古	10 039	12 767	16 371	20 692	26 777	35 263	40 225
辽 宁	14 270	15 835	19 074	21 914	26 054	31 736	34 898
吉 林	9 854	11 537	13 348	15 720	19 383	23 521	26 319
黑龙江	10 638	12 449	14 440	16 255	18 580	21 740	21 665
上 海	39 128	46 338	52 535	58 837	68 024	75 109	78 225
江 苏	16 830	20 223	24 953	28 943	34 294	40 497	44 232
浙 江	20 444	24 352	27 661	31 825	37 358	42 166	44 335
安 徽	6 375	7 681	8 666	9 996	12 039	14 447	16 391
福 建	14 333	16 469	18 605	21 384	25 906	30 122	33 051
江 西	6 624	8 097	9 440	11 145	13 322	15 900	17 185
山 东	13 268	16 413	19 934	23 603	27 604	32 936	35 796
河 南	7 376	9 201	11 346	13 172	16 012	19 181	20 477
湖 北	8 378	9 898	11 554	13 360	16 386	19 858	22 450
湖 南	7 589	9 165	10 562	12 139	14 869	18 147	20 226
广 东	17 795	20 870	24 647	28 747	33 890	38 748	40 748
广 西	6 169	7 461	8 590	10 121	12 277	14 652	15 923
海 南	8 592	9 812	11 165	12 810	14 923	17 691	19 166
重 庆	8 091	9 624	12 403	13 940	16 629	20 490	22 916
四 川	6 623	7 895	8 721	10 613	12 963	15 495	17 339
贵 州	3 701	4 317	5 119	5 932	7 273	9 428	10 258
云 南	5 871	7 012	7 809	8 929	10 609	12 570	13 536
西 藏	6 893	8 103	9 036	10 422	12 083	13 824	15 295
陕 西	7 028	8 587	10 594	12 724	15 386	19 480	21 732
甘 肃	5 429	6 566	7 477	8 757	10 346	12 110	12 852
青 海	7 346	8 693	10 045	11 889	14 506	18 421	19 454
宁 夏	7 734	9 199	10 349	12 099	15 142	19 609	21 475
新 疆	9 828	11 337	13 108	15 000	16 999	19 797	19 926

注：本表按当年价格计算。

规模以上工业企业工业增加值增长速度

单位:%

分类	2003年	2004年	2005年	2006年	2007年	2008年	2009年
工业增加值	**17.0**	**17.7**	**16.4**	**16.6**	**18.5**	**12.9**	**11.0**
在总计中:							
#国有及国有控股企业	14.3	14.2	10.7	12.6	13.8	9.1	6.9
在总计中:							
#集体企业	11.5	9.9	12.4	11.6	11.5	8.1	10.2
股份合作企业	13.9	12.5	16.0	15.5	17.5	11.4	10.3
股份制企业	18.3	16.5	17.8	17.8	20.6	15.0	13.3
外商及港澳台投资企业	20.0	18.8	16.6	16.9	17.5	9.9	6.2
在总计中:							
#私营企业	—	22.8	25.3	24.4	26.7	20.4	18.7
在总计中:							
轻工业	14.6	14.7	15.2	13.8	16.3	12.3	9.7
重工业	18.6	18.2	17.0	17.9	19.6	13.2	11.5

注:工业增加值增长速度按可比价格计算。

规模以上工业企业出口交货值

分类	绝对数(亿元)					2009年比上年增长(%)
	2005年	2006年	2007年	2008年	2009年	
出口交货值	**47 741.2**	**60 559.7**	**73 393.4**	**82 498.4**	**72 882.2**	**-10.1**
在总计中:						
#国有及国有控股企业	5 543.2	5 981.4	7 218.3	8 683.6	5 958.7	-27.3
在总计中:						
#集体企业	638.8	626.4	617.8	476.7	477.7	-6.3
股份合作企业	309.5	309.0	334.8	265.8	233.9	-10.6
股份制企业	11 359.8	14 944.9	17 915.6	21 723.7	18 491.7	-12.5
外商及港澳台投资企业	33 304.3	42 009.1	51 787.5	57 217.3	51 145.2	-8.8
在总计中:						
#私营企业	5 633.3	7 094.7	8 571.3	10 507.9	9 894.5	-1.1
在总计中:						
轻工业	20 230.1	23 614.5	27 375.9	29 147.6	27 492.9	-4.2
重工业	27 511.0	36 945.2	46 017.5	53 350.8	45 389.3	-13.3

注:本表2009年为快报数据,增长速度按可比口径计算。

规模以上工业企业主要经济指标

年份	企业单位数（万个）	工业增加值（亿元）	资产总计（亿元）	出口交货值（亿元）
1978	34.8	—	4 525	—
1980	37.7	—	4 233	—
1985	46.3	—	6 972	—
1990	50.4	—	15 953	—
1995	59.2	15 446	79 234	—
1996	57.9	18 209	90 016	—
1997	53.4	19 835	103 400	—
1998	16.5	19 422	108 822	10 842
1999	16.2	21 565	116 969	11 545
2000	16.3	25 395	126 211	14 575
2001	17.1	28 329	135 403	16 245
2002	18.2	32 995	146 218	20 055
2003	19.6	41 990	168 808	26 942
2004	27.6	54 805	215 358	40 484
2005	27.2	72 187	244 784	47 741
2006	30.2	91 076	291 215	60 560
2007	33.7	—	353 037	73 393
2008	42.6	—	431 306	82 498
2009	42.5	—	470 701	72 882

年份	主营业务收入（亿元）	利润总额（亿元）	税金总额（亿元）	全部从业人员年平均人数（万人）
1978	—	—	—	—
1980	4 459	692	367	5 600
1985	7 899	929	727	6 605
1990	16 793	560	1 386	7 663
1995	52 936	1 635	3 415	8 360
1996	57 970	1 490	3 657	8 187
1997	63 451	1 703	4 037	7 873
1998	64 149	1 458	4 064	6 196
1999	69 852	2 288	4 414	5 805
2000	84 152	4 393	5 119	5 559
2001	93 733	4 733	5 572	5 441
2002	109 486	5 784	6 238	5 521
2003	143 172	8 337	7 537	5 742
2004	198 909	11 929	9 529	6 622
2005	248 544	14 803	11 518	6 896
2006	313 592	19 504	14 454	7 358
2007	399 717	27 155	18 422	7 875
2008	500 020	30 562	23 968	8 838
2009	474 609	25 891	21 129	8 346

注：1. 1997年及以前为乡及乡以上独立核算工业企业数据；1998—2006年为全部国有及年主营业务收入在500万元以上非国有工业企业数据；2007年以后为年主营业务收入在500万元以上工业企业（即规模以上工业企业）。

2. 2008年以前为年报数据；2009年企业单位数和出口交货值为快报数，其他为1—11月财务快报数据。

各地区规模以上工业企业主要经济指标

（2009 年）

单位：亿元

地　区	主营业务收　入	主营业务成　本	主营业务税金及附加	营业费用	税金总额	利润总额
全国总计	**474 608.6**	**403 816.3**	**7 292.8**	**11 991.7**	**21 129.2**	**25 890.8**
北　京	10 606.3	9 096.2	149.6	402.7	451.9	561.1
天　津	11 470.2	10 34.2	121.2	279.2	338.4	612.1
河　北	21 213.0	18 621.6	228.9	360.8	777.1	1 112.7
山　西	7 968.8	6 559.8	89.5	262.8	588.7	339.8
内蒙古	9 366.2	7 644.1	133.8	225.7	534.2	653.2
辽　宁	24 322.9	21 030.2	505.2	420.6	989.6	781.8
吉　林	8 007.9	6 921.1	195.4	240.7	432.2	455.5
黑龙江	6 612.3	5 072.7	204.9	156.0	556.2	761.4
上　海	22 271.9	18 847.7	382.0	777.1	940.8	1 246.0
江　苏	64 061.9	56 505.7	486.2	1 356.3	2 137.2	3 198.2
浙　江	33 972.0	29 193.4	393.4	863.4	1 283.7	1 742.5
安　徽	10 737.2	9 179.0	190.2	328.0	516.2	416.4
福　建	14 438.6	12 439.1	164.9	374.6	451.4	652.4
江　西	8 618.3	7 371.8	121.9	163.6	392.9	402.6
山　东	64 463.1	55 217.4	742.2	1 259.9	2 581.8	3 936.7
河　南	25 153.6	21 276.8	347.1	552.6	1 212.5	2 062.3
湖　北	13 235.1	11 015.2	312.5	397.6	697.6	675.8
湖　南	11 141.0	8 871.9	357.5	288.2	715.6	488.5
广　东	56 467.7	48 160.1	540.7	1 842.2	1 789.5	2 643.1
广　西	5 486.2	4 691.8	91.5	151.5	299.2	196.8
海　南	886.7	668.6	68.4	26.6	119.1	85.3
重　庆	5 796.8	4 834.9	87.6	194.9	267.4	269.7
四　川	15 299.5	12 808.1	203.3	459.0	729.1	794.3
贵　州	2 727.4	2 149.1	111.5	92.2	257.7	153.2
云　南	4 367.2	3 257.5	417.8	124.4	676.3	265.4
西　藏	42.5	32.8	0.7	2.8	4.5	5.6
陕　西	6 985.4	5 271.1	263.8	188.0	616.8	679.6
甘　肃	3 351.1	2 778.8	163.6	61.0	294.0	140.8
青　海	939.6	756.1	20.0	19.6	67.3	80.8
宁　夏	1 207.9	1 008.5	25.1	42.8	71.2	57.3
新　疆	3 390.4	2 500.8	172.7	77.1	339.2	420.3

注：本表为 2009 年 1—11 月快报数据（下表同）。

续 表

地 区	亏损企业亏损总额	应收账款净额	产成品	资产总计	负债合计	全部从业人员平均人数（万人）
全国总计	**3 270.3**	**52 555.8**	**23 636.3**	**470 700.8**	**278 667.5**	**8 346.3**
北 京	159.9	1 901.1	529.9	19 009.2	9 676.7	120.8
天 津	102.3	1 426.8	445.6	11 619.6	7 584.2	128.4
河 北	130.1	1 457.5	974.3	19 325.1	12 025.0	308.5
山 西	209.6	940.4	636.2	15 330.2	10 365.4	210.3
内蒙古	73.5	729.8	412.3	11 491.6	7 163.9	106.0
辽 宁	208.0	2 309.8	1 207.6	23 436.4	14 335.7	346.9
吉 林	77.3	759.5	345.8	8 299.0	4 864.2	122.8
黑龙江	67.0	745.5	368.5	8 744.0	5 284.5	141.3
上 海	218.1	4 028.3	1 235.9	24 278.2	12 895.4	278.5
江 苏	293.7	8 316.5	2 783.5	51 430.9	30 341.5	972.8
浙 江	176.9	5 461.4	2 333.7	38 224.1	23 576.9	769.8
安 徽	63.6	1 126.9	623.7	11 458.8	7 181.7	214.7
福 建	94.0	1 659.2	790.1	12 993.5	7 050.1	347.2
江 西	29.6	483.1	310.5	6 494.3	3 741.6	165.6
山 东	133.4	3 135.2	2 276.0	43 324.1	23 420.2	877.0
河 南	155.7	1 454.2	700.6	19 096.0	11 003.7	417.4
湖 北	81.4	1 306.3	777.7	16 145.5	9 003.4	242.1
湖 南	75.6	829.6	495.0	9 396.4	5 732.8	221.0
广 东	349.7	8 819.6	3 044.2	49 171.1	29 459.8	1 351.5
广 西	65.4	533.7	419.6	6 484.3	4 165.6	112.8
海 南	11.6	90.2	53.7	1 264.2	732.0	11.2
重 庆	28.9	653.9	311.0	6 283.0	3 869.7	130.3
四 川	96.5	1 581.1	820.6	16 771.9	10 655.3	290.7
贵 州	68.4	362.9	194.9	4 864.6	3 245.8	74.3
云 南	63.6	512.5	344.6	7 973.6	4 702.8	83.0
西 藏	3.4	9.2	4.0	247.1	59.0	1.7
陕 西	94.5	988.9	467.8	11 423.4	6 724.5	129.4
甘 肃	42.4	279.0	261.1	4 849.9	2 995.5	66.7
青 海	15.0	122.3	113.8	2 528.4	1 681.5	17.6
宁 夏	24.8	159.6	122.1	2 589.2	1 767.0	26.2
新 疆	56.5	371.8	232.4	6 153.3	3 362.0	60.0

各地区规模以上工业企业主要经济效益指标

（2009 年）

地区	总资产贡献率（%）	资本保值增值率（%）	资产负债率（%）	流动资产周转次数（次）	成本费用利润率（%）	产品销售率（%）
全国总计	**12.9**	**114.2**	**59.2**	**2.5**	**5.9**	**97.5**
北京	6.8	108.7	50.9	1.6	5.6	99.2
天津	10.4	115.2	65.3	2.2	5.7	97.2
河北	12.8	115.6	62.2	3.0	5.6	97.0
山西	8.4	112.2	67.6	1.5	4.5	96.4
内蒙古	13.8	125.1	62.3	2.9	7.9	96.6
辽宁	9.7	102.8	61.2	2.5	3.5	97.2
吉林	13.7	114.3	58.6	2.9	6.0	97.3
黑龙江	18.0	109.0	60.4	2.1	13.5	97.2
上海	11.1	109.6	53.1	2.0	6.0	98.9
江苏	13.1	113.5	59.0	2.7	5.3	98.1
浙江	10.6	113.5	61.7	1.8	5.4	97.2
安徽	10.9	126.0	62.7	2.5	4.1	97.1
福建	11.4	116.0	54.3	2.6	4.8	97.2
江西	16.0	123.9	57.6	3.6	5.2	98.7
山东	19.1	120.9	54.1	3.8	6.7	98.4
河南	21.8	118.3	57.6	3.6	9.1	97.8
湖北	11.1	114.9	55.8	2.3	5.6	97.2
湖南	16.5	115.8	61.0	3.5	5.0	98.6
广东	11.5	110.0	59.9	2.3	5.0	96.5
广西	10.8	115.8	64.2	2.4	3.8	95.7
海南	20.8	114.5	57.9	2.3	11.5	98.2
重庆	11.3	115.2	61.6	2.3	5.0	97.8
四川	12.3	120.8	63.5	2.4	5.6	97.6
贵州	11.5	117.4	66.7	1.7	6.2	94.5
云南	14.6	111.9	59.0	1.6	7.2	95.7
西藏	5.4	114.8	23.9	0.7	14.3	94.0
陕西	14.7	124.4	58.9	1.6	11.4	96.6
甘肃	11.5	108.4	61.8	1.9	4.6	96.2
青海	8.9	114.1	66.5	1.4	9.5	93.6
宁夏	7.7	121.8	68.2	1.6	5.0	94.0
新疆	15.4	107.7	54.6	1.9	15.1	94.8

按行业分法人单位数

单位：个

行业门类	2004 年	2005 年	2006 年	2007 年	2008 年
全国总计	**5 323 235**	**5 647 823**	**6 068 912**	**6 495 064**	**7 195 210**
农、林、牧、渔业	156 033	68 800	78 205	98 546	98 546
采矿业	82 357	89 430	93 967	97 678	97 314
制造业	1 328 971	1 451 556	1 579 406	1 702 455	1 818 380
电力、燃气及水的生产和供应业	39 832	43 148	45 922	49 052	57 923
建筑业	128 196	149 471	170 180	190 517	226 787
交通运输、仓储和邮政业	80 570	91 565	104 635	117 228	157 737
信息传输、计算机服务和软件业	72 917	85 499	100 614	115 101	153 289
批发和零售业	883 654	994 953	1 122 489	1 246 042	1 403 143
住宿和餐饮业	92 874	101 853	109 892	118 173	145 302
金融业	23 793	26 828	29 201	31 815	28 133
房地产业	129 198	148 059	165 865	187 444	214 405
租赁和商务服务业	249 196	291 498	331 904	368 763	427 005
科学研究、技术服务和地质勘察业	136 569	153 076	166 240	176 677	201 696
水利、环境和公共设施管理业	44 352	46 847	48 811	50 953	57 553
居民服务和其他服务业	83 607	93 947	102 228	110 525	120 466
教　育	299 584	305 446	308 760	312 339	335 065
卫生、社会保障和社会福利业	181 989	183 760	185 014	187 376	206 517
文化、体育和娱乐业	64 750	69 490	72 873	76 430	81 882
公共管理和社会组织	1 244 793	1 252 597	1 252 706	1 257 950	1 364 067

注：1. 农、林、牧、渔业 2004 年数据为 2003 年基本单位年报数据，2008 年数据为 2007 年基本单位年报数据。

2. 统计范围不包括国际组织（下表同）。

各地区按三次产业分法人单位数

（2008 年）

单位：个

地区	法人单位数	第一产业	第二产业	#工业	第三产业
全国总计	**7 195 210**	**98 546**	**2 200 404**	**1 973 617**	**4 896 260**
北京	271 800	3 485	38 483	29 301	229 832
天津	146 175	764	47 226	41 760	98 185
河北	281 329	2 758	92 175	87 011	186 396
山西	166 938	6 205	35 352	31 149	125 381
内蒙古	115 288	1 784	23 545	20 439	89 959
辽宁	318 936	3 571	104 572	89 613	210 793
吉林	126 098	1 695	31 928	27 836	92 475
黑龙江	151 788	1 723	38 108	32 287	111 957
上海	361 828	1 193	100 311	80 999	259 604
江苏	635 411	4 594	294 670	269 624	336 147
浙江	568 636	8 544	261 241	258 305	298 851
安徽	206 990	1 767	67 180	57 983	138 043
福建	237 115	4 543	76 258	70 275	156 314
江西	148 337	556	44 817	41 790	102 964
山东	609 297	5 451	205 876	182 136	397 970
河南	360 592	9 570	123 219	114 136	227 803
湖北	294 735	1 407	74 465	62 012	218 863
湖南	265 196	6 765	73 437	67 878	184 994
广东	622 083	4 476	215 779	201 322	401 828
广西	158 844	4 306	26 541	24 212	127 997
海南	31 248	1 941	4 529	2 811	24 778
重庆	142 743	3 723	39 045	33 480	99 975
四川	315 390	5 148	67 846	59 982	242 396
贵州	95 622	1 434	15 886	14 295	78 302
云南	126 255	3 715	23 998	20 273	98 542
西藏	15 344	21	741	490	14 582
陕西	182 179	3 222	37 908	32 378	141 049
甘肃	94 739	643	15 041	12 983	79 055
青海	24 660	424	3 550	2 829	20 686
宁夏	29 987	683	5 401	4 515	23 903
新疆	89 627	1 715	11 276	9 513	76 636

各地区按行业分法人单位数

（2008 年）

单位：个

地 区	法 人单位数	#农、林、牧、渔业	#采矿业	#制造业	#电力、煤气及水的生产和供应业	#建筑业	#交通运输、仓储及邮政业
全国总计	**7 195 210**	**98 546**	**97 314**	**1 818 380**	**57 923**	**226 787**	**157 737**
北 京	271 800	3 485	143	28 799	359	9 182	6 152
天 津	146 175	764	99	41 354	307	5 466	7 416
河 北	281 329	2 758	7 794	78 240	977	5 164	4 977
山 西	166 938	6 205	7 969	22 410	770	4 203	2 964
内蒙古	115 288	1 784	4 174	15 279	986	3 106	3 212
辽 宁	318 936	3 571	5 522	82 603	1 488	14 959	8 958
吉 林	126 098	1 695	1 877	24 865	1 094	4 092	2 901
黑龙江	151 788	1 723	2 287	29 131	869	5 821	3 124
上 海	361 828	1 913	1	80 736	262	19 312	13 330
江 苏	635 411	4 594	1 145	265 261	3 218	25 046	13 813
浙 江	568 636	8 544	1 529	242 892	3 884	12 936	10 251
安 徽	206 990	1 767	3 162	52 886	1 935	9 197	5 015
福 建	237 115	4 543	2 466	61 938	5 871	5 983	5 763
江 西	148 337	556	3 703	34 665	3 422	3 027	3 344
山 东	609 297	5 451	4 581	175 986	1 569	23 740	13 025
河 南	360 592	9 570	7 454	105 315	1 367	9 083	4 885
湖 北	294 735	1 407	4 862	54 633	2 517	12 453	6 009
湖 南	265 196	6 765	7 919	55 536	4 423	5 559	3 664
广 东	622 083	4 476	2 330	191 810	7 182	14 457	14 804
广 西	158 844	4 306	2 258	19 683	2 271	2 329	3 178
海 南	31 248	1 941	223	2 325	263	1 718	632
重 庆	142 743	3 723	3 389	28 221	1 870	5 565	3 691
四 川	315 390	5 148	5 436	49 258	5 288	7 864	5 835
贵 州	95 622	1 434	4 283	8 889	1 123	1 591	1 208
云 南	126 255	3 715	4 681	13 922	1 670	3 725	2 206
西 藏	15 344	21	101	309	80	251	161
陕 西	182 179	3 222	3 643	27 644	1 091	5 530	2 930
甘 肃	94 739	643	1 570	10 550	863	2 058	1 323
青 海	24 660	424	521	2 077	231	721	409
宁 夏	29 987	683	567	3 810	138	886	444
新 疆	89 627	1 715	1 625	7 353	535	1 763	2 123

续 表

地 区	#信息传输、计算机服务和软件业	#批发和零售业	#住宿和餐饮业	#金融业	#房地产业	#租赁和商务服务业
全国总计	**153 289**	**1 403 143**	**145 302**	**28 133**	**214 405**	**427 005**
北 京	15 776	85 052	10 672	1 025	10 969	45 005
天 津	1 843	44 056	3 844	580	3 825	9 456
河 北	3 993	46 879	3 947	880	5 523	7 816
山 西	2 603	28 977	2 866	731	3 886	6 615
内蒙古	1 630	23 379	3 047	983	3 905	5 776
辽 宁	6 330	72 700	5 658	1 410	11 379	20 085
吉 林	1 668	29 534	2 467	671	3 361	6 260
黑龙江	2 214	33 775	2 330	938	4 426	8 342
上 海	10 745	118 526	9 281	175	11 850	43 380
江 苏	11 692	134 732	8 366	2 310	16 970	33 041
浙 江	11 514	97 126	6 426	1 961	13 267	37 945
安 徽	4 880	31 128	4 025	1 151	7 130	8 806
福 建	4 949	42 037	3 695	1 164	7 725	13 888
江 西	1 310	15 765	2 955	556	4 170	4 568
山 东	11 451	129 114	13 190	1 795	14 013	26 729
河 南	4 631	47 473	8 809	1 076	6 765	9 821
湖 北	6 024	58 526	7 877	1 074	10 122	13 630
湖 南	7 213	27 809	6 547	848	6 004	8 165
广 东	14 467	141 359	13 309	1 969	28 526	55 996
广 西	5 040	21 560	2 152	636	5 628	10 535
海 南	715	5 630	1 033	200	2 763	2 698
重 庆	3 269	27 425	4 142	909	5 363	8 942
四 川	8 384	39 561	5 696	1 503	8 426	13 675
贵 州	1 697	11 236	1 251	518	3 722	3 648
云 南	2 526	20 283	2 531	772	4 298	6 397
西 藏	141	668	281	105	94	192
陕 西	2 822	27 687	4 964	698	4 111	5 938
甘 肃	804	14 040	1 884	525	2 062	2 911
青 海	358	2 878	517	175	713	924
宁 夏	621	5 682	493	190	778	1 238
新 疆	1 979	18 546	1 047	605	2 631	4 493

续 表

地 区	#科学研究、技术服务和地质勘查业	#水利、环境和公共设施管理业	#居民服务和其他服务业	#教育	#卫生、社会保障和社会福利业	#文化、体育和娱乐业	#公共管理和社会组织
全国总计	**201 696**	**57 553**	**120 466**	**335 065**	**206 517**	**81 882**	**1 364 067**
北 京	20 460	1 719	10 239	6 245	2 307	7 374	6 837
天 津	4 971	987	5 566	3 130	1 505	1 181	9 735
河 北	4 140	1 514	2 814	18 885	7 105	1 982	75 951
山 西	3 957	1 720	2 685	9 003	5 292	2 299	51 783
内蒙古	3 588	1 584	1 601	5 296	4 379	1 602	29 977
辽 宁	10 705	2 642	5 711	11 564	10 138	3 477	40 036
吉 林	4 160	1 276	2 140	5 638	3 610	1 758	27 031
黑龙江	5 236	1 516	3 233	7 445	4 743	1 754	32 881
上 海	14 823	1 906	12 409	5 186	2 412	3 692	11 889
江 苏	13 009	4 935	8 560	14 470	9 660	5 187	59 402
浙 江	12 396	3 580	5 589	15 711	7 104	4 703	71 278
安 徽	4 341	1 654	2 647	13 152	7 048	2 177	44 889
福 建	6 279	1 953	3 433	11 401	5 970	3 128	44 929
江 西	3 294	1 404	1 929	9 826	7 448	1 939	44 456
山 东	11 477	3 169	9 351	20 484	15 637	4 213	124 322
河 南	5 266	2 206	3 700	22 536	26 057	3 492	81 086
湖 北	9 841	3 760	6 022	16 788	12 213	4 191	62 786
湖 南	6 378	2 684	4 445	14 497	8 136	3 687	84 917
广 东	16 717	3 979	12 140	29 205	8 323	5 764	55 270
广 西	7 141	2 081	1 607	16 435	6 207	2 600	43 197
海 南	957	286	499	2 092	749	547	5 977
重 庆	3 502	1 203	2 499	7 393	5 793	1 904	23 940
四 川	10 348	3 021	3 394	19 476	14 255	4 342	104 480
贵 州	2 900	1 004	1 144	9 398	3 852	1 368	35 356
云 南	4 911	1 764	1 566	7 271	4 226	2 139	37 652
西 藏	145	34	93	1 035	506	160	10 967
陕 西	4 287	1 788	2 645	14 779	14 223	2 328	52 029
甘 肃	1 963	821	1 158	8 974	3 461	1 121	38 008
青 海	848	282	215	1 185	757	373	11 052
宁 夏	617	224	366	1 344	791	298	10 817
新 疆	3 039	857	1 246	5 221	2 610	1 102	31 137

按三次产业分就业人员

（年底数）

年 份	就业人员总计（万人）				构成（以合计为100）		
		第一产业	第二产业	第三产业	第一产业	第二产业	第三产业
1978	40 152	28 318	6 945	4 890	70.5	17.3	12.2
1979	41 024	28 634	7 214	5 177	69.8	17.6	12.6
1980	42 361	29 122	7 707	5 532	68.7	18.2	13.1
1981	43 725	29 777	8 003	5 945	68.1	18.3	13.6
1982	45 295	30 859	8 346	6 090	68.1	18.4	13.5
1983	46 436	31 151	8 679	6 606	67.1	18.7	14.2
1984	48 197	30 868	9 590	7 739	64.0	19.9	16.1
1985	49 873	31 130	10 384	8 359	62.4	20.8	16.8
1986	51 282	31 254	11 216	8 811	60.9	21.9	17.2
1987	52 783	31 663	11 726	9 395	60.0	22.2	17.8
1988	54 334	32 249	12 152	9 933	59.3	22.4	18.3
1989	55 329	33 225	11 976	10 129	60.1	21.6	18.3
1990	64 749	38 914	13 856	11 979	60.1	21.4	18.5
1991	65 491	39 098	14 015	12 378	59.7	21.4	18.9
1992	66 152	38 699	14 355	13 098	58.5	21.7	19.8
1993	66 808	37 680	14 965	14 163	56.4	22.4	21.2
1994	67 455	36 628	15 312	155 15	54.3	22.7	23.0
1995	68 065	35 530	15 655	16 880	52.2	23.0	24.8
1996	68 950	34 820	16 203	17 927	50.5	23.5	26.0
1997	69 820	34 840	16 547	18 432	49.9	23.7	26.4
1998	70 637	35 177	16 600	18 860	49.8	23.5	26.7
1999	71 394	35 768	16 421	19 205	50.1	23.0	26.9
2000	72 085	36 043	16 219	19 823	50.0	22.5	27.5
2001	73 025	36 513	16 284	20 228	50.0	22.3	27.7
2002	73 740	36 870	15 780	21 090	50.0	21.4	28.6
2003	74 432	36 546	16 077	21 809	49.1	21.6	29.3
2004	75 200	35 269	16 920	23 011	46.9	22.5	30.6
2005	75 825	33 970	18 084	23 771	44.8	23.8	31.4
2006	76 400	32 561	19 225	24 614	42.6	25.2	32.2
2007	76 990	31 444	20 629	24 917	40.8	26.8	32.4
2008	77 480	30 654	21 109	25 717	39.6	27.2	33.2
2009	77 995	29 708	21 684	26 603	38.1	27.8	34.1

按城乡分就业人员

（年底数）

单位：万人

年份	合计	城镇小计	#国有单位	#集体单位	#股份合作单位	#联营单位	#有限责任公司
1978	40 152	9 514	7 451	2 048	—	—	—
1980	42 361	10 525	8 019	2 425	—	—	—
1985	49 873	12 808	8 990	3 324	—	38	—
1990	64 749	17 041	10 346	3 549	—	96	—
1991	65 491	17 465	10 664	3 628	—	49	—
1992	66 152	17 861	10 889	3 621	—	56	—
1993	66 808	18 262	10 920	3 393	—	66	—
1994	67 455	18 653	11 214	3 285	—	52	—
1995	68 065	19 040	11 261	3 147	—	53	—
1996	68 950	19 922	11 244	3 016	—	49	—
1997	69 820	20 781	11 044	2 883	—	43	—
1998	70 637	21 616	9 058	1 963	136	48	484
1999	71 394	22 412	8 572	1 712	144	46	603
2000	72 085	23 151	8 102	1 499	155	42	687
2001	73 025	23 940	7 640	1 291	153	45	841
2002	73 740	24 780	7 163	1 122	161	45	1 083
2003	74 432	25 639	6 876	1 000	173	44	1 261
2004	75 200	26 476	6 710	897	192	44	1 436
2005	75 825	27 331	6 488	810	188	45	1 750
2006	76 400	28 310	6 430	764	178	45	1 920
2007	76 990	29 350	6 424	718	170	43	2 075
2008	77 480	30 210	6 447	662	164	43	2 194
2009	77 995	31 120	6 420	618	160	37	2 433

年份	#股份有限公司	#私营企业	#港澳台商投资单位	#外商投资单位	#个体	乡村小计	乡镇企业
1978	—	—	—	—	15	30 638	2 827
1980	—	—	—	—	81	31 836	3 000
1985	—	—	—	6	450	37 065	6 979
1990	—	57	4	62	614	47 708	9 265
1991	—	68	69	96	692	48 026	9 609
1992	—	98	83	138	740	48 291	10 625
1993	164	186	155	133	930	48 546	12 345
1994	292	332	211	195	1 225	48 802	12 017
1995	317	485	272	241	1 560	49 025	12 862
1996	363	620	265	275	1 709	49 028	13 508
1997	468	750	281	300	1 919	49 039	13 050
1998	410	973	294	293	2 259	49 021	12 537
1999	420	1 053	306	306	2 414	48 982	12 704
2000	457	1 268	310	332	2 136	48 934	12 820
2001	483	1 527	326	345	2 131	49 085	13 086
2002	538	1 999	367	391	2 269	48 960	13 288
2003	592	2 545	409	454	2 377	48 793	13 573
2004	625	2 994	470	563	2 521	48 724	13 866
2005	699	3 458	557	688	2 778	48 494	14 272
2006	741	3 954	611	796	3 012	48 090	14 680
2007	788	4 581	680	903	3 310	47 640	15 090
2008	840	5 124	679	943	3 609	47 270	15 451
2009	956	5 544	721	978	4 245	46 875	15 588

就业和工资基本情况

项　目	单位	1978 年	1990 年	1995 年	2000 年	2008 年	2009 年
就业人员（年底数）	**万　人**	**40 152**	**64 749**	**68 065**	**72 085**	**77 480**	**77 995**
第一产业	万　人	28 318	38 914	35 530	36 043	30 654	29 708
第二产业	万　人	6 945	13 856	15 655	16 219	21 109	21 684
第三产业	万　人	4 890	11 979	16 880	19 823	25 717	26 603
按城乡分就业人员（年底数）							
城镇就业人员	万　人	9 514	17 041	19 040	23 151	30 210	31 120
#国有单位	万　人	7 451	10 346	11 261	8 102	6 447	6 420
城镇集体单位	万　人	2 048	3 549	3 147	1 499	662	618
其他单位	万　人	—	164	894	2 011	5 084	—
乡村就业人员	万　人	30 638	47 708	49 025	48 934	47 270	46 875
#乡镇企业	万　人	2 827	9 265	12 862	12 820	15 451	15 588
职工人数（年底数）	**万　人**	**9 499**	**14 059**	**14 908**	**11 259**	**11 515**	—
国有单位	万　人	7 451	10 346	10 955	7 878	6 126	—
城镇集体单位	万　人	2 048	3 549	3 076	1 447	623	—
其他单位	万　人	—	164	877	1 935	4 766	—
城镇登记失业人数（年底数）	**万　人**	**530**	**383**	**520**	**595**	**886**	**921**
城镇登记失业率	%	**5.3**	**2.5**	**2.9**	**3.1**	**4.2**	**4.3**
职工工资总额	**亿　元**	**569**	**2 951**	**8 100**	**10 656**	**33 714**	—
国有单位	亿　元	469	2 324	6 080	7 613	18 957	—
城镇集体单位	亿　元	100	581	1 182	919	1 148	—
其他单位	亿　元	—	46	638	2 124	13 609	—
职工平均工资	**元**	**615**	**2 140**	**5 500**	**9 371**	**29 229**	—
国有单位	元	644	2 284	5 625	9 552	31 005	—
城镇集体单位	元	506	1 681	3 931	6 262	18 338	—
其他单位	元	—	2 987	7 463	10 984	29 387	—

1. 1998 年起城镇单位就业人员、职工人数及相关指标统计口径有调整。
2. 因工资统计范围调整，2009 年有关城镇单位职工和工资的数据暂空。

城镇登记失业人数及失业率

（年底数）

年　份	城镇失业人数（万人）	失业率（%）	年　份	城镇失业人数（万人）	失业率（%）
1978	530.0	5.3	1994	476.4	2.8
1979	567.6	5.4	1995	519.6	2.9
1980	541.5	4.9	1996	552.8	3.0
1981	439.5	3.8	1997	576.8	3.1
1982	379.4	3.2	1998	571.0	3.1
1983	271.4	2.3	1999	545.0	3.1
1984	235.7	1.9	2000	595.0	3.1
1985	238.5	1.8	2001	681.0	3.6
1986	264.4	2.0	2002	770.0	4.0
1987	276.6	2.0	2003	800.0	4.3
1988	296.2	2.0	2004	827.0	4.2
1989	377.9	2.6	2005	839.0	4.2
1990	383.2	2.5	2006	847.0	4.1
1991	352.2	2.3	2007	830.0	4.0
1992	363.9	2.3	2008	886.0	4.2
1993	420.1	2.6	2009	921.0	4.3

职工工资总额和指数

年　份	工资总额（亿元）				指数（上年=100）			
	合　计	国有单位	城镇集体单　位	其他单位	合计	国　有单　位	城镇集体单　位	其　他单　位
1978	568.9	468.7	100.2	—	110.5	110.1	112.5	—
1980	772.4	627.9	144.5	—	119.4	118.6	123.3	—
1985	1 383.0	1 064.8	312.3	5.9	122.0	121.6	123.0	163.9
1990	2 951.1	2 324.1	581.0	46.0	112.7	113.4	108.7	135.7
1991	3 323.9	2 594.9	658.6	70.4	112.6	111.7	113.4	153.0
1992	3 939.2	3 090.4	743.2	105.6	118.5	119.1	112.8	150.0
1993	4 916.2	3 812.7	849.9	253.6	124.8	123.4	114.4	240.2
1994	6 656.4	5 177.4	1 023.3	455.6	135.4	135.8	120.4	179.7
1995	8 100.0	6 080.2	1 182.0	637.8	121.7	117.4	115.5	140.0
1996	9 080.0	6 792.7	1 241.0	761.4	112.1	111.7	105.0	119.4
1997	9 405.3	7 211.0	1 253.4	940.8	103.6	106.2	101.0	123.6
1998	9 296.5	6 812.5	1 021.6	1 462.4	100.2	95.8	83.1	156.9
1999	9 875.5	7 160.8	962.7	1 752.0	106.2	105.1	94.2	119.8
2000	10 656.2	7 612.9	919.0	2 124.3	107.9	106.3	95.5	121.3
2001	11 830.9	8 355.6	864.6	2 610.7	111.0	109.8	94.1	122.9
2002	13 161.1	8 948.6	828.1	3 384.4	111.2	107.1	95.8	129.6
2003	14 743.5	9 693.8	829.4	4 220.3	112.0	108.3	100.2	124.7
2004	16 900.2	10 777.2	838.4	5 284.6	114.6	111.2	101.1	125.2
2005	19 789.9	12 009.2	867.8	6 912.8	117.1	111.4	103.5	130.8
2006	23 265.9	13 600.1	944.9	8 720.8	117.6	113.2	108.9	126.2
2007	28 244.0	16 291.4	1 064.6	10 888.0	121.4	119.8	112.7	124.9
2008	33 713.8	18 957.0	1 148.1	13 608.8	119.4	116.4	107.8	125.0

1. 1995 年和 1996 年职工工资总额为推算数，各项相加不等于总计。
2. 1998 年起为在岗职工工资总额（下表同）。
3. 因工资统计范围调整，2009 年工资数据暂空。

职工平均货币工资及指数

年份	平均货币工资（元）				平均货币工资指数（上年=100）			
	合计	国有单位	城镇集体单位	其他单位	合计	国有单位	城镇集体单位	其他单位
1978	615	644	506	—	106.8	107.0	105.9	—
1979	668	705	542	—	108.6	109.5	107.1	—
1980	762	803	623	—	114.1	113.9	114.9	—
1981	772	812	642	—	101.3	101.1	103.0	—
1982	798	836	671	—	103.4	103.0	104.5	—
1983	826	865	698	—	103.5	103.5	104.0	—
1984	974	1 034	811	1 048	117.9	119.5	116.2	—
1985	1 148	1 213	967	1 436	117.9	117.3	119.2	137.0
1986	1 329	1 414	1 092	1 629	115.8	116.6	112.9	113.4
1987	1 459	1 546	1 207	1 879	109.8	109.3	110.5	115.3
1988	1 747	1 853	1 426	2 382	119.7	119.9	118.1	126.8
1989	1 935	2 055	1 557	2 707	110.8	110.9	109.2	113.6
1990	2 140	2 284	1 681	2 987	110.6	111.1	108.0	110.3
1991	2 340	2 477	1 866	3 468	109.3	108.5	111.0	116.1
1992	2 711	2 878	2 109	3 966	115.9	116.2	113.0	114.4
1993	3 371	3 532	2 592	4 966	124.3	122.7	122.9	125.2
1994	4 538	4 979	3 245	6 303	134.6	135.8	125.2	126.9
1995	5 500	5 625	3 931	7 463	121.2	117.3	121.1	118.4
1996	6 210	6 280	4 302	8 261	112.9	111.6	109.4	110.7
1997	6 470	6 747	4 512	8 789	104.2	107.4	104.9	106.4
1998	7 479	7 668	5 331	8 972	106.6	106.1	102.5	97.7
1999	8 346	8 543	5 774	9 829	111.6	111.4	108.3	109.6
2000	9 371	9 552	6 262	10 984	112.3	111.8	108.5	111.8
2001	10 870	11 178	6 867	12 140	116.0	117.0	109.7	110.5
2002	12 422	12 869	7 667	13 212	114.3	115.1	111.6	108.8
2003	14 040	14 577	8 678	14 574	113.0	113.3	113.2	110.3
2004	16 024	16 729	9 814	16 259	114.1	114.8	113.1	111.6
2005	18 364	19 313	11 283	18 244	114.6	115.4	115.0	112.2
2006	21 001	22 112	13 014	20 755	114.4	114.5	115.3	113.8
2007	24 932	26 620	15 595	24 058	118.7	120.4	119.8	115.9
2008	29 229	31 005	18 338	28 387	117.2	116.5	117.6	118.0

研究生和留学生数

单位：人

年 份	研究生数			出 国 留学人员	学成回国 留学人员
	招生数	在校学生数	毕业生数		
1978	10 708	10 934	9	860	248
1980	3 616	21 604	476	2 124	162
1985	46 871	87 331	17 004	4 888	1 424
1990	29 649	93 018	35 440	2 950	1 593
1991	29 679	88 128	32 537	2 900	2 069
1992	33 439	94 164	25 692	6 540	3 611
1993	42 145	106 771	28 214	10 742	5 128
1994	50 864	127 935	28 047	19 071	4 230
1995	51 053	145 443	31 877	20 381	5 750
1996	59 398	163 322	39 652	20 905	6 570
1997	63 749	176 353	46 539	22 410	7 130
1998	72 508	198 885	47 077	17 622	7 379
1999	92 225	233 513	54 670	23 749	7 748
2000	128 484	301 239	58 767	38 989	9 121
2001	165 197	393 256	67 809	83 973	12 243
2002	202 611	500 980	80 841	125 179	17 945
2003	268 925	651 260	111 091	117 307	20 152
2004	326 286	819 896	150 777	114 682	24 726
2005	364 831	978 610	189 728	118 515	34 987
2006	397 925	1 104 653	255 902	134 000	42 000
2007	418 612	1 195 047	311 839	144 000	44 000
2008	446 422	1 283 046	344 825	179 800	69 300
2009	510 953	1 404 942	371 273	229 300	108 300

国有企事业单位专业技术人员

（年底数）

项 目	单位	1990 年	1995 年	2000 年	2005 年	2007 年	2008 年
国有企事业单位职工人数	**万 人**	**9 459**	**9 975**	**6 820**	**5 161**	**5 044**	**5 006**
专业技术人员总计	**万 人**	**2 285**	**2 705**	**2 887**	**2 757**	**2 801**	**2 864**
# 工程技术人员	万 人	480	563	555	479	502	518
农业技术人员	万 人	45	54	67	71	70	72
卫生技术人员	万 人	266	304	337	358	364	389
科学研究人员	万 人	34	30	27	31	35	37
教学人员	万 人	824	963	1 178	1 259	1 284	1 295
平均每万名职工有专业技术人员	**人**	**2 416**	**2 712**	**4 234**	**5 341**	**5 554**	**5 720**
# 工程技术人员	人	507	564	814	928	995	1 035
农业技术人员	人	48	54	98	137	139	144
卫生技术人员	人	281	304	494	694	722	777
科学研究人员	人	35	30	40	60	69	74
教学人员	人	871	966	1 728	2 439	2 546	2 587

注：1990 年数据包括行政机关专业技术人员，但不包括社会科技领域专业技术人员及小学教师人数。

科技事业发展情况

指　标	单　位	1991 年	1995 年	2000 年	2008 年	2009 年
研究与试验发展（R&D）活动						
研究与试验发展折合全时人员	万人年	67.1	75.2	92.2	196.5	224.6
# 科学家和工程师	万人年	47.1	52.2	69.5	159.2	182.3
研究与试验发展经费支出	亿　元	—	349.0	896.0	4 616.0	5 433.0
研究与试验发展经费支出占						
国内生产总值比重	%	—	0.6	0.9	1.5	1.6
技术成果和国家奖励						
科技成果登记数	项	32 653.0	31 099.0	32 858.0	35 971.0	38 688.0
# 应用技术成果	项	28 258.0	27 431.0	28 843.0	30 847.0	33 905.0
国家奖励						
# 国家自然科学奖	项	53.0	57.0	15.0	34.0	28.0
国家技术发明奖	项	209.0	131.0	23.0	55.0	55.0
国家科技进步奖	项	502.0	607.0	250.0	254.0	282.0
国际科学技术合作奖	项	—	6.0	2.0	3.0	7.0
技术市场成效额	亿　元	95.0	268.0	651.0	2 665.0	3 039.0
成功发射卫星	次	—	2.0	6.0	11.0	6.0
科技服务						
出版地图	种	—	970.0	1 150.0	1 885.0	2 060.0
气象观测站点	个	3 903.0	4 128.0	5 117.0	32 988.0	37 358.0
气象科学数据共享服务数据量	GB	—	—	—	51 985.0	245 740.0
地震台站	个	1 125.0	1 183.0	1 234.0	1 446.0	1 457.0
海洋观测站	个	—	—	—	67.0	66.0
质量监督						
产品检测实验室	个	—	5 000.0	5 000.0	24 203.0	25 000.0
# 国家检测中心	个	—	235.0	230.0	377.0	414.0
抽查产品	类	138.0	185.0	235.0	237.0	136.0
抽查产品	种	3 902.0	6 713.0	9 705.0	23 423.0	20 000.0
专　利						
专利申请受理量	万　件	5.0	8.3	17.1	82.8	97.7
国　内	万　件	4.6	6.9	14.0	71.7	87.8
国　外	万　件	0.4	1.4	3.0	11.1	9.9
专利申请授权量	万　件	2.5	4.5	10.5	41.2	58.2
国　内	万　件	2.1	4.1	9.5	35.2	50.2
国　外	万　件	0.3	0.4	1.0	6.0	8.0

注：1. 2000 年起研究与试验发展（R&D）活动的有关数据为全社会口径。

2. 从 2006 年开始气象科学数据共享服务数据量是全国气象部门利用网络向社会提供气象资料的数据量，2005 年以前是国家气象信息中心气象科学数据共享服务网的数据量。

货物进出口总额

年份	按人民币计算（亿元）			按美元计算（亿美元）		
	进出口总额	出口额	进口额	进出口总额	出口额	进口额
1978	355.0	167.6	187.4	206.4	97.5	108.9
1979	454.6	211.7	242.9	293.3	136.6	156.7
1980	570.0	271.2	298.8	381.4	181.2	200.2
“六五”时期	**5 634.4**	**2 609.1**	**3 025.3**	**2 524.1**	**1 200.5**	**1 323.6**
1981	735.3	367.6	367.7	440.3	220.1	220.2
1982	771.3	413.8	357.5	416.1	223.2	192.9
1983	860.1	438.3	421.8	436.2	222.3	213.9
1984	1 201.0	580.5	620.5	535.5	261.4	274.1
1985	2 066.7	808.9	1 257.8	696.0	273.5	422.5
“七五”时期	**19 202.4**	**9 260.6**	**9 941.8**	**4 864.1**	**2 325.3**	**2 538.8**
1986	2 580.4	1 082.1	1 498.3	738.5	309.4	429.1
1987	3 084.2	1 470.0	1 614.2	826.5	394.4	432.1
1988	3 821.8	1 766.7	2 055.1	1 027.9	475.2	552.7
1989	4 155.9	1 956.0	2 199.9	1 116.8	525.4	591.4
1990	5 560.1	2 985.8	2 574.3	1 154.4	620.9	533.5
“八五”时期	**71 498.2**	**36 661.8**	**34 836.4**	**10 144.1**	**5 183.8**	**4 960.3**
1991	7 225.8	3 827.1	3 398.7	1 357.0	719.1	637.9
1992	9 119.6	4 676.3	4 443.3	1 655.3	849.4	805.9
1993	11 271.0	5 284.8	5 986.2	1 957.0	917.4	1 039.6
1994	20 381.9	10 421.8	9 960.1	2 366.2	1 210.1	1 156.1
1995	23 499.9	12 451.8	11 048.1	2 808.6	1 487.8	1 320.8
“九五”时期	**147 120.2**	**79 754.9**	**67 365.3**	**17 739.1**	**9 616.8**	**8 122.3**
1996	24 113.8	12 576.4	11 557.4	2 898.8	1 510.5	1 388.3
1997	26 967.2	15 160.7	11 806.5	3 251.6	1 827.9	1 423.7
1998	26 849.7	15 223.6	11 626.1	3 239.5	1 837.1	1 402.4
1999	29 896.3	16 159.8	13 736.5	3 606.3	1 949.3	1 657.0
2000	39 273.2	20 634.4	18 638.8	4 742.9	2 492.0	2 250.9
“十五”时期	**376 506.2**	**197 011.6**	**179 494.6**	**45 578.7**	**23 852.0**	**21 726.0**
2001	42 183.6	22 024.4	20 159.2	5 096.5	2 661.0	2 435.5
2002	51 378.2	26 947.9	24 430.3	6 207.7	3 256.0	2 951.7
2003	70 483.5	36 287.9	34 195.6	8 509.9	4 382.3	4 127.6
2004	95 539.1	49 103.3	46 435.8	11 545.5	5 933.2	5 612.3
2005	116 921.8	62 648.1	54 273.7	14 219.1	7 619.5	6 599.5
“十一五”时期						
2006	140 971.5	77 594.6	63 376.9	17 604.0	9 689.4	7 914.6
2007	166 740.2	93 455.6	73 284.6	21 737.3	12 177.8	9 559.5
2008	179 921.5	100 394.9	79 526.5	25 632.6	14 306.9	11 325.6
2009	150 630.7	82 017.8	68 612.9	22 072.2	12 016.6	10 055.6

注：1979 年前为外贸部门数据，1980 年起为海关数据。

固定资产投资概况

指 标	单 位	1990 年	1995 年	2000 年	2008 年	2009 年
全社会固定资产投资额	**亿 元**	**4 517.0**	**20 019.3**	**32 917.7**	**172 828.4**	**224 845.6**
按城乡划分						
城 镇	亿 元	3 274.4	15 643.7	26 221.8	148 738.3	194 138.6
农 村	亿 元	1 242.6	4 375.6	6 695.9	24 090.1	30 707.0
按登记注册类型分						
内 资	亿 元	—	17 790.3	30 311.5	157 421.4	209 396.5
港、澳、台商投资	亿 元	—	673.6	1 293.0	6 956.2	7 032.2
外商投资	亿 元	—	1 555.3	1 313.2	8 450.8	8 416.9
按资金来源分						
国家预算内资金	亿 元	393.0	621.1	2 109.5	7 954.8	12 490.3
国内贷款	亿 元	885.5	4 198.7	6 727.3	26 443.7	39 286.4
利用外资	亿 元	284.6	2 295.9	1 696.2	5 311.9	4 596.0
自筹资金	亿 元	2 954.4	13 409.2	22 577.1	118 510.4	153 711.4
其他资金	亿 元	—	—	—	24 694.4	39 610.6
按隶属关系分						
中央项目	亿 元	—	4 533.7	6 433.8	17 172.5	19 650.8
地方项目	亿 元	—	15 485.6	26 483.9	155 655.9	205 194.8
按构成分						
建筑安装工程	亿 元	3 008.7	13 173.3	20 536.3	104 958.9	138 766.9
设备工器具购置	亿 元	1 165.5	4 262.5	7 785.6	40 594.1	51 096.2
其他费用	亿 元	342.7	2 583.5	4 595.9	27 275.5	34 982.5
新增固定资产	**亿 元**	**3 995.3**	**14 521.7**	**26 842.2**	**104 156.0**	**133 410.2**
房屋建筑面积						
施工面积	万平方米	137 171.0	215 085.0	263 294.0	632 261.0	750 779.0
# 住 宅	万平方米	—	140 452.0	180 634.0	364 354.0	430 125.0
竣工面积	万平方米	107 952.0	145 600.0	181 974.0	260 307.0	293 559.0
# 住 宅	万平方米	86 425.0	107 433.0	134 529.0	159 405.0	180 788.0
房地产开发						
房地产开发投资额	亿 元	253.3	3 149.0	4 984.1	31 203.2	36 231.7
新增固定资产	亿 元	—	1 434.7	3 698.6	15 482.2	18 031.3
开发房屋竣工住宅面积	万平方米	3 527.0	12 525.0	20 603.0	54 334.0	57 694.0

按城乡分全社会固定资产投资

年 份	固定资产投资（亿元）	城 镇	#房地产	农 村	比上年增长（%）
“六五”时期	**7 997.6**	**5 770.5**	—	**2 227.1**	**19.4**
1981	961.0	711.1	—	249.9	5.5
1982	1 230.4	900.5	—	329.9	28.0
1983	1 430.1	1 014.4	—	415.7	16.2
1984	1 832.9	1 279.0	—	553.9	28.2
1985	2 543.2	1 865.5	—	677.7	38.8
“七五”时期	**20 593.5**	**14 871.3**	**1 034.1**	**5 722.2**	**16.5**
1986	3 120.6	2 300.4	101.0	820.2	22.7
1987	3 791.7	2 730.6	149.9	1 061.1	21.5
1988	4 753.8	3 431.9	257.2	1 321.9	25.4
1989	4 410.4	3 134.0	272.7	1 276.4	-7.2
1990	4 517.0	3 274.4	253.3	1 242.6	2.4
“八五”时期	**63 808.3**	**49 619.0**	**8 708.0**	**14 189.3**	**36.9**
1991	5 594.5	4 057.9	336.2	1 536.6	23.9
1992	8 080.1	6 079.7	731.2	2 000.4	44.4
1993	13 072.3	10 303.4	1 937.5	2 768.9	61.8
1994	17 042.1	13 534.3	2 554.1	3 507.8	30.4
1995	20 019.3	15 643.7	3 149.0	4 375.6	17.5
“九五”时期	**139 033.2**	**109 206.6**	**19 096.3**	**29 826.6**	**11.2**
1996	(22 974.0)	(17 627.7)	(3 216.4)	(5 346.3)	14.8
	22 913.5	17 567.2	3 216.4	5 346.3	—
1997	24 941.1	19 194.2	3 178.4	5 746.9	8.8
1998	28 406.2	22 491.4	3 614.2	5 914.8	13.9
1999	29 854.7	23 732.0	4 103.2	6 122.7	5.1
2000	32 917.7	26 221.8	4 984.1	6 695.9	10.3
“十五”时期	**295 531.0**	**245 425.0**	**53 356.4**	**50 106.1**	**20.2**
2001	37 213.5	30 001.2	6 344.1	7 212.3	13.0
2002	43 499.9	35 488.8	7 790.9	8 011.1	16.9
2003	55 566.6	45 811.7	10 153.8	9 754.9	27.7
2004	70 477.4	59 028.2	13 158.3	11 449.2	26.6
2005	88 773.6	75 095.1	15 909.3	13 678.5	26.0
“十五”时期					
2006	109 998.2	93 368.7	19 422.9	16 629.5	23.9
2007	137 323.9	117 464.5	25 288.8	19 859.5	24.8
2008	172 828.4	148 738.3	31 203.2	24 090.1	25.9
2009	224 845.6	194 138.6	36 231.7	30 707.0	30.1
平均每年增长（%）					
1982—2009 年	21.1	21.7	—	18.8	—
1991—2009 年	22.5	23.7	31.6	18.2	—
2001—2009 年	22.6	23.9	25.6	16.7	—

注：1. 1997 年起，除房地产投资、农村集体投资、个人投资外，其他固定资产投资的统计起点由 5 万元提高到 50 万元。为便于比较，对 1996 年的相应数据作了全面调整，括号内为原口径数，未加括号的为调整后的新口径数（下表同）。增长速度按可比口径计算。

2. 增长速度未扣除价格因素，平均每年增长速度按累计法计算（下表同）。

3. 受经济普查影响，2004 年投资额与上年有不可比因素，增长速度按可比口径计算。

按构成和隶属关系分全社会固定资产投资

单位：亿元

年　份	按构成分			按隶属关系分	
	建筑安装工程	设备工器具购置	其他费用	中央项目	地方项目
“六五”时期	**5 427.3**	**2 100.7**	**469.6**	—	—
1981	689.8	223.6	47.5	—	—
1982	871.1	291.4	67.9	—	—
1983	993.3	358.3	78.4	—	—
1984	1 217.6	509.2	106.1	—	—
1985	1 655.5	718.1	169.7	—	—
“七五”时期	**13 638.3**	**5 477.0**	**1 477.8**	—	
1986	2 059.7	852.0	209.0	—	—
1987	2 475.7	1 038.8	277.3	—	—
1988	3 099.7	1 305.4	348.8	—	—
1989	2 994.6	1 115.3	300.0	—	—
1990	3 008.7	1 165.5	342.7	—	—
“八五”时期	**40 972.1**	**15 492.0**	**7 345.0**	—	—
1991	3 647.7	1 460.2	486.6	—	—
1992	5 163.4	2 125.1	791.6	—	—
1993	8 201.2	3 315.9	1 555.2	—	—
1994	10 786.5	4 328.3	1 928.1	—	—
1995	13 173.3	4 262.5	2 583.5	4 533.7	15 485.6
“九五”时期	**87 930.0**	**32 338.0**	**18 765.2**	**29 487.5**	**109 545.7**
1996	(15 153.4)	(4 940.8)	(2 879.8)	(5 185.3)	(17 788.7)
	15 109.3	4 926.0	2 878.2	5 135.3	17 778.2
1997	15 614.0	6 044.8	3 282.3	5 768.4	19 172.7
1998	17 874.5	6 528.5	4 003.1	6 255.4	22 150.8
1999	18 795.9	7 053.0	4 005.7	5 894.6	23 960.1
2000	20 536.3	7 785.6	4 595.9	6 433.8	26 483.9
“十五”时期	**179 167.1**	**69 350.1**	**47 013.8**	**35 945.8**	**259 585.2**
2001	22 954.9	8 833.8	5 424.8	6 669.9	30 543.6
2002	26 578.9	9 884.5	7 036.6	6 526.7	36 973.2
2003	33 447.2	12 681.9	9 437.5	6 113.6	49 453.1
2004	42 803.6	16 527.0	11 146.8	7 524.6	62 952.8
2005	53 382.6	21 422.9	13 968.1	9 111.0	79 662.6
“十五”时期					
2006	66 775.8	25 563.9	17 658.4	10 647.8	99 350.4
2007	83 518.3	31 574.8	22 230.9	13 165.3	124 158.6
2008	104 958.9	40 594.1	27 275.5	17 172.5	155 655.9
2009	138 766.9	51 096.2	34 982.5	19 650.8	205 194.8
平均每年增长（%）					
1982—2009 年	20.3	21.1	26.9	—	—
1991—2009 年	23.7	21.7	28.3	—	—
2001—2009 年	22.2	22.3	25.1	10.1	24.8

各地区全社会固定资产投资

单位：亿元

地　区	2003 年	2004 年	2005 年	2006 年	2007 年	2008 年	2009 年
全国总计	**55 566.6**	**70 477.4**	**88 773.6**	**109 998.2**	**137 323.9**	**172 828.4**	**224 845.6**
北　京	2 169.3	2 528.2	2 827.2	3 296.4	3 907.2	3 814.7	4 616.9
天　津	1 093.4	1 245.7	1 495.1	1 820.5	2 353.1	3 389.8	4 738.5
河　北	2 478.0	3 218.8	4 139.7	5 470.2	6 884.7	8 866.6	12 267.0
山　西	1 100.9	1 443.9	1 826.6	2 255.7	2 861.5	3 531.2	4 943.2
内蒙古	1 174.7	1 788.0	2 643.6	3 363.2	4 372.9	5 475.4	7 318.9
辽　宁	2 076.4	2 979.6	4 200.4	5 689.6	7 435.2	10 019.1	12 292.6
吉　林	969.0	1 169.1	1 741.1	2 594.3	3 651.4	5 038.9	6 411.3
黑龙江	1 166.2	1 430.8	1 737.3	2 236.0	2 833.5	3 656.0	5 029.2
上　海	2 499.1	3 050.3	3 509.7	3 900.0	4 420.4	4 823.1	5 143.7
江　苏	5 233.0	6 557.1	8 165.4	10 069.2	12 268.1	15 300.6	18 950.0
浙　江	4 740.3	5 781.3	6 520.1	7 590.2	8 420.4	9 323.0	10 741.6
安　徽	1 418.7	1 935.2	2 525.1	3 533.6	5 087.5	6 747.0	8 985.8
福　建	1 496.4	1 892.9	2 316.7	2 981.8	4 287.8	5 207.7	6 231.2
江　西	1 303.2	1 713.2	2 176.6	2 683.6	3 301.9	4 745.4	6 642.4
山　东	5 315.1	6 970.6	9 307.3	11 111.4	12 537.7	15 435.9	19 034.5
河　南	2 263.0	3 099.4	4 311.6	5 904.7	8 010.1	10 490.6	13 704.6
湖　北	1 809.5	2 264.8	2 676.6	3 343.5	4 330.4	5 647.0	7 866.9
湖　南	1 590.3	2 072.6	2 629.1	3 175.5	4 154.8	5 534.0	7 703.5
广　东	4 813.2	5 870.0	6 977.9	7 973.4	9 294.3	10 868.7	12 941.5
广　西	921.3	1 236.5	1 661.2	2 198.7	2 939.7	3 756.4	5 237.2
海　南	280.0	317.0	367.2	423.9	502.4	705.4	988.2
重　庆	1 161.5	1 537.0	1 933.2	2 407.4	3 127.7	3 979.6	5 214.3
四　川	2 336.3	2 818.4	3 585.2	4 412.9	5 639.8	7 127.8	11 387.3
贵　州	748.1	865.2	998.3	1 197.4	1 488.8	1 864.5	2 401.7
云　南	1 000.1	1 291.5	1 777.6	2 208.6	2 759.0	3 435.9	4 526.4
西　藏	134.0	162.4	181.4	231.1	270.3	309.9	379.4
陕　西	1 200.7	1 508.9	1 882.2	2 480.7	3 415.0	4 614.4	6 249.0
甘　肃	619.8	733.9	870.4	1 022.6	1 304.2	1 712.8	2 363.0
青　海	255.6	289.2	329.8	408.5	482.8	583.2	798.3
宁　夏	318.0	376.2	443.3	498.7	599.8	858.9	1 075.9
新　疆	973.4	1 147.1	1 339.1	1 567.1	1 850.8	2 260.0	2 710.9
不分地区	962.2	1 182.5	1 677.9	1 947.6	2 530.8	3 734.9	5 950.8

国家财政收支和债务收支情况

单位：亿元

指　标	1990 年	1995 年	2000 年	2008 年	2009 年
财政收入	**2 937.1**	**6 242.2**	**13 395.2**	**61 330.4**	**68 476.9**
中　央	992.4	3 256.6	6 989.2	32 680.6	35 896.1
地　方	1 944.7	2 985.6	6 406.1	28 649.8	32 580.7
财政收入指数（上年=100）	110.2	119.6	117.0	119.5	111.7
财政收入按项目分					
# 各项税收	2 821.9	6 038.0	12 581.5	54 223.8	59 514.7
# 国内增值税	400.0	2 602.3	4 553.2	17 996.9	18 481.2
营业税	515.8	865.6	1 868.8	7 626.4	9 013.6
国内消费税	—	541.5	858.3	2 568.3	4 759.1
个人所得税	21.1	131.3	659.6	3 722.3	3 949.3
关　税	159.0	291.8	750.5	1 770.0	1 483.6
企业所得税	716.0	878.4	999.6	11 175.6	11 534.5
国有企业亏损补贴	-578.9	-327.8	-278.8	—	—
财政支出	**3 083.6**	**6 823.7**	**15 886.5**	**62 592.7**	**75 873.6**
中　央	1 004.5	1 995.4	5 519.9	13 344.2	15 279.8
地　方	2 079.1	4 828.3	10 366.7	49 248.5	60 593.8
财政支出指数（上年=100）	109.2	117.8	120.5	125.7	121.2
财政支出按项目分					
一般公共服务	—	—	—	9 795.9	9 158.2
国　防	—	—	—	4 178.8	4 950.0
教　育	—	—	—	9 010.2	10 370.4
科学技术	—	—	—	2 129.2	2 709.8
社会保障和就业	—	—	—	6 804.3	7 561.0
医疗卫生	—	—	—	2 757.0	3 902.4
环境保护	—	—	—	1 451.4	1 864.8
城乡事务	—	—	—	4 206.1	4 992.6
农林水事务	—	—	—	4 544.0	6 631.6
交通运输	—	—	—	2 354.0	4 583.4
年末国债余额	—	—	—	**53 270.8**	**60 237.7**
内债余额	—	—	—	52 799.3	59 737.0
外债余额	—	—	—	471.4	500.7

注：1. 本表及其他各表有关财政数据由财政部提供。2009 年全国数据为预算执行数，以前各年数据为财政决算数。
2. 财政收支不包括国内外债务收支，2000 年起财政支出包括国内外债务付息支出（下表同）。
3. 中央、地方财政收支均为本级收支。
4. 1990 年和 1995 年企业所得税数据仅包括国有和集体企业所得税。
5. 2007 年起实施《政府收支分类科目》，本表所列财政支出项目按照支出功能分类科目重新设置。

中央和地方财政收支

单位：亿元

年　份	固定财政收　入	中　央	地　方	固定财政支　出	中　央	地　方
1978	1 132.3	175.8	956.5	1 122.1	532.1	590.0
1979	1 146.4	231.3	915.0	1 281.8	655.1	626.7
1980	1 160.0	284.4	875.5	1 228.8	666.8	562.0
“六五”时期	**7 402.7**	**2 583.0**	**4 819.7**	**7 483.2**	**3 725.6**	**3 757.5**
1981	1 175.8	311.1	864.7	1 138.4	625.6	512.8
1982	1 212.3	346.8	865.5	1 230.0	651.8	578.2
1983	1 366.9	490.0	876.9	1 409.5	759.6	649.9
1984	1 642.9	665.5	977.4	1 701.0	893.3	807.7
1985	2 004.8	769.6	1 235.2	2 004.2	795.2	1 209.0
“七五”时期	**12 280.6**	**4 104.4**	**8 176.2**	**12 865.7**	**4 420.2**	**8 445.4**
1986	2 122.0	778.4	1 343.6	2 204.9	836.4	1 368.5
1987	2 199.3	736.3	1 463.1	2 262.2	845.6	1 416.5
1988	2 357.2	774.8	1 582.5	2 491.2	845.0	1 646.2
1989	2 664.9	822.5	1 842.4	2 823.8	888.8	1 935.0
1990	2 937.1	992.4	1 944.7	3 083.6	1 004.5	2 079.1
“八五”时期	**22 442.1**	**9 038.4**	**13 403.7**	**24 387.5**	**7 323.1**	**17 064.3**
1991	3 149.5	938.2	2 211.2	3 386.6	1 090.8	2 295.8
1992	3 483.4	979.5	2 503.9	3 742.2	1 170.4	2 571.8
1993	4 348.9	957.5	3 391.4	4 642.3	1 312.1	3 330.2
1994	5 218.1	2 906.5	2 311.6	5 792.6	1 754.4	4 038.2
1995	6 242.2	3 256.6	2 985.6	6 823.7	1 995.4	4 828.3
“九五”时期	**50 774.4**	**25 618.4**	**25 156.0**	**57 043.5**	**17 481.5**	**39 561.9**
1996	7 408.0	3 661.1	3 746.9	7 937.5	2 151.3	5 786.3
1997	8 651.1	4 226.9	4 424.2	9 233.6	2 532.5	6 701.1
1998	9 875.9	4 892.0	4 983.9	10 798.2	3 125.6	7 672.6
1999	11 444.1	5 849.2	5 594.9	13 187.7	4 152.3	9 035.3
2000	13 395.2	6 989.2	6 406.1	15 886.5	5 519.8	10 366.6
“十五”时期	**115 050.7**	**61 888.3**	**53 162.4**	**128 022.8**	**36 629.9**	**91 393.0**
2001	16 386.0	8 582.7	7 803.3	18 902.6	5 768.0	13 134.6
2002	18 903.6	10 388.6	8 515.0	22 053.1	6 771.7	15 281.4
2003	21 715.2	11 865.3	9 850.0	24 649.9	7 420.1	17 229.8
2004	26 396.5	14 503.1	11 893.4	28 486.9	7 894.1	20 592.8
2005	31 649.3	16 548.5	15 100.8	33 930.3	8 776.0	25 154.3
“十一五”时期						
2006	38 760.2	20 456.6	18 303.6	40 422.7	9 991.4	30 431.3
2007	51 321.8	27 749.2	23 572.6	49 781.3	11 442.1	38 339.3
2008	61 330.3	32 680.6	28 649.8	62 592.7	13 344.2	49 248.5
2009	68 476.9	35 896.1	32 580.7	75 873.6	15 279.8	60 593.8

注：中央、地方财政收支均为本级收支。

保险公司业务经济技术指标

单位：亿元

项 目	保 费		赔款及给付	
	2008年	2009年	2008年	2009年
合 计	**9 784.2**	**11 137.3**	**2 971.2**	**3 125.5**
财产保险公司	**2 446.3**	**2 992.9**	**1 475.5**	**1 638.2**
企业财产保险	209.6	221.4	176.2	127.6
家庭财产保险	12.7	15.1	7.4	5.8
机动车辆保险	1 702.5	2 155.6	1 046.5	1 200.7
工程保险	39.2	51.6	13.8	17.2
责任保险	81.8	92.2	33.1	38.9
信用保险	36.7	70.2	17.0	31.1
保证保险	6.4	8.0	5.1	4.6
船舶保险	38.7	41.8	13.4	19.2
货物运输保险	70.9	61.3	27.8	26.2
特殊风险保险	27.0	23.7	13.1	9.0
农业保险	110.7	133.9	64.1	95.2
健康险	36.8	43.1	28.7	34.2
意外伤害保险	72.7	73.9	28.5	28.2
其他险	0.5	0.9	0.7	0.2
人寿保险公司	**7 338.0**	**8 144.4**	**1 495.7**	**1 487.3**
寿 险	6 658.4	7 457.4	1 315.0	1 268.7
健康险	548.7	530.8	146.6	182.9
人身意外伤害险	130.9	156.1	34.1	35.7

证券市场基本情况

项 目	单位	2005年	2006年	2007年	2008年	2009年
境内上市公司数（A、B股）	家	1 381	1 434	1 550	1 625	1 718
境内上市外资股（B股）	家	109	109	109	109	108
境内上市公司数（H股）	家	122	143	148	153	159
股票发行量	亿 股	567	1 288	638	180	389
股票筹资额	亿 元	1 883	5 594	8 680	3 852	6 125
股票总发行股本	亿 股	7 630	14 926	22 417	24 523	26 163
#流通股本	亿 股	2 915	5 638	10 332	12 579	19 760
股票市价总值	亿 元	32 430	89 404	327 141	121 366	243 939
#股票流通市值	亿 元	10 631	25 004	93 064	45 214	151 259
股票成交量	百万股	662 373	1 614 523	3 640 376	2 413 138	5 110 699
股票成交金额	亿 元	31 665	90 469	460 556	267 113	535 987
上证综合指数（收盘）		1 161	2 675	5 262	1 821	3 277
深证综合指数（收盘）		279	551	1 447	553	1 201
投资者账户数	万 户	7 336	7 854	13 886	15 198	17 150
平均市盈率						
上 海		16	33	59	15	29
深 圳		16	33	70	17	46
平均换手率						
上 海	%	274	541	927	393	499
深 圳	%	316	609	987	469	793
国债发行额	亿 元	7 042	8 883	23 139	8 558	17 927
企业债发行额	亿 元	2 047	3 938	5 059	8 435	15 864
债券成交量	万 手	283 714	182 454	205 795	288 912	475 060
债券成交额	亿 元	28 368	18 279	20 667	28 885	40 059
国债现货成交金额	亿 元	2 781	1 541	1 267	2 123	2 086
国债回购成交金额	亿 元	23 621	15 487	18 345	24 269	35 476
证券投资基金只数	只	218	307	346	439	557
证券投资基金规模	亿 份	4 714	6 221	22 340	25 742	24 536
证券投资基金成交金额	亿 元	773	2 003	8 620	5 831	10 250
期货总成交量	万 手	32 287	44 951	72 846	136 396	215 752
期货总成交额量	亿 元	134 463	210 063	409 741	719 173	1 305 143

注：本表资料由中国证券监督管理委员会提供。

能源生产总量和构成

年份	能源生产总量（万吨标准煤）	构成（能源生产总量=100）			
		原煤	原油	天然气	水电、核电、风电
1978	62 770	70.3	23.7	2.9	3.1
1980	23 735	69.4	23.8	3.0	3.8
1985	85 546	72.8	20.9	2.0	4.3
1990	103 922	74.2	19.0	2.0	4.8
1991	104 844	74.1	19.2	2.0	4.7
1992	107 256	74.3	18.9	2.0	4.8
1993	111 059	74.0	18.7	2.0	5.3
1994	118 729	74.6	17.6	1.9	5.9
1995	129 034	75.3	16.6	1.9	6.2
1996	133 032	75.0	16.9	2.0	6.1
1997	133 460	74.2	17.3	2.1	6.5
1998	129 834	73.3	17.7	2.2	6.8
1999	131 935	73.9	17.3	2.5	6.3
2000	135 048	73.2	17.2	2.7	6.9
2001	143 875	73.0	16.3	2.8	7.9
2002	150 656	73.5	15.8	2.9	7.8
2003	171 906	76.2	14.1	2.7	7.0
2004	196 648	77.1	12.8	2.8	7.3
2005	216 219	77.6	12.0	3.0	7.4
2006	232 167	77.8	11.3	3.4	7.5
2007	247 279	77.7	10.8	3.7	7.8
2008	261 210	76.6	10.7	4.1	8.6
2009	275 000	77.2	9.9	4.1	8.8

注：2008 年及以前年份根据经济普查调整，2009 年为初步统计数（以下相关表同）。

能源消费总量和构成

年份	能源生产总量（万吨标准煤）	构成（能源消费总量=100）			
		煤炭	石油	天然气	水电、核电、风电
1978	57 144	70.7	22.7	3.2	3.4
1980	60 275	72.2	20.7	3.1	4.0
1985	76 682	75.8	17.1	2.2	4.9
1990	98 703	76.2	16.6	2.1	5.1
1991	103 783	76.1	17.1	2.0	4.8
1992	109 170	75.7	17.5	1.9	4.9
1993	115 993	74.7	18.2	1.9	5.2
1994	122 737	75.0	17.4	1.9	5.7
1995	131 176	74.6	17.5	1.8	6.1
1996	135 192	73.5	18.7	1.8	6.0
1997	135 909	71.4	20.4	1.8	6.4
1998	136 184	70.9	20.8	1.8	6.5
1999	140 569	70.6	21.5	2.0	5.9
2000	145 531	69.2	22.2	2.2	6.4
2001	150 406	68.3	21.8	2.4	7.5
2002	159 431	68.0	22.3	2.4	7.3
2003	183 792	69.8	21.2	2.5	6.5
2004	213 456	69.5	21.3	2.5	6.7
2005	235 997	70.8	19.8	2.6	6.8
2006	258 676	71.1	19.3	2.9	6.7
2007	280 508	71.1	18.8	3.3	6.8
2008	291 448	70.3	18.3	3.7	7.7
2009	306 600	70.3	18.0	3.9	7.8

综合能源平衡表

单位：万吨标准煤

项　　目	1990年	1995年	2000年	2005年	2006年	2007年	2008年
可供消费的能源总量	**96 138**	**129 535**	**142 605**	**232 225**	**256 034**	**274 800**	**287 011**
一次能源生产量	103 922	129 034	135 048	216 219	232 167	247 279	261 210
回收能	—	2 312	1 760	2 939	3 725	6 166	6 511
进口量	1 310	5 456	14 334	26 952	31 171	35 062	36 764
出口量（－）	5 875	6 776	9 633	11 448	10 925	9 995	9 955
年初年末库存差额	－3 219	－491	1 096	－2 436	－104	－3 712	－7 519
能源消费总量	**98 703**	**131 176**	**145 531**	**235 997**	**258 676**	**280 508**	**291 448**
在总量中：							
1. 农、林、牧、渔、水利业	4 852	5 505	3 914	6 071	6 331	6 228	6 013
2. 工　业	67 578	96 191	103 773	168 724	184 945	200 532	209 302
3. 建筑业	1 213	1 335	2 179	3 403	3 761	4 128	3 813
4. 交通运输、仓储和邮政业	4 541	5 863	11 242	18 391	20 284	21 959	22 917
5. 批发、零售业和住宿、餐饮业	1 247	2 018	3 047	4 848	5 314	5 689	5 734
6. 其　他	3 473	4 519	5 762	9 255	10 276	11 158	11 771
7. 生活消费	15 799	15 745	15 614	25 305	27 765	30 814	31 898
在总量中：							
（一）终端消费	94 289	124 252	139 008	225 690	247 520	268 610	278 546
#工　业	63 239	89 473	97 597	158 767	174 225	189 032	196 832
（二）加工转换损失量	2 264	3 634	2 461	3 823	4 056	4 241	5 166
#炼　焦	905	—	525	702	734	854	819
炼　油	326	—	781	1 305	1 391	1 325	1 380
（三）损失量	2 150	3 289	4 062	6 483	7 100	7 657	7 736
平衡差额	**－2 565**	**－1 641**	**－2 926**	**－3 772**	**－2 642**	**－5 708**	**－4 437**

注：1. 电力、热力按等价热值折算，因此加工转换损失量中不包括发电、供热损失量。

2. 进口量包括我国飞机、轮船在国外加油量；出口量包括外国飞机、轮船在我国加油量。

社会消费品零售总额

年　份	社会消费品零售总额（亿元）	比上年增长（%）
1978	1 558.6	8.8
1979	1 800.0	15.5
1980	2 140.0	18.9
“六五”时期	**15 450.8**	**15.0**
1981	2 350.0	9.8
1982	2 570.0	9.4
1983	2 849.4	10.9
1984	3 376.4	18.5
1985	4 305.0	27.5
“七五”时期	**34 611.5**	**14.0**
1986	4 950.0	15.0
1987	5 820.0	17.6
1988	7 440.0	27.8
1989	8 101.4	8.9
1990	8 300.1	2.5
“八五”时期	**76 916.4**	**23.3**
1991	9 415.6	13.4
1992	10 993.7	16.8
1993	14 270.4	29.8
1994	18 622.9	30.5
1995	23 613.8	26.8
“九五”时期	**167 744.8**	**10.6**
1996	28 360.2	20.1
1997	31 252.9	10.2
1998	33 378.1	6.8
1999	35 647.9	6.8
2000	39 105.7	9.7
“十五”时期	**271 561.2**	**11.8**
2001	43 055.4	10.1
2002	48 135.9	11.8
2003	52 516.3	9.1
2004	59 501.0	13.3
2005	68 352.6	14.9
“十一五”时期		
2006	79 145.2	15.8
2007	93 571.6	18.2
2008	114 830.1	22.7
2009	132 678.4	15.5
平均每年增长（%）		
1979—2009年	15.4	—
1991—2009年	15.7	—
2001—2009年	14.5	—

注：1. 本表按当年价格计算（下两表同）。

2. 1992年及以前为社会商品零售总额；1997年起社会消费品零售总额不含居民购买住房。

3. 2005—2009年数据已根据第二次经济普查资料进行修订。

各地区社会消费品零售总额

单位：亿元

地　区	2005 年	2006 年	2007 年	2008 年	2009 年	2009 年比上年增长（%）
全国总计	**68 352.6**	**79 145.2**	**93 571.6**	**114 830.1**	**132 678.4**	**15.5**
北　京	2 911.7	3 295.3	3 835.2	4 645.5	5 309.9	14.3
天　津	1 201.6	1 383.1	1 650.6	2 078.7	2 430.8	16.9
河　北	2 969.5	3 435.7	4 053.8	4 991.1	5 764.9	15.5
山　西	1 410.7	1 635.4	1 953.3	2 421.1	2 809.0	16.0
内蒙古	1 358.1	1 628.6	1 964.0	2 463.0	2 855.3	15.9
辽　宁	3 014.4	3 471.6	4 097.8	5 032.4	5 812.6	15.5
吉　林	1 470.3	1 697.6	2 038.3	2 549.2	2 957.3	16.0
黑龙江	1 773.8	2 029.0	2 386.2	2 928.3	3 401.8	16.2
上　海	2 979.5	3 375.2	3 873.3	4 577.2	5 173.2	13.0
江　苏	5 735.5	6 706.2	7 985.9	9 905.1	11 484.1	15.9
浙　江	4 645.9	5 358.0	6 271.3	7 533.3	8 622.3	14.5
安　徽	1 776.7	2 056.5	2 451.9	3 045.2	3 527.8	15.8
福　建	2 351.7	2 717.6	3 212.3	3 866.7	4 481.0	15.9
江　西	1 244.9	1 448.2	1 718.9	2 142.0	2 484.4	16.0
山　东	6 166.9	7 217.1	8 607.5	10 658.8	12 363.0	16.0
河　南	3 380.9	3 932.6	4 690.3	5 815.4	6 746.4	16.0
湖　北	2 985.9	3 461.1	4 115.8	5 109.7	5 928.4	16.0
湖　南	2 474.3	2 869.4	3 419.2	4 222.6	4 913.7	16.4
广　东	7 915.5	9 194.3	10 731.3	12 986.6	14 891.8	14.7
广　西	1 405.5	1 620.3	1 932.7	2 395.8	2 790.7	16.5
海　南	270.8	313.4	370.9	463.2	537.5	16.0
重　庆	1 227.8	1 431.5	1 711.1	2 147.1	2 479.0	15.5
四　川	3 003.5	3 472.5	4 105.6	4 944.8	5 758.7	16.5
贵　州	615.7	710.0	858.2	1 075.2	1 247.3	16.0
云　南	1 041.3	1 204.8	1 422.5	1 764.7	2 051.1	16.2
西　藏	73.2	90.0	112.6	130.0	156.6	20.5
陕　西	1 331.3	1 542.4	1 837.3	2 317.1	2 699.7	16.5
甘　肃	638.1	729.5	854.4	1 023.6	1 183.0	15.6
青　海	161.6	182.6	212.6	259.7	300.5	15.7
宁　夏	175.8	202.5	239.5	295.4	339.3	14.9
新　疆	640.2	733.2	857.5	1 041.5	1 177.5	13.1

环境保护基本概况

项 目	单 位	2005 年	2006 年	2007 年	2008 年	2009 年
水环境						
水资源总量	亿立方米	28 053.0	25 330.0	25 255.0	27 434.0	23 763.0
人均水资源量	立方米/人	2 152.0	1 932.0	1 916.0	2 071.0	1 785.0
用水总量	亿立方米	5 633.0	5 795.0	5 819.0	5 910.0	5 933.0
#农 业	亿立方米	3 580.0	3 664.0	3 600.0	3 664.0	3 687.0
工 业	亿立方米	1 285.0	1 344.0	1 403.0	1 397.0	1 388.0
生 活	亿立方米	675.0	694.0	710.0	729.0	750.0
生 态	亿立方米	93.0	93.0	106.0	120.0	103.0
化学需氧量排放量	万 吨	1 414.2	1 428.2	1 381.8	1 320.7	—
大气环境						
二氧化硫排放量	万 吨	2 549.4	2 588.8	2 468.1	2 321.2	—
固体废物						
工业固体废物排放量	万 吨	1 655.0	1 302.0	1 197.0	782.0	—
工业固体废物综合利用量	万 吨	76 993.0	92 601.0	110 311.0	123 482.0	—
工业固体废物综合利用率	%	56.1	60.2	62.1	64.3	—
生态环境						
森林面积	万公顷	19 545.0	19 545.0	19 545.0	19 545.0	19 545.0
森林覆盖率	%	20.4	20.4	20.4	20.4	20.4
当年营造林面积	万公顷	540.0	384.0	391.0	477.0	588.0
全国自然保护区数	个	2 349.0	2 395.0	2 531.0	2 538.0	2 529.0
#国家级	个	243.0	265.0	303.0	303.0	319.0
全国自然保护区面积	万公顷	14 995.0	15 154.0	15 188.0	14 894.0	—
全国保护区面积占辖区面积	%	15.0	15.2	15.2	15.1	—
全国湿地面积	万公顷	3 848.6	3 848.6	3 848.6	3 848.6	3 848.6
全国湿地面积占国土面积	%	4.0	4.0	4.0	4.0	4.0
自然灾害						
发生地质灾害起数	万 起	1.8	10.3	2.5	2.7	1.0
发生地震灾害次数	次	13.0	10.0	3.0	17.0	24.0
海洋灾害发生次数	次	176.0	180.0	163.0	128.0	132.0
#赤 潮	次	82.0	93.0	82.0	68.0	68.0

注：1. 2009 年数据为初步统计数。

2. 森林面积和森林覆盖率为第七次全国森林资源清查（2004—2008）资料。

各种价格指数

（上年=100）

年份	居民消费价格指数	商品零售价格指数	农业生产资料价格指数	农产品生产价格指数	工业品出厂价格指数	原材料、燃料、动力购进价格指数	固定资产投资价格指数
1978	100.7	100.7	99.9	103.9	100.1	—	—
1979	101.9	102.0	100.4	122.1	101.5	—	—
1980	107.5	106.0	101.0	107.1	100.5	—	—
1981	102.5	102.4	101.7	105.9	100.2	—	—
1982	102.0	101.9	101.9	102.2	99.8	—	—
1983	102.0	101.5	103.0	104.4	99.9	—	—
1984	102.7	102.8	108.9	104.0	101.4	—	—
1985	109.3	108.8	104.8	108.6	108.7	—	—
1986	106.5	106.0	101.1	106.4	103.8	—	—
1987	107.3	107.3	107.0	112.0	107.9	—	—
1988	118.8	118.5	116.2	123.0	115.0	—	—
1989	118.0	117.8	118.9	115.0	118.6	126.4	—
1990	103.1	102.1	105.5	97.4	104.1	105.6	108.0
1991	103.4	102.9	102.9	98.0	106.2	109.1	109.5
1992	106.4	105.4	103.7	103.4	106.8	111.0	115.3
1993	114.7	113.2	114.1	113.4	124.0	135.1	126.6
1994	124.1	121.7	121.6	139.9	119.5	118.2	110.4
1995	117.1	114.8	127.4	119.9	114.9	115.3	105.9
1996	108.3	106.1	108.4	104.2	102.9	103.9	104.0
1997	102.8	100.8	99.5	95.5	99.7	101.3	101.7
1998	99.2	97.4	94.5	92.0	95.9	95.8	99.8
1999	98.6	97.0	95.8	87.8	97.6	96.7	99.6
2000	100.4	98.5	99.1	96.4	102.8	105.1	101.1
2001	100.7	99.2	99.1	103.1	98.7	99.8	100.4
2002	99.2	98.7	100.5	99.7	97.8	97.7	100.2
2003	101.2	99.9	101.4	104.4	102.3	104.8	102.2
2004	103.9	102.8	110.6	113.1	106.1	111.4	105.6
2005	101.8	100.8	108.3	101.4	104.9	108.3	101.6
2006	101.5	101.0	101.5	101.2	103.0	106.0	101.5
2007	104.8	103.8	107.7	118.5	103.1	104.4	103.9
2008	105.9	105.9	120.3	114.1	106.9	110.5	108.9
2009	99.3	98.8	97.5	97.6	94.6	92.1	97.6

注：居民消费价格指数1985年及以前为职工生活费用价格指数（下表同）。

各种价格定基指数

年份	居民消费价格指数（1978年=100）	商品零售价格指数（1978年=100）	农业生产资料价格指数（1978年=100）	农产品生产价格指数（1978年=100）	工业品出厂价格指数（1988年=100）	原材料、燃料、动力购进价格指数（1990年=100）	固定资产投资价格指数（1991年=100）
1978	100.0	100.0	100.0	100.0	—	—	—
1979	101.9	102.0	100.4	122.1	—	—	—
1980	109.5	108.1	101.4	130.8	—	—	—
1981	112.2	110.7	103.1	138.5	—	—	—
1982	114.4	112.8	105.1	141.5	—	—	—
1983	116.7	114.5	108.3	147.8	—	—	—
1984	119.9	117.7	117.9	153.7	—	—	—
1985	131.1	128.1	123.6	166.9	100.0	—	—
1986	139.6	135.8	125.0	177.6	103.8	—	—
1987	149.8	145.7	133.8	198.9	112.0	—	—
1988	177.9	172.7	155.5	244.6	128.8	—	—
1989	209.9	203.4	184.9	281.3	152.8	—	—
1990	216.4	207.7	195.1	274.0	159.0	100.0	—
1991	223.8	213.7	200.8	268.5	168.9	109.1	100.0
1992	238.1	225.2	208.2	277.6	180.4	121.1	115.3
1993	273.1	254.9	237.6	314.8	223.7	163.6	145.9
1994	339.0	310.2	288.9	440.5	267.3	193.4	161.1
1995	396.9	356.1	368.1	528.1	307.1	222.9	170.6
1996	429.9	377.8	399.0	550.3	316.0	231.6	177.4
1997	441.9	380.8	397.0	525.5	315.0	234.6	180.4
1998	438.4	370.9	375.2	483.5	302.1	224.7	180.0
1999	432.2	359.8	359.4	424.5	294.8	217.3	179.3
2000	434.0	354.4	356.2	409.2	303.1	228.4	181.3
2001	437.0	351.6	353.0	421.9	299.2	227.9	182.0
2002	433.5	347.0	354.8	420.6	292.6	222.7	182.4
2003	438.7	346.7	359.8	439.0	299.3	233.4	186.4
2004	455.8	356.4	397.9	496.5	317.6	260.2	196.8
2005	464.0	359.3	430.9	503.4	333.2	281.6	199.9
2006	471.0	362.9	437.4	509.4	343.2	298.5	202.9
2007	493.6	376.7	471.1	603.6	353.9	311.7	210.8
2008	522.7	398.9	566.7	688.5	378.2	344.4	229.6
2009	519.0	394.1	552.5	672.0	357.8	317.2	224.1

居民消费价格指数

（上年＝100）

项　目	2003 年	2004 年	2005 年	2006 年	2007 年	2008 年	2009 年
居民消费价格指数	**101.2**	**103.9**	**101.8**	**101.5**	**104.8**	**105.9**	**99.3**
食　品	**103.4**	**109.9**	**102.9**	**102.3**	**112.3**	**114.3**	**100.7**
# 粮　食	102.3	126.4	101.4	102.7	106.3	107.0	105.6
油　脂	112.6	118.2	94.3	98.6	126.7	125.4	81.7
肉禽及其制品	103.3	117.6	102.5	97.1	131.7	121.7	91.3
蛋	98.6	120.2	104.6	96.0	121.8	104.3	101.6
水产品	100.3	112.7	105.9	101.2	105.1	114.2	102.5
菜	117.7	95.1	109.1	108.2	107.9	111.0	113.6
糖	97.5	102.2	104.0	111.2	101.6	104.0	102.5
茶及饮料	99.2	100.0	100.1	101.0	101.5	103.7	101.8
干鲜瓜果	103.0	104.0	102.2	117.9	102.2	110.8	107.1
液体乳及乳制品	99.2	100.5	100.9	102.7	117.0	101.5	
烟酒及用品	**99.8**	**101.2**	**100.4**	**100.6**	**101.7**	**102.9**	**101.5**
# 烟　草	99.8	100.9	100.4	100.2	100.8	100.4	100.4
酒	100.1	102.2	100.6	101.2	103.5	107.5	103.4
衣　着	**97.8**	**98.5**	**98.3**	**99.4**	**99.4**	**98.5**	**98.0**
# 服　装	97.6	98.3	98.1	99.0	99.4	98.3	97.8
鞋袜帽	97.7	98.3	98.3	100.2	99.0	98.2	97.8
家庭设备用品及服务	**97.4**	**98.6**	**99.9**	**101.2**	**101.9**	**102.8**	**100.2**
# 耐用消费品	95.8	97.1	98.8	100.8	101.6	101.2	98.1
室内装饰品	98.8	99.2	99.5	100.0	100.3	100.2	99.7
家庭服务及加工维修服务	101.1	101.9	104.4	105.8	107.2	109.0	105.2
医疗保健和个人用品	**100.9**	**99.7**	**99.9**	**101.1**	**102.1**	**102.9**	**101.2**
医疗保健	101.2	99.1	99.5	100.2	102.1	102.2	101.4
个人用品及服务费	100.2	101.2	100.8	103.2	102.1	104.4	100.8
交通和通信	**97.8**	**98.5**	**99.0**	**99.9**	**99.1**	**99.1**	**97.6**
交　通	99.5	100.4	101.5	103.2	100.8	102.2	98.6
通　信	96.1	96.8	96.6	96.4	97.1	95.6	96.3
娱乐教育文化	**101.3**	**101.3**	**102.2**	**99.5**	**99.0**	**99.3**	**99.3**
文娱用耐用消费品及服务	92.7	93.3	93.8	94.2	93.1	92.3	90.6
教　育	104.3	103.4	105.1	100.0	99.6	100.5	101.6
文化娱乐用品	101.3	101.1	101.2	101.0	101.0	101.3	102.5
旅　游	95.4	100.6	99.6	103.1	102.3	101.1	97.5
居　住	**102.1**	**104.9**	**105.4**	**104.6**	**104.5**	**105.5**	**96.4**
建房及装修材料	99.5	104.3	102.6	103.9	105.1	107.1	100.2
租　房	103.5	103.0	101.9	102.7	104.2	103.5	101.6
自有住房	99.1	100.9	105.6	103.7	107.0	102.8	85.3
水电燃料	105.7	107.5	108.6	105.9	103.0	106.4	97.9

人民生活基本情况

指标名称	单　位	1990 年	2000 年	2008 年	2009 年
就　业					
城镇居民家庭每一就业者负担人数	人	1.8	1.9	2.0	1.9
农村居民家庭每一劳动力负担人数	人	1.6	1.5	1.4	1.4
城镇登记失业率	%	2.5	3.1	4.2	4.3
收入与支出					
城镇居民人均可支配收入	元	1 510.0	6 280.0	15 781.0	17 175.0
农村居民人均纯收入	元	686.0	2 253.0	4 761.0	5 153.0
城镇居民人均可支配收入指数	1978 年 = 100	198.0	384.0	816.0	895.0
农村居民人均纯收入指数	1978 年 = 100	311.0	483.0	793.0	861.0
城镇居民人均消费性支出	元	1 279.0	4 998.0	11 243.0	12 265.0
农村居民人均生活消费支出	元	585.0	1 670.0	3 661.0	3 993.0
人均储蓄存款余额	元	623.0	5 076.0	16 407.0	19 537.0
城镇居民家庭恩格尔系数	%	54.2	39.4	37.9	36.5
农村居民家庭恩格尔系数	%	58.8	49.1	43.7	41.0
住　房					
城镇新建住宅面积	亿平方米	1.7	5.5	7.6	7.9
农村新建住宅面积	亿平方米	6.9	8.0	8.3	10.2
城市人均住宅建筑面积	平方米	13.7	20.3	—	—
农村人均住房面积	平方米	17.8	24.8	32.4	33.6
文　化					
城镇每百户彩色电视机拥有量	台	59.0	116.6	132.9	135.7
农村每百户彩色电视机拥有量	台	4.7	48.7	99.2	108.9
城镇每百户家用电脑拥有量	台	—	9.7	59.3	65.7
农村每百户家用电脑拥有量	台	—	0.5	5.4	7.5
广播综合人口覆盖率	%	74.7	92.5	96.0	96.3
电视综合人口覆盖率	%	79.4	93.7	97.0	97.2
教育卫生					
学龄儿童净入学率	%	97.8	99.1	99.5	99.4
每十万人口高等学校在校学生数	人	326.0	723.0	2 042.0	2 128.0
每万人口医院、卫生院床位数	张	23.2	23.8	28.4	30.6
每万人口执业（助理）医师	人	15.6	16.8	15.8	16.5
社会保障					
参加城镇基本养老保险人数	万　人	6 166.0	13 617.0	21 891.0	23 498.0
参加城镇基本医疗保险人数	万　人	—	3 787.0	31 822.0	40 061.0
参加失业保险人数	万　人	—	10 408.0	12 400.0	12 715.0
参加工伤保险人数	万　人	—	4 350.0	13 787.0	14 861.0
参加生育保险人数	万　人	—	3 002.0	9 254.0	10 860.0
社会保险基金收入	亿　元	187.0	2 645.0	13 696.0	15 975.0

注：1. 本表价值量指标按当年价格计算，指数按可比价格计算。
2. 城市人均住宅建筑面积数据来源于建设部。

城乡居民家庭人均收入和指数

年份	城镇居民家庭人均可支配收入			农村居民家庭人均纯收入		
	绝对数（元）	指数（1978年=100）	指数（上年=100）	绝对数（元）	指数（1978年=100）	指数（上年=100）
1978	343.4	100.0	—	133.6	100.0	—
1979	405.0	115.7	115.7	160.2	119.2	119.2
1980	477.6	127.0	109.7	191.3	139.0	116.6
1981	500.4	129.9	102.2	223.4	160.4	115.4
1982	535.3	136.3	104.9	270.1	192.3	119.9
1983	564.6	141.5	103.9	309.8	219.6	114.2
1984	652.1	158.7	112.2	355.3	249.5	113.6
1985	739.1	160.4	101.1	397.6	268.9	107.8
1986	900.9	182.7	113.9	423.8	277.6	103.2
1987	1 002.1	186.8	102.2	462.6	292.0	105.2
1988	1 180.2	182.3	97.6	544.9	310.7	106.4
1989	1 373.9	182.5	100.1	601.5	305.7	98.4
1990	1 510.2	198.1	108.5	686.3	311.2	101.8
1991	1 700.6	212.4	107.1	708.6	317.4	102.0
1992	2 026.6	232.9	109.7	784.0	336.2	105.9
1993	2 577.4	255.1	109.5	921.6	346.9	103.2
1994	3 496.2	276.8	108.5	1 221.0	364.3	105.0
1995	4 283.0	290.3	104.9	1 577.7	383.6	105.3
1996	4 838.9	301.6	103.8	1 926.1	418.1	109.0
1997	5 160.3	311.9	103.4	2 090.1	437.3	104.6
1998	5 425.1	329.9	105.8	2 162.0	456.1	104.3
1999	5 854.0	360.6	109.3	2 210.3	473.5	103.8
2000	6 280.8	383.7	106.4	2 253.4	483.4	102.1
2001	6 859.6	416.3	108.5	2 366.4	503.7	104.2
2002	7 702.8	472.1	113.4	2 475.6	527.9	104.8
2003	8 472.2	514.6	109.0	2 622.2	550.6	104.3
2004	9 421.6	554.2	107.7	2 936.4	588.0	106.8
2005	10 493.0	607.4	109.6	3 254.9	624.5	106.2
2006	11 759.5	670.7	110.4	3 587.0	670.7	107.4
2007	13 785.8	752.5	112.2	4 140.4	734.4	109.5
2008	15 780.8	815.7	108.4	4 760.6	793.2	108.0
2009	17 174.7	895.4	109.8	5 153.2	860.6	108.5
平均每年增长（%）						
1979—2009年	—	7.3	—	—	7.2	—
1991—2009年	—	8.3	—	—	5.5	—
2001—2009年	—	9.9	—	—	6.6	—

注：本表绝对数按当年价格计算，指数和平均增长速度按可比价格计算。

城乡居民家庭人均消费支出和住房情况

年份	城镇居民家庭		农村居民家庭		城市人均住宅建筑面积（平方米）	农村人均住房面积（平方米）
	人均消费性支出（元）	恩格尔系数（%）	人均生活消费支出（元）	恩格尔系数（%）		
1978	311.2	57.5	116.1	67.7	6.7	8.1
1979	—	—	134.5	64.0	6.9	8.4
1980	412.4	56.9	162.2	61.8	7.2	9.4
1981	456.8	56.7	190.8	59.9	7.7	10.2
1982	471.1	58.6	220.2	60.7	8.2	10.7
1983	505.9	59.2	248.3	59.4	8.7	11.6
1984	559.4	58.0	273.8	59.2	9.1	13.6
1985	673.2	53.3	317.4	57.8	10.0	14.7
1986	799.0	52.4	356.9	56.4	12.4	15.3
1987	884.4	53.5	398.3	55.8	12.7	16.0
1988	1 104.0	51.4	476.7	54.0	13.0	16.6
1989	1 211.0	54.5	535.4	54.8	13.5	17.2
1990	1 278.9	54.2	584.6	58.8	13.7	17.8
1991	1 453.8	53.8	619.8	57.6	14.2	18.5
1992	1 671.7	53.0	659.2	57.6	14.8	18.9
1993	2 110.8	50.3	769.6	58.1	15.2	20.7
1994	2 851.3	50.0	1 016.8	58.9	15.7	20.2
1995	3 537.6	50.1	1 310.4	58.6	16.3	21.0
1996	3 919.5	48.8	1 572.1	56.3	17.0	21.7
1997	4 185.6	46.6	1 617.1	55.1	17.8	22.5
1998	4 331.6	44.7	1 590.3	53.4	18.7	23.3
1999	4 615.9	42.1	1 577.4	52.6	19.4	24.2
2000	4 998.0	39.4	1 670.1	49.1	20.3	24.8
2001	5 309.0	38.2	1 741.1	47.7	20.8	25.7
2002	6 029.9	37.7	1 834.3	46.2	22.8	26.5
2003	6 510.9	37.1	1 943.3	45.6	23.7	27.2
2004	7 182.1	37.7	2 184.6	47.2	25.0	27.9
2005	7 942.9	36.7	2 555.4	45.5	26.1	29.7
2006	8 696.6	35.8	2 829.0	43.0	27.1	30.7
2007	9 997.5	36.3	3 223.8	43.1	—	31.6
2008	11 242.8	37.9	3 660.7	43.7	—	32.4
2009	12 264.6	36.5	3 993.4	41.0	—	33.6

注：城市人均住宅建筑面积为建设部统计数字。

城乡居民人民币储蓄存款年底余额和年增加额

单位：亿元

年　份	年底余额			年增加额		
	总计	定期	活期	总计	定期	活期
1978	210.6	128.9	81.7	29.0	17.2	11.8
1980	395.8	304.9	90.9	114.8	138.5	-23.7
1985	1 622.6	1 225.2	397.4	407.9	324.3	83.6
1990	7 119.6	5 909.4	1 210.2	1 935.1	1 700.9	234.2
1991	9 244.9	7 634.9	1 610.0	2 125.3	1 725.5	399.8
1992	11 757.3	9 445.0	2 312.3	2 512.4	1 810.1	702.3
1993	15 203.5	12 108.3	3 095.2	3 446.2	2 663.3	782.9
1994	21 518.8	16 838.7	4 680.1	6 315.3	4 730.4	1 584.9
1995	29 662.3	23 778.3	5 884.1	8 143.5	6 939.6	1 203.9
1996	38 520.8	30 873.2	7 647.6	8 858.6	7 095.0	1 763.6
1997	46 279.8	36 226.7	10 053.1	7 759.0	5 353.5	2 405.4
1998	53 407.5	41 791.6	11 615.9	7 127.7	5 564.8	1 562.8
1999	59 621.8	44 955.1	14 666.7	6 214.4	3 163.5	3 050.8
2000	64 332.4	46 141.7	18 190.7	4 710.6	1 186.6	3 524.0
2001	73 762.4	51 434.9	22 327.6	9 430.1	5 293.2	4 136.9
2002	86 910.7	58 788.9	28 121.7	13 148.2	7 354.1	5 794.1
2003	103 617.7	68 498.7	35 119.0	16 707.0	9 709.7	6 997.3
2004	119 555.4	78 138.9	41 416.5	15 937.7	9 640.2	6 297.6
2005	141 051.0	92 263.5	48 787.5	21 495.6	14 124.7	7 370.9
2006	161 587.3	103 011.4	58 575.9	20 544.0	10 777.3	9 766.7
2007	172 534.2	104 934.5	67 599.7	10 946.9	1 923.1	9 023.8
2008	217 885.4	139 300.2	78 585.2	45 351.2	34 365.7	10 985.5
2009	260 771.7	160 230.4	100 541.3	42 886.4	20 930.2	21 956.1

金融机构存款利率调整时间表

单位：年利率%

项　　目	2008年10月9日	2008年10月30日	2008年11月27日	2008年12月23日
活期存款	**0.72**	**0.72**	**0.36**	**0.36**
定期存款				
整存整取				
三个月	3.15	2.88	1.98	1.71
半　年	3.51	3.24	2.25	1.98
一　年	3.87	3.60	2.52	2.25
二　年	4.41	4.14	3.06	2.79
三　年	5.13	4.77	3.60	3.33
五　年	5.58	5.13	3.87	3.60
零存整取、整存零取、存本取息				
一　年	3.15	2.88	1.98	1.71
三　年	3.51	3.24	2.25	1.98
五　年	3.87	3.60	2.52	2.25
定活两便				
协定存款	**1.53**	**1.53**	**1.17**	**1.17**
通知存款				
一　天	1.17	1.17	0.81	0.81
七　天	1.71	1.71	1.35	1.35

金融机构贷款利率调整时间表

单位：年利率%

项　　目	2008年9月16日	2008年10月9日	2008年10月30日	2008年11月27日	2008年12月23日
短期贷款					
六个月以内（含六个月）	6.21	6.12	6.03	5.04	4.86
六个月至一年（含一年）	7.20	6.93	6.66	5.58	5.31
中长期贷款					
一至三年（含三年）	7.29	7.02	6.75	5.67	5.40
三至五年（含五年）	7.56	7.29	7.02	5.94	5.76
五年以上	7.74	7.47	7.20	6.12	5.94
贴现					
个人住房贷款					
个人住房公积金贷款					
五年以下（含五年）	4.59	4.32	4.05	3.51	3.33
五年以上	5.13	4.86	4.59	4.05	3.87

人民币一年期存贷款利率

单位：年利率%

执行日期	金融机构存款基准利率	金融机构贷款基准利率	中央银行对金融机构贷款基准利率
1978	3.24	5.04	—
1980	3.96－5.76	5.04	—
1985	5.40－7.20	3.60－7.92	—
1990.01.01	11.34	11.34	—
1990.04.15	10.08	10.08	—
1990.08.21	8.64	9.36	—
1991.04.21	7.56	8.64	—
1993.05.15	9.18	9.36	—
1993.07.11	10.98	10.98	—
1995.07.01	10.98	12.06	—
1996.05.01	9.18	10.98	10.98
1996.08.23	7.47	10.08	10.62
1997.10.23	5.67	8.64	9.36
1998.03.25	5.22	7.92	7.92
1998.07.01	4.77	6.93	5.67
1998.12.07	3.78	6.39	5.13
1999.06.10	2.25	5.85	3.78
2002.02.21	1.98	5.31	3.24
2004.03.25	1.98	5.31	3.87
2004.10.29	2.25	5.58	3.87
2006.04.28	2.25	5.85	3.87
2006.08.19	2.52	6.12	3.87
2007.03.18	2.79	6.39	3.87
2007.05.19	3.06	6.57	3.87
2007.07.21	3.33	6.84	3.87
2007.08.22	3.60	7.02	3.87
2007.09.15	3.87	7.29	3.87
2007.12.21	4.14	7.47	3.87
2008.01.01	4.14	7.47	4.68
2008.09.16	4.14	7.20	4.68
2008.10.09	3.87	6.93	4.68
2008.10.30	3.60	6.66	4.68
2008.11.27	2.52	5.58	3.60
2008.12.23	2.25	5.31	3.33

世界主要国家和地区国内生产总值和人均国民总收入

国家和地区	国内生产总值（亿美元）		人均国民总收入（美元）	
	2007 年	2008 年	2007 年	2008 年
世界总计	**543 470**	**605 870**	**7 958**	**8 579**
低收入国家	**8 103**	**5 685**	**578**	**524**
中等收入国家	**133 422**	**168 269**	**2 872**	**3 211**
高收入国家	401 973	431 899	37 566	39 345
中　国❶	32 801	43 262	2 360	2 770
印　度	11 710	12 175	950	1 070
日　本	43 767	49 093	37 670	38 210
韩　国	9 698	9 291	19 690	21 530
马来西亚	1 807	1 949	6 540	6 970
巴基斯坦	1 436	1 683	870	980
新加坡	1 613	1 819	32 470	34 760
菲律宾	1 441	1 669	1 620	1 890
泰　国	2 458	2 607	3 400	2 840
埃　及	1 281	1 628	1 580	1 800
尼日利亚	1 657	2 121	930	1 160
南　非	2 776	2 768	5 760	5 820
加拿大	13 264	14 001	39 420	41 730
墨西哥	8 934	10 860	8 340	9 980
美　国	138 112	142 043	46 040	47 580
阿根廷	2 623	3 284	6 050	7 200
巴　西	13 142	16 125	5 910	7 350
法　国❷	25 623	28 531	38 500	42 250
德　国	32 972	36 528	38 860	42 440
意大利	21 075	22 930	33 540	35 240
荷　兰	7 542	8 603	45 820	50 150
俄罗斯	12 910	16 078	7 560	9 620
西班牙	14 292	16 042	29 450	31 960
英　国	27 278	26 456	42 740	45 390
澳大利亚	8 217	10 152	35 960	40 350

注：❶世界银行统计数据。❷包括法属圭亚那、瓜德罗普、马提尼克和留尼汪。

资料来源：世界银行数据库。

世界主要国家就业结构与失业率

单位:%

国家	年份	就业结构			年份	失业率
		第一产业	第二产业	第三产业		
中国❶	2008	39.4	27.2	33.2	2007❼	4.2
印度尼西亚	2006	44.5	18.0	37.6	2008	8.4
日本	2007	4.2	27.9	66.7	2008	4.0
韩国	2007	7.4	25.9	66.6	2008	3.2
马来西亚	2007	14.8	28.5	56.7	2008❷	3.3
巴基斯坦	2007	43.6	21.0	35.4	2008❸	5.2
新加坡	2007	1.1	22.6	76.2	2008	4.0
菲律宾	2007	36.1	15.1	48.8	2008	7.4
泰国	2007	41.7	20.7	37.4	2008	1.2
埃及	2006	31.2	22.0	46.6	2007❷	8.9
南非	2007	8.8	26.0	64.9	2008❼	22.9
加拿大	2007	2.5	21.6	75.9	2008	6.1
墨西哥	2007	13.5	25.9	59.9	2008❹	3.5
美国	2007	1.4	20.6	78.0	2008❺	5.8
阿根廷	2006	0.8	23.7	75.2	2006❸❽	9.5
巴西	2006	19.3	21.4	59.1	2007❸	8.2
法国	2007	3.4	23.2	73.1	2008	7.4
德国	2007	2.3	29.8	67.9	2008	7.5
意大利	2007	4.0	30.2	65.8	2008	6.7
荷兰	2005	3.0	19.8	72.0	2008❷	3.0
俄罗斯	2007	9.0	29.2	61.8	2008❻	6.3
西班牙	2007	4.5	29.3	66.2	2008❾	11.3
英国	2007	1.4	22.3	76.0	2008❺	5.3
澳大利亚	2007	3.4	21.2	75.1	2008	4.2

注：❶《2009年中国统计年鉴》数据。❷15岁至64岁。❸10岁及以上。❹14岁及以上。❺16岁及以上。❻15岁至72岁。❼城镇登记失业率。❽31个城镇地区。❾16岁至74岁。

资料来源：世界银行数据库、国际劳工组织数据库。

世界主要国家货物进出口贸易额

单位：亿美元

国家	2000年		2007年		2008年	
	出口	进口	出口	进口	出口	进口
世界总计	64 560	67 270	139 930	142 870	160 970	164 930
中国	2 492	2 251	12 201	9 561	14 307	11 326
印度	424	515	1 502	2 294	1 948	3 210
日本	4 792	3 795	7 143	6 222	7 820	7 625
韩国	1 723	1 605	3 715	3 568	4 220	4 353
马来西亚	982	820	1 762	1 470	1 995	1 569
巴基斯坦	90	109	178	326	203	423
菲律宾	398	370	505	580	491	604
新加坡	1 378	1 345	2 993	2 632	3 382	3 198
泰国	691	619	1 539	1 400	1 778	1 787
埃及	53	146	192	371	262	484
尼日利亚	210	87	645	348	818	500
南非	300	297	698	884	808	995
加拿大	2 766	2 448	4 207	3 902	4 565	4 190
墨西哥	1 664	1 795	2 718	2 902	2 913	3 183
美国	7 819	12 593	11 482	20 204	12 874	21 695
阿根廷	263	252	558	447	700	574
巴西	551	591	1 606	1 266	1 979	1 824
法国	3 276	3 389	5 519	6 195	6 012	7 035
德国	5 518	4 972	13 212	10 550	14 462	11 851
意大利	2 405	2 388	4 999	5 117	5 380	5 549
荷兰	2 331	2 183	5 508	4 926	6 379	5 809
西班牙	1 153	1 561	2 533	3 893	2 815	4 208
英国	2 854	3 481	4 391	6 229	4 597	6 330
俄罗斯	1 056	447	3 544	2 235	4 716	2 919
澳大利亚	639	715	1 414	1 653	1 873	2 003

资料来源：世界贸易组织数据库。

中国主要经济指标和主要工农业产品产量居世界位次

指　标	1978年	1990年	2000年	2005年	2007年	2008年
国内生产总值	**10**	**11**	**6**	**4**	**4**	**3**
人均国民总收入[1]	**175（188）**	**178（200）**	**141（207）**	**128（208）**	**132（209）**	**127（210）**
货物进出口额	**29**	**15**	**8**	**3**	**3**	**3**
外汇储备	**38**	**7**	**2**	**2**	**1**	**1**
主要工业产品产量						
粗　钢	5	4	1	1	1	1
煤	3	1	1	1	1	1
原　油	8	5	5	5	5	5
发电量	7	4	2	2	2	2
水　泥	4	1	1	1	1	1
化　肥	3	3	1	1	1	—
棉　布	1	1	2	1	1	1
主要农业产品产量						
谷　物	2	1	1	1	1	1
肉　类[2]	3	1	1	1	1	1
籽　棉	3	1	1	1	1	1
大　豆	3	3	4	4	4	4
花　生	2	2	1	1	1	1
油菜籽	2	1	1	1	1	2
甘　蔗	7	4	3	3	3	3
茶　叶	2	2	2	1	1	1
水　果[3]	9	4	1	1	1	1

注：❶括号中为参加排序的国家和地区数。❷1990年以前为猪、牛、羊肉产量的位次。❸不包括瓜类。

资料来源：联合国粮农组织数据库、联合国《工业产品统计年鉴》和《统计月报》及世界银行数据库。

附：

主要统计指标解释

法人单位 指依法成立，有自己的名称、组织机构和场所，能够独立承担民事责任；独立拥有和使用（或授权使用）资产、承担负债，有权与其他单位签订合同；会计上独立核算，能够编制资产负债表的单位。包括企业法人、事业单位法人、机关法人、社会团体法人和其他法人。

国内生产总值（GDP） 指按市场价格计算的一个国家所有常住单位在一定时期内生产活动的最终成果。国内生产总值有三种表现形式，即价值形态、收入形态和产品形态。从价值形态看，它是所有常住单位在一定时期内生产的全部货物和服务价值与同期中间投入的全部非固定资产货物和服务价值的差额，即所有常住单位的增加值之和；从收入形态看，它是所有常住单位在一定时期内创造并分配给常住单位和非常住单位的初次收入之和；从产品形态看，它是所有常住单位在一定时期内最终使用的货物和服务价值与货物和服务净出口价值之和。在实际核算中，国内生产总值有三种计算方法，即生产法（总产出减中间投入）、收入法（由劳动者报酬、生产税净额、固定资产折旧、营业盈余组成）和支出法（由最终消费、资本形成总额、货物和服务净出口组成）。三种方法分别从不同的方面反映国内生产总值及其构成。对一个地区来说称为地区生产总值。

三次产业 指根据社会生产活动历史发展的顺序对产业结构的划分。我国第一产业是指农、林、牧、渔业；第二产业是指采矿业，制造业，电力、燃气及水的生产和供应业，建筑业；第三产业是指除第一、二产业以外的其他行业。第三产业具体包括：交通运输、仓储和邮政业，信息传输、计算机服务和软件业，批发和零售业，住宿和餐饮业，金融业，房地产业，租赁和商务服务业，科学研究、技术服务和地质勘查业，水利、环境和公共设施管理业，居民服务和其他服务业，教育、卫生、社会保障和社会福利业，文化、体育和娱乐业，公共管理和社会组织，国际组织。

当年价格 也称现行价格，指报告期内的实际市场价格。按现行价格计算的各种综合指标可以反映当年国民经济发展水平及比例关系，但因其他变化受实物数量增减和价格升降因素的影响，在不同时期之间缺乏可比性。

可比价格 指计算各种总量指标所采用的扣除了价格变动因素的价格，可进行不同时期总量指标的对比。按可比价格计算总量指标有两种方法：一种是直接用产品产量乘某一年的不变价格计算；另一种是用价格指数对按现价计算的总量指标进行缩减。

人口数 指一定时点、一定地区范围内有生命的个人总和。年度统计的年末人口数指每年12月31日24时的人口数。年度统计的全国人口总数未包括香港、澳门特别行政区和台湾省以及海外华侨的人数。

人口自然增长率 指在一定时期内（通常为1年）人口自然增加数（出生人数减死亡人数）与该时间内平均人数（或期中人数）之比，一般用千分率表示。计算公式为：

$$人口自然增长率=\frac{本年出生人数-本年死亡人数}{年平均人数}\times 1\,000‰$$

$$=人口出生率-人口死亡率$$

平均预期寿命 简称平均寿命。指0岁（即出生时）的平均预期寿命，表示一批人出生后平均一生可活的年数。

就业人员 指在一定年龄内，有劳动能力，从事一定社会劳动并取得劳动报酬或经营收入的人员。

城镇登记失业人员 指有非农业户口，在劳动年龄内（16周岁至退休年龄），有劳动能力，无业而要求就业，并在当地就业服务机构进行求职登记的人员。

城镇登记失业率 城镇登记失业人员与城镇单位就业人员（扣除使用的农村劳动力、聘用的离退休人员、港澳台及外方人员）、城镇单位中的不在岗职工、城镇私营业主、个体户主、城镇私营企业和个体就业人员、城镇登记失业人员之和的比。计算公式为：

$$城镇登记失业率=\frac{城镇登记失业人数}{\begin{array}{c}（城镇单位就业人员-使用的农村劳动力-聘用的离退休人员-\\聘用的港澳台及外方人员）+不在岗职工+城镇私营业主+城镇\\个体户主+城镇私营企业及个体就业人员+城镇登记失业人数\end{array}}\times 100\%$$

全社会固定资产投资额 是以货币形式表现的在一定时期内全社会建造和购置固定资产的工作量以及与此有关的费用的总称。全社会固定资产投资按登记注册类型可分为国有、集体、个体、联营、股份制、港澳台商、外商、其他等。

房地产开发投资 指各种登记注册类型的房地产开发公司、商品建设公司及其他房地产开发法人单位和附属于其他法人单位实际从事房地产开发或经营活动的单位统一开发的包括统代建、拆迁还建的住宅、厂房、仓库、饭店、宾馆、度假村、写字楼、办公楼等房屋建筑物和配套的服务设施，土地开发工程（如道路、给水、排水、供电、供热、通讯、平整场地等基础设施工程）的投资；不包括单纯的土地交易活动。

货物进出口总额 指实际进出我国国境的货物总金额。包括对外贸易实际进出口货物，来料加工装配进出口货物，国家间、联合国及国际组织无偿援助物资和赠送品，华侨、港澳台同胞和外籍华人捐赠品，租赁期满归承租人所有的租赁货物，进料加工进出口货物，边境地方贸易及边境地区小额贸易进出口货物（边民互市贸易除外），中外合资企业、中外合作经营企业、外商独资经营企业进出口货物和公用物品，到、离岸价格在规定限额以上的进出口货样和广告品（无商业价值、无使用价值和免费提供出口的除外），从保税仓库提取在中国境内销售的进口货物，以及其他进出口货物。我国规定出口货物按离岸价格统计，进口货物按到岸价格统计。

外商直接投资 指外国企业和经济组织或个人（包括华侨、港澳台胞以及我国在境外注册的企业）按我国有关政策、法规，用现汇、技术等我国境内开办外商独资企业、与我国境内的企业或经济组织共同举办中外合资经营企业、合作经营企业或合作开发资源的投资（包括外商投资收益的再投资），以及政府有关部门批准的项目投资总额内企业从境外借入的资金。

财政收入 指国家财政参与社会产品分配所取得的收入，是实现国家职能的财力保证。主要包括：（1）各项税收：包括国内增值税、国内消费税、进口货物增值税和消费税、出口货物退增值税和消费税、营业税、企业所得税、个人所得税、资源税、城市维护建设税、房产税、印花税、城镇土地使用税、土地增值税、车船税、船舶吨税、车辆购置税、关税、耕地占用税、契税、烟叶税等。（2）非税收入：包括专项收入、行政事业性收费、罚没收入和其他收入。财政收入按现行分税制财政体制划分为中央本级收入和地方本级收入。

财政支出 指国家财政将筹集起来的资金进行分配使用，以满足经济建设和各项事业的需要。主要包括：一般公共服务、外交、国防、公共安全、教育、科学技术、文化教育与传媒、社会保障和就业、医疗卫生、环境保护、城乡社区事务、农林水事务、交通运输、工业商业金融等事务等方面的支出。财政支出根据政府在经济和社会活动中的不同职权，划分为中央财政支出和地方财政支出。

货币供应量 指某一时点一国流通中的货币量。货币供应量可分为三个层次：

M_0：流通中的现金

M_1：即狭义货币，M_0 + 单位活期存款

M_2：即广义货币，M_1 + 准货币（单位定期存款 + 居民储蓄存款 + 单位其他存款 + 证券公司客户保证金）

存款 指企业、机关、团体或居民根据资金必须收回的原则，把货币资金存入银行或其他信贷机构保管并取得一定利息的一各信

用活动形式。根据存款对象或性质的不同可划分为企业存款、财政存款、机关团体存款、城乡储蓄存款、农业存款、信托及委托类存款、其他存款等科目。它是银行信贷资金的主要来源。

贷款 指银行或其他信贷机构根据资金必须归还的原则，按一定利率，为企业、个人等提供资金的一种信用活动形式。我国银行贷款分为短期贷款、委托及信托类贷款、其他类贷款等。

上市公司 指向社会公开发行股票且股票在交易所上市的公司。

股票市价总值 指上市股票在某一时点按市价与发行数量计算的总金额。

价格指数 指从生产者、购买者和市场的角度，分别反映不同时期货物和服务商品价格总水平变动趋势幅度的相对数。目前编制的价格指数主要有居民消费价格指数、商品零售价格指数、工业品出厂价格指数、固定资产投资价格指数、房地产价格指数、农产品生产价格指数等。

城镇居民家庭可支配收入 指被调查的城镇居民家庭成员得到的可用于最终消费支出和其他非义务性支出以及储蓄的总和，即居民家庭可以用来自由支配的的收入。它是家庭总收入扣除交纳的个人所得税、个人交纳的社会保障支出以及记账补贴后的收入。计算公式为：

城镇居民家庭可支配收入 = 家庭总收入 − 交纳所得税 − 个人交纳的社会保障支出 − 记账补贴

农民居民家庭纯收入 指农村住户当年从各个来源得到的总收入相应地扣除所发生的费用后的收入总和。计算公式为：

农村居民家庭纯收入 = 总收入 − 家庭经营费用支出 − 税费支出 − 生产性固定资产折旧 − 赠送农村外部亲友支出 − 记账补贴

恩格尔系数 指食品支出金额在生活消费总支出金额中所占的比例。计算公式为：

$$\text{恩格尔系数} = \frac{\text{食品支出金额}}{\text{生活消费总支出金额}} \times 100\%$$

贫困标准 是指可以满足一个家庭在食品、住房、衣着等方面最低需求的生活水平标准值。贫困标准由食物贫困标准和非食物贫困标准两部分组成。食物贫困标准是根据农村住户调查低收入组的食品消费清单，按每人每天必需的 2 100 大卡营养摄入标准的食品消费量，乘以对应的价格并进行求和计算得出的；非食物贫困标准是根据食品消费支出函数回归模型计算而得出的。

贫困发生率 也称贫困人口比重指数，是指生活水平低于贫困标准的人口数占总人口数的比重。

农作物播种面积 指实际播种或移植有农作物的面积。凡是实际种植农作物的面积，不论种植在耕地上还是种植在非耕地上，均包括在农作物播种面积中。在播种季节基本结束后，因遭灾而重新改种和补种的农作物面积，也包括在内。

建筑业总产值 是以货币形式表现的建筑业企业在一定时期内生产的建筑业产品和提供服务的总和。建筑业总产值包括：

1. 建筑工程产值：指列入建筑工程预算内的各种工程价值。

2. 安装工程产值：指设备安装工程价值，不包括被安装设备本身价值。

3. 其他产值：建筑业总产值中除建筑工程、安装工程以外的产值。包括房屋构筑物修理产值、非标准设备制造产值、总包企业向分包企业收取的管理费以及不能明确划分的施工活动所完成的产值。

劳务分包企业建筑业总产值指劳务分包企业与总承包企业或专业承包企业签定劳务分包合同后，从事建筑安装工程取得的所有劳务收入。

货（客）运量 指在一定时期内，各种运输工具实际运送的货物（旅客）数量。货运按吨计算，客运按人计算。货物不论运输距离长短、货物类别，均按实际重量统计。旅客不论行程远近或票价多少，均按一人一次客运量统计；半价票、小孩票也按一人统计。

邮电业务总量 是以价值量形式表现的邮电通信企业为社会提供各类邮电通信服务的总数量。邮电业务量按专业分类包括函件、包件、汇票、报刊发行、邮政快件、特快专递、邮政储蓄、集邮、传真、长途电话、出租电路、移动电话、分组交换数据通信、出租代维等。计算方法为各类产品乘以相应的平均单价（不变价）之和，再加上出租电路和设备、代用户维护电话交换机和线路等的服务收入。计算公式为：

邮电业务总量 = ∑（各类邮电业务量 × 不变单价）+ 出租代维及其他业务收入

= 邮政业务总量 + 电信业务总量

社会消费品零售总额 指批发和零售业、住宿和餐饮业以及其他行业直接售给城乡居民和社会集团的消费品零售额。其中，对居民的消费品零售额，是指售予城乡居民用于生活消费的商品金额；对社会集团的消费品零售额，是指售给机关、社会团体、部队、学校、企事业单位、居委会或村委会等，公款购买的用作非生产、非经营使用与公共消费的商品金额。社会消费品零售总额包括：售给城乡居民作为生活消费用的商品和修建房屋的建筑材料的金额，以及售给来华的外国人、华侨、港澳台同胞的消费品金额；售给社会集团用作非生产、非经营使用与公共消费的商品金额。

不包括：

－城市居民间或居民委托信托商店卖出的商品；

－售给农业、工业、建筑业等行业用于生产的商品。

小学学龄儿童净入学率 指调查范围内已入小学学习的学龄儿童占校内外学龄儿童总数（包括弱智儿童，不包括盲聋哑儿童）的比重。计算公式为：

$$\text{小学学龄儿童入学率} = \frac{\text{已入学的小学学龄儿童数}}{\text{校内外小学学龄儿童总数}} \times 10\%$$

研究与试验发展（R&D） 指在科学技术领域，为增加知识总量以及运用这些知识去创造新的应用而进行的系统的创造性的活动，包括基础研究、应用研究、试验发展三类活动。

城镇居民最低生活保障人数 指报告期末家庭平均收入在当地规定的最低生活保障线以下的城镇居民数。包括"三无"对象、失业人员和在职、下岗、退休人员等。

农村居民最低生活保障人数 指报告期末在建立农村最低生活保障制度的地区，得到当地政府或集体给予最低生活保障的农业人口数。

城镇社区服务设施数 指报告期末（街道办事处、居委会）设立的以非盈利为目的，为本社区居民服务，特别是为老年人、残疾人、儿童服务的社区服务中心、活动站、服务站、养老院、老年公寓（托老所），残疾人工疗站、残疾儿童日托所、家务服务站、婚姻介绍所等福利性设施以及职工社会保险管理服务的机构数。几种不同类型的社区服务单位，共用一个场所的，只能统计为一个社区服务设施。成为社区服务设施的条件：（1）是独立核算单位；（2）有固定的从业人员；（3）有一定的服务项目；（4）有一定的场所。

粗离婚率 指当年离婚对数占年平均人口的比重，计算公式为：

$$\text{粗离婚率} = \frac{\text{当年离婚对数}}{\text{年平均人口数}} \times 100\%$$

二氧化硫排放量 指工业二氧化硫排放量与生活及其他二氧化硫排放量之和。

工业固体废物排放量 指报告期内企业将所产生的固体废物排到固体废物污染防治设施、场所以外的数量，不包括矿山开采的剥离废石和掘进废石（煤矸石和呈酸性或碱性的废石除外）。

工业固体废物综合利用量 指报告期内企业通过回收、加工、循环、交换等方式，从固体废物中提取或者使其转化为可以利用的资源、能源和其他原材料的固体废物量（包括当年利用的往年工业固体废物贮存量）。如用做农业肥料、生产建筑材料、筑路等。

工业固体废物综合利用率 指工业固体废物综合利用量占固体废物产生量与综合利用往年贮存量之和的百分率。计算公式为：

$$\text{工业固体废物利用率} = \frac{\text{工业固体废物综合利用量}}{\text{工业固体废物产生量} + \text{综合利用往年贮存量}} \times 100\%$$

GREAT EVENTS OF ECONOMY AND ENTERPRISE DEVELOPMENT

经济与企业发展大事记

经济与企业发展大事记

2009 年

一月

▲1 月 1 日，《国务院关于修改〈中华人民共和国公路管理条例〉的决定》、《国务院关于修改〈中华人民共和国水路运输管理条例〉的决定》和《国务院关于修改〈中华人民共和国航道管理条例〉的决定》开始施行。

▲1 月 1 日，《中华人民共和国营业税暂行条例》、《中华人民共和国消费税暂行条例》、《中华人民共和国增值税暂行条例》、《中华人民共和国循环经济促进法》施行。

▲1 月 1 日，国务院决定实施成品油税费改革，取消原在成品油价外征收的公路养路费、航道养护费、公路运输管理费、公路客货运附加费、水路运输管理费、水运客货运附加费等六项收费，逐步有序取消政府还贷二级公路收费；同时，将价内征收的汽油消费税单位税额每升提高 0.8 元。即由每升 0.2 元提高到 1 元；柴油消费税单位税额每升提高 0.7 元，即由每升 0.1 元提高到 0.8 元；其他成品油消费税单位税额相应提高。

▲1 月 5 日，全国财政工作会议召开，会议强调，实施积极的财政政策，确保实现 2009 年经济增长目标。

▲1 月 7 日，中共中央办公厅转发《中国人才工作协调小组关于实施海外高层次人才引进计划的意见》，中央决定组织实施海外高层次人才引进计划。

▲1 月 7 日，国务院正式批复并同意由国土资源部组织实施《全国矿产资源规划（2008—2015 年）》。

▲1 月 7 日，国家工业和信息化部宣布，批准中国移动通信集团、中国电信集团公司和中国联合网络通信集团公司的第三代移动通信业务经营许可。

▲1 月 8 日，2009 年全国卫生工作会议召开，会议指出将着力做好深化医药卫生体制改革 5 项重点工作，3 年内基本实现城市社区卫生服务全覆盖。

▲1 月 8 日，《珠江三角洲地区改革发展规划纲要（2008—2020 年）》发布，为我国珠江三角洲地区的改革发展确定了探索科学发展模式实验区等五大战略定位。

▲1 月 9 日，国家最高科技奖评选结果揭晓。获得最高国家科学技术奖的是被称为中国神经外科事业的开拓者的中国工程院院士王忠诚，著名化学家、中国科学院院士徐光宪。

▲1 月 10 日，中国企业联合会、中国企业家协会在京召开 2009 全国企业诚信建设大会。会议主题为：改革创新，诚信兴企。

▲1 月 14 日，国务院常务会议审议并原则通过汽车产业和钢铁产业调整振兴规划。

▲1 月 14 日，经 168 小时满负荷试运行，福建晋江天然气发电有限公司 1 号机组 1 中午 12 时正式投用，每小时发电 40 多万千瓦时。该电厂是全国最大的燃气电厂，也是国内第一次采用自主设计、制造的燃气发电机组，具有高自动化、高环保性能等特点。

▲1 月 15 日，移动、联通统一收取短信费 0.1 元。

▲1 月 16 日，国家电网宣布，我国首个也是目前世界上运行电压最高、输送能力最大、代表国际输变电技术最高水平的特高压交流输变电工程，晋东南—南阳—荆门试验示范工程顺利通过试运行，正式投运。

▲1 月 16 日，我国拥有自主知识产权、世界功率最大的电力机车在湖南株洲下线。

▲1 月 20 日，海峡两岸旅游交流协会授权公告，河北等 12 省（自治区）成为大陆居民赴台旅游第二批开放区域。

▲1 月 21 日，国务院常务会议审议并原则通过《关于深化医药卫生体制改革的意见》和《2009—2011 年深化医药卫生体制改革实施方案》。

▲1 月 27 日，中国第三个南极科学考察站昆仑站在南极内陆冰盖的最高点冰穹 A 地区落成，成为南极海拔最高的科学考察站。

▲1 月 29 日，第五届中德经济技术合作论坛在柏林开幕，两国总理共同出席，温家宝发表演讲。

▲1 月 31 日，商务部发布监测数据，春节期间全国实现消费品零售总额 2 900 亿元，同比增长 13.8%。

二月

▲2 月 1 日，中央政府启动部署又一轮 1 300 亿元的中央投资计划。初步安排是，中央项目 350 亿元，分配给地方额度 950 亿元。其中，保障性住房建设 280 亿元，农村“水电路气房”建设 315 亿元，重大基础设施建设 275 亿元，卫生教育重点项目 170 亿元，环境保护工程 110 亿元，结构调整 150 亿元。

▲2 月 2 日，国务院在南京召开服务外包座谈会，会议通报了国务院办公厅 1 月 15 日下发的《关于促进服务外包产业发展问题的复函》，批准北京等 20 个城市为服务外包示范城市。

▲2 月 3 日，国家能源局成立以来的第一次全国能源工作会议在京召开，指出 2009 年能源工作将围绕 8 项重点展开。

▲2 月 4 日，国务院常务会议审议并原则通过纺织工业和装备制造业调整振兴规划。

▲2 月 5 日，国家人力资源社会保障部针对《农民工参加基本养老保险办法》和《城镇企业职工基本养老

保险关系转移接续暂行办法》面向社会公开征求意见。

▲2月7日，西气东输二线东段工程宣布开工。

▲2月10日，中国政府网公布《国务院关于做好当前经济形势下就业工作的通知》，《通知》要求紧密结合实施扩大内需促进经济增长的措施，千方百计扩大就业。

▲2月11日，国务院常务会议审议并原则通过船舶工业调整振兴规划和《中华人民共和国抗旱条例（草案）》，听取2010年上海世界博览会筹办情况汇报。

▲2月15日，中国企业联合会、中国企业家协会主办的“青岛港应对‘危机’科学实践与《常德传论国企》管理模式高层研讨会”在京举行。

▲2月16日，国家广电总局、工商总局、卫生部、食品药品监管局、中医药局联合下发通知，禁止聘请不具备执业资质的人士担当医疗、健康类节目的嘉宾，严禁演员和社会名人主持医疗、健康类节目。

▲2月17日，国家财政部、科技部、发改委、工业和信息化部联合在北京召开节能与新能源汽车示范推广试点会议，会议决定北京等13城市开展试点并将获中央和地方财政补贴。

▲2月18日，国务院常务会议审议并原则通过《电子信息产业调整振兴规划》和《西藏生态安全屏障保护与建设规划》。

▲2月18日，为规范地方政府债券收支预算管理，财政部制定并下发了《2009年地方政府债券预算管理办法》。

▲2月19日，国务院常务会议审议并原则通过轻工业和石化产业调整振兴规划，决定进一步加大“家电下乡”政策实施力度。

▲2月20日，中国银监会发布通知，鼓励各银行业金融机构创新还款方式，解决小企业融资难。

▲2月22日，继两大航空公司分获国务院国资委注资后，国家电网、南方电网、中国华能等5家电力企业也已获得126.7亿元国有资本经营预算资金，主要用于受灾地区中央电力企业恢复生产。

▲2月19日，国务院国资委发出通知，要求做好国有资本经营预算执行的组织和监督工作，并表示国务院国资委将建立中央企业资本预算执行监督制度。

▲2月25日，国务院常务会议审议并原则通过有色金属产业和物流业调整振兴规划，研究部署发挥科技支撑作用促进经济平稳较快发展。

▲2月28日，十一届全国人大常委会第七次会议在京闭会，表决通过食品安全法、刑法修正案（七）和修订后的保险法，胡锦涛签署主席令予以公布。

三月

▲3月1日，北京时间16时13分10秒，嫦娥一号卫星在北京航天飞行控制中心科技人员的精确控制下，准确落于月球东经52.36度、南纬1.5度的预定撞击点。

▲3月1—2日，中国女企业家协会2009年会暨“2008光辉之星表彰大会”在京举行。

▲3月2日，国务院国资委消息，2008年，尽管遭受自然灾害、金融危机和政策性减利等多重因素影响，中央企业总体仍保持了平稳发展，实现利润6 652.9亿元。

▲3月3日，三峡右岸机组全部实现首稳百日，其中8台是拥有完全自主知识产权的国产化机组。这表明，我国大型水电机组设计制造已达到世界先进水平。

▲3月4日，全国首个大学生科学就业与创业示范基地将在山东省文登市开工建设。该基地计划总投资120亿元，建设用地约为2 000亩。据了解，该基地以电子信息、新材料、新能源、环保节能等高科技产业为主要方向，将采用“银企结合、银校结合、校企结合”等多元化合作方式进行建设。

▲3月9日，财政部消息，为缓解中小企业融资难问题，鼓励担保机构开展中小企业贷款担保业务，中央财政下达了10亿元中小企业信用担保业务补助资金，资助330家符合条件的信用担保机构。

▲3月12日，商务部发布《关于下放外商投资举办投资性公司审批权限的通知》。

▲3月13日，国土资源部消息，2009年以来，国务院批准建设项目用地384件，批准用地面积102 621.6公顷。目前扩大内需建设项目落地有保障，但用地需求压力依然很大。

▲3月13日，中国人民银行公布的《2008年国际金融市场报告》指出，2008年中国国际收支总体状况良好，初步估计，全年经常项目顺差4 400亿美元。

▲3月16日，商务部发布《境外投资管理办法》。与现行规定相比，办法仅保留了商务部对少数重大境外投资的核准权限。该办法将于2009年5月1日实施。

▲3月20日，国务院办公厅公布了《钢铁产业调整和振兴规划》和《汽车产业调整和振兴规划》。

▲3月20日，中共中央政治局常委、国务院总理温家宝到辽宁省就企业生产经营问题进行调查研究。

▲3月22日，财政部下发了《金融企业国有资产转让管理办法》，自2009年5月1日起施行。

▲3月24日，福建省委、省政府召开福建省表彰突出贡献企业家暨纪念企业“松绑放权”25周年大会。36位为福建经济做出突出贡献的企业家收到表彰，每人获得一辆价值36万元的克莱斯特大捷龙商务车；25年前在全国率先呼吁为企业“松绑放权”的厂长（经理）获得“企业改革先行纪念章”。

▲3月24日，国家发改委宣布，鉴于近期国际市场价格持续上升，根据完善后的成品油价格形成机制，自3月25日零时起将汽、柴油价格每吨分别提高290元和180元。

▲3月25日，国务院常务会议审议并原则通过关于推进上海加快发展现代服务业和先进制造业、建设国际金融中心和国际航运中心的意见，决定提高部分产品出口退税率。

▲3月25—26日，国家发改委在西安召开全国发展改革系统资源节约和环境保护工作会议，会议研究部署了2009年资源节约和环境保护工作。

▲3月26—27日，国家发改委在长沙召开2009年全国经济体制改革工作会议，会议指出，2009年我国重点围绕扩内需、保增长、调结构、重民生四方面推进经济体制改革工作。

▲3月27日，财政部公布，将从

4月1日起对3 802则税号的商品提高出口退税率，涉及纺织品、服装、轻工、电子信息、钢铁、有色金属和石化等商品，其中，部分钢材、纺织产品的出口退税率调整为13.0%和16.0%。

▲3月28日，2009年全国企业管理创新大会在京召开，国家电网公司创造的“大型电网企业全面社会责任管理”等155项国家级企业管理创新成果的创造单位和个人受到表彰。

▲3月28日，“地球一小时”熄灯接力活动在全球举办。

▲3月30日，国土资源部正式对外公布《2008年国土资源公报》，《公报》显示我国耕地净减少速度放缓。

▲3月31日，由《中国企业报》主办的“2009跨国公司责任研讨会”在京召开。

四月

▲4月1日，国务院常务会议决定正式启动全国中小学校舍安全工程，听取对中央企业监督检查及国有企业监事会工作情况的汇报，讨论并原则通过《中华人民共和国保守国家秘密法（修订草案）》，审议并原则通过《民用机场管理条例（草案）》。

▲4月1日，国家电监会发出《关于扎实做好电解铝企业直购电试点工作的通知》，明确了15家电解铝企业直供试点工作的责任分工。

▲4月2日，国家人力资源和社会保障部、教育部、国务院国资委、共青团等7部门联合下发通知，实施“三年百万”高校毕业生见习计划。

▲4月5日，第十三届中国西部合作与投资贸易洽谈会在西安开幕，本届洽谈会主题为“开放合作，扩大内需，科学发展”。

▲4月7日，中共中央、国务院发布《关于深化医药卫生体制改革的意见》。

▲4月8日，国务院常务会议决定，在上海和广州、深圳、珠海、东莞开展跨境贸易人民币结算试点，标志着人民币结算由此前仅限于边贸领域开始向一般国际贸易拓展。

▲4月8日，中国质协第八届六次常务理事会暨2009年全国质协系统秘书长工作会议在京召开。

▲4月10日，全国深化医药卫生体制改革工作会议在京召开。

▲4月10日，财政部等7部委推出与成品油价格联动的油价补贴机制，完善对种粮农民、部分困难群体和公益性行业的油价补贴。当国家确定的汽油出厂价高于4 400元/吨、柴油高于3 870元/吨时，将启动油价补贴机制；当国家确定的成品油出厂价低于以上价格时，会停止油价补贴。

▲4月11日，中国人民银行发布数据，3月份人民币贷款延续前几个月高增态势，当月增加18 900亿元，同比增多16 100亿元。

▲4月12日，全国水土保持工作会议召开，会议表示，我国10年治理水土流失48万平方公里，1.5亿人直接受益。

▲4月13日，财政部公布数据，一季度全国财政收入累计14 642.1亿元，同比下降8.3%，其中3月份全国财政收入4 402.2亿元，同比下降0.3%。

▲4月15日，财政部消息，中央拨付首笔医改资金198亿元，用于新型农村合作医疗补助。

▲4月15日，中国企联可持续发展工商理事会在京举办第五届可持续发展新趋势报告会。

▲4月15日，商务部发布数据，一季度全国进出口4 287.4亿美元，下降24.9%，其中出口2 455.4亿美元，下降19.0%，进口1 832亿美元，下降30.9%。

▲4月18日，由国家环保部、全国工商联、中国光彩事业促进会、中国企联和湖南省人民政府共同主办，联合国开发计划署、联合国环境规划署和联合国全球契约办公室协办的2009资源节约、环境友好国际合作高层论坛在湖南长沙举行。

▲4月21日，国务院下发《国务院关于扶持和促进中医药事业发展的若干意见》。

▲4月22日，国务院常务会议研究部署当前应对国际金融危机，稳定农业发展促进农民增收的政策措施，审议并原则通过《彩票管理条例（草案）》。

▲4月22日，国家人力资源和社会保障部、中华全国总工会、中国企业联合会及国际劳工组织北京局在京举办了国际劳工组织成立90周年纪念座谈会。会议以“应对金融危机，促进体面劳动”为主题。

▲4月23日，中国银监会发布了《中国农业银行三农金融事业部制改革与监管指引》，探索商业银行服务“三农”新路。

▲4月24日，国务院法制办公室全文公布《中华人民共和国食品安全法实施条例（草案）》，征求社会各界意见。

▲4月24日，国家外汇管理局公布了2008年我国国际收支平衡表。统计显示，2008年我国国际收支经常项目、资本和金融项目呈现“双顺差”，国际储备继续增长。

▲4月25—26日，第八届全国报刊年会暨金融危机下企业对策研讨会在无锡举行。

▲4月26日，主题为“创新、合作、共赢、崛起”的第四届中国中部投资贸易博览会在安徽合肥开幕，共吸引客商1.6万多名。

▲4月28日，胡锦涛就做好我国防范人感染甲型H1N1流感疫情工作作出重要指示，强调要坚持以人为本，积极应对，科学处置，以确保人民群众身体健康和生命安全。

▲4月29日，国务院常务会议讨论并原则通过《关于2009年深化经济体制改革工作的意见》，决定调整固定资产投资项目资本金比例，审议并原则通过《流动人口计划生育工作条例（草案）》。

▲4月29日，国家发改委消息，2008年四季度以来，国家安排节能减排生态建设和环境保护投资230亿元，占新增中央投资的10.0%。

五月

▲5月4日，国务院常务会议讨论并原则通过《关于支持福建省加快建设海峡西岸经济区的若干意见》。

▲5月4日，国家发改委相关负责人表示，2009年节能减排确定8项重点工作。

▲5月5日，国务院常务会议听取前一阶段甲型H1N1流感防控工作汇报，研究部署进一步防控措施。

▲5月5日，财政部、科技部联合公布《2009年度农业科技成果转化

资金项目申报指南》，我国将加大农业科技成果转化支持力度。

▲5月6日，国务院常务会议研究企业技术改造工作，部署进一步解决关闭破产国有企业退休人员等医疗保障问题。

▲5月6日，中国政府网公布了《国务院关于开展第六次全国人口普查的通知》。人口普查的标准时点是2010年11月1日零时。

▲5月8日，国家发改委发布《石油价格管理办法（试行)》，石油价格管理办法首次正式披露。

▲5月12日，中国银监会发布《消费金融公司试点管理办法（征求意见稿)》，向社会各界公开征求意见，拟规定注册资本最低限额为3亿元。

▲5月12日，中国首个防灾减灾日，以纪念汶川大地震一周年。

▲5月13日，国土资源部下发了《关于切实落实保障性安居工程用地的通知》，要求确保保障性住房用地需求。

▲5月15日，商务部公布最新数据，2008年中国服务贸易进出口总额3 044.5亿美元，同比增长21.3%，远高于世界平均水平。

▲5月16日，全国农村水电工作会议表示，2009年将全面启动小水电代燃料工程建设。

▲5月17日，商务部、国务院台办正式发布《关于大陆企业赴台湾地区投资或设立非企业法人有关事项的通知》，并于同日起开始实施。

▲5月17日，中国联通正式公布3G全业务品牌名称，并决定正式开通WCDMA业务。

▲5月18日，国务院在中国政府网全文公布《轻工业调整和振兴规划》、《石化产业调整和振兴规划》。

▲5月18日，审计署发布2009年第3号审计结果公告，公布了关于中央保持经济平稳较快发展政策贯彻落实的审计情况。

▲5月19日，国务院常务会议研究部署鼓励汽车、家电“以旧换新”政策实施。

▲5月19日，中国银监会发布《固定资产贷款管理暂行办法（征求意见稿)》，向社会各界公开征求意见。

▲5月20日，经国务院同意，财政部、国家发改委正式启动实施“节能产品惠民工程”。

▲5月21日，四川举行新闻发布会，通报国务院已正式批复《成都市统筹城乡综合配套改革试验总体方案》，允许成都市在九大方面先行先试。

▲5月25日，中国政府网公布了《国务院批转发展改革委关于2009年深化经济体制改革工作意见的通知》。

▲5月25—26日，国家发改委等相关部门在贵州省毕节地区召开全国岩溶地区石漠化综合治理工程第一次省部联席会议。

▲5月26日，国家发改委、工业和信息化部、监察部等8部委联合下发《关于印发贯彻落实扩大内需促进经济增长决策部署进一步加强工程建设招标投标监管工作意见的通知》，强调政府投资项目属于政府采购，应当采购本国产品。

▲5月30日，教育部消息，2008年全国中等职业学校平均就业率达到95.8%，社会对于高技能人才、应用型人才的需求非常强烈。

▲5月31日，国家质检总局在北京召开座谈会，通报贯彻实施《食品安全法》准备情况。

六月

▲6月1日，餐饮服务许可证正式启用。

▲6月1日，国务院批准公布《促进扩大内需，鼓励汽车、家电“以旧换新”》实施方案。

▲6月2日，《2009—2011年廉租住房保障规划》出台，总体目标是争取用3年时间，基本解决747万户现有城市低收入住房困难家庭的住房问题。

▲6月3日，国家统计局、国家发改委、国家能源局发布公报：2008年全国单位GDP能耗下降4.6%。

▲6月3日，国务院常务会议研究部署进一步加强就业工作的措施。要求全面完成2009年就业工作目标任务。

▲6月5日，国家应对气候变化领导小组暨国务院节能减排工作领导小组会议在北京召开。

▲6月5日，环境保护部在世界环境日公布《2008年中国环境状况公报》，《公报》显示，我国节能减排工作取得重要进展。

▲6月6日，由中国生产力学会、中国市场学会、中国企业报社共同主办，CCTV-2《中国财经报道》协办的“首届中国企业创新活动日暨2009（第九届）中国企业创新论坛”在人民大会堂举行。各主办机构的领导，著名专家学者以及来自全国各地的企业家与全国高等院校的负责人、跨国公司代表、新闻媒体记者约500余人出席。

▲6月7日，首都企业家俱乐部在京召开第八届理事会，选举了新一届理事会领导成员。

▲6月7—8日，由中国企联、美国《商业周刊》、天津市政府、天津市政协联合主办的“首届全球绿色经济峰会”在津举行。会议以“绿色经济：推动未来全球复苏的契机”为主题，通过了《全球绿色经济峰会天津宣言》。

▲6月10日，国务院常务会议讨论并原则通过《江苏沿海地区发展规划》和《关于进一步繁荣发展少数民族文化事业的若干意见》。

▲6月10日，国家发改委、财政部联合下达2009年财政补贴高效照明产品推广任务，中央财政将补贴6亿元推广1.2亿只节能灯。

▲6月10日，中国环境与发展国际合作委员会和世界自然基金会（WWF）共同发布了《中国生态足迹报告》，表明在中国推行低碳生活方式、推进低碳经济发展形势紧迫。

▲6月11日，国务院国资委宣布现任中国建筑材料集团公司董事长宋志平同时担任中国医药集团有限公司外部董事、董事长职务。这一任命意味着中央企业董事会试点的改革进一步深化，董事职业化进程又向前迈进了一步。

▲6月15日，国家民政部、财政部、人力资源社会保障部、卫生部出台了《关于进一步完善城乡医疗救助制度的意见》。

▲6月17日，卫生部出台《社区甲型H1N1流感暴发流行控制工作方案（试行)》。

▲6月17日，铁道部公布2009年

调整列车运行图暨暑期临客运行图方案。根据计划，7月1日—8月31日预计发送旅客3.1亿人次。

▲6月22日，我国自2009年7月1日起取消部分粮以及工业品的出口暂定关税，对化肥及化肥原料的出口关税行调整。

▲6月22—23日，新中国立60年来中央召开的首次林业工作会议在北京举行，研究新形势下林业改革发展问题，全面部署推进集体林权制度改革工作，推动我国林业又好又快发展。

▲6月23日，民政部在京举行"全国性行业协会商会评估授牌大会"，首批被授予3A以上评估等级的单位共有84家，其中，5A级的单位有13家，4A级的单位有30家，3A级的单位有41家。

▲6月24日，国务院常务会议研究部署开展新型农村社会养老保险试点，讨论并原则通过《横琴总体发展规划》。

▲6月25日，中国企业联合会、中国企业家协会和重庆市人民政府共同主办的统筹城乡企业改革创新论坛暨第六届（2009）中国管理咨询高峰会在重庆召开。

▲6月25日，经国务院批准，农业部和国家发改委联合印发《保护性耕作工程建设规划（2009—2015年)》。

▲6月26日，财政部公布中央政府公共投资预算安排情况，2008年四季度至2010年新增40 000亿元扩大内需投资中，新增中央政府公共投资11 800亿元。

▲6月27日，十一届全国人大常委会第九次会议在人民大会堂闭幕，表决通过农村土地承包经营纠纷调解仲裁法、修订后的统计法和关于废止部分法律的决定，胡锦涛签署主席令予以公布。

七月

▲7月1日，国务院常务会议部署2008年度中央预算执行审计查出问题的整改工作，讨论并原则通过《辽宁沿海经济带发展规划》。

▲7月1日，为加强土地复垦工作，珍惜和合理利用土地，国务院法制办公室对外公布了《土地复垦条例（征求意见稿)》，公开征求社会各界意见。

▲7月1日，由中国人民银行、财政部、商务部、海关总署、税务总局、银监会共同制定的《跨境贸易人民币结算试点管理办法》正式对外公布。

▲7月2日，全球智库峰会在北京隆重举行。这是中国国际交流中心成立后首次举办的大型国际智库峰会，是政、企、民、学应对全球金融危机的一次思想交流盛会。

▲7月2日，财政部等7部门联合印发了《家电以旧换新实施办法》。

▲7月3日，国家电力调度通信中心提供最新数据，6月份我国发电量实现转"负"为"正"，同比增幅达到3.6%。

▲7月4日，中国国际商会、中国欧盟商会、中国日本商会和中国韩国商会在北京签署反对贸易和投资保护主义倡议书。

▲7月5日，财政部等5部委联合出台了《关于完善政府卫生投入政策的意见》，贯彻落实医改意见和实施方案。

▲7月6日，中国银行正式启动首笔跨境贸易人民币结算业务，这意味着人民币在国际贸易结算中的地位将从计价货币提升至结算货币，我国跨境贸易人民币结算业务即将进入实质运作阶段。

▲7月8日，国务院常务会议部署深化医药卫生体制改革工作，审议并原则通过《中华人民共和国食品安全法实施条例（草案)》。

▲7月8日，美国《财富》杂志公布了全球500强企业排行榜，江苏沙钢集团凭借2008年销售额1 452亿元、利税148亿元的业绩，首次跻身世界企业500强，排名第444位，成为中国内地唯一一家入围世界企业500强的民营企业。

▲7月9日，财政部发布《关于推进省直接管理县财政改革的意见》，明确提出了省直接管理县财政改革的总体目标。

▲7月10日，海关总署发布数据，2009年上半年我国进出口总值9 461.2亿美元，同比下降23.5%，其中出口5 215.3亿美元，同比下降21.8%。

▲7月13日，国家财政部发布数据，上半年全国累计财政收入33 976.1亿元，同比下降2.4%，其中6月份收入6 867.5亿元，同比增长19.6%。

▲7月13日，10时许，世界首台首套3.6万吨垂直挤压机在中国兵器北方重工公司成功试投产。

▲7月14日，国务院国资委发出通知，要求中央企业结合国家中长期发展规划编制周期，开展"十二五"规划编制工作。

▲7月14日，科技部、财政部、教育部、国务院国资委、总工会、国家开发银行6部委，联合召开技术创新工程实施视频会议，中共中央政治局委员、国务委员刘延东出席会议并作重要讲话。

▲7月16日，国家统计局发布数据，经初步核算，我国上半年国内生产总值139 862亿元，同比增长7.1%，比一季度加快1.0个百分点。

▲7月16日，国家财政部公布数据，上半年国企累计实现营业收入97 941.8亿元，同比下降5.9%，但6月份环比增长19.7%。

▲7月17日，国务院批复同意成立以住房城乡建设部为牵头单位的保障性安居工程协调小组。

▲7月20日，国务院总理温家宝签署第557号国务院令，公布《中华人民共和国食品安全卫生法实施条例》，《条例》自公布之日起实施。

▲7月22日，国务院常务会议讨论并原则通过《文化产业振兴规划》。

▲7月23日，中国银监会重申，银监会二套房贷政策没有调整，始终要求商业银行坚持执行40.0%及以上的首付比例。

▲7月23日，中共中央政治局召开会议，决定召开十七届四中全会，讨论研究当前经济形势和经济工作，中共中央总书记胡锦涛主持会议。

▲7月24日，国家人力资源和社会保障部发布消息，上半年全国城镇新增就业569万人，完成全年900万人目标的63.0%。

▲7月24日，国家人力资源和社会保障部等部门发布《关于开展城镇居民基本医疗保险门诊统筹的指导意见》和《关于进一步加强基本医疗保险基金管理的指导意见》，门诊小病

医疗费用将纳入医保基金支付范围。

▲7月24日，国家发改委与联合国开发计划署、全球环境基金在北京签署“中国逐步淘汰白炽灯、加快推广节能灯”项目合作协议，这标志着中国绿色照明国际合作进入新的阶段。

▲7月27日，为确保固定资产贷款资金真正用于实体经济，银监会正式发布《固定资产贷款管理暂行办法》。

▲7月27日，中国保监会召开保险业打击“三假”工作视频会议，全面部署打击假保险机构、假保单和假赔案等违法犯罪行为。

▲7月31日，中国企业联合会、中国企业家协会会长王忠禹会见了来自台湾的以“中华两岸企业发展协进会”荣誉理事长赵守博为团长的考察团一行。王忠禹向台湾客人介绍了中国企联的发展历史、主要职能和重点活动，并就企联在为政府和企业提供有效服务、发挥桥梁纽带作用，在促进经济与企业发展和协调劳动关系方面的地位与作用等情况作了详细阐述。

▲7月31日，国家能源局消息，截至目前，我国已关停小火电5 400万千瓦，提前1.5年完成“十一五”期间关停5 000万千瓦小火电任务。

八月

▲8月1日，四川成渝高速公路股份有限公司5 000万国有股已顺利划转至全国社保基金名下，标志着首例境内国有股划转社保基金已完成。

▲8月3日，国家财政部宣布，目前已拨付资金7 500万元，用于乳制品企业收购原料奶贷款贴息。

▲8月5日，中国人民银行发布《中国货币政策执行报告（2009年第二季度）》，货币政策将注重市场化手段动态微调。

▲8月6日，以“共建中国—东盟新增长极—拓展合作 化危为机”为主题的2009年泛北部湾经济合作论坛在南宁开幕。

▲8月7日，国务院新闻办公室举行新闻发布会，国家发改委、财政部和人民银行有关负责人表示宏观政策取向不变，调控重点将更加突出。

▲8月8日，中国第一个全民健身日，为纪念2008年北京奥运会，把8月8日设为全民健身日。

▲8月11日，国家财政部宣布，向遭受本年第8号台风“莫拉克”袭击的福建、浙江两省紧急拨付补助资金1.02亿元，以帮助两省开展抗灾救灾工作。

▲8月12日，国务院常务会议研究部署应对气候变化有关工作，审议并原则通过《规划环境影响评价条例（草案）》。

▲8月13日，新华社消息，2009年报国务院批准城市建设用地审批工作目前全部完成，经济适用房、廉租房和中低价位、中小套型普通商品房等民生类住房占居住用地面积的81.1%。

▲8月13日，中国银监会正式发布《消费金融公司试点管理办法》，启动消费金融公司试点审批工作。

▲8月15日，国务院办公厅发布《关于进一步推进三北防护林体系建设的意见》。

▲8月16日，全国电力工作会议召开，会议指出，截至目前，我国电力装机容量突破8亿千瓦。

▲8月18日，全国新型农村社会养老保险试点工作会议在京召开，国务院总理温家宝在会上指出，开展新型农村社会养老保险试点是中央一项重大惠农政策。

▲8月18日，国务院深化医药卫生体制改革领导小组办公室召开电视电话会议，正式启动和部署国家基本药物制度工作。

▲8月19日，国务院常务会议研究部署促进中小企业发展，审议并原则通过《外国企业或者个人在中国境内设立合伙企业管理办法（草案）》。

▲8月20日，国务院西部地区开发领导小组会议讨论并原则通过《关于应对国际金融危机保持西部地区经济平稳较快发展的意见》。

▲8月26日，国务院常务会议研究部署抑制部分行业产能过剩和重复建设。

▲8月26日，人民银行发布《2009年7月份金融市场运行情况》，《情况》显示银行间市场债券发行量继续增加，前7个月市场流动性总体充足。

▲8月28日，国家财政部印发了《中央级事业单位国有资产使用管理暂行办法》，从6个方面进一步加强中央级事业单位国有资产使用管理，并强调严格控制货币性资金对外投资。

九月

▲9月2日，国务院常务会议决定在公共卫生与基层医疗卫生事业单位和其他事业单位实施绩效工资。

▲9月2日，经全国哲学社会科学规划领导小组批准，全国哲学社会科学规划办公室发布《2009年度国家社科基金重大项目招标公告》，投标截止日期为2009年11月10日。

▲9月3日，北京科兴生物制品有限公司生产的甲型H1N1流感病毒裂解疫苗获得国家食品药品监管局颁发的药品批准文号，成为全球首支获得生产批号的甲型H1N1流感疫苗。

▲9月4日，国家财政部、发改委、工业和信息化部、海关总署、税务总局和能源局联合发布通知，对重大技术装备进口税收政策作出调整。

▲9月5—7日，中国企业联合会、中国企业家协会主办的“2009中国企业500强发布暨中国大企业高峰会”在浙江省杭州市召开。中国石化位居榜首，入围门槛从上年的93.1亿元上升为105.4亿元，首次突破百亿元大关。而且，中国企业500强在世界企业500强中的比重继续攀升，收入利润率等绩效指标首次超过世界及美国500强。

▲9月7日，国务院常务会议研究部署做好秋季甲型H1N1流感防控工作。

▲9月8—9日，全国退耕还林工程建设10周年总结大会在陕西吴起县召开，会议指出，1999—2008年，中国累计实施退耕还林4亿亩。

▲9月8—11日，第十三届中国国际投资贸易洽谈会在福建厦门召开。

▲9月9日，国务院公布《防治船舶污染海洋环境管理条例》，自2010年3月1日起施行。

▲9月10日，世界经济论坛第三届新领军者年会（2009年大连夏季达沃斯年会）在大连世界博览广场开幕，国务院总理温家宝出席开幕式并致辞。

▲9月10日，国家财政部、民政部紧急下拨中央救灾资金8 600万元，

帮助湖南、广西、贵州、广东等省份开展救灾工作。

▲9月11日，新闻出版总署表示，148家中央各部门各单位出版社2009年和2010年分批转制名单已确定。列入第一批转制名单的出版社101家，要求2009年年底前完成转制；列入第二批转制名单的出版社47家，要求2010年年底前完成转制。

▲9月12日，重点国有林区棚户区改造工作会议在吉林省松江河林业局召开。

▲9月13日，商务部依照我国法律和世贸组织规则，对原产于美国的部分进口汽车产品启动了反补贴立案审查程序，对原产于美国的进口肉鸡产品启动了反倾销和反补贴立案审查程序。

▲9月14日，审计署公布汶川地震灾后恢复重建76个重点项目阶段性跟踪审计结果，显示上述项目的资金使用和建设管理情况总体是好的，没有发现重大违法违规问题。

▲9月14日，中国政府正式就美国限制中国轮胎进口的特殊保障措施启动了世贸组织争端解决程序。

▲9月16日，经国务院同意，国家人力资源和社会保障部会同中央组织部、监察部、财政部、审计署、国资委等单位，联合下发了《关于进一步规范中央企业负责人薪酬管理的指导意见》，以建立健全中央企业负责人收入分配的激励和约束机制。

▲9月19日，以“六十华诞、责任中国”为主题的“2009中国企业社会责任研讨会”在北京成功召开。会议不仅首次发布了“2009中国企业社会责任榜”100强榜单，还揭晓了15个履行社会责任“优秀案例”和15个社会责任“缺失案例”，在社会上引起强烈反响。

▲9月20日，上午首都各界代表900多人在全国政协礼堂隆重集会，庆祝中国人民政治协商会议成立60周年。中共中央总书记、国家主席、中央军委主席胡锦涛出席大会并发表重要讲话。

▲9月21—25日，胡锦涛在美出席联合国气候变化峰会、第64届联合国大会、核不扩散与裁军峰会、G20峰会。

▲9月22日，《国务院关于进一步促进中小企业发展的若干意见》发布。

▲9月23日，国务院常务会议讨论并原则通过《促进中部地区崛起规划》。

▲9月26日，国务院常务会议讨论并原则通过《文化产业振兴规划》。

▲9月27日，新华社受权全文播发了《中共中央关于加强和改进新形势下党的建设若干重大问题的决定》。

▲9月28日，国务院常务会议部署做好国庆节期间有关工作，审议并原则通过了《保安服务管理条例（草案）》。

▲9月30日，中央政府60亿元人民币国债今天开始在香港公开发行。

▲9月30日，国家邮政局发布关于申请快递业务经营许可的公告。

十月

▲10月1日，庆祝中华人民共和国成立60周年大会在北京天安门广场隆重举行。中共中央总书记、国家主席、中央军委主席胡锦涛检阅了44个精神抖擞、装备精良的地面方队后，在天安门城楼上发表重要讲话。

▲10月1日《中华人民共和国邮政法》和新修订的《中华人民共和国保险法》正式开始施行。

▲10月1日，《全民健身条例》施行。

▲10月9日，国务院召开全国粮食清仓查库工作总结电视电话会议，国务院副总理李克强出席会议并讲话。

▲10月10日，国务院国资委发出通知，要求中央企业做好2010年度财务预算编制工作，加强对债务、投资、金融衍生业务等重大事项的预算控制，努力提升企业运行质量。

▲10月10日，国家外汇管理局发布了《合格境外机构投资者境内证券投资外汇管理规定》和《国家外汇管理局关于基金管理公司和证券公司境外证券投资外汇管理有关问题的通知》。

▲10月11日，国家财政部印发了《金融控股公司财务管理若干规定》，规定金融控股公司应当保持债务规模和期限结构合理适当，资产负债率原则上应当保持在60.0%以下。

▲10月12日，国家发改委等6部门联合公布《半导体照明节能产业发展意见》，提出“到2015年，半导体照明节能产业产值年均增长率在30.0%左右；产品市场占有率逐年提高，功能性照明达到20.0%左右，液晶背光源达到50.0%以上，景观装饰等产品市场占有率达到70.0%以上”等目标。

▲10月13日，国家发改委发布公告，北京等26个省、自治区、直辖市在2008年各地区节能目标责任评价考核中被评为超额完成等级和完成等级。

▲10月13日，国家发改委消息，国家决定2010年继续在小麦和稻谷主产区实行最低收购价政策，适当提高最低收购价水平，其中白小麦每50公斤比2009年提高3元。

▲10月14日，为落实国家确定的发展新能源汽车的目标，国内前10位整车企业签署《电动汽车发展共同行动纲要》。第106届广交会开幕。

▲10月15日，国家外汇管理局发布《境内企业内部成员外汇资金集中运营管理规定》，该规定自2009年11月1日起开始实施。

▲10月15日，国家能源局发布数据，9月份全国全社会用电量约3 224.1亿千瓦时，同比增长10.2%，增幅比8月份上升2个百分点，继续保持回暖态势。

▲10月16日，第十届中国西部国际博览会暨第二届中国西部国际合作论坛上午在成都开幕，国务院总理温家宝出席并讲话。

▲10月16日，住房和城乡建设部等7部门联合发出《关于利用住房公积金贷款支持保障性住房建设试点工作的实施意见》，对试点目标原则、职工权益保障、资金使用方向、贷款风险防范、工程建设质量等方面做出了明确规定。

▲10月16—23日，中华人民共和国第十一届运动会在山东省济南市举行。

▲10月19日，国家发改委等10部门联合发布抑制部分行业产能过剩和重复建设、引导产业健康发展的政策信息，钢铁、水泥、平板玻璃、煤化工、多晶硅和风电设备成为调控重点。对钢铁、水泥、平板玻璃、煤化工、多晶硅和风电设备等产能过剩行

业，国家有关部门将原则上不再批准扩大产能的项目。

▲10月21日，国务院正式批复同意天津市调整滨海新区行政区划，标志着滨海新区行政管理体制改革全面启动。

▲10月26日，国务院国资委发布消息，经国务院批准，又有3家央企被重组，使得国资委履行出资人职责的企业由135户调整为132户。

▲10月26日，美国众议院在众议长佩洛西的主持下通过一项决议案，表彰中国远洋运输集团总裁魏家福对美国经济以及就业的贡献，并称赞他是美国人民心中真正的“民间大使”。这是美国国会首次通过此类表彰决议向中国商业领袖致敬，此议案将永久记录在美国众议院档案中，成为美国历史的一部分。

十一月

▲11月2日，工业和信息化部部长李毅中在“2009中国互联网大会”上表示，我国工业经济已经度过了最艰难的时期，企稳向好的局面逐渐得到了确立。预计第四季度规模以上工业增加值可达到15.0%～16.0%。中国经济尽管率先复苏，但若要保持持续发展，则必须改变粗放式发展模式，更加重视结构调整和优化。

▲11月2—3日，由中国女企业家协会、美中女企业家联盟共同主办的第十届《优秀女企业家国际论坛》在北京举行。

▲11月3日，国务院总理温家宝在人民大会堂向首都科技界发表了题为《让科技引领中国可持续发展》的讲话。

▲11月3日，国务院国资委召开中央企业社会责任工作会议。国务院国资委主任李荣融要求中央企业以这次会议为新起点，从战略的高度认识企业社会责任，健全企业社会责任工作机制，依法合规披露信息，加强与利益相关方的沟通，加大在跨国经营中责任担当，努力成为国家经济的栋梁和各类企业的榜样，为实现经济、社会和环境的全面协调可持续发展做出新的更大的贡献。

▲11月4日，国务院总理温家宝主持召开国务院常务会议，讨论并原则通过《关于加快供销合作社改革发展的若干意见》。

▲11月5日，我国大陆第一条海底隧道——厦门翔安海底隧道全线贯通。

▲11月7日，由中国企业联合会、中国企业家协会与山东省人民政府共同举办的中国企业新纪录（第十四批）发布大会暨中国企业自主创新高层论坛在济南举行。

▲11月19—20日，由中国企业联合会、中国企业家协会和美国《商业周刊》联合主办的2009全球CEO年会在北京举行。

▲11月25日，国务院常务会议确定了2020年全国单位国内生产总值二氧化碳排放比2005年下降40.0%～45.0%的目标。这也是中国首次正式对外公布控制温室气体排放的行动目标。

▲11月25日，国务院总理温家宝主持召开经济专家和企业界人士座谈会，听取对当前经济形势和宏观经济政策的看法和建议。

▲11月25日，《外国企业或者个人在中国境内设立合伙企业管理办法》公布。自2010年3月1日起施行。

▲11月26日，根据国家发改委发布的一份报告，2008年，中国新核准14台百万千瓦级核电机组，核准在建的核电机组24组，总装机容量达2 540万千瓦，是世界上核电在建规模最大的国家。

▲11月27日，中共中央政治局召开会议，分析研究明年经济工作。中共中央总书记胡锦涛主持会议。

▲11月28日，以“两家话两创——产业转型升级”为主题的第四届中国民营经济发展论坛在杭州开幕。

▲11月28—29日，由中国企业联合会、中国企业家协会主办的主题为“后危机时代：中国企业文化前瞻”的第八届全国企业文化年会在北京召开。

十二月

▲12月5—7日，中央经济工作会议在北京举行，胡锦涛、温家宝作重要讲话。会议提出，保持宏观经济政策的连续性和稳定性，继续实施积极的财政政策和适度宽松的货币政策。要以扩大内需特别是增加居民消费需求为重点，以稳步推进城镇化为依托，优化产业结构，努力使经济结构调整取得明显进展。做好明年经济工作，重点要在促进发展方式转变上下工夫，在发展中促转变，在转变中谋发展。

▲12月8日，我国推行全面质量管理暨中国质量协会成立30周年纪念大会在北京召开。中共中央政治局委员、国务院副总理张德江会前会见与会代表并讲话。

▲12月9日，国务院总理温家宝主持召开国务院常务会议，研究完善促进消费的若干政策措施，讨论并原则通过《关于试行社会保险基金预算的意见》。

▲12月11日，工业和信息化部、国家发改委公布了《关于简化移动电话拨打长途电话资费的通知》。自2010年1月1日起，手机打长途首次实现单一计费。

▲12月14日，国务院总理温家宝主持召开国务院常务会议，研究完善促进房地产市场健康发展的政策措施，全面启动城市和国有工矿棚户区改造工作。

▲12月14日，国务院国资委主任李荣融在中央企业负责人会议上强调，2010年国资委将积极引导中央企业在“做强主业增实力”上下工夫。

▲12月16日，中国人民银行在江苏省南通市召开了中小企业信用体系建设工作现场会。

▲12月18日，2009年中国跨国公司排行榜发布。

▲12月18日，在上海举行的第八届中国公司治理论坛上，国务院国资委主任李荣融在发言中表示，要借助资本市场加快推进中央企业的调整、重组，进一步推动国有资本向关系国家安全和国民经济命脉的重要行业和关键领域集中。

▲12月19日，全国零售商供应商公平交易评价活动揭晓发布暨公平交易高峰论坛在北京召开。

▲12月23日，“2009CCTV经济年度人物”颁奖典礼在北京展览馆举行。

▲12月24日，国务院国资委在京召开全国国有资产监督管理工作会议，中共中央政治局委员、国务院副

总理张德江出席会议并作重要讲话。

▲12月30日，国务院总理温家宝主持召开国务院常务会议，研究部署进一步做好利用外资工作和治理淮河工作。

▲12月30日，中共中央办公厅、国务院办公厅印发了《中央企业领导人员管理暂行规定》。同时，为深入贯彻落实《管理规定》，中共中央组织部、国务院国资委党委联合下发了《中央企业领导班子和领导人员综合考核评价办法（试行)》。

▲12月30日，美国国际贸委会批准对中国产钢管征高额关税实行对中国钢管进行反倾销、反补贴处罚，并加征10.0% ~16.0%的惩罚性关税，这是迄今为止美国对中国的最大一次贸易制裁案。

▲12月31日，国家协调劳动关系三方会议第十四次会议在北京举行。会议审议通过了《国家三方会议2010年工作要点》、《关于调整国家协调劳动关系三方会议成员和办公室组成人员的建议》，研究讨论并原则通过了《关于进一步深化和谐劳动关系创建活动的意见（讨论稿)》等重要文件。

APPENDIX

附录

2009年度中国企业十大新闻

中国企业联合会　中国企业家协会

2010年1月30日

一、2009年度中国企业十大新闻

1. 十大产业振兴规划出台
2. 创业板在深圳证券交易所开市
3. 山西启动最大规模煤炭行业整合重组
4. 3G牌照发放带动相关产业增长和我国移动通信技术升级
5. 三网合一，中国通信厂商逆势崛起
6. 中国汽车产销量升至世界第一
7. 中国企业节能减排，积极应对全球气候变暖
8. 武广高速铁路通车运营，创下世界高铁最高速度
9. 两办印发《国有企业领导人员廉洁从业若干规定》
10. 我国严限产能过剩六大行业

二、2009年度最受关注企业家

1. 董文标　中国民生银行股份有限公司董事长
2. 王义芳　河北钢铁集团有限公司董事长
3. 王社平　冀中能源集团有限责任公司董事长
4. 张凤山　中国石油集团长城钻探工程有限公司总经理
5. 陈景河　紫金矿业集团股份有限公司董事长
6. 孙兆学　中国黄金集团公司总经理
7. 庞　为　中航工业沈阳黎明发动机（集团）有限责任公司董事长
8. 王　信　兖矿集团有限公司总经理
9. 王　锋　山东玲珑轮胎有限公司总经理
10. 吴光权　中国航空技术深圳有限公司董事长
11. 许　强　北京科技园建设（集团）股份有限公司董事长
12. 卫华诚　北京医药集团有限责任公司董事长
13. 江佩珍　广西金嗓子有限责任公司董事长
14. 陈代富　湖南冷水江钢铁有限责任公司董事长
15. 吴泉水　泉舜集团有限公司董事长
16. 刘自力　贵州茅台酒厂（集团）习酒有限责任公司董事长
17. 李聚文　中航光电科技股份有限公司董事长
18. 李维昌　北京顺鑫农业股份有限公司董事长
19. 魏中华　浙江众华家纺集团公司董事长
20. 杨雯义　铁岭绩益房地产开发有限公司董事长

三、2009年度最具影响力企业

1. 中国石油化工集团公司
2. 中国工商银行股份有限公司
3. 中国冶金科工股份有限公司
4. 中国民生银行股份有限公司
5. 鞍山钢铁集团公司
6. 中国黄金集团公司
7. 首钢总公司
8. 中国石油集团长城钻探工程有限公司
9. 冀中能源集团有限责任公司
10. 四川省宜宾五粮液集团有限公司
11. 紫金矿业集团股份有限公司
12. 北京城建集团有限责任公司
13. 宝鸡石油机械有限责任公司
14. 山东玲珑轮胎有限公司
15. 光大证券股份有限公司
16. 山西潞安矿业（集团）有限责任公司
17. 红云红河烟草（集团）有限责任公司
18. 中国国际期货经纪有限公司
19. 武桥重工集团股份有限公司
20. 北京科技园建设（集团）股份有限公司
21. 兖矿集团有限公司
22. 北京顺鑫农业股份有限公司牛栏山酒厂

四、2009年度最具成长性企业

1. 山东鲁能集团有限公司
2. 贵州茅台酒厂（集团）习酒有限责任公司
3. 北京瞬康科技发展有限公司
4. 南昌市市政公用投资控股（集团）有限责任公司
5. 中国航空技术深圳有限公司
6. 山东莱钢泰达车库有限公司
7. 浙江省冶金物资有限公司
8. 北大荒商贸集团有限责任公司
9. 山西潞安环保能源开发股份有限公司常村煤矿
10. 章丘鑫岳有限责任公司
11. 山东天晟煤矿装备有限公司
12. 深圳市农产品股份有限公司
13. 宁夏石嘴山大榆树沟煤炭产销有限公司

跨国公司中国贡献榜

中国企业报社　中国企业 CSR 研究中心

2010 年 1 月 15 日

2009（第二届）跨国公司中国贡献榜 100 强

排　名	公司标志	中文常用名称	总部所在地	贡献指数得分（满分 100 分）
1	Walmart Save money. Live better.	沃尔玛	美　国	92.69
2	KFC	百胜肯德基	美　国	92.61
3	Nestlé Good Food, Good Life	雀　巢	瑞　士	91.98
4		宝马集团和华晨宝马	德　国	91.52
5	Microsoft	微　软	美　国	91.43
6	AstraZeneca 阿斯利康	阿斯利康	英　国	91.30
7	IBM	IBM	美　国	91.25
8	PEPSICO	百事可乐	美　国	91.17
9		摩托罗拉	美　国	91.15
10	adidas	阿迪达斯	美　国	91.13
11	intel	英特尔	美　国	91.11
12	Coca-Cola	可口可乐	美　国	91.08
13	Amway 安利	安　利	美　国	91.05
14	Schneider Electric	施耐德电气	法　国	91.03
15	DELL	戴　尔	美　国	91.01

续 表

排 名	公司标志	中文常用名称	总部所在地	贡献指数得分（满分 100 分）
16	ABInBev	百威英博	比利时	90.97
17		大众汽车	德 国	90.91
18	ABB	ABB	瑞 士	90.85
19	Medtronic	美敦力	美 国	90.73
20	BRIDGESTONE	普利司通	日 本	90.67
21	Unilever	联合利华	英国/荷兰	90.05
22	Panasonic	松下电器	日 本	89.93
23	正大集团	正 大	泰 国	89.88
24	Standard Chartered 渣打銀行	渣打银行	英 国	89.81
25	CISCO	思 科	美 国	89.76
26	PPG	PPG 工业公司	美 国	89.71
27	Bayer	拜 耳	德 国	89.63
28	NOVARTIS	诺 华	瑞 士	89.56
29	ITT	ITT	美 国	89.43
30	L'ORÉAL	欧莱雅	法 国	89.39
31	3M	3M	美 国	89.35
32	APP 亚洲浆纸 金光集团	APP	印 尼	89.27
33		雅 培	美 国	89.11
34	VOLVO Volvo Automotive Finance (China) Limited	沃尔沃集团	瑞 士	88.93
35	Lilly	礼 来	美 国	88.88
36	ALCOA	美 铝	美 国	88.75

续 表

排 名	公司标志	中文常用名称	总部所在地	贡献指数得分（满分 100 分）
37	OMRON	欧姆龙	日 本	88. 66
38	Canon Delighting You Always	佳 能	日 本	88. 53
39	DNV 挪威船级社	挪威船级社（DNV）	挪 威	88. 43
40	syngenta 先正达	先正达	瑞 士	88. 39
41	SAMSUNG	三 星	韩 国	88. 36
42	SGS	SGS	瑞 士	88. 29
43	NISSAN	日 产	日 本	88. 18
44	Thermo SCIENTIFIC	赛默飞世尔科技	美 国	88. 05
45	MONITOR GROUP	摩立特集团	美 国	88. 01
46	Rhodia	罗地亚	法 国	87. 95
47	MONSANTO imagine	孟山都	美 国	87. 88
48	Celanese	塞拉尼斯	美 国	87. 76
49	英孚教育	英 孚	瑞 典	87. 69
50	VEOLIA WATER	威立雅水务	法 国	87. 61
51	Carestream HEALTH	锐珂医疗	美 国	87. 55
52	EATON	伊 顿	美 国	87. 43
53	Baxter	百 特	美 国	87. 38
54	TOSHIBA 东芝	东芝电脑	日 本	87. 31
55	宝健	宝 健	香 港	87. 26
56	HSBC	汇丰银行	英 国	87. 19
57	NOKIA Connecting People 诺基亚	诺基亚	芬 兰	87. 08

续 表

排 名	公司标志	中文常用名称	总部所在地	贡献指数得分（满分 100 分）
58	Cargill 嘉吉	嘉 吉	美 国	86. 95
59	Audi	奥 迪	德 国	86. 89
60	BASF The Chemical Company	巴斯夫	德 国	86. 81
61	DUPONT	杜 邦	美 国	86. 75
62	GE	通用电气	美 国	86. 67
63	bp	英国石油公司	英 国	86. 55
64	DOW	陶氏化学	美 国	86. 43
65	TOYOTA	丰 田	日 本	86. 36
66	SIEMENS	西门子	德 国	86. 31
67	Carrefour 家乐福	家乐福	法 国	86. 21
68	Tetra Pak	利 乐	瑞 典	86. 03
69	PANDUIT	泛 达	美 国	85. 88
70	McDonald's	麦当劳	美 国	85. 79
71	Ford	福特汽车	美 国	85. 67
72	sanofi aventis	赛诺菲—安万特	法 国	85. 54
73	ORACLE	甲骨文	美 国	85. 35
74	Pernod Ricard	保乐力加	法 国	85. 25
75	MARY KAY 玫琳凯	玫琳凯	美 国	85. 13
76	Johnson & Johnson 强生	强 生	美 国	84. 78
77	METRO 麦德龙	麦德龙	德 国	84. 71
78	ERICSSON	爱立信	瑞 典	84. 63

续 表

排 名	公司标志	中文常用名称	总部所在地	贡献指数得分（满分 100 分）
79	HYUNDAI Drive your way	现代汽车	韩 国	84.55
80	P&G	宝 洁	美 国	84.42
81	TÜV	莱茵集团	德 国	84.11
82	GOODYEAR	固特异	美 国	83.52
83	HITACHI	日 立	日 本	82.43
84	AIR PRODUCTS	空气化工	美 国	81.89
85	KYOCERA The ECOLaser Printer.	京 瓷	日 本	81.73
86	citibank	花旗银行	美 国	81.56
87	Colgate	高露洁	美 国	81.23
88	ING	荷兰国际集团（ING）	荷 兰	80.67
89	Auchan	欧 尚	法 国	80.11
90	SHISEIDO 资生堂	资生堂	日 本	79.85
91	hp invent	惠 普	美 国	79.67
92	KONICA MINOLTA	柯尼卡美能达	日 本	78.55
93	EMC²	EMC	美 国	77.33
94	UBS	瑞 银	瑞 士	76.22
95	Rolls-Royce	罗尔斯·罗伊斯	英 国	75.63
96	kraft foods	卡夫食品	美 国	74.41
97	SK	鲜 京	韩 国	73.35
98	Boehringer Ingelheim	勃林格殷格翰	德 国	72.69

续 表

排 名	公司标志	中文常用名称	总部所在地	贡献指数得分（满分 100 分）
99	BEST BUY 百思买	百思买	美 国	72.15
100	RICOH	理 光	日 本	71.62

注：1. 榜单考量时间范围：

默认为 2008 年 1 月 1 日 –12 月 31 日（财报年度为 2008 年 7 月 1 日 –2009 年 6 月 30 日的公司请另注明）。

2. 榜单入榜企业：

按得分排序（满分 100 分，入榜的每家跨国公司得分保留到百分位），进入榜单的 100 家企业将是考量时间范围内对中国贡献最大的 100 家跨国公司。

3. 榜单产生：

榜单中，得分居前 20 位的跨国公司被授予“2009 跨国公司中国贡献特别大奖”，21 ~80 位的跨国公司被授予“2009 跨国公司中国贡献奖”。

跨国公司中国贡献特别大奖 20 名

排 名	公司标志	中文常用名称	排 名	公司标志	中文常用名称
1	Walmart Save money. Live better.	沃尔玛（中国）投资有限公司	11	intel	英特尔（中国）有限公司
2	KFC	百胜餐饮集团中国事业部	12	Coca-Cola	可口可乐（中国）饮料有限公司
3	Nestlé Good Food, Good Life	雀巢（中国）有限公司	13	Amway 安利	安利（中国）日用品有限公司
4	BMW	宝马集团和华晨宝马	14	Schneider Electric	施耐德电气（中国）投资有限公司
5	Microsoft	微软（中国）有限公司	15	DELL	戴尔（中国）有限公司
6	AstraZeneca 阿斯利康	阿斯利康（中国）	16	ABInBev	百威英博啤酒投资（中国）有限公司
7	IBM	国际商业机器（中国）有限公司	17	VW	大众汽车（中国）投资有限公司
8	PEPSICO	百事可乐（中国）投资有限公司	18	ABB	ABB（中国）有限公司
9	Motorola	摩托罗拉（中国）电子有限公司	19	Medtronic	美敦力医疗用品技术服务（上海）有限公司
10	adidas	阿迪达斯体育用品（苏州）有限公司	20	BRIDGESTONE	普利司通（中国）投资有限公司

跨国公司杰出领袖奖

（排名不分先后）

序　号	单位名称	职　务	姓　名
1	摩托罗拉（中国）电子有限公司	总　裁	高瑞彬
2	巴斯夫大中华区	董事长	关志华
3	三菱东京日联银行（中国）	行　长	柳冈广和
4	安利（中国）日用品有限公司	董事长	郑李锦芬
5	德尔福中国	总　裁	艾博彬
6	正大集团	董事长	谢国民
7	百事（中国）投资有限公司 百事国际集团大中华区（饮料）	董事长、总裁	陆文凯
8	欧来雅（中国）有限公司	总　裁	盖保罗

中国企业管理年鉴

（2010卷）

建材、能源、服务业等行业

（排名不分先后）

- ❖ 中国建筑材料集团有限公司
- ❖ 中国长江电力股份有限公司
- ❖ 大亚湾核电运营管理有限责任公司
- ❖ 华能澜沧江水电有限公司
- ❖ 国家电网重庆市电力公司
- ❖ 国家电网浙江金华电业局
- ❖ 国家电网宁夏电力公司
- ❖ 潞安集团
- ❖ 开滦（集团）有限责任公司
- ❖ 新汶矿业集团有限责任公司翟镇煤矿
- ❖ 香港中旅（集团）有限公司
- ❖ 红塔烟草（集团）有限责任公司
- ❖ 红云红河烟草（集团）有限责任公司
- ❖ 龙岩烟草工业有限责任公司
- ❖ 北京太和睿信企业管理顾问有限公司
- ❖ 新安煤矿

善用资源 服务建设

致力于建设具有国际竞争力的建材行业排头兵企业

中国建筑材料集团有限公司（简称“中国建材集团”，英文简称CNBM）1984年经国务院批准设立，2003年成为国务院国有资产监督管理委员会直接监督管理的中央企业。

中国建材集团以“善用资源、服务建设”为核心理念，大力实施“科技创新”、“大建材国际化”和“人才强企”战略，是集科研、制造、流通为一体，拥有产业、科技、成套装备、物流贸易四大业务板块的综合性建材产业集团，位居中国建材行业百强首位。截至2009年底，集团资产总额逾1 100亿元，员工总数达10万名，直接管理的全资、控股企业20家，控股上市公司6家，其中海外上市公司2家。

中国长江电力股份有限公司

China Yangtze Power Co., Ltd.

董事长　曹广晶

三峡工程泄洪

中国长江电力股份有限公司是中国长江三峡集团公司的控股子公司，成立于2002年11月4日，2003年11月18日在上海证券交易所挂牌上市。2009年9月，长江电力完成重大资产重组，实现了中国长江三峡集团公司发电资产的整体上市。

公司主要从事水力发电业务，拥有三峡工程已投产的全部发电机组和葛洲坝电站的全部发电机组，并持有湖北能源、广州控股、上海电力等公司的部分股权。2009年，通过实施重大资产重组，自有装机容量达到2 103.5万千瓦，资产总额达到1 616.4亿元。公司资产规模得到大幅提升，并为未来发展奠定了坚实的基础。

公司始终坚持改革，建立了治理规范的现代企业制度，形成了运转顺畅、高效的决策和执行机制；始终坚持创新，推行“精确预报、精心维护、精益运行”精益化管理，提高了电力安全生产经营管理的现代化水平；坚持以科学发展观为指导，秉承“建好一座电站、带动一方经济、改善一片环境、造福一批移民”的水电开发理念，坚持“为社会提供优质的清洁电力，为股东提供合理的投资回报，为员工提供最大的发展空间”的宗旨，妥善处理与投资者、枢纽运行相关方、电网企业、地方、生态环境和员工等各方面的重要关系，积极构建保证公司持续快速发展的机制，实现了经济效益、社会效益、生态效益的完整统一。

2009年公司先后荣获中央企业思想政治工作先进单位、中国文化管理十佳单位、中国电力信息化标杆企业、全国电力系统企业文化建设标杆企业等荣誉称号。

葛洲坝水利枢纽工程全景

重大资产重组

地址：北京市西城区金融大街19号富凯大厦B座

邮编：100140

http：//www.cypc.com.cn

三峡电站500千伏GIS开关站

大亚湾核电运营

DAYA BAY NUCLEAR POWER O

党委书记、总经理　卢长申

大亚湾核电运营管理有限责任公司成立于2003年3月，是中国广东核电集团成员企业之一，也是我国核电行业首家专业化运营企业。目前负责大亚湾核电站、岭澳核电站（一期）共4台百万千瓦级压水堆机组的运营管理；同时，负责岭澳核电站（二期）、广东阳江、广西防城港、湖北咸宁等核电项目的生产准备及投产后的运营管理。

公司是独立法人企业，依法设立董事会、监事会和管理机构，实行董事会领导下的总经理负责制，严格按现代企业制度运作。公司坚持“安全第一、质量第一”的工作原则，坚持“安全发电、诚信透明、团队合作、追求卓越”的价值理念，注重建设以“安全文化”为核心的企业文化，努力向世界一流的专业化核电运营企业迈进。

公司积极履行社会责任，企业公信力得到广泛认可。2008年10月，“大亚湾核电社区基金”成立，进一步表明了核电回报社会，承担企业社会责任的决心。2009年大亚湾、岭澳核电站全年累计上网电量304.9亿千瓦时；4台机组平均能力因子93.2%，达到世界先进水平；与国际权威的世界核电运营者协会（WANO）发布的9项指标标杆值比较，运行中四台机组共36项WANO指标，有25项进入世界先进水平。

管理有限责任公司

ATIONS AND MANAGEMENT CO.,LTD

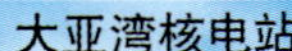
大亚湾核电站

岭澳核电站一期

岭澳核电站二期

核燃料正装入反应堆堆芯

白鹭与核电站和谐共处

地址：广东深圳市大亚湾核电基地

邮编：518124

http：//www.dnmc.com.cn

大亚湾核电基地

华能澜沧江 HYDROLANCANG

华能澜沧江水电有限公司是中国华能集团公司控股和管理的大型流域水电企业，是华能集团发展水电产业的主力军，也是云南省培育以水电为主电力支柱产业的核心企业。公司致力于为广大用户提供绿色清洁能源，始终把加快培育云南省水电支柱产业作为产业报国、富民强省、企业发展的使命与追求，精心统筹水电开发与生态环境的协调发展，统筹水电开发与履行社会责任的关系，同时也在新能源发电资源的开发利用与发展方面开展积极探索和实践，努力推动电力产业结构的优化调整，促进“西电东送”规模的不断扩大。

截至2009年底，公司投产装机容量达622.4万千瓦，已建、在建、筹建规模2 200万千瓦，资产总额超过600亿元，全面形成了“运营一批、建设一批、储备一批”和“跨流域，走出去”的发展格局，作为云南省最大发电企业的地位进一步得到巩固，公司事业呈现出又好又快发展的良好局面。2009年，公司先后荣获全国五一劳动奖状、全国安全生产月活动优秀单位、中国希望工程20年特殊贡献奖、中央企业思想政治工作先进单位、云南省文明单位、中央驻滇企业党建工作先进单位等荣誉称号。

根据公司新的“四步走”发展战略，预计到2010年，公司运营容量将达850万千瓦，在建容量1 500万千瓦；到2015年，运营容量超过2 000万千瓦，年发电量超过800亿千瓦时；到2020年，运营容量超过3 000万千瓦，年发电量超过1 000亿千瓦时。

电话：（0871）7216444
传真：（0871）7216543
地址：云南昆明市官渡区世纪城中路1号
邮编：650214
http：//www.hnlcj.cn

漫湾水电厂厂房

雄伟壮丽的景洪水电站

缅甸瑞丽江一级电站

功果桥电站大江截流

公司总经理单业才，党组书记甘德一现场接受群众咨询

员工为农村排灌用电架设线路

公司发布三峡库区电网规划

500千伏陈家桥变电站

国家电网
STATE GRID

浙江金华电业局
ZHEJIANG JINHUA ELECTRIC POWER BUREAU

局长 姜宪

电话：（0579）81231000
传真：（0579）81231706
地址：浙江金华市双溪西路428号
邮编：321017

电力助企春风行动

领导班子合影

调度大楼夜景

金华电业局是浙江省电力公司直属的国有大型供电企业，供电范围11个县（市区），供电面积1.8万平方公里，供电人口557万。2009年末拥有110千伏及以上变电所123座，变电总容量2 055万千伏安，110千伏及以上线路总长4 116千米。全网负荷高达379万千瓦，部属售电量205亿千瓦时。

近年来，金华电业局先后荣获全国五一劳动奖状、全国行业诚信经营示范单位、全国实施卓越绩效模式先进企业、全国精神文明建设工作先进单位、国家电网公司文明单位、全国五四红旗团委等荣誉，连续13年保持浙江省文明单位称号，并获得浙江省首届慈善奖。2007年末进入中国电力供应企业50强。

宁夏电力公司

国家电网 STATE GRID

宁夏电力公司
NINGXIA ELECTRIC POWER CORPORATION

团结奋进的领导班子

N宁夏电力公司是国家电网公司的全资子公司，是集输配电和电力基建、设计等为一体的国家大型企业，承担着为宁夏经济社会发展和人民生活提供优质、安全、稳定、经济、清洁的电力保障。公司下辖分、子公司18个，员工10 000余人，总资产达144亿元。供电区域约10万平方公里，2009年完成售电量365.1亿千瓦时。

近年来，宁夏电力公司着力建设以750千伏超高压电网为骨干网架、各级电网协调发展的坚强智能宁夏电网。省内（含省际间）已形成750千伏超高压网架，330千伏、220千伏电网覆盖宁夏全境，并通过1回750千伏、5回330千伏线路与西北电网联网运行。宁东—山东±660千伏超高压直流示范工程将于2010年10月投运，宁夏“西电东送”取得实质性突破。

在建设坚强电网的同时，公司按照“转变观念、创新思路、提高标准”的总体要求，着力提升企业素质和员工素质，各项工作都有了长足的进步。人均装机容量和用电量居全国前列。先后被国家电网公司树为电网运行标杆单位，西北区域综合管理、安全管理、资产经营、电网建设标杆单位。

公司先后荣获全国五一劳动奖状、全国劳动关系和谐模范企业，连续10年受到宁夏回族自治区政府通报表彰。2007—2009年在自治区13个窗口企业行风民主测评中荣登榜首。

营业窗口人员礼仪培训

设备检修

调试750千伏变电站隔离开关

服务热线：95598

地址：宁夏银川市兴庆区长城东路288号

邮编：750001

http://www.nx.sgcc.com.cn

图1

图2

潞安集团

潞安集团是一个以煤为基础，煤、电、油、化、硅多元化发展的能化企业集团，为省属国有独资企业。目前拥有总资产810亿元，员工人数6万人，子、分公司75个。

近年来，潞安集团突出战略管理、依靠战略致胜，围绕建设“中国潞安”的战略目标，即“十五”“再造”一个潞安、“十一五”建设能化大集团、“十二五”建设既强又大国际化新潞安，经过“十五”和“十一五”两个阶段的发展，企业快速做大做强，由区域性煤炭企业转型为全国性煤炭大集团，由传统的煤炭生产企业发展成为以煤为基础、煤电油化硅综合发展的绿色新型能化企业集团。2009年，煤炭产量5 509万吨，销售收入498亿元，利润总额38亿元，员工工资66 049元，分别是2000年的4.8倍、34倍、120倍和4.5倍，赢得了全国“安康杯”竞赛十一连冠。在全国500强企业中排名127位，位列中国企业效益200佳第119位、中国企业竞争力100强第60位、山西企业30强第3位。

集团的“十二五”发展规划为：坚持科学发展观，对标世界最先进的煤炭和煤化工企业，以大投资推动大转型，以大项目推动大跨越，资产总额和销售收入双双跨越2 000亿元，实现利润200亿元，跨入中国企业100强，跻身世界500强，全面完成“中国潞安”战略目标。

图8

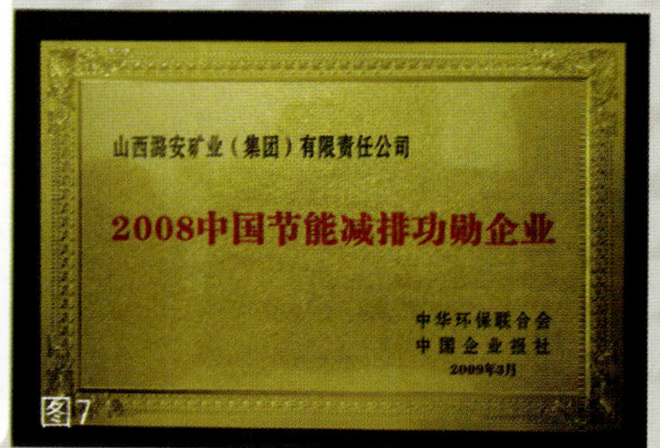

图1、2006年9月22日潞安环能在上海交易所正式上市

图2、2008年4月9日潞安集团年产2 500吨电子级多晶硅、年产2 500吨光伏级多晶硅、60兆瓦太阳能电池生产线奠基仪式

图3、2007年9月28日潞安新疆公司正式挂牌

图4、连续11年获得“安康杯”，两次获得全国五一劳动奖状

图5、2007年8月20日山西省首家企业财务公司——潞安集团财务公司正式挂牌

图6、潞安集团进行资源整合后成立的潞宁煤业公司，把年产20万吨的县级小矿建成年产200万吨的现代化矿区

图7、2008中国节能减排功勋企业

图8、潞安集团煤基油循环工业园区

开滦（集团

党委书记、董事长 **张文学**

开滦（集团）有限责任公司始建于1878年。有"中国煤炭工业源头"之称。是中国500强企业。下辖16个控股子公司，26个参股子公司，一个上市公司，在册员工总数8万人。近年来，面对自身煤炭资源日渐枯竭，集团认真贯彻省委省政府的部署，深入落实科学发展观，审时度势、未雨绸缪，坚定不移地调整发展战略，实施"六大转向"，推进"一基五线"，百年老企成功踏上了转型发展、科学发展、快速发展之路。各项经济指标大幅度提高，煤炭基础产业不断扩张，现代物流、煤化工、煤电热、文化创意等新型产业迅猛发展，百年开滦呈现出勃勃生机和强大活力。

唐山港开滦码头

有限责任公司

现代化调度室

综采工作面揭牌仪式

企业文化示范基地

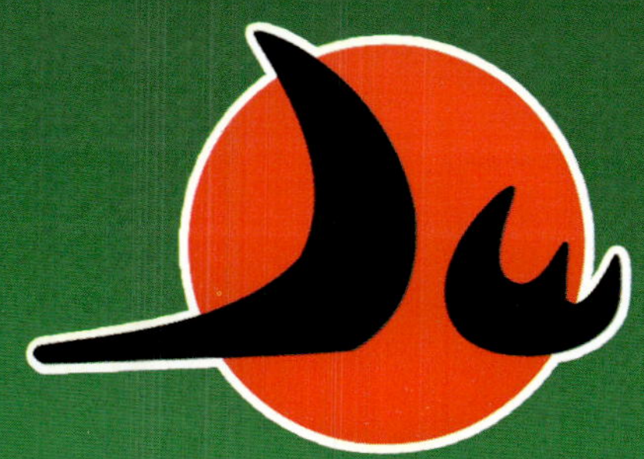

新汶矿业集团有

矿长佟强与领导合影

新汶矿业集团有限责任公司翟镇煤矿是1993年12月建成投产的大型现代化矿井，现核定生产能力为190万吨。近年来，坚持“煤业做大、非煤做强、体制做优、资本做活”的发展思路，积极实施科技兴矿和人才强企战略，依靠“技术、管理、机制”三大创新，实现了矿井又好又快发展。截至目前，矿井已连续实现安全生产2 700多天，安全产煤1 500多万吨。煤炭产品主要有动力精煤、冶炼精煤、洗混煤、原煤和块煤等10余种，打造出了“泰山煤”、“翟镇煤”等品牌，畅销国内并出口

限责任公司翟镇煤矿

日本、韩国及东南亚国家。

坚持“有所为有所不为”的原则，积极发展非煤产业。现拥有山东立业机械装备公司、山东立人集团公司、泰安制药厂等14家非煤企业，年产值30多亿元，经营范围涉及煤炭开采、加工，综采支架制造、维修与安撤，热电、制药、电缆以及绿色种养殖等，形成了跨区域、跨行业、跨所有制，多元化发展的产业格局。

矿井先后获得了中国十大管理创新示范企业、煤炭工业双十佳矿井、行业级安全高效矿井、煤炭工业科技进步十佳矿井、全国重合同守信用企业、中国企业文化管理典范单位等称号。

安全生产2 000天座谈会

井口等候室

国家级
企业管理现代化创新成果
THE NATIONAL ENTERPRISE MANAGEMENT MODERNIZATION INNOVATION ACHIEVEMENT
第十六届
成果名称：以科技进步为依托的煤矿绿色开发管理
等级：一等
创造单位：新汶矿业集团有限责任公司翟镇煤矿
全国企业管理现代化创新成果审定委员会
二〇〇九年十二月二十二日

全国企业管理创新一等奖

电话：（0538）7842147
传真：（0538）7842637
地址：山东新泰市翟镇
邮编：271204

中国港中旅集团公司
CHINA NATIONAL TRAVEL SERVICE (HK) GROUP CORPORATION
[香港中旅(集团)有限公司]
[CHINA TRAVEL SERVICE (HOLDINGS) HONG KONG LIMITED]
CTS
港中旅集团—中国旅行社总社
赴台湾旅游首发团
2008年7月4日
香港中旅
SCANIA
LT 9240
港中旅大厦
游中国
旅天下

中国旅行社香港分社成立于1928年4月1日，是中国港中旅集团公司的前身。经历80年的发展，中国港中旅集团公司成为了以旅行社、酒店、度假景区、在线旅游、客运、高尔夫球、演艺等旅游产业为主业，钢铁、旅游地产、物流贸易为支柱产业的中国大型的旅游企业集团，也是中央直接管理的国有重要骨干企业。香港中旅国际投资有限公司是集团发展旅游主业的旗舰企业，是集团控股的香港上市公司和资本运作重要平台。港中旅是中国规模及网络十分完整的地面旅游服务商，服务网络遍布中国的内地、港澳地区和海外16个国家。“芒果网”已快速成长为与传统旅游业务相结合并深受用户欢迎的、新兴的在线旅游服务商。港中旅维景国际酒店管理有限公司以“维景”、“旅居”为两大系列酒店品牌，50多家成员酒店分布在中国内地和港澳地区20多个商务和旅游城市。集团继改革开放之初投资建设深圳“世界之窗”、“锦绣中华”和“中国民俗文化村”三大蜚声中外的主题公园后，近年来又投资开发了国家旅游休闲度假示范区珠海海泉湾度假区、陕西咸阳海泉湾，并正在着力打造青岛海泉湾等系列旅游休闲度假圣地。集团拥有的珠江三角洲跨境客运汽车公司和水上客运船队的规模居香港之首，旗下的天创演艺公司，开创了中国旅游演艺的新思路。港中旅集团在大力发展旅游主业的同时，稳健地推进钢铁、旅游地产、物流贸易三大支柱产业的协调发展，增强了集团抗风险和持续发展能力。港中旅以实现旅游主业“中国首位、亚洲前茅、世界一流”为发展目标，弘扬“爱国爱港爱中旅”的光荣传统，以服务旅游大众为己任，续写港中旅辉煌的篇章。

董事长　张学武

电话：（00852）28533888

地址：香港上环干诺道中78—83中旅集团大厦

www.hkcts.com

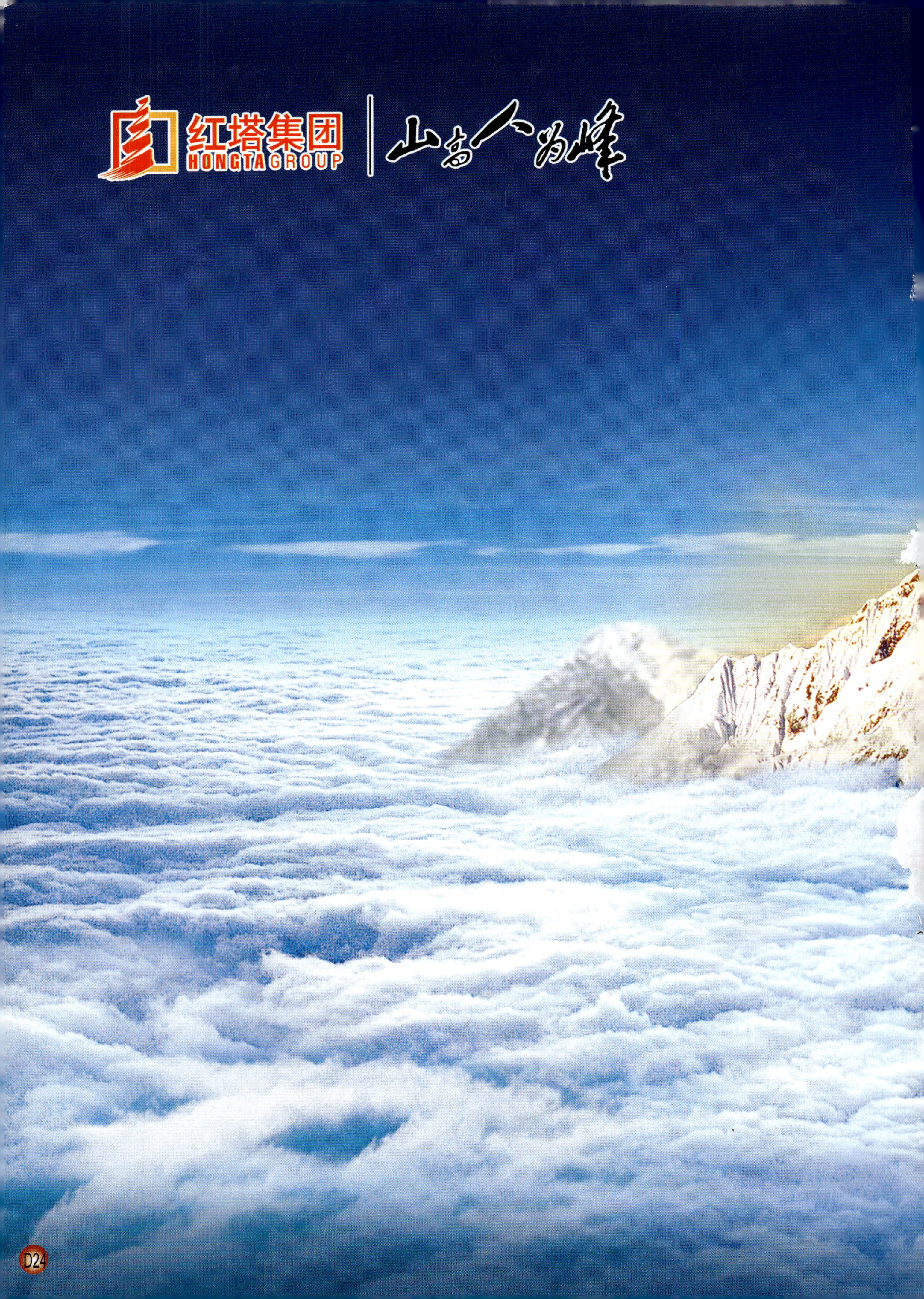
红塔集团
HONGTA GROUP
山高人为峰

中国企业管理年鉴
努力打造世界领先品牌

红云映

年

红河奔腾

打造“精品工程”

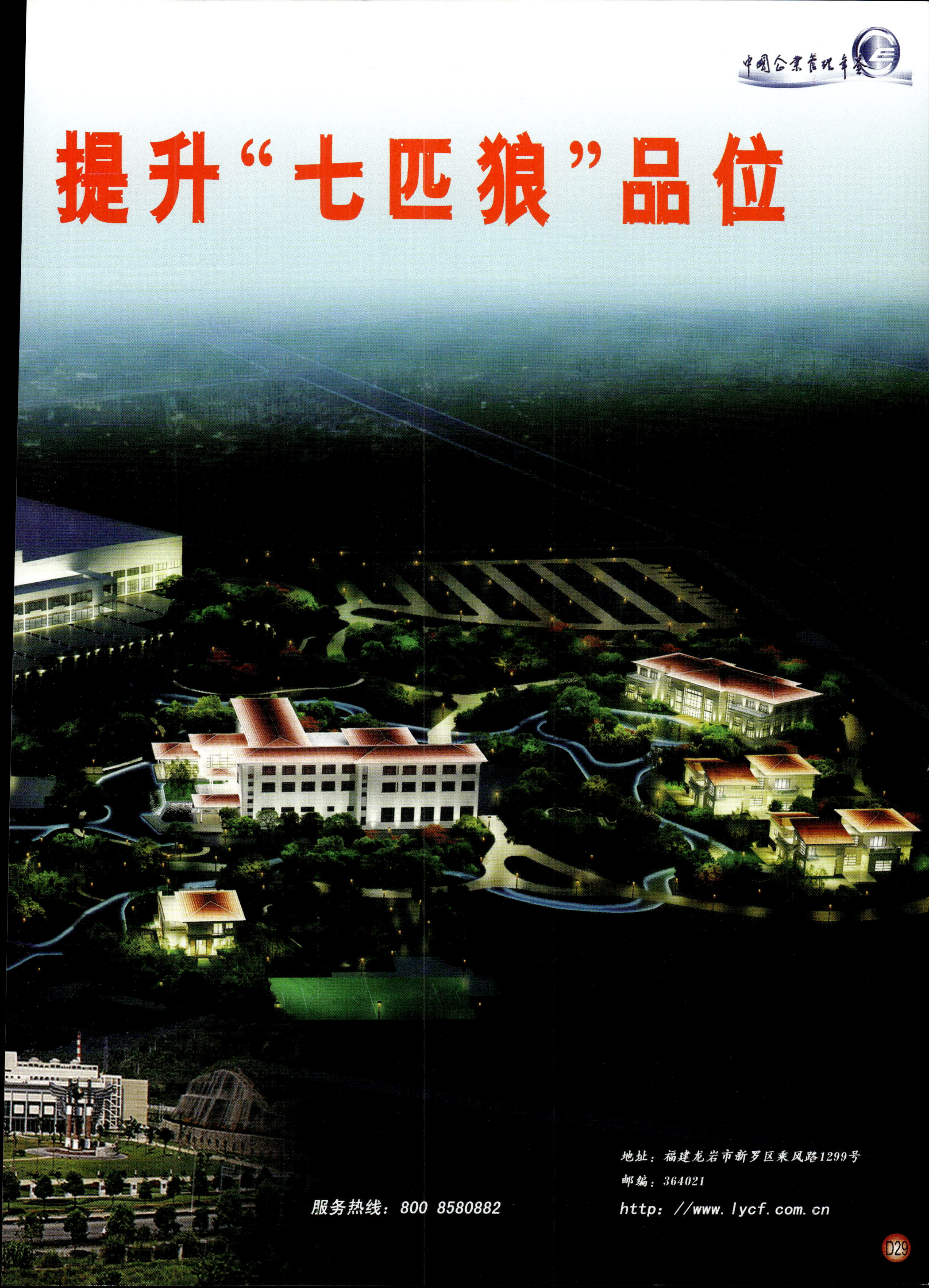
中国企业管理年鉴
提升"七匹狼"品位
地址：福建龙岩市新罗区乘风路1299号
邮编：364021
服务热线：800 8580882
http://www.lycf.com.cn

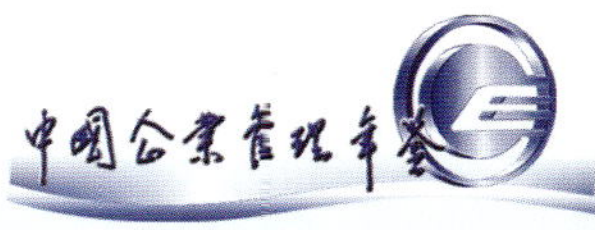

新安煤矿

矿 长 贺志强

党委书记 马泰山

荷花池

新安煤矿隶属于中国企业500强的义马煤业集团股份有限公司，1988年12月建成投产，总投资3.8亿元，目前核定生产能力为150万吨/年，为义煤集团主力生产矿井之一。

近年来，新安煤矿大力倡导“井下文明生产、井上文明生活”，按照“以人为本，安全发展，生态矿区，义煤江南”的总体思路，形成了“三个中心”，生产调度指挥中心、经营运行管控中心、成本核算分析中心，精心打造人本管理、文化引领、安全生产、经营运行等“八个机制”，原煤产量大幅跃升，科技创新硕果累累，经济效益稳步增长，企业文化独具特色，矿区环境日新月异，职工生活富裕安康。

投产至今，新安煤矿累计生产原煤1 800多万吨，先后荣获全国安全质量标准化矿井、全国煤炭工业企业文化示范矿、全国煤炭工业行业二级安全高效矿井、全国煤炭经济研究先进单位、河南省先进基层党组织、河南省文明单位、河南省“五优矿井”、河南省卫生先进单位、河南省园林单位等60余项省部以上荣誉称号，企业管理现代化课题《基于信息集成系统的煤矿责任成本管理》获得全国煤炭工业管理现代化创新成果一等奖。

井下候车室

图书在版编目(CIP)数据
中国企业管理年鉴.2010/《中国企业管理年鉴》编委会编.—北京：
企业管理出版社，2010.10
ISBN 978-7-80255-683-6
Ⅰ.①中… Ⅱ.①中… Ⅲ.①企业管理—中国—2010—年鉴
Ⅳ.①F279.23-54
中国版本图书馆CIP数据核字（2010)第192786号

广告总代理：北京华卫精典广告有限公司

广告经营许可证：京海工商广字第8127号

书　　名：中国企业管理年鉴(2010卷)
作　　者：中国企业管理年鉴编委会　编
责任编辑：晶　典
书　　号：ISBN 978-7-80255-683-6
出版发行：企业管理出版社
地　　址：北京市海淀区紫竹院南路17号　邮编：100048
网　　址：http://www.emph.cn
电　　话：出版部68701719　发行部68467871　编辑部 68701184　广告部68701192
电子信箱：80147@sina.com　chinaqynj@163.com
印　　刷：北京华正印刷有限公司
经　　销：新华书店
规　　格：880毫米x1230毫米　16开本　46.5印张　2000千字
版　　次：2010年10月第1版　2010年10月第1次印刷
定　　价：380.00元（附赠光盘）